Handbuch der Justiz
2006/2007

HANDBUCH DER JUSTIZ 2006/2007

Die Träger und Organe der Recht sprechenden Gewalt
in der Bundesrepublik Deutschland

28. JAHRGANG

Herausgegeben vom
DEUTSCHEN RICHTERBUND
Bund der Richterinnen und Richter,
Staatsanwältinnen und Staatsanwälte

Gesamtbearbeiterin
UTA FÖLSTER
ehemalige Bundesgeschäftsführerin des Deutschen Richterbundes

unter Mitwirkung
der Justizverwaltungen des Bundes und der Länder
sowie der Verwaltungen der Gerichte und Staatsanwaltschaften

R. v. Decker's Verlag · Heidelberg

ISBN 13: 978-3-7685-0906-0
ISBN-10: 3-7685-0906-0

© 2006 R. v. Decker, Verlagsgruppe Hüthig Jehle Rehm GmbH, Heidelberg/München/Landsberg/Berlin

Jede Verwertung außerhalb der engen Grenzen des Urheberrechtsgesetzes ist ohne Zustimmung des Verlags unzulässig und strafbar. Das gilt insbesondere für Vervielfältigungen, Übersetzungen, Mikroverfilmungen und die Einspeicherung und Bearbeitung in elektronischen Systemen.

www.hjr-verlag.de

Printed in Germany
Satz: Mitterweger & Partner, Plankstadt
Druck: Freiburger Graphische Betriebe, Freiburg i. Brsg.

Vorwort

Mittlerweile im 28. Jahrgang liegt jetzt das Handbuch der Justiz in überarbeiteter und aktualisierter Neuauflage vor – *das* Nachschlagwerk für die Justiz und all diejenigen, die mit ihr in Berührung kommen. Es soll gleichermaßen den Anwalt über die aktuelle Besetzung etwa eines Verfassungsgerichtes informieren als auch Adressbuch sein für den Bürger, der seinen ersten gerichtlichen Zivilrechtsstreit vor sich hat. Es soll dem Referendar bei Bedarf Aufschluss über seine neue Ausbilderin verschaffen und vielleicht auch so „Banales" leisten, wie die Neugier der Richterin zu stillen, wo denn der Kollege aus früheren Zeiten abgeblieben ist. Erstmals 1953 erschienen, ist das Handbuch der Justiz ein Kompass durch die deutsche Justizlandschaft, es informiert über die Beschäftigten, gibt dem Leser Auskunft über Größe und Struktur der deutschen Justiz und ist Nachweis ihrer Vielfalt.

Die Angaben im Handbuch entsprechen dem Stand 1. März 2006; soweit möglich und bekannt, haben wir auch bis zur Drucklegung eingetretene Veränderungen noch berücksichtigt.

Diese Auflage knüpft an die Tradition eines möglichst umfassenden Spektrums an Namen, Daten und Informationen an. Mit Rücksicht auf den technischen Fortschritt sind – soweit mitgeteilt – weiterhin die E-Mail-Anschriften der Ministerien, Gerichte und Staatsanwaltschaften aufgenommen. Auch die Angaben zu den jeweiligen Pressestellen sind berücksichtigt.

Der zunehmenden Bedeutung der internationalen und europäischen Gerichtsbarkeit Rechnung tragend, sind zudem neben dem Europäischen Gerichtshof und dem Gericht Erster Instanz auch der Europäische Gerichtshof für Menschenrechte in Straßburg und – wegen seines Sitzes in Hamburg – der Internationale Seegerichtshof aufgeführt.

Auch die Mitglieder der Anwaltsgerichtshöfe und Anwaltsgerichte sind Richter und Richterinnen i.S.d. DRiG. Über diese Gerichtsbarkeit können Sie sich im vorletzten Kapitel informieren.

Darüber hinaus sind im Namensverzeichnis die Vornamen der verzeichneten Richter/innen und Staatsanwälte/innen vollständig aufgeführt. Das dürfte das Auffinden in vielen Fällen erleichtern – immerhin gibt es auch in der Justiz nicht nur viele „Meyers" und „Schulzes", sondern allein 62 Richter/innen und Staatsanwälte/innen, die auf den Namen „Richter" hören!

Für die praktische Benutzung gilt auch für diese Auflage: Soweit sich zwischen dem im Kopfeintrag einzelner Gerichte/Staatsanwaltschaften eingetragenen Planstellensoll und der Zahl der jeweils aufgeführten Richter/innen bzw. Staatsanwälte/innen Differenzen ergeben, beruht dies vorwiegend darauf, dass bei diesen Gerichten/Staatsanwaltschaften Richter/innen auf Probe auf Planstellen eingesetzt werden. Richter/innen auf Probe

Vorwort

sind aber – entsprechend der bewährten Systematik des Handbuchs – jeweils im Anhang zu den einzelnen Bezirken der obersten Gerichte der Länder gesondert erfasst. Abweichungen zwischen Planstellensoll und tatsächlicher Zahl der aufgeführten Stelleninhaber/innen können darüber hinaus auch Folge von zeitweiligen Wiederbesetzungssperren frei gewordener Stellen sein.

Abweichungen zwischen Planstellensoll und Anzahl der tatsächlich aufgeführten Planstelleninhaber/innen erklären sich zum Teil auch daraus, dass Stelleninhaber/innen der Veröffentlichung ihres Namens und ihrer Daten widersprochen haben. Dies haben wir, soweit möglich, durch entsprechende erläuternde Hinweise kenntlich gemacht.

Allen Bearbeiterinnen und Bearbeitern in den Fachministerien und in den Gerichten/Staatsanwaltschaften sei herzlich für ihre Unterstützung gedankt. Ohne ihre tatkräftige Hilfe gäbe es kein Handbuch der Justiz. Mein besonderer Dank gilt der Mitarbeiterin des Deutschen Richterbundes, Frau Bräutigam, sowie Frau Referendarin Meier. Sie haben das Material zusammengetragen, akribisch für den Verlag aufbereitet und – wenn nötig – bei den verschiedenen Gerichten/Staatsanwaltschaften nachgefragt, um möglichst alle Angaben korrekt zu erfassen.

Mein Dank gilt auch dem R. v. Decker's Verlag, der dem Werk sein endgültiges Gesicht gegeben hat.

Rund 30.000 Namen sind in diesem 28. Handbuch der Justiz zusammengetragen – das Namens- und Adressverzeichnis einer durchschnittlichen deutschen Kleinstadt. Angesichts dieses Umfangs sind trotz aller Sorgfalt und mehrerer Korrekturdurchläufe Schreibfehler und Zahlendreher nicht völlig ausgeschlossen. Hierfür bitte ich um Nachsicht und Verständnis. Wir werden bemüht sein, etwaige Unrichtigkeiten in der nächsten Auflage zu korrigieren.

Berlin, im Juni 2006 *Uta Fölster*

Inhaltsverzeichnis

Vorwort V
Abkürzungsverzeichnis XIII
Erläuterungen XV

Bundesverfassungsgericht 1
Bundesministerium der Justiz 3

Gerichte und Justizbehörden des Bundes

Bundesgerichtshof 7
Generalbundesanwalt beim Bundesgerichtshof 9
Bundesarbeitsgericht 10
Bundesfinanzhof 11
Bundessozialgericht 12
Bundesverwaltungsgericht 13
Vertreterin des Bundesinteresses beim Bundesverwaltungsgericht ... 14
Bundeswehrdisziplinaranwalt beim Bundesverwaltungsgericht 14
Bundespatentgericht 15
Truppendienstgerichte 17

Justizministerin, ordentliche Gerichte und Staatsanwaltschaften der Länder

Baden-Württemberg

Justizministerium 21
Oberlandesgerichtsbezirk Karlsruhe 22
    Staatsanwaltschaften 37
    Notariate 42
Oberlandesgerichtsbezirk Stuttgart 48
    Staatsanwaltschaften 64
Richter/Staatsanwälte im Richterverhältnis auf Probe 68

Inhaltsverzeichnis

Bayern
Staatsministerium der Justiz 73
Bayerisches Oberstes Landesgericht 74
Oberlandesgerichtsbezirk Bamberg 75
    Staatsanwaltschaften 82
Oberlandesgerichtsbezirk München 85
    Staatsanwaltschaften 104
Oberlandesgerichtsbezirk Nürnberg 110
    Staatsanwaltschaften 118
Richter/Staatsanwälte im Richterverhältnis auf Probe 120

Berlin
Senatsverwaltung für Justiz 125
Kammergerichtsbezirk Berlin 126
    Staatsanwaltschaften 138
Richter/Staatsanwälte im Richterverhältnis auf Probe 142

Brandenburg
Ministerium der Justiz 145
Oberlandesgerichtsbezirk Brandenburg a.d. Havel 146
    Staatsanwaltschaften 154
Richter/Staatsanwälte im Richterverhältnis auf Probe 157

Bremen
Senator für Justiz und Verfassung 159
Oberlandesgerichtsbezirk Bremen 160
    Staatsanwaltschaften 162
Richter/Staatsanwälte im Richterverhältnis auf Probe 163

Hamburg
Justizbehörde 165
Oberlandesgerichtsbezirk Hamburg 166
    Staatsanwaltschaften 173
Richter/Staatsanwälte im Richterverhältnis auf Probe 175

Hessen
Ministerium der Justiz 177
Oberlandesgerichtsbezirk Frankfurt am Main 178
    Staatsanwaltschaften 196
Richter/Staatsanwälte im Richterverhältnis auf Probe 201

Mecklenburg-Vorpommern
Justizministerium 205
Oberlandesgerichtsbezirk Rostock 206
    Staatsanwaltschaften 213
Richter/Staatsanwälte im Richterverhältnis auf Probe 215

Niedersachsen
Justizministerium 217
Oberlandesgerichtsbezirk Braunschweig 218
    Staatsanwaltschaften 223
Oberlandesgerichtsbezirk Celle 225
    Staatsanwaltschaften 240
Oberlandesgerichtsbezirk Oldenburg 244
    Staatsanwaltschaften 251
Richter/Staatsanwälte im Richterverhältnis auf Probe 253

Nordrhein-Westfalen
Justizministerium 257
Oberlandesgerichtsbezirk Düsseldorf 259
    Staatsanwaltschaften 275
Oberlandesgerichtsbezirk Hamm 279
    Staatsanwaltschaften 305
Oberlandesgerichtsbezirk Köln 312
    Staatsanwaltschaften 324
Richter/Staatsanwälte im Richterverhältnis auf Probe 327

Rheinland-Pfalz
Ministerium der Justiz 333
Oberlandesgerichtsbezirk Koblenz 334
    Staatsanwaltschaften 343
Oberlandesgerichtsbezirk Zweibrücken 346
    Staatsanwaltschaften 351
Richter/Staatsanwälte im Richterverhältnis auf Probe 353

Saarland
Ministerium für Justiz, Gesundheit und Soziales 355
Oberlandesgerichtsbezirk Saarbrücken 356
    Staatsanwaltschaften 360
Richter/Staatsanwälte im Richterverhältnis auf Probe 361

Sachsen
Staatsministerium der Justiz 363
Oberlandesgerichtsbezirk Dresden 364
    Staatsanwaltschaften 376
Richter/Staatsanwälte im Richterverhältnis auf Probe 381

Inhaltsverzeichnis

Sachsen-Anhalt
Ministerium der Justiz 383
Oberlandesgerichtsbezirk Naumburg 384
    Staatsanwaltschaften 392
    Richter/Staatsanwälte im Richterverhältnis auf Probe 395

Schleswig-Holstein
Ministerium für Justiz, Arbeit und Europa 397
Oberlandesgerichtsbezirk Schleswig 398
    Staatsanwaltschaften 406
    Richter/Staatsanwälte im Richterverhältnis auf Probe 408

Thüringen
Justizministerium/Justizprüfungsamt 411
Oberlandesgerichtsbezirk Jena 412
    Staatsanwaltschaften 420
    Richter/Staatsanwälte im Richterverhältnis auf Probe 423

Verfassungsgerichte der Länder

Staatsgerichtshöfe, Verfassungsgerichtshöfe, Verfassungsgerichte 425

Fachgerichte der Länder

Arbeitsgerichtsbarkeit
    Landesarbeitsgerichte, Arbeitsgerichte 433
Finanzgerichtsbarkeit
    Finanzgerichte 463
Sozialgerichtsbarkeit
    Landessozialgerichte, Sozialgerichte 475
Verwaltungsgerichtsbarkeit
    Verwaltungsgerichtshöfe/Oberverwaltungsgerichte, Verwaltungsgerichte 503

Anwaltsgerichtsbarkeit

Anwaltsgerichtsbarkeit 543

Europäische Gerichte und Internationaler Seegerichtshof

Gerichtshof der Europäischen Gemeinschaften 563
Gericht erster Instanz der Europäischen Gemeinschaften 565
Europäischer Gerichtshof für Menschenrechte 567
Internationaler Seegerichtshof 569

Anhang

Die Landgerichte in der Bundesrepublik Deutschland 573
Die Amtsgerichte in der Bundesrepublik Deutschland 575
Die Deutsche Richterakademie 583
Verbände der Richter und Staatsanwälte 585

Namensverzeichnis 591

Abkürzungsverzeichnis

abg.	abgeordnet	GenSekr	Generalsekretär
a.D.	außer Dienst	GL	Gruppenleiter(in)
AG	Amtsgericht	GS2tA	Generalstaatsanwalt/
AGBez.	Amtsgerichtsbezirk		Generalstaatsanwältin
AL	Abteilungsleiter(in)		
AnwG	Anwaltsgerichtshof/Amtsgericht	haArbGemL	hauptamtliche Arbeitsgemeinschaftsleitung
AR	Amtsrat/Amtsrätin	HE	Hessen
ArbG	Arbeitsgericht	HH	Hamburg
ATZ	Altersteilzeit	HL/HAL	Hauptabteilungsleiter(in)
BA	Bundesanwalt/Bundesanwältin	HProf	Hochschulprofessor(in)
BAG	Bundesarbeitsgericht		
BayObLG	Bayerisches Oberstes Landesgericht	JR	Justizrat/Justizrätin
BD	Baudirektor(in)	kw	künftig wegfallend
BehL	Behördenleiter(in)		
BER	Berlin	LAG	Landesarbeitsgericht
beurl.	beurlaubt	LA	Landesanwalt/Landesanwältin
BFH	Bundesfinanzhof	LdA	Leiter(in) der Amtsanwaltschaft
BGBl	Bundesgesetzblatt		
BGH	Bundesgerichtshof	LG	Landgericht
BiblD	Bibliotheksdirektor(in)	LGBez.	Landgerichtsbezirk
BiblOR	Bibliotheksoberrat/-oberrätin	LMinD	Leitende(r) Ministerialdirektor(in)
BMJ	Bundesministerium der Justiz		
BPatG	Bundespatentgericht	LMinR	Leitende(r) Ministerialrat/rätin
BRA	Brandenburg	LOStA	Leitender Oberstaatsanwalt/ Leitende Oberstaatsanwältin
BRE	Bremen		
BSG	Bundessozialgericht	LRD	Leitende(r) Regierungsdirektor(in)
BU	Gerichte des Bundes		
BVerfG	Bundesverfassungsgericht	LSenR	Leitender Senatsrat/ Leitende Senatsrätin
BVerwG	Bundesverwaltungsgericht		
BW	Baden-Württemberg	LSG	Landessozialgericht
BwDA	Bundeswehrdisziplinaranwalt	LSt	Leerstelle
BY	Bayern	LOLA	Leitender Oberlandesanwalt
Dipl.-Kfm.	Diplomkaufmann/frau	MdB	Mitglied des Bundestages
Dipl.-Ök.	Diplomökonom(in)	MdL	Mitglied des Landtages
Dir	Direktor(in)	MedD	Medizinaldirektor(in)
E	Einwohnerzahl	Min	Minister(in)
EStA	Erster Staatsanwalt/ Erste Staatsanwältin	MinD	Ministerialdirektor(in)
		MinDgt	Ministerialdirigent(in)
FamG	Familiengericht	MinR	Ministerialrat/Ministerialrätin
FG	Finanzgericht	MV	Mecklenburg-Vorpommern
		m.W.v.	mit Wirkung vom
GBA	Generalbundesanwältin/Generalbundesanwalt	m.d.W.d.G.b.	mit der Wahrnehmung der Geschäfte beauftragt

Abkürzungsverzeichnis

ND	Notariatsdirektor(in)	SG	Sozialgericht
N.N.	Stelle zur Zeit nicht besetzt	SH	Schleswig-Holstein
Not	Notar(in)	SozD	Sozialdirektor(in)
NDS	Niedersachsen	SozR	Sozialrat/Sozialrätin
NW	Nordrhein-Westfalen	StA	Staatsanwalt/Statsanwältin
		StA (GL)	Staatsanwalt/Staatsanwältin als Gruppenleiter(in)
OAR	Oberamtsrat/-rätin		
OJR	Oberjustizrat/Oberjustizrätin	StaatsR	Staatsrat/Staarsrätin
OLA	Oberlandesanwalt/Oberlandesanwältin	StaatsSekr	Staatssekretär(in)
		stellv. BehL	stellvertretende(r) Behördenleiter(in)
OLG	Oberlandesgericht		
OLGBez.	Oberlandesgerichtsbezirk	stellv. Vors.	stellvertretende(r) Vorsitzende(r)
ORR	Oberregierungsrat/Oberregierungsrätin	stVDir	ständige(r) Vertreter(in) des Direktors/der Direktorin
OSozR	Obersozialrat/-rätin	stVND	ständige(r) Vertreter(in) des/der Notariatsdirektor(in)
OStA	Oberstaatsanwalt/Oberstaatsanwältin	stVGStA	ständige(r) Vertreter(in) des Generalstaatsanwalts
OVG	Oberverwaltungsgericht	stVLOStA	ständige(r) Vertreter(in) des Leitenden Oberstaatsanwalts/Oberstaatsanwältin
Pr	Präsident(in)		
PrDoz.	Privatdozent		
PrLaJPrA	Präsident(in) des Landesjustizprüfungsamtes	Tel.	Telefon
		TH	Thüringen
PrPrA	Präsident(in) des Prüfungsamtes	TrDiG	Truppendienstgericht
		tw.	teilweise
PStaatsSekr	Parlamentarische(r) Staatssekretär(in)	UProf	Universitätsprofessor(in)
R	Richter(in)	VA	Vertreter(in) im Amt
RA	Rechtsanwalt/Rechtsanwältin	VerfG	Verfassungsgerichtshof/Verfassungsgericht
RAG	Richter(in) am Amtsgericht		
Reg.Ass.	Regierungsassistent(in)	VwG	Verwaltungsgericht
RD	Regierungsdirektor(in)	VGH	Verwaltungsgerichtshof
Ref	Referent(in)	VPr	Vizepräsident(in)
RKG	Richter(in) am Kammergericht	VR	Vorsitzende(r) Richter(in)
RkrA	Richter(in) kraft Auftrags	VRKG	Vorsitzende(r) Richter(in) am Kammergericht
RLG	Richter(in) am Landgericht		
RMedD	Regierungsmedizinaldirektor(in)	w.aufsR	weitere(r) aufsichtsführende(r) Richter(in)
ROLG	Richter(in) am OLG		
ROR	Regierungsoberrat/Regierungsoberrätin	WissA	Wissenschaftliche(r) Assistent(in)
RP	Rheinland-Pfalz	WissAng	Wissenschaftliche(r) Angestellte(r)
RR	Regierungsrat/Regierungsrätin	Wiss.Dir.	Wissenschaftliche(r) Direktor(in)
SAA	Saarland		
SAC	Sachsen		
SAN	Sachsen-Anhalt		
Sen	Senator(in)	z.A.	zur Anstellung
SenD	Senatsdirektor(in)	ZSt	Zweigstelle
SenDgt	Senatsdirigent(in)	zugl.	zugleich
SenR	Senatsrat/Senatsrätin	z.Z.	zur Zeit

Erläuterungen für die Benutzung des Handbuches

1. Die Angaben entsprechen weitestgehend dem Stand vom 1. März 2006. Veränderungen nach diesem Stichtag, die bis zum Redaktionsschluss offiziell bekannt wurden, sind berücksichtigt.
2.1 Die Gliederung des Handbuches ergibt sich aus dem Inhaltsverzeichnis.
2.2 Die ordentlichen Gerichte sind nach Ländern, die übrigen Gerichte nach Fachgebieten und Ländern geordnet.
2.3 Die Seitenüberschriften (Kolumnentitel) enthalten links und rechts außen Abkürzungen. Diese sind den Gerichten des Bundes, dem Bundesministerium der Justiz, den ordentlichen Gerichten der Länder, den einzelnen Sparten der Fachgerichte der Länder, den Anwaltsgerichtshöfen und -gerichten der Länder sowie den europäischen und internationalen Gerichten zugeordnet. Sie entsprechen der Aufstellung am Anfang des Namensverzeichnisses. Darüber hinaus sind weitere Informationen enthalten wie die Bezirke der Oberlandesgerichte und der Landgerichte, die Staatsanwaltschaften und die Namen der Länder in den Sparten der Fachgerichte.
2.4 Die Gerichte sind jeweils in alphabetischer Reihenfolge innerhalb des Bezirks ihres im Instanzenzug übergeordneten Gerichts aufgeführt.
2.5 Das gilt auch für die von einer Präsidentin/einem Präsidenten geleiteten Amtsgerichte, obwohl diese nicht der Dienstaufsicht des Präsidenten des Landgerichts unterstehen.
2.6 In Hamburg steht das Amtsgericht Hamburg vor den übrigen Amtsgerichten, da der Präsident dieses Gerichts die Dienstaufsicht auch über die übrigen Amtsgerichte führt.
3. Zum *Kopfeintrag* der Justizministerien, Gerichte und Staatsanwaltschaften:
3.1 Er beginnt mit der *Ortsbezeichnung* der jeweiligen Behörde.
3.2 Bei jedem Land und jedem ordentlichen Gericht der Länder folgt auf die Ortsbezeichnung die *Einwohnerzahl* (E) des Landes oder des Gerichtsbezirks. Soweit bei Gerichtsbezirken einzelner Bundesländer keine Angaben enthalten sind, sind aktuelle Einwohnerzahlen nicht übermittelt worden.
3.3 Es folgen die Haus- und, soweit daneben vorhanden, die Postanschriften des Gerichts/der Behörde.
3.4 Mit vorangestelltem „Tel." folgt die *Telefonnummer* mit Vorwahl (Ortsnetzkennzahl). Soweit sie mitgeteilt wurden, folgen dann die Nummer des *Telefax-Anschlusses* und die *E-Mail-Anschrift*.
3.5 Danach folgt jeweils die in den Haushaltsplänen ausgewiesene *Zahl der Planstellen*, aufgeschlüsselt nach Amts- und Funktionsbezeichnungen. Soweit Leerstellen besonders ausgewiesen sind, sind sie getrennt aufgeführt, ebenso Stellen für Inhaber eines zweiten Amtes (Universitätsprofessoren/Hochschulprofessoren). Stellen, die für mehrere Gerichte ausgewiesen sind, und Stellen für Teilzeitbeschäftigte sind mit den jeweiligen Bruchteilen angegeben (z.B. 2 × 1/2 R). Vgl. im Übrigen die Erläuterungen im Vorwort.

Erläuterungen

3.6 Sind bei einem Gericht oder einer Staatsanwaltschaft *Zweigstellen* eingerichtet, sind sie ebenfalls im Kopfeintrag genannt.

3.7 Das Auffinden der ordentlichen Gerichte im Hauptteil des Handbuches wird durch die alphabetischen Verzeichnisse der Landgerichte und der Amtsgerichte im Anhang des Handbuches erleichtert. Dort sind die jeweils übergeordneten Gerichte und die Länder vermerkt.

4. Bei welchen Amtsgerichten *Schöffengerichte, Familiengerichte* und *Landwirtschaftsgerichte* gebildet sind, ergibt sich aus den Aufstellungen in den Angaben über die Oberlandesgerichtsbezirke und den Kammergerichtsbezirk (Berlin). Ihnen ist auch zu entnehmen, welche Amtsgerichtsbezirke zu den Schöffengerichten, Familiengerichten und Landwirtschaftsgerichten gehören.

5.1 Die auf Lebenszeit angestellten Richter, Staatsanwälte und Beamten sind bei den Dienststellen aufgeführt, bei denen sie ihre Planstelle haben. Das ist auch geschehen, wenn sie abgeordnet oder beurlaubt sind. Hierauf wird jeweils durch die Zusätze „agb." oder „beurl." hingewiesen. Soweit sie in einer Leerstelle geführt werden, ist das durch den Zusatz „LSt" kenntlich gemacht.

5.2 Richter kraft Auftrags (RkrA) und Staatsanwälte im Beamtenverhältnis auf Probe sind bei den Dienststellen, bei denen sie verwendet werden, aufgeführt, und zwar nach den Richtern und Staatsanwälten auf Lebenszeit. Bei ihnen ist das „allgemeine Dienstalter" in Klammern gesetzt.

5.3 Richter/Staatsanwälte im Richterverhältnis auf Probe sind in Listen zusammengefasst, die jeweils am Schluss des Eintrags jedes Landes stehen.

6.1 Die *Personalangaben* gliedern sich in drei Spalten:

6.2 *Spalte 1:*

Familienname, Vorname

6.3 *Spalte 2:*

a) bei auf Lebenszeit angestellten Richtern das allgemeine Dienstalter (§ 20 DRiG),

b) bei Richtern kraft Auftrags der Tag ihrer Berufung in das Richterverhältnis kraft Auftrags, dieser zur Kennzeichnung des Status in Klammern gesetzt,

c) bei auf Lebenszeit angestellten Staatsanwälten und Beamten ein Dienstalter in entsprechender Anwendung des § 20 DRiG,

d) bei Staatsanwälten im Beamtenverhältnis auf Probe der Tag ihrer Berufung in dieses Beamtenverhältnis, dieser in Bayern in Klammern gesetzt,

e) bei Richtern/Staatsanwälten im Richterverhältnis auf Probe der Tag ihrer Berufung in das Richterverhältnis auf Probe (Einstellungstag).

6.4 *Spalte 3:*

Geburtsdatum.

7.1 Die Planstelleninhaber sind entsprechend ihrer Dienststellung nach Gruppen gegliedert. Innerhalb der Gruppen richtet sich die Reihenfolge nach dem Dienstalter und bei gleichem Dienstalter nach dem Lebensalter. Dabei sind Inhaber von Beförderungsstellen den übrigen vorangestellt.

7.2 Die Reihenfolge der Richter/Staatsanwälte auf Probe richtet sich nach dem Tag ihrer Berufung in das Richterverhältnis auf Probe, bei gleichem Datum nach Lebensalter.

Bundesverfassungsgericht

Schloßbezirk 3, 76131 Karlsruhe (Dienstgebäude)
Postfach 17 71, 76006 Karlsruhe (Postanschrift)
Tel. (07 21) 91 01-0, Fax (07 21) 9 10 13 82
E-Mail: BVerfG@bundesverfassungsgericht.de
Internet: www.bundesverfassungsgericht.de
Pressestelle: Tel. (07 21) 91 01-389, Fax (07 21) 91 01-4 61

1 Pr, 1 VPr, 14 R

Präsident

Vorsitzender des Ersten Senats
Prof. Dr. Dr. h.c. Papier,
 Hans-Jürgen   10. 4. 02   6. 7. 43

Vizepräsident

Vorsitzender des Zweiten Senats
Prof. Dr. Dr. h.c. mult. Hassemer,
 Winfried   10. 4. 02 17. 2. 40

Richterinnen/Richter des Ersten Senats
Prof. Dr. Haas, Evelyn   14. 9. 94   7. 4. 49
Prof. Dr. Steiner, Udo   13.10. 95 16. 9. 39
Dr. Hohmann-Dennhardt,
 Christine   11. 1. 99 30. 4. 50
Prof. Dr. Hoffmann-Riem,
 Wolfgang   16.12. 99 04. 3. 40
Prof. Dr. Bryde,
 Brun-Otto   23. 1. 01 12. 1. 43
Dr. Gaier, Reinhard   1.11. 04   3. 4. 54
Prof. Dr. Eichberger,
 Michael   25. 4. 06 23. 6. 53

Richterinnen/Richter des Zweiten Senats
Prof. Dr. Broß, Siegfried   28. 9. 98 18. 7. 46
Prof. Dr. Osterloh, Lerke   15.10. 98 29. 9. 44
Prof. Dr. Dr. Di Fabio,
 Udo   16.12. 99 26. 3. 54
Mellinghoff, Rudolf   23. 1. 01 25.11. 54
Prof. Dr. Lübbe-Wolff,
 Gertrude   10. 4. 02 31. 1. 53
Dr. Gerhardt, Michael   31. 7. 03   2. 4. 48
Landau, Herbert   1.10. 05 26. 4. 48

Verwaltung
Dr. Barnstedt, Elke Luise,
 Dir. b. BVerfG   1. 1. 99 18. 2. 56

Präsidialrätin/Präsidialrat

Erster Senat
Dr. Barnstedt, Elke Luise,
 Dir. b. BVerfG   1. 1. 99 18. 2. 56

Zweiter Senat
Dr. Goetze, Erik, MinR   1. 7. 99 12. 2. 56

Bundesministerium der Justiz[*]

Mohrenstr. 37, 10117 Berlin (Hausanschrift)
Bundesministerium der Justiz, 11015 Berlin (Postanschrift)
Tel. (0 30) 20 25-70, Fax (0 30) 20 25-95 25
E-Mail: poststelle@bmj.bund.de
www.bmj.bund.de

Dienststelle Bonn
Adenauerallee 99-103, 53113 Bonn (Hausanschrift)
Postfach 20 40, 53010 Bonn (Postanschrift)
Tel. (02 28) 58-0, Fax (02 28) 58-45 25

1 Min, 1 PStaatsSekr, 1 StaatsSekr, 4 MinD, 13 MinDgt + 1 LSt (MinDgt),
64 MinR + 8 LSt (MinR), 74 RD + 10 LSt (RD), 4 ORR + 1 LSt (ORR), 1 LSt (RR), 4 RR z. A.

Bundesministerin der Justiz
Zypries, Brigitte   22. 10. 02   16. 11. 53

Parlamentarischer Staatssekretär
Hartenbach, Alfred   23. 10. 02   5. 3. 43

Staatssekretär
Diwell, Lutz   1. 12. 05   6. 9. 51

Ministerialdirektoren
Stein, Gerrit   23. 11. 92   13. 1. 49
Netzer, Berndt   15. 6. 00   25. 5. 49
Dr. Schmitt-Wellbrock,
  Wolfgang   4. 3. 02   29. 6. 48
Dr. Giesler, Volkmar   7. 3. 05   24. 7. 46

Ministerialdirigenten
Oehler, Karl-Heinz   —   —
Diesem, Rainer, beurl. (LSt) 1. 7. 96   15. 8. 48
Nettersheim, Gerd Josef   23. 1. 97   15. 11. 50
Dr. Weis, Hubert   4. 5. 98   13. 6. 52
Fadé, Lujo   2. 6. 98   7. 11. 41
Siegismund, Eberhard   29. 6. 98   15. 11. 44
Dr. Bernhardt, Wilfried   2. 8. 99   13. 8. 54
Lutz, Raimund Georg   18. 12. 01   16. 10. 50
Dittmann, Thomas   1. 10. 02   3. 11. 49
Schaefer, Erich   31. 1. 03   31. 12. 56
Dr. Abmeier, Klaus   26. 11. 04   5. 12. 51

Baumann, Hans Georg   29. 4. 05   26. 4. 51
Dr. Wittling-Vogel, Almut 26. 7. 05   18. 8. 56

Ministerialrätinnen/Ministerialräte
Dr. Ernst, Christoph   —   18. 3. 54
Kiermeier, Benno   1. 9. 90   18. 3. 43
Kemper, Kurt   1. 6. 92   1. 7. 43
Schmieszek, Hans-Peter   1. 6. 92   13. 4. 48
Jaath, Karl-Ernst   1. 11. 92   3. 9. 44
Schrock, Li-Feng   1. 8. 93   25. 2. 47
Berger, Albrecht,
  beurl. (LSt)   1. 1. 94   13. 11. 42
Käfer, Gerhard, beurl. (LSt) 1. 1. 94   18. 9. 43
Stiller, Wolfgang   1. 9. 94   31. 10. 44
Dr. Reinbothe, Jörg,
  beurl. (LSt)   1. 1. 97   31. 12. 48
Schreiber, Winfried   1. 2. 97   17. 2. 48
Frietsch, Edwin   1. 2. 97   4. 9. 48
Dr. Neye, Hans-Werner   1. 7. 97   26. 9. 52
Reichenbach, Harald   1. 2. 98   25. 11. 48
Lochen, Hans-Hermann   1. 5. 98   8. 8. 49
Dr. Wimmer, Klaus   1. 5. 98   16. 11. 51
Hilgendorf-Schmidt,
  Sabine   1. 7. 98   27. 5. 57
Bönke, Detlef Otto   1. 7. 98
Dittrich, Alfred   1. 1. 99   30. 8. 50
Dr. Welp, Dietrich   1. 12. 99   24. 4. 52
Dr. Walz, Stefan   1. 1. 00   7. 2. 49
Kück, Wolfgang   1. 3. 00   9. 10. 46
Dr. Steinbeiß-Winkelmann,
  Christine   1. 3. 00   9. 2. 51
Prof. Dr. Seibert, Ulrich   1. 3. 00   8. 8. 54

---
[*] Stand: 1. 3. 2006.

BMJ

Name		
Friehe, Heinz-Josef	27. 10. 00	30. 8. 54
Dr. Nissel, Reinhard	1. 12. 00	15. 7. 44
Dipl.-Volkswirt Dr. Blath, Richard	1. 12. 00	14. 3. 47
Wasser, Detlef	1. 2. 01	17. 5. 54
Dr. Czerwenka, Beate	1. 2. 01	14. 1. 57
Desch, Eberhard	1. 4. 01	27. 8. 49
Schnigula, Jürgen	11. 6. 01	29. 9. 47
Brink, Josef	1. 8. 01	13. 6. 54
Dr. Wagner, Rolf	1. 8. 01	30. 10. 54
Dr. Schröder, Michael	1. 12. 01	25. 7. 55
Dr. Bollweg, Hans-Georg	1. 12. 01	22. 9. 58
Dr. Böhm, Bernhard	1. 12. 01	1. 7. 59
Schlag, Annette	1. 2. 02	19. 12. 53
Hofmann, Margarete, beurl. (LSt)	1. 3. 02	16. 1. 56
Bindels, Alfred	1. 4. 02	13. 4. 61
Kienemund, Beate	1. 7. 02	24. 12. 52
Freytag, Christoph	1. 8. 02	21. 5. 57
Dr. Pakuscher, Irene	1. 3. 04	16. 5. 58
Dr. Meyer, Thomas	1. 1. 05	8. 7. 56
Dr. Grundmann, Birgit	1. 1. 05	15. 7. 59
Otto, Klaus	1. 8. 05	25. 8. 51
Dr. Rühl, Wolfgang	1. 8. 05	17. 1. 57
Dr. Meyer-Seitz, Christian	1. 8. 05	1. 7. 60

Ministerialrätinnen/Ministerialräte

Name		
Dr. Schennen, Detlef, beurl. (LSt)	—	10. 9. 56
Weckerling, Matthias, beurl. (LSt)	2. 2. 98	25. 2. 52
Kubicki-Halskov, Renate, beurl. (LSt)	4. 7. 00	22. 5. 52
Schöfisch, Volker	18. 5. 01	2. 1. 56
Dr. Franz, Kurt	18. 5. 01	20. 6. 56
Dr. Korte, Matthias	18. 12. 01	14. 2. 61
Dr. Klinkert, Rosemarie	18. 2. 02	23. 7. 41
Blöink, Thomas, abg.	27. 8. 02	15. 9. 63
Dr. Bösert, Bernd	19. 2. 03	20. 5. 63
Dr. Schneider, Ursula	24. 2. 03	4. 4. 56
Dr. Neuhaus, Heike	18. 3. 04	22. 1. 60
Dr. Heger, Matthias	18. 3. 04	6. 8. 58
Siebels, Wilhelm	24. 3. 04	22. 5. 49
Dr. Schomburg, Gerhard	20. 12. 04	3. 6. 57
Vogel, Axel	20. 12. 04	10. 1. 59
Dr. Kleindiek, Ralf	20. 12. 04	26. 8. 65
Bell, Thomas	1. 3. 05	11. 2. 57
Dr. Kemper, Jutta	25. 8. 05	27. 11. 58
Dr. Barth, Thomas	25. 8. 05	7. 3. 61
Dr. Behrens, Hans-Jörg	25. 8. 05	22. 10. 62
Lubenow, Kerstin	31. 8. 05	13. 3. 60

Regierungsdirektorinnen/Regierungsdirektoren

Name		
Kannenberg, Werner	—	—
Rothfuß, Till	—	—

Name		
Jansen, Barbara, beurl. (LSt)	—	10. 9. 64
Janzen, Ulrike, beurl. (LSt)	—	16. 4. 71
Stucke, Petra	3. 9. 93	13. 9. 62
Dr. Greßmann, Michael	21. 6. 94	15. 6. 61
Meyer-Cabri van Amelrode, Klaus Jörg, abg.	16. 8. 94	14. 5. 61
Höhfeld, Ute	2. 10. 95	18. 2. 62
Dr. Mädrich, Susanne	28. 2. 96	20. 2. 59
Dr. Hiestand, Martin	4. 3. 96	6. 5. 60
Dr. Gebauer, Michael	18. 3. 96	12. 9. 58
Kröger, Perdita	19. 8. 96	10. 1. 62
Dr. Goerdeler, Daniela	30. 8. 96	31. 10. 62
Hase, Peter	2. 1. 97	26. 3. 50
Weichert, Johannes	21. 1. 97	24. 12. 57
Jungewelter, Vera	21. 1. 97	26. 1. 61
Dr. Heitland, Horst, zugew.	5. 8. 97	6. 2. 61
Schulz, Sonja	6. 1. 98	1. 6. 50
Sternal, Marianne, beurl. (LSt)	6. 1. 98	16. 4. 54
Wagner, Heiko	6. 1. 98	6. 3. 54
Jähne, Petra	6. 1. 98	6. 4. 55
Marx, Wolfram	6. 1. 98	9. 6. 56
Schade, Elke	6. 1. 98	1. 12. 58
Mittelstädt, Andrea	6. 1. 98	1. 4. 59
Hellmann, Mathias	6. 1. 98	4. 1. 64
Dr. Michlik, Frank, beurl. (LSt)	5. 2. 98	21. 11. 61
Dr. Figge, Jutta	3. 3. 98	16. 5. 63
Schewior, Eva Maria	6. 10. 98	—
Bartodziej, Silvia	30. 10. 98	17. 7. 62
Steiger, Thomas, beurl. (LSt)	18. 1. 99	6. 1. 60
Dr. Schulz, Andrea, beurl. (LSt)	5. 5. 99	8. 6. 61
Radziwill, Edgar	1. 9. 99	10. 2. 63
Dr. Wichard, Johannes Christian, beurl. (LSt)	17. 9. 99	28. 7. 63
Krämer, Hannes, beurl. (LSt)	7. 1. 00	26. 3. 66
Dr. Timm, Birte	25. 1. 00	3. 1. 66
Leier, Barbara	13. 3. 00	15. 10. 66
Dr. Henrichs, Christoph	19. 6. 00	24. 9. 66
Dr. Herrnfeld, Hans-Holger	31. 7. 00	11. 7. 56
Huttner-Thompson, Renate	4. 8. 00	19. 7. 48
Engers, Martin	8. 8. 00	15. 10. 64
Waclawczyk, Margarete	15. 8. 00	6. 8. 55
Dr. Lang, Franziska	22. 9. 00	22. 9. 66
Dr. Brahms, Katrin	18. 10. 00	9. 4. 67
Storm, Karin	12. 2. 01	6. 5. 50
Bachler, Frauke	2. 4. 01	16. 4. 66
Ritter, Almut, beurl. (LSt)	11. 6. 01	12. 11. 67
Dienst, Markus	27. 11. 01	2. 3. 65
Dr. Günther, Andreas	14. 1. 02	5. 5. 66
Weinbörner, Udo	1. 3. 02	9. 2. 59

Ullrich, Corinna, beurl. (LSt)	29. 4. 02	7. 4. 70
Dr. Knöfel, Susanne, abg.	1. 7. 02	28. 6. 70
Dr. Cludius, Stefan	29. 8. 02	22. 8. 61
Jagst, Christel, abg.	4. 9. 02	20. 3. 68
Persch, Wilfried	12. 12. 02	21. 3. 42
Hufeld, Birgit	19. 12. 02	1. 4. 61
MacLean, Jan	20. 12. 02	—
Schmierer, Eva	10. 1. 03	14. 1. 69
Kassel, Stephan	12. 3. 03	1. 11. 65
Frey, Sylvia	8. 4. 03	19. 11. 69
Dr. Hubig, Stefanie	25. 6. 03	15. 12. 68
Busch, Markus	3. 11. 03	18. 6. 68
Schmid, Matthias	19. 11. 03	8. 7. 60
Dr. Ulich, Ilona	8. 12. 03	31. 5. 68
Dürbaum, Ute	18. 12. 03	23. 6. 43
Ettel, Rainer	20. 1. 04	22. 11. 65
Fenzl, Ulrike	20. 1. 04	17. 4. 67
Mirow, Dirk	20. 1. 04	30. 12. 68
Dr. Rohlack, Tammo	30. 4. 04	9. 4. 69
Dr. Jacoby, Sigrid	29. 7. 04	6. 3. 66
Scheuer, Gabriele	29. 7. 04	30. 5. 66
Meixner, Bernhard	3. 11. 04	3. 5. 51
Dr. Algermissen, Anne	18. 3. 05	1. 2. 69
Dr. Schollmeyer, Eberhard, abg.	15. 4. 05	29. 7. 68

Dr. Laitenberger, Angelika	11. 10. 05	—
Dr. Thiemrodt, Ivo	18. 11. 05	14. 12. 67
Dr. Johnson, Christian	25. 11. 05	19. 6. 64
von Levetzow, Sebastian	25. 11. 05	9. 5. 69
Dr. Harms, Katharina	22. 12. 05	29. 12. 61

Oberregierungsrätinnen/Oberregierungsräte

Klinger-Mertens, Ulrike	13. 11. 87	14. 12. 48
Thur, Marion, beurl. (LSt)	19. 12. 89	9. 5. 54
Strub-Brüne, Gisela	19. 12. 89	19. 9. 55
Zinke, Irina	29. 3. 95	19. 3. 53
Kawel, Siegfried	7. 3. 05	17. 6. 54

Regierungsrat

Wiersing, Thomas, beurl. (LSt)	14. 3. 05	—

Regierungsrätinnen z. A./Regierungsrat z. A.

Gutjahr, Eva-Lotta	18. 10. 04	16. 1. 76
Dr. Dörrbecker, Alexander	1. 11. 04	4. 4. 73
Decker, Daniela	28. 12. 04	—

1 MinDgt, 3 MinR, 3 RD und 1 RR z. A. haben erklärt, dass sie nicht aufgeführt werden möchten.

Gerichte des Bundes

Bundesgerichtshof

Herrenstr. 45a, 76133 Karlsruhe
76125 Karlsruhe
Tel. (07 21) 1 59-0, Fax (07 21) 15 16 09
E-Mail: poststelle@bgh.bund.de
www.bundesgerichtshof.de

Pressestelle:
Tel. (07 21) 1 59-50 13, Fax (07 21) 1 59-55 01
E-Mail: pressestelle@bgh.bund.de

1 Strafsenat in Leipzig
Karl-Heine-Str. 12, 04229 Leipzig
Tel. (03 41) 48 73 70, Fax (03 41) 4 87 37 98

1 Pr, 1 VPr, 16 VR, 108 R

Präsident
Prof. Dr. Hirsch, Günter   1. 7. 00   30. 1. 43

Vizepräsidentin
Dr. Müller, Gerda   5. 7. 05   26. 6. 44

Vorsitzende Richterinnen/Vorsitzende Richter
Dr. Deppert, Katharina   2. 5. 96   20. 6. 41
Prof. Dr. Ullmann, Eike   27. 8. 98   17. 10. 41
Nobbe, Gerd   12. 7. 99   23. 1. 44
Dr. Müller, Gerda   27. 11. 00   26. 6. 44
Terno, Wilfried   2. 5. 01   31. 1. 46
Dr. Tepperwien, Ingeborg   20. 9. 01   7. 4. 45
Prof. Dr. Tolksdorf, Klaus   20. 9. 01   14. 11. 48
Dr. Melullis, Klaus-Jürgen   12. 11. 01   15. 3. 44
Dr. Hahne, Meo-Micaela   12. 11. 01   18. 3. 47
Dr. Rissing-van Saan, Ruth   6. 6. 02   25. 1. 46
Dr. Dressler, Wolf-Dieter   14. 8. 02   13. 10. 43
Nack, Armin   1. 11. 02   3. 2. 48
Schlick, Wolfgang   17. 12. 03   29. 3. 50
Dr. Fischer, Gero   2. 9. 04   11. 3. 43
Prof. Dr. Goette, Wulf   1. 6. 05   16. 5. 46
Prof. Dr. Krüger, Wolfgang   4. 7. 05   4. 7. 47

Richterinnen/Richter
Dr. Baron Ungern-Sternberg
   von Pürkel, Joachim   1. 9. 87   27. 10. 42
Dr. Haß, Gerhard   3. 10. 88   19. 7. 42
Dr. Wurm, Michael   1. 12. 88   5. 10. 45
Häger, Joachim   4. 9. 89   11. 6. 44
Hausmann, Jürgen   3. 10. 89   9. 4. 42
Dr. Wiebel, Markus   15. 1. 90   26. 6. 42
Maatz, Kurt Rüdiger   2. 4. 90   17. 3. 45
Dr. Miebach, Klaus   2. 5. 90   19. 4. 44
Dr. Beyer, Dietrich   1. 8. 90   30. 5. 41
Basdorf, Clemens   2. 11. 90   11. 7. 49
Winkler, Walter   16. 7. 91   19. 8. 42
Dr. Schlichting, Gerhard   16. 7. 91   28. 12. 44
Dr. Ganter, Hans Gerhard   16. 7. 91   18. 10. 45
Ball, Wolfgang   16. 7. 91   12. 11. 48
Dr. Wahl, Bernhard   16. 7. 91   1. 5. 49
Dr. Bode, Bernd-Dieter   21. 1. 92   12. 3. 43
Dr. Leimert, Dirck   27. 4. 92   12. 7. 41
Wiechers, Ulrich   1. 7. 92   11. 7. 49
Streck, Edgar   1. 4. 93   26. 4. 42
Dr. Greiner, Hans-Peter   1. 4. 93   25. 12. 43
Dr. Kuckein, Jürgen-Detlef   4. 3. 94   27. 2. 44
Athing, Gerhard   4. 3. 94   28. 5. 45
Sprick, Claus   4. 3. 94   3. 6. 46
Dr. Kuffer, Johann   4. 3. 94   26. 5. 47
Dr. Otten, Giseltraud   17. 5. 95   6. 2. 43
Dr. Boetticher, Axel   17. 5. 95   2. 7. 43
Seiffert, Karl-Heinz   17. 5. 95   17. 3. 45
Schluckebier, Wilhelm   26. 5. 95   3. 11. 49
Dr. Wolst, Dieter   2. 6. 95   20. 3. 44
Solin-Stojanović, Daniela   2. 6. 95   1. 5. 46
Weber-Monecke, Beatrix   2. 6. 95   14. 12. 50

7

BU Bundesgerichtshof

Name					Name				
Pfister, Wolfgang	1.	8. 95	5.	8. 50	Schaal, Hans-Jürgen	11. 10. 00	29. 12. 47
Dr. Klein, Michael	1.	9. 95	28. 11. 45	Dr. Gaier, Reinhard	11. 10. 00	3. 4. 54
Dr. Kapsa, Bernhard	28.	3. 96	11.	8. 43	Diederichsen, Angela	7. 11. 00	8. 7. 50
Prof. Dr. Bornkamm, Joachim	28.	3. 96	27. 12. 48	Bauner, Karl Eugen	2. 4. 01	21. 4. 47
Scharen, Uwe	28.	3. 96	9.	8. 45	Pauge, Burkhard	2. 4. 01	6. 12. 49
Dr. Kurzwelly, Jens-Peter	1.	4. 96	11.	6. 44	Fuchs, Johann	2. 5. 01	29. 9. 46
Keukenschrijver, Alfred	1.	4. 96	9. 11. 47	Dr. Frellesen, Peter	2. 5. 01	20. 3. 49
Dr. Gerhardt, Ursula	12.	4. 96	25.	4. 43	Dr. Kessal-Wulf, Sibylle	2. 5. 01	25. 11. 58
Rothfuß, Holger	2.	5. 96	12.	5. 50	Kayser, Godehard	4. 7. 01	6. 10. 54
Dörr, Claus	2.	8. 96	22.	3. 47	Felsch, Joachim	4. 7. 01	8. 9. 55
Pokrant, Günther	8.	8. 96	14.	7. 50	Dr. Ahlt, Michael	1. 8. 01	12. 5. 43
Dr. Ernemann, Andreas	2. 10. 96	14.	5. 47	Sost-Scheible, Beate	5. 9. 01	1. 4. 56
Ambrosius, Barbara	4. 11. 96	25. 11. 44	Asendorf, Claus Dietrich	1. 11. 01	19. 11. 46
Kraemer, Hans-Jörg	4.	2. 97	21.	9. 44	Dr. Vézina, Birgit	1. 11. 01	22. 5. 48
Dr. Müller, Gerhard	3.	3. 97	10.	8. 46	Stöhr, Karlheinz	1. 11. 01	22. 6. 51
Dr. Kniffka, Rolf	2.	6. 98	13.	7. 49	Mayen, Barbara	1. 11. 01	3. 7. 56
Prof. Dr. Wagenitz, Thomas	19.	8. 99	24. 12. 45	Dr. Bergmann, Alfred	29. 7. 02	13. 7. 53
Mühlens, Elisabeth	19.	8. 99	14.	6. 49	Hubert, Erwin	29. 7. 02	11. 6. 51
Dr. Lemke, Reiner	19.	8. 99	25.	7. 49	Dr. Schmidt-Räntsch, Jürgen	29. 7. 02	5. 10. 57
Dr. Büscher, Wolfgang	19.	8. 99	21.	6. 52	Nešković, Wolfgang*	5. 8. 02	3. 6. 48
Galke, Gregor	19.	8. 99	19.	1. 53	Zoll, Karl-Hermann	1. 10. 02	29. 11. 46
Dr. Joeres, Hans-Ulrich	19.	8. 99	12.	4. 55	Roggenbuck, Ellen	5. 11. 02	21. 2. 56
Münke, Maren	1.	9. 99	17.	3. 43	Dr. Appl, Ekkehard Martin	2. 12. 02	8. 7. 60
von Lienen, Gerhard	1.	9. 99	21.	4. 47	Dr. Graf, Jürgen-Peter	5. 2. 03	22. 12. 52
Dr. Raum, Rolf	1.	9. 99	8.	8. 56	Prof. Dr. Gehrlein, Markus	7. 7. 03	26. 7. 57
Wendt, Roland	1. 10. 99	18.	9. 49	Dr. Strohn, Lutz	10. 7. 03	31. 8. 51
Raebel, Bernd	1. 12. 99	28.	7. 48	Dr. Stresemann, Christina	10. 7. 03	18. 12. 57
Wellner, Wolfgang	1. 12. 99	25.	8. 53	Vill, Gerhard	2. 9. 03	30. 5. 51
Dr. Kolz, Harald	22.	5. 00	11.	9. 44	Cierniak, Jürgen	10. 12. 03	12. 4. 56
Becker, Jörg Peter	22.	5. 00	4. 11. 53	Dose, Hans-Joachim	10. 12. 03	28. 12. 56
Dr. Brause, Hans-Peter	1.	7. 00	19.	8. 48	Dr. Herrmann, Ulrich	10. 12. 03	2. 7. 60
Prof. Dr. Fischer, Thomas	1.	7. 00	29.	4. 53	Caliebe, Gabriele	1. 1. 04	25. 2. 54
Prof. Dr. Meier-Beck, Peter	1.	7. 00	19. 12. 55	Hermanns, Monika	3. 5. 04	6. 3. 59
Hebenstreit, Ulrich	4.	7. 00	3.	8. 47	Dr. Ellenberger, Jürgen	2. 9. 04	19. 4. 60
Dr. Wassermann, Henning	1.	8. 00	2.	8. 49	Lohmann, Ilse	2. 9. 04	9. 6. 60
Elf, Renate	4.	9. 00	8.	5. 47	Dr. Kirchhoff, Wolfgang	1. 11. 04	20. 1. 59
Dr. Schaffert, Wolfgang	4.	9. 00	7.	6. 55	Safari Chabestari, Ursula	6. 1. 05	6. 5. 49
					Dr. Franke, Ulrich	6. 1. 05	11. 9. 57
					Dr. Czub, Hans-Joachim	10. 5. 05	10. 7. 51
					Prof. Dr. Schmitt, Bertram	10. 5. 05	9. 9. 58
					Dr. Reichart, Angelika	1. 6. 05	25. 8. 53
*Richteramt ruht.					Dr. Roth, Gerald	4. 7. 05	23. 11. 54

Der Generalbundesanwalt beim Bundesgerichtshof

Brauerstr. 30, 76137 Karlsruhe (Dienstgebäude)
Tel. (07 21) 81 91-0, Fax (07 21) 81 91-5 90
E-Mail: poststelle@gba.bund.de
www.generalbundesanwalt.de
Postfach 27 20, 76014 Karlsruhe (Postanschrift)
Pressestelle: Tel. (07 21) 81 91-4 10, Fax (07 21) 81 91-4 92
E-Mail: presse@gba.bund.de

Dienststelle Bundeszentralregister
Adenauerallee 99-103, 53113 Bonn (Dienstgebäude), 53094 Bonn (Postanschrift)
Tel. (Inland): (0 18 88) 4 10-40
Fax (Inland): (0 18 88) 4 10-50 50
Tel. (Ausland): (02 28) 4 10-40
Fax (Ausland): (02 28) 4 10-50 50

Dienststelle Leipzig
Karl-Heine-Str. 12, 04229 Leipzig
Postfach 10 10 65, 04010 Leipzig
Tel. (03 41) 4 87 37-0, Fax (03 41) 4 87 37-97

1 GBA, 3 BA (AL), 26 BA, 36 OStA, 7 StA b. BGH, 7 RD, 2 ORR

Generalbundesanwältin

Harms, Monika	30. 5. 06	29. 9. 46	

Bundesanwälte als Abteilungsleiter

Dr. Schnarr, Karl Heinz	1. 7. 01	21. 3. 44	
Griesbaum, Rainer	1. 11. 04	14. 3. 48	
Hannich, Rolf	1. 7. 05	7. 7. 49	

Bundesanwälte

Lampe, Joachim	5. 4. 91	13. 6. 41	
Piesker, Hans	26. 5. 95	22. 6. 41	
Senge, Lothar	1. 6. 95	24. 4. 42	
Heiduschka, Winfried[1]	11. 4. 96	25. 1. 42	
Kohlhaas, Ekkehard	15. 10. 96	30. 3. 44	
von Langsdorff, Hermann, abg.	1. 10. 98	12. 12. 44	
Jost, Bruno	1. 12. 00	26. 4. 49	
Altvater, Gerhard	19. 1. 01	16. 11. 52	
Fieberg, Gerhard	16. 7. 01	25. 11. 46	
Dr. Berard, Peter	24. 10. 01	21. 4. 49	
Dr. Schmidt, Wilhelm	28. 12. 01	7. 4. 51	
Homann, Volker	12. 6. 02	25. 11. 48	
Müssig, Peter	12. 6. 02	23. 8. 49	
Hemberger, Walter	12. 6. 02	8. 8. 53	
Siegmund, Wolfgang	12. 6. 02	27. 11. 53	
Grotz, Michael, abg.	21. 10. 02	3. 5. 47	
Dr. Boeter, Ulrich	28. 1. 03	22. 4. 44	
Brinkman, Volker	6. 3. 03	5. 3. 51	
Dr. Schädler, Wolfram	7. 4. 04	30. 12. 47	
Kalf, Wolfgang	8. 7. 04	11. 7. 49	
Bruns, Michael	8. 7. 04	1. 1. 51	
Steudl, Bernd	8. 7. 04	10. 3. 54	
Dietrich, Wolf-Dieter	20. 12. 04	27. 11. 49	
Dr. Diemer, Herbert	20. 12. 04	24. 10. 53	
Beck, Thomas	20. 12. 04	20. 3. 56	

Oberstaatsanwältinnen/Oberstaatsanwälte

Christensen, Peter[2]	1. 7. 91	7. 12. 46	
Duensing, Hartwig	3. 4. 92	16. 12. 51	
Hofmann, Manfred	14. 6. 93	23. 12. 54	
Georg, Ronald	5. 2. 96	17. 5. 57	
Schübel, Eva	1. 9. 96	2. 11. 56	
Salzmann, Horst-Rüdiger	30. 12. 96	22. 11. 56	
Scheuten, Frauke-Katrin	1. 1. 98	2. 6. 59	
Ernst, Peter Klemens	15. 4. 98	9. 1. 52	
Veith, Johann Michael[2]	1. 7. 98	1. 2. 47	
Dr. Krehl, Christoph	16. 1. 99	21. 2. 58	
Schmid, Johann	2. 10. 00	25. 1. 59	
Dr. Bauer, Georg	19. 12. 00	8. 9. 56	
Dr. Wehowsky, Ralf	19. 12. 00	6. 11. 59	
Schaper, Michael[1]	1. 10. 01	10. 8. 59	
Kirchner, Almut[1]	1. 9. 02	22. 8. 58	
Dr. Schneider, Hartmut[1]	16. 12. 02	26. 8. 61	
Dr. Kaiser, Gerd	10. 1. 03	6. 5. 61	
Dr. Krauß, Matthias	28. 10. 03	20. 1. 61	
Böringer, Annette	5. 11. 03	19. 8. 62	
Dr. Kortgen, Norbert	22. 12. 03	4. 5. 61	
Hegmann, Sigrid	23. 8. 04	16. 3. 64	

[1] Dienststelle Leipzig.
[2] Dienststelle Bundeszentralregister.

BU BAG

Ritscher, Christian	12. 9. 05	2. 9. 64			
Dr. Hornick, Andreas	12. 9. 05	12. 6. 65			
Zacharias, Cornelia, 1/2	15. 9. 05	25. 5. 64			
Monka, Christian	15. 9. 05	12. 6. 64			
Ritzert, Silke	15. 9. 05	14. 9. 64			
Dr. Kneuer, Petra	15. 9. 05	30. 8. 66			

Staatsanwältinnen/Staatsanwälte beim BGH

Dr. Schultheis, Ullrich	7. 5. 04	5. 1. 65
Becker-Klein, Heike, 3/5	12. 5. 04	19. 11. 63
Maur, Lothar	4. 3. 05	1. 4. 61
Lohse, Kai, abg.	4. 3. 05	8. 10. 64
Wallenta, Frank	27. 1. 06	27. 2. 66

Regierungsdirektorin/Regierungsdirektoren

Hülsmann, Michael[1]	17. 4. 01	31. 3. 49
Gregorius, Peter	1. 2. 02	24. 5. 43
Weitzel, Wolfgang[1]	25. 4. 02	28. 5. 52
Dr. Pfeiffer, Joachim[1], 3/4	27. 5. 02	12. 3. 58
Dr. Lau, Stefanie[1]	4. 3. 04	21. 1. 63

Oberregierungsrätin

Geib, Ulrike	28. 6. 05	19. 2. 62

Regierungsrätin

Speich, Carolin[1]	30. 10. 03	28. 6. 65

Bundesarbeitsgericht

Hugo-Preuß-Platz 1, 99084 Erfurt (Hausanschrift)
99113 Erfurt (Postanschrift)
Tel. (03 61) 26 36-0, Fax (03 61) 26 36-20 00
E-Mail: bag@bundesarbeitsgericht.de
www.bundesarbeitsgericht.de

1 Pr, 1 VPr, 8 VR, 24 R

Präsidentin

Schmidt, Ingrid	1. 3. 05	25. 12. 55

Vizepräsident

Dörner, Hans-Jürgen	1. 9. 02	9. 9. 44

Vorsitzende Richter

Dr. Freitag, Peter	1. 1. 98	6. 10. 45
Dr. Reinecke, Gerhard	21. 5. 99	24. 5. 45
Prof. Dr. Rost, Friedhelm	1. 10. 00	9. 4. 44
Düwell, Franz Josef	1. 9. 01	28. 10. 46
Hauck, Friedrich	1. 9. 01	4. 4. 50
Dr. Müller-Glöge, Rudi	1. 9. 01	27. 8. 51
Bepler, Klaus	28. 12. 04	15. 4. 47
Dr. Fischermeier, Ernst	1. 3. 05	3. 11. 52

Richterinnen/Richter

Dr. Wittek, Rupert	5. 4. 88	1. 7. 42
Kremhelmer, Johann	1. 5. 90	13. 2. 46
Dr. Armbrüster, Klaus	10. 7. 91	25. 3. 45
Bröhl, Knut-Dietrich	19. 5. 93	1. 6. 43
Prof. Dr. Mikosch, Ernst	19. 5. 93	24. 1. 49
Böck, Peter	19. 5. 93	9. 9. 50
Dr. Friedrich, Hans-Wolf	21. 4. 94	13. 1. 42
Bott, Günter	21. 4. 94	20. 1. 44
Reinecke, Birgit	1. 1. 97	8. 4. 44
Kreft, Burghard	1. 2. 98	13. 9. 50
Gräfl, Edith	1. 2. 98	7. 11. 55
Dr. Wolter, Jürgen	1. 9. 99	7. 7. 43
Marquardt, Annelie	1. 9. 99	19. 8. 47
Linsenmaier, Wolfgang	1. 9. 99	15. 6. 49
Breinlinger, Axel	8. 5. 01	2. 3. 51
Dr. Eylert, Mario	8. 5. 01	5. 2. 53
Dr. Linck, Rüdiger	1. 7. 01	19. 1. 59
Schmitz-Scholemann, Christoph	1. 8. 01	13. 9. 49
Dr. Brühler, Gernot	26. 11. 01	26. 3. 53
Dr. Laux, Helga	26. 11. 01	8. 3. 56
Dr. Zwanziger, Bertram	26. 11. 01	10. 8. 56
Krasshöfer, Horst-Dieter	1. 9. 02	27. 10. 52
Creutzfeldt, Malte	12. 5. 05	3. 2. 53
Dr. Koch, Ulrich	1. 6. 05	24. 4. 59

[1] Dienststelle Bundeszentralanzeiger.

Bundesfinanzhof

Ismaninger Str. 109, 81675 München (Dienstgebäude)
Postfach 86 02 40, 81629 München (Postanschrift)
Tel. (0 89) 92 31-0, Fax (0 89) 9 23 12 01
E-Mail: bundesfinanzhof@bfh.bund.de
Pressestelle: Tel. (0 89) 92 31-2 33
E-Mail: pressestelle@bfh.bund.de

1 Pr, 1 VPr, 9 VR, 50 R

Präsident
Dr. h. c. Spindler, Wolfgang 1. 6. 05 30. 3. 46

Vizepräsident
Dr. Wagner, Wilfried 1. 6. 05 29. 12. 42

Vorsitzende Richterinnen/Vorsitzende Richter
Prof. Dr. Drenseck, Walter 1. 2. 98 30. 9. 41
Herden, Christian 28. 6. 00 29. 6. 43
Prof. Dr. Fischer, Peter 1. 1. 01 25. 5. 42
Ruban, Reinhild 1. 6. 01 10. 5. 44
Boeker, Heide 5. 11. 01 6. 10. 45
Dr. Schwakenberg,
   Friedrich-Karl 10. 3. 03 15. 4. 44
Dr. Gosch, Dietmar — —
Völlmeke, Monika 1. 6. 05 4. 8. 46
Dr. Müller-Eiselt,
   Klaus Peter 11. 1. 06 27. 4. 46

Richterinnen/Richter
Thomas, Michael-Ingo 20. 1. 87 20. 2. 43
Prof. Dr. Kanzler,
   Hans-Joachim 1. 3. 89 15. 11. 46
Dr. Kempermann, Michael 8. 6. 89 6. 2. 44
Prof. Dr. habil.
   Weber-Grellet, Heinrich 2. 5. 90 31. 5. 48
Dr. Lang, Walter 2. 11. 90 29. 3. 43
Prof. Dr. Dötsch, Franz 16. 7. 91 7. 12. 48
Dr. Martin, Suse 16. 7. 91 9. 5. 49
Viskorf, Hermann-Ulrich 26. 7. 91 8. 3. 50
Prof. Dr. Pezzer,
   Heinz-Jürgen 26. 7. 91 4. 7. 50
Steinhauff, Dieter 4. 11. 91 11. 10. 43
Dr. Ahmann, Karin Renate 4. 11. 91 11. 11. 43
Dr. Christiansen, Alfred 6. 5. 92 5. 7. 42
Thürmer, Bernd 1. 6. 92 7. 10. 43
Dr. Dürr, Ulrich 1. 3. 93 27. 1. 44
Hutter, Ulrich 17. 5. 95 27. 12. 42
Rüsken, Reinhart 2. 6. 95 1. 12. 48
Fischer, Lothar 28. 3. 96 27. 6. 48
Wendt, Michael 28. 3. 96 9. 11. 55
Kilches, Karl Rainer 5. 12. 96 29. 3. 45
Dr. Lange, Hans-Friedrich 1. 9. 97 26. 4. 52
Dr. Wacker, Roland 8. 1. 98 31. 3. 55
Dr. Buciek, Klaus 2. 4. 98 6. 5. 52
von Eichborn, Wolfgang 4. 5. 98 24. 9. 48
Ehehalt, Richard 7. 7. 98 15. 6. 44
Greite, Walter 3. 8. 98 18. 11. 46
Brandt, Jürgen 13. 1. 00 26. 9. 53
Schuster, Silvia 7. 9. 00 20. 12. 52
Heger, Karin 19. 9. 00 6. 3. 53
Dr. Heuermann, Bernd 6. 6. 01 13. 11. 54
Schönfelder, Hannes 5. 9. 01 28. 1. 45
Moritz, Joachim 9. 10. 01 21. 11. 49
Dr. Pahlke, Armin 14. 8. 02 15. 12. 51
Dr. Bergkemper, Winfried 1. 10. 02 12. 8. 49
Manz, Peter 1. 10. 02 17. 3. 51
Jäger, Adelheid 1. 10. 02 23. 11. 52
Freiherr von Twickel,
   Degenhard 1. 8. 03 19. 9. 49
Dr. Jüptner, Roland 1. 8. 03 2. 2. 55
Krüger, Ulrich 2. 9. 03 2. 3. 53
Dr. Jatzke, Harald 1. 1. 04 10. 5. 59
Schmid, Manfred 1. 8. 04 14. 11. 52
Dr. Heidner,
   Hans-Hermann 1. 8. 04 28. 4. 57
Grube, Friederike 6. 1. 05 23. 12. 61
Prof. Dr. Jachmann,
   Monika 6. 1. 05 21. 12. 63
Dr. Brandis, Peter 17. 8. 05 13. 5. 59
Dr. Kronthaler, Ludwig 1. 9. 05 28. 6. 57
Görke, Roger 4. 10. 05 6. 5. 57
Dr. Schneider, Stefan 1. 1. 06 10. 11. 56

Bundessozialgericht

Graf-Bernadotte-Platz 5, 34119 Kassel (Hausanschrift)
34114 Kassel (Postanschrift)
Tel. (05 61) 31 07-1, Fax (05 61) 3 10 74 75
E-Mail: bundessozialgericht@bsg.bund.de
Pressestelle: Tel. (05 61) 31 07-4 60, Fax (05 61) 31 07-4 74
E-Mail: presse@bsg.bund.de
www.bundessozialgericht.de

1 Pr, 1 VPr, 9 VR, 29 R

Präsident
von Wulffen, Matthias   1. 9. 95   19. 12. 42

Vizepräsidentin
Dr. Wetzel-Steinwedel,
Ruth   27. 8. 03   16. 6. 48

Vorsitzende Richter
Prof. Dr. Meyer, Wolfgang   1. 5. 96   31. 12. 47
Dr. Ladage, Klaus Friedrich 1. 1. 97   18. 5. 42
Dr. Engelmann, Klaus   26. 6. 97   26. 3. 43
Balzer, Hartwig   2. 5. 02   25. 6. 45
Prof. Dr. Loytved, Helge   28. 6. 02   2. 9. 48
Steege, Reinhard   1. 10. 03   18. 7. 43
Prof. Dr. Udsching, Peter   1. 10. 03   26. 3. 48
Dr. Dreher, Wolfgang   1. 11. 04   8. 8. 45
Dr. Steinwedel, Ulrich   1. 11. 04   24. 6. 49

Richterinnen/Richter
Dau, Dirk Hermann   28. 7. 92   2. 8. 43
Eicher, Wolfgang   28. 7. 92   12. 9. 52
Husmann, Manfred   19. 5. 93   9. 3. 43
Mütze, Wolfgang   19. 5. 93   18. 7. 43
Dr. Hambüchen,
Heinz-Ulrich   19. 5. 93   2. 1. 49

Dr. Fichte, Wolfgang   28. 7. 95   24. 1. 51
Schriever, Andreas   28. 7. 95   15. 9. 51
Dr. Berchtold, Josef   28. 7. 95   25. 2. 53
Dr. Wenner, Ulrich   28. 7. 95   27. 5. 56
Dr. Terdenge, Franz   2. 5. 96   6. 8. 48
Masuch, Peter   2. 5. 96   10. 4. 51
Dr. Voelzke, Thomas   1. 1. 97   24. 1. 56
Prof. Dr. Schlegel, Rainer   1. 1. 97   4. 2. 58
Kruschinsky, Michael   2. 1. 97   10. 1. 51
Dr. Clemens, Thomas   24. 7. 97   2. 7. 48
Dr. Neuhaus,
Rupert Klaus   1. 2. 98   10. 8. 44
Dr. Spellbrink, Wolfgang   1. 3. 98   28. 4. 56
Dr. Leitherer, Stephan   1. 9. 99   13. 5. 49
Dr. Kretschmer,
Hans-Jürgen   1. 9. 99   10. 1. 55
Dr. Knörr, Alexander   1. 11. 02   26. 5. 47
Dr. Becker, Peter   1. 2. 03   27. 9. 55
Knickrehm, Sabine   1. 4. 03   26. 10. 59
Dr. Koloczek, Bernhard   6. 5. 04   18. 7. 53
Dr. Bernsdorff, Norbert   6. 5. 04   30. 4. 54
Hüttmann-Stoll, Susanne   1. 11. 04   28. 4. 59
Gasser, Stefan   1. 11. 04   11. 1. 60
Dr. Hauck, Ernst   1. 6. 05   26. 4. 54
Dr. Günniker, Liselotte   1. 9. 05   1. 5. 54
Dr. Roos, Elke   1. 2. 06   13. 2. 60

Bundesverwaltungsgericht

Simsonplatz 1, 04107 Leipzig (Dienstgebäude)
Postfach 10 08 54, 04008 Leipzig (Postanschrift)
Tel. (03 41) 20 07-0, Fax (03 41) 20 07-10 00
E-Mail: postein@bverwg.bund.de
Pressestelle: Tel. (03 41) 20 07-16 21, Fax (03 41) 20 07-16 62
E-Mail: pressestelle@bverwg.bund.de

1 Pr, 1 VPr, 10 VR, 49 R

Präsident
Hien, Eckart   1. 10. 02   13. 5. 42

Vizepräsidentin
Eckertz-Höfer, Marion   1. 10. 02   23. 11. 48

Vorsitzende Richter
Dr. Säcker, Horst   19. 1. 96   6. 11. 41
Dr. Paetow, Stefan   24. 1. 00   9. 9. 43
Albers, Hartmut   22. 6. 00   29. 6. 43
Dr. Bardenhewer, Franz   19. 9. 00   25. 4. 45
Prof. Dr. Pietzner, Rainer   14. 8. 02   13. 1. 43
Sailer, Wolfgang   18. 11. 02 7. 3. 47
Gödel, Christoph   3. 5. 04   21. 9. 45
Dr. Storost, Ulrich   4. 10. 04   7. 9. 46
Kley, Dieter   7. 11. 05   23. 6. 50

Richterinnen/Richter
Prof. Dawin, Michael   1. 4. 87   20. 8. 42
van Schewick, Hans-Jürgen   2. 5. 89   16. 3. 43
Dr. Pagenkopf, Martin   27. 6. 89   28. 12. 44
Schmidt, Peter   1. 8. 89   18. 2. 43
Prof. Dr. Widmaier,
 Ulrich   2. 4. 90   8. 5. 43
Dr. Mallmann, Otto   26. 7. 91   2. 9. 45
Heeren, Helga   1. 8. 91   4. 2. 47
Halama, Günter   21. 1. 92   1. 7. 41
Prof. Dr. Rojahn, Ondolf   21. 1. 92   2. 2. 44
Dr. Hahn, Dittmar   3. 8. 92   30. 10. 43
Dr. Kugele, Dieter   3. 8. 92   16. 9. 44
Dr. Dette, Sebastian   16. 10. 92 26. 4. 58
Prof. Dr. Dörig, Harald   1. 8. 93   8. 1. 53
Vallendar, Willi   29. 10. 93 30. 7. 43
Hund, Michael   29. 10. 93 7. 10. 46
Herbert, Georg   29. 10. 93 13. 2. 47
Dr. Müller, Hellmuth   1. 2. 94   4. 7. 46
Groepper, Michael   25. 3. 94   27. 7. 45
Dr. Franke, Dietrich   17. 5. 95   9. 6. 43
Dr. Brunn, Bernd   17. 5. 95   14. 3. 49
Dr. Bayer, Detlef   17. 5. 95   26. 3. 51
Richter, Wolf-Wilhelm   28. 3. 96   13. 2. 47
Prof. Dr. Rubel, Rüdiger   28. 3. 96   3. 2. 54
Krauß, Günter   5. 12. 96   27. 4. 51
Golze, Hartmut   2. 5. 97   23. 2. 47
Beck, Ilse-Sabine   21. 10. 97 21. 1. 49
Büge, Joachim   21. 10. 97 4. 8. 49
Dr. von Heimburg,
 Sibylle   21. 10. 97 1. 12. 51
Postier, Rüdiger   8. 1. 98   11. 2. 44
Dr. Graulich, Kurt   17. 8. 99   7. 11. 49
Vormeier, Jürgen   2. 9. 99   26. 1. 54
Gatz, Stephan   22. 11. 99 11. 4. 55
Dr. Jannasch, Alexander   10. 12. 99 6. 9. 47
Neumann, Werner   4. 7. 00   11. 4. 53
Dr. Frentz, Eva-Christine   7. 9. 00   29. 8. 55
Dr. Deiseroth, Dieter   4. 7. 01   18. 5. 50
Prof. Dr. Berlit,
 Uwe-Dietmar   29. 7. 02   6. 5. 56
Liebler, Stefan   16. 7. 03   9. 10. 58
Dr. Nolte, Rüdiger   2. 9. 03   24. 11. 51
Prof. Dr. Rennert, Klaus   9. 9. 03   24. 9. 55
Dr. Philipp, Renate   1. 6. 04   12. 2. 62
Dr. Hauser, Susanne   1. 7. 04   —
Dr. Heitz, Thomas   1. 8. 04   16. 4. 57
Domgörgen, Ulf   2. 9. 04   12. 4. 56
Dr. Bier, Wolfgang   1. 7. 05   8. 2. 55
Guttenberger, Franz   7. 11. 05   14. 8. 49

BU BVerwG

Die Vertreterin des Bundesinteresses beim Bundesverwaltungsgericht

Alt-Moabit 101 D, 10559 Berlin
Tel. (0 18 88) 6 81-4 55 23, Fax (0 18 88) 6 81-4 58 92, E-Mail: VBI@bmi.bund.de

1 MDgt (Ltg), 4 MinR, 1 LRD

Ministerialdirigentin (Leitung)				Bohm, Joachim	17. 5. 90 24. 8. 50
Dr. Sudhof, Margarethe	1. 2. 06	15. 5. 59		Frick, Peter	14. 8. 91 29. 3. 47
				Stamm, Ulrich	23. 4. 96 20. 3. 57
Ministerialräte (Referatsleiter)					
Prof. Dr. Weiß,				*Leitender Regierungsdirektor (Referatsleiter)*	
Hans-Dietrich	25. 7. 88	30. 4. 42		Dr. Breitkopf, Stephan	30. 9. 92 26. 12. 45

Bundeswehrdisziplinaranwalt beim Bundesverwaltungsgericht

Simsonplatz 1, 04107 Leipzig (Dienstgebäude)
Postfach 10 01 22, 04001 Leipzig (Postanschrift)
Tel. (03 41) 12 47 93-50, Fax (03 41) 12 47 93-48
E-Mail: BWDA@BUNDESWEHR.ORG

1 BWDA, 2 LRD, 1 RD

Bundeswehrdisziplinaranwalt				Sandbaumhüter,	
Gebken, Gerhard	17. 11. 02	25. 5. 49		Franz-Günter	1. 3. 97 26. 5. 54
Leitende Regierungsdirektoren (Referatsleiter)				*Regierungsdirektor (Referatsleiter)*	
Mühlbächer, Karl-Heinz	3. 2. 97	7. 3. 42		Fries, Wolfgang	2. 1. 06 19. 5. 56

BPatG **BU**

Bundespatentgericht

Cincinnatistr. 64, 81549 München (Dienstgebäude)
Postfach 90 02 53, 81502 München (Postanschrift)
Tel. (0 89) 6 99 37-0, Fax (0 89) 6 99 37-51 00
E-Mail: bundespatentgericht@bpatg.bund.de
www.bundespatentgericht.de
Öffentlichkeitsarbeit: RBPatG Werner, Tel. (0 89) 6 99 37-2 06

1 Pr, 1 VPr, 24 VR, 86 R + 3 LSt (R)

Präsident
Lutz, Raimund Georg   1. 5. 06   16. 10. 50

Vizepräsident
Dipl.-Ing. Tödte, Bernd   5. 5. 04   14. 9. 44

Vorsitzende Richterinnen/Vorsitzende Richter
Dipl.-Chem. Dr. Kahr, Ernst   —   —
Dr. Ströbele, Paul   25. 5. 94   18. 1. 44
Kliems, Hubertus   20. 10. 94   5. 5. 44
Dipl.-Ing. Kowalski,
  Günter   13. 3. 96   23. 6. 41
Winkler, Matthias   28. 8. 96   2. 7. 42
Dipl.-Phys. Dr. Kellerer,
  Leonhard   1. 10. 98   5. 1. 42
Stoppel, Wolfgang   1. 10. 98   3. 8. 45
Dipl.-Ing. Petzold, Dieter 15. 9. 99   9. 1. 43
Dr. Buchegger, Martin   16. 2. 00   29. 10. 41
M. Comp. L. Meinhardt,
  Claus-Dieter   16. 2. 00   13. 3. 42
Schülke, Klaus   18. 4. 00   27. 12. 46
Winkler, Gabriele   —   —
Grabrucker, Marianne   22. 10. 01 18. 4. 48
Dr. Schermer, Eva Maria   19. 11. 01 10. 5. 46
Dipl.-Phys. Dr. Winterfeldt,
  Volker   16. 4. 02   18. 3. 47
Dipl.-Chem. Dr. Schröder,
  Karl Heinz   1. 4. 03   29. 11. 45
Dr.-Ing. Lischke, Norbert   3. 9. 03   8. 2. 53
Dipl.-Phys. Dr. Tauchert,
  Wolfgang   6. 11. 03 15. 9. 44
Dr.-Ing. Ipfelkofer, Rainer 3. 3. 04   6. 4. 46
Dipl.-Phys. Dr. Fritsch,
  Hans Erhard   14. 4. 04   22. 9. 47
Müllner, Edwin   3. 3. 05   25. 6. 46
Dipl.-Phys Dr. Bastian,
  Dirk   22. 6. 05   16. 9. 43
Dr. Albrecht, Friedrich   4. 8. 05   17. 1. 50
Prof. Dr. Hacker, Franz   4. 8. 05   19. 11. 60
Dipl.-Phys. Dr. Maier,
  Winfried   9. 2. 06   17. 9. 46

Richterinnen/Richter
Starein, Wolfgang,
  beurl. (LSt)   —   —
Hövelmann, Peter   27. 12. 84   27. 9. 44
Eberhard, Werner   13. 5. 86   6. 8. 43
Schmöger, Josef Aloys   14. 8. 86   4. 4. 41
Dipl.-Chem. Dr. Wagner,
  Gerhard   21. 3. 88   22. 9. 42
Dipl.-Ing. Dr. Meinel,
  Helmut   28. 10. 88   23. 6. 41
Dipl.-Phys. Dr. Gottschalk,
  Dietmar   —   —
Dipl.-Ing. Dr. Barton,
  Heinfried   —   —
Winter, Gerlinde   1. 9. 89   1. 1. 50
Dr. Fuchs-Wissemann,
  Georg   4. 4. 90   20. 4. 49
Dipl.-Ing. Köhn, Eckhard   8. 6. 90   11. 9. 41
Dipl.-Ing. Dr. Henkel,
  Sigurd   8. 6. 90   28. 2. 44
Dipl.-Ing. Dr. Pösentrup,
  Heiner   —   —
Harrer, Raimund   4. 2. 92   1. 9. 47
Viereck, Gerhard   29. 3. 91   28. 7. 46
Baumgärtner, Thomas   30. 9. 91   29. 11. 48
Dipl.-Phys. Dr. Frowein,
  Reinhard   —   —
Dipl.-Ing. Dipl.-Wirtsch.-Ing.
  Ihsen, Jörg   1. 7. 92   2. 9. 41
Bender, Achim, beurl.
  (LSt)   —   —
Sredl, Vivian   19. 11. 92 20. 8. 51
Dipl.-Phys. Dr. Mayer,
  Norbert   —   —
Dipl.-Ing. Bork,
  Hans-Werner   2. 1. 95   21. 12. 51
Gutermuth, Wolfgang   18. 10. 95 20. 2. 49
Knoll, Helmut   18. 10. 95   6. 3. 55
Reker, Klaus Dieter   15. 12. 95 10. 7. 53
Dipl.-Ing. Prasch,
  Hermann   14. 4. 97   26. 9. 46
Dr. agr. Huber, Sigmund   25. 4. 97   16. 8. 54

BU BPatG

von Zglinitzki, Carl-Victor	3. 6. 97	22. 1. 53	Dr. Mittenberger-Huber,		
Brandt, Claus-Peter	3. 6. 97	19. 6. 56	Ariane	1. 4. 03	11. 4. 61
Püschel, Ilse	3. 6. 97	5. 8. 57	Kätker, Rüdiger	—	—
Eder, Karoline	3. 6. 97	10. 8. 58	Bayer, Beate	14. 4. 03	29. 3. 56
Schuster, Gabriele, abg.	9. 6. 97	1. 11. 56	Kirschneck, Irmgard	14. 4. 03	16. 11. 56
Dipl.-Ing. Frühauf,			Paetzold, Andreas	3. 6. 03	11. 2. 55
Hans-Jürgen	—	—	Dipl.-Phys. Dr. Zehendner,		
Dipl.-Ing. Bülskämper,			Stefan	8. 7. 03	26. 8. 56
Alois	26. 6. 97	10. 9. 46	Dipl.-Phys. Dr. Maksymiw,		
Rauch, Joachim	1. 7. 97	20. 12. 54	Roman	8. 7. 03	15. 6. 57
Ph.D./M.I.T.Cambridge			Dipl.-Ing. Groß,		
Dipl.-Phys. Skribanowitz,			Karl Heinz	8. 8. 03	6. 10. 47
Nikolaus	4. 8. 97	18. 12. 41	Dipl-Phys. Dr. Häußler,		
Dipl.-Ing. Schuster,			Maximilian	8. 8. 03	21. 2. 51
Günther	4. 8. 97	4. 9. 42	Dipl.-Ing. Scholz,Wolfgang	18. 9. 03	16. 5. 51
Dr.-Ing. Kaminski, Jan	4. 8. 97	19. 8. 47	Hartlieb, Monika	1. 1. 04	18. 5. 62
Dipl.-Phys. Lokys,			Fink, Elisabeth	1. 1. 04	20. 11. 62
Andreas	4. 8. 97	12. 9. 47	von Schwichow, Lothar	1. 2. 04	26. 8. 47
Dipl.-Phys. Dr. Hartung,			Kruppa, Ulrich	1. 4. 04	1. 3. 58
Volker	2. 9. 97	19. 2. 50	Dipl.-Ing. Schneider,		
Schwarz-Angele,			Klaus Ludger	21. 5. 04	16. 12. 49
Eva Maria	9. 9. 97	31. 8. 49	Dr. Schuster, Christel	16. 12. 04	20. 4. 51
Werner, Susanne	21. 7. 98	21. 1. 53	Dipl.-Ing. Pontzen, Viktor	9. 2. 05	17. 6. 49
Martens, Petra	29. 9. 98	1. 4. 56	Dipl.-Ing. Reinhardt,		
Prietzel-Funk, Dorothea	25. 11. 98	18. 9. 56	Ulrich	12. 7. 05	9. 11. 48
Engels, Rainer	12. 2. 99	22. 11. 54	Dipl.-Ing. Hildebrandt,		
Schramm, Walter	23. 4. 99	25. 4. 60	Romuald	12. 7. 05	4. 9. 52
Pagenberg, Birgitt, LL.M	1. 7. 99	8. 3. 45	Merzbach, Werner	15. 9. 05	11. 7. 61
Klante, Elisabeth	—	—	Dipl.-Ing. Baumgardt,		
Friehe-Wich, Karin	15. 7. 99	15. 12. 55	Klaus, RkrA	(6. 5. 05)	31. 3. 58
Sekretaruk, Wolfgang,			Dipl.-Ing. Univ. Höppler,		
beurl. (LSt)	16. 7. 99	25. 4. 58	Walter, RkrA	—	—
Kunze, Jürgen, abg.	—	—	Dipl.-Phys. Dr. Morawek,		
Dr. van Raden, Lutz	19. 4. 00	12. 10. 49	Wolfgang, RkrA	(6. 5. 05)	21. 4. 61
Guth, Walter	2. 10. 00	22. 10. 53	Dipl.-Phys. Dr. Thum-Rung,		
Schwarz, Hans-Detlef	1. 2. 01	22. 12. 58	Charlotte, RkrA	(20. 7. 05)	23. 6. 66
Dipl.-Ing. Harrer, Peter	12. 12. 01	24. 6. 45	Dr.-Ing. Prasch, Ingeborg,		
Dipl.-Chem. Dr. Proksch-			RkrA	(18. 1. 06)	21. 2. 51
Ledig, Angelika	2. 8. 01	3. 8. 52	Dipl.-Ing. Univ.		
Voit, Thomas	28. 9. 01	9. 9. 58	Ganzmüller, Michael,		
Dr. Hock, Regina	29. 11. 01	18. 1. 63	RkrA	(18. 1. 06)	11. 9. 54
Dipl.-Ing. Gießen, Karl	—	—	Dipl.-Ing. Hilber,		
Dipl.-Ing. Kuhn, Bernd	31. 10. 02	14. 8. 43	Klaus-Peter, RkrA	(18. 1. 06)	25. 1. 55
Dipl.-Chem. Dr. Gerster,			Dipl.-Ing. Univ. Rippel,		
Honor Peter	27. 11. 02	8. 11. 49	Horst, RkrA	(18. 1. 06)	19. 9. 58
Dipl.-Chem. Dr. Egerer,			Dipl.-Ing. Höchst,		
Peter	27. 11. 02	27. 6. 53	Siegfried, RkrA	(18. 1. 06)	1. 5. 59

Truppendienstgericht Nord

Hohenzollernring 40, 48145 Münster
Tel. (02 51) 9 36-0, Fax (02 51) 9 36-24 55
E-Mail: ManfredAhlborn@Bundeswehr.org
mit Kammern in: Münster, Hannover, Hamburg, Oldenbg. i. O. und Potsdam
1 Pr, 1 VPr, 5 VR + 2 LSt (VR)

Präsident			*Vorsitzende Richter*		
Karcher, Carlo	1. 9. 04	17. 11. 51	Schmidt-Hederich, Heinrich K.-P.	31. 3. 03	18. 4. 51
Vizepräsident			Dannenberg, Adolf-Wilhelm	5. 1. 05	11. 7. 53
Domininghaus, Jörg	6. 7. 04	26. 4. 57	Baus, Reiner	2. 2. 05	27. 12. 56
			Speckmann, Lothar	23. 1. 06	27. 11. 58
			Gerhards, Bernd	23. 1. 06	13. 7. 55
			Brüntgens, Heinz	(2. 11. 05)	9. 3. 56

Truppendienstgericht Süd

Dachauer Str. 128/18, 80637 München
Tel. (0 89) 12 49-0, Fax (0 89) 12 49-26 62
E-Mail: KlausKoch@Bundeswehr.org
mit Kammern in: München, Koblenz, Karlsruhe und Erfurt
1 Pr, 1 VPr, 4 VR + 1 LSt (VR)

Präsident			*Vorsitzende Richter*		
Eiben, Arnold	1. 2. 05	31. 7. 56	Dr. Neuroth, Peter	1. 11. 99	23. 11. 53
			Witrofsky, Rainer	1. 9. 02	23. 6. 47
Vizepräsident			Friedrich, Heinz-Joachim	2. 2. 05	1. 8. 47
			Steck, Jürgen	18. 10. 05	6. 5. 55
Malzer, Helmut	2. 8. 04	20. 9. 49	Pförtner, Eberhard	(4. 10. 05)	3. 2. 56

Justizministerien,
ordentliche Gerichte und
Staatsanwaltschaften
der Länder

Baden-Württemberg

10 717 419 Einwohner*

Justizministerium Baden-Württemberg

Schillerplatz 4, 70173 Stuttgart
Postfach 10 34 61, 70029 Stuttgart
Tel. (07 11) 27 90, Fax (07 11) 2 79 22 64
E-Mail: Poststelle@jum.bwl.de
www.justizministerium-bw.de
Pressestelle: StA Stefan Wirz
Tel. (07 11) 2 79-21 03, Fax (07 11) 2 79-21 06
E-Mail: wirz@jum.bwl.de

Abteilung Strafvollzug:
Urbanstraße 32, 70029 Stuttgart
Postfach 10 34 61, 70029 Stuttgart
Tel. (07 11) 27 90, Fax (07 11) 2 79 23 44

Landesjustizprüfungsamt;
Urbanstraße 32, 70029 Stuttgart
Postfach 10 34 61, 70029 Stuttgart
Tel. (07 11) 27 90, Fax (07 11) 2 79 23 77

1 Min, 1 MinD, 4 MinDgt, 1 PrLaJPrA, 4 LMinR, 9 MinR (B 3), 11 MR (A 16), 18 RD (A 15), 11 ORR (A 14), 2 RR (A 13)

Justizminister
Prof. Dr. Goll, Ulrich 28. 7. 04 2. 5. 50

Ministerialdirektor
Steindorfner, Michael 1. 4. 99 13. 5. 49

Ministerialdirigenten
Futter, Ulrich 1. 6. 94 1. 7. 49
Ellenberger, Volker 1. 4. 99 20. 3. 55
Prof. Stephan, Ulrich 23. 12. 02 25. 9. 46
Brauneisen, Achim 28. 2. 06 31. 3. 58

Präsidentin des Landesjustizprüfungsamts
Horz, Cornelia 1. 3. 04 11. 8. 57

Leitende Ministerialräte
Schmid, Justus 25. 2. 03 7. 5. 51
Ehmann, Klaus 29. 9. 03 15. 9. 47
Rumler, Hans-Peter 1. 6. 04 25. 2. 58
Dr. Isak, Axel 27. 4. 05 9. 2. 63

Ministerialräte
Herzog, Dietrich 1. 9. 90 5. 4. 48
Dr. Kofler, Gero 27. 1. 95 8. 2. 42

Birkert, Eberhard 28. 12. 00 14. 9. 55
Marx, Peter 28. 12. 00 30. 11. 57
Wurdak, Hans-Peter 26. 2. 01 1. 9. 57
Dr. Wulf, Rüdiger 25. 5. 01 21. 3. 51
Dr. Schneiderhan, Peter, abg. 9. 9. 03 5. 11. 58
Müller, Jörg 11. 9. 03 1. 2. 65
Dr. Kunze, Wolfgang 1. 7. 04 14. 4. 64
Aderhold, Agnes 25. 10. 05 30. 3. 63
Bube, Beate 17. 12. 04 29. 8. 64

Regierungsdirektorinnen/Regierungsdirektoren
Klein, Fred 23. 12. 92 21. 3. 44
Ehrmann, Jürgen 31. 3. 95 10. 3. 54
Krockenberger, Erich 22. 9. 97 14. 4. 50
Hartwig, Birgit 13. 10. 99 19. 8. 60
Rebmann, Frank 27. 4. 05 9. 10. 67
Dr. Reichert, Christoph 4. 5. 05 17. 9. 67
Dr. Zeppernick, Jens Martin 28. 6. 05 6. 2. 71
Oklinger, Thomas 27. 12. 05 3. 4. 69
Radke, Holger 25. 1. 06 31. 12. 67
Wirz, Stefan 1. 2. 06 1. 7. 70
Dr. Menges, Eva 19. 2. 06 13. 1. 70
Dr. Schwörer, Frank 4. 4. 06 23. 6. 72

*Stand: 31. 12. 2004.

BW OLG-Bezirk Karlsruhe

Oberregierungsrätin/Oberregierungsräte

Bäuerle, Gisela, ½	18. 12. 96	27. 4. 47
Hermann, Wolfgang	1. 6. 03	5. 8. 56
Bart, Hansjörg	19. 12. 03	11. 2. 59

Regierungsräte

Hengstler, Martin	1. 5. 04	30. 2. 70
Dr. Brand, Torsten, abg.	1. 1. 05	18. 3. 72
Oestreicher, Bernhard	31. 3. 05	10. 8. 58
Storer, Christian	20. 1. 06	10. 11. 68

Oberlandesgerichtsbezirk Karlsruhe

5 Zivilsenate in Freiburg i. Br.

9 Landgerichte:
Baden-Baden, Freiburg, Heidelberg, Karlsruhe, Konstanz, Mannheim, Mosbach, Offenburg, Waldshut-Tiengen

Kammern für *Handelssachen*
Baden-Baden, Freiburg, Heidelberg, Karlsruhe, Konstanz, Mannheim, Mosbach, Offenburg, Pforzheim, Villingen-Schwenningen, Waldshut-Tiengen

52 Amtsgerichte

Schöffengerichte:
bei allen Amtsgerichten außer den nachstehend aufgeführten
Gemeinsames Schöffengericht für die Amtsgerichte, bei denen ein Schöffengericht nicht gebildet wird, ist

für den AGBez.:	*das Schöffengericht:*
Achern und Bühl:	Baden-Baden
Gernsbach:	Rastatt
Ettenheim, Kenzingen und Waldkirch:	
Breisach a. Rhein, Müllheim, Staufen i. Br. und Titisee-Neustadt:	Emmendingen
Bretten und Philippsburg:	Freiburg i. Breisgau
Ettlingen und Karlsruhe-Durlach:	Bruchsal
Maulbronn und Pforzheim:	Karlsruhe
Radolfzell, Stockach und Überlingen:	Pforzheim
Donaueschingen:	Konstanz
	Villingen-Schwenningen
Adelsheim:	Buchen
Wertheim:	Tauberbischofsheim

für den AGBez.:	*das FamG:*
Achern u. Bühl:	Baden-Baden
Gernsbach:	Rastatt
Ettenheim, Kenzingen und Waldkirch:	
Breisach a. Rhein, Müllheim, Staufen i. Br., Titisee-Neustadt:	Emmendingen
Bretten und Philippsburg:	Freiburg i. Breisgau
Maulbronn:	Bruchsal
Radolfzell und Stockach:	Pforzheim
Adelsheim und Buchen:	Konstanz
Wertheim:	Mosbach
	Tauberbischofsheim
Gengenbach, Oberkirch und Wolfach:	Offenburg
Schönau und Schopfheim:	Bad Säckingen
St. Blasien:	Waldshut-Tiengen

Gengenbach, Kehl, Lahr, Oberkirch und Wolfach: Offenburg
Schönau und Schopfheim: Bad Säckingen
St. Blasien: Waldshut-Tiengen

Familiengerichte:
bei allen Amtsgerichten außer den nachstehend aufgeführten
Familiengericht für die Amtsgerichte, bei denen ein Familiengericht nicht gebildet wird, ist

Landwirtschaftsgerichte:
Grundsätzlich nur bei den Amtsgerichten am Sitz eines Landgerichts. Sonderregelung: Für den Landgerichtsbezirk Karlsruhe ist das Amtsgericht Karlsruhe zuständig; für den Landgerichtsbezirk Konstanz ist das Amtsgericht Singen (Hohentwiel) zuständig.

OLG-Bezirk Karlsruhe **BW**

Oberlandesgericht Karlsruhe

E 4 527 448
- Verw. Abt. – Hoffstraße 10, 76133 Karlsruhe
Tel. (07 21) 92 60, Fax (07 21) 9 26 50 02
E-Mail: Poststelle@olgkarlsruhe.justiz.bwl.de
www.olgkarlsruhe.de
- Ger. Abt. – Hoffstraße 10, 76133 Karlsruhe
Tel. (07 21) 92 60, Fax (07 21) 9 26 50 03
E-Mail: Poststelle@olgkarlsruhe.justiz.bwl.de
www.olgkarlsruhe.de
- Gem. DV-Stelle - Hoffstraße 10, 76133 Karlsruhe
Tel. (07 21) 92 60, Fax (07 21) 2 73 63
E-Mail: Poststelle@olgkarlsruhe.justiz.bwl.de
www.olgkarlsruhe.de
- Zivilsenat Freiburg i. Br.
Salzstraße 28, 79098 Freiburg i. Br.
79095 Freiburg
Tel. (07 61) 20 50, Fax (07 61) 2 05-30 28
E-Mail: Poststelle@olgzsfreiburg.justiz.bwl.de

Pressereferent für Strafsachen:
ROLG Klaus Böhm
Tel. (07 21) 9 26-27 07, Fax (07 21) 9 26-20 19
E-Mail: pressestelle@olgkarlsruhe.justiz.bwl.de

Pressesprecherin für Zivilsachen:
ROLG Dr. Christiane Oehler
Tel. (07 21) 9 26-20 41, Fax (07 21) 9 26-20 19
E-Mail: pressestelle@olgkarlsruhe.justiz.bwl.de

1 Pr, 1 VPr, 22 VR, 68 R (davon 9 UProf im 2. Hauptamt)

Präsident
Dr. Münchbach, Werner   27. 8. 98   27. 6. 44

Vizepräsident
Nusselt, Joachim   1. 12. 05   23. 12. 44

Vorsitzende Richterinnen/Vorsitzende Richter
Bauer, Michael   5. 2. 96   9. 3. 46
Dr. Thalmann, Wolfgang   18. 3. 97   28. 11. 43
Dr. Eith, Wolfgang   17. 9. 97   —
Glanzmann, Peter   27. 11. 98   15. 10. 44
Schäfer, Joachim   20. 4. 99   29. 2. 44
Bauer, Peter   27. 7. 99   29. 9. 43
Dr. Fischer-Antze,
  Jens-Michael, ½   10. 2. 00   30. 10. 42
Dr. Lippok, Gerd   31. 5. 00   4. 6. 41
Lotz, Michael   18. 12. 00   29. 9. 55
Dr. Kürschner, Wolfgang   29. 5. 01   26. 9. 47
Zöller, Michael   4. 9. 01   25. 10. 49

Dr. Ernst, Lieselotte   21. 12. 01   26. 4. 43
Glaeser, Bärbel   21. 12. 01   22. 5. 46
Dr. Müller-Christmann,
  Bernd   15. 4. 02   6. 10. 50
Schubart, Joachim   23. 5. 03   25. 4. 47
Lauven, Dieter   17. 3. 04   13. 12. 44
Pankow, Ulrich   1. 6. 04   7. 12. 43
Ertl, Christoph   1. 2. 05   24. 12. 46
Runge, Annegret   9. 3. 05   24. 12. 43
Prof. Dr. Brudermüller,
  Gerd   21. 3. 05   15. 1. 49
Karcher, Walter   8. 11. 05   1. 10. 50

Richterinnen/Richter

Prof. Dr. Stürner, Rolf
  (UProf, 2. Haupamt)   28. 8. 81   11. 4. 43
Müller-Bütow, Bernd   1. 11. 85   10. 2. 44
Bauer, Dieter   7. 7. 88   7. 1. 41
Naegelsbach, Eberhard   11. 3. 91   13. 11. 43
Dr. Hülsmann, Bernhard   30. 8. 91   26. 2. 45

BW OLG-Bezirk Karlsruhe LG-Bezirk Baden-Baden

Kämmerling, Jochen	1. 8. 92	18. 5. 50
Hörster, Peter	1. 11. 92	30. 4. 49
Dr. Krauß, Ernst-Friedrich	2. 11. 92	10. 6. 43
Münkel, Hans-Georg	6. 9. 93	23. 3. 50
Hailbronner-Gabel, Evelyn, 1/2	10. 1. 94	21. 4. 47
Dr. Riehle, Gerhard	16. 6. 94	10. 8. 48
Gaiser-Nökel, Doris, 1/2	2. 1. 95	1. 4. 51
Dr. Schnauder, Franz	31. 5. 95	29. 11. 52
Baumann-Weber, Beate	7. 12. 95	5. 1. 47
Behschnitt, Dietrich	7. 12. 95	12. 8. 48
Hermisson, Regina	29. 7. 97	17. 2. 44
Lampel-Meyer, Christiane	3. 11. 97	28. 7. 51
Kratschmer, Andreas	17. 3. 98	17. 6. 55
Böhm, Klaus	17. 8. 98	16. 9. 55
Winkgens-Reinhardt, Uta, 1/2	15. 10. 98	10. 5. 51
Doderer, Hans-Joachim	30. 11. 98	8. 3. 55
Dr. Bergmann, Matthias	7. 12. 98	8. 12. 56
Weber, Albrecht	1. 7. 99	20. 5. 50
Dr. Burgermeister, Udo	3. 5. 00	—
Dr. Delius, Christoph	31. 8. 01	18. 5. 57
Zimmermann, Dirk	1. 9. 01	28. 11. 54
Ellmann, Wilhelm	1. 11. 01	22. 5. 50
Dr. Guttenberg, Ulrich	6. 3. 02	14. 1. 62
Bender, Martin	17. 6. 02	29. 4. 59
Voßkuhle, Eva	22. 7. 02	28. 12. 62
Dr. Deichfuß, Hermann	25. 7. 02	19. 3. 62
Schulte-Kellinghaus, Thomas	29. 7. 02	25. 6. 54
Dr. Walter, Wolfgang	30. 8. 02	6. 5. 58
Dr. Spaniol, Margret	4. 8. 03	24. 6. 55
Dr. Bauer, Karen	1. 9. 03	17. 11. 57
Brunner, Irene, 1/2	15. 10. 03	18. 8. 54
Dr. Brede, Frank Konrad	12. 1. 04	14. 12. 61
von Pentz, Vera	24. 2. 04	16. 12. 66
Dr. Oehler, Christiane	1. 3. 04	5. 8. 61
Dr. Bacher, Klaus	1. 4. 04	15. 6. 64
Dr. Stecher, Heinrich	28. 4. 04	11. 7. 61
Puhl, Susanne, 1/2	29. 4. 04	28. 8. 57
Kielwein, Astrid, 1/2	29. 4. 04	15. 3. 61
Dr. Ungewitter, Rolf	30. 4. 04	23. 5. 56
Wahle, Dorothee, 1/2	30. 4. 04	3. 8. 67
Lindner, Thomas	14. 5. 04	—
Beck, Beate, 1/2	7. 6. 04	6. 8. 54
Lorenz, Wolfram	31. 1. 05	15. 6. 55
Bartel, Louisa	23. 2. 05	16. 4. 65
Prof. Dr. Glöckner, Jochen (UProf, 2. Haupamt)	27. 4. 05	16. 9. 64
Schneider, Sabine, 1/2	29. 4. 05	5. 12. 60
Dr. Linde-Rudolf, Sabine, 1/2	29. 4. 05	10. 12. 60
Dr. Kircher, Holger, abg.	1. 8. 05	27. 12. 65
Horn, Sebastian	20. 10. 05	—
Dr. Grabsch, Winfried	9. 2. 06	27. 11. 60

Landgerichtsbezirk Baden-Baden

Landgericht Baden-Baden E 328 978
Gutenbergstr. 17, 76532 Baden-Baden
Postfach 21 40, 76491 Baden-Baden
Tel. (0 72 21) 6 85-0, Fax (0 72 21) 68 52 91
E-Mail: Poststelle@lgbaden-baden.justiz.bwl.de
www.lgbaden-baden.de
Pressestelle: VRLG Heinz Heister
Tel. (0 72 21) 6 85-3 11, Fax (0 72 21) 6 85-291
E-Mail: heister@lgbaden-baden.justiz.bwl.de

1 Pr, 1 VPr, 5 VR, 7 R

Präsident

Dr. Jung, Jost	1. 9. 00	19. 11. 42

Vizepräsident

Römhild, Hans-Georg	13. 9. 93	8. 11. 43

Vorsitzende Richter

Dr. Greiner, Reinhold	3. 8. 92	13. 3. 41
Neerforth, Hans-Richard	6. 9. 93	11. 5. 48
Heister, Heinz	4. 7. 96	21. 3. 50
Beier, Klaus	14. 9. 98	12. 12. 51
Schweikart, Peter	9. 10. 00	23. 10. 56

Richterinnen/Richter

Ruh, Peter	16. 9. 77	22. 8. 46
Maué, Bernhard	1. 10. 88	14. 4. 58
Fischer, Wolfgang	1. 9. 90	31. 5. 59
Loebbe, Thomas	15. 3. 96	5. 3. 65
Koch, Stephen	30. 7. 97	12. 9. 63
Dold, Reinhard, abg.	9. 7. 01	1. 6. 69
Zeller, Annette	17. 7. 01	23. 5. 70
Offenloch, Thomas	1. 12. 01	18. 6. 72
Dr. von Harling, Anja, 1/2	7. 11. 05	3. 7. 66
Dr. Rückert, Anne Katrin, 1/2	7. 11. 05	6. 6. 67

Amtsgerichte

Achern (Baden) E 47 128
Allerheiligenstr. 5, 77855 Achern
Tel. (0 78 41) 69 42 13, Fax (0 78 41) 69 42 70
E-Mail: Poststelle@agachern.justiz.bwl.de
www.agachern.de

1 Dir, 1 R

Dr. Schlachter, Jörg, Dir	30. 1. 04	10. 7. 61
Tröndle, Michael	1. 2. 82	1. 6. 52

LG-Bezirk Freiburg i. Breisgau   OLG-Bezirk Karlsruhe **BW**

Baden-Baden E 54 301
Gutenbergstr. 17, 76532 Baden-Baden
Postfach 21 40, 76491 Baden-Baden
Tel. (0 72 21) 6 85-0, Fax (0 72 21) 68 52 92
E-Mail:Poststelle@agbaden-baden.justiz.bwl.de
www.agbaden-baden.de

1 Dir, 1 stVDir, 6 R

Schutter, Hans-Dieter, Dir	17. 7. 00		29. 4. 44	
Kieser, Kay-Steffen, stVDir	29. 4. 03		3. 6. 59	
Jung, Berthold	1. 9. 81		16. 2. 50	
Ritter, Detlev	1. 9. 83		17. 10. 53	
Lauster, Peter	20. 9. 94		8. 2. 62	
Jung, Klaus	1. 6. 95		9. 4. 62	
Brede, Marion, 1/2	19. 9. 01		17. 11. 64	

Bühl (Baden) E 71 274
Hauptstr. 94, 77815 Bühl
Postfach 11 55, 77801 Bühl
Tel. (0 72 23) 8 08 59 10, Fax (0 72 23) 8 08 59 34
E-Mail: Poststelle@agbuehl.justiz.bwl.de
www.agbuehl.de
Pressestelle: DirAG Brigitte Marquart
Tel. (0 72 23) 8 08 59-15, Fax (0 72 23) 8 08 59 34
E-Mail: marquart@agbuehl.justiz.bwl.de

1 Dir, 2 R

Marquart, Brigitte, Dir	1. 12. 92	25. 3. 47	
Maruschka, Ernst, 3/4	15. 8. 77	6. 8. 45	
Früh, Jürgen, 3/4	1. 11. 85	29. 4. 53	

Gernsbach E 25 527
Hauptstr. 44, 76593 Gernsbach
Postfach 14 65, 76587 Gernsbach
Tel. (0 72 24) 99 57-0, Fax (0 72 24) 99 57 10
E-Mail: Poststelle@aggernsbach.justiz.bwl.de
www.aggernsbach.de
Pressestelle: DirAG Ekkhart Koch
Tel. (0 72 24) 99 57-12, Fax (0 72 24) 99 57-10
E-Mail: poststelle@aggernsbach.justiz.bwl.de

1 Dir

Koch, Ekkart, Dir	1. 8. 03	22. 3. 61

Rastatt E 130 748
Herrenstr. 18, 76437 Rastatt
Postfach 11 52, 76401 Rastatt
Tel. (0 72 22) 9 78-0, Fax (0 72 22) 97 84 23
E-Mail: Poststelle@agrastatt.justiz.bwl.de
www.agrastatt.de
Pressestelle: DirAG Peter Lüdemann-Ravit
Tel. (0 72 22) 9 78-4 10, Fax (0 72 22) 9 78-423
E-Mail: Luedemann-ravit@agrastatt.justiz.bwl.de

1 Dir, 1 stVDir, 6 R

Lüdemann-Ravit, Peter, Dir	1. 12. 05	26. 9. 50	
Jäger, Wolfram, stVDir	1. 1. 94	21. 12. 49	
Wendorff, Axel	20. 5. 85	10. 7. 51	
Nickel, Rainer	1. 8. 88	13. 3. 55	
Schabram, Johannes	7. 7. 89	30. 7. 57	
Dr. Kremer, Peter	1. 9. 90	—	
Schaust, Christoph	1. 12. 92	29. 8. 61	
Binder, Angelika, 1/2	1. 2. 96	—	
Ehrmann, Hans Ulrich, 1/2	10. 5. 99	29. 9. 65	

Landgerichtsbezirk Freiburg i. Breisgau

Landgericht Freiburg i. Breisgau E 818 350
Salzstr. 17, 79098 Freiburg i. Breisgau
Tel. (07 61) 2 05-0, Fax (07 61) 2 05 20 30
E-Mail: Poststelle@lgfreiburg.justiz.bwl.de
www.lgfreiburg.de
Pressestelle: RLG Peter Teubner
Tel. (07 61) 2 05-20 45, Fax (07 61) 2 05-20 30
E-Mail: Pressestelle@lgfreiburg.justiz.bwl.de

1 Pr, 1 VPr, 17 VR, 18 R

Präsident

Teigeler, Jochen	1. 11. 05	28. 5. 45

Vizepräsident

N. N.	—	—

Vorsitzende Richter

Dr. Dünkel, Hans Peter	14. 1. 80	7. 6. 41
Dr. Fratzky, Dietrich	24. 1. 85	20. 2. 42
Becker, Hanspeter	1. 1. 86	23. 5. 44
Schmitz, Wolfgang	9. 6. 86	19. 10. 42
Duckwitz, Friedrich-Werner	26. 9. 86	5. 1. 45
Engel, Detlef	14. 12. 87	13. 5. 42
Royen, Georg	19. 2. 90	10. 6. 44
Peuster, Wolfgang	1. 7. 90	16. 9. 46
Schweizer, Bruno	10. 5. 91	11. 12. 49
Dr. Jagmann, Rainer	8. 4. 94	25. 8. 49
Oswald, Wolfgang	10. 7. 95	3. 2. 52
Dr. Langrock, Eckhard	15. 5. 96	24. 9. 49
Dr. Knaup, Peter	18. 3. 97	15. 12. 51
Schmidt-Weihrich, Wolfgang	29. 1. 98	14. 10. 55
Büchler, Frieder	19. 7. 00	15. 6. 53
Joos, Bernhard	11. 10. 00	8. 4. 50

BW OLG-Bezirk Karlsruhe   LG-Bezirk Freiburg i. Breisgau

Richterinnen/Richter

Frisch, Karin, 1/2	1. 8.72	5.11.42
de Gregorio, Enrico	15. 2.75	29.11.42
Blunck, Hans	3. 3.75	23. 9.43
Wachter, Anton	1. 9.81	26.10.51
Trumpfheller, Bernhard	1. 2.82	11. 2.51
Spiegelhalter, Thomas	29. 3.82	19.12.51
Dr. Kaiser, Erhard	1.10.87	21. 2.54
Bismayer, Bernd	3. 3.89	20. 6.57
Kuhn, Hans-Peter	23. 7.90	—
Schüle, Constanze, 1/2	1. 3.93	21. 8.62
Dr. Kleine-Cosack, Eva	20. 4.94	6. 4.62
Middeke, Veronika, 1/2	18. 9.95	29.12.61
Rösch, Rudolf	22.12.95	6. 5.61
Bellm, Martin, abg.	20.12.96	18. 9.63
Grabe, Gabriele, 1/2	3. 2.97	13.10.65
Wiemann, Arne	4. 7.97	12. 3.65
Wetter, Alexander	31.10.00	24. 6.69
Loescher, Dirk, abg., 1/2	2.11.00	24. 8.68
Dr. Aurnhammer, Katharina, 1/2	27. 3.02	9.10.63
Ulrich, Stefanie, 1/2, RkrA	(15.12.04)	23.10.71

Amtsgerichte

Breisach am Rhein E 28 367
Kapuzinergasse 2, 79206 Breisach
Tel. (0 76 67) 9 30 90
Fax (0 76 67) 93 09 44
E-Mail: Poststelle@agbreisach.justiz.bwl.de
www.agbreisach.de

1 Dir

Jenne, Angelika, Dir	13. 8.04	13. 9.53

Emmendingen E 67 663
Karl-Friedrich-Str. 25, 79312 Emmendingen
Postfach 13 40, 79303 Emmendingen
Tel. (0 76 41) 4 50-0
Fax (0 76 41) 45 01 96
E-Mail: Poststelle@agemmendingen.justiz.bwl.de
www.agemmendingen.de

1 Dir, 5 R

Metelmann, Fabienne, Dir	28. 9.01	30. 4.59
Schmalen, Günter	1. 8.82	13. 7.50
Kiefer, Ernst	2. 3.84	30. 8.53
Dr. Geers, Marion	1. 9.91	12. 4.58
Mertel, Karl	5. 4.94	27. 9.60
Ullenbruch, Thomas	14. 7.04	14. 7.57

Ettenheim E 26 946
Otto-Stoelcker-Str. 8, 77955 Ettenheim
Postfach 40, 77949 Ettenheim
Tel. (0 78 22) 8 94 30, Fax (0 78 22) 89 43 13
E-Mail: Poststelle@agettenheim.justiz.bwl.de
www.agettenheim.de

1 Dir

Wegmann, Wolfram, Dir	1.12.02	6.12.61

Freiburg i. Breisgau E 300 050
Holzmarkt 2, 79098 Freiburg
79095 Freiburg
Tel. (07 61) 2 05-0
Fax (07 61) 2 05 18 00
E-Mail: Poststelle@agfreiburg.justiz.bwl.de
www.agfreiburg.de
Pressestelle: RAG Sybille Wermelskirchen
Tel. (07 61) 2 05-14 20, Fax (07 61) 2 05-18 00
E-Mail: Wermelskirchen@agfreiburg.justiz.bwl.de

1 Pr, 1 VPr, 2 w.aufsR, 27 R

Präsident

Dr. Kummle, Thomas	25. 1.06	30.10.54

Vizepräsident

Veit, Hubert	25. 4.95	26. 8.44

weitere aufsichtführende Richterin/Richter

Ertelt, Holm	1. 2.93	10. 2.44
Wermelskirchen, Sybille, 1/2	1. 2.02	6. 8.44

Richterinnen/Richter

Klug, Helmut, 3/4	29. 1.75	20. 8.42
Klußmann, Jürgen	18. 9.75	29. 2.44
Prestel, Barbara	3.12.75	17. 3.45
Teschner, Günter	3. 8.76	2. 8.45
Haas, Erik Michael	1. 2.77	26. 4.44
Dr. Riegger, Ernst-Jürgen	7.11.78	2. 9.44
Wendt, Peter	26. 3.84	28. 3.52
Heise, Karen, 1/2	1. 4.85	16. 9.53
Rukopf, Arnd	5.12.90	31. 3.59
Seidensticker, Per	1. 3.93	15. 8.59
Prengel, Eveline	29. 4.94	—
Krebs, Thomas	22. 9.94	30. 6.61
Gissler, Friederike	12. 4.95	22. 5.64
Bachmann, Nicou, beurl., 1/2	4. 1.96	26. 5.61
Grau, Cornelia, 1/2	1. 3.96	3. 6.64
Bühler, Simone, abg., 1/2	15. 3.96	29. 8.64

LG-Bezirk Heidelberg   OLG-Bezirk Karlsruhe   **BW**

Rzany, Johannes	4. 4. 96		5. 8. 63	
Leipold, Andreas	28. 10. 97		22. 8. 65	
Petersen, Lars	22. 1. 99		13. 3. 64	
Frank, Christine, ½, abg.	7. 7. 00		7. 10. 65	
Pieper, Kirsten, ½	14. 5. 01		11. 4. 69	
Dr. Stückrath, Birgitta, ¾	15. 4. 04		2. 7. 66	
Dr. Künschner, Alfred	—		31. 1. 56	

Kenzingen   E 48 923
Eisenbahnstr. 22, 79341 Kenzingen
Postfach 11 29, 79337 Kenzingen
Tel. (0 76 44) 9 10 10
Fax (0 76 44) 91 01 33
E-Mail: Poststelle@agkenzingen.justiz.bwl.de
www.agkenzingen.de

1 Dir, 1 R

Rieger, Wolfgang, Dir	16. 10. 95		7. 12. 52	
Bezold, Beate	14. 3. 00		2. 3. 68	

Lörrach   E 172 937
Bahnhofstr. 4, 79539 Lörrach
Postfach 11 40, 79501 Lörrach
Tel. (0 76 21) 4 08-0, Fax (0 76 21) 40 81 80
E-Mail: Poststelle@agloerrach.justiz.bwl.de
www.agloerrach.de

1 Dir, 1 stVDir, 11 R

N. N., Dir	—		—	
Fehrenbach, Reinhard, stVDir	24. 6. 99		15. 2. 50	
Krohn, Harald	20. 5. 81		11. 1. 49	
Dzaack, Dorothea	21. 3. 83		14. 1. 53	
Schneider, Michael	3. 3. 89		26. 6. 57	
Jäckel, Holger	12. 10. 90		12. 12. 58	
Müller, Frank	21. 9. 93		5. 7. 61	
Frick, Axel	20. 4. 94		18. 11. 60	
Graf, Martin, abg.	25. 9. 94		7. 10. 61	
Lange, Annegret	9. 1. 97		13. 4. 65	
Dr. Reupert, Christine	3. 2. 97		15. 1. 61	
Hillegaart, Silja, ½	27. 3. 98		28. 9. 65	
Dr. Roth, Johannes-Georg, abg.	23. 8. 01		29. 1. 67	

Müllheim (Baden)   E 42 700
Werderstr. 37, 79379 Müllheim
Tel. (0 76 31) 1 89-01, Fax (0 76 31) 18 92 38
E-Mail: Poststelle@agmuellheim.justiz.bwl.de
www.agmuellheim.de

1 Dir, 1 R

Thalmann, Dagmar, Dir	1. 5. 85		11. 2. 45	
Soddemann, Ralf	3. 11. 95		13. 5. 63	
Bezzel, Dietrich, ½	7. 5. 04		31. 1. 67	

Staufen (Breisgau)   E 52 873
Hauptstr. 9, 79219 Staufen
Postfach 11 63, 79216 Staufen
Tel. (0 76 33) 9 50 00, Fax (0 76 33) 95 00 99
E-Mail: Poststelle@agstaufen.justiz.bwl.de
www.agstaufen.de

1 Dir

Zier, Heinz, Dir	—		11. 2. 49	

Titisee-Neustadt   E 38 408
Franz-Schubert-Weg 3, 79822 Titisee-Neustadt
79821 Titisee-Neustadt
Tel. (0 76 51) 20 30
Fax (0 76 51) 20 31 90
E-Mail: Poststelle@agtitisee-neustadt.justiz.bwl.de
www.agtitisee-neustadt.de

1 Dir, 1 R

Gebele, Bruno, Dir	20. 8. 87		4. 2. 51	
Schöpsdau, Alexander	24. 11. 05		6. 10. 72	

Waldkirch (Breisgau)   E 39 483
Freie Str. 15, 79183 Waldkirch
Postfach 1 07, 79175 Waldkirch
Tel. (0 76 81) 4 70 20, Fax (0 76 81) 47 02 33
E-Mail: Poststelle@agwaldkirch.justiz.bwl.de
www.agwaldkirch.de

1 Dir, 1 R

Hess, Andreas, Dir	10. 9. 93		3. 1. 49	
Goj, Maria	16. 2. 95		13. 12. 63	

Landgerichtsbezirk Heidelberg

Landgericht Heidelberg   E 458 452
Kurfürstenanlage 21, 69115 Heidelberg
Postfach 10 37 69, 69027 Heidelberg
Tel. (0 62 21) 5 90
Fax (0 62 21) 59 12 13
E-Mail: Poststelle@lgheidelberg.justiz.bwl.de
www.lgheidelberg.de
Pressereferent für Strafsachen:
RLG Christian Guthmann
Tel. (0 62 21) 59-12 78, Fax (0 62 21) 59-12 79
E-Mail: Guthmann@lgheidelberg.justiz.bwl.de
Pressereferentin für Zivilsachen:
RLG Sabine Eibenstein
Tel. (0 62 21) 59-12 45, Fax (0 62 21) 59-12 49
E-Mail: Eibenstein@lgheidelberg.justiz.bwl.de

1 Pr, 1 VPr, 12 VR, 11 R

BW OLG-Bezirk Karlsruhe   LG-Bezirk Heidelberg

Präsident
Dr. von Dücker, Hans Gerd   8. 5. 99   4. 2. 42

Vizepräsident
Knoblich, Michael   21. 12. 01   21. 7. 52

Vorsitzende Richterinnen/Vorsitzende Richter
Böttcher, Klaus   11. 6. 90   23. 10. 45
von Dewitz, Detlef   28. 2. 94   17. 5. 44
Schmidtke-Gillen, Renate   8. 5. 95   12. 3. 44
Gramlich, Edgar   23. 6. 99   25. 11. 54
Dr. Hemmerich-Dornick,
  Hannelore   21. 10. 99   6. 3. 55
Großmann, Andrea   8. 11. 99 21. 9. 56
Mühlhoff, Christian   12. 7. 00   10. 8. 55
Dr. Dopfer, Jürgen   1. 12. 00 19. 7. 51
Dr. Kuhn, Gisela   1. 9. 02   28. 4. 54
Kölsch, Daniela   1. 7. 04   4. 4. 58

Richterinnen/Richter
Dinter, Jutta, ¹/₂   1. 9. 89   18. 12. 58
Jaeger, Angela   1. 9. 90   20. 6. 59
Becker, Ute, ¹/₂   15. 2. 93   20. 7. 62
Eibenstein, Sabine, ¹/₂   9. 3. 93   29. 5. 61
Dr. Heneka, Regine, abg.   24. 10. 96 10. 1. 65
Schüssler, Romeo, abg.   4. 7. 97   20. 8. 63
Teinert, Matthias   21. 7. 99   31. 3. 64
Dr. Müller, Fredy   6. 7. 00   6. 3. 66
Waldmann, Michael   28. 4. 01   4. 9. 66
Pohl, Babette, LL.M., ¹/₂
  beurl.   14. 8. 01   22. 4. 71
Dr. Scholz, Oliver   20. 11. 01   —
Merz, Andre   25. 11. 05 22. 9. 72

Amtsgerichte

Heidelberg E 299 415
Kurfürstenanlage 19, 69115 Heidelberg
Postfach 10 12 20, 69002 Heidelberg
Tel. (0 62 21) 5 90
Fax (0 62 21) 59 13 50
E-Mail: Poststelle@agheidelberg.justiz.bwl.de
www.agheidelberg.de
Pressereferentin für Straf- und OWi-Sachen:
RAG Walburga Englert-Biedert
Tel. (0 62 21) 59 13 33, Fax (0 62 21) 59 22 73
Pressereferentin für sonstige Verfahren:
DirAG Gabriele Meister
Tel. (0 62 21) 59 13 00, Fax (0 62 21) 59 22 47
E-Mail: Poststelle@agheidelberg.justiz.bwl.de

1 Dir, 1 stVDir, 2 w.aufsR, 19 R

Meister, Gabriele, Dir   4. 9. 00   5. 12. 48
Dr. Hallenberger, Achim,
  stVDir   29. 10. 99   1. 7. 54
Dr. Schmidt-Aßmann,
  Ulrike, ²/₃, w.aufsR   17. 3. 95   —
Bauer, Gisela, ¹/₂, w.aufsR   16. 10. 95   5. 3. 45
Zipper, Freia, ²/₃   15. 3. 74   29. 1. 43
Dr. Schwarzkopf, Angelika   1. 10. 76 25. 9. 43
Dr. Helmken, Dierk   17. 3. 78   2. 7. 45
Neureither, Adelinde   3. 10. 80   8. 2. 50
Kaufmann-Granda, Regina   18. 2. 82   28. 8. 51
Strothe, Hans-Jürgen   8. 2. 83   2. 9. 49
Konradt, Gabriele   15. 2. 83   27. 3. 53
Horn, Angelika   18. 3. 83   19. 9. 53
Englert-Biedert, Walburga   1. 9. 83   12. 5. 54
Schlitt, Thomas   3. 10. 86 17. 6. 54
Schrade, Karl-Georg   1. 10. 88 10. 2. 57
von Seyfried, Olegard   1. 2. 89   26. 12. 44
Spannagel-Schärr,
  Irmela, ¹/₂   7. 9. 94   14. 6. 63
Bargatzky, Nicole   17. 2. 95   16. 8. 62
Römhild-Klose,
  Ingeborg, ¹/₂   12. 5. 95   23. 5. 47
Biedermann, Gabriele, ¹/₂   23. 10. 95   7. 12. 57
Will, Norbert   14. 12. 95 27. 11. 63

Sinsheim E 78 068
Werderstr. 12, 74889 Sinsheim
Tel. (0 72 61) 15 10
Fax (0 72 61) 15 11 01
E-Mail: Poststelle@agsinsheim.justiz.bwl.de
www.agsinsheim.de

1 Dir, 3 R

Kretz, Jutta, Dir   4. 7. 03   5. 10. 61
Piehler, Georg   6. 11. 98   —
Dr. Kaltenbach, Anne,
  ¹/₂, abg.   11. 5. 01   30. 4. 67
Staib, Christine   1. 4. 04   28. 4. 72

Wiesloch E 80 969
Bergstr. 3, 69168 Wiesloch
Postfach 11 20, 69152 Wiesloch
Tel. (0 62 22) 58 40
Fax (0 62 22) 58 41 70
E-Mail: Poststelle@agwiesloch.justiz.bwl.de
www.agwiesloch.de

1 Dir, 4 R

Kaseros, Irene, Dir   1. 8. 98   2. 4. 51
Eschenfelder, Rosemarie   1. 10. 76 10. 2. 43
Matt, Wolfgang   4. 9. 81   10. 4. 51
Fürstenau, Ulrike, ¹/₂   21. 10. 83 28. 1. 53

LG-Bezirk Karlsruhe   OLG-Bezirk Karlsruhe   **BW**

Baßler-Frühauf, Andrea, ½	1. 2.92	14. 7.60	
Reiter, Robert	29. 3.01	9. 6.65	
Reich, Petra, ½, RkrA	(3. 1.05)	12. 4.64	

Landgerichtsbezirk Karlsruhe

Landgericht Karlsruhe E 1 027 405
Hans-Thoma-Str. 7, 76133 Karlsruhe
76126 Karlsruhe
Tel. (07 21) 92 60
Fax (07 21) 9 26 31 14
E-Mail: Poststelle@lgkarlsruhe.justiz.bwl.de
www.lgkarlsruhe.de
Pressereferent für Zivilsachen:
VRLG Peter Kerner
Tel. (07 21) 9 26-31 68, Fax (07 21) 9 26-31 14
E-Mail: Kerner@lgkarlsruhe.justiz.bwl.de
Pressereferent für Strafsachen:
VRLG Thomas Kleinheinz
Tel. (07 21) 9 26-31 58, Fax (07 21) 9 26-23 44
E-Mail: Kleinheinz@lgkarlsruhe.justiz.bwl.de

1 Pr, 1 VPr, 23 VR, 28 R

Präsident
Baschang, Rolf	1.12.03	22. 2.43

Vizepräsident
Häberle, Peter	6. 2.06	11.10.58

Vorsitzende Richterinnen/Vorsitzende Richter
Dr. Morawietz, Wolfgang	21.10.76	31. 3.41
Stichs, Werner	25. 9.86	25. 5.42
Dr. Kiwull, Harald	16. 5.91	7. 8.43
Fischer, Hans	30. 7.91	20. 9.45
Waetke, Wolf-Rüdiger	28. 8.91	27. 1.42
Engesser, Torsten	22. 6.92	3. 4.50
Dr. Scholl, Udo	10. 3.95	9. 5.48
Manz, Egon	17.10.95	8.11.46
Meyer, Hermann	17.10.97	16. 4.49
Kerner, Peter	2. 2.99	16. 1.45
Brendle, Ulrich	23. 9.99	23. 4.50
Kleinheinz, Thomas	1. 3.00	27. 2.57
Lang, Eberhard	9. 5.00	3. 8.49
Schmidt, Leonhard	12. 7.00	15.12.54
Tauscher, Karl	12. 7.00	3. 3.55
Heidrich, Andreas	26. 4.02	25. 5.60
Dr. Fetzer, Rhona	24. 3.03	18. 9.63
Schmitt, Tobias	25. 1.05	22. 3.62
Zwiebler, Thomas	22. 4.05	15. 1.60

Herschlein, Doris, ½	7. 2.06	23. 4.62
Dr. Schoppmeyer, Heinrich	10. 2.06	26. 3.66

Richterinnen/Richter
Wilfling, Michael	1. 3.86	19.12.52
Görlitz, Ursula	18. 2.88	29. 7.56
Engler, Cornelia	3. 3.89	8. 8.58
Herlitze, Petra	1. 9.89	7. 2.60
Mauch, Karin, ½, abg.	1. 9.90	3. 4.59
Schatterny-Schmidt, Heike, ½	14. 1.92	28. 4.60
Beese, Annette	14. 9.93	27. 4.61
Bopp, Dieter, abg.	17. 3.94	25. 3.60
Hecking, Brigitte	24.10.94	9. 7.64
Salomom, Sabine, ½	2. 8.95	8. 7.63
Bunk, Ulrich, ½, abg.	16.10.97	23.10.65
Schmid, Stefan	28.10.97	4. 1.65
Maier, Alice, beurl.	8. 1.98	18. 9.65
Beierwaltes, Christine, abg., ½	4. 8.98	13.10.66
Spital, Hermann	30.11.98	5. 3.67
Kraus, Ralf	9. 4.99	26.12.64
Huß, Andrea, abg.	16. 4.99	18. 7.68
Sanchez-Hermosilla, Fernando	1. 6.99	26.10.65
Filthut, Holger	29.10.99	18. 3.68
Dr. Stade, Monika, abg.	6.10.00	27. 2.66
Heine, Ralph-Peter	17.11.00	3. 8.68
Dr. Kürz, Julia, beurl.	22.11.00	11. 4.68
Frietsch, Barbara, ½	16. 1.01	27. 3.69
Dr. Bechtel, Wolfram, abg.	13. 8.01	27. 5.68
Mössner, Gregor	9.11.01	26. 4.68
Dr. Städtler-Pernice, Hans Jörg	9. 1.02	20. 6.65
Walter, Christina	3. 7.02	22. 1.68
Dr. Pernice, Christina, ½	27. 9.02	3. 2.73
Trauthig, Christian	31. 3.05	12. 2.68
Wiegand, Simone, ½	9. 5.05	23. 2.69
Dr. Wesche, Steffen	24.11.05	6. 4.70
Schölch, Rainer	24.11.05	10.12.74
Maisch, Nicole	22.12.05	8. 4.75
Günther, Kai	8. 2.06	9. 9.69

Bretten (Baden) E 50 505
Obere Kirchgasse 9, 75015 Bretten
Postfach 1103, 75001 Bretten
Tel. (0 72 52) 5 07-0, Fax (0 72 52) 5 07 15
E-Mail: Poststelle@agbretten.justiz.bwl.de
www.agbretten.de

1 Dir

Eschler, Rolf, Dir	21. 7.95	13.12.51

BW OLG-Bezirk Karlsruhe LG-Bezirk Karlsruhe

Bruchsal E 141 812
Schönbornstr. 18, 76646 Bruchsal
Postfach 30 27, 76643 Bruchsal
Tel. (0 72 51) 74-0
Fax (0 72 51) 8 46 21
E-Mail: Poststelle@agbruchsal.justiz.bwl.de
www.agbruchsal.de

1 Dir, 1 stVDir, 9 R

Buhr, Reinhold, Dir	2. 9. 96	25. 12. 44
Disqué, Klaus, stVDir	30. 10. 00	26. 2. 51
Witte, Christian, 3/4	1. 7. 77	9. 9. 44
Drosdziok, Wolfgang	1. 3. 87	7. 3. 53
Dr. Schwirblat, Cay, abg.	14. 9. 94	7. 2. 61
Rensch, Michael	15. 3. 96	20. 1. 63
Dr. Ganßauge, Klaus	17. 5. 96	18. 3. 59
Dr. Steitz, Dieter, 3/4	31. 7. 96	11. 8. 62
Fuchs, Andrea	23. 8. 96	17. 7. 65
Scheuver, Jürgen	11. 7. 97	16. 7. 65
Korn, Anja, 1/2	10. 7. 98	21. 4. 66
Hintermayer, Regina, 1/2	7. 1. 99	19. 2. 65

Ettlingen E 87 232
Sternengasse 26, 76275 Ettlingen
Postfach 1 61, 76255 Ettlingen
Tel. (0 72 43) 50 80, Fax (0 72 43) 50 84 44
E-Mail: Poststelle@agettlingen.justiz.bwl.de
www.agettlingen.de

1 Dir, 3 R

Clapier-Krespach, Andrea, Dir	1. 8. 03	7. 5. 60
Piepenburg, Dieter	1. 3. 87	18. 2. 54
Specht, Uwe	2. 10. 92	24. 6. 60
Melzer-Wolfrum, Erika	1. 4. 94	26. 3. 63

Karlsruhe E 299 250
Schloßplatz 23, 76131 Karlsruhe
Postfach 10 02 06, 76232 Karlsruhe
Tel. (07 21) 92 60, Fax (07 21) 9 26 66 47
E-Mail: Poststelle@agkarlsruhe.justiz.bwl.de
www.agkarlsruhe.de
Pressestelle: RAG Gerhard Rastetter
Tel. (07 21) 9 26-67 58, Fax (07 21) 9 26-66 47
E-Mail: Rastetter@agkarlsruhe.justiz.bwl.de

1 Pr, 1 VPr, 3 w.aufsR, 26 R

Präsident

Riedel, Alexander	28. 1. 99	14. 2. 55

Vizepräsidentin

Brosch, Christiane Ulrike	27. 12. 01	4. 12. 53

weitere aufsichtführende Richter

Dr. Krieg, Berthold	9. 10. 95	20. 3. 46
Kögele, Klaus	14. 10. 96	2. 10. 47

Richterinnen/Richter

Schießel, Herbert	1. 2. 76	15. 8. 44
Heel, Arndt	18. 2. 77	2. 7. 44
Reifurth, Horst	18. 3. 77	27. 10. 44
Kapperstein, Klaus	2. 2. 78	17. 4. 48
Rastetter, Gerhard	1. 10. 80	1. 1. 48
Bär, Elisabeth	1. 2. 81	27. 12. 51
Horn-Scholz, Christa, 1/2	1. 8. 81	—
Wagner, Konrad	18. 3. 83	31. 10. 52
Mohr, Helga	2. 3. 84	28. 7. 54
Dornick, Hans	29. 12. 87	21. 7. 49
Köpfler, Thomas	2. 3. 90	11. 11. 57
Zimmer, Bernhard	12. 10. 90	2. 12. 56
Völbel, Thomas	1. 12. 90	6. 5. 59
Schuller, Gabriela	1. 2. 93	12. 6. 59
Diemer, Klaus	14. 3. 94	29. 3. 62
Anstadt, Bernd	9. 6. 94	11. 9. 61
Bracher, Claudia	22. 9. 94	11. 2. 63
Dr. Bruggner, Micaela	16. 2. 95	5. 2. 56
Deißler-Ott, Gabriele, beurl.	15. 3. 96	9. 7. 65
Dr. Holdefer, Frank	7. 1. 98	—
Gruber, Monika, 3/4	21. 9. 98	16. 6. 65
Müller, Thomas	24. 1. 02	1. 10. 67
Schüler, Diana	19. 5. 05	27. 1. 75

Karlsruhe-Durlach E 91 663
Karlsburgstr. 10, 76227 Karlsruhe
Postfach 41 01 20, 76201 Karlsruhe
Tel. (07 21) 99 40
Fax (07 21) 9 94 18 80
E-Mail: Poststelle@agkarlsruhe-durlach.justiz.bwl.de
www.agkarlsruhe-durlach.de

1 Dir, 4 R

Heck, Bernhard, 1/2	1. 2. 77	15. 10. 46
Haarer, Frank, abg.	12. 5. 99	4. 8. 66

Maulbronn E 79 281
Klosterstr. 1, 75433 Maulbronn
Postfach 1 00, 75430 Maulbronn
Tel. (0 70 43) 9 22 00
Fax (0 70 43) 4 03 16
E-Mail: Poststelle@agmaulbronn.justiz.bwl.de
www.agmaulbronn.de

1 Dir, 2 R

LG-Bezirk Konstanz   OLG-Bezirk Karlsruhe   **BW**

Droxler, Klaus, Dir	22. 1. 93	8. 7. 46
Cox, Eberhard, ½	1. 9. 76	20. 11. 42
Dr. Lindner, Bernd	1. 10. 93	14. 8. 60
Regel, Christiane, ½	13. 3. 95	12. 2. 63

Pforzheim E 235 649
Lindenstr. 8, 75175 Pforzheim
Postfach 3 40, 75103 Pforzheim
Tel. (0 72 31) 30 90
Fax (0 72 31) 30 93 50
E-Mail: Poststelle@agpforzheim.justiz.bwl.de
www.agpforzheim.de

Zweigstelle in Neuenbürg
Gerichtsgasse, 75305 Neuenbürg
Tel. (0 70 82) 79 90, Fax (0 70 82) 79 91 67
E-Mail: Poststelle@agneuenbuerg.justiz.bwl.de

1 Dir, 1 stVDir, 1 w.aufsR, 14 R

Dr. Walz, Karl-Michael, Dir	25. 6. 98	3. 1. 51
N. N., stVDir	—	—
Vögtle, Gustav, w.aufsR	26. 7. 01	6. 11. 46
Ludin, Hans-Günter	1. 10. 78	—
Eschler, Gabriele, ½	1. 9. 83	—
Conrad-Graf, Daniela	23. 8. 90	—
Kralowetz, Jürgen	28. 1. 91	27. 8. 59
Dr. Terhorst, Michael	4. 10. 94	16. 1. 61
Mertgen, Ingo	17. 2. 95	15. 8. 60
Dittmar, Angela, ½, abg.	1. 10. 95	17. 12. 63
Dr. Pawlitscha, Udo, abg.	26. 1. 96	28. 12. 62
Wünsche, Marion, beurl.	29. 10. 96	8. 5. 60
Richter, Jörg	18. 4. 97	9. 11. 61
Dr. Mayer-Pflomm, Johann-Michael	19. 8. 97	7. 3. 63
Dr. Ambs, Stephane, ½	5. 11. 97	24. 10. 64
Dr. Merz, Susanne, beurl.	16. 10. 00	1. 5. 67
Gauß, Stephanie, ½	5. 7. 02	15. 9. 70
Weik, Oliver, abg.	2. 9. 03	9. 4. 68
Harzbecker, Bettina	22. 12. 05	7. 2. 74
Schmitt, Holger, RkrA	(20. 5. 05)	13. 3. 73

Philippsburg E 42 013
Marktplatz 8, 76661 Philippsburg
Postfach 12 40, 76653 Philippsburg
Tel. (0 72 56) 9 31 10, Fax (0 72 56) 93 11 50
E-Mail: Poststelle@agphilippsburg.justiz.bwl.de
www.agphilippsburg.de

1 Dir, 1 R

Höcklin, Rainer, Dir	1. 7. 93	1. 2. 49
Bitz, Franz	16. 7. 82	24. 8. 51

Landgerichtsbezirk Konstanz

Landgericht Konstanz E 572 375
Gerichtsgasse 15, 78462 Konstanz
Postfach 10 12 43, 78412 Konstanz
Tel. (0 75 31) 2 80-0
Fax (0 75 31) 2 80 14 00
E-Mail: Poststelle@lgkonstanz.justiz.bwl.de
www.lgkonstanz.de
Pressestelle: RLG Arno Hornstein
Tel. (0 75 31) 2 80-15 03
Fax (0 75 31) 2 80-15 15
E-Mail: AHornstein@lgkonstanz.justiz.bwl.de

1 Pr, 1 VPr, 12 VR, 11 R

Präsident

Boll, Olaf	25. 9. 00	8. 2. 48

Vizepräsident

Deppert-Kern, Helmut	20. 5. 05	24. 4. 50

Vorsitzende Richterinnen / Vorsitzende Richter

Bischoff, Jürgen	31. 1. 92	3. 8. 46
Müller, Hans-Wilhelm	27. 9. 94	3. 12. 48
Weimer, Joachim	13. 10. 95	3. 1. 50
Störzbach, Hans	31. 10. 96	7. 1. 51
Dr. Reichardt, Horst-Dieter	2. 7. 97	1. 8. 44
Danner, Carmen, ½	29. 4. 98	23. 12. 47
Scholl-Leifert, Gretel, ½	29. 4. 98	6. 8. 53
Dr. Hohlfeld, Ulrike	1. 2. 01	18. 8. 59
Weber, Hans-Joachim	1. 8. 01	5. 8. 53
Prof. Dr. Brodmann, Jörg	1. 3. 02	13. 11. 50
Dr. Brinkmann, Rainer	19. 3. 03	5. 4. 63
Dr. Helbig, Fritz	14. 6. 04	17. 10. 52

Richterinnen/Richter

Futterknecht, Olaf	1. 9. 74	2. 2. 43
Niemann, Karl-Heinz	22. 10. 74	24. 4. 43
Orilski, Reinhard	1. 10. 79	18. 4. 48
Gundlach-Keller, Heidi	18. 9. 81	24. 1. 50
Dallinger, Wolfgang	24. 6. 82	13. 1. 50
Schlemper, Siglinde	28. 6. 89	10. 2. 52
Hornstein, Arno	13. 2. 98	4. 3. 66
Heidegger, Silke, ½	3. 8. 99	15. 5. 68
Eisele, David	8. 10. 01	7. 5. 70
Hofmann, Christian Frank	10. 12. 01	17. 5. 68
Jochem, Peter	5. 8. 02	20. 4. 72

BW OLG-Bezirk Karlsruhe LG-Bezirk Konstanz

Amtsgerichte

Donaueschingen E 61 214
Mühlenstr. 5, 78166 Donaueschingen
Postfach 11 29, 78152 Donaueschingen
Tel. (07 71) 85 05-0, Fax (07 71) 85 05 40
E-Mail: Poststelle@agdonaueschingen.justiz.bwl.de
www.agdonaueschingen.de

1 Dir, 2 R

Gött, Kurt, Dir	2. 7. 01	21. 2. 56
Schwing, Heinz	6. 11. 78	15. 11. 48
Dr. Jarsumbek, Claudia	23. 11. 05	24. 3. 73

Konstanz E 93 373
Untere Laube 12, 78462 Konstanz
Postfach 10 01 51, 78401 Konstanz
Tel. (0 75 31) 2 80-0, Fax (0 75 31) 2 80 24 79
E-Mail: Poststelle@agkonstanz.justiz.bwl.de
www.agkonstanz.de

1 Dir, 1 stvDir, 7 R

N. N., Dir	—	—
Weimer, Gabriele, stvDir	30. 3. 01	24. 10. 51
Laaser, Jürgen	2. 9. 77	20. 1. 43
Eitze, Gertrud, 1/2	18. 1. 91	17. 10. 58
Schroth, Stefan	14. 3. 97	4. 5. 65
Dr. Langenfeld, Andrea	13. 7. 99	19. 5. 68
Dr. Laut, Thomas, abg.	19. 2. 01	9. 4. 66
Stütz, Birke, beurl.	19. 2. 01	9. 9. 65
Knickenberg, Katja, beurl.	29. 5. 01	23. 6. 70
Röding, Anita	9. 11. 01	21. 7. 64

Radolfzell E 40 240
Seetorstr. 5, 78315 Radolfzell
Postfach 12 20, 78302 Radolfzell
Tel. (0 77 32) 98 31 00, Fax (0 77 32) 98 31 21
E-Mail: Poststelle@agradolfzell.justiz.bwl.de
www.agradolfzell.de

1 Dir, 1 R

Hintze, Matthias, Dir	1. 1. 96	20. 10. 50
Dold, Georg	1. 5. 90	19. 2. 57

Singen (Hohentwiel) E 108 452
Erzbergerstr. 28, 78224 Singen
Postfach 14 40, 78213 Singen
Tel. (0 77 31) 40 01-0, Fax (0 77 31) 40 01 83
E-Mail: Poststelle@agsingen.justiz.bwl.de
www.agsingen.de

1 Dir, 1 stvDir, 6 R

Dr. Busam, Gerhard, Dir	1. 12. 00	19. 7. 49
N. N., stvDir	—	—
Dr. Taubner, Herbert, 1/2	8. 9. 94	18. 11. 61
Dr. Merschformann, Ulrike	28. 9. 94	17. 9. 62
Dr. Martensen, Jürgen	20. 7. 99	15. 8. 64
Dr. Stadie, Patrick	1. 4. 05	18. 6. 70
Zietlow-Al Khatib, Vera	22. 7. 05	14. 1. 70

Stockach E 32 031
Tuttlinger Str. 8, 78333 Stockach
Tel. (0 77 71) 93 82-0, Fax (0 77 71) 93 82 40
E-Mail: Poststelle@agstockach.justiz.bwl.de
www.agstockach.de

1 Dir

Walter, Götz, Dir	16. 7. 01	23. 1. 56
Dr. Scholz, Dieter, 1/2	23. 12. 05	21. 3. 72

Überlingen (Bodensee) E 86 567
Bahnhofstr. 8, 88662 Überlingen
Postfach 10 12 51, 88642 Überlingen
Tel. (0 75 51) 8 35-0, Fax (0 75 51) 83 53 28
E-Mail: Poststelle@agueberlingen.justiz.bwl.de
www.agueberlingen.de

1 Dir, 4 R

Gürtler, Harald, Dir	1. 5. 01	21. 9. 50
Völk, Günther	4. 1. 91	22. 8. 60
Drechsel, Bettina, 4/5	19. 7. 93	7. 10. 60
Dr. Beck, Axel	10. 8. 94	5. 5. 59
Heßberger, Christine, 7/10	23. 3. 95	8. 3. 62
Wiedmer, Petra, abg.	29. 6. 98	26. 2. 66
von Kennel, Alexander	25. 11. 05	29. 7. 74

Villingen-Schwenningen E 150 498
Niedere Straße 94, 78050 Villingen-Schwenningen
Postfach 11 40, 78001 Villingen-Schwenningen
Tel. (0 77 21) 2 03-0
Fax (0 77 21) 20 31 99
E-Mail: Poststelle@agvillingen-schwenningen.justiz.bwl.de
www.agvillingen-schwenningen.de

1 Dir, 1 stvDir, 8 R

Bierer, Bernd, Dir	30. 3. 01	22. 10. 44
Horn, Rainer	13. 9. 76	21. 7. 45
Schleusener, Hans-Joachim	1. 8. 82	4. 9. 46
Birkenholz, Peter	3. 9. 82	16. 6. 52
Dr. Bäumler, Christian	13. 3. 97	29. 3. 65
Seitz, Thomas	9. 6. 00	8. 10. 67
Lipp, Bernhard	7. 7. 05	8. 1. 71
Krüger-Velthusen, Vera	8. 7. 05	—
Knecht, Michael, abg.	—	17. 10. 67

LG-Bezirk Mannheim OLG-Bezirk Karlsruhe **BW**

Landgerichtsbezirk Mannheim

Landgericht Mannheim E 524 958
A 1, 68159 Mannheim
68149 Mannheim
Tel. (06 21) 2 92-0
Fax (06 21) 2 92 13 14
E-Mail: Poststelle@lgmannheim.justiz.bwl.de
www.lgmannheim.de
Pressestelle: VRLG Andreas Schlett
Tel. (06 21) 2 92-26 21, Fax (06 21) 2 92-15 77
E-Mail: Schlett@lgmannheim.justiz.bwl.de

1 Pr, 1 VPr, 23 VR, 28 R

Präsident
Zöbeley, Günter 1. 10. 01 10. 1. 49

Vizepräsident
Perron, Helmut 30. 6. 03 7. 5. 59

Vorsitzende Richterinnen/Vorsitzende Richter
Dr. von Löbbecke,
  Bernfried 11. 3. 85 15. 6. 43
Plass, Joachim 14. 9. 92 31. 3. 46
Metzger, Ulrich 1. 2. 93 11. 4. 46
Stojek, Matthias 18. 8. 95 20. 12. 51
Schmukle, Detlef 13. 6. 96 24. 7. 52
Glenz, Rolf 4. 7. 96 2. 5. 49
Schwab, Matthias 5. 8. 96 26. 1. 57
Müller, Hansjörg 22. 10. 96 10. 10. 48
Dr. Meinerzhagen, Ulrich 26. 3. 97 15. 11. 51
Schneider-Mursa, Ulrich 2. 3. 98 21. 12. 53
Adam, Karl 18. 9. 98 24. 1. 48
Dr. Schwan, Brigitte 19. 10. 99 —
Dr. Weigenand, Rolf 31. 7. 00 17. 4. 54
Voß, Andreas 27. 11. 00 30. 9. 59
Seidling, Michael 29. 12. 00 13. 8. 51
Schlett, Andreas 10. 7. 01 4. 5. 51
Dr. Heckel, Heinrich 10. 7. 01 16. 6. 52
Wellenreuther, Ingo,
  beurl. 8. 10. 02 16. 12. 59
Rudolph, Katrin 12. 2. 03 25. 5. 59
Roos, Bernhard 24. 11. 03 23. 1. 55
Charissé, Ursula 21. 10. 04 2. 11. 58
Schmukle, Christiane, 1/2 1. 11. 04 22. 12. 52

Richterinnen/Richter
Hoppe, Hartmut 5. 12. 75 5. 10. 43
Folkerts, Elke 7. 2. 77 20. 2. 43
Rüdel, Monika, abg., 1/2 13. 10. 77 28. 5. 46
Beißert, Ruth 1. 4. 78 30. 9. 48
Blank, Hubert 16. 2. 79 24. 9. 41

Kreis-Stephan, Claudia 1. 9. 89 8. 6. 58
Hamm, Holger 1. 1. 93 26. 3. 59
Theune-Fuchs, Carmen 3. 8. 93 9. 9. 63
Krenz, Bettina 1. 10. 94 19. 5. 61
Krebs-Dörr, Petra 10. 2. 95 24. 10. 62
Hark, Karin, 1/2 2. 3. 95 5. 7. 64
Lindenthal, Andreas 14. 9. 95 5. 11. 61
Schäfer, Uwe 26. 4. 96 10. 7. 64
Kirschenlohr, Martin 15. 11. 96 30. 4. 65
Bültmann, Daniela 27. 2. 97 13. 6. 65
Fischer, Anne, beurl. 28. 10. 97 8. 2. 64
Becker, Daniela 5. 8. 98 27. 7. 65
Gredner-Steigleider,
  Heike, 1/2 23. 12. 98 29. 5. 64
Thiel, Katja 2. 2. 99 27. 3. 67
Dr. Singer, Stefan, abg. 10. 12. 99 31. 12. 63
Gauch, Ruth, beurl. 5. 1. 00 1. 10. 67
Völker, Stefanie 17. 11. 00 21. 9. 69
Dr. Schmitt, Thomas, abg. 23. 5. 01 3. 1. 66
Ritter-Wöckel,
  Gabriele, 1/2, beurl. 10. 7. 01 7. 7. 65
Egerer, Harald, 1/2 29. 1. 02 28. 2. 67
Dr. Bock, Joachim, abg. 20. 3. 02 18. 9. 66
Dr. Zülch, Carsten 10. 5. 02 4. 12. 65
Dr. Rombach, Patricia,
  abg. 17. 10. 03 28. 10. 71
Rackwitz, Gerd 23. 11. 05 —

Amtsgerichte

Mannheim E 307 499
Schloß, Westflügel, 68159 Mannheim
68149 Mannheim
Tel. (06 21) 2 92-0
Fax (06 21) 2 92 28 76
E-Mail: Poststelle@agmannheim.justiz.bwl.de
www.agmannheim.de
Pressestelle: RAG Ulrich Krehbiel
Tel. (06 21) 2 92-22 93, Fax (06 21) 2 92 20 20
E-Mail: Krehbiel@agmannheim.justiz.bwl.de

1 Pr, 1 VPr, 4 w.aufsR, 32 R

Präsident
Neff, Andreas 30. 9. 02 1. 5. 57

Vizepräsident
Schnepf, Thomas 1. 10. 03 20. 11. 49

weitere aufsichtführende Richter
Krehbiel, Ulrich 11. 8. 95 30. 12. 43
Heinzel, Ulrich 26. 1. 96 3. 8. 45
Winkler, Wolfgang 29. 5. 96 28. 7. 45
Burk, Thomas 16. 5. 01 9. 6. 54

33

BW OLG-Bezirk Karlsruhe   LG-Bezirk Mosbach

Richterinnen/Richter

Wagner, Brigitte	2. 10. 75	20. 6. 43
Sauter, Wilhelm	1. 9. 76	24. 2. 43
Mayer-Rosa, Jörg	1. 2. 77	13. 3. 43
Dr. Müller-Oberthür, Carola	25. 7. 79	20. 5. 49
Meergans, Horst	1. 2. 82	19. 8. 48
Fatouros, Iris	15. 2. 82	10. 7. 52
Schneider, Ulrike	1. 9. 82	15. 5. 48
Jülch, Johannes	8. 2. 83	15. 9. 51
Dr. Zipperer, Helmut	15. 9. 83	24. 9. 50
Koester-Buhl, Roseluise, 1/2	22. 9. 86	18. 7. 58
Palm, Thomas	1. 9. 88	20. 10. 56
Schmelcher, Volker	1. 4. 92	23. 1. 58
Schlosser, Ulrike	1. 6. 92	1. 8. 59
Fiskus-Knorpp, Petra	13. 10. 92	2. 3. 63
Dr. Seiser, Klaus-Jürgen	3. 8. 93	19. 12. 52
Riffel, Wolfgang	19. 4. 96	7. 9. 64
Brandt, Thorsten, 1/2	24. 7. 96	26. 11. 59
Dürr, Sonja, 1/2, beurl.	6. 4. 99	12. 10. 68
Löhr, Corinna, 1/2	4. 10. 00	6. 5. 69
Finke, Marion, RkrA	(18. 4. 05)	2. 6. 70
Klingst, Wolfgang, RkrA	(18. 5. 05)	—
Steinlein, Katrin, RkrA	(8. 6. 05)	9. 11. 73
Hornung, Fiona, RkrA	(12.12.05)	23. 2. 73
Reichardt, Beate, RkrA, 1/2	(10. 3. 06)	21. 9. 63
May, Christiane, RkrA, 1/2	(1. 4. 06)	24. 6. 63
Blum, Gerlinde, 1/2	—	15. 1. 53

Schwetzingen   E 108 802
Zeyherstr. 6, 68723 Schwetzingen
Postfach 12 80, 68702 Schwetzingen
Tel. (0 62 02) 81-0
Fax (0 62 02) 8 13 36
E-Mail: Poststelle@agschwetzingen.justiz.bwl.de
www.agschwetzingen.de

1 Dir, 1 stVDir, 6 R

Moser, Hans, Dir	26. 11. 96	15. 10. 44
Deißler, Gerd, stVDir	1. 1. 94	27. 10. 41
Maier, Dieter	1. 9. 88	10. 7. 53
Theuerl-Neubeck, Sonja, 1/2	19. 7. 90	22. 6. 58
Schrade, Daniele, 1/2	14. 9. 92	—
Zimmer-Odenwälder, Claudia, 3/4	1. 9. 94	14. 9. 60
Bartelmus, Barbara, 3/4	22. 9. 94	30. 6. 63
Fischer, Winfried	18. 10. 94	28. 12. 59
Dr. Krüger, Antje, abg.	30. 11. 98	17. 11. 63

Weinheim (Bergstr.)   E 108 657
Ehretstr. 11, 69469 Weinheim
Postfach 10 01 51, 69441 Weinheim
Tel. (0 62 01) 98 20, Fax (0 62 01) 98 22 51
E-Mail: Poststelle@agweinheim.justiz.bwl.de
www.agweinheim.de

1 Dir, 1 stVDir, 6 R

Dr. Münchbach, Hans-Jörg, Dir	16. 10. 00	4. 6. 43
Stumpe, Brigitte, 1/2	2. 9. 77	28. 11. 45
Huber, Werner	1. 6. 82	27. 3. 49
Henninger, Hans	1. 9. 82	22. 11. 48
Szillinsky, Dieter	5. 2. 88	2. 8. 55
Kilthau, Hans	2. 3. 90	14. 1. 56
Krausser, Monika, 1/2	19. 10. 94	9. 4. 63

Landgerichtsbezirk Mosbach

Landgericht Mosbach   E 240 581
Hauptstr. 110, 74821 Mosbach
74819 Mosbach
Tel. (0 62 61) 87-0
Fax (0 62 61) 8 74 40
E-Mail: Poststelle@lgmosbach.justiz.bwl.de
www.lgmosbach.de
Pressestelle: VRLG Jutta Kretz
Tel. (0 62 61) 8 72 16
Fax (0 62 61) 8 74 40
E-Mail: Kretz@lgmosbach.justiz.bwl.de

1 Pr, 1 VPr, 3 VR, 5 R

Präsident

Dr. Mißler, Ernst-Ludwig	1. 10. 96	10. 3. 43

Vizepräsident

Hettinger, Reiner	1. 4. 04	29. 9. 57

Vorsitzende Richter

Schmidgall, Roland	20. 11. 96	24. 1. 50
Dr. Ganter, Alexander	23. 6. 99	13. 3. 54
N. N.	—	—

Richterinnen/Richter

Dr. Scheuble, Barbara	1. 2. 93	21. 5. 60
N. N.	—	—
Heim, Katja, 1/2	27. 11. 03	19. 5. 71
Haas, Michael	28. 11. 03	21. 9. 71
Wunderlich, Susanne	11. 8. 04	29. 9. 73

LG-Bezirk Offenburg OLG-Bezirk Karlsruhe **BW**

Amtsgerichte

Adelsheim   E 21 843
Rietstr. 4, 74740 Adelsheim
Postfach 11 80, 74737 Adelsheim
Tel. (0 62 91) 6 20 40
Fax (0 62 91) 62 04 28
E-Mail: Poststelle@agadelsheim.justiz.bwl.de
www.agadelsheim.de
1 Dir

Kern, Mark, Dir, abg.	1. 11. 03	19.	1. 65	
Ederer-Kostik, Andrea, ½	7. 6. 95	3.	1. 61	

Buchen (Odenwald)   E 46 932
Amtsstr. 26, 74722 Buchen
Postfach 11 62, 74710 Buchen
Tel. (0 62 81) 32 59-0
Fax (0 62 81) 32 59-27
E-Mail: Poststelle@agbuchen.justiz.bwl.de
www.agbuchen.de
1 Dir, 1 R

Eggert, Gerd, Dir	1. 3. 06	10.	4. 66
Schäfer, Hans-Werner	1. 2. 82	24.	8. 49

Mosbach (Baden)   E 82 356
Hauptstr. 110, 74821 Mosbach (Baden)
Postfach 13 64, 74803 Mosbach (Baden)
Tel. (0 62 61) 87-0
Fax (0 62 61) 8 74 60
E-Mail: Poststelle@agmosbach.justiz.bwl.de
www.agmosbach.de
1 Dir, 5 R

Zöllner, Martin, Dir	1. 12. 00	8.	8. 49
Dochnahl, Helmut	1. 2. 77	30.	9. 46
Rosenfeld, Dieter	2. 3. 84	9.	1. 50
Terhorst, Alfons	1. 2. 91	29.	1. 55
Schrader, Klaus	7. 2. 95	27.	10. 62
Hammer, Ursula	25. 1. 96	25.	7. 61
Gaude, Hendrik, RkrA	(15. 3. 06)	3.	5. 64

Tauberbischofsheim   E 54 899
Schmiederstr. 22, 97941 Tauberbischofsheim
Postfach 12 27, 97932 Tauberbischofsheim
Tel. (0 93 41) 9 49 80
Fax (0 93 41) 94 98 24
E-Mail: Poststelle@agtauberbischofsheim.justiz.bwl.de
www.agtauberbischofsheim.de
1 Dir, 2 R

Bau, Wolfgang, Dir	27. 7. 87	22.	5. 42
Kern, Klaus	1. 8. 86	4.	9. 54

Wertheim   E 34 551
Friedrichstr. 6, 97877 Wertheim
Tel. (0 93 42) 9 22 50
Fax (0 93 42) 77 35
E-Mail: Poststelle@agwertheim.justiz.bwl.de
www.agwertheim.de
1 Dir

Metzner, Wieland, Dir	30. 7. 80	18.	1. 44

Landgerichtsbezirk Offenburg

Landgericht Offenburg   E 341 331
Hindenburgstr. 5, 77654 Offenburg
Tel. (07 81) 9 33-0
Fax (07 81) 9 33 11 70
E-Mail: Poststelle@lgoffenburg.justiz.bwl.de
www.lg-offenburg.de
Pressereferent für Zivilsachen:
RLG Dr. Robert Traeger
Tel. (07 81) 9 33-11 34, Fax (07 81) 9 33-11 70
E-Mail: Traeger@lgoffenburg.justiz.bwl.de
Pressereferent für Strafsachen:
RLG Herbert Schmeiser
Tel. (07 81) 9 33-11 34, Fax (07 81) 9 33-11 70
E-Mail: Schmeiser@lgoffenburg.justiz.bwl.de
1 Pr, 1 VPr, 6 VR, 8 R

Präsident

Dr. Kampmann, Klaus-Wilhelm	1. 9. 92	29.	1. 43

Vizepräsident

Dr. Schilling, Hansjürgen	21. 6. 02	29.	5. 56

Vorsitzende Richter

Lehmann, Alfons	14. 4. 93	23.	3. 49
Endress, Eugen	20. 11. 98	21.	8. 51
Walter, Heinz	26. 3. 01	7.	7. 54
Lauer, Hartmut	1. 2. 02	17.	8. 60

Richterinnen/Richter

Leußer, Egbert	3. 5. 74	21.	10. 42
Schmeiser, Herbert	3. 2. 89	12.	2. 56
Rubin, Ursula	1. 9. 90	30.	10. 59
Dr. Müller, Susanne	21. 1. 93	19.	3. 63
Felder, Klaus	18. 9. 95	15.	11. 63
Platten, Peter	18. 4. 97	29.	6. 65

BW OLG-Bezirk Karlsruhe   LG-Bezirk Waldshut-Tiengen

Dr. Traeger, Robert	16. 11. 00	10. 4. 67
Siegfried, Gertrud	14. 8. 01	3. 5. 67
Maurer, Martin, abg.	10. 10. 01	4. 12. 66
Dr. Edmunds, Christian, abg.	11. 3. 02	25. 1. 65

Amtsgerichte

Gengenbach E 32 547
Grabenstr. 17, 77723 Gengenbach
Tel. (0 78 03) 9 63 70
Fax (0 78 03) 96 37 30
E-Mail: Poststellle@aggengenbach.justiz.bwl.de
www.aggengenbach.de

1 Dir

Wilhelmi, Karl, Dir   30. 12. 92   15. 5. 47

Kehl E 54 453
Hermann-Dietrich-Str. 6, 77694 Kehl
Postfach 17 60, 77677 Kehl
Tel. (0 78 51) 8 64-0, Fax (0 78 51) 86 42 35
E-Mail: Poststelle@agkehl.justiz.bwl.de
www.agkehl.de

1 Dir, 3 R

Sigg, Rolf-Dieter, Dir	29. 5. 00	13. 12. 51
Mermann, Wolfgang	16. 5. 83	—
Blümel, Johannes	20. 11. 00	—
Hollederer, Dietmar	19. 3. 01	8. 11. 66

Lahr (Schwarzwald) E 80 308
Turmstr. 15, 77933 Lahr
Postfach 12 40, 77902 Lahr
Tel. (0 78 21) 2 83-0, Fax (0 78 21) 28 34 52
E-Mail: Poststelle@aglahr.justiz.bwl.de
www.aglahr.de

1 Dir, 4 R

N. N., Dir	—	—
Knoll, Carminia	1. 7. 94	
Gethmann, Nicolas	29. 9. 00	17. 2. 65
Dr. Frank, Martin, abg.	11. 3. 02	28. 7. 66
Granderath, Dorothee, ½	12. 5. 05	23. 5. 66
Epple, Jasmin	19. 5. 05	—

Oberkirch E 37 286
Hauptstr. 48, 77704 Oberkirch
Tel. (0 78 02) 9 37 50, Fax (0 78 02) 93 75 20
E-Mail: Poststelle@agoberkirch.justiz.bwl.de
www.agoberkirch.de

1 Dir

Zimmermann, Wolfgang, Dir	17. 2. 95	3. 6. 55
Riggert, Stephanie, ½	3. 9. 93	31. 10. 61

Offenburg E 99 703
Hindenburgstr. 5, 77654 Offenburg
Tel. (07 81) 9 33-0, Fax (07 81) 9 33 10 89
E-Mail: Poststelle@agoffenburg.justiz.bwl.de
www.agoffenburg.de

1 Dir, 1 stvDir, 8 R

Hauser, Rupert, Dir	27. 3. 01	25. 3. 43
von Péterffy, Heidy, stVDir	3. 7. 01	13. 5. 50
Will, Petra	7. 2. 83	16. 2. 53
Fritsch, Holger	9. 10. 92	30. 11. 58
Körner, Ute	10. 8. 94	11. 7. 60
Walter, Daniel	9. 9. 94	13. 2. 61
Buck, Eva	7. 2. 95	4. 6. 64
Lennig, Stefan	15. 2. 98	25. 6. 67
Lander, Stefanie, ½, RkrA	(1. 10. 04)	21. 7. 66

Wolfach E 37 034
Hauptstr. 40, 77709 Wolfach
Postfach 11 26, 77705 Wolfach
Tel. (0 78 34) 9 77-0
Fax (0 78 34) 97 72 85
E-Mail: Poststelle@agwolfach.justiz.bwl.de
www.agwolfach.de

1 Dir

Bräutigam, Gabriele, Dir   4. 1. 05   29. 11. 65

Landgerichtsbezirk Waldshut-Tiengen

Landgericht Waldshut-Tiengen E 215 018
Bismarckstr. 19a, 79761 Waldshut-Tiengen
Tel. (0 77 51) 8 81-0
Fax (0 77 51) 88 12 09
E-Mail:
Poststelle@lgwaldshut-tiengen.justiz.bwl.de
www.lgwaldshut-tiengen.de
Pressestelle: RLG Johannes Daun
Tel. (0 77 51) 8 81-2 11, Fax (0 77 51) 8 81-2 19
E-Mail: Daun@lgwaldshut-tiengen.justiz.bwl.de

1 Pr, 1 VPr, 3 VR, 5 R

Präsident

Eißer, Wolfgang   1. 12. 01   30. 11. 49

Vizepräsident

Wetz, Matthias   23. 12. 97   15. 3. 46

Staatsanwaltschaften OLG-Bezirk Karlsruhe **BW**

Vorsitzende Richter
Zimmermann, Wolfgang   31. 8. 93   15. 9. 49
Seyffert, Bernhard   25. 10. 99   24. 10. 52

Richterin/Richter
Dr. Berger, Michael   29. 9. 97   22. 2. 63
Daun, Johannes   18. 8. 99   5. 1. 67
Hauser, Martin   10. 4. 00   5. 4. 67
Sewing, Heike, ¹/₂, beurl.   16. 6. 03   17. 12. 67
Dr. Gerster, Marc   4. 8. 03   7. 11. 71

Amtsgerichte

Bad Säckingen   E 51 676
Hauensteinstr. 9, 79713 Bad Säckingen
Postfach 12 45, 79703 Bad Säckingen
Tel. (0 77 61) 5 66-0, Fax (0 77 61) 56 62 67
E-Mail: Poststelle@agbadsaeckingen.justiz.bwl.de
www.agbadsaeckingen.de

1 Dir, 4 R

Kimmig, Klaus-Dieter, Dir   28. 9. 01   —
Maisack, Christoph   20. 4. 90   11. 5. 53
Stork, Rupert   28. 9. 92   18. 8. 60
Schuster, Klaus, abg.   10. 4. 02   27. 10. 71
Dr. Döhring, Silke, RkrA   (10. 1. 05)   19. 4. 74

Schopfheim   E 29 895
Hauptstr. 16, 79650 Schopfheim
Postfach 13 12, 79643 Schopfheim
Tel. (0 76 22) 6 77 70
Fax (0 76 22) 67 77 67
E-Mail: Poststelle@agschopfheim.justiz.bwl.de
www.agschopfheim.de

1 Dir

Basler, Margarete, Dir   7. 6. 01   10. 8. 55

Schönau i. Schwarzwald   E 17 857
Friedrichstr. 24, 79677 Schönau im Schwarzwald
Tel. (0 76 73) 9 11 30
Fax (0 76 73) 91 13 20
E-Mail: Poststelle@agschoenau.justiz.bwl.de
www.agschoenau.de

1 Dir

Götz, Stefan, Dir   30. 10. 01   19. 3. 61

St. Blasien   E 13 814
Am Kurgarten 15, 79837 St. Blasien
Postfach 12 06, 79830 St. Blasien
Tel. (0 76 72) 9 31 20
Fax (0 76 72) 93 12 30
E-Mail: Poststelle@agblasien.justiz.bwl.de
www.agblasien.de

1 Dir

Holler-Welz, Ulrike, Dir   18. 1. 95   18. 7. 53

Waldshut-Tiengen   E 101 776
Bismarckstr. 23, 79761 Waldshut-Tiengen
Tel. (0 77 51) 8 81-0
Fax (0 77 51) 88 13 05
E-Mail:
Poststelle@agwaldshut-tiengen.justiz.bwl.de
www.agwaldshut-tiengen.de

1 Dir, 3 R

Jockers, Heinz, Dir   1. 2. 93   4. 4. 47
Rühl, Wolfgang   10. 5. 93   26. 2. 59
Lämmlin-Daun,
  Susanne, ¹/₂   6. 8. 99   30. 4. 69

Staatsanwaltschaften

Generalstaatsanwaltschaft Karlsruhe
Stabelstr. 2, 76133 Karlsruhe
Tel. (07 21) 92 60
Fax (07 21) 9 26 50 04
E-Mail: Poststelle@gskarlsruhe.justiz.bwl.de
www.genstakarlsruhe.de
Pressestelle: LOStA Alexander Schwarz
Tel. (07 21) 9 26-20 84, Fax (07 21) 9 26-50 04
E-Mail: Poststelle@gskarlsruhe.justiz.bwl.de

1 GStA, 2 LOStA, 10 OStA

Generalstaatsanwältin
Dr. Hügel, Christine   1. 8. 04   12. 11. 50

Leitender Oberstaatsanwalt (AL)
Schwarz, Alexander   17. 8. 00   3. 10. 55

Oberstaatsanwältinnen/Oberstaatsanwälte
Dr. Nothhelfer, Martin   19. 1. 98   28. 6. 57
Brenk, Thomas   1. 8. 98   23. 1. 53
Gugau, Gabriele, abg.   1. 12. 01   6. 10. 55

BW OLG-Bezirk Karlsruhe Staatsanwaltschaften

Bürgelin, Otto, abg.	25.	2. 03	22.	2. 50
Friedrich, Elke	25.	2. 03	28.	7. 62
Dr. Hofmann, Reinhard, abg.	4.	12. 03	4.	1. 53
Leber, Michael	28.	6. 04		—
Scheck, Petra	28.	2. 05	13.	6. 59
Freyberger, Andreas, abg.	23.	12. 05	14.	7. 68

Staatsanwaltschaft Baden-Baden
Gutenbergstr. 13, 76532 Baden-Baden
Postfach 2148, 76491 Baden-Baden
Tel. (0 72 21) 36-20
Fax (0 72 21) 36 21 60
E-Mail: poststelle@stabaden-baden.justiz.bwl.de
www.stabaden-baden.de
Pressestelle: StA (GL) Michael Klose
Tel. (0 72 21) 3 62-3 01, Fax (0 72 21) 3 62-3 10
E-Mail: Michael.Klose@stabaden-baden.justiz.bwl.de

1 LOStA, 1 stVLOStA, 2 StA (GL), 7 StA

Leitender Oberstaatsanwalt

Fluck, Peter	1.	2. 98	8.	1. 45

Oberstaatsanwalt

N. N.	—		—

Staatsanwältinnen/Staatsanwälte

Mendler, Beate, GL	20.	12. 95		—
Klose, Michael, GL	1.	12. 00	19.	1. 58
Allgeier, Maria, abg.	20.	2. 98	5.	9. 65
Dr. Bock, Annette	9.	6. 00	18.	1. 68
Dr. Klein, Alexander	21.	5. 01	7.	6. 65
Dr. Stiegel, Ute, beurl.	21.	5. 01	23.	2. 69
Gusinde, Angela	8.	10. 01	24.	9. 71
Huber, Johannes, abg.	7.	6. 04	10.	1. 73
Kottisch-Borchmann, Natascha	18.	4. 05	28.	7. 72

Staatsanwaltschaft Freiburg i. Breisgau
Kaiser-Joseph-Str. 259, 79098 Freiburg i. Breisgau
Tel. (07 61) 2 05-0
Fax (07 61) 2 05 26 66
E-Mail: poststelle@stafreiburg.justiz.bwl.de
www.stafreiburg.de
Pressestelle: OStA Wolfgang Maier
Tel. (07 61) 2 05-24 40, Fax (07 61) 2 05-25 10
E-Mail: poststelle@stafreiburg.justiz.bwl.de

1 LOStA, 1 stVLOStA, 6 OStA (AL), 4 StA (GL), 17 StA

Leitender Oberstaatsanwalt

Frenzel, Alexander	26.	2. 97	7.	8. 46

Oberstaatsanwälte (AL)

Frank, Christoph, stVLOStA	1.	11. 01	12.	8. 52
Dr. Gollrad, Walter	22.	10. 91	8.	4. 44
Maier, Wolfgang	6.	6. 94	9.	12. 48
Villwock, Edgar	1.	3. 97	14.	10. 50
Inhofer, Dieter	1.	12. 00	26.	5. 59
Mächtel, Michael	28.	5. 02	4.	4. 59

Staatsanwältinnen/Staatsanwälte

Burger, Bernhard, GL	1.	9. 01	16.	1. 57
Berger, Eckart, GL	1.	1. 03	29.	1. 58
Nowak, Uwe	1.	9. 88	23.	3. 56
Klippstein, Bernd	17.	2. 89	14.	4. 57
Zäh, Stephan	18.	3. 94	1.	4. 60
Baller, Cord-Jesko	20.	4. 94	6.	3. 61
Ganser, Thomas	7.	9. 94	27.	3. 61
Winterer, Heidi Verena	29.	12. 94	30.	4. 60
Bürgelin, Stefan	1.	7. 97	28.	12. 64
Janke, Iris	2.	10. 98	31.	10. 64
Novak, Nicola, abg.	2.	11. 00	14.	3. 68
Linke, Cornelia	26.	4. 02	5.	1. 71
Ulrich, Stefanie, ½, abg.	15.	12. 04	23.	10. 71
Dr. Hornung, Rainer, abg.	1.	2. 05	17.	9. 69
Heim, Axel, abg.	25.	2. 05	23.	10. 69
Adam, Emily, abg.	4.	3. 05		—
Dr. Coen, Christoph, ½, abg.	23.	5. 05	5.	1. 71
Coen, Bettina, ½, abg.	23.	5. 05	21.	11. 71
Orschitt, Tomas	9.	12. 05	6.	5. 72
Dr. Allgayer, Peter	9.	12. 05	8.	6. 72
Dr. Heiner, Sonja, abg.	12.	12. 05	18.	5. 71
Schiffer, Ramira, ½	12.	12. 05	26.	5. 76

Staatsanwaltschaft Freiburg i. Breisgau
Zweigstelle in Lörrach
Untere Wallbrunnstr. 19, 79539 Lörrach
Tel. (0 76 21) 40 80, Fax (0 76 21) 40 82 26
E-Mail: poststelle@staloerrach.justiz.bwl.de
www.staloerrach.de
Pressestelle: OStA Rolf Stolle
Tel. (0 76 21) 40 8-200, Fax (0 76 21) 40 8-2 37
E-Mail: Rolf.Stolle@staloerrach.justiz.bwl.de

1 OStA (AL), 2 StA (GL), 6 StA

Oberstaatsanwalt (AL)

Stolle, Rolf	9.	10. 89	23.	6. 41

Staatsanwältin/Staatsanwälte

Quinker, Gert	15.	2. 84	18.	9. 42
Schmid, Rainer	24.	10. 94	9.	2. 63
Triller, Wolfram	8.	8. 00	9.	5. 67
Rall, Matthias	2.	11. 00	11.	2. 65
Sattler-Bartusch, Karin, ½	16.	11. 00	24.	5. 65

Staatsanwaltschaft Heidelberg

Kurfürstenanlage 23-25, 69115 Heidelberg
Postfach 10 53 08, 69043 Heidelberg
Tel. (0 62 21) 5 90, Fax (0 62 21) 59 20 09
E-Mail: poststelle@staheidelberg.justiz.bwl.de
www.staheidelberg.de
Pressestelle: OStA Gremmelmaier
Tel. (0 62 21) 59-20 10, Fax (0 62 21) 59-20 09
E-Mail:
Juergen.Gremmelmaier@staheidelberg.justiz.bwl.de

1 LOStA, 1 stVLOStA, 3 OStA (AL), 4 StA (GL), 14 StA

Leitender Oberstaatsanwalt

Wechsung, Peter	1. 2. 97	15. 10. 41

Oberstaatsanwältinnen/Oberstaatsanwälte (AL)

Gremmelmaier, Jürgen, stVLOStA	1. 4. 06	18. 9. 61
Rother, Manfred	1. 2. 01	4. 5. 50
Vierneisel, Christiane	1. 3. 04	5. 12. 61
Herrgen, Andreas	1. 8. 05	23. 11. 64

Staatsanwältinnen/Staatsanwälte

Steinbacher, Joachim, GL	8. 8. 97	10. 2. 48
Drittler, Martina, GL, beurl., 1/2	9. 8. 99	13. 8. 61
Dr. Krauß, Michael, GL	15. 11. 04	19. 7. 63
Obländer, Werner, GL	22. 11. 04	10. 11. 61
Gattner, Anette, beurl.	15. 4. 94	12. 11. 60
Rubik-Kreutzfeldt, Martina	23. 3. 95	3. 6. 60
Reich, Petra, 1/2, abg.	12. 10. 95	12. 4. 64
Grimm, Martin	15. 2. 00	23. 11. 67
Sackreuther, Kai	20. 8. 01	1. 12. 69
Höhn, Frank	3. 9. 01	29. 2. 72
Pistor, Florian	5. 11. 02	18. 4. 73
Bopp, Hansjörg	30. 9. 04	6. 9. 69
Finke, Marion, abg.	18. 4. 05	2. 6. 70
Stork, Markus	8. 6. 05	15. 5. 70
Grauer, Helmut, abg.	8. 6. 05	5. 8. 73
Dr. Geburtig, Lars-Jörgen	17. 6. 05	7. 7. 73

Staatsanwaltschaft Karlsruhe

Akademiestr. 6 – 8, 76133 Karlsruhe
Postfach 10 02 11, 76232 Karlsruhe
Tel. (07 21) 9 26-0, Fax (07 21) 9 26 50 05
E-Mail: poststelle@stakarlsruhe.justiz.bwl.de
www.stakarlsruhe.de
Pressestelle: StA Rainer Bogs
Tel. (07 21) 9 26-60 19, Fax (07 21) 9 26-50 07
E-Mail: Rainer.Bogs@stakarlsruhe.justiz.bwl.de

1 LOStA, 1 stVLOStA, 5 OStA (AL), 4 StA (GL), 21 StA

Leitender Oberstaatsanwalt

Spitz, Gunter	1. 1. 98	6. 11. 48

Oberstaatsanwälte (AL)

Rehring, Rüdiger, stVLOStA	4. 12. 00	1. 1. 52
Armbrust, Klaus	1. 6. 94	5. 5. 52
Zimmermann, Peter	1. 1. 99	1. 5. 54
Marx, Matthias	1. 1. 02	12. 3. 58
Dr. Schacht, Martin	1. 1. 06	9. 5. 58

Staatsanwältinnen/Staatsanwälte

Janetzky, Hartmut, GL	21. 8. 92	7. 4. 45
Jentsch, Malte, GL	1. 10. 04	6. 2. 60
Spillecke, Karin, GL	13. 12. 05	4. 6. 62
Zaunbrecher, Sylvio	19. 5. 93	25. 12. 59
Weber, Anja	17. 3. 94	9. 1. 64
Specht, Stefanie, 1/2	10. 11. 95	26. 10. 61
Klose, Sabine, beurl.	31. 10. 96	12. 12. 65
Kunz, Gregor	1. 3. 97	14. 5. 65
Bogs, Rainer	27. 6. 00	8. 9. 66
Dr. Kern, Johannes	21. 12. 00	12. 9. 63
Weiß, Lienhard, abg.	1. 9. 01	31. 3. 67
Hilkert, Wolfgang, abg.	30. 1. 02	13. 12. 70
Walter, Oliver	4. 7. 03	1. 12. 70
Tüz, Yasemin	16. 7. 03	6. 7. 72
Becker, Birgit, beurl.	10. 6. 05	7. 2. 72
Stier, Peter	20. 6. 05	13. 11. 68
Kohler, Christina	27. 10. 05	14. 8. 74
Dr. Herberger, Scania, 1/2	13. 12. 05	17. 11. 70
Windmüller, Joachim	13. 12. 05	18. 7. 71
Dietz, Petra	—	29. 10. 58

Staatsanwaltschaft Karlsruhe
Zweigstelle in Pforzheim

Schulbergstaffel 1, 75175 Pforzheim
Postfach 16 66, 75116 Pforzheim
Tel. (0 72 31) 3 09-0, Fax (0 72 31) 3 09 93 48
E-Mail: poststelle@stapforzheim.justiz.bwl.de
www.stapforzheim.de
Pressestelle: OStA Hans-Werner Schwierk
Tel. (0 72 31) 3 09-2 81, Fax (0 72 31) 3 09-3 48
E-Mail: poststelle@stapforzheim.justiz.bwl.de

1 OStA (AL), 1 StA (GL), 7 StA

Oberstaatsanwalt (AL)

Schwierk, Hans-Werner	1. 1. 99	10. 1. 44

Staatsanwälte

Lorenz, Christian, GL	1. 9. 04	28. 10. 63
Schröder, Andreas	3. 3. 98	3. 3. 67
Kieß, Joachim, abg.	17. 9. 98	16. 8. 62
Höll, Stephan	1. 12. 01	14. 12. 61

BW OLG-Bezirk Karlsruhe — Staatsanwaltschaften

Werner, Eric	6. 7. 04	21. 3. 72		
Schmitt, Holger, abg.	20. 5. 05	13. 3. 73		

Staatsanwaltschaft Konstanz
Untere Laube 36, 78462 Konstanz
Postfach 10 19 42, 78419 Konstanz
Tel. (0 75 31) 2 80-0
Fax (0 75 31) 2 80 22 01
E-Mail: poststelle@stakonstanz.justiz.bwl.de
www.stakonstanz.de
Pressestelle: OStA Jens Gruhl
Tel. (0 75 31) 2 80-20 60, Fax (0 75 31) 2 80-22 60
E-Mail: Jens.Gruhl@stakonstanz.justiz.bwl.de

Außenstelle Villingen-Schwenningen
Am Niederen Tor 3,
78050 Villingen-Schwenningen
Tel. (0 77 21) 20 30
Fax (0 77 21) 20 31 85

1 LOStA, 1 stVLOStA, 3 OStA (AL), 4 StA (GL), 12 StA

Leitender Oberstaatsanwalt

Röding, Fritz-Otto	1. 8. 04	8. 12. 55

Oberstaatsanwälte (AL)

Gruhl, Jens, stVLOStA	9. 11. 04	7. 4. 58
Muthmann, Peter	1. 12. 00	20. 1. 45
Dr. Speiermann, Joachim	1. 2. 05	6. 12. 57

Staatsanwältinnen/Staatsanwälte

Eitze, Peter, GL	20. 12. 95	2. 9. 48
Fritze, Heiner, GL	22. 12. 00	12. 1. 55
Rothammer, Gerd, GL	1. 3. 05	8. 8. 58
Gerlach, Ulrich, GL	1. 5. 05	29. 4. 59
Böhme, Michael	9. 11. 77	24. 9. 43
Mathy, Andreas	17. 2. 95	12. 2. 61
Steiner, Ulrike	24. 9. 97	25. 4. 64
Brandt, Reinhold, abg.	16. 8. 00	29. 3. 63
Kiefer, Egon	7. 2. 01	28. 3. 69
Fritschi, Claudia	29. 9. 04	10. 8. 69
Reerink, Birgit	4. 10. 04	19. 7. 70
Hübner, Alexandra	2. 5. 05	23. 8. 67
Dr. Rumpf, Stefanie	9. 12. 05	6. 12. 70

Staatsanwaltschaft Mannheim
L 10, 11-12, 68161 Mannheim
68149 Mannheim
Tel. (06 21) 2 92-0, Fax (06 21) 2 92 24 49
E-Mail: poststelle@stamannheim.justiz.bwl.de
www.stamannheim.de
Pressestelle:
Ohne Wirtschaftsstrafsachen
StA Andreas Grossmann
Tel. (06 21) 2 92-71 06, Fax (06 21) 2 92-71 20
E-Mail:
Andreas.grossmann@stamannheim.justiz.bwl.de
www.stamannheim.de
Nur Wirtschaftsstrafsachen:
StA Matthias Hettich
Tel. (06 21) 2 92-76 63, Fax (06 21) 2 92-76 70
E-Mail:
matthias.hettich@stamannheim.justiz.bwl.de

1 LOStA, 1 stVLOStA, 7 OStA (AL), 6 StA (GL), 35 StA

Leitender Oberstaatsanwalt

Dr. Kühner, Horst	1. 7. 93	—	

Oberstaatsanwälte (AL)

Jobski, Hubert, stVLOStA	1. 2. 05	24. 10. 44	
Jehle, Peter	8. 3. 94	8. 8. 46	
Arnold, Volkmar	11. 12. 95	29. 8. 42	
Larcher, Johann	29. 4. 97	23. 8. 45	
Gattner, Oskar	29. 4. 97		
Ullrich, Stephan	1. 8. 04	7. 7. 54	
Seitz, Rolf-Konrad	1. 2. 05	17. 7. 51	
Seiler, Jochen	1. 1. 06	12. 9. 56	

Staatsanwältinnen/Staatsanwälte

Vizethum, Walter, GL	25. 11. 97	27. 4. 47
Ritter, Manfred, GL	8. 1. 99	19. 6. 52
Dresel, Georg, GL	1. 10. 01	29. 4. 51
Anderson, Kerstin, GL	23. 5. 05	18. 11. 61
Grossmann, Andreas, GL	1. 1. 06	10. 5. 61
Skopp, Peter	1. 9. 81	15. 12. 51
Bauer-Disson, Ursula, 1/2	20. 7. 90	21. 11. 59
Böhmer, Isa, 1/2	1. 10. 90	9. 8. 60
Frank, Armin	20. 9. 93	
Schöpf, Gabriele	7. 9. 94	26. 2. 59
Ruby-Wesemeyer, Ursula, 1/2	14. 10. 94	19. 9. 63
Arnold, Christina, abg.	26. 10. 94	
Reichardt, Beate, abg., 1/2	17. 2. 95	21. 9. 63
Schmittel, Antje	31. 7. 95	26. 11. 62
May, Christiane, 1/2, abg.	13. 9. 95	24. 6. 63
Wiedemann, Gisela, beurl.	13. 9. 95	19. 6. 64
Siegrist, Uwe	13. 9. 95	14. 1. 65
Schultz, Birgit	2. 11. 95	
Morweiser, Stephan, abg.	15. 3. 96	8. 7. 63
Maier, Stephan	24. 4. 96	29. 8. 63
Velte-Kircher, Simone, beurl.	15. 12. 97	27. 7. 66
Hettich, Matthias	1. 10. 98	19. 4. 66
Rinio, Olaf	10. 12. 99	6. 3. 69
Dr. Zipperer, Jeannette, 1/2	7. 8. 00	13. 3. 67
Fried, Anna-Carina, 1/2	8. 8. 00	—
Eichhorn, Michael	11. 8. 00	30. 12. 67
Sütterlin, Kristin, 1/2	21. 8. 00	7. 6. 67

Staatsanwaltschaften OLG-Bezirk Karlsruhe **BW**

Lintz, Peter	25. 4. 01	15. 12. 67
Pfeiffer, Thomas	25. 4. 01	13. 8. 68
Dr. Kollmar, Reinhard	25. 4. 01	8. 12. 68
Lorenz, Sathia	16. 7. 02	31. 7. 67
Storch, Anja, beurl.	5. 8. 02	22. 9. 71
Kreischer, Michael	30. 9. 04	31. 12. 70
Herting-Vogel, Anna Elisabeth	30. 9. 04	11. 9. 72
Wörner, Susanne	19. 10. 04	2. 3. 74
Krohe, Silke, beurl.	12. 11. 04	8. 3. 73
Oltrogge, Lars-Torben	15. 12. 04	26. 7. 74
Klingst, Wolfgang, abg.	18. 5. 05	—
Steinlein, Katrin, abg.	8. 6. 05	9. 11. 73
Förster, Michael	9. 6. 05	29. 7. 73
Simon, Wolfram	2. 9. 05	28. 8. 73
Hauck, Myriam, 1/2	9. 12. 05	5. 8. 73
Cohrs, Beate, 1/2	9. 12. 05	8. 9. 73
Hornung, Fiona, abg.	12. 12. 05	23. 2. 73

Staatsanwaltschaft Mosbach
Hauptstr. 89, 74821 Mosbach
74819 Mosbach
Tel. (0 62 61) 87-0, Fax (0 62 61) 8 74 37
E-Mail: poststelle@stamosbach.justiz.bwl.de
www.stamosbach.de
Pressestelle: OStA Franz-Josef Heering
Tel. (0 62 61) 87-2 62, Fax (0 62 61) 87-4 62
E-Mail:
Franz-Josef.Heering@stamosbach.justiz.bwl.de

1 LOStA, 1 OStA (AL), 1 StA (GL), 5 StA

Leitende Oberstaatsanwältin

O'Donoghue, Elke	4. 12. 00	11. 6. 52

Oberstaatsanwalt (AL)

Heering, Franz-Josef	1. 5. 05	25. 12. 61

Staatsanwältin/Staatsanwälte

Eberhardt, Manfred, GL	5. 8. 92	24. 4. 43
Gaude, Hendrik, abg.	17. 8. 00	3. 5. 64
Wolf, Birgit	7. 2. 05	—

Staatsanwaltschaft Offenburg
Moltkestr. 19, 77654 Offenburg
Tel. (07 81) 9 33-0, Fax (07 81) 9 33 13 90
E-Mail: poststelle@staoffenburg.justiz.bwl.de
www.staoffenburg.de

Pressestelle: LOStA Roland Stumpp
Tel. (07 81) 9 33-13 20, Fax (07 81) 9 33-13 60
E-Mail: poststelle@staoffenburg.justiz.bwl.de

1 LOStA, 1 stVLOStA, 2 StA (GL), 7 StA

Leitender Oberstaatsanwalt

Stumpp, Roland	1. 6. 02	26. 6. 49

Oberstaatsanwalt

Dr. Collmann, Hans-Jürgen, stVLOStA	1. 1. 91	15. 3. 44

Staatsanwältinnen/Staatsanwälte

Biehlman, Josef	1. 2. 82	19. 3. 50
Reimold, Hans-Jürgen	26. 9. 84	29. 11. 45
Wiedemann, Jochen	13. 6. 96	27. 12. 61
Langenbach, Ralf	16. 11. 00	30. 6. 68
Lander, Stefanie, 1/2, abg.	16. 7. 01	21. 7. 66
Arzt, Sandra	19. 4. 05	19. 3. 74

Staatsanwaltschaft Waldshut-Tiengen
Amthausstr. 5, 79761 Waldshut-Tiengen
Tel. (0 77 51) 8 81-0
Fax (0 77 51) 88 11 37
E-Mail:
poststelle@stawaldshut-tiengen.justiz.bwl.de
www.stawaldshut-tiengen.de
Pressestelle: LOStA Gerhard Wehmeier
Tel. (0 77 51) 8 81-102, Fax (0 77 51) 8 81-137
E-Mail:
poststelle@stawaldshut-tiengen.justiz.bwl.de

1 LOStA, 1 OStA (AL), 1 StA (GL), 6 StA

Leitender Oberstaatsanwalt

Wehmeier, Gerhard	1. 2. 94	27. 5. 49

Oberstaatsanwalt (AL)

Gebauer, Johannes	1. 8. 04	2. 6. 57

Staatsanwältinnen/Staatsanwälte

Schäfer, Jürgen, GL	1. 9. 04	30. 1. 71
Dr. Reil, Jutta, 1/2	21. 12. 00	20. 9. 69
Broßmer, Stefanie	29. 9. 04	6. 6. 74
Dr. Döhring, Silke, abg.	10. 1. 05	19. 4. 74

Notariate

Achern
Allerheiligenstr. 5, 77855 Achern
Postfach 11 27, 77842 Achern
Tel. (0 78 41) 69 42 05
Fax (0 78 41) 69 42 88
E-Mail: poststelle@notachern.justiz.bwl.de
www.notariat-achern.de

Dr. Eberle, Norbert, OJR	1. 10. 97	4. 12. 55
Dr. Kauffer, Thomas, JR	15. 9. 93	8. 10. 60

Adelsheim
Untere Austraße 46, 74740 Adelsheim
Postfach 11 80, 74737 Adesheim
Tel. (0 62 91) 62 50 10
Fax: (0 62 91) 62 50 29
E-Mail: poststelle@notadelsheim.justiz.bwl.de
www.notariat-adelsheim.de

Dr. Theisinger, Thomas, OJR	21. 1. 99	12. 1. 51

Aglasterhausen
Uhlandstr. 2, 74858 Aglasterhausen
Tel. (0 62 62) 9 22 80
Fax (0 62 62) 9 22 84
E-Mail: poststelle@notaglasterhausen.justiz.bwl.de
www.notariat-aglasterhausen.de

Zimmer, Robert, OJR	13. 11. 80	24. 7. 46

Bad Säckingen
Scheffelstr. 3, 79713 Bad Säckingen
Postfach 12 45, 79703 Bad Säckingen
Tel. (0 77 61) 5 68 16
Fax (0 77 61) 56 81 79
E-Mail: poststelle@notbadsaeckingen.justiz.bwl.de
www.notariat-bad-saeckingen.de

Posern, Ludwig, OJR	19. 7. 78	2. 11. 43
Hauschildt, Klaus, JR	19. 5. 83	25. 7. 52

Baden-Baden
Briegelackerstr. 8, 76532 Baden-Baden
Postfach 20 53, 76490 Baden-Baden
Tel. (0 72 21) 9 30, Fax (0 72 21) 93 15 70
E-Mail: poststelle@notbaden-baden.justiz.bwl.de
www.notariat-baden-baden.de

Körber, Joachim	1. 12. 03	1. 4. 51
Dr. Schwanecke, Hans Joachim, JR	18. 1. 78	16. 10. 46

Bonndorf
Schlossstr. 9, 79848 Bonndorf
Postfach 11 30, 79844 Bonndorf
Tel. (0 77 03) 9 36 50, Fax (0 77 03) 93 65 30
E-Mail: poststelle@notbonndorf.justiz.bwl.de
www.notariat-bonndorf.de

Wamhoff, Josef, OJR	18. 7. 83	30. 12. 41

Boxberg
Poststr. 4, 97944 Boxberg
Postfach 11 46, 97942 Boxberg
Tel. (0 79 30) 9 27 10, Fax (0 79 30) 92 71 15
E-Mail: poststelle@notboxberg.justiz.bwl.de
www.notariat-boxberg.de

Barth, Robert, OJR	22. 2. 94	11. 5. 54

Breisach
Kapuzinergasse 2, 79206 Breisach a. Rh.
Tel. (0 76 67) 93 09 30, Fax (0 76 67) 93 09 33
E-Mail: poststelle@notbreisach.justiz.bwl.de
www.notariat-breisach.de

Hostert, Roland, JR	15. 8. 81	4. 7. 50
Dr. Maier, Hans Christian	16. 2. 90	6. 3. 59

Bretten
Obere Kirchgasse 7, 75015 Bretten
Tel. (0 72 52) 50 70, Fax (0 72 52) 50 74 00
E-Mail: poststelle@notbretten.justiz.bwl.de
www.notariat-bretten.de

Bräuer, Leo, OJR	25. 10. 85	24. 12. 45

Bruchsal
Schloßraum 5, 76646 Bruchsal
Tel. (0 72 51) 7 40
Fax (0 72 51) 74 23 65
E-Mail: poststelle@notbruchsal.justiz.bwl.de
www.notariat-bruchsal.de

Dr. Zimmermann, Theodor	1. 10. 05	22. 4. 55
Dr. Becker, Colin	29. 1. 04	2. 6. 71

Buchen
Mühltalstr. 4, 74722 Buchen i.Odw.
Postfach 11 62, 74710 Buchen i.Odw.
Tel. (0 62 81) 9 80
Fax (0 62 81) 9 84 74
E-Mail: poststelle@notbuchen.justiz.bwl.de
www.notariat-buchen.de

Zwick, Manfred, OJR	12. 9. 97	14. 9. 51

Notariate   OLG-Bezirk Karlsruhe   **BW**

Bühl
Friedrichstr. 6, 77815 Bühl
Postfach 11 51, 77801 Bühl
Tel. (0 72 23) 99 08 70
Fax (0 72 23) 9 90 87 29
E-Mail: poststelle@notbuehl.justiz.bwl.de
www.notariat-buehl.de

Nagel, Ulrich, OJR	1. 3. 06	7. 12. 56

Donaueschingen
Mühlenstr. 5, 78166 Donaueschingen
Postfach 11 29, 78152 Donaueschingen
Tel. (07 71) 8 50 50
Fax (07 71) 85 05 40
E-Mail: poststelle@notdonaueschingen.justiz.bwl.de
www.notariat-donaueschingen.de

Lamp, Hermann, OJR	7. 4. 99	7. 1. 52

Eberbach
Bahnhofsplatz 5, 69412 Eberbach
Postfach 13 26, 69403 Eberbach
Tel. (0 62 71) 20 68, Fax (0 62 71) 7 26 29
E-Mail: poststelle@noteberbach.justiz.bwl.de
www.notariat-eberbach.de

Mack, Franz, OJR	1. 4. 86	29. 12. 49

Emmendingen
Karl-Friedrich-Str. 23, 79312 Emmendingen
Postfach 13 40, 79303 Emmendingen
Tel. (0 76 41) 45 00, Fax (0 76 41) 45 03 33
E-Mail: poststelle@notemmendingen.justiz.bwl.de
www.notariat-emmendingen.de

Veit, Alfons, OJR	1. 5. 90	14. 9. 49
Kocks, Bernd, JR	3. 10. 80	3. 11. 48
Deppner, Klaus, JR	19. 9. 86	20. 9. 54

Engen
Krenkinger Schloß, 78234 Engen
Tel. (0 77 33) 5 01 30, Fax (0 77 33) 50 13 10
E-Mail: poststelle@notengen.justiz.bwl.de
www.notariat-engen.de

Keller, Rüdiger, OJR	27. 8. 99	16. 5. 48

Ettenheim
Otto-Stoelcker-Str. 8, 77955 Ettenheim
Postfach 40, 77949 Ettenheim
Tel. (0 78 22) 8 94 35
Fax (0 78 22) 89 43 13
E-Mail: poststelle@notettenheim.justiz.bwl.de
www.notariat-ettenheim.de

Boskamp, Hans, OJR	8. 6. 04	14. 11. 60

Ettlingen
Schloßgartensrtr. 4, 76275 Ettlingen
Tel. (0 72 43) 5 49 40
Fax (0 72 43) 54 94 19
E-Mail: poststelle@notettlingen.justiz.bwl.de
www.notariat-ettlingen.de

Stahl, Peter, ND	1. 10. 01	26. 8. 47
Dr. Mayer, Ulrich, JR	1. 6. 86	—
Vogel, Karina, ½, JR	1. 10. 94	—

Freiburg
Fahnenbergplatz 4, 79098 Freiburg i.Br.
Postfach 53 65, 79020 Freiburg i.Br.
Tel. (07 61) 2 11 50, Fax (07 61) 2 11 51 04 + 5
E-Mail: poststelle@notfreiburg.justiz.bwl.de
www.notariat-freiburg.de

Dr. Hörer, Bernd, ND	1. 2. 03	13. 2. 44
Huke, Gerd, stVND	1. 8. 01	26. 4. 41
Braun, Eycke, JR	19. 12. 72	12. 8. 41
Marliani, Rembert, JR	2. 9. 76	26. 1. 43
Stopfkuchen, Reinhard, JR	1. 10. 78	15. 7. 48
Pohl, Elmar, JR	8. 3. 79	26. 3. 50
Ekkernkamp, Dieter, JR	10. 7. 81	4. 11. 49

Furtwangen
Gerwigstr. 6, 78120 Furtwangen
Tel. (0 77 23) 55 35
Fax (0 77 23) 45 00
E-Mail: poststelle@notfurtwangen.justiz.bwl.de
www.notariat-furtwangen.de

Winterhalter, Markus, JR	1. 12. 98	22. 5. 67

Gengenbach
Grabenstr. 17, 77723 Gengenbach
Tel. (0 78 03) 96 37 20
Fax (0 78 03) 96 37 29
E-Mail: poststelle@notgengenbach.justiz.bwl.de
www.notariat-gengenbach.de

Dr. Schubert, Walter, OJR	1. 12. 85	2. 6. 43

Gernsbach
Hauptstr. 44, 76593 Gernsbach
Tel. (0 72 24) 99 19 60
Fax (0 72 24) 99 19 70
E-Mail: poststelle@notgernsbach.justiz.bwl.de
www.notariat-gernsbach.de

Karch, Remigius, OJR	26. 10. 92	25. 6. 55

Haslach
Am Marktplatz 6, 77716 Haslach
Tel. (0 78 32) 99 59 90, Fax (0 78 32) 99 59-9 19
E-Mail: poststelle@nothaslach.justiz.bwl.de
www.notariat-haslach.de

N. N.	—	—

BW OLG-Bezirk Karlsruhe   Notariate

Heidelberg
Vangerowstraße 18, 69115 Heidelberg
Postfach 10 42 44, 69032 Heidelberg
Tel. (0 62 21) 5 90
Fax (0 62 21) 59 22 49
E-Mail: poststelle@notheidelberg.justiz.bwl.de
www.notariat-heidelberg.de

Schmenger, Wolfgang, ND	1. 3. 05	27. 9. 46
Gaul, Manfred, stVND	1. 10. 02	28. 2. 47
Dr. Firgau, Bernhard, JR	1. 10. 84	26. 4. 54
Sperker, Gerhard	1. 3. 86	19. 5. 55
Alt, Regine	27. 2. 87	16. 12. 54
Ihrig, Anna, 1/2	6. 6. 94	29. 7. 62
Menk, Jörg-Peter	22. 9. 94	18. 3. 57
Schaefer, Jörg	10. 11. 03	2. 2. 70
Jung, Dorothea	—	19. 11. 51

Kandern
Hauptstr. 18, 79400 Kandern
Tel. (0 76 26) 97 29 40
Fax (0 76 26) 97 29 45
E-Mail: poststelle@notkandern.justiz.bwl.de
www.notariat-kandern.de

Burkhardt, Wolfram, OJR	27. 12. 96	14. 2. 51

Karlsruhe
Kaiserstr. 184, 76133 Karlsruhe
Postfach 11 10 64, 76060 Karlsruhe
Tel. (07 21) 92 60
Fax (07 21) 16 08 93 70
E-Mail: poststelle@notkarlsruhe.justiz.bwl.de
www.notariat-karlsruhe.de

Dr. Rastätter, Jürgen, ND	1. 2. 01	10. 7. 52
Fuchs, Hans Klaus, 1/2, stVND	17. 5. 03	13. 9. 44
Schwenke, Renate, JR	10. 10. 83	4. 9. 55
Kersten, Martin, JR	4. 11. 85	—
Dr. Stiegeler, Andreas, JR	8. 4. 86	12. 12. 54
Werst, Christoph, JR	1. 2. 93	1. 1. 58
Lunz, Bernhard, JR	23. 1. 96	7. 5. 63

Karlsruhe-Durlach
Am Zwinger 8, 76227 Karlsruhe-Durlach
Postfach 41 01 20, 76201 Karlsruhe-Durlach
Tel. (07 21) 99 40
Fax (07 21) 9 94 19 80
E-Mail: poststelle@notkarlsruhe-durlach.justiz.bwl.de
www.notariat-karlruhe-durlach.de

Strube, Jürgen, OJR	13. 6. 98	22. 12. 42
Meyer, Konrad, JR	14. 2. 75	9. 2. 43
Lorenz, Peter, JR	25. 2. 91	14. 10. 57

Kehl
Hafenstr. 3, 77694 Kehl
Tel. (0 78 51) 8 99 97 32
Fax (0 78 51) 8 99 97 31
E-Mail: poststelle@notkehl.justiz.bwl.de
www.notariat-kehl.de

Korf, Karl Georg, OJR	1. 6. 01	16. 2. 42
Kämpf, Dieter, JR	28. 1. 81	22. 8. 48

Kenzingen
Eisenbahnstr. 22, 79341 Kenzingen
Postfach 11 29, 79337 Kenzingen
Tel. (0 76 44) 91 01, Fax (0 76 44) 91 01 34
E-Mail: poststelle@notkenzingen.justiz.bwl.de
www.notariat-kenzingen.de

Kuhn, Michael, OJR	1. 2. 97	11. 2. 51

Kirchzarten
Burger Str. 16, 79199 Kirchzarten
Tel. (0 76 61) 9 88 03, Fax (0 76 61) 9 88 03 15
E-Mail: poststelle@notkirchzarten.justiz.bwl.de
www.notariat-kirchzarten.de

Dr. Bauer, Werner, OJR	1. 9. 92	12. 12. 53

Klettgau
Schaffhauser Str. 6, 79771 Klettgau
79770 Klettgau
Tel. (0 77 42) 52 63
Fax (0 77 42) 31 29
E-Mail: poststelle@notklettgau.justiz.bwl.de
www.notariat-klettgau.de

Möckel, Ulrich, JR	1. 12. 92	21. 10. 62

Konstanz
Rheingasse 20, 78462 Konstanz
Tel. (0 75 31) 9 04 50
Fax (0 75 31) 90 45 45
E-Mail: poststelle@notkonstanz.justiz.bwl.de
www.notariat-konstanz.de

Randt, Claus Stephan, OJR	1. 3. 05	10. 12. 53
Dr. Sieß, Gerhard, 9/10, JR	2. 11. 92	2. 10. 64
Dr. Stutz, Andrea, JR	15. 9. 95	16. 8. 63

Lahr
Lotzbeckstr. 44, 77933 Lahr
Postfach 12 40, 77902 Lahr
Tel. (0 78 21) 9 80 06 30
Fax (0 78 21) 98 00 63 28
E-Mail: poststelle@notlahr.justiz.bwl.de
www.notariat-lahr.de

Förster, Ferdinand-Karl, OJR	1. 4. 87	26. 2. 50

Notariate   OLG-Bezirk Karlsruhe   **BW**

Lörrach
Bahnhofstr. 6, 79539 Lörrach
Tel. (0 76 21) 40 80, Fax (0 76 21) 40 82 90
E-Mail: poststelle@notloerrach.justiz.bwl.de
www.notariat-loerrach.de

Dehner, Karl-Ferdinand, ND	1. 6. 95	—
Stutzmann, Hans-Joachim, JR	17. 7. 81	5. 12. 48
Fünfgeld, Michael, JR	1. 9. 89	10. 12. 56
Dr. Stürzebecher, Thomas, JR	1. 10. 93	26. 5. 61

Mannheim
N 7, 19, 68161 Mannheim
68149 Mannheim
Tel. (06 21) 29 20, Fax (06 21) 2 92 13 69
E-Mail: poststelle@notmannheim.justiz.bwl.de
www.notariat-mannheim.de

Dr. Schwenger, Arvid, ND	1. 3. 00	25. 2. 42
Dr. Preusche, Rainer, stVND	1. 3. 04	11. 10. 43
Umstätter, Hans Otto, JR	1. 9. 73	15. 1. 43
Beck, Rolf, JR	20. 1. 81	24. 4. 52
Dr. Bangert, Curt, JR	1. 4. 85	15. 7. 54
Eichhorn, Werner, JR	1. 3. 86	4. 4. 55
Stauffer, Claudia, JR	1. 10. 92	28. 9. 60
Seeler, Claudia, JR	7. 9. 94	23. 10. 63
Wittke, Detlef, JR	—	28. 10. 41

Meersburg
Am Sentenhart 7, 88709 Meersburg
Tel. (0 75 32) 43 45 80, Fax (0 75 32) 4 34 58 22
E-Mail: poststelle@notmeersburg.justiz.bwl.de
www.notariat-meersburg.de

Ebert, Johannes, OJR	10. 7. 03	31. 3. 65
Häfner, Christoph, JR	5. 12. 97	6. 8. 65

Mosbach
Hauptstr. 71, 74821 Mosbach
Postfach 13 64, 74803 Mosbach
Tel. (0 62 61) 8 71, Fax (0 62 61) 8 72 97
E-Mail: poststelle@notmosbach.justiz.bwl.de
www.notariat-mosbach.de

Milzer, Lutz, OJR	3. 6. 02	13. 8. 58
Bickel, Peter, JR	3. 1. 00	26. 2. 65

Müllheim
Werderstr. 37, 79379 Müllheim
Tel. (0 76 31) 1 89 01
Fax (0 76 31) 18 92 39
E-Mail: poststelle@notmuellheim.justiz.bwl.de
www.notariat-muellheim.de

Weppler, Philipp, OJR	7. 7. 00	15. 5. 61

Neckarbischofsheim
Hauptstr. 27, 74924 Neckarbischofsheim
Tel. (0 72 63) 9 62 40
Fax (0 72 63) 96 24 14
E-Mail: poststelle@notneckarbischofsheim.justiz.bwl.de
www.notariat-neckarbischofsheim.de

Dr. Gliese, Rainer, OJR	16. 10. 87	16. 1. 45

Oberkirch
Hauptstr. 23 a, 77704 Oberkirch
Tel. (0 78 02) 92 37 15
Fax (0 78 02) 92 37 16
E-Mail: poststelle@notoberkirch.justiz.bwl.de
www.notariat-oberkirch.de

Neuwirth, Georg, OJR	8. 10. 97	15. 6. 58

Offenburg
Grabenallee 24, 77652 Offenburg
Tel. (07 81) 93 30
Fax (07 81) 9 33 12 66
E-Mail: poststelle@notoffenburg.justiz.bwl.de
www.notariat-offenburg.de

Kümmerle, Michael, OJR	1. 7. 05	31. 5. 59
Heller, Jörg, JR	25. 1. 91	18. 5. 59
Körner, Reinhard, JR	3. 9. 93	14. 4. 61

Pforzheim
Lindenstr. 19, 75175 Pforzheim
Postfach 16 66, 75166 Pforzheim
Tel. (0 72 31) 30 90
Fax (0 72 31) 30 93 49
E-Mail: poststelle@notpforzheim.justiz.bwl.de
www.notariat-pforzheim.de

Prof. Lingenfelser, Franz, ND	1. 5. 05	8. 9. 44
Krais, Herbert, stVND	1. 5. 05	14. 5. 46
Hartmann, Hans Joachim, JR	1. 8. 81	3. 10. 49
Mohr, Günter, JR	1. 10. 84	28. 7. 53
Oppelt, Wulf, JR	14. 3. 95	16. 12. 62

Philippsburg
Marktplatz 9, 76661 Philippsburg
Postfach 12 40, 76653 Philippsburg
Tel. (0 72 56) 93 11 22
Fax (0 72 56) 93 11 55
E-Mail: poststelle@notphilippsburg.justiz.bwl.de
www.notariat-philippsburg.de

N. N.		—

BW OLG-Bezirk Karlsruhe Notariate

Radolfzell
Untertorstr. 10, 78315 Radolfzell
Tel. (0 77 32) 98 31 50
Fax (0 77 32) 98 31 51
E-Mail: poststelle@notradolfzell.justiz.bwl.de
www.notariat-radolfzell.de

N. N. — —

Rastatt
Carl-Friedrich-Str. 11, 76437 Rastatt
Postfach 19 51, 76409 Rastatt
Tel. (0 72 22) 9 36 40
Fax (0 72 22) 93 64 50
E-Mail: poststelle@notrastatt.justiz.bwl.de
www.notariat-rastatt.de

Dr. Sauerland, Hans-Ulrich, ND	1. 2. 04	10. 3. 50	
Kämmerling, Monika, ½, JR	6. 11. 78	19. 2. 50	
Schabert, Thomas	21. 9. 93	27. 4. 58	
Dr. Korch, Claudius	3. 4. 01	10. 5. 66	
Dr. Mellmann, Joachim, JR, abg.	2. 4. 03	21. 9. 68	

Schopfheim
Hauptstr. 16, 79650 Schopfheim
Postfach 13 40, 79643 Schopfheim
Tel. (0 76 22) 67 77 11 + 12
Fax (0 76 22) 67 77 14
E-Mail: poststelle@notschopfheim.justiz.bwl.de
www.notariat-schopfheim.de

Klein, Hans-Jörg, OJR 15. 6. 99 6. 3. 59

Schönau
Friedrichstr. 24, 79677 Schönau im Schwarzwald
Tel. (0 76 73) 9 11 30
Fax (0 76 73) 91 13 30
E-Mail: poststelle@notschoenau.justiz.bwl.de
www.notariat-schoenau.de

Braun, Ingo, OJR 1. 9. 78 16. 5. 43

Schwetzingen
Marstallstr. 11, 68723 Schwetzingen
Postfach 16 70, 68706 Schwetzingen
Tel. (0 62 02) 8 10
Fax 62 02) 8 16 20
E-Mail: poststelle@notschwetzingen.justiz.bwl.de
www.notariat-schwetzingen.de

Schmidt, Jürgen, ND	1. 3. 05	14. 5. 49
Frauenfeld, Peter, JR	31. 8. 79	23. 11. 45
Wipfinger-Fierdel, Gudrun, JR	1. 10. 92	9. 3. 58

Singen
Julius-Bührer-Str. 2, 78224 Singen
Tel. (0 77 31) 9 97 30, Fax (0 77 31) 99 73 77
E-Mail: poststelle@notsingen.justiz.bwl.de
www.notariat-singen.de

Peter, Manfred, ND	1. 12. 97	11. 1. 44	
Schmermund, Ekhard, JR	1. 9. 78	12. 9. 47	
Dr. König, Eleonore, ½, JR	1. 2. 92	10. 5. 57	
Rimmele, Bertram, JR	1. 2. 94	1. 5. 61	

Sinsheim
Werderstr. 10, 74889 Sinsheim
Tel. (0 72 61) 15 10, Fax (0 72 61) 15 11 71
E-Mail: poststelle@notsinsheim.justiz.bwl.de
www.notariat-sinsheim.de

Hoffmann, Klaus, OJR 1. 1. 86 19. 9. 48

Staufen
Münstertäler Str. 12, 79219 Staufen i.Br.
Postfach 12 31, 79217 Staufen i.Br.
Tel. (0 76 33) 95 81 30
Fax (0 76 33) 9 58 13 19
E-Mail: poststelle@notstaufen.justiz.bwl.de
www.notariat-staufen.de

Melchers, Johannes, OJR	1. 2. 00	24. 4. 46
Barthel, Herbert, JR	1. 8. 82	20. 5. 49

St. Blasien
Am Kurgarten 15, 79837 St. Blasien
Postfach 1206, 79830 St. Blasien
Tel. (0 76 72) 9 31 20
Fax (0 76 72) 93 12 25
E-Mail: poststelle@notstblasien.justiz.bwl.de
www.notariat-st-blasien.de

N. N. — —

Stockach
Tuttlinger Str. 8, 78333 Stockach
Tel. (0 77 71) 9 38 25
Fax (0 77 71) 93 82 70
E-Mail: poststelle@notstockach.justiz.bwl.de
www.notariat-stockach.de

Dr. Mitschke, Jörg-Michael, OJR 5. 10. 92 13. 5. 47

Tauberbischofsheim
Schmiederstr. 22, 97941 Tauberbischofsheim
Postfach 12 27, 97932 Tauberbischofsheim
Tel. (0 93 41) 9 49 80, Fax (0 93 41) 94 98 62
E-Mail: poststelle@nottauberbischoffsheim.justiz.bwl.de
www.notariat-tauberbischofsheim.de

Notariate   OLG-Bezirk Karlsruhe   **BW**

Dr. Hänle, Wolfgang, OJR	1. 3. 95	21. 7. 45
Hein, Andreas, JR	8. 1. 96	17. 12. 62

Titisee-Neustadt
Franz-Schubert-Weg 3, 79822 Titisee-Neustadt
79821 Titisee-Neustadt
Tel. (0 76 51) 20 30, Fax (0 76 51) 20 32 15
E-Mail: poststelle@nottitsee-neustadt.justiz.bwl.de
www.notariat-titisee-neustadt.de

Dr. Fröhler, Oliver, OJR	9. 11. 01	7. 7. 66

Überlingen
Schlachthausstr. 9, 88662 Überlingen
Tel. (0 75 51) 9 19 83, Fax (0 75 51) 91 98 59
E-Mail: poststelle@notueberlingen.justiz.bwl.de
www.notariat-ueberlingen.de

Stadler, Hans-Hermann, OJR	1. 7. 97	10. 4. 50
Dr. Merschformann, Ralf, JR	15. 7. 96	18. 12. 62

Villingen
Schwenninger Str. 2, 78048 Villingen
Postfach 18 29, 78008 Villingen
Tel. (0 77 21) 87 18 46, Fax (0 77 21) 87 18 92 + 93
E-Mail: poststelle@notvillingen.justiz.bwl.de
www.notariat-villingen.de

Buddeberg, Hans, ND	1. 11. 98	2. 11. 49
Renz, Eugen, JR	15. 11. 86	11. 9. 56
Brockmann, Verena	2. 9. 05	12. 2. 71

Waldkirch
Fabrik Sonntag 8, 79183 Waldkirch
Tel. (0 76 81) 4 74 49-0, Fax (0 76 81) 4 74 49-25
E-Mail: poststelle@notwaldkirch.justiz.bwl.de
www.notariat-waldkirch.de

Feistel, Michaela, OJR	1. 3. 04	5. 7. 64
Hofstetter, Ludger, JR	29. 7. 94	3. 5. 58

Waldshut-Tiengen
Eisenbahnstr. 9, 79761 Waldshut-Tiengen
Postfach 12 34, 79742 Waldshut-Tiengen
Tel. (07 75 51) 88 10
Fax (07 75 51) 88 13 18
E-Mail: poststelle@notwaldshut-tiengen.justiz.bwl.de
www.notariat-waldshut-tiengen.de

Götz, Bernhard, OJR	21. 6. 93	12. 5. 51

Walldürn
Friedrich-Ebert-Str. 11, 74731 Walldürn
Postfach 13 40, 74725 Walldürn
Tel. (0 62 82) 9 25 80
Fax (0 62 82) 92 58 29
E-Mail: poststelle@notwallduern.justiz.bwl.de
www.notariat-wallduern.de

Schroeder, Klaus, OJR	16. 3. 94	28. 9. 44

Weinheim
Institutstr. 15, 69469 Weinheim
Postfach 10 01 51, 69449 Weinheim
Tel. (0 62 01) 98 20
Fax (0 62 01) 98 22 74
E-Mail: poststelle@notweinheim.justiz.bwl.de
www.notariat-weinheim.de

Dr. Hoffmann-Remy, Ulrich, OJR	8. 3. 94	22. 5. 49
Dr. Fellmeth, Stefan, JR	19. 1. 98	22. 2. 64

Wertheim
Friedrichstr. 6, 97877 Wertheim
Tel. (0 93 42) 92 25 22
Fax (0 93 42) 72 93
E-Mail: poststelle@notwertheim.justiz.bwl.de
www.notariat-wertheim.de

Dr. Maier, Gunter, OJR	1. 12. 78	9. 3. 44
Dr. Schmidt, Horst Günther, JR	1. 8. 76	24. 2. 44

Wiesloch
Bergstr. 3, 69168 Wiesloch
Postfach 11 20, 69152 Wiesloch
Tel. (0 62 22) 58 40
Fax (0 62 22) 58 41 27
E-Mail: poststelle@notwiesloch.justiz.bwl.de
www.notariat-wiesloch.de

Eckert, Götz, OJR	1. 4. 99	12. 12. 50
Oppelt, Dirk, JR	4. 8. 94	9. 2. 62
Erker, Ingolf, JR	25. 9. 95	28. 11. 60

Wolfach
Hauptstr. 40, Schloss, 77709 Wolfach
Postfach 11 26, 77705 Wolfach
Tel. (0 78 34) 97 72 82
Fax (0 78 34) 97 72 84
E-Mail: poststelle@notwolfach.justiz.bwl.de
www.notariat-wolfach.de

Kadel, Werner, OJR	3. 7. 00	16. 7. 60

BW OLG-Bezirk Stuttgart

Oberlandesgerichtsbezirk Stuttgart

8 Landgerichte:
Ellwangen (Jagst), Hechingen, Heilbronn, Ravensburg, Rottweil, Stuttgart, Tübingen, Ulm
Kammern für Handelssachen:
Ellwangen (Jagst), Hechingen, Heilbronn, Ravensburg, Rottweil, Stuttgart, Tübingen, Ulm

56 Amtsgerichte

Schöffengerichte:
bei allen Amtsgerichten außer den nachstehend aufgeführten
Gemeinsames Schöffengericht für die Amtsgerichte, bei denen ein Schöffengericht nicht gebildet wird, ist

für den AGBez.:	*das Schöffengericht:*
Langenburg:	Crailsheim
Neresheim:	Ellwangen
Albstadt und Balingen:	Hechingen
Brackenheim:	Heilbronn
Besigheim:	Marbach
Künzelsau:	Öhringen
Riedlingen:	Biberach
Bad Waldsee:	Ravensburg
Leutkirch:	Wangen
Oberndorf:	Rottweil
Spaichingen:	Tuttlingen
Nagold:	Calw
Bad Urach und Münsingen:	Reutlingen
Rottenburg:	Tübingen
Ehingen:	Ulm

Familiengerichte:
bei allen Amtsgerichten außer den nachstehend aufgeführten
Familiengericht für die Amtsgerichte, bei denen ein FamG nicht gebildet wird, ist

für den AGBez.:	*das FamG:*
Langenburg:	Crailsheim
Neresheim:	Ellwangen
Marbach und Vaihingen:	Besigheim
Brackenheim:	Heilbronn
Künzelsau:	Öhringen
Riedlingen:	Biberach
Bad Waldsee:	Ravensburg
Leutkirch:	Wangen
Horb:	Freudenstadt
Spaichingen:	Tuttlingen
Münsingen:	Reutlingen
Ehingen:	Ulm

Landwirtschaftsgerichte:
grundsätzlich nur bei den Amtsgerichten am Sitz eines Landgerichts.
Sonderregelungen: Es sind zuständig

für den Bezirk des:	*das LandwirtschaftsG:*
AG Besigheim, Brackenheim, Heilbronn, Marbach und Vaihingen:	Heilbronn
AG Künzelsau, Öhringen und Schwäbisch Hall:	Schwäbisch Hall
AG Biberach, Riedlingen und Saulgau:	Biberach
AG Bad Waldsee, Leutkirch, Ravensburg Tettnang und Wangen:	Ravensburg,
LG Stuttgart:	Böblingen

Oberlandesgericht Stuttgart

E 6 189 971
- Verw.Abt. – Olgastr. 2, 70182 Stuttgart
Postfach 10 36 53, 70031 Stuttgart
Tel. (07 11) 21 20, Fax (07 11) 2 12 32 31
E-Mail: Poststelleva@olgstuttgart.justiz.bwl.de
- Ger.Abt. – Ulrichstr. 10, 70182 Stuttgart
Postfach 10 36 53, 70031 Stuttgart
Tel. (07 11) 21 20, Fax (07 11) 2 12 30 24 und 2 12 30 29
E-Mail: Poststelle@olgstuttgart.justiz.bwl.de
- Gem. DV-Stelle – Olgastr. 5, 70182 Stuttgart
Postfach 10 36 53, 70031 Stuttgart
Tel. (07 11) 21 20, Fax (07 11) 2 12 33 01
E-Mail: Poststelle@olgstuttgart.justiz.bwl.de
- Notarakademie – Olgastr. 2, 70182 Stuttgart
Postfach 10 36 53, 70031 Stuttgart
Tel. (07 11) 2 12 32 06, Fax (07 11) 2 12 32 31
E-Mail: Poststelle@olgstuttgart.justiz.bwl.de
www.olgstuttgart.de
Pressestelle: ROLG Josefine Koblitz
Tel. (07 11) 2 12 31 71, Fax (07 11) 2 12-30 24
E-Mail: pressestelle@olgstuttgart.justiz.bwl.de

1 Pr, 1 VPr, 22 VR, 69 R (davon 6 UProf im 2. Hauptamt), 2 RD

Präsident

Stilz, Eberhard	1. 10. 96	30. 5. 49

Vizepräsident

Mayer, Herbert	25. 1. 02	8. 4. 51

Vorsitzende Richterinnen/Vorsitzende Richter

Gramlich, Bernhard	1. 8. 95	3. 11. 49
Rieß, Albrecht	30. 6. 98	12. 3. 50
Rabbow-Geiß, Britta	29. 3. 99	27. 11. 43
Dr. Eberle, Rainer	12. 2. 01	9. 9. 42
Amelung, Herm-Joachim	1. 6. 01	7. 8. 45
Dr. Niemeyer, Jürgen	1. 7. 01	30. 3. 47
Dr. Sulzberger-Schmitt, Heidi	1. 8. 01	3. 10. 41
Oleschkewitz, Karl-Heinz	1. 10. 01	15. 5. 49
Roscher-Grätz, Dorothea	1. 1. 02	27. 5. 46
Bräuning, Hans	12. 3. 02	26. 2. 42
Dr. Kluge, Isolde	12. 3. 02	—
Strohal, Friedrich	24. 4. 03	13. 7. 45
Legler, Brigitte	1. 5. 03	7. 10. 49
Dr. Müller, Werner	19. 9. 03	13. 4. 44
Dr. Orlowsky, Wedigo	3. 12. 03	28. 8. 43
Dr. Maurer, Hans-Ulrich	3. 12. 03	24. 5. 50
Späth, Achim	3. 12. 03	7. 1. 53
Dr. Würthwein, Martin	28. 9. 04	20. 2. 50
Fröhlich, Werner	2. 12. 04	30. 1. 47
Kober, Albrecht	1. 4. 05	19. 3. 49
Eckert, Stefan	28. 12. 05	27. 8. 44

Richterinnen/Richter

Prof. Dr. Fezer, Karl-Heinz	27. 2. 89	16. 4. 46
Prof. Dr. Hohloch, Gerhard	1. 7. 90	31. 7. 44
Böhm, Diether	14. 6. 91	18. 8. 46
Keinath, Walter	21. 10. 91	22. 8. 44
Dr. Grünberg, Volker	24. 3. 92	24. 1. 47
Dabs, Volker	16. 6. 94	7. 3. 43
Linsenmaier, Marianne	30. 5. 95	18. 12. 48
Fischer, Fritz	31. 5. 95	15. 12. 49
Grüßhaber, Karl	9. 11. 95	16. 6. 49
Dr. Zeller-Lorenz, Barbara, ½	29. 12. 95	30. 4. 49
Holzer, Thomas	27. 3. 97	31. 7. 51
Dr. Hoffmann, Helmut, ½	29. 7. 97	25. 8. 48
Dr. Motzer, Stefan	15. 8. 97	30. 7. 53
Dr. Brazel, Margrit, ½	16. 9. 97	16. 12. 50
Walter, Ingrid, ½	27. 10. 97	29. 11. 53
Kodal, Karl	14. 9. 98	6. 2. 52
Dr. Schmidt, Wolfgang	18. 11. 98	15. 3. 52
Taxis, Norbert	27. 11. 98	1. 7. 57
Wendler, Axel	1. 1. 00	6. 10. 51
Prof. Dr. Vogel, Joachim	1. 1. 01	2. 6. 63
Bross, Wolfgang	1. 8. 00	7. 1. 50
Grauer, Tilman	1. 4. 01	12. 5. 50
Rzymann, Bernd	26. 7. 01	26. 2. 57

BW OLG-Bezirk Stuttgart — LG-Bezirk Ellwangen (Jagst)

Trost, Werner	1. 8. 01	4. 10. 49
Streicher, Martin	24. 9. 01	31. 5. 52
Dr. Belling, Claus	5. 12. 01	29. 9. 58
Vatter, Stefan	22. 1. 02	1. 6. 60
Dr. Reder, Wolfgang	23. 1. 02	17. 9. 58
Wetzel, Thomas	19. 4. 02	14. 10. 62
Dr. Ottmann, Christian	1. 5. 02	21. 9. 60
Lingner, Beate	3. 5. 02	18. 9. 55
Andelfinger, Nikolaus, 7/8	6. 5. 02	21. 10. 58
Wetzel, Thomas, 7/8	17. 5. 02	30. 6. 57
Rieberg, Sina	2. 1. 03	14. 8. 58
Kremer, Elke	1. 5. 03	24. 4. 61
Herrmann, Günther	1. 7. 03	15. 10. 53
Wönne, Christine	28. 10. 03	8. 3. 62
Hütter, Monika, 1/2	31. 10. 03	20. 4. 51
Pfitzenmaier-Krempel, Ursula, 1/2	31. 10. 03	19. 9. 59
Kittel, Markus	18. 11. 03	15. 7. 64
Dr. Gröner, Kerstin	15. 1. 04	10. 6. 64
Schreiber, Michael	23. 4. 04	1. 6. 63
Dr. Mosthaf, Oliver	28. 6. 04	13. 5. 65
Köblitz, Josefine	28. 7. 04	9. 3. 52
Gaa, Christine, 3/4	1. 10. 04	1. 12. 58
Rast, Hans-Joachim	1. 11. 04	25. 1. 64
Schilling, Irene, 1/2	22. 12. 04	8. 8. 58
Dr. Häcker, Peter	4. 1. 05	21. 2. 63
Dr. Hofmann, Klaus	31. 1. 05	24. 5. 64
Schüler, Stefan	1. 3. 05	4. 4. 60
Stefani, Christoph	1. 3. 05	25. 12. 60
Jacobi, Christine, 1/2	29. 3. 05	19. 1. 62
Kurz, Traude	14. 4. 05	8. 8. 57
Maier, Joachim	21. 4. 05	8. 7. 55
Zange-Mosbacher, Michael	29. 6. 05	2. 7. 59
Dr. Breucker, Hannes	26. 7. 05	18. 8. 61
Reize, Martina, 1/2	29. 11. 05	29. 5. 63

Landgerichtsbezirk Ellwangen (Jagst)

Landgericht Ellwangen (Jagst) E 586 112
Marktplatz 6 u. 7, 73479 Ellwangen (Jagst)
73477 Ellwangen (Jagst)
Tel. (0 79 61) 8 10
Fax (0 79 61) 8 12 27
E-Mail: Poststelle@lgellwangen.justiz.bwl.de
www.lgellwangen.de
Pressestelle für Zivilsachen:
VRLG Dietmar Grupp
Tel. (0 79 61) 81-2 51
Fax (0 79 61) 81-2 07
E-Mail: Grupp@lgellwangen.justiz.bwl.de

Pressestelle für Strafsachen:
VRLG Gerhard Ilg
Tel. (0 79 61) 81-2 92, Fax (0 79 61) 81-2 87
E-Mail: Ilg@lgellwangen.justiz.bwl.de

1 Pr, 1 VPr, 8 VR, 11 R

Präsident

Unkel, Friedrich	1. 8. 01	1. 2. 53

Vizepräsident

Zeifang, Rainer	1. 5. 04	2. 3. 45

Vorsitzende Richterin/Vorsitzende Richter

Beutler, Werner	3. 2. 92	22. 11. 43
Neun, Hans-Jochen	11. 4. 94	15. 9. 44
Grupp, Dietmar	7. 1. 98	13. 12. 56
Ilg, Gerhard	1. 9. 00	6. 6. 55
Roggenbrod, Sabine, 1/2	1. 9. 00	19. 8. 55
Beyer, Klaus-Dieter	25. 6. 02	14. 6. 53
Schiele, Anton	18. 3. 03	25. 6. 56
Nagel, Jürgen	23. 12. 04	2. 1. 63

Richterinnen/Richter

Heim, Wolfgang	1. 2. 83	8. 6. 46
Frees-Flämig, Fridlinde, 1/2	28. 7. 83	22. 1. 54
Gunzenhauser, Matthias	11. 5. 90	2. 6. 57
Scheel, Dagmar, 1/2	21. 2. 91	10. 8. 59
Dietze, Volker	23. 7. 92	23. 5. 59
Blase, Barbara	3. 8. 93	19. 7. 62
Keck, Dorothea	3. 8. 94	29. 12. 62
Finckh, Martin	1. 3. 96	30. 6. 63
Reuff, Martin	16. 8. 96	20. 12. 64
Fritsch, Bernhard	2. 11. 96	27. 6. 65
Tiedje, Jürgen, beurl.	15. 4. 97	30. 9. 60
Dr. Schendzielorz, Bernd	7. 7. 97	24. 1. 65
Baßmann, Thomas	28. 8. 01	23. 2. 71

Amtsgerichte

Aalen (Württ.) E 94 902
Stuttgarter Str. 9 + 7, 73430 Aalen
Postfach 11 40, 73401 Aalen
Tel. (0 73 61) 9 65 10, Fax (0 73 61) 96 51 11
E-Mail: Poststelle@agaalen.justiz.bwl.de
www.agaalen.de

1 Dir, 5 R

Lang, Michael, Dir	17. 5. 04	25. 12. 50
Grimm, Hans-Dieter	23. 3. 84	25. 5. 54
Ziegler-Bastillo, Isolde	14. 2. 91	13. 2. 60
Scheel, Stefan	2. 5. 94	23. 4. 58
Kantlehner, Bernd, abg.	21. 12. 04	8. 3. 72

LG-Bezirk Ellwangen (Jagst)　　　　　　　　OLG-Bezirk Stuttgart　**BW**

Bad Mergentheim　E 48 286
Schloß 5, 97980 Bad Mergentheim
Tel. (0 79 31) 5 30-0
Fax (0 79 31) 53 03 69
E-Mail: Poststelle@agmergentheim.justiz.bwl.de
www.agmergentheim.de
1 Dir, 2 R

Autenrieth, Martin, Dir	1. 8. 99	29. 10. 50
Friedl, Susanne, 3/4	17. 8. 95	6. 2. 65

Crailsheim　E 53 979
Schillerstr. 1, 74564 Crailsheim
Postfach 11 51, 74551 Crailsheim
Tel. (0 79 51) 40 10
Fax (0 79 51) 40 13 22
E-Mail: Poststelle@agcrailsheim.justiz.bwl.de
www.agcrailsheim.de
1 Dir, 3 R

Bakaus, Utz-Helmut, Dir	1. 2. 92	1. 2. 43
Herrmann, Uta, beurl.	10. 12. 01	11. 3. 73
Dr. Langneff, Katja, abg.	26. 5. 04	6. 10. 71

Ellwangen (Jagst)　E 60 732
Schöner Graben 25, 73479 Ellwangen (Jagst)
73471 Ellwangen (Jagst)
Tel. (0 79 61) 81-0
Fax (0 79 61) 8 12 85
E-Mail: Poststelle@agellwangen.justiz.bwl.de
www.agellwangen.de
1 Dir, 3 R

N. N., Dir	—	—
Seibold, Johann	13. 10. 83	16. 6. 48
Dr. Plänker, Kathrin, beurl.	6. 4. 01	21. 4. 69
Baumeister, Heiko, RkrA	(23. 5. 05)	28. 7. 71

Heidenheim　E 135 737
Olgastr. 22, 89518 Heidenheim
Postfach 11 20, 89501 Heidenheim
Tel. (0 73 21) 38-0
Fax (0 73 21) 38 12 34
E-Mail: Poststelle@agheidenheim.justiz.bwl.de
www.agheidenheim.de
1 Dir, 1 stVDir, 6 R

Rappold, Gerhard, Dir	1. 10. 04		21. 11. 51	
Leitte, Wilfried, stVDir	6. 10. 97		11. 2. 50	
Haug, Wolfgang	8. 11. 79		10. 5. 47	
Wienströer-Kraus, Barbara, 1/2	18. 6. 82		16. 5. 53	
Bergmeister, Eberhard	13. 3. 91		15. 2. 59	
Schmidt, Manfred	1. 3. 97		—	
Kohl, Birgit, 1/2	9. 3. 97		12. 1. 65	
Pfrommer, Jens	5. 1. 00		16. 9. 68	

Langenburg (Württ.)　E 31 054
Bächlinger Str. 35, 74595 Langenburg
Postfach 63, 74 595 Langenburg
Tel. (0 79 05) 9 10 30
Fax (0 79 05) 51 64
E-Mail: Poststelle@aglangenburg.justiz.bwl.de
www.aglangenburg.de
1 Dir

Strecker, Norbert, Dir	18. 5. 05	9. 5. 60

Neresheim　E 25 351
Hauptstr. 2, 73450 Neresheim
Postfach 4, 73448 Neresheim
Tel. (0 73 26) 9 61 80, Fax (0 73 26) 96 18 25
E-Mail: Poststelle@agneresheim.justiz.bwl.de
www.agneresheim.de
1 Dir

Finsterle, Hans-Joachim, Dir	16. 10. 89	14. 8. 48

Schwäbisch-Gmünd　E 136 071
Rektor-Klaus-Str. 21, 73525 Schwäbisch-Gmünd
Postfach 11 20, 73501 Schwäbisch-Gmünd
Tel. (0 71 71) 60 20, Fax (0 71 71) 60 25 71
E-Mail: Poststelle@agschwgmuend.justiz.bwl.de
www.agschwgmuend.de
1 Dir, 1 stVDir, 6 R

Mayerhöffer, Klaus, Dir	1. 2. 03	4. 9. 51
Heyer, Frank, stVDir	23. 7. 04	3. 5. 49
Weber, Ingo	1. 3. 75	—
Hegele, Thomas	1. 1. 81	21. 11. 50
Schoch, Simone, 1/2	3. 8. 93	15. 5. 62
Neukamm, Harald	1. 2. 94	26. 1. 62
Obel, Hans Christian	10. 9. 97	17. 7. 64
Hintze, Sören	20. 4. 01	16. 11. 70
Fleischer, Jochen, abg.	19. 5. 05	12. 3. 72

Landgerichtsbezirk Hechingen

Landgericht Hechingen E 279 935
Heiligkreuzstr. 9, 72379 Hechingen
72375 Hechingen
Tel. (0 74 71) 94 40
Fax (0 74 71) 94 41 04
E-Mail: poststelle@lghechingen.justiz.bwl.de
www.lghechingen.de
Pressestelle: RLG Alexander Meinhof
Tel. (0 74 71) 9 44-1 09, Fax (0 74 71) 9 44-1 04
E-Mail: Meinhof@lghechingen.justiz.bwl.de

1 Pr, 1 VPr, 4 VR, 5 R

Präsident
Frey, Rainer	1. 8. 06	17. 4. 60	

Vizepräsident
Schäfer, Helmut	1. 3. 04	24. 8. 46	

Vorsitzende Richter
Müller, Gerd	5. 10. 92	5. 4. 47
Dr. Ruetz, Bernhard	24. 3. 99	9. 8. 50
Dett, Gerhard	1. 8. 03	30. 12. 53
Meinhof, Alexander	1. 3. 04	11. 3. 63

Richter
Dr. Weng, Michael	27. 1. 76	11. 6. 45
Seifer, Thomas	2. 9. 94	2. 6. 57
Schwarz, Volker	10. 2. 97	13. 2. 66
Sieber, Roland	5. 2. 99	12. 8. 62

Amtsgerichte

Albstadt E 74 275
Gartenstr. 17, 72458 Albstadt
Postfach 1, 72421 Albstadt
Tel. (0 74 31) 92 30
Fax (0 74 31) 92 32 00
E-Mail: Poststelle@agalbstadt.justiz.bwl.de
www.agalbstadt.de

1 Dir, 4 R

Jauß, Hermann, Dir	1. 7. 00	5. 1. 44
Gulde, Heike	15. 7. 05	20. 8. 74

Balingen E 68 078
Ebertstr. 20, 72336 Balingen
Postfach 10 01 51, 72301 Balingen
Tel. (0 74 33) 9 70
Fax (0 74 33) 97 25 99
E-Mail: Poststelle@agbalingen.justiz.bwl.de
www.agbalingen.de

1 Dir, 3 R

Stotz, Martin, Dir	30. 4. 97	6. 2. 42
Tackmann, Hans-Rainer	1. 2. 77	1. 12. 43
Wührl, Ernst	30. 5. 92	9. 12. 59
Kraft, Veronika	15. 6. 00	28. 11. 63

Hechingen E 50 608
Heiligkreuzstr. 9, 72379 Hechingen
72375 Hechingen
Tel. (0 74 71) 94 40
Fax (0 74 71) 94 43 50 und 94 43 51
E-Mail: Poststelle@aghechingen.justiz.bwl.de
www.aghechingen.de

1 Dir, 3 R

Kuhnle, Eugen, Dir	28. 2. 83	25. 8. 74
Schlenker, Sigrid, ½	3. 8. 95	6. 11. 59
Trick, Albrecht	2. 8. 96	15. 9. 63
Baumeister, Anke, ½	21. 7. 97	4. 9. 64
Hilt, Barbara	6. 9. 01	24. 8. 71

Sigmaringen E 86 974
Karlstr. 17, 72488 Sigmaringen
Postfach 11 54, 72481 Sigmaringen
Tel. (0 75 71) 10 40
Fax (0 75 71) 10 48 77
E-Mail: Poststelle@agsigmaringen.justiz.bwl.de
www.agsigmaringen.de

1 Dir, 3 R

Lenk, Franz, Dir	1. 1. 94	24. 12. 48
Dorner, Jürgen	28. 12. 83	11. 8. 53
Wenzel, Wolfgang	1. 9. 88	6. 10. 56
Stahl, Joachim	10. 3. 97	10. 5. 64

LG-Bezirk Heilbronn (Neckar) OLG-Bezirk Stuttgart **BW**

Landgerichtsbezirk Heilbronn (Neckar)

Landgericht Heilbronn (Neckar) E 896 500
Wilhelmstr. 8, 74072 Heilbronn (Neckar)
Postfach 25 55, 74015 Heilbronn (Neckar)
Tel. (0 71 31) 64-1
Fax (0 71 31) 64 30 40
E-Mail: Poststelle@lgheilbronn.justiz.bwl.de
www.lgheilbronn.de
Pressestelle für Strafsachen:
RLG Roland Kleinschroth
Tel. (0 71 31) 64-35 99
E-Mail: Kleinschroth@lgheilbronn.justiz.bwl.de
Pressestelle für Zivilsachen:
RLG Dr. Eckehart Münch
Tel. (0 71 31) 64-35 12
E-Mail: Muench@lgheilbronn.justiz.bwl.de

1 Pr, 1 VPr, 18 VR, 15 R

Präsident

Harriehausen, Gerhard	1. 3. 00	14. 10. 42

Vizepräsident

Bast, Michael	28. 9. 01	20. 3. 45

Vorsitzende Richterinnen/Vorsitzende Richter

Hartmann, Burkhard	30. 9. 87	26. 11. 47
Glaunsinger, Wolfgang	5. 8. 91	11. 1. 45
Dr. Kümmel, Helga	20. 12. 91	24. 10. 47
Graf, Reiner	27. 4. 94	27. 7. 47
Werner, Wolfgang	26. 1. 98	9. 11. 49
Dr. Becht, Ernst	26. 1. 98	3. 1. 55
Kassner, Rosita	7. 9. 99	23. 3. 55
Eberle, Helga, 1/2	31. 3. 00	18. 9. 52
Dehn, Bertram	1. 4. 00	17. 6. 55
Dr. Feldmann, Armin	1. 12. 01	24. 1. 44
Bender, Wolfgang	1. 7. 02	17. 1. 55
Hauff, Hansjürgen	1. 2. 03	9. 9. 56
Winkelmann, Norbert	31. 12. 03	4. 6. 59
Geiger, Jörg	1. 7. 04	3. 2. 55
Neher-Klein, Jasmin	12. 10. 05	12. 4. 60

Richterinnen/Richter

Thiel, Erich	8. 9. 87	11. 12. 56
Bienas, Uwe	22. 10. 90	18. 3. 58
Ihle, Martin	11. 9. 92	18. 9. 60
Stahl, Christian	12. 5. 93	6. 7. 61
Ziegler-Göller, Ursula	24. 8. 95	13. 6. 63
Macco, Carola, 1/2	1. 3. 96	17. 4. 64
Schmid, Andrea	16. 8. 96	3. 9. 64
Rieger, Jürgen	1. 9. 96	4. 11. 62

Dr. Münch, Eckehart	14. 2. 97	27. 8. 64
Baumgärtner, Ulrich	15. 2. 97	17. 4. 65
Aßmann, Jutta, 1/2	15. 2. 97	11. 4. 66
Kleinschroth, Roland	3. 7. 98	24. 2. 64
Dr. Luik, Heike	8. 11. 04	22. 12. 72
Hähnle, Ralf	28. 12. 04	13. 8. 72
Dr. Zott, Regina	6. 2. 05	7. 1. 70

Amtsgerichte

Besigheim E 107 431
Amtsgerichtsgasse 5, 74354 Besigheim
Postfach 11 62, 74349 Besigheim
Tel. (0 71 43) 8 33 30, Fax (0 71 43) 83 33 40
E-Mail: Poststelle@agbesigheim.justiz.bwl.de
www.agbesigheim.de

1 Dir, 4 R

Viertel, Reinhard, Dir	25. 4. 03	17. 4. 59
Bißmaier, Volker	1. 12. 97	9. 11. 63
Mecklenburg, Barbara, beurl.	12. 1. 01	21. 5. 71
Kiffer, Sabine	13. 11. 03	13. 2. 71

Brackenheim E 30 268
Schloßplatz 2, 74336 Brackenheim
Tel. (0 71 35) 9 87 80, Fax (0 71 35) 66 40
E-Mail: Poststelle@agbrackenheim.justiz.bwl.de
www.agbrackenheim.de

1 Dir

Maier, Michael, Dir	20. 6. 90	12. 12. 45

Heilbronn E 419 918
Wilhelmstr. 2 – 6, 74072 Heilbronn
74064 Heilbronn
Tel. (0 71 31) 64-1, Fax (0 71 31) 64 30 28
E-Mail: Poststelle@agheilbronn.justiz.bwl.de
www.agheilbronn.de
Pressestelle: RAG Ulf Hiestermann
Tel. (0 71 31) 64-31 37, Fax (0 71 31) 64 31 32
E-Mail: Hiestermann@agheilbronn.justiz.bwl.de

1 Pr, 1 VPr, 2 w.aufsR, 27 R

Görlich, Wolfgang, Pr	2. 1. 03	26. 9. 54
Hölscher, Christoph, VPr	12. 2. 03	3. 11. 52
Nietzer, Eberhard, w.aufsR	1. 10. 04	6. 10. 55
Grund, Rudolf, w.aufsR	1. 11. 05	5. 9. 54
Hieber, Jörg	15. 7. 73	3. 10. 42
Kleiner, Peter	11. 2. 76	2. 3. 46
Stegmaier, Wolfgang	15. 10. 77	4. 11. 43
Dr. Loudwin, Bernd	15. 8. 80	2. 9. 47
Schmidt, Johann	1. 5. 83	20. 4. 52
Klein, Hans-Werner	30. 5. 83	8. 12. 49

53

BW OLG-Bezirk Stuttgart   LG-Bezirk Ravensburg

Grosch, Peter, ½, abg.	20. 3. 89	11. 7. 59
Frimmer, Ulrich	5. 4. 90	22. 3. 55
Dr. Sickenberger, Ursel, ½	1. 6. 90	4. 5. 58
Rumler, Susanne, ½	1. 9. 90	27. 11. 59
Hiller, Friedrich Wilhelm	1. 9. 91	20. 10. 58
Wüst, Iris	1. 2. 93	29. 10. 58
Oestreich, Claudia, ½	8. 4. 94	12. 9. 59
Woll, Elke	19. 10. 95	16. 7. 63
Schönlaub, Daniela, ½	7. 6. 96	18. 10. 62
Wölfl, Ernst	4. 10. 96	24. 8. 63
Mauch-Lauk, Marion	24. 2. 97	4. 8. 64
Dr. Haug, Henner	18. 3. 98	29. 10. 66
Haberzettl, Frank	7. 1. 00	7. 11. 65
Berkner, Thomas	4. 8. 00	16. 5. 69
Hiestermann, Ulf	29. 11. 02	6. 11. 66
Fritsche, Katja	17. 10. 03	22. 4. 71

Künzelsau E 49 264
Konsul-Uebele-Str. 12, 74653 Künzelsau
Postfach 12 45, 74642 Künzelsau
Tel. (0 79 40) 9 14 90
Fax (0 79 40) 91 49 30
E-Mail: Poststelle@agkuenzelsau.justiz.bwl.de
www.agkuenzelsau.de

1 Dir

Kipp, Roland, Dir	1. 7. 98	—

Marbach am Neckar E 64 485
Strohgasse 3, 71672 Marbach
Postfach 11 13, 71666 Marbach
Tel. (0 71 44) 8 55 70
Fax (0 71 44) 85 57 60
E-Mail: Poststelle@agmarbach.justiz.bwl.de
www.agmarbach.de

1 Dir, 1 R

Poschik, Anton, Dir	1. 2. 97	14. 6. 47
Randoll, Klaus	28. 2. 92	22. 6. 59

Öhringen E 60 492
Karlsvorstadt 18, 74613 Öhringen
Postfach 11 09, 74601 Öhringen
Tel. (0 79 41) 60 40
Fax (0 79 41) 3 70 01
E-Mail: Poststelle@agoehringen.justiz.bwl.de
www.agoehringen.de

1 Dir, 2 R

Haellmigk, Gisela, Dir	18. 10. 94	3. 10. 41
Stei, Peter	25. 5. 82	4. 6. 50
Lobmüller, Alexander	7. 6. 04	11. 10. 73

Schwäbisch-Hall E 104 008
Unterlimpurger Str. 8, 74523 Schwäbisch-Hall
Postfach 10 01 20, 74501 Schwäbisch-Hall
Tel. (07 91) 75 20
Fax (07 91) 7 52 20 35
E-Mail: Poststelle@agschwaebischhall.justiz.bwl.de
www.agschwaebischhall.de

1 Dir, 3 R

Dr. Amendt, Wolfgang, Dir	7. 1. 98	15. 6. 52
Homfeld, Alexandra	5. 12. 78	22. 5. 47
Jörg-Unfried, Monika, ½	1. 2. 88	23. 10. 55
Krystofiak-Fust, Simone	21. 2. 97	24. 7. 63
Stadtmüller, René	11. 4. 97	5. 4. 66
Brunkhorst, Jens, RkrA	(26. 10. 05)	10. 8. 73

Vaihingen a. d. Enz E 60 634
Heilbronner Str. 17, 71665 Vaihingen a. d. Enz
Postfach 13 20, 71656 Vaihingen a. d. Enz
Tel. (0 70 42) 94 10, Fax (0 70 42) 9 41 26 99
E-Mail: Poststelle@agvaihingen.justiz.bwl.de
www.agvaihingen.de

1 Dir

Wittig, Dankward, Dir	1. 11. 91	25. 7. 51

Landgerichtsbezirk Ravensburg

Landgericht Ravensburg E 627 547
Marienplatz 7, 88212 Ravensburg
Postfach 16 46, 88186 Ravensburg
Tel. (07 51) 80 60
Fax (07 51) 8 06 23 95
E-Mail: Poststelle@lgravensburg.justiz.bwl.de
www.lgravensburg.de
Pressestelle für Allgemeine Fragen und Strafsachen:
RLG Axel Müller
Tel. (07 51) 8 06-23 87
Fax (07 51) 8 06-23 95
E-Mail: AMueller@lgravensburg.justiz.bwl.de
Pressestelle für Zivilsachen:
RLG Markus Geßler
Tel. (07 51) 8 06-23 13, Fax (07 51) 8 06-23 95
E-Mail: Gessler@lgravensburg.justiz.bwl.de

1 Pr, 1 VPr, 11 VR, 10 R

Präsident

Dr. Steinle, Franz	14. 12. 01	20. 12. 49

LG-Bezirk Ravensburg OLG-Bezirk Stuttgart **BW**

Vizepräsident
Stehle, Claudio 1. 11. 02 21. 10. 48

Vorsitzende Richter
Dr. Tauch, Wolfgang 23. 1. 90 18. 3. 44
Dr. Strasser, Franz 6. 2. 91 2. 11. 46
Dr. Kübler, Jürgen 21. 12. 92 26. 3. 45
Karitter, Winfried 29. 10. 93 27. 2. 43
Wiggenhausen, Luitgard 1. 1. 01 17. 04. 58
Haag, Matthias 1. 4. 01 29. 6. 56
Müller, Bernhard 1. 8. 01 13. 2. 50
Hutterer, Jürgen 1. 10. 01 23. 10. 49
Blaser, Josef 1. 6. 02 19. 1. 55
Schall, Rolf-Peter 23. 5. 03 21. 12. 54

Richterinnen/Richter
Voigt, Cornelia, ³/₄ 28. 10. 87 20. 5. 59
Braunbeck, Gabriele 15. 2. 93 9. 2. 62
Maier, Stefan 2. 8. 93 12. 7. 63
Dr. Göller, Harald 11. 2. 94 24. 10. 61
Grewe, Matthias 3. 4. 94 27. 9. 61
Müller, Axel 3. 8. 95 24. 7. 63
Buttschardt, Klaus
 Friedrich 13. 5. 96 6. 8. 64
Hinrichs, Klaus, ¹/₂ 1. 3. 97 29. 12. 64
Geßler, Markus 1. 8. 98 21. 7. 65
Schneider, Matthias 15. 4. 01 5. 9. 66
Schumacher-Diehl,
 Claudia, ¹/₂ 5. 11. 01 20. 4. 66
Abt, Martin 7. 6. 04 11. 2. 67
Mönig, Thomas 13. 7. 05 27. 1. 74

Amtsgerichte

Bad Saulgau E 46 758
Schützenstr. 14, 88348 Bad Saulgau
88340 Bad Saulgau
Tel. (0 75 81) 4 83 00, Fax (0 75 81) 48 30 40
E-Mail: Poststelle@agbadsaulgau.justiz.bwl.de
www.agbadsaulgau.de

1 Dir, 1 R

Zell, Klaus-Peter, Dir 1. 2. 04 26. 3. 56
Ettwein, Ralph 12. 10. 94 3. 11. 62

Bad Waldsee E 32 910
Wurzacher Str. 73, 88339 Bad Waldsee
Tel. (0 75 24) 9 76 60, Fax (0 75 24) 9 76 62 22
E-Mail: Poststelle@agwaldsee.justiz.bwl.de
www.agwaldsee.de

1 Dir

Neher, Klaus, Dir 5. 3. 93 16. 8. 41

Biberach an der Riß E 148 843
Alter Postplatz 4, 88400 Biberach an der Riß
88382 Biberach an der Riß
Tel. (0 73 51) 5 90, Fax (0 73 51) 5 95 29
E-Mail: Poststelle@agbiberach.justiz.bwl.de
www.agbiberach.de

1 Dir, 1 stVDir, 6 R

N. N., Dir — —
Bayer, Gerhard, stVDir 11. 11. 03 16. 11. 55
Böhm, Veiko 6. 5. 02 12. 8. 71
Buchele, Florian 21. 1. 04 13. 1. 72
Hirsch, Martina 1. 12. 05 23. 8. 75

Leutkirch im Allgäu E 42 068
Karlstr. 2, 88299 Leutkirch im Allgäu
Postfach 21 50, 88296 Leutkirch im Allgäu
Tel. (0 75 61) 82 50
Fax (0 75 61) 82 51 20
E-Mail: Poststelle@agleutkirch.justiz.bwl.de
www.agleutkirch.de

1 Dir

N. N., Dir — —
Hölzle, Franz, RkrA (16. 2. 04) 30. 9. 59

Ravensburg E 138 881
Herrenstr. 42, 88212 Ravensburg
Tel. (07 51) 80 60, Fax (07 51) 8 06 24 00
Poststelle@agravensburg.justiz.bwl.de
www.agravensburg.de

1 Dir, 1 stVDir, 8 R

Strohmann, Hans, Dir 31. 10. 03 18. 6. 48
Warbinek, Marion,
 stVDir'in 29. 1. 04 12. 4. 58
Stehle, Christel, ¹/₂ 17. 2. 78 19. 5. 48
Freund, Mathias 1. 6. 79 25. 6. 45
Scharpf, Sigrid 27. 9. 82 8. 3. 52
Simm, Karin 25. 5. 84 23. 2. 53
Feurle, Kurt 25. 4. 94 24. 7. 59
Rittmann, Wolfgang 21. 2. 97 26. 2. 62
Möller, Stephan 9. 3. 97 2. 7. 66
Dr. Eißler, Birgit, RkrA (15. 5. 05) 11. 4. 71

Riedlingen E 39 042
Kirchstr. 20, 88499 Riedlingen
88491 Riedlingen
Tel. (0 73 71) 18 70, Fax (0 73 71) 18 72 12
E-Mail: Poststelle@agriedlingen.justiz.bwl.de
www.agriedlingen.de

1 Dir

Lampa, Wolfgang, Dir 1. 1. 04 10. 12. 59

BW OLG-Bezirk Stuttgart LG-Bezirk Rottweil

Tettnang   E 117 825
Montfortplatz 1, 88069 Tettnang
Tel. (0 75 42) 5 19-0
Fax (0 75 42) 51 91 29
E-Mail: Poststelle@agtettnang.justiz.bwl.de
www.agtettnang.de

1 Dir, 1 stVDir, 6 R

Wieland, Hermann, Dir	14. 2. 03	9. 4. 50	
Geiger, Eckhard, stVDir	1. 9. 99	16. 7. 49	
Trebing, Bertram	23. 10. 78	22. 9. 46	
Raquet, Anke, 1/2	21. 9. 95	11. 3. 62	
Pahnke, Peter	1. 4. 96	9. 8. 61	
Dr. Rödl, Julia, 1/2	7. 6. 04	20. 7. 71	
Hübner, Holger	13. 2. 06	12. 7. 74	

Wangen im Allgäu   E 61 220
Lindauerstr. 28, 88239 Wangen im Allgäu
Postfach: 1146, 88227 Wangen im Allgäu
Tel. (0 75 22) 71 30 10
Fax (0 75 22) 71 30 00
E-Mail: poststelle@agwangen.justiz.bwl.de
www.agwangen.de

1 Dir, 3 R

Dr. Bigalke, Wolfgang, Dir   19. 9. 01   23. 9. 52

Landgerichtsbezirk Rottweil

Landgericht Rottweil   E 399 799
Königstr. 20, 78628 Rottweil
Postfach 13 54, 78613 Rottweil
Tel. (07 41) 2 43-0
Fax (07 41) 2 43 23 81
E-Mail: Poststelle@lgrottweil.justiz.bwl.de
www.lgrottweil.de
Pressestelle für Strafsachen:
RLG Karlheinz Münzer
Tel. (07 41) 2 43-23 71, Fax (07 41) 2 43-26 99
E-Mail: Muenzer@lgrottweil.justiz.bwl.de
Pressestelle für Zivilsachen:
RLG Roland Maier
Tel. (07 41) 2 43-23 52, Fax (07 41) 2 43-23 88
E-Mail: Maier@lgrottweil.justiz.bwl.de

1 Pr, 1 VPr, 5 VR, 11 R

Präsident
Dr. Keihl, Bernhard   1. 3. 06   1. 3. 45

Vizepräsident
Dr. Foth, Dietmar   19. 3. 93   26. 10. 56

Vorsitzende Richter
Sommer, Hermann	22. 1. 90	19. 9. 43
Maier, Franz	5. 12. 95	10. 6. 48
Weiss, Waldemar	27. 4. 99	25. 11. 49
Stahl, Herbert	1. 12. 99	24. 9. 44
Straub, Thomas	17. 11. 03	25. 2. 58

Richterinnen/Richter
Maier, Roland	15. 2. 75	11. 2. 42
Hangst, Walter	12. 4. 79	6. 6. 49
Steffani-Göke, Marlies, 1/2	1. 9. 95	6. 4. 63
Münzer, Karlheinz	1. 4. 97	10. 9. 64
Wagner, Petra	25. 8. 97	20. 10. 66
Ketterer, Christian	26. 3. 99	30. 10. 67
Froemel, Wolfgang	26. 3. 99	30. 10. 67

Amtsgerichte

Freudenstadt   E 67 837
Stuttgarter Str. 15, 72250 Freudenstadt
Postfach: 105, 72231 Freudenstadt
Tel. (0 74 41) 56-15 00
Fax (0 74 41) 56-15 11
E-Mail: Poststelle@agfreudenstadt.justiz.bwl.de
www.agfreudenstadt.de

1 Dir, 4 R

Benz, Axel, Dir	1. 12. 99	20. 2. 50
Müller-Fenge, Jens	1. 10. 95	7. 5. 60
Forster, Kerstin	1. 6. 04	11. 12. 71

Horb am Neckar   E 54 570
Marktplatz 22, 72160 Horb am Neckar
Tel. (0 74 51) 5 51 80
Fax (0 74 51) 55 18 40
E-Mail: Poststelle@aghorb.justiz.bwl.de
www.aghorb.de

1 Dir, 1 R

Dr. Zirn, Armin, Dir	1. 10. 02	24. 4. 57
Herkle, Jochen	25. 8. 05	31. 7. 71

Oberndorf am Neckar   E 82 811
Mauserstr. 28, 78727 Oberndorf am Neckar
Postfach 13 20, 78722 Oberndorf am Neckar
Tel. (0 74 23) 8 15-0, Fax (0 74 23) 8 21 66
E-Mail: Poststelle@agoberndorf.justiz.bwl.de
www.agoberndorf.de

1 Dir, 3 R

Müller, Hans-Otto, Dir	7. 1. 98	9. 2. 47
Kopahnke, Uwe	1. 8. 85	22. 1. 55

LG-Bezirk Stuttgart OLG-Bezirk Stuttgart **BW**

Rottweil E 59 546
Königstr. 29, 78628 Rottweil
Postfach 13 54, 78613 Rottweil
Tel. (07 41) 2 43-0
Fax (07 41) 2 43 23 45
E-Mail: Poststelle@agrottweil.justiz.bwl.de
www.agrottweil.de
1 Dir, 4 R

Anderer, Herbert, Dir	14. 9. 00	13. 1. 59
Acker, Karl	1. 11. 80	22. 8. 49
Heuer, Wolfgang, abg.	1. 10. 93	17. 8. 61
Dr. Beichel-Benedetti, Stephan, abg.	2. 2. 04	12. 12. 69

Spaichingen E 60 167
Hauptstr. 72, 78549 Spaichingen
Tel. (0 74 24) 9 55 80
Fax (0 74 24) 95 58 33
E-Mail: Poststelle@agspaichingen.justiz.bwl.de
www.agspaichingen.de
1 Dir, 1 R

Thoma, Herbert, Dir	17. 4. 00	25. 4. 48
Dr. Häusler, Matthias	7. 12. 00	7. 12. 67

Tuttlingen E 74 868
Werderstr. 8, 78532 Tuttlingen
Tel. (0 74 61) 98-1
Fax (0 74 61) 9 83 30
E-Mail:Poststelle@agtuttlingen.justiz.bwl.de
www.agtuttlingen.de
1 Dir, 4 R

Glinka, Gerhard, Dir	25. 1. 00	31. 10. 47
Balz, Jürgen	23. 9. 75	1. 3. 44
Kinkelin, Dieter	14. 3. 79	3. 3. 47
Fiedler, Wolfgang	22. 3. 96	27. 7. 67

Landgerichtsbezirk Stuttgart

Landgericht Stuttgart E 2 172 618
Urbanstr. 20, 70182 Stuttgart
70025 Stuttgart
Tel. (07 11) 21 20
Fax (07 11) 2 12 35 56
E-Mail: Poststelle@lgstuttgart.justiz.bwl.de
www.lgstuttgart.de
Pressestelle für Zivilsachen:
RLG Till Jakob
Tel. (07 11) 21 2-34 15, Fax (07 11) 2 12-35 29
E-Mail: Poststelle@lgstuttgart.justiz.bwl.de

Pressestelle für Strafsachen:
RLG Andreas Arndt
Tel. (07 11) 2 12-37 96, Fax (07 11) 2 12-35 39
E-Mail: Poststelle@lgstuttgart.justiz.bwl.de
1 Pr, 1 VPr, 62 VR, 76 R, 1 ORR

Präsident

Dr. Sontag, Peter	7. 10. 02	25. 10. 43

Vizepräsident

von Au, Lutz-Rüdiger	10. 9. 04	17. 11. 56

Vorsitzende Richterinnen/Vorsitzende Richter

Bossert, Günther	1. 12. 85	24. 8. 41
Hartenstein, Peter	26. 8. 88	18. 5. 41
Dr. Clauß, Wolfgang	3. 4. 89	27. 11. 46
Fischer, Renate	1. 5. 89	7. 1. 48
Dr. Grein, Klaus	11. 6. 90	23. 9. 43
Vögele, Wolfgang	2. 1. 91	7. 12. 46
Strohm, Ingrid	2. 4. 91	2. 7. 44
Greiner, Rolf	21. 10. 91	16. 8. 43
Behringer, Jürgen	8. 11. 91	3. 4. 43
Härle, Joachim	31. 1. 92	11. 5. 45
Küllmer, Wolfgang	19. 6. 92	24. 6. 42
Krug, Walter	22. 6. 92	19. 1. 45
Müller, Helga	12. 11. 92	19. 4. 45
Ditten, Dietrich	18. 12. 92	7. 3. 44
Pross, Wolfgang	7. 4. 93	16. 9. 44
Klein, Ulrich	14. 4. 93	23. 9. 46
Stähle, Hartmut	25. 8. 93	4. 9. 50
Rebsam-Bender, Christine	26. 8. 93	8. 1. 48
Gössel, Gunter	29. 10. 93	17. 2. 44
Bergmann, Claus	16. 6. 94	22. 7. 47
Dr. Mayer, Dietmar	5. 7. 94	18. 2. 44
Hahn, Wolfgang	20. 3. 95	27. 11. 49
Layher, Heinz	29. 5. 95	4. 7. 47
Heinrich, Werner	30. 6. 95	24. 7. 44
Ruf, Gerhard	12. 10. 95	7. 5. 51
Schwarz, Hans Erich	8. 11. 95	12. 10. 46
Bach, Mareike	25. 1. 96	29. 8. 47
Schade, Rüdiger	1. 4. 96	19. 5. 44
Kaulig, Jürgen	4. 7. 96	1. 8. 54
Weitbrecht, Sabine	31. 10. 96	3. 12. 46
Czerny, Dieter	28. 2. 97	—
Ellinger, Joachim	25. 3. 97	28. 7. 51
Wartlick, Wilhelm	30. 4. 97	6. 7. 47
Oechsner, Ulrich	30. 4. 97	6. 10. 53
Henzler, Ulrich	23. 1. 98	26. 10. 44
Arnold, Brigitte	18. 9. 98	21. 6. 47
Brambach, Heidrun	8. 10. 98	3. 11. 44
Tauchmann, Helmut	15. 2. 99	29. 8. 48
Otter, Klaus-Jürgen	28. 5. 99	22. 1. 47
Hettich, Jürgen	7. 9. 99	17. 11. 55
Kindermann, Jörg	1. 10. 99	14. 6. 47
Reicherter, Dieter	1. 10. 99	5. 8. 47

BW OLG-Bezirk Stuttgart LG-Bezirk Stuttgart

Name		
Rieker-Müller, Regina	10. 7. 00	28. 4. 52
Hagenlocher, Ingeborg	1. 8. 00	15. 9. 53
Dr. Bürkle, Jürgen	1. 10. 00	3. 11. 47
Zimmert, Klaus	4. 10. 00	22. 12. 48
Helwerth, Klaus	1. 11. 00	27. 4. 47
Dr. Fuchs, Eberhard	1. 4. 01	13. 12. 48
Guckes, Thomas	27. 9. 01	12. 9. 57
Dr. Schnelle, Hartmut	1. 10. 01	13. 1. 54
Schabel, Bernhard	1. 10. 01	28. 2. 58
Lösch, Marianne, ½	21. 12. 01	14. 2. 44
Dr. Strobel, Monika	23. 3. 04	23. 8. 47
Gehring, Gabriele	22. 2. 05	10. 2. 62
Oltmanns, Evelyn, ½	21. 4. 05	10. 4. 56
Dr. Brenner, Tobias	23. 12. 05	13. 11. 61

Richterinnen/Richter

Name		
Gaydow, Alexander	1. 7. 72	17. 5. 42
Schandl, Klaus Jürgen	19. 9. 75	26. 2. 44
Freund, Klaus-Ulrich	2. 10. 75	10. 1. 44
Scherer, Wolfgang	15. 3. 77	23. 10. 44
Tschersich, Regine	1. 8. 78	13. 3. 49
Schmitt, Manfred	15. 10. 79	20. 12. 41
Müller, Hans-Michael	1. 12. 79	19. 2. 48
Hinderer, Martin	13. 3. 81	27. 12. 50
Wychodil, Wilfried	5. 2. 82	26. 9. 47
Ellinger, Helga, ½	28. 9. 83	25. 9. 53
Heinrici, Andreas	25. 2. 85	16. 2. 56
Dalkolmo, Evelyn	1. 8. 89	14. 4. 56
Forster, Ulla	9. 10. 90	27. 10. 57
Riedle-Knapp, Doris	2. 11. 90	10. 12. 59
Böckenhoff, Georg	1. 3. 91	7. 6. 59
Praast-Dieterich, Cornelia	28. 3. 91	3. 7. 58
Keck, Eva-Maria	1. 8. 91	16. 6. 60
Böcher-Jerger, Silvia, beurl.	2. 1. 92	7. 4. 61
Sannwald, Gabriele, ½	29. 6. 92	29. 3. 59
Friedrich, Martin	10. 9. 92	5. 2. 60
Columbus, Karin	30. 11. 92	—
Holz, Elfriede	8. 2. 94	19. 8. 62
Wagner, Tilman	15. 2. 94	—
Holzhausen, Joachim	1. 3. 94	15. 11. 61
Arndt, Andreas	19. 4. 94	17. 12. 60
Stadtler-Stefani, Helga, ½, beurl.	6. 5. 94	8. 2. 63
Dr. Martis, Roderich, abg.	2. 9. 94	18. 6. 61
Tormählen, Ulrich	2. 11. 94	7. 8. 60
Schumacher, Ludwig	17. 2. 95	18. 8. 59
Gless, Rainer	3. 8. 95	31. 12. 60
Grämmer, Dorothea	3. 8. 95	23. 1. 62
Bezold, Eva	10. 8. 95	5. 2. 64
Wenzler, Hans-Jürgen	7. 9. 95	29. 11. 62
Dr. Wagner, Ute, ½	1. 12. 95	6. 11. 58
Hausmann, Ulrike	1. 12. 95	30. 4. 62
Borrmann, Gisela	8. 2. 96	16. 7. 65
Füller, Hildegardis	3. 5. 96	—
Groner-Köhn, Susanne, ½	17. 7. 96	6. 12. 63
Hoffmann, Dieter, abg.	1. 9. 96	11. 12. 62
Goll, Julia, ½, beurl.	1. 9. 96	21. 10. 64
Dr. Grübl, Manfred	13. 9. 96	28. 4. 62
Barthelmeß, Martin	1. 10. 96	10. 2. 63
Heper, Martina, ½	12. 8. 97	29. 11. 65
Thran, Martin	26. 8. 97	10. 8. 62
Gerber, Andreas	4. 10. 97	24. 2. 65
Schaber, Kirsten, ½	4. 12. 97	14. 12. 65
Müller-Deppisch, Wolfgang	8. 4. 98	21. 2. 65
Krause, Heike, ½, beurl.	9. 4. 98	17. 4. 69
Dr. Barth, Eckhard	18. 4. 98	14. 7. 63
Schröder, Tamara, beurl.	4. 6. 98	20. 6. 67
Eißler, Albrecht	27. 10. 98	1. 1. 65
Nebl, Heidi	30. 10. 98	16. 10. 67
Dr. Keuffel-Hospach, Anne-Marie, ½, beurl.	1. 2. 00	27. 10. 66
Dr. Blaich, Susanne	28. 4. 00	28. 7. 68
Patschke, Andreas	1. 5. 00	7. 11. 67
Klier, Ralf Jürgen	2. 5. 00	6. 6. 69
Blattner, Sabine	2. 6. 00	—
Kapp, Jochen	1. 8. 00	27. 1. 68
Dr. Benner, Silke, ½	8. 8. 00	19. 1. 66
Jakob, Till	9. 8. 00	30. 1. 69
Gesser, Monika, ½, beurl.	5. 9. 00	28. 5. 67
Dr. Stauß, Michael, abg.	21. 12. 00	13. 10. 67
Dr. Mollenkopf, Claus	7. 2. 01	7. 12. 66
Brand, Dietrich, abg.	4. 4. 01	10. 3. 65
Dr. Singer, Andreas, abg.	24. 4. 01	9. 1. 71
Dr. Katzenstein, Matthias	18. 9. 01	21. 6. 71
Houst, Martin	7. 2. 02	12. 1. 71
Taferner, Susanne	5. 8. 02	28. 7. 69
Klotz, Christian	1. 9. 03	17. 8. 67
Dr. Wittig, Carola, ½	8. 10. 03	20. 5. 62
Gräfin von Schmettow, Bettina	4. 2. 04	8. 1. 71
Winckler, Bettina	4. 3. 04	6. 5. 62
Hauff, Ulrich	4. 3. 04	6. 5. 62
Ropertz, Maik	1. 6. 04	24. 3. 73
Haiß, Christoph, ½	1. 5. 05	11. 12. 62
Baisch, Ute	—	21. 12. 61
Lamberti, Monika	—	30. 5. 63
Sandhorst-Schäfer, Martina, ½	—	8. 9. 62
Lindemann, Horst, ORR	1. 6. 05	30. 11. 48
Göb, Ursula, RkrA	(1. 8. 05)	25. 10. 63
Haag, Christiane, RkrA	(1. 1. 06)	8. 10. 74

LG-Bezirk Stuttgart OLG-Bezirk Stuttgart **BW**

Amtsgerichte

Backnang E 103 190
Stiftshof 11, 71522 Backnang
Postfach 11 03 65, 71512 Backnang
Tel. (0 71 91) 12-0
Fax (0 71 91) 12-4 80
Poststelle@agbacknang.justiz.bwl.de
www.agbacknang.de

1 Dir, 5 R

Lehmann, Michael, Dir	16. 9. 03	24. 4. 54
Greiner, Doris	18. 1. 91	—
Wünsch, Wolfgang	1. 3. 97	6. 12. 60
Kintzinger, Jörg	18. 3. 02	4. 4. 69

Böblingen E 272 038
Steinbeisstr. 7, 71034 Böblingen
Postfach 11 60, 71001 Böblingen
Tel. (0 70 31) 13 02
Fax (0 70 31) 13 49 99
E-Mail: Poststelle@agboeblingen.justiz.bwl.de
www.agboeblingen.de

1 Dir, 1 stVDir, 1 w.aufsR, 11 R

Dr. Schulz, Hermann, Dir	31. 3. 03	14. 4. 46
Kirbach, Michael, stVDir	22. 12. 04	1. 10. 58
Weide, Hans-Jürgen, w.aufsR	11. 10. 95	15. 12. 46
Lindhauer, Wulf	15. 8. 77	18. 6. 44
Birk, Sigurd	3. 2. 78	14. 6. 45
Reim, Dieter	1. 5. 86	2. 3. 54
Gisa, Hans	1. 9. 90	20. 7. 56
Grolig, Werner	2. 11. 92	6. 3. 60
Reder, Franz-Joachim	2. 9. 94	7. 5. 57
Pellen-Lindemann, Susann, 1/2	1. 5. 95	6. 10. 62
Dr. Mößle, Karen-Ilka, 1/2	15. 9. 95	13. 7. 62
Struckmann-Walz, Heidrun, 1/2, beurl.	17. 2. 98	5. 7. 63

Esslingen am Neckar E 215 507
Ritterstr. 8–10, 73728 Eßlingen
Postfach 10 09 52, 73706 Eßlingen
Tel. (07 11) 3 96 20
Fax (07 11) 3 96 21 00
E-Mail: Poststelle@agesslingen.justiz.bwl.de
www.ag-esslingen.de

1 Dir, 1 stVDir, 12 R

Ottenbacher, Gerd, Dir	26. 5. 03	27. 10. 45
Schleger, Peter, stVDir	1. 4. 04	21. 7. 49
Tschorn, Axel	1. 3. 75	25. 1. 45

Schnabel, Barbara, 1/2 Wanner-Siebinger, Heike, 1/2	1. 10. 94 14. 2. 97	12. 5. 62 5. 12. 65
Schlotz-Pissarek, Oliver	1. 9. 97	17. 5. 64
Heiter, Norbert	4. 5. 00	10. 10. 67
Fischer, Jan Derk, 1/2	17. 8. 00	20. 7. 65
Leikam, Christoph	4. 2. 05	5. 4. 72
Kaliss, Elisabeth, 1/2	22. 7. 05	25. 6. 74
Bizer, Ute, 1/2	—	6. 9. 64
Fischer, Dagmar, RkrA	(1. 3. 05)	20. 11. 67

Kirchheim unter Teck E 82 412
Alleenstr. 86, 73230 Kirchheim u. T.
Postfach 11 52, 73219 Kirchheim u. T.
Tel. (0 70 21) 9 74 80
Fax (0 70 21) 97 48 35
E-Mail: Poststelle@agkirchheimteck.justiz.bwl.de
www.ag-kirchheim.de

1 Dir, 3 R

Dr. Sigel, Walter, Dir	3. 9. 01	21. 12. 48
Schierig, Bernhard	29. 7. 80	21. 10. 48
Dr. Schach, Karl-Heinz	20. 5. 85	10. 8. 52

Leonberg E 100 075
Schloßhof 7, 71229 Leonberg
Postfach 11 52, 71226 Leonberg
Tel. (0 71 52) 1 51
Fax (0 71 52) 1 53 50
E-Mail: Poststelle@agleonberg.justiz.bwl.de
www.amtsgericht-leonberg.de

1 Dir, 4 R

Stößer, Eberhard, Dir	31. 10. 96	24. 6. 54
Strobel, Bernd	4. 2. 77	10. 4. 45
Schmitz, Christiane, 1/2	4. 4. 77	4. 9. 46
Dr. Glaser, Gerhard	5. 6. 78	30. 4. 46
Deuscher, Gisela, 1/2	23. 3. 88	9. 9. 56
Bischoff-Schwarz, Andrea, 1/2	1. 10. 89	30. 11. 58
Blattner, Armin	11. 12. 03	11. 6. 68

Ludwigsburg E 279 280
Schorndorfer Str. 39, 71638 Ludwigsburg
Postfach 1 45, 71601 Ludwigsburg
Tel. (0 71 41) 1 80
Fax (0 71 41) 18 60 50 + 90
E-Mail: Poststelle@agludwigsburg.justiz.bwl.de
www.agludwigsburg.de

1 Dir, 1 stVDir, 1 w.aufsR, 13 R

Heydlauf, Harald, Dir	30. 6. 03	14. 8. 56
Hutzel, Jochen, stVDir	20. 11. 02	9. 3. 54
Kästle, Rolf, w.aufsR	13. 10. 95	10. 4. 44

BW OLG-Bezirk Stuttgart LG-Bezirk Stuttgart

Pötke, Gisela	15. 2. 77	17. 12. 47
Beck, Christian	21. 10. 77	4. 9. 43
Haug, Gerhard	14. 2. 80	1. 8. 51
Engelbrecht, Karl-Friedrich	11. 10. 82	18. 5. 52
Kling, Brigitte, 1/2	2. 11. 93	21. 8. 61
Kutschenko, Kerstin, 1/2	4. 4. 97	28. 9. 65
Schmid, Martina, beurl.	4. 7. 97	23. 1. 65
Weidle, Stefanie, 1/2	3. 9. 97	14. 7. 65
Rauscher, Markus	8. 9. 99	23. 4. 66
Henrich, Andrea	5. 1. 00	3. 8. 66
Terry, Patrick	26. 11. 01	28. 9. 70
Ebert, Stefan	7. 5. 04	18. 5. 72
Wiedwald, Achim	2. 6. 04	22. 3. 67
Dr. Henrich, Andreas, RkrA	(1. 2. 06)	18. 3. 59

Nürtingen E 215 186
Neuffener Str. 28, 72622 Nürtingen
72601 Nürtingen
Tel. (0 70 22) 9 22 50
Fax (0 70 22) 9 22 51 58
E-Mail: Poststelle@agnuertingen.justiz.bwl.de
www.agnuertingen.de

1 Dir, 1 stVDir, 8 R

Binz, Karl-Josef, Dir	16. 8. 04	18. 12. 47
Klosinski, Andreas, stVDir	7. 5. 04	29. 9. 51
Fortunat, Ingeborg	3. 8. 83	28. 2. 54
Vogel-Milionis, Brigitte, 1/2	27. 2. 87	—
Flogaus, Wolfgang	26. 2. 93	21. 7. 60
Lieberei, Sabine	1. 8. 95	8. 9. 61
Hagen, Astrid	15. 2. 96	22. 11. 63
Dr. Schmid, Frank	11. 2. 03	27. 4. 70
Bartels, Stefanie	1. 6. 05	10. 2. 75

Schorndorf (Württ.) E 111 642
Burgschloß, 73614 Schorndorf
Tel. (0 71 81) 60 10
Fax (0 71 81) 60 14 00
E-Mail: Poststelle@agschorndorf.justiz.bwl.de
www.agschorndorf.de

1 Dir, 4 R

Ziemer, Rolf, Dir	25. 3. 97	24. 3. 48
Freier, Petra	1. 3. 94	14. 9. 62
Brennenstuhl, Sabine, 1/2	1. 4. 98	9. 12. 63
Eisenmann, Anke, 1/2	31. 10. 98	28. 6. 66
Dr. Krauss, Frank Martin	5. 1. 00	2. 10. 68
Heiter, Ulrike, beurl.	22. 12. 00	17. 5. 68
Dr. Holzwarth, Andreas, abg.	11. 8. 03	18. 7. 69

Stuttgart E 358 834
Hauffstr.5, 70190 Stuttgart
Postfach 10 60 08, 70049 Stuttgart
Lieferadresse: Am Neckartor 22, 70190 Stuttgart
Tel. (07 11) 92 10, Fax (07 21) 9 21 33 00
E-Mail: Poststelle@agstuttgart.justiz.bwl.de
www.amtsgericht-stuttgart.de
Pressestelle für Straf- und Bußgeldsachen:
w.aufsR Monika Rudolph
Tel. (07 11) 9 21-31 59, Fax (07 11) 9 21-31 99
E-Mail: Rudolph@agstuttgart.justiz.bwl.de
Pressestelle für Verwaltung:
VPrAG Joachim Saam
Tel. (07 11) 9 21-34 24, Fax (07 11) 9 21-31 00
E-Mail: Saam@agstuttgart.justiz.bwl.de
Pressestelle für Zivil-, Familien-, Zwangsvollstreckungs- und Insolvenzsachen:
RAG Friedrich Haberstroh
Tel. (07 11) 9 21-32 43, Fax (07 11) 9 32-64
E-Mail: Haberstroh@agstuttgart.justiz.bwl.de

Mahnabteilung:
Hauffstr.5, 70190 Stuttgart
Postfach 10 60 08, 70049 Stuttgart
70154 Stuttgart
Tel. (07 11) 92 10, Fax (07 21) 9 21 33 00

1 Pr, 1 VPr, 7 w.aufsR, 48 R

Präsident

Borth, Helmut	9. 10. 00	25. 11. 43

Vizepräsident

Saam, Joachim	29. 6. 05	2. 1. 56

weitere aufsichtführende Richterinnen/Richter

Nicol, Christof	28. 2. 97	21. 2. 45
Bitzer, Thomas	10. 7. 00	5. 7. 44
André-Röhmholdt, Wolf	18. 7. 00	13. 1. 45
Blankenbach, Rudi	1. 3. 01	3. 9. 46
Haberstroh, Friedrich	27. 11. 01	25. 7. 57
Binder, Gerhard	14. 2. 03	10. 7. 52
Rudolph, Monika, 1/2	1. 11. 05	9. 4. 55
Eßlinger-Graf, Cornelie, 1/2	1. 11. 05	3. 8. 59

Richterinnen/Richter

Neuhäuser, Heinz	1. 9. 72	23. 1. 42
Stapf, Werner	22. 9. 75	31. 7. 41
Nast-Kolb, Gabriele, 1/2	2. 4. 76	4. 12. 44
Gohl, Gerd	4. 10. 76	30. 6. 41
Drexel-Büning, Gudrun	25. 11. 76	6. 2. 45
Behringer, Edith, 1/2	3. 2. 78	19. 12. 47
Braun, Peter	3. 3. 78	30. 12. 44

LG-Bezirk Tübingen   OLG-Bezirk Stuttgart   **BW**

Fritz, Harald	1. 8.80	30. 5.48
Dikow, Wolfgang	8. 8.80	—
Rummel, Hans-Georg	27.10.80	18.10.47
Pfetsch, Jochem, beurl.	1.10.81	24.12.50
Tichaczek-Krebs, Ingrid	1. 2.83	13.12.53
Heering, Regine, 1/2	5. 8.88	7.12.52
Wilke, Claus-Friedrich	1. 8.91	21. 9.57
Dr. Pientka, Andrea	1. 6.92	23.11.60
Herrmann-Blessing, Friederike, 1/2	5. 2.93	6. 3.61
Böckeler, Susanne, beurl.	3. 8.93	26. 6.63
Dimmler, Jörg-Michael	1.10.93	13.12.60
Heerdt, Susanne	1.10.93	28. 4.61
Peterke, Volker	2. 5.94	12.12.59
Löffelhardt, Ingrid, 1/2	5. 9.94	7.12.60
Knodel, Corinna	2.12.94	5. 3.63
Gauch, Gerhard	29.12.94	5. 9.63
Allmendinger, Danielle, beurl.	6. 6.95	5.10.61
Hall, Monika	17. 8.95	12.10.57
Fürstnow, Diana, 1/2	1.10.95	17.11.63
Mahringer, Corinna, 1/2	23.11.95	8. 8.59
Lehnert, Sabine, 1/2	8. 2.96	19.12.63
Michel-Mettang, Petra, 1/2	11. 6.96	9.11.59
Gensel, Birgit, 3/4	7. 3.97	16. 3.66
Utz, Claudia, 1/2	26. 5.97	8.11.63
Dr. Geiger, Thomas, 1/2, abg.	5. 6.97	21. 4.60
Dr. Kienzle-Hiemer, Sabine, 1/2	8. 7.97	3. 1.64
Fischer, Ina, 1/2	8. 8.97	18. 6.67
Dobrik, Viola	13.12.02	25. 7.70
Hecht, Carola, 1/2	17. 6.03	3. 5.70
Krack, Daniela	8.12.03	12.10.72
Burkard, Heinz, ORR	1. 9.04	31. 8.45
Dr. Lakner, Yves	20. 1.06	28. 7.71

Stuttgart-Bad Cannstatt E 231 823
Badstr. 23, 70372 Stuttgart
70331 Stuttgart
Tel. (07 11) 5 00 40, Fax (07 11) 5 00 41 85
E-Mail: Poststelle@agbadcannstatt.justiz.bwl.de
www.agbadcannstatt.de

1 Dir, 1 stVDir, 1 w.aufsR, 11 R

Dr. Tolk, Martin, Dir	22.12.03	21. 8.48
Käppler-Krüger, Iris, stVDir	1.10.02	9. 4.56
Krack, Wolfgang	5. 2.82	12. 9.49
Lutz, Brigitte	2. 3.94	15. 7.61
Rist, Susanne, 1/2	1.10.94	28.11.59
Buchfink, Elke, 1/2	17. 2.95	11. 7.63
Schwarz, Martina, 1/2	—	28.11.61
Pecher, Ralf	1. 2.96	4. 4.63
Kieninger, Jörg, abg.	21. 8.01	16. 8.68

Dr. Volz, Norbert	3. 7.03	28. 5.71
Haußmann, Manuela, abg.	7. 2.05	18. 3.73
Dawidowsky, Melanie	7. 2.05	29. 1.75

Waiblingen E 202 631
Bahnhofstr. 48, 71332 Waiblingen
Postfach 11 93, 71301 Waiblingen
Tel. (0 71 51) 95 50, Fax (0 71 51) 5 84 63
E-Mail: Poststelle@agwaiblingen.justiz.bwl.de
www.agwaiblingen.de

1 Dir, 1 stVDir, 1 w.aufsR, 12 R

Limperg, Bettina, Dir	27. 2.04	5. 4.60
Anderl, Josef, stVDir	20.12.01	28. 8.47
Krieg, Bernhard, w.aufsR	1. 9.02	11. 9.48
Dietz, Werner	24. 5.82	11.11.49
Bachmann, Ernst Dieter	26. 9.83	30. 9.49
Dotzauer, Christel	17. 9.86	3. 6.53
Huber, Ulrike	18. 9.86	5.12.56
Luippold, Martin	3. 2.95	10.12.61
Kärcher, Steffen	3. 2.95	13. 1.63
Witzlinger, Ulrich	10. 2.95	15. 2.59
Wezel, Christiane	2. 3.95	7. 8.62
Necker, Günter	4.10.96	27. 9.61
Puschina, Ulrike, 1/2	23. 3.99	3. 6.66
Fuchs, Karen Isabel, 1/2	6.11.00	2. 7.69
Fachat, Stephanie, beurl.	9. 5.03	26. 9.72

Landgerichtsbezirk Tübingen

Landgericht Tübingen E 659 144
Doblerstr. 14, 72074 Tübingen
Postfach 18 40, 72008 Tübingen
Tel. (0 70 71) 2 00-0, Fax (0 70 71) 5 20 94
E-Mail: Poststelle@lgtuebingen.justiz.bwl.de
www.lgtuebingen.de
Pressestelle für Strafsachen:
VRLG Dr. Ralf Peters
Tel. (0 70 71) 2 00-27 04, Fax (0 70 71) 5 20-94
E-Mail: Peters@lgtuebingen.justiz.bwl.de
Pressestelle für Zivilsachen:
RLG Johannes Munding
Tel. (0 70 71) 2 00-28 80, Fax (0 70 71) 2 00-29 00
E-Mail: Munding@lgtuebingen.justiz.bwl.de

1 Pr, 1 VPr, 10 VR, 17 R (davon 2 UProf im 2. Hauptamt)

Präsidentin
Dr. Häußermann, Röse   1. 1.03   3. 6.46

Vizepräsident
Dr. Lohrmann, Hansjörg   12. 9.00   18. 2.47

BW OLG-Bezirk Stuttgart   LG-Bezirk Tübingen

Vorsitzende Richterinnen/Vorsitzende Richter		
Molter, Klaus	31. 3. 89	4. 12. 42
Dr. Bökelmann, Dieter	1. 4. 89	21. 10. 45
Dr. Molière, Rainer, ½	7. 11. 91	—
Hille-Brunke, Helmut	8. 11. 91	13. 2. 47
Dr. Stauch, Immanuel	17. 3. 92	1. 11. 49
Dr. Kistner, Klaus	19. 4. 93	24. 4. 48
von Seydlitz-Bökelmann, Gudrun, ½	7. 11. 95	5. 8. 53
Dr. Peters, Ralf	14. 5. 96	8. 10. 50
Escher, Herbert	25. 6. 98	1. 3. 45
Schmid, Maria-Anna	12. 9. 00	9. 3. 52

Richterinnen/Richter		
Röhr, Winfried	1. 2. 77	9. 4. 41
Gruber, Tilman	1. 2. 80	13. 9. 48
Dr. Erchinger, Wolfram	3. 4. 92	7. 8. 60
Walker, Jürgen	2. 9. 92	14. 3. 60
Schindler, Wulf, abg.	1. 2. 93	7. 1. 60
Dr. Brennenstuhl, Joachim	22. 4. 94	19. 11. 62
Dr. Sprißler, Matthias, ⅔	4. 11. 94	20. 8. 63
Albulet, Radu	10. 2. 95	19. 5. 63
Dr. Hauf, Claus-Jürgen	23. 2. 96	21. 2. 64
Scherer, Hansjörg	1. 2. 97	28. 6. 63
Dr. Hauser, Alexander	1. 1. 04	7. 10. 70
Selg, Ulrike	13. 7. 05	28. 8. 70
Munding, Johannes, RkrA	(1. 4. 05)	24. 10. 72

Amtsgerichte

Bad Urach E 64 554
Beim Schloß 1, 72574 Bad Urach
Postfach 11 64, 72562 Bad Urach
Tel. (0 71 25) 1 58-0
Fax (0 71 25) 15 84 49
E-Mail: Poststelle@agbadurach.justiz.bwl.de
www.agbadurach.de

1 Dir, 2 R

Dr. Keske, Monika, Dir	1. 6. 01	1. 1. 45
Weinland, Mechthild, ½, beurl.	1. 2. 97	2. 10. 65
Wahl, Heike, abg.	12. 10. 99	9. 5. 67
Hamann, Sierk, RkrA	(1. 5. 04)	20. 11. 71

Calw E 100 422
Schillerstr. 11, 75365 Calw
75363 Calw
Tel. (0 70 51) 16 88 01
Fax (0 70 51) 1 68 81 11
E-Mail: Poststelle@agcalw.justiz.bwl.de
www.agcalw.de

1 Dir, 4 R

Heusch, Burghart, Dir	1. 5. 05	20. 9. 43
Hornikel, Dirk	30. 8. 05	28. 5. 73

Münsingen E 40 120
Schloßhof 3, 72525 Münsingen
Postfach 12 30, 72522 Münsingen
Tel. (0 73 81) 18 05 83
Fax (0 73 81) 18 05 11
E-Mail: Poststelle@agmuensingen.justiz.bwl.de
www.agmuensingen.de

1 Dir, 1 R

Rainer, Thomas, Dir	11. 9. 89	30. 1. 46
Häcker, Anja, ½	27. 2. 04	26. 9. 72

Nagold E 61 108
Bahnhofstr. 31, 72202 Nagold
Postfach 11 52, 72191 Nagold
Tel. (0 74 52) 8 37 20
Fax (0 74 52) 83 72 50
E-Mail: Poststelle@agnagold.justiz.bwl.de
www.agnagold.de

1 Dir, 2 R

Matheis, Kurt, Dir	17. 11. 87	29. 10. 43
Nann, Brigitte	13. 2. 81	24. 12. 51
Link, Martin	7. 8. 97	9. 4. 64
Sesterheim-Tsouli, Ellen, abg.	3. 7. 98	4. 9. 67

Reutlingen E 177 105
Gartenstr. 40, 72764 Reutlingen
Postfach 30 61, 72720 Reutlingen
Tel. (0 71 21) 94 00
Fax (0 71 21) 9 40 31 08
E-Mail: Poststelle@agreutlingen.justiz.bwl.de
www.reutlingen.de

1 Dir, 1 stVDir, 10 R

N. N., Dir	—	—
Schneider, Georg, stVDir	12. 10. 95	20. 1. 50
Weinmann, Dietrich	1. 2. 76	9. 10. 43
Leinberger, Ulrich	11. 7. 77	21. 12. 44
Uhde, Peter	1. 8. 81	
Bornfleth, Birgit, ½	1. 9. 92	5. 6. 63
Vetter, Claudia	2. 10. 92	30. 3. 61
Waitzinger, Wilfred	1. 3. 94	31. 10. 58
Malinka, Volker	1. 10. 94	28. 2. 60
Hausch, Eberhard	1. 2. 96	18. 12. 62
Mertig, Claudia	1. 4. 96	5. 5. 64
Winter, Michael	1. 12. 96	8. 8. 64
Ernst, Armin, abg.	11. 7. 97	13. 12. 65

LG-Bezirk Ulm (Donau)   OLG-Bezirk Stuttgart   **BW**

Rottenburg am Neckar   E 53 584
Obere Gasse 44, 72108 Rottenburg am Neckar
Postfach 1 49, 72102 Rottenburg am Neckar
Tel. (0 74 72) 9 86 00
Fax (0 74 72) 98 60 49
E-Mail: Poststelle@agrottenburg.justiz.bwl.de
www.agrottenburg.de

1 Dir, 2 R

Freudenreich, Christoph, Dir	5. 10. 05	26. 6. 59
Lämmert, Martin	1. 2. 81	17. 12. 47
Dr. Sick, Brigitte, ½	1. 3. 97	2. 4. 61

Tübingen   E 162 251
Doblerstr. 14, 72074 Tübingen
Postfach 18 40, 72008 Tübingen
Tel. (0 70 71) 2 00-0, Fax (0 70 71) 2 00 20 08
E-Mail: Poststelle@agtuebingen.justiz.bwl.de

1 Dir, 1 stVDir, 7 R

Dr. Drescher, Ingo, Dir	20. 4. 05	12. 7. 56
Barth, Christiane	25. 7. 05	4. 2. 63
Hirn, Eberhard	27. 9. 82	8. 11. 50
Gehweiler, Thomas	1. 3. 93	18. 1. 60
Wimmer, Andrea, ¾	27. 2. 96	5. 7. 63
Dr. Fundel, Stefan	5. 1. 00	2. 11. 67
Ziegler, Rainer, abg.	12. 9. 01	1. 12. 67
Helber, Ines, RkrA	(1. 11. 05)	13. 1. 66

Landgerichtsbezirk Ulm (Donau)

Landgericht Ulm (Donau)   E 568 316
Olgastr. 106, 89073 Ulm (Donau)
Postfach 24 04, 89014 Ulm (Donau)
Tel. (07 31) 18 90, Fax (07 31) 1 89 20 70
E-Mail: Poststelle@lgulm.justiz.bwl.de
www.lgulm.de
Pressestelle: RLG Wolfgang Tresenreiter
Tel. (07 31) 1 89 20 22, Fax (07 31) 1 89 20 73
E-Mail: Tresenreiter@lgulm.justiz.bwl.de

1 Pr, 1 VPr, 10 VR, 14 R (davon 1 UProf im 2. Hauptamt)

Präsident

Schmitz, Manfred	1. 6. 00	27. 1. 44

Vizepräsident

Dörr, Thomas	1. 5. 02	20. 2. 57

Vorsitzende Richterin/Vorsitzende Richter

Gros, Reiner	8. 9. 00	20. 3. 46
Uhrmacher, Peter	—	21. 4. 43
Gugenhan, Gerd	23. 2. 01	27. 11. 53
Dr. Kleene, Ursula	26. 11. 01	2. 4. 57
Wackenhut, Ernst-Peter	28. 12. 01	3. 2. 58
Helferich, Helmut	1. 5. 02	22. 8. 55
Dr. Trägner, Werner, abg.	19. 7. 04	11. 9. 62
Keckeisen, Thomas	29. 3. 05	—
Dr. Steinle, Hermann	30. 9. 05	4. 5. 60

Richterinnen/Richter

Schwarz, Rainer	12. 3. 74	5. 7. 43
Hölzel, Birgit	1. 8. 77	2. 5. 47
Fischer, Wolfgang	1. 8. 91	10. 11. 57
Graumann, Peter	1. 3. 93	—
Lohrmann, Hans	3. 9. 93	10. 12. 60
Prof. Dr. Weber, Dieter	6. 12. 93	20. 11. 58
Schulte, Wilhelm Josef	1. 10. 94	27. 6. 57
Keck, Bernd	13. 1. 97	26. 6. 64
Werner, Christine, abg.	9. 6. 97	12. 2. 66
Tresenreiter, Wolfgang	27. 8. 98	13. 10. 66
Böllert, Julia, ½	1. 9. 03	1. 12. 70
Frick, Heike, abg., ½	4. 4. 04	14. 10. 74
Dr. Schnurr, Ina	2. 3. 05	30. 12. 71
Dr. Mästle, Tobias, abg.	25. 7. 05	14. 12. 72
Thonhofer, Sandra	25. 8. 05	20. 3. 75

Amtsgerichte

Ehingen (Donau)   E 57 899
Marktplatz 3, 89584 Ehingen (Donau)
Postfach 11 61, 89571 Ehingen (Donau)
Tel. (0 73 91) 50 83 08, Fax (0 73 91) 50 83 11
E-Mail: Poststelle@agehingen.justiz.bwl.de
www.agehingen.de

1 Dir, 1 R

N. N., Dir	—	—
Philipp, Peter	10. 5. 93	17. 2. 62

Geislingen a. d. Steige   E 87 768
Schulstr. 17, 73312 Geislingen
Postfach 11 52, 73301 Geislingen
Tel. (0 73 31) 2 20, Fax (0 73 31) 2 23 77
E-Mail: Poststelle@aggeislingen.justiz.bwl.de
www.aggeislingen.de

1 Dir, 4 R

Aghegian, Anna Maria, Dir	1. 7. 04	25. 7. 51
Wenger, Reinhard	5. 2. 82	7. 2. 50
Wilhelm, Elke, ½	7. 10. 83	6. 10. 53

BW OLG-Bezirk Stuttgart   Staatsanwaltschaften

Axt, Andrea	5. 2. 93	9. 11. 61
Munz, Jörg	1. 3. 00	9. 12. 65

Göppingen E 170 724
Pfarrstr. 25, 73033 Göppingen
Postfach 1 40, 73001 Göppingen
Tel. (0 71 61) 6 30
Fax (0 71 61) 63 24 29
E-Mail: Poststelle@aggoeppingen.justiz.bwl.de
www.aggoeppingen.de

1 Dir, 1 stVDir, 8 R

Rometsch, Wolfgang, Dir	1. 8. 99	24. 8. 49
Weber, Gunther, stVDir	26. 10. 04	30. 3. 57
Stenzel, Joachim	3. 8. 93	2. 8. 60
Grünenwald, Beate, ½	5. 9. 94	20. 9. 61
Ruß, Sabine, ½	10. 2. 95	16. 3. 64
Damm, Alexander	15. 12. 97	21. 3. 65
Hirsch, Ute, ½	17. 12. 99	13. 9. 68
Buchele, Heiner	5. 11. 01	4. 7. 66
Dr. Kupka-Göll, Silke, ½	8. 12. 03	8. 1. 73
Gebert, Stefanie	13. 4. 05	21. 9. 74
Müller, Hansjörg	—	26. 7. 60

Ulm (Donau) E 251 925
Olgastr. 106, 89073 Ulm
Postfach: 2411, 89014 Ulm
Tel. (07 31) 18 90, Fax (07 31) 1 89 22 00
E-Mail: Poststelle@agulm.justiz.bwl.de
www.agulm.de

1 Dir, 1 stVDir, 1 w.aufsR, 13 R

Lehleiter, Josef, Dir	1. 1. 05	4. 1. 55
Kuse, Christian, stVDir	28. 7. 05	11. 10. 46
Börner, Reinhold, w.aufsR	23. 2. 06	3. 6. 50
Richter, Gotthard	1. 2. 74	6. 3. 41
Lachenmann, Ulrich	2. 8. 74	20. 5. 44
Riedl, Heinz	2. 9. 77	14. 12. 44
Waldenmaier, Walter	13. 2. 81	—
Nothelfer, Anton	29. 9. 83	20. 3. 45
Leible, Renate, ½	2. 11. 90	13. 9. 58
Jenckel, Anke, abg., ½	17. 9. 93	9. 9. 61
Wituschek, Martin	1. 3. 94	5. 9. 61
Schmitt, Wolfgang	16. 8. 96	16. 10. 62
Klausner, Michael	21. 2. 97	15. 4. 64
Seichter, Dirk, abg.	12. 4. 01	28. 2. 70
Hörsch, Karin, ½	2. 4. 02	29. 7. 66

Staatsanwaltschaften

Generalstaatsanwaltschaft Stuttgart
Ulrichstraße 10, 70182 Stuttgart
Postfach 10 36 53, 70031 Stuttgart
Tel. (07 11) 21 20
Fax (07 11) 2 12 33 83
E-Mail: Poststelle@genstastuttgart.justiz.bwl.de
www.genstastuttgart.de
Pressestelle: LOStA Rainer Christ
Tel. (07 11) 2 12-33 76
Fax (07 11) 2 12-33 83
E-Mail: Poststelle@genstastuttgart.justiz.bwl.de

1 GStA, 2 LOStA, 11 OStA

Generalstaatsanwalt

Pflieger, Klaus	1. 1. 02	14. 5. 47

Leitende Oberstaatsanwälte (AL)

Christ, Rainer	1. 12. 01	13. 9. 44
Vollmer, Walter	1. 8. 04	7. 7. 50

Oberstaatsanwältin/Oberstaatsanwälte

Dr. Lutz, Liane, ½	1. 4. 90	27. 8. 43
Tzschoppe, Bernd-Helge	1. 4. 91	9. 3. 45
Rörig, Peter	19. 6. 92	3. 1. 48
Geiger, Günter	4. 9. 92	7. 3. 54
Beck, Egon	22. 5. 01	9. 2. 58
Engstler, Karl-Heinz	18. 4. 02	26. 5. 55
Widmann, Rolf	23. 4. 03	12. 12. 46
Striewisch, Armin	1. 8. 04	12. 5. 62
Erkert, Karlheinz, abg.	21. 10. 04	—
Kleiner, Christof, abg.	28. 6. 05	16. 3. 63
Henn, Bernhard, abg.	20. 11. 05	15. 7. 50

Staatsanwaltschaft Ellwangen (Jagst)
Marktplatz 6, 73479 Ellwangen
73477 Ellwangen
Tel. (0 79 61) 8 10
Fax (0 79 61) 8 13 38
E-Mail: Poststelle@staellwangen.justiz.bwl.de
www.staellwangen.de
Pressestelle: LOStA Oliver Knopp
Tel. (0 79 61) 81-3 23
Fax (0 79 61) 81-3 16
E-Mail:
Oliver.Knopp@genstastuttgart.justiz.bwl.de

1 LOStA, 1 stVLOStA, 3 OStA (AL), 2 StA (GL), 12 StA

Leitender Oberstaatsanwalt

Dr. Schlosser, Uwe	1. 2. 02	11. 10. 54

Staatsanwaltschaften OLG-Bezirk Stuttgart **BW**

Oberstaatsanwälte (AL)

Bach, Günter, stVLOStA	1. 2.05	2. 5.50
Hörz, Richard	2. 2.98	7. 7.49
Volmer, Jürgen	9. 3.00	30. 4.55
Feil, Rainer	1. 2.05	16. 1.63

Staatsanwältinnen/Staatsanwälte

Hägele, Bernhard, GL	26. 3.91	22.11.46
Schulte, Dirk, GL	18. 9.01	9.12.60
Unkel, Jutta, 1/2	13. 2.92	21. 7.61
Karst, Ulrich	6. 4.95	30. 4.62
Horn, Carsten	1. 9.97	2.12.64
Schwartz, Michael	10. 2.98	11.12.63
Humburger, Peter	8. 4.98	24. 1.66
Burger, Armin	5.10.98	8. 3.67
Knopp, Oliver	2.12.99	5. 9.65
Böhmer, Jörg	15. 8.00	14.12.70
Dr. Herrmann, Jürgen	24. 4.01	13.10.65
Brinker, Mark	31.10.02	9.11.71
Baumeister, Heiko, abg.	23. 5.05	28. 7.71

Staatsanwaltschaft Hechingen
Heiligkreuzstr. 6, 72379 Hechingen
72375 Hechingen
Tel. (0 74 71) 94 40
Fax (0 74 71) 94 42 31
E-Mail: poststelle@stahechingen.justiz.bwl.de
www.stahechingen.de
Pressestelle: LOStA Karl-Heinz Kurz
Tel. (0 74 71) 9 44-2 11
Fax (0 74 71) 9 44-2 31
E-Mail: poststelle@stahechingen.justiz.bwl.de

1 LOStA, 1 stVLOStA, 2 StA (GL), 7 StA

Leitender Oberstaatsanwalt

Kurz, Karl-Heinz	1. 7.00	9. 3.44

Oberstaatsanwalt

Dr. Dittrich, Joachim, stVLOStA	1. 8.04	26. 3.61

Staatsanwältinnen/Staatsanwälte

Teschner, Susanne, GL	1. 1.01	18. 3.60
Beiter, Karl-Heinz, GL	9. 1.02	21. 2.60
Schneider, Michael	1. 8.94	6. 4.62
Siegel, Monika	1.10.94	—
Luther, Nicole	6.12.99	7. 4.70
Christeleit, Andreas, abg.	24. 9.02	19.10.70
Großger, Birgit	1.11.02	1. 2.68
Dr. Häcker, Robert, abg.	15.11.05	23.11.70

Staatsanwaltschaft Heilbronn
Rosenbergstr. 8, 74072 Heilbronn
Postfach 34 20, 74024 Heilbronn
Tel. (0 71 31) 64-1
Fax (0 71 31) 64 37 32
E-Mail: poststelle@staheilbronn.justiz.bwl.de
www.staheilbronn.de
Pressestelle: StA Michaela Molnar
Tel. (0 71 31) 64-36 96
Fax (0 71 31) 64-37 40
E-Mail: poststelle@staheilbronn.justiz.bwl.de

Zweigstelle Schwäbisch-Hall
Klosterstr. 7, 74523 Schwäbisch-Hall
Postfach 10 06 30
74506 Schwäbisch-Hall
Tel. (07 91) 75 20
Fax (07 91) 7 52 20 99

1 LOStA, 1 stVLOStA, 5 OStA (AL), 3 StA (GL), 16 StA

Leitender Oberstaatsanwalt

Link, Volker	1. 1.02	16. 3.45

Oberstaatsanwälte (AL)

Koch, Werner, stVLOStA	18. 2.02	18. 9.52
Merz, Helmut	23. 6.92	23. 4.44
Lägler, Erhard	5. 3.97	2. 4.52
Bracharz, Peter	26. 5.00	3.10.52
Lepple, Jürgen	1.12.02	7. 5.57
Schwarz, Wolfgang	10.10.03	27.11.56

Staatsanwältinnen/Staatsanwälte

Kießling, Gerhard, GL	22.12.98	16.12.43
Schwarz, Friedemann	2. 9.77	26.12.43
Weiss, Rolf	8. 2.81	6. 6.50
Renninger, Martin	15. 3.94	17. 1.62
Pulvermüller, Wiltrud, 1/2	1. 1.95	23. 7.67
Meyer, Christoph	2.11.96	30. 7.62
Molnar, Michaela	7. 3.97	3.10.66
Freyer, Harald, abg.	19. 3.98	17. 2.66
Witt, Almut, 1/2	13.11.98	29. 1.68
Weisenburger, Mirjam	2.10.00	—
Fuhrmann, Kerstin	27.12.00	16. 1.69
Hesse, Ute	7. 7.03	10. 4.75
Jörg, Bettina, 1/2	8. 7.03	7. 9.72
Munding, Johannes, abg.	9. 6.04	24.10.72
Lustig, Harald	1. 7.04	22. 8.70
Lennartz, Dirk, abg.	30. 8.05	30. 1.76
Brunkhorst, Jens, abg.	26.10.05	10. 8.73

BW OLG-Bezirk Stuttgart Staatsanwaltschaften

Staatsanwaltschaft Ravensburg
Seestr. 1, 88214 Ravensburg
Postfach 22 28, 88192 Ravensburg
Tel. (07 51) 80 60
Fax (07 51) 8 06 22 22
E-Mail: poststelle@staravensburg.justiz.bwl.de
www.staravensburg.de
Pressestelle: StA Christine Weiss
Tel. (07 51) 8 06-22 05, Fax (07 51) 8 06-22 80
E-Mail: poststelle@staravensburg.justiz.bwl.de

1 LOStA, 1 stVLOStA, 3 OStA (AL), 2 StA (GL), 14 StA

Leitender Oberstaatsanwalt
Heister, Herbert	1. 12. 00	11. 9. 48

Oberstaatsanwälte (AL)
Böhm, Harald	1. 9. 92	27. 6. 43
Merckens, Jan	25. 7. 97	14. 6. 46
Abele, Klemens	27. 11. 98	17. 9. 47

Staatsanwältinnen/Staatsanwälte
Gesell, Paul, GL	30. 10. 95	18. 8. 50
Gillig, Christa, 3/4, GL	—	26. 12. 51
Spieler, Peter	10. 9. 92	19. 3. 57
Wizemann, Peter	1. 3. 93	11. 11. 59
Weiss, Christine	13. 8. 93	31. 1. 62
Hussels, Martin	19. 4. 94	4. 10. 61
Angster, Wolfgang	2. 9. 94	22. 4. 61
Bogenrieder, Jörg	2. 9. 94	4. 6. 61
Prasse, Juliane, 3/4	2. 9. 94	19. 11. 62
Diehl, Karl-Josef	28. 4. 97	25. 4. 64
Hussels, Elisabeth, 1/2	22. 12. 00	28. 1. 67
Dr. Eißler, Birgit, abg.	14. 6. 04	11. 4. 71
Blozik, Michael	2. 2. 05	30. 1. 71
Bernhard, Franz	7. 12. 05	27. 12. 72

Staatsanwaltschaft Rottweil
Schillerstraße 6, 78628 Rottweil
Tel. (07 41) 2 43-0
Fax (07 41) 2 43 28 77
E-Mail: poststelle@starottweil.justiz.bwl.de
www.starottweil.de
Pressestelle: StA Frank Grundke
Tel. (07 41) 2 43-2872, Fax (07 41) 2 43-28 62
E-Mail: Frank.Grundke@starottweil.justiz.bwl.de

1 LOStA, 1 stVLOStA, 2 StA (GL), 5 StA

Leitender Oberstaatsanwalt
Dr. Foth, Albrecht	1. 1. 02	4. 2. 43

Oberstaatsanwalt
N. N., stVLOStA	—	—

Staatsanwältinnen/Staatsanwälte
Rieker, Georg, GL	27. 5. 92	20. 3. 50
Rasenack, Jürgen, GL	7. 5. 93	15. 4. 46
Körber-Renz, Bettina, 1/2	26. 2. 86	4. 8. 56
Grundke, Frank	8. 3. 95	28. 5. 61
Gross, Michael	5. 6. 00	27. 9. 68
Philipp, Beate, 1/2	13. 12. 00	22. 10. 66
Rogler, Daniel Christof, abg.	23. 5. 05	13. 2. 74
Bürglen, Ralf	19. 7. 05	2. 3. 75

Staatsanwaltschaft Stuttgart
Neckarstr. 145, 70190 Stuttgart
Postfach 10 60 48, 70049 Stuttgart
Tel. (07 11) 92 10
Fax (07 11) 9 21 40 09
E-Mail: poststelle@stastuttgart.justiz.bwl.de
www.stastuttgart.de
Pressestelle: StA Tomke Beddies
Tel. (07 11) 9 21-44 00, Fax (07 11) 9 21-41 21
E-Mail: Pressestelle@stastuttgart.justiz.bwl.de

1 LOStA (R 4), 1 LOStA (R 3), 1 stVLOStA,
5 OStA (HL), 16 OStA (AL), 23 StA (GL), 77 StA

Leitender Oberstaatsanwalt
Mahler, Siegfried	4. 5. 06	27. 9. 51

Oberstaatsanwälte (HL)
Seeburger, Manfred, stVLOStA	1. 7. 00	18. 10. 54
Schmierer, Klaus	1. 5. 01	14. 9. 43
Schmid, Wolfgang	1. 7. 01	19. 1. 47
Rieleder, Hans-Otto	25. 1. 02	24. 6. 52
Jäger, Eckart	1. 7. 02	1. 5. 42
Krombacher, Helmut	1. 10. 04	25. 10. 46

Oberstaatsanwältin/Oberstaatsanwälte (AL)
Fleischhauer, Martin	28. 6. 93	22. 3. 49
Dr. Richter, Hans	6. 6. 94	5. 9. 47
Röhrle, Wolfgang	19. 11. 96	14. 7. 57
Blessing, Gernot	10. 1. 97	4. 5. 49
Schrimm, Kurt, abg.	27. 11. 98	29. 6. 49
Adam, Stefan	13. 9. 99	3. 10. 44
Ehrmann, Susanne	1. 8. 00	11. 10. 55
Häußler, Bernhard	12. 9. 00	23. 1. 50
Noa, Daniel	31. 1. 01	23. 5. 52
Thul-Epperlein, Andreas	17. 5. 01	13. 8. 56
Bechthold, Robert	7. 8. 01	22. 9. 48
Kromer, Hans-Ulrich	1. 9. 01	8. 4. 57
Dr. Klose, Martin	1. 11. 02	23. 4. 57
Storz, Bernhard	1. 1. 03	30. 3. 50
Stengel, Heike	21. 10. 04	8. 6. 56
Dr. Götz, Hansjörg	1. 4. 06	18. 2. 61

Staatsanwaltschaften   OLG-Bezirk Stuttgart   **BW**

Staatsanwältinnen/Staatsanwälte (GL)

Eiselt, Joachim	16. 12. 93	11. 12. 51
Seeger, Ulrich	17. 12. 96	13. 5. 52
Holfeld, Jutta, 1/2	3. 4. 98	—
Biebeler, Norbert	3. 4. 98	25. 2. 44
Erath, Michael	3. 12. 98	23. 11. 58
Bangert, Claudia, 1/2	13. 9. 99	5. 4. 55
Schmitt, Marina	22. 12. 00	4. 4. 60
Milionis, Apostolos	29. 12. 00	—
Hadamitzky, Anke	12. 2. 01	13. 6. 62
Arndt, Christiane	9. 7. 01	29. 11. 60
Dr. Riedel, Joachim, abg.	7. 8. 01	16. 12. 41
Inselsberger, Matthias	29. 10. 02	12. 1. 59
Mayländer, Sabine	29. 10. 02	11. 8. 61
Bez, Christine	4. 11. 02	13. 3. 62
Dr. Wahl, Michael	4. 11. 02	17. 10. 62
Braun, Albrecht	1. 5. 03	11. 5. 61
de Falco, Domenico	20. 6. 03	12. 11. 62
Jarke, Annette	1. 8. 03	18. 10. 63
Hepfer, Dorothee	1. 3. 04	19. 5. 61
Schönfelder, Ralph	1. 3. 04	25. 5. 61
Reiber, Frank	1. 3. 04	22. 8. 61
Holzwarth, Peter	25. 5. 05	15. 5. 65
Ehrhardt, Klaus	30. 5. 05	23. 10. 59

Staatsanwältinnen/Staatsanwälte

Boßert, Renate	20. 9. 76	21. 3. 45
Fischa, Wolfgang	3. 8. 83	20. 10. 51
Dietz, Eberhard	10. 2. 92	16. 1. 60
Giob, Ursula, abg.	16. 9. 95	25. 10. 63
Dr. Henrich, Andreas	18. 3. 96	18. 3. 59
Harrschar, Anne, 1/2	3. 4. 97	29. 12. 66
Neubauer, Anja, 1/2	23. 9. 97	3. 7. 66
Rieger, Charlotte, 1/2	17. 3. 98	19. 2. 65
Kautz, Anna, 1/2	17. 3. 98	13. 11. 66
Neidhart, Alexandra, 1/2	24. 6. 98	2. 1. 67
Mertig, Wolfgang, abg.	2. 9. 98	15. 8. 66
Henzler, Oliver	12. 4. 99	30. 9. 65
Dr. Luipold, Ann, 1/2	16. 9. 99	17. 9. 65
Vogler, Bodo	14. 10. 99	2. 6. 69
Dr. Pfirrmann, Volker, abg.	27. 4. 00	18. 10. 66
Frömel-Grüsy, Christiane	27. 4. 00	1. 2. 67
Dr. Weik, Beate, 1/2	5. 5. 00	29. 4. 66
Fischer, Dagmar, abg., 1/2	1. 10. 00	20. 11. 67
Pfeiffer, Susanne, abg., 1/2	8. 1. 01	2. 11. 66
Dr. Kerst, Julia, beurl.	6. 2. 01	7. 9. 68
Dr. Maak, Eckhard, 1/2	8. 2. 01	26. 4. 67
Beddies, Tomke	23. 4. 01	29. 8. 70
Merz, Peter, abg.	14. 9. 01	4. 9. 68
Maak, Cathrin, 1/2	6. 11. 01	21. 9. 68
Hoffmann, Bettina, 1/2	6. 11. 01	29. 5. 70
Hörmann, Hiltrud	14. 11. 01	3. 5. 71
Munz, Claudia, 1/2	1. 12. 01	25. 10. 71
Bock, Barbara, beurl.	7. 1. 02	1. 12. 71
Bischoff, Sandra, abg.	5. 2. 02	1. 4. 69
Greven, Michael, abg.	29. 4. 02	24. 7. 67
Schweitzer, Matthias	8. 1. 03	10. 6. 72
Nickel, Annkatrin	22. 5. 03	28. 8. 71
Leßner, Sintje, abg.	4. 6. 03	5. 3. 74
Hertler, Felix	31. 7. 03	17. 1. 72
Dathe, Susanne	31. 7. 03	11. 3. 73
Dr. Oberscheidt, Jörn Henrik	11. 8. 03	20. 3. 71
Dr. Harriehausen, Simone	8. 12. 03	18. 4. 71
Müller, Andreas	8. 12. 03	27. 8. 71
Schek, Thomas	3. 6. 04	9. 11. 73
Haag, Christiane, abg.	23. 6. 04	8. 10. 74
Mosthaf, Dagmar, beurl.	1. 7. 04	28. 1. 74
Class, Jasmin	12. 7. 04	29. 5. 66
Krafft, Per	1. 8. 04	25. 9. 70
Göpel, Iris, 1/2	11. 8. 04	29. 7. 67
Bartle, Heiko	11. 8. 04	5. 4. 74
Matheis, Julia, beurl.	11. 8. 04	26. 4. 74
Gottschalch, Sibylle	11. 8. 04	29. 7. 75
Vobiller, Peter	16. 9. 04	14. 3. 73
Maser, Gabriele	2. 3. 05	16. 4. 69
Brost, Alexander	2. 3. 05	26. 6. 70
Rothweiler, Tanja	2. 3. 05	30. 10. 71
Mehrer, Michael	2. 3. 05	18. 1. 73
Wullrich, Thomas	2. 3. 05	8. 7. 73
Raabe, Bettina	3. 3. 05	20. 6. 71
Baier, Sandra, 1/2	3. 3. 05	16. 12. 72
Kienle, Johannes	3. 3. 05	8. 11. 73
Bahke, Verena	3. 3. 05	2. 2. 74
Winkelmann, Daniel	19. 7. 05	29. 9. 72
Krauth, Claudia	19. 7. 05	16. 8. 74
Dr. Kalkschmid, Christoph, abg.	30. 8. 05	28. 5. 71
Dr. Linker, Anja, abg.	30. 8. 05	20. 12. 71
Schaupp, Stephan	1. 9. 05	5. 2. 69
Rommel, Jens, abg.	1. 9. 05	13. 9. 72
Dr. Liebert, Ulrike, abg.	1. 9. 05	3. 7. 75
Dr. Storck, Sylvia, abg.	20. 10. 05	15. 2. 71
Kaiser, Amira	20. 10. 05	17. 8. 74
Wagenpfeil, Heiko	21. 10. 05	20. 9. 74
Dr. Schmidt, Inga, abg.	31. 10. 05	3. 1. 74

BW — Richter/StA im Richterverhältnis auf Probe

Staatsanwaltschaft Tübingen
Charlottenstr. 19, 72070 Tübingen
Postfach 25 26, 72015 Tübingen
Tel. (0 70 71) 2 00-0
Fax (0 70 71) 2 00 26 60
E-Mail: poststelle@statuebingen.justiz.bwl.de
www.statuebingen.de
Pressestelle: StA Dr. Silke Lindemann
Tel. (0 70 71) 2 00-27 81, Fax (0 70 71) 2 00-26 65
E-Mail:
Silke.Lindemann@statuebingen.justiz.bwl.de

1 LOStA, 1 stVLOStA, 2 OStA (AL), 4 StA (GL), 13 StA

Leitender Oberstaatsanwalt
N. N.   —   —

Oberstaatsanwälte
Dr. Pfohl, Michael, stVLOStA	1. 8. 99	10. 6. 53
Zech, Helmut, AL	1. 7. 97	20. 1. 47

Staatsanwältinnen/Staatsanwälte
Rößner, Ernst, GL	1. 2. 88	19. 2. 47
Holl, Lorenz, GL	22. 12. 98	20. 9. 47
Zug, Edith, ½	1. 2. 93	13. 4. 60
Hölscher, Rotraud	1. 9. 95	30. 11. 63
Dr. Trück, Thomas	22. 12. 00	11. 10. 65
Dr. Werner, Burkhard	6. 11. 01	11. 2. 70
Hamann, Sierk, abg.	29. 9. 03	20. 11. 71
Dr. Lindemann, Silke	19. 5. 03	11. 5. 73
Nörr, Michaela	7. 6. 04	16. 9. 73
Schmidt, Henriette	7. 6. 04	24. 11. 73
Dietzel, Jan	7. 6. 04	7. 6. 74

Dr. Rebmann, Stefanie	2. 3. 05		29. 6. 73	
Helber, Ines, abg.	1. 5. 05		13. 1. 66	

Staatsanwaltschaft Ulm (Donau)
Olgastr. 107 u. 109, 89073 Ulm
Postfach 38 63, 89028 Ulm
Tel. (07 31) 18 90
Fax (07 31) 1 89 22 90 + 53
E-Mail: Poststelle@staulm.justiz.bwl.de
www.staulm.de
Pressestelle: LOStA Dr. Wolfgang Zieher
Tel. (07 31) 1 89-22 10
Fax (07 31) 1 89-22 90
E-Mail: Poststelle@staulm.justiz.bwl.de

1 LOStA, 1 stVLOStA, 3 OStA (AL), 3 StA (GL), 7 StA

Leitender Oberstaatsanwalt
Dr. Zieher, Wolfgang	1. 12. 00	14. 9. 47

Oberstaatsanwältin/Oberstaatsanwälte
Lehr, Christof, stVLOStA	1. 3. 05	14. 5. 60
Lutz, Brigitte, AL	1. 11. 00	14. 9. 50
Staudenmaier, Peter, AL	2. 12. 03	30. 4. 61

Staatsanwältinnen/Staatsanwälte
Rieck, Gerhard, GL	11. 5. 98	8. 9. 47
Windmüller, Klaus-Peter, GL	7. 4. 03	7. 5. 46
Freund, Ekkehard	14. 2. 83	5. 3. 53
Lang, Heike, ¾	15. 3. 94	6. 8. 62
Doster, Werner	10. 2. 97	20. 3. 63
Große, Bernd	4. 7. 97	7. 10. 62
Lang, Michael	24. 10. 05	23. 9. 74

Richterinnen/Richter und Staatsanwältinnen/Staatsanwälte im Richterverhältnis auf Probe

Oberlandesgerichtsbezirk Karlsruhe

Kämpfe, Constanze, beurl.	9. 11. 98	20. 4. 73
Bürkle, Pia, ½, beurl.	3. 1. 00	24. 3. 70
Hoffmann, Klaus, beurl.	1. 6. 01	—
Westhauser, Jörg	1. 6. 01	5. 7. 72
Dr. Kragler, Jürgen	6. 8. 01	2. 1. 73
Dr. Becker, Monika, ½	1. 10. 01	17. 2. 68
Heilshorn, Julia, ½, beurl.	29. 10. 01	28. 7. 71
Schneider-Glockzin, Holger	15. 11. 01	22. 6. 72
Grimm, Olivia, LL.M.	10. 12. 01	4. 2. 73

Klein, Nils	2. 1. 02		—	
Sissovics, Sandra	7. 1. 02		15. 8. 72	
Reichardt, Melanie Christine, beurl.	28. 1. 02		13. 6. 75	
Dr. Graf, Ulrike, ½, beurl.	1. 2. 02		25. 5. 68	
Bergmann, Maria	1. 2. 02		10. 9. 73	
Bonath, Tasso Marek	4. 2. 02		13. 3. 72	
Sonneck, Susanne	1. 3. 02		9. 8. 73	
Többens, Hendrik	1. 3. 02		29. 10. 73	
Schwarz, Karsten-Nils	2. 4. 02		10. 5. 71	
Dr. Ebersbach, Julia, ½	2. 4. 02		18. 9. 73	
Aichele, Robert	2. 4. 02		29. 11. 73	

Richter/StA im Richterverhältnis auf Probe — BW

Name	Datum 1	Datum 2
Seiler, Kaija, ½, beurl.	2. 5. 02	7. 7. 67
Dr. Jung, Verona, ½	2. 5. 02	30. 10. 72
Dr. Klein, Oliver	2. 5. 02	27. 8. 74
Emberger, Tobias	2. 5. 02	16. 6. 74
Niemann, Lutz	6. 6. 02	24. 3. 74
Schremb, Katja	10. 6. 02	29. 3. 75
Metzler, Bernd	1. 7. 02	10. 6. 74
Heim, Andrea, beurl.	15. 8. 02	—
Hövel, Sven Carsten	16. 9. 02	1. 2. 74
Kalbitz, Vera	23. 9. 02	19. 11. 74
Schäfer, Georg	1. 10. 02	1. 7. 73
Kaiser, Christine, ½, beurl.	2. 11. 02	9. 1. 74
Wacke, Jan Ulrich	15. 11. 02	8. 9. 69
Pedal, Andreas	1. 12. 02	13. 7. 74
Jansen, Frank	2. 12. 02	14. 2. 75
Heise, Stefan	2. 1. 03	16. 6. 74
Baumert, Heiko	2. 1. 03	30. 6. 74
Krüger, Bernd	7. 1. 03	22. 10. 73
Dr. Bleckmann, Frank, ½	15. 1. 03	2. 9. 70
Spreng, Andreas	17. 1. 03	21. 6. 73
Ruby, Manuel, ½, beurl.	3. 2. 03	25. 11. 72
Stuppi, Frank	3. 2. 03	—
Dr. Meyer-Spasche, Rita	17. 2. 03	12. 4. 72
Dr. Lehnig, Kirsten	3. 3. 03	30. 4. 75
Scholz, Tina	3. 3. 03	12. 11. 75
Dr. Dieckmann, Johann Andreas	17. 3. 03	22. 5. 70
Dr. Oetter, Joachim	1. 4. 03	13. 10. 73
Dr. Klein, Stefanie	2. 5. 03	11. 4. 74
Dr. Ebi, Nicole	5. 5. 03	26. 3. 73
Reck, Katrin	15. 5. 03	24. 1. 76
Kilguß, Katrin	2. 6. 03	3. 2. 77
Dr. Janicki, Kathrin	16. 6. 03	1. 1. 74
Dr. Bosch, Julia	16. 6. 03	25. 4. 74
Pfau, Michael	16. 6. 03	28. 1. 75
Dr. Braun, Stefan	1. 7. 03	25. 3. 72
Wetzel, Florence	15. 7. 03	10. 11. 76
Schön, Katharina	15. 8. 03	30. 4. 74
Dr. Wagemann, Steffi Katrin	1. 9. 03	13. 10. 72
Brilla, Andreas	15. 9. 03	8. 4. 74
Dr. Hofmann, Constantin	1. 10. 03	16. 4. 73
Spieker, Michael	24. 11. 03	9. 11. 74
Dr. Görtz, Jürgen	1. 12. 03	29. 4. 74
Stein, Annemarie Sibyl	1. 12. 03	10. 5. 74
Heidt, Anne-Katrin	1. 12. 03	20. 2. 76
Stuhlmann, David	2. 2. 04	2. 10. 74
Faust, Kristine	2. 2. 04	25. 5. 75
Heller, Jörg	16. 2. 04	14. 11. 74
Eckenbach, Melanie	3. 5. 04	29. 2. 76
Willenberg, Heike	1. 6. 04	25. 7. 72
Dr. Schliebitz, Matthias	1. 6. 04	18. 12. 72
Dr. Haßmann, Holger	15. 7. 04	9. 7. 72
Quentel, Nicole	15. 7. 04	19. 11. 73
Trunk, Christian	2. 8. 04	12. 7. 75
Dr. Gibis, Andrea	2. 8. 04	24. 8. 75
Dr. Gandner, Sonja	2. 8. 04	22. 3. 76
Gertler, Anne-Dorothee	2. 8. 04	19. 12. 76
Dr. Jeckel, Ingo	1. 9. 04	6. 11. 73
Dr. Niesler, Lars	1. 9. 04	17. 1. 74
Spengler, Tina	1. 9. 04	13. 7. 76
Dr. Pulkowski, Florian	1. 10. 04	27. 9. 74
Mayer, Marco	1. 10. 04	1. 7. 78
Vivell, Alexander	18. 10. 04	31. 7. 74
Bode, Stephan	2. 11. 04	25. 11. 72
Dr. Hasse, Arne	2. 11. 04	29. 3. 73
Haubold, Katharina Silke	15. 11. 04	24. 3. 77
Dr. Spitzer, Florian	16. 11. 04	20. 8. 75
Tenckhoff, Friederike	1. 12. 04	5. 8. 71
Dr. Adam, Jürgen	1. 12. 04	27. 1. 74
Motzkau, Henrik Tobias	1. 12. 04	29. 6. 74
Dallas-Lang, Jennifer	15. 12. 04	23. 1. 72
Zachariae, Jörg	15. 12. 04	—
Dr. Kämmer, Alexander	3. 1. 05	28. 5. 74
Küster, Andrea	10. 1. 05	22. 2. 77
Eckelt, Matthias	17. 1. 05	23. 3. 74
Dr. Krumme, Markus	1. 2. 05	14. 11. 73
Quantz, Tobias	1. 2. 05	9. 5. 74
Dr. Henning, Torsten	1. 2. 05	4. 11. 75
Reinhardt, Thomas	1. 2. 05	7. 11. 75
Croissant, Marcel Jean	1. 2. 05	18. 1. 77
Jacobs, Michael	1. 3. 05	24. 5. 75
Diekmann, Florian	1. 3. 05	7. 8. 75
Dr. Woll, Udo	1. 4. 05	19. 11. 72
Wermann, Jan-Peter	1. 4. 05	16. 1. 74
Kuyru, Abdullatif	1. 4. 05	7. 3. 76
Dr. Porr, Niels	18. 4. 05	9. 8. 74
Schäfer, Carsten	2. 5. 05	18. 8. 72
Ratzel, Oliver, ½	2. 5. 05	15. 2. 77
Weinmann, Lea Christine	2. 5. 05	20. 10. 77
Dr. Voltz, Markus	2. 5. 05	—
Wüst, Anja	1. 6. 05	4. 7. 71
Puras Trueba, Susanne	1. 7. 05	6. 12. 77
Kästner, Merle	15. 7. 05	15. 5. 77
Möwes, Nicole	15. 7. 05	16. 7. 79
Richter, Saskia	1. 8. 05	7. 11. 78
Müller, Johanna	1. 8. 05	1. 7. 79
Peter, Waltraud	1. 9. 05	14. 3. 78
Schüßler, Marc	1. 9. 05	26. 6. 78
Gadesmann, Christoph	4. 10. 05	11. 4. 74
Dr. Nardi, Claudio	2. 11. 05	—
Edle von Traitteur, Stefanie	2. 11. 05	16. 9. 77
Schiffer, Anne-Kathrin	2. 11. 05	13. 2. 78
Butte, Freyja Christina	2. 1. 06	23. 9. 72
Stohrer, Klaus	2. 1. 06	27. 9. 75
Michalski, Normann	2. 1. 06	1. 11. 77
Wardecki, Cordula	2. 1. 06	25. 10. 78
Bischoff, Thomas	16. 1. 06	25. 1. 78
Dr. Loos, Christiane	1. 2. 06	16. 3. 76

Oberlandesgerichtsbezirk Stuttgart

Name		
Gekeler, Doris, ½	1. 9.89	3. 4.61
Schneck, Angelika, beurl.	1.10.90	31.10.60
Brunnquell-Geiger, Christine, beurl.	1. 8.91	19. 6.62
Striffler-Sapper, Petra, ½	13. 5.96	5. 9.68
Farrell, Ulrike, beurl.	2. 1.01	16. 9.72
Reschke, Miriam	2. 1.01	25.12.72
Warken, Claudia	15. 3.01	9. 2.73
Dr. Gunder, Tanja, ½	19. 3.01	20. 2.71
Conzelmann, Simone	2. 4.01	8. 3.70
Schubert, Claudia	1. 2.02	2. 3.67
Kopf, Katja, ½	1. 2.02	18. 3.71
Bosch, Bärbel, ½	1. 2.02	23. 4.72
Adamski, Stefan	18. 2.02	13.11.71
Ottmann, Judith, ½	1. 3.02	12. 3.73
Külker, Boris	13. 5.02	30. 5.72
Barth, Andrea, ½	21. 5.02	10. 4.70
Vogt, Stephanie	21. 5.02	1. 4.76
Weiß, Irmhild	3. 6.02	21. 1.69
Feld, Andreas	3. 6.02	26. 6.73
Hachtel, Christina	3. 6.02	25.10.74
Bischofberger, Michael	3. 6.02	7.12.75
Hanss, Eva	3. 6.02	3. 1.76
Dr. Bühler, Markus	10. 6.02	18.12.73
Bossert, Thomas	1. 7.02	16. 4.74
Kerscher, Wolfram	15. 7.02	27. 9.73
Hochstein, Thomas	15. 7.02	22.11.73
Stogianidis, Michail	15. 7.02	28. 5.75
Dr. Schmitt, Verena, ½	1. 8.02	8. 7.69
Frank, Rainer	6. 8.02	8.11.74
Schöllig, Jörn Peter	19. 8.02	18. 2.75
Kraft, Peter	19. 8.02	27. 3.75
Bäumer-Götz, Mirjam	1.10.02	25. 2.74
Keilhack, Ariane	7.10.02	8. 5.74
Fuchs, Rüdiger	28.10.02	4. 3.75
Dr. Grube, Andreas	4.11.02	30. 9.70
Dr. Mehring, Thomas, ½	4.11.02	11. 5.73
Scheffel, Franziska	4.11.02	16. 1.74
Schurig, Wiebke	4.11.02	20. 5.76
Dr. Strnad, Eva, beurl.	11.11.02	26. 4.72
Müller-Nies, Ann, abg.	11.11.02	5. 1.76
Kemner, Lars	18.11.02	28. 2.75
Harres, Petra	2.12.02	20.11.72
Sailer, Bernd Martin	2.12.02	22. 1.74
Reichstädter, Nicole, ½	2.12.02	11. 1.75
Schmetzer, Sven	4.12.02	14. 5.72
Böttger, Thomas	9.12.02	21. 9.72
Dr. Nobis, Steffi	2. 1.03	10. 4.71
Stengel, Michael	2. 1.03	10. 5.71
Dr. Schäfer-Vogel, Gundula, beurl.	3. 2.03	6. 4.71
Alexander, Verena	3. 2.03	11. 5.71
Lauchner, Andrea	3. 2.03	11. 1.72
Skell, Stefan	3. 2.03	9. 9.74
Dr. Herzog, Ronald	3. 3.03	13. 3.75
Dr. Freund, Lydia	2. 5.03	7. 9.72
Fahrion, Stefan	2. 5.03	17.11.72
Dr. Röhm, Peter	2. 5.03	8. 9.74
Geiser, Matthias	2. 5.03	25. 2.75
Dr. Kienzle, Nicole	12. 5.03	8. 4.70
Heß, Christina	20. 5.03	3. 7.76
Dr. Hub, Thorsten	2. 6.03	26. 3.75
Dr. Ady, Johannes, abg.	10. 6.03	4. 7.71
Dr. Krauss, Pamela	1. 8.03	16. 3.74
Martensen-Weiske, Romana, ½	1. 8.03	9.12.74
Spieth, Joachim Fritz	1. 8.03	5. 6.75
Dr. Schorm-Bernschütz, Rebeca	1. 9.03	9. 9.75
Dr. Linder, Birgit	8. 9.03	19. 8.75
Höschele, Marcus	15. 9.03	4. 2.74
Schwerdtfeger, Uta	15. 9.03	22.10.75
Dr. Geist, Kerstin	1.10.03	21. 2.75
Göttling, Michael	10.10.03	24. 6.75
Winckler, Thomas	3.11.03	28. 2.75
Zepf, Michael	14.11.03	23. 5.74
Dr. Rebmann, Thilo	1.12.03	23. 2.73
Wörlen, Katharina, ½	1.12.03	—
Dr. Ristow, Ulrike, abg.	2. 1.04	10. 6.72
Grimm-Hanke, Ursula, ½	2. 1.04	31. 5.75
Dr. Berthold, Dorothee	2. 2.04	23. 9.71
Kellermann, Markus	2. 2.04	22. 7.76
Dr. Liebisch, Martin	1. 3.04	29. 8.74
Schlecht, Kerstin	1. 3.04	25. 2.75
Eppinger, Daniel	1. 3.04	23. 4.75
Rein, Thomas	1. 3.04	29. 8.75
Neher, Ivo	8. 3.04	19. 5.76
Stuckert, Alexander	1. 4.04	30. 8.73
Abt, Thomas	13. 4.04	11. 8.75
Dr. Starke, Till	3. 5.04	5. 4.71
Wahle, Gerhard	3. 5.04	17. 9.77
Biehl, Stefan	17. 5.04	23. 1.76
Konopka, Silvia	1. 6.04	8. 1.74
Dr. Wentzell, Stefanie	1. 6.04	25. 7.74
Helms, Thomas	1. 6.04	19.11.75
Järkel, Christian	1. 6.04	12. 8.76
Keller, Stefanie	1. 7.04	3. 6.76
Pfeffer, Katrin	1. 7.04	30.10.76
Dr. Vels, Martina	1. 7.04	27.11.76
Blaha, Ralf	2. 8.04	26.12.73
Dr. Fad, Frank	2. 8.04	19. 1.76
Dr. Steinbach, Johannes	16. 8.04	11.11.74
Schulz, Susanne	1.10.04	29. 3.77
Odörfer, Bernd	1.12.04	24. 4.74
Maier, Gesine	1.12.04	17.12.77
Rank, Cornelia	1.12.04	21. 3.78
Altemeier, Sabine	15.12.04	4. 5.77
Kaufmann, Timo	3. 1.05	14. 5.74
Dr. Melin, Patrick	3. 1.05	7. 7.74
Schumacher, Rüdiger	3. 1.05	3. 8.76

Haidinger, Steffen	17. 1. 05	5. 8. 75
Hakenbeck, Sarah Johanna	17. 1. 05	6. 2. 78
Amann, Dorothee	1. 2. 05	8. 7. 78
Borst, Cher	15. 2. 05	3. 9. 77
Schwoerer, Katrin	1. 3. 05	2. 6. 75
Finger, Ilona	15. 3. 05	7. 2. 75
Dr. Kreißig, Wolfgang	1. 4. 05	29. 8. 70
Maier, Stefanie	2. 5. 05	13. 6. 75
Brückner, Sven	2. 5. 05	26. 11. 76
Dr. Stegmann, Florian	17. 5. 05	1. 1. 71
Altemeier, Jens	17. 5. 05	20. 8. 75
Dr. Gundlach, Eva	17. 5. 05	21. 10. 76
Titze, Thomas	18. 5. 05	17. 9. 70
Buck, Sonja	1. 6. 05	10. 5. 74
Zink, Claudia	1. 6. 05	21. 1. 78
Iffland, Cornelia	15. 6. 05	31. 8. 73
Dr. Heuschneider, Johanna	15. 6. 05	6. 5. 76
Seidel, Sibylle	20. 6. 05	11. 9. 79
Honold, Martin	1. 7. 05	16. 3. 74
Dr. Büttner, Tilmann	1. 7. 05	11. 4. 75
Kordts, Simone	1. 7. 05	1. 8. 76
Häntsch, Kai	1. 7. 05	25. 8. 77
Sandberger, Christoph	1. 8. 05	14. 8. 74
Ammer, Christine, 1/2	1. 8. 05	9. 1. 75
Fahrner, Juliane, 1/2	1. 8. 05	30. 9. 75
Bostelmann, Jan Henrik	1. 8. 05	16. 11. 76
Dr. Marx, Anja	1. 9. 05	27. 10. 74
Weise, Jens	1. 9. 05	30. 8. 76
Morawetz, Christine	1. 9. 05	30. 9. 77
Kraft, Volker	15. 9. 05	25. 6. 75
Dr. Bast, Michael	15. 9. 05	17. 9. 75
Dr. Tauchmann, Stefanie	2. 11. 05	—
Enslin, Jochen	8. 11. 05	29. 6. 73
Dr. Haas, Markus	14. 11. 05	5. 11. 76
Emmert, Cornelia	14. 11. 05	15. 11. 78
Mauch, Kathrin	1. 12. 05	7. 5. 76
Langheine, Jens	23. 1. 06	9. 3. 78
Beck, Simon	1. 3. 06	26. 3. 75
Dr. Schwoerer, Max	1. 3. 06	7. 11. 75
Kuhn, Philipp	1. 3. 06	3. 5. 78
Sachse, Caroline	1. 3. 06	3. 2. 79

Freistaat Bayern

12 443 893 Einwohner*

Bayerisches Staatsministerium der Justiz

Prielmayerstraße 7, 80097 München
Tel. (0 89) 55 97 01, Fax (0 89) 55 97 23 22
E-Mail: poststelle@stmj.bayern.de
www.justiz.bayern.de

1 Min, 1 MinD, 6 MinDgt, 7 LMinR, 21 MinR, 9 RD, 10 ORR, 3 RR

Ministerin der Justiz
Dr. Merk, Beate   14.10.03   1. 8.57

Ministerialdirektor
Klotz, Hans-Werner   1. 7.04   29. 3.49

Ministerialdirigenten
Dr. h.c. Schöbel, Heino   1.10.91   23. 5.46
Freiherr von Hornstein,
  Alexander   1.11.92   20. 8.44
Dr. Mayer, Elmar   1. 9.93   2.11.44
Prof. Dr. Markwardt,
  Manfred   1.11.94   7. 9.44
Werndl, Peter   1. 8.02   6. 6.47
Korndörfer, Hermann   1. 6.03   10. 8.44

Leiter des Landesjustizprüfungsamts
Dr. h.c. Schöbel, Heino   1. 5.91   23. 5.46

Leitende Ministerialrätin/Leitende Ministerialräte
Dr. Palder, Helmut   1.10.92   21. 9.47
Grünewald, Franz   1.10.93   20.12.48
Schmid-Stein, Ursula   1. 5.02   10.11.57
Dr. Stadler, Rupert   1. 4.03   10. 1.54
Oxfort, Wolfgang   1. 8.03   21. 1.55
Dr. Stumpf, Michael   16. 9.03   9. 5.54
Dr. Seitz, Helmut   1. 3.05   7. 5.52

Ministerialrätinnen/Ministerialräte
Prof. Dr. Arloth, Frank
  (B3)   1. 7.01   22. 6.58
Dr. König, Peter (B3)   1. 3.02   12. 9.56
Dr. Heßler, Hans-Joachim
  (B3)   1. 5.02   16. 3.58
Dr. Ermer, Thomas (B3)   1.12.04   15. 1.60
Dr. Dickert, Thomas (B3)   1. 3.05   23.10.58
Holzner, Peter   1.12.02   31. 5.62
Kornprobst, Johann   1. 4.04   1. 8.63
Dr. Wiedemann, Rainer   1. 9.04   22. 7.61
Dr. Gürtler, Franz   1. 9.04   19.11.63
Wasmeier, Sabine, beurl.   1. 9.04   17. 9.64
Dr. Heinrichsmeier, Paul   1. 1.05   7.10.64
Dr. Muthig, Andrea   1. 1.05   7. 8.65
Bredl, Walter   1. 9.05   8. 5.54
Haferbeck, Carsten   1. 9.05   10. 8.64
Dr. Schobel, Beatrix, 1/2   1.12.05   21.10.62
Zwerger, Andreas   1.12.05   3. 9.66

Regierungsdirektorinnen/Regierungsdirektoren
Stumpf, Michael   1. 1.01   19. 9.60
Schön, Franz   1. 7.01   2. 3.55
Krames, Wilfried   1.10.01   27. 6.65
Schimkus-Morkel,
  Susanne, 1/2   1. 6.02   20. 6.64
Dr. Widmann, Josef, beurl.   1.11.02   9. 5.66
Dr. Biebl, Gregor   1. 3.03   7. 2.68
Röttle, Reinhard   1. 4.03   20. 1.65
Böhm, Cornelius   1. 6.03   10. 3.68
Ehrt, Beate   1. 8.03   18. 3.66
Tiesel, Guido   1. 8.03   14. 5.68
Diederichs, Konstantin   1. 1.04   28. 4.66
Schneider, Ragnar   15. 4.04   23. 7.69
Müller, Ulrike   1. 8.04   2. 9.68
Stamm, Manfred   1. 1.05   5. 3.50
Feilkas, Johann   1. 1.05   28. 4.50
Straßer, Günther   1. 1.05   7. 9.50
Krä, Horst, abg.   1. 6.05   22. 1.71
Thür, Manfred   1. 9.05   25.12.70

---
*Stand: 31.12.2004.

BY BayObLG

Oberregierungsrätinnen/Oberregierungsräte

Eisenhuth, Gregor	1. 7. 03	2. 6. 72
Schauer, Sabine	1. 12. 03	19. 4. 72
Tilmann, Peter, abg.	1. 1. 04	28. 2. 72
Trebs, Stefanie, abg.	1. 4. 04	14. 4. 71
Dr. Werner, Raik	1. 1. 05	5. 5. 73
Dr. Löffler, Claudia	1. 2. 05	22. 6. 71
Dr. Vollkommer, Gregor	1. 3. 05	26. 7. 68
Dr. Igloffstein, Tobias	1. 3. 05	16. 10. 70
Dr. Steinle, Stephanie, 1/2	1. 4. 05	6. 8. 70
Lenzenhuber, Stefan	1. 10. 05	30. 10. 73
Hagspiel, Christoph	1. 11. 05	6. 7. 72
Rebl, Helmut	1. 1. 06	15. 1. 54

Regierungsrätinnen/Regierungsräte

Lachenmayr-Nicolaou, Tanja, beurl.	1. 7. 02	22. 6. 72
Ullemair, Adelheid	1. 4. 04	18. 5. 55
Gellhaus, Frank	16. 1. 05	22. 2. 74
Bonkamp, Judith	1. 2. 05	27. 11. 74
Dr. Karr, Philipp	1. 3. 05	10. 11. 71
Dr. Schmid, Gudrun	1. 5. 05	17. 3. 75
Sauter, Karl	1. 6. 05	18. 5. 55
Schumann, Stefan	16. 2. 06	10. 6. 75

Regierungsrätin z.A.

Dr. Ruhwinkel, Stefanie	1. 1. 06	27. 6. 77

Bayerisches Oberstes Landesgericht

(Auflösung des Gerichts Ende Juni 2006. Seit dem 1. 1. 2003 nehmen die Oberlandesgerichte Bamberg, Nürnberg und München die Aufgaben wahr.)

Schleißheimer Straße 139, 80797 München
80097 München
Tel. (0 89) 55 97 01, Fax (0 89) 55 97 14 80
E-Mail: poststelle@oblg.bayern.de
1 Pr, 1 VPr, 5 VR, 31 R

Präsident
N. N. — —

Vizepräsident
Sprau, Hartwig 1. 1. 03 23. 4. 44

Vorsitzende Richterin/Vorsitzende Richter

Dr. Rohlff, Reimer[1]	1. 10. 00	8. 10. 42
Joachimski, Jupp	1. 2. 03	10. 9. 42

[1] Weiteres Richteramt VROLG München.
[2] Weiteres Richteramt ROLG München.

Prof. Dr. von Heintschel-

Heinegg, Bernd	1. 2. 04	24. 6. 45

Richter

Prof. Dr. Knittel, Bernhard	1. 1. 92	2. 1. 49
Rojahn, Dieter	22. 7. 93	29. 12. 46
Kasch, Gerhard[2]	1. 1. 95	24. 5. 42
Frisch, Norbert	1. 9. 99	6. 10. 41
Dumler, Albert	1. 11. 00	6. 7. 47
Lorbacher, Michael	1. 11. 00	22. 8. 51
Thalheim, Jürgen	1. 6. 01	13. 10. 42
Dr. Schmid, Michael	1. 1. 02	7. 4. 47
Dr. Kainz, Martin	1. 8. 03	18. 4. 54

Oberlandesgerichtsbezirk Bamberg

7 Landgerichte:
Aschaffenburg, Bamberg, Bayreuth, Coburg, Hof, Schweinfurt, Würzburg; alle mit 1 Kammer für *Handelssachen* (Aschaffenburg, Bamberg und Würzburg 2)
18 Amtsgerichte mit 8 Zweigstellen
Schiffahrtsgerichte bei den Amtsgerichten Bamberg und Würzburg

Schöffengerichte bei allen Amtsgerichten

Familiengerichte bei allen Amtsgerichten

Die zur Zuständigkeit der Amtsgerichte (als Landwirtschaftsgerichte) gehörenden *Landwirtschaftssachen* sind jeweils dem Amtsgericht am Sitz des Landgerichts für alle Amtsgerichte des Landgerichtsbezirks übertragen.

Oberlandesgericht Bamberg

E 2 451 170
96045 Bamberg
Wilhelmplatz 1, 96047 Bamberg
Postfach 17 29, 96008 Bamberg
Tel. (09 51) 8 33-0, Fax (09 51) 8 33-12 30 (Verwaltung) und 8 33-12 40 (Gericht)
E-Mail: poststelle@olg.ba.bayern.de
www.justiz.bayern.de/olg-ba
Pressestelle: Tel. (09 51) 8 33-11 33, Fax (09 51) 2 17 60
E-Mail: pressestelle@olg-ba.bayern.de

1 Pr, 1 VPr, 6 VR, 26 R (einschl. 1 UProf, 2. Hauptamt)

Präsident		
Meisenberg, Michael	1. 8. 02	31. 10. 44
Vizepräsident		
Adler, Wolfgang	1. 9. 02	27. 12. 43
Vorsitzende Richter		
Schwarz, Max	1. 12. 00	14. 2. 47
Dr. Bopp, Fred	—	—
Eckstein, Peter	1. 4. 01	17. 8. 41
Köster, Wolfgang	1. 3. 02	30. 6. 49
Reuß, Elmar	16. 9. 03	4. 6. 45
Dörfler, Karl Heinz	16. 3. 04	6. 2. 54
Brustmann, Peter	1. 6. 04	21. 10. 48
Kraus, Friedrich	16. 8. 05	15. 3. 47
Richterinnen/Richter		
Brütting, Fridolin	1. 1. 83	3. 2. 43
Dr. Thein, Werner	1. 10. 91	22. 11. 47
Fuchs, Klaus Peter	1. 10. 91	3. 8. 48
Maex, Karl-Heinz	1. 3. 96	13. 2. 47
Schmitt-Linden, Christine	1. 7. 96	13. 11. 48
Dr. Reheußer, Pankraz	1. 8. 96	20. 8. 54
Buhl, Bernd	1. 8. 97	28. 9. 53
Prof. Dr. Laubenthal, Klaus, 1/6 (UProf, 2. Hauptamt)	1. 8. 97	13. 12. 54
Dr. Bernreuther, Jörn	1. 10. 97	21. 3. 53
Dr. Krauß, Friedrich	1. 10. 99	27. 9. 52
Münchmeier, Wolfgang	1. 12. 00	8. 10. 53
Dr. Stumpf, Werner	1. 6. 01	3. 7. 55
Herdegen, Peter	16. 4. 02	20. 8. 55
Ramming, Gerhard	1. 9. 02	27. 9. 53
Dr. Barthels, Luitgard	16. 10. 02	29. 9. 56
Dr. Ebert, Johannes	1. 6. 03	10. 2. 60
Pfingstl, Reinhard	1. 7. 03	22. 7. 57
Oberndorfer, Reinhard	1. 11. 03	22. 1. 57
Künzel, Christine	1. 4. 04	3. 8. 55
Dr. Gieg, Georg	20. 04. 04	15. 11. 61
Barthelmes, Kurt	1. 6. 04	28. 8. 52
Nagengast, Peter	1. 10. 04	8. 11. 55
Günter, Peter, abg.	1. 10. 04	27. 3. 60
Dr. Müller-Manger, Petra	1. 12. 04	16. 3. 59
Löffler, Winfried	1. 6. 05	16. 10. 55
Schmidt, Manfred	1. 7. 05	21. 3. 56
Dr. Bär, Wolfgang		
Burghardt, Matthias	16. 11. 05	30. 9. 59
Schommartz, Karl	1. 2. 06	20. 3. 57

Landgerichtsbezirk Aschaffenburg

Landgericht Aschaffenburg E 375 530
Erthalstr. 3, 63739 Aschaffenburg
Postfach 10 13 49, 63709 Aschaffenburg
Tel. (0 60 21) 39 80, Fax (0 60 21) 39 83 000
E-Mail: Poststelle@lg-ab.bayern.de
www.justiz.bayern.de/lg-aschaffenburg
Pressestelle: Tel. (0 60 21) 3 98 35 05,
Fax (0 60 21) 3 98 34 00

1 Pr, 1 VPr, 6 VR, 9 R

Präsident

Becker, Erhard	1. 8. 05	26. 11. 43

Vizepräsident

Kraak, Ove-Jens	1. 1. 01	12. 5. 44

Vorsitzende Richterin/Vorsitzende Richter

Dr. Brunner, Raimund	1. 9. 92	18. 10. 50
Engel, Hilmar	1. 1. 97	8. 6. 48
Hasenstab, Helmut	1. 4. 01	13. 10. 52
Offermann, Karin	1. 1. 02	11. 7. 55
Rost, Robert	1. 8. 04	17. 5. 53
Dr. Will, Günther	16. 10. 05	16. 5. 59

Richterinnen/Richter

Hubert, Walter	—	—
Dr. Engelhardt, Wolfgang	1. 6. 82	20. 3. 53
Fröhlich, Peter	1. 4. 84	18. 9. 53
Köhler, Jürgen	1. 2. 92	14. 2. 60
Bachmann, Matthias	1. 11. 93	29. 8. 61
Janßen, Vera	1. 6. 98	28. 3. 64
Reiß, Susanne, abg.	18. 9. 98	4. 3. 68
Brößler, Leander	1. 5. 99	24. 4. 64
Bundschuh, Jürgen	1. 7. 02	3. 11. 72
Dr. Tratz, Stefan	1. 4. 03	30. 3. 73
Kammann, Markus	1. 10. 03	13. 3. 73

Amtsgerichte

Aschaffenburg E 244 109
Erthalstr. 3, 63739 Aschaffenburg
Postfach 10 13 49, 63709 Aschaffenburg
Tel. (0 60 21) 39 80, Fax (0 60 21) 39 83 000
E-Mail: Poststelle@ag-ab.bayern.de
Pressestelle: Tel. (0 60 21) 3 98 32 01
Fax (0 60 21) 3 98 30 00
E-Mail: Peter.Meiler@ag-ab.bayern.de

Zweigstelle in Alzenau i. UFr.
Burgstr. 14, 63755 Alzenau i. UFr.

Postfach 13 60, 63754 Alzenau i. UFr.
Tel. (0 60 23) 97 53-0
Fax (0 60 23) 97 53 122

1 Dir, 1 stVDir, 2 w.aufsR, 18 R

Meiler, Peter, Dir	16. 6. 03	4. 9. 45
Freiherr von Tettau,		
Lutold, stVDir	1. 9. 00	16. 7. 41
Vogt, Wolfgang, w.aufsR	16. 1. 03	26. 1. 43
Knopp, Friederike, w.aufsR	1. 11. 04	8. 5. 50
Pummer, Hans Günther	—	—
Wenzel, Hartmut	—	—
Binner, Heinrich	1. 11. 80	1. 1. 44
Weigand, Bernd	1. 5. 81	1. 7. 51
Forman, Josef	—	—
Huhn, Birgitta	15. 5. 82	12. 3. 51
Schrempp, Peter	18. 6. 82	23. 1. 47
Schäfer, Ursula	15. 7. 84	11. 7. 54
von Oppenkowski,		
Anne Martina, ½	1. 2. 90	25. 2. 60
Mäusbacher, Karoline	1. 10. 90	22. 1. 59
Müller, Michael	1. 3. 91	3. 3. 61
Kemmerer, Torsten	15. 11. 93	15. 2. 63
Weinand-Härer,		
Claudia, ½	1. 12. 94	12. 5. 64
Grohmann, Beate, ¾	1. 2. 97	18. 1. 65
Cazacu, Liliana	1. 1. 98	19. 2. 66
Menth, Christine	1. 6. 99	22. 2. 66
Trautsch, Adda, beurl.	1. 8. 02	26. 5. 72
Hoheisel, Silke	1. 2. 04	27. 12. 73
Tratz, Andrea	1. 9. 04	2. 9. 72

Obernburg a. Main E 131 477
Römerstr. 80, 63785 Obernburg
Postfach 11 01 63, 63777 Obernburg
Tel. (0 60 22) 6 28-0
Fax (0 60 22) 62 82 22
E-Mail: Poststelle@ag-obb.bayern.de
Pressestelle: Tel. (0 60 22) 62 81 11
Fax (0 60 22) 62 82 22

Zweigstelle in Miltenberg
Hauptstr. 29, 63897 Miltenberg
Postfach 11 40, 63881 Miltenberg
Tel. (0 93 71) 9 43-0
Fax (0 93 71) 9 43 22

1 Dir, 6 R

Burghardt, Andreas, Dir	16. 7. 03	26. 5. 57
Wengerter, Johann	—	—
Menninger, Günter	16. 7. 76	26. 1. 42
Miltenberger, Friedrich	—	—
Pesahl, Norbert	—	—
Beck, Romana, ½	1. 9. 87	21. 10. 56
Keller, Jürgen	—	—

LG-Bezirk Bamberg OLG-Bezirk Bamberg **BY**

Landgerichtsbezirk Bamberg

Landgericht Bamberg E 416 182
Wilhelmplatz 1, 96047 Bamberg
Postfach 17 29, 96008 Bamberg
Tel. (09 51) 8 33-0, Fax (09 51) 8 33-16 50
E-Mail: Poststelle@lg-ba.bayern.de
www.lg-bamberg.bayern.de
Pressestelle: Tel. (09 51) 8 33 15 18
E-Mail: Otto.Heyder@lg-ba.bayern.de

1 Pr, 1 VPr, 3 VR, 9 R

Präsident

Kröppelt, Georg, Dir	1. 5. 03	15. 6. 46	

Vizepräsident

Dr. Eick, Wolfgang	16. 9. 05	18. 8. 52	

Vorsitzende Richter

Dengler, Konrad	16. 4. 93	1. 10. 45	
Bomba, Manfred	1. 1. 97	21. 3. 49	
Kuntke, Heinz	16. 10. 02	22. 9. 51	

Richter

Kempf, Ulrich	1. 12. 86	5. 1. 56	
Burger, Robert	1. 11. 92	30. 6. 60	
Heyder, Otto	1. 11. 92	5. 2. 61	
Truppei, Franz, tw. abg.	1. 4. 94	11. 12. 62	
Dippold, Martin	1. 4. 94	6. 7. 63	
Knorr, Lukas	1. 11. 94	29. 9. 62	
Waschner, Martin	16. 9. 95	29. 11. 65	
Brunner, Dieter	1. 2. 97	29. 1. 65	
Kröner, Matthias	1. 1. 01	4. 8. 71	

Amtsgerichte

Bamberg E 214 060
Synagogenplatz 1, 96047 Bamberg
Postfach 17 29, 96008 Bamberg
Tel. (09 51) 8 33-0, Fax (09 51) 8 33-20 70
E-Mail: Poststelle@ag-ba.bayern.de
www.justiz.bayern.de/ag-ba
Pressestelle: Tel. (0951) 8332315
Fax (0951) 8332330
E-Mail: Norbert.Sieben@ag-ba.bayern.de

1 Dir, 1 stVDir, 1 w.aufsR, 12 R

Sieben, Norbert, Dir	—	—
Göller, Gudrun, stVDir	1. 12. 03	16. 12. 54
Dr. Lassmann, Hans, w.aufsR	16. 11. 02	25. 5. 43

Rößner, Gösta, beurl.	1. 7. 74	18. 5. 42
Herbst, Hans	1. 4. 75	21. 1. 44
Meyer-Rutz, Philipp	—	—
Lange, Maria, ½	1. 7. 81	24. 3. 50
Hock-Schmitt, Margit, ½	1. 8. 86	3. 11. 53
Weber, Michael	—	—
Herdegen, Elisabeth, ½	11. 3. 89	13. 12. 55
Neller, Peter	1. 7. 93	23. 2. 62
Schaffranek, Claus	1. 11. 93	26. 7. 62
Meyer, Martin	1. 1. 97	4. 6. 67
Englich, Markus	1. 5. 97	14. 2. 65
Panzer, Matthias	16. 8. 97	12. 8. 67
Dr. Rosenbusch, Christopher	15. 12. 01	7. 5. 70
Dr. Popp, Jürgen	1. 4. 02	7. 1. 65
Förster, Thomas	1. 7. 03	1. 8. 71
Rattler-Lingrön, Bettina	1. 1. 04	28. 4. 74
Dr. Backhaus, Susanne	1. 5. 04	28. 2. 72

Forchheim E 113 447
Kapellenstr. 15, 91301 Forchheim
Postfach 12 69, 91294 Forchheim
Tel. (0 91 91) 7 10-0
Fax (0 91 91) 71 01 01
E-Mail: Poststelle@ag-fo.bayern.de
www.amtsgericht-forchheim.bayern.de
Pressestelle: Tel. (0 91 91) 71 01 55

1 Dir, 5 R

Dr. Schürr, Franz, Dir	1. 8. 85	17. 8. 42
Hartl, Werner	16. 10. 75	24. 8. 44
Förtsch, Philipp	1. 7. 86	4. 6. 55
Greger, Gabriele	—	—
Spintler, Norbert	1. 1. 93	13. 6. 62
Weigel, Bernd	1. 1. 96	6. 8. 63

Haßfurt E 87 853
Zwerchmaingasse 18, 97437 Haßfurt
Postfach 11 11, 97428 Haßfurt
Tel. (0 95 21) 94 42-0
Fax (0 95 21) 9 44 25 00
E-Mail: Poststelle@ag-has.bayern.de
www.amtsgericht-hassfurt.de
Pressestelle: Tel. (0 95 21) 9 44 23 04
Zweigstelle in Ebern
Rittergasse 3, 96106 Ebern
Postfach 11 08, 96104 Ebern
Tel. (0 95 31) 94 14 90
Fax (0 95 31) 9 41 49 26

1 Dir, 3 R

Siebenbürger, Günter, Dir	1. 5. 98	16. 9. 49
Ott, Willibald	16. 10. 75	7. 7. 42
Wiltschka, Roland	1. 8. 85	15. 1. 53
Kober, Martin	1. 6. 95	9. 12. 59
Kuhn, Bernd	1. 9. 04	14. 12. 70

Landgerichtsbezirk Bayreuth

Landgericht Bayreuth E 260 396
Wittelsbacherring 22, 95444 Bayreuth
Tel. (09 21) 50 40, Fax (09 21) 50 41 09
E-Mail: Poststelle@lg-bt.bayern.de
www.lg-bayreuth.bayern.de

1 Pr, 1 VPr, 3 VR, 9 R

Präsident
Werth, Manfred   1. 9. 02   4. 1. 49

Vizepräsident
Hoemke, Wolfgang   1. 11. 99   12. 2. 47

Vorsitzende Richter
Eckstein, Michael   1. 9. 94   23. 5. 53
Sponsel, Jürgen   1. 12. 97   23. 10. 44
Dr. Ponnath, Heinz   16. 9. 03   12. 7. 50

Richterinnen/Richter
Diener, Ursula, 1/2   1. 7. 82   8. 6. 51
Dr. Tettmann, Peter   1. 7. 85   11. 2. 53
Schwarz, Reinhard   1. 3. 89   23. 1. 59
Meixner, Alois   1. 1. 91   13. 12. 58
Breunig, Konrad   1. 10. 91   29. 12. 60
Eberhardt, Elke, 1/2   1. 4. 93   7. 9. 62
Firlus, Elke   1. 2. 94   28. 2. 63
Dr. Meyer, Georg   20. 7. 94   5. 7. 63
Kintzel, Gernot   —   —
Bohm, Rolfdieter   1. 7. 99   24. 8. 66

Amtsgerichte

Bayreuth E 183 060
Wittelsbacherring 22, 95444 Bayreuth
Tel. (09 21) 50 40, Fax (09 21) 50 42 41
E-Mail: Poststelle@ag-bt.bayern.de
www.justiz.bayern.de/ag-bayreuth

Zweigstelle in Pegnitz
Bahnhofsteig 5, 91257 Pegnitz
Tel. (0 92 41) 9 83-0, Fax (0 92 41) 79 69

1 Dir, 1 stVDir, 1 w.aufsR, 12 R

Potzel, Herbert, Dir   1. 10. 05   29. 10. 53
Wiesneth, Christian, stVDir   1. 5. 02   11. 12. 49
Rund, Hermann, w.aufsR   1. 11. 03   22. 10. 47
Wegerer, Karl   —   —
Heimbürger, Hans   1. 7. 79   26. 1. 49
Feuerabendt, Egmont   —   —
Meyer, Torsten   1. 2. 91   26. 11. 60

Feigl, Hans   1. 7. 92   23. 11. 60
Oertwig, Christine, 1/2   11. 4. 93   4. 10. 61
Borger, Frank   —   —
Schwarz, Birgit, 1/2   1. 4. 94   5. 4. 63
Breunig, Christiane   1. 7. 94   8. 8. 64
Koch, Annette, 1/2   1. 10. 94   6. 7. 63
Hoffmann, Matthias   1. 6. 95   2. 1. 65
Matt, Günther   17. 7. 95   13. 4. 62
Drentwett, Frank   1. 2. 96   28. 4. 64
Dr. Deyerling, Andrea, 1/2   1. 3. 96   15. 11. 64
Kirchmeier, Karl-Heinz   1. 3. 96   25. 3. 66
Kirchmeier, Karen,
  1/2, beurl.   1. 3. 97   7. 7. 67
Friedlein, Rainer   1. 1. 99   15. 1. 68

Kulmbach E 77 336
Kohlenbachstr. 10, 95326 Kulmbach
Tel. (0 92 21) 9 21 00, Fax (0 92 21) 92 10 11
E-Mail: Poststelle@ag-ku.bayern.de
www.ag-ku.bayern.de

1 Dir, 4 R

Berner, Christoph, Dir   16. 12. 05 26. 7. 56
Wich, Hendrik   29. 11. 89 21. 4. 56
Häring, Gerald   1. 3. 97   31. 8. 66
Köhler, Roland   1. 5. 99   31. 3. 70
Jasef, Henry, tw. abg.   1. 2. 02   4. 10. 71
Dr. Hauck, Sabine, 1/2   16. 4. 05   11. 9. 72

Landgerichtsbezirk Coburg

Landgericht Coburg E 277 727
Ketschendorfer Str. 1, 96450 Coburg
Tel. (0 95 61) 87 80, Fax (0 95 61) 8 78 19 00
E-Mail: Poststelle@lg-co.bayern.de
www.justiz-coburg.de
Pressestelle: Tel. (0 95 61) 8 78-21 80
Fax (0 95 61) 8 78-29 00
E-Mail: raffaele.trotta@lg-co.bayern.de

1 Pr, 1 VPr, 3 VR, 4 R

Präsident
Dr. Eichfelder, Friedrich   1. 12. 98   2. 8. 44

Vizepräsident
Hüttel, Max   1. 7. 98   5. 7. 41

Vorsitzende Richter
Wahl, Rudolf, beurl.   1. 3. 94   3. 4. 46
Amend, Gerhard   16. 10. 96 22. 1. 50
Bauer, Uwe   1. 4. 06   14. 2. 55
Bauer, Andreas   16. 2. 06   30. 7. 62

LG-Bezirk Bamberg   OLG-Bezirk Bamberg   **BY**

Richterinnen/Richter		
Barausch, Ulrike	15. 3. 96	2. 12. 64
Volk, Klaus	1. 5. 96	7. 7. 63
Trotta, Raffaele	1. 9. 96	14. 2. 64
Guhling, Hartmut, abg.	1. 8. 98	28. 12. 68
Usselmann, Martina, abg.	16. 5. 00	12. 2. 71
Haderlein, Ursula	1. 7. 01	19. 12. 62
Dr. Gillot, Christoph, tw. abg	1. 12. 04	23. 2. 73

Amtsgerichte

Coburg   E 133 582
Ketschendorfer Str. 1, 96450 Coburg
Tel. (0 95 61) 87 80, Fax (0 95 61) 8 78 19 00
E-Mail: Poststelle@ag-co.bayern.de

1 Dir, 1 stVDir, 8 R

Schorr, Eugen, Dir	15. 11. 99	28. 12. 41
Böcking, Thomas, stVDir, beurl.	1. 5. 96	11. 2. 43
Sommer, Bernd, stVDir	1. 4. 90	28. 6. 46
Sommer, Monika	1. 8. 76	19. 5. 45
Dietrich, Roland	10. 4. 82	8. 11. 50
Bauer, Wolfram	1. 6. 83	15. 11. 50
Seifert, Gerold	—	—
Müller, Klaus	1. 5. 93	7. 7. 62

Kronach   E 73 938
Amtsgerichtsstr. 15, 96317 Kronach
Tel. (0 92 61) 6 06 50
Fax (0 92 61) 60 65 118
E-Mail: Poststelle@ag-kc.bayern.de
Pressestelle: Tel. (0 92 61) 6 06 51 55

1 Dir, 4 R

Bittorf, Wolf-Dietrich, Dir	1. 7. 89	11. 2. 44
Dr. Berg, Johannes, abg.	1. 8. 00	1. 10. 69
Staade, Sandra	1. 12. 02	5. 5. 70
Göller, Sigrun	1. 8. 04	17. 5. 72
Weilmünster, Claudia	1. 5. 06	7. 3. 76

Lichtenfels   E 70 207
Kronacher Str. 18, 96215 Lichtenfels
Tel. (0 95 71) 9 55 30
Fax (0 95 71) 95 53 109
E-Mail: Poststelle@ag-lif.bayern.de
Pressestelle: Tel. (0 95 71) 9 55 31 10
Fax (0 95 71) 9 55 31 19

1 Dir, 3 R

Wagner, Armin, Dir	1. 8. 97	4. 3. 51
Madinger, Meinhard	1. 11. 72	31. 7. 41

Tettmann, Sieglinde	1. 1. 91	6. 12. 58
Conver, Ilona, beurl.	1. 7. 96	1. 6. 63
Gründel, Johannes	1. 2. 97	4. 7. 67

Landgerichtsbezirk Hof

Landgericht Hof   E 239 071
Berliner Platz 1, 95030 Hof
Postfach 13 07, 95012 Hof
Tel. (0 92 81) 60 00, Fax (0 92 81) 60 01 99
E-Mail: Poststelle@lg-ho.bayern.de
www.justiz.bayern.de/lg-ho
Pressestelle Tel. (0 92 81) 60 01 05
Fax (0 92 81) 60 01 99
E-Mail: Uwe.Demuth@lg-hof.bayern.de

1 Pr, 1 VPr, 4 VR, 8 R

Präsident
Dr. Tschanett, Ernst   1. 10. 02   16. 7. 49

Vizepräsident
Götz, Gerhard   16. 10. 03   20. 1. 51

Vorsitzende Richter
Dr. Schiener, Wolfgang	1. 3. 00	25. 7. 57
Hornig, Georg	1. 7. 03	6. 7. 52
Glocker, Peter	—	—
Mihl, Viktor	1. 12. 05	17. 8. 52

Richterinnen/Richter
Schmitz, Marina	1. 6. 83	17. 3. 52
Fiedler, Rudolf	15. 1. 91	22. 7. 57
Held, Hans-Jürgen	1. 11. 94	23. 5. 65
Zuber, Armin	1. 11. 97	11. 9. 66
Scheer, Dagmar	16. 10. 98	3. 10. 66
Demuth, Uwe	16. 8. 00	26. 11. 65
von der Grün, Monika, beurl.	15. 2. 02	24. 9. 72
Krause, Juliane	1. 4. 02	16. 8. 69
Stotz, Susanne, abg.	1. 7. 02	30. 12. 71
Sellnow, Carsten	1. 8. 02	3. 6. 73

Amtsgerichte

Hof   E 156 842
Berliner Platz 1, 95030 Hof
Postfach 11 49, 95010 Hof
Tel. (0 92 81) 60 00, Fax (0 92 81) 60 03 72
E-Mail: Poststelle@ag-ho.bayern.de
www.justiz.bayern.de/lg-ho

1 Dir, 1 stVDir, 12 R, 1 w.aufsR

BY OLG-Bezirk Bamberg   LG-Bezirk Schweinfurt

Schmidt, Hans-Werner, Dir	1. 6.01	2. 3.43
Potzel, Dieter, stVDir	1. 6.01	17.12.42
Herrmann, Brigitte, w.aufsR	1.12.05	1. 3.59
Boden, Hans-Gerrit	1.11.73	14. 8.41
Unglaub, Peter, beurl.	16. 1.76	28. 4.44
Hofmann-Beyer, Ulrike	1. 5.89	11. 5.55
Friedrich, Annette, ½	1.12.89	27. 7.60
Preiß, Ursula	—	—
Varga, Ulrike	1. 7.92	13. 2.61
Pürner, Hubert	1. 4.95	21.11.62
Labandowsky, Klaus	1. 8.96	23.12.64
von der Grün, Rüdiger	1.10.96	13. 5.66
Fecher, Britta	—	—
Plenk, Ines	1. 3.99	13. 2.69
Zech, Stefan	1. 3.01	12.10.71
Finkenberger, Patricia	1. 8.02	11.11.72
Schattner, Anke	16. 3.03	19. 2.73

Wunsiedel E 82 229
Kemnather Str. 33, 95632 Wunsiedel
Postfach 4 29, 95631 Wunsiedel
Tel. (0 92 32) 88 50
Fax (0 92 32) 88 52 44
E-Mail: Poststelle@ag-wun.bayern.de
www.justiz.bayern.de/lg-ho

1 Dir, 5 R

Schödel, Kurt, Dir	1. 7.99	14. 9.42
Schmidt, Heinz-Wolf	16.11.76	3. 1.44
Hönick, Martin	16. 5.81	4.11.50
Kastner, Roland	—	—
Riedelbauch, Claus Peter	1. 9.95	6. 6.65
Dr. Cantzler, Andreas, tw. abg.	16. 7.99	25. 7.68
Langnau, Sibylle	16. 8.03	19.11.69

Landgerichtsbezirk Schweinfurt

Landgericht Schweinfurt E 365 993
Rüfferstr. 1, 97421 Schweinfurt
Postfach 43 20, 97411 Schweinfurt
Tel. (0 97 21) 54 20
Fax (0 97 21) 54 22 90
E-Mail: Poststelle@lg-sw.bayern.de
www.landgericht-schweinfurt.de
Pressestelle: Tel. (0 97 21) 54 22 16
Fax (0 97 21) 54 22 91

1 Pr, 1 VPr, 4 VR, 7 R

Präsident

Hofmann, Hans-Peter	1.12.96	16. 4.43

Vizepräsident

Baumann, Norbert	15. 6.01	15. 2.48

Vorsitzende Richterinnen/Vorsitzende Richter

Dr. Ott, Elisabeth	1. 8.96	11. 1.52
Götter, Wolfgang	20. 3.00	29. 3.53
Fischer, Wolfgang	16. 1.04	1. 3.54
Seipel, Volkmar	1. 1.06	19. 6.55

Richterinnen/Richter

Boll, Jürgen	1.12.92	4. 6.61
Fehr, Jürgen	1.10.93	5.10.61
Ebert, Holger, tlw. abg.	1.10.93	20.11.62
Meßler, Joachim	1. 3.95	22. 2.63
Jakobeit, Matthias	1. 5.97	5.12.64
Bühl, Andrea	1. 2.98	18. 5.68
Fenner, Thomas	1. 7.04	10. 6.75

Amtsgerichte

Bad Kissingen E 109 696
Maxstr. 27, 97688 Bad Kissingen
Postfach 11 20, 97661 Bad Kissingen
Tel. (09 71) 8 20 80, Fax (09 71) 8 20 81 12
E-Mail: Poststelle@ag-kg.bayern.de
Pressestelle: Tel. (09 71) 8 20 81 39
Fax (09 71) 8 20 81 05

Zweigstelle in Hammelburg
Kissinger Str. 26, 97762 Hammelburg
Postfach 11 50, 97754 Hammelburg
Tel. (0 97 32) 40 16
Fax (0 97 32) 69 89

1 Dir, 1 stVDir, 6 R

Dr. Göbhardt, Matthias, Dir	1. 4.04	14.10.51
Petrik, Hubertus, stVDir	—	—
Vieth, Hubert, beurl.	1. 4.75	6. 4.75
Weber, Rudolf	—	—
Zirker, Paul, ½	24. 9.76	7.11.41
Wasserbauer, Susanne	—	—
Schneider, Doris, ½	1. 2.94	19. 2.60
Dr. Hitzler, Burkard	—	—
Wappes, Rene	1.10.02	17. 3.72

Bad Neustadt a. d. Saale E 86 989
Rathausgasse 4, 97616 Bad Neustadt
Postfach 11 04, 97615 Bad Neustadt
Tel. (0 97 71) 6 21 40
Fax (0 97 71) 62 14 51
E-Mail: Poststelle@ag-nes.bayern.de
Pressestelle: Tel. (0 97 71) 62 14 30
Fax (0 97 71) 62 14 55

LG-Bezirk Würzburg

OLG-Bezirk Bamberg **BY**

Zweigstelle in Mellrichstadt
Hauptstr. 6, 97638 Mellrichstadt
Tel. (0 97 76) 8 18 20, Fax (0 97 76) 81 82 40

1 Dir, 4 R

Lenz, Reiner, Dir	16. 11. 00	23. 9. 53
Pittner, Gerald	1. 11. 91	20. 7. 60
Dr. Walden, Jörg	16. 8. 95	16. 2. 62
Hein, Joachim, tw. abg.	1. 3. 99	4. 11. 68
Kleine, Kristin, ½	19. 8. 02	6. 2. 66
Pfister-Luz, Martina, beurl.	1. 2. 04	2. 3. 72

Schweinfurt E 169 308
Rüfferstr. 1, 97421 Schweinfurt
Postfach 40 40, 97420 Schweinfurt
Tel. (0 97 21) 54 20, Fax (0 97 21) 54 21 90
E-Mail: Poststelle@ag-sw.bayern.de
Pressestelle: Tel. (0 97 21) 54 21 09
Fax (0 97 21) 54 21 90

Zweigstelle in Gerolzhofen
Hermann-Löns-Str. 1, 97447 Gerolzhofen
Postfach 11 50, 97441 Gerolzhofen
Tel. (0 93 82) 97 50-0, Fax (0 93 82) 97 50 10

1 Dir, 1 stVDir, 11 R

N. N., Dir		
Henrichmann, Bernd, stVDir	1. 3. 93	5. 5. 48
Nähler, Irmgard	16. 10. 72	19. 7. 42
Egert, Reinhard	1. 12. 75	12. 8. 43
Gehrold, Andreas	1. 6. 76	30. 5. 45
Dr. Wahler, Michael	15. 10. 82	2. 9. 53
Hornauer-Sedlock, Eva		
Dotterweich, Arnold, tw. abg.	1. 11. 84	13. 1. 54
Faulhaber-Fischer, Rita	14. 6. 85	22. 5. 54
Müller, Thomas	21. 11. 86	14. 4. 55
Dr. Schweiger, Gabriele	1. 1. 90	30. 10. 59
Böhm, Bernhard		
Bauer, Ingbert	1. 6. 93	3. 3. 59
Roth, Michael	—	—

Landgerichtsbezirk Würzburg

Landgericht Würzburg E 510 038
Ottostr. 5, 97070 Würzburg
Tel. (09 31) 38 10, Fax (09 31) 3 81 37 05
E-Mail: Poststelle@lg-wue.bayern.de
www.justizwuerzburg.de/lg/
Pressestelle: Tel. (09 31) 38 17 00
Fax (09 31) 38 17 05
E-Mail: peter.schauff@lg-wue.bayern.de

1 Pr, 1 VPr, 10 VR, 13 R

Präsident

Schauff, Peter	1. 4. 02	2. 1. 44	

Vizepräsident

Dr. Riegel, Leonhard	1. 4. 02	19. 8. 48	

Vorsitzende Richterinnen/Vorsitzende Richter

Dr. Heß, Arno	1. 10. 90	26. 12. 46
Stühler, Rudolf	1. 12. 92	7. 4. 45
Kalus, Bernhard	2. 2. 94	20. 9. 44
Dr. Gregor, Klaus	1. 9. 95	27. 11. 47
Gündert, Rainer	1. 3. 96	23. 6. 50
Messer, Bruno	1. 11. 99	30. 11. 51
Pöpperl, Burkard	1. 10. 01	27. 2. 55
Twardzik, Helga	16. 1. 05	27. 7. 58
Dr. Konrad, Walter	1. 2. 05	12. 3. 52

Richterinnen/Richter

Keßler, Ingrid, ½	1. 9. 76	13. 8. 44
Dr. Breunig, Bernfried	1. 1. 89	31. 7. 56
Fehn-Herrmann, Ursula	—	—
Dr. Gogger, Martin, abg.	1. 10. 91	23. 4. 60
Pösch, Hans-Martin	1. 7. 93	18. 1. 60
Eger, Andreas	1. 6. 94	2. 5. 61
Behl, Thomas	1. 10. 94	4. 5. 58
Reiher, Jürgen	1. 10. 94	27. 7. 64
Schaller, Michael	1. 4. 95	2. 9. 62
Dr. Lutz, Hans-Joachim	15. 2. 98	10. 2. 69
Zimmermann, Volker	1. 3. 98	12. 4. 68
Seebode, Ursula	—	—
Weiß, Peter	20. 5. 99	20. 7. 66
Dr. Emmert, Reinhold	15. 7. 99	24. 5. 69
Trapp, Thomas	1. 9. 99	19. 5. 70
Dr. Barthel, Claus, abg.	1. 5. 01	25. 6. 68

Amtsgerichte

Gemünden a. Main E 131 545
Friedenstr. 7, 97737 Gemünden
Tel. (0 93 51) 8 09-0
Fax (0 93 51) 80 91 17
E-Mail: Poststelle@ag-gem.bayern.de
Pressestelle: Tel. (0 93 51) 80 91 55
Fax (0 93 51) 80 91 17

1 Dir, 1 stVDir, 6 R

Backert, Bardo, Dir	16. 7. 05	9. 6. 52
Bayer, Gerhard, stVDir	1. 7. 96	18. 2. 46
Dr. Wellhöfer, Claus	—	—
Spiehl, Werner	—	—
Herrbach, Günter	1. 9. 84	24. 4. 53
Liebetanz, Bernhard, ⅗	1. 1. 85	10. 12. 51
Sommer, Brigitte, ½	1. 1. 89	7. 1. 56

BY OLG-Bezirk Bamberg   Staatsanwaltschaften

Schäd, Heidemarie, ½	1. 8. 92	19. 4. 61
Büchs, Volker	1. 9. 96	23. 11. 65

Kitzingen E 89 498
Friedenstr. 3 A, 97318 Kitzingen
Postfach 6 40, 97308 Kitzingen
Tel. (0 93 21) 70 06-0, Fax (0 93 21) 70 061 74
E-Mail: Poststelle@ag-kt.bayern.de
Pressestelle: Tel. (0 93 21) 7 00 61 55
Fax (0 93 21) 92 14 36

1 Dir, 6 R

Spengler, Paul, Dir	1. 4. 01	20. 3. 48
Amon, Hans Peter	1. 11. 78	18. 10. 48
Just, Otto	1. 5. 82	17. 9. 52
Schmitt, Edgar	—	—
Hülle, Wolfgang	1. 4. 91	26. 11. 58
Beckmann, Rainer, beurl.	1. 5. 93	27. 9. 61
Seebach, Thorsten	—	8. 12. 71

Würzburg E 289 195
Ottostr. 5, 97070 Würzburg
Tel. (09 31) 38 10, Fax (09 31) 38 12 73
E-Mail: Poststelle@ag-wue.bayern.de
Pressestelle: Tel. (09 31) 38 14 39
Fax (09 31) 38 14 50

1 Dir, 1 stVDir, 2 w.aufsR, 21 R

Stockmann, Roland, Dir	1. 9. 01	2. 7. 48
Wohlfahrt, Peter, stVDir	—	—
Lippold-Jaunich, Pauline, w.aufsR	1. 1. 04	5. 9. 51
Merkle, Karl-Heinz, w.aufsR	1. 12. 05	2. 7. 48
Dr. Kiderlen, Horst, beurl.	1. 11. 71	16. 8. 41
Abramowski, Sonngard, beurl.	16. 9. 72	10. 4. 43
Urban, Franz, beurl.	16. 4. 73	28. 1. 42
Jochim, Roland	1. 3. 75	6. 9. 42
Dr. Storr, Rainer	1. 10. 75	3. 1. 43
Krämer, Gerald	1. 10. 75	2. 8. 43
Drees, Karl-Heinz	16. 10. 76	31. 10. 43
Klatt, Manfred	—	—
Nebauer, Heinrich	1. 5. 80	—
Müller, Peter	1. 8. 86	29. 9. 55
Landgraf, Barbara	—	—
Dr. Page, Alfred	1. 3. 89	21. 5. 57
Müller, Helga	1. 5. 89	6. 2. 57
Schepping, Thomas, abg.	1. 9. 90	26. 12. 53
Schömig, Dolores	—	—
Wittler, Klaus	—	—
Dr. Trojan-Limmer, Ursula, ½, beurl.	1. 8. 92	23. 2. 61
Treu, Antje	1. 11. 92	6. 6. 60
Weber, Jürgen	—	—
Krieger, Bernd	1. 10. 94	1. 1. 63
Johann, Ingrid	1. 7. 95	14. 11. 63
Schramm, Monika	1. 7. 95	20. 10. 64
Weisensel-Kuhn, Katja	1. 5. 96	9. 7. 65
Zechnall, Tanja	1. 1. 01	13. 2. 71
Helm, Gudrun	17. 8. 01	10. 5. 67

Staatsanwaltschaften

Generalstaatsanwaltschaft Bamberg
Wilhelmsplatz 1, 96047 Bamberg
Postfach 17 29, 96008 Bamberg
Tel. (09 51) 8 33-0
Fax (09 51) 8 33-14 40
E-Mail: poststelle@sta-olg-ba.bayern.de
Pressestelle: Tel. (09 51) 8 33-14 03
Fax (09 51) 8 33-14 40
E-Mail: Anna_Maria.Stadler@sta-olg-ba.bayern.de

1 GStA, 1 LOStA, 5 OStA + ½ OStA

Generalstaatsanwalt
Dr. Wabnitz, Heinz-Bernd   1. 7. 02   15. 1. 44

Leitende Oberstaatsanwältin
Stadler, Anna Maria   1. 1. 04   2. 10. 49

Oberstaatsanwältinnen/Oberstaatsanwälte

Dr. Aulinger, Susanne, ½	16. 10. 98	15. 7. 57
Schmitt, Johannes	1. 10. 99	22. 11. 50
Schmitt, Lothar	1. 1. 04	25. 12. 54
Aman-Frank, Marion	16. 2. 04	30. 10. 60
Brückner, Hans	1. 11. 04	25. 3. 55
Mett-Grüne, Irene, ½	1. 3. 06	19. 11. 55
Fehn, Jürgen	1. 3. 06	8. 1. 65

Staatsanwaltschaft Aschaffenburg
Schlossplatz 7, 63739 Aschaffenburg
Postfach 10 13 49, 63709 Aschaffenburg
Tel. (0 60 21) 3 98-13 00
Fax (0 60 21) 3 98-4 00
E-Mail: poststelle@sta-ab.bayern.de
Pressestelle: Tel. (0 60 21) 3 98-13 08
Fax (0 60 21) 3 98-13 00
E-Mail: Ernst.Wich-Knotenl@sta-ab.bayern.de

1 LOStA, 1 stVLOStA, 4 StA (GL), 7 StA

Staatsanwaltschaften   OLG-Bezirk Bamberg   **BY**

Leitender Oberstaatsanwalt
Wich-Knoten, Ernst   1. 11. 05   20. 8. 52

Oberstaatsanwalt
Dr. Schmidt, Walther,
 stVLOStA   15. 11. 99   24. 1. 49

Staatsanwältinnen/Staatsanwälte
Dr. Roth, Jürgen, GL   1. 3. 02   9. 6. 59
Koppe, Anne-Dorothee,
 GL   1. 10. 03   22. 2. 64
Jander, Uwe, GL   1. 8. 04   31. 8. 57
Brang, Angelika, GL, ½   16. 11. 05   18. 6. 64
Dr. Lange, Sabine, GL, ½   16. 11. 05   3. 7. 64
Volmer, Katharina, beurl.   1. 9. 98   18. 6. 67
Dr. Krebs, Karsten   1. 10. 04   28. 12. 70
Hepp, Tanja   15. 10. 04   22. 8. 73
Wipf, Christine   1. 5. 05   29. 6. 74
Hülskötter, Mirko   16. 1. 06   31. 12. 74

Staatsanwaltschaft Bamberg
Wilhelmsplatz 1, 96047 Bamberg
Postfach 17 29, 96008 Bamberg
Tel. (09 51) 8 33-0
Fax (09 51) 8 33-18 90
E-Mail: poststelle@sta-ba.bayern.de
Pressestelle: Tel. (09 51) 8 33-18 10
Fax (09 51) 8 33-18 90
E-Mail: Hagen.Foerster@sta-ba.bayern.de

1 LOStA, 1 stVLOStA, 3 StA (GL), 7 StA

Leitender Oberstaatsanwalt
Düsel, Joseph   1. 6. 00   15. 2. 45

Oberstaatsanwalt
Petrat, Wolfgang,
 stVLOStA   1. 4. 04   25. 6. 45

Staatsanwälte
Titze, Wolfgang, GL   1. 3. 04   27. 7. 63
Lieb, Bernhard, GL   16. 8. 05   15. 8. 59
N. N.   —   —
Schips, Holger   1. 9. 05   21. 11. 74

Staatsanwaltschaft Bayreuth
Wittelsbacherring 22, 95444 Bayreuth
Tel. (09 21) 5 04-0
Fax (09 21) 5 04-2 39
E-Mail: poststelle@sta-bt.bayern.de
Pressestelle: Tel (09 21) 5 04-2 30
Fax: (09 21) 5 04-2 39
E-Mail: Bernhard.Heim@sta-bt.bayern.de

1 LOStA, 1 stVLOStA, 2 StA (GL), 6 StA

Leitender Oberstaatsanwalt
Janovsky, Thomas   16. 12. 02   20. 2. 54

Oberstaatsanwalt
Sander, Wolfgang,
 stVLOStA   16. 10. 94   2. 12. 42

Staatsanwältin/Staatsanwälte
Kahler, Werner, GL   10. 8. 00   24. 7. 53
Heim, Bernhard, GL   1. 1. 04   19. 7. 60
Werner, Renate, beurl.   1. 10. 96   4. 6. 66
Götz, Daniel   1. 8. 03   12. 12. 73
Köhler, Jan   1. 10. 04   1. 12. 74
Wonne, Nicole, beurl.   1. 10. 04   13. 1. 75
Fröbel, Tanja, beurl.   16. 3. 05   31. 7. 73

Staatsanwaltschaft Coburg
Ketschendorfer Str. 1, 96450 Coburg
Tel. (0 95 61) 8 78-0
Fax (0 95 61) 8 78-39 00
E-Mail: poststelle@sta-co.bayern.de
Pressestelle: Tel. (0 95 61) 8 78-32 00
Fax (0 95 61) 8 78-39 00
E-Mail: Anton.Lohneis@sta-co.bayern.de

1 LOStA, 1 OStA, 2 StA (GL), 4 StA

Leitender Oberstaatsanwalt
Rank, Michael   1. 7. 97   2. 10. 44

Oberstaatsanwalt
Lohneis, Anton   1. 6. 00   20. 4. 56

Staatsanwältinnen/Staatsanwälte
N. N.   —   —
N. N.   —   —
Huber, Matthias, abg.   1. 12. 01   2. 10. 70
Rönnert, Annett, abg.   1. 10. 04   3. 2. 74
Schmidt-Bittorf, Sandra   1. 1. 06   7. 11. 75

Staatsanwaltschaft Hof
Berliner Platz 1, 95030 Hof
Postfach 16 40, 95015 Hof
Tel. (0 92 81) 6 00-0
Fax (0 92 81) 6 00-2 96
E-Mail: poststelle@sta-ho.bayern.de
Pressestelle: Tel. (0 92 81) 6 00-2 21
Fax: (0 92 81) 6 00-2 96
E-Mail: Ernst.Schmalz@sta-ho.bayern.de

1 LOStA, 1 stVLOStA, 1 OStA, 4 StA (GL), 9 StA

Leitender Oberstaatsanwalt
Schmitt, Gerhard   16. 5. 05   27. 9. 51

BY OLG-Bezirk Bamberg — Staatsanwaltschaften

Oberstaatsanwälte
Siller, Eberhard, stVLOStA   1. 5. 99   7. 11. 47
Dr. Schmalz, Ernst Werner   1. 4. 94   15. 6. 49

Staatsanwältinnen/Staatsanwälte
Chwoyka, Reiner, GL   1. 5. 03   12. 10. 59
Olbermann, Thomas, GL   1. 7. 03   17. 5. 59
Laib, Reiner, GL   1. 10. 04   10. 11. 62
Übelmesser, Siegbert, GL   1. 7. 05   2. 10. 62
Englich, Monika, ½, beurl.   2. 8. 97   13. 3. 65
Sello, Cornelius   1. 3. 03   9. 9. 70
Schaller, Antje   1. 4. 04   29. 5. 74
Wild, Carsten   1. 8. 04   29. 12. 75
Dippold, Marco   1. 4. 05   6. 11. 73
Launert, Eik[1]   1. 6. 05   2. 5. 75
Hoffmann, Michael[1]   1. 7. 05   19. 1. 76
Dr. Theiß, Christian[1]   —   —
Triebel, Antje   1. 1. 06   7. 2. 77

Staatsanwaltschaft Schweinfurt
Rüfferstr. 1, 97421 Schweinfurt
Postfach 43 20, 97411 Schweinfurt
Tel. (0 97 21) 5 42-0
Fax (0 97 21) 54 23 90
E-Mail: poststelle@sta-sw.bayern.de
Pressestelle: Tel. (0 97 21) 5 42-3 14
Fax (0 97 21) 5 42-3 90
E-Mail: Irene.Singer@sta-sw.bayern.de

1 LOStA, 1 stVLOStA, 3 StA (GL), 7 StA

Leitender Oberstaatsanwalt
Vogt, Rainer   1. 6. 00   25. 2. 47

Oberstaatsanwältin
Dr. Singer, Irene,
  stVLOStA   16. 10. 04   23. 5. 50

---

[1] Staatsanwalt im Beamtenverhältnis auf Probe.

Staatsanwältinnen/Staatsanwälte
Räth, Markus, GL   16. 12. 02   24. 4. 59
Weihprecht, Axel, GL   1. 1. 04   14. 4. 62
Stemmler, Brigitte, GL   1. 2. 04   27. 5. 58
Dr. Blaschke, Susanne, abg.   15. 10. 04   19. 1. 73
Gmelch, Thomas   1. 11. 05   25. 11. 73

Staatsanwaltschaft Würzburg
Ottostr. 5, 97070 Würzburg
Tel. (09 31) 3 81-0, Fax (09 31) 3 81-5 05
E-Mail: poststelle@sta-wue.bayern.de
Pressestelle: Tel. (09 31) 3 81-5 07
Fax: (09 31) 3 81-5 02
E-Mail: Erik.Ohlenschlager@sta-wue.bayern.de

1 LOStA, 1 stVLOStA, 2 OStA, 6 StA (GL), 13 StA

Leitender Oberstaatsanwalt
Lückemann, Clemens   1. 5. 02   31. 5. 54

Oberstaatsanwälte
Dr. Gender,
  Dietrich, stvLOStA   1. 1. 06   4. 10. 53
Ohlenschlager, Erik   1. 1. 04   22. 8. 53
Bellay, Thomas   1. 9. 05   12. 7. 60

Staatsanwältinnen/Staatsanwälte
Krischner, Susanne, GL   1. 9. 03   25. 12. 52
Gosselke, Frank, GL   16. 1. 04   2. 3. 63
Raufeisen, Boris, GL   1. 4. 04   6. 4. 62
Dr. Döpfner, Konrad, GL   1. 9. 04   25. 8. 57
Gallhoff, Martin, GL   15. 2. 05   6. 3. 63
Dr. Drescher, Angelika, GL   16. 11. 05   9. 2. 66
Dr. Haus, Armin, abg.   6. 6. 01   8. 9. 66
Küstner, Markus   18. 6. 03   17. 10. 71
Dr. Stühler, Hubert   1. 7. 03   15. 8. 69
Dr. Petrasch, Martin, abg.   1. 2. 04   2. 6. 71
Compensis, Jonas[1]   1. 5. 05   27. 6. 73
Müller-Mück, Lars, abg.   1. 11. 05   21. 7. 75
Valentin, Gunter   1. 4. 06   13. 11. 73

OLG-Bezirk München **BY**

Oberlandesgerichtsbezirk München

3 Zivilsenate und **2 Familien- und Zivilsenate** in Augsburg

10 Landgerichte:
Augsburg, Deggendorf, Ingolstadt, Kempten (Allgäu), Landshut, Memmingen, München I, München II, Passau, Traunstein

Kammern für Handelssachen: München I 18, München II 3, Augsburg 3, Memmingen, Landshut und Traunstein je 2, Deggendorf, Ingolstadt, Kempten (Allgäu) und Passau je 1

37 Amtsgerichte

Schiffahrtsgerichte: bei den Amtsgerichten Ingolstadt, Lindau (Bodensee), Starnberg und Traunstein

Schöffengerichte: bei allen Amtsgerichten

Familiengerichte: bei allen Amtsgerichten

Die zur Zuständigkeit der Amtsgerichte (als Landwirtschaftsgerichte) gehörenden *Landwirtschaftssachen* sind jeweils dem Amtsgericht am Sitz des Landgerichts für alle Amtsgerichte des Landgerichtsbezirks übertragen. Das gilt für das Amtsgericht München auch hinsichtlich des Landgerichtsbezirks München II

Oberlandesgericht München

E 6 937 992
Prielmayerstraße 5, 80335 München
Tel. (0 89) 55 97-02
Fax (0 89) 55 97-35 75 (Verw.), -35 70 (ZivSen.), -41 76 (StrafSen.)
Senate in Augsburg:
Fuggerstraße 10, 86150 Augsburg
Tel. (08 21) 31 05-0, Kurzwahl 70 17-0, Fax (08 21) 31 05-5 02
Pressestelle: ROLG Margarete Nötzel
Tel. (0 89) 55 97-30 36, Fax (0 89) 55 97-51 76
E-Mail: pressestelle@olg-m.bayern.de

Zivilrechtlicher Bereich: ROLG Sibylle Fey
Tel. (0 89)-26 16, Fax (0 89) 55 97-23 33
E-Mail: sibylle.fey@olg-m.bayern.de

1 Pr, 1 VPr, 35 VR, 108 R, ¹/₆ ROLG (UProf)

Präsident		
Dr. Huber, Karl	1. 3. 05	27. 2. 48
Vizepräsident		
Mützel, Gerhard	1. 12. 01	20. 4. 47
Vorsitzende Richterinnen/Vorsitzende Richter		
Dr. Goller, Fritz	1. 2. 87	16. 7. 42
Weidenkaff, Walter	1. 5. 92	12. 9. 47
Prof. Dr. Motzke, Gerd	1. 11. 97	21. 6. 41
Kaiser, Hartmut	1. 7. 98	11. 1. 44
Dr. Nitsche, Wolfgang	1. 7. 98	22. 7. 48
Meier-Staude, Helmut	15. 9. 98	17. 6. 42
Lederer, Gerhard	1. 11. 98	10. 4. 42

Dr. Streicher, Karl Ludwig	1. 5. 99	15. 5. 44
Dr. Reiß, Ernst	1. 2. 00	28. 9. 41
Florentz, Verena	1. 2. 00	10. 12. 41
Barth, Burkhard	1. 3. 00	31. 10. 42
Wendland-Braun, Elke	1. 4. 00	21. 11. 44
Zwirlein, Rainer	1. 6. 00	28. 2. 51
Schlögel, Dieter	1. 7. 00	29. 2. 44
Kempmann, Andrea	1. 10. 00	17. 10. 49
Mayr, Dietrich	1. 6. 01	26. 9. 44
Vavra, Maria	20. 8. 01	11. 12. 48
Pauling, Dieter	1. 10. 01	28. 7. 42
Kocherscheidt, Otto	1. 1. 02	27. 8. 44
Geißler, Michael	1. 4. 03	22. 4. 43
Dr. Hüßtege, Rainer	1. 4. 03	3. 9. 52

BY OLG-Bezirk München

Name		
Puszkajler, Karl Peter	16. 5. 03	21. 9. 47
Ruderisch, Dagmar, abg.	1. 7. 03	20. 2. 54
Dr. Hanreich, Jürgen	15. 9. 03	2. 3. 42
Pfaff, Eduard	1. 7. 04	12. 7. 50
Joachimski, Jupp, VRObLG	1. 1. 05	10. 9. 42
Dr. Rohlff, Reimer, VRObLG	1. 1. 05	8. 10. 42
Prof. Dr. von Heintschel-Heinegg, Bernd, VRObLG	1. 1. 05	24. 6. 45
Rojahn, Dieter RObLG	1. 1. 05	29. 12. 46
Dr. Knittel, Bernahrd, RObLG	1. 1. 05	2. 1. 49
Lorbacher, Michael, RObLG	1. 1. 05	22. 8. 51
Wolf, Hans-Werner	16. 1. 05	23. 12. 49
Billner, Fritz	1. 3. 05	3. 5. 48
Dietl, Robert	16. 3. 05	28. 8. 43
Bohn, Manfred	1. 4. 05	4. 8. 47
Kotschy, Guido	1. 5. 05	24. 10. 48

Richterinnen/Richter

Name		
Lampart, Dieter	1. 1. 86	15. 10. 41
Thielemann, Jens	15. 10. 87	3. 10. 42
Barnert, Georg Joachim	1. 12. 88	1. 11. 43
Dr. Knöringer, Dieter	1. 12. 88	24. 2. 44
Scholtyssek, Hubert	1. 1. 89	21. 10. 42
Engelhardt, Volker	1. 10. 89	30. 9. 41
Prof. Dr. Köhler, Helmut, 1/6 (UProf, 2. Hauptamt), beurl.	—	12. 9. 44
Dehne, Hildegard, beurl.	1. 11. 89	18. 8. 45
Hofmann, Gertrud	1. 1. 91	12. 2. 41
Kallaus, Gerd	1. 1. 92	4. 5. 45
Dr. Müller-Rabe, Steffen	1. 12. 92	18. 8. 43
Werner, Christian	1. 3. 93	3. 10. 44
Dr. Lutz, Hermann	1. 7. 93	28. 6. 43
Dr. Huber, Rudolf	1. 10. 93	17. 9. 43
Doukoff, Norman	1. 9. 94	1. 10. 50
Dr. Spangler, Eva Schmidt, Jürgen	1. 11. 94	30. 1. 49
Schneider, Wilhelm	1. 12. 94	17. 9. 51
Kahl, Hans-Uwe, abg.	1. 12. 97	13. 3. 63
Wurm, Max	1. 3. 95	14. 3. 43
Fiebig, Klaus	1. 8. 97	15. 7. 50
Dr. Kartzke, Ulrich	1. 8. 97	2. 6. 58
Fügmann, Werner	1. 9. 97	9. 2. 51
Serini, Carolyne	—	—
Berger, Erich	1. 3. 98	11. 9. 41
Gans, Heino	1. 3. 98	14. 11. 44
Zimmerer, Bernhard	1. 3. 98	10. 6. 58
Hertel, Hans-Kurt	1. 4. 98	3. 12. 53
Naumair, Annette	1. 4. 98	1. 6. 62
Zischka, Herbert	1. 5. 98	10. 11. 42
Fischer, Hartmut	1. 5. 98	22. 7. 58
Hügelschäffer, Helmut	1. 6. 98	15. 4. 46
Dr. Gremmer, Bernhard	16. 7. 98	12. 2. 53
Dworazik, Sibylle	1. 8. 98	18. 7. 57
Nötzel, Margarete	1. 9. 98	14. 4. 55
Anders-Ludwig, Luise	1. 10. 98	9. 10. 46
Distler, Wolfgang	1. 1. 99	23. 12. 54
Dr. Reiter, Heinrich, LL.M.	1. 3. 99	18. 2. 46
Dr. Rau, Albert	1. 3. 99	9. 11. 50
Steudtner, Irene	15. 7. 99	27. 7. 56
Budesheim, Sabine, 1/2, abg. zu 1/4	1. 10. 99	18. 5. 59
Augsberger, Wolfgang	1. 2. 00	29. 8. 51
Feistkorn, Gabriele	1. 2. 00	16. 9. 52
Zehetbauer, Lothar	1. 4. 00	11. 2. 45
Ramm, Martin	—	—
Dr. Maier, Winfried	—	—
Kaiser-Leucht, Eva-Maria	1. 6. 00	29. 5. 55
Gastroph, Marie-Luise	—	—
Dr. Buchner, Gerhard	1. 8. 00	10. 1. 58
Wimmer, Andreas	1. 8. 00	27. 3. 61
Lichtenberg, Reinhard	1. 9. 00	5. 7. 58
Fuchs, Manfred	1. 9. 00	17. 2. 57
Meiche, Rosemarie	1. 10. 00	14. 8. 44
Hainzlmayr, Wolfgang, haArbGemL, abg.	1. 10. 00	18. 11. 58
Egger, Rainer, abg. zu 1/1, davon zu 1/2 als haArbGemL	—	—
Dr. Mutzbauer, Norbert, abg. zu 1/2	—	—
Swertz, Horst		
Halbritter, Gerhard	1. 1. 01	1. 5. 44
Praun, Karl	1. 1. 01	18. 6. 47
von Hofer, Michael	1. 1. 01	28. 8. 50
Dr. Brodersen, Kilian	1. 1. 01	26. 7. 60
Dr. Fellner, Christoph	1. 2. 01	2. 2. 53
Triebs, Michael	1. 3. 01	29. 10. 49
Dr. Lichtenstern-Skopalik, Elisabeth	1. 4. 01	9. 6. 52
Nagorsen, Johannes	1. 4. 01	2. 10. 56
Dr. Wölfel, Martin	—	—
Dr. Lechner, Herbert	1. 4. 01	18. 1. 60
Lemmers, Peter, abg. zu 1/10	1. 6. 01	31. 3. 55
Tischler, Franz	1. 7. 01	24. 10. 57
Dr. Pürner, Reinhard	1. 8. 01	26. 3. 46
Aubele, Nicola	1. 10. 01	27. 5. 55
Bauer, Ulrike	1. 10. 01	11. 6. 55
Dr. Barwitz, Werner	1. 10. 01	24. 8. 57
Petersen, Sigrid	1. 12. 01	15. 2. 42
Neuhauser, Alois	1. 1. 02	26. 7. 46
Fey, Sibylle	1. 1. 02	14. 6. 40
Prof. Dr. Bodewig, Theo, 1/6 (UProf, 2. Hauptamt)	—	—
Rauschenbach, Wolfgang	1. 7. 02	5. 7. 51
Horvath, Jürgen	1. 7. 02	27. 9. 56

LG-Bezirk Augsburg   OLG-Bezirk München   **BY**

Dr. Kammerlohr, Claudia, ½, abg.	1. 7. 02	21. 3. 63
Dr. Brokamp, Michael	16. 7. 02	3. 7. 62
Zellhuber, Gudrun	—	—
Weber, Armin	1. 3. 03	5. 12. 47
Dr. Milhahn, Ilsabe	1. 4. 03	13. 11. 44
Achinger, Annemarie	1. 4. 03	23. 2. 45
Bollmann, Heide	16. 4. 03	8. 1. 45
Beß, Konrad	1. 6. 03	2. 7. 61
Schurer, Sebastian	16. 7. 03	4. 7. 49
David-Meißner, Bettina, ¾	—	—
Cassardt, Gunnar	1. 9. 03	6. 8. 59
Proksch, Günter	1. 1. 04	19. 4. 52
Moretti, Christine	1. 1. 04	2. 7. 53
Dr. Koch, Rainer	1. 1. 04	18. 12. 58
Dr. Deneke-Stoll, Dorothea, ½	1. 5. 04	14. 12. 59
Förth, Margareta, abg. zu ½	16. 6. 04	12. 11. 61
Willner, Petra	—	—
Bauer, Gerhard	1. 9. 04	26. 10. 53
Hübner, Marianne	—	—
Gierl, Walter, haArbGemL, abg.	1. 10. 04	8. 7. 59
Ostenried, Rita, ½, haArbGemL, abg.	—	—
Dr. Marwardt, Angelika, LL.M., ¾ abg. zu ¼	16. 10. 04	14. 7. 49
Dr. Wiringer-Seiler, Ulrike, ½	—	—
Frisch, Norbert, RObLG	1. 1. 05	6. 10. 41
Thalheim, Jürgen, RObLG	1. 1. 05	13. 10. 42
Kasch, Gerhard, RObLG	1. 1. 05	24. 5. 45
Dr. Schmid, Michael	1. 1. 05	7. 4. 47
Dumler, Albert, RObLG	1. 1. 05	6. 7. 47
Gold, Wendell, RObLG	1. 1. 05	3. 6. 50
Ruderisch, Dagmar, RObLG	1. 1. 05	20. 2. 54
Dr. Kainz, Martin, RObLG	1. 1. 05	18. 4. 54
Niederfahrenhorst, Gerhard	16. 3. 05	7. 2. 45
Lehner, Robert	16. 5. 05	26. 2. 57
Baßler, Renate, abg. zu ¼	1. 4. 05	9. 3. 62
Fläxl, Rainer	16. 5. 05	16. 7. 59
Voithenleitner, Karin	1. 6. 05	12. 5. 60
Sonnabend-Sies, Renate	1. 7. 05	6. 2. 48
Horn, Walter	1. 7. 05	19. 2. 59
Tourneur, Detlef	16. 7. 05	22. 8. 48
Dr. Spitzl, Thomas	1. 7. 05	3. 12. 54
Dr. Delonge, Franz-Benno	1. 7. 05	13. 5. 57
Wimmer, Richard	16. 8. 05	6. 5. 54
Etter, Eberhard	—	—
Melder, Werner	—	—
Thumser, Volkmar, haArbGemL, abg.	1. 3. 06	26. 6. 59

Landgerichtsbezirk Augsburg

Landgericht Augsburg   E 967 187
Am Alten Einlaß 1, 86150 Augsburg
Tel. (08 21) 31 05-0, Kurzwahl 70 17-0
Fax (08 21) 31 05-22 0
E-Mail: Poststelle@lg-a.bayern.de

Pressestelle in Strafsachen:
VRLG Karl-Heit Haeusler
Tel. (08 21) 31 05-15 20
Fax (08 21) 31 05-15 63
E-Mail: Karl-Heinz.Haeusler@lg-a.bayern.de

Pressestelle in Zivilsachen:
VPr Maximilian Hofmeister
Tel. (08 21) 31 05-23 58
E-Mail: Max.Hofmeister@lg-a.bayern.de
www.justiz-augsburg.de

1 Pr, 1 VPr, 20 VR, 30 R

Präsident

Wick, Manfred	17. 10. 02	5. 4. 43

Vizepräsident

Hofmeister, Maximilian	1. 1. 05	26. 3. 48

Vorsitzende Richterin/Vorsitzende Richter

Mittermaier, Walter	1. 3. 84	19. 5. 42
Wimmer, Gerd, ½	1. 10. 84	28. 10. 42
Schelzig, Klaus	1. 7. 93	29. 7. 46
Dr. Gleich, Johann	16. 4. 94	17. 1. 48
Dr. Hirmer, Hans-Peter	1. 12. 95	8. 2. 52
Prexel, Manfred	1. 6. 96	20. 8. 49
Dr. Demeter, Wolfgang	1. 7. 97	13. 5. 44
Rothermel, Wolfgang	1. 9. 97	15. 12. 47
Brand, Rainer	1. 9. 98	3. 6. 55
Rahlf, Joachim	1. 1. 00	22. 10. 44
Wurm, Bernd	15. 2. 02	13. 2. 48
Haeusler, Karl-Heinz	15. 2. 02	5. 6. 49
Conrad, Dagmar	1. 3. 02	30. 5. 50
Grünert, Wolfgang, ½	1. 5. 02	25. 7. 45
Lindemeier, Franz Peter	1. 11. 02	20. 7. 47
Weigell, Rudolf	16. 12. 02	3. 10. 57
Reiter, Harald	16. 5. 03	24. 9. 61
Dr. Pätzel, Claus	1. 11. 03	1. 11. 61
Wagner, Hermann	1. 7. 04	25. 5. 54
Endres, Michael	16. 3. 05	15. 3. 61

Richterinnen/Richter

Pollmeier, Klaus	1. 5. 77	12. 7. 46
Nertinger, Josef	16. 10. 77	27. 7. 47

BY OLG-Bezirk München — LG-Bezirk Augsburg

Banse, Horst	1. 12. 81	20. 3. 51
Merkle, Barbara	15. 6. 84	19. 2. 55
Prexl, Hertha, 1/2	16. 11. 84	15. 3. 54
Hoesch, Lenart	1. 1. 86	8. 1. 56
Schrimpff, Otto, beurl.	1. 2. 87	26. 7. 56
Hell, Marieluise	1. 7. 87	21. 9. 57
Sperl, Elisabeth	1. 8. 87	8. 11. 57
Riedel-Mitterwieser, Susanne, 1/2	1. 9. 87	26. 4. 57
Jung, Josef	15. 3. 89	4. 4. 59
Frei-Weishaupt, Vera	1. 1. 90	3. 11. 59
Bayer, Peter	1. 12. 90	21. 8. 61
Pohl, Margit	—	—
Jäger-Kampf, Annette, 1/2	5. 6. 92	10. 4. 61
Dr. Eckert, Thomas	1. 4. 97	17. 11. 65
Wörz, Franz	1. 7. 97	24. 2. 67
Hillmann, Caroline	1. 11. 97	4. 6. 68
Lichti-Rödl, Daniela, 1/2	1. 6. 98	31. 3. 68
Dr. Singer, Dorothee, 1/2	1. 6. 99	8. 7. 67
Linschmann, Frauke, 1/2	1. 6. 99	30. 7. 69
Barnickel, Martin	1. 2. 00	22. 3. 71
Knöpfle, Stephan	1. 5. 00	27. 12. 70
Löffel, Michaela	1. 1. 01	20. 11. 70
Siemer, Barbara	1. 4. 02	8. 6. 72
Keller, Veronika	1. 5. 02	21. 3. 72
Ballis, Johannes	1. 9. 02	19. 4. 73
Hartmann, Maiko	1. 5. 03	25. 1. 74
Lemke, Kord	16. 3. 04	28. 12. 70
Dr. Ott, Georg	—	26. 10. 71

Amtsgerichte

Aichach E 127 238
Schloßplatz 9, 86551 Aichach
Tel. (0 82 51) 20 41, Kurzwahl 70 01
Fax (0 82 51) 89 41 99
Pressestelle: Tel. (0 82 51) 8894-1 41,
Fax (0 82 51) 8 94-1 99
E-Mail: Poststelle@ag-aic.bayern.de

1 Dir, 7 R

Lechner, Martin, Dir	1. 1. 05	13. 7. 46
Gockel, Dieter, stVDir	16. 3. 05	14. 4. 50
Dierolf, Günter	1. 6. 78	3. 2. 48
Gaumert, Wolfgang	1. 5. 80	26. 4. 47
Walch, Elisabeth	15. 7. 86	13. 5. 57
Reck, Markus	1. 11. 89	18. 2. 59
Dischinger, Johann-Peter	16. 3. 02	3. 7. 70
Ottmann, Oliver	1. 12. 03	5. 5. 70

Augsburg E 501 901
Am Einlaß 1, 86150 Augsburg
Tel. (08 21) 31 05-0, Kurzwahl 70 17-0

Fax (08 21) 31 05-1 70
Pressestelle: Tel (08 21) 31 05-22 43
Fax (08 21) 31 05-22 44
E-Mail: Poststelle@ag-a.bayern.de
www. justiz-augsburg.de

Zweigstelle Schwabmünchen
Fuggerstraße 62, 86830 Schwabmünchen
Tel. (0 82 32) 30 15, Kurzwahl 71 53
Fax (082 32) 50 05 11

1 Pr, 1 VPr, 4 w.aufsR, 36 R

Präsident

Dr. Veh, Herbert	1. 4. 05	22. 9. 54

Vizepräsidentin

Dr. Neumann, Irmgard	15. 2. 02	14. 4. 49

weitere aufsichtsführende Richter

Schleifer, Erwin	1. 8. 95	11. 2. 45
Dr. Frank, Dieter	1. 7. 00	18. 9. 53
Fischer, Endrik	—	—
Wätzel, Hartmut	—	—

Richterinnen/Richter

Faul, Helmut, 1/2	—	—
von Stetten, Birgit	1. 7. 73	28. 10. 73
Haaks, Helmer	1. 12. 74	31. 1. 47
Guder, Rolf	—	—
Frobel, Bernhard	16. 10. 76	16. 5. 42
Brachlow, Lutz	1. 11. 76	24. 12. 44
Holzer, Gabriele	5. 11. 76	26. 8. 46
Falke, Manfred	4. 4. 77	12. 3. 43
Fromme, Ilse	16. 6. 78	9. 10. 46
Nußrainer, Eberhard, 1/2	1. 9. 78	3. 8. 46
Holler, Gerald		
Lengle, Johanna	1. 6. 82	15. 1. 53
Becker, Karin, 1/2	1. 5. 83	28. 5. 54
Dr. Bartholy, Thomas	1. 10. 83	15. 4. 54
Wieser, Raimund	1. 11. 83	21. 4. 52
Triebel, Klaus-Dieter	1. 7. 84	29. 5. 55
Jelinek, Ortrun, 3/4	14. 6. 85	14. 3. 56
Hübler, Ruth, 1/2	1. 8. 85	6. 1. 54
Hell, Walter	1. 7. 86	21. 3. 55
Dr. Meyer, Harald	1. 3. 87	20. 9. 56
Haslinger, Sieglinde	16. 7. 87	13. 5. 58
Baumann, Günther	1. 8. 87	15. 10. 57
Weber-Wirnharter, Marianne, 1/2	10. 12. 88	31. 10. 57
Gross, Iris, 3/4	10. 12. 88	17. 4. 59
Heitzer, Heinrich	1. 1. 89	14. 4. 59
Dr. Geist-Schell, Franz	1. 3. 89	21. 5. 56
Kugler, Bernhard	1. 12. 89	15. 3. 60
Greser, Rita	—	19. 10. 58
Heitzer, Andrea, 1/2	17. 8. 90	21. 9. 59

LG-Bezirk Deggendorf OLG-Bezirk München **BY**

Dr. Kirchmayer, Johannes	1. 10. 91	28. 5. 56
Dietze, Irene, ½	1. 2. 92	11. 2. 61
Gerl, Eva	1. 4. 92	2. 1. 61
Tschneritschek, Ingrid, ½	1. 2. 93	27. 12. 62
Kaiser, Viktor	1. 4. 93	14. 5. 62
Geißenberger, Birgit, ½	1. 1. 95	15. 12. 63
Hillebrand, Susanne, ½	1. 2. 95	26. 7. 62
Bernhard, Ute, ½	1. 4. 96	18. 10. 64
Liermann, Martina	1. 7. 96	20. 4. 66
Schmitt-Roob, Florian	1. 10. 96	5. 10. 66
Fink, Roland	1. 2. 97	31. 1. 65
Dr. Christiani, Roland	1. 4. 97	22. 8. 63
Pohl, Manuela	1. 6. 98	21. 5. 67
Kellermann, Eva-Maria, beurl.	1. 6. 98	2. 12. 68
Domberger, Barbara	1. 3. 99	17. 10. 68
Dr. Engelsberger, Christian	1. 3. 00	26. 7. 68
von Gryczewski, Sonja, ½, beurl.	1. 11. 00	11. 12. 70
Dr. Leirer, Wolfgang	1. 5. 01	11. 6. 68
Konnerth, Sabine, ½	1. 1. 04	18. 7. 67
Hermann, Gernot	—	7. 11. 67

Dillingen a. d. Donau E 95 626
Schloßstraße 3, 89407 Dillingen a. d. Donau
Tel. (0 90 71) 50 02-0, Kurzwahl 70 46-0
Fax (0 90 71) 50 02 50
E-Mail: Poststelle@ag-dlg.bayern.de

1 Dir, 4 R

Dr. Popp, Johann, Dir	1. 10. 99	5. 5. 58
Witte, Albrecht	1. 3. 77	30. 1. 45
Jánosi, Ursula, ½	1. 1. 81	19. 7. 49
Ortmann, Rüdiger	1. 6. 83	27. 10. 52
Bayer, Robert	1. 1. 90	28. 4. 60
Stadlmayr, Albert	11. 1. 91	12. 11. 60

Landsberg a. Lech E 111 281
Lechstraße 7, 86899 Landsberg a. Lech
Tel. (0 81 91) 1 08-0, Kurzwahl 70 98-0
Fax (0 81 91) 1 08-2 22
E-Mail: Postsetlle@ag-ll.bayern.de

1 Dir, 1 stVDir, 6 R

Ziegler, Max, Dir	1. 4. 04	11. 10. 52
Völkel, Dieter, stVDir	1. 7. 04	16. 12. 42
Dr. Daum, Wolfgang	1. 3. 87	14. 4. 55
Kreller, Beate, ½	1. 10. 96	15. 1. 63
Zwiener, Simone	1. 4. 97	21. 12. 65
Grub, Sabine	1. 4. 02	3. 3. 72
Dr. Demeter, Birgit	1. 5. 03	25. 9. 69
Neumann, Matthias	1. 1. 04	17. 3. 74
Knigge, Silke	1. 2. 04	14. 11. 71

Nördlingen E 131 141
Tändelmarkt 5, 86720 Nördlingen
Tel. (0 90 81) 21 09-0, Kurzwahl 71 25-0
Fax (0 90 81) 21 09-90
E-Mail: Poststelle@ag-noe.bayern.de

1 Dir, 1 stVDir, 7 R

Beyschlag, Helmut, Dir	16. 6. 03	16. 5. 52
Dr. Woidich, Joseph, stVDir	1. 1. 94	23. 12. 45
Plaetschke, Volker	15. 6. 81	10. 8. 51
Schamann, Gerhard	10. 12. 87	21. 9. 57
Krug, Andreas	1. 3. 94	13. 2. 64
Klatt, Juliane	1. 10. 96	24. 3. 64
Weißbeck, Sandra, beurl.	1. 4. 00	19. 3. 71
Meindl, Andrea	22. 12. 01	29. 5. 70
Schmidt, Susanne	1. 10. 03	21. 11. 71

Landgerichtsbezirk Deggendorf

Landgericht Deggendorf E 199 080
Amanstraße 19, 94469 Deggendorf
Tel. (09 91) 38 98-0
Kurzwahl 70 42-0
Fax (09 91) 38 98-2 01
Pressestelle:
Tel (09 91) 38 98-1 00
Fax (09 91) 38 98-1 50
E-Mail: poststelle@lg-deg.bayern.de
www.degnet.de/behoerden/justiz-deggendorf/landg.html

1 Pr, 1 VPr, 1 VR, 5 R

Präsident

Dr. Kilger, Franz	1. 3. 05	6. 3. 50

Vizepräsident

Dr. Nachreiner, Anton	16. 10. 04	10. 9. 55

Vorsitzender Richter

Seulen, Alfred	1. 1. 05	24. 5. 47

Richter

Kufner, Albert	—	—
Lang, Franz	—	—
Dr. Meiski, Georg	1. 3. 96	26. 4. 63
Saller, Roland	1. 2. 99	27. 8. 68
Duschl, Johann	1. 8. 99	23. 10. 67
Hummer, Gerhard	1. 3. 03	27. 6. 73

BY OLG-Bezirk München LG-Bezirk Ingolstadt

Amtsgerichte

Deggendorf E 117 284
Amanstraße 17, 94469 Deggendorf
Tel. (09 91) 38 98-0, Kurzwahl 70 42-0
Fax (09 91) 38 98-2 02
E-Mail: Poststelle@ag-deg.bayern.de

1 Dir, 1 stVDir, 7 R

Chase, Marcel, Dir	1. 8. 91	16. 11. 45
Brusch, Heinrich, stVDir	1. 1. 94	19. 12. 47
Stürzer, Josef	1. 6. 76	28. 5. 44
Wenzel, Udo	1. 11. 76	6. 6. 44
Berger, Kurt	—	—
Theis, Helmut	15. 4. 81	11. 4. 51
Wiesenberger, Peter	1. 3. 94	8. 7. 62
Werrlein, Markus	1. 6. 94	24. 6. 62
Felxberger, Stefan[1]	1. 1. 00	25. 11. 68
Donaubauer, Anton	1. 7. 04	7. 8. 71

Viechtach E 81 796
Mönchshofstraße 29, 94234 Viechtach
Tel. (0 99 42) 13 25, Kurzwahl 71 68
Fax (0 99 42) 95 81 61
E-Mail: Poststelle@ag-vit.bayern.de

1 Dir, 7 R

Zankl, Johann, Dir	1. 11. 05	19. 2. 56
Zeising, Klaus, stVDir	1. 6. 03	19. 7. 48
Keilhofer, Andrea, ½	1. 6. 94	29. 5. 62
Duschl, Susanne, beurl.	1. 10. 00	3. 4. 71
Baumgartner, Oliver	1. 3. 03	18. 12. 72
Schmitthenner, Ute	1. 9. 03	19. 11. 69
Müller, Horst	1. 3. 04	6. 2. 74

Landgerichtsbezirk Ingolstadt

Landgericht Ingolstadt E 449 974
Auf der Schanz 37, 85049 Ingolstadt
Tel. (08 41) 3 12-0, Kurzwahl 70 80-0
Fax (08 41) 3 12-4 07
Pressestelle:
Tel. (08 41) 3 12-2 51, Fax (08 41) 3 12-2 89
E-Mail: poststelle@lg-in.bayern.de
www.justiz.bayern.de/lg-in

1 Pr, 1 VPr, 5 VR, 8 R

Präsident

Grieser, Josef	1. 5. 01	25. 8. 41

[1] Ab 1.7.2001 weiteres Richteramt.

Vizepräsident

Weingartner, Paul	1. 12. 01	27. 2. 47

Vorsitzende Richterin/Vorsitzende Richter

Strohmayer, Maximilian, ½	1. 12. 95	26. 9. 47
Sitka, Georg	1. 7. 97	30. 4. 50
Fahrig, Hans-Joachim	1. 12. 99	9. 7. 50
Kliegl, Konrad	1. 9. 01	10. 10. 59
Geschwilm, Bettina	1. 7. 03	12. 3. 52

Richterinnen/Richter

Mayerhöfer, Günter	1. 6. 92	30. 9. 61
Linz-Höhne, Heike, ½	1. 2. 98	5. 10. 65
Niklaus, Andreas	1. 10. 99	15. 8. 67
Schwab, Stefan	1. 3. 00	12. 4. 70
Burmeier, Gert	1. 8. 00	22. 12. 67
Dr. Kaczynski, Nicolas	1. 1. 02	16. 5. 68
Gericke, Stephan	1. 8. 02	21. 4. 73
Staudt, Jürgen, abg.	1. 8. 02	31. 8. 73
von Dahl, Sandra	1. 11. 03	6. 10. 73
Mödl, Ida	1. 1. 04	6. 8. 74
Oslander, Elisabeth	7. 10. 04	27. 6. 75

Amtsgerichte

Ingolstadt E 243 338
Neubaustraße 8, 85049 Ingolstadt
Tel. (08 41) 3 12-0, Kurzwahl 70 80-0
Fax (08 41) 3 12-4 06
Pressestelle:
Tel. (08 41) 3 12-3 20
Fax (08 41) 3 12-1 60
E-Mail. poststelle@ag-in.bayern.de

1 Dir, 1 stVDir, 1 w.aufsR, 16 R

Scherr, Raimund, Dir	1. 12. 00	16. 9. 44
Bösl, Jochen, stVDir	1. 3. 06	15. 9. 61
Uhlmann, Ludwig, w.aufsR	1. 12. 05	8. 5. 50
Funk, Bernhard	1. 4. 79	6. 2. 48
Bauch, Gerhard	—	—
Schlichting, Josef	1. 6. 83	16. 2. 54
Severin, Gerhard	1. 12. 85	6. 8. 54
Hartmann, Wolfram	1. 8. 86	24. 5. 66
Dr. Tropschuh, Silvia, ½	1. 3. 89	30. 3. 58
Klose, Gabriele, ¾	1. 9. 90	6. 8. 60
Dr. Sitzmann, Norbert	1. 6. 91	17. 7. 60
Hufnagl, Peter	1. 9. 91	9. 12. 59
Walentin, Roland	1. 10. 91	7. 2. 61
Roelen, Klaus	1. 4. 93	7. 3. 59
Pohle, Robert	1. 10. 93	11. 10. 62
Schilcher, Christian	16. 3. 94	15. 11. 58
Martin, Matthias	1. 6. 96	9. 10. 63

LG-Bezirk Kempten (Allgäu)   OLG-Bezirk München   **BY**

Fein, Michael	1. 3. 97	13. 5. 63
Adam, Guido	1. 2. 03	28. 5. 67
Desing, Ingo	14. 8. 04	29. 10. 72
Fritzsche, Susanne	1. 9. 04	18. 3. 75

Neuburg a. d. Donau   E 91 254
Ottheinrichplatz A 1, 86633 Neuburg a. d. Donau
Tel. (0 84 31) 5 88-0, Kurzwahl 71 88-0
Fax (0 84 31) 5 88-2 50
Pressestelle:
Tel. (0 84 31) 5 88-1 16
Fax (0 84 31) 5 88-2 54
E-Mail: Poststelle@ag-nd.bayern.de

1 Dir, 5 R

Schweiger, Tilo, Dir	1. 6. 05	23. 1. 47
Berger, Georg	1. 8. 86	14. 10. 55
Ebner, Gerhard	—	—
Babst, Renate, ½	1. 3. 91	4. 12. 60
Kopp, Helga	1. 11. 94	23. 12. 62
Piechulla, Birgit	1. 6. 02	4. 5. 73
Herbst, Ruprecht	1. 10. 03	13. 2. 73

Pfaffenhofen a. d. Ilm   E 115 382
Ingolstädter Straße 45,
85276 Pfaffenhofen a. . Ilm
Tel. (0 84 41) 75 60, Kurzwahl 71 38-0
Fax (0 84 41) 7 56-58
Pressestelle:
Tel. (0 84 41) 7 56-3 09
Fax (0 84 41) 7 56-1 29
E-Mail: Poststelle@ag-paf.bayern.de

1 Dir, 7 R

Krammer, Herbert, Dir	1. 11. 05	19. 7. 52
Klose, Ulrich, stVDir	1. 12. 05	26. 2. 57
Dr. Stoll, Hubert	1. 3. 91	16. 2. 60
Kugler, Franz	1. 10. 94	18. 8. 63
Reng, Rüdiger	5. 7. 95	30. 9. 63
Fixl, Rainer	1. 3. 96	20. 1. 65
Hellerbrand, Christoph	1. 9. 96	28. 4. 67
Müller-Stadler, Frank	1. 4. 03	19. 12. 70

Landgerichtsbezirk Kempten (Allgäu)

Landgericht Kempten (Allgäu)   E 467 071
Residenzplatz 6, 87435 Kempten (Allgäu)
Tel. (08 31) 2 03-00, Kurzwahl 70 88-0
Fax (08 31) 2 03-3 06
E-Mail: Poststelle@lg-ke.abyern.de

Pressestelle:
Tel. (08 31) 2 03-2 59
Fax (08 31) 2 03-3 21
E-Mail: Armin.Baumberger@lg-ke.bayern.de
www.justiz.bayern.de/justiz-kempten/lg/lgorg.html

1 Pr, 1 VPr, 7 VR, 12 R

Präsident

Dr. Denk, Erich	1. 1. 05	17. 7. 49

Vizepräsident

Melzer, Heinrich	16. 6. 02	22. 7. 50

Vorsitzende Richter

Dr. Straßer, Hans-Georg	1. 9. 95	3. 8. 46
Rechner, Harry	1. 10. 96	13. 8. 49
Redetzki, Joachim, zu ½ haArbGemL	1. 8. 98	28. 3. 56
Matthäus, Kurt	16. 11. 98	18. 3. 44
Steger, Wolfgang	16. 1. 03	7. 9. 53
Munker, Werner	1. 4. 03	5. 1. 42
Erlbeck, Uwe	1. 12. 03	5. 4. 57
Lechner, Elmar	—	15. 4. 55

Richterinnen/Richter

Reichert, Edwin	—	—
Mengele, Karl-Albrecht	1. 3. 87	8. 5. 55
Baumberger, Armin	1. 10. 92	4. 11. 61
Endrös, Cornelia	1. 11. 92	1. 5. 55
Schwiebacher, Christoph	18. 9. 97	6. 3. 68
Scholz, Lucia	1. 5. 00	1. 12. 71
Göttinger, Stephan	1. 9. 01	5. 1. 68
Ammann, Claus	1. 3. 02	19. 10. 71
Kriwanek, Robert	1. 10. 02	10. 4. 71
Wacker, Susanne	17. 1. 03	7. 4. 69

Amtsgerichte

Kaufbeuren   E 176 636
Ganghoferstr. 11, 87600 Kaufbeuren
Tel. (0 84 31) 8 01-0, Kurzwahl 70 84-0
Fax (0 83 41) 8 01-18
E-Mail: Poststelle@ag-kf.bayern.de

1 Dir, 1 stVDir, 9 R

Dr. Deisenhofer, Ulrich, Dir	1. 11. 97	10. 7. 41
Weber, Friedrich, stVDir	16. 8. 00	16. 7. 49
Slach, Werner	11. 11. 77	21. 8. 48
Müller, Peter	—	—
Hämmerle, Ulrike	1. 12. 87	21. 5. 57

BY   OLG-Bezirk München   LG-Bezirk Landshut

Tietz, Ralf	15. 3. 91	29. 1. 60
Langhammer, Holger	1. 2. 96	16. 7. 64
Hondl, Yvonne, ½	1. 7. 96	2. 4. 66
Schmeken, Astrid, ½	1. 9. 97	15. 9. 67
Maier, Wolfgang	1. 8. 03	25. 9. 72
Schadel, Anja	1. 10. 03	6. 12. 73
Menzel, Patricia, ½	1. 9. 04	18. 7. 75

Kempten (Allgäu)   E 211 535
Residenzplatz 6, 87435 Kempten (Allgäu)
Tel. (08 31) 2 03-00, Kurzwahl 70 88-00
Fax (08 31) 2 03-1 32
E-Mail: Poststelle@ag-ke.bayern.de

Zweigstelle Sonthofen
Hofackerstraße 1, 87527 Sonthofen
Tel. (0 83 21) 30 25, Kurzwahl 71 60
Fax (0 83 21) 2 27 73

1 Dir, 1 stvDir, 1 w.aufsR, 16 R

Dambeck, Gerhard, Dir	1. 4. 00	1. 9. 43
Probst, Friedrich, stVDir	1. 8. 00	2. 9. 46
Reichert, Alfred, w.aufsfR	1. 8. 05	16. 2. 53
Thomaschewski, Wolfgang	16. 11. 71	21. 9. 38
Ochmann, Wolfgang	—	—
Bottke, Doris, ½		
Off, Ernst-Dieter	—	—
Dr. Bernhard, Ernst	1. 2. 78	22. 1. 46
Dresse, Martin	1. 6. 78	10. 4. 47
Kopitzke, Gerhard	1. 6. 85	7. 2. 54
Schuster, Hermann		
Schlosser, Johann Peter	1. 12. 89	4. 3. 57
Dr. Weber, Stephan		
Kühn, Sebastian	16. 8. 95	23. 8. 63
Gramatte-Dresse, Brigitte	16. 2. 98	30. 7. 63
Harteis, Lisa, ½, beurl.	1. 5. 02	19. 12. 72
Roch, Christian	1. 8. 02	1. 7. 70
Dr. Harteis, Harald, ½	1. 4. 03	27. 11. 71
Huber, Carole	—	8. 6. 72
Köhnlein, Carolin	—	1. 12. 73

Lindau (Bodensee)   E 78 900
Stiftsplatz 4, 88131 Lindau (Bodensee)
Tel. (0 83 82) 2 60 70, Kurzwahl 71 06-0
Fax (0 83 82) 26 07 22
E-Mail: Poststelle@ag-li.bayern.de

1 Dir, 4 R

Kind, Paul, Dir	16. 8. 97	4. 10. 49
Walther, Thomas	1. 9. 77	22. 6. 43
Müller, Jürgen, ¾	1. 6. 80	15. 5. 50
Turowski, Eckhard	1. 7. 82	25. 12. 47
Harter, Klaus	16. 8. 93	5. 5. 55
Grunert, Ralf	—	—

Landgerichtsbezirk Landshut

Landgericht Landshut   E 701 579
Maximilianstraße 22, 84028 Landshut
Tel. (08 71) 84-0
Kurzwahl 70 99-0
Fax (08 71) 84-4 62
E-Mail: Poststelle@lg-la.bayern.de
Pressestelle:
Tel. (08 71) 84-4 47
Fax (08 71) 84-1 48
E-Mail: Mair.Heinz-Peter@lg-la.bayern.de
www.justiz.bayern.de/lg-landshut/
landgericht.htm

1 Pr, 1 VPr, 9 VR, 14 R

Präsident

Wörle, Karl	1. 8. 04	18. 1. 48		

Vizepräsident

Mair, Heinz-Peter	15. 8. 04	6. 8. 59		

Vorsitzende Richterinnen/Vorsitzende Richter

Dr. Beer, Hubert	1. 12. 92	18. 8. 49		
Mader, Robert	1. 10. 93	8. 5. 51		
Gmelch, Alfons	1. 2. 98	8. 3. 53		
Geppert, Gisela	1. 6. 98	19. 9. 50		
Loher, Werner	1. 5. 99	14. 1. 55		
Freutsmiedl, Georg	1. 5. 03	10. 9. 59		
Fey, Eveline, ½	—	—		
Frhr. von Feilitzsch, Christoph	1. 6. 05	29. 4. 47		
Dr. Bernert, Maria Luise	—	—		

Richterinnen/Richter

Larasser, Eugen	1. 12. 80	15. 6. 48		
Beck-Weber, Antonie				
Dr. Bernert, Maria Luise				
Lattau, Marion, ¾	1. 4. 91	26. 3. 60		
Wiedemann, Andreas	1. 4. 94	19. 5. 63		
Deinböck, Waltraud, ¾	1. 9. 94	18. 5. 63		
Prechsl, Peter	1. 11. 94	17. 2. 62		
Kraus, Norbert	1. 3. 95	25. 5. 63		
Bulowski, Vera				
Spierer, Anneliese, ½	1. 10. 96	27. 9. 62		
Bouabe, Inken	1. 2. 98	10. 11. 67		
Bruckmann, Sabine	1. 5. 00	12. 5. 70		
Gabriel, Claudia[1]	15. 2. 00	7. 6. 71		
Kurtz, Klaus	1. 7. 01	1. 1. 67		

---

[1] Ab 1.2.2005 weiteres Richteramt.

LG-Bezirk Landshut OLG-Bezirk München **BY**

Knoblach, Markus	1. 11. 01	6.	1. 72
Krapf, Hubert	1. 2. 03	11.	4. 73
Dr. Ruhland, Klaus	1. 4. 03	28. 11. 69	
Dr. Ecker, Alexander	1. 5. 03	19.	3. 73
Görgner, Cornelia	1. 11. 03	22.	7. 73
Fuchs, Petra	1. 1. 04	19.	9. 71

Amtsgerichte

Eggenfelden E 119 727
Feuerhausgasse 12, 84307 Eggenfelden
Tel. (0 87 21) 7 77-0
Kurzwahl 70 51-0
Fax (0 87 21) 7 77-39
E-Mail: Poststelle@ag-eg.bayern.de

1 Dir, 5 R

Dr. Lichtnecker, Franz, Dir	15. 3. 00	20.	9. 51
Ritzer, Josef	1. 9. 84	22.	2. 52
Nagl, Jakob	1. 11. 84	11.	2. 53
Kastner, Rudolf	12. 12. 90	16.	7. 59
Bartel, Wolfgang	1. 2. 94	15.	4. 59
Dr. Stegbauer, Andreas	1. 2. 99	29.	9. 68

Erding E 122 123
Münchener Straße 27, 85435 Erding
Tel. (0 81 22) 4 00-0, Kurzwahl 70 53-0
Fax (0 81 22) 4 00-23
E-Mail: Poststelle@ag-ed.bayern.de

1 Dir, 1 stVDir, 6 R

Helbig, Hans Wolfgang, Dir	16. 8. 04	27. 11. 47	
Dimbeck, Franz Xaver, stVDir	1. 9. 00	6.	7. 47
Semmer, Winfried	1. 2. 79	11. 10. 47	
Grimm, Wolfgang	—	—	
Werlitz, Annerose	18. 12. 92	9.	9. 60
Folk, Yvonne, 1/2	6. 1. 95	28.	2. 64
von Boenninghausen-Budberg, Astrid	1. 10. 95	29.	5. 63
Dr. Priller, Stefan, haArbGemL, abg.	1. 1. 96	10. 12. 64	
Boeckh, Walter, haArbGemL, abg.	1. 8. 96	23.	8. 66
Schreiber, Katja	16. 12. 01	26.	5. 72
Bergemann, Ulrike	1. 4. 03	18.	5. 73

Freising E 159 367
Domberg 20, 85354 Freising
Tel. (0 81 61) 1 80-01, Kurzwahl 70 58-01
Fax (0 81 61) 1 80-2 35
E-Mail: Poststelle@ag-fs.bayern.de

Zweigstelle Moosburg a.d. Isar
Herrnstraße 16, 85368 Moosburg a. d. Isar
Tel. (0 87 61) 7 61 20, Kurzwahl 71 15
Fax (0 87 61) 76 12 35

1 Dir, 1 stVDir, 8 R

Gleixner, Martin, Dir	1. 12. 95	4.	3. 43
Dihm, Hartmut, stVDir	1. 12. 95	26.	8. 44
Lachner, Herbert	—	—	
Zeller-Kasai, Susanne, 1/2	1. 1. 89	26.	8. 56
Bocci, Gudrun	1. 4. 89	3. 12. 55	
Mittlmaier, Sabine	1. 7. 89	12.	5. 67
Meier, Rudolf	15. 10. 94	31.	5. 62
Ehrhardt, Stefan	1. 3. 96	30.	7. 63
Siebert, Nicole	19. 8. 99	5. 12. 69	
Saponjic, Claudia	1. 11. 01	25.	8. 71
Gabriel, Regina	17. 1. 02	20.	4. 71
Baier, Christian	1. 10. 02	27.	1. 71
Michl, Markus	1. 4. 03	7.	4. 74
Sporer, Ulrike	1. 5. 03	12. 12. 73	

Landau a. d. Isar E 92 081
Hochstraße 17, 94405 Landau a. d. Isar
Tel. (0 99 51) 70 87, Kurzwahl 70 97
Fax (0 99 51) 94 51 09
E-Mail: Poststelle@ag-lan.bayern.de

1 Dir, 5 R

Pieringer, Hans Erich, Dir	1. 10. 92	28.	7. 57
Meisenberg, Irmgard	16. 5. 76	22.	1. 43
Stürzl, Otto	1. 8. 78	6.	9. 45
Schratzenstaller, Josef	1. 11. 93	4. 10. 61	
Dr. Trautwein, Thomas	1. 5. 94	23. 12. 62	
Lackner, Konrad	1. 9. 95	29.	4. 65

Landshut E 208 281
Maximilianstraße 22, 84028 Landshut
Tel. (08 71) 84-0, Kurzwahl 70 99-0
Fax (08 71) 84-2 67
E-Mail: Poststelle@ag-la.bayern.de

1 Dir, 1 stVDir, 13 R

Yblagger, Heinz, Dir	1. 12. 98	25.	6. 42
Maurer, Rupert, stVDir	1. 2. 99	23.	9. 43
Suttner, Bernhard, w.aufsR	—	—	
Reiter, Heinz	16. 3. 75	28.	1. 45
Kaletta, Hans	1. 1. 78	5.	8. 47
Hild, Elfriede	20. 10. 78	15.	1. 47
Wichorski, Andreas	1. 6. 79	1.	7. 47
Templer, Wolfgang	1. 6. 80	11.	9. 48
Kreilinger, Bernhard	16. 5. 82	10.	1. 51
Feichtinger, Bruno	1. 11. 82	12.	5. 51
Suttner, Renate			

BY OLG-Bezirk München   LG-Bezirk Memmingen

Reindl, Gottfried	—	—
Dr. Knell, Isabella	—	—
Seiler, Christian, haArbGemL, abg.	1. 9. 98	5. 9. 69
Winkler, Norbert	—	—
Hoffmann, Ralf	1. 1. 99	11. 9. 69
Zimmerer, Alfred	1. 3. 01	15. 1. 71
Lindinger, Thomas	1. 1. 02	10. 9. 70

Landgerichtsbezirk Memmingen

Landgericht Memmingen E 463 189
Hallhof 1 + 4, 87700 Memmingen
Tel. (0 83 31) 1 05-0
Kurzwahl 71 09-0
Fax (0 83 31) 1 05-1 99
E-Mail: poststelle@lg-mm.bayern.de
Pressestelle:
Tel. (0 83 31) 1 05-102
Fax (0 83 31) 1 05-4 22
www.justiz.bayern.sw/LG-Memmingen/100home.html

1 Pr, 1 VPr, 5 VR, 8 R

Präsident

Dr. Thiere, Karl	1. 4. 02	5. 3. 48

Vizepräsident

Falckenberg, Stefan	16. 11. 92	18. 10. 41

Vorsitzende Richter

Deglmann, Karl	1. 3. 93	5. 2. 43
Mürbe, Manfred	1. 5. 93	10. 1. 54
Bischoff, Günther	1. 9. 99	15. 9. 43
Dr. Kirchknopf, Klaus	15. 6. 00	15. 10. 43
Helms, Götz	16. 8. 01	16. 3. 45

Richterinnen/Richter

Herrmann, Markus	15. 11. 82	14. 6. 50
Dr. Ulbrich, Clemens	1. 4. 83	27. 10. 52
Fenster, Beate	1. 6. 84	21. 2. 54
Mengele, Monika, 1/2	1. 11. 86	5. 1. 55
Merk, Gabriela, 1/2, beurl.	1. 12. 89	18. 1. 58
Grenzstein, Brigitte	1. 11. 90	3. 4. 60
Zitzelsberger, Klaus	1. 7. 91	1. 5. 61
Braun, Nicolai	16. 9. 99	21. 7. 70
Kirschner, Thomas	1. 8. 00	16. 1. 71
Kiemel, Simone	1. 5. 01	27. 3. 70
Seitzer, Peter	1. 11. 02	6. 3. 53
Menzel, Bernhard	1. 9. 03	16. 6. 72

Amtsgerichte

Günzburg 122 636
Schlossplatz 3, 89312 Günzburg
Tel. (0 82 21) 9 08-0, Kurzwahl 70 69-0
Fax: (0 82 21) 9 08-1 00
E-Mail: Poststelle@ag-gz-byern.de

1 Dir, 1 stVDir, 7 R

Weigand, Klaus-Jochen, Dir	1. 12. 02	17. 7. 49
Mock, Reinhod, stVDir	1. 5. 03	3. 12. 56
Wurm, Hansjörg	9. 10. 78	7. 11. 43
Schöler, Gisbert	1. 3. 82	17. 6. 48
Seitzer, Peter[1]	1. 7. 82	6. 3. 53
Groß, Roland	1. 7. 83	5. 10. 53
Mörrath, Klaus	1. 11. 86	1. 4. 56
Huber, Christian	1. 5. 93	11. 8. 62
König, Daniela	1. 11. 99	10. 3. 70
König, Kathrin, 1/2, beurl.	1. 1. 04	30. 3. 73
Braun, Franziska, 1/2	1. 12. 04	26. 5. 73

Memmingen 177 049
Buxacher Str. 6, 87700 Memimngen
Tel. (0 83 31) 1 05-0, Kurzwahl 71 09-0
Fax (0 83 31) 1 05-2 45
E-Mail: Poststelle@ag-mm.bayern.de

1 Dir, 1 stVDir, 9R

Dimmling, Hermann, Dir	1. 8. 88	24. 10. 42
Heinrich, Axel, stVDir	1. 2. 94	26. 2. 45
Erhardt, Dietrich Jacob	15. 5. 82	7. 11. 52
Frhr. von Castell, Franz	1. 11. 84	26. 5. 53
Krause, Herbert	—	—
Klotz, Dieter	—	—
Roßdeutscher, Barbara	—	—
Mock, Brigitte, 1/2	1. 2. 90	29. 7. 59
Dr. Veit, Markus	1. 10. 91	24. 2. 56
Stangler, Wolfgang	1. 4. 95	6. 3. 63
Nielsen, Stefan	18. 6. 98	6. 6. 68
Kümmerle, Kathrin	1. 4. 00	19. 7. 68
Schuhmaier, Sabine, 1/2	1. 4. 03	11. 5. 73

Neu-Ulm 163 504
Schützenstr. 17, 89231 Neu-Ulm
Tel. (07 31) 7 07 93-0, Kurzwahl 71 23-0
Fax (07 31) 7 07 93-38
E-Mail: Poststelle@ag-nu.bayern.de

Zweigstelle Illertissen
Schloßgebäude Nr. 2, 89257 Illertisen
Tel. (0 73 03) 30 94, Kurzwahl 70 79
Fax (0 73 03) 96 94-31

1 Dir, 1 stVDir, 9 R

---

[1] Ab 1.11.2002 weiteres Richteramt.

LG-Bezirk München I   OLG-Bezirk München **BY**

Dr. Münzenberg, Bernt, Dir	1. 4. 03	12. 8. 58
Mayer, Thomas, stVDir	1. 11. 02	3. 8. 54
Kummert, Werner	1. 6. 81	2. 3. 52
Steiner, Ursula	1. 8. 89	10. 4. 58
Lang, Bernhard	1. 9. 90	2. 7. 60
Buck, Gabriele, 1/2	1. 4. 94	7. 6. 63
Weingart, Antje	1. 12. 94	25. 4. 64
Rossa, Andrea	15. 3. 95	3. 8. 63
Binder, Thomas	1. 8. 97	31. 12. 63
Dr. Schiller, Stephan, haArbGemL, abg.	16. 8. 99	14. 5. 66
Mihatsch, Ulrike, beurl.	25. 10. 00	10. 10. 65
Hermann, Christof	1. 3. 02	3. 8. 72
Tolkmitt, Thorsten	1. 2. 03	30. 5. 73
von Mengden-Breuker, Katrin	1. 12. 03	10. 7. 74
Aschenbrenner, Heike[1]	16. 10. 05	4. 4. 74

Landgerichtsbezirk München I

Landgericht München I E 1 555 358
Prielmayerstr. 7, 80097 München
Tel. (0 89) 55 97-03, Fax (0 89) 55 97-29 91
E-Mail: Poststelle@lg-ml.bayern.de
Pressestelle:
RLG Harriet Weber,
Tel. (0 89) 55 97-22 86, Fax (0 89) 55 97-18 63
E-Mail: Harriet.Weber@lg-ml.bayern.de
www.justiz.bayern.de/lgmuenchen1

1 Pr, 1 VPr, 69 VR, 83 R

Präsidentin

Angerer, Constanze	1. 11. 01	4. 12. 43

Vizepräsident

Spielbauer, Thomas	1. 4. 03	23. 11. 50

Vorsitzende Richterinnen/Vorsitzende Richter

Berndl, Erich	1. 12. 85	16. 8. 41
Wahl, Wolfgang	1. 9. 86	12. 9. 42
Säugling, Theodor	10. 1. 89	16. 1. 43
Müller, Heinz	1. 8. 89	1. 12. 41
Dr. Königshöfer, Ulrich	1. 11. 89	12. 4. 43
von Behr, Burchard	15. 6. 90	18. 11. 42
Dr. Meyer, Manfred	1. 3. 94	10. 9. 43
Pecher, Brigitte	1. 4. 94	17. 5. 48
Dr. Lieber, Helmut	16. 5. 94	31. 5. 44
Wiegand, Wolf-Stefan	1. 11. 94	19. 1. 51

[1] Ab 16.10.2005 weiteres Richteramt.

Hecker, Volker	1. 1. 95	27. 4. 42
Ulrich, Werner	1. 1. 95	24. 9. 44
Ruderisch, Matthias	1. 1. 97	11. 7. 53
Dr. Dauster, Manfred, beurl.	1. 12. 97	10. 7. 55
Hinner-Kärtner, Maria	—	—
Stapf, Helmut, beurl.	1. 3. 98	2. 2. 55
Knöringer, Huberta	1. 4. 98	31. 10. 47
Eckert, Joachim	1. 5. 98	15. 7. 48
Zimmer, Frank	1. 5. 98	13. 12. 54
Baier, Reinhold	1. 5. 98	17. 11. 55
Altenbucher-Königsdorfer, Helmut	6. 5. 98	24. 11. 45
Marek, Helga	1. 1. 99	12. 2. 44
Dr. Schärtl, Heinz	1. 4. 99	22. 12. 42
Ottmann, Christian	1. 8. 99	25. 3. 48
Götzl, Manfred	1. 9. 99	12. 12. 53
Schneider, Guntram	—	—
Dr. Steiner, Thomas	1. 12. 99	14. 6. 57
Schott, Peter	1. 3. 00	17. 6. 45
Waitzinger, Elisabeth	1. 3. 00	9. 6. 59
Kaess, Thomas	1. 7. 00	18. 6. 47
Datzmann, Rosi	1. 8. 00	26. 3. 51
Dr. Debo, Arno	—	—
Schmid, Brigitte, beurl.	—	—
Straßmeier, Paul	1. 9. 00	14. 1. 48
Dr. Schmidt, Andrea, 1/2	1. 9. 00	23. 1. 59
Dr. Stackmann, Nikolaus	—	—
Dr. Wolf, Gilbert	1. 9. 00	29. 9. 60
Bischoff, Stefan	1. 10. 00	16. 10. 53
Retzer, Konrad	—	—
Schuldes, Wolfgang	2. 10. 00	3. 7. 47
Brackmann, Gerhard	1. 1. 01	4. 7. 47
Dr. Steinlehner-Stelzner, Birgitta	1. 10. 01	10. 1. 56
Sardemann, Jochen	1. 3. 01	24. 2. 45
Grossmann, Gerhard	1. 3. 01	8. 3. 45
Jörg, Klaus-Peter	1. 12. 01	24. 3. 49
Kurzweil, Elisabeth	1. 12. 01	6. 1. 55
Clos, Hanspeter	1. 1. 02	20. 12. 44
Zeilinger, Jutta	1. 3. 02	21. 10. 54
Dolega, Dietrich	1. 6. 02	3. 12. 45
Clementi, Barbara, 1/2	1. 10. 02	19. 7. 62
Dr. Brandhuber, Klaus	1. 3. 03	1. 3. 60
Dr. Krenek, Helmut	16. 7. 03	30. 5. 61
Bodenburg, Gerold	1. 8. 03	4. 7. 44
Schelle, Franz	1. 8. 03	26. 1. 47
Riedemann, Norbert	1. 9. 03	9. 3. 60
Kobel, Herbert	16. 12. 03	17. 5. 46
Hock, Stephan	16. 7. 04	18. 7. 60
Noll, Peter	—	—
Lorenz, Alois	1. 10. 04	14. 10. 54
Scholz, Martin	1. 10. 04	7. 6. 59
Gräfin von Ballestrem, Sophie	—	—
Weber, Dirk	16. 11. 04	18. 2. 56

BY OLG-Bezirk München — LG-Bezirk München I

Name	Date 1	Date 2
Mai, Ralf Torsten	16. 4. 05	4. 6. 56
Kirchinger, Stephan	16. 7. 05	8. 8. 57
Dr. Fischer, Renate	1. 8. 05	16. 8. 63
Gerhardinger-Stich, Anna	—	—
Weber, Harriet	16. 1. 06	22. 12. 53
Bartel, Rüdiger	1. 2. 06	5. 11. 55
Denz, Thomas	1. 2. 06	27. 5. 61

Richterinnen/Richter

Name	Date 1	Date 2
Krebs, Susanne	—	—
Monot, Waltraud	1. 1. 75	18. 5. 41
Weber, Gerhard	1. 4. 75	25. 9. 44
Bergler, Wolfgang	1. 1. 76	13. 6. 41
Dr. Appoldt, Friedrich	1. 7. 76	21. 8. 44
Erler, Herbert	1. 5. 78	4. 5. 46
Dr. Bogner, Wilhelm	1. 10. 78	21. 7. 48
Glück, Christine	16. 10. 78	11. 7. 46
Lutzenberger, Heinrich	1. 11. 78	15. 4. 47
Genest, Hildegard, $1/2$	11. 11. 78	28. 3. 48
Falkenberg, Gabriele	2. 2. 79	1. 11. 49
Martini, Johann-Christoph	16. 10. 80	14. 11. 50
Wagner, Brigitte, $1/2$, beurl.	15. 10. 82	4. 2. 51
Thiermann, Alexandra	1. 11. 82	30. 4. 53
Glocker, Elisabeth, $1/2$	16. 10. 83	5. 7. 54
Kustermann, Ilse, $1/2$	1. 11. 84	28. 7. 54
März-Lehmann, Michaela, $1/2$, beurl.	1. 12. 85	28. 6. 53
Berger-Ullrich, Cornelia, $1/2$	15. 12. 86	2. 4. 56
Mickat, Klaus	—	—
Seebacher, Hannes	1. 8. 87	2. 7. 47
Pfaller, Josef	1. 10. 87	24. 1. 56
Mai, Ralf Torsten	1. 7. 88	4. 6. 56
Kerscher, Ingrid, $1/2$	—	—
Rieger, Hans-Jörg	6. 8. 90	27. 2. 58
Reiter, Gabriela, $1/2$, haArbGemL	1. 1. 91	30. 5. 60
Weitnauer, Christina, $1/2$	1. 1. 91	28. 8. 60
Kittlaus, Auguste, $1/2$	1. 7. 91	17. 3. 57
Odersky, Michaela	1. 1. 92	6. 3. 61
Popp-Lossau, Birgit	—	—
Baumgartner, Michael	1. 10. 92	2. 10. 60
Köhler, Martina, $1/2$	—	—
Kratzer, Rita, $1/2$	1. 1. 93	5. 7. 49
Müller, Andreas, abg.	1. 8. 93	11. 12. 61
Wittmann, Petra, $1/2$	1. 8. 93	5. 1. 63
Hamberger, Robert	1. 9. 93	24. 5. 62
Ehrl, Elisabeth	1. 10. 93	13. 6. 62
Dr. Röthlein, Cornelia	1. 11. 93	18. 6. 56
von Schickfus, Ute, $1/2$	13. 1. 94	20. 9. 47
Berger, Ingrid, $1/2$	18. 2. 94	21. 8. 62
Rhein, Monika, $1/2$	—	—
Brychcy, Cordula	1. 8. 94	4. 6. 63
Dr. Karpf, Tamara, $1/2$	1. 1. 94	17. 8. 64
Dr. Lang, Peter	1. 11. 94	15. 1. 63
Paula, Michaela, $3/4$	1. 5. 95	2. 7. 66
Kramer, Aksel, haArbGemL	1. 7. 95	13. 2. 63
Falk, Peter	1. 2. 96	5. 7. 64
Wegewitz, Claudia, $1/2$	1. 2. 96	15. 9. 64
Dr. Bauer, Claudia, $1/2$	—	—
Gößmann, Christine, $1/2$	1. 11. 96	20. 5. 65
Dr. Sieber, Marion, $1/2$, beurl.	—	—
Kuhmann, Maximliane, $1/2$	—	—
Weder, Dietrich	1. 1. 97	7. 8. 64
Dr. Tholl, Frank	1. 1. 97	24. 10. 66
Dr. Seuß Pizzoni, Melanie, $1/2$	1. 2. 97	10. 11. 60
Dr. Lutz, Gesa, $1/2$	—	—
Grünheid, Sabine, beurl.	1. 6. 97	2. 5. 65
Dr. Guntz, Peter	1. 7. 97	5. 7. 66
Dr. Ledermann, Judith, $1/2$	—	—
Fenzl, Ute, $1/2$	—	—
Dr. Angerer, Karin, $1/2$	—	—
Dr. Westphal, Karsten, haArbGemL, abg.	1. 5. 98	28. 4. 65
Henn, Ingrid	1. 8. 98	15. 12. 65
Dr. Höfelmann, Elke, abg.	1. 1. 99	3. 9. 67
Schiefer, Christina, $1/2$, haArbGemL	1. 6. 99	1. 3. 65
Dr. Godulla, Dagmar, $1/2$, beurl.	1. 7. 99	5. 11. 66
Eilers, Silvia, $1/2$	—	—
Dr. Otte, Lars	—	—
Dr. Althaus, Michaela, $1/2$	15. 8. 00	15. 8. 68
Schlosser, Florian	1. 1. 01	1. 9. 69
von Geldern-Crispendorf, Beate, $1/2$	1. 3. 01	30. 3. 65
Bombe, Bernhard	1. 4. 01	8. 7. 65
Dr. Zigann, Matthias	1. 5. 01	31. 8. 68
Kern, Susanne, $1/2$, beurl.	1. 5. 01	28. 7. 72
Zobel, Andrea	16. 6. 01	29. 8. 71
Antor, Stephanie, $5/7$	1. 10. 01	29. 6. 72
Meinhardt, Lars	1. 11. 01	5. 12. 69
Geißler, Bettina	15. 11. 01	23. 8. 71
Dörmer, Sigrid, $1/2$	—	—
Burkhardt, Florian	1. 12. 01	21. 12. 71
Hambach, Anja, $1/2$	—	—
von Alvensleben, Birka	1. 1. 02	29. 5. 69
Lang, Marion, $1/2$, beurl.	1. 1. 02	22. 2. 70
Baumgärtel, Julia	1. 1. 02	20. 6. 72
Dr. Frank, Peter	—	—
Krätzschel, Holger, haArbGemL	—	—
Mühlbauer, Katja, $1/2$, beurl.	1. 4. 02	22. 9. 71
Osthoff, Petra	15. 4. 02	30. 8. 72
Dr. Bartl, Annette	1. 5. 02	27. 12. 70
Dr. Schwarz, Stefanie	1. 5. 02	12. 2. 71
Hartleb, Klaus-Dieter	1. 6. 02	18. 9. 70

LG-Bezirk München I   OLG-Bezirk München   **BY**

Dopheide, Oliver	1. 7. 02	11. 10. 71
Hubbert, Marc	1. 8. 02	18. 3. 71
Pichlmaier, Tobias	—	—
Weiß, Christian	1. 10. 02	8. 10. 71
Freifrau von Massenbach,		
Christine, ½, beurl.	16. 12. 02	17. 6. 73
Schütz, Wolfram	10. 4. 03	29. 4. 74
Steinkraus-Koch, Thomas	1. 5. 03	1. 5. 70
Dr. Böcher, Urs Peter	1. 6. 03	14. 8. 68
Dr. Bordherr, Anke	1. 7. 03	10. 5. 72
Serini, Christiane	1. 7. 03	21. 9. 73
Dr. Schriever, Sara	1. 11. 03	16. 8. 72
Dr. Hörl, Stephanie	—	—
Sehr, Andreas	1. 2. 04	31. 12. 69
Binder-Emrich, Annette,		
½, beurl.	1. 2. 04	27. 6. 71
Dr. Rossig, Heike, ½	1. 4. 04	1. 9. 72
Selzam, Nicole	1. 5. 04	16. 7. 05
Promies, Vera	26. 5. 04	17. 6. 73
Dr. Schreiber, Markus	1. 6. 04	30. 4. 74
Dr. Hartmann, Frank	—	—
Meier, Brigitte	—	—
Tilmann, Gabriele	1. 3. 05	12. 3. 73
Liebhart, Christian	1. 12. 05	27. 4. 74
Ziera, Björn	—	8. 4. 73

Amtsgericht

Amtsgericht München   1 555 358
Pacellistr. 5, 80315 München
Tel. (0 89) 55 97-06, Fax (0 89) 55 97-35 74
E-Mail: Poststelle@ag-m.bayern.de
Pressestelle: w.aufsR Dr. Bernhard Schneider
Tel. (0 89) 55 97-32 81, Fax (0 89) 55 97-35 74
E-Mail: Bernhard.Schneider@ag-m.bayern.de
www.ag-m-bayern.de

1 Pr, 1 VPr, 16 w.aufsR, 169 R

Präsident

Zierl, Gerhard	1. 3. 02	18. 4. 49

Vizepräsident

Pfeifer, Siegfried	15. 12. 01	25. 8. 41

weitere aufsichtsführende Richterinnen/Richter

Dr. Willer, Heinz	1. 5. 93	2. 10. 45
Mecklinger, Karl Heinz	1. 7. 93	1. 2. 45
Simper, Wolfgang	1. 7. 93	7. 7. 48
Dr. Bußmann, Erich	1. 11. 94	11. 11. 43
Krach, Josef	1. 11. 94	30. 1. 50
Römmelt, Dieter	1. 1. 98	29. 3. 43
Landgraf, Jörg	1. 10. 00	10. 9. 55
Tacke, Hajo	1. 10. 00	3. 12. 57

Dr. Schneider, Bernhard,		
abg. zu ¹/₁₀	1. 2. 01	4. 1. 57
Kempf, Elisabeth	1. 4. 01	16. 2. 59
Hübel, Kurt	1. 12. 01	16. 10. 48
Dr. Fellmann, Gabriele	15. 6. 01	15. 7. 45
Trapp, Sibylle	1. 3. 02	11. 12. 54
Höhne, Michael	1. 4. 02	5. 2. 60
Groll, Ulrike	1. 7. 04	6. 4. 50
Unnützer, Wolfgang	1. 10. 04	24. 10. 51

Richterinnen/Richter

Schneider, Heidemarie	1. 6. 71	25. 9. 42
Mebs, Helmut	1. 10. 72	26. 4. 43
Schlüter, Dietrich	1. 3. 74	17. 6. 41
Pinter, Ulrich	1. 10. 74	2. 7. 43
Nehm, Birgit, ½	11. 10. 74	26. 7. 44
Schilling, Bernd	1. 12. 74	15. 4. 42
Dr. Kreutzer, Hartmut	—	—
Weimann, Johann	1. 4. 75	5. 3. 42
Mehlhorn-Hamel, Gerd	1. 5. 75	9. 7. 43
Campbell, Bert	16. 6. 75	6. 4. 43
von Eggelkraut-Gottanka,		
Benedikt	18. 9. 75	11. 9. 45
Bauer, Frauke	1. 10. 75	13. 4. 43
Wickop, Franz	31. 10. 75	26. 8. 43
Strehlow, Rainer	16. 3. 76	11. 7. 44
Burckhardt, Gottfried	2. 7. 76	15. 6. 44
Herrmann, Horst	1. 8. 76	1. 10. 53
Dr. Ernst, Ludwig	16. 10. 76	17. 2. 45
Henkel, Friedrich	—	—
Schmid, Reinhard	1. 1. 77	25. 5. 45
Bogner, Peter	—	—
Wagner, Paul	1. 5. 77	13. 5. 47
Maier, Günter-Werner	16. 5. 77	5. 10. 46
Eben, Christine, ½	20. 5. 77	4. 10. 44
Klasing, Hans Joachim	1. 7. 77	14. 4. 47
Gründl, Franz Xaver, ½	1. 8. 77	11. 6. 46
Voß, Rudolf	1. 11. 77	9. 7. 45
Hillenmeyer, Rudolf	16. 11. 77	4. 4. 47
Dr. Seidl, Helmut	9. 12. 77	16. 5. 48
Hubbert, Wilhelm	1. 1. 78	16. 8. 44
Pöppel, Gerard	1. 1. 78	21. 4. 46
Knoll-Künneth, Christa	—	—
Lutz, Eva, ½	—	—
Kurka, Dorothee	1. 7. 78	30. 6. 47
Wetekamp, Axel	1. 7. 78	28. 9. 47
Scheipl, Gabriele	1. 8. 78	28. 2. 45
Lebert, Christian	1. 11. 78	5. 3. 48
Nowotny, Friedrich	1. 12. 78	18. 12. 45
Rank, Hans Peter	1. 1. 79	24. 9. 47
Bachmeier, Werner	1. 4. 79	13. 2. 47
Wolferstätter, Werner	1. 7. 80	7. 1. 48
Reichert, Gabriele	—	—
Wunderlin, Dorothea	1. 10. 80	8. 4. 51
Eder, Rotraud	—	—

BY OLG-Bezirk München   LG-Bezirk München I

Name	Datum 1	Datum 2
Feistkorn, Robert	1.12.80	12. 8.49
Steigenberger, Hans-Ulrich	1. 7.81	15.12.49
Farnbacher, Thomas	1.11.81	8. 9.50
Dr. Klein, Gerhard	1. 3.82	17. 4.45
Zimmermann, Doris	—	—
Schröder, Gertrud, 3/4	1. 6.82	14. 6.51
Schmitz, Gerd	1. 6.82	30. 9.53
Opitz-Bergmaier, Jutta	18. 6.82	24. 4.45
Axhausen, Petra	1. 7.82	24. 4.52
Fischer, Elisabeth, 1/2	—	—
Senft, Oskar	—	—
Dr. Biberacher, Johann-Georg	—	—
Weiß-Stadler, Irmengard, 1/2	1.11.84	31. 7.55
Mayer, Rudolf	1. 3.85	25. 8.50
Benzler-Herz, Verena	1. 7.85	15. 1.55
Kappenschneider, Anna, 1/2	1. 7.85	25. 5.55
Anke, Claudia	—	—
Dr. Bandemer, Dagmar		
Biedler von Bessenyö, Ulla	—	—
Broich, Marie-Luise	1. 8.86	23.11.55
Gawinski, Wolfgang	1.10.86	9. 5.55
Bär, Raimund	—	—
Benesch, Birgit		
Biegelsack, Horst	1. 9.87	13.10.56
Königshöfer, Eva	1.10.87	12. 3.55
Gottstein, Michael		
Broßardt, Sigrun, 3/4	1. 7.88	2. 4.57
Kufner-Piser, Gisela	1. 7.88	11. 6.57
Bader, Ute, 1/2	18.11.88	3. 3.58
Simon, Gerhard	1.12.88	3. 7.57
Schalkhäuser, Vera, 3/4	10.12.88	20. 6.58
Jonasch, Brigitte	14. 3.89	22. 2.55
Polack, Sybille	29. 3.89	3. 9.58
Dr. Prechtel, Günter		
Hemmerich, Susanne	1. 4.89	20.12.58
Kretzschmar, Ludwig	14. 4.89	6. 9.57
Engel, Ludwig	14. 5.89	16. 2.55
Aschenbrenner, Franz	1. 7.89	25.12.56
Berg, Christian, abg.	1. 8.89	6. 1.58
Dr. Beyerle, Peter	1.10.89	30. 5.58
Dr. Pollinger, Andreas	—	—
Jung, Thomas	1.12.89	13.12.58
Sehlke, Manfred	1.12.89	26.12.58
Brockmann-Jooß, Maria-Theresia	—	—
Forstner, Andreas	—	—
Hümmer, Beate	1. 1.90	4. 8.58
Fischer, Silvia, 3/4	1. 3.90	22. 2.58
Dr. Schmid, Jürgen	1. 6.90	10. 1.60
Redl, Gabriele	1. 8.90	19. 4.58
Prell, Vera	1. 9.90	3. 4.59
Götz, Isabella, 1/2	1.10.90	25.10.57
Walk, Justine, 1/2	1.12.90	21. 1.61
Mayer, Christine, 1/2	1. 2.91	13.10.59
Holstein, Regina	10. 2.91	5. 4.59
Dudek, Wilfried	—	—
Schnorfeil, Arthur	1. 5.91	28. 8.55
Stubenvoll, Eugen	1. 6.91	15. 4.60
Rogaschewski, Brigitte	1.12.91	29. 3.61
Brunn, Birgit, beurl.	—	—
Krause, Gabriele, 1/2	1. 1.92	3.11.60
Eggers, Silke, abg.	1. 5.92	16. 3.60
Dr. Meidinger, Andrea	1. 5.92	26. 7.61
Dr. Haag, Robert	17. 6.92	29. 3.59
Gassner, Christian	1. 9.92	29. 3.61
Backa, Karin		
Birkhofer-Hoffmann, Sonja, 1/2	1.10.92	26. 2.62
Andreß, Monika, 1/2	1.10.92	15. 9.62
Dingerdissen, Kai	1. 5.93	15.11.60
Sachenbacher, Ulrike	1. 6.93	26.12.61
Stadt, Christian	1.10.93	9. 4.63
Rhein, Markus	1.10.93	7. 7.63
Plotz, Gisela, beurl.	1.11.93	25.11.56
Ziegler, Elisabeth	1.11.93	28. 4.62
Schimpfhauser, Doris	1. 3.94	2. 6.58
Jungwirth, Johannes	1. 4.94	19. 4.62
Müller, Thomas	10. 4.94	9. 4.62
Thiemann, Christiane, 1/2	1. 5.94	11. 1.59
Klotz, Ingrid	1. 7.94	14. 9.62
Dr. Bornstein, Volker	—	—
Daimer, Christian, 3/4	1. 9.94	27. 6.64
Laufenberg, Susanne, 3/4	16. 9.94	17. 6.61
Kaps, Ingrid	1.12.94	14. 4.59
Wackerbauer, Thomas	1. 2.95	12. 1.63
Gnöncke-Müller, Petra	1. 4.95	6. 2.63
Sassenbach, Birgit, 1/2	1. 4.95	17. 8.64
Dr. Habers, Nicolas	16. 4.95	15.11.61
Waldhauser, Karin, 3/4	1. 5.95	22. 7.55
Bock, Hildegard, 1/2	1. 6.95	24. 1.61
Jüngst, Klaus-Peter	—	—
Silberzweig, Sylvia, 1/2	—	—
Adam-Mezger, Heike, 1/2	25.10.95	11. 5.64
Saxinger, Georg	1.11.95	26.10.64
Eisenmann, Margret, 1/2	1. 2.96	18. 3.65
Kurscheidt, Claudia, 1/2	1. 3.96	13. 8.64
Wolfrum, Regina, 1/2	—	—
Dr. Ciolek-Krepold, Katja, 1/2, beurl.	1. 4.96	4.11.64
Grain, Robert	1. 4.96	9. 4.65
Hunert, Siegrid, 3/4	1. 4.96	9. 5.65
Jung, Eva-Maria, 3/4		
Weißbach, Kirsten	1. 8.96	22. 4.66
Gleisl, Anton	1.12.96	18. 5.65
Ledermann, Klaus	1. 1.97	13. 3.67
Eppelein-Habers, Sabine, 1/2	—	—
Kehl, Sabine		
Keita, Julia, 1/2	1. 9.97	16. 7.63

LG-Bezirk München II   OLG-Bezirk München   **BY**

Karrasch, Christiane	1. 10. 97	25. 6. 68
Nappenbach, Yvonne, ½	1. 12. 97	23. 9. 67
Breinl, Benedikt, ¾	1. 2. 98	8. 6. 66
Tischler, Marion, ½	1. 3. 98	15. 10. 67
Dr. Kühn, Ulrich	1. 4. 98	22. 7. 67
Kroner, Stephen	1. 5. 98	19. 11. 68
Bogusch, Ulrike, ½	1. 8. 98	2. 12. 66
Dr. Schneider, Anette, ½	1. 11. 98	29. 9. 66
Dr. Römer, Petra	1. 12. 98	6. 5. 69
Schmitt, Martina, ½	28. 12. 98	26. 11. 65
Brinkmöller, Barbara, ½	18. 1. 99	6. 8. 63
Wimmer, Kerstin, beurl.	1. 1. 99	4. 9. 68
Fischer, Jürgen Heiko	1. 2. 99	18. 2. 69
Grape, Andrea	1. 2. 99	17. 3. 69
Kuhn, Sabine, ½	1. 6. 00	11. 4. 69
Dr. Holzinger, Ulrike, ¾	1. 8. 99	1. 12. 66
Viganó, Pia, ½	1. 12. 99	16. 2. 68
Weinhofer, Michaela	1. 8. 00	9. 9. 67
Zeug, Andreas	17. 8. 00	28. 2. 70
Arend, Aurelia	1. 10. 00	3. 9. 70
Schaulies, Frank	1. 11. 00	5. 1. 69
Dr. Perschl, Christine, ½	1. 11. 00	8. 2. 69
Koppenleitner, Markus	1. 1. 01	16. 2. 69
Dr. Girnghuber, Gudrun, ½	1. 3. 01	19. 5. 67
Findl, Richard	14. 6. 01	19. 5. 69
Dr. Lenz, Melanie, ½	1. 7. 01	18. 9. 70
Schätzl, Andreas	1. 11. 01	21. 3. 68
Kampf, Birgit, beurl.	—	—
Evers, Gunilla	1. 2. 02	6. 7. 68
Suerbaum, Ulrike	1. 4. 02	31. 3. 70
Leiding, Anne-Marie	1. 7. 02	9. 10. 71
Lefkaditis, Michael	1. 10. 02	6. 8. 70
Jahrbeck, Johannes	17. 10. 02	6. 3. 69
Emmerich, Jost	1. 2. 03	25. 3. 71
Hahn, Ulrike	1. 4. 03	6. 8. 71
Eminger, Kirsten	1. 5. 03	19. 2. 74
Gliwitzky, Florian	1. 7. 03	26. 3. 73
Veitenhansl, Konrad	27. 7. 03	27. 7. 71
Schinzel, Susanne	1. 8. 03	10. 7. 74
Burgmeier, Birte, ½	1. 9. 03	2. 5. 74
Gerok, Bernhard	1. 11. 03	6. 4. 72
Hanselmann, Jürgen	1. 11. 03	16. 4. 73
Dr. Lenhart, Benjamin	1. 12. 03	11. 2. 73
Müller, Markus	1. 12. 03	2. 2. 74
Dietz, Alexandra, ½, beurl.	1. 1. 04	3. 10. 69
Hamel, Patricia	1. 4. 04	20. 8. 73
Greim, Kristina	1. 4. 04	18. 8. 74
Menrath, Martina	17. 4. 04	26. 3. 73
Brunner, Christine, beurl.	1. 6. 04	22. 1. 72
Bärtle, Bettina	1. 8. 04	10. 7. 72
von Engel, Achim	1. 9. 04	15. 2. 74
von Hirschfeld, Claudia	—	3. 4. 75
Dettenhofer, Betina, ½	1. 3. 05	22. 8. 72
Steib, Christian	1. 3. 05	19. 2. 72

Landgerichtsbezirk München II

Landgericht München II   1 014 842
Denisstr. 3, 80335 München
Tel. (0 89) 55 97-04
Fax (0 89) 55 97-35 61 (Zivilkammer)
55 97-48 95 (Strafkammer)
E-Mail: Poststelle@lg-m2.bayern.de
Pressestelle: RLG Isabell Liesegang
Tel. (0 89) 55 97-41 58, Fax (0 89) 55 97-48 95
E-Mail: Isabell.Liesegang@lg-m2.bayern.de

1 Pr, 1 VPr, 20 VR, 29 R

Präsident

Singer, Raphael	1. 8. 01	4. 1. 44

Vizepräsident

Glocker, Bernhard	1. 10. 01	14. 11. 53

Vorsitzende Richterinnen/Richter

Stinner, Jürgen	1. 3. 96	6. 1. 44
Alt, Ralph	1. 4. 96	16. 8. 47
Hintersaß, Hans-Jochen	1. 10. 96	13. 2. 44
Wagner, Wolfgang	1. 2. 97	6. 2. 52
Weitmann, Walter	1. 6. 98	23. 3. 47
Pater, Wolf-Dietrich	15. 7. 99	21. 10. 46
Antor, Stefan	1. 2. 00	9. 7. 55
Zindler, Bernhard	1. 10. 00	20. 9. 46
Wittig, Wilfried	1. 10. 01	27. 8. 51
Stelzner, Thomas	1. 1. 02	19. 10. 55
Baumgärtel, Dörte	1. 2. 02	20. 1. 43
Baumann, Harro	1. 8. 02	14. 7. 43
Specht, Gerhard	16. 10. 02	7. 7. 52
Madlindi, Rolf-Dieter	16. 3. 03	19. 2. 48
Lerch, Hermann	16. 7. 04	26. 4. 52
von Zezschwitz, Sylvia	1. 8. 04	20. 5. 48
Sedlbauer, Hubert	1. 9. 04	20. 1. 46
Biedermann, Rainer	1. 2. 05	13. 9. 43
Rieder, Martin	1. 6. 05	11. 4. 57
Loose, Hans-Peter	16. 11. 05	2. 5. 51

Richterinnen/Richter

Dr. Irsfeld-Müller, Anna-Margret	16. 5. 75	6. 11. 43
Lippstreu, Detlef	1. 1. 76	8. 1. 43
Dörner, Edgar	1. 5. 78	2. 8. 44
Grote, Brigitte	15. 3. 82	25. 2. 52
Förschner, Klarissa, ½, beurl.	1. 12. 82	7. 9. 51
Hoffmann, Thomas	—	—
Meßner, Hans-Joachim	1. 7. 87	24. 7. 56
Ramspeck, Roland	1. 9. 89	21. 2. 58

BY OLG-Bezirk München　　　　　　　　　　　　LG-Bezirk München II

Dr. Schwegler, Christa	1. 6. 91	30. 5. 59
Pfluger, Helga, 1/2	2. 11. 92	17. 11. 60
Liesegang, Isabel	1. 7. 93	13. 11. 61
Dr. Bauer, Monika, 1/2	1. 7. 94	15. 3. 64
Partin, Renate, 1/2	22. 5. 95	19. 7. 63
Urban, Renate, 1/2	1. 10. 95	10. 6. 64
Dr. Fuchs, Tobias, ha ArbGemL, zu 1/2 abg.	1. 1. 97	29. 11. 65
Hernicht, Harald	16. 8. 97	26. 10. 66
Turkowski, Clemens	1. 9. 97	27. 3. 68
Webert-Girshausen, Maria-Theresia, 1/2, beurl.	1. 12. 98	9. 10. 67
Dr. Brünink, Jan-Hendrik, abg.	1. 2. 99	30. 8. 65
Kaestner, Bettina, beurl.	1. 6. 99	10. 5. 69
Dr. Meier, Stephan	1. 8. 99	21. 7. 68
Förnbacher, Bianca, 1/2	1. 8. 00	21. 6. 68
Dr. Feneberg, Johannes	1. 9. 00	28. 7. 69
Engbers, Anja	1. 7. 01	12. 2. 72
Beuting, Karin, beurl.	1. 7. 01	27. 3. 72
Möller, Julia	1. 8. 01	19. 1. 69
Dr. Hayler, Peter	1. 9. 01	17. 4. 70
Mayer, Andrea	1. 12. 01	30. 8. 69
Reichenberger, Klaus	—	—
Werner, Carolin, 1/2	1. 7. 02	11. 11. 72
Hauck, Michael	1. 9. 02	13. 1. 71
Szymanowski, Andreas	1. 1. 03	8. 2. 72
Dr. Treeger-Huber, Barbara	1. 11. 03	30. 11. 72
Dr. Wagner, Andrea	6. 2. 04	13. 2. 71
Tausend, Daniela	1. 6. 04	20. 9. 73
Krusche, Jürgen	1. 9. 04	21. 1. 72

Amtsgerichte

Dachau E 133 480
Schloßgasse 1, 85221 Dachau
Tel. (0 81 31) 70 50
Kurzwahl 70 41-0
Fax (0 81 31) 7 05-1 08
E-Mail: Poststelle@ag-dah.bayern.de

1 Dir, 8 R

Sonnabend, Klaus-Jürgen, Dir	1. 1. 05	29. 3. 48
von Engel, Roswitha, stVDir	1. 7. 01	9. 12. 44
Jelinek, Klaus	1. 8. 82	22. 9. 51
Anderl, Annemarie, 1/2	1. 10. 89	23. 2. 59
Schaffer, Martina	1. 7. 92	2. 2. 60
Steigmayer, Johann	1. 12. 92	2. 7. 59
Lorenz, Stefan	1. 3. 93	19. 10. 62

Haumer, Christine, 1/2	23. 10. 97	2. 4. 68
Käsbohrer, Stefan	1. 3. 04	5. 1. 74

Ebersberg E 122 913
Bahnhofstraße 19, 85560 Ebersberg
Tel. (0 80 92) 2 20 57, Kurzwahl 70 50
Fax (0 80 92) 82 53 14
E-Mail: Poststelle@ag-ebe-bayern.de

1 Dir, 5 R

Felzmann-Gaibinger, Angela, Dir	1. 1. 02	15. 6. 48
Hellwig, Elisabeth, 1/2	—	—
Dr. Rinck, Karin	1. 6. 84	26. 3. 54
Port, Elke, 3/4	1. 8. 87	9. 8. 56
Jacksch-Wittmann, Birgit, 1/2	1. 3. 88	8. 3. 56
Räder-Roitzsch, Cornelia	1. 6. 89	26. 2. 58
Kaltbeitzer, Dieter	1. 7. 91	9. 9. 59
Kick, Otto Wilhelm	1. 9. 92	19. 9. 61

Fürstenfeldbruck E 198 901
Stadelbergerstraße 5, 82256 Fürstenfeldbruck
Tel. (0 81 41) 51 10, Kurzwahl 70 61-0
Fax (0 81 41) 51 11 59
E-Mail: Poststelle@ag-ffb.bayern.de

1 Dir, 1 stVDir, 10 R

Onder, Hellmut, Dir	1. 10. 98	3. 10. 49
Todtenhöfer, Horst-Dieter, stVDir	16. 10. 02	6. 5. 43
Ullrich, Wolfgang	1. 12. 77	12. 3. 47
Heilmann, Eugen	1. 11. 78	4. 2. 48
Dr. Fuchs, Klaus	1. 1. 80	6. 11. 44
Kappenschneider, Anton	1. 10. 80	20. 4. 50
Schütte, Christoph	1. 10. 88	17. 7. 58
Gäbhard, Gerhard	1. 6. 90	16. 9. 60
Schütte, Elisabeth	1. 2. 93	19. 7. 55
Dr. Ramsauer, Martin	1. 10. 93	1. 7. 61

Garmisch-Partenkirchen E 87 013
Rathausplatz 11, 82467 Garmisch-Partenkirchen
Tel. (0 88 21) 5 41 52, Kurzwahl 70 66
Fax (0 88 21) 9 28-1 00
E-Mail: Poststelle@ag-gap.bayern.de

1 Dir, 6 R

Pritzl, Christian, Dir	1. 5. 98	18. 2. 53
Klarmann, Dieter	18. 10. 74	9. 12. 43
Pfluger, Paul Georg	1. 6. 84	13. 11. 53
Dachs, Hans-Joachim	1. 10. 92	19. 5. 61
Dr. Kirsch, Sebastian	1. 8. 96	2. 7. 64
Franck, Andreas	1. 5. 02	1. 10. 71
Geismar, Bernhard	1. 9. 03	24. 5. 73

LG-Bezirk Passau OLG-Bezirk München **BY**

Miesbach E 93 942
Rosenheimer Straße 16, 83714 Miesbach
Tel. (0 80 25) 20 04, Kurzwahl 71 13-0
Fax (0 80 25) 28 09-45
E-Mail: Poststelle@ag-mb.bayern.de

1 Dir, 6 R

Schmid, Klaus-Jürgen, Dir	1. 11. 03	17. 3. 63
Knörr, Thomas	1. 10. 75	7. 9. 44
Maixner, Bernd	1. 7. 79	3. 12. 43
Geißinger, Siegfried	1. 12. 80	28. 10. 47
Leitner, Walter	1. 7. 90	23. 12. 58
Pretsch, Ursula, ½	1. 12. 93	5. 6. 63
Kornprobst, Kornelia, ½	16. 3. 96	30. 1. 65
Ledermann, Stefan	1. 3. 99	2. 6. 69

Starnberg E 128 283
Otto-Gaßner-Straße 2, 82319 Starnberg
Tel. (0 81 51) 1 30 71, Kurzwahl 71 61
Fax (0 81 51) 36 71 84
E-Mail: Poststelle@ag-sta.bayern.de

1 Dir, 1 stvDir, 7 R

Werlitz, Rolf, Dir	1. 4. 05	7. 12. 57
Plattner, Anneliese, stVDir	1. 10. 05	14. 3. 48
Dr. Loesti, Christoph	1. 7. 78	21. 7. 46
Braun, Brigitte	—	—
Dr. Conrad, Christine, ½	1. 10. 92	15. 6. 62
Habdank, Brigitte, ½, beurl.	1. 1. 96	3. 7. 66
Jehle, Ralf	1. 3. 96	22. 5. 65
Henninger, Stephanie, ½	30. 9. 97	8. 10. 67
Marinelli, Alexandra, ½	1. 12. 02	29. 9. 72
Schöfberger, Florian	1. 1. 03	12. 5. 71
Lenz, Thomas	1. 1. 04	18. 4. 73
Böx, Thomas	1. 1. 05	20. 10. 69

Weilheim i. OB E 130 632
Alpenstraße 16, 82362 Weilheim i. OB
Tel. (08 81) 6 20 81, Kurzwahl 71 77-0
Fax (08 81) 9 98-1 00
E-Mail: Poststelle@ag-wm.bayern.de

Zweigstelle Schongau
Amtsgerichtsstraße 2, 86956 Schongau
Tel. (0 88 61) 9 02 64, Kurzwahl 71 51
Fax (0 88 61) 36 71 84

1 Dir, 1 stvDir, 6 R

Dr. Leutenbauer, Siegfried, Dir	1. 11. 01	10. 1. 44
Kranner, Ludwig, stVDir	16. 11. 05	18. 11. 44
Hiefner, Klaus Freiherr Vogt von Hunoltstein, Franz	1. 8. 98	14. 10. 68

Gehri, Claudia	1. 8. 03	24. 10. 73
Schuster, Thomas	1. 9. 03	31. 8. 73
Mayer, Christian	16. 9. 05	17. 5. 75

Wolfratshausen E 119 678
Pfaffenriederstr. 7, 82515 Wolfratshausen
Tel. (0 81 71) 16 06-0, Kurzwahl 71 80-0
Fax (0 81 71) 16 0-66
E-Mail: Poststelle@ag-wor.bayern.de

1 Dir, 6 R

Schöpf, Dieter, Dir	1. 3. 99	5. 9. 54
Gessert-Pohle, Adelinde, stVDir	1. 1. 91	8. 1. 59
Schrötter, Gisela	1. 4. 73	12. 9. 43
Eckermann, Dieter	16. 4. 76	16. 6. 46
Berger, Helmut	1. 9. 92	4. 4. 60
Lupperger, Johann	1. 9. 93	30. 10. 55
Heindl, Rupert	1. 8. 97	26. 8. 66
Dr. Hannamann, Ilsolde, ½	1. 1. 02	29. 8. 68

Landgerichtsbezirk Passau

Landgericht Passau E 321 539
Zengergasse 1-3, 94032 Passau
Tel. (08 51) 3 94-0
Kurzwahl 71 35-0
Fax (08 51) 3 94-1 12
Pressestelle: Tel. (08 51) 3 94-1 02,
Fax (08 51) 3 94-1 03
E-Mail: lg.passau@t-online.de
www.justiz.bayern.de/justiz-passau/lg

1 Pr, 1 VPr, 3 VR, 9 R

Präsident

Prof. Dr. Huber, Michael	1. 7. 04	3. 4. 49

Vizepräsident

N. N.   —   —

Vorsitzende Richterin/Vorsitzende Richter

Haberl, Ludwig	15. 5. 90	5. 10. 41
Dr. Meier-Kraut, Angela	1. 10. 00	14. 10. 56
Dr. Hartmann, Haymo	1. 8. 05	18. 7. 58

Richterinnen/Richter

Zur, Reinhold M.	1. 2. 78	19. 8. 45
Feiler, Walter	1. 4. 89	8. 1. 58
Kraus, Claudia	15. 6. 93	13. 7. 62
Wagner-Humbach, Susanne	1. 4. 94	1. 10. 62

BY OLG-Bezirk München　　　　　　　　　　　　　　LG-Bezirk Traunstein

Raab-Gaudin, Ursula, haArbGemL	1. 12. 94	12. 9. 66
Nistler, Eva, haArbGemL, zu ½ abg.	1. 6. 95	22. 4. 65
Dr. Dornbach, Markus	1. 6. 96	23. 9. 63
Schicho, Manfred	15. 2. 98	5. 8. 67
Heinrich, Jürgen	1. 1. 01	25. 2. 68

Amtsgerichte

Freyung E 81 975
Geyersberger Straße 1, 94078 Freyung
Tel. (0 85 51) 8 35, Kurzwahl 70 60
Fax (0 85 51) 97 01 60
E-Mail: Pressestelleag-frg.bayern.de

1 Dir, 4 R

Huber, Roland, Dir	1. 12. 95	22. 10. 47
Schmidt, Günter	1. 6. 80	5. 1. 50
Schober, Georg	1. 5. 81	9. 10. 50
Neubauer, Günter	1. 12. 90	2. 8. 60

Passau E 239 564
Schustergasse 4, 94032 Passau
Tel. (08 51) 3 94-0, Kurzwahl 71 35-0
Fax (08 51) 3 94-2 33
E-Mail: Poststelle@ag-pa.bayern.de

Zweigstelle Rotthalmünster
Norbert-Steger-Straße 11, 94094 Rotthalmünster
Tel. (0 85 33) 73 42, Kurzwahl 71 50
Fax (0 85 33) 96 08 50

1 Dir, 1 stVDir, 1 w.aufsR, 15 R

Schachner, Josef, Dir	1. 9. 99	9. 10. 44
Huber, Klaus, stVDir	1. 3. 99	2. 8. 41
von Helmersen, Alexander, w.aufsR	16. 1. 03	4. 11. 45
Albrecht, Helmuth	1. 12. 71	9. 11. 41
Haberl, Ute	16. 8. 73	24. 5. 41
Dr. Wastlhuber, Hans	1. 6. 80	10. 2. 48
Hamann, Konrad	1. 11. 84	12. 2. 54
Fischer, Reinhard	1. 6. 85	26. 5. 53
Krinner-Matula, Irene	1. 10. 87	3. 5. 54
Buhmann, Robert	1. 6. 89	27. 1. 54
Heide, Rainer	1. 1. 90	19. 12. 58
Stein, Brigitte, ½ Scheungrab-Krpan, Eva-Maria	1. 8. 90 1. 10. 92	9. 4. 59 8. 4. 61
Utz, Reinhard	1. 7. 93	27. 5. 61
Hutsch, Stefan	1. 4. 94	3. 3. 63
Dr. Mikla, Stefan	16. 4. 94	19. 9. 61
Hansbauer, Barbara, ½	1. 3. 95	3. 3. 64
Burger, Josef	18. 7. 95	12. 6. 64

Erhardt, Stefan[1]	1. 3. 96	30. 7. 63
Lößl, Liane, ½	1. 10. 96	13. 10. 64
Breundl, Stefan	1. 3. 02	22. 3. 71

Landgerichtsbezirk Traunstein

Landgericht Traunstein E 798 173
Herzog-Otto-Straße 1, 83278 Traunstein
Tel. (08 61) 5 60, Kurzwahl 71 64-0
Fax (08 61) 56-2 20
E-Mail: Poststelle@lg-ts.bayern.de
www.justiz.bayern.de/justiz-traunstein
Pressestelle: Tel. (08 61) 56-2 67,
Fax (08 61) 56-2 73

1 Pr, 1 VPr, 13 VR, 23 R

Präsident

Vavra, Edgar	1. 11. 04	22. 9. 44

Vizepräsident

Giese, Wolfgang	1. 12. 05	6. 11. 51

Vorsitzende Richter

Dr. Möbius, Walter	1. 9. 92	11. 10. 49
Becker, Ulrich	1. 11. 95	4. 12. 46
Gruben, Werner	1. 1. 97	17. 11. 46
Niedermeier, Karl	1. 1. 00	21. 12. 46
Dörr, Johann	1. 6. 00	17. 9. 53
Dr. Bösenecker, Karl	1. 7. 00	24. 2. 56
Engelhardt, Helmut	1. 9. 01	29. 4. 52
Kammermeier, Rolf	16. 11. 02	3. 8. 48
Weidlich, Dieter	1. 9. 05	24. 1. 53
Dr. Weidmann, Klaus	1. 9. 05	27. 2. 55
Dr. Zenkel, Hans-Jürgen	1. 1. 06	4. 5. 56
Müller, Wolfgang	1. 2. 06	28. 10. 56
Fuchs, Erich	1. 3. 06	23. 4. 55

Richterinnen/Richter

Häusler, Gernot	16. 1. 70	29. 10. 41
Renner, Heinrich	16. 4. 77	25. 4. 47
Thußbas, Johannes	1. 1. 80	21. 2. 48
Bauer, Margarete	1. 6. 82	26. 8. 52
Dr. Srkal, Thomas, LL. M.	16. 5. 83	9. 10. 52
Mader, Bernhard	1. 9. 87	16. 10. 54
Kohler, Anna, ½	1. 1. 91	18. 6. 56
Dr. Kammergruber, Johannes	1. 2. 91	3. 9. 58
Barthel, Stefan	1. 1. 93	26. 5. 59
Spann, Helmut	1. 2. 93	21. 9. 62
Bezzel, Gerhard	1. 10. 94	15. 9. 64

---

[1] Ab 16.10.05 weiteres Richteramt.

LG-Bezirk Passau   OLG-Bezirk München **BY**

Pollok, Norbert	1. 1. 95	27. 2. 63
Wirth, Raimund	1. 10. 95	30. 3. 65
Kesting, Anja, haArbGemL	1. 3. 96	5. 10. 62
Bartschmid, Andreas	1. 4. 96	28. 9. 63
Bartschmid, Dorothea, ½	16. 4. 96	25. 10. 65
Sedlmeyr, Barbara, ½, beurl.	1. 1. 98	30. 9. 67
Rücker, Barbara	1. 3. 98	13. 6. 66
Geyer, Christina	1. 8. 00	19. 5. 67
Herrmann, Miris	1. 10. 02	22. 12. 72
Sattelberger, Cornelia, ½	1. 3. 03	27. 10. 72
Dr. Winner, Teresa	1. 6. 04	22. 12. 75
Dallmeyer, Tobias	1. 7. 05	6. 11. 72
Dr. Freudling, Martin	1. 3. 06	25. 4. 73

Amtsgerichte

Altötting E 109 367
Burghauser Straße 26, 84503 Altötting
Tel. (0 86 71) 5 06 00
Kurzwahl 70 02
Fax (0 86 71) 50 60-1 40
E-Mail: Poststelle@ag-aoe.bayern.de

Zweigstelle in Burghausen
Stadtplatz 97, 84489 Burghausen
Tel. (0 86 77) 9 61 40
Kurzwahl 70 34
Fax (0 86 77) 96 14 22

1 Dir, 6 R

Michalke, Reiner, Dir	1. 4. 00	30. 11. 41
Schmied, Peter	1. 5. 77	15. 7. 46
Wüst, Dieter	1. 11. 79	11. 6. 49
Dr. Heiß, Johann	10. 10. 82	25. 6. 51
Dr. Moser, Gabriele	1. 8. 85	24. 9. 54
Sonnberger, Thomas	—	9. 7. 71

Laufen E 102 177
Tittmoninger Straße 32, 83410 Laufen
Tel. (0 86 82) 9 11-0
Kurzwahl 71 03-0
Fax (0 86 82) 9 11-78
E-Mail: Poststelle@ag-lf.bayern.de
Pressestelle:
Tel. (0 86 62) 9 11-2 08, Fax (0 86 82) 9 11-5 20

1 Dir, 1 stVDir, 9 R

Dr. Hellenschmidt, Klaus, Dir	1. 4. 04	17. 8. 48
Dr. Burger, Klaus, stVDir	9. 05	7. 1. 56
Becher, Johannes	1. 11. 78	24. 8. 48
Scheungrab, Gerhard	16. 11. 78	24. 3. 46

Seichter, Alfred	1. 4. 80	15. 3. 50
Hippler, Thomas	20. 5. 84	29. 7. 52
Köpnick, Winfried	1. 7. 90	16. 12. 55
Häusler, Thomas	1. 8. 96	22. 5. 62
Schödel, Volker, abg. zu ½	1. 1. 04	3. 2. 74
Dr. Liegl, Christian	1. 9. 04	29. 4. 72
Daubner, Christian	1. 12. 04	15. 9. 66

Mühldorf a. Inn E 110 940
Innstr. 1, 84453 Mühldorf a. Inn
Tel. (0 86 31) 61 06-0
Kurzwahl 71 16-0
Fax (0 86 31) 61 06-3 00
E-Mail: Poststelle@ag-mue.bayern.de

1 Dir, 1 stVDir, 6 R

Peter, Ralf, Dir	1. 6. 05	28. 3. 56
Ott, Heinrich, stVDir	—	—
Niebler, Herbert	1. 12. 77	9. 5. 46
Beier, Wolfgang	1. 7. 82	21. 10. 51
Zölch, Wolfgang	1. 7. 84	10. 11. 53
Rothkäppel, Karl	1. 11. 84	7. 1. 53
Obermüller, Raimund	15. 1. 91	11. 12. 59
Greifenstein, Florian	—	—
Neumeier, Cornelia, beurl.	1. 11. 03	4. 6. 71
Ochs, Oliver[1]	1. 7. 04	14. 4. 63

Rosenheim E 305 240
Bismarckstraße 1, 83022 Rosenheim
Tel. (0 80 31) 80 74-0
Kurzwahl 71 45-0
Fax (0 80 31) 80 74-2 10
E-Mail: Poststelle@ag-ro,bayern.de
Pressestelle:
Tel. (0 80 31)80 74-1 05
Fax (0 80 31) 80754-2 10
E-Mail: richard.wuerz@ag-ro.bayern.de

Zweigstelle Bad Aibling
Hofberg 5, 83043 Bad Aibling
Tel. (0 80 61) 20 01
Kurzwahl 70 21
Fax (0 80 61) 90 84-60

Zweigstelle Wasserburg a. Inn
Marienplatz 7, 83512 Wasserburg a. Inn
Tel. (0 80 71) 30 48
Kurzwahl 71 72
Fax (0 80 71) 91 93-60

1 Dir, 1 stVDir, 1 w.aufsR, 17 R

Gold, Helga, Dir	1. 11. 03	11. 8. 52
Würz, Richard, stVDir	1. 8. 98	23. 10. 44

---
[1] ab 1.1.05 weiteres Richteramt.

BY OLG-Bezirk München Staatsanwaltschaften

Rotter, Ludwig, w.aufsR	15. 7. 99	3. 5. 47
Kasperek, Christiane, ½	1. 6. 75	19. 6. 45
Stadler, Sebastian	1. 6. 82	9. 4. 52
Gumpp, Wilhelm	—	—
Fey-Wolf, Claudia	1. 8. 84	29. 8. 53
Loeber, Heinrich, ¾	1. 11. 84	17. 5. 54
Schäfert, Herbert	1. 9. 85	29. 12. 52
Schäfert, Angelika, ½	1. 9. 85	21. 12. 54
Böhnel, Walter	1. 11. 85	18. 6. 55
Pöschl-Lackner, Helga	1. 6. 89	18. 2. 53
Dellner, Elke, ¾	1. 5. 93	18. 2. 62
Mayer, Thomas	1. 12. 93	30. 9. 58
Teubner, Gisbert	15. 10. 94	16. 7. 64
Fleindl, Hubert, haArbGemL, abg.	1. 5. 98	27. 5. 65
Aßbichler, Jacqueline, ½	—	—
Jacobi, Axel	1. 5. 01	7. 3. 70
Schabert, Gunther	1. 9. 01	18. 4. 72
Kramer, Ursula	1. 1. 02	2. 9. 72
Hubert, Isabella, ½	15. 7. 02	19. 1. 71
Schober, Andreas	1. 1. 03	9. 4. 70
Dr. Beyl, Elke	1. 1. 03	11. 4. 72
Honsell, Katharina	1. 1. 03	8. 9. 72
Hillmann, Ute	16. 8. 03	29. 5. 70
Richter, Clemens	1. 9. 04	26. 5. 73

Traunstein E 170 449
Herzog-Otto-Straße 1, 83278 Traunstein
Tel. (08 61) 56-0, Kurzwahl 71 64-0
Fax (08 61) 56-3 00
E-Mail: Poststelle@ag-ts.bayern.de
Pressestelle: Tel. (08 61) 56-5 70,
Fax (08 61) 56-7 oder 4 92

1 Dir, 1 stVDir, 1 w.aufsR, 12 R

Dr. Kroiß, Ludwig, Dir	16. 1. 06	30. 11. 58
Piller, Hans Jürgen, stVDir	1. 1. 02	8. 3. 52
Söldner, Alois, w.aufsR	16. 12. 02	2. 2. 48
Bücklein, Arthur	1. 8. 73	7. 6. 42
Flemming, Arthur	1. 2. 75	8. 2. 44
Pickenhan, Herbert	1. 12. 80	13. 3. 48
Bauer, Margarete	—	—
Lobensommer-Schmidt, Waltraud	1. 12. 83	28. 2. 54
Srkal, Maria-Theresia	—	—
Wagner, Stefan		
Ott, Wolfgang	1. 1. 89	8. 4. 57
Kastenbauer, Heike, ¾	12. 1. 93	26. 7. 61
Dr. Weigl, Michael	19. 2. 93	20. 9. 63
Weigl, Christoph	1. 3. 95	7. 11. 64

Staatsanwaltschaften

Generalstaatsanwaltschaft München
80997 München
Nymphenburger Straße 16, 80335 München
Tel. (0 89) 55 97-08
Fax (0 89) 55 97-41 25
E-Mail: poststelle@sta-olg-m.bayern.de

1 GStA, 4 LOStA, 14 OStA

Generalstaatsanwalt

Dr. Strötz, Christoph	1. 3. 05	16. 9. 52

Leitende Oberstaatsanwälte

Dr. Lehmpuhl, Horst, stVGStA	1. 10. 04	24. 2. 43
Dr. Walter, Peter	1. 5. 01	15. 12. 42
Nötzel, Manfred	15. 2. 03	18. 4. 50
Engel, Thomas	1. 2. 05	1. 7. 55

Oberstaatsanwältinnen/Oberstaatsanwälte

Mayerhöfer, Heiner	1. 11. 88	12. 4. 43
Jungnik Freiherr von Wittken, Manfred	1. 11. 92	4. 2. 44
Gacaoglu, Omar	1. 3. 00	4. 8. 54
Schmid, Hans Karl	1. 1. 01	12. 5. 43
Jedlitschka, Peter	1. 3. 01	9. 2. 54
Nieder, Gerlinde	15. 11. 01	19. 8. 59
Ettenhofer, Joachim	1. 3. 02	4. 2. 61
Bader, Heinz	1. 7. 03	30. 11. 46
Musiol, Matthias	1. 8. 03	14. 3. 59
Mattula, Günther	1. 11. 04	2. 3. 55
Dr. Puhm, Günther	16. 5. 05	24. 11. 62
Wiesner, Christoph	1. 12. 05	24. 2. 63

Staatsanwaltschaft Augsburg
Gögginger Str. 101, 86199 Augsburg
Tel. (08 21) 31 05
Fax (08 21) 13 60
E-Mail: Poststelle@sta-a.bayern.de

1 LOStA, 1 stVLOStA, 4 OStA, 9 StGL, 13 StA + 12 LSt (StA)

Leitender Oberstaatsanwalt

Nemetz, Reinhard	1. 10. 99	23. 1. 51

Oberstaatsanwältinnen/Oberstaatsanwälte

Kolb, Hans-Jürgen, stVLOStA	1. 11. 99	12. 12. 41
Dr. Zechmann, Günther	1. 9. 98	19. 10. 54

Staatsanwaltschaften   OLG-Bezirk München   **BY**

Weith, Thomas	1. 2. 00	6. 5. 60
Hampp-Weigand, Ulrike	1. 10. 02	18. 1. 50
Baur, Brigitta	1. 12. 04	27. 10. 57

Staatsanwältinnen/Staatsanwälte

Dr. Huchel, Uwe, GL, abg. zu 1/2	1. 4. 97	13. 2. 61
Glas, Hans-Peter, GL	1. 10. 01	31. 12. 60
Nickolai, Matthias, GL	—	—
Kessler, Alexander, GL	1. 5. 03	20. 3. 67
Reuber, Angela, GL	1. 1. 04	28. 11. 61
Eberle, Michael, GL	1. 2. 04	11. 2. 67
Wech, Susanne, GL	1. 7. 05	2. 2. 69
Munding, Bettina, GL	1. 7. 05	23. 5. 71
Natale, Wolfgang	15. 2. 06	24. 1. 69
Dr. Baumann, Lars	15. 2. 06	13. 8. 70
Ebel-Scheufele, Ulrike, 1/2	1. 7. 86	21. 11. 56
Reichstein-Englert, Hildegund, 1/2	8. 12. 93	25. 5. 60
Thumser, Gabriela, beurl. (LSt)	1. 1. 94	20. 2. 61
Bernard, Beate, beurl. (LSt)	1. 4. 97	7. 4. 66
Müller, Petra, beurl. (LSt)	1. 2. 99	21. 11. 67
Dr. Pöschl, Barbara, beurl. (LSt)	1. 5. 01	16. 3. 71
Roßkopf, Regina, beurl. (LSt)	1. 11. 02	4. 5. 72
Rittner, Sabine, beurl. (LSt)	1. 1. 03	31. 10. 70
Weiher, Sandra	1. 3. 04	21. 6. 73
Höchstötter, Bernhard	1. 5. 04	18. 10. 71
Dr. Pobuda, Karl	16. 11. 04	24. 5. 70
Staudigl, Ulrich, abg. (LSt)	1. 12. 04	2. 9. 73
Herrmann, Cornelia	1. 1. 05	3. 6. 74
Mieling, Sandra	1. 3. 05	8. 2. 74
Lindner, Birgit, beurl. (LSt)	1. 3. 05	29. 9. 74
Schneider, Michael	20. 8. 05	10. 11. 74
Bucher, Stefanie	1. 10. 05	1. 9. 75
Rübner, Sabine	1. 12. 05	15. 9. 76
Grimmeisen, Christian	16. 3. 06	10. 7. 76
Griebel, Florian	1. 4. 06	16. 3. 76
Ledig, Dorothee	16. 4. 06	30. 8. 75
Nozar, Wolfgang[1]	(1. 3. 06)	20. 2. 76

Staatsanwaltschaft Deggendorf
Amannstr. 19, 94469 Deggendorf
Postfach, 94455 Deggendorf
Tel. (09 91) 38 98-0
Fax (09 91) 3 89 82 00
E-Mail: poststelle@sta-deg.bayern.de

1 LOStA, 1 OStA, 2 StA (GL), 1 StA

Leitender Oberstaatsanwalt

Obermeier, Alfons	1. 9. 05	27. 1. 56

Oberstaatsanwalt

Scheichenzuber, Josef	1. 9. 05	15. 7. 60

Staatsanwältinnen/Staatsanwälte

Schwaiberger, Kunigunde, GL	—	—
Schwack, Gisela, GL	16. 11. 05	8. 7. 64
Krogmann, Martin	14. 6. 01	5. 1. 70
Welter, Anita	1. 8. 04	25. 5. 75
Dr. Riedhammer, Markus	16. 3. 06	15. 1. 74
Dr. Steiner, Ulrich[1]	(1. 5. 03)	3. 8. 72

Staatsanwaltschaft Ingolstadt
Auf der Schanz 37, 85049 Ingolstadt
Tel. (08 41) 3 12-0
Fax (08 41) 31 22 69
E-Mail: poststelle@sta-in.bayern.de

1 LOStA, 1 stVLOStA, 2 OStA, 3 StA (GL), 3 StA + 4 LSt (StA)

Leitender Oberstaatsanwalt

Dr. Walter, Helmut	1. 5. 01	14. 4. 50

Oberstaatsanwälte

Herrle, Wolfram, stVLOStA	1. 6. 01	29. 10. 55
Veh, Christian	1. 11. 04	18. 12. 60

Staatsanwältin/Staatsanwälte

Dr. Beckstein, Wolfgang, GL	1. 3. 02	30. 10. 66
Will, Heike, GL	1. 6. 06	5. 3. 61
Dr. Löffelmann, Markus, abg. (LSt)	1. 10. 03	14. 6. 73
Reicherl, Gerhard	1. 2. 05	9. 12. 73
Biermann, Denis[1]	(1. 6. 05)	18. 5. 73

Staatsanwaltschaft Kempten (Allgäu)
Residenzplatz 4-6, 87435 Kempten
Tel. (08 31) 2 03-00
Fax (08 31) 2 03-4 50
E-Mail: poststelle@sta-ke.bayern.de

1 LOStA, 1 stVLOStA, 1 OStA, 5 StA (GL), 7 StA + 2 × 1/2 StA + 1 LSt (StA)

Leitender Oberstaatsanwalt

Pollert, Herbert	1. 1. 02	5. 11. 49

---

[1] Staatsanwalt im Beamtenverhältnis auf Probe.

BY OLG-Bezirk München — Staatsanwaltschaften

Oberstaatsanwältin/Oberstaatsanwalt

Thanner, Renate, stVLOStA	1. 7. 04	13. 4. 53
Herrmann, Dietmar	1. 8. 04	19. 9. 53

Staatsanwältinnen/Staatsanwälte

Koch, Peter, GL	1. 5. 03	20. 5. 61
Dr. Zweng, Hanspeter, GL	1. 1. 04	26. 1. 62
Bauer, Robert, GL	1. 2. 04	14. 3. 62
Schatz, Gunther, GL	1. 12. 04	13. 5. 62
Dr. Ebert, Christoph, GL	16. 1. 05	3. 2. 66
Hülser, Irmgard, 1/2	1. 11. 75	11. 7. 45
Schopohl, Felicitas, 1/2	1. 4. 84	10. 6. 44
Amman, Birgit, beurl. (LSt)	1. 4. 03	11. 3. 74
Lantz, Nikolaus, abg. (LSt)	1. 1. 04	28. 1. 72
Pfattischer, André	1. 8. 04	5. 9. 74
Hanrieder, Patricia	1. 9. 04	30. 4. 74
Wagner, Petra	1. 4. 06	19. 6. 72
Wilhelm, Thorsten[1]	(1. 1. 06)	3. 10. 72

Staatsanwaltschaft Landshut
Porschestr. 5 a, 84030 Landshut
Tel. (08 71) 97 25-0, Fax (08 71) 9 72 42 00
E-Mail: poststelle@sta-la.bayern.de

1 LOStA, 1 stVLOStA, 3 OStA, 5 StA (GL) + 1/2 StA (GL), 12 StA + 3 LSt

Leitender Oberstaatsanwalt

Kobor, Helmut	1. 3. 98	19. 12. 41

Oberstaatsanwälte

Schladt, Horst Günter, stVLOStA	1. 9. 98	16. 1. 47
Pöhlmann, Peter	16. 8. 05	2. 11. 59
Kring, Markus	1. 9. 05	1. 2. 65

Staatsanwältinnen/Staatsanwälte

Brümmer, Markus, GL	1. 4. 01	31. 1. 62
Reiter, Ralph, GL	16. 1. 05	23. 9. 64
Dr. Arnold, Hans Friedrich, GL	1. 2. 05	13. 4. 66
Wimmer, Renate, GL	16. 11. 05	2. 1. 70
Klemt, Sabine, GL	1. 12. 05	14. 1. 62
Nikol, Markus, GL	1. 1. 06	16. 8. 68
Hofner, Sonja, GL	1. 1. 06	8. 11. 68
Wawerla, Michaela, beurl. (LSt)	1. 5. 03	31. 5. 74
Schätz, Boris	1. 5. 04	9. 6. 73
Rohrmüller, Jürgen	16. 3. 05	11. 3. 75
Grotz, Florian	1. 4. 05	14. 2. 74
Biber, Alexandra	16. 4. 05	26. 3. 71
Obermeier, Daniela	16. 6. 05	11. 7. 74
Dr. Ernstberger, Christine, abg. (LSt)	1. 7. 05	25. 1. 70

---
[1] Staatsanwalt im Beamtenverhältnis auf Probe.

Lederhofer, Christian	16. 7. 05	17. 10. 74
Erkens, Katrin	17. 3. 06	30. 9. 75
Huang, Martin[1], 1/2	(16. 12. 05)	19. 6. 70

Staatsanwaltschaft Memmingen
Hallhof 1 u. 4, 87700 Memmingen
Postfach 18 54, 87688 Memmingen
Tel. (0 83 31) 10 5-0
Fax (0 83 31) 1 05-3 22
E-Mail: poststelle@sta-mm.bayern.de

Zweigstelle Neu-Ulm
Schützenstr. 17, 89231 Neu-Ulm
Tel. (07 31) 7 07 93-0
Fax (07 31) 7 07 93 38

1 LOStA, 1 stVLOStA, 1 OStA, 3 StA (GL), 2 StA + 1/2 + 2 LSt (StA)

Leitender Oberstaatsanwalt

Stoffel, Alfred	1. 4. 01	17. 2. 42

Oberstaatsanwälte

Dr. Kreuzpointner, Johann, stVLOStA	1. 7. 01	3. 6. 53
Schroth, Markus	1. 6. 05	18. 5. 61

Staatsanwältinnen/Staatsanwälte

Brinkmann, Jürgen, GL	16. 12. 02	21. 11. 62
Henle, Walter, GL	1. 7. 03	16. 3. 57
Hasler, Jürgen, GL	1. 9. 05	12. 2. 66
Straub, Ulrike	15. 4. 05	21. 1. 72
Dr. Straßer, Andreas, abg. (LSt)	1. 9. 05	3. 4. 74
Holl, Barbara	1. 1. 06	29. 7. 74
Förschner, Florian[1]	(16. 8. 05)	13. 7. 76

Staatsanwaltschaft München I
Linprunstr. 25, 80335 München
80097 München
Tel. (0 89) 55 97-48 01
Fax (0 89) 55 97-41 31
E-Mail: poststelle@sta-m1.bayern.de

1 LOStA, 1 stVLOStA, 13 OStA + 2 LSt (OStA), 27 + 2 × 1/2 StA (GL), 46 + 8 × 1/2 + 2 × 1/4 + 1 × 3/4 StA, 23 LSt

Leitender Oberstaatsanwalt

Schmidt-Sommerfeld, Christian	1. 1. 03	1. 12. 48

Oberstaatsanwältinnen/Oberstaatsanwälte

Stern, August, stVLOStA	16. 6. 03	16. 5. 52
Heimpel, Wolfgang	15. 6. 87	15. 9. 41
Dr. Rogger, Michael	15. 5. 91	20. 2. 45

Staatsanwaltschaften OLG-Bezirk München **BY**

Brüner, Franz-Hermann,		
beurl. (LSt)	1. 12. 91	14. 9. 45
Reich, Stephan	1. 3. 00	5. 5. 57
Winkler, Anton	—	—
Boie, Peter	1. 4. 02	26. 8. 60
Paintner, Edith	1. 6. 02	17. 5. 62
Sieh, Regina	1. 5. 03	4. 11. 55
Schroeder, Brigitte	1. 5. 03	26. 1. 61
Gierschik, Franz	16. 6. 03	22. 8. 60
Miksch, Beate	1. 9. 03	20. 6. 58
Marill, Ulrike	1. 4. 04	8. 12. 57
Rodler, Christoph	1. 5. 04	13. 8. 62
Bruckmann, Dietmar	1. 7. 05	25. 5. 54
Tacke, Claudia	1. 7. 05	2. 2. 62

Staatsanwältinnen/Staatsanwälte

Kuchenbauer, Kostantin, GL	1. 3. 00	16. 6. 63
Gräfin von Keyserlingk, Maud, ½, GL	1. 6. 00	15. 3. 59
Böhm, Franz, GL	1. 6. 00	12. 7. 60
Dr. Stoll, Philipp, GL	—	—
Köstler, Gerhard, GL	1. 1. 01	3. 8. 61
Kronberger, Anette, GL	1. 4. 01	17. 1. 62
Zitzmann, Thomas, GL	1. 1. 02	4. 7. 62
Thalheim, Angela, ¾, GL	1. 1. 02	7. 12. 63
Illini, Dagmar, GL	16. 6. 02	2. 8. 62
Zeitler, Gottfried, GL	1. 9. 02	10. 3. 61
Dr. Müller, Michael, GL	1. 9. 02	25. 4. 64
Weickert, Stefan, GL	1. 10. 02	13. 12. 65
König, Harald, GL	16. 10. 02	26. 5. 60
Geßl, Karin, GL	1. 1. 03	4. 3. 63
Reitberger, Petra, GL	16. 4. 03	26. 4. 62
Dr. Claßen, Christiane, GL	20. 4. 03	7. 8. 68
Kastlmeier, Manfred, GL	16. 5. 03	29. 10. 62
Forstner, Jutta, ½, GL	16. 7. 03	10. 11. 59
Hofmann, Martin, GL	1. 8. 03	2. 6. 65
Kronester, Martin, GL	1. 1. 04	6. 2. 64
Rosenke, Christina, GL	1. 1. 04	16. 4. 65
Meyberg, Alexander, GL	1. 4. 04	3. 4. 68
Schäfer, Christine, GL	16. 4. 04	5. 9. 65
Boxleitner, Max, GL	10. 5. 04	24. 7. 60
Harz, Andreas, GL	1. 6. 04	8. 3. 64
Bäumler-Hösl, Hildegard, GL	1. 9. 04	3. 4. 63
Stockinger, Barbara, GL	1. 9. 04	21. 4. 64
Bott, Thomas, GL	1. 11. 04	2. 12. 66
Gräber, Kai, GL	1. 7. 05	30. 4. 65
Maltry, Andreas, GL	16. 7. 05	28. 9. 65
Riedel, Konrad, GL	1. 8. 05	13. 3. 67
Bauer-Landes, Erna, beurl. (LSt)	1. 11. 91	15. 11. 59
Dr. Thoms, Cordula, beurl. (LSt)	1. 12. 94	28. 12. 60
Cammerer, Ursula, beurl. (LSt)	1. 2. 97	23. 1. 67
Oelmaier, Michaela, beurl. (LSt)	1. 10. 97	19. 10. 67
Papst, Claudia	13. 12. 97	11. 8. 66
Heinkelmann, Bärbel, beurl. (LSt)	1. 9. 98	12. 11. 65
Hahne, Marion, beurl. (LSt)	17. 5. 01	15. 7. 71
Landeck-Bätz, Susanne, beurl. (LSt)	1. 11. 01	2. 8. 70
Igloffstein, Sabine, beurl. (LSt)	1. 12. 02	6. 12. 70
Krafka, Susanne, beurl. (LSt)	1. 3. 03	1. 4. 72
Belling, Sandra, beurl. (LSt)	1. 4. 03	30. 11. 72
Peez, Monika, beurl. (LSt)	1. 10. 03	18. 1. 69
Schönstein-Herrn, Evelyn, beurl. (LSt)	1. 10. 03	13. 7. 72
Köhn, Anne, ½	1. 1. 04	20. 9. 63
Dr. Oberländer, Stefanie, beurl. (LSt)	1. 5. 04	11. 4. 73
Dr. Höffe, Sibylle, ½	1. 6. 04	22. 6. 72
Dr. Kraus-Vonjahr, Martin, abg. (LSt)	1. 7. 04	19. 2. 72
Tauscher, Ines	1. 7. 04	14. 10. 73
Dr. Pielsticker, Susanne, beurl. (LSt)	1. 11. 04	2. 6. 71
Schulz, Elke, ¾	1. 11. 04	17. 7. 71
Födisch, Markus	1. 11. 04	13. 6. 74
Steyer, Ulrike, beurl. (LSt)	1. 4. 05	24. 2. 70
Nolterieke-Zechner, Melanie	15. 4. 05	19. 7. 73
Zimmermann, Petra	15. 4. 05	5. 11. 73
Nicklas, Alexandra	16. 6. 05	14. 6. 74
Dr. Bonkamp, Josef	1. 7. 05	10. 1. 72
Gräfin zu Castell-Rüdenhausen, Margarete, ½	1. 7. 05	28. 2. 72
Friedemann, Maren	1. 7. 05	11. 5. 74
Bestler, Diana	7. 7. 05	22. 8. 75
Weigl, Martin	16. 7. 05	23. 5. 73
Necknig, Stephan	1. 8. 05	2. 4. 75
Brose, Johannes	1. 8. 05	6. 4. 76
Gerhardt, Susanne	1. 9. 05	15. 3. 75
Gruber, Monika	16. 9. 05	24. 3. 73
Dr. Kandler, Susanne	1. 10. 05	30. 5. 74
Eckle, Tanja	16. 10. 05	28. 11. 74
Vanoni, Claudia	1. 11. 05	26. 7. 74
Tonnemacher, Marion	1. 11. 05	27. 9. 74
Jung, Karin	1. 11. 05	14. 1. 75
Friemel, Caroline, beurl. (LSt)	10. 11. 05	27. 12. 74
Bayer, Andreas	1. 12. 05	27. 12. 74
Neuking, Natalie	1. 1. 06	20. 8. 75
Henkel, Judith	1. 1. 06	15. 6. 76
Bühring, Matthias	1. 2. 06	19. 10. 72

BY OLG-Bezirk München Staatsanwaltschaften

Dr. Heister, Andrea	1. 2. 06	7. 4. 75
Dr. Horstmann, Aiga	1. 3. 06	7. 4. 74
Maixner, Peter	1. 3. 06	27. 3. 75
Steffens, Rainer	1. 5. 06	—
Lederle, Julia	1. 5. 06	26. 12. 74
Tischler, Beate[1], beurl. (LSt)	—	—
Witt, Veronika[1]	(15. 11. 00)	10. 5. 72
Rosenfelder, Sulamith[1], ½, beurl. (LSt)	(1. 2. 04)	9. 4. 71
Dr. Schön, Oliver[1]	(16. 6. 04)	19. 4. 72
Gloßner, Silke[1], beurl. (LSt)	(1. 9. 04)	1. 2. 72
Ernst, Karin[1], beurl. (LSt)	(1. 2. 05)	30. 1. 69
Hedke, Hannes[1]	(16. 3. 05)	9. 7. 71
Bauer, Jürgen[1]	(16. 5. 05)	31. 7. 75
Freihoff, Roland[1]	(16. 6. 05)	1. 12. 75
Habereder, Uwe Jens[1]	(1. 7. 05)	9. 12. 75
Deitlhauser, Florian[1]	(1. 7. 05)	20. 4. 76
Heilmann, Stefan[1]	(1. 8. 05)	4. 5. 76
Weikert, Manuel[1]	(4. 8. 05)	14. 8. 74
Dr. Zeller, Bernhard[1]	(1. 11. 05)	17. 7. 73
Dr. Höfling, Barbara[1], ½	(1. 2. 06)	4. 5. 73
Locher, Ulrich[1]	(26. 2. 06)	26. 2. 74
Grünes, Peter[1]	(1. 3. 06)	1. 3. 74
Bonn, Christine[1], ½	(1. 4. 06)	22. 11. 66

Staatsanwaltschaft München II
Arnulfstr. 16-18, 80335 München
80097 München
Tel. (0 89) 55 97-22 69
Fax (0 89) 55 97-30 38
E-Mail: poststelle@sta-m2.bayern.de

1 LOStA, 1 stVLOStA, 4 OstA, 8 StA (GL), 9 StA + 3 x ½ StA + 7 LSt

Leitender Oberstaatsanwalt

Dr. Hödl, Rüdiger	1. 2. 02	27. 8. 44

Oberstaatsanwältinnen/Oberstaatsanwälte

Mayer, Eduard, stVLOStA	15. 2. 02	8. 7. 49
Henkel, Peter	1. 4. 94	13. 9. 43
Schubert, Wolfram	1. 8. 94	17. 8. 46
Holzmann, Maria	1. 9. 02	24. 9. 60
Beckers, Petra	1. 10. 04	2. 7. 62

Staatsanwältinnen/Staatsanwälte

Dr. Kalomiris, Alexander, GL	1. 11. 00	25. 12. 67
Fichtl, Alexander, GL	1. 6. 02	24. 11. 62
Heidenreich, Ken-Oliver, GL	1. 12. 02	8. 10. 63
Römer, Dietmar, GL	1. 8. 03	17. 4. 62
Reißler, Elisabeth, GL	1. 12. 03	11. 6. 63
Titz, Andrea, GL	1. 2. 05	24. 11. 69
Dr. Hense, Thomas, GL	1. 6. 05	24. 7. 62
Preißinger, Marcus, GL	1. 7. 05	6. 11. 65
Kuchenbaur, Hans Peter, GL	1. 10. 05	11. 5. 69
Dr. Schaefer, Gudrun, beurl. (LSt)	15. 12. 94	15. 6. 62
Pelzl, Marion, beurl. (LSt)	1. 8. 99	15. 8. 72
Schneider, Brigitta, beurl. (LSt)	1. 7. 01	2. 4. 71
Barth, Philipp, abg. (LSt)	1. 7. 03	10. 10. 73
Stier, Carolin, beurl. (LSt)	1. 8. 03	16. 6. 72
Oberhauser, Christoph, beurl. (LSt)	1. 11. 03	28. 5. 74
Dr. Krah, Sabine, abg. (LSt)	1. 1. 04	14. 1. 74
Wolff, Philipp, abg. (LSt)	1. 3. 04	22. 5. 72
Kopp, Wolfgang	—	—
Weigl, Michael	16. 6. 05	5. 8. 74
Dr. Nappenbach, Celina	1. 8. 05	22. 7. 75
Mayerhoffer, Tanja	1. 10. 05	15. 9. 74
Dr. Ebner, Martin	1. 11. 05	1. 1. 72
Dr. Fellenberg, Barbara	1. 12. 05	10. 11. 72
Hausladen, Martin	1. 3. 06	4. 1. 75
Dr. Heß, Marco	1. 4. 06	28. 6. 75
Dr. Wicke, Julia[1], beurl. (LSt)	(1. 5. 05)	5. 8. 71
Grundmann, Olaf[1]	(1. 8. 05)	25. 2. 77

Staatsanwaltschaft Passau
Domplatz 7 a, 94030 Passau
Tel. (08 51) 3 94-2 00
Fax (08 51) 3 94-2 82
E-Mail: poststelle@sta-pa.bayern.de

1 LOStA, 1 stVLOStA, 1 OStA, 3 StA (GL), 6 StA + 6 LSt

Leitender Oberstaatsanwalt

Walch, Helmut	1. 9. 05	3. 1. 49

Oberstaatsanwälte

Peuker, Joachim, stVLOStA	1. 6. 05	18. 9. 51
Ritzer, Ludwig	1. 1. 04	30. 1. 54

Staatsanwältinnen/Staatsanwälte

Dr. Chudoba, Gerhard, GL, abg., ¾	1. 1. 00	7. 2. 61
Herzog, Wolfgang, GL	1. 1. 01	14. 12. 58
Dr. Ennser, Hans-Gerd, GL	16. 8. 05	5. 5. 59
Acker-Skodinis, Dorothee, ½, abg. (LSt)	1. 6. 96	22. 2. 66

---

[1] Staatsanwalt im Beamtenverhältnis auf Probe.

Staatsanwaltschaften OLG-Bezirk München **BY**

Gutschera, Achim,		
beurl. (LSt)	1. 5. 03	9. 7. 70
Fruth, Klaus	1. 6. 05	28. 12. 73

Staatsanwaltschaft Traunstein
Herzog-Otto-Str. 1, 83278 Traunstein
Tel. (08 61) 56-0, Fax (08 61) 5 64 50

Zweigstelle in Rosenheim
Königstr. 7, 83022 Rosenheim
Tel. (0 80 31) 2 09-0, Fax (0 80 31) 30 92 20
E-Mail: poststelle@sta-ts.bayern.de

1 LOStA, 1 stVLOStA, 3 OStA, 6 StA (GL), 1 StA
+ 1/2 StA + 2 LSt

Leitender Oberstaatsanwalt

Vordermayer, Helmut	1. 10. 03	12. 12. 48

Oberstaatsanwälte

Sing, Wilhelm, stVLOStA	1. 7. 05	17. 12. 55
Schneider, Karl	1. 8. 00	22. 12. 50
Sing, Wilhelm	1. 9. 00	17. 12. 55

---

[1] Staatsanwalt im Beamtenverhältnis auf Probe.
[2] Zweigstelle Rosenheim.

Hammerdinger, Günther[2]	1. 1. 04	27. 1. 60
Branz, Jürgen	1. 10. 05	20. 9. 58

Staatsanwältinnen/Staatsanwälte

Dr. Hager, Josef[2], GL	1. 2. 02	25. 2. 64
Ziegler, Volker[2], GL	1. 11. 04	25. 1. 62
Miller, Andreas, GL	1. 10. 05	11. 11. 60
Dr. Schnabl, Robert, GL	1. 11. 05	8. 3. 67
Sattelberger, Christian	15. 2. 06	30. 3. 66
Magiera, Bernd	15. 2. 06	17. 6. 70
Krebs, Axel[2], abg. (LSt)	1. 8. 03	31. 5. 74
Gerlich, Stephanie,		
abg. (LSt)	1. 1. 04	11. 11. 72
Dr. Windhorst, Tobias,		
beurl. (LSt)	15. 10. 04	6. 11. 74
Unterreiner, Martin	1. 3. 05	8. 11. 73
Augustin-Wimmer, Ina[2],		
beurl. (LSt)	1. 4. 05	15. 8. 74
Polzer, Peter	1. 8. 05	15. 6. 68
Meisinger, Birgit	1. 10. 05	22. 3. 75
Wanderer, Jakob[2]	1. 11. 05	16. 5. 72
Wolff, Barbara	1. 2. 06	20. 3. 75
Dr. Laschewski, Gregor,		
abg. (LSt)	1. 2. 06	10. 4. 75
Helmreich, Stefanie	1. 4. 06	5. 9. 74
Müller, Andreas[1]	(15. 2. 05)	20. 7. 69
Pfeifer, Björn[1]	(15. 2. 05)	21. 8. 73
Eitzinger, Oliver[1,2]	(16. 10. 05)	13. 10. 75

BY OLG-Bezirk Nürnberg

Oberlandesgerichtsbezirk Nürnberg

5 Landgerichte:
Amberg, Ansbach, Nürnberg-Fürth, Regensburg, Weiden i.d. OPf.
Kammern für *Handelssachen*: Amberg 1, Ansbach 1, Nürnberg-Fürth 5, Regensburg 2, Weiden i.d. OPf. 1
Schifffahrtsobergericht Nürnberg für Bayern
17 Amtsgerichte mit 12 Zweigstellen

Schifffahrtsgerichte bei den Amtsgerichten Nürnberg und Regensburg
Schöffengerichte: bei allen Amtsgerichten
Familiengerichte: bei allen Amtsgerichten
Die zur Zuständigkeit der Amtsgerichte (als Landwirtschaftsgerichte) gehörenden *Landwirtschaftssachen* sind jeweils dem Amtsgericht am Sitz des Landgerichts für alle Amtsgerichte des Landgerichtsbezirks übertragen.

Oberlandesgericht Nürnberg

E 3 056 414
Fürther Straße 110, 90429 Nürnberg
Tel. (09 11) 3 21 01, Fax (09 11) 3 21-28 80 (Gerichtsabteilung), (09 11) 3 21-25 60 (Verwaltungsabteilung)
E-Mail: Poststelle@olg-n.bayern.de
Pressestelle: Tel. (09 11) 3 21-23 42 od.-23 30, Fax (09 11) 3 21-25 60 od.-25 98
E-Mail: justizpressestelle@olg-n.bayern.de
Internet: www.justiz.bayern.de/olgn

1 Pr, 1 VPr, 13 VR, 39 R + 3 × $^1/_6$ R (UProf) + 4 × $^1/_2$ R

Präsident
Dr. Franke, Stefan 1. 8. 03 14. 8. 46

Vizepräsident
Behrschmidt, Ewald 1. 7. 05 6. 6. 49

Vorsitzende Richter
Guerrein, Werner	1. 5. 97	26. 11. 42
Grimm, Ulrich	1. 7. 97	20. 6. 42
Klieber, Dietmar, ATZ	1. 2. 98	10. 7. 43
Dr. Walther, Richard	1. 8. 98	23. 5. 41
Kajuth, Joachim	16. 8. 01	3. 2. 45
Dr. Seidl, Ralf	1. 2. 02	30. 10. 43
Dr. Seidel, Dietmar	1. 03	2. 9. 43
Dr. Postler, Manfred	1. 5. 04	20. 6. 45
Dr. von Schlieben, Eike	1. 7. 04	2. 1. 45
Braun, Gerhard	1. 2. 05	21. 3. 46
Herrler, Elmar	1. 3. 05	22. 2. 47
Dr. Schmidt, Jens-Roger	1. 10. 05	26. 8. 47
Kammerer, Stephan	1. 10. 05	3. 11. 48

Richterinnen/Richter
Moezer, Hans-Gerhard, ATZ	1. 4. 87	18. 6. 41
Frisch, Alfred, abg.	1. 11. 88	18. 3. 45
Dr. Söllner, Rainer	10. 2. 90	5. 6. 42
Riegner, Klaus	1. 6. 90	3. 8. 47
Schüssel, Gerhard, $^1/_2$	1. 1. 91	13. 12. 42
Breitinger, Gert	1. 4. 91	5. 6. 49
Weikl, Ludwig	1. 10. 91	8. 1. 43
Schulze-Weckert, Günter	16. 1. 93	9. 3. 44
Rebhan, Rainer	1. 9. 94	21. 8. 51
Redel, Peter	1. 1. 95	26. 10. 52
Maihold, Dieter	1. 8. 96	22. 7. 55
Walther, Karin, $^1/_2$	15. 2. 97	19. 12. 46
Steckler, Reinhard	1. 9. 97	11. 6. 50
Reitzenstein, Gerda-Marie	15. 2. 98	17. 8. 50
Hoffmann, Peter	1. 7. 98	21. 7. 46
Huprich, Wolfgang	1. 8. 98	26. 3. 55
Gehr, Helmut	1. 9. 98	15. 8. 53
Prof. Dr. Rohe, Mathias, (UProf, 2. Hauptamt), $^1/_6$	1. 10. 99	12. 10. 59
Dr. Kunz, Karl-Heinz	1. 11. 99	1. 7. 50

OLG-Bezirk Nürnberg **BY**

Schermer, Erwin	—	—
Schoen, Gabriele	1.12.00	4. 2.48
Hauck, Michael	1. 4.01	16. 4.57
Glass, Roland	1. 6.01	16. 6.57
Grillenberger, Wilhelm	1. 3.02	26. 3.45
Scheib, Sabine	1. 4.02	20.10.49
Bayerlein, Waltraut, 1/2	—	—
Kohlmann, Klaus	16. 7.02	10. 6.52
Groß, Walter	16. 7.02	10. 5.56
Müller, Gerhard	16.11.02	12. 5.51
Prof. Dr. Sosnitza, Olaf, 1/6 (UProf, 2. Hauptamt)	25.11.02	29.12.63
Schorr, Walter	1. 1.03	18. 7.46
Graf, Eva	1. 9.03	25. 8.57
Weinland, Dietlind, abg.	16. 3.04	8.11.59
Junker-Knauerhase, Martina, 1/2	1. 4.04	12.11.59
Seyb, Dieter	20. 4.04	8.11.57
Schwarz, Sabine	1. 6.04	19. 9.57
Dr. Holzberger, Roland	16. 6.04	14. 7.60
Hilzinger, Peter	—	—
Stöber, Roswitha	1. 9.04	23. 2.56
Beck, Lothar	1.11.04	1. 6.55
Bartsch, Thomas	1. 2.05	18.12.55
Sommerfeld, Hubertus	1. 2.05	23. 3.56
Weber, Alfred	1. 3.05	25. 7.50
Kimpel, Reinhard	1. 4.05	20. 2.55
Prof. Dr. Jahn, Matthias, 1/6 (UProf, 2. Hauptamt)	1. 7.05	9.11.68
Dr. Pfeffer, Johann, abg.	16. 8.05	5.10.57
Bauer, Alexander, abg.	16. 8.05	5. 9.61

Landgerichtsbezirk Amberg

Landgericht Amberg E 298 281
Regierungsstr. 8, 92224 Amberg
Postfach 17 53, 92207 Amberg
Tel. (0 96 21) 37 00, Fax (0 96 21) 37 01 33
E-Mail: poststelle@lg-am.bayern.de

1 Pr, 1 VPr, 4 VR, 7 R

Präsident

Demmel, Klaus	1. 4.01	6.12.43

Vizepräsident

Engelhardt, Kurt	20. 8.01	18. 1.48

Vorsitzende Richter

Dr. Laaths, Wolfgang	1.10.97	7. 3.44
Maier, Gerhard	1. 7.00	12. 3.55
Dreßler, Gerd	1. 8.01	9. 4.53
Ebensperger, Ewald	—	—

Richterinnen/Richter

Hacker, Knut	1. 4.75	26. 3.44
Schmalzbauer, Rita	17.12.87	21. 4.52
Kammerer, Fritz	1. 2.92	25.11.59
Kelsch, Christa	—	—
Konrad, Jürgen	15. 7.01	1. 9.70
Reichel, Carsten	1. 2.02	15. 2.68
Kinzler, Tobias	1.10.03	9. 8.73

Amtsgerichte

Amberg E 153 377
Paulanerplatz 4, 92224 Amberg
Postfach 11 62, 92201 Amberg
Tel. (0 96 21) 60 40
Fax (0 96 21) 60 41 05
E-Mail: poststelle @ag-am.bayern.de

1 Dir, 1 stVDir, 7 R + 2 × 1/2 R

Dr. Schmalzbauer, Wolfgang, Dir	1. 5.01	16. 4.50
Stich, Ludwig, stVDir	1.10.00	28. 9.54
Schatt, Georg	16. 6.75	9. 2.42
Sohn, Leander	—	—
Bierast, Nikolaus	8. 7.77	24.12.43
Donner, Günter	1. 1.78	3.12.46
Doß, Heribert	16. 2.81	6. 1.50
Plößl, Karl	1. 5.88	6. 7.56
Dr. Täschner, Stefan	1. 9.96	7.12.62
Nordhus-Hantke, Sigrid, 1/2	1.10.96	23.11.65
Frauendorfer, Michaela, 1/2	1.11.96	20. 2.65

Schwandorf E 144 904
92419 Schwandorf
Kreuzbergstr. 19, 92421 Schwandorf
Tel. (0 94 31) 38 30
Fax (0 94 31) 3 83 60
E-Mail: poststelle@ag-sad.bayern.de

Zweigstelle in Burglengenfeld
Gluckstr. 16, 93133 Burglengenfeld
Postfach 12 09, 93130 Burglengenfeld
Tel. (0 94 71) 7 03 20
Fax (0 94 71) 70 32 49
E-Mail: Poststelle.Zwst.Burglengenfeld@ag-sad.-bayern.de

Zweigstelle in Oberviechtach
Bezirksamtsstr. 1, 92526 Oberviechtach
Postfach 100, 92523 Oberviechtach
Tel. (0 96 71) 9 23 80
Fax (0 96 71) 92 38 49

1 Dir, 1 stVDir, 7 R

BY OLG-Bezirk Nürnberg LG-Bezirk Nürnberg-Fürth

Leupold, Walter, Dir	1. 3. 02	8. 3. 51
Cermak, Werner, stVDir	1. 7. 05	1. 2. 48
Bauer, Wolfgang	1. 1. 78	27. 11. 46
Heider, Friedrich	1. 6. 78	20. 7. 46
Waldherr, Wolfgang	1. 11. 78	10. 1. 47
Jung, Peter	1. 12. 90	16. 1. 61
Weiß, Johann Peter	1. 4. 93	7. 5. 61
Heydn, Thomas	16. 4. 95	22. 1. 61
Zeller, Manuela	1. 3. 03	30. 7. 73

Landgerichtsbezirk Ansbach

Landgericht Ansbach E 320 465
Promenade 4, 91522 Ansbach
Postfach 610, 91511 Ansbach
Tel. (09 81) 5 80
Fax (09 81) 58-2 11
E-Mail: poststelle@lg-an.bayern.de

1 Pr, 1 VPr, 3 VR, 4 R

Präsident

Dr. Meinel, Meinhard	1. 7. 05	3. 7. 44

Vizepräsident

Dr. Dettenhofer, Ulrich	1. 8. 04	10. 12. 54

Vorsitzende Richter

Blummoser, Hans	15. 2. 98	8. 8. 45
Spiegel, Herbert	16. 11. 98	5. 7. 46
Eichner, Manfred	1. 5. 00	15. 2. 48

Richterin /Richter

Körner, Claus	1. 1. 91	17. 2. 60
Böhm, Gerhard	—	—
Horndasch, Stefan	1. 9. 96	28. 8. 65
Röttenbacher, Claudia, beurl.	1. 4. 97	5. 7. 67
Dr. Tiedemann, Michael	1. 11. 04	25. 5. 73

Amtsgerichte

Ansbach E 225 238
Promenade 8, 91522 Ansbach
Postfach 609, 91511 Ansbach
Tel. (09 81) 5 80
Fax (09 81) 5 84 05
E-Mail: poststelle@ag-an.bayern.de

Zweigstelle in Dinkelsbühl
Luitpoldstr. 9, 91550 Dinkelsbühl
Postfach 2 10, 91542 Dinkelsbühl
Tel. (0 98 51) 5 70 10, Fax (0 98 51) 57 01 50

Zweigstelle in Rothenburg ob der Tauber
Ansbacher Str. 2, 91541 Rothenburg o.d.T.
Postfach 11 16, 91533 Rothenburg o.d.T.
Tel. (0 98 61) 9 40 10
Fax (0 98 61) 94 01 13 0

1 Dir, 1 stVDir, 1 w.aufsR, 10 R + 1 × ³/₄ R +
1 × ¹/₂ R

Voll, Werner, Dir	1. 4. 06	11. 2. 54
Westhauser, Wilfried, stVDir	1. 10. 00	24. 2. 54
Rösch, Bernd, w.aufsR	16. 6. 03	22. 5. 48
Minnameyer, Werner, ATZ	1. 11. 75	16. 11. 41
Bell, Eva-Maria	1. 7. 83	24. 9. 52
Espert, Wolfgang	1. 6. 88	18. 3. 57
Pelka, Arnold	1. 8. 90	25. 10. 59
Güntner, Jutta, ¹/₂	1. 11. 92	31. 7. 60
Pechan, Winfried, ³/₄	1. 2. 93	16. 6. 61
Hüftlein, Gabriele	1. 3. 94	22. 8. 64
Ulshöfer, Gerd	1. 5. 94	29. 11. 60
Hofmann, Claudia, beurl.	1. 7. 94	8. 12. 64
Bernhard-Schüßler, Petra	1. 9. 95	9. 4. 66
Beyer-Nießlein, Elke	18. 10. 95	28. 8. 65
Justen, Angelika	1. 7. 96	27. 7. 64
Hommrich, Gunter	1. 1. 02	19. 1. 70
Schneider, Stefan-Michael	1. 8. 03	2. 7. 71

Weißenburg i. Bay. E 95 227
Niederhofener Str. 9, 91781 Weißenburg i. Bay.
Postfach 180, 91780 Weißenburg i. Bay.
Tel. (0 91 41) 99 60
Fax (0 91 41) 99 69 00
E-Mail: poststelle@ag-wug.bayern.de

1 Dir, 4 R

Koch, Thomas, Dir	16. 10. 05	3. 11. 55
Bock, Karl Josef	1. 5. 86	8. 6. 55
Schröppel, Jürgen	1. 5. 92	28. 3. 62
Strobl, Ludwig	1. 3. 97	22. 9. 65
Winter, Stephan	1. 9. 02	4. 10. 66

Landgerichtsbezirk Nürnberg-Fürth

Landgericht Nürnberg-Fürth E 1 519 890
Fürther Str. 110, 90429 Nürnberg
Tel. (09 11) 3 21 01
Fax (09 11) 3 21-28 14 (Zivilabt.),
-28 79 (Strafabt.)
E-Mail: poststelle@lg-nfue.bayern.de

1 Pr, 1 VPr, 32 VR + 2 × ¹/₂ VR, 47 R + 6 × ¹/₂ R

LG-Bezirk Ansbach · Nürnberg-Fürth   OLG-Bezirk Nürnberg   **BY**

Präsident			
Dr. Gemählich, Rainer	16. 3. 06	21. 5. 47	
Vizepräsident			
Hölzel, Wolf-Michael	16. 2. 04	10. 9. 49	
Vorsitzende Richterinnen/Vorsitzende Richter			
Wörner, Peter	10. 9. 89	2. 12. 43	
Kramer, Hans	1. 8. 90	24. 9. 44	
Kirchmayer, Harald	4. 9. 91	9. 6. 44	
Prof. Dr. Haberstumpf, Helmut	1. 3. 92	23. 6. 45	
Heydner, Günther	1. 5. 93	19. 2. 50	
Dr. Holzinger, Rainer, ½	1. 10. 93	20. 9. 46	
Stockhammer, Peter	1. 3. 94	25. 1. 45	
Schmitt, Hans Peter	10. 8. 94	21. 2. 48	
Dr. Wankel, Bernhard	13. 9. 95	31. 7. 54	
Dr. Bolik, Gerd	1. 3. 96	12. 4. 44	
von Ciriacy-Wantrup, Helmut	1. 7. 96	7. 12. 49	
Brixner, Otto	1. 7. 98	16. 6. 43	
Gruber, Thomas	1. 4. 99	1. 11. 49	
Kohl, Gunther	1. 5. 00	7. 6. 46	
Dr. Caspar, Richard	15. 2. 01	6. 3. 52	
Holthaus, Norbert	1. 4. 01	8. 7. 50	
Körber, Klaus	1. 7. 01	30. 6. 48	
Rottmann, Horst	16. 8. 01	25. 3. 54	
Neidiger, Hans	1. 12. 01	11. 9. 49	
Zaunseer, Peter	1. 6. 02	6. 10. 47	
Germaschewski, Bernhard	1. 12. 02	31. 12. 53	
Flechtner, Ulrich	1. 12. 02	21. 7. 57	
Stroh, Peter	16. 12. 02	22. 1. 43	
Neuhof, Gerhard	1. 1. 03	5. 9. 56	
Dr. Pfandl, Elfriede, ½	1. 5. 03	22. 10. 53	
Pühringer, Alexander	1. 6. 03	26. 11. 48	
Heinke, Hartmut	1. 12. 03	25. 12. 45	
Bütikofer, Fritz	1. 3. 04	28. 8. 45	
Steierer, Michael	16. 10. 04	20. 9. 53	
Dr. Mayer, Hans-Walter	1. 6. 05	8. 3. 51	
Dr. Schmechtig-Wolf, Brigitte	1. 11. 05	11. 3. 55	
Dr. Dannreuther, Dieter	16. 1. 06	19. 1. 52	
Richterinnen/Richter			
Dr. Wachauf, Helmut	1. 4. 72	25. 8. 43	
Dowerth, Günter, ATZ	1. 11. 73	7. 5. 42	
Bußmann, Bernd, ATZ	16. 6. 75	22. 7. 43	
Weiß, Kurt-Peter	16. 4. 76	30. 5. 44	
Klonner, Jutta	1. 7. 77	11. 1. 46	
Heinemann, Petra	—	—	
Krämer, Karlheinz	1. 6. 78	27. 5. 46	
Dümmler, Stefan	16. 7. 78	25. 12. 46	
Nikolay-Milde, Sabine	—	—	
Bayerlein, Norbert	—	—	
Weber, Reinhold	1. 12. 86	24. 9. 55	
Dr. Meyer, Werner	1. 10. 87	15. 3. 57	
Richter-Zeininger, Barbara, ½	—	—	
Ziegler, Peter	1. 3. 89	4. 1. 59	
Heckel, Wolfgang	—	—	
Dr. Kiefner-Weigl, Barbara, ½	—	—	
Eichelsdörfer, Jörg	1. 10. 89	25. 2. 58	
Weder, Gerd	—	—	
Mager, Thomas	1. 9. 90	25. 8. 58	
von Kleist, Rolf	—	—	
Dr. Herz, Christoph	1. 9. 91	5. 9. 60	
Dr. Köhler, Helmut	1. 4. 92	5. 12. 59	
Sauer, Stefan	1. 11. 92	2. 4. 62	
Dycke, Andrea, ½	21. 3. 93	2. 10. 62	
Dr. Wißmann, Guido, abg.	1. 1. 94	4. 6. 62	
Dr. Quentin, Andreas, abg.	1. 3. 94	18. 5. 61	
Withopf, Ekkehard, beurl.	1. 4. 94	31. 12. 59	
Schiftner, Thomas	1. 10. 94	23. 2. 63	
Eschenbacher, Ingo	1. 3. 95	24. 4. 64	
Ackermann, Michael	1. 10. 95	30. 9. 59	
Busenius, Caren, abg.	1. 9. 96	10. 5. 63	
Dr. Böhmer, Elisabeth, ½	1. 9. 96	22. 11. 66	
Kuschow, Axel, abg.	1. 2. 97	29. 7. 63	
Dr. Jahn, Gabriele	1. 5. 97	4. 6. 67	
Weyde, Thomas	1. 7. 97	28. 10. 65	
Wiemer, Peter	1. 3. 98	16. 3. 69	
Schrotberger, Michael	1. 7. 98	2. 12. 67	
Schwaiger, Lutz	1. 9. 98	23. 7. 64	
Baltes, Arno	1. 2. 99	19. 7. 65	
von Taysen, Hans-Christoph	1. 9. 99	14. 4. 67	
Röhl, Christian	1. 10. 99	28. 6. 69	
Gölzer, Ines	1. 5. 00	23. 8. 70	
Dr. Rogler, Jens, abg.	17. 4. 00	24. 10. 70	
Arnold, Irmelin	1. 11. 00	12. 12. 70	
Beugel, Katja	1. 1. 01	14. 6. 71	
Nielsen, Eike	15. 2. 01	24. 6. 70	
Dr. Forster, Stefan	1. 4. 01	5. 10. 69	
Bienemann, Gabriele, ½	1. 4. 02	6. 8. 69	
Weitner, Friedrich	1. 4. 02	23. 1. 70	
Walther, Alexander	1. 4. 02	28. 6. 70	
Soldner, Matthias	1. 5. 02	28. 4. 70	
Dr. Klante, Daniela, ½	1. 3. 03	27. 4. 66	
Meynert, Berit	1. 4. 03	10. 10. 72	
Fuchs, Christine	1. 8. 03	26. 7. 74	
Volke, Andreas	1. 12. 04	30. 11. 71	
Dr. Schultzky, Hendrik	1. 3. 05	18. 1. 74	

BY OLG-Bezirk Nürnberg LG-Bezirk Nürnberg-Fürth

Amtsgerichte

Erlangen E 233 441
Mozartstr. 23, 91052 Erlangen
Postfach 1120, 91051 Erlangen
Tel. (0 91 31) 7 82 01, Fax (0 91 31) 78 21 05
E-Mail: poststelle@ag-er.bayern.de
www.justiz.bayern.de/ag-erlangen

1 Dir, 1 stVDir, 1 w.aufsR, 12 R + 5 × 1/2 R

Althoff, Werner, Dir	1. 7. 05	26. 3. 46
Oellrich, Eberhard, stVDir	1. 9. 02	28. 3. 45
Gallasch, Wolfgang, w.aufsR	16. 11. 05	17. 10. 56
Wirmer, Ingrid, ATZ	1. 2. 73	7. 8. 41
Geise, Gunter	16. 5. 73	4. 11. 42
Kuhmann, Heinz	1. 11. 77	21. 12. 47
Moser, Werner	1. 12. 84	1. 3. 55
Brauner, Peter	1. 7. 86	13. 11. 55
Sapper, Roland	1. 12. 86	10. 1. 56
Dr. Zeier, Elisabeth, 1/2	1. 6. 89	27. 11. 49
Griem, Birgit, beurl.	1. 3. 93	13. 2. 63
Kotzam-Dümmler, Beate, 1/2	1. 4. 94	30. 5. 63
Fischer, Michael	1. 2. 95	25. 2. 64
Frank-Dauphin, Karin, 1/2	1. 3. 95	31. 10. 63
Edenhofner, Erda	1. 4. 95	11. 4. 60
Frank, Wolfgang	—	—
Gründler, Birgit, 1/2	1. 3. 96	5. 12. 64
Demmel, Ingrid, 1/2	1. 9. 96	16. 5. 65
Winter, Martina	1. 10. 98	4. 10. 67
Dr. Kretschmar, Christian	1. 2. 01	25. 12. 68
Pelzl, Wolfgang	1. 10. 02	22. 8. 70
Förster, Hagen	1. 6. 04	1. 6. 75

Fürth E 227 204
Bäumenstr. 32, 90762 Fürth
Postfach 11 64, 90701 Fürth
Tel. (09 11) 7 43 80
Fax (09 11) 7 43 81 99
E-Mail: poststelle@ag-fue.bayern.de

1 Dir, 1 stVDir, 1 w.aufsR, 13 R + 1 × 3/4 R +
2 × 2/3 R + 4 × 1/2 R

Kuhbandner, Klaus, Dir	16. 1. 04	21. 1. 47
Klier, Hermann, stVDir, ATZ	1. 2. 99	13. 5. 41
Enz, Herbert, stVDir	1. 10. 03	3. 10. 45
Elß, Edith, w.aufsR	1. 2. 05	5. 2. 50
Münter, Dieter, ATZ	1. 7. 72	1. 12. 41
Hofmann, Hermann, ATZ	1. 9. 77	28. 4. 42
Dr. Schultheiß, Werner, 1/2	1. 3. 80	4. 3. 44

Dr. Lang, Elisabeth	—	—
Engelhardt, Gerd	—	—
Dr. Söllner, Josef	—	—
Grave, Annelie, 1/2	2. 5. 89	22. 9. 58
Trabold, Christiane	1. 7. 89	31. 3. 57
Heinritz, Ulrich	—	—
Riedel, Armin, 2/3	15. 6. 91	21. 8. 59
Linhardt-Ostler, Ulrike, 3/4	1. 7. 91	3. 6. 55
Dr. Bierlein, Christiane, 2/3	1. 1. 92	9. 3. 60
Arnold, Horst	1. 3. 94	8. 4. 62
Höflinger, Susanne	15. 10. 94	25. 4. 62
Dunavs, Axel	1. 3. 95	8. 12. 61
Frasch, Beate, 1/2	—	—
Becker-Jastrow, Sabine, 1/2	2. 8. 96	3. 4. 65
Wolf, Jürgen	1. 9. 98	12. 12. 64
Wensky, Michael	1. 2. 99	10. 12. 68
Husemann, Stephan	1. 4. 03	3. 2. 73
Rodewald, Eva	1. 10. 03	15. 4. 74
Pinzer, Markus	16. 8. 04	1. 1. 75

Hersbruck E 168 684
Schloßplatz 1, 2 und 3, 91217 Hersbruck
Postfach 206, 91211 Hersbruck
Tel. (0 91 51) 73 30, Fax (0 91 51) 73 33 00
E-Mail: poststelle@ag-heb.bayern.de

1 Dir, 1 stVDir, 7 R, 2 × 1/2 R

Dr. Karl, Gerhard, Dir	1. 10. 05	23. 4. 47
Dr. Dorner, stVDir	1. 1. 94	15. 9. 49
Anders, Peter-Jürgen	1. 10. 79	3. 9. 48
Düker-Wara, Charlotte, 1/2	5. 10. 80	29. 6. 49
Diroll, Werner	15. 6. 83	20. 4. 52
Müller, Waldemar	1. 4. 91	4. 3. 58
Thron, Ludwig	1. 3. 92	18. 6. 54
Dr. Engelhardt, Andrea, 1/2	1. 7. 92	21. 10. 62
Dr. Sandermann, Edmund	1. 6. 96	14. 3. 67
Zuber, Bernd	1. 2. 01	26. 12. 71
Thürauf, Matthias	1. 8. 03	11. 10. 73

Neumarkt i. d. OPf. E 128 755
Residenzplatz 1, 92318 Neumarkt i.d. OPf.
Tel. (0 91 81) 40 90
Fax (0 91 81) 40 91 16
E-Mail: poststelle@ag-nm.bayern.de
www.agneumarkt.de

1 Dir, 6 R

Dr. Baier, Erwin, Dir	1. 1. 01	2. 2. 47
Hornung, Gerhard	1. 4. 77	11. 10. 44
Hollweck, Peter	1. 1. 90	14. 3. 59
Spies, Leonhard	15. 1. 91	7. 3. 59
Würth, Rainer	1. 10. 93	12. 9. 62
Eckenberger, Birgit, beurl.	1. 8. 97	22. 11. 65
Gebauer, Eva	1. 6. 99	7. 5. 69
Bonačić-Sargo, Theresa	1. 12. 04	5. 9. 72

LG-Bezirk Nürnberg-Fürth   OLG-Bezirk Nürnberg   **BY**

Neustadt a. d. Aisch   E 100 033
Bamberger Str. 28, 91413 Neustadt a.d. Aisch
Postfach 12 40, 91402 Neustadt a.d. Aisch
Tel. (0 91 61) 78 40
Fax (0 91 61) 78 41 84
E-Mail: poststelle@ag-nea.bayern.de

1 Dir, 2 R + 2 × $^1/_2$ R

Dr. Schöpf, Herbert, Dir	1. 11. 99	1. 4. 44
Johann, Egon	1. 6. 87	5. 5. 57
Prosch, Liselotte, $^1/_2$	1. 10. 90	21. 4. 58
Göller, Manuela, $^1/_2$	1. 7. 94	16. 7. 94
Döppling, Marion	1. 8. 04	28. 4. 71

Nürnberg   E 497 254
Fürther Str. 110, 90429 Nürnberg
Tel. (09 11) 3 21 01
Fax (09 11) 3 21-26 17
E-Mail: poststelle.praes@ag-n.bayern.de

1 Pr, 1 VPr, 7 w.aufsR, 36 R + 18 × $^1/_2$ R + 2 × $^3/_4$ R
+ 1 × $^2/_3$ R + 1 × $^5/_6$ R

Präsident

Nerlich, Hasso	1. 10. 03	8. 8. 50

Vizepräsident

Schwerdtner, Manfred	1. 7. 04	20. 8. 52

weitere aufsichtführende Richterin/Richter

Ley, Manfred	1. 1. 94	4. 3. 43
Zeitz, Emil	1. 8. 95	9. 7. 44
Aschelm, Hans-Günther	—	—
Prankel, Norbert	1. 7. 01	19. 1. 46
Heublein, Joachim	1. 7. 01	13. 4. 52
Gemählich, Gabriele	—	—
Kanz, Volkmar	1. 1. 06	22. 7. 57

Richterinnen/Richter

Gößner, Edda, $^1/_2$	1. 6. 70	7. 10. 41
Haslbeck, Gerd, $^1/_2$	—	—
Kuch, Karl	16. 3. 75	13. 2. 44
Meyerhöfer, Günther	1. 7. 75	13. 9. 44
Schauer, Gerhard, ATZ	16. 12. 75	2. 10. 42
Rühl, Gerhard	1. 5. 76	12. 1. 45
Uebelein, Klaus	1. 11. 79	19. 2. 49
Gräfe, Ekkehard	1. 5. 80	4. 12. 49
Pruy, Richard	—	—
Held, Bernd, $^2/_3$	1. 11. 85	11. 9. 55
Friedrich-Hübschmann, Ursula, $^1/_2$	4. 11. 85	3. 6. 54
Bieber, Monika	17. 10. 86	2. 1. 56
Bloß, Jürgen	1. 6. 88	17. 3. 56

Reichard, Georg	1. 6. 88	10. 12. 58
Ellrott, Hans	1. 7. 88	16. 6. 58
Freudling, Brigitte, $^1/_2$	—	—
Freudling, Christian	1. 12. 88	23. 12. 57
Hauck, Angelika, $^5/_6$	10. 12. 88	1. 9. 58
Spliesgart, Siegfried	15. 1. 89	31. 10. 58
Kastner, Helga, $^3/_4$	—	—
Dr. Rieger, Paul	16. 8. 89	13. 10. 57
Kalb, Clemens	1. 1. 90	23. 1. 58
Bendick-Raum, Claudia, $^3/_4$	1. 5. 90	3. 5. 59
Schwarz-Spliesgart, Eva Regina, $^1/_2$	1. 3. 91	15. 4. 59
Kellendorfer, Rudolf	1. 6. 91	17. 4. 58
Deuerlein, Ursula, $^1/_2$	25. 9. 91	27. 10. 56
Bär, Jasmin, $^1/_2$	1. 5. 92	4. 4. 62
Dr. Dünisch, Heidi	—	—
Heidecke, Sven	—	—
Schneider, Joachim	—	—
Dr. Lindner, Andra, $^1/_2$	1. 10. 93	23. 2. 60
Eberl, Armin	—	—
Degenhart, Claudia, $^1/_2$	1. 1. 94	13. 5. 62
Kusch, Ute, $^1/_2$	1. 4. 94	16. 5. 63
Krome, Ursula, $^1/_2$	1. 5. 94	29. 7. 61
Dereser, Marc	—	—
Kefer, Kornelia, $^1/_2$	1. 10. 94	13. 6. 63
Cura, Beate	1. 10. 94	28. 10. 63
Pfohl, Elisabeth, beurl.	1. 6. 95	8. 4. 64
Dr. Kirchhof, Bernd	1. 7. 95	12. 12. 63
Elfrich, Andrea, $^1/_2$	—	—
Bühl, Birgitta	—	—
Uehlein, Andrea	1. 8. 96	30. 1. 65
Dr. Neubauer, Andrea, $^1/_2$	1. 10. 96	5. 7. 64
Werner, Claas	1. 10. 96	26. 8. 66
Schaffer, Michael	1. 3. 97	16. 8. 67
Mahall, Eva, $^1/_2$	1. 1. 98	28. 4. 67
Dr. Schröder, Bettina, $^1/_2$	1. 7. 98	6. 8. 69
Ludwig, Daniela, $^1/_2$	1. 11. 98	4. 4. 68
Klotzbücher, Heike, $^1/_2$	1. 5. 99	21. 1. 68
Lesche, Uwe	1. 7. 00	13. 1. 71
Dr. Beisenwenger, Rainer	1. 1. 01	18. 3. 67
Vierheilig, Michaela	1. 8. 01	8. 10. 66
Dr. Mehl, Ilonka	16. 12. 01	7. 11. 71
Engels, Stefan	15. 3. 02	26. 2. 69
Ehrlicher, Jochen	1. 9. 02	3. 7. 72
Jonscher, Melanie	1. 9. 03	15. 11. 72
Raab, Heike	1. 10. 03	31. 7. 73
Held, Matthias	1. 12. 03	5. 1. 75

Schwabach   E 164 519
Weißenburger Str. 8, 91126 Schwabach
Postfach 11 40, 91124 Schwabach
Tel. (0 91 22) 1 80 70
Fax (0 91 22) 1 80 71 99
E-Mail: poststelle@ag-sc.bayern.de

BY OLG-Bezirk Nürnberg

Zweigstelle in Hilpoltstein
Kirchenstr. 1, 91161 Hilpoltstein
Postfach 11 69, 91155 Hilpoltstein
Tel. (0 91 74) 4 70 50
Fax (0 91 74) 47 05 11

1 Dir, 1 stVDir, 9 R, ½ R

Glöckner, Gertraud, Dir	16. 9.05	11. 5.48
Dr. Kohn, Dieter, stVDir	1.11.00	14.12.43
Heinke, Hellmer	1.10.72	19. 5.41
Dr. Leitner, Helmut, ATZ	1.10.74	25. 4.42
Geißendörfer, Rainer	16.10.81	5. 6.50
Dr. Baumgartl, Gerhard	16.10.81	19. 1.52
Hader, Reinhard	15.10.84	16.10.53
Pisarski, Siegfried	1. 5.88	13.12.53
Thiermann, Sabine, ½	1. 4.94	26. 8.62
Wehrer, Christine	1.10.95	10.11.64
Kochannek, Thomas	1. 5.01	20. 4.68
Steiner, Michael	1. 4.02	4. 8.72
Eckhardt, Henry	1.11.05	7. 5.73

Landgerichtsbezirk Regensburg

Landgericht Regensburg E 696 191
Kumpfmühler Str. 4, 93066 Regensburg
Tel. (09 41) 2 00 30
Fax (09 41) 2 00 32 99
E.Mail: poststelle@lg-r.bayern.de
www.lgr.bayern.de

1 Pr, 1 VPr, 11 VR, 18 R + 1 × ½ R

Präsident

Küspert, Peter	1. 7.03	13. 9.55

Vizepräsident

Dobnig, Peter	16. 3.03	23. 9.44

Vorsitzende Richter

Johannsen, Jens	1. 4.86	24. 2.43
Ebner, Werner	1. 8.96	16.10.51
Brandstätter, Otto	1.12.97	8.11.47
Nußstein, Karl	1. 8.98	7. 9.55
Iglhaut, Karl	—	—
Schindler, Erich	1.10.00	5. 2.47
Dr. Rauch, Hans	1. 3.01	21. 1.46
Artinger, Ludwig	16. 5.02	26. 5.56
Dr. Kellner, Franz	16. 6.03	11.10.47
Lukas, Josef	1. 5.04	12. 3.51
Dippold, Wolfgang	16.11.04	18. 7.58

Richterinnen/Richter

Zetl, Josef, ½	—	—

LG-Bezirk Nürnberg-Fürth

Rothenbücher, Ulrich	1. 5.76	5.10.43
Böker, Eva	1. 5.76	19. 7.44
Hinterberger, Gerhard	1.11.85	23.12.49
Rösl, Robert	1.12.89	5. 7.59
Piendl, Johann	1. 8.90	3. 3.57
Ochs-Sötz, Gerhard	1. 5.92	18. 3.62
Stockert, Gerhard	20. 1.93	23.12.60
Kimmerl, Georg	1. 3.93	19.10.61
Kerrinnes, Gabriele	19. 7.94	25.11.66
Clausing, Matthias	1. 9.94	25. 5.62
Escher, Elke	1.10.95	11. 2.64
Dr. Müller, Christine	1. 3.96	4. 4.63
Prantl, Erhard	15. 5.97	28. 4.66
Dr. Hammer, Michael, abg.	1. 2.98	27. 3.65
Lang, Marcus	1. 8.99	30. 6.70
Dr. Rappert, Klaus	1. 1.00	20.10.70
Dr. Mielke, Bettina	1.11.01	17. 3.65
Polnik, Thomas	1. 9.02	27. 4.72

Amtsgerichte

Cham E 131 172
Kirchplatz 13, 93413 Cham
Postfach 11 34, 93401 Cham
Tel. (0 99 71) 9 90-0
Fax (0 99 71) 99 01 50
E-Mail: poststelle@ag-cha.bayern.de
www.ag-cham.de

Zweigstelle in Furth im Wald
Stadtplatz 2, 93437 Furth im Wald
Postfach 13 60, 93429 Furth im Wald
Tel. (0 99 73) 84 33-0
Fax (0 99 73) 84 33-33

Zweigstelle in Kötzting
Herrenstr. 7, 93444 Kötzting
Postfach 360, 93440 Kötzting
Tel. (0 99 41) 94 77-01
Fax (0 99 41) 94 77-25

Zweigstelle in Roding
Landgerichtsstr. 17, 93426 Roding
Postfach 10 01, 93422 Roding
Tel. (0 94 61) 94 38-0
Fax (0 94 61) 94 38-14

Zweigstelle in Waldmünchen
Krambergerweg 1, 93449 Waldmünchen
Postfach 11 51, 93445 Waldmünchen
Tel. (0 99 72) 94 17-0
Fax (0 99 72) 94 17-70

1 Dir, 1 stVDir, 6 R

Ring, Bernhard, Dir	16. 4.03	3. 6.46
Kern, Volker, stVDir	16. 1.06	28. 4.47

LG-Bezirk Regensburg   OLG-Bezirk Nürnberg   **BY**

Dr. Christl, Gerhard	1. 6.77	12. 7.47
Kerscher, Wolfgang	15. 6.81	16. 5.49
Kopp, Johann	1. 7.87	27. 8.57
Vogl, Erich	1. 7.91	6. 2.58
Ehrl, Christian	17. 7.03	29. 1.68
Bücherl, Alexandra	1. 8.03	10. 4.74

Kelheim E 113 286
Klosterstr. 6, 93309 Kelheim
Postfach 11 53, 93301 Kelheim
Tel. (0 94 41) 5 09-0
Fax (0 94 41) 50 92 00
E-Mail: poststelle.verwaltung@ag-keh.bayern.de

Zweigstelle in Mainburg
Bahnhofstr. 14, 84048 Mainburg
Postfach 12 20, 84043 Mainburg
Tel. (0 87 51) 86 18-0
Fax (0 87 51) 86 18-22

1 Dir, 6 R + 1 × ¾ R

Dr. Prokop, Clemens, Dir	16. 9.02	26. 3.57
Mühlbauer, Anton	16. 5.77	21. 5.46
Vanino, Hermann	1. 7.85	2. 5.52
Dr. Müller, Harald, abg.	1. 9.92	11.11.59
König, Peter	1. 5.95	5. 5.61
Lammert, Christine, ¾	16. 8.98	31. 3.69
Kastenmeier, Jürgen	1. 9.99	30. 9.67
Dr. Pfaller, Markus	1. 2.02	7. 4.72

Regensburg E 309 733
93041 Regensburg
Augustenstr. 3, 93049 Regensburg
Tel. (09 41) 2 00 30
Fax (09 41) 2 00 34 20
E-Mail: poststelle@ag-r.bayern.de
www.justiz.bayern.de/ag-regensburg

1 Dir, 1 stVDir, 2 w.aufsR, 18 R + 3 × ⅔ R + 6 × ½ R

Dr. Rosenkranz, Helmuth, Dir	1. 7.04	14. 5.48
Brem, Norbert, stVDir	—	—
Schneider, Bernhard, w.aufsR	16. 3.00	23. 5.51
Frick, Thomas, w.aufsR	1.11.01	22. 3.45
Wittmann, Wolfgang	16. 3.72	10. 9.43
Wilhelm, Helmut	1. 8.76	12. 4.46
Hüttinger, Jürgen	24. 9.76	27.10.43
Zeitler, Franz	1. 7.79	3. 1.49
Kreppmeier, Eveline	1. 7.79	21. 7.49
Kutzer, Bernhard	1. 9.80	16.11.48
Gierl, Werner	16.10.80	27. 1.50
Preischl, Anton	1.11.84	1. 1.52
Janzen, Dirk	10.11.84	16.10.50
Gold, Gerda, ½	—	—

Müller, Brigitte, ⅔	—	—
Schröder-Maier, Christine, ⅔	1. 7.88	7. 8.56
Hubmann, Edgar, ½	1.12.88	28. 5.46
Ruhdorfer, Johann	—	—
Schimke-Kinskofer, Ursula, ⅔	1.12.89	16. 8.58
Ruppe, Friedrich	1. 1.90	4. 9.56
Bobke, Dieter	1. 2.90	6. 4.53
Schmid, Robert	1. 2.91	27.10.58
Lindner, Gerhard	1. 3.94	15.12.63
Hofbauer-Koller, Heike, ½	1. 4.95	20.12.62
Kiderlen, Iris-Dorothea	1. 3.96	24. 9.63
Dr. Breitkopf, Ursula, ½	1. 3.96	9.11.65
Costa, Andrea	1. 4.96	31. 1.64
Vogt, Markus	1. 4.96	3. 4.64
Kopernik, Manuela	—	—
Dr. Mühlbauer, Sabine, ½	1.11.96	27. 9.63
Nißl-Neumann, Claudia, ½	1. 3.04	3. 5.74

Straubing E 142 000
Kolbstr. 11, 94315 Straubing
Tel. (0 94 21) 9 49-5
Fax (0 94 21) 9 49-6 50
E-Mail: poststelle@ag-sr.bayern.de
poststelle.agdir@ag-sr.bayern.de

1 Dir, 1 stVDir, 9 R + 2 × ½ R

Böhm, Horst, Dir	1.10.04	23. 5.53
Helmhagen, Rudolf, stVDir	1. 7.02	30. 4.58
Schormann, Gerhard, ATZ	1. 7.72	10. 1.43
Gmelch, Hermann, ½	1. 5.73	22.12.41
Zach, Johann	—	—
Greindl, Günther	1. 4.75	13. 6.43
Huber, Hans-Peter	1.10.89	24. 2.58
Sollfrank, Thomas	1. 3.90	1.12.57
Otto, Hans-Joachim	16. 8.91	20. 8.47
Fleischmann, Ingrid, ½	1. 4.94	18. 1.63
Helm, Frauke	16. 5.96	4. 7.65
Herrmann, Doris	1. 4.97	1.11.65
Kamm, Thomas	1. 8.02	18. 8.72
Zenger, Thomas	1. 3.03	28.10.71

Landgerichtsbezirk Weiden i. d. OPf.

Landgericht Weiden i. d. OPf. E 221 587
Ledererstr. 9, 92637 Weiden i.d. OPf.
Postfach 27 52, 92617 Weiden i.d. OPf.
Tel. (09 61) 3 00 00
Fax (09 61) 30 00-238
E-Mail: poststelle.praes@lg-wen.bayern.de
poststelle@lg-wen.bayern.de

1 Pr, 1 VPr, 2 VR, 5 R

BY OLG-Bezirk Nürnberg — Staatsanwaltschaften

Präsident
N. N. — —

Vizepräsident
Kienlein, Wolfgang 1. 10. 05 14. 3. 55

Vorsitzende Richter
Sertl, Josef 1. 3. 04 28. 11. 49
Grüner, Georg 1. 6. 04 1. 11. 52

Richter
Ströhle, Reinhold 1. 3. 92 2. 10. 56
Hartwig, Josef 1. 3. 94 11. 5. 61
Hys, Thomas 1. 4. 94 2. 2. 62
Voit, Bernhard 1. 3. 95 6. 4. 62
Weidensteiner, Josef 1. 5. 96 18. 4. 66

Amtsgerichte

Tirschenreuth E 78 578
Mähringer Str. 10, 95643 Tirschenreuth
Postfach 12 40, 95634 Tirschenreuth
Tel. (0 96 31) 7 26-0
Fax (0 96 31) 7 26-1 26
E-Mail: poststelle@ag-tir.bayern.de

Zweigstelle in Kemnath
Stadtplatz 27, 95478 Kemnath
Postfach 246, 95475 Kemnath
Tel. (0 96 42) 6 15
Fax (0 96 42) 72 05

1 Dir, 3 R

Gollinger, Roman, Dir 16. 10. 02 7. 5. 48
Götzinger-Schmid, Birgit 1. 8. 85 24. 4. 52
Neuner, Peter 1. 10. 92 1. 1. 62
Fillinger, Markus 1. 5. 04 3. 8. 73

Weiden i. d. OPf. E 143 009
Ledererstr. 9, 92637 Weiden i.d. OPf.
Postfach 27 52, 92617 Weiden i.d. OPf.
Tel. (09 61) 3 00 00
Fax (09 61) 3 00 02 58
E-Mail: poststelle.verwaltung@ag-wen.bayern.de

Zweigstelle in Vohenstrauß
Friedrichstr. 26, 92648 Vohenstrauß
Postfach 1, 92643 Vohenstrauß
Tel. (0 96 51) 38 51
Fax (0 96 51) 36 13

1 Dir, 1 stVDir, 10 R

Dr. Nickl, Rolf, Dir 1. 2. 05 23. 2. 45
Heindl, Gerhard, stVDir 1. 4. 05 2. 1. 56
Schmid, Otmar 20. 12. 86 20. 8. 54
Mirl, Johann 10. 6. 87 3. 3. 57
Windisch, Hubert 15. 2. 89 22. 5. 58
Sax, Herrmann 15. 10. 93 10. 5. 63
Schnappauf, Hans-Jürgen 1. 9. 94 20. 11. 64
Werner, Peter 1. 4. 96 23. 2. 64
Werner, Gerlinde 1. 4. 97 11. 3. 67
Pausch, Tobias 1. 9. 00 12. 4. 70
Frischholz, Peter 1. 1. 02 27. 2. 71
Biebl, Brigitta 1. 10. 02 16. 5. 73

Staatsanwaltschaften

Generalstaatsanwaltschaft Nürnberg
Bärenschanzstr. 70, 90429 Nürnberg
Tel. (09 11) 3 21-01
Fax (09 11) 3 21 28 73
E-Mail: poststelle@sta-olg-n.bayern.de

1 GStA, 1 LOStA, 8 OStA

Generalstaatsanwalt
Dr. Helgerth, Roland 1. 2. 05 11. 6. 43

Leitender Oberstaatsanwalt
Beirle, Konrad 1. 12. 96 18. 12. 41

Oberstaatsanwältinnen/Oberstaatsanwälte
Wahl, Gerold 1. 1. 00 29. 1. 50
Hüttner, Peter 1. 6. 00 5. 3. 53

Pauckstadt-Maihold, Ulrike 1. 3. 02 13. 11. 54
Kölbl, Richard — —
Dr. Popp, Stephan 16. 9. 04 29. 11. 60
Dr. Lehnberger, Gudrun 1. 11. 04 12. 10. 60
Hubel, Dieter 1. 6. 05 4. 5. 61
Diesch, Joachim 1. 8. 05 17. 8. 60

Staatsanwaltschaft Amberg
Faberstr. 9, 92224 Amberg
Postfach 21 52, 92211 Amberg
Tel. (0 96 21) 37 00
Fax (0 96 21) 1 20 76
E-Mail: poststelle@sta-am.bayern.de

1 LOStA, 1 stVLOStA, 2 StA (GL), 7 StA

Leitender Oberstaatsanwalt
Wiedemann, Kurt 1. 11. 00 26. 2. 43

Staatsanwaltschaften   OLG-Bezirk Nürnberg   **BY**

Oberstaatsanwalt
Riedl, Harald   1. 6. 04   11. 9. 55

Staatsanwältinnen/Staatsanwälte
Froschauer, Petra, GL   17. 9. 01   31. 3. 57
Franz, Peter, GL   1. 9. 05   31. 10. 58
Scheuerer, Klaus, beurl.   1. 5. 02   31. 1. 72
Schrodt, Roland   1. 8. 03   15. 4. 70
Frey, Christian   —   —
Rieger, Kathrin   1. 10. 05   18. 12. 76
Dr. Zang, Axel   1. 4. 06   6. 5. 74

Staatsanwaltschaft Ansbach
Promenade 4, 91522 Ansbach
Postfach 605, 91511 Ansbach
Tel. (09 81) 5 81
Fax (09 81) 5 82 65
E-Mail: poststelle@sta-an.bayern.de

1 LOStA, 1 OStA, 2 StA (GL), 5 StA + 2 × ½ StA

Leitender Oberstaatsanwalt
Dr. Metzger, Ernst   16. 5. 01   9. 11. 49

Oberstaatsanwalt
Zimmermann, Karlalbert,
  stVLOStA, ATZ   1. 1. 04   9. 10. 44

Staatsanwältinnen/Staatsanwälte
Porzner, Erwin, GL   1. 3. 05   16. 6. 61
Krach, Jürgen, GL   1. 6. 05   29. 3. 64
Franz, Claudia, beurl.   1. 7. 98   9. 6. 68
Brünner, Katrin, beurl., ½   1. 8. 04   3. 1. 72
Wind, Kerstin, ½   1. 1. 06   23. 4. 74

Staatsanwaltschaft Nürnberg-Fürth
Fürther Str. 112, 90429 Nürnberg
Tel. (09 11) 3 21-01
Fax (09 11) 3 21 24 66
E-Mail: poststelle@sta-nfue.bayern.de

1 LOStA, 1 stVLOStA, 7 OStA, 15 StA (GL) + 2 ×
½ StA (GL), 39 StA + 3 × ½ StA

Leitender Oberstaatsanwalt
Hubmann, Klaus   1. 8. 96   24. 1. 46

Oberstaatsanwälte
Lubitz, Reinhard,
  stVLOStA   1. 1. 01   7. 8. 47
Dr. Heusinger, Robert   1. 12. 91   3. 3. 47
Grandpair, Walter   1. 10. 95   24. 12. 48
Knorr, Walter   —   —

Dr. Kimmel, Walter   1. 7. 98   21. 4. 54
Wenny, Reinhold   1. 6. 00   3. 9. 51
Träg, Wolfgang   10. 6. 01   29. 3. 54
Strohbach, Petra   16. 6. 04   5. 3. 62

Staatsanwältinnen/Staatsanwälte
Weidlich, Dieter, GL   18. 6. 01   13. 3. 56
Dr. Strößenreuther, Martin,
  GL   1. 1. 03   27. 11. 61
Dr. Hoefler, Hilmar, GL   16. 7. 03   13. 5. 63
Huber, Alfred, GL   1. 4. 04   3. 2. 61
Gabriels-Gorsolke, Antje,
  GL   1. 4. 04   2. 1. 63
Dr. Strohmeier, Thomas,
  GL   1. 4. 04   14. 9. 63
Lupko, Manfred, GL   —   —
Gründler, Wolfgang, GL   16. 7. 04   14. 7. 61
Müller, Martina, GL   16. 11. 04 2. 4. 63
Schmidt, Frank, GL   1. 12. 04   4. 4. 62
Dr. Zorn, Margit, ½, GL   1. 12. 04   24. 8. 62
Schmiedel, Jutta, ½, GL   1. 12. 04   11. 11. 64
Dycke, Peter, GL   1. 2. 05   20. 7. 61
Adelhardt, Peter, GL   1. 4. 05   7. 7. 62
Dr. Fleury, Roland, GL   1. 1. 06   18. 9. 61
Traud, Anita, GL   1. 1. 06   26. 6. 65
Rosinski, Gisela, GL   16. 1. 06   27. 12. 61
Fischer, Andrea, ½   19. 10. 94 14. 5. 59
Bader, Markus, abg.   29. 1. 03   29. 1. 71
Dr. Fili, Verena, beurl.   1. 2. 03   29. 8. 72
Groß, Stefan, abg.   1. 7. 03   2. 1. 74
Beyer, Matthias, abg.   1. 8. 03   20. 5. 71
Gröschel, Matthias, abg.   1. 9. 03   6. 7. 71
Klinge, Jasper, abg.   1. 1. 04   21. 9. 72
Kolb, Stefan   1. 2. 04   13. 6. 73
Pilartz, Sabine   1. 4. 04   3. 12. 72
Haase, Torsten   1. 5. 04   9. 4. 72
Kreiselmeyer, Hans   16. 6. 04   9. 8. 74
Edelmann, Barbara, beurl.   1. 7. 04   5. 2. 73
Stengel, Barbara, beurl.   1. 7. 04   20. 5. 75
Hellein, Klaus   16. 7. 04   7. 2. 75
Dr. Müller-Höll, Dorothea   1. 9. 04   20. 6. 72
Schuberth, Klaus   1. 10. 04   16. 10. 72
Kubina, Dirk   1. 10. 04   7. 12. 74
Rackelmann, Stefan   1. 10. 04   11. 4. 75
Kämmer, Daniela   1. 1. 05   4. 5. 74
Seitz, Bernd   1. 3. 05   11. 8. 74
von Lackum, Corinna   1. 3. 05   13. 3. 76
Münch, Heidrun   16. 4. 05   2. 2. 75
Dr. Leppich, Mark
Winter, Eva-Maria   16. 5. 05   28. 2. 75
Grammel, Anja   1. 8. 05   24. 2. 75
Schäder, Sabine   1. 9. 05   19. 4. 70
Kallert, Cornelia   1. 10. 05   23. 7. 75
Frommhold, Uwe   1. 11. 05   23. 2. 75
Schreyer, Michael   1. 3. 06   4. 3. 76

BY   Richter/StA im Richterverhältnis auf Probe

Staatsanwaltschaft Regensburg
Kumpfmühler Str. 4, 93047 Regensburg
Postfach 10 01 61, 93001 Regensburg
Tel. (09 41) 2 00 30
Fax (09 41) 20 03-2 48
E-Mail: poststelle@sta-r.bayern.de

1 LOStA, 1 stVLOStA, 2 OStA, 5 StA (GL),
5 StA + 3 × ½ StA

Leitender Oberstaatsanwalt

Dr. Plöd, Johann	16. 7. 03	21. 1. 46

Oberstaatsanwälte

Zach, Edgar, stVLOStA	1. 8. 03	2. 2. 49
Pfeiffer, Carl Christian	1. 12. 03	1. 5. 54
Fiedler, Klaus Dieter	16. 11. 04	30. 1. 55

Staatsanwältinnen/Staatsanwälte

Schütz, Elfriede, GL	16. 7. 00	5. 4. 56
Dr. Meindl, Wolfhard, GL	17. 9. 01	5. 10. 56
Eisvogel, Birgit, GL, beurl.	15. 5. 02	19. 8. 63
Klein, Ulrike, GL	1. 6. 02	20. 11. 61
Ziegler, Theo, GL	16. 5. 03	9. 3. 63
Greger, Anette, GL	10. 1. 05	22. 4. 66
Kees, Christine, abg.	1. 4. 03	13. 5. 74
Füracker, Matthias	1. 7. 03	9. 1. 71
Wagner, Oliver	1. 9. 03	2. 5. 74
Siegl, Gerald	1. 11. 03	22. 12. 73
Soell, Oliver	1. 2. 04	30. 12. 70
Knott, Simone, beurl.	1. 2. 04	6. 3. 75
Braun, Cornelia	1. 3. 04	2. 2. 72
Dümml, Sabine	1. 3. 04	6. 1. 74
Zorger, Sylvia, beurl.	15. 3. 04	1. 1. 74
Dr. Strauß, Thomas, abg.	1. 10. 04	5. 10. 67
Kerscher, Stefanie	1. 2. 05	1. 12. 74
Dr. Lohmann, Stephan	16. 3. 05	24. 3. 75
Wiesgickl, Margareta, beurl.	15. 4. 05	20. 5. 74
Aigner-Sahin, Andrea, ½	16. 5. 05	21. 2. 75
Ettl, Julia, abg.	1. 7. 05	20. 2. 76
Simeth, Stefan	1. 10. 05	4. 4. 71
Zimmermann, Stephanie	1. 3. 06	21. 6. 75

Staatsanwaltschaft Weiden i.d. OPf.
Ledererstr. 9, 92637 Weiden
Postfach 40, 92619 Weiden
Tel. (09 61) 3 00 00, Fax (09 61) 3 00 01 47
E-Mail: poststelle@sta-wen.bayern.de

1 LOStA, 1 stVLOStA, 2 StA (GL), 5 StA

Leitender Oberstaatsanwalt

Ruckdäschel, Günther	1. 9. 05	1. 5. 48

Oberstaatsanwalt

Schäfer, Gerd, stVLOStA	15. 2. 05	11. 2. 57

Staatsanwältinnen/Staatsanwälte

Lehner, Rainer, GL	—	—
Weiß, Thomas, GL	16. 6. 04	31. 8. 55
Güll, Roland	1. 5. 02	19. 7. 69
Härtl, Christian	1. 4. 03	6. 5. 74
Lintl, Elisabeth, abg.	1. 1. 04	15. 3. 71
Dr. Wedlich, Alexander	1. 12. 04	3. 7. 74

Richterinnen/Richter und Staatsanwältinnen/Staatsanwälte im Richterverhältnis auf Probe

B = OLGBez. Bamberg
M = OLGBez. München
N = OLGBez. Nürnberg

Bonn, Christine, beurl.	M	1. 2. 96	22. 11. 66
Gillot, Sonja, beurl. (LSt)	M	1. 12. 00	26. 2. 74
Gläßl, André,	N	1. 7. 01	28. 5. 73
Rauschenbach, Anke, beurl.	B	1. 1. 03	5. 3. 73
Hemmelmann, Simona, ½	N	1. 2. 03	23. 11. 73
Erkens, Katrin	M	17. 3. 03	30. 9. 75
Wagner, Petra	M	1. 4. 03	19. 6. 72
Griebel, Florian	M	1. 4. 03	16. 3. 76
Ledig, Dorothee	M	16. 4. 03	30. 8. 75
Holzner, Michaela	M	16. 4. 03	8. 3. 76
Bolkart, Eva	M	1. 5. 03	29. 10. 72
Berg, Pascale	M	1. 5. 03	2. 10. 73
Lederle, Julia	M	1. 5. 03	26. 12. 74
Weilmünster, Claudia	B	1. 5. 03	7. 3. 75
Weischedel, Silke	N	16. 5. 03	10. 8. 76
Burisch, Andrea	B	16. 5. 03	6. 10. 76
Dumberger, Andreas	M	1. 6. 03	14. 12. 74
Kneissl, Karoline	M	1. 6. 03	19. 5. 75
Winkler, Agnes	M	16. 6. 03	5. 9. 73
Grimmeisen, Christian	M	16. 6. 03	10. 7. 76
Fischer, Caroline	N	16. 6. 03	22. 4. 77
Dr. Stadler, Gerrit	N	1. 7. 03	19. 6. 74
Helmreich, Stefanie	M	1. 7. 03	5. 9. 74

Richter/StA im Richterverhältnis auf Probe — BY

Name					Name				
Dr. Frank, Stefanie, 1/2	M	1. 7. 03	11. 3. 75		Terp, Daniel	B	1. 4. 04	10. 1. 76
Stottok, Grit	N	1. 7. 03	2. 6. 76		Dr. Vietze, Rainer	M	1. 4. 04	2. 7. 76
Hluchy, Alexandra	M	16. 7. 03	21. 10. 76		Kolano, Sigrid	M	1. 4. 04	23. 9. 76
Dr. Rapp-Gazić,					Schoen, Anne Kathrin	M	1. 4. 04	1. 12. 76
Christiane, 1/2	M	1. 8. 03	13. 1. 74		Rackelmann, Gudrun	N	15. 4. 04	26. 9. 76
Heublein, Carina	B	1. 8. 03	20. 7. 74		Reinhard, Martin	M	1. 5. 04	10. 7. 75
Strohner, Gert	M	1. 8. 03	18. 8. 74		Görgen, Stefanie	B	1. 5. 04	13. 10. 76
Beier, Alexandra,					Lindner, Karolin	B	1. 5. 04	11. 1. 78
beurl. (LSt)	M	1. 8. 03	22. 12. 74		Laubmeier, Maximilian	M	16. 5. 04	24. 12. 75
Mieslinger, Monika	M	1. 8. 03	13. 11. 75		Haug, Sebastian	M	1. 6. 04	16. 1. 75
Titze, Caroline	B	1. 8. 03	22. 3. 77		Sand, Markus	N	1. 6. 04	24. 11. 75
Gräfin zu Ortenburg,					Heinzlmeier, Jonas	N	1. 6. 04	18. 12. 75
Regina, 1/2	M	1. 9. 03	17. 11. 75		Gärtner, Nadine	N	1. 6. 04	13. 12. 76
Marquardt, Carolin	M	1. 9. 03	24. 4. 77		Dombrowski, Dirk	M	16. 6. 04	14. 9. 73
Nickl, Sabine	M	16. 9. 03	27. 9. 73		Höflinger, Bärbel	M	16. 6. 04	14. 8. 74
Plutz, Johannes	M	16. 9. 03	16. 11. 74		Steinberger-Fraunhofer,			
Dey, Jan Marten	B	1. 10. 03	11. 1. 71		Theresa	M	16. 6. 04	5. 3. 76
Eckert, Gabriele	N	1. 10. 03	24. 11. 73		Wätzold, Bernd	B	16. 6. 04	13. 4. 77
Freiin von Arnim,					Tschauner, Ralf	N	1. 7. 04	12. 6. 73
Dorothee, beurl.					Dr. Pfeiffer, Thomas	N	1. 7. 04	17. 12. 74
(LSt)	M	1. 10. 03	9. 8. 74		Dr. Seuffert, Gabriel	B	1. 7. 04	27. 2. 76
Otto, Veronika	N	1. 10. 03	13. 4. 76		Kellner, Tina	N	1. 7. 04	16. 1. 77
Wolff, Alexandra	M	1. 11. 03	22. 3. 73		Mayridl, Stefan	M	1. 7. 04	16. 3. 77
Seifried, Sandra	N	1. 11. 03	29. 10. 75		Karg, Marita	M	1. 7. 04	12. 8. 77
Dr. Decker, Georg	M	16. 11. 03	21. 9. 73		Dr. Grieser, Veronika	M	1. 8. 04	7. 2. 74
Wachinger, Eva	N	1. 12. 03	2. 5. 74		Stoppel, Christine	B	1. 8. 04	11. 12. 75
Dr. Strafner, Alexander	M	1. 12. 03	5. 10. 75		Meyer, Marc	M	1. 8. 04	22. 1. 76
Fahr, Thomas	B	1. 1. 04	27. 5. 70		Weigand, Nicole	M	1. 8. 04	12. 9. 76
Schroeter, Magdalene	N	1. 1. 04	6. 11. 71		Bauer, Bianca Christina	B	1. 8. 04	8. 6. 77
Wein, Ingrid	N	1. 1. 04	1. 12. 73		Fuchs, Anja	M	1. 8. 04	24. 6. 77
Stadler, Johann	M	1. 1. 04	9. 7. 74		Kempter, Susanne	M	1. 8. 04	28. 9. 77
Martinis-Frey, Ismene	M	1. 1. 04	4. 1. 76		Metzner, Eva	M	1. 8. 04	23. 10. 77
Weber, Susanne	M	1. 1. 04	26. 9. 76		Heilmaier, Andrea, 1/2	N	1. 8. 04	27. 7. 78
Held, Gabriele	M	1. 1. 04	28. 10. 76		Lukauer, Susanne	M	16. 8. 04	8. 4. 78
Seeger, Nadine, 1/2	M	1. 1. 04	20. 5. 77		Dr. Reil, Barbara	N	1. 9. 04	23. 2. 76
Schreiber, Marc-Oliver	M	16. 1. 04	6. 11. 76		Pöhlmann, Andreas	M	1. 9. 04	2. 6. 76
Dr. Ruzman, Lahorka	M	1. 2. 04	26. 8. 74		Hofmann, Anja	B	1. 9. 04	18. 6. 76
Hammer, Ulrike	M	1. 2. 04	25. 9. 74		Bader, Simone	M	1. 9. 04	9. 7. 77
Dr. Pfab, Christian	B	1. 2. 04	18. 3. 75		Weuster, Anna, 1/2	N	13. 9. 04	11. 10. 77
Dr. Selbmann, Dorrit,					Richter, Ursula	M	16. 9. 04	4. 7. 78
abg. (LSt)	M	1. 2. 04	7. 5. 75		Wittreich, Julia	M	1. 10. 04	4. 3. 75
Schulz, Dirk	N	1. 2. 04	26. 9. 75		Kögl, Andy	M	1. 10. 04	17. 6. 75
Dr. Steigelmann, Katja	M	1. 2. 04	19. 1. 76		Biehler, Matthias	B	1. 10. 04	8. 7. 75
Bauner, Stephanie	B	1. 2. 04	13. 5. 76		Dr. Höpfl, Marianne	M	1. 10. 04	12. 8. 75
Hufnagel, Alexandra	N	1. 2. 04	5. 9. 76		Ebeling, Thomas	M	1. 10. 04	20. 10. 75
Reznik, Markus	B	1. 2. 04	17. 3. 77		Löffler, Hermann	M	1. 10. 04	9. 2. 76
Stückle, Susanne	M	16. 2. 04	3. 3. 76		Jäckel, Holger	M	1. 10. 04	15. 4. 76
Dr. Fickert, Sebastian	B	16. 2. 04	29. 4. 76		Köpke, Sander	B	1. 10. 04	14. 5. 76
Bauer, Verena	M	1. 3. 04	9. 2. 75		Dr. Satzl, Caroline	M	1. 10. 04	17. 6. 76
Huber, Kathrin	M	1. 3. 04	3. 5. 75		Stock, Barbara	M	1. 10. 04	25. 10. 76
Strampe, Anja,					Wölfel, Isabella	M	1. 10. 04	24. 9. 77
beurl. (LSt)	M	1. 4. 04	9. 5. 67		Schuster, Thomas	N	4. 10. 04	4. 10. 74
Ederer, Birgit	N	1. 4. 04	22. 11. 70		Wolf, Cathleen	B	5. 10. 04	31. 1. 79
Engl, Philip	N	1. 4. 04	24. 11. 73		Haner, Tanja	B	16. 10. 04	5. 10. 73
Vollkommer, Meike	M	1. 4. 04	5. 3. 75		Kahnke, Claudia	B	16. 10. 04	18. 10. 77
Dr. Heß, Marco	N	1. 4. 04	28. 6. 75		Meinke, Monika	N	1. 11. 04	2. 2. 73

BY — Richter/StA im Richterverhältnis auf Probe

Name		Datum 1	Datum 2
Gedeon, Bertolt	N	1.11.04	20. 3.74
Christ, Carolin	M	1.11.04	22. 6.77
Schmitt, Marco	B	16.11.04	13.12.74
Spiess, Kerstin	M	16.11.04	11. 6.77
Jelinek, Maren	M	1.12.04	12. 3.74
Ruopp, Angelika	M	1.12.04	7. 9.75
Dinkel, Renate	M	1.12.04	20.12.75
Wintermantel, Andrea	N	1.12.04	24. 8.76
Koscheck, Johannes	B	1.12.04	3.10.76
Dr. Koller, Doris	N	1.12.04	20. 2.77
Fink, Susanne	M	1.12.04	28. 6.77
Lorenz, Ulrike	N	1.12.04	19.11.77
Dr. Huber, Silvia	M	13.12.04	16. 9.74
Sapper, Julia	N	13.12.04	22. 6.78
Faißt, Antje	B	16.12.04	29. 3.74
Stentzel, Ralf	M	1. 1.05	28. 9.67
Lang, Beatrice	M	1. 1.05	26.10.74
Dr. Mainzer, Claudia	M	1. 1.05	19. 2.75
Kurpanek, Melanie	B	1. 1.05	28. 7.76
Hofer, Johannes	M	1. 1.05	21. 9.76
Baumeister, Christiane	B	1. 1.05	4.11.76
Käß-Goller, Silke	B	1. 1.05	27.12.76
Mühldorfer, Miriam	N	1. 1.05	24. 2.78
Pottkamp, Sebastian	N	1. 1.05	14. 9.78
Kolk, Daniel	B	16. 1.05	5. 9.74
Epple, Stefan	M	16. 1.05	11.10.76
Wienand, Matthias	B	16. 1.05	12. 4.77
Schimpf, Andrea	M	1. 2.05	13. 2.74
Winter, Naomi	M	1. 2.05	24. 9.75
Dr. Müller, Nadine	B	1. 2.05	7.10.75
Pucher, Thomas	N	1. 2.05	26. 9.76
Hofmeir, Felix	M	1. 2.05	4.11.76
Burger, Dietmar	B	1. 2.05	7. 3.77
Zeißner, Regina	N	1. 2.05	14. 6.77
Schönauer, Michael	M	1. 2.05	5. 7.77
Kruckow, Melanie	N	1. 2.05	10.10.77
Pelz, Rachel	M	1. 2.05	29.11.77
Schmid, Ruth	M	1. 2.05	10. 4.78
Türk, Angelika	N	1. 2.05	25. 6.78
Dr. Schernitzky, Christian	M	16. 2.05	21. 8.75
Betz, Holger	N	1. 3.05	8. 6.77
Steininger, Gabriele	M	1. 3.05	17. 6.77
Wachtel, Anja	N	1. 3.05	24. 8.77
Otto, Andrea	M	1. 3.05	10. 9.77
Bert, Eva	B	1. 3.05	15.10.77
Wohlrab, Verena	M	1. 3.05	10. 3.78
Döring, Verena	M	1. 3.05	26. 6.78
Barthe, Christoph	M	1. 4.05	28. 3.72
Schöppe-Fredenburg, Sandra	N	1. 4.05	15. 2.74
Trede, Kerstin	M	1. 4.05	27. 6.74
Külb, Julia	M	1. 4.05	15. 7.75
Vente, Cornelia	N	1. 4.05	26. 9.75
Schorr, Christian	M	1. 4.05	20. 2.76
Hausladen, Andrea	M	1. 4.05	2. 3.76
Dr. Blankenhorn, Cornelia, 1/2	N	1. 4.05	3. 6.76
Klokocka, Vladimir	M	1. 4.05	14. 7.76
Häuslschmid, Jürgen	M	1. 4.05	10.10.77
Kaiser, Nora	M	1. 4.05	13.12.77
Gundel-Stieb, Martina	N	16. 4.05	29.10.74
Weinzierl, Florian	M	16. 4.05	13.11.75
Hähnel, Matthias	B	18. 4.05	23. 1.76
Freifrau von Waldenfels, Veronika, beurl. (LSt)	M	1. 5.05	4. 1.73
Bogner, Martina, 1/2	M	1. 5.05	14.10.75
Neubeck, Lukas	M	1. 5.05	24. 6.76
Mitterer, Stefanie	M	1. 5.05	13. 7.76
Klimesch, Katarina	M	1. 5.05	31. 8.76
Glaser, Michael	N	1. 6.05	16. 4.73
Weihönig, Tanja	N	1. 6.05	18. 9.73
Amslinger, Florian	M	1. 6.05	18. 9.74
Schubert, Florian	M	1. 6.05	17. 8.75
Otto, Stefanie	N	1. 6.05	13. 4.76
Escher, Annick	M	1. 6.05	2. 8.77
Dr. Lohrer, Stefan	B	16. 6.05	13. 4.76
Glöggler, Ulrich	N	16. 6.05	26. 6.75
Heydebrand und von der Lasa, Isabelle	M	1. 7.05	23. 4.72
Dr. Meyer, Michael	M	1. 7.05	24. 7.75
Dr. Brunner, Stephan	M	1. 7.05	16. 8.74
Dr. Mittelsten Scheid, Stephan	M	1. 7.05	16. 1.76
Dr. Nießen, Hannah	M	1. 7.05	14. 5.76
Dr. Roth, Ricarda	B	1. 7.05	6.10.76
Schäl, Stephan	M	1. 7.05	19. 2.77
Dr. Simon-Holtorf, Anne	M	1. 7.05	24. 5.77
Betz, Marc	B	1. 7.05	12.10.77
Hackner, Michael	N	1. 7.05	28.10.77
Bauer, Sonja	B	1. 7.05	7. 2.78
Hiebl, Diana	M	1. 7.05	30. 6.75
Pfaudler, Gerhard	M	16. 7.05	30. 4.71
Muhl, Christian	M	16. 7.05	22. 3.75
Onder, Ferdinand	M	16. 7.05	22. 8.75
Strobl, Stefan	M	16. 7.05	3. 2.77
Rainer, Petra	M	18. 7.05	6. 9.77
Porkristl, Sabine	B	1. 8.05	16. 4.74
Rothärmel, Michael	M	1. 8.05	18. 7.75
Mögerlein, Judith	M	1. 8.05	2. 6.75
Handlanger, Ingo	M	1. 8.05	7.10.75
Ring, Wolfgang	B	1. 8.05	16. 4.76
Dietze, Frank	B	1. 8.05	14.11.76
Dr. Angermeir, Kathrin	M	1. 8.05	27.12.77
Heindl, Barbara	M	1. 8.05	16.10.78
Lackermeier, Andrea	M	1. 8.05	19. 2.79
Graf von Hardenberg, Gol	M	22. 8.05	2.10.74
Kresling, Thomas	M	1. 9.05	3. 8.76
Leonhardt, Stefanie	B	1. 9.05	30. 7.76
Dr. Poller, Stefan	M	1. 9.05	18. 8.76

Richter/StA im Richterverhältnis auf Probe — **BY**

Name					Name				
Meixner, Martin	M	1. 9. 05	11. 1. 77		Groß, Gabriele	B	1. 1. 06	17. 9. 76
Stopfel, Sven	B	1. 9. 05	7. 10. 77		Blidung, Svenja	M	1. 1. 06	30. 6. 77
Unzeitig, Stefanie, 1/2	M	1. 9. 05	19. 10. 77		Ulrich, Tobias	M	1. 1. 06	27. 9. 77
Pottiez, Christian	N	1. 9. 05	5. 2. 78		Peißig, Marco	M	1. 1. 06	4. 3. 78
Bießle, Babett	M	1. 9. 05	18. 2. 78		Kappl, Isabell	M	1. 1. 06	27. 5. 79
Steinbauer, Babette	M	16. 9. 05	14. 2. 78		Pichlmeier, Michael	M	16. 1. 06	18. 10. 70
Dr. Koch-Schulte, Michael	M	1. 10. 05	26. 6. 72		Dr. Herweg, Cornelia	M	16. 1. 06	27. 9. 74
Buch, Hilmar	M	1. 10. 05	23. 12. 75		Leister, Gregor	N	16. 1. 06	21. 10. 76
Köberlein, Carolin, 3/4	N	1. 10. 05	25. 6. 76		Bühl, Marco	M	16. 1. 06	24. 4. 77
Mattern, Rolf	N	1. 10. 05	19. 10. 76		Knahn, Tobias	B	16. 1. 06	1. 8. 78
Löbe, Jana	B	1. 10. 05	15. 12. 76		Luber, Sandra	M	16. 1. 06	9. 12. 78
Schulz, Stephanie, 1/2	M	1. 10. 05	4. 12. 77		Schindler, Dorothea	M	1. 2. 06	1. 11. 74
Bubeck, Christine	N	1. 10. 05	29. 3. 78		Dössinger, Christoph	M	1. 2. 06	15. 12. 76
Dr. Koch, Michael	B	15. 10. 05	1. 2. 74		Geiger, Tobias	M	1. 2. 06	2. 5. 77
Seibel, Jan	M	16. 10. 05	15. 9. 76		Steininger, Eva	M	1. 2. 06	16. 5. 77
Schultheiß, Simon 1/2	N	1. 11. 05	21. 5. 75		Aumüller, Isabell	B	1. 2. 06	20. 5. 77
Wölfl, Susanne	M	1. 11. 05	11. 1. 76		Libischer, Andre	B	1. 2. 06	18. 6. 77
Braumandl, Matthias	M	1. 11. 05	17. 5. 77		Paulmann, Birte	M	16. 2. 06	27. 3. 74
Dr. Grundmann, Nicola	M	1. 11. 05	14. 6. 77		Vogler, Katrin	M	16. 2. 06	18. 8. 78
Funke, Karsten	B	16. 11. 05	19. 6. 71		Burkhard, Ralf	M	1. 3. 06	21. 5. 73
Dr. Tietze, Julia	M	1. 12. 05	18. 3. 75		Reichart, Jennifer	M	1. 3. 06	15. 12. 75
Dr. Mayr, Vincent	M	1. 12. 05	16. 9. 75		Trüstedt, Leslie	M	1. 3. 06	8. 7. 76
Dr. Roth, Alexander	B	1. 12. 05	6. 12. 75		Bachmeier, Stephanie	M	1. 3. 06	15. 9. 76
Falkner, Nina	M	1. 12. 05	25. 1. 76		Zimmer, Iris	N	1. 3. 06	18. 3. 77
Tetenberg, Stefan	M	1. 12. 05	17. 5. 76		Weick, Nadine	M	1. 3. 06	14. 10. 77
Fuchs, Julian	M	1. 12. 05	28. 9. 76		Hensger, Birgit	M	1. 3. 06	30. 6. 78
Bernt, Isabella	M	1. 12. 05	9. 3. 77		Herzog, Nicole	M	1. 3. 06	4. 8. 78
Knorr, Antje	B	1. 12. 05	13. 1. 78		Dr. Dobler, Andreas	M	6. 3. 06	13. 9. 74
Endres, Monika	M	1. 12. 05	19. 3. 78		Eichhorn, Christian	N	16. 3. 06	4. 12. 74
Neuner, Sven	M	1. 12. 05	4. 5. 78		Steinweg, Christian	M	1. 4. 06	1. 11. 73
Hellriegel, Axel	M	1. 12. 05	27. 5. 78		Horsch, Christine	M	1. 4. 06	13. 11. 75
Haselsteiner, Julia	M	1. 12. 05	22. 2. 79		Kieninger, Dominik	M	1. 5. 06	22. 5. 74
Frank, Gabriele	M	1. 12. 05	28. 6. 79		Dr. Dietrich, Alexander	M	1. 5. 06	24. 7. 75
Diewald, Sonja	M	1. 12. 05	23. 9. 79		Rinderle, Regina	M	—	—
Schuller, Carsten, 1/2	N	1. 12. 05	4. 11. 79		Dr. Dobmeier, Gerhard	B	—	—
Huang, Martin, 1/2	M	16. 12. 05	19. 6. 70		Engelhardt, Matthias	N	—	—
Nikolaus, Karin	B	16. 12. 05	5. 5. 77		Körzdörfer, Silvia	N	—	—
Schmidt, Martina	N	16. 12. 05	21. 4. 78		Mößner, Oliver	M	—	—
Stute, Daniela	B	16. 12. 05	31. 1. 80		Maier, Caroline	M	—	—
Schuhr, Irina	N	1. 1. 06	16. 6. 73		Niederfahrenhorst, Wolfgang	B	—	—
Dr. Höltkemeier, Kai	M	1. 1. 06	4. 7. 75		Junggeburth, Thomas	M	—	—
Rauscher, Thomas	N	1. 1. 06	6. 6. 76		Dr. Rübenkönig, Judith	B	—	—

Berlin

3 333 643 Einwohner*

Senatsverwaltung für Justiz

Salzburger Str. 21, 10825 Berlin (-Schöneberg)
Tel. (0 30) 90 13-0, Fax (0 30) 90 13-20 00, E-Mail: poststelle@senjust.verwalt-berlin.de
www.berlin.de/senjust

1 Sen, 1 StS, 3 SenDir, 4 LtdSR, 20 SR, 16 RDir, 18 ORR, 1 SozR, 3 RR

Senatorin für Justiz
Schubert, Karin   18. 1. 02   16. 8. 44

Staatssekretär
Flügge, Christoph   19. 6. 01   14. 7. 47

Senatsdirigent
Voß, Lutz-Rüdiger   28. 4. 00   10. 10. 46

Präsident des Gemeinsamen Juristischen Prüfungsamtes der Länder Berlin und Brandenburg, zugleich Leitender Senatsrat
Dr. Kilian, Klaus   11. 5. 05   21. 7. 43

Leitende Senatsräte
Kliem, Kurt   11. 7. 03   18. 6. 51
Pohl, Lutz-Gerrit   11. 6. 04   5. 6. 47
Dr. Meinen, Gero   29. 11. 05   12. 11. 62

Senatsrätin/Senatsräte
Radtke, Helmut   27. 9. 01   18. 10. 49
Braak, Guido   26. 7. 02   8. 5. 57
Münch, Andreas   22. 8. 02   26. 1. 56
Dr. Gick, Dietmar   4. 10. 04   31. 7. 51

Freisewinkel, Dierk   29. 4. 94   11. 4. 50
Pohl, Hans-Arduin   2. 10. 98   1. 1. 54

*Stand: 30. 6. 2005.

Kirchner, Sören   2. 5. 01   15. 7. 61
Dr. Schwarzburg, Peter   26. 7. 02   24. 5. 56
Dr. Meyer-Odewald, Uwe   2. 3. 05   22. 7. 59

Regierungsdirektorin/Regierungsdirektoren
Perlitz, Joachim   22. 10. 91   20. 11. 54
Zipse, Torsten   15. 11. 99   9. 9. 49
Thiel, Cornelia   30. 9. 03   12. 5. 65

Oberregierungsrätin/Oberregierungsräte
Meiner, Ingeborg, beurl.   29. 8. 94   26. 4. 44
Seefeld, Gerd   31. 8. 95   10. 2. 45
Kranz, Günter   28. 10. 95   22. 3. 49
Dressel, Gerd   16. 10. 01   30. 5. 60
Gerstner, Lothar   24. 10. 01   23. 8. 52
Karth, Petra   30. 11. 01   26. 7. 64
Krusat, Günter   25. 7. 02   20. 9. 43
Riemer, Martin   5. 6. 03   28. 11. 67
Schimang, Gero   4. 10. 04   30. 5. 69

Obersozialrätin
von Schlieben-Troschke,
  Karin   9. 9. 03   27. 2. 51

Regierungsrätin
Krusche, Diana   1. 10. 99   13. 9. 68

Baurat
Heitmann, Jürgen   22. 6. 04   19. 7. 65

BER Kammergerichtsbezirk Berlin

Kammergerichtsbezirk Berlin

1 Landgericht,
mit 13 Kammern für *Handelssachen*
12 Amtsgerichte
Schöffengericht beim Amtsgericht Tiergarten

Familiengerichte bei den Amtsgerichten Pankow/ Weißensee und Tempelhof-Kreuzberg
Landwirtschaftsgericht beim Amtsgericht Schöneberg

Kammergericht

E 3 333 643
Elßholzstr. 30-33, 10781 Berlin
Tel. (0 30) 90 15-0, Fax (0 30) 90 15-22 00
1 Pr, 1 VPr, 29 VR, 95 R

Präsidentin			Harte, Jörn	1. 6. 04	15. 1. 57
Nöhre, Monika	1. 8. 02	25. 8. 50	Reinhard, Karin	13. 8. 04	22. 6. 58
			Lettau, Rainer	21. 3. 05	4. 1. 57
Vizepräsident					
Claßen-Beblo, Marion	21. 9. 05	23. 4. 53	*Richterinnen/Richter*		
			Dr. Rejewski, Harro-Jürgen	7. 5. 80	14. 7. 42
Vorsitzende Richterinnen/Vorsitzende Richter			Lechner, Hans-Dieter	12. 1. 90	3. 4. 44
Schlenger, Wolfgang, beurl.	8. 5. 89	21. 5. 41	Steuerwald-Schlecht,		
Haase, Klaus-Dieter	5. 6. 90	20. 4. 43	Martina	15. 4. 91	22. 6. 53
Rinder, Anne-Gret	26. 2. 97	25. 8. 43	Genthe, Michael	1. 8. 91	26. 2. 54
Hennig, Gisela	1. 4. 98	11. 7. 42	Dr. Prange, Eckhard-Detlef	20. 9. 91	5. 11. 41
Erich, Guy	3. 8. 98	29. 2. 48	Sellin, Dankward	27. 9. 91	21. 3. 54
Stummeyer, Joachim	16. 12. 98	6. 12. 50	Schlecht, Manuel	26. 2. 92	1. 6. 54
Bieber, Hans-Jürgen	17. 5. 99	5. 5. 44	Meising, Hedda	28. 8. 92	22. 10. 51
Ubaczek, Christian	4. 10. 00	9. 6. 47	Baldszuhn, Thomas	29. 3. 93	13. 3. 53
Weißbrodt, Wolfgang	1. 3. 01	8. 1. 47	Wiese, Ilona	26. 11. 93	28. 2. 48
Neuhaus, Stefan	1. 3. 01	30. 3. 51	Spiegel, Volker	—	—
Grieß, Adalbert	2. 3. 01	5. 12. 47	Steinecke, Werner	30. 12. 93	3. 10. 48
Weiß, Lothar	15. 6. 01	23. 7. 48	Töpfer, Edeltraut, beurl.	22. 3. 94	5. 12. 49
Becker, Wolfram	15. 6. 01	19. 12. 48	Krüger, Angelika, 3/4	9. 5. 94	18. 12. 52
Berner, Michael	27. 9. 01	8. 5. 48	Alban, Wolfgang	24. 8. 94	5. 12. 45
Kowalski, Stephan	1. 11. 01	23. 11. 46	Crass, Ulrich	14. 11. 94	19. 9. 52
Nippe, Leopold-Volker	3. 12. 01	2. 1. 48	Franck, Peter	16. 12. 94	22. 11. 53
Scheer, Andrea	4. 1. 02	1. 10. 53	Gröning, Jochem	26. 5. 95	4. 6. 54
Libera, Frank-Michael	28. 5. 02	19. 3. 49	Bulling, Rainer	31. 7. 95	24. 3. 59
Böhrenz, Margit	13. 6. 02	12. 10. 41	Warnatsch, Jürgen	24. 4. 96	1. 6. 50
Junck, Dagmar	25. 7. 02	24. 3. 51	Prof. Dr. Marxen,		
Sieveking, Roland	16. 1. 03	12. 7. 44	Klaus, 1/10 (UProf,		
Budde, Gerald-Eckehard	6. 6. 03	11. 10. 50	2. Hauptamt)	2. 5. 96	15. 1. 45
Klasse, Joachim	—	—	Langematz, Jürgen	30. 5. 96	11. 6. 57
Hennemann, Ulrich	10. 5. 04	20. 8. 44	Haas, Heide	17. 7. 96	9. 1. 49
Klum, Peter	10. 5. 04	16. 9. 49	Schaaf, Klemens	16. 9. 96	18. 6. 50

LG-Bezirk Berlin　　　　　　　　　　　　Kammergerichtsbezirk Berlin　　**BER**

Dr. Kasprik-Teperoglou,					
Sigrid-Beatrix	16.	9. 96	15.	4. 58	
Jaeschke, Ralph	9.	4. 97	3.	2. 57	
Saak, Gisela	30.	4. 97	8.	2. 54	
Gernoth-Schultz,					
Petra-Claudia	14.	5. 97	24.	4. 57	
Dr. Ehinger, Uta		—		—	
Renner, Michael	21.	5. 97	23.	5. 53	
Stecher, Pia, beurl.	7.	10. 97	7.	10. 60	
Schulz, Gabriele	28.	11. 97	14.	11. 54	
Dr. Pahl, Lothar	14.	1. 98	1.	11. 55	
Spiegel, Christine		—		—	
Hartung, Thomas	14.	1. 98	29.	1. 60	
Dr. Caasen-Barckhausen,					
Beate, 1/2	28.	1. 98	29.	11. 57	
Schuchter, Alexander	30.	1. 98	8.	5. 53	
Ninnemann, Ralf	27.	4. 98	6.	7. 62	
Sternagel, Barbara, 2/3	28.	7. 98	15.	5. 59	
Feskorn, Christian	11.	9. 98	25.	3. 62	
Fahr, Siegfried	18.	9. 98	25.	2. 60	
Wagner, Michael	25.	11. 98	6.	10. 54	
Düe, Anneliese, 1/2	25.	11. 98	3.	9. 55	
Eilinghoff-Saar, Doris, 1/2	25.	11. 98	19.	4. 58	
Fischer, Kay, 1/2	30.	11. 98	10.	7. 55	
Hinze, Wolfgang	15.	11. 99	30.	11. 56	
Kuhnke, Christian	15.	11. 99	8.	2. 62	
Kuhnke, Matthias	15.	11. 99	8.	2. 62	
Nielsen, Ulf	19.	5. 00	3.	7. 59	
Kolberg, Jutta	4.	10. 00	2.	10. 60	
Grabbe, Annette	21.	11. 00	17.	5. 61	
Kingreen, Susanne	21.	11. 00	30.	9. 62	
Rothbart, Michael	12.	6. 01	6.	3. 64	
Kuhnke, Bernd-Dieter	21.	8. 01	5.	9. 61	
Diekmann, Andrea	21.	8. 01	8.	10. 62	
Buck, Dirk	1.	11. 01	10.	2. 62	
Hanschke, Klaus Peter	19.	2. 02	8.	11. 56	
von Gélieu, Christian	25.	7. 02	17.	2. 59	
Dr. Wimmer, Ulrich	25.	7. 02	2.	4. 61	
Hennemann, Heike	25.	7. 02	31.	5. 61	
Jakoby, Anette, abg.	7.	8. 02	30.	1. 61	
Prof. Dr. Schröder,					
Christian, beurl.	2.	10. 02	12.	12. 58	
Groth, Rainer	2.	10. 02	15.	7. 59	
Hees, Heike	2.	10. 02	22.	6. 60	
Schneider, Manfred		—		—	
Dr. Lehmbruck,					
Christoph	19.	12. 02	29.	10. 59	
Dr. Hollweg-Stapenhorst,					
Susanna	19.	12. 02	17.	12. 63	
Dr. Müther, Peter-Hendrik	19.	12. 02	6.	1. 64	
Zillmann, Katja, 1/2	20.	12. 02	2.	10. 64	
Brodowski, Christian	7.	3. 03	4.	8. 54	
Bigge, Klaus	7.	3. 03	12.	12. 59	
Hinrichs, Zwaantje	7.	3. 03	4.	11. 63	
Drees-Dalheimer, Ingrid,					
abg.	5.	6. 03	4.	5. 48	
Frenzel, Gerhard, abg.	5.	6. 03	13.	9. 60	
Dr. Henkel, Elke	6.	6. 03	27.	7. 59	
Balschun, Martina	6.	6. 03	5.	11. 59	
Thiel, Holger	11.	6. 03	19.	2. 63	
Gerlach, Susanne, abg.	29.	9. 03	11.	6. 63	
Dr. Sdorra, Peter, abg.	1.	10. 03	15.	10. 59	
Müller, Petra	7.	10. 03	14.	2. 63	
Frey, Markus	7.	10. 03	21.	10. 63	
Dr. Rasch, Ingeborg	8.	10. 03	8.	1. 50	
Helmers, Ralf	8.	10. 03	18.	11. 57	
Lang, Karin		—		—	
Gerlach, Martina	20.	10. 03	15.	3. 54	
Kruse, Gesine, beurl.	12.	7. 04	29.	6. 62	
Mittler, Dagmar, beurl.	12.	7. 04	20.	2. 65	
Arnoldi, Olaf	29.	11. 04	15.	10. 62	
Dr. Emmrich, Sabine	29.	11. 04	17.	12. 62	
Dr. Vossler, Norbert	6.	7. 05	20.	11. 63	
Dr. Glaßer, Heinrich, abg.	6.	7. 05	23.	8. 64	

Landgerichtsbezirk Berlin

Landgericht Berlin　　E 3 333 643

Zivilkammern
Tegeler Weg 17–20, 10589 Berlin
10617 Berlin
Tel. (0 30) 9 01 88-0
Fax (0 30) 9 01 88-5 18

Littenstr. 12–17, 10179 Berlin
10174 Berlin
Tel. (0 30) 90 23-0
Fax (0 30) 90 23-22 23

Strafkammern
Turmstr. 91, 10559 Berlin
10548 Berlin
Tel. (0 30) 90 14-0
Fax (0 30) 90 14-20 10

1 Pr, 3 VPr, 137 VR, 170,5 R

Präsident

Dr. Pickel, Bernd	1.	9. 05	4.	3. 59

Vizepräsidentinnen/Vizepräsident

Hartig, Bernd	1.	12. 00	3.	9. 44
Nieradzik, Gabriele		—	4.	4. 61
Koppers, Margarete		—	19.	8. 61

Vorsitzende Richterinnen/Vorsitzende Richter

Malies, Jürgen		—		—
Brakebusch, Askold				
Herwig	29.	11. 79	7.	3. 43
Luther, Hans-Christian	6.	2. 84	4.	4. 44

BER Kammergerichtsbezirk Berlin   LG-Bezirk Berlin

Name	Datum 1	Datum 2
Brüning, Hans-Jürgen	—	—
Dr. Röhrmann, Achim-Ernst	11. 7. 86	6. 10. 41
Kiworr, Ulrich	12. 3. 87	9. 3. 49
Kraus, Anna-Maria	12. 10. 87	28. 4. 47
Moritz, Wolfgang	1. 3. 88	6. 9. 45
Dr. Fuchs, Detlef, beurl.	13. 4. 88	25. 12. 41
Hoffmann, Werner	31. 8. 88	2. 3. 47
Dr. Sasse, Detlef	31. 5. 90	5. 5. 41
Schweckendieck, Helmut	26. 7. 90	18. 3. 52
Dessau, Eckhard	28. 11. 90	28. 10. 51
Meyer-Brügel, Ehrenfried	20. 12. 90	9. 3. 45
Kramer, Heinz-Jürgen	15. 4. 91	12. 3. 45
Mauck, Michael	15. 4. 91	30. 1. 52
Jensen, Knut	13. 12. 91	11. 4. 49
Beyer, Dagmar	26. 2. 92	18. 7. 41
Holzinger, Heinz	26. 2. 92	10. 9. 41
Dieckmann, Susanne	26. 2. 92	18. 9. 55
Speier, Bernd	20. 3. 92	30. 1. 52
Plefka, Heinz-Peter, beurl.	28. 8. 92	9. 12. 43
Dr. Scholz, Peter	28. 8. 92	11. 4. 53
Brüggemann, Ulrich-Ernst	28. 8. 92	20. 8. 54
Petzolt, Sabine	—	—
LeViseur, Burkhard	13. 11. 92	25. 7. 42
Dr. Möcke, Renate	13. 11. 92	16. 1. 52
Schulz-Maneke, Eberhard	16. 12. 92	3. 10. 45
Hawickhorst, Beate, beurl.	4. 1. 93	25. 7. 54
Scholz, Peter	29. 3. 93	25. 2. 49
Lange, Lutz	—	—
Dybe-Schlüter, Hannelore	13. 9. 93	3. 10. 43
Schöttler, Rolf-Jürgen	13. 9. 93	28. 11. 44
Eschenhagen, Gabriele	13. 9. 93	16. 2. 48
Linz, Sabine	13. 9. 93	30. 7. 54
Träger, Gabriele	23. 12. 93	20. 5. 49
Baae, Jochen	30. 12. 93	28. 11. 41
Seeburg, Elisabeth	30. 12. 93	23. 11. 43
Lindemann, Lutz	30. 12. 93	12. 10. 47
Röhl, Jürgen	30. 12. 93	10. 2. 50
Ehestädt, Ralph	30. 12. 93	5. 8. 54
Marhofer, Peter	30. 12. 93	6. 2. 57
Hartmann, Ralf	—	—
Fruschki-Hoch, Christiane, 1/2	17. 3. 94	17. 9. 45
Dr. Kähler, Clemens-Michael	22. 3. 94	3. 5. 49
Oplustil, Karl-Heinz	29. 3. 94	2. 8. 42
Becker, Wolfgang	29. 3. 94	17. 11. 49
Dr. Hawickhorst, Heinz	29. 3. 94	8. 7. 52
Hansens, Heinz	27. 6. 94	28. 8. 49
Dr. Garz-Holzmann, Karin	27. 6. 94	8. 8. 53
Weber-Schramm, Eva-Maria	27. 6. 94	16. 8. 53
Kiep, André	24. 8. 94	15. 8. 52
Becker, Bernd	5. 10. 94	30. 7. 55
Neubauer, Birgit	11. 11. 94	12. 11. 56
Domke, Ulrich	14. 11. 94	28. 9. 55
Boß, Hans	16. 12. 94	4. 10. 45
Gerigk, Karl-Heinz	16. 12. 94	19. 8. 47
Dietrich, Angelika	16. 12. 94	13. 9. 52
Schmidt-Schondorf, Stephan	16. 12. 94	4. 5. 54
Krause, Wolfgang	18. 4. 95	26. 3. 47
Bassow, Manfred	31. 5. 95	15. 4. 44
Ziehmer-Herbert, Margarete	29. 6. 95	24. 11. 48
Faust, Peter	29. 6. 95	20. 1. 55
Christoffel, Cornel	12. 10. 95	6. 1. 51
Grüter, Michael	30. 10. 95	21. 12. 54
Strobel, Gabriele	20. 2. 96	17. 10. 50
Gieritz, Hartmut	30. 5. 96	16. 6. 54
Willnow, Günter	16. 9. 96	28. 6. 57
Dr. Helle, Michael	9. 4. 97	14. 3. 54
Heuer, Eva	14. 5. 97	21. 4. 53
Dr. Berger, Wolfgang	3. 7. 97	22. 4. 46
Körner, Ralf	7. 10. 97	19. 1. 59
Krumhaar, Bernhard	14. 1. 98	17. 9. 61
Mülders, Reimar	8. 4. 98	2. 5. 56
Sommerfeld, Siegfried	29. 5. 98	2. 7. 60
Scherzer-Schelletter, Sabine	29. 5. 98	14. 7. 60
Dr. Schmidt-Schondorf, Sybille	28. 7. 98	13. 3. 62
Beier, Jürgen	11. 9. 98	14. 12. 56
Tucholski, Susanne	25. 11. 98	20. 10. 57
Abel, Michael	30. 11. 98	1. 6. 56
Szeklinski, Paul	30. 11. 98	12. 9. 61
Gahlen, Heinz Georg	15. 2. 99	4. 2. 44
Hoch, Josef	15. 2. 99	5. 1. 60
Schmelz, Frieder	11. 5. 99	4. 5. 54
Fischer, Ralf	11. 5. 99	16. 12. 59
Meyer-Schäfer, Frank	1. 6. 99	23. 1. 57
Jünemann, Lothar	3. 8. 99	18. 9. 58
Weihe-Gröning, Claudia	1. 11. 99	18. 12. 54
Hirschfeld, Michael	1. 11. 99	3. 2. 59
Schwengers, Henning	23. 12. 99	23. 10. 60
Stobbe, Norbert	29. 12. 99	2. 10. 54
Dr. Dieckmann, Kay	30. 5. 00	26. 1. 50
Erbe, Karin	27. 6. 00	20. 10. 53
Jung, Harald	27. 6. 00	4. 9. 58
Prof. Dr. Sander, Günther	27. 6. 00	23. 1. 61
Runge, Angelika	27. 6. 00	14. 10. 62
Höning, Kai-Uwe	4. 10. 00	28. 12. 58
Hülsböhmer, Martin	21. 11. 00	10. 4. 59
Pott, Christine	4. 12. 00	3. 5. 57
Dreyer, Birgit	1. 3. 01	25. 3. 53
Dr. Burgmüller, Burkhard	1. 3. 01	28. 2. 55
Tschirsky-Dörfer, Ina	1. 3. 01	19. 3. 59
Miczajka, Bernd	15. 6. 01	6. 2. 62
Paschke, Regine	5. 7. 01	8. 6. 55
Pade, Oliver	20. 8. 01	21. 6. 63

LG-Bezirk Berlin — Kammergerichtsbezirk Berlin — **BER**

Name		
van Dieken, Dirk	29. 8. 01	5. 7. 62
Bünning, Sabine	4. 1. 02	4. 9. 62
Baara, Angela	10. 5. 02	7. 8. 65
Schuster, Peter	13. 6. 02	9. 2. 58
Bartel, Holger	13. 6. 02	3. 4. 64
Luhm-Schier, Hans-Joachim	25. 7. 02	6. 12. 61
Weyrich, Daniel	2. 10. 02	21. 9. 59
Kupfernagel, Dirk	2. 10. 02	29. 8. 61
Grieß, Regine	20. 12. 02	21. 2. 62
Müller, Andreas	6. 6. 03	12. 2. 60
Kuhla, Sabine	25. 6. 03	7. 1. 54
Kramer, Gerti	19. 12. 03	19. 3. 62
Wolke, Carsten	7. 5. 04	21. 2. 68
Hinzmann, Thorsten	1. 7. 04	12. 5. 61
Alagün, Ahmet	30. 11. 04	5. 7. 58
Holldorf, Lennart	21. 3. 05	1. 9. 60
Dr. Wolter, Claudia	22. 3. 05	7. 5. 61
Dethloff, Joachim	6. 7. 05	26. 8. 59
Dobrikat-Klotz, Claudia	6. 7. 05	22. 11. 62
Dr. Hess, Gangolf	7. 7. 05	14. 7. 62
Dr. Rieger, Annette	7. 7. 05	13. 5. 64

Richterinnen/Richter

Name		
Humbert, Renate	1. 2. 74	17. 3. 42
Gaebler, Christian	5. 10. 77	13. 8. 46
Piorkowski, Günther	7. 1. 80	25. 5. 48
Loeper, Ulrich, ½	11. 4. 80	16. 7. 45
Hänsel, Birgit	18. 7. 80	7. 4. 50
Pawlizki, Hans-Jürgen	22. 5. 81	18. 7. 48
Fisch, Heidi	2. 7. 81	22. 12. 50
Rungenhagen, Klaus	7. 12. 81	1. 10. 48
Gaydoul-Gooren, Anne-Katrin	23. 12. 81	29. 10. 50
Dr. Brandt, Hans-Jürgen, beurl.	8. 9. 82	3. 7. 46
König, Afra	22. 7. 83	14. 9. 52
Valtu, Manfred	1. 11. 83	23. 11. 46
Dallmer, Ingrid	8. 3. 84	6. 2. 53
Scholz-Gamp, Kristine, abg.	4. 1. 85	1. 10. 50
Vogt, Melanie	7. 10. 85	9. 7. 55
Rosenthal, Thomas	—	—
Humbert, Adelheid	22. 2. 88	—
Schneider, Regine	30. 3. 88	26. 3. 49
Vaterrodt, Michael	2. 9. 88	22. 10. 55
Mülders, Elisabeth	29. 5. 89	24. 11. 55
Hohensee, Rolf	21. 7. 89	31. 5. 57
Klinger, Christiane	16. 11. 89	30. 3. 59
Gawinski, Renate	9. 1. 90	22. 2. 60
Nordhoff, Klaus-Heinrich	3. 7. 90	5. 2. 58
Ohlsen, Andreas	2. 1. 91	23. 9. 61
Dedner, Stefan	19. 2. 91	5. 11. 57
Gabriel, Annette, ⅔ abg.	4. 7. 91	12. 4. 61
Pfaff, Matthias	—	—
Skomski, Petra, ½	17. 8. 92	30. 6. 57
Moltmann-Willisch, Anne-Ruth, ½	22. 9. 92	28. 12. 56
Heinatz, Michael, ½	22. 3. 93	30. 5. 57
Lind, Detlef	28. 5. 93	20. 7. 60
Dr. Katz, Anna-Katharina	1. 10. 93	12. 3. 60
Schmid-Dieckmann, Bernhard	3. 1. 94	14. 11. 53
Seiffe, Manfred	3. 1. 94	7. 9. 60
Dr. Peißker, Kartin	14. 2. 94	25. 6. 59
Mertens, Dorothea, ½	21. 3. 94	24. 2. 63
Behrens, Barbara, ½	21. 3. 94	19. 7. 63
Gilge, Christina	6. 4. 94	13. 1. 63
Tepe-Niehus, Christine	20. 6. 94	31. 3. 62
Blume, Michaela	26. 9. 94	11. 10. 57
Nötzel, Uwe	4. 10. 94	5. 1. 62
Kaussow, Udo	—	—
Dr. Kessel, Carsten	13. 12. 94	25. 3. 61
Förschner, Detlef	8. 2. 95	22. 8. 61
Pfefferkorn, Susanne	14. 2. 95	1. 6. 62
Bol, Nikolaus	—	—
Dr. Beyer-Zouboulis, Gundula, beurl.	13. 3. 95	8. 11. 63
Zwicker, Hendrik	13. 3. 95	11. 4. 64
Schertz, Matthias	23. 5. 95	25. 6. 64
Groß, Thomas	26. 6. 95	3. 10. 64
Michalczyk, Christiane	28. 6. 95	10. 8. 64
Wagner-Weßel, Ingrid	6. 9. 95	19. 3. 61
Heinen, Ruth	6. 9. 95	22. 8. 63
Sylaff, Uwe	9. 10. 95	17. 9. 63
Thiel, Alfred	18. 10. 95	12. 8. 63
Thoms, Willi	—	—
Reichel, Jürgen	2. 11. 95	1. 2. 65
Erdmann, Anke, ⅗	29. 11. 95	17. 3. 63
Auell, Armin	12. 12. 95	17. 1. 58
Wiesener, Rodelia	2. 2. 96	1. 7. 59
Fuchs, Stephan	22. 2. 96	14. 8. 64
Junge, Sabine	5. 3. 96	3. 9. 63
Wilhelmi, Claudia, beurl.	26. 3. 96	13. 8. 63
Lage-Graner, Christiane	10. 4. 96	16. 9. 62
Dr. Farr, Manuela, ½	10. 4. 96	24. 3. 64
Geldmacher, Irene	22. 4. 96	26. 6. 53
Buhmann, Heike	22. 4. 96	1. 10. 63
von Gierke, Bettina, beurl.	30. 4. 96	6. 7. 62
Bezpalko, Stefan	—	—
Dr. Reihlen, Irmgard, ½	8. 7. 96	24. 11. 62
Dr. Kanski, Maria	30. 8. 96	10. 2. 62
Klapka, Gerhard	30. 8. 96	16. 8. 62
Dr. Winkemann, Birgit	30. 8. 96	12. 8. 67
Flockermann, Julia, ½	24. 10. 96	18. 7. 63
Volkens, Sönke	30. 10. 96	17. 12. 60
Kostka, Kirstin-Ann	13. 12. 96	2. 1. 64
Stevens, Gabriele	13. 12. 96	21. 10. 64
Dreher, Annette, abg.	30. 12. 96	27. 3. 55
Dickhaus, Dirk	30. 12. 96	5. 6. 65
Berger, Iris	30. 12. 96	31. 8. 65
Eschenburg, Renate, ½	6. 1. 97	29. 4. 49

Hellmuth, Sabine	6. 1. 97	27. 10. 64	Bahners, Frederick, abg.	22. 7. 98	29. 8. 65
Husch, Doris, abg.	21. 2. 97	20. 4. 65	Stadge, Birgit	—	—
Heiß, Steffen	24. 3. 97	3. 5. 62	Dr. Kemke, Andreas	11. 9. 98	13. 4. 63
Bartl, Thilo	24. 3. 97	25. 2. 63	Theising, Gabriele	11. 9. 98	15. 10. 64
Rothenbach, Silvia	24. 3. 97	6. 5. 63	Kellert, Daniela	11. 9. 98	29. 3. 65
Johansson, Regina	24. 3. 97	26. 2. 65	Heymann, Thomas	11. 9. 98	23. 5. 65
Babucke, Thomas	24. 3. 97	14. 10. 65	Hegermann, Philip	11. 9. 98	17. 6. 68
Schaber, Claas, abg.	24. 3. 97	17. 12. 65	Dreßler, Andreas	16. 9. 98	1. 12. 66
König, Iris	14. 5. 97	20. 8. 64	Schmidt, Jens	21. 9. 98	10. 5. 66
Schwarz, Michael	22. 5. 97	12. 2. 60	Kapps, Roland	17. 11. 98	20. 6. 67
Weiser, Gregor	24. 6. 97	12. 5. 63	Lemburg, Stefan	18. 11. 98	5. 5. 63
Thul, Matthias	4. 7. 97	31. 7. 63	Busson, Peter	—	—
Prüfer, Dorothee	4. 7. 97	26. 9. 64	Diekmann, Goetz	18. 11. 98	15. 3. 65
Dittrich, Clemens, abg.	4. 7. 97	13. 10. 66	Dr. Schikora, Gregor	18. 11. 98	2. 2. 68
Lenk, Oliver	7. 7. 97	4. 8. 63	Fleischer, Doerthe	18. 11. 98	11. 7. 68
Finkel, Stefan	10. 7. 97	1. 2. 66	Schäfer, Nicole	18. 11. 98	13. 3. 69
Kathke-Weiß, Kerstin	10. 7. 97	14. 6. 66	Gollan, Stephanie	19. 11. 98	13. 5. 65
Landwehrmeyer, Rudolf, abg.	8. 8. 97	2. 1. 62	Lau, Doris, beurl.	19. 11. 98	19. 6. 66
Markfort, Thomas	8. 8. 97	12. 12. 62	Stachrowski, Sinja	24. 11. 98	27. 8. 67
Loose, Jens	26. 9. 97	17. 9. 63	Riesenhuber, Barbara, 1/2	30. 11. 98	9. 10. 65
Reih, Herbert	—	—	Dr. Kapps, Stephan, abg.	30. 11. 98	20. 6. 67
Becker, Anne-Kathrin	26. 9. 97	11. 9. 65	Dr. Gerwing, Bernd, abg.	4. 1. 99	6. 4. 65
Durber, Katrin, abg.	29. 9. 97	19. 7. 60	Oelschläger, Friedrich, abg.	4. 1. 99	17. 11. 65
Goldack, Cynthia	29. 9. 97	12. 9. 65	Herbst, Kai-Uwe, abg.	5. 1. 99	1. 2. 63
Sy, Bettina	30. 9. 97	17. 10. 66	Schönberg, Katrin-Elena, abg.	5. 1. 99	21. 4. 65
Ehrensberger, Ursula	7. 10. 97	19. 5. 62	Dr. Vogl, Ralf	5. 1. 99	28. 9. 66
Sandherr, Gudrun, beurl.	15. 10. 97	25. 10. 66	Schröer, Meline, beurl.	5. 1. 99	9. 2. 67
Pechan, Klaus-Peter	3. 11. 97	9. 9. 60	Rosseck, Anne-Katrin	13. 1. 99	27. 10. 66
Ladewig-Feldkamp, Sophia	3. 11. 97	6. 6. 67	Ritvay, Gisela, beurl.	13. 1. 99	2. 4. 68
Breyer, Sabine	28. 11. 97	4. 3. 65	Degreif, Michael	1. 5. 99	21. 7. 57
Dobrikat, Wolfgang	18. 12. 97	16. 5. 62	Perschau, Ralf	3. 5. 99	24. 2. 67
Dr. Wagner, Heiko, abg.	18. 12. 97	9. 1. 66	Jordan, Wolfgang, abg.	23. 7. 99	20. 8. 60
Dr. Bardarsky, Bärbel, beurl.	2. 1. 98	30. 11. 64	Rasch, Karin	18. 11. 99	4. 3. 68
Raddatz, Martin	2. 1. 98	10. 5. 66	Dr. von Bernuth, Marie-Louise, beurl.	11. 1. 00	5. 5. 67
Muratori, Constanze, abg.	6. 1. 98	7. 7. 67	Freifrau von Hammerstein, Felicitas, 1/2	15. 2. 00	7. 6. 61
Förder, Bettina, beurl.	13. 2. 98	31. 5. 67	Schad, Domenica, 1/2	26. 4. 00	4. 11. 70
Dr. Kathke, Clemens	—	—	Alex, Regina	9. 5. 00	12. 6. 59
Hartmann, Pia	20. 3. 98	3. 10. 65	Lickleder, Florian	22. 5. 00	8. 2. 65
Pekie, Carsten	15. 4. 98	7. 8. 62	Uerpmann, Katrin, beurl.	24. 5. 00	11. 1. 69
Dr. Schmidt, Detlev	15. 4. 98	27. 10. 65	Wischer, Annette	19. 6. 00	26. 7. 67
Weinschütz, Bernhard	—	—	Burrack, Ina, 1/2	28. 6. 00	3. 4. 71
Groth, Stefan	15. 4. 98	9. 5. 67	Dr. Marlow, Sven	14. 7. 00	6. 3. 67
Kothe-Retzlaff, Sylvia, 1/2	20. 4. 98	25. 5. 65	Gärtner, Kerstin	14. 7. 00	18. 6. 66
Bödeker, Arnd, tw. abg.	20. 4. 98	13. 12. 65	Dr. Simmler, Christiane, abg.	17. 7. 00	2. 6. 69
Franz, Ulrich	20. 4. 98	14. 12. 65	Dr. Teschner, Anja	18. 9. 00	31. 10. 66
Janzon, Vera	20. 4. 98	11. 9. 66	Dr. Schlosser, Regina	2. 2. 01	21. 11. 63
Iser, Marion, abg.	6. 5. 98	9. 10. 65	Cirener, Gabriele	2. 2. 01	30. 11. 66
Dr. Wolff-Reske, Monika, 1/2	26. 5. 98	7. 7. 61	Leinweber, Stefan	2. 2. 01	8. 11. 67
Dr. Zilm, Astrid	26. 5. 98	24. 7. 65	Nowak, Norbert	2. 2. 01	25. 8. 68
Spur, Ursula	26. 5. 98	21. 10. 66	Maus, Charlotte Karin, beurl.	2. 2. 01	29. 3. 70
Fuchs, Andrea	27. 5. 98	17. 9. 62	Dr. Brüning, Sybille, beurl.	26. 3. 01	20. 3. 65
Greskamp, Karsten, abg.	7. 7. 98	22. 10. 63			
Meder, Andreas	9. 7. 98	13. 7. 64			

LG-Bezirk Berlin Kammergerichtsbezirk Berlin **BER**

Klamt, Antje, beurl.	26. 3. 01	14. 4. 69
Dombrowski, Nascha, 1/2	5. 6. 01	2. 12. 66
Dr. Mosbacher, Andreas, abg.	5. 6. 01	14. 2. 67
Heichel-Vorwerk, Martina	6. 6. 01	23. 8. 69
Bunse, Anja	1. 10. 01	20. 2. 70
Bebensee, Stefan	1. 10. 01	8. 3. 70
Dr. Gramse, Gerold Rüdiger	10. 10. 01	3. 11. 70
Schmidt, Katrin, beurl.	10. 10. 01	18. 2. 71
Dr. Globig, Daniel	26. 10. 01	2. 9. 67
Bach, Claudia	28. 11. 01	21. 6. 69
Seifert, Ulrike	28. 11. 01	25. 2. 71
Johanning, Nina, beurl.	3. 12. 01	16. 4. 68
Dr. Roloff, Stefanie, beurl.	8. 2. 02	11. 7. 67
Hückstädt-Sourial, Wiebke	11. 2. 02	22. 6. 70
Neumann, Delia	11. 2. 02	14. 5. 72
Erdmann, Volker	4. 3. 02	26. 4. 55
Vogel, Martin	15. 3. 02	23. 12. 69
Dahlmann-Dietrichs, Helga, 1/2	13. 5. 02	5. 5. 63
Dr. Bornemann, Wolfram	13. 5. 02	24. 2. 69
Steitzer, Jörn	15. 5. 02	29. 4. 71
Dr. Düffer, Tina, beurl.	15. 5. 02	23. 9. 71
Reifenrath, Anja, 1/2, abg.	17. 5. 02	29. 4. 70
von Drenkmann, Alexander	22. 5. 02	1. 3. 70
Lesniewski, Ralph	22. 5. 02	13. 4. 71
Kansteiner, Sven, beurl.	31. 5. 02	24. 5. 68
Braunschweig, Thorsten	17. 7. 02	6. 8. 69
Dr. Ioakimidis, Ariadne	17. 7. 02	26. 6. 70
Boström-Katona, Katharina	8. 8. 02	13. 2. 63
Dr. Saar, Katharina	8. 8. 02	16. 9. 70
Kettelhut, Jörg	20. 9. 02	30. 6. 69
Dr. Liebau, Sören	20. 9. 02	31. 7. 70
Klamandt, Frank	20. 9. 02	6. 2. 71
Ernst, Barbara, beurl.	20. 9. 02	11. 2. 71
Retzlaff, Björn, abg.	23. 9. 02	12. 9. 70
Kleber, Kai-Uwe	3. 12. 02	2. 12. 70
Dr. Kramer, Katharina, beurl.	3. 12. 02	20. 1. 71
Höhn, Sebastian	3. 12. 02	12. 9. 72
Kokoschka, Vera, beurl.	5. 12. 02	14. 3. 72
Dr. Majazza, Johannes Robert	5. 12. 02	14. 5. 72
Denkler, Verena, beurl.	28. 2. 03	12. 5. 66
Dr. Vogel, Stephanie, beurl.	28. 2. 03	13. 2. 70
Sautter, Mark	5. 3. 03	3. 9. 71
Schwerdtfeger, Sitta	5. 3. 03	7. 6. 72
Niemann, Heike	13. 3. 03	2. 3. 69
Dr. Römer, Nicole, beurl.	22. 5. 03	4. 6. 67
Dr. Busch, Sylvia	22. 5. 03	18. 6. 71
Groddeck, Gert, abg.	22. 5. 03	14. 6. 72
Dr. Haeusermann, Axel	13. 6. 03	—
Hartmann, Ingo, beurl.	25. 9. 03	9. 2. 71

Niebisch, Burkhard	25. 9. 03	22. 4. 72
Sdunzig, Ina	22. 1. 04	6. 9. 70
von Bresinsky, Florian	5. 4. 04	17. 8. 68
Dr. Sprockhoff, Tilmann	5. 4. 04	1. 3. 71
Niepage, Juliane	30. 6. 04	14. 7. 73
Dr. Danckwerts, Rolf	9. 7. 04	19. 9. 68
Dr. Heller, Sabine, beurl.	9. 7. 04	1. 4. 71
Dr. Dietrich, Bernhard	19. 7. 04	11. 4. 72
Behringer, Peter	6. 7. 05	20. 8. 74
Spuhl, Udo	19. 9. 05	28. 3. 69
Koch, Johanna	19. 9. 05	18. 12. 71
Baumann, Maike	19. 9. 05	23. 5. 74
Höhne, Kristin	30. 9. 05	2. 4. 69

Amtsgerichte

Charlottenburg E 308 551
Amtsgerichtsplatz 1, 14057 Berlin
14046 Berlin
Tel. (0 30) 9 01 77-0
Fax (0 30) 9 01 77-4 47
E-Mail: verwaltung@ag-ch.verwalt-berlin.de

1 Pr, 1 VPr, 2 w.aufsR, 40,25 R

Buse, Karen, Pr	1. 8. 05	27. 11. 53
Morsch, Annemarie, VPr	27. 12. 05	16. 1. 48
Wohlfeil, Ralf, w.aufsR	22. 3. 94	19. 1. 48
Keinhorst, Gerhard, w.aufsR	30. 11. 98	20. 4. 51
Hennings-Nowak, Katrin, w.aufsR	21. 8. 01	12. 5. 57
Rabenow, Michael, w.aufsR	7. 7. 05	17. 10. 61
Bein, Georg Wilhelm	—	—
Manthey, Klaus	21. 8. 74	17. 5. 42
Sieber, Ingo	6. 5. 75	6. 2. 42
Boehland, Renate, 1/2	14. 6. 76	29. 9. 44
Gramsch, Jasper, 1/2	16. 12. 76	9. 2. 43
Wengert, Martin	1. 1. 81	2. 9. 48
Weber, Ursula	2. 12. 88	5. 4. 54
Engelhardt, Monika, beurl.	16. 11. 89	4. 6. 54
Melchior, Robin	22. 3. 93	12. 9. 59
Reumschüssel, Iris, 1/2	7. 2. 94	6. 5. 62
Schmidt, Angela	6. 4. 94	3. 10. 60
Bergmann, Jörg	6. 5. 94	20. 10. 44
Horstkotte, Martin	4. 8. 94	26. 6. 54
Christiansen, Jutta	24. 8. 94	22. 10. 52
Dame, Karin, 1/2	1. 11. 94	23. 7. 63
Thiele, Christine	13. 12. 94	21. 10. 57
Dr. Paar, Helmut	8. 2. 95	11. 8. 47
Möschter, Steffi	20. 2. 95	1. 10. 58
Quellhorst, Rainer	26. 6. 95	4. 5. 63
Krumrey, Christiane, 1/2	5. 9. 95	25. 12. 61

BER Kammergerichtsbezirk Berlin   LG-Bezirk Berlin

Selting, Ludgera, abg.	12. 2. 96	3. 3. 64
Wenzel, Mechthild	10. 4. 96	27. 1. 65
Sonneborn, Petra	8. 5. 96	7. 10. 62
Heße, Wolfgang	—	—
Modrović, Norbert	4. 9. 96	23. 12. 63
Hertz-Eichenrode, Barbara, beurl.	9. 12. 96	27. 6. 64
John, Stephanie, abg.	13. 12. 96	17. 11. 66
Ehrensberger, Ralf	26. 9. 97	18. 1. 66
Dr. Steinmeyer, Sabine, 1/2	26. 9. 97	7. 4. 66
Stolze, Martina	18. 12. 97	6. 4. 64
Batschari, Alexander	6. 3. 98	1. 9. 68
Dr. Scholz, Peter, abg.	19. 3. 98	11. 7. 61
Partikel, Sigrid	15. 4. 98	7. 4. 64
Dr. Gradl, Carsten	27. 5. 98	23. 10. 63
Buhr, Wiebke	—	—
Prof. Dr. Ries, Peter, 1/4 (UProf, 2. Hauptamt)	7. 7. 98	29. 3. 61
Einsiedler, Mark, abg.	18. 11. 98	10. 8. 68
Dr. Brückner, Daniela	24. 11. 98	29. 12. 63
Bräutigam, Christine	30. 11. 98	9. 3. 65
Stollenwerk, Karen	—	—
Lengacher-Holl, Kirsten, 1/2	5. 1. 99	1. 4. 67
Schnitker, Nina	5. 3. 99	7. 8. 68
Kloth, Ariane, 1/2	2. 11. 99	12. 9. 63
Preuß, Kerstin	22. 5. 00	3. 3. 65
Treibert, Michael	29. 9. 00	16. 2. 67
Faust, Ariane	7. 2. 01	2. 3. 63
Dr. Lüpfert, Johanna Adelheid	30. 5. 01	30. 4. 67
Krause, Marianne	10. 10. 01	15. 1. 68
Engelbart, Anke	8. 2. 02	20. 1. 65
Dr. Schulte, Christian	15. 5. 02	14. 10. 69
Schmidt, Cornelia, 1/2	3. 12. 02	14. 3. 65
Siebrecht, Guido	5. 12. 02	9. 2. 71
Dr. Lehmann, Friederike, beurl.	6. 12. 02	23. 2. 68
Siegmund, Astrid	5. 4. 04	9. 4. 63
Dr. Kärgel-Langenfeld, Andrea	5. 4. 04	10. 9. 72
Dr. Bergerhoff, Stefan	1. 10. 05	16. 11. 75

Hohenschönhausen E 350 182
Wartenberger Straße 40, 13053 Berlin
Tel. (0 30) 9 02 56-0
Fax (0 30) 90 25 64 11
E-Mail: verwaltung@ag-hs.verwalt-berlin.de

1 Pr, 1 VPr, 1 w.aufsR, 16,75 R

Beuerle, Ulrich, Pr	15. 12. 05	6. 8. 47
N. N., VPr		
Fuhrmann, Wolfgang, VA	17. 7. 96	15. 9. 50
Strömer, Bernd	8. 9. 76	2. 12. 42
Schier, Birgit, beurl.	1. 11. 93	19. 8. 61
Goldstein, Oliver	6. 4. 94	8. 8. 62

Kulik, Kerstin	6. 5. 94	1. 5. 61
Schoel, Jürgen	4. 8. 94	25. 6. 63
Dittrich, Elke	4. 10. 94	3. 3. 60
Markert, Iris	4. 10. 94	23. 3. 65
Schwemmin, Christel	26. 10. 94	12. 11. 42
Kuebart-Arndt, Carola	24. 10. 96	18. 10. 64
Dr. Sperling, Anne	4. 11. 97	21. 3. 63
Bergold, Johannes, abg.	20. 3. 98	12. 3. 64
Brückmann, Bernhard	20. 3. 98	21. 8. 65
Harms, Torsten	18. 11. 98	14. 3. 64
Lubig, Holger	3. 12. 01	23. 10. 67
Kett, Uwe	17. 5. 02	11. 6. 62

Köpenick E 232 670
Mandrellaplatz 6, 12555 Berlin
12533 Berlin
Tel. (0 30) 9 02 47-0
Fax (0 30) 9 02 47-2 00
E-Mail: verwaltung@ag-kp.verwalt-berlin.de

1 Pr, 1 VPr, 1 w.aufsR, 13 R

Manshausen, Rita, Pr	16. 11. 05	15. 6. 61
Dr. Berger, Wolfgang, VPr	28. 4. 06	22. 4. 46
Roesler, Klaus, stVDir	31. 7. 95	10. 9. 43
Wolf, Klaus, beurl.	8. 4. 76	7. 10. 42
Voges, Michael-Erdwin	16. 12. 82	22. 7. 51
von Saldern, Ludolf	27. 7. 89	6. 3. 56
Höning, Birgit	10. 1. 94	8. 2. 62
Räcke, Uta	—	—
Graf von Schlieffen, Peter	25. 8. 95	14. 1. 62
Dr. Mammeri-Latzel, Maria	9. 12. 96	30. 11. 59
Schmidt, Stefan	10. 9. 98	16. 12. 64
Müller, Ronny, abg.	19. 11. 98	25. 8. 66
Reiser-Wimmer, Barbara	30. 5. 00	16. 3. 58
Röder, Marek	7. 2. 01	12. 1. 67
Engel, Patrizia	20. 9. 02	7. 3. 71
Dr. Behrendt, Dirk, abg.	22. 5. 03	30. 1. 67
Witt-Klein, Isabel, 1/2	13. 6. 03	6. 1. 69

Lichtenberg E 256 275
Roedeliusplatz 1, 10365 Berlin
Tel. (0 30) 9 02 53-0
Fax (0 30) 9 02 53-3 00
E-Mail: verwaltung@ag-lb.verwalt-berlin.de

1 Pr, 1 VPr, 1 w.aufsR, 15,75 R

Wegmann, Helmut, Pr	1. 3. 06	12. 5. 45
N. N., VPr	—	—
Prof. Dr. Bach, Albert, VA	1. 7. 02	14. 12. 51
Schulz, Hartwig	30. 4. 87	12. 12. 55
Beckstett, Elisabeth	13. 3. 92	22. 3. 61
Damaske, Tomas	8. 8. 97	25. 6. 67
Hager, Natascha	8. 8. 97	22. 10. 67
Braun, Dorothee, 1/2	21. 9. 98	1. 6. 66

LG-Bezirk Berlin   Kammergerichtsbezirk Berlin   **BER**

Voigt, Marianne	26. 4. 00	9. 12. 66
Suilmann, Martin	7. 2. 01	5. 9. 65
Dr. Wyes-Scheel, Claudia, beurl.	9. 2. 01	4. 9. 67
Dr. Lang, Iris	9. 2. 01	1. 4. 68
Zintl, Marc	1. 3. 01	30. 1. 71
Reinke, Michael	28. 11. 01	30. 12. 67
Dr. Cypra, Peter	8. 2. 02	9. 2. 66
Siemon, Dirk	15. 5. 02	24. 7. 67
Jorcke-Kaßner, Philine	23. 9. 02	18. 8. 70
Aurich, Hardy	9. 7. 04	1. 3. 72
Bach, Heike, 1/2	23. 11. 04	16. 7. 70
Pragst, Robert	30. 9. 05	4. 2. 70

Mitte E 216 513
Littenstr. 12-17, 10179 Berlin
10174 Berlin
Tel. (0 30) 90 23-0
Fax (0 30) 90 23-22 23
E-Mail: verwaltung@ag-mitte.verwalt-berlin.de

1 Pr, 1 VPr, 2 w.aufsR, 31 R

Fölster, Uta, Pr	15. 3. 06	9. 2. 56
N. N., VPr	—	—
Rautenberg, Bruno, VA	29. 11. 93	6. 10. 51
Carl, Dietrich, w.aufsR	14. 9. 95	10. 12. 43
Gülzow, Ingrid	9. 12. 77	18. 9. 46
Vath, Marianne	19. 9. 86	31. 12. 45
Hennicke, Annegret	—	—
Krause, Matthias	3. 6. 91	15. 10. 59
Linke, Thomas	23. 6. 92	10. 8. 60
Altendorf, Dagmar	20. 7. 93	12. 7. 52
Harthun, Detlef	1. 10. 93	10. 2. 61
Petrick, Ina, abg.	3. 1. 94	6. 10. 61
Beckmann, Martin	29. 8. 94	2. 6. 60
Klein, Hannelore	2. 9. 94	4. 5. 53
Manko, Bert	14. 2. 95	15. 10. 57
Bröckling, Rainer	14. 2. 95	23. 10. 61
Helbing, Ramona, 1/2	13. 3. 95	5. 9. 60
Leimkühler, Wolfgang	13. 3. 95	29. 6. 63
Berger, Maria Magdalena	1. 11. 95	20. 1. 55
Schuhoff, Martina	2. 11. 95	18. 4. 64
Kowalski, Freia, 3/4	10. 4. 96	1. 7. 64
Kohrs, Cornelia	10. 4. 96	8. 11. 64
Möwes, Dagmar	8. 7. 96	21. 1. 65
Ahlborn, Birgit	9. 12. 96	19. 9. 63
Fölsche, Ulrike, 3/5	8. 8. 97	12. 11. 64
Penshorn, Peter	8. 8. 97	26. 4. 66
Dr. Gebhard, Thomas	26. 8. 97	15. 2. 65
Pfeiffer-Eggers, Angela, 3/4	7. 10. 97	7. 1. 62
Kutschera, Katrin	3. 11. 97	4. 7. 63
Sander, Heike, 3/4	4. 11. 97	14. 7. 62
Dr. Lammer, Monika	6. 3. 98	5. 11. 62
Matulke, Imke	9. 7. 98	31. 8. 66
Ullisch, Beate, beurl.	16. 9. 98	7. 9. 67
Ripplinger, Marita	19. 11. 98	14. 8. 68
Hegermann, Christina, 3/4	4. 1. 99	28. 8. 69
Kreikenbohm, Gabriele, 1/2	3. 5. 99	6. 11. 67
Knecht, Alexandra	26. 10. 01	4. 9. 70
Dr. Wernecke, Frauke	18. 3. 02	27. 7. 60
Schumann, Sandra	7. 4. 04	7. 2. 71
Dr. Hinke, Carola	19. 9. 05	27. 2. 71
Dr. Abram, Nils	13. 12. 05	—

Neukölln E 301 796
Karl-Marx-Str. 77, 12043 Berlin
12038 Berlin
Tel. (0 30) 9 01 91-0, Fax (0 30) 9 01 91-1 22
E-Mail: verwaltung@ag-nk.verwalt-berlin.de

1 Pr, 1 VPr, 1 w.aufsR, 20,5 R

Schollmeier, Wolfgang, Pr	1. 2. 06	3. 11. 45
N. N., VPr		
Gräßle, Werner, VA	26. 4. 04	21. 4. 61
Schilling, Günther	20. 3. 78	9. 6. 47
Reichart, Ulf	18. 8. 80	16. 1. 49
Nowak, Ingelore, 7/10	17. 7. 85	19. 4. 52
Rohm, Hans-Joachim	23. 2. 88	14. 12. 58
Büschelmann, Ulrich	28. 5. 93	26. 10. 57
Vollhardt, Monika	24. 8. 94	15. 12. 43
Fitkau, Hartmuth	24. 8. 94	26. 1. 58
Lemm, Cornelia	26. 9. 94	24. 2. 53
Hornung, Thomas-Michael	9. 10. 95	21. 7. 63
Kretschmann, Petra, 1/2	30. 8. 96	17. 9. 64
Schlie-Romer, Christine, 1/2	30. 8. 96	23. 7. 66
Stapff, Almut, 7/10	8. 8. 97	16. 1. 64
Jaspert, Uwe	13. 8. 97	25. 11. 63
Dr. Elzer, Oliver, abg.	30. 5. 00	20. 2. 67
Abel, Christiane, abg.	5. 10. 00	4. 8. 66
Gutowski, Frank	7. 2. 01	13. 3. 69
Tegeder, Jörg, abg.	20. 9. 02	21. 4. 68
Lemmel, Ulrike	7. 4. 04	10. 9. 70
Foerstner, Silke, 1/2, abg.	15. 6. 05	22. 7. 70
Büttner, Malte, beurl.	15. 6. 05	14. 11. 70
Kunz, Helmut	19. 9. 05	8. 2. 71
Keßler, Christiane	23. 9. 05	8. 2. 74
Anders, Ulrike, 1/2	10. 2. 06	28. 2. 73

Pankow/Weißensee E 204 557
Parkstr. 71, 13086 Berlin
Tel. (0 30) 9 02 45-0
Fax (0 30) 9 02 45-4 00

Familiengericht und Vormundschaftsabteilungen
Kissingenstr. 5–6, 13189 Berlin
Tel. (0 30) 9 02 45-0
Fax (0 30) 9 02 45-1 40
E-Mail: verwaltung@ag-pw.verwalt-berlin.de

1 Pr, 1 VPr, 1 w.aufsR, 26,5 R

BER   Kammergerichtsbezirk Berlin   LG-Bezirk Berlin

Dr. Kehlbacher,				
Monika, Pr	15. 2. 06	11. 6. 54		
N. N., VPr	—	—		
Dr. Müller-Magdeburg,				
Cornelia, VA	30. 11. 04	7. 5. 65		
Silbermann, Klaus	9. 11. 79	23. 7. 48		
Brieger, Sabine, ½	11. 10. 85	7. 9. 55		
Grabow, Michael	30. 5. 86	13. 12. 53		
Gellermann, Ulrich	3. 6. 91	21. 5. 57		
Willenbücher, Ursula	—	—		
Hahn, Ulrike	20. 6. 94	3. 5. 62		
Bergmann, Wewela, ½	26. 9. 94	6. 11. 63		
Müller, Susann	13. 12. 94	27. 10. 60		
Gebhardt, Christina	2. 1. 95	8. 8. 60		
Daniels, Carde, beurl.	12. 12. 95	25. 4. 63		
Ehrig, Birgit	30. 8. 96	23. 6. 57		
Kucment, Claudia	13. 5. 97	11. 11. 63		
Hagen, Stephan	3. 11. 97	25. 6. 63		
Grimm, Andreas	19. 3. 98	15. 4. 63		
Thomas, Ralf	27. 5. 98	7. 3. 59		
Keßeböhmer, Claudia	9. 7. 98	25. 8. 66		
Herbst, Nicola	10. 9. 98	22. 7. 67		
Mieth, Dorit	5. 1. 99	13. 3. 64		
Weischede, Annegret, beurl.	17. 7. 00	16. 4. 64		
Opitz, Ulrike, ½	9. 10. 00	21. 8. 67		
Sehrig, Elisabeth	26. 3. 01	28. 5. 64		
Dr. Menne, Martin, abg.	6. 6. 01	11. 1. 63		
Grohmann, Monika, beurl.	1. 8. 01	24. 8. 71		
Weiß, Steffen	2. 8. 01	1. 5. 70		
Dr. Cirkel, Johannes	—	—		
Prof. Dr. Ernst, Rüdiger, ½	17. 7. 02	28. 12. 64		
Grandke, Ines	6. 12. 02	2. 6. 72		
Pfannkuche, Gerhard	28. 3. 03	14. 10. 65		
Dr. Boetzkes, Christian	19. 9. 05	1. 12. 68		
Watermann, Ole	23. 9. 05	15. 7. 69		
Rojahn, Nils	11. 10. 05	21. 9. 72		

Schöneberg   E 427 689
Grunewaldstraße 66–67, 10823 Berlin
10820 Berlin
Tel. (0 30) 9 01 59-0
Fax (0 30) 9 01 59-4 29

Grundbuchamt:
Ringstr. 9, 12203 Berlin
Tel. (0 30) 9 01 86-0
Fax (0 30) 9 01 86-4 02
E-Mail: verwaltung@ag-sb.verwalt-berlin.de

1 Pr, 1 VPr, 2 w.aufsR, 32,5 R

Schulze, Jörg, Pr	1. 12. 05	8. 2. 46
Lübke, Thorsten, VPr	27. 4. 06	12. 4. 59
Noack, Hermann, w.aufsR	5. 10. 94	13. 5. 43

Regenhardt, Manuela, w.aufsR	11. 6. 03	4. 9. 61		
Lexer, Dietrich	18. 2. 77	23. 9. 43		
Elles, Georg	18. 2. 77	2. 7. 45		
Kärber, Christian	4. 5. 77	19. 2. 44		
Gerloff, Karl-Michael, beurl.	19. 1. 78	10. 11. 45		
Zehrer, Max-Michael	12. 7. 79	28. 10. 46		
Bressau, Hans-Jörg	—	—		
Rancke-Ziemke, Susanne	12. 11. 80	20. 8. 49		
Bindokat, Heinz	16. 9. 81	26. 9. 46		
Matthiessen, Thomas	29. 3. 82	21. 12. 48		
Warmbold, Georg	29. 9. 82	13. 12. 50		
Hauk, Brigitte	1. 7. 83	31. 3. 52		
Lieck, Mathias	29. 9. 83	21. 9. 41		
Nothacker, Susanne	17. 2. 84	8. 1. 52		
Fienitz, Bettina, ¾	24. 9. 84	11. 3. 54		
Ruppel, Kordula	4. 1. 93	23. 6. 55		
Büttner, Barbara	22. 3. 93	3. 2. 56		
Wolff, Heike, ¾	22. 9. 93	17. 5. 55		
Baumert, Bettina	1. 11. 93	25. 4. 62		
Schulze, Christina	26. 9. 94	8. 4. 61		
Herrmann, Dagmar	26. 9. 94	29. 1. 62		
Marx, Silke	—	—		
van Dieken, Sylvia	1. 11. 94	3. 5. 63		
Sommer, Ina	9. 10. 95	3. 4. 63		
Moß, Patricia	8. 5. 96	5. 8. 63		
Block, Doris	25. 10. 96	3. 5. 65		
Dr. Willnow, Sophie, abg.	25. 10. 96	29. 8. 65		
König, Jürgen	25. 3. 97	15. 7. 64		
Lomb, Stephan	4. 7. 97	20. 4. 65		
Bodanowitz, Regina, ½	10. 7. 97	29. 9. 66		
Dörfler, Stephan	26. 9. 97	20. 6. 65		
Bode, Anke	26. 9. 97	14. 8. 66		
Dr. Maier-Sieg, Eckehard	—	—		
Eggers-Chemseddine, Katharina, ½	15. 4. 98	22. 7. 66		
Brousek, Antonin	26. 5. 98	4. 4. 62		
Dr. Hansen, Ulrike	—	—		
Hascher, Ralph	11. 9. 98	21. 9. 66		
Lips, Bettina, ¾	4. 1. 99	30. 7. 68		
Reimer, Anett	4. 10. 05	12. 6. 70		
Barniske, Claudia	10. 2. 06	31. 3. 76		

Spandau   E 217 692
Altstädter Ring 7, 13597 Berlin
13578 Berlin
Tel. (0 30) 9 01 57-0
Fax (0 30) 9 01 57-4 44
E-Mail: verwaltung@ag-spd.verwalt-berlin.de

1 Pr, 1 VPr, 1 w.aufsR, 13 R

Goehtz, Petra, Pr	18. 1. 06	8. 1. 51
N. N., VPr	—	—
Dr. Huhs, Reiner, Dir, beurl./ATZ	29. 1. 97	26. 7. 45

Kammergerichtsbezirk Berlin **BER**

Priebe, Christiane, VA	20. 3. 01	14. 3. 54
Förster, Hans-Joachim	—	—
Schäfer, Thomas	13. 6. 77	20. 2. 45
Anders, Ursula	2. 11. 81	26. 10. 51
Schneider, Thomas	27. 7. 88	20. 6. 57
Beermann, Hans-Joachim	—	—
Olsen	—	—
Schmidt-Mrozek, Marion	8. 2. 95	20. 3. 59
Bruch, Annette, beurl.	13. 12. 96	13. 3. 65
Geistert, Regina	27. 5. 98	21. 2. 66
Böhle, Andreas	9. 7. 98	7. 1. 64
Holl, Roger	10. 9. 98	4. 2. 66
Dr. Kloer, Heike	19. 11. 98	16. 2. 65
Boehnke, Andrea	28. 1. 99	11. 10. 65
Ader, Stephanie, $1/2$	10. 6. 02	2. 7. 69
Käbisch, Jochen	10. 11. 04	20. 9. 70

Tempelhof-Kreuzberg E 332 139
Möckernstraße 128–130, 10963 Berlin
10958 Berlin
Tel. (0 30) 9 01 75-0
Fax (0 30) 9 01 75-2 11

Familiengericht
Hallesches Ufer 62, 10963 Berlin
Briefanschrift: 10959 Berlin
Tel. (0 30) 9 01 75-0
Fax (0 30) 9 01 75-7 11
E-Mail: verwaltung@ag-tk.verwalt-berlin.de

1 Pr, 1 VPr, 4 w.aufsR, 57 R

Forkel, Heike, Pr	1. 7. 05	1. 4. 60
Haferanke, Wolfgang, VPr.	30. 12. 05	26. 7. 56
Krain, Ulrike, w.aufsR	30. 11. 98	16. 4. 60
Held, Antje, w.aufsR	11. 5. 99	31. 12. 53
von Rabenau, Helga, w.aufsR	1. 3. 01	10. 8. 55
Vogel, Harald, w.aufsR	7. 10. 03	30. 5. 46
Bruckmann, Ernst-Otto	1. 10. 74	25. 3. 43
Winkler, Juliane	5. 12. 75	15. 2. 45
Bork, Roman	16. 12. 76	31. 8. 44
Möller-Harder, Leonore	16. 12. 76	1. 3. 45
Meltendorf, Georg	3. 2. 77	28. 9. 41
Bönicke, Marina	21. 4. 78	16. 1. 46
Schober, Beate, $1/2$	5. 5. 78	1. 4. 48
Plothe, Jürgen, $1/2$	7. 6. 78	1. 1. 48
Dr. Stratmann, Ullrich	9. 1. 79	4. 3. 42
Pieda, Rainer	20. 6. 79	3. 7. 44
Liebert, Winfried	20. 6. 79	15. 3. 49
von Jagow, Detlef	1. 11. 79	25. 1. 44
Korte, Reinhold, $1/2$	7. 1. 80	20. 2. 43
Bonk, Monika	4. 11. 80	15. 3. 50
Fischer, Reinhard, $1/2$	6. 5. 81	10. 10. 48
Reddemann, Dietmar	1. 10. 81	18. 4. 41
van Look, Birgit	22. 11. 82	11. 12. 50
Irmscher, Anneliese, $1/2$	16. 12. 82	26. 1. 51
Bartelheimer, Annette, $3/4$	25. 2. 83	23. 11. 45
Bremer, Heidemarie	28. 6. 84	10. 3. 54
Rave-Justen, Georg	17. 7. 85	5. 3. 52
Schilling, Hannelore	29. 9. 85	28. 8. 55
Schmitz, Karl-Heinz	28. 3. 86	23. 1. 56
Hien, Sibylle, $3/4$	1. 5. 86	19. 12. 52
Riese, Christine	17. 7. 88	26. 1. 59
Wagner, Barbara	—	—
Nickel, Silvia	1. 2. 89	8. 10. 59
Laube, Thomas	6. 3. 91	14. 5. 58
Plähn, Johann-Christian	3. 6. 91	25. 2. 59
Klebe, Konstanze	—	—
Raasch, Ute	1. 7. 91	31. 7. 59
Laws, Claudia	6. 1. 92	7. 6. 61
Wegmann, Christiane, $1/2$	3. 1. 94	3. 6. 62
Hinze, Monika	7. 2. 94	28. 4. 62
Magiera, Michael	10. 5. 94	22. 8. 53
Dr. Mansees, Norbert	10. 5. 94	5. 1. 58
Herold, Karin	—	—
Neuhauß, Sabine, $1/2$	26. 9. 94	8. 6. 64
Materna, Heidemarie	10. 10. 94	25. 2. 52
Dr. Gräfin von Schlieffen, Angela	—	—
Drescher, Angelika	1. 11. 95	5. 7. 54
Kriegelsteiner, Karin, $1/2$	8. 7. 96	21. 4. 64
Mühlbauer, Kerstin, beurl.	17. 2. 97	29. 4. 65
Gutschalk, Claudia	14. 5. 97	20. 12. 65
Klösgen, Alice	27. 5. 97	9. 1. 65
Thomas, Alexandra	27. 5. 98	25. 11. 65
Dr. Zivier, Ezra	20. 7. 98	21. 7. 64
Tüxen, Grit, $1/2$	3. 8. 98	11. 12. 64
Dr. Röper, Bettina, $3/4$	19. 11. 98	31. 3. 64
von Hollen, Kirsten	5. 1. 99	28. 6. 65
Dr. Adam, Ute	5. 1. 99	27. 5. 67
Dr. Paetow, Barbara, abg.	5. 3. 99	24. 4. 45
Klösgen, Alice	15. 9. 99	9. 1. 65
Radu, Magnus	17. 7. 00	8. 11. 64
Stabenow, Klaus	3. 12. 01	21. 6. 69
Mandel, Silke	8. 2. 02	22. 7. 70
Gruß, Kerstin	8. 2. 02	19. 10. 70
Baum, Alexandra	11. 2. 02	9. 1. 69
Weinrich, Martina	17. 5. 02	9. 12. 72
Kunitz, Sandra, $1/2$	3. 12. 02	12. 11. 72
Clausen-Schmidt, Verena	5. 12. 02	28. 8. 71
Hoßfeld, Katharina, abg.	26. 6. 03	4. 7. 70
Lampe, Annette	11. 12. 03	31. 7. 71
Profitlich, Gregor	29. 12. 03	28. 8. 69
Dr. Albers-Frenzel, Bettina, $1/2$	7. 4. 04	29. 10. 64
Berndt-Benecke, Uta, $1/2$	30. 6. 04	25. 4. 71
Hurtmanns, Anja	9. 7. 04	28. 12. 71
Profitlich, Daniela, $1/2$	9. 3. 05	24. 5. 70

BER Kammergerichtsbezirk Berlin   LG-Bezirk Berlin

Tiergarten E 87 317
Zivilsachen
Lehrter Straße 60, 10557 Berlin
Tel. (0 30) 90 14-0
Fax (0 30) 90 14-61 12

Strafsachen
Turmstraße 91, 10559 Berlin
10548 Berlin
Tel. (0 30) 90 14-0
Fax (0 30) 90 14-20 10

Verkehrs- u. Wirtschaftsstrafabteilungen
Kirchstr. 6, 10557 Berlin
Tel. (0 30) 90 14-0
Fax (0 30) 90 14-61 10

Bereitschaftsgericht
Tempelhofer Damm 12, 12101 Berlin
Tel. (0 30) 9 04 00
Fax (0 30) 9 04 03 99 90

Zentrales Grundbucharchiv
Westhafen/Zollspeicher
Westhafenstr. 1, 13353 Berlin
Tel. (0 30) 34 33 14-0
Fax (0 30) 34 33 14-28
E-Mail: verwaltung@ag-tierg.verwalt-berlin.de*

1 Pr, 1 VPr, 11 w.aufsR, 165 R

Präsident
Wosnitzka, Alois   13. 4. 05   22. 7. 51

Vizepräsident
Borgas, Hans-Michael   17. 2. 06   27. 2. 60

weitere aufsichtführende Richter
Werner, Michael, beurl.   3. 2. 77   13. 10. 41
Dr. Reyer, Heinz-Günter 14. 9. 95   19. 7. 46
Wagner, Franz-Elmar,
  abg.   11. 7. 97   28. 6. 58
Fuhrmann, Harry   15. 2. 99   15. 1. 61
Ernst, Martin   1. 11. 01   17. 11. 61
Dittrich, Frank   2. 10. 02   3. 10. 63
Frenzel, Helmut   29. 11. 04   16. 4. 45
Hirsch, Thomas   21. 12. 05   23. 5. 50

Richterinnen/Richter
Kuschewski, Jürgen,
  beurl.   15. 7. 73   23. 9. 41
Beuermann, Rudolf   12. 6. 74   6. 7. 44
Herrlinger, Wolfgang 10. 12. 74   14. 1. 44
Sander, Mechthild   7. 5. 75   2. 4. 44

Vasiliou, Barbara   4. 7. 75   19. 5. 43
Uffrecht, Wiland   8. 8. 75   22. 9. 41
Hengst, Wolf-Jürgen   5. 12. 75   14. 11. 42
Bortels, Stefan   10. 12. 75 10. 11. 42
Erdbrink, Lüder, beurl. 16. 1. 76   4. 1. 42
Vogler, Hubert   9. 2. 76   6. 7. 42
Hecker, Wolfgang, beurl. 17. 7. 76   8. 1. 43
Barnack, Christiane   14. 10. 76   19. 5. 44
Jentsch, Walter   14. 10. 76   9. 1. 45
Schmidt, Claus-Wolfgang 7. 7. 77   6. 1. 46
Baars, Hans Joachim   19. 1. 78   16. 2. 45
Garske-Ridder, Erika   10. 4. 78   14. 4. 47
Lother, Rainer   5. 7. 78   23. 2. 45
Berger, Gert-Rainer   5. 7. 78   3. 6. 44
Sieveking, Ruth   6. 9. 78   28. 12. 45
Richter, Helmut   13. 9. 78   13. 4. 47
Kohls, Jürgen   13. 9. 78   10. 7. 47
Fischer, Detlef, 1/2   13. 10. 78   6. 2. 43
Herrlinger, Dagmar   19. 1. 79   17. 6. 48
Burghardt-Plewig,
  Susanne Barbara, abg.   —   —
Jockisch, Michael   2. 4. 79   18. 9. 47
Schultz, Gerd   12. 7. 79   23. 10. 47
Lenz, Eberhard   7. 5. 80
Ebsen, Ebe   1. 1. 81   4. 8. 47
Stiegert, Ronald   1. 1. 81   16. 10. 48
Brade, Axel   1. 1. 81   20. 7. 50
Graetz, Gerhard   1. 1. 81   30. 7. 50
Marsollek, Hans-Jürgen 2. 1. 81   11. 4. 48
Eberhart, Wolfram   1. 4. 81   12. 2. 48
Millert, Jörg   2. 11. 81   9. 7. 47
Köster-Mindel, Dagmar 2. 11. 81 18. 6. 49
Damerow, Manfred   —   —
Lebe, Hartmut   2. 2. 82   15. 1. 51
Kopplin, Katharina   8. 2. 82   30. 11. 52
Granowski, Michael   1. 8. 82   24. 12. 48
Brunke, Ulrich   7. 10. 82   24. 10. 49
Steinmar, Werner   19. 11. 82   14. 7. 45
Simon-Nissen, Ursula 21. 12. 82   25. 11. 51
Volkmann, Ingrid   21. 12. 82   24. 3. 52
Noffke, Werner   2. 8. 83   1. 9. 49
Müller, Beate   21. 6. 84   4. 2. 54
Bartels, Georg   3. 8. 84   12. 10. 49
Feldkamp, Josef   24. 9. 84   15. 4. 49
Henze, Regine   6. 2. 85   29. 4. 54
Sprotte, Ludwig-Norbert,
  beurl.   12. 2. 85   30. 11. 50
Müller, Hans-Jürgen   17. 7. 85   24. 9. 53
Kujawski, Ulrich   17. 7. 85   29. 12. 53
Schmittinger, Bruno   1. 4. 86   12. 2. 56
Miller, Karin, 1/2   30. 5. 86   30. 5. 55
Miller, Hans-Jürgen   6. 3. 87   7. 2. 53
Becker, Helmut   1. 1. 88   11. 5. 53
Fischer, Eva-Maria   22. 2. 88   16. 3. 50
Wendt, Udo   23. 2. 88   18. 3. 51
Auracher, Walter   10. 3. 89   25. 8. 57

---

*Ab 1.10.06: E-Mail: verwaltung@ag-tg.verwalt-berlin.de.

LG-Bezirk Berlin   Kammergerichtsbezirk Berlin   **BER**

Name		
Finck, Klaus	13. 3.89	22. 6.59
Buckow, Frank	—	—
Fischer, Beatrice	16.11.89	21. 3.57
Tannhäuser, Heidi	2. 3.90	22. 2.55
Maietti, Susanne	16. 3.90	20.10.56
Hampel, Gisela	1. 2.92	27.11.58
Jürcke, Klaus-Peter	7.12.92	12. 3.62
Staupe, Leberecht	9. 2.93	16. 6.56
Henke-Vollmer, Gabriele	22. 3.93	29. 4.57
Rudel, Fred	1. 4.93	2. 4.62
Schumny, Sabine	16. 7.93	28. 2.62
Dr. Dietz, Andreas	28. 9.93	15.10.57
Parpart, Karsten	28. 9.93	2. 6.61
Heisig, Kirsten	28. 9.93	24. 8.61
Moritz, Peter	15.11.93	3. 8.60
Hennigs, Sibylle, 1/2	3. 1.94	20. 6.62
Marx, Silke	3. 2.94	30.11.62
Rateike, Christina	7. 2.94	8.12.60
Brinkmann, Marieluis	21. 3.94	3. 6.60
Pervelz, Jörg	5. 4.94	28. 4.61
Deike, Kerstin	3. 5.94	6. 3.61
Behrend, Carola	26. 9.94	5. 6.62
Daniel, Björn	28. 9.94	11. 5.62
Holzheid, Corinna	1.11.94	2.11.62
Pelcz, Monika	2.12.94	10. 7.57
Haslinger, Walter	8. 2.95	11. 9.58
Schulz, Claudia	13. 3.95	14. 3.65
Bauersfeld, Franziska	4. 4.95	19. 8.62
Appelt, Karin	18. 4.95	21. 4.63
Grund, Anja	18. 4.95	21. 1.64
Albrot, Arne	23. 5.95	15.10.62
Schertz, Ulrike, 1/2	23. 5.95	15. 7.64
Krabbel, Antje, 1/2	26. 6.95	22.10.63
Obermeier, Ralph	—	—
Bartl, Andrea	12.12.95	18.11.61
Jönsson, Katja, 1/2	26. 1.96	21. 5.62
Balschun, Roger	10. 4.96	5.10.61
Dr. Räcke, Günter	8. 5.96	11. 9.60
Weyreuther, Christoph	8. 5.96	24.10.62
Daue, Sascha	20. 6.96	19. 8.63
Sassenroth, Corinna	4. 7.96	9.11.63
Kötting, Rüdiger	8. 7.96	30. 5.63
Vandenhouten, Nicole, 1/2	8. 7.96	29. 3.64
Ruske, Isolde	30. 8.96	24.10.58
Castendyck, Corinne	4. 9.96	7. 1.65
Rische, Andreas	10. 9.96	12. 6.64
Zwölfer-Martin, Olaf, abg.	30.12.96	4. 4.64
Kaltenbach, Gregor	6. 1.97	31.10.62
Zacharias, Nikolai	17. 2.97	16. 2.61
Boll-Sternberg, Birgit	17. 2.97	27. 4.63
Plümacher, Manfred	17. 2.97	10. 8.63
Forch, Christiane, beurl.	21. 2.97	24. 9.64
Kuperion, Stephan	24. 3.97	24.10.63
von Hagen, Beatrix	24. 3.97	13.11.63
Sandherr, Urban	24. 3.97	23.10.64
Schmidt, Stefan	9. 5.97	23. 2.63
Hubrich, Herbert	9. 5.97	21. 7.64
Schaefer, Nikolaus, beurl.	4. 7.97	16.12.65
Unger, Stephanie	4. 7.97	23.10.66
Jacobs, Sebastian	10. 7.97	17. 8.64
Muhmood, André	8. 8.97	6.10.63
Konecny, Wolfgang	13. 8.97	7. 2.66
Fischer, Ulrike	26. 8.97	2. 9.61
Moritz, Anke	7.10.97	10. 8.65
Dr. Nissing, Karin	3.11.97	8. 3.63
Schwanitz, Carsten	18.12.97	28. 2.67
Blau, Christoph	18.12.97	24. 9.67
Kleppeck, Frank-Detlef	23. 1.98	13. 1.50
Odenthal, Barbara	17. 2.98	4. 2.67
Plüür, Georg, abg.	20. 4.98	26.12.64
Kelting-Scholz, Antje-Katrin, 3/4 abg.	6. 5.98	12. 3.63
Hethey, Hartmut	26. 5.98	30. 6.60
Wedemann, Karola, beurl.	22. 7.98	11. 5.64
Brandt, Clemens	—	—
Hain, Gregor	10. 9.98	24. 8.66
Lascheit, Andreas	18.11.98	19.11.64
Gauger, Bettina	—	—
Guse-Manke, Kerstin	30.11.98	3. 5.65
Kanter, Ivonne	5. 1.99	16. 9.64
Triebeneck, Frank	5. 1.99	5. 3.67
Ritz, Kerstin	15. 7.99	9. 6.65
Wortmann, Norbert	2. 8.99	8. 5.61
Riemann, Katharina, 1/2	2. 8.99	25. 1.63
Auffermann, Ulrich	20.12.99	30. 3.64
Grohmann, Sandra	26. 4.00	20. 4.68
Behrendt, Matthias	22. 5.00	25. 3.68
Dr. Kaehne, Tobias	19. 6.00	3. 6.68
Bugge, Marion	14. 7.00	5. 6.67
Eisenhardt, Annette	10.11.00	27. 8.68
Ziegler, Karsten	30. 1.01	8.11.70
Balzer, Birgit, 1/2	26. 3.01	20.10.67
Brinsa, Sebastian	30. 5.01	1.10.67
Wortmann, Susanne, 1/2	6. 6.01	5. 4.66
Dr. Keune, Antje	6. 6.01	28. 6.68
Bienroth, Gunther	2. 8.01	4. 8.66
Lang, Stefan, beurl.	1.10.01	23.11.59
Dr. Borgmann, Matthias	10.10.01	29. 5.58
Wilms, Andrea, 1/2	8. 2.02	6.12.70
Bäuml, Robert	11. 2.02	19. 7.68
Ploner, Anke, 1/2	22. 5.02	11. 1.70
Mathiak, Christine, beurl.	8. 8.02	25.10.71
Dr. Biewer, Anja, beurl.	11.12.03	22.10.69
Dr. Linke, Christine, 1/2	7. 4.04	6. 9.67
Görke, Thomas, abg.	7. 4.04	30.11.70
Tielke, Markus, abg.	30. 6.04	26.10.72
Harnischmacher, Christiane, beurl.	8.11.04	8. 4.71
Dr. Fricke, Lars	15. 6.05	8. 1.73
Dr. Last, Ulrich	15. 6.05	5. 4.73

BER Kammergerichtsbezirk Berlin   Staatsanwaltschaften

Dr. Mauntel, Christoph,
  abg.   19. 9.05   11. 8.70
Bode, Ansgar   30. 9.05   15. 5.74
Herb, Gregor   12.10.05   10. 3.72

Wedding E 398 262
Brunnenplatz 1, 13357 Berlin
13344 Berlin
Tel. (0 30) 9 01 56-0
Fax (0 30) 9 01 56-6 64

Zentrales Mahngericht
Schönstedtstr. 5, 13344 Berlin
13343 Berlin
Tel. (0 30) 9 01 56-0
Fax (0 30) 9 01 56-2 03
E-Mail: verwaltung@ag-we.verwalt-berlin.de

1 Pr, 1 VPr, 2 w.aufsR, 26,25 R

Dr. Kunz, Christian, Pr   9. 1.06   13.10.57
Dr. Schröder-Lomb,
  Svenja, VPr   27. 4.06   16. 9.64
Parr, Rolf-Rüdiger,
  Dir, beurl.   30.12.96   28.12.43
Kiedrowski, Hartmut,
  stVDir   26. 2.88   31. 7.45
Scheele, Wolfgang,
  w.aufsR   22. 3.94   30. 3.50
Falk, Norbert   14. 1.76   2. 2.43
Kuhn, Hans   1. 1.81   8. 3.51

Schulz, Renate   4. 7.83   29. 7.49
Kühn, Detlev, 1/2   22. 7.83   5.12.50
Dr. Laaser, Andreas   4. 4.85   16. 1.45
Radermacher, Wolfgang, 1/2 1. 6.88   13.10.50
Kuchheuser, Hans-Ulrich   2.12.88   22. 2.55
Miodownik, Marina   24. 7.89   5. 9.56
Busse, Annette   1. 4.93   15. 5.62
Zeidler, Irene   10. 1.94   28. 3.63
Kröger, Dorit   4. 8.94   19. 4.60
Berger, Gabriele   24. 8.94   28. 6.54
Köhnkow, Eckart   4.10.94   21. 2.56
Rößner, Tilo   13.12.94   12. 8.59
Junge, Cathrin   23. 5.95   25.10.62
Arens, Dagmar, 1/2   11.12.95   24. 5.64
Normann-Scheerer,
  Sabine, 1/2   29. 4.97   18.12.62
Hartmann-Koch,
  Friederike   3.11.97   4. 9.63
Abels, Stefanie   20. 3.98   5. 8.65
Heinau, Ingo   22. 7.98   22. 9.65
Zimmermann, Cornelia   5. 1.99   8. 1.67
Kling, Achim   5.10.01   20. 3.68
Reifenrath, Ralf   17. 5.02   22. 1.69
Dr. Messer, Knut, 1/2   28. 2.03   11. 4.71
Dr. Fey, Tessa, 1/2   5. 3.03   14. 5.68
Dr. Berendt, Patrick,
  beurl.   26. 6.03   15.10.69
Engelmann, Marina, 1/2   30. 6.03   22. 7.72
Dr. Beyer, Tina, beurl.   30. 6.04   28. 7.72
Köhler, Sabine   23. 9.05   25. 3.72

Staatsanwaltschaften

Generalstaatsanwaltschaft Berlin
Elßholzstr. 30–33, 10781 Berlin
Tel. (0 30) 90 15-0
Fax (0 30) 90 15-27 27
E-Mail: poststelle@gsta.verwalt-berlin.de

1 GStA, 6 LOStA, 27 OStA

Generalstaatsanwalt
Rother, Ralf   1. 1.06   21. 8.51

Leitende Oberstaatsanwältinnen/
Leitende Oberstaatsanwälte
Voß-Broemme,
  Heidemarie   28.11.91   25. 5.45
Sietz, Michael   26. 4.04   1.10.45
Segelitz, Ute, abg.   18. 4.05   12.11.43

Oberstaatsanwältinnen/Oberstaatsanwälte
Krebs, Ursula, beurl.   18.12.85   5.10.42
Bäckert, Hans-Wilhelm   22.12.89   29. 5.45
Boehm, Clemens-Maria   29.10.90   1.12.46
Fröhlke, Günter   —   23. 2.47
Mehlis, Detlev   —   13. 8.49
Wedhorn, Peter-Lucas   27. 2.92   23.11.44
Eger, Norbert   15. 5.92   26. 5.50
Blombach, Michael   27.10.92   6. 6.50
Achhammer, Detlef,
  7/8, abg.   26. 8.94   16.11.49
Kuppe-Dörfer, Claudia   28. 4.95   10. 9.54
Just, Jürgen   31. 7.95   9.11.47
Harder, Uwe   28. 7.97   8.10.53
Löbsack, Lilli, beurl.   31.10.97   30.11.41
Lentz, Karin   12.11.97   14. 8.52
Schwarz, Thomas   12.11.97   7.11.57
Eggebrecht, Rüdiger   30. 1.98   4. 1.49

Staatsanwaltschaften · Kammergerichtsbezirk Berlin · **BER**

Köper, Bernhard	15. 11. 99	30. 4. 50
Funk, Andreas	15. 11. 99	23. 3. 54
Schmidt, Axel	15. 11. 99	10. 6. 61
Göllner, Eduard, beurl.	5. 5. 00	14. 6. 41
Dr. Mulzer, Ingeborg	25. 7. 02	4. 6. 46
Nielsen, Sigrid, abg.	25. 7. 02	24. 3. 60
Bath, Ulrike	25. 7. 02	29. 9. 61
Heisig, Stefan, abg.	25. 7. 02	2. 4. 62
Wittkowski, Lutz	26. 4. 04	15. 5. 57
Spletzer, Jörg	26. 4. 04	17. 3. 60
Hahne, Guntram	26. 4. 04	19. 8. 60
Thiel, Frank	—	—
Junicke, Daniel	7. 3. 06	17. 12. 59

Staatsanwaltschaft Berlin
Turmstraße 91, 10559 Berlin
10548 Berlin
Tel. (0 30) 90 14-0
Fax (0 30) 90 14-33 10
E-Mail: poststelle@sta.verwalt-berlin.de

Jugendstrafsachen
Alt-Moabit 5
10557 Berlin

1 LOStA, 1 stLOStA, 8 OStA (HAL), 43 OStA, 38 StA (GL), 222,5 StA

Leitender Oberstaatsanwalt

Dr. Behm, Andreas	7. 6. 06	—

Oberstaatsanwältinnen/Oberstaatsanwälte

Schmidt, Rüdiger, HL	27. 2. 92	8. 9. 46
Arnold, Otto, HL	18. 8. 98	20. 2. 45
Freese, Barbara, HL	2. 4. 01	6. 1. 50
Brocher, Bernhard, HL	13. 4. 04	22. 12. 54
Schweitzer, Manfred, HL	—	12. 5. 51
Priestoph, Matthias, beurl.	29. 4. 81	14. 9. 41
Finder, Ekkehard	29. 4. 81	10. 7. 42
Kienbaum, Wolfgang, beurl.	30. 12. 82	27. 8. 43
Heinke, Jürgen	25. 2. 88	23. 7. 44
Waga, Lutz	22. 12. 89	5. 4. 41
Fätkinhäuer, Hans-Jürgen, abg.	22. 12. 89	12. 10. 47
Schilling, Thomas	27. 4. 90	5. 3. 47
Großmann, Herwig	31. 7. 91	19. 6. 43
Jahntz, Bernhard	15. 5. 92	17. 11. 45
du Vignau, Hans-Joachim, beurl.	27. 8. 92	4. 1. 43
Lanzenberger, Rainer	28. 12. 92	2. 4. 48
Schulz, Detlef	28. 10. 93	8. 10. 45
Petow, Manuel	28. 10. 93	5. 8. 50
Nehlert, Thomas	24. 8. 94	15. 3. 51
Lischka, Karl-Ludwig	26. 8. 94	22. 1. 43
Meißner, Gottfried	26. 8. 94	29. 10. 43
Dalheimer, Karl-Heinz	26. 8. 94	14. 1. 44
Klatt, Hans-Ulrich	26. 8. 94	10. 10. 49
Zoller, Barbara	26. 8. 94	21. 7. 50
Dorsch, Hans-Jürgen	28. 4. 95	13. 10. 54
Zuppke, Bernhard	30. 8. 95	17. 9. 51
Ernst, Karl-Georg	16. 5. 97	24. 7. 45
Hagemann, Ulf-Hartwig	20. 5. 97	20. 2. 53
Kamstra, Sjors	20. 5. 97	14. 12. 54
Falkenberg, Regina, 3/4	30. 1. 98	21. 1. 52
Verheyen, Harald, abg.	30. 1. 98	18. 4. 52
Reusch, Roman	30. 1. 98	3. 2. 54
Liedtke, Uwe	30. 1. 98	14. 11. 54
Schroedter, Eberhard, beurl.	16. 8. 99	10. 6. 43
Dettmer, Heinz	25. 7. 02	29. 10. 55
Kirstein, Wolfgang	25. 7. 02	24. 1. 59
Stork, Michael	26. 4. 04	19. 3. 54
Heckt, Thomas	26. 4. 04	12. 7. 56
Dr. Reiff, Rüdiger	26. 4. 04	3. 8. 58
Gritscher,	—	—
Raupach, Jörg	26. 4. 04	29. 3. 62
Engert, Karin	26. 4. 04	4. 10. 63
Hausmann, Rudolf	7. 3. 06	24. 6. 61

Staatsanwältinnen/Staatsanwälte (Gruppenleiter)

Messerschmidt, Hans-Peter, beurl.	20. 9. 91	16. 7. 42
Jung, Hildegard	27. 8. 92	6. 5. 48
Fiebig, Hansjoachim	30. 8. 94	10. 4. 42
Pritzel, Christiane	30. 8. 94	30. 7. 47
Rolfsmeyer, Dieter	14. 9. 94	14. 8. 41
Velde, Wolfgang	31. 7. 95	31. 3. 47
Steinborn, Barbara	31. 7. 95	21. 10. 49
Wartenberg, Detlef	31. 7. 95	21. 9. 52
Feddern, Thorsten, 7/8	31. 7. 95	9. 10. 58
Gamrath, Götz-Peter	15. 8. 95	19. 11. 52
Barucker, Wolfgang	15. 4. 97	11. 3. 50
Gerasch, Horst	15. 4. 97	25. 1. 56
Heid, Ulrike, 7/8	15. 4. 97	10. 10. 56
Reichelt, Dietmar	17. 5. 99	8. 1. 58
Trottmann, Egon	22. 12. 99	25. 10. 53
Dr. Bath, Matthias	22. 12. 99	2. 2. 56
Knispel, Ralph	22. 12. 99	17. 9. 60
Krauth-Thielmann, Susanne	22. 12. 99	2. 7. 64
Klöpperpieper, Dirk, abg.	15. 1. 03	13. 10. 60
Christowczik, Jürgen	15. 1. 03	11. 4. 61
Junker, Vera	15. 1. 03	1. 6. 61
Sohnrey, Günter	15. 1. 03	29. 10. 61
Dr. Simgen, Dennis	15. 1. 03	6. 12. 61
Klusenwerth, Dagmar	15. 1. 03	6. 6. 62
Kühn, Ingo	15. 1. 03	31. 10. 62
Feuerberg,	—	—

Name			
Linke, Thomas, abg.	15. 1. 03	9. 9. 63
Eisenbach, Gerhard, abg.	29. 9. 05	11. 5. 58
Gaedtke, Matthias, abg.	29. 9. 05	9. 1. 62
Cloidt, Thorsten	29. 9. 05	2. 6. 62
von Hagen, Michael, abg.	29. 9. 05	31. 12. 62
Behlert, Jacqueline, abg.	29. 9. 05	26. 2. 63
Jaeger, Ingrid, abg.	29. 9. 05	6. 6. 64
Leister, Petra, abg.	29. 9. 05	17. 7. 64
Herbeth, Simone, abg.	29. 9. 05	5. 11. 64

Staatsanwältinnen/Staatsanwälte

Lehmann, Sibylle	11. 9. 73	16. 4. 42
Hampel, Dietmar	26. 4. 74	31. 7. 41
Burk, Matthias, 1/2	23. 11. 77	11. 12. 43
Wallpach-Ernst, Claudia, abg.	11. 1. 79	21. 1. 48
Melsheimer, Carmen	15. 9. 80	8. 7. 49
Koerner, Carl-Friedrich	3. 6. 81	17. 9. 48
Gerlach, Brigitte	9. 6. 81	30. 3. 52
Beuermann, Silvia	3. 1. 83	2. 6. 54
Köthe-Eberhard, Cornelia	19. 5. 83	25. 12. 51
von Niewitecki, Rolf-Bogus	22. 9. 83	25. 3. 54
Pauldrach, Ilse-Christine	15. 12. 83	23. 11. 52
Buschhoff, Sebastian	19. 12. 83	1. 8. 51
Fais, Cornelia	24. 9. 84	12. 3. 54
Masson, Dagmar	21. 12. 84	6. 9. 54
Gertych, Gabriele, 1/2	28. 3. 86	15. 3. 55
Ulbrich, Detlef	27. 3. 88	10. 8. 57
Weber, Bianca Katrin, 1/2	6. 10. 89	27. 4. 59
Schröder-Bogdanski, Bettina	28. 1. 91	16. 5. 59
Cipulis-Levitz, Ilze	3. 2. 92	7. 2. 57
Broschat, Ronald	15. 12. 92	5. 1. 62
Wiest, Christa	2. 9. 93	29. 7. 59
Day, Christina, beurl.	1. 10. 93	15. 4. 61
Krüger, Reiner	1. 10. 93	26. 10. 61
Trotzowski, Kerstin	1. 10. 93	7. 5. 63
Bauer, Georg	1. 11. 93	9. 10. 61
Köhler, Claudia, 3/4, abg.	13. 1. 94	4. 8. 61
Damm, Gerhard	8. 3. 94	13. 6. 58
Braun, Myriana	6. 4. 94	13. 3. 62
Kaymakcioglu, Hiristo	10. 5. 94	1. 7. 60
Karl, Ines	6. 6. 94	4. 8. 64
Kötschau, Annette, beurl.	9. 6. 94	31. 12. 60
Kurrek-Stemmann, Gabriela, 1/2	9. 6. 94	31. 5. 62
Borgas, Anette, beurl.	9. 6. 94	15. 2. 63
Wegmarshaus, Jens	20. 6. 94	2. 3. 61
Hoffmann, Jana	20. 6. 94	15. 6. 63
Klockgether, —	—	—
Engeholm, Karin	1. 7. 94	29. 7. 61
Gögge, Corinna	1. 7. 94	30. 1. 63
Lossen, Martin	31. 8. 94	29. 5. 62
Brundage, Birgit	26. 9. 94	26. 7. 55
Woitkowiak, Karena, 1/2	26. 9. 94	21. 1. 61
Hammerschmidt, Christine, 1/2	26. 9. 94	3. 6. 63
Hagedorn, Heike	17. 10. 94	5. 3. 61
Schoppmeier, Martina	17. 10. 94	27. 9. 61
Wrede, Wolfgang	17. 10. 94	17. 1. 62
Machel, Harald	24. 10. 94	10. 2. 59
Kroll, Johannes	24. 10. 94	2. 10. 62
Zissel, Susanne, 3/4	4. 11. 94	23. 1. 60
Lange-Lichtenheld, Brigitte	21. 11. 94	9. 12. 51
Baer-McIlvaney, Georgia	29. 11. 94	12. 9. 53
Kabowsky, Peter	6. 12. 94	30. 4. 54
Kamuf, Veronika, 3/4	6. 12. 94	16. 1. 56
Simons, Volker	6. 12. 94	10. 2. 60
Sommer, Karsten	6. 12. 94	14. 3. 62
Eichhorn, Frank-Ulrich, abg.	18. 1. 95	1. 8. 60
Schmid, Bernhard	18. 1. 95	15. 7. 60
Rostowski, Wolfgang	24. 1. 95	13. 4. 59
Wendler, Kerstin	24. 1. 95	7. 5. 64
Löbner, Sabine	31. 1. 95	6. 2. 61
Bittig, Anke	31. 1. 95	5. 12. 64
Oetting, Karsten	15. 2. 95	25. 10. 59
Artinger, Josef	15. 2. 95	30. 10. 59
Hoffmann, Elke, 1/2	15. 2. 95	21. 4. 61
Meier, Christiane	15. 2. 95	31. 10. 62
Kelpin, Björn	13. 3. 95	9. 1. 60
Fiebig, Andreas	3. 4. 95	30. 11. 58
Müller, Monika, 3/4	4. 4. 95	7. 5. 61
Wedhorn, Birgit	18. 4. 95	3. 3. 62
Ballwieser-Zacharias, Sabine, 1/2	18. 4. 95	17. 12. 62
Junge, Thomas	2. 5. 95	7. 4. 62
Baum, Ingrid, 1/2	2. 5. 95	18. 5. 63
Wetzel, Jörg	12. 5. 95	25. 7. 62
Fettweis, Eva	12. 5. 95	16. 2. 63
Jäger, Ute, 3/4	23. 5. 95	3. 7. 64
Lorke, Christian	2. 6. 95	5. 11. 62
Freund, Holger	3. 7. 95	22. 5. 62
Zimmerling, Christoph	17. 7. 95	7. 6. 57
Luxa, Thorsten	17. 7. 95	24. 6. 60
Brunnstein, Michael	1. 8. 95	3. 5. 62
Lemke, Petra	1. 8. 95	3. 11. 63
Fournes, Susanne	1. 8. 95	18. 2. 64
Hylton, Kerstin	1. 8. 95	31. 3. 64
Marth, Beate	15. 8. 95	25. 11. 65
Sodemann, Birgit, 3/4	17. 8. 95	10. 10. 62
Krüger, Joachim, 4/5	1. 9. 95	8. 10. 59
Lubbas, Roland	6. 9. 95	5. 2. 61
Hochberg, Veit	5. 10. 95	2. 8. 62
Bernauer, Martin	9. 10. 95	23. 4. 58
Martin, Vera	9. 10. 95	1. 7. 59
Sadri-Herzog, Janine	9. 10. 95	7. 2. 61
Wortmann, Sabine, 5/6	—	—
Tharra, Karin	9. 10. 95	15. 7. 62
Mosig, Ulrike	9. 10. 95	7. 8. 63

Staatsanwaltschaften — Kammergerichtsbezirk Berlin **BER**

Name	Datum 1	Datum 2
Dobes, Johanna, 1/2	9. 10. 95	23. 11. 63
Kubiessa, Bernd	9. 10. 95	15. 3. 64
Hennicke, Roland	1. 11. 95	20. 3. 63
Siepen, Brigitte	1. 11. 95	22. 5. 63
Höfele, Christine	1. 11. 95	24. 2. 65
Benrath, Anke	8. 11. 95	21. 2. 62
Albers, Reinhard	15. 11. 95	8. 8. 62
Radziejewski, Antje	20. 11. 95	5. 1. 66
Osyka, Angela	22. 11. 95	19. 7. 59
Mendrina, Hildegard	12. 12. 95	16. 6. 60
Wißmann-Koch, Elke	12. 12. 95	4. 7. 62
Gross, Bettina	12. 12. 95	8. 11. 62
Storm, Uwe	12. 12. 95	8. 5. 63
Mauch, Herbert	19. 12. 95	26. 11. 58
Gierse, Bernhard	5. 1. 96	16. 5. 61
Schulz-Spirohn, Thomas	5. 1. 96	23. 11. 63
Rüppel, Reinhard-Ulrich	1. 2. 96	11. 10. 55
Ritter, Elke, 1/2, abg.	1. 2. 96	23. 7. 60
Knop, Sylvia	—	—
Pervelz, Mechthild, 3/5	7. 3. 96	5. 11. 62
Hartmann, Marcus	25. 3. 96	28. 1. 63
Lepping, Andrea	25. 3. 96	5. 10. 63
Drax-MacEwen, Cosima, 1/2	25. 3. 96	3. 11. 63
Ludwig, Frank, 7/8	1. 4. 96	11. 4. 63
Voigt, Adrian	1. 4. 96	17. 10. 65
Herfert, Andreas	3. 4. 96	18. 8. 62
Waclaw, Christiane, 1/2	11. 4. 96	11. 1. 59
Slota, Silke, 3/5	11. 4. 96	17. 4. 65
Blankenheim, Manuela	15. 4. 96	31. 8. 59
Trepte, Uwe, 3/5	15. 4. 96	7. 9. 61
Laub, Martin	22. 4. 96	27. 12. 63
Uhlenbruck, Ruth	22. 4. 96	26. 7. 64
Becker, Silke	20. 5. 96	22. 3. 63
Mittelbach, Andreas	7. 6. 96	11. 1. 62
Eickelmann, Bettina	14. 6. 96	21. 5. 61
Friedewald, Susanne	14. 6. 96	3. 2. 62
Patt, Bettina, 3/4	20. 6. 96	7. 10. 60
Rapp, Bernd	20. 6. 96	4. 8. 61
Loos, Frank Peter	20. 6. 96	19. 9. 62
Nören, Saskia	24. 6. 96	4. 3. 63
Tombrink, Eva-Maria, 2/3	4. 9. 96	4. 9. 65
Elmdust, Bijan	5. 11. 96	30. 12. 60
Walther, Bettina, 3/4	8. 11. 96	5. 2. 61
Braun-Kolle, Maria	19. 12. 96	5. 7. 62
Lindert, Kornelia	10. 2. 97	5. 12. 61
Behrends, Jochen	10. 2. 97	8. 4. 63
Bass, Astrid, beurl.	10. 2. 97	11. 10. 64
Rebentisch, Matthias	10. 2. 97	22. 5. 65
Fels, Thomas, abg.	21. 2. 97	27. 9. 65
Nilles, Monika	14. 3. 97	9. 6. 59
Hovi, Tarvo	14. 3. 97	27. 9. 59
Hellmeister, Sylvia, 7/8	14. 3. 97	7. 3. 61
Greger, Raphael	14. 3. 97	5. 8. 64
Kinder, Ina, 3/4	14. 3. 97	6. 12. 65
Albrecht, Hans	24. 3. 97	1. 11. 50
Erfurt, Michael	24. 3. 97	2. 8. 62
Steltner, Martin, abg.	5. 5. 97	20. 4. 60
Trimpert, Stefan	5. 5. 97	12. 9. 61
Leipzig, Thomas	5. 5. 97	26. 11. 62
Hanfeld, Andrea	20. 5. 97	28. 1. 64
Zimmerling, Susanne	3. 6. 97	15. 4. 63
Ante, Thomas	3. 6. 97	28. 5. 66
Vollmer, Roland	10. 6. 97	22. 10. 61
Willer, Karin	24. 6. 97	18. 11. 66
Henjes, Brigitte, beurl.	1. 7. 97	11. 5. 65
Domuradt-Reichelt, Kirsten, beurl.	14. 7. 97	2. 2. 63
Hoffmann, Andrea	1. 9. 97	30. 4. 64
Eckert, Andreas	26. 9. 97	4. 11. 65
Raddatz, Brigitte	15. 10. 97	11. 2. 66
Krüger, Thomas	18. 12. 97	16. 11. 65
Weidling, Matthias	2. 2. 98	30. 9. 67
Heitmann, Jörn	9. 2. 98	1. 8. 62
Wuttke, Andreas	9. 2. 98	16. 2. 64
Neudeck, Thorsten	3. 3. 98	13. 6. 67
Barts, Bettina, 7/8	13. 3. 98	11. 1. 67
Sack, Marco	26. 5. 98	19. 1. 62
Hiemer, Daniela	25. 6. 98	6. 2. 67
Dr. Hawkes, David, beurl.	—	—
van Sweringen, Silke, beurl.	6. 7. 98	16. 2. 66
Anselmann, Dietmar	22. 7. 98	12. 2. 66
Eckert, Dirk	3. 8. 98	15. 5. 63
Wurm, Christoph	3. 8. 98	21. 6. 63
Schmitz-Dörner, Susanne, beurl.	3. 8. 98	22. 9. 64
Breithaupt, Claudia, 1/2	3. 8. 98	1. 6. 66
Haensch, Almuth, beurl.	3. 8. 98	19. 3. 67
Gerberding, Dirk	3. 8. 98	2. 5. 68
Behrend, Nicolas	17. 8. 98	29. 11. 64
Lamb, Martina	17. 8. 98	19. 5. 66
Gerhardt-Njaka, Patricia, 1/2	17. 8. 98	1. 7. 66
Dr. Reitmaier, Andrea	1. 9. 98	18. 4. 62
Geringswald, Anja	1. 9. 98	23. 8. 66
Benedix, Heidemarie	3. 9. 98	14. 10. 57
Henjes, Holger	16. 9. 98	15. 5. 65
Ritter-Victor, Annegret	9. 10. 98	22. 6. 66
Halling, Oliver	3. 11. 98	7. 8. 63
Glage, Martin	3. 11. 98	20. 7. 65
Gintaut-Verheyen, Annette	3. 11. 98	16. 11. 68
Mohr, Frank	18. 11. 98	16. 3. 67
Grunwald, Michael, abg.	18. 11. 98	1. 8. 68
Dr. Oelert, Uta	18. 11. 98	14. 12. 68
Steltner, Claudia, 3/4	1. 12. 98	9. 5. 64
Schmitz-Dörner, Monika	1. 12. 98	5. 7. 64
Horstmann, Dieter	1. 12. 98	25. 12. 65
Witte, Michael	5. 1. 99	13. 10. 62
Fenner, Matthias	5. 1. 99	20. 8. 65

BER Richter/StA im Richterverhältnis auf Probe

Name		
Fischbach-Obst, Jutta	5. 1.99	15. 6.67
Kreienbaum, Claudia, beurl.	15. 1.99	13. 6.66
Zissel, Thomas	15. 2.99	11. 9.58
Groß, Bernhard	16. 8.99	14. 9.62
Bocker, Uwe	15.11.99	13. 3.58
Sohni-Nickelsen, Gabriele, 1/2	15.11.99	8. 9.61
Kilb, Stefan	6. 3.00	12. 5.67
Arndt, Andreas	13. 6.00	17. 7.66
Müller-Gebert, Matthias	14. 8.00	7. 6.69
Wachs, Klaus-Michael	29. 8.00	16. 7.60
Haas, Rona	2.10.00	21. 2.67
Pützhoven, Reiner	1.11.00	13. 4.67
Herb, Alexandra	30.11.00	27. 8.67
Nolting, Tanja	30. 5.01	8. 3.69
Hild, Hartmann	3. 7.01	21. 6.67
Götz, Katrin	13. 8.01	17.10.68
Lenz, Denise, 3/5	10.10.01	30. 7.70
Becker, Kerstin, beurl.	9. 1.02	2.12.70
Faust, Katrin, 2/3	19. 2.02	27. 9.68
Eppert, Sabine	13. 5.02	11. 4.72
Dr. Mix, Bernhard, beurl.	13. 5.02	4.10.72
Dr. Nowosadtko, Volker	21.10.02	23. 1.68
Dr. Morgenstern, Henrike, beurl.	29.10.02	3. 7.68
Kunert, Kristina	10. 2.03	27.12.70
Noack, Kerstin, 1/2	12. 2.03	26. 4.73
Biesterfeld, Dietlind	4. 3.03	1. 4.68
Paschke, Martina	24.11.03	28. 6.64
Kaminski, Pamela	25.11.03	9. 1.71
Dorn, Uwe	25.11.03	18. 3.73
Jung, Katrin	19.12.03	9.12.70
Anders, Bernd	15. 6.04	12.10.55
Schenke, Andreas	15. 6.04	10. 4.74
Dr. Jordan, Adolf-Dietrich	4.10.04	17. 4.60
Kunze, Klaus, abg.	11. 2.05	20. 8.62
Spoerhase, Claudia, beurl.	7. 6.05	1. 3.74
Meiners, Christian	25. 7.05	31. 5.70
Dr. Lisec, Anja	25. 7.05	31.12.70
Dr. Bär, Fred	2. 9.05	31.10.65
Lübbert, Tobias	11.10.05	12. 9.72
Dr. Schreiber, Sebastian, 3/4	1.12.05	7. 7.62

Amtsanwaltschaft Berlin
Kirchstr. 6
10557 Berlin
Tel. (0 30) 90 14-0
Fax (0 30) 90 14-61 11
E-Mail: poststelle@aa.verwalt-berlin.de

2 OStA

Oberstaatsanwältin/Oberstaatsanwalt

Burgmüller, Heike, BehL	0. 0.06	26. 4.55
Schmidt, Heinz-Jürgen, stellv. BehL	1. 8.95	11. 5.41

Richterinnen/Richter und Staatsanwältinnen/Staatsanwälte im Richterverhältnis auf Probe

Name		
Tengler, Martina, beurl.	10. 3.92	28. 7.62
Rumpff, Antje, beurl.	19. 6.95	21. 8.64
von Bismarck, Swetlana, beurl.	9.10.95	10. 4.65
Schmidt, Astrid, beurl.	1.11.95	19. 4.68
Fischer-Appelt, Anja, beurl.	17. 5.99	23.10.66
Richter, Robert	2. 8.99	19.11.69
von Dufving, Sophie, beurl.	1.11.01	12.11.69
Wahlig, Christine, 1/2	25. 7.02	28. 2.74
Sattler, Mirjam, beurl.	25. 7.02	4. 7.74
Dr. Thom, Nina, 1/2	23. 9.02	22. 9.73
Langrehr, Julia, 1/2	1.11.02	26. 3.72
Dr. Meckies, Alexander	1. 8.03	16. 4.72
Wolf, Ursula	18. 8.03	23. 2.65
Müllensiefen, Nils	18. 8.03	11. 1.73
Freese, Ada, beurl.	18. 8.03	4. 2.75
Kirow, Katja, beurl.	18. 8.03	30. 8.75
Dr. Steinicke, Richard	1. 9.03	8. 8.69
Masuch, Alexander	1. 9.03	27. 8.71
Stuhrmann, Hendrik	1. 9.03	31. 3.73
Bremer, Karen	10. 9.03	24. 6.73
Luther, Angela	6.10.03	26.11.74
Noack, Katrin	13.10.03	4.11.75
Kleingünther, Rüdiger	3.11.03	17.10.73
Sattler, Caspar, 1/2	3.11.03	7.12.74
Kirschner, Katrin	17.11.03	9. 5.71
Weyand, Knut	17.11.03	22.12.71
Dr. Piltz, Anne	24.11.03	6. 6.71
Schnurrer-Blum, Ulrike	1.12.03	3.12.73
Lösing, Eva-Maria, beurl	19. 4.04	27.12.73
Hübner-Rymarzewicz, Oliver	3. 5.04	15. 8.73
Weidemann, Ines, beurl.	3. 5.04	16. 8.74
Büchner, Sebastian	3. 5.04	30. 9.74
Wickinger, Anne	3. 5.04	9. 1.76
Giesen, Barbara, beurl.	3. 5.04	19. 5.76
Drömer, Alina	17. 5.04	12. 3.74

Richter/StA im Richterverhältnis auf Probe — BER

Name	Datum 1	Datum 2
Sattler, Sabine	17. 5. 04	18. 5. 76
Spieker, Andrea	17. 5. 04	4. 11. 76
Dr. Drappatz, Thomas	24. 5. 04	15. 2. 74
Kammerdiener, Bettina	7. 6. 04	17. 2. 75
Dr. Schulze Ueding, Burkhard	1. 7. 04	15. 5. 71
Dimter, Gero	1. 7. 04	11. 8. 76
Diekow, Carolina	5. 7. 04	23. 5. 75
Schröder, Susanne	15. 7. 04	3. 3. 75
Lütge, Anja	2. 8. 04	13. 9. 72
Dr. Heller, Frank-Michael	2. 8. 04	31. 5. 74
Dr. Strauß, Carolin	2. 8. 04	12. 6. 75
Conrad, Tatjana	9. 8. 04	1. 9. 73
Baller, Henning	16. 8. 04	12. 4. 70
Dittmann, Corinna	1. 9. 04	2. 9. 74
Dube, Torsten	1. 9. 04	5. 9. 75
Dr. Murmann, Uwe	15. 9. 04	13. 1. 63
Dr. Friedemann, Susann, ½	27. 9. 04	13. 7. 75
Dr. Picker, Ulrike	1. 10. 04	17. 5. 71
Dr. Weber, Anja	1. 12. 04	20. 5. 74
Strobel, Jan, beurl.	1. 12. 04	3. 3. 75
Rudolph, Jens	1. 12. 04	20. 1. 76
Dr. Baer-Henney, Juliane, abg.	3. 1. 05	11. 6. 74
Oldörp, Kirstin, beurl.	15. 3. 05	24. 10. 68
Seidenadel, Anja	15. 3. 05	3. 8. 74
Behrends, Katrin	15. 3. 05	23. 12. 74
Griesheim, Kai-Uwe	15. 3. 05	29. 11. 75
Dr. Kirschke, Bettina	15. 3. 05	20. 12. 75
Weingärtner, Claudia	15. 3. 05	4. 11. 76
Stahlschmidt, Sandra	15. 3. 05	18. 2. 77
Geue, Lars	1. 4. 05	8. 3. 74
Dr. Janke, Manon	15. 4. 05	26. 4. 75
Billing, AnnKathrin	15. 4. 05	2. 12. 75
Dr. von Thenen, Gabriele	2. 5. 05	27. 1. 75
Leiterer, Janina	2. 5. 05	3. 9. 75
Dr. Unland, Daniel	2. 5. 05	19. 2. 76
Dr. Brocke, Holger	9. 5. 05	6. 12. 73
Dr. Kinzelt, Antje	1. 6. 05	22. 4. 76
Jahntz, Katharina	1. 7. 05	3. 10. 74
Dr. Burchards, Wulf	15. 7. 05	15. 2. 73
Glaab, Kerstin	18. 7. 05	11. 6. 70
Dr. Hailer, Claudia	19. 9. 05	13. 8. 74
Ritter, Tanja	19. 9. 05	18. 10. 74
Mies, Dominik	19. 9. 05	12. 2. 77
Dr. Rummler, Toralf	4. 10. 05	9. 3. 72
Dr. Wißmann, Anne	4. 10. 05	12. 4. 73
Dr. Himmer, Richard-Emmanuel	2. 1. 06	27. 1. 75
Buschbacher, Brigitte	2. 1. 06	31. 10. 76
Amkreutz, Lars	2. 1. 06	14. 12. 77
Krisch, Helga	16. 1. 06	11. 2. 73
Dr. Hammer, Stephan	1. 2. 06	2. 12. 74
Kohly, Robert	1. 2. 06	4. 4. 76
Witthauer, Vera	1. 2. 06	4. 4. 77
Dilg, Cristian	1. 2. 06	7. 12. 77
Mues, Markus	1. 3. 06	23. 8. 75
Bredemeier, Barbara	1. 3. 06	12. 1. 76
Take, Karina	1. 3. 06	16. 12. 78

Brandenburg

2 567 704 Einwohner*

Ministerium der Justiz

Heinrich-Mann-Allee 107, 14460 Potsdam
Heinrich-Mann-Allee 107, 14473 Potsdam (Fracht- und Paketverkehr)
Tel. (03 31) 8 66-0, Fax (03 31) 8 66 30 80 oder 8 66 30 81,
E-Mail Poststelle@mdj.brandenburg.de
Pressestelle: Presse@mdj.brandenburg.de

1 Min, 1 StSekr, 3 MinDgt, 19 MinR, 8 RD, 2 ORR, 5 RegAng

Ministerin
Blechinger, Beate   13. 10. 04   22. 5. 47

Staatssekretär
Reitz, Günter   —   —

Ministerialdirigentin/Ministerialdirigenten
Prof. Dr. Lemke, Michael   20. 12. 91   19. 4. 44
Greve, Gitta   1. 5. 97   27. 8. 49
Koldehoff, Manfred   1. 8. 02   1. 2. 53

Ministerialrätinnen/Ministerialräte
Dr. Freiherr von
  Falkenhausen, Alexander 1. 11. 94   16. 11. 43
Dr. Trimbach, Herbert   1. 5. 97   18. 8. 54
Jonas, Peter   1. 11. 98   16. 9. 50
Borchert, Hans Ulrich,
  beurl.   1. 12. 98   16. 8. 49
Auer, Klaus   1. 8. 00   24. 10. 43
Richardt, Bernd   1. 8. 00   24. 2. 44
Kirschniok-Schmidt, Georg 2. 11. 01   6. 4. 52
Mündelein, Robert   1. 5. 02   24. 4. 45
Leppin, Rudolf   —   —
Graf von Bernstorff,
  Cornelius   1. 4. 92   9. 3. 42
Dr. Dopslaff, Ulrich   1. 10. 98   23. 12. 43
Hellmert, Rolf   1. 2. 01   17. 11. 50
Helten, Hans-Jürgen   1. 6. 02   10. 8. 63
Küper, Klaus   1. 6. 03   9. 6. 51

Dr. Staats, Robert   1. 5. 04   9. 4. 63
Derbach-Jüpner, Marita   1. 7. 05   11. 4. 57
Dr. Teipel, Birgit   1. 7. 05   9. 9. 64
Dr. Hennig, Marianne   1. 8. 05   9. 8. 58
Dr. Leiwesmeyer,
  Christiane   1. 9. 05   2. 12. 65
Dr. Schaumburg, Michael   —   —

Referatsleiterin/Referatsleiter (RegAng)
Dr. Schmitt, Gisela   1. 5. 91   21. 11. 42
Fischer, Horst   —   —

Regierungsdirektorinnen/Regierungsdirektoren
Ballewski, Gerhard   1. 6. 96   3. 12. 43
Höber, Gesine   1. 12. 97   2. 7. 49
Biermann, Karl Bernd   1. 11. 01   16. 9. 59
Herda, Karsten   20. 11. 01   7. 10. 42
Dr. Weis, Christine   1. 5. 02   26. 1. 52
Hellmann, Günter   —   —
Hohlfeld, Eva   1. 7. 05   24. 3. 44

Referentin/Referenten (RegAng)
Freier, Michael   18. 4. 91   11. 8. 44
Dr. Schladebach, Marcus   1. 10. 02   30. 9. 72
Ewert, Simone   1. 9. 03   15. 12. 75

Oberregierungsrätinnen
Theine, Elisabeth   1. 6. 03   19. 1. 52
Heidler, Sonja   1. 8. 05   29. 4. 63

Stand: 31. 12. 2004.

BRA OLG-Bezirk Brandenburg a. d. Havel

Oberlandesgerichtsbezirk Brandenburg a.d. Havel

Bezirk Land Brandenburg

4 Landgerichte
Cottbus, Frankfurt (Oder), Neuruppin, Potsdam

Kammern für Handelssachen
Cottbus 2, Frankfurt (Oder) 2, Neuruppin 2, Potsdam 2

25 Amtsgerichte
Schöffengerichte bei allen Amtsgerichten
Familiengerichte bei allen Amtsgerichten

Landwirtschaftssachen sind den Amtsgerichten als Landwirtschaftsgerichte wie folgt zugewiesen:
a) dem Amtsgericht Guben für den Landgerichtsbezirk Cottbus,
b) dem Amtsgericht Fürstenwalde für den Landgerichtsbezirk Frankfurt (Oder),
c) dem Amtsgericht Neuruppin für den Landgerichtsbezirk Neuruppin,
d) dem Amtsgericht Königs Wusterhausen für den Landgerichtsbezirk Potsdam

Schifffahrtsgericht Amtsgericht Brandenburg a.d. Havel

Brandenburgisches Oberlandesgericht

E 2 567 704
Gertrud-Piter-Platz 11, 14770 Brandenburg a. d. Havel
14767 Brandenburg a.d. Havel
Tel. (0 33 81) 3 99-0, Fax (0 33 81) 3 99-3 50/3 60

1 Pr, 1 VPr, 13 VR, 51 R

Präsident
Prof. Dr. Farke, Wolfgang   20. 5. 05   2. 12. 45

Vizepräsident
N. N.   —   —

Vorsitzende Richterinnen/Vorsitzende Richter

Goebel, Hermann-Josef	1. 12. 93	8. 4. 46
Bunge, Bettina	1. 12. 93	18. 10. 47
Schael, Wolfgang	1. 5. 95	1. 11. 47
Pastewski, Erich	2. 5. 95	19. 10. 48
Kahl, Wolf	1. 8. 97	8. 2. 50
Seidel, Gernot	1. 8. 99	11. 12. 42
Gottwaldt, Klaus J.	1. 5. 00	25. 6. 46
Dr. König, Hartmut	1. 11. 00	23. 11. 45
Dr. Chwolik-Lanfermann, Ellen	1. 5. 02	24. 6. 54
Thaeren-Daig, Gisela	4. 3. 03	3. 3. 55
Boiczenko, Michael	1. 7. 03	27. 10. 51
Gemeinhardt, Ulf	1. 6. 05	2. 9. 44

Richterinnen/Richter

Berger, Ursula	1. 10. 94	7. 5. 53
Eberhard, Jutta	1. 10. 94	6. 4. 56
Hütter, Joachim	1. 4. 95	6. 2. 57
Kiepe, Ellen	—	—
Fischer, Hans Albrecht	1. 11. 95	24. 11. 46
Hein, Wolfram	—	—
Groß, Martin, abg.	1. 11. 95	14. 2. 59
Dr. Wendtland, Holger	1. 11. 95	10. 1. 61
Kuhlig, Volkmar	1. 11. 95	21. 4. 61
Rohrbach-Rödding, Gesine	1. 1. 96	3. 5. 60
Dr. Liceni-Kierstein, Dagny	21. 2. 96	1. 10. 52
Tombrink, Christian	1. 4. 96	2. 5. 6
Ebling, Wilhard	—	—
Langer, Michael	1. 6. 96	9. 1. 55
Seifert, Thomas	1. 6. 96	27. 1. 55
Pisal, Ramona	1. 6. 97	6. 8. 5
Surkau, Sigrid	15. 7. 97	25. 3. 5

OLG-Bezirk Brandenburg a. d. Havel **BRA**

Dr. Werr, Cornelia	1. 1.98	12. 9.50	
Pliester, Rembert	5. 1.98	28. 6.61	
Kosyra, Alexandra	1. 1.99	29. 6.53	
Jalaß, Dietmar	—	—	
Dr. Schäfer, Ingrid	1. 8.99	23. 4.60	
Dr. Schwonke, Martina	1. 8.99	13. 3.62	
Feles, Ursula	1. 5.00	24. 7.65	
Beckmann, Frank	1. 6.00	5. 5.59	
Dr. Kühl, Jörn, abg.	1. 3.01	10. 5.46	
Gutjahr, Jens	1. 3.01	16. 1.64	
Hüsgen, Günter Paul	1. 9.01	26. 2.55	
Dr. Matthiessen, Holger, abg.	1. 9.01	21. 8.64	
Hänisch, Lutz	1. 9.01	28. 7.65	
Dr. Huth, Rainer	1. 3.02	17. 8.61	
Dr. Bachnick, Uwe	1. 5.02	3. 5.63	
Grepel, Wolfram	1. 5.02	22. 7.65	
Götsche, Frank	13. 5.02	2.11.64	
Tscheslog, Frank	1. 5.03	27.10.58	
Werth, Peter	1. 7.03	2. 1.61	
Funder, Carsten	1. 7.03	18. 6.62	
Bekiş, Nevin, abg.	1. 7.03	10. 5.63	
van den Bosch, Heiko	1. 7.03	5. 8.68	
Dr. Gerschner, Günter	1. 8.03	31. 3.61	
Woerner, Heike	1. 4.04	8. 7.67	
Prof. Dr. Heghmanns, Michael (ÜProf, 2. Hauptamt)	1. 8.04	18. 9.57	
Rieger, Angelika	—	—	
Schollbach, Frank	1. 1.05	20. 7.65	
Jungermann, Susanne	1. 6.05	3. 5.61	
Deller, Matthias	1.12.05	30. 9.65	
Welten, Simon	1.12.05	28. 2.67	
Gieseke, Simra	1.12.05	10. 7.68	
Sander, Veronika, abg., 1/2	1.12.05	15.10.69	

Vorsitzende Richterin/Vorsitzende Richter

Scheschonk, Adolf	1.10.94	23.11.41
Mahn, Hans-Georg	1.10.94	25. 6.51
Schmitt, Nikolaus-Hermann	1.10.96	27.10.49
Rhein, Peter	1.10.96	21. 1.56
Bernards, Roland	1. 1.97	20. 4.54
Merker, Frank	1. 3.98	10. 5.62
Brüchert, Rudolf	1.10.99	4. 7.42
von Hasseln, Sigrun	1. 6.01	2.12.52
Dr. Fiedler, Stefan	1. 8.02	2. 7.64
Braunsdorf, Thomas	6. 4.04	1. 1.54
Engels, Johannes-Theodor	4. 1.05	30. 1.65

Richterinnen/Richter

Tirpitz, Ulrich	24. 1.94	6.10.54
Smalla, Martina	26. 9.94	25. 2.55
Doil, Eva-Maria	26. 9.94	7. 6.55
Schröter, Petra	26. 9.94	13.12.58
Kapplinghaus, Georg	26. 9.94	16. 5.60
Vogel, Gudrun	28. 6.95	15. 2.59
Satter, Jutta	24.10.95	19. 8.60
Endemann, Wolfgang	15. 2.96	9. 8.62
Rauch, Franz	10. 2.97	24. 3.50
Peplow, Kai	30. 9.97	8.12.62
Pape, Ralf	18. 6.98	3. 4.64
Hannig, Tilo	18. 6.98	18. 9.64
Meyer, Sabine	18. 6.98	16. 8.67
Eicke, Christian	20.12.99	10. 5.59
Grafschaft-Weder, Gisela, abg., 1/2	21.12.99	2. 6.67
Riebesel, Friedemann	29. 3.00	19. 7.64
Drabow, Maria	29. 3.00	28. 4.67
Dräger, Thomas	29. 3.00	30. 7.67
Liersch, Mandy	26.11.02	2. 9.71
Becker, Susanne	31. 3.03	18. 1.71
Oldenburg, Uwe	2. 3.04	24.11.72
Klonowski, Kirstin	6. 4.04	10. 4.75
Dr. Olizeg, Robert, abg.	30. 9.05	4.12.67
Brengelmann, Doreen	8.12.05	28. 2.76

Landgerichtsbezirk Cottbus

Landgericht Cottbus E 556 788
Gerichtsstr. 3-4, 03046 Cottbus
Postfach 10 02 64, 03002 Cottbus
Tel. (03 55) 63 71-0
Fax (03 55) 6 37 13 60

1 Pr, 1 VPr, 11 VR, 27 R

Präsident

Walter, Bernd	1. 4.04	23. 1.45	

Vizepräsident

Berger, Gerhard	19. 8.04	2. 5.57	

Amtsgerichte

Bad Liebenwerda E 124 041
Burgplatz 4, 04924 Bad Liebenwerda
Postfach 64, 04921 Bad Liebenwerda
Tel. (03 53 41) 6 04-0
Fax (03 53 41) 1 21 29

1 Dir, 1 stVDir, 8 R

Dr. Maas, Hans-Josef, Dir	1. 3.96	19. 6.43
N. N., stVDir	—	—
Kappert, Martina	1.12.93	17. 1.64
Blanke, Irina	1.12.93	19. 4.64
Seidel, Marion	26. 9.94	10. 3.56

BRA OLG-Bezirk Brandenburg a. d. Havel   LG-Bezirk Frankfurt (Oder)

Schaeuble, Egon	26. 9. 94	12. 6. 60
Gehre, Katja	23. 10. 95	15. 11. 65
Eulitz, Astrid, 3/4	22. 12. 98	17. 12. 65
Heider, Cornelia	8. 5. 00	12. 12. 66

Cottbus   E 217 596
Gerichtsplatz 2, 03046 Cottbus
Postfach 10 06 42, 03006 Cottbus
Tel. (03 55) 63 72-0
Fax (03 55) 6 37 22 00

1 Dir, 1 stVDir, 2 w.aufsR, 25 R

Rupieper, Wolfgang, Dir	1. 6. 93	1. 3. 47
Kellner, Margarita, stVDir	1. 1. 96	3. 6. 56
Höhr, Michael, w.aufsR, abg.	1. 7. 03	19. 3. 63
Küster, Marcel, w.aufsR	1. 1. 05	24. 8. 61
Hölscher, Eckhard	1. 12. 93	24. 4. 52
Schuppenies, Petra	1. 12. 93	27. 11. 59
Kühl, Kirsten	26. 4. 94	24. 1. 58
Rachow, Martina	26. 9. 94	4. 12. 60
Fellmann, Kerstin	26. 9. 94	1. 3. 61
Merz, Peter	26. 9. 94	1. 12. 61
Jentsch, Peter	26. 9. 94	25. 6. 63
Kunze, Hannelore	14. 11. 94	24. 8. 49
Dr. Rauch, Marion	8. 12. 94	17. 10. 54
Kurzmann, Marlies	28. 6. 95	23. 5. 52
Hansmann, Dieter	28. 6. 95	2. 5. 55
Schwerdfeger, Christa	17. 10. 95	9. 10. 61
Pirsing, Alwin	17. 10. 95	6. 12. 62
Malek, Petra	17. 10. 95	2. 7. 63
Eichberger, Ninette	27. 9. 96	27. 6. 62
Röttger, Doris	30. 12. 97	20. 10. 65
Westerberg, Klaus	13. 5. 98	27. 9. 60
Sahlmann, Kerstin, beurl.	13. 5. 98	29. 11. 66
Brinkmann-Schönfeld, Gabriele	26. 8. 99	5. 4. 64
Werner, Brigitte	—	—
Grauer, Christian	29. 4. 02	30. 7. 61
Adam, Heike	2. 3. 04	31. 8. 71
Prestien, Christiane	24. 6. 04	14. 2. 73
Heerhorst, Angela	20. 12. 04	23. 11. 72
Reiche, Daniela, abg.	2. 2. 06	30. 1. 76

Guben   E 32 218
Alte Poststr. 66, 03172 Guben
Postfach 10 01 30, 03161 Guben
Tel. (0 35 61) 4 08-0
Fax (0 35 61) 40 82 00

1 Dir, 4 R

Richter, Heidemarie, Dir	1. 10. 94	10. 12. 43
Milewski, Katrin	29. 9. 94	8. 1. 65
Kirsch, Gudrun	23. 10. 95	22. 11. 65
Horn, Donald	23. 6. 98	31. 12. 67

Lübben   E 66 903
Gerichtsstr., 2/3, 15907 Lübben
Postfach 14 09, 15902 Lübben
Tel. (0 35 46) 22 10
Fax (0 35 46) 22 12 65

1 Dir, 6 R

Lehmann, Stephan, Dir	1. 7. 03	7. 2. 66
Staudler, Holger	1. 12. 93	6. 4. 64
Stahn, Heike	26. 9. 95	11. 8. 64
Otto, Volker	6. 11. 97	16. 7. 45
Rörig, Rainer	6. 11. 97	15. 11. 60
Ehlers, Katrin	31. 3. 03	28. 4. 63

Senftenberg   E 116 030
Steindamm 8, 01968 Senftenberg
Postfach 68, 01956 Senftenberg
Tel. (0 35 73) 70 40
Fax (0 35 73) 70 43 54

1 Dir, 1 stVDir, 8 R

Müller, Marion, Dir	1. 6. 01	28. 6. 57
N. N., stVDir	—	—
Radtke, Jörg-Detlef	29. 8. 94	15. 10. 54
Bergander, Grit	14. 11. 94	9. 1. 64
Witzke, Thomas	28. 6. 95	27. 11. 61
Siebert, Marina	17. 10. 95	28. 10. 54
Winkler, Anett	17. 10. 95	8. 3. 66
Rehbein, Harald	1. 12. 95	16. 10. 61
Leufgen, Ludger	4. 4. 97	9. 8. 58
Freundlich, Martin	30. 4. 98	11. 9. 65

Landgerichtsbezirk Frankfurt (Oder)

Landgericht Frankfurt (Oder)   E 692 955
Müllroser Chaussee 55, 15236 Frankfurt (Oder)
Postfach 1 75, 15201 Frankfurt (Oder)
Tel. (03 35) 3 66-0
Fax (03 35) 36 64 43/3 66 57 29

1 Pr, 1 VPr, 14 VR, 33 R

Präsident

Ehlert, Dirk	1. 11. 05	25. 7. 52

Vizepräsident

N. N.	—	—

Vorsitzende Richterinnen / Vorsitzende Richter

Dr. Fuchs, Matthias	—	—
Peine, Hans-Dieter	8. 8. 96	22. 9. 4?
Marquardt, Eva	1. 12. 96	29. 3. 5?

LG-Bezirk Frankfurt (Oder) OLG-Bezirk Brandenburg a. d. Havel **BRA**

Pfau, Klaus	1. 7.99	4. 2.45
Sattler, Barbara	1. 7.99	16. 2.62
Steiner, Eckhard	15. 3.00	15. 4.59
Dielitz, Andreas	1.11.00	28. 6.59
Gräbert, Ulrich	1. 3.03	19. 4.52
Kreckel, Dirk	1. 7.03	5. 5.59
Rieckhof, Susanne	1. 8.03	14.10.63
Weisgerber, Jochen	1. 1.05	7.11.64
Seidel, Solveig	1. 1.05	15. 7.66
Gömann, Stefan	1. 5.05	10. 5.65
Behnert, Claudia	1. 5.05	5. 8.69

Richterinnen/Richter

Schultz, Manfred	27. 9.94	8. 7.49
Ciszewski, Jutta	13.10.95	9. 6.45
Hamm-Rieder, Evelyne	13.10.95	17.11.61
Maasch, Karin	16.10.95	9. 6.61
Kaesbach, Ulrike	11. 6.96	19.11.56
Freitag, Tanja	25. 9.96	26. 5.66
Schultz, Dieter	27. 2.97	30. 1.47
Herzberg, Mayra, abg.	27. 2.97	24.10.66
Ruddies, Siegfried	6.10.97	11.12.48
Räckers, Christiane, abg.	6.10.97	19. 8.58
Suder, Oliver, abg.	6.10.97	26. 9.62
Schedler, Diemut	7.10.97	29. 5.58
Franze, Ines	19. 6.98	6. 4.65
Scheel, Oliver	21.12.98	10. 6.64
Dr. Wolff, Peter, abg.	22.12.98	27. 4.65
Cottäus, Claudia, abg.	29.12.98	11. 2.65
Imig, Meike	9. 4.99	28. 6.66
Werner, Sabine	27.10.99	7. 5.65
Heck, Martin, abg.	11. 1.00	6. 6.66
Kyrieleis, Sophie, beurl.	2. 6.00	14. 5.69
Dr. Scheiper, Sabine	28. 2.01	17. 8.65
Dr. Krieglstein, Marco, beurl.	1. 9.01	5. 5.65
Kleingünther, Andreas, abg.	18.12.01	12. 1.68
Haensel, Stephanie, abg.	22.12.03	27. 7.67
Köhler, Jana	29. 3.05	1. 3.73
Marquardt, Christoph	7.12.05	17. 3.66
Selbig, Sabine	2. 2.06	3. 2.63
Thalemann, Christian, abg.	2. 2.06	27. 1.74
Steinberg, Anke	2. 2.06	24.11.75

Amtsgerichte

Bad Freienwalde E 50 470
Viktor-Blüthgen-Str. 9, 16259 Bad Freienwalde
Postfach 49, 16251 Bad Freienwalde
Tel. (0 33 44) 4 72-0, Fax (0 33 44) 4 72 59

1 Dir, 4 R

Seidel, Sylvio, Dir	1.12.98	25. 6.62
Barge, Uta	1.12.93	4.11.56
Dr. Melzer, Thomas, abg.	18. 5.98	5. 7.62

Leyh, Sabine	26. 6.98	14. 1.68
Kopfmüller-Knabe, Robert	28. 9.99	8. 8.59

Bernau E 105 599
Breitscheidstr. 50, 16321 Bernau
Postfach 11 29, 16321 Bernau
Tel. (0 33 38) 7 08 00
Fax (0 33 38) 7 08 01 43

1 Dir, 1 stvDir, 10 R

Hartmann, Dieter, Dir	1. 6.93	27. 3.56
Dr. von Selle, Dirk, stVDir, abg.	1. 6.05	25. 5.64
Singert, Katrin	1.12.93	14. 6.61
Mlodochowski, Klaus	8.12.94	16. 9.53
Meier, Marion	13.10.95	22.12.51
Lüdtke, Heike	16.10.95	27. 3.55
Roche, Sacha	1.11.95	28.11.59
Kroh, Rita	—	—
Müller, Andreas	13. 3.98	5. 7.61
Teitge-Wunder, Kerstin	17. 8.98	13. 3.64
Tosberg, Annette, 2/3	21.12.98	25.12.63
Schulze, Annett	31. 3.05	30.12.72

Eberswalde E 59 801
Breite Str. 62, 16225 Eberswalde
Postfach 10 04 50, 16204 Eberswalde
Tel. (0 33 34) 2 05 40
Fax (0 33 34) 20 54 22

1 Dir, 1 stvDir, 6 R

Knabenbauer, Norbert, Dir	30. 6.93	21.11.44
N. N., stVDir	—	—
Borchert, Roswitha	27. 9.94	4. 3.57
Lammek, Irina	30. 5.97	18. 2.63
Mildt, Michael	10. 7.97	29. 8.44
Stutenbäumer, Claudia	7.10.97	13. 8.53
Gross, Oliver	9.12.97	6. 8.62
Neumann, Klaus	22.12.99	17. 8.58

Eisenhüttenstadt E 62 048
Diehloer Str. 62, 15890 Eisenhüttenstadt
Postfach 71 54, 15871 Eisenhüttenstadt
Tel. (0 33 64) 40 50-0
Fax (0 33 64) 40 50 38

1 Dir, 1 stvDir, 6 R

N. N., Dir	—	—
N. N., stVDir	—	—
Böhlendorf, Jörg-Dieter	1. 1.94	7. 1.55
Petzoldt, Heidemarie	17.11.94	29. 1.52
Glaß, Tobias	17.11.94	22. 6.61
Müller, Karl-Heinz	26. 3.96	7. 7.62
Frost, Bernd	6. 6.00	25. 9.50

BRA OLG-Bezirk Brandenburg a. d. Havel   LG-Bezirk Neuruppin

Frankfurt (Oder) E 83 261
Müllroser Chaussee 55, 15236 Frankfurt (Oder)
Postfach 3 51, 15203 Frankfurt (Oder)
Tel. (03 35) 3 66-0, Fax (03 35) 3 66 57 29

1 Dir, 1 stVDir, 1 w.aufsR, 17 R

Sondermann, Ulrich, Dir	1. 3. 01	18. 10. 49
Baumunk, Brunhilde, stVDir	1. 4. 05	8. 12. 45
N. N., w.aufsR	—	—
Unger, Ilona	1. 12. 93	29. 12. 46
Meyer-Tonndorf, Karl-Otto	1. 12. 93	15. 5. 49
Stolze, Annegret	1. 12. 93	20. 6. 49
Zimmermann, Martina	1. 12. 93	26. 3. 60
Beier, Michael	1. 12. 93	12. 9. 62
Labitzke, Ilona	27. 9. 94	2. 8. 59
Weigelt, Jana	10. 11. 94	18. 10. 65
Hochkeppler, Ines	17. 11. 94	19. 7. 62
Koch, Martina	13. 10. 95	13. 4. 63
Natusch, Gabriele	1. 8. 96	13. 4. 67
Saße, Gabriele	10. 7. 97	13. 5. 63
Verhoeven, Martin	15. 7. 97	14. 8. 62
Mietzner, Katrin, 1/2, abg.	5. 5. 99	10. 4. 95
Eberlein, Christine, beurl.	28. 9. 99	18. 9. 65
Weigert, Uta	4. 7. 02	12. 3. 66

Fürstenwalde E 129 953
Eisenbahnstr. 8, 15517 Fürstenwalde
Postfach 36, 15501 Fürstenwalde
Tel. (0 33 61) 50 96, Fax (0 33 61) 50 98 30

1 Dir, 1 stVDir, 1 w.aufsR, 12 R

Helling, Wolfgang, Dir	30. 6. 93	6. 12. 48
Stavorinus, Sabine, stVDir	1. 10. 96	10. 9. 63
N. N., w.aufsR	—	—
Krug, Reinhard	1. 12. 93	2. 5. 51
Eckardt, Holger	27. 9. 94	22. 11. 60
Kapteina, Wolfgang	27. 9. 94	13. 4. 61
Radloff, Richard	30. 6. 95	18. 10. 53
Haenicke, Klaus	1. 12. 95	2. 7. 56
Gernhard, Ralf-Udo	4. 4. 97	22. 12. 57
Schwalbe, Sylke	25. 8. 98	26. 1. 66
Schlenker, Peter	21. 12. 98	30. 12. 64
Brüser, Meinolf	—	—
Schumann, Arite	4. 8. 99	11. 7. 65
Reiner, Elke	—	—
Dr. Körner, Peter, abg.	25. 11. 02	29. 6. 69
Dr. Fritsch, Markus, abg.	8. 4. 05	19. 11. 69

Schwedt (Oder) E 67 720
Paul-Meyer-Str. 8, 16303 Schwedt (Oder)
Postfach 26, 16284 Schwedt (Oder)
Tel. (0 33 32) 53 90, Fax (0 33 32) 53 91 53

1 Dir, 5 R

Gläser, Monika, Dir	30. 6. 93	30. 9. 51
Müller, Heidrun	10. 11. 94	24. 3. 64
Barz, Kerstin	13. 10. 95	24. 9. 65
Dr. Wilke, Jan	29. 9. 99	29. 5. 64

Strausberg E 123 642
Klosterstr. 13, 15344 Strausberg
15331 Strausberg
Tel. (0 33 41) 33 12-0, Fax (0 33 41) 3 31 21 90

1 Dir, 1 stVDir, 11 R

Schuberth, Frank, Dir	1. 10. 05	17. 1. 67
Tiffert, Dietmar, stVDir	1. 8. 02	1. 5. 53
Witte, Undine	27. 9. 94	20. 7. 58
Kube, Bettina	30. 6. 95	29. 11. 60
Spieß, Karen	13. 10. 95	24. 1. 65
Vorpahl, Jörg	22. 12. 95	7. 12. 45
Reuter, Rüdiger	10. 11. 97	30. 9. 63
Malter, Helmut	13. 8. 98	14. 12. 64
Kluth, Frank	28. 9. 99	7. 2. 65
Bürgel, Gabriele, 1/2	11. 8. 00	14. 2. 67
Seider, Karsten	18. 9. 02	6. 5. 64
Cramer, Susanne, abg.	11. 4. 05	27. 3. 69

Landgerichtsbezirk Neuruppin

Landgericht Neuruppin E 470 969
Feldmannstr. 1, 16816 Neuruppin
Postfach 14 63, 16803 Neuruppin
Tel. (0 33 91) 5 15-0, Fax (0 33 91) 51 52 44/51 54 44

1 Pr, 1 VPr, 8 VR, 20 R

Präsident

Simons, Egbert	1. 4. 04	3. 6. 5

Vizepräsident

Krah, Helmut	1. 3. 03	20. 6. 5

Vorsitzende Richterin/Vorsitzender Richter

Dr. Lütticke, Klaus-Eberhard	1. 7. 95	30. 12. 4
Rempe, Franz Konrad	1. 8. 96	20. 3. 4
Schmidt, Lambert	1. 1. 98	28. 8. 5
Wegner, Gert	1. 11. 99	6. 5. 5
Stark, Frank	10. 11. 99	10. 6. 6
Lechtermann, Udo	1. 11. 02	19. 9. 5
Becher, Ria	1. 8. 03	7. 12. 5
Weitershaus, Martin	1. 5. 05	12. 10. 5

Richterinnen/Richter

Gutfrucht, Martin	13. 9. 94	13. 1. 6
Böhme, Matthias	22. 11. 95	19. 5. 6

LG-Bezirk Neuruppin   OLG-Bezirk Brandenburg a. d. Havel   **BRA**

Fiedler, Frank, abg.	6. 12. 96	5. 9. 63
Scharf, Gunter	2. 10. 97	26. 5. 57
Schmidt, Christian Gunter	7. 11. 97	17. 2. 64
Röstel, Claudia	4. 5. 98	22. 1. 63
le Claire, Iris	6. 5. 98	6. 1. 65
Fischer, Daniela, beurl.	1. 2. 99	8. 2. 64
Pulfrich, Michael, abg.	31. 3. 99	31. 12. 63
Leeuwestein, Martina, 1/2	31. 3. 99	23. 12. 65
Jüttner, Frank	4. 10. 99	4. 10. 66
Marks, Sandra	1. 6. 01	23. 8. 69
Zwick, Ulrich	1. 8. 01	12. 5. 68
Kraatz, Remo	2. 4. 02	13. 5. 71
Kalbow, Jörn	9. 7. 02	15. 3. 71
le Claire, Ulrich	27. 3. 03	14. 4. 71
Weigel, Grit	17. 12. 04	3. 1. 73
Eßer, Jan	17. 12. 04	13. 5. 73
Dr. Jahnke, Kim	20. 12. 04	6. 6. 69
Lütgens, Lars	22. 12. 05	10. 5. 71

Amtsgerichte

Neuruppin E 108 893
Karl-Marx-Str. 18 a, 16816 Neuruppin
Postfach 13 52, 16802 Neuruppin
Tel. (0 33 91) 39 5-0
Fax (0 33 91) 28 32

1 Dir, 1 stVDir, 1w.aufsR, 12 R

Rose, Andreas, Dir	1. 8. 99	5. 12. 50
Pries, Gerhard, stVDir	1. 1. 01	23. 5. 51
N. N., w.aufsR	—	—
Kröske, Kerstin	1. 12. 93	31. 1. 58
Burghardt, Veit-Florian	21. 12. 94	29. 10. 59
Kuhnert, Lars	21. 12. 94	23. 11. 63
Szelies, Elmar	27. 11. 95	30. 5. 54
Rambow, Heidemarie	3. 6. 96	30. 11. 53
Hein, Claudia	2. 10. 97	15. 5. 63
Schippers, Roger	6. 10. 97	22. 4. 61
Meier-Ewert, Henriette, abg.	13. 1. 00	1. 11. 64
Potthoff, Kersten	14. 1. 00	19. 5. 64
Weiß, Mirjam-Luise	17. 8. 00	20. 3. 65
Figura, Holger	24. 8. 01	1. 11. 65
Neumann, Anke	8. 7. 02	8. 11. 70
Meyer, Frank	11. 9. 03	14. 5. 72

Oranienburg E 153 750
Berliner Str. 38, 16515 Oranienburg
Tel. (0 33 01) 81 63 00
Fax (0 33 01) 33 23

Dir, 1 stVDir, 1 w.aufsR, 13 R

Stachwitz, Sabine, Dir	1. 12. 93	1. 11. 43
Adamus, Olaf, stVDir	18. 12. 01	31. 8. 61
N. N., w.aufsR	—	—
Arbandt, Katrin	6. 2. 90	3. 1. 60
Hoffmann, Helga	1. 12. 93	10. 7. 45
Speidel-Mierke, Barbara	1. 12. 93	13. 9. 54
Altmann, Lutz	1. 12. 93	17. 12. 58
Passerini, Thomas	3. 3. 95	4. 2. 59
Harder, Manuela	6. 3. 95	8. 10. 57
Steiner, Andreas	6. 3. 95	30. 11. 58
Heide, Nicole	14. 11. 95	4. 4. 63
Werth, Petra	24. 11. 95	29. 9. 58
Stavemann, Johannes	24. 11. 95	26. 8. 61
Weiß, Christine	3. 4. 00	5. 11. 66
Czyske, Silke	15. 10. 01	25. 9. 69

Eine weitere Stelle für Richter am Amtsgericht ist besetzt. Name und Personaldaten des Stelleninhabers sind nicht übermittelt worden.

Perleberg E 89 792
Lindenstr. 12, 19348 Perleberg
Postfach 47, 19341 Perleberg
Tel. (0 38 76) 71 70
Fax (0 38 76) 61 45 29

1 Dir, 1 stVDir, 6 R

Mracsek, Stephan, Dir	1. 7. 03	28. 4. 64
Behnke, Wolfgang, stVDir	1. 5. 03	7. 11. 43
Werner, Uwe	1. 12. 93	14. 9. 61
Neumann, Heike	21. 12. 94	27. 7. 57
Nastke, Hardy	21. 12. 94	18. 6. 63
Steinke, Ingelore	4. 1. 95	30. 10. 55
Köster, Heinz Günter	18. 10. 95	7. 5. 58

Prenzlau E 73 734
Baustr. 37, 17291 Prenzlau
Tel. (0 39 84) 8 61-0
Fax (0 39 84) 86 13 00/86 14 00

1 Dir, 4 R

Esche, Hans-Joachim, Dir	1. 7. 96	10. 4. 47
Schindler-Rose, Anke	1. 12. 93	26. 2. 63
Zech, Olaf	27. 6. 95	16. 9. 62
Thielsen, Marita	7. 11. 97	1. 4. 64

Zehdenick E 40 192
Friedrich-Ebert-Platz 9, 16792 Zehdenick
Postfach 11 27, 16786 Zehdenick
Tel. (0 33 07) 4 66 70
Fax (0 33 07) 22 20

1 Dir, 2 R

Wolfs, Johannes, Dir	1. 7. 96	14. 12. 57
May, Simona	1. 12. 93	5. 9. 63
Wernicke, Lothar	11. 7. 97	20. 4. 64

BRA OLG-Bezirk Brandenburg a. d. Havel — LG-Bezirk Potsdam

Landgerichtsbezirk Potsdam

Landgericht Potsdam E 846 992
Friedrich-Ebert-Str. 32, 14469 Potsdam
Postfach 60 03 53, 14403 Potsdam
Tel. (03 31) 28 86-0
Fax (03 31) 29 39 96/2 88 61 97

1 Pr, 1 VPr, 19 VR, 46 R

Präsident

Gaude, Christian	1. 10. 03	7. 2. 47

Vizepräsident

Clavée, Klaus-Christoph	1. 4. 06	7. 12. 58

Vorsitzende Richterinnen/Vorsitzende Richter

Eibisch, Angelika	1. 10. 94	31. 12. 51
Hertel, Gabriele	1. 4. 95	13. 10. 44
Pohl, Werner	4. 6. 96	29. 3. 54
Seier, Renate	1. 11. 96	24. 8. 58
Christ, Wolfgang	1. 6. 97	10. 6. 49
Kühn, Lothar	1. 12. 99	4. 4. 51
Schwesig, Sabine	28. 2. 01	15. 4. 55
Tiemann, Heinz-Jörg	1. 3. 01	2. 11. 58
Dr. Tiemann, Frank	1. 6. 01	31. 3. 62
Horstkötter, Theodor	1. 9. 01	17. 9. 61
Baron von der Osten-Sacken, Johannes	1. 8. 02	5. 10. 60
Grote-Bittner, Kathrin	1. 8. 02	7. 9. 61
Thies, Michael	1. 8. 02	24. 6. 62
Dr. Phieler-Morbach, Ulrike	1. 3. 03	10. 3. 55
Nögel, Stefan	1. 3. 03	23. 9. 62
Raeck, Steffen	1. 11. 03	28. 7. 65
Gerlach, Axel	1. 8. 04	9. 1. 63

Richterinnen/Richter

Niedner, Ulrike, ½	4. 11. 77	17. 5. 46
Richardt, Gudrun	13. 3. 78	23. 8. 43
Wulff, Elvira	1. 12. 93	29. 1. 51
Stahnke, Jürgen	1. 12. 93	4. 7. 59
Rohr-Schwintowski, Rita	30. 3. 94	13. 3. 54
Richter, Hans-Ulrich Kurt	30. 3. 94	1. 5. 61
Lorenz, Dirk, abg.	9. 11. 94	10. 6. 60
Naumann, Marianne	30. 11. 94	29. 12. 52
Zimmermann, Michael Gero	1. 12. 94	25. 9. 48
Gawlas, Ortrun, ½	1. 12. 94	10. 1. 61
Meybohm, Anita	1. 11. 95	28. 11. 61
Weber, Bert Joachim	21. 11. 95	10. 4. 57
Richter, Lutz-Ingo, abg.	21. 11. 95	2. 1. 62
Jobst, Susanne, ¾	21. 11. 95	20. 1. 62
Weber, Thea Regina	22. 11. 95	26. 1. 62
Soltani Schirazi-Teschner, Roxana	22. 11. 95	24. 8. 62
Lechermeier, Jutta, beurl	22. 11. 96	28. 10. 64
Hückel, Marianne, abg.	28. 11. 96	20. 2. 62
Michalski, Cornelia	8. 7. 97	17. 3. 60
Schlegel, Birgit, ¾	8. 7. 97	21. 2. 62
Odenbreit, Christian	8. 7. 97	28. 5. 65
Jacobsen, Kristina	9. 7. 97	23. 5. 62
Severin, Ulrike, ¾	10. 7. 97	3. 4. 64
Dießelhorst, Sabine, ½	22. 7. 99	28. 8. 61
Franz, Heike	29. 10. 99	20. 12. 68
Elvert, Heike, beurl.	9. 6. 00	12. 10. 64
Feldmann, Klaus W.	9. 6. 00	25. 5. 66
Schumacher, Olaf, abg.	9. 6. 00	28. 7. 66
Junge-Horne, Ilona, ½	10. 8. 00	9. 12. 59
Nowitzki, René	31. 5. 01	5. 4. 71
Brune, Katja	9. 8. 01	16. 3. 67
Glocker, Sabine, ½	16. 8. 01	18. 5. 59
Kretschmann, Andrea, ½	20. 12. 01	10. 3. 64
Meier, Volker	21. 12. 01	9. 12. 66
Flinder, Christina, ½	26. 2. 02	9. 6. 69
Boecker, Jan, abg.	19. 6. 02	28. 10. 69
Schulz, Christel, ½	27. 6. 02	4. 2. 64
Fischer-Dankworth, Katrin, ½	6. 9. 02	30. 1. 69
Morath, Renate, ½	18. 9. 02	10. 4. 66
Horne, Peter Bernhard, abg.	5. 2. 03	9. 11. 68
Jost, Kim Matthias	30. 5. 03	3. 11. 70
Königsmann, Anja, abg.	30. 5. 03	17. 9. 71
Wermelskirchen, Bodo	30. 5. 03	27. 10. 71
Hesse-Lang, Christiane, ½	8. 1. 04	28. 4. 63
Mahlstedt, Pia	22. 6. 04	7. 3. 74
Behnert, Alexandra, abg.	15. 12. 04	8. 9. 72
Schulz, Ralf-Dietrich	16. 12. 04	31. 12. 61
Kadegis, Jana, ½, abg.	16. 12. 04	18. 4. 65
Brinkhoff, Kerstin, ½	19. 12. 05	3. 12. 71
Wiriadidjaja, Jasmin	19. 12. 05	20. 4. 74
Reiter, Kathrin	28. 12. 05	29. 3. 74

Amtsgerichte

Brandenburg a. d. Havel E 149 964
Magdeburger Str. 47, 14770 Brandenburg a. d. Havel
Postfach 11 37, 14731 Brandenburg a. d. Havel
Tel. (0 33 81) 39 85 00, Fax (0 33 81) 39 85 55

1 Dir, 1 stVDir, 1 w.aufsR, 15 R

van Lessen, Adelheid, Dir, ¾	1. 1. 06	2. 9. 5.
N. N., stVDir	—	—
N. N., w.aufsR		
Wendt, Ingeburg	1. 12. 93	8. 5. 4
Pelzer, Ingrid	1. 12. 93	20. 10. 5

LG-Bezirk Potsdam   OLG-Bezirk Brandenburg a. d. Havel   **BRA**

Eichmann-Hoormann, Karin	1. 12. 93	30. 7. 59
Sanftleben, Jörn	1. 1. 94	13. 7. 42
Becker, Lore	1. 1. 94	25. 8. 44
Klaes, Martina	7. 11. 94	20. 7. 59
Moch-Titze, Frank	7. 11. 94	1. 3. 62
Bönig, Torsten	23. 10. 95	25. 7. 63
Ahle, Reinhilde, ³/₄, abg.	23. 10. 95	5. 1. 65
Weller, Ralf, abg.	11. 2. 99	23. 3. 65
Schack, Christian	29. 10. 99	9. 7. 64
Dr. Leiwesmeyer, Heinrich, abg.	10. 8. 00	1. 3. 65
du Vinage, Caroline	11. 8. 00	2. 1. 65
von Bülow, Hans, abg.	11. 8. 00	15. 2. 66
Jung, Andreas	1. 3. 01	20. 7. 61
Dr. Strauß, Michael	27. 5. 03	11. 1. 72
Meyer, Ellen	27. 5. 05	24. 5. 60

Königs Wusterhausen   E 108 336
Schloßplatz 4, 15711 Königs Wusterhausen
Postfach 47, 15701 Königs Wusterhausen
Tel. (0 33 75) 27 10
Fax (0 33 75) 29 37 81

1 Dir, 1 stVDir, 11 R

Pauckstadt, Hans-Joachim, Dir	1. 6. 97	22. 7. 43
N. N., stVDir		
Raßmann, Monika	1. 12. 93	17. 1. 55
Haase, Marion	1. 12. 93	15. 4. 55
Städtke, Ulrike	12. 12. 94	2. 3. 61
Griehl, Heidrun	19. 10. 95	26. 7. 57
Zipperling, Fred	21. 11. 95	11. 7. 59
Dr. Schleicher, Verena	26. 11. 96	8. 11. 59
Dr. Tóth, Ferenc-Stephan	21. 12. 01	11. 12. 62
Floderer, Sigrid, abg.	21. 12. 01	17. 1. 68
Tournay, Silke, abg.	28. 6. 02	10. 12. 66
Holzammer, Angela	4. 6. 03	16. 5. 70
Dr. Buck, Hendrik	16. 12. 04	9. 4. 68
Mindak, Jens	19. 12. 05	8. 1. 72

Luckenwalde   E 69 170
Lindenallee 16, 14943 Luckenwalde
Postfach 1 06, 14933 Luckenwalde
Tel. (0 33 71) 6 01-0, Fax (0 33 71) 60 11 03

Dir, 6 R

N. N., Dir	—	—
Jellich, Renate, abg.	1. 12. 95	8. 6. 62
Neumann, Michael, abg.	22. 11. 96	16. 10. 62
Richter, Gerlinde, ³/₄	—	—
Heinrichs, Stephan, abg.	1. 7. 99	21. 3. 64
Fahldiek, Thomas	11. 8. 00	27. 2. 66

Nauen   E 101 283
Paul-Jerchel-Str. 9, 14641 Nauen
Postfach 2 64, 14632 Nauen
Tel. (0 33 21) 44 52-0
Fax (0 33 21) 45 53 47/4 45 23 12

1 Dir, 1 stVDir, 8 R

Dr. Neumann, Dieter, Dir	1. 6. 97	7. 4. 53
Neumaier, Roswitha, stVDir, abg.	1. 10. 05	1. 9. 58
Paßmann, Martin	7. 11. 94	20. 1. 60
Nagel, Brigitte	24. 3. 95	16. 1. 56
Kaab, Torsten	24. 3. 95	1. 11. 63
Bremer-Fiedler, Sabine	28. 3. 95	14. 3. 57
Passerini, Ramona	9. 5. 00	1. 2. 61
Odenbreit, Claudia, ¹/₂	2. 6. 03	19. 12. 71
Bartsch, Eike	19. 12. 05	11. 5. 75

Potsdam   E 264 772
Hegelallee 8, 14467 Potsdam
Postfach 60 09 51, 14409 Potsdam
Tel. (03 31) 28 75-0
Fax (03 31) 29 27 48

1 Pr, 1 VPr, 5 w.aufsR, 39 R

Präsidentin

Dreusicke, Christiane	1. 11. 02	5. 3. 47

Vizepräsident

Dr. Schnaubelt, Michael, w.aufsR	15. 12. 96	29. 3. 54
Schulte-Homann, Elke, w.aufsR	1. 5. 05	16. 11. 59
Kramm, Oliver, w.aufsR	1. 5. 05	24. 7. 63

Richterinnen/Richter

Heep, Waltraud	28. 1. 86	6. 5. 49
Potenberg, Bernd	1. 12. 93	27. 1. 44
Groß, Andreas	1. 12. 93	28. 9. 54
Neumann, Beate	1. 12. 93	4. 9. 59
Rühl, Christine	1. 1. 94	8. 7. 59
Cablitz, Hans-Dieter	14. 4. 94	23. 6. 64
Kuhnen, Stephan	21. 5. 94	1. 4. 55
Aßmann, Uta	27. 5. 94	25. 12. 56
Kärsten, Renate	30. 5. 94	9. 6. 48
Thierfeldt, Bettina, ¹/₂	14. 11. 94	24. 8. 59
Peters, Wolfgang	1. 12. 94	24. 9. 54
Berndt, Stefanie	1. 12. 94	—
Leetz, Bettina	1. 12. 94	27. 12. 58
Schulz, Wulfhard	1. 12. 94	28. 5. 59
Kopp, Gabriele	1. 12. 94	21. 6. 59
Seffer, Jens Roger	1. 12. 94	13. 4. 61

BRA OLG-Bezirk Brandenburg a. d. Havel Staatsanwaltschaften

Dr. Graeber, Thorsten	1. 12. 94	7. 8. 62
Devriel, Kerstin	1. 12. 94	4. 9. 63
Schilling, Andrea	23. 10. 95	17. 5. 60
Grützmann, Doris	17. 11. 95	15. 2. 58
Franke, Rita	21. 11. 95	15. 6. 57
Neumann, Yvette	22. 11. 95	23. 12. 64
Prestien, Hans-Christian	22. 11. 96	22. 6. 44
Lange, Thomas, 1/2	3. 6. 97	24. 9. 52
Ingendaay-Herrmann, Astrid, 3/4	3. 6. 97	14. 10. 58
Rammoser-Bode, Constanze, 1/2	8. 7. 97	12. 4. 62
Sloksnat, Hartmut	13. 10. 97	9. 10. 57
Eckhardt, Francois-Atair	29. 9. 98	18. 9. 58
Künzler, Ariane	1. 10. 98	26. 7. 62
Pflügner, Knut	19. 5. 99	19. 10. 54
Sonnenberg, Kerstin	11. 1. 00	22. 8. 67
Firnhaber, Henriette	15. 3. 00	28. 8. 69
Hering, Sven	11. 8. 00	22. 4. 66
Janik, Judith	10. 8. 00	6. 3. 69
Dr. Filter, Ute	18. 12. 01	10. 1. 55
Dr. von Bülow, Birgit, 3/4	26. 4. 02	1. 2. 66
Dr. Sternberg, Nils	7. 2. 03	18. 9. 63
Lange, Anette, 1/2	19. 12. 03	13. 8. 66
Holk, Monika, 3/4	29. 3. 05	20. 11. 68
Petz, Jochen, abg.	30. 8. 05	7. 8. 73

Rathenow   E 52 761
Bahnhofstr. 19, 14712 Rathenow
Postfach 13 64, 14703 Rathenow
Tel. (0 33 85) 5 80-0, Fax (0 33 85) 58 01 80/58 04 00

1 Dir, 5 R

N. N., Dir	—	—
Lanowski, Peter	19. 10. 95	17. 6. 60
Teckemeyer, Axel	28. 2. 97	4. 7. 59
Fährmann, Gabriele	20. 10. 97	3. 1. 52
Werner, Uta, abg., 1/2	16. 7. 03	2. 7. 73
Ligier, Robert	17. 12. 04	6. 10. 71

Zossen   E 90 509
Gerichtsstr. 10, 15806 Zossen
Tel. (0 33 77) 3 07-0, Fax (0 33 77) 30 71 00

1 Dir, 1 stVDir, 6 R

Friedrichs, Michael, Dir	1. 11. 05	9. 4. 58
N. N., stVDir	—	—
Rosewick, Dieter	1. 12. 93	5. 11. 59
Neuhaus, Renate, 1/2	1. 10. 96	18. 1. 57
Ahlborn, Frank	5. 12. 96	3. 6. 59
Götsche, Susanne	9. 3. 98	29. 11. 64
Böhme, Ingo	16. 12. 98	4. 1. 64
Hüls, Margarete	16. 12. 98	4. 1. 64
Worpitz, Iris	19. 12. 05	13. 9. 70

Staatsanwaltschaften

**Generalstaatsanwaltschaft
des Landes Brandenburg**

Kirchhofstr. 1-2, 14776 Brandenburg a. d. Havel
Tel. (0 33 81) 2 95-2 00
Fax (0 33 81) 2 95-2 09 und 2 95-2 10

1 GStA, 2 LOStA, 14 OStA

Generalstaatsanwalt

Dr. Rautenberg, Erardo Cristoforo	1. 3. 96	10. 3. 53

*Leitende Oberstaatsanwältin/
Leitender Oberstaatsanwalt*

Hoffmann, Susanne, stVGStA	1. 11. 05	2. 2. 60
Dr. Grünebaum, Rolf	28. 12. 92	22. 9. 45

Oberstaatsanwältinnen/Oberstaatsanwälte

Zeidler, Annette	1. 1. 97	1. 3. 54
Sülldorf, Jürgen	1. 1. 97	17. 2. 58
Jähnert-Piallat, Klaus	1. 8. 00	25. 4. 53
Lange, Helmut	1. 8. 00	4. 10. 55
Spicker, Martina, 4/5	1. 8. 00	10. 12. 60
Larres, Eugen	1. 8. 00	11. 8. 62
Müller-Lintzen, Iris	1. 11. 01	9. 2. 64
Grabe, Helmut	31. 1. 02	24. 5. 55
Feles, Harald, abg.	31. 1. 02	2. 11. 63
Lehmann, Wilfried, abg.	1. 10. 02	20. 5. 61
Welfens, Benedikt, abg.	—	—
Kurz, Rolf-Uwe	1. 12. 04	5. 9. 61
Stohr, Bianca	1. 12. 04	29. 5. 66

Staatsanwaltschaft Cottbus
Karl-Liebknecht-Str. 33, 03046 Cottbus
Postfach 10 12 43, 03012 Cottbus
Tel. (03 55) 3 61-0
Fax (03 55) 3 61-2 50

1 LOStA, 1 stVLOStA, 6 OStA, 45 StA

Leitender Oberstaatsanwalt

Robineck, Wilfried	19. 8. 92	9. 11. 4

Staatsanwaltschaften   OLG-Bezirk Brandenburg a. d. Havel   **BRA**

Oberstaatsanwältinnen/Oberstaatsanwälte
Hertwig, Petra, stVLOStA	1. 3. 01	18. 2. 56
Otto, Christoph	19. 4. 93	29. 7. 41
Bunse, Ingrid	1. 3. 94	18. 5. 48
Bantleon, Gernot	1. 5. 02	1. 10. 64
Pfingsten, Hans-Josef	1. 6. 03	27. 5. 57
Cramer-Krahforst, Cäcilia	1. 12. 04	22. 10. 57
Schell, Thomas	1. 12. 04	10. 9. 63

Staatsanwältinnen/Staatsanwälte
Lisch, Klaus	24. 2. 94	31. 10. 42
Schultz, Dieter	24. 2. 94	16. 11. 53
Guttke, Brigitte	28. 2. 94	23. 11. 51
Marx, Andreas	1. 8. 94	13. 6. 61
Hecht, Volkmar	1. 8. 94	11. 10. 63
Bergmann, Aldo	2. 8. 94	2. 7. 61
Richter, Elke-Birgit	24. 8. 94	13. 2. 43
Noack, Regina	2. 12. 94	27. 6. 53
Helbig, Hans-Joachim	2. 12. 94	13. 7. 53
Löbel, Sabine	2. 12. 94	22. 9. 63
Lindner, Tosca	6. 12. 94	18. 10. 61
Mache, Martin	24. 5. 95	24. 4. 60
Grothaus, Thomas	29. 5. 95	24. 1. 62
Walbrecht, Michaela	12. 7. 95	30. 7. 61
Meßer, Hans-Jürgen	12. 7. 95	1. 5. 62
Schöne, Petra	13. 7. 95	9. 10. 54
Klein, Elvira	14. 7. 95	10. 4. 57
Eberhart, Martina	18. 7. 95	30. 6. 55
Jurtz, Olaf	18. 7. 95	20. 12. 60
Fredebold, Iris	18. 7. 95	24. 9. 62
Rößger, Marion	24. 7. 95	15. 4. 58
Röttger, Dieter	23. 11. 95	9. 11. 60
Malek, Siad	23. 11. 95	21. 5. 62
Richter, Raimund	4. 1. 96	24. 2. 59
Richter, Andreas	29. 2. 96	25. 6. 57
Pinder, Tobias	29. 2. 96	4. 8. 62
Hoffmann, Sybille	5. 8. 96	27. 5. 54
Nothbaum, Horst	1. 7. 97	11. 1. 62
Lehmann, Rainer	16. 9. 97	1. 1. 57
Lünnemann, Heike	16. 9. 97	22. 2. 64
Lünnemann, Eike	16. 9. 97	10. 7. 64
Füting, Loni-Regina	17. 9. 97	29. 10. 64
Hommes, Detlef	19. 9. 97	24. 2. 57
Schöning, Frank	22. 9. 97	25. 1. 65
Meyer, Jens	5. 2. 98	3. 1. 64
Mehren, Dirk	1. 11. 99	15. 3. 64
Richter, Markus	9. 5. 05	2. 2. 66

Staatsanwaltschaft Frankfurt (Oder)
Logenstr. 8, 15230 Frankfurt (Oder)
Postfach 13 52, 15203 Frankfurt (Oder)
Tel. (03 35) 55 48-0
Fax (03 35) 55 48-8 00

Zweigstelle in Eberswalde
Berger Str. 9-10, 16255 Eberswalde
Postfach 10 06 45, 16206 Eberswalde
Tel. (0 33 34) 2 04-0
Fax (0 33 34) 2 04-1 00

1 LOStA, 1 stVLOStA, 10 OStA, 67 StA + 3 LSt

Leitender Oberstaatsanwalt
Weber, Carlo	1. 2. 01	16. 5. 51

Oberstaatsanwältinnen/Oberstaatsanwälte
Langen, Kerstin, stVLOStA	1. 3. 04	25. 3. 62
Linsler, Martin	1. 5. 93	8. 8. 42
Oeser, Hartmut	26. 5. 93	22. 7. 43
Müller, Astrid	1. 1. 97	26. 8. 51
Burkhardt, Rosemarie	1. 6. 97	10. 10. 45
Roscheck, Michael	1. 10. 02	24. 5. 59
Meyer, Thomas	1. 6. 03	21. 6. 62
Pfeiler, Harald	1. 4. 04	22. 2. 56
Marx, Petra	1. 12. 04	22. 3. 62
Scherding, Ulrich	1. 12. 04	1. 10. 62

Staatsanwältinnen/Staatsanwälte
Münchow, Roswitha	16. 2. 94	15. 4. 53
Tegge, Jörg	21. 4. 94	4. 1. 64
Berthold, Manfred	27. 4. 94	18. 2. 42
Jungmayr, Jochen	27. 4. 94	6. 2. 44
Schreiber, Uwe	27. 4. 94	11. 5. 49
Bock, Ilona, 3/4	27. 4. 94	24. 8. 57
Fischer, Isolde	27. 4. 94	20. 10. 60
Busch, Martina	27. 4. 94	28. 12. 62
Geßner, Bert	29. 4. 94	1. 6. 64
Giebel, Veronika	31. 5. 94	6. 2. 54
Roscheck, Sabine	31. 5. 94	10. 10. 58
Link, Volker	31. 8. 94	23. 1. 43
Parzyjegla, Peter	31. 8. 94	3. 3. 50
Schulze, Roswitha	31. 8. 94	15. 9. 52
Bargenda, Anette	31. 8. 94	15. 12. 53
Kanig, Birgit	31. 8. 94	6. 12. 54
Freund, Jörg-Peter	31. 8. 94	3. 6. 60
Dr. Kruse, Harald, abg. (LSt)	31. 8. 94	5. 6. 62
Höschel, Gabriele	9. 12. 94	24. 8. 48
Brauer, Iris	9. 12. 94	28. 6. 56
Bannenberg, Dieter	13. 12. 94	2. 6. 61
Grabow, Andreas	14. 12. 94	13. 4. 56
Riedel, Frank	14. 12. 94	30. 1. 58
Geßner, Birgit	15. 12. 94	20. 3. 65
Sucht, Wolfgang	23. 12. 94	31. 7. 62
Illing, Waltraud	17. 5. 95	19. 8. 51
Schwelle, Günter	6. 7. 95	5. 9. 52
Fleckenstein, Achim	6. 7. 95	24. 11. 60
Kubicki, Jörg	—	—

155

BRA OLG-Bezirk Brandenburg a. d. Havel Staatsanwaltschaften

Schneider, Thomas	28. 7. 95	2. 10. 61
Pudig, Heike, 3/4	—	—
Zänker, Ilona	7. 8. 95	27. 8. 42
Becker, Wolfgang	22. 11. 95	5. 7. 51
Woblik, Horst	7. 3. 96	6. 3. 54
Geiger, Hans-Georg	15. 3. 96	11. 10. 62
Bodenstein, Friederike	30. 10. 97	26. 8. 63
Schüler, Christoph	30. 10. 97	20. 4. 64
Einhaus, Martin	3. 11. 97	16. 2. 63
Dr. Binder, Jörg, abg.	3. 11. 97	27. 12. 63
Bleuß, Matthias	3. 11. 97	10. 2. 65
Sörries, Joachim	—	—
Golfier, Stefan	25. 3. 98	31. 10. 64
Seidel, Frank, abg.	25. 3. 98	20. 6. 65
Baltes, Gernot	27. 3. 98	25. 7. 64
Ruppel, Markus	25. 6. 98	30. 4. 65
Grimm, Claudia	15. 7. 98	29. 11. 66
Sostaric, Peter	25. 6. 99	1. 10. 67
Lumm, Hans-Michael	19. 7. 99	15. 9. 60
Neff, Michael	29. 6. 00	5. 7. 68
Korfmann genannt Kramberg, Martin	13. 9. 00	7. 7. 61
Schärf, Christian, abg.	13. 9. 00	3. 6. 67
Bauchrowitz, Norbert	18. 9. 00	23. 4. 66
Gehrke-Lohmann, Isa, beurl. (LSt)	30. 10. 01	9. 4. 69
Dalicho, Konstanze, beurl.	15. 9. 03	27. 10. 74
Renné, Yvonne	25. 5. 05	12. 6. 72
Jahn, Thomas	1. 12. 05	8. 4. 62
Delius, Nils Sylvester	1. 12. 05	7. 8. 70
Andersen, Anja	1. 12. 05	13. 11. 74

Staatsanwaltschaft Neuruppin

Feldmannstr. 1, 16816 Neuruppin
Postfach 11 11 33, 16812 Neuruppin
Tel. (0 33 91) 5 15-2 00
Fax (0 33 91) 5 15-4 99

1 LOStA, 1 StVLOStA, 5 OStA, 37 StA, 1 LSt

Leitender Oberstaatsanwalt

Schnittcher, Gerd	1. 12. 96	19. 3. 49

Oberstaatsanwältinnen/Oberstaatsanwälte

Schiermeyer, Jürgen, stVLOStA	1. 4. 04	10. 2. 57
Grübler, Gerhard	16. 2. 94	5. 4. 50
Gordon, Gabriele	1. 12. 94	29. 11. 55
Lodenkämper, Lolita	1. 2. 98	29. 11. 55
Weidemann, Manfred	1. 12. 04	22. 5. 54
Winter, Frank	1. 12. 04	26. 7. 63

Staatsanwältinnen/Staatsanwälte

Störmer, Carola	16. 2. 94	5. 9. 62
Sperlich, Hannelore	30. 8. 94	7. 5. 44
Lorenz, Rosemarie	1. 12. 94	15. 8. 48
Hucke, Claudia	1. 12. 94	7. 12. 55
Erdstein, Martina	—	—
Kegel, Matthias, abg.	1. 12. 94	4. 12. 62
Deutschländer, Klaus	2. 12. 94	11. 2. 55
Böttcher, Thomas	13. 12. 94	5. 10. 58
Raida, Hans	20. 7. 95	30. 7. 56
Winterhoff, Elke	20. 7. 95	18. 1. 57
Sonnen, Rüdiger	20. 7. 95	20. 1. 59
Kromphardt, Sophie	21. 7. 95	6. 5. 63
Benkert, Marion	1. 9. 95	27. 11. 59
Heidenreich, Stefan	31. 7. 95	4. 1. 65
Möbius, Jörg	22. 11. 95	29. 8. 59
Wiegard, Mechthild, 4/5	11. 7. 96	21. 1. 58
Lowitsch, Torsten	1. 10. 96	17. 8. 62
Desens, Joachim	27. 2. 97	10. 12. 58
Pollak, Günter	27. 2. 97	28. 12. 60
Scholz, Kai-Uwe	28. 2. 97	21. 12. 62
Quass, Silvia	18. 4. 97	16. 2. 64
Wulff, Thomas	3. 11. 97	2. 6. 61
Wulff, Ulrike	3. 11. 97	5. 7. 64
Clement, Kai	13. 8. 98	10. 8. 62
Sprigode, Karsten	1. 10. 98	1. 12. 60
Oppermann, Angela	7. 4. 99	7. 7. 65
Hoffmeister, Eva	16. 6. 00	3. 2. 70
Pelzer, Andreas, abg.	15. 9. 00	16. 3. 67
Kraus-Wenzel, Karin	9. 7. 01	7. 12. 57
Sauermann, Torsten	15. 9. 01	22. 4. 67
Bock, Heike, beurl. (LSt)	20. 4. 05	2. 9. 63
Baum, Martina	25. 4. 05	22. 7. 75
Klement, Cyrill	17. 8. 05	18. 4. 70
Böhme, Mark	1. 12. 05	14. 4. 70
Köhler, Frauke	1. 12. 05	21. 1. 71

Staatsanwaltschaft Potsdam

Heinrich-Mann-Allee 103, Haus 18,
14773 Potsdam
Postfach 60 13 55, 14413 Potsdam
Tel. (03 31) 88 33-0
Fax (03 31) 88 33-3 00

Zweigstelle in Luckenwalde

Zinnaer Str. 28-32, 14943 Luckenwalde
Postfach 12 03 08, 14937 Luckenwalde
Tel. (0 33 71) 69 06-0
Fax (0 33 71) 69 06-1 12

1 LOStA, 1 stVLOStA, 10 OStA, 62 StA + 5 LS

Leitender Oberstaatsanwalt

N. N.	—	—

Oberstaatsanwältin/Oberstaatsanwälte

Junker, Heinrich, stVLOStA	1. 2. 94	4. 6. 5
Ludwig, Wolf-Rüdiger	30. 5. 79	12. 5. 47
Bak, Felix	1. 10. 91	22. 6. 4

Richter/StA im Richterverhältnis auf Probe **BRA**

Witten, Christian	1. 3. 95	19. 5. 41		Mitschke, Peter	23. 10. 95	18. 6. 63
Klein, Karl-Heinz	1. 3. 95	21. 5. 45		Hennig, Angelika	23. 10. 95	14. 4. 64
Ost, Volker	1. 11. 95	13. 9. 43		Bielefeldt, Martin	25. 10. 95	5. 9. 47
Neukirchner, Lothar	1. 11. 95	28. 8. 44		Luczyk, Barbara	1. 11. 95	21. 11. 61
Steiniger, Peter	1. 1. 97	23. 4. 58		Pelcz, Franz	8. 1. 96	21. 7. 55
Falch, Rüdiger	1. 8. 00	20. 3. 53		Böhlke, Monika	29. 2. 96	9. 3. 51
Böhm, Marianne	1. 8. 00	19. 8. 62		Wagner, Jörg, abg.	6. 5. 96	29. 1. 63
Hillebrand, Rüdiger	1. 12. 01	30. 6. 48		Abisch, Jens	15. 5. 96	10. 6. 66

Staatsanwältinnen/Staatsanwälte

				Bours-Wein, Jutta, beurl. (LSt)	30. 10. 96	11. 6. 64
Hahn, Andrea	18. 4. 94	28. 7. 57		Krause, Carsten	—	—
Sülldorf, Katharina	18. 4. 94	10. 3. 58		Fleuder-Huth, Patricia,		
Schilder, Frank, abg. (LSt)	18. 4. 94	16. 5. 63		beurl.	22. 2. 97	28. 12. 60
Laggies, Mareen	20. 4. 94	28. 9. 57		Petersen, Peter	23. 5. 97	14. 7. 60
Menger, Ralf	—	—		Wenzel, Alfred	28. 7. 97	15. 10. 59
Nickel, Carmen	21. 4. 94	10. 12. 50		Rehm, Monika	15. 8. 97	23. 5. 58
Reißig, Helgard	21. 4. 94	31. 5. 54		Wels, Frank	15. 8. 97	26. 2. 62
Pickert, Johannes	21. 4. 94	28. 4. 62		Schuld, Hagen	19. 8. 97	13. 12. 63
Woitkowiak, Ingolf	28. 4. 94	7. 5. 63		Niemann, Dirk	16. 9. 97	26. 11. 59
Negd, Gabriele	22. 8. 94	6. 10. 47		Lange, Christoph	3. 11. 97	13. 2. 63
Kirchner, Michael	22. 8. 94	10. 10. 57		Maier, Ivo	30. 1. 98	29. 6. 65
Itzigehl, Jens	22. 8. 94	3. 10. 60		Netz, Martin	27. 3. 98	10. 9. 62
Pröfrock, Christiane	30. 11. 94	1. 8. 53		Knefeli, Monika, abg.	30. 3. 98	22. 5. 65
Kukuk, Karsten	30. 11. 94	28. 6. 62		Remen, Gernot	22. 4. 98	21. 1. 63
Klügel, Stefan	1. 12. 94	30. 5. 54		Haag, Monika, abg.	22. 4. 98	13. 8. 64
Hahn, Lothar	1. 12. 94	5. 7. 56		Hemmersbach, Martina, abg. (LSt)	22. 4. 98	15. 3. 65
Bruse, Wolfgang	1. 12. 94	27. 9. 56		Stephan, Kornelia	10. 8. 98	12. 3. 64
Unverdroß, Michael-Uwe	5. 12. 94	8. 2. 59		Wille, Monika, beurl. (LSt)	13. 8. 98	12. 4. 63
Heininger, Gerd-Götz	14. 12. 94	24. 9. 58		Kolb, Matthias	24. 6. 99	26. 3. 64
Sternberg, Rolf	17. 7. 95	23. 12. 58		Stari, Irene, 1/2	24. 6. 99	12. 3. 66
Jaschke, Thomas	17. 7. 95	12. 7. 60		Flügel, Annette, beurl. (LSt)	1. 11. 99	4. 6. 67
Pfützner, Jörg-Ulrich	17. 7. 95	18. 4. 62		Komor, Sigrid	9. 11. 99	3. 11. 60
Roggenbuck, Ralf, abg.	12. 9. 95	5. 10. 64		Wilkening, Roland, abg.	30. 8. 00	30. 3. 68
Klinkhardt, Ulrike	—	—		Pormann, Manfred	31. 5. 02	17. 9. 41
Helinski, Rosemarie	23. 10. 95	2. 9. 47		Roth, Alexander	13. 10. 05	1. 7. 70
Harrland, Hanna	23. 10. 95	18. 5. 50		Dr. Eschenhagen, Anna	4. 11. 05	7. 9. 72
Ginnow, Michael	23. 10. 95	24. 11. 50		Lüdicke, Claudia	1. 1. 06	11. 9. 73
Runde, Christian, abg.	23. 10. 95	12. 2. 60				
Flügel, Jürgen	23. 10. 95	14. 11. 60				

Richterinnen/Richter und Staatsanwältinnen/Staatsanwälte im Richterverhältnis auf Probe

Schellack, Julie, beurl.	1. 2. 99	19. 4. 70		Dr. Suffa, Beatrix, 1/2	1. 4. 02	30. 7. 71
Spitzkatz, Marc, beurl.	1. 11. 00	21. 8. 68		Neumann, Jochen	1. 4. 02	16. 2. 73
Hohrmann, Birgit, beurl.	1. 1. 01	18. 1. 72		Kröger, Inken, 1/2	1. 4. 02	26. 3. 73
Viertel, Katrin, 3/4	1. 3. 01	30. 1. 75		Baum, Martina	1. 4. 02	22. 7. 75
Stuhr, Roland	1. 6. 01	25. 7. 70		Jansen, Anja	1. 6. 02	15. 2. 72
Heimann, Jacqueline	1. 10. 01	19. 6. 66		Schumacher, Philip	1. 6. 02	21. 4. 72
Neike, Friederike, beurl.	1. 10. 01	30. 3. 72		Böhm, Wolfgang	1. 7. 02	20. 10. 68
Dr. Brand, Dominik	1. 1. 02	28. 6. 72		Lodde, Thomas	1. 7. 02	3. 8. 70
Kruse, Ulrike	1. 3. 02	8. 6. 73		Stockmann, Astrid	1. 7. 02	22. 2. 73

BRA   Richter/StA im Richterverhältnis auf Probe

Name	Datum 1	Datum 2
Wunderlich, Heike, 2/3	1. 7. 02	2. 12. 73
Rösch, Stefanie, beurl.	1. 8. 02	9. 11. 73
Hein, Ulrike	1. 9. 02	6. 7. 71
Dr. Hein, Lars	1. 9. 02	13. 2. 73
Weinmann, Marcus	1. 9. 02	29. 3. 76
Weder, Eva, beurl.	1. 10. 02	7. 10. 70
Dr. Fisch, Christian	1. 10. 02	28. 10. 71
Dr. Zahnert, Doreen	1. 5. 03	9. 4. 71
Tschöpe, Christian	1. 5. 03	7. 5. 71
Dr. Schreier, Carsten	1. 5. 03	26. 12. 72
von Plate, Isabel	1. 5. 03	21. 11. 73
Stolpe, Sven	1. 5. 03	4. 4. 75
Zabel, Anja	1. 5. 03	23. 4. 75
Dr. Heil, Juliane	1. 6. 03	7. 3. 71
Posselt, Birgit Katrin	1. 6. 03	1. 6. 71
André, Kathleen	1. 6. 03	8. 5. 72
Münch, Kai	1. 6. 03	13. 10. 72
Heinrich, Grit, 1/2	1. 9. 03	28. 5. 70
Dr. Matzky, Ralph	1. 10. 03	12. 3. 73
Damerau, Thomas	1. 11. 03	13. 6. 73
Köpping, Tom	1. 11. 03	4. 2. 74
Lehnert, Franziska	1. 11. 03	22. 4. 75
Fiedler, Simone	1. 11. 03	30. 4. 76
Berndt, Stephan	1. 4. 04	4. 6. 74
Zemmrich, Stefan	1. 4. 04	15. 7. 76
Zernecke, Claudia	1. 4. 04	5. 9. 77
Krüger, Lars, abg.	1. 4. 04	11. 10. 77
Fried, Nicole	1. 5. 04	12. 8. 75
Schmidt, Jens	1. 7. 04	24. 8. 72
Sörström, Kristine	1. 7. 04	20. 12. 74
Wirth, Astrid	1. 7. 04	27. 1. 77
Uecker, Michael	1. 7. 04	5. 6. 75
Simon, André, abg.	1. 9. 04	20. 10. 71
Grub, Julia	1. 9. 04	12. 3. 75
Lukoschus, Antje	10. 12. 04	7. 3. 76
Westphal, Jochen	10. 12. 04	23. 3. 76
Hansen, Jessica	10. 12. 04	29. 5. 76
Kulessa, Mechthild	13. 12. 04	2. 9. 69
Dr. Kroymann, Johannes	13. 12. 04	9. 10. 71
Kerkow, Kristin, beurl.	13. 12. 04	19. 4. 73
Dr. Dannischewski, Johannes	13. 12. 04	12. 1. 74
Mauter, Mike	13. 12. 04	16. 6. 75
Hendtke, Claudia	13. 12. 04	16. 6. 76
Neumann, Philine	13. 12. 04	26. 12. 76
Piepkorn, Björn	1. 1. 05	24. 4. 74
Treuter, Lars	1. 1. 05	23. 7. 76
Dr. Rohland, Malgorzata	1. 4. 05	23. 1. 67
Herrmann, Dorit	1. 6. 05	5. 3. 72
Karkmann, Ulrich	1. 6. 05	25. 6. 72
Basedow, Runa	1. 6. 05	17. 5. 76
Platzeck, Katharina	1. 6. 05	26. 1. 78
Heumüller, Dirk	1. 9. 05	27. 1. 75
Graupner, Peter	1. 9. 05	4. 12. 75
Schmidt, Roland	1. 10. 05	27. 10. 74
Geissler, Silke	1. 10. 05	4. 4. 79
Mörke, Ina	1. 2. 06	14. 5. 74
Mauersberger, Daniel	1. 2. 06	25. 5. 79
Dr. Skrobotz, Jan	1. 3. 06	28. 10. 75
Breuer, Andrea	1. 3. 06	3. 11. 75

Eine Proberichterin wird namentlich nicht aufgeführt.

Freie Hansestadt Bremen

663 163 Einwohner*

Senator für Justiz und Verfassung

Richtweg 16-22, 28195 Bremen
Tel. (04 21) 3 61-24 58, Fax (04 21) 3 61 25 84
E-Mail: office@justiz.bremen.de
Pressestelle: Tel. (04 21) 3 61-41 10, Fax (04 21) 3 61-1 74 77

1 Sen, 1 StaatsR, 5 SenR, 2 ORR, 3 RR

Senator und Bürgermeister
Böhrnsen, Jens   8. 11. 05   12. 6. 49

Staatsrat
Mäurer, Ulrich   14. 5. 97   14. 7. 51

Senatsrätin/Senatsräte
Dr. Wrobel, Hans   9. 12. 87   13. 2. 46
Sauerwald, Rudolf   1. 9. 96   22. 7. 51

*Stand: 1. 10. 2005.

Lutzebäck, Elisabeth   1. 10. 02   14. 7. 53
Dr. Maul-Backer, Henning   1. 10. 02   12. 6. 56
Rauer, Horst   1. 10. 98   25. 12. 49

Oberregierungsrat
Walinski, Wilfried   1. 10. 00   12. 9. 58
Dr. Bovenschulte, Andreas   1. 10. 04   11. 8. 65

Regierungsrätinnen/Regierungsrat
Rabe, Volker   1. 10. 03   14. 3. 59
Staats, Annette   1. 10. 03   21. 9. 59
Kaminski, Andrea   1. 10. 04   26. 5. 64

Oberlandesgerichtsbezirk Bremen

Bezirk Freie Hansestadt Bremen
Landgericht Bremen mit 3 Kammern für *Handelssachen*
3 Amtsgerichte
Schöffengerichte bei allen Amtsgerichten
Familiengerichte bei allen Amtsgerichten

Landwirtschaftsgerichte
Amtsgericht Bremen zugleich für den AGBez. Bremen-Blumenthal und Amtsgericht Bremerhaven
Das *Gemeinsame Prüfungsamt* für die 2. juristische Staatsprüfung für Bremen, Hamburg und Schleswig-Holstein befindet sich in Hamburg.

Hanseatisches Oberlandesgericht in Bremen

E 662 616
Sögestraße 62-64, 28195 Bremen
Tel. (04 21) 36 10, Fax (04 21) 3 61 44 51
Fax Verwaltung (04 21) 1 72 90
E-Mail: prozessabteilung@oberlandesgericht.bremen.de
verwaltung@oberlandesgericht.bremen.de

1 Pr, 1 VPr, 3 VR, 8 R + 1 × 3/4 R

Präsident					
Arenhövel, Wolfgang	1. 11. 05	7. 11. 46			
Vizepräsident/in					
N. N.	—	—			
Vorsitzende Richter					
Neumann, Karl-Peter	1. 1. 91	15. 2. 45			
Blome, Lüder	1. 11. 94	23. 7. 42			
Wever, Reinhardt	1. 1. 04	13. 4. 50			
Blum, Detlev	1. 1. 05	13. 1. 52			
Richterinnen/Richter					
Gräper, Uwe	1. 1. 85	8. 11. 41			
Friedrich, Peter	1. 7. 87	30. 7. 43			
Dr. Wittkowski, Wolfram	1. 11. 94	25. 11. 49			
Schumann, Ursula	1. 10. 96	3. 3. 46			
Soiné, Brigitte	1. 10. 97	9. 5. 46			
Dr. Schnelle, Albert	1. 10. 01	20. 12. 52			
Dierks, Hans			1. 6. 03	29. 6. 55	
Wolff, Ann-Marie, 3/4			1. 6. 03	31. 1. 62	

Landgerichtsbezirk Bremen

Landgericht Bremen E 662 616

Domsheide 16, 28195 Bremen
Postfach 107843, 28078 Bremen
Tel. (04 21) 36 10, Fax (04 21) 3 61 67 13
E-Mail: office@landgericht.bremen.de

1 Pr, 1 VPr, 16 VR, 21 R + 5 × 1/2 R

Präsident
Golasowski, Wolfgang 1. 1. 02 22. 5. 53

Vizepräsident
Gass, Helmut 1. 10. 97 6. 2. 43

LG-Bezirk Bremen		OLG-Bezirk Bremen	**BRE**

Vorsitzende Richterinnen/Vorsitzende Richter

Wegener, Bernd	1. 7. 84	29. 1. 43
Schmacke, Harald	1. 5. 88	5. 2. 43
Dr. Asbrock, Bernd	1. 8. 90	21. 8. 44
Dr. Bölling, Hein	1. 6. 91	17. 12. 50
Prossner, Helmut	1. 7. 92	7. 8. 48
Kolbeck, Ludger	1. 8. 94	14. 12. 47
Grotheer, Wolfgang, beurl.	1. 6. 95	16. 5. 49
Boysen, Uwe	1. 3. 98	16. 10. 47
Böhrnsen, Claus	1. 1. 99	8. 8. 55
Lüttringhaus, Peter	1. 10. 01	5. 7. 56
Fangk, Axel	1. 11. 01	6. 1. 42
Kellermann, Helmut	1. 12. 01	8. 8. 55
Dr. Schromek, Klaus-Dieter	1. 12. 01	14. 6. 56
Lätzel, Barbara	1. 1. 02	9. 9. 55
Wacker, Reinhard	1. 2. 02	18. 3. 51
Goldmann, Karin	1. 10. 03	23. 2. 58

Richterinnen/Richter

Kuhlmann, Karl-Ludwig	27. 5. 75	24. 6. 43
Erwes, Walther	2. 4. 76	23. 7. 41
Harms, Dirk	29. 6. 78	4. 6. 45
Timke, Verena, 1/2	22. 3. 82	16. 11. 50
Krüger, Karl-Heinz	23. 12. 83	16. 8. 41
Kissling, Robert	7. 6. 85	23. 9. 53
Witt, Katharina	12. 10. 93	9. 12. 58
Segond, Erika	14. 7. 94	13. 11. 55
Rohwer-Kahlmann, Andreas	14. 7. 94	7. 7. 61
Heiland, Astrid	20. 7. 94	22. 12. 62
Behrens, Ingo	29. 7. 94	31. 1. 61
Göhrs, Claudia	14. 10. 96	15. 12. 62
Otterstedt, Beatrix, 1/2	1. 10. 97	3. 6. 64
Dr. Haberland, Stephan	30. 3. 00	15. 12. 64
Dr. Gustafsson, Britta, 1/2	28. 9. 01	20. 7. 65
Dr. Brünjes, Michael	28. 9. 01	8. 9. 66
Dr. Pellegrino, Mario	1. 2. 02	28. 3. 64
Wulff, Stefanie	1. 2. 02	18. 11. 66
Dr. Röfer, Gabriele	1. 2. 02	1. 3. 68
Friedrichsen, Katja	15. 12. 03	16. 9. 62
Siemon, Matthias	15. 12. 03	5. 5. 68
Dr. Siegert, Anja, 1/2, abg.	29. 6. 05	5. 5. 67
Holsten, Cornelia	29. 6. 05	2. 4. 70

Eine weitere Stelle für Richter am Landgericht ist besetzt. Name und Personaldaten des Stelleninhabers ist nicht übermittelt worden.

Amtsgerichte

Bremen E 444 989
Ostertorstr. 25-31, 28195 Bremen
Postfach 10 79 43, 28079 Bremen
Tel. (04 21) 36 10, Fax (04 21) 3 61 28 20
E-Mail: office@amtsgericht.bremen.de

1 Pr, 1 VPr, 7 w.aufsR, 39 R + 1 × 3/4 R + 1 × 7/10 R + 4 × 1/2 R

Präsident

Tönnies, Rüdiger	1. 9. 92	24. 12. 43

Vizepräsident/in

N. N.	—	—

weitere aufsichtführende Richterin/Richter

Rathke, Wolfgang	1. 4. 85	7. 4. 41
Schulz, Günther	1. 1. 95	5. 9. 45
Schnitger, Heinrich	1. 4. 96	4. 1. 47
Maresch, Dieter	1. 10. 98	12. 6. 45
Garthaus, Bernward	1. 10. 01	9. 2. 46
Best, Ellen	1. 10. 02	9. 3. 56

Richterinnen/Richter

Dr. Beutler, Bengt	20. 12. 76	23. 5. 42
Wulff, Friedrich	7. 9. 77	14. 4. 44
Casjens, Uwe	8. 9. 77	14. 5. 44
Kopmann, Paul	9. 9. 77	28. 3. 44
Kornblum, Friedrich-Christoph	9. 9. 77	25. 8. 46
Teuchert, Günter	23. 3. 79	19. 3. 46
Hogenkamp, Hartmut	23. 3. 79	17. 6. 46
Mersmeyer, Klaus, 1/2	26. 9. 79	27. 8. 43
Teuchert, Bernd	29. 12. 80	6. 1. 49
Schubert, Manfred	14. 2. 83	30. 8. 48
Dr. Hoffmann, Ulrich	14. 2. 83	6. 4. 50
Rohwer-Kahlmann, Stephan	14. 2. 83	28. 6. 51
Auffarth, Heinrich	3. 8. 83	2. 5. 47
Meinders, Bernd	11. 11. 83	24. 11. 51
Horn, Gabriele	30. 6. 86	8. 10. 44
Landzettel, Gerhard-Wilhelm	30. 6. 86	25. 1. 49
Dr. Dittmayer, Norbert	3. 7. 89	2. 11. 56

BRE OLG-Bezirk Bremen   Staatsanwaltschaften

Wanschura, Hannelore	6. 7. 89	18. 11. 43
Rogoll, Karl-Heinz	17. 8. 90	5. 4. 52
Andrae, Marie-Elisabeth, 7/10	15. 5. 91	9. 3. 57
Klinker, Inge	15. 5. 91	8. 2. 59
Steinhilber, Rolf	16. 2. 93	23. 11. 54
Abramjuk, Ruth	23. 2. 93	15. 1. 54
Backer, Ute, 8/10	29. 9. 93	5. 10. 57
Kelle, Manfred, abg.	19. 7. 94	3. 6. 61
Schmedes, Claas	22. 7. 94	7. 1. 61
Kamin-Schmielau, Juliane, 1/2	15. 6. 95	22. 4. 60
Heinke, Sabine	19. 10. 95	2. 6. 56
Eder, Günther	19. 10. 95	6. 10. 56
Ahlers, Hans	14. 5. 98	5. 12. 66
Schilling, Roger, abg.	18. 1. 99	12. 11. 61
Lange, Birgit	22. 1. 99	18. 4. 66
Renner, Silke, beurl.	9. 12. 03	31. 7. 72
Jeschke, Carola, 1/2	15. 12. 03	2. 7. 70
Dr. Helberg, Andreas, 3/4	1. 7. 05	28. 8. 68
Küchelmann, Jochen	1. 7. 05	1. 1. 71
Bolay, Clemens	1. 7. 05	27. 9. 71
Gerl, Dierk	1. 7. 05	31. 8. 73
Prüser, Maike, abg.	1. 7. 05	18. 12. 73
von Guenther, Andrea	1. 7. 05	19. 2. 75

Drei weitere Stellen für Richter am Amtsgericht sind besetzt. Namen und Personaldaten der Stelleninhaber sind nicht übermittelt worden.

Bremen-Blumenthal   E 100 818
Landrat-Christians-Str. 65a/67/69, 28779 Bremen
Postfach 710120, 28761 Bremen
Tel. (04 21) 36 10
Fax (04 21) 3 61 73 02
E-Mail:
office@amtsgericht-blumenthal.bremen.de

1 Dir, 1 w.aufsR, 7 R

Ehlers, Arnd, Dir	1. 10. 98	30. 12. 48
Zorn, Christian, w.aufsR	1. 10. 99	8. 11. 50

Schroedter, Wolf-Christian, M. A.	26. 7. 82	9. 5. 47
Blank, Barbara	14. 2. 83	16. 9. 48
Hoffmann, Dirk	15. 12. 03	16. 5. 72

Eine weitere Richterstelle ist besetzt. Name und Personaldaten des Stelleninhabers sind nicht übermittelt worden.

Bremerhaven   E 116 809
Nordstr. 10, 27580 Bremerhaven
Postfach 210140, 27522 Bremerhaven
Tel. (04 71) 5 96-0
Fax (04 71) 5 96-1 36 96
E-Mail:
office@amtsgericht-bremerhaven.bremen.de

1 Pr, 1 VPr, 12 R + 1 × 1/2 R

Präsident

Lissau, Uwe	1. 1. 91	22. 9. 52

Vizepräsident/in

N. N.   —   —

Richterinnen/Richter

Gries, Hartmut, 1/2	13. 8. 76	3. 6. 45
Ehlers, Hans	26. 9. 79	30. 10. 47
Dörr, Wolfgang	29. 4. 81	26. 9. 47
Dr. Schumann, Rolf	19. 7. 82	7. 1. 44
Pane, Dirk	7. 6. 85	7. 6. 54
Schulz, Jörg, beurl.	10. 6. 85	15. 10. 53
Hien-Völpel, Ursula	5. 1. 87	29. 11. 46
Umlandt, Dagmar	4. 10. 93	25. 4. 58
Lissau, Corinna	15. 7. 94	18. 2. 64
Dr. Köster, Ingo	19. 10. 95	29. 10. 62
Dr. Schilling, Claudia	30. 8. 01	13. 6. 68
Martin, Nicola, abg.	2. 8. 02	9. 5. 70
Galambos, Tatjana	4. 7. 05	1. 7. 68

Staatsanwaltschaften

Generalstaatsanwaltschaft Bremen
Richtweg 16-22, 28195 Bremen
Postfach 101360, 28013 Bremen
Tel. (04 21) 3 61-0
Fax (04 21) 3 61 40 81
E-Mail: office@genstaatsanw.bremen.de

1 GStA, 2 OStA

Generalstaatsanwältin

Prof. Dr. Graalmann-Scheerer, Kirsten	22. 1. 03	3. 3. 56

Oberstaatsanwälte

Glasbrenner, Mathias	1. 10. 99	10. 10. 61
N. N.	—	—

Richter/StA im Richterverhältnis auf Probe — BRE

Staatsanwaltschaft Bremen
Ostertorstr. 10, 28195 Bremen
Postfach 101360, 28013 Bremen
Tel. (04 21) 3 61-0, Fax (04 21) 36 19 66 08
E-Mail: office@staatsanwalt.bremen.de

1 LOStA, 7 OStA, 33 StA + 3 × ¾ StA +
1 × ½ StA

Leitender Oberstaatsanwalt

Klein, Dietrich	15. 7. 03	13. 2. 46

Oberstaatsanwältinnen /Oberstaatsanwälte

Nullmeyer, Horst, stVLOStA	1. 1. 97	5. 9. 45
Dr. Tietze, Christian-Andreas	10. 8. 89	1. 1. 43
Dützschhold, Volker	1. 10. 94	20. 2. 43
de Boer, Ingrid	1. 10. 98	25. 10. 44
Lyko, Uwe	1. 10. 98	20. 5. 50
Grziwa, Joachim	1. 10. 01	21. 3. 56
Schaefer, Monika	1. 10. 01	14. 8. 60

Staatsanwältinnen/Staatsanwälte

Herrmann, Henning, GL	1. 10. 97	16. 11. 42
Quick, Burkhard, GL	—	—
Repmann, Frank, GL	1. 10. 99	3. 12. 42
Heetfeld, Annemarie, GL, ¾	1. 10. 03	25. 5. 52
Müssemeyer, Ulrich, beurl.	31. 8. 83	12. 9. 51
Gabler, Bernd	1. 2. 91	17. 6. 58
Ellerbusch, Jörn	1. 1. 92	2. 9. 56
Neubert, Charlotte	1. 1. 92	6. 4. 60
Andres, Susanne, ½	4. 10. 92	26. 5. 60
Braun, Winfried	3. 5. 94	9. 2. 51
Picard, Uwe	22. 11. 94	9. 2. 56
Wachsmuth, Stefan, beurl.	1. 7. 95	4. 6. 62
Passade, Frank	1. 5. 99	20. 1. 65
Dr. Roden, Carola, abg.	1. 8. 99	14. 1. 67
Piontkowski, Gabriela	20. 9. 00	26. 8. 68
Dr. Laumen, Simone	15. 6. 01	1. 5. 71
Dr. Prange, Thorsten	1. 7. 01	31. 3. 67
Helberg, Claudia, ¾	17. 9. 02	15. 8. 68
Dr. Hauschild, Jörn	29. 3. 02	31. 5. 69
Kück, Antje	3. 1. 03	9. 5. 69
Hohage, Bettina	1. 8. 03	8. 6. 72
Hellpap, Uwe, abg.	1. 3. 04	18. 12. 67
Krüger, Irka	1. 3. 04	9. 3. 73
Henrichs, André, abg.	1. 3. 04	6. 6. 73
Lockfeld, Jörg, ¾	1. 6. 04	21. 11. 69
Dr. Berger, Sebastian	10. 6. 05	18. 4. 70
Funke, Friederike	1. 9. 05	30. 10. 69
Dr. Binns, Martin	2. 9. 05	29. 8. 73
Heinke, Daniel	3. 1. 06	2. 5. 74
Heuer, Janina	17. 3. 06	11. 3. 73

Zweigstelle Bremerhaven
Nordstr. 10, 27580 Bremerhaven
Postfach 210140, 27522 Bremerhaven
Tel. (04 71) 5 96-0
Fax (04 71) 5 96-1 37 30

Oberstaatsanwalt

N. N.	—	—

Staatsanwälte

Schmitt, Frank, GL	1. 1. 94	12. 8. 54
Seidel, Ingo	18. 2. 82	9. 1. 51
Krechlak, Manfred	1. 1. 91	3. 5. 52

Richterinnen/Richter im Richterverhältnis auf Probe und Staatsanwältinnen/Staatsanwälte im Beamtenverhältnis auf Probe

Bei den Gerichten:

Frank, Andreas	5. 9. 02	11. 1. 73
Schneider, Andrea	1. 10. 02	16. 7. 68
Wienzek, Stefan	1. 1. 03	7. 4. 66
Schlude, Tina	1. 1. 03	30. 9. 72
Dr. Henrichs, Katrin	1. 6. 03	2. 4. 76
Möhle, Stefan	1. 7. 03	31. 1. 71
Dr. Marx, Nina Franziska	—	—
Dr. Vial, Enzo	1. 3. 04	16. 7. 69
Keil, Anne-Katrin	1. 4. 04	8. 8. 72
Klindwort, Markus	1. 7. 04	15. 6. 70
Dr. Hüper, Melanie, ½	1. 9. 04	20. 9. 73
Böhm, Frank	1. 10. 04	21. 11. 74
Vesting, Susanne	1. 10. 04	11. 5. 78
Dr. Kaper, Aaltje	1. 7. 05	9. 4. 76
Wolter, Antje	1. 7. 05	9. 6. 77
Dr. Florstedt, Jens	1. 9. 05	22. 9. 71
Meyer, Gesa	1. 9. 05	16. 6. 72

Bei der Staatsanwaltschaft:

Steffen, Lucy	5. 5. 03	21. 9. 74
Kaiser, Wiebke	28. 1. 04	13. 11. 76
Constien, Oliver	1. 8. 04	23. 5. 76
Dr. Rothe, Björn	1. 9. 04	14. 5. 75
Braeunlich, Mareike	1. 2. 05	29. 7. 76
Hartmann, Nadine Jana	1. 9. 05	17. 9. 76

BRE Richter/StA im Richterverhältnis auf Probe

Jüttner, Janneke	1. 9. 05 6. 6. 77	Richter, Lydia	1. 2. 06 27. 8. 75
Wyluda, Tanja	1. 1. 06 16. 11. 69	Dr. Degenhardt, Julia	1. 2. 06 7. 1. 77
Spiewok, Joanna, ½	1. 2. 06 11. 8. 69	Kück, Claudia	1. 2. 06 25. 1. 78

Freie und Hansestadt Hamburg

1 742 862 Einwohner*

Justizbehörde

Drehbahn 36, 20354 Hamburg
Postfach 30 28 22, 20310 Hamburg
Tel. (0 40) 4 28 43-0, Fax (0 40) 4 28 43-42 90
E-Mail: Poststelle@justiz.hamburg.de
1 Sen (Präses), 1 StaatsR, 2 SenD, 2 LRD (B3), 8 RD, 7 ORR,
1 RR, 1 LWD, 2 WD, 1 WOR, 1 WR, 9 WAng

Justizsenator
Lüdemann, Carsten-
 Ludwig   29. 3. 06   24. 11. 64

Staatsrat
Dr. Schulz, Stefan   30. 3. 06   07. 9. 57

Senatsdirektoren
Stallbaum, Michael   22. 10. 93   1. 7. 45
Düwel, Johannes   —   15. 4. 61

Leitende Regierungsdirektoren (B3)
Siewert, Wolfgang   23. 5. 03   30. 11. 59
Kamp, Hans-Jürgen   —   23. 12. 47

Regierungsdirektorinnen/Regierungsdirektoren
Dr. Jarzembowski,
 Georg, MdEP[1]   9. 10. 81   3. 2. 47
Dr. Thomsen, Renate   11. 7. 90   18. 1. 52
Garmatter, Christiane   8. 10. 91   22. 1. 56
Hille, Sybille   27. 8. 04   28. 9. 54
Dr. Friedrichsen, Lars   22. 4. 05   28. 5. 69
Janke, Karl-Heinz   29. 8. 05   4. 4. 56
Ahlers-Hoops,
 Wolfgang   —   14. 6. 46
Schnitter, Christine   —   11. 7. 64

Oberregierungsrätinnen/Oberregierungsräte
Czerlinski, Peter   25. 8. 92   4. 1. 51
Ahlers, Manfred   23. 1. 96   20. 3. 48

Groß, Petra   26. 8. 97   2. 4. 58
Vespermann, Monika, abg.   21. 6. 99   14. 1. 53
Siem, Andrea, beurl.   28. 3. 01   1. 3. 68
Völkel, Michael   29. 7. 04   5. 12. 69
Geigle, Birgit   —   7. 9. 65

Regierungsrat
Fredenhagen, Harald   17. 12. 04   28. 11. 59

Leitender Wissenschaftlicher Direktor
Dr. Ohle, Karl-Heinz   —   7. 7. 41

Wissenschaftliche/r Direktorin/Direktor
Fey, Renate   —   9. 7. 54
Thiel, Andreas   —   24. 10. 50

Wissenschaftliche Oberrätin
Ewert-Schulze, Angelika   19. 4. 93   14. 11. 59

Wissenschaftlicher Rat
Schenk, Olaf   2. 7. 03   30. 12. 61

Wissenschaftliche Angestellte
Schlegel, Dorothe   1. 1. 90   2. 12. 59
Coujad, Horst   1. 8. 93   10. 1. 48
Schill, Susanne   1. 6. 94   —
Wenzel, Sabine   1. 3. 01   4. 11. 59
Grützmacher, Ann-
 Kathrin, beurl.   1. 7. 02   12. 6. 71
Zenker, Sigrid   1. 1. 03   5. 2. 53
Clasen, Henning   1. 2. 05   2. 8. 73
Dr. Herzog, Jürgen   —   20. 9. 48
Wagner, Britt   —   16. 7. 66

---
*Stand: 30. 9. 2005.
[1]Beamtenverhältnis ruht.

Oberlandesgerichtsbezirk Hamburg

Bezirk: Freie und Hansestadt Hamburg
1 Landgericht
6 Amtsgerichte
Familiengerichte und *Schöffengerichte* bei allen Amtsgerichten
Landwirtschaftsgerichte bei den Amtsgerichten Hamburg, Hamburg-Bergedorf und Hamburg-Harburg. Landwirtschaftssachen aus den übrigen Amtsgerichtsbezirken sind dem Amtsgericht Hamburg übertragen.

Gemeinsames Prüfungsamt der Länder Freie Hansestadt Bremen, Freie und Hansestadt Hamburg und Schleswig-Holstein für die Große Juristische Staatsprüfung, Hamburg

Landesjustizprüfungsamt bei dem Hanseatischen Oberlandesgericht

Hanseatisches Oberlandesgericht Hamburg

E 1 723 166
Sievekingplatz 2, 20355 Hamburg
20301 Hamburg
Tel. (0 40) 4 28 43-1, Fax (0 40) 4 28 430-40 97
E-Mail: poststelle@olg.justiz.hamburg.de

1 Pr, 1 VPr, 14 VR, 50 R einschl. 2 UProf (2. Hauptamt) + 3 × $1/2$ R + 1 × $2/3$ R + 1 × $1/10$ R

Präsident
Rapp, Wilhelm	1. 9. 94	2. 4. 42

Vizepräsidentin
Andreß, Erika	14. 5. 03	25. 10. 53

Vorsitzende Richterinnen/Vorsitzende Richter
Dr. Daniels, Jürgen	1. 11. 92	14. 12. 41
Dr. Schmidt-Syaßen, Inga	1. 9. 95	20. 5. 42
Dr. Raben, Marion	22. 6. 00	24. 11. 46
Harder, Gerd	16. 7. 01	13. 2. 47
Gärtner, Axel	30. 8. 01	14. 12. 47
Dr. Schudt, Ernst-Rainer	3. 6. 03	11. 9. 43
Dr. Rühle, Klaus	12. 5. 03	15. 12. 51
Gottschalk, Joachim	13. 10. 03	6. 9. 45
Betz, Joachim	13. 10. 03	13. 9. 47
Dr. Morisse, Heiko	25. 3. 04	5. 4. 44
Ruhe, Burkhard	21. 7. 04	24. 12. 44

Richterinnen/Richter
Dr. Mattik, Dierk, beurl.	1. 6. 84	11. 6. 41
Prof. Dr. Peters, Frank, $1/2$	9. 4. 90	14. 12. 42
Kleffel, Enno	1. 10. 90	20. 5. 42
Dr. Kramer, Wolfgang	21. 12. 90	2. 4. 48
Thiessen, Jochen	8. 2. 91	26. 12. 48
Wörner, Karsten	6. 9. 91	15. 6. 42
Gerberding, Rudolf	30. 3. 92	24. 7. 45
Dr. Mohr, Carsten	1. 1. 93	16. 7. 42
Spannuth, Rolf	1. 1. 93	6. 5. 43
Huusmann, Henning	30. 4. 93	26. 10. 48
Ziesing, Lore, $2/3$	1. 6. 93	15. 4. 45
Lemcke, Karin	18. 10. 94	8. 8. 50
Albrecht-Schäfer, Angelika	18. 10. 94	23. 10. 50
Rolf-Schoderer, Monika	20. 2. 95	14. 8. 50
Stephani, Michael	11. 5. 95	21. 1. 49
Prof. Dr. Magnus, Ulrich (UProf, 2. Hauptamt)	7. 9. 95	19. 2. 44
Rieger, Andreas	15. 7. 97	19. 10. 54
Dr. Augner, Gerd	1. 8. 97	28. 3. 49
Bayreuther-Lutz, Liane, $1/2$	1. 6. 98	2. 5. 52
Dr. Koch, Claudia	1. 6. 98	5. 5. 53
Dr. Labe, Michael	3. 6. 98	18. 5. 55
Westphalen, Sabine	17. 2. 00	14. 9. 59
Tietz, Ingeborg	12. 5. 00	17. 11. 55
Dr. Reimers-Zocher, Birgit, $3/4$	1. 11. 00	3. 8. 56
Schaps-Hardt, Petra, $2/3$	1. 11. 00	6. 7. 58
Jahnke, Jutta, $1/2$	23. 2. 01	17. 9. 50
Albrecht, Corina, $1/2$	23. 2. 01	6. 7. 56
Happ-Göhring, Sabine	29. 10. 01	7. 5. 48
Lauenstein, Hans-Hermann	29. 10. 01	2. 1. 56

LG-Bezirk Hamburg   OLG-Bezirk Hamburg   **HH**

Wunsch, Günter	27. 3. 02	9. 2. 63
Sakuth, Norbert	14. 5. 03	6. 10. 59
Schlage, Britta	15. 2. 03	7. 11. 56
Panten, Ralf	23. 7. 03	28. 12. 60
Dr. Löffler, Christian	1. 11. 03	10. 5. 63
Meyer, Claus	22. 3. 04	30. 4. 59
Wings, Roland	31. 8. 04	30. 4. 53
Dr. Stephani, Karin	31. 8. 04	20. 8. 59
Reichel, Wolfgang	1. 10. 04	29. 9. 66
Prof. Dr. Reiner, Henning, 1/10	22. 10. 04	13. 8. 63
Agger, Sabine	1. 3. 05	11. 4. 60
Steinmetz, Elke	1. 7. 05	4. 8. 55
Cordes, Rüdiger	1. 11. 05	7. 9. 51
Tiemann, Ralph	1. 11. 05	23. 9. 59
Dr. Hinrichs, Thomas	2. 1. 06	1. 6. 58
Dr. Beckedarf, Ingo	1. 2. 06	17. 11. 66

Landgerichtsbezirk Hamburg

Landgericht Hamburg E 1 723 166
Sievekingplatz 1, 20355 Hamburg
Postfach 300121, 20348 Hamburg
Tel. (0 40) 4 28 43-0
Fax (0 40) 4 28 43-43 18+43 19
E-Mail: poststelle@lg.justiz.hamburg.de

1 Pr, 1 VPr, 88 VR, 138 R

Präsident

Öhlrich, Kai Volker	19. 6. 02	24. 11. 43

Vizepräsidentin

Dr. Rheineck, Renate	15. 11. 05	21. 2. 51

Vorsitzende Richterinnen/Vorsitzende Richter

Wendt, Harald	21. 10. 87	1. 10. 42
Walter-Greßmann, Inge	1. 5. 89	1. 5. 43
Seedorf, Rolf	27. 11. 89	17. 7. 44
Korff, Eberhard	19. 7. 90	16. 3. 42
Salesch, Barbara, beurl.	22. 5. 91	5. 5. 50
Münster, Peter	1. 8. 91	14. 8. 42
Dr. Rabe, Claus	20. 12. 91	8. 12. 42
Schaberg, Gerhard	20. 12. 91	30. 10. 44
Wölber, Peter	1. 5. 92	22. 1. 43
Schlak, Wolfgang	7. 7. 92	23. 9. 44
Göhlich, Wolfgang	21. 7. 92	14. 7. 44
Helbert, Rolf	29. 1. 93	17. 10. 44
Walk, Egbert	22. 3. 93	11. 5. 47
Block, Jürgen-Heinrich	18. 6. 93	2. 2. 43
Göbel, Rüdiger	6. 5. 94	2. 11. 49
Weitz, Thomas	18. 10. 94	16. 3. 50
Sottorf, Rainer	23. 3. 95	5. 11. 43
Dr. Wille, Klaus	11. 5. 95	4. 4. 44

Sievers, Gottfried	1. 10. 95	8. 6. 48
Dr. Langenberg, Hans	1. 7. 96	19. 9. 43
Trappe, Bernd	31. 10. 96	12. 5. 50
Schneider, Markus	17. 2. 97	13. 4. 47
Sielaff, Rolf	17. 2. 97	6. 5. 50
Becker, Horst	21. 4. 97	7. 8. 49
Dr. Buchholz, Martin	1. 5. 97	13. 12. 59
Köllner, Margret	1. 9. 97	11. 4. 47
Rachow, Bolko	1. 9. 97	13. 8. 48
Radtke, Monika, 1/2	12. 12. 97	20. 6. 44
Wagner, Beatrice, beurl.	12. 12. 97	20. 5. 50
von Schweinitz, Liane, 1/2, beurl.	1. 1. 98	29. 9. 44
Steinhagen, Christa	9. 3. 98	5. 3. 44
Dr. Plate, Jürgen, beurl.	20. 3. 98	27. 5. 42
Backen, Wolfgang	27. 10. 98	7. 4. 51
Roderjan, Astrid	26. 11. 98	24. 12. 58
Borwitzky, Rainer	18. 1. 99	11. 11. 48
Haller, Georg	11. 8. 99	19. 3. 53
Brücker, Uwe	19. 8. 99	12. 3. 50
Langenberg, Helga	12. 11. 99	9. 9. 46
Buske, Andreas	6. 4. 00	8. 2. 55
Antony, Hermann	17. 5. 00	3. 9. 54
Kaut, Michael	8. 8. 00	3. 11. 48
Dr. Beckmann, Carsten	9. 1. 01	24. 12. 58
Godglück, Wolfgang, abg.	1. 5. 01	23. 9. 48
Latif, Kabir	1. 5. 01	8. 6. 53
Bülter, Joachim	17. 7. 01	7. 1. 55
Schmidt, Holger	29. 10. 01	3. 4. 47
von Nerée, Cornelius	29. 10. 01	5. 9. 49
Harms, Hermann	27. 11. 01	9. 8. 49
Loth, Hartmut	20. 12. 01	18. 7. 49
Voos, Eberhard, 3/4	1. 1. 02	9. 1. 51
Bernet, Wolfgang	4. 5. 02	6. 10. 46
Schlichting, Detlef	25. 3. 03	19. 10. 54
Dr. Berger, Nikolaus	26. 3. 03	9. 1. 56
Dr. Weißmann, Ulrich	20. 6. 03	8. 3. 52
Franke, Wolfgang	16. 7. 03	13. 7. 48
Peters, Bernd	16. 7. 03	16. 1. 50
Dey, Astrid, 1/2	16. 7. 03	13. 5. 53
Becker, Ulf	23. 7. 03	26. 9. 56
Krispien, Raffael	1. 8. 03	21. 1. 52
Schmidt, Michael	14. 10. 03	31. 1. 57
Nicolai, Jacob, abg.	1. 11. 03	12. 9. 61
Knudsen, Helge	21. 11. 03	4. 9. 54
Randel, Holger	1. 12. 03	9. 6. 50
Haack, Hans-Peter	1. 1. 04	6. 7. 49
Dr. von Einem, Cornelia	1. 1. 04	6. 3. 57
Peters, Sybille	1. 1. 04	14. 1. 61
Taeubner, Ulrike	1. 1. 04	2. 8. 63
Rohrbeck, Peter	22. 3. 04	21. 6. 53
Müller-Fritsch, Dierk	13. 12. 04	23. 7. 53
Grossam, Wolfgang	13. 12. 04	22. 3. 57
Otto, Michael	13. 12. 04	16. 7. 57
Terschlüssen, Ilka	13. 12. 04	21. 3. 61
Wende-Spors, Petra	13. 12. 04	1. 12. 61

HH OLG-Bezirk Hamburg — LG-Bezirk Hamburg

Name		
Lübbe, Bernd	3. 1. 05	9. 12. 57
Dr. Meyer-Buchwald, Roland	3. 3. 05	19. 1. 55
Perels, Michael	3. 3. 05	13. 3. 59
Klimke, Olaf	16. 3. 05	2. 10. 54
Voos, Alexander	19. 4. 05	26. 4. 58
Dr. Steinmetz, Bernd	22. 9. 05	20. 10. 58
Steeneck, Heiner	22. 9. 05	23. 8. 59
Nix, Gero	22. 9. 05	9. 2. 60
Pätsch, Christiane, abg.	26. 9. 05	19. 3. 62
Dörffler, Dina	17. 10. 05	16. 9. 57
Lippold, Maren	19. 10. 05	28. 1. 56
Schulz, Harald	19. 10. 05	12. 4. 58
Richter, Andreas	13. 11. 05	14. 9. 59

Richterinnen/Richter

Name		
Basedow, Gunda	1. 12. 74	4. 8. 43
Herweg, Klaus	3. 7. 75	20. 7. 44
Brückner, Matthias	27. 3. 77	15. 11. 43
Dr. Wittkopp, Wiebke, ½	1. 7. 78	12. 4. 48
Rühle, Rainer	27. 2. 79	2. 5. 47
Busse, Franziska, ½	22. 9. 80	11. 5. 51
Nickau, Gerd	1. 2. 81	9. 11. 50
Wriede-Eckhard, Waltraud	—	—
Moderegger, Annegret	3. 3. 83	1. 4. 53
Brüninghaus, Tilman	1. 4. 83	18. 3. 49
Graf Finck von Finckenstein, Karl-Wilhelm	6. 7. 83	10. 9. 49
Lüker, Heinrich	12. 9. 93	14. 5. 52
Voß, Hans-Heiko	29. 12. 83	19. 6. 53
Wolter-Welge, Silvia, beurl.	1. 4. 84	2. 11. 55
Busch-Breede, Rosemarie, ½	1. 1. 85	15. 3. 53
Welge, Gerhard, beurl.	1. 6. 85	13. 6. 52
Dr. Kollek, Andreas	15. 7. 85	30. 10. 54
Oechsle, Susanne	22. 11. 85	27. 9. 54
Klippstein, Thomas, abg.	15. 12. 85	27. 1. 54
Streibel, Rüdiger	1. 4. 86	23. 8. 51
Grigoleit, Detlef	14. 12. 87	1. 11. 54
Lauenburg-Kopietz, Daniela, ½	—	—
Prange-Stoll, Karin, ½	8. 3. 88	9. 7. 51
Dr. John, Renate, ¾	1. 6. 88	19. 8. 54
Dr. Stoltenberg, Sabine, ½	26. 9. 88	23. 5. 58
Dr. Stumpf, Olav	—	18. 9. 69
Schwafferts, Ulrike	21. 12. 88	5. 2. 59
Prof. Dr. Plewig, Hans-Joachim, ¹⁄₁₀	1. 6. 89	8. 9. 48
Wechsler, Regina, ½	6. 10. 89	10. 6. 57
Reuß, Barbara, ½	21. 11. 89	29. 12. 47
Bolle-Steinbeck, Gisela, ½	23. 11. 89	23. 3. 55
Zscherpe, Maj	14. 2. 90	14. 4. 56
Barrelet, Ute	4. 4. 90	16. 6. 54

Name		
Berlit-Hinz, Elke-Kerstin, ½, beurl.	1. 9. 90	24. 8. 58
Dr. Kagelmacher, Jürgen	19. 2. 91	14. 10. 59
Scholz, Monika, ½	11. 4. 91	7. 9. 57
Wertenbroch, Katrin	1. 7. 91	10. 1. 59
Lübbe, Eva-Juliane, ½	26. 11. 91	11. 12. 59
Bühring-Uhle-Lehmann, Katrin, abg.	11. 12. 91	11. 4. 53
Dr. Dietrich, Silvia, beurl.	11. 12. 91	1. 9. 60
Dr. Fortmann, Jens	1. 3. 92	2. 1. 59
Reichardt-Pospischil, Maren	2. 10. 92	18. 10. 49
Bluhm, Inka, ½, abg.	20. 11. 92	16. 3. 60
Dr. Pfannenstiel, Ingo, abg.	23. 12. 92	19. 10. 59
Harder, Matthias	12. 2. 93	22. 10. 57
Hirth, Wolfgang, abg.	1. 7. 93	9. 7. 60
Henjes, Heidi, ½	3. 9. 93	27. 2. 57
Winkler, Birgit	15. 12. 93	27. 6. 58
Niemeyer-Stehr, Bianca, ½	15. 12. 93	20. 5. 60
Stolzenburg, Friedrich	1. 1. 94	23. 5. 58
Löffler, Susanne, ½	1. 1. 94	11. 4. 62
Gravesande-Lewis, Annette	17. 1. 94	1. 7. 58
Keyenburg, Birgit	15. 2. 94	13. 5. 57
Dr. Enderlein, Axel, abg.	16. 3. 94	19. 2. 58
Woitas, Birgit	18. 3. 94	26. 4. 62
Jörgensen, Karin, ½	—	—
Bernheim, Rolf	20. 7. 94	17. 3. 59
Skibbe, Andrea	2. 8. 94	20. 3. 61
zur Verth, Dorothee	12. 8. 94	15. 4. 61
Zink, Joachim	—	—
Edeler, Beatrice, abg.	5. 10. 94	31. 10. 59
Böttcher, Stephan	1. 11. 94	9. 2. 62
Mück, Ulla, ½	1. 1. 95	
Lemke, Stephanie, ½, abg.	6. 1. 95	23. 10. 63
Dr. Hoffmann, Britta, ½	1. 3. 95	25. 5. 60
Dr. Selow, Michael	1. 4. 95	30. 1. 60
Karstaedt, Beate, beurl.	13. 4. 95	21. 7. 57
Kötter-Domroes, Meike, ½	19. 5. 95	2. 11. 61
Lauenstein, Renate, ¾	27. 5. 95	21. 4. 57
Steffens, Babette, ½	2. 6. 95	15. 9. 61
Jenssen-Görke, Martina	7. 7. 95	22. 8. 60
Käfer, Simone	15. 10. 95	17. 8. 64
Hoffmann, Verena, ½	23. 10. 95	23. 9. 63
Tiemann, Matthias, abg.	3. 12. 95	4. 6. 62
Soyka, Anne	1. 1. 96	17. 5. 63
Specht, Klaus	10. 1. 96	4. 6. 57
Dubbel-Kristen, Roger, abg.	5. 2. 96	18. 5. 59
Dr. Weyhe, Lothar	9. 2. 96	16. 9. 61
Dr. Kähler, Svenja	15. 2. 96	1. 10. 64
Steiner, Kerstin, abg.	31. 5. 96	26. 9. 63
Winkler, Ronald Alexander	1. 6. 96	26. 9. 61

LG-Bezirk Hamburg   OLG-Bezirk Hamburg   **HH**

Name				Name		
Dr. Halbach, Georg	25. 6. 96	9. 2. 61		Schimanski, Claudia	1. 12. 03	12. 1. 73
Jönsson, Björn	26. 11. 97	28. 3. 65		Dr. Reitzig, Katja	3. 12. 03	6. 12. 70
Petzold Kirste, Götz	22. 12. 97	18. 2. 64		Dr. Graf, Immo	2. 1. 04	8. 11. 71
Pesch, Sönke	29. 6. 98	12. 12. 62		Wiedenfels, Hannah	2. 1. 04	14. 2. 75
Dr. Oertzen, Sabine, ½, abg.	21. 12. 98	15. 7. 61		Dr. Werner, Nils	2. 1. 04	26. 6. 76
Schreiber, Carola, ½	23. 2. 99	28. 2. 65		Schwarz, Kathrin	15. 1. 04	3. 10. 72
Mithoff, Uta	13. 8. 99	3. 1. 64		Kremeyer, Petra	19. 1. 04	1. 9. 73
Dr. Pellens, Martin	9. 9. 99	24. 10. 63		Schoel, Gudrun, ½	29. 1. 04	13. 11. 68
Leptien-Köpp, Constanze	20. 9. 99	10. 10. 69		Grote, Carsten	1. 3. 04	23. 4. 74
Lesmeister-Kappel, Claudia, abg.	1. 12. 99	22. 2. 64		Thein, Annika	4. 4. 04	11. 6. 73
				Bergemann, Martina	15. 4. 04	11. 3. 69
Dr. Ehlers-Munz, Karen, ½	5. 5. 00	10. 1. 61		Dr. Goetze, Henning	1. 5. 04	1. 10. 69
Dr. Burghart, Axel, abg.	2. 6. 00	15. 4. 68		Dr. Büßer, Janko	1. 6. 04	26. 6. 72
Pielenz, Carola, beurl.	18. 6. 00	24. 3. 65		Dr. Bremer, Xenia	1. 7. 04	2. 8. 68
Dr. Eschbach, Sigrid, beurl.	6. 7. 00	11. 1. 65		Dr. Klein, Stefanie, abg.	1. 7. 04	27. 1. 73
Lorenz, Tanja	6. 7. 00	19. 4. 70		Knauf, Katrin	1. 7. 04	19. 5. 74
Vymer, David	2. 1. 01	28. 9. 68		Hinz, Ronald, abg.	13. 7. 04	11. 1. 66
Dr. Sommer, Stephan	3. 1. 01	10. 3. 70		Dr. Feilcke, Burkhard	13. 7. 04	22. 8. 69
Dr. Tully, Marc, abg.	9. 4. 01	30. 12. 66		Dr. Klaassen, Carola	13. 7. 04	6. 5. 71
Dr. Waskow, Esther	9. 4. 01	14. 6. 67		Baumgarten, Katharina, abg.	13. 7. 04	10. 7. 72
Zöllner, Stephanie	14. 9. 01	19. 3. 69		Schwabe, Anja	13. 7. 04	2. 6. 75
Rehling, Thomas Norbert	14. 9. 01	2. 10. 69		Ritz, Gabriele	20. 7. 04	—
Dr. Mückenheim, Kai, abg.	11. 10. 01	29. 4. 67		Dähn, Sabine, abg.	1. 8. 04	1. 12. 71
Meier-Göring, Anne, ½	19. 10. 01	21. 11. 68		Dr. Haerendel, Dorothee	1. 8. 04	9. 12. 71
Bruns, Volker	21. 3. 02	10. 05. 72		Dr. Clausen, Lars	1. 9. 04	22. 3. 72
Dr. Nitschke, Kai	26. 3. 02	26. 11. 64		Dr. Arndt, Nicole	1. 9. 04	11. 9. 74
Dr. Meinecke, Stephanie, abg.	1. 6. 02	3. 2. 70		Weihrauch, Sebastian	1. 9. 04	24. 9. 75
Hölk, Astrid, abg.	31. 7. 02	8. 7. 68		Schwill, Florian	20. 9. 04	27. 9. 74
Greese, Ulrike	2. 8. 02	22. 5. 72		Dr. Dörfler, Thorsten, abg.	23. 9. 04	23. 3. 71
Hummelmeier, Heike	16. 10. 02	13. 5. 64		Dr. Wölk, Cornelia	1. 11. 04	17. 4. 69
Dr. Hofer-Bodenburg, Katrin, beurl.	16. 10. 02	23. 9. 65		Scarbath, Felix	1. 11. 04	1. 2. 70
Hartmann, Claus Hinrich	6. 12. 02	25. 11. 69		Mehl, Wiebke	3. 1. 05	1. 12. 70
Poscharsky, Sonja	12. 12. 02	9. 9. 70		Dr. Kaiser, Julia	3. 1. 05	14. 2. 75
Martin, Bärbel	4. 1. 03	5. 9. 70		Snoek, Katrin	7. 1. 05	21. 10. 73
Maluch, Anke	7. 3. 03	18. 6. 74		Dr. Paul, Anne Katrin	1. 2. 05	27. 2. 76
Neumann, Jessica	13. 3. 03	30. 4. 73		Dr. Link, Philip	1. 3. 05	3. 4. 74
Peters, Christian	1. 6. 03	7. 12. 73		Dr. Möller, Christian	15. 3. 05	25. 6. 74
Dr. Senff, Holger	1. 6. 03	28. 1. 74		Pfeiffer, Stefan Oliver	1. 6. 05	14. 6. 70
Schramm, Arne	1. 8. 03	13. 5. 75		Brauer, Tobias	1. 7. 05	9. 2. 66
Dr. Gläser, Renate	3. 8. 03	5. 9. 66		Paust-Schlote, Sandra	10. 9. 05	20. 9. 72
Dr. Bilda, Karen	1. 9. 03	3. 1. 66		Dr. Millarg, Ivo Boris	13. 9. 05	—
Ahmad-Hayee, Nusrat, beurl.	1. 10. 03	13. 6. 68		Dr. Tolkmitt, Jan Christoffer	27. 9. 05	17. 5. 72
Dr. Korte, Benjamin	1. 10. 03	4. 5. 73		Dr. Gronau, Kerstin	10. 10. 05	—
Dr. Tenorth-Sperschneider, Miriam	14. 10. 03	31. 5. 72		Struth, Andreas	19. 10. 05	18. 3. 59
Lück, Birte	14. 10. 03	4. 3. 76		Dr. Söchtig, Roman	1. 12. 05	12. 8. 72
Dr. Kohls, Stefanie	5. 11. 03	3. 6. 71		Dr. Kaiser, Manfred	5. 2. 06	30. 9. 70
Dr. Schatz, Holger, abg.	14. 11. 03	7. 9. 68		Blömer, Natalie	14. 2. 06	22. 4. 75
				Dr. Geffers, Nicole	7. 3. 06	7. 5. 70
				Schütt, Carsten	7. 3. 06	3. 5. 71
				Dr. Bodendiek, Frank	7. 3. 06	13. 10. 72
				Kaufmann, Julia, ½	14. 3. 06	20. 9. 68
				Dr. Riede, Judith, ½	7. 9. 06	16. 5. 72

HH OLG-Bezirk Hamburg LG-Bezirk Hamburg

Amtsgerichte

Hamburg
Sievekingplatz 1, 20355 Hamburg
Postfach 300121, 20301 Hamburg
Tel. (0 40) 4 28 43-0, Fax (0 40) 4 28 43-43 19
http://fhh.hamburg.de/Stadt/aktuell/justiz/
gerichte/amtsgerichte/Start.html

1 Pr, 1 VPr, 11 + 2 × ³/₄ w.aufsR, 92 + 1 × ³/₄
+ 1 × ⁸/₁₀ R + 1 × ⁷/₁₀ + 1 × ⁶/₁₀ + 12 × ¹/₂ R

Präsident
Dr. Raabe, Heiko   9. 4. 99   5. 7. 43

Vizepräsidentin
Umlauf, Sibylle   1. 1. 96   7. 9. 52

weitere aufsichtführende Richterinnen/Richter
Dr. Weintraud, Ulrike	28. 6. 91	27. 11. 48
Spetzler, Veronika, ³/₄	18. 6. 93	7. 2. 47
Jaeger, Johann-Peter	18. 10. 94	20. 10. 48
Goritzka, Alfons	1. 1. 95	18. 10. 44
Rotax, Horst-Heiner, ³/₄	11. 5. 95	13. 3. 45
Wiedemann, Klaus	20. 9. 95	7. 4. 48
Möller, Gerold	5. 3. 98	10. 2. 48
Mittenzwei, Frank	9. 3. 98	22. 7. 46
Wehr, Thomas	9. 3. 98	3. 11. 47
Dr. Bartels, Torsten	28. 5. 98	7. 9. 54
Hrubetz, Ingo	29. 9. 99	18. 9. 53
Huland, Christian	16. 5. 03	9. 3. 57
Dr. Christensen, Guido	10. 10. 03	27. 10. 64
Betz, Birga	3. 1. 05	30. 4. 61
Focken, Niels	30. 12. 05	10. 3. 63

Richterinnen/Richter
Müller, Heinrich, abg.	3. 7. 72	29. 5. 41
Schmerschneider, Hildegard	1. 2. 74	7. 10. 43
Schmerschneider, Wolfgang	1. 3. 74	8. 5. 43
Dr. Freifrau von Kottwitz, Almut, ¹/₂	31. 5. 74	14. 1. 42
Nugel, Karl-Heinz	5. 7. 74	6. 4. 42
Funk, Friedrich	2. 5. 75	3. 3. 42
Schulitz, Angelika, ¹/₂	7. 11. 75	25. 4. 42
Pflüger, Götz	1. 2. 76	7. 6. 45
Dr. Scheschonka, Wolf, abg.	7. 8. 76	12. 1. 45
Haage, Henning	16. 10. 76	29. 9. 43
Küper, Uta	6. 3. 77	2. 8. 46
Rudolph, Alexander, abg.	2. 5. 77	25. 9. 41
Kruse, Jürgen	7. 6. 77	8. 7. 46
Graubohm, Axel	5. 8. 79	14. 7. 47
Spriestersbach, Jürgen, abg.	1. 9. 79	18. 5. 46
Büttner, Harald	4. 6. 80	16. 3. 51
Wölber, Ines, ¹/₂	28. 8. 80	7. 8. 49
Heydeck, Martina	28. 3. 81	2. 8. 49
Bodemann, Michaela, ¹/₂	31. 5. 81	14. 6. 48
Gelübcke, John	23. 8. 81	25. 10. 47
Schaake, Wolfgang	—	—
Dyballa, Christian	1. 11. 81	18. 7. 48
Lehmann, Olaf	30. 11. 81	21. 11. 49
Rellensmann, Klaus	2. 4. 82	17. 6. 49
Pfundt, Bärbel, ³/₄	11. 6. 82	31. 12. 43
Fricke, Herbert	13. 7. 82	18. 2. 47
Zernial, Ulrich	13. 7. 82	7. 1. 51
Welge, Joachim	31. 8. 82	10. 3. 49
Knobloch, Siegfried	17. 9. 82	13. 3. 42
Katz, Joachim, abg.	1. 2. 83	29. 10. 48
Kugler, Jutta	1. 2. 83	28. 11. 50
Kleemann, Hans-Joachim	18. 3. 83	24. 8. 49
Lehmann, Stefanie, abg.	30. 3. 83	16. 6. 53
Reuter, Peter	1. 10. 83	27. 1. 49
Lehmkuhl, Wolfgang	17. 10. 83	23. 11. 50
Ebel, Brigitte	29. 4. 84	3. 9. 53
Ruppert, Holger	24. 8. 84	29. 9. 54
Dr. Lübbe-Gotschol, Ulrike, abg.	25. 9. 84	29. 4. 52
Tempke, Klaus-Ulrich	1. 6. 86	28. 7. 51
Sjursen-Stein, Andrea, ¹/₂, abg.	1. 6. 86	19. 10. 56
Peters, Isolde, beurl.	1. 8. 86	15. 3. 55
Meyer, Dagmar-Ellen, ¹/₂, beurl.	1. 12. 87	2. 8. 55
Walz, Claudia	28. 4. 88	7. 7. 54
Bremer, Klaus	30. 6. 88	1. 12. 52
Palmberger, Gert	15. 7. 88	28. 12. 56
Schorn, Monika	29. 12. 88	15. 2. 53
Reinke, Michael	29. 12. 88	28. 8. 53
Lucas, Andrea, abg.	3. 1. 89	25. 3. 58
Dr. Steinmetz, Wolfgang	9. 5. 89	14. 2. 54
Dr. Hoffmann, Jens, ⁷/₁₀	—	—
Landwehr, Christine, ³/₄, abg.	23. 11. 89	17. 12. 58
Stöber, Reinhold	1. 3. 91	8. 7. 57
Walk, Juliane	13. 5. 91	13. 5. 50
Müller-Fritsch, Gertrud, ¹/₂, abg.	—	—
Nothmann, Lutz, abg.	10. 9. 92	29. 12. 57
Rußer, Wolfgang	14. 9. 92	7. 8. 62
Dr. Ohlberg, Kai-Uwe, abg.	—	—
Lübke-Detring, Nicola, ¹/₂, abg.	8. 10. 92	21. 8. 58
Hees, Edith, beurl.	8. 10. 92	2. 2. 61
Krieten, Johann	23. 12. 92	3. 5. 56
Schertzinger, Andreas	23. 12. 92	13. 3. 59
Niemeier, Bettina, abg.	1. 5. 93	13. 10. 60
Horeis, Sabine, beurl.	16. 7. 93	22. 8. 61
Hagge, Sönke	24. 7. 93	21. 2. 59
Winterberg, Hans-Heinrich, abg.	2. 8. 93	21. 10. 60
Engelfried, Ulrich	14. 2. 94	11. 2. 56

LG-Bezirk Hamburg　　　　　　　　　　　OLG-Bezirk Hamburg　　**HH**

Barber, Ragnhild, beurl.	16. 5. 94	20. 2. 61
König, Sabine, 1/2	23. 6. 94	29. 7. 59
Hasselmann, Nicola, beurl.	1. 7. 94	31. 12. 61
Eilinghoff, Kristine	1. 9. 94	12. 1. 57
Dr. Wiese, Wolfgang	5. 9. 94	5. 7. 59
Palder, Anke, 1/2	5. 10. 94	29. 10. 63
Dr. Lamb, Irene, 1/2, abg.	14. 9. 95	4. 8. 59
Rochow, Elisabeth, 1/2, abg.	24. 9. 95	9. 7. 64
Rothe, Martin, abg.	6. 11. 95	21. 7. 60
Dr. Pflaum, Annette, abg.	8. 3. 96	9. 4. 63
Frind, Frank	7. 6. 96	21. 5. 61
Dr. Schmidt, Andreas	23. 9. 96	4. 12. 62
Dr. Field, Beate, 1/2	23. 9. 96	9. 4. 64
Arnold, Jörg, abg.	11. 11. 96	11. 2. 62
Peters, Andree	26. 11. 96	29. 12. 61
Semprich, Thomas, 3/5	7. 2. 97	25. 4. 59
Dr. Völtzer, Friedrich	1. 9. 97	10. 2. 62
Schönfelder, Ulrike, 1/2	1. 9. 97	3. 9. 62
Krohn, Silke, 1/2	1. 9. 97	14. 10. 63
Dr. Tempel-Kromminga, Helke, 1/2, abg.	26. 11. 97	3. 9. 63
Alander, Silke, abg.	15. 9. 98	24. 8. 66
Fanselow, Anja, 1/2	3. 1. 00	3. 2. 66
Christensen-Nelthropp, Elisabeth	6. 7. 00	3. 3. 67
Langsdorff, Britta, 1/2, abg.	9. 10. 00	14. 7. 66
Dr. Simon, Sema, beurl.	3. 11. 00	13. 7. 66
Dr. Busch, Xenia	9. 4. 01	29. 12. 68
Stegmann, Volker, abg.	11. 10. 01	27. 3. 67
Dr. Müller-Horn, Conrad-Friedrich, abg.	11. 10. 01	24. 3. 70
Dr. Krull, Helge, abg.	15. 11. 01	3. 12. 68
Dr. von Freier, Friedrich-Carl, beurl.	1. 12. 01	14. 8. 65
Wolfram, Ingo	22. 3. 02	2. 1. 63
Schwandt, Sabine, beurl.	31. 7. 02	8. 2. 71
Dr. Meyer-Abich, Matthias	11. 12. 02	24. 1. 68
Laß, Oliver	11. 12. 02	31. 5. 72
Robrecht, Ulrike, 1/2, beurl.	3. 3. 03	11. 7. 66
Wandel, Sabrina	2. 10. 03	8. 6. 70
Dr. Erbguth, Britta, 1/2, abg.	10. 10. 03	19. 5. 71
Dr. Menge, Silja, beurl.	8. 3. 04	9. 4. 73
Rüther, Sönke, abg.	17. 4. 04	12. 5. 72
Dr. O'Sullivan, Daniel, abg.	29. 4. 04	9. 6. 71
Dr. Engler, Carsten, abg.	18. 6. 04	26. 8. 71
Dr. Maatsch, Asmus, abg.	4. 7. 04	8. 4. 71
Schwersmann, Carola, abg.	1. 8. 04	24. 8. 72
Dr. Beier, Olaf, abg.	5. 8. 04	1. 10. 70
Dr. Lindner, Tina-Angela, abg.	4. 12. 04	18. 3. 72
Hüttenroth, Ruth, abg.	10. 12. 04	8. 3. 74
Dr. Brühl, Christiane, abg.	2. 3. 05	13. 9. 70
Dr. Laub, Karin, abg.	20. 3. 05	28. 3. 73
Lechner, Thorsten, abg.	21. 3. 05	1. 11. 72
Dr. Carl, Petra, abg.	23. 4. 05	26. 3. 70
Schudt, Ursula, abg.	24. 4. 05	25. 4. 74
Paul, Michaela, abg.	18. 6. 05	22. 9. 72
Dr. Riedel, Silke, abg.	1. 7. 05	25. 10. 71
Dr. Meinken, Lutz	13. 9. 05	9. 5. 70
Kraemer, Iris	13. 9. 05	27. 6. 71
Dr. Herchen, Axel	13. 9. 05	12. 12. 72
Biallas, Dana, beurl.	13. 9. 05	26. 11. 75
Ruholl, Christoph, abg.	1. 10. 05	3. 8. 65
Philipp, Stefan, abg.	1. 10. 05	26. 4. 73
Herbke, Yvonne, abg.	1. 10. 05	7. 5. 74
Wunsch, Peter, abg.	1. 10. 05	29. 6. 74
Wenske, Marc	14. 12. 05	23. 6. 72
Dr. Osterthun, Birthe, abg.	21. 1. 06	16. 8. 71

Hamburg-Altona
Max-Brauer-Allee 89/91, 22765 Hamburg
Postfach 500122, 22701 Hamburg
Tel. (0 40) 4 28 11-0, Fax (0 40) 4 28 11-17 28

1 Dir, 1 stVDir, 1w.aufsR, 16 + 3 × 3/4 + 3 × 0,5 R

Cassel, Jochen, Dir	2. 1. 98	1. 7. 42
Dr. Paetzold, Hartmut, stVDir	8. 4. 87	6. 9. 42
Thomas, Bilke, w.aufsR	20. 12. 01	28. 2. 53
Köhler, Claus-Dieter	26. 3. 74	3. 3. 43
Augnen, Marina, 3/4	3. 12. 81	10. 11. 48
Lemburg, Gerhard	1. 12. 82	2. 3. 47
Weise, Martin, abg.	14. 8. 83	3. 11. 53
Herrmann, Berthold, abg.	14. 12. 87	25. 6. 55
Kloß, Reinhard	23. 12. 87	13. 9. 53
Schulz, Kay	13. 7. 90	24. 11. 58
Philipp, Ulrike, 1/2	—	—
Dr. Nevermann, Karsten	4. 2. 94	23. 12. 59
Behm, Barbara, 3/4	14. 3. 94	5. 6. 62
Bellinger, Hilke-Kathrin, 1/2	21. 10. 94	28. 9. 61
Bernheim, Ute	16. 8. 99	3. 5. 65
Becker, Jan	19. 6. 01	12. 7. 67
Dr. Buhk, Matthias, abg.	16. 7. 01	9. 7. 68
Cors, Gisbert	1. 4. 02	30. 3. 62

Hamburg-Barmbek
Spohrstraße 6, 22083 Hamburg
Postfach 760 120, 22051 Hamburg
Tel. (0 40) 4 28 63-0, Fax (0 40) 4 28 63-66 18

1 Dir, 1 stVDir, 2 w.aufsR, 20 + 7 × 1/2 R

Breuer, Kai, Dir	1. 4. 02	12. 7. 42
Wegemer, Heiner, stVDir	7. 10. 88	30. 3. 43
Dr. Salis, Stefan, w.aufsR	25. 3. 03	12. 1. 56
Meyn, Thomas, w.aufsR	19. 12. 03	15. 6. 57
Stöhr, Gudrun	9. 10. 82	12. 9. 52
Tolkiehn, Rolf, 1/2, abg.	—	—
Schmolke, Nicola	1. 1. 93	3. 5. 62

HH OLG-Bezirk Hamburg LG-Bezirk Hamburg

Dr. Theege, Frank	10. 12. 94	10. 7. 61
Lange, Thorsten	1. 7. 95	15. 10. 60
Kollar, Peter	25. 1. 96	23. 3. 63
Valentin, Heike	1. 2. 96	15. 6. 63
Lipka, Gabriele	9. 10. 00	10. 8. 66
Blunck, Sebastian, abg.	15. 12. 00	23. 3. 67

Hamburg-Bergedorf
Ernst-Mantius-Str. 8, 21029 Hamburg
Postfach 800240, 21002 Hamburg
Tel. (0 40) 4 28 91-0
Fax (0 40) 4 28 91-29 16

1 Dir, 1 stVDir, 7 + 1 × 3/4 + 2 × 1/2 R

Bork, Holger, Dir	10. 2. 06	11. 2. 57
Stello, Günter, stVDir	26. 5. 97	19. 4. 50
Masch, Olof	—	—
Dr. Schröder, Claus	20. 5. 80	14. 1. 50
Dr. Ritz, Monika, 1/2	28. 11. 86	27. 4. 49
Schwerin, Götz	11. 4. 95	7. 4. 60
Sohns-Dorff, Ulrike, 3/4	6. 11. 95	11. 11. 62
Wetjen, Christiane	31. 5. 96	20. 4. 65

Hamburg-Blankenese
Dormienstr. 7, 22587 Hamburg
Postfach 550120, 22561 Hamburg
Tel. (0 40) 4 28 11-01
Fax (0 40) 4 28 11-52 70

1 Dir, 5 + 2 × 1/2 R

Tonat, Horst, Dir	27. 11. 92	19. 3. 47
Ohle, Hilke	9. 10. 73	13. 10. 42
Reuter, Knud	28. 6. 77	1. 7. 43
Dr. Riecke, Olaf	21. 1. 85	4. 8. 54
Schweppe, Eckehard	—	—

Hamburg-Harburg
Buxtehuder Str. 9, 21073 Hamburg
Postfach 900161, 21041 Hamburg
Tel. (0 40) 4 28 71-0
Fax (0 40) 4 28 71-36 68

1 Dir, 1 stVDir, 1 w.aufsR, 23 + 1 × 4/5 + 1 × 7/10 + 1 × 1/2 R

Ulffers, Heike, Dir	18. 12. 03	25. 9. 62
Waldow, Eckart, stVDir	1. 8. 91	31. 1. 42
Hoyer, Bernd, w.aufsR	29. 9. 04	19. 11. 44
Grosse, Burckhard	1. 11. 76	19. 8. 43
Beyer, Jürgen	26. 11. 76	31. 10. 44
Panzer, Ulf	28. 12. 78	30. 12. 44
Jaensch, Ursula	23. 6. 80	2. 1. 50
Giesler, Frank	—	—
Kruse, Bernd	26. 9. 83	10. 11. 51
Wichmann, Dagmar	1. 9. 85	29. 9. 54
Dr. Dahm, Henning, abg.	5. 7. 94	12. 5. 60

Dr. Thies, Cornelia	27. 4. 95	22. 7. 63
Claasen, Uta, 8/10	22. 4. 99	4. 7. 64
Feddersen, Jörn, abg.	26. 11. 00	6. 9. 68
Liebrecht, Dörte, 7/10	5. 3. 03	14. 6. 66

Hamburg-St. Georg
Lübeckertordamm 4, 20099 Hamburg
Postfach 100321, 20002 Hamburg
Tel. (0 40) 4 28 43-0
Fax (0 40) 4 28 43-72 19

1 Dir, 1 stVDir, 2 w.aufsR, 25 + 1 × 4/5 + 1 × 3/5 + 5 × 1/2 R

Rzadtki, Hans-Dietrich, Dir	3. 2. 02	9. 11. 57
Baethge, Ulrich, stVDir	18. 10. 94	18. 4. 45
Brick, Jürgen, w.aufsR	1. 1. 04	7. 1. 51
Hübner, Siegfried	1. 9. 74	29. 1. 44
Dr. Niehusen, Herwig, 3/5	24. 5. 76	5. 1. 44
Treske, Rainer	17. 3. 82	13. 7. 46
Suckow, Gregor	1. 5. 83	30. 6. 48
Abeken, Beate	9. 5. 89	13. 11. 53
Dr. Körner, Roswitha	8. 10. 92	20. 9. 55
Kob, Albrecht	8. 10. 92	10. 3. 58
Dr. Steinmann, Matthias	22. 9. 94	25. 6. 61
Hammann, Heiko	17. 2. 95	15. 5. 59
Spohler, Anja, 1/2	28. 6. 96	13. 11. 63
Spenke, Thomas, 1/2	1. 9. 97	14. 4. 60
Dr. Schmidt, Thorsten	12. 2. 01	5. 8. 67
Dr. Bruns, Heike, 4/5	1. 12. 01	27. 7. 67
Meyerhoff, Birte, beurl.	5. 11. 02	22. 11. 71

Hamburg-Wandsbek
Schädlerstr. 28, 22041 Hamburg
Postfach 700109, 22001 Hamburg
Tel. (0 40) 4 28 81-0
Fax (0 40) 4 28 81-29 42

1 Dir, 1 stVDir, 1 w.aufsR, 16 + 1 × 3/4 + 2 × 1/2 R

von Selle, Lutz, Dir	27. 1. 04	26. 6. 51
Bodenstaff, Hans-Joachim, stVDir	8. 12. 00	21. 5. 46
Sohns, Heinz, w.aufsR	25. 6. 01	10. 9. 48
Dr. van den Boom, Hans-Ludwig	4. 1. 74	29. 8. 42
Helbig, Burkhardt	2. 2. 76	27. 2. 44
Jöhnk, Volker	2. 7. 76	30. 9. 44
Dr. Böhm, Rainer	—	—
Lüdemann, Hartmut	21. 3. 77	9. 11. 43
Dittmers, Jens	16. 2. 79	7. 5. 49
Steinbach, Peter	28. 4. 88	26. 1. 55
Berling, Volker	13. 12. 90	22. 5. 57
Dr. Kühn, Angelika, 1/2	4. 2. 94	12. 1. 60
Dr. Paffrath-Pfeuffer, Ulrike, abg.	—	—
Zimmerling, Jessica, 1/2	21. 2. 96	25. 9. 63

Staatsanwaltschaften

Generalstaatsanwaltschaft Hamburg
Gorch-Fock-Wall 15, 20355 Hamburg
Postfach 305261, 20316 Hamburg
Tel. (0 40) 4 28 43-17 10
Fax (0 40) 4 28 43-18 63
E-Mail: Generalstaatsanwaltschaft-Hamburg@sta.justiz.hamburg.de

1 GStA, 3 LOStA, 7 OStA

Generalstaatsanwältin

Uhlig-van Buren, Angela	9. 9. 99	27. 5. 52

Leitende Oberstaatsanwältin/Oberstaatsanwälte

Ehlers, Wolfgang, stVGStA	27. 11. 01	27. 6. 46
Schulz, Erich-Paul	23. 7. 99	3. 1. 42
N. N.	—	—

Oberstaatsanwältin/Oberstaatsanwälte

Bagger, Rüdiger	1. 10. 91	17. 11. 43
Schlebusch, Hans	28. 6. 93	26. 9. 45
Reich, Jörg-Thomas	21. 4. 95	6. 10. 46
Lorke, Alexander	4. 12. 97	2. 7. 52
Nix, Katrin	29. 11. 99	15. 1. 57
Schmidt-Struck, Jürgen-Erich	1. 3. 03	28. 7. 52

Staatsanwaltschaft Hamburg
Gorch-Fock-Wall 15, 20355 Hamburg
Postfach 305261, 20316 Hamburg
Tel. (0 40) 4 28 43-0
Fax (0 40) 4 28 43-4387
E-Mail: sta-hamburg-kontakt@sta.justiz.hamburg.de
Pressesprecher: OStA Rüdiger Bagger
Tel. (0 40) 4 28 43-2108
Fax (0 40) 4 28 43-1863

1 LOStA, 1 stVLOStA, 7 OStA (HL), 32 OStA, 125 StA

Leitender Oberstaatsanwalt

Köhnke, Martin	26. 2. 99	6. 5. 43

Oberstaatsanwältinnen (HL)/
Oberstaatsanwälte (HL)

Meyer, Johann, stVLOStA	1. 8. 02	15. 10. 45
Korth, Barbara	1. 2. 00	17. 10. 44
Dr. Brandt, Ewald, abg.	1. 2. 00	6. 11. 53
Alexy-Girardet, Doris	1. 5. 02	9. 5. 47

Ahrens, Hannelore	1. 9. 03	1. 10. 48
Lund, Holger	31. 3. 05	5. 1. 49
Ouvrier, Heinz-Christian	1. 3. 06	21. 8. 47
Dr. Stechmann, Peter	1. 3. 06	24. 9. 48

Oberstaatsanwältinnen/Oberstaatsanwälte

Dreyer, Joachim	29. 5. 96	25. 4. 44
Lieberich, Rolf	29. 5. 96	17. 11. 48
Gräwe, Gisela	29. 5. 96	7. 1. 54
Bunners, Peter	29. 5. 96	12. 4. 55
Reumann, Günter	19. 12. 96	9. 5. 42
Krämer, Sigurd	28. 4. 97	4. 6. 42
Wagner, Manfred	29. 7. 98	21. 12. 41
Gädigk, Cornelia	29. 7. 98	11. 9. 53
Hapke, Manfred	4. 8. 98	22. 12. 50
Kahnenbley, Ilse	23. 7. 99	21. 7. 58
Heers, Dieter	29. 9. 99	22. 10. 43
Schmidt, Traute	15. 10. 99	21. 6. 53
Hansen-Wishöth, Gabriele	—	—
Hansen, Uwe-Jens	28. 3. 02	20. 3. 49
Lang, Rolf	1. 5. 02	30. 11. 43
Redder, Holger	1. 5. 02	18. 1. 55
Hauser, Angelika	1. 5. 02	15. 9. 60
Schmidt-Struck, Jürgen Erich	1. 3. 03	27. 7. 52
Hoffmann, Karsten	24. 10. 03	22. 6. 61
Dr. Winter, Henry	20. 2. 04	9. 4. 52
Kuhn, Janhenning	20. 2. 04	20. 3. 61
Giesch-Rahlf, Roland	26. 8. 04	26. 12. 55
Wulf, Gabriele	26. 8. 04	7. 9. 57
Wriede, Karsten	—	—
Dr. Matthiessen, Kay	28. 10. 05	29. 10. 46
Köprich, Lothar	1. 1. 06	5. 5. 49
Krafft, Christian Gerhard		

Staatsanwältinnen/Staatsanwälte

Arnold, Wolfgang	28. 3. 74	20. 3. 44
Wesselhöft, Rüdiger	5. 6. 74	8. 8. 42
van den Boom, Ursula, ¹/₂	26. 11. 76	27. 7. 42
Brabandt, Heinz	1. 12. 76	11. 6. 46
Ketel, Horst	1. 1. 77	23. 11. 43
Ruppolt, Ingolf	21. 1. 77	24. 7. 44
Weilandt, Renée, ¹/₂	21. 11. 78	6. 8. 48
Dantzer, Thomas	14. 11. 80	29. 9. 47
Thörner, Verena, ¹/₂	19. 1. 81	17. 9. 50
Steeger, Anna-Catherina, ¹/₂	7. 2. 82	25. 2. 52
Allerbeck, Harald-Erwin	10. 10. 82	7. 3. 46
Knoll, Claudia, ³/₅	1. 4. 83	10. 3. 52
Kausch, Siegfried	31. 7. 83	12. 7. 52
Reitzenstein, Horst	2. 10. 83	25. 9. 47

HH OLG-Bezirk Hamburg Staatsanwaltschaften

Name			
Zander, Christiane	19. 1.84	6.10.53	
Tiburg, Hans-Ulrich	24. 4.84	28. 6.53	
Eggers, Elke, 4/5	7.10.86	5. 5.55	
Stankiewitz-Koch, Barbara	26.10.88	21.12.54	
Geißler, Rainer, 4/5	13.10.89	2. 6.55	
Dähnhardt, Wilfried	13.10.89	14. 1.59	
Jante, Ronald	—	—	
Burkhard, Sonja, beurl.	28. 8.90	18. 6.53	
Dumrath, Katharina, beurl.	20.12.90	15. 1.58	
Mauruschat, Bernd	1. 3.91	28. 1.58	
Elsner, Michael	1. 3.91	2. 4.58	
Seidl, Peter	1.10.91	4. 2.54	
Stauder, Günter	4.11.91	21.12.55	
Pankoke, Maren, 1/2, beurl.	1. 1.92	29. 5.59	
Klevesahl, Claudia	24. 5.92	8. 4.63	
Raabe, Cornelia	4. 7.92	11.12.58	
Schmidt-Baumann, Rainer	22. 9.92	9.12.57	
Zeppan, Winfried	22. 9.92	22. 9.59	
Gies, Bernd Willy	1.12.92	14. 2.58	
Blanke-Roeser, Christina, 1/2, beurl.	16. 2.93	15.11.58	
Kappel, Michael	14. 4.93	1. 5.61	
Boddin, Carsten	17. 5.93	23. 9.62	
Keunecke, Jörg	1. 6.93	20. 5.61	
Zeppan, Annette, 1/2	16. 7.93	18. 2.60	
Schmädicke, Sabine, beurl.	3. 9.93	7. 1.64	
Dr. Ogiermann, Eva-Maria	11.10.93	9.12.59	
Rockel, Maike, 3/5, beurl.	—	—	
Wüllner, Christiane, 1/2, beurl.	15. 1.94	22. 2.60	
Hitziger, Uwe	1. 2.94	25. 5.59	
Kikwitzki, Michael	11. 2.94	21. 4.57	
Dr. Dopke, Friederike	1. 3.94	21. 8.61	
Hennig, Andrea, 1/2	—	—	
Wende, Kristina, 3/5	1. 8.94	8.12.60	
Menke, Gisela	15.11.94	13. 8.62	
Neddermeyer, Petra	17.11.94	28. 8.59	
Starosta, Monika, 1/2	1.12.94	5.10.61	
Niemeier, Martin	—	—	
Brinker, Gerhard	16.12.94	8. 3.62	
Dr. Junck, Robert	1. 4.95	20. 6.63	
Gerbl, Yvonne	11. 4.95		
Hantel-Maschke, Sabine, 1/2	27. 6.95	26. 2.62	
Dr. Janson, Gerald	—	—	
Rundholz, Matthias	15. 7.95	4. 1.59	
Gomoll, Eva	24.10.95	1. 3.63	
Meyer-Macheit, Monika, 3/5	29.10.95	1. 1.61	
Weick, Wiebke	1.11.95	10. 5.64	
Dr. Just, Renate	5. 1.96	7. 8.57	
Abel, Michael	24. 4.96	11. 5.61	
Heyen, Heyner	25. 6.96	26. 3.57	
Thies, Christine, 3/5	—	—	
Gereke, Barbara, 1/2	10. 1.97	18. 1.65	
Ohnemus, Corinna	11. 3.97	15. 3.61	
Dr. Bursch, Meike	17. 6.97	3. 1.65	
Voigt, Heiko	—	—	
Frombach, Nana	13. 1.98	26.11.66	
Mahnke, Lars	19. 2.98	7.11.59	
Lüders, Christian	3. 4.98	18. 4.58	
Hansen-Hoffmann, Kim	5. 6.98	5.12.65	
Koudmani, Christian	6. 8.98	5. 1.66	
Mönke, Tanja	15.10.98	24. 2.67	
Dr. Perschk, Wiebke, 1/2	2. 8.99	15.12.66	
Keller, Arnold	30. 9.99	28. 5.64	
Brezinsky, David Werner	1. 4.00	31. 7.66	
Wendel, Christian	23. 6.00	8. 8.65	
Hiersemenzel, Kathrin	12.10.00	23. 1.68	
Bongers, Elke, beurl.	12.10.00	29. 2.68	
Graue, Olaf	12.10.00	27. 5.68	
Zöllner, Wolfgang, 3/5	15.10.00	20. 4.67	
Sternsdorff, Sinja, 1/2, beurl.	25.11.00	12. 6.66	
Reimpell, Roland	14.12.00	21.10.69	
Dr. Venjakob, Franz	8. 2.01	9. 5.67	
Misch, Rolf-Peter	12. 2.01	1. 5.66	
Dr. Graue, Petra, 3/5	12. 2.01	28. 8.68	
Schakau, Ralf	20. 2.01	8.11.67	
Rinio, Carsten	20. 2.01	6. 3.67	
Thomas, Annette, beurl.	14. 5.01	8. 9.63	
Brümmer, Friederike, 3/5	14. 5.01	9. 5.68	
Adler, Marion	9. 8.01	29. 6.61	
Geis, Manuela-Rebecca, beurl.	31.10.01	19. 3.71	
Wegerich, Carsten	22. 1.02	20. 9.66	
Bochnick, Boris	22. 1.02	15.11.67	
Domröse, Claudia, beurl.	22. 1.02	30.11.67	
Bösenberg, Britta	22. 1.02	21. 8.71	
Mackowiak, Franzisca	5. 2.02	4.10.67	
Senger, Tanja	27. 2.02	27. 8.67	
Schmidt, Claudia, 1/2	13. 3.02	12. 3.66	
Lehmann, Arno	26. 6.02	23. 8.67	
Dr. Koch, Asja	26. 9.02	5. 2.70	
Rickert, Mona	26. 9.02	15. 7.70	
Pohlmann, Anne, 1/2	29.10.02	20. 4.71	
Paschkowski, Tim	20. 1.03	4. 3.69	
Glositzki, Tanja	20. 1.03	7. 6.69	
von Laffert, Berit	20. 3.03	5. 5.71	
Meesenburg, Brigitte	18. 6.03	28. 3.69	
Dr. Vyhnálek, Sascha, abg.	18. 6.03	3.12.70	
Dr. Fildhaut, Kathrin	19.11.03	30. 4.70	
Dr. Merz, Malte, abg.	26. 2.04	24. 2.72	
Todt, Henning	31. 3.04	10. 4.71	
Dr. Tilkorn, Meike, beurl.	24. 5.04	30. 9.71	
Müller-Gindullis, Inken	12. 8.04	12. 2.73	
Dr. Diettrich, Stefanie	5.11.04	30.12.70	

Richter/StA im Richterverhältnis auf Probe **HH**

Name			
Schubert, Torsten	5. 11. 04	22. 5. 70	
Dr. Röhrig, Lars	5. 11. 04	9. 1. 71	
Dr. Kühne, Astrid	18. 3. 05	9. 6. 73	
Dr. Wolke, Thorsten	14. 4. 05	4. 6. 70	
Koltze, Sebastian	14. 4. 05	29. 7. 71	
Liefländer, Petra	14. 4. 05	3. 8. 73	
Winchenbach, Hans	15. 6. 05	2. 5. 72	
Dr. Groth, Kristina, beurl.	12. 8. 05	20. 1. 73	
Kaiser, Anna, 4/5	12. 8. 05	30. 1. 75	
Plambeck, Henning, abg.	17. 8. 05	14. 5. 71	
Schulze, Sven	10. 11. 05	19. 7. 71	
Aßmann, Jürgen	10. 11. 05	5. 1. 73	
Kalcher, Circe	20. 1. 06	22. 12. 71	
Dr. Zahn, Gesche, beurl.	31. 1. 06	30. 12. 74	
Hillmer, Stephanie, 1/2	10. 3. 06	22. 11. 72	
Bornemann, Ulf	10. 3. 06	6. 5. 73	

Richterinnen/Richter und Staatsanwältinnen/Staatsanwälte im Richterverhältnis auf Probe

Name			
Zander-Rahn, Claudia, beurl.	15. 5. 92	5. 3. 61	
Seyfarth, Martina, beurl.	15. 9. 95	9. 5. 66	
Leptien-Köpp, Constanze, beurl.	20. 9. 99	10. 10. 69	
Wiemer, Andrea, beurl.	1. 3. 00	29. 10. 71	
Wendler, Cornelius	5. 8. 02	10. 7. 68	
Dr. Wünschmann, Antje	23. 8. 02	31. 8. 71	
Maguin-Mundinger, Caroline, beurl.	16. 12. 02	18. 6. 72	
Pohl, Silke	11. 3. 03	10. 7. 75	
Dr. Ziegert, Kathrin	2. 5. 03	8. 6. 73	
Dr. Tonner, Martin	2. 5. 03	12. 7. 73	
Jahnke, Aylin, abg.	2. 5. 03	21. 6. 76	
Dr. Schmitz-Valckenberg, Anna Maria	6. 5. 03	13. 6. 73	
Peters, Christian	1. 6. 03	7. 12. 73	
Dr. Heineke, Matthias	2. 6. 03	18. 5. 72	
Kauffmann, Julia	16. 6. 03	28. 12. 70	
Dr. Dietrich, Nicole, abg.	20. 6. 03	10. 01. 70	
Schramm, Arne	1. 8. 03	13. 5. 75	
Knappe, Corinna	1. 8. 03	12. 10. 75	
Krone, Karsten	1. 10. 03	14. 9. 72	
Dr. Korte, Benjamin, abg.	1. 10. 03	4. 5. 73	
Ellerbrock, Michael	1. 10. 03	11. 2. 74	
Dr. Tenorth-Sperschneider, Miriam	14. 10. 03	31. 5. 72	
Lück, Birte	14. 10. 03	4. 3. 76	
Bornmann, Michael	16. 10. 03	9. 10. 74	
Fellows, Dorothea	1. 11. 03	27. 12. 71	
Dr. Hansen, Solveig	3. 12. 03	11. 4. 75	
Trendl, Andrea	17. 12. 03	27. 8. 74	
Dr. Werner, Niels	2. 1. 04	26. 6. 76	
Dr. Stelljes, Volker, abg.	1. 4. 04	18. 9. 73	
Dr. Graf, Immo	6. 1. 04	8. 11. 71	
Gollnow, Svenja	9. 1. 04	25. 7. 75	
Kremeyer, Petra	19. 1. 04	1. 9. 73	
Wegerich, Lutz	27. 1. 04	1. 2. 72	
Rogge, Marcus	6. 2. 04	23. 4. 75	
Bövingloh, Carolin	6. 2. 04	9. 3. 76	
Grote, Carsten	1. 3. 04	23. 4. 74	
Schulz, Gesine	1. 3. 04	21. 12. 75	
Dr. Lohmann, Hans Christian, abg.	1. 3. 04	15. 3. 76	
Lux, Matthias	9. 3. 04	9. 2. 72	
Ude, Mathias	1. 4. 04	28. 4. 75	
Dauck, Kirsten	8. 4. 04	14. 3. 70	
Klose, Christine, beurl.	8. 4. 04	5. 8. 73	
Dr. Thon, Alkje	14. 4. 04	3. 7. 75	
Linden, Philipp	14. 4. 04	14. 9. 75	
Bergemann, Martina	15. 4. 04	11. 3. 69	
Dr. Witt, Alexander	18. 4. 04	23. 9. 74	
Mittler, Barbara	23. 4. 04	28. 1. 76	
Dr. Goetze, Hans-Henning Hilmar	3. 5. 04	1. 10. 69	
Dr. Büßer, Janko	1. 6. 04	26. 6. 72	
Dr. Bremer, Xenia	1. 7. 04	2. 8. 68	
Dr. Milke, Tile	8. 7. 04	18. 10. 73	
Dr. Neugärtner, Ilka	12. 7. 04	25. 1. 74	
Schwabe, Anja	13. 7. 04	2. 6. 75	
Ritz, Gabriele	20. 7. 04	—	
Dr. Bruinier, Stefan	1. 8. 04	2. 2. 75	
Dr. Clausen, Lars	1. 9. 04	22. 3. 72	
Weihrauch, Sebastian	1. 9. 04	24. 9. 75	
Quathamer, Silke	14. 9. 04	12. 12. 72	
Dr. Keudel, Anke	14. 9. 04	27. 1. 74	
Weber, Friederike	14. 9. 04	27. 10. 77	
Dr. Delfs, Sören	15. 9. 04	22. 4. 71	
Dr. Nawotki, Kathrin	15. 9. 04	21. 4. 75	
Schwill, Florian	20. 9. 04	27. 9. 74	
Dr. Lambiris, Andreas	1. 10. 04	3. 9. 74	
Ackermann, Ulf	4. 10. 04	9. 8. 75	
Dr. Kaiser, Julia	3. 1. 05	14. 2. 75	
Dr. Hannes, Miriam	7. 1. 05	1. 2. 73	
Dr. Paul, Annekatrin	1. 2. 05	27. 2. 76	
Dr. Baer, Sebastian	18. 2. 05	12. 1. 73	
Apelt, Christoph	1. 3. 05	14. 9. 71	
Billhardt, Sven-Holger	1. 3. 05	18. 9. 73	
Dr. Link, Philip	1. 3. 05	3. 4. 74	
Dr. Möller, Christian	15. 3. 05	25. 6. 74	

HH Richter/StA im Richterverhältnis auf Probe

Harks, Thomas	29. 3. 05	28. 10. 74	Kühne, Viviane	15. 9. 05	1. 4. 73
Oeser, Jessica	18. 4. 05	20. 5. 74	Dr. Tolkmitt, Jan		
Cramer, Verena	19. 4. 05	4. 3. 74	Christoffer	27. 9. 05	17. 5. 72
Dr. Scheschonka,			Zimmermann, Anne	1. 10. 05	8. 6. 77
Eva Martina	22. 4. 05	20. 9. 75	Dr. Gronau, Kerstin	10. 10. 05	—
Pfeiffer, Stefan	1. 6. 05	14. 6. 70	Loßmann, Marco	1. 11. 05	26. 12. 74
Trütner, Jörn	28. 6. 05	4. 4. 75	Dr. Witte, Sabine	1. 11. 05	20. 10. 73
Dr. Brauer, Markus	9. 9. 05	18. 11. 74	Dr. Holtmann, Clemens	1. 11. 05	2. 4. 76
Dr. Moldenhauer,			Nebelin, Beate	9. 11. 05	7. 12. 76
Gerwin	12. 9. 05	24. 9. 73	Greuß, Johanna	18. 11. 05	25. 10. 72
Dr. Grote, Holger	12. 9. 05	8. 1. 74	Sankol, Barry	14. 12. 05	18. 8. 77
Dr. Wölber, Jill Jessika	12. 9. 05	23. 10. 74	Dr. Brauer, Bianca	19. 12. 05	22. 4. 73
Dr. Das, Ira	12. 9. 05	25. 10. 74	Dr. Hillebrand, Katrin	1. 1. 06	29. 12. 76
Dr. Kaufmann,			Billen, Senta	1. 1. 06	12. 2. 77
Inka Katrin	12. 9. 05	10. 4. 75	Giere, Kathrin	21. 1. 06	9. 6. 75
Trautmann, Thies			Spendel, Rüdiger	1. 2. 06	14. 8. 67
Hendrik	12. 9. 05	30. 1. 77	Vuia, Mihai Angelo		
Dr. Millarg, Ivo Boris	13. 9. 05	—	Tiberiu	1. 2. 06	2. 9. 75

Hessen

6 092 891 Einwohner*

Hessisches Ministerium der Justiz

Luisenstr. 13, 65185 Wiesbaden
Postfach 31 69, 65021 Wiesbaden
Tel. (06 11) 32-0, Fax (06 11) 32 27 63
E-Mail: poststelle@hmdj.hessen.de
Pressestelle:
Tel. (06 11) 32 26 95, Fax (06 11) 32 26 91
E-Mail: pressestelle@hmdj.hessen.de

1 Min, 1 StaatsSekr + 1 LSt (StaatsSekr), 5 MinDgt, 6 LMinR, 7 MinR (B 2), 12 MinR (A 16), 26 RD, 11 ROR, 3 RR

Minister der Justiz
Banzer, Jürgen   23. 11. 05   17. 4. 55

Staatssekretär
Dr. Schäfer, Thomas   1. 11. 05   22. 2. 66

Ministerialdirigenten
Dr. Schultze, Werner   1. 12. 93   7. 4. 47
Dr. Sauer, Gotthard   1. 6. 96   19. 10. 42
Dr. Roos, Helmut   31. 1. 02   1. 4. 48
Dr. Fünfsinn, Helmut   30. 4. 02   4. 7. 54

Präsident des Justizprüfungsamtes
Derwort, Rüdiger   6. 11. 92   26. 3. 47

Leitende Ministerialräte
Britzke, Jörg   27. 4. 00   24. 10. 50
Prof. Dr. Hofmann,
  Werner   27. 4. 00   31. 12. 43

Ministerialrätinnen/Ministerialräte
Herrlein, Markus   20. 4. 04   26. 11. 57
Dr. Meilinger, Franz   19. 4. 00   20. 5. 52

Stand: 1.4.2004.

Störmer, Claudia   19. 4. 00   12. 12. 54
Knappik, Harald   1. 4. 02   3. 8. 46
Niemeyer, Heidrun   1. 4. 02   25. 7. 55
Dr. Christ, Egon   20. 4. 04   9. 8. 53

Mentz, Michael, abg.   16. 12. 94   14. 3. 47
Eckert, Rainer   13. 7. 98   14. 7. 49
Eicke, Eva Maria   1. 4. 02   23. 6. 57
Dr. Kanther, Wilhelm   20. 4. 04   3. 8. 65
Dr. Fuhrmann, Stefan, abg.   31. 10. 05   31. 8. 69

Regierungsdirektorinnen/Regierungsdirektoren
Märcz, Gerhard   —   —
Sever, Hans-Jürgen   19. 4. 00   23. 11. 43
Dr. Gutmann, Christine   18. 4. 01   29. 12. 60
Schulte, Werner   29. 10. 03   5. 5. 48
Weisbart, Claudia   29. 10. 03   15. 2. 57
Lob, Frank   20. 4. 04   16. 5. 52

Regierungsoberrätinnen/Regierungsoberräte
Petri, Manfred   18. 4. 01   5. 10. 45
Appel, Helene   1. 4. 03   9. 4. 50
Becker, Marita   1. 4. 03   26. 3. 55
Kräuter, Manfred   1. 4. 03   19. 3. 56

Regierungsrat z.A.
Rohde, Olaf   23. 11. 05   30. 8. 74

HE OLG-Bezirk Frankfurt am Main

Oberlandesgerichtsbezirk Frankfurt am Main

Bezirk: Land Hessen
Oberlandesgericht Frankfurt am Main mit 4 Zivilsenaten und 1 Senat für Familiensachen in Darmstadt sowie 3 Zivilsenaten und 1 Senat für Familiensachen in Kassel

9 Landgerichte:
Darmstadt, Frankfurt am Main, Fulda, Gießen, Hanau, Kassel, Limburg, Marburg, Wiesbaden

Kammern für *Handelssachen:*
Darmstadt 7, davon in Offenbach 3, Frankfurt am Main 16, Gießen 2, Hanau 2, Kassel 3, Limburg 2, Marburg 1, Wiesbaden 3

Kammern für *Baulandsachen:* Darmstadt, Kassel

46 Amtsgerichte, davon 5 mit 5 Zweigstellen

Schöffengerichte:

LGBez. Darmstadt:	Bensheim, Darmstadt, Dieburg, Groß-Gerau, Michelstadt u. Offenbach
LGBez. Frankfurt:	Frankfurt
LGBez. Fulda:	Bad Hersfeld, Fulda
LGBez. Gießen:	Alsfeld, Büdingen, Friedberg, Gießen u. Nidda
LGBez. Hanau:	Gelnhausen u. Hanau
LGBez. Kassel:	Eschwege u. Kassel
LGBez. Limburg:	Dillenburg, Limburg u. Wetzlar
LGBez. Marburg:	Marburg u. Schwalmstadt
LGBez. Wiesbaden:	Wiesbaden

Gemeinsames Schöffengericht für die Bezirke der Amtsgerichte, bei denen kein Schöffengericht gebildet wird, sind

für den AGBez.:	das Schöffengericht:
Fürth (Odenw.) u. Lampertheim:	Bensheim
Langen:	Darmstadt
Rüsselsheim:	Groß-Gerau
Seligenstadt:	Offenbach
Bad Homburg, Königstein u.Usingen:	Frankfurt a. Main
Hünfeld:	Fulda
Schlüchtern:	Gelnhausen
Rotenburg a. d. Fulda:	Bad Hersfeld
Korbach:	Fritzlar
Weilburg:	Limburg (Lahn)
Biedenkopf, Frankenberg a.d. Eder u. Kirchhain:	Marburg (Lahn)
Idstein, Rüdesheim u. Bad Schwalbach:	Wiesbaden

Familiengerichte:

LGBez. Darmstadt:	Bensheim, Darmstadt, Dieburg, Fürth, Groß-Gerau, Lampertheim, Langen, Michelstadt, Offenbach, Rüsselsheim u. Seligenstadt
LGBez. Frankfurt:	Frankfurt, Bad Homburg, Königstein u. Usingen
LGBez. Fulda:	Fulda u. Bad Hersfeld
LGBez. Gießen:	Alsfeld, Büdingen, Friedberg u. Gießen
LGBez. Hanau:	Gelnhausen u. Hanau
LGBez. Kassel:	Eschwege, Kassel, Korbach u. Melsungen
LGBez. Limburg:	Dillenburg, Weilburg u. Wetzlar
LGBez. Marburg:	Biedenkopf, Kirchhain u. Marburg
LGBez. Wiesbaden:	Rüdesheim, Bad Schwalbach u. Wiesbaden

Familiengericht für die Bezirke der Amtsgerichte, bei denen kein Familiengericht gebildet wird, ist

für den AGBez.:	das FamG:
Hünfeld:	Fulda
Rotenburg a. d. Fulda:	Bad Hersfeld
Nidda:	Büdingen
Schlüchtern:	Gelnhausen
Bad Arolsen:	Korbach
Fritzlar:	Melsungen
Limburg a. d. Lahn:	Weilburg
Frankenberg a. d. Eder:	Biedenkopf
Schwalmstadt:	Kirchhain
Idstein:	Bad Schwalbach

Landwirtschaftssachen werden in Hessen bei allen Amtsgerichten bearbeitet.

OLG-Bezirk Frankfurt am Main **HE**

Oberlandesgericht Frankfurt am Main

E 6 068 120
Zeil 42, 60313 Frankfurt am Main
Postfach 10 01 01, 60256 Frankfurt/M.
Tel. (0 69) 13 67-01, Fax (0 69) 13 67-29 76
E-Mail: verwaltung@olg-frankfurt.justiz.hessen.de
Pressestelle: Tel. (0 69) 13 67-29 02, Fax (0 69) 13 67-23 40
E-Mail: pressestelle@olg-frankfurt.justiz.hessen.de
www.olg-frankfurt.justiz.hessen.de
Zivilsenate in Darmstadt
Julius-Reiber-Str. 15, 64293 Darmstadt
Tel. (0 61 51) 12-1, Fax (0 61 51) 12-83 57
E-Mail: verwaltung@olg-senate-darmstadt.justiz.hessen.de
Senat für Familiensachen in Darmstadt
Steubenplatz 14, 64293 Darmstadt
Tel. (0 61 51) 8 04-04, Fax (0 61 51) 8 04-2 50
E-Mail: verwaltung@olg-senate-darmstadt.justiz.hessen.de
Zivilsenate und Senat für Familiensachen in Kassel
Frankfurter Str. 11, 34117 Kassel
Tel. (05 61) 9 12-0, Fax (05 61) 9 12-28 00
E-Mail: verwaltung@olg-senate-kassel.justiz.hessen.de

1 Pr, 1 VPr, 30 VR, 104 R (davon 6 LSt kw und 1 LSt für UProf im weiteren Hauptamt)

Präsidentin
Aumüller, Thomas	17. 7. 06	23. 3. 49	

Vizepräsident
Schroers, Jochen	14. 5. 01	4. 11. 44	

Vorsitzende Richterinnen/Vorsitzende Richter
Dr. Eschweiler, Peter	1. 8. 88	15. 5. 41	
Dr. Hartleib, Rudolf	17. 12. 93	30. 5. 43	
Dembowski, Jürgen	1. 5. 94	16. 7. 42	
Dr. Däther, Gerd	31. 3. 95	4. 2. 44	
Dr. Reubold, Ludwig	31. 1. 96	28. 6. 41	
Dr. König-Ouvrier, Ingelore	19. 12. 96	30. 8. 45	
Koester, Manfred	20. 12. 96	9. 7. 41	
Dr. Zeiher, Karlheinz	15. 7. 99	21. 2. 46	
Dr. Dittrich, Christian	29. 9. 00	26. 12. 44	
Nordmeier, Bodo	8. 2. 02	3. 12. 48	
Hucke, Bernd	2. 7. 02	21. 9. 52	
Jachmann, Rainulf	12. 8. 02	23. 6. 43	
Dr. Nassauer, Friedemann	12. 8. 02	24. 4. 48	
Dr. Feuerbach, Uwe	8. 10. 02	27. 9. 44	
Dr. Stump, Ulrich	8. 10. 02	10. 2. 50	
Noll, Manfred	31. 3. 03	20. 7. 47	
Dr. Zickler, Olaf	19. 5. 03	28. 10. 42	
Gürtler, Klaus	2. 7. 03	30. 10. 44	
le Boer-Engelhard, Heike	2. 7. 03	5. 3. 45	
Frank, Wolfgang	1. 10. 03	26. 7. 44	
Dr. Schwarz, Arno	19. 12. 03	15. 12. 48	
Dittrich, Elisabeth	7. 7. 04	3. 2. 48	
Harder, Diethelm	15. 11. 04	9. 4. 43	
Juncker, Jürgen	15. 11. 04	25. 5. 43	
Maruhn, Jürgen	15. 11. 04	9. 1. 48	
Dr. Pfeifer, Barbara	15. 11. 04	30. 6. 52	
Martenstein, Peter	25. 7. 05	2. 8. 49	
Falk, Georg-Dietrich	1. 8. 05	5. 8. 49	
Knauff, Gerhard	15. 12. 05	18. 1. 48	
Bickel, Eckhard	1. 2. 06	31. 5. 51	

Richterinnen/Richter
Kern, Rainer	1. 11. 81	20. 4. 42	
Kleinle, Friedrich	17. 11. 86	6. 7. 46	
Held, Karlheinz	1. 4. 87	18. 9. 46	
Diehl, Heinz	6. 5. 87	5. 4. 44	
Rathgeber, Martin	1. 7. 87	16. 4. 45	
Dr. Bauermann, Uwe	29. 11. 88	30. 6. 43	
Thessinga, Klaus Dieter	7. 3. 89	29. 7. 48	
Dr. Kessler, Michael	31. 10. 89	6. 12. 47	
Krämer, Werner	26. 3. 90	2. 5. 49	
Dr. Walter, Franz-Robert	17. 5. 90	—	
Strücker-Pitz, Helga	1. 8. 90	6. 5. 43	
Kirschbaum, Günter	1. 8. 90	29. 10. 44	
Michalik, Sieglinde	26. 9. 90	13. 2. 50	
Stamm, Karl	23. 11. 90	28. 1. 44	
Weber, Manfred	20. 12. 90	5. 6. 47	
Kirsch, Wolfgang	30. 9. 91	9. 1. 44	
Dr. Müller-Metz, Reinhard	13. 1. 92	7. 9. 50	

HE OLG-Bezirk Frankfurt am Main — LG-Bezirk Darmstadt

Name	Datum 1	Datum 2
Scharf, Jürgen	24. 1. 92	18. 9. 49
Berkhoff, Claus	27. 3. 92	28. 7. 47
Dr. Haberstroh, Dieter	1. 3. 93	12. 9. 51
Kagerer, Angelika	29. 4. 93	20. 3. 52
Dr. Müller-Engelmann, Kurt Peter, abg.	22. 7. 93	16. 8. 46
Dr. Gebhardt, Christoph	23. 12. 93	20. 3. 50
Dr. Oberheim, Rainer	23. 12. 93	18. 2. 54
Schulz, Reinhold	21. 3. 94	2. 8. 50
Lange, Angelika	25. 4. 94	10. 5. 45
Ostermöller, Jürgen	22. 12. 94	27. 5. 49
Carl, Eberhard	1. 7. 95	15. 3. 47
Grabowski, Eckhard	25. 7. 95	24. 9. 48
Janzen, Siegfried	27. 11. 95	25. 8. 50
Dr. Zeitz, Dietmar	27. 11. 95	29. 6. 53
Landmann, Hetta	20. 12. 96	13. 9. 43
Dr. Weber, Wolfgang	20. 12. 96	11. 3. 51
Haase, Renate	28. 2. 97	5. 5. 46
Treml, Hans-Werner	1. 9. 97	16. 9. 54
Andrée, Carola	1. 9. 97	27. 10. 55
Dr. Boerner, Annette	1. 9. 97	1. 3. 58
Prof. Dr. Backhaus, Ralph	5. 11. 97	9. 11. 50
Dr. Schellenberg, Frank	23. 12. 97	24. 2. 57
Zimmer, Norbert	1. 6. 98	25. 6. 52
Diehl, Gretel	1. 6. 98	11. 4. 55
Kölsch, Rainer	1. 12. 98	6. 3. 54
Bloch, Joachim	1. 12. 98	8. 8. 60
Paul, Martina	1. 9. 99	4. 3. 55
Pohl, Klaus	15. 6. 00	4. 2. 50
von Lipinski, Rudolf	1. 7. 00	4. 3. 48
Dr. Deichmann, Marco	10. 10. 00	10. 2. 60
Rauscher, Jürgen	27. 12. 00	22. 7. 60
Zeibig-Düngen, Jutta	15. 1. 01	12. 5. 57
Kruske, Michael	1. 3. 01	21. 2. 58
Bebendorf, Sylvia	21. 3. 01	5. 11. 50
Dr. Schmidt-Speicher, Ursula	21. 3. 01	25. 10. 54
Schmitt-Michalowitz,	21. 3. 01	4. 8. 56
Dr. Schäfer, Jürgen	8. 10. 01	28. 10. 62
Wolffram-Falk, Thomas	10. 10. 01	13. 12. 48
Barz, Hans Peter	16. 10. 01	10. 1. 52
Sunder, Thomas	17. 12. 01	28. 10. 57
Hausmann, Ursula	18. 12. 01	11. 6. 51
Stahl, Michael	18. 12. 01	4. 4. 54
Schröder, Ulrich	14. 2. 02	9. 3. 60
Dr. Fritz, Dieter	5. 7. 02	4. 3. 58
Collin, Sibylle	5. 7. 02	21. 4. 58
Venz-Hampe, Gabriele-Carola	22. 7. 02	13. 10. 57
Schwamb, Werner	25. 9. 02	27. 6. 57
Nöhre, Ingo	—	—
Bethe, Sabine	31. 3. 03	20. 12. 63
Huckenbeck, Albrecht	31. 3. 03	13. 6. 60
Menz, Renate	31. 3. 03	27. 4. 49
Dr. Rennig, Christoph	31. 3. 03	8. 6. 54
Wagner, Jürgen	19. 5. 03	28. 10. 57
Dr. Meckel, Astrid	19. 5. 03	23. 9. 64
Hirz-Weiser, Dagmar	5. 6. 03	26. 2. 56
Seidl, Rolf	16. 6. 03	24. 8. 53
Becker, Hatmut	1. 7. 03	13. 6. 62
Gestefeld, Wolf Dietrich	1. 9. 03	26. 7. 47
Schweitzer, Karl-Heinz	2. 10. 03	1. 7. 50
Theis, Christa	15. 1. 04	16. 12. 58
Göhre, Stefan	1. 2. 04	11. 6. 61
Beck, Manfred	1. 5. 04	5. 2. 60
Dr. Bub, Peter	1. 5. 04	13. 10. 61
Boesken, Cai Adrian, abg.	1. 10. 04	30. 6. 58
Dr. Maier, Klaus, abg.	1. 10. 04	19. 11. 62
Grünert, Elke	1. 10. 04	21. 5. 64
Richter, Rolf, abg.	1. 10. 04	25. 2. 66
Dr. Seitz, Alexander, abg.	1. 10. 04	9. 3. 67
Dr. Poseck, Roman, abg.	1. 10. 04	16. 3. 70
Busch, Hanno	15. 11. 04	26. 3. 59
Dr. Bünger, Ralph-Ernst, abg.	15. 11. 04	16. 1. 63
Dr. Römer, Ruth	1. 3. 05	1. 5. 60
Kirchhoff, Guido	1. 7. 05	14. 11. 57
Hellwig, Heinrich, abg.	28. 7. 05	12. 6. 43
Dr. Schartl, Reinhard	1. 8. 05	9. 5. 55
Bogner, Maria-Luise	1. 8. 05	18. 2. 58
Grün, Klaus Jürgen	1. 8. 05	6. 12. 60
Müller, Karin	15. 8. 05	19. 6. 58
Krauskopf, Bernd	30. 1. 06	18. 10. 60

Weitere Stellen für Richter am Oberlandesgericht sind besetzt. Namen und Personaldaten der Stelleninhaber sind nicht übermittelt worden.

Landgerichtsbezirk Darmstadt

Landgericht Darmstadt   E 1 507 315
Mathildenplatz 13, 64283 Darmstadt
Tel. (0 61 51) 12-0, Fax (0 61 51) 12 59 17
E-Mail: verwaltung@lg-darmstadt.justiz.hessen.de

1 Pr, 1 VPr, 33 VR, 46 R + 3 × 1/2 R + 14 LSt (R)

Präsident

| N. N. | — | — |

Vizepräsidentin

| Schichor, Petra | 11. 10. 04 | 16. 6. 56 |

Vorsitzende Richterinnen/Vorsitzende Richter

Seitz, Folker	1. 8. 84	22. 9. 4?
Diesing, Otto	1. 8. 84	28. 10. 4?
Baumgart, Michael	1. 4. 85	14. 11. 4?
Keller, Christian	1. 7. 85	17. 10. 4?
Pranz, Hein-Uwe	1. 8. 86	29. 10. 4?
Pani, Alfred	1. 1. 88	10. 8. 4?

LG-Bezirk Darmstadt

Spengler, Horst	1. 3.88	14.10.46
Radke, Klaus	1. 5.89	25. 9.46
King, Dietlinde	1.11.90	18.11.43
Wenz, Rainer	1. 9.92	11. 2.50
Engeholm, Rolf	1.11.92	17. 4.44
Delp, Charlotte	—	—
Lachmund, Günter	1.11.94	5. 1.51
Wellenreuther, Harald	1. 3.95	23. 9.56
Emmenthal, Ursula	1. 8.96	26. 9.54
Buss, Rainer	1. 2.97	26.12.51
Sagebiel, Thomas	1.11.99	5. 5.56
Schäfer, Werner	1. 5.00	6. 7.55
Breuer, Christoph	7. 9.00	25. 2.53
Jakobi, Rainer	1. 3.01	24. 9.57
Mrugalla, Stefan	1. 7.01	22.10.57
Dr. Trapp, Christoph	23. 4.02	12. 8.61
Aßling, Jens	3. 2.03	8. 2.61
Hartmann-Grimm, Cornelia	22. 5.03	12.12.57
Eisfeld, Ulrich	1.12.04	21. 4.61
Wagner, Volker	19.12.05	6. 4.59
Dr. Griem, Jürgen	19.12.05	11. 6.62
Petrzack, Jürgen	13. 1.06	8.11.60

Vier weitere Stellen für Vorsitzende Richterinnen/Richter sind besetzt. Namen und Personaldaten der Stelleninhaber werden nicht übermittelt.

Richterinnen/Richter

Knobloch, Uwe	18.10.75	16.12.44
Pfaff, Volker	24.11.78	—
Dr. Seemüller, Beate	1. 3.81	28. 3.49
Jaekel, Wilfried	3.11.82	13. 2.49
Kaben, Claudia	15. 3.83	5. 5.52
Blaeschke, Renate, ½	1. 3.86	15. 9.55
Jahn, Reinhold	1.10.89	9. 5.57
Pfannenschmidt, Christa, ½	4. 1.91	19. 9.57
Kullack, Peter	1. 8.92	3. 5.60
Happel, Lothar, abg. (LSt)	1.10.94	12. 4.61
Beate, Klaus	15. 4.95	2. 6.62
Dr. Rahlmeyer, Iris, ½	1. 8.95	31.12.61
Büchner, Ralf	9. 3.96	7. 4.61
Hubral, Dagmar	—	—
Bunk, Barbara	1. 7.96	27. 2.65
Koch, Astrid	4.10.96	19. 9.65
Schleicher, Markus	—	—
Winterer, Petra, ½	1. 8.97	5. 8.62
Lüders, Marc	8. 9.97	1. 9.62
Keller, Sylvia, ½	18. 2.99	8. 3.64
Schroff, Ingrid	2.11.99	11. 9.66
Schubert, Hans	8.11.99	3. 5.60
Becker, Joachim	24. 7.00	8.10.62
Dr. König, Benno	19. 2.01	13. 2.67
Duttiné, Yvonne (LSt)	24.10.01	21. 4.69

OLG-Bezirk Frankfurt am Main   HE

Hackenberg, Dobrina	4. 1.02	22.12.70
Ploenes, Susanne, ½	18. 8.02	16. 4.71
Pleyer, Daniela	30.12.02	30. 1.72
Dr. Kreiling, Jens-Peter, abg. (LSt)	9. 1.03	30. 4.66
Braum, Eric, abg. (LSt)	7. 2.03	15. 4.69
Rößler, Martin	14. 3.03	1.12.66
Usener, Svenja, ½	21. 4.04	3. 4.74
Dr. Roller, Klaus	2. 9.04	14. 3.71
Rieger, Isabel	4. 4.05	26. 3.74
Andres, Uta	4. 4.05	16. 5.75
Dr. Kaiser, Jochen	8. 4.05	19.10.70
Schmidt, Christine, abg. (LSt)	19. 7.05	6.12.70
Thoma, Anna (LSt)	21. 7.05	27. 6.74
Rohrer-Fischer, Ruth, abg. (LSt)	—	—

Acht weitere Stellen für Richterinnen/Richter sind besetzt. Namen und Personaldaten der Stelleninhaber werden nicht übermittelt.

Amtsgerichte

Bensheim   E 98 151
Wilhelmstr. 26, 64625 Bensheim
Tel. (0 62 51) 10 02-0
Fax (0 62 51) 10 02 33
E-Mail: verwaltung@ag-bensheim.justiz.hessen.de

1 Dir, 1 stVDir, 7 R + 1 × ½ R + 2 LSt (R)

Winterer, Klaus, Dir	—	—
Metzger-Carl, Renate, stVDir	1.10.80	7. 3.48
Ebert, Michael	1.10.93	14. 1.60
Keßler, Hans-Jürgen	—	—
Brakonier, Rainer	6.10.94	12. 3.59
Haas, Sigurd	4. 7.95	29.12.61
Dr. König, Imke, ½, abg. (LSt)	14.11.00	16.12.67
Dr. Sauer, Patrick	7.11.01	1. 4.71

Eine weitere Stelle für Richterinnen/Richter am Amtsgericht ist besetzt. Namen und Personaldaten der Stelleninhaber werden nicht übermittelt.

Darmstadt   E 303 756
Mathildenplatz 12, 64283 Darmstadt
Postfach 11 09 51, 64224 Darmstadt
Tel. (0 61 51) 9 92-0
Fax (0 61 51) 9 92-50 50
E-Mail: verwaltung@ag-darmstadt.justiz.hessen.de
www.ag-darmstadt.justiz.hessen.de

1 Pr, 1 VPr, 3 w.aufsR, 31 R + 3 × ½ R

HE OLG-Bezirk Frankfurt am Main   LG-Bezirk Darmstadt

Präsident
Erbrecht, Werner 1. 12. 02 23. 8. 42

Vizepräsident
Blanke, Martin 1. 10. 96 3. 12. 48

weitere aufsichtführende Richterin/Richter
Hofmann, Wolfgang 11. 12. 01 26. 12. 46
Rathgeber, Stefan 11. 12. 01 11. 11. 49
Müller-Frank, Johanna 1. 7. 03 19. 5. 55

Richterinnen/Richter
Martin, Klaus 3. 8. 73 15. 10. 41
Engeholm, Christa 3. 5. 74 28. 5. 44
Ziegs, Klaus-Alfred 1. 6. 76 24. 9. 42
Reeg, Fritz Rüdiger 4. 6. 76 28. 7. 45
Zarbock, Petra 1. 7. 77 9. 2. 44
Stephan, Guido, abg. 19. 3. 80 9. 4. 47
Müller, Henning 3. 7. 80 25. 9. 50
Esch, Michael 8. 1. 82 3. 8. 47
Sand, Detlef 1. 8. 82 12. 9. 51
Schmidt, Klaus 2. 6. 83 23. 11. 51
Weldert, Susanne 1. 12. 85 13. 1. 55
Eckhard, Conrad 1. 3. 89 4. 3. 52
Albach, Teresa 30. 12. 91 1. 5. 59
Beil, Bruno 1. 3. 92 13. 12. 58
Goerke, Hans-Joachim 1. 2. 93 24. 4. 61
Kaschel, Petra 9. 9. 94 14. 5. 60
Eicke, Martina, beurl. 2. 3. 95 25. 7. 47
Malkmus, Markus 4. 3. 95 14. 3. 62
Rosenthal, Rebecca 5. 8. 97 1. 5. 58
Wutz, Michael 27. 3. 97 12. 6. 63
Dr. Ganster, Günther 5. 6. 01 12. 6. 67
Wallocha, Martin 2. 1. 02 4. 8. 70
Wacker, Dennis 7. 6. 02 1. 8. 67
Kästing, Daniel 21. 7. 03 3. 5. 74
Jungblut, Dagmar 2. 8. 04 4. 6. 72
Koop, Dolores 19. 8. 04 9. 12. 73

Sechs weitere Stellen für Richter am Amtsgericht sind besetzt. Namen und Personaldaten der Stelleninhaber sind nicht übermittelt worden.

Dieburg E 127 356
Bei der Erlesmühle 1, 64807 Dieburg
Tel. (0 60 71) 2 03-0, Fax (0 60 71) 2 11 26
E-Mail: verwaltung@ag-dieburg.justiz.hessen.de

1 Dir, 1 stVDir, 8 R

Blaeschke, Joachim, Dir 1. 6. 05 11. 5. 54
Garbas, Bernd Michael,
  stVDir 8. 2. 76 4. 11. 42
Porschitz, Ernst 15. 6. 85 6. 1. 55
Weiland, Walter 8. 9. 89 8. 8. 56
Dr. Oefner, Gerd 24. 4. 90 27. 12. 52

Roth, Thomas 17. 12. 93 5. 7. 59
Schäfer, Gerhard 1. 10. 01 6. 3. 69

Zwei weitere Stelle für Richter am Amtsgericht sind besetzt. Namen und Personaldaten der Stelleninhaber werden nicht übermittelt.

Fürth (Odenwald) E 75 669
Heppenheimer Str. 15, 64658 Fürth
Tel. (0 62 53) 2 08-0, Fax (0 62 53) 2 08 11
E-Mail: verwaltung@ag-fuerth.justiz.hessen.de

1 Dir, 4 R

Kratz, Volker, Dir 1. 8. 93 10. 4. 42
Latour, Martin 14. 11. 95 13. 7. 61
Tarara, Claudia, 1/2 2. 7. 96 18. 12. 62
Dr. Guthier, Torsten 2. 10. 04 10. 12. 70

Eine weitere Stelle für Richterinnen/Richter am Amtsgericht ist besetzt. Name und Personaldaten des Stelleninhabers werden nicht übermittelt.

Groß-Gerau E 165 080
Europaring 11-13, 64521 Groß-Gerau
Tel. (0 61 52) 1 70-02
Fax (0 61 52) 5 35 36
E-Mail: verwaltung@ag-gross-gerau.justiz.hessen.de

1 Dir, 1 stVDir, 11 R + 1 × 1/2 R

Dr. König, Hans-Jürgen,
  Dir 1. 10. 88 13. 12. 42
Marquardt, Ursula,
  stVDir, 2/3 15. 7. 85 23. 1. 56
Spitzner, Manfred 1. 12. 79 —
Grau, Alfred 3. 10. 80 16. 12. 48
Haußmann, Peter 2. 4. 82 15. 11. 4
Schrod, Helmut 1. 4. 84 16. 3. 4
Schweickert, Friedrich 1. 5. 84 10. 2. 54
Schüttler, Jutta 2. 3. 91 12. 10. 5
Zeuch, Dieter 2. 4. 94 18. 1. 6
Hanke, Thomas 13. 6. 97 4. 5. 6

Zwei weitere Stellen für Richterinnen/Richter am Amtsgericht sind besetzt. Namen und Personaldaten der Stelleninhaber werden nicht übermittelt.

Lampertheim E 92 688
Bürstadter Str. 1, 68623 Lampertheim
Tel. (0 62 06) 18 08-0
Fax (0 62 06) 18 08-43
E-Mail: verwaltung@ag-lampertheim.justiz.hessen.d

1 Dir, 6 R

Schwarz, Lothar, Dir 1. 10. 95 30. 10. 5
Tillmann, Felix-Josef 22. 12. 80 5. 2. 4
Schmidt, Bernd 15. 5. 95 1. 7. 6

LG-Bezirk Darmstadt   OLG-Bezirk Frankfurt am Main   **HE**

Heinrichs, Angelika	31. 3. 98	—
Dr. Glatz, Christian	3. 2. 00	24. 7. 65

Eine weitere Stelle für einen Richter am Amtsgericht ist besetzt. Name und Personaldaten des Stelleninhabers sind nicht übermittelt worden.

Langen (Hessen) E 111 836
Zimmerstr. 29, 63225 Langen
Postfach 12 60, 63202 Langen
Tel. (0 61 03) 5 91-02
Fax (0 61 03) 2 73 07
E-Mail: verwaltung@ag-langen.justiz.hessen.de

1 Dir, 1 stVDir, 6 R

Dr. Karliczek, Ernst, Dir	1. 10. 98	8. 3. 45
Vogelfänger, Maria-Anne, stVDir	20. 4. 79	30. 7. 50
Klein, Waltraud	1. 4. 74	21. 12. 42
Schwerer-Schulz, Mechthild, ½	1. 10. 88	10. 9. 57
Lux, Peter	23. 2. 94	—
Prass, Kirstin	2. 8. 96	8. 3. 64
Dr. Michel, Sabine	19. 3. 97	4. 3. 61

Zwei weitere Stellen für Richterinnen/Richter am Amtsgericht sind besetzt. Namen und Personaldaten der Stelleninhaber werden nicht übermittelt.

Michelstadt E 100 296
Erbacher Str. 47, 64720 Michelstadt
Tel. (0 60 61) 7 08-0
Fax (0 60 61) 7 08 68
E-Mail:
verwaltung@ag-michelstadt.justiz.hessen.de

1 Dir, 6 R

Dr. Kitz, Wolfgang, Dir	1. 11. 85	17. 11. 44
Hering, Steffen	3. 10. 76	15. 2. 45
Opel, Robert	15. 12. 78	20. 5. 48
Schmied, Helmut	2. 1. 94	17. 4. 60

Drei weitere Stellen für Richter am Amtsgericht sind besetzt. Namen und Personaldaten der Stelleninhaber werden nicht übermittelt.

Offenbach am Main E 290 896
Kaiserstr. 16-18, 63065 Offenbach am Main
Tel. (0 69) 80 57-0
Fax (0 69) 80 57-50 01
E-Mail: verwaltung@ag-offenbach.justiz.hessen.de

Pr, 1 VPr, 4 w.aufsR, 26 R + 4 × ½ R + 2 × ¾ R, 1 LSt (R)

Präsident

Dr. Schreiber, Albrecht	30. 1. 06	27. 4. 57

Vizepräsident

Tulatz, Hans	1. 8. 96	11. 6. 46

weitere aufsichtführende Richterin/Richter

Gielau, Hans-Joachim	1. 12. 90	31. 3. 44
Heine, Siglinde	1. 3. 95	14. 12. 42
Habermann, Norbert	21. 12. 05	12. 11. 49

Richterinnen/Richter

Lassig, Jürgen	12. 7. 75	30. 11. 42
Gußmann, Dieter	1. 6. 76	12. 4. 45
Müller, Gerd	1. 9. 79	23. 8. 44
Herget, Kurt	15. 1. 82	26. 9. 51
Senf, Martin Jürgen	22. 6. 83	16. 2. 47
Dr. Winckler, Annemarie	10. 9. 87	25. 7. 53
Freyer, Thomas	16. 7. 90	12. 6. 56
Beck, Manfred	1. 4. 91	14. 1. 58
Gomille, Thomas	16. 4. 92	9. 6. 58
Dr. Fischer, Frank O.	26. 1. 93	7. 9. 61
Keim, Stefan	25. 7. 94	21. 1. 59
Gimmler, Andreas	2. 9. 94	4. 9. 62
Löffert, Gerhard	—	2. 1. 42
Roth, Manfred	—	29. 10. 46
Ruboks, Peter	—	29. 6. 59
Weimar, Volker, RkrA	19. 12. 05	12. 9. 61

Rüsselsheim E 87 244
Joh.-Seb.-Bach-Str. 45, 65428 Rüsselsheim
Tel. (0 61 42) 2 03-0, Fax (0 61 42) 2 03-1 00
E-Mail:
verwaltung@ag-ruesselsheim.justiz.hessen.de

1 Dir, 6 R + 2 × ½ R, 1 LSt (R)

Kramer, Peter, Dir	1. 2. 06	5. 3. 53
Döbbert, Klaus	2. 1. 78	13. 12. 47
Schiele, Werner	1. 4. 78	3. 11. 47
Niedermaier, Lothar	—	—
Paulus, Karin, beurl. (LSt)	7. 7. 83	9. 7. 44
Dr. Thirolf, Rudolf	3. 1. 89	24. 9. 55
Köster, Inge	—	—
Klein, Marion, (LSt)	4. 10. 96	—

Seligenstadt E 86 452
Klein-Welzheimer Str. 1, 63500 Seligenstadt
Tel. (0 61 82) 9 31-0, Fax (0 61 82) 9 31-1 01
E-Mail:
verwaltung@ag-seligenstadt.justiz.hessen.de

1 Dir, 5 R + 1x ½ R, 1 LSt (R)

Wolf, Gerhard, Dir	1. 8. 96	12. 6. 45
Broll, Elke	1. 11. 82	25. 6. 51
Daubner, Anke	1. 7. 91	2. 4. 60
Wippich, Jörg	16. 5. 94	24. 4. 58
Jilg, Richard	1. 4. 96	12. 7. 58
Behncken, Sascha	2. 3. 06	4. 2. 73

Landgerichtsbezirk Frankfurt am Main

Landgericht Frankfurt am Main E 1 061 619
Gerichtsstr. 2, 60313 Frankfurt am Main
60256 Frankfurt am Main
Tel. (0 69) 13 67-01
Fax (0 69) 13 67-60 50
E-Mail: verwaltung@lg-frankfurt.justiz.hessen.de
www.lg-frankfurt.justiz.hessen.de

Pressestelle Zivilsachen:
Tel. (0 69) 13 67-23 50, Fax (0 69) 13 67-62 64

Pressestelle Strafsachen:
Tel. (0 69) 13 67-27 75, Fax (0 69) 13 67-62 62

1 Pr, 1 VPr, 51 VR + 1 × ½ VR, 53 R + 1 × 0,7 R + 17 × ½ R, 3 LSt (VR) + 1 × ½ LSt (VR), 5 LSt (R) + 5 × ½ LSt (R)

Präsident

Kramer, Eberhard	1. 4. 96	20. 10. 42

Vizepräsidentin

Franke, Susanne	29. 11. 04	12. 6. 61

Vorsitzende Richterinnen/Vorsitzende Richter

Appel, Elke	1. 1. 85	13. 9. 41
Kermer, Hans	1. 2. 87	18. 1. 47
Schröder, Ulrike	1. 11. 87	—
Schaube, Egbert	19. 3. 88	3. 5. 42
Kehren, Thomas	1. 2. 89	4. 8. 49
Schier-Ammann, Birgitta	26. 11. 90	4. 9. 52
Wiens, Klaus	15. 3. 91	19. 9. 49
Prof. Dr. Seibert, Thomas-Michael, abg.	30. 12. 91	2. 2. 49
Großmann, Klaus	1. 9. 92	2. 10. 48
Böhm, Inge	5. 10. 92	1. 1. 44
Dr. Zimmermann, Horst	1. 8. 93	31. 10. 49
Estel, Thomas	2. 11. 94	2. 3. 49
Rau, Werner	25. 6. 95	31. 8. 49
Ort, Gundula, ½	1. 10. 95	12. 4. 45
Drescher, Klaus Dieter	23. 10. 96	26. 8. 51
Stock, Bärbel	17. 11. 97	4. 9. 56
Freier-Strauß, Maria-Katharina	23. 3. 98	27. 10. 47
Dr. Renk, Heidemarie	1. 12. 98	29. 11. 51
Möller, Stefan	1. 12. 98	26. 9. 56
Rau, Barbara	—	—
Dr. Müller, Jochen	16. 8. 99	10. 10. 57
Stark, Detlef	1. 1. 00	25. 4. 56
Bachl, Hans	22. 12. 00	27. 3. 45
Heß, Peter	13. 1. 00	22. 4. 48
Dr. Kögler, Matthias	13. 1. 00	15. 2. 53
Dr. Seyderhelm, Bernhard, abg.	22. 12. 00	3. 1. 57
Gerfin, Ulrich	1. 4. 01	16. 5. 45
Dr. Erhard, Christopher	1. 5. 01	23. 1. 58
Dr. Kurth, Frowin	2. 8. 01	15. 4. 55
Wösthoff, Meinrad	16. 10. 01	9. 4. 58
Dr. Müller, Martin	13. 12. 01	28. 8. 57
Eckhardt, Klaus	12. 2. 02	20. 11. 52
Simon, Albrecht	25. 4. 02	21. 6. 57
Rosenfeldt, Ingrid	12. 6. 02	22. 7. 54
Schmitz, Klaus	12. 6. 02	9. 10. 44
Kaiser-Klan, Volker	—	—
Striegl, Thomas	7. 10. 03	4. 4. 59
Bach, Martin	26. 4. 04	5. 2. 54
Nickel, Joachim	26. 4. 04	27. 8. 54
Sauer, Wolfram	26. 4. 04	27. 3. 59
Götz-Tallner, Claudia	5. 11. 04	10. 12. 62
Dr. Ott, Yvonne	5. 11. 04	25. 5. 63
Erlbruch, Ulrich	21. 12. 04	4. 6. 56
Jeßberger, Franz	6. 6. 05	7. 3. 49
Steitz, Uwe	29. 7. 05	23. 6. 61
Michalke, Kornelius	12. 1. 06	3. 11. 44

Weitere Stellen für Vorsitzende Richter am Landgericht sind besetzt. Namen und Personaldaten der Stelleninhaber sind nicht übermittelt worden.

Richterinnen/Richter

Esser, Jürgen	28. 8. 74	31. 3. 42
Olp, Gertie	21. 3. 78	22. 11. 47
Dr. Stüber, Jürgen	1. 10. 82	4. 8. 51
Rodrian, Imke	5. 6. 87	29. 11. 57
Tiefmann, Ingolf	9. 3. 89	23. 2. 54
Schwarzer, Marlis	2. 6. 89	20. 1. 58
Hefter, Christoph	20. 6. 91	3. 4. 59
Bonkas, Beate	9. 8. 94	2. 5. 62
Henrich, Karin, beurl.	27. 10. 95	12. 10. 63
Dr. Ostermann, Stefan	3. 11. 95	9. 2. 58
Weimann, Claudia, ½	7. 4. 97	5. 1. 63
Dittrich, Karin, ½	29. 11. 97	25. 1. 57
Butscher, Karin, ½	—	7. 1. 64
Dr. Schmidt, Christof	20. 9. 99	17. 2. 66
Holuschek, Claudia	21. 1. 00	29. 8. 66
Hoffmann, Fabian, abg.	4. 7. 00	4. 12. 66
Kopke, Cornelia	15. 9. 00	23. 2. 66
Steuernagel, Michael	25. 9. 00	12. 2. 63
Sina, Anja, beurl.	15. 6. 01	29. 6. 66
Rathmann, Jens	17. 6. 01	28. 10. 66
Zöller-Mirbach, Regina	21. 9. 01	26. 5. 53
Hartmann, Anja	21. 11. 01	30. 3. 63
Teychené, Anja Caroline, beurl.	11. 1. 02	8. 2. 71
Geyer, Stephanie, abg., beurl.	18. 1. 02	15. 3. 71
Dr. Immerschmidt, Jörn	3. 4. 02	16. 2. 66

LG-Bezirk Frankfurt am Main

Dr. Dr. Abramenko, Andrik, abg.	12. 7. 02	26. 10. 65
von Garmissen, Sabine	6. 10. 02	13. 1. 71
Lehmann-Fritzsche, Kai, 3/4	1. 11. 02	27. 4. 71
Natalello, Agnese	1. 2. 03	25. 10. 69
Heike, Inga	12. 3. 03	22. 10. 69
Kulik, Jens Peter	21. 7. 03	19. 2. 69
Rögler, Moritz	18. 9. 03	29. 12. 69
Dr. Bokelmann, Bettina, abg.	26. 9. 03	25. 9. 69
Dr. Klinger, Stefanie	1. 3. 04	29. 7. 70
Kurz, Gerold	1. 4. 04	7. 7. 56
Dr. von Arnim, Bianca	1. 4. 04	9. 6. 72
Schneider, Simone	7. 4. 04	26. 12. 67
Willoughby, Ulrike	25. 5. 04	—
El Duwaik, Alexander	2. 9. 04	9. 2. 70
Richter, Frank, LL.M.	2. 10. 04	26. 5. 69
Bell, Anja	3. 12. 04	29. 8. 73
Dr. Jahn, Isabel	2. 1. 05	18. 4. 73
Dr. Kochendörfer, Mathias	17. 1. 05	18. 5. 72
Dr. Stürtz, Britta	22. 3. 05	2. 1. 74
Brückmann, Meike	5. 5. 05	9. 6. 73
Laudi, Rainer	12. 5. 05	10. 4. 72
Böttner, Götz, abg.	15. 9. 05	26. 11. 73
Kämmerer, Daniel, abg.	17. 1. 06	17. 5. 69
Urbach, Eric	18. 1. 06	15. 8. 73
Meier, Mario	25. 1. 06	18. 7. 72
Lodzik, Kunigunde	2. 3. 06	19. 4. 72

Weitere Stellen für Richter am Landgericht sind besetzt. Namen und Personaldaten der Stelleninhaber sind nicht übermittelt worden.

Amtsgerichte

Bad Homburg v. d. Höhe E 129 847
Auf der Steinkaut 10-12, 61352 Bad Homburg
61343 Bad Homburg v. d. Höhe
Tel. (0 61 72) 4 05-0
Fax (0 61 72) 40 51 39
E-Mail:
verwaltung@ag-badhomburg.justiz.hessen.de
Pressestelle: Tel. (0 61 72) 4 05-1 61
Fax (0 61 72) 4 05-1 75

1 Dir, 1 stVDir, 11 R + 3 × 1/2 R, 1 LSt (R) +
2 × 1/2 LSt

Dr. Knauth, Joachim, Dir	26. 5. 03	9. 5. 44
Schmidt, Stephan R., stVDir	29. 7. 05	10. 9. 58
Orgaß, Günther, w.aufsR	27. 3. 95	15. 4. 46
Kopp-Salow, Ursula	4. 11. 88	28. 12. 56
Kurschat, Gudrun	3. 8. 92	6. 4. 55
Leichthammer, Marion	5. 10. 92	8. 5. 62

OLG-Bezirk Frankfurt am Main HE

Lange, Hartmut	12. 12. 94	29. 5. 62
Wegener, Susanne	14. 7. 98	20. 4. 66
Dr. Geis, Sabine	1. 8. 03	18. 7. 61

Weitere Stellen für Richter am Amtsgericht sind besetzt. Namen und Personaldaten der Stelleninhaber sind nicht übermittelt worden.

Frankfurt am Main E 818 582
Gerichtsstr. 2, 60256 Frankfurt
60313 Frankfurt
Tel. (0 69) 13 67-01
Fax (0 69) 13 67-20 30
E-Mail:
Verwaltung@ag-frankfurt.justiz.hessen.de
www.ag-frankfurt.justiz.hessen.de

1 Pr, 1 VPr, 14 w.aufsR + 2 × 1/2 w.aufsR, 94 R +
2 × 3/4 R + 19 × 1/2 R + 8,5 LSt (R)

Präsident

Dr. Bernard, Karl-Heinz	16. 10. 00	30. 11. 44

Vizepräsident

Olp, Bernhard	1. 2. 97	10. 07. 48

weitere aufsichtführende Richterinnen/Richter

Jakubski, Wolfgang	1. 10. 87	4. 2. 44
Höhler, Michael	1. 4. 88	9. 12. 46
Rink, Jürgen	1. 3. 95	14. 7. 42
Fröhlich, Jürgen	1. 7. 96	21. 7. 44
Meilinger, Günther	1. 2. 97	18. 1. 51
Dr. Haschtmann, Cornelia, 1/2	1. 6. 00	3. 1. 52
Hauptmann, Sylvia, 1/2	1. 6. 00	21. 10. 61
Mohr, Stefan	1. 7. 02	10. 8. 58
Vogel-Fingerhut, Ingrid	1. 3. 03	28. 6. 52

Richterinnen/Richter

Malcherek, Ulrike	1. 9. 74	24. 2. 43
Quirmbach, Rolf	15. 2. 76	27. 8. 44
Dirschoweit, Klaus	2. 7. 76	30. 3. 44
Tillmann, Johannes	1. 8. 77	15. 10. 46
Becker, Clemens	24. 7. 78	6. 8. 47
von Alvensleben, Elisabeth	20. 11. 78	19. 10. 45
Henrici, Ralph	11. 9. 79	19. 12. 48
Biernath, Hans-Ulrich	7. 7. 80	19. 8. 48
Fiebig, Thomas	1. 9. 80	9. 7. 49
Menz, Wolfgang	1. 7. 81	26. 5. 50
Wetscherka-Hildner, Birgit, 1/2	8. 3. 83	21. 11. 53
Dr. Mirtsching, Wolfram	22. 6. 83	3. 5. 47
Gönsch, Manfred	31. 8. 83	30. 10. 50
Kraushaar, Michael	3. 12. 85	20. 1. 56

HE   OLG-Bezirk Frankfurt am Main   LG-Bezirk Fulda

Pulch, Peter-Alexander	1. 11. 86	28. 5. 54
Knauth, Heike, 1/2	5. 3. 87	11. 4. 56
Jensch, Brigitte, 3/4	8. 7. 87	2. 10. 56
Meyer, Krimhild	13. 12. 88	24. 2. 50
Treuner, Regina	18. 1. 91	29. 5. 57
Reidenbach, Friedhelm	23. 3. 92	15. 5. 50
Pfaff, Rainer	25. 7. 94	15. 12. 61
Brandenfels, Thomas	14. 11. 94	1. 7. 62
Kraus, Reinhard	18. 12. 94	25. 12. 56
Blaschko, Peter	15. 1. 95	4. 4. 61
Cuntz-Fluck, Dietmar	1. 4. 95	9. 6. 57
Matzack, Michael	1. 4. 95	28. 11. 61
Kaufman, Ursula	10. 7. 95	13. 4. 50
Oberhauser, Ingrid	31. 10. 95	17. 4. 61
Konschak, Christof	25. 5. 96	23. 4. 64
Wagner, Eva-Maria	13. 6. 97	1. 9. 66
Angerer, Karin, 1/2	17. 2. 98	2. 5. 66
Weiß, Andreas	8. 3. 99	17. 10. 66
Rockemer, Axel	28. 10. 99	14. 3. 67
Wild, Bettina	23. 12. 99	11. 8. 66
Dr. Gronstedt, Dagmar, LL.M. (NWU), 1/2	21. 1. 00	24. 2. 64
Ostheimer, Petra, 1/2	14. 11. 00	3. 12. 68
Odrich, Walter	1. 6. 02	2. 3. 64
Sicks, Miriam	8. 1. 01	28. 2. 67
Haike, Dieter	22. 10. 02	22. 6. 51
Horn, Volker	1. 4. 03	26. 8. 68
Dr. Heilmann, Stefan	4. 6. 04	26. 2. 69
Dr. Kösch, Angelika	8. 6. 04	5. 11. 68
Schnorbus, Julia	28. 6. 04	22. 11. 71
Schmitt, Harald	6. 10. 04	21. 11. 68
Fendler, Heidi	1. 12. 04	22. 9. 69
Dr. Schößler, Frank	7. 12. 04	8. 7. 67

Weitere Stellen für Richter am Amtsgericht und für weitere aufsichtführende Richter sind besetzt. Namen und Personaldaten der Stelleninhaber sind nicht übermittelt worden.

Königstein im Taunus   E 115 027
Burgweg 9, 61462 Königstein
Postfach 11 49, 61451 Königstein
Tel. (0 61 74) 29 03-0
Fax (0 61 74) 29 03 33
E-Mail:
Verwaltung@ag-koenigstein.justiz.hessen.de
Pressestelle:
Tel. (0 61 74) 29 03-72
Fax (0 61 74) 29 03-74

1 Dir, 1 stVDir, 6 R + 4 × 1/2 R

Fritz, Elisabeth, Dir	17. 6. 05	24. 11. 55
Schneiderhan, Elke, stVDir	—	22. 1. 44
Oehm, Johannes-Georg	17. 4. 81	19. 9. 51

Ried, Gabriele, 1/2	—	9. 7. 55
Wolff, Sabine, 1/2	—	9. 7. 59
Weiskopf, Ulrich	—	—
Dr. Theimer, Clemens	15. 10. 01	7. 2. 61

Weitere Stellen für Richter am Amtsgericht sind besetzt. Namen und Personaldaten der Stelleninhaber sind nicht übermittelt worden.

Usingen   E 58 745
Weilburger Str. 2, 61250 Usingen
Postfach 12 20, 61242 Usingen
Tel. (0 60 81) 10 28-0, Fax (0 60 81) 10 28-13
E-Mail: verwaltung@ag-usingen.justiz.hessen.de
Pressestelle:
Tel. (0 60 81) 10 28-55
Fax (0 60 81) 10 28-58

1 Dir, 3 R

Cromm, Anneliese, Dir	14. 10. 02	20. 6. 54
Gierke, Martin	31. 3. 93	2. 9. 59
Wolf, Matthias	2. 10. 00	17. 9. 65

Eine weitere Stelle für Richter am Amtsgericht ist besetzt. Name und Personaldaten des Stelleninhabers sind nicht übermittelt worden.

Landgerichtsbezirk Fulda

Landgericht Fulda   E 348 927
Am Rosengarten 4, 36037 Fulda
Postfach 16 62, 36006 Fulda
Tel. (06 61) 9 24 02, Fax (06 61) 9 24 21 00
E-Mail: verwaltung@lg-fulda.justiz.hessen.de

1 Pr, 1 VPr, 4 VR, 8 R

Präsident

Schaumburg, Hans-Karl	6. 5. 02	22. 9. 4:

Vizepräsident

Dr. Löffler, Wolfgang	18. 4. 05	16. 3. 4*

Vorsitzende Richter

Dr. Geffert, Martin	3. 4. 87	22. 12. 4
Krisch, Peter	20. 9. 89	4. 10. 4
Dr. Hawran, Reinhard	1. 2. 97	4. 7. 5
Rützel, Reinhold	1. 8. 99	1. 3. 5

Richterin/Richter

Richter, Josef	1. 6. 93	15. 7. 5
Latsch, Jörg	1. 4. 96	1. 4. 6
Dr. Winkler, Harald	19. 11. 96	19. 10. 6

LG-Bezirk Gießen   OLG-Bezirk Frankfurt am Main   **HE**

Vörg, Corinna	22. 6. 01	11. 3. 71
Dr. Huda, Armin	1. 12. 01	6. 9. 67
Dr. Gescher, Philipp	6. 2. 02	25. 7. 69
Jahn, Ulrich	1. 5. 03	8. 12. 66
Dr. Liesching, Patrick	1. 8. 04	10. 2. 72

Amtsgerichte

Bad Hersfeld E 81 831
Dudenstr. 10, 36251 Bad Hersfeld
Tel. (0 66 21) 2 03-0, Fax (0 66 21) 2 03-402
E-Mail:
verwaltung@ag-badhersfeld.justiz.hessen.de

1 Dir, 1 stVDir, 6 R

Eimer, Hermann, Dir	15. 11. 91	8. 10. 47
Kilian-Bock, Michaela, stVDir	1. 10. 90	4. 10. 59
Leimbach, Dieter	17. 7. 88	26. 7. 55
Krusche, Michael	1. 5. 90	10. 12. 58
Jurczyk, Rainer	21. 5. 93	24. 1. 61
Schnelle, Elmar	11. 10. 95	14. 10. 59
Mondl, Heidrun	11. 10. 95	30. 6. 62

Fulda E 184 524
Königstr. 38, 36037 Fulda
Postfach 11 54, 36001 Fulda
Tel. (06 61) 9 24-23 00, Fax (06 61) 9 24 24 00
E-Mail: verwaltung@ag-fulda.justiz.hessen.de

1 Dir, 1 stVDir, 10 R + 4 × ¹/₂ R

Kreis, Joachim, Dir	18. 11. 02	23. 2. 49
Kleiss, Günther, stVDir	14. 3. 03	30. 7. 43
Ballmaier, Michael	19. 8. 77	22. 11. 43
Hofner, Günter	1. 9. 78	28. 12. 44
Krenzer, Christina	9. 3. 84	23. 12. 54
Wilbers, Lothar	1. 8. 86	10. 9. 53
Becker, Joachim	17. 12. 93	20. 3. 61
Mangelsdorf, Christoph	2. 1. 95	6. 6. 62
Stock, Karin	23. 9. 96	10. 2. 59
Wahl, Oliver	1. 12. 96	27. 3. 63
Winkler, Angela	1. 11. 00	8. 1. 69
Bax, Rainer	7. 1. 02	24. 2. 60
Grünkorn, Karolin	26. 8. 04	29. 12. 75
Vey, Michael	5. 5. 04	7. 7. 67
Lotz, Doreen	15. 9. 04	5. 2. 75

Hünfeld E 35 229
Hauptstraße 24, 36088 Hünfeld
Postfach, 36084 Hünfeld
Tel. (0 66 52) 6 00-01, Fax (0 66 52) 60 02 22
E-Mail: verwaltung@ag-huenfeld.justiz.hessen.de

1 Dir, 2 R + ¹/₂ R

Herbst, Josef, Dir	1. 4. 89	30. 4. 46
Lautenbach, Udo	29. 7. 91	23. 8. 59

Rotenburg (Fulda) E 47 505
Weidenberggasse 1, 36199 Rotenburg
Tel. (0 66 23) 8 15-0, Fax (0 66 23) 8 15 45
E-Mail: verwaltung@ag-rotenburg.justiz.hessen.de

1 Dir, 2 R + 1 × ¹/₂ R

Hasenkamp, Gerhard, Dir	2. 6. 03	1. 8. 41
Jungkurth, Harald	1. 1. 91	14. 10. 55
Dr. Schwarz, Rolf	1. 3. 95	10. 8. 60

Landgerichtsbezirk Gießen

Landgericht Gießen E 627 789
Ostanlage 15, 35390 Gießen
Postfach 11 16 04, 35387 Gießen
Tel. (06 41) 9 34-0, Fax (06 41) 9 34-14 41
E-Mail: verwaltung@lg-giessen.justiz.hessen.de
www.lg-giessen.justiz.hessen.de
Pressestelle Tel. (06 41) 9 34-12 49
Fax (06 41) 9 34-12 20
E-Mail: pressestelle@lg-giessen.justiz.hessen.de

1 Pr, 1 VPr, 9 VR, 13 R + 3 × ¹/₂ R + 2 LSt (R) +
2 × ¹/₂ LSt (R) + 1 LSt (UProf)

Präsident

Scheuer, Johann Nikolaus	1. 9. 05	7. 7. 50

Vizepräsident

Gatzka, Ralf	1. 1. 03	28. 4. 49

Vorsitzende Richterinnen/Vorsitzende Richter

Pfister, Peter	18. 3. 92	4. 2. 43
Demel, Bruno	17. 2. 97	15. 4. 50
Geilfus, Klaus-Peter	12. 10. 99	15. 6. 50
Dr. Nierwetberg, Rüdiger	1. 5. 00	2. 2. 55
Brühl, Gertraud	1. 8. 02	17. 6. 50
Lang, Klaus	19. 9. 02	16. 1. 55
Dr. Nink, Johannes	9. 12. 03	10. 10. 56
Frank, Dietrich	16. 3. 05	27. 7. 50
Bremer, Beate	25. 8. 05	27. 7. 61

Richterinnen/Richter

Keller, Ralf	5. 8. 90	25. 3. 60
Enders-Kunze, Regine, abg.	15. 4. 94	17. 1. 63
Schneider, Petra	1. 7. 94	2. 9. 64
Wiebusch, Dagmar	1. 10. 94	25. 7. 62
Schrader, Jürgen, abg.	2. 3. 95	15. 1. 61
Kleinmaier, Melanie	1. 4. 96	9. 9. 65

HE   OLG-Bezirk Frankfurt am Main   LG-Bezirk Gießen

Grün, Reinhard	1. 7. 96	5. 6. 62
Wack, Harald, abg. (LSt)	6. 7. 00	20. 10. 67
Dr. Teßmer, Dirk, abg. (LSt)	1. 1. 02	9. 5. 67
Meschkat, Elke	28. 1. 02	12. 9. 70
Tüllmann, Petra	19. 12. 02	23. 5. 70
Wallbott, André	5. 4. 04	29. 5. 72
Dr. Pöttgen, Reinhold	1. 9. 04	5. 6. 69
Wellenkötter, Andreas	1. 9. 04	9. 1. 72
Krampe-Bender, Karolin,		
½ LSt (R)	17. 12. 04	16. 12. 74
Söhnel, Heiko	14. 7. 05	20. 9. 71
Schnabel, Martin	11. 8. 05	11. 9. 74

Amtsgerichte

Alsfeld   E 95 681
Landgraf-Hermann-Straße 1, 36304 Alsfeld
Postfach 11 64, 36291 Alsfeld
Tel. (0 66 31) 8 02-0
Fax (0 66 31) 8 02-4 00, 4 01, 4 02
E-Mail: verwaltung@ag-alsfeld.justiz.hessen.de
www.ag-alsfeld.justiz.hessen.de
Pressestelle Tel. (0 66 31) 80 21 11
Fax (0 66 31) 80 24 00
E-Mail: dietwin.johannes.steinbach@ag-alsfeld.justiz.hessen.de

Zweigstelle in Lauterbach
Königsberger Straße 8, 36341 Lauterbach
Postfach 141, 36333 Lauterbach
Tel. (0 66 41) 96 17-0, Fax (0 66 41) 6 26 85
E-Mail:
verwaltungs@ag-lauterbach.justiz.hessen.de

1 Dir, 5 R + 2 × ½ R

Dr. Steinbach, Dietwin, Dir	18. 8. 03	29. 4. 58
Bücking, Rainer	1. 1. 77	31. 10. 44
Blasek, Brigitte	2. 6. 78	15. 5. 47
Laux, Eberhard, abg.	1. 6. 81	14. 10. 50
Noll, Edwin	2. 1. 92	4. 8. 60
Deisenroth, Andrea, ½	1. 1. 96	20. 12. 63
Dr. Wolf, Wilhelm, abg.	11. 8. 02	9. 3. 66
Knöß, Kathrin, ½	1. 8. 03	16. 12. 69

Büdingen   E 69 363
Stiegelwiese 1, 63654 Büdingen
Postfach 11 00, 63652 Büdingen
Tel. (0 60 42) 9 82-0, Fax (0 60 42) 9 82-1 01
E-Mail: verwaltung@ag-buedingen.justiz.hessen.de
www.ag-buedingen.justiz.hessen.de

1 Dir, 5 R + ½ LSt (R)

Rosenkranz, Mechthild,		
Dir, ¾	21. 4. 99	28. 5. 46

Holl, Winfried	15. 6. 85	22. 4. 50
Merle, Udo	1. 8. 86	2. 5. 53
Decker-Fischer, Sylvia	1. 10. 93	28. 9. 59
Knoche, Stefan	10. 2. 94	14. 9. 63
Jöntgen, Herbert	3. 8. 94	9. 10. 55

Friedberg (Hessen)   E 150 816
Homburger Str. 18, 61169 Friedberg (Hessen)
Postfach 10 01 61, 61141 Friedberg (Hessen)
Tel. (0 60 31) 6 03-0
Fax (0 60 31) 6 03-1 57
E-Mail: verwaltung@ag-friedberg.justiz.hessen.de
www.ag-friedberg.justiz.hessen.de

1 Dir, 1 stVDir, 1 w.aufsR, 8 R + 2 × ¾ R + 1 × ⁷⁄₁₀ R + 2 × ½ R + 2 × ½ LSt (R) + 1 × ¼ LSt (R) + 1 × ³⁄₁₀ LSt (R)

Tritt, Oskar, Dir	16. 9. 04	4. 6. 54
Mohr, Klaus, stVDir	25. 8. 94	6. 6. 48
Dr. Krämer, Klaus,		
w.aufsR	21. 6. 05	29. 3. 62
Metz, Hans-Jürgen	1. 10. 74	20. 10. 42
Knipper, Werner	6. 3. 75	23. 8. 43
Dr. Kimpel, Gerlinde, ¾	14. 12. 87	20. 8. 56
Kaiser, Michael	6. 8. 93	28. 9. 60
Deventer, Götz	1. 2. 99	19. 4. 61
König, Christoph	12. 2. 99	9. 4. 66
Fambach, Katja, ½ + ¼,		
¼ (LSt), beurl.	14. 11. 00	30. 12. 68
Schulz, Claudia, ⁷⁄₁₀ + ³⁄₁₀		
(LSt), beurl.	30. 12. 02	5. 3. 70
Dr. Fritzsche, Sebastian	18. 7. 03	14. 3. 74
Neidel, Peter, abg.	18. 8. 03	4. 2. 69
Franzke, Janine, ½	23. 12. 05	2. 12. 70
Dr. Westerkamp,		
Dominik, ½ LSt (R)	20. 1. 06	19. 6. 69

Eine weitere Stelle für eine/n Richter/in am Amtsgericht ist besetzt. Namen und Personaldaten des Stelleninhabers/der Stelleninhaberin sind nicht übermittelt worden.

Gießen   E 255.801
Gutfleischstr. 1, 35390 Gießen
Postfach 11 16 03, 35387 Gießen
Tel. (06 41) 9 34-0, Fax (06 41) 9 34-24 42

1 Pr, 1 VPr, 1 w.aufsR, 21 R + 2 × ½ R + 1 LSt (R)

Präsident

Schmidt, Hermann Josef	22. 12. 03	31. 3. 50

Vizepräsident

Dr. Oehm, Frank	1. 12. 04	8. 2. 60

LG-Bezirk Hanau　　　　　　　　　OLG-Bezirk Frankfurt am Main　　**HE**

weitere aufsichtführende Richterin
Büger, Ulrike　　　　　　　　1. 12. 94　12. 7. 47

Richterinnen/Richter
Eimer, Klaus　　　　　　　　1. 6. 74　24. 10. 43
Dr. Kant, Detlef　　　　　　　7. 11. 75　7. 7. 43
Stiebeling, Ludwig　　　　　　2. 5. 76　16. 7. 46
Schäfer-Töpper, Marianne　　9. 12. 76　2. 8. 45
Helbing, Wolfgang　　　　　　2. 3. 78　26. 8. 45
Dr. Dittrich, Johannes　　　　23. 10. 79　3. 11. 48
Hendricks, Wolfgang　　　　　21. 11. 80　13. 7. 50
Jesse, Klaus Peter　　　　　　3. 3. 83　5. 10. 52
Gotthardt, Rainer Rudolf　　　1. 7. 83　13. 10. 50
Wendel, Michael　　　　　　　17. 10. 84　9. 8. 52
Breininger, Werner　　　　　　9. 7. 87　1. 3. 54
Seim, Burkhard　　　　　　　　1. 10. 87　15. 6. 56
Reuling, Udo　　　　　　　　　9. 5. 89　14. 4. 55
Demel, Sabine　　　　　　　　1. 9. 89　9. 6. 57
Mengel, Beate　　　　　　　　20. 9. 91　8. 4. 60
Tremmel-Schön, Sabine　　　　15. 3. 94　5. 12. 60
Fouladfar, Maddalena　　　　　6. 9. 94　15. 11. 57
Knell, Thorsten　　　　　　　　1. 4. 95　18. 7. 61
Kaufmann, Antje　　　　　　　1. 6. 95　8. 12. 61
Henne, Dorothee, abg.　　　　24. 7. 01　16. 2. 60
Gehlsen, Susanne　　　　　　　7. 1. 02　12. 4. 68
Keßler-Bechtold, Astrid　　　　2. 11. 02　4. 3. 65
Mann, Angelika, beurl.　　　　1. 7. 04　2. 10. 68

Nidda　E 56 128
Schloßgasse 23, 63667 Nidda
Postfach 11 40, 63658 Nidda
Tel. (0 60 43) 80 03-0, Fax (0 60 43) 80 03 29, 80 03 49
E-Mail: Verwaltung@ag-nidda.justiz.hessen.de

1 Dir, 1 R + 2 × ¾ R

Hössl, Christoph, Dir　　　　　20. 12. 96　7. 2. 48
Seichter, Jürgen　　　　　　　1. 7. 85　19. 5. 55
Fountzopoulos, Aliki, ¾　　　　1. 9. 97　5. 4. 64
Jansen-Matthies, Britta, ¾　　20. 3. 98　16. 1. 63

Landgerichtsbezirk Hanau

Landgericht Hanau　E 402 399
Nußallee 17, 63450 Hanau
Postfach 16 39, 63406 Hanau
Tel. (0 61 81) 2 97-0
Fax (0 61 81) 2 97-1 01 Verwaltung
E-Mail: Verwaltung@lg-hanau.justiz.hessen.de

1 Pr, 1 VPr, 9 VR, 14 R

Präsident
Dr. Mößinger, Rainer　　　　　30. 10. 00　31. 5. 45

Vizepräsident
Dr. Uffelmann, Manfred　　　　28. 7. 98　1. 12. 46

Vorsitzende Richterinnen/Vorsitzende Richter
Strieder, Peter　　　　　　　　1. 1. 89　17. 2. 44
Dr. Frech, Klaus　　　　　　　30. 10. 89　30. 5. 44
Scheuermann, Ulrich　　　　　19. 8. 93　4. 1. 52
Edelmann, Regina　　　　　　　25. 10. 96　6. 4. 57
Kling-Distel, Jutta　　　　　　12. 11. 98　9. 3. 58
Fischer, Erich, abg.　　　　　　12. 1. 00　6. 3. 56
Dr. Saur, Günther　　　　　　31. 7. 01　30. 12. 57
Dr. Graßmück, Peter　　　　　13. 12. 01　12. 7. 58
Peter, Angela　　　　　　　　　7. 4. 05　20. 4. 60

Richterinnen/Richter
Jorda, Dietmar　　　　　　　　18. 2. 90　16. 3. 56
Koubek, Peter　　　　　　　　13. 7. 92　22. 11. 60
Oberländer, Jörg　　　　　　　14. 10. 94　7. 11. 61
Hauffen, Silvia　　　　　　　　10. 2. 95　12. 8. 62
Schott-Pfeifer, Petra, abg.　　29. 12. 95　15. 3. 63
Götting, Eva-Maria　　　　　　15. 4. 99　28. 5. 67
Dr. Stark, Alexandra　　　　　21. 2. 00　8. 10. 67
Dr. Buxbaum, Carmen　　　　19. 10. 01　2. 11. 66
Bahl, Oliver　　　　　　　　　17. 5. 02　3. 3. 69
Oberländer, Coretta　　　　　4. 10. 02　6. 10. 69
Dr. Koller, Christoph　　　　　25. 7. 03　3. 10. 66
Dr. Stiller, Tanja　　　　　　　26. 8. 03　21. 1. 73

Eine weitere Stelle für Richter am Landgericht ist besetzt. Name und Personaldaten des Stelleninhabers sind nicht übermittelt worden.

Amtsgerichte

Gelnhausen　E 115 220
Philipp-Reis-Str. 9, 63571 Gelnhausen
Tel. (0 60 51) 8 29-0
Fax (0 60 51) 82 92 59
E-Mail:
Verwaltung@ag-gelnhausen.justiz.hessen.de

1 Dir, 1 w.aufsR, 7 R

Kuhls, Rainer, Dir　　　　　　14. 10. 85　8. 10. 44
Haas, Sigrid, w.aufsR　　　　28. 8. 95　8. 10. 53
Heischmann, Wolf-Dieter　　　1. 10. 81　27. 9. 43
Martin, Hans-Joachim　　　　　1. 10. 81　5. 2. 49
Heyter, Angela　　　　　　　　16. 9. 93　1. 5. 60
Pirlich-Kraus, Carsta　　　　　10. 1. 97　14. 2. 61

HE OLG-Bezirk Frankfurt am Main — LG-Bezirk Kassel

Dr. Böttge, Sabine	18. 10. 99	20. 9. 57
Ockert, Petra	1. 8. 03	10. 7. 66

Eine weitere Stelle für Richter am Amtsgericht ist besetzt. Name und Personaldaten des Stelleninhabers sind nicht übermittelt worden.

Hanau E 236 252
Nußallee 17, 63450 Hanau
Tel. (0 61 81) 2 97-0
Telex 4184 727-stah d
Fax (0 61 81) 29 74 40
E-Mail: Verwaltung@ag-hanau.justiz.hessen.de

1 Dir, 1 stVDir, 2 w.aufsR, 23 R

Droscha, Michael, Dir	12. 10. 99	5. 5. 48
N. N., stVDir	—	—
Pfeifer, Renate, w.aufsR	1. 8. 89	30. 9. 58
Posse, Reimar	27. 2. 76	15. 8. 43
Wagner-Kissel, Renate	15. 9. 76	6. 8. 45
Gräbner, Klaus	2. 1. 77	17. 5. 46
Dr. Wiesenberg, Claus	4. 7. 80	11. 3. 48
Hoos, Jochen	22. 9. 80	22. 4. 49
Gersitz, Wolfgang	5. 5. 81	2. 7. 51
Berner, Thomas	1. 7. 82	4. 9. 49
Kern, Axel	12. 9. 82	18. 12. 51
Jehring, Claudia	9. 4. 93	7. 5. 62
Stocklöw, Jürgen, abg.	2. 5. 93	27. 6. 61
Vetter, Volker	1. 10. 93	2. 9. 61
Zeyß, Andrea	18. 7. 94	30. 12. 60
Thiele, Frank	2. 9. 94	6. 3. 61
Erdmann, Arnold	1. 9. 95	29. 11. 49
Bhanja, Santi	21. 8. 96	19. 8. 62
Schumann, Jan	19. 10. 00	15. 7. 69
Bartel-Rögner, Sandra, beurl.	4. 10. 02	18. 6. 72
Tillmanns, Jörg, abg.	4. 8. 03	22. 10. 69
Rabold, Alexander	2. 9. 04	24. 2. 65

Eine weitere Stelle für weitere aufsichtsführende Richterin sowie Richter am Amtsgericht ist besetzt. Name und Personaldaten des Stelleninhabers sind nicht übermittelt worden.

Schlüchtern E 50 927
Dreibrüderstr. 12, 36381 Schlüchtern
Tel. (0 66 61) 1 58-0
Fax (0 66 61) 1 58-40
E-Mail: Verwaltung@ag-schluechtern.justiz.hessen.de

1 Dir, 3 R

Lang, Karin, Dir	13. 1. 06	29. 6. 74
Adam, Bernd-Michael	19. 5. 75	19. 2. 42
Brand, Claudia, beurl.	1. 10. 97	15. 1. 65

Landgerichtsbezirk Kassel

Landgericht Kassel E 799 328
Frankfurter Str. 7, 34117 Kassel
Landgericht, 34111 Kassel
Tel. (05 61) 9 12-0
Fax (05 61) 9 12-10 10
Pressestelle:
Tel. (05 61) 9 12-12 23, Fax (05 61) 9 12-10 10
E-Mail: verwaltung@lg-kassel.justiz.hessen.de

1 Pr, 1 VPr, 16 VR, 21,5 R + 5 LSt (R)

Präsident

Blomer, Helmut	14. 4. 04	8. 1. 44

Vizepräsident

Becker, Heinrich	15. 12. 04	19. 12. 47

Vorsitzende Richterinnen/Vorsitzende Richter

Anselmann, Ortwin	1. 6. 81	28. 7. 41
Dr. Keitel, Burkhardt	1. 1. 84	21. 4. 42
Ohlerich, Detlef	1. 7. 86	7. 9. 43
Pohl, Gerd	20. 12. 90	17. 2. 43
Damm, Friedhelm	1. 12. 91	20. 11. 47
Dr. Nesselrodt, Jürgen	1. 12. 92	9. 6. 49
Menzler, Rüdiger	1. 10. 93	17. 6. 44
Drapal, Hans	1. 12. 96	20. 4. 47
Damm, Brigitte	23. 12. 97	26. 6. 52
Mütze, Heinz-Volker	7. 6. 00	23. 3. 58
Schuster, Inge	4. 8. 00	28. 9. 58
Stanoschek, Jürgen	9. 1. 01	20. 12. 55
Neumeier, Hubert	12. 12. 01	15. 10. 56
Dreyer, Jürgen	11. 9. 02	30. 7. 59
Prietz, Reinhard	8. 7. 03	18. 9. 57

Richterinnen/Richter

Gerstung-Vindelstam, Marion	15. 3. 94	17. 4. 62
Quandel, Uwe, abg.	24. 2. 95	2. 10. 62
Dr. Blumenstein, Thomas	4. 1. 96	26. 3. 58
Dr. Wachter, Alexander	16. 9. 97	4. 6. 65
Lohmann, Dirk	1. 12. 97	27. 9. 63
Ebert, Thomas	6. 7. 99	15. 2. 65
Iwen, Barbara	22. 3. 00	17. 5. 63
Dr. Dreyer, Gunda	4. 4. 00	24. 3. 70
Schaper, Petra	1. 9. 00	18. 7. 61
Dr. Wamser, Frank, abg.	16. 5. 01	17. 4. 66
Reichhardt, Michael	30. 6. 01	29. 9. 64
Busenius, Karen, abg.	1. 7. 01	10. 5. 63
Dr. Kolter, Martin	1. 8. 01	3. 4. 59
Paetzold, Harald, abg.	20. 11. 01	19. 4. 63
Milde, Stefanie, beurl.	1. 6. 02	5. 9. 71

LG-Bezirk Kassel OLG-Bezirk Frankfurt am Main **HE**

Dr. Butenuth, Heiko	30. 12. 02	14. 8. 67
Winter, Robert	2. 1. 03	20. 7. 66
Eymelt-Niemann, Sabine, beurl.	18. 9. 03	18. 5. 72
Schönhofen, Ulrich	5. 4. 04	17. 6. 73
Gimbernat-Jonas, Antonio	15. 12. 04	7. 10. 65

Amtsgerichte

Bad Arolsen E 34 304
Rauchstr. 7, 34454 Bad Arolsen
Tel. (0 56 91) 89 27-0
Fax (0 56 91) 89 27-27, -36
E-Mail: verwaltung@ag-badarolsen.justiz.hessen.de

1 Dir, 1 ⅓ R

Hüttig, Gernot, Dir	1. 4. 84	3. 10. 43
Kalhöfer-Köchling, Karl-Heinz	1. 10. 93	16. 7. 55

Eschwege E 110 334
Friedrich-Wilhelm-Straße 39, 37269 Eschwege
Postfach 12 40, 37252 Eschwege
Tel. (0 56 51) 33 91-2 01
Fax (0 56 51) 3 39 12 51
E-Mail: verwaltung@ag-eschwege.justiz.hessen.de

1 Dir, 1 w.aufsR, 8 R

Saemann, Ullrich, Dir	1. 3. 01	3. 2. 46
Höbbel, Peter, stVDir	1. 8. 02	22. 9. 42
von Moltke, Helmuth	1. 9. 79	19. 10. 45
Becker, Rudolf	2. 4. 87	22. 3. 51
Großkurth, Hans-Joachim	20. 6. 91	8. 7. 56
Grosche, Carsten	18. 9. 03	4. 11. 71
Dr. Seubert, Klaus	13. 12. 04	21. 3. 70
Merten, Mark-Heinrich	26. 7. 05	5. 2. 73
Erdmann, Elke	23. 2. 06	6. 8. 74

Fritzlar E 113 316
Schladenweg 1, 34560 Fritzlar
Tel. (0 56 22) 9 93 30
Fax (0 56 22) 7 06 80
E-Mail: verwaltung@ag-fritzlar.justiz.hessen.de

1 Dir, 1 w.aufsR, 6 R

Rhiel, Bernhard, Dir	14. 12. 01	7. 9. 54
Spanknebel, Erhard, stVDir	22. 8. 05	28. 9. 43

Lauer, Konrad	13. 7. 94	21. 9. 58	
Lohr, Gerhard	15. 6. 98	19. 4. 52	
Machata, Winifred	2. 1. 99	30. 6. 64	
Riechers, Marion	10. 10. 01	14. 12. 70	
Eichler, Corinna	17. 5. 02	27. 11. 69	
Lahmann, Lydia	14. 6. 04	18. 11. 73	

Kassel E 337 942
Frankfurter Str. 9, 34117 Kassel
Amtsgericht, 34111 Kassel
Tel. (05 61) 9 12-0
Fax (05 61) 9 12-20 30
E-Mail: verwaltung@ag-kassel.justiz.hessen.de
www.ag-kassel.justiz.hessen.de

Zweigstelle in Kassel
Friedrichstr. 32-34, 34117 Kassel

Zweigstelle in Hofgeismar:
Friedrich-Pfaff-Str. 8, 34369 Hofgeismar
Tel. (0 56 71) 99 95-0
Fax (0 56 71) 99 95-12

1 Pr, 1 VPr, 7 w.aufsR, 43 R

Präsident

Dr. Hornung, Paul	1. 7. 96	29. 8. 41

Vizepräsident

Dr. Weber, Theodor	15. 6. 00	6. 1. 43

weitere aufsichtführende Richterin/Richter

Ast, Arndt	1. 9. 80	10. 5. 41
Ruess, Karl	1. 12. 94	19. 3. 44
Kraß-Köhler, Elisabeth	12. 3. 98	15. 5. 52
Kilbinger, Reinhold	1. 12. 98	3. 3. 47
Dr. Wille, Jörn	1. 10. 01	22. 10. 46
Krämer, Gerd	24. 12. 03	18. 5. 45
Dr. Sojka, Jürgen	1. 1. 06	13. 10. 60

Richterinnen/Richter

Koch, Klaus-Peter	2. 1. 75	19. 7. 47
Schultz, Diethelm	2. 10. 75	2. 6. 43
Rolf, Heinz-Peter	18. 6. 76	10. 11. 43
Müller-Thieme, Hans-Joachim, beurl.	1. 1. 77	28. 2. 45
Weber-Timmermann, Gudrun	1. 10. 77	28. 9. 44
Dr. Hornung-Grove, Marianne	1. 11. 77	18. 9. 42
Loth, Harald	21. 4. 78	4. 7. 49
John, Gerald	5. 1. 79	2. 9. 49
Schultz-Jansen, Brigitte	19. 1. 79	26. 4. 49
Kerl, Agnes	1. 9. 82	21. 3. 52
Döll, Klaus	17. 9. 83	11. 11. 53
Friedrich, Wolfgang	25. 2. 85	11. 1. 51

HE OLG-Bezirk Frankfurt am Main — LG-Bezirk Limburg (Lahn)

Wagner, Dieter	1. 2. 86	4. 8. 51
Braun, Harald	1. 8. 89	16. 3. 56
Dr. Mumberg, Joachim	1. 4. 92	11. 12. 60
Nieders, Felicitas	15. 4. 94	4. 2. 59
Mann, Wolfgang	2. 1. 95	17. 4. 62
Pohlmann, Reinhard	1. 8. 98	23. 4. 61
Schmid, Peter	2. 2. 99	23. 2. 63
Hering, Reinhardt	1. 6. 99	14. 7. 64
Schiborr, Claudia	3. 6. 99	18. 2. 69
Beyerle, Wolfgang	15. 5. 00	28. 3. 68
Dr. Paul, Carsten, abg.	20. 3. 01	15. 2. 66
Apel, Claudia	7. 1. 02	25. 10. 67
Berkenkopf, Astrid	3. 4. 02	15. 3. 71
Leyhe, Henning	1. 7. 02	15. 6. 68
Dr. Lies-Benachib, Gudrun	3. 11. 02	11. 2. 65
Büchsel, Ulrich	13. 12. 02	13. 2. 71
Klippert, Claudia	1. 7. 86	8. 10. 55
Konieczny, Horst-Dieter	1. 7. 88	3. 2. 59
Witte, Rüdiger	1. 3. 92	3. 2. 58
Holtmann, Rüdiger	1. 10. 93	19. 1. 62
Usdowski, Sebastian	21. 8. 04	3. 8. 72
Baader, Heike	3. 3. 05	20. 7. 67

Weitere Stellen für Richter am Amtsgericht sind besetzt. Namen und Personaldaten der Stelleninhaber sind nicht übermittelt worden.

Korbach E 54 716
Hagenstr. 2, 34497 Korbach
Tel. (0 56 31) 56 05-0
Fax (0 56 31) 56 05 57
E-Mail: verwaltung@ag-korbach.justiz.hessen.de

1 Dir, 4 $^{2}/_{3}$ R, 1 LSt (R)

Damm, Wolfgang, Dir	1. 2. 89	16. 11. 46
Schmidt, Helmut	16. 7. 82	21. 4. 52
Rinninsland, Gerd	3. 11. 83	15. 2. 54
Gießwein, Katrin	15. 12. 04	4. 6. 73

Melsungen E 48 179
Kasseler Str. 29, 34212 Melsungen
Tel. (0 56 61) 70 60, Fax (0 56 61) 7 06-1 33
E-Mail: verwaltung@ag-melsungen.justiz.hessen.de

1 Dir, 4 $^{1}/_{2}$ R, 1 × $^{1}/_{2}$ LSt (R)

Bauer, Georg, Dir	22. 3. 94	4. 2. 49
Heidelback, Stephan	9. 9. 94	24. 1. 61
Buda-Roß, Ines, beurl.	5. 6. 01	8. 2. 70
von Pückler, Renata	28. 1. 02	1. 12. 71
Otterstedt, Hendrik	1. 4. 04	1. 3. 69

Landgerichtsbezirk Limburg (Lahn)

Landgericht Limburg (Lahn) E 442 198
Schiede 14, 65549 Limburg
Tel. (0 64 31) 29 08-0
Fax (0 64 31) 29 08-1 00 u. -1 01
E-Mail: verwaltung@lg-limburg.justiz.hessen.de
www.lg-limburg.justiz.hessen.de

1 Pr, 1 VPr, 7 VR, 10 R + 4 × $^{1}/_{2}$ R 2 LSt (R)

Präsident

Dr. Rothweiler, Winfried	1. 12. 98	13. 8. 41

Vizepräsident

Roth, Heinz Georg	1. 1. 06	16. 5. 51

Vorsitzende Richter

Warlies, Klaus Peter	24. 9. 92	20. 7. 47
Schulte, Dieter	1. 1. 96	1. 5. 51
Bill, Josef	24. 3. 97	28. 6. 53
Haberstock, Ernst	1. 3. 98	2. 1. 51
Stahl, Joachim	1. 3. 03	12. 4. 57
Klamp, Karl	25. 1. 05	6. 9. 55

Richterinnen/Richter

Lang, Franz-Josef	1. 10. 74	4. 3. 43
Knapp, Norbert	1. 11. 92	21. 3. 60
Pfeifer, Uta, $^{1}/_{2}$	8. 1. 93	29. 8. 61
Scherer, Peter	15. 1. 93	27. 8. 59
Weidmann, Christiane	5. 12. 94	24. 5. 61
Dr. Janisch, Andreas	6. 10. 95	2. 7. 59
Dr. Bracht, Hans-Joachim, $^{1}/_{2}$	3. 3. 98	16. 10. 52
Müller, Gerd Ulrich	1. 6. 98	17. 7. 64
Löwer, Jan	16. 8. 99	24. 5. 65
Dr. Meister, Stefan	1. 7. 01	22. 12. 65
Dr. Bußmann, Heike	1. 9. 04	19. 10. 72
Riehl, Jennifer, beurl.	19. 1. 05	13. 8. 72
Hainmüller, Christiane, beurl.	13. 2. 05	2. 6. 74
Schneider, Marco	1. 11. 05	12. 7. 72
Baltin, Christina	1. 3. 06	27. 11. 73

Eine weitere Stelle eines Vors. Richters/einer Vors. Richterin ist besetzt. Der Stelleninhaber/die Stelleninhaberin ist mit einer Übermittlung der Daten nicht einverstanden.

LG-Bezirk Limburg (Lahn) OLG-Bezirk Frankfurt am Main **HE**

Amtsgerichte

Dillenburg E 119 982
Wilhelmstr. 7, 35683 Dillenburg
Tel. (0 27 71) 90 07-0, Fax (0 27 71) 90 07-1 11
E-Mail: verwaltung@ag-dillenburg.justiz.hessen.de
www.ag-dillenburg.justiz.hessen.de

Zweigstelle in Herborn, Westerwaldstr. 16, 35745 Herborn

1 Dir, 1 stVDir, 8 R

Dr. Ullrich, Christoph, Dir	15. 5. 02	28. 6. 60
Eckhardt, Wolfgang, stVDir	20. 12. 05	21. 12. 55
Herrmann, Werner	2. 6. 78	30. 4. 47
Gampe, Matthias	1. 7. 91	17. 3. 58
Sollmann, Stefan	16. 11. 01	14. 12. 65
Mossakowski, Iris	4. 4. 04	8. 6. 74
Metz, Birgit	14. 5. 04	30. 1. 73
Geiselhard, Lutz, abg.	19. 1. 05	26. 9. 65
Fischer, Guido	1. 11. 05	22. 1. 73

Eine weitere Stelle eines Richters/einer Richterin ist besetzt. Der Stelleninhaber/die Stelleninhaberin ist mit einer Übermittlung der Daten nicht einverstanden.

Limburg (Lahn) E 120 412
Walderdorffstr. 12 u. Schiede 14, 65549 Limburg
Tel. (0 64 31) 29 08-0
Fax (0 64 31) 29 08-2 00, -2 04, -4 00, -4 50 u. -500

Zweigstelle Hadamar
Gymnasiumstraße 2, 65589 Hadamar
Tel. (0 64 33) 91 24-0, Fax (0 64 33) 91 24-44

E-Mail: verwaltung@ag-limburg.justiz.hessen.de
www.ag-limburg.justiz.hessen.de

1 Dir, 1 stVDir, 9 R

Gemmer, Rüdiger, Dir	1. 1. 85	11. 4. 41
Heidrich, Michael, stVDir	6. 7. 99	3. 6. 55
Marschall von Bieberstein, Harro	1. 10. 80	26. 1. 50
Dr. Schmidt, Karlheinz	17. 5. 90	25. 2. 54
Betz, Jürgen	2. 10. 92	24. 4. 57
Meier, Michael	1. 12. 92	29. 3. 62
Arand, Andreas	1. 10. 93	22. 4. 60
Keune-Fischer, Dorothee	23. 8. 96	24. 1. 58
Peters, Ralf	2. 4. 03	18. 10. 55
Becker, Thomas	4. 4. 04	5. 3. 69

Weilburg E 55 033
Mauerstr. 25, 35781 Weilburg
Tel. (0 64 71) 31 08-0
Fax (0 64 71) 31 08 11
E-Mail: verwaltung@ag-weilburg.justiz.hessen.de
www.ag-weilburg.justiz.hessen.de

1 Dir, 1 stVDir, 5 R + 1 LSt (R)

Würz, Gerhard, Dir	24. 9. 90	25. 10. 43
Lechner, Wolfgang, stVDir	3. 11. 94	16. 7. 48
Wagner, Christoph	2. 11. 86	3. 2. 56
Tayefeh-Mahmoudi, Bettina	20. 7. 92	23. 5. 60
Stahl, Andreas	11. 5. 95	27. 9. 63
Mennenga, Antje, ½	24. 4. 97	13. 6. 63
Frey, Ilona, beurl.	14. 10. 01	11. 6. 69
Burk, Jochen	2. 1. 03	6. 6. 73

Wetzlar E 146 771
Werthersstr. 1/2, 35573 Wetzlar
Tel. (0 64 41) 4 12-1, Fax (0 64 41) 4 12-4 08
E-Mail: verwaltung@ag-wetzlar.justiz.hessen.de
www.ag-wetzlar.justiz.hessen.de

1 Dir, 1 stVDir, 1 w.aufsR, 11 R + 3 × ½ R

Winkler, Harry Peter, Dir	1. 1. 06	30. 8. 51
N. N., stVDir	—	—
Dr. Lauber-Nöll, Achim, w.aufsR	18. 8. 03	16. 3. 61
Pantle, Albert Helmut	3. 1. 75	17. 1. 44
Ruppelt, Klaus	1. 10. 76	11. 12. 41
Zschörp, Doris	1. 10. 90	21. 8. 59
Schaffrinna, Bernd	23. 9. 92	1. 4. 61
Manser, Andreas	18. 8. 93	29. 5. 56
Pirlich, Frank	27. 2. 95	31. 12. 63
Otto, Thomas	16. 8. 96	8. 5. 64
Dr. Berledt, Christina, abg.	27. 5. 97	1. 3. 65
Friedrich, Rödig, Michaela	9. 2. 98	28. 10. 66
Mau, Hans-Jürgen	1. 5. 00	6. 7. 57
Adomeit, Sandra, ½	5. 10. 00	3. 5. 69
Dr. Vollmer, Jeanette	10. 6. 02	23. 5. 69

Eine weitere Stelle eines Richters/einer Richterin ist besetzt. Der Stelleninhaber/die Stelleninhaberin ist mit einer Übermittlung der Daten nicht einverstanden.

HE OLG-Bezirk Frankfurt am Main   LG-Bezirk Marburg

Landgerichtsbezirk Marburg

Landgericht Marburg E 362 931
Universitätsstr. 48, 35037 Marburg
Tel. (0 64 21) 2 90-0
Fax (0 64 21) 29 01 95
E-Mail: verwaltung@lg-marburg.justiz.hessen.de

1 Pr, 1 VPr, 5 VR, 7 R + 1/2 R + 1 LSt (R)

Präsident
Gaßmann, Holger	1. 9. 05	2. 2. 43

Vizepräsident
Stomps, Hans Goswin	23. 7. 97	29. 4. 41

Vorsitzende Richterin / Vorsitzende Richter
Moll, Eckhardt	1. 4. 90	11. 1. 47
Siegl, Otto Johannes	1. 9. 92	16. 6. 52
Lange, Hans-Werner	1. 8. 95	21. 9. 50
Dr. Wolf, Thomas	19. 3. 98	7. 6. 53
Dehmelt-Heinrich, Sigrid	12. 10. 99	31. 12. 59

Richterinnen/Richter
Wolter, Frank, 1/2	21. 9. 98	1. 3. 60
Gruß, Miriam	13. 10. 99	3. 9. 66
Below, Boris-Batiste	11. 9. 00	8. 4. 68
Brandenstein, Pierre, abg. (LSt)	2. 4. 01	8. 5. 68
Dr. Würthwein, Susanne	10. 7. 03	30. 5. 59
Schwaderlapp, Klaus	24. 5. 04	1. 4. 74
Dr. Voit, Eva Bettina	1. 1. 05	25. 7. 63
Dr. Schneider, Heike	4. 1. 06	15. 8. 68

Amtsgerichte

Biedenkopf E 62 232
Hainstr. 72, 35216 Biedenkopf
Tel. (0 64 61) 70 02-0
Fax (0 64 61) 70 02 40
E-Mail: verwaltung@ag-biedenkopf.justiz.hessen.de

1 Dir, 3 R + 1/2 R

Wolf, Winter, Dir	15. 11. 04	13. 10. 58
Krug, Edgar	1. 12. 78	21. 12. 51
Bamberger, Gudrun, 1/2	1. 7. 86	11. 4. 56
Krug, Rosemarie	1. 1. 88	5. 7. 53
Wickenhöfer-Styra, Uwe	24. 5. 96	3. 8. 60

Frankenberg a. d. Eder E 54 840
Geismarer Str. 22, 35066 Frankenberg
Tel. (0 64 51) 72 61-0, Fax (0 64 51) 72 61-61
E-Mail:
verwaltung@ag-frankenberg.justiz.hessen.de

1 Dir, 2 R + 1/2 R

Timm, Volker, Dir	24. 6. 05	16. 7. 60
Dreisbach, Jutta, 3/4	17. 4. 94	29. 3. 61
Dr. Herzog, Marco	14. 7. 03	23. 9. 72

Kirchhain E 59 702
Niederrheinische Str. 32, 35274 Kirchhain
Tel. (0 64 22) 93 07-0, Fax (0 64 22) 93 07 77
E-Mail:
verwaltung@ag-kirchhain.justiz.hessen.de

1 Dir, 3 R + 1/2 R

Laudi, Eckart, Dir	1. 10. 95	15. 4. 42
Tatzel, Ernst	12. 3. 76	8. 9. 43
Schmieling, Lydia, 1/2	1. 7. 92	22. 7. 57
Filmer, Joachim	9. 9. 96	18. 7. 62
Korepkat, Helmut	1. 1. 05	28. 4. 55

Marburg E 131 766
Universitätsstr. 48, 35037 Marburg
Tel. (0 64 21) 2 90-0, Fax (0 64 21) 29 03 93
E-Mail: verwaltung@ag-marburg.justiz.hessen.de

1 Dir, 1 stVDir, 1 w.aufsR, 11 R + 2 × 1/2 R + 1 LSt (R)

Dr. Hausmann, Hansjürgen, Dir	1. 12. 04	16. 10. 43
Dr. Berensmann, Wolfgang, stVDir	16. 8. 99	28. 5. 48
Dr. Orlich, Bernhard	15. 2. 76	9. 4. 44
Taszis, Jürgen Peter	2. 7. 81	7. 1. 46
Wollnik-Baumann, Hans	1. 8. 92	15. 9. 58
Rohner, Thomas	3. 9. 93	25. 6. 61
Rausch, Ulla, 1/2	13. 10. 94	13. 7. 62
Walter, Doris	2. 1. 95	5. 11. 56
Dilling-Friedel, Maritè	1. 7. 96	10. 6. 64
Hülshorst, Andrea	1. 4. 98	3. 8. 65
Drengenberg, Thomas	25. 5. 99	19. 11. 64
Hanewinkel, Jutta, 1/2, beurl. (LSt)	14. 9. 99	2. 4. 68
Schulte, Mirko	1. 2. 00	16. 7. 66

Zwei weitere Stellen für Richter am Amtsgericht sind besetzt. Namen und Personaldaten der Stelleninhaber sind nicht übermittelt worden.

LG-Bezirk Wiesbaden   OLG-Bezirk Frankfurt am Main   **HE**

Schwalmstadt E 54 391
Steinkautsweg 2, 34613 Schwalmstadt
Tel. (0 66 91) 26 43-0
Fax (0 66 91) 96 43 96
E-Mail:
verwaltung@ag-schwalmstadt.justiz.hessen.de

1 Dir, 3 R

Dr. Labenski, Gudrun, Dir	1. 8. 97	7. 9. 54
Dr. Korten, Günther	16. 6. 76	29. 5. 42
Glaessel, Gerhard	2. 6. 88	1. 9. 53
Grebe, Michael	1. 1. 96	24. 4. 62

Landgerichtsbezirk Wiesbaden

Landgericht Wiesbaden E 495 238
Gerichtsstr. 2, 65185 Wiesbaden
Landgericht, 65174 Wiesbaden
Tel. (06 11) 3 54-0
Fax (Gr. 1) (06 11) 3 54-2 06, -5 31 (Strafkammern),
-5 30 (Zivilkammern)
E-Mail:
verwaltung@lg-wiesbaden.justiz.hessen.de
pressestelle@lg-wiesbaden.justiz.hessen.de
www.lg-wiesbaden.justiz.de

1 Pr, 1 VPr, 14 VR + 3 LSt (VR), 14 R + 6 × ½ R + 2 LSt (R)

Präsident
Huther, Günter	1. 2. 05	1. 4. 50

Vizepräsident
N. N.	—	—

Vorsitzende Richterinnen/Vorsitzende Richter
Schlimbach, Rainer	1. 7. 88	1. 5. 44
Dr. Poulet, Steffen	1. 10. 88	23. 10. 42
Reiser-Döhring, Elke-Karin	1. 10. 89	1. 12. 42
Bäumer-Kurandt, Ingeborg	1. 6. 93	20. 11. 53
Hausmann, Peter	1. 11. 94	5. 2. 43
Vogel, Rolf	30. 1. 00	—
Schäfer, Klaus	—	—
Seyfried, Franz-Gerd	29. 12. 00	15. 10. 52
Müller, Martina	29. 12. 00	3. 6. 57
Schröder, Ruth, abg. (LSt)	29. 12. 00	24. 12. 59
Dall, Carola	17. 4. 02	4. 6. 58
Matheja, Thomas	1. 9. 03	14. 9. 59

Dr. Bettendorf, Christa	1. 2. 04	7. 3. 63
Schmidt-Nentwig, Sabine	1. 10. 04	19. 6. 60
Stuffler-Buhr, Margarete	21. 2. 06	23. 6. 59

Richterinnen/Richter
Jung, Hartmut	—	—
Leichter, Christine	1. 7. 82	31. 10. 45
Kegel, Karl-Heinz	7. 5. 84	26. 1. 53
Dr. Seidel, Gabriele	1. 10. 89	—
Kempinski, Thilo	—	—
Bonk, Jürgen	1. 2. 97	20. 2. 63
Alberti, Gudrun, ½	21. 2. 00	24. 3. 65
Dr. Siebelt, Lucia, ½	30. 1. 01	4. 12. 67
Beuth, Kristin, ½	1. 4. 01	30. 3. 69
Gäfgen, Mathias	25. 10. 01	29. 12. 69
Dethloff, Bernd, abg.	5. 5. 03	11. 6. 66
Dr. Schulte, Michaela, ½	1. 6. 03	22. 3. 66
Walburg, Lucius	29. 3. 04	4. 2. 65
Griebel, Claudia	1. 2. 06	10. 1. 65
Zörb, Tina	1. 2. 06	20. 1. 74

Amtsgerichte

Bad Schwalbach E 67 502
Am Kurpark 12, 65307 Bad Schwalbach
Tel. (0 61 24) 7 06 90
Fax (0 61 24) 70 69 57
E-Mail:
verwaltung@ag-badschwalbach.justiz.hessen.de
www.ag-badschwalbach.justiz.de

1 Dir, 5 R + 1 × ½ R

Rosenkranz, Hans, Dir	1. 4. 93	7. 3. 42
Weber, Christoph	2. 9. 94	25. 12. 59
Bergemann, Anabel, ½	7. 12. 94	4. 2. 63
Astheimer, Dieter	9. 6. 95	26. 11. 62

Idstein E 53 390
Gerichtsstr. 1, 65510 Idstein
Tel. (0 61 26) 9 36 50
Fax (0 61 26) 93 65 65
E-Mail: verwaltung@ag-idstein.justiz.hessen.de
www.ag-idstein.justiz.de

1 Dir, 2 R

Wild, Rainer, Dir	1. 6. 97	8. 5. 49
Lenz, Wolf-Christian	1. 1. 99	25. 6. 64
Honnef, Annette	21. 6. 00	8. 4. 65

HE OLG-Bezirk Frankfurt am Main — Staatsanwaltschaften

Rüdesheim E 64 351
Gerichtsstr. 9, 65385 Rüdesheim
Tel. (0 67 22) 9 04 00, Fax (0 67 22) 90 40 40
E-Mail:
verwaltung@ag-ruedesheim.justiz.hessen.de
www.ag-ruedesheim.justiz.de

Zweigstelle in Eltville am Rhein
Schwalbacher Str. 40, 65343 Eltville am Rhein
Tel. (0 61 23) 9 07 80
Fax (0 61 23) 90 78 40

1 Dir, 4 R

Althaus, Stefan, Dir	1. 2. 06	21. 3. 63
Burkhard, Sabine	11. 2. 97	18. 6. 62
Sermond, Silke	8. 1. 02	6. 11. 71
Hardt, Thomas	1. 7. 03	11. 5. 58
Dr. Pauly, Johann-Christian, abg.	19. 5. 05	21. 5. 69

Wiesbaden E 267 209
Gerichtsstr. 2, 65185 Wiesbaden
Tel. (06 11) 35 40
Fax (06 11) 35 44 48 (Verwaltung)
Fax (06 11) 35 44 61 (Poststelle)
E-Mail:
verwaltung@ag-wiesbaden.justiz.hessen.de
www.ag-wiesbaden.justiz.hessen.de

1 Pr, 1 VPr, 5 w.aufsR, 29 R + 8 × ½ R

Präsident

Engelhard, Rolf	22. 12. 97	17. 11. 44

Vizepräsident/in

N. N.	—	—

weitere aufsichtführende Richter

Ohr, Johannes	29. 9. 01	21. 4. 45
Fehr, Jürgen	29. 9. 00	9. 11. 46
Bolz, Roland	8. 4. 05	11. 1. 57

Richterinnen/Richter

Mosberger, Leonore	1. 10. 73	16. 7. 41
Ohlert, Hans-Joachim	1. 4. 74	26. 5. 44
Käß-Rieke, Anne-Dorothee	3. 1. 75	29. 5. 43
Gerke, Volker	1. 4. 79	16. 10. 47
Proft, Bernhard	9. 5. 82	9. 8. 51
Wolf, Werner	15. 10. 82	19. 5. 49
Kockisch, Michael	1. 8. 86	9. 4. 54
Dirlenbach, Claudia	8. 8. 91	20. 6. 59
Güttler, Annemarie, ½	9. 9. 91	31. 3. 49
Dr. von Werder, Doris	26. 9. 91	24. 11. 60
Peters, Nicole	12. 10. 92	12. 2. 60
Hartmann, Anke, ½	27. 10. 93	13. 4. 61
Reitzmann, Peter	6. 1. 95	11. 3. 61
Kehl, Sabine	1. 4. 95	15. 12. 63
Meier, Erhard	17. 7. 95	19. 2. 59
Kubsch, Rainer	10. 1. 00	10. 1. 62
Hoffrichter, Frank	3. 1. 01	14. 10. 60
Gau, Dagmar, ½	11. 6. 01	18. 10. 62
Münch, Nadine	2. 4. 02	21. 8. 74
Dethloff, Brigitte, ½	10. 10. 02	4. 3. 69
Block, Astrid	1. 4. 03	25. 9. 64
Sellien, Claudia, ½	1. 4. 03	3. 7. 67
Schmidt, Rainer	22. 4. 03	20. 9. 70
Keßler, Yvonne	22. 12. 04	28. 2. 71

Weitere Stellen für Richter am Amtsgericht und für weitere aufsichtführende Richter sind besetzt. Namen und Personaldaten der Stelleninhaber sind nicht übermittelt worden.

Staatsanwaltschaften

Staatsanwaltschaft bei dem Oberlandesgericht Frankfurt am Main
60256 Frankfurt a.M.
Zeil 42
60313 Frankfurt am Main
Tel. (0 69) 13 67-01, Fax (0 69) 13 67-84 68
E-Mail:
verwaltung@gsta-frankfurt.justiz.hessen.de
Pressestelle: Tel. (0 69) 13 67-23 52

1 GStA, 7 LOStA, 2 LSt (LOStA), 20 OStA, 3 LSt (OStA)

Generalstaatsanwalt

Anders, Dieter	1. 5. 01	12. 1. 44

Leitende Oberstaatsanwältinnen/Leitende Oberstaatsanwälte

Greven, Karl, stVGStA	20. 4. 05	13. 10. 56
Dr. Meissner, Ludwig	1. 10. 85	14. 3. 43
Dr. Kircher, Peter	1. 12. 93	19. 8. 42
Becker-Toussaint, Hildegard	21. 12. 94	2. 9. 44
Zahl, Karlheinz	3. 11. 99	31. 8. 41
Schaupensteiner, Gerhard	16. 12. 99	9. 12. 49
Dr. Köbler, Ralf, abg. (LSt)	19. 4. 00	28. 2. 60

Oberstaatsanwältinnen/Oberstaatsanwälte

Broschat, Gernot	1. 10. 80	2. 2. 42
Dr. Stehling, Jürgen	1. 11. 85	1. 1. 45

Staatsanwaltschaften OLG-Bezirk Frankfurt am Main HE

Rausch, Jörg	1. 10. 92	6. 12. 47
Mauer, Wolfgang	1. 12. 93	15. 12. 47
Dr. Rohnfelder, Dieter	1. 12. 94	12. 10. 47
Rückert, Peter	1. 1. 96	23. 11. 49
Kallenbach, Volkmar	1. 7. 97	9. 10. 49
Gotthardt, Hans-Joachim	1. 7. 97	5. 11. 49
Muth, Angela	9. 7. 97	23. 8. 54
Manges, Erick	1. 7. 98	14. 9. 49
Honecker, Klaus, abg. (LSt)	1. 7. 98	15. 11. 49
Wittig, Günter	1. 9. 98	17. 2. 53
Gallandi, Andrea	11. 10. 00	29. 12. 57
Heymann, Andreas	16. 7. 01	15. 1. 54
Streiff, Horst	7. 8. 01	23. 4. 54
Böhn, Birgit, ½	31. 1. 02	8. 9. 56
Türmer, Gabriele, ½	31. 1. 02	7. 5. 57
Gimbel, Hermann	26. 4. 02	9. 9. 56
Sagebiel, Michael, abg. (LSt)	21. 11. 02	5. 5. 56
Credé, Dominique	15. 6. 05	15. 5. 65
Biniok, Hannelore, ½	29. 8. 05	11. 3. 58
Claus, Christina, ½	29. 8. 05	6. 10. 63

Staatsanwaltschaft bei dem Landgericht Darmstadt
Schottener Weg 3, 64289 Darmstadt
Tel. (0 61 51) 7 07-0, Fax (0 61 51) 7 10-4 97
E-Mail:
verwaltung@sta-darmstadt.justiz.hessen.de

Zweigstelle in Offenbach am Main
Kaiserstr. 16-18, 63065 Offenbach
Tel. (0 69) 80 57-44 00, Fax (0 69) 80 57-44 44
E-Mail:
verwaltung@sta-offenbach.justiz.hessen.de

1 LOStA, 1 stVLOStA, 14 OStA, 46 StA +
5 × ½ StA + 1 × ⅔ StA + 1 × ¾ StA,
9 LSt (4 × 1, 3 × ½, 2 × ⅔)

Leitender Oberstaatsanwalt

Nebel, Hein-Jürgen	11. 9. 98	15. 12. 42

Oberstaatsanwältinnen/Oberstaatsanwälte

Siebecker, Arno, stVLOStA	1. 10. 88	3. 12. 45
Kunz, Heinz-Jürgen	28. 11. 89	13. 6. 43
Pook, Rosemarie	1. 4. 90	26. 2. 42
Bürgin, Wolfgang	1. 4. 91	5. 4. 46
Stahlecker, Alexander	26. 4. 91	21. 4. 44
Seifert, Thomas	1. 4. 92	28. 10. 47
Dr. Kind, Walter	1. 12. 94	11. 7. 41
Spohn, Herbert	1. 12. 94	12. 9. 43
Balß, Georg	1. 7. 98	30. 9. 44
Dr. Teufert-Schwind, Eveline	4. 5. 99	5. 11. 55

Reinhardt, Klaus	15. 8. 01	20. 12. 54
Albrecht, Erwin	25. 6. 03	17. 9. 50
Reckewell, Kerstin	18. 5. 04	8. 8. 63
Kunkelmann, Bernd	22. 7. 05	16. 6. 53

Staatsanwältinnen/Staatsanwälte

Holland, Dorothea	17. 5. 77	9. 2. 48
Metscher, Jürgen	19. 12. 73	20. 9. 43
Müller, Gerhard, GL	1. 9. 75	15. 1. 47
Turner, Harald	12. 4. 77	23. 8. 43
Pfeil, Gerhard	8. 4. 77	19. 7. 50
Binnewies, Bernhard	1. 2. 78	17. 3. 50
Grüttner, Edith, ½	17. 7. 78	30. 11. 50
Neuber, Ger	1. 2. 80	23. 10. 45
Reichert, Wolfgang	1. 7. 81	21. 4. 51
Jacobi, Thomas	18. 3. 83	21. 7. 51
Wünsche-Kegel, Sybille, ⅔	4. 3. 85	4. 11. 57
Pehle, Michael	4. 1. 89	13. 7. 60
Pohl, Hildegard, ⅔, beurl. (LSt)	1. 11. 89	26. 7. 56
Dr. Kondziela, Andreas	11. 7. 90	9. 7. 59
Sever, Susanne, ½	16. 1. 91	3. 4. 62
Wichert, Sabine, ½, abg.	1. 3. 91	25. 6. 61
Deltau-Hilgert, Susanne, ¾	1. 11. 91	31. 1. 62
Porten, Beate	6. 1. 92	27. 10. 63
Lehmann, Brigitte	17. 8. 92	23. 6. 55
Knorz, Frank-Michael	15. 7. 93	10. 5. 63
Seigfried, Peter	15. 2. 94	29. 6. 62
Ziebs, Sabine, beurl. (LSt)	18. 7. 94	20. 9. 62
Roth-Melzer, Susanne, beurl. (LSt)	4. 10. 94	27. 6. 65
Prechtl, Jutta	2. 1. 95	13. 1. 65
Pons, Karin	2. 1. 95	6. 2. 66
Winkler, Daniela, ½	4. 3. 96	25. 7. 68
Tietze-Kattge, Klaus	3. 6. 96	23. 9. 63
Bührer, Ernst-Joachim, abg.	1. 7. 96	28. 11. 66
Spandau, Susanne, abg. (LSt)	2. 9. 96	29. 4. 68
Gräf, Christina, ⅔, (LSt)	10. 2. 97	28. 7. 68
Glab, Thomas	10. 3. 97	22. 9. 63
Siebertz, Matthias, abg.	3. 6. 97	15. 1. 68
Schwer, Brigitte, abg.	2. 6. 97	21. 10. 66
Stadler-Rück, Manuela, abg.	2. 6. 97	1. 9. 67
Kreis, Christina, abg. (LSt)	3. 3. 98	9. 5. 66
Fercher, Annette, ½ (LSt)	25. 8. 98	30. 5. 67
Hilbrecht, Nicole, ½	30. 12. 98	31. 12. 67
Lotz, Kerstin, abg.	26. 7. 99	14. 3. 70
Schneider, Barbara	1. 3. 01	27. 11. 73
Dr. Kasperek, Sebastian	1. 8. 01	17. 11. 68

HE OLG-Bezirk Frankfurt am Main Staatsanwaltschaften

Dr. Schneider, Ulrich	1. 8. 01	4. 12. 69
Homm, Alexander	2. 1. 02	21. 2. 71
Rösen, Uwe	2. 5. 02	20. 11. 73
Joram, Judith	1. 6. 04	3. 5. 73
Winter, Susanne	1. 2. 06	28. 12. 72
Dr. Jung, Hubertus	29. 3. 06	1. 8. 72

Staatsanwaltschaft bei dem Landgericht Frankfurt am Main
Frankfurt am Main
60256 Frankfurt am Main
Konrad-Adenauer-Str. 20,
60313 Frankfurt am Main
Tel. (0 69) 13 67-01
Fax (0 69) 13 67-21 00 u. 29 67
Pressestelle:
Tel. (0 69) 13 67-84 50, Fax (0 69) 13 67-89 32
E-Mail: verwaltung@sta-frankfurt.justiz.hessen.de

1 LOStA, 1 stVLOStA, 20 OStA, 78 StA

Leitender Oberstaatsanwalt

Harth, Hubert	20. 7. 94	2. 6. 49

Oberstaatsanwältinnen/Oberstaatsanwälte

Bertelsmeier, Petra, stVLOStA	15. 3. 01	19. 4. 52
Schilling, Rainer	1. 12. 87	1. 6. 42
Dr. Körner, Harald	1. 4. 89	23. 6. 44
Köhler, Peter	1. 4. 91	11. 8. 44
Fuchs, Gerhard	1. 10. 91	12. 8. 44
Goy-Fink, Helga	1. 11. 91	14. 6. 46
Müssig, Hans Walter	1. 4. 92	2. 5. 44
Claude, Jörg	1. 4. 92	26. 8. 46
Möller-Scheu, Doris	1. 10. 92	8. 7. 53
Pförtner, Klaus	1. 7. 94	3. 6. 44
Stünkel-Claude, Dagmar	1. 7. 94	15. 10. 55
Stotz, Manfred	1. 12. 95	7. 9. 48
Oswald, Manfred, abg.	1. 7. 97	20. 10. 49
Klune, Heinz-Ernst	1. 7. 98	12. 2. 47
Brettschneider-Mroß, Karin	1. 7. 98	7. 7. 53
Grimm, Manfred	30. 3. 01	30. 9. 49
Rojczyk, Stefan	8. 6. 01	14. 8. 52
Müller, Peter	18. 10. 01	10. 3. 44
Leimeister, Gisela	30. 4. 03	11. 9. 58
Busch, Ulrich	23. 12. 03	—
Bechtel, Thomas	19. 5. 05	25. 9. 56

Staatsanwältinnen/Staatsanwälte

Galm, Eberhard	—	—
Heil, Elke, 1/2	21. 8. 74	10. 4. 43
Schomberg, Hans Gero	18. 9. 74	24. 7. 41
Sieber, Sabine, 1/2	15. 8. 76	3. 3. 44
Krauth, Hans-Georg	2. 5. 78	3. 9. 46
Höhn, Gisela	1. 7. 78	8. 11. 47
Kietzmann, Dieter	1. 8. 78	22. 2. 42
Dr. Schöndorf, Erich, beurl.	1. 2. 80	11. 8. 47
Biener, Horst	9. 4. 80	1. 8. 47
Arnold, Georg	15. 9. 80	5. 9. 47
Sémon, Martin	19. 2. 81	29. 6. 50
Liebscher, Peter	19. 8. 81	5. 2. 47
Mackenthun, Matthias	29. 8. 83	6. 1. 54
Hauschke, Johannes	21. 12. 84	5. 10. 54
Rauchhaus, Bernd	4. 1. 85	14. 5. 54
Schmidt, Horst	11. 1. 87	31. 3. 56
Dr. Brandau, Helmut	30. 7. 87	6. 4. 51
Zacharias, Bernd	27. 4. 92	8. 11. 57
Weimann, Markus, abg.	1. 10. 93	13. 8. 62
Morbitzer, Ronald	25. 2. 94	1. 12. 53
Zahn-Mackenthun, Petra, beurl.	18. 4. 94	27. 10. 60
Niesen, Nadja	13. 5. 94	18. 7. 61
Gebert, Ursula	11. 7. 94	15. 1. 60
Reuter, Uwe	9. 9. 94	18. 3. 59
Winckelmann, Andreas	7. 10. 94	23. 12. 61
Waiden, Thomas	1. 11. 94	10. 1. 59
Dr. Kreutz, Axel	4. 4. 95	12. 3. 62
Claus, Christina, 1/2	4. 5. 95	6. 10. 63
von Schreitter-Schwarzenfeld, Andrea	16. 11. 95	27. 12. 62
Tröß, Ulla	4. 1. 96	5. 6. 65
Loer, Michael	14. 6. 96	28. 1. 64
Suchanek, Jana Vera	1. 7. 96	23. 1. 49
Pahl, Elke, 1/2	22. 7. 96	27. 9. 61
Radke, Jürgen, 3/4	3. 1. 97	14. 9. 58
Albrecht, Stefanie, beurl.	14. 2. 97	26. 4. 64
Möllers, Wilhelm	15. 3. 97	11. 10. 61
Rispoli-Augustin, Raffaela	24. 5. 97	16. 12. 61
von Schmiedeberg, Annette	14. 7. 97	—
Busch, Friderike	1. 8. 97	11. 11. 64
Marzolo, Caterina	19. 10. 97	25. 1. 64
Dr. Calhoun, Brian	26. 11. 97	19. 3. 58
Gonder, Thomas	—	—
Richter, Ulrike, 2/3	15. 2. 98	22. 8. 57
Denny, Marion, 1/2	9. 5. 98	27. 8. 61
Dr. König, Olaf	15. 5. 98	8. 11. 63
Dr. Walk, Felicitas, 3/4	15. 1. 99	6. 8. 65
Dr. Bolowich, Michael, abg.	22. 4. 99	13. 9. 65
Köhler, Christina, 1/2	10. 5. 99	3. 2. 68
Hohmann, Andreas	—	—
Barth, Nadja	12. 8. 00	1. 6. 69
Altmann, Tanja, abg.	20. 10. 00	2. 9. 69
Posner, Anke, abg.	3. 11. 00	30. 11. 69
Badle, Alexander	14. 11. 00	20. 5. 67
Hucke-Labus, Monika, 1/2	1. 7. 01	17. 9. 65
Wilke, Gesine, 1/2	15. 6. 01	5. 7. 63
Koch, Justus	5. 3. 02	1. 7. 72
Setton, Ralf	28. 3. 02	20. 6. 67
Schaper, Ina, beurl.	30. 4. 03	29. 3. 72
Buchhold, Holger	8. 8. 03	19. 10. 70
Siahaan, Stefanie, beurl.	20. 8. 03	7. 1. 68

Staatsanwaltschaften OLG-Bezirk Frankfurt am Main **HE**

Schönfleisch, Silke	14. 10. 03	2. 2. 72
Neumann, Elke	2. 6. 03	11. 10. 71
Kuhn, Oliver, abg.	25. 8. 04	13. 8. 69
Schorradt, Sonja	2. 10. 04	20. 3. 74
Hüttig, Silke	1. 1. 05	25. 5. 73
Croissant, Eva	3. 3. 05	23. 6. 70
Gottwald, Sibylle	4. 4. 05	29. 1. 74
Lindgens, Kai	14. 7. 05	8. 3. 73
Suter, Verena	18. 10. 05	13. 5. 74
Queißer, Stefanie, ¹/₂	4. 1. 06	11. 12. 70
Kauffer, Angelika	4. 1. 06	10. 2. 75
Volp, Daniel	11. 1. 06	14. 10. 69
Andresen, Cindy, ¹/₂	7. 2. 06	2. 5. 75
Dr. Friedrich, Guido, abg.	27. 2. 06	19. 8. 66
Wehres, Jan	7. 4. 06	—

Weitere Stellen sind besetzt. Namen und Personaldaten der Stelleninhaber sind nicht übermittelt worden.

Staatsanwaltschaft bei dem Landgericht Fulda
Am Rosengarten 4, 36037 Fulda
Postfach 18 52, 36008 Fulda
Tel. (06 61) 9 24-02
Fax (06 61) 9 24-26 90

1 LOStA, 1 stVLOStA, 1 OStA, 8 StA + 2 × ¹/₂ StA

Leitender Oberstaatsanwalt

Schneider, Volkmar	30. 4. 01	6. 12. 42

Oberstaatsanwälte

Heblik, Rainer	1. 12. 95	26. 5. 50

Staatsanwältinnen/Staatsanwälte

Heres, Stephan	11. 3. 77	25. 2. 47
Ziemendorf, Johannes	20. 3. 77	28. 3. 44
Reitz-Stenschke, Maria-Elisabeth, ¹/₂	12. 4. 83	3. 2. 54
Stock, Werner	1. 7. 87	24. 5. 54
Reith, Harald	1. 10. 88	18. 4. 55
Wilke, Harry	1. 4. 92	10. 10. 54
Meeuw-Wilken, Heike, ¹/₂	29. 4. 93	13. 6. 58
Müller-Odenwald, Stephan	6. 7. 95	7. 6. 62
Wirth, Christoph	15. 6. 96	11. 12. 63
Hellmich, Andreas	3. 3. 97	19. 9. 62

Staatsanwaltschaft bei dem Landgericht Gießen
Marburger Straße 2, 35390 Gießen
Postfach 11 16 02, 35387 Gießen
Tel. (06 41) 9 34-0
Fax (06 41) 9 34-33 02
E-Mail: verwaltung@sta-giessen.justiz.hessen.de

LOStA, 1 stVLOStA, 4 OStA, 20 StA + ¹/₂ StA

Leitender Oberstaatsanwalt

Kramer, Volker	1. 7. 97	13. 9. 42

Oberstaatsanwälte

Gast, Peter, stVLOStA	1. 7. 98	21. 7. 47
Hübner, Reinhard	1. 4. 92	14. 10. 47
Böcher, Ingo	1. 10. 92	22. 3. 45
Uhl, Volker	1. 7. 93	18. 8. 44
Thiele, Wolfgang	19. 4. 01	18. 1. 49

Staatsanwältinnen/Staatsanwälte

Vaupel, Martin, GL	29. 8. 77	23. 11. 44
Reinhardt-Picl, Petra	28. 8. 81	3. 5. 51
Kreke, Ursula	1. 10. 82	24. 9. 43
van Delden, Angelika	15. 5. 88	1. 9. 54
Bähr-Fichtner, Stefanie, ¹/₂	3. 8. 90	9. 6. 59
Wenzel, Michael	18. 9. 91	23. 10. 57
Sehlbach-Schellenberg, Ute	1. 10. 94	10. 4. 62
Lachmann, Dagmar	16. 8. 96	6. 6. 64
May, Andreas	3. 1. 97	10. 3. 63
Streiberger, Lars	15. 9. 99	30. 10. 65
Fabricius, Jochen	19. 4. 01	7. 5. 65
Fleischer, Eva	3. 11. 02	6. 3. 72
Bender, Klaus	16. 6. 03	20. 4. 57

Vier weitere Stellen für Staatsanwälte sind besetzt. Namen und Personaldaten der Stelleninhaber wurden nicht übermittelt.

Staatsanwaltschaft bei dem Landgericht Hanau
Katharina-Belgica-Str. 22 b, 63450 Hanau
Postfach 21 65, 63411 Hanau
Tel. (0 61 81) 2 97-0
Fax (0 61 81) 2 97-4 22
E-Mail: verwaltung@sta-hanau.justiz.hessen.de
www.sta-hanau.justiz.hessen.de

1 LOStA, 4 OStA, 9 StA + 3 × ¹/₂ StA + 1 × ²/₃ StA + 1 × ³/₅ StA

Leitende Oberstaatsanwältin

Dr. Goedel, Ursula	20. 10. 03	11. 9. 41

Oberstaatsanwälte

Ort, Jost-Dietrich, stVLOStA	1. 7. 99	16. 1. 43
Popp, Wolfgang	1. 12. 94	30. 11. 47
Geschwinde, Thomas	1. 12. 95	16. 8. 51
Bannach, Jörg	15. 3. 00	22. 8. 54

Staatsanwältinnen/Staatsanwälte

Plagge, Michael, GL	1. 8. 84	30. 1. 52
Habermehl-Itschert, Claudia, ¹/₂	30. 10. 78	18. 3. 49

HE OLG-Bezirk Frankfurt am Main — Staatsanwaltschaften

Böhn, Joachim	2. 5. 89	25. 2. 57
Schmidt-De Wasch, Werner	1. 8. 89	23. 2. 51
Pfeifer, Hubertus	2. 7. 92	8. 3. 54
Seng, Claudia, 1/2	16. 7. 93	3. 8. 61
Heinze, Jürgen	1. 4. 95	21. 12. 60
Erlinghagen, Susanne	2. 1. 02	1. 2. 64
Fauth, Bettina, 3/5	19. 8. 02	19. 7. 69
Dr. Wagner, Anja, 2/3	1. 7. 04	23. 1. 71
Bolowich, Nina, 1/2	30. 9. 05	22. 12. 70
Pleuser, Mathias	16. 3. 06	7. 8. 73

Weitere Stellen sind besetzt. Namen und Personaldaten sind nicht übermittelt worden.

Staatsanwaltschaft bei dem Landgericht Kassel
Frankfurter Str. 7, 34117 Kassel
Postfach 10 19 80, 34111 Kassel
Tel. (05 61) 9 12-0
Fax (05 61) 9 12-23 10
E-Mail: verwaltung@sta-kassel.justiz.hessen.de
www.sta-kassel.justiz.hessen.de

1 LOStA, 1 stVLOStA, 7 OStA, 27 StA +
4 × 1/2 StA + 1 LSt (StA) + 2 × 1/2 LSt (StA)

Leitender Oberstaatsanwalt

Walcher, Stephan	22. 2. 90	30. 6. 42

Oberstaatsanwältinnen/Oberstaatsanwälte

Schaub, Dietmar, stVLOStA	22. 4. 02	1. 4. 50
Steffens, Wolfgang	1. 12. 94	26. 8. 43
Vesper, Ingeborg	1. 7. 98	—
Jung, Hans-Manfred	1. 7. 98	24. 2. 57
Zapf, Hans-Jochen	1. 9. 00	6. 1. 45
Wallbaum, Dieter	1. 6. 02	15. 10. 48
Göb, Wolfgang	1. 6. 02	25. 3. 51
Boesken, Andrea	1. 10. 02	27. 4. 55

Staatsanwältinnen/Staatsanwälte

Geidies, Michael, GL	9. 11. 05	9. 4. 50
Sauer, Axel, 1/2	18. 10. 74	29. 5. 44
Harz, Peter	2. 6. 78	17. 7. 46
Nordmeier, Amely, 1/2	2. 6. 78	25. 3. 50
Herwig, Harald	15. 2. 81	26. 9. 48
Padberg, Hans-Jürgen	9. 7. 82	27. 11. 49
Hübenthal, Ulrich	10. 9. 82	18. 4. 48
Dietrich, Michael	1. 4. 84	10. 10. 53
Richter, Ingrid	1. 11. 85	15. 1. 56
Müller-Brandt, Jürgen	2. 2. 87	19. 5. 54
Röde, Pia, 1/2	1. 10. 88	4. 9. 56
Müller, Herwig	2. 1. 89	19. 5. 56
Werner, Ursula	2. 1. 89	18. 2. 57
Leonard, Dagmar	14. 7. 89	18. 8. 59
Spellbrink, Ute	26. 2. 90	4. 1. 56
Lohr, Frank Ulrich	1. 12. 91	24. 12. 58

Kleine-Kraneburg, Angela, 1/2	13. 2. 92	17. 3. 60
Schnitzerling, Joachim	9. 9. 92	24. 12. 59
Ernst, Karl-Heinz	8. 7. 94	18. 11. 56
Setzkorn, Bernd	9. 12. 94	14. 2. 61
Hauth, Niels	2. 4. 98	26. 1. 64
Töppel, Eckhard	1. 7. 99	9. 1. 63
Geißler, Carl-Ludwig	26. 7. 99	2. 12. 53
Petzsche, Sandra	15. 11. 99	18. 1. 68
Meyer, Christian	2. 1. 05	3. 11. 68
Ueckermann, Jan-Erik	18. 1. 05	9. 8. 67
Ruhnau, Fabian	24. 3. 05	15. 2. 74
Dr. Wied, Götz	2. 11. 05	20. 8. 73

Staatsanwaltschaft bei dem Landgericht Limburg (Lahn)
Walderdorffstraße 14, 65549 Limburg
Postfach, 65549 Limburg
Tel. (0 64 31) 29 48-0
Fax (0 64 31) 29 48-1 54
E-Mail: verwaltung@sta-limburg.justiz.hessen.de
Zweigstelle Wetzlar
Philosophenweg 26, 35578 Wetzlar
Tel. (0 64 41) 44 77 60
Fax (0 64 41) 4 47 76 15

1 LOStA, 1 stVLOStA, 2 OStA, 10 StA +
1 × 1/2 StA + 1 × 3/4 StA + 2 LSt (StA)

Leitende Oberstaatsanwältin

von Anshelm, Almuth	26. 4. 00	31. 3. 47

Oberstaatsanwälte

Speth, Peter, stVLOStA	16. 8. 05	15. 2. 61
Dr. Fleischer, Wolfgang	10. 11. 92	28. 2. 42
Riebeling, Manfred	25. 11. 91	21. 3. 42

Staatsanwältinnen/Staatsanwälte

Weiß, Bernd	19. 8. 77	22. 1. 48
Knossalla, Wolfgang	16. 5. 80	12. 12. 48
Diefenbach, Hartmut	6. 6. 80	14. 12. 47
Braun, Uwe	21. 3. 88	18. 6. 57
Herrchen, Hans-Joachim, abg.	4. 1. 91	27. 12. 55
Huppers, Birgit	16. 2. 93	7. 8. 60
Wolff, Iris, beurl. (LSt)	9. 12. 94	28. 10. 61
Eckert, Ulrike, abg. (LSt)	2. 1. 95	1. 2. 62
Späth, Frank Martin	4. 6. 95	23. 7. 62
Mieczkowski, Lothar Rüdiger	1. 10. 95	13. 8. 62
Kilian, Bettina	28. 8. 97	25. 10. 66
Richter, Ingrid, abg.	17. 6. 98	19. 4. 66
Sölch, Elke, 3/4	3. 3. 00	24. 3. 69
Eckhardt, Karin, 1/2	2. 9. 05	3. 6. 60

**Staatsanwaltschaft bei dem Landgericht
Marburg (Lahn)**
Universitätsstr. 48, 35037 Marburg
Tel. (0 64 21) 2 90-0, Fax (0 64 21) 29 02 11
Pressestelle: Tel./Fax (0 64 21) 29 02 01

1 LOStA, 1 stVLOStA, 1 OStA, 10 StA

*Leitende Oberstaatsanwältin/
Leitender Oberstaatsanwalt*
N. N.   —   —

Oberstaatsanwälte
Jörg, Hans, stVLOStA   2. 4. 02   28. 12. 48
Wölk, Hans-Joachim   2. 4. 01   30. 1. 42

Staatsanwältinnen/Staatsanwälte
Willanzheimer, Holger, GL 15. 12. 05   4. 8. 55
Ahne, Peter   2. 10. 75   6. 8. 41
Dr. Sippel, Kurt   14. 5. 92   18. 10. 52
Wied, Annemarie   15. 9. 94   19. 4. 56
Laubach, Christian   16. 9. 94   12. 3. 62
Zmyj-Köbel, Philipp   2. 8. 96   10. 4. 64
Petri, Wolfgang   17. 2. 97   17. 7. 62
Dr. Günther, Uwe
  Wolfgang   1. 4. 99   19. 7. 64
Vockert, Yvonne   11. 3. 03   16. 2. 70
Franosch, Rainer   1. 6. 01   22. 6. 68

**Staatsanwaltschaft bei dem Landgericht
Wiesbaden**
Teutonenstraße 3, 65187 Wiesbaden
Postanschrift: Postfach 55 69, 65045 Wiesbaden
Tel. (06 11) 7 92-0, Fax (06 11) 7 92-2 23
E-Mail: poststelle@sta-wiesbaden.justiz.hessen.de

1 LOStA, 1 stVLOStA, 4 OStA, 15 StA +
3 × ½ StA

Leitender Oberstaatsanwalt
Blumensatt, Hans-Josef   31. 10. 00   19. 5. 50

Oberstaatsanwältin/Oberstaatsanwälte
Maurer, Manfred,
  stVLOStA   14. 3. 01   21. 6. 50
Schulte, Klaus   1. 12. 95   29. 9. 50
Dr. Abt, Gabriele   1. 12. 95   24. 10. 51
Dr. Thoma, Achim   31. 10. 00   12. 6. 60
Ferse, Hartmut   3. 8. 05   20. 3. 49

Staatsanwältinnen/Staatsanwälte
Höbelheinrich, Bernd   3. 1. 75   1. 3. 44
Eulberg, Peter-Michael   11. 3. 77   9. 3. 45
Bach, Peter   3. 3. 78   31. 10. 44
Erb, Winfried   5. 5. 78   8. 10. 45
Schick-Jensen, Christiane 1. 10. 78   10. 12. 48
Hoheisel, Ralf   15. 9. 79   13. 9. 43
Emmerich, Wolf   1. 10. 81   21. 1. 50
Heimann-Trosien,
  Klaus   1. 3. 83   3. 10. 50
Jördens, Wolf   1. 6. 83   —
Brand, Thomas   23. 3. 84   —
Dr. Severain, Vero   4. 1. 91   23. 11. 56
Teubel, Klaus Dieter   28. 2. 94   18. 10. 59
Kolb-Schlotter, Sabine, ½ 28. 2. 06   7. 12. 63
Klunke, Maria, ½   13. 3. 95   7. 5. 58
Dressen, Matthias   25. 4. 96   5. 3. 63
Lehr, Wolfgang   26. 7. 96   10. 01. 64

Richterinnen/Richter und Staatsanwältinnen/Staatsanwälte im Richterverhältnis auf Probe

Bei den Gerichten:
Schott, Heike, beurl.   9. 8. 93   11. 7. 65
Stoll, Esther Nicole, beurl. 6. 7. 95   9. 5. 67
Körner, Ulrike, beurl.   4. 11. 96   4. 12. 64
Szustak, Michèle, ½   27. 12. 00   25. 3. 71
Schrage, Ines, beurl.   28. 12. 00   26. 8. 61
Meuser, Jutta, ½   28. 12. 00   16. 2. 67
Stobbe, Ulrike, beurl.   5. 3. 01   31. 12. 68
Dr. Schmuck, Dodo, beurl. 1. 8. 01   29. 4. 69
Dr. Wagner, Anke, beurl. 18. 12. 01   26. 9. 72
Radeke, Silke, beurl.   7. 1. 02   1. 11. 71
Ruppel, Birgit, ½   18. 2. 02   21. 4. 63

Curtius-Stollenwerk,
  Gesa, LL.M., ½   2. 4. 02   3. 9. 71
Münch, Nadine   2. 4. 02   21. 8. 74
Glienicke, Matthias   1. 10. 02   23. 10. 69
Dr. Kitzinger, Jürgen   1. 10. 02   27. 4. 72
Rapp, Christian   1. 10. 02   30. 4. 72
Iffländer, Lars   1. 10. 02   10. 10. 73
Besson, Matthias   1. 10. 02   5. 4. 75
Seifert, Gunnar   1. 10. 02   25. 11. 75
Bücking, Carola   1. 10. 02   24. 3. 76
Möller, Anja   14. 10. 02   14. 3. 74
Schmitz, Nicola   14. 10. 02   22. 3. 75

Name		
Patt, Julia, beurl.	1. 11. 02	3. 10. 71
Diepenthal, Carolin, 1/2	1. 11. 02	5. 4. 73
Zießler, Katja, beurl.	4. 11. 02	24. 5. 69
Dr. Tönsfeuerborn, Kirsten	6. 11. 02	12. 10. 73
Rau, Charlotte, 1/2	11. 11. 02	14. 10. 75
Dr. Becker, Dietrich	2. 1. 03	18. 7. 72
Volland, Brigritte	2. 1. 03	22. 12. 72
Hartmann, Nicole	2. 1. 03	23. 11. 74
Schnitger, Marc	2. 1. 03	27. 5. 75
Stiller, Frauke	2. 1. 03	6. 11. 75
Sprafke, Susanne, beurl.	2. 1. 03	18. 1. 76
Dr. Kisker, Silke	6. 1. 03	7. 8. 72
Unger, Stefan	13. 1. 03	30. 3. 76
Dr. Müntinga, Maren, 1/2	3. 2. 03	18. 4. 72
Römer, Sven	3. 2. 03	21. 1. 75
Zehelein, Julia, 1/2	3. 3. 03	28. 6. 72
Hesse, Stephanie	19. 3. 03	19. 11. 73
Dr. Wieczorek, Andreas	1. 4. 03	1. 1. 65
Dr. Feiden, Sonja	1. 4. 03	6. 5. 70
Merker, Andreas	1. 4. 03	18. 8. 73
Voorhoeve, Tim	1. 4. 03	24. 5. 75
Euler, Annette	1. 4. 03	31. 8. 76
Dralle, Ulrike	22. 4. 03	4. 11. 73
Focke, Manuela	5. 5. 03	5. 7. 72
Dr. Dauber, Desirée, abg.	5. 5. 03	18. 9. 73
Dr. Goldmann, Agnes	5. 5. 03	3. 11. 73
Weddig, Jörg	5. 5. 03	15. 11. 74
Klauke, Andreas	19. 5. 03	21. 4. 69
Roth, Michael	19. 5. 03	6. 2. 75
Dr. Gerberding, Patrick	26. 5. 03	17. 4. 73
Distler, Corinna, 1/2	1. 7. 03	4. 2. 68
Schnelle, Britta	1. 7. 03	17. 4. 75
Dr. Bringe, Rüdiger	7. 7. 03	13. 9. 74
Dr. Draschka, Matthias	14. 7. 03	16. 2. 64
Dr. Kammerer, Christopher	14. 7. 03	16. 1. 73
Christ, Gernot	14. 7. 03	10. 10. 73
Dr. Senger, Michael	15. 7. 03	3. 4. 75
Hundt, Christian	15. 7. 03	28. 5. 76
Dr. Marienfeld, Stephan, 1/2	21. 7. 03	8. 11. 72
Dr. Schweppe, Katja	11. 8. 03	17. 1. 72
Kiunke, Matthias	18. 8. 03	5. 5. 73
Holtzmann, Jost	18. 8. 03	24. 1. 76
Sörmann, Jasmin	1. 9. 03	26. 8. 75
Kirschbaum, Jochen	6. 10. 03	22. 11. 74
Moschner, Beate	6. 10. 03	4. 5. 75
Schmitt, Katrin	6. 10. 03	28. 8. 75
Grund, Matthias	17. 11. 03	6. 2. 73
Laur, Alexander	1. 12. 03	9. 6. 73
Braun, Eva-Katrin, 1/2	15. 12. 03	6. 9. 70
Herrmann, Swen	26. 1. 04	15. 2. 76
Filbert, Markus	2. 2. 04	11. 9. 74
Philipp, Tanja	10. 5. 04	7. 3. 74
Wachau, Stefanie	10. 5. 04	30. 1. 76
Pree, Jan	1. 6. 04	9. 11. 74
Vitek, Andreas	2. 8. 04	1. 12. 70
Ludemann, Kathrin	2. 8. 04	20. 10. 75
Bings, Annell, abg.	2. 8. 04	20. 8. 76
Dr. Dreher, Mathis	1. 10. 04	29. 9. 74
Dr. Maier, Tanja	18. 10. 04	21. 10. 70
Riebell, Tim	1. 12. 04	27. 8. 71
Dr. Schütz, Carsten	6. 12. 04	1. 10. 71
vom Felde genannt Imbusch, Ariane	13. 12. 04	28. 8. 76
Liebermann, Dirk	20. 12. 04	26. 8. 74
Dr. Witteck, Lars	1. 1. 05	20. 3. 74
Dr. Blumentritt, Jan	3. 1. 05	25. 7. 74
Geisler, Christian	3. 1. 05	3. 3. 77
Weygand, Ulrike	3. 1. 05	5. 3. 77
Fuchs, Kolja	24. 1. 05	21. 4. 76
Lill, Christoph	1. 2. 05	24. 11. 66
Dr. Gödicke, Patrick, beurl.	1. 3. 05	29. 3. 70
Treviranus, Michael	1. 4. 05	16. 8. 76
Walter, Jens	4. 4. 05	26. 10. 72
Polster, Heike	4. 4. 05	20. 12. 73
Becker, Alexander	4. 4. 05	22. 8. 76
Ruhs, Svenja	9. 5. 05	9. 5. 77
Schon, Ingo	17. 5. 05	22. 2. 76
Grund, Christopher	1. 7. 05	13. 11. 73
Dr. Rhode, Lars	4. 7. 05	10. 2. 73
Dr. Scheidweiler, Yvonne	18. 7. 05	30. 6. 75
Dr. Vesting, Christiane	1. 8. 05	12. 8. 70
Wagner, Regine	1. 8. 05	5. 6. 78
Horn, Livia, 1/2	1. 9. 05	3. 2. 72
Dr. Burckhardt, Katrin, 1/2	4. 10. 05	19. 12. 70
Schmalbach, Jens	4. 10. 05	5. 7. 75
Mittelsdorf, Kathleen	4. 10. 05	23. 5. 76
Tinnefeld, Thorsten	2. 1. 06	28. 5. 72
Russell, Thomas	2. 1. 06	10. 3. 74
Adlhoch, Miriam	2. 1. 06	5. 10. 76
Harre, Carsten	2. 1. 06	3. 12. 76
Stehlik, Yvonne	2. 1. 06	8. 2. 77
Orgaß, Katharina	2. 1. 06	29. 4. 77
Preylowski, Andrea	9. 1. 06	8. 9. 74
Dr. Simon, Eric	16. 1. 06	4. 5. 71
Reiser, Dirk	16. 1. 06	30. 4. 73
Dr. Stüber, Michael	1. 2. 06	31. 12. 74
Dr. Böttger, Ulrich	2. 2. 06	22. 7. 75
Böinghoff, Andreas	13. 2. 06	14. 1. 78
Gilzer, Silke	20. 2. 06	15. 4. 75
Ludwig, Henrik	20. 2. 06	6. 1. 77
Dr. Demme, Nicole, abg.	1. 4. 06	28. 12. 71

Bei den Staatsanwaltschaften:

Pulina, Claudia, beurl.	1. 10. 91	18. 7. 62
Ziebs, Sabine, beurl. (LSt)	18. 7. 94	6. 3. 63
Authenrieth-Hüppe, Susanne, beurl.	18. 8. 97	1. 3. 65
Dr. Mintz, Sandra-Jakobea, beurl.	2. 1. 01	13. 1. 65
Rupilius-Sarris, Marianne	4. 2. 02	2. 10. 66
Hecht, Anke	2. 5. 02	3. 10. 69

Richter/StA im Richterverhältnis auf Probe HE

Röth, Christina, beurl.	24. 6.02	16. 4.73	Wolf, Marc	9. 5.05	15. 1.72
Dr. Heinrich, Susanne, ½	7.10.02	10. 1.72	Fritz, Alexander	9. 5.05	7. 4.76
Nedwed, Kerstin	7.10.02	6.10.72	Bollert, Marsha	1. 7.05	7. 8.70
Hahn, Nicolaus-Alexander	13.12.02	6. 1.73	Fabry, Alexander	11. 7.05	12. 3.75
Hahn, Mike	2. 1.03	18. 7.74	Scherler, Anika	1. 8.05	21. 8.75
Engelhard, Nadine	2. 1.03	19. 7.75	Blickhan, Heike	1. 8.05	12. 8.76
Boot, Bernadette, abg.	13. 1.03	5. 8.72	Böttinger, Nadja	1. 9.05	13. 3.78
Schick, Katia	1. 4.03	14.12.69	Schinnerling, Anja	4.10.05	19. 5.75
Hartmann, Robert	1. 4.03	27.11.72	Kramer, Susanne	4.10.05	23. 6.75
Rode, Nicole	1. 4.03	10. 9.74	Müller, Sandra	4.10.05	9. 2.76
Hübsch, Jennifer	2. 6.03	11. 8.75	Frenkler, Ulf	15.12.05	6. 5.71
Müller, Ani	1. 8.03	28. 7.75	Thürmer-Gath, Miriam	2. 1.06	6. 5.71
Engeholm, Kirstin	1.10.03	21. 4.76	Krömmelbein, Florian	2. 1.06	11. 7.72
Dr. Henke, Christoph	3.11.03	26. 1.75	Hillekamps, Tanja	1. 2.06	20. 3.75
Welke, Wanja	17.11.03	8. 2.71			
Sandtner, Sybille	19. 4.04	9. 1.75			
Dr. Exler, Kathrin	16. 6.04	14.12.74			
Göbel, Friederike, abg.	6. 9.04	12. 3.75			
Happel, Knut	4. 4.05	23. 2.73			
Trinte-Brücher, Julia	4. 4.05	27. 9.75			

Weitere Stellen für Richterinnen/Richter und Staatsanwältinnen/Staatsanwälte im Richterverhältnis auf Probe sind besetzt. Namen und Personaldaten der Stelleninhaber sind nicht übermittelt worden.

Mecklenburg-Vorpommern

1 714 156 Einwohner*

Justizministerium Mecklenburg-Vorpommern

Demmlerplatz 14, 19053 Schwerin
19048 Schwerin
Tel. (03 85) 5 88-0, Fax (03 85) 5 88 34 51/-3
E-Mail: poststelle@jm.mv-regierung.de
1 StaatsSekr, 3 MinDgt, 11 MinR, 16 RD, 2 ROLG, 1 RLG

Justizminister
Sellering, Erwin	20. 9. 00	18. 10. 49

Staatssekretär
Dr. Litten, Rainer	1. 11. 96	19. 4. 40

Ministerialdirigenten
Dopp, Rainer	1. 7. 91	23. 5. 48
Jesse, Jörg	1. 4. 03	23. 6. 53
Dr. Böttges, Walter	23. 8. 03	30. 8. 49

Ministerialrätin/Ministerialräte
Suhrbier, Wolfgang	29. 6. 94	29. 4. 52
Baukhorn, Michael	1. 10. 99	19. 8. 59
Koch, Rupert	1. 8. 03	1. 2. 55
Kränzle-Eichler, Angelika	12. 7. 05	4. 12. 48

Regierungsdirektorin/Regierungsdirektor
Strutz, Christine	5. 6. 00	14. 3. 51
Dr. Groth, Reimer	2. 12. 04	1. 11. 66

Oberregierungsrätin/Oberregierungsrat
Himbert, Ralf	1. 3. 02	6. 10. 65
Klee, Tanja	19. 3. 02	27. 4. 67

Landesjustizprüfungsamt

Präsident
Thiele, Burkhard, PrLAG	18. 1. 99	5. 3. 53

Vertreter
Dr. Hückstädt, Gerhard, PräsLG	1. 12. 94	2. 1. 44
Vick, Jörg-Peter	1. 6. 94	29. 5. 55
Wolter, Irene, ROLG	23. 11. 04	18. 8. 61

Normprüfstelle
2 MinR

Ministerialrätin/Ministerialrat
Voß, Hans-Peter, abg.	17. 10. 93	11. 4. 46
Petersen-Goes, Doris	2. 9. 98	14. 1. 60

---

*Stand: 30. 6. 2005.

Oberlandesgerichtsbezirk Rostock

Bezirk:
Mecklenburg-Vorpommern

4 Landgerichte:
Neubrandenburg, Rostock, Schwerin, Stralsund

Kammern für Handelssachen: Neubrandenburg 1, Rostock 2, Schwerin 1, Stralsund 1

21 Amtsgerichte
Schöffengerichte:
bei allen Amtsgerichten außer den nachstehend genannten;

Gemeinsames Schöffengericht für die Bezirke der Amtsgerichte, bei denen kein Schöffengericht gebildet wird, ist:
für den AGBez.: das Schöffengericht:
Anklam: Greifswald
Grevesmühlen: Wismar
Ludwigslust: Hagenow
Ueckermünde: Pasewalk
Wolgast: Greifswald
Familiengerichte: bei allen Amtsgerichten
Landwirtschaftsgerichte: bei den Amtsgerichten Neubrandenburg, Rostock, Schwerin und Stralsund für die jeweiligen Landgerichtsbezirke

Oberlandesgericht Rostock

E 1 714 156
Wallstr. 3, 18055 Rostock
Postfach 10 73 30, 18011 Rostock
Tel. (03 81) 3 31-0
Fax (03 81) 4 59 09, 91/-2
E-Mail: verwaltung@olg-rostock.mv-justiz.de

1 Pr, 1 VPr, 10 VR, 30 R (4 LSt + 4 LSt für UProf. im weiteren Hauptamt)

Präsident
Dr. h. c. Hausmanns, Wilfried	1. 7. 92	18. 8. 43	

Vizepräsident
Boll, Jürgen	13. 9. 05	27. 10. 53	

Vorsitzende Richterin/Richter
Dr. Dally, Rainer	1. 10. 92	16. 9. 42
Hillmann, Wolfgang	31. 12. 92	30. 12. 42
Eckert, Hans-Georg	1. 9. 98	20. 5. 42
Sabin, Fritz-Eckehard	21. 8. 00	9. 1. 49
Krajewski, Joachim	8. 9. 04	19. 10. 43
Schwarz, Monika	8. 9. 04	3. 12. 52
Brinkmann, Hans Josef	8. 9. 04	27. 10. 55
Dr. Jaspersen, Kai	16. 11. 04	17. 6. 58

Richterinnen/Richter
Evermann, Barbara	1. 10. 92	3. 8. 53
Prof. Dr. Koch, Harald	1. 4. 93	19. 1. 43
Mährlein, Renate	1. 10. 95	21. 6. 50
Prof. Dr. Winkler von Mohrenfels, Peter	1. 3. 96	21. 8. 43
Dr. Garbe, Jürgen	1. 4. 96	27. 8. 52
Nöhren, Petra	20. 12. 96	18. 6. 61
Dr. ter Veen, Heino	12. 12. 97	10. 9. 53
Dr. Jedamzik, Alfred	6. 4. 98	23. 8. 46
Levin, Petra	6. 4. 98	30. 1. 56
Möllenkamp, Christian, abg. (LSt)	6. 4. 98	13. 5. 57
Hansen, Holger	6. 4. 98	30. 7. 60
Bartmann, Jacqueline	2. 9. 98	31. 5. 61
Memmel, Gabriele	29. 11. 99	22. 9. 57
Labi, Andreas	29. 11. 99	26. 1. 62
Hanenkamp, Nikolaus	29. 11. 99	28. 1. 63

LG-Bezirk Neubrandenburg OLG-Bezirk Rostock **MV**

Dr. Meyer, Thomas	29. 11. 99	26. 2. 64
Bollmann, Gerd	21. 8. 00	28. 4. 50
Röck, Wolfgang	9. 7. 01	3. 1. 62
Dr. Jäschke, Christoph	13. 11. 01	16. 11. 63
Bail, Marion	8. 4. 02	18. 8. 62
Theede, Kai-Uwe, abg. (LSt)	27. 9. 02	16. 10. 64
Braun, Dieter	1. 7. 03	18. 2. 61
Riedelsheimer, Ulla, abg. (LSt)	1. 7. 03	14. 6. 63
Hofmann, Jens	25. 11. 03	3. 3. 61
Lüdtke, Michael	1. 4. 04	1. 6. 62
Millat, Andreas, abg.	1. 4. 04	2. 10. 62
Bült, Andrea, abg.	1. 4. 04	11. 10. 65
Dr. Frenzel, Christian, abg. (LSt)	23. 11. 04	8. 1. 63
Zeng, Claus	1. 12. 04	12. 9. 64
Both, Dirk	21. 9. 05	7. 11. 67

Landgerichtsbezirk Neubrandenburg

Landgericht Neubrandenburg E 386 908
Friedrich-Engels-Ring 15-18,
17033 Neubrandenburg
Tel. (03 95) 54 44-0
Fax (03 95) 5 44 44 25
E-Mail:
verwaltung@lg-neubrandenburg.mv-justiz.de

1 Pr, 1 VPr, 7 VR, 15 R

Präsident

Kollwitz, Roland	29. 9. 94	6. 4. 43

Vizepräsident/in

N. N.	—	—

Vorsitzende Richterinnen/Vorsitzende Richter

Koch, Alexander	2. 8. 93	9. 8. 45
Peterl, Heidi	2. 1. 96	27. 5. 48
Kabisch, Klaus	17. 7. 98	5. 5. 56
Kücken, Michael	29. 11. 99	19. 3. 59
Deutsch, Carl-Christian	28. 2. 01	11. 4. 53
Unterlöhner, Jochen	28. 2. 01	1. 12. 58
Steder, Susanne	12. 11. 01	1. 10. 55

Richterinnen/Richter

Karberg, Maria	15. 7. 94	21. 1. 48
Kutz, Marianne	19. 6. 95	4. 10. 51
Gutzmer, Elke	25. 3. 96	18. 2. 53
Götze, Günter	3. 12. 96	13. 6. 57
Vogt, Henning	24. 11. 97	5. 10. 65

Elfers, Reinhard	28. 1. 99	6. 10. 57
Kolf, Henning	28. 1. 99	26. 4. 60
Seligmüller, Steffen	28. 1. 99	7. 10. 65
Dr. Traeger, Katharina	14. 6. 99	16. 10. 67
Burgdorf-Bressem, Ralph	28. 4. 00	24. 2. 05
Weidlich, Christian	16. 11. 01	14. 12. 69
Eschler, Urte	29. 8. 03	19. 6. 74
Vaske, Matthias	10. 6. 05	11. 5. 72

Amtsgerichte

Demmin E 87 624
Clara-Zetkin-Str. 14, 17109 Demmin
Tel. (0 39 98) 4 37 10
Fax (0 39 98) 43 71 31
E-Mail: verwaltung@ag-demmin.mv-justiz.de

1 Dir, 1 stVDir, 8 R

Weber, Ulrich, Dir	15. 6. 94	4. 9. 49
Michaelis, Udo, stVDir	11. 10. 05	11. 12. 55
Dr. Stempel, Martin	1. 7. 94	25. 10. 55
Blasinski, Jörg	1. 2. 95	10. 2. 62
Kunze, Bernd	28. 6. 95	12. 1. 56
Langhof, Jörg	10. 7. 95	11. 11. 61
Kuttritz, Renate	22. 6. 96	1. 7. 50
Carstensen, Sönke, abg.	30. 5. 02	6. 9. 67
Götz, Ralph	7. 10. 02	31. 5. 66

Neubrandenburg E 100 033
Friedrich-Engels-Ring 15-18,
17033 Neubrandenburg
Tel. (03 95) 54 44-0
Fax (03 95) 5 44 44 25
E-Mail:
verwaltung@ag-neubrandenburg.mv-justiz.de

1 Dir, 1 stVDir, 1 w.aufsR, 14 R

Förster, Horst, Dir	5. 4. 90	26. 4. 42
N. N., stVDir	—	—
Hoeveler, Petra, w.aufsR	21. 6. 00	16. 1. 61
Schönherr, Barbara	16. 2. 94	29. 3. 58
Bartel, Veronika	16. 3. 94	21. 9. 49
Deters, Stephan	15. 4. 94	31. 7. 59
Hacker, Astrid	1. 7. 94	8. 3. 64
Pugell, Thorsten	1. 8. 94	8. 12. 60
Landes, Jörg	10. 10. 95	06. 3. 58
Hagedorn, Iris	28. 4. 97	27. 5. 65
Paulmann, Heike	25. 9. 98	21. 12. 64
Unterberg, Markus	13. 10. 98	4. 2. 64
Grabandt, Barbara	28. 1. 99	9. 7. 65
Dr. Angermüller, Heidi	28. 1. 99	2. 2. 67
Henselek, Birgit	2. 2. 99	25. 11. 63
Moschner, Axel	12. 10. 99	15. 2. 66
Schmidt-Nissen, Nicola	30. 6. 00	25. 9. 65

MV OLG-Bezirk Rostock   LG-Bezirk Rostock

Neustrelitz E 53 511
Töpferstr. 13 a, 17235 Neustrelitz
Tel. (0 39 81) 25 50
Fax (0 39 81) 25 51 99
E-Mail: verwaltung@ag-neustrelitz.mv-justiz.de

1 Dir, 1 stVDir, 6 R

Wettenfeld, Heiko, Dir	21. 7. 04	30. 7. 52
Brandt, Matthias, stVDir, abg.	10. 6. 05	7. 6. 67
Simkowski, Ruth	3. 1. 94	19. 6. 61
Höhn, Reiner	15. 7. 94	11.10. 55
Walte-Petersen, Bettina	5. 6. 96	10. 1. 60
Korzetz, Ingo	22. 7. 97	7. 6. 63
Hegen-Deters, Susan, 1/2	25. 9. 98	16. 6. 63
Vogt, Katja-Urda	25. 9. 98	31. 1. 64

Pasewalk E 37 928
Grünstr. 61, 17309 Pasewalk
Tel. (0 39 73) 2 06 40
Fax (0 39 73) 21 06 84
E-Mail: verwaltung@ag-pasewalk.mv-justiz.de

1 Dir, 5 R

von Hirschheydt, Reinhard, Dir	15.12. 93	21. 8. 43
Selbmann, Sigrid	14. 6. 96	21.12. 64
Dr. Gosch, Michael	7. 1. 02	6. 9. 67
Petersen, Wiebke	25. 9. 03	12.10. 67
Fleckenstein, Harald	24. 3. 05	15.10. 68

Ueckermünde E 39 906
Gerichtsstr. 16, 17373 Ueckermünde
Tel. (03 97 71) 4 30
Fax (03 97 71) 4 32 22
E-Mail:
verwaltung@ag-ueckermuende.mv-justiz.de

1 Dir, 3 R

Hagemann, Silvia, Dir	25.10. 02	29. 9. 64
Baier, Sabine	3. 4. 95	27. 8. 54
Pust, Katharina	2. 2. 96	13. 7. 50

Waren (Müritz) E 67 906
Zum Amtsbrink 4, 17192 Waren (Müritz)
Tel. (0 39 31) 17 00-0
Fax (0 39 91) 17 00 99
E-Mail: verwaltung@ag-waren.mv-justiz.de

1 Dir, 6 R

Lütkoff, Stefan, Dir	1.10. 92	30. 9. 47
Kasberg, Michael	9. 4. 98	29. 3. 52
Stork, Michael	20. 4. 98	17. 4. 63

Sprigode-Schwencke, Alexandra	29. 9. 98	18. 8. 64
Traeger, Roland	30. 3. 99	12.12. 63
Hoppe, Dieter	28. 9. 99	27. 6. 67
Hagedorn, Matthias	21. 2. 03	17. 1. 73

Landgerichtsbezirk Rostock

Landgericht Rostock E 425 470
August-Bebel-Str. 15-20, 18055 Rostock
Tel. (03 81) 24 10
Fax (03 81) 24 13 55
E-Mail: verwaltung@lg-rostock.mv-justiz.de

1 Pr, 1 VPr, 12 VR, 19 R + 1 LSt

Präsident

Dr. Hückstädt, Gerhard	2. 1. 92	2. 1. 44

Vizepräsident

Rinnert, Rüdiger	1. 3. 01	12. 8. 59

Vorsitzende Richterinnen/Vorsitzende Richter

Ehlert, Hans-Peter	1.12. 95	28. 9. 54
Scherhans, Rainer	—	—
Garbe, Annegret	1. 7. 96	8. 8. 54
Strauß, Wolfgang	16. 2. 98	13. 1. 58
Albert, Jens	6. 4. 98	7. 4. 57
Goebels, Peter	22.10. 99	22. 8. 58
Lex, Guido	29.10. 99	21. 7. 56
Dr. Müller, Hans-Jürgen	19. 6. 00	15. 4. 55
Mahmens, Anke	28.11. 03	3. 4. 61

Richterinnen/Richter

Apprich, Joachim	16. 2. 94	15. 9. 56
Hildebrandt, Ralf	30. 3. 94	18. 4. 59
Wipper, Michael	1. 8. 94	30.11. 60
Haschke, Boris	15. 8. 94	28. 5. 60
Ballentin, Sandra, 1/2, abg.	12. 9. 94	6. 9. 61
Ott, Dirk	11. 5. 95	22. 3. 61
Bäuerle-Graf, Barbara	8. 6. 95	9. 8. 59
Manzewski, Dirk, beurl. (LSt)	9. 4. 98	11. 7. 60
Bruske, Lars	9. 4. 98	4.10. 62
Mack-Oberth, Michael	9. 4. 98	12. 7. 63
Schwetlik-Kuhlemann, Jutta	17. 4. 98	11. 6. 63
Domke, Gerhard	30. 6. 99	23. 4. 60
Dr. Fuchs, Joachim	30. 6. 99	15. 9. 64
Fischer, Uwe	20. 7. 99	25.12. 65

LG-Bezirk Schwerin   OLG-Bezirk Rostock   **MV**

Köster-Flachsmeyer, Monika	15. 12. 00	29. 8. 65
Langosch, Mathias	14. 11. 01	10. 2. 70
Junghans, Corinna, beurl.	14. 11. 01	23. 1. 71
Zirke, Kerstin	24. 7. 02	2. 11. 72
Dilling, Sonja	9. 9. 03	3. 10. 71
Eidam, Hansje	6. 5. 04	26. 6. 73
Schiller, Jörg	29. 11. 04	30. 8. 70

Amtsgerichte

Bad Doberan E 53 231
Verbindungsstr. 4, 18209 Bad Doberan
Tel. (03 82 03) 70 20, Fax (03 82 03) 7 02 10
E-Mail: verwaltung@ag-baddoberan.mv-justiz.de
1 Dir, 4 R

Freese, Birgit, Dir	13. 5. 97	21. 10. 62
Krenske, Iris	9. 8. 95	23. 3. 59
Wenkel, Anke	17. 8. 95	2. 11. 64
Jansen, Susanne	7. 6. 96	1. 5. 62
Röhl, Lars	4. 8. 04	19. 12. 66

Güstrow E 106 598
Postfach 2 13, Franz-Parr-Platz 2a,
18273 Güstrow
Tel. (0 38 43) 77 10, Fax (0 38 43) 77 11 40
E-Mail: verwaltung@ag-guestrow.mv-justiz.de
1 Dir, 1 stVDir, 9 R

Düvel, Annemarie, Dir	1. 8. 93	30. 7. 48
N. N., stVDir	—	—
Kunkel, Barbara	1. 4. 94	—
Steding, Brunhild	1. 8. 94	16. 7. 55
Matzat, Marianne	8. 6. 95	1. 12. 55
Woik, Christa	—	—
Gehrke, Ralf	—	—
Dr. Hauptmann, Peter-Helge	30. 6. 97	3. 7. 61
Laufer, Uwe	8. 4. 98	28. 12. 62
Nitschke, Hans, abg.	12. 1. 05	27. 4. 65
Kröhnert, Björn	24. 1. 05	22. 1. 74

Rostock E 265 641
Kochstr., 18057 Rostock
Tel. (03 81) 4 95 70
Fax (03 81) 4 95 71, 42/41
E-Mail: verwaltung@ag-rostock.mv-justiz.de
1 Dir, 1 stVDir, 3 w. aufsR, 29 R

Häfner, Peter, Dir	1. 7. 92	4. 4. 50
Weingartz, Klaus, stVDir	13. 11. 01	5. 12. 60
Hagemann, Almut G.	3. 11. 93	1. 9. 51
Lüthke, Dagmar	1. 12. 93	11. 7. 59

Noll, Birgit	1. 4. 94	4. 7. 63
Schörner, Anne-Dore	1. 6. 94	29. 10. 47
Rohn, Steffen	1. 6. 94	14. 10. 62
Born, Gereon	21. 7. 94	24. 9. 60
Freese, Tim	1. 8. 94	9. 4. 58
Hassel, Matthias	12. 9. 94	12. 12. 60
Krüger, Gabriele	1. 10. 94	14. 8. 61
Schmidt, Beatrix	17. 2. 95	2. 2. 55
Richter, Uwe	3. 5. 95	6. 12. 62
Rothe, Axel	16. 5. 95	27. 12. 59
Görgen, Christian	8. 6. 95	19. 3. 62
Buggenhagen-Hinz, Kerstin	4. 12. 95	15. 10. 58
Schröder, Ralf	14. 12. 95	6. 2. 61
Klimasch, Ralf-Allan	14. 8. 96	1. 1. 58
Kurtenbach, Eva, 3/4	19. 8. 96	5. 4. 60
Blindow, Ute, 3/4	19. 8. 96	13. 11. 61
Weers, Werner	9. 4. 98	9. 4. 60
Nüske, Michael	9. 4. 98	11. 4. 63
Langer, Klaus-Peter	17. 4. 98	24. 11. 63
Stechemesser, Petra	14. 5. 99	15. 8. 67
Klatte, Frauke	30. 6. 99	6. 7. 62
Neumann, Barbara	30. 6. 99	17. 12. 63
Vick, Holger	30. 6. 99	6. 4. 65
Ihde, Chistina, 3/4	1. 2. 00	23. 12. 63
Syska, Andrea	1. 3. 00	27. 3. 64
Ritter, Andrea	14. 7. 00	23. 4. 65
Horstmann, Volker	24. 7. 02	5. 7. 67
Halfmann, Till, abg.	3. 11. 03	11. 5. 67

Eine weitere Stelle für Richter am Amtsgericht ist besetzt. Name- u. Personaldaten sind nicht übermittelt worden.

Landgerichtsbezirk Schwerin

Landgericht Schwerin E 494 910
Demmlerplatz 1-2, 19053 Schwerin
Tel. (03 85) 7 41 50
Fax (03 85) 7 41 51 83
E-Mail: verwaltung@lg-schwerin.mv-justiz.de
1 Pr, 1 VPr, 11 VR, 19 R, 1 (LSt)

Präsident

Eichler, Hartmut	19. 2. 01	4. 9. 44

Vizepräsident

Gemes, Sören	5. 7. 94	11. 4. 50

Vorsitzende Richterinnen/Vorsitzende Richter

Reimers, Gerd	1. 12. 85	—
Dr. Richter, Wolfgang	1. 8. 93	9. 12. 54
Heydorn, Horst	20. 9. 93	20. 9. 43
Meermann, Sigrun	18. 10. 94	11. 4. 59

MV OLG-Bezirk Rostock   LG-Bezirk Schwerin

Thomas, Wilfried	1. 1.97	24. 7.55
Grunke, Norbert	19. 6.00	2.12.56
Kosmider, Susanne, ³/₄	8. 7.04	28. 7.62
Piepel, Robert	21. 7.04	1. 9.62
Zimmermann, Udo	14. 9.04	1. 5.61
Lehmann, Lutz	27. 9.04	11.10.57

Richterinnen/Richter

von Hülst, Karin, ¹/₂	22. 3.93	5. 2.61
Boysen, Ingrid	1. 7.93	—
Baalcke, Detlef	1.12.93	15. 3.59
Brenne, Jens, abg.	16. 3.94	28. 2.59
Wulf, Angelika	1. 4.94	26. 9.56
Röper, Rita	22. 6.95	5. 6.49
Fiddecke, Uwe	27. 9.95	11. 2.60
Lessel, Armin	4. 6.96	8. 8.62
Tiede, Dietlinde	25. 7.96	3.11.50
Struck, Susann-Sybill	7. 4.98	25.12.61
Wanzenberg, Olaf	7. 4.98	3. 7.62
Kandzorra, Beate, ³/₄	19. 5.99	21. 3.62
Dr. Albrecht, Ute, abg. (LSt)	19. 5.99	3.10.64
Surminski, Katja, ¹/₂	25. 5.99	24. 2.67
Thede, Jutta	1. 3.00	23.10.68
Melinkat, Inga	29. 8.00	24. 5.68
Diekmann-Struck, Doris, beurl.	1.11.01	18.12.64
Wollenteit, Susanne, abg.	2. 5.05	30. 9.65
Philipps, Andrea, RkrA	(1. 4.05)	30. 4.65

Amtsgerichte

Grevesmühlen E 78 759
Bahnhofstraße 2-4, 23936 Grevesmühlen
Tel. (0 38 81) 7 59 80
Fax (0 38 81) 7 59 83 01/50;
E-Mail:
verwaltung@ag-grevesmuehlen.mv-justiz.de

1 Dir, 6 R

Manthey, Stefan, Dir	1.11.92	25.11.48
Dr. Dimpker, Hinrich	1.10.93	13. 8.53
Weghofer, Christine	1.12.93	25. 4.56
Halm, Klaus	16. 6.94	29.11.58
Schmidt, Cornelia	2. 1.98	5. 2.58
Bigott, Ursula	20. 1.00	24. 4.60
Pehle, Barbara, ¹/₂, abg.	14.10.04	6. 8.58

Hagenow E 58 756
Möllner Str. 51 a, 19230 Hagenow
Tel. (0 38 83) 6 17 00
Fax (0 38 83) 61 70 70
E-Mail: verwaltung@ag-hagenow.mv-justiz.de

1 Dir, 4 R

Dr. Dißmann, Karsten, Dir	20. 7.04	8.11.63
Dr. Dallmann, Michael	14. 4.94	19. 9.56
Richter, Susanne	15. 7.94	28. 9.58

Eine weitere Stelle für Richter am Amtsgericht ist besetzt. Name- u. Personaldaten sind nicht übermittelt worden.

Ludwigslust E 70 142
K.-Kollwitz-Str. 35, 19288 Ludwigslust
Tel. (0 38 74) 43 50
Fax (0 38 74) 43 51 00
E-Mail: verwaltung@ag-ludwigslust.mv-justiz.de

1 Dir, 4 R + 1 LSt

Merklin, Andreas, Dir	11.11.99	8.10.53
Dr. Früh-Thiele, Katrin, ¹/₂, abg.	1. 8.95	24. 4.61
Rachow, Hannelore	14.10.96	14.11.50
Will, Gerd, abg. (LSt)	27. 3.01	9. 2.69
Müller, Sigrid	28. 5.02	3. 8.70

Parchim E 86 269
Moltkeplatz 2, 19370 Parchim
Tel. (0 38 71) 72 90
Fax (0 38 71) 72 91 99
E-Mail: verwaltung@ag-parchim.mv-justiz.de

1 Dir, 1 stVDir, 7 R

Schlottke, Peter, Dir	15. 7.94	31.10.51
Söhnchen, Peter	15. 7.94	16. 6.54
Manke, Matthias	1.11.96	1.10.63
Haller, Renate	7. 4.98	13. 8.65
Bellut, Jörg	1.10.98	6. 1.63
Alisch, Frank	14. 3.02	30. 7.59
Dr. Rentzow, Lutz	16. 7.04	20. 7.68

Eine weitere Stelle für Richter am Amtsgericht is besetzt. Name- u. Personaldaten sind nicht über mittelt worden.

Schwerin E 128 707
Demmlerplatz 1-2, 19053 Schwerin
Tel. (03 85) 7 41 50
Fax (03 85) 7 41 52 00
E-Mail: verwaltung@ag-schwerin.mv-justiz.de

1 Dir, 1 stVDir, 2 w.aufsR, 19 R

Winterstein, Peter, Dir	26. 3.01	1.11.4
N. N., stVDir	—	—
Meermann, Martin	15. 6.93	28.11.5
Obbelode-Rottschäfer, Sabine, ¹/₂	2. 2.94	28. 2.6

LG-Bezirk Stralsund OLG-Bezirk Rostock **MV**

Aschoff, Heike, ³/₄	7. 2. 94	28. 4. 61
Gottwald-Monstadt, Dagmar	1. 6. 94	13. 5. 59
Weller, Michael	15. 7. 94	19. 12. 57
Rauch, Marina	24. 3. 95	22. 10. 58
Hagen, Harald	12. 6. 95	16. 1. 57
Dittloff, Sabine, ¹/₂, abg.	14. 6. 95	13. 9. 63
Michalczik, Bernd	11. 9. 95	3. 10. 60
Rother, Margit	21. 12. 95	21. 3. 52
Burmeister, Jana, ³/₄	29. 12. 95	19. 2. 66
Wach, Siegfried	20. 3. 96	4. 9. 53
Trost, Silke, ¹/₂	30. 6. 97	—
Martens, Dietrich	24. 7. 97	28. 5. 55
Dickmann, Thomas	24. 7. 97	13. 10. 62
Schmachtel, Rainer	7. 4. 98	26. 4. 55
Labi, Susanne	1. 10. 98	31. 1. 63
Sonnemann, Ralph	10. 11. 99	13. 8. 49
Barenz, Jana, ¹/₂	24. 8. 04	10. 11. 70
Makowei, Simone, abg.	2. 12. 05	30. 6. 71

Wismar E 72 277
Vor dem Fürstenhof 1, 23966 Wismar
Tel. (0 38 41) 48 08-0
Fax (0 38 41) 48 08 10/65
E-Mail: verwaltung@ag-wismar.mv-justiz.de

1 Dir, 1 stVDir, 7 R + 1 (LSt)

Nyenhuis, Hans, Dir	1. 12. 05	20. 4. 60
Grober, Peter, stVDir	20. 12. 99	—
Golz, Thomas	1. 7. 93	14. 11. 57
Bellmann, Burkhard	1. 3. 94	18. 6. 57
Jacobsen, Kai	1. 7. 94	25. 5. 61
Engel, Bernd	1. 8. 94	9. 12. 57
Aschoff, Michael, abg. (LSt)	27. 10. 94	15. 2. 60
Beige, Michael	5. 3. 96	24. 10. 59
Bauer, Michael	9. 8. 99	11. 9. 56

Landgerichtsbezirk Stralsund

Landgericht Stralsund E 406 868
Frankendamm 17, 18439 Stralsund
Tel. (0 38 31) 20 50
Fax (0 38 31) 20 51 99
E-Mail: verwaltung@lg-stralsund.mv-justiz.de

1 Pr, 1 VPr, 11 VR, 16 R

Präsident

Teder, Manfred	8. 2. 00	20. 2. 50

Vizepräsident

Stelle ist besetzt. Name und Personaldaten sind nicht übermittelt worden.

Vorsitzende Richterin/Vorsitzende Richter

Loose, Wolfgang	1. 7. 92	13. 12. 49
Imkamp, Siegfried	11. 8. 98	12. 4. 55
Bechlin, Frank	1. 1. 98	24. 7. 60
Masiak, Thomas	21. 8. 00	7. 5. 62
Bleß, Martina	9. 7. 01	21. 12. 60
Klingmüller, Kai	1. 7. 02	17. 6. 61

Eine weitere Stelle für Vorsitzende Richter am Landgericht ist besetzt. Name und Personaldaten sind nicht übermittelt worden.

Richterinnen/Richter

Großmann, Christiane	1. 3. 94	25. 12. 58
Leonard, Thomas	12. 9. 94	9. 5. 58
Müller-Koelbl, Stephanie, ¹/₂	14. 11. 94	13. 7. 61
Retzlaff, Carmen, ¹/₂	21. 4. 95	18. 2. 63
Masiak, Martina, ¹/₂	21. 4. 95	13. 3. 64
Falk, Silvia	3. 5. 95	17. 6. 51
Otte, Christoph	9. 7. 96	23. 3. 62
Ewert, Heike	8. 4. 98	21. 12. 63
Gombac, Andrea	8. 4. 98	24. 11. 64
Vogler, Michael, abg.	8. 4. 98	21. 4. 65
Schomburg, Günter	3. 1. 99	2. 2. 57
Ritter, Axel	31. 7. 00	16. 2. 67
Feger, Sandra	10. 10. 00	23. 4. 69
Dr. Witt, Olaf	15. 12. 00	9. 2. 66
Kaffke, Thorsten	1. 2. 01	12. 12. 64
Prüfer, Eva	17. 7. 01	21. 2. 67
Dr. Cebulla, Mario	23. 7. 01	26. 1. 62
Ulbrich, Olaf	9. 7. 02	28. 2. 69
Wiebe, Alexander	2. 7. 03	24. 9. 64
Fischer, Petra	27. 9. 04	16. 9. 71
Sörnsen, Sven	21. 7. 05	17. 2. 68

Amtsgerichte

Anklam E 47 810
Baustr. 9, 17389 Anklam
Tel. (0 39 71) 25 20
Fax (0 39 71) 25 21 99
E-Mail: verwaltung@ag-anklam.mv-justiz.de

1 Dir, 3 R

Dräger, Jörg, Dir	1. 8. 96	9. 7. 62
Brinckmann, Annemarie	14. 11. 94	6. 2. 50
Badenheim, Christoph	1. 7. 99	29. 11. 65
Hoffmann, Anja, beurl.	14. 11. 03	19. 9. 70

MV OLG-Bezirk Rostock   LG-Bezirk Stralsund

Bergen/Rügen E 71 816
Schulstr. 1, 18528 Bergen
Tel. (0 38 38) 80 44-0
Fax (0 38 38) 25 25 76

1 Dir, stVDir, 7 R

Eggers, Rainer, Dir	17. 8. 92	9. 10. 44
Ehlers, Thomas	19. 6. 97	13. 11. 62
Klein-Cohaupt, Huberta	1. 12. 97	29. 6. 61
Werthschulte, Claudia	20. 4. 98	26. 11. 64
Dr. Wache, Daniel	7. 8. 01	23. 2. 66
Bischoff, Johann-Peter	9. 2. 04	13. 6. 63
Schildmann, Dirk, abg.	9. 2. 04	5. 2. 69
Breuel, Beatrice	26. 11. 04	20. 6. 72

Greifswald E 82 146
Lange Str. 2a, 17489 Greifswald
Tel. (0 38 34) 79 50
Fax (0 38 34) 79 52 31
E-Mail: verwaltung@ag-greifswald.mv-justiz.de

1 Dir, 1 stVDir, 8 R

Kirchner, Rudolf, Dir	1. 4. 93	3. 3. 45
Kohnen, Stefanie, stvDir	21. 9. 05	16. 3. 63
Müller, Heinz-Olaf	15. 10. 93	3. 4. 47
Schnitzer, Carin	31. 3. 95	26. 8. 57
Haubold, Kai-Ole	9. 4. 98	22. 1. 64
Püster, Jutta	14. 4. 98	16. 6. 64
Danter, Kai	20. 9. 00	25. 4. 66
Ott, Sascha	10. 1. 02	9. 12. 65
Dr. Manthei, Matthias	19. 12. 03	12. 5. 72

Ribnitz-Damgarten E 67 567
Scheunenweg 10, 18311 Ribnitz-Damgarten
Tel. (0 38 21) 87 30
Fax (0 38 21) 87 31 90
E-Mail: verwaltung@ag-ribnitz-damgarten.mv-justiz.de

1 Dir, 5 R

Nübel, Bernd, Dir	1. 12. 05	14. 1. 62
Segeth, Martina	1. 7. 94	18. 11. 45

Spangenberg, Bernd	7. 4. 98		25. 1. 63	
Neumann, Chris	19. 8. 98		3. 11. 65	
Hennig, Andreas	16. 12. 98		6. 8. 64	
Schiller, Anke	27. 10. 04		15. 12. 70	

Stralsund E 104 163
Bielkenhagen 9, 18439 Stralsund
Tel. (0 39 31) 25 73 00
Fax (0 39 31) 25 74 56
E-Mail: verwaltung@ag-stralsund.mv-justiz.de

1 Dir, 1 stVDir, 1 w.aufsR, 17 R

Kollwitz, Ulrike, Dir	1. 12. 05	10. 9. 53
N. N., stVDir	—	—
Jeschonowski, Angelika, w.aufsR, abg.	11. 5. 01	29. 9. 56
Reitmeier, Ingrid	1. 7. 82	8. 2. 51
Müller-Koelbl, Dirk	1. 4. 94	21. 6. 54
Lübeck, Christine	14. 11. 94	16. 6. 64
Kopsch, Thomas	27. 3. 95	6. 3. 61
Bohle, Holger	2. 6. 95	23. 4. 54
Brix, Peter	18. 6. 97	28. 7. 62
Könning, Andreas, abg.	8. 4. 98	12. 2. 67
Simon, Dirk	8. 4. 98	10. 10. 64
Filipponi, Jörg	8. 4. 98	25. 2. 65
Gerdts, Silvia, 1/2	16. 11. 00	20. 10. 67
Kromminga, Marion, abg.	25. 7. 01	28. 1. 71
Wittke, Daniel	9. 4. 02	4. 5. 69
Geisler, Sven	22. 10. 02	9. 3. 72
Wenzel, Stefan, abg.	9. 10. 03	11. 1. 72
Moderow, Katja	28. 1. 05	1. 2. 72

Wolgast E 33 366
Breite Straße 6 c, 17438 Wolgast
Tel. (0 38 36) 2 71 70
Fax (0 38 36) 27 17 99
E-Mail: verwaltung@ag-wolgast.mv-justiz.de

1 Dir, 3 R

Hennig, Andreas, Dir	11. 7. 01	28. 2. 5?
Habermeier, Katharina, 1/2	1. 3. 93	20. 6. 6?
Reimer, Martina	15. 12. 95	8. 9. 6?
Tränkmann, Konstantin	1. 7. 99	24. 2. 6?

Staatsanwaltschaften

Generalstaatsanwaltschaft
Patriotischer Weg 120a, 18057 Rostock
Tel. (03 81) 45 60 50
Fax (03 81) 4 56 05 13
E-Mail: verwaltung@gsta-rostock.mv-justiz.de

1 GStA, 2 LOStA, 6 OStA + 1 LSt

Generalstaatsanwalt

Martensen, Uwe	3. 8. 99	20. 8. 41

Leitende Oberstaatsanwälte

Dr. Müller, Klaus-Walter, stvGStA	21. 10. 05	21. 1. 60
Kruse, Michael	12. 8. 04	10. 12. 52

Oberstaatsanwälte

Kasulke, Volkmar Giselher	1. 2. 93	30. 7. 45
Meyer, Dietrich, abg. (LSt)	2. 7. 98	28. 6. 55
Gärtner, Andreas	13. 10. 03	14. 10. 62
Fandel, Otmar	20. 1. 04	20. 6. 62
Hagemann, Stephan	21. 12. 05	4. 11. 63

Staatsanwaltschaft Neubrandenburg
Neustrelitzer Straße 120, 17033 Neubrandenburg
Tel. (03 95) 3 80-40 00
Fax (03 95) 3 80-40 11/45 23
E-Mail: verwaltung@sta-neubrandenburg.mv-justiz.de

1 LOStA, 6 OStA, 32 StA

Leitender Oberstaatsanwalt

Moser, Rainer	15. 1. 98	6. 5. 44

Oberstaatsanwälte

Neubrandt, Gerold, stvLOStA	23. 5. 05	1. 9. 55
Zeisler, Gerd	1. 4. 96	9. 10. 56
Lins, Andreas	19. 7. 01	15. 10. 60
Röder, Ralf	26. 2. 04	25. 5. 63

Staatsanwältinnen/Staatsanwälte

Hahmann, Hans-Joachim, GL	1. 12. 93	11. 12. 47
Pech, Joachim, GL	14. 6. 94	29. 4. 57
Wegener, Lutz	1. 4. 94	21. 9. 55
Severmann, Ulf	1. 4. 94	27. 3. 64
Gillner, Thomas	1. 10. 94	7. 7. 58
Jethke, Bernd	1. 10. 94	8. 5. 63
Lößner, Daniela, 3/5	1. 11. 94	9. 7. 63
Mannik, Elke	20. 4. 95	8. 6. 61
Fenger, Jörg	15. 5. 95	25. 9. 62
Huhn, Joachim	8. 6. 95	7. 10. 53
Köppen, Wolfgang	8. 6. 95	23. 12. 54
Schwiderski, Sabine	10. 7. 95	23. 8. 58
Köhler, Telse	25. 8. 95	7. 6. 50
Günther, Toralf	25. 8. 95	11. 6. 63
Dinse, Silvia	8. 12. 95	22. 12. 54
Miereck, Elke	14. 12. 95	13. 7. 55
Fitzke, Kyra, 1/2	28. 8. 97	29. 10. 61
Schröder, Karin	11. 6. 98	17. 1. 60
Schlößner, Frank	11. 6. 98	9. 9. 65
Voß, Heilwig	11. 6. 98	17. 2. 66
Schlößner, Daniela	11. 6. 98	29. 5. 67
Dr. Rösner, Christina, beurl.	14. 6. 99	30. 3. 67
Winter, Sylvia	15. 10. 99	30. 8. 65
Oerters, Klaus	18. 9. 01	15. 7. 67
Komning, Beatrix	17. 12. 02	23. 12. 68
Thiemontz, Manfred	12. 12. 03	25. 4. 64
Berenbrink, Sabine	19. 3. 04	4. 8. 67

Staatsanwaltschaft Rostock
Doberaner Str. 116, 18057 Rostock
Tel. (03 81) 4 56 40
Fax (03 81) 4 56 44 40
E-Mail: verwaltung@sta-rostock.mv-justiz.de

1 LOStA, 7 OStA, 33 StA

Leitende Oberstaatsanwälte

Opitz-von Bardeleben, Peter, ATZ	20. 3. 98	19. 10. 43
Trost, Helmut	28. 11. 01	24. 12. 53

Oberstaatsanwältin/Oberstaatsanwälte

Ritter, Andrès, stvLOStA	4. 7. 05	2. 8. 64
Evermann, Holger	1. 2. 92	15. 2. 56
Lückemann, Peter	13. 10. 03	5. 2. 63
Krüger, Reinhard	13. 10. 03	12. 11. 63
Puppe-Lüders, Beatrixe, 3/4	24. 10. 03	27. 8. 62
Mauersberger, Bernd	25. 8. 05	22. 4. 60

Staatsanwältinnen/Staatsanwälte

Sachsenröder, Gunter, GL	15. 8. 94	8. 12. 59
Hahn, Klaus-Peter, abg., GL	1. 10. 94	8. 12. 55
Bungert, Helmut, GL	19. 11. 96	29. 1. 61
Boll, Hanspeter-Rittmer	8. 4. 92	3. 8. 52
Bierfreund, Tanja	1. 12. 93	15. 4. 58
Rudeck, Karen	9. 10. 94	19. 5. 62
Götz, Wolfgang	1. 4. 95	23. 5. 62
Below, Petra	30. 10. 95	15. 9. 53

Henze, Anke	19. 3. 96	22. 3. 56
Appel, Astrid	9. 5. 96	13. 10. 53
Meier, Gerd	31. 5. 96	30. 4. 47
Adler, Gabriele, 1/2	22. 7. 96	8. 12. 63
Köpke, Annelore	19. 8. 96	24. 2. 51
Schrader, Ekkehard	25. 4. 97	26. 6. 55
Seroka, Stephan	25. 4. 97	8. 1. 63
Spieß, Stefan	16. 9. 97	18. 10. 62
Busse, Sigrid	30. 11. 97	23. 2. 51
Grimm, Kerstin	30. 10. 98	14. 2. 65
Peters, Thomas	30. 10. 98	11. 1. 66
Brodach, Iris	2. 11. 98	7. 3. 61
Baack, Christina	2. 11. 98	27. 6. 68
Effenberg, Volker, beurl.	6. 11. 98	29. 6. 61
Uhlig, Katja	1. 7. 00	8. 4. 72
Seysen, Michael	28. 7. 00	27. 12. 58
Strempel, Heidrun	27. 12. 00	9. 12. 57
Wichmann, Maureen	5. 3. 01	10. 5. 69
Gerhardt, Karin	15. 10. 01	26. 6. 67
Böhm, Christine	2. 12. 03	31. 12. 64
Reimers, Ines	2. 12. 03	21. 4. 65
Busse, Christine	2. 12. 03	6. 3. 72
Keunecke, Michael	7. 2. 05	16. 4. 65
Popiolek, Olrik	2. 9. 05	19. 8. 71

Staatsanwaltschaft Schwerin
Bleicherufer 15, 19053 Schwerin
Tel. (03 85) 53 02-0
Fax (03 85) 5 30 24 44
E-Mail: verwaltung@sta-schwerin.mv-justiz.de

1 LOStA, 7 OStA, 39 StA

Leitender Oberstaatsanwalt

Schwarz, Gerit	2. 1. 92	29. 5. 47

Oberstaatsanwältinnen/Oberstaatsanwälte

Bartels, Barbara, stVLOStA	8. 9. 98	28. 12. 57
Pick, Hans-Christian	1. 4. 92	14. 7. 44
von Massow, Sybille	18. 2. 94	30. 11. 49
Ketelboeter, Ralf-Siegfried	16. 12. 98	31. 8. 45
Urbanek, Stefan	26. 10. 01	28. 3. 61
Förster, Hans	16. 4. 04	25. 11. 56

Staatsanwältinnen/Staatsanwälte

Leuschner, Lennard, GL	1. 4. 93	8. 5. 55
Kollorz, Wulf, GL	18. 8. 93	6. 4. 59
Krüger, Birka, GL	1. 10. 94	30. 1. 64
Permin, Oliver, GL, abg.	4. 10. 94	3. 7. 60
Redlin, Stephan, GL	15. 6. 95	24. 6. 59
Nitschke, Michael	1. 7. 93	19. 2. 53
Bardenhagen, Thomas	15. 10. 93	20. 4. 59
Schult, Sylvia	1. 12. 93	7. 3. 65
Ehlers, Norbert	1. 4. 94	11. 3. 63
Styn, Ilona	1. 7. 94	18. 7. 60

Moritz, Susanne	1. 7. 94	30. 3. 61
Kopf, Thorsten	1. 10. 94	18. 11. 61
Sprenger, Heidrun	1. 10. 94	23. 1. 65
Adam-Domrös, Britta, 3/4	15. 10. 94	26. 6. 63
Hoffmann, Frank	18. 4. 96	16. 4. 64
Gappisch, Ralf	4. 7. 96	9. 8. 63
Brüning, Wolfgang	19. 11. 96	11. 1. 51
Unger-Nöhrenberg, Ilka	28. 4. 97	21. 2. 61
Brunkow, Andreas	28. 4. 97	4. 2. 65
Kellner, Jessika, 1/2	28. 4. 97	17. 12. 65
Kutzner-Pohl, Maren-Gabriela	28. 8. 97	4. 10. 61
Jöns, Susanne	1. 9. 97	22. 6. 60
Kunisch, Monika, 3/4	4. 9. 97	18. 5. 64
Dukatz, Annedore, ATZ	1. 12. 97	5. 1. 42
Keßler, Volkbert, ATZ	1. 12. 97	6. 5. 43
Wagner, Thomas	31. 12. 97	16. 1. 56
Ebert, Jörg	15. 6. 98	7. 4. 64
Wilken, Sabine	15. 6. 98	16. 4. 65
Prein, Peter	9. 7. 99	11. 3. 53
Otte, Michael	9. 7. 99	12. 4. 66
Schönfelder, Ute	9. 7. 99	18. 11. 67
Gärtner, Birgit	19. 11. 00	1. 5. 69
Gerlinger, Michael, abg.	29. 1. 01	11. 5. 65
Pietsch, Ulrike, 3/4	27. 8. 01	31. 7. 65
Blank, Andreas	15. 10. 01	21. 10. 64
Seifert, Jörg	13. 10. 03	30. 11. 69
Lange, Claudia	9. 2. 05	10. 7. 70
Ganz, Anett	1. 1. 06	20. 5. 76

Staatsanwaltschaft Stralsund
Frankendamm 17, 18439 Stralsund
Tel. (0 38 31) 20 50, Fax (0 38 31) 20 56 80
E-Mail: verwaltung@sta-stralsund.mv-justiz.de

1 LOStA, 5 OStA, 28 StA + 1 LSt

Leitender Oberstaatsanwalt

von Samson Himmelstjerna, Rudolf	1. 2. 92	14. 9. 4?

Oberstaatsanwälte

Schneider-Brinkert, Dirk, stVLOStA	25. 8. 05	2. 7. 5?
Cloppenburg, Martin	1. 8. 02	6. 10. 6?
Gibbels, Hans	17. 7. 03	9. 6. 5?

Staatsanwältinnen/Staatsanwälte

Lechte, Ralf, GL	3. 6. 96	28. 9. 6?
Böhme, Michael, GL	28. 4. 97	16. 8. 5?
von Hobe, Carl	3. 5. 83	16. 3. 4?
Degenhardt, Sabine, 3/4	3. 11. 93	21. 8. 5?
Niemeier, Petra, 1/2	25. 11. 93	17. 5. 6?
Schlicht, Peter	1. 4. 94	29. 12. 5?
Fischer, Klaus	1. 10. 94	20. 12. 6?

Richter/StA im Richterverhältnis auf Probe — MV

Götze, Thomas	1. 10. 94	18. 12. 61	Tornow, Kay	1. 10. 97	9. 1. 63
Uhlig, Ralph	15. 10. 94	25. 4. 55	Kampen, Ute, 1/2	22. 7. 98	4. 4. 63
Kuhlmann, Rolf	10. 5. 95	24. 9. 62	Scholz, Dietmar	22. 7. 98	14. 7. 64
Wielert, Lars	24. 2. 96	17. 4. 61	Müller, Christian	22. 7. 98	23. 11. 64
Hoffmann, Angelika	22. 11. 96	18. 11. 64	Stahl, Michael	20. 9. 99	28. 12. 61
Graeger-Könning, Karin, 3/4	28. 4. 97	14. 5. 65	Huesmann, Karl	6. 8. 01	23. 4. 65
Frieden, Bodo	28. 8. 97	3. 6. 55	Dr. Juterzenka, Olaf, abg. (LSt)	19. 11. 01	26. 5. 68
Stütz, Susanne, 1/2	28. 8. 97	8. 3. 62	Stolte, Berit	10. 12. 01	4. 2. 68
Schrader, Dirk	28. 8. 97	24. 6. 63	Schäfer, Christoph	10. 5. 04	27. 12. 71

Richterinnen/Richter und Staatsanwältinnen/Staatsanwälte im Richterverhältnis auf Probe

Leyh, Inge, 1/2	1. 7. 92	12. 3. 63	Buck, Anett	1. 11. 01	15. 3. 73
Dr. Eisenbart, Bettina, beurl.	1. 9. 99	4. 4. 68	Krüske, Tanja	10. 12. 01	16. 12. 74
Linhart, Annette	1. 12. 99	21. 11. 72	Henke, Marco	17. 12. 01	30. 1. 72
Biehl, Armgard, beurl.	3. 1. 00	21. 12. 73	Boldt, Jeanette	17. 12. 01	10. 5. 76
Last, Anne	3. 1. 00	26. 12. 73	Grunau, Cornelia	2. 1. 02	10. 1. 74
Reismann, Jörg	1. 2. 00	1. 7. 71	Dr. Knop, Jens	11. 2. 02	17. 8. 72
Rehbein, Thomas	1. 8. 00	3. 3. 71	Dr. Reichel, Michael	1. 8. 02	15. 8. 72
Diedrichsen, Thorsten	17. 4. 01	25. 7. 67	Engelhardt, Marc	11. 12. 02	28. 10. 69
Seidel, Almut, beurl.	2. 5. 01	8. 2. 68	Otto, Sönke	2. 6. 03	30. 10. 70
Benedict, Claudia, 3/4	2. 7. 01	13. 2. 73	Nowack, Harald	2. 6. 03	21. 12. 71
Wiedner, Marit, beurl.	16. 7. 01	21. 9. 72	Pietsch, Anne, abg.	14. 7. 03	23. 9. 74
Hallenberger, Martin	1. 8. 01	23. 7. 70	Dr. Kwaschik, Annett	19. 1. 04	23. 4. 73
Nolte, Harald	1. 8. 01	19. 10. 73	Dr. Lipsky, Anne	1. 3. 04	1. 6. 66
Förster, Andreas	17. 9. 01	12. 3. 68	Sponholz, Jan-Christoph	1. 3. 04	6. 10. 73
Herr, Katharina	17. 9. 01	15. 9. 72	Dr. Fiedler, Martin	1. 6. 04	29. 4. 72
Jabusch, Kerstin	17. 9. 01	30. 7. 74	Dr. Crellwitz, Kristin	1. 6. 04	23. 10. 75
Golinski, Normen	17. 9. 01	14. 8. 74	Schäler, Janot	1. 6. 04	21. 9. 76
Schisler, Daniel	1. 10. 01	19. 11. 64	Geilhorn, Alexandra	1. 12. 04	4. 6. 78
Dr. Düring, Christiane	15. 10. 01	2. 5. 72	Schober, Anja	3. 1. 05	15. 9. 74
Pfestorf, Timo	15. 10. 01	29. 7. 72	Dr. Schwart, Daniela	3. 1. 05	12. 4. 77

Niedersachsen

8 005 927 Einwohner*

Justizministerium

Am Waterlooplatz 1, 30169 Hannover
Postanschrift: Postfach 2 01, 30002 Hannover
Tel. (05 11) 1 20-0, Fax (05 11) 1 20 51 70
E-Mail: Poststelle@mj.niedersachsen.de

1 Min, 1 StaatsSekr, 3 MinDgt, 4 LMinR, 19 MinR, 10 RD, 13 ORR + 1 LSt, 5 RR, 1 PrLaJPrA

Ministerin der Justiz
Heister-Neumann, Elisabeth — —

Staatssekretär
Dr. Oehlerking, Jürgen   4. 3. 03   29. 7. 47

Ministerialdirigentin/Ministerialdirigent
Dr. Steinhilper, Monica   7. 9. 01   14. 2. 52
Heine, Peter   16. 7. 02   28. 2. 57

Leitende Ministerialräte
Paustian, Willi   16. 7. 02   27. 8. 49
Petzold, Rainer   26. 8. 02   14. 7. 51
Dr. Smollich, Thomas   16. 6. 03   14. 3. 63
Dr. Lüttig, Frank   22. 6. 05   27. 3. 60

Ministerialrätinnen/Ministerialräte
Lühr, Gustav-Adolf   27. 3. 86   31. 8. 43
Kirchner, Lothar   12. 7. 88   3. 12. 41
Möllring, Hartmut, beurl.   20. 3. 90   31. 12. 51
Dr. Hasenpusch, Burkhard   10. 11. 95   16. 3. 49

Dr. Kröpil, Karl   11. 3. 98   4. 10. 43
Segelken, Günter   30. 11. 98   15. 5. 41
Schmidt, Jürgen   30. 11. 98   19. 12. 46
Dr. Berckhauer, Friedrich
  Helmut   27. 2. 02   18. 1. 45
Dr. Gräfe-Hunke,
  Hildburg   4. 7. 02   30. 11. 43
Metzenheim, Ursula   4. 7. 02   3. 11. 45
Kleinert-Peklo, Beatrix   4. 7. 02   10. 5. 47
Rappat, Thomas   4. 7. 02   8. 8. 54
Dr. Hackner, Thomas   26. 8. 02   15. 2. 63
Pönighausen, Jobst   1. 11. 02   7. 6. 54
Röthemeyer, Peter   15. 1. 03   10. 3. 58
Krone, Helmut   20. 4. 05   25. 4. 54

Regierungsdirektoren
Gerlach, Karl-Heinz   24. 11. 04   8. 9. 59
Papies, Thomas   23. 9. 05   3. 11. 60

Oberregierungsräte
Hage, Claus-Peter   22. 7. 05   25. 5. 56
Janke, Klaus-Dietrich   23. 9. 05   28. 12. 57

Präsident des Landesjustizprüfungsamts
Kirchner, Lothar, MinR   1. 11. 01   3. 12. 41

Stand: 30. 6. 2005.

Oberlandesgerichtsbezirk Braunschweig

Bezirk:
Kreisfreie Städte: Braunschweig, Göttingen, Salzgitter und Wolfsburg
Landkreise: Goslar, Helmstedt, Osterode und Wolfenbüttel
Teile der Landkreise: Gifhorn, Göttingen, Northeim und Peine

2 Landgerichte in Braunschweig und Göttingen
16 Amtsgerichte
Schöffengerichte: bei allen Amtsgerichten
Familiengerichte: bei allen Amtsgerichten
Landwirtschaftsgerichte: bei allen Amtsgerichten

Oberlandesgericht Braunschweig

E 1 399 078
Bankplatz 6, 38100 Braunschweig
Postfach 36 27, 38026 Braunschweig,
Tel. (05 31) 4 88-0, Fax (05 31) 4 88 26 64
E-Mail: Poststelle@olg-bs.niedersachsen.de
www.oberlandesgericht-braunschweig.niedersachsen.de

1 Pr, 1 VPr, 6 VR, 17 R, 2 LSt (R)

Präsident
Isermann, Edgar   6. 9. 01   12. 8. 44

Vizepräsident
Göring, Burkhard   31. 8. 00   31. 3. 41

Vorsitzende Richterinnen/Vorsitzende Richter
Nichterlein, Reiner   27. 5. 98   12. 9. 42
Dr. Schmidt, Burkhard   4. 1. 99   14. 10. 49
Dr. Krüger-Doyé, Gundula   1. 3. 99   29. 3. 50
Haase, Hans-Georg   8. 5. 01   20. 7. 50
Dr. Achilles, Wilhelm-
  Albrecht   29. 10. 04   27. 11. 52
Waldschläger, Jürgen   1. 7. 05   20. 1. 49

Richterinnen/Richter
Rischer, Michael   23. 12. 87   16. 11. 43
Hoeffer, Horst-Dieter   13. 12. 90   22. 12. 43
Eisele, Rudolf   8. 1. 92   4. 3. 51
Colberg-Fründt, Dagmar   8. 9. 93   5. 4. 54
Kliche, Ralph   31. 1. 94   19. 6. 56
Tröndle, Tilman   23. 6. 95   23. 7. 46
Dr. Niestroj, Christa, abg. 11. 7. 96   12. 12. 55
Grupe, Peter   6. 11. 96   25. 1. 47
Wichmann, Dirk   2. 4. 98   27. 6. 57

Volosciuk, Edelgard   14. 4. 98   17. 10. 50
Ramdor, Martina, 1/2   26. 4. 01   10. 12. 57
Dr. Weber-Petras,
  Doris, 1/2   26. 4. 01   22. 10. 59
Kalde, Michael   28. 2. 02   3. 9. 59
Niemuth, Bettina   28. 2. 02   3. 2. 61
Brand, Oliver   28. 8. 02   21. 3. 63
Dr. Pansegrau, Jürgen   14. 11. 02   15. 2. 54
Dr. Polomski, Ralf-
  Michael, abg.   29. 4. 05   14. 11. 6
Dr. Redant, Stephan   29. 4. 05   1. 9. 6
Schärfchen, Angelika   11. 10. 05   22. 7. 6

Landgerichtsbezirk Braunschweig

Landgericht Braunschweig E 922 668
Münzstr. 17, 38100 Braunschweig
Postfach 30 49, 38020 Braunschweig
Tel. (05 31) 4 88-0
Fax (05 31) 4 88 26 65
E-Mail: Poststelle@lg-bs.niedersachsen.de
www.landgericht-braunschweig.niedersachsen.de

1 Pr, 1 VPr, 18 VR, 26 R + 1/2 R, 1 LSt (R)

LG-Bezirk Braunschweig

OLG-Bezirk Braunschweig **NDS**

Präsident
Hausmann, Herbert	12. 3. 97	14. 1. 45

Vizepräsident
Schomerus, Heinz-Rüdiger	31. 7. 03	26. 1. 44

Vorsitzende Richterinnen/Vorsitzende Richter

Eckels, Gerhard	27. 8. 82	5. 9. 43
Dr. Lassen, Hans-Lorenz	7. 7. 86	3. 8. 42
Pardey, Frank	21. 12. 87	24. 7. 52
Voges, Henning	23. 12. 87	14. 3. 45
Mielert, Edgar	13. 8. 91	8. 11. 48
Dedié, Ludwig	17. 3. 92	16. 6. 44
Puhle, Stefan	1. 9. 92	18. 5. 48
Görlach, Dietrich	11. 11. 92	14. 8. 48
Knieriem, Wilfried	24. 4. 97	19. 5. 52
Schmidtmann, Armgard	29. 8. 97	29. 5. 54
Teiwes, Manfred	1. 10. 97	7. 7. 47
Kreutzer, Andreas	3. 7. 00	18. 4. 53
Rust, Detlev, abg.	31. 7. 00	30. 8. 60
Köhler, Yvonne, 3/4	2. 1. 01	11. 9. 58
Dr. Meyer, Jochen	27. 4. 01	22. 6. 61
Scheibel, Wolfgang, abg.	31. 5. 01	31. 1. 59
Müller-Zitzke, Eckart	1. 8. 02	30. 7. 60
Dreyer, Gerstin	1. 11. 02	7. 4. 60
Reupke, Renate	17. 11. 03	26. 3. 57

Richterinnen/Richter

Lehngut, Joachim	13. 9. 82	14. 2. 51
Kalbitzer-König, Ulrike	22. 10. 84	1. 2. 54
Fricke, Andreas	6. 3. 87	25. 8. 55
Jasper, Kornelia	10. 4. 87	9. 4. 54
Pfohl, Andreas	14. 1. 93	15. 9. 59
Hesse, Anke, 1/2	30. 5. 94	4. 1. 62
Dr. Ostendorp, Dorothea	3. 6. 94	29. 9. 60
Westendorf, Katrin	22. 4. 96	18. 11. 58
Allert, Birgit	26. 4. 96	23. 1. 65
Kuhlmann, Holger	31. 7. 97	16. 8. 60
Block-Cavallaro, Maike, 3/4	31. 7. 97	12. 6. 64
Rehbein, Klaus	6. 7. 98	11. 7. 64
Dr. Broihan, Ulrich	10. 9. 98	20. 2. 61
Dr. Nitschke, Ursula	10. 6. 99	4. 1. 65
Herborg, Ulrich	—	—
Neef, Michael	27. 4. 00	28. 8. 67
Serra de Oliveira, Pedro Adelino, abg.	27. 2. 01	13. 4. 67
Sebenroth, Christine, beurl. (LSt)	18. 10. 01	5. 5. 67
Wollbrück, Markus	4. 4. 02	5. 12. 70
Dr. Miersch, Stefan	27. 6. 02	1. 2. 69
Klocke, Anke, 1/2	2. 1. 03	31. 1. 66
Schaltke, Olaf	24. 4. 03	29. 8. 70
Dr. Facca, Antje	24. 4. 03	10. 9. 70
Dr. Meinecke, Arndt	29. 8. 03	11. 11. 68

Groß, Ingo Michael	1. 7. 04	13. 8. 72
N. N.	—	—
N. N.	—	—

Amtsgerichte

Bad Gandersheim E 18 367
Am Plan 3 B, 37581 Bad Gandersheim
Postfach 3 45, 37577 Bad Gandersheim
Tel. (0 53 82) 9 31-0
Fax (0 53 82) 93 11 39
E-Mail: Poststelle@ag-gan.niedersachsen.de
www.amtsgericht-bad-gandersheim.
niedersachsen.de

1 Dir, 1 R

Mäusezahl, Gerd, Dir	14. 7. 05	26. 7. 53
N. N.	—	—

Braunschweig E 272 147
Postfach 32 31, 38022 Braunschweig
An der Martinikirche 8, 38100 Braunschweig
Tel. (05 31) 4 88-0
Fax (05 31) 4 88 29 99
E-Mail: Poststelle@ag-bs.niedersachsen.de
www.amtsgericht-braunschweig.niedersachsen.de

1 Pr, 1 VPr, 3 w.aufsR, 26 R, 1/2 R, 3 LSt (R)

Präsident
Zschachlitz, Wolfgang	15. 11. 02	24. 12. 48

Vizepräsident
Börschmann, Edgar	4. 1. 99	1. 2. 43

weitere aufsichtführende Richter
Dr. Willers, Heinold	27. 4. 99	15. 12. 52
Schmidtmann, Heino	3. 1. 00	22. 9. 55
Nitschke, Rolf	29. 6. 01	2. 7. 46

Richterinnen/Richter
Reifelsberger, Dieter	8. 8. 72	3. 6. 41
Reifelsberger, Helga	9. 11. 73	31. 12. 42
Walter-Freise, Helgard, 3/4	3. 11. 77	—
Lübeck, Renate	22. 12. 78	4. 12. 46
Bußmann, Heinz-Ulrich	31. 8. 79	20. 12. 46
Hoßbach, Wolfgang	2. 5. 81	24. 3. 52
Merker, Jens	21. 4. 81	10. 8. 51
Lindemann, Klaus-Christian	30. 11. 81	2. 2. 49
Hübscher, Hans-Joachim	3. 5. 82	23. 7. 48
Blanck, Klaus	8. 9. 82	25. 5. 48
Steinberg, Winrich	24. 3. 83	24. 3. 52

NDS   OLG-Bezirk Braunschweig   LG-Bezirk Braunschweig

Bressem, Rolf, abg.	17. 7. 85	4. 1. 53
Jahnke, Karl	7. 4. 86	11. 7. 53
Prölß, Gabriele	21. 11. 86	5. 11. 55
Hauk, Peter	9. 11. 88	25. 5. 55
Schirmer, Henning	25. 8. 94	29. 4. 61
Winter-Zschachlitz, Gabriela	30. 4. 97	4. 10. 56
Dr. Junker, Martina	4. 6. 97	16. 8. 62
Quade-Polley, Martina, 1/2	4. 12. 97	25. 8. 63
Roblick, Ralf	1. 10. 97	26. 2. 56
Geyer, Eva Maria, 1/2	18. 11. 99	2. 10. 64
Ueberhorst, Maren, 1/2	7. 12. 99	9. 8. 66
Langkopf, Jürgen	18. 9. 00	4. 4. 63
Schütz, Christian	5. 7. 01	14. 7. 68
Mitzlaff, Andrea, 1/2	11. 7. 01	14. 3. 65
Serra de Oliveira, Kirsten	11. 7. 01	12. 2. 69
Kasten, Michael	14. 10. 02	30. 12. 66
Gille, Antje	4. 4. 03	7. 4. 71

Clausthal-Zellerfeld   E 25 844
Marktstr. 9, 38678 Clausthal-Zellerfeld
Postfach 10 65, 38668 Clausthal-Zellerfeld
Tel. (0 53 23) 9 51-0
Fax (0 53 23) 95 11 99
E-Mail: Poststelle@ag-cz.niedersachsen.de
www.amtsgericht-clausthal-zellerfeld.
niedersachsen.de

1 Dir, 2 R

Pecha, Horst, Dir	5. 8. 92	31. 8. 43
Gleichmann, Joachim	24. 1. 90	29. 12. 56
Hundt, Ingo	1. 6. 01	1. 1. 69

Goslar   E 86 897
Hoher Weg 9, 38640 Goslar
Postfach 11 80, 38601 Goslar
Tel. (0 53 21) 7 05-0
Fax (0 53 21) 70 52 10
E-Mail: Poststelle@ag-gs.niedersachsen.de
www.amtsgericht-goslar.niedersachsen.de

1 Dir, 1 stVDir, 8 R + 1/2 R

Markwort, Günter, Dir	9. 7. 81	13. 6. 41
Kammler, Norbert, stvDir	1. 6. 02	5. 10. 48
Jordan, Ralf-Peter	1. 7. 80	25. 11. 50
Müller, Erwin	26. 5. 86	25. 12. 55
Lehner, Gabriele, 1/2	10. 2. 88	29. 9. 55
Kühne, Dorothea	21. 9. 90	25. 9. 56
Schwerdtner, Urte	11. 12. 97	27. 9. 63
Venzke, Anja	18. 12. 01	29. 5. 70
Salamon, Christoph	13. 3. 02	12. 12. 69
Heinrich, Merve	23. 6. 04	13. 10. 71
N. N.	—	—

Helmstedt   E 97 896
Stobenstr. 5, 38350 Helmstedt
Postfach 14 20, 38334 Helmstedt
Tel. (0 53 51) 12 03-0
Fax (0 53 51) 12 03 50
E-Mail: Poststelle@ag-he.niedersachsen.de
www.amtsgericht-helmstedt.niedersachsen.de

1 Dir, 1 stVDir, 7 R

Scheffer-Gassel, Mathilde, Dir	2. 5. 94	21. 9. 52
Rother, Jürgen, stVDir	15. 7. 94	6. 12. 50
Wendland, Joachim	19. 9. 84	1. 1. 50
Hauke, Andreas	29. 8. 89	23. 2. 56
Reichert, Joachim	29. 4. 93	4. 6. 54
Debus-Dieckhoff, Andrea	1. 11. 93	23. 8. 63
Jostschulte, Andrea	5. 10. 95	21. 1. 62
Bergmann, Gernot	28. 12. 01	17. 1. 68
Dr. Jensen, Wibke	2. 5. 05	30. 5. 73

Salzgitter   E 119 783
Joachim-Campe-Str. 15, 38226 Salzgitter
Postfach 10 01 45, 38201 Salzgitter
Tel. (0 53 41) 40 94-0
Fax (0 53 41) 40 94 26
E-Mail: Poststelle@ag-sz.niedersachsen.de
www.amtsgericht-salzgitter.niedersachsen.de

1 Di, 1 stVDir, 8 R

Töpperwien, Erich, Dir	16. 5. 03	14. 7. 50
Köhler, Norbert, stVDir	1. 7. 95	21. 1. 50
Bonneberg, Wolfgang	17. 4. 78	23. 1. 47
Kohl, Ulrich	15. 10. 81	8. 6. 47
Stratmann, Rolf	27. 8. 82	31. 12. 47
Schulz, Ulrich	11. 7. 83	29. 6. 48
Hansen, Rolf	29. 11. 99	15. 12. 64
Haars, Daniela	11. 2. 00	17. 2. 68
Jäde, Christian	27. 3. 01	2. 5. 66
Gille, Rico	6. 9. 02	13. 6. 67

Seesen   E 39 401
Wilhelmsplatz 1, 38723 Seesen
Postfach 11 51, 38711 Seesen
Tel. (0 53 81) 7 86-0
Fax (0 53 81) 78 62 00
E-Mail: Poststelle@ag-se.niedersachsen.de
www.amtsgericht-seesen.niedersachsen.de

1 Dir, 3 R

Lüders, Heinz Peter, Dir	14. 7. 01	11. 3. 4.
Heindorf, Werner	3. 11. 80	20. 7. 4.
Rüger, Frank	16. 2. 87	15. 5. 5.
Michaelis, Marcus	5. 7. 01	4. 8. 6.

Wolfenbüttel E 115 367
Rosenwall 1 A, 38300 Wolfenbüttel
Postfach 11 61, 38299 Wolfenbüttel
Tel. (0 53 31) 8 09-0
Fax (0 53 31) 80 91 69
E-Mail: Poststelle@ag-wf.niedersachsen.de
www.amtsgericht-wolfenbuettel.niedersachsen.de

1 Dir, 1 stVDir, 6 R, 1 LSt

Dr. Pardey, Karl-Dieter, Dir	16. 8. 94	2. 11. 48
Pawlowsky, Rosemarie, stVDir	29. 6. 01	18. 6. 49
N. N.	—	—
Ottmer, Almuth	22. 1. 76	8. 8. 43
Grube, Ulrike	—	—
Fuß, Kathrin, beurl. (LSt)	28. 12. 01	29. 12. 71
Dr. Schaumann, Verena	18. 6. 04	30. 10. 70

Wolfsburg E 146 966
Rothenfelder Str. 43, 38440 Wolfsburg
Postfach 10 01 41, 38401 Wolfsburg
Tel. (0 53 61) 8 46-0
Fax (0 53 61) 84 62 70
E-Mail: Poststelle@ag-wob.niedersachsen.de
www.amtsgericht-wolfsburg.niedersachsen.de

1 Dir, 1 stVDir, 10 R + 1/2 R, 1 LSt (R)

Schiffers, Paul-Ernst, Dir	7. 6. 93	1. 1. 44
Lünzner, Klaus, stVDir	19. 1. 00	5. 4. 49
Paß, Wolfgang	13. 11. 81	23. 12. 48
Meyerholz, Michael	22. 10. 84	7. 5. 51
Weigmann, Günter	10. 3. 89	22. 2. 55
Verch, Ingo	5. 9. 90	17. 9. 54
Lüdtke, Henning	22. 1. 93	18. 5. 60
Braut, Angelika	7. 10. 93	2. 9. 60
Dickhut, Heiner	12. 1. 96	20. 10. 61
Rusch-Bilstein, Anja-Margareta, beurl.	31. 7. 98	8. 7. 65
Ullrich-Schrammek, Heike	18. 8. 00	11. 12. 63
Schulz-Marner, Susanne, beurl. (LSt)	18. 8. 00	20. 4. 67
Welkerling, Sabine, 1/2	16. 3. 04	1. 8. 71

Landgerichtsbezirk Göttingen

Landgericht Göttingen E 476 410
Berliner Str. 8, 37073 Göttingen
Postfach 26 28, 37016 Göttingen
Tel. (05 51) 4 03-0
Fax (05 51) 40 32 93
E-Mail: Poststelle@lg-goe.niedersachsen.de
www.landgericht-goettingen.niedersachsen.de

1 Pr, 1 VPr, 10 VR, 16 R

Präsident

Henning, Klaus	29. 8. 05	11. 1. 45

Vizepräsidentin

Marahrens, Cornelia	6. 11. 97	21. 9. 51

Vorsitzende Richterin/Vorsitzende Richter

Dr. Kallmann, Rainer	19. 12. 84	3. 7. 41
Dr. Frank, Reiner	26. 9. 88	18. 3. 42
Finke, Reiner	1. 2. 89	2. 4. 43
Dr. Schönwandt, Heinz	23. 5. 91	29. 11. 44
Traupe, Rolf	8. 11. 94	25. 1. 48
Pape, Irmtraut	6. 10. 97	5. 8. 56
Amthauer, Dirk	1. 4. 98	1. 12. 56
Niebur, Bernd	13. 12. 98	18. 10. 50
Dr. Matthies, Karl-Heinrich	17. 2. 99	6. 1. 56
Dr. Wintgen, Achim	31. 7. 05	17. 9. 60

Richterinnen/Richter

Brandes-Krug, Astrid	1. 7. 89	14. 11. 57
Araschmid, Ilsa	20. 6. 91	10. 10. 58
Wurdack, Christiane, 1/2	1. 7. 91	5. 12. 63
Merrem, Bettina, 1/2	23. 5. 96	17. 9. 56
Koller, Matthias	5. 7. 96	19. 6. 61
Butzmann, Claudia, 1/2	15. 7. 96	23. 10. 64
Wetzler, Claudia, 1/2	3. 12. 96	2. 5. 65
Voellmecke, Astrid, beurl. (LSt)	2. 6. 97	10. 8. 60
Schulze, Carsten Peter	23. 7. 98	4. 12. 61

NDS OLG-Bezirk Braunschweig   LG-Bezirk Göttingen

Dr. Böttcher, Valeska, abg. (LSt)	4. 5. 00	11. 7. 67
Dr. Kohlmeier, Antje, abg.	14. 9. 00	23. 6. 67
Bormann, Claus, abg. (LSt)	26. 2. 02	29. 3. 70
Dr. Hoppe, Jeannine	—	6. 4. 71
Jakubetz, Tobias	13. 6. 02	17. 6. 72
Amthauer, Frank	6. 2. 03	14. 4. 72
Dr. Schmitz, Gerald	23. 5. 03	2. 12. 64
Dr. Wichmann, Julia, beurl. (LSt)	7. 7. 03	24. 1. 71
Lücke, Stefan	5. 12. 04	3. 1. 72
Küttler, David	29. 7. 05	24. 8. 69
N. N.	—	—

Amtsgerichte

Duderstadt E 45 122
Hinterstr. 33, 37115 Duderstadt
Postfach 11 09, 37104 Duderstadt
Tel. (0 55 27) 91 20, Fax (0 55 27) 91 21 11
E-Mail: Poststelle@ag-dud.niedersachsen.de
www.amtsgericht-duderstadt.niedersachsen.de

1 Dir, 2 R + ½ R, 1 LSt (R)

Franz, Hannelore, Dir	25. 7. 01	5. 10. 49
Pietzek, Michael	18. 4. 95	9. 5. 60
Grabowski, Kirsten, ¾	21. 2. 01	19. 7. 65
Studenroth, Katharina, ¾	23. 2. 01	12. 5. 64

Einbeck E 39 049
Hullerser Str. 1, 37574 Einbeck
Postfach 16 15 + 16 20, 37557 Einbeck
Tel. (0 55 61) 93 82-0, Fax (0 55 61) 93 28-12
E-Mail: Poststelle@ag-ein.niedersachsen.de
www.amtsgericht-einbeck.niedersachsen.de

1 Dir, 2 R + ½ R

Behrens, Klaus, Dir	12. 4. 94	14. 4. 41
Bloem, Inno	26. 5. 82	16. 7. 46
Döhrel, Thomas	2. 9. 94	5. 5. 61
Sievert-Mausolff, Martina, ½	8. 1. 96	3. 7. 62

Göttingen E 174 111
Berliner Str. 4-8, 37073 Göttingen
Postfach, 37070 Göttingen
Tel. (05 51) 4 03-0, Fax (05 51) 4 03 13 00
E-Mail: Poststelle@ag-goe.niedersachsen.de
www.amtsgericht-goettingen.niedersachsen.de

1 Dir, 1 stVDir, 1 w.aufsR, 16 R + ½ R

N. N., Dir	—	—
Dr. Brosche, Dietmar, stVDir	1. 6. 92	1. 1. 51
Decker, Jochen, w.aufsR	6. 9. 94	6. 1. 44
Schmid, Hans-Jörg	15. 6. 78	31. 8. 41
Schmitz, Heinz-Wolfgang	26. 6. 78	21. 2. 43
Werner, Frank	21. 1. 80	5. 8. 47
Hoefer, Detlef	3. 1. 85	8. 10. 48
Schmerbach, Ulrich	30. 9. 87	29. 4. 55
Gebehenne, Michael	12. 2. 88	27. 11. 55
Hähnel, Carmen	17. 10. 91	28. 10. 56
Dr. Rammert, Martin	1. 10. 93	17. 3. 61
Knauer, Renate, ¾	15. 11. 94	13. 4. 62
Schütz, Kai-Uwe	10. 3. 95	8. 9. 60
Poltze, Dagmar	30. 10. 95	28. 10. 62
Erdlenbruch, Anne-Christiane, ½	5. 3. 99	26. 6. 64
Scherrer, Stefan, abg.	27. 8. 01	14. 6. 62
Müller, Sabine, ¾	10. 10. 02	15. 6. 63
Bleckmann, Sandra	14. 8. 03	16. 8. 68
Matani, Jutta, ½ (LSt)	23. 4. 04	31. 12. 72
Ohlemacher, Kathrin	26. 1. 05	2. 6. 73
Dr. Jitschin, Oliver	13. 5. 05	10. 11. 71

Hann. Münden E 45 118
Schloßplatz 9, 34346 Hann. Münden
Postfach 11 04, 34331 Hann. Münden
Tel. (0 55 41) 9 88 10
Fax (0 55 41) 61 70
E-Mail: Poststelle@ag-hmue.niedersachsen.de
www.amtsgericht-hann-muenden.
niedersachsen.de

1 Dir, 3 R + ½ R

Dr. Kraft, Wilfried, Dir	28. 4. 00	12. 7. 49
Grill, Ferdinand	16. 1. 84	26. 8. 45
Dr. Matusche, Thomas	8. 10. 01	29. 5. 66
N. N.	—	—

Herzberg am Harz E 48 970
Schloß 4, 37412 Herzberg
Postfach 14 61, 37404 Herzberg
Tel. (0 55 21) 8 95 50
Fax (0 55 21) 56 53
E-Mail: Poststelle@ag-hg.niedersachsen.de
www.amtsgericht-herzberg.niedersachsen.de

1 Dir, 3 R

Lutze, Rolf, Dir	8. 12. 92	24. 5. 45
Wiegmann, Rolf	3. 9. 80	31. 1. 48
Lojewski, Susanne	9. 10. 97	30. 4. 63
Schünemann, Sebastian	6. 3. 06	11. 9. 73

Northeim E 82 430
Bahnhofstr. 31, 37154 Northeim
Postfach 11 25, 37141 Northeim
Tel. (0 55 51) 9 62-0
Fax (0 55 51) 9 62-1 14
E-Mail: Poststelle@ag-nom.niedersachsen.de
www.amtsgericht-northeim.niedersachsen.de

1 Dir, 6 R

Dr. Frädrich, Gerd, Dir	13. 4. 93	28. 2. 45
Krudewig, Michael	23. 7. 73	12. 3. 43
Thiele, Johann	24. 4. 81	18. 10. 50
Sell, Ingrid	4. 9. 81	28. 12. 51
Bode, Christian	23. 10. 98	15. 11. 62

Andresen, Sönke	22. 7. 02	14. 9. 64
Moog, Philipp	22. 7. 02	17. 10. 69

Osterode am Harz E 41 610
Amtshof 20, 37520 Osterode
Postfach 11 31, 37501 Osterode
Tel. (0 55 22) 5 00 20, Fax (0 55 22) 50 02 20
E-Mail: Poststelle@ag-oha.niedersachsen.de
www.amtsgericht-osterode.niedersachsen.de

1 Dir, 3 R

Büermann, Wolfgang, Dir	3. 6. 03	7. 3. 53
Heimgärtner, Hans Florian	—	—
N. N.	—	—

Staatsanwaltschaften

Generalstaatsanwaltschaft Braunschweig
Domplatz 1, 38100 Braunschweig
Postfach 21 20, 38011 Braunschweig
Tel. (05 31) 4 88-0
Fax (05 31) 4 88 14 14
E-Mail: Poststelle@gsta-bs.niedersachsen.de
Pressestelle:
Tel. (05 31) 4 88-0, Fax (05 31) 4 88 14 14

1 GStA, 1 LOStA, 3 OStA

Generalstaatsanwalt

Wolf, Norbert	26. 8. 04	13. 4. 53

Leitender Oberstaatsanwalt

Niestroij, Eckehard	18. 5. 05	26. 2. 53

Oberstaatsanwältinnen/Oberstaatsanwalt

Beyer-Stockhaus, Anke	11. 3. 94	3. 7. 52
Cornelius, Andrea	25. 2. 05	14. 4. 63
Dr. Studenroth, Stefan	23. 12. 05	25. 4. 65

Staatsanwaltschaft Braunschweig
Turnierstr. 1, 38100 Braunschweig
Postfach 45 12, 38035 Braunschweig
Tel. (05 31) 4 88-0
Fax (05 31) 4 88 11 11
E-Mail: Poststelle@sta-bs.niedersachsen.de
Pressestelle:
Tel. (05 31) 4 88-0, Fax (05 31) 4 88-11 11

1 LOStA, 1 stVLOStA, 10 OStA, 38 StA + 1 LSt (StA)

Leitender Oberstaatsanwalt

Dr. Koch, Frank	22. 2. 05	28. 4. 50

Oberstaatsanwältinnen/Oberstaatsanwälte

Meyer-Ulex, Hans, stVLOStA	15. 8. 05	5. 3. 55
Pabst, Norbert	1. 5. 82	5. 6. 41
Reinhardt, Karl-Heinz	1. 7. 86	27. 11. 41
Schneider, Hartmut	30. 3. 92	17. 5. 41
Dr. Grasemann, Hans-Jürgen	10. 3. 94	19. 8. 46
Bader, Thomas	11. 3. 94	13. 9. 43
Lenz, Volker	11. 3. 94	5. 3. 44
Dr. Hoppenworth, Elke	31. 7. 02	9. 6. 58
Stockhaus, Detlef	21. 11. 05	22. 12. 52
Wolff, Hildegard	23. 12. 05	2. 4. 64

Staatsanwältinnen/Staatsanwälte

Pyzik, Klaus	2. 4. 74	21. 12. 42
Wespe, Gerd Lutz	8. 10. 76	9. 9. 44
Buttler, Ralf	16. 4. 81	1. 6. 48
Scholz, Frank	27. 2. 87	1. 7. 52
Schoreit-Bartner, Anette	25. 8. 89	31. 7. 60
Heilmann, Gudrun	21. 4. 92	6. 10. 57
Koch, Hans-Christian	18. 2. 94	23. 3. 62
Hillebrecht, Doda	4. 7. 94	24. 1. 63
Stang, Kirsten	24. 10. 94	22. 9. 62
Ziehe, Klaus	31. 10. 94	22. 5. 59
Brunke, Ulrich	13. 4. 95	6. 4. 63
Seel, Birgit	25. 4. 95	23. 9. 62
Jacoby, Christian	20. 7. 95	11. 12. 60
Hagensieker, Marion, 1/2	24. 11. 95	15. 9. 61
Geyer, Joachim	30. 11. 95	13. 5. 63
Quebbemann, Christel	13. 06. 96	28. 2. 64
Lindemann, Ute, 1/2	9. 8. 96	18. 12. 59
Dr. Münzer, Cornelia, 1/2	12. 2. 97	27. 9. 63
Tacke, Ralf	17. 2. 97	2. 10. 61
Kniffka, Christian	27. 8. 97	30. 9. 62

NDS OLG-Bezirk Braunschweig   Staatsanwaltschaften

Ahlers, Achim	15. 12. 97	31. 7. 64
Paulick, Thomas	29. 12. 97	26. 2. 65
Weiland, Ulrich	9. 2. 98	22. 11. 65
Rabe, Bernd	8. 1. 99	22. 4. 60
Bock-Hamel, Petra	8. 1. 99	3. 8. 66
Vogt, Manfred	22. 1. 99	6. 12. 63
Beyse, Vanessa	26. 10. 99	6. 2. 69
Jensen, Thomas	1. 7. 02	8. 12. 67
Schaper, Silke	1. 7. 02	9. 8. 69
am Sande, Frank	1. 7. 02	28. 12. 70
Stamer, Serena	17. 9. 02	5. 5. 71
Dr. Weber, Michael	20. 6. 03	26. 3. 71
Schmidt, André	1. 7. 03	24. 2. 72
Kirchhoff, André	22. 1. 04	25. 8. 71
Nitsch, Juliane	17. 1. 06	25. 5. 75
Greischel, Silja	18. 1. 06	29. 3. 70

Zwei weitere StA-Stellen sind besetzt. Namen und Personaldaten der Stelleninhaber sind nicht übermittelt worden.

Staatsanwaltschaft Göttingen
Waageplatz 7, 37073 Göttingen
Postfach 38 32, 37028 Göttingen
Tel. (05 51) 4 03-0
Fax (05 51) 4 03-16 33
E-Mail: Poststelle.@STA-GOE.Niedersachsen.de
Pressestelle:
Tel. (05 51) 4 03 -0
Fax (05 51) 4 03-16 33

1 LOStA, 1 stVLOStA, 5 OStA, 21 StA, 1 LSt

Leitender Oberstaatsanwalt

Apel, Hans-Dieter	20. 6. 01	21. 3. 49

Oberstaatsanwältin/Oberstaatsanwälte

Meyer-Borgstädt, Jürgen, stVLOStA	10. 4. 03	24. 4. 48
Dr. Ahrens, Wilfried	10. 8. 93	5. 12. 50
Heimgärtner, Hans Hugo	13. 5. 94	3. 6. 47
Rappe, Bernd	14. 4. 03	27. 10. 46
Kretzer-Aschoff, Astrid	18. 4. 05	20. 1. 52

Eine weitere OStA-Stelle ist besetzt. Name und Personaldaten des Stelleninhabers sind nicht übermittelt worden.

Staatsanwältinnen/Staatsanwälte

Nannen, Dieter	27. 3. 75	25. 8. 42
Koch, Uwe-Karsten	5. 4. 76	5. 2. 43
Freudenberg, Dagmar	2. 11. 81	18. 7. 52
Bruns, Olaf	26. 2. 82	31. 10. 47
Christokat, Jens	5. 10. 95	2. 6. 63
Müller, Jens	31. 1. 96	23. 11. 61
Hühne-Müller, Heidrun	1. 2. 96	8. 6. 62
von Sivers-Habermann, Karin	31. 5. 96	13. 11. 59
Ehning, Manuela, beurl. (LSt)	30. 5. 97	14. 4. 64
Busse, Charlotte	27. 7. 97	17. 4. 64
Buick, Andreas	31. 8. 99	3. 2. 65
Borcherding, Jörg	14. 9. 99	5. 10. 67
Hellberg, Birgit	27. 9. 00	25. 6. 64
Mahlmann, Jörg	6. 5. 02	22. 10. 65
Heise, Thomas	15. 7. 03	24. 10. 71
Laue, Frank-Michael	5. 8. 03	8. 2. 72
Frisch, Kai-Olaf	22. 4. 04	3. 9. 71

Drei weitere StA-Stellen sind besetzt. Namen und Personaldaten der Stelleninhaber sind nicht übermittelt worden.

OLG-Bezirk Celle **NDS**

Oberlandesgerichtsbezirk Celle

Bezirk: Bezirksregierung Hannover, Braunschweig, Lüneburg
6 Landgerichte:
Bückeburg, Hannover, Hildesheim, Lüneburg, Stade, Verden
7 Kammern für Handelssachen in Hannover, je 2 Kammern in Hildesheim, Lüneburg und Verden, 1 Kammer in Stade
41 Amtsgerichte
Schöffengerichte: bei allen Amtsgerichten
Familiengerichte: bei allen Amtsgerichten
Landwirtschaftsgerichte: bei allen Amtsgerichten

Oberlandesgericht Celle

E 4 128 000
Schloßplatz 2, 29221 Celle
Postfach 11 02, 29201 Celle
Tel. (0 51 41) 2 06-0, Fax (0 51 41) 20 62 08
E-Mail: Poststelle@olg-ce.niedersachsen.de
www.oberlandesgericht-celle.niedersachsen.de
Pressesprecherin: Angela Ziemert
stellvertr. Pressesprecherin: Anke van Hove
Tel. (0 51 41) 2 06-0, Fax (0 51 41) 2 06-5 27
E-Mail: poststelle@olg-ce.niedersachsen.de
1 Pr, 1 VPr, 21 VR, 63 R, 5 LSt (R)

Präsident
Dr. Götz von Olenhusen,
 Peter-Wedekind, 21. 4. 06 31. 1. 52

Vizepräsident
Dr. Hamann, Ulrich 18. 12. 97 19. 10. 48

Vorsitzende Richter
Dr. Schmid, Peter 24. 5. 93 5. 8. 45
Zepp, Wolfgang 18. 11. 96 3. 8. 41
Dr. Heile, Bernhard 18. 11. 96 3. 4. 47
Dr. Kaehler, Christian-
 Michael 14. 10. 97 16. 10. 41
Treppens, Holger 28. 12. 98 14. 9. 43
Dr. Knoke, Thomas 9. 8. 99 12. 10. 47
Dr. Würfel, Jörg 19. 10. 00 17. 3. 43
Knöfler, Jürgen 19. 10. 00 3. 11. 43
Wick, Hartmut 19. 10. 00 30. 12. 47
Dr. Kleineke, Wilhelm 19. 10. 00 21. 10. 50
Schütte, Gerhard 8. 5. 01 19. 4. 46
Piekenbrock, Jan 8. 5. 01 18. 5. 51
Glimm, Hans-Joachim 7. 1. 02 26. 1. 50
Brick, Helmut-Eilhelm 19. 9. 02 13. 8. 49
Büte, Dieter 19. 9. 02 21. 8. 50

Schmitz, Dietrich 19. 9. 02 20. 9. 50
Dr. Siolek, Wolfgang 27. 9. 02 24. 5. 49
Schneider, Heinz-Werner 2. 10. 03 28. 3. 52
Dr. Meier, Henning 3. 9. 53 19. 9. 05

Richterinnen/Richter
Prof. Dr. Rüping, Hinrich
 (UProf, 2. Hauptamt), LSt 5. 4. 74 9. 2. 42
Dr. Wiebking, Wolfgang,
 ATZ 9. 10. 81 23. 9. 41
Stodolkowitz, Ursula, 3/4 26. 1. 82 24. 6. 43
Dr. Deckwirth, Harald 6. 9. 82 12. 9. 41
Ulmer, Detlef 29. 2. 88 11. 1. 50
Dr. Franzki, Dietmar 18. 5. 88 29. 8. 50
Borchert, Eckhard, ATZ 23. 5. 90 15. 7. 43
Noack, Hans-Jörg 15. 4. 91 6. 10. 48
Dr. Ullrich, Rainer 16. 3. 92 21. 8. 45
König, Annemarie 1. 6. 92 1. 3. 54
Palzer, Joachim 6. 7. 92 19. 8. 51
Barre, Bernd 7. 12. 92 30. 10. 44
Rebell, Andreas 18. 3. 93 22. 12. 55
Schimpf, Jürgen 10. 5. 94 17. 7. 48
Bronisch-Holtze, Elke, 3/4 14. 11. 94 3. 10. 50
Kuwert, Gerd, ATZ 16. 1. 95 17. 6. 45

225

NDS OLG-Bezirk Celle   LG-Bezirk Bückeburg

Prof. Dr. Ahrens, Hans-Jürgen (UProf, 2. Hauptamt), LSt	9. 2. 95	29. 12. 45
Wodtke, Reinald	13. 3. 95	5. 2. 52
Becker, Lothar	2. 12. 96	8. 5. 55
Moll-Vogel, Eva	2. 12. 96	25. 3. 56
Wiese, Matthias	2. 12. 96	4. 12. 57
Dr. Scholz, Andreas	2. 1. 97	21. 9. 57
Dr. Pape, Gerhard	3. 3. 97	2. 6. 54
Pommerien, Antje	28. 7. 97	1. 1. 58
Seiters, Stephan	1. 9. 97	23. 7. 60
Henkel, Monika	7. 10. 97	9. 8. 54
Schaffert, Ralph-Uwe	17. 11. 97	4. 7. 56
Schrader, Klaus	30. 7. 98	31. 12. 54
Dr. Wiegand-Schneider, Annette, abg. (LSt)	30. 7. 98	14. 12. 60
Dr. Geiger, Michael	30. 10. 98	21. 12. 52
Dr. Meyer-Holz, Ulrich	30. 10. 98	25. 10. 53
Fay, Peter	30. 10. 98	23. 4. 61
Heck, Christian	23. 12. 98	9. 6. 58
Dodegge, Klaus	1. 6. 99	23. 4. 48
Fay, Iris	27. 8. 99	27. 8. 60
Volkmer, Thomas	30. 11. 99	4. 5. 61
Prof. Dr. Wolf, Christian (UProf, 2. Hauptamt), LSt	1. 4. 00	21. 12. 58
Kiekebusch, Tilbert, ATZ	3. 7. 00	11. 4. 44
Walter, Andreas	3. 7. 00	21. 11. 58
Dr. Skwirblies, Ulrich	1. 11. 00	30. 6. 61
Dr. Schulte, Axel	1. 3. 01	12. 5. 58
Dr. Rath-Ewers, Charlotte, ½, abg.	2. 4. 01	1. 1. 55
Ziemert, Angela	15. 4. 01	8. 1. 64
Borchers, Andreas	1. 6. 01	7. 6. 63
Volker, Mathias	18. 7. 01	28. 8. 63
van Hove, Anke	26. 9. 01	9. 6. 63
Apel, Anette	26. 9. 01	1. 4. 64
Dr. Karczewski, Christoph	17. 10. 01	7. 12. 61
Dentzien, Falk	20. 12. 01	14. 1. 65
Schiller, Rolf	23. 1. 02	26. 2. 61
Fughe, Elisabeth	27. 2. 02	23. 2. 65
Dr. Lübbesmeyer, Gerhard	1. 3. 02	23. 9. 59
Dr. Busse, Christian	1. 6. 02	3. 4. 61
Dr. Stoll, Tonio	18. 6. 02	29. 4. 62
Dr. Dietrich, Michael	18. 6. 02	29. 2. 64
Voellmecke, Wolfgang	1. 7. 02	30. 12. 58
Dr. Guise-Rübe, Ralph, abg. (LSt)	10. 12. 02	27. 5. 66
Rosenow, Frank	16. 12. 02	7. 5. 59
Dr. Schwonberg, Alexander	12. 5. 03	15. 1. 64
Dr. Wessel, Markus	2. 5. 05	28. 11. 63
Dr. Göken, Andreas	2. 5. 05	28. 4. 67

Weitere Stellen sind besetzt. Namen und Personaldaten der Stelleninhaber sind nicht übermittelt worden.

Landgerichtsbezirk Bückeburg

Landgericht Bückeburg E 166 100
Herminenstr. 31, 31675 Bückeburg
Postfach 13 05, 31665 Bückeburg
Tel. (0 57 22) 2 90-0
Fax (0 57 22) 29 02 15
E-Mail: Poststelle@lg-bbg.niedersachsen.de
www.landgericht-bueckeburg.niedersachsen.de
Pressestelle:
Tel. (0 57 22) 29 02 03, Fax (0 57 22) 29 02 20
E-Mail: pressestelle@lg-bbg.niedersachsen.de

1 Pr, 1 VPr, 2 VR, 5 R

Präsident

von Oertzen, Adolf-Friedrich	27. 6. 01	7. 7. 43

Vizepräsident

Wittling, Udo-Egbert, ATZ	6. 4. 94	23. 11. 41

Vorsitzende Richter

Peters, Jörg, VPr	30. 11. 04	10. 12. 57
Freiherr von Hammerstein-Gesmold, Börries	9. 5. 94	17. 3. 46
Sievers, Reinhard	1. 8. 98	5. 1. 52

Richterin/Richter

Schaffer, Günter	12. 7. 82	19. 10. 52
Barnewitz, Wolfram	21. 4. 92	7. 7. 55
Rohde, Peter	20. 2. 95	15. 2. 62
Dr. Brüninghaus, Birgit	1. 6. 99	9. 2. 63

Amtsgerichte

Bückeburg E 55 100
Herminenstr. 30, 31675 Bückeburg
Postfach 11 15, 31667 Bückeburg
Tel. (0 57 22) 2 90-0
Fax (0 57 22) 29 02 14
E-Mail: Poststelle@ag-bbg.niedersachsen.de
www.amtsgericht-bueckeburg.niedersachsen.de

Zweigstellen:
Herminenstr. 6 und Schulstr. 2
31675 Bückeburg

1 Dir, 4 R + 1 × ½ R + 1 LSt (R)

Böhm, Armin, Dir	1. 10. 96	27. 3. 51
Gloede, Wolfgang	24. 4. 86	10. 9. 49

LG-Bezirk Hannover   OLG-Bezirk Celle   **NDS**

Freese-Schmidt, Uta, ½	26. 9. 94	7. 4. 64
Dr. Vogler, Hartmut	16. 2. 95	6. 5. 59
Höcker, Eike, ½, abg. (LSt)	21. 8. 95	3. 9. 57
Dr. von Behren, Dirk	17. 4. 01	7. 3. 65
Lehmann, Susanne, ½	5. 8. 03	12. 10. 68

Rinteln E 28 000
Ostertorstraße 3 (Zersenhof), 31737 Rinteln
Postfach 11 01 62, 31729 Rinteln
Tel. (0 57 51) 9 53 70
Fax (0 57 51) 95 37 34
E-Mail: Poststelle@ag-ri.niedersachen.de
www.amtsgericht-rinteln.niedersachsen.de
1 Dir, 2 R

Tigges, Gisela, Dir	2. 10. 98	25. 2. 56
Rost, Christian	1. 2. 82	9. 6. 51
Formann, Klaus	16. 3. 82	30. 7. 49

Stadthagen E 83 000
Enzer Str. 12, 31655 Stadthagen
Postfach, 31653 Stadthagen
Tel. (0 57 21) 78 60
Fax (0 57 21) 7 86 79
E-Mail: Poststelle@ag-sth.niedersachsen.de
www.amtsgericht-Stadthagen.niedersachsen.de
1 Dir, 5 R

van Lessen, Gudrun, Dir	2. 6. 99	22. 2. 55
Burkart, Henning	19. 9. 75	2. 8. 43
Osterloh, Günter, ½	26. 7. 84	8. 5. 51
Feige, Norbert, abg.	23. 10. 95	13. 8. 62
Menzemer, Michael	18. 8. 97	17. 1. 60
Freifrau von Blomberg, Gönna, ½	4. 12. 98	15. 4. 61
Schwarz, Matthias	13. 5. 02	23. 8. 70

Landgerichtsbezirk Hannover

Landgericht Hannover E 1 171 900
Volgerswerg 65, 30175 Hannover
Postfach 37 29, 30037 Hannover
Tel. (05 11) 3 47-0
Fax (05 11) 3 47 27 72
E-Mail: Poststelle@lg-h.niedersachsen.de
www.landgericht-hannover.niedersachsen.de
Pressesprecherin:
Richterin am Landgericht Sabina Thiem
pressestelle@lg-h.niedersachsen.de

1 Pr, 1 VPr, 34 VR, 49 ½ R, 1 LSt (VR), 8 LSt (R)

Präsident

Schneidewind, Dieter	3. 8. 98	5. 1. 48

Vizepräsidentin

Mehrens, Ingeborg	7. 12. 98	26. 2. 43

Vorsitzende Richterinnen/Vorsitzende Richter

Borchmeyer, Hans-Gerd	7. 12. 81	17. 1. 43
Warda, Hans-Dietmar	3. 6. 85	5. 1. 47
Krüger, Klaus-Ulrich	26. 2. 90	13. 5. 42
Dölp, Michael	29. 10. 90	8. 10. 52
Teschner, Helfried	17. 10. 91	29. 10. 46
Pokropp-Aring, Sigrid, ¾	16. 1. 92	21. 8. 50
Marahrens, August-Wilhelm	27. 3. 92	7. 7. 50
Jaursch, Michael	16. 4. 92	1. 9. 48
Rümke, Bernd	2. 6. 92	27. 2. 48
Herrmann, Thomas, abg. (LSt)	8. 7. 92	31. 3. 51
Dr. Bodmann, Hans-Heiner	27. 7. 92	18. 5. 50
Vollbrecht, Rüdiger	27. 8. 93	13. 11. 44
Penners-Isermann, Ursula	3. 8. 94	29. 10. 46
Koch, Gerd H.	8. 8. 94	8. 11. 48
Hebach, Horst, ATZ	26. 8. 94	29. 7. 42
Kluge, Ernst	22. 11. 94	22. 3. 46
Aring, Achim	30. 12. 96	20. 12. 48
Harcke, Thomas	30. 12. 96	20. 3. 50
Saathoff, Reinhard	11. 8. 97	22. 2. 54
Wevell von Krüger, Dorothea	30. 7. 98	18. 2. 51
Boenig, Joachim	30. 10. 98	1. 4. 44
Döpke, Dietmar, ATZ	19. 11. 99	9. 9. 43
Gurkau, Helmut	30. 6. 00	3. 11. 49
Rosenbusch, Wolfgang	30. 6. 00	6. 12. 53
Dr. Knüllig-Dingeldey, Britta	30. 6. 00	18. 11. 57
Krautwig, Hildegard	31. 10. 01	2. 12. 43
Kempe, Claus	14. 11. 02	24. 11. 47
Küper, Joachim	14. 11. 02	20. 7. 53
Kleybolte, Heinrich-Ullrich	23. 6. 03	11. 6. 57
Schulz, Martin	23. 6. 03	17. 4. 63
Jongedijk, Hannelore	1. 9. 03	17. 4. 51
Homann, Beatrix	7. 3. 05	8. 7. 48

Richterinnen/Richter

Schmidt, Reinhart	6. 12. 76	21. 8. 43
Bette, Wilhelm, ATZ	1. 8. 77	26. 2. 42
Stroicz, Rosemarie	2. 9. 77	18. 5. 47
Friedrich, Gisela, ½	31. 10. 78	4. 3. 48
Ullrich, Inge	10. 11. 78	17. 7. 49
Barkey, Johannes	3. 7. 79	12. 2. 49
Spillner, Ekkehard	9. 5. 80	1. 12. 48
Schnabel, Sabine	16. 4. 81	23. 9. 47
Langhorst, Heide	10. 7. 81	20. 2. 50

NDS OLG-Bezirk Celle — LG-Bezirk Hannover

Name		
Höpker, Wolfgang	3. 5. 82	20. 10. 44
Wenzel, Reinhard	27. 12. 83	23. 11. 48
Meier-Böke, Cornelia	17. 4. 84	17. 7. 53
Wiegand-Gundlach, Gerhild	12. 6. 86	27. 12. 54
Hansen, Britta, beurl. (LSt)	23. 7. 87	19. 2. 56
Bodenstein, Dieter	14. 12. 88	2. 5. 44
Immen, Gabriele, abg., 1/2	14. 2. 89	7. 7. 60
Dr. Cramer, Bettina	15. 3. 90	2. 7. 54
Schrader, Doris, 3/4	2. 5. 90	17. 12. 56
Claus, Andrea, 3/4	16. 8. 90	3. 5. 54
Beese, Christine, 1/2	16. 8. 90	23. 7. 56
Rebeski, Daniela, 1/2	3. 1. 94	1. 4. 60
Dr. Plumeyer, Mathias	4. 5. 94	28. 11. 55
Thiele, Monika	21. 7. 94	6. 10. 60
Jans-Müllner, Andrea	5. 9. 94	4. 3. 59
Weißenborn, Ute, 1/2	4. 11. 94	2. 3. 63
Pätsch, Karin	1. 8. 96	15. 4. 61
Koenig, Barbara, 1/2, ATZ	7. 2. 97	25. 12. 45
Brüchmann, Marion, (LSt)	7. 2. 97	12. 3. 64
Heuer, Stefan	23. 12. 97	27. 7. 62
Löffler, Christine, 1/2, ATZ	23. 12. 97	19. 3. 64
Schweigert, Michael	2. 1. 98	9. 7. 63
Bordt, Peter	4. 1. 99	18. 11. 63
Kleybolte, Christian	4. 1. 99	25. 12. 64
Bornemann, Frank	1. 6. 99	5. 9. 64
Wortmann-Obst, Angela Isabel, abg.	1. 6. 99	20. 7. 69
String, Luise	3. 6. 99	25. 7. 64
Koppe, Mara, beurl. (LSt)	8. 5. 00	18. 2. 68
Dr. Stock, Meike	13. 2. 01	22. 4. 68
Piellusch, Stefanie, beurl. (LSt), 1/2	13. 2. 01	6. 6. 70
Grote, Friederike	14. 2. 01	22. 3. 70
Dr. Brockmöller, Annette, abg. (LSt)	17. 4. 01	17. 8. 63
Thiem, Sabina	5. 6. 01	10. 8. 64
Berkner, Annegret, 1/2	5. 6. 01	13. 8. 71
Eimterbäumer, Elke, beurl. (LSt)	13. 3. 02	15. 4. 71
Frankenberger, Michael	26. 3. 02	18. 8. 64
Dr. Springer, Stephanie	16. 9. 02	25. 5. 67
Spamer, Jörg	18. 9. 02	27. 3. 69
Gaude, Alexandra	18. 9. 02	15. 5. 72
Fritsche, Jörn	18. 12. 02	15. 1. 65
Dammann, Kora Kristin, abg.	19. 12. 02	25. 3. 67
von den Straten, Kerstin, beurl. (LSt)	20. 12. 02	12. 5. 72
Schmidt, Petra, 1/2	21. 3. 03	4. 7. 62
Glahn, Thomas	21. 3. 03	1. 7. 69
Bremer-Gerdes, Gritta, 1/2	26. 3. 03	17. 5. 67
Porth, Ulrike	1. 9. 03	12. 5. 71
Rieke, Katrin, abg. (LSt)	1. 9. 03	11. 2. 71
Laß, Jessica	16. 3. 04	8. 4. 74
Caesar, Christian	18. 3. 04	28. 7. 67
Siol, Cornelia, 1/2	25. 7. 05	21. 8. 70
Dr. Kannengießer, Matthias	10. 8. 05	23. 11. 68

Amtsgerichte

Burgwedel E 72 200
Im Klint 4, 30938 Burgwedel
Postfach 13 54, 30929 Burgwedel
Tel. (0 51 39) 8 06 10
Fax (0 51 39) 36 52
www.amtsgericht-burgwedel.niedersachsen.de

1 Dir, 6 R

Dr. Kobbe, Günter, Dir	8. 4. 94	18. 10. 42
Oetling, Michael	5. 2. 81	13. 4. 48
Mohr, Ulrich	1. 10. 82	16. 2. 50
Geffers, Wolfgang	2. 8. 85	1. 9. 54
Brandt, Jürgen	20. 3. 90	28. 3. 57
Dr. Neumann-Müller, Sigrid, abg., 3/4	1. 9. 94	13. 8. 55

Hameln E 160 500
Zehnthof 1, 31785 Hameln
Postfach 10 13 13, 31763 Hameln
Tel. (0 51 51) 79 60
Fax (0 51 51) 79 61 66
E-Mail: Poststelle@ag-hm.niedersachsen.de
www.amtsgericht-hameln.niedersachsen.de

1 Dir, 1 stVDir, 1 w.aufsR, 15 1/2 R

Dr. Seutemann, Herbert, Dir	1. 11. 02	19. 6. 55
Drollinger, Rainer, StVDir	4. 6. 03	21. 4. 45
Tiedemann, Heinz-Adolf, w.aufsR	17. 1. 00	22. 12. 48
Bartsch, Hans-Otto	1. 7. 81	24. 8. 47
Gibbert, Wilfried, 1/2	1. 10. 82	19. 8. 44
Müller, Christoph	1. 4. 93	8. 1. 61
Beiderbeck, Anne	4. 10. 93	2. 7. 64
Engelking, Christian	2. 12. 94	6. 2. 61
Dr. Storck, Ina, 1/2	26. 6. 95	1. 4. 60
Gehringer, Heidi, 1/2	4. 11. 96	27. 6. 61
Grehl, Andreas	23. 2. 98	
Quak, Sabine	3. 6. 99	22. 4. 65
Wilkening, Desirée, 1/2	12. 12. 00	15. 8. 68
Flasche, Ingo	19. 2. 02	7. 4. 69
Keese, Claudia	1. 8. 03	16. 7. 69

Weitere Stellen sind besetzt. Namen und Personaldaten der Stelleninhaber wurden nicht übermittelt.

LG-Bezirk Hannover   OLG-Bezirk Celle   **NDS**

Hannover E 658 200
Postfach 2 27, 30002 Hannover
Volgersweg 1, 30175 Hannover
Tel. (05 11) 3 47-0
Fax (05 11) 3 47 27 23
E-Mail: Poststelle@ag-ha.niedersachsen.de
www.amtsgericht-hannover.niedersachsen.de
Pressedezernent: RiAG Dr. Michael Siebrecht
Tel. (05 11) 3 47 24 54
Fax (05 11) 3 47-27 23/32 52
E-Mail: Michael.Siebrecht@ag-ha.niedersachsen.de

1 Pr, 1 VPr, 14 w.aufsR, 77 R, 8 LSt (R)

Präsident
Prof. Dr. Lessing, Volker   29. 11. 99   26. 3. 45

Vizepräsident
Vogel, Gerd   16. 3. 05   10. 1. 50

weitere aufsichtführende Richterinnen/Richter
Klages, Hans-Henning,
  ATZ   30. 3. 92   25. 12. 42
Dr. Krapp, Christiane   12. 4. 94   3. 8. 46
Faßhauer, Peter   12. 4. 94   17. 8. 47
Veldtrup, Dirk   12. 4. 94   24. 4. 48
Hippe, Achim   11. 6. 96   13. 2. 56
Friedrich, Achim   2. 2. 98   12. 3. 44
Reif, Peter   1. 12. 98   21. 3. 44
Buchmann, Peter   1. 10. 99   1. 3. 47
Metzenheim, Gerd-
  Michael   1. 1. 00   22. 2. 42
Immen, Peter   29. 2. 00   27. 6. 54
Nesemann, Ralf   7. 9. 01   19. 11. 48
Süßenbach, Detlef   7. 9. 01   22. 3. 51
Kleinert, Ulrich   28. 2. 02   22. 11. 60
Dölp, Doerte, ¹/₂   25. 2. 05   15. 4. 58
Werfel, Susanne, ¹/₂   25. 2. 05   19. 2. 60

Richterinnen/Richter
Christians-Benning,
  Birgit   21. 10. 74   12. 9. 42
Dr. Müller-Alten, Lutz,
  beurl. (LSt)   16. 1. 76   27. 9. 43
Buck-Kirchner, Barbara   1. 11. 76   22. 2. 47
Freifrau von Vietinghoff,
  Juliane, ¹/₂   17. 8. 77   11. 7. 47
Janß, Uwe   15. 9. 77   17. 8. 45
Wolff, Gustel   3. 11. 77   14. 9. 45
Dr. Siecken, Hans-Jochen   22. 6. 78   19. 3. 48
Grund, Krista   3. 7. 78   20. 4. 45
Wollenweber, Dierk, ATZ   4. 9. 78   24. 3. 44
Hauenschild, Wolfgang   17. 11. 78   4. 1. 47
Nolte, Heinz-Dieter   9. 5. 79   21. 1. 48
Großer, Susanne   16. 7. 79   12. 8. 47
Luedtke, Eberhard   3. 9. 79   18. 1. 50
Paulmann-Heinke, Johanna   24. 6. 80   3. 2. 48
Kiesekamp, Günter   15. 6. 81   13. 6. 41
Hasenbein, Ute, ¹/₂   25. 8. 81   28. 12. 48
Busch, Antje   18. 3. 82   9. 8. 48
Neebuhr, Peter   13. 4. 82   27. 4. 50
Prohaska, Maria   6. 9. 82   17. 3. 47
Seibert, Otto   6. 9. 82   23. 10. 47
Bronisch-Holtze, Manuel   13. 6. 83   10. 12. 50
Michaelis, Bruno   15. 8. 83   31. 10. 47
Schaffelder, Dieter   11. 10. 83   28. 12. 52
Kreimeyer, Robert   28. 6. 84   11. 9. 48
Eichloff-Burbließ,
  Gudrun   29. 6. 84   24. 6. 52
Nerreter, Siegfried   2. 7. 84   16. 12. 52
Oltmanns, Birgit   2. 4. 85   21. 2. 54
Hinsch, Gabriele, ¹/₂   26. 7. 85   25. 2. 56
Lemke, Ulrike, ¹/₂   23. 10. 85   6. 10. 47
Riso, Irmtraut   8. 7. 86   13. 6. 54
Bader, Brigitte   9. 6. 87   16. 7. 55
Bürgel, Renata   17. 12. 87   22. 2. 54
Dr. Sue-Horn, Ingrid   9. 4. 90   30. 1. 54
Brüggehagen, Petra, ¹/₂   2. 4. 92   13. 4. 57
Wiehe, Reinhard   30. 4. 93   15. 6. 57
Fraatz, Frank-Michael   1. 3. 94   7. 12. 57
Bruhns, Sabine, ¹/₂   23. 6. 94   3. 11. 59
Janssen, Hanna, ¹/₂   23. 6. 94   26. 1. 62
Neubert, Klaus-D.   15. 7. 94   24. 3. 58
Rodenbostel, Nandy, ¹/₂   11. 11. 94   16. 7. 63
Hackmann, Helga   17. 11. 94   2. 2. 56
Weber, Anette, ¹/₂   12. 12. 94   14. 5. 61
Dr. Siegfried, Michael   1. 3. 95   18. 11. 60
Klinkenborg, Melle   31. 3. 95   20. 6. 63
Wente-Mautgreve,
  Katrin, ¹/₂   28. 7. 95   24. 5. 64
Littger, Burkhard   1. 1. 96   4. 6. 62
Janke, Guido   20. 2. 96   22. 2. 62
Benz, Regina, beurl. (LSt)   11. 4. 97   28. 5. 64
Hadeler, Karin, ¹/₂   9. 9. 97   3. 4. 64
Heidenreich, Roger   9. 9. 97   23. 4. 64
Grünwald, Cornelia, ¹/₂   9. 9. 97   8. 7. 64
Boden, Andrea, ³/₄   10. 9. 97   19. 10. 63
Wöltje, Olaf   10. 11. 97   11. 5. 64
Dr. Mueller, Harald   23. 12. 97   14. 4. 62
Eicke, Elisabeth, ³/₄   23. 12. 97   7. 4. 63
Gundelach, Gudrun   18. 3. 98   13. 3. 66
Loer, Annette, ³/₄   12. 4. 00   24. 10. 62
Dr. Löffler, Matthias   12. 4. 00   19. 11. 62
Joseph, Stefan   12. 4. 00   21. 11. 64
Buck, Jens   27. 11. 00   3. 7. 67
Wessels, Kathrin, ¹/₂   5. 3. 01   26. 2. 61
Dr. Siebrecht, Michael   21. 5. 01   24. 2. 63
Busche, Katharina, ¹/₂   28. 5. 01   21. 6. 69
Passoke, Birgit, ¹/₂   28. 8. 01   9. 1. 67
Thyen, Jörn   7. 9. 01   2. 10. 68
Noll, Kathrin, ¹/₂   7. 9. 01   12. 10. 68

NDS OLG-Bezirk Celle   LG-Bezirk Hildesheim

Gerdes, Michael	17. 9. 01	21. 8. 68
Dr. Landwehr, Torsten, abg.	10. 5. 02	13. 3. 66
Dr. Kretschmer, Torsten	10. 5. 02	31. 5. 67
Dr. Westermann, Judith	10. 5. 02	24. 9. 68
Dr. Garbe, Thorsten	13. 5. 02	3. 2. 66
Stantien, Maren	19. 7. 02	8. 4. 68
Voß, Dirk	19. 7. 02	27. 8. 68
Wienbergen, Karen, beurl. (LSt)	19. 7. 02	22. 4. 71
Eitner, Kirstin, 4/5	28. 5. 03	25. 5. 71
Vinson, Martina, 1/2	28. 5. 03	23. 3. 62
Wendt, Doris, 0,7	28. 5. 03	18. 5. 65
Gruenke, Miriam, 1/2	28. 5. 03	21. 8. 69
Maciejewski, Dorothea	28. 5. 03	15. 2. 70
Brack-Dalisdas, Christiane, 1/2	14. 11. 03	16. 6. 60
Glahn, Jutta, beurl. (LSt)	14. 11. 03	4. 4. 70
Simon, André	14. 11. 03	3. 9. 70
Eikenberg, Claudia, beurl. (LSt)	9. 12. 04	4. 5. 70
Spohr, Sandra, 3/4	9. 12. 04	1. 10. 70
Dr. Rass, Jens	9. 12. 04	7. 11. 70
Fischer, Alena, beurl. (LSt)	9. 12. 04	9. 9. 71
Wüstrich, Silke, abg. (LSt)	28. 10. 05	5. 1. 72
Hartrich, Marco, abg. (LSt)	28. 10. 05	18. 1. 72
Dencker, Ulrich	1. 11. 05	12. 10. 71
Strube, Martin	1. 11. 05	8. 5. 72
Carstens, Judith	1. 11. 05	25. 7. 73

Neustadt am Rübenberge E 150 900
Ludwig-Enneccerus-Platz 2, 31535 Neustadt
31533 Neustadt
Tel. (0 50 32) 96 90
Fax (0 50 32) 9 69-1 20
E-Mail: Poststelle@ag-nrue.niedersachsen.de
www.amtsgericht-neustadt.niedersachsen.de

Pressestelle:
Tel. (0 50 32) 9 69-2 33, Fax (0 50 32) 9 69-2 30
E-Mail: Michael.Giers@ag-nrue.Niedersachsen.de

1 Dir, 1 stVDir, 11 1/2 R

Dr. Giers, Michael, Dir	25. 2. 02	19. 2. 58
Wesche, Jens, stVDir	22. 8. 03	30. 1. 61
Pleines, Frauke	9. 1. 78	18. 3. 47
Weithoener, Wieland	1. 8. 78	6. 2. 44
Zimbehl, Harald	—	—
Bösche, Thomas	20. 10. 80	1. 6. 50
Voß, Werner	18. 9. 81	29. 8. 49
Dr. Walch, Dieter	26. 9. 94	16. 6. 60
Weichsel, Klaus-Jörg	28. 10. 94	30. 9. 61
Schubert, Ursula, 2/3	8. 9. 98	18. 4. 64
Dr. Brede, Uwe	12. 6. 02	13. 5. 66
Dr. Kraft, Bettina	14. 8. 03	12. 3. 70
Dr. Janko, Matthias	8. 9. 04	4. 1. 66

Springe E 43 700
Zum Oberntor 2, 31832 Springe
Postfach 10 01 08, 31813 Springe
Tel. (0 50 41) 20 31-0
Fax (0 50 41) 20 31-90
E-Mail: Poststelle@ag-spr.niedersachsen.de

3/4 Dir, 2 R

Kronsbein-Weiß, Susanne, Dir, 3/4	24. 9. 04	28. 2. 56
Riedel, Sylvia	19. 11. 04	10. 5. 74

Eine weitere Stelle ist besetzt. Name und Personaldaten des Stelleninhabers sind nicht übermittelt worden.

Wennigsen (Deister) E 86 500
Hülsebrinkstr. 1, 30974 Wennigsen
Postfach, 30974 Wennigsen
Tel. (0 51 03) 70 08-0
Fax (0 51 03) 70 08 49
E-Mail: Poststelle@ag-wen.niedersachsen.de
www.amtsgericht-wennigsen.niedersachsen.de

1 Dir, 1 stVDir, 4 1/2 R

Franke, Christoph, Dir	8. 3. 99	4. 5. 47
Pusch, Helmut, stVDir	31. 10. 03	11. 3. 43
Dr. Schnelle, Karl	11. 9. 78	27. 9. 48
Hische, Jutta, 1/2	7. 4. 86	28. 11. 55
Venneberg, Sabine	3. 8. 87	9. 11. 58
Löhr, Volker	12. 4. 90	10. 7. 55
Hoffmann, Georg	18. 7. 02	12. 2. 69

Landgerichtsbezirk Hildesheim

Landgericht Hildesheim E 745 600
Kaiserstr. 60, 31134 Hildesheim
Postfach 10 08 55, 31108 Hildesheim
Tel. (0 51 21) 96 80
Fax (0 51 21) 96 82 18 und 96 84 73
E-Mail: Poststelle@lg-hi.niedersachsen.de
www.landgericht-hildesheim.niedersachsen.de

Pressestelle: RiLG Jan-Michael Seidel
Tel. (0 51 21) 96 84 72
Fax (0 5121) 96 84 73
E-Mail:
Jan-Michael.Seidel@lg-hi.niedersachsen.de

1 Pr, 1 VPr, 17 VR, 29 R, 3 LSt (R)

Präsident

Hupka, Karl-Helge	3. 4. 00	16. 2. 49

LG-Bezirk Hildesheim OLG-Bezirk Celle **NDS**

Vizepräsident
Bever, Reinald   1. 12. 01   20. 9. 51

Vorsitzende Richterin/Vorsitzende Richter
Schmidt, Ulrich   1. 3. 88   12. 4. 44
Möller, Klaus   17. 12. 90   29. 7. 45
Pohl, Ulrich   23. 7. 91   21. 12. 47
Krause, Bernhard   17. 9. 91   14. 9. 47
Wegner, Reiner   1. 1. 92   14. 9. 50
Wallheinke, Adolf   25. 3. 96   12. 4. 54
Dr. Klöhn, Wolfhard 30. 9. 96   17. 2. 55
Rojahn, Manfred   18. 3. 97   22. 4. 48
Schlüter, Andreas   4. 8. 97   19. 10. 53
Bachmann, Harald   1. 1. 00   13. 4. 55
Meyer-Lamp, Michael   1. 3. 00   7. 9. 52
Benda, Siegfried   1. 3. 02   23. 7. 50
Dr. Kumme, Ulrich   28. 8. 02   26. 1. 51
Heckemüller, Volker 28. 8. 02   28. 12. 53
Brönstrup, Karin   28. 8. 02   18. 8. 55
Brinkmann, Hans-
  Hermann   19. 2. 03   22. 11. 51
Blaschek, Helmut   1. 8. 04   15. 10. 58

Richterinnen/Richter
Wanning, Rüdiger, ATZ 17. 2. 75   13. 4. 42
Schmidt, Heike   8. 6. 75   11. 2. 45
Blum-Engelke, Clarissa 18. 4. 77   18. 11. 46
Fritz, Hans-Rüdiger   20. 4. 78   4. 8. 45
Pössel, Klaus   16. 7. 81   10. 3. 47
Kiene, Karl Georg   23. 8. 82   14. 2. 50
Welling, Alfons   27. 4. 89   12. 8. 49
Pagel, Ute   14. 3. 91   15. 7. 60
Kaiser, Christian, abg.
  (LSt)   29. 11. 91   7. 4. 59
Heidner, Barbara   21. 7. 92   7. 12. 59
Dr. Teyssen, Georg, abg. 23. 6. 94   17. 5. 56
Braumann, Jürgen   23. 6. 94   4. 3. 59
Peschka, Peter   4. 7. 94   5. 1. 61
Kauer, Winfried   2. 9. 94   28. 4. 55
Loewenthal, Barbara   26. 9. 95   8. 11. 58
Dr. Jung-Lundberg,
  Bettina   15. 4. 96   30. 7. 60
Dr. Borsch, Astrid, abg. 7. 3. 97   —
Bietendüwel, Annegret 20. 11. 97   12. 10. 64
Seidel, Jan-Michael   22. 11. 99   16. 7. 65
Knafla, Bernd-Peter   18. 8. 00   9. 6. 67
Schrimpf, Peter   19. 12. 00   15. 2. 66
Hesse, Stefan, abg. (LSt) 26. 10. 01 17. 4. 67
Hillebrand, Joachim   16. 9. 02   11. 6. 68
de Lippe, Rainer   17. 9. 03   11. 7. 69
Pingel, Bernd   17. 9. 03   4. 10. 69
Lange, Thomas   22. 12. 03   7. 4. 71
Seidel, Kirstin, beurl. (LSt) 22. 12. 03 15. 7. 72
Wiegand, Viktoria   30. 12. 04   21. 3. 70
Schlingmann, Britta   25. 7. 05   9. 2. 71

Amtsgerichte

Alfeld (Leine)   E 45 100
Kalandstr. 1, 31061 Alfeld
Postfach 11 61, 31041 Alfeld
Tel. (0 51 81) 80 40
Fax (0 51 81) 2 43 13
E-Mail: Poststelle@ag-alf.niedersachsen.de
www.amtsgericht-alfeld.niedersachsen.de

1 Dir, 3 R

Reichert, Bärbel, Dir   14. 1. 91   4. 12. 47
Lehmensiek, Bernd   3. 5. 95   3. 2. 56
Dr. Bayer, Ralf-Peter, abg. 15. 2. 96   28. 11. 60
Dr. Roßner, Hans-Jürgen   18. 8. 00   21. 11. 59

Burgdorf (Krs. Hannover)   E 50 700
Schloßstr. 4, 31303 Burgdorf
Postfach 1 00 11 63, 31286 Burgdorf
Tel. (0 51 36) 89 70
Fax (0 51 36) 89 72 99
E-Mail: Poststelle@ag-bu.niedersachsen.de
www.amtsgericht-burgdorf.niedersachsen.de

1 Dir, 3 R

Dr. Lehmann-Schmidtke,
  Wilfried, Dir   28. 4. 03   25. 9. 59
Kühn, Annette, abg.   13. 12. 00   18. 7. 67
Dr. Pinkenburg, Hartmut   16. 4. 03   10. 2. 66
Rohe, Stephanie, 1/2   20. 12. 05   15. 5. 74

Elze   E 37 500
Bahnhofstr. 26, 31008 Elze
Postfach, 31001 Elze
Tel. (0 50 68) 9 30 10
Fax (0 50 68) 93 01 55
E-Mail: Poststelle@ag-elz.niedersachsen.de
www.amtsgericht-elze.niedersachsen.de

1 Dir, 2 R

Granzow, Wolfgang, Dir   3. 11. 00   26. 9. 43
von Campe, Hans-Martin   2. 12. 94   11. 8. 60
Mahnkopf, Monika   21. 5. 99   27. 6. 64

Gifhorn   E 150 100
Am Schloßgarten 4, 38518 Gifhorn
Postfach, 38516 Gifhorn
Tel. (0 53 71) 89 71 00
Fax (0 53 71) 89 71 64
E-Mail: Poststelle@ag-gf.niedersachsen.de
www.amtsgericht-gifhorn.niedersachsen.de

1 Dir, 1 stVDir, 9 1/2 R

Hantschick, Bernd, Dir   30. 10. 00   18. 2. 62

NDS OLG-Bezirk Celle　　　　　　　　　　　　　LG-Bezirk Hildesheim

Hartleben, Martin, stVDir	4. 1. 99	11. 11. 46
Lehmann, Landolf	11. 3. 77	25. 7. 43
Bihy, Hans Ulrich	31. 8. 77	7. 6. 41
Salge, Andrea	7. 8. 97	25. 8. 63
Rieck, Peter	1. 11. 97	29. 1. 60
Busch, Anke, 1/2	1. 9. 98	10. 6. 61
Dr. Kieler, Melanie	28. 5. 01	29. 12. 70
Dr. Wiedemann, Ina, 1/2	7. 1. 04	22. 1. 68
Rebenstorff, Markus	21. 1. 05	14. 5. 74
Hänsel, Jan Peter	22. 8. 05	27. 6. 73

Eine weitere 1/2 -Stelle ist besetzt. Name und Personaldaten der Stelleninhaberin sind nicht übermittelt worden.

Hildesheim　E 209 000
Kaiserstr. 60, 31134 Hildesheim
Postfach 10 01 61, 31101 Hildesheim
Tel. (0 51 21) 9 68-0
Fax (0 51 21) 96 82 57
E-Mail: Poststelle@ag-hi.niedersachsen.de
www.amtsgericht-hildesheim.niedersachsen.de

1 Dir, 1 stVDir, 2 w.aufsR, 18 R, 1 LSt (R)

Lucke, Hans-Jörg, Dir	15. 2. 95	2. 12. 44
Treidel, Urte, stVDir	6. 9. 94	29. 1. 51
Dr. Stärk, Hermann, w.aufsR, ATZ	1. 1. 00	16. 5. 43
Dr. Lau, Berthold, w.aufsR	17. 9. 03	24. 9. 53
Ohlendorf, Marianne-Margarete	11. 2. 77	27. 11. 45
Lange, Anette	10. 4. 78	14. 5. 44
Meyer-Hippmann, Henning	23. 6. 80	5. 12. 47
Hogreve, Josef	20. 7. 81	25. 5. 50
Schmidt, Michael	19. 2. 82	31. 5. 49
Buhlmann, Joachim	29. 11. 82	30. 10. 49
Spier, Annegret	2. 5. 88	23. 5. 55
Fuchs-Kassner, Beate	2. 10. 89	11. 10. 57
Dr. Kemper, Werner	21. 7. 94	17. 9. 55
von Roden-Leifker, Susanne, 1/2	10. 2. 95	14. 7. 57
Dr. Krämer, Steffen	14. 7. 98	14. 6. 65
Dr. Klass, Dieter Philipp, abg.	24. 1. 00	11. 8. 64
Müller, Norbert	18. 9. 00	2. 1. 68
Gieseking, Matthias	28. 1. 02	21. 2. 67
Dr. Grote, Martin, abg. (LSt)	28. 1. 02	14. 2. 70
Richter, Wolfram	31. 7. 02	16. 10. 66

Eine weitere Stelle ist besetzt. Name und Personaldaten des Stelleninhabers sind nicht übermittelt worden.

Holzminden　E 78 700
Karlstr. 15, 37603 Holzminden
Postfach, 37601 Holzminden
Tel. (0 55 31) 1 21-7 00
Fax (0 55 31) 1 21-7 77 u. -8 88
E-Mail: Poststelle@ag-hol.niedersachsen.de
www.amtsgericht-holzminden.niedersachsen.de

1 Dir, 6 R

Hertel, Jürgen, Dir	31. 12. 84	7. 3. 47
Ziehm, Klaus-Peter	28. 8. 84	24. 10. 49
Kasperowski, Ralph	1. 4. 85	4. 5. 52
Eilers, Karl	25. 11. 94	15. 7. 59
Mertens, Jörg	29. 3. 95	19. 6. 60
Kühn, Helmut	10. 7. 95	18. 12. 61

Lehrte　E 66 200
Schlesische Str. 1, 31275 Lehrte
Postfach 15 80, 31255 Lehrte
Tel. (0 51 32) 82 60
Fax (0 51 32) 5 59 32
E-Mail: Poststelle@ag-le.niedersachsen.de
www.amtsgericht-lehrte.niedersachsen.de

1 Dir, 5 1/2 R

König, Rainer, Dir	13. 10. 00	11. 10. 41
Flehinghaus, Günther	21. 4. 80	9. 7. 46
Bengsch, Uwe	11. 12. 90	28. 7. 58
Wentzel, Uwe	14. 3. 95	26. 9. 55
Kuhlmann, Karin, 1/2	18. 8. 97	17. 8. 62
Wichmann, Ulla, 3/4	3. 7. 00	11. 3. 68
Glaß, Robert	26. 3. 02	28. 5. 68

Peine　E 108 200
Am Amthof 2-6, 31224 Peine
Postfach 11 01, 31201 Peine
Tel. (0 51 71) 70 50
Fax (0 51 71) 1 83 99
E-Mail: Poststelle@ag-pe.niedersachsen.de
www.amtsgericht-peine.niedersachsen.de

1 Dir, 1 stVDir, 7 R, 1 LSt (R)

Klages, Gerd-Norbert, Dir	3. 11. 97	10. 7. 46
Redeker, Wolfgang, stVDir	10. 11. 97	21. 2. 53
Stork, Udo	28. 1. 82	2. 2. 51
Springer, Gabriela	28. 11. 83	2. 2. 53
Lerch, Sabine	18. 1. 91	9. 1. 58
Krone, Helgard	13. 1. 95	14. 9. 59
Uffen, Heike	18. 3. 98	25. 8. 64
Dr. Botur, Andre, abg. (LSt)	2. 12. 99	23. 12. 64
Worlitz, Malte	4. 12. 03	22. 9. 71

LG-Bezirk Lüneburg   OLG-Bezirk Celle   **NDS**

Landgerichtsbezirk Lüneburg

Landgericht Lüneburg E 703 400
Am Markt 7, 21335 Lüneburg
Postfach 21 31, 21332 Lüneburg
Tel. (0 41 31) 2 02-1
Fax (0 41 31) 20 24 55
E-Mail: Poststelle@lg-lg.niedersachsen.de
www.landgericht-lueneburg.niedersachsen.de

1 Pr, 1 VPr, 13 VR, 20 R, 1 LSt (VR), 1 LSt (R)

Präsidentin
Dr. Menk, Renate   17. 8. 04   8. 9. 48

Vizepräsident
Mumm, Burghard   16. 7. 02   20. 5. 55

Vorsitzende Richterinnen/Vorsitzende Richter
Buchhorn, Werner   16. 1. 91   24. 3. 43
Prof. Dr. Bringewat, Peter
 (UProf, 2. Hauptamt),
 LSt   4. 2. 93   14. 4. 46
Stoll, Rüdiger   3. 12. 96   18. 9. 48
Kruse, Günter   1. 8. 97   17. 2. 50
Warnecke, Elisabeth   16. 10. 98   23. 5. 49
Knaack, Axel   22. 6. 00   24. 12. 53
Volkmer, Andreas   22. 10. 01   14. 11. 51
Dopatka, Christa   15. 3. 02   22. 8. 57
Thaysen-Bender,
 Katharina   17. 3. 02   27. 11. 64
Maiß, Angelika, ¹/₂   11. 10. 04   3. 8. 51
Steuernagel, Matthias   11. 10. 04   3. 4. 60
von Hugo, Gerhard   21. 4. 05   8. 9. 59
Philipp, Sabine   2. 5. 05   19. 7. 65

Richterinnen/Richter
Klüver, Ulrich   21. 4. 81   9. 1. 51
Kreter, Silke, ¹/₂   21. 9. 95   12. 4. 63
Wolfer, Tobias   3. 4. 96   8. 10. 61
Nissen, Nicola, ¹/₂   26. 6. 97   16. 4. 61
Wolter, Thomas   26. 2. 98   2. 5. 60
Bendtsen, Ralf, abgr.
 (LSt)   26. 7. 99   24. 6. 65
Skwirblies, Angela, ¹/₂ 13. 11. 00   25. 5. 62
Mack, Karin   1. 2. 01   2. 12. 66
Vester, Hendrik, abg.   1. 2. 01   2. 2. 68
Dr. Brodhun, Rüdiger   27. 11. 01   28. 5. 68
Dr. Ferber, Sabine   4. 3. 02   4. 12. 68
Blumenthal, Christoph   17. 3. 03   16. 6. 71
Dr. Gütschow, Bernd   2. 10. 03   17. 9. 70
Natho, Fatima   2. 10. 03   31. 8. 71
Schunder, Ulrike   15. 3. 05   28. 5. 71

Heintzmann, Volker   15. 3. 05   9. 10. 72
Oelkers, Anja   29. 7. 05   16. 4. 69

Weitere Stellen sind besetzt. Namen und Personaldaten der Stelleninhaber wurden nicht übermittelt.

Amtsgerichte

Celle E 182 700
Mühlenstr. 8, 29221 Celle
Postfach 11 04, 29201 Celle
Tel. (0 51 41) 2 06-0, Fax (0 51 41) 20 67 57
E-Mail: Poststelle@ag-ce.niedersachsen.de

1 Dir, 1 stVDir, 1 w.aufsR, 14 R, 2 LSt (R)

Busche, Günter, Dir   1. 8. 04   19. 8. 49
Frost, Dagmar, stVDir   10. 6. 04   10. 10. 61
Liekefett, Thomas,
 w.aufsR   19. 4. 05   2. 4. 61
Grunwald, Georg-
 Joachim   16. 9. 77   2. 12. 45
Deckwirth, Jens, ATZ   1. 12. 81   25. 6. 45
Dürr, Wolfgang   26. 5. 82   12. 3. 48
Eickmeyer, Elisabeth   31. 3. 83   6. 7. 52
Borchert, Marina,
 beurl. (LSt)   20. 3. 90   25. 10. 56
Wunderlich, Maria, abg. 28. 4. 94   4. 1. 56
Hegers, Heike   3. 6. 96   31. 5. 65
Zwilling, Uwe   2. 2. 98   20. 9. 62
Schwichtenberg, Astrid,
 abg.   12. 6. 98   26. 4. 66
Sander, Boris   1. 7. 98   8. 9. 60
Alvino, Nikolaus,
 abg. (LSt)   23. 7. 01   12. 1. 66
Precht, Silja   1. 8. 02   12. 6. 72
Rätzlaff, Karin, ³/₄   15. 8. 03   1. 10. 72
Otte, Stefanie, ³/₄   17. 11. 03   4. 10. 67
Springer, Carsten   12. 8. 05   14. 2. 71

Eine weitere Stelle ist besetzt. Name und Personaldaten des Stelleninhabers sind nicht übermittelt worden.

Dannenberg (Elbe) E 51 600
Amtsberg 2, 29451 Dannenberg
Postfach 11 65, 29445 Dannenberg
Tel. (0 58 61) 95 04, Fax (0 58 61) 95 43 33
E-Mail: Poststelle@ag-dan.niedersachsen.de

1 Dir, 5 R

Saffran, Detlev, Dir   2. 5. 06   18. 3. 63
Stärk, Thomas   1. 12. 83   30. 12. 48
Dr. Staiger, Peony   3. 12. 93   16. 2. 63
Lieberum, Jörg   2. 5. 01   27. 2. 66
Hobro-Klatte, Rüdiger   2. 2. 03   1. 4. 69

NDS OLG-Bezirk Celle LG-Bezirk Stade

Lüneburg E 174 600
Am Ochsenmarkt 3, 21335 Lüneburg
Postfach 13 40, 21303 Lüneburg
Tel. (0 41 31) 2 02-1
Fax (0 41 31) 7 89 90 70
E-Mail: Poststelle@ag-lg.niedersachsen.de
www.amtsgericht-lueneburg.niedersachsen.de

1 Dir, 1 stVDir, 1 w.aufsR, 13 R

Hogrefe, Dietmar, Dir	27. 9. 04	25. 8. 62
Schäfer, Wolfgang, stVDir	13. 8. 04	12. 7. 61
Scholz, Christian, w.aufsR	14. 7. 94	24. 12. 44
Sonntag, Eugenie	18. 8. 76	5. 11. 42
Müller, Horst, ATZ	30. 8. 77	4. 8. 42
Campowsky, Maria	25. 4. 78	27. 6. 47
Dr. Timm-Willenberg, Charlotte, ½	12. 3. 81	29. 12. 44
Stahlhut, Friedrich	23. 1. 87	30. 10. 55
Both, Arne	25. 3. 96	31. 3. 63
Strunk, Klaus Rainer	2. 9. 96	9. 5. 59
Friedrichsen, Hans-Christian	11. 2. 97	15. 3. 62
Schmeer, Angela, ½	26. 6. 97	29. 8. 63
Skibba, Simone, ¾	1. 1. 99	4. 7. 65
Kompisch, Franz, abg.	13. 11. 00	19. 10. 67
Dr. Wettich, Götz	5. 10. 01	19. 12. 66

Soltau E 74 600
Rühberg 13-15, 29614 Soltau
Postfach 11 44, 29601 Soltau
Tel. (0 51 91) 69 50
Fax (0 51 91) 69 52 00
E-Mail: Poststelle@ag-sfa.niedersachsen.de
www.amtsgericht-soltau.niedersachsen.de

1 Dir, 5 R

Rundt, Sigmar, Dir	26. 4. 96	28. 5. 50
Reichert, Arndt	25. 11. 77	15. 4. 43
Staashelm, Gerhard	18. 7. 80	4. 3. 50
Onken, Rolf	23. 11. 84	14. 8. 49
Lyß, Herbert	3. 7. 95	27. 7. 63
Dannhorn, Birgit, ½, abg.	23. 5. 01	12. 2. 67

Uelzen E 97 300
Fritz-Röver-Str. 5, 29525 Uelzen
Postfach 12 61, 29502 Uelzen
Tel. (05 81) 8 85 10
Fax (05 81) 88 51 21 88
E-Mail: Poststelle@ag-ue.niedersachsen.de
www.amtsgericht-uelzen.niedersachsen.de

1 Dir, 1 stVDir, 7 R

Jordan, Lutz, Dir	1. 12. 00	9. 4. 47
Siemeke, Eberhard, stVDir	17. 4. 01	5. 2. 50
Hinrichs, Jürgen	24. 8. 80	11. 12. 46

Krumm, Hans-Werner	28. 4. 87	24. 11. 54
Kötke, Harald	19. 2. 88	6. 7. 53
Wenske, Andrea, ½	29. 11. 95	24. 7. 63
Neßelhut, Angela	19. 2. 96	18. 4. 48
Thomsen, Rainer	12. 1. 98	16. 2. 62
Rothenberg, Stefan	4. 2. 03	27. 6. 67

Winsen an der Luhe E 122 600
Schloßplatz 4, 21423 Winsen
Postfach 14 11, 21414 Winsen
Tel. (0 41 71) 88 60
Fax (0 41 71) 88 61 00
E-Mail: Poststelle@ag-wl.niedersachsen.de
www.amtsgericht-winsen.niedersachsen.de

1 Dir, 1 stVDir, 7 ½ R + 1 LSt (R)

Paulisch, Albert G., Dir	4. 5. 98	10. 12. 51
Scherwinsky, Wilfried, stVDir	23. 7. 98	8. 12. 48
Fuhlendorf, Rolf	15. 6. 77	13. 11. 44
Dunsing, Wolfgang	14. 8. 84	9. 3. 51
Harms, Heinz	23. 10. 84	6. 10. 45
Redmer, Jürgen	2. 3. 98	13. 4. 61
Ottmüller, Nico	4. 4. 02	26. 12. 68
Ellwanger, Barbara, beurl. (LSt)	1. 7. 02	1. 8. 70
Kubis, Katharina	3. 3. 04	21. 5. 71

Landgerichtsbezirk Stade

Landgericht Stade E 608 000
Wilhadikirchhof 1, 21682 Stade
Postfach 16 22, 21656 Stade
Tel. (0 41 41) 10 71
Fax (0 41 41) 10 74 29
E-Mail: Poststelle@lg-std.niedersachsen.de
www.landgericht-stade.niedersachsen.de
Pressestelle:
Tel. (0 41 41) 10 73 37

1 Pr, 1 VPr, 10 VR, 16 R, 1 LSt (R)

Präsident

Fitting, Carl Fritz	30. 9. 02	18. 4. 54

Vizepräsident

Levermann, Albert	2. 7. 01	5. 5. 50

Vorsitzende Richterinnen/Vorsitzende Richter

Kleberger, Peter, ATZ	10. 2. 83	22. 1. 42
Margraf, Joachim, ATZ	10. 4. 86	21. 4. 42
Voß, Hartmut, ATZ	1. 6. 87	1. 1. 44
Kuehn, Christiane, ½	12. 11. 91	29. 12. 50

LG-Bezirk Stade   OLG-Bezirk Celle   **NDS**

Bartels, Christian	11. 6. 93	9. 11. 41
Thomsen, Arnold	7. 2. 94	7. 7. 41
Schulz, Gabriele	27. 2. 98	1. 2. 48
Ganzemüller, Ulrich	1. 11. 01	23. 6. 54
Appelkamp, Berend	28. 10. 03	24. 2. 58
Henne, Stephan	—	—
Schilensky, Peer	7. 3. 05	31. 8. 63
Kaemena, Hans-Georg	29. 7. 05	19. 11. 55

Richterinnen/Richter

Wex, Jürgen	1. 4. 77	7. 7. 45
Köhn, Karola	3. 5. 82	16. 6. 47
Borchardt, Margret	1. 8. 83	2. 1. 52
Klöckner-Titze, Ursula, 2/3	7. 8. 84	11. 8. 50
Pudimat, Gudrun	23. 10. 84	29. 6. 53
Fischer, Lutz, beurl. (LSt)	7. 8. 86	22. 12. 52
Henrich, Barbara, 5/8	18. 2. 93	4. 5. 62
Myska, Michael	8. 6. 95	5. 5. 56
Baars, Petra Susanne, 2/3	2. 3. 98	17. 11. 64
Kaufert, Björn	11. 9. 01	9. 7. 70
Bähre, Matthias	30. 6. 03	19. 1. 69
Büschking, Mirjam, 5/8	30. 6. 03	26. 5. 72
Rühle, Wolfgang	25. 8. 04	29. 3. 68

Weitere Stellen sind besetzt. Namen und Personaldaten der Stelleninhaber sind nicht übermittelt worden.

Amtsgerichte

Bremervörde   E 44 600
Amtsallee 2, 27432 Bremervörde
Postfach 11 62, 27421 Bremervörde
Tel. (0 47 61) 9 84 90
Fax (0 47 61) 98 49 49
E-Mail: Poststelle@ag-brv.niedersachsen.de
www.amtsgericht-bremervörde.niedersachsen.de

1 Dir, 2 R

Claudé, Helmut, Dir	1. 1. 03	10. 2. 60
Hinck, Uwe	4. 4. 77	23. 5. 43
Timm, Maren	16. 6. 05	2. 1. 72

Buxtehude   E 89 200
Bahnhofstr. 4, 21614 Buxtehude
Postfach 11 52, 21601 Buxtehude
Tel. (0 41 61) 50 69-0
Fax (0 41 61) 50 69 11
E-Mail: Poststelle@ag-bux.niedersachsen.de
www.amtsgericht-buxtehude.niedersachsen.de

1 Dir, 5 R + 1 LSt (R)

Aping, Norbert, Dir	4. 1. 99	1. 6. 52
Schneider, Gunhild, ATZ	19. 3. 73	23. 5. 42
Sielbeck, Nora, 1/2	17. 9. 87	26. 9. 56
Köppe, Michael, 1/2	19. 8. 94	23. 6. 62
Lindemann, Wolfgang	2. 9. 94	28. 7. 61
Kerfack, Ralf	5. 2. 01	8. 1. 65
Thelen, Julia, beurl. (LSt)	24. 5. 05	22. 5. 73

Cuxhaven   E 52 600
Deichstr. 12 A, 27472 Cuxhaven
Postfach 1 02, 27451 Cuxhaven
Tel. (0 47 21) 5 01 90
Fax (0 47 21) 5 01 91 13
E-Mail: Poststelle@ag-cux.niedersachsen.de
www.amtsgericht-cuxhaven.niedersachsen.de

1 Dir, 4 1/2 R

Stelling, Ingrid, Dir	15. 7. 02	10. 12. 57
Plath, Astrid	4. 6. 76	26. 8. 44
Schreiber, Manfred	14. 2. 83	15. 9. 51
Wichmann, Jörg	4. 6. 97	17. 8. 60
Sievers, Heike	5. 3. 99	24. 10. 64

Langen (b. Bremerhaven)   E 104 700
Debstedter Str. 17, 27607 Langen
Postfach, 27607 Langen
Tel. (0 47 43) 8 82-0
Fax (0 47 43) 8 82 38
E-Mail: Poststelle@ag-langen.niedersachsen.de
www.amtsgericht-langen.niedersachsen.de

1 Dir, 5 R

Wycisk, Petra, Dir	10. 6. 93	4. 8. 47
Beez, Eva, 1/2	8. 1. 74	6. 2. 42
Ganser, Lutz	2. 1. 84	13. 11. 50
Rümke, Almut, 1/2	14. 10. 94	16. 9. 59
Heider, Ulrike	9. 4. 03	9. 11. 72

Weitere Stellen sind besetzt. Namen und Personaldaten der Stelleninhaber sind nicht übermittelt worden.

Otterndorf   E 49 000
Am Großen Specken 6, 21762 Otterndorf
Postfach 11 62, 21758 Otterndorf
Tel. (0 47 51) 9 02-02
Fax (0 47 51) 9 02 37
E-Mail: Poststelle@ag-ott.niedersachsen.de
www.amtsgericht-otterndorf.niedersachsen.de

1 Dir, 2 1/2 R

Reinhold, Klaus, Dir	28. 1. 00	20. 9. 44
Deutschmann, Sabine, 1/2	2. 8. 94	27. 7. 62
Wegmann, Hendrik	13. 11. 00	28. 12. 64

NDS OLG-Bezirk Celle   LG-Bezirk Verden (Aller)

Stade E 106 500
Wilhadikirchhof 1, 21682 Stade
Postfach 11 51, 21651 Stade
Tel. (0 41 41) 10 71
Fax (0 41 41) 10 72 13
E-Mail: Poststelle@ag-std.niedersachsen.de
www.amtsgericht-stade.niedersachsen.de

1 Dir, 1 stVDir, 8 R

Wirth, Willi, Dir	1. 7. 98	3. 7. 53
Scheel-Aping, Gabriele, stVDir	18. 3. 02	21. 4. 52
Marienfeld, Wolfgang	22. 8. 77	4. 1. 45
Marienfeld, Helga, ATZ	10. 11. 78	10. 9. 43
Molsen, Ilse, ²/₃	2. 7. 79	15. 12. 49
Bolle-Seum, Brigitta	2. 1. 81	19. 1. 50
Dr. Drecktrah, Volker	2. 2. 81	28. 4. 48
Fitting, Angela, ¹/₂	17. 8. 92	19. 12. 58
Moßig, Ursula	30. 12. 92	27. 4. 51
Anlauf, Cordula	23. 9. 04	18. 7. 71

Tostedt E 117 400
Unter den Linden 23, 21255 Tostedt
Postfach, 21250 Tostedt
Tel. (0 41 82) 29 70
Fax (0 41 82) 29 71 00
E-Mail: Poststelle@ag-tos.niedersachsen.de
www.amtsgericht-tostedt.niedersachsen.de

1 Dir, 1 stVDir, 6 ¹/₂ R, 1 LSt

Pittelkow, Joachim, Dir	26. 9. 01	2. 3. 49
Jäkel, Volker, stVDir	18. 7. 94	7. 11. 47
Haak, Christoph	23. 5. 91	18. 11. 57
Dr. Übelacker, Michael	2. 3. 98	1. 3. 64
Dr. Maaß, Martin	22. 3. 02	12. 9. 67
Fengler, Hilke, ¹/₂	6. 6. 02	19. 5. 72
Perband, Stephanie, beurl. (LSt)	19. 1. 04	12. 6. 72
Rech, Marco	24. 5. 05	13. 4. 73

Zeven E 44 000
Bäckerstr. 1, 27404 Zeven
Postfach 11 60, 27391 Zeven
Tel. (0 42 81) 9 32 30
Fax (0 42 81) 93 23 40
E-Mail: Poststelle@ag-zev.niedersachsen.de
www.amtsgericht-zeven.niedersachsen.de

1 Dir, 2 R

Haller, Jürgen, Dir	7. 6. 04	26. 9. 57
Hinz, Peter, ATZ	7. 12. 87	28. 5. 44
Immig-Pries, Christina	22. 12. 98	17. 5. 65
Dr. Krüger, Thomas	29. 4. 04	19. 6. 67

Landgerichtsbezirk Verden (Aller)

Landgericht Verden (Aller) E 733 000
Johanniswall 6, 27283 Verden
Postfach 21 20, 27281 Verden
Tel. (0 42 31) 18-1
Fax (0 42 31) 1 82 51
E-Mail: Poststelle@lg-ver.niedersachsen.de
www.landgericht-verden.niedersachsen.de

Pressestelle: Tel. (0 42 31) 1 81, Fax (0 42 31) 1 82 51
Pressesprecherin:
Richterin am Landgericht Katharina Krützfeldt
Tel. (0 42 31) 1 82 56, Tel. privat (0 42 31) 6 49 51
Fax (0 42 31) 18-2 51
E-Mail:
katharina.kruetzfeldt@lg-ver.niedersachsen.de
Stellvertreter:
Vorsitzender Richter am Landgericht Stefan Koch
Tel. (0 42 31) 18-2 75, Tel. privat (0 42 31) 21 71 71
Fax (0 42 31) 18-2 51
Stefan.Koch@lg-ver.niedersachsen.de

1 Pr, 1 VPr, 11 VR, 18 R, 2 LSt (VR), 2 LSt (R)

Präsident

Dr. Lengtat, Rüdiger Gerd	29. 9. 99	15. 10. 52

Vizepräsident

Marsch, Hans-Peter	15. 10. 98	27. 7. 44

Vorsitzende Richterinnen/Vorsitzende Richter

Wiehr, Helmut, ATZ	13. 10. 87	11. 5. 41
Schindel, Jürgen, ATZ	26. 9. 88	8. 10. 41
Prüshoff, Jörg	3. 2. 89	25. 4. 47
Schmidt, Ingrid, ATZ	7. 3. 90	22. 5. 43
Stünker, Joachim, beurl. (LSt)	15. 8. 90	29. 3. 48
Palm, Klaus	14. 8. 91	29. 4. 49
Hustedt, Rüdiger	6. 7. 92	15. 1. 49
Grebe, Joachim	23. 6. 99	12. 10. 51
Heuken-Bethmann, Petra	23. 6. 99	21. 1. 54
Buschmann-Fricke, Gisela, beurl. (LSt)	23. 6. 99	10. 2. 58
Dr. Nott, Stephan	7. 8. 00	18. 5. 55
Stronczyk, Volker	27. 3. 02	11. 6. 59
Raßweiler, Britta	31. 3. 03	27. 8. 61
Koch, Stefan	8. 7. 04	20. 12. 60
Tittel, Markus	21. 9. 05	8. 5. 64

Richterinnen/Richter

Peters, Uwe	29. 7. 80	1. 10. 45
Brandt, Karl-Heinz	5. 2. 81	27. 9. 48

LG-Bezirk Verden (Aller)　　　　　　　　OLG-Bezirk Celle　**NDS**

Krützfeldt, Katharina	8. 3. 84	21. 6. 51
Gudehus, Marita	13. 5. 92	27. 9. 60
Armbrecht, Rolf	22. 6. 95	25. 9. 60
Seifert, Jürgen, abg. (LSt)	2. 8. 99	3. 7. 68
Schmidt-Clarner, Roland, abg. (LSt)	15. 12. 00	29. 10. 67
Niewels, Ulrike	30. 4. 01	24. 11. 69
Dänekas, Carsten	1. 10. 01	5. 10. 61
Dr. Wullkopf, Birte	28. 12. 01	6. 7. 68
Bischoff, Heidrun	12. 6. 02	6. 4. 67
Vitens, Gesche	12. 6. 02	3. 7. 70
Ramsauer, Andrea, ¹/₂	1. 4. 03	9. 2. 67
Flindt, Inga	30. 12. 04	4. 5. 71
Keppler, Andreas	3. 1. 05	6. 12. 72
Dr. Kirchner, Heino	24. 10. 05	2. 5. 69

Amtsgerichte

Achim　E 72 600
Obernstr. 75, 28832 Achim
Postfach, 28832 Achim
Tel. (0 42 02) 9 15 80
Fax (0 42 02) 91 58 13
E-Mail: Poststelle@ag-ach.niedersachsen.de
www.amtsgericht-achim.niedersachsen.de
Pressestelle: Tel. (0 42 02) 9 15 80
Fax (0 42 02) 91 58 13
Pressesprecherin:
Direktorin des Amtsgericht Sabine Reinicke
Tel. (0 42 02) 91 58-21, Tel. privat (0 42 86) 14 57
Fax (0 42 02) 91 58-75, Fax privat (0 42 86) 92 45 65
E-Mail: Sabine.Reinicke@ag-ach.niedersachsen.de
Stellvertreter:
Richter am Amtsgericht Jürgen Wehmeyer
Tel. (0 42 02) 91 58-44, Tel. privat (0 42 02) 32 09
E-Mail:
Juergen.Wehmeyer@ag-ach.niedersachsen.de
1 Dir, 5 R

Reinicke, Sabine, Dir	31. 5. 01	7. 12. 58
Wehmeyer, Jürgen	13. 8. 79	30. 4. 48
Schmidt, Kurt	18. 9. 87	17. 11. 52
Minge, Andreas	17. 1. 91	2. 8. 55
Kost, Joachim, abg.	15. 4. 93	13. 2. 61
Klee, Ute, ¹/₂	8. 11. 95	29. 7. 63

Diepholz　E 49 300
Lange Str. 32, 49356 Diepholz
Postfach 11 09, 49341 Diepholz
Tel. (0 54 41) 99 60
Fax (0 54 41) 9 96 50
E-Mail: Poststelle@ag-dh.niedersachsen.de
www.amtsgericht-diepholz.niedersachsen.de

Pressestelle: Tel. (0 54 41) 99 60
Fax (0 54 41) 9 96 50
Pressesprecherin:
Direktorin des Amtsgerichts Elisabeth Kruthaup
Tel. (0 54 41) 9 96-33, Tel. privat (0 54 92) 5 92,
Tel. mobil (01 71) 1 75 43 82
E-Mail:
elisabeth.kruthaup@ag-dh.niedersachsen.de
Stellvertreter:
Richter am Amtsgericht Diethelm Zinser
Tel. (0 54 41) 9 96-25, Tel. privat (0 54 92) 75 57
Fax (0 54 41) 9 96-50
E-Mail: diethelm.zinser@ag-dh.niedersachsen.de
1 Dir, 3 R

Kruthaup, Elisabeth, Dir	7. 12. 99	27. 10. 54
Zinser, Hans-Diethelm	21. 7. 83	20. 8. 52
Jünemann, Helmut	1. 12. 83	30. 4. 48
Fuhrmann-Klamt, Sabine	28. 1. 88	3. 3. 54

Nienburg (an der Weser)　E 78 900
Schloßplatz 1, 31582 Nienburg
Postfach 11 12, 31561 Nienburg
Tel. (0 50 21) 6 01 80
Fax (0 50 21) 60 18 60
E-Mail: Poststelle@ag-ni.niedersachsen.de

Zweigstelle in Hoya
Schloßplatz 4, 27318 Hoya
Postfach, 27318 Hoya
Tel. (0 42 51) 6 72 60
Fax (0 42 51) 67 26 26

www.amtsgericht-nienburg.niedersachsen.de
Pressestelle: Tel. (0 50 21) 6 01 80
Fax (0 50 21) 60 18 60
Pressesprecher:
Direktor des Amtsgerichts Bernd Bargemann
Tel. (0 50 21) 60 18-46, Tel. privat (0 50 21) 6 46 88
Fax (0 50 21) 60 18-60
E-Mail: Bernd.Bargemann@ag-ni.niedersachsen.de
Stellvertreter:
Richter am Amtsgericht Andreas Kohlenberg
Tel. (0 50 21) 60 18-48, Tel. privat (0 51 08) 64 25 03
Fax (0 50 21) 60 18-60
E-Mail:
Andreas.Kohlenberg@ag.ni.niedersachsen.de
1 Dir, 5 ¹/₂ R

Bargemann, Bernd, Dir	7. 2. 05	18. 1. 62
Sawade, Ulrich, ATZ	21. 4. 81	4. 6. 44
Mühlmann, Wilhelm	6. 5. 83	4. 8. 50
Kohlenberg, Andreas	27. 5. 02	23. 5. 69
Kertzinger, Ines	27. 5. 02	18. 6. 71
Wever, Susanne	29. 3. 05	18. 1. 71
Moll, Andrea	22. 8. 05	18. 2. 75

Osterholz-Scharmbeck E 112 800
Klosterplatz 1, 27711 Osterholz-Scharmbeck
Postfach 11 03, 27701 Osterholz-Scharmbeck
Tel. (0 47 91) 3 05-0, Fax (0 47 91) 3 05 49
E-Mail: Poststelle@ag-ohz.niedersachsen.de
www.amtsgericht-osterholz-scharmbeck.
niedersachsen.de

Pressestelle:
Tel. (0 47 91) 30 50, Fax (0 47 91) 3 05 49
Pressesprecher:
Direktor des Amtsgerichts Bernhard Konitz
Tel. (0 47 91) 3 05-1 53 oder 3 05-2 79
Tel. privat (0 47 91) 27 82
Fax (0 47 91) 3 05-49
E-Mail:
Bernhard.Konitz@ag-ohz.niedersachsen.de
Stellvertreterin:
Richterin am Amtsgericht Inken Tittel
Tel. (0 47 91)3 05-2 81
Tel. privat/mobil (0172) 4 02 15 19
Fax (0 47 91) 3 05-40
E-Mail: Inken.Tittel@ag-ohz.niedersachsen.de

1 Dir, 1 stVDir, 6 R, 1 LSt

Konitz, Bernhard, Dir	21. 10. 02	11. 8. 50
Pöhlmann, Rolf,		
stVDir, ATZ	17. 2. 98	5. 3. 44
Tittel, Inken, ²/₃, stVDir	29. 7. 05	9. 11. 64
Schneider, Berndt	4. 7. 80	13. 10. 45
Baronin von Hahn,		
Clementine, ¹/₂	10. 9. 97	19. 2. 62
Wollstadt, Margarete, ¹/₂	11. 5. 98	12. 4. 53
Ziemer, Jutta, ¹/₂,		
beurl. (LSt)	30. 11. 01	6. 9. 65
Bührer, Elke	26. 9. 03	3. 11. 66
Merkel, Ruth	9. 10. 03	15. 2. 71

Rotenburg (Wümme) E 76 300
Am Pferdemarkt 6, 27356 Rotenburg
Postfach 11 40, 27341 Rotenburg
Tel. (0 42 61) 70 40, Fax (0 42 61) 7 04 70
E-Mail: Poststelle@ag-row.niedersachsen.de
www.amtsgericht-rotenburg.niedersachsen.de

Pressestelle: Tel. (0 42 61) 70 40
Fax (0 42 61) 7 04 70
Pressesprecher:
Direktor des Amtsgerichts Arnd Bosse
Tel. (0 42 61) 7 04-55, Fax (0 42 61) 7 04-70
E-Mail: Arnd.Bosse@ag-row.niedersachsen.de
Stellvertreterin:
Richterin am Amtsgericht Ingrid Brunkhorst
Tel. (0 42 61) 7 04-22, Fax (0 42 61) 7 04-70
E-Mail:
Ingrid.Brunkhorst@ag-row.niedersachsen.de

1 Dir, 5 R

Bosse, Arnd, Dir	16. 9. 91	12. 6. 48
Brunkhorst, Ingrid	8. 8. 78	11. 1. 47
Köstler-Häger, Jutta	3. 6. 86	6. 6. 52
Ostermann, Sabine	10. 9. 97	3. 3. 61
Stein, Jan-Hendrik	13. 8. 03	30. 7. 68

Stolzenau E 47 300
Weserstr. 8, 31592 Stolzenau
Postfach 11 42, 31586 Stolzenau
Tel. (0 57 61) 70 90, Fax (0 57 61) 7 09 33
E-Mail: Poststelle@ag-sto.niedersachsen.de
www.amtsgericht-stolzenau.niedersachsen.de

Pressestelle: Tel. (0 57 61) 70 90
Fax (0 57 61) 7 09 33
Pressesprecher:
Richter am Amtsgericht Jens Vehling
Tel. (0 57 61) 7 09-10, Tel. privat (0 57 22) 91 73 85,
Tel. mobil (01 60) 94 80 45 90
Fax (0 57 61) 7 09-33
E-Mail: Jens.Vehling@ag-sto.niedersachsen.de
Stellvertreterin:
Direktorin des Amtsgerichts Agnes Pfeil
Tel. (0 57 61) 7 09-14, Tel. privat (0 57 61) 73 07,
Tel. mobil (01 72) 4 18 68 42
E-Mail: Agnes.Pfeil@ag-sto.niedersachsen.de

1 Dir, 2 ¹/₂ R

Pfeil, Agnes, Dir	2. 8. 99	18. 1. 51
Krug-Gildehaus,		
Hans-Joachim	—	—
Vehling, Jens	13. 11. 00	10. 2. 69

Sulingen E 32 800
Lange Str. 56, 27232 Sulingen
Postfach 13 20, 27224 Sulingen
Tel. (0 42 71) 80 60, Fax (0 42 71) 8 06 39
E-Mail: Poststelle@ag-su.niedersachsen.de
www.amtsgericht-sulingen.niedersachsen.de

Pressestelle: Tel. (0 42 71) 80 60
Fax (0 42 71) 8 06 39
Pressesprecher:
Direktor des Amtsgerichts Michael Klamt
Tel. (0 42 71) 8 06-22, Tel. privat (0 42 71) 48 73,
Tel. mobil (70) 7 28 11 24
Fax (0 42 71) 8 06-55
E-Mail: Michael.Klamt@ag-su.niedersachsen.de
Stellvertreterin:
Richterin am Amtsgericht Elke Hachmann
Tel. (0 42 71) 8 06-29, Tel. privat (0 57 71) 50 90,
Tel. mobil (01 60) 99 49 02 18
E-Mail: Elke.Hachmann@ag-su.niedersachsen.de

1 Dir, 2 R

LG-Bezirk Verden (Aller) OLG-Bezirk Celle **NDS**

Klamt, Michael, Dir	17. 2. 82	4. 4. 46	
Hachmann, Elke	3. 8. 89	9. 5. 55	
Pahl-Klenner, Katja	7. 11. 95	19. 9. 63	

Syke   E 133 100
Amtshof 2, 28857 Syke
Postfach 11 65, 28845 Syke
Tel. (0 42 42) 16 50
Fax (0 42 42) 16 51 00
E-Mail: Poststelle@ag-sy.niedersachsen.de
www.amtsgericht-syke.niedersachsen.de

Pressestelle:
Tel. (0 42 42) 16 50, Fax (0 42 42) 16 51 00
Pressesprecher: RAG Timm Fregin
Tel. (0 42 42) 1 65-1 26,
Fax (0 42 42) 16 51 00, Mobil (01 71) 6 90 54 96
E-Mail: Timm.Fregin@ag-sy.niedersachsen.de
Stellvertreter:
Direktor des Amtsgerichts Dr. Winfried Delitzsch
Tel. (0 42 42) 1 65-1 40
Tel. privat (04 21) 8 36 99 11
Tel. mobil (01 60) 8 40 44 12
Fax (0 42 42) 1 65-1 00
E-Mail: Winfried.Delitzsch@ag-sy.niedersachsen.de

1 Dir, 1 stVDir, 8 R

Dr. Delitzsch, Winfried, Dir	8. 5. 95	20. 2. 47
Fregin, Timm, stVDir	5. 9. 94	13. 1. 45
Schulz, Wolfgang, ATZ	2. 5. 77	27. 6. 44
Hartleif, Rudolf	5. 12. 84	17. 8. 52
Pfeiffer, Ulrich	2. 10. 85	22. 7. 55
Rotermund, Ronald	23. 12. 85	17. 5. 52
Wawrzinek, Matthias	19. 5. 93	23. 10. 57
Kutz, Petra	1. 4. 98	28. 6. 63
Altnickel, Ulrike	27. 2. 01	6. 12. 64
Kahl, Britta, ½	21. 6. 05	22. 5. 69

Verden (Aller)   E 61 700
Johanniswall 8, 27283 Verden
Postfach 21 30, 27281 Verden
Tel. (0 42 31) 18-1
Fax (0 42 31) 1 83 57
E-Mail: Poststelle@ag-ver.niedersachsen.de
www.amtsgericht-verden.niedersachsen.de

Pressestelle: Tel. (0 42 31) 1 81, Fax (0 42 31) 1 83 57
Pressesprecher:
Direktor des Amtsgerichts Dr. Jobst Kohmüller
Tel. (0 42 31) 18-3 28, Tel. privat (0 42 31) 93 44 98
Fax (0 42 31) 18-3 18

E-Mail:
Jobst.Kohmueller@ag-ver.niedersachsen.de
Stellvertreterin:
Richterin am Amtsgericht Ilse Hastmann-Nott
Tel. (0 42 31) 18-3 23, Tel. privat (0 42 31) 93 44 98,
Tel. mobil (01 60) 94 65 46 85
Fax (0 42 31) 18-3 18
E-Mail:
Ilse.Hastmann-Nott@ag-ver.niedersachsen.de

1 Dir, 5 ½ R

Dr. Kohmüller, Jobst, Dir	10. 7. 00	27. 5. 54
Lange, Jöns, ATZ	25. 4. 74	16. 9. 41
Krüger, Horst, ATZ	16. 4. 77	30. 1. 43
Hastmann-Nott, Ilse	21. 9. 84	15. 8. 54
Große Schlarmann-Meinke, Jutta, ½	1. 6. 94	7. 12. 61
Bederna, Hans-Georg	20. 8. 98	6. 11. 61
Barré, Jörg	20. 7. 99	26. 7. 64

Walsrode   E 68 200
Lange Str. 29-33, 29664 Walsrode
Postfach 11 49, 29651 Walsrode
Tel. (0 51 61) 60 07-0
Fax (0 51 61) 60 07 80
E-Mail: Poststelle@ag-wal.niedersachsen.de
www.amtsgericht-walsrode.niedersachsen.de

Pressestelle: Tel. (0 51 61) 6 00 70
Fax (0 51 61) 60 07 80
Pressesprecher:
Richter am Amtsgericht Dr. Gerhard Otto
Tel. (0 51 61) 60 07-38, Tel. privat (0 51 61) 12 46
Fax (0 51 61) 60 07-85
E-Mail: Gerhard.Otto@ag-wal.niedersachsen.de
Stellvertreter:
Direktor des Amtsgerichts Klaus Hoffmann
Tel. (0 51 61) 60 07-76, Tel. privat (0 51 62) 24 54
Fax (0 51 61) 60 07-85, Fax privat (0 51 62) 90 93 27
E-Mail:
Klaus.Hoffmann@ag-wal.niedersachsen.de

1 Dir, 5 R, 1 LSt (R)

Hoffmann, Klaus, Dir	1. 4. 99	14. 3. 45
Hindahl, Inka, ¾	5. 12. 88	4. 3. 58
Dr. Scharfschwerdt-Otto, Kerstin, ½, beurl. (LSt)	17. 3. 92	2. 8. 60
Gruß, Cord-Heinrich	28. 5. 96	6. 6. 60
Dr. Otto, Gerhard	3. 7. 96	17. 9. 58
Rothstein, Jutta	10. 1. 97	23. 6. 53
Homann, Ernst	22. 12. 04	25. 8. 72

Staatsanwaltschaften

Generalstaatsanwaltschaft Celle
Schloßplatz 2, 29221 Celle
Postfach 12 67, 29202 Celle
Tel. (0 51 41) 2 06-0
Fax (0 51 41) 20 63 28
E-Mail: Poststelle@gsta-ce.niedersachsen.de

Pressestelle: Oberstaatsanwältin Angelika Gresel
Tel. (0 51 41) 2 06-2 30
Mobil (01 72) 5 43 48 37
Fax (0 51 41) 2 06-3 28
E-Mail: Angelika.Gresel@gsta-ce.niedersachsen.de

1 GStA, 3 LOStA, 12 OStA, 1 LSt (OStA)

Generalstaatsanwalt

Range, Harald	11. 7. 01	16. 2. 48

Leitende Oberstaatsanwältin/
Leitende Oberstaatsanwälte

Jeserich, Hans-Dieter	30. 9. 91	8. 10. 43
Nemetschek, Silvia	1. 10. 96	30. 3. 46
Arnold, Stephan	12. 11. 04	2. 8. 50

Oberstaatsanwältinnen/Oberstaatsanwälte

Müller, Wolfgang	10. 10. 90	4. 11. 48
Naujok, Rolf	16. 6. 92	6. 6. 47
Kazimierski, Roland	17. 9. 92	18. 1. 57
Dr. König, Roswitha	1. 9. 98	9. 9. 52
Gresel, Angelika	29. 2. 00	25. 6. 57
Müller, Karin	29. 2. 00	24. 10. 60
Dr. Fröhlich, Jörg	15. 11. 00	29. 8. 60
Günther, Ralf	19. 9. 01	21. 5. 59
Kochheim, Dieter	15. 3. 02	30. 4. 57
Appelbaum, Martin, abg.	4. 9. 03	11. 10. 63
Brandt, Volker	7. 1. 05	7. 11. 49
Ballnus, Katrin, abg. (LSt)	7. 1. 05	25. 11. 66
Dresselhaus, Heinrich	23. 12. 05	17. 11. 62

Staatsanwaltschaft Bückeburg
Herminenstr., 30-31, 31675 Bückeburg
Postfach 13 15, 31665 Bückeburg
Tel. (0 57 22) 2 90-0
Fax (0 57 22) 29 01 11
E-Mail: Poststelle@STA-BBG.Niedersachsen.de

Pressestelle: Staatsanwalt Klaus Jochen Schmidt
Tel. (0 57 22) 2 90-2 44

1 LOStA, 1 OStA, 6,5 StA

Leitender Oberstaatsanwalt

Pfleiderer, Thomas	27. 12. 01	24. 4. 50

Oberstaatsanwalt

Becker, Bodo	1. 8. 89	13. 7. 48

Staatsanwälte

Stahlhut, Wilfried	1. 10. 82	12. 9. 51
Hirt, Frank	6. 11. 89	5. 2. 58
Schmidt, Klaus Jochen	1. 10. 93	11. 4. 62
Kaul, Rainer, abg. (LSt)	27. 11. 96	24. 6. 64
Meffert, Reinhard	6. 11. 98	14. 5. 61

Staatsanwaltschaft Hannover
Volgersweg 67, 30175 Hannover
Postfach 37 29, 30037 Hannover
Tel. (05 11) 3 47-0
Fax (05 11) 3 47 25 91
E-Mail: Poststelle@sta-h.niedersachsen.de

Pressestelle: Oberstaatsanwalt Thomas Klinge
Tel. (05 11) 3 47-30 98
Mobil (01 72) 9 93 27 36
Fax (05 11) 3 47-35 64
E-Mail: thomas.klinge@sta-h.niedersachsen.de

1 LOStA, 1 stVLOStA, 19 OStA, 64 StA, 6 LSt (StA)

Leitender Oberstaatsanwalt

Wendt, Manfred	1. 9. 98	7. 3. 53

Oberstaatsanwältinnen/Oberstaatsanwälte

Gropp, Ulrich	31. 5. 89	5. 7. 47
Mahnkopf, Hans-Jürgen	10. 10. 90	14. 6. 45
Czychon, Wolfgang	10. 3. 94	18. 12. 51
Hoppe, Jürgen	30. 6. 94	24. 9. 49
Iburg, Heinz-Ulrich	30. 6. 94	29. 4. 49
Knothe, Manfred	4. 10. 95	8. 1. 51
Nesemann, Gabriele	9. 10. 95	20. 5. 49
Hopf, Ulrike	27. 8. 97	15. 7. 43
Lendeckel, Hans-Jürgen	27. 8. 97	20. 9. 52
Finke, Klaus	1. 4. 98	24. 9. 48
Fischer, Hilmar	1. 2. 99	28. 8. 43
Dietzel-Gropp, Regina-Barbara	1. 7. 99	27. 3. 53
Burmester, Wolfgang	6. 1. 00	21. 5. 45
Dr. Gundlach, Rainer	1. 4. 00	2. 10. 52
Klinge, Thomas	5. 8. 02	4. 3. 53
Eisterhues, Dietmar	28. 8. 02	7. 10. 54
Schwitzer, Heike	19. 12. 03	14. 4. 62

Staatsanwältinnen/Staatsanwälte

Dr. Rauhe, Dieter	15. 10. 75	4. 1. 44
Glufke, Eckhard	28. 1. 76	16. 5. 43
Harms, Jürgen	1. 4. 77	12. 7. 45

Staatsanwaltschaften OLG-Bezirk Celle **NDS**

Landgraf, Wolfgang, ATZ	13. 4. 78	2. 3. 42
Ehlert, Cordula, ¹/₄	13. 4. 78	24. 6. 47
Dr. Schwanecke, Inge Beate	15. 12. 78	25. 2. 49
Lüschen, Eilert-Diedrich	1. 9. 80	6. 11. 49
Bolze, Egon	2. 2. 81	12. 6. 45
Schulz, Rita, ¹/₂	12. 3. 82	12. 3. 50
Bömeke, Gerd	11. 11. 82	17. 8. 50
Washington, Ilse	24. 6. 83	5. 7. 52
Mankiewicz, Joachim	20. 10. 83	15. 4. 51
Görlich, Uwe	—	—
Bernt, Thomas	29. 2. 88	12. 8. 57
Grupe, Joachim	1. 9. 89	27. 7. 53
Olmes, Birgit	27. 11. 89	8. 5. 55
Silinger, Irene	31. 8. 90	5. 5. 57
Hering, Reinhild	4. 10. 90	20. 10. 58
Mohr, Christa, ¹/₂, beurl. (LSt)	22. 11. 91	21. 4. 51
Haase, Barbara	1. 6. 93	18. 3. 61
Schneidewind, Dirk	13. 9. 93	4. 4. 59
Bertrang, Antje	1. 3. 95	25. 8. 61
Franke, Thomas	11. 5. 95	12. 1. 64
Gerlach, Klaus	15. 5. 95	19. 11. 60
Hasenpusch, Frank	9. 8. 95	28. 4. 61
Henze, Andreas	29. 5. 97	13. 10. 64
Augustin, Petra, ¹/₂	14. 7. 97	10. 1. 66
Richter, Marina	5. 9. 97	13. 9. 58
Dr. Ihnen, Katharina	5. 9. 97	24. 3. 64
Ahlers, Bettina, ¹/₂, beurl. (LSt),	3. 11. 97	6. 4. 66
Stolper, Maren	11. 12. 97	31. 10. 63
Klages, Peter	12. 8. 98	6. 8. 63
Dr. Weissenborn, Frank	15. 2. 99	30. 6. 62
Becker-Kunze, Claudia, ¹/₂, beurl. (LSt)	21. 3. 00	24. 2. 69
Lukitsch, Kai	17. 5. 00	21. 10. 68
Steig, Regina	19. 7. 00	26. 1. 66
Leschieniak, Julia, abg.	23. 10. 00	7. 2. 70
Kock, Ulrike	16. 11. 00	6. 12. 69
Kumm, Alexandra, ¹/₂ (LSt)	23. 2. 01	19. 9. 68
Gorf, Claudia, abg. (LSt)	22. 3. 01	24. 6. 71
Dr. Busch, Ralf	2. 5. 01	23. 1. 62
Dr. Lehmann, Jens	11. 5. 01	8. 11. 69
Eimterbäumer, Clemens	18. 9. 01	27. 5. 70
Grote, Jens	24. 9. 01	27. 5. 68
Lassen, Dirk	1. 10. 01	20. 1. 65
Dach, Stefan	12. 11. 01	27. 4. 71
Stumpe, Kai Oliver	21. 1. 02	19. 2. 71
Kretzschmar, Kirsten	22. 4. 02	25. 3. 64
tüven, Christin, ¹/₂	10. 6. 02	17. 9. 68
Sehne, Paul David	19. 7. 02	21. 2. 70
Rienhoff, Urte	12. 5. 03	22. 9. 70
Dr. Preusse, Marcus	12. 5. 03	15. 6. 71
Arnold, Colin	2. 10. 03	18. 10. 72
Pape, Bianca, ¹/₂ (LSt)	19. 12. 03	14. 9. 68
Söfker, Kathrin	19. 12. 03	1. 12. 67
Zankel, Jörn	19. 12. 03	29. 8. 68
Simon, Claudia	19. 12. 03	19. 1. 71
Dr. Rau, Ingo	19. 12. 03	21. 4. 71
Burgard, Lars	30. 1. 04	10. 2. 68
Kathmann, Alexandra, ¹/₂	23. 6. 05	14. 8. 67
Launhardt, Gabriele	23. 9. 05	21. 12. 67
Hermann, Daniela	27. 9. 05	2. 3. 72

Staatsanwaltschaft Hildesheim
Kaiserstr. 60, 31134 Hildesheim
Postfach 10 12 64, 31112 Hildesheim
Tel. (0 51 21) 96 80
Fax (0 51 21) 9 68-3 44
E-Mail: Poststelle@STA-HI.Niedersachsen.de
Pressestelle: OStA Bernd Seemann
Tel. (0 51 21) 9 68-5 26

1 LOStA, 1 stVLOStA, 5 OStA, 21 StA, 1 LSt (StA)

Leitender Oberstaatsanwalt

Bretschneider, Klaus	28. 2. 01	20. 7. 43

Oberstaatsanwälte

Seemann, Bernd, stVLOStA	31. 1. 00	4. 1. 51
Kreutz, Gerhard	22. 10. 85	13. 3. 45
Dorn, Martin	16. 6. 92	24. 5. 54
Hasse, Gerhard	13. 8. 93	3. 8. 44
Stange, Albrecht, ATZ	19. 4. 94	26. 4. 44
Gottfriedsen, Christian	25. 2. 00	10. 7. 58
Kukla, Klaus	18. 7. 05	23. 4. 60

Staatsanwältinnen/Staatsanwälte

Müller, Horst, ATZ	2. 6. 72	30. 8. 41
Schmidt, Harald, ATZ	1. 4. 75	19. 11. 42
Hummelsiep, Hans-Joachim	26. 5. 76	17. 9. 42
Japing, Jörg Harold	16. 8. 77	7. 1. 46
Johannsen, Carsten-Hinrich	30. 3. 79	8. 6. 48
Winkler, Ulrich	9. 11. 79	27. 11. 48
Bruns, Hans-Jürgen	17. 8. 81	3. 6. 49
Scholz, Wolfgang	5. 4. 88	25. 7. 55
Wotschke, Christian	1. 3. 93	19. 5. 62
Pochert, Karl-Heinz	9. 12. 94	11. 9. 62
Paul, Oliver	6. 3. 96	13. 6. 59
Pannek, Christina	14. 4. 98	22. 11. 65
Herzog, Petra, ¹/₂	11. 5. 98	25. 1. 66
Hauke-Gruben, Sabine, ¹/₂ (LSt)	25. 2. 00	7. 2. 69
Pompe, Jürgen	25. 4. 01	27. 5. 64
Ebeling, Thiemo	25. 1. 02	2. 2. 66
Schafaczek, Miriam	1. 3. 03	8. 5. 72
Niepel, Andreas	30. 5. 03	5. 10. 63
Dr. Bieker, Eva	30. 5. 03	18. 5. 71

NDS OLG-Bezirk Celle Staatsanwaltschaften

Dencker, geb. Joswig,		
Rabea	30. 5. 03	21. 2. 73
Rosengarten, Carsten	11. 3. 04	13. 11. 72
Dr. Elster, Nico	11. 7. 05	19. 3. 72
Dr. Brandt, Markus	22. 9. 05	25. 7. 69

Staatsanwaltschaft Lüneburg
Burmeisterstraße 6, 21335 Lüneburg
Postfach 28 80, 21398 Lüneburg
Tel. (0 41 31) 2 02-1
Fax (0 41 31) 2 02-4 74
E-Mail: Poststelle@sta-lg.niedersachsen.de
Pressestelle: OStA Jürgen Wigger
Tel. (04 31) 2 02-5 83, -6 02
Fax: (04 31) 2 02-4 74
E-Mail: Juergen.Wigger@sta-lg.niedersachsen.de

Zweigstelle in Celle
Im Werder 5, 29221 Celle
Postfach 12 69, 29202 Celle
Tel. (0 51 41) 9 33 56-0
Fax (0 51 41) 9 33 56-77
E-Mail: Poststelle@STA-CE.Niedersachsen.de
Pressestelle: OStA Witold Franke
Tel. (0 51 41) 9 33 56-36
Fax: (0 51 41) 9 33 56-88
E-Mail: Witold.Franke@sta-ce.niedersachsen.de

1 LOStA, 1 stVLOStA, 7 OStA, 30,5 StA

Leitender Oberstaatsanwalt

Berger, Gerhard	2. 12. 05	30. 5. 58

Oberstaatsanwältinnen/Oberstaatsanwälte

Wigger, Jürgen, stVLOStA	17. 7. 00	8. 10. 41
Lüning, Gisela, ATZ	9. 3. 94	3. 8. 43
Kuppi, Wilfried	9. 3. 94	13. 7. 45
Lüttmer, Christa	9. 8. 94	21. 5. 51
Feindt, Klaus-Peter	6. 5. 96	19. 11. 46
Franke, Witold	20. 10. 97	9. 2. 51
Probst, Hans	18. 7. 00	31. 12. 44
Warnecke, Manfred	27. 9. 01	16. 12. 53
Kolkmeier, Bernd	8. 11. 04	12. 11. 64

Staatsanwältinnen/Staatsanwälte

Gentz, Wolfdietrich	13. 5. 76	28. 2. 44
Klee, Andreas, ATZ	31. 1. 77	26. 12. 44
Frick, Rüdiger	21. 7. 80	27. 8. 49
Thomas, Sabine	1. 12. 81	3. 2. 52
Peest, Gertrud	2. 2. 82	26. 6. 51
Neuhaus-Kleineke,		
Marianne	7. 6. 82	4. 8. 52
Klee, Angelika, 3/4	10. 3. 86	10. 1. 56
Mildner, Sabine	13. 5. 91	13. 9. 60
Dell'Aquila, Gesine, 1/2	14. 5. 93	9. 7. 62
Naumann, Thomas	16. 5. 94	29. 5. 54

Heck, Susanne, 3/4	27. 7. 95	3. 7. 63
Dresselhaus, Susanne, 1/2	5. 10. 95	22. 10. 61
Schulzke, Carola, 2/3	8. 11. 95	17. 11. 63
Hitziger, Karin, 1/2	1. 12. 95	25. 2. 63
Lalla, Heike	22. 12. 95	19. 11. 62
Wolters, Michael	4. 1. 96	7. 12. 60
Bohrmann, Lutz	4. 3. 96	9. 7. 63
Schwartau, Susanne	13. 2. 97	15. 7. 58
Schierholt, Christian, abg.	15. 10. 97	17. 1. 64
Brockhöft, Kathrin, 3/4	13. 3. 98	5. 9. 63
Vogel, Thomas	21. 6. 01	27. 12. 68
Dr. Lange, Nicole	12. 12. 01	13. 7. 67
Kaup, Jochen	29. 4. 03	7. 5. 71
Mainz, Corinna	29. 4. 03	12. 7. 71
Lange, Kay	18. 9. 03	17. 12. 67
Janßen, Lars	29. 10. 03	30. 5. 72
Paus, Konstantin	19. 12. 05	4. 4. 74

Staatsanwaltschaft Stade
Archivstraße 7, 21682 Stade
Postfach 20 22, 21660 Stade
Tel. (0 41 41) 10 71
Fax (0 41 41) 10 73 81
E-Mail: Poststelle@sta-std.niedersachsen.de
Pressestelle: StA Johannes Kiers
Tel. (0 41 41) 1 07-4 76
E-Mail: Johannes.Kiers@sta-std.niedersachsen.de

1 LOStA, 1 stVLOStA, 4 OStA, 1 LSt (OStA),
20 StA, 2 LSt (StA)

Leitender Oberstaatsanwalt

Nitz, Hartmut	21. 10. 05	27. 4. 59

Oberstaatsanwältin/Oberstaatsanwälte

Schräger, Uwe, ATZ	15. 2. 94	16. 5. 45
Reh, Frank, stVLOStA	9. 3. 94	27. 8. 44
Dr. Vonnahme, Burkhard	8. 4. 04	5. 11. 63
Opresnik, Charlotte,		
1/2 (LSt)	14. 3. 05	25. 12. 70

Staatsanwältinnen/Staatsanwälte

Grünberg, Klaus-Hermann,		
ATZ	1. 9. 75	6. 1. 41
Loorz-Jasmer,		
Lieselotte, 1/2	15. 4. 76	23. 3. 44
Strauß, Hartmut, 1/2	22. 10. 79	19. 10. 47
Hundt, Helmuth	10. 8. 81	—
Dubbert, Uwe	23. 9. 83	31. 7. 51
Roitsch-van Almelo, Elke	8. 2. 89	—
Kellermann, Joachim	4. 1. 93	28. 10. 60
Hanfeld-Kellermann,		
Uta, 5/8	4. 10. 93	22. 2. 63
Steinenböhmer, Doris	27. 10. 95	27. 2. 56
Demke, Anja	8. 11. 96	26. 2. 6

Staatsanwaltschaften OLG-Bezirk Celle **NDS**

Englert-Dunken, Ulrike	2. 12. 96	24. 10. 64
Kiesliger, Petra, ⁵/₈ (LSt)	1. 11. 99	13. 5. 67
Vonnahme, Inken, ³/₄	18. 5. 98	28. 3. 65
Kiers, Johannes	10. 1. 01	4. 12. 69
Reinecker, geb. Altmann, Nina, beurl. (LSt)	1. 12. 03	29. 3. 73
Lüer, Volker	4. 5. 04	13. 2. 70
Tomczak, Stefan	18. 8. 04	20. 8. 62
Friedrich, Gordon	1. 7. 05	5. 2. 69
Dr. Reitemeier, Wiebke	1. 7. 05	26. 9. 74
Mey, Kirsten	22. 2. 06	4. 10. 74

Staatsanwaltschaft Verden
Johanniswall 8, 27283 Verden/Aller
Postfach, 27281 Verden/Aller
Tel. (0 42 31) 18-1
Fax (0 42 31) 1 84 90
E-Mail: Poststelle@STA-Ver.Niedersachsen.de
Pressestelle: OstA Detlev Dyballa
Tel. (0 42 31) 18-4 65
Mobil: 01 70/6 21 77 10
E-Mail: Detlev.Dyballa@STA-Ver.Niedersachsen.de

1 LOStA, 1 stVLOStA, 4 OStA, 21 StA, 1 LSt (StA)

Leitender Oberstaatsanwalt

Trentmann, Helmut	1. 8. 97	21. 9. 46

Oberstaatsanwältin/Oberstaatsanwälte

Dyballa, Detlev, stVLOStA	15. 12. 95	4. 1. 46
Brosowsky, Rolf Joachim	3. 1. 00	3. 1. 56
Streichsbier, Silke	31. 10. 00	7. 9. 53
Scheerer, Jann	8. 4. 04	4. 12. 56
Löding, Thomas	31. 8. 05	13. 8. 64

Staatsanwältinnen/Staatsanwälte

Schönemann, Klaus-Walter	18. 5. 77	20. 3. 43
Hupka, Dieter	15. 9. 78	21. 5. 45
Pauli, Felicitas	2. 8. 82	9. 8. 51
Henß, Brigitta	20. 7. 84	11. 5. 55
Steinebach, Regina	10. 4. 86	20. 7. 55
Gaebel, Lutz	12. 2. 88	19. 12. 54
Pleuß, Jürgen	5. 4. 93	13. 5. 62
Müller-Wolfsen, Lüder	4. 10. 94	25. 3. 61
Lühning, Silvia	1. 9. 95	8. 10. 61
Bederna, Anja, ¹/₂, abg.	8. 3. 96	3. 3. 62
Sanderbrand, Syna	26. 4. 96	25. 3. 60
Dr. Schubert, Dagmar, ³/₄ (LSt)	2. 5. 97	26. 12. 67
Oelfke, Carola	1. 12. 97	19. 3. 65
Stöber, Alexandra, ¹/₂	5. 8. 99	22. 10. 66
Dr. Marquardt, Annette	1. 10. 02	16. 8. 68
Stein-Simon, Petra	14. 8. 03	5. 9. 72
Killmer, Dieter	2. 11. 04	23. 3. 70
Lange, Frank	28. 7. 05	24. 9. 71

NDS   OLG-Bezirk Oldenburg

Oberlandesgerichtsbezirk Oldenburg

Bezirk: Regierungsbezirk Weser-Ems
3 Landgerichte:
Aurich, Oldenburg und Osnabrück
Kammern für *Handelssachen:* Oldenburg 3, Osnabrück 5

23 Amtsgerichte
Schöffengerichte: bei allen Amtsgerichten
Familiengerichte: bei allen Amtsgerichten
Landwirtschaftsgerichte: bei allen Amtsgerichten

Oberlandesgericht Oldenburg (Oldb.)

E 2 472 400
Richard-Wagner-Platz 1, 26135 Oldenburg
Postfach 24 51, 26014 Oldenburg
Tel. (04 41) 2 20-0, Fax (04 41) 2 20-11 55
E-Mail: Poststelle@olg-ol.niedersachsen.de

1 Pr, 1 VPr, 11 VR, 35 R + 1 × ½ R

Präsident
Dr. Kircher, Gerhard	8. 9. 04	1. 12. 48

Vizepräsident
Dr. Kodde, Michael	9. 8. 99	6. 5. 54

Vorsitzende Richterin/Vorsitzende Richter
Dr. Jakobs, Arnold	13. 8. 91	23. 6. 44
Tschirner, Hartmut	30. 4. 93	11. 2. 44
Rehme, Eckhard	25. 8. 93	14. 7. 42
Weber, Dagmar	23. 9. 96	22. 6. 44
Dr. Hack, Willi	22. 9. 97	20. 9. 43
Otterbein, Rolf	25. 6. 99	17. 2. 43
Suermann, Robert	1. 9. 99	20. 12. 46
Jannsen, Günther	2. 2. 00	14. 8. 48
Gerken, Uwe	24. 1. 01	4. 7. 49
Dr. Bartels, Gundolf	3. 12. 01	31. 1. 49
Auf dem Brinke, Jürgen	1. 8. 02	16. 1. 54

Richterinnen/Richter
Kuhlmann, Dieter	28. 9. 83	20. 7. 44
Finck, Lothar	16. 10. 84	8. 3. 46
Dr. Müller, Walter	16. 10. 84	13. 8. 47
Hemprich, Dietmar	14. 4. 86	13. 1. 49
Wachtendorf, Hans-Ullrich	2. 9. 87	28. 1. 48
Hilke-Eggerking, Anna-Margarete	8. 6. 89	30. 9. 48
Dr. Herde, Klaus-Dieter	15. 11. 89	8. 10. 47
Dr. Schubert, Hans-Werner	23. 5. 91	19. 1. 43
Hartlage-Stewes, Iris	13. 11. 91	3. 12. 51
Schürmann, Heinrich	10. 12. 91	17. 6. 51
Dr. Schunck, Bernd, abg.	28. 1. 93	8. 8. 50
Wille, Reinhard	13. 10. 93	10. 9. 46
Gebhardt, Klaus	13. 10. 93	13. 2. 55
Hillmann, Reinhard	12. 9. 94	26. 8. 51
Dr. Brinkmann, Franz-Josef	12. 9. 94	10. 5. 52
Cords, Erwin	28. 3. 95	2. 11. 48
Schlüter, Klaus	14. 4. 97	12. 5. 51
Pasker, Hans-Uwe, abg.	30. 12. 99	14. 8. 52
Jaspert, Holger	24. 3. 00	22. 10. 60
Schneider, Rolf	31. 7. 00	26. 4. 56
Dr. Fabarius, Maria-Elisabeth, ½	26. 10. 00	18. 6. 62
Seewald, Frauke	7. 2. 01	10. 7. 61
Dr. Lesting, Wolfgang	1. 10. 01	24. 7. 61
Alfers, Jens-Michael	22. 11. 01	19. 10. 55
Entringer, Freya	13. 6. 02	25. 4. 56
Dr. Oehlers, Hans	17. 6. 02	13. 9. 65
Vulphop, Thomas	20. 6. 02	25. 10. 53
Fiedelak, Martin, abg.	14. 11. 02	21. 3. 53
Dr. Herbst, Joachim	14. 11. 02	13. 4. 60
Budke, Jörg	14. 11. 02	14. 12. 60
Dr. von der Beck, Stefan	14. 11. 02	10. 6. 60
Daum, Hubert	30. 12. 03	31. 5. 63

LG-Bezirk Aurich OLG-Bezirk Oldenburg **NDS**

Landgerichtsbezirk Aurich

Landgericht Aurich E 464 100
Schloßplatz 3, 26603 Aurich
Postfach 14 31, 26584 Aurich
Tel. (0 49 41) 13-0
Fax (0 49 41) 13 16 16
E-Mail: Poststelle@lg-aur.niedersachsen.de

1 Pr, 1 VPr, 6 VR, 12 R

Präsident
Bartels, Hans-Otto 7. 2. 92 30. 5. 47

Vizepräsident
Siepermann, Burkhard 1. 8. 98 19. 1. 44

Vorsitzende Richter
Schröder, Henning 3. 10. 88 27. 11. 44
Brier, Werner — —
Brederlow, Werner 4. 10. 94 7. 2. 51
Diehl, Hans-Wilhelm 18. 12. 97 23. 4. 53
Rohlfs, Jürgen 1. 2. 98 1. 10. 50
Böttcher, Joachim 20. 6. 00 26. 11. 56

Richterinnen/Richter
Peetz, Thomas 1. 4. 80 22. 8. 45
Rätz, Michael 19. 11. 82 29. 5. 50
Döring, Heike 12. 9. 83 30. 12. 53
Mündel, Heinz-Dieter 7. 8. 84 15. 10. 52
Vogelsang, Matthias 1. 3. 91 24. 8. 57
Gronewold, Wolfgang 13. 8. 98 6. 4. 65
Schitteck, Michael 27. 7. 01 22. 9. 69
Muders, Ralf 1. 2. 02 17. 2. 66
Ellguth, Heidi 1. 7. 02 10. 10. 67
Heinemeier, Jan 24. 4. 03 10. 5. 67
Henjes, Michael 21. 3. 05 18. 4. 72
Meyer, Frank 2. 1. 06 31. 8. 72

Amtsgerichte

Aurich (Ostfriesland) E 98 500
Schloßplatz 2, 26603 Aurich
Postfach 11 33, 26581 Aurich
Tel. (0 49 41) 13-0
Fax (0 49 41) 13 15 05
E-Mail: Poststelle@ag-aur.niedersachsen.de

1 Dir, 1 stVDir, 5 R + 1 × ½ R + 1 LSt (R)

Dr. de Buhr, Wilfried, Dir 30. 5. 94 20. 4. 50
von Tenspolde, Hans,
stVDir 3. 1. 00 22. 6. 51

Dr. Tosch, Erich 31. 1. 78 3. 12. 44
Hagenlocher, Friedrich-
Wilhelm 14. 8. 79 27. 7. 46
Gleibs, Rainer 16. 8. 79 14. 4. 48
Kötting, Ulrich 25. 10. 85 30. 12. 53
Hohensee, Maren, ½ 29. 4. 96 3. 4. 64
Herbst, Barbara,
beurl. (LSt) 27. 9. 05 13. 2. 64

Emden E 77 800
Ringstr. 6, 26721 Emden
Postfach 11 32, 26691 Emden
Tel. (0 49 21) 9 51-0
Fax (0 49 21) 9 51-5 00
E-Mail: Poststelle@ag-emd.niedersachsen.de

1 Dir, 4 R + 1 × ½ R

Hüfken, Otto, Dir 18. 7. 94 12. 5. 49
Welling, Detlev 17. 8. 92 22. 6. 60
Brüggemann, Angelika, ½ 27. 11. 92 28. 7. 60
Bergholz, Günther 3. 11. 94 2. 11. 60
Uebereck, Christian 17. 8. 05 31. 12. 66
Garlipp, Thomas 12. 12. 05 27. 10. 71

Leer (Ostfriesland) E 159 000
Wörde 5, 26789 Leer
Postfach 11 12, 26761 Leer
Tel. (04 91) 60 01-0
Fax (04 91) 60 01 35
E-Mail: Poststelle@ag-ler.niedersachsen.de

1 Dir, 1 stVDir, 9 R

Absolon, Hartmut, Dir 1. 5. 85 5. 9. 47
Bruns, Norbert, stVDir 30. 7. 01 13. 4. 57
Bruns, Walter 18. 12. 75 24. 10. 42
Krieger, Otto 5. 8. 76 6. 12. 45
Friedrichs, Ralf 13. 6. 84 17. 10. 52
Stamer, Etta 3. 4. 90 26. 2. 56
Mürmann, Jörg 3. 12. 93 29. 10. 59
Leemhuis, Jans-Rolf 16. 7. 97 2. 9. 64
Dr. Joswig, Ivo 2. 4. 01 10. 4. 68
Klene, Johannes Hermann 3. 12. 01 17. 8. 66
Schlonsak, Markus 20. 12. 05 24. 6. 69

Norden E 71 100
Norddeicher Str. 1, 26506 Norden
Postfach 10 04 40, 26494 Norden
Tel. (0 49 31) 18 09-01
Fax (0 49 31) 18 09 18
E-Mail: Poststelle@ag-nor.niedersachsen.de

1 Dir, 4 R

Sikken, Wolfgang, Dir 5. 7. 99 24. 3. 49
Schlag, Dieter 6. 8. 80 11. 9. 47
Eierhoff, Peter 26. 8. 85 16. 10. 51

Brack, Jan Philip	20. 2. 01	20. 5. 66
Bröker, Dorothee	2. 11. 01	20. 11. 71

Wittmund E 57 800
Am Markt 11, 26409 Wittmund
Postfach 11 55, 26398 Wittmund
Tel. (0 44 62) 9 19 20
Fax (0 44 62) 91 92 93
E-Mail: Poststelle@ag-wtm.niedersachsen.de

1 Dir, 3 R

Schröder, Stefan, Dir	28. 5. 04	29. 11. 62
Wittneben, Günter	12. 8. 77	21. 9. 41
Kubatschek, Dieter	21. 6. 95	27. 4. 59
Mönkediek, Dirk	31. 7. 98	22. 11. 64
Preuk, Andrée	25. 8. 03	13. 10. 74

Landgerichtsbezirk Oldenburg (Oldb.)

Landgericht Oldenburg (Oldb.) E 1 041
300
Elisabethstr. 7, 26135 Oldenburg
Postfach 24 61, 26014 Oldenburg
Tel. (04 41) 2 20-0
Fax (04 41) 2 20 20 15
E-Mail: Poststelle@lg-ol.niedersachsen.de

1 Pr, 1 VPr, 20 VR, 25 R + 8 ×, ¹/₂ R, 1 LSt (VR) + 2 LSt (R)

Präsident

Schubert, Gernot	19. 2. 96	25. 12. 48

Vizepräsidentin

Dr. Milger, Karin	1. 11. 01	2. 12. 55

Vorsitzende Richterinnen/Vorsitzende Richter

Crückeberg, Harald	4. 12. 81	16. 4. 43
Dr. Brutzer, Roland	1. 6. 84	22. 4. 44
Weinreich, Gerd	22. 12. 87	31. 3. 49
Kramarz, Hubertus	23. 9. 88	15. 11. 49
Dr. Frühauf, Armin, beurl. (LSt)	9. 12. 88	7. 1. 47
Boklage, Franz-Josef	4. 1. 89	19. 5. 49
Sponer, Hugo	21. 8. 89	16. 10. 49
Dr. Janßen, Dietrich	13. 11. 91	17. 10. 52
Keil, Uwe	13. 12. 95	28. 4. 52
Pruggmayer, Henner	22. 3. 99	3. 10. 43
Engbert, Volker, ATZ	26. 5. 99	16. 3. 44

Petirsch-Boekhoff, Claudius	8. 3. 00	24. 2. 49
Vogdt, Paul	31. 7. 00	31. 5. 56
Plagge, Hans-Christian	2. 7. 01	24. 12. 47
Schmidt-Lauber, Stefanie	2. 7. 01	9. 2. 57
Staudinger, Johann	3. 6. 02	17. 10. 46
Meyer, Gerhard	14. 11. 02	12. 2. 47
von Stietencron, Uta	30. 12. 02	18. 10. 56
Fabian, Heiko	6. 6. 03	23. 11. 55
Kießler, Horst Walter	16. 7. 03	6. 5. 54

Richterinnen/Richter

Heiß, Helga, ATZ	10. 9. 73	8. 4. 41
Kristen, Detlef	7. 11. 74	14. 10. 43
Groenhagen, Bernhard	20. 2. 74	17. 4. 41
Hühn, Peter-Bernd, ATZ	14. 5. 75	4. 2. 44
Dierks, Günther	8. 10. 80	23. 5. 45
Müller-Behnsen, Christa	9. 10. 80	17. 2. 49
Arkenstette, Bernd	2. 8. 84	10. 8. 51
Kopka-Paetzke, Gabriele	20. 3. 86	4. 12. 52
Hackel, Reinhard	6. 4. 92	23. 11. 50
Spalthoff, Ingrid, ¹/₂	6. 4. 92	18. 5. 52
Reinhold, Dörte, ¹/₂	10. 8. 94	21. 12. 58
Schmidt-Sander, Britta, ¹/₂	10. 10. 96	16. 3. 63
König, Günter	19. 9. 97	17. 11. 60
Brauer, Elke	19. 9. 97	16. 9. 63
Hopp, Kathrin, ¹/₂	20. 8. 98	10. 5. 63
Bührmann, Sebastian	23. 8. 99	6. 6. 66
Müller, Jan-Dieter	13. 9. 00	15. 12. 63
Dr. Rieckhoff, Thomas	1. 12. 00	3. 7. 66
Blohm, Judith	8. 2. 01	3. 12. 68
Dr. Raschen, Wolfgang	1. 8. 01	31. 8. 63
Willenbrink, Christian	31. 10. 01	2. 5. 66
Buss, Christian	1. 7. 02	15. 8. 64
Dr. Bartsch, Marco	1. 7. 02	25. 3. 68
Dr. Dunkhase, Dirk, abg. (LSt)	13. 9. 02	14. 1. 69
Kollogge, Rainer	28. 11. 02	11. 12. 64
Harms, Sven	28. 11. 02	4. 5. 71
Rieckhoff, Suzanne, ¹/₂	15. 6. 03	30. 11. 65
Dunkhase, Kerstin, beurl. (LSt)	30. 12. 03	20. 2. 69
Kläne, Susanne, ¹/₂	7. 1. 04	26. 6. 73
von Häfen, Mario	18. 2. 04	1. 9. 68
Reuß, Maren	8. 10. 04	11. 1. 69
Klattenhoff, Ulrich	11. 10. 04	10. 9. 6?
Dr. Abt, Ingo, abg.	26. 5. 05	25. 11. 71
Dr. Reuter, Dirk	15. 7. 05	25. 2. 71
Kayser, Ulrike, ¹/₂	26. 8. 05	22. 10. 7?

Eine weitere Stelle als Vorsitzender Richter am Landgericht und zwei weitere Stellen als Richter am Landgericht sind besetzt. Namen und Personaldaten der Stelleninhaber sind nicht übermittelt worden.

LG-Bezirk Oldenburg   OLG-Bezirk Oldenburg   **NDS**

Amtsgerichte

Brake (Unterweser) E 51 800
Bürgerm.-Müller-Str. 34, 26919 Brake
Postfach 11 51, 26911 Brake
Tel. (0 44 01) 1 09-0
Fax (0 44 01) 1 09-1 11
E-Mail: Poststelle@ag-bra.niedersachsen.de
1 Dir, 3 R

Korte, Joachim, Dir	3. 1. 00	13. 7. 46
Dilger, Ernst	17. 1. 80	1. 2. 45
Güttler, Iris	24. 11. 95	16. 11. 62
Gubernatis, Gabriele, $1/2$, abg.	1. 9. 05	9. 5. 58

Cloppenburg E 154 800
Burgstr. 9, 49661 Cloppenburg
Postfach 19 41, 49649 Cloppenburg
Tel. (0 44 71) 88 00-0
Fax (0 44 71) 88 00 10
E-Mail: Poststelle@ag-clp.niedersachsen.de

1 Dir, 1 stVDir, 7 R + 2 × $1/2$ R + 1 LSt (R)

Cloppenburg, Thomas, Dir	16. 4. 03	21. 2. 60
Moormann, Hermann, stVDir, ATZ	28. 4. 94	22. 10. 46
Meyer-Wehage, Brigitte, stVDir'in	7. 2. 05	10. 8. 58
Eilers, Wolfdieter	11. 8. 78	4. 1. 44
Wurmbach-Svatek, Hildegard	4. 5. 81	31. 3. 48
Tolksdorf, Hubert	27. 9. 89	18. 8. 56
Ginten-Muders, Johanna, beurl. (LSt)	2. 6. 98	13. 4. 65
Neese, Ralph	21. 9. 98	2. 8. 65
Lindner, Isabel	1. 8. 01	8. 10. 67
Tepe, Karin, $1/2$, abg.	27. 5. 03	25. 9. 70
Schönfeld, Anke, $1/2$	30. 6. 04	10. 6. 73

Delmenhorst E 107 000
Bismarckstr. 110, 27749 Delmenhorst
Postfach 11 44, 27747 Delmenhorst
Tel. (0 42 21) 1 26 20
Fax (0 42 21) 1 26 21 60
E-Mail: Poststelle@ag-del.niedersachsen.de

1 Dir, 1 stVDir, 6 R + 1 × $3/4$ R + 2 × $1/2$ R

Teetzmann, Hanspeter, Dir	1. 6. 01	1. 9. 57
Cloppenburg, Hermann, stVDir, ATZ	23. 9. 94	1. 11. 43
Dr. Freels, Horst, stVDir	4. 2. 05	11. 9. 64
Eilers, Bärbel	2. 2. 76	30. 11. 44
Witt, Hildbert	21. 12. 81	28. 5. 48
Lange, Hans-Ulrich	11. 8. 86	11. 2. 52
Jurisch, Holger	5. 11. 91	12. 1. 58
Pünjer, Thomas	5. 11. 93	15. 4. 60
Millek, Matthias	12. 4. 95	27. 2. 56
Plate, Sabine, $1/2$	15. 11. 99	26. 7. 62
Miedtank, Antje, $1/2$	15. 11. 99	29. 7. 62
Schönigt, Gudrun, $3/4$	13. 9. 00	19. 10. 66

Jever E 56 000
Schloßstr. 1, 26441 Jever
Postfach 13 40, 26437 Jever
Tel. (0 44 61) 9 45-0
Fax (0 44 61) 7 21 39
E-Mail: Poststelle@ag-jev.niedersachsen.de

1 Dir, 4 R

Jackisch, Günter, Dir	3. 1. 00	27. 2. 54
Havertz, Heinz Dieter	23. 4. 74	28. 10. 41
Wittneben, Christel	10. 9. 76	4. 1. 45
Göbel, Klaus Dieter	29. 8. 77	30. 3. 46
Küsel, Hartwig	19. 2. 86	20. 7. 52

Nordenham E 42 300
Bahnhofstr. 56, 26954 Nordenham
Postfach 11 64, 26941 Nordenham
Tel. (0 47 31) 94 60
Fax (0 47 31) 94 63 23
E-Mail: Poststelle@ag-ndh.niedersachsen.de

1 Dir, 3 R

Dr. Nolte-Schwarting, Claudia, Dir	1. 10. 98	17. 7. 53
Holtkamp, Klaus	17. 10. 89	27. 9. 56
Fischer, Ansgar	26. 2. 98	10. 4. 62
Dr. Nowak, Michael	19. 2. 99	24. 9. 64

Oldenburg in Oldb. E 203 400
Elisabethstr. 8, 26135 Oldenburg
Postfach 24 71, 26014 Oldenburg
Tel. (04 41) 2 20-0
Fax (04 41) 2 20-30 40
E-Mail: Poststelle@ag-ol.niedersachsen.de

1 Dir, 1 stVDir, 2 w.aufsR, 17 R + 2 × $1/2$ R

Possehl, Jürgen, Dir	12. 5. 00	9. 5. 50
Lübben, Rolf, stVDir	1. 2. 96	2. 5. 47
Heyer, Hans-Ulrich, w.aufsR	5. 1. 00	5. 11. 56
Meyer-Schomann, Erich	19. 1. 73	3. 5. 41
Schwartz, Hans-Richard	5. 12. 74	23. 5. 41
Goose, Gerd	29. 1. 75	17. 6. 41

NDS OLG-Bezirk Oldenburg   LG-Bezirk Oldenburg

Zweigle, Dieter	2. 6. 75	16. 6. 41
Schulz, Wilfried	8. 8. 77	23. 2. 45
Hofmeister, Walter	16. 5. 79	29. 1. 45
Fuhrmann, Georg	14. 6. 84	27. 5. 52
Schwartz, Hildegard	28. 7. 86	17. 3. 50
Crückeberg, Cornelia	8. 3. 88	30. 4. 52
Pontenagel, Barbara	20. 1. 95	19. 8. 62
Steinkamp, Sabine	29. 11. 96	25. 5. 64
Duvenhorst, Jörg	18. 2. 98	23. 6. 61
Menke, Christiane	1. 4. 98	10. 3. 62
Meinecke-König, Kristina, 1/2	7. 2. 01	28. 3. 64
Dr. von der Beck, Heike, 1/2	20. 11. 01	3. 8. 65
Gohla, Kai	23. 8. 04	29. 11. 67
Hackling, Peter	1. 9. 04	29. 4. 64

Varel E 45 800
Schloßplatz 7, 26316 Varel
Postfach 11 20, 26301 Varel
Tel. (0 44 51) 96 77-0
Fax (0 44 51) 96 77-99
E-Mail: Poststelle@ag-var.niedersachsen.de

1 Dir, 3 R

Renze, Alfred, Dir	12. 10. 89	23. 9. 42
Lühken-Oltmanns, Sibyll-Ulrike	20. 10. 76	6. 8. 44
Gowen, Walter	21. 8. 81	22. 4. 50
Kokoschka, Rainer	27. 10. 83	26. 5. 49

Vechta E 131 700
Kapitelplatz 8, 49377 Vechta
Postfach 11 51, 49360 Vechta
Tel. (0 44 41) 87 06-0
Fax (0 44 41) 87 06-1 66
E-Mail: Poststelle@ag-vec.niedersachsen.de

1 Dir, 1 stVDir, 10 R

Beckermann, Mechthild, Dir	2. 6. 97	12. 9. 54
Dr. Möller, Thomas, stVDir	10. 5. 01	22. 11. 62
Pieper, Hermann	2. 4. 79	7. 6. 49
Haskamp, Ludger	18. 10. 82	29. 1. 51
Holtz, Almuth	24. 10. 90	—
Klausing, Anette	15. 5. 92	24. 1. 59
Schaper, Brigitte	6. 1. 93	10. 12. 59
Röwe, Josef	3. 1. 94	25. 9. 50
Heitmann, Thomas	12. 9. 94	8. 2. 63
Alscher, Gabriele	28. 1. 98	29. 6. 63
Dr. Große Siemer, Stephan	4. 2. 98	23. 1. 62
Brüggemann, Michael	15. 7. 03	26. 2. 69

Westerstede E 115 200
Wilhelm-Geiler-Str. 12 a, 26655 Westerstede
Postfach 11 20, 26641 Westerstede
Tel. (0 44 88) 8 36-0, Fax (0 44 88) 83 61 01
E-Mail: Poststelle@ag-wst.niedersachsen.de

1 Dir, 1 stVDir, 5 R + 1 × 1/2 R + 1 LSt (R)

Nienaber, Jürgen, Dir	24. 11. 00	25. 11. 53
de Witt, Karl, stVDir	19. 6. 01	22. 2. 54
Gertje, Wolfgang	25. 10. 96	2. 10. 61
della Valle, Petra, 1/2	25. 8. 98	30. 3. 64
Schröder, Herbert	1. 2. 01	15. 5. 62
Bartels, Achim	26. 7. 02	27. 5. 65
Dr. Schürmann, Beate, beurl. (LSt)	19. 12. 02	23. 5. 69
Koziolek, Claudia	15. 2. 05	22. 5. 74

Wildeshausen E 49 300
Delmenhorster Str. 17, 27793 Wildeshausen
Postfach 11 61, 27778 Wildeshausen
Tel. (0 44 31) 84-0, Fax (0 44 31) 84-1 00
E-Mail: Poststelle@ag-wil.niedersachsen.de

1 Dir, 3 R + 1 × 3/4 R

Dr. Lauhöfer, Detlev, Dir	2. 10. 00	15. 9. 59
von Mering, Stephan, ATZ	25. 6. 76	23. 4. 45
Schulz, Werner	22. 10. 82	14. 10. 50
Dr. Jaspert, Antje, 3/4	21. 11. 01	28. 11. 62
Schachtschneider, Albrecht	5. 1. 04	2. 3. 70

Wilhelmshaven E 84 100
Marktstr. 15, 26382 Wilhelmshaven
Postfach 11 54, 26351 Wilhelmshaven
Tel. (0 44 21) 40 80, Fax (0 44 21) 4 08-1 17
E-Mail: Poststelle@ag-whv.niedersachsen.de

1 Dir, 1 stVDir, 9 R + 1 LSt (R)

Kahlen, Hajo, Dir	11. 1. 95	1. 10. 43
Meunier-Schwab, Julia, stVDir	22. 12. 05	6. 5. 61
Tiarks, Friedrich-Willi	4. 7. 75	27. 10. 42
Faße, Hubertus	22. 3. 79	2. 12. 47
Lindeke, Ronald	16. 8. 82	9. 5. 50
Drüner, Bernd-Wilhelm	10. 04. 89	27. 3. 51
Vollstädt, Christiane	17. 10. 95	20. 10. 53
Dr. Bessel, Sven, beurl. (LSt)	8. 3. 01	31. 1. 66
von Teichman und Logischen, Betina	1. 8. 02	3. 1. 70
Staubwasser, Martin	9. 5. 03	3. 12. 65
Preuß, Katrin	5. 1. 04	15. 11. 72
Marks, Mirja	7. 12. 04	29. 5. 74

Drei weitere Stellen für Richter am Amtsgericht sind besetzt. Namen und Personaldaten der Stelleninhaber sind nicht übermittelt worden.

LG-Bezirk Osnabrück OLG-Bezirk Oldenburg **NDS**

Landgerichtsbezirk Osnabrück

Landgericht Osnabrück E 967 500
Neumarkt 2, 49074 Osnabrück
Postfach 29 21, 49019 Osnabrück
Tel. (05 41) 3 15-0
Fax (05 41) 3 15-61 29
E-Mail: Poststelle@lg-os.niedersachsen.de

1 Pr, 1 VPr, 19 VR, 1 × 3/4 VR, 26 R + 1 × 3/4 R + 5 × 1/2 R, 1 LSt (R)

Präsident

Fahnemann, Antonius	27. 4. 06	16. 8. 50

Vizepräsident/in

N. N.	—	—

Vorsitzende Richterinnen/Vorsitzende Richter

Rickers, Wilhelm	6. 7. 84	12. 6. 42
Wamhof, Klaus, ATZ	25. 4. 86	25. 8. 41
Bolenz, Horst	1. 5. 86	14. 6. 44
Puppe, Gabriele	29. 5. 87	29. 9. 46
Wübbel, Klaus	28. 7. 97	27. 11. 45
Kraemer, Matthias	30. 1. 98	26. 12. 44
Hoffmann, Ulrich	26. 2. 99	9. 6. 44
Salewski, Andreas	30. 8. 99	7. 11. 44
Pirnay, Claus	30. 8. 99	3. 2. 52
Meckelnborg, Helmut	31. 3. 00	2. 2. 50
Kirschbaum, Wolfgang	13. 11. 00	28. 5. 52
Dr. Temming, Dieter	29. 11. 00	21. 9. 55
Lübbert, Ulrich	6. 9. 01	17. 8. 49
Dr. Hockemeier, Hartmut	6. 9. 01	24. 2. 52
Havliza, Barbara	10. 12. 01	13. 3. 58
Dr. Scheer, Ingrid, 3/4	15. 4. 02	27. 5. 55
Bellmann, Heinrich	28. 8. 02	18. 1. 51
Carstensen, Norbert	30. 8. 05	12. 10. 59
Bookjans, Johann	3. 1. 06	14. 11. 52

Richterinnen/Richter

Grusewski, Otto	14. 7. 77	24. 10. 44
Westrup, Wolfgang	10. 8. 77	27. 8. 45
Schindhelm, Stefanie, beurl. (LSt)	5. 6. 78	26. 12. 46
Dörfler, Klaus-Peter	1. 8. 78	11. 9. 42
Müter, Ursula	3. 7. 79	5. 1. 49
Görtz, Hermann-Josef	7. 7. 80	11. 1. 50
Dr. Arnhold, Dieter, 1/2	17. 10. 80	13. 1. 42
Schöpe, Wolfgang	15. 6. 81	24. 3. 49
Vischmeyer, Norbert	5. 10. 81	5. 7. 49
Hellmich, Hubert, 3/4	8. 3. 82	27. 10. 47
Mundt, Rudolf	19. 1. 83	19. 4. 50
Feldmann, Angelika	3. 10. 83	23. 2. 53
Willms, Dirk	11. 2. 87	12. 10. 54
Wieseler-Sandbaumhüter, Gudrun, 1/2	23. 2. 88	3. 5. 57
Barth, Achim	19. 12. 88	25. 1. 56
Karrasch, Bert	7. 11. 91	10. 1. 57
Angermeyer, Heike	25. 3. 92	26. 9. 57
Kalscher, Ulrich	13. 11. 92	17. 1. 57
Budde, Klaus, abg.	1. 4. 98	7. 6. 62
Everdiking, Thomas	23. 3. 00	9. 7. 61
Dr. Perschke, Stefan	12. 9. 01	17. 3. 64
Holling, Franz-Michael	12. 9. 01	26. 9. 64
Kolbe, Torsten	18. 12. 02	23. 10. 67
Dr. Veen, Thomas, abg.	30. 4. 03	10. 11. 66
Sporré, Oliver	30. 4. 03	1. 2. 67
Eichmeyer, Axel	1. 12. 03	24. 12. 70
Kubillus, Dagmar, 1/2	2. 3. 04	12. 8. 69
Holtmeyer, Norbert	2. 3. 04	1. 11. 69
Dr. Brückner, Bettina, 1/2	2. 3. 04	21. 9. 65
Fuchs, Anette, 1/2	11. 5. 04	2. 5. 60
Hanfeld, Daniela	8. 12. 05	9. 4. 73

Eine weitere Stelle für Vorsitzende Richter am Landgericht und eine weitere Stelle für Richter am Landgericht sind besetzt. Namen u. Personaldaten der Stelleninhaber sind nicht übermittelt worden.

Amtsgerichte

Bad Iburg E 101 300
Schloß, 49186 Bad Iburg
Postfach 12 53, 49181 Bad Iburg
Tel. (0 54 03) 73 02-0
Fax (0 54 03) 73 02-1 00
E-Mail: Poststelle@ag-ibg.niedersachsen.de

1 Dir, 5 R

Haase, Dieter, Dir	14. 9. 04	9. 5. 50
Bulling, Martin, ATZ	25. 9. 75	3. 5. 43
Poppensieker, Wolf-Dieter	27. 11. 84	25. 7. 43
Keuter, Wolfgang	1. 8. 86	2. 2. 54
Teckemeyer, Frank	9. 10. 00	2. 8. 63
Dr. Backhaus, Peter	5. 1. 05	13. 11. 69
Jahner, Edmund	7. 11. 05	28. 9. 69

Eine weitere Stelle für Richter am Amtsgericht ist besetzt. Name und Personaldaten des Stelleninhabers sind nicht übermittelt worden.

Bersenbrück E 109 300
Stiftshof 8, 49593 Bersenbrück
Postfach 11 29, 49587 Bersenbrück
Tel. (0 54 39) 6 08-0
Fax (0 54 39) 60 82 00
E-Mail: Poststelle@ag-bsb.niedersachsen.de

1 Dir, 1 stVDir, 5 R + 1 × 3/4 R

Quere-Degner, Annegret, Dir, 3/4	29.10.97	30. 3.56	
Rohner, Georg, stVDir, ATZ	13.10.95	11. 1.44	
Henrici, Karl-Erich, stVDir	5. 1.81	13. 9.49	
Jöckel, Wolfgang	27.11.84	10.10.47	
Klein-Siebenbürgen, Hans-Peter, 3/4	26. 2.92	7. 4.57	
Holtmann, Ulrich	8. 2.01	21. 3.57	
Vallo, Klaus-Peter	8. 2.01	15.10.61	
Stalljohann, Carsten	8. 2.01	24. 5.64	
Dr. Scharp, Dagmar	31.10.05	27. 2.71	

Lingen (Ems) E 100 900
Burgstr. 28, 49808 Lingen
Postfach 12 40, 49782 Lingen
Tel. (05 91) 80 49-0
Fax (05 91) 80 49 49
E-Mail: Poststelle@ag-lin.niedersachsen.de

1 Dir, 1 stVDir, 9 R

Dr. Schwickert, Michael, Dir, 3/4	8. 4.05	27. 5.56	
Berends, Bernhard, stVDir	15. 5.02	9.12.47	
Kruse, Michael	7. 1.80	8. 1.48	
Büter-Kötting, Maria	20.10.80	15.11.49	
Böhm, Willibald	2. 2.82	4.12.48	
Robben, Hans Heinrich	1. 4.87	10. 5.55	
Foppe, Franz-Josef	30. 4.90	26. 3.56	
Keck, Werner	24. 6.91	13. 6.55	
Albrecht, Sonja	6. 4.04	16. 6.74	
Hardt, Markus	27. 5.05	9.11.72	
Dr. Reichenbach, Peter	17. 1.06	19. 2.74	

Meppen E 131 400
Obergerichtsstr. 20, 49716 Meppen
Postfach 12 53, 49702 Meppen
Tel. (0 59 31) 88 81 00
Fax (0 59 31) 88 82 50
E-Mail: Poststelle@ag-mep.niedersachsen.de

1 Dir, 1 stVDir, 5 R + 1 × 3/4 R, 1 × 1/2 R

Schütte, Hermann, Dir	31. 7.00	20. 7.50
Adick, Bernhard, stVDir	24.11.00	11. 7.53
Schminke, Conrad	18. 4.83	5. 7.54
Bölle, Aloys	25. 7.83	2. 3.50
Kuiter, Norbert	14. 3.95	4.11.61
Blübaum, Karsten	29. 9.95	3. 8.64
Schneckenberger, Anette, 1/2	6. 2.98	21. 9.64
Kaßpohl, Christian, 3/4	24. 3.98	9. 1.59
Plitzkow, Uwe	23. 5.01	7.10.61

LG-Bezirk Osnabrück

Nordhorn E 133 900
Seilerbahn 15, 48529 Nordhorn
Postfach 11 29, 48501 Nordhorn
Tel. (0 59 21) 7 01-0
Fax (0 59 21) 70-1 17
E-Mail: Poststelle@ag-noh.niedersachsen.de

1 Dir, 1 stVDir, 6 R + 3 × 1/2 R

Heckmann, Bruno, Dir	14.11.97	27.10.49
Vos, Arno, stVDir	1. 7.03	11. 7.57
Koops, Hans, 1/2	26.10.73	9. 8.42
Schulz, Gerd	25. 8.78	29. 7.44
Tewes, Hans-Peter	4. 1.82	27. 3.48
Nentwig, Wolfgang	5. 5.82	17.12.49
Ratering, Gerhard-August	22. 3.85	18. 5.51
Dr. König, Andreas	15. 5.98	25. 6.62
Behrens, Anke, 1/2	30. 8.99	12. 4.61
Rieger, Torsten	2. 4.04	7. 7.67
Körner, Elke, 1/2	17. 2.05	9.10.67

Osnabrück E 313 800
Kollegienwall 29-31, 49074 Osnabrück
Postfach 11 51, 49001 Osnabrück
Tel. (05 41) 3 15-0
Fax (05 41) 3 15 63 04
E-Mail: Poststelle@ag-os.niedersachsen.de

1 Pr, 1 VPr, 4 w.aufsR, 22 R + 4 × 3/4 R + 5 × 1/2

Große Extermöring, Gerfried, Pr	1.10.98	28. 2.48
Havliza, Klaus, VPr	6. 9.94	29. 3.48
Kemper, Horst-Dieter, w.aufsR	2. 9.96	10. 7.44
Struck, Günter, w.aufsR	14. 4.99	10. 1.52
Lindemann, Jürgen, w.aufsR	6. 9.01	13.10.54
Schonlau, Reinhold	9.11.73	21. 6.46
Uthoff, Gerhard	26. 6.78	23. 9.44
Horn, Michael	3.12.79	15. 4.48
Kosiol, Rainer	18. 8.80	10. 1.44
Forsbach, Hans-Ludwig	16. 1.81	3. 8.46
Horst, Johannes	4. 1.82	28. 7.44
Kleining, Dieter	23. 2.84	15.11.44
Windmöller, Hartmut	12. 7.84	29. 5.5
Giebel, Thomas	18. 2.85	25. 4.5
Daum, Jürgen	30. 7.85	2.11.5
Magnus, Jürgen	21.10.86	23. 8.5
Dr. Holthaus, Johannes	1.10.87	16. 5.5
Holdt, Susanne	29. 1.88	5.11.5
Meyer, Marlies, 3/4	28. 5.91	17. 2.5
Zurheide, Susanne, 3/4	28. 5.91	23. 7.5
Obermeyer, Ansgar Heinrich	25. 5.92	6. 7.5
Peters, Gerd	25. 5.93	7. 4.5

Staatsanwaltschaften OLG-Bezirk Oldenburg **NDS**

Stückemann, Friedhelm	26. 5. 93	22. 10. 58	
Ortmann, Beate, 1/2	26. 5. 93	4. 11. 58	
Kelle, Michael	23. 2. 94	16. 12. 57	
Funke-Meyer, Jutta, 1/2	23. 2. 94	10. 12. 58	
Feldmeyer, Anne-Christine	22. 2. 95	3. 8. 62	
Hillmann-Schröder, Christine, 1/2	23. 10. 95	14. 12. 63	
Köstermann, Ursula, 3/4	13. 2. 98	14. 6. 58	
Both, Guido	30. 3. 98	4. 5. 60	
Schmiechen, Ulrike, 3/4	—	15. 11. 60	
Schröder, Jörg Friedrich	8. 2. 01	6. 7. 60	
Dr. Plorin, Petra, 1/2	18. 2. 02	21. 1. 66	

Zwei weitere Stellen für Richter am Amtsgericht sind besetzt. Namen und Personaldaten der Stelleninhaber sind nicht übermittelt worden.

Papenburg E 75 900
Hauptkanal links Nr. 28, 26871 Papenburg
Postfach 11 52, 26851 Papenburg
Tel. (0 49 61) 92 40
Fax (0 49 61) 92 41 55
E-Mail: Poststelle@ag-pap.niedersachsen.de

1 Dir, 4 R + 1 × 3/4 R

Deeken, Harald, Dir	24. 8. 00	26. 7. 52
Brüggen, Paul	9. 7. 76	19. 8. 42
Wilkens, Heimke	6. 12. 85	26. 6. 53
Wesselmann, Rainer	10. 6. 88	28. 1. 57
Tolksdorf, Maria, 3/4	20. 11. 92	10. 9. 57
Többen, Gerhard	24. 8. 00	17. 10. 58

Staatsanwaltschaften

Generalstaatsanwaltschaft Oldenburg
Mozartstr. 5, 26135 Oldenburg
Postfach 24 31, 26014 Oldenburg
Tel. (04 41) 2 20-0
Fax (04 41) 2 20 48 86
E-Mail: Poststelle@gsta-ol.niedersachsen.de

1 GStA, 1 LOStA, 6 OStA

Generalstaatsanwalt

Finger, Horst Rudolf	1. 5. 96	22. 7. 47

Leitender Oberstaatsanwalt

Snakker, Rolf Dieter	18. 2. 03	4. 1. 52

Oberstaatsanwältin/Oberstaatsanwälte

Mauß, Otto-Friedrich	13. 7. 92	27. 9. 53
Resch, Jürgen	9. 8. 93	26. 2. 50
von Düffel, Roger	25. 4. 94	18. 1. 44
Künkel, Hans-Joachim	2. 5. 97	25. 7. 48
Marschhausen, Corinna	29. 11. 02	3. 1. 60

Staatsanwaltschaft Aurich
Schloßplatz 10, 26603 Aurich
Postfach 17 31, 26587 Aurich
Tel. (0 49 41) 13-0
Fax (0 49 41) 13 12 60
E-Mail:
Poststelle@StA-AUR.NIEDERSACHSEN.de

1 LOStA, 1 stvLOStA, 2 OStA, 13,5 StA

Leitender Oberstaatsanwalt

Kramer, Werner	10. 2. 00	11. 3. 45

Oberstaatsanwältin/Oberstaatsanwälte

Schmidt, Horst, stVLOStA	2. 4. 01	9. 6. 42
Schulz, Hansjürgen	25. 6. 01	22. 6. 56
Hüfner, Annette	10. 8. 01	27. 1. 64

Staatsanwältinnen/Staatsanwälte

Reuter, Hermann	16. 2. 76	29. 8. 43
Grulich, Burkhard	1. 11. 82	13. 7. 45
Seemann, Ulrike	9. 10. 85	22. 12. 52
Herkens, Theodor	19. 12. 88	25. 7. 59
Pasker, Sabine	17. 1. 90	27. 1. 57
Boelsen, Johann	21. 4. 95	13. 12. 62
Andreeßen, Heinz Onno	1. 11. 95	29. 11. 61
Visser, Klaus	19. 3. 02	25. 4. 64
Lohmann, Frank	1. 7. 02	28. 2. 65
Graetz, Beate	1. 11. 02	8. 12. 62
Finkensieper, Antje	9. 1. 03	16. 1. 67

Staatsanwaltschaft Oldenburg
Gerichtsstr. 7, 26135 Oldenburg
Postfach 24 41, 26014 Oldenburg
Tel. (04 41) 2 20-0
Fax (04 41) 2 20 40 00
E-Mail: Poststelle@sta-ol.niedersachsen.de

1 LOStA, 10 OStA, 36 StA

Leitender Oberstaatsanwalt

Herrmann, Roland	1. 4. 03	19. 2. 51

Oberstaatsanwältinnen/Oberstaatsanwälte

Swoboda, Peter	24. 1. 94	3. 5. 47
Groskopff, Gudrun	14. 3. 94	2. 7. 43
Ibbeken, Frerk	2. 3. 98	23. 5. 41

NDS — OLG-Bezirk Oldenburg — Staatsanwaltschaften

Schäfers, Franz Hubert	13. 6. 00	3. 7. 46
Leifert, Harald	24. 7. 02	28. 1. 58
Kittel, Bettina	4. 11. 02	28. 11. 60
Fuhse, Ekkehard	28. 5. 03	13. 12. 45
Preut, Hermann	23. 12. 03	20. 2. 49
Sander, Thomas	1. 11. 04	17. 7. 62
Schewe, Heinrich	1. 8. 05	13. 1. 47

Staatsanwältinnen/Staatsanwälte

von Mittelstaedt, Barbara, ²/₃	15. 9. 78	29. 7. 46
Gudehus, Roswitha, ²/₃	6. 11. 81	10. 11. 49
Lübben, Eiko	10. 2. 82	21. 11. 44
Piepgras, Andreas	11. 6. 82	28. 4. 52
Wasmann, Manuela	8. 1. 93	21. 4. 57
Willeke, Thomas	29. 6. 94	26. 4. 59
Barenbrügge, Ursula, ¹/₂	6. 4. 95	6. 12. 63
Kurtz, Bettina	6. 6. 95	17. 7. 62
Kirstein, Thomas	3. 7. 95	16. 9. 61
Röhl, Christian	15. 12. 95	27. 7. 61
Dr. du Mesnil de Rochemont, Rainer	28. 3. 96	9. 12. 64
Zobel, Carsten	26. 6. 96	12. 12. 63
Dr. Drathjer, Johann, ¹/₂	2. 9. 96	12. 4. 62
Rackow, Sigrid, ¹/₂	6. 9. 96	2. 12. 52
Bakker, Elke	29. 10. 96	20. 11. 64
Hentzel, Ralf	17. 12. 96	1. 4. 63
Lohmann, Frank	16. 1. 97	5. 10. 63
Böhm, Susanne	18. 7. 97	9. 1. 65
Tute, Carola	21. 3. 01	25. 12. 68
Südbeck, Bernard	1. 6. 01	6. 7. 65
Bredemeier, Dirk	20. 11. 02	27. 8. 71
Schiereck-Bohlmann, Daniela	2. 12. 02	22. 7. 72
Dr. Koziolek, Martin	9. 9. 03	19. 4. 72
Mund, Sabine	10. 10. 03	31. 5. 66
Kramer, Geertje	22. 11. 04	14. 12. 73
Neufert, Regine, ¹/₂	16. 3. 05	17. 12. 72
Dr. Mönnikes, Ralf	15. 4. 05	1. 4. 66
Treseler, Frauke	29. 4. 05	25. 5. 75
Kunze, Christoph	8. 3. 06	14. 8. 73
Dr. Vilken, Frauke, ²/₃	9. 3. 06	5. 9. 71

1 ¹/₂ weitere Stellen sind besetzt. Namen und Personaldaten der Stelleninhaber sind nicht übermittelt worden.

Staatsanwaltschaft Osnabrück
Kollegienwall 11, 49074 Osnabrück
Postfach 35 51, 49025 Osnabrück
Tel. (05 41) 3 15-0, Fax (05 41) 31 54 19
E-Mail: Poststelle@sta-os.niedersachsen.de

1 LOStA, 1 stVLOStA, 7 OStA, 32 ¹/₂ StA

Leitender Oberstaatsanwalt

Hennings, Wulf-Eberhard	1. 11. 04	17. 12. 42

Oberstaatsanwälte

Mayer, Norbert, stVLOStA	23. 4. 01	5. 9. 50
Thiele, Hans-Michael	17. 2. 94	11. 12. 42
Müllenbach, Dirk	17. 2. 94	15. 6. 49
Heider, Gerhard	1. 6. 98	7. 2. 49
Hensel, Jürgen	3. 1. 00	13. 10. 48
Scheer, Dirk	2. 9. 02	11. 2. 50
Feldkamp, Hubert	2. 12. 02	29. 9. 56
Kruppa, Thomas	26. 3. 03	22. 6. 54
Heuer, Andreas	1. 6. 04	24. 2. 63

Staatsanwältinnen/Staatsanwälte

Hagedorn, Jost	21. 12. 76	18. 11. 42
Manke, Manfred	20. 11. 81	19. 12. 51
Kamp, Walther	2. 8. 82	23. 9. 51
Hericks, Bernd	25. 8. 82	5. 2. 51
Wahlbrink, Uwe	26. 4. 83	25. 7. 51
Lorenz, Robert	17. 11. 83	7. 5. 48
Petzelt, Gabriele	27. 7. 84	9. 4. 52
Klose, Wilfried	11. 7. 86	17. 2. 54
Töppich, Karl	5. 12. 89	20. 9. 57
Leuschner, Günter	23. 4. 90	12. 2. 56
Marquard, Rolf	23. 3. 93	6. 2. 58
Dr. Schmitz, Michael	1. 2. 94	26. 2. 61
Neuhaus, Dieter	13. 2. 94	3. 2. 63
Schröder, Jörg	23. 8. 94	14. 10. 61
Lürbke, Stephan	3. 8. 95	29. 1. 60
Krüger, Kathrin	12. 10. 95	21. 6. 62
Horst, Peter	9. 11. 95	26. 10. 62
Feiler, Kurt	9. 7. 96	4. 5. 61
Vogelpohl, Dirk	25. 7. 97	10. 3. 65
Dr. Retemeyer, Alexander	4. 8. 97	14. 11. 59
Schubert, Norbert	10. 1. 00	17. 5. 55
Lewandrowski, Jürgen	18. 8. 00	4. 12. 63
von der Heide, Achim	3. 5. 02	23. 3. 71
Bendheuer, Sven	2. 9. 02	11. 11. 68
Brandt, Volker	13. 9. 02	16. 10. 66
Zagray, Esther, ³/₄	7. 4. 03	26. 9. 62
Hoffmann, Claudia	20. 1. 04	27. 12. 72
Voß, Heinz Wilhelm	1. 2. 04	11. 10. 64
Schwerter, Elke, ¹/₂	22. 4. 04	31. 8. 73
Heppes, Veronika	29. 10. 04	2. 4. 74
Dr. Brauch, Philip	20. 1. 06	16. 7. 76
Steinmetz, Jan	1. 2. 06	18. 12. 76
Träger, Stephanie	6. 3. 06	21. 1. 76

2 ¹/₂ weitere Stellen sind besetzt. Name und Personaldaten des Stelleninhabers sind nicht übermittelt worden.

Richterinnen/Richter und Staatsanwältinnen/Staatsanwälte im Richterverhältnis auf Probe

Oberlandesgerichtsbezirk Braunschweig

Name		
Rammert, Bettina, beurl. (LSt)	8. 1. 91	24. 9. 61
Potschka, Almut, beurl. (LSt)	15. 7. 92	21. 2. 61
Dr. Nowak, Anja, ½	15. 1. 01	14. 2. 69
Kirchhof, Daniela, ½	15. 2. 01	30. 3. 72
Schmidt, Regina, ½	26. 2. 01	1. 11. 74
Eberhardt, Anja, beurl.	2. 5. 01	2. 12. 66
Markworth, Hilke	15. 10. 01	27. 1. 75
Kuhr-Cherkeh, Svenja, ½	4. 12. 01	2. 4. 73
Dr. Engemann, Uta Inse	6. 2. 02	10. 9. 74
Dr. Matussek, Susanne, ½	13. 2. 02	8. 3. 74
Klemke, Burkard	18. 2. 02	25. 6. 70
Hinterthür, Rolf-Henning	—	—
Roloff, Stefanie	11. 9. 02	22. 5. 76
Dr. Drope, Katharina	8. 1. 03	30. 7. 70
Steidl, Anke	15. 1. 03	29. 1. 76
Meyenburg, Ann-Kathrin	3. 2. 03	16. 2. 74
Dr. Schlecht, Jutta	3. 2. 03	3. 7. 74
Wolters, Hans Christian	1. 8. 03	16. 9. 75
Pastewski, Kathrin	3. 11. 03	24. 2. 76
Siepermann, Martin	16. 2. 04	20. 12. 74
Adams, Elke	1. 7. 04	3. 9. 75
Krause, Christian	1. 7. 04	26. 9. 75
Dr. Bockwoldt, Gesine	5. 7. 04	23. 8. 74
Wellmeyer, Mareike	1. 2. 05	6. 5. 78
Wittwer, Nadine	14. 2. 05	7. 6. 78
Mustroph, Antje	19. 9. 05	8. 8. 78
Ebert, Sandra	12. 10. 05	1. 11. 75
Schulte, Michael	7. 12. 05	5. 3. 74

Oberlandesgerichtsbezirk Celle

Bei den Gerichten oder Staatsanwaltschaften

Name		
Müller-Koenig, Christiane, ½	1. 10. 90	12. 8. 61
Meier, Brigitte, ½	15. 10. 91	6. 4. 62
Hiller, Angela, beurl. (LSt)	16. 3. 92	24. 12. 62
Dr. Hartmann, Annegret, beurl. (LSt)	15. 5. 97	15. 7. 67
Irion, Daniela, beurl. (LSt)	4. 8. 97	1. 3. 71
Bordt, Antje, beurl. (LSt)	1. 12. 97	3. 10. 67
Eriksen, Christiane, ½	1. 12. 97	22. 12. 67
Bender, Sonja, beurl. (LSt)	9. 3. 98	15. 7. 71
Janßen, Kathleen, beurl. (LSt)	3. 8. 98	14. 3. 72
Riemer, Friederike, ½	15. 4. 99	9. 12. 71
Wronna, Katharina, ¾	3. 4. 00	1. 2. 68
van Bargen, Björn	2. 6. 00	16. 9. 71
Severitt-Anke, Tanja, ½, abg.	15. 8. 00	2. 5. 71
Dr. Wegner, Heike	1. 9. 00	6. 8. 70
Eikenberg, Thorsten	18. 9. 00	28. 8. 68
Göttsch, Astrid	18. 9. 00	10. 9. 69
Rickert, Nanett, beurl. (LSt)	2. 10. 00	27. 12. 65
Böbs, Verena, ½	16. 10. 00	6. 5. 73
Kasper, Ulrike	1. 11. 00	1. 9. 69
Wehrhahn, Christine, ½	1. 5. 01	14. 11. 59
Dr. Brunssen, Michaela	2. 7. 01	19. 4. 68
Wolter, Ina	3. 9. 01	24. 3. 71
Augenreich, Ino	3. 9. 01	29. 5. 73
Dr. Dirksen, Gesa	10. 9. 01	22. 12. 72
Dr. Zschieschack, Frank	15. 10. 01	15. 5. 75
Schwerin, Kirsten, abg. (LSt)	30. 10. 01	2. 7. 74
Wrase, Kai	12. 11. 01	24. 8. 74
Carstensen, Zyntia	3. 12. 01	30. 5. 69
Petriconi, Nicole	3. 12. 01	2. 3. 74
Martin, Volker	3. 12. 01	17. 6. 74
Dr. Tischler, Luzia	11. 12. 01	25. 11. 73
Herzog, René	2. 1. 02	11. 4. 72
Findeklee, Anja, beurl. (LSt)	15. 1. 02	2. 2. 73
Veenhuis, Iris, ½	1. 2. 02	29. 9. 67
Voß, Sören	1. 2. 02	12. 7. 68
Fischer, Uwe	1. 2. 02	28. 9. 68
Graefe, Burkhardt	1. 2. 02	24. 10. 68
Krüger, Katharina	1. 2. 02	26. 5. 75
Habermann, Frauke	11. 2. 02	16. 12. 73
Beyer, Marco	1. 3. 02	30. 4. 70
Ulrich, Frauke	25. 3. 02	14. 11. 71
Dencks, Andrea	25. 3. 02	12. 3. 74
Malskies, Lars	29. 4. 02	13. 5. 72
Eitner, Ralf	27. 5. 02	7. 5. 71
Dr. Schreiber, Stephan	27. 5. 02	30. 4. 74
Scharffetter, Kai	3. 6. 02	11. 8. 70
Romer-Moje, Nadine	3. 6. 02	23. 6. 75
Mehrens, Christiane	10. 6. 02	23. 1. 74
Ottweiler, Anne	15. 7. 02	10. 3. 74
Schöpe, Ulrich	1. 8. 02	27. 5. 72
Fredrich, Nils	14. 8. 02	9. 5. 74
Sondermann, Heike	19. 8. 02	8. 10. 73
Bettermann, Ralf	2. 9. 02	25. 8. 69
Burmeister, Imke, beurl. (LSt)	30. 9. 02	7. 8. 71
Klein, Sascha	1. 10. 02	13. 8. 73

Name		
Endler, Klaas	7. 10. 02	11. 9. 72
Dr. König, Ruth	1. 11. 02	18. 12. 72
Schlink, Kathrin, beurl. (LSt)	4. 12. 02	10. 10. 73
Schöndube, Julia	4. 12. 02	5. 5. 75
Menge, Christian	10. 12. 02	24. 2. 75
Ellermann, Dirk	6. 1. 03	18. 6. 75
Lange, Melanie	15. 1. 03	24. 7. 73
Grabowski, Tim	20. 1. 03	16. 9. 72
Dr. Stelljes, Hanja, 1/2	20. 1. 03	23. 8. 74
Koujouie, Sepideh	3. 2. 03	28. 2. 71
Dr. Sydow, Dorothee, 1/2, beurl. (LSt)	24. 2. 03	31. 7. 75
Wünschenmeyer, Claudia	3. 3. 03	8. 11. 69
Dr. Rabe von Kühlewein, Malte	3. 3. 03	5. 2. 70
Dr. Vieregge, Bianca, 1/2	3. 3. 03	25. 12. 71
Deumler, Alexa, beurl. (LSt)	3. 3. 03	28. 12. 75
Pönisch, Beate	19. 3. 03	14. 4. 76
Oelfke, Alexandra, beurl. (LSt)	1. 4. 03	3. 1. 73
Schulz, Christina	1. 4. 03	4. 12. 75
Dr. Petershagen, Jörg	1. 5. 03	5. 1. 71
Röske, Marcus	2. 5. 03	9. 1. 71
Weinhold-Klotzbach, Andrea, beurl. (LSt)	18. 8. 03	25. 8. 73
Görlich, Gabriele	18. 8. 03	28. 12. 74
Bernau, Falk	1. 9. 03	29. 12. 73
Dr. Birkner, Stefan, abg. (LSt)	15. 9. 03	12. 4. 73
Dr. Ehret, Susanne, beurl. (LSt)	1. 10. 03	8. 8. 68
Puruckherr, Christoph	20. 10. 03	10. 9. 75
Kaiser, Jan	27. 10. 03	13. 1. 76
Bader, Jana	3. 11. 03	12. 6. 74
Dr. Fuchs, Bianca	17. 11. 03	6. 8. 76
Dr. Pinski, Monika	2. 1. 04	20. 4. 70
Dr. Holznagel, Anke	2. 2. 04	26. 7. 75
Meyer, Lutz Henning	1. 10. 04	25. 2. 72
Dr. Steinbeck, Joachim	25. 10. 04	28. 8. 71
Stoeber, Jan	1. 12. 04	2. 8. 74
Dr. Stange, Anne Elisabeth	1. 12. 04	17. 4. 76
Ahrens, Susanne, 3/4, beurl. (LSt)	13. 12. 04	30. 6. 69
Dr. Lindner, Berend	3. 1. 05	5. 5. 75
Dr. Hillebrenner, Astrid	3. 1. 05	31. 10. 76
von Tiling, Klaus	3. 1. 05	12. 4. 77
Bethke, Wiebke, 1/2	3. 1. 05	29. 8. 77
Leipziger, Jessica	3. 1. 05	16. 9. 77
Christoph, Kolja	17. 1. 05	1. 7. 73
Dr. Gude, Christian	15. 3. 05	21. 12. 73
Feldmann, Axel	15. 3. 05	24. 9. 74
Ortmann, Andreas	1. 4. 05	14. 7. 70
Dr. Kreicker, Helmut	1. 4. 05	2. 10. 70
Dr. Dornblüth, Susanne	1. 4. 05	17. 12. 73
Dr. Halbe, Katja	1. 4. 05	4. 9. 75
Tschackert, Gisa	1. 4. 05	7. 1. 78
Flüshöh, Evelin	11. 4. 05	25. 10. 76
Stamer, Birthe	2. 5. 05	15. 5. 77
Dr. Obermann, Torsten	23. 5. 05	19. 7. 74
Finke, Tilman	1. 6. 05	22. 1. 74
Dr. Puth, Sebastian	1. 6. 05	30. 1. 74
Ladage, Dirk	1. 6. 05	27. 8. 75
Dr. Steinwede, Holger	1. 6. 05	25. 3. 76
Hennies, Jörg Hagen	1. 6. 05	24. 1. 77
Padberg, Frank	1. 6. 05	13. 3. 77
Kleimann, Maria	1. 6. 05	12. 10. 77
Dr. Wieben, Arne	10. 6. 05	5. 3. 72
Halbfas, Heiko	15. 6. 05	25. 4. 73
Dr. Lange, Meik	22. 6. 05	8. 5. 75
Damm, Sven Mirko	1. 7. 05	9. 10. 73
Herwig, Isabel	1. 7. 05	29. 5. 75
Böhrs, Sebastian	1. 7. 05	18. 6. 76
Munk, Stephanie	1. 8. 05	20. 3. 76
Wagner, Isabell	1. 8. 05	6. 5. 78
Streufert, Torsten	1. 8. 05	27. 5. 78
Groß, Marko	1. 9. 05	19. 2. 74
Dr. Pichinot, Christine	1. 9. 05	21. 9. 74
Schmidt, Cornelia	1. 9. 05	23. 1. 77
Flesch, Sven	1. 9. 05	12. 4. 78
Rex, Claudia	1. 9. 05	28. 6. 78
Brandt, Christine	15. 9. 05	16. 1. 77
Dr. Heidkamp, Britta	4. 10. 05	30. 4. 73
Dr. Kassing, Katja	4. 10. 05	21. 5. 76
Maletz, Michael	4. 10. 05	7. 1. 77
Hammers, Nina	10. 10. 05	20. 2. 76
Dr. Kastendieck, Kristina, 1/2	24. 10. 05	24. 9. 71
Engelke, Lars	1. 11. 05	2. 3. 78
Meier-Hoffmann, Katja	1. 11. 05	24. 8. 78
Dr. Künnecke, Arndt	1. 12. 05	22. 2. 75
Akca, Defne	1. 12. 05	12. 3. 76
Schnier, Judith	1. 12. 05	16. 8. 77
Schindler, Carsten	2. 1. 06	5. 3. 78
Wemheuer, Anja	2. 1. 06	27. 3. 79
Harders, Björn	9. 1. 06	27. 5. 75
Dr. Gebhardt, Georg Andreas	16. 1. 06	3. 6. 74
Hecht, Katrin	16. 1. 06	21. 9. 75
Dr. Lemke, Marcus	1. 2. 06	11. 4. 72
Schilling, Katrin	1. 2. 06	17. 3. 77
Viethsen, Ulrike	20. 2. 06	18. 8. 77
Prahm, Carsten	1. 3. 06	16. 8. 76

Richter/StA im Richterverhältnis auf Probe **NDS**

Oberlandesgerichtsbezirk Oldenburg

Heine-Lesting, Berlianti, 1/2	2. 1. 98	11. 6. 70
Sketta, Martina, 1/2	1. 4. 99	4. 7. 72
Paulmann, Silke, 3/4	3. 4. 00	26. 1. 68
Sunderdiek, Claudia, 3/4	1. 9. 00	22. 1. 65
Bens, Renate, 1/2, abg.	1. 9. 00	29. 6. 70
Windmöller, Christina, 1/2	2. 5. 01	23. 2. 68
Groger, Peter	7. 5. 01	28. 11. 66
Gieseking, Sonja	1. 6. 01	5. 12. 72
Mayer-Ebel, Britta, beurl. (LSt)	1. 8. 01	9. 9. 73
Lichte, Urte	1. 9. 01	30. 4. 67
Coordes, Linda, 1/2	10. 10. 01	30. 4. 72
Schöneborn, Stephanie	17. 12. 01	12. 2. 75
Dr. Mannhart, Bettina	2. 1. 02	9. 7. 69
Dr. Rikus, Annedore	16. 1. 02	14. 8. 72
Gerdesmeyer, Tobias	1. 2. 02	15. 12. 73
Hempel, Marja, beurl. (LSt)	20. 2. 02	9. 4. 75
Schmidtke, Sandra	21. 2. 02	12. 10. 74
Aupke, Anne	25. 2. 02	6. 6. 72
Dr. Höcherl, Katrin, beurl. (LSt)	1. 3. 02	6. 12. 70
Schnieders-Kröger, Simone	1. 3. 02	22. 6. 74
Mathebel, Udo	2. 5. 02	24. 8. 69
Maasch, Dinah, 1/2	2. 5. 02	24. 12. 74
Frerker, Cordelia, beurl. (LSt)	3. 6. 02	27. 4. 71
Hartwig, Sven	1. 7. 02	9. 7. 66
Böhm, Bettina, abg.	10. 7. 02	30. 4. 73
Warmuth, Claudia	1. 8. 02	7. 6. 65
Schölkes, Inga	1. 8. 02	29. 3. 74
Akin, Saime	27. 8. 02	12. 4. 73
Dr. Rikken, Christian	5. 9. 02	13. 8. 71
Kunze, Christoph	20. 9. 02	14. 8. 73
Lanfermann, Sascha	20. 9. 02	14. 11. 73
Freitag, Oliver	1. 11. 02	24. 1. 75
Deuster, Tim	7. 11. 02	26. 7. 73
Brahms, Heiko	2. 1. 03	1. 12. 72
Wilgen, Markus	2. 1. 03	5. 10. 74
Tholen, Kerstin	13. 1. 03	28. 6. 76
Träger, Stephanie	20. 1. 03	21. 1. 76
Herick, Karsten	21. 1. 03	21. 10. 73
Herding, Imke	27. 1. 03	18. 2. 75
Sievers, Michael	3. 2. 03	5. 6. 73
Warnken, Petra	3. 2. 03	25. 1. 74
Behrendt, Ute	17. 2. 03	3. 12. 74
Dr. Wilken, Frauke	3. 3. 03	5. 9. 71
Habib, Mona	3. 3. 03	13. 11. 73
Biernoth, Birgit	1. 4. 03	21. 12. 71
Dr. Hirschmann, Marc	16. 4. 03	31. 12. 71
Bondzio, Robert	1. 8. 03	9. 10. 73
Warnking, Wibke	1. 8. 03	4. 11. 75
Preuk, Andree	25. 8. 03	13. 10. 74
Dr. Janke, Matthias	1. 9. 03	1. 3. 74
Schulte, Esther	1. 9. 03	12. 7. 75
Wupper, Christoph	2. 1. 04	29. 6. 71
Schmidt, Stefan	2. 1. 04	14. 8. 74
Dr. Aselmann, Maike	2. 1. 04	16. 5. 75
Dr. Hölscher, Christiane	16. 7. 01	13. 1. 71
Kreß, Susann	13. 12. 04	2. 5. 78
Arbab, Nadja	26. 1. 05	3. 3. 75
Buß, Rainer	1. 2. 05	16. 3. 77
Andre, Kröger	17. 5. 05	2. 9. 76
Janssen, Holger	13. 6. 05	29. 9. 77
Bernau, Andreas	11. 7. 05	23. 11. 72
Walter, Peter	11. 7. 05	7. 11. 74
Schettler, Jochen	1. 8. 05	21. 3. 76
Dr. Göbel, Judith	15. 8. 05	19. 4. 73
Dr. Rahe, Dirk	1. 9. 05	31. 5. 72
Ulrich, Meike	7. 11. 05	13. 10. 76
Müller-Lankenau, Eike	14. 11. 05	26. 5. 77
Nagel, Ingolf	1. 12. 05	20. 3. 65
Stolle, Thorsten	2. 1. 06	13. 1. 76
Dr. Petersohn, Nadine	16. 1. 06	25. 6. 76
Brüning, Marc	1. 2. 06	2. 9. 74
Dr. Schiller, Katja	1. 2. 06	16. 5. 78
Jachmann, Judith	6. 2. 06	22. 7. 73

Nordrhein-Westfalen

18 075 352 Einwohner*

Justizministerium

Martin-Luther-Platz 40, 40212 Düsseldorf
Justizministerium NRW, 40190 Düsseldorf
Tel. (02 11) 87 92-0, Fax (02 11) 8 79 24 56
E-Mail: poststelle@jm.nrw.de
Pressereferat: Tel. (02 11) 87 92-255, Fax (02 11) 87 92-371
E-Mail: pressestelle@jm.nrw.de
www.justiz.nrw.de
1 Min, 1 StaatsSekr, 5 MinDgt, 7 LMinR, 39 MinR, 13 RD, 6 ORR, 2 RR
Landesjustizprüfungsamt: 1 Pr, 1 LMinR

Justizministerin

Müller-Piepenkötter, Roswitha	24. 6. 05	3. 4. 50

Staatssekretär

Söffing, Jan	1. 7. 05	1. 6. 54

Ministerialdirigenten

Kamp, Peter	1. 6. 02	20. 7. 51
Nieding, Joachim	1. 10. 02	18. 9. 51
Holten, Heinz-Leo	1. 8. 03	27. 5. 55
Hucklenbroich, Rudolf	24. 5. 05	31. 8. 41

Leitende Ministerialrätin/Ministerialräte

Bühler, Richard	1. 7. 88	19. 10. 48
Becker, Ulrich	6. 2. 98	2. 11. 50
Wendorff, Dieter	1. 6. 01	26. 3. 47
Fischer, Hans-Josef	1. 6. 02	18. 7. 56
Gröner, Klaus	1. 8. 02	31. 3. 43
Mainzer, Wilfried	1. 8. 03	12. 1. 51
Dr. Mandt, Brigitte	28. 11. 03	16. 12. 60

Ministerialrätinnen/Ministerialräte

Wamers, Axel	1. 3. 02	4. 3. 50
Steffens, Georg, abg.	1. 8. 02	28. 10. 47
Heinrich, Detlef	11. 6. 04	8. 3. 63
Löhmer, Eberhard	21. 5. 04	31. 10. 48

*Stand: 31. 12. 2004.

Bien, Horst	8. 9. 04	3. 5. 58
Dr. vom Stein, Jürgen	1. 12. 05	15. 4. 61
Böcker, Falco	1. 6. 88	3. 8. 44
Dr. Husmann, Klaus	1. 8. 90	27. 2. 51
Busse, Peter	18. 9. 92	25. 9. 43
Müggenburg, Walther	1. 8. 01	11. 7. 53
Peters, Volker	1. 9. 02	7. 12. 50
Roth, Barbara	1. 10. 02	20. 8. 46
Jannusch, Klaus Axel	1. 4. 03	18. 9. 51
Rothstein, Ulrike	1. 4. 03	6. 4. 58
Echelmeyer, Bettina	1. 4. 03	22. 7. 60
Pollmann, Günter	28. 6. 04	8. 9. 48
Stedronsky, Uwe	28. 6. 04	15. 4. 52
Brachthäuser, Emil	28. 6. 04	9. 4. 55
Hermanski, Ulrich	15. 8. 05	31. 7. 56
Pott, Norbert	1. 1. 06	17. 5. 55
Rackwitz, Klaus Ulrich, beurl.	1. 3. 00	22. 1. 60
Klein, Wolfgang	26. 10. 04	25. 3. 58
Dr. Kubink, Michael	1. 1. 05	28. 3. 64
Dr. Limbach, Benjamin	28. 10. 05	25. 9. 69
Harden, Thomas	9. 1. 06	19. 5. 61

Regierungsdirektorinnen/Regierungsdirektoren

Rücker, Burkhard	1. 2. 02	14. 3. 47
Mestars, Erich	1. 12. 02	23. 10. 46
Rößiger, Margitta	1. 4. 03	13. 4. 45
Dahl, Egbert	1. 4. 03	5. 2. 56
Boos, Udo	1. 9. 03	8. 11. 46
Imhorst, Rainer	1. 9. 03	16. 2. 48

NW Justizministerium

Eder, Ulrike	22. 12. 04		8. 7. 47	
Hoffmeister, Reinhard	4. 3. 05		24. 6. 46	
Neubauer, Ralph	1. 10. 05		3. 7. 60	

Oberregierungsrätin/Oberregierungsrat

Scheibe, Anita	23. 8. 04		24. 5. 52	
Nowack, Rolf	28. 10. 05		3. 6. 60	

Regierungsrat

Lüdtke, Günter	1. 8. 04		16. 8. 49	

Landesjustizprüfungsamt

N. N.	—		—	
Dr. Röwer, Barbara, LMinRätin	23. 12. 98		28. 4. 48	

OLG-Bezirk Düsseldorf **NW**

Oberlandesgerichtsbezirk Düsseldorf

Bezirk:

Regierungsbezirk Düsseldorf ohne die Stadt Essen; ferner aus dem Regierungsbezirk Köln die Gemeinden Erkelenz, Hückelhoven und Wegberg (sämtlich Kreis Heinsberg)

6 Landgerichte:

Düsseldorf, Duisburg, Kleve, Krefeld, Mönchengladbach, Wuppertal
Kammern für *Handelssachen*: Düsseldorf 11, Duisburg und Wuppertal je 5, Mönchengladbach 3, Kleve und Krefeld je 2

29 Amtsgerichte

Schöffengerichte: bei allen Amtsgerichten außer den nachstehend aufgeführten
Gemeinsames Schöffengericht für die Bezirke der Amtsgerichte, bei denen kein Schöffengericht gebildet ist, ist:

für den AGBez.:	*das Schöffengericht:*
Ratingen:	Düsseldorf
Duisburg-Ruhrort:	Duisburg
Emmerich:	Kleve
Rheinberg:	Moers
Kempen und Nettetal:	Krefeld
Erkelenz, Grevenbroich, Mönchengladbach-Rheydt und Viersen:	Mönchengladbach
Mettmann:	Velbert

Familiengerichte: bei allen Amtsgerichten

Landwirtschaftssachen sind den Amtsgerichten als Landwirtschaftsgerichten wie folgt zugewiesen:

dem AG:	die AGBez.:
Erkelenz:	Erkelenz, Geilenkirchen und Heinsberg
Grevenbroich:	Grevenbroich, Mönchengladbach und Mönchengladbach-Rheydt
Kempen:	Kempen, Krefeld und Nettetal
Kleve:	Emmerich und Kleve
Mettmann:	Düsseldorf, Langenfeld (Rhld.), Mettmann, Ratingen, Remscheid, Solingen, Velbert und Wuppertal
Rheinberg:	Moers und Rheinberg
Wesel:	Dinslaken, Duisburg, Duisburg-Hamborn, Duisburg-Ruhrort, Mülheim a. d. Ruhr, Oberhausen und Wesel.

Die Zuständigkeit der Landwirtschaftsgerichte Geldern, Neuss und Viersen umfasst die Bezirke der Amtsgerichte Geldern, Neuss und Viersen. Die den Oberlandesgerichten zugewiesenen Entscheidungen in Landwirtschaftssachen sind für die Bezirke der Oberlandesgerichte Düsseldorf und Köln dem Oberlandesgericht Köln übertragen.

Rheinschifffahrts- und *Schifffahrtsgericht:*
Duisburg-Ruhrort.

NW OLG-Bezirk Düsseldorf

Oberlandesgericht Düsseldorf

E 4 758 216
Postfach 30 02 10, 40402 Düsseldorf
Cecilienallee 3, 40474 Düsseldorf
Tel. (02 11) 49 71-0, Fax (02 11) 49 71-5 48
E-Mail: poststelle@olg-duesseldorf.nrw.de
www.olg-duesseldorf.nrw.de
Pressestelle: Tel. (02 11) 49 71-4 47, Fax (02 11) 49 71-4 25
E-Mail: pressestelle@olg-duesseldorf.nrw.de
1 Pr, 1 VPr, 37 VR, 107,5 + 2 × ½ R einschl. ½ UProf, 2. Hauptamt

Präsidentin
Paulsen, Anne-José   1. 3. 02   23. 8. 52

Vizepräsident
Dr. Bünten, Wilfried   12. 11. 03   18. 11. 49

Vorsitzende Richterinnen/Vorsitzende Richter

Belker, Jörg Winfried	17. 5. 89	3. 7. 43
Pisters, Manfred	1. 3. 90	26. 4. 42
Klein, Bernd Klaus	18. 2. 92	11. 9. 44
Steinacker, Gisbert	1. 2. 93	10. 12. 42
Dr. Asper, Rolf-Dieter	7. 9. 95	4. 4. 43
Breidling, Ottmar	7. 11. 96	15. 2. 47
Reyer, Heinz Ulrich	23. 4. 97	27. 7. 42
Berneke, Wilhelm	11. 6. 97	15. 5. 49
Schüßler, Bernhard-Rudolf	1. 12. 97	27. 8. 48
Reis, Heinrich	26. 1. 98	16. 12. 50
Neuhaus, Claudia	5. 10. 98	5. 4. 45
Becker, Hans-Dieter	22. 6. 99	8. 11. 43
Ziemßen, Joachim	22. 6. 99	23. 2. 47
Malsch, Volker	22. 6. 99	1. 12. 51
Bader, Bernd	23. 6. 99	1. 6. 44
Dr. Eggert, Christoph Albrecht	1. 12. 99	4. 10. 43
Keldungs, Karl-Heinz	1. 12. 99	15. 1. 48
Reimann, Rainer	27. 3. 00	28. 11. 47
Servos, Hans	30. 10. 00	4. 9. 46
Dohnke-Kraff, Margret	1. 12. 00	12. 5. 49
Rübsamen, Bernd	31. 1. 02	28. 3. 42
Keiluweit, Wilfried	31. 1. 02	26. 10. 45
Gebelhoff, Ulrich	4. 3. 02	20. 4. 49
Müller, Wolfgang Fritz	13. 9. 02	22. 10. 55
Plum, Axel	1. 10. 02	14. 1. 49
Kneist, Michael	1. 10. 02	8. 1. 56
Jenssen, Jörn	10. 1. 03	17. 9. 53
Zimmermann, Hans Christian	10. 1. 03	22. 5. 56
Treige, Franz-Josef	13. 1. 03	26. 6. 54
Kaiser, Peter	27. 6. 03	—
Schmidt, Helmut Reinhold	16. 3. 04	15. 11. 49
Klein, Berthold	16. 3. 04	23. 10. 51
Müller-Mann-Hehlgans, Barbara	—	—
Dr. Soyka, Jürgen	3. 5. 04	16. 04. 52
Dicks, Heinz-Peter	26. 10. 05	24. 3. 51
Laubenstein, Wiegand	26. 10. 05	2. 12. 52

Richterinnen/Richter

Dr. Wessels, Klaus	14. 11. 80	15. 10. 42
Eichholz, Jürgen	1. 12. 81	6. 9. 43
Braunöhler, Lutz	18. 7. 85	6. 5. 48
Schmitz-Salue, Hayo	24. 7. 85	18. 1. 44
Dr. Cuypers, Manfred	25. 7. 85	3. 3. 46
Wagner, Christine	—	—
Schmerwitz, Volker	—	—
Rütz, Lothar	21. 3. 88	9. 4. 44
von Bassewitz, Hans-Henning	21. 12. 88	1. 9. 48
Dr. Hoffrichter-Daunicht, Christiane	20. 10. 89	9. 5. 51
Liedtke, Eva Antonia	15. 12. 89	24. 12. 47
Trilling, Tjarko	—	—
Janzik, Lothar	16. 5. 90	12. 12. 47
Heinen, Hans-Siegfried	23. 5. 90	28. 6. 53
Decker, Ulrich	22. 2. 91	20. 7. 46
Pieper, Klaus	27. 2. 91	29. 11. 43
Dr. Löhr, Maria-Elisabeth, ½	—	—
Schmitz, Arnold Detlev	27. 2. 91	29. 11. 47
Erlenhardt, Jürgen	19. 6. 91	1. 1. 49
Kosche, Helmut	14. 11. 91	6. 6. 46
Reinhardt, Franziska	14. 11. 91	29. 10. 47
Pfeiffer, Winfried	14. 11. 91	2. 12. 50
Strecker, Witold	1. 1. 92	—
Paul, Günter	12. 8. 92	17. 10. 42
Dr. Schlurmann, Christa	3. 6. 93	26. 4. 46
Stüttgen, Gerd	3. 6. 93	15. 2. 49
Struß-Blankenburg, Gabriele	3. 6. 93	20. 2. 49
Krücker, Rolf	3. 6. 93	28. 3. 53
Dr. Allstadt-Schmitz, Gisela	4. 6. 93	26. 3. 56

LG-Bezirk Düsseldorf   OLG-Bezirk Düsseldorf **NW**

Name		
Gode, Johannes	5. 7. 94	28. 3. 56
Schulz, Reinhart	23. 7. 94	27. 7. 54
Spahn, Marietta	17. 2. 95	16. 10. 54
Dr. Scholten, Hans Joseph	16. 2. 96	8. 9. 54
Fliescher, Stefan	20. 2. 96	26. 6. 57
Prof. Dr. Hören, Thomas (UProf, 2. Hauptamt)	1. 3. 96	22. 8. 61
Schüttpelz, Erfried	13. 9. 96	16. 10. 59
Dr. Rodermund, Wilfried	20. 3. 97	19. 11. 57
Stobbe, Norbert	20. 3. 97	24. 1. 58
von Wnuck-Lipinski, Peter	21. 3. 97	23. 2. 50
Frechen, Jutta	21. 3. 97	3. 8. 53
Geldmacher, Günther	22. 9. 97	20. 1. 52
Stein, Martine, 3/4	23. 9. 97	5. 2. 59
Schaefer-Lang, Gabriele, 1/2	19. 12. 97	20. 11. 57
Bender, Ulf-Thomas	13. 2. 98	30. 4. 60
Hilser, Klaus	18. 2. 98	30. 5. 57
Kühnen, Jürgen	25. 5. 98	15. 1. 60
Hartung, Ingrid, 1/2	26. 5. 98	31. 1. 61
Schmitz-Berg, Manfred	28. 5. 98	19. 5. 50
Drossart, Ulrich	29. 5. 98	1. 12. 54
Haarmann, Robert	29. 5. 98	15. 6. 56
Prof. Dr. Pohlmann, Petra (UProf, 2. Hauptamt), beurl.	18. 11. 98	31. 3. 61
van Rossum, Katrin, 1/2	25. 11. 98	1. 9. 60
Winterscheidt, Manfred	21. 6. 99	16. 2. 60
Schulz, Peter Klaus	22. 6. 99	5. 7. 61
Goller, Walter	24. 6. 99	23. 6. 46
Meyer, Boris	28. 6. 99	6. 8. 56
Dr. Hubrach, Jutta	2. 7. 99	14. 5. 61
Dr. Lehmberg, Annette	26. 7. 99	25. 7. 62
Dr. Klinkhammer, Frank	30. 12. 99	14. 5. 61
Limbrock, Gabriele	3. 1. 00	10. 7. 48
Döinghaus, Bernd Michael	18. 7. 00	7. 2. 62
Behring, Stefan	26. 7. 00	19. 10. 60
Leupertz, Stefan	27. 7. 00	21. 3. 61
Bischop, Ludger	28. 7. 00	31. 12. 61
Helmig-Rieping, Elisabeth, 1/2	31. 7. 01	7. 1. 57
Odenthal, Bianca, 1/2	31. 7. 00	25. 12. 57
Dr. Becker, Friedemann	28. 12. 00	20. 10. 53
Krämer, Sabine, 2/3	26. 4. 01	24. 12. 63
Wendel, Heinz	9. 5. 01	22. 4. 61
Roidl-Hock, Ellen	9. 5. 01	28. 10. 61
Lieberoth-Leden, Sylvia, 1/2	9. 5. 01	4. 9. 62
Denkhaus, Mathias	27. 9. 01	9. 11. 58
Dr. Weith, Jürgen	9. 11. 01	21. 6. 59
Dr. Unger, Joachim	9. 11. 01	17. 5. 61
Manderscheid, Kerstin	9. 11. 01	9. 8. 62
Peters, Gabriele	12. 11. 01	26. 1. 63
Dr. Maifeld, Jan	1. 1. 02	21. 9. 59
Kortge, Regina	1. 1. 02	4. 2. 61
Goldschmidt-Neumann, Birgit, 1/2	26. 9. 02	6. 10. 61
Tischner, Gerhard	26. 9. 02	5. 4. 62
Fleischer, Christiane	26. 9. 02	8. 10. 63
Dr. Maimann, Christine	26. 9. 02	11. 5. 64
Ernst, Hans-Günter	31. 3. 03	22. 12. 58
Dr. May, Werner	31. 3. 03	9. 12. 59
Olbrisch, Siegfried	31. 3. 03	2. 1. 60
Schumacher, Claudia	31. 3. 03	6. 11. 60
Fuhr, Heike, 1/2	31. 3. 03	1. 12. 60
Derrix, Johannes	31. 3. 03	5. 1. 63
Dr. Schmitt-Frister, Petra	30. 6. 03	10. 9. 65
Fricke, Stephan	30. 6. 03	20. 10. 65
Dr. Deville, Rainer, abg.	5. 9. 03	6. 8. 59
Roitzheim, Gudrun, abg.	5. 9. 03	1. 11. 63
Bergmann-Streyl, Birgitta, 1/2	18. 9. 03	16. 7. 63
Offermanns, Klaus	30. 9. 03	14. 6. 62
Schröder, Andreja	30. 9. 03	27. 9. 65
Drees, Rainer	30. 9. 03	13. 2. 67
Mielke, Siegfried Gotthard	23. 4. 04	21. 7. 62
Schuh-Offermanns, Miriam, 1/2	23. 4. 04	3. 10. 62
Büddefeld, Dirk	26. 4. 04	30. 3. 62
Dieck-Bogatzke, Britta	26. 4. 04	8. 7. 63
Fuchs, Christian	27. 4. 04	19. 11. 63
Dr. Anderegg, Kirsten	30. 4. 04	—
Jungclaus, Katrin	30. 4. 04	3. 9. 67
Dr. Fleischer, Nicole	26. 11. 04	7. 3. 66
Hesper, Anja	29. 11. 04	17. 7. 64
Prof. Dr. Ehricke, Ulrich (UProf, 2. Hauptamt)	27. 4. 05	7. 2. 64

Landgerichtsbezirk Düsseldorf

Landgericht Düsseldorf   E 1 170 102
Neubrückstr. 3, 40213 Düsseldorf
Postfach 10 34 61, 40025 Düsseldorf
Tel. (02 11) 83 06-0
Fax (02 11) 83 06-1 60
E-Mail: poststelle@lg-duesseldorf.nrw.de
www.lg-duesseldorf.nrw.de
Pressestelle: Tel. (02 11) 83 06-0,
Fax (02 11) 83 06-26 33
E-Mail: pressestelle@lg-duesseldorf.nrw.de

1 Pr, 1 VPr, 43 + 2 × 1/2 VR, 66 R + 3 LSt (R)

Präsident
Dr. Blaesing, Heiner   6. 4. 01   27. 6. 50

Vizepräsidentin
Haubrich, Renate   21. 3. 95   1. 7. 46

NW OLG-Bezirk Düsseldorf LG-Bezirk Düsseldorf

Vorsitzende Richterinnen/Vorsitzende Richter

Köthnig, Gerd	19. 12. 85	13. 9. 44
Naumann, Reinhard	25. 9. 87	1. 5. 43
Nordmann, Brigitte Johanna	—	—
Dr. Butz, Horst	18. 1. 91	5. 9. 44
Siepe, Rolf	4. 2. 91	18. 4. 49
Wolff, Rudolf	16. 9. 91	4. 3. 49
Henrich, Monika	30. 12. 91	24. 6. 48
Voß, Ulrich	5. 10. 92	31. 5. 47
Voß, Uwe	—	—
Röttgers, Klaus	28. 12. 92	27. 9. 49
Oppermann, Christian	20. 10. 94	19. 7. 52
Buhlmann, Klaus-Dieter	6. 3. 95	22. 11. 47
Oltrogge, Kurt	8. 3. 95	16. 5. 51
Dr. Marl, Burkhard	18. 4. 95	14. 1. 55
Tannert, Marita	—	—
Berger, Udo	17. 1. 96	17. 2. 46
Arendes, Werner	9. 4. 96	10. 2. 53
Dr. Fudickar, Susanne, 1/2	8. 1. 97	17. 3. 56
Schuster, Jochen	30. 4. 97	16. 8. 41
Weise, Eva	2. 6. 97	22. 3. 44
Lehmberg, Hermann	3. 9. 97	1. 6. 55
Dr. Kühnen, Thomas	31. 10. 97	14. 1. 60
Kratz, Ulrich	20. 7. 98	20. 10. 47
Maurer, Rolf	30. 8. 99	26. 5. 59
Koppenhöfer, Brigitte	1. 9. 99	28. 3. 51
Freiin von Gregory, Jutta	28. 4. 00	31. 7. 60
Meurer, Michael	2. 5. 00	31. 10. 58
Dr. Grabinski, Klaus	28. 12. 00	6. 2. 62
Ollerdißen, Hartwig	28. 6. 01	22. 5. 57
Kintzen, Stefan	28. 6. 01	1. 5. 58
Göge, Klaus	28. 6. 01	27. 3. 60
Dr. Thole, Ulrich	23. 1. 02	21. 3. 60
Stockschlaeder-Nöll, Ellen, 1/2	31. 1. 02	2. 7. 54
Galle, Stefan	12. 8. 02	9. 11. 59
Drees, Stefan	5. 3. 03	6. 8. 61
Wernscheid, Ralf	30. 11. 04	28. 12. 58
Dr. Bardo, Ulrike	30. 11. 04	30. 5. 59
Bronczek, Martin	30. 11. 04	19. 10. 61
Brückner-Hofmann, Johanna, 1/2	30. 11. 04	26. 7. 64
Dr. Stöve, Elisabeth, 1/2	30. 11. 04	18. 12. 64
Dr. Pahlke, Bernd	30. 11. 04	21. 12. 65
Reucher-Hodges, Bettina	1. 12. 04	4. 8. 63
Ebert, Ute	28. 7. 05	13. 8. 61
Rambo, Rainald	1. 9. 05	3. 7. 62

Richterinnen/Richter

Kinzler, Doris Anita	7. 11. 74	14. 8. 42
Lieberich, Heidemarie	1. 3. 76	18. 9. 44
Mosiek, Christa	2. 6. 76	20. 3. 45
Manegold-Burckhardt, Gudrun Maria	7. 11. 78	21. 10. 47
Dr. Wirtz, Hans Joachim	31. 5. 79	22. 2. 46
Bispinck-Jaeger, Oda Gesine	—	—
Schmidtke, Christa, 3/4	1. 2. 80	2. 2. 47
Bücheleres, Michael	13. 5. 80	5. 10. 49
Dr. Wienert, Johannes	5. 8. 83	21. 9. 49
Klostermann-Stelkens, Barbara	21. 10. 83	14. 10. 48
Fröml, Thomas	2. 11. 84	12. 1. 53
Radtke, Elke	13. 7. 92	5. 2. 60
Schulz, Carola, 1/2	1. 11. 92	12. 6. 60
Maiworm, Birgit	28. 11. 94	25. 1. 62
Adam, Cornelia, 1/2	17. 7. 97	6. 10. 60
Schmidt, Hans-Jörg	18. 7. 97	8. 2. 61
Dr. Schmidt-Kötters, Ursula, beurl.	21. 7. 97	20. 11. 61
Wierum, Pascale	26. 8. 97	3. 5. 66
Heidtkamp-Pöhler, Anneli, 1/2	4. 2. 98	22. 10. 65
Sasse, Cordula	4. 2. 98	9. 2. 67
Strupp-Müller, Barbara, 1/2	3. 6. 98	9. 7. 62
Matz, Joachim	3. 6. 98	16. 11. 63
Frister, Anne-Christin, 1/2	14. 1. 99	12. 9. 66
Wolks-Falter, Sabine, beurl. (LSt)	17. 8. 99	5. 1. 67
Toporzysek, Kornelia	17. 8. 99	28. 1. 67
Tischner, Rita	17. 8. 99	25. 8. 68
Schwarz, Christoph	17. 11. 99	25. 8. 66
Schumacher, Klaus	5. 7. 00	25. 2. 66
Dr. Benda, Andre, beurl. (LSt)	5. 7. 00	4. 7. 68
Rühl, Iris	5. 7. 00	8. 9. 68
Beuchel, Marcus	—	—
Berke, Katharina, beurl.	—	—
Dr. Theißen, Heinrich Friedrich Maria	10. 7. 00	4. 5. 65
Voß, Ulrike	21. 5. 01	31. 12. 67
Geißels, Volker	21. 5. 01	14. 9. 69
van Lessen, Jan Reinhard	28. 6. 01	21. 11. 65
Albrecht, Frank, abg.	3. 12. 01	21. 4. 67
Elle, Verena, 6/10	21. 12. 01	2. 12. 70
Lambrecht, Uwe	3. 6. 02	1. 8. 64
Schmidt, Nicola	5. 6. 02	20. 5. 69
Dr. Crummenerl, Tim, abg. (LSt)	17. 6. 02	18. 2. 70
Brüggemann, Thomas	19. 11. 02	5. 12. 69
Dr. Wermeckes, Bernd	19. 11. 02	29. 1. 70
Seifert, Wilko	19. 11. 02	22. 12. 70
Vaupel, Kerstin	21. 11. 02	8. 1. 70
Engelkamp-Neeser, Ingrid	25. 11. 02	14. 9. 68
Gmelin, Mark Ulrich	16. 12. 02	3. 3. 67
Dr. Drees, Vera, beurl.	—	—
Köstner, Barbara	16. 5. 03	8. 2. 72
Walloch, Sylvia	19. 5. 03	10. 12. 69
Reuter, Sylvia	18. 12. 03	2. 5. 72
Pastohr, Ulrike, beurl.	2. 7. 04	30. 7. 73

LG-Bezirk Düsseldorf   OLG-Bezirk Düsseldorf   **NW**

Name	Date 1	Date 2
Vogt, Kerstin	2. 7.04	15.10.73
Schuster, Christina	6. 7.04	8. 6.72
Dr. Lindemann, Carsten	6. 7.04	2.11.72
Dr. Noltze, Guido Karl	6. 7.04	15. 6.73
Machalitza, Martin	12. 7.04	25. 1.73
Dr. Ellerkmann, Fee	13. 7.04	29. 3.74
Dr. Schütz, Peter Erik	16.12.04	18. 5.69
Klepsch, Sabine Maria	16.12.04	8.12.69
Schmitz, Renate	16.12.04	24.10.72
Stickel, Eva	16.12.04	13.10.73
Dr. Daubach, Helia-Verena, abg.	23. 6.05	19. 1.73
Wedel, Dirk	23. 6.05	8. 6.74
Dr. Thönnissen, Ludwig	4. 7.05	5.10.70
Dr. Dominik, Katja	20. 1.06	29. 5.71
Dr. Scholten, Ingo Josef	—	—

Amtsgerichte

Düsseldorf E 573 449
Mühlenstr. 34, 40213 Düsseldorf
Postfach 10 11 40, 40002 Düsseldorf
Tel. (02 11) 83 06-0
Fax (02 11) 83 06-1 61
E-Mail: poststelle@ag-duesseldorf.nrw.de
www.ag-duesseldorf.nrw.de
Pressestelle: Tel. (02 11) 83 06-0,
Fax (02 11) 83 06-25 34
E-Mail: pressestelle@ag-duesseldorf.nrw.de

1 Pr, 1 VPr, 11 w.aufsR, 81 R + 1 LSt (R)

Präsident

Hartmann, Dirk	21. 1.99	17. 9.41

Vizepräsident

Dick, Ingolf	1. 3.02	11.12.48

Weitere aufsichtführende Richterinnen/Richter

Name	Date 1	Date 2
Borkert, Günter	13. 3.89	12. 4.42
Benden, Karl-Ludwig	11.12.97	18. 8.43
Dr. Schmitz, Heinz-Jürgen	1. 5.00	19. 1.47
Roos, Peter	2. 6.00	10.12.46
Goralska, Marianne	2. 6.00	10.12.47
Moser-Rodens, Gabriele	—	—
Haueiß, Sylvia	8.10.02	29. 8.50
Bösken, Clemens Peter	9. 3.04	2. 7.46
Ziegenbein, Hans-Dieter	29.11.04	27. 5.50
Rupprecht, Klaus	30.11.04	9. 9.44
Batzke, Werner	16. 2.06	14. 9.59

Richterinnen/Richter

Name	Date 1	Date 2
Gravenhorst, Ulrike	4.10.73	29. 7.41
Schmidt-Zahl, Inge, 6/10	21. 2.74	21. 9.42
Dahl, Margret	13. 4.76	—
Oehlschläger, Jürgen	16. 7.76	21. 7.43
Rudy, Hans	28. 8.76	24.11.44
Jahn, Renate	10.12.76	7. 4.43
Wagner, Stefan	1. 4.77	10. 7.42
Erdmann, Paul	24. 5.77	24. 9.41
Hanslik, Dirk	19. 6.77	6. 8.45
Scharen, Ilse-Grete	1. 7.77	—
Klein, Wolfgang	20. 9.77	31.10.46
Wollenweber, Hedda	22. 9.77	21. 5.41
Bösken, Brigitte	4.11.77	11. 5.46
Weitz, Hans Joachim	4.11.77	29.10.47
Fey, Wolfgang	17. 2.78	26.10.43
Koelpin, Hartmut	8. 8.78	4.10.44
Spix, Burckhardt	29. 9.78	16. 7.45
Windeck, Marius Anton	29. 9.78	30. 8.45
Bingel, Angelika	29.10.78	12. 4.43
Gehentges, Günter	31.10.78	17. 5.46
Dr. Schnorr, Wolfram	2. 3.79	14. 1.44
Schemkämper, Bernhard	2. 4.79	12.10.46
Hennig, Günter	1. 6.79	8. 8.48
Dolinsky, Christian	10. 9.79	28. 6.48
Müller-Krauß, Erika, 1/2	—	—
Hoenicke, Hannelore Lydia	11.10.79	20.10.48
Gaedtke, Gerfried	15. 2.80	5. 5.49
Lindenblatt, Heinrich	17. 7.80	4. 8.45
Kruse, Dirk	25. 3.83	20. 7.51
Roth, Bernd	14. 6.83	25. 8.50
Fischer, Angela	7.11.84	7. 8.52
Lysko, Ruth	15. 2.89	18.11.48
Telle-Hetfeld, Hans-Werner	16. 7.90	14. 3.55
Dr. Schütte, Monika, 3/4	5. 4.91	8. 7.58
Hoffmann, Felicitas	21.10.91	—
Braun, Martin	29. 6.92	10. 7.57
Witthaut, Jutta, 1/2	8. 4.93	12. 9.61
Mertens, Andreas	13. 4.93	22. 5.62
Henning, Frank	31. 1.94	19. 6.60
Dr. Poncelet, Stephan	6. 6.94	12.11.61
Hoppach, Hartmut	30.11.94	6. 6.61
Dietrich, Jörg	30.11.94	14. 8.63
Rolke, Dieter	9.12.94	14. 5.61
Pollmächer, Frank	20. 7.95	30. 6.61
Strohmeyer, Hansjörg, beurl.	21. 9.95	5. 2.62
Johann, Holger	25. 9.95	18. 5.58
Hanck, Stefan	28. 9.95	13. 7.61
Faulenbach, Helga, 7/10	21. 6.96	1. 6.63
Schreiber, Susanne, 7/10	18.10.96	1. 6.63
Brost, Britta, 1/2	16. 6.97	30. 9.64
Kuhn, Gabriele, 6/10	4. 98	1. 3.65
Pütz, Edwin	15. 6.98	26.12.64
Marl, Sabine	23.10.98	4. 2.63
Hermeler, Thomas Karl	20.11.98	9. 3.64
Distler, Frauke	2. 7.99	29. 3.67

NW OLG-Bezirk Düsseldorf · LG-Bezirk Düsseldorf

Diegel, Antje, ½	2. 7. 99	14. 9. 67
Kretschmer, Uta	7. 7. 99	17. 12. 68
Sönnichsen, Christian	3. 12. 99	14. 2. 67
John, Carsten	3. 12. 99	18. 12. 67
Blomenkamp, Carl	23. 6. 00	13. 8. 65
Strefling, Susanne	23. 6. 00	16. 10. 65
Bettex, Barbara Friederike, ½	23. 6. 00	22. 9. 67
Bünemann, Anne, beurl.	20. 2. 01	27. 5. 70
Butenuth, Andrea, beurl.	21. 2. 01	1. 11. 68
Schlamkow, Christoph, abg.	24. 7. 01	23. 7. 68
Zangerl, Petra, beurl.	2. 10. 01	17. 3. 69
Marci, Nicole, beurl.	7. 12. 01	21. 1. 69
Nick, Daniel	3. 6. 02	25. 2. 68
Terbrack, Vera, beurl.	18. 11. 02	10. 11. 70
Hummel, Knut	20. 11. 02	1. 3. 69
Coners, Stefan	14. 10. 03	7. 6. 68
Taube, Christina, 6/10	29. 12. 04	5. 12. 67
Sattler, Kerstin	29. 12. 04	28. 12. 71
Koewius, Jörg	29. 12. 04	5. 4. 72
Stammerjohann, Astrid	29. 12. 04	28. 5. 74
Leonhard, Muriel Claudia	3. 8. 05	29. 5. 74
Dr. Mäger, Michaela, ½	5. 8. 05	17. 5. 71
Dr. Böcker, Philipp	12. 9. 05	2. 1. 74

Langenfeld (Rheinland) E 159 253
Hauptstr. 15, 40764 Langenfeld (Rhld.)
Postfach 11 62, 40736 Langenfeld (Rhld.)
Tel. (0 21 73) 9 02-0
Fax (0 21 73) 9 02-1 10
E-Mail: poststelle@ag-langenfeld.nrw.de
www.ag-langenfeld.nrw.de

1 Dir, 1 stVDir, 1 w.aufsR, 12 R

Wollenhaupt, Lutz, Dir	25. 3. 02	8. 2. 56
Strauß, Peter, stVDir	—	—
Berger, Monika, w.aufsR	24. 1. 02	14. 9. 61
Daun, Dorothee, ½	23. 10. 78	17. 9. 47
Clausing, Barbara		
Frantzen, Wolfgang		
Kröger, Jens-Peter	9. 8. 94	19. 4. 61
Müller, Heinz Siegfried	17. 8. 84	16. 10. 48
Bösen, Martin	29. 12. 94	26. 2. 61
Breuers, Christian	4. 7. 00	14. 9. 69
Pütz, Beate	7. 12. 00	23. 5. 66
Baumann, Claudia, ½	7. 11. 01	28. 12. 69
Wilczek, Sonja	15. 12. 03	6. 2. 71
Mühlen, Marcus Wilhelm	6. 12. 04	22. 1. 71
Breiler, Tanja, ½	15. 2. 06	26. 3. 74

Neuss E 345 535
Breite Str. 48, 41460 Neuss
Postfach 10 03 54, 41403 Neuss
Tel. (0 21 31) 2 89-0, Fax (0 21 31) 2 89-7 50
E-Mail: poststelle@ag-neuss.nrw.de
www.ag-neuss.nrw.de

1 Dir, 1 stVDir, 3 w.aufsR, 28 R + 1 LSt (R)

Lottes, Bernd, Dir	28. 6. 99	19. 10. 50
Krüger, Kay Uwe, stVDir	2. 10. 01	6. 10. 59
Rütz, Günther, w.aufsR	—	—
Graf von Reichenbach, Stefan, w.aufsR	6. 6. 97	14. 4. 43
Röhr, Axel, w.aufsR	1. 2. 01	6. 4. 45
Becker, Franz		
Burckhardt, Klaus	1. 7. 77	18. 1. 43
von Brauchitsch-Behncke, Karin	5. 5. 80	22. 7. 47
Schwichtenberg, Herbert	1. 6. 80	22. 12. 47
Krieger, Norbert		
Ulland, Wolfgang	21. 11. 80	24. 3. 48
Bott, Wilfried		
Cöllen, Heinrich	23. 4. 82	2. 2. 52
Spix, Barbara	23. 4. 82	11. 6. 52
Karnuth, Michael		
Köster, Sigrid	13. 1. 84	12. 4. 54
Orlob, Bernd	17. 7. 84	5. 4. 55
Jenk, Birgitt	8. 5. 87	18. 11. 56
Zweygart-Heckschen, Karin, beurl. (LSt)	13. 8. 91	7. 1. 59
Trautmann, Susanne, ½	7. 1. 94	22. 7. 61
Windeler, Hans Dieter	12. 12. 94	14. 12. 61
Dr. te Bokkel, Katharina	10. 6. 96	7. 4. 58
Steeger, Ulrich		
Schoenijahn, Oliver	22. 9. 99	13. 2. 68
Thelen, Gerhard Josef	20. 10. 00	14. 9. 67
Hunstieger, Birgit	26. 7. 01	23. 4. 68
Michalek, Karin	26. 7. 01	28. 8. 69
Vieregge, Michael	10. 6. 02	11. 4. 71
Pixa, Annette, ½	10. 6. 02	26. 12. 71
Dr. Jandt, Marta, ½	14. 6. 05	28. 5. 73

Ratingen E 91 865
Düsseldorfer Str. 54, 40878 Ratingen
Postfach 10 11 13, 40831 Ratingen
Tel. (0 21 02) 10 09-0
Fax (0 21 02) 10 09-1 03
E-Mail: poststelle@ag-ratingen.nrw.de
www.ag-ratingen.nrw.de

1 Dir, 1 stVDir, 6 R

LG-Bezirk Duisburg OLG-Bezirk Düsseldorf **NW**

Genter, Lothar, Dir	20. 8. 96	6. 3. 47
Schrimpf, Jürgen Werner, stVDir	—	—
Grape, Lieselotte	13. 12. 75	20. 9. 43
Vatter, Fritz Siegfried	—	—
Niedrig, Rüdiger	2. 4. 79	10. 12. 47
Rüttgers, Peter-Wolfgang	25. 10. 83	27. 7. 47
Tietze, Angela	26. 6. 84	30. 10. 51
Dolfen, Gisela	21. 6. 00	18. 11. 67

Landgerichtsbezirk Duisburg

Landgericht Duisburg E 1 117 328
König-Heinrich-Platz 1, 47051 Duisburg
Postfach 10 15 05, 47015 Duisburg
Tel. (02 03) 99 28-0
Fax (02 03) 99 28-4 44
E-Mail: poststelle@lg-duisburg.nrw.de
www.lg-duisburg.nrw.de
Pressestelle: Tel. (02 03) 99 28-0,
Fax (02 03) 99 28-4 44
E-Mail: poststelle@lg-duisburg.nrw.de

1 Pr, 1 VPr, 24 VR, 34 R + 2 x LSt (VR) + 1 LSt (R)

Präsident

Dr. Just, Hubert	19. 6. 97	30. 7. 45

Vizepräsident

Dr. Weismann, Stefan	30. 9. 03	17. 5. 58

Vorsitzende Richterinnen/Vorsitzende Richter

Kaletsch, Ottfried	23. 3. 87	9. 9. 44
Ettwig, Fritz	1. 5. 88	7. 2. 45
Schmidt, Michael	19. 10. 89	4. 10. 45
Tillmann, Dieter	19. 6. 91	18. 8. 46
Ramacher, Wolfgang	23. 12. 91	26. 9. 46
Dr. Risch, Ingo, beurl. (LSt)	28. 12. 92	7. 11. 46
Dr. Winter, Manfred	7. 7. 94	23. 7. 49
Benthele, Konrad	20. 12. 94	3. 9. 50
Spieker, Franz-Josef	14. 6. 95	4. 3. 49
Schlinkert, Rainer	21. 8. 96	27. 4. 48
Struß, Dirk	21. 8. 96	11. 5. 48
Fellmann, Klaus-Peter, beurl. (LSt)	26. 3. 98	24. 1. 52
Junker, Thomas	29. 5. 98	21. 3. 57
Bellenbaum, Bernd	8. 3. 99	3. 8. 58
Jakob, Karl-Heinz	—	—
Kamphausen, Brigitte	31. 1. 00	16. 3. 58
Bracun, Helmut	30. 6. 00	9. 8. 56
Dr. Fleischer, Thomas	30. 6. 00	6. 5. 57
Schwartz, Joachim	30. 5. 01	4. 12. 55
Schulte, Andrea	30. 5. 01	1. 12. 59

Dr. Luge, Jens	12. 6. 03	1. 7. 59
Schwartz, Andrea	31. 3. 04	4. 11. 61
Metzler, Ulrich	30. 7. 04	28. 8. 61
Krützberg, Hans-Ulrich	18. 8. 05	10. 12. 53
Foos, Michael	22. 8. 05	27. 5. 64

Richterinnen/Richter

Menkhoff, Heinz-Dieter	1. 9. 78	7. 4. 48
Dehmel, Kurt-Günther	11. 9. 78	4. 4. 44
Garthmann-Ressing, Carola, 1/2	—	—
Brackmann, Roswitha	28. 12. 93	21. 12. 60
Terhorst, Christoph	27. 1. 97	30. 10. 63
Russack, Marc	31. 1. 97	22. 7. 62
Hochgürtel, Johannes	18. 8. 97	5. 4. 64
Hansen, Sven	15. 1. 98	28. 8. 62
Reim, Antje	3. 8. 98	9. 4. 66
Balke, Sabine	3. 8. 98	3. 5. 66
Beck-Collas, Hiltraud, 1/2	4. 8. 98	9. 8. 65
Collas, Martin	13. 11. 98	9. 8. 63
Rittershaus, Olaf	2. 9. 99	21. 2. 68
Zimmermann, Walter	29. 6. 00	22. 12. 62
Nennecke, Christian	29. 6. 00	15. 4. 66
Dr. Hattstein, Daniela, 1/2	7. 3. 01	13. 8. 69
Luge, Nicole, beurl. (LSt)	12. 6. 01	2. 2. 71
Dr. Oppermann, Diethard	21. 6. 01	16. 3. 71
Lüttgen, Peter	23. 7. 01	20. 5. 68
Gründges, Michael	20. 12. 01	6. 5. 68
Dr. Stieler, Thorsten	20. 12. 01	1. 6. 69
Reimann, Claudia	20. 12. 01	29. 3. 71
Spiecker, Vera	28. 12. 01	5. 10. 69
Franzke, Thomas	2. 1. 02	2. 12. 71
Kramer, Andrea	4. 12. 02	5. 12. 71
Plein, Mario	6. 12. 02	29. 1. 71
Posegga, Thomas	6. 12. 02	25. 6. 71
Dr. Kühneweg, Heike, 1/2	26. 5. 04	18. 2. 69
Ulrich, Stefan	28. 7. 04	25. 5. 72
Pütz, Regina, 1/2	29. 7. 04	25. 11. 70
Dr. Hackel, Volker	4. 2. 05	31. 5. 71
Schulte, Holger	16. 9. 05	18. 2. 72
Dr. Nüchter, Berthold	16. 9. 05	15. 12. 72
Diepolder, Hagen	16. 9. 05	10. 1. 75
Andres, Andrea, beurl.	30. 12. 05	5. 10. 72

Amtsgerichte

Dinslaken E 108 924
Schillerstr. 76, 46535 Dinslaken
Postfach 10 01 54, 46521 Dinslaken
Tel. (0 20 64) 60 08-0
Fax (0 20 64) 60 08-70
E-Mail: poststelle@ag-dinslaken.nrw.de
www.ag-dinslaken.nrw.de

1 Dir, 1 stVDir, 8 R

NW OLG-Bezirk Düsseldorf   LG-Bezirk Duisburg

Dr. Bücker, Ludger, Dir	1. 6. 00	20. 12. 48
Schminke, Peter, stVDir	—	—
Dr. Puschmann, Kurt	8. 5. 74	25. 3. 44
Kürle, Hans	2. 5. 78	29. 7. 44
Buck, Paul	—	—
Hinninghofen, Jochen	9. 6. 84	3. 2. 52
Hansen, Hans-Peter	3. 12. 84	25. 6. 50
Mersmann, Reinhard	28. 1. 85	9. 2. 52
Huster, Bettina	24. 1. 94	31. 7. 61
Feltmann, Christoph	21. 11. 94	17. 1. 60

Duisburg E 258 849
König-Heinrich-Platz 1, 47051 Duisburg
Postfach 10 01 10, 47001 Duisburg
Tel. (02 03) 99 28-0
Fax (02 03) 99 28-4 41
E-Mail: poststelle@ag-duisburg.nrw.de
www.ag-duisburg.nrw.de

1 Dir, 1 stVDir, 4 w.aufsR, 34 R + 1 LSt (R)

Kassen, Norbert, Dir	1. 9. 94	27. 3. 47
Funken-Schneider, Margarete, stVDir, 2/3	30. 6. 00	23. 10. 60
Nießalla, Folker, w.aufsR	16. 9. 94	6. 1. 44
Oelze, Gabriele, w.aufsR	11. 5. 98	16. 3. 51
Dr. Schmahl, Hermann-Josef, w.aufsR	12. 7. 01	26. 12. 46
Böhmer, Oliver, w.aufsR	30. 8. 02	2. 7. 46
Jantke, Elke	6. 6. 72	6. 7. 42
Rahn, Christof	17. 3. 76	20. 6. 43
Weiß, Heinz Georg	2. 11. 76	30. 7. 45
Mann, Norbert, 3/5	17. 12. 76	4. 6. 43
Sensfuß, Jörg-Winrich	22. 2. 77	27. 11. 44
Günther, Arnold	20. 6. 77	9. 9. 42
Oelze, Achim	1. 4. 80	22. 9. 49
Boltze, Michael	—	—
Staffler, Elmar	—	—
Heitgreß-Roehl, Monika	—	—
Kellner, Edmund	—	6. 3. 50
Ohlerich, Marianne	—	—
van Eymeren, Mechthild	1. 12. 83	27. 4. 53
Müller-Lühlhoff, Claudia	22. 6. 84	19. 5. 53
Dr. Feller, Frank	9. 5. 94	20. 6. 59
Eulering, Ruth-Maria	16. 5. 94	21. 8. 61
Fischer, Martin	7. 11. 94	2. 3. 61
Bohle, Rita	2. 8. 95	16. 5. 61
Schmidt-Hölsken, Volker	13. 11. 95	14. 1. 61
Martin, Andreas	14. 11. 95	18. 2. 64
Bienert, Angelika	23. 1. 97	6. 1. 62
Reese, Benjamine, 1/2	30. 4. 98	19. 7. 65
Flecken-Bringmann, Cornelia, 1/2	17. 11. 98	30. 4. 65
Dr. Stiens-Reichert, Andrea, beurl.	29. 6. 00	9. 9. 66
Tralau, Svenja, 1/2	9. 8. 01	6. 2. 70

Mückner, Lars	28. 12. 01	30. 7. 66
Roggatz, Stefanie	28. 12. 01	12. 11. 70
Dr. Rausch, Rolf	1. 2. 02	23. 7. 63
Zekl, Volker	13. 5. 02	24. 2. 68
Piaszek, Alexander, abg.	30. 12. 02	18. 2. 68
Besen, Silke, beurl. (LSt)	11. 4. 03	6. 3. 72
Grau, Sabine	15. 12. 03	15. 6. 73
Dr. Bungart, Petra, 1/2	—	—

Duisburg-Hamborn E 124 726
Duisburger Str. 220, 47166 Duisburg
Postfach 11 01 36, 47141 Duisburg
Tel. (02 03) 5 44 04-0
Fax (02 03) 5 44 04-42
E-Mail: poststelle@ag-duisburg-hamborn.nrw.de
www.ag-duisburg-hamborg.nrw.de

1 Dir, 1 stVDir, 10 R

Paulußen, Ernst Walter, Dir	1. 8. 00	13. 7. 55
Pohl, Jan-Michael, stVDir	27. 2. 02	3. 6. 48
Bachem, Heinz Michael	13. 4. 77	5. 1. 45
Spiess, Heinrich	28. 8. 78	16. 7. 43
Zähres, Gerd	—	—
Essers, Wilhelm Antonius	—	—
Achtermeier, Karl-Heinz	5. 4. 83	3. 3. 52
Bramhoff, Suitbert	9. 4. 90	6. 7. 57
Thome, Hendrik	28. 7. 94	8. 8. 60
Heister, Dieter	21. 8. 97	22. 9. 63
Happe, Christian	23. 9. 03	29. 6. 70
Stiewe, Volker	29. 9. 05	9. 5. 73

Duisburg-Ruhrort E 118 947
Amtsgerichtsstr. 36, 47119 Duisburg
Postfach 13 01 51, 47118 Duisburg
Tel. (02 03) 8 00 59-0
Fax (02 03) 8 00 59-2 22
E-Mail: poststelle@ag-duisburg-ruhrort.nrw.de
www.ag-duisburg-ruhrort.nrw.de

1 Dir, 1 stVDir, 9 R

Schmitz, Hans Josef, Dir	7. 10. 05	4. 6. 48
N. N., stVDir	—	—
Thönißen, Klaus	9. 5. 78	12. 6. 48
Westermeier, Karl-Heinz	14. 4. 80	23. 6. 47
Krapp, Volker, 2/3	25. 3. 81	24. 6. 47
Schwering, Heinz-Bert	3. 4. 81	15. 9. 50
Marx, Hans-Dieter	27. 4. 82	20. 3. 46
zum Kolk, Robert	21. 9. 83	11. 7. 49
Zellmer, Susanne	4. 6. 84	17. 11. 53
Benke, Hans Richard	13. 11. 84	16. 1. 50
Roth, Verena, beurl.	24. 11. 03	29. 6. 66

LG-Bezirk Kleve   OLG-Bezirk Düsseldorf   **NW**

Mülheim an der Ruhr   E 169 905
Georgstr. 13, 45468 Mülheim an der Ruhr
Postfach 10 01 62, 45466 Mülheim an der Ruhr
Tel. (02 08) 45 09-0
Fax (02 08) 45 09-1 00
E-Mail: poststelle@ag-muelheim.nrw.de
www.ag-muelheim.nrw.de

1 Dir, 1 stVDir, 1 w.aufsR, 13 R

Dr. Franke, Einhard, Dir	27. 11. 00	11. 9. 49
Jansen, Walter Peter, stVDir	21. 7. 99	6. 3. 45
Schwanzer, Mechthild, w.aufsR	18. 8. 94	11. 10. 43
Hörschgen, Reinhard	18. 9. 77	1. 7. 46
Zähres, Cordula	8. 11. 78	2. 9. 48
Wetterich, Erhard	—	—
Kaspers, Heinz-Peter	2. 11. 79	7. 2. 48
Fronhoffs, Bernd	15. 6. 81	7. 7. 48
Fischer, Peter	3. 12. 84	4. 1. 53
Galonska-Bracun, Susanne	29. 12. 93	4. 5. 61
Arps, Inken	18. 4. 94	29. 5. 61
Kley, Alexander	27. 12. 94	2. 1. 61
Beuse, Friederike	9. 8. 95	2. 6. 62
Brügge, Claudia	4. 6. 02	18. 7. 71
Koch, Annika, beurl.	9. 12. 02	1. 5. 73
Lubenau, Claudia	15. 7. 05	19. 10. 74

Oberhausen (Rheinland)   E 219 148
Friedenplatz 1, 46045 Oberhausen
Postfach 10 01 20, 46001 Oberhausen
Tel. (02 08) 85 86-1, Fax (02 08) 85 86-2 18
E-Mail: poststelle@ag-oberhausen.nrw.de
www.ag-oberhausen.nrw.de

1 Dir, 1 stVDir, 2 w.aufsR, 19 R

Bendorf, Berthold, Dir	11. 8. 95	20. 1. 49
Dück, Peter, stVDir	30. 3. 01	4. 3. 52
Dr. Viefhues, Wolfram, w.aufsR	26. 6. 95	30. 3. 50
Teschner, Petra, w.aufsR	30. 12. 05	22. 10. 59
Müller, Hans-Joachim	—	—
Langenbach, Rüdiger	16. 9. 77	28. 9. 44
Hoffmann, Marga	—	—
Behnke, Sabine	3. 3. 78	26. 5. 45
Beuke, Hans Rudolf	19. 2. 79	14. 7. 44
Warning, Jürgen	2. 4. 79	22. 12. 46
Orilski, Joachim	2. 9. 80	24. 7. 47
Masling, Gabriela	17. 6. 81	8. 3. 51
Carra, Karl-Heinz	16. 11. 81	11. 8. 46
Dr. Kilian, Holger	6. 1. 82	18. 5. 49
Hülder, Alfred	21. 10. 82	1. 1. 50
Tang, Heinz-Jürgen	1. 5. 84	15. 11. 51
Schneidereit-Köster, Susanne	31. 10. 94	21. 8. 61

Reuter, Alexandra, beurl.	20. 11. 95	4. 2. 63
Hoepken, Hiltrud	18. 6. 96	23. 4. 64
Leis, Judith	21. 7. 97	20. 6. 64
Dr. Bonifacio, Michael	31. 5. 00	16. 12. 68
Dr. Lentz, Sabine, 2/3	30. 12. 02	14. 7. 66
Voosen, Marc	2. 8. 05	25. 4. 74

Wesel   E 116 829
Herzogenring 33, 46483 Wesel
Postfach 10 07 52, 46467 Wesel
Tel. (02 81) 1 44-0
Fax (02 81) 1 44-1 23
E-Mail: poststelle@ag-wesel.nrw.de
www.ag-wesel.nrw.de

1 Dir, 1 stVDir, 10 R

Nabbefeld-Kaiser, Renate, Dir	—	—
Schuster, Paul, stVDir	30. 11. 87	29. 7. 47
Meldau, Monika	10. 5. 77	24. 4. 46
Ollesch, Hans-Dieter	10. 11. 78	8. 2. 47
Schimmöller, Gerold	24. 4. 81	5. 6. 46
Bluhm, Kurt Walter	21. 10. 82	30. 10. 47
Dreßler, Hermann	—	29. 12. 51
van Straelen, Heike	29. 9. 83	21. 2. 53
Lambertz, Norbert	30. 9. 83	7. 6. 49
Hirt, Michael	29. 3. 88	24. 1. 56
Neddermeyer, Ralph	11. 12. 95	20. 7. 62

Landgerichtsbezirk Kleve

Landgericht Kleve   E 558 380
Schloßberg 1 (Schwanenburg), 47533 Kleve
Postfach 14 61, 47514 Kleve
Tel. (0 28 21) 87-0
Fax (0 28 21) 87-2 90
E-Mail: poststelle@lg-kleve.nrw.de
www.lg-kleve.nrw.de
Pressestelle: Tel. (0 28 21) 87-0,
Fax (0 28 21) 87-3 44
E-Mail: pressestelle@lg-kleve.nrw.de

Auswärtige Strafkammer in Moers
Uerdinger Str. 1, 47441 Moers
Postfach 10 11 40, 47401 Moers
Tel. (0 28 41) 18 06-0
Fax (0 28 41) 18 06-72 02

1 Pr, 1 VPr, 11 VR, 19 R

Präsident

Oberscheidt, Hermann	5. 9. 01	18. 2. 42

NW OLG-Bezirk Düsseldorf LG-Bezirk Kleve

Vizepräsident
N. N. — —

Vorsitzende Richterin/Vorsitzende Richter

Delbeck, Thomas	28. 9.84	23.10.43
Suchsland, Johannes	11. 9.87	17.10.42
Jacobs, Jürgen	1. 9.89	9. 9.52
Daams, Heinz Gerd	30. 9.94	27. 6.43
Stadtmann, Bernhard	28. 4.98	26. 4.44
Iber, Konrad	30. 4.99	22. 3.42
Hillgärtner, Beate	19. 4.00	15.11.55
Knickrehm, Ulrich	30. 5.00	2.12.55
Ruby, Jürgen	8.11.00	14.10.54
Henckel, Christian	27. 3.01	25. 2.57
Schöttler, Peter	17. 4.03	16. 8.48

Richterinnen/Richter

Dr. Nippoldt, Rolf	1.12.79	21. 8.44
Henckel, Elisabeth, ⁵/₈	3. 4.80	24. 7.49
Schmidt, Ingrid	20. 4.90	28. 9.59
Blömer, Gertrud, ¹/₂	1. 6.90	14. 3.56
Drissen, Markus	20.10.92	28. 8.60
Huismann, Johannes	13. 4.93	26.10.59
Dr. Neugebauer, Ralph-Thomas	26. 4.93	23. 2.59
van Gemmeren, Gerhard	13. 8.93	17. 5.60
Ratz, Elke	8.10.98	26.12.65
Trenckmann, Bettina, ²/₃	12. 7.99	17. 7.60
Lieckfeldt, Jens	2. 8.99	7.11.65
van der Grinten, Winfried	29.10.99	7. 2.68
Rasche-Iwand, Tanja	27.11.00	9. 6.68
Janßen, Frank	31.10.01	30. 5.68
Termath, Sabine	5. 7.02	14. 4.72
Köppen, Anja	13.12.02	23. 9.72
Kassenbeck, Albert	26. 1.04	20. 3.73
Roßwinkel, Carsten	9. 7.04	17. 3.72
Dr. Weber, Angela	30. 5.05	5. 7.70

Amtsgerichte

Emmerich am Rhein   E 51 957
Seufzerallee 20, 46446 Emmerich am Rhein
Postfach 10 01 54, 46421 Emmerich am Rhein
Tel. (0 28 22) 6 94-0, Fax (0 28 22) 6 94-48
E-Mail: poststelle@ag-emmerich.nrw.de
www.ag-emmerich.nrw.de

1 Dir, 4 R

Verbeet, Edmund, Dir	1. 6.89	29.11.49
Geffroy, Lutz	12. 7.77	30. 9.44
Sarin, Waltraud	24. 9.79	20. 9.47
Gietemann, Karl	28. 4.82	12.10.51
Voß, Julia	18. 1.05	26. 6.75

Geldern   E 127 130
Nordwall 51, 47608 Geldern
Postfach 11 64, 47591 Geldern
Tel. (0 28 31) 1 23-0
Fax (0 28 31) 1 23-2 22
E-Mail: poststelle@ag-geldern.nrw.de
www.ag-geldern.nrw.de

1 Dir, 1 stVDir, 10 R, 1 LSt (R stVDir)

Glatz-Büscher, Angela, Dir	1. 1.05	18. 8.62
Hansen, Heinrich, stVDir, beurl. (LSt)	24. 1.96	20. 9.45
Petzet, Christian	16.12.77	1. 2.45
Willems, Theodor	1. 8.80	21. 7.47
Eichholz, Angelika	26. 4.82	1. 2.49
Schuster, Wolfgang	30.12.83	17. 6.45
Dr. Terhorst, Karl-Leo	3. 6.87	5. 3.51
Scheyda, Norbert	23. 9.91	23. 2.60
Bacht-Ferrari, Manfred	10. 7.96	19. 6.63
Zorn, Ulrich	21. 7.97	31. 7.55
Rottländer, Guido	28. 7.00	8. 6.65
Rake, Ulrich	16. 6.03	28.10.71

Kleve   E 128 222
Schloßberg 1 (Schwanenburg), 47533 Kleve
Postfach 14 51, 47514 Kleve
Tel. (0 28 21) 87-0
Fax (0 28 21) 87-1 00
E-Mail: poststelle@ag-kleve.nrw.de
www.ag-kleve.nrw.de

1 Dir, 1 stVDir, 1 w.aufsR, 14 R

Hommel, Klaus Peter, Dir	1. 8.95	10. 9.52
Blawat, Ulrich-Michael, stvDir	—	—
Blome, Gisela, w.aufsR	23.12.02	13. 4.51
Thomsen, Joachim	—	—
Pauls, Ulrich	27. 2.79	12.10.45
Schlenkhoff-Paul, Michael	15. 4.80	13. 9.49
van den Boom, Herbert	2.11.82	15. 2.48
Reekers, Berhard	5. 2.92	14. 8.56
Buckels, Frank	15. 6.92	23. 3.60
Werner, Jörg	3.12.93	23. 3.57
Gallasch, Georg	22.12.93	26. 6.61
Dr. Stalinski, Dirk	21. 9.94	14. 8.61
Knickrehm, Claudia	5. 8.96	18. 3.63
Radde, Anja, ¹/₂	7. 8.96	12. 9.63
Klostermann, Petra	—	—
Schröer, Bernhard	4. 4.03	28.12.70
Schultze, Karlheinz	17. 8.04	28. 4.70

LG-Bezirk Krefeld　　　　　　　　　　OLG-Bezirk Düsseldorf　**NW**

Moers　E 136 368
Haagstr. 7, 47441 Moers
Postfach 11 40, 47401 Moers
Tel. (0 28 41) 18 06-0
Fax (0 28 41) 18 06-30 14
E-Mail: poststelle@ag-moers.nrw.de
www.ag-moers.nrw.de

1 Dir, 1 stVDir, 12 R

Volkmer, Wolf, Dir	1. 7. 85	18. 10. 42
Krichel, Klaus Wilhelm, stVDir	29. 4. 94	24. 4. 50
Klinkenberg, Reiner	10. 6. 78	14. 9. 47
Boekstegen, Karin	—	—
Lindemann, Reiner	30. 12. 83	28. 6. 48
Scheidt, Josefa	29. 10. 90	6. 2. 56
Kohler, Theresia	16. 8. 91	11. 8. 60
Malzen, Uwe	30. 9. 91	6. 7. 59
Muhm-Kritzen, Ariane	26. 6. 98	27. 5. 66
Kersting, Heike	5. 1. 01	11. 12. 70
Reiff, Sabine, 1/2	—	—
Petzka, Adam	26. 6. 02	21. 11. 71
Dr. Lüthe, Frank, abg.	1. 7. 02	24. 8. 67
Martiensen, Per Eirik	3. 6. 03	17. 12. 71
Klusmann, Sandra	30. 5. 05	18. 5. 67

Rheinberg　E 114 703
47493 Rheinberg
Rheinstr. 67, 47495 Rheinberg
Tel. (0 28 43) 1 73-0
Fax (0 28 43) 1 73-78
E-Mail: poststelle@ag-rheinberg.nrw.de
www.ag-rheinberg.nrw.de

1 Dir, 1 stVDir, 8 R + 1 LSt (R)

Breidenstein, Christiane, Dir	29. 1. 97	12. 10. 49
Kloos, Harald, stVDir	31. 1. 05	14. 6. 62
Bernschütz-Hörnchen, Monika	5. 8. 78	1. 9. 44
Gräfin von Salm-Hoogstraeten-Weebers, Barbara	27. 4. 82	16. 6. 47
Lomme, Paul	26. 10. 82	17. 9. 46
Mülverstedt, Thomas	—	—
Neugebauer, Ursula	8. 10. 98	2. 8. 66
Hubert, Thomas	23. 12. 02	29. 2. 72
Bennera, Maren	15. 12. 03	25. 2. 74
Langer, Sandra	9. 8. 04	5. 9. 70

Landgerichtsbezirk Krefeld

Landgericht Krefeld　E 431 046
Nordwall 131, 47798 Krefeld
Postfach 10 10 64, 47710 Krefeld
Tel. (0 21 51) 8 47-0, Fax (0 21 51) 8 47-2 18
E-Mail:poststelle@lg-krefeld.nrw.de
www.lg-krefeld.nrw.de
Pressestelle: Tel. (0 21 51) 8 47-0,
Fax (0 21 51) 8 47-4 47
E-Mail: pressestelle@lg-krefeld.nrw.de

1 Pr, 1 VPr, 8 VR, 15 R + 2 × 1/2 R, 1 LSt (R)

Präsident

Waldhausen, Gerd	12. 12. 05	6. 6. 56

Vizepräsident

Hermelbracht, Wolfgang	1. 12. 98	15. 12. 41

Vorsitzende Richterinnen/Vorsitzende Richter

Rungelrath, Heinrich	26. 9. 90	2. 9. 50
Luczak, Herbert	26. 3. 93	18. 1. 52
Rebell, Gudrun	1. 4. 98	17. 3. 51
Kümpel, Manfred	25. 8. 99	5. 11. 54
Büchler, Doris	30. 5. 00	12. 6. 60
Kraft-Efinger, Kristin	15. 5. 01	28. 5. 60
Paulussen, Karin	28. 9. 01	23. 9. 62
Streyl, Elmar	14. 5. 02	8. 1. 62

Richterinnen/Richter

Kloetsch, Doris	—	—
Franz, Helga Carmen	24. 1. 83	16. 5. 48
Kley, Elvira	14. 10. 94	15. 3. 63
Gräfin von Bernstorff, Clarita, 1/2	25. 9. 95	27. 10. 61
Kloppert, Heinz-Detlef	18. 8. 97	12. 10. 60
Kühle, Angela, beurl. (LSt)	27. 7. 99	13. 9. 67
Stoepel, Claudia, 1/2	10. 11. 99	10. 3. 69
Bludau, Oliver	13. 6. 00	7. 1. 68
Engels, Nicola, beurl.	31. 10. 00	21. 4. 68
Kania, Karsten	10. 12. 01	14. 4. 69
Naumann-Künzel, Esther, 1/2	12. 11. 02	24. 11. 69
Geiser, Miriam	4. 11. 03	28. 3. 73
Dr. Coenen, Henrike, beurl.	21. 5. 04	3. 11. 71

NW OLG-Bezirk Düsseldorf   LG-Bezirk Mönchengladbach

Dr. Immel, Markus	1. 6. 04	30. 9. 69
Schmerbach, Tatjana	21. 1. 05	19. 10. 70
Kühn, Dirk-Uwe	21. 1. 05	4. 11. 72
Dr. Seauve, Barbara, beurl.	22. 7. 05	16. 2. 72
Dr. Hause, Nicole	2. 11. 05	22. 1. 75

Amtsgerichte

Kempen   E 82 555
Hessenring 43, 47906 Kempen
Postfach 10 01 20, 47878 Kempen
Tel. (0 21 52) 14 90-0, Fax (0 21 52) 14 90-59
E-Mail: poststelle@ag-kempen.nrw.de
www.ag-kempen.nrw.de

1 Dir, 5 R

Rohde, Reiner, Dir	6. 10. 83	13. 7. 43
Baaken, Helmut	—	—
Janich, Andreas	15. 1. 82	23. 5. 51
Holtz-Hellegers, Renate	29. 4. 87	28. 3. 56
Diedrichs, Frank	27. 5. 94	3. 7. 59

Krefeld   E 289 898
47792 Krefeld
Nordwall 131, 47798 Krefeld
Postfach 10 10 53, 47710 Krefeld
Tel. (0 21 51) 8 47-0, Fax (0 21 51) 8 47-6 61
E-Mail: poststelle@ag-krefeld.nrw.de
www.ag-krefeld.nrw.de

1 Dir, 1 stVDir, 3 w.aufsR, 30 R, 1 LSt (R)

Schwarz, Johann, Dir	2. 8. 02	2. 2. 48
Idel, Peter, stVDir	1. 6. 89	22. 6. 47
Müller, Robert, w.aufsR	8. 6. 01	7. 10. 41
Thielen, Wolfgang, w.aufsR	26. 9. 02	17. 4. 49
Mnich, Herbert, w.aufsR	15. 11. 05	19. 9. 48
Didier, Paul	23. 4. 75	3. 1. 42
Meister, Hans-Gerd	18. 3. 76	24. 12. 41
Kaiser, Friedrich-Wilhelm	18. 7. 77	7. 10. 44
Wiegand, Konrad Ernst	28. 7. 77	4. 12. 46
Habersack, Klaus Michael	13. 3. 78	13. 3. 43
Nowacki, Peter Wolfgang	1. 4. 78	8. 4. 44
Bierbach, Hartmut	11. 4. 78	10. 11. 44
Richter, Werner	2. 11. 79	12. 6. 46
Möllers, Ulrich	29. 9. 81	30. 9. 50
Link, Winfried Michael	—	—
Deußen, Rainer	22. 3. 83	6. 8. 48
Redlin, Harald	10. 10. 83	31. 7. 49
Zimmermann, Walter	11. 1. 88	11. 1. 54
Dr. Geuenich-Cremer, Christa	26. 8. 88	17. 8. 56
Höfer, Susanne, 1/2	24. 1. 89	19. 10. 57
Held, Monika, 1/2	6. 7. 94	1. 6. 60

Hüschen, Antje, 5/8	9. 11. 94	22. 5. 62
Borgmann, Barbara	19. 12. 95	7. 5. 63
Schwenzer, Werner, abg.	3. 11. 97	12. 8. 59
Dr. Eckert, Dagmar	4. 11. 99	27. 3. 66
Mlitzke, Andreas, beurl. (LSt)	13. 6. 00	31. 7. 67
Laurs, Thomas	20. 12. 00	16. 3. 70
Stahl, Julia, 1/2	21. 12. 00	30. 9. 68
Klapprottt, Kerstin	12. 11. 02	1. 12. 71
Nomrowski, Thomas	8. 4. 03	4. 8. 67
Dr. Grefen, Jochen	9. 6. 04	21. 2. 67
Harrjes, Ulrike	9. 6. 04	5. 4. 74
Zembol, Stefan	15. 6. 04	8. 2. 73
Dr. Schröder, Axel	1. 2. 05	11. 6. 70
Päuser, Sandra	28. 7. 05	5. 11. 74

Nettetal   E 58 593
Steegerstr. 61, 41334 Nettetal
Postfach 11 63, 41301 Nettetal
Tel. (0 21 53) 91 51-0
Fax (0 21 53) 91 51-11
E-Mail: poststelle@ag-nettetal.nrw.de
www.ag-nettetal.nrw.de

1 Dir, 4 R

Emmrich-Ipers, Dagmar, Dir	7. 10. 02	29. 12. 60
Ungricht, Astrid, 1/2	2. 11. 90	12. 8. 57
Barenhorst, Dominica	16. 12. 91	1. 12. 58
Baak, Peter	13. 10. 95	4. 8. 61
Lindemann, Michael	21. 1. 05	9. 12. 71

Landgerichtsbezirk Mönchengladbach

Landgericht Mönchengladbach   E 586 786
Hohenzollernstr. 157, 41061 Mönchengladbach
Postfach 10 16 20, 41016 Mönchengladbach
Tel. (0 21 61) 2 76-0
Fax (0 21 61) 2 76-3 10
E-Mail: poststelle@lg-moenchengladbach.nrw.de
www.lg-moenchengladbach.nrw.de
Pressestelle: Tel. (0 21 61) 2 76-0,
Fax (0 21 61) 2 76-3 10
E-Mail: poststelle@lg-moenchengladbach.nrw.de

1 Pr, 1 VPr, 12 VR, 20 R + 3 LSt (R)

Präsidentin

Obst-Oellers, Ina	1. 8. 02	11. 4. 43

Vizepräsident

Jopen, Ulrich Konrad	20. 9. 01	8. 9. 45

270

LG-Bezirk Mönchengladbach								OLG-Bezirk Düsseldorf **NW**

Vorsitzende Richter

Neumann, Horst	16. 2. 84	24. 5. 42
Diez-Holz, Reinhard	17. 2. 87	21. 2. 46
Woltz, Wilfried Wilhelm	26. 11. 87	29. 1. 42
Wolters, Ralf	27. 5. 93	28. 11. 53
Beckers, Lothar	23. 5. 96	23. 9. 54
Banke, Joachim	21. 3. 97	7. 12. 50
Wadenpohl, Michael	23. 7. 98	18. 6. 53
Rosso, Frank	8. 3. 99	7. 2. 60
Leibold, Hans Ludwig	25. 2. 00	24. 5. 52
Hinz, Helmut	8. 8. 00	26. 5. 57
Eimermacher, Harald	26. 4. 01	15. 12. 60
Bößem, Bernd	1. 6. 03	4. 9. 59

Richterinnen/Richter

Lowinski, Andreas	26. 3. 82	15. 10. 49
zum Bruch, Helga, ½	25. 7. 83	23. 3. 52
Kreuels, Jürgen	13. 9. 91	26. 3. 55
Jacobi, Knut	10. 7. 95	14. 7. 59
Vormbrock, Annette, ½	16. 1. 98	5. 4. 65
Gabelin, Eva Maria	4. 2. 98	27. 6. 67
Schürger, Carsten, abg.	6. 2. 98	20. 3. 66
Flecken, Ulrike	21. 10. 98	8. 9. 65
Wessely, Kirstin, beurl. (LSt)	23. 7. 99	2. 4. 66
Dr. Oudijk, Almut, beurl.	27. 9. 99	28. 2. 68
Müller, Klaus Georg	22. 11. 99	1. 6. 65
van den Bosch, Anke	—	—
Dr. Selzner, Christiane, ½	29. 11. 00	7. 10. 64
Kuhn, Dagmar, beurl.	12. 12. 00	5. 5. 67
Vieler, Artur	1. 6. 01	18. 10. 64
Lohr, Thomas	4. 12. 01	16. 4. 69
Bachler, Lars, abg. (LSt)	21. 12. 01	15. 6. 68
Dr. Biermann, Rainer	8. 5. 02	26. 1. 66
Singer, Katja	5. 12. 02	17. 1. 73
Bernardy, Alexandra	20. 8. 03	30. 7. 72
Eiselt, Helge	25. 8. 03	11. 2. 72
Fuchs, Markus	24. 10. 03	23. 6. 69
Dr. Wolff, Inke, abg. (LSt)	30. 6. 04	6. 5. 71
Borchert, Stefan	30. 12. 05	14. 12. 71

Amtsgerichte

Erkelenz E 113 924
Kölner Str. 61, 41812 Erkelenz
Postfach 16 53/16 58, 41806 Erkelenz
Tel. (0 24 31) 96 02-0, Fax (0 24 31) 96 02-2 22
E-Mail: poststelle@ag-erkelenz.nrw.de
www.ag-erkelenz.nrw.de

1 Dir, 1 stVDir, 6 + 2 × ½ R

Dr. Horbach, Karl-Heinz, Dir	12. 5. 98	30. 1. 52
N. N. , stVDir	—	—

Buschfeld, Friederike	14. 9. 81	21. 5. 52
Weiring, Ursula, ½	9. 6. 94	29. 12. 56
Havertz-Derichs, Ursula, 8/10	9. 7. 96	15. 9. 60
Janclas, Marita	19. 11. 97	28. 8. 64
Neugebauer, Ralf	23. 6. 00	18. 11. 63
Steins-Schuchert, Miriam	30. 4. 02	18. 6. 68
Baumeister, Christine	30. 10. 03	8. 6. 73
Wißmann, Mike	15. 7. 04	1. 12. 70
Lauber, Karsten	12. 1. 06	18. 10. 72

Grevenbroich E 100 065
41513 Grevenbroich
Lindenstr. 33-37, 41515 Grevenbroich
Postfach 10 01 61, 41485 Grevenbroich
Tel. (0 21 81) 65 03-0
Fax (0 21 81) 65 03-55
E-Mail: poststelle@ag-grevenbroich.nrw.de
www.ag-grevenbroich.nrw.de

1 Dir, 1 stVDir, 6 R

Spätgens, Stefan, Dir	13. 4. 05	4. 8. 62
Dr. Fuchs, Gisbert, stVDir	1. 4. 02	22. 6. 61
Albers, Wolfgang	—	—
Vogels, Eugen	19. 5. 83	25. 1. 52
Schiekiera, Heidemarie	8. 11. 94	22. 2. 61
Calvis, Michaela	19. 1. 98	11. 3. 63
Zieschang, Claudia	19. 1. 98	1. 8. 65
Busch, Joachim	16. 4. 99	18. 5. 66

Mönchengladbach E 144 297
Hohenzollernstr. 157, 41061 Mönchengladbach
Postfach 10 16 20, 41016 Mönchengladbach
Tel. (0 21 61) 2 76-0
Fax (0 21 61) 2 76-4 88
E-Mail: poststelle@ag-moenchengladbach.nrw.de
www.ag-moenchengladbach.nrw.de

1 Dir, 1 stVDir, 2 w.aufsR, 21 R

Schönauer, Michael, Dir	8. 10. 03	4. 3. 50
Scheepers, Ulrich, stVDir	1. 6. 01	30. 7. 59
Kamp, Ulfert, w.aufsR	—	—
Essers-Grouls, Gudrun, w.aufsR	1. 3. 05	20. 7. 62
Lingnau, Stephan	2. 11. 78	16. 12. 46
Ringkloff, Brigitte	29. 10. 79	5. 8. 47
Peitz, Petra	5. 5. 82	6. 4. 52
Wehmeyer, Petra	6. 88	17. 3. 55
Hoffmans, Brigitte	25. 5. 90	30. 8. 51
Müskens, Angelika	23. 5. 90	10. 1. 55
Rosocha, Hans-Bernd	5. 12. 90	26. 6. 54
Schiller, Margot	21. 11. 94	8. 2. 61
Cramer, Uta, ½	9. 7. 96	1. 12. 64
Lambertz-Blauert, Ulrike	10. 7. 96	7. 12. 62

NW OLG-Bezirk Düsseldorf LG-Bezirk Wuppertal

Flachsenberg, Rainer	7. 10. 96	28. 5. 64
Koch, Ralf	12. 5. 98	16. 9. 63
Oles, Rosemarie	22. 11. 99	18. 3. 63
Hamacher, Angelika, beurl.	4. 12. 01	7. 6. 66
Majonica, Markus	5. 12. 02	22. 2. 71
Dr. Hohoff, Friederike	24. 10. 03	27. 3. 72
Dr. Ortmann, Bettina, 1/2	11. 6. 04	16. 11. 71
Schultz, Sonja	28. 12. 04	20. 9. 73
Koch, Sybille	29. 12. 04	3. 11. 71
Vogt, Markus	4. 1. 05	17. 12. 71
Dr. Lütkemeier, Sven	1. 6. 05	15. 2. 74

Mönchengladbach-Rheydt E 117 348
Brucknerallee 115, 41236 Mönchengladbach
Postfach 20 01 61, 41201 Mönchengladbach
Tel. (0 21 66) 9 72-0, Fax (0 21 66) 9 72-1 00
E-Mail:
poststelle@ag-moenchengladbach-rheydt.nrw.de
www.ag-moenchengladbach-rheydt.nrw.de

1 Dir, 1 stVDir, 10 R

Gerats, Walburga, Dir	26. 7. 00	22. 8. 61
Möller, Peter, stVDir	18. 7. 94	14. 6. 43
Schöllgen, Werner	5. 9. 74	24. 11. 41
Kaumanns, Wolfgang	24. 4. 77	14. 9. 42
Eckardt, Wolfgang	24. 2. 78	25. 1. 44
Dr. Röchling, Walter	1. 12. 78	24. 8. 48
Bergmann, Ernst-Elmar	1. 4. 81	30. 5. 44
Bachtrup, Winfried	21. 12. 84	11. 1. 47
Mai, Karl	27. 6. 94	6. 4. 59
Dr. Kral, Gregor	23. 7. 99	19. 1. 66
Gerads, Ralf Johann	1. 8. 01	4. 2. 67

Viersen E 111 152
Dülkener Str. 5, 41747 Viersen
Postfach 10 01 61, 41701 Viersen
Tel. (0 21 62) 3 73-6
Fax (0 21 62) 3 73-8 88
E-Mail: poststelle@ag-viersen.nrw.de
www.ag-viersen.nrw.de

1 Dir, 1 stVDir, 9 R

Wexel, Horst-Günther, Dir	8. 10. 03	9. 2. 54
Geiger-Battermann, Bernd, stVDir	21. 8. 95	18. 10. 46
Reinhardt, Manfred Volker	1. 7. 77	1. 9. 43
Smets, Friedrich Rolf	14. 8. 78	7. 10. 46
Becher, Jochen	2. 5. 81	16. 10. 48
Breer, Franz Peter	5. 4. 83	1. 6. 46
Holthöwer, Martin	29. 11. 90	30. 6. 54
Striewe, Ursula	21. 11. 94	31. 1. 60
Wefers, Gabriele	17. 6. 97	3. 1. 61
Dahm, Michael	9. 11. 99	25. 3. 67
Bönnen, Hartmut	4. 7. 01	3. 10. 69

Landgerichtsbezirk Wuppertal

Landgericht Wuppertal E 894 574
42097 Wuppertal
Eiland 1, 42103 Wuppertal
Postfach 10 18 40, 42018 Wuppertal
Tel. (02 02) 4 98-0
Fax (02 02) 4 98-4 22
E-Mail: poststelle@lg-wuppertal.nrw.de
www.lg-wuppertal.nrw.de
Pressestelle: Tel. (02 02) 4 98-0,
Fax (02 02) 4 98-35 03
E-Mail: pressestelle@lg-wuppertal.nrw.de

1 Pr, 1 VPr, 26 VR, 39 R + 2 LSt (R)

Präsident

Dr. Schulte, Josef	1. 1. 01	22. 1. 52

Vizepräsident

Wilden, Rolf	28. 2. 01	2. 11. 45

Vorsitzende Richterinnen/Vorsitzende Richter

Dr. Wiese, Klaus	17. 1. 84	28. 12. 45
Dr. Danz, Fritz-Jürgen	3. 5. 88	5. 4. 45
Belker, Karin	20. 1. 89	30. 10. 42
Suhle, Jürgen	27. 10. 89	16. 9. 44
Dr. von Bargen, Ralph	27. 2. 91	9. 6. 48
Mengel, Volker	25. 9. 91	11. 11. 45
Poelmann, Johannes Joachim	12. 5. 92	16. 8. 46
Kroll, Peter	8. 2. 94	12. 8. 42
Schmidt, Roland	8. 2. 94	23. 10. 46
Brewing, Stefan Ulrich	13. 5. 94	7. 9. 49
Pyschny, Manfred	15. 12. 94	15. 6. 47
Jäger, Klaus Peter	18. 1. 96	22. 4. 54
Leithäuser, Helmut	27. 3. 97	4. 12. 56
Müller, Norbert	12. 6. 97	6. 6. 56
Hahn, Sabine	21. 7. 98	5. 2. 56
Istel, Bernd-Stefan	21. 7. 98	30. 11. 58
Bertling, Robert	29. 7. 98	23. 11. 51
Dost-Müller, Vera	7. 9. 00	1. 4. 60
Krege, Ulrich	2. 11. 00	31. 3. 56
Juffern, Reinhard	21. 9. 01	29. 6. 62
Vosteen, Andrea	30. 11. 01	26. 5. 58
Schmitz-Horn, Ulrich	27. 6. 02	23. 2. 58
Kötter, Jochen	8. 7. 02	13. 6. 62
Kern, Georg	23. 6. 02	1. 3. 65

Richterinnen/Richter

Riegel, Knut	28. 9. 75	2. 7. 43
Kister, Wolfgang	5. 12. 77	5. 12. 45
Cygan, Dieter Joachim	23. 2. 79	3. 10. 45
Zier, Hans-Peter	23. 2. 79	24. 4. 46

LG-Bezirk Wuppertal   OLG-Bezirk Düsseldorf   **NW**

Franke, Joachim	9.12.79	2. 3.47
Meuschke, Wolfgang	26.11.80	2. 2.49
Büllesbach, Kurt	24. 7.81	9.11.50
Sahlenbeck, Ulrich	3.11.82	3. 9.52
Kohl, Wolfgang	28.11.83	26. 6.50
Adelung, Christiane	26. 3.84	21. 7.52
Mißeler, Monika	3.12.90	16.11.56
Schönemann-Koschnick,		
Dorothea, 1/2	2. 9.92	17. 9.59
Schiedel-Krege, Jutta	5. 7.93	20. 4.60
Klein, Martina	7. 6.96	3.10.60
Märten, Christoph	10. 6.96	8. 9.63
Barbian, Birgit, 1/2	4. 4.97	21. 9.62
Laukamp, Ute, 1/2	4. 4.97	28. 5.63
Dr. Puderbach-Dehne,		
Karina, 1/2	8. 8.97	28. 5.64
Schleger, Susanne	18. 8.97	19. 9.64
Schröder, Anne,		
beurl. (LSt)	12. 9.97	30. 5.65
Glaeser, Sabine	10.12.97	19. 5.66
Tackenberg, Sabine		
Veronika	14. 5.99	7. 9.65
Happe, Holger	21. 5.99	2. 4.66
Bittner, Thomas	13. 6.00	1.10.64
Dr. Egger, Ulrich	19. 6.00	9. 4.66
Dr. Schrader, Ludolf, abg.	27. 6.00	25. 5.63
Rottländer, Ingo	25. 9.00	23. 1.68
Kuhn, Michael	21.12.00	28. 1.67
Kirschner, Gudrun	21.12.00	3. 5.70
Lingrün, Lars	4. 7.01	28. 9.68
Rubel, Stefan, abg.	5. 7.01	21.11.70
Jung, Holger	10.12.01	25. 6.70
Groß, Katja	11.12.01	3. 7.67
Dr. Gohr, Albrecht	18.12.01	21.11.69
Dr. Weishaupt, Arnd	4.11.02	15. 9.66
Dr. Blume, Klaus	17.11.03	9. 9.71
Schütz, Irina	18.11.03	29. 3.73
Dr. Rodemann, Tobias	27.12.04	25. 4.72
Gehring, Chantal	29.12.04	24. 1.74
Dr. Kerkhoff, Sven	8. 6.05	20. 6.74
Dr. Börsch, Michael	27. 6.05	1. 4.74
Esch, Constanze	10. 2.06	11. 3.68

Amtsgerichte

Mettmann   E 138 803
Gartenstr. 5 + 7, 40822 Mettmann
Postfach 30 01 01, 40813 Mettmann
Tel. (0 21 04) 7 74-0, Fax (0 21 04) 7 74-1 70
E-Mail: poststelle@ag-mettmann.nrw.de
www.ag-mettmann.nrw.de

1 Dir, 1 stVDir, 10 R

Braun, Norbert, Dir	11.10.00	1. 2.45
Dudda, Paul-Dieter,		
stVDir	4.10.05	12. 4.51
Kirchner, Ottmar	1. 8.77	10.12.43
Reuter, Gerd	21.10.77	25. 9.44
Osthoff, Heinz-Dieter	1. 7.79	29. 6.49
Naujoks, Cornelie	1. 9.79	3.12.49
Tiebel, Brigit Helene	1. 3.82	19. 4.47
Zimmermann, Natascha	18.12.95	2. 4.62
Zweigle, Markus Thomas	14. 5.98	1. 9.67
Dr. Moritz, Norbert	7.12.00	23. 4.68
Kovacic, Patrick	7.12.00	2. 4.70
Hertlein, Barbara	4. 5.05	25.11.69

Remscheid   E 116 263
42849 Remscheid
Alleestr. 119, 42853 Remscheid
Postfach 10 01 64, 42801 Remscheid
Tel. (0 21 91) 7 96-0
Fax (0 21 91) 7 96-1 50
E-Mail: poststelle@ag-remscheid.nrw.de
www.Amtsgericht-remscheid.nrw.de

1 Dir, 1 stVDir, 1 w.aufsR, 12 R

Söhnchen, Rolf, Dir	11. 9.87	27. 2.42
Dr. Künzel, Thomas,		
stVDir	28. 4.05	21. 3.64
Saßenhausen, Hans,		
w.aufsR	30. 1.03	4. 8.44
Hamann, Rainer	—	—
Intorf, Uwe	31. 7.80	23.10.49
Sauter, Harald	30.11.82	25. 8.48
Dr. Stiefken, Uta, 1/2	7.11.94	17. 5.62
Römer, Yvonne	11.12.97	15. 2.65
Gollos, Christian Matthias	16.11.98	3. 8.65
von Kalckreuth,		
Barbara, 1/2	10. 6.99	21. 9.66
Löhr, Stefan	21.12.00	16. 1.65
Dr. Lässig, Peter	13. 7.01	6.12.68
Dr. von Borzeszkowski,		
Wolfram	—	—
Fries, Tanja	28.10.03	1. 5.72
Brockmann, Tamara	21.12.04	21. 1.74

Solingen   E 163 882
Goerdelerstr. 10, 42651 Solingen
Postfach 12 64, 42648 Solingen
Tel. (02 12) 22 00-0
Fax (02 12) 22 00-2 22
E-Mail: poststelle@ag-solingen.nrw.de
www.ag-solingen.nrw.de

1 Dir, 1 stVDir, 1 w.aufsR, 13 R

NW OLG-Bezirk Düsseldorf   LG-Bezirk Wuppertal

Hörschgen, Werner, Dir	3. 7. 02	9. 7. 43
Asperger, Markus, stVDir	9. 8. 05	10. 3. 60
Mrazek, Klaus-Günter, w.aufsR	1. 11. 02	2. 1. 45
Hochstein, Werner	26. 5. 78	24. 10. 44
Roese, Wolfgang	23. 4. 82	7. 10. 47
Bisier, Hans-Eberhard	1. 6. 82	26. 8. 48
von Drewitz, Hasso	15. 2. 85	8. 6. 48
Schmitz-Knierim, Joachim	10. 10. 88	26. 2. 54
Dittmann, Michael	11. 12. 97	25. 2. 65
Berninger, Jochen	20. 7. 01	23. 1. 67
Sörgel, Ulrike, beurl.	20. 7. 01	9. 12. 68
Dr. Gebhardt, Ulrich, abg.	8. 5. 02	20. 1. 66
Rathjens, Corinna	28. 10. 03	22. 5. 71
Schweitzer, Thomas Manfred	28. 10. 03	21. 8. 72
Dr. Katerlöh, Stephan	16. 1. 04	20. 8. 69

Velbert   E 115 521
Nedderstr. 40, 42549 Velbert
Postfach 10 13 80, 42513 Velbert
Tel. (0 20 51) 9 45-0
Fax (0 20 51) 9 45-1 99
E-Mail: poststelle@ag-velbert.nrw.de
www.ag-velbert.nrw.de

1 Dir, 1 stVDir, 8 R

Rosenbaum, Bernd, Dir	12. 5. 99	9. 9. 41
Franke, Norbert, stVDir	21. 7. 94	17. 10. 41
Blasberg, Karl Dieter	12. 10. 77	6. 1. 45
Specht, Irmela	14. 9. 81	18. 4. 45
Eble-Trutnau, Dorothea	28. 6. 82	21. 4. 52
Duhr, Karl-Friedrich	16. 12. 83	20. 11. 50
Mohnhaupt, Gabriele	18. 9. 92	17. 4. 57
Spiegel, Jutta	27. 4. 94	26. 9. 61
Wittmann, Peter	12. 7. 04	7. 2. 68
Zühlke, Ari	27. 12. 04	19. 12. 69

Wuppertal   E 360 105
42097 Wuppertal
Eiland 4, 42103 Wuppertal
Postfach 10 18 29, 42018 Wuppertal
Tel. (02 02) 4 98-0
Fax (02 02) 4 98-4 44
E-Mail: poststelle@ag-wuppertal.nrw.de
www.ag-wuppertal.nrw.de

1 Dir, 1 stVDir, 5 w.aufsR, 40 R + 1 x LSt (R)

Benesch, Peter, Dir	21. 8. 96	19. 4. 50
Kaminski, Andrea, stVDir	29. 9. 99	13. 8. 49
Heiliger, Uwe, w.aufsR	17. 8. 94	22. 1. 46
Wöbber, Hans-Jürgen, w.aufsR	19. 8. 94	24. 4. 41
Lilie, Hans Ingo, w.aufsR	11. 12. 97	5. 10. 45
Dr. Nottebaum, Werner, w.aufsR	—	—
Koßmann, Ralph, w.aufsR	1. 1. 02	4. 9. 53
Koch, Wolfgang, ½	30. 11. 73	25. 8. 43
Meyer, Bernd-Rüdiger	13. 5. 74	5. 1. 42
Schmachtenberg, Hartmut	—	—
Kuhaupt, Bernward-Josef	8. 4. 78	12. 2. 47
Menke, Gerd	3. 10. 78	22. 10. 45
Schulz, Georg	15. 12. 78	4. 12. 43
Wirths, Hans-Gerd	—	—
Figge, Reiner	—	—
Schaumlöffel, Gerd	26. 5. 82	24. 11. 50
Sauter-Glücklich, Andrea Hubertine	—	—
Hänsel-Nell, Inga	27. 10. 82	21. 12. 52
Kahlhöfer, Michael	2. 11. 86	4. 5. 55
Sdunzik, Werner	5. 1. 90	10. 5. 56
Nolten, Anna Maria	2. 5. 94	5. 6. 60
Scheideler, Konrad	14. 11. 94	7. 5. 61
Sennekamp, Martin	14. 11. 94	18. 1. 62
Sturm, Jörg	15. 11. 94	29. 5. 61
Ringel, Katrin, ½	2. 10. 95	14. 11. 62
Ball-Hufschmidt, Sigrun, ½	17. 6. 96	11. 1. 62
Bittner, Barbara, ½	18. 8. 97	4. 1. 64
Tscharn, Andreas	18. 2. 98	21. 6. 65
Adam, Monika, ½	18. 2. 98	6. 4. 66
Biesing-Pachur, Susanne, beurl.	4. 10. 99	16. 7. 69
Puls, Dorothee	13. 6. 00	2. 5. 67
Trechow, Christopher	26. 6. 00	3. 10. 63
Wagner, Andreas	11. 12. 00	8. 11. 62
Rüsch, Elke	11. 12. 00	3. 3. 71
Schwingeler, Theodor	13. 12. 00	24. 6. 69
Podeyn, Christian	4. 7. 01	8. 12. 69
Petersen, Lars	4. 7. 01	20. 1. 69
Kleinke, Birgit, beurl.	2. 1. 02	10. 5. 70
Schmidt, Claudia, ½	1. 1. 03	28. 9. 65
Heese, Susanne	14. 5. 03	23. 10. 69
Schlosser, Carmen	14. 5. 03	23. 11. 72
Dr. Amann, Christian	12. 7. 04	26. 3. 70
Dr. Vomhof, Martin	12. 7. 04	13. 12. 71
Wierzba, Ute, ½	17. 6. 05	4. 1. 66
Dr. Laroche, Peter	17. 6. 05	15. 8. 72

Staatsanwaltschaften

Generalstaatsanwaltschaft Düsseldorf
Sternwartstraße 31, 40223 Düsseldorf
Postfach 19 01 52, 40111 Düsseldorf
Tel. (02 11) 90 16-0
Fax (02 11) 90 16-2 00
E-Mail: poststelle@gsta-duesseldorf.nrw.de
www.gsta-duesseldorf.nrw.de
Pressestelle
Tel. (02 11) 90 16-215
Fax (02 11) 90 16-166
E-Mail: pressestelle@gsta-duesseldorf.nrw.de

1 GStA, 4 LOStA, 24 OStA, 1 LSt (R 2)

Generalstaatsanwalt

Sent, Lothar	1. 10. 99	26. 9. 42

Leitende Oberstaatsanwälte

Steinforth, Gregor, stVGStA	21. 11. 97	8. 11. 49
Schiffler, Wolfgang	6. 12. 96	15. 5. 45
Manteuffel, Heiko	1. 10. 01	26. 3. 52
Wickern, Thomas	17. 3. 05	10. 8. 48

Oberstaatsanwältinnen/Oberstaatsanwälte

Kapplinghaus, Hans-Jürgen, abg. (LSt)	26. 9. 89	3. 7. 46
Dr. Mattulke, Hans-Jürgen	1. 10. 91	27. 12. 44
Ludwig, Jürgen	7. 10. 92	21. 10. 48
Möckel, Sybille	28. 5. 93	6. 10. 46
Teschendorf, Margarita	28. 5. 93	2. 4. 52
Schröter, Hartmut	15. 6. 94	29. 3. 50
Schmitz, Werner	28. 11. 94	13. 8. 50
Neukirchen, Arno, abg.	14. 9. 95	14. 5. 52
Voelzke, Ulrich	—	—
Holzmann, Theodor Ferdinand	12. 6. 97	13. 4. 48
Bronny, Klaus	23. 9. 97	27. 4. 51
Lichtenberg, Peter	12. 6. 98	1. 4. 58
Schneider, Matthias	1. 1. 99	27. 3. 52
Thiele, Beate	23. 4. 99	9. 2. 60
Wienen, Theodor	19. 10. 99	30. 7. 55
Stockhausen, Manfred	7. 12. 99	7. 6. 45
Fegers-Wadenpohl, Hildegard	15. 12. 99	17. 9. 53
Dr. von der Heide, Isabella	15. 12. 99	1. 1. 55
Neumann, Uwe, abg.	30. 7. 01	18. 3. 61
Hinzen, Gabriele	2. 10. 02	12. 12. 58
Weber, Annette	2. 10. 02	27. 3. 60
Schwarz, Michael	1. 2. 04	6. 5. 60
Stahl, Axel	21. 6. 05	18. 11. 62

Staatsanwaltschaft Düsseldorf
Fritz-Roeber-Str. 2, 40213 Düsseldorf
Postfach 10 11 22, 40002 Düsseldorf
Tel. (02 11) 60 25-0, Fax (02 11) 60 25-29 29
E-Mail: poststelle@sta-duesseldorf.nrw.de
www.sta-duesseldorf.nrw.de
Pressestelle:
Tel. (02 11) 60 25-25 25
Fax (02 11) 60 25-29 37
E-Mail: pressestelle@sta-duesseldorf.nrw.de

1 LOStA, 1 stVLOStA, 16 OStA, 56 StA, 2 LSt (R 1)

Leitender Oberstaatsanwalt

Henke, Hans-Reinhard	29. 4. 97	10. 6. 41

Oberstaatsanwältin/Oberstaatsanwälte

Wassen, Hans Josef, stVLOStA	1. 8. 02	5. 8. 49
Miese, Theodor Peter	23. 12. 86	10. 1. 43
Jacobi, Helmut	—	—
Bremer, Heinz	28. 2. 92	1. 4. 46
Sallmann, Hans-Otto	2. 2. 93	26. 5. 43
Flücht, Heinz Kurt	23. 6. 94	10. 10. 43
Ernst, Olaf	2. 4. 96	21. 3. 48
Schöfferle, Karlheinz	23. 9. 97	27. 3. 53
Berger, Dieter	19. 10. 99	23. 8. 45
Caspers, Markus, abg.	7. 3. 00	18. 3. 61
Hoffmann, Bernadett	—	—
Englisch, Bernhard	14. 8. 02	31. 1. 57
Dr. Trunk, Stefan	14. 8. 02	11. 5. 60
Kessel, Uwe	13. 11. 03	21. 5. 58
Puls, Johannes	1. 4. 05	20. 5. 60

Staatsanwältinnen/Staatsanwälte

Tophoven, Ernst, GL	—	—
Korthauer, Burkhard, GL	19. 8. 04	16. 6. 46
Simon, Paul	4. 6. 76	29. 12. 41
Leißen, Heinz Alfred	—	—
Münch, Walter	7. 4. 78	30. 11. 41
Menke, Bernd	13. 10. 78	16. 2. 48
Schuck, Klaudia	28. 8. 79	5. 6. 46
Verheyen, Jürgen	3. 9. 82	18. 12. 48
Krawolitzki, Heidulf	31. 10. 84	15. 3. 44
Beermann, Alex	4. 8. 87	20. 11. 49
Harings, Eberhard	4. 8. 87	25. 1. 54
Röding, Oliver	6. 8. 91	6. 3. 60
Schwarzwald, Peter	14. 10. 91	13. 5. 58
Muckel, Reiner	24. 2. 92	15. 2. 58
Reißmann, Irene, 1/2	4. 11. 92	11. 4. 58
Mühle-Danguillier, Jutta	25. 5. 93	27. 12. 59

Mocken, Johannes	20. 8. 93	8. 6. 60
Götte, Joachim	24. 1. 94	26. 5. 58
Szczeponik, Michael	24. 1. 94	13. 2. 61
Kwast, Karen, 1/2	19. 9. 94	16. 12. 62
Röttgen, Astrid	13. 2. 95	3. 10. 59
Röckrath, Stephan	11. 4. 96	28. 6. 59
Arndt, Beatrix	11. 4. 96	26. 3. 60
Klövekorn, Susanne	12. 12. 96	17. 3. 62
Mittmann, Andrea	7. 5. 97	26. 5. 64
Negenborn, Dirk	14. 1. 98	30. 8. 60
Kumpa, Christoph	14. 1. 98	5. 5. 64
Noll, Kerstin	14. 1. 98	11. 3. 65
Szczeponik, Petra	12. 6. 98	7. 1. 62
Wilke, Anke, beurl. (LSt)	23. 4. 99	21. 3. 67
Großbach, Peter	18. 8. 99	18. 6. 64
Dr. Schwarz, Karin	18. 8. 99	18. 12. 65
Wilke, Henning	1. 2. 00	11. 2. 66
Dr. Hauschild, Isabell, 1/2	4. 2. 00	30. 4. 64
Dr. Strauch, Birgit, 1/2	4. 2. 00	25. 1. 65
Tupait, Thomas	31. 8. 00	25. 8. 64
Wolzenburg, Holger Otto	31. 8. 00	8. 5. 65
Zweigle, Daniela, 30/41	31. 8. 00	21. 6. 69
Dr. Kämpfer, Simone, 6/10	1. 9. 00	14. 8. 66
Dr. Kreuels, Martin	1. 9. 00	14. 8. 69
Osing, Anne, beurl. (LSt)	4. 9. 00	19. 2. 67
Blum, Birgit Astrid	4. 9. 00	25. 5. 67
Batke-Anskinewitsch, Sylke, 1/2	1. 3. 01	16. 8. 69
Herrenbrück, Ralf	13. 12. 01	26. 7. 62
Fischer, Martin	13. 12. 01	14. 7. 70
Battenstein, Ricarda	13. 12. 01	22. 4. 71
Willuhn, Ulf Jürgen	20. 6. 03	11. 10. 68
Schuschel, Carolin, 2/5	20. 6. 03	29. 4. 70
Grafemeyer, Birgit Annette, 2/5	23. 6. 03	25. 1. 69
Kallenberg, Annette	23. 6. 03	30. 4. 72
Stüve, Andreas	30. 6. 03	8. 9. 69
Hermenau, Fränk	5. 5. 04	24. 12. 64
Leue, Alexandra	5. 5. 04	3. 7. 70
Wehner, Christina	5. 5. 04	22. 2. 71
Dr. Lührmann, Melanie Olivia	5. 5. 04	11. 4. 72
Kemmler, Elisabeth Ute	4. 4. 05	9. 1. 69

Staatsanwaltschaft Duisburg

Koloniestr. 72, 47057 Duisburg
Postfach 10 15 10, 47015 Duisburg
Tel. (02 03) 99 38-5
Fax (02 03) 99 38-8 88
E-Mail: poststelle@sta-duisburg.nrw.de
www.sta-duisburg.nrw.de
Pressestelle:
Tel. (02 03) 99 38-8 04, Fax (02 03) 99 38-7 07
E-Mail: pressestelle@sta-duisburg.nrw.de

1 LOStA, 1 stVLOStA, 12 OStA, 42 StA, 1 LSt (R 1)

Leitender Oberstaatsanwalt

Claßen, Karl Manfred	1. 10. 97	27. 3. 46

Oberstaatsanwältinnen/Oberstaatsanwälte

Dr. Gold-Pfuhl, Gisela, stVLOStA	1. 4. 05	1. 9. 48
Schäfer, Klaus	15. 9. 92	25. 1. 44
Seither, Wolfgang	1. 6. 93	24. 5. 52
Haferkamp, Rolf-Gert	23. 6. 94	2. 5. 48
Eßer, Helga	30. 1. 95	15. 7. 43
Gaszczarz, Jürgen	26. 8. 97	7. 7. 49
Nowotsch, Detlef	—	—
Faßbender, Barbara	1. 7. 00	11. 6. 59
Kellner, Maria-Luise	1. 12. 01	4. 1. 56
Schäfer, Christoph	—	—

Staatsanwältinnen/Staatsanwälte

Schwitzke, Klaus, GL	—	—
Dr. Hellebrand, Johannes, GL	23. 6. 94	19. 11. 46
Metzler, Bernd	1. 9. 74	21. 6. 42
Herforth, Joachim	6. 12. 74	5. 3. 42
Schräpler-Mayr, Hanne	22. 7. 77	1. 2. 45
Irlich, Hartmut	—	—
Schminke-Banke, Christiane	—	—
Kiefer, Lothar	—	—
Niemers, Adalbert	1. 6. 79	7. 1. 47
Hein, Martin	26. 7. 82	12. 4. 51
Kotschenreuther, Werner	2. 8. 82	21. 3. 48
Lammersen, Hartmut	—	—
Keller, Heinz	5. 8. 83	27. 6. 52
Riedel, Uwe	30. 4. 84	3. 9. 54
Faßbender, Achim	22. 12. 88	25. 10. 57
Bogen, Regine, 7/10	13. 3. 92	13. 7. 59
Opretzka, Manfred	16. 3. 92	17. 7. 56
Mühlemeier, Gerhard	4. 6. 92	7. 5. 56
Hartmann, Jochen	13. 6. 94	14. 12. 58
Nottebohm, Udo	13. 6. 94	24. 12. 61
Tewes genannt Kipp, Michael	7. 8. 95	10. 8. 60
Jannott, Monika, beurl. (LSt)	8. 8. 95	4. 8. 61
Rulff, Ingeborg	12. 2. 96	5. 5. 62
Hülsen, Karin	30. 12. 96	10. 2. 62
Gustmann, Oliver	30. 12. 96	16. 10. 63
Kremser, Peter	4. 1. 99	10. 7. 63
Atzinger, Britta Maria	26. 7. 00	14. 12. 68
Ermis, Devrim	31. 7. 00	19. 6. 67
Khan, Alexandra Sikandra, 2/3	13. 12. 01	18. 9. 62
Kraning, Birgit	13. 12. 01	17. 4. 68
Depping, Christina	13. 12. 01	2. 5. 70
Alexander, Kerstin	17. 12. 01	21. 4. 65
Loewenich, Heike Ute	19. 12. 01	29. 1. 68
Hentschel, Ulrike	6. 5. 04	5. 9. 71

Staatsanwaltschaften OLG-Bezirk Düsseldorf **NW**

Joiko, Holger	6. 5. 04	3. 11. 71
Grüter, Sabine, 15/41	7. 5. 04	9. 4. 72
Steffens, Andrea	4. 10. 04	10. 2. 73
Mühlhoff, Uwe, beurl.	31. 3. 05	3. 12. 71
Günes-Böhm, Garip	18. 5. 05	8. 4. 73
Stehl, Selma	20. 5. 05	2. 5. 73
Drüg, Klaus Hans Heinz	6. 3. 06	16. 6. 68
Eßer, Simone	6. 3. 06	6. 8. 74

Staatsanwaltschaft Kleve
Ringstr. 13, 47533 Kleve
Postfach 14 65, 47514 Kleve
Tel. (0 28 21) 5 95-0
Fax (0 28 21) 5 95-2 00
E-Mail: poststelle@sta-kleve.nrw.de
www.sta-kleve.nrw.de
Pressestelle:
Tel. (0 28 21) 5 95-2 20
Fax (0 28 21) 5 95-3 00
E-Mail: pressestelle@sta-kleve.nrw.de

Zweigstelle in Moers
Uerdinger Str. 19-21, 47441 Moers
Postfach 10 21 69, 47411 Moers
Tel. (0 28 41) 9 99 10-0,
Fax (0 28 41) 9 99 10-2 00
Pressestelle:
Tel. (0 28 41) 9 99 10-4 09,
Fax (0 28 41) 9 99 10-2 00

1 LOStA, 1 stVLOStA, 3 OStA, 20 StA

Leitender Oberstaatsanwalt

Faber, Friedrich	1. 7. 04	13. 2. 44

Oberstaatsanwälte

Vogel, Reinhard, stVLOStA	1. 4. 04	23. 5. 42
Frisch, Erhard	1. 6. 87	20. 6. 41
Neifer, Günter	1. 1. 04	7. 1. 59
Hoppmann, Johannes	16. 11. 04	21. 12. 60

Staatsanwältinnen/Staatsanwälte

Olfs-Stark, Maria Luise	2. 1. 78	1. 8. 45
Kriegskotte, Jürgen	—	—
Bauer, Achim	—	—
Moser, Heinz Joachim	—	—
Schulte, Gert	20. 2. 86	13. 2. 55
Harden, Ferdinand	4. 1. 89	18. 11. 56
Körber, Martin	7. 8. 92	16. 8. 58
Hirneis, Dietmar	30. 10. 92	27. 12. 59
Trepmann, Ralf	27. 1. 95	26. 11. 62
Baumann, Thomas	7. 8. 95	29. 4. 62
Jettka, Klaus	2. 1. 97	5. 5. 62
Schulz, Guido	18. 10. 99	11. 4. 67
Fricke, Daniela, beurl.	13. 5. 04	17. 12. 73
Guddat, Carola	1. 7. 05	3. 11. 68
Vergnaud, Patrick Peter	4. 7. 05	29. 4. 69
Bußee, Nils	11. 7. 05	18. 4. 71

Staatsanwaltschaft Krefeld
Preußenring 49, 47798 Krefeld
Postfach 10 10 55, 47710 Krefeld
Tel. (0 21 51) 8 47-0
Fax (0 21 51) 8 47-6 68
E-Mail: poststelle@sta-krefeld.nrw.de
www.sta-krefeld.nrw.de
Pressestelle:
Tel. (0 21 51) 8 47-3 83,
Fax (0 21 51) 8 47-6 84

1 LOStA, 1 stVLOStA, 3 OStA, 16 StA

Leitender Oberstaatsanwalt

Wimmers, Werner	31. 1. 02	22. 9. 47

Oberstaatsanwälte

Ipers, Klaus, stVLOStA	1. 1. 04	11. 8. 50
Menden, Hans-Dieter	—	—
Naumann, Gerhard Thomas	4. 10. 94	1. 10. 48
Schreiber, Klaus	23. 9. 97	12. 6. 52

Staatsanwältinnen/Staatsanwälte

Steinhoff, Dagmar, GL	22. 6. 94	19. 9. 43
Müllers, Hans Erich	27. 12. 76	30. 7. 44
Notemann, Otto	20. 7. 77	25. 10. 44
Jablonowski, Christiane	17. 2. 84	18. 4. 49
Miche-Seeling, Traugott	20. 6. 86	3. 5. 54
Golumbeck, Erwin	7. 4. 89	10. 9. 55
Jösch, Marianne	4. 5. 90	9. 6. 59
Vogt, Beate, abg.	3. 3. 93	10. 10. 60
Dr. Schlechtriem, Bernd	4. 8. 93	27. 3. 57
Gehring, Peter Helmut	30. 3. 98	26. 7. 63
Hüschen, Roman	19. 1. 99	31. 12. 66
Hintzen, Stephan	21. 1. 99	12. 9. 65
Schmidt, Jörg	2. 9. 99	17. 12. 67
Doege, Beate Mariola, beurl.	21. 2. 00	9. 8. 69
Wolfram, Arndt	24. 1. 01	31. 12. 67

Staatsanwaltschaft Mönchengladbach
Rheinbahnstr. 1, 41063 Mönchengladbach
Postfach 10 17 60, 41017 Mönchengladbach
Tel. (0 21 61) 2 76-0
Fax (0 21 61) 2 76-6 96
E-Mail: poststelle@sta-moenchengladbach.nrw.de
www.sta-moenchengladbach.nrw.de
Pressestelle:
Tel. (0 21 61) 2 76-6 20, Fax (0 21 61) 2 76-6 01

1 LOStA, 1 stVLOStA, 4 OStA, 19 StA

NW OLG-Bezirk Düsseldorf — Staatsanwaltschaften

Leitender Oberstaatsanwalt
Franzen, Heinrich   1. 8.97   15. 5.47

Oberstaatsanwälte
Jansen, Norbert, stVLOStA	1. 2.02	1. 2.53
Vitz, Heinz Jürgen	30. 1.95	30. 8.49
Gathen, Lothar	1.12.98	13. 3.60
Aldenhoff, Peter	1.12.03	30. 5.47
Schroeter, Lothar	18. 1.05	8. 2.54

Staatsanwältinnen/Staatsanwälte
Heitmann, Hans Adolf, GL	1. 7.99	5. 2.44
Politt, Hartmut	23.12.76	10.12.44
Wengst, Sabine	14. 6.78	15. 1.46
Szymkowiak, Reinhard	6. 9.78	22. 8.46
Schäfer, Heinz Peter	—	—
Litzenburger, Klaus Dieter	10. 9.79	23.12.47
Zimmermann, Ellen, 1/2	28.10.92	28. 6.58
Mölleman, Ralf	1. 7.94	7. 8.61
Mölleken, Betina, 10/38,5	2. 8.95	22. 5.62
Humberg, Ina	2.12.96	26. 8.61
Ritgens, Christiane, 1/2	30. 8.99	19. 5.64
Dr. Stoy-Schnell, Uta Maria, beurl.	30. 8.99	9. 4.68
Hensen, Claudia Anna, 1/2	29. 1.01	7. 7.71
Oettli, Michael	5. 2.01	29. 9.67
Lingens, Stefan	14.12.01	8. 9.65
Kruchen, Sibylle, beurl.	6. 2.03	11. 3.71
May, Claudia	26. 5.03	30. 4.72
Stratmann, Katrin Bettina	10. 5.04	9. 6.69
Dr. Brähler, Volker	10. 5.04	21. 6.71
Zech, Nina Larissa	10. 5.04	5. 1.72

Staatsanwaltschaft Wuppertal
Hofaue 23, 42103 Wuppertal
Postfach 10 18 60, 42018 Wuppertal
Tel. (02 02) 57 48-0
Fax (02 02) 57 48-5 02
E-Mail: poststelle@sta-wuppertal.nrw.de
www.sta-wuppertal.nrw.de
Pressestelle:
Tel. (02 02) 57 48-5 01, Fax (02 02) 57 48-5 03

1 LOStA, 1 stVLOStA, 8 OStA, 36 StA

Leitender Oberstaatsanwalt
Schoß, Helmut   1. 1.99   24. 2.48

Oberstaatsanwälte
Grevener, Alfons, stVLOStA	11. 1.99	30. 1.47
Majorowsky, Karl Hermann	1. 4.89	20. 3.44
Wiecha, Volker	26. 9.89	27. 2.44
Mühlhausen, Herbert	23. 6.94	6. 6.48
Büsen, Hans Jochem	24. 6.94	27.12.48
Deventer, Anton	29. 1.01	9. 7.58
Müller, Achim	1.12.03	19. 8.51
Meyer, Ralf	1. 8.04	9. 5.62
Kiskel, Hans-Joachim	18. 3.05	2. 4.59

Staatsanwältinnen/Staatsanwälte
Tillmanns, Michael, GL	—	—
Neubauer, Wolfgang, GL	1. 8.02	4. 2.47
Janzen, Jörg	2.11.76	14.11.43
Bornefeld, Franz Joseph	22.12.76	15. 1.44
Bohnstedt, Marlene	20. 9.77	29.10.44
Herbertz, Reinald	16. 6.78	7. 1.44
Gärtner, Wolfgang	10. 9.79	12. 5.46
Pank, Helga	—	—
Steinebach, Hans Martin	—	—
Heck, Frank	15.10.84	1.11.45
Heinrichs, Frank	—	—
Blum-Heinrichs, Margareta	—	—
Hogrebe, Bernd-Josef	1. 4.90	27. 7.56
Sommer, Andrea	5. 8.93	7. 2.61
Oertgen, Stephan	31. 5.94	24. 7.60
Heuermann, Friedel	2.12.94	27. 9.63
Schroeder, Uwe Klaus	15. 2.95	23.10.58
Beck, Carsten	24. 3.95	1. 5.61
Seidel, Annette, 1/2	2.10.95	5. 4.63
Brosch, Liane	12. 1.96	30. 7.64
Kreutzer, Christa Maria	3.11.97	13. 4.61
Böing, Kirsten, 3/5	17.12.97	22. 8.64
Ihl, Rüdiger	4. 2.99	9.10.62
Baumert, Wolf-Tilmann	4. 2.99	14.10.65
Mayr, Barbara	4. 2.99	8. 1.66
Jackson-Klönther, Bartholomäus	2.11.99	19.12.68
Marx-Manthey, Michael	9.10.00	18.11.63
Schäfer, Barbara Maria	27. 3.01	22. 5.69
Kaune-Gebhardt, Heribert	9. 1.02	17. 2.70
Küpper, Stephanie Yvonne	7. 2.03	6. 7.70
Dr. Tumeltshammer, Dorothea Erika, 3/5	7. 5.04	8.12.67
Miets, Ulrike	7. 5.04	2. 9.73
Saltenbrock, Inga	20. 4.05	17. 8.74
Schönwitz, Volker	24. 4.05	9. 8.74
Meyer, Torsten Michael	12. 5.05	15. 9.74

Oberlandesgerichtsbezirk Hamm

Der Bezirk des Oberlandesgerichts umfasst die Regierungsbezirke Arnsberg, Detmold und Münster sowie vom Regierungsbezirk Düsseldorf die Stadt Essen.

Schifffahrtsobergericht

10 Landgerichte:
Arnsberg, Bielefeld, Bochum, Detmold, Dortmund, Essen, Hagen, Münster, Paderborn, Siegen
Kammern für *Handelssachen*: Bielefeld 8, Essen 6, Dortmund 6, Münster und Bochum je 5, Hagen 4, Detmold, Paderborn und Siegen je 2, Arnsberg 1

78 Amtsgerichte
Schöffengerichte: bei allen Amtsgerichten außer den nachstehend aufgeführten
Gemeinsames Schöffengericht für die Bezirke der Amtsgerichte, bei denen kein Schöffengericht gebildet wird, ist:

für den AGBez.:	*das Schöffengericht:*
Marsberg und Medebach:	Brilon
Schmallenberg:	Meschede
Warstein und Werl:	Soest
Bad Oeynhausen und Bünde:	Herford
Halle:	Bielefeld
Lübbecke und Rahden:	Minden
Rheda-Wiedenbrück:	Gütersloh
Blomberg:	Detmold
Castrop-Rauxel:	Dortmund
Kamen:	Unna
Essen-Borbeck und Essen-Steele:	Essen
Meinerzhagen:	Lüdenscheid
Plettenberg:	Altena
Schwerte und Wetter:	Hagen
Gronau:	Ahaus
Steinfurt:	Rheine
Tecklenburg:	Ibbenbüren
Brakel:	Höxter
Delbrück:	Paderborn
Lennestadt:	Olpe

Familiengerichte bei allen Amtsgerichten außer den Amtsgerichten:

	zust. *FamG:*
Medebach:	Brilon
Schmallenberg:	Meschede
Meinerzhagen:	Lüdenscheid

Landwirtschaftssachen sind den Amtsgerichten als Landwirtschaftsgerichte wie folgt zugewiesen:

dem AG:	*die AGBez.:*
Ahaus:	Ahaus und Gronau (Westf.)
Arnsberg:	Arnsberg und Meschede
Beckum:	Ahlen und Beckum
Borken:	Bocholt und Borken
Brakel:	Brakel und Höxter
Brilon:	Brilon, Marsberg und Medebach
Coesfeld:	Coesfeld und Dülmen
Dorsten:	Bottrop, Dorsten, Gelsenkirchen, Gelsenkirchen-Buer, Gladbeck und Marl
Essen:	Essen, Essen-Borbeck und Essen-Steele
Herford:	Bünde und Herford
Kamen:	Kamen und Lünen
Lemgo:	Detmold und Lemgo
Lennestadt:	Lennestadt und Olpe
Lüdenscheid:	Altena, Lüdenscheid, Meinerzhagen und Plettenberg
Menden (Sauerland):	Iserlohn und Menden (Sauerland)
Paderborn:	Delbrück und Paderborn
Recklinghausen:	Bochum, Castrop-Rauxel, Herne, Herne-Wanne und Recklinghausen
Rheda-Wiedenbrück:	Gütersloh und Rheda-Wiedenbrück
Schwelm:	Hagen, Hattingen, Schwelm, Wetter und Witten
Soest:	Soest und Warstein
Steinfurt:	Rheine und Steinfurt
Unna:	Dortmund, Hamm, Schwerte und Unna

NW OLG-Bezirk Hamm

Oberlandesgericht Hamm

E 9 046 984
Heßlerstr. 53, 59065 Hamm
Postfach 21 03, 59061 Hamm
Tel. (0 23 81) 2 72-0, Fax (0 23 81) 2 72-5 18
E-Mail: poststelle@olg-hamm.nw.de
www.olg-hamm.nw.de
1 Pr, 1 VPr, 46 VR, 134 R einschl. 1 für 4 UProf, 2. Hauptamt

Präsident
Debusmann, Gero	1. 1. 96	3. 11. 43

Vizepräsident
Dr. Schwieren, Günter	31. 5. 01	8. 7. 50

Vorsitzende Richterinnen/Vorsitzende Richter
Fischaleck, Johann	29. 1. 93	11. 5. 40
Lindemann, Sigrid	12. 12. 96	18. 8. 42
Regul, Hans-Joachim	2. 2. 98	18. 8. 45
Lücke, Werner	31. 3. 98	23. 3. 42
Flege, Heinrich	6. 4. 98	25. 1. 43
Dr. Ramin, Eberhard	1. 6. 98	29. 5. 41
Becker, Udo	26. 10. 99	4. 7. 43
Leibold, Gerhard	26. 10. 99	18. 1. 45
Dr. Fahrendorf, Klaus Hubert	3. 11. 99	30. 1. 47
Rethemeier, Klaus	1. 1. 00	9. 7. 47
Kaufmann, Annette	14. 11. 00	15. 11. 46
Dr. Womelsdorf, Ulrich	14. 11. 00	7. 8. 48
Jansen, Günther	14. 11. 00	21. 9. 48
Teigelack, Bernhard	14. 11. 00	6. 3. 49
Schenkel, Harald	14. 11. 00	7. 10. 49
Knippenkötter, Hermann	14. 11. 00	28. 3. 50
Völker, Ulrich	1. 1. 01	27. 4. 46
Baur, Reinhard	1. 1. 01	31. 10. 46
Rogner, Jörg	14. 12. 01	22. 6. 43
Schmitz, Harald	14. 12. 01	12. 5. 45
Brumberg, Dorothea Elisabeth	14. 12. 01	15. 2. 47
Brandes, Rolf	14. 12. 01	30. 3. 53
Gottwald, Klaus-Dieter	19. 12. 02	1. 4. 42
Dr. Overhoff, Dieter	19. 12. 02	9. 10. 42
Liebheit, Uwe	19. 12. 02	21. 2. 43
Mosler, Heinz-Joachim	19. 12. 02	25. 6. 43
Schnapp, Dirk	—	—
Schultz, Reinold	19. 12. 02	15. 7. 46
Zumdick, Klaus	1. 1. 03	8. 9. 49
Beckmann, Heiner	14. 1. 03	28. 10. 47
Leygraf, Johannes	11. 4. 03	16. 3. 51
Dr. Nordloh, Manfred	11. 11. 03	4. 1. 43
Krippner, Carola	11. 11. 03	21. 2. 47
Raberg, Alfred Friedrich-Ernst	—	—
Schwarze, Heinz	—	—
Schulte, Josef	11. 11. 03	1. 5. 50
Dr. Pogrzeba, Jürgen	11. 11. 03	31. 12. 52
Dr. Gossmann, Wolfgang	11. 11. 03	14. 1. 53
Schambert, Ulrich	11. 11. 03	4. 7. 58
Dr. Köhler, Heinz-Dieter	17. 9. 04	12. 1. 44
Butemann, Heinz-Jürgen	17. 9. 04	5. 3. 45
Dr. Bernhardt, Wolfgang	17. 9. 04	19. 6. 45
Andexer, Wolfgang	9. 12. 05	13. 7. 47
Lackmann, Rolf	9. 12. 05	20. 2. 49
Horsthemke, Aloys	9. 12. 05	10. 9. 49
Heine, Manfred	9. 12. 05	21. 4. 56
Budde, Lutz	16. 1. 06	3. 3. 52

Richterinnen/Richter
Prof. N. N. (UProf, 2. Hauptamt)	—	—
Dr. Waldt, Klaus-Dieter	19. 10. 81	17. 1. 42
Schulte, Wolfgang	25. 9. 85	30. 6. 43
Boesenberg, Ulrich	25. 9. 85	22. 9. 43
Bähr, Peter	26. 9. 85	15. 8. 45
Rupp, Volker	13. 12. 85	15. 12. 41
Lüke, Friedrich	1. 1. 86	13. 11. 44
Küpperfahrenberg, Hans	15. 7. 86	30. 11. 46
von Wick, Eberhard	27. 10. 86	18. 1. 44
Dr. Szafran, Gerhard	20. 3. 87	13. 9. 45
Rautenberg, Dagmar	11. 9. 87	28. 2. 49
Reinken, Werner	25. 4. 88	18. 6. 49
Lülling, Wilhelm	9. 8. 88	18. 8. 51
Gödel, Monika	9. 9. 88	2. 11. 46
Jaeger, Wolfgang	25. 4. 89	2. 6. 41
Finke, Fritz	25. 4. 89	28. 1. 46
van Beeck, Alfons Maria	25. 4. 89	15. 5. 46
Mosler, Volker	25. 4. 89	11. 2. 46
Betz, Anneli Martel	26. 9. 90	27. 10. 44
Korves, Wilfried	—	—
Wagner, Herbert	13. 12. 90	18. 7. 49
Schwerdt, Richard Heinrich	19. 12. 91	25. 7. 46
Schäferhoff, Viktor Peter	19. 12. 91	28. 11. 48
Eggert, Heribert	19. 12. 91	3. 12. 49
Lehmann, Martin	19. 12. 91	13. 2. 55

OLG-Bezirk Hamm **NW**

Name	Datum 1	Datum 2
Schwarze, Georg	20. 12. 91	23. 8. 48
Frieler, Rainer	20. 12. 91	17. 3. 50
Paßmann, Jörg	23. 12. 91	1. 1. 49
Augstein, Philipp	23. 12. 91	21. 6. 54
Schmeing, Brigitte	—	—
Jokisch, Günter Karl	11. 9. 92	21. 8. 51
Fechner, Rainer	11. 9. 92	10. 5. 52
Grothe, Paul	29. 1. 93	26. 6. 55
Gerlach-Worch, Ute	11. 3. 94	21. 6. 55
Burhoff, Detlef	20. 2. 95	25. 8. 50
Burges, Gerd	13. 12. 95	11. 10. 47
Posthoff, Karl-Heinz	13. 12. 95	6. 10. 56
Giesert, Christa	—	—
Engelhardt, Helmut Hermann	24. 1. 96	14. 10. 50
Eichel, Claus Prof. N. N. (UProf., 2. Hauptamt)	—	—
Sapp, Friedrich Wilhelm	12. 9. 96	17. 1. 51
Droste, Ulrich	12. 9. 96	7. 11. 54
Rüthers, Bernhard Rudolf	26. 9. 96	15. 7. 53
Schwedhelm, Robert	20. 3. 97	17. 7. 54
Dr. Funke, Hans-Friedrich	24. 3. 97	22. 9. 57
Christ, Peter	25. 3. 97	6. 5. 56
Thome, Werner	25. 3. 97	18. 8. 56
Sommerfeld, Peter	25. 3. 97	30. 5. 57
Dr. Springer, Paul	2. 9. 97	5. 3. 56
Kilimann, Ralf	2. 9. 97	7. 1. 57
Dr. Hütte, Rüdiger	2. 9. 97	13. 8. 57
Helmkamp, Thomas	2. 9. 97	9. 4. 60
Vinke, Günter	8. 9. 97	3. 6. 59
Hammermann, Eckart	7. 10. 97	18. 1. 58
Michaelis de Vasconcellos, Rolof	20. 3. 98	2. 7. 52
Stilke-Wassel, Petra	23. 3. 98	7. 7. 58
Stratmann, Stefan	20. 3. 98	3. 3. 60
Dr. Coburger, Dieter	17. 7. 98	24. 4. 59
Greving, Hermann	14. 8. 98	7. 12. 54
Lüblinghoff, Joachim	14. 8. 98	28. 4. 58
Duhme, Wolf-Dieter	17. 12. 98	9. 7. 57
Mues, Rainer	17. 12. 98	30. 7. 59
Bohn, Gertrud	—	—
Prof. Dr. Saenger, Ingo (UProf, 2. Hauptamt)	18. 1. 99	27. 6. 61
Meißner, Heinrich-Joachim	31. 3. 99	29. 8. 56
Jellentrup, Thomas	31. 3. 99	13. 11. 58
Aschenbach, Andreas	12. 4. 99	2. 4. 57
Kallhoff, Ulrich	24. 11. 99	13. 8. 59
Petermann, Klaus	24. 11. 99	5. 10. 60
Fliegenschmidt, Klaus	26. 6. 00	1. 8. 48
Uetermeier, Elke	26. 6. 00	6. 2. 60
Rüter, Claus-Henning	26. 6. 00	23. 8. 61
Fiolka, Arnd	28. 6. 00	24. 5. 63
Dr. Jurgeleit, Andreas	28. 2. 01	20. 9. 60
van Lindt, Peter	2. 3. 01	14. 8. 58
Filla, Wilfried	—	—
Kosziol, Frank	2. 3. 01	21. 1. 60
Walter, Frank	2. 3. 01	4. 8. 61
Nagel, Gisela	2. 3. 01	14. 5. 63
Volesky, Karl-Heinz	5. 3. 01	26. 7. 59
Dr. Gundlach, Gregor	5. 3. 01	24. 4. 64
Serwe, Andreas	6. 3. 01	29. 7. 61
Halfmeier, Claus	8. 3. 01	5. 12. 60
von der Beeck, Rudolf	27. 9. 01	14. 11. 57
Warnke, Evelyn	27. 9. 01	21. 6. 60
Nubbemeyer, Christian	27. 9. 01	28. 2. 62
Buddenberg-Altemeier, Annette	27. 9. 01	22. 12. 62
Budelmann-Vogel, Michaela	27. 9. 01	8. 12. 63
Lopez-Ramos, Celso	2. 11. 01	13. 8. 59
Pfeffer-Schrage, Hans-Herbert	5. 8. 02	27. 5. 57
Kabuth, Detlef	5. 8. 02	11. 5. 59
Lohmeyer, Thomas	5. 8. 02	29. 11. 59
Dr. Ebmeier, Maria Theresia	5. 8. 02	9. 6. 61
Hackbarth-Vogt, Norbert	5. 8. 02	8. 5. 63
Bleistein, Romana	5. 8. 02	21. 3. 64
Gnisa, Jens	12. 8. 02	19. 5. 63
Dr. Haas, Michael	26. 2. 03	4. 8. 63
Lange, Christel	28. 2. 03	24. 5. 56
Dr. Meyer, Rolf	28. 2. 03	16. 12. 59
Borchert, Volker	28. 2. 03	9. 12. 60
Reuter, Ludwig	28. 2. 03	11. 2. 62
Sasse, Wilhelm	28. 2. 03	16. 12. 62
Meier, Werner	28. 2. 03	28. 5. 63
Albert, Claudia	28. 2. 03	5. 5. 64
Oermann-Wolff, Dagmar	11. 6. 03	20. 11. 55
Tegenthoff, Stefan	11. 6. 03	14. 8. 58
Dr. Breulmann, Günter	11. 6. 03	23. 9. 65
Steinke, Karin	11. 6. 03	31. 5. 66
Zurhove, Annette	23. 6. 03	19. 3. 63
Kaup, Ulrike	27. 6. 03	2. 9. 67
Prof. Dr. Peifer, Karl-Nikolaus (UProf, 2. Hauptamt)	—	—
Dr. Kentgens, Martin	15. 9. 03	22. 2. 62
König, Detlef	28. 10. 03	13. 12. 61
Dr. Bruske, Frank	28. 10. 03	6. 4. 62
Zarth, Martin	28. 10. 03	11. 4. 63
Wöstmann, Heinz	7. 11. 03	12. 8. 66
Becker, Kerstin	31. 3. 04	30. 12. 56
Dr. Mersson, Günter	31. 3. 04	7. 12. 59
Schwens, Hans-Werner	31. 3. 04	11. 4. 60
Zarth, Martina	31. 3. 04	29. 3. 62
Kurz, Andrea	31. 3. 04	14. 5. 63
Dr. Mesch, Volker	31. 3. 04	8. 9. 64
Dr. Wieseler, Johannes	31. 3. 04	15. 8. 65
Sabel, Oliver	31. 3. 04	27. 4. 66
Sacher, Dagmar	31. 3. 04	1. 8. 66
Schossier, Paul	27. 4. 04	14. 12. 68

NW OLG-Bezirk Hamm LG-Bezirk Arnsberg

Laws, Jutta	14. 10. 04	2. 2. 61
Becker, Ulrich	15. 10. 04	3. 9. 61
Hahnenstein, Jörg	15. 10. 04	17. 12. 62
Dr. Krefft, Max	15. 10. 04	12. 12. 63
Dr. Nedden-Böger, Claudio	15. 10. 04	13. 1. 66
Theisen, Bernhard	18. 10. 04	5. 6. 67
Pelzner, Susanne	29. 4. 05	1. 10. 64
Dr. Hupe, Astrid	29. 4. 05	9. 7. 65
Witte, Reinhild	29. 4. 05	28. 9. 65
Hoffmann, Oliver	29. 4. 05	3. 12. 66
Kretschmer, Michael	13. 5. 05	26. 6. 67

Landgerichtsbezirk Arnsberg

Landgericht Arnsberg E 541 330
Brückenplatz 7, 59821 Arnsberg
Postfach, 59818 Arnsberg
Tel. (0 29 31) 86-1
Fax (0 29 31) 86-2 10
E-Mail: poststelle@lg-arnsberg.nrw.de
www.lg-arnsberg.nrw.de

1 Pr, 1 VPr, 7 VR, 16 R

Präsident

Müller, Christian	1. 5. 99	15. 12. 47

Vizepräsident

Clemen, Peter	1. 10. 04	28. 8. 59

Vorsitzende Richter

Riering, Stefan	6. 8. 91	7. 6. 46
Dr. Heine, Helmut	1. 11. 92	18. 10. 43
Kappen, Franz-Josef	—	—
Schulte-Hengesbach, Franz		
Grunwald, Hans-Joachim	26. 2. 98	24. 1. 53
Erdmann, Willi	—	—
Maus, Jörg	30. 1. 04	9. 6. 57

Richterinnen/Richter

Peters, Ingrid	24. 12. 76	29. 3. 44
Nölleke, Joachim	24. 6. 80	19. 3. 47
Dr. Mehlich, Detlef	16. 1. 87	7. 8. 54
Siedhoff, Eckhardt	3. 4. 96	16. 4. 61
Marx, Christa	15. 5. 97	17. 6. 64
Pacha, Stephanie	6. 2. 98	6. 12. 62
Sattler, Ute	28. 8. 00	6. 11. 67
Drinhaus, Frank	20. 12. 01	14. 1. 67
Markmann, Silke	21. 12. 01	9. 1. 71
Teipel, Klaus-Peter	28. 12. 01	9. 11. 66
Thaler, Manuela	26. 11. 02	10. 5. 71
Dr. Teipel, Ulrike	28. 11. 02	4. 9. 69

Dr. Götz, Gero	1. 10. 03	8. 11. 69
Dr. Jacobs, Christine	1. 10. 03	30. 6. 71
Kleinod, Simone	30. 4. 04	26. 8. 71
Werthmann, Kristina	4. 11. 05	31. 1. 73
Jäger, Markus	22. 11. 05	30. 9. 74

Amtsgerichte

Arnsberg E 107 709
Eichholzstr. 4, 59821 Arnsberg
Postfach 51 45, 51 55, 59818 Arnsberg
Tel. (0 29 31) 8 04-60
Fax (0 29 31) 8 04-7 77
E-Mail: poststelle@ag-arnsberg.nrw.de
www.ag-arnsberg.nrw.de

1 Dir, 1 stVDir, 9 R

Woyte, Bernd, Dir	27. 10. 03	25. 11. 63
Kolvenbach, Dieter, stVDir	17. 6. 94	16. 6. 45
Lattrich, Klaus	27. 11. 78	7. 2. 46
Meinardus, Hans Hermann	30. 7. 80	19. 6. 48
Hanfland, Heinrich	—	—
Merz, Charlotte	3. 8. 98	11. 12. 60
Jenniβen, Marion	29. 2. 00	16. 5. 67
Kruse, Thorsten	20. 3. 00	27. 10. 62
Werthmann, Dietmar	27. 11. 02	23. 8. 69
Kurz, Björn	7. 10. 05	16. 8. 73

Brilon E 42 790
Bahnhofstr. 32, 59929 Brilon
Postfach 11 20, 59914 Brilon
Tel. (0 29 61) 96 19-0
Fax (0 29 61) 96 19-40
E-Mail: poststelle@ag-brilon.nrw.de
www.ag-brilon.nrw.de

1 Dir, 3 R

Nacke, August Wilhelm, Dir	1. 7. 04	19. 6. 46
Hesse, Rudolf	2. 11. 82	27. 4. 50
Fisch, Eberhard	4. 9. 03	31. 5. 72
Freifrau von Lüninck, Sophie Charlotte	27. 7. 05	17. 2. 93

Marsberg E 21 875
Hauptstr. 3, 34431 Marsberg
Postfach 15 55, 34431 Marsberg
Tel. (0 29 92) 97 41-0, Fax (0 29 92) 97 41-41
E-Mail: poststelle@ag-marsberg.nrw.de
www.ag-marsberg.nrw.de

1 Dir, 1 R

Lammert, Robert, Dir	2. 8. 04	5. 4. 48
Schulte-Runge, Eva	25. 4. 96	31. 12. 61

LG-Bezirk Arnsberg   OLG-Bezirk Hamm   **NW**

Medebach E 27 293
Marktstr. 2, 59964 Medebach
Postfach 11 20, 59959 Medebach
Tel. (0 29 82) 92 17-0
Fax (0 29 82) 92 17-33
E-Mail: poststelle@ag-meldebach.nrw.de
www.ag-meldebach.nrw.de

1 Dir

Weking, Heinrich, Dir   25. 9. 90   26. 12. 46

Menden (Sauerland) E 70 384
Heimkerweg 7, 58706 Menden
Postfach 22 56, 58682 Menden
Tel. (0 23 73) 95 92-0
Fax (0 23 73) 95 92 40
E-Mail: poststelle@ag-menden.nrw.de
www.ag-menden.nrw.de

1 Dir, 4 R

Festersen, Jens Christian, Dir	1. 11. 99	16. 9. 48
Sauer, Michael	15. 4. 93	6. 6. 58
Jung, Martin	26. 7. 00	26. 12. 67
Hennemann, Stephan	10. 9. 04	13. 4. 68

Meschede E 53 087
Steinstr. 35, 59872 Meschede
Postfach 11 52, 59851 Meschede
Tel. (02 91) 29 03-0
Fax (02 91) 29 03-29
E-Mail: poststelle@ag-meschede.nrw.de
www.ag-meschede.nrw.de

1 Dir, 3 R

Richard, Franz Josef, Dir	1. 1. 97	3. 3. 51
Meinecke, Maria	2. 5. 78	8. 3. 48
Hennecke, Doris	9. 9. 04	20. 8. 72

Schmallenberg E 26 002
Im Ohle 6, 57392 Schmallenberg
Postfach 22 02, 57382 Schmallenberg
Tel. (0 29 74) 96 26-0
Fax (0 29 74) 51 87
E-Mail: poststelle@ag-schmallenberg.nrw.de
www.ag-schmallenberg.nrw.de

1 Dir, 1 R

Arens, Helga, Dir	10. 3. 00	2. 8. 49
Fischer, Ralf	19. 8. 94	25. 12. 61

Soest E 96 961
Nöttenstr. 28, 59494 Soest
Postfach 11 18, 59491 Soest
Tel. (0 29 21) 3 98-0
Fax (0 29 21) 3 98-1 98
E-Mail: poststelle@ag-soest.nrw.de
www.ag-soest.nrw.de

1 Dir, 1 stVDir, 8 R

Ismar, Helmut, Dir	1. 1. 94	16. 1. 47
Kinz, Bruno, stVDir	1. 11. 00	20. 10. 44
Hilwerling, Lorenz	11. 12. 77	16. 6. 46
Vennemann, Ulrich	30. 3. 78	13. 2. 48
Simons von Bockum gen. Dolffs, Albert	12. 11. 79	28. 9. 43
Quernheim, Michael	12. 1. 82	3. 1. 51
Bellinghoff, Ulrich	25. 8. 92	13. 3. 60
Schulze, Thomas	29. 9. 94	26. 7. 57
Ludwigt, Claudia	18. 10. 99	13. 6. 64
Rienhöfer, Kai	12. 1. 06	4. 11. 74

Warstein E 39 767
Bergenthalstr. 11, 59581 Warstein
Postfach, 59563 Warstein
Tel. (0 29 02) 80 15-0
Fax (0 29 02) 50 41
E-Mail: poststelle@ag-warstein.nrw.de
www.ag-warstein.nrw.de

1 Dir, 2 R

N. N., Dir	—	—
Maise, Rüdiger	6. 11. 92	6. 7. 60
Parensen, Klaus	3. 1. 00	17. 1. 64

Werl E 57 462
Walburgisstr. 45, 59457 Werl
Postfach 19 12, 59455 Werl
Tel. (0 29 22) 97 65-0
Fax (0 29 22) 86 70 38
E-Mail: poststelle@ag-werl.nrw.de
www.ag-werl.nrw.de

1 Dir, 2 R

Berg, Hans-Joachim, Dir	1. 7. 01	16. 4. 56
Dr. Kamann, Ulrich	27. 1. 76	4. 1. 44
Dilling, Karl-Raimer	20. 6. 78	17. 7. 44

Landgerichtsbezirk Bielefeld

Landgericht Bielefeld E 1 256 991
Niederwall 71, 33602 Bielefeld
Postfach 10 02 89, 33502 Bielefeld
Tel. (05 21) 5 49-0, Fax (05 21) 5 49-10 29
E-Mail: poststelle@lg-bielefeld.nrw.de
www.lg-bielefeld.nrw.de

1 Pr, 1 VPr, 28 VR, 38 R + 1 x ¾ R

Präsident

Jürgens, Uwe	11. 3. 94	8. 6. 41

Vizepräsident

Dodt, Hans-Dieter	1. 7. 96	12. 9. 41

Vorsitzende Richterinnen/Vorsitzende Richter

Vincke, Wolfgang-Heinrich	—	11. 2. 44
Wortmann, Wolfgang	23. 4. 90	6. 2. 43
Sprute, Volker	19. 11. 91	7. 11. 43
Hüsges, Heinz-Jürgen	1. 7. 92	24. 1. 45
Hartlieb, Friedemann	27. 11. 92	29. 9. 43
Reinke, Wolfgang	27. 11. 92	4. 5. 50
Siepmann, Friedrich	1. 2. 93	9. 9. 41
Hoffmann, Erdmuthe	21. 1. 94	13. 4. 45
Brechmann, Wilhelm	7. 4. 94	13. 9. 51
Albert, Jutta	8. 6. 95	15. 9. 53
Osthus, Heinrich Karl	12. 6. 95	30. 4. 46
Drögemeier, Wilfried	8. 9. 95	2. 9. 48
Dr. Ruhe, Reinhard Wilhelm	8. 9. 95	15. 11. 49
Lerch, Wolfgang	8. 9. 95	18. 11. 53
Schild, Udo	—	—
Geue, Jochen	7. 5. 96	27. 5. 56
Hülsmann, Reinhold	28. 5. 97	30. 5. 50
Beckhaus-Schmidt, Sybille	25. 8. 98	15. 2. 54
Kollmeyer, Reinhard	—	—
Korte, Wolfgang	10. 6. 99	7. 11. 52
Fels, Dieter	10. 12. 99	14. 7. 53
Gaßmann, Heinz	23. 11. 00	11. 8. 42
Mertel, Doris	24. 3. 03	5. 6. 54
Dr. Scheck, Werner	12. 2. 04	19. 7. 50
Jander, Harald	12. 2. 04	22. 6. 53
Drees, Wolfgang	28. 7. 05	1. 1. 56
Grünhoff, Claus Rudolf	1. 8. 05	3. 10. 44
Wiemann, Johannes	15. 8. 05	29. 1. 57

Richterinnen/Richter

Gottschaldt, Ingeborg	1. 7. 71	12. 10. 41
Lehmann, Thomas	3. 11. 77	7. 10. 42
Hansmeier, Rudolf	24. 11. 77	9. 3. 47
Schulze, Ralf	22. 3. 78	25. 2. 44
Brinkmann, Carl-Friedrich	15. 6. 78	12. 12. 44
Tschech, Dieter	23. 11. 78	13. 8. 43
Weidner, Ludwig-Sebastian	—	—
Brechmann, Ingeborg	7. 3. 86	4. 1. 55
Prange, Gerlinde	27. 11. 87	24. 6. 52
Reichmann, Andreas	11. 10. 91	25. 6. 56
Brinkmann, Angela	11. 10. 91	9. 8. 60
Kinner, Heike	27. 8. 92	30. 8. 61
Schlingmann, Beate	27. 9. 94	3. 3. 63
Degner, Birgit	26. 10. 95	17. 9. 62
Kirchhoff, Anke	26. 10. 95	12. 4. 65
Dr. Königsmann, Matthias	28. 6. 96	8. 11. 61
Meyer, Axel	19. 3. 97	11. 2. 61
Siemers, Adrienne	19. 11. 97	11. 4. 65
Dr. Misera, Heinz	24. 11. 97	19. 9. 64
Hesselhaus-Schröer, Anne	11. 12. 97	17. 8. 63
Wesseler, Paul	31. 12. 97	28. 1. 66
Goide, Jochen	11. 8. 98	3. 10. 60
Breiler, Jürgen	21. 7. 99	30. 12. 65
Kluge, Susanne	2. 8. 99	13. 5. 66
Haddenhorst, Frank	18. 7. 00	8. 4. 65
Funk, Rasmus	18. 7. 00	7. 2. 69
Eisenberg, Guiskard	24. 7. 00	13. 11. 67
Reinold, Simone	25. 1. 01	1. 4. 67
Kujas, Annette	31. 5. 01	25. 6. 71
Nabel, Carsten	25. 4. 02	27. 9. 68
Dr. Hartmann, Thomas	21. 1. 03	20. 12. 64
Dr. Nolting, Julia	4. 4. 03	17. 7. 65
Dr. Zimmermann, Georg	30. 9. 03	30. 3. 68
Heimen, Michael	30. 9. 03	9. 4. 71
Busche, Stefan	3. 5. 04	30. 6. 71
Dr. Windmann, Matthias	17. 6. 04	23. 7. 67
Schröder, Jörg	17. 6. 04	19. 8. 69
Glashörster, Carsten	17. 6. 04	24. 10. 69
Reiberg, Maike	17. 6. 04	25. 2. 72
Müller, Georg	1. 7. 04	26. 8. 67
Wahlmann, Carsten	13. 2. 06	8. 7. 72
Hunke, Marc	16. 2. 06	29. 8. 72
Böhm, Melanie	16. 2. 06	10. 10. 73
Sauer, Henning	16. 2. 06	3. 10. 74

Amtsgerichte

Bad Oeynhausen E 111 035
Bismarckstr. 12, 32545 Bad Oeynhausen
32543 Bad Oeynhausen
Tel. (0 57 31) 1 58-0, Fax (0 57 31) 1 58-2 50
E-Mail: poststelle@ag-badoeynhausen.nrw.de
www.ag-badoeynhausen.nrw.de

1 Dir, 1 stVDir, 7 R

Frickemeier, Bernd, Dir	25. 4. 05	12. 12. 45
N. N., stVDir	—	—
Röttger, Elmar	12. 12. 76	3. 10. 43
Peuker, Ernst Michael	12. 1. 82	13. 12. 47

LG-Bezirk Bielefeld   OLG-Bezirk Hamm   **NW**

Wietfeld, Hans Jörg	14. 9. 84	24. 6. 48
Becker, Ansgar	19. 9. 95	7. 8. 59
Schumann, Andrea	19. 7. 99	17. 11. 66
Eimler, Harald	17. 4. 03	13. 7. 72
Israel, Franziska	19. 8. 04	7. 4. 73

Bielefeld E 353 106
Gerichtsstr. 6, 33602 Bielefeld
Postfach 10 02 87, 33502 Bielefeld
Tel. (05 21) 5 49-0
Fax (05 21) 5 49-25 38
E-Mail: poststelle@ag-bielefeld.nrw.de
www.ag-bielefeld.nrw.de

1 Dir, 1 stVDir, 4 w.aufsR, 31 R

Donath, Hans-Jürgen, Dir	6. 1. 94	1. 7. 43
Grotevent, Jürgen, stVDir	8. 2. 01	27. 3. 44
Lange, Michael, w.aufsR	23. 7. 98	22. 9. 43
Hagmann, Jürgen, w.aufsR	1. 10. 98	15. 12. 41
Bünemann, Andreas, w.aufsR	—	—
Lippmann, Annette, w.aufsR	1. 8. 02	18. 5. 45
Richtersmeier, Gerhard	5. 8. 74	20. 5. 44
Bruno, Jürgen	29. 8. 75	28. 10. 43
Schulze-Niehoff, Hermann	30. 11. 76	1. 11. 42
Heimann, Wolfgang	—	—
Brüggemann, Gert	26. 7. 77	21. 5. 45
Schmitz, Klaus-Dieter	—	—
Brecht, Michael	2. 6. 78	22. 2. 46
Brecht, Siegrid	29. 9. 78	14. 4. 48
Sühring, Friedrich Albert	27. 10. 78	13. 11. 43
Thiemann, Karl-Georg	16. 2. 79	14. 12. 48
Vogelsang, Bernhard Heinrich	7. 9. 79	8. 9. 48
Küster, Kai-Michael	20. 11. 80	26. 4. 51
Stoffregen, Ralf	27. 8. 92	14. 10. 60
Reichmann, Kirsten	24. 8. 94	1. 5. 59
Nagel, Friedhelm	29. 9. 95	29. 6. 62
Salewski, Astrid	28. 9. 95	29. 12. 63
Ilenburg, Kerstin	24. 2. 97	19. 8. 63
Lehmann-Schön, Ina	—	—
Kaminski, Michaela	23. 4. 98	10. 6. 61
Krämer, Eckhard	10. 6. 99	23. 11. 60
Friehoff, Christian	10. 6. 99	29. 8. 64
Meier, Jürgen	10. 6. 99	8. 1. 65
Grunsky, Joachim	31. 7. 00	8. 12. 62
Pohlmann, Ralph	31. 7. 00	5. 11. 66
Richter, Jochen	8. 3. 01	13. 1. 63
Januzi, Martina	8. 3. 01	26. 11. 67
Strufe, Frank	11. 5. 01	7. 6. 65
Schulte, Diana	15. 11. 02	2. 7. 70
Hüwelmeier, Alexandra	15. 11. 02	12. 10. 71
Wienand, Monika	24. 11. 03	8. 11. 71
Heitker, Kerstin	15. 7. 04	10. 11. 70
Maatmann, Ingrid	15. 7. 04	23. 11. 72

Eid, Muna	15. 7. 04	30. 1. 74
Bäcker, Ilka	8. 11. 04	6. 11. 66

Bünde E 71 815
Hangbaumstr. 19, 32257 Bünde
Postfach 12 09, 32212 Bünde
Tel. (0 52 23) 9 22-0
Fax (0 52 23) 9 22-2 22
E-Mail: poststelle@ag-buende.nrw.de
www.ag-buende.nrw.de

1 Dir, 3 R

Stöckmann, Ludger, Dir	1. 3. 01	30. 3. 51
Hongsermeier, Sigrid	18. 4. 77	11. 9. 46
Bröck, Detlef	21. 8. 80	14. 1. 46
Kommnik, Daniel	25. 7. 01	24. 12. 69

Gütersloh E 145 162
Friedrich-Ebert-Str. 30, 33330 Gütersloh
Postfach 11 53, 33326 Gütersloh
Tel. (0 52 41) 1 03-33
Fax (0 52 41) 1 03-340
E-Mail: poststelle@ag-guetersloh.nrw.de
www.ag-guetersloh.nrw.de

1 Dir, 1 stVDir, 10 R + 1 × ½ R

Rammert, Edmund, Dir	1. 6. 89	13. 10. 45
N. N., stVDir	—	—
Nordhorn, Franz-Josef	29. 6. 76	26. 12. 43
Kloß, Rüdiger	15. 9. 77	19. 6. 44
Koschmieder, Ulrich	3. 11. 81	16. 9. 48
Beckhaus, Ludwig	15. 12. 83	17. 4. 51
Stracke, Dorothea	21. 7. 87	22. 6. 49
Soboll, Werner	—	—
Holtkötter, Heinz-Peter	30. 4. 90	21. 5. 56
Meiring, Christoph	8. 3. 01	25. 2. 66
Thiele, Monika	12. 8. 02	26. 4. 69
Weber, Stephan Christoph	12. 8. 02	4. 11. 70
Dr. Rohde, Annette	4. 4. 03	12. 8. 69

Halle (Westfalen) E 82 449
Lange Str. 46, 33790 Halle
Postfach 11 51, 33776 Halle
Tel. (0 52 01) 81 32-0
Fax (0 52 01) 81 32-20
E-Mail: poststelle@ag-halle.nrw.de
www.ag-halle.nrw.de

1 Dir, 4 R

Wißmann, Dieter, Dir	21. 8. 96	19. 5. 49
Kalantzis, Elisabeth	29. 6. 76	21. 8. 45
Pöld, Peeter	27. 9. 83	4. 5. 50
Hunke, Michael	26. 6. 95	30. 1. 62
Bergstermann, Silke	31. 1. 06	10. 9. 73

Herford E 121 216
Auf der Freiheit 7, 32052 Herford
Postfach 11 51, 32001 Herford
Tel. (0 52 21) 1 66-0, Fax (0 52 21) 1 66-1 12
E-Mail: poststelle@ag-herford.nrw.de
www.ag-herford.nrw.de

1 Dir, 1 stVDir, 11 R

Kahre, Bernd, Dir	18. 6. 01	27. 4. 61
Wietfeld-Rinne, Jutta, stVDir	4. 3. 02	19. 10. 50
Vorndamm, Jürgen	14. 4. 76	31. 10. 41
Koltzsch, Gerburg	29. 8. 76	22. 3. 42
Schonscheck, Claudia	16. 2. 79	22. 5. 49
Bollhorst, Heinrich	30. 10. 79	14. 2. 48
Knöner, Helmut	3. 3. 80	23. 1. 48
Klein, Eberhard	17. 9. 80	26. 1. 48
Dr. Kuhlmann, Dieter große Beilage, Heinrich	19. 11. 99	22. 5. 66
Kuper-Stelte, Swantje	17. 10. 01	13. 10. 67
Sykulla, Alexandra	6. 6. 03	19. 4. 72
Schreyer, Saskia	6. 10. 03	7. 10. 72

Lübbecke E 53 327
Kaiserstr. 18, 32312 Lübbecke
Postfach 11 47, 32291 Lübbecke
Tel. (0 57 41) 34 51-0, Fax (0 57 41) 34 51-50
E-Mail: poststelle@ag-luebbecke.nrw.de
www.ag-luebbecke.nrw.de

1 Dir, 3 R

Surmeier, Manfred, Dir	1. 1. 86	22. 5. 45
Diekmann, Rolf	17. 11. 87	15. 12. 48
Stolte, Hans-Ulrich	8. 2. 94	5. 1. 59
Westermann, Frank	13. 7. 01	27. 3. 66

Minden (Westfalen) E 162 710
Königswall 8, 32423 Minden
Postfach 20 60, 32377 Minden
Tel. (05 71) 88 86-0, Fax (05 71)88 86-2 48
E-Mail: poststelle@ag-minden.nrw.de
www.ag-minden.nrw.de
zugl. Schifffahrtsgericht

1 Dir, 1 stVDir, 12 R + 1 × ½ R

Depke, Hans-Jörg, Dir	1. 3. 01	20. 10. 48
Eickhoff, Horst, stVDir	12. 7. 04	29. 12. 48
Zimmermann, Wulf	20. 10. 75	11. 9. 43
Baumeister, Klaus	26. 5. 77	17. 12. 44
Osthoff-Behrens, Marianne	—	—
Husmann, Heinrich Burckhard	12. 4. 79	21. 11. 43
Wolf-Baumeister, Christa	17. 10. 89	4. 3. 45
Niewerth, Petra	26. 9. 94	5. 12. 63

Dr. Würz-Bergmann, Angela	25. 8. 97	21. 8. 63
Dr. Eisberg, Jörg Humbracht, Bernd-Uwe	22. 2. 99	30. 1. 63
Rohlfing, Christine	19. 1. 01	27. 3. 68
Wacker, Daniel	7. 8. 03	10. 7. 68
Bröderhausen, Thomas	7. 8. 03	3. 11. 69
Neuhaus, Carola	8. 8. 03	4. 2. 69

Rahden E 56 778
Lange Str. 18, 32369 Rahden
Postfach 1 09, 32362 Rahden
Tel. (0 57 71) 91 04-0
Fax (0 57 71) 91 04-99
E-Mail: poststelle@ag-rahden.nrw.de
www.ag-rahden.nrw.de

1 Dir, 2 R

Simon, Christoph, Dir	1. 2. 02	28. 6. 44
Staas, Ulrich	—	—
Beimann, Thomas	15. 8. 95	11. 10. 59

Rheda-Wiedenbrück E 99 393
Ostenstr. 3, 33378 Rheda-Wiedenbrück
Postfach 11 49, 33372 Rheda-Wiedenbrück
Tel. (0 52 42) 92 78-0, Fax (052 42) 92 78-99
E-Mail: poststelle@ag-rhedawiedenbrueck.nrw.de
www.ag-rhedawiedenbrueck.nrw.de

1 Dir, 3 R + 1 × ½ R

Schaper, Uwe Gerhard, Dir	1. 12. 02	2. 12. 46
Stelbrink, Ulrich	22. 6. 83	7. 9. 50
Schröder, Thomas	16. 9. 97	14. 5. 62
Kruse, Claudia	—	—
Domke, Uta	1. 7. 03	7. 7. 70

Landgerichtsbezirk Bochum

Landgericht Bochum E 943 143
Westring 8, 44787 Bochum
Postfach 10 16 29, 44716 Bochum
Tel. (02 34) 9 67-0
Fax (02 34) 9 67-22 44
E-Mail: poststelle@lg-bochum.nrw.de
www.lg-bochum.nrw.de

Auswärtige Strafkammer in Recklinghausen
Reitzensteinstr. 17, 45657 Recklinghausen
Postfach 10 01 61, 45601 Recklinghausen
Tel. (0 23 61) 585-0
Fax (0 23 61) 5 85-3 00

1 Pr, 1 VPr, 27 VR, 38 R

LG-Bezirk Bochum   OLG-Bezirk Hamm   **NW**

Präsidentin
Graf-Schlicker, Marie-Luise   8. 5. 02   6. 8. 52

Vizepräsident
Kemner, Hartwig   24. 5. 00   13. 8. 53

Vorsitzende Richterinnen/Vorsitzende Richter
Schäfer, Joachim   14. 12. 81   11. 5. 42
Stratmann, Jörg   27. 6. 86   25. 1. 44
Pamp, Hermann   13. 4. 87   7. 12. 43
Hoch, Wolfgang   30. 5. 88   5. 11. 46
Dr. Krökel, Michael   —   —
Dr. Hahn-Kemmler, Jutta   15. 2. 91   16. 11. 50
Mankel, Hans-Joachim   16. 7. 91   26. 10. 47
Ritter, Hans-Joachim   20. 12. 91   7. 11. 50
Sacher, Gerald   29. 1. 93   29. 10. 45
Riechert, Gerhard Werner   18. 3. 94   20. 9. 50
Nienhaus, Kornelia   28. 5. 96   19. 5. 55
Löffler, Peter   5. 12. 96   22. 11. 49
Kirfel, Johannes   28. 5. 97   24. 1. 56
Mittrup, Wolfgang   18. 7. 97   26. 2. 52
Dr. Lißeck, Friedhelm   1. 9. 97   3. 12. 56
Bock, Andreas   29. 12. 98   3. 5. 50
Oligmüller, Andreas   29. 12. 98   25. 2. 58
Roth, Delia   16. 7. 99   23. 2. 58
Tschentscher, Barbara   29. 12. 99   16. 9. 58
Brünger, Klaus   31. 3. 00   24. 10. 56
Große Feldhaus, Josef   31. 3. 00   23. 4. 58
Laube, Andreas   29. 8. 02   11. 5. 61
Talarowski, Volker   29. 8. 02   3. 6. 61
Dr. van den Hövel,
   Markus   29. 8. 02   16. 1. 63
Dr. Nowak, Erwin   30. 6. 03   17. 2. 61
Fiedler, Ralf   27. 7. 05   13. 5. 66

Richterinnen/Richter
Zöpel, Barbara   2. 1. 76   15. 7. 44
Gehling, Gabriele   —   —
Lautz, Peter   14. 11. 78   27. 6. 48
Kimmeyer, Michael
   Eberhard   23. 10. 79   14. 9. 44
Hülsebusch, Werner   15. 11. 82   6. 5. 51
Föhrer, Georg   18. 11. 82   2. 12. 48
Lenerz, Kurt   —   —
Waschkowitz, Dieter   9. 12. 85   8. 9. 50
Reckhaus, Elisabeth   17. 5. 88   20. 10. 57
Bolte, Friedrich-Wilhelm   9. 6. 89   1. 3. 57
Dr. Jaeger, Wolfgang   30. 6. 89   25. 8. 56
Murawski, Birgit   30. 6. 89   21. 9. 60
Streek, Ingo   15. 8. 90   6. 10. 57
Schulte, Martin   14. 7. 92   13. 5. 58
Steinbach, Sabine   14. 7. 92   27. 9. 60
Schönenberg-Römer,
   Petra   3. 8. 95   22. 1. 62
Dr. Pense, Uwe   20. 10. 97   7. 5. 59

Sandmann, Monika   20. 10. 97   6. 8. 65
Smentek, Dagmar   9. 4. 98   6. 3. 62
Rohlfing, Christiane   9. 4. 98   3. 12. 62
van Meenen, Nadja   9. 4. 98   15. 6. 65
Culemann, Stefan   15. 6. 98   10. 11. 62
Schön-Winkler, Susanne   26. 3. 99   23. 2. 68
Dr. Peglau, Jens   1. 4. 99   14. 5. 68
Ostendorf, Angela   20. 4. 99   6. 9. 63
Schwadrat, Carsten   6. 1. 00   27. 6. 65
Dr. Lemcke, Thomas   27. 4. 00   18. 7. 66
Striepen, Regine   1. 6. 01   17. 2. 71
Röcken, Matthias   11. 6. 01   31. 1. 68
Dr. Rottkemper, Michael   28. 2. 03   22. 12. 65
Kexel, Thomas   14. 4. 03   5. 11. 68
Lüdeke, Renate   29. 9. 03   31. 8. 71
Dr. Greff, Oliver   26. 4. 04   16. 11. 74
Hoffmann, Isabel   17. 8. 04   25. 2. 68
Kranz, Holger   17. 8. 04   31. 10. 70
Bučič, Roberto   17. 8. 04   3. 4. 71
Wienecke, Thorsten   17. 8. 04   14. 9. 71
Katzer, Christine   17. 8. 04   31. 8. 72
Rehaag, Michael   22. 7. 05   11. 7. 69

Amtsgerichte

Bochum   E 386 499
Viktoriastr. 14, 44787 Bochum
Postfach 10 01 70, 44701 Bochum
Tel. (02 34) 9 67-0
Fax (02 34) 9 67-24 24
E-Mail: poststelle@ag-bochum.nrw.de
www.ag-bochum.nrw.de

1 Dir, 1 stVDir, 5 w.aufsR, 38 R

Meyer, Friedrich Georg,
   Dir   1. 8. 93   19. 4. 45
Fettbach, Dirk-Joachim,
   stVDir   16. 6. 97   24. 2. 45
Stoppel, Gerhard,
   w.aufsR   15. 8. 94   3. 8. 43
Dr. Feldmann, Ralf
   Antonius, w.aufsR   28. 11. 97   31. 12. 49
Knoblauch, Eckhard,
   w.aufsR   —   —
Lohkamp, Hartmut,
   w.aufsR   —   —
Sichau, Axel, w.aufsR   1. 11. 02   13. 4. 49
Mittelstrass, Hartmut   —   —
Kimmesskamp, Paul   22. 1. 79   26. 9. 48
Mölder, Dietmar   —   —
Pattard, Werner Ludwig   1. 10. 79   31. 7. 49
Hein, Gabriele Elli   1. 12. 79   25. 9. 49
Hagedorn, Rolf   31. 7. 81   8. 1. 48
Noesselt, Hadwig   —   —

287

NW OLG-Bezirk Hamm   LG-Bezirk Bochum

Haardt, Frank	17. 8. 81	8. 7. 47
Schneider, Roland	—	—
Romberg, Werner	17. 2. 82	10. 5. 50
Ulrich, Fred Jürgen	—	—
Weitz-Blank, Kornelia	9. 12. 83	29. 12. 53
Brunholt-Kirchner, Margret	4. 2. 86	5. 11. 52
Richter, Thomas	—	—
Krieger, Andreas	26. 9. 89	1. 10. 56
Eichler, Bernd	3. 8. 90	1. 1. 54
Schlichting, Michael	28. 5. 91	28. 10. 52
Manz, Petra	19. 6. 91	29. 5. 57
Betzung, Christiane	13. 9. 91	25. 12. 56
Dr. Bösken, Karl-Heinz	16. 10. 91	15. 1. 57
Gerlach, Bernd-Ulrich	16. 10. 91	17. 1. 59
Breitkopf, Norbert	6. 7. 92	2. 3. 59
Böttrich, Godehard	—	—
Formann, Gertrud	12. 12. 94	27. 9. 60
Kaemper-Baudzus, Annette	3. 8. 95	8. 9. 61
Dr. Deutscher, Axel	17. 8. 95	7. 9. 58
Zieger, Volker	12. 7. 96	15. 4. 62
Franz, Monika	4. 4. 97	8. 3. 61
Hagedorn-Kroemer, Elke	11. 3. 98	20. 8. 63
Nieswandt, Peter	16. 4. 98	6. 11. 62
Hugenroth, Christian	21. 9. 98	13. 5. 62
Gerkau, Frank	22. 9. 98	25. 9. 61
Pirc, Susanne	9. 11. 99	27. 6. 65
Helbich, Hans	10. 11. 99	15. 6. 62
Stockmann, Astrid	10. 6. 02	10. 9. 68
Jähnichen, Esther	11. 6. 02	13. 2. 69
Berger-Drame, Brigitte	17. 4. 03	28. 8. 66

Herne E 98 500
Friedrich-Ebert-Platz 1, 44623 Herne
Postfach 10 11 29, 44601 Herne
Tel. (0 23 23) 14 08-0
Fax (0 23 23) 14 08-85
E-Mail: poststelle@ag-herne.nrw.de
www.ag-herne.nrw.de

1 Dir, 1 stVDir, 8 R

Lütgens, Dietrich Franz, Dir	1. 1. 94	27. 11. 43
Gronski, Klaus Jochen, stVDir	28. 2. 00	26. 8. 49
Dr. Unger, Manfred Bernhard	—	—
Schmedding, Horst-Dieter	24. 8. 81	22. 7. 42
Poreda, Werner	17. 8. 84	28. 9. 51
Dransfeld, Bernd	31. 7. 92	25. 10. 59
Schrüfer, Klaus	16. 4. 93	18. 9. 59
Zemlicka, Heike	26. 4. 93	7. 4. 58
Schirm, Doris	25. 9. 95	12. 10. 61

Herne-Wanne E 73 744
Hauptstr. 129, 44651 Herne
Postfach 20 01 62, 44631 Herne
Tel. (0 23 25) 6 90-0
Fax (0 23 25) 6 90-50
E-Mail: poststelle@ag-hernewanne.nrw.de
www.ag-hernewanne.nrw.de

1 Dir, 6 R

Schulze-Engemann, Holger, Dir	17. 6. 94	13. 2. 45
Hagenberg, Heide	13. 11. 76	22. 10. 43
Donner, Uwe	—	—
Knust-Rösener, Gabriele	29. 7. 83	21. 1. 52
Heinrich, Brigitte	26. 5. 93	14. 6. 59
Hohmann, Martina	13. 3. 95	2. 3. 63
Vogt, Reiner	21. 11. 97	10. 10. 58

Recklinghausen E 284 381
Reitzensteinstr. 17, 45657 Recklinghausen
Postfach 10 01 61, 45601 Recklinghausen
Tel. (0 23 61) 5 85-0
Fax (0 23 61) 5 85-3 00
E-Mail: poststelle@ag-recklinghausen.nrw.de
www.ag-recklinghausen.nrw.de

1 Dir, 1 stVDir, 3 w.aufsR, 26 R

Böhlje, Karin, Dir	1. 6. 96	26. 7. 47
N. N., stVDir	—	—
Fluck, Wolf-Rüdiger, w.aufsR	16. 12. 94	27. 2. 43
Tamm, Maria, w.aufsR	16. 12. 94	28. 3. 43
Dr. Klas, Helmut, w.aufsR	2. 3. 95	13. 5. 48
Vogt, Dirk	6. 5. 75	19. 8. 44
Albers, Gabriele	3. 3. 76	9. 10. 44
Braun, Klaus Jürgen	—	—
Dr. Gores, Klaus-Jürgen	30. 12. 77	13. 12. 47
Lange, Reinhard	—	—
Scheidt, Wilfried	—	—
Gora, Hansjürgen	17. 11. 78	21. 4. 45
Drewenstedt, Brigitte	—	—
Wortmann, Walter Willi	18. 11. 79	2. 8. 46
Dr. Linnenbaum, Bernhard	25. 2. 80	24. 12. 49
Sandkühler, Michael	—	—
Gramse, Jochen	9. 9. 80	22. 7. 47
Borgstädt, Manfred	13. 3. 81	20. 12. 49
Dr. Warmbold, Jens	—	—
Scholtyssek, Werner	9. 3. 82	13. 7. 52
Kuhlmann, Andreas	7. 12. 83	1. 3. 52
Dr. Maibaum, Achim	16. 12. 91	21. 11. 59
Dr. Vach, Michael	13. 6. 94	4. 9. 61
Dr. Siepmann, Andreas	25. 11. 94	19. 6. 59
Schöne, Sigrid	3. 5. 95	15. 3. 62
Heimeshoff, Hermann	4. 5. 95	27. 6. 60
Runte, Huberta	18. 7. 96	18. 1. 62

LG-Bezirk Detmold   OLG-Bezirk Hamm   **NW**

Mollenhauer, Thomas	30. 11. 98	16. 9. 61
Siedler, Jörg	11. 10. 01	16. 1. 65
Borowiak, Gero	11. 10. 01	22. 11. 68
Nowak, Britta	21. 2. 03	4. 11. 67

Witten E 101 019
Bergerstr. 14, 58452 Witten
Postfach 11 20, 58401 Witten
Tel. (0 23 02) 20 06-0
Fax (0 23 02) 20 06-60
E-Mail: poststelle@ag-witten.nrw.de
www.ag-witten.nrw.de

1 Dir, 1 stvDir, 7 R

Grewer, Bernd, Dir	2. 3. 00	18. 7. 49
Führ, Karl-Michael, stvDir	20. 10. 97	10. 8. 52
Sonnenschein, Joachim	4. 11. 76	10. 9. 44
Volkland, Ursula Dorothee	2. 6. 78	3. 5. 47
Schäfer, Thomas	6. 3. 98	2. 6. 65
Herrmann, Martin	29. 3. 99	8. 6. 64
Dr. Barning, Harald	22. 8. 00	16. 2. 66
Weiß, Susanne	10. 1. 02	2. 3. 66
Jürgens, Annette	10. 1. 02	21. 2. 68
Niemann, Silke	18. 3. 03	21. 12. 70

Landgerichtsbezirk Detmold

Landgericht Detmold E 361 742
Paulinenstr. 46, 32756 Detmold
Postfach 21 62, 32711 Detmold
Tel. (0 52 31) 7 68-1
Fax (0 52 31) 7 68-5 00
E-Mail: poststelle@lg-detmold.de
www.lg-detmold.nrw.de

1 Pr, 1 VPr, 6 VR, 11 R

Präsident

Prahl, Wolfgang	1. 12. 01	5. 11. 43

Vizepräsident

Gerhardt, Hanno	8. 5. 95	23. 4. 43

Vorsitzende Richter

Reineke, Hans-Michael	30. 4. 93	19. 4. 48
Rügge, Dieter	27. 6. 94	1. 2. 42
Goldbeck, Hans-Bodo	30. 9. 97	9. 1. 45
Hartl, Rudolf	30. 9. 97	26. 10. 55
Hüttemann, Eckart	21. 6. 99	28. 12. 55
Pohlmeier, Manfred	8. 9. 04	29. 8. 59

Richterinnen/Richter

Amelung, Jörg-Wilhelm	27. 2. 74	24. 5. 43
Bextermöller, Annelene Bärbel	29. 6. 76	1. 5. 45
Lüking, Gerhard	23. 1. 87	15. 10. 52
Niemeyer, Karsten	30. 9. 97	9. 4. 64
Dr. Degner, Jens	25. 2. 98	1. 8. 61
Tegethoff-Drabe, Sabine	25. 2. 98	7. 11. 65
Dr. Mertens, Jörg	10. 12. 99	25. 9. 67
Wulle, Andrea	4. 5. 00	13. 5. 67
Dr. Ball, Beatrice	13. 11. 02	15. 5. 70
Blumberg, Sabine	3. 2. 03	29. 7. 69
Grudda, Anke	20. 9. 04	23. 3. 70
Wobker, Britta	20. 9. 04	8. 5. 73

Amtsgerichte

Blomberg (Lippe) E 47 075
Kolberger Str. 1, 32825 Blomberg
Postfach 11 41, 32817 Blomberg
Tel. (0 52 35) 96 94-0
Fax (0 52 35) 96 94-14
E-Mail: poststelle@ag-blomberg.nrw.de
www.ag-blomberg.nrw.de

1 Dir, 2 R

Gielens, Martin, Dir	1. 2. 99	14. 5. 57
Salzenberg, Dirk	22. 4. 96	2. 8. 61
Wölfinger, Michael	30. 9. 97	25. 6. 64

Detmold E 164 553
Heinrich-Drake-Str. 3, 32756 Detmold
Postfach 11 63, 32701 Detmold
Tel. (0 52 31) 7 68-1
Fax (0 52 31) 7 68-4 00
E-Mail: poststelle@ag-detmold.nrw.de
www.ag-detmold.nrw.de

1 Dir, 1 stvDir, 12 R

de Vries, Freya, Dir	25. 6. 91	15. 3. 49
Wagemeyer, Edith, stvDir	27. 9. 01	23. 4. 64
Ehrlicher, Jörg	24. 9. 76	20. 6. 41
Möller, Friedrich	19. 4. 77	21. 1. 44
Dr. Busch, Klaus-Peter	31. 1. 78	2. 3. 47
Kleinert, Ulrich	20. 11. 80	26. 3. 49
Hempel, Alrun	24. 11. 80	23. 1. 50
Kleinert, Dorothea	3. 8. 81	23. 5. 50
Velhagen, Jochen	6. 12. 83	25. 5. 45
Osterhage, Töns	26. 9. 94	6. 3. 62
van den Sand, Martin	1. 12. 00	12. 11. 65
Block-Gerdelmann, Agnes	26. 11. 02	11. 11. 69
Schikowski, Dirk	20. 9. 04	20. 1. 73

NW OLG-Bezirk Hamm — LG-Bezirk Dortmund

Lemgo E 150 114
Am Lindenhaus 2, 32657 Lemgo
Postfach 1 20, 32631 Lemgo
Tel. (0 52 61) 2 57-0, Fax (0 52 61) 2 57-2 91
E-Mail: poststelle@ag-lemgo.nrw.de
www.ag-lemgo.nrw.de

1 Dir, 1 stVDir, 9 R

Schrader, Rolf, Dir	1. 9. 98	25. 10. 49
Affeldt, Viktoria, stVDir	1. 4. 01	1. 8. 52
Jürgens, Erich-Albert	22. 7. 77	23. 12. 46
Beau, Friedrich Friedhelm	18. 8. 78	18. 11. 44
Langer, Lutz-Michael Luis	26. 9. 86	22. 7. 50
Heistermann, Ulrich	22. 9. 94	11. 6. 62
Otto, Lothar	14. 5. 98	20. 10. 64
Kaboth, Uwe	11. 5. 99	4. 2. 67
Jürgens, Ute	5. 4. 00	17. 5. 69
Borgschulte, Petra	14. 5. 01	3. 10. 70
Suermann, Andreas	26. 11. 02	18. 6. 72

Landgerichtsbezirk Dortmund

Landgericht Dortmund E 1 231 580
Kaiserstr. 34, 44135 Dortmund
Postfach 10 50 44, 44047 Dortmund
Tel. (02 31) 9 26-0, Fax (02 31) 9 26-1 02 00
E-Mail: verwaltung@lg-dortmund.nrw.de
www.lg-dortmund.nrw.de

1 Pr, 1 VPr, 32 VR, 46 R

Präsident

Brahm, Edmund	31. 1. 01	4. 12. 47

Vizepräsidentin

Löbermann, Angelika	23. 12. 98	20. 12. 43

Vorsitzende Richterinnen/Vorsitzende Richter

Reichel, Manfred	29. 8. 79	22. 10. 39
Dr. Weingärtner, Helmut	29. 8. 79	25. 3. 40
Dr. Hummelbeck, Horst	2. 11. 81	6. 6. 39
Detering, Bernd	5. 3. 82	3. 8. 40
Hengemühle, Gernot	16. 2. 84	24. 10. 42
Dr. Jäger, Bernd	1. 5. 87	4. 7. 44
Dr. Baronin von Dellinghausen, Ulrike	11. 10. 88	16. 2. 44
Müller, Reinhard	28. 3. 90	25. 1. 47
Nüsse, Johannes	30. 4. 91	7. 9. 44
Ulrich, Jürgen	16. 7. 91	23. 5. 48
Dr. Tschersich, Herbert	18. 7. 91	9. 1. 50
Wapsa-Lebro, Marie-Luise	—	—
Meyer, Wolfgang	19. 1. 94	15. 6. 51
Tewes, Klaus-Dieter	19. 1. 94	6. 8. 53
Weber, Thomas-Michael	16. 3. 95	24. 7. 50
Müller, Eberhard	16. 3. 95	29. 10. 51
Coerdt, Karl-Friedrich	1. 6. 95	20. 11. 50
Meyer-Laucke, Wilfried	15. 4. 96	21. 1. 49
Hackmann, Helmut	15. 4. 96	20. 9. 51
Harbort, Ulrich	26. 3. 97	11. 10. 49
Bons-Künsebeck, Marlies	26. 3. 97	29. 10. 50
Beckers, Hermann	11. 9. 98	10. 9. 55
Beumer, Thomas	15. 7. 99	19. 10. 57
Hammeke, Michael	30. 11. 99	4. 8. 56
Pawel, Willi	30. 11. 99	24. 1. 58
Schalück, Michael	1. 1. 00	8. 5. 58
Mönkebüscher, Martin	11. 7. 00	14. 8. 57
Windgätter, Peter	29. 7. 03	22. 11. 56
Witthüser, Frank	29. 7. 03	2. 11. 58
Landwehr, Brigitte	4. 8. 03	14. 1. 59

Richterinnen/Richter

Brütting, Brigitte	1. 3. 75	16. 5. 44
Zohren-Böhme, Stefanie	1. 1. 76	20. 6. 43
Hollweg von Matthiesen, Heinzwerner	—	—
Hengemühle, Gudrun	18. 6. 79	24. 4. 48
Dr. Berkenbrock, Clemens	—	—
Buchner, Ingrid	16. 4. 80	22. 5. 50
Stratmann, Conrad	12. 9. 80	20. 7. 50
Henkel, Monika	17. 10. 80	24. 11. 49
Scholz, Dagmar	20. 1. 84	20. 7. 52
Kersting, Magdalene Wilhelmine	28. 5. 84	11. 7. 52
Flocke, Ingolf	17. 4. 89	17. 8. 53
von Heusinger, Gabriele	21. 11. 89	24. 2. 56
Brockmeier, Ludwig	26. 1. 91	30. 10. 58
Dr. Gessert, Thomas	7. 10. 92	15. 9. 57
Karweg, Ralf	7. 10. 92	15. 11. 58
Kelm, Thomas	27. 10. 94	26. 7. 58
Dr. Pötting, Dietmar	21. 5. 97	4. 4. 61
Meyer-Tegentthoff, Beate	21. 5. 97	14. 7. 62
Hülsebusch, Martina	25. 6. 97	23. 3. 63
Laarmann, Lioba	4. 5. 98	12. 7. 64
Sußmann, André	12. 8. 98	13. 5. 63
Elbert, Jasmin	7. 7. 99	12. 1. 69
Schäpers, Gudrun	23. 5. 00	21. 12. 67
Becker, Michael	26. 7. 00	11. 2. 66
Kroll, Christiane	26. 7. 00	8. 6. 66
Northoff, Meinhard	26. 7. 00	8. 9. 66
Bünnecke, Marc	26. 7. 00	30. 5. 68
Pachur, Michael	26. 7. 00	17. 4. 69
Dr. Saal, Martin	16. 3. 01	8. 7. 68
Dr. Hartung, Frank	18. 12. 01	30. 11. 64
Linde, Oliver	18. 12. 01	8. 4. 69
Grewer, Hans-Jochen	18. 12. 01	3. 3. 70
Tilmanns, Yasmin Britta	18. 12. 01	27. 9. 70
Dr. Idziok, Anja	19. 12. 01	27. 1. 69
Rauhaus, Susanne	31. 1. 03	4. 11. 66

LG-Bezirk Detmold · Dortmund   OLG-Bezirk Hamm   **NW**

Sabrowsky, Arnim	31. 1. 03	28. 5. 70
Franceschini, Claudia	3. 2. 03	24. 4. 67
Janse-Girndt, Susanne	26. 9. 03	21. 11. 68
Dr. Strauß-Niehoff, Martina	25. 9. 03	3. 3. 69
Frieling, Dieter	25. 9. 03	25. 3. 69
Jansen-Girndt, Susanne	26. 9. 03	21. 11. 68
Dr. Bornemann, Thomas	29. 9. 03	12. 1. 69
Dr. Klumpe, Gerhard	29. 9. 03	15. 3. 71
Lohoff, Simone	8. 4. 04	20. 8. 72
Kern, Birgit	8. 4. 04	11. 10. 72
Sohlenkamp, Lars	8. 4. 04	1. 3. 73

Amtsgerichte

Castrop-Rauxel E 78 343
Bahnhofstr. 61-63, 44575 Castrop-Rauxel
Postfach 10 20 80, 44573 Castrop-Rauxel
Tel. (0 23 05) 10 09-0, Fax (0 23 05) 10 09-49
E-Mail: verwaltung@ag-castrop-rauxel.nrw.de
www.ag-castrop-rauxel.nrw.de

1 Dir, 7 R

Rodehüser, Annette, Dir	16. 12. 03	14. 12. 59
Schwarz, Arend-Jörg	25. 9. 77	15. 7. 43
Lennemann, Ingo	—	—
Bähner, Rosemarie	1. 6. 80	29. 6. 49
Tschersich-Vockenroth, Marion	1. 12. 80	5. 12. 49
Born, Dorothea	—	—
Nachtwey, Heinrich	21. 3. 90	25. 1. 56
Weber, Annette	2. 10. 92	14. 11. 59

Dortmund E 590 329
Gerichtsstr. 1, 44135 Dortmund
Postfach 10 50 27, 44047 Dortmund
Tel. (02 31) 9 26-0
Fax (02 31) 9 26-2 30 90
E-Mail: verwaltung@ag-dortmund.nrw.de
www.ag-dortmund.nrw.de

1 Pr, 1 VPr, 10 w.aufsR, 69 R

Präsident

Held, Heinz-Jürgen	10. 10. 03	12. 4. 42

Vizepräsident

Jelinski, Michael-Franz	1. 11. 96	7. 10. 50

weitere aufsichtführende Richterinnen/Richter

Kühn, Rolf-Herbert	23. 7. 92	7. 2. 45
Stein, Franz-Josef Johannes	30. 12. 96	14. 4. 51
Kokoska, Reinhard	22. 5. 00	11. 1. 47
Twittmann, Jürgen	23. 5. 00	6. 10. 48

Dreisbach, Ursula	20. 6. 01	23. 4. 48
Barutzky, Christoph	8. 2. 02	29. 6. 50
Weiß, Gerhard	1. 6. 02	27. 2. 45
Vieten-Groß, Dagmar	1. 12. 02	22. 12. 47
Stehling, Hans-Jürgen	28. 1. 03	26. 2. 51
Dr. Kollenberg, Reiner	18. 12. 03	18. 7. 47

Richterinnen/Richter

Krämer, Ulrich	27. 11. 75	28. 5. 41
Marty, Reinhard	11. 12. 75	30. 11. 42
Grawe, Volker	13. 12. 75	25. 9. 42
Tschiersch, Eberhard	—	—
Contzen, Elisabeth	—	—
Viegener, Jürgen	—	—
Raimer-Schafferus, Claudia Martina	30. 12. 77	20. 4. 47
Esken, Hans-Ulrich	23. 1. 78	1. 11. 45
Tappermann, Jürgen Wilhelm	14. 2. 78	16. 5. 45
Schramm, Walter Ludwig	30. 6. 78	8. 8. 47
Kampelmann, Klaus August	—	—
Tschechne, Wolfgang Johannes	23. 8. 78	7. 1. 47
Kittel, Helmut	25. 8. 78	24. 7. 45
Jeschke, Hartmuth	—	—
Drerup, Rudolf	30. 10. 78	31. 10. 42
Rappoport, Zwi Hermann	—	—
Junglas, Georg	6. 2. 79	10. 3. 47
Borgdorf, Werner	—	—
Kretschmer, Reinhard Gerhard	—	—
Engelmann-Beyerle, Beatrix	—	—
Kretschmer, Manfred	6. 6. 79	3. 5. 41
Gillmeister, Uwe	7. 9. 79	1. 10. 45
Schilawa, Helmut Kurt	24. 9. 79	11. 8. 47
Jehke, Rolf	29. 11. 79	22. 1. 48
Jesse, Klaus	—	—
Dr. Schumacher, Bernd-Ulrich	17. 4. 81	14. 3. 49
Groß, Dieter	30. 4. 81	13. 3. 47
Dr. Regel, Wolfgang	—	—
Heinrichs, Eberhard	18. 1. 82	18. 9. 47
Jersch, Constans	12. 3. 82	16. 2. 52
Danch-Potthoff, Karin	18. 5. 82	1. 6. 47
Knierbein, Josef	30. 6. 83	27. 1. 50
Aufderheide, Helmut	7. 11. 83	28. 3. 51
Hoppen-Wagner, Elisabeth	23. 10. 84	21. 12. 53
Stein, Ulrich	6. 5. 85	2. 7. 51
Hilsmann-König, Elisabeth	—	—
Künsebeck, Helmut	30. 1. 87	2. 7. 54
Schulte-Eversum, Bernd Norbert	16. 3. 90	13. 12. 57
Börstinghaus, Ulf	20. 3. 90	13. 7. 55
Heydenreich, Volker	9. 4. 90	10. 10. 56
Hellmuth, Yorck	2. 9. 91	14. 8. 61

NW OLG-Bezirk Hamm LG-Bezirk Dortmund

Schulte im Busch, Astrid	25. 3. 93	17. 12. 60
Küsell, Herwart	26. 3. 93	25. 3. 54
Serries, Andreas	28. 10. 94	20. 2. 60
Prause, Peter	28. 10. 94	19. 6. 61
Schieck-Kosziol, Andrea	7. 8. 95	29. 12. 61
Bruns, Karin	8. 8. 95	29. 8. 63
Kiskämper, Hartmut	9. 8. 95	19. 7. 60
Wolter, Ulrike	—	—
Grashoff, Peter	1. 3. 96	2. 6. 60
Dr. Sikora, Sabine	6. 3. 96	3. 10. 61
Höfer, Alexandra	21. 9. 98	3. 9. 62
Plattner, Michael-Jörg	14. 12. 99	23. 9. 63
Kalfhaus, Barbara	15. 12. 99	12. 8. 65
Dr. Stephan, Viola-Dorothee	17. 7. 00	16. 6. 67
Naujoks, Martina	10. 8. 00	6. 6. 60
Franke, Jens	10. 8. 00	5. 11. 64
Bock, Constance	10. 8. 00	9. 3. 68
Hans, Sebastian	17. 8. 00	14. 1. 69
Dr. Breuer, Gerhard	23. 11. 01	4. 12. 67
Schnellenbach, Annette	23. 11. 01	2. 6. 69
Pichocki, Frank	23. 11. 01	30. 6. 70
Pantke-Kersting, Gabriele	23. 11. 01	23. 11. 70
Henze, Christian	10. 2. 03	2. 11. 69
Hermanns, Sabine	11. 2. 03	25. 8. 70
Borgmann, Thomas	—	—
Altmeier, Nicole	22. 12. 03	11. 12. 71
Sammet, Ines	30. 11. 04	14. 12. 73

Hamm (Westfalen) E 184 852
Borbergstr. 1, 59065 Hamm
Postfach 11 41, 59061 Hamm
Tel. (0 23 81) 9 09-0
Fax (0 23 81) 9 09-2 22
E-Mail: verwaltung@ag-hamm.nrw.de
www.ag-hamm-nrw.de

1 Dir, 1 stVDir, 14 R + 1 × $^{3}/_{4}$ R + 1 × $^{1}/_{2}$ R

Dietrich, Jürgen Hermann, Dir	3. 7. 89	6. 12. 43
Löbbert, Wolfgang, stVDir	25. 2. 97	14. 7. 51
Eikelmann, Marita	7. 7. 77	3. 3. 44
von Gehlen, Harald	24. 8. 78	8. 10. 44
Schimanski-Longerich, Bernd	16. 10. 81	19. 5. 49
Longerich, Ute	16. 8. 82	5. 1. 53
Bastl, Franz	—	—
Neuhaus, Elisabeth Anna	—	—
Becker, Bernd	6. 3. 90	21. 6. 51
Kleine, Wolfgang	—	—
Schulze-Velmede, Burkhard	9. 11. 95	11. 3. 59
Drouven, Martina	13. 11. 95	28. 8. 59
Erb-Klünemann, Martina	13. 11. 95	21. 8. 63
Heinrichs, Petra	14. 10. 97	26. 8. 61

Janssen, Bernhard	29. 10. 97	15. 1. 60
Hommel, Christoph	31. 7. 00	13. 2. 66
Berg, Andrea	26. 8. 03	25. 3. 73
Schraml, Nina	8. 3. 04	9. 10. 70

Kamen E 98 961
Poststr. 1, 59174 Kamen
Postfach 11 20, 59172 Kamen
Tel. (0 23 07) 9 92-0
Fax (0 23 07) 9 92-1 12
E-Mail: verwaltung@ag-kamen.nrw.de
www.ag-kamen.nrw.de

1 Dir, 1 stVDir, 6 R

Treese, Burckhard, Dir	30. 11. 99	1. 1. 46
Davids, Frank Michael, stVDir	1. 12. 99	12. 10. 56
Dickmeis, Franz-Joseph	—	—
Schlottbohm, Hans Werner	17. 10. 85	21. 12. 48
Klopsch, Martin	7. 5. 90	14. 9. 56
Ibrom, Frank	18. 4. 97	19. 10. 61
Prautsch, Torsten	18. 4. 97	24. 4. 62
Körfer, Birgit	31. 7. 00	12. 1. 65

Lünen E 150 182
Spormeckerplatz 5, 44532 Lünen
Postfach 11 80, 44501 Lünen
Tel. (0 23 06) 9 24-5
Fax (0 23 06) 9 24-6 90
E-Mail: verwaltung@ag-luenen.nrw.de
www.ag-luenen.nrw.de

1 Dir, 1 stVDir, 10 R

Knauer, Brigitte, Dir	31. 1. 00	7. 6. 51
Weber, Norbert, stVDir	23. 11. 89	18. 10. 46
Bußmann, Hubert	5. 5. 80	3. 9. 47
Klein, Hans-Joachim	24. 6. 80	11. 12. 43
Brinkmann, Peter	8. 5. 81	1. 6. 52
Riedl, Ewerhard	12. 1. 82	17. 2. 51
Oertel, Bernhard	27. 4. 84	29. 12. 51
Mertens, Barbara	24. 3. 93	11. 8. 60
Oehrle, Ulrich	26. 10. 94	12. 7. 61
Suelmann, Beatrix	28. 10. 98	6. 3. 65
Knappmann, Jan	6. 10. 03	22. 4. 70
Linden, Stefan	7. 4. 04	24. 6. 67

Unna E 128 913
Friedrich-Ebert-Str. 65 a, 59425 Unna
Postfach 21 01, 59411 Unna
Tel. (0 23 03) 67 03-0
Fax (0 23 03) 67 03-4 44
E-Mail: verwaltung@ag-unna.nrw.de
www.ag-unna.nrw.de

1 Dir, 1 stVDir, 9 R + 1 × $^{3}/_{4}$ R + 1 x $^{1}/_{2}$ R

LG-Bezirk Essen OLG-Bezirk Hamm **NW**

Finke-Gross, Rita, Dir	30. 10. 03	9. 1. 50
Schwab, Heinrich Theodor, stVDir	—	—
Vittinghoff, Heiko	15. 6. 73	14. 5. 41
Steller, Manfred	10. 3. 78	1. 10. 44
Naunin, Ulrike	—	—
Buller, Bernhard	2. 2. 79	6. 7. 48
Henning, Peter	1. 7. 81	29. 4. 48
Reiners, Hans-Ulrich	12. 11. 81	28. 5. 47
Lorenz-Hollmann, Barbara	—	—
Vielhaber-Karthaus, Birgit	2. 1. 92	19. 11. 60
Hüchtmann, Jörg	16. 3. 93	11. 1. 61
Fresenborg, Anne	6. 10. 95	30. 3. 62
Ginzel, Manuel	10. 10. 03	2. 5. 72

Landgerichtsbezirk Essen

Landgericht Essen E 1 344 206
Zweigertstr. 52, 45130 Essen
Postfach 10 24 42, 45024 Essen
Tel. (02 01) 8 03-0
Fax (02 01) 8 03-29 00
E-Mail: poststelle@lg-essen.nrw.de
www.lg-essen.nrw.de

1 Pr, 1 VPr, 34 VR, 42 R

Präsidentin

Dr. Anders, Monika	10. 6. 96	16. 2. 51

Vizepräsident

Vogt, Thomas	16. 11. 01	14. 10. 52

Vorsitzende Richterinnen/Vorsitzende Richter

Dusse, Wolfgang	29. 11. 83	15. 9. 41
Dudda, Alfred	20. 6. 84	20. 12. 44
Schröder, Jochen	16. 9. 88	6. 9. 44
Anhut, Theresia Brigitte	17. 3. 89	22. 9. 43
Weber, Norbert	28. 3. 90	4. 5. 49
Meise, Hans-Joachim	—	—
Wilke, Heinz-Jürgen	27. 10. 92	25. 6. 41
Küter, Axel	27. 10. 92	—
Schmidt, Michael	27. 10. 92	10. 2. 53
Krüger, Klaus-Werner	1. 3. 94	15. 8. 53
Dr. Middelberg, Gerd	28. 12. 95	16. 12. 46
Brede, Christoph	18. 1. 96	1. 4. 47
Fink, Rudolf	—	—
Dickmeis, Michael	30. 10. 96	28. 2. 56
Schalla, Norbert	30. 10. 96	8. 5. 56
von Pappritz, Maren	20. 3. 97	15. 8. 59
Lütgebaucks, Harald	10. 10. 97	4. 2. 52
Rosch, Burkhard	10. 10. 97	5. 3. 58
Bergenthum, Modesta	—	—
Loch, Edgar	21. 7. 98	11. 10. 54
Pohlmann, Regina	5. 2. 99	11. 6. 57
Scheibe, Heinz Gerd	—	—
Staake, Knut-Henning	—	—
Wacker, Johannes Christoph	31. 1. 00	2. 10. 45
Wendrich-Rosch, Jutta	31. 1. 00	18. 11. 60
Dr. Kirsten, Mathias	12. 3. 01	19. 5. 60
Busold, Heinz-Günter	10. 8. 01	23. 6. 51
Schmidt, Wolfgang	17. 3. 03	28. 8. 61
Dr. Lashöfer, Jutta	30. 7. 03	20. 12. 61
Nünning, Luise	30. 12. 03	2. 7. 57
Wrobel, Volker	30. 12. 03	15. 7. 60
Becker, Christian	19. 10. 04	13. 6. 62
Hahnemann, Martin	17. 10. 05	28. 3. 64

Richterinnen/Richter

Vogtmeier, Manfred	27. 7. 73	29. 7. 42
Dr. Vogel, Thilo	22. 7. 74	18. 2. 44
Hollstegge, Angelika	19. 12. 76	5. 4. 47
Gerke, Ulrich	19. 11. 77	23. 11. 44
Bielefeldt, Kirsten	9. 3. 78	6. 12. 46
Wende, Jutta	30. 11. 79	15. 11. 49
Diemert, Ursula	3. 1. 80	2. 8. 48
Hägele, Ulrich	6. 4. 81	7. 9. 47
Weiß, Detlef	—	—
Schneider, Klaus	25. 7. 83	14. 9. 51
Konrad, Hans Jürgen	—	—
Storner, Peter	30. 3. 84	28. 3. 50
Rink, Ursula	—	—
Süß-Emden, Dieter	21. 12. 89	23. 11. 54
Dr. Dechamps, Regine	22. 6. 90	31. 5. 56
Gremme, Anna Maria	26. 8. 91	23. 1. 58
Labentz, Andreas	26. 8. 91	22. 12. 58
Banke, Ralf	10. 11. 92	28. 11. 59
Dr. Baston-Vogt, Marion	5. 6. 98	29. 8. 63
Schleicher, Ellen	23. 5. 00	11. 1. 68
Hofstra, Britta	23. 5. 00	29. 4. 70
Klett, Ernst	16. 1. 01	21. 7. 67
Koß, Bernd	27. 6. 01	13. 12. 67
Dr. Rabe, Annette	27. 6. 01	12. 4. 68
Ausetz, Markus	27. 6. 01	6. 6. 68
Erdmann, Ralph-Ingo	27. 6. 01	19. 10. 68
Dr. Heßhaus, Andrea	27. 6. 01	18. 5. 69
Servas, Oliver	30. 1. 02	24. 2. 68
Hackert, Stephan	31. 10. 02	5. 2. 69
Dr. Dörlemann, Markus	14. 2. 03	23. 1. 68
Dr. Ostheide, Stefan	14. 2. 03	16. 6. 71
Scheid, Henrike	8. 8. 03	24. 7. 69
Dr. Kretschmer, Barbara	8. 8. 03	29. 6. 70
Schmitt, Jörg	11. 8. 03	22. 4. 72
Ströing, Bianca	15. 6. 04	6. 1. 74
Brand, Nicola	12. 7. 04	4. 5. 74
Uhlenbrock, Volker	10. 8. 04	23. 6. 73

NW OLG-Bezirk Hamm   LG-Bezirk Essen

Dr. Endriss, Dorothee	8. 11. 04	9. 1. 72
Dr. Willmann, Peter	27. 1. 05	23. 2. 73
Hopmann, Elisabeth	20. 4. 05	21. 2. 73
Ostgathe, Franz	13. 7. 05	26. 1. 74
Palm, Ute	13. 7. 05	12. 8. 74
Menke, Nina	18. 7. 05	21. 6. 75

Essen   E 378 392
Zweigertstr. 52, 45130 Essen
Postfach 10 02 63, 45002 Essen
Tel. (02 01) 8 03-0, Fax (02 01) 8 03-29 10, -27 51
E-Mail: poststelle@ag-essen.nrw.de
www.ag-essen.nrw.de

1 Pr, 1 VPr, 8 w.aufsR, 55 R

Amtsgerichte

Bottrop   E 119 649
Gerichtsstr. 24-26, 46236 Bottrop
Postfach 10 01 01, 46201 Bottrop
Tel. (0 20 41) 7 79 97-0
Fax (0 20 41) 7 79 97-1 00
E-Mail: poststelle@ag-bottrop.nrw.de
www.ag-bottrop.nrw.de

1 Dir, 1 stVDir, 10 R

Dreesen, Klaus, Dir	1. 2. 99	15. 12. 42
Gehrling, Horst-Dieter, stVDir	19. 2. 93	31. 12. 43
Steinmann, Rudolf	8. 10. 81	2. 7. 50
Bihler, Manfred	8. 12. 82	24. 10. 52
Reschke, Peter	20. 7. 83	29. 2. 52
Plaßmann, Ulrich	13. 9. 83	2. 12. 52
Dr. Helf, Martin	24. 4. 87	18. 2. 55
Meierjohann, Eckhard	4. 9. 91	30. 6. 60
Pawellek, Jutta	10. 11. 92	14. 3. 62
Schachten, Elmar	1. 10. 93	9. 1. 59
Preibisch, Rüdiger	27. 5. 94	21. 6. 56
Rohlfing, Gerhard	4. 8. 98	22. 7. 60

Dorsten   E 79 807
Alter Postweg 36, 46282 Dorsten
Postfach 1 09, 46251 Dorsten
Tel. (0 23 62) 20 08-0
Fax (0 23 62) 20 08-51
E-Mail: poststelle@ag-dorsten.nrw.de
www.ag-dorsten.nrw.de

1 Dir, 1 stVDir, 6 R

Huda, Hermann-Josef, Dir	1. 2. 02	3. 4. 47
Dr. Fischedick, Hans-Jürgen, stVDir	20. 6. 94	7. 11. 54
Timm, Wolfram	5. 3. 80	18. 3. 48
Heinz, Regine	2. 4. 81	22. 9. 50
Illerhaus, Johannes	4. 12. 84	5. 2. 50
Hinkers, Elisabeth	30. 6. 95	23. 4. 63
Bartoszek-Schlüter, Irena	2. 10. 95	5. 4. 58
Kramer, Sabine	30. 12. 03	23. 4. 69

Präsident
Koschmieder, Hans-Joachim	20. 9. 04	4. 5. 45

Vizepräsident
Blumberg, Ernst	—	—

weitere aufsichtführende Richter
Dr. Wein, Gunter	—	—
Faupel, Karl-Hans	15. 3. 96	7. 5. 48
Richter, Gerd	1. 10. 01	29. 8. 45
Fischer, Klaus Georg	1. 1. 02	18. 12. 44
Bein, Winfried	20. 12. 02	5. 9. 50
Heneweer, Rainer	28. 2. 03	11. 9. 49
Landschütz, Gerd	1. 6. 04	27. 3. 45

Richterinnen/Richter
Seidel, Gerd	9. 5. 74	11. 8. 43
Kurzke, Rüdiger Willi	16. 1. 77	5. 11. 44
Nolte, Bernd-Hermann	28. 7. 77	13. 8. 44
Lütge-Sudhoff, Rotraut	9. 9. 77	15. 7. 45
Denzin, Klaus-Gerd	6. 2. 78	9. 7. 43
Grewer, Wilhelm	24. 2. 78	4. 8. 42
Koch, Rainer	13. 3. 78	7. 9. 45
Wiedemann, Dietmar	20. 6. 78	29. 12. 44
Anders, Peter	1. 8. 78	20. 10. 44
Lukas, Jürgen	15. 12. 78	2. 4. 49
Thomas, Karin	22. 5. 79	22. 11. 48
Schneider, Christa	—	—
Dr. Louis, Christine Johanna	—	—
Dr. Märten, Rolf	1. 7. 81	24. 6. 50
Zellhorn, Emmerich	23. 4. 82	27. 4. 53
Schlott, Hildegard	1. 8. 83	19. 6. 47
Winterpacht, Klaus Dieter	15. 8. 83	25. 7. 49
Siepmann, Horst	23. 1. 85	8. 11. 47
Bischoff, Monika	—	—
Jürgensen, Gabriele	28. 2. 86	7. 1. 54
Dodegge, Georg	5. 4. 89	25. 12. 57
Seelmann, Ronald	7. 2. 90	14. 5. 56
Treppke, Matthias	13. 7. 93	10. 2. 56
Koppenborg, Arnd	19. 7. 94	28. 1. 56
Hense-Neumann, Felizitas	19. 7. 94	16. 9. 61
Dr. Zech, Hanne	28. 3. 95	1. 3. 59
Wischermann, Christoph	23. 6. 95	10. 5. 61

LG-Bezirk Essen   OLG-Bezirk Hamm   **NW**

Stehmans, Brigitte	9. 11. 95	5. 7. 65
Nitsch, Birgit	20. 10. 98	28. 6. 65
Balster, Bettina	23. 10. 98	16. 4. 64
Studener, Peter	26. 10. 98	4. 5. 62
Erl, Kirten	29. 11. 99	7. 12. 66
Dreher, Monique	1. 12. 99	27. 2. 58
Matthias, Ute	17. 12. 99	21. 10. 64
Dr. Klinke, Markus	22. 3. 01	26. 1. 66
Dr. Locher, Matthias	23. 3. 01	7. 1. 66
Magnus, Axel	26. 3. 01	21. 9. 69
Schlüter, Jeanette	16. 1. 02	19. 8. 66
Dr. Hamme, Gerd	16. 1. 02	28. 1. 67
Rosenbaum, Elke	16. 1. 02	17. 9. 67
Dr. Nowatius, Niklas	16. 1. 02	22. 11. 67
Bos, Gabriele	16. 1. 02	14. 8. 69
Schütz, Michael	16. 1. 02	21. 6. 70
Spieker, Hagen Walter	16. 1. 02	8. 1. 72
Sastry, Gaury	27. 3. 03	21. 9. 62
Krafft, Stefanie	27. 3. 03	12. 4. 70
Fischbach, Christian	27. 3. 03	15. 12. 70
Storch, Florian	27. 3. 03	8. 2. 71
Knopp, Christine	9. 2. 04	29. 3. 68
Böhle, Lars	9. 2. 04	5. 5. 72
Schriewer, Sabine	14. 6. 04	19. 3. 70
Hanisch, Sandra	8. 10. 04	3. 9. 69
Ruben, Jörg	19. 1. 05	14. 5. 71
Proske, Eva	28. 7. 05	10. 3. 71

Essen-Borbeck E 94 173
Marktstr. 70, 45355 Essen
Postfach 11 01 51, 45331 Essen
Tel. (02 01) 86 80-0, Fax (02 01) 86 80-2 50
E-Mail: poststelle@ag-essenborbeck.nrw.de
www.ag-essenborbeck.nrw.de

1 Dir, 6 R

Wilmsmann, Dietmar, Dir	16. 12. 98	—
Praß, Hans-Joachim	—	—
Weise, Hans-Christian	31. 10. 78	22. 7. 48
Schmitt, Sigrid	25. 10. 84	8. 5. 54
Wittenberg, Karl-Peter	17. 4. 98	26. 4. 64
Dohm, Kerstin	7. 3. 03	29. 7. 72

Essen-Steele E 113 817
Grendplatz 2, 45276 Essen
Postfach 14 31 80, 45261 Essen
Tel. (02 01) 8 51 04-0
Fax (02 01) 8 51 04-30
E-Mail: poststelle@ag-essensteele.nrw.de
www.ag-essensteele.nrw.de

1 Dir, 6 R

Köcher, Hans-Dietrich, Dir	—	—
Reinhardt, Peter	4. 6. 79	31. 10. 46
Erb, Reinhard	19. 11. 82	8. 11. 46

Sen, Ulrike	3. 3. 86	10. 1. 52
Feldhaus, Nils	27. 5. 03	3. 1. 71
Findeisen, Veronika	13. 7. 04	8. 2. 73
Jentzsch, Sandra	10. 9. 04	14. 12. 73

Gelsenkirchen E 132 109
Overwegstr. 35, 45879 Gelsenkirchen
Postfach 10 02 52/10 02 62, 45802 Gelsenkirchen
Tel. (02 09) 17 91-0
Fax (02 09) 17 91-1 88
E-Mail: poststelle@ag-gelsenkirchen.nrw.de
www.ag-gelsenkirchen.nrw.de

1 Dir, 1 stVDir, 1 w.aufsR, 18 R

Heinrich, Jörg, Dir	28. 11. 05	26. 11. 62
Meiswinkel, Winfried, stVDir	24. 2. 95	27. 4. 46
Bärens, Michael, w.aufsR		
Steinbrinck, Heiner	31. 5. 77	12. 11. 44
Lelickens, Alfred	—	—
Warda, Horst	20. 11. 80	1. 8. 51
Kriener, Josef Konrad	21. 5. 82	19. 4. 52
Hermandung, Klaus Alexander	20. 12. 82	5. 12. 50
Klein, Helmut	8. 8. 83	19. 2. 50
Büchter-Hennewig, Karin	—	—
Siemund-Grosse, Gaby	4. 9. 91	26. 8. 58
Schneemilch, Elke	12. 12. 94	22. 11. 61
Waab, Brigitte	7. 7. 95	27. 2. 63
Dr. Droste, Andrea	11. 7. 96	23. 9. 64
Dr. Redinger, Andreas	8. 10. 98	14. 4. 61
Verweyen, Birgit	23. 5. 00	12. 1. 70
May, Caroline	14. 11. 00	9. 7. 65
Blanc, Stephanie	23. 11. 00	31. 10. 67
Brinkhaus, Danja	28. 8. 01	23. 7. 69
Zorn, Silke	15. 7. 04	10. 4. 73
Veddern, Stephanie	24. 2. 06	14. 9. 72

Gelsenkirchen-Buer E 137 172
Goldbergstr. 89, 45894 Gelsenkirchen
Postfach 20 01 53/20 01 63, 45836 Gelsenkirchen
Tel. (02 09) 3 60 98-0, Fax (02 09) 3 60 98-90
E-Mail: poststelle@ag-gelsenkirchenbuer.nrw.de
www.ag-gelsenkirchenbuer.nrw.de

1 Dir, 1 stVDir, 12 R

Rezori, Irene, Dir	1. 6. 01	15. 1. 49
Wedig, Bernd, stVDir	13. 11. 01	25. 6. 59
Kowalski, Rainer	2. 5. 78	13. 8. 46
Rumberg, Klaus	30. 11. 79	30. 7. 46
Stratmann, Bernd	—	—
Mertens, Ulrich	3. 5. 82	12. 4. 51
Rottlaender, Helmut	26. 11. 82	14. 4. 53
Waab, Frank	6. 10. 95	16. 5. 62
Koch, Sabine	9. 10. 95	22. 5. 62

NW OLG-Bezirk Hamm LG-Bezirk Hagen

Vollenberg, Ursula	30. 5. 96	6. 12. 62
Hahnemann, Eva	18. 3. 99	19. 6. 62
Albracht, Dirk	4. 4. 00	19. 8. 67
Dr. Locher, Gabriele	5. 9. 00	31. 12. 66
Saal, Julia	10. 4. 01	15. 4. 68
Dr. Racz, Christian	18. 3. 05	24. 9. 74

Gladbeck E 76 987
Friedrichstr. 63, 45964 Gladbeck
Postfach 1 40, 45951 Gladbeck
Tel. (0 20 43) 6 97-0
Fax (0 20 43) 6 97-1 20
E-Mail: poststelle@ag-gladbeck.nrw.de
www.ag-gladbeck.nrw.de

1 Dir, 1 stVDir, 6 R

Korf, Friedrich, Dir	27. 5. 03	4. 7. 49
Röhlig, Hans-Werner, stVDir	27. 5. 03	31. 12. 50
Lohmann, Lothar	19. 8. 76	18. 8. 43
Paus, Berthold	26. 6. 81	24. 11. 51
Jensen, Rita	1. 12. 81	11. 2. 52
Dr. Bardelle, Beatrice	—	—
Rummeling, Ulrich	19. 3. 99	13. 11. 60
Stratmann, Petra	27. 5. 03	16. 4. 71

Hattingen (Ruhr) E 83 277
Bahnhofstr. 9, 45525 Hattingen
Postfach 80 01 53, 45501 Hattingen
Tel. (0 23 24) 5 05-0
Fax (0 23 24) 5 39 23
E-Mail: poststelle@ag-hattingen.nrw.de
www.ag-hattingen.nrw.de

1 Dir, 4 R

Voelsen, Petra-Helene, Dir	28. 12. 95	17. 6. 51
Fehre, Götze	—	—
Lang, Ursula Brigitte	16. 6. 78	11. 3. 46
Dr. Monstadt, Barbara	10. 11. 92	4. 7. 61
Krause, Jens	3. 4. 00	15. 9. 65
Kimmeskamp, Johannes	27. 6. 01	18. 4. 65

Marl E 128 823
Adolf-Grimme-Str. 3, 45768 Marl
Postfach 11 60, 45741 Marl
Tel. (0 23 65) 5 13-0, Fax (0 23 65) 5 13 -2 00
E-Mail: poststelle@ag-marl.nrw.de
www.ag-marl.nrw.de

1 Dir, 1 stVDir, 12 R

Kausträter, Jost-Michael, Dir	28. 11. 05	9. 3. 61
Warsen, Gerrit Jan, stVDir	28. 2. 90	12. 10. 49
Tölle, Wolfgang	—	—

Tretow, Martin Heinrich	5. 9. 77	18. 2. 45
Lattekamp, Heribert	5. 11. 79	16. 6. 46
Schlüter, Wolfgang	5. 11. 79	23. 1. 48
Becker, Heinrich Hermann	18. 4. 80	1. 8. 47
Garbers, Karl-Heinz	24. 5. 82	17. 6. 46
Brechler, Michael	16. 12. 83	10. 11. 50
Schmitz, Herbert	9. 7. 86	4. 9. 48
Lob, Bernhard	14. 4. 98	15. 5. 62
Köster-Brabandt, Claudia	15. 6. 98	15. 2. 64
Maukisch, Elisabeth	14. 11. 00	26. 2. 50
Dr. Hillebrand, Stephan-Robert	5. 12. 03	14. 7. 69

Landgerichtsbezirk Hagen

Landgericht Hagen E 787 073
Heinitzstr. 42, 58097 Hagen
Postfach 1 80, 58001 Hagen
Tel. (0 23 31) 9 85-0
Fax (0 23 31) 9 85-5 85
E-Mail: poststelle@lg-hagen.nrw.de
www.lg-hagen.nrw.de

1 Pr, 1 VPr, 17 VR, 24 R

Präsident
N. N. — —

Vizepräsident
von Hasselbach, Reinhard	17. 1. 01	21. 2. 53

Vorsitzende Richter
Vogt, Hans Dieter	23. 9. 83	18. 9. 41
Richthof, Hans-Robert	16. 9. 88	28. 1. 45
Herkenberg, Horst-Werner	24. 4. 89	20. 10. 42
Richter, Kurt Dietmar	24. 4. 89	14. 4. 46
Asbeck, Peter	26. 7. 91	5. 9. 44
Pletzinger, Winfried	29. 7. 96	27. 8. 48
Kaiser, Wilhelm	13. 1. 98	21. 8. 52
Spancken, Wolfgang	14. 8. 98	6. 4. 51
Rathsack, Wolfgang	29. 12. 99	17. 1. 59
Knierim, Heinrich	—	—
Zimmermann, Thomas	1. 4. 02	15. 6. 57
Krause, Dieter	29. 5. 02	24. 4. 54
Dr. Schreiber, Frank	5. 12. 02	3. 11. 60
Junge, Peter	30. 6. 03	14. 2. 61
Wrenger, Jürgen	23. 3. 05	31. 1. 02

Richterinnen/Richter
Bagusat, Günter	5. 9. 77	27. 11. 44
Niekämper, Hans-Jörg	30. 6. 79	17. 7. 44
Keese, Gerda	27. 7. 79	2. 4. 50

LG-Bezirk Hagen								OLG-Bezirk Hamm **NW**

Plassmann, Klaus	10. 11. 82	2. 1. 53
Hölscher, Werner	8. 12. 83	7. 11. 48
Jansen, Roland	11. 1. 84	14. 9. 51
Kirsch, Bernd-Dietmar	20. 2. 86	17. 2. 51
Sommerfeld, Sybille	3. 4. 89	13. 10. 54
Kock, Stephanie	18. 9. 89	2. 7. 57
Dr. Einhoff, Birgit	1. 1. 90	6. 7. 56
Berg, Matthias	20. 7. 98	23. 11. 60
Dr. Ennuschat, Kirsten	14. 6. 99	5. 5. 66
Hartmann-Garschagen, Heike	6. 8. 99	26. 7. 68
Oedinghofen, Claudia	19. 7. 00	31. 7. 65
Dr. Derstadt, Eva-Maria	15. 5. 02	7. 1. 69
Flockenhaus, Jasmin	15. 5. 02	5. 4. 69
Krüger, Jörg	15. 5. 02	29. 10. 69
Ott, Birgit	24. 6. 02	23. 11. 71
Niggemann, Matthias	3. 2. 03	16. 5. 68
Dr. Kappel, Christian	17. 9. 03	8. 9. 71
Lincke, Britta	25. 2. 04	20. 8. 72
Teich, Marcus	11. 8. 04	12. 1. 70
Dr. Voigt, Christian	7. 4. 05	1. 4. 74
Paul, Verina	18. 1. 06	25. 6. 74
Behrens, Andreas	19. 1. 06	2. 2. 72
Kühtz, Julia	19. 1. 06	29. 5. 73

Amtsgerichte

Altena (Westfalen) E 60 206
Gerichtsstr. 10, 58762 Altena
Postfach 11 53, 58741 Altena
Tel. (0 23 52) 20 18-0, Fax (0 23 52) 20 18-29
E-Mail: poststelle@ag-altena.nrw.de
www.ag-altena.nrw.de

1 Dir, 4 R

Alte, Peter Wilhelm, Dir	1. 5. 97	13. 1. 50
Altmann, Michael	21. 12. 76	19. 1. 45
Deppe, Ulrich	8. 1. 86	25. 6. 50
Dr. Lucks, Karl-Martin	2. 5. 97	10. 11. 60
Reckschmidt, Dirk	19. 3. 98	18. 7. 62

Hagen E 197 854
Heinitzstr. 42 und 44, 58097 Hagen
Postfach 1 20, 58001 Hagen
Tel. (0 23 31) 9 85-0
Fax (0 23 31) 9 85-5 78
E-Mail: poststelle@ag-hagen.nrw.de
www.ag-hagen.nrw.de

1 Dir, 1 stVDir, 3 w.aufsR, 24 R

Heine, Klaus-Albrecht, Dir	1. 1. 94	26. 9. 43
Mösezahl, Paul-Peter, stVDir	22. 8. 94	6. 1. 45
Peter, Dietmar, w.aufsR	—	—

N. N., w.aufsR	—	—
Grabe, Hans-Bernd, w.aufsR	18. 2. 00	29. 3. 47
Halfter, Michael	30. 11. 76	18. 5. 43
Stich, Wolfhard	7. 1. 78	24. 2. 49
Reiffer, Erhard	—	—
Kröger, Heidemarie Gisela	—	—
Hamann, Rainer Helmut	4. 12. 79	4. 10. 43
Dr. Cirullies, Michael Richard	30. 6. 81	19. 6. 50
Groß, Peter	24. 11. 81	18. 10. 46
Möhling, Hans-Joachim	20. 10. 82	11. 3. 47
Siemon, Heinz-Michael	16. 11. 82	1. 1. 49
Saur, Wolfgang	8. 12. 83	28. 1. 49
Bremer, Ulrike	28. 5. 84	21. 4. 52
Dr. Hoffmann, Kurt-Martin	20. 2. 86	14. 7. 49
Kleeschulte, Manfred	31. 3. 89	26. 9. 51
Brass, Michael	26. 9. 94	14. 1. 59
Wiemers, Nicola	20. 6. 96	26. 11. 61
Dr. Barkam, Harald	—	—
Dittert, Andreas	9. 3. 98	26. 8. 61
Matthias, Stefan	22. 9. 98	26. 3. 62
Radke-Schäfer, Ulrike	3. 12. 99	20. 3. 66
John, Dirk	13. 12. 99	15. 8. 64
Rehse, Regina	7. 2. 01	25. 2. 69
Wegner, Susanne	9. 1. 03	20. 10. 67
Salmann, Meike	20. 10. 03	28. 5. 72
Ditzler, Anke	4. 2. 04	9. 8. 67

Iserlohn E 135 268
Friedrichstr. 108-110, 58636 Iserlohn
Tel. (0 23 71) 6 61-0
Fax (0 23 71) 6 61-1 10
E-Mail: poststelle@ag-iserlohn.nrw.de
www.ag-iserlohn.nrw.de

1 Dir, 1 stVDir, 1 w.aufsR, 12 R

Dr. Lueg, Eberhard, Dir	24. 5. 96	20. 1. 45
Suwelack, Herbert, stVDir	28. 11. 96	22. 3. 46
Buchholz, Gert, w.aufsR	1. 8. 01	29. 8. 43
Knierim, Rainer	21. 9. 77	28. 9. 45
Klahr, Edmund	13. 3. 78	10. 6. 45
Kremper, Hans Ulrich	20. 10. 78	13. 4. 48
Vaupel, Heinz Wilhelm	1. 12. 78	11. 3. 49
zur Nieden, Hans-Martin	7. 10. 81	5. 2. 51
Bremer, Gerhard	26. 1. 83	12. 2. 43
Uetermeier, Hans-Jochen	6. 4. 89	8. 11. 55
Giesecke von Bergh, Günter	7. 9. 94	3. 1. 60
Klein, Martin	18. 6. 96	5. 10. 61
Sautter, Stefanie	1. 4. 99	16. 8. 68
Fiebig-Bauer, Elke	22. 10. 03	20. 12. 68

NW OLG-Bezirk Hamm | LG-Bezirk Münster

Lüdenscheid E 108 459
Dukatenweg 6, 58507 Lüdenscheid
Postfach 16 69, 58505 Lüdenscheid
Tel. (0 23 51) 56 77-0
Fax (0 23 51) 56 77-1 11
E-Mail: poststelle@ag-luedenscheid.nrw.de
www.ag-luedenscheid.nrw.de

1 Dir, 1 stVDir, 10 R

Wild, Hans-Walter, Dir	23. 9. 92	19. 9. 44
Leichter, Jürgen, stVDir	30. 11. 98	7. 4. 53
Nachrodt, Peter-Dirk	27. 11. 75	19. 10. 42
Langerbein, Hans-Joachim	3. 2. 86	6. 8. 48
Arnold, Wolfram	29. 6. 89	21. 1. 57
Pütz, Bernd	29. 11. 91	10. 10. 58
Dünnebacke, Udo	25. 3. 93	23. 2. 60
Kirchhoff, Johannes	7. 10. 93	8. 5. 61
Lumberg, Udo	31. 5. 96	5. 4. 61
Wirsik, Dietmar	1. 4. 98	4. 12. 58
Kabus, Thomas	29. 9. 98	15. 8. 64

Meinerzhagen E 40 136
Gerichtsstr. 14, 58540 Meinerzhagen
Postfach 11 61, 58527 Meinerzhagen
Tel. (0 23 54) 92 31-0, Fax (0 23 54) 52 07
E-Mail: poststelle@ag-meinerzhagen.nrw.de
www.ag-meinerzhagen.nrw.de

1 Dir, 1 R

Varney, Guido, Dir	1. 4. 98	30. 1. 58
Niemöller, Christian	10. 11. 98	1. 1. 62

Plettenberg E 35 766
An der Lohmühle 5, 58840 Plettenberg
Postfach 11 09, 58811 Plettenberg
Tel. (0 23 91) 81 39-0, Fax (0 23 91) 81 39-39
E-Mail: poststelle@ag-plettenberg.nrw.de
www.ag-plettenberg.nrw.de

1 Dir, 1R

Leonhardt, Lothar, Dir	23. 12. 02	10. 7. 63
Dahmann, Jörg	9. 12. 04	23. 8. 70

Schwelm E 104 615
Schulstr. 5, 58332 Schwelm
Postfach 2 20, 58315 Schwelm
Tel. (0 23 36) 4 98-0, Fax (0 23 36) 4 98-1 69
E-Mail: poststelle@ag-schwelm.nrw.de
www.ag-schwelm.nrw.de

1 Dir, 1 stVDir, 8 R

Heinrichs, Günther, Dir	1. 3. 99	23. 10. 43
Sachse, Ulrich, stVDir	1. 1. 02	13. 2. 58
Peitz, Theodor	6. 11. 78	31. 5. 48

Renzing, Armin	8. 10. 79	10. 6. 48
Arentz, Arnulf Johannes	14. 7. 82	7. 4. 50
Ebner, Christoph Alfred	12. 4. 83	8. 11. 47
Maritz-Mader, Brigitte	20. 1. 84	20. 4. 46
Kaiser-Hasebrink, Hannelore	18. 4. 89	20. 9. 57
Bode, Eva	4. 7. 02	1. 7. 68

Schwerte E 49 961
Hagener Str. 40, 58239 Schwerte
Postfach 11 69, 58206 Schwerte
Tel. (0 23 04) 2 40 80-0
Fax (0 23 04) 2 30 07
E-Mail: poststelle@ag-schwerte.nrw.de
www.ag-schwerte.nrw.de

1 Dir, 3 R

N. N., Dir	—	—
Deipenwisch, Bernd	27. 8. 76	21. 1. 45
Maurmann, Rolf	8. 10. 79	8. 10. 45
Heithoff, Ansgar	2. 8. 00	8. 8. 67

Wetter (Ruhr) E 54 808
Gustav-Vorsteher-Str. 1, 58300 Wetter (Ruhr)
Postfach 26, 58286 Wetter (Ruhr)
Tel. (0 23 35) 91 89-0
Fax (0 23 35) 13 88
E-Mail: poststelle@ag-wetter.nrw.de
www.ag-wetter.nrw.de

1 Dir, 3 R

Kaiser, Jürgen, Dir	—	—
Beckmann, Heinz-Dieter	31. 1. 86	10. 10. 50
Steuber, Karl-Ulrich	10. 7. 86	17. 5. 54
Neuhoff, Dieter	9. 3. 01	8. 10. 62

Landgerichtsbezirk Münster

Landgericht Münster E 1 586 284
Am Stadtgraben 10, 48143 Münster
Postfach 49 09, 48028 Münster
Tel. (02 51) 4 94-1
Fax (02 51) 4 94-4 99
E-Mail: poststelle@lg-muenster.nrw.de
www.lg-muenster.nrw.de

Auswärtige Strafkammer in Bocholt
Benölkenplatz 1-3, 46399 Bocholt
Postfach 11 64, 46361 Bocholt
Tel. (0 28 71) 2 95-0
Fax (0 28 71) 2 95-2 05

1 Pr, 1 VPr, 30,25 VR einschl. $^{1/4}$ für UProf,
2. Hauptamt, 43 R

LG-Bezirk Münster   OLG-Bezirk Hamm   **NW**

Präsident
Schelp, Klaus   1. 5. 98   31. 8. 48

Vizepräsident
Thiemann, Klemens   1. 2. 02   31. 10. 57

Vorsitzende Richterinnen/Vorsitzende Richter
Dr. Hagemeister, Wolfgang   9. 11. 84   21. 12. 42
Brors, Ernst   9. 11. 84   2. 3. 44
Tinkl, Martin   25. 11. 85   21. 1. 46
Knemeyer, Manfred
  Wilhelm   25. 11. 85   16. 5. 46
Dr. Spannhorst, Burkhardt   25. 2. 86   21. 9. 44
Behrens, Jan   17. 2. 87   27. 3. 44
Mattonet, Thomas   26. 10. 89   24. 6. 47
Skawran, Michael   21. 12. 89   17. 2. 50
Kliegel, Franz-Joseph   27. 6. 90   4. 9. 48
Drouven, Ulrich   —   —
Prof. Dr. Dencker,
  Friedrich (UProf,
  2. Hauptamt)   20. 3. 92   11. 3. 42
Böske, Heinz-Hermann   20. 3. 92   14. 7. 48
Walden, Klaus-Dieter   28. 9. 92   28. 4. 47
Harker, Johannes   23. 6. 93   24. 6. 53
Prof. N. N. (UProf,
  2. Hauptamt)   —   —
Kröger, Winfried   15. 2. 94   5. 12. 51
Dr. Weißen, Marion   —   —
Schäfer, Joachim   28. 11. 95   9. 7. 56
Berding, Franz   —   —
Rocznik, Ewald   9. 1. 97   28. 2. 53
Groesdonk, Eberhard   28. 5. 97   9. 12. 52
Böhner, Gabriele Klara
  Maria   21. 1. 98   30. 3. 53
Kreipe, Hubert   27. 9. 99   18. 3. 43
Michels, Lambert
  Heinrich   27. 9. 99   12. 1. 45
Richter, Werner   2. 5. 00   23. 1. 55
Brocke, Jürgen   28. 2. 01   18. 4. 56
Schulte, Edeltraud   28. 2. 01   19. 1. 58
Oellers, Dirk   2. 3. 01   27. 6. 55
Herbener, Rolf   31. 1. 02   24. 5. 53
Wellmann, Uta   —   —
Dr. Brackhane, Rainer   1. 2. 05   8. 10. 59
Dr. Bischoff, Georg   15. 6. 05   11. 9. 56

Richterinnen/Richter
Ellermann, Manfred   14. 9. 73   13. 10. 41
Trumm, Hans Peter   19. 7. 74   12. 2. 43
Freter, Jürgen   29. 11. 76   3. 11. 41
Fahlbusch, Wolfgang   27. 5. 77   6. 9. 46
Reichert, Johanna
  Katharina   24. 9. 80   20. 10. 43
Kaub, Klaus Wilhelm   24. 9. 80   4. 12. 44
Kleinert, Ulrich-Alfred   23. 8. 84   7. 4. 48

Haase, Christian   3. 5. 85   7. 11. 49
Niebaum, Thomas   —   —
Mauro, Udilia Sabine   14. 4. 86   27. 5. 50
Bierbaum, Klaus   14. 4. 86   21. 11. 51
Theele, Winfried   14. 4. 86   14. 6. 52
Bernzen, Joachim   —   —
Dr. Fahl, Wolfhard   17. 1. 89   5. 5. 55
Koster, Norbert   2. 1. 92   28. 7. 56
Moenikes, Irmhild   4. 1. 95   25. 7. 55
Jöhren, Marion   8. 1. 98   3. 11. 60
Schiereck, Thomas   22. 9. 98   15. 11. 60
Dr. Jansen, Christina   22. 9. 98   5. 5. 61
Karreh, Claudia   22. 9. 98   19. 9. 61
Pfeiffer, Hans-Georg   28. 9. 98   27. 1. 65
Frenking, Dirk   20. 9. 00   3. 9. 62
Dr. Schmalz-Brüggemann,
  Gernot   20. 9. 00   9. 6. 64
Hülsmann, Elisabeth   20. 9. 00   8. 4. 65
Dr. Wrobel, Jürgen   20. 9. 00   13. 4. 65
Neumann, Barbara   21. 9. 00   9. 9. 64
Hartmann, Manfred   21. 9. 00   4. 2. 66
Dr. Dyhr, Jochen   25. 7. 01   4. 11. 67
Dr. Terharn, Christoph   31. 7. 01   17. 2. 64
Lemken, Elmar   31. 7. 01   20. 12. 65
Dr. Hübner, Jan-Kristof   31. 7. 01   15. 1. 69
Beier, Michael   31. 7. 01   10. 1. 70
Dr. Fischer, Robert   2. 8. 02   11. 8. 67
Neetix, Franz-Josef   2. 8. 02   30. 3. 68
Dr. Malik, Dietmar   2. 8. 02   29. 4. 70
Oen, Cornelia   5. 8. 02   20. 10. 70
Müntner, Hilke   18. 10. 02   9. 2. 70
Dr. Peters, Carsten   19. 8. 04   27. 8. 68
Dirks, Holger   19. 8. 04   7. 1. 70
Vieth, Benedikt   19. 8. 04   28. 2. 70
Dr. Fischer, Claudia   19. 8. 04   1. 7. 70
Dreßel, Bernhard   19. 8. 04   19. 1. 71
Wohlthat, Dagmar   23. 8. 04   23. 7. 70
Erfmann, Anne   2. 11. 05   30. 5. 75
Ademmer, Richard   3. 11. 05   25. 8. 72

Amtsgerichte

Ahaus   E 103 771
Sümmermannplatz 1-3, 5, 48683 Ahaus
Postfach 11 61, 48661 Ahaus
Tel. (0 25 61) 4 27-0
Fax (0 25 61) 4 27-3 11
E-Mail: poststelle@ag-ahaus.nrw.de
www.ag-ahaus.nrw.de

1 Dir, 1 stVDir, 6 R

Dr. Lagemann, Hans-
  Georg, Dir   13. 2. 98   29. 3. 47
Hiller, Jörg, stVDir   27. 2. 98   1. 12. 42

NW OLG-Bezirk Hamm   LG-Bezirk Münster

Scheunemann, Horst	15. 9.81	21. 7.47
Stüber, Joachim	15. 1.82	12. 9.52
Becks, Alexander	29. 7.86	19. 3.53
Rottstegge, Bernhard	23.12.94	9. 8.56
Beckmann-Backeshoff, Iris	12. 1.95	24. 4.57

Ahlen E 83 698
Gerichtsstr. 12, 59227 Ahlen
Postfach 11 52, 11 53, 59201 Ahlen
Tel. (0 23 82) 9 51-0
Fax (0 23 82) 9 51-1 88
E-Mail: poststelle@ag-ahlen.nrw.de
www.ag-ahlen.nrw.de

1 Dir, 5 R

Wettengel-Wigger, Brigitte, Dir	1. 1.94	5. 3.44
Wittmer, Marion	8. 5.85	18. 8.45
Runte, Franz-Georg	17. 5.93	27.11.54
Steenblock, Silke	26.11.93	23. 7.59
Michels-Ringkamp, Edith	9. 6.95	13. 1.62
Feldkemper-Bentrup, Ruth	13. 5.98	26.11.63
Dr. Kintrup, Lothar	24. 6.04	9. 4.69
Schulte, Christoph	5. 9.05	10. 8.73

Beckum E 80 104
Elisabethstr. 15/17, 59269 Beckum
Postfach 11 51, 59241 Beckum
Tel. (0 25 21) 93 51-0
Fax (0 25 21) 93 51-98
E-Mail: poststelle@ag-beckum.nrw.de
www.ag-beckum.nrw.de

1 Dir, 5 R

Dr. Bietenbeck, Thomas, Dir	1. 8.96	4. 5.52
Hoppenberg, Günther	31.10.77	31. 8.45
Dr. Dahl, Otto Gustav	15.10.79	3. 7.45
Bruske, Angelika	12.12.94	29. 7.62
Kruse, Ralf	16. 6.97	1. 9.62
Helmke, Regina	—	—

Bocholt E 104 269
Benölkenplatz 1-3, 46399 Bocholt
Postfach 11 64, 46361 Bocholt
Tel. (0 28 71) 2 95-0
Fax (0 28 71) 2 95 -2 05
E-Mail: poststelle@ag-bocholt.nrw.de
www.ag-bocholt.nrw.de

1 Dir, 6 R

Schlüter, Helmuth Josef, Dir	1.11.03	26. 3.49
Döink, Laurenz	3. 9.80	11. 7.48

Bone, Rudolf Bernhard	16. 7.82	23. 4.50
Hilgert, Peter	12.12.94	5. 3.58
Bendel, Ewald	15. 6.98	23. 9.63
Kuhlmann, Timo	21. 6.04	2. 1.73
Hisker, Nicole	17. 9.05	10. 5.75

Borken E 113 692
Heidener Str. 3, 46325 Borken
Postfach 11 62, 46301 Borken
Tel. (0 28 61) 8 99-0
Fax (0 28 61) 8 99 -1 56
E-Mail: poststelle@ag-borken.nrw.de
www.ag-borken.nrw.de

1 Dir, 6 R

Döring, Heinrich, Dir	10.12.03	26. 3.50	
Bläker, Helmut	27. 5.77	17. 1.43	
Wessel, Bernd	30.12.77	29. 9.43	
Pohlmann, Norbert	21. 9.98	9. 3.61	
Dr. Middeler, Martin	6. 8.01	16.10.64	
Hollstegge, Georg	9. 8.02	27.10.67	
Höing, Claudia	24. 6.04	30. 8.70	

Coesfeld E 91 284
Friedrich-Ebert-Str. 6, 48653 Coesfeld
Postfach 11 51, 48651 Coesfeld
Tel. (0 25 41) 7 31-0
Fax (0 25 41) 7 31-4 69
E-Mail: poststelle@ag-coesfeld.nrw.de
www.ag-coesfeld.nrw.de

1 Dir, 6 R

Dr. Alberty, Karl, Dir	2.12.99	17. 3.51
Janzen, Wolfgang	12. 7.85	14. 7.48
Becks, Hildegard	—	—
Sommer, Klaus	6. 6.89	1. 9.57
Damhorst, Marcus	14. 9.99	14. 8.59
Jansen, Wolfgang	15. 9.99	1. 6.64
Schneider, Jörg	18. 9.00	27. 5.68

Dülmen E 47 379
Königswall 15, 48249 Dülmen
Postfach 11 52, 48232 Dülmen
Tel. (0 25 94) 94 70 -0
Fax (0 25 94) 94 70 42
E-Mail: poststelle@ag-duelmen.nrw.de
www.ag-duelmen.nrw.de

1 Dir, 3 R

Leufgen, Helmut Günter, Dir	19. 1.06	18. 4.51
Brinkmann-Rendels, Marion	20. 4.98	15. 9.63
Jaspers, Peter	14. 8.00	12. 3.68
Göttker, Karin	1.12.05	22. 5.73

LG-Bezirk Münster OLG-Bezirk Hamm **NW**

Gronau (Westfalen) E 46 218
Alter Markt, 5/7, 48599 Gronau (Westf.)
Postfach 11 61, 48572 Gronau (Westf.)
Tel. (0 25 62) 9 20-0, Fax (0 25 62) 9 20-44
E-Mail: poststelle@ag-gronau.nrw.de
www.ag-gronau.nrw.de

1 Dir, 3 R

Hommer, Ingeborg Mathilde, Dir	1. 2. 01	2. 6. 49
Wigger, Klaus	21. 1. 88	12. 9. 50
Rietmann, Michael	25. 10. 99	31. 10. 63
Welslau, Stefan	12. 3. 01	25. 1. 71

Ibbenbüren E 109 588
Münsterstr. 35, 49477 Ibbenbüren
Postfach 11 62, 49461 Ibbenbüren
Tel. (0 54 51) 9 26-0, Fax (0 54 51) 9 26-1 00
E-Mail: poststelle@ag-ibbenbueren.nrw.de
www.ag-ibbenbueren.nrw.de

1 Dir, 6 R

Windheuser, Heinrich, Dir	20. 12. 91	11. 4. 49
Kleinert, Bernd	23. 12. 80	29. 12. 48
Scheele, Martin Dirk	14. 4. 86	10. 3. 49
Dr. Meyer, Cornel-Rupert	16. 7. 97	4. 3. 60
Meise, Carsten	31. 8. 00	14. 10. 61
Book, Jürgen	20. 11. 03	24. 12. 71
Kors-Poweleit, Gaby	7. 9. 04	26. 1. 74

Lüdinghausen E 82 323
Seppenrader Str. 3, 59348 Lüdinghausen
Postfach 11 34, 59331 Lüdinghausen
Tel. (0 25 91) 23 07-0, Fax (0 25 91) 23 07 60
E-Mail: poststelle@ag-luedinghausen.nrw.de
www.ag-luedinghausen.nrw.de

1 Dir, 4 R

Beckmann, Heinz-Bernd, Dir	1. 6. 97	28. 9. 47
Koberstein-Schwarz, Ilse-Lore	29. 11. 83	24. 10. 52
Hildebrandt, Beate	—	—
Bringemeier, Andreas	29. 11. 01	1. 11. 69
Krumm, Carsten	29. 11. 01	24. 12. 69

Münster (Westfalen) E 270 176
Gerichtstr. 2-6, 48149 Münster (Westf.)
Postfach 61 65, 48136 Münster (Westf.)
Tel. (02 51) 4 94-1, Fax (02 51) 4 94-5 80
E-Mail: poststelle@ag-muenster.nrw.de
www.ag-muenster.nrw.de

Dir, 1 stVDir, 3 w.aufsR, 30 R + 1 × ½ R

Schöppner, Norbert, Dir	4. 3. 03	3. 2. 53
Jackson, Wilhelm, stVDir	2. 9. 04	14. 9. 43
Piira, Paul Hermann, w.aufsR	26. 9. 90	5. 11. 41
Dr. König, Christa Maria, w.aufsR	19. 8. 98	15. 11. 46
Schmittmann, Ralf-Achim, w.aufsR	28. 6. 02	25. 3. 48
Nordloh, Ingeborg	17. 10. 75	28. 2. 45
May, Wolfgang	31. 10. 76	6. 1. 44
Reilmann, Sturmius	5. 9. 77	8. 6. 44
Tinnermann, Wolfgang	20. 6. 80	27. 9. 44
Dr. Dense, Hans-Georg	17. 9. 80	7. 9. 46
Erhart, Beate	24. 9. 80	14. 10. 45
Stadtländer, Heinz-Dieter	23. 7. 84	4. 10. 44
Hildebrandt, Reiner	28. 11. 84	20. 9. 45
Lücke, Karlheinz	22. 1. 85	29. 4. 47
Wacker, Wolf-Jürgen	—	—
Weitz, Norbert Ludwig	21. 1. 88	10. 11. 52
Dr. Book, Angelika	—	—
Terhechte, Sabine	3. 6. 98	23. 12. 63
Schreiner, Katharina	27. 5. 99	31. 10. 62
Dr. Schulze, Dorothea	31. 5. 99	4. 2. 50
Lißi, Astrid	3. 12. 99	29. 6. 65
Brockschmidt, André	20. 12. 99	9. 5. 64
Kersting, Michael	2. 5. 00	28. 6. 57
Kabisch, Wolfgang	21. 8. 00	23. 1. 60
Oesing, Elisabeth	26. 4. 01	13. 10. 64
Neukäter, Christoph	12. 3. 02	10. 4. 69
Siegemeyer, Ira	29. 8. 02	14. 4. 66
Thünte-Winkelmann, Julia	29. 8. 02	29. 8. 70
Schwefer, Ira	30. 8. 02	12. 11. 70
Poguntke, Petra	28. 4. 04	25. 8. 65
Prange, Albert	28. 4. 04	25. 5. 69
Tecklenburg, Maximilian	28. 4. 04	6. 8. 70
Bieling, Matthias	28. 4. 04	18. 10. 71
Goldberg, Birgit	30. 4. 04	30. 4. 69
Pheiler, Matthias	23. 11. 05	7. 2. 70
Morshuis, Andrea	23. 11. 05	28. 3. 72

Rheine E 125 796
Salzbergener Str. 29, 48431 Rheine
Postfach 11 54, 48401 Rheine
Tel. (0 59 71) 40 05-0
Fax (0 59 71) 40 05-20
E-Mail: poststelle@ag-rheine.nrw.de
www.ag-rheine.nrw.de

1 Dir, 1 stVDir, 8 R

Seidel, Klaus, Dir	1. 7. 97	10. 5. 42
Horstmann, Hans-Joachim, stVDir	1. 4. 02	9. 5. 45
Veltmann, Gerhard	18. 11. 77	27. 12. 44
Cuvenhaus, Hanspeter	6. 4. 78	13. 5. 42

NW OLG-Bezirk Hamm   LG-Bezirk Paderborn

Borgert, Bernhard Josef	31. 1. 80	18. 5. 49
Büssemaker, Peter	11. 8. 83	14. 10. 49
Aink, Martina	4. 12. 00	12. 5. 63
Haverkämper, Ulf	4. 7. 03	18. 1. 69

Steinfurt E 135 995
Gerichtsstr. 2, 48565 Steinfurt
Postfach 11 40, 48541 Steinfurt
Tel. (0 25 51) 66-0
Fax (0 25 51) 66-1 55
E-Mail: poststelle@ag-steinfurt.nrw.de
www.ag-steinfurt.nrw.de

1 Dir, 1 stVDir, 6 R

Naendorf, Gerti, Dir	1. 8. 02	17. 7. 58
Dr. Teklote, Stefan, stVDir	23. 12. 02	11. 7. 62
Lünnemann, Jürgen	13. 4. 77	14. 1. 43
Rademacher, Hubert	15. 12. 78	1. 4. 44
Hagedorn, Klaus	9. 5. 80	8. 6. 44
Finkenstein, Bernhard	16. 8. 83	19. 2. 48
Wilken, Bernhard	27. 3. 97	14. 3. 59
Voosholz, Ulrich	25. 3. 03	9. 3. 57

Tecklenburg E 72 160
Gerichtsweg 1, 49545 Tecklenburg
Postfach 11 20, 49537 Tecklenburg
Tel. (0 54 82) 67-0
Fax (0 54 82) 67-12
E-Mail: poststelle@ag-tecklenburg.nrw.de
www.ag-tecklenburg.nrw.de

1 Dir, 4 R

Gabriel, Karin, Dir	1. 3. 02	28. 10. 59
Engberding, Wolfgang	15. 2. 77	14. 1. 45
Schüppler, Hartmut	—	—
Kremer, Monika	18. 7. 97	3. 6. 61
Dr. Norpoth, Johannes	22. 11. 02	15. 9. 67

Warendorf E 119 831
Dr. -Leve-Str. 22, 48231 Warendorf
Postfach 11 01 51, 48203 Warendorf
Tel. (0 25 81) 63 64-0
Fax (0 25 81) 63 64-1 65
E-Mail: poststelle@ag-warendorf.nrw.de
www.ag-warendorf.nrw.de

1 Dir, 1 stvDir, 6 R

Normann, Bernhard, Dir	31. 3. 04	6. 1. 48
Boll, Dietrich, stvDir	31. 3. 04	22. 10. 43
Richter, Jörn	29. 9. 77	1. 9. 43
Glorius, Helmut Friedrich	8. 10. 79	29. 9. 48

Horstmeyer, Heinz	2. 1. 95	26. 9. 58
Pielemeier, Ines	21. 7. 95	5. 4. 62
Hornung, Andreas	18. 9. 00	17. 9. 69
Peters, Helga	7. 11. 03	25. 10. 67

Landgerichtsbezirk Paderborn

Landgericht Paderborn E 566 920
Am Bogen 2-4, 33098 Paderborn
Postfach 20 80, 33050 Paderborn
Tel. (0 52 51) 1 26-0
Fax (0 52 51) 1 26-1 60
E-Mail: poststelle@lg-paderborn.nrw.de
www.lg-paderborn.nrw.de

1 Pr, 1 VPr, 8 VR, 14 R

Präsident

Dr. Brüggemann, Volker	1. 7. 03	8. 11. 47

Vizepräsident

Frank, Wolf-Dietrich	1. 12. 97	20. 8. 42

Vorsitzende Richterin/Vorsitzende Richter

Heine, Adalbert Josef	13. 9. 94	20. 1. 50
Adam, Manfred	10. 8. 95	23. 1. 47
Schäfer, Stefan	28. 5. 97	19. 10. 42
Eley, Johannes Josef	29. 4. 98	28. 8. 51
Manthey, Margret Anna Josefine	—	—
Büttinghaus, Franz-Josef	29. 5. 02	19. 9. 48
Emminghaus, Bernd	30. 1. 04	14. 11. 52
Hemkendreis, Werner Josef	31. 1. 06	12. 9. 52

Richterinnen/Richter

Schilling, Maria-Theresia	30. 8. 78	8. 7. 46
Sander, Friedhelm	—	—
Kelm-Schröter, Martina	1. 4. 96	11. 5. 64
Eppelmann, Jens-Walter	14. 11. 97	6. 1. 64
Hammerschmidt, Birgit	4. 5. 99	8. 10. 67
Klein, Nicole	22. 11. 00	25. 10. 6
Dr. Löer, Lambert	8. 8. 01	23. 5. 69
Loos, Gregor	8. 8. 01	6. 4. 70
Weyandt, Christian	22. 7. 03	16. 8. 71
Engelke, Friedrich	2. 2. 04	21. 9. 70
Klausen, Corinna	23. 6. 04	22. 11. 7
Menke, Insa	26. 1. 05	26. 4. 7
Schmidtmann, Nikola	28. 4. 05	10. 1. 7
Reiter, Sandra	25. 10. 05	25. 5. 7

LG-Bezirk Paderborn   OLG-Bezirk Hamm   **NW**

Amtsgerichte

Brakel E 57 957
Nieheimer Str. 17, 33034 Brakel
Postfach 12 51, 33027 Brakel
Tel. (0 52 72) 37 47-0
Fax (0 52 72) 37 47-70
E-Mail: poststelle@ag-brakel.nrw.de
www.ag-brakel.nrw.de

1 Dir, 3 R

Becker, Friedrich Wilhelm, Dir	10. 5. 00	26. 12. 53
Heiseke, Hermann	30. 11. 76	28. 9. 45
Engel, Rainer	15. 4. 80	27. 8. 49
Bruker, Lieselotte	12. 6. 85	10. 10. 48

Delbrück E 46 053
Lohmannstr. 28, 33129 Delbrück
Postfach 11 61, 33119 Delbrück
Tel. (0 52 50) 98 08-0
Fax (0 52 50) 98 08-40
E-Mail: poststelle@ag-delbrueck.nrw.de
www.ag-delbrueck.nrw.de

1 Dir, 2 R

Krogmeier, Günter Georg, Dir	20. 1. 06	7. 10. 51
Dr. Grosbüsch, Gabriele	14. 10. 85	9. 1. 47

Höxter E 53 132
Möllingerstr. 8, 37671 Höxter
Postfach 10 01 45, 37651 Höxter
Tel. (0 52 71) 9 79 02-0
Fax (0 52 71) 9 79 02-30
E-Mail: poststelle@ag-hoexter.nrw.de
www.ag-hoexter.nrw.de

1 Dir, 3 R

Dr. Hohendorf, Andreas Alfons, Dir	27. 1. 99	25. 3. 49
Bröker, Christoph	6. 7. 00	3. 1. 67
Thewes, Ulrich	19. 11. 02	15. 12. 70
Brüning, Christina	24. 6. 04	11. 5. 73

Lippstadt E 114 690
Lipperoder Str. 8, 59555 Lippstadt
Postfach 11 20, 59521 Lippstadt
Tel. (0 29 41) 9 86-0
Fax (0 29 41) 9 86-9 02
E-Mail: poststelle@ag-lippstadt.nrw.de
www.ag-lippstadt.nrw.de

Dir, 1 stVDir, 8 R

Lutterbeck, Wolfgang, Dir	1. 1. 94	9. 2. 43
König, Peter, stVDir	11. 6. 02	13. 5. 43
Ammermann, Raymund	3. 5. 82	29. 2. 48
Seel, Helmut Heinz	16. 3. 93	27. 4. 59
Klimberg, Oliver	27. 8. 98	25. 7. 66
Pelzer, Dirk	6. 6. 00	15. 11. 67
Dr. Vonscheidt, Cordula	28. 12. 01	15. 3. 69
Braams, Karin	28. 12. 01	3. 12. 69
Bertram, Anne-Kathrin	28. 5. 04	20. 10. 74
Papies, Vanessa	13. 1. 06	2. 10. 74

Paderborn E 252 265
Am Bogen 2-4, 33098 Paderborn
Tel. (0 52 51) 1 26-0
Fax (0 52 51) 1 26-3 60
E-Mail: poststelle@ag-paderborn.nrw.de
www.ag-paderborn.nrw.de

1 Dir, 1 stVDir, 2 w.aufsR, 20 R

Meerkötter, Bärbel, Dir	1. 1. 02	17. 9. 47
N. N., stVDir	—	—
N. N., w.aufsR	—	—
Tschackert, Peter, w.aufsR	1. 9. 03	19. 7. 44
Kloppenburg, Hans-Rudolf	—	—
Hilldebrand, Manfred	—	—
Kaps, Franz	15. 6. 79	9. 12. 46
Berg, Winfried	26. 11. 80	31. 1. 45
Kley, Günter	27. 7. 81	30. 4. 48
Sippel, Antje	29. 6. 92	22. 4. 62
Dr. Mölling, Peter	4. 10. 94	17. 4. 61
Dopheide, Volker	4. 10. 94	26. 9. 62
Freitag, Monika	31. 10. 94	26. 8. 61
Kreifels, Ursula	29. 9. 95	21. 8. 61
Freitag, Thorsten	12. 10. 95	28. 12. 61
Köhne, Günter	14. 11. 97	28. 7. 62
Krämer, Sophia	18. 10. 00	5. 4. 70
Vondey, Michael	13. 8. 01	11. 8. 69
Budde, André	7. 12. 01	11. 7. 68
Mestekemper, Sandra	8. 7. 02	15. 3. 71
Schülke, Eric	27. 11. 02	2. 12. 69
Krupp, Nicole	27. 11. 02	12. 6. 72
Krüger, Claudia	21. 5. 03	29. 10. 72
Eßer, Ines	25. 11. 04	19. 3. 74

Warburg E 42 823
Puhlplatz 1, 34414 Warburg
Postfach 11 52, 34401 Warburg
Tel. (0 56 41) 78 81-0
Fax (0 56 41) 35 83
E-Mail: poststelle@ag-warburg.nrw.de
www.ag-warburg.nrw.de

1 Dir, 2 R

Köcher, Wolfgang, Dir	1. 1. 01	14. 5. 49
Schneyer, Stephan	9. 9. 04	27. 2. 70

Landgerichtsbezirk Siegen

Landgericht Siegen E 434 144
Berliner Str. 22, 57072 Siegen
Postfach 10 12 63, 57012 Siegen
Tel. (02 71) 33 73-0, Fax (02 71) 33 73-4 46
E-Mail: poststelle@lg-siegen.nrw.de
www.lg-siegen.nrw.de

1 Pr, 1 VPr, 8 VR, 12 R

Präsident
Hammer, Gerd Ulrich	18. 3. 04	1. 2. 45

Vizepräsident
Michalek, Alois Karl	1. 9. 05	17. 7. 44

Vorsitzende Richterinnen/Vorsitzende Richter
Münker, Paul-Wolfgang	11. 9. 92	21. 2. 50
Horsthemke, Heinrich	15. 3. 94	4. 5. 53
Dr. Mühlhoff, Dirk	31. 1. 00	18. 6. 57
Dreisbach, Elfriede	9. 3. 01	1. 4. 60
Asbeck, Burkhart	11. 5. 01	1. 7. 51
Hambloch-Lauterwasser, Bärbel	31. 3. 05	25. 5. 63
Bauer, Andreas	4. 4. 05	27. 9. 60

Richterinnen/Richter
Winterhager, Ulrike	5. 9. 80	27. 12. 47
Metz-Horst, Sabine	7. 8. 98	12. 12. 62
Kienitz, Dirk	5. 2. 99	14. 12. 65
Busch, Mechthild	12. 9. 00	2. 1. 69
Kuschmann, Susanne	29. 10. 01	27. 2. 70
Tanasić, Silvia	7. 8. 03	22. 10. 73
Scholtis, Bettina	2. 1. 04	22. 4. 70
Hoffmann, Torsten	23. 12. 04	14. 10. 72
Klatte, Anke	2. 6. 05	19. 3. 72
Hoffmann, Maren	6. 6. 05	3. 6. 67
Vowinckel, Cornelius	11. 1. 06	11. 1. 71

Amtsgerichte

Bad Berleburg E 43 435
Im Herrengarten 5, 57319 Bad Berleburg
Postfach 11 40, 57301 Bad Berleburg
Tel. (0 27 51) 92 53-0, Fax (0 27 51) 92 53-99
E-Mail: poststelle@ag-badberleburg.nrw.de
www.ag-badberleburg.nrw.de

1 Dir, 1 R

Wunderlich, Olaf, Dir	16. 2. 06	16. 1. 70
Grauel, Kurt	11. 4. 97	12. 5. 62

Lennestadt E 59 345
Lehmbergstr. 50, 57368 Lennestadt
Postfach 30 60, 57347 Lennestadt
Tel. (0 27 21) 92 42-0, Fax (0 27 21) 92 42-30
E-Mail: poststelle@ag-lennestadt.nrw.de
www.ag-lennestadt.nrw.de

1 Dir, 1 R

Poetsch, Udo Michael, Dir	1. 2. 01	4. 1. 44
Köper, Eva Christina	23. 3. 05	2. 3. 75

Olpe E 82 710
Bruchstr. 32, 57462 Olpe
Postfach 11 20, 57441 Olpe
Tel. (0 27 61) 8 04-0, Fax (0 27 61) 8 04-1 11
E-Mail: poststelle@ag-olpe.nrw.de
www.ag-olpe.nrw.de

1 Dir, 6 R + 1 × ½ R

Crezelius, Rudolf, Dir	1. 12. 02	8. 8. 49
Schneider, Joachim	3. 9. 80	17. 2. 47
Goebel, Ulrich Michael	5. 9. 80	28. 6. 50
Neuhaus, Alfred	1. 2. 82	25. 9. 50
Sondermann, Richard	4. 10. 94	28. 4. 58
Clouth-Gräfin von Spee, Nicole	30. 5. 00	5. 9. 65
Faber, Eric	8. 3. 02	3. 12. 69

Siegen E 248 654
Berliner Str. 21-22, 57072 Siegen
Postfach 10 12 52, 57012 Siegen
Tel. (02 71) 33 73-0, Fax (02 71) 33 73-4 49, -4 47
E-Mail: poststelle@ag-siegen.nrw.de
www.ag-siegen.nrw.de

1 Dir, 1 stVDir, 1 w.aufsR, 18 R

Lange, Dagmar, Dir	3. 11. 04	29. 12. 56
N. N., stVDir	—	—
N. N., w.aufsR	—	—
Dr. von Lehmann, Ernst	13. 3. 74	16. 5. 42
Lorenz, Gerd-Rainer	16. 9. 74	18. 7. 41
Capito, Reiner	7. 3. 76	1. 7. 41
Michalek, Dagmar	17. 1. 77	2. 12. 42
Becker, Rosemarie	29. 5. 92	3. 9. 57
Solbach, Klaus-Jürgen	20. 7. 95	30. 4. 62
Dr. Wonschik, Peter	1. 4. 96	16. 1. 64
Korte, Sabine	15. 9. 00	9. 6. 67
van Berghem, Dagmar	15. 9. 00	10. 4. 70
Christ, Cornelia	4. 3. 02	19. 10. 66
Schelzke, Gerald	1. 7. 02	9. 12. 70
Kolb, Peter	6. 3. 03	14. 4. 68
Hettwer, Claudia	3. 7. 03	2. 5. 69
Geiß-Albohr, Claudia	2. 7. 04	28. 3. 72
Ulmer-Deimel, Antonia	2. 7. 04	24. 8. 72
Stark, Uwe	1. 1. 06	20. 11. 66
Bast, Klaus	1. 3. 06	2. 2. 77

Staatsanwaltschaften

Generalstaatsanwaltschaft Hamm
Heßlerstr. 53, 59065 Hamm
Postfach 15 71, 59005 Hamm
Tel. (0 23 81) 2 72-0
Fax (0 23 81) 2 72-4 03
E-Mail: poststelle@gsta-hamm.nrw.de
www.gsta-hamm.nrw.de
Pressestelle: OStA'in Elke Adomeit
Tel. (0 23 81) 2 72-71 30,
Fax (0 23 81) 2 72-529, Mobil (01 62) 6 76 56 13
E-Mail: pressestelle@gsta-hamm.nrw.de

1 GStA, 5 LOStA, 36 OStA, 1 LSt (OStA)

Generalstaatsanwalt
Proyer, Manfred   1. 10. 01   9. 1. 50

Leitende Oberstaatsanwältin/
Leitende Oberstaatsanwälte
Dr. Becher, Klaus-Martin,
  stVGStA   29. 8. 96   22. 3. 45
Rösmann, Hermann-Josef   —   —
Knewitz, Karl Peter   1. 9. 01   5. 3. 44
Berger-Zehnpfund, Petra   17. 7. 02   29. 8. 55
Clever, Wolfgang   1. 5. 04   7. 7. 47

Oberstaatsanwältinnen/Oberstaatsanwälte
Splittgerber, Klaus-Peter   25. 10. 83   5. 9. 43
van Essen, Jörg, MdB,
  beurl. (LSt)   20. 9. 85   29. 9. 47
Böhner, Josef Stephan   17. 11. 88 20. 12. 47
Dörsch, Hans-Wolfgang,
  abg.   28. 8. 89   12. 6. 48
Ortlieb, Peter   28. 8. 89   27. 9. 49
Dr. Füllkrug, Michael,
  abg.   17. 8. 90   30. 8. 53
Rüter, Günter   23. 9. 91   25. 8. 49
Dannewald, Burkhard,
  abg.   25. 10. 91 14. 4. 48
Keller, Hermann, abg.   9. 6. 92   10. 1. 51
Lenz, Henning-Michael   15. 9. 93   16. 6. 45
Eisen, Karl-Hans, abg.   22. 6. 94   15. 8. 46
Müller-Wulf, Charlotte   22. 6. 94   1. 7. 53
Krahmüller, Harald, abg.   19. 9. 94   24. 5. 48
Sundermeyer, Karl-Erich   7. 4. 95   24. 7. 49
Dr. Börger, Michael   12. 4. 95   1. 10. 53
Türup, Horst, abg.   28. 7. 95   17. 11. 48
Lorenz, Andreas, abg.   28. 8. 95   22. 7. 50
Fritsche, Ulrich   —   —
Becher, Heike   11. 4. 97   18. 6. 59
Schmerfeld-Tophof,
  Volker   —   —

Dr. Scherf, Manfred   —   —
Walter, Achim   —   —
Adomeit, Elke   27. 4. 01   27. 4. 58
Dr. Vogelsang, Barbara   1. 11. 01 25. 8. 64
Thiemann, Ludger   —   —
Hoffkamp, Hermann, abg.   —   —
Feld-Geuking, Michaela   24. 9. 02   4. 2. 61
Haarmann, Helmut   14. 11. 02 21. 3. 59
Dr. Heymann, Annegret   30. 5. 03   19. 5. 60
Pieper, Jürgen, abg.   7. 7. 04   9. 11. 62
Milk, Anette   —   —
Friese, Daniela   27. 12. 04 15. 8. 63
Schöpper, Frank   3. 2. 05   14. 4. 63
Heckmann, Dagmar   3. 2. 05   15. 9. 66
Neupert, Klaus   13. 9. 05   30. 8. 60
Hurek, Claudia, abg.   14. 9. 05   14. 5. 67

Staatsanwaltschaft Arnsberg
Eichholzstr. 10, 59821 Arnsberg
Postfach 56 52, 56 53, 59818 Arnsberg
Tel. (0 29 31) 8 04-6
Fax (0 29 31) 8 04-8 56
E-Mail: poststelle@sta-arnsberg.nrw.de
www.sta-arnsberg.nrw.de
Pressestelle: OStA Werner Wolff
Tel. (0 29 31) 8 04-8 87
Fax (0 29 31) 8 04-9 97
E-Mail: pressestelle@sta-arnsberg.nrw.de

1 LOStA, 1 stVLOStA, 2 OStA, 4 StA (GL), 12 StA

Leitender Oberstaatsanwalt
Klom, Ralph
  (m.d.W.d.G.b.)   24. 10. 91 12. 3. 52

Oberstaatsanwälte
Hempelmann, Josef   —   —
Wolff, Werner   23. 5. 91   8. 4. 52

Staatsanwältinnen/Staatsanwälte
Schümers, Manfred, GL   —   —
Schulze-Bentrop, Wilhelm,
  GL   20. 2. 03   16. 7. 46
Gipper, Helmut, GL   9. 10. 03   5. 2. 45
Dr. Scholz, Werner, GL   1. 4. 04   16. 2. 49
Barenhoff, Gerhard   1. 2. 83   13. 12. 46
Niekrens, Wolfgang   7. 11. 83 24. 6. 54
Dr. Kowalzik, Wolfgang   2. 2. 90   17. 8. 56
Ruland, Susanne   —   —
Krippendorf, Sabine   9. 12. 97 31. 8. 65
Poggel, Thomas   13. 1. 98   1. 12. 61

NW OLG-Bezirk Hamm — Staatsanwaltschaften

Reelsen, Imke	25. 2.00	24.11.68
Rosenbaum, Claudia	18.12.00	1. 4.70
Pape, Birgit	12.12.01	21. 8.71
Karlin, Marco	18.12.02	4. 2.72
Bedranowsky, Silke	21. 8.03	24. 5.72
Ocken, Nils-Christian	18. 1.06	31. 5.76

Staatsanwaltschaft Bielefeld

Rohrteichstr. 16, 33602 Bielefeld
Postfach 10 02 83, 33502 Bielefeld
Tel. (05 21) 5 49-0, Fax (05 21) 5 49-20 32
E-Mail: poststelle@sta-bielefeld.nrw.de
www.sta-bielefeld.nrw.de
Pressestelle: OStA Harald Krahmüller
Tel. (05 21) 5 49-22 51
Fax (05 21) 5 49-20 32
E-Mail: pressedezernent@sta-bielefeld.nrw.de

1 LOStA, 1 stVLOStA, 13 OStA, 3 StA (GL),
44 StA, 1 LSt (StA)

Leitender Oberstaatsanwalt

Dr. Schulze, Wolfgang	1. 2.00	2. 2.46

Oberstaatsanwältinnen/Oberstaatsanwälte

Roewer, Klaus-Detlef	19.12.86	15. 8.44
Steffen, Klaus	8. 4.91	23.10.44
Hundertmark, Christa	—	—
Kahnert, Rainer	24.10.91	26. 2.49
Baumgart, Reinhard	—	—
Rempe, Heinrich	20. 2.97	16. 3.48
Pollmann, Klaus	20. 2.97	24.10.50
Baade, Eckhard	27.11.98	4. 8.50
Schlegtendal, Delf	—	—
Rübsam, Gerald	—	—
Hummler, Ulrich	1. 8.03	14. 5.50
Dringenberg-Enders, Ruth	4.10.05	8. 3.50

Staatsanwältinnen/Staatsanwälte

Simonsen, Hermann, GL	—	—
Buhr, Dorothea, GL	—	—
Scholz, Armin	—	—
Keller, Helmut	19. 9.75	27. 7.43
Leschhorn, Eberhard	25. 2.77	5. 2.43
Gliniars, Frank	—	—
Heidbrede, Hans-Dieter	23. 9.77	3. 3.46
Metzler, Klaus	12. 6.78	19. 6.46
Richter, Rolf	18. 3.82	28. 8.48
Wiedemann, Regina	16. 5.88	4.10.59
Günther, Ralf	16. 7.90	18.11.57
Stindt, Wolfgang	—	—
Weber, Franz-Josef	18. 3.91	9. 9.59
Zindel-Bösing, Rosemarie, 3/4	8.10.93	29. 9.51
Dr. Funcke, Thomas	—	—

Stollberg, Joachim	20. 5.94	18. 3.59
Hirschberg, Lothar	20. 5.94	24. 8.60
Leege, Antje, 1/2	—	—
Telsemeyer-Funcke, Birgitta, 1/4	20. 5.94	20. 3.65
Vennewald-Ripsam, Udo, abg. (LSt)	27. 2.97	24.10.63
Ehresmann, Dorothea	18. 6.97	17.10.64
Mackel, Christoph	18. 6.97	3. 8.65
Frobel, Jens, abg.	19. 6.97	9. 2.65
Hollenbach, Anne-Kathrin, beurl.	24. 3.99	14. 5.65
Polakowski, Torsten, abg.	24. 3.99	19. 9.66
Beckmann, Ute	29. 3.99	13.10.64
Brendel, Oliver	7. 3.00	19.11.66
Schröder, Sabine	8. 3.00	12.10.64
Leinkauf, Ina	28. 8.00	15. 7.70
Balke, Jens	19. 1.01	21. 5.65
Wibbe, Marco	19. 1.01	15.10.71
Poerschke, Stephan	1. 2.01	19. 4.68
Zielke, Christoph	27. 8.01	17.12.69
Sommerfeld, Nina-Carolin	27. 8.01	27. 1.71
Temmen, Martin	5. 9.01	25. 7.70
Behrendt, Tania, beurl.	7. 3.03	30. 3.71
Veit, Sandra	7. 3.03	21. 1.72
Lausten, Sven	7. 3.03	5. 2.72
van Münster, René	18. 8.03	23.11.72
Hoffmann, Eckhard	26. 5.04	16. 9.72
Schnabel, Falk	9. 9.04	30. 4.72
Dakers, Stefanie	14. 3.05	25.11.74
Schnadt, Anke	15. 8.05	10. 9.72
Lausten, Anja	17.11.05	30. 7.69
Nowak, Carsten	10. 1.06	19. 6.75

Staatsanwaltschaft Bochum

Westring 8, 44787 Bochum
Postfach 10 24 49, 44724 Bochum
Tel. (02 34) 9 67-0, Fax (02 34) 9 67-25 87
E-Mail: poststelle@sta-bochum.nrw.de
www.sta-bochum.nrw.de
Pressestelle: OStA Wolfgang Dörsch
Tel. (02 34) 9 67-25 72, Fax (02 34) 9 67-27 52
E-Mail: pressestelle@sta-bochum.nrw.de

1 LOStA, 1 stVLOStA, 12 OStA, 2 StA (GL),
43 StA, 1 LSt (StA)

Leitender Oberstaatsanwalt

Schulte, Bernd	12.12.01	29. 8.48

Oberstaatsanwältin/Oberstaatsanwälte

Krück, Hans-Ulrich, stVLOStA	1. 9.01	13.12.48
Güroff, Eduard	17.10.85	3. 1.4
Halbscheffel, Klaus	18. 9.86	7. 6.4
Bienioßek, Bernd	—	—

Staatsanwaltschaften							OLG-Bezirk Hamm	**NW**

Kodal, Heinz-Joachim	—	—
Schneider, Werner	15. 5. 97	9. 6. 46
Temming, Michael	—	—
Salamon, Norbert	—	—
Dr. Kuhnert, Christian	1. 10. 00	6. 12. 55
Eckermann-Meier, Marie-Luise	14. 9. 01	30. 9. 60
Wehrland, Heinrich	—	—
Kunert, Martin	1. 7. 05	5. 3. 59

Staatsanwältinnen/Staatsanwälte

Dr. Staufer, Wolfgang, GL	—	—
Justinsky, Dieter, GL	20. 6. 94	2. 1. 49
Hirschfelder, Wolfgang	—	—
Uebing, Winfried	—	—
Uertz-Retzlaff, Hildegard, beurl. (LSt)	—	—
Katter, Rainer	26. 11. 81	14. 4. 47
Lais, Dieter	4. 1. 83	22. 5. 52
Seelig, Hartmut	3. 6. 83	29. 10. 53
Knötel, Thomas	1. 9. 84	9. 8. 53
Kamper, Horst	—	—
Ostermann, Barbara, ¾, abg.	8. 12. 87	29. 10. 56
Nogaj, Michael	15. 7. 91	12. 4. 56
Strüßmann, Christiane, beurl.	10. 1. 92	3. 7. 60
Mark, Stephan	23. 7. 93	22. 12. 59
Lichtinghagen, Margrit	27. 9. 93	29. 9. 54
Carl, Ekkehart	27. 9. 93	9. 9. 60
Klein, Thomas	—	—
Stötzer-Opava, Elke, ½	24. 11. 95	8. 11. 60
Brandt, Jürgen	11. 4. 96	18. 1. 61
Jansen, Paul	24. 1. 97	14. 11. 61
Streßig, Dietrich	7. 5. 97	6. 12. 63
Recker, Dagmar, beurl.	22. 9. 97	18. 10. 65
Menapace, Michaela, ½	4. 5. 98	3. 6. 62
Schulz, Claudia	4. 5. 98	27. 6. 64
Wenzel, Sabine	12. 8. 99	11. 7. 64
Dr. Folkers, Susanne	23. 8. 99	15. 6. 58
Petlalski, Christian	17. 3. 00	7. 8. 64
Bachmann, Andreas	7. 3. 01	20. 3. 65
Kötter, Cornelia	7. 3. 01	23. 6. 68
Gabriel, Gerrit, abg.	13. 3. 01	21. 2. 69
Haas, Ute	26. 11. 01	23. 6. 70
Ziplies, Christine	22. 2. 02	19. 9. 71
Rhode, Matthias	18. 3. 02	12. 4. 65
Maleck, Jörg	7. 10. 02	29. 12. 70
Brüntrup, Ina, beurl.	17. 10. 02	20. 1. 72
Klodt, Simone	4. 9. 03	27. 12. 71
Dr. Fuhrmann, Heinz-Helmut	1. 10. 03	3. 4. 68
Truse-Berger, Christiane	9. 9. 04	14. 6. 68
Zöller, Thorsten	1. 4. 05	19. 10. 70
Schenkewitz, Marko	1. 4. 05	9. 2. 71

Krämer, Marc	1. 4. 05	11. 1. 72
Regel, Barbara, beurl.	1. 4. 05	25. 8. 72
Drifthaus, Katrin	1. 4. 05	29. 10. 73
Herberholz, Christine	17. 11. 05	11. 4. 75
Kutz, Anja	2. 2. 06	9. 10. 75

Staatsanwaltschaft Detmold

Heinrich-Drake-Str. 1, 32756 Detmold
Postfach 27 53, 32717 Detmold
Tel. (0 52 31) 7 68-1
Fax (0 52 31) 7 68 -2 43
E-Mail: poststelle@sta-detmold.nrw.de
www.sta-detmold.nrw.de
Pressestelle: OStA Dieter Varnholt
Tel. (0 52 31) 7 68-2 24, Fax (0 52 31) 7 68-5 15
E-Mail: dieter.varnholt@sta-detmold.nrw.de

1 LOStA, 1 stVLOStA, 2 OStA, 2 StA (GL), 10 StA

Leitender Oberstaatsanwalt

Braun, Günter (m.d.W.d.G.b.)	24. 10. 91	16. 9. 48

Oberstaatsanwälte

Varnholt, Dieter, stVLOStA	19. 9. 05	21. 9. 43
Höbrink, Diethard	29. 1. 96	16. 1. 48
Kempkes, Michael	22. 9. 97	5. 11. 49

Staatsanwältinnen/Staatsanwälte

Meinhold, Hans-Joachim, GL	4. 10. 01	25. 11. 48
Kaiser, Jürgen	12. 3. 75	26. 5. 43
Gilg, Gerhard	—	—
Brüns, Bernhard	19. 5. 79	25. 10. 48
Marschall-Höbrink, Eva-Marie	3. 3. 81	2. 10. 51
Brinkforth-Pekoch, Gisela	26. 4. 83	4. 6. 52
Vetterkind, Erika	—	—
Brandt, Jürgen	11. 1. 96	30. 6. 61
Imig, Christopher, abg.	2. 6. 00	19. 5. 69
Kaufmann, Andreas	17. 1. 03	22. 12. 66

Staatsanwaltschaft Dortmund

Gerichtsplatz 1, 44135 Dortmund
Postfach 10 29 42, 44029 Dortmund
Tel. (02 31) 92 60
Fax (02 31) 92 62 50 90
E-Mail: poststelle@sta-dortmund.nrw.de
www.sta-dortmund.nrw.de
Pressestelle: OStA'in Dr. Ina Holznagel
Tel. (02 31) 9 26-2 62 13
Fax (02 31) 9 26-2 62 90, Mobil 0172 2 91 39 12
E-Mail: ina.holznagel@sta-dortmund.nrw.de

NW   OLG-Bezirk Hamm   Staatsanwaltschaften

Zweigstelle in Hamm
Borbergstr. 1, 59065 Hamm
Postfach 24 47, 59061 Hamm
Tel. (0 23 81) 9 09-0
Fax (0 23 81) 9 09-2 01

1 LOStA, 1 stVLOStA, 13 OStA, 2 StA (GL),
45 StA, 2 LSt (StA)

Leitende Oberstaatsanwältin

Hermes, Petra	1. 3. 02	5. 3. 56

Oberstaatsanwältinnen/Oberstaatsanwälte

Leichter, Susanne	13. 10. 88	27. 10. 47
Maaß, Ulrich	1. 1. 93	24. 7. 46
Düllmann, Bernhard	—	—
Juschka, Rolf	25. 4. 95	18. 8. 41
Neuschmelting, Rainer	18. 3. 96	31. 10. 46
Müller, Hans-Jürgen	29. 5. 98	2. 7. 42
Oltmanns, Heiko	26. 10. 98	18. 7. 43
Dr. Holznagel, Ina	5. 5. 99	8. 9. 60
Schulze, Peter	19. 5. 00	5. 1. 47
Hummert, Rainer	17. 11. 00	29. 9. 49
Willemsen, Burkhard	20. 9. 04	8. 11. 49

Staatsanwältinnen/Staatsanwälte

Brömmelmeier, Ernst-Rainald, GL	1. 4. 98	7. 8. 44
Becker, Franz, GL	1. 1. 99	10. 7. 47
Speckmann, Bodo	27. 8. 75	27. 9. 42
Policke, Klaus	27. 8. 75	25. 5. 45
Rüter, Uwe	4. 6. 76	24. 9. 44
Tönnies, Franz-Josef, abg. (LSt)	5. 7. 76	25. 4. 41
Budeus, Arnold	—	—
Heer, Ingo	—	—
Hinsenkamp, Klaus	7. 3. 79	29. 4. 42
Schubert, Hans Joachim	—	—
Rohde, Christian	4. 12. 80	25. 12. 47
Wentzel, Wilhelm	30. 12. 80	22. 3. 48
Nix, Wolfgang	—	—
Strunk, Ludger	3. 1. 90	17. 5. 56
Göke, Christoph	5. 1. 90	21. 11. 56
Brodowski-Kokesch, Ina, 1/2, abg.	4. 9. 90	13. 11. 59
Manthei, Thomas	7. 5. 92	21. 8. 59
Jansen, Hans-Jörg	7. 5. 92	14. 9. 59
Sudhaus-Coenen, Heike, 3/4	2. 11. 92	6. 2. 62
Bittner, Volker	26. 5. 93	2. 7. 61
Steinert, Ralph	15. 11. 93	24. 1. 60
Kutzner, Bernd	26. 9. 94	5. 4. 56
Vorbau, Eva-Maria, beurl.	28. 12. 94	8. 10. 61
Klink, Günter	26. 5. 95	26. 9. 58
Dr. Artkämper, Heiko	26. 5. 95	15. 2. 59
Dombert, Carsten	26. 5. 95	16. 1. 63
Bastians, Susanne, 3/4	28. 7. 95	10. 7. 62

Brendel, Andreas	20. 12. 95	26. 3. 62
Althaus, Andreas	1. 7. 96	19. 7. 63
Schepers, Ulrich	2. 4. 97	8. 4. 59
Stickeln, Dirk	22. 5. 97	7. 3. 63
Werner, Bettina	12. 5. 99	1. 9. 63
Bayerl, Uta, 1/2	17. 5. 99	31. 8. 67
Niesing, Sigrid	—	—
Kolbe, Dagmar	—	—
Schubert, Bettina	—	—
Raven, Ortrud, 1/2	27. 6. 01	14. 7. 64
Vierus, Petra, beurl.	27. 6. 01	20. 5. 67
Conrad, Peter	27. 6. 01	5. 9. 67
Glombik, Olaf	27. 6. 01	2. 12. 68
Hast, Marsha, beurl.	27. 6. 01	25. 6. 70
Dr. Egerer-Uhrig, Stephanie, abg. (LSt)	28. 6. 01	15. 4. 67
Jansen, Susanne	28. 3. 02	11. 8. 66
Kruse, Henner	15. 4. 02	11. 5. 72
Kaluza, Carmen	2. 9. 02	2. 11. 69
Wirriger, Michael, abg.	6. 10. 03	20. 2. 67
Ogermann, Stefanie	5. 1. 04	5. 12. 71
Dr. Range, Joachim	17. 3. 04	27. 2. 73

Staatsanwaltschaft Essen
Zweigentstr. 56, 45117 Essen
Postfach 10 36 65, 45036 Essen
Tel. (02 01) 8 03-0
Fax (02 01) 8 03-29 20
E-Mail: poststelle@sta-essen.nrw.de
www.sta-essen.nrw.de
Pressestelle: OStA Willi Kassenböhmer
Tel. (02 01) 8 03-2515,
Fax (020 01) 8 03-26 54
E-Mail: pressestelle@sta-essen.nrw.de

1 LOStA, 1 stVLOStA, 12 OStA, 4 StA (GL),
44 StA

Leitende Oberstaatsanwältin

Hampel, Marlies	1. 5. 04	20. 6. 47

Oberstaatsanwältinnen/Oberstaatsanwälte

Schlotmann, Michael, stVLOStA	1. 6. 04	11. 8. 54
Kassenböhmer, Wilhelm	24. 10. 91	4. 5. 48
Pollender, Hans-Ulrich	—	—
Engel, Klaus	24. 6. 94	27. 11. 46
Vollmer, Bernhard	—	—
to Roxel, Karlheinz	—	—
Kolpatzik, Wolfgang	22. 9. 97	31. 3. 6
Hehlke, Peter	22. 12. 98	11. 11. 5
Matthiesen, Angelika	18. 10. 99	16. 7. 5
Jürgens, Birgit	25. 9. 00	25. 6. 5
Koch, Hans-Joachim	11. 4. 03	19. 8. 5
Lindenberg, Peter	22. 8. 05	1. 8. 5

Staatsanwaltschaften   OLG-Bezirk Hamm   **NW**

Staatsanwältinnen/Staatsanwälte
Brauner, Hans, GL	—	—
Gutjahr, Hans-Christian, GL	25. 5. 99	13. 8. 47
Wolf, Lutz, GL	19. 12. 00	12. 1. 42
Vollmer, Sabine, GL	24. 8. 05	22. 3. 59
Illner, Siegfried	—	—
Rebstock, Hans-Helge	—	—
Viertel, Werner	—	—
Will, Ulf	2. 5. 77	12. 11. 44
Bothe, Hans-Georg	12. 9. 79	2. 6. 44
Wienand, Hans-Jürgen	23. 2. 81	19. 1. 49
Dr. Schmalhausen, Bernd	23. 2. 81	6. 10. 49
Rehling, Jochen	12. 10. 81	8. 11. 48
Lichtinghagen, Joachim	16. 11. 82	9. 1. 52
Mascherek, Heinz-Dieter	—	—
Walentich, Gabriele, abg.	—	—
Busse, Volker	22. 10. 83	18. 3. 53
Steffens, Inge	18. 4. 84	8. 8. 52
Dulisch, Klaus	3. 2. 86	6. 5. 53
Koschnick, Peter	14. 5. 91	22. 4. 57
Buschmann, Eberhard	—	—
Otte, Hans	7. 5. 92	4. 8. 61
Schmidtmann, Ralf	25. 1. 93	26. 7. 60
Sämann, Martina, ½	25. 1. 93	19. 9. 60
Dr. Hantke, Heike	15. 9. 93	22. 6. 61
Hinterberg, Elke	18. 4. 94	2. 7. 62
Kock, Rainer	29. 8. 94	19. 1. 63
Holz, Thomas	30. 8. 94	10. 7. 61
Hos, Andreas	30. 8. 94	27. 11. 61
Koch, Stephanie, abg.	7. 4. 97	1. 3. 63
Abel-Dassler, Maria, abg.	23. 4. 97	17. 3. 61
Schleiwies, Susanne	13. 1. 98	19. 4. 64
Schacke-Eßmann, Petra, beurl.	13. 1. 98	26. 3. 66
Härtel-Breß, Petra	6. 8. 98	16. 8. 60
Rothe, Yvonne	12. 10. 98	27. 10. 65
Suerbaum, Karsta	22. 12. 98	22. 1. 66
Rezai, Nina, beurl.	2. 8. 99	26. 5. 67
Haschke-Delgmann, Bettina, ½	16. 8. 00	11. 10. 64
Levin, Stefan, abg.	19. 3. 01	8. 5. 70
Schilling, Ansgar	17. 5. 02	11. 2. 71
Neetix, Elke	31. 5. 02	1. 3. 72
Himmelskamp, Katja	8. 8. 03	26. 10. 72
Küppers, Selina	17. 5. 04	22. 10. 72
Bolik, Christian	15. 11. 04	10. 8. 71
Dr. Grunert, Michael	28. 7. 05	11. 5. 71
Neuhaus, Michael	28. 7. 05	19. 4. 72

Staatsanwaltschaft Hagen
58086 Hagen
Lenzmannstr. 16-22, 58095 Hagen
Tel. (0 23 31) 3 93-0
Fax (0 23 31) 3 93-3 36
E-Mail: poststelle@sta-hagen.nrw.de
www.sta-hagen.nrw.de
Pressestelle: OStA Reinhard Rolfes
Tel. (0 23 31) 3 93-2 78
E-Mail: pressestelle@sta-hagen.nrw.de

1 LOStA, 1 stVLOStA, 8 OStA, 2 StA (GL), 29 StA

Leitende Oberstaatsanwältin
Cirullies, Birgit	1. 11. 01	5. 11. 50

Oberstaatsanwälte
Dreisbach, Horst, stVLOStA	1. 10. 02	6. 11. 46
Rolfes, Reinhard	19. 9. 85	20. 7. 46
Rahmer, Wolfgang Erich	29. 3. 89	1. 10. 50
Daheim, Johannes	6. 10. 98	13. 11. 52
Heinrich, Hartmut	13. 10. 99	19. 9. 56
Dr. Pauli, Gerhard	—	—
Schneeweis, Raymund	28. 10. 02	22. 10. 47
Münker, Hans-Werner	21. 3. 05	1. 7. 57

Staatsanwältinnen/Staatsanwälte
Tiemesmann, Rainer, GL	20. 6. 94	9. 1. 43
Härtel, Ulrich, GL	2. 9. 02	1. 1. 44
Bitzhenner, Friedrich-Karl	8. 12. 76	6. 4. 43
Scheurer, Jürgen	1. 10. 77	8. 3. 44
Kersebaum, Klaus	10. 5. 78	16. 11. 45
Lehmann, Joachim	13. 9. 78	19. 11. 46
Lagemann, Marie-Josée, ¾	12. 9. 79	7. 5. 49
Thorbrügge, Marianne	12. 9. 79	16. 2. 50
Knierim, Klaus	20. 3. 81	27. 5. 48
Bramsiepe, Hans-Peter	20. 3. 81	14. 10. 48
Husmann-Budeus, Gertrud, 23/32	1. 9. 81	7. 6. 50
Meier, Lothar	4. 1. 82	12. 1. 54
Kersebaum, Claudia	3. 11. 87	27. 7. 56
Maas, Bernd	20. 12. 88	14. 5. 55
Dinter, Birgit, ½	13. 8. 90	7. 8. 58
Nölle, Axel	24. 5. 94	31. 1. 61
Neulken, Klaus	15. 11. 94	11. 3. 58
Dr. Schlüter, Holger, abg.	6. 8. 98	13. 12. 64
Haldorn, Bernd	1. 12. 99	4. 6. 65

NW OLG-Bezirk Hamm — Staatsanwaltschaften

Michels, Henning	30. 5. 00	6. 11. 68
Jacobi, Dorothée	22. 2. 01	26. 10. 70
Föhring, Beatriz	19. 4. 01	5. 4. 70
Blankenburg, Iris, 10/13	26. 11. 01	10. 9. 68
Dr. Klein, Marco	3. 3. 03	27. 4. 73
Schölch, Bianca	25. 11. 04	2. 4. 73
Weise, Marion	15. 4. 05	19. 8. 71

Staatsanwaltschaft Münster
Gerichtsstr. 6, 48149 Münster
Postfach 59 21, 48135 Münster
Tel. (02 51) 4 94-1, Fax (02 51) 4 94-5 55
E-Mail: poststelle@sta-muenster.nrw.de
www.sta-muenster.nrw.de
Pressestelle: OStA Wolfgang Schweer
Tel. (02 51) 4 94-4 15, Mobil, 0172 2 91 38 10
Fax (02 51) 4 94-5 95

Zweigstelle in Bocholt
Benölkenplatz 3, 46399 Bocholt
Postfach 22 52, 46372 Bocholt
Tel. (0 28 71) 2 95-0, Fax (0 28 71) 2 95-1 30

1 LOStA, 1 stVLOStA, 8 OStA, 5 StA (GL), 37 StA

Leitender Oberstaatsanwalt

Wagner, Hans Jochen	1. 6. 95	14. 12. 44

Oberstaatsanwältin/Oberstaatsanwälte

Nitardy, Winfried	16. 6. 81	2. 9. 41
Mehlis, Klaus-Erich	23. 11. 84	19. 5. 45
Schweer, Wolfgang	11. 6. 85	8. 8. 46
Happe, Dierk	30. 12. 87	7. 6. 43
Stenert, Heinrich	—	—
Auer, Maria	27. 4. 90	7. 11. 49
Werner, Eberhard	22. 11. 05	10. 10. 47

Staatsanwältinnen/Staatsanwälte

Huesmann, Karlheinz, GL	11. 6. 03	9. 3. 52
Kaptur, Klaus, GL	30. 9. 03	28. 6. 51
Frericks, Michael, GL	22. 8. 05	31. 12. 48
Beck, Heribert, GL	22. 8. 05	15. 11. 50
Brettschneider, Reinhard, GL	22. 8. 05	8. 8. 52
Behrmann, Brigitte	31. 5. 76	7. 6. 45
Herre, Sigrid	14. 2. 77	11. 4. 43
Hartmann, Hans-Joachim	10. 2. 78	3. 11. 45
Euler, Andreas	—	—
Krais, Marianne	—	—
Flug, Claus-Joachim	—	—
Kasprzyk-Göhler, Elfriede	22. 2. 84	15. 5. 51
Larisch, Sabine	29. 9. 86	20. 12. 53
Lechtape, Elfi	9. 11. 88	4. 2. 57
Lechtape, Stefan	4. 7. 89	15. 7. 55
Schlüß, Rolf	10. 12. 90	29. 1. 53

Wigger, Andreas	18. 7. 94	6. 11. 62
Franke, Andreas	2. 9. 96	7. 3. 58
Pauer, Heike	4. 10. 96	19. 5. 64
Schlenker, Walter	18. 6. 97	30. 6. 62
Demand, Markus	29. 1. 98	23. 3. 64
Erdbrügge, Margarete	25. 3. 99	31. 7. 62
Woltering, Michael	3. 8. 99	26. 4. 67
Mülbrecht-Klinge, Gabriele, $^{1}/_{2}$	21. 1. 00	22. 10. 61
Stöppler, Andrea	7. 3. 01	15. 4. 63
Timm, Katrin, beurl.	7. 3. 01	21. 8. 68
Schröer, Ludger	8. 3. 01	6. 3. 69
Humbert, Christoph	—	—
Gollata, Frank	21. 1. 02	14. 2. 67
Dr. Kruse, Michael, abg.	3. 7. 02	10. 3. 67
Botzenhardt, Martin	1. 4. 03	2. 11. 71
Schneider, Hans-Michael	2. 4. 03	15. 5. 72
Westerwelle, Birgit, beurl.	2. 4. 03	31. 3. 68
Hänsel, Frank	11. 12. 03	4. 5. 71
Dr. Wogersien, Maik	12. 12. 03	12. 10. 68
Klimmeck, Sabine	19. 3. 03	19. 8. 73
Ohström, Björn	14. 10. 04	23. 6. 73
Karweger, Nicole	23. 3. 05	16. 2. 71

Staatsanwaltschaft Paderborn
Am Bischofsteich 36, 33102 Paderborn
Postfach 25 20, 33055 Paderborn
Tel. (0 52 51) 1 26-0, Fax (0 52 51) 1 26-5 55
E-Mail: poststelle@sta-paderborn.nrw.de
www.sta-paderborn.nrw.de
Pressestelle: OStA Günter Krüssmann
Tel. (0 52 51) 1 26-5 22,
Fax (0 52 51) 1 26-6 66,
Mobil 0160 4 16 46 76

1 LOStA, 1 stVLOStA, 2 OStA, 4 StA (GL), 12 StA

Leitender Oberstaatsanwalt

Specht, Wolfgang	1. 2. 91	24. 10. 44

Oberstaatsanwälte

Krüssmann, Günter, stVLOStA	8. 11. 83	18. 6. 41
Dietzmann, Hans-Peter	23. 11. 84	20. 4. 42
Wedderwille, Peter	21. 12. 98	20. 7. 49

Staatsanwältin/Staatsanwälte

Oppenkamp, Karl, GL	4. 8. 99	20. 9. 49
Börger, Franz, GL	3. 7. 01	13. 9. 51
Vetter, Ralf, GL	23. 9. 02	7. 7. 56
Brockmann, Monika, $^{1}/_{2}$	17. 1. 75	7. 7. 47
Mandel, Christian	12. 6. 78	20. 7. 47
Albert, Heinz	5. 9. 78	2. 2. 47
Dr. Störmer, Heinz-Dieter	—	—
Zimpel, Jochen	—	—

Staatsanwaltschaften OLG-Bezirk Hamm **NW**

Hartmann, Gerwald	14. 10. 82	31. 7. 51
Wurm, Paul	1. 10. 83	30. 6. 48
Kipp, Jürgen	10. 2. 86	24. 1. 53
Sauerland, Dietmar	9. 6. 92	16. 11. 55
Asensio Pagan, José-Andrés	15. 6. 00	15. 11. 66
Dahnke, Henrik	26. 6. 01	23. 9. 66
Gusek, Katja	31. 3. 03	27. 8. 70

Staatsanwaltschaft Siegen
Berliner Str. 22, 57072 Siegen
Postfach 10 13 54, 57012 Siegen
Tel. (02 71) 33 73-0
Fax (02 71) 33 73-437
E-Mail: poststelle@sta-siegen.nrw.de
www.sta-siegen.nrw.de
Pressestelle: StA Manfred Lischeck
Tel. (02 71) 33 73-3 27, Fax (02 71) 33 73-4 06,
Mobil 0171 7 02 51 55
E-Mail: pressesprecher@sta-siegen.nrw.de
1 LOStA, 1 stVLOStA, 2 OStA, 2 StA (GL), 9 StA

Leitender Oberstaatsanwalt

Opterbeck, Ralf	24. 4. 02		20. 5. 49	

Oberstaatsanwälte

Fröhlich, Hartmut, stVLOStA	1. 8. 99		4. 3. 42	
Mehrer, Klemens	—		—	
Ebsen, Joachim	2. 6. 98		18. 4. 49	

Staatsanwältin/Staatsanwälte

Weiss, Wolfgang, GL	21. 6. 94	10. 3. 49
Lischeck, Manfred, GL	—	—
Buschbaum, Peter	—	—
Meyer, Klaus-Walter	8. 12. 76	21. 2. 44
Nau, Wolfgang	23. 11. 77	26. 1. 44
Scholz, Günter	—	—
Hoppmann, Rainer	20. 5. 94	13. 9. 59
Hettwer, Ulrich	30. 11. 94	7. 9. 60
Dr. Roth, Henry	22. 10. 01	26. 4. 72
Hammerstein, Annelisa	1. 6. 05	10. 5. 69
Löw, Alexandra	28. 9. 05	19. 8. 73

Oberlandesgerichtsbezirk Köln

Bezirk:
Regierungsbezirk Köln mit Ausnahme der Gemeinden Erkelenz, Hückelhoven und Wegberg (sämtlich Kreis Heinsberg)

Rheinschifffahrtsobergericht

Moselschifffahrtsobergericht

3 Landgerichte:
Aachen, Bonn, Köln
Kammern für *Handelssachen*: Aachen 4, Bonn 4, Köln 11

23 Amtsgerichte
Schöffengerichte: bei allen Amtsgerichten außer den nachstehend genannten
Gemeinsames Schöffengericht für die Bezirke der Amtsgerichte, bei denen kein Schöffengericht gebildet wird, ist:

für den AGBez.:	*das Schöffengericht:*
Heinsberg:	Geilenkirchen[1]
Jülich:	Düren

[1] Jugendschöffengerichtssachen und Jugendrichterhaftsachen Geilenkirchen: Heinsberg.

Monschau:	Schleiden
Königswinter:	Bonn
Rheinbach:	Euskirchen
Wermelskirchen:	Bergisch Gladbach

Familiengerichte: bei allen Amtsgerichten

Landwirtschaftssachen sind den Amtsgerichten als Landwirtschaftsgerichten wie folgt zugewiesen:

dem AG:	*die AGBez.:*
Aachen:	Aachen, Eschweiler und Monschau
Bergheim:	Bergheim, Brühl, Kerpen und Köln
Bergisch Gladbach:	Bergisch Gladbach, Leverkusen und Wermelskirchen
Euskirchen:	Euskirchen und Schleiden
Gummersbach:	Gummersbach und Wipperfürth
Siegburg:	Bonn, Königswinter, Rheinbach und Siegburg

Die den Oberlandesgerichten zugewiesenen Entscheidungen in Landwirtschaftssachen sind für die Bezirke der Oberlandesgerichte Düsseldorf und Köln dem Oberlandesgericht Köln übertragen.

Oberlandesgericht Köln

E 4 254 639
Reichenspergerplatz 1, 50670 Köln
Postfach 10 28 45, 50468 Köln
Tel. (02 21) 77 11-0 Fax (02 21) 77 11-7 00
E-Mail: verwaltung@olg-koeln.nrw.de
E-Mail: pressestelle@olg-koeln.nrw.de
Tel. (02 21) 77 11-3 50, Fax (02 21) 77 11-8 61
www.olg-koeln.nrw.de

1 Pr, 1 VPr, 26 VR, 75 R, 2 LSt (R + 0,7 für UProf, 2. Hauptamt)

Präsident			*Vorsitzende Richterinnen/Vorsitzende Richter*		
Riedel, Johannes	24. 5. 05	11. 8. 49	Eßer, Heinz Peter	15. 6. 93	31. 7. 4:
			Dr. Jäger, Peter	1. 9. 93	9. 8. 4:
Vizepräsidentin			Dr. Prior, Hans-Peter	1. 9. 93	24. 1. 4:
			Dr. Jährig, Axel	1. 12. 93	1. 10. 4:
Gräfin von Schwerin, Margarete, abg.	10. 1. 03	30. 12. 52	Dr. Büttner, Helmut	14. 3. 96	13. 11. 4

OLG-Bezirk Köln **NW**

Name		
Dr. Schwippert, Emil	14. 3. 96	1. 6. 45
Dr. Müller, Gerd	30. 8. 96	24. 5. 42
Lampenscherf, Albert	5. 11. 97	9. 9. 48
Dr. Hahn, Josef	5. 11. 97	12. 12. 48
Rosenberger, Rainer	5. 1. 98	29. 5. 44
Ketterle, Roland	18. 2. 98	8. 12. 57
Steglich, Walter	30. 6. 98	29. 5. 48
Fox, Brigitta	21. 1. 99	3. 2. 44
Dr. Schrübbers, Michael	21. 1. 99	18. 5. 44
Doleisch von Dolsperg, Elisabeth	30. 9. 99	20. 5. 47
Zingsheim, Andreas	30. 5. 01	5. 7. 50
Drzisga, Peter	4. 11. 02	22. 11. 44
Schmidt-Eichhorn, Torsten	4. 11. 02	29. 12. 47
Göhler-Schlicht, Gabriele	4. 11. 02	7. 1. 54
Schröders, Werner	30. 1. 03	1. 1. 50
Dr. Diederichs, Petra	23. 9. 03	14. 5. 48
Dallmann, Manfred	31. 3. 04	14. 1. 43
Ueffing, Klaus	31. 3. 04	1. 1. 49
Caesar, Marie-Louise	14. 3. 05	5. 2. 48
Jennissen, Wilhelm	10. 12. 05	22. 9. 46
Eickmann-Pohl, Gabriele	20. 12. 05	6. 5. 51

Richterinnen/Richter

Name		
Prof. Dr. Steinbeck-Menke, Anja, 1/6	—	6. 11. 66
Heitmeyer, Klaus	23. 10. 80	7. 4. 41
Hentschel, Erich	1. 12. 83	31. 12. 42
Gedig, Alfred	21. 12. 83	10. 5. 41
Siegert, Rainer	1. 12. 87	11. 7. 43
Dr. Schlafen, Heinz Dieter, abg.	26. 5. 88	9. 9. 44
Dr. Schmitz-Pakebusch, Ilona	30. 5. 88	7. 8. 43
Prof. Dr. Metzen, Peter, abg.	31. 10. 89	7. 9. 44
Jütte, Fritz	31. 10. 89	24. 2. 50
Keller, Marie-José	27. 2. 91	6. 5. 48
von Hellfeld, Joachim	27. 2. 91	29. 5. 50
Müller, Günter	27. 2. 91	7. 5. 51
Bodens, Heribert	16. 7. 91	2. 2. 50
Bauer, Wolf-Christoph	17. 7. 91	2. 9. 48
Merschmeier-Schütz, Hildegard, beurl.	17. 7. 91	17. 3. 51
Quack, Walter	1. 8. 91	3. 12. 47
Schlemm, Christfried	20. 12. 91	19. 12. 49
Hamm, Anton	5. 11. 92	11. 1. 44
Schwab, Jürgen	15. 9. 93	22. 4. 44
Wahle, Ulrike, beurl.	15. 9. 93	17. 2. 50
Heidemann, Wolfgang	24. 5. 94	17. 10. 52
Gundlach, Freimut, 1/2	24. 5. 94	21. 6. 55
Schneider, Karla	—	—
Jinn, Wolfgang	24. 6. 94	8. 5. 50
Scheffler, Christiane	10. 8. 95	12. 5. 50
Thiesmeyer, Reinhard	21. 8. 95	15. 12. 49
Wolf, Hans-Joachim	24. 8. 95	21. 10. 46
Bourmer-Schwellenbach, Angelika	28. 8. 95	4. 8. 46
von Olshausen, Renate	28. 8. 95	20. 10. 47
Zakosek-Röhling, Evamari, 1/2	28. 8. 95	8. 10. 57
Scholz, Gabriele	29. 8. 95	19. 12. 52
Dr. Thurn, Peter	31. 8. 95	22. 7. 55
Dr. Ahn-Roth, Wera	19. 8. 96	16. 7. 47
Dr. Törl, Günter	19. 8. 96	12. 10. 50
Kleine, Rolf	19. 8. 96	16. 4. 53
Rütten-Weber, Clara, beurl.	4. 7. 97	11. 8. 49
Crynen, Rita, 3/4	4. 7. 97	11. 7. 51
Macioszek, Margret	4. 7. 97	20. 2. 52
Hartlieb, Hans-Peter	4. 7. 97	4. 2. 54
Pietsch, Gernot	4. 7. 97	7. 4. 56
Schmitz-Justen, Christian	28. 7. 97	21. 8. 56
Dr. Richter, Werner	13. 2. 98	18. 8. 59
Blank, Klaus-Peter	18. 2. 98	28. 8. 47
Dr. Halbach, Dirk	18. 2. 98	20. 12. 49
Appel-Hamm, Doris	18. 2. 98	24. 6. 51
Schmitt, Edmund	23. 12. 98	28. 12. 54
Dr. Brenner, Richard	23. 12. 98	7. 7. 57
Statthalter, Uta	23. 12. 98	25. 8. 57
Scheiter, Christian	21. 1. 99	19. 6. 50
Sternal, Werner	12. 10. 99	30. 4. 55
Ring, Michael	13. 10. 99	29. 9. 56
Potthoff, Hans Gerhard	30. 6. 00	29. 5. 56
Conzen, Klaus-Michael	30. 6. 00	6. 11. 56
Mangen, Kurt Günter	30. 6. 00	15. 11. 57
Borzutzki-Pasing, Werner	3. 7. 00	1. 6. 50
Dr. Küpper, Wolfgang	18. 12. 00	22. 1. 55
Schwarz, Gertrud, 3/4	18. 12. 00	11. 2. 56
Dr. Grüneberg, Christian, abg.	18. 12. 00	4. 6. 60
Dr. Schmidt, Uwe	21. 3. 02	9. 7. 59
Pamp, Rüdiger	25. 3. 02	25. 1. 61
Prof. Dr. Dauner-Lieb, Barbara, beurl.	8. 4. 02	28. 4. 55
Dr. Dylla-Krebs, Corinna	26. 2. 03	3. 2. 62
Dr. Schmidt-Räntsch, Ruth	28. 2. 03	31. 3. 60
Manteufel, Thomas	28. 2. 03	8. 5. 60
Wagner, Dorothee	28. 2. 03	23. 6. 60
Dr. Remmert, Andreas	28. 2. 03	22. 1. 63
Dr. Schmitz, Elke	10. 3. 03	11. 1. 59
Gurba, Rüdiger	5. 9. 03	16. 2. 63
Dr. Göbel, Alfred	16. 9. 03	5. 3. 63
Dr. Bömelburg, Regina	17. 9. 03	1. 10. 59
Schütz, Ferdinand	17. 9. 03	21. 1. 55
Wurm, Christoph	18. 9. 03	4. 11. 58
Dr. Dumke, Dietmar	23. 4. 04	21. 9. 62
Dr. Eilers, Anke, 1/2	26. 4. 04	14. 12. 61

NW OLG-Bezirk Köln   LG-Bezirk Aachen

Dr. Waters, Jörg	28. 4. 04	27. 6. 62
Dr. Gehle, Burkhard	20. 6. 05	11. 3. 52
Grommes, Heinrich	20. 6. 05	14. 7. 55
Hammer, Dorothea	20. 6. 05	17. 4. 63
Dr. Theisen, Ursula	20. 6. 05	9. 4. 68
Dr. Weber, Markus	20. 6. 05	6. 11. 67

Landgerichtsbezirk Aachen

Landgericht Aachen E 1 038 445
Adalbertsteinweg 90, 52070 Aachen
Postfach 10 19 46, 52019 Aachen
Tel. (02 41) 94 25-0
Fax (02 41) 54 38 03
E-Mail: verwaltung@lg-aachen.nrw.de

1 Pr, 1 VPr, 23 VR, 38 R

Präsident

Keders, Johannes	—	26. 9. 54

Vizepräsident

Dr. Scheiff, Bernd	11. 4. 03	24. 3. 59

Vorsitzende Richterin/Vorsitzende Richter

Crolla, Karl-Heinz	1. 3. 85	5. 7. 45
Dr. Becher, Wolfgang	17. 10. 85	22. 2. 44
Franz, Jürgen	2. 6. 86	9. 3. 44
Dr. Bender, Wolfgang	1. 1. 90	24. 5. 48
Berg, Michael, 3/4	21. 5. 90	19. 4. 48
Laufenberg, Hans	24. 2. 92	8. 2. 45
Dr. Nohl, Gerd	8. 10. 92	10. 6. 48
Böhm, Siegfried	10. 5. 94	29. 1. 45
Bretschneider, Uwe	10. 5. 94	21. 3. 51
Plum, Norbert	1. 8. 94	29. 3. 55
Dr. Voormann, Volker	30. 5. 95	17. 7. 53
Bormann, Arno	1. 2. 96	25. 11. 52
Kasparek, Angelika	24. 2. 97	21. 2. 47
Diewald, Wolfgang	28. 7. 97	22. 7. 49
Carduck, Heinz-Dieter	28. 11. 97	23. 8. 57
Brandt, Harald	29. 5. 98	6. 7. 51
Beneking, Jürgen	17. 6. 99	18. 10. 56
Bucher, Armin	19. 1. 01	16. 4. 56
Wimmer, Hans	26. 9. 02	20. 4. 59
Klösgen, Roland	1. 10. 02	29. 10. 58
Gatzke, Norbert	11. 6. 03	25. 5. 58
Dr. Meiendresch, Uwe	8. 1. 04	27. 7. 59
Potthoff, Frauke	30. 6. 04	1. 1. 61

Richterinnen/Richter

Giffey, Dagmar, 1/2	5. 2. 74	8. 11. 43
Kuck, Hans-Joachim	25. 7. 77	8. 2. 45
Martin, Maria, 1/2	17. 9. 80	22. 5. 49
Fey, Axel	16. 1. 81	13. 10. 50
Weißkirchen, Albrecht	30. 8. 82	8. 8. 51
Martin, Konrad	20. 10. 83	17. 6. 47
Schubert, Andrea, beurl.	22. 12. 88	27. 7. 56
Dr. Kulbe-Stock, Ursula, 1/2	7. 9. 90	10. 7. 58
Görgen, Hans Günter	28. 3. 91	15. 1. 58
Tag, Hildegard	15. 9. 95	8. 7. 63
Storck, Michael	22. 8. 96	22. 1. 60
Dr. Mertens, Oliver	19. 9. 97	8. 12. 60
Wilke, Thomas	8. 7. 98	29. 4. 65
Geerts, Anka, 1/2	8. 7. 98	19. 5. 67
Beenken, Thomas	13. 8. 98	12. 1. 64
Bellin, Stefan	26. 5. 99	26. 8. 64
Brantin, Holger	25. 6. 99	1. 4. 64
Dr. Klöpper, Karl	8. 9. 99	25. 1. 67
Dr. Hake, Manfred, abg.	7. 12. 99	22. 5. 66
Breuer, Frank Stephan	15. 9. 00	4. 4. 66
Noethen, Mark	23. 5. 01	22. 5. 72
Dr. Fritz, Klaus	12. 6. 01	2. 3. 69
Böhme, Regina, beurl.	2. 5. 02	7. 6. 70
Menck, Stephan	6. 4. 04	5. 1. 72
Dr. Keuter, Sabine	8. 4. 04	26. 3. 70
Dr. Brögelmann, Jens	8. 4. 04	5. 4. 71

Amtsgerichte

Aachen E 424 039
Adalbertsteinweg 90, 52070 Aachen
Postfach 10 18 26, 52018 Aachen
Tel. (02 41) 94 59-0
Fax (02 41) 54 37 57
E-Mail: verwaltung@ag-aachen.nrw.de

1 Dir, 1 stVDir, 5 w.aufsR, 40 R + 2 LSt (R)

Dr. Siebert, Ralf, Dir	1. 6. 02	3. 4. 45
Verfuß-Eschweiler, Ursula, stVDir	22. 2. 00	20. 6. 50
Haas, Herbert, w.aufsR	15. 9. 94	15. 7. 4
Höfken, Heinz-Wilhelm, w.aufsR	1. 10. 98	1. 1. 4
Dr. Krückels, Wolfgang, w.aufsR	23. 8. 00	14. 9. 4
Schneiders, Jürgen, w.aufsR	23. 8. 00	17. 2. 5
Semmann, Gerd	10. 3. 76	16. 9. 4
Jungbluth, Günther	8. 11. 76	23. 4. 4
Claßen, Hermann	22. 11. 76	7. 7. 4
Hoch, Hermann	2. 9. 77	2. 10. 4
Kusen, Hans-Albert	2. 5. 78	18. 2. 4
Kaulen, Marianne	3. 11. 78	9. 5. 4
Missmahl, Jan Dirk	16. 5. 79	26. 8. 4

LG-Bezirk Aachen   OLG-Bezirk Köln   **NW**

Furch, Heinrich	14. 9.79	2. 9.44
Siebert, Helmut	14. 9.79	1.11.44
Reis, Gangolf, abg.	14. 9.79	12. 5.46
Unger, Joachim	19. 3.84	17. 7.50
Reiner, Andreas	15. 1.88	2.10.55
Gehlen, Hermann-Josef	21. 9.89	22. 1.55
Kessel-Crvelin, Edith	3. 9.90	18. 6.57
Harnacke, Rainer	14. 6.91	30. 9.60
Wuppermann, Klaus	9.11.91	18. 7.56
Roggendorf, Dorothée, ³/₄	17. 5.93	29. 9.50
Dr. Quarch, Matthias	28. 3.94	25. 8.61
Plastrotmann, Robert	3. 2.95	16. 9.61
Stühn, Matthias	3. 2.95	23.12.61
Trossen, Meike Ruth	6.12.95	24. 6.65
Hermanns, Doris	9.10.96	3. 2.64
Thierau-Haase, Katrin	9.10.96	4. 4.64
Meier, Frank	30.10.96	6. 8.63
Gast, Christoph	20. 3.97	22. 7.61
Beek, Kerstin	1. 8.97	2. 6.66
Foerst, Carl	23. 7.98	11.10.64
Rüntz, Stefanie, abg.	14. 1.99	26.12.68
Graßnack, Christiane, abg.	9.11.99	10.11.67
Dr. Moosheimer, Thomas	27. 1.00	22. 8.68
Brantin, Suzanne, beurl.	22. 2.00	29. 1.65
Schönherr, Stephan	—	—
Langer, Nicole, beurl.	21.12.00	11. 1.69
Rößeler, Beatrix, beurl.	3. 4.01	27. 2.69
Dr. Dallemand-Purrer, Claudia	13. 6.01	17. 3.66
Ahmann, Alexander, abg.	4. 3.03	19.12.69
Werz, Melanie, abg.	15.12.03	9.10.71
Schafranek, Sabine, beurl.	9. 3.05	25. 9.69

Düren   E 180 341
August-Klotz-Str. 14, 52349 Düren
52348 Düren
Tel. (0 24 21) 4 93-0
Fax (0 24 21) 4 93-60 01
E-Mail: verwaltung@ag-dueren.nrw.de

1 Dir, 1 stVDir, 1 w.aufsR, 18 R

Neukirchen, Manfred, Dir	1. 9.01	30. 4.46
Johnen, Karl-Helmuth, stVDir	9. 4.02	31.12.43
Decker, Gregor, w.aufsR	30.10.02	18. 6.44
Snissarewsky, Helga	10. 4.78	4. 5.46
Kipping, Barbara	30. 3.79	8. 4.49
Spernat, Günter	18. 1.80	20. 7.48
Lanzerath, Adolf	27. 5.80	1.11.48
Wingen, Hans Georg	13. 1.83	15. 4.48
Otto, Karl-Josef	27. 9.83	17.10.51
Dr. Jüttner, Michael	20.10.94	21. 7.59
Leimbach, Ralf	3. 2.95	15. 9.60
Reinart-Liskow, Vera	3. 2.95	3. 4.62

Vaaßen, Marion	31. 5.96	14. 1.62
Küppers, Anke	13. 3.97	1. 7.65
Joachim, Kerstin	19. 9.97	29. 9.65
Lürgen, Babette	24. 7.98	18. 8.65
Ebeling, Stephan	30. 3.01	5. 5.67
Bleser, Sabine	30. 3.01	20. 8.68
Kuhne, Annette Gritta	11. 3.03	11. 3.70
Schwanewilm, Maik	29.12.05	27. 5.72

Eschweiler (Rheinland)   E 114 302
Kaiserstr. 6, 52249 Eschweiler
Postfach 13 40, 52233 Eschweiler
Tel. (0 24 03) 70 07-0
Fax (0 24 03) 70 07-1 04
E-Mail: verwaltung@ag-eschweiler.nrw.de

1 Dir, 1 stVDir, 9 R

N. N., Dir	—	—
Becker, Thomas, stVDir	15. 9.94	18. 5.47
Fell, Ulrich	25.10.76	19.10.44
Zengerling, Rainer	25.10.76	22.12.44
Schwörer, Hermann	8. 8.78	5. 3.44
Hauffe, Herbert	14.11.79	2. 7.49
Mähr, Maria-Sibylle	25. 4.91	16. 3.59
Wollschläger-Dulle, Gertrud	26. 4.95	12. 2.63
Dr. Wipperfürth, Stella	18. 9.02	25.11.69
Schwartz, Juliana, ¹/₂	8. 4.04	20. 4.71

Geilenkirchen   E 65 487
Konrad-Adenauer-Str. 225, 52511 Geilenkirchen
Postfach 11 69, 52501 Geilenkirchen
Tel. (0 24 51) 9 91-0
Fax (0 24 51) 99 12 70
E-Mail: verwaltung@ag-geilenkirchen.nrw.de

1 Dir, 5 R

Pütz, Anselm, Dir	3. 1.94	17. 6.44
Müller-Ohligschläger, Marianne	28.10.81	6. 8.50
Bergs, Heinz	26. 3.90	5. 3.58
Schönig, Thomas	3. 2.95	27. 6.59
Waßmuth, Corinna	18. 5.95	3. 5.64
Dr. Voßen, Herbert Josef	20. 5.05	10.12.69

Heinsberg   E 77 984
Schafhausener Str. 47, 52525 Heinsberg
Postfach 13 40, 52517 Heinsberg
Tel. (0 24 52) 1 09-0
Fax (0 24 52) 1 09-2 99
E-Mail: verwaltung@ag-heinsberg.nrw.de

1 Dir, 6 R

NW   OLG-Bezirk Köln   LG-Bezirk Bonn

N. N., Dir	—	—
Bongartz, Helmut	30. 3. 94	17. 7. 56
Mundorf, Antje	3. 6. 96	14. 7. 62
Eibenstein, Axel	23. 4. 97	2. 7. 64
Fell, Ulrike	28. 5. 99	22. 1. 66
Hauer, Annette, ½	11. 11. 99	26. 8. 68
Loges, Monika	13. 1. 03	3. 12. 71

Jülich E 92 199
Wilhelmstr. 15, 52428 Jülich
Postfach 23 60, 52401 Jülich
Tel. (0 24 61) 6 81-0
Fax (0 24 61) 6 81-1 64
E-Mail: verwaltung@ag-juelich.nrw.de

1 Dir, 6 R

Wittkemper, Helmut, Dir	10. 1. 00	16. 11. 44
Otten, Peter	13. 1. 78	20. 8. 47
Bungardt, Hans-Peter	19. 9. 78	8. 3. 45
Kuckelkorn, Ulrich	3. 1. 80	8. 4. 48
Burghardt, Hans-Günther	24. 11. 80	6. 5. 48
Mork, Herbert	26. 5. 83	12. 12. 51
Brauckmann-Becker, Helga, ¾	5. 9. 84	14. 11. 54

Monschau E 28 681
Laufenstr. 38, 52156 Monschau
Postfach 20, 52153 Monschau
Tel. (0 24 72) 99 07-0
Fax (0 24 72) 25 23
E-Mail verwaltung@ag-monschau.nrw.de
www.ag-monschau.nrw.de

1 Dir, 1 R

Dr. Meier, Dieter, Dir, ½, abg.	24. 10. 95	6. 6. 48
Semmann, Gabriele, ⁷/₁₀	1. 10. 74	15. 4. 43

Schleiden (Eifel) E 55 412
Marienplatz 10, 53937 Schleiden
Postfach 11 20, 53929 Schleiden
Tel. (0 24 44) 95 07-0
Fax (0 24 44) 5 52
E-Mail: verwaltung@ag-schleiden.nrw.de

1 Dir, 3 R

Schaffer, Reinhard, Dir	30. 11. 98	12. 12. 48
Wilden, Ernst	26. 9. 77	7. 6. 43
Tambour, Christoph	7. 9. 94	21. 7. 61
Maxrath-Brang, Katja, ½	12. 4. 02	24. 4. 71

Landgerichtsbezirk Bonn

Landgericht Bonn E 1 115 410
Wilhelmstr. 21, 53111 Bonn
Postfach 19 60, 53009 Bonn
Landgericht, 53105 Bonn
Tel. (02 28) 7 02-0
Fax (02 28) 7 02-12 00
E-Mail: verwaltung@lg-bonn.nrw.de

1 Pr, 1 VPr, 22 VR, 42 R, 4 LSt (R)

Präsident

Pillmann, Kurt	1. 2. 01	20. 8. 45

Vizepräsident

Maurer-Wildermann, Bernhard	1. 9. 98	21. 11. 42

Vorsitzende Richterinnen/Vorsitzende Richter

Lankers, Winfried	8. 5. 85	13. 10. 44
Buhren, Udo	11. 3. 86	29. 4. 46
Dr. Joswig, Dietrich	1. 5. 88	19. 6. 43
Ridder, Ernst-Jürgen	20. 8. 90	19. 12. 46
Sonnenberger, Heinz	8. 7. 92	4. 12. 48
Wagner, Paul Hermann	28. 12. 92	4. 3. 48
Japes, Dieter	13. 5. 94	20. 2. 50
Suchan, Ulrich	31. 10. 95	25. 2. 42
Meyers, Gerald	6. 10. 97	15. 2. 50
Turnwald, Robert	29. 5. 98	16. 10. 50
Weber, Heinrich	29. 5. 98	18. 12. 50
Janßen, Josef	29. 5. 98	25. 7. 52
Dr. Bürger, Elisabeth	30. 3. 99	13. 11. 41
Dreser, Theodor	30. 3. 99	28. 1. 57
Dr. Haller, Klaus	30. 8. 99	31. 3. 57
Wucherpfennig, Manfred	28. 4. 00	13. 7. 55
de Vries, Hinrich	9. 10. 00	12. 11. 54
Schneiders, Uwe	28. 9. 01	28. 7. 59
Dichter, Margret	29. 11. 02	2. 5. 60
Reinhoff, Klaus	1. 7. 03	11. 9. 59
Schmitz-Justen, Wolfgang	27. 5. 04	29. 7. 58
Gersch, Hans-Georg	31. 8. 04	8. 11. 61

Richterinnen/Richter

Weber, Margit	—	—
Granow, Heinrich	11. 10. 77	27. 10. 4.
Killian, Ralf	—	—
Pilger, Wolfgang	26. 11. 81	19. 5. 4
Richarz, Winfried	20. 6. 84	25. 5. 5
Rohlfs, Renate	24. 11. 86	18. 9. 5
Kahsnitz, Thomas	3. 1. 91	25. 10. 5
Baader, Peter, beurl.	5. 8. 91	30. 5. 5
Dr. Kaufmann, Manfred	1. 6. 94	22. 6. 5
Schwill, Eugen	23. 10. 95	3. 7. 6

LG-Bezirk Bonn   OLG-Bezirk Köln **NW**

Dr. Kunkel, Volker	18. 3. 96	9. 5. 58
Ahlmann, Sabine, 1/2	30. 10. 96	3. 8. 64
Beumers, Hans Josef	15. 4. 97	2. 9. 61
Ahlmann, Ralf Wolfgang	20. 5. 97	3. 8. 62
Dr. Legerlotz, Martina, beurl.	25. 3. 98	21. 4. 65
Eckloff, Lothar	30. 12. 99	26. 8. 66
Euler, Jutta	3. 1. 00	11. 2. 68
Dörrstock, Hildegard, abg.	6. 1. 00	26. 5. 64
Dr. Rausch, Jens, abg.	6. 1. 00	23. 1. 68
Gelber, Claudia, 1/2	5. 4. 00	16. 4. 67
Püschel, Stephanie, 1/2	25. 4. 00	26. 12. 65
Fleischhauer, Johann	25. 4. 00	15. 5. 67
Dr. Spenner, Elke	1. 12. 00	14. 9. 66
Geiger, Stephanie	15. 12. 00	17. 4. 68
Dr. Schönenbroicher, Susanne, beurl.	20. 4. 01	1. 10. 68
Dr. Onderka, Julia	3. 8. 01	26. 6. 72
Radke, Daniel, abg.	27. 8. 01	3. 9. 64
Hoppe, Eva Maria, 1/2	3. 9. 01	28. 11. 69
Dr. Eumann, Marc	2. 1. 02	10. 6. 68
Stolte, Dorothea, beurl.	3. 1. 02	2. 2. 70
Johann to Settel, Steffi	2. 4. 02	3. 8. 73
Dr. Dorsel, Silke, 1/2	24. 4. 02	8. 7. 65
Dr. Meincke, Bettina, 1/2	4. 7. 02	21. 6. 70
Gericke, Jan	31. 7. 02	5. 3. 67
Straub, Dietrich	7. 8. 02	6. 11. 69
Henninger, Andrea, beurl.	14. 11. 02	2. 5. 72
Hodeige, Astrid	23. 6. 03	24. 9. 71
Dr. Freuding, Stefan	24. 6. 03	16. 2. 70
Dr. Johansson, Anja, 1/2	24. 6. 03	3. 10. 70
Paraschas, Katherina, beurl.	21. 5. 04	2. 7. 72
Meimberg, Ansgar	16. 11. 04	6. 8. 73
Dr. Dilger, Jörg	23. 2. 05	14. 11. 69
Dr. Hoffmann, Beate	8. 4. 05	27. 6. 74
Schümann, Charlotte, 1/2	1. 2. 06	13. 8. 66

Amtsgerichte

Bonn E 402 609
Wilhelmstr. 21-23, 53111 Bonn
Amtsgericht, 53105 Bonn
Tel. (02 28) 7 02-0
Fax (02 28) 7 02-29 08
E-Mail: verwaltung@ag-bonn.nrw.de

1 Dir, 1 stVDir, 5 w.aufsR, 39 R

Bayer, Detlev, Dir	1. 9. 93	7. 9. 42
Ulbert, Susann, stVDir	1. 3. 05	29. 6. 83
Liegat, Frank-Dietrich, w.aufsR	19. 8. 94	4. 8. 45
Kilches, Erhard, w.aufsR	7. 8. 95	21. 7. 47
Kamp, Hartmut, w.aufsR	5. 11. 97	28. 9. 43
Becker, Gisela, w.aufsR	1. 8. 00	14. 11. 43
Huhn, Volker, w.aufsR	1. 1. 01	14. 4. 50
Sünnemann, Manfred	21. 9. 73	24. 9. 41
von Rosenberg-Fiebig, Angelika	10. 6. 75	7. 11. 43
Lobinger, Manfred	3. 11. 75	11. 2. 44
Paul, Wolf-Dieter	7. 11. 75	15. 4. 45
Röben, Gerd	23. 4. 76	8. 1. 43
Nürnberg, Hans-Theo	23. 12. 76	23. 9. 43
Geich-Gimbel, Ralf	23. 12. 76	16. 3. 44
Reinecke, Hans-Georg	5. 1. 77	10. 3. 42
Külshammer, Wolfgang	4. 10. 77	16. 2. 44
Büch, Andreas	17. 2. 78	14. 9. 45
Schiebold, Wolfgang	12. 5. 78	17. 6. 43
Wippenhohn, Peter	11. 5. 79	25. 10. 48
Dr. Schreiner-Eickhoff, Annette	6. 6. 79	26. 12. 44
Dach, Ingeborg, 1/2	19. 6. 80	17. 2. 50
Finking-Astroh, Annegret	30. 8. 82	13. 8. 43
Wuttke, Gisela, 9/10	4. 11. 83	8. 5. 46
Zurnieden, Monika, 1/2	31. 7. 85	8. 9. 51
Wester, Gabriela	8. 10. 85	10. 2. 53
Hammerschmidt, Erich	25. 10. 88	13. 9. 55
Brandes, Birgit	8. 12. 89	16. 3. 58
Lier, Bernd	5. 7. 91	15. 5. 60
Bröder, Jörg	1. 10. 92	9. 7. 59
Holdorf, Reiner	14. 11. 94	26. 6. 59
Aps, Manfred	14. 11. 94	7. 1. 61
Habermann, Anne, 3/4	5. 9. 95	23. 1. 61
Haage, Sabine, 1/2	3. 5. 96	8. 3. 64
Gräfin Vitzthum von Eckstädt, Claudia	—	—
Dr. Knipper, Claudia, abg.	17. 1. 97	5. 2. 63
Heider, Jürgen, abg.	7. 8. 98	20. 1. 64
Alkonavi, Nuriye, 1/2	23. 10. 98	11. 12. 65
Schepers, Thomas	29. 6. 99	12. 7. 65
Engemann, Uta, beurl.	17. 10. 00	4. 3. 66
Fühling, Alexander	26. 7. 01	25. 6. 70
Diel, Stefanie, beurl.	14. 11. 01	10. 1. 70
von Schnakenburg, Vera	4. 6. 02	16. 10. 71
Segger, Janna, 1/2	15. 11. 02	31. 10. 70
Linnert, Marcus	8. 4. 05	6. 8. 61
Oberhäuser, Dirk	8. 4. 05	27. 12. 72
Dr. Wittmann, Kathrin	11. 4. 05	11. 1. 72
Ketels, Clea, abg.	24. 10. 05	16. 3. 73

NW OLG-Bezirk Köln   LG-Bezirk Bonn

Euskirchen E 137 693
Kölner Str. 40-42, 53879 Euskirchen
Amtsgericht, 53877 Euskirchen
Tel. (0 22 51) 9 51-0
Fax (0 22 51) 9 51-1 02
E-Mail: verwaltung@ag-euskirchen.nrw.de

1 Dir, 1 stVDir, 12 R + ½ für FHProf.

Potthast, Heinrich Georg, Dir	1. 1. 01	22. 7. 46
Feyerabend, Ulrich, stVDir	4. 8. 04	9. 4. 59
Prof. Dr. Rausch, Hans Walter, ⅓, abg. zu ⅔	21. 1. 74	16. 6. 42
Bölts-Thunecke, Arno	25. 10. 75	5. 5. 43
Freiherr von der Recke, Hilmar	18. 1. 79	8. 11. 46
Debrus, Margret, ½	2. 11. 79	18. 7. 47
Claessen, Martin	13. 10. 80	3. 2. 47
Thunecke, Anneliese, ½	1. 12. 80	20. 2. 51
Kohlhof, Ursula, ¾	5. 12. 86	29. 9. 49
Fisang, Hildegard	28. 2. 91	30. 1. 58
Perpeet, Ingeborg, ½	4. 9. 91	10. 6. 57
Unkelbach, Gisbert	14. 10. 94	1. 1. 59
Frenzer, Franz Peter	8. 9. 95	19. 9. 60
Kreins, Sabine, ½	15. 9. 95	1. 6. 64
Pütz, Reiner	1. 8. 97	29. 7. 49

Königswinter E 66 494
Drachenfelsstr. 39-41, 53639 Königswinter
Amtsgericht, 53637 Königswinter
Tel. (0 22 23) 90 06-0
Fax (0 22 23) 90 06-1 11
E-Mail: verwaltung@ag-koenigswinter.nrw.de

1 Dir, 3 R, 1 LSt (R)

Hengst, Bernhard, Dir	30. 9. 86	24. 4. 45
Schilken, Ute, beurl.	19. 9. 77	26. 3. 44
Krah, Hans-Jürgen	2. 2. 79	20. 4. 47
Rößler, Martin	27. 10. 97	26. 1. 65
Dr. Shaikh-Achtermeyer, Meike, ¾	11. 2. 05	14. 8. 64

Rheinbach E 69 809
Schweigelstr. 30, 53359 Rheinbach
Postfach 13 40, 53350 Rheinbach
Tel. (0 22 26) 8 01-0
Fax (0 22 26) 8 01-1 81
E-Mail: verwaltung@ag-rheinbach.nrw.de

1 Dir, 3 R

Strothmann-Schibrowski, Petra, Dir	14. 1. 04	29. 6. 55
Fischer, Hans-Jürgen	13. 10. 80	22. 2. 47
Schulte-Bunert, Ulrich	13. 4. 84	24. 9. 50
Mücher, Martin	19. 7. 91	15. 6. 56

Siegburg E 349 033
Neue Poststr. 16, 53721 Siegburg
Amtsgericht, 53719 Siegburg
Tel. (0 22 41) 3 05-0
Fax (0 22 41) 3 05-3 00
E-Mail: verwaltung@ag-siegburg.nrw.de

1 Dir, 1 stVDir, 3 w.aufsR, 29 R

Banke, Henning, Dir	29. 9. 03	11. 10. 54
Höppner, Doris, stVDir	—	—
Büllesfeld, Peter, w.aufsR	7. 8. 95	17. 4. 52
Hendus, Lothar, w.aufsR	29. 5. 98	4. 5. 49
Müller, Herbert, w.aufsR	1. 10. 03	16. 1. 52
Langweg, Rudolf	18. 10. 73	10. 10. 42
Görgen, Juliane, ¾	5. 12. 74	14. 12. 42
Kober, Otfried	11. 7. 75	9. 2. 42
Fuchs, Manfred	15. 2. 77	15. 12. 44
Seeliger, Christa	1. 7. 77	13. 12. 42
Fünfzig, Josef	11. 10. 77	14. 3. 46
Seidenkranz, Rüdiger	10. 12. 78	22. 6. 44
Wiemer, Martin	1. 11. 79	24. 8. 49
Sprenger, Arno	31. 1. 80	7. 3. 48
Kensbock, Christoph	24. 1. 83	20. 6. 51
Lauber, Stephanie	14. 10. 83	13. 12. 52
Dallmann, Gabriele	30. 11. 83	23. 3. 54
Schwanitz, Klaus	19. 7. 85	1. 10. 47
Werner, Michael	7. 2. 86	5. 4. 50
Arndt, Sabine	20. 3. 92	22. 7. 60
Wilbrand, Ulrich	16. 12. 94	5. 10. 61
Prümper, Herbert	16. 12. 94	22. 5. 62
Lippok-Wagner, Ingrid, ¾	31. 10. 95	4. 5. 62
Kurpat, Ralf	20. 8. 96	17. 7. 63
Winkelmeier-Becker, Elisabeth, beurl.	31. 8. 98	15. 9. 62
Burgwinkel-Krampitz, Petra, ½	9. 10. 98	16. 4. 66
Weismann, Alice, ½	28. 2. 00	28. 1. 65
Wurm, Sylvia	19. 7. 00	18. 6. 70
Birkhölzer, Katrin, 6/10	31. 7. 01	21. 7. 67
Lieb, Sophie, abg.	17. 5. 02	30. 4. 69
Eckey-Rieger, Anja, ½	18. 6. 02	2. 7. 68
Hillert, Lars	14. 11. 02	6. 8. 69
Lorenz, Stefanie	14. 4. 04	31. 3. 72
Brück, Stephanie	14. 4. 04	21. 12. 72

LG-Bezirk Köln   OLG-Bezirk Köln   **NW**

Waldbröl E 89 772
Gerichtsstr. 1, 51545 Waldbröl
Postfach 31 31, 51531 Waldbröl
Tel. (0 22 91) 7 95-0
Fax (0 22 91) 7 95-2 00
E-Mail: verwaltung@ag-waldbroel.nrw.de
1 Dir, 5 R

Hagemann, Friedrich, Dir	1. 10. 85	11. 7. 46
Heuser, Reinhard	23. 4. 79	13. 7. 48
Winheller, Hans Georg	7. 10. 83	1. 3. 50
Bischoff, Helga	7. 9. 88	4. 1. 57
Dr. Krapoth, Fabian, abg.	12. 12. 94	20. 10. 62
Dr. Schaeffer-Lubitz, Sandra	26. 5. 05	19. 12. 73

Landgerichtsbezirk Köln

Landgericht Köln E 2 100 784
Luxemburger Str. 101, 50939 Köln
Landgericht, 50922 Köln
Tel. (02 21) 4 77-0
Fax (02 21) 4 77-33 33
E-Mail verwaltung@lg-koeln.nrw.de
www.lg-koeln.nrw.de

1 Pr, 1 VPr, 58 VR, 92 R, + 8 LSt (R)

Präsident

Zerbes, Helmut	1. 11. 02	3. 3. 51

Vizepräsident

Caliebe, Dietrich	7. 5. 97	19. 10. 43

Vorsitzende Richterinnen/Vorsitzende Richter

Prof. Dr. Terhorst, Bruno	17. 3. 81	7. 7. 41
Aengenvoort, Angelika	15. 12. 81	6. 5. 42
Shahab-Haag, Maria Theresia	6. 2. 85	25. 6. 43
Schumacher, Karl-Heinz	17. 9. 85	29. 11. 45
Humml, Mathias	30. 4. 86	6. 10. 46
Vielhaber, Prisca	17. 2. 87	15. 10. 42
Engmann, Hartmut	17. 2. 87	7. 9. 43
Osterhagen, Dorothee, beurl.	17. 2. 87	17. 8. 44
Bieber, Klaus-Dieter	17. 2. 87	2. 12. 44
Höppner, Ulrich	27. 11. 87	11. 7. 44
Keller, Wolfgang	16. 9. 88	22. 11. 46
Dr. Demmer, Walter	22. 3. 89	1. 5. 46
Dr. Schäfer, Herbert	21. 5. 90	27. 7. 41
Dr. Ackermann-Trapp, Ursula	22. 5. 90	29. 8. 47

Bormann, Michael	18. 7. 91	15. 12. 42
Dr. Möller, Helmut	29. 10. 91	24. 3. 47
Hansel, Wolfgang	31. 10. 91	27. 7. 43
Paßage, Klaus-Dieter	30. 3. 92	13. 11. 46
Kehl, Dieter	28. 7. 92	27. 12. 50
Dr. Hoch, Hannsgeorg	7. 12. 92	24. 6. 47
Schwellenbach, Paul	19. 7. 96	21. 6. 45
Offermann, Bernhard	19. 7. 96	17. 5. 51
Oswald, Anna Elisabeth	9. 8. 96	2. 11. 52
Quitmann, Wolf	7. 7. 97	8. 3. 43
Gottschalk, Heinz	7. 7. 97	1. 1. 48
Dr. Schwitanski, Heinrich Georg	3. 12. 97	19. 10. 54
Hahn, Rainer	23. 1. 98	5. 2. 51
Reske, Margarete	23. 1. 98	18. 11. 52
Röske, Klemens	18. 9. 98	19. 9. 46
Wacker, Joachim	8. 10. 98	15. 4. 47
Nolte, Hubertus	21. 12. 99	1. 11. 57
Marnett-Höderath, Elisabeth	22. 12. 99	11. 6. 56
Baur, Martin	22. 12. 99	22. 10. 56
Kremer, Wilhelm	21. 7. 00	20. 6. 51
Sutorius, Bernd	24. 7. 00	12. 12. 46
Becker, Reinhold	14. 8. 00	9. 12. 51
Honnen, Norbert	18. 1. 01	29. 3. 56
Grave-Herkenrath, Ulrike	18. 1. 01	6. 8. 56
Kretzschmar, Sabine	18. 1. 01	17. 11. 59
Wolff, Karola	25. 9. 01	2. 11. 56
Henning, Ulrike	1. 10. 01	10. 5. 56
Eichhorn, Katharina	5. 10. 01	30. 8. 48
Anspach, Jürgen	18. 6. 02	28. 11. 42
Reiprich, Dietmar	18. 6. 02	28. 6. 58
Lauber, Georg	18. 6. 02	28. 7. 59
Dr. Peuster, Witold	1. 7. 02	3. 7. 47
Mücher, Elke, 1/2	28. 3. 03	2. 9. 57
Reiner, Jürgen	28. 3. 03	6. 6. 58
Dahl, Theo	28. 3. 03	6. 9. 58
Schneider, Sabine	31. 3. 03	3. 3. 49
Dr. Jung-Walpert, Kerstin, 1/2	1. 12. 03	12. 8. 60
Hemmers, Heinz	30. 12. 03	17. 3. 52
Dr. Sossna, Ralf-Peter	30. 12. 03	10. 12. 63
Dr. Falkenstein, Norbert	23. 3. 05	25. 5. 62
Dr. Kreß, Manfred	23. 3. 05	12. 8. 58
Paltzer, Bernd	29. 3. 05	2. 4. 63
Reuter-Jaschick, Susanne	4. 4. 05	4. 6. 59

Richterinnen/Richter

Wiebe, Knut	21. 2. 80	6. 5. 46
Röttenbacher, Fritz	21. 2. 80	31. 10. 49
Dr. Gies, Richard	8. 4. 81	31. 3. 46
Bieber, Karin	4. 6. 82	30. 11. 49
Neveling-Paßage, Marianne	4. 6. 82	2. 6. 50
Klingler, Ute	4. 6. 82	17. 1. 52
Mörsch, Bruno	4. 6. 82	2. 6. 51
Linke-Scheut, Barbara, 1/2	16. 7. 82	13. 1. 50

NW OLG-Bezirk Köln — LG-Bezirk Köln

Name	Datum 1	Datum 2
Winkler, Gabriele	12.10.82	18. 8.49
Ley, Dieter	1.11.82	16. 5.52
Alscher, Klaus	13. 4.84	4.12.51
Mostardt, Irmgard	5. 9.85	2.12.49
Lüders, Ludwig	10. 6.88	8. 3.53
Menzel, Werner, beurl.	21. 6.90	10. 8.56
Juffern, Georg	18.10.91	20. 7.59
Frohn, Michael	21. 1.92	17. 9.58
Schöllmann, Sylvia, 1/2	1. 8.94	31. 5.64
Richter, Brigitte, 1/2	17.11.94	26. 8.60
Dr. Peters-Lange, Susanne, beurl.	18.11.94	13. 9.61
Dr. Baumann, Bettina, beurl.	18.11.94	12. 4.62
Dr. von Danwitz, Klaus-Stephan	20.10.95	11.12.58
Knechtel, Stefan	20.10.95	1. 2.61
Hübeler-Brakat, Gisa, beurl.	23.10.95	13. 8.60
Schweda, Holger, abg.	10.11.95	25. 4.58
Dr. Czaja, Frank	19.11.96	17.10.61
Dr. Bern, Jörg Michael	19.11.96	16. 2.62
Rehbein, Georg	19.11.96	26. 5.62
Sturhan, Matthias	19.11.96	26. 7.63
Dr. Stolzenberger-Wolters, Irmela	19.11.96	18. 2.64
Dr. Potthoff, Andrea, 1/2	19.11.96	19. 7.64
Schmitz, Ulrike	25. 4.97	16. 7.62
Dr. Grobecker, Sabine	5. 5.97	19. 6.62
Michel, Eleonore	13.10.97	24. 1.61
Dr. Reimann, Ruth, beurl.	13.10.97	8. 4.64
Riehl, Marita	13.10.97	12. 9.64
Vaaßen, Sabine, beurl.	14.10.97	3.10.66
Freudenstein, Anke, 1/2	5.11.97	5. 3.63
Jacoby, Sophia, beurl.	5. 2.98	27. 7.65
Koerfers, Peter	26. 8.98	15. 3.62
Quast, Thomas, beurl.	26. 8.98	2.12.62
Cremer, Martin	23. 2.99	15. 7.66
Weber, Barbara, 1/2	23. 2.99	28. 2.69
Dr. Erkens, Marcel	1. 3.99	30. 1.65
Auweiler, Turid, beurl.	9. 9.99	7.12.64
Dr. Hohlweck, Martin, 1/2	9. 9.99	23. 7.67
Falkenhof, Kerstin, abg., beurl.	9. 9.99	13.11.68
Kaufmann, Christoph, abg.	10. 9.99	6. 9.62
Dr. Koepsel, Martin	14. 9.99	22.11.64
Dr. Kirschbaum, Anke	20. 9.99	22. 9.67
Wille, Annette, abg.	20. 9.99	2. 5.68
Krieger, Claudia	24. 9.99	6. 4.65
Dr. Eßer, Dirk, abg.	16. 6.00	8. 7.66
Dr. Kreß, Simone, 1/2	20. 6.00	19. 9.66
Becks, Hans-Joachim	20. 6.00	30. 4.67
Dr. Queng, Stefan	20. 6.00	4. 9.67
Dr. Hogenschurz, Johannes	20. 6.00	23. 6.69
Poling-Fleuß, Alexandra, 1/2, beurl.	31. 8.00	30. 6.69
Beitzel, Rüdiger	1. 9.00	27. 8.65
Singbartl, Stefan	30.11.00	1. 7.68
Hildebrandt, Susanne	21.12.00	9. 2.68
Helmes, Harald	22.12.00	8. 9.65
Boyke, Jutta	19. 2.01	13.10.70
Dr. Kessen, Martin, abg.	17. 4.01	1. 4.71
Dr. Leckel, Marcus	1. 8.01	11. 1.67
Dr. Jeckel, Sebastian, abg.	1. 8.01	2.12.67
Vollmer, Anja	27.11.01	25. 3.71
Sella-Geusen, Sylvia	18.12.01	4. 8.62
Dr. Marczak, Elke, beurl.	20.12.01	19. 8.70
Dr. Weustenfeld, Ingo, beurl.	19. 2.02	18.10.68
Faust, Susanne	5. 4.02	23.11.69
Glasmann, Gabriel	9. 7.02	27. 5.69
Bühl, Anne, beurl.	27. 9.02	25. 2.73
Brünker, Wiebke, beurl.	29. 4.03	24. 2.66
Wuttke, Christof	26.11.03	13.12.71
Dr. Seulen, Sonja, 1/2	28. 5.04	12.12.71
Dr. Luckey, Jan, abg.	10. 1.05	29. 9.72
Chang-Herrmann, Hye-Won, 1/2	22. 3.05	1.12.68
Rentz, Jasmin, beurl.	26. 9.05	11. 5.73
Moll, Thomas, abg.	10.10.05	22. 9.72

Amtsgerichte

Bergheim E 164 001
Kennedystr. 2, 50126 Bergheim
Postfach 11 49, 50101 Bergheim
Tel. (0 22 71) 8 09-0
Fax (0 22 71) 8 09-2 00
E-Mail: verwaltung@ag-bergheim.nrw.de

1 Dir, 1 stVDir, 1w.aufsR, 12 R

Name	Datum 1	Datum 2
Maciozsek, Michael, Dir	1. 4.00	9.10.48
Kemmerling, Hans-Josef, stVDir	12. 8.02	19.10.57
Klotz, Ernst, w.aufsR	17. 4.00	1.11.47
Otterman, Hans-Henning	12. 8.76	7. 7.42
Löwenberg, Friedrich	7.12.77	14.11.44
Dr. Schreiber, Jürgen	15. 5.84	15.12.48
Kumpmann, Reinhard	19. 9.84	3. 8.51
Ulmer, Thomas	29. 9.89	11.11.58
Metz-Zaroffe, Martin	2. 9.91	23.12.57
Olpen, Johann	21. 6.93	8.12.57
Dr. Lorenz, Arndt	14. 9.94	20. 2.62
Kremer, Ralf	10. 7.96	3. 1.62
Olpen, Karin, 1/2	9. 8.00	12. 9.62
Dr. Dohmes-Ockenfels, Daniela, 1/2	14.10.02	5. 4.69

LG-Bezirk Köln　　　　　　　　　　　　　　　　OLG-Bezirk Köln　**NW**

Bergisch Gladbach E 195 747
Schloßstr. 21, 51429 Bergisch Gladbach
Postfach 10 01 51, 51401 Bergisch Gladbach
Tel. (0 22 04) 95 29-0
Fax (0 22 04) 95 29-18 0
E-Mail: verwaltung@ag-bergisch-gladbach.nrw.de

1 Dir, 1 stVDir, 1 w.aufsR, 15,5 R + 1 LSt (R)

Niewerth, Lydia, Dir	14. 10. 03	11. 6. 48
Conzen, Ulrich, stVDir	2. 7. 01	20. 5. 53
Wolff, Hermann Josef, w.aufsR	1. 10. 98	23. 2. 46
Schwellenbach, Maria	23. 8. 76	20. 4. 45
Schüller, Heribert	19. 12. 77	8. 5. 48
Becker, Hanns-Georg	28. 3. 79	30. 3. 48
Hallermeier, Günther	19. 12. 80	13. 7. 46
Dörkes, Alexa	24. 2. 81	5. 10. 49
Hüschemenger, Friedhelm	7. 10. 83	10. 7. 49
Bohn, Reinhard	2. 4. 91	28. 9. 56
Mischke, Günter	2. 3. 93	10. 11. 58
Lucht, Michael	3. 3. 93	23. 10. 60
Bakarinow, Barbara, 1/2	18. 11. 93	22. 7. 63
Berghaus, Klaus	1. 12. 94	7. 12. 58
Saul-Krickeberg, Johanna, 3/4	29. 8. 95	11. 5. 58
Verch, Ralph	11. 9. 95	2. 12. 59
Dr. Morawitz, Gabriele, abg., beurl.	1. 3. 96	11. 9. 62
Sellmann, Berthold, 3/4	1. 8. 97	23. 3. 64
Giez, Regina, beurl.	16. 2. 00	15. 10. 69

Brühl (Rheinland) E 186 125
Balthasar-Neumann-Platz 3, 50321 Brühl
Amtsgericht, 50319 Brühl
Tel. (0 22 32) 7 09-0,
Fax (0 22 32) 7 09-5 55 u. -7 77
E-Mail: verwaltung@ag-bruehl.nrw.de

1 Dir, 1 stVDir, 1 w.aufsR, 13 R + 1/4 für FHProf.

Dr. Kroll, Joachim, Dir, 8/10	1. 4. 97	24. 4. 47
Lohmann-Pees, Ute, stVDir	25. 4. 86	14. 4. 44
Wehner, Frank	19. 2. 76	2. 2. 44
Stuke, August	17. 11. 77	17. 10. 44
Neumann, Ralph	24. 11. 80	9. 9. 48
Sartorius, Bernhard	24. 10. 83	2. 9. 49
Seydel, Michael	26. 10. 83	3. 10. 49
May, Margarete	13. 3. 85	22. 11. 53
Prof. Frey, Walter, 1/6, abg.	4. 9. 89	20. 6. 42
Dr. Brodmann, Heinz	7. 6. 90	24. 4. 55
Walter, Ursula	7. 6. 90	1. 2. 57
Beienburg, Vera	12. 10. 93	28. 12. 60

Elskemper, Ilka, 1/2	28. 10. 96	8. 9. 60
Riemenschneider, Detlef	8. 10. 97	29. 4. 63
Alberts, Hermann	21. 10. 99	5. 7. 64
Hartmann, Werner	22. 10. 99	20. 8. 65

Gummersbach E 134 606
Moltkestr. 6, 51643 Gummersbach
Postfach 10 01 53, 51601 Gummersbach
Tel. (0 22 61) 8 11-0
Fax (0 22 61) 8 11-1 00
E-Mail: verwaltung@ag-gummersbach.nrw.de

1 Dir, 1 stVDir, 8 R

Schmidt, Jochen, Dir	29. 10. 85	23. 3. 44
Bartz, Albert, stVDir	22. 2. 90	23. 5. 47
Juli, Hans-Peter	21. 4. 80	15. 2. 48
Maiworm, Paul	22. 12. 80	24. 8. 46
Jaeger, Harald	30. 4. 81	26. 9. 49
König, Gregor	16. 7. 82	20. 3. 50
Heidkamp, Reimund	26. 8. 96	30. 7. 62
Neef, Ulrich	8. 10. 99	27. 3. 62
Dr. Sommer, Peter	7. 11. 02	7. 7. 68

Kerpen E 112 836
Nordring 2-8, 50171 Kerpen
Postfach 21 60, 50151 Kerpen
Tel. (0 22 37) 5 08-0
Fax (0 22 37) 5 08-4 70
E-Mail verwaltung@ag-kerpen.nrw.de
www.ag-kerpen.nrw.de

1 Dir, 1 stVDir, 10 R

Dr. Raack, Wolfgang, Dir	9. 1. 84	25. 9. 41
Dr. Bergfelder, Udo, stVDir	31. 8. 99	9. 2. 51
Gräfin von Looz-Corswarem, Carola, 1/2	30. 4. 84	19. 6. 53
Dr. Henssler, Friederike, 1/2	1. 2. 86	6. 1. 55
Mattke, Wolfram	17. 12. 91	16. 6. 56
Königsfeld, Peter	17. 12. 91	29. 6. 58
Witzel, Wolfram	29. 6. 92	22. 9. 59
Rau, Joachim	15. 8. 93	22. 6. 58
Pretzell, Ruth	29. 5. 96	12. 10. 63
Dr. Horst, Monika	15. 8. 97	20. 4. 65
Zickler, Roland	25. 7. 01	27. 1. 68

Köln E 975 907
Luxemburger Str. 101, 50939 Köln
Amtsgericht, 50922 Köln
Tel. (02 21) 4 77-0
Fax (02 21) 4 77-33 33 u. -33 34
E-Mail verwaltung@ag-koeln.nrw.de
www.ag-koeln.nrw.de

1 Pr, 1 VPr, 19 w.aufsR, 123 R + 6 LSt (R)

NW   OLG-Bezirk Köln   LG-Bezirk Köln

Präsident
Schultz, Johannes	1. 4. 99	17. 7. 44

Vizepräsident
Dr. Laumen, Hans-Willi	13. 11. 00	17. 1. 48

weitere aufsichtsführende Richterinnen/Richter

Dr. Oßwald, Albrecht	1. 3. 94	10. 11. 41
Fischbach, Lieselotte, 7/10	27. 10. 94	21. 1. 44
Stich, Hans-Joachim	27. 10. 94	21. 8. 46
Zimmermann, Petra	27. 10. 94	9. 6. 49
Dr. Pruskowski, Wolfgang	27. 10. 94	5. 7. 51
Prof. Dr. Vallender, Heinrich	4. 8. 95	10. 7. 50
Biber, Burckhard Johann	7. 6. 96	27. 7. 43
Niepmann, Birgit	10. 6. 96	27. 2. 55
Mannebeck, Jürgen	24. 1. 97	28. 9. 44
Lenz, Rainer	3. 8. 98	6. 3. 44
Allmer, Michael	10. 8. 98	18. 11. 44
Rohde, Hans-Ulrich	19. 1. 99	2. 2. 49
Bergmann, Margarethe	27. 9. 99	13. 10. 49
Ley, Wolfgang	1. 1. 00	30. 5. 46
Klein, Michael	1. 1. 00	30. 1. 48
Wippenhohn-Rötzheim, Katharina	19. 12. 02	12. 8. 48
Kopka, Martin	1. 8. 04	28. 2. 46
Baumgarten, Volker	1. 9. 04	22. 6. 45

Richterinnen/Richter

Herrmann, Wolf	1. 12. 72	27. 7. 41
Behr, Karl	26. 11. 73	5. 2. 42
Listmann, Jürgen	25. 6. 74	17. 7. 41
Dr. Dahlmann, Wolfgang	29. 1. 76	12. 3. 43
Klimmer, Alfred	24. 2. 76	16. 7. 41
Custodis, Henriette	28. 2. 76	21. 1. 45
Angern, Gunter	26. 5. 76	23. 6. 44
Hengmith, Annegret	19. 9. 76	27. 3. 42
Versen, Wilhelm	16. 10. 76	2. 7. 41
Hamm, Johannes-Werner	26. 11. 76	6. 11. 43
Radermacher, Peter	3. 12. 76	7. 7. 43
Breuer, Hans-Richard	17. 12. 76	12. 6. 44
Dr. Herz, Ruth	20. 1. 77	27. 10. 43
Nollau-Haeusler, Friederike	16. 6. 77	30. 4. 46
Weber, Ekkehart	28. 6. 77	25. 8. 42
Reimann, Dieter	28. 6. 77	9. 4. 43
Thiele, Jürgen	28. 6. 77	18. 2. 44
Kruppa, Manfred	29. 6. 77	22. 1. 44
Haarmann, Ulrich	8. 11. 77	27. 1. 43
Schlosser, Hermann Josef	13. 3. 78	25. 11. 43
Maintzer, Hermann Josef	13. 3. 78	6. 2. 44
Laum, Hans-Joachim	13. 3. 78	18. 7. 44
Brückel, Krista, 1/2	13. 3. 78	28. 8. 45
Brandes, Ingrid	13. 3. 78	6. 10. 45
Dr. Arleff, Peter, beurl.	20. 3. 78	13. 6. 43
Frey, Mathilde	25. 3. 78	1. 5. 45
Dietz, Roderich	31. 5. 78	13. 6. 43
Plötzing, Ulfried	31. 5. 78	31. 7. 44
Dr. Brückel, Rolf	31. 5. 78	5. 5. 46
Baumanns, Joachim	31. 5. 78	5. 5. 49
Bauer, Günter	1. 6. 78	20. 2. 46
Kempermann, Susanne	1. 6. 78	20. 3. 46
Gräve, Hans Dieter	16. 10. 78	19. 4. 44
Schlosser-Lüthje, Christine	16. 10. 78	24. 7. 45
Wellems, Frank	23. 3. 79	30. 1. 45
Flocke, Hans-Dieter	23. 3. 79	9. 10. 45
Clausen, Gerhard	23. 3. 79	13. 5. 48
Maubach, Birgitta	23. 3. 79	27. 10. 48
Borchard, Uta	17. 5. 79	2. 5. 44
Dr. Hilgert, Wolfgang	3. 8. 79	10. 11. 45
Meyer, Jürgen	4. 1. 80	31. 7. 43
Hymmen, Ingeborg	13. 1. 80	7. 11. 50
Cordes, Elke	1. 8. 80	23. 12. 44
Dohnke, Achim	14. 9. 80	21. 1. 51
Räcke, Volker	15. 9. 80	12. 12. 46
Stapmanns, Dorothea	21. 11. 80	3. 4. 49
Schmitz, Otfried	29. 4. 81	3. 2. 45
Freymuth, Jürgen	30. 4. 81	17. 6. 49
Schmäring, Othmar	21. 8. 81	22. 4. 48
Buchmann, Dieter	13. 12. 81	18. 9. 50
Walterscheidt, Bernd	23. 12. 81	26. 11. 50
Kochan, Karl-Heinz	23. 4. 82	26. 7. 51
Tapperath, Jürgen	19. 7. 82	11. 7. 49
Giesen, Claudia	19. 7. 82	20. 3. 50
Reske, Harald	19. 7. 82	9. 10. 51
Fuchs, Karlhans	22. 10. 82	16. 8. 51
Heuck, Friedrich	30. 3. 83	14. 4. 49
Heckhoff, Harald	9. 5. 83	10. 1. 49
Justenhoven, Helge Astrid, 1/2	9. 5. 83	7. 1. 50
Möller, Elisabeth, 1/2	25. 11. 83	18. 5. 50
Becker, Hermann Josef	25. 11. 83	23. 9. 50
Riehe, Hans-Werner	7. 5. 84	18. 4. 52
Wierzimok, Michael	1. 10. 84	14. 2. 54
Best, Ingrid	25. 1. 85	20. 5. 49
Schützendorf, Barbara	13. 8. 85	5. 2. 55
Nagel, Erika	8. 11. 85	18. 10. 51
Dr. Thien-Mochmann, Barbara	20. 6. 86	15. 12. 50
Tabor, Albert	13. 6. 88	16. 11. 55
Scholl, Amand	21. 7. 88	13. 9. 55
Bornemann-Futter, Petra, 1/2	1. 10. 90	19. 2. 57
Grassmann, Sibylle	18. 8. 93	14. 8. 60
Dr. Altpeter, Frank	19. 8. 93	17. 6. 59
Dr. Klein, Guido, 7/10	8. 10. 93	17. 12. 59
Bollig, Susanne, 1/2	12. 4. 94	15. 6. 59
Stroh, Christopher	12. 4. 94	14. 3. 60
Bexen, Martin	12. 4. 94	7. 6. 60
Hartmann, Ralf	14. 4. 94	6. 10. 57

LG-Bezirk Köln   OLG-Bezirk Köln   **NW**

Krämer, Gerd Willi	25. 4. 94	9. 5. 61
Engeland, Frank, beurl.	19. 12. 94	12. 3. 61
Krebber, Rolf	3. 2. 95	30. 5. 61
Dr. Hottgenroth, Inka, ½	3. 2. 95	4. 7. 62
Finster, Sabine	7. 9. 95	5. 1. 64
Blum, Stefan	1. 12. 95	11. 8. 60
Schaarmann, Wolfgang	1. 12. 95	8. 10. 61
Dr. Löw, Friederike, beurl.	13. 1. 96	9. 10. 62
Keusch, Thomas	20. 2. 96	19. 9. 60
Seidel, Karl-Heinz	15. 3. 96	19. 7. 62
Raschke, Martina	15. 3. 96	4. 1. 63
Dr. Menold-Weber, Beate, 8/10	14. 8. 96	21. 4. 63
Langner, Norbert	19. 8. 96	1. 11. 49
Rohde, Klaus	31. 7. 97	16. 8. 64
Kiedrowski, Ruth	31. 7. 97	22. 2. 66
Sütterlin-Müsse, Maren, ¾	19. 8. 97	25. 10. 61
Rottländer, Maria	5. 9. 97	1. 6. 64
Dr. Krieg, Bernhard	19. 2. 98	13. 6. 63
Hübbe, Jörg	19. 2. 98	12. 8. 63
Dr. Watrin, Anne, ¾	7. 8. 98	10. 8. 64
Dr. Fuchs, Andrea, ½	7. 8. 98	10. 3. 65
Dr. Dinkelbach, Andrea	19. 2. 99	29. 4. 65
Kühnle, Gabriele	20. 10. 99	22. 12. 63
Kremer, Heike, abg.	21. 10. 99	28. 10. 62
Rey, Andreas	16. 3. 00	26. 3. 67
Bernards, Astrid	1. 8. 00	20. 9. 66
Falkenstein, Heike, beurl.	1. 8. 00	2. 10. 68
Bartels, Clemens	1. 8. 00	18. 7. 69
Dr. Sturhahn, Andrea, beurl.	2. 8. 00	21. 5. 67
Dr. Finke, Katja, ½	4. 8. 00	2. 11. 66
Dominick, Bert	30. 11. 00	21. 2. 67
Wiegelmann, Andreas	11. 12. 00	29. 1. 69
Dr. Schotten, Gabriele	12. 2. 01	26. 1. 68
Middelanis, Christina, beurl.	23. 4. 01	8. 9. 70
Jacoby, Dorothee, beurl.	22. 6. 01	11. 4. 70
Dr. Günther, Heinz-Ulrich	10. 1. 02	8. 7. 63
Kirchesch, Volker	10. 6. 02	7. 10. 67
Luhmer, Dirk	18. 9. 02	27. 8. 66
Mertens, Julia, beurl.	4. 2. 03	1. 6. 70
Dr. Zeppenfeld, Dagmar	4. 2. 03	4. 4. 72
Dr. Schöttler, Alexandra, beurl.	29. 4. 03	22. 8. 68
Dr. Schulte-Bunert, Kai, abg.	29. 4. 03	6. 6. 69
Bee, Barbara, ½	1. 5. 03	5. 6. 65
Schönemann, Maike	16. 10. 03	5. 10. 73
Schneider, Norbert	11. 5. 04	28. 11. 71
Romeleit, Guido	11. 5. 04	31. 1. 72
Gaedke, Nadja, beurl.	3. 12. 04	12. 3. 73
Vogdt-Stephan, Susanne	6. 12. 04	23. 5. 72
Dr. Heilmann, Annika	6. 12. 04	12. 6. 72
Dr. Slota-Haaf, Marion	6. 12. 04	18. 3. 73
Eßer, Erich	1. 7. 05	2. 9. 46
Dr. Parpart, Heike	10. 8. 05	26. 7. 71
Hofmeister, Oda	10. 8. 05	23. 3. 73
Schönhoff, Kerstin, beurl.	10. 8. 05	27. 4. 74

Leverkusen E 208 117
Gerichtsstr. 9, 51379 Leverkusen
Amtsgericht, 51367 Leverkusen
Tel. (0 21 71) 4 91-0, Fax (0 21 71) 4 91-2 22
E-Mail: verwaltung@ag-leverkusen.nrw.de

1 Dir, 1 stVDir, 1 w.aufs.R, 14 R + 2 LSt (R)

Merzbach, Hermann-Josef, Dir	1. 7. 01	25. 7. 50
Aulich, Joachim, stVDir	1. 8. 02	6. 9. 56
Klein, Peter, w.aufsR	3. 11. 03	13. 6. 48
Solf, Rainer	20. 4. 77	19. 11. 43
Conrad, Michael	20. 4. 77	6. 12. 43
Menzen, Michael	7. 10. 77	22. 10. 46
Damen, Günter	6. 6. 78	16. 9. 41
Abels, Matthias	14. 12. 78	7. 4. 49
Hülsmann, Josef, ¾	1. 6. 80	24. 10. 50
Schlaeper, Thomas	15. 10. 93	4. 5. 57
Plate, Sibylle, ½	14. 9. 94	19. 8. 61
Müller-Gerbes, Stefan, beurl.	21. 5. 99	2. 3. 64
Heymann, Torsten	—	—
Dr. Heckes, Jasmin, beurl.	24. 11. 03	10. 5. 70
Fröhlich, Oliver	12. 12. 03	13. 6. 65
Berlet, Barbara, ½	27. 5. 04	6. 12. 70
Christmann, Sonja, beurl.	27. 5. 04	21. 5. 72

Wermelskirchen E 36 638
Brückenweg 2-4, 42929 Wermelskirchen
Postfach 11 20, 42904 Wermelskirchen
Tel. (0 21 96) 7 12-0
Fax (0 21 96) 7 12-1 60
E-Mail. verwaltung@ag-wermelskirchen.nrw.de

1 Dir, 1,5 R

Weiss, Ute, Dir, ¾	1. 7. 86	24. 2. 50
Dr. Droste, Monica, ½ abg.	22. 5. 98	12. 7. 62
Schlotmann-Thiessen, Veronika, ¾	11. 2. 00	28. 8. 59

Wipperfürth E 86 807
Gaulstr. 22-22 a, 51688 Wipperfürth
Postfach 11 20, 51675 Wipperfürth
Tel. (0 22 67) 88 37-0
Fax (0 22 67) 8 20 61
E-Mail: verwaltung@ag-wipperfuerth.nrw.de

1 Dir, 5 R

Lührs, Armin, Dir	23. 9. 99	12. 9. 47	Dr. Krause, Engelbert	15. 5. 85	24. 12. 51
Haag, Dietmar	8. 8. 77	28. 1. 44	Ritzenhöfer, Heribert	14. 9. 94	10. 10. 58
König, Norbert	22. 7. 83	28. 1. 47	Bosbach, Thomas	1. 3. 96	9. 9. 62

Staatsanwaltschaften

Generalstaatsanwaltschaft Köln
Reichenspergerplatz 1, 50670 Köln
Postfach 10 28 45, 50468 Köln
Tel. (02 21) 77 11-0
Fax (02 21) 77 11-4 18
E-Mail: poststelle@gsta-koeln.nrw.de

1 GStA, 1 stVGStA (LOStA), 2 LOStA, 17 OStA, 2 OStA ohn. Bes.

Generalstaatsanwalt

Dr. Linden, Georg	1. 8. 02	10. 7. 41

Leitende Oberstaatsanwältin/Ltd. Oberstaatsanwalt

Auchter-Mainz, Elisabeth, stVGStA	1. 4. 06	23. 7. 51
Albrecht, Ernst	1. 12. 03	25. 12. 49

Oberstaatsanwältin/Oberstaatsanwälte

Pohl, Gerd	20. 6. 88	12. 1. 43
Leu, Bernd	20. 1. 92	1. 10. 46
Pohl, Franz Heinrich	23. 8. 93	16. 10. 46
Hicks, Franz-Josef	1. 9. 99	18. 4. 53
Kesper, Dieter	1. 2. 02	7. 1. 53
Klein, Hans-Georg	1. 9. 02	27. 7. 45
Dohmen, Hans-Jürgen, abg., ohn. Bes.	1. 11. 03	15. 3. 48
Klaas, Jakob	1. 11. 03	28. 6. 58
Wolff, Hans-Joachim	1. 12. 03	1. 11. 48
Wenzel, Werner	1. 1. 04	18. 5. 50
Hammerschlag, Helmut, abg., ohn. Bes.	1. 3. 04	28. 8. 57
Dr. Lenz, Robert	30. 6. 04	24. 4. 57
Lorscheid, Andreas	30. 6. 04	2. 10. 59
Stamer, Cornelia	30. 6. 04	12. 4. 58
Mende, Joachim	31. 1. 05	3. 12. 58
Komp, Wolfgang	31. 1. 05	23. 1. 60

Staatsanwaltschaft Aachen
Stiftstr. 39/43, 52062 Aachen
Postfach, 52034 Aachen
Tel. (02 41) 47 85-0
Fax (02 41) 4 09 09 24
E-Mail: poststelle@sta-aachen.nrw.de

Zweigstelle
Theaterstr. 55, 52062 Aachen
Tel. (02 41) 47 85-0
Fax (02 41) 40 52 20

Zweigstelle
Adalbertsteinweg 32-36, 52066 Aachen
Tel. (02 41) 16 82 1-0
Fax (02 41) 16 82 1-29

1 LOStA, 1 stVLOStA, 9 OStA, 2 StA (GL), 37 StA, 3 LSt

Leitender Oberstaatsanwalt

Vedder, Axel	1. 7. 00	28. 4. 44

Oberstaatsanwältin/Oberstaatsanwälte

Balke, Albert, stVLOStA	16. 6. 94	12. 7. 48
Knorr, Günther	25. 3. 97	25. 6. 41
Deller, Robert	1. 4. 00	23. 7. 48
Bernklau, Lutz	1. 5. 00	10. 7. 49
von Conta, Hans-Wolfgang	11. 1. 01	12. 5. 44
Wolf, Rolf Dieter	1. 3. 01	11. 8. 41
Faber, Manuela	24. 8. 02	8. 4. 50
Geimer, Alexander	30. 1. 06	14. 11. 49

Staatsanwältinnen/Staatsanwälte

Schäfer, Winfried, GL	1. 8. 97	27. 2. 44
N. N., GL	—	—
Huth, Helga	—	—
Engels, Christian	14. 12. 78	23. 2. 44
Bücker, Ralf	6. 7. 79	14. 1. 49
Herwartz, Hubert	5. 10. 82	21. 7. 48
Zander, Anna Maria	29. 10. 82	23. 4. 53
Frings, Hartmut	3. 5. 83	12. 4. 50
Hoffmann, Ferdinand, abg. zu 1/2	18. 11. 88	21. 1. 55
Schubert, Bernhard	10. 8. 89	28. 11. 57
Froitzheim, Werner	6. 12. 90	23. 10. 54
Janser, Silvia	4. 5. 92	23. 7. 61
Fuchs, Heike	27. 12. 93	24. 9. 62
Bolder, Joachim	30. 5. 94	15. 8. 58
Claßen, Leonard	6. 11. 95	28. 6. 62
Schlimm, Pascale Nathalie	22. 2. 96	4. 5. 65

Staatsanwaltschaften OLG-Bezirk Köln **NW**

Dirksen, Lutz	14. 10. 96	2. 6. 64
Muckel, Wilhelm Hubert	30. 10. 96	18. 5. 64
Schulz, Bernd Gustav	5. 3. 98	27. 3. 65
Breuer, Jutta	4. 8. 99	23. 4. 66
Dr. Burr, Christian	27. 4. 99	26. 10. 69
Kraft, Carolin, beurl.		
(LSt)	15. 2. 00	27. 1. 71
Schlenkermann-Pitts,		
Katja	17. 2. 00	8. 2. 70
Körtgen, Axel	31. 5. 00	15. 10. 67
Witte, Burchhard	21. 9. 00	6. 12. 66
Kaufmann, Hans Ulrich	21. 9. 00	7. 9. 67
Hefele, Oliver	9. 8. 01	15. 12. 69
Gülicher, Tanja	27. 6. 02	27. 8. 71
Kirchhof, Carmen, beurl.		
(LSt)	15. 7. 02	6. 2. 69
Techen, Jens Erik	19. 7. 02	8. 10. 70
Acker, Eva	28. 1. 03	20. 1. 71
Lüthje, Anja	28. 1. 03	13. 8. 73
Jansen, Peter	29. 7. 03	9. 7. 70
Drews, Bernd	11. 12. 03	30. 3. 67
Wagner-Schlömer, Telse	15. 12. 03	23. 3. 71
Adelhof, Ulrike	1. 1. 04	12. 6. 73
Tandetzki, Sabine, beurl.		
(LSt)	22. 4. 04	28. 7. 71
Dr. Zabeck, Anna	3. 11. 04	10. 2. 72
Käbisch, Jochen	3. 11. 04	11. 10. 73
Dr. Maske, Nicole	3. 11. 04	20. 10. 73
Norf, Beatrix	5. 7. 05	10. 5. 72
Betz, Jochen	5. 7. 05	22. 8. 74
Gläsker, Rolf-Hanno	5. 12. 05	12. 12. 67

Staatsanwaltschaft Bonn
53222 Bonn
Herbert-Rabius-Str. 3, 53225 Bonn
Tel. (02 28) 97 52-0
Fax (02 28) 97 52-6 00
E-Mail: poststelle@sta-bonn.nrw.de

1 LOStA, 1 stVLOStA, 10 OStA, 3 StA (GL), 39 StA, 6 LSt (StA)

Leitender Oberstaatsanwalt

Küsgen, Gunter	1. 4. 01	5. 4. 43

Oberstaatsanwälte

van Rossum, Johann-		
Wilhelm, stVLOStA	1. 4. 04	4. 7. 49
Triller, Georg	20. 8. 93	25. 9. 42
Dr. Brünker, Horst		
N. N.	—	—
Graeve, Peter	11. 7. 96	29. 12. 42
Schütz, Andreas	27. 12. 96	28. 12. 48
Brodöfel, Reiner-Jörg	12. 7. 99	3. 8. 46
Leinhos, Joachim	2. 8. 99	16. 5. 45

Apostel, Friedrich	31. 1. 00	19. 3. 49
Breuers, Wilhelm	—	—
Wangen, Roland	27. 1. 06	4. 1. 56

Staatsanwältinnen/Staatsanwälte

Knopp, Ernst, GL	5. 10. 82	18. 8. 51
Bokemeyer, Walter, GL	5. 10. 01	5. 8. 48
Clemens, Heinz, GL	—	—
Lennartz, Elmar	22. 9. 75	28. 2. 43
Halft, Joachim	—	—
Both, Rainer	13. 11. 78	19. 7. 45
Kersten, Marie Louise		
(LSt)	23. 3. 81	22. 7. 45
Schüler, Johannes	1. 9. 81	5. 4. 52
Kreutzberg, Martina	8. 10. 82	5. 6. 49
Nöckel, Trude, beurl.		
(LSt)	3. 5. 83	1. 5. 53
Geier, Thomas	—	—
von Depka-Prondzynski,		
Johannes	28. 3. 90	12. 6. 55
van der Linden, Peter	5. 9. 90	12. 4. 57
Esser, Bert, abg.	17. 5. 93	2. 12. 60
Faßbender, Robin	20. 9. 93	12. 2. 60
Krämer, Petra	26. 5. 94	27. 11. 58
Mohr, Ulrike	26. 5. 94	15. 11. 61
Wilhelm, Patrick	26. 5. 94	22. 12. 61
Krechel, Birgitta (LSt)	2. 6. 95	31. 8. 62
Coleman, Claudia	27. 12. 95	5. 10. 62
Wardenbach, Marie-		
Annick	5. 12. 96	13. 9. 62
Theisen, Saskia	1. 9. 97	10. 1. 66
Wilhelm, Angela	16. 12. 98	12. 6. 68
Daniel, Stefan (LSt)	27. 7. 99	14. 7. 67
Weingarten, Jochen (LSt)	27. 7. 99	23. 8. 69
Nostadt-Ziegenberg,		
Monika	27. 7. 99	9. 6. 70
Dietlein, Eva	25. 5. 00	26. 7. 64
Dr. Trautzettel, Claudia	10. 8. 00	6. 6. 67
Richter, Werner	25. 10. 00	29. 6. 70
Bremer, Ulrich Günter	2. 1. 01	12. 8. 65
Kuhlbrodt, Kerstin	25. 10. 01	31. 1. 71
Geßler, Florian	6. 5. 02	19. 5. 69
Dr. Essig, Karen	6. 5. 02	19. 11. 69
Schindler, Jörg	23. 1. 03	10. 6. 71
Drosse, Silke	6. 8. 03	1. 7. 71
Dr. Hermesmann, Michael	6. 8. 03	12. 10. 71
Diesterheft, Martin	6. 8. 03	7. 11. 71
Wegener, Christoph	11. 10. 04	10. 1. 71
Osthus, Birthe	11. 10. 04	3. 10. 71
Schulz, Eva Nicola	11. 10. 04	13. 10. 71
Pahlen-Claßen, Ursula	11. 10. 04	22. 1. 73
Zavelberg, Britta	11. 10. 04	22. 6. 73
Liermann, Christine	18. 3. 05	19. 3. 61
Dr. Trautmann, Sebastian		
Karl	18. 3. 05	3. 7. 68
Jakob, Judith	18. 3. 05	1. 4. 75

Staatsanwaltschaft Köln
50926 Köln
Am Justizzentrum 13, 50939 Köln
Tel. (02 21) 4 77-0
Fax (02 21) 4 77-40 50
E-Mail: poststelle@sta-koeln.nrw.de

1 LOStA, 1 stVLOStA, 4 OStA (HL), 22 OStA,
7 StA (GL), 83 StA, 3 LSt (StA)

Leitender Oberstaatsanwalt

Kapischke, Jürgen	1. 11. 99	22. 7. 47

Oberstaatsanwältinnen/Oberstaatsanwälte

Domat, Peter, stVLOStA	2. 1. 87	2. 8. 45
Raupach, Siegmar, HL	15. 1. 92	17. 10. 49
Zopp, Josef, HL	29. 1. 97	7. 6. 50
König, Bernd, HL	1. 12. 05	24. 1. 49
Ehlen, Wolfgang, HL	1. 4. 06	1. 10. 48
Gawlik, Ulrich	2. 7. 93	6. 5. 43
Werner, Jürgen	11. 8. 94	25. 2. 42
Bülles, Egbert	11. 8. 94	1. 4. 46
Wessel, Gregor	27. 12. 96	28. 3. 47
Ritter, Helmut	1. 7. 97	29. 5. 46
Kaufmann-Fund, Leonie	1. 10. 97	10. 6. 46
Wolf, Rainer	24. 2. 99	17. 11. 46
Botzem, Hans-Jürgen	12. 9. 00	25. 11. 51
Knepper, Heinz-Josef	21. 11. 00	15. 6. 46
Schlechtriem, Karl-Wilhelm	1. 2. 01	14. 12. 46
Meinert, Annelie	9. 3. 01	27. 6. 53
Willwacher, Alfred Karl	18. 4. 02	14. 1. 49
Reuter, Klaus	1. 12. 03	10. 3. 49
Wachten, Heribert	5. 5. 04	17. 7. 48
Quack-Kummrow, Annegret	5. 5. 04	29. 9. 51
Brendle, Walter	25. 7. 05	19. 5. 46

Staatsanwältinnen/Staatsanwälte

Feld, Günter, GL	5. 10. 01	5. 11. 45
ten Brink, Reinhard, GL	25. 10. 02	4. 12. 52
Dr. Mätzke, Hans-Joachim, GL	1. 8. 04	28. 9. 49
Röltgen, Winfried, GL	1. 9. 04	5. 3. 52
Müller, Barbara, Gl	22. 2. 05	20. 8. 56
Bungart, Robert, GL	16. 3. 05	24. 2. 49
Hartung, Wolfgang, GL	1. 12. 05	14. 12. 51
Leuer-Ditges, Kathrin	4. 9. 74	25. 1. 42
Linke, Gerhard, abg.	2. 7. 75	24. 11. 43
Knieper, Manfred	24. 8. 76	23. 11. 40
Schmidt-Wendt, Karin	24. 8. 76	22. 12. 40
Kienen, August-Wilhelm	18. 2. 77	24. 5. 44
Bathow, Bernd	30. 4. 77	27. 2. 43
Frey, Bogdan	4. 1. 80	7. 11. 48
Keil-Weber, Jeanette	13. 3. 80	16. 6. 49
Krautkremer, Jürgen	8. 10. 80	6. 7. 48
Panzer, Herbert	23. 2. 82	3. 4. 46
Schlotterbeck, Karl-Heinz	23. 3. 82	12. 9. 48
Lorenzen, Jürgen	8. 10. 82	15. 4. 50
Oehme, Günter	8. 10. 82	11. 9. 50
Fuchs, Sylvia	8. 10. 82	2. 6. 52
Buchmann, Jürgen	12. 10. 82	11. 4. 46
Statz, Walter	17. 10. 82	19. 5. 49
Weigand, Elmar	22. 11. 82	16. 4. 53
Wierzoch, Hartmut	18. 4. 84	17. 4. 51
Degenhardt, Christof	15. 3. 85	20. 10. 50
Berens, Gerda	3. 1. 86	13. 7. 53
Braun, Georg	27. 1. 86	1. 2. 49
Schütt-Plewe, Barbara	9. 12. 87	9. 10. 57
Dr. Schmitt-Schönenberg, Birgitta	25. 6. 90	12. 5. 56
Heß, Wolfgang	22. 7. 91	22. 10. 57
König, Siegfried	28. 8. 91	3. 7. 55
Treßin, Elke	29. 9. 93	9. 12. 59
Kliemsch, Gabriele	29. 9. 93	20. 1. 60
Dr. Prinz, Alexander	29. 9. 93	27. 6. 60
Böshagen, Dirk	29. 9. 93	25. 10. 61
Roth, Joachim	30. 9. 93	20. 2. 60
Boden, Ulrich	21. 4. 94	11. 4. 57
Reiffscheidt, Norbert	21. 4. 94	7. 7. 61
Lassahn, Susanne	6. 6. 94	14. 5. 62
Dr. Hildenstab, Bernd	19. 9. 94	13. 3. 61
Hermes, Irmgard	21. 9. 94	17. 11. 59
Dr. Albrecht, Claudia	13. 1. 95	25. 12. 63
Stauch, Thomas	4. 8. 95	10. 9. 60
Bolder, Sabine	4. 8. 95	12. 9. 61
Statz, Alexandra	4. 8. 95	4. 6. 62
Reiffscheidt, Margarete	18. 12. 95	31. 5. 61
Berghoff, Susanne	7. 8. 96	7. 5. 61
Müller, Ursula (LSt)	7. 8. 96	15. 10. 61
Reul, Sonja	7. 8. 96	27. 7. 63
Neiß, Ellen	7. 8. 96	22. 1. 66
Jürgens, Rudolf	8. 8. 96	17. 3. 61
Gréus, Claudia (LSt)	22. 2. 97	5. 7. 65
Wehrstedt, Michael	23. 2. 97	29. 11. 58
Elschenbroich, Torsten	28. 7. 97	31. 8. 64
Finkelberg-Hützen, Katja (LSt)	26. 5. 98	27. 6. 68
Drossé, Anja	31. 5. 98	4. 11. 67
Ettelt, Wolfgang	20. 11. 98	20. 8. 65
Kläsener, Guido	30. 8. 99	11. 1. 69
Jenisch, Oliver	21. 1. 00	13. 1. 63
Greier, Gunnar	21. 1. 00	29. 2. 68
Dr. Malitz, Kirsten Elisabeth	21. 1. 00	13. 9. 69
Dr. Neuheuser, Stephan	30. 5. 00	28. 12. 68
Hake, Silke	30. 5. 00	4. 9. 69
Heiming, Jochen	25. 10. 00	14. 8. 68
Scherf, Jens Martin	7. 12. 01	8. 8. 70
Sönksen, Cathrin	16. 12. 01	24. 7. 71
Piepenstock, Erika	16. 1. 02	5. 10. 67
Guttzeit, Birgit	17. 4. 02	29. 5. 70

Richter/StA im Richterverhältnis auf Probe **NW**

Rentsch-Fischer, Sonja	17. 4. 02	27. 2. 71	Kerkering, Stephanie	11. 10. 04	31. 5. 74
Ranzinger, Kerstin	17. 4. 02	6. 12. 71	Hohn, Rachel	2. 11. 04	24. 11. 73
Schmitz, Benno	23. 1. 03	24. 11. 70	Kleemann, Susanne	20. 4. 05	3. 8. 70
Seppi, René	23. 1. 03	13. 11. 71	Okray, Sandra Karina	20. 4. 05	20. 7. 72
Sauer, Stephanie	27. 1. 03	27. 6. 73	Hill, Miriam	20. 4. 05	29. 9. 73
Timmer, Hendrik	7. 8. 03	28. 6. 70	Odendahl, Heidrun	21. 4. 05	14. 10. 73
Franz, Kathrin	7. 8. 03	26. 11. 72	Grünewald, Frank	17. 5. 05	7. 3. 72
Schumacher, Hennig	7. 8. 03	30. 3. 73	Werning, Peter	18. 11. 05	2. 12. 70
Kempkens, Katrin	1. 4. 04	6. 7. 71	Derix, Claudia	18. 11. 05	29. 10. 73
Müller-Kim, Christoph	23. 4. 04	29. 4. 67	Rössing, Anette	18. 11. 05	27. 3. 75
Breitenbach, Almut Brigitte	26. 4. 04	10. 10. 72	Dr. Neukirchen, Christoph	23. 11. 05	4. 7. 72
Iwand, Sonja	11. 10. 04	8. 10. 72			

Richterinnen/Richter und Staatsanwältinnen/Staatsanwälte im Richterverhältnis auf Probe

Oberlandesgerichtsbezirk Düsseldorf

Bei den Gerichten:

van Eek, Martha, beurl.	19. 4. 91	21. 12. 61	Dr. Bremer, Karsten	2. 6. 03	7. 9. 73
Dr. Schulze-Lammers, Susanne, LL.M, beurl.	28. 10. 91	16. 1. 60	Kirchhoff, Barbara	5. 6. 03	9. 12. 74
Mörsdorf-Schulte, Juliana, beurl.	—	—	Dr. Schneider, Mark	18. 6. 03	21. 2. 72
Dr. Schmitz, Monika, ½	20. 3. 01	15. 4. 67	Rustemeyer, Kirstin Annette	1. 7. 03	29. 8. 74
Dr. Betrams, Kerstin, beurl.	18. 3. 02	25. 12. 73	Klus, Frithjof	1. 10. 03	25. 9. 73
Dr. Mues, Meike, ½	9. 9. 02	21. 9. 71	Kornmann, Oliver	4. 11. 03	13. 4. 72
Kerlen, Markus	2. 1. 03	10. 11. 70	Dr. Mis-Paulußen, Ursula, 7/10	29. 12. 03	28. 6. 68
von Hartz, Nikolaus	—	—	Buschfort, Tim	29. 12. 03	7. 6. 71
Heyland, Robert	2. 1. 03	2. 7. 72	Rinken, Ingo	29. 12. 03	22. 4. 74
Kalkum, Indra	2. 1. 03	2. 9. 72	Unger, Gabriele	29. 12. 03	7. 8. 74
Pfelzer, Anja	—	—	Deltgen, Angelika Taiga Christine	29. 12. 03	22. 11. 75
Dr. Stapper, Thilo	2. 1. 03	3. 8. 73	Bratz, Petra	29. 12. 03	1. 4. 76
Müller-Trojanus, Susanne	2. 1. 03	14. 9. 73	Mörsch, Thomas	29. 12. 03	26. 5. 76
Vock, Torsten	2. 1. 03	10. 11. 73	Voßnacke, Isabel	29. 12. 03	17. 6. 77
Dr. von Ditfurth, Jo Christine	2. 1. 03	11. 11. 73	Gebbensleben, Tim	24. 2. 04	5. 5. 75
Ostermann, Sebastian	2. 1. 03	22. 1. 74	Wesemüller, Frauke	2. 3. 04	7. 11. 76
Culemann, Martin	2. 1. 03	21. 3. 74	Dr. Russack, Mey Marianne	—	—
Roos, Constanze, beurl.	2. 1. 03	10. 7. 74	Bußmann, Frank	25. 3. 04	3. 4. 76
Wilmsmeyer, Susanna, beurl.	2. 1. 03	14. 9. 74	Nachtwey, Simona	29. 3. 04	14. 3. 72
Scholz, Georg	13. 1. 03	7. 4. 75	Koch, Tanja	3. 5. 04	11. 1. 69
Dr. Elschner, Imke	23. 1. 03	29. 1. 73	Arens, Melanie	13. 5. 04	20. 5. 77
Dr. Ludwig, Christian	3. 2. 03	21. 8. 72	Hirsch, Friederike	17. 5. 04	11. 10. 74
Elschner, Günter	14. 2. 03	9. 2. 74	Holtmann, Sebastian	18. 5. 04	2. 4. 76
Schmidt, Holger	26. 2. 03	8. 12. 73	Dr. Koziol, Tina	21. 6. 04	22. 5. 76
Kessel, Ralf-Guido	—	—	Radke, Britta	28. 6. 04	31. 10. 76
Schäfer, Christian	19. 5. 03	9. 11. 74	Stumpe, Alexander	13. 7. 04	17. 6. 76
Dr. Scheuß, Patrick	22. 5. 03	7. 12. 72	Dr. Anger, Thorsten	16. 7. 04	4. 12. 72
Meuters, Stefan	2. 6. 03	7. 5. 71	Hahn, Carola Bettina	19. 8. 04	22. 9. 76
			Dinhof, Claudia	7. 9. 04	19. 4. 76
			Ernst, Ralph	8. 9. 04	15. 9. 74
			Dr. Papst, Robert	14. 9. 04	2. 7. 72
			Pietroschinsky, Birgit	15. 9. 04	7. 11. 76

NW Richter/StA im Richterverhältnis auf Probe

Name		
Besser, Valentina	5. 10. 04	27. 9. 75
Tigges, Nicole	8. 10. 04	17. 5. 77
Förl-Wachtsmuth, Doris	11. 10. 04	27. 9. 76
Kruck, Jennifer	25. 10. 04	6. 5. 77
Flören, Claus	2. 11. 04	20. 8. 74
Behler, Kathrin	3. 11. 04	9. 9. 76
Dr. Trichterborn, Lena	10. 11. 04	21. 3. 77
Zimmermann, Inka	15. 11. 04	4. 7. 75
Dr. Riedelmeier, Sabine	17. 11. 04	22. 3. 74
Dr. Laufen, Martin	29. 11. 04	13. 3. 73
Levejohann, Nadine	—	—
Wannenmacher, Kathrin	7. 7. 05	17. 5. 75
Pannhausen, Patrick	19. 7. 05	12. 9. 74
Schiffer, Aline	19. 7. 05	28. 12. 76
Thelen, Kirstin	20. 7. 05	22. 11. 76
Stinn, Michael	1. 8. 05	13. 4. 77
Schenck, Jost	15. 8. 05	11. 4. 76
Dr. Niehaus, Holger	1. 9. 05	19. 11. 72
Tapken, Annette	1. 9. 05	27. 9. 75
Dr. Hanspach, Astrid	4. 10. 05	18. 8. 74
Dr. Hesselbarth, Franziska	4. 10. 05	7. 5. 75
Turnwald, Christoph	2. 1. 06	13. 1. 76
Dr. Hüser, Christian	2. 1. 06	26. 3. 76
Jaschke, Martin	2. 1. 06	21. 6. 76
Dr. Fehre, Andrea	2. 1. 06	12. 5. 77
Kunze, Andreas	2. 1. 06	17. 5. 77
Dr. Kohlhof-Mann, Suzanne	2. 1. 06	29. 3. 78
Dr. Schürholz, Martina	2. 1. 06	13. 4. 78
Orlik, Gunnar	15. 2. 06	18. 2. 71

Bei den Staatsanwaltschaften:

Name		
Sommer, Marion	18. 6. 01	27. 10. 68
Brock, Julia, beurl.	2. 7. 01	24. 6. 74
Ohnesorg, Franziska Magdalena, 1/2	13. 9. 01	11. 8. 68
Flöck, Marc	7. 3. 02	10. 8. 73
Weiß, Oliver	13. 5. 02	16. 4. 70
Burbulla, Christoph	1. 7. 02	27. 12. 71
Banysch, Anne Kristina	9. 9. 02	12. 6. 74
Ruberg, Angela	16. 9. 02	18. 10. 75
Dr. Kosloh, Patricia Gerda	16. 9. 02	9. 10. 72
Engel, Kristiane	1. 10. 02	17. 2. 75
Siemund, Ulrike	19. 12. 02	7. 5. 75
Jakielski, Nicole	3. 2. 03	26. 6. 75
Stelzl, Stefan Michael	10. 3. 03	30. 4. 74
Rudolph, Bettina	10. 3. 03	7. 10. 75
Adriani, Bernadette Maria	17. 3. 03	7. 10. 75
Piegsa, Stefanie Katja	12. 5. 03	7. 9. 73
Proyer, Mathias	12. 5. 03	14. 3. 75
Dr. Schlachetzki, Nikolas	12. 5. 03	28. 9. 75
Weber, Mandy	26. 5. 03	12. 3. 75
Sänger, Thorsten	25. 8. 03	25. 2. 74
Bitter, Carola	28. 8. 03	12. 11. 75
Mende, Martin	5. 1. 04	27. 1. 74
Stöckl, Michael Felix Christoph	5. 1. 04	29. 6. 74
Dr. Leißner, Christian Emil	5. 1. 04	26. 11. 75
Hessel, Kathrin	5. 1. 04	3. 5. 77
Schmidt, Katrin	12. 1. 04	6. 6. 76
Wolff, Sven-Oliver	26. 7. 04	15. 5. 75
Herber-Mittler, Monika Gertrud	2. 8. 04	19. 6. 73
Wilker, Henning Hanno	2. 8. 04	6. 11. 75
Hartung, Jens	2. 8. 04	30. 6. 76
Bartz, Joseph Stefan	13. 9. 04	25. 5. 70
Dr. Rieck, Patrick John	27. 9. 04	9. 12. 75
Olschak, Monika	4. 10. 04	24. 2. 77
Dr. Holleck, Nils Torsten	2. 11. 04	30. 11. 72
Meier, Björn	7. 11. 05	3. 11. 76
Brechter, Andreas Markus	21. 11. 05	2. 6. 77
Müller, Stefan	28. 12. 05	23. 7. 77
Hartmann, Julia	2. 1. 06	29. 4. 78
Dr. Stache, Julia Martina	20. 2. 06	10. 12. 77
Schoß, Christian	1. 3. 06	9. 7. 77
Schumacher, Jana	22. 3. 06	23. 4. 76

Oberlandesgerichtsbezirk Hamm

Bei den Gerichten:

Name		
Glombitza, Claudia	28. 2. 90	3. 5. 61
Graeve, Heidi	24. 5. 93	15. 1. 64
Dr. Ständer, Sabine	1. 10. 96	19. 2. 65
Matzat, Antonia	2. 1. 97	7. 6. 70
Dieck, Heiko	22. 1. 97	11. 9. 69
Meier, Christiane	7. 4. 98	25. 11. 70
Klich, Elisabeth	19. 10. 98	6. 1. 69
Bungardt, René	25. 11. 98	17. 6. 69
Paschke, Britta	1. 2. 99	14. 4. 72
Pruß-Steiniqeweg, Daniela	8. 3. 99	4. 7. 71
Maeßen, Petra	6. 4. 99	17. 3. 70
Dr. Wappler, Petra	28. 4. 99	6. 2. 67
Heuer, Helga	22. 6. 99	24. 2. 66
Roter, Kerstin	6. 7. 99	26. 6. 72
Gutberger, Frank	13. 9. 99	9. 7. 69
Rösenberger, Katja	21. 9. 99	13. 1. 69
Klein-Heßling, Irmhild	3. 1. 00	3. 12. 69
Jesiek, Sonja	3. 1. 00	27. 8. 71
Twenhöven, Britta	4. 1. 00	10. 2. 72
Dr. Staudinger, Ilka	17. 1. 00	20. 9. 69
Bartz, Ulrike	1. 2. 00	21. 4. 69
Bandini, Katrin	21. 3. 00	27. 12. 70
Seyda, Frauke	2. 5. 00	30. 3. 73
Möller, Andreas	18. 7. 00	30. 9. 71
Schulz, Sybille	28. 9. 00	2. 3. 71
Heide, Markus	2. 10. 00	25. 2. 69
Reher, Anette	1. 1. 01	2. 1. 72
Wischmeyer, Claus	8. 1. 01	25. 1. 71
Manns, Olaf	15. 1. 01	4. 5. 68
Frigelj, Katja	15. 1. 01	20. 6. 72
Wermter, Anette	12. 2. 01	18. 10. 72

Richter/StA im Richterverhältnis auf Probe NW

Birkmann, Nils	19. 3. 01	30. 11. 67	Kühn, Christoph Sebastian	2. 1. 03	2. 1. 74
Kopp, Silvia	2. 4. 01	3. 7. 68	Deipenwisch, Till	2. 1. 03	20. 2. 74
Dr. Huelmann, Sonja	17. 4. 01	25. 7. 72	Kämper, Nina	2. 1. 03	21. 2. 74
Kurhofer-Lloyd, Britta	17. 4. 01	14. 3. 73	Braasch, Bettina	2. 1. 03	13. 3. 74
Schmidt, Thorsten	23. 4. 01	24. 8. 72	Dr. Tegethoff, Anne	2. 1. 03	30. 5. 74
Kampen, Katja	2. 5. 01	16. 2. 72	Deutschbein, Marc	2. 1. 03	5. 6. 74
Ziegler, Sandra	2. 5. 01	18. 9. 73	Lerche, Michaela	2. 1. 03	1. 9. 74
Franz, Ulrike	28. 5. 01	15. 1. 74	Klingelhöfer, Claudia	2. 1. 03	11. 10. 74
da Costa Pereira, Paulo	20. 6. 01	1. 5. 72	Paschke-Rosenberg, Kerstin	2. 1. 03	26. 2. 75
Delawari, Nadija	2. 7. 01	14. 1. 71	Meise, Kathrin	2. 1. 03	18. 3. 75
Dr. Stahlschmidt, Jens	9. 7. 01	5. 2. 72	Schürmann, Kathrin	2. 1. 03	31. 3. 75
Pheiler-Cox, Petra	1. 8. 01	9. 6. 72	Rheker, Nadine	2. 1. 03	12. 4. 75
Uelwer, Astrid	15. 8. 01	24. 11. 73	Niehus, Christina	2. 1. 03	6. 6. 75
Wasmer, Wolfgang	3. 9. 01	22. 7. 70	Stenner, Ann-Catrin	2. 1. 03	29. 7. 75
Suermann, Sylvia	3. 9. 01	7. 9. 71	Prahl, Julia	2. 1. 03	18. 11. 75
Uhlenbrock, Dorothee	3. 9. 01	27. 9. 72	Lange, Dorothea	2. 1. 03	5. 12. 75
Schoofs, Achim	17. 9. 01	2. 8. 73	Endemann, Michaela	6. 1. 03	27. 10. 74
Klumpe, Tania	8. 10. 01	25. 2. 74	Deiters, Andrea	6. 1. 03	18. 3. 75
Langhans, Jörg	5. 11. 01	21. 8. 70	Kurz, Thilo	16. 1. 03	29. 6. 70
Richard, Monika	10. 12. 01	24. 9. 74	Wieck, Alexandra	27. 1. 03	4. 11. 75
Pawlowski, Mario	2. 1. 02	20. 10. 67	Özen, Kasim	3. 2. 03	24. 3. 70
Weber, Thorsten	2. 1. 02	6. 5. 72	Büchel, Roland	3. 2. 03	10. 1. 74
Blöbaum, Alea	8. 1. 02	1. 5. 70	Piontek, Sascha	10. 2. 03	7. 6. 73
Vinck, Julia	14. 1. 02	4. 11. 72	Marzinkewitz, Verena	10. 2. 03	28. 8. 73
Meier, Ingrid	15. 2. 02	25. 1. 67	Theisen, Lars	4. 3. 03	31. 12. 74
Wieskus, Silke	1. 3. 02	22. 8. 72	Bannert, Kathrin	4. 3. 03	15. 3. 76
Schmidt, Sylvia	1. 3. 02	22. 6. 74	Niehus-Pröbsting, Agnes	10. 3. 03	10. 4. 75
Bockemühl, Sebastian	25. 3. 02	10. 6. 66	Istel, Kristina	24. 3. 03	12. 10. 73
Maiberg, Karin	15. 4. 02	12. 7. 72	Speyer, Martin	1. 4. 03	23. 8. 74
Roloff, Allan	15. 4. 02	12. 11. 73	Bokler, Cathérine	1. 4. 03	27. 8. 74
Heinrichs, Sven	25. 4. 02	26. 8. 73	Dr. Spiegel, Johannes	7. 4. 03	27. 8. 74
Dr. Arndt, Ingo	13. 5. 02	3. 11. 72	Neumann, Anne	7. 4. 03	22. 12. 75
Brockhaus, Nadine	27. 5. 02	25. 4. 72	Kornol, Malte	15. 4. 03	4. 1. 75
Norahim, Derek	3. 6. 02	7. 3. 74	Feldmann, Jörg	22. 4. 03	16. 5. 75
Dr. Langen-Brand, Heike	4. 6. 02	13. 1. 73	Scheffer, Verena	2. 5. 03	2. 7. 76
Dr. Funk, Tanja	24. 6. 02	8. 11. 73	Wingart, Andreas	5. 5. 03	20. 11. 73
Tebbe, Michael	24. 6. 02	2. 7. 74	Solnercyk, Jörg	5. 5. 03	20. 7. 75
Bogumil, Albrecht	1. 7. 02	22. 12. 72	Böhme, Andreas	19. 5. 03	7. 12. 73
Hueber, Silke	1. 7. 02	1. 5. 75	Nölken, Oliver	2. 6. 03	24. 2. 73
Peters, Oliver	1. 8. 02	24. 5. 73	Mehring, Anja	2. 6. 03	25. 4. 73
Schüler, Sabine	26. 8. 02	5. 11. 74	Bilke, Heiner	2. 6. 03	13. 2. 75
Koschmieder, Jürgen	26. 8. 02	24. 8. 75	Krauß, Melanie	2. 6. 03	6. 8. 75
König, Rolf	27. 8. 02	17. 6. 69	Warner, Judith	2. 6. 03	10. 9. 75
Engelkamp, Oxana	2. 9. 02	30. 5. 71	Henkenmeier, Frank	1. 7. 03	13. 2. 74
Scholz, Katharina	16. 9. 02	13. 5. 74	Vervoort, Martin	1. 7. 03	7. 9. 74
Schoddel, Ivonne	2. 1. 03	22. 6. 68	Seidel, Frank	15. 7. 03	23. 10. 71
von Borries, Christian	2. 1. 03	6. 2. 73	Dr. Fulber, Thorsten	31. 7. 03	12. 3. 73
Piegsa, Dirk	2. 1. 03	10. 2. 73	Dr. Hidding, Johannes	15. 8. 03	1. 6. 74
Dr. Warg, Gunter	2. 1. 03	1. 4. 73	Schmidt, Sandra	1. 9. 03	7. 3. 75
Dr. Voß, Ingo	2. 1. 03	26. 4. 73	Westerhelweg, Marc	1. 9. 03	16. 5. 75
Gövert, Anke	2. 1. 03	24. 8. 73	Dr. Anstötz, Stephan	1. 9. 03	9. 6. 76
Austermühle, Mark	2. 1. 03	8. 9. 73	Dr. Thewes, Christian	15. 9. 03	10. 4. 74
Grimm, Lutz	2. 1. 03	15. 9. 73	Zengerling, Gerrit	15. 9. 03	11. 7. 74
Brandt, Martin	2. 1. 03	22. 10. 73	Lucks, Heidrun	1. 10. 03	24. 8. 74
Bahrenberg, Felix	2. 1. 03	5. 12. 73	Dr. Klenk, Alexander	1. 10. 03	18. 9. 74
Derks, Daniela	2. 1. 03	30. 12. 73	Gerndorf, Markus	1. 1. 04	12. 12. 72

Name	Datum 1	Datum 2
Winkelmann, Anja	2. 1. 04	28. 5. 73
Goebbels, Tim	2. 1. 04	20. 3. 75
Dr. Grüttner, Hanne	2. 1. 04	1. 9. 75
Meyer, Inga	2. 1. 04	23. 9. 75
Unkel, Wibke	2. 1. 04	8. 1. 76
Albers, Carsten	2. 1. 04	1. 7. 76
Poßecker, Anett	2. 1. 04	20. 8. 76
Breywisch, Petra	5. 1. 04	21. 10. 73
Wissel, Roland	5. 1. 04	20. 3. 76
Killing, Katharina	5. 1. 04	4. 6. 76
Schmalz, Christina	5. 1. 04	15. 10. 76
Marchlewski, Peter	15. 1. 04	5. 7. 76
Dr. Küpper-Fahrenberg, Regina	19. 1. 04	1. 4. 76
Hofmann, Robert	2. 2. 04	19. 4. 72
Steffenfauseweh, Eva	2. 2. 04	29. 3. 76
Deconinck, Carsten	1. 3. 04	10. 6. 75
Dr. Tamm, Martin	15. 3. 04	15. 3. 75
Kipp, Onni Timo	15. 3. 04	10. 6. 75
Tamm, Markus	19. 4. 04	3. 5. 77
Kahleyß, Dominik	20. 4. 04	10. 5. 74
Dr. Greff, Oliver	26. 4. 04	16. 11. 74
Reisenauer, Michael	1. 5. 04	8. 11. 69
Busche-Köckemann, Stefan	3. 5. 04	30. 6. 71
Sonnenschein, Ulrike	10. 5. 04	6. 10. 72
Hempel, Michael	1. 6. 04	26. 2. 76
Knippenkötter, Helga	1. 6. 04	8. 4. 77
Lagemann, Stefan	7. 6. 04	23. 7. 75
Twente, Andre	28. 6. 04	19. 6. 76
Kowalski, Jan-Peter	5. 7. 04	18. 4. 76
Schulte genannt Kellermann, Maximilian	15. 7. 04	23. 8. 75
Reckels, Barbara	9. 8. 04	14. 5. 77
Dr. Modemann, Stefan	11. 8. 04	14. 3. 72
Uhlhorn, Björn	16. 8. 04	4. 6. 74
Dr. Wendlandt, Bettina	1. 9. 04	4. 4. 74
Wittkamp, Monika	1. 9. 04	16. 11. 74
Faßbender, Niels	1. 9. 04	10. 4. 75
Kreienkamp, Stefan	1. 10. 04	31. 5. 72
Schulz, Jan	1. 10. 04	21. 9. 75
Düspohl, Gunnar	11. 10. 04	17. 11. 73
Hork, Andreas	15. 10. 04	2. 5. 72
Dr. Trautwein, Elke	18. 10. 04	6. 9. 73
Winkler, Maren	18. 10. 04	20. 8. 76
Koch, Anita	16. 11. 04	5. 4. 78
Nottmeier, Anne Christina	1. 12. 04	18. 4. 76
Dr. Weber, Verena	6. 12. 04	1. 6. 75
Holtgrewe, Kay Hendrik	16. 12. 04	7. 7. 70
Schwartz, Florian	3. 1. 05	6. 4. 75
Niemann, Oliver	3. 1. 05	18. 12. 75
Gentilini, Simona	3. 1. 05	6. 1. 76
Stellbrink, Sandra	3. 1. 05	29. 1. 76
Dr. Assenmacher, Simon	3. 1. 05	29. 7. 76
Strugholz, Claudia Eva	3. 1. 05	15. 12. 77
Dr. Seibel, Mark	10. 1. 05	4. 2. 76
Baur, Dirk	17. 1. 05	27. 12. 75
Mergheim, Carsten	17. 1. 05	20. 2. 76
Schaefer, Inga	17. 1. 05	31. 3. 77
Oldenbruch, Hannah	1. 2. 05	2. 2. 74
Köhler, Bastian	1. 2. 05	6. 8. 76
Heller, Barbara	1. 2. 05	6. 10. 78
Dr. Kummer, Pierre	20. 6. 05	30. 12. 76
Kramer, Daniela	1. 7. 05	28. 4. 78
Strasser, Ute	4. 7. 05	9. 12. 76
Wiese, Marion	4. 7. 05	1. 7. 77
Lyra, Andreas	11. 7. 05	27. 3. 74
Breitenbürger, Kathrin	11. 7. 05	13. 5. 74
Roterberg, Susanne	11. 7. 05	5. 7. 77
Dr. Nienhaus, Christian	18. 7. 05	30. 10. 72
Gräfe, Maike	18. 7. 05	29. 1. 78
Dr. Laqua, Alexander	25. 7. 05	3. 9. 75
Niesten-Dietrich, Kai	25. 7. 05	28. 5. 76
Pagel, Petja	25. 7. 05	31. 1. 77
Dr. Schepers, Volker	1. 8. 05	22. 11. 74
Messing, Volker	10. 10. 05	30. 7. 75
Affeldt, Tina	1. 1. 06	8. 3. 77
Krug, Simone	2. 1. 06	29. 5. 74
Bäumer, Matthias	2. 1. 06	8. 6. 76
Neufeld, Georg	2. 1. 06	22. 9. 76
Pleus, Oliver	2. 1. 06	11. 1. 77
Vahrenbrink, Larissa	2. 1. 06	25. 11. 77
Kirschner, Thorsten	2. 1. 06	20. 2. 80
Zepper, Katrina	23. 1. 06	4. 9. 78
Brahm, Dirk	1. 2. 06	16. 12. 77

Bei den Staatsanwaltschaften:

Name	Datum 1	Datum 2
Muckenfuß, Barbara	9. 8. 99	17. 4. 70
Tersteegen, Petra	2. 01. 01	18. 6. 72
Dr. Kali, Arpad Wolfgang	2. 4. 01	22. 6. 73
Willeke, Britta	7. 5. 01	16. 6. 71
Stegen, Frank	28. 5. 01	27. 5. 68
Engel, Ralf	28. 5. 01	7. 9. 71
Berger, Sabine	1. 6. 01	13. 05. 73
Lindken, Heiko	22. 10. 01	26. 8. 71
Jakobs, Carola	5. 11. 01	25. 8. 68
Hermanns, Kornelia	17. 12. 01	25. 2. 75
Hähner, Gregor	2. 1. 02	31. 7. 73
Groß, Anne Christine	10. 1. 02	19. 5. 73
Klima, Violette Sylwia	1. 3. 02	25. 3. 75
Cuntze, Barbara	11. 3. 02	10. 1. 75
Bischoff, Gerit	12. 3. 02	18. 10. 75
Roß, Stefanie	3. 6. 02	10. 9. 73
Wyrwoll, Arkadius	1. 7. 02	28. 9. 73
Hübner, Brigitte	21. 10. 02	20. 2. 72
Katafias, Christian	19. 12. 02	31. 5. 74
Menard, Jörg	30. 12. 02	24. 7. 76
Busse, Katharina	6. 1. 03	13. 5. 76
Heimeshoff, Eva	10. 3. 03	10. 8. 75
Kuhli, Christian	17. 3. 03	25. 11. 68
Fischer, Frauke	5. 5. 03	1. 6. 74
Hartung, Susanne	5. 5. 03	21. 6. 74

Richter/StA im Richterverhältnis auf Probe **NW**

Name		
Baron von Grotthuss, Patrick Werner	16. 6. 03	19. 7. 72
Cornelius, Esther	16. 6. 03	21. 5. 75
Sagurna, Verena	16. 6. 03	12. 2. 76
Dr. Müller-Steinhauer, Sandra	—	—
Hoffmann, Nadine	27. 10. 03	14. 8. 76
Keller, Gregor	5. 11. 03	16. 2. 72
Hinkelmann, Ralf	17. 11. 03	22. 10. 71
Ollech, Dirk	17. 11. 03	25. 11. 71
Dr. Grüttert, Pamela	17. 11. 03	6. 9. 73
Blomenkämper, Mark	24. 11. 03	20. 1. 74
Dörffer, Timo	24. 11. 03	2. 2. 76
Kollmann, Klaus-Peter	1. 12. 03	14. 3. 73
Anuth, Jörg	14. 1. 04	20. 1. 75
Plöger, Matthias	26. 4. 04	21. 8. 75
Maibaum, Danyal	7. 7. 04	6. 11. 75
Engel, Tim	12. 7. 04	16. 4. 74
Nothdurft, Kati Julia	21. 7. 04	25. 5. 76
Weber, Jörg Maria	—	—
Brockmann, Annika	2. 8. 04	2. 12. 76
Herrmann, Gunnar	11. 10. 04	6. 12. 76
Everding, Anne	18. 10. 04	21. 1. 77
Dr. Meier, André	8. 11. 04	13. 12. 74
Bußmann, Stefanie	6. 12. 04	20. 8. 75
Braun, Stefanie	6. 12. 04	24. 11. 75
Hartmann, Tanja	13. 12. 04	22. 12. 77
Rathke, Ingo	16. 12. 04	19. 04. 74
Rott, Alexandra	28. 12. 04	6. 1. 78
Dr. Sumpmann, Thorsten	10. 2. 05	25. 04. 78
Abts, Nicole	17. 10. 05	12. 6. 73
Burggräf, Michael	17. 10. 05	17. 04. 74
Gothe, Alexandra	17. 10. 05	29. 7. 78
Rabbe, Julia	17. 10. 05	2. 2. 79

Oberlandesgerichtsbezirk Köln

Bei den Gerichten:

Name		
Raschke-Rott, Birgit, beurl.	28. 10. 85	18. 6. 58
Foerst, Iris, beurl.	27. 7. 94	17. 8. 64
Mansel, Bettina, beurl.	20. 3. 95	16. 8. 65
Dr. Sonnentag, Michael, beurl.	3. 9. 01	28. 2. 69
Winkens, Ramon	1. 2. 02	11. 1. 73
Caesar, Bettina Helga	15. 2. 02	6. 10. 72
Supplieth, Michael	21. 2. 02	1. 12. 69
Gleesner, Tanja, beurl.	1. 3. 02	2. 2. 75
Rudert, Hauke	2. 4. 02	23. 12. 72
Moll, Tanja	3. 6. 02	12. 7. 74
Gävert, Claudia	10. 6. 02	12. 8. 74
Küppers, Michael	30. 9. 02	9. 6. 75
Plücker, Marc	2. 1. 03	2. 3. 72
Kahlen, Nicole	2. 1. 03	29. 4. 72
Oberpriller, Christina	2. 1. 03	26. 5. 73
Büch, Dirk	2. 1. 03	27. 2. 74
Greve, Michael	2. 1. 03	24. 3. 74
Slawik, Sabine	2. 1. 03	16. 5. 75
Hufer, Stephanie	3. 2. 03	29. 1. 71
Güldenring, Katja, beurl.	3. 2. 03	26. 8. 74
Günther, Nadja	1. 4. 03	5. 4. 72
Köhne, Isabel	1. 4. 03	11. 5. 72
Orth, Jan	1. 4. 03	16. 5. 74
Dr. Helbig, Petra	1. 4. 03	27. 8. 74
Höltje, Björn	1. 4. 03	4. 9. 74
Baack, Jörg	1. 4. 03	10. 12. 74
Schmiegelt, Diana	1. 4. 03	5. 1. 76
Jürgens, Heike	1. 4. 03	31. 1. 76
Dr. Stollenwerk, Thomas	1. 8. 03	16. 5. 72
Dr. Ahlmer, Isabel	1. 9. 03	19. 9. 73
Both, Susanne	11. 11. 03	12. 6. 75
Keller, Gerlind	1. 12. 03	28. 2. 76
Klages, Joachim	19. 1. 04	24. 2. 75
Dr. Lux-Wesener, Christina, abg.	26. 1. 04	28. 11. 74
Kapsa, Annemarie	26. 1. 04	9. 3. 75
Dr. Jährig, Natascha	26. 1. 04	7. 11. 75
Röllenbleck, Benjamin	2. 2. 04	1. 10. 68
Dr. Meyer, Alexander	2. 2. 04	25. 10. 74
Hens, Sabine	2. 2. 04	7. 10. 75
Dr. Schmitz, Katja	5. 2. 04	4. 1. 69
Behrend, Tim	25. 2. 04	26. 2. 74
Winhold, Natascha	1. 3. 04	23. 1. 75
Dr. Kunst, Susanne	15. 3. 04	5. 6. 75
Kaminski, Jasmin	22. 3. 04	16. 12. 76
Brack, Viktoria	1. 4. 04	19. 7. 74
Breitbach, Christian	5. 4. 04	8. 1. 76
Güldenberg, Britta	5. 4. 04	5. 10. 76
Kreidt, Katrin	26. 4. 04	1. 10. 76
Dr. Brecht, Dinah	3. 5. 04	25. 2. 72
Ehrig, Christian	3. 5. 04	10. 6. 72
Dr. Kraft, Christina	3. 5. 04	29. 7. 73
Dr. Werner, Ingo Achim	1. 6. 04	14. 2. 73
Dr. Feix, Karina	21. 7. 04	30. 1. 76
Koch, Christiane	26. 7. 04	8. 7. 74
Dötsch, Wolfgang	9. 8. 04	22. 4. 75
Schmitz, Cynthia	1. 9. 04	5. 4. 74
Dr. Götzmann, Claudia	1. 9. 04	30. 4. 76
Dr. Nicknig, Bernhard	20. 9. 04	29. 5. 76
Grahn, Markus	1. 10. 04	7. 2. 74
Kappelmann, Ina	8. 12. 04	16. 7. 75
Jakobs, Stephanie	13. 12. 04	28. 9. 74
Küpper, Thomas	15. 12. 04	14. 4. 75
Dr. Lepa, Meike Christina	30. 12. 04	26. 1. 77
Gleesner, Tanja, beurl.	1. 1. 05	2. 5. 75
Dr. Winkel, Georg	3. 1. 05	27. 11. 72
Dr. Webering, Anabel	1. 2. 05	16. 10. 72
Dr. Kamp, Manuel	21. 2. 05	20. 7. 76
Vonderschen, Meike	22. 2. 05	28. 10. 74
Helsper, Wiebke	28. 2. 05	9. 3. 76
Uthemann, Daniela	28. 2. 05	17. 8. 76
Feldmann, Sandra Daniela	2. 1. 06	20. 4. 76

Urselmans, Monika	2. 1. 06	31. 8. 77	Siepmann, Susanne, abg.	21. 7. 03	17. 1. 75
Friedrich, Anja	2. 1. 06	20. 3. 72	Weber, Kerstin Ursula	1. 9. 03	2. 9. 74
Visarius, Vivien	2. 1. 06	16. 3. 78	Wollenweber, Marc	1. 9. 03	13. 2. 75
Biermann, Bernd	15. 1. 06	14. 7. 76	Schetter, Claudia	20. 10. 03	12. 8. 74
Stegmann, Vera Anke	16. 1. 06	14. 2. 78	Kaiser, Ingo	14. 6. 04	9. 7. 74
Dr. Grundmann, Antonia	1. 2. 06	25. 12. 75	Blaut, Christian	23. 6. 04	27. 5. 75
Dr. Bahlmann, Anika	1. 2. 06	28. 2. 77	Schiminowski, Jens	1. 7. 04	10. 7. 75
Radermacher, Kerstin	15. 2. 06	19. 12. 75	Fuchs, Alexander	1. 10. 04	10. 2. 74
			Wieschollek, Sylvia	1. 10. 04	9. 9. 74

Bei den Staatsanwaltschaften:

vom Stein, Elke, beurl.	1. 6. 92	18. 9. 61	Köstner, Elmar	1. 10. 04	4. 2. 75
Bäcker, Dennis	15. 11. 01	21. 4. 74	Fechner, Nicole	1. 12. 04	7. 2. 77
Ley, Rut	21. 1. 02	4. 12. 73	Raddant, Daniela	24. 11. 04	29. 7. 74
Dr. Herkenrath, Klaus	12. 8. 02	30. 12. 72	Simon, Klaus	24. 11. 04	2. 11. 74
Brorhilker, Anne	1. 10. 02	30. 7. 73	Heitmann, Britta	1. 12. 04	31. 8. 75
Thelen, Marco	7. 10. 02	12. 3. 76	Dr. Breloer, Carolin Eva	12. 1. 05	24. 2. 76
Kleuser, Ulrich	20. 11. 02	1. 11. 72	Mörschner, Pinelopi	4. 4. 05	2. 8. 75
Hardies, Jörg	8. 1. 03	9. 7. 74	Stein, Ulrich	7. 4. 05	5. 6. 76
d'Avis, Oliver	27. 2. 03	25. 3. 73	Krämer, Philipp	2. 5. 05	19. 3. 76
Dr. Göbbels, Julia	31. 3. 03	26. 3. 75	Prietze, Philipp	21. 11. 05	13. 7. 77
Götz, Silke	16. 4. 03	26. 2. 70	Gilles, René	28. 11. 05	13. 9. 76
Riemann, Olaf	22. 4. 03	28. 7. 70	Winter, Stefan	1. 12. 05	29. 9. 77
Dr. Seesko, Tino Günther	19. 5. 03	10. 6. 72	Kaupe, Florian	2. 1. 06	21. 11. 75
			Bodden, Robert Ludwig	2. 1. 06	14. 9. 77
Profanter, Marc	1. 7. 03	1. 9. 73	Beul, Petra	1. 3. 06	23. 8. 76
Soboll, Andrea	1. 7. 03	5. 9. 75	Hoogendoorn, Renke	1. 3. 06	27. 6. 78
			Hartmann, Markus	6. 3. 06	24. 5. 73

Rheinland-Pfalz

4 061 105 Einwohner*

Ministerium der Justiz

Ernst-Ludwig-Str. 3, 55116 Mainz
Postfach 3260, 55022 Mainz
Tel. (0 61 31) 16-0, Fax (0 61 31) 16 48 87
E-Mail: Poststelle@min.jm.rlp.de
E-Mail: lpa@min.jm.rlp.de (Landesprüfungsamt für Juristen)

1 Min, 1 StaatsSekr, 4 MinDirig, 7 LMinR, 1 PräsLPA, 17 MinR, 12 RD, 3 ORR, 1 RR

Minister der Justiz
Dr. Bamberger, Heinz Georg	18. 5. 06	28. 1. 47

Staatssekretärin
Reich, Beate	18. 5. 06	23. 8. 68

Ministerialdirigenten
Dr. Jutzi, Siegfried	1. 5. 92	6. 2. 50
Meiborg, Gerhard	1. 5. 98	17. 5. 51
Perne, Helmut	1. 5. 04	19. 3. 55
Häfner, Jürgen	1. 5. 04	8. 11. 59
Jung, Erich	1. 1. 06	8. 2. 49

Leitende Ministerialrätin/Leitende Ministerialräte
Pandel, Helmut	1. 5. 91	8. 4. 48
Demmerle, Walter	1. 5. 04	22. 3. 48
Dr. Volk, Elisabeth	1. 5. 04	20. 6. 60

Präsidentin des Landesprüfungsamtes für Juristen
Dicke, Marliese	1. 8. 98	16. 1. 55

Ministerialrätinnen/Ministerialräte
von Wehrs, Heidrun, ½	1. 5. 00	27. 10. 44
Böhm, Irmgard, ½	1. 5. 00	8. 9. 47
Schmahl, Diethard	1. 5. 02	1. 4. 42
Schnorr, Stefan, abg.	1. 5. 04	15. 12. 62
Fritz, Jochen	1. 5. 87	31. 1. 48
Mittelhausen, Christian	1. 5. 01	31. 12. 48
Bosman, Ursula, ½	1. 5. 02	21. 1. 56
Dr. Stein-Hobohm, Victoria	1. 5. 02	12. 3. 56
Schmid, Gabriele	1. 5. 02	26. 9. 62
Scheppler, Heinz-Jürgen	1. 5. 04	31. 1. 62

Regierungsdirektorin/Regierungsdirektoren
Wolf, Reinhold	1. 5. 01	18. 4. 52
Müller, Manfred	5. 7. 02	16. 6. 50
Schröder, Jürgen	1. 5. 04	18. 12. 49
Schwind, Jürgen	1. 5. 04	2. 6. 53
Körner, Iris	1. 5. 05	5. 5. 60

Oberregierungsrat
Steiger, Norbert	1. 5. 05	22. 2. 54

*Stand: 1. 11. 2005.

RP OLG-Bezirk Koblenz

Oberlandesgerichtsbezirk Koblenz

Der Oberlandesgerichtsbezirk umfasst die früheren Regierungsbezirke Koblenz und Trier sowie einen Teil des früheren Regierungsbezirks Rheinhessen-Pfalz

4 Landgerichte:
Bad Kreuznach, Koblenz, Mainz und Trier

31 Amtsgerichte

Schöffengerichte: bei allen Amtsgerichten außer den nachstehend aufgeführten

Gemeinsames Schöffengericht für die Amtsgerichte, bei denen kein Schöffengericht gebildet wird, ist:

für den AGBez.:	*das Schöffengericht:*
Bad Sobernheim:	Bad Kreuznach
Altenkirchen:	Betzdorf
Andernach:	Mayen
Linz:	Neuwied
Sinzig:	Bad-Neuenahr-Ahrweiler
Westerburg:	Montabaur
Daun:	Wittlich
Hermeskeil u. Saarburg:	Trier
Prüm:	Bitburg

Familiengerichte: bei allen Amtsgerichten

Landwirtschaftssachen werden von den nachstehenden Amtsgerichten als Landwirtschaftsgerichte erledigt:

Bad Kreuznach	zugl. f. d. AGBez. Bad Sobernheim u. Simmern (Hunsrück),
Idar-Oberstein	
Altenkirchen	zugl. f. d. AGBez. Betzdorf,
Bad Neuenahr-Ahrweiler	zugl. f. d. AGBez. Sinzig
Cochem	
Diez	zugl. f. d. AGBez. Lahnstein,
Koblenz	zugl. f. d. AGBez. St. Goar,
Mayen	zugl. f. d. AGBez. Andernach,
Montabaur	zugl. f. d. AGBez. Westerburg,
Neuwied	zugl. f. d. AGBez. Linz am Rhein,
Alzey	zugl. f. d. AGBez. Worms, Bingen am Rhein und Mainz,
Bernkastel-Kues-	
Bitburg	zugl. f. d. AGBez. Prüm,
Trier	zugl. f. d. AGBez. Hermeskeil und Saarburg,
Wittlich	zugl. f. d. AGBez. Daun

Das Oberlandesgericht Koblenz entscheidet über das Rechtsmittel der Beschwerde gegen Entscheidungen der Landwirtschaftsgerichte aus den Bezirken der Oberlandesgerichte Koblenz und Zweibrücken. Es ist zugleich der Anwaltsgerichtshof für das Land Rheinland-Pfalz.

Oberlandesgericht Koblenz

E 2 635 605
Stresemannstr. 1, 56068 Koblenz
Postfach, 56065 Koblenz
Tel. (02 61) 1 02-0, Fax (02 61) 1 02-29 00
E-Mail: poststelle.olg@Ko.jm.rlp.de
www.olgko.justiz.rlp.de

1 Pr, 1 VPr, 13 VR, 41 R (davon 5 UProf im 2. Hauptamt) + 1 LSt (R)

Präsident/in				*Vorsitzende Richterinnen/Vorsitzende Richter*		
N. N.	—	—		Dr. Henrich, Wolfgang	1. 2. 92	2. 10. 43
				von Tzschoppe, Hartmut	11. 8. 92	11. 11. 44
Vizepräsident				Hahn, Dieter	23. 8. 93	10. 3. 43
Hölzer, Gert	1. 6. 00	12. 8. 45		Werner, Udo	5. 2. 99	23. 2. 42

LG-Bezirk Bad Kreuznach   OLG-Bezirk Koblenz   **RP**

Sartor, Bernd	28. 6. 00	22. 10. 49
Dierkes, Dieter	24. 1. 01	27. 4. 43
Kaltenbach, Michael	25. 4. 01	12. 10. 49
Weiss, Werner	25. 4. 01	11. 1. 50
Krumscheid, Helga	1. 9. 01	20. 12. 50
Trueson, Walter	11. 2. 03	1. 10. 43
Bock, Karl-Stephan	2. 5. 03	14. 9. 51
Wolff, Monika	14. 5. 03	24. 5. 53

Richterinnen/Richter

Künzel, Rainer	1. 12. 86	12. 4. 47
Dr. Menzel, Hans-Georg	24. 7. 87	15. 6. 51
Diener, Gerhard	14. 9. 87	8. 11. 46
Schwager-Wenz, Gudrun	30. 11. 88	15. 4. 50
Mertens, Walter	13. 7. 89	4. 3. 45
Weller, Ernst-Wilhelm	7. 4. 92	27. 1. 51
Stein, Christoph	28. 7. 92	5. 9. 45
Peters, Angelika	28. 7. 92	3. 7. 52
Pott, Helmut	1. 12. 92	7. 4. 49
Dr. Itzel, Peter	18. 5. 93	7. 8. 55
Völpel, Andreas	7. 6. 93	12. 12. 52
Frey, Claudia	9. 6. 93	28. 10. 46
Au, Gisela	8. 8. 94	8. 1. 47
Haupert, Michael	13. 10. 95	26. 12. 50
Wünsch, Michael	26. 3. 96	26. 4. 53
Darscheid, Maya	6. 8. 96	2. 3. 53
Marx, Helmut	6. 8. 96	30. 3. 54
Mille, Lothar	6. 8. 96	10. 1. 55
Dr. Heusel, Wolfgang, beurl. (LSt)	20. 8. 96	18. 7. 55
Ritter, Aksel	29. 4. 97	13. 10. 46
Becht, Irene, 1/2	10. 6. 97	6. 3. 57
Summa, Hermann	1. 9. 97	12. 2. 54
Semmelrogge, Angela	18. 5. 98	8. 7. 62
Dr. Reinert, Patrick	2. 6. 98	14. 11. 56
Eck, Walter	3. 11. 98	7. 1. 51
Dr. Eschelbach, Ralf	22. 7. 99	10. 4. 58
Dennhardt, Joachim	9. 8. 99	3. 3. 62
Schilz-Christoffel, Kornelia, 1/2	25. 2. 00	24. 6. 58
Hardt, Klementine	1. 2. 01	23. 11. 60
Rüll, Stephan	11. 5. 01	13. 5. 60
Prof. Dr. Dorn, Franz (UProf, 2. Hauptamt)	1. 1. 02	19. 7. 54
Prof. Dr. Reiff, Peter (UProf, 2. Hauptamt)	1. 2. 02	17. 11. 57
Dr. Koch, Thomas, abg.	13. 2. 02	5. 12. 61
Grünewald, Thomas	17. 9. 02	19. 9. 62
Dühr-Ohlmann, Ruth, 1/2	11. 2. 03	23. 8. 55
Zeitler-Hetger, Ingrid, 1/2	11. 2. 03	21. 10. 59
Busekow, Michael	2. 9. 03	24. 7. 56

Speich, Jutta	2. 9. 03	14. 8. 62
Harsdorf-Gebhardt, Marion	2. 9. 03	18. 2. 64
Prof. Dr. Dörr, Dieter (UProf, 2. Hauptamt)	1. 10. 03	17. 4. 52
Dr. Kerber, Anne	1. 9. 05	28. 6. 64
Goebel, Frank	1. 9. 05	8. 5. 65

Landgerichtsbezirk Bad Kreuznach

Landgericht Bad Kreuznach   E 312 577
Ringstr. 79, 55543 Bad Kreuznach
Postfach 16 49, 55506 Bad Kreuznach
Tel. (06 71) 7 08-0
Fax (06 71) 708 213
E-Mail: LGKH@Ko.jm.rlp.de
www.lgkh.justiz.rlp.de

1 Pr, 1 VPr, 4 VR, 10 R + 2 LSt (R)

Präsidentin

Benner, Beate	29. 11. 01	8. 10. 49

Vizepräsident

Mey, Volker	8. 11. 02	6. 4. 43

Vorsitzende Richter

Kolb, Norbert	5. 3. 90	13. 6. 46
Keber, Joachim	30. 12. 92	4. 8. 49
Henrich, Benno	29. 11. 94	4. 4. 53
Dr. Kremer, Bruno	25. 4. 97	30. 4. 55

Richterinnen/Richter

Walper, Martin	25. 1. 94	17. 12. 61
Kagerbauer, Kornelia	8. 11. 94	13. 10. 53
Telscher, Susanne	11. 7. 96	29. 7. 65
Schädrich, Ulrike, 1/2	6. 3. 98	11. 12. 63
Kurth, Martina	2. 4. 98	28. 7. 64
Orf, Rüdiger, abg.	8. 7. 99	28. 5. 66
Dümler, Dagmar, 1/2, beurl. (LSt)	12. 7. 99	1. 6. 67
van Krüchten, Ulrich, abg. (LSt)	21. 11. 00	23. 11. 63
Hampel, Jörg-Werner	23. 11. 00	28. 4. 66
Dr. Walper, Caroline, 1/2	15. 4. 04	17. 7. 67
Voltz, Tanja	4. 2. 05	27. 9. 72
Scherf, Fabian, abg.	4. 2. 05	15. 11. 73

Amtsgerichte

Bad Kreuznach E 112 224
Ringstr. 79, 55543 Bad Kreuznach
Postfach 16 49, 55506 Bad Kreuznach
Tel. (06 71) 7 08-0
Fax (06 71) 70 82 72
E-Mail: AGKH@Ko.jm.rlp.de
www.agkh.justiz.rlp.de

1 Dir, 1 stVDir, 10 R

Hill, Brigitte, Dir	12. 7. 05	22. 1. 60
Seemann, Richard, stVDir	28. 7. 94	28. 9. 54
Anheuser, Helmut	11. 5. 76	17. 1. 42
Möller, Joachim	8. 3. 78	15. 10. 45
Schnatz-Tachkov, Ursula	26. 9. 80	15. 10. 50
Meng, Klaus	6. 10. 80	26. 7. 48
Velden, Robert	10. 12. 80	12. 1. 52
Obenauer, Wolfram	13. 1. 83	25. 12. 49
Fenkner, Stefanie	28. 3. 89	10. 11. 55
Fenkner, Eckhard	13. 11. 91	9. 4. 56

Bad Sobernheim E 46 522
Gymnasialstr. 11, 55566 Bad Sobernheim
55562 Bad Sobernheim
Tel. (0 67 51) 93 130
Fax (0 67 51) 93 13 50
E-Mail: AGSOB@Ko.jm.rlp.de
www.agsob.justiz.rlp.de

1 Dir, 2 R

Trageser, Friederike, Dir	24. 2. 06	14. 5. 57

Idar-Oberstein E 88 755
Mainzer Str. 180, 55743 Idar-Oberstein
Postfach 01 14 20, 55704 Idar-Oberstein
Tel. (0 67 81) 2 20 54
Fax (0 67 81) 2 31 45
E-Mail: AGIO@Ko.jm.rlp.de
www.agio.justiz.rlp.de

1 Dir, 1 stVDir, 4 R

Probson, Martin, Dir	1. 6. 04	13. 1. 47
König, Christel, stVDir	8. 3. 90	8. 2. 48
Wittgen, Kornelius	6. 5. 85	7. 8. 52
Rienhardt, Hans-Walter	6. 9. 93	14. 5. 56
Pfeifer, Johannes	20. 12. 99	25. 4. 64
Porcher-Christmann, Ulrike	1. 1. 05	11. 9. 67

Simmern (Hunsrück) E 65 076
Schulstr. 5, 55469 Simmern
Postfach 3 27, 55463 Simmern
Tel. (0 67 61) 30 61
Fax (0 67 61) 1 27 47
E-Mail: AGSIM@Ko.jm.rlp.de
www.agsim.justiz.rlp.de

1 Dir, 3 R

Bender, Karl, Dir	21. 1. 02	17. 11. 49
Kolling, Willibrord	27. 4. 95	27. 9. 60
Hüttemann, Peter	22. 11. 00	9. 9. 67
Huwar, Birgit	7. 5. 03	6. 1. 72

Landgerichtsbezirk Koblenz

Landgericht Koblenz E 1 214 930
Karmeliterstr. 14, 56068 Koblenz
Postfach, 56065 Koblenz
Tel. (02 61) 1 02-0, Fax (02 61) 10 15 03
E-Mail: LGKO@Ko.jm.rlp.de
www.lgko.justiz.rlp.de

1 Pr, 1 VPr, 27 VR, 39,5 R, 5 LSt (R)

Präsident

Gràefen, Hans-Josef	17. 5. 02	27. 2. 53

Vizepräsident

Becht, Edgar	1. 10. 05	11. 12. 52

Vorsitzende Richterinnen / Richter

Arenz, Wolfgang	30. 5. 86	27. 2. 44
Neumeister, Hermann	2. 9. 88	6. 6. 41
Dietrich, Heinz	14. 3. 89	5. 2. 47
Mockenhaupt, Walter	13. 7. 89	1. 5. 48
Pietsch, Karl-Heinz	30. 11. 89	21. 12. 44
Gottwald, Uwe	22. 3. 90	15. 2. 47
zur Hausen, Burghard	5. 3. 91	24. 5. 44
Hürtgen, Wolfgang	28. 1. 92	1. 4. 49
Haffke, Hans	11. 3. 94	23. 10. 44
Wald, Herbert	17. 10. 95	23. 12. 50
Weiland, Ulrich	10. 4. 96	14. 9. 51
Schaefer, Michael	16. 9. 96	4. 4. 51
Dr. Hetger, Winfried	11. 12. 96	7. 1. 55
Wild-Völpel, Andrea	16. 2. 98	7. 8. 54
Bock, Ralf	22. 12. 98	2. 3. 55
Hübinger, Bernhard	9. 3. 99	2. 5. 56
Fay-Thiemann, Monika	14. 1. 00	9. 10. 57
Weller, Norbert	25. 7. 00	31. 12. 44
Göttgen, Hans-Georg	25. 7. 00	29. 4. 52
Christoffel, Ulrich	17. 1. 01	3. 6. 56
Theis, Elmar	11. 5. 01	29. 3. 49

LG-Bezirk Koblenz

Krahn, Eckhard (2. Haupt-		
amt, zugl. AG Diez)	11. 9. 01	10. 3. 55
Hannappel, Willibald	5. 2. 02	22. 9. 47
Diedenhofen, Helga	22. 10. 02	31. 7. 50
Heilmann, Rüdiger	27. 9. 04	25. 9. 61
Dr. Janoschek, Christian	3. 1. 05	1. 5. 63
Dühr, Andreas	1. 4. 05	23. 5. 60

Richterinnen/Richter

Hagenmeier, Günter	22. 7. 85	10. 3. 49
Freitag, Franziska	28. 12. 88	2. 6. 54
Buddendiek, Ulrich	30. 12. 88	27. 2. 56
Ritzdorf, Raimund	20. 11. 92	20. 7. 55
Schracke, Dieter	7. 1. 93	25. 6. 61
Roll, Andreas	1. 2. 93	10. 8. 57
Rienhardt, Undine	6. 4. 94	7. 4. 61
Buder, Christiane, ½	26. 9. 94	24. 12. 60
Dr. Kurtenbach, Jutta	13. 11. 95	17. 8. 59
Schneider, Harald	6. 2. 96	29. 5. 62
Hoersch, Hans-Peter	12. 2. 96	20. 3. 62
Volckmann, Ralph	18. 6. 96	5. 8. 61
Henrichs, Thomas	27. 8. 96	24. 2. 64
Beickler, Thomas	30. 1. 97	28. 5. 63
Rörig, Kathrin, ½	17. 2. 97	5. 11. 62
Groß, Helmut	27. 5. 97	22. 1. 64
Lamberz, Barbara, ½	28. 5. 97	8. 2. 66
Kruse, Anna-Maria, ½	4. 9. 98	29. 8. 64
Gettmann, Kerstin, ½	7. 9. 98	12. 3. 63
Versteegen, Jan, abg. (LSt)	1. 7. 99	25. 4. 61
Burkowski, Michael	10. 8. 99	1. 10. 61
Junker, Martin	12. 8. 99	16. 8. 65
Dr. Metzger, Ingrid	10. 11. 99	29. 11. 66
Thurn, Bernhard	23. 11. 99	2. 2. 63
Haberkamp, Alexandra	23. 11. 99	20. 2. 66
Eisert, Tobias, abg.	12. 4. 00	18. 1. 66
Schneider, Jutta,		
beurl. (LSt)	3. 1. 01	11. 10. 66
Seus, Joachim	15. 3. 01	24. 8. 67
Dr. Leitges, Konrad	15. 3. 01	28. 11. 67
Beickler, Birgitta	19. 3. 01	20. 7. 64
Schleiffer, Inge-Maria, ½	2. 4. 01	23. 7. 64
Bendel, Regine, beurl. (LSt)	3. 4. 01	11. 1. 67
Musiol, Susanne, ½	24. 4. 01	7. 2. 67
Bendel, Andreas	27. 11. 01	25. 10. 63
Groß, Andreas	27. 11. 01	17. 5. 69
Zimmlinghaus, Doris	6. 12. 01	6. 9. 69
Dr. Syrbe, Christoph,		
abg. (LSt)	24. 7. 02	4. 2. 66
Jäger, Jörg Christian	30. 7. 02	23. 10. 68
Schmitt, Martina, ½	16. 8. 02	16. 9. 71
Dr. von Gumpert, Tilman,		
abg. (LSt)	11. 8. 03	13. 11. 69
Steinhausen, Ingo	10. 3. 04	9. 5. 66
Becker, Anja, beurl. (LSt)	10. 3. 04	8. 10. 69
Spinler, Mechthild,		
beurl. (LSt)	1. 3. 05	21. 11. 70

OLG-Bezirk Koblenz **RP**

Schlauß, Stefan, abg. (LSt)	9. 3. 05	4. 9. 71
Wiedner, Stefan,		
beurl. (LSt)	15. 3. 05	28. 5. 68
Geider, Christine, ½	8. 4. 05	25. 3. 70
Dickmann, Ira Bettina,		
beurl. (LSt)	27. 10. 05	20. 10. 67
Bonin, Thorsten	27. 10. 05	9. 9. 73
Rosewich, Julia	7. 11. 05	13. 2. 73
Brosa, Andreas, RkrA	(1. 1. 05)	19. 3. 70

Amtsgerichte

Altenkirchen (Westerwald) E 48 728
Hochstr. 1, 57610 Altenkirchen
Postfach 11 40, 57601 Altenkirchen
Tel. (0 26 81) 9 52 60
Fax (0 26 81) 9 52 650
E-Mail: AGAK@Ko.jm.rlp.de
www.agak.justiz.rlp.de

1 Dir, 3 R + 2 LSt

Kempf, Johannes, Dir	30. 5. 00	26. 11. 61
Trossen, Arthur,		
beurl. (LSt)	20. 5. 85	2. 1. 55
Vreden, Claus, beurl. (LSt)	26. 11. 91	30. 5. 55
Windisch, Iris	18. 8. 98	21. 1. 64
Steger, Volker	19. 8. 98	20. 2. 65
Denter, Johannes	19. 8. 99	27. 3. 69

Andernach E 78 370
Koblenzer Str. 6-8, 56626 Andernach
Postabholfach, 56624 Andernach
Tel. (0 26 32) 92 59-0, Fax (0 26 32) 92 59 80
E-Mail: AGAND@Ko.jm.rlp.de
www.agand.justiz.rlp.de

1 Dir, 1 stVDir, 6 R

Ley, Manfred, Dir	3. 5. 02	31. 5. 52
Dehen, Dieter, stVDir	30. 10. 01	13. 3. 42
Starkloff, Ruprecht	26. 1. 76	6. 4. 42
Brenner, Helmut	27. 11. 86	10. 3. 51
Alsbach, Claudia	12. 9. 94	23. 8. 61
Rumpf, Regina	5. 10. 94	31. 7. 63
Drysch, Yvonne	17. 11. 95	4. 1. 63
Kohl, Rudolf	17. 3. 98	27. 8. 58

Bad Neuenahr-Ahrweiler E 64 858
Wilhelmstr. 55/57, 53474 Bad Neuenahr-Ahrweiler
Postfach 11 69, 53456 Bad Neuenahr-Ahrweiler
Tel. (0 26 41) 971-0
Fax (0 26 41) 97 11 00
E-Mail: AGAW@Ko.jm.rlp.de
www.agaw.justiz.rlp.de

1 Dir, 4 R

RP OLG-Bezirk Koblenz   LG-Bezirk Koblenz

Powolny, Jürgen, Dir	17. 3. 95	21. 3. 55
Hoffmann, Walter	28. 10. 77	3. 7. 45
Assenmacher, Wolfgang	14. 11. 84	30. 10. 48
Hürten, Petra, 1/2	1. 3. 02	29. 10. 65
Dr. Prinz, Gerald	1. 8. 05	16. 2. 66

Betzdorf   E 88 164
Friedrichstr. 17, 57518 Betzdorf
Postfach 109, 57501 Betzdorf
Tel. (0 27 41) 92 70
Fax (0 27 41) 92 71 11
E-Mail: AGBD@Ko.jm.rlp.de
www.agbd.justiz.rlp.de

1 Dir, 6 R

Weber-Monecke, Walter, Dir	13. 4. 94	13. 10. 49
Ickenroth, Hubert	27. 12. 90	19. 9. 57
Karst, Nikolaus	5. 2. 94	5. 12. 57
Rühmann, Reiner, abg.	13. 2. 97	4. 12. 63
Becher, Tanja	2. 2. 98	10. 5. 65
Flanz, Pascal	28. 9. 99	7. 8. 69
Bügel, Jens	24. 8. 04	14. 2. 70
Griesar, Ludger, RkrA	(1. 11. 04)	22. 10. 66

Cochem   E 66 067
Ravenestr. 39, 56812 Cochem
Postfach 11 20, 56801 Cochem
Tel. (0 26 71) 98 80-0
Fax (0 26 71) 98 80 52
E-Mail: AGCOC@Ko.jm.rlp.de
www.agcoc.justiz.rlp.de

1 Dir, 4 R

Rock, Hans, Dir	29. 2. 96	23. 5. 44
Rudolph, Jürgen	12. 11. 76	25. 7. 43
Johann, Wilfried	4. 7. 86	15. 8. 51
Behrendt, Klaus	22. 8. 91	15. 8. 56
Schmitz, Regina, 1/2	29. 7. 96	5. 2. 62

Diez   E 57 787
Schloßberg 11, 65582 Diez
Postfach 15 61, 65574 Diez
Tel. (0 64 32) 92 53 0
Fax (0 64 32) 92 53 60
E-Mail: AGDZ@Ko.jm.rlp.de
www.agdz.justiz.rlp.de

1 Dir, 4,5 R

Krahn, Eckhard, Dir, zugl. LG Koblenz	11. 9. 01	10. 3. 55
Clessienne, Franz Josef	2. 11. 77	16. 12. 44
Müller, Frank	24. 3. 94	10. 10. 60
Windirsch, Andrea	29. 10. 99	31. 7. 68

Minnebeck, Bernd	11. 7. 03	3. 8. 67
Hennrichs, Silvia, 1/2	15. 12. 05	14. 8. 05

Koblenz   E 167 865
Karmeliter Str. 14, 56068 Koblenz
Postfach, 56065 Koblenz
Tel. (02 61) 1 02-0
Fax (02 61) 10 10 63
E-Mail: AGKO@Ko.jm.rlp.de
www.agko.justiz.rlp.de

1 Dir, 1 stVDir, 2 w.aufsR, 20 R + 2 LSt.

Blettner, Angelika, Dir	2. 7. 96	12. 9. 54
Krieg, Edmund, stVDir	1. 2. 91	20. 5. 44
Müller-Leyh, Heribert, w.aufsR	1. 12. 94	9. 4. 43
Städing, Jörg, w.aufsR	2. 12. 94	26. 2. 45
Franke, Peter	28. 3. 77	9. 7. 44
Franke, Jutta, beurl. (LSt)	29. 3. 77	17. 6. 45
Parschau, Udo	28. 6. 77	7. 4. 42
Scherbarth, Erwin	28. 6. 77	10. 5. 45
Stenz, Gerhard	11. 8. 77	28. 12. 45
Lanters, Joachim	27. 10. 77	18. 2. 44
Bachmann, Peter	2. 11. 77	15. 2. 48
Henkel, Lothar	2. 5. 78	2. 10. 44
Bender, Thomas	27. 7. 79	25. 5. 49
Bachem, Rainer	28. 4. 80	3. 7. 47
Pitz, Wolfgang	7. 4. 81	7. 2. 50
Jung, Hans-Jürgen	—	—
Rättig, Alfred	11. 8. 83	28. 2. 50
Steinhauser, Armin	4. 4. 85	20. 1. 51
Becker, Jörg	25. 7. 85	13. 8. 53
Pickan-Hansen, Gertrud, 3/4	6. 7. 87	4. 2. 57
Bauer, Petra	18. 7. 96	11. 11. 62
Kroell, Gabriele	9. 6. 98	2. 2. 64
Horn, Wolfgang	7. 10. 98	14. 1. 65
Horn, Mona	24. 6. 99	12. 2. 65
Silbermann, Ines, abg. (LSt)	28. 2. 05	11. 11. 72
Bohr, Elisabeth, 1/2	5. 10. 05	7. 12. 64

Lahnstein   E 60 745
Bahnhofstr. 25, 56112 Lahnstein
Tel. (0 26 21) 70 36, Fax (0 26 21) 6 14 23
E-Mail: AGLAH@Ko.jm.rlp.de
www.aglah.justiz.rlp.de

1 Dir, 3,5 R

Conradi, Klaus Jürgen, Dir	3. 4. 91	20. 3. 44
Hasdenteufel, Christoph	29. 3. 77	1. 2. 44
Kleinz, Karl Rudolf	7. 11. 83	17. 6. 51
Schneider, Elfriede	30. 12. 86	31. 5. 54
Schlichting, Heike, 3/4	12. 3. 96	3. 8. 64
Griesar, Ludger, RkrA	(1. 11. 04)	22. 10. 66

LG-Bezirk Koblenz   OLG-Bezirk Koblenz   **RP**

Linz (am Rhein) E 66 640
Linzhausenstr. 20 A, 53545 Linz
Postfach 77, 53542 Linz
Tel. (0 26 44) 9 47-0
Fax (0 26 44) 9 47-1 91 (oder -2 00)
E-Mail: AGLIN@Ko.jm.rlp.de
www.aglin.justiz.rlp.de

1 Dir, 4 R, 1 LSt

Stieler, Bodo, Dir	20. 7. 84	7. 12. 43
Arck, Christine	8. 4. 86	5. 10. 55
Franzen, Marlene, 3/4	18. 8. 98	9. 10. 61
Mönnig, Peter	19. 7. 99	1. 4. 63
Dr. Riegel, Ralf, abg. (LSt)	19. 4. 00	7. 7. 62

Mayen E 74 767
St.-Veit-Str. 38, 56727 Mayen
Postfach, 56724 Mayen
Tel. (0 26 51) 40 30
Fax (0 26 51) 40 31 90
E-Mail: AGMY@agmy.jm.rlp.de
www.agmy.justiz.rlp.de

1 Dir, 1 stVDir, 6 R

Schmickler, Bernhard, Dir	11. 9. 01	30. 1. 54
Lambert, Peter, stVDir	4. 12. 01	16. 12. 61
Vohl, Christa	20. 6. 85	24. 9. 53
Nolte, Friedemann	2. 10. 87	6. 9. 55
Anheier, Joachim	4. 8. 92	21. 8. 58
Linden, Doris, 3/4	21. 10. 96	13. 12. 61
Fischer, Jürgen	19. 8. 98	12. 7. 62
Neis-Schieber, Judith, 1/2	14. 2. 00	16. 6. 64

Montabaur E 103 816
Bahnhofstr. 47, 56410 Montabaur
Postfach 13 65, 56403 Montabaur
Tel. (0 26 02) 10 07-0
Fax (0 26 02) 10 07 12
E-Mail: AGMON@Ko.jm.rlp.de
www.agmon.justiz.rlp.de

1 Dir, 1 stVDir, 7,5 R, 1 LSt (R)

Forster, Erhard, Dir	1. 11. 86	19. 1. 48
Schaper, Detlev, stVDir	18. 4. 95	25. 5. 50
Meyne, Harald	10. 4. 78	13. 5. 44
Reimers, Ursula, 1/2	2. 4. 79	18. 2. 49
Staatsmann, Jörg	14. 9. 95	26. 9. 61
Alsbach, Nicole	7. 11. 95	3. 9. 62
Dr. Frank, Orlik	18. 9. 97	3. 5. 63
Röer, Birgit	11. 8. 00	20. 4. 63
Höfer, Isabel, beurl. (LSt)	7. 5. 01	16. 4. 67
Buss, Ingo	8. 3. 04	17. 7. 72
Esch, Nicole, 1/2	14. 1. 05	26. 6. 71

Neuwied E 119 406
Hermannstr. 39, 56564 Neuwied
Postfach, 56501 Neuwied
Tel. (0 26 31) 89 99-0
Fax (0 26 31) 8 99 92 00
E-Mail: AGNR@Ko.jm.rlp.de
www.agnr.justiz.rlp.de

1 Dir, 1 stVDir, 9,5 R

Fischer, Karl Hans, Dir	4. 2. 03	7. 7. 52
Hartmann-Schadebrodt, Ursula, stVDir	30. 10. 01	28. 1. 53
Werner, Barbara	8. 7. 77	18. 5. 45
Späth, Helmut	2. 3. 79	26. 7. 46
Schäfer, Gerd	11. 4. 79	18. 7. 46
Christ, Hans-Jürgen	7. 12. 79	17. 10. 47
Speyerer, Herbert	22. 11. 82	24. 7. 50
Becker, Ewald	16. 11. 89	7. 2. 52
Paffenholz, Hans-Josef	23. 10. 90	18. 12. 55
Ihrlich, Manfred	12. 9. 94	29. 6. 60
Galemann, Barbara	4. 3. 96	22. 10. 63
Harwardt, Michael	11. 10. 96	15. 10. 63

St. Goar E 51 490
Bismarckweg 3-4, 56329 St. Goar
Postfach 11 52, 56325 St. Goar
Tel. (0 67 41) 77 61
Fax (0 67 41) 23 97
E-Mail: AGGOA@Ko.jm.rlp.de
www.aggoa.justiz.rlp.de

1 Dir, 3 R

Gerharz, Winfried, Dir	11. 5. 84	19. 12. 41
Schäfer, Volker	30. 9. 77	4. 8. 42
Pingel, Karl-Heinz	25. 10. 91	9. 7. 54
Föhr, Susanne, 1/2	14. 12. 00	29. 9. 68
Nass, Verena, 1/2	3. 1. 01	19. 1. 67

Sinzig E 66 118
Barbarossastr. 21, 53489 Sinzig
Postfach 11 90, 53475 Sinzig
Tel. (0 26 42) 97 74 0
Fax (0 26 42) 97 74 50
E-Mail: AGSIN@Ko.jm.rlp.de
www.agsin.justiz.rlp.de

1 Dir, 4 R

Hergarten, Reinhold, Dir	22. 7. 97	25. 10. 53
Brunkow, Gisa, 3/4	20. 1. 76	13. 8. 44
Koch, Jutta, 3/4	20. 6. 95	18. 8. 62
Fuchs, Margaretha, 3/4	6. 11. 95	29. 9. 62
Schmitz, Guido	9. 3. 06	14. 3. 69

RP OLG-Bezirk Koblenz   LG-Bezirk Mainz

Westerburg   E 100 109
Wörthstr. 14, 56457 Westerburg
Postfach 11 80, 56450 Westerburg
Tel. (0 26 63) 80 33
Fax (0 26 63) 87 02
E-Mail: AGWES@Ko.jm.rlp.de
www.agwes.justiz.rlp.de

1 Dir, 1 stVDir, 6 R

Zilles, Richard, Dir	22. 2. 91	25. 11. 46
Seelbach, Helmut, stvDir	28. 10. 02	25. 7. 52
Voßgätter genannt		
Niermann, Wolfgang	21. 10. 74	19. 1. 44
Wolf, Heinz-Lothar	10. 3. 80	23. 12. 47
Strüder, Hans-Helmut	17. 1. 85	23. 6. 53
Brühl, Petra	27. 1. 98	3. 6. 62
Reick, Sonja	5. 2. 02	18. 11. 72

Landgerichtsbezirk Mainz

Landgericht Mainz   E 594 237
Diether-v.-Isenburg-Str., 55116 Mainz
Postfach 30 20, 55020 Mainz
Tel. (0 61 31) 1 41-0
Fax (0 61 31) 1 41 44 44
E-Mail: LGMainz@Ko.jm.rlp.de
www.lgmz.justiz.rlp.de

1 Pr, 1 VPr, 12 VR, 22,5 R + 3 LSt (R)

Präsident

Kestel, Willi	1. 10. 05	1. 5. 51

Vizepräsident

Dr. Binz, Harald	27. 3. 02	14. 12. 45

Vorsitzende Richterinnen/Vorsitzende Richter

Blaschke, Paul	29. 1. 91	2. 2. 53
Nebe, Rolf-Reiner	30. 11. 92	23. 10. 46
Schumann-Pantke, Ines	1. 2. 93	16. 6. 43
Dr. Friedrich, Matthias	30. 12. 94	24. 2. 57
Lorenz, Hans	23. 8. 96	3. 3. 51
Kabey-Molkenboer, Ingrid	25. 4. 97	25. 2. 55
Endell, Reinhard	3. 5. 97	2. 11. 53
Mertig, Sigurd-Merten	13. 4. 99	23. 10. 44
Schuhmann, Georg	11. 5. 01	28. 5. 50
Koch, Reinhold	14. 5. 02	7. 6. 53
Dr. Schäfer, Jörg	5. 8. 02	18. 10. 57
Eckert, Wolfgang	16. 9. 03	17. 6. 58

Richterinnen/Richter

Dr. Wiesemann, Peter	30. 5. 75	26. 1. 43

Höfel, Pia	24. 10. 75	30. 12. 43
Schick, Volker	13. 11. 80	26. 2. 49
Sander, Beate, ³/₄	16. 2. 81	2. 11. 49
Bolender, Heiner	14. 8. 85	8. 9. 52
Plauth-Herr, Sabine, ¹/₂	23. 12. 92	19. 11. 58
Dr. Büch-Schmitz,		
Claudia, ¹/₂	23. 12. 93	14. 11. 62
Wilhelm, Sonja	19. 5. 95	7. 7. 64
Metzger, Thomas	12. 1. 96	10. 11. 59
Augustin, Ulrike,		
beurl. (LSt)	24. 1. 96	15. 3. 63
Reinhardt, Ines, ¹/₂	6. 5. 97	8. 3. 61
Bergmann, Thomas	13. 11. 97	29. 4. 63
Dr. Beckmann, Martina	10. 3. 98	1. 1. 63
Geiger, Petra, ¹/₂,		
beurl. (LSt)	27. 10. 98	9. 3. 60
Stauder, Eva-Maria, ¹/₂	28. 10. 98	17. 2. 65
Dapper, Bernhard	30. 12. 98	14. 3. 62
Poetsch, Carsten	30. 12. 98	4. 11. 62
Kern, Sabine,		
¹/₂, beurl. (LSt)	1. 2. 99	28. 10. 60
Schenkelberg, Anke	18. 6. 99	26. 1. 65
Steinhauer, Jörg	24. 8. 99	26. 7. 65
Karl, Bettina	22. 8. 00	18. 5. 65
Wilhelmi, Jens	17. 12. 02	22. 5. 64
Stöcklein, Thomas	17. 12. 02	2. 12. 64
Zanner, Christine, ¹/₂	7. 7. 03	21. 11. 64
Debus, Claudia, ¹/₂	7. 7. 03	17. 3. 64
Krause, Karola, ¹/₂	21. 3. 05	9. 9. 64
Gérard, Beate, ¹/₂	21. 3. 05	20. 8. 67
Hildner, Jörn, abg.	21. 3. 05	11. 8. 71

Amtsgerichte

Alzey   E 82 734
Schloßgasse 32, 55232 Alzey
Postfach 11 80, 55219 Alzey
Tel. (0 67 31) 9 52 00
Fax (0 67 31) 9 52 020
E-Mail: AGAZ@Ko.jm.rlp.de
www.agaz.justiz.rlp.de

1 Dir, 6 R

Ludemann, Hans-Gerd,		
Dir	14. 12. 99	7. 12. 48
Knuth, Bettina	22. 1. 76	7. 2. 42
Scheiner, Elke	13. 3. 78	26. 5. 43
Friedel, Udo	31. 10. 86	15. 2. 52
Grittner-Nick, Kirsten	12. 12. 89	7. 10. 56
Hensgen, Carmen	28. 12. 95	25. 3. 57
Blüm, Andrea, ¹/₂	17. 12. 02	14. 6. 68
Dr. Minthe, Eric, RkrA	(1. 4. 04)	19. 9. 68
Dr. Griep, Barbara, ¹/₂	21. 12. 05	25. 5. 6

340

LG-Bezirk Trier   OLG-Bezirk Koblenz **RP**

Bingen E 94 446
Mainzer Str. 52, 55411 Bingen am Rhein
Postfach 11 51, 55409 Bingen am Rhein
Tel. (0 67 21) 9 08-0
Fax (0 67 21) 90 81 70
E-Mail: AGBI@Ko.jm.rlp.de
www.agbi.justiz.rlp.de

1 Dir, 6,5 R

Follmann, Gabi, Dir	8. 6. 01	28. 2. 61
Klimke, Karl-Ludwig	18. 9. 73	11. 10. 41
Dr. Gattung, Heinz-Walter	2. 6. 76	8. 10. 43
Hardt-Rubbert, Heidemarie	1. 3. 83	13. 10. 53
Repp, Udo	19. 1. 89	14. 11. 53
Hermann, Ursula, 1/2	2. 7. 90	23. 4. 58
Hennings, Ursula	11. 8. 94	28. 5. 61
Karschkes, Brigitte, 1/2	11. 2. 05	28. 5. 55
Ennemoser-Ribbe, Michaela, 1/2	21. 12. 05	21. 7. 61

Mainz E 291 727
Diether-von-Isenburg-Straße 4, 55116 Mainz
Postfach 11 80, 55001 Mainz
Tel. (0 61 31) 1 41-0
Fax (0 61 31) 14 61 90
E-Mail: AGMZ@Ko.jm.rlp.de
www.agmz.justiz.rlp.de

1 Dir, 1 stVDir, 3 w.aufsR, 25,5 R

Scherer, Matthias, Dir	14. 2. 02	10. 8. 54
Kagerbauer, Arnold, stVDir	8. 8. 94	16. 3. 51
Sonntag, Rudolf, w.aufsR	21. 1. 97	17. 5. 41
Pietschmann, Gernot, w.aufsR	24. 8. 99	3. 7. 43
Schneider, Klaus-Jürgen, w.aufsR	10. 5. 00	12. 10. 47
Sander, Heinrich-Walter	12. 7. 78	21. 10. 43
Matthes, Peter	9. 2. 79	8. 2. 42
Nikolaus, Gisela	9. 2. 79	27. 10. 44
Widmann, Jutta, 1/2	6. 6. 80	18. 11. 49
Büsser, Renate	14. 11. 80	16. 11. 42
Dany-Pietschmann, Birgit	29. 12. 80	21. 5. 49
Salmanzig, Gert	23. 2. 81	31. 5. 46
Wolf, Erwin, 1/2	21. 9. 82	29. 12. 51
Eisele, Joachim	22. 4. 83	14. 9. 47
Haase, Helmut	15. 1. 85	2. 11. 51
Eck, Wolfgang	20. 7. 87	11. 12. 54
Ballhausen, Angelika	5. 10. 87	18. 11. 53
Pies, Elisabeth	10. 1. 89	1. 6. 58
Anstatt, Johannes	9. 4. 91	8. 7. 55
Kretschmann, Manfred	19. 11. 92	3. 12. 56
Hillert, Susanne	1. 7. 93	31. 7. 63
Bäumler-Stolzer, Ruth	11. 3. 94	12. 1. 58
Knechtel, Christel, 1/2	13. 9. 94	11. 4. 61

Wörsdörfer, Johannes	26. 9. 94	21. 8. 60
Berg, Oliver	25. 7. 95	3. 3. 62
Meyer, Sabine	14. 8. 95	20. 10. 60
Pirron, Martin	21. 11. 95	15. 9. 61
Lochner-Kneis, Claudia	2. 11. 98	26. 10. 64
Schlatmann, Birgitta, 1/2	22. 8. 00	16. 3. 65

Worms E 125 330
Hardtgasse 6, 67547 Worms
Postfach 11 62, 67545 Worms
Tel. (0 62 41) 905-0
Fax (0 62 41) 90 54 50
E-Mail: AGWO@Ko.jm.rlp.de
www.agwo.justiz.rlp.de

1 Dir, 1 stVDir, 9 R, 1 LSt (R)

Frank, Johann Christof, Dir	6. 8. 99	20. 8. 43
Schiltz, Karl-Ludwig, stVDir	1. 1. 97	22. 12. 43
Schumacher, Martin	18. 12. 80	22. 3. 47
Decker, Joachim	2. 11. 81	4. 11. 48
Marquardt, Jürgen	23. 12. 82	21. 7. 50
Schuhmann, Hannelore	19. 8. 85	19. 11. 50
Vogel-Schaffner, Ingrid, 1/2	4. 3. 86	6. 3. 54
Guleritsch, Edgar	30. 12. 88	26. 12. 55
Benner, Jens	2. 12. 97	9. 5. 64
Hartmann, Birgit, 1/2	30. 3. 98	25. 2. 65
Blankenhorn, , Iris 1/2, RkrA	(1. 3. 05)	8. 3. 65
Minthe, Sybille, beurl (LSt)	2. 11. 01	26. 4. 66

Landgerichtsbezirk Trier

Landgericht Trier E 513 861
Justizstr. 2-6, 54290 Trier
Postfach 25 80, 54215 Trier
Tel. (06 51) 4 66-0
Fax (06 51) 46 62 00
E-Mail: LGTR@Ko.jm.rlp.de
www.lgtr.justiz.rlp.de

1 Pr, 1 VPr, 10 VR, 19 R + 6 LSt (R)

Präsident

Krämer, Wolfgang	2. 9. 02	30. 7. 48

Vizepräsident

Tonner, Kurt	15. 2. 05	25. 10. 44

Vorsitzende Richterinnen/Vorsitzende Richter

Dr. Fischer, Rudolf	30. 9. 94	4. 3. 46
Kieselbach, Gernot	24. 4. 95	7. 3. 48

RP OLG-Bezirk Koblenz — LG-Bezirk Trier

Willems, Christoph	5. 12. 96	22. 8. 49
Dr. Viesel, Sieghart	6. 6. 00	27. 12. 41
Gabelmann, Rolf	15. 5. 02	23. 8. 42
Schmitz, Petra	1. 4. 05	19. 9. 58
Hardt, Armin	1. 8. 05	3. 6. 60
Egnolff, Peter	10. 8. 05	2. 9. 56
Speicher, Eberhard	1. 1. 06	28. 6. 54

Richterinnen/Richter

Neuberg-Krey, Gabriele	5. 7. 79	31. 12. 47
Leonardy, Guido	19. 12. 80	14. 10. 49
Dr. Fröhlinger, Margot, beurl. (LSt)	20. 8. 88	29. 7. 52
Herkommer-Zimmermann, Andrea, 1/2	26. 2. 93	24. 4. 62
Keimburg, Albrecht	19. 1. 94	23. 10. 57
Pollex, Uwe	18. 3. 94	19. 5. 55
Löcker-Gläser, Martina, 1/2	25. 7. 95	7. 2. 60
Hartmann, Josef	30. 8. 95	18. 1. 56
Schäfer, Max	15. 11. 95	13. 7. 60
Specht, Wolfgang	29. 12. 95	16. 6. 59
Weber, Hermann-Josef	27. 1. 98	8. 5. 61
Werwie-Haas, Martina, 1/2, beurl. (LSt)	23. 11. 99	29. 11. 62
Lexen-Schöben, Ruth, beurl. (LSt)	26. 11. 99	22. 2. 63
Faust, Gregor	9. 10. 00	18. 6. 64
Golumbeck, Alexandra, beurl. (LSt)	25. 9. 02	30. 6. 70
Luther, Ingrid Maria	3. 7. 03	14. 4. 67
Klas, Petra	1. 9. 03	1. 10. 67
Parent, Tanja	14. 7. 05	27. 8. 74

Amtsgerichte

Bernkastel-Kues E 49 989
Bruningstr. 30, 54470 Bernkastel-Kues
Postfach 12 80, 54469 Bernkastel-Kues
Tel. (0 65 31) 59-0
Fax (0 65 31) 5 91 76
E-Mail: AGBER@Ko.jm.rlp.de
www.agber.justiz.rlp.de

1 Dir, 3 R

Nelles, Gunther, Dir	16. 3. 90	29. 4. 52
Wagner, Hans-Eckhard	5. 11. 80	26. 8. 46
Emmer, Oliver	6. 8. 01	27. 7. 65
Dreher, Melanie	25. 8. 05	3. 4. 73

Bitburg E 63 871
Gerichtsstr. 2-4, 54634 Bitburg
Postfach 11 51, 54621 Bitburg
Tel. (0 65 61) 9 13-0, Fax (0 65 61) 9 13-1 99
E-Mail: AGBIT@Ko.jm.rlp.de
www.agbit.justiz.rlp.de

1 Dir, 4 R

von Schichau, Werner, Dir	28. 1. 85	19. 2. 43
Serwe, Ortwin	27. 10. 77	26. 4. 44
Krumeich, Karl Josef	17. 2. 94	9. 3. 59
May, Udo	27. 1. 00	17. 9. 60
Stadler, Claudia	9. 3. 04	7. 3. 72
Dr. Epp, Ursula, 1/2, RkrA (16. 8. 04)	10. 9. 69	
Nicklas, Petra, 1/2, RkrA (1. 6. 05)	28. 12. 68	

Daun E 54 783
Berliner Str. 3, 54550 Daun
Postfach 11 20, 54542 Daun
Tel. (0 65 92) 18-0, Fax (0 65 92) 1 84 44
E-Mail: AGDAU@Ko.jm.rlp.de
www.agdau.justiz.rlp.de

1 Dir, 3 R

Kreten, Norbert, Dir	27. 4. 00	4. 4. 61
Schrot, Hans	7. 8. 85	26. 4. 52
Dr. Janßen, Ellen	15. 9. 94	12. 8. 61
Lenz, Stefanie, 3/4	30. 7. 01	20. 1. 63

Hermeskeil E 32 336
Trierer Str. 43, 54411 Hermeskeil
Postfach 11 40, 54401 Hermeskeil
Tel. (0 65 03) 91 49-0, Fax (0 65 03) 91 49 25
E-Mail: AGHER@Ko.jm.rlp.de
www.agher.justiz.rlp.de

1 Dir, 1,5 R

Mencher, Helmut Nikolaus, Dir	7. 5. 96	13. 4. 52
Messer, Claudia, 1/2	17. 8. 98	14. 7. 63

Prüm E 41 042
Teichstraße, 54595 Prüm
Postfach 11 40, 54592 Prüm
Tel. (0 65 51) 941-0, Fax (0 65 51) 94 11 00
E-Mail: AGPRU@Ko.jm.rlp.de
www.agpru.justiz.rlp.de

1 Dir, 2 R

Staatsanwaltschaften　　　　　　　　　　　OLG-Bezirk Koblenz　**RP**

Triendl, Franz-Josef, Dir	16. 7. 93	4. 9. 47
Dr. Lenz, Hugo Michael	26. 5. 97	31. 10. 61
Kraft, Stefan	24. 7. 98	26. 9. 60

Saarburg E 51 184
Graf-Siegfried-Str. 56, 54439 Saarburg
Postfach 12 61, 54432 Saarburg
Tel. (0 65 81) 91 49-0, Fax (0 65 81) 91 49 40
E-Mail: AGSAA@Ko.jm.rlp.de
www.agsaa.justiz.rlp.de

1 Dir, 2 R

Dr. Grüter, Manfred, Dir	1. 8. 04	20. 5. 60
Schmitz, Herbert	31. 3. 92	16. 4. 55
Ballmann, Ingrid	25. 8. 05	18. 5. 70

Trier E 163 780
Justizstr. 2-6, 54290 Trier
Postfach 11 10, 54201 Trier
Tel. (06 51) 4 66-00
Fax (06 51) 46 62 00
E-Mail: AGTR@Ko.jm.rlp.de
www.agtr.justiz.rlp.de

1 Dir, 1 stVDir, 1 w.aufsR, 13,5 R

Terner, Jutta, Dir	21. 5. 96	18. 2. 48
Theis, Jörg, stVDir	30. 6. 98	27. 3. 53
Karsunky, Henning, w.aufsfR	5. 3. 03	17. 12. 42

Schlottmann, Kristin	15. 8. 75	25. 10. 43
Marx, Helmut	30. 6. 77	8. 10. 42
Rang, Theodor	29. 9. 77	2. 11. 44
Krück, Astrid	6. 6. 79	2. 10. 47
Jaspers, Wolfhardt	14. 12. 79	23. 7. 48
Becker, Thomas	8. 5. 80	9. 4. 48
Reusch, Helmut	26. 5. 81	21. 1. 50
Strick, Wolf-Dietrich	27. 11. 81	9. 5. 50
Ferring, Hans-Jürgen	30. 12. 88	15. 12. 54
Dr. Wittschier, Johannes	19. 1. 90	4. 6. 55
Wingenfeld, Eucharius Urban	16. 8. 95	29. 1. 58
Winterholler, Lisa	7. 1. 04	11. 10. 71

Wittlich E 56 876
Kurfürstenstr. 63, 54516 Wittlich
Postfach 11 20, 54501 Wittlich
Tel. (0 65 71) 71 0-0
Fax (0 65 71) 10 12 90
E-Mail: AGWIL@Ko.jm.rlp.de
www.agwil.justiz.rlp.de

1 Dir, 6 R

Sauer, Peter, Dir	5. 5. 89	13. 5. 46
Thul, Josef	20. 2. 90	20. 5. 54
Meier, Jürgen	18. 3. 98	30. 11. 63
Okfon, Stephan	1. 8. 03	17. 9. 65
Dr. Meerfeld, Alexandra	1. 8. 03	7. 8. 68
Baur, Maria Theresia, ½	9. 3. 04	3. 5. 73

Staatsanwaltschaften

Generalstaatsanwaltschaft Koblenz
Josef-Görres-Platz 5-7, 56068 Koblenz
Tel. (02 61) 3 04 48-0
Fax (02 61) 3 04 48-10
E-Mail: genstako@genstako.jm.rlp.de

1 GStA, 1 LOStA, 7 OStA

Generalstaatsanwalt

Weise, Norbert	1. 1. 97	2. 6. 43

Leitender Oberstaatsanwalt

Winkler, Karl-Rudolf	1. 12. 95	13. 11. 43

Oberstaatsanwälte

Dr. Loos, Bernhard	1. 5. 82	16. 6. 44
Knieling, Manfred	1. 12. 85	29. 3. 46
Sulzbacher, Klaus	1. 12. 94	1. 10. 41
Dr. Trees, Manfred	1. 12. 96	29. 7. 48
Marxen, Albert	1. 5. 01	18. 5. 53

Kruse, Harald, abg.	18. 5. 04	3. 7. 64
Broszukat, Folkmar	18. 5. 05	8. 3. 65

Staatsanwaltschaft Bad Kreuznach
Ringstr. 79, 55543 Bad Kreuznach
Postfach 16 49, 55506 Bad Kreuznach
Tel. (06 71) 70 80
Fax (06 71) 70 83 33
E-Mail: stakh@genstako.jm.rlp.de

1 LOStA, 1 stVLOStA, 2 OStA, 12 StA

Leitender Oberstaatsanwalt

Dr. Hund, Horst	1. 10. 97	6. 1. 58

Oberstaatsanwälte

Papenbreer, Wolfram, stVLOStA	1. 12. 95	21. 8. 52
Herrbruck, Gerald	1. 12. 92	20. 12. 52
Grieser, Norbert	1. 12. 95	25. 6. 52

Staatsanwältinnen/Staatsanwälte

Kuntze, Hartmut	15. 9.81	17.11.50
Hübinger, Hans-Philipp	1. 6.86	12. 7.52
Mann, Bernhard	17. 9.90	9. 5.55
Jung, Wolfgang	17. 9.93	18. 5.61
Saulheimer-Eppelmann, Uwe	13. 2.95	17. 6.59
Thönneßen, Klaus-Dieter	1. 7.95	4. 6.61
Moßem, Christine	8. 2.99	24.12.66
Schönberg, Christoph	16. 2.01	11. 2.70
Karfeld, Peter	1. 2.02	19. 7.65
Zimmermann, Petra	11. 3.02	1. 9.70
Kölling, Annette	15. 1.04	30. 4.74
Horn, Günter	2. 7.04	22. 5.64

Staatsanwaltschaft Koblenz

Karmeliterstr. 14, 56068 Koblenz
Postfach, 56065 Koblenz
Tel. (02 61) 10 20, Fax (02 61) 10 25 38
E-Mail: stako@genstako.jm.rlp.de

1 LOStA, 1 stVLOStA, 9 OStA, 36 StA

Leitender Oberstaatsanwalt

N. N.	—	—

Oberstaatsanwältin/Oberstaatsanwälte

Dr. Brauer, Jürgen, stVLOStA	18. 5.04	25. 2.57
Schmickler, Peter	1.12.94	12.12.46
Leisen, Horst Josef	1.12.94	10. 4.52
Gandner, Hans-Peter	1.12.94	18. 7.52
Schmengler, Johannes-Walter	1. 5.98	26. 7.55
Weber, Gebhard	28. 5.99	10. 5.50
Wissen, Rolf	18. 5.00	14. 8.55
von Soosten, Sven Owe	18. 5.00	2. 4.59
Lenz, Martina	18. 5.05	2. 7.59
Tries, Ralf	18. 5.05	23.11.65

Staatsanwältinnen/Staatsanwälte

Merzig, Friedhelm	1. 2.80	2.12.44
Stadtmüller, Michael	26. 1.83	24. 6.50
Schmid, Lothar	22. 8.83	9.11.50
Lessing, Wilhelm	25. 4.84	18. 3.55
Stein, Werner	30.12.88	6. 5.55
Vierbuchen, Hermann-Josef	6. 9.91	27. 8.60
Harnischmacher, Gertraud	13. 5.92	22. 9.61
Martin, Kurt	27. 1.93	23. 3.58
Michel, Gerald	28. 1.94	21. 1.59
König-Voß, Claudia	2. 4.94	19. 5.62
Adam-Backes, Ute	30.11.94	8. 5.64
Zirwes, Karin	22. 9.95	26. 2.54
Kranz, Rolf	9.10.95	22. 8.58
Maier, Andrea	18. 1.96	17. 4.64
Wille-Steinfort, Gabriele, beurl. (LSt)	25. 8.97	31. 3.60
Knoop-Kosin, Daniela, 1/2	18. 5.98	12. 8.62
Kempf, Heike, beurl. (LSt)	14. 4.99	2. 9.68
Dr. Angerer, Jörg	24. 6.99	4. 1.66
Mannweiler, Mario	12. 4.00	4.11.69
Heupel, Ute, 1/2	2.10.00	10.10.67
Dr. Wingenfeld, Angelika	9.10.00	28. 1.69
Ewald, Sabine	29. 8.01	4.10.68
do Paço Quesado, Christopher	30. 8.01	5. 1.72
Breyer, Steffen	29. 5.02	20. 6.73
Büttinghaus, Thomas	17.12.02	6.11.70
Dr. Deurer, Gilbert	20.12.02	26. 2.68
Dr. Moll, Dietmar	31. 7.03	17. 7.70
Schneider-Knieps, Marion	31. 7.03	24. 2.71
Dr. Engels, Hartmut	20. 2.04	9.11.71
Dr. Überhofen, Michael	18. 3.04	15. 2.70
Stühn, Melanie	2. 6.04	31. 5.71
Dr. Müller-Ehlen, Martina	29.11.04	3.10.67
Necknig, Markus	10. 3.05	10. 5.71
Henneberger, Jutta, 1/2	17. 6.05	9. 6.70
Rissel, Oliver	22. 6.05	10. 7.73
Heinz, Thomas	26. 7.05	1.11.73
Beck, Tanja Maria	10. 1.06	27. 4.72

Staatsanwaltschaft Mainz

Ernst-Ludwig-Str. 7, 55116 Mainz
Postfach 23 20, 55018 Mainz
Tel. (0 61 31) 14 10, Fax (0 61 31) 14 18 21
E-Mail: stamz@genstako.jm.rlp.de

1 LOStA, 1 stVLOStA, 5 OStA, 20 StA

Leitender Oberstaatsanwalt

Puderbach, Klaus	1. 4.90	17. 3.45

Oberstaatsanwälte

Mieth, Klaus-Peter Wilhelm, stVLOStA	18. 5.98	13. 9.49
Neumann, Bodo	1. 5.83	15. 2.44
Schröder, Karsten	1. 5.92	9. 3.45
Trenner, Heinz-Dieter	1.12.95	26. 8.49
Brandt, Michael, abg.	18. 5.98	21. 1.55

Staatsanwältinnen/Staatsanwälte

Bracht, Dieter	9. 3.79	28. 6.43
Steinhart, Roland	22. 9.82	14. 8.50
Woog, Wigbert	26. 9.83	2.11.51
Gütebier, Dagmar	20. 1.88	21. 1.56
Dr. Vahl, Susanne, 1/2	2.10.92	3. 6.61
Hofius, Rainer	2. 4.94	13. 9.55
Finke, Heike, beurl. (LSt)	26. 4.94	27. 6.64
Seip-Stemmer, Birgit	18.10.94	14. 1.62

Staatsanwaltschaften OLG-Bezirk Koblenz **RP**

Bartsch, Thomas	13. 9.95	18. 8.61
Heinrich, Gregor	23. 1.96	14.10.64
Krick, Carsten	31. 1.96	18. 7.61
Hook, Felizitas	7. 4.97	11. 6.58
Schultz-Schwaab, Tanja	22. 7.97	12. 9.66
Bierbrauer, Andreas	29.12.00	2. 9.68
Morsch-Tunç, Sabine, 1/2	15. 3.01	5. 6.67
Rösch, Alice, beurl. (LSt)	22. 3.01	3. 2.72
Kroth, Achim	23. 3.01	11.12.71
Deutschler, Gerd Georg	30. 3.01	16. 9.69
Kirchberger, Sabine, beurl. (LSt)	9. 8.01	26. 4.70
Fischer, Petra	20.11.01	8. 1.65
Dietrich, Xenia, beurl. (LSt)	19. 6.02	16. 1.72
Haass, Nicole, abg.	18. 9.02	22.11.71
Stenner, Katja, 1/2, beurl. (LSt)	6.12.02	4. 2.71
Pfeffer, Stefanie, 1/2, beurl. (LSt)	20. 3.03	16. 5.67
Dr. Weyland, Petra	17. 9.03	20. 3.71
Ritz, Andreas, abg.	8. 3.05	27. 7.69

Staatsanwaltschaft Trier
Irminenfreihof, 54290 Trier
Postfach 34 60, 54224 Trier
Tel. (06 51) 46 60, Fax (06 51) 46 63 09
E-Mail: statr@genstako.jm.rlp.de
1 LOStA, 1 stVLOStA, 3 OStA, 12 StA

Leitender Oberstaatsanwalt

Roos, Horst	15. 3.97	23. 4.44

Oberstaatsanwälte

Bewernick, Volker, stVLOStA	18. 5.98	7. 3.48
Hemmes, Hans-Peter	2.12.92	20. 6.52
Zell, Michael	1. 5.98	20.11.48
Hromada, Ingo	18. 5.01	24. 5.52

Staatsanwältinnen/Staatsanwälte

Herold, Günther	8. 6.79	22.10.46
Albrecht, Thomas	1. 3.85	6. 4.56
Schomer, Arnold	9. 7.92	7. 5.59
Stemper, Manfred	23. 6.95	10. 4.60
Fritzen, Peter	29. 7.96	18. 6.63
Spies, Wolfgang	14. 8.98	26. 4.63
Schmitten, Elke, 1/2, beurl. (LSt)	1. 2.00	14. 5.66
Dr. Bohnen, Wolfgang	20.11.00	16. 6.65
Parent, Stéphane	7. 2.02	19. 4.72
Dr. Nannen, Christian Ole	11.10.02	9. 1.71
Patzak, Jörn, abg. (LSt)	14.10.02	15.10.71
Dellwo, Sandra	24. 3.03	16. 4.73
Schnur, Daniela	29.12.03	11. 2.73
Blaschyk, Sabine	10.10.05	9. 3.74
Samel, Eric	2. 2.06	28. 3.74
Straaten, Frauke	24. 2.06	16. 3.74

Oberlandesgerichtsbezirk Zweibrücken

Der Oberlandesgerichtsbezirk umfasst einen Teil des Regierungsbezirks Rheinhessen-Pfalz, den früheren Regierungsbezirk Pfalz.

4 Landgerichte:
Frankenthal, Kaiserslautern, Landau, Zweibrücken

15 Amtsgerichte
Schöffengerichte:
bei allen Amtsgerichten außer den nachstehend aufgeführten
Gemeinsames Schöffengericht für die Amtsgerichte, bei denen kein Schöffengericht gebildet wird, ist:
für den AG-Bez.: das Schöffengericht:
Bad Dürkheim: Neustadt a. d. Wstr.
Grünstadt: Frankenthal (Pfalz)

Kusel: Kaiserslautern
Germersheim
u. Kandel: Landau i. d. Pfalz
Familiengerichte: bei allen Amtsgerichten
Landwirtschaftssachen werden von den nachstehenden Amtsgerichten als Landwirtschaftsgerichten erledigt:
Bad Dürkheim zugl. f. d. AGBez. Frankenthal/Pfalz, Grünstadt, Ludwigshafen a. Rh., Neustadt a. d. Weinstr. und Speyer
Kaiserslautern zugl. f. d. AGBez. Kusel
Rockenhausen-
Landau i.d. Pfalz zugl. f. d. AGBez. Germersheim und Kandel
Zweibrücken zugl. f. d. AGBez. Landstuhl und Pirmasens

Pfälzisches Oberlandesgericht

E 1 425 500
Schloßplatz 7, 66482 Zweibrücken
Postfach 14 52, 66464 Zweibrücken
Tel. (0 63 32) 8 05-0, Fax (0 63 32) 80 53 11, 80 53 02
E-Mail: olgzw@zw.jm.rlp.de
www.olgzw.justiz.rlp.de
Pressestelle:
E-Mail: Presseolgzw@zw.jm.rlp.de
1 Pr, 1 VPr, 6,5 VR, 21 R (davon 2 UProf im 2. Hauptamt)

Präsident			
Dury, Walter	1. 4. 95	14. 2. 44	
Vizepräsident			
Dr. Ohler, Wolfgang	31. 10. 00	30. 3. 43	
Vorsitzende Richterinnen/Vorsitzende Richter			
Morgenroth, Dieter	20. 7. 93	8. 9. 45	
Dr. Neumüller, Bernd	1. 8. 93	6. 10. 48	
Morgenroth, Gertraud	19. 9. 95	27. 9. 46	
Neumüller, Heidrun, ½	25. 9. 96	31. 5. 4	
Staab, Konrad	29. 9. 97	31. 7. 4	
Hoffmann, Jörg	4. 1. 01	26. 7. 5	
Reichling, Gerhart	10. 8. 05	10. 7. 5	
Richterinnen/Richter			
Euskirchen, Sonja	14. 5. 85	5. 5. 4	
Maurer, Norbert	12. 2. 88	20. 8. 4	
Schunck, Hans	2. 7. 90	4. 6. 4	
Burger, Winfrid	4. 11. 91	18. 8. 5	
Hengesbach, Wilfried	7. 7. 92	5. 9. 5	

LG-Bezirk Frankenthal (Pfalz) — OLG-Bezirk Zweibrücken **RP**

Klüber, Rudolf	1. 10. 92	1. 7. 52
Schlachter, Melitta	23. 11. 92	12. 12. 50
Jahn-Kakuk, Eva, ½	16. 3. 93	15. 2. 55
Geisert, Rolf	24. 2. 94	12. 11. 55
Prof. Dr. Spannowsky, Willy (UProf, 2. Hauptamt)	19. 9. 96	12. 12. 58
Petry, Ulf	25. 4. 97	10. 9. 57
Simon-Bach, Vera	26. 1. 98	10. 4. 60
Friemel, Joachim	9. 6. 98	27. 11. 52
Geib-Doll, Marga	20. 10. 98	12. 10. 57
Prof. Dr. Dr. Ensthaler, Jürgen (UProf, 2. Hauptamt)	9. 2. 00	8. 3. 52
Jenet, Harald	31. 3. 00	3. 4. 63
Kratz, Claus	11. 2. 03	10. 8. 63
Stutz, Maria, ½	8. 11. 04	27. 1. 63
Schwenninger, Bernd	10. 11. 05	31. 5. 65
Bastian-Holler, Ulrike	10. 11. 05	29. 8. 68

Landgerichtsbezirk Frankenthal (Pfalz)

Landgericht Frankenthal (Pfalz) E 598 919
Bahnhofstr. 33, 67227 Frankenthal
Postfach 16 22, 67225 Frankenthal
Tel. (0 62 33) 8 00
Fax (0 62 33) 8 02 31
E-Mail: lgft@zw.jm.rlp.de
www.lgft.justiz.rlp.de

1 Pr, 1 VPr, 13,5 VR, 21 R, 1 LSt (R)

Präsident

Tholey, Werner	10. 4. 95	7. 7. 43

Vizepräsident

Kraayvanger, Gerold	5. 8. 03	2. 6. 42

Vorsitzende Richterinnen/Vorsitzende Richter

Lauth, Heinrich	28. 1. 92	30. 5. 49
Delventhal, Rainer	17. 5. 96	5. 5. 47
Ott, Hans	16. 9. 96	19. 10. 49
Nixdorf, Wolfgang	7. 7. 98	7. 7. 57
Nax, Manfred	19. 6. 00	19. 12. 50
Wolpert, Michael	17. 10. 00	3. 12. 55
Thiel, Margareta	1. 3. 01	10. 11. 58
Klippel, Frank	13. 4. 04	16. 11. 54
Flörchinger, Matthias	14. 5. 04	30. 5. 64
Stich, Rudolf, abg.	18. 5. 04	20. 2. 66
Blum, Jürgen	2. 8. 04	1. 9. 62
Stricker, Hans-Jürgen	1. 9. 05	19. 4. 63

Richterinnen/Richter

Haindl, Beate	17. 1. 73	20. 9. 42
Kulle, Rudi	18. 8. 76	22. 12. 42
Köneke, Christian-Walter	14. 10. 85	12. 12. 52
Buchmann, Gerhard	1. 7. 86	26. 10. 53
Kneibert, Uwe	30. 11. 89	6. 5. 55
Malchus, Elke, ½	25. 2. 91	4. 5. 58
Sauermilch, Karsten	29. 11. 93	19. 1. 62
Gau, Uwe	24. 10. 95	29. 9. 62
Braun, Susanna, beurl.	26. 1. 98	9. 9. 62
Minig, Volker	23. 7. 98	30. 4. 65
Dr. Steitz, Michael	11. 4. 00	7. 9. 67
Busch, Ina, ½	20. 3. 01	20. 1. 66
Dr. Kaltenhäuser, Kirsten	29. 8. 02	21. 5. 70
Schraut, Anja, ½, abg.	6. 9. 02	5. 5. 69
Stuck, Annette, ½	1. 3. 04	15. 12. 68
Wollenweber, Jochen	7. 10. 05	26. 6. 72
Engelhorn, Stephan	12. 10. 05	27. 5. 70
Wiest, Eva	19. 10. 05	28. 1. 74

Amtsgerichte

Bad Dürkheim E 56 022
Seebacher Str. 2, 67098 Bad Dürkheim
Postfach 15 64, 67089 Bad Dürkheim
Tel. (0 63 22) 965-0
Fax (0 63 22) 965-118
E-Mail: agduw@zw.jm.rlp.de
www.agduw.justiz.rlp.de

1 Dir, 3 R + ½ R

Hartloff, Gotelind, Dir	18. 3. 94	6. 7. 42
Stein, Gertraud	2. 1. 78	18. 8. 45
Quante-Batz, Kerstin, ½	31. 3. 00	15. 8. 59
Ferner, Carmen	31. 3. 00	21. 3. 68
Oeley, Andreas	5. 8. 05	4. 4. 72

Frankenthal (Pfalz) E 73 181
Bahnhofstr. 33, 67227 Frankenthal (Pfalz)
Postfach 11 21, 67201 Frankenthal (Pfalz)
Tel. (0 62 33) 8 00
Fax (0 62 33) 8 01 03 und 8 02 31
E-Mail: agft@zw.jm.rlp.de
www.agft.justiz.rlp.de

1 Dir, 1 stVDir, 6 R

Lutz, Hiltrud, Dir	16. 2. 98	19. 10. 54
Klotz, Reinhard, stVDir	16. 9. 03	7. 8. 48
Ecker, Alois	14. 10. 85	6. 7. 51
Wind, Elisabeth	5. 6. 86	18. 11. 51
Kehrein, Stefan	24. 4. 89	26. 12. 56
Henn, Thomas	4. 2. 00	8. 4. 67
Feils, Martin	1. 9. 02	18. 12. 64
Habel, Marc	9. 2. 06	10. 5. 66

Grünstadt E 44 823
Tiefenthaler Straße 8, 67269 Grünstadt
Postfach 14 80, 67264 Grünstadt
Tel. (0 63 59) 93 51-0
Fax (0 63 59) 93 51-10
E-Mail: aggru@zw.jm.rlp.de
www.aggru.justiz.rlp.de

1 Dir, 3 R

Zeuner, Wolf-Rainer, Dir	17. 2. 00	19. 1. 47
Schumann, Dietmar	1. 2. 85	19. 11. 50
Schehl-Greiner, Elly, ½	4. 8. 98	25. 5. 63
Dr. Hartmann, Klaus	26. 11. 99	22. 6. 64

Ludwigshafen am Rhein E 227 588
Wittelsbachstr. 10, 67061 Ludwigshafen
Postfach 22 01 22, 67022 Ludwigshafen
Tel. (06 21) 5 61 60
Fax (06 21) 5 61 63 80
E-Mail: aglu@zw.jm.rlp.de
www.aglu.justiz.rlp.de

1 Dir, 1 stVDir, 2 w.aufsR, 20 R, 1,5 LSt (R)

Schreiner, Ansgar, Dir	1. 4. 00	23. 12. 52
Ruh, Jürgen, stVDir	2. 8. 04	19. 8. 53
Göthlich, Kristiane, w.aufsR	24. 6. 97	25. 12. 42
Landeck, Günter	18. 4. 75	2. 2. 44
Pohl, Ursula	25. 9. 75	23. 4. 44
Etschmann, Rainer	21. 2. 77	9. 10. 42
Hanz, Jutta	27. 10. 77	26. 3. 45
Gratzl, Wolfgang	28. 10. 77	18. 7. 42
Saladin, Christel	3. 5. 78	22. 9. 46
Möller, Detlef	9. 2. 79	6. 3. 44
Leidner, Rudolf	5. 8. 81	7. 8. 50
Zettler, Wolfgang	1. 4. 82	14. 12. 48
Schneider, Martin	11. 1. 85	26. 11. 51
Lück, Michael	1. 10. 89	1. 11. 58
Goldschmidt, Michael	11. 5. 95	12. 12. 60
Philipps, Bernhard	21. 8. 95	19. 8. 59
Müller, Markus	18. 9. 95	25. 8. 61
Platzer, Charlotte	21. 8. 96	14. 2. 58
Schelp, Judith, ½	24. 8. 99	17. 2. 66
Dr. Zeilinger, Andreas	6. 2. 01	16. 3. 66
Boffo-Mosbach, Andrea, ½	27. 3. 01	22. 2. 61
Lattrell, Frauke, beurl.	16. 4. 04	13. 2. 69
Dr. Walter, Christine, ½, beurl. (LSt)	11. 3. 05	6. 11. 68
Dr. Jänicke, Harald	28. 9. 05	14. 10. 67

Neustadt a. d. Weinstraße E 88 110
Robert-Stolz-Str. 20, 67433 Neustadt
Postfach 10 01 62, 67401 Neustadt
Tel. (0 63 21) 40 10
Fax (0 63 21) 40 12 91
E-Mail: agnw@zw.jm.rlp.de
www.agnw.justiz.rlp.de

1 Dir, 1 stVDir, 8,5 R, 1 LSt (R)

Kanter, Gisela, Dir	14. 1. 00	19. 7. 38
Hauck, Karl, stVDir	17. 3. 98	24. 9. 44
Lingenfelder, Jürgen	8. 12. 83	16. 2. 53
Rathsmann, Margrit, ½	25. 1. 84	30. 4. 53
Franck, Henri	2. 5. 95	6. 11. 59
Jäger, Andrea	7. 8. 95	7. 1. 62
Burkhardt, Till	1. 10. 97	9. 5. 59
Winstel, Michaela	22. 11. 99	28. 2. 67

Speyer E 109 195
Wormser Str. 41, 67346 Speyer
Postfach 11 03, 67321 Speyer
Tel. (0 62 32) 6 09-0
Fax (0 62 32) 6 09-2 00 u. (0 62 32) 6 09-1 07
E-Mail: agsp@zw.jm.rlp.de
www.agsp.justiz.rlp.de

1 Dir, 1 stVDir, 7 R

Dr. Schaeffer, Ruth-Ellen, Dir	19. 5. 95	20. 11. 50
Hoffmann, Michael, stVDir	1. 12. 94	12. 8. 46
Boltz, Hans-Werner	4. 4. 79	17. 12. 45
Bartholomé, Gisela, ½	16. 2. 81	2. 11. 43
Bischoff, Klaus	31. 7. 81	23. 1. 52
Sattel, Peter	4. 4. 85	9. 6. 51
Wein, Gerhard	4. 4. 85	3. 10. 52
Schiewner, Christiane	18. 7. 86	31. 7. 47
Meumann-Anders, Ulrike	27. 7. 99	26. 3. 57

Landgerichtsbezirk Kaiserslautern

Landgericht Kaiserslautern E 299 142
Bahnhofstr. 24, 67655 Kaiserslautern
Postfach 35 40, 67623 Kaiserslautern
Tel. (06 31) 37 21-0
Fax (06 31) 37 21-1 04, 37 21-1 29, 37 21-1 40
E-Mail: lgkl@zw.jm.rlp.de
www.lgkl.justiz.rlp.de

1 Pr, 1 VPr, 7 VR, 12 R

LG-Bezirk Landau i. d. Pfalz   OLG-Bezirk Zweibrücken   **RP**

Präsident
Dr. Asmus, Wolfgang   1. 7.97   11.11.46

Vizepräsident
Berzel, Robert   4. 2.03   17. 7.50

Vorsitzende Richter
Rutz, Anton   8. 9.86   14.11.44
Goldstein, Jürgen   16.11.92   4. 9.47
Feltes, Franz-Josef   11. 1.94   18. 2.44
Wilhelm, Ernst Friedrich 1. 5.00   31. 5.61
Siebecker, Gerold   1. 7.01   1.11.56
Wagner, Hermann   25. 4.03   31.12.57

Richterinnen/Richter
Sachs, Heribert   18. 3.81   15. 8.49
Heid, Eva   21.10.92   19. 3.59
Stiefenhöfer, Michael   20.10.97   10. 7.62
Niesen, Klemens, abg.   1. 3.00   26. 2.58
Jung, Klaus   20.12.00   18.11.60
Gietzen, Markus, abg.   16. 5.02   6.11.69
Stehlin, Rupert   18. 8.03   4. 7.68
Mengele, Martina   15. 7.04   22.12.67
Pees, Joachim   15. 7.04   2. 6.71
Leube, Jens   26. 7.04   26. 8.68
Beger, Holger   2. 3.06   3. 4.74

Amtsgerichte

Kaiserslautern E 164 164
Bahnhofstr. 24, 67655 Kaiserslautern
Postfach 35 20, 67623 Kaiserslautern
Tel. (06 31) 37 21-0
Fax (06 31) 37 21-3 07
E-Mail: agkl@zw.jm.rlp.de

1 Dir, 1 stVDir, 1 w.aufsR, 14,5 R, 1 LSt

Carra, Hartmut, Dir   1. 3.04   11. 2.51
Tolksdorf, Dieter, stVDir   16.10.98   10. 3.43
Marx, Heribert, w.aufsR   5.11.04   23. 2.56
Vogel, Reinhard   4. 8.77   7. 8.43
Zorn, Egon   12.12.77   19. 2.47
Martin, René   2. 4.82   18.11.51
Müller-Wilhelm, Gerhard   23. 3.88   30. 9.53
Seeberger, Hans Werner   28. 8.92   27. 2.60
Dr. Bauer, Thomas   5. 4.94   16. 3.61
Orth, Beatrix   20.10.97   11. 5.64
Dillenkofer, Brigitte   27.10.97   4. 2.62
Hense, Barbara   16. 7.98   20. 8.64
Dr. Holler, Manfred,
  abg. (LSt)   24. 3.00   22. 7.66
Simon, Anja   24. 3.00   9. 5.67
Düll, Ursula   11. 4.00   10. 5.66

Hassel, Christoph   18. 4.00   1. 9.61
Kollmar-Haager,
  Charlotte, ½, beurl.
  (LSt)   13. 3.01   7. 3.69
Bien, Henriette, ½, beurl.   9. 6.05   23. 9.68

Kusel E 55 661
Trierer Str. 71, 66869 Kusel
Postfach 11 61, 66863 Kusel
Tel. (0 63 81) 914-0, Fax (0 63 81) 914-200
E-Mail: agkus@zw.jm.rlp.de
www.agkus.justiz.rlp.de

1 Dir, 4 R

Nagel, Ralf, Dir   1. 2.01   3. 6.61
Wirbel, Klaus Werner   24. 4.95   25. 4.61
Schlachter, Brigitte   24. 3.00   23. 1.68

Rockenhausen E 79 317
Kreuznacher Str. 37, 67806 Rockenhausen
Postfach 11 63, 67801 Rockenhausen
Tel. (0 63 61) 914-0
Fax (0 63 61) 914-111
E-Mail: agro@zw.jm.rlp.de
www.agro.justiz.rlp.de

1 Dir, 4 R

Edinger, Thomas, Dir   1. 6.01   10. 4.62
Bühler, Ralf   8.10.79   2. 1.49
Reske, Karl   9. 6.87   17.11.53
Kuhlmann, Klaus   7.11.95   19. 6.63
Schwarz, Alexander   13. 7.05   6.10.71

Landgerichtsbezirk Landau i. d. Pfalz

Landgericht Landau i. d. Pfalz E 278 107
Marienring 13, 76829 Landau
Postfach 15 40, 76805 Landau
Tel. (0 63 41) 22-0
Fax (0 63 41) 22-3 80
E-Mail: lgld@zw.jm.rlp.de
www.lgld.justiz.rlp.de
Pressestelle
Tel. (0 63 41) 22-3 00, Fax (0 63 41) 22-3 87

1 Pr, 1 VPr, 4 + ½ VR, 12 R

Präsident
Dr. Falk, Theodor   24. 2.06   18.12.46

Vizepräsident/in
N. N.   —   —

349

RP OLG-Bezirk Zweibrücken   LG-Bezirk Zweibrücken

Vorsitzende Richterin/Vorsitzende Richter

Peters, Sigrid	18. 1. 90	11. 5. 48
Dr. Knoll, Christian	4. 9. 90	24. 9. 49
Kuhs, Helmut	1. 6. 99	25. 3. 53
Ruppert, Urban	1. 7. 01	16. 2. 58

Richterinnen/Richter

Welsch, Hans-Jürgen, ½, abg.	4. 3. 83	8. 10. 51
Braun, Rainer	11. 3. 83	31. 3. 50
Wüst, Helmut	14. 12. 88	22. 1. 54
Klewin, Christian	19. 1. 95	21. 6. 62
Zürker, Theresia	31. 1. 97	17. 8. 58
Born, Manfred, abg. (LSt)	19. 1. 99	27. 1. 60
Dr. Kaiser, Stefan, (LSt)	12. 4. 00	1. 1. 68
Dr. Wissing, Volker	15. 11. 00	22. 4. 70
Dr. Schelp, Robert	15. 7. 04	14. 11. 65
Pohlit, Jochen	19. 9. 05	28. 12. 71
Mägly, Markus	12. 10. 05	4. 1. 69
Dr. Jastrow, Serge-Daniel, abg. (LSt)	19. 10. 05	9. 6. 70

Amtsgerichte

Germersheim   E 65 395
Gerichtstr. 6, 76726 Germersheim
Postfach 12 40, 76712 Germersheim
Tel. (0 72 74) 9 52-0
Fax (0 72 74) 9 52-2 39
E-Mail: agger@zw.jm.rlp.de
www.agger.justiz.rlp.de

1 Dir, 3 R

Müller-Rospert, Ulrike, Dir	6. 7. 00	1. 4. 58
Breuer, Heinz	2. 12. 76	28. 10. 47
Schempf, Herbert	26. 4. 82	29. 12. 50
Schmidt, Andreas	16. 12. 96	14. 9. 63
Klein-Seither, Walburga	25. 8. 99	14. 12. 57

Kandel   E 59 953
Landauer Str. 19, 76870 Kandel
Postfach 12 60, 76867 Kandel
Tel. (0 72 75) 98 51-0
Fax (0 72 75) 98 51-11
E-Mail: agkan@zw.jm.rlp.de
www.agkan.justiz.rlp.de

1 Dir, 3 R, ½ LSt (R)

Dr. Frey, Matthias, Dir	17. 5. 05	22. 7. 64
Schmitt, Herbert	18. 9. 95	12. 3. 61
Sturm, Dagmar, ½	22. 3. 01	17. 4. 66
Bork, Jörg, RkrA	(1. 4. 05)	22. 11. 57

Landau i. d. Pfalz   E 152 759
Marienring 13, 76829 Landau
Postfach 15 20, 76825 Landau
Tel. (0 63 41) 2 21
Fax (0 63 41) 22-2 90
E-Mail: agld@zw.jm.rlp.de
www.agld.justiz.rlp.de

Zweigstelle in Bad Bergzabern
Weinstr. 46, 76887 Bad Bergzabern
Postfach 11 13, 76881 Bad Bergzabern
Tel. (0 63 43) 9 37 10, Fax (0 63 43) 93 71 60
E-Mail: agbza@zw.jm.rlp.de
www.agbbz.justiz.rlp.de

1 Dir, 1 stVDir, 1 w.aufsR, 13 R

Weisbrodt, Franz, Dir	16. 12. 04	18. 12. 52
König, Roland, stVDir	19. 10. 94	18. 2. 53
Karner, Rudolf	11. 1. 73	23. 4. 42
Megerle, Ulrich	7. 5. 74	7. 10. 41
Sommer, Manfred	11. 9. 74	24. 4. 41
Göbel, Jörg	7. 10. 76	12. 7. 43
Neu, Christine	25. 5. 79	4. 10. 45
Keber, Jürgen	21. 3. 83	12. 7. 48
Becker, Helmut	23. 3. 83	21. 8. 48
Weustenfeld, Gustav	14. 12. 88	4. 1. 53
Lintz, Rainer	8. 2. 91	26. 3. 57
Antoni, Georg	18. 12. 95	1. 6. 62
Steinel, Claudia	23. 5. 01	27. 7. 68
Wagner, Frank	1. 3. 04	7. 7. 67

Landgerichtsbezirk Zweibrücken

Landgericht Zweibrücken   E 249 332
Goetheplatz 2, 66482 Zweibrücken
Postfach 14 51, 66464 Zweibrücken
Tel. (0 63 32) 80 50, Fax (0 63 32) 8 05-2 20
E-Mail: lgzw@zw.jm.rlp.de
www.lgzw.justiz.rlp.de

1 Pr, 1 VPr, 5 VR, 11,5 R, 1 LSt (R)

Präsidentin

Wolf, Irmgard	22. 3. 00	7. 11. 51

Vizepräsident

Kinnen, Dieter	7. 11. 02	20. 10. 43

Vorsitzende Richterin/Vorsitzende Richter

Dr. Buser, Roswitha	28. 1. 92	19. 1. 44
Pfleger, Otto	28. 2. 92	3. 12. 48
Michel, Norbert	15. 9. 95	9. 9. 47
Fischer, Uwe	23. 5. 03	29. 12. 58

LG-Bezirk Zweibrücken

Richterinnen/Richter

Stepp, Wolfgang	18. 9.75	24. 5.43
Oberkircher, Rainer	4. 1.85	4. 7.49
Frühauf-Franke, Gisela	23. 5.86	13.11.52
Urbany, Astrid, ½	31. 8.92	26. 5.61
Weber, Sabine	21. 7.98	27. 8.64
Backes-Liedtke, Susanne	30. 3.00	22. 2.64
Christoffel, Bernd	8. 5.00	17. 4.64

Amtsgerichte

Landstuhl E 66 178
Kaiserstr. 55, 66849 Landstuhl
Postfach 11 61, 66841 Landstuhl
Tel. (0 63 71) 9 31-0, Fax (0 63 71) 93 12 22
E-Mail: aglst@zw.jm.rlp.de
www.aglst.justiz.rlp.de

1 Dir, 4 R

Jansen-Siegfried, Angelika, Dir	19.10.04	20. 8.56
Wichmann, Heino	1. 3.75	8. 1.43
Schultheiß, Thomas	3. 8.90	27. 7.54
Pick, Stefan	4. 8.97	21. 9.64
Ehrmanntraut, Peter	7. 7.98	17. 8.63

Pirmasens E 122 358
Bahnhofstr. 22-26, 66953 Pirmasens
Postfach 11 65, 66921 Pirmasens
Tel. (0 63 31) 87 11, Fax (0 63 31) 87 12 45
E-Mail: agps@zw.jm.rlp.de
www.agps.justiz.rlp.de

OLG-Bezirk Zweibrücken **RP**

1 Dir, 1 stVDir, 12 R

Jacob, Peter, Dir	1.11.00	14.10.47
Schiller, Eckhart, stVDir	21. 1.97	4. 5.44
Marscheck, Ernst-Ulrich	22.12.80	22. 4.49
Luft-Hansen, Cornelia	1.12.81	28. 1.52
Zimmermann, Winfried	8. 9.86	12. 6.49
Schank, Sigrid	30. 9.93	2. 2.61
Schmidt, Dirk	25. 5.94	11. 6.62
Süs, Manfred	21. 4.95	24.12.61
Fritz, Stefan	4. 8.97	20.12.60
Patzak, Marion, beurl. (LSt)	8. 7.03	19. 7.71
Thomas, Susanne	14. 6.05	23. 6.64

Zweibrücken E 60 796
Herzogstraße 2, 66482 Zweibrücken
Postfach 14 41, 66464 Zweibrücken
Tel. (0 63 32) 80 50
Fax (0 63 32) 80 51 98
E-Mail: agzw@zw.jm.rlp.de
www.agzw.justiz.rlp.de

Pressestelle
Tel. (0 63 32) 80 51 50, Fax (0 63 32) 80 54 27

1 Dir, 5 R

Biehl, Klaus, Dir	30. 3.05	4. 8.60
Euskirchen, Werner	10. 6.77	21. 2.43
Marscheck-Schäfer, Gertraud	22.12.80	26. 9.42
Schubert, Michael	1. 8.91	22. 5.60
Landes, Peter	12. 3.96	31.10.60
Hauptmann, Elke	19. 1.98	9. 3.60

Staatsanwaltschaften

Generalstaatsanwaltschaft Zweibrücken
Schloßplatz 7, 66482 Zweibrücken
Postfach 14 47, 66464 Zweibrücken
Tel. (0 63 32) 80 50, Fax (0 63 32) 80 53 52
E-Mail: GSTZW@genstazw.jm.rlp.de

1 GStA, 1 LOStA, 5 OstA

Generalstaatsanwältin

Reichling, Ursula	1.10.91	28. 3.42

Leitender Oberstaatsanwalt

Pendt, Albrecht	1. 5.98	11. 4.46

Oberstaatsanwältinnen/Oberstaatsanwälte

Göttmann, Heinz	1.12.95	21. 5.47
Balzer, Manfred	1. 5.98	3. 9.52
Dr. Thode, Marina	18. 5.01	16. 2.53
Ströber, Hubert, abg.	18. 5.01	12.10.59
Petry, Silke, ½	18. 5.04	3. 9.62

Staatsanwaltschaft Frankenthal (Pfalz)
Friedrich-Ebert-Str. 4, 67227 Frankenthal
Postfach 11 21, 67201 Frankenthal
Tel. (0 62 33) 8 00
Fax (0 62 33) 8 03 62
E-Mail: STAFT@genstazw.jm.rlp.de

1 LOStA, 1 stVLOStA, 5 OStA, 22 StA + 3 LSt

Leitender Oberstaatsanwalt

Liebig, Lothar	13. 2.97	9. 7.48

RP OLG-Bezirk Zweibrücken   LG-Bezirk Zweibrücken

Oberstaatsanwältinnen/Oberstaatsanwälte
Thermann, Gisa, stVLOStA	1. 5. 02	24. 7. 48
Dirion-Gerdes, Gerald	1. 12. 94	15. 8. 44
Taupitz, Christiane, ½	1. 12. 94	13. 6. 57
Diehl, Holger	1. 12. 96	7. 7. 58
Schmölz, Bernd	1. 5. 98	22. 9. 50
Dr. Gehring, Udo, abg.	1. 5. 02	21. 4. 61
Brehmeier-Metz, Doris	1. 5. 02	15. 2. 62
Keller, Andrea	1. 5. 02	9. 9. 64

Staatsanwältinnen/Staatsanwälte
Schadt, Günter	5. 12. 75	19. 10. 42
Trunz, Ludwig	23. 1. 78	30. 3. 45
Dr. Hempelmann, Kai	24. 4. 95	17. 6. 61
Wisser, Andreas	12. 5. 95	8. 2. 61
Werner, Gabriele	9. 10. 95	10. 11. 63
Sauer, Kerstin	1. 4. 96	28. 3. 64
Zehe, Dieter	17. 4. 96	21. 6. 61
Frank, Peter	11. 3. 99	26. 8. 61
Möhlig, Angelika, beurl. (LSt)	11. 3. 99	12. 8. 68
Paproth-Sachse, Brigitte	31. 1. 00	25. 6. 67
Dr. Zimmermann, Petra, ½	7. 2. 00	25. 8. 67
Maiwald-Hölzl, Stephan	2. 3. 00	17. 9. 65
Neu, Sandra	13. 9. 02	19. 10. 71
Nennstiel, Birgit	5. 11. 02	1. 8. 73
Schultz, Klaus	26. 6. 03	10. 7. 63
Johannböke, Nicole, ½	22. 10. 03	28. 11. 72
Fuhrmann, Kai	23. 10. 03	11. 10. 72
Zweig, Peter, abg. (LSt)	30. 10. 03	17. 5. 71
Seifert, Wolfgang	14. 6. 04	3. 8. 69
Klomann, Susanne	25. 8. 05	15. 12. 73
Geiser, Thomas	22. 11. 05	3. 12. 67

Staatsanwaltschaft Kaiserslautern
Bahnhofstr. 24, 67655 Kaiserslautern
Postfach 35 60, 67623 Kaiserslautern
Tel. (06 31) 37 21-0, Fax (06 31) 37 21-2 85
E-Mail: STAKL@genstazw.jm.rlp.de

1 LOStA, 1 stVLOStA, 3 OStA, 17 StA + 1 LSt

Leitender Oberstaatsanwalt
Bleh, Helmut	1. 9. 92	20. 1. 49

Oberstaatsanwälte
Scheidner, Paul-Gerald, stVLOStA	18. 5. 04	28. 6. 49
Britz, Bernhard	1. 5. 92	6. 6. 46
Bachmann, Hans	1. 12. 94	20. 3. 49
Nunenmann, Achim	1. 5. 98	29. 10. 56

Staatsanwältinnen/Staatsanwälte
Huth, Ursula	29. 3. 82	19. 7. 52
Prügel, Hubert	23. 1. 85	13. 10. 43
Küstner, Steffen	20. 12. 90	10. 5. 57
Schank, Andreas	28. 8. 92	17. 6. 61
Dr. Ludwig, Dominik	24. 11. 94	9. 6. 61
Gebing, Astrid	26. 6. 95	6. 7. 64
Orthen, Stefan	29. 1. 96	27. 8. 64
Wachter, Bettina	8. 3. 96	9. 8. 61
Euschen, Anne	19. 8. 96	31. 1. 63
Vogt, Jutta	3. 5. 97	2. 1. 66
Müller, Steffi	28. 1. 99	17. 11. 65
Schiffmann, Harald	11. 1. 01	13. 6. 65
Schröder, Christian	11. 1. 01	16. 8. 68
Wilke, Ulrike	25. 9. 02	24. 1. 73
Hennen, Beate	13. 2. 03	12. 12. 72
Görtz, Anja	22. 7. 04	21. 5. 71

Staatsanwaltschaft Landau i. d. Pfalz
Marienring 13, 76829 Landau
Postfach 15 20, 76825 Landau
Tel. (0 63 41) 2 20
Fax (0 63 41) 2 26 83
E-Mail: STALD@genstazw.jm.rlp.de

1 LOStA, 1 stVLOStA, 1 OStA, 9 StA + 1 LSt

Leitender Oberstaatsanwalt
Dr. Winter, Detlef	18. 5. 04	30. 1. 51

Oberstaatsanwälte
Kettenring, Eugen, stVLOStA	1. 12. 87	15. 6. 47
Häußler, Klaus	1. 5. 93	11. 1. 46

Staatsanwältinnen/Staatsanwälte
Denger, Burkhard	26. 6. 74	22. 6. 44
Sauerborn, Ernst-Wilhelm	25. 9. 78	2. 10. 48
Diederich, Albin, beurl. (LSt)	31. 7. 89	13. 6. 55
Wagner-Diederich, Susanne	29. 7. 92	9. 3. 61
Spielbauer, Thomas	2. 5. 95	22. 9. 61
Sommer, Christoph	8. 7. 98	17. 10. 64
Nöthen, Peter	6. 2. 03	9. 8. 71
Leewog, Anke	7. 10. 03	13. 4. 73
Rosenbauer, Nicole, beurl. (LSt)	6. 5. 04	9. 2. 72
Flammann, Markus	28. 9. 05	10. 7. 72

Staatsanwaltschaft Zweibrücken
Goetheplatz 1, 66482 Zweibrücken
Postfach 14 61, 66464 Zweibrücken
Tel. (0 63 32) 80 50
Fax (0 63 32) 80 54 40
E-Mail: STAZW@genstazw.jm.rlp.de

1 LOStA, 1 stVLOStA, 1 OStA, 9 StA + 1 LSt

Richter/StA im Richterverhältnis auf Probe **RP**

Leitender Oberstaatsanwalt				Kleeberger, Maria, 1/2		22.10.87	24. 7.56
Bayer, Eberhard		28.12.00	30. 5.50	Stahl, Hans-Jürgen		21. 4.93	10.10.57
				Weingardt, Iris		15. 5.97	1. 4.64
Oberstaatsanwälte				Valentin, Felix		28. 6.00	6. 7.69
Dexheimer, Norbert,				Feß, Claudia, 1/2		4. 7.00	18. 1.69
stVLOStA		18. 5.04	25. 7.45	Graßhoff, Martin		11. 1.01	21. 1.71
Lißmann, Thomas		18. 5.00	2. 8.56	Kiefer, Martin		13. 3.03	20. 2.70
				Goldmann, Kristine,			
Staatsanwältinnen/Staatsanwälte				beurl. (LSt)		17. 3.04	20. 6.74
Kobbe-Boor, Ilse		2. 9.77	11. 3.47	Schirmer, Elisabeth		6. 1.05	6. 6.71

Richterinnen/Richter und Staatsanwältinnen/Staatsanwälte im Richterverhältnis auf Probe

Oberlandesgerichtsbezirk Koblenz

			Schwarz, Martina	2. 7.01	31. 7.74
			Dr. Wessel, Michaela,		
Euler, Barbara, 1/2,			1/2, beurl. (LSt)	16. 7.01	12. 2.68
beurl. (LSt)	16.11.92	17. 3.65	Werner, Annegret	1. 8.01	4. 3.70
Hauf, Claudia, 1/2,			Koch, Jan, beurl. (LSt)	1. 8.01	15. 8.70
beurl. (LSt)	1. 6.93	18. 6.65	Dr. Müller-Wewel,		
Tiemann, Uta, 1/2,			Artur, abg. (LSt)	1. 8.01	4. 7.72
beurl. (LSt)	1. 9.93	19. 2.66	Kurz, Sascha	1. 8.01	28.11.73
Dr. Dreyer-Mälzer,			Schneider, Simone	3. 9.01	27. 3.74
Susanne, 1/2, beurl. (LSt)	2. 1.96	4. 7.67	Dr. Pütz, Dagmar, abg.	16.11.01	18.12.72
Ruffert, Christiane, 1/2,			Dr. Weidemann, Matthias	3.12.01	15. 8.73
beurl. (LSt)	15.12.97	11.11.64	Frohn, Nicole	2. 1.02	13.12.73
Becker, Michaela, 1/2,			Dr. Schmitz-Jansen,		
beurl. (LSt)	3. 8.98	21.10.69	Wolfgang	10. 1.02	10.12.70
Marker, Benita, 1/2	1. 2.99	22. 7.72	Helde, Thomas,		
Gast, Susanne	7. 6.99	24. 7.72	beurl. (LSt)	1. 2.02	14. 3.72
Cohnen, Andreas	1. 7.99	23.10.71	Becker, Dominik	1. 2.02	20. 7.74
Wingert, Katrin,			Brandt, Karen	15. 2.02	6. 9.71
beurl. (LSt)	1. 9.99	14. 2.72	Dr. Ehses, Stefan	2. 4.02	18. 3.72
Weitzel, Ulrike, 1/2	20. 9.99	31. 1.72	Dr. Kranz, Stefan	3. 6.02	29. 1.74
Graf, Iris, 1/2	1.10.99	17. 7.69	Köhler, Günther	1. 7.02	8. 3.75
Schwarz, Cornelia,			Thran, Silke	1. 7.02	23. 5.75
1/2, beurl. (LSt)	4.11.99	22.11.72	Jedynak, Britta	21.10.02	13. 2.76
Heinrichs, Ralf Johannes	3. 7.00	15. 7.70	Suder, Tobias	4.11.02	14. 9.69
Schulke, Sharda Fay	3. 7.00	11.12.74	Stumm, Christian	15. 1.03	15. 1.75
Theisen, Christian	8.11.00	10. 8.71	Schlepphorst, Martin	17. 2.03	22. 3.74
Ritter-Heuser, Kerstin,			Dr. Fante, Jan	1. 4.03	19. 8.72
1/2, beurl. (LSt)	15.11.00	13. 6.73	Dr. Schumacher, Joachim	2. 6.03	5. 2.74
Teriet, Matthias	2. 1.01	9. 5.71	Henrich, Christian Martin	1. 8.03	20. 9.74
Marhöfer, Peter	1. 2.01	23. 7.71	Dr. Konz, Simone	1. 8.03	13. 1.75
Griese, Barbara	1. 2.01	19.11.71	Regner, Sven	6. 8.03	9. 6.74
Dr. Schmitz, Frank	1. 3.01	21. 2.70	Baumann, Andreas	1. 9.03	11. 7.73
Emenlauer, Steffi	1. 6.01	28. 4.74	Ziegler, Tatiana	1. 9.03	22.10.76
Rosenstock von Rhöneck,			Jeserich, Julia	1.10.03	19. 2.76
Christa	15. 6.01	26. 9.73	Weinert, Katrin	10.10.03	10. 8.76
Evers, Claudia	25. 6.01	24. 8.74	Dr. Günther, Gerrit	5. 1.04	25.12.73
Schwarz, Stefanie, 1/2,			Wiesmann, Philipp	5. 1.04	26. 2.75
beurl. (LSt)	2. 7.01	21. 9.68	Bloch, Arwed	5. 1.04	14. 5.76

RP Richter/StA im Richterverhältnis auf Probe

Dr. Schmillen, Markus	12. 1. 04	22. 2. 74	Umealo-Wells, Sascha		
Selbach, Judith	2. 2. 04	17. 8. 76	Alexandra, ½	1. 3. 01	5. 7. 72
Dr. Küch, Florian	9. 2. 04	9. 9. 74	Krauß, Lydia	1. 3. 01	22. 8. 73
Trenkle, Claudia	1. 3. 04	15. 10. 76	Heindl, Hans-Jürgen	1. 5. 01	4. 12. 66
Säcker, Bettina	15. 3. 04	9. 10. 73	Häusler, Nikolas	5. 7. 01	1. 4. 73
Jakobs, Sebastian	1. 4. 04	17. 5. 74	Waltenberger, Jochen	15. 8. 01	29. 9. 70
Fassel, Alexander	17. 5. 04	12. 3. 76	Breuers-Mägly, Isabell	2. 1. 02	1. 12. 74
Dr. Dohrn, Heike	1. 7. 04	6. 12. 74	Schmitt, Carsten	8. 1. 02	11. 11. 72
Hoffknecht, Felix	1. 7. 04	26. 2. 77	Dr. Kadel, Sabine, abg.	15. 1. 02	21. 7. 72
Scholten, Iris	1. 7. 04	20. 4. 78	Herzog, Daniela	15. 7. 02	8. 12. 75
Arbes, Michaela	1. 8. 04	5. 11. 76	Frohn, Karl-Heinz	2. 9. 02	21. 5. 75
Stiewing, Corinna	18. 10. 04	25. 3. 76	Dr. Baum, Andrea	1. 10. 02	29. 3. 72
Weidner, Katja	1. 11. 04	29. 7. 75	Schräder, Alexander	5. 3. 03	25. 7. 74
Kahl, Thorsten	15. 12. 04	6. 7. 76	Neumann, Jens	2. 5. 03	15. 12. 71
Dr. Heinemann, Marcel	3. 1. 05	14. 4. 75	Leyendecker, Dirk	12. 5. 03	13. 4. 69
Säcker, Martin	1. 4. 05	16. 9. 75	Ulrich, Alexandra	19. 5. 03	6. 2. 72
Dr. Böhm, Sonja	15. 4. 05	27. 6. 78	Cichon, Alexander	2. 6. 03	26. 8. 73
Trobisch, Sebastian	1. 6. 05	15. 11. 76	Dr. Benz, Markus Peter	1. 8. 03	14. 2. 72
Blindert, Volker	6. 6. 05	17. 4. 80	Dr. Menold, Felix	1. 9. 03	14. 6. 72
Kunz, Melanie	15. 6. 05	14. 3. 78	Mall, Raphael	15. 10. 03	24. 10. 74
Weinert, Nikola	1. 7. 05	12. 7. 78	Dr. Groh, Sabine	3. 11. 03	3. 9. 74
Jöckel, Judith	1. 8. 05	16. 12. 77	Dr. Herrmann, Anne	5. 1. 04	8. 6. 77
Orth, Christian	1. 9. 05	27. 8. 77	Krügner, Matthias	1. 3. 04	13. 2. 72
Dahmen, Anne Maria	12. 9. 05	30. 4. 79	Dr. Fomferek, André	1. 3. 04	21. 6. 75
Pankatz, Elke	15. 9. 05	14. 5. 76	Pittner, Lutz	3. 3. 04	13. 7. 72
Dr. Walter, Alexander	4. 10. 05	7. 8. 76	Maurer, Christoph	10. 3. 04	23. 3. 75
Wulfmeyer, Julia	4. 10. 05	21. 11. 78	Schröder, Bernhard	1. 4. 04	4. 12. 74
Sittmann-Haury, Stephanie	24. 10. 05	2. 1. 78	Walfort, Daniela	3. 5. 04	20. 5. 77
Brodöfel, Anne	2. 11. 05	25. 5. 76	Schmidt, Eike	1. 6. 04	5. 5. 75
Dr. Unholtz, Jörg Sebastian	2. 1. 06	18. 6. 77	Bruns, Christian	1. 7. 04	2. 9. 77
Schmitt, Xenia, ½	2. 1. 06	12. 7. 77	Dr. Hildebrandt, Jan	1. 8. 04	21. 5. 74
Kohlmeyer, Martina	23. 1. 06	13. 8. 78	Müller, Frank	1. 9. 04	31. 12. 74
Hackler, Dirk	1. 3. 06	28. 7. 74	Reiser, Melanie	16. 9. 04	20. 2. 77
			Klink, Judith	1. 12. 04	22. 4. 78
Oberlandesgerichtsbezirk Zweibrücken			Kühner, Daniel	1. 4. 05	26. 8. 74
			Dr. Kern-Eimann, Sandra	1. 4. 05	24. 4. 76
Sommer, Ursula, beurl. (LSt)	4. 10. 94	7. 9. 63	von Schwichow, Therese Margarete	6. 6. 05	20. 5. 78
Kießling, Anke, beurl. (LSt)	1. 7. 99	7. 10. 71	Dr. Krenberger, Benjamin	1. 7. 05	27. 1. 78
Herzog, Peter Andreas	4. 12. 00	8. 6. 72	Jakobs, Alexandra	1. 8. 05	21. 6. 75
Diem, Andrea Christine, ½, beurl.	2. 1. 01	26. 4. 71	Siener, Christoph	1. 8. 05	21. 5. 74
Sannicolo, Eva	2. 1. 01	19. 6. 72	Dahmen, Anne Maria	12. 9. 05	30. 4. 79
Bieler, Volker	1. 3. 01	13. 1. 68	Jones, Emily	17. 10. 05	17. 5. 76
			Weingarth, Sabine	1. 12. 05	2. 11. 72

Saarland

1 051 546 Einwohner*

Ministerium für Justiz, Gesundheit und Soziales

Franz-Josef-Röder-Str. 23, 66119 Saarbrücken
Postfach 10 24 53, 66024 Saarbrücken
Tel. (06 81) 5 01-00, Fax (06 81) 5 01-58 55 u. 5 01-58 97 (LPA)
E-Mail: poststelle@justiz-soziales.saarland.de
1 Min, 1 StS, 1 MinDgt, 3 LMinR, 5 MinR, 3 RD, 5 ROR

Minister für Justiz, Gesundheit und Soziales
Hecken, Josef   6. 10. 04   2. 8. 59

Staatssekretär
Schild, Wolfgang   30. 9. 99   9. 1. 52

Ministerialdirigent
Weber, Wolfgang   1. 4. 92   18. 4. 43

Leitende Ministerialräte
Baier, Hans-Dieter   1. 4. 01   13. 10. 40
Freymann, Hans-Peter   1. 4. 02   11. 2. 61
Scherer, Klaus   1. 4. 04   1. 1. 44

Ministerialrätin/Ministerialräte
Kuhl, Wolfgang   1. 4. 02   16. 1. 49
Beckmann-Roh, Barbara
 (RLSG)   1. 4. 99   1. 2. 58

Burgard, Thiemo   1. 4. 01   27. 10. 55
Scheer, Volker   1. 10. 02   13. 6. 54
Schmidt-Drewnick,
 Joahnnes (DAG)   22. 4. 03   26. 12. 64

Regierungsdirektoren
Leibrock, Frank   1. 10. 98   19. 1. 62
Schmidt, Gerd   11. 4. 03   15. 4. 42
Blüm, Bernd   1. 10. 03   25. 11. 44

Referentinnen/Referenten
Seel, Christian (RAG)   21. 10. 02   7. 1. 71
Emanuel, Thomas
 (RLG), abg.   5. 2. 03   3. 6. 72
Klöpperpieper, Gerrtud
 (RR)   11. 4. 03   2. 7. 47
Schulz, Andreas
 (RLG), abg.   18. 8. 03   22. 12. 73
Raber, Michael
 (RAG), abg.   20. 2. 04   28. 3. 72

---

* Stand: 30. 9. 2003.

SAA OLG-Bezirk Saarbrücken

Oberlandesgerichtsbezirk Saarbrücken

Bezirk: Saarland
Oberlandesgericht: Saarbrücken
1 Landgericht: Saarbrücken
10 Amtsgerichte
für die AGBez: Schöffengericht
Saarbrücken,
St. Ingbert,
Völklingen: Saarbrücken
Lebach, Merzig
und Saarlouis: Saarlouis
Homburg,
Neunkirchen,
Ottweiler und
St. Wendel: Neunkirchen

Jugendschöffengericht Saarbrücken (für die Bezirke sämtlicher Amtsgerichte des Saarlandes)
Familiengerichte: bei allen Amtsgerichten
Landwirtschaftssachen werden von den nachstehenden Amtsgerichten als Landwirtschaftsgerichte erledigt:

Homburg (Saar)	zugl. f. d. AGBez. St. Ingbert
Merzig und Ottweiler	zugl. f. d. AGBez. Neunkirchen (Saar)
St. Wendel und Saarlouis	zugl. f. d. AGBez. Lebach
Saarbrücken	zugl. f. d. AGBez. Völklingen

Saarländisches Oberlandesgericht

E 1 051 546
Franz-Josef-Röder-Straße 15, 66119 Saarbrücken
Postfach 10 15 52, 66015 Saarbrücken
Tel. (06 81) 5 05-05, Fax (06 81) 5 01-53 51
E-Mail: poststelle@solg.justiz.saarland.de
1 Pr, 1 VPr, 5 VR, 18 R

Präsident
Prof. Dr. Rixecker,
  Roland   11. 2.95   16. 5.51

Vizepräsident
Jochum, Arwed   1.10.01   20. 9.43

Vorsitzende Richterinnen/
Vorsitzende Richter
Theis, Günter   20. 7.00   17. 5.45
Dr. Kockler, Franz Josef   1. 4.01   25. 4.47
Gaillard, Ingrid   3.12.01   18.11.46
Balbier, Ralf-Werner   6. 9.02   3. 8.47

Richterinnen/Richter
Dr. Kuhn-Krüger, Roswitha 17. 7.92   10. 5.48
Barth, Dieter   1. 1.95   17.12.54
Sandhöfer, Anna   1.12.95   4. 2.55
Cronberger, Ingrid   2. 5.99   31. 3.55
Schmidt, Hans-Peter   1. 7.99   9. 7.52
Dr. Madert-Fries, Ingrid   23. 2.00   17. 3.61
Sittenauer, Alfons   20.12.00   3. 1.55
Feltes, Susanne   26. 3.01   18. 1.59
Fritsch-Scherer, Ute   1. 6.01   4. 7.56
Dr. Dörr, Karl-Werner   1. 1.02   14. 2.63
Neuerburg, Hans-Peter   1. 3.02   13. 3.60
Dr. Knerr, Gerhard   1. 7.02   14.10.64
Burmeister, Margot   16. 9.03   24. 1.57
Radtke, Wolfgang   1. 1.05   7.10.46

LG-Bezirk Saarbrücken　　　　　　　　　　OLG-Bezirk Saarbrücken　　**SAA**

Landgerichtsbezirk Saarbrücken

Landgericht Saarbrücken　E 1 051 546
Franz-Josef-Röder-Str. 15, 66119 Saarbrücken
Postfach 10 15 52, 66015 Saarbrücken
Tel. (06 81) 5 01-05
Fax (06 81) 5 01-52 56
E-Mail: poststelle@lg.justiz.saarland.de

1 Pr, 1 VPr, 23VR, 37 R + 4 LSt (R)

Präsident

N. N.　　　　　　　　　—　　　—

Vizepräsident

Geib, Stefan　　　　　　4. 10. 05　　15. 8. 62

Vorsitzende Richterinnen /Vorsitzende Richter

Chudoba, Ulrich	17. 7. 92	5. 1. 44
Wolff, Ingeborg	1. 3. 93	5. 5. 44
Krämer, Gerhard	9. 12. 94	2. 7. 41
Legleitner, Helmut	6. 6. 95	20. 9. 51
Schmidt, Gerhard	28. 6. 95	17. 1. 44
Meyer, Alfred	9. 10. 95	29. 4. 46
Hugo, Renate	19. 12. 95	29. 11. 50
Wolff, Eike	22. 12. 95	31. 12. 43
Kratz, Ursula	20. 8. 96	11. 5. 53
Schneider, Erhard	6. 10. 98	15. 1. 51
Gaillard, Wolfgang	19. 5. 99	11. 10. 43
Wintrich, Wendelin	28. 4. 00	5. 6. 49
Setz, Gerlinde	16. 5. 00	20. 6. 44
Weinand, Rainer	30. 5. 00	18. 5. 49
Müller, Walter	1. 6. 00	29. 12. 56
Ewen, Maria-Elisabeth, ½	15. 6. 01	28. 10. 54
Lasotta, Gisbert	15. 6. 01	29. 7. 55
Jung, Martin	15. 6. 01	5. 8. 55
Dr. Fries, Rainer	15. 6. 01	24. 7. 56
Heßlinger, Michael	15. 10. 02	11. 1. 60

Richterinnen/Richter

Roth, Günter	12. 11. 87	23. 8. 55
Henrich, Birgit	13. 10. 88	12. 9. 56
Lander-Schöneberger, Rosemarie, ½	23. 10. 89	20. 8. 57
Heesen, Joachim	8. 12. 92	2. 5. 59
Hoschke, Ulrich	22. 12. 92	28. 9. 59
Gref, Monika	28. 6. 93	19. 3. 61
Klein-Molz, Theresia	29. 6. 93	18. 4. 62
Hoffmann-Lindenbeck, Andrea	11. 1. 94	5. 5. 62
Mahler, Markus	16. 3. 94	11. 2. 58
Zander, Uwe	10. 6. 94	23. 9. 54
Schneider, Thomas	3. 12. 94	17. 3. 61
Lauer, Andreas	3. 1. 95	25. 10. 62
Holschuh-Gottschalk, Friederun, beurl. (LSt)	9. 10. 95	4. 8. 65
Reger, Werner	15. 7. 96	24. 3. 63
Görlinger, Michael	1. 1. 97	24. 4. 65
Witsch, Claudia, ½, abg.	6. 3. 98	14. 11. 66
Wiesen, Dirk, abg.	27. 7. 98	28. 1. 65
Peil, Martin	28. 7. 98	12. 5. 64
Schmitt, Christiane	3. 11. 98	17. 10. 69
Schepke-Benyoucef, Alexandra	12. 11. 98	18. 9. 69
Kaiser, Steffen, abg.	12. 10. 99	20. 6. 66
Reichel, Christian, abg.	4. 4. 00	27. 4. 69
Stieghorst, Mareike	8. 5. 00	16. 3. 69
Dr. Müller, Anne, ½, abg.	16. 5. 00	4. 9. 65
Wolter, Krystyna, ½	20. 3. 01	20. 1. 67
Klasen, Bernhard	20. 3. 01	26. 9. 68
Thurm, Axel	11. 4. 02	19. 9. 62
Weinland, Alexander, abg.	8. 5. 02	7. 7. 71
Brehmer, Judith	7. 10. 02	12. 11. 73
Flasche, Tim, abg.	5. 2. 03	1. 12. 72
Dr. Axmann, Thomas, abg.	4. 8. 03	16. 7. 71
Jung, Kerstin	4. 8. 03	28. 10. 71
Hauck, Antje	16. 2. 04	18. 6. 68
Gerard-Morguet, Susanne	20. 2. 04	31. 10. 72
Klos, Haldor	4. 11. 04	23. 8. 72
Dr. Klam, Cornelia	21. 1. 05	6. 6. 74
Dr. Jaschinski, Susanne	2. 11. 05	21. 3. 68
Oldenburg, Caroline	2. 2. 06	18. 6. 75

Amtsgerichte

Homburg (Saar)　E 104 055
Zweibrücker Str. 24, 66424 Homburg
Postfach 10 53/10 54, 66401 Homburg
Tel. (0 68 41) 92 28-0
Fax (0 68 41) 92 28-2 10
E-Mail: poststelle@aghom.justiz.saarland.de

Zweigstelle in Blieskastel
Luitpoldplatz 5, 66440 Blieskastel
Postfach 12 40, 66432 Blieskastel
Tel. (0 68 42) 92 15-0
Fax (0 68 42) 5 20 65

1 Dir, 1 stVDir, 8,5 R + 1 LSt (R)

Kunrath, Franz Josef, Dir	29. 4. 93	2. 10. 46
Gerhard, Karl-Heinz	14. 10. 81	26. 12. 48
Ziegler, Karl Heinz	15. 12. 81	21. 7. 51
Lemke, Martin	2. 11. 89	2. 11. 57
Weidler-Vatter, Karin	22. 1. 91	9. 12. 59
Broo, Friederike	9. 12. 94	14. 11. 62
Kloos, Barbara	16. 6. 95	28. 12. 62
Hausknecht, Susanne, ½	14. 9. 98	14. 8. 67
Sattler, Antje	15. 9. 98	1. 9. 68

SAA OLG-Bezirk Saarbrücken LG-Bezirk Saarbrücken

Lebach E 61 715
Saarbrücker Str. 10, 66822 Lebach
Postfach 11 40/11 60, 66811 Lebach
Tel. (0 68 81) 9 27-0
Fax (0 68 81) 9 27-1 40
E-Mail: poststelle@agleb.justiz.saarland.de
1 Dir, 4 R

Hoffmann, Werner, Dir	21. 6. 94	6. 7. 46
Klesen, Joachim	4. 1. 94	9. 4. 62
Tiedtke, Christina	23. 3. 98	12. 8. 67
Wagner, Michael	28. 1. 03	14. 12. 70

Merzig E 106 287
Wilhelmstr. 2, 66663 Merzig
Tel. (0 68 61) 70 30
Fax (0 68 61) 86 69
E-Mail: poststelle@agmzg.justiz.saarland.de

Zweigstelle in Wadern
Gerichtsstr. 7, 66687 Wadern
Postfach 11 74, 66680 Wadern
Tel. (0 68 71) 20 81
Fax (0 68 71) 86 69

1 Dir, 1 stVDir, 7 R + 1 LSt (R)

Kockler, Werner, Dir	2. 10. 01	25. 9. 52
Koster, Alois, stVDir	—	9. 12. 45
Caspar, Thomas	2. 3. 93	14. 3. 60
Kirf, Stephanie, 1/2	1. 7. 93	25. 1. 58
Mayr, Klaus	5. 1. 98	23. 9. 65
Praum, Markus	26. 10. 99	3. 12. 66
Bohn, Kerstin	23. 5. 01	4. 4. 67
Greis-Müllenbach, Friederike, beurl. (LSt)	1. 12. 01	7. 3. 72

Neunkirchen (Saar) E 63 922
Knappschaftsstr. 16, 66538 Neunkirchen
Postfach 1104, 66511 Neunkirchen
Tel. (0 68 21) 1 06-01
Fax (0 68 21) 1 06-1 00
E-Mail: poststelle@agnk.justiz.saarland.de

1 Dir, 1 stVDir, 6 R

Kraus, Hartmut, Dir	5. 4. 01	16. 3. 42
Bost, Jürgen, stVDir	1. 10. 02	27. 8. 47
Mohr, Ilsemarie	8. 2. 80	6. 1. 49
Dr. Jaschinski, Joachim	28. 8. 96	26. 7. 65
Breiden, Erhard	22. 9. 97	16. 8. 65
Friedrichs, Sabine	24. 9. 97	7. 10. 65
Weidig, Bernd	16. 2. 04	11. 1. 72

Ottweiler E 79 975
Reiherswaldweg 2, 66564 Ottweiler
Postfach 13 61, 66560 Ottweiler
Tel. (0 68 24) 30 90
Fax (0 68 24) 3 09 49
E-Mail: poststelle@agotw.justiz.saarland.de
1 Dir, 6 R

Kuklik, Udo, Dir	7. 4. 04	2. 12. 60
Swatkowski, Beate	5. 10. 87	15. 7. 56
Halm, Astrid	7. 9. 89	8. 7. 57
Bierbrauer, Jörg	11. 5. 95	6. 8. 61
Würtz, Michael	23. 3. 98	6. 7. 66
Breiden, Ina	4. 7. 00	9. 3. 69
Welsch, Guido	22. 3. 04	10. 3. 71

Saarbrücken E 271 133
Franz-Josef-Röder-Str. 13, 66119 Saarbrücken
Postfach 10 15 52, 66015 Saarbrücken
Tel. (06 81) 5 01-05
Fax (06 81) 5 01-56 00
E-Mail: poststelle@agsb.justiz.saarland.de

Nebenstelle Heidenkopferdell
Bertha-von-Suttner-Straße 2, 66123 Saarbrücken
Tel. (06 81) 5 01-05
Fax (06 81) 5 01-37 00
E-Mail: poststellehkd@agsb.justiz.saarland.de

Zweigstelle in Sulzbach (Insolvenzgericht)
Vopeliusstr. 2, 66280 Sulzbach
Tel. (0 68 97) 90 82-0
Fax (0 68 97) 90 82-2 10
E-Mail: poststelleslzb@agsb.justiz.saarland.de

Saarländisches Grundbuchamt
Mainzer Straße 176, 66121 Saarbrücken
Tel. (06 81) 5 01-05
Fax (06 81) 5 01-40 40

1 Pr, 1 VPr, 8 w.aufsR, 37,5 R + 2 LSt (R)

Präsident

Becker, Wolfgang	29. 10. 04	18. 12. 46

Vizepräsident

Dr. Krüger, Jochen	4. 10. 05	7. 7. 48

weitere aufsichtführende Richterin/Richter

Schemer, Gerhard	27. 2. 96	27. 9. 43
Pack, Ursula	15. 6. 98	17. 11. 44
Dr. Noll, Hans Norbert	1. 10. 99	1. 2. 53
Dr. Kost, Manfred, abg.	28. 10. 05	9. 2. 64

LG-Bezirk Saarbrücken   OLG-Bezirk Saarbrücken   **SAA**

Richterinnen /Richter

Lorscheider, Anja	6. 12. 77	14. 11. 47
Barbian, Edgar	1. 8. 78	24. 9. 48
Schimmelpfennig, Kurt-Rüdiger	5. 10. 81	21. 10. 48
Effnert, Armin	18. 10. 83	13. 11. 50
Mansfeld, Birgit	3. 10. 84	30. 5. 55
Weber, Gerhard	4. 9. 87	25. 12. 55
Krüger, Edith	21. 11. 87	26. 8. 53
Schmauch, Adolf	5. 9. 89	11. 1. 48
Dr. Rupp, Michael, abg. (LSt)	5. 9. 89	7. 6. 56
Wolf, Erich-Peter	4. 12. 90	30. 9. 52
Haase, Rainer	8. 7. 92	15. 8. 59
Bamberger, Silke	18. 10. 93	1. 5. 63
Greis, Günther	8. 11. 93	9. 6. 60
Funk, Stefan	4. 10. 94	25. 1. 62
Hilpert-Zimmer, Ulrike	24. 4. 95	8. 3. 64
Christmann, Marcel	1. 6. 95	27. 11. 63
Ohlmann, Dominik	16. 7. 96	25. 12. 62
Biehl, Susanne	16. 1. 97	15. 11. 64
Tews, Sabine	20. 1. 97	10. 6. 63
Dörr, Claudia	7. 4. 97	18. 7. 61
Sander, Peter	7. 4. 97	1. 3. 64
Eckel, Claus, abg.	28. 7. 98	1. 10. 65
Bieg, Gero	2. 11. 98	10. 9. 68
Schwinn, Ralf	16. 11. 98	3. 1. 67
Reichel-Scherer, Claudia, 3/4	4. 7. 00	11. 1. 62
Wüllenweber, Ria	12. 11. 01	10. 5. 68
Völker, Mallory	2. 12. 02	2. 11. 71
Kohler-Bergman, Susanne	3. 2. 03	7. 11. 67

Saarlouis E 148 882
Prälat-Subtil-Ring 10, 66740 Saarlouis
Postfach 11 30, 66711 Saarlouis
Tel. (0 68 31) 4 45-0
Fax (0 68 31) 4 45-2 11
E-Mail: poststelle@agsls.justiz.saarland.de

1 Dir, 1 stVDir, 1 w.aufsR, 10 R

Dellwing, Kurt, Dir	18. 1. 93	26. 5. 43
Westermann, Hans-Werner, stVDir	1. 10. 99	10. 1. 44
Koch, Alfred, w.aufsR	29. 2. 96	29. 9. 51
Bauer, Kurt	26. 7. 74	14. 11. 42
Zamostny, Hans-Jürgen	15. 4. 78	5. 2. 44
Weyer, Hermann	13. 4. 81	30. 5. 47
Neibecker, Brigitte	25. 1. 89	11. 1. 58
Sander, Gerd	26. 1. 90	20. 11. 57

Ulm, Karl-Georg	9. 4. 90		29. 9. 58
Freichel, Gerhard	17. 3. 93		11. 7. 58
Kirf, Stephanie, 1/2	1. 7. 93		25. 1. 58
Huber, Silvia	5. 4. 94		5. 11. 64
Papesch, Olaf	7. 12. 94		10. 11. 57

St. Ingbert E 50 309
Ensheimerstr. 2, 66386 St. Ingbert
Postfach 11 20, 66361 St. Ingbert
Tel. (0 68 94) 9 84-03
Fax (0 68 94) 9 84-2 02
E-Mail: poststelle@agigb.justiz.saarland.de

1 Dir, 3 R + 1 LSt (R)

Engel, Steffen, Dir	26. 4. 01	29. 1. 56
Altmayer, Arno, abg.	7. 11. 01	—
Weinand, Achim	4. 4. 03	23. 3. 66

St. Wendel E 94 303
Schorlemerstr. 33, 66606 St. Wendel
Postfach 11 40, 66591 St. Wendel
Tel. (0 68 51) 9 08-0
Fax (0 68 51) 9 08-32
E-Mail: poststelle@agwnd.justiz.saarland.de

1 Dir, 6 R

Reuter, Gerhard, Dir	13. 9. 96	25. 4. 48
Adams, Helmut	26. 4. 79	19. 7. 49
Bruxmeier, Jürgen	3. 4. 84	16. 10. 52
Laubenthal, Sigrid	4. 6. 91	15. 3. 60
Krämer, Roland	16. 12. 92	10. 6. 59
Gabler, Bettina	26. 5. 95	27. 11. 63
Brück, Christoph	27. 4. 98	24. 9. 67

Völklingen E 70 965
Karl-Janssen-Str. 35, 66333 Völklingen
Postfach 10 11 60, 66301 Völklingen
Tel. (0 68 98) 2 03-02
Fax (0 68 98) 2 03-3 19
E-Mail: poststelle@agvk.justiz.saarland.de

1 Dir, 3 R + 1 LSt (R)

Quack, Heidrun, Dir	1. 7. 96	6. 6. 57
Quirin, Bernhard	20. 11. 84	24. 1. 53
Hedrich, Heide	10. 6. 87	27. 10. 56
Schneider, Dirk	18. 9. 97	7. 5. 64
Dr. Eckstein-Puhl, Christine, 1/2	7. 10. 99	27. 12. 68
Funke, Jörg	19. 6. 00	19. 4. 66

Staatsanwaltschaften

Generalstaatsanwaltschaft
Zähringerstr. 8, 66119 Saarbrücken
Postfach 10 15 52, 66015 Saarbrücken
Tel. (06 81) 5 01-05
Fax (06 81) 5 01-55 37
E-Mail: poststelle@gst.justiz.saarland.de

1 GStA, 1 LOStA, 2 OStA

Generalstaatsanwalt
Sahm, Ralf-Dieter   1. 1. 01   18. 5. 48

Leitender Oberstaatsanwalt
Hirschmann, Ernst Peter   1. 10. 99   27. 12. 52

Oberstaatsanwälte
Messinger, Hans-Helmut   8. 4. 94   18. 7. 47
Zöcke, Gerhard   1. 10. 97   8. 11. 48

Staatsanwaltschaft
Zähringerstr. 12, 66119 Saarbrücken
Postfach 10 15 52, 66015 Saarbrücken
Tel. (06 81) 5 01-05
Fax (06 81) 5 01-50 34
E-Mail: poststelle@sta.justiz.saarland.de

1 LOStA, 10 OStA, 2 StA (GL), 36 StA, 2 LSt(StA)

Leitender Oberstaatsanwalt
Gocke, Karlheinz   2. 10. 01   8. 9. 41

Oberstaatsanwältinnen/Oberstaatsanwälte
Weyand, Raimund,
   stVLOStA   1. 4. 02   22. 9. 55
Hudalla, Jürgen   4. 10. 95   12. 2. 44
Pattar, Josef   1. 10. 00   15. 7. 49
Dr. Jülch, Jürgen   1. 4. 01   21. 9. 46
Kammer, Barbara   1. 10. 02   4. 8. 42
Schade-Kesper, Marlene   1. 4. 04   5. 11. 51
Uthe, Eckhard   1. 4. 04   8. 8. 56

Colling, Hubert   5. 10. 05   27. 8. 51
Müller, Michael   5. 10. 05   18. 7. 53

Staatsanwältinnen/Staatsanwälte
Brass, Adolf, GL   5. 10. 05   9. 8. 54
Adam, Wolfgang   5. 4. 82   17. 10. 49
Liebschner, Guntram   6. 1. 86   15. 1. 55
Fritsch, Michael   2. 2. 88   19. 3. 53
Knaack, Hans Peter   8. 3. 89   26. 6. 53
Junker, Peter   29. 10. 90   12. 7. 57
Wern, Stephan   13. 8. 93   2. 12. 58
Schöne, Elmar   30. 9. 93   3. 6. 59
Sieren-Kretzer, Birgit, 3/4   3. 1. 94   14. 6. 62
Lauer, Wolfgang   8. 11. 94   4. 6. 57
Berger-Ney, Bettina   2. 3. 95   14. 4. 61
Walther, Marion, 3/4   3. 7. 95   4. 7. 64
Hilgers-Hecker, Carola, 1/2   17. 7. 95   8. 10. 62
Schweitzer, Gabriele, 1/2   16. 10. 95   18. 10. 65
Schweitzer, Erik   3. 11. 95   9. 10. 61
Maurer, Bettina, 1/2   28. 12. 95   2. 4. 62
Wiedersporn-Kerwer,
   Muriel   6. 5. 96   19. 3. 64
Kräuter-Stockton, Sabine   17. 5. 96   21. 7. 57
Wolff, Carmen   16. 7. 97   21. 2. 50
Endres, Georg   22. 9. 97   12. 11. 60
Bucher-Rixecker,
   Michele, 1/2   2. 3. 98   26. 12. 64
Thome, Peter   23. 3. 98   24. 10. 65
Meiners, Bernhard   2. 11. 98   16. 6. 64
Romberg, Mareike, 3/4   11. 10. 99   2. 6. 68
Rebmann, Christoph   28. 5. 01   30. 12. 68
Reiter, Martin   5. 11. 01   29. 4. 68
Mailänder, Judith, 1/2   6. 6. 02   12. 4. 71
Dr. Lore, Ellen, 3/4   30. 9. 02   15. 4. 68
Diversy, Judith   14. 3. 03   4. 6. 73
Weidig, Sandra   4. 7. 03   18. 9. 73
Süßdorf, Eva   12. 9. 03   4. 6. 68
Eicker, Ole   15. 9. 03   27. 6. 68
Bock, Sibylle   13. 2. 04   28. 4. 74
Schramm, Dörthe, 1/2   11. 3. 04   10. 6. 72

Richterinnen/Richter und Staatsanwältinnen/Staatsanwälte im Richterverhältnis auf Probe

Schleier, Holger	16. 9. 92	7. 9. 74
Kaiser, Marion, beurl. (LSt)	4. 1. 99	17. 1. 70
Schröder, Rebekka, beurl. (LSt)	3. 5. 99	20. 11. 69
Hoser, Alexandra	1. 7. 02	19. 4. 71
Friedrich, Ulrike, ½	1. 8. 02	26. 3. 68
Maue, Ellen	16. 9. 02	15. 3. 76
Beger, Alexandra	4. 11. 02	22. 7. 71
Becker, Raffael	4. 11. 02	11. 3. 72
Krah, Mario	4. 11. 02	19. 10. 73
Dr. Reich, Karsten	15. 4. 03	4. 9. 69
Schmidt, Karsten	2. 5. 03	28. 6. 73
Dr. Lafontaine, Christoph	2. 5. 03	5. 6. 75
Lohmann, Kai-Uwe	19. 5. 03	6. 7. 69
Graj, Inge, beurl.(LSt)	1. 7. 03	21. 6. 69
Scheurich, Christiane	1. 7. 03	14. 10. 72
Reinhard, Kai	15. 10. 03	6. 7. 73
Dr. Trost, Annette	15. 10. 03	14. 6. 76
Iber, Harald	3. 11. 03	20. 4. 76
Dr. Meyer, Ulli Christian, abg.	5. 1. 04	13. 10. 73
Schmidt, Heiner Christian	5. 1. 04	26. 2. 76
Gartner, Bianca	1. 4. 04	15. 7. 76
Dr. Jung, Hendrike, beurl. (LSt)	17. 5. 04	5. 5. 75
Fauth-Engel, Tanja	1. 6. 04	14. 10. 74
Rotthauwe genannt Löns, Aletta	1. 7. 04	25. 9. 75
Dr. Krutisch, Dorothee	1. 7. 04	26. 4. 76
Schneider, Winfried-Thomas	13. 9. 04	25. 9. 74
Riske, Melanie	13. 9. 04	28. 11. 77
Schmidt-Ahrens, Silke	20. 9. 04	17. 2. 78
Schmitt, Wolfram	2. 11. 04	24. 8. 70
Meiser, Christian	3. 1. 05	18. 2. 74
Weber, Olaf	1. 2. 05	14. 7. 75
Groll, Anja	1. 4. 05	11. 10. 74
Steinborn, Eric	1. 7. 05	10. 1. 76
Dr. Wern, Sigurd	18. 7. 05	19. 5. 70
Dr. Lange, Jérôme	18. 7. 05	13. 12. 73
Dr. Schultz, Volker	4. 10. 05	21. 1. 72
Werner, Michael	2. 1. 06	26. 5. 76
Ragg, Konstanze	1. 2. 06	27. 1. 79
Heinrich, Simone	1. 2. 06	11. 4. 79

Freistaat Sachsen

4 326 217 Einwohner*

Sächsisches Staatsministerium der Justiz

Hospitalstr. 7, 01097 Dresden
01095 Dresden
Tel. (03 51) 5 64-0, Fax (03 51) 5 64-1599
E-Mail: poststelle@smj.sachsen.de

1 Min, 1 StaatsSekr, 4 MinDgt, 17 MinR, 9 RD, 18 ROR, 7 RR

Minister für Justiz
Mackenroth, Geert Wilhelm — 1. 2. 50

Staatssekretärin
Hauser, Gabriele   24. 11. 04   24. 3. 55

Ministerialdirigenten
Kindermann, Claus-Peter   26. 5. 93   1. 10. 42
Preusker, Harald   1. 7. 94   25. 6. 43
Dr. Sprenger, Wolfgang   1. 1. 95   29. 11. 45
Dr. Muster, Michael   —   27. 10. 46

Ministerialrätinnen/Ministerialräte
Schmid, Willi   4. 9. 95   14. 7. 54
Scholz, Peter   1. 11. 98   31. 12. 44
Dr. Freiherr von Welck,
 Georg   1. 6. 00   30. 10. 59
Deusing, Kai-Uwe   1. 11. 00   6. 9. 61
Wolting, Michael   1. 9. 03   4. 2. 61
Graf zu Stolberg-Stolberg,
 Friedrich   1. 11. 03   16. 3. 62
Dr. Jäger, Markus   1. 5. 04   9. 2. 66

*Stand: 31. 10. 2003.

Dahlke-Piel, Susanne   8. 7. 04   26. 12. 59
Kucklick, Claudia   17. 5. 05   12. 11. 62
Stotz, Werner   2. 8. 05   6. 3. 52

Regierungsdirektoren
Benkendorff, Dirk   18. 4. 01   7. 2. 66
Dehoust, Matthias   1. 11. 03   7. 5. 66
Dr. Dömland, Kai   1. 1. 05   9. 5. 63
Leisner, Dirk   1. 10. 05   6. 2. 70
Dr. Kasten, Hartwig   1. 3. 06   30. 4. 68

Regierungsoberrätinnen/Regierungsoberräte
Finsterwalder, Eckhart   13. 11. 94   24. 10. 42
Schmidtbauer-Scholz,
 Andrea   1. 12. 98   25. 4. 55
Beuchel, Petra   1. 7. 99   30. 4. 56
Hildebrandt, Dietmar   1. 11. 99   29. 7. 51
Wagner, Alois   1. 6. 04   31. 3. 45
Schmitz, Michael   16. 2. 05   6. 5. 70
Lau, Matthias   1. 3. 05   1. 2. 73

Regierungsrätinnen
Ulm, Claudia   —   18. 3. 75
Arnold, Ines   1. 1. 06   30. 8. 76
Hauptmann, Marita   1. 3. 06   13. 5. 57

Oberlandesgerichtsbezirk Dresden

Bezirk:
Freistaat Sachsen

6 Landgerichte:
Bautzen, Chemnitz, Dresden,
Görlitz, Leipzig, Zwickau

30 Amtsgerichte

Oberlandesgericht Dresden*

E 4 326 217
Ständehaus, Schlossplatz 1, 01067 Dresden
Postfach 12 07 32, 01008 Dresden
Tel. (03 51) 44 6-0, Fax (03 51) 4 46-15 29 (Poststelle)
E-Mail: verwaltung-olg@olg.justiz.sachsen.de

Präsident		
Budewig, Klaus	1. 8. 95	11. 11. 41
Vizepräsident		
Hagenloch, Ulrich	1. 1. 93	27. 5. 52
Vorsitzende Richterinnen/Vorsitzende Richter		
Boie, Gisela	1. 11. 94	1. 5. 49
Kindermann, Anna-Eleonore	1. 1. 95	19. 3. 46
Häfner, Gilbert	5. 4. 95	11. 3. 55
Maunz, Dieter	1. 8. 95	20. 11. 42
Dr. Wagner, Claus	1. 6. 97	11. 5. 46
Dr. Söhnen, Rüdiger	1. 9. 97	27. 10. 46
Zeh, Ulrich	1. 4. 99	9. 1. 50
Dr. Kaiser, Helmut	1. 4. 99	21. 5. 52
Scheffler, Karl-Friedrich	1. 7. 99	10. 2. 46
Bastius, Frank	1. 1. 00	15. 10. 52
Bey, Robert	1. 1. 00	4. 5. 60
Dr. Niklas, Uwe	1. 3. 00	8. 4. 55
Dr. Onusseit, Dietmar	15. 7. 00	15. 7. 56
Schnaars, Günther	1. 1. 01	8. 8. 43
Drath, Erich	1. 3. 02	8. 12. 50
Munz, Birgit	1. 5. 03	14. 11. 54
Kopp, Dieter	7. 11. 05	15. 12. 56
Lips, Rainer	1. 1. 06	21. 7. 47
Richterinnen/Richter		
Piel, Wolfgang	1. 9. 93	27. 4. 57
Dr. Kazele, Norbert, abg.	3. 4. 96	11. 5. 61
Schröder, Karin	1. 9. 96	24. 3. 62
Vetter, Klaus	1. 9. 97	15. 2. 61
Jena, Wolfram	1. 1. 98	12. 8. 63
Dr. Schindler, Holger	7. 12. 98	7. 12. 62
Schmidt, Frank	7. 12. 98	29. 4. 65
Glaß, Peter	1. 1. 00	23. 5. 57
Luderer, Susanne	1. 1. 00	31. 12. 61
Rein, Christoph	1. 1. 00	25. 3. 62
Maciejewski, Kathrein	1. 1. 00	18. 1. 63
Schüddekopf, Klaus	1. 5. 00	17. 10. 59
Vossen-Kempkens, Stefanie	1. 11. 00	13. 8. 62
Frick, Ralf	1. 11. 00	28. 8. 62
Vogt, Susanne	1. 11. 00	25. 2. 63
Bürkel, Maja	15. 4. 01	13. 3. 64
Hörner, Heribert	1. 12. 01	13. 5. 61
Dr. Scheffer, Urban	1. 4. 03	10. 9. 62
Dr. Märtens, Markus	1. 4. 03	1. 12. 62
Haller, Katrin	1. 4. 03	3. 10. 62
Dr. Lames, Peter	1. 4. 03	2. 7. 64
Dr. Ross, Leon	1. 4. 03	8. 11. 68
Freiherr von Barnekow, Joachim	1. 11. 04	12. 8. 67
Baan-Berlemann, Susanne, abg.	1. 11. 04	19. 9. 68
Bokern, Albrecht	1. 8. 04	6. 11. 64
Gorial, Murad	1. 8. 04	10. 8. 65
Bokern, Brigitte	1. 8. 04	11. 4. 66
Kadenbacher, Markus	1. 8. 04	14. 2. 67
Tiedemann, Rolf	1. 12. 04	27. 12. 60
Horlacher, Beate	1. 1. 05	7. 4. 62
Plewnia-Schmidt, Gabriele	1. 1. 06	29. 12. 56
Dr. Trepper, Thomas	1. 1. 06	15. 10. 63
Schaaf, Meike	1. 1. 06	24. 7. 65

* Angaben zur Anzahl der Planstellen bei den ordentlichen Gerichten sind nicht übermittelt worden.

LG-Bezirk Bautzen · Chemnitz   OLG-Bezirk Dresden   **SAC**

Kuschel, Annette	1. 1. 06	16. 11. 65
Gmel, Duscha	1. 1. 06	29. 1. 66
Weidenhofer, Daniel	1. 1. 06	21. 5. 66
Lückhoff-Sehmsdorf, Elisabeth	1. 1. 06	5. 1. 67
Sander, Kay-Uwe	1. 1. 06	14. 2. 67
Schlüter, Markus	1. 1. 06	21. 11. 67
Bader, Anja	1. 1. 06	24. 10. 68
Dr. Schönknecht, Sabine	1. 1. 06	8. 11. 68
Dr. Baer, Stephanie	1. 1. 06	11. 2. 69
Stricker, Daniela	1. 1. 06	24. 6. 69
Dr. Budde, Dorothee, abg.	1. 1. 06	26. 7. 69
Enders, Anka, abg.	1. 1. 06	28. 7. 70
Sander, Volker	1. 1. 06	29. 6. 71
Demmer, Erika	21. 2. 06	3. 5. 59

Landgerichtsbezirk Bautzen

Landgericht Bautzen E 350 718
Lessingstr. 7, 02625 Bautzen
Postfach 17 20, 02607 Bautzen
Tel. (0 35 91) 3 61-0
Fax (0 35 91) 3 61-1 11
E-Mail: verwaltung-lgbz@lgbz.justiz.sachsen.de

Präsident

Gatz, Konrad	1. 5. 03	15. 5. 47

Vizepräsident

Tritschler, Heinz	1. 3. 95	10. 12. 46

Vorsitzende Richterin/Vorsitzende Richter

Schönfelder, Cornelia	1. 12. 01	30. 8. 61
Dratwinski, Volker	1. 3. 03	5. 12. 58
Lucas, Gregor	1. 3. 03	12. 12. 61
Dr. Fresemann, Thomas	1. 1. 05	18. 10. 66

Richterinnen/Richter

Herzog, Frank	20. 6. 94	29. 6. 60
Senkbeil, Christa	5. 8. 94	24. 12. 53
Schade, Reinhard	1. 7. 95	31. 3. 60
Fischer, Michael	14. 7. 98	1. 9. 63
Wallasch, Hubert	1. 4. 99	10. 4. 65
Poth, Andreas, abg.	1. 10. 99	5. 1. 65
Barthel, Enrico	1. 1. 00	22. 6. 65
Köpke, Levke	6. 1. 02	16. 5. 63
Beyer, Wolfgang	1. 3. 02	20. 9. 59
Dr. Wörz, Ingeborg	1. 8. 02	4. 5. 61
Philippi, Heiko	1. 9. 03	10. 1. 62

Amtsgerichte

Bautzen
Lessingstr. 7, 02625 Bautzen
Postfach 17 20, 02607 Bautzen
Tel. (0 35 91) 3 61-0
Fax (0 35 91) 3 61-4 44
E-Mail: verwaltung-agbz@agbz.justiz.sachsen.de

Volk, Jürgen, Dir	1. 1. 93	22. 8. 49
Duda, Michael, stVDir	1. 2. 04	28. 6. 52
Herzog, Katrin	20. 6. 94	3. 5. 64
Schumann, Lubina	22. 8. 94	28. 10. 51
Dr. Hertle, Dirk	16. 10. 95	9. 11. 62
Beschel, Günter	1. 2. 96	22. 12. 62
Schwalm, Gerald	1. 1. 97	5. 10. 57
Pfeufer, Ursula	1. 1. 98	2. 6. 64
Maier, André	25. 1. 98	20. 8. 62
Haase, Beate	1. 4. 98	22. 11. 62
Nimphius, Ralph	3. 7. 98	1. 12. 66
Kitzmüller, Violetta	15. 7. 00	22. 8. 58
Toschek, Jörg	1. 2. 01	13. 11. 66
Weisel, Manfred	1. 9. 03	23. 8. 55

Hoyerswerda
Pforzheimer Platz 2, 02977 Hoyerswerda
Postfach 1142, 02961 Hoyerswerda
Tel. (0 35 71) 47 13
Fax (0 35 71) 47 15 58
E-Mail:
verwaltung-aghoy@aghoy.justiz.sachsen.de

Goebel, Michael, Dir	1. 12. 04	4. 4. 58
Kloß, Evelin	10. 6. 94	12. 11. 58
Salbreiter, Karin	13. 8. 94	1. 2. 59
Zeising, Jeanette	15. 7. 97	28. 2. 68
Näther, Bosco	1. 9. 97	9. 12. 64
Müller, Katrin	1. 3. 98	20. 12. 67
Lettau, Ines	1. 8. 02	12. 2. 69

Kamenz
Macherstr. 49, 01917 Kamenz
Postfach, 01911 Kamenz
Tel. (0 35 78) 33 81 00
Fax (0 35 78) 33 80 13
E-Mail: verwaltung-agkm@agkm.justiz.sachsen.de

Dr. Majunke, Philipp, Dir	1. 7. 00	27. 6. 57
Kühnel, Susanne, stVDir	15. 5. 05	17. 5. 64
Dr. Böttner, Friedrich	5. 1. 96	26. 10. 54
Streit, Ulrike	18. 9. 96	23. 4. 48
Gräfin zu Stolberg-Stolberg, Sophie	1. 5. 99	24. 8. 59
Kranke, Thomas	2. 6. 00	13. 11. 65
Hirschberg, Marion	1. 9. 00	14. 7. 63
Laschewski, Eckhard	1. 1. 01	24. 7. 63

SAC OLG-Bezirk Dresden LG-Bezirk Bautzen · Chemnitz

Landgerichtsbezirk Chemnitz

Landgericht Chemnitz E 939 113
Hohe Str. 19/23, 09112 Chemnitz
Postfach 1 30, 09001 Chemnitz
Tel. (03 71) 4 53-0
Fax (03 71) 30 21 74
E-Mail: verwaltung-lgc@lgc.justiz.sachsen.de

Präsident

Ignée, Peter	1. 11. 91	10. 6. 42

Vizepräsident

Radmacher, Norbert	1. 9. 01	20. 3. 47

Vorsitzende Richterinnen/Vorsitzende Richter

Dr. Blunk, Eginhard	1. 9. 95	23. 2. 43
Wirth, Christian	1. 1. 96	14. 2. 45
Zezulka, Rosmarie	1. 2. 99	3. 11. 50
Schick, Siegfried	1. 1. 00	9. 3. 55
Zimmermann, Markus	1. 1. 00	18. 4. 59
Hermann, Joachim	1. 3. 01	1. 4. 58
Giesecke, Frank	1. 3. 01	25. 5. 63
Herberger, Simone	1. 2. 03	29. 10. 62
Zöllner, Jürgen	1. 5. 03	17. 5. 63
Kürschner, Petra	1. 5. 03	8. 11. 64
Frei, Andreas	1. 6. 05	26. 9. 60
Steger, Andre	1. 6. 05	12. 6. 65
Bonitz, Jens	1. 6. 05	23. 12. 65
Dr. Klose, Bernhard	1. 6. 05	9. 2. 66
Holzinger, Ulrich	1. 6. 05	17. 7. 66

Richterinnen/Richter

Berger, Helmut	15. 5. 94	22. 7. 51
Jankowski, Kirsten	29. 5. 94	3. 8. 64
Schäfer, Thomas	2. 6. 94	25. 7. 62
Schulhauser, Jürgen	3. 6. 94	18. 8. 62
Scholz, Andreas	4. 6. 94	11. 7. 61
Kaiser, Christel	14. 6. 94	18. 2. 44
Kies, Ilonka	21. 6. 94	13. 2. 59
Reckling, Regine	1. 7. 94	19. 6. 53
Ullmann, Steffi	1. 7. 94	16. 6. 59
Nolting, Michael	1. 7. 94	21. 12. 60
Reichert, Gabriele	4. 7. 94	12. 11. 61
Bräunlich, Bernd	25. 7. 94	29. 3. 58
Müller, Joachim	15. 8. 94	31. 3. 51
Klyne, Holger	8. 10. 94	14. 4. 57
Mrodzinsky, Thomas	21. 7. 95	16. 3. 63
Ströher, Rutgart	1. 8. 95	14. 8. 61
Langfritz, Michael	1. 10. 95	26. 11. 60
Lang, Paul	1. 11. 95	18. 4. 50
Zarm, Thomas	1. 11. 96	23. 6. 59
Merkl, Petra	1. 11. 96	24. 12. 65
Troxler, Karin	1. 11. 96	7. 6. 66
Froede, Jürgen	1. 1. 97	1. 5. 57
Nitsche, Thomas	1. 1. 97	6. 4. 59
Wolff, Matthias	1. 6. 97	11. 3. 62
Lang, Marika	1. 7. 97	15. 5. 64
Seifert, Uwe	1. 1. 99	24. 11. 67
Schedel, Monika	1. 1. 00	18. 11. 54
Schlemming, Sybille	1. 1. 00	10. 1. 66
Mularczyk, Michael	1. 4. 00	25. 6. 69
Pohl-Kukowski, Anne	1. 5. 00	22. 2. 64
Buck, Dagmar	1. 8. 00	8. 7. 67
Buck, Stefan	1. 1. 01	5. 3. 68
Ruland, Helga	1. 2. 01	6. 12. 65
Holzinger, Daria	1. 3. 01	23. 6. 67

Amtsgerichte

Annaberg
Klosterstr. 12, 09456 Annaberg-Buchholz
Tel. (0 37 33) 1 31-0
Fax (0 37 33) 1 31-1 01
E-Mail:
verwaltung-agana@agana.justiz.sachsen.de

Roth, Markus, Dir	1. 9. 05	8. 2. 67
Glombik, Petra	20. 6. 94	21. 5. 59
Hagedorn, Brigitte	1. 4. 95	30. 3. 64
Götze, Bernd	14. 6. 96	8. 10. 61
Müller, Steffen	1. 5. 00	15. 2. 65
Börner, Dominik	1. 12. 04	20. 9. 62

Chemnitz
Fürstenstr. 21, 09130 Chemnitz
Postfach 5 24, 09005 Chemnitz
Tel. (03 71) 4 53-0
Fax (03 71) 4 53-11 55 (Verwaltung)

Straf-, Zivilabteilung
Saydaer Str. 21, 09125 Chemnitz
Postfach 5 24, 09005 Chemnitz
Tel. (03 71) 4 53-0
Fax (03 71) 4 53-31 55

Nachlass-, Familien., Vormundschaftsgericht
Johannisplatz 10, 09111 Chemnitz
Postfach 5 24, 09005 Chemnitz
Tel. (03 71) 4 53-0
Fax (03 71) 4 53-51 14
E-Mail: verwaltung-agc@agc.justiz.sachsen.de

Präsident

Stigler, Hans	15. 2. 01	18. 4. 4?

Vizepräsident

Bauer, Josef	15. 1. 02	21. 11. 5?

LG-Bezirk Bautzen · Chemnitz

Richterinnen/Richter

Kaltschik, Barbara, w.aufsR	31. 12. 04	21. 6. 63
Pietryka, Christoph, w.aufsR	31. 12. 04	12. 12. 63
Börner, Dagmar	2. 4. 94	15. 7. 62
Richter, Ingrid	24. 5. 94	28. 5. 57
Neubert, Jaqueline	7. 6. 94	18. 4. 65
Schabacher, Anita	14. 6. 94	28. 12. 53
Weigelt, Karin	20. 6. 94	10. 10. 55
Roscher, Heike	20. 6. 94	3. 11. 59
Leitner, Andreas	1. 7. 94	11. 1. 61
Förster, Bernd	23. 7. 94	12. 2. 42
Leppert, Hansjörg	1. 10. 94	27. 7. 60
Schuhmann, Ursula	4. 10. 94	15. 3. 56
Völzing, Günter	1. 11. 94	5. 1. 63
Mühlbauer, Udo	1. 9. 95	11. 4. 61
Strumpen, Claudia	1. 10. 95	5. 4. 62
Frey, Karen	1. 2. 96	10. 2. 62
Minten, Christoph	3. 5. 96	10. 6. 59
Kallenbach, Manfred	10. 5. 96	22. 11. 61
Menn, Jürgen	1. 7. 96	12. 9. 64
Teschner, Irmgart	2. 8. 96	19. 6. 55
Selber, Peter	3. 8. 96	15. 7. 61
Dargatz, Heiko	1. 9. 96	27. 11. 64
Linßen, Albert	1. 10. 96	22. 5. 63
von Beesten, Christian	1. 10. 96	14. 8. 63
Kaiser, Thomas	1. 10. 96	31. 5. 64
Biesewig, Bettina	1. 11. 96	7. 9. 60
Härtl, Robert	1. 11. 96	24. 8. 62
Schüler, Kai	1. 12. 96	5. 2. 64
Bode, Lutz	17. 1. 97	25. 9. 62
Bräutigam, Jura	2. 5. 97	25. 6. 61
Hirschberg, Stefan	1. 7. 97	31. 10. 56
Wirtz, Gertrud	3. 7. 98	1. 8. 64
Müller-Schneider, Sabine	1. 4. 99	26. 5. 62
Ruland, Adolf	1. 8. 99	3. 12. 60
Lange, Ingrid	1. 4. 00	25. 9. 56
D'Alessandro, Peter	1. 6. 00	7. 4. 61
Trautmann, Gudrun	1. 6. 01	3. 2. 62
Diessner, Gerd, abg.	1. 8. 03	17. 9. 65
Gräwe, Karlheinz	8. 9. 03	21. 5. 61
Gnad, Markus	1. 7. 04	18. 4. 70

Freiberg
Beethovenstr. 8, 09599 Freiberg
Postfach 15 31, 09583 Freiberg
Tel. (0 37 31) 35 89-0
Fax (0 37 31) 35 89-11
E-Mail: verwaltung-agfg@agfg.justiz.sachsen.de

Grundbuchamt Freiberg
Chemnitzer Str. 40, 09599 Freiberg
Postfach 15 31, 09583 Freiberg
Tel. (0 37 31) 3 79-1
Fax (0 37 31) 3 79-5 20

OLG-Bezirk Dresden — SAC

Herrmann, Hans-Joachim, Dir	1. 12. 93	28. 1. 45
Blümbott, Wolfgang, stVDir	1. 3. 01	15. 10. 59
Korb, Stefan	1. 7. 94	6. 5. 60
Meyer, Petra	29. 7. 94	28. 8. 55
Specht, Christof	4. 10. 94	1. 9. 58
Hackel, Rudolf	1. 6. 96	29. 12. 60
Runkel, Miko	1. 7. 98	9. 11. 60
Feuring, Birgit	1. 4. 00	7. 7. 67
Pester, Simone	1. 10. 00	29. 2. 68

Hainichen
Friedelstr. 4, 09661 Hainichen
Tel. (03 72 07) 6 30
Fax (03 72 07) 6 31 12
E-Mail:
verwaltung-aghc@aghc.justiz.sachsen.de

Außenstelle:
Gerichtsstr. 26, 09661 Hainichen
Tel. (03 72 07) 6 30
Fax (03 72 07) 6 32 52 (Vollstr.)
Fax (03 72 07) 6 32 38 (Zivilabt.)

Bäumel, Dieter, Dir	1. 9. 00	28. 3. 58
Meyer-Frey, Hartmut, stVDir	1. 2. 04	13. 4. 61
Stein, Martina	1. 6. 94	18. 1. 54
Hoppe, Regina	21. 6. 94	23. 12. 56
Winklharrer, Roland	1. 6. 96	20. 10. 60
Schäfer, Sabine	18. 10. 96	29. 10. 62
Zimmermann, Susanne	1. 1. 02	16. 1. 63
Stein, Mario	1. 1. 03	24. 8. 61

Hohenstein-Ernstthal
Conrad-Clauß-Str. 11,
09337 Hohenstein-Ernstthal
Postfach 72, 09332 Hohenstein-Ernstthal
Tel. (0 37 23) 4 93-0
Fax (0 37 23) 4 93-4 44
E-Mail:
verwaltung-aghot@aghot.justiz.sachsen.de

Huber, Rainer, Dir	1. 7. 02	22. 7. 58
Ast, Eva-Maria, stVDir	1. 6. 04	8. 10. 63
Weber, Manfred	19. 8. 94	14. 8. 56
Franz, Jürgen	8. 10. 94	16. 6. 56
Göres, Gerhard	2. 4. 95	13. 6. 57
Gößwald, Anita	3. 8. 95	16. 7. 61
Rössl, Angela	1. 10. 96	11. 9. 63
Dr. Schäffer, Peter	1. 7. 97	2. 2. 49
Deichstetter, Frank	1. 7. 97	2. 9. 59
Musch, Olaf	18. 9. 97	17. 12. 63
Dr. Schulz, Dominik	5. 03	2. 7. 68

SAC OLG-Bezirk Dresden   LG-Bezirk Dresden

Marienberg
Zschopauer Str. 31, 09496 Marienberg
Tel. (0 37 35) 91 08-0, Fax (0 37 35) 91 08-30
E-Mail:
verwaltung-agmab@agmab.justiz.sachsen.de

Sell, Jochen, Dir	1. 5. 01	2. 2. 60
Erath, Daniel	4. 2. 94	8. 1. 60
Vogt, Andreas	1. 12. 95	13. 4. 63
Rauh, Antje	5. 7. 96	2. 9. 59
Kliemt, Toralf	1. 3. 02	28. 2. 65

Stollberg
Hauptmarkt 10, 09366 Stollberg
Postfach 12 29, 09362 Stollberg
Tel. (03 72 96) 7 67-0, Fax (03 72 96) 7 67-18
E-Mail: verwaltung-agstl@agstl.justiz.sachsen.de

Außenstelle:
Hohensteiner Str. 1, 09366 Stollberg
Tel. (03 72 96) 7 67-0, Fax (03 72 96) 7 67-53

Düpre, Paul, Dir	1. 8. 03	26. 6. 52
Delau, Uwe	17. 6. 94	10. 11. 61
Talatzko, Barbara	15. 7. 94	21. 3. 56
Ewerhardy, Christoph	1. 8. 95	29. 12. 60
Schmidt-Lammert,	1. 7. 05	7. 2. 67

Landgerichtsbezirk Dresden

Landgericht Dresden E 1 017 903
Lothringer Str. 1, 01069 Dresden
Postfach 12 07 22, 01008 Dresden
Tel. (03 51) 4 46-0, Fax (03 51) 4 46-40 70
E-Mail: verwaltung-lgdd@lgdd.justiz.sachsen.de

Sozialer Dienst der Justiz bei dem Landgericht Dresden
Strehlener Str.14, 01069 Dresden
Tel. (03 51) 4 46-45 50, Fax (03 51) 4 46-45 99

Präsident

Halfar, Gerd	1. 3. 03	13. 9. 48

Vizepräsident

Schultze-Griebler, Martin	1. 2. 06	9. 7. 56

Vorsitzende Richterinnen/Vorsitzende Richter

Wiegand, Birgit	1. 10. 92	9. 8. 51
Schmitt, Stephan	1. 8. 95	6. 1. 51
Voigt, Walter	1. 3. 96	22. 12. 54
Wirth, Anton	1. 10. 96	20. 9. 57
Schons, Brigitte	1. 11. 96	13. 7. 49
Haar, Michael	1. 8. 98	11. 7. 53

Garmann, Bettina	10. 12. 98	26. 6. 62
Högner, Elke	10. 12. 98	15. 7. 64
Riechert, Hanspeter	10. 8. 99	15. 3. 61
Fuchs, Markus	1. 1. 00	27. 7. 61
Staats, Ute	1. 1. 00	19. 10. 63
Högner, Ralf	19. 2. 01	10. 11. 63
Hantke, Martina	1. 3. 01	21. 12. 62
Sandig, Sybille	1. 3. 03	7. 7. 59
Pröls, Herbert	1. 3. 03	27. 5. 62
Becker, Olaf	1. 3. 03	4. 7. 63
Maciejewski, Tom	1. 3. 03	3. 9. 63
Dr. Kieß, Peter	1. 3. 03	15. 9. 63
Kessler, Michaela	1. 7. 05	8. 11. 61
Schlüter-Staats, Hans	23. 11. 05	14. 9. 61
Wittenstein, Christoph	1. 12. 05	28. 11. 55
Möhring, Praxedis	1. 1. 06	2. 12. 59
Ziegel, Andreas	1. 1. 06	13. 9. 60
Dr. Brandt, Ernst	1. 1. 06	12. 10. 61
Kubista, Joachim	9. 1. 06	6. 2. 64

Richterinnen/Richter

Münch, Dieter	18. 3. 94	21. 4. 60
Michaelis, Corinna	2. 5. 94	10. 3. 61
Wenderoth, Norbert	14. 5. 94	12. 7. 61
Perchner, Karsten	16. 6. 94	1. 5. 62
Kremz, Karsten	27. 6. 94	17. 2. 63
Maier, Markus	1. 7. 94	5. 7. 62
Prade, Fred	9. 7. 94	25. 1. 62
van Hees-Wehr, Astrid	15. 8. 94	24. 2. 58
Moheeb, Joachim	1. 10. 94	30. 7. 60
Neuenzeit, Barbara	15. 10. 94	17. 9. 61
Limpricht, Susanne	2. 1. 95	10. 11. 61
Bahr, Norbert	4. 5. 95	23. 11. 60
Leibfritz, Hanns	1. 6. 95	22. 1. 62
Eichinger, Kerstin	1. 7. 95	27. 3. 62
Dertinger, Gottfried	30. 10. 95	29. 5. 60
Hintersaß, Steffen	1. 12. 95	27. 1. 59
Dr. Dreher, Stefan	4. 1. 96	25. 8. 60
Wöger, Roland	1. 4. 96	1. 9. 61
Loer-Wesch, Ursula	2. 8. 96	28. 10. 63
Lissel, Annegret	1. 1. 97	15. 11. 59
Maier, Jens	1. 1. 97	10. 2. 62
Böss, Georg	1. 1. 97	27. 1. 64
Hofmann, Sabine	1. 2. 97	25. 4. 65
Klinghardt, Christian	1. 3. 97	8. 5. 60
Jena, Nicole	1. 12. 97	25. 5. 65
Podhraski, Andrea	9. 1. 98	13. 1. 61
Tegtmeyer, Marion	1. 8. 98	2. 12. 62
Scheuring, Jürgen	15. 1. 99	21. 6. 68
Dr. Brauns, Hans-Joachim	1. 6. 99	2. 5. 59
Schlosshan, Sabine	3. 6. 99	24. 12. 62
Wiedmer, Simona	1. 9. 99	31. 3. 62
Elser, Karl-Dietmar	2. 12. 99	2. 5. 65
Fahrinkrug, Maike, abg.	1. 2. 00	19. 2. 70
Holubetz, Gertraut	1. 2. 00	12. 4. 67
Müller, Monika	3. 3. 00	18. 10. 63

LG-Bezirk Dresden OLG-Bezirk Dresden **SAC**

Riechert, Judith	15. 5. 00	16. 1. 65
Benndorf, Jörn	20. 5. 00	22. 9. 69
von der Beeck, Ursula	1. 7. 00	27. 2. 64
Wetzel, Annette	1. 7. 00	8. 5. 70
Richter, Harald, abg.	1. 8. 00	21. 6. 67
Dück, Gerd	1. 9. 00	7. 10. 66
Klerch, Alexander	14. 9. 00	17. 7. 70
Wittenberg, Wiebke	1. 10. 00	20. 4. 68
Tews, Gesine	1. 10. 00	24. 2. 71
Ziegler, Thomas	1. 11. 00	24. 2. 69
Ibler-Streetz, Beate	18. 12. 00	22. 1. 60
Freiin von Müffling, Nora	1. 2. 01	1. 6. 56
Haase, Lorenz	1. 2. 01	5. 2. 60
Wirlitsch, Roland	1. 2. 01	4. 7. 60
Kuhn, Volkmar	1. 5. 03	25. 6. 70
Dr. Hanke, Thomas	1. 7. 03	29. 11. 68
Meyer, Alexander	1. 7. 03	26. 2. 73
Magnussen, Birger	1. 9. 03	29. 3. 68
Epple, Matthias	1. 9. 03	24. 2. 72
Borowski, Elke	1. 10. 03	8. 11. 61
Zimmermann, Andrea, abg.	1. 3. 04	15. 3. 65

Amtsgerichte

Dippoldiswalde
Kirchplatz 8, 01744 Dippoldiswalde
Postfach 14 20, 01741 Dippoldiswalde
Tel. (0 35 04) 6 21 30
Fax (0 35 04) 62 13 96
E-Mail: verwaltung-agdw@agdw.justiz.sachsen.de

Thomas, Joachim, Dir	1. 5. 98	9. 8. 50
Reichel, Volker, stVDir	1. 5. 01	25. 11. 62
Edelmann, Brigitte	11. 8. 94	17. 4. 51
Schlacht-Stauch, Andreas	5. 9. 94	3. 10. 59
Wächtler, Ronald	1. 8. 95	28. 7. 51
Wohlgemuth, Gisela	5. 12. 95	30. 9. 63
Huber-Zorn, Waltraud	2. 8. 96	19. 10. 62
Beeskow, Andreas	15. 7. 97	18. 12. 65
Kreft, Achim	1. 8. 99	30. 8. 68
Seitz, Xaver	1. 9. 00	14. 4. 64
Höllrich-Wirth, Daniela	1. 9. 01	24. 6. 63

Dresden
Berliner Str. 7-13, 01067 Dresden
Postfach 12 07 09, 01008 Dresden
Tel. (03 51) 4 46-0
Fax (03 51) 4 46 31 99
E-Mail: verwaltung-agdd@agdd.justiz.sachsen.de

Familienabteilung
Berliner Str. 3, 01067 Dresden
Postfach 12 07 09, 01008 Dresden
Tel. (03 51) 4 46-0
Fax (03 51) 4 46 38 99

Registergericht, Insolvenzabt., Zwangsversteigerung, Einzelzwangsvollstreckung, Grundbuchamt
Olbrichtplatz 1, 01099 Dresden
Postfach 12 07 09, 01008 Dresden
Tel. (03 51) 4 46-0
Fax (03 51) 4 46 36 50 (Zwangsverst.)
Fax (03 51) 4 46 36 99 (Register)
Fax (03 51) 4 46 34 99 (Insolvenz/Vollstreckung)
Fax (03 51) 4 46 35 99 (Grundbuchamt)

Präsident
Müller-Kuckelberg,
  Hans-Jürgen   15. 6. 01   15. 2. 44

Vizepräsident
Uebele, Martin   1. 9. 01   18. 4. 59

Richterinnen/Richter

Schäferhoff, Werner, w.aufsR	1. 1. 99	7. 9. 56
Kahles, Gisela, w.aufsR	1. 7. 00	1. 5. 58
Hüner, Klaus, w.aufsR	1. 3. 01	28. 1. 61
Dr. Kroll-Perband, Barbara, w.aufsR	1. 10. 05	18. 2. 63
Meißner, Jochen	1. 3. 94	27. 7. 60
Falk, Hajo	14. 5. 94	14. 2. 61
Koj, Gertraud	17. 6. 94	21. 8. 41
Horeni, Gertraude	17. 6. 94	12. 10. 49
Zönnchen, Ralf	15. 7. 94	9. 8. 62
Stengel, Gudrun	26. 7. 94	8. 6. 53
Weidig, Gudrun	1. 8. 94	23. 4. 44
Käthner, Elke	1. 8. 94	13. 5. 51
Keeve, Birgit	1. 8. 94	19. 12. 59
Müller, Elke	5. 8. 94	21. 11. 47
Höpfl, Gunter	15. 8. 94	11. 2. 55
Muck, Ute	1. 11. 94	28. 12. 55
Burbach-Wieth, Susanne	1. 11. 94	12. 10. 59
Stein, Ullrich	1. 11. 94	26. 4. 63
Brendel, Sabine	4. 11. 94	19. 8. 59
Thaut, Edeltraut	14. 2. 95	26. 2. 52
Schultebeyring, Harro	1. 4. 95	4. 7. 57
Frömmel, Monika	1. 4. 95	13. 5. 60
Dennhardt, Kristina	1. 4. 95	17. 12. 62
Egner-Wagner, Christina	15. 7. 95	2. 4. 61
Spangenberg, Jost	3. 8. 95	11. 3. 61
Worzfeld, Ute	3. 8. 95	23. 10. 62
Hlavka, Hans-Joachim	15. 9. 95	28. 1. 63
Reichel, Susanne	15. 9. 95	8. 5. 64
Liebschner, Marianne	1. 11. 95	22. 6. 45
Dietz, Herbert	1. 11. 95	3. 1. 54
Garrelts, Ulrich	1. 12. 95	18. 3. 56
Perband, Ralf	1. 3. 96	30. 11. 61
Brandt, Pia	1. 3. 96	1. 4. 62
Meyer, Hagen	1. 3. 96	2. 10. 62
Schlüter, Simone	15. 3. 96	30. 10. 61
Gerards, Rainer	18. 3. 96	25. 7. 60

SAC   OLG-Bezirk Dresden   LG-Bezirk Dresden

Halt, Susanne	15. 4.96	21. 2.61
Demmer, Ulrich	1. 5.96	22. 2.59
Dreher, Pia	1. 6.96	16. 6.63
Fertikowski, Andrea	15. 6.96	10. 4.64
Allmang, Matthias	1.11.96	10. 6.59
Gerster, Erwin	15.12.96	1.12.59
Dr. Ockert-Pätzhorn, Karin	1. 1.97	30. 4.61
Hassel, Thomas	1. 1.97	27. 9.63
Riemer, Steffen	1. 4.97	26. 9.62
Vollmers, Sibylle, abg.	1.12.97	25.12.61
Gebhard, Thomas	1. 2.98	9. 3.65
Schäfer-Bachmann, Beatrice	1. 3.98	4. 8.63
Kretzschmar, Rita	1. 4.98	13. 1.61
Uhlig, Anne-Ruth	1. 5.98	16. 8.62
Vogel, Markus	1. 7.98	23. 1.61
Ponsold, Frank	22. 7.98	2. 4.61
Dr. Kroschel, Sonja	1. 9.98	14. 3.67
Halir, Torsten	1. 1.99	2.12.61
Stephan, Bettina	1. 1.99	30. 7.62
Dr. Hepp-Schwab, Hermann	1. 1.99	15. 8.62
Köhler, Thomas	2. 1.99	21. 2.68
Hartel, Werner	1. 2.99	17. 3.59
Schamber, Ralf, abg.	1. 3.99	15. 6.62
Reincke-Voß, Christina	1. 8.99	18. 4.64
Krewer, Ronald	1.10.99	21. 9.69
Klug, Jürgen	1.11.99	22. 9.61
Timaeus, Petra	1. 1.00	4.10.59
Fiedler, Arndt	1. 1.00	10. 5.63
Wawrzik, Stefan	4. 1.00	20. 6.60
Dönch, Anette	1. 2.00	5. 6.64
Albrecht, Kerstin	21. 6.00	7. 1.65
Ehrnsperger, Klaus	1. 8.00	9. 6.68
Dieker, Ulf Johannes	1.12.00	31. 7.68
Fahlberg, Karin	1. 6.01	29.11.68
Meng, Sabine	1. 8.01	3.10.70
Rosemeier, Dirk	1. 1.02	24. 4.67
Schäfer, Ingeborg	1. 1.02	23. 8.68
Flockerzi, Georg	1. 2.02	23.11.60
Müseler, Peter	1. 2.02	22. 7.69
Römmelt, Harald	1.12.02	21. 9.68
Dr. von der Beeck, Rainer	15. 6.03	17. 6.60
Seitz, Maria	1. 1.04	28.10.65
Angermann, Werner, abg.	1. 3.04	29.12.66

Meißen
Domplatz 3, 01662 Meißen
Postfach 1 01, 01653 Meißen
Tel. (0 35 21) 4 70 20
Fax (0 35 21) 47 02 60
E-Mail: verwaltung-agmei@agmei.justiz.sachsen.de

Grundbuchamt
Ferdinandstr. 2, 01662 Meißen
Postfach 1 01, 01653 Meißen
Tel. (0 35 21) 7 40 20
Fax (0 35 21) 74 02 60

Falk, Michael, Dir	15. 3.00	30. 5.61
Viehof, Frank, stvDir	1. 4.03	10. 8.63
Böge, Claus	1. 8.94	28. 4.59
Müller, Ute	21. 8.94	3. 6.57
Bormann, Ute	23. 8.94	3.10.42
Stephan, Heiko	15. 9.96	13. 2.65
Rudolph, Petra	1. 2.97	6. 7.59
Dittmann, Ina	1. 1.01	29. 5.60
von Borries, Till	1. 7.01	19. 9.66
Hesper, Thomas	1. 9.01	30. 8.61
Dr. Kunze, Gabriele	1. 1.04	14. 1.68

Pirna
Schloßhof 7, 01796 Pirna
Postfach 2, 01784 Pirna
Tel. (0 35 01) 76 50
Fax (0 35 01) 76 51 50
E-Mail: verwaltung-agpir@agpir.justiz.sachsen.de

Zimmek, Heino, Dir	1.11.92	29. 8.45
Spickereit, Harry	15. 7.94	16. 6.58
Kehr, Peter	1. 2.95	22. 4.61
Uhlig, Jürgen	1. 4.95	19. 3.57
Karges, Markus	16.11.96	13. 6.63
Claßen, Carola	1. 9.00	6.12.60
Kleikamp, Inka	1.11.00	17. 3.62
Fertikowski, Wolfgang	1.12.00	19.12.63
Andreae, Sven	1. 5.01	18. 9.68
Rosen, Cornelia	1. 8.01	11. 4.62
La Marca, Bettina	1. 9.01	2. 1.57

Riesa
Lauchhammerstr. 10, 01591 Riesa
Postfach 64, 01572 Riesa
Tel. (0 35 25) 7 45-10
Fax (0 35 25) 7 45-1 11
E-Mail: verwaltung-agrie@agrie.justiz.sachsen.de

Zapf, Herbert, Dir	1.10.97	26.11.59
Kohlschmid, Katja, stvDir	1. 1.05	23. 4.65
Stehr, Vica	15. 7.94	14. 6.63
Sanden, Trautlinde	1. 8.94	23.12.54
Sauer, Petra	13. 8.94	29. 3.54
Burmeister, Hans-Peter	1. 4.96	17. 4.63
Müller, Judith	1. 8.96	12.10.55
Hauger, Stefan	1. 6.99	20. 8.60

LG-Bezirk Görlitz OLG-Bezirk Dresden **SAC**

Landgerichtsbezirk Görlitz

Landgericht Görlitz E 306 987
Postplatz 18, 02826 Görlitz
Postfach 30 05 52, 02810 Görlitz
Tel. (0 35 81) 4 69-0
Fax (0 35 81) 4 69-19 19
E-Mail: verwaltung-lggr@lggr.justiz.sachsen.de

Sozialer Dienst der Justiz bei dem Landgericht Görlitz
Dr.-Friedrichs-Str. 2b, 02826 Görlitz
Tel. (0 35 81) 87 87-0
Fax (0 35 81) 87 87-19

Präsident
Renz, Helmut   15. 6. 01   30. 3. 42

Vizepräsidentin
Becker, Carmen   1. 12. 00   11. 9. 52

Vorsitzende Richterin/Vorsitzender Richter
Böcker, Uwe   1. 1. 00   11. 2. 60
Preuß, Viola   1. 3. 01   9. 2. 62
Dahm, Theo   1. 3. 03   26. 3. 60

Richterinnen/Richter
Wiezorek, Hartmut   25. 7. 94   10. 5. 62
Gocha, Hans-Jörg   3. 8. 95   13. 6. 59
Andrae, Petra   4. 11. 95   10. 7. 62
Steinbeck, Norbert, abg.   1. 11. 99   4. 5. 56
Strauch, Christian   1. 11. 99   7. 9. 67
Koschinka, Torsten   2. 12. 99   6. 1. 69
von Küster, Ulrich   16. 12. 99   22. 11. 63
Bohner, Martin   1. 1. 00   4. 12. 63
Küsgen, Jörg   1. 7. 00   28. 3. 66
Schletter, Nora   1. 10. 00   15. 8. 68

Amtsgerichte

Görlitz
Postplatz 18, 02826 Görlitz
Postfach 30 04 51, 02809 Görlitz
Tel. (0 35 81) 46 90
Fax (0 35 81) 469-19 19
E-Mail: verwaltung-aggr@aggr.justiz.sachsen.de

Hönel, Verena, Dir   1. 1. 05   14. 9. 58
Pech, Andreas   1. 3. 94   19. 7. 62
Kühnhold, Uwe   17. 6. 94   10. 3. 61
Keller, Ernst-Michael   31. 7. 94   5. 7. 53

Keller, Viola   1. 11. 95   28. 5. 56
Volz, Joachim   1. 7. 97   19. 10. 62
Pabst, Silke   1. 9. 97   1. 3. 69
Schettgen, Ulrich   1. 3. 98   18. 5. 57
Zobel, Jürgen   15. 9. 00   31. 12. 59
Theis, Frank   1. 2. 01   23. 4. 61
Hinrichs, Hauke   1. 10. 03   2. 10. 69
Andres, Christian   1. 10. 04   20. 1. 69

Löbau
Promenadenring 3, 02708 Löbau
Postfach 14 51, 02704 Löbau
Tel. (0 35 85) 46 91 00
Fax (0 35 85) 46 91 16
E-Mail:
verwaltung-agloeb@agloeb.justiz.sachsen.de

Dr. Keßelring, Karl, Dir   1. 8. 05   9. 6. 53
Wollentin, Sabine   17. 6. 94   25. 9. 58
Maaß, Holger   1. 2. 01   27. 10. 65
Grunwald, Brigitte   1. 1. 02   3. 3. 59

Weißwasser
Am Marktplatz 1, 02943 Weißwasser
Postfach 11 58, 02931 Weißwasser
Tel. (0 35 76) 28 47-0
Fax (0 35 76) 20 73 26
E-Mail:
verwaltung-agwsw@agwsw.justiz.sachsen.de

Grundbuchamt, Nachlassabteilung
Karl-Friedrich-Gauß-Str. 1, 02943 Weißwasser
Tel. (0 35 76) 26 37 04
Fax (0 35 76) 26 37 15

Hinrichs, Martin, Dir   13. 12. 99   8. 6. 57
Adamsky, Sibylle   17. 6. 94   18. 10. 62
Sprejz, Adelheid   1. 8. 94   30. 4. 47
Trepzik, Frank   1. 9. 95   21. 1. 59
Bülter, Thomas   15. 4. 96   14. 7. 63

Zittau
Lessingstr. 1, 02763 Zittau
Postfach 2 65, 02755 Zittau
Tel. (0 35 83) 75 91 00
Fax (0 35 83) 75 90 30
E-Mail: verwaltung-agzi@agzi.justiz.sachsen.de

Hasselmann, Lutz, Dir   1. 9. 03   23. 11. 60
Ahlgrimm, Marion   17. 6. 94   2. 1. 61
Ronsdorf, Kai   2. 8. 96   9. 1. 60
Oltmanns, Giesbert   6. 1. 97   22. 6. 53
Berdon, Uwe   2. 12. 99   22. 3. 63

SAC OLG-Bezirk Dresden — LG-Bezirk Leipzig

Landgerichtsbezirk Leipzig

Landgericht Leipzig E 1 079 307
Harkortstr. 9, 04107 Leipzig
Postfach 10 09 64, 04009 Leipzig
Tel. (03 41) 21 41-0, Fax (03 41) 21 41-200
E-Mail: verwaltung-lgl@lgl.justiz.sachsen.de

Sozialer Dienst der Justiz bei dem Landgericht Leipzig
Kantstr. 14, 04275 Leipzig
Tel. (03 41) 21 41-0, Fax (03 41) 21 41-310

Präsident

Emde, Hans-Jochem	20. 7. 95	26. 11. 41

Vizepräsident

Schreiner, Karl	1. 1. 05	7. 11. 50

Vorsitzende Richterinnen/Vorsitzende Richter

Mende, Gerulf	10. 8. 94	9. 8. 44
Voos, Ingrid	1. 1. 97	10. 12. 53
Kühlborn, Klaus	13. 7. 97	6. 12. 61
Beckert, Christian	1. 2. 99	24. 6. 50
Knochenstiern, Nils-Holger	1. 2. 99	9. 8. 57
Jagenlauf, Johann	1. 2. 99	11. 4. 61
Göbel, Norbert	1. 1. 00	30. 12. 54
Zügler, Hans-Joachim	1. 1. 00	13. 4. 56
Walburg, Gabriela	1. 1. 00	4. 7. 57
Klepping, Frank Peter	1. 1. 00	8. 6. 63
Ecker, Sixtus	1. 3. 01	17. 10. 62
Jolas, André	1. 3. 01	9. 12. 64
Nickel, Karsten	1. 3. 01	13. 3. 65
Hellner, Ralf	1. 3. 03	19. 10. 57
Pfuhl, Berthold	1. 3. 03	23. 12. 61
Dr. Schröpfer, Corny	1. 3. 03	7. 4. 63
Harr, Rüdiger	1. 3. 03	9. 11. 64
Dahms, Michael	1. 1. 05	12. 3. 63
Kaden, Jens	1. 1. 05	16. 3. 66
Baustetter, Ellen	1. 1. 05	20. 3. 67
Meusel, Grit	1. 1. 05	14. 6. 68
Schultz, Viro	1. 11. 05	10. 4. 64
Aust, Karen	1. 11. 05	20. 9. 65

Richterinnen/Richter

Quakernack, Jürgen	20. 3. 94	31. 8. 62
Benzler, Raimund	2. 4. 94	10. 11. 59
Thomsen, Annette	6. 5. 94	16. 1. 61
Klimm, Roland	15. 5. 94	10. 6. 60
Eiberle-Hill, Annette	17. 6. 94	18. 9. 62
Träger, Katja	1. 7. 94	8. 8. 60
Bittner, Sylvia	1. 7. 94	5. 3. 65
Höhne, Mario	10. 7. 94	9. 2. 61
Jarke, Irene	12. 7. 94	3. 4. 63
König, Karin	31. 7. 94	28. 12. 48
Grimmer, Bernd	5. 9. 94	16. 3. 61
Euler, Ralf	16. 9. 94	19. 11. 60
Beyer, Ursula	19. 9. 94	16. 4. 41
Matheiowetz, Karl-Heinz	19. 9. 94	4. 3. 43
Hahn, Anton	1. 10. 94	22. 1. 61
Meißner, Britta	18. 11. 94	3. 7. 58
Mühlberg, Bettina	1. 7. 95	22. 11. 64
Klein, Antje	15. 9. 95	22. 7. 61
Niermann, Andrea	1. 10. 95	30. 8. 62
Brösamle, Bärbel	5. 10. 95	1. 12. 61
Thieme, Peter	23. 10. 95	11. 8. 56
Asam, Nicole	15. 12. 95	24. 2. 63
Oberholz, Stephan	1. 12. 96	18. 9. 64
Scheffler, Christiane, abg.	1. 10. 97	1. 2. 63
Grünhagen, Jochen	1. 11. 97	25. 3. 64
Follner, Arndt	3. 1. 98	7. 12. 63
Wichelhaus, Jan	15. 2. 98	19. 5. 62
Scholz, André	1. 4. 98	15. 1. 62
Dr. Werner, Hartmut	1. 8. 98	14. 12. 67
Ghanem, Tatjana	1. 9. 98	18. 5. 67
Schultheiß, Martin	1. 9. 98	29. 3. 68
Hebert, Jens	1. 1. 99	20. 11. 68
Fischer, Malte	1. 2. 99	10. 4. 68
Zschiebsch, Mathias	1. 5. 99	8. 6. 63
Bauer, Robby	1. 7. 99	21. 6. 68
Gicklhorn, Bernd	1. 1. 00	21. 2. 66
Flury, Astrid	17. 2. 00	17. 2. 70
Albrecht, Falk	1. 7. 00	17. 7. 70
Kneitschel, Martina	18. 8. 00	3. 6. 69
Kaden, Verena	1. 9. 00	18. 3. 69
Sewtz, Andrea	15. 9. 00	28. 11. 69
Schick, Sabine	1. 11. 00	16. 11. 64
Kraske, Alexandra	5. 1. 01	8. 6. 70
Herberger, Tom	1. 2. 01	6. 11. 68
Vorndran, Martina	4. 5. 01	25. 4. 68
Peters, Katharina	18. 5. 01	26. 4. 70
Faber, Jörg	1. 1. 02	30. 7. 68
Planitzer, Sabine	1. 3. 02	13. 6. 63
Graf, Bianca	1. 9. 03	4. 1. 70
Seidel, Katrin	1. 2. 04	15. 12. 65
Demmer, Wolfgang	1. 8. 04	20. 4. 69
Vahl, Axel	1. 11. 04	24. 5. 68

Amtsgerichte

Borna
Am Gericht 2, 04552 Borna
Postfach 11 21, 04541 Borna
Tel. (0 34 33) 27 55-0, Fax (0 34 33) 27 55 99
E-Mail: verwaltung-agbrn@agbrn.justiz.sachsen.de

Grundbuchamt
Deutzener Str. 14, 04552 Borna
Tel. (0 34 33) 2 47-0, Fax (0 34 33) 24 71 99

LG-Bezirk Leipzig					OLG-Bezirk Dresden		**SAC**

Graf, Ingrid, Dir	20. 11. 98	5. 2. 57
Hohmann, Marion, stvDir	1. 3. 03	13. 12. 57
Jähkel, Bernd	10. 8. 94	10. 10. 62
Neumert, Andreas	15. 8. 94	16. 3. 50
Wespatat, Ringo	30. 10. 94	25. 5. 65
Sternberger, Thomas	14. 8. 95	8. 8. 62
Eyring, Michael	1. 10. 00	9. 3. 55
Häusser, Jan-Matthias	1. 10. 00	22. 12. 66
Asper, Karen	15. 8. 01	11. 4. 71
Biere, Carsten	1. 8. 02	28. 6. 69
Dr. Hartmann, Uwe	1. 1. 03	7. 8. 67

Döbeln
Rosa-Luxemburg-Str. 16, 04720 Döbeln
Postfach 1 68, 04713 Döbeln
Tel. (0 34 31) 72 80
Fax (0 34 31) 57 00 87
E-Mail: verwaltung-agdl@agdl.justiz.sachsen.de

Dr. Bolten, Helmut, Dir	1. 5. 01	17. 7. 45
Wadewitz, Frank	11. 7. 94	26. 3. 57
Stickeler, Elisabeth	14. 10. 94	5. 7. 62
Opitz, Ines	31. 12. 94	8. 2. 63
Weik, Christa	5. 1. 96	6. 1. 62
Ehrlich, Janko	15. 6. 01	12. 4. 73

Eilenburg
Walther-Rathenau-Str. 9, 04838 Eilenburg
Postfach 78, 04831 Eilenburg
Tel. (0 34 23) 65 45
Fax (0 34 23) 65 43 00
E-Mail: verwaltung-ageb@ageb.justiz.sachsen.de

Göldner, Klaus, Dir	1. 8. 96	26. 11. 44
Gast, Thomas, stvDir	1. 1. 04	23. 5. 64
Winkler, Hans-Joachim	22. 6. 94	18. 5. 51
Grell, Carmen	1. 7. 94	11. 8. 62
Wendtland, Petra	1. 7. 94	2. 8. 63
Frotscher, Jörg	12. 7. 94	2. 12. 63
Franzen, Ruben-Kai	18. 12. 94	28. 8. 61
Mendisch, Sven	1. 1. 99	14. 11. 65
Tuschen, Volker	1. 4. 99	3. 8. 61
Kettermann, Jürgen	1. 7. 00	4. 9. 59
Meißner, Thomas	1. 2. 01	24. 6. 61
Dr. Kraatz, Friederike	1. 9. 01	13. 2. 61

Grimma
Klosterstr. 9, 04668 Grimma
Postfach 2 56, 04662 Grimma
Tel. (0 34 37) 9 85 20, Fax (0 34 37) 91 12 79
E-Mail: verwaltung-aggrm@aggrm.justiz.sachsen.de

Grundbuchamt
Leipziger Str. 93, 04668 Grimma
Postfach 2 56, 04662 Grimma
Tel. (0 34 37) 71 22 40
Fax (0 34 37) 71 22 42

Zweigstelle in Wurzen
Friedrich-Ebert-Str. 2 a, 04808 Wurzen
Postfach 16 36, 04802 Wurzen
Tel. (0 34 25) 9 06 50, Fax (0 34 25) 90 65 18

Diener, Hans-Joachim, Dir	1. 2. 96	14. 7. 51
Jagenlauf, Monika, stvVDir	1. 3. 03	16. 5. 63
Haubold, Sigrid	1. 3. 94	28. 9. 54
Gerhardt, Christine	20. 9. 94	9. 10. 62
Frotscher, Silvia	6. 10. 94	1. 3. 62
Roderburg, Christiane	2. 11. 95	27. 8. 62
Kehe, Ralph-Michael	1. 5. 97	18. 6. 56
Weise, Jürgen	1. 2. 99	2. 6. 63
Neumann, Adela	1. 10. 99	1. 12. 57
Dr. Weimann, Götz-Karsten	16. 10. 00	17. 1. 66

Leipzig
Bernhard-Göring-Str. 64, 04275 Leipzig
Tel. (03 41) 49 40-0, Fax (03 41) 49 40-600
E-Mail: verwaltung-agl@agl.justiz.sachsen.de

Grundbuchamt
Schongauer Str. 5, 04329 Leipzig
Tel. (03 41) 2 55 80 00, Fax (03 41) 2 55 84 00

Präsident
Spriegel, Wilfried	1. 10. 02	10. 12. 52

Vizepräsident
Meyer, Jürgen	1. 1. 94	19. 12. 48

Richterinnen/Richter
Büttner, Holger, w.aufsR	1. 2. 99	19. 2. 57
Winderlich, Mathias, w.aufsR	1. 2. 99	16. 7. 58
Petersen, Knut, w.aufsR	1. 3. 00	16. 3. 60
Pfuhl, Susanne, w.aufsR	1. 3. 00	2. 5. 64
Tischer, Günter, w.aufsR	1. 1. 04	22. 11. 55
Eppelt-Knochenstiern, Claudia, w.aufsR	1. 1. 04	23. 7. 56
Dr. Gildemeister, Ute	1. 3. 94	30. 12. 41
Gradulewski, Hermann	4. 3. 94	3. 1. 57
Tiegelkamp, Hartmut	2. 4. 94	12. 5. 55
Genz, Bettina	1. 7. 94	23. 4. 49
Bittner, Hardy	3. 7. 94	11. 10. 57
Pisecky, Ute	10. 7. 94	11. 9. 59
Schulze, Ingeborg	12. 7. 94	25. 1. 42
Kauf, Andreas	23. 7. 94	17. 5. 55
Thieme, Ina	23. 7. 94	18. 10. 58
Riedel, Birgit	31. 7. 94	18. 7. 59
Kühnert, Christiane	31. 7. 94	4. 9. 61
Evers, Karin	7. 8. 94	13. 1. 59
Grams, Detlef	12. 8. 94	20. 10. 60
Lampeter, Sybille	2. 9. 94	13. 6. 56
Herken, Ludger	16. 9. 94	16. 3. 55

SAC OLG-Bezirk Dresden — LG-Bezirk Zwickau

Kunth, Ingrid	19. 9.94	16.11.49
Irmscher, Andreas	19. 9.94	14. 6.57
Sedlatschek, Dieter	1.10.94	19. 2.53
Gunter-Gröne, Heike	4.10.94	21. 8.60
Weber, Peter	14.10.94	12. 4.61
Kosbab, Gabriele	1.11.94	16. 3.54
Bärlin, Andreas, beurl.	2.12.94	16. 9.60
Höpping, Birgit	10. 1.95	8. 1.47
Weißenfels, Marion	17. 7.95	24. 2.63
Engelhardt, Gudrun	10. 8.95	27. 3.61
Bernhardt, Matthias	1.10.95	8. 4.52
Merschdorf, Hella	5.10.95	29. 1.63
Weifenbach, Bernd	16.11.95	17. 6.62
Weißenfels, Matthias	1.12.95	30. 7.55
Hasselberger, Waldemar	1. 1.96	18. 7.59
Steigleder, Günther	1. 2.96	22. 8.53
Nowak, Susanne	19. 4.96	6. 2.59
Schneider, Kerstin	3. 5.96	4. 6.64
Boß, Matthias	3. 5.96	20.11.65
Pirk, Marcus	1. 6.96	20.11.64
Hock, Bernhard	1. 7.96	14.12.59
Ludewig, Christine	1. 7.96	19. 9.63
Schick, Andreas	8. 7.96	5. 8.64
Hahn, Sabine	31. 8.96	19. 1.62
Schulz, Heiko	1. 9.96	30.10.62
Touysserkani, Patrick	1. 9.96	10. 7.65
Harner, Anke	2. 9.96	3. 9.65
Anthonijsz, Sigrid	1.10.96	4.11.61
Jokisch, Beate	1.10.96	13. 3.63
Webers, Claudia	2.11.96	18.12.65
Zeeck, Claudia	3. 1.97	14.12.64
Schulz, Gabriele	3. 1.97	27. 1.65
Blaschke, Stefan, abg.	31. 3.97	20. 1.63
Habich, Stefan	1. 7.97	3. 9.60
Krause, Thomas	1. 7.97	2. 5.67
Fritsch, Ute	1. 8.97	5. 5.65
Wendt, Andrea	10. 1.98	8. 6.66
Kniehase, Elke	1. 3.98	19. 5.63
Gaasenbeek, Heidrun	1. 4.98	1.11.45
Nieragden, Beate	1. 4.98	22. 2.61
Zander, Bettina	9. 7.98	12.10.66
Weidelhofer, Julia	1.12.98	6. 4.68
Walther, Ines	1. 1.99	23. 7.61
Schumann, Sonja	1. 3.99	8. 7.57
Guha, Juliane	1. 3.99	25.11.63
Rudolph, Peter	1. 4.99	1.11.64
Seitz, Irmgard	1. 6.99	11. 7.62
Brandt, Anke	3. 6.99	16.12.69
Werhahn, Volkhard	2.12.99	18. 5.65
Häußler, Franz	1. 1.00	23.12.59
Alberts, Lukas, abg.	2. 1.00	3. 5.69
Schlosser, Anke	1. 3.00	14. 4.64
Werner, Claudia	1. 3.00	28. 6.67
Kadler-Orthen, Martina	1. 7.00	19.11.61
Weiß, Hans	1. 1.02	1. 5.68
Dammer, Stefanie	1. 2.02	2.12.69

Schaefer, Thomas	1. 8.02	5. 3.71
Schneider, Jörg	1. 9.04	23. 9.68

Oschatz
Brüderstr. 5, 04758 Oschatz
Tel. (0 34 35) 90 18-0, Fax (0 34 35) 90 18 42
E-Mail: verwaltung-agoz@agoz.justiz.sachsen.de

Denk, Klaus, Dir	1.10.03	10. 4.58
Stitterich, René	5. 8.94	24. 6.56
Rech, Heide	1. 9.97	18.10.63
Zöllner, Marion	1.12.01	9. 3.60

Torgau
Rosa-Luxemburg-Platz 14, 04860 Torgau
Postfach 157, 04853 Torgau
Tel. (0 34 21) 7 53 30, Fax (0 34 21) 7 53-3 15
E-Mail: verwaltung-agto@agto.justiz.sachsen.de

Schwarzer, Norbert, Dir	1. 1.01	2. 6.59
Meisel, Karola	7. 8.94	12. 5.55
Stricker, Martin	16. 9.94	31.12.60
Christiansen, Michael	1.11.96	1. 4.61
Sumpmann, Dirk	1. 3.02	23. 6.69

Landgerichtsbezirk Zwickau

Landgericht Zwickau E 632 189
Platz der Deutschen Einheit 1, 08056 Zwickau
Postfach 20 01 53, 08001 Zwickau
Tel. (03 75) 50 92-0, Fax (03 75) 29 16 84
E-Mail: verwaltung-lgz@lgz.justiz.sachsen.de

Sozialer Dienst der Justiz bei dem Landgericht Zwickau
Innere Schneeberger Str. 26, 08056 Zwickau
Tel. (03 75) 27 03 50, Fax (03 75) 2 70 35 15

Präsident

Kränzlein, Jürgen	1. 1.93	30. 5.43

Vizepräsident

Hartmann, Klaus	1.11.02	23. 8.57

Vorsitzende Richterin/Vorsitzende Richter

Dr. Scherer, Alfred	1. 3.97	13. 9.44
Müller, Gerolf	1. 1.99	12. 3.60
Geußer, Rupert	1. 3.03	18. 9.62
Sommer, Torsten	1. 4.03	7. 2.62
Gremm, Bernd	1. 1.05	15.11.63
Reneberg, Jörg	1. 1.05	18.12.64
Tolksdorf, Regina	1. 1.05	24. 2.67
Borris, Birgit	1. 1.05	26. 7.63

LG-Bezirk Zwickau OLG-Bezirk Dresden **SAC**

Eckhardt, Roy	15. 10. 05	27. 11. 66
Irgang, Bernhard	1. 2. 06	26. 2. 61

Richterinnen/Richter

Schulte, Klaus	3. 6. 94	4. 4. 62
Schnorrbusch, Andreas	18. 6. 94	13. 5. 61
Wendt, Rosemarie	17. 9. 94	13. 7. 43
Nielen, Andreas	15. 6. 96	17. 7. 62
Wasmer, Martin	24. 2. 97	3. 1. 59
Gerth, Gabriele	1. 6. 97	8. 11. 66
Hoffmann, Eva-Maria	1. 4. 98	9. 4. 65
Varga, Anton	1. 1. 00	19. 9. 61
Bayer, Bernd	1. 7. 00	20. 8. 69
Zschoch, Peter	17. 7. 00	5. 6. 62
Liesenfeld, Peter	1. 9. 00	16. 5. 68
Luthe, Altfried	4. 9. 00	13. 2. 60
Zierold, Uwe	1. 10. 00	17. 11. 62
Heinze, Claudia	1. 11. 00	9. 4. 65
Droll, Rainer	1. 1. 02	3. 9. 63
Peters, Sibylle	1. 1. 05	14. 8. 62

Amtsgerichte

Aue
Gerichtsstr. 1, 08280 Aue
Postfach 1151, 08271 Aue
Tel. (0 37 71) 5 96-0, Fax (0 37 71) 59 61 00
E-Mail: verwaltung-agau@agau.justiz.sachsen.de

Grundbuchamt, Nachlassgericht
Pestalozzistr. 6, 08280 Aue
Postfach 10083, 08202 Aue
Tel. (0 37 71) 5 96-0, Fax (0 37 71) 5 96-2 80

Kirst, Eberhard, Dir	1. 9. 01	16. 6. 60
Müller, Elmar, stVDir	11. 12. 00	5. 11. 63
Beuthner, Petra	13. 6. 94	31. 5. 56
Göllnitz, Gerda	14. 6. 94	24. 12. 43
Herrmann, Lutz	15. 7. 96	25. 2. 65
Kramer, Detlef	1. 6. 97	9. 2. 65
Adscheid-Meyer, Petra	1. 5. 99	5. 12. 63
Pietryka, Sabine	13. 11. 00	17. 8. 61
Dreyer, Klaus	1. 8. 01	18. 5. 58

Auerbach
Parkstr. 1, 08209 Auerbach
Postfach 1 00 87, 08202 Auerbach
Tel. (0 37 44) 8 39-0, Fax (0 37 44) 8 39-1 40
E-Mail: verwaltung-agae@agae.justiz.sachsen.de

Bahlmann, Inge, Dir	1. 4. 02	15. 4. 64
Stange, Peter, stVDir	1. 1. 01	24. 10. 59
Dankwardt, Anton	17. 4. 94	15. 4. 57
Zschiesche, Ute	15. 7. 94	5. 9. 52
Winkler, Frank	26. 8. 94	25. 11. 60
Fischer, Bernd	1. 10. 94	13. 4. 55
Beck, Michael	3. 5. 96	12. 4. 57

Merz, Hans-Jochen	1. 7. 96	3. 9. 55
Böhmer, Helmut	1. 3. 03	26. 3. 67

Plauen
Europaratstr. 13, 08523 Plauen
Postfach 40 02 51, 08502 Plauen
Tel. (0 37 41) 10-0, Fax (0 37 41) 10-14 04
E-Mail: verwaltung-agpl@agpl.justiz.sachsen.de

Klein, Detlef, Dir	1. 12. 00	20. 7. 47
Blümel, Reinhard, stVDir	1. 5. 02	30. 4. 45
Gerhards, Wilhelm	15. 5. 94	29. 5. 58
Haase, Sabine	15. 5. 94	19. 7. 64
Hörr, Andrea	25. 6. 94	7. 9. 58
Rüsing, Michael	15. 7. 94	8. 1. 60
Beeger, Kornelia	9. 8. 94	9. 2. 58
Schierjott, Martina	9. 9. 94	8. 1. 57
Stange, Ilona	22. 10. 94	23. 10. 61
Lauerer, Georg	1. 11. 94	7. 11. 55
Schmitt, Manfred	4. 5. 95	20. 9. 62
Schmelcher, Arno	1. 11. 99	31. 7. 62
Oppermann, Josef	1. 1. 02	30. 10. 59
Speiser, Peter	1. 10. 02	19. 2. 62
Buhles, Frank	1. 3. 03	5. 10. 65

Zwickau
Platz der Deutschen Einheit 1, 08056 Zwickau
Postfach 20 01 53, 08001 Zwickau
Tel. (03 75) 5 09 20, Fax (03 75) 29 16 84
E-Mail: verwaltung-agz@agz.justiz.sachsen.de

Grundbuchamt Zwickau, Sitz Werdau
Zwickauer Str. 19, 08412 Werdau
Tel. (0 37 61) 70 30, Fax (0 37 61) 70 31 50

Freiherr Schenk zu Schweinsberg, Hubertus, Dir	1. 6. 96	18. 1. 46
Elfmann, Günter, stVDir	1. 1. 05	3. 5. 58
Noback, Stefan	1. 3. 94	9. 4. 56
Bauer, Kerstin	11. 6. 94	9. 12. 62
Wicklein, Heinz-Dieter	24. 7. 94	5. 12. 44
Pinkert, Christine	31. 7. 94	17. 11. 48
Nitschke, Marion	1. 1. 95	31. 7. 58
Naumann, Cornelia	1. 1. 95	20. 3. 61
Meyer, Simona	1. 3. 95	16. 10. 61
Nagel, Birgit	4. 5. 95	20. 11. 63
Große-Streine, Thomas	1. 9. 95	25. 10. 56
Hoffmann, Ingrid	30. 10. 95	16. 8. 61
Zantke, Stephan	1. 4. 96	16. 11. 61
Rudzki, Christoph	2. 8. 96	27. 4. 63
Bielefeld, Peter	16. 8. 96	28. 8. 61
Marton, Peter	1. 10. 96	26. 12. 61
Schöllkopf, Tilmann	2. 8. 97	4. 2. 50
Dietel, Jürgen	1. 1. 98	8. 2. 59
Nahrendorf, Andreas	1. 1. 01	5. 9. 63
Eisenreich, Heiko	1. 1. 03	7. 7. 66
Lindenberger, Adolf	1. 1. 05	30. 4. 71

Staatsanwaltschaften*

Generalstaatsanwaltschaft Dresden
Lothringer Str. 1, 01069 Dresden
Postfach 12 07 27, 01008 Dresden
Tel. (03 51) 44 60, Fax (03 51) 4 46 29 70
E-Mail:
verwaltung-gensta@gensta.justiz.sachsen.de

Entschädigungsstelle
Tel. (03 51) 4 46-29 52, Fax (03 51) 4 46-29 70

Führungsaufsichtsstelle des Freistaates Sachsen
Tel. (03 51) 4 46-29 38, Fax (03 51) 4 46-29 80

Generalstaatsanwalt

Dr. Schwalm, Jörg	1. 7. 92	25. 9. 42

Leitende Oberstaatsanwälte

Stähler, Rainer	1. 1. 97	2. 6. 42
Wenzlick, Erich	1. 7. 05	13. 2. 52
Dr. Scholz, Lothar	19. 12. 05	1. 5. 48

Oberstaatsanwältinnen/Oberstaatsanwalt

Rock, Jörg	24. 11. 98	3. 6. 62
Damaske, Gisela	1. 1. 00	1. 6. 41
Klein, Wolfgang	1. 10. 03	12. 7. 60
Hahn, Gido	1. 10. 03	21. 10. 60
Teitge, Heike	15. 3. 04	26. 1. 63
Aradei-Odenkirchen, Rainer	1. 3. 06	4. 7. 66

Staatsanwaltschaft Bautzen
Lessingstr. 7, 02625 Bautzen
Postfach 17 10, 02607 Bautzen
Tel. (0 35 91) 3 61-0, Fax (0 35 91) 36 12 22
E-Mail: verwaltung-stabz@stabz.justiz.sachsen.de

Zweigstelle in Hoyerswerda
Pforzheimer Platz 2, 02977 Hoyerswerda
Postfach 12 55, 02961 Hoyerswerda
Tel. (0 35 71) 47 13
Fax (0 35 71) 47 15 98

Leitender Oberstaatsanwalt

Schindler, Hartmut	1. 9. 94	12. 8. 45

Oberstaatsanwalt

Bogner, Claus, StVLOStA	1. 6. 02	11. 5. 60
Roehl, Ingo	1. 3. 06	18. 9. 59

Staatsanwältinnen/Staatsanwälte

Grajcarek, Ines, GL	15. 2. 98	25. 6. 62
Illigen, Dietmar, GL	1. 12. 04	1. 8. 60
Linhardt, Christian, GL	1. 3. 05	24. 11. 60
Schulze, Gabi	8. 5. 94	15. 10. 62
Brauer, Jutta	1. 8. 94	23. 11. 51
Terres, Peter	1. 10. 95	21. 7. 60
Dr. Altenkamp, Ludger	1. 3. 96	15. 5. 61
Stark, Wolfgang	2. 4. 96	1. 11. 57
Josinger, Jens-Hagen	1. 9. 97	25. 10. 64
Gerhardi, Christopher	5. 1. 98	21. 7. 69
Lenuweit, Doreen	13. 8. 99	10. 3. 69
Müller, Peter	1. 1. 00	8. 1. 66
Böttcher, Anja	15. 8. 00	3. 7. 64
Schmidt, Holger	1. 7. 01	5. 1. 72
Bürger, Guido, abg.	3. 8. 01	7. 3. 68
Schneider, Rainer	10. 8. 01	13. 4. 61
Lübke, Gesine	4. 1. 02	3. 5. 73
Krüger, Mirko	1. 2. 03	24. 5. 74
Dr. Israel, Dirk	1. 7. 03	14. 3. 69
Wagner, Jörg	1. 8. 04	16. 7. 75
Reichelt, Gitta	1. 2. 05	28. 6. 73
Möller, Silke	6. 7. 05	20. 11. 73

Staatsanwaltschaft Chemnitz
Annaberger Str. 79, 09120 Chemnitz
Postfach 9 21, 09009 Chemnitz
Tel. (03 71) 4 53-0
Fax (03 71) 4 53 47 00
E-Mail: verwaltung-stac@stac.justiz.sachsen.de

Leitender Oberstaatsanwalt

Schmidt, Gerd	1. 11. 05	7. 7. 52

Oberstaatsanwälte

Schwürzer, Wolfgang, stVLOStA	1. 5. 03	31. 1. 61
Vogel, Bernd	24. 11. 98	7. 8. 57
Rümmler, Siegfried	1. 6. 03	11. 11. 53
Schellenberg, Nils	1. 6. 03	12. 9. 62

Staatsanwältinnen/Staatsanwälte (GL)

Gräfenstein, Michael	15. 2. 98	9. 10. 57
Richter, Thomas	1. 3. 98	26. 10. 58
Goltz, Christian	1. 6. 99	1. 6. 63
Dietrich, Eberhard	17. 6. 99	26. 4. 62
Lehmann, Frank	1. 11. 04	7. 9. 63
Burghart, Ingrid	1. 11. 04	9. 11. 63
Butzkies, Stephan	1. 11. 04	24. 8. 68
Lang, Enrico	1. 3. 06	16. 4. 69

---

* Angaben zur Anzahl der Planstellen bei den Staatsanwaltschaften sind nicht übermittelt worden.

Staatsanwaltschaften — OLG-Bezirk Dresden — **SAC**

Staatsanwältinnen /Staatsanwälte

Leonhardt, Jana	1. 7. 94	15. 6. 63
Tränkner, Ulrich	30. 9. 94	1. 7. 59
Engel, Lars	15. 1. 95	8. 12. 60
Hussner, Ralph	1. 10. 95	11. 7. 60
Fischer, Thomas	4. 1. 96	9. 10. 60
Zehrfeld, Detlef	30. 5. 96	18. 7. 60
Winterhalter, Alexander	1. 7. 96	19. 11. 62
Olbrich, Heike	2. 8. 96	16. 11. 62
Brockmeier, Jana	2. 8. 96	3. 5. 69
Weilmaier, Veronika	1. 9. 96	26. 12. 53
Hinke, Thomas	1. 9. 96	17. 10. 62
Metzger, Norbert	15. 9. 96	15. 7. 65
Schlarb, Klaus	1. 7. 97	18. 6. 64
Pietzko, Irina	1. 9. 97	16. 9. 66
Steffan, Klaus	1. 2. 98	21. 11. 63
Ströse, Annett	31. 5. 98	19. 1. 69
Reichel, Ulf	3. 7. 98	17. 7. 66
Behler, Sebastian	1. 2. 99	28. 7. 65
Recken, Marita	5. 3. 99	3. 6. 67
Reuter, Dirk	1. 4. 99	27. 4. 62
Mertens, Anne	3. 2. 00	15. 4. 69
Fuchs-Lenz, Nicole	15. 4. 00	22. 8. 62
Kuhn, Christoph	1. 9. 00	2. 7. 69
Colli, Markus	1. 9. 00	9. 2. 70
Schori, Markus	1. 12. 00	26. 4. 67
Arnold, Andreas	2. 2. 01	29. 8. 69
Birke, Yvonne	2. 2. 01	21. 2. 70
Credo, Mike	1. 12. 01	12. 2. 71
Möller, Oliver, abg.	4. 1. 02	20. 3. 70
Bielawny, Marielle	4. 1. 02	1. 10. 71
Schneider-Thamer, Sanderein	15. 7. 02	15. 9. 71
Oertel, Mirko	3. 1. 03	23. 6. 71
Riedel, Dagmar	17. 1. 03	7. 10. 73
Quirmbach, Steffen	5. 7. 03	30. 12. 71
Brosi, Daniel	5. 7. 03	18. 10. 72
Hockauf, Andrea	5. 7. 03	28. 3. 74
Müller, Jan	5. 7. 03	28. 3. 74
Wunder, Olga	5. 7. 03	30. 4. 74
Arnold, Mandy	5. 7. 03	11. 2. 75
Matthes, Diana	15. 11. 03	15. 6. 74
Czarnecki, Ronny	1. 2. 04	13. 11. 72
Richter, Jörg	1. 2. 04	6. 6. 73
Hunkel, Sandra	1. 2. 04	20. 3. 75
Jordan, Sabine	1. 8. 04	22. 12. 75
Stolle, Janko	1. 2. 05	12. 10. 72
Born, Christiane	14. 2. 05	12. 7. 75
Fischer, Katja	1. 5. 05	11. 11. 72
Reichert, Bianca	1. 10. 05	8. 11. 73
Lauria, Franziska	1. 10. 05	4. 2. 77
Voigt, Sylvia	1. 10. 05	—

Staatsanwaltschaft Dresden
Lothringer Str. 1, 01069 Dresden
Postfach 16 02 06, 01288 Dresden
Tel. (03 51) 44 60
Fax (03 51) 4 49 60 48
E-Mail: verwaltung-stadd@stadd.justiz.sachsen.de

Zweigstelle in Meißen
Kynastweg 57a, 01662 Meißen
Postfach 100 254, 01652 Meißen
Tel. (0 35 21) 4 70 10
Fax (0 35 21) 47 01 90

Zweigstelle in Pirna
Schloßhof 7, 01796 Pirna
Tel. (0 35 01) 7 65-0
Fax (0 35 01) 7 65-2 50

Leitender Oberstaatsanwalt

Dr. Drecoll, Henning	1. 10. 95	17. 9. 42

Oberstaatsanwälte

Rövekamp, Klaus, stVLOStA	1. 11. 02	6. 9. 60
Gregor, Klaus-Joachim	24. 11. 98	18. 7. 49
Schär, Jürgen	24. 11. 98	8. 10. 57
Heinrich, Frank	1. 1. 00	3. 12. 58
Feron, Andreas	1. 12. 03	24. 2. 62
Hertel, Jens	1. 12. 03	30. 11. 63

Staatsanwältin /Staatsanwälte (GL)

Wesch, Volker	1. 1. 97	1. 7. 63
Dietze, Karin	15. 2. 98	5. 11. 57
Klinzing, Uwe	15. 2. 98	21. 12. 61
Avenarius, Christian	1. 7. 01	23. 8. 59
Dr. Mügge, Christine	1. 7. 01	1. 6. 61
Kiecke, Dieter	1. 8. 01	10. 10. 58

Staatsanwältinnen /Staatsanwälte

Zuber, René	30. 4. 94	6. 9. 62
Hille, Jan	30. 4. 94	1. 3. 65
Wagner, Ingolf	8. 5. 94	3. 12. 60
Bauerschäfer, Anette	16. 5. 94	22. 4. 62
Lässig, Peter	2. 6. 94	18. 5. 56
Rochel, Sonja	3. 6. 94	18. 10. 47
Zuber, Birgit	6. 6. 94	25. 9. 55
Eißmann, Christine	6. 6. 94	9. 9. 56
Günthel, Ines	6. 6. 94	6. 9. 60
Voigt, Heiko	6. 6. 94	11. 4. 64
Vogler, Michael	13. 6. 94	3. 6. 62
Reuter, Martin	15. 6. 94	28. 12. 49
Günthel, Andreas	29. 6. 94	7. 2. 60

377

SAC OLG-Bezirk Dresden — Staatsanwaltschaften

Name	Datum 1	Datum 2
Beitz, Eva-Maria	19. 7. 94	17. 8. 50
Greiffenberg, Sabine	29. 7. 94	16. 4. 57
Muck, Stefan	1. 8. 94	3. 11. 59
Stauch, Heidi	1. 8. 94	10. 5. 61
Frohberg, Petra	8. 8. 94	2. 11. 58
Schmerler-Kreuzer, Ute	1. 10. 94	18. 10. 61
Müller, Thomas	15. 1. 95	3. 7. 55
Prinz, Barbara	1. 10. 95	13. 3. 59
Becker, Patricia	1. 12. 95	25. 2. 65
Trippensee, Michael	22. 12. 95	28. 11. 53
Majer-Voigt, Christine	1. 3. 96	5. 6. 63
Riedemann, Andreas	15. 3. 96	27. 9. 62
Quast, Brigitte	15. 2. 97	9. 1. 62
Heinze, Petra	1. 8. 97	16. 3. 69
Berner, Arnulf	2. 10. 98	24. 11. 65
Klemm, Stefanie	1. 11. 98	15. 2. 67
Kozik, Beate	18. 1. 99	27. 2. 69
Wittmann, Heike	1. 2. 99	28. 5. 67
Kaduk, Celia	1. 11. 99	4. 8. 63
Löffler, Rita	1. 1. 00	1. 2. 71
Irsen, Michaela	15. 2. 00	9. 2. 70
Bluhm, Dietmar	2. 5. 00	16. 2. 67
Riecken, Alessa	12. 7. 00	19. 6. 69
Ball, Bettina	1. 8. 00	18. 11. 69
Bayer, Gunther	18. 8. 00	20. 9. 66
Bruske, Barbara	15. 9. 00	21. 8. 68
Markus, Ulrike	1. 10. 00	16. 9. 66
Jaschinski, Astrid	4. 12. 00	26. 11. 72
Ueberbach, Andreas	2. 2. 01	26. 11. 66
Eickholt-Becker, Susann	3. 2. 01	23. 5. 67
Schreitter-Skvortsov, Karin, abg.	23. 2. 01	12. 12. 68
Krah, Kristin	1. 7. 01	31. 5. 72
Pospischil, Liane	1. 7. 01	1. 10. 72
Wolfinger, Ute	1. 7. 01	11. 10. 72
Klement, Julia	16. 7. 01	16. 8. 71
Mausch, Heinz Christian	1. 9. 01	26. 7. 69
Gräf, Andreas	1. 12. 01	6. 8. 70
Pietzcker, Till	4. 1. 02	14. 6. 68
Greiff, Nicola	4. 1. 02	2. 8. 69
Kuhn, Kathrin	1. 2. 02	28. 10. 72
Künzelmann, Margarete	1. 3. 02	1. 6. 72
Hecker, Dorothee	1. 3. 02	20. 5. 74
Grunenberg, Ralf	10. 3. 02	22. 5. 70
Menzel, Jana	2. 8. 02	25. 9. 72
Schady, Andrea	2. 8. 02	23. 3. 74
Goethner, Diana-Brigitte	31. 8. 02	2. 5. 71
Ball, Andreas	1. 9. 02	21. 12. 71
Dr. Adams, Stephanie	30. 12. 02	4. 6. 69
Ay, Rüdiger	24. 1. 03	13. 7. 70
Kühn, Matthias	1. 2. 03	8. 4. 74
Hentschel, Thomas	1. 2. 03	6. 8. 74
Schmidt, Jürgen	1. 2. 03	4. 5. 75
Helmert, Silvio	4. 4. 03	15. 10. 71
Müller, Dirk	5. 7. 03	28. 5. 74
Köhler, Claudia	5. 7. 03	9. 4. 75
Körner, Ines	20. 7. 03	25. 10. 73
Ehrhardt, Jessica	1. 8. 03	14. 8. 71
Stief, Eva	28. 9. 03	14. 10. 70
Walter, Susan	1. 10. 03	9. 1. 73
Dr. Wagner, Bettina	1. 10. 03	26. 8. 73
Kutscher, Gritt	1. 11. 03	16. 9. 69
Richter, Ina	1. 2. 04	3. 10. 75
Zöllner-Cichon, Katja	24. 5. 04	12. 7. 74
Rechenberger, Gerd Jens	1. 8. 04	17. 10. 70
Lukas, Diana	1. 8. 04	30. 7. 74
Helmert, Barbara	1. 8. 04	18. 11. 75
Arnold, Karsten	1. 9. 04	6. 8. 74
Leitte, Steffen	18. 10. 04	21. 1. 71
Jeanjour, Corinna	1. 12. 04	18. 2. 72
Unger, Annett	7. 1. 05	21. 5. 76
Böhm, Franziska	15. 1. 05	26. 12. 74
Müller, Kai	1. 2. 05	15. 2. 74
David, Sandra	1. 2. 05	10. 9. 75
Richtarsky, Jens	1. 4. 05	31. 3. 74
Hellmich, Thomas	6. 5. 05	29. 11. 74
Haack, Karen	15. 6. 05	26. 6. 73
Frauke, Anne-Kristin	15. 6. 05	29. 11. 73
Liebner, Karina	1. 7. 05	10. 7. 75
Dr. Kaminski, Uwe	1. 10. 05	8. 12. 73
Reißmann, Kati	1. 10. 05	4. 2. 77
Gretschel, Kerstin	1. 10. 05	19. 4. 77
Dr. Weiche, Jens	1. 2. 06	6. 9. 74
Oehme, Claudia	1. 2. 06	29. 9. 76
Turgemann, Gina	1. 3. 06	11. 5. 77

Staatsanwaltschaft Görlitz
Obermarkt 22, 02826 Görlitz
Postfach 30 01 33, 02806 Görlitz
Tel. (0 35 81) 4 69 60
Fax (0 35 81) 46 98 00
E-Mail: verwaltung-stagr@stagr.justiz.sachsen.de

Zweigstelle in Zittau
Lessingstr. 1, 02763 Zittau
Postfach, 02763 Zittau
Tel. (0 35 83) 7 59-0, Fax (0 35 83) 75 9-2 12

Leitender Oberstaatsanwalt

Röger, Norbert	1. 2. 06	27. 5. 7:

Oberstaatsanwältin/Oberstaatsanwalt

Jöst, Hermann, stVLOStA	1. 4. 02	14. 2. 5:
Nowotny, Kerstin	24. 11. 98	18. 11. 6
Matthies, Sebastian	1. 3. 03	30. 7. 6
Behrens, Andreas	1. 7. 04	25. 7. 6

Staatsanwälte (GL)

Kenklies, Olaf	1. 3. 98	26. 4. 6
Rittscher, Nils	1. 7. 01	16. 4. 6
Ebert, Jürgen	1. 11. 04	24. 4. 5

Staatsanwaltschaften — OLG-Bezirk Dresden — **SAC**

Staatsanwältinnen /Staatsanwälte

Voigt, Gerold	1. 8. 94	28. 2. 50
Schärich, Uwe	1. 5. 95	13. 11. 61
Neumann, Till	1. 10. 95	6. 3. 62
Schuh, Alexander	4. 1. 96	16. 5. 60
Korowiak, Heike	1. 10. 96	12. 5. 63
Brosin, Peggy	4. 1. 97	21. 7. 67
Faulhaber, Edgar	1. 2. 98	7. 11. 60
Gun, Rochus	15. 5. 98	28. 4. 63
Schott, Irene	3. 7. 99	8. 1. 65
Küsgen, Christina	6. 11. 99	24. 2. 62
Rehm, Ralph	1. 9. 00	31. 3. 70
Folda, Stephan	15. 1. 01	15. 7. 68
Sauter, Manfred	—	—
Gerhäusser, Michael	14. 9. 01	11. 12. 70
Cafiena, Sacha-Mehrd.	5. 7. 03	11. 12. 70
Schellschmidt, Daniela	5. 7. 03	25. 3. 75
Telle, Alexander	1. 2. 04	9. 3. 73
Keller, Alexander	1. 2. 04	18. 5. 75
Kaufmann, Cornelia	22. 7. 05	28. 12. 75
Höber, Kathrin	1. 10. 05	25. 10. 75
Handke, Sven	27. 1. 06	13. 6. 74

Staatsanwaltschaft Leipzig
Straße des 17. Juni 2, 04107 Leipzig
Postfach 2 25, 04002 Leipzig
Tel. (03 41) 21 36-0, Fax (03 41) 21 36-9 99
E-Mail: verwaltung-stal@stal.justiz.sachsen.de

Zweigstelle in Grimma
Bahnhofstr. 3-5, 04668 Grimma
Tel. (0 34 37) 97 15 50, Fax (0 34 37) 97 15 56

Zweigstelle in Torgau
Husarenpark 19, 04860 Torgau
Tel. (0 34 21) 7 21 80, Fax (0 34 21) 72 18 19

Leitender Oberstaatsanwalt

Strobl, Hans	15. 1. 02	13. 3. 56

Oberstaatsanwältinnen/Oberstaatsanwälte

Lehmann, Lutz	5. 2. 99	18. 5. 54
Weigel, Gerald	1. 2. 02	9. 3. 60
Dr. Laube, Claudia	1. 2. 02	16. 9. 64
Dr. Korth, Ralf-Uwe	1. 4. 03	16. 8. 54
Kreßel, Thomas	1. 4. 03	13. 6. 56
Poganiatz, Heike	1. 4. 03	22. 5. 64

Staatsanwältinnen /Staatsanwälte (GL)

Zillner, Elisabeth	15. 12. 96	16. 6. 57
Endesfelder, Petra	15. 2. 98	31. 3. 50
Pätzold, Frank	1. 3. 98	28. 3. 61
Herbst, Barbara	1. 4. 98	24. 8. 51
Müller, Klaus-Dieter	1. 4. 98	30. 6. 53
Schneider, Torsten	1. 6. 99	12. 7. 61
Georg, Roman	1. 7. 01	22. 11. 62

Dr. Petersen, Sybill	1. 7. 01	23. 4. 63
Müssig, Elke	1. 7. 01	23. 3. 65
Lehnert, Lothar	1. 12. 04	21. 3. 64
Schulz, Ricardo	1. 12. 04	24. 8. 74

Staatsanwältinnen /Staatsanwälte

Kriegsmann, Dieter	4. 6. 94	26. 11. 41
Barthel, Steffen	8. 7. 94	17. 11. 58
Schütze, Sylvia	26. 7. 94	22. 4. 56
Frommhold, Michael	27. 7. 94	15. 5. 59
Richter, Gudrun	1. 8. 94	30. 11. 44
Kannegießer, Thomas	1. 8. 94	17. 2. 55
Kraft, Birgit	1. 8. 94	18. 4. 62
Hornig, Ralph	1. 8. 94	16. 3. 64
Schneider, Anett	1. 8. 94	31. 7. 64
Schumann, Swen	1. 8. 94	6. 11. 64
Dietzel, Wolfgang	5. 8. 94	26. 12. 47
Walburg, Hans-Joachim	5. 8. 94	3. 8. 55
Hundhammer, Gert	8. 8. 94	26. 2. 54
Höhle, Michael	8. 8. 94	1. 3. 59
Vieweg, Heidemarie	20. 8. 94	28. 4. 50
Schliephake, Jan	11. 9. 94	17. 8. 63
Reker, Barbara, beurl.	18. 1. 96	3. 10. 61
Irnig, Eva Beate, beurl.	1. 7. 96	7. 3. 62
Kühlborn, Silke	1. 2. 97	19. 2. 63
Renger, Marc	1. 3. 97	8. 7. 63
Herber, Beate	1. 6. 97	13. 10. 67
Schmandt, Stefan	1. 3. 98	28. 9. 54
Siler, Andrea	1. 9. 98	3. 10. 66
Rudolph, Antje	1. 9. 98	30. 4. 68
Rickert, Angelika	1. 10. 98	28. 3. 59
Eifert, Robin	15. 11. 98	21. 3. 63
Winkler, Tamara	1. 1. 99	1. 9. 62
Seifert, Thomas	1. 1. 99	22. 8. 67
Fleiner, Sabine	1. 4. 99	14. 4. 63
Gasch, Susanne	1. 6. 99	17. 5. 61
Lunkeit, Guido	1. 10. 99	24. 3. 68
Weise, Grit	1. 7. 00	9. 11. 68
Hartleif, Sven	1. 8. 00	8. 11. 70
Hertrich, Stefanie	1. 8. 00	9. 4. 71
Spielbauer, Stefan	5. 12. 00	20. 2. 68
Schmitz, Ingrid	6. 2. 01	7. 3. 68
Bittermann, Martin	16. 3. 01	11. 10. 70
Tröger, Christian	2. 6. 01	25. 1. 69
Holthaus, Birgid	2. 6. 01	6. 4. 71
Lenz, Susann	2. 6. 01	19. 4. 72
Helbig, Andreas	1. 7. 01	8. 1. 68
Menke, Gesche	13. 7. 01	12. 6. 70
Naumann, Torsten	13. 7. 01	4. 12. 70
Lötscher, Tanja	13. 7. 01	17. 4. 71
Butenschön, Anja	19. 7. 01	11. 4. 69
Riedel, Ditte	3. 8. 01	19. 4. 69
Hammer, Patty	3. 8. 01	22. 2. 71
Kalex, Jana	3. 8. 01	15. 6. 73
Harff, Bettina	17. 8. 01	31. 1. 71
Naumann, Wienke-Elis.	6. 11. 01	26. 7. 72

SAC OLG-Bezirk Dresden — Staatsanwaltschaften

Brudnicki, Christian	26. 11. 01	14. 9. 68
Saalmann, Andreas	1. 12. 01	26. 12. 63
Lohr, Andrea	1. 1. 02	27. 1. 61
Mörsfelder, Jürgen	4. 1. 02	10. 10. 70
Eggers, Jan	18. 1. 02	1. 2. 69
Brudnicki, Carolin	1. 2. 02	2. 6. 70
Eßer-Schneider, Birgit	1. 3. 02	18. 4. 66
Rahrbach, Steffen	1. 3. 02	9. 5. 70
Römmer, Harald	17. 5. 02	3. 5. 69
Wald, Anja	1. 8. 02	23. 12. 71
Kups, Carsten	2. 8. 02	6. 5. 72
Baraniak, Ulrike	2. 8. 02	5. 9. 73
Neumann, Karsten	1. 9. 02	5. 11. 71
Kohlschmidt, Claudia	1. 9. 02	22. 2. 74
Fiebig, Ursula	1. 2. 03	19. 7. 72
Kruczynski, Christoph	14. 4. 03	13. 2. 74
Langnaese, Carina	1. 7. 03	23. 1. 71
Kuhnert, Andrè	5. 7. 03	17. 5. 68
Ruge, Carsten	5. 7. 03	5. 9. 73
Kobelt, Yvonne	5. 7. 03	9. 3. 75
Neitzsch, Jana	1. 8. 03	20. 7. 72
Knoll, Axel	1. 8. 03	27. 4. 75
Schumann, Susanne	1. 2. 04	30. 8. 69
Burmeister, Jörg	1. 2. 04	5. 2. 73
Schmüdgen, Katja	1. 2. 04	6. 11. 74
Gildemeister, Eike	2. 2. 04	11. 8. 71
Stolzenburg, Romy	10. 5. 04	24. 11. 73
Dr. Heckler, Andreas	1. 8. 04	21. 10. 67
Ranft, Thomas	1. 8. 04	13. 1. 75
Rüdiger, Franziska	1. 8. 04	3. 12. 75
Barthel, Astrid	1. 8. 04	14. 2. 76
Rotzoll, Henning	28. 7. 04	24. 6. 69
Sprinz, Christoph	1. 10. 04	27. 8. 73
Dr. Schäfer, Franka	1. 12. 04	24. 8. 74
Fernstedt, Christiane	1. 2. 05	29. 11. 70
Dr. Umbach, Torsten	1. 2. 05	26. 7. 73
Stinshoff, Eckart	7. 2. 05	12. 8. 71
Müller, Gitty	1. 3. 05	23. 2. 72
Dr. Nagel, Peter	2. 5. 05	7. 8. 68
Ludolf, Hendrik	2. 5. 05	1. 3. 74
McKendry, Ute	1. 6. 05	5. 9. 64
Lonsdorf, Heike	1. 6. 05	17. 9. 70
Minkus, Katrin	3. 7. 05	5. 11. 72
Hoppe-Jänisch, Daniel	1. 10. 05	28. 6. 77
Gaitzsch, Mario	15. 10. 05	13. 12. 75
Stadler, Andreas	1. 11. 05	22. 5. 73

Staatsanwaltschaft Zwickau
Humboldtstr. 1, 08056 Zwickau
Postfach 20 09 35, 08009 Zwickau
Tel. (03 75) 5 09 20, Fax (03 75) 5 09 25 00
E-Mail: verwaltung-stal@stal.justiz.sachsen.de

Zweigstelle in Plauen
Europaratstr. 13, 08523 Plauen
Postfach 40 02 62, 08502 Plauen
Tel. (0 37 41) 1 00
Fax (0 37 41) 10 17 00

Leitender Oberstaatsanwalt

Hohmann, Bernd	1. 1. 00	5. 2. 55

Oberstaatsanwälte

Ast, Arthur, stVLOStA	1. 3. 03	16. 6. 61
Illing, Holger	24. 11. 98	8. 8. 56
Wiegner, Uwe	1. 3. 03	19. 8. 62

Staatsanwältin/Staatsanwälte (GL)

Kipry, Dietmar	10. 10. 95	26. 8. 59
Martin, Elke	15. 12. 96	1. 11. 51
Walther, Thomas	15. 12. 96	16. 4. 56
Respondek, Michael	1. 1. 97	12. 4. 59
Rzehak, Jörg	1. 8. 05	25. 12. 60

Staatsanwältinnen /Staatsanwälte

Günther, Siegrid	1. 7. 94	1. 5. 50
Adler, Brigitte	1. 7. 94	19. 10. 51
Gaida, Brigitte	15. 7. 94	22. 3. 57
Hoppmann, Stephan	15. 12. 95	13. 4. 60
Bruns, Andreas	15. 12. 95	17. 5. 61
Hoffmann, Heike	4. 1. 96	8. 1. 62
Hoffmann, Frank	4. 1. 96	20. 1. 63
Veith, Gerhard	1. 4. 96	10. 6. 59
Opalla, Monika	2. 8. 96	16. 12. 62
Orlik, Ansgar	15. 8. 96	3. 2. 64
Güßregen, Gernot	1. 10. 96	30. 11. 63
Gremm, Barbara	12. 5. 97	9. 4. 63
Blume, Monika	15. 7. 97	8. 2. 65
Bierlein, Martin	15. 6. 98	31. 3. 66
Grubert, Oliver	1. 8. 99	17. 2. 66
Fink, Hans-Christian	13. 1. 00	26. 9. 66
Meringer, Vera	1. 8. 00	9. 71
Weier, Jörn	1. 9. 00	10. 10. 67
Kamerling, Michael	1. 10. 00	12. 4. 65
Schnorrbusch, Waltraud	1. 10. 00	2. 6. 70
Sämann, Bernd	2. 3. 01	27. 6. 70
Müller, Katja	5. 4. 01	20. 6. 71
Meyer, Viola	1. 7. 01	30. 10. 67
Pfeiffer, Jürgen	3. 8. 01	14. 4. 69
Klepsch, Alexander	3. 8. 01	23. 5. 69
Leonhardt, Ines	1. 4. 02	2. 12. 71
Stollar, Christine, beurl.	4. 4. 02	29. 12. 63
Schneider, Anja	1. 10. 05	6. 3. 72

Richterinnen/Richter und Staatsanwältinnen/Staatsanwälte im Richterverhältnis auf Probe

Güse-Hüner, Martina	16. 9. 91	6. 4. 60		Füger, Annekathrin	1. 5. 04	17. 3. 77
Holz, Birgit	2. 8. 93	30. 7. 60		Dr. Henke, Stefan	24. 5. 04	14. 5. 75
Dr. Reinkenhof, Michaela	15. 9. 97	18. 12. 65		Kinder, Kerstin	1. 7. 04	4. 9. 74
Dietsch, Antje	1. 2. 02	4. 3. 73		Petzold, Katja	16. 8. 04	1. 10. 76
Marienburg, Kerstin	1. 10. 02	13. 12. 76		Eichler, Mirko	15. 9. 04	20. 7. 76
Rau, Isabelle	27. 1. 03	26. 9. 76		Dr. Fiedler, Albrecht	1. 6. 05	12. 3. 75
Meyer, Claudia Stefanie	15. 9. 03	4. 11. 74		Rauche, Gunther	1. 6. 05	11. 11. 76
Knauert, Christiane	1. 10. 03	1. 12. 73		Schellenberg, Jörg	1. 6. 05	21. 5. 78
Dr. Quasdorf, Peter	1. 10. 03	17. 5. 75		Neugebauer, Romy	1. 6. 05	27. 2. 79
Kohle, Christian	1. 11. 03	3. 2. 77		Dr. Brückner, Christoph	1. 9. 05	5. 4. 77
Leschka, Matthias	10. 3. 04	6. 9. 72		Dr. Formann, Gunnar	1. 9. 05	22. 4. 77
Pötschmann, Yvonne	1. 4. 04	8. 12. 73		Dr. Heinrich, Jens	7. 11. 05	2. 7. 76
Baumann, Beatrice	1. 4. 04	19. 5. 78		Uhlemann, Tobias	1. 1. 06	3. 10. 76
Wiesbaum, Susann	1. 5. 04	8. 6. 75		Dr. Gänßler, Peggy	1. 2. 06	30. 11. 74

Sachsen-Anhalt

2 483 538 Einwohner*

Ministerium der Justiz

Domplatz 2-4, 39104 Magdeburg
Postfach 37 64, 39012 Magdeburg
Tel. (03 91) 5 67-01, Fax (03 91) 5 67-61 80
E-Mail: poststelle@mj.sachsen-anhalt.de
www.mj.sachsen-anhalt.de

1 Min, 1 StS, 4 MinDgt, 2 LMR, 25 MR, 11 RD, 2 ORR

Minister für Justiz
Becker, Curt   17. 5. 02   19. 6. 36

Staatssekretär
Söker, Paul Uwe   1. 4. 04   27. 10. 43

Ministerialdirigenten
Isensee, Hanns-Peter,
 PrLaJPrA   1. 7. 91   2. 2. 43
Spieker, Johannes   1. 11. 96   11. 3. 49
Dr. Hartwig, Ernst-Peter   17. 7. 00   3. 3. 58
Böning, Hubert   6. 9. 05   12. 2. 60

Ministerialrätinnen/Ministerialräte
Riedel, Norbert Peter   20. 12. 91   27. 11. 41
Figl, Ernst   25. 6. 92   15. 3. 46
Hillig, Reinhard   19. 11. 93   30. 12. 52
Dr. Brachmann, Ronald   12. 12. 94   6. 8. 55
Wegener, Hartmut   1. 8. 01   2. 12. 42
Kraus, Heribert   10. 8. 01   31. 10. 53
Weber, J. Peter   18. 2. 02   29. 8. 60

---
*Stand: 30. 6. 2005.

Deppe, Erika   1. 7. 91   25. 6. 52
Streuzek, Rita   1. 6. 94   1. 8. 55
Pilster, Ronald   1. 10. 96   13. 8. 50
Fruhner, Michael   31. 5. 99   29. 12. 52
Riep, Karsten   6. 7. 01   3. 7. 62
Burgdorf, Ralf   30. 7. 01   18. 10. 60
Sellhorn, Ulrike   22. 6. 05   14. 3. 61

Regierungsdirektoren
Rohde, Manfred   2. 4. 92   7. 2. 53
Farbowski, Meinhard   23. 5. 01   27. 10. 49
Cohaus, Albert   23. 5. 01   8. 4. 59
Messerschmidt, Rainer   23. 5. 01   28. 5. 61
Kratz, Andreas   1. 6. 05   9. 5. 66
Dr. Wilkens, Joachim   1. 9. 05   26. 4. 64

Oberregierungsräte
Keilig, Thomas, RkrA,
 abg.   (24. 6. 04) 16. 6. 66
Picha, Thomas   1. 6. 05   15. 3. 63

Regierungsräte
Simböck, Harald, RkrA,
 abg   (15. 5. 03) 23. 1. 73
Neddermann, Cord   20. 1. 06   25. 1. 62

SAN OLG-Bezirk Naumburg   LG-Bezirk Dessau

Oberlandesgerichtsbezirk Naumburg

Bezirk
Sachsen-Anhalt

4 Landgerichte
Dessau, Halle, Magdeburg, Stendal

27 Amtsgerichte

Oberlandesgericht Naumburg

E 2 483 538
Domplatz 10, 06618 Naumburg
Postfach 16 55, 06606 Naumburg
Tel. (0 34 45) 2 80, Fax (0 34 45) 28 20 00
E-Mail: poststelle@olg-nmb.justiz.sachsen-anhalt.de
www.justiz.sachsen-anhalt.de
Pressestelle:
Tel. (0 34 45) 28 23 23, Fax (0 34 45) 28 20 00
E.Mail: pressestelle@olg-nmb.justiz.sachsen-anhalt.de
www.justiz.sachsen-anhalt.de

1 Pr, 1 VPr, 12 VR, 27 R, 7 LSt (R)

Präsident
Schubert, Winfried 1. 4. 04 7. 2. 51

Vizepräsident
Zink, Werner 1. 2. 92 18. 9. 47

Vorsitzende Richterin/Vorsitzende Richter
Dr. Zettel, Günther 30. 4. 96 11. 11. 48
von Harbou, Bodo 9. 10. 96 10. 4. 44
Dr. Klier, Gerhard 9. 10. 96 20. 9. 44
Braun, Michael 29. 3. 99 11. 1. 57
Dr. Deppe-Hilgenberg, Dieter 27. 6. 01 26. 7. 50
Trojan, Horst 27. 6. 01 2. 3. 54
Dr. Engel, Mathias 16. 12. 02 30. 12. 54
Goerke-Berzau, Iris 16. 12. 02 30. 6. 57

Richterinnen/Richter
Feldmann, Werner 1. 12. 94 24. 8. 54
Hellriegel, Bernd 17. 7. 95 26. 3. 54
Kühlen, Hans-Joachim 30. 4. 96 21. 7. 53
Dr. Tiemann, Ralf 30. 4. 96 1. 9. 58
Bisping, Albert 1. 10. 96 3. 5. 55
Corcilius, Niels, abg. 25. 9. 97 17. 9. 60
Manshausen, Michael 6. 10. 98 13. 8. 54
Dr. Wegehaupt, Uwe 25. 1. 99 31. 5. 58
Krause, Gunnar 8. 3. 99 22. 12. 64
Wiedenlübbert, Eckard 12. 5. 99 23. 3. 58
Marx-Leitenberger, Gertrud 10. 5. 00 27. 3. 58
Henze-von Staden, Simone 10. 5. 00 30. 1. 61
Rüge, Gundolf 10. 5. 00 2. 2. 61
Hahn, Monika 30. 8. 00 20. 12. 58
Handke, Günter 30. 8. 00 10. 5. 60
Joost, Heike 30. 8. 00 23. 3. 61
Mertens, Ursula 30. 8. 00 29. 6. 63
Sternberg, Dirk 27. 12. 00 1. 8. 60
Wiedemann, Jörg 20. 12. 01 1. 7. 65
Grimm, Andreas 20. 12. 01 11. 10. 66
Materlik, Georg 1. 12. 02 13. 8. 60
Dr. Strietzel, Christian 1. 12. 02 10. 3. 63
Dr. Otparlik, Siegfried 1. 12. 02 22. 3. 64
Dr. Thole, Jürgen 1. 12. 02 24. 5. 64
Göbel, Astrid 9. 2. 06 28. 4. 68

Landgerichtsbezirk Dessau

Landgericht Dessau E 504 487
Willy-Lohmann-Str. 29, 06844 Dessau
Postfach 14 26, 06813 Dessau
Tel. (03 40) 2 04
Fax: (03 40) 2 02 14 30
E-Mail: poststelle@lg-de.justiz.sachsen-anhalt.de

LG-Bezirk Dessau   OLG-Bezirk Naumburg   **SAN**

Pressestelle:
Tel. (03 40) 2 02 14 45
Fax (03 40) 2 02 14 42 oder 2 02 14 30
E-Mail:
pressestelle@lg-de.justiz.sachsen-anhalt.de

1 Pr, 1 VPr, 6 VR, 21 R

Präsident

Schwarz, Tilman	2. 7. 04	8. 12. 46

Vizepräsident

Engelhard, Jörg, abg.	1. 12. 05	27. 3. 62

Vorsitzende Richterinnen/Vorsitzende Richter

Habekost, Martin	1. 10. 96	23. 1. 53
Baumgarten, Siegrun	1. 10. 96	30. 12. 58
Clemens, Kerstin	9. 5. 00	7. 8. 63
Steinhoff, Manfred	23. 5. 01	30. 3. 53
Knief, Thomas	1. 1. 05	20. 10. 61

Richterinnen /Richter

Walter, Sabine	6. 12. 93	16. 8. 51
Kiel, Monika	9. 2. 94	24. 11. 61
Gutewort, Edeltraut	2. 1. 95	14. 2. 52
Spohn, Elke	28. 4. 95	8. 2. 60
Zahn, Jürgen	4. 10. 95	19. 9. 50
Dr. Klein, Donata, beurl.	3. 11. 95	14. 7. 64
Pikarski, Stefan	9. 9. 96	28. 11. 62
Bock, Anke	17. 2. 97	14. 12. 60
Linz, Matthias	20. 2. 97	24. 4. 60
Kniestedt, Holger	6. 10. 97	6. 8. 66
Lachs, Karen	10. 11. 97	2. 11. 65
Becker, Johannes	8. 4. 98	16. 10. 64
van Herck, Jaqueline, beurl.	28. 4. 99	7. 6. 68
Paterok, Matthias	3. 5. 99	13. 11. 68
van Herck, Andreas, abg.	24. 8. 99	25. 10. 64
Kunze, Gundula, beurl.	18. 8. 99	20. 9. 68
Stroot, Christian	4. 10. 99	19. 8. 65
Straube, Frank	4. 10. 99	11. 12. 66
Barth, Annette	13. 10. 99	21. 7. 67
Dr. Pechtold, Wolfram	15. 10. 99	29. 5. 67
Nolte, Johannes, abg.	17. 12. 99	24. 3. 68
Wittkopf, Denise, abg.	11. 11. 04	24. 5. 70

Amtsgerichte

Bernburg E 65 859
Liebknechtstr. 2, 06406 Bernburg
Postfach 11 54, 06391 Bernburg
Tel. (0 34 71) 37 73
Fax (0 34 71) 37 74 41
E-Mail: poststelle@ag-bbg.justiz.sachsen-anhalt.de

1 Dir, 6 R

Hoffmann, Tobias, Dir	1. 3. 93	8. 3. 55
Knabe, Monika	20. 7. 94	15. 6. 58
Kliebisch, Simone	16. 6. 95	16. 1. 63
Witassek, Ulf, abg.	4. 3. 97	21. 10. 62
Schmidt, Uda	12. 7. 99	17. 10. 67
Stelzner, Andre	13. 10. 99	11. 11. 67
Dr. Papesch, Eike	16. 11. 01	17. 4. 70

Bitterfeld E 100 608
Lindenstr. 9, 06749 Bitterfeld
Postfach 11 35, 06733 Bitterfeld
Tel. (0 34 93) 36 40
Fax (0 34 93) 36 41 65
E-Mail: poststelle@ag-btf.justiz.sachsen-anhalt.de

1 Dir, 1 stVDir, 7 R

Heitmann, Ernst, Dir	1. 6. 94	22. 3. 43
Grätz, Hubert, stVDir	12. 9. 95	13. 9. 47
Reichmann, Lutz-Hartmut	14. 2. 94	2. 1. 50
Küstermann, Ralph	3. 1. 96	17. 4. 62
Keil, Jutta	13. 3. 98	9. 1. 66
Wilhelm, Sabine	8. 12. 98	9. 9. 65
Cablitz, Kathrin, abg.	2. 12. 99	6. 6. 67
Dr. Giesen, Lars	3. 8. 00	26. 8. 69
Ewerdt-Schlaak, Sonja	10. 10. 01	4. 3. 68

Dessau E 78 953
Willy-Lohmann-Str. 33, 06844 Dessau
Postfach 18 21, 06815 Dessau
Tel. (03 40) 20 20
Fax (03 40) 20 21 28 9-90
E-Mail: poststelle@ag-de.justiz.sachsen-anhalt.de

1 Dir, 1 stVDir, 10 R

Dr. Bauer, Ulrich, Dir	1. 7. 00	12. 10. 63
Meyer, Cornelia, stVDir	6. 8. 96	2. 12. 58
Kauert, Helga	6. 12. 93	12. 8. 41
Ernesti, Ellen	1. 3. 96	30. 8. 64
Lobjinski, Gertrud	8. 7. 96	16. 5. 63
Trabert, Marion	29. 11. 96	4. 8. 63
Haferland, Sabine	19. 2. 97	6. 1. 65
Klumpp-Nichelmann, Thomas	26. 3. 97	9. 3. 64
Will, Thomas, abg.	18. 12. 97	28. 4. 60
Dr. Burow, Patrick	15. 11. 99	27. 1. 65
Keiner, Guido	24. 6. 02	4. 9. 69

Köthen E 66 030
Friedhofstr. 48, 06366 Köthen
Postfach 15 56, 06355 Köthen
Tel. (0 34 96) 42 00, Fax (0 34 96) 42 21 50
E-Mail:
poststelle@ag-koet.justiz.sachsen-anhalt.de

1 Dir, 5 R

385

SAN OLG-Bezirk Naumburg   LG-Bezirk Halle

Bräunig, Doris, Dir	8. 8. 95	15. 9. 50
Nitz, Ulrich, abg.	7. 4. 74	7. 4. 42
Sauer, Andrea	6. 12. 93	9. 7. 64
Engshuber, Anke	1. 12. 95	3. 11. 63
Mederake, Sabine	20. 4. 98	17. 9. 62
Vogelsang, Susanne	27. 1. 99	11. 9. 68

Wittenberg E 123 489
Dessauer Str. 291, 06886 Wittenberg
Postfach 10 02 55, 06872 Wittenberg
Tel. (0 34 91) 43 60, Fax (0 34 91) 40 35 91
E-Mail: poststelle@ag-wb,justiz.sachsen-anhalt.de

1 Dir, 1 stVDir, 7 R

Dr. Kriewitz, Jörg, Dir	18. 3. 05	9. 2. 60
Tilch, Thomas, stVDir	6. 2. 96	28. 7. 60
Heimann, Andrea	6. 8. 94	5. 11. 59
Hoffmann, Ramona	29. 3. 95	11. 7. 60
Alvermann, Frank	1. 12. 95	14. 6. 63
Engelhart, Ingo, abg.	4. 12. 95	26. 5. 62
Waltert, Ronald	1. 3. 96	15. 9. 62
Heinecke, Jana	1. 11. 96	25. 6. 67
Preissner, Jeanette	7. 10. 98	17. 5. 67
Schmidt, Stefanie	27. 4. 99	1. 7. 64

Zerbst E 75 361
Neue Brücke 22, 39261 Zerbst
Postfach 13 61/62, 39251 Zerbst
Tel. (0 39 23) 7 42 20, Fax (0 39 23) 74 22 11
E-Mail: poststelle@ag-ze.justiz.sachsen-anhalt.de

1 Dir, 6 R

N. N., Dir	—	—
Benedict, Katrin, abg.	27. 2. 98	22. 10. 64
Simmer, Markus	28. 2. 98	23. 5. 60
Alvermann, Sabine	27. 4. 99	2. 2. 64
Steppan, Elke	17. 12. 99	13. 3. 71
Krille, Thomas	18. 9. 00	13. 1. 66
Rosenberg, Jochen	25. 6. 02	—

Landgerichtsbezirk Halle

Landgericht Halle E 821 276
Hansering 13, 06108 Halle
Postfach 10 02 59, 06141 Halle
Tel. (03 45) 22 00, Fax (03 45) 22 03 25 0
E-Mail: poststelle@lg-hal.justiz.sachsen-anhalt.de
Pressestelle:
Tel. 03 45) 2 20 32 98, Fax (03 45) 2 20 32 50
E-Mail:
pressestelle@lg-hal.justiz.sachsen-anhalt.de

1 Pr, 1 VPr, 14 VR, 43 R

Präsident
Fromhage, Dietmar	1. 9. 92	10. 5. 43

Vizepräsident
Borgmann, Michael	25. 4. 05	22. 6. 52

Vorsitzende Richterinnen/Vorsitzende Richter
Ley, Peter	27. 4. 92	18. 12. 44
Riehl, Horst-Adolf	1. 9. 92	28. 1. 44
Hermle, Klaus	1. 9. 92	15. 1. 52
Reuter, Almut	23. 12. 93	17. 7. 43
Meyer, Petra	28. 8. 95	1. 3. 52
Stengel, Jan	4. 5. 00	2. 8. 61
Tormöhlen, Helmut	1. 1. 05	29. 12. 57
Bortfeldt, Detlef	1. 1. 05	29. 7. 59
Rosenbach, Susanne	1. 1. 05	2. 9. 63
Dr. Grubert, Wolfgang	1. 1. 05	3. 10. 64
Dr. Limbach, Anna Caroline	1. 1. 05	25. 10. 64
Ehm, Wolfgang	23. 1. 06	9. 3. 66

Richterinnen/Richter
Hill, Hartmut	2. 8. 93	12. 5. 53
Ballhause, Brunhilde	6. 12. 93	21. 9. 51
Bachmann, Peter	6. 12. 93	21. 10. 56
Rosenfeld, Gudrun	22. 3. 96	23. 8. 58
Seidl-Hülsmann, Anette, beurl.	22. 3. 96	17. 7. 65
Gester, Torsten	2. 10. 96	9. 1. 62
Staron, Sabine, abg.	12. 2. 97	4. 1. 66
Kawa, Josefine	20. 6. 97	8. 7. 67
Ebert, Anne Kathrin, beurl.	4. 8. 97	9. 8. 64
Kawa, Michael	5. 9. 97	25. 4. 64
Seidl, Hans	16. 7. 98	18. 6. 61
Ringel, Martin	16. 7. 98	13. 4. 63
Kastrup, Markus	16. 7. 98	6. 7. 65
Weichert, Anne, beurl.	16. 7. 98	14. 12. 65
Jostes, Rita	16. 7. 98	15. 7. 66
Milferstedt-Grubert, Claudia	3. 12. 98	31. 1. 63
Franz, Sylvia, beurl.	3. 12. 98	2. 8. 66
Schwick, Heike	30. 12. 98	13. 10. 63
Keil, Angela	26. 4. 99	25. 3. 70
Ulmer, Almut	28. 4. 99	24. 5. 67
Dr. Schluchter, Anne-Kathrin, beurl.	3. 5. 99	29. 3. 66
Weichert, Martin	14. 6. 99	29. 4. 60
Geyer, Anne	1. 7. 99	15. 5. 66
Weiß-Ehm, Antje	9. 8. 99	30. 4. 65
Tenneberg, Kerstin	2. 9. 99	22. 11. 70
Bode, Astrid	28. 1. 00	29. 9. 68
Halves, Klaus	21. 3. 00	17. 2. 67
Fichtner, Axel	30. 4. 01	15. 1. 67
Dr. Fichtner, Heike, beurl.	30. 4. 01	8. 10. 67
Hamm, Ekkehard	2. 5. 01	5. 11. 65

LG-Bezirk Halle OLG-Bezirk Naumburg **SAN**

Bull, Ulrike, beurl.	2. 5. 01	25. 4. 66
Hoya, René	2. 5. 01	1. 1. 67
Kraiker, Kirsten, beurl.	2. 5. 01	12. 2. 69
Keizers, Rüdiger	2. 5. 01	28. 2. 69
Naumann, Dagmar	20. 1. 04	8. 4. 71
Dr. Franz, Henrike, abg.	10. 12. 04	26. 3. 69
Dr. Holthaus, Winfried	10. 12. 04	15. 9. 71
Moser, Matthias, abg.	10. 12. 04	17. 10. 72
Ringel, Christine	13. 12. 04	8. 3. 68

Amtsgerichte

Eisleben E 57 407
Friedensstr. 40, 06295 Eisleben
Postfach 12 08, 06290 Eisleben
Tel. (0 34 75) 65 76, Fax (0 34 75) 69 66 89
E-Mail: poststelle@ag-eil.justiz.sachsen-anhalt.de

1 Dir, 5 R

Grasse, Eberhard, Dir	1. 7. 96	10. 9. 46
Vater, Angelika	23. 12. 93	19. 8. 59
Petzold, Andreas	22. 3. 96	18. 4. 60
Kramer, Dirk	9. 1. 97	7. 12. 64
Janz, Silke	29. 12. 99	24. 7. 65

Halle-Saalkreis E 314 722
Justizzentrum
Thüringer St. 16, 06112 Halle
Tel. (03 45) 22 00, Fax (03 45) 2 20 50 30-31
E-Mail: poststelle@ag-hal.justiz.sachsen-anhalt.de
Pressestelle:
Tel. (03 45) 2 20 53 21
Fax (03 45) 2 20 50 30 und 2 20 50 31
E-Mail:
pressestelle@ag-hal.justiz.sachsen-anhalt.de

1 Pr, 1 VPr, 2 w.aufsR, 43 R

Präsidentin

Jaspers, Sigrid	17. 4. 02	15. 8. 54

Vizepräsident

Buchloh, Volker	30. 12. 02	2. 9. 59

weitere(r) aufsichtführende(r) Richterin/Richter

Puls, Thomas	2. 10. 00	5. 3. 64

Richterinnen/Richter

Maynicke, Hans	—	—
Liebsch, Ulrike	—	—
Schölzel, Cornelia	—	—
Reichardt, Heike	—	—
Lampert-Malkoc, Bärbel	—	—
Riebenstahl, Anja	—	—
Gottfried, Mario	6. 12. 93	14. 2. 65
Glomski, Bruno	22. 12. 93	2. 7. 53
Brocks, Monika, beurl.	12. 9. 94	8. 9. 63
Lange, Marita	23. 9. 94	30. 4. 47
Hoffmann, Martina	—	—
Budtke, Werner	3. 4. 95	23. 9. 60
Antrett, Angelika	8. 2. 96	7. 10. 61
Brünninghaus, Mathias, abg.	16. 2. 96	16. 6. 59
Haag, Wilfried	19. 2. 96	23. 8. 56
Dr. Fechner, Frank, abg.	22. 4. 96	28. 2. 62
Sarunski, Thoren	6. 5. 96	1. 1. 62
Küsel, Andrea, abg.	7. 5. 96	20. 7. 63
Gerth, Ralf	10. 7. 96	24. 9. 63
Kerner, Joachim	15. 7. 96	12. 8. 62
Stosch, Julia	2. 9. 96	1. 10. 61
Franke, Karin	2. 10. 96	17. 4. 65
Hense, Susann	4. 11. 96	27. 6. 67
Westerhoff, Ina-Luise, abg.	3. 3. 97	4. 6. 65
Meier, Stephanie, abg.	6. 5. 97	9. 5. 65
Fölsing, Lorenz	23. 7. 97	15. 1. 65
Frank, Rainer	27. 11. 97	10. 4. 65
von Bennigsen-Mackiewicz, Andreas	13. 3. 98	16. 8. 62
Dancker, Thomas	13. 3. 98	29. 1. 66
Harms, Michael	19. 11. 98	21. 7. 64
Engelhard, Helen, abg.	1. 2. 99	3. 1. 68
Fischer, Gunda	10. 5. 99	26. 11. 63
Leske, Martina	15. 10. 99	5. 12. 67
Niester, Markus	28. 1. 00	25. 11. 65
Pilz, Michael	14. 2. 00	24. 4. 68
Schulte, Maike, beurl.	10. 3. 00	17. 10. 69
Rubner, Sylvia	15. 11. 01	18. 8. 70
Kolbig, Karsten	10. 3. 02	8. 3. 71
Krick, Florian, abg.	13. 1. 06	22. 8. 74

Hettstedt E 43 599
Johannisstr. 28a, 06333 Hettstedt
Postfach 10 05, 06321 Hettstedt
Tel. (0 34 76) 85 80
Fax (0 34 76) 85 81 01
E-Mail: poststelle@ag-het.justiz.sachsen-anhalt.de

1 Dir, 2 R

Gottwald, Manfred, Dir	1. 9. 97	16. 9. 42
Unterschütz, Karin	6. 12. 93	1. 10. 43
Breuer, Anja	31. 5. 96	1. 10. 61

Merseburg E 132 205
Kloster 4, 06217 Merseburg
Postfach 11 54, 06201 Merseburg
Tel. (0 34 61) 28 10
Fax (0 34 61) 21 20 07
E-Mail: poststelle@ag-mer.justiz.sachsen-anhalt.de

1 Dir, 1 stVDir, 10 R

SAN OLG-Bezirk Naumburg LG-Bezirk Magdeburg

Mertens, Peter, Dir	1. 6. 94	23. 8. 54
Lutz, Steffen, stVDir	25. 5. 99	19. 8. 59
Kollewe, Steffen	6. 12. 93	16. 4. 64
Kern, Gabriele	14. 4. 94	28. 9. 60
Dr. Schöpf, Susanne	2. 1. 95	18. 6. 55
Steger, Peter	2. 1. 95	2. 3. 59
Loewenstein, Ingeborg	29. 3. 95	4. 12. 60
Schmidt, Annelotte	30. 6. 95	21. 8. 45
Grimm, Dagmar	3. 7. 95	28. 6. 66
Braun, Melanie	4. 11. 96	17. 8. 65
Scholz, Annett	12. 4. 01	8. 1. 68
Häußler, Jana	20. 1. 06	17. 2. 75

Naumburg E 73 915
Markt 7, 06618 Naumburg
Postfach 13 54, 06618 Naumburg
Tel. (0 34 45) 28 0
Fax (0 34 45) 28 26 15
E.Mail:
poststelle@ag-nmb.justiz.sachsen-anhatl.de

1 Dir, 1 stVDir, 6 R

Bock, Christa, Dir	4. 3. 92	14. 1. 49
Fürniss-Sauer, Angela, stVDir	1. 10. 94	21. 4. 57
Bartschinski, Claudia	—	—
Hopfmann, Karin		
Zufall, Martina	19. 4. 96	5. 1. 65
Stötter, Dirk	26. 3. 97	7. 9. 62

Sangerhausen E 63 963
Markt 3, 06526 Sangerhausen
Postfach 10 12 12, 06512 Sangerhausen
Tel. (0 34 64) 25 30
Fax (0 34 64) 25 31 01
E-Mail: poststelle@ag-sgh.justiz.sachsen-anhalt.de

1 Dir, 4 R

Horlbog, Ute, Dir	13. 5. 04	1. 10. 55
Zärtner, Sven-Olaf	6. 12. 93	26. 5. 60
Heine, Utz	20. 2. 97	17. 1. 62
Brandes, Heiko	28. 4. 99	24. 12. 64
Dygas, Eva-Maria, beurl.	23. 1. 06	7. 6. 71

Weißenfels E 74517
Friedrichstr. 18, 06667 Weißenfels
Postfach 12 53, 06652 Weißenfels
Tel. (0 34 43) 38 40
Fax (0 34 43) 38 42 26
E-Mail: poststelle@ag-wsf.justiz.sachsen-anhalt.de

1 Dir, 6 R

Dr. Koch, Michael, Dir	26. 9. 05	12. 12. 64
Scholz, Birgit	2. 8. 93	—

Berg, Steffen	6. 12. 93	5. 9. 62
Zahn, Iris	26. 7. 94	29. 3. 60
Baatz, Burkhard	9. 1. 96	13. 7. 61
Koch, Anke, abg.	15. 2. 99	11. 5. 65
Scholz, Harald	21. 7. 00	5. 4. 67

Zeitz E 60 948
Herzog-Moritz-Platz 1, 06712 Zeitz
Postfach 11 16, 06691 Zeitz
Tel. (0 34 41) 66 00
Fax (0 34 41) 66 01 19
E-Mail: poststelle@ag-zz.justiz.sachsen-anhalt.de

1 Dir, 5 R

Lehmann, Sigrun, Dir	28. 11. 01	6. 12. 58
Petzsch, Elvira	6. 12. 93	29. 1. 45
Borchert, Horst-Diether	4. 1. 95	10. 3. 61
Buschner, Ines	3. 7. 97	9. 4. 68
Neufang, Sabine	20. 7. 97	19. 1. 62
Wolter, Katrin, abg.	9. 4. 98	6. 12. 64

Landgerichtsbezirk Magdeburg

Landgericht Magdeburg E 831 296
Halberstädter Str. 8, 39112 Magdeburg
Postfach 39 11 22, 39135 Magdeburg
Tel. (03 91) 60 60
Fax (03 91) 60 62 06 9-70
E-Mail: poststelle@lg-md.justiz.sachsen-anhalt.de
Pressestelle:
Tel. (03 91) 6 06 21 16
Fax (03 91) 6 06 20 69 und 6 06 20 70
E-Mail:
pressestelle@lg-md.justiz.sachsen-anhalt.de

1 Pr, 1 VPr, 12 VR, 32 R

Präsident

Dr. Bosse, Peter	1. 9. 92	12. 5. 42

Vizepräsident

Dr. Clodius, Gernot	1. 9. 92	20. 9. 41

Vorsitzende Richterinnen/Vorsitzender Richter

Kupfer, Hans-Joachim	1. 7. 92	2. 3. 48
Burger, Thomas	2. 10. 92	11. 5. 49
Ottmer, Hans-Jürgen	22. 3. 93	4. 5. 44
Schulze, Ernst-Wilhelm	16. 10. 95	26. 9. 55
Könecke, Gerhard	19. 11. 96	21. 8. 53
Dr. Otto, Hans-Michael	19. 11. 96	9. 9. 57
Dr. Bommel, Enno	21. 6. 99	16. 4. 62
Methling, Claudia	18. 12. 00	18. 11. 60

LG-Bezirk Magdeburg	OLG-Bezirk Naumburg	**SAN**

Majstrak, Ulf	18. 12. 00	23. 10. 62
Bolien, Christine	29. 8. 03	30. 11. 61
Kütemeyer, Norbert	29. 8. 03	14. 12. 63
Dr. Warnecke, Frank, abg.	18. 1. 06	30. 8. 64
Dr. Schröder, Lars-Hendrik	23. 1. 06	18. 1. 68

Richterinnen/Richter

Bisping, Marianne	4. 3. 93	23. 9. 56
Baumgarten, Beate	6. 12. 93	14. 6. 53
Wein, Ilona	6. 12. 93	8. 6. 60
Plaga, Elke	23. 9. 94	7. 3. 61
Flotho, Marc	30. 8. 95	23. 6. 63
Dr. Magalowski, Dieter, abg.	3. 11. 95	6. 3. 63
Kraus, Jutta, abg.	11. 9. 96	14. 2. 57
Hermann, Thomas	11. 9. 96	20. 2. 64
Egbringhoff, Bertold	14. 10. 96	19. 2. 65
Ohlms, Birgit	14. 10. 96	19. 7. 65
Seydell, Anne-Maria	14. 10. 96	6. 10. 65
Fehrmann, Carola	5. 11. 96	28. 9. 61
Klose, Beate, beurl.	5. 11. 96	29. 3. 68
Kluger, Thomas	16. 1. 97	17. 5. 63
Lanza-Blasig, Claudia	7. 5. 97	11. 1. 65
Koch, Bettina	7. 8. 97	18. 4. 63
zur Nieden, Peter, abg.	5. 12. 97	30. 5. 66
Bruchmüller, Uwe	26. 4. 99	26. 2. 67
Wahl-Schwentker, Jasmin, beurl.	9. 8. 99	12. 3. 67
Semmler, Inka, beurl.	19. 8. 99	21. 11. 67
Dr. Lemke, Jan	29. 10. 99	21. 6. 67
Caspari, Stefan	2. 1. 01	13. 1. 67
Becker, Thorsten	20. 4. 01	13. 3. 65
Soehring, Miriam, beurl.	23. 4. 01	14. 4. 70
Werno, Kerstin	20. 12. 01	9. 11. 69
Meyer, Katja	4. 7. 02	9. 7. 73
Krogull, Ulrich	18. 11. 03	26. 2. 71
Dr. Sänger, Christine	23. 12. 04	29. 3. 72
Rieger, Carmen, abg.	26. 1. 06	16. 7. 71

Amtsgerichte

Aschersleben E 99 463
Theodor-Römer-Weg 3, 06449 Aschersleben
Postfach 12 52, 06432 Aschersleben
Tel. (0 34 73) 88 00
Fax (0 34 73) 88 01 88
E-Mail: poststelle@ag-asl.justiz.sachsen-anhalt.de

1 Dir, 1 stVDir, 7 R

Dickel, Thomas, Dir	23. 1. 06	7. 8. 63
Biskupski, Carmen	6. 12. 93	16. 2. 43
Annecke, Annerose	6. 12. 93	24. 9. 63
Hermsdorf, Jürgen	26. 1. 94	9. 3. 52

Schilling, Hans-Joachim	13. 7. 94	2. 8. 59
Kretschmann, Carsten	22. 12. 97	9. 1. 65
Müller, Rebekka	17. 4. 01	25. 6. 66
Schöne, Michael	19. 1. 06	13. 11. 72

Halberstadt E 76 262
Richard-Wagner-Str. 52, 38820 Halberstadt
Postfach 15 41, 38805 Halberstadt
Tel. (0 39 41) 67 00
Fax (0 39 41) 67 02 72
E-Mail: poststelle@ag-hbs.justiz.sachsen-anhalt.de

1 Dir, 6 R

Büttner, Frithjof, Dir	1. 12. 02	31. 7. 51
Seifert, Uwe	6. 12. 93	6. 12. 63
Kozel, Karin	5. 8. 94	2. 8. 60
Selig, Holger	1. 10. 94	20. 6. 55
Bunzendahl, Gabriele	21. 10. 97	26. 7. 62
Balko, Marten	4. 7. 02	24. 6. 72
Wischwill, Brit Karen, abg.	18. 1. 06	6. 8. 71

Haldensleben E 115 275
Stendaler Str. 18, 39340 Haldensleben
Postfach 100151, 39331 Haldensleben
Tel. (0 39 04) 47 13 0
Fax (0 39 04) 47 13 10 1
E-Mail: poststelle@ag-hdl.justiz.sachsen-anhalt.de

1 Dir, 1 stVDir, 8 R

Petersen, Haimo-Andreas, Dir	20. 7. 01	13. 4. 57
Schnitger, Dorothee, stVDir, abg.	1. 1. 06	—
Gebauer, Ingrid	25. 4. 96	15. 10. 63
Pätz, Ulrike	11. 12. 96	1. 3. 63
Mersch, Robert	5. 6. 97	18. 3. 66
Lehrke, Friederike	17. 10. 97	18. 6. 65
Schabarum-Gehrke, Elfriede	9. 8. 99	23. 1. 66
Venderbosch, Ulrich	14. 7. 03	5. 7. 70
von Schemde, Heike Maria	27. 1. 05	3. 11. 72

Magdeburg E 228 515
Liebknechtstr. 65-91, 39110 Magdeburg
Postfach 39 11 21, 39135 Magdeburg
Tel. (03 91) 60 60
Fax (03 91) 60 66 00 5
E-Mail: poststelle@ag-md.justiz.sachsen-anhalt.de
Pressestelle:
Tel (03 91) 6 06 61 10, Fax (03 91) 6 06 60 05
E-Mail: pressestelle@ag-md.justiz.sachsen-anhalt.de

1 Pr, 1 VPr, 2 w.aufsR, 35 R

SAN OLG-Bezirk Naumburg   LG-Bezirk Magdeburg

Präsident
N. N.   —   —

Vizepräsident
Krüger, Hartmut   31. 8. 04   10. 2. 52

weitere aufsichtsführende Richter
Fecht, Karl-Edo   21. 12. 92   17. 2. 48
Kordes, Günter   1. 10. 95   21. 1. 55

Richterinnen/Richter
Ulrich, Doris   6. 12. 93   30. 8. 42
Bluhm, Bärbel   6. 12. 93   14. 3. 52
Meyer, Angelika   6. 12. 93   5. 3. 63
Fischer, Evelyn   6. 12. 93   27. 1. 65
Wulfmeyer, Martin, abg.   13. 7. 94   16. 3. 61
Majstrak, Evelyn   1. 8. 94   11. 4. 64
Ritoff, Sven   2. 8. 94   10. 9. 57
Nolte, Konstanze   3. 8. 94   25. 8. 61
Münzer, Corinna   8. 11. 94   9. 5. 63
Redemann, Klaus   1. 12. 94   23. 5. 61
Raue, Astrid, beurl.   2. 1. 95   1. 6. 65
Tegelbeckers, Kerstin   1. 2. 95   17. 5. 62
Seilert, Erich   27. 6. 95   2. 4. 60
Köneke, Martina, abg.   6. 7. 95   27. 10. 61
Gronert, Dieter   11. 8. 95   11. 2. 58
Isensee, Gabriele   —   —
Dr. Gronau-Burgdorf,
  Regina   1. 12. 95   24. 1. 63
Wüstefeld, Andrea   5. 12. 95   9. 2. 59
Alder, Joachim   2. 1. 96   3. 4. 60
Ritoff, Alexandra   14. 6. 96   14. 3. 64
Brunkenhövers, Heike   7. 11. 96   4. 7. 65
Verenkotte, Erich   15. 4. 97   22. 2. 61
Sievers, Kay-André   16. 4. 97   11. 9. 60
Rother, Jörg   16. 4. 97   6. 1. 65
Hagensicker, Andreas   16. 2. 98   8. 5. 61
Großberndt, Michael   25. 5. 99   7. 4. 61
Schleupner, Martin   6. 8. 99   21. 7. 63
Lindemann, Anja   6. 8. 99   18. 11. 63
Kaminsky, Astrid   6. 8. 99   9. 9. 64
Barfels, Uta   6. 8. 99   3. 12. 64
Lubecki, Ines   6. 8. 99   1. 5. 68
Dr. Sabrotzky, Melanie   30. 12. 99   10. 11. 67
Gärtner, Frank, abg.   26. 1. 00   6. 1. 68

Oschersleben E 75 934
Gartenstr. 1, 39387 Oschersleben
Postfach 100250, 39382 Oschersleben
Tel. (0 39 49) 91 06
Fax (0 39 49) 91 07 00
E-Mail: poststelle@ag-osl.justiz.sachsen-anhalt.de

1 Dir, 5 R

Beddies, Dietmar, Dir   19. 12. 05   14. 4. 65
Brunnert, Karena   6. 12. 93   8. 1. 64
Hoffmann, Bettina, beurl. 26. 7. 94   15. 6. 59
Overdick, Frank   13. 6. 97   18. 8. 63
Lins, Johanna   20. 7. 01   10. 10. 63
Flotho, Ute   27. 4. 04   19. 7. 62

Quedlinburg E 73 880
Halberstädter Str. 45, 06484 Quedlinburg
Postfach 1251, 06473 Quedlinburg
Tel. (0 39 46) 7 10
Fax (0 39 46) 7 11 68
E-Mail: poststelle@ag-qlb.justiz.sachsen-anhalt.de

1 Dir, 6 R

Buß, Theo, Dir   22. 8. 03   30. 7. 61
Sackmann, Karin   14. 9. 93   17. 11. 56
Simon, Birgit   6. 12. 93   17. 12. 62
Schlüter, Antje   6. 12. 93   18. 5. 63
Nowinski, Andreas   5. 4. 95   29. 7. 60
Boedecker, Hilke   25. 8. 95   30. 11. 58

Schönebeck E 72 788
Friedrichstr. 96, 39218 Schönebeck
Postfach 15 51, 39212 Schönebeck
Tel. (0 39 28) 78 20
Fax (0 39 28) 78 21 44
E-Mail: poststelle@ag-sbk.justiz.sachsen-anhalt.de

1 Dir, 5 R

Wybrands, Hinderk, Dir   1. 9. 92   11. 4. 50
Geerhardt, Gabriele   6. 12. 93   3. 2. 62
Bos, Peggy   26. 3. 97   30. 11. 64
Löffler, Christian, abg.   23. 10. 98   12. 6. 67
Mundt, Axel   23. 12. 04   19. 1. 71
Bruns, Eike   23. 1. 06   18. 8. 71

Wernigerode E 92 452
Rudolf-Breitscheid-Str. 8, 38855 Wernigerode
Postfach 10 12 61, 38842 Wernigerode
Tel. (0 39 43) 53 10
Fax (0 39 43) 53 11 40
E-Mail: poststelle@ag-wr.justiz.sachsen-anhalt.de

1 Dir, 1 stVDir, 6 R

N. N., Dir   —   —
Tesch, Klaus, stVDir   1. 8. 95   25. 10. 55
Schilling, Helga   6. 12. 93   8. 2. 47
Ansorge, Eberhard   6. 12. 93   17. 11. 57
Scholz, Andreas   6. 12. 93   20. 9. 61
Harnau, Karin   15. 12. 93   17. 5. 58
Laudan, Herbert   12. 5. 97   27. 6. 62
Hirsch, Ulf   27. 11. 97   27. 6. 62

LG-Bezirk Stendal   OLG-Bezirk Naumburg   **SAN**

Landgerichtsbezirk Stendal

Landgericht Stendal E 326 479
Am Dom 19, 39576 Stendal
Postfach 10 15 61, 39555 Stendal
Tel. (0 39 31) 5 80
Fax (0 39 31) 58 11 11 und 58 12 27
E-Mail: poststelle@lg-sdl.justiz.sachsen-anhalt.de
Pressestelle:
Tel. (0 39 31) 58 13 14
Fax (0 39 31) 58 11 11 und 58 12 27
E-Mail: presseselle@lg-sdl.justiz.sachsen-anhalt.de

1 Pr, 1 VPr, 5 VR, 18 R

Präsident
Remus, Dieter   1. 11. 94   1. 5. 50

Vizepräsident
Bastobbe, Konrad   9. 5. 00   15. 10. 47

Vorsitzende Richterinnen /Vorsitzender Richter
Gießelmann-Goetze,
 Gudrun   3. 7. 95   8. 8. 60
Ludwig, Sven   23. 12. 97   15. 8. 58
Sonnenberg, Haide   1. 3. 99   31. 8. 62
Henss, Gerhard   21. 11. 01   3. 4. 53

Richterinnen/Richter
Wegmann, Klaus   25. 3. 94   15. 1. 58
Rettkowski, Hilmar   1. 8. 94   13. 1. 59
Storch, Dietlinde   30. 10. 95 20. 2. 63
Asmus, Kirsten, beurl.   15. 4. 96   11. 8. 64
Nortmann, Elisabeth   2. 10. 96   12. 4. 63
Ewald, Steffi   2. 10. 96   8. 4. 66
Lentner, Ulrich   3. 3. 97   24. 4. 65
Hachtmann, Christian, abg. 16. 10. 97   5. 9. 63
Weber, Monika   30. 9. 98   9. 6. 55
Galler, Ulrich   30. 9. 98   5. 4. 65
Surburg-Kaiser, Annette,
 beurl.   30. 9. 99   20. 1. 69
Hüttermann, Stefanie   30. 9. 99   6. 5. 70
Lienau, Marc   4. 5. 00   15. 8. 66
Haberland, Henning, abg.   23. 5. 01   15. 7. 64
Simon, Nicole, beurl.   27. 11. 01   22. 6. 70

Amtsgerichte

Burg E 97 665
Johannesstr. 18, 39288 Burg
Postfach 1334, 39283 Burg
Tel. (0 39 21) 91 30, Fax (0 39 21) 91 31 11
E-Mail: poststelle@ag-brg.justiz.sachsen-anhalt.de

1 Dir, 1 stVDir, 8 R

Reichel, Michael, Dir   23. 10. 95   1. 6. 49
Schäfer, Rudolf, stVDir   23. 10. 95   19. 2. 49
Baumann, Ruth   6. 12. 93   11. 9. 51
Ernst, Helmar   6. 12. 93   1. 6. 57
Konrad, Sigrid   3. 7. 95   22. 9. 57
Walter, Ulrike   2. 12. 96   28. 2. 65
Helfrich, Nicoline   14. 7. 98   30. 12. 64
Leopold, Winfried   17. 6. 99   5. 3. 66
Caspari, Claudia   26. 5. 00   12. 10. 67

Gardelegen E 50 084
Bahnhofstr. 29, 39638 Gardelegen
Postfach, 39631 Gardelegen
Tel. (0 39 07) 70 00 und 71 17 53-54
Fax (0 39 07) 71 01 45
E-Mail: poststelle@ag-ga.justiz.sachsen-anhalt.de

1 Dir, 4 R

Dr. Richter, Jürgen Dir   11. 5. 95   22. 9. 51
Groschner, Monika   6. 12. 93   26. 10. 58
Bormann, Axel   17. 10. 94   16. 6. 61
Eickelkamp, Ralf, abg.   4. 11. 94   7. 4. 58
Nebel, Dirk, abg.   29. 4. 99   26. 5. 66

Osterburg E 31 391
Düsedauerstr. 4, 39606 Osterburg
Postfach 1137, 39601 Osterburg
Tel. (0 39 37) 22 01-0
Fax (0 39 37) 22 01 10
E-Mail: poststelle@ag-ost.justiz.sachsen-anhalt.de

1 Dir, 2 R

Timm, Kay, Dir   16. 3. 05   15. 11. 63
Dr. Hüttermann, Klaus,
 abg.   13. 12. 99 25. 8. 65

Salzwedel E 46 413
Burgstr. 68, 39401 Salzwedel
Postfach 11 41, 39401 Salzwedel
Tel. (0 39 01) 84 40
Fax (0 39 01) 84 41 49
E-Mail:
poststelle@ag-saw.justiz.sachsen-anhalt.de

1 Dir, 4 R

Wüstenhagen, Andreas,
 Dir   1. 9. 92   13. 5. 46
Cordes, Martin   2. 3. 94   10. 8. 55
Seiler, Rainer   28. 11. 96 14. 3. 60
Ries, Simone   30. 8. 99   28. 6. 68
Holtkamp, Jürgen   19. 11. 03 14. 9. 70

SAN OLG-Bezirk Naumburg — Staatsanwaltschaften

Stendal E 100 926
Scharnhorststr. 40, 39576 Stendal
Postfach 101155, 39551 Stendal
Tel. (0 39 31) 5 80
Fax (0 39 31) 58 20 00
E-Mail: poststelle@ag-sdl.justiz.sachsen-anhalt.de

1 Dir, 1 stVDir, 13 R

Müller, Theodor, Dir	29. 2. 96	28. 11. 44
Krause-Kyora, stVDir	1. 5. 03	24. 7. 42
Kloth, Carsten	6. 12. 93	5. 4. 64

Hauert, Anke	6. 12. 93	10. 7. 67
Mählenhoff, Rainer	12. 7. 94	24. 5. 56
Weißer, Eckardt	10. 11. 94	20. 3. 60
Säuberlich, Claus	6. 12. 95	4. 5. 59
König, Conrad	11. 1. 96	—
Naber, Klaus	11. 1. 96	8. 5. 61
Ludwig, Petra	29. 4. 99	13. 12. 67
Schulz, Thomas, abg.	19. 1. 00	9. 8. 66
Lademacher, Judith, beurl.	19. 1. 00	7. 5. 70
Hüskes, Arne, abg.	6. 8. 01	9. 12. 67
Sibbel, Sonja	27. 11. 01	29. 8. 68
Märtin, Holger	13. 12. 04	9. 6. 72

Staatsanwaltschaften

Generalstaatsanwaltschaft Naumburg
Theaterplatz 6, 06618 Naumburg
Postfach 15 61, 06605 Naumburg
Tel. (0 34 45) 28 0
Fax (0 34 45) 28 17 00
E-Mail:
poststelle@gensta-nmb.justiz.sachsen-anhalt.de
Pressestelle:
Tel (0 34 45) 28 17 32, Fax (0 34 45) 28 17 00
E-Mail:
pressestelle@gensta-nmb.justiz,sachsen-anhalt.de

1 GStA, 2 LOStA, 7 OStA, 7 LSt (R)

Generalstaatsanwalt

Konrad, Jürgen	16. 8. 01	14. 1. 55

Leitende Oberstaatsanwälte

Heine, Klaus	1. 4. 97	10. 5. 43
Lührs, Wolfgang	4. 10. 05	31. 7. 51

Oberstaatsanwältinnnen/Oberstaatsanwälte

Thied, Joachim	28. 1. 92	25. 5. 44
Dr. Wieck-Noodt, Brunhild, beurl.	1. 10. 96	21. 6. 58
Ascheberg, Maria	13. 10. 97	11. 3. 58
Hermann, Martin	7. 1. 99	29. 1. 62
Westerhoff, Thomas	5. 2. 01	19. 8. 63
Tewes, Klaus	1. 12. 02	9. 2. 63
Blank, Jörg	26. 8. 05	19. 12. 62

Staatsanwaltschaft Dessau
Ruststr. 5, 06844 Dessau
Tel. (03 40) 20 20
Fax (03 40) 20 22 15 0
E-Mail: poststelle@sta-de.justiz.sachsen-anhalt.de

Pressestelle:
Tel. (03 40) 2 02 21 40
Fax (03 40) 2 02 21 50
E-Mail:
pressestelle@sta-de.justiz.sachsen-anhalt.de

1 LOStA, 1 stVLOStA (OStA), 4 OStA, 29 StA

Leitender Oberstaatsanwalt

Bittmann, Folker	21. 1. 05	23. 7. 53

Oberstaatsanwältinnen/Oberstaatsanwälte

N. N., stVLOStA	—	—
Preissner, Christian	1. 4. 92	29. 10. 50
Gerhards, Hermann	15. 4. 99	7. 12. 56
Strullmeier, Brigitte, abg.	5. 7. 99	3. 11. 57
Helbig, Susanne	5. 7. 99	9. 1. 64
Prause, Arthur	1. 12. 02	1. 8. 62

Staatsanwältinnen/Staatsanwälte

Fischer, Carla	15. 12. 93	8. 6. 52
Kropf, Heike	15. 12. 93	16. 12. 56
Rudolph, Randolf	15. 12. 93	4. 3. 58
Pesselt, Frank	15. 12. 93	30. 3. 60
Pieper, Frank	—	—
Liesigk, Falk	15. 12. 93	27. 6. 62
Blaszcyk, Jörg	15. 12. 93	4. 3. 64
von Wolffersdorff, Gunnar	30. 12. 93	21. 10. 63
Braun, Olaf	29. 3. 95	5. 8. 56
Laurien, Angelika	13. 6. 95	18. 1. 60
Prause, Renate	13. 7. 95	4. 6. 60
Köhler, Sven	19. 2. 97	26. 7. 64
Fresow, Frank	18. 6. 97	14. 3. 61
Monnet, Sabine	15. 10. 97	19. 12. 62
Naujock, Manuela	5. 11. 97	28. 8. 66
Prager, Thomas	3. 8. 98	17. 9. 63

Staatsanwaltschaften OLG-Bezirk Naumburg **SAN**

Legner, Julia	11. 10. 99	3. 9. 66
Voß, Heidrun	8. 8. 00	2. 2. 63
Förster, Thorsten	26. 2. 01	5. 12. 65
Winkler, Norbert	16. 7. 01	15. 11. 63
Dr. Lotz-Störmer, Iris	20. 5. 03	13. 5. 65
Arnold, Katrin	18. 5. 04	20. 6. 73
Stürmer, Dagmar, beurl.	2. 9. 04	26. 10. 71
Bahr, Marika	31. 1. 05	9. 1. 76

Staatsanwaltschaft Halle
Justizzentrum
Merseburger Str. 63, 06112 Halle
Postfach 100256, 06141 Halle
Tel. (03 45) 22 00
Fax (03 45) 2 20 37 86 und 2 20 36 81
E-Mail: poststelle@sta-hal.justiz.sachsen-anhalt.de
Pressestelle:
Tel. (03 45) 2 20 38 05, 2 20 36 20
Fax (03 45) 2 20 36 58, 2 20 36 31
E-Mail:
pressestelle@sta-hal.justiz.sachse-anhalt.de

Zweigstelle in Naumburg
Hinter dem Dom 1-2, 06618 Naumburg
Postfach 1653, 06606 Naumburg
Tel. (0 34 45) 2 80
Fax (0 34 45) 28 15 55
E-Mail:
poststelle@sta-nmb.justiz.sachsen-anhalt.de
Pressestelle:
Tel. 0 34 45) 2 15 00
Fax (0 34 45) 28 15 55
E-Mail:
pressestelle@sta-nmb.justiz.sachsen-anhalt.de

1 LOStA, 1 stVLOStA (OStA), 8 OStA, 61 StA

Leitender Oberstaatsanwalt

Wilkmann, Jörg	15. 12. 04	1. 1. 58

Oberstaatsanwältinnen/Oberstaatsanwälte

N. N., stVLOStA	—	—
Kunzmann, Rolf	12. 3. 93	5. 2. 49
Neufang, Hans-Jürgen	3. 2. 99	15. 5. 60
Damaschke, Uwe, abg.	7. 5. 99	13. 3. 56
Vogt, Peter	7. 3. 01	2. 7. 57
Schieweck, Andreas	1. 12. 02	26. 4. 55
Lemme, Dirk	10. 10. 05	16. 2. 64
Iseler, Silvia	10. 10. 05	19. 10. 64
Geyer, Heike	10. 10. 05	23. 5. 70

Staatsanwältinnen/Staatsanwälte

Schwarz, Christa	15. 12. 93	9. 3. 43
Schneider, Gisela	15. 12. 93	18. 2. 45
Weißer, Bettina	15. 12. 93	27. 8. 48
Kaschlaw, Sabine	15. 12. 93	12. 9. 52
Bohmeier, Wilmar	15. 12. 93	22. 9. 52
Wiechmann, Klaus	15. 12. 93	6. 6. 56
Weber, Hendrik	15. 12. 93	2. 12. 58
Metschke, Reinhard	15. 12. 93	21. 4. 59
Lewandowski, Ralf	15. 12. 93	20. 12. 61
Wellnitz, Steffi	15. 12. 93	21. 4. 63
Mühlberg, Andrea	15. 12. 93	29. 2. 64
Siebert, Holger	15. 12. 93	7. 4. 64
Georg, Antje	15. 12. 93	29. 8. 65
Schumann, Otmar	24. 10. 94	22. 12. 52
Nest, Felicitas	24. 10. 94	22. 6. 54
Hörger, Cornelia, beurl.	1. 12. 94	1. 4. 63
Dreier, Dörte	22. 3. 95	26. 6. 63
Folkers, Hans-Christian	9. 5. 95	27. 1. 60
Thiel, Michael	15. 5. 95	20. 7. 58
Leipprand, Dagmar	30. 5. 95	23. 3. 61
Terstegen, Ralf-Peter	21. 6. 95	19. 7. 61
Wittke, Hans-Jörg	22. 6. 95	3. 5. 60
Erthal, Hans-Jürgen	22. 6. 95	9. 7. 60
Pfenning, Uwe	23. 6. 95	1. 4. 61
Wetzel, Gerhard, abg.	24. 8. 95	31. 12. 61
Nowack-Schumann, Mechthild	24. 8. 95	1. 7. 62
Hübner, Peter	1. 9. 95	22. 9. 60
Haupt, Reiner	8. 12. 95	30. 3. 59
Anacker, Gudrun	14. 12. 95	9. 10. 60
Thyzel, Jutta, beurl.	11. 1. 96	11. 7. 63
Roos, Manfred	13. 5. 96	22. 1. 52
Bentele, Andrea	7. 9. 96	21. 10. 63
Wicke, Thomas	28. 10. 96	1. 3. 65
Graus, Ralf	14. 2. 97	23. 8. 62
Steinbach-Blank, Sonja	9. 6. 97	20. 12. 60
Bottler, Barbara	5. 8. 97	17. 5. 61
Meyer, Volker	13. 10. 97	27. 3. 65
Hartge, Norbert	5. 12. 97	26. 11. 62
Berger, Nicolaus	20. 2. 98	7. 4. 62
Dr. Wettach, Uwe	16. 9. 98	11. 6. 64
Liening, Tobias, abg.	9. 4. 99	4. 1. 67
Adam, Maren, beurl.	10. 9. 99	22. 5. 69
Heuer, Volker	7. 10. 99	16. 4. 65
Schulze, Frank-Thomas	13. 9. 00	16. 7. 69
Freier, Claudia	30. 1. 01	21. 4. 67
Patzak, Liane	1. 10. 01	1. 8. 70
Leifermann, Ralf	28. 8. 02	23. 1. 64
Wetzig, Albrecht	26. 8. 03	7. 10. 73
Dobrick, Cordula, abg.	22. 4. 04	28. 6. 74
Knatz, Viola	2. 8. 04	24. 2. 76
Dr. Lenzner, Ulf	11. 11. 04	10. 1. 71
Brocks, Georg-Friedrich, beurl.	21. 10. 05	16. 5. 69
Obudzinzki, Frank	21. 10. 05	17. 10. 70

Staatsanwaltschaft Magdeburg
Halberstädter Str. 10, 39112 Magdeburg
Postfach 39 11 23, 39135 Magdeburg
Tel. (03 91) 60 60
Fax (03 91) 6 06 47 31 und 6 06 49 01
E-Mail:
poststelle@sta-md.justiz.sachsen-anhalt.de
Pressestelle:
Tel. (03 91) 6 06 43 05
Fax (03 91) 6 06 47 31
E-Mail:
pressestelle@sta-md.justiz.sachsen-anhalt.de

Zweigstelle in Halberstadt
Große Ringstr. 20, 38820 Halberstadt
Postfach 16 14, 38806 Halberstadt
Tel. (0 39 41) 67 12 00
Fax (0 39 41) 2 71 93
E-Mail:
poststelle@sta-hbs.justiz.sachsen-anhalt.de
Pressestelle:
Tel. (0 39 41) 5 83 82 07, Fax (0 30 41) 2 71 93
E-Mail:
pressestelle@sta-hbs.justiz.sachsen-anhalt.de

1 LOStA, 1 stVLOStA (OStA), 10 OStA, 55 StA

Leitender Oberstaatsanwalt

Jaspers, Rudolf	20. 12. 91	23. 5. 44

Oberstaatsanwältinnen/Oberstaatsanwälte

Dr. Klein, Wolfram, stVLOStA	28. 1. 92	8. 10. 48
Breymann, Klaus	28. 1. 92	14. 8. 45
Windweh, Helmut	—	16. 7. 47
Klein, Martina	22. 12. 92	13. 4. 60
Wolf, Irina	—	—
Böning, Hubert, abg.	15. 1. 96	13. 2. 60
Niemann, Silvia	29. 1. 99	18. 10. 53
Baumgarten, Frank	29. 1. 99	6. 4. 63
Staufenbiel, Sebastian	14. 4. 99	2. 8. 62
Roggenbuck, Hauke Konrad	27. 10. 00	30. 6. 61

Staatsanwältinnen/Staatsanwälte

Mohr, Gunther	15. 12. 93	26. 4. 44
Pötzsch, Heide	15. 12. 93	19. 7. 51
Freitag, Ruth	15. 12. 93	7. 10. 52
Baschleben, Frank	15. 12. 93	10. 9. 56
Lerch, Sylvia	15. 12. 93	5. 7. 58
Hornburg, Uwe	15. 12. 93	7. 9. 60
Günther, Frank	—	—
Schob, Christine	15. 12. 93	5. 9. 62
Sinnecker, Jens	—	—
Dähling, Gernot	15. 12. 93	9. 4. 63
Bierwagen, Michael	15. 12. 93	4. 12. 63
Mattstedt, Bodo	15. 12. 93	30. 1. 64
Axt, Hans-Georg	23. 12. 93	2. 8. 51
Sottek, Gernot	16. 6. 94	16. 12. 54
Schmigelski, Frank	5. 4. 95	7. 10. 59
Hagemann, Petra	5. 4. 95	21. 1. 61
Bleuel, Klaus	8. 5. 95	8. 7. 61
Böttger, Stefan	15. 5. 95	5. 5. 60
Tangemann, Bernhard	29. 5. 95	10. 10. 57
Schirmer, Katharina	28. 6. 95	27. 9. 61
Schulte-Frühling, Barbara	3. 8. 95	13. 3. 62
Strauß, Andreas	25. 9. 95	13. 2. 61
Bernsmann, Marion	19. 10. 95	20. 10. 59
Sehorsch, Harald	19. 10. 95	22. 12. 61
Brech-Kugelmann, Ellen	19. 10. 95	2. 8. 63
Heidelberger, Ingo	24. 10. 95	27. 1. 62
Schnell, Antje	27. 10. 95	26. 4. 63
Murra, Arnold	24. 11. 95	8. 5. 64
Vogel, Eva	27. 11. 95	2. 10. 61
Gebauer, Armin	10. 1. 96	17. 5. 64
Lux, Angelika	17. 1. 96	31. 3. 63
Rieder, Thomas	5. 2. 96	10. 7. 60
Markert, Antje	8. 3. 96	22. 5. 65
Kirchner, Detlef	25. 4. 96	16. 12. 57
Essner, Sabine	13. 5. 96	20. 9. 61
Hartig, Peter	13. 2. 97	27. 4. 63
Stöckmann, Cornelia	23. 5. 97	17. 12. 61
Gehrke, Ralf	17. 6. 97	27. 6. 65
Letz-Groß, Tatjana, abg.	7. 8. 97	9. 7. 65
Raape, Eva	20. 11. 97	21. 10. 65
Möllenkamp, Anette, abg.	9. 1. 98	3. 6. 65
Fröhlich, Peter	4. 3. 98	24. 7. 63
Reckler, Christiane	11. 6. 98	19. 10. 65
Laue, Martina	29. 6. 98	26. 5. 65
Stahlknecht, Holger, abg.	9. 7. 98	13. 11. 64
Letz, Anja, beurl.	8. 9. 98	7. 11. 66
Wagner, Ina	8. 9. 98	30. 9. 69
Dr. Nopens, Horst Walter	21. 11. 99	22. 6. 67
Vieweg, Ute	3. 1. 00	20. 11. 67
Heine, Martin, abg.	16. 8. 01	22. 12. 69
Waldstein, Maike, beurl.	31. 8. 01	13. 9. 66
Schormann, Melanie	12. 7. 02	2. 2. 73

Staatsanwaltschaft Stendal
Gardelegener Str. 120 E, 39576 Stendal
Postfach 181, 39555 Stendal
Tel. (0 39 31) 5 80
Fax (0 39 31) 58 44 44
E-Mail: poststelle@sta-sdl.justiz.sachsen-anhalt.de
Pressestelle:
Tel. (0 39 31) 58 42 70
Fax (0 39 31) 58 44 44
E-Mail:
pressestellle@sta.sdl.justiz-sachsen-anhalt.de

1 LOStA, 1 stVLOStA (OStA), 2 OStA, 20 StA

Richter/StA im Richterverhältnis auf Probe **SAN**

Leitende Oberstaatsanwältin

Wilkmann, Uta	8. 8. 00	3. 8. 60

Oberstaatsanwältin/Oberstaatsanwalt

Schlüter, Ramona	1. 6. 95	28. 7. 59
Bildhauer, Dirk, abg.	1. 12. 02	7. 1. 55

Staatsanwältinnen/Staatsanwälte

Fährmann, Rosemarie	15. 12. 93	6. 9. 49
Blasczyk, Bernd	15. 12. 93	1. 1. 59
Regel, Dagmar	15. 12. 93	4. 2. 60
Voigt, Toralf	15. 12. 93	3. 5. 63
Mießler, Frank	15. 12. 93	23. 6. 63
Staschok, Hella	13. 4. 94	30. 9. 48
Battermann-Janssen, Harda	2. 9. 94	16. 5. 47
Romann, Ulrich	18. 5. 95	14. 1. 61
Ebbing, Ralf	30. 6. 95	19. 9. 62
Heerwagen, Alexa	24. 8. 95	24. 6. 59
Regel, Gerd	8. 3. 96	25. 7. 58
Iliev, Birte	18. 6. 97	5. 2. 65
Zimmermann, Eduard, abg.	10. 9. 97	3. 5. 65
Kelm, Annekatrin	22. 10. 97	13. 2. 66
Rohde, Claudia	12. 10. 98	11. 12. 66
Kramer, Thomas	25. 1. 99	7. 7. 65
Benzel, Iris, beurl.	4. 1. 00	29. 5. 67
Schäfer, Pamela, abg.	13. 7. 00	14. 8. 69
Borstell, Verena, beurl.	1. 7. 02	11. 6. 71
Kornschake, Heike	26. 10. 05	28. 1. 65

Richterinnen/Richter und Staatsanwältinnen/Staatsanwälte im Richterverhältnis auf Probe

Homann, Petra, beurl.	22. 3. 93	24. 12. 60
Rubin-Wegehaupt, Kristina, beurl.	5. 5. 93	22. 10. 63
Dr. Uhe, Anja	3. 4. 00	20. 6. 71
Förger, Regine	16. 10. 00	23. 7. 67
Fassian, Christina, beurl.	1. 11. 00	3. 3. 75
Becker, Sabine	1. 2. 01	21. 4. 70
Storbeck, Susanne	1. 2. 01	5. 3. 75
Körner, Jeanette	2. 4. 01	28. 3. 75
Schlözer, Tim	17. 4. 01	5. 6. 74
Kochale, Silvia	14. 5. 01	28. 2. 75
Dr. Obudzinski, Meike, beurl.	2. 7. 01	12. 2. 73
Aschmann, Kathleen	2. 7. 01	30. 11. 75
Merkel, Tina	3. 1. 02	23. 8. 72
Lüdecke, Marco	3. 1. 02	5. 4. 73
Draack, Jörn	3. 1. 02	17. 9. 73
Dr. Steenbuck, Michael	3. 1. 02	7. 11. 73
Frömmichen, Lajana	3. 1. 02	14. 11. 73
Linné, Christine	3. 1. 02	26. 2. 74
Lüer, Ina	3. 1. 02	23. 10. 74
Nollau, Ina	3. 1. 02	6. 5. 76
Dr. Volkmer, Mathias	2. 1. 03	24. 5. 76
Petersen, Nicolai	16. 8. 04	13. 10. 75
Giebler, Jenny	16. 8. 04	27. 10. 77
Dr. Henning, Evelyn	1. 9. 04	26. 2. 76
Fenske, Andrea	1. 9. 04	22. 10. 77
Dr. Tiebe, Susann	2. 1. 06	14. 3. 77

Schleswig-Holstein

2 817 453 Einwohner*

Ministerium für Justiz, Arbeit und Europa des Landes Schleswig-Holstein

Lorentzendamm 35, 24103 Kiel
Tel. (04 31) 9 88-0, Fax (04 31) 9 88-38 70
E-Mail: poststelle@jumi.landsh.de
Internet: www.mjae.schleswig-holstein.de

1 Min, 1 StaatsSekr, 1 MinDirig (B 7), 3 MinDirig, 5 MinR (B 2), 14 MinR (A 16), 12 RD, 5 ORR, 4 RR

Minister
Döring, Uwe　　　　　28. 4. 05　27. 6. 46

Staatssekretäri/n
N. N.　　　　　　　　　—　　　—

Ministerialdirigenten (B 7)
Dr. Schmidt-Elsaeßer,
　Eberhard　　　　　　1. 2. 02　　1. 4. 55
Sandmann, Johannes　　—　　　—

Ministerialdirigent
Dr. Fedden, Karsten　　1. 10. 97　27. 11. 42

Ministerialräte (B 2)
Dr. Bublies, Werner　　1. 8. 99　24. 7. 55
Schwelle, Gunter　　　1. 12. 05　24. 8. 45

Ministerialrätinnen/Ministerialräte
Milkereit, Klaus-Peter　1. 7. 94　　1. 11. 52
Busch, Peter　　　　　1. 1. 99　27. 6. 49
Schink, Manfred　　　1. 11. 99　14. 1. 49

---
*Stand: 30. 06. 2003.

Kubach, Rolf　　　　　1. 12. 01　23. 4. 47
Dr. Wenzel, Catrin　　　1. 8. 02　23. 3. 48
Jagusch, Ulf　　　　　　1. 6. 03　15. 3. 48
Prieß, Sabine　　　　　1. 1. 06　　2. 4. 56

Regierungsdirektorinnen/Regierungsdirektoren
Pittelkow, Burkhard　　1. 1. 01　10. 12. 46
Hollwegs, Annette　　　1. 12. 04　　1. 2. 61
Günther, Katja　　　　1. 12. 04　29. 12. 66
Kilian-Georgus, Jürgen　1. 12. 05　　5. 10. 65

Oberregierungsrätin
Bosy-Renders, Gudrun　1. 1. 99　13. 1. 59

An das Ministerium abgeordnet
StA Kiel: OStA Bieler, Axel
AG Itzehoe: R Mardorf, Dominik
LG Kiel: R Dr. Bahrenfuss, Dirk
LG Kiel: RLG Dr. Schall, Martina
LG Kiel: RLG Dr. Thomsen, Kai
StA Flensburg: R Sommerfeld, Michael
FG Kiel: RFG Dr. Geisler, Barbara
AG Pinneberg: R Kriston, Katharina
AG Kiel: RAG Dr. Feist, Christian
StA Lübeck: Dr. Anders, Ralf Peter

SH OLG-Bezirk Schleswig

Oberlandesgerichtsbezirk Schleswig

Bezirk
Schleswig-Holstein

4 Landgerichte
Flensburg, Itzehoe, Kiel, Lübeck

27 Amtsgerichte

Schöffengerichte
bei allen Amtsgerichten

Familiengerichte bei allen Amtsgerichten

Landwirtschaftsgerichte bei allen Amtsgerichten

Justizprüfungsamt für die Erste Juristische Staatsprüfung in Schleswig

Gemeinsames Prüfungsamt für die Zweite Juristische Staatsprüfung für Bremen, Hamburg und Schleswig-Holstein in Hamburg

Schleswig-Holsteinisches Oberlandesgericht

E 2 789 761
Gottorfstr. 2, 24837 Schleswig
Tel. (0 46 21) 86-0, Fax (0 46 21) 86-13 72
1 Pr, 1 VP, 16 VR, 50 R (davon 4 UProf im 2. Hauptamt)

Präsidentin
Görres-Ohde, Konstanze	9. 1. 02	5. 10. 42

Vizepräsident
Waßmuth, Heinz-Karl	25. 8. 03	3. 10. 48

Vorsitzende Richterin / Vorsitzende Richter
Dr. Chlosta, Joachim	1. 3. 89	1. 1. 42
Lassen, Wolfgang	25. 6. 91	21. 9. 41
Hoepner, Olaf	1. 5. 92	9. 8. 44
Friedrichsen, Friedrich	17. 3. 97	18. 8. 43
Hensen, Eckart	18. 2. 99	16. 9. 42
Kock, Peter	1. 9. 99	15. 10. 46
Dr. Schwarz, Hans-Sieghart	23. 2. 00	7. 11. 41
Brand, Udo	1. 3. 00	12. 10. 48
Dr. Schomaker, Jörg	1. 10. 00	7. 1. 47
Ortmann, Dirck	15. 1. 01	24. 2. 53
Hauser, Jürgen-Peter	22. 11. 01	16. 8. 43
Alpes, Rolf	1. 9. 02	8. 12. 50
Schneider, Udo	1. 4. 03	13. 6. 42
Hanf, Reiner	1. 12. 03	16. 3. 56
Czauderna, Reinhardt	1. 8. 05	4. 4. 45
Hamann, Hilke	1. 10. 05	4. 6. 53

Richterinnen/Richter
Hellwig, Olaf	1. 6. 81	23. 5. 47
Schupp, Wolfgang	1. 10. 83	16. 1. 44
Zieper, Kurt-Christian	30. 5. 85	16. 3. 45
Jantzen, Siegrid	16. 7. 86	17. 4. 45
Dresenkamp, Klaus	17. 7. 86	18. 6. 47
Hansen, Johannes-Jürgen	24. 7. 86	21. 5. 44
Geng, Thomas	8. 5. 89	21. 9. 46
Philipp, Hans-Michael	5. 6. 90	8. 11. 47
Meinert, Volker	28. 2. 91	20. 2. 49
Lautebach, Michael	13. 10. 92	7. 6. 51
Fechner, Johannes	9. 12. 92	15. 5. 47
Dr. Rühling, Ulrike	1. 2. 96	18. 9. 52
Petersen, Kay	1. 10. 97	21. 3. 44
Hohmann, Matthias	1. 10. 97	19. 11. 56
Frahm, Wolfgang	1. 11. 97	19. 1. 59
Prof. Dr. Eckert, Jörn		
(UProf, 2. Hauptamt)	2. 12. 97	15. 5. 54
Schiemann, Matthias	1. 2. 99	10. 5. 55
Dr. Probst, Martin	1. 3. 99	16. 10. 58
Schürger, Renate	1. 3. 99	31. 1. 59
Dr. Teschner, Armin	16. 4. 99	12. 4. 55
Haack, Wolf	19. 4. 99	17. 10. 57
Mihr, Gereon	12. 1. 00	20. 11. 53

LG-Bezirk Flensburg　　　　　　　　　　　　　　　OLG-Bezirk Schleswig　　**SH**

Martins, Andreas	17. 1. 00	11. 12. 58
Merth, Felix	1. 4. 00	27. 1. 61
Blöcher, Michael	1. 9. 00	2. 1. 57
Kollorz, Ursel	17. 1. 01	8. 5. 59
Wien, Christiane	1. 5. 01	12. 2. 59
Lewin, Kay-Uwe	1. 5. 01	5. 9. 59
Wardeck, Matthias	1. 5. 01	13. 1. 64
Hecht, Ulrich	1. 10. 01	13. 2. 61
Dr. Leischner-Rickerts, Silvia	2. 4. 02	6. 1. 64
Dr. von Krog, Detlef	1. 8. 02	11. 4. 49
Sauer, Christoph	1. 10. 02	26. 6. 61
Dellith, Hasso	1. 2. 03	10. 2. 44
Röttger, Friedhelm	1. 2. 03	28. 5. 63
Heidemann, Hergen	1. 12. 03	30. 1. 58
Dessau, Angela	23. 7. 04	30. 4. 60
Prof. Dr. Meyer-Pritzl, Udolf (UProf, 2. Hauptamt)	5. 8. 05	18. 3. 61
Görschen-Weller, Martina	1. 1. 06	18. 1. 59

Landgerichtsbezirk Flensburg

Landgericht Flensburg　E 448 930
Südergraben 22, 24937 Flensburg
Tel. (04 61) 89-0
Fax (04 61) 89-2 95
E-Mail: Poststelle@lg-flensburg.landsh.de

1 Pr, 1 VPr, 8 VR, 14 R

Präsident

Dr. Willandsen, Volker	9. 8. 02	23. 10. 50

Vizepräsidentin

Rosenthal, Jutta	3. 2. 03	21. 3. 52

Vorsitzende Richterin/Vorsitzende Richter

Sauerberg, Dieter	14. 10. 96	14. 6. 48
Dr. Martens, Joachim	4. 7. 97	6. 8. 44
Burmeister, Joachim	1. 4. 98	4. 1. 44
Clausen, Holger	1. 8. 98	21. 1. 51
Selke, Bernd-Michael	1. 6. 03	13. 1. 57
Wüstefeld, Christiane	1. 2. 04	15. 5. 53
Gutbier, Hille-Grit	1. 2. 05	23. 8. 53

Richterinnen/Richter

Mitteis-Ripken, Frauke	8. 7. 75	19. 9. 43
Köhler, Wolfgang	28. 9. 83	21. 3. 49
Klingsporn, Dietrich	2. 7. 84	7. 2. 51
Lanzen-Ortmann, Gunder	31. 5. 85	22. 3. 53
Placzek, Helga	8. 7. 97	23. 1. 60
Lembke, Michael	1. 11. 97	17. 9. 54
Dahmke, Ralph	1. 8. 98	15. 4. 65
Mädge, Heike	1. 8. 98	28. 4. 66
Alves Ferreira, Daniela	26. 11. 01	21. 3. 69
Kropp, Katrin	1. 8. 02	23. 8. 68
Bockwaldt, Carsten	10. 6. 03	21. 4. 67
Döbeling, Birte	18. 7. 03	8. 1. 70
Eggers, Willem-Mathias	1. 11. 04	14. 4. 71

Amtsgerichte

Flensburg　E 166 701
Südergraben 22, 24937 Flensburg
Tel. (04 61) 89-0
Fax (04 61) 89-4 34

1 Dir, 1 stVDir, 1 w.aufsR, 15

Wüstefeld, Norbert, Dir	8. 4. 94	9. 3. 45
Kleinschmidt, Volker, stVDir	1. 6. 03	14. 7. 52
Hilderscheid, Bernhard	10. 1. 77	10. 4. 44
Korth, Traugott	24. 2. 77	3. 10. 45
Hansen, Hans-Eckhard	22. 3. 79	26. 11. 43
Klinke, Horst	25. 1. 88	25. 5. 52
Heinsohn, Harald	2. 12. 88	23. 4. 56
Bendixen, Frauke	31. 12. 91	1. 1. 54
Grisée, Siegfried	15. 11. 92	9. 3. 59
Eggers-Zich, Anke	26. 3. 98	2. 10. 55
Thomsen, Mechthild	18. 8. 00	8. 8. 66
Dr. Bahnsen, Sönke	18. 8. 00	30. 8. 66
Vauth, Kristina	12. 1. 01	1. 4. 69
Thomsen, Dirk	1. 9. 02	20. 4. 63
Dr. Splitt, Alexander	2. 6. 03	7. 2. 73
Exner, Nico	1. 11. 04	23. 5. 65
Dr. Stolle, Roland	1. 8. 05	22. 5. 71
Dr. Radke, Marc	1. 8. 05	14. 8. 72

Husum　E 94 335
Theodor-Storm-Str. 5, 25813 Husum
Tel. (0 48 41) 6 93-0
Fax (0 48 41) 6 93-1 00

1 Dir + 1 stVDir, 6 R

Sticken, Eggert, Dir	1. 8. 96	14. 4. 51
Reinhardt, Nikolaus, stVDir	1. 11. 97	1. 9. 44
Bossen, Gerd, beurl.	21. 3. 77	5. 6. 45
Veckenstedt, Stefan	25. 3. 91	7. 7. 59
Ludwig, Rena	4. 7. 95	29. 1. 62
Eichhof, Kay	1. 4. 96	8. 9. 62
Dr. Rost, Dirk	2. 5. 01	27. 1. 68
Sebening, Maria	1. 8. 05	25. 1. 68

SH OLG-Bezirk Schleswig   LG-Bezirk Itzehoe

Kappeln (Schlei) E 34 556
Gerichtsstr. 1, 24376 Kappeln
Tel. (0 46 42) 91 24-0
Fax (0 46 42) 91 24-11

1 Dir. 2 R

Lange, Wolfgang, Dir	11.	2. 86	10.	5. 50
Schwartz-Sander, Birgit	9.	5. 89	27.	7. 57
Dr. Fötsch-Middelschulte, Dagmar	4.	7. 97	16.	7. 62

Niebüll E 69 945
Sylter Bogen 1 a, 25899 Niebüll
Tel. (0 46 61) 6 09-0
Fax (0 46 61) 6 09-2 32

1 Dir, 6 R

Dr. Hess, Claus, Dir	1.	10. 04	2.	11. 62
Dr. Forbrich, Burkhard	5.	1. 73	29.	7. 41
Hinrichsen, Ernst	—		—	
Keßler-Retzer, Christine	23.	2. 87	11.	7. 55
Retzer, Rolf	20.	1. 89	14.	3. 53
Grunkin, Stefan	9.	10. 96	5.	2. 64

Schleswig E 83 393
Lollfuß 78, 24837 Schleswig
Tel. (0 46 21) 81 50
Fax (0 46 21) 8 15-3 11

1 Dir, 1 stVDir, 6 R

Blöcker, Christian, Dir	19.	11. 01	18.	11. 55
Peters, Rine, stVDir	1.	8. 02	19.	8. 55
Trupke, Ernst	5.	8. 77	15.	7. 43
Rutz, Susanne	2.	2. 87	14.	2. 56
Mucke, Gudrun	5.	10. 87	7.	5. 56
Wendt, Jutta	25.	10. 93	18.	11. 54
Dr. Wittenstein, Eckhard	1.	8. 05	19.	3. 63

Landgerichtsbezirk Itzehoe

Landgericht Itzehoe E 564 810
Breitenburger Str. 68, 25524 Itzehoe
Tel. (0 48 21) 6 60, Fax (0 48 21) 66 10 71

1 Pr, 1 VPr, 8 VR, 19 R

Präsident

Dr. Flor, Bernhard	30.	7. 04	25.	2. 57

Vizepräsidentin

Krix, Barbara	8.	10. 96	16.	12. 42

Vorsitzende Richterin/Vorsitzender Richter

Schulz, Hartmut	1.	2. 84	6.	8. 45
Peters, Hedda	21.	6. 91	20.	2. 45
Bertermann, Dietmar	15.	4. 92	22.	9. 42
Hülsing, Eberhard	14.	1. 00	5.	5. 50
Wullweber, Dietmar	23.	1. 01	14.	5. 52
Ahsbahs, Peter	24.	1. 01	6.	4. 54
Stapel, Wilhelm	2.	4. 02	5.	6. 51
Engelmann, Jürgen	1.	12. 03	7.	4. 53
Schmidt, Hans-Peter	1.	10. 05	3.	4. 54

Richterinnen/Richter

Godau-Schüttke, Christina	17.	9. 76	14.	12. 44
Dr. Godau-Schüttke, Klaus-Detlev	6.	2. 77	15.	9. 42
Boyke, Reinhard	20.	2. 81	6.	4. 51
Müller-Andersen, Ruth	1.	9. 83	17.	10. 45
Beelen-Schwalbach, Gabriele	22.	1. 86	6.	9. 54
Dr. Lindgen, Johannes	1.	11. 88	1.	8. 55
Petersen, Holger Alfred	29.	11. 89	18.	12. 52
Kluckhuhn, Andreas	30.	9. 91	5.	9. 50
Olsen, Peter	10.	12. 92	7.	7. 54
Lensch, Karen	10.	8. 98	3.	11. 61
Bottke, Britta	16.	8. 01	17.	11. 66
Wuttke, Sabine	1.	8. 02	14.	9. 69
Emmermann, Klaus	20.	10. 03	1.	5. 67
Hildebrandt, Isabel	23.	10. 03	22.	3. 70
Dr. Henneberg, Bernhard	1.	11. 04	28.	6. 71

Amtsgerichte

Elmshorn E 122 686
Bismarckstr. 8, 25335 Elmshorn
Tel. (0 41 21) 23 20
Fax (0 41 21) 2 28 45

1 Dir, 1 stVDir, 7 R

Behnke, Harm, Dir	1.	1. 06	8.	11. 63
Lutz, Elke-Maria, stVDir	3.	8. 73	21.	11. 42
Kühl, Ingelore	13.	11. 85	6.	9. 54
Smoydzin, Jörg	24.	8. 89	7.	1. 54
Päschke-Jensen, Renate	5.	7. 95	18.	3. 55
Finke, Karin	1.	8. 98	12.	8. 65
Dr. Mönke, Michael	15.	8. 01	3.	11. 64
Dr. Schürer-Mohr, Wiebke	20.	1. 03	20.	6. 69
Feicke, Tim	3.	11. 04	1.	9. 70

Itzehoe E 136 027
Bergstr. 5-7, 25524 Itzehoe
Tel. (0 48 21) 6 60, Fax (0 48 21) 66 23 71

1 Dir, 1 stVDir, 11 R

LG-Bezirk Kiel   OLG-Bezirk Schleswig **SH**

Bade, Hans-Peter, Dir	1. 4. 91	12. 12. 43
Foth, Hans-Jörg, stvDir	12. 6. 03	25. 8. 45
Gehrken, Kristian	20. 10. 78	3. 10. 45
Wieben, Martin	1. 10. 82	11. 11. 48
Dutzmann, Christian	4. 10. 82	11. 9. 50
Bischof, Reinhard	27. 1. 84	3. 3. 54
Heer, Wiebke	12. 8. 92	5. 11. 58
Kloft, Kareen	20. 10. 94	5. 11. 49
Wagner, Andreas	20. 1. 03	4. 2. 67
Dr. Lange, Lore	20. 1. 03	6. 4. 68
Mardorf, Dominik, abg.	16. 1. 04	17. 9. 71
Dr. Wiggers, Frauke	16. 1. 04	29. 8. 72

Meldorf E 137 174
Domstr. 1, 25704 Meldorf
Tel. (0 48 32) 8 70
Fax (0 48 32) 87-1 11

1 Dir, 1 stVDir, 9 R

Berndt, Hans-Georg, Dir	1. 4. 92	21. 12. 45
Engelbrecht, Kai	30. 1. 84	30. 1. 50
Zacharias, Kai-Ulrich	20. 8. 91	23. 2. 56
Ostwald, Gerhard	28. 5. 93	31. 10. 49
Andresen, Jasper	18. 4. 97	18. 11. 62
Dörre, Gregor	15. 6. 00	6. 1. 66
Orgis, Christiane	21. 3. 02	2. 9. 56
Dr. Schulz, Holger	1. 3. 03	11. 1. 72
Dr. Diercks, Sven	29. 6. 04	24. 11. 69

Pinneberg E 168 923
Bahnhofstr. 17, 25421 Pinneberg
Tel. (0 41 01) 50 30
Fax (0 41 01) 5 03-2 62

1 Dir, 1 stVDir, 12 R

Morik, Bettina, Dir	31. 1. 05	27. 12. 51
Kähler, Karsten, stVDir	25. 11. 93	24. 12. 43
Havenstein, Gunter	17. 7. 78	21. 11. 44
Selke, Lothar	16. 9. 83	16. 6. 46
Trüller, Dagmar	12. 4. 91	11. 1. 59
Vaagt, Andrea	22. 4. 91	25. 11. 56
Dr. Hinz, Werner	11. 3. 97	4. 12. 59
Fischer, Gisela	25. 3. 98	5. 4. 61
Woywod, Jens	10. 8. 98	20. 1. 64
Kröger, Heike-Kathrin	1. 11. 99	31. 1. 58
Immermann, Karen	17. 12. 01	13. 5. 68
Kastell, Matthias	21. 1. 04	22. 3. 69
von der Geest, Matthias	29. 10. 04	26. 9. 65
Berlin, Niels	1. 8. 05	23. 9. 71

Landgerichtsbezirk Kiel

Landgericht Kiel E 969 064
Schützenwall 31-35, 24114 Kiel
Tel. (04 31) 6 04-0
Fax (04 31) 6 04-18 30

1 Pr, 1 VPr, 24 VR, 39 R

Präsident

Schmalfuß, Emil	23. 4. 04	30. 7. 46

Vizepräsidentin

Hillmann, Ulrike	8. 11. 04	30. 6. 53

Vorsitzende Richterinnen/Vorsitzende Richter

Ziemann, Frank	14. 11. 85	29. 9. 42
Röhl, Heide-Marie	1. 2. 89	7. 10. 42
Brinker, Friedrich	9. 10. 91	12. 10. 44
Kluike, Burkhard	5. 8. 93	22. 4. 43
Rix, Hinnerk	1. 2. 96	11. 11. 45
Brommann, Jörg	18. 3. 97	16. 12. 56
Wegner, Joachim	4. 7. 97	7. 1. 50
Elten, Jürgen	1. 10. 97	26. 2. 50
Vollmer, Reinhardt	1. 11. 97	22. 3. 48
Scheffler, Albrecht	1. 4. 98	21. 1. 50
Scheck, Michael	1. 8. 98	14. 1. 54
Dr. Verfürden, Hartmut	14. 1. 99	29. 3. 51
Dr. Kellermann, Wilfried	21. 4. 99	4. 11. 56
Dr. Hanßen, Klaus	14. 1. 00	12. 10. 54
Willmer, Peter	1. 9. 00	18. 7. 53
Meyer, Gunnhild	12. 1. 01	6. 7. 51
Döbel, Peter	3. 9. 01	18. 5. 52
William, Oliver	1. 8. 02	6. 6. 54
Müller, Ulf	1. 9. 02	30. 3. 57
Weiser, Freda	1. 6. 03	6. 10. 54
Tepp, Carsten	1. 2. 04	11. 10. 58
Döhring, Gunther	1. 8. 04	13. 3. 58
Becker, Carsten	1. 8. 04	27. 11. 63
Stein, Hans-Rudolf	1. 8. 04	21. 3. 59
Heineke, Claudia	29. 10. 04	24. 4. 55

Richterinnen/Richter

Leonhardt, Stephan	28. 2. 80	29. 10. 47
Dohm, Carsten	27. 6. 80	29. 7. 48
Greve, Sabine	22. 12. 80	5. 3. 50
Müller, Antje	2. 2. 84	7. 6. 54
Dittmann, Silke	14. 5. 91	23. 5. 54
Witt, Karin	20. 6. 91	10. 5. 57
Mattern, Henning	24. 6. 91	6. 8. 56

SH OLG-Bezirk Schleswig — LG-Bezirk Kiel

Dr. Schmidt, Rainer	9. 1. 92	15. 10. 56
Dr Koch, Sabine	19. 11. 96	27. 3. 63
Sawatzki, Kai	11. 3. 97	14. 5. 59
Dr. Schall, Martina, abg.	20. 3. 98	13. 1. 62
Dr. Worpenberg, Stefan	3. 8. 98	10. 8. 62
Bahr, Jens	13. 4. 99	26. 12. 63
Dr. Jöhnk, Alf	19. 4. 99	7. 5. 62
Jacobsen, Ralph	3. 8. 99	16. 4. 64
Ingwersen-Stück, Hege	17. 8. 00	12. 8. 63
Dr. Christiansen, Jan	12. 1. 01	17. 3. 62
Kruse, Sabine	12. 1. 01	5. 7. 62
Knuth, Birka	13. 8. 01	30. 8. 69
Gabler, Andrej	15. 8. 01	29. 10. 68
Beth, Kai Ole	15. 8. 01	17. 4. 69
Holmer, Frauke	25. 3. 02	11. 5. 62
Dr. Bellmann, Elisabeth	29. 4. 02	15. 8. 65
Gienap, Ulrike	1. 8. 02	5. 6. 70
Heitmann, Sven	16. 1. 03	16. 3. 65
Dr. Bracker, Susanne	16. 1. 03	5. 4. 67
Bunge, Oliver	16. 1. 03	20. 12. 69
Köppe, Maja	16. 1. 03	12. 4. 71
Bittel, Maren	18. 7. 03	16. 3. 68
Dr. Jaggi, Stephan	30. 10. 03	16. 5. 66
Dr. Thomsen, Kai, abg.	21. 1. 04	15. 10. 68
Dr. Meins, Katrin	28. 6. 04	16. 11. 69
Dr. Clausen, Bodo	5. 7. 04	9. 9. 70
Dr. Hausberg, Dietlind	13. 1. 05	17. 8. 62
Dr. Bahrenfuss, Dirk, abg.	1. 8. 05	25. 3. 69
Dr. Roscheck, Jan	1. 8. 05	30. 4. 70

Amtsgerichte

Bad Segeberg E 94 773
Am Kalkberg 18, 23795 Bad Segeberg
Tel. (0 45 51) 9 00-0
Fax (0 45 51) 9 00-1 90

1 Dir, 1 stVDir, 7 R

Pöhls, Harald, Dir	1. 2. 00	28. 8. 44
Niehaus, Wolfgang, stVDir	8. 10. 04	30. 9. 46
Bley, Hans-Joachim	15. 2. 77	17. 12. 43
Schönemann, Hans-Günter	24. 3. 77	1. 3. 45
Lang, Joachim	30. 1. 84	22. 10. 50
Wittek, Wolfgang	4. 9. 89	15. 1. 57
Dr. Fischer-Löwitsch, Anja	1. 8. 05	9. 10. 66

Eckernförde E 86 197
Reeperbahn 45-47, 24340 Eckernförde
Tel. (0 43 51) 71 53
Fax (0 43 51) 38 97

1 Dir, 5 R

Worth, Norbert, Dir	1. 1. 97	10. 2. 49
Randschau, Winfried	18. 1. 74	20. 8. 42
Göddertz, Walter	13. 7. 78	25. 11. 43
Laufer, Bettina	14. 8. 79	10. 10. 47
Tiedemann, Holger	17. 8. 00	5. 11. 65
Simon, Stephan	3. 12. 01	12. 2. 71

Kiel E 287 705
Deliusstr. 22, 24114 Kiel
Tel. (04 31) 6 04-0
Fax (04 31) 6 04-23 50

1 Pr, 1 VPr, 3 w.aufsR, 29 R

Präsident

Krull, Thomas	1. 7. 00	11. 4. 44

Vizepräsident

Block, Torsten	1. 4. 05	27. 7. 56

weitere aufsichtführende Richterin/Richter

Büsing, Wolf-Ekkehard	7. 4. 94	26. 4. 45
Dr. Flatow, Beate	1. 4. 98	20. 8. 59
Möller, Jörg	29. 6. 04	7. 10. 51

Richterinnen/Richter

Saß, Ernst-Peter	18. 10. 74	18. 4. 42
Roestel, Einhart	4. 4. 75	22. 9. 42
Jonas, Nikolaus	1. 12. 75	24. 10. 42
Reupke, Lutz	28. 5. 76	17. 12. 43
Kollibius, Wolfgang	31. 10. 80	14. 8. 48
Stypmann, Sabine	11. 11. 80	7. 9. 50
Grammel, Horst	14. 4. 81	6. 2. 45
Paulwitz-Ronsfeld, Silke	26. 10. 84	20. 12. 49
Meenke, Hans Günther	14. 6. 93	17. 10. 57
Czwikowski, Claus	25. 10. 93	11. 1. 45
Isermeyer, Jutta	1. 2. 96	26. 2. 50
Wolf, Myriam	22. 4. 99	22. 12. 62
Litwinski, Christine	14. 1. 00	26. 1. 65
Dr. von Milczewski, Christine	18. 1. 00	7. 4. 66
Paul, Insa	12. 1. 01	28. 2. 64
Dr. Hillenbrand, Markus	12. 1. 01	20. 5. 65
Parchmann, Martina	16. 8. 01	9. 2. 65
Veit, Susanne	3. 9. 01	4. 6. 61
Sepke, Björn	26. 11. 01	26. 3. 67
Steffens, Birgit	29. 11. 01	19. 2. 71
Otterbach, geb. Meyer, Susanne	26. 3. 02	22. 11. 70
Althoff, Hans	29. 4. 02	19. 4. 63
Dr. Feist, Christian, abg.	17. 1. 03	13. 11. 63
Dr. Hoge-Ritterhoff, Ann-Christin	28. 5. 03	2. 4. 66
Datsogiannis, Jannis	7. 1. 05	20. 1. 7
Staenke, Birgit	7. 1. 05	13. 6. 6

LG-Bezirk Lübeck   OLG-Bezirk Schleswig   **SH**

Neumünster E 125 618
Boostedter Str. 26, 24534 Neumünster
Tel. (0 43 21) 94 00
Fax (0 43 21) 94 02 99
1 Dir, 1 stVDir, 12 R

Hoops, Wilfried, Dir	1. 4. 98	19. 8. 56
Dr. Janßen, Karl, stVDir	12. 1. 01	14. 11. 61
Erdmann-Degenhardt, Antje	13. 4. 77	3. 2. 44
Häsing, Hartmut	1. 8. 78	9. 5. 44
Dr. Pichinot, Hans-Rainer	29. 12. 78	9. 1. 46
Meißner, Axel	15. 9. 95	31. 1. 52
Schleuß, Klaus	1. 11. 98	13. 10. 56
Dohrn, Helga	1. 2. 99	9. 1. 61
Hrelja, Brigitte	1. 10. 00	20. 12. 61
Janssen, Henning	16. 1. 01	30. 5. 66
Buchert, Jan Willem	1. 8. 02	30. 6. 69
Dr. Höper, Inken	11. 1. 05	18. 9. 70
Friese, Annegret	1. 8. 05	12. 11. 71

Norderstedt E 127 993
Rathausallee 80, 22284 Norderstedt
Tel. (0 40) 52 60 60
Fax (0 40) 52 60 62 22
1 Dir, 1 stVDir, 9 R

Klarmann, Heide, Dir	1. 4. 00	16. 7. 43
Dr. Wrege, Wolf Reinhard, stVDir	18. 8. 00	4. 2. 66
Haverkampf, Karl Friedrich	12. 3. 76	20. 3. 43
Leendertz, Reinhard	1. 7. 77	31. 3. 47
Albrecht, Jürgen	10. 4. 78	22. 8. 43
Koch, Gerd	23. 11. 78	1. 9. 48
Windmüller, Harms-Friedrich	10. 1. 90	25. 4. 49
Schwarz, Burghard	3. 6. 91	6. 1. 58
Schlöpke, Stephen	11. 3. 97	10. 4. 66
Sprunk, Heike	22. 10. 99	3. 4. 68

Plön E 104 445
Lütjenburger Str. 48, 24306 Plön
Tel. (0 45 22) 74 50
Fax (0 45 22) 17 09
1 Dir, 1 stVDir, 6 R

Peters, Gert, Dir	1. 11. 85	12. 6. 44
Vauth, Gerhard, stVDir	7. 4. 94	24. 9. 45
Dr. Dräger, Wolfgang	1. 1. 77	29. 2. 48
Schnoor-Völker, Dieter	28. 9. 83	8. 4. 47
Nöh-Schüren, Dagmar	26. 6. 97	27. 2. 59
Gillerke, Volker	30. 11. 01	17. 8. 62
Kreutzfeld-Selinger, Anja	18. 7. 03	2. 12. 68

Rendsburg E 142 333
Königstr. 17, 24768 Rendsburg
Tel. (0 43 31) 13 90, Fax (0 43 31) 1 39-2 00
1 Dir, 1 stVDir, 10 R

Stein, Günter, Dir	30. 8. 99	2. 10. 42
Bruhn, Heiko, stVDir	1. 11. 95	22. 3. 50
Küppers, Gert	7. 3. 79	10. 8. 43
Müller, Reinhard	24. 12. 85	7. 5. 53
Wohlbehagen, Hans-Werner	4. 3. 88	10. 10. 54
Schlüter, Cornelia	6. 4. 93	24. 12. 53
Nemitz, Roland	4. 6. 93	14. 9. 56
Waller, Kai	1. 2. 96	8. 4. 61
Waller, Heike	8. 10. 96	9. 12. 59
Stryck, Torbjörn	11. 3. 97	6. 1. 62
Napirata, Jörg	1. 6. 99	2. 12. 56
Borst, Ulrich	1. 9. 00	28. 3. 65

Landgerichtsbezirk Lübeck

Landgericht Lübeck E 806 957
Am Burgfeld 7, 23568 Lübeck
Tel. (04 51) 3 71-0, Fax (04 51) 3 71-15 19
1 Pr, 1 VPr, 20 VR, 31 R

Präsident

Böttcher, Hans-Ernst	1. 3. 91	8. 11. 44

Vizepräsident

Krause, Jörn	25. 11. 02	16. 12. 42

Vorsitzende Richterinnen / Vorsitzende Richter

Wilcken, Rolf	1. 2. 84	24. 5. 44
Vilmar, Fritz	31. 5. 85	25. 6. 43
von Jagow, Henning	1. 8. 85	18. 4. 45
Soetbeer, Uwe	1. 3. 86	31. 1. 44
Schneider, Hartmut	24. 6. 91	12. 1. 53
Olivet, Carl-Theodor	4. 11. 92	11. 9. 43
Hurlin, Ingo, beurl.	4. 11. 92	6. 2. 47
Kaiser, Horst	4. 11. 92	21. 2. 47
Zimmermann, Arnold	5. 1. 99	23. 5. 48
Piel, Monika	14. 10. 99	14. 6. 42
Schwinghammer, Bernd	1. 11. 99	15. 1. 49
Fink, Claus	1. 3. 00	4. 7. 51
Singelmann, Christian	12. 1. 01	13. 12. 56
Schröder, Kai	1. 5. 01	24. 6. 53
Behrendt, Ingrid	1. 5. 01	25. 9. 53
Dr. Hessel, Gabriele	9. 8. 02	9. 5. 59
Krönert, Ursula	1. 10. 02	25. 4. 56
von Lukowicz, Helga	1. 2. 03	11. 9. 57
Martin, Roland	1. 4. 03	24. 9. 54
Kreuder-Sonnen, Brigitte	24. 6. 04	22. 9. 52

SH OLG-Bezirk Schleswig — LG-Bezirk Lübeck

Richterinnen/Richter

Gille, Rolf	4. 1.74	5. 3.42
Laske, Eckhard	1.10.76	8. 9.44
Klang, Peter	31. 1.79	20. 5.47
Stagge, Benno	8. 4.82	17. 6.47
Schiemann, Baldur	8.10.85	3. 4.47
Beer, Jörg	17. 4.90	10. 2.56
Fock, Martina	25. 2.91	12. 7.58
Bracker, Ronald	13.10.92	28. 6.56
Rebel, Heide	22.10.92	8.10.58
Becker, Stephanie	15. 2.93	21. 2.58
Sager, Beate	28. 4.97	9.12.61
Brandt, Volker	16. 4.99	24. 1.61
Schnatmeier, Jochen	17. 8.00	6. 5.65
Wolf, Ulrich	18. 8.00	12. 9.62
Zader, Ute, abg.	15. 8.01	24. 7.61
Harder, Thorsten	16. 8.01	21. 7.66
Moelle, Britta	16. 8.01	19.10.66
Schneider, Silke	29. 8.01	2. 9.67
Nagel, Petra	1. 8.02	28. 6.67
Ickes, Tilman	27.12.02	10. 7.67
Dr. Grammann, Klaus	27.12.02	9.11.69
Fürter, Thorsten	30.12.02	25. 4.70
Faßhauer, Silke	1. 2.03	6. 8.69
Gerber, Andreas	7. 6.03	25. 3.70
Dr. Leplow, Claas	21.10.03	22. 6.72
Hendelkes, Sabine	21.10.03	14. 7.72
Erlenstädt, Anke	26. 1.04	20. 9.72

Amtsgerichte

Ahrensburg E 96 309
Königstr. 11, 22926 Ahrensburg
Tel. (0 41 02) 5 19-0
Fax (0 41 02) 5 19-1 99

1 Dir, 1 stVDir, 7 R

Dr. Krönert, Ole, Dir	1.10.02	2. 6.55
Thiele, Ulf, stVDir	28.11.01	6. 5.59
Burmeister, Axel	22. 1.82	17. 3.50
Hübner, Joachim	1. 6.93	30.12.54
Landwehr, Angela	1. 2.96	14.12.60
Burmeister, Michael	14. 8.01	26. 9.62
Freise, Boris	26. 4.02	6. 4.69
Dr. Fieber, Ulrich	21. 1.03	2. 4.71
Dr. Kies, Friedrich	19. 1.04	26. 1.68

Bad Oldesloe E 52 274
Weg zum Bürgerpark 1, 23843 Bad Oldesloe
Tel. (0 45 31) 1 64-0
Fax (0 45 31) 1 64-1 11

1 Dir, 3 R

Gerber, Volkhard, Dir	25.10.93	20.12.41
Münning, Uwe	22. 3.93	30. 5.58
Schnatmeier, Svenja	21. 8.98	17. 2.64
Roggendorf, Sabine	12. 1.05	10. 8.66

Bad Schwartau E 60 681
Markt 1, 23611 Bad Schwartau
Tel. (04 51) 2 00 30
Fax (04 51) 20 03-2 22

1 Dir, 4 R

Bolk, Herbert, Dir	2. 6.03	21. 5.52
Heuer, Hans	25. 3.98	8.10.61
Wachenfeld, Almut	25. 3.98	28. 3.61
Mitzinger, Susanne	1. 2.00	22. 6.68
Hasselder, Bodo	15.10.03	26. 2.72

Eutin E 60 088
Jungfernstieg 3, 23701 Eutin
Tel. (0 45 21) 70 56
Fax (0 45 21) 7 39 66

1 Dir, 4 R

Wege, Hanna, Dir	20.10.97	30. 3.51
Klupsch, Ralf	4.11.80	26.12.47
Witt, Otto	12.11.85	26. 9.52
Eßer, Claudia	23. 5.95	6. 6.61
Karcher, Johannes	10. 8.01	7.10.66
Schmale, Dirk	1. 8.02	7. 3.56

Geesthacht E 37 891
Bandrieterweg 1, 21502 Geesthacht
Tel. (0 41 52) 50 94
Fax (0 41 52) 7 91 96

1 Dir, 2 R

Aden, Suntke Neels, Dir	11. 3.02	16. 7.62
Siebert, Hans-Uwe	25. 7.88	19. 1.56
Oppelland-Selk, Insa	1. 5.96	22. 3.63

LG-Bezirk Lübeck OLG-Bezirk Schleswig **SH**

Lübeck E 218 467
Am Burgfeld 7, 23568 Lübeck
Tel. (04 51) 3 71-0
Fax (04 51) 3 71-15 23

1 Pr, 1 VPr, 3 w.aufsR, 22 R

Präsident
Stojan, Dirk 1. 1. 97 4. 5. 50

Vizepräsident
Löbbert, Carsten 13. 1. 04 9. 9. 61

weitere aufsichtführende Richter
Geiger, Wolfgang 11. 4. 94 25. 9. 42
Stanisak, Thomas 14. 10. 94 26. 10. 49
Evers, Hans-Heinrich 2. 5. 01 26. 9. 45

Richterinnen/Richter
Winkler, Heinz 28. 11. 75 3. 7. 43
Fransson, Helmut 20. 10. 76 4. 4. 42
Schreiber, Winfried 1. 7. 77 25. 8. 42
Haida, Erhard 11. 8. 78 17. 9. 47
Lehnert, Andreas 21. 8. 78 7. 5. 42
Böcher, Franz Josef 11. 12. 78 2. 6. 46
Humbert, Hans-Jürgen 22. 8. 79 16. 7. 48
Neubert, Gabriele 3. 11. 82 26. 2. 50
Scharfenberger, Jutta 22. 2. 91 30. 1. 57
Burwitz, Dörte 1. 12. 92 21. 11. 58
Wiggers, Corinna 19. 2. 93 2. 7. 59
Hentschel, Jörg 1. 11. 97 6. 6. 60
Franke, Martina 26. 4. 99 13. 10. 56
Farries, Anja 20. 7. 99 16. 3. 63
Lorenzen, Claus-Peter 14. 10. 99 6. 6. 66
Dr. Brauner, Jörg 27. 4. 01 13. 12. 63
Prahl, Ulrike 14. 8. 01 17. 11. 68
Krohn, Marion 28. 8. 01 19. 12. 63
Puchert, Jobst-Rüdiger 15. 2. 03 13. 3. 52
Quantz, Burkhard 5. 7. 04 27. 8. 67
Tschakert, Sohre 1. 8. 05 14. 5. 71

Mölln E 32 343
Lindenweg 8, 23879 Mölln
Tel. (0 45 42) 8 59 40
Fax (0 45 42) 85 94 37

1 Dir, 2 R

Dr. Martens, Jörg, Dir 1. 9. 00 3. 5. 62
Jensen-Buchholz, Inga 19. 4. 99 3. 9. 62
Mrozek, Martin 1. 1. 02 12. 8. 62

Oldenburg (Holstein) E 81 478
Göhler Str. 92, 23758 Oldenburg
Tel. (0 43 61) 70 11
Fax (0 43 61) 8 05 76

1 Dir, 1 stVDir, 7 R

Peters, Gerriet, Dir 28. 9. 91 23. 9. 48
Dr. Bergande, Hasso,
 stVDir 11. 4. 94 3. 1. 43
Brüggemann, Dierk 12. 12. 75 29. 4. 43
Lassen, Klaus-Peter 29. 10. 79 17. 3. 49
Schultze-Lewerentz,
 Herbert 19. 11. 87 29. 2. 56
Lehmbeck, Johann-Peter 13. 1. 89 26. 9. 53
Filter, Hans Herbert 16. 2. 93 30. 6. 58
Böttger, Thore 1. 8. 05 14. 10. 69

Ratzeburg E 36 603
Herrenstr. 11, 23909 Ratzeburg
Tel. (0 45 41) 8 63 30
Fax (0 45 41) 72 32

1 Dir, 3 R

Ahlfeld, Marie-Luise, Dir 4. 8. 93 11. 3. 48
Dr. Grotkopp, Jörg 24. 1. 01 5. 4. 64
Dr. Manske, Gisela 1. 8. 05 3. 5. 71

Reinbek E 62 880
Parkallee 6, 21465 Reinbek
Tel. (0 40) 7 27 59-0
Fax (0 40) 7 27 59-1 15

1 Dir, 4 R

Wrobel, Bernd, Dir 1. 10. 97 3. 10. 49
Meistering, Heike 20. 1. 00 15. 10. 64
Dr. Hilgenhövel, Jens 17. 8. 00 8. 12. 67
Achtiani Asl, Adriane
 Azadeh 14. 2. 03 6. 7. 67
Schulze-Hillert, Ute 5. 6. 03 10. 11. 72

Schwarzenbek E 67 943
Möllner Str. 20, 21493 Schwarzenbek
Tel. (0 41 51) 80 20
Fax (0 41 51) 80 22 99

1 Dir, 4 R

Wendt, Rainer, Dir 7. 12. 89 23. 2. 44
Sempf, Wilfried 20. 6. 90 19. 7. 56
Alpen, Timm 11. 1. 92 23. 9. 57
Weinhold, Elke 1. 2. 96 8. 10. 60

Staatsanwaltschaften

Staatsanwaltschaft bei dem Schleswig-Holsteinischen Oberlandesgericht
Gottorfstr. 2, 24837 Schleswig
Tel. (0 46 21) 86-0
Fax (0 46 21) 86-13 41

1 GStA, 2 LOStA, 7 OStA

Generalstaatsanwalt
Rex, Erhard　　　　　　　　1. 9. 97　26. 8. 44

Leitende Oberstaatsanwälte
Müller-Gabriel, Wolfgang,
　stVLOStA　　　　　　　　11. 6. 91　4. 11. 47
Döllel, Heinz　　　　　　　　26. 5. 00　15. 8. 48

Oberstaatsanwältinnen/Oberstaatsanwälte
Kesten, Gerd　　　　　　　　25. 5. 93　10. 7. 48
Dreeßen, Uwe　　　　　　　　1. 10. 98　11. 4. 52
Dr. Patett, Helmut　　　　　　10. 11. 00　15. 7. 52
Sowa, Karl-Dietmar　　　　　10. 11. 00　4. 12. 57
Döpper, Ralph　　　　　　　27. 12. 01　3. 5. 60
Heß, Birgit　　　　　　　　　1. 3. 05　26. 5. 65
Hoffelner, Wiebke　　　　　　1. 3. 05　19. 1. 68

Staatsanwaltschaft bei dem Landgericht Flensburg
Südergraben 22 und Friedrichstr. 2, 24937 Flensburg
Tel. (04 61) 89-0
Fax (04 61) 89-3 89

1 LOStA, 1 stVLOStA, 3 OStA, 18 StA

Leitender Oberstaatsanwalt
Meienburg, Rüdiger　　　　　1. 9. 95　17. 2. 50

Oberstaatsanwältin/Oberstaatsanwälte
Stahlmann-Liebelt, Ulrike,
　stVLOStA　　　　　　　　15. 6. 00　18. 5. 53
Schlüter, Hartwig　　　　　　24. 7. 95　18. 3. 52
Gosch, Otto　　　　　　　　11. 5. 98　27. 4. 51

Staatsanwältinnen/Staatsanwälte
Reese, Friedrich, GL　　　　　26. 1. 00　18. 7. 51
Chlosta, Dieter, GL　　　　　22. 2. 01　21. 9. 53
Scheltz, Peter　　　　　　　23. 10. 74　23. 5. 42
Bohn, Erika　　　　　　　　13. 3. 75　29. 10. 44
Havekost, Manfred　　　　　3. 11. 76　21. 7. 44
Erth, Helga　　　　　　　　31. 1. 79　23. 11. 49
Thietje, Norbert　　　　　　16. 9. 94　23. 12. 59

Dr. Güntge, Georg
　Friedrich　　　　　　　　1. 11. 00　26. 11. 65
Petersen-Thrö, Thorkild　　　30. 9. 02　12. 7. 67
Schmid, Axel　　　　　　　17. 4. 03　23. 12. 67
Theede, Gesa　　　　　　　24. 4. 03　9. 12. 65
Mainzer, Marko　　　　　　20. 5. 03　21. 1. 68
Berns, Claus Joachim　　　　21. 11. 03　25. 6. 72
Dellius, Björn　　　　　　　13. 9. 04　1. 10. 68
Sommerfeld, Michael, abg.　25. 4. 05　25. 12. 74

Staatsanwaltschaft bei dem Landgericht Itzehoe
Feldschmiedekamp 2, 25524 Itzehoe
Tel. (0 48 21) 66-0
Fax (0 48 21) 66 17 77
E-Mail: vorzimmer-losta@staiz.landsh.de
Pressestelle: Tel. (0 48 21) 66-18 01,
Fax (0 48 21) 66-18 58
E-Mail: pressestelle@staiz.landsh.de

1 LOStA, 1 stVLOStA, 3 OStA, 19 StA

Leitende Oberstaatsanwältin
Dr. Löhr, Holle Eva　　　　　15. 10. 90　27. 9. 41

Oberstaatsanwälte
Zepter, Wolfgang,
　stVLOStA　　　　　　　　23. 8. 00　10. 5. 53
Wieduwilt, Friedrich-
　Gerhard　　　　　　　　　3. 6. 91　13. 11. 49
Dr. Pickert, Dietmar　　　　　1. 10. 91　7. 4. 52

Staatsanwältinnen/Staatsanwälte
Bestmann, Joachim, GL　　　11. 3. 02　17. 11. 50
Ohlrogge, Carsten, GL　　　　11. 3. 02　19. 8. 62
Richter, Wolfgang　　　　　3. 11. 72　8. 3. 41
Ulrich, Barbara　　　　　　　9. 5. 77　2. 6. 46
Finger, Helmut　　　　　　　8. 8. 79　6. 8. 45
Wähling, Ulf-Dieter　　　　　20. 2. 81　13. 9. 46
Helff-Hibler v. Alpenheim,
　Brigitta　　　　　　　　　20. 4. 82　3. 10. 46
Ziegler, Jürgen　　　　　　　5. 11. 82　23. 2. 47
Stücker, Dirk　　　　　　　13. 11. 89　31. 3. 55
Poensgen, Stephanie　　　　1. 1. 94　12. 7. 58
Staack, Dagmar　　　　　　24. 2. 94　12. 7. 54
Krause, Monika　　　　　　5. 4. 94　30. 11. 61
Dwenger, Klaus　　　　　　9. 6. 94　9. 1. 60
Neumann, Reinhold　　　　29. 12. 98　19. 10. 62
Dr. Schwitters, Jan
　Hendrik　　　　　　　　11. 10. 01　2. 4. 70
Dr. Ziemer, Jonna　　　　　　1. 9. 03　1. 7. 70
Dr. Irmer-Tiedt, Christian　　1. 8. 05　23. 8. 70

Staatsanwaltschaften　　　　　　　　　　　OLG-Bezirk Schleswig　　**SH**

Staatsanwaltschaft bei dem Landgericht Kiel
Schützenwall 31–35, 24114 Kiel
Tel. (04 31) 6 04-0 (auch Außenstelle)
Fax (04 31) 6 04-34 69 (allgemein),
-31 03 (Verwaltung)

1 LOStA, 1 stVLOStA, 8 OStA, 45 StA

Leitender Oberstaatsanwalt

Schwab, Peter	23. 3. 98	3. 11. 48

Oberstaatsanwältin/Oberstaatsanwälte

Wick, Uwe, stVLOStA	18. 10. 00	9. 2. 42
Hoffmann, Thomas	29. 2. 88	6. 9. 50
Schulze-Ziffer, Manfred	23. 9. 91	4. 2. 50
von Emden, Heyko	29. 6. 95	20. 7. 41
Hüper, Rainer	13. 7. 99	18. 9. 41
Goedelt, Christina	1. 5. 01	22. 11. 45
Dopp, Aike	17. 8. 01	30. 1. 50
Ostrowski, Alexander	3. 2. 03	1. 3. 58
Fischer, Kuno	1. 5. 05	16. 10. 43

Staatsanwältinnen/Staatsanwälte

Winterfeldt, Bernd, GL	4. 9. 97	18. 11. 63
Lux, Burger, GL	3. 6. 03	11. 7. 48
Biermann, Christina Johanna	31. 8. 77	19. 6. 45
Bauchrowitz, Armin	21. 10. 77	15. 12. 43
Junker, Klaus	2. 12. 77	26. 9. 44
Ronsfeld, Thomas	2. 1. 79	15. 8. 47
Ruppel, Bernd	5. 3. 79	26. 2. 46
Hamann, Günther	27. 5. 81	8. 12. 48
von Zastrow, Matthias	1. 4. 82	22. 12. 48
Biermanski, Bernd	24. 1. 83	28. 4. 51
Nagel, Lutz	5. 8. 88	28. 11. 54
Goos, Axel	10. 11. 89	9. 1. 52
Vollert, Ingeborg	27. 8. 90	26. 11. 56
Nietardt, Henrik	28. 9. 90	16. 12. 56
Wanschura, Horst-Josef	10. 4. 92	1. 1. 59
Niebel, Anke	7. 8. 92	14. 2. 61
Bartscher, Ulrike	27. 1. 94	5. 6. 62
Mertens, Kerstin	14. 3. 94	2. 1. 61
Riemann-Prehm, Juliane	29. 4. 94	6. 1. 61
Dr. Lürssen, Ulrich	11. 4. 95	23. 1. 63
Reimer, Jutta	30. 5. 95	7. 7. 59
Gradl-Matusek, Barbara	1. 6. 95	26. 11. 63
Dawert, Ralph	11. 9. 95	3. 12. 58
Welz, Thomas	13. 11. 96	22. 4. 61
Prätorius, Angelika	1. 12. 97	10. 9. 57
Bauchrowitz, Sabine	1. 12. 97	14. 1. 59
Janssen-Gorontzy, Heike	14. 9. 98	27. 8. 59
Dr. Güniker, Knut	2. 2. 00	22. 10. 66
Dr. Daxenberger, Matthias	20. 5. 00	3. 7. 65
Plewka, Ingo	4. 10. 00	9. 8. 65
Simler, Michael	25. 6. 02	26. 9. 70
Reichstein, Britta	1. 11. 02	3. 7. 71
Roesch, Barbara	13. 1. 03	19. 11. 65
Dr. Soyka, Martin	14. 3. 03	12. 10. 70
Kofent, Detmar	12. 8. 03	1. 5. 72
Robinius, Pia	10. 12. 03	9. 5. 73
Kaschner, Gyde	28. 1. 04	18. 1. 67
Winter, Matthias	26. 2. 04	26. 2. 66
Schmautz, Melanie	9. 7. 04	30. 11. 72
Dr. Fellenberg, Martin	27. 9. 04	7. 9. 71
Zollitsch, Sabine	4. 3. 05	24. 2. 69
Stoltz, Veronika	14. 6. 05	30. 3. 74
Hackethal, Achim	8. 7. 05	25. 1. 71
Vonnekold, Carsten	18. 8. 05	4. 4. 74
Beneke, Joachim	2. 1. 06	2. 7. 71
Breas, Kai Thomas	6. 2. 06	25. 6. 71

Staatsanwaltschaft bei dem Landgericht Lübeck
Travemünder Allee 9, 23568 Lübeck
Tel. (04 51) 3 71-0, Fax (04 51) 3 71-13 99

1 LOStA, 1 stVLOStA, 8 OStA, 40 StA

Leitender Oberstaatsanwalt

Wille, Heinrich	9. 12. 92	7. 6. 45

Oberstaatsanwältin/Oberstaatsanwälte

Schultz, Klaus-Dieter, stVLOStA	7. 1. 94	17. 10. 47
Möller, Günter	25. 5. 94	6. 7. 50
Spohr, Werner	1. 1. 97	27. 6. 47
Biel, Jürgen	1. 1. 97	24. 6. 51
Bahr, Joachim	1. 12. 98	1. 9. 49
Dr. Böckenhauer, Michael	1. 10. 00	24. 5. 56
Schulz, Heike	18. 10. 00	21. 5. 49
Sela, Sönke	6. 12. 02	28. 5. 44
Sebelewsky, Malte	1. 1. 05	3. 9. 57
Bieler, Axel, abg.	1. 1. 05	27. 9. 64

Staatsanwältinnen/Staatsanwälte

Alm, Wencke, GL	2. 11. 04	29. 7. 59
Thode, Ursmar	8. 5. 73	4. 9. 41
Führer, Hans-Ulrich	1. 10. 76	29. 8. 44
Pohl, Harald	14. 2. 78	8. 1. 43
Struck, Henning	27. 7. 78	26. 3. 47
von Bredow, Ernst-Wilhelm	5. 9. 78	17. 4. 49
Wiethaus, Klaus	4. 12. 78	6. 6. 46
Weißkichel, Hans-Georg	26. 9. 80	25. 10. 46
Röhl, Dorothea	15. 11. 91	12. 7. 54
Bergfeld, Kai-Uwe	21. 11. 94	3. 6. 59
Jochems, Martin	24. 10. 94	29. 9. 60
Lüth, Kirsten	1. 4. 96	16. 9. 63
Hartmann, Dirk	15. 11. 96	20. 4. 59
Kruse, Bernd	15. 11. 96	3. 7. 63
Hansen, Renate	1. 8. 97	5. 1. 64
Dr. Anders, Ralf Peter, abg.	29. 12. 98	24. 3. 65

SH Richter/StA im Richterverhältnis auf Probe

Name	Datum 1	Datum 2	Name	Datum 1	Datum 2
Haage, Uta	29. 12. 98	4. 11. 66	Braunwarth, Christian	19. 8. 02	3. 1. 64
Mähl, Thorwald	16. 5. 00	4. 11. 67	Dr. Ernst, Marcel	25. 10. 02	6. 1. 69
Sievers, Meike	29. 5. 00	25. 2. 68	von Holdt, Bettina	21. 3. 03	25. 8. 71
Lofing, Hans-Peter	2. 8. 00	6. 12. 63	Böttcher, Kerstin	29. 9. 03	30. 7. 72
Voß, Sönke	2. 5. 01	13. 6. 69	Nentwig, Ina	21. 10. 03	22. 7. 69
Wendt, Markus	15. 10. 01	30. 5. 69	Feindt, Jan Michael	13. 1. 05	4. 3. 71
Dr. Rose, Frank Guido	16. 10. 01	7. 10. 66	Mrozek, Heike	1. 2. 05	25. 8. 57
Charchulla, Tim	22. 1. 02	17. 5. 72	Marioth, Philipp	12. 7. 05	19. 5. 71
Wilking, Claudia	27. 3. 02	1. 4. 69	Popken, Heiner	20. 7. 05	18. 3. 65
Karagiannidis, Stavros	10. 5. 02	13. 1. 69	Prasuhn, Andrea	25. 7. 05	4. 9. 72
Nett, Christiane	31. 7. 02	5. 3. 68	Kessemeier, Jan Theo	25. 9. 05	27. 2. 71

Richterinnen/Richter und Staatsanwältinnen/Staatsanwälte im Richterverhältnis auf Probe

Bei den Gerichten:

Name	Datum 1	Datum 2	Name	Datum 1	Datum 2
Laß, Uta	15. 4. 97	18. 1. 68	Wink, Myriam	16. 9. 02	23. 4. 68
Blasel, Tamara	1. 11. 99	6. 10. 70	Lohmann, Johann Christoph	17. 9. 02	18. 5. 72
Lindberg, Silke	1. 12. 99	3. 6. 72	Otto, Tim	7. 10. 02	4. 3. 73
Arp, Kerstin	1. 11. 00	12. 6. 70	Kaden, Susanne	4. 11. 02	21. 3. 64
Bärhold, Anne-Katrin	13. 11. 00	6. 9. 67	Theising, Stefan	4. 11. 02	20. 5. 75
Dr. Bauer, Ralf	2. 1. 01	4. 5. 72	Dr. Backmann, Jan Leonhard	11. 11. 02	4. 10. 72
Kriston, Katharina, abg.	15. 1. 01	9. 12. 72	Stein, Fabian	11. 11. 02	7. 2. 75
Balders, Maike	29. 1. 01	9. 3. 73	Dr. Karitzky, Holger, abg.	2. 12. 02	23. 1. 68
Diestelmeier, Jörg	12. 2. 01	27. 5. 72	Kreysing, Silke	2. 12. 02	23. 2. 74
Melis, Sabine	19. 2. 01	9. 5. 68	Meisterjahn, Dirk	2. 12. 02	27. 10. 75
Schmok, Stephanie	1. 3. 01	13. 7. 70	Dr. Günther, Sebastian	2. 1. 03	5. 10. 74
Renner, Antje	1. 3. 01	26. 9. 71	Schüller, Lysann Kathrin	2. 1. 03	16. 4. 75
Dr. Kremer-Bax, Alexandra, abg.	17. 4. 01	24. 8. 69	Dr. Bahlmann, Stephan	3. 2. 03	20. 5. 69
Dr. Brunkow, Gesine	2. 5. 01	14. 6. 72	Rohweder, Aljoscha	3. 2. 03	9. 3. 74
Stein, Angelika	2. 5. 01	3. 8. 72	Lindemann, Halina	3. 2. 03	12. 10. 75
Möllenkamp, Olaf	7. 5. 01	26. 5. 71	Glatz, Birgit Heidi	3. 3. 03	18. 11. 67
Hupfeld, Maike	2. 7. 01	13. 3. 65	Hartlmaier, Arne	3. 3. 03	8. 6. 74
Thron, Katrin	2. 7. 01	9. 3. 66	Bick, Thomas	17. 3. 03	9. 2. 70
Döring, Hilke	9. 7. 01	21. 8. 74	Siebel-Huffmann, Heiko	17. 3. 03	29. 9. 70
Fürter-Braun, Berke	16. 7. 01	3. 10. 72	Dr. Pape, Robert	7. 4. 03	31. 12. 70
Rudolph, Annett	20. 8. 01	17. 7. 72	Stangenberg, Felix	7. 4. 03	1. 2. 71
Hasselder, Maike	10. 9. 01	25. 12. 71	Harder, Insa	7. 4. 03	12. 6. 75
Kleine, Rebekka	17. 9. 01	7. 4. 75	Dr. Frommeyer, Ingo	14. 4. 03	28. 4. 75
Heyne, Maike	1. 11. 01	31. 8. 70	Rodenwald, Christian	5. 5. 03	15. 9. 73
Dr. Dornis, Christian	17. 12. 01	23. 11. 69	Sieck, Kristina	12. 5. 03	12. 3. 69
Kartheus, Dido Melanie	17. 12. 01	8. 1. 73	Scherf, Julia Martha	19. 5. 03	25. 11. 71
Socha, Ingo	2. 1. 02	30. 10. 72	Metzger, Julian	16. 6. 03	27. 6. 63
Brommann, Sebastian	21. 1. 02	23. 3. 72	Wittich, Gregor	16. 6. 03	20. 3. 71
Banneck, Tanja	4. 2. 02	11. 1. 72	Bischoff, Monika	16. 6. 03	26. 7. 76
Komposch, Katja	2. 4. 02	27. 3. 69	Schirmer, Miriam	1. 7. 03	27. 5. 65
Dr. Stühmer, Jens	2. 4. 02	8. 6. 69	Gärtner, Julia	1. 7. 03	2. 8. 75
Dr. Lehmann, Felix	22. 4. 02	11. 1. 74	Nicklaus, Dörte	14. 7. 03	27. 3. 71
Bolten, Kirsten	22. 4. 02	17. 10. 74	von Duhn, Isabell	4. 8. 03	28. 6. 72
Heistermann, Catharina	2. 5. 02	16. 1. 74	Riesener, Christine	4. 8. 03	21. 4. 72
Gärtner, Janina-Maria	1. 7. 02	6. 12. 71	Dr. Groß, Dominik	11. 8. 03	4. 5. 72
Bezjak, Garonne	15. 7. 02	9. 9. 73			

Richter/StA im Richterverhältnis auf Probe SH

Name		
Dr. Wilkening, Almut	1. 9. 03	4. 2. 68
Dr. Schady, Jan Henrik	5. 1. 04	15. 6. 73
Schulze, Dorit	15. 1. 04	9. 1. 76
Göllner, Karsten	2. 2. 04	12. 9. 71
Münz, Sabine	2. 2. 04	4. 11. 74
Spranger, Simone	1. 7. 04	31. 10. 74
Dr. Jensen, Inken	1. 7. 04	26. 8. 75
Wiese, Theresa	1. 7. 04	3. 4. 77
Kunz, Sylvia	2. 8. 04	9. 2. 74
Dr. Lewin, Daniel	2. 8. 04	21. 8. 74
Greve, Silja	2. 8. 04	12. 12. 74
Rust, Alfred	2. 8. 04	23. 7. 75
Tönsmeyer, Britt	9. 8. 04	8. 9. 72
Althaus, Tilman	1. 9. 04	26. 8. 70
Dr. Moosmann, Oliver	18. 10. 04	24. 10. 72
Mrosk, Jenny	25. 10. 04	15. 5. 76
Hentschel, Antje	1. 11. 04	22. 10. 74
Dr. Laue, Carsten	1. 12. 04	7. 7. 74
Dr. Schmaltz, Christiane	15. 12. 04	30. 11. 70
Dr. Johannsen, Sandra	3. 1. 05	5. 10. 73
Dr. Trachsler, Daniela	17. 1. 05	23. 8. 73
Dr. Breyer, Patrick	15. 2. 05	29. 4. 77
Dr. Sauter, Markus	1. 3. 05	28. 11. 73
Dr. Kadner, Irene	4. 4. 05	3. 3. 75
Vogt, Antje	25. 4. 05	15. 2. 76
Castringius, Katharina	2. 5. 05	11. 9. 70
Nagel, Rieper	2. 5. 05	27. 2. 73
Storf, Carsten	7. 6. 05	28. 12. 75
Tsukida, Irina	22. 6. 05	9. 6. 73
Tuncel, Aykut	1. 8. 05	27. 10. 72
Beese, Marc	1. 8. 05	9. 11. 73
Dr. Naumann, Claudia	1. 8. 05	17. 12. 75
Gruber, Daniel	1. 8. 05	3. 5. 76
Richter, Juliane	29. 8. 05	5. 6. 75
Martschinke, Heiko Siegfried	5. 9. 05	9. 2. 78
Dr. Hamdorf, Kai Roger	4. 10. 05	6. 3. 73
Soltau, Andrea	17. 10. 05	2. 7. 68
Dr. Sticken, Gunnar	17. 10. 05	10. 6. 74
Dr. Reichelt, Daniel	7. 11. 05	22. 5. 74
Dr. Groth, Andy	3. 1. 05	12. 1. 75
Dr. Gudat, Kirsten	6. 6. 05	1. 7. 77
Pfaff, Christina	14. 11. 05	13. 12. 77

Bei den Staatsanwaltschaften:

Name		
Schuchard, Axel	15. 7. 02	14. 1. 74
Nagel, Verena	14. 10. 02	8. 2. 73
Bewersdorff, Jana	3. 2. 03	3. 4. 71
Dr. Jaeschke, Frauke	3. 2. 03	23. 7. 74
Füßinger, Silke	3. 2. 03	19. 12. 74
Schwedler, Gerrit	3. 2. 03	21. 7. 75
Dr. Hadeler, Henning	17. 2. 03	8. 7. 73
Hanß, Andreas	3. 3. 03	6. 2. 73
Schuchard, Sabine	3. 3. 03	7. 9. 75
Dr. Schwinn, Claudia	14. 4. 03	26. 11. 71
Ihde, Moritz	14. 4. 03	24. 9. 72
Pfaff, Matthias	19. 5. 03	11. 7. 70
Bick, Anabel	2. 6. 03	15. 7. 74
Mitterer, Andy	7. 7. 03	3. 10. 75
Führer, Sarah	7. 7. 03	30. 12. 75
Dr. Hingst, Ulla	1. 10. 03	23. 1. 73
Schumann, Axel	1. 6. 04	21. 7. 75
Gothardt, Dirk	1. 7. 04	13. 4. 73
Nehlep, Sandra	1. 7. 04	18. 4. 74
Dr. Buscher, Jens Michael	2. 8. 04	4. 12. 70
Block, Inke	2. 8. 04	16. 9. 76
Semleit, Barbara	1. 9. 04	12. 7. 67
Spitz, Natalia	1. 9. 04	6. 7. 70
Dr. Guhra, Emanuel	18. 4. 05	14. 7. 71
Nowrousian, Bijahn	25. 4. 05	28. 8. 75
Dr. Thumm, Maja	25. 7. 05	13. 8. 75
Nestler-Ahuis, Gitte	4. 10. 05	14. 11. 74
Straßburger, Mirja	4. 10. 05	6. 2. 78
Dr. Schlüter, Karen	2. 1. 06	21. 2. 75
Grupe, Jan	2. 1. 06	24. 4. 75
Wege, Verena	2. 1. 06	12. 11. 77
Dr. Ülger, Damla	1. 2. 06	18. 10. 76
Dr. Zobel, Petra	1. 3. 06	6. 12. 72
Dr. Bonin, Birger	1. 3. 06	30. 8. 73
Morische, Gerrit	1. 3. 06	9. 12. 74

Freistaat Thüringen

2 355 280 Einwohner*

Thüringer Justizministerium/ Justizprüfungsamt

Werner-Seelenbinder-Straße 5, 99096 Erfurt
Tel. (03 61) 37 95-0 00, Fax 37 95-8 88
E-Mail: poststelle@tjm.thueringen.de
Pressestelle: Tel. (03 61) 37 95-8 40, Fax (03 51) 37 95-8 48
E-Mail: presse@tjm.thueringen.de

1 Min, 1 StS, 4 MinDgt, 7 LMinR, 21 MinR, 13 RD, 6 ORR

Minister für Justiz
Schliemann, Harald   8. 7. 04   21. 5. 44

Staatssekretär
Scherer, Manfred   8. 7. 04   7. 2. 51

Ministerialdirigenten
Hess, Rainer   21. 2. 94   10. 11. 46
Geibert, Jörg   1. 10. 02   20. 2. 63
Kaufmann, Stefan   1. 7. 05   30. 12. 53

Leitende Ministerialräte
Dr. Faber, Rolf   24. 2. 93   16. 11. 46
Wendt, Detlef   1. 4. 99   12. 12. 57
Kunz, Thomas   5. 4. 00   2. 3. 58
Dr. von der Weiden,
  Klaus-Dieter   2. 4. 02   19. 12. 62
Dr. Wedekind, Udo   1. 10. 03   8. 10. 61

Ministerialrätinnen/Ministerialräte
Justi, Rolf   1. 1. 92   12. 8. 46
Riewe, Richard, abg.   4. 10. 94   15. 3. 42
Walsmann, Marion, beurl.   1. 4. 00   17. 3. 63
Holland-Moritz, Rainer   2. 10. 00   13. 5. 56

---
* Stand: 31. 12. 2004.

Wolf, Petra   1. 4. 02   26. 12. 55
Blasius, Johannes   1. 10. 04   20. 7. 67
Dr. Fibich, Holger   13. 12. 04   1. 10. 64

Regierungsdirektorinnen/Regierungsdirektoren
Gaitzsch, Matthias   29. 7. 94   23. 8. 49
Ladewig, Hans Jürgen   2. 8. 94   10. 1. 48
Wolf, Heinz-Josef   1. 9. 94   8. 11. 43
Müller, Mechthild   1. 9. 94   4. 12. 48
Dr. Elsmann, Günther,
  beurl.   1. 2. 96   9. 11. 41
Weth, Reinhard   1. 10. 98   25. 2. 48
Peters, Henry   2. 10. 00   20. 7. 64
Rohatsch, Karl Heinz,
  beurl.   1. 4. 03   10. 2. 42
Dr. Wenzel, Wolf-Dietrich 1. 12. 03   19. 8. 66
Kraulich, Joachim   1. 10. 04   14. 10. 62
Horsch, Andreas   19. 12. 05   27. 9. 65
Dr. Brune, Ulrike   16. 1. 06   17. 12. 59

Oberregierungsrätin/Oberregierungsräte
Dewald, Volker   1. 10. 97   7. 6. 53
Seyfarth, Gabriele   1. 10. 98   26. 6. 51
Rupp, Michael   1. 4. 00   25. 8. 61

Regierungsrätin/Regierungsrat z.A.
König, Stephan   22. 12. 04   19. 4. 77
Bosse-Koch, Antje   9. 11. 05   14. 3. 76

Oberlandesgerichtsbezirk Jena

Bezirk: Freistaat Thüringen

4 Landgerichte
Erfurt, Gera, Meiningen, Mühlhausen

Baulandkammer Beim Landgericht Meiningen, zuständig für alle Landgerichtsbezirke.

30 Amtsgerichte
Die Führung der Handels-, Genossenschafts- und Partnerschaftsregister wird dem Amtsgericht **Jena** übertragen. Die Zentralisierung ist noch nicht abgeschlossen. Die Zuständigkeit in Insolvenzsachen ist den Amtsgerichten am Sitz der Landgerichte für den jeweiligen Landgerichtsbezirk übertragen.

Schöffengerichte Bei allen Amtsgerichten außer den nachstehend aufgeführten. Gemeinsames Schöffengericht für die Amtsgerichte, bei denen ein Schöffengericht nicht gebildet wird, ist

für die AGBez.:	*das Schöffengericht:*
Sömmerda:	Artern
Arnstadt:	Gotha
Apolda:	Weimar
Greiz:	Gera
Stadtroda:	Jena
Pößneck und Saalfeld:	Rudolstadt
Bad Salzungen und Schmalkalden:	Meiningen
Hildburghausen:	Sonneberg
Ilmenau:	Suhl
Bad Langensalza, Heilbad Heiligenstadt und Leinefelde-Worbis:	Mühlhausen
Sondershausen:	Nordhausen

Thüringer Oberlandesgericht

Rathenaustr. 13, 07745 Jena, Postfach 10 01 38, 07701 Jena
Tel. (0 36 41) 30 70, Fax (0 36 41) 30 72 00, E-Mail: poststelle@tholg.thueringen.de
1 Pr, 1 VPr, 9 VR, 29 R, 2 UProf im 2. Hauptamt

Präsident

Dr. h.c. Bauer, Hans-Joachim	18. 10. 93	22. 6. 41

Vizepräsident

Kotzian-Marggraf, Karl	29. 11. 01	28. 8. 52

Vorsitzende Richterin/Vorsitzende Richter

Pfalzer, Hans-Otto	1. 10. 97	24. 11. 47
Dünisch, Ernst H.	1. 4. 98	7. 2. 51
Weber, Michael	1. 10. 98	9. 12. 52
Krueger, Ulrich, beurl.	1. 4. 00	23. 9. 43
Ross, Regina	1. 10. 01	22. 5. 55
Müller, Wolf Philipp	1. 4. 02	22. 10. 47
Bettin, Ingolf	1. 10. 04	29. 1. 60
Dr. Schwerdtfeger, Dirk	1. 7. 05	11. 4. 60

Richterinnen/Richter

Prof. Dr. Bayer, Walter (UProf, 2. Hauptamt)	31. 7. 96	11. 7. 56
Prof. Dr. Oetker, Hartmut (UProf, 2. Hauptamt)	31. 7. 96	14. 3. 59
Billig, Carola	1. 2. 97	18. 8. 51
Schulze, Stefan	1. 2. 97	12. 11. 55
Zimmermann-Spring, Jutta	1. 2. 97	28. 6. 60
Bayer, Otto	1. 10. 98	11. 1. 57
Martin, Sigrid	1. 4. 99	3. 2. 55
Mummert, Bernd Michael	1. 4. 00	25. 8. 58
Zoller, Andrea	1. 4. 00	14. 4. 60
Kodalle, Susanne	1. 4. 01	19. 5. 52
Linsmeier, Gerhard	1. 4. 01	9. 10. 58
Dr. Schlingloff, Jochen	1. 4. 01	23. 9. 63
Pippert, Jörg	1. 4. 02	5. 2. 63
Timmer, Burkhard	1. 4. 02	23. 4. 63
Bötzl, Ulrike	1. 4. 02	15. 6. 63
Rothe, Birgit	1. 4. 02	23. 11. 64
Jahn, Gerhard	1. 4. 03	25. 10. 63
Pesta, Rita	1. 4. 04	25. 2. 61
Giebel, Martin	1. 4. 04	24. 3. 64
Dr. Brenneisen, Ute	1. 10. 04	27. 4. 64
Lindemann-Proetel, Christine, beurl.	10. 2. 05	17. 2. 54
Reichertz, Katrin	1. 8. 05	28. 5. 63
Knöchel, Detlef	8. 12. 05	21. 10. 64

LG-Bezirk Erfurt OLG-Bezirk Jena **TH**

Landgerichtsbezirk Erfurt

Landgericht Erfurt
Domplatz 37, 99084 Erfurt
Postfach 10 14 51, 99014 Erfurt
Tel. (03 61) 3 77 55 35
Fax (03 61) 37 78 00
E-Mail: poststelle@lgef.thueringen.de
1 Pr, 1 VPr, 16 VR, 30 R

Präsidentin
Schwarz, Renate   27. 8. 01   19. 7. 58

Vizepräsident
Hükelheim, Norbert   1. 4. 02   1. 1. 53

Vorsitzende Richterinnen/Vorsitzende Richter
Buus, Karl-Heinz   1. 9. 93   23. 8. 47
Rathemacher, Sabine   29.10. 93   3. 3. 60
Orth, Marlies   22.12. 93   22. 3. 58
Pröbstel, Holger   22.12. 93   19. 9. 60
Liebhart, Friedrich   1.10. 95   9. 8. 51
Winnig, Sabine   1. 2. 96   12. 8. 51
Strunk, Reinhard   1. 2. 97   25. 1. 43
Zoller, Roland   1. 4. 98   5. 9. 61
Schilling, Heinz   1. 4. 99   25. 6. 48
Schneider, Thomas   1. 4. 00   29. 4. 63
Scherf, Reinhard   1.10. 01   10. 8. 53
Krohn, Hans   1. 4. 04   30.12. 50

Richterinnen/Richter
Bieder, Hendrik   22. 2. 94   1.12. 59
Wichmann-Bechtelsheimer,
  Heike   22. 2. 94   1. 4. 62
Hoßbach, Thomas   26. 5. 94   11. 6. 62
Wolf, Thomas, abg.   26. 5. 94   16. 2. 64
Apel, Jürgen-Dirk   4.10. 94   7. 3. 62
Lossin-Weimer, Kerstin,
  abg.   4.10. 94   9.10. 63
Teichgräber, Beate   6.10. 94   24.10. 58
Grimm, Michael   6.10. 94   16.10. 59
Harnisch, Brigitta   28. 4. 95   11.10. 51
von Hagen, Markus   2. 5. 95   8. 8. 62
Steinmaier, Dirk   17. 7. 95   6.11. 58
Rümmler, Matthias   17. 7. 95   16.11. 62
Langer, Sabine   1. 2. 96   20. 3. 63
Hampel, Detlef   18. 4. 96   5. 4. 64
Steigerwald, Uwe, abg.   29. 4. 96   11. 9. 61
von Friesen, Christoph   23. 5. 96   24.10. 61
Dr. Bender, Ute   30. 8. 96   6. 3. 63
Keske, Burkhard, abg.   1. 9. 96   14. 6. 60
Jünger, Claudia   1. 9. 96   28. 4. 63

Andres, Peter   1. 9. 96   27. 7. 64
Böhm, Ellen   7. 9. 96   13. 1. 65
Niedhammer, Sabine,
  beurl.   10. 9. 96   11. 3. 64
Kölsch, Wolfgang   27.11. 96   13. 2. 65
Lauinger, Dieter   28.11. 96   5. 4. 59
Laumen, Edmund   10.12. 96   5. 4. 59
von Schmettau, Mechthild   16. 1. 97   7. 4. 65
Becher, Martina   12. 2. 97   4. 1. 65
Geibert, Anja   15. 3. 97   8.10. 64
Lindner, Jürgen   15. 3. 97   22. 2. 65
Gerwing, Annette   8. 7. 97   12. 5. 64
Wienroeder, Christiane,
  abg.   9. 7. 97   20. 3. 63
Dr. Borowsky, Martin   20. 2. 98   3. 4. 60
Hornstein, Martina   11. 6. 98   3. 5. 64
Lieser, Antje, beurl.   11. 6. 98   10. 3. 66
Dr. Ferneding, Ludger   22. 7. 99   9. 6. 62
Plath, Detlev   3. 8. 99   30. 6. 66
Tietjen, Udo, abg.   3. 8. 99   9. 6. 67
Dietrich-Pippert, Jeanette   2. 2. 00   28. 6. 64
Biermann, Anja   24. 1. 00   17. 6. 65
Bailly, Barbara, abg.   24. 1. 00   19. 3. 67
Drews, Ulrich   24. 1. 00   22. 7. 67
Berndt-Friedrich, Susanne,
  beurl.   24. 1. 00   27. 4. 68
Stolte, Peter, abg.   13. 7. 01   23. 5. 56
Dr. Schmidt, Lars   13. 7. 01   28. 3. 70
Tilch, Stefan, abg.   7. 8. 01   12.12. 67

Amtsgerichte

Apolda
Jenaer Str. 8, 99510 Apolda
Postfach 11 65, 99501 Apolda
Tel. (0 36 44) 50 29-0
Fax (0 36 44) 50 29 33

1 Dir, 3 R

Behlau, Claus-Peter, Dir   1. 4. 98   11. 1. 55
Wille, Vera   26. 5. 94   23. 9. 53
Hausmann, Susanne   19. 3. 97   15. 6. 64
Johannes, Gudrun   1. 8. 02   9.10. 63

Arnstadt
Längwitzer Str. 26, 99310 Arnstadt
Postfach 14 64, 99304 Arnstadt
Tel. (0 36 28) 9 33 00
Fax (0 36 28) 93 30 33

1 Dir, 5 R

Germann, Peter, Dir   1.10. 98   6. 4. 50
Kölsch, Cornelia, abg.   28.11. 96   26.11. 65

413

TH OLG-Bezirk Jena

LG-Bezirk Erfurt

Pilch, Annett	17. 11. 97	7. 7. 68
Querbach, Christina, abg.	14. 5. 98	10. 12. 65
Strack, Inka, beurl.	2. 3. 01	28. 9. 68
Klameth, Anja	7. 8. 01	3. 5. 72
Grünseisen, Renate	12. 7. 02	11. 3. 70

Artern Poststr. 10, 06556 Artern
Postfach 11 20, 06551 Artern
Tel. (0 34 66) 3 36 00
Fax (0 34 66) 33 60 58

1 Dir, 3 R

Obhues, Michael, Dir	24. 10. 03	11. 8. 65
Schiefelbein, Renate	26. 5. 94	13. 9. 49
Richter, Martina	14. 6. 96	18. 4. 63
Fierenz, Gerald	4. 3. 97	12. 5. 65

Erfurt
Rudolfstraße 46, 99092 Erfurt
Postfach 10 14 52, 99014 Erfurt
Tel. (03 61) 3 77 60 01
Fax (03 61) 3 77 60 00
E-Mail: poststelle@agef.thueringen.de

1 Dir, 1stv Dir, 2 w.aufsR, 32 R

Direktorin

Baumann, Astrid	6. 2. 04	9. 2. 57

Ständiger Vertreter der Direktorin

N. N.	—	—

weitere aufsichtsführende Richter

Köhler, Michael	1. 10. 95	19. 9. 45
Bitz, Philipp	1. 4. 98	1. 10. 50

Richterinnen/Richter

Mortag, Helga	22. 2. 94	13. 9. 50
Schwarz, Heike	6. 4. 94	17. 7. 64
Michalk, Waltraud	20. 5. 94	9. 5. 50
Metze, Christina	26. 5. 94	14. 8. 51
Kißner, Birgitt	26. 5. 94	24. 8. 53
Bock, Sigrid	26. 5. 94	9. 1. 54
Ungewiß, Martina	26. 5. 94	24. 12. 62
Scherer, Michael	6. 10. 94	20. 11. 56
Dölle, Joachim	6. 10. 94	24. 9. 58
Daubitz, Kurt	6. 10. 94	28. 12. 58
Werner, Frank	6. 10. 94	14. 4. 59
Hauzel, Thomas	6. 10. 94	22. 9. 59
Wildenauer, Ralf	14. 2. 95	15. 12. 63
Frye, Kirsten	11. 7. 95	12. 6. 62
Kümmel-Schwarz, Katja	24. 11. 95	19. 12. 62
Freise, Wolfgang	1. 12. 95	23. 4. 54
Lübbers, Ulrich, abg.	18. 6. 96	8. 11. 59

Marx, Renate	18. 6. 96	20. 11. 63
von Schmettau, Georg, abg.	16. 7. 96	13. 8. 62
Bucke, Martina	16. 7. 96	21. 9. 65
Schwarz, Martin	28. 8. 96	19. 6. 61
Ewald, Christine	2. 9. 96	16. 7. 62
Napp-Keske, Silvia	29. 11. 96	15. 8. 64
Baumann, Ludger	2. 1. 97	11. 9. 62
von Hagen, Birgit, beurl.	10. 3. 97	31. 12. 62
von Hirschheydt, Silke	15. 3. 97	14. 8. 64
Mörtzschky, Franziska	8. 7. 97	16. 11. 64
Luckas-Steinmaier, Claudia	10. 7. 97	24. 8. 63
Kalb, Chelion, beurl.	1. 7. 99	16. 3. 65
Friedrich, Oliver	21. 6. 00	8. 4. 67
Dr. Heinz, Claudia	6. 8. 01	13. 10. 66
Hütte, Petra	3. 3. 03	23. 9. 60
Babeck, Thomas	3. 3. 03	31. 8. 70

Gotha
Justus-Perthes-Str. 2, 99867 Gotha
Postfach 10 01 36, 99851 Gotha
Tel. (0 36 21) 21 50
Fax (0 36 21) 21 51 00

1 Dir, 1 stvDir, 12 R

Wiesenbacher, Michael, Dir	1. 7. 05	20. 5. 52
Kuhnert, Sabine, stVDir	1. 4. 98	13. 7. 53
Schwarz, Torsten	20. 5. 94	1. 5. 65
Daubitz, Erika	14. 2. 95	3. 7. 61
Ansorge, Heiko	21. 7. 95	25. 8. 53
Dr. Neumann, Gabriele, abg.	1. 2. 96	2. 10. 54
Borowiak-Soika, Ulrike	5. 6. 96	14. 10. 63
Berg, Helmut	19. 6. 96	16. 8. 59
Thelen, Frank	2. 12. 96	12. 10. 61
Luckhardt, Wera	3. 12. 96	31. 3. 64
Steigerwald, Viola	17. 11. 97	24. 8. 59
Dr. Arend, Susanne, abg.	18. 11. 97	30. 11. 62
Boller, Jan	4. 12. 01	7. 5. 71
Jahn, Barbara	1. 8. 02	18. 2. 64
Kranz, Corina	12. 7. 02	23. 8. 68

Sömmerda
Weißenseer Str. 52, 99610 Sömmerda
Postfach 11 47, 99601 Sömmerda
Tel. (0 36 34) 37 07-0
Fax (0 36 34) 37 07-40

1 Dir, 4 R

Müller-Hilgert, Michael, Dir	1. 10. 98	17. 12. 57
Michalik, Kerstin	18. 7. 95	4. 7. 54
Backes, Johannes, abg.	9. 5. 96	13. 6. 62
Fibich, Lydia	1. 9. 96	21. 3. 65
Przewosnik, Sabine	4. 8. 97	1. 7. 64

LG-Bezirk Gera   OLG-Bezirk Jena **TH**

Weimar
Ernst-Kohl-Str. 81, 99423 Weimar
Postfach 20 06, 99421 Weimar
Tel. (0 36 43) 2 33 00
Fax (0 36 43) 2 33 02 00

1 Dir, 1 stVDir, 10 R

Brauhardt, Carolina, Dir	17. 2. 98	16. 12. 55
N. N., stVDir	—	—
Kunkel, Marlies	26. 5. 94	2. 1. 51
Schulz-Hauzel, Michaela	6. 10. 94	7. 10. 61
Götz, Karl-Heinrich	17. 7. 95	1. 2. 61
Reckert, Karin	1. 2. 96	18. 12. 64
Weller, Susanne	14. 6. 96	3. 6. 62
Gloski, Inez	17. 7. 96	12. 9. 65
Fasco, Dagmar	2. 9. 96	27. 3. 64
Dettmar, Christian	1. 8. 97	3. 2. 63
Baumgart, Steffen	24. 1. 00	12. 5. 67
Näser, Matthias	12. 7. 02	7. 5. 72
Trebeß, Mandy	3. 3. 03	1. 7. 72

Landgerichtsbezirk Gera

Landgericht Gera
Rudolf-Diener-Str. 2, 07545 Gera
Postfach 17 64, 07507 Gera
Tel. (03 65) 8 34-0
Fax (03 65) 8 34 10 00
E-Mail: poststelle@lgg.thueringen.de

Zivilkammer und Kammer für Handelssachen
Weg der Freundschaft 4, 07546 Gera

1 Pr, 1 VPr, 14 VR, 28 R

Präsident
Ganderath, Peter	1. 4. 99	16. 1. 57

Vizepräsident
Maul, Reinhard	12. 10. 93	3. 10. 48

Vorsitzende Richterinnen/Vorsitzende Richter
Neidhardt, Berndt	29. 10. 93	21. 10. 55
Baedke, Jürgen	14. 12. 93	7. 1. 44
Gins, Werner	1. 12. 96	15. 1. 48
Platzek, Barbara	1. 10. 98	18. 11. 48
Parteina, Alexander	1. 10. 98	16. 3. 53
Pagel, Kerstin	1. 10. 98	3. 10. 53
Sonntag, Klaus	11. 9. 00	5. 8. 59
Rassier, Gerhard	1. 4. 03	21. 11. 58
Pieper, Friedrich Wilhelm	1. 4. 04	30. 12. 60
Kramer, Stefan	1. 4. 04	10. 6. 63
Grüneberg, Andreas	1. 10. 04	25. 6. 63

Terborg, Susanne		1. 10. 04	12. 8. 66
Nährig, Bernhard		10. 2. 05	11. 11. 53

Richterinnen/Richter
Toetzke, Ute	14. 2. 95	6. 10. 58
Diedrich, Ingrid	14. 2. 95	19. 1. 61
Oehlkers, Reinhard	17. 5. 95	22. 7. 52
Opitz, Olaf, abg.	5. 7. 95	30. 8. 60
Fischer, Stefan	30. 4. 96	16. 10. 63
Lichius, Christina	8. 5. 96	15. 12. 60
Hager, Elke	18. 6. 96	28. 4. 63
Kaufmann, Michael	9. 7. 96	24. 6. 61
Erbarth, Alexander	15. 7. 96	20. 6. 63
Blaß, Katharina	12. 12. 96	21. 2. 65
Blasius, Judith	15. 3. 97	10. 3. 65
Schade, Sabine, abg.	25. 6. 97	8. 6. 66
Böttcher-Grewe, Kerstin, abg.	13. 10. 97	24. 2. 63
Tonndorf, Uwe	19. 11. 97	17. 12. 65
Redeker, Philip	13. 5. 98	7. 11. 63
Wentzel, Michael	3. 2. 99	15. 6. 64
Schwengber, Heike	27. 4. 99	22. 7. 68
Wulf, Angelika	28. 4. 99	4. 8. 66
Tscherner, Harald, abg.	12. 8. 99	17. 3. 67
Höfs, Andrea	23. 9. 99	19. 8. 64
Siede, Walther	10. 3. 00	12. 2. 64
Friebertshäuser, Sonja	10. 3. 00	15. 4. 65
Dannenberg, Karl Micha	10. 3. 00	16. 2. 66
Jacob, Roland, abg.	23. 3. 00	2. 3. 63
Hollandmoritz, Silke	29. 9. 00	25. 6. 71
Klostermann, Stefanie	4. 10. 00	18. 11. 66
von Ammon, Sebastian	4. 10. 00	19. 7. 68
Vanselow, Sabine	8. 6. 01	15. 10. 66
Resch, Kati	12. 7. 02	20. 9. 67
Bangert, Klaus	1. 4. 04	6. 5. 58
Hohmeier, Karl	1. 4. 04	8. 1. 64

Amtsgerichte

Altenburg
Burgstraße 11, 04600 Altenburg
Postfach 12 61, 04852 Altenburg
Tel. (0 34 47) 5 59-0
Fax (03 47) 5 59-111

Grundbuchamt
Wenzelstr. 45, 04600 Altenburg
Tel. (0 34 47) 59 32 40
Fax: (03 47) 55 91 11

1 Dir, 1 stVDir, 7 R

Sievers, Henning, Dir	1. 7. 05	13. 7. 56
N. N., stVDir	—	—
Rothe, Kerstin	20. 5. 94	30. 5. 59

TH OLG-Bezirk Jena

LG-Bezirk Gera

Albers, Raimund	6. 10. 94	18. 4. 56
Hilbig, Angelika	14. 2. 95	8. 11. 50
Klopfer, Wolfgang	3. 5. 95	16. 2. 62
Gerstner, Manuela	25. 7. 95	26. 12. 62
Daum, Roger	16. 12. 96	8. 7. 64
Osin, Peter	5. 2. 98	20. 2. 65
Doleski-Stiwi, Angela, beurl.	1. 4. 04	9. 7. 66

Bad Lobenstein
Mühlgasse 19 c, 07356 Bad Lobenstein
Postfach 121, 07353 Bad Lobenstein
Tel. (03 66 51) 6 10-0
Fax (03 66 51) 6 10-10

1 Dir, 4 R

N. N., Dir	—	—
Marufke, Dieter	3. 5. 95	11. 4. 59
Bandorf, Armin, abg.	19. 9. 96	3. 4. 63
Leitloff, Jürgen	3. 12. 96	1. 7. 64
Detsch, Martina	9. 7. 97	14. 6. 66
Keller, Stefanie	20. 11. 97	12. 5. 64

Gera
Rudolf-Diener-Straße 1, 07545 Gera
Postfach 16 61, 07506 Gera
Tel. (03 65) 8 34-0
Fax (03 65) 8 34-20 07

*Familien-/Betreuungs- und
Vormundschaftssachen/Zwangsversteigerung*
Rudolf-Diener-Str. 4, 07545 Gera
Tel. (03 65) 8 34-0, Fax: (03 65)8 34 22 00

1 Dir, 1 stVDir, 2 w.aufsR, 23 R

Henn, Ruth, Dir	1. 7. 05	23. 7. 65
Christ, Siegfried, stVDir	1. 10. 01	29. 9. 63
Strohscher, Frank	6. 4. 94	10. 1. 62
Kallenbach, Helga	26. 5. 94	14. 4. 66
Menke, Angela	6. 10. 94	19. 11. 59
Drachsler, Thomas	15. 5. 95	29. 05. 62
Kahlenbach, Heidrun	5. 7. 95	9. 10. 51
Meier, Joachim	11. 12. 95	26. 8. 62
Streitberg, Winfried	12. 12. 95	9. 10. 63
Krollmann, Gabriele	29. 1. 96	10. 3. 64
Hartmann, Volker	30. 4. 96	13. 3. 56
Sander, Jörg	30. 4. 96	28. 4. 62
Popendicker, Heike	11. 6. 96	24. 4. 65
Holterdorf, Thomas	30. 8. 96	28. 1. 62
Wilhelm, Norbert	4. 9. 96	22. 7. 64
Weisenstein, Iris	1. 10. 96	3. 2. 66
Scholzen, Wolfgang	24. 10. 96	30. 9. 59
Pisczan, Bernd	20. 1. 97	3. 9. 63
Weisgerber, Ralph	17. 2. 97	16. 1. 65
Kramer, Sabine	16. 6. 98	25. 7. 66

Hollandmoritz, Christian, abg.	27. 10. 00	27. 7. 71
Beer, Susan Karin, abg.	3. 3. 03	5. 9. 71
Niemeyer, Rainer	1. 4. 04	5. 3. 59
Weber, Eugen	1. 4. 04	8. 11. 63
Dr. Franke, Friedrich	1. 4. 04	9. 5. 67
Rühle, Heide, abg.	29. 11. 04	18. 12. 71

Greiz
Brunnengasse 10, 07973 Greiz
Postfach 12 63, 07971 Greiz
Tel. (0 36 61) 61 50
Fax (0 36 61) 61 51 17

1 Dir, 5 R

N. N., Dir	—	—
Meinzenbach, Renate	6. 10. 94	4. 12. 55
Wezykowski, Ute	6. 10. 94	29. 4. 62
Beiler, Michael	14. 2. 95	5. 4. 62
Heidel, Reik, abg.	20. 1. 97	10. 10. 67

Jena
Rathenaustr. 13, 07745 Jena
Postfach 10 08 29, 07708 Jena
Tel. (0 36 41) 3 07-0
Fax (0 36 41) 3 07-2 00

1 Dir, 1 stVDir, 12 R

Tröstrum, Bernd, Dir	1. 10. 02	25. 9. 60
Seyffarth, Kerstin, stVDir	1. 4. 98	24. 10. 59
Maaß, Elke	10. 7. 95	25. 3. 64
Hovemann, Frank	9. 10. 95	10. 6. 61
Plota, Karl	9. 10. 95	24. 11. 61
Nolte, Stefan	24. 5. 96	28. 1. 63
Steffens, Andre	6. 6. 96	20. 8. 60
Piller, Andreas	6. 6. 96	23. 10. 62
Preuß, Rainer	30. 8. 96	13. 1. 54
Göritz, Wilma	16. 1. 97	21. 6. 64
Dr. Litterst-Tiganele, Gerhard	6. 2. 97	23. 8. 50
Kleßen, Detlef	5. 3. 97	5. 8. 62
Lichius, Klaus	27. 5. 97	6. 4. 63
Barbian, Susanne	4. 9. 97	27. 9. 64
Wiegler, Andreas	13. 1. 98	9. 8. 64

Pößneck
Bahnhofstr. 18, 07381 Pößneck
Postfach 14 51, 07374 Pößneck
Tel. (0 36 47) 42 68-0
Fax (0 36 47) 42 68-60

1 Dir, 2 R

Götz, Karl-Georg, Dir	1. 4. 04	3. 12. 58
Dimke, Knud	20. 5. 94	12. 7. 63
Kurz, Thilo	29. 8. 96	27. 3. 63

LG-Bezirk Meiningen　　　　　　　　　　　　　　OLG-Bezirk Jena　**TH**

Rudolstadt
Marktstr. 54, 07407 Rudolstadt
Postfach 10 02 08, 07392 Rudolstadt
Tel. (0 36 72) 4 49-0
Fax (0 36 72) 4 49-1 31

1 Dir, 6 R

Kurze, Volker, Dir	5. 11. 93	29. 6. 60
Denst, Sabine	14. 2. 95	16. 9. 60
Ziegler, Gert	26. 2. 96	1. 11. 44
Mäder, Udo	8. 5. 96	10. 5. 61
Ratajczak, Frank	16. 1. 97	24. 2. 65
Wehner, Guido	16. 8. 98	16. 8. 63
Dr. Pfeifer, Udo	11. 11. 04	23. 2. 68

Saalfeld
Boulnitzer Str. 10, 07318 Saalfeld
Postfach 20 53, 07306 Saalfeld
Tel. (0 36 71) 57 45-0
Fax (0 36 71) 57 45-50

1 Dir, 5 R

Stolze, Grit, Dir	15. 11. 01	23. 6. 64
Kämper, Andreas	14. 2. 95	2. 3. 62
Keller, Matthias	11. 7. 96	26. 4. 63
Dischinger, Ralf	1. 9. 03	23. 5. 59
Spahn, Andreas	1. 4. 04	31. 3. 63
Petry, Elke, abg.	1. 4. 04	9. 4. 66

Stadtroda
Schloßstraße 2, 07646 Stadtroda
Postfach 150, 07641 Stadtroda
Tel. (03 64 28) 4 60
Fax (03 64 28) 4 66-39

1 Dir, 1 stVDir, 8 R

N. N., Dir	—	—
Dr. Herrmann, Götz, stVDir	1. 7. 05	27. 10. 66
Gischkat, Kerstin	20. 5. 94	24. 12. 55
Schlicksbier, Regina	26. 5. 94	3. 6. 53
Illian, Simone, abg.	30. 4. 96	28. 5. 63
Sprenger, Gerrit-Marc, abg.	24. 10. 96	18. 10. 63
Duus, Reinhard	16. 1. 97	29. 11. 58
Bußjäger, Gerhard	1. 4. 04	13. 12. 54
Klaucke, Martin	1. 4. 04	26. 7. 55
Baus, Kirsten, abg.	29. 11. 04	29. 8. 69

Landgerichtsbezirk Meiningen

Landgericht Meiningen
Lindenallee 15, 98617 Meiningen
Postfach 10 04 62, 98604 Meiningen
Tel. (0 36 93) 50 90
Fax (0 36 93) 50 92 05
E-Mail: poststelle@lgmgn.thueringen.de

1 Pr, 1 VPr, 7 VR, 17 R

Präsident

Aulinger, Martin	2. 10. 00	12. 9. 55

Vizepräsident

Popp, Detlef	1. 4. 01	10. 5. 52

Vorsitzende Richterin/Richter

Wolf, Roland	1. 2. 97	8. 2. 49
Dr. Matthias, Oliver	1. 4. 01	8. 5. 60
Schäfer, Hans Peter	1. 10. 01	22. 10. 63
Wilhelms, Gerhard	1. 4. 04	6. 2. 61
Feld-Gerdes, Wolfgang	1. 10. 04	14. 6. 58
Pallasch, Manuela	1. 4. 05	13. 10. 64

Richterinnen/Richter

Rothaug, Barbara	1. 1. 91	10. 10. 59
Födisch, Waltraud, abg.	22. 2. 94	19. 4. 47
Huf, Raymund	6. 4. 94	10. 5. 53
Fleischmann, Joachim	6. 4. 94	25. 6. 55
Schmidt, Ulrich	12. 4. 94	22. 1. 55
Pardubsky, Harald	6. 10. 94	17. 12. 60
Triebel, Rene	6. 10. 94	19. 3. 61
Pfarr, Udo, abg.	14. 2. 95	11. 8. 61
Raithel, Joachim	28. 4. 95	8. 5. 62
Fleischmann, Astrid, abg.	28. 11. 95	12. 12. 57
Dr. Holzer, Johannes, abg.	7. 5. 96	8. 8. 63
Dr. Türpitz, Jörg, abg.	5. 8. 96	31. 7. 59
Groß, Franz-Peter	3. 12. 96	1. 9. 61
Sprenger, Karin	24. 11. 97	15. 9. 62
Becker, Beate	1. 9. 99	28. 5. 64
Eckstein, Claudia	24. 1. 00	24. 10. 70
Oppermann-Hein, Ute, abg.	2. 3. 01	24. 10. 70
Gann, Christoph, abg.	9. 4. 01	14. 2. 70
Schmidt, Jens	9. 4. 01	20. 3. 70
Landwehr, Bernhard	31. 5. 01	6. 5. 71
Dr. Schneider, Raik	12. 7. 02	25. 1. 69
Grundler, Jochen, RkrA	(15. 11. 05)	6. 6. 62

TH OLG-Bezirk Jena   LG-Bezirk Meiningen

Amtsgerichte

Bad Salzungen
Kirchplatz 6, 36433 Bad Salzungen
Postfach 11 63, 36421 Bad Salzungen
Tel. (0 36 95) 55 66-0
Fax (0 36 95) 55 66 11

1 Dir, 4 R

Burschel, Hans-Otto, Dir	1. 4. 02	22. 3. 54
Reitschky, Ute	6. 10. 94	31. 7. 55
Poch, Katrin	14. 2. 95	16. 9. 61
Manges, Detlef	14. 2. 95	11. 6. 62
Schwenk, Stefan	16. 1. 97	16. 11. 60

Hildburghausen
Joh.-Seb.-Bach-Str. 2, 98646 Hildburghausen
Postfach 12 50, 98642 Hildburghausen
Tel. (0 36 85) 77 90
Fax (0 36 85) 77 92 22

Grundbuchamt
Johann-Sebastian-Bach-Platz 3, 98646 Hildburghausen, Tel. (0 36 85) 7 91 70

1 Dir, 4 R

Schneider, Maritta, Dir	1. 4. 98	10. 10. 60
Tews, Martina	6. 10. 94	3. 2. 59
Bär, Roland	14. 2. 95	7. 4. 55
Jenzewski, Olav, RkrA	(1. 7. 05)	14. 9. 73

Ilmenau
Wallgraben 8, 98693 Ilmenau
Postfach 10 07 51, 98684 Ilmenau
Tel. (0 36 77) 6 43 50
Fax (0 36 77) 6 28 92

1 Dir, 4 R

N. N., Dir	—	—
Fraszczak, Heike	29. 1. 96	22. 5. 64
Naumann, Norbert	9. 7. 96	16. 9. 62
Dr. Szigarski, Mathias	2. 12. 96	12. 6. 60
Fabricius, Christine, abg.	30. 7. 04	2. 10. 52

Meiningen
Lindenallee 15, 98617 Meiningen
Postfach 10 03 01, 98603 Meiningen
Tel. (0 36 93) 50 90
Fax (0 36 93) 50 95 40

1 Dir, 1 stVDir, 8 R

Kowalski, Sigrun, Dir	1. 10. 01	22. 4. 58
N. N., stVDir	—	—

Steiner, Thorsten	20. 5. 94	26. 6. 62
Zimmermann, Gabriele	26. 5. 94	14. 5. 64
Hiby-Bögelein, Ursula	6. 10. 94	14. 12. 62
Eichner, Jörg	29. 11. 95	15. 7. 63
Leischner, Heinz	28. 12. 95	20. 5. 53
Gradel, Jutta	10. 7. 96	18. 10. 62
Wichmann, Peter	7. 10. 96	29. 3. 62
Mundt, Matthias	8. 8. 02	26. 8. 58
Jenke, Thomas, abg.	12. 7. 02	6. 11. 71
Schmidt, Anja, abg.	3. 3. 03	2. 10. 72

Schmalkalden
Hoffnung 30, 98573 Schmalkalden
Postfach 10 05 51, 98565 Schmalkalden
Tel. (0 36 83) 6 96 00
Fax (0 36 83) 69 60 69

Grundbuchamt
Bahnhofstr. 64, 98574 Schmalkalden
Tel. (0 36 83) 60 46 41

1 Dir, 3 R

N. N., Dir	—	—
Kühn, Marianne	26. 5. 94	30. 9. 42
Kuba, Volker	25. 9. 95	22. 4. 58
Hollandt, Stephan	27. 8. 96	13. 12. 62

Sonneberg
Untere Marktstr. 2, 96515 Sonneberg
Tel. (0 36 75) 82 20
Fax (0 36 75) 82 22 22

1 Dir, 5 R

Fuchs, Heinrich, Dir	29. 10. 93	10. 6. 45
Fleischmann, Viola	20. 5. 94	2. 10. 57
Lehnert, Ute	20. 5. 94	20. 4. 61
Waldert, Brigitte	26. 5. 94	8. 5. 58
Höll, Gabriele	6. 10. 94	10. 12. 58
van Reimersdahl, Jörg	6. 10. 94	8. 8. 62

Suhl
Rimbachstr. 30, 98527 Suhl
Postfach 30 03 62, 98503 Suhl
Tel. (0 36 81) 37 50
Fax (0 36 81) 37 54 09

Grundbuchamt
Karl-Liebknecht-Str. 2, 98527 Suhl
Tel. (0 36 81) 73 22 08
Fax: (0 36 81) 72 30 74

Strafsachen/Zivilsachen (C)
Marktplatz 2, 98527 Suhl
Tel. (0 36 81) 3 95 70
Fax (0 36 81) 39 57 40

1 Dir, 1 stVDir, 6 R

LG-Bezirk Mühlhausen	OLG-Bezirk Jena	**TH**

Reubekeul, Karsten, Dir, beurl.	29. 7. 93	20. 9. 44
N. N., stVDir	—	—
Linde, Volker	26. 5. 94	31. 1. 61
Schnauß, Steffi	26. 5. 94	31. 7. 62
Glaser, Sylvia	26. 5. 94	30. 4. 63
Schleicher, Frank	6. 7. 95	4. 2. 64
Linner, Bernd	6. 10. 95	6. 2. 52
Kulf, Alexander	10. 10. 95	14. 5. 61

Landgerichtsbezirk Mühlhausen

Landgericht Mühlhausen
Schillerweg 59, 99974 Mühlhausen
Postfach 11 65, 99961 Mühlhausen
Tel. (0 36 01) 45 40
Fax (0 36 01) 45 42 99

1 Pr, 1 VPr, 10 VR, 19 R

Präsident

Metz, Rudolf	7. 10. 93	15. 2. 43

Vizepräsident

Dr. Dettmar, Uwe	5. 11. 93	3. 1. 48

Vorsitzende Richterinnen/Vorsitzende Richter

Scharf, Peter	9. 12. 93	29. 3. 51
Schuppner, Jürgen	9. 12. 93	15. 12. 53
Danielowski, Karin	22. 12. 93	19. 8. 44
Schmidt, Kirsten	19. 7. 94	7. 8. 61
Krämer, Michael	1. 4. 99	10. 9. 54
Müller, Joachim	1. 10. 01	26. 5. 57
Retzer, Robert	1. 10. 02	8. 7. 56
Funke, Gerd	1. 10. 02	25. 2. 61
Häcker-Reiß, Matthias	1. 4. 04	2. 2. 64

Richterinnen/Richter

Haustein, Christiane	3. 6. 94	6. 11. 58
Höhne, Ralf	3. 6. 94	31. 10. 60
Schur, Axel	17. 11. 95	12. 8. 64
Kopp, Harald	16. 1. 96	7. 3. 63
Lutter, Nikola	11. 6. 96	30. 8. 63
Spitzer, Albert	1. 7. 96	16. 7. 63
Tröger, Manfred	9. 7. 96	21. 2. 49
Fehr-Albrado, Gitta	26. 8. 96	25. 11. 56
Senftleben, Walter	2. 12. 96	20. 6. 64
Frank, Andrea	4. 12. 96	5. 6. 62
Weissenborn, Petra	25. 3. 97	30. 12. 63
Blaszczak, Matthias, abg.	22. 1. 98	18. 3. 66
Humenda, Steffen	17. 5. 99	19. 8. 65

Grote, Gerhild	12. 8. 99	4. 6. 65
Murk, Ingrid, beurl.	24. 1. 00	12. 5. 67
Waßmuth, Jens	26. 7. 00	5. 5. 62
Klostermeier, Michael	2. 3. 01	11. 9. 67
Öttking, Nadine, beurl.	5. 11. 01	22. 9. 71
Gollnick, Dirk	12. 7. 02	6. 6. 71
Dr. Frye, Bernhard	29. 11. 04	18. 3. 64
Burkert, Barbara, abg.	29. 11. 04	28. 8. 74

Amtsgerichte

Bad Langensalza
Gothaer Landstr. 1, 99947 Bad Langensalza
Postfach 14 42, 99943 Bad Langensalza
Tel. (0 36 03) 86 44 0
Fax (0 36 03) 86 44 15

1 Dir, 2 R

N. N., Dir	—	—
Nouraie-Menzel, Zohreh	10. 12. 96	6. 4. 65
Reiser-Uhlenbruch, Petra	29. 7. 97	5. 12. 59

Eisenach
Theaterplatz 5, 99817 Eisenach
Postfach 11 54, 99801 Eisenach
Tel. (0 36 91) 24 70
Fax (0 36 91) 24 72 00

1 Dir, 1 stVDir, 9 R

Engels, Roland, Dir	26. 8. 93	11. 5. 55
Heck, Wolfgang, stVDir	1. 10. 05	12. 8. 61
Bahlke, Marianne	22. 2. 94	11. 8. 42
Desgroseilliers, Marguerite	6. 10. 94	5. 10. 62
Jung, Helmut	28. 4. 95	25. 12. 59
Kopp, Jutta	28. 12. 95	8. 3. 64
Brencher, Thomas	5. 6. 96	12. 2. 59
Osthushenrich, Ulrike	11. 6. 96	30. 4. 54
Bender, Ralf	17. 7. 96	15. 5. 65
Jung, Regina	1. 9. 96	8. 9. 62
Dr. Holle, Gerd	3. 9. 96	5. 4. 61

Heilbad Heiligenstadt
Wilhelmstr. 41, 37308 Heilbad Heiligenstadt
Postfach 12 53, 37303 Heilbad Heiligenstadt
Tel. (0 36 06) 65 73 30
Fax (0 36 06) 65 73 33

1 Dir, 2 R

Bärthel, Jürgen, Dir	29. 7. 99	10. 8. 59
Dräger, Sabine	11. 6. 96	25. 10. 61
Haever, Bettina	16. 6. 97	10. 2. 63

Mühlhausen

Untermarkt 17, 99974 Mühlhausen
Postfach 11 45, 99961 Mühlhausen
Tel. (0 36 01) 4 99 40
Fax (0 36 01) 49 94 44

1 Dir, 1 stVDir, 10 R

Wilms, Ralf, Dir	1. 4. 02	25. 5. 61
Ullmann, Gerd-Dietrich, stVDir	27. 10. 94	12. 7. 43
Richel, Rüdiger	26. 5. 94	10. 9. 58
Dr. Köster, Thomas	6. 10. 94	16. 1. 58
Bade, Ortrud	14. 2. 95	30. 12. 56
Dr. Linß, Thomas	14. 2. 95	30. 1. 57
Jaekel, Uwe	14. 2. 95	1. 4. 63
Gödicke, Uwe	29. 1. 96	15. 3. 60
Fischer-Krieg, Sieglinde	9. 7. 96	16. 7. 61
Fenner, Ulrike	17. 2. 97	4. 12. 64
Michels, Holger	1. 4. 04	16. 10. 60

Nordhausen

Rudolf-Breitscheid-Str. 6, 99734 Nordhausen
Postfach 10 01 51, 99721 Nordhausen
Tel. (0 36 31) 42 20
Fax (0 36 31) 4 22 10

1 Dir 1 stVDir, 8 R

Appel, Berndt, Dir	26. 8. 93	13. 5. 50
N. N. stVDir	—	—
Hartung, Heidrun	22. 2. 94	10. 6. 47
Sattler, Christine	22. 2. 94	15. 11. 53

Karsch-Böse, Iris	6. 10. 94	29. 6. 62
Dr. Meyer-Wöbse, Gerhard	14. 2. 95	18. 8. 46
Balk, Eva	11. 6. 96	20. 11. 63
Ernst, Petra, .	11. 7. 96	30. 11. 64
Eicher, Birgit	26. 8. 96	10. 9. 62
Igla, Manfred	16. 12. 96	12. 5. 64
Desch, Dagmar	19. 1. 98	14. 6. 66

Sondershausen

Ulrich-von-Hutten-Str. 2, 99706 Sondershausen
Postfach 102, 99702 Sondershausen
Tel. (0 36 32) 70 66 0
Fax (0 36 32) 70 66 99

1 Dir, 3 R

Bressem, Volker, Dir	1. 4. 98	31. 5. 60
Kropp, Christian	2. 12. 96	24. 12. 63
Igla, Lydia	4. 12. 96	03. 2. 65
Fierenz, Anke	17. 1. 97	3. 11. 63

Leinefelde-Worbis

Ohmbergstraße 48, 37339 Worbis
Postfach 132, 37339 Worbis
Tel. (03 60 74) 76 20
Fax (03 60 74) 7 62 10

1 Dir, 3 R

Horstmeier, Henning, Dir	26. 8. 93	30. 6. 56
Behrend, Barbara	2. 12. 93	23. 3. 56
Gralfs, Susanne	20. 5. 94	4. 7. 55
Knüppel, Thomas	2. 12. 96	15. 11. 63

Staatsanwaltschaften

Thüringer Generalstaatsanwaltschaft
Rathenaustr. 13, 07745 Jena
Postfach 100138, 07701 Jena
Tel. (0 36 41) 30 70
Fax (0 36 41) 30 74 44
E-Mail: mail@gsta.thueringen.de

1 GStA, 2 LOStA, 7 OStA

Generalstaatsanwalt

Haußner, Michael	15. 6. 05	16. 7. 54

Leitender Oberstaatsanwalt

Reibold, Hartmut	1. 10. 95	6. 12. 48

Oberstaatsanwältinnen/Oberstaatsanwälte
als Dezernentin/Dezernent
bei einer Staatsanwaltschaft/
bei einem Oberlandesgericht

von der Au, Anton	9. 12. 92	12. 6. 46
Lohmann, Dieter	1. 10. 95	21. 12. 61
Keil, Bettina	1. 4. 99	12. 6. 61
Schwarz, Frank Michael, abg.	1. 10. 00	22. 4. 60
Willrich, Stephan, abg.	1. 4. 01	26. 11. 57
Lindner, Marlies, abg.	1. 4. 01	8. 10. 64
Denk, Norbert, abg.	1. 10. 02	1. 7. 57
Turba, Anette	1. 7. 05	17. 2. 67
Bechtelsheimer, Markus	1. 7. 05	30. 6. 60

Staatsanwaltschaften   OLG-Bezirk Jena   **TH**

Staatsanwaltschaft Erfurt
Rudolfstraße 46, 99092 Erfurt
Postfach 10 04, 99021 Erfurt
Tel. (03 61) 3 77 54 00
Fax (03 61) 3 77 53 33
E-Mail: mail@StA-Ef.thueringen.de

1 LOStA, 1 stVLOStA, 7 OStA, 4 StA (GL),
42 StA

Leitender Oberstaatsanwalt
N. N.   —   —

Oberstaatsanwältinnen/Oberstaatsanwälte

Klüber, Hermann-Josef, abg., stVLOStA	20. 4. 99	27. 1. 56
Becker, Andreas	28. 4. 94	20. 9. 55
Triebel, Gabriele	1. 10. 95	16. 11. 52
Lehmann, Michael	1. 2. 97	22. 1. 60
Schmitt, Annette	1. 4. 98	5. 8. 61
Stahl, Sabine	1. 4. 00	11. 1. 55

Staatsanwältinnen /Staatsanwälte

Niedhammer, Hans-Otto, GL	22. 2. 94	30. 4. 61
Dr. Becker, Joachim, GL	20. 5. 94	22. 11. 58
Kunis, Peter, abg.	30. 11. 93	23. 10. 60
Steppat, Wolf Günter	2. 12. 93	25. 6. 55
Herrmann, Arnd	22. 2. 94	7. 2. 57
Strewe, Uwe	22. 2. 94	20. 2. 61
Heß, Michael	22. 2. 94	18. 4. 62
Zawadil-Bunge, Heike	22. 2. 94	22. 4. 62
Wehner, Detlef	22. 2. 94	17. 6. 62
Kästner-Hengst, Rainer	6. 4. 94	28. 4. 60
Jarisch, Petra	6. 4. 94	31. 1. 62
Beißwenger, Elvira, abg.	6. 4. 94	15. 9. 62
Thiel, Viola	6. 4. 94	21. 1. 63
Peinelt, Petra	11. 4. 94	25. 8. 61
Thomalla, Klaus Dieter	20. 5. 94	20. 2. 55
Peters, Werner	20. 5. 94	19. 11. 55
Hübner, Maik	20. 5. 94	17. 11. 63
Proff, Willi	6. 10. 94	30. 5. 55
Schwarz, Corinna	14. 2. 95	20. 10. 63
Kern, Bernhard	10. 10. 95	16. 9. 63
Proff, Heike Luise	11. 10. 95	13. 1. 64
Keller, Marion	11. 10. 95	14. 1. 64
Tolksdorf-Fraßeck, Andrea Christine	16. 10. 95	8. 8. 62
Dieckhoff, Rainer	12. 1. 96	9. 5. 58
Krieger, Steffen, abg.	18. 4. 96	12. 10. 56
Koch, Ute	28. 5. 96	22. 3. 53
Decker, Gabriele	13. 6. 96	17. 8. 63
Schmitz-Kern, Christiane	1. 7. 96	20. 9. 60
Glanz, Börries	8. 7. 96	2. 6. 64
Kronas, Herbert	22. 7. 96	6. 1. 58

Weller, Martin	5. 9. 96	1. 7. 58
von Wagner, Gerold	1. 1. 97	5. 7. 58
Scheler, Martin	11. 2. 97	13. 10. 64
Huwe, Britta	6. 6. 97	12. 7. 63
Neubig, Christiane	30. 10. 97	8. 6. 61
Philipp, Patricia, beurl.	30. 10. 97	2. 1. 67
Kronas, Silke, beurl.	1. 7. 99	20. 6. 66
Grünseisen, Hannes	24. 1. 00	19. 11. 68
Neumann, Sabine	2. 3. 01	19. 6. 64
Heinz, Jürgen	2. 3. 01	25. 5. 67
Scharfenberg, Hagen, abg.	5. 11. 01	2. 9. 70
Thore, Karen	5. 11. 01	26. 9. 71
Scholz, Michael	28. 2. 02	22. 11. 70
Bergmann, Sandra, beurl.	28. 2. 02	26. 2. 73
Höhn, Katrin	1. 10. 02	8. 5. 72
Wiesenberg, Steffi	1. 10. 02	12. 2. 73
Riemann, Frank	18. 5. 04	13. 2. 72

Staatsanwaltschaft Gera
Hainstr. 21, 07545 Gera
Postfach 17 52, 0507 Gera
Tel. (03 65) 8 21 30
Fax (03 65) 8 21 36 00

Zweigstelle in Jena
Rathenaustr. 13, 07745 Jena
Postfach 3 30, 07701 Jena
Tel. (0 36 41) 3 07-0
Fax (0 36 41) 3 07-8 43

Zweigstelle in Rudolstadt
Marktstr. 54, 07407 Rudolstadt
Tel. (0 36 72) 44 90
Fax (0 36 72) 4 49-3 09

1 LOStA, 1 stVLOStA, 7 OStA, 3 StA (GL),
39 StA

Leitender Oberstaatsanwalt

Mundt, Rolf	1. 10. 04	26. 8. 45

Oberstaatsanwälte

Villwock, Thomas, stVLOStA, abg.	1. 10. 02	24. 3. 59
Hegenbart, Wolfhard	1. 10. 95	7. 7. 53
Mohrmann, Ralf	1. 4. 98	4. 4. 61
Flieger, Steffen	1. 4. 00	31. 12. 62
Riebel, Thomas	1. 10. 01	4. 12. 63
Meister, Martin	1. 4. 04	20. 9. 62
Stolz, Jörg	1. 4. 04	21. 9. 62

Staatsanwältinnen /Staatsanwälte

Kurze, Sigrid, GL	1. 10. 98	7. 2. 62
Schultz, Gerd-Michael, GL	1. 10. 01	13. 1. 60
Dr. Kögler, Steffi	22. 2. 94	23. 9. 54
Moszner, Tamara	22. 2. 94	23. 1. 55

TH OLG-Bezirk Jena — Staatsanwaltschaften

Name		
Reuter, Sylvia, abg.	20. 5. 94	12. 12. 58
Weber, Dagmar	20. 5. 94	18. 6. 60
Adelhardt, Waltraut	6. 10. 94	17. 10. 49
Straubel, Marianne, abg.	6. 10. 94	15. 8. 53
Liebetrau, Dietlinde	10. 10. 94	7. 10. 45
Fesser, Christina	14. 2. 95	21. 8. 45
Kästel, Holm	14. 2. 95	4. 4. 58
Berens-Mohrmann, Edith	14. 2. 95	5. 8. 61
Sbick, Andre	14. 2. 95	21. 8. 63
Meyer, Thomas	19. 7. 95	20. 4. 58
Reisch, Heike	20. 7. 95	1. 10. 56
Wörmann, Jens	20. 7. 95	24. 4. 62
Müller, Kerstin	20. 7. 95	16. 12. 63
Schurwanz, Klaus	24. 7. 95	19. 10. 52
Bachmann, Christina, beurl.	18. 4. 96	21. 7. 63
Katzer, Axel	26. 4. 96	30. 11. 58
Wyrott, Alexander	1. 7. 96	2. 12. 60
Petzel, Andreas	30. 12. 96	29. 12. 61
Höfs, Wolfgang, abg.	9. 1. 97	28. 6. 60
Tönnies, Dorothea	13. 1. 97	22. 6. 61
Jaquemoth, Ute	19. 6. 97	9. 5. 65
Stephan, Günter	24. 6. 97	1. 10. 62
Witzmann, Peter	26. 6. 97	8. 3. 59
Kohlus-Kaminski, Beate	20. 10. 98	28. 5. 60
Erdt, Frank	22. 10. 98	26. 10. 61
Sauerbaum, Horst	26. 8. 99	22. 8. 67
Hetzer, Ingo, abg.	27. 8. 99	12. 12. 66
Oehlschläger, Tanja	20. 12. 00	20. 5. 66
Heinemann, Vera	31. 5. 01	20. 3. 69
Böse, Jana, beurl.	31. 5. 01	17. 2. 73
Beyer, Stefan	5. 11. 01	7. 2. 70
Boße, Jürgen	5. 11. 01	13. 4. 72
Leicht, Rainer	1. 10. 02	15. 4. 63
Glöck, Karola	1. 10. 03	30. 10. 72

Staatsanwaltschaft Meiningen
Lindenallee 15, 98617 Meiningen
Postfach 10 05 45, 98605 Meiningen
Tel. (0 36 93) 50 90
Fax (0 36 93) 50 95 02
E-Mail: StAmgnmail@thueringen.de

1 LOStA, 1 stVLOStA, 3 OStA, 2 StA (GL), 21 StA

Leitender Oberstaatsanwalt

Trost, Franz	1. 6. 96	9. 10. 47

Oberstaatsanwältin /Oberstaatsanwälte

Möckl, Peter, stVLOStA	29. 6. 93	18. 4. 54
Hönninger, Reinhard	28. 4. 94	12. 3. 50
Bolz, Eberhardt	1. 10. 95	15. 1. 44
Soßdorf, Monika	1. 10. 95	23. 1. 55

Staatsanwältinnen /Staatsanwälte

Lorenz, Hartmut, GL	22. 2. 94	7. 1. 54
Schroeder, Thomas, GL	1. 4. 03	18. 1. 58
Schinke, Renate	2. 12. 93	19. 6. 50
Vogt, Margit	2. 12. 93	12. 7. 52
Bauer, Margarete	2. 12. 93	25. 11. 52
Lerche, Sibylle	22. 2. 94	22. 3. 62
Fitschen, Anke	22. 2. 94	4. 5. 62
Kirchner I, Susanne	6. 4. 94	26. 12. 57
Waßmuth, Thomas	20. 5. 94	15. 9. 58
Bott, Pius	14. 2. 95	1. 8. 44
Kirchner II, Susanne	14. 2. 95	7. 5. 64
Seitz, Edith Maria	28. 4. 95	14. 5. 62
Voß, Reimund	28. 4. 95	17. 4. 63
Engmann, Harry	18. 7. 95	23. 3. 56
Raithel, Marion	26. 9. 95	12. 10. 63
Krausa, Romy	26. 9. 95	28. 1. 64
Konrad-Weber, Iris	12. 2. 96	4. 7. 61
Grün, Beate	8. 5. 96	17. 4. 64
Groß, Karin	17. 1. 97	10. 2. 62
Klüpfel, Herbert	5. 3. 97	5. 12. 62

Staatsanwaltschaft Mühlhausen
Brunnenstr. 125, 99974 Mühlhausen
Postfach 13 41, 99963 Mühlhausen
Tel. (0 36 01) 45 80
Fax (0 36 01) 45 81 55
E-Mail: mail@StA-mhl.thueringen.de

1 LOStA, 1 stVLOStA, 3 OStA, 2 StA (GL), 32 StA

Leitender Oberstaatsanwalt

N. N. — —

Oberstaatsanwälte

Krieg, Harko, stVLOStA	14. 9. 99	23. 2. 58
Stille, Günter, beurl.	14. 12. 93	28. 9. 41
Klose, Peter	11. 11. 99	14. 10. 59
Walther, Ulf-Dieter	1. 4. 01	14. 5. 59
Störmer, Gert	1. 4. 03	28. 9. 54

Staatsanwältinnen /Staatsanwälte

Näher, Markus, GL	9. 9. 99	21. 11. 65
Schlamp, Horst	1. 12. 87	25. 4. 53
Bilz, Michael	22. 2. 94	26. 7. 60
Brechmann, Ralf	22. 2. 94	21. 9. 63
Germerodt, Dirk	22. 2. 94	27. 10. 63
Wolfgramm, Dirk	1. 3. 94	31. 5. 60
Bauer-Rothe, Regine, abg.	2. 4. 94	30. 5. 62
Lübbers, Sabine, beurl.	6. 4. 94	13. 6. 62
Köhler, Thomas	20. 5. 94	22. 3. 60

Richter/StA im Richterverhältnis auf Probe **TH**

Name		
Anstötz, Thomas	6. 10. 94	29. 1. 60
Müller, Christoph	6. 10. 94	20. 8. 60
Dannemann, Dirk	6. 10. 94	20. 3. 61
Rübesamen, Cornelia	28. 4. 95	23. 1. 57
Höchst, Armin	8. 12. 95	2. 12. 59
Schmidt, Georg	6. 2. 96	23. 8. 57
Greunig, Frank	3. 5. 96	18. 2. 59
Wüstefeld, Susanne	5. 7. 96	16. 3. 64
Pauly, Hilke	15. 7. 96	13. 2. 63
Wilmes, Vera	30. 8. 96	13. 7. 58
Albat, Monika	4. 9. 96	27. 10. 60
Hofmeister, Karin	4. 9. 96	2. 5. 62
Ehlgen, Birgit	22. 11. 96	13. 4. 61
Klinger, Marion	14. 2. 97	26. 3. 62
Schröder, Heike	26. 8. 97	15. 12. 66
Müller, Anette, beurl.	20. 10. 97	27. 2. 64
Jünke, Susanne, abg.	5. 12. 97	9. 7. 66
Nürnberger, Tanja, abg.	23. 2. 98	30. 5. 66
Bomhauer, Ingo, abg.	24. 1. 00	26. 7. 67
Böttcher, Ralf	24. 1. 00	19. 7. 68
Bachert, Jochen	24. 1. 00	30. 8. 68
Murk, Lothar	10. 3. 00	30. 5. 67
Gröll, Alexander	3. 3. 03	6. 7. 72
Hankel, Janet	15. 10. 03	2. 12. 71

Richterinnen/Richter und Staatsanwältinnen/Staatsanwälte im Richterverhältnis auf Probe

Name		
Kohlros, Jana	1. 5. 00	15. 8. 73
von der Weiden, Dagmar, beurl.	1. 1. 01	7. 12. 63
Jacob, Silke	1. 1. 01	16. 9. 73
Dittrich, Dorothee	1. 4. 01	22. 10. 72
Ohlendorf, Björn	1. 4. 01	24. 2. 73
Brüsewitz, Nicole	17. 4. 01	5. 10. 74
Dr. Küster, Katrin, beurl.	1. 5. 01	8. 4. 73
Mann, Sven	1. 6. 01	4. 3. 72
Deppe, Anja	1. 7. 01	1. 1. 73
Harz, Sabine	1. 10. 01	1. 4. 74
Bergemann, Doreen	15. 2. 02	25. 1. 76
Schneider, Anja	1. 4. 02	12. 3. 76
Neuland, Jacqueline	8. 4. 02	21. 9. 74
Schneegaß, Frank	15. 4. 02	12. 6. 73
Unger, Claudia	15. 4. 02	30. 6. 74
Kopf, Marén	22. 4. 02	16. 9. 72
Dr. Biewald, Gunther	1. 6. 02	12. 5. 71
Seiferth, Anja	1. 7. 02	24. 10. 75
Knapp, Markus	15. 9. 03	21. 5. 71
Dr. Maier, Thomas	15. 9. 03	6. 11. 71
Hetzer, Franziska	15. 9. 03	4. 9. 76
Rößler, Martin	27. 10. 03	27. 11. 68
Gottschalk, Martin	3. 5. 04	18. 5. 75
Dr. Reichenbach, Sandy	24. 6. 04	29. 11. 73
Trautvetter, Kirstin	1. 11. 05	6. 11. 75
Prauß, Thomas	1. 11. 05	18. 1. 76
Dr. Wehlisch, Markus	15. 11. 05	7. 5. 75
Dr. Grün, Gabriele	30. 12. 05	15. 4. 75
Dr. Neumann, Katja	1. 1. 06	16. 7. 72

Verfassungsgerichte der Länder

Baden-Württemberg

Staatsgerichtshof für das Land Baden-Württemberg
Postfach 10 36 53, 70031 Stuttgart
Olgastr. 2, 70182 Stuttgart
Tel. (07 11) 2 12-30 26
Fax (07 11) 2 12-30 24
E-Mail: stgh@baden-wuerttemberg.de

Präsident
Stilz, Eberhard, PrOLG

Ständiger Stellvertreter
Georgii, Hans, PrLG a.D.

Berufsrichter
Georgii, Hans, PrLG a.D.
Stilz, Eberhard, PrOLG
Strauß, Hans, VRVGH

Stellvertretende Berufsrichter
Hund, Michael, RBVerwG
Dr. Kasper, Siegfried, VRVG
Dr. Mattes, Franz-Christian, PrVG

Mitglieder mit der Befähigung zum Richteramt
Prof. Dr. von Bargen, Joachim, PrVG a.D.
Prof. Dr. Mailänder, K. Peter, Rechtsanwalt
Prof. Dr. Kirchhof, Ferdinand

Stellvertretende Mitglieder mit der Befähigung zum Richteramt
Dr. Oechsle, Manfred
Dr. Maus, Robert, Landrat a.D.
Prof. Dr. Roßnagel, Alexander

Mitglieder ohne Befähigung zum Richteramt
Prof. Dr. phil. Dr. h.c. Jäger, Wolfgang
Stamm, Sybille
Prechtl, Ute

Stellvertretende Mitglieder ohne Befähigung zum Richteramt
Prof. Dr. Dr. h.c. mult. Jüngel, Eberhard, D. D.
Kiesinger, Adelheid
Grießhaber, Rita

Bayern

Bayerischer Verfassungsgerichtshof
Prielmayerstraße 5, 80335 München
Tel. (0 89) 55 97-31 78 od. -31 77
Fax (0 89) 55 97 39 86

Präsident
Dr. Huber, Karl, PrOLG

Vertreter
Hüffer, Rolf, PrVGH
Meisenberg, Michael, PrOLG

Weitere berufsrichterliche Mitglieder
Dr. Allesch, Erwin, VRVGH
Angerer, Constanze, PrLG I
Dr. Festl, Elmar, VRVGH
Happ, Michael, VRVGH
Hüffer, Rolf, PrVGH
Kempmann, Andrea, VROLG
Kersten, Stephan, VRVGH
Klieber, Dietmar, VROLG
Dr. Konrad, Horst, VRVGH
Lorbacher, Michael, VROLG
Mack, Angelika, PrArbG
Meisenberg, Michael, PrOLG
Polloczek, Andreas, RVGH
Dr. Pongratz, Erwin, VPrVGH
Rojahn, Dieter, RBayObLG
Ruderisch, Dagmar, VROLG, zugl. Generalsekretärin des Bayerischen Verfassungsgerichtshofs
Dr. Schmidt, Andrea, VRLG
Singer, Raphael, PrLG II
Prof. Dr. Thiere, Karl, PrLG
Vavra, Maria, VROLG
Weidenkaff, Walter, VROLG
Dr. Zimniok, Hans-Jürgen, VRVGH

Berlin

Verfassungsgerichtshof des Landes Berlin
Elßholzstr. 30–33, 10781 Berlin
Tel. (0 30) 90 15-26 52
Fax (0 30) 90 15-26 66
E-Mail: verfgh-berlin@t-online.de

Präsident
Prof. Dr. Sodan, Helge, UProf

Vizepräsidentin
Diwell, Margret, RA

Weitere richterliche Mitglieder
Groth, Klaus-Martin, RA
Knuth, Andreas, PrVG
Dr. Mahlo, Dietrich, RA
Zünkler, Martina, RA
Bellinger, Angelika, RA u. Not.
Dr. Stresemann, Christina, RBGH
Libera, Frank-Michael, VRKG

Brandenburg

Verfassungsgericht des Landes Brandenburg
Jägerallee 9–12, 14469 Potsdam
Tel. (03 31) 60 06 98-0
Fax (03 31) 60 06 98-30
E-Mail: info@verfassungsgericht.brandenburg.de
www.verfassungsgericht.brandenburg.de

Präsidentin
Weisberg-Schwarz, Monika, VPrLAG

Vizepräsident
Dr. Knippel, Wolfgang, VRVG

Richterinnen/Richter
Prof. Dr. Dombert, Matthias, RA
Prof. Dr. Harms-Ziegler, Beate, RA u. Not.
Prof. Dr. Schröder, Richard, UProf
Prof. Dr. Will, Rosemarie, UProf
Havemann, Florian
Dr. Jegutidse, Sarina, RA
Prof. Dawin, Michael, RBVerwG

Bremen

Staatsgerichtshof der Freien Hansestadt Bremen
Am Wall 201, 28195 Bremen
Tel. (04 21) 3 61 21 90
Fax (04 21) 3 61 41 72

Präsident
Prof. Dr. Rinken, Alfred, ROVG a.D.

Vertreter des Präsidenten
Dr. Bewersdorf, Jörg, PrOLG a. D.

Weitere richterliche Mitglieder
Dr. Ernst, Manfred, RA u. Not.
Prof. Dr. Klein, Eckard, UProf
Prof. Dr. Preuß, Ulrich K., UProf
Wesser, Konrad, DirArbG a. D.
Stauch, Matthias, PrOVG

Stellvertretende richterliche Mitglieder
Alexy, Hans, ROVG
Bandisch, Günter, RA u. Not.
Buse, Karen, PrAG
Dr. Bölling, Hein, VRLG
Dr. Boetticher, Axel, RBGH
Dreger, Brigitte, VPrOVG
Frehe, Horst, RSG
Friedrich, Peter, ROLG
Heinke, Sabine, RAG
Dr. Hübner, Henning, RA u. Not.
Prof. Dr. Isensee, Josef, UProf
Dr. Müffelmann, Herbert, RA u. Not.
Dr. Schmel, Walter, RA u. Not.
Dr. Zwanziger, Bertram, RBAG

Hamburg

Hamburgisches Verfassungsgericht
Sievekingplatz 2, 20355 Hamburg
Tel. (0 40) 4 28 43-0
Fax (0 40) 4 28 43-40 97
Pressestelle: Tel. (0 40) 4 28 43-20 17, Fax: (0 40) 2 48 43-41 83
E-Mail: verfassungsgericht_gst@olg.justiz.hamburg.de

Präsident
Rapp, Wilhelm, PrOLG

Hessen · Mecklenburg-Vorpommern · Niedersachsen **VerfG**

Vizepräsident
Harder, Gerd, VROLG

Weitere Mitglieder
Hardt, Christoph, VRFG
Dr. Maselewski, Waldemar, RA
Nesselhauf, Michael, RA
v. Paczensky, Carola, RVG
Seifert, Klaus, PrVG
Dr. Westphal, Jürgen, RA
Dr. Willich, Martin, Geschäftsführer
Wirth-Vonbrunn, Hannelore, RFG

Stellvertretende Mitglieder
Hölder, Wolfgang E., RA
Kuhbier, Jörg, RA
Rahardt-Vahldieck, Susanne, RA
Dr. v. Rönn, Matthias, RA
Rubbert, Susanne, VRVG
Dr. Ruppelt, Michael, PrLSG
Schlage, Britta, ROLG
Dr. Wild, Gisela, RA

Hessen

Staatsgerichtshof des Landes Hessen
Luisenstr. 13, 65185 Wiesbaden
Tel. (06 11) 32 27 38 oder 32 27 84
Fax (06 11) 32 26 17

Präsident
Dr. Paul, Günter, RA u. Not.

Vizepräsident
Dr. Teufel, Wolfgang, VRVGH

Mitglieder
Buchberger, Elisabeth, VPrVG
Prof. Dr. Detterbeck, Steffen, UProf
Giani, Paul Leo, RA
Kilian-Bock, Michaela, stvDirAG
Dr. Klein, Harald, PrLSG
Prof. Dr. Lange, Klaus, UProf
Dr. Nassauer, Wilhelm, RVGH
von Plottnitz, Rupert, StMin. a.D.
Wolski, Karin, VPrVG

Stellvertretende Mitglieder
Aumüller, Thomas, PrOLG
Falk, Georg, VROLG
Gatzka, Ralph, VPrLG
Kraemer, Ursula, VRVG
Dr. Lohmann, Hans-Henning, VRVGH

Michalik, Sieglinde, ROLG
Dr. Mößinger, Rainer, PrLG
Schott-Pfeifer, Petra, RLG
Böhme, Gerhard, VRVG
Huff, Martin W., RA, Chefredakteur
Lankau, Ingo-Endrick, RA u. Not.
Dr. Laux, Helga, RBAG
Dr. Oehm, Frank, VPrAG
Dr. Remmel, Johannes, PrVG
Schmidt, Hermann Josef, PrAG
Schott, Petra, RVGH
Tanzki, Holger, RVG
Unger, Petra, w.aufsf R

Mecklenburg-Vorpommern

**Landesverfassungsgericht
Mecklenburg-Vorpommern**
Domstr. 7, 17489 Greifswald
Tel. (0 38 34) 89 06 61
Fax (0 38 34) 89 06 62
E-Mail: verwaltung@lverfg-mv.de

Präsident
Dr. Hückstädt, Gerhard, PrLG

Vizepräsident
Wolf, Helmut, PrFG a. D.

Mitglieder
Häfner, Peter, DirAG
Steding, Brunhild, RAG
von der Wense, Joachim, Oberbürgermeister a.D.
Prof. Dr. Wallerath, Maximilian, UProf
Söhnchen, Peter, RAG

Stellvertreter
Dr. Hobbeling, Erich, PrVG
Essen, Klaus-Dieter, DirArbG
Lipsky, Matthias, VRFG
Dr. Unger, Christa
Köhn, Gudrun
Christiansen, Rolf, Landrat
Bellut, Jörg, RiAG

Niedersachsen

Niedersächsischer Staatsgerichtshof
Herminenstraße 31, 31675 Bückeburg
Tel. (0 57 22) 2 90-2 18
Fax (0 57 22) 29 02 17
E-Mail: geschaeftsstelle@Stgh.niedersachsen.de
www.staatsgerichtshof.niedersachsen.de

VerfG Nordrhein-Westfalen · Rheinland-Pfalz

Präsident
Prof. Dr. Schinkel, Manfred-Carl, PrOVG a.D.

Stellvertreter des Präsidenten
N. N.

Weitere richterliche Mitglieder
Biermann, Christa, PrLG a.D.
Dr. van Nieuwland, Herwig, PrOVG
Pust, Hartmut, PrFG
Prof. Dr. Schneider, Hans-Peter, UProf
Dr. Schneider, Jürgen, StS a.D.
Prof. Dr. Starck, Christian, UProf
Prof. Dr. Wendeling-Schröder, Ulrike, UProf

Stellvertreter
Prof. Dr. Schrader, Christian, ProfFH
Zeuner, Helga, VPrFG a.D.
Schneidewind, Dieter, PrLG
Dr. Hanisch, Werner, PrVG
Prof. Dr. Ipsen, Jörn, UProf.
Prof. Dr. Helle, Jürgen, PrLG a.D.
Rilinger, Lothar C., RA
Prof. Dr. Götz, Volkmar, UProf
Dipl.-Psych. Fabricius-Brand, Margarete, RA

Nordrhein-Westfalen

Verfassungsgerichtshof für das Land Nordrhein-Westfalen
Aegidiikirchplatz 5, 48143 Münster
Postfach 63 09, 48033 Münster
Tel. (02 51) 5 05-0
Fax (02 51) 5 05-3 52
E-Mail: verfgh@ovg.nrw.de
Pressestelle: Fax (02 51) 5 05-4 29
E-Mail: verfgh-pressestelle@ovg.nrw.de

Präsident
Dr. Bertrams, Michael, PrOVG

Erster Vizepräsident
Debusmann, Gero, PrOLG

Zweiter Vizepräsident
Riedel, Johannes, PrOLG

Weitere richterliche Mitglieder
Dr. Brossok, Hilke, VROVG
Pottmeyer, Ernst, VROVG a.D.

Prof. Dr. Schlink, Bernhard, UProf
Prof. Dr. Breuer, Rüdiger, UProf

Stellvertretende richterliche Mitglieder
Dr. Kallerhoff, Dieter, VPrOVG
Dr. Schwieren, Günter, VPrOLG
Gräfin von Schwerin, Margarete, VPrOLG
Dr. Schulte, Josef, PrLG
Prof. Dr. Sachs, Michael, UProf
Prof. Dr. Wieland, Joachim, LL.M., UProf
Prof. Dr. Dauner-Lieb, Barbara, UProf

Rheinland-Pfalz

Verfassungsgerichtshof Rheinland-Pfalz
Deinhardplatz 4, 56068 Koblenz
Tel. (02 61) 13 07-0
Fax (02 61) 13 07-3 50
E-Mail: poststelle@ovg.justiz.rlp.de

Präsident
Prof. Dr. Meyer, Karl-Friedrich, PrOVG

Ständiger Vertreter des Präsidenten
Steppling, Wolfgang, VPrOVG

Berufsrichterliche Mitglieder
Dr. Bamberger, Heinz Georg, PrOLG
Dury, Walter, PrOLG
Steppling, Wolfgang, VPrOVG

Nichtberufsrichterliche Mitglieder
Prof. Dr. Dr. Merten, Detlef, UProf
Kleinmann, Andrea, Kreisverwaltungsdirektorin
Dr. Freimund-Holler, Bettina, PrVG
Röhl, Sabine, Landrätin
Schnarr, Georg Adolf, RA

Stellvertretende berufsrichterliche Mitglieder
Terner, Jutta, DirAG
Wolf, Irmgard, PrLG
Wünsch, Dagmar, VROVG

Stellvertretende nichtberufsrichterliche Mitglieder
Obenauer, Volker, Chemielaborant
Laux, Petra, RSG
Dr. Ley, Richard, Fachhochschullehrer
Meier-Hussing, Brigitte, Historikerin
Läsch-Weber, Beate, Landrätin

Saarland

Verfassungsgerichtshof des Saarlandes
Franz-Josef-Röder-Straße 15, 66119 Saarbrücken
Tel. (06 81) 5 01-53 50 und 52 36
Fax (06 81) 5 01-53 51
E-Mail: poststelle@verfgh.justiz.saarland.de

Präsident
Prof. Dr. Rixecker, Roland, PrOLG

Vizepräsident
Prof. Dr. Wadle, Elmar, UProf

Weitere Mitglieder
Dietz, Otto, RA
Prof. Dr. Ellscheid, Günter, PrOLG a. D.
Warken, Hans-Georg, RA
Prof. Dr. Wendt, Rudolf, UProf
Hermanns, Monika, RBGH

Stellvertretende Mitglieder
Prof. Dr. Jung, Heike
Weber, Nikolaus, RA
Dick-Küstenmacher, Steffen, RLSG
Knicker, Dieter, RA
Caspar, Thomas, RAG
Hoffmann, Rainer, RA
Quack, Heidrun, DirAG
Krämer, Gerhard, VRLG

Sachsen

Verfassungsgerichtshof für den Freistaat Sachsen
Harkortstr. 9, 04107 Leipzig
Postfach 10 09 64, 04009 Leipzig
Tel. (03 41) 2 14 10
Fax (03 41) 2 14 12 50

Präsident
Budewig, Klaus, PrOLG

Vertreter
Dr. Grünberg, Matthias, PrSG

Vizepräsident
Reich, Siegfried, PrOVG

Vertreter
Dr. Gockel, Michael, PrLAG

Berufsrichter
Hagenloch, Ulrich, VPrOLG
Graf von Keyserlingk, Alfred, PrArbG
Lips, Reiner, VRiOLG

Vertreter
Vorndamme, Wilhelm-Henrich, VRiLAG
Munz, Birgit, VRiOLG
Gatz, Konrad, PrLG

Mitglieder mit der Befähigung zum Richteramt
Prof. Dr. von Mangoldt, Hans
Prof. Dr. Trute, Hans-Heinrich
Knoth, Hans Dietrich, Oberkirchenrat
Prof. Dr. Oldiges, Martin

Vertreter
Prof. Dr. Rozek, Jochen
Prof. Dr. Degenhart, Christoph
Leuthold, Hannelore, Oberkirchenrätin
N. N.

Sachsen-Anhalt

Landesverfassungsgericht Sachsen-Anhalt
Willy-Lohmann-Str. 29, 06844 Dessau
Postfach 14 26, 06813 Dessau
Tel. (03 40) 2 02 14 48
Fax (03 40) 2 02 15 60
E-Mail: poststelle@lverfg.justiz.sachsen-anhalt.de
www.lverfg.justiz.sachsen-anhalt.de
Pressestelle:
Tel. (03 40) 2 02-1564, -1815 + (03 91) 6 06-70
Fax (03 91) 6 06-17 29 + (03 40) 2 02-15 60
E-Mail:
pressestelle@lverfg.justiz.sachsen-anhalt.de

Präsident
Dr. Kemper, Gerd-Heinrich, PrOVG a. D.

Stellvertreter des Präsidenten
Köhler, Erhard, VPrOVG a. D.

Weitere Mitglieder
Dr. Zettel, Günther, VROLG
Prof. Dr. Kluth, Winfried, UProf
Dr. Faßhauer, Edeltraud
Gärtner, Margrit
Bergmann, Anneliese

VerfG Thüringen

Stellvertretende Mitglieder
Schröder, Detlef, PrFG a.D.
Fromhage, Dietmar, PrLG
Prof. Dr. Lück, Heiner, UProf
Dr. Wilms, Peter
Beuermann, Carola
Pumpat, Veronika
Dr. Molkenbur, Josef, VRLAG

Thüringen

Thüringer Verfassungsgerichtshof
Kaufstraße 2-4, 99423 Weimar
Tel. (0 36 43) 2 06-0
Fax (0 36 43) 2 06-2 24
E-Mail: postverfgh@thverfgh.thueringen.de
Internet: www.thverfgh.thueringen.de

Präsident
Graef, Harald, VPrOVG

Berufsrichterliche Mitglieder
Dr. Schwan, Hartmut, PrOVG
Zwanziger, Bertram, RBAG

Berufsrichterliche Stellvertreter/in
Granderath, Peter Franz, PrLG
Schuler, Elmar, PrFG
Hornstein, Martina, RLG

Mitglieder mit Befähigung zum Richteramt
Prof. Dr. Meyn, Karl-Ulrich, Ltd. Kurator
Goetze, Peter, RA
Prof. Dr. jur. Bayer, Walter, UProf

Stellvertretende Mitglieder mit Befähigung zum Richteramt
Prof. Dr. Baldus, Manfred, UProf
Dr. Habel, Wolfgang, RA
Dr. Weißkopf, Wolfgang, RA

Weitere Mitglieder
Prof. Dr. Hübscher, Johanna, UProf
Dr. Martin-Gehl, Iris, RA
Pollak, Petra, RA

Weitere Stellvertreter/in
Bechmann, Barbara, Dipl.-Wirtschaftlerin
Gabriel, Günter, RA
Baki, Brigitte, DGB-Gewerkschaftssekretärin

Fachgerichte der Länder

Arbeitsgerichtsbarkeit

Baden-Württemberg

Landesarbeitsgericht Baden-Württemberg

Rosenbergstraße 16, 70174 Stuttgart
Tel. (07 11) 1 23-0
Fax (07 11) 1 23-39 50
E-Mail: poststelle@lag.bwl.de
Pressestelle: VRiLAG Ulrich Hensinger
Tel. (07 11)1 23-39 71
Fax: (07 11) 1 23-39 50
E-Mail: hensinger@lag.bwl.de
www.lag-baden-wuerttemberg.de

mit Kammern in 68159 Mannheim und 79104 Freiburg

1 Pr, 1 VPr, 16,5 VR

Präsident
Prof. Dr. Francken,
   Johannes Peter   1. 4. 01   12. 10. 48

Vizepräsident
Dr. Natter, Eberhard   8. 10. 02   26. 11. 56

Vorsitzende Richterinnen / Vorsitzende Richter
Dr. Braasch, Dietrich   24. 8. 87   25. 7. 43
Pfitzer, Werner   3. 2. 92   22. 6. 46
Witte, Gisela   1. 2. 94   9. 9. 47
Hennemann, Klaus   27. 6. 96   25. 3. 45
Schubert-Gerstenberg,
   Margot, 2/3   1. 7. 96   13. 3. 45
Stolz, Edelgard   26. 7. 96   7. 2. 44
Leicht, Horst Helmut   4. 11. 96   11. 2. 44
Jaeniche, Ulrich   27. 6. 97   31. 12. 41
Augenschein, Hans-Jürgen   27. 6. 97   3. 5. 56
Dr. Auweter, Brigitte, 2/3   1. 1. 98   21. 5. 53
Hensinger, Ulrich   1. 1. 98   21. 9. 55
Kaiser, Marion, 2/3   23. 12. 99   15. 9. 57
Bernhard, Ralph   31. 1. 02   7. 11. 49
Arnold, Manfred   30. 7. 03   10. 2. 53
Pfeiffer, Gerhard   16. 7. 04   22. 12. 61
Zeiser, Wolfgang   1. 1. 05   5. 9. 48
Tillmanns, Christoph, 1/2   1. 9. 05   4. 8. 60

Arbeitsgerichte

Freiburg im Breisgau
Habsburgerstr. 103, 79104 Freiburg
Tel. (07 61) 70 80-0
Fax (07 61) 70 80-40
E-Mail: poststelle-fr@lag.bwl.de
www.arbeitsgericht-freiburg.de
Pressestelle: RArbG Wolfgang Gundel
Tel. (07 61)70 80-3 21
Fax: (07 61) 70 80-40
E-Mail: gundel@lag.bwl.de

mit Kammern in 77652 Offenburg und 78048 Villingen-Schwenningen

1 Pr, 1 VPr, 13 R

Präsidentin
Dr. Kramer, Barbara   2. 5. 03   11. 2. 61

Vizepräsident
Müller, Hans-Georg   27. 11. 03   3. 11. 51

Richterinnen/Richter
Redling, Julius   4. 8. 83   23. 8. 47
Gluns, Thomas   31. 10. 88   11. 10. 55
Steuerer, Bernhard   21. 3. 90   21. 9. 57
Just, Joachim   1. 1. 95   6. 7. 62
Gremmelspacher, Martin   3. 1. 97   3. 5. 62
Dr. Schmiegel, Dorothee   6. 4. 99   13. 5. 67
Zimmermann, Birgit, abg.   16. 12. 99   8. 5. 68
Krauss, Sabine, 1/2   14. 7. 00   3. 12. 66
Gundel, Wolfgang   7. 10. 02   18. 6. 64
Dr. Spinner, Günter, abg.   17. 11. 03   6. 8. 72

ArbG Baden-Württemberg

Heilbronn (Neckar)
Paulinenstraße 18, 74076 Heilbronn
Tel. (0 71 31) 9 57 80
Fax (0 71 31) 95 78-4 44
E-Mail: poststelle-hn@lag.bwl.de
www.arbeitsgericht-heilbronn.de
Pressestelle: RArbG Stefan Fiebig
Tel. (0 71 31) 95 78-1 06, Fax: (0 71 31) 95 78-4 44
E-Mail: fiebig@lag.bwl.de

mit Kammern in 74564 Crailsheim

1 Dir, 6 R

Feldmann, Merve, Dir	1. 10. 93	19. 6. 43
Gallner, Inken, abg.	21. 2. 97	27. 7. 64
Fiebig, Stefan	4. 8. 97	2. 8. 63
Stapelfeldt, Katrin	24. 9. 99	9. 6. 67
Bantle, Frank	27. 12. 01	4. 1. 69
Berkner, Anja, beurl.	27. 12. 01	1. 3. 72
Schanz, Michael	19. 10. 04	19. 8. 71

Karlsruhe
Ritterstraße 12, 76133 Karlsruhe
Tel. (07 21) 1 75-25 00, Fax (07 21) 1 75-25 25
E-Mail: poststelle-ka@lag.bwl.de
www.arbeitsgericht-karlsruhe.de
Pressestelle: RArbG Hartmut Maier
Tel. (07 21) 1 75-25 32
Fax: (07 21) 1 75-25 25
E-Mail: maierh@lag.bwl.de

1 Dir, 1 stVDir, 8,5 R

N. N., Dir		
Dr. Schlünder, Guido, stVDir	4. 9. 01	29. 4. 64
Maier, Hartmut	1. 10. 94	4. 4. 60
von Zelewski, Andrea, beurl.	27. 6. 95	19. 10. 64
Rennert, Jürgen	13. 9. 96	9. 11. 62
Steer, Heide, abg.	1. 2. 97	28. 11. 65
Altmann, Silke	1. 10. 99	9. 9. 69
Münchschwander, Thomas	15. 9. 00	12. 1. 70
Roth, Susanne	21. 2. 01	8. 12. 70

Lörrach
Weinbrennerstr. 5, 79539 Lörrach
Tel. (0 76 21) 92 47-0, Fax (0 76 21) 92 47 20
E-Mail: poststelle-loe@lag.bwl.de
www.arbeitsgericht-loerrach.de
Pressestelle: DArbG Claus-Peter Wahl
Tel. (0 76 21)92 47-12, Fax: (0 76 21) 92 47-20
E-Mail: wahl@lag.bwl.de

mit Kammer in 78315 Radolfzell

1 Dir, 4 R

Wahl, Claus-Peter, Dir	5. 10. 98	28. 5. 46
Dr. Adam, Sabine	6. 4. 93	3. 12. 59
Kellner, Werner	28. 7. 96	9. 7. 59

Mannheim
E 7, 21, 68159 Mannheim
Tel. (06 21) 29 20
Fax (06 21) 2 92 13 11
E-Mail: poststelle-ma@lag.bwl.de
www.arbeitsgericht-mannheim.de
Pressestelle: RArbG Kerstin Miess
Tel. (06 21)2 92-35 69, Fax: (06 21)2 92-13 11
E-Mail: miess@lag.bwl.de

mit Kammern in 69115 Heidelberg

1 Pr, 1 VPr, 13 R

Präsident

Maier, Rolf	23. 1. 06	26. 9. 56

Vizepräsident

Jordan, Lothar	1. 2. 02	30. 12. 49

Richterinnen/Richter

Konrad, Margarete, ³/₄	7. 10. 77	25. 4. 44
Dicke, Rainer	5. 9. 80	1. 6. 48
Dr. Bouwhuis, Sigrid	28. 3. 83	14. 3. 55
Müller, Stephan	26. 10. 89	27. 11. 55
Pult-Wilhelm, Sigrid, ½	6. 7. 92	22. 6. 63
Thewes, Theodor	20. 10. 92	16. 3. 60
Willer, Holger	15. 3. 96	6. 3. 62
Gruber, Wolfgang	5. 7. 99	3. 9. 66
Horch, Claudia	12. 8. 99	11. 2. 66
Maali-Faggin, Sima, ½	3. 1. 02	19. 6. 70
Dr. Lehner, Andrea	4. 2. 04	29. 6. 67
Seeling, Barbara	8. 12. 04	4. 5. 73

Pforzheim
Simmlerstraße 9, 75172 Pforzheim
Tel. (0 72 31) 16 58-0
Fax (0 72 31) 16 58-3 09
E-Mail: poststelle-pf@lag.bwl.de
www.arbeitsgericht-pforzheim.de
Pressestelle: DArbG Hans Weischedel
Tel. (0 72 31)16 58-3 10
Fax: (0 72 31) 16 58-3 09
E-Mail: weischedel@lag.bwl.de

1 Dir, 4 R

Weischedel, Hans, Dir	18. 12. 97	18. 3. 53
Selig, Petra	15. 12. 95	29. 3. 65
Nagel, Andreas	2. 8. 96	4. 10. 62
Schäfer, Nicole, ½	29. 9. 99	6. 6. 66
Schröter, Harald	17. 12. 99	2. 2. 65

Baden-Württemberg **ArbG**

Reutlingen
Bismarckstraße 64, 72764 Reutlingen
Tel. (0 71 21) 9 40-0, Fax (0 71 21) 9 40-32 32
E-Mail: poststelle-rt@lag.bwl.de
www.arbeitsgericht-reutlingen.de
Pressestelle: RArbG Matthias Rieker
Tel. (0 71 21)9 40-32 10
Fax: (0 71 21) 9 40-32 32
E-Mail: riekerm@lag.bwl.de

1 Dir, 6 R

Schwägerle, Werner, Dir	24. 3. 00	27. 12. 50
Haid, Wolfram	17. 1. 86	9. 5. 48
Adebahr, Marion	2. 4. 90	3. 2. 58
Rieker, Matthias	7. 5. 93	19. 4. 59
Schwiedel, Michael, 3/4	1. 4. 96	7. 7. 61
Maute, Natascha	20. 5. 05	2. 7. 75

Stuttgart
Johannesstraße 86, 70176 Stuttgart
Tel. (07 11) 2 18 52-0
Fax (07 11) 2 18 52-1 00
E-Mail: poststelle-s@lag.bwl.de
www.arbeitsgericht-stuttgart.de
Pressestelle: RArbG Ursula Masuhr
Tel. (07 11) 2 18 52-3 01
Fax: (07 11) 2 18 52-1 00
E-Mail: masuhr@lag.bwl.de

mit Kammern in 73430 Aalen und 71638 Ludwigsburg

1 Pr, 1 VPr, 1 w.aufsR, 31 R

Präsident

Zimmermann, Helmut	27. 8. 92	4. 7. 47

Vizepräsident

Ens, Reinhard	1. 5. 94	8. 7. 45

Richterinnen /Richter

Klimpe-Auerbach, Wolf, w.aufsR	1. 5. 94	14. 10. 42
Weidling, Jürgen	25. 9. 78	25. 12. 47
Dr. Geiger, Frank	21. 10. 87	24. 6. 50
Amann-Schindler, Ernst	5. 10. 88	16. 8. 56
Rodehau, Hans-Ulrich	19. 3. 90	9. 6. 55
Dr. Witt, Carsten	20. 5. 92	24. 9. 59
Berchtold, Margarete, 1/2	3. 1. 94	13. 6. 62
Klumpp, Simone, beurl.	26. 1. 95	14. 6. 63
Rückleben, Katharina	16. 6. 96	13. 11. 62
Ernst, Elke, 1/2	3. 7. 96	20. 1. 59
Gneiting, Jürgen	2. 8. 96	29. 6. 58
Neukirch, Johannes	15. 12. 96	11. 9. 62

Oesterle, Harald	1. 5. 97	8. 1. 62
Jentsch, Karin, 1/2	2. 5. 97	17. 3. 63
Knapp, Sibylle, 1/2	2. 5. 97	4. 6. 65
Büchele, Michael	7. 7. 97	12. 5. 59
Schräjahr-Nüßle, Susanne, 3/4	1. 9. 97	9. 4. 66
Scholl, Annette, 1/2	5. 12. 97	28. 12. 65
Stöbe, Roland	9. 1. 98	13. 6. 65
Haßel, Lutz	16. 1. 98	10. 8. 64
Weber, Margot	2. 2. 98	16. 11. 60
Masuhr, Ursula	2. 2. 98	2. 3. 63
Meyer, Thomas	2. 2. 98	26. 7. 65
Lips, Ulrich, abg.	5. 3. 98	30. 8. 65
Dr. Funk, Stefan	1. 4. 99	23. 1. 67
Dr. Kammerer, Roland	5. 7. 99	5. 7. 64
Fuhrmann, Birgitta	8. 10. 99	29. 8. 61
Dr. Hofherr, Karin	3. 6. 02	4. 6. 67
Lang, Elke, 1/2	5. 2. 03	6. 9. 66
Dr. Rudolf, Eva	4. 4. 05	1. 12. 70

Ulm (Donau)
Zeughausgasse 12, 89073 Ulm
Tel. (07 31) 1 89-0, Fax (07 31) 1 89-23 77
E-Mail: poststelle-ulm@lag.bwl.de
www.arbeitsgericht-ulm.de
Pressestelle: RArbG Dr. Fabian Pulz
Tel. (0 7 31) 1 89-25 14
Fax: (07 31) 1 89-23 77
E-Mail: pulz@lag.bwl.de

mit Kammern in 88212 Ravensburg

1 Dir, 7 R

Müller, Reiner, Dir	20. 9. 94	16. 3. 54
Mayr, Klaus	12. 11. 90	11. 10. 58
Dr. Rieker, Betina, 1/2, abg.	17. 8. 92	21. 5. 62
Dr. Heilmann, Frank	1. 3. 96	5. 5. 61
Bachhuber, Uwe	20. 1. 98	5. 12. 64
Kretzschmar, Ulrike, beurl.	13. 6. 03	27. 5. 73
Söhner, Frank	18. 10. 04	23. 3. 72
Dr. Pulz, Fabian	11. 4. 05	26. 7. 74
Zimmermann, Nikolaus	29. 9. 05	15. 3. 69

Richterinnen/Richter im Richterverhältnis auf Probe

Robrecht, Wiebke	1. 4. 03	27. 2. 75
Dr. Hrubesch, Steffen	15. 9. 03	27. 6. 73
Dr. Gohm, Christian	3. 5. 04	28. 1. 74
Miess, Kerstin	3. 5. 04	26. 8. 75
Wendling, Marc	3. 5. 04	19. 1. 76
Lohrmann, Matthias	17. 5. 04	26. 1. 74
Sänger, Niki	17. 5. 04	20. 10. 76
Obst, Daniel, abg.	1. 6. 04	8. 9. 72
Meinhardt, Falk	1. 6. 04	27. 3. 74
Mohn, Matthias	1. 6. 04	17. 2. 75

ArbG Bayern

Dr. Teschner, Carsten	7. 6. 04	17. 3. 75	Gertler, Nils Fabian, 1/2	1. 7. 04	29. 12. 73
Boehm, David	14. 6. 04	13. 10. 75	Seifert, Martin	1. 7. 04	25. 6. 76
Herrmann, Tanja, 3/4	14. 6. 04	21. 10. 76	Dr. Rohr, Teresa	20. 12. 04	12. 1. 76
Dr. Böckenförde-			Aretz, Stephanie	29. 8. 05	1. 7. 73
Wunderlich, Barbara	—	19. 2. 74	Dr. Sellin, Jessica	1. 12. 05	3. 10. 71
Dr. Kontusch, Oliver	1. 7. 04	27. 9. 72	Darsow, Ingebjörg	1. 12. 05	1. 8. 77

Bayern

Landesarbeitsgericht München

Winzererstr. 104, 80797 München
Postfach 40 01 80, 80701 München
Tel. (0 89) 3 06 19-0
Fax (0 89) 30 61 92 11
E-Mail: poststelle@lag-m.bayern.de

1 Pr, 1 × 3/4 VPr, 8 VR, 1 × 3/4 VR

Präsident
Dr. Alexander, Peter 1. 8. 01 3. 5. 41

Vizepräsidentin
Reuss, Hedda, 3/4 1. 2. 02 18. 5. 42

Vorsitzende Richter
Dr. Staudacher, Heribert	1. 8. 85	13. 10. 43
Kagerer, Günther	1. 11. 92	14. 6. 44
Dr. Dunkl, Johann	1. 11. 92	16. 11. 44
Moeller, Dieter	1. 6. 98	15. 2. 49
Burger, Ernst	1. 1. 02	21. 4. 51
Dr. Rosenfelder, Ulrich	1. 2. 02	19. 12. 46
Waitz, Hans	1. 4. 02	17. 12. 55
Wolff, Werner	1. 3. 05	12. 2. 46
Dr. Obenaus, Walter, 3/4	1. 3. 06	6. 12. 44

Arbeitsgerichte

Augsburg
Ulrichsplatz 3, 86150 Augsburg
Tel. (08 21) 57 09 03
Fax (08 21) 57 09 40 00
E-Mail: poststelle@arbg-a.bayern.de

mit Kammer in Neu-Ulm
Maximilianstr. 39, 89231 Neu-Ulm
Tel. (07 31) 7 05 19 10
Fax: (07 31) 70 51 91-99

1 Dir, 1 stVDir (1/2), 7 R + 1 × 1/2 R

Damm, Werner, ATZ, Dir	1. 1. 96	23. 12. 44
Faber, Bernhard, 1/2,		
StVDir, ATZ	1. 8. 96	16. 1. 45
Klaus, Sebastian	1. 6. 84	13. 3. 51
Taubert, Thomas	1. 1. 90	21. 1. 60
Gericke, Wiltrud	1. 10. 91	18. 8. 60
Nieberle-Schreiegg,		
Markus	28. 3. 94	4. 2. 60
Angstenberger, Hubert	1. 12. 94	23. 12. 61
Gerhard, Dieter	1. 6. 97	26. 4. 57
Dr. Lippert, Ralf	16. 10. 97	1. 11. 63
Dr. Czaja, Astrid,		
beurl. (LSt)	1. 8. 04	4. 3. 66

Kempten (Allgäu)
Königstr. 11, 87435 Kempten
Tel. (08 31) 5 22 12-0
Fax (08 31) 5 22 12-13
E-Mail: poststelle@arbg-ke.bayern.de

1 Dir, 4 R

Iranyi, Manfred, Dir	1. 9. 05	25. 1. 49
Prof. Dr. Dill, Thomas	27. 7. 83	28. 9. 49
Schweitzer, Josef	1. 3. 86	12. 10. 53
Schauer, Michael	1. 1. 95	29. 11. 55
Dr. Balze, Wolfgang	1. 8. 04	29. 10. 61

München
Winzererstr. 104, 80797 München
Postfach 40 01 80, 80701 München
Tel. (0 89) 3 06 19-0 ,Fax (0 89) 3 06 19-2 98
E-Mail: poststelle@arbg-m.bayern.de

Kammern in Ingolstadt
Proviantstr. 1, 85049 Ingolstadt
Tel. (08 41) 9 35 86-6, Fax (08 41) 9 35 86-87

Kammern in Weilheim
Alpenstr. 16, 82362 Weilheim
Tel. (08 81) 9 98-0, Fax (08 81) 9 98-2 02

1 Pr, 1 VPr, 3 w.aufsR, 22 R + 6 × 1/2 R + 3 × 3/4 R
+ 2 LSt (R)

Bayern　**ArbG**

Präsidentin
Mack, Angelika   17. 9. 01   22. 1. 47

Vizepräsident
Müller, Manfred   1. 6. 05   10. 7. 49

Richterinnen /Richter
N. N.   —   —
Dr. Gericke, Berthold,
 w.aufsR   1. 8. 02   17. 2. 47
Dr. Wanhöfer, Harald,
 w.aufsR   1. 6. 03   30. 6. 60
Kempff, Gilbert   23. 10. 75   30. 8. 42
Poppe, Peter   18. 11. 76   20. 3. 42
Rauscher, Johannes   1. 10. 80   17. 5. 48
Goldbrunner, Franz   1. 7. 82   29. 8. 49
Mack, Claus   1. 11. 83   8. 9. 51
Finke, Hannelore, 1/2   1. 9. 88   24. 10. 54
Dr. Romeikat, Tobias   16. 12. 88   1. 6. 55
Then, Alfred   1. 6. 89   17. 10. 52
Zehetmair, Hans, ATZ   1. 10. 89   24. 6. 43
Dr. Biebl, Josef   1. 1. 91   20. 6. 59
Karrasch, Wolfgang   1. 2. 92   16. 6. 57
Helleiner, Gerhard   1. 3. 92   9. 2. 54
Schlicker, Reinhard   23. 10. 92   7. 10. 58
Römheld, Birgit, 3/4   1. 2. 93   10. 4. 59
Hauf, Angelika   1. 4. 94   24. 1. 62
Lunz-Schmieder,
 Marion, 1/2   8. 5. 94   4. 3. 57
Dyszak, Werner   1. 7. 94   14. 7. 60
Schmidt, Franz   1. 10. 94   8. 4. 60
Nollert-Borasio,
 Christiane, 1/2   1. 12. 94   26. 6. 62
Deucher, Heidrun,
 beurl. (LSt)   1. 6. 95   31. 1. 61
Zenger, Soila, 3/4   12. 7. 95   24. 12. 60
Haarpaintner, Maximilian   1. 12. 95   22. 2. 59
Rösch, Camilla, 1/2   28. 2. 96   10. 2. 62
Kautnik, Elfriede, 1/2   1. 8. 96   17. 8. 62
Neumeier, Christian,
 1/2, abg.   1. 6. 97   27. 12. 64
Dr. Förschner, Petra, 3/4   1. 6. 00   10. 11. 62
Bader, Werner   1. 6. 01   5. 10. 61
Dr. Dickerhof-Borello,
 Elisabeth, beurl. (LSt)   24. 7. 01   13. 7. 69
Dr. Dick, Hans   15. 10. 04   20. 11. 61
Fell, Susanne, 1/2   1. 6. 04   12. 1. 64
Dr. Rotter, Stephan   15. 2. 05   7. 11. 60
Dr. Kremerskothen, Heike   1. 3. 03   23. 2. 72
Waldenfels, Aurel   1. 10. 03   18. 8. 70

Passau
Eggendobl 4, 94034 Passau
Tel. (08 51) 9 59 49-0, Fax (08 51) 9 59 49-1 49
E-Mail: poststelle@arbg-pa.bayern.de

Kammer in Deggendorf
Bahnhofstr. 94, 94469 Deggendorf
Tel. (09 91) 45 64, Fax (09 91) 34 11 62

1 Dir, 2 R + 2 × 1/2 R

Mayerhofer, Horst, Dir   1. 4. 02   8. 7. 58
Hofbauer, Wolfgang,
 1/2, ATZ   1. 7. 75   13. 8. 43
Dr. Helml, Ewald   20. 5. 88   13. 9. 56
Gahbauer, Jutta, 1/2   1. 3. 03   3. 3. 63
Dr. Kerschbaum, Alfred   1. 3. 05   12. 5. 62

Regensburg
Bertoldstr. 2, 93047 Regensburg
Tel. (09 41) 5 02 50
Fax (09 41) 50 85 3 00
E-Mail: poststelle@arbg-r.bayern.de

Kammer in Landshut
Seligenthaler Str. 10, 84034 Landshut
Tel. (08 71) 85 28 03
Fax (08 71) 85 28-2 50

1 Dir, 1 stVDir, 5 R + 2 × 1/2 R

Dr. Schmidbauer, Albert,
 Dir   1. 2. 02   8. 1. 46
Holzer, Helmut, stVDir   1. 4. 02   27. 6. 55
Dr. Künzl, Reinhard   1. 12. 86   31. 12. 55
Holbeck, Thomas   1. 6. 91   21. 8. 56
Köhnen, Harald   22. 7. 96   19. 5. 60
Krottenthaler, Thomas   1. 3. 02   16. 2. 65
Dr. Schmid, Klaus   1. 5. 02   14. 9. 58
Rösch, Angelika, 1/2   1. 10. 02   7. 9. 64
Keller, Tanja, 1/2   1. 10. 02   4. 3. 66

Richter auf Probe
Schindler, Christian   1. 12. 05   5. 1. 75

Rosenheim (Oberbayern)
Rathausstr. 23, 83022 Rosenheim
Tel. (0 80 31) 3 05 04, Fax (0 80 31) 3 05-1 93
E-Mail: poststelle@arbg-ro.bayern.de

Kammer in Traunstein (Oberbayern)
Salinenstr. 4, 83278 Traunstein
Tel. (08 61) 9 57 23
Fax (08 61) 6 55 70

1 Dir, 3 R

Illing, Gabriele, Dir   1. 12. 91   26. 9. 54
Dr. Conze, Wolfgang,
 ATZ   1. 7. 75   17. 9. 42
Scheuring, Johannes   1. 1. 78   12. 7. 46
Dr. Bichlmeier, Gerd   —   —

ArbG Bayern

Landesarbeitsgericht Nürnberg

Roonstraße 20, 90429 Nürnberg
90336 Nürnberg
Tel. (09 11) 9 28-0, Fax (09 11) 9 28 27 50
E-Mail: poststelle@lag-n.bayern.de
www.arbg.bayern.de/lagn
Pressestelle: Tel. (0911) 9 28-27 19
E-Mail: presse@lag-n.bayern.de

1 Pr, 1 VPr, 5 VR + ½ VR

Präsident

Heider, Engelbert	9. 12. 94	20. 6. 49

Vizepräsident

Dr. Feichtinger, Peter	13. 6. 97	5. 7. 46

Vorsitzende Richterin/Vorsitzende Richter

Malkmus, Hans	1. 11. 87	1. 7. 49
Prof. Dr. Holzer-Thieser, Alfred	5. 12. 94	17. 9. 43
Werner, Alfons	10. 10. 97	7. 4. 45
Bonfigt, Eva Maria, ½	1. 7. 98	2. 7. 48
Vetter, Joachim	1. 4. 02	27. 3. 57
Roth, Norbert	1. 5. 03	22. 8. 53

Arbeitsgerichte

Bamberg
Willy-Lessing-Straße 13, 96047 Bamberg
Tel. (09 51) 9 80 42-01, Fax (09 51) 9 80 42-29
E-Mail: poststelle@arbg-ba.bayern.de

Kammer in Coburg
Oberer Bürglaß 36, 96450 Coburg
Tel. (0 95 61) 74 19-3 01, 3 02, 3 03, 3 00
Fax (0 95 61) 7 41 93 93
E-Mail: poststelle-co@arbg-ba.bayern.de

1 Dir, 4 R

Pohl, Wolfgang, Dir	1. 7. 03	10. 6. 51
Kulla, Benedikt	1. 1. 80	29. 10. 46
Derra, Jürgen	1. 12. 89	11. 5. 56
Schmottermeyer, Ulrich	1. 7. 90	17. 10. 58
Glaser, Christoph	1. 4. 91	11. 12. 56

Bayreuth
Ludwig-Thoma-Str. 7, 95447 Bayreuth
Postfach 11 03 63, 95422 Bayreuth
Tel. (09 21) 5 93-0, Fax (09 21) 5 93-1 11
E-Mail: poststelle@arbg-bt.bayern.de

Kammer in Hof
Kulmbacher Str. 47, 95030 Hof
Tel. (0 92 81) 6 18 20
Fax (0 92 81) 61 82 22

1 Dir, 3 R

N. N., Dir	—		—
Putschky, Bernd	1. 6. 88	7.	7. 54
Nützel, Stefan	1. 10. 93	27.	9. 61
Knarr, Thorsten	1. 10. 03	1.	7. 70

Nürnberg
Roonstraße 20, 90429 Nürnberg
Tel. (09 11) 9 28-0
Fax (09 11) 9 28-26 30
E-Mail: poststelle@arbg-n.bayern.de

1 Dir, 1 stVDir, 11 R + 4 × ½ R

Clement, Gerhard, Dir	1. 10. 94	7. 6. 52
Bär, Wolfgang, stvDir	7. 7. 81	22. 1. 50
Reinfelder, Anna, ½	1. 6. 84	14. 10. 52
Kachelrieß, Jürgen	1. 6. 88	6. 9. 56
Riedel, Gerhard	1. 1. 92	8. 1. 57
Uhlemann, Ulrich	1. 6. 92	7. 11. 59
Dr. Frölich, Armin	1. 8. 93	22. 3. 60
Sziegoleit, Dagmar, ½	1. 7. 94	22. 12. 61
Kuhn, Michael	1. 12. 94	27. 9. 59
Steindl, Christian	1. 1. 95	12. 4. 61
Nöth, Klaus Peter	1. 9. 99	23. 5. 62
Dr. Steindl, Silja, ½	1. 12. 01	3. 12. 60
Krumbiegel, Markus	12. 7. 02	14. 6. 71
Willmar, Alexandra, ½	1. 9. 02	24. 9. 68
Reiser, Michael	1. 10. 03	17. 8. 62
Klose, Daniel	1. 12. 03	3. 12. 71
Ponton, Sabine	14. 11. 05	21. 8. 73

Weiden
Ledererstraße 9, 92637 Weiden
Tel. (09 61) 30 00-0
Fax (09 61) 30 00 219
E-Mail: poststelle@arbg-wen.bayern.de

Kammer in Schwandorf
Wackersdorfer Str. 78a, 92421 Schwandorf
Tel. (0 94 31) 85 64
Fax (0 94 31) 87 75

1 Dir, 5 R

Weißenfels, Eike, Dir	15. 11. 83	11. 11. 52
Pietsch, Ulrich	—	—
Striegan, Dietmar	1. 10. 95	10. 10. 61
Wingerter-Junge, Birgit	1. 3. 02	13. 12. 68
Hagelstein, Ferdinand	17. 3. 03	14. 12. 74
Zitzmann, Veit	1. 7. 03	5. 3. 70

Würzburg

Ludwigstraße 33, 97070 Würzburg
Tel. (09 31) 30 87-0, Fax (09 31) 30 87-3 03
E-Mail: poststelle@arbg-wue.bayern.de

Kammer Aschaffenburg
Schloßplatz 7, 63739 Aschaffenburg
Tel. (0 60 21) 3 98-0, Fax (0 60 21) 3 98-11 00
E-Mail: poststelle-ab@arbg-wue.bayern.de

Kammer Schweinfurt
Alte Bahnhofstraße 27, 97422 Schweinfurt
Tel. (0 97 21) 2 03-0, Fax (0 97 21) 20 34 23
E-Mail: poststelle-sw@arbg-wue.bayern.de

1 Dir, 1 stVDir, 7 R + ½ R, 1 LSt (R)

Schrenker, Reiner, Dir	1. 12. 95	5. 1. 54
Schütz, Friedrich, stVDir	1. 10. 90	20. 12. 56
Jaunich, Peter	1. 6. 84	18. 7. 51
Walther, Jürgen Ludwig	1. 7. 86	8. 12. 57
Loy, Hanns-Christian	23. 2. 87	5. 9. 56
Deyringer, Michael	1. 10. 90	29. 5. 62
Dr. Hein, Ekkehardt	1. 5. 92	11. 2. 56
Bechtold, Frank	15. 3. 96	17. 8. 62
Erbar, Doris, ½	1. 9. 02	13. 9. 67
Hofmann, Heike, RkrA	(1. 7. 05)	17. 4. 75
Böhmer, Patricia, beurl. (LSt)	—	—

Berlin

Landesarbeitsgericht Berlin

Magdeburger Platz 1, 10785 Berlin
Postfach 36 33, 10727 Berlin
Tel. (0 30) 9 01 71-0
Fax (0 30) 9 01 71-2 22 u. 3 33
E-Mail: praesidentin@larbg.verwalt-berlin.de
www.landesarbeitsgericht-berlin.de

1 Pr, 16 VR, 1 LSt

Präsidentin

Aust-Dodenhoff, Karin	28. 6. 95	20. 11. 46

Vizepräsident/in

N. N.	—	—

Vorsitzende Richterinnen / Vorsitzende Richter

Corts, Jochen	6. 12. 88	4. 9. 50
Dr. Pahlen, Ronald	26. 9. 90	17. 7. 50
Marowski, Horst	8. 11. 91	19. 9. 51
Dr. Binkert, Gerhard	1. 10. 92	8. 2. 48
Baumann, Eberhard	3. 5. 93	26. 6. 45
Kießling, Bernd, ATZ	5. 8. 94	5. 2. 43
Arndt, Ingrid	31. 7. 95	11. 6. 43
Dreßler, Martin	20. 5. 96	4. 2. 57
Albrecht-Glauche, Gabriele	1. 4. 98	15. 6. 55
Staudacher, Angela	1. 4. 98	19. 10. 59
Dr. Fenski, Martin	16. 8. 99	19. 4. 59
Wieland, Sabine, beurl.	3. 9. 01	14. 9. 49
Reber, Daniele	24. 11. 04	29. 8. 61
Dr. Hantl-Unthan, Ursula	21. 7. 05	22. 2. 57
Gerken, Reinhold	1. 11. 05	18. 4. 50
Klueß, Joachim	1. 3. 06	8. 6. 56

Arbeitsgericht

Berlin
Magdeburger Platz 1, 10785 Berlin
Postfach 36 33, 10727 Berlin
Tel. (0 30) 9 01 71-0
Fax (0 30) 9 01 71-2 22 u. 3 33
www.arbeitsgericht-berlin.de

1 Pr, 1 VPr, 3 w.aufsR, 5 LSt, 64 R + ½ R

Präsident

Riedel, Achim	19. 7. 89	17. 9. 42

Vizepräsidentin

Klumpp, Bärbel	1. 3. 06	20. 12. 61

weitere aufsichtf. Richterin /Richter

Pohl, Klaus-Dieter	12. 12. 97	19. 9. 41
Wenning-Morgenthaler, Martin	16. 8. 99	14. 1. 59
Dr. Eulers, Kathrin	1. 3. 06	31. 1. 62

Richterinnen/Richter

Marewski, Christiane	—	—
Scheffer, Werner, ATZ	4. 1. 77	7. 1. 45
Fischer, Wolfram	6. 2. 79	2. 11. 45
Munzel, Hans-Jürgen, ATZ	18. 3. 80	1. 3. 43

ArbG Brandenburg

Ulrich, Dagmar-Ingrid, 1/2	6. 5.80	7. 1.44	Linnert-Abelmann,		
Nißen, Jens	1. 7.80	24. 7.45	Martina	13. 7.95	2. 7.63
Lehmann, Hans-Peter	22.12.81	18. 9.50	Sanchez Alfonso, Iris	1. 8.95	28. 1.51
Schmidt-Reimer, Michael	27. 9.83	30. 6.50	Morof, Claus-Peter	19.10.95	15. 4.63
Rook, Andreas	26. 3.85	10. 5.56	Hünecke, Andreas	20.10.95	11. 3.60
Dulling, Bernd	15. 4.85	11. 6.49	Wenzel, Ursula, 3/4	3.11.95	10. 4.63
Dr. Ruberg, Bernd	2. 9.88	4. 4.52	Spatz, Torsten	1. 2.96	10.12.64
Marckwardt, Silvia	13. 9.88	7. 8.57	Dr. Nielsen, Hans-Georg	3. 5.96	21. 8.61
Pickel, Renata	21.12.89	9.11.57	Aster, Beate	3. 5.96	3. 4.62
Köpp, Peter	14. 4.93	2. 7.54	Ernst, Michael	8.10.96	1. 7.60
Pechstein, Birgitt	22. 7.93	12. 7.60	Michels, Ulrich	11.11.96	6. 3.60
Ausfeld, Renate	30. 9.93	30. 8.61	Grundschok, Elke	4. 3.97	5. 7.54
Metzke, Maria	11.10.93	4. 1.49	Augustin, Holger	29. 4.97	21. 4.63
Köster, Anna-Katharina, 1/2	1.12.93	20. 2.62	Dittert, Andreas, 1/2	1.10.97	9.10.63
Loth, Barbara, abg.	6. 1.94	14. 1.57	Steinmetz, Martin	2.12.97	18. 4.64
Brands, Elisabeth, 1/2	7. 3.94	14. 1.58	Dr. Streicher, Hans-Jürgen	18. 2.98	21. 1.59
Kirsch, Ulrich	2. 5.94	21.12.58	Boyer, Arne	16. 3.98	20.10.61
Hennies, Andrea	2. 5.94	19. 8.59	Dr. Wollgast, Kay, 1/2	10. 7.98	28. 8.61
Heyl, Martin	2. 5.94	11.11.60	Räuwer, Kerstin	3. 3.99	6. 3.66
Matulla, Monika, 1/2	13. 6.94	25. 7.55	Dr. Hinrichs, Oda	27. 4.00	7. 1.57
Salzmann, Katrin	13. 6.94	3.10.62	Nowak, Claudia	12. 9.00	2. 4.67
Smolenski, Rüdiger	14. 6.94	16. 2.57	Dr. Baer, Andrea, 1/2	13. 9.00	17. 8.67
Fuchs, Gerhard	16. 6.94	12. 7.58	Lungwitz-Retzki, Andrea	2. 4.01	18. 8.66
Korinth, Michael	22. 7.94	11. 4.57	Wollgast, Julia, 3/4	2. 4.01	16. 3.69
Lakies, Thomas	1.12.94	14. 8.60	Noack, Karoline, 1/2	3. 4.01	11. 5.69
Hansen, Peter	1.12.94	3. 1.61	Nötzel-Bunke, Susanne	6. 3.02	8. 9.66
Förschner, Bernd, 1/2	1.12.94	22. 8.61	Dr. Schleusener, Axel	6. 3.02	2. 4.70
Rache, Volker	15.12.94	16.12.60	Seiler, Christiane, 3/4	5. 6.02	26. 6.72
Weyreuther, Anke, 1/2	24. 3.95	2.10.63	Schmitt, Frank	17.12.02	15. 3.60
			Dr. Ahrendt, Martina, 3/4	1. 7.04	17. 6.67

Brandenburg

Landesarbeitsgericht Brandenburg

Zeppelinstr. 136, 14471 Potsdam
Postfach 60 10 27, 14410 Potsdam
Tel. (03 31) 98 17-0
Fax (03 31) 98 17-2 50
E-Mail: lag@brandenburg.de

1 Pr, 1 VPr, 7 VR

Präsident

Dr. Eisemann, Hans Friedrich	22. 3.93	1. 5.42

Vizepräsidentin

Weisberg-Schwarz, Monika	29. 1.97	17. 2.49

Vorsitzende Richterin / Vorsitzende Richter

Kaiser, Brigitte	1. 9.93	21. 7.54
Przybyla, Joachim	1.10.94	8.11.49
Schinz, Reinhard	1.10.94	14. 8.55
Dr. Rancke, Friedbert	1. 4.97	24. 3.49
Walter, Thomas	17.12.97	7. 8.43
Kloppenburg, Thomas	1.10.99	12. 5.60
Rausch, Peter	1.11.02	12. 6.59

Arbeitsgerichte

Brandenburg an der Havel

Magdeburger Str. 51, 14770 Brandenburg an der Havel
Tel. (0 33 81) 39 84 00, Fax (0 33 81) 39 84 99
E-Mail: poststelle.arbgb@lag.brandenburg.de

1 Dir, 3 R

Brandenburg **ArbG**

Engelbrecht, Toralf, Dir	1. 8. 03	16. 11. 63
Siggel, Peer	27. 3. 95	5. 3. 61
Geithe, Monika	27. 11. 95	31. 10. 59
Peters, Dietlinde-Bettina	—	27. 3. 61

Cottbus
Landesbehörden- und Gerichtszentrum
Vom-Stein-Str. 28, 03050 Cottbus
Postfach 10 01 63, 03001 Cottbus
Tel. (03 55) 49 91-31 10, Fax (03 55) 49 91-32 39
E-Mail: poststelle.arbgc@lag.brandenburg.de

1 Dir, 1 stvDir, 8 R + ½ R

Opitz, Bernd, Dir	—	—
Seidel, Lore, stvDir	1. 8. 03	29. 5. 56
Kemmler, Harald	22. 12. 94	28. 5. 60
Feldberg, Aletta, ½	19. 6. 95	23. 8. 65
Dr. Schönfeld, Friedrich-Wilhelm	—	—
Dr. Gerber, Stefan	12. 4. 00	6. 9. 56
Müßig, Heidi, abg.	26. 3. 01	30. 12. 69
Dr. Heither, Ulrike, beurl.	15. 8. 01	22. 12. 69
Freudenberg, Henriette, abg.	15. 10. 01	3. 5. 69
Thum, Anja	3. 5. 02	6. 11. 72
Mittelstädt, Klaus, abg.	6. 6. 03	12. 8. 69

Eberswalde
Eberswalder Str. 26
16227 Eberswalde
Tel. (0 33 34) 21 22 25-6
Fax (0 33 34) 21 25 04
E-Mail: poststelle.arbge@lag.brandenburg.de

1 Dir, 4 R

Guth, Martin, Dir	22. 4. 96	7. 1. 62
Marx, Steffen	17. 10. 94	5. 3. 63
von Ossowski, André	—	—
Stürmann, Monika	12. 8. 98	18. 1. 56
Müller-Land, Sonja, abg.	30. 9. 99	22. 6. 67

Frankfurt/Oder
Eisenhüttenstädter Chaussee 48, 15236 Frankfurt/Oder
Postfach 1790, 15207 Frankfurt/Oder
Tel. (03 35) 55 38-0, Fax (03 35) 55 38-2 27
E-Mail: poststelle.arbgf@lag.brandenburg.de

1 Dir, 1 stvDir, 7 R + ½ R

Münster, Corinna, Dir	1. 2. 99	2. 9. 52
Schmidt, Kristina, stvDir	1. 10. 99	26. 8. 68
Barzen, Ursula, ½, abg.	12. 10. 94	21. 12. 61

Aderhold, Marion	19. 6. 95	21. 4. 63
Karehnke, Kristina	24. 3. 97	6. 6. 65
Stolze, Maybritt	31. 7. 97	30. 9. 66
Dr. Winter, Regine, beurl.	2. 7. 99	6. 1. 57
Maul-Sartori, Mathias, abg.	21. 8. 01	13. 7. 64
Dr. Suckow, Jens, abg.	3. 5. 02	29. 10. 68
Dr. Homann, Jutta, beurl.	3. 5. 02	3. 9. 69

Neuruppin
Karl-Liebknecht-Str. 28, 16816 Neuruppin
Postfach 1131, 16801 Neuruppin
Tel. (0 33 91) 45 85 00, Fax (0 33 91) 45 85-30
E-Mail: poststelle.arbgn@lag.brandenburg.de

1 Dir, 5 R

Garske, Karin, Dir	1. 2. 99	30. 7. 58
Werner, Günter	27. 7. 95	11. 9. 46
Walther, Jürgen	27. 7. 95	31. 10. 62
Klempt, Andreas	12. 8. 98	20. 6. 65
Schmeling, Frauke	13. 4. 99	20. 6. 64
Weiß, Christhard	1. 5. 99	21. 11. 64

Potsdam
Zeppelinstr. 136, 14471 Potsdam
Postfach 60 10 27, 14410 Potsdam
Tel. (03 31) 98 17-0, Fax (03 31) 98 17-1 25
E-Mail: poststelle.arbgp@lag.brandenburg.de

1 Dir, 1 stvDir, 7 R

Fuhrmann, Hilde, Dir	1. 2. 99	11. 6. 60
Haas-Atanasković, Brigitta, stvDir	—	—
Dr. Leege, Jan	—	—
Eggebrecht, Petra	25. 8. 94	11. 6. 61
Eising, Ulrich	17. 10. 94	5. 7. 55
Crumbach, Robert	19. 6. 95	3. 11. 62
Weide, Lutz	22. 4. 96	10. 5. 56
Schön, Nadja, ½	12. 8. 98	16. 11. 57
Dr. Frölich, Annette	—	—

Senftenberg
Schulstr. 4 b, 01968 Senftenberg
Postfach 10 01 57, 01957 Senftenberg
Tel. (0 35 73) 37 24-0, Fax (0 35 73) 37 24-55
E-Mail: poststelle.arbgs@lag.brandenburg.de

1 Dir, 4 R

Fohrmann, Birgit, Dir	11. 6. 96	24. 6. 60
Dr. Nomine, Rainer	19. 6. 95	7. 3. 59
Krause, Siegfried	27. 7. 95	23. 3. 54
Oehus, Anja	12. 4. 00	5. 5. 67
Janzen, Otto, abg.	1. 10. 01	21. 8. 69

ArbG Bremen · Hamburg

Bremen

Landesarbeitsgericht Bremen

Parkallee 79, 28209 Bremen
Tel. (04 21) 3 61-63 71, Fax (04 21) 3 61 65 79
E-Mail: office@lag.bremen.de
1 Pr, 1 VPr, 1 VR

Präsident
Bertzbach, Martin	3. 7. 85	19. 12. 43

Vizepräsidentin
Kallmann, Sabine	1. 1. 87	7. 11. 49

Vorsitzender Richter
Nitsche, Mario	22. 9. 89	3. 3. 48

Arbeitsgerichte

Bremen – Bremerhaven
Findorffstr. 14/16, 28215 Bremen
Tel. (04 21) 3 61 53 40, Fax (04 21) 3 61 54 53

mit auswärtigen Kammern in Bremerhaven
Brookstraße 1, 27580 Bremerhaven
Tel. (0471) 596 13045, Fax (0471) 596 13048

1 Dir, 1 stVDir, 4 R + 2 × ³/₄ R + 1 × ½ R

Claussen, Adolf, Dir	1. 11. 05	9. 7. 51
Grauvogel, Michael	10. 5. 91	16. 6. 48
Kettler, Sonja, ³/₄	27. 1. 95	17. 6. 57
Reinfelder, Waldemar	1. 11. 97	2. 1. 65
Wemheuer, Claudia	8. 2. 99	22. 4. 61
Dr. Rinck, Ursula, ½	14. 9. 01	27. 10. 69
Böggemann, Stephen	4. 4. 03	14. 8. 70
Luxa, Martina, ³/₄	4. 6. 03	21. 4. 60
Lewin, Danka	30. 6. 05	22. 12. 73

Richter im Richterverhältnis auf Probe
Oehme, Sven, ²/₃	1. 11. 05	15. 8. 73

Hamburg

Landesarbeitsgericht Hamburg

Osterbekstraße 96, 22083 Hamburg
Postfach 76 07 20, 22057 Hamburg
Tel. (0 40) 4 28 63-56 65
Fax (0 40) 4 28 63-58 52
E-Mail: poststelle@arbg.justiz.hamburg.de
http://fhh.hamburg.de/stadt/Aktuell/justiz/gerichte/arbeitsgerichte/start
Pressestelle: Christian Lesmeister
Christian.Lesmeister@lag.justiz.hamburg.de

1 Pr, 1 VPr, 6 VR, 1 LSt (VR)

Präsident
Kirsch, Henning	19. 10. 92	19. 10. 42

Vizepräsidentin
Teichmüller, Ingrid	2. 10. 91	9. 6. 46

Vorsitzende Richterinnen/Vorsitzende Richter
Dr. Lewerenz, Karl-Jochen	1. 11. 88	31. 1. 45
Homann, Rainer	1. 10. 93	26. 3. 46
Loets, Marion	1. 2. 95	30. 7. 48
Kusserow, Gabriele	—	—
Lesmeister, Christian	1. 12. 03	19. 8. 51
Rühl, Werner	9. 12. 03	19. 6. 56

Hessen **ArbG**

Arbeitsgericht

Hamburg
Osterbekstr. 96, 22083 Hamburg
Postfach 76 07 20, 22057 Hamburg
Tel. (0 40) 4 28 63-56 65, Fax (0 40) 4 28 63-58 52
E-Mail: poststelle@arbg.justiz.hamburg.de
http://fhh.hamburg.de/stadt/Aktuell/justiz/
gerichte/arbeitsgerichte/start
Pressestelle: Eveline von Hoffmann
Eveline.vonHoffmann@arbg.justiz.hamburg.de

1 Pr, $^7/_{10}$ VPr, 22 R + 5 × $^1/_2$ R + 1 LSt (R)

Präsident
Dr. Nause, Helmut   24. 6. 03   17. 12. 55

Vizepräsidentin
von Hoffmann, Eveline, $^7/_{10}$ 1. 5. 04   22. 2. 54

Richterinnen/Richter
Heinemann, Dirk-Uwe,
  w.aufsR   1. 10. 97   30. 4. 46
Voßkühler, Birgit,
  w.aufsR, $^1/_2$ 15. 11. 05   23. 4. 63
Gebert, Edelgard-Sabine   —   —
Eelbo, Günter   22. 3. 78   1. 8. 44
Zemlin, Ursula, $^1/_2$ 13. 12. 78   24. 10. 46

Albers, Ilbert   1. 1. 85   2. 8. 51
Stein, Peter   29. 1. 85   15. 9. 50
Schwarzenbacher, Ulrich   1. 2. 85   14. 3. 44
Faust, Werner   7. 10. 87   2. 10. 45
Herms, Oda   1. 12. 88   5. 9. 49
Plate, Karin, $^1/_2$ 1. 4. 89   27. 5. 54
Kümpel-Jurgenowski,
  Winfried   —   —
Uthmann, Heinrich, abg.   9. 5. 89   29. 7. 56
Rath, Gunnar   25. 1. 91   15. 8. 58
Schaude, Rainer   15. 10. 92 29. 3. 52
Beck, Thorsten   1. 1. 93   28. 4. 56
Bellasio, Sabrina, $^1/_2$ 31. 10. 94 22. 5. 65
Arndt, Klaus-Michael   30. 1. 97   9. 10. 64
Kriens, Petra   2. 11. 00   6. 4. 67
Dr. Skuderis-Witt, Antje   1. 8. 03   27. 4. 72
Dr. Frantzioch, Petra
  Daniela   3. 11. 03   20. 6. 71
Dr. Günther-Gräff, Eva,
  $^1/_2$, beurl.   1. 1. 04   20. 9. 68
Waskow, Matthias   16. 12. 04 3. 9. 68
Dr. Horn, Sven Esko   0. 6. 06   2. 10. 74

*Richterinnen/Richter im Richterverhältnis
auf Probe*
Knappe, Corinna   1. 8. 03   12. 10. 75
Dr. Stelljes, Volker   1. 1. 04   18. 9. 73
Bergemann, Martina, beurl.   15. 4. 04   11. 3. 69
Dr. Grote, Holger   12. 9. 05   8. 1. 74

Hessen

Hessisches Landesarbeitsgericht

Adickesallee 36, 60322 Frankfurt am Main
Postfach 18 03 20, 60084 Frankfurt am Main
Tel. (0 69) 15 35-0, Fax (0 69) 15 35-5 37
E-Mail:
Verwaltung@LAG-Frankfurt.Justiz.Hessen.de
Pressesprecherin: VRLAG Jörchel, Gabriele

1 VPr, 1 Pr, 14 VR

Präsident
Dr. Koch, Hartmut   31. 10. 02   15. 12. 44

Vizepräsident
Dr. Bader, Peter   24. 3. 03   24. 3. 48

Vorsitzende Richterinnen/Vorsitzende Richter
Hattesen, Michael   31. 10. 89 7. 11. 43
Prieger, Ingo   3. 5. 94   12. 4. 44
Dr. Roßmanith,
  Günther   3. 5. 94   21. 5. 47
Paki, Astrid   16. 2. 98   27. 9. 55
Bram, Rainer   7. 9. 98   19. 10. 50
Pick, Hans-Georg   26. 7. 00   24. 8. 46
Henkel, Wolfram   15. 1. 02   29. 7. 49
Schäfer, Georg   9. 7. 02   8. 10. 48
Taubel-Gerber, Ursula   9. 7. 02   29. 7. 59
Jörchel, Gabriele   15. 7. 02   22. 12. 55
Mandelke, Hans Jürgen   10. 8. 04   2. 10. 50
Dr. Kriebel, Volkhart   20. 7. 04   6. 8. 48
Wagester, Bruno   30. 11. 04 3. 1. 53
Griebeling, Jürgen   1. 8. 05   15. 8. 63

ArbG Hessen

Arbeitsgerichte

Darmstadt
Am Steubenplatz 14, 64293 Darmstadt
Tel. (0 61 51) 8 04-03
Fax (0 61 51) 8 04-5 01
E-Mail:
Verwaltung@ArbG-Darmstadt.Justiz.Hessen.de

1 Dir, 1 stvDir, 5 R + 2 × 1/2 R + 1 LSt (R)

Ewald, Frieder, Dir	1. 10. 85	19. 7. 45
Schäfer, Karl, stVDir	23. 12. 03	17. 12. 60
Dr. Wohlleben, Linda, beurl. (LSt)	20. 12. 88	12. 5. 58
Pohl, Claudia	18. 4. 94	3. 4. 63
Merté, Erika	1. 8. 96	20. 4. 48
Bley, Julia	22. 3. 99	19. 3. 66
Maier-Reinhardt, Corinna	10. 1. 01	22. 9. 61
Nungeßer, Astrid	18. 1. 02	26. 9. 69
Dr. Oppermann, Angelika	1. 9. 02	31. 3. 67
Lösch, Rainer	26. 7. 05	7. 2. 69

Frankfurt am Main
Adickesallee 36, 60322 Frankfurt am Main
Tel. (0 69) 15 35-0
Fax (0 69) 15 35-5 17
E-Mail:
Verwaltung@ArbG-Frankfurt.Justiz.Hessen.de

1 Pr, 1 VPr, 9 R + 3 × 1/2 R + 4 LSt (R)

Präsident

Schuldt, Jürgen	28. 3. 01	20. 3. 43

Vizepräsident

N. N.	—	—

Richterinnen/Richter

Köttinger, Klaus, w.aufsR	13. 1. 97	30. 12. 56
Kreppel, Horstpeter, abg. (LSt)	6. 2. 80	19. 2. 45
Binding-Thiemann, Renate	23. 7. 90	12. 5. 52
Posner, Heike, abg. (LSt)	16. 5. 95	16. 10. 63
Rachor, Stephanie	1. 9. 96	15. 3. 66
Dr. Becker, Martin	11. 11. 96	20. 5. 61
Schmidt, Ursula	3. 6. 97	21. 7. 61
Dr. Rennpferdt, Maren	3. 6. 97	17. 3. 64
Dr. Lukas, Susanna, (LSt)	17. 2. 98	23. 9. 65
Brackert, Gesine	26. 3. 99	13. 2. 66
Fink, Anja	1. 7. 02	2. 10. 67
Salmon, Torben	26. 7. 05	5. 12. 72
Schulze, Volker	2. 10. 05	28. 6. 69

Dr. Valentin, Jan	26. 10. 05	5. 1. 73
Hopfner, Ingrid, 1/2	1. 1. 06	16. 4. 69

Fulda
Heinrich-von-Bibra-Platz 3, 36037 Fulda
Tel. (06 61) 29 22 00
Fax (06 61) 29 22 22
E-Mail:
Verwaltung@ArbG-Fulda.Justiz.Hessen.de

1/2 Dir, 1 R

Schwarz, Christine, Dir	13. 3. 98	20. 9. 63
Dylla, Wolfram	23. 9. 99	9. 4. 65

Gießen
Friedrich-List-Straße 25, 35398 Gießen
Tel. (06 41) 60 77-0
Fax (06 41) 60 77 40
E-Mail:
Verwaltung@ArbG-Giessen.Justiz.Hessen.de

1 Dir, 3 R + 3/4 R + 1/2 R

Schäfer, Klaus-Dieter, Dir	1. 10. 88	12. 6. 42
Merkel, Thomas	25. 6. 93	27. 5. 58
Schneider, Michael	13. 10. 94	12. 5. 61
George, Manuela, abg.	1. 11. 96	9. 9. 64
Schäffer, Bärbel	17. 2. 98	15. 6. 63
Hergarten, Christina, LSt (R), 1/2	1. 1. 06	13. 8. 66

Hanau
Sandelldamm 24 a, 63450 Hanau
Tel. (0 61 81) 9 15 40
Fax (0 61 81) 91 54 24
E-Mail:
Verwaltung@ArbG-Hanau.Justiz.Hessen.de

1 Dir, 2 R + 1/2 R

Jurkat, Horst, Dir	5. 10. 01	1. 8. 53
Münz, Martin	16. 6. 99	8. 1. 65
Richter-Herbig, Sigrid	1. 1. 06	7. 4. 53
Hopfner, Ingrid, 1/2	1. 1. 06	16. 4. 69

Bad Hersfeld
Dudenstraße 10, 36251 Bad Hersfeld
Tel. (0 66 21) 2 03-0
Fax (0 66 21) 20 35 08
E-Mail:
Verwaltung@ArbG-BadHersfeld.Justiz.Hessen.de

1 Dir, 1 R

Oberbossel, Wolfgang, Dir	11. 8. 03	15. 5. 54
Blech, Susanne	15. 10. 05	26. 10. 71

444

Hessen **ArbG**

Kassel
Ständeplatz 19, 34117 Kassel
Tel. (05 61) 28 77 0-0
Fax (05 61) 28 77 0 66
E-Mail:
Verwaltung@ArbG-Kassel.Justiz.Hessen.de

1 Dir, 1/2 stVDir, 6 R

Menken, Ellen, Dir	24. 2. 04	18. 1. 54
Leinweber, Wolfgang	12. 12. 94	20. 6. 54
Merz-Gintschel, Angela, stVDir, beurl. (LSt)	12. 12. 94	10. 7. 62
Gieraths, Charlotte, abg.	5. 11. 96	4. 9. 61
Küppers, Ulrike	3. 6. 97	13. 10. 64
Schneider, Eckart	7. 6. 01	19. 1. 68
Schmid, Annette, (LSt)	18. 8. 05	4. 7. 67

Limburg (Lahn)
Weiersteinstraße 4, 65549 Limburg
Tel. (0 64 31) 63 03, Fax (0 64 31) 2 65 88
E-Mail:
Verwaltung@ArbG-Limburg.Justiz.Hessen.de

1 Dir, 1 R

Trense, Joachim, Dir	28. 4. 97	13. 9. 44
Dr. Matthießen, Volker	17. 2. 98	28. 5. 50

Marburg (Lahn)
Gutenbergstraße 29 a, 35037 Marburg
Tel. (0 64 21) 17 08 44, Fax (0 64 21) 1 21 54
E-Mail:
Verwaltung@ArbG-Marburg.Justiz.Hessen.de

1 Dir, 1 R + 1/2 LSt (R)

Rühle, Hans, Dir	6. 5. 86	18. 9. 49
Hergarten, Christina, 1/2 (LSt)	1. 11. 02	13. 8. 66
Pairan, Claudia	1. 7. 03	2. 10. 67

Offenbach
Kaiserstraße 16-18, 63065 Offenbach
Tel. (0 69) 80 57 31 51 od. 61, Fax (0 69) 80 57 34 03
E-Mail:
Verwaltung@ArbG-Offenbach.Justiz.Hessen.de

1 Dir, 4 R + 1/2 R + 1 LSt (R)

Schäfer, Hans Jürgen, Dir	28. 11. 03	28. 12. 55
Zweigler, Joachim	1. 2. 82	19. 2. 50
Honl-Bommert, Martina, beurl. (LSt)	1. 4. 91	18. 4. 59
Dr. Gutmann, Petra	11. 6. 01	11. 5. 66
Burgert, Julia	15. 7. 02	16. 5. 71
Dr. Franzke, Christian	5. 4. 04	10. 12. 67

Wetzlar
Hausertorstraße 47 B, 35576 Wetzlar
Tel. (0 64 41) 50 02 30, Fax (0 64 41) 5 00 23 25
E-Mail:
Verwaltung@ArbG-Wetzlar.Justiz.Hessen.de

1 Dir, 1 R + 1/2 LSt (R)

Ratz, Rainer, Dir	2. 9. 96	11. 11. 56
Rieger, Claudia	20. 4. 94	26. 4. 59
Blöhß, Sylvia, (LSt)	1. 1. 06	12. 8. 73

Wiesbaden
Adolfsallee 53, 65185 Wiesbaden
Tel. (06 11) 8 15-0, Fax (06 11) 8 15-25 99
E-Mail:
Verwaltung@ArbG-Wiesbaden.Justiz.Hessen.de

1 Dir, 1 stVDir, 5 R + 1 LSt (R)

Bertges, Dieter, Dir	1. 6. 03	16. 1. 47
Zink, Andree, stVDir	25. 2. 03	25. 12. 53
Goltzsche, Pierre	4. 6. 93	2. 1. 58
Dr. Gegenwart, Peter, abg.	14. 10. 94	13. 6. 61
Schaufelberger, Miriam, (LSt)	16. 10. 01	10. 5. 69
Dr. Günther, Bettina	14. 7. 03	26. 5. 68
Wienands, Angela	23. 8. 04	8. 5. 72
Dr. Horcher, Michael	26. 7. 05	21. 4. 73

Richterinnen/Richter im Richterverhältnis auf Probe

Gaumann, Ralf, abg. (LSt)	1. 2. 03	20. 4. 72
Yilmaz, Mustafa	3. 3. 03	19. 10. 68
Dr. Polatsidis, Georgos	3. 3. 03	16. 11. 70
Langhoff, Sandra	1. 4. 03	29. 10. 72
Hofmann, Yvonne	1. 5. 03	11. 7. 75
Molitor, Katja	6. 5. 03	14. 4. 72
Strauß, Meike	21. 5. 03	1. 10. 74
Stubbe, Kristina	6. 10. 03	20. 8. 65
Dr. Ahmad, Natascha	5. 1. 04	22. 3. 72
Eichner, Tanja	1. 4. 04	18. 2. 75
Dr. Krampe, Jörg	20. 9. 04	15. 11. 70
Bernhard, Katja	15. 7. 04	13. 2. 76
Dr. Kohlschitter, Silke	23. 8. 04	5. 3. 66
Herberich, Nicole	23. 8. 04	10. 5. 76
Naumann, Simone	15. 4. 05	20. 1. 75
Dr. Graf, Ester	18. 7. 05	5. 6. 72
Gießler, Thorben	1. 8. 05	9. 3. 76
Dr. Lösler, Annette	4. 10. 05	27. 5. 74
Dr. Kraus, Jana	2. 1. 06	17. 9. 71
Dr. Reitz, Henning	2. 1. 06	24. 8. 74
Hoff, Kerstin	4. 1. 06	3. 8. 76
Pöhler, Heike	6. 1. 06	13. 12. 76
Denecke, Frauke	1. 3. 06	2. 2. 78

ArbG Mecklenburg–Vorpommern

Mecklenburg-Vorpommern

Landesarbeitsgericht Mecklenburg–Vorpommern

August-Bebel-Str. 15–20, 18055 Rostock
Tel. (03 81) 24 10
Fax (03 81) 24 11 24
E-Mail: verwaltung@lag-rostock.mv-justiz.de

1 Pr, 1 VPr, 3 VR

Präsident
Thiele, Burkhard	1. 7. 03	5. 3. 53

Vizepräsident
Kampen, Alfred	1. 1. 06	19. 11. 61

Vorsitzende Richter
Seel, Hans-Joachim	15. 1. 93	29. 10. 51
Pätow, Claus	15. 7. 94	26. 7. 47
Anuschek, Tilman	26. 6. 02	14. 6. 54

Arbeitsgerichte

Neubrandenburg
Südbahnstr. 8 a, 17033 Neubrandenburg
Tel. (03 95) 54 44-0
Fax (03 95) 5 44 46 00
E-Mail: verwaltung@arbg-neubrandenburg.mv-justiz.de

1 Dir, 4 R

Essen, Klaus-Dieter, Dir	1. 10. 92	28. 5. 43
Witt, Sabine	16. 2. 94	30. 7. 50
Wagner, Renate, abg.	1. 9. 94	30. 12. 51
Luther, Thies	2. 12. 94	11. 12. 61
Putzka, Petra	3. 3. 95	19. 12. 51

Rostock
August-Bebel-Str. 15–20, 18055 Rostock
Tel. (03 81) 24 10, Fax (03 81) 24 11 67
E-Mail: verwaltung@arbg-rostock.mv-justiz.de

1 Dir, 4 R

Sander, Martin, Dir	17. 8. 05	31. 12. 63
Otte, Franz-Christian	22. 7. 93	24. 9. 60
Kanitz, Barbara	16. 2. 94	20. 1. 44
Klink, Jürgen	1. 9. 94	—
Behrmann, Thomas	2. 12. 94	27. 4. 61

Schwerin
Wismarische Str. 323 B, 19055 Schwerin
Tel. (03 85) 5 40 40, Fax (03 85) 54 54-116
E-Mail: verwaltung@arbg-schwerin.mv-justiz.de

1 Dir, 4 R + 2 LSt

Eckhardt, Björn, Dir	8. 2. 01	30. 6. 59
Zwolski, Brigitta, abg. (LSt)	28. 9. 93	—
Schröder, Jan, abg. (LSt)	2. 12. 94	17. 12. 61
Bülow, Harry	1. 7. 97	8. 2. 55
Bohlen, Babette	4. 4. 02	6. 1. 66

Stralsund
Frankendamm 17, 18439 Stralsund
Tel. (0 38 31) 20 50, Fax (0 38 31) 20 58 13
E-Mail: verwaltung@arbg-stralsund.mv-justiz.de

1 Dir, 4 R

N. N., Dir	—	—
Basten, Susanne	14. 6. 94	17. 10. 46
Lübeck, Andreas	14. 6. 94	9. 10. 60
Rückert, Rainer	1. 9. 98	24. 6. 63
Kleinschmidt, Meike	31. 7. 01	10. 7. 63

Richterin/Richter im Richterverhältnis auf Probe
Winkler, André	2. 6. 03	13. 8. 74
Neumann, Doreen	20. 6. 03	14. 9. 73

Niedersachsen

Landesarbeitsgericht Niedersachsen

Siemensstraße 10, 30173 Hannover
Postfach 3701, 30037 Hannover
Tel. (05 11) 8 07 08-40
Fax (05 11) 8 07 08 25
E-Mail: verwaltung@arbg.niedersachsen.de
1 Pr, 1 VPr, 12 VR + 2 x ½ VR

Präsident
Prof. Dr. Lipke,
  Gert-Albert   1. 11. 92   17. 11. 47

Vizepräsident
Dierking, Jürgen   1. 6. 00   7. 11. 41

Vorsitzende Richterinnen/Vorsitzende Richter

Dr. Plathe, Peter	1. 12. 81	10. 7. 42
Dr. Rosenkötter, Rolf	26. 9. 86	20. 6. 47
Löber, Hans-Karl	15. 3. 88	4. 10. 49
Leibold, Markus	7. 4. 92	5. 7. 53
Voigt, Ulrich	7. 4. 92	6. 12. 53
Becker, Gero	27. 5. 93	23. 1. 44
Hannes, Detlev	27. 5. 93	27. 2. 49
Krönig, Anna-Elisabeth	21. 12. 95	5. 4. 56
Vogelsang, Hinrich	28. 1. 98	16. 1. 56
Dr. Kiel, Heinrich	25. 8. 00	1. 3. 61
Spelge, Karin	25. 8. 00	13. 9. 61
Stöcke-Muhlack, Roswitha, ½	4. 12. 00	11. 7. 54
Knauß, Christa, ½	31. 5. 01	6. 10. 55
Dr. Voigt, Burkhard	27. 2. 06	10. 4. 60

Arbeitsgerichte

Braunschweig
Grünewaldstr. 11 A, 38104 Braunschweig
Tel. (05 31) 23 85 00, Fax (05 31) 2 38 50 66
E-Mail: poststelle@arbg-bs.niedersachsen.de

1 Dir, 1 stVDir, 5 R

Szyperrek, Hans-Peter, Dir	1. 11. 88	18. 2. 46
N. N., stVDir	—	—
Kreß, Günther	1. 7. 98	19. 2. 65

Bertram, Lutz	27. 6. 02	21. 2. 70
Steinke, Viktoria	16. 7. 02	28. 5. 69
Dr. Schulze, Christian	1. 2. 03	8. 7. 67
Heidelk, Christine	1. 2. 03	2. 2. 72

Celle
Im Werder 11, 29221 Celle
Tel. (0 51 41) 9 24 60, Fax (0 51 41) 92 46 18
E-Mail: poststelle@arbg-ce.niedersachsen.de

1 Dir, 1 R

Dr. Pieper, Rainer, Dir	15. 12. 90	31. 5. 50
Piel, Burkhard	16. 10. 95	4. 11. 61

Emden
Am Delft 29, 26721 Emden
Postfach 11 62, 26691 Emden
Tel. (0 49 21) 91 42-0, Fax (0 49 21) 91 42-33
E-Mail: poststelle@arbg-emd.niedersachsen.de

1 Dir, 1 R

Thöne, Joachim, Dir	27. 1. 03	13. 7. 59
Smid, Christel	16. 10. 95	11. 1. 61

Göttingen
Maschmühlenweg 11, 37073 Göttingen
Postfach 11 51, 37001 Göttingen
Tel. (05 51) 4 03-0, Fax (05 51) 4 03-21 50
E-Mail: poststelle@arbg-goe.niedersachsen.de

1 Dir, 3 R

Schlesier, Achim, Dir	1. 4. 04	10. 10. 58
Walkling, Tobias	31. 3. 99	15. 8. 66
Kroeschell, Cornelius	1. 7. 04	8. 10. 69
Dr. Rinck, Klaus	28. 7. 04	13. 4. 68

Hameln
Süntelstr. 5, 31785 Hameln
Postfach 10 01 17, 31751 Hameln
Tel. (0 51 51) 93 69-0, Fax (0 51 51) 93 69-20
E-Mail: poststelle@arbg-hm.niedersachsen.de

1 Dir, 1 R + 2 x ½ R

N. N., Dir	—	—
Lehmann, Gesine, ½	5. 11. 99	8. 4. 65
Bittens, Sylvia, ½	26. 1. 94	5. 2. 59
Jungvogel, Anke	15. 12. 04	10. 7. 72

ArbG Niedersachsen

Hannover
Ellernstr. 42, 30175 Hannover
Tel. (05 11) 28 06 60, Fax (05 11) 2 80 66 21
E-Mail: poststelle@arbg-h.niedersachsen.de

1 Dir, 1 stVDir, 8 R + 2 x ½ R

Wucherpfennig, Kilian, Dir	25. 4. 05	31. 10. 31
Becker-Wewstaedt, Heidrun, stVDir	17. 4. 84	1. 10. 50
Dr. Kammerer, Klaus	—	—
Ruhkopf, Klaus	21. 12. 79	27. 12. 44
Bill, Heinz	5. 2. 85	29. 11. 53
Klausmeyer, Karola, ½	6. 6. 94	24. 2. 62
Schulz-Droste, Antje, ½	—	—
Dr. Annerl, Peter		
Rohowski, Karsten	1. 8. 98	14. 4. 66
Dreher, Daniel	1. 9. 99	8. 7. 67
Bödecker, Thomas	11. 10. 01	18. 3. 68
Dr. von der Straten	26. 6. 02	2. 10. 68

Hildesheim
Kreuzstr. 8, 31134 Hildesheim
Postfach 10 01 51, 31101 Hildesheim
Tel. (0 51 21) 30 45 01-2, Fax (0 51 21) 30 45 06
E-Mail: poststelle@arbg-hi.niedersachsen.de

1 Dir, 2 x ½ R

Otto, Susanne, Dir	24. 1. 00	25. 9. 59
Quentin, Angelika, ½	16. 1. 96	17. 2. 63
Dr. Marquardt, Ina, ½	1. 10. 02	20. 2. 65

Lingen (Ems)
Am Wall Süd 18, 49808 Lingen
Postfach 11 60, 49781 Lingen
Tel. (05 91) 91 21 40, Fax (05 91) 32 72
E-Mail: poststelle@arbg-lin.niedersachsen.de

1 Dir, 2 R

Dr. Wenzeck, Joachim, Dir	1. 8. 92	6. 1. 58
Gottschalk, Jörg-Michael	21. 1. 94	2. 6. 59
Schmedt, Christoph	29. 11. 94	9. 12. 60

Lüneburg
Adolph-Kolping-Str. 2, 21337 Lüneburg
Tel. (0 41 31) 85 45-540, Fax (0 41 31) 85 45-490
E-Mail: poststelle@arbg-lg.niedersachsen.de

1 Dir, 2 R + ½ R + 1 LSt (R)

Wackenroder, Erich, Dir	1. 5. 04	21. 5. 46
Kubicki, Ulrich	6. 6. 94	16. 6. 62
Rönnau, Bettina, ½, beurl. (LSt)	1. 4. 99	30. 3. 65
Ermel, Ralf	12. 10. 00	13. 3. 63

Nienburg (Weser)
Amalie-Thomas-Platz 1, 31582 Nienburg
Tel. (0 50 21) 9 17 60, Fax (0 50 21) 6 56 23
E-Mail: poststelle@arbg-ni.niedersachsen.de

1 Dir, 1 R + ½ R

Mestwerdt, Wilhelm, Dir	30. 6. 05	30. 5. 61
Dr. Hartwig, Ina, ½	25. 8. 00	28. 9. 66
Trautmann, Susanne	1. 1. 06	27. 5. 60

Oldenburg in Oldb.
Bahnhofstr. 14 a, 26122 Oldenburg
Postfach 24 49, 26014 Oldenburg
Tel. (04 41) 2 20 65 00, Fax (04 41) 2 20 66 00
E-Mail: poststelle@arbg-ol.niedersachsen.de

1 Dir, 5 R

Graefe, Bernd, Dir	13. 1. 87	3. 11. 45
Stadtler, Dorothea	20. 6. 86	28. 12. 55
Scholl, Marlene	27. 6. 86	8. 10. 54
Oppermann, Antje S.	1. 8. 89	11. 11. 57
Ferber, Michael	1. 4. 90	22. 4. 56
Groschupf, Charlotte	24. 5. 05	30. 5. 72

Osnabrück
Johannisstr. 70, 49074 Osnabrück
Postfach 11 69, 49001 Osnabrück
Tel. (05 41) 3 15-0, Fax (05 41) 3 15 69 50
E-Mail: poststelle@arbg-os.niedersachsen.de

1 Dir, 3 R + ½ R

N. N., Dir	—	—
Schrader, Thomas	16. 6. 93	11. 4. 59
Holzmann, Martin	29. 6. 94	26. 11. 60
Bienhüls, Franz-Josef	1. 10. 98	28. 1. 55
Mathieu-Rohe, Susanne, ½	25. 3. 99	10. 6. 66

Stade
Am Sande 4 a, 21682 Stade
Postfach 30 36, 21670 Stade
Tel. (0 41 41) 4 06 01, Fax (0 41 41) 40 62 92
E-Mail: poststelle@arbg-std.niedersachsen.de

1 Dir, 1 R

Steinenböhmer, Peter, Dir	29. 6. 76	6. 12. 41
Trapp, Timm Ole	25. 8. 00	28. 9. 68

Verden (Aller)
Bgm.-Münchmeyer-Str. 4, 27283 Verden
Postfach 11 44, 27261 Verden
Tel. (0 42 31) 2 83 10, Fax (0 42 31) 52 29
E-Mail: poststelle@arbg-ver.niedersachsen.de

1 Dir, 1 R

Nordrhein-Westfalen **ArbG**

Dr. Fischer, Hans-Jürgen, Dir	30. 10. 84	20. 1. 44			
Kunst, Hermann-Josef	1. 3. 97	6. 2. 62			

Wilhelmshaven
Zedeliusstr. 17 A, 26384 Wilhelmshaven
Tel. (0 44 21) 93 24 10
Fax (0 44 21) 3 85 52
E-Mail: poststelle@arbg-whv.niedersachsen.de

1 Dir, 1 R

Trenne, Frank-Henner, Dir		11. 8. 78	30. 12. 43		
Scholl, Gerhard		18. 8. 80	16. 4. 47		

Richterinnen /Richter im Richterverhältnis auf Probe

Zimmermann, Ralf		1. 6. 04	5. 8. 71		
Kriesten, Britta		15. 12. 04	4. 1. 74		
Herrmann, Frank-Alexander		21. 12. 04	22. 4. 71		

Nordrhein-Westfalen

Landesarbeitsgericht Düsseldorf

Ludwig-Erhard-Allee 21, 40227 Düsseldorf
Postfach 10 34 44, 40025 Düsseldorf
Tel. (02 11) 77 70-0
Fax (02 11) 77 70-21 99
E-Mail: poststelle@lag-duesseldorf.nrw.de
www.lag-duesseldorf.nrw.de

1 Pr, 1 VPr, 15 VR

Präsidentin
Lemppenau-Krüger, Angela 19. 3. 97 13. 7. 42

Vizepräsident
Kinold, Wolfgang 1. 1. 98 17. 9. 42

Arbeitsgerichte

Düsseldorf
Ludwig-Erhard-Allee 21, 40227 Düsseldorf
Postfach 10 13 45, 40004 Düsseldorf
Tel. (02 11) 77 70-0, Fax (02 11) 77 70-22 99
E-Mail: poststelle@arbg-duesseldorf.nrw.de

1 Dir, 1 stVDir, 11 R + ½ R+ 2 LSt (R)

Dauch, Sabine, Dir	16. 12. 05	15. 10. 60
Dr. Bommermann, Ralf, stVDir	1. 4. 01	5. 8. 54
Kretschmer, Elfriede, abg. (LSt)	21. 2. 83	20. 6. 50
Nübold, Peter, abg.	29. 8. 94	12. 2. 62
Gruben-Braun, Karin	30. 1. 98	20. 7. 64
Dr. Reinhard, Barbara, abg. (LSt)	15. 2. 01	1. 7. 71
Klein, Olaf	10. 5. 02	23. 6. 69
Dr. Hamacher, Anno	16. 1. 03	26. 1. 67

Vorsitzende Richterin/Vorsitzende Richter

Dr. Pauly, Albert	7. 9. 81	14. 4. 43
Dr. Beseler, Lothar	26. 1. 87	15. 4. 42
Grigo, Klaus	5. 5. 88	28. 5. 43
Dr. Peter, Manfred	25. 8. 88	1. 6. 47
Dr. Kaup, Klemens	15. 11. 88	23. 3. 42
Dr. Plüm, Joachim	14. 11. 90	18. 6. 46
Göttling, Wulfhard	30. 6. 92	29. 11. 49
Dr. Westhoff, Reinhard	12. 11. 93	12. 1. 49
Dr. Vossen, Reinhard	25. 3. 96	19. 4. 47
Sauerland, Ludwig	23. 3. 98	25. 6. 48
Dr. Stoltenberg, Hansi	11. 9. 01	24. 2. 54
Heinlein, Ingrid	20. 1. 04	3. 6. 45
Goeke, Georg	2. 11. 04	24. 4. 48
Göttling, Brigitte	29. 11. 04	27. 4. 58
Dr. Kliemt, Tina	12. 3. 03	3. 2. 71
Buschkröger, Katja	14. 7. 03	9. 8. 72
Rüter, Alexandra, abg.	25. 8. 03	26. 12. 67
Dr. Ulrich, Christoph	19. 1. 04	27. 4. 68
Dr. Martin, Sandra	2. 2. 05	9. 4. 73
Dr. Elz, Dirk, abg.	14. 2. 06	13. 10. 75
Klose, Oliver	6. 3. 06	7. 12. 72

Duisburg
Mülheimer Str. 54, 47057 Duisburg
Postfach 10 01 49, 47001 Duisburg
Tel. (02 03) 30 05-0, Fax (02 03) 30 05-2 62
E-Mail: poststelle@arbg-duisburg.nrw.de

1 Dir, 4 R

Dr. Ziegler, Volker, Dir	13. 1. 89	26. 4. 57
Holthöwer, Barbara	24. 3. 94	1. 11. 61
Mailänder, Uwe	8. 6. 98	18. 11. 62
Hagen, David, abg.	4. 11. 03	28. 11. 70
Thomann, Stefanie, abg., ½	5. 12. 05	2. 8. 76

ArbG Nordrhein-Westfalen

Essen
Zweigertstr. 54, 45130 Essen
Postfach 10 03 52, 45003 Essen
Tel. (02 01) 79 92-1, Fax (02 01) 79 92-4 50
E-Mail: poststelle@arbg-essen.nrw.de

1 Dir, 6 R

Pannenbäcker, Ulrich, Dir	27. 3. 86	24. 1. 49
Oelbermann, Bernd	6. 10. 76	1. 4. 43
Bachler, Horst H.	28. 5. 86	5. 11. 51
Höwelmeyer, Carsten	22. 9. 94	23. 3. 60
Barth, Jürgen	1. 7. 98	24. 7. 63
Sell, Janny, 1/2	28. 6. 02	8. 1. 67
Dr. Klein, Stefan	21. 1. 04	21. 7. 71

Krefeld
Preußenring 49, 47798 Krefeld
Postfach 10 01 41, 47701 Krefeld
Tel. (0 21 51) 8 47-0, Fax (0 21 51) 8 47-682
E-Mail: poststelle@arbg-krefeld.nrw.de

1 Dir, 4 R, 1 LSt (R)

N. N., Dir	—	—
Stork, Herbert	21. 2. 83	22. 8. 51
Dicks-Hell, Carola, 1/2	13. 1. 93	4. 8. 61
Beckers, Edith	1. 7. 94	10. 12. 52
Schönbohm, Christiane	6. 4. 01	7. 5. 69

Mönchengladbach
Hohenzollernstr. 155, 41061 Mönchengladbach
Postfach 10 04 45, 41004 Mönchengladbach
Tel. (0 21 61) 2 76-0, Fax (0 21 61) 2 76-7 68
E-Mail:
poststelle@arbg-moenchengladbach.nrw.de

1 Dir, 6 R + 2 LSt (R)

Klempt, Annette, Dir	24. 1. 03	20. 5. 52
Mostardt, Albrecht	17. 10. 83	28. 11. 48
Barth, Daniela	8. 1. 99	20. 10. 66
Keil, Anja	1. 2. 99	3. 4. 68
Blömker, Carsten Armin	8. 8. 99	13. 11. 66
Hansel, Ronald	15. 4. 03	13. 9. 71
Dr. Gotthardt, Michael, abg. (LSt)	15. 7. 05	26. 10. 69

Oberhausen
Friedrich-List-Str. 18, 46045 Oberhausen
Postfach 10 01 55, 46001 Oberhausen
Tel. (02 08) 8 57 45-0
Fax (02 08) 8 57 45-33
E-Mail: poststelle@arbg-oberhausen.nrw.de

1 Dir, 3 R

Reichert, Rudolf, Dir	26. 4. 85	8. 5. 44
Wachtel, Monika	23. 3. 87	25. 10. 55
Nobel, Jutta	8. 6. 88	15. 2. 56
Hennemann, Annegret	14. 1. 91	20. 5. 58

Solingen
Wupperstr. 32, 42651 Solingen
Postfach 10 12 03, 42612 Solingen
Tel. (02 12) 28 09-0
Fax (02 12) 28 09-61
E-Mail: poststelle@arbg-solingen.nrw.de

1 Dir, 4 R

Jansen, Wolfgang, Dir	22. 10. 03	21. 7. 51
Maercks, Thomas	10. 9. 79	26. 4. 48
Albrecht-Dürholt, Gisela	3. 6. 82	13. 2. 46
von Schönfeld, Ursula, 1/2, beurl.	28. 8. 95	13. 2. 58
Dr. Päuser, Oliver, abg.	12. 4. 05	24. 10. 73

Wesel
Ritterstr. 1, 46483 Wesel
Tel. (02 81) 33 89 10
Fax (02 81) 3 38 91 44
E-Mail: poststelle@arbg-wesel.nrw.de

1 Dir, 4 R + 1/2 R

Kleinschmidt, Albrecht, Dir	1. 9. 88	10. 5. 44
Bruckmann, Heinrich	4. 10. 82	27. 1. 50
Paßlick, Hannelore	14. 7. 92	12. 1. 57
Schäfer, Ingrid, abg	1. 7. 93	19. 2. 56
Lepper-Erke, Monika, 1/2	1. 5. 99	29. 7. 59
Duby, Sonja	1. 2. 05	10. 10. 69

Wuppertal
Eiland 2, 42103 Wuppertal
Postfach 10 18 04, 42018 Wuppertal
Tel. (02 02) 498-0
Fax (02 02) 498-94 00
E-Mail: poststelle@arbg-wuppertal.nrw.de

1 Dir, 1 stVDir, 6 R + 2 LSt (R)

Tittel, Ulrich, Dir	24. 4. 92	8. 12. 44
Schuster, Barbara, stVDir	23. 6. 94	7. 2. 42
Terstegen, Volker, beurl. (LSt)	2. 5. 78	10. 1. 47
Hoeing, Hartmut	23. 9. 83	18. 8. 42
Budde-Haldenwang, Doris, 1/2	23. 12. 94	2. 11. 62
Schon, Gabriele	3. 6. 96	13. 2. 64
Dahlmann, Bettina	24. 10. 00	22. 6. 66
Schneider, Alexander	19. 1. 01	29. 1. 64
Rakow, Andrea	8. 1. 04	29. 8. 71

Nordrhein-Westfalen **ArbG**

Richterinnen/Richter im Richterverhältnis auf Probe

Terfrüchte, Gabriele, ½	1.10.98	25. 8.63
Jakubowski, Bartosch Peter	15. 4.04	15.12.73
Gironda, Carsten	15. 4.04	3. 5.74
Dr. Clemens, Fabian	15. 4.04	28. 2.75
Menche, Heike	3. 5.04	22.12.75
Wendling, Christian	1. 6.04	8. 9.72
Thüsing, Heidrun	14. 6.04	11. 2.74
Hocke, Elsgin	2. 8.04	10. 5.75
Salchow, Anke	16. 8.04	3.11.74
Heberling, Marion	1. 9.04	15. 9.74
Dr. Bütefisch, Wylka, ½	3. 1.05	16. 7.70
Krause, Markus	1. 2.05	2.12.72
Pletsch, Jens Marek	16. 1.06	9. 9.75

Landesarbeitsgericht Hamm (Westfalen)

Marker Allee 94, 59071 Hamm
Postfach 19 07, 59061 Hamm
Tel. (0 23 81) 8 91-1, Fax (0 23 81) 8 91-2 83
E-Mail: poststelle@lag-hamm.nrw.de
www.lag-hamm.nrw.de
Pressestelle : Tel. (0 23 81) 8 91-382

E-Mail : Anja.Schlewing@lag-hamm.nrw.de

1 Pr, 1 VPr, 16 VR

Präsidentin

Göhle-Sander, Kristina	1. 9.01	22. 3.50

Vizepräsident

Schulte, Wolf-Dieter	1. 9.02	5. 6.43

Vorsitzende Richterinnen/Vorsitzende Richter

Goerdeler, Ulrich	11.10.79	30. 3.42
Richter, Helmut	16. 7.86	26. 4.44
Knipp, Gerhard	30. 5.89	15. 7.44
Schierbaum, Günter	27.11.91	28. 5.47
Hackmann, Maria	27.11.91	21. 1.50
Bertram, Peter	29.10.93	21. 8.45
Dr. Wendling, Gerhard	1. 9.94	20. 9.47
Dr. Dudenbostel, Karl-Herbert	1. 1.96	29. 1.49
Reinhart, Walter	29. 7.98	14. 1.51
Ziemann, Werner	1.10.99	20. 2.52
Schmidt, Peter	8. 5.00	9. 3.53
Limberg, Eckhard	1. 8.02	18. 5.55
Dr. Müller, Franz	1. 8.02	26.10.56
Dr. Schlewing, Anja	12. 7.04	28. 9.57

Arbeitsgerichte

Arnsberg
Johanna-Baltz-Str. 28, 59821 Arnsberg
Tel. (0 29 31) 5 28 50
Fax (0 29 31) 52 85-99
E-Mail: poststelle@arbg-arnsberg.nrw.de

1 Dir, 1 R + ½ R

Nixdorf-Hengsbach, Angelika, Dir	1. 3.04	28. 6.57
Dr. Teipel, Klemens	1. 2.99	7.12.66
Bösing, Corinna, ½	1. 4.05	10. 2.71

Bielefeld
Detmolder Str. 9, 33604 Bielefeld
Postfach 10 02 69, 33595 Bielefeld
Tel. (05 21) 5 49-0
Fax (05 21) 5 49-17 07
E-Mail: poststelle@arbg-bielefeld.nrw.de

1 Dir, 5 R + ½ R

Klingebiel, Walter, Dir	2.12.82	13. 8.43
Hoffmann, Hans-Ulrich	23. 4.79	18. 8.46
Prior, Klaus	5. 5.83	27. 9.52
Kleveman, Joachim	24.12.92	27.10.58
Clausen, Peter, abg.	25.10.93	12. 5.62
Dr. Vierrath, Christian	1. 3.05	8.12.68

Bocholt
Münsterstr. 76, 46397 Bocholt
Postfach 11 65, 46361 Bocholt
Tel. (0 28 71) 2 44 09-0
Fax (0 28 71) 2 44 09-19
E-Mail: poststelle@arbg-bocholt.nrw.de

1 Dir, 3 R

Heienbrok, Gerhard, Dir	23. 4.87	12. 7.41
Voigt, Gerd	2. 4.86	7. 4.51
Helbig, Rüdiger	26. 1.98	7. 9.61
Jasper, Johannes	15. 1.03	21. 6.66

Bochum
Marienplatz 2, 44787 Bochum
Tel. (02 34) 68 95-0
Fax (02 34) 68 95-2 00
E-Mail: poststelle@arbg-bochum.nrw.de

1 Dir, 4 R

ArbG Nordrhein-Westfalen

Dr. Jasper, Franz-Josef, Dir		15. 11. 88	12. 1. 46	
van der Leeden, Helmut-Busso		2. 4. 76	9. 11. 43	
Vermaasen, Dieter		—	—	
Pakirnus, Bernd		26. 10. 89	5. 5. 55	

Detmold
Richthofenstr. 3, 32756 Detmold
Postfach 11 62, 32701 Detmold
Tel. (0 52 31) 7 04-0
Fax (0 52 31) 70 44 06
E-Mail: poststelle@arbg-detmold.nrw.de

1 Dir, 2 R

Dr. Wessel, Klaus, Dir	15. 6. 04	11. 7. 54
Hempel, Johannes	1. 9. 81	27. 7. 48

Dortmund
Ruhrallee 3, 44139 Dortmund
Postfach 10 50 03, 44047 Dortmund
Tel. (02 31) 54 15-1
Fax (02 31) 54 15-5 19
E-Mail: poststelle@arbg-dortmund.nrw.de

1 Dir, 1 stVDir, 8 R + ½ R

Stiens, Gerhard, Dir	24. 8. 94	2. 1. 50
Westphal, Regine, stVDir	25. 7. 94	19. 2. 45
Schmidt-Hense, Ingeborg	2. 11. 81	6. 2. 49
Wolffram, Peter	18. 3. 86	26. 1. 55
Jansen, Guido	3. 8. 99	19. 4. 65
Vollrath, Christian	11. 8. 99	6. 3. 67
Dr. Großfeld, Claudia, beurl.	2. 5. 03	16. 5. 68
Geller, Monika	1. 9. 04	27. 6. 73
Kröner, Stefanie	15. 11. 04	25. 4. 75

Gelsenkirchen
Bochumer Str. 86, 45886 Gelsenkirchen
Postfach 10 01 05, 45801 Gelsenkirchen
Tel. (02 09) 17 87-00
Fax (02 09) 17 87-1 99
E-Mail: poststelle@arbg-gelsenkirchen.nrw.de

1 Dir, 3 R + ½ R

Heiringhoff, Friedrich Wilhelm, Dir	1. 3. 99	8. 12. 46
von Rosenberg-Lipinsky-Küçükince, Annemarie	13. 2. 76	22. 6. 44
Zumfelde, Meinhard, beurl. (LSt)	18. 3. 82	20. 7. 48
Greb, Heinz	24. 8. 82	14. 1. 50
Groeger, Ulrike, ½	4. 9. 98	7. 8. 61

Hagen
Heinitzstr. 44, 58097 Hagen
Tel. (0 23 31) 9 85-0
Fax (0 23 31) 9 85-4 53
E-Mail: poststelle@arbg-hagen.nrw.de

1 Dir, 4 R

Auferkorte, Frank, Dir	27. 10. 03	26. 2. 60
Marschollek, Günter	19. 12. 91	30. 11. 57
Seidel, Michael	21. 5. 97	14. 3. 65
Schlösser, Jürgen	11. 7. 97	19. 2. 63

Hamm
Marker Allee 94, 59071 Hamm
Postfach 19 07, 59061 Hamm
Tel. (0 23 81) 8 91-1
Fax (0 23 81) 8 91-242
E-Mail: poststelle@arbg-hamm.nrw.de

1 Dir, 3 R + ½ R

Held-Wesendahl, Juliane, Dir	1. 9. 01	26. 7. 53
Letz, Martin	17. 12. 84	20. 3. 55
Griese, Klaus	4. 10. 94	3. 11. 62
Havighorst, Jutta	16. 2. 04	9. 9. 72
Bösing, Corinna, ½	1. 4. 05	10. 2. 71

Herford
Elverdisser Str. 12, 32052 Herford
Tel. (0 52 21) 10 54-0
Fax (0 52 21) 10 54-54
E-Mail: poststelle@arbg-herford.nrw.de

1 Dir, 2 R + ½ R

Heege, Heinz-Werner, Dir	19. 1. 05	14. 4. 51
Dr. Fischer, Sabine	24. 10. 88	22. 12. 55
Fleer, Burkhard	—	—

Herne
Schillerstr. 37–39, 44623 Herne
Tel. (0 23 23) 95 32-0
Fax (0 23 23) 95 32-32
E-Mail: poststelle@arbg-herne.nrw.de

1 Dir, 6 R

Gerretz, Thomas, Dir	11. 3. 04	8. 9. 56
Rohkämper, Marlies	10. 8. 99	28. 4. 63
Nierhoff, Ulrich	18. 4. 01	26. 1. 70
Kröner, Stefan	1. 4. 03	29. 7. 70
Pfeiffer, Nicole, abg.	25. 8. 03	15. 2. 71
Große-Wilde, Nadja	1. 4. 04	11. 11. 73

Nordrhein-Westfalen **ArbG**

Iserlohn
Erich-Nörrenberg-Str. 7, 58636 Iserlohn
Postfach 11 51, 58581 Iserlohn
Tel. (0 23 71) 82 55-55
Fax (0 23 71) 82 55 99
E-Mail: poststelle@arbg-iserlohn.nrw.de

1 Dir, 5 R + ¹/₂ R

Henke, Jürgen, Dir	1. 6. 95	31. 1. 47
Körnig, Jürgen	1. 2. 85	19. 9. 48
Bäcker, Kirsti-Sabine	15. 6. 88	19. 12. 56
Trabandt, Thomas	18. 11. 94	1. 2. 62
Dr. Mareck, Guido	29. 3. 99	28. 8. 67

Minden (Westfalen)
Königswall 8, 32423 Minden
Postfach 20 47, 32377 Minden
Tel. (05 71) 88 86-0
Fax (05 71) 88 86-2 35
E-Mail: poststelle@arbg-minden.nrw.de

1 Dir, 2 R + ¹/₂ R

Weizenegger, Wolfgang, Dir	6. 8. 90	18. 10. 56
Kania, Kornelia	7. 6. 93	3. 10. 59
Nottmeier, Rolf	16. 2. 95	7. 9. 62

Münster
Mecklenbecker Str. 229, 48163 Münster
Postfach 59 65, 48135 Münster
Tel. (02 51) 9 74 13-0
Fax (02 51) 9 74 13 49
E-Mail: poststelle@arbg-muenster.nrw.de

1 Dir, 4 R

Geimer, Klaus, Dir	4. 9. 97	24. 7. 46
Dr. Hülsheger, Michael	1. 2. 85	20. 1. 51
Dr. Beule, Jutta, ¹/₂, abg.	21. 12. 92	6. 6. 60
Vaupel, Silke	4. 10. 94	31. 10. 61
Quandt, Susanne	16. 7. 98	17. 12. 65
Kastner, Julia	5. 11. 04	9. 8. 74

Paderborn
Grevestr. 1, 33102 Paderborn
Tel. (0 52 51) 69 16 20
Fax (0 52 51) 6 91 62-30
E-Mail: poststelle@arbg-paderborn.nrw.de

1 Dir, 2 R

Kuhlmey, Holger, Dir	9. 11. 84	6. 10. 52

Rheine
Dutumer Str. 5, 48431 Rheine
Postfach 11 48, 48401 Rheine
Tel. (0 59 71) 92 71-0
Fax (0 59 71) 92 71-50

1 Dir, 2 R

Dr. Schrade, Holger, Dir, abg.	1. 5. 01	20. 9. 63
Koch, Ines	17. 10. 94	6. 6. 64
Wichelmann, Katrin	5. 11. 04	18. 3. 74

Siegen
Unteres Schloß, 57072 Siegen
Postfach 10 12 54, 57012 Siegen
Tel. (02 71) 5 85 300
Fax (02 71) 501001301
E-Mail: poststelle@arbg-siegen.nrw.de

1 Dir, 2 R + ¹/₂ R

Henssen, Ralf, Dir	19. 3. 87	18. 5. 56
Deventer, Klaus	2. 8. 93	10. 5. 58
Perschke, Holger	16. 1. 03	29. 6. 71

Richterinnen/Richter im Richterverhältnis auf Probe

Schreckling-Kreuz, Renate, beurl.	2. 5. 00	15. 11. 66
Kühl, Thomas	1. 9. 03	28. 8. 75
Petersen, Silke	1. 12. 03	8. 3. 72
Lücke, Sandra	2. 1. 04	8. 2. 77
Szagun, Franziska	1. 4. 04	15. 7. 74
Schulte, Sebastian	1. 4. 04	12. 6. 75
Kepplin, Heike	13. 4. 04	25. 5. 73
Dr. Dewender, Sascha	21. 5. 04	19. 8. 74
Dr. Haves, Annegret	1. 6. 04	3. 6. 71
Wolkenhauer, Thomas	1. 6. 04	17. 5. 76
Goetzeler, Petra, beurl.	1. 7. 04	20. 2. 73
Bonmann, Ingmar	1. 4. 05	30. 11. 75
Bartels, Julia	5. 4. 05	11. 8. 77
Dr. Gerching, Markus	1. 3. 06	18. 9. 74

Landesarbeitsgericht Köln

Blumenthalstraße 33, 50670 Köln
Postfach 13 01 15, 50495 Köln
Tel. (02 21) 77 40-0
Fax (02 21) 77 40-3 56
E-Mail : poststelle@lag-koeln.nrw.de
www.lag-koeln.nrw.de

1 Pr, 1 VPr, 10 VR, 1 LSt (R)

ArbG   Nordrhein-Westfalen

Präsident
Dr. Isenhardt, Udo   1. 7. 90   19. 4. 44

Vizepräsident
Dr. Kalb, Heinz-Jürgen   1. 1. 04   7. 9. 49

Vorsitzende Richterinnen/Vorsitzende Richter

Rietschel, Ernst-Wilhelm	28. 2. 89	2. 10. 42
Dr. Leisten, Leonhard	6. 7. 90	25. 9. 43
Dr. Backhaus, Ludger	14. 6. 91	20. 4. 51
Schroeder, Diethelm	30. 7. 98	18. 9. 43
Jüngst, Manfred	30. 11. 99	8. 6. 48
Olesch, Brigitte	18. 5. 01	21. 1. 57
Dr. Czinczoll, Rupert	27. 6. 01	5. 3. 54
Dr. Kreitner, Jochen	4. 2. 03	29. 8. 58
Schwartz, Hans-Dieter	1. 10. 04	25. 12. 47

Arbeitsgerichte

Aachen
Aureliusstraße 30, 52064 Aachen
Postfach 1 67, 52002 Aachen
Tel. (02 41) 4 70 92-0
Fax (02 41) 4 84 90
E-Mail: poststelle@arbg-aachen.nrw.de
www.arbg-aachen.nrw.de

1 Dir, 1 stVDir, 6 R, 1 LSt (R)

Vogelbruch, Heino, Dir	21. 3. 05	16. 12. 47
Dr. Brondics, Klaus, stVDir	14. 12. 05	27. 9. 56
Kratz, Hans Rolf	2. 5. 86	24. 1. 55
Dr. Griese, Thomas, abg.	16. 12. 88	11. 9. 56
Brabänder, Susanne	6. 1. 94	24. 5. 62
Wiese, Georg	20. 10. 94	15. 9. 57
Brand, Frederik	19. 12. 03	24. 10. 71
Dr. Gilberg, Dirk	5. 4. 04	1. 5. 69
Dr. Poeche, Sabine	5. 4. 04	18. 3. 71

Bonn
Kreuzbergweg 5, 53115 Bonn
Tel. (02 28) 9 85 69-0
Fax (02 28) 69 23 81
E-Mail: poststelle@arbg-bonn.nrw.de
www.arbg-bonn.nrw.de

1 Dir, 4 R 1 × 1/2

Friedhofen, Peter, Dir	8. 2. 96	19. 11. 49
Besgen, Dietmar	15. 7. 75	26. 12. 43
Reiffenhäuser, Norbert	1. 7. 86	26. 1. 52
Dr. Staschik, Lothar	1. 8. 94	4. 6. 60
Dr. Wisskirchen, Amrei, 3/4	2. 1. 00	19. 6. 68
Pilartz, Annegret, 1/2	6. 6. 90	7. 7. 55

Köln
Pohligstraße 9, 50969 Köln
Tel. (02 21) 9 36 53-0
Fax (02 21) 9 36 53-8 04
E-Mail: poststelle@arbg-koeln.nrw.de
www.arbg-köln.nrw.de

1 Dir, 1 stVDir, 1 w.aufsR, 15 R + 3 × 1/2 R, 2 LSt (R)

Thür, Franz-Joachim, Dir	3. 12. 90	3. 5. 43
Münster, Hartmut, stVDir	1. 12. 80	12. 2. 42
Dr. Wester, Kurt, w.aufsR	25. 1. 95	5. 2. 48
Dyrchs, Barbara	23. 12. 76	4. 10. 45
Schmitz-DuMont, Marlies	7. 11. 77	31. 3. 47
Brüne, Herbert	2. 1. 79	5. 9. 46
Zilius, Hildegard, 1/2	9. 11. 79	3. 5. 49
Meyer-Wopperer, Gabriele	5. 11. 80	30. 4. 48
Dr. Bock, Margot, 1/2	12. 7. 82	1. 2. 49
Wilmers, Andrea	16. 2. 90	5. 2. 55
Baldus, Cornelia, 1/2	11. 5. 92	19. 3. 60
Dr. Freifrau Schoultz von Ascheraden, Ulrike, abg.	4. 5. 93	11. 12. 54
Decker, Hans-Stephan, 3/4	8. 11. 93	13. 11. 60
Dr. Ehrich, Christian	15. 7. 94	8. 7. 64
Weyergraf, Ralf	4. 8. 94	6. 10. 60
Dr. Liebscher, Brigitta	13. 1. 99	21. 12. 63
Dr. Fabricius, Nicolai, abg.	11. 4. 00	30. 6. 66
Hocker, Sonja	25. 4. 04	22. 11. 71

Siegburg
Neue Poststraße 16, 53721 Siegburg
Postfach 11 54, 53701 Siegburg
Tel. (0 22 41) 3 05-1
Fax (0 22 41) 5 26 57
E-Mail : poststelle@arbg-siegburg.nrw.de
www.arbg-siegburg.nrw.de

1 Dir, 4 R

Dr. Gäntgen, Hans Jörg, Dir	1. 11. 00	9. 5. 61
Heuser-Hesse, Kirsten	11. 4. 83	26. 8. 49
Linge, Ursula	30. 1. 85	7. 1. 54
Pérez Belmonte, Maria	22. 3. 91	30. 11. 57
Dr. Rech, Heribert	12. 7. 01	14. 2. 69

Richterinnen/Richter im Richterverhältnis auf Probe

Kottlewski, André	7. 5. 04	3. 11. 75
Dr. Roloff, Sebastian	1. 6. 04	27. 8. 74
Dr. Goebel, Anne Babette	1. 4. 05	24. 3. 75

Rheinland-Pfalz

Landesarbeitsgericht Rheinland-Pfalz

Ernst-Ludwig-Straße 1, 55116 Mainz
Postfach 30 30, 55020 Mainz
Tel. (0 61 31) 14 10
Fax (0 61 31) 1 41 95 06
E-Mail: LAG@arbg.jm.rlp.de
www.lagrp.justiz.rlp.de

1 Pr, 1 VPr, 8 VR

Präsident
Prof. Dr. Schmidt, Klaus   12. 12. 89   7. 8. 41

Vizepräsident
Dr. Schwab, Norbert   15. 6. 98   5. 5. 47

Vorsitzende Richter
Schäfer, Horst	18. 12. 79	12. 1. 44
Stock, Jürgen	25. 5. 90	2. 4. 48
Busemann, Andreas	26. 9. 90	10. 6. 48
Carlé, Egon	26. 10. 92	9. 10. 44
Dr. Dörner, Klemens	29. 3. 94	22. 11. 57
Scherr, Walter	8. 9. 95	1. 6. 47
Dr. Speiger, Peter	18. 2. 98	28. 2. 55
Bernardi, Michael	30. 11. 98	26. 5. 54

Arbeitsgerichte

Kaiserslautern
Bahnhofstr. 24, 67655 Kaiserslautern
Postfach 35 20, 67623 Kaiserslautern
Tel. (06 31) 37 21-0
Fax (06 31) 3 72 15 10
E-Mail:
Poststelle.Kaiserslautern@arbg.jm.rlp.de
www.arbgkl.justiz.rlp.de

Auswärtige Kammern in Pirmasens
Bahnhofstr. 22, 66953 Pirmasens
Postfach 11 65, 66921 Pirmasens
Tel. (0 63 31) 8 71-1
Fax (0 63 31) 8 71-3 86
E-Mail:
Poststelle.Pirmasens@arbg.jm.rlp.de

1 Dir, 1 stVDir, 4,5 R

Caesar, Helmut, Dir	1. 4. 00	2. 7. 52
Däuber, Volker, stVDir	2. 5. 96	23. 12. 44
Sittinger, Otto	2. 3. 84	21. 4. 51
Schmidtgen-Ittenbach, Sabine, ½	20. 6. 96	9. 10. 62
Dr. Luczak, Stefan	20. 6. 96	3. 9. 64
Benra, Alexander	25. 2. 00	28. 10. 66

Koblenz
Gerichtsstr. 5, 56068 Koblenz
56065 Koblenz
Tel. (02 61) 91 30-0, Fax (02 61) 91 30-65
E-Mail:
Poststelle.Koblenz@arbg.jm.rlp.de
www.arbgko.justiz.rlp.de

Auswärtige Kammern in Neuwied
Hermannstr. 43, 56564 Neuwied
Postfach 11 41, 56501 Neuwied
Tel. (0 26 31) 9 05-0, Fax (0 26 31) 9 05-2 60
E-Mail:
Poststelle.Neuwied@arbg.jm.rlp.de

1 Dir, 1 stVDir, 9 R

Wildschütz, Martin, Dir	1. 8. 03	27. 9. 59
Müller, Hans-Peter, stVDir	1. 12. 94	13. 2. 56
Knispel, Günther	29. 4. 82	1. 7. 49
Heep, Ferdinand	7. 3. 84	4. 10. 49
Gans, Hans-Joachim	2. 11. 93	2. 5. 60
Reimann, Wilhelm	4. 7. 94	25. 11. 61
Dr. Langer, Margit, abg. (LSt)	5. 7. 99	13. 4. 64
Dr. Miara, Anja	7. 8. 00	9. 10. 64
Eckert, Stephan	18. 6. 01	6. 2. 66
Schütz, Silke	11. 7. 04	15. 11. 71
Middeldorf, Claudia, beurl. (LSt)	2. 2. 05	5. 8. 70

Ludwigshafen
Wredestr. 6, 67059 Ludwigshafen
Postfach 21 01 20, 67001 Ludwigshafen
Tel. (06 21) 5 96 05-0, Fax (06 21) 5 96 05-30
E-Mail: Poststelle.Ludwigshafen@arbg.jm.rlp.de
www.arbglu.justiz.rlp.de

Auswärtige Kammern in Landau
Reiterstr. 16, 76829 Landau
Postfach 11 68, 76801 Landau
Tel. (0 63 41) 2 63 44, Fax (0 63 41) 2 63 45
E-Mail: Poststelle.Landau@arbg.jm.rlp.de

1 Dir, 1 stVDir, 6,5 R

ArbG Saarland

Achenbach, Hans-Günther, Dir	20. 3. 95	30. 12. 50
Paulsen, Kai, stVDir	8. 11. 02	7. 6. 59
Faulstroh, Thomas	6. 4. 98	11. 11. 63
Fleck, Michael	1. 2. 99	13. 1. 63
Hirsch, Eva Maria, ½	29. 6. 01	25. 12. 66
Dr. Treber, Jürgen, abg.	11. 3. 02	25. 6. 60
Dr. Kopke, Wolfgang	11. 10. 02	18. 10. 63
Heckmann, Dagmar	17. 10. 02	5. 3. 71
Hambach, Matthias	29. 6. 04	16. 1. 71
Dunker, Stefanie, abg. (LSt)	8. 12. 05	4. 10. 73
Sandhoff, Catrin, beurl.	14. 12. 05	13. 4. 73

Mainz

Ernst-Ludwig-Str. 4, 55116 Mainz
Postfach 30 30, 55020 Mainz
Tel. (0 61 31) 1 41-0
Fax (0 61 31) 1 41-97 73
E-Mail: Poststelle.Mainz@arbg.jm.rlp.de
www.arbgmz.justiz.rlp.de

Auswärtige Kammern in Bad Kreuznach
Wilhelmstraße 7–11, 55543 Bad Kreuznach
Postfach 16 49, 55506 Bad Kreuznach
Tel. (06 71) 25 92 44
Fax (06 71) 25 92 26
E-Mail: Poststelle.BadKreuznach@arbg.jm.rlp.de

1 Dir, 1 stVDir, 7 R + ½ LSt (R)

Vonderau, Maria, Dir	1. 10. 04	28. 8. 61
Redlich, Helmut, stVDir	29. 4. 96	21. 7. 44
Mossel, Albrecht	8. 12. 77	26. 1. 45

Hermes, Heinz-Josef	2. 6. 78	8. 11. 43
Freiin von Senden, Ulrike	6. 6. 95	2. 9. 58
Paulus-Kamp, Anja	19. 6. 96	15. 5. 63
Feldmeier, Dorothee	6. 4. 98	24. 3. 64
Lippa, Ruth	9. 4. 98	30. 11. 63
Krol-Dickob, Carmen, ½	13. 10. 00	25. 5. 66
Urban, Christine, ½, beurl. (LSt)	4. 12. 03	9. 12. 67

Trier

Dietrichstr. 13, 54290 Trier
Postfach 12 80, 54202 Trier
Tel. (06 51) 4 66 0
Fax (06 51) 4 66 89 00
E-Mail: Poststelle.Trier@arbg.jm.rlp.de
www.arbgtr.justiz.rlp.de

1 Dir, 3 R

Radünzel, Karl-Heinz, Dir	1. 9. 91	6. 12. 44
Dorp, Martin	3. 10. 77	3. 2. 43
Lenz, Uta	5. 7. 99	20. 2. 67
Friedrichs, Anne, abg. (LSt)	21. 2. 03	2. 7. 71

Richterinnen/Richter im Richterverhältnis auf Probe

Haebel, Martina	15. 1. 01	14. 3. 74
Boch, Gert	1. 7. 03	26. 9. 70
Dr. Litterscheid, Bettina	23. 8. 04	28. 6. 77
Dr. Bratz, Marko	15. 10. 04	14. 10. 72
Dr. Budroweit, Andreas	1. 10. 05	16. 12. 75

Saarland

Landesarbeitsgericht Saarland

Obere Lauerfahrt 10, 66121 Saarbrücken
Tel. (06 81) 5 01-36 03
oder 5 01-36 04
Fax (06 81) 5 01-36 07
www.arbeitsgerichte.saarland.de

1 Pr, 1 VPr

Präsident

Degel, Volker	1. 7. 99	23. 2. 45

Vizepräsident

Dier, Josef	10. 6. 02	12. 7. 54

Arbeitsgerichte

Neunkirchen

Lindenallee 13, 66538 Neunkirchen
Tel. (0 68 21) 40 175-0, Fax (0 68 21) 40 175-11

1 Dir, 3 R

Pfeifer, Kurt, Dir	1. 4. 84	27. 5. 44
Schorr, Nikolaus	1. 1. 99	26. 12. 46
Dr. Masloh, Tania	1. 7. 02	19. 12. 60

Saarbrücken

Obere Lauerfahrt 10, 66121 Saarbrücken
Tel. (06 81) 5 01-36 14, Fax (06 81) 5 01-36 07

1 Dir, 3 R + 1 LSt (R)

Prof. Dr. Fromm, Erwin, Dir	5. 11. 99	19. 1. 50

Sachsen **ArbG**

Hossfeld, Stefan Friedrich	1. 8. 86	26. 3. 57
Klanig, Hans	1. 8. 95	12. 2. 47
Zechner, Bettina	1. 10. 98	8. 10. 62
Lang, Rita, beurl.	1. 1. 01	5. 11. 62

Saarlouis
Prälat-Subtil-Ring 10, 66740 Saarlouis
Tel. (0 68 31) 4 45-40 0, Fax (0 68 31) 4 45-4 30

1 Dir, 1 R

Dutt, Hans-Georg, Dir	1. 10. 99	2. 7. 53
Eberle, Andrea	15. 10. 96	5. 3. 61

Richterin im Richterverhältnis auf Probe

Herrmann, Kerstin	16. 2. 04	13. 12. 73

Sachsen*

Sächsisches Landesarbeitsgericht

Zwickauer Str. 54, 09112 Chemnitz
Postfach 7 04, 09007 Chemnitz
Tel. (03 71) 4 53-0, Fax (03 71) 4 53-72 22
E-Mail: verwaltung-lag@arbg.justiz.sachsen.de

Präsident

Dr. Gockel, Michael	15. 2. 06	7. 7. 55

Vizepräsident

Howald, Wolfgang	15. 9. 00	16. 2. 44

Vorsitzende Richterin/Vorsitzende Richter

Leschnig, Werner	1. 8. 93	7. 5. 50
Borowski, Michael	1. 1. 94	27. 2. 55
Vorndamme, Wilhelm-Henrich	1. 6. 95	24. 8. 55
Dr. Spilger, Andreas	1. 10. 95	4. 4. 56
Sünkel, Hannelore	1. 5. 97	2. 12. 58

Arbeitsgerichte

Bautzen
Lessingstr. 7, 02625 Bautzen
Postfach 17 20, 02607 Bautzen
Tel. (0 35 91) 3 61-0, Fax (0 35 91) 3 61-3 33
E-Mail: verwaltung-arbgbz@arbg.justiz.sachsen.de

Außenkammern in Görlitz
Postplatz 18, 02826 Görlitz
Postfach 30 09 13, 02814 Görlitz
Tel. (0 35 81) 46 90, Fax (0 35 81) 46 92 70

Nagel, Gerhard, Dir	1. 3. 95	9. 11. 44
Rodemers, Andreas, stVDir	1. 2. 04	5. 8. 60
Kirsch, Bodo	10. 6. 94	21. 10. 61
Dauge, Ira	1. 7. 94	27. 5. 56
Neumann, Claudia	15. 7. 94	29. 6. 57
Hähner, Petra	18. 5. 95	23. 7. 63
Klabunde, Marion	1. 7. 95	26. 1. 63
Nicolas, Erika	1. 3. 98	7. 9. 54
Otto, Katrin	1. 10. 02	28. 9. 71

Chemnitz
Zwickauer Str. 54, 09112 Chemnitz
Postfach 628, 09006 Chemnitz
Tel. (03 71) 4 53-0, Fax (03 71) 4 53-71 57
E-Mail: verwaltung-arbgc@arbg.justiz.sachsen.de

Houbertz, Burkhard, Dir	1. 9. 05	24. 10. 58
Dr. Beumer, Bernhard, stVDir	1. 9. 01	22. 4. 61
Vahrst, Ewald	13. 5. 94	6. 6. 45
Boltz, Wilhelm	13. 5. 94	17. 4. 55
Löffler, Volker	15. 5. 94	20. 5. 63
Braun, Helmut	28. 5. 94	18. 7. 58
Toelle, Hilmar	3. 6. 94	22. 4. 63
Winkler, Ilse	21. 6. 94	12. 11. 57
Oeft, Bernd	11. 8. 94	6. 5. 50
Werckmeister, Petra	1. 11. 95	1. 3. 53
Weber, Dirk	15. 1. 96	5. 5. 65
Dr. Herrmann, Klaus	1. 3. 96	2. 12. 62
Kirsten, Manina	1. 8. 96	1. 3. 58

Dresden
Löbtauer Str. 4, 01067 Dresden
Tel. (03 51) 4 46 0, Fax (03 51) 4 46 52 05
E-Mail: verwaltung-arbgdd@arbg.justiz.sachsen.de

Präsident

Graf von Keyserlingk, Alfred	10. 8. 93	25. 5. 43

---

* Angaben über die Zahl der Planstellen an den Arbeitsgerichten des Freistaates Sachsen sind nicht übermittelt worden.

ArbG Sachsen-Anhalt

Vizepräsident
N. N. — —

Richterinnen/Richter
Busch, Ulrich, w.aufsR	1. 2.99	12. 9.58
Zickert, Andre	10. 6.94	16.12.62
Hartmann, Corina	17. 6.94	22.10.58
Guddat, Thomas	1. 7.94	21. 7.60
Börner, Frank	1. 8.94	1.10.58
Vetter, Katrin	1. 8.94	7. 7.63
Schmitt, Judith	2. 9.94	12. 9.56
Weinrich, Christian, beurl.	1.11.94	26.11.58
Alfmeier, Klaus	1. 2.95	14. 4.58
Dziumla, Veit	1. 8.96	16. 3.60
Dr. Zies, Cordula	1. 9.96	27.10.54
Haronska, Martina	1. 7.01	8. 7.55
Müseler, Britta	1. 7.02	9. 9.66

Leipzig
E.-Weinert-Str. 18, 04105 Leipzig
Tel. (03 41) 59 56-0
Fax (03 41) 59 56-8 49
E-Mail: verwaltung-arbgl@arbg.justiz.sachsen.de

Präsident
N. N. — —

Vizepräsident
Schilling, Friedrich 1.11.00 25. 5.53

Richterinnen/Richter
Köhne, Rüdiger, w.aufsR	1. 2.99	12. 4.55
Ranft, Manfred	13. 5.94	1. 7.57
Schwarzer, Jasmine	13. 5.94	9. 3.62
Heymann, Uwe	1. 6.94	19. 2.56
Wagner-Kehe, Ulrike	1. 7.94	13. 6.57
Kaminski, Birgit	18. 7.94	30. 7.60
Tinzmann, Roland	1. 8.94	9.11.57
Liebscher, Thomas	2. 8.94	4. 1.62
Steffen, Olaf	16. 9.94	11. 9.59
Heuwerth, Frank	1. 3.98	11.12.63
Liedtke, Frank	1. 3.98	13. 1.64
Becker, Kirsten	14.10.99	15.10.66
Bussewitz, Silke	1. 8.01	20. 6.68
Suckert, Olaf	1. 9.01	2. 1.71
von Biezen, Bettina	15. 4.94	11. 7.60

Zwickau
Äußere Dresdner Str. 15, 08066 Zwickau
Tel. (03 75) 4 21-0
Fax (03 75) 4 21-2 22
E-Mail: verwaltung-arbgz@arbg.justiz.sachsen.de

Schmidt, Georg, Dir	1. 3.01	12. 2.55
Neff, Otto, stVDir	1. 9.02	9. 9.57
Czingon, Claudia	2. 4.94	14.11.61
Illy, Gabriele	3. 6.94	26. 2.60
Brügmann, Lars	3. 6.94	23. 3.62
Meyer, Angela	28.12.95	19. 5.57
Weber, Heiko	1. 3.98	21. 5.57

Sachsen-Anhalt

Landesarbeitsgericht Sachsen-Anhalt

Halle
Justizzentrum
Thüringer Str. 16, 06112 Halle
Tel. (03 45) 22 00, Fax (03 45) 2 20 22 40
E-Mail: poststelle@lag-hal.justiz.sachsen-anhalt.de
Pressestelle:
Tel. (03 45) 2 20 22 22, Fax (03 45) 2 20 22 40
E-Mail: pressestelle@lag-hal.justiz.sachsen-anhalt.de

1 Pr, 1 VPr, 7 VR

Präsident
N. N. — —

Vizepräsident
Böger, Frank 7. 7.05 19. 7.62

Vorsitzende Richterin/Vorsitzende Richter
Dr. Berkowsky, Wilfried	1. 3.93	29. 8.47
Bopp, Peter	1. 9.93	22. 7.43
Lücke, Peter	14. 4.94	14. 9.43
Quecke, Martin	23. 8.95	22. 5.56
Dr. Molkenbur, Josef	1. 1.96	23. 2.56
Heinecke, Sabine	23.12.96	6. 6.51
Hesse, Dirk	17. 3.99	11. 5.60

Sachsen-Anhalt **ArbG**

Arbeitsgerichte

Dessau
Mariannenstr. 1, 06844 Dessau
Postfach 10 82, 06811 Dessau
Tel. (03 40) 20 20
Fax (03 40) 2 02 16 00

1 Dir, 1 stVDir, 9 R

Hoffmann, Barbara, Dir	27. 2. 96	7. 9. 56
N. N., stVDir	—	—
Frantz, Jürgen, abg.	1. 12. 94	8. 6. 59
Heidemeyer, Olaf, abg.	1. 12. 94	22. 2. 63
Exner, Cornelia	28. 4. 95	13. 3. 62
Platzer, Petra	28. 4. 95	22. 9. 65
Henz, Manfred	17. 8. 95	5. 4. 58
Schiller, Wolfgang	28. 8. 95	3. 10. 57
Engshuber, Reinhard	23. 11. 95	26. 7. 61
Helders, Franz	19. 9. 96	16. 9. 61
Gailing, Ulrike	18. 11. 96	13. 12. 59
Pache, Hendrik	18. 11. 96	18. 7. 65

Halberstadt
Richard-Wagner-Str. 53, 38820 Halberstadt
Postfach 16 31, 38806 Halberstadt
Tel. (0 39 41) 67 04 00
Fax (0 39 41) 67 04 01

1 Dir, 4 R

Baumann, Ulrich, Dir	10. 5. 00	14. 11. 62
Wöstmann, Axel, abg.	5. 8. 94	12. 4. 61
Illie, Katrin	14. 9. 94	22. 1. 63
Koeppe, Detlef	11. 10. 95	21. 12. 42
Hennig, Heike, beurl.	24. 4. 97	5. 10. 64

Halle
Justizzentrum
Thüringer Str. 16, 06112 Halle
Postfach 100253, 06141 Halle
Tel. (03 45) 22 00
Fax (03 45) 2 20 20 45

1 Dir, 1 stVDir, 7 R

Bartels-Meyer-Bockenkamp, Bettina, Dir	14. 7. 92	14. 1. 60
Körkemeyer, Georg, stVDir	28. 4. 95	31. 5. 61
Brückner, Frank	6. 12. 93	4. 8. 59
Karting, Thomas	6. 12. 93	8. 6. 60
Renelt, Heiko	6. 12. 93	20. 5. 62

Firzlaff, Gabriele	3. 4. 95	19. 12. 60
Born, Mark Udo	10. 7. 95	1. 7. 59
Boldt, Hans-Joachim, abg.	16. 8. 95	20. 5. 59
Ciesla, Gritta	17. 8. 95	28. 9. 61

Magdeburg
Liebknechtstr. 65–91, 39110 Magdeburg
Postfach 39 11 24, 39135 Magdeburg
Tel. (03 91) 60 60
Fax (03 91) 6 06 50 24

1 Dir, 1 stVDir, 10 R

Köster, Udo, Dir	28. 10. 94	22. 6. 57
Methling, Rigolf	6. 12. 93	15. 11. 58
Busch, Wolfgang	19. 10. 94	12. 1. 56
Schmalenberger, Uwe	8. 11. 94	15. 6. 61
Kretschmer, Uwe	1. 12. 94	25. 9. 58
Ahlborn, Gerhard	1. 12. 94	8. 12. 59
Voß, Franz-Josef	14. 6. 95	16. 8. 60
Arling, Andrea	7. 9. 95	26. 12. 61
Dziallas, Armin	9. 11. 95	2. 2. 63
Stallkamp, Lothar	8. 10. 96	9. 2. 62
Dr. Fiebig, Andreas	15. 10. 97	12. 3. 59

Naumburg
Nordstr. 13/15, 06618 Naumburg
Postfach 1852, 06608 Naumburg
Tel. (0 34 45) 28 16 17
Fax (0 34 45) 28 16 15/28 16 18

1 Dir, 6 R

Sander, Andreas, Dir	13. 9. 02	12. 12. 59
Sandring, Fred-Peter	6. 12. 93	17. 7. 45
Hötl, Günter	6. 12. 93	25. 6. 55
Scholz, Susanne	20. 9. 94	16. 1. 63
Pippert, Nanette, beurl.	17. 12. 96	6. 8. 65
Zielberg-Buchhold, Eva	10. 4. 97	26. 7. 65
Berger, Anke	17. 2. 98	1. 3. 65

Stendal
Industriestr. 24 b, 39576 Stendal
Tel. (0 39 31) 69 40
Fax (0 39 31) 69 41 00

1 Dir, 4 R

Quick, Elisabeth, Dir	4. 8. 94	19. 7. 57
Wolandt, Dirk	1. 2. 94	13. 4. 62
Thies, Kathrin, abg.	5. 5. 94	12. 7. 58
Bundschuh, Peter, abg.	17. 5. 95	21. 12. 62
Wennmacher, Norbert, abg.	29. 7. 97	20. 12. 63

ArbG Schleswig-Holstein

Schleswig-Holstein

Landesarbeitsgericht Schleswig-Holstein

Deliusstraße 22, 24114 Kiel
Tel. (04 31) 6 04-0, Fax (04 31) 6 04-41 00
E-Mail: post@lagsh.landsh.de
www.arbgsh.de

1 Pr, 1 VPr, 4 VR

Präsident
Dr. Ostrowicz, Alexander 20. 12. 01   22. 11. 43

Vizepräsidentin
Willikonsky, Birigt 18. 7. 02   24. 2. 50

Vorsitzende Richterinnen/Vorsitzender Richter
Otten-Ewer, Sylke   1. 8. 02   7. 6. 57
Hartmann, Wilhelm   1. 4. 03   19. 1. 59
Heimann, Marlies   1. 7. 03   8. 4. 57

Arbeitsgerichte

Elmshorn
Moltkestraße 28, 25301 Elmshorn
Tel. (0 41 21) 4 86 60, Fax (0 41 21) 8 47 28

1 Dir, 3 R

Hansen, Dieter, Dir   1. 12. 86   13. 4. 43
Weiler, Rolf   11. 1. 90   8. 8. 57
Dr. Kröger, Dorle   17. 6. 94   8. 4. 57
Homuth, Marc-Patrick   1. 12. 04   31. 7. 68

Flensburg
Südergraben 55, 24937 Flensburg
Tel. (04 61) 89-0, Fax (04 61) 89-3 86

1 Dir, 2 R

Dr. Jancke, Ulrich, Dir   3. 4. 94   2. 4. 57
Evers-Vosgerau, Carla   31. 10. 94   21. 10. 63
Hill, Christian   1. 12. 04   25. 11. 67

Kiel
Deliusstr. 22, 24114 Kiel
Tel. (04 31) 6 04-0
Fax (04 31) 6 04-40 00

1 Dir, 4 R

von Alvensleben, Udo, Dir   10. 11. 03   12. 8. 50
Greve, Jörg   29. 5. 81   1. 10. 47
Becker, Birgitt   21. 3. 91   14. 9. 57
Dr. Göldner, Sabine   30. 9. 96   1. 2. 61
Dr. Steidle, Gregor   1. 8. 99   2. 7. 65

Lübeck
Neustraße 2 a, 23568 Lübeck
Tel. (04 51) 38 97 80
Fax (04 51) 3 22 29

1 Dir, 5 R

Sibbers, Dieter, Dir   1. 4. 02   8. 8. 50
Schubert, Klaus-Ulrich   15. 6. 82   12. 10. 43
Benning, Wulf   11. 3. 97   5. 9. 61
Scholz, Christian Hendrik   1. 8. 99   14. 5. 64
Möllenkamp, Olaf   1. 1. 04   26. 5. 71
Breier, Andrea   1. 12. 04 30. 9. 64

Neumünster
Gartenstraße 24, 24534 Neumünster
Tel. (0 43 21) 4 09 70
Fax (0 43 21) 4 83 10

1 Dir, 3 R

Raasch-Sievert, Dagmar, Dir 1. 10. 97   25. 4. 56
Dr. Stolz, Joachim   13. 6. 89   29. 3. 54
Danzmann, Marina   1. 8. 99   11. 9. 64
Welz, Margitta   12. 5. 03   5. 7. 64

Thüringen

Landesarbeitsgericht Thüringen

Rudolfstraße 46, 99092 Erfurt
Postfach 10 10 65, 99010 Erfurt
Tel. (03 61) 3 77 60 01
Fax (03 61) 3 77 63 00
E-Mail: poststellelag@largef.thueringen.de

1 Pr, 1 VPr, 4 VR

Präsident
N. N. — —

Vizepräsident
Dr. Wickler, Peter 20. 9. 93 1. 4. 54

Vorsitzende Richter
Tautphäus, Arno 9. 12. 93 19. 6. 51
Dr. Amels, Martin 3. 5. 94 16. 6. 51
Brummer, Günter 1. 6. 96 12. 2. 54
Dr. Kaiser, Wilfried 1. 10. 97 23. 11. 42

Arbeitsgerichte

Eisenach
Theaterplatz 5, 99817 Eisenach
Postfach 63, 99801 Eisenach
Tel. (0 36 91) 2 47-0
Fax (0 36 91) 2 47-2 00
E-Mail: poststelle@argesa.thueringen.de

1 Dir, 5 R

N. N., Dir — —
Seidel, Elke 25. 10. 94 6. 7. 54
Manß, Jutta 25. 10. 94 8. 6. 61
Kolle, Armin 4. 11. 94 9. 6. 59
Zimmer, Antonie 14. 2. 95 13. 8. 54
Petermann, Jens, abg. 5. 5. 95 16. 7. 63

Erfurt
Rudolfstraße 46, 99092 Erfurt
Postfach 10 10 65, 99010 Erfurt
Tel. (03 61) 3 77 60 01
Fax (03 61) 3 77 60 00
E-Mail: poststellearbgerfurt@largef.thueringen.de

1 Dir, 1 stVDir, 6 R

Walter, Andreas, Dir 1. 10. 03 9. 11. 59
N. N., stVDir — —
Luff, Karlfred, abg. 25. 10. 94 21. 2. 55
Oppler, Dirk 25. 10. 94 28. 6. 62
König, Astrid, abg. 25. 10. 94 13. 9. 63
Erdös, Britta 14. 2. 95 15. 9. 54
Godejohann, Dietrich-
 Friedrich 14. 2. 95 2. 1. 61
Grafen, Gabriele 14. 2. 95 2. 3. 63
Engel, Susanne, abg. 14. 2. 95 5. 9. 64

Gera
Hainstr. 21, 11, 07545 Gera
Postfach 15 54, 07505 Gera
Tel. (03 65) 8 33 90, Fax (03 65) 8 33-91 66
E-Mail: poststelle@argg.thueringen.de

1 Dir, 5 R

Schilder, Felizitas, Dir 1. 10. 97 9. 11. 44
Bennewitz, Sabine 25. 10. 94 15. 6. 55
Menke, Ingo 25. 10. 94 21. 7. 56
Hollmann, Wolfgang, abg. 20. 2. 95 20. 8. 58
Seehafer, Birgit 13. 2. 96 29. 12. 61
Tonndorf, Maria 2. 2. 98 15. 3. 65

Jena
August-Bebel-Straße 3, 07743 Jena
Tel. (0 36 41) 4 08-0
Fax (0 36 41) 4 08-1 00
E-Mail: poststelle@argj.thueringen.de

1 Dir, 4 R

Hanke, Thomas, Dir 31. 3. 95 24. 11. 51
Dr. Adrian, Peter 14. 2. 95 20. 8. 61
Meier, Anette, abg. 14. 2. 95 5. 2. 63
Maiwald, Harald 14. 8. 95 30. 9. 62
Holthaus, Michael 26. 3. 97 7. 10. 63

Nordhausen
Käthe-Kollwitzstr. 1 b, 99734 Nordhausen
Postfach 11 30, 99729 Nordhausen
Tel. (0 36 31) 4 76 90
Fax (0 36 31) 4 76-9 77

1 Dir, 3 R

Marx, Stefan, Dir 1. 4. 99 15. 1. 61
Stritzke, Uwe 22. 2. 94 16. 8. 61
Balk, Adolf 25. 10. 94 14. 2. 55
Wegmann, Peter, abg. 18. 2. 98 1. 5. 66

ArbG Thüringen

Suhl
Rimbachstraße 30, 98527 Suhl
Postfach 20 01 10, 98506 Suhl
Tel. (0 36 81) 3 75-0
Fax (0 36 81) 3 75-3 28
E-Mail: poststelle@argshl.thueringen.de

1 Dir, 5 R

Dr. Steckermeier, Maximilian, Dir	1. 10. 98	14. 8. 58
Dr. Rauschenberg, Hans-Jürgen	11. 11. 93	19. 5. 56
Köhler, André	22. 2. 94	13. 9. 56
Heymann, Peter, abg.	25. 10. 94	25. 1. 60
Herkner, Beate	25. 10. 94	9. 6. 60
Gerdes, Angelika	13. 2. 96	4. 2. 63

Finanzgerichtsbarkeit

Baden-Württemberg

Finanzgericht Baden-Württemberg

Gutenbergstraße 109, 70197 Stuttgart
Postfach 10 14 16, 70013 Stuttgart
Tel. (07 11) 66 85-0
Fax (07 11) 66 85-1 66 (Poststelle)
Fax: (07 11) 66 85-1 80 (Verwaltung)
E-Mail: Poststelle@fgstuttgart.justiz.bwl.de
www.fg-baden-wuerttemberg.de
Pressestelle: RFG Thomas Haller
Tel. (07 21) 9 26-38 94, Fax: (07 21) 9 26-52 93
E-Mail: haller@fgkarlsruhe.justiz.bwl.de

Außensenate in Freiburg
Gresserstr. 21, 79102 Freiburg i. Br.
Postfach 52 80, 79019 Freiburg i. Br.
Tel. (07 61) 2 07 24-0
Fax (07 61) 2 07 24-2 00
E-Mail: Poststelle@fgfreiburg.justiz.bwl.de

Außensenate in Karlsruhe
Moltkestraße 80, 76133 Karlsruhe
Postfach 10 01 08, 76231 Karlsruhe
Tel. (07 21) 9 26-0
Fax (07 21) 9 26-35 59 (Poststelle)
Fax (07 21) 9 26-52 93 (Verwaltung)
E-Mail: Poststelle@fgkarlsruhe.justiz.bwl.de

1 Pr, 1 VPr, 12 VR, 38 R

Präsident
Dr. Korte, Hans-Peter   19. 6. 02   4. 12. 47

Vizepräsident
N. N.   —   —

Vorsitzende Richter
Pietroschinsky, Armin   11. 11. 93   9. 2. 43
Affolter, Bruno   1. 12. 00   28. 5. 42
Häußermann, Rudolf   11. 12. 02   23. 12. 45

Schönwandt, Jens-Carsten   17. 7. 03   —
Dr. Ebert, Arnim   17. 7. 03   14. 11. 42
Prof. Dr. Wilke, Kay-
  Michael   29. 12. 03   21. 3. 48
Dr. Siebert, Wolfgang   28. 6. 05   22. 6. 44
Dr. Kretzschmar, Lutz   —   6. 6. 46
Remmele, Walter   28. 6. 05   15. 10. 48
Dr. Weckesser, Artur   28. 6. 05   16. 3. 52
Freund, Günter   28. 6. 05   20. 11. 52
Renz, Roland   28. 12. 05   26. 1. 46

Richterinnen/Richter
Adler, Stefan   1. 7. 79   8. 7. 43
Braunmiller, Werner   2. 6. 80   5. 12. 43
Sauter, Günter   1. 3. 83   23. 2. 48
Eckert, Arnulf   16. 7. 85   16. 5. 46
Dr. Eppler, Gerold   16. 6. 87   15. 8. 48
Faßbender, Helmut   1. 6. 88   11. 8. 49
Laubengeiger, Walter   1. 6. 88   9. 12. 49
Müller, Horst-Willi   29. 6. 89   9. 8. 48
Stolz, Franz-Dieter   1. 6. 90   15. 6. 54
Raufer, Horst   1. 10. 90   19. 7. 49
Gramich, Paul-Guido   1. 1. 92   17. 12. 50
Schmid, Franz   1. 2. 92   —
Dr. Merkt, Albrecht   1. 3. 92   17. 7. 56
Körner, Guido   1. 4. 92   9. 3. 56
Guhl, Albert   1. 5. 93   21. 11. 53
Dr. Muhler, Manfred   12. 2. 02   23. 2. 58
Dr. Rupp, Friedrich   12. 2. 02   24. 1. 59
Dr. Geserich, Stephan   30. 4. 02   22. 5. 63
Lammering, Ewald   8. 12. 03   26. 1. 68
Brey, Volker, abg.   18. 3. 04   19. 8. 64
Karl, Petra   12. 8. 04   25. 4. 64
Haller, Thomas   16. 8. 04   10. 2. 60
Bischoff, Bernd   21. 10. 04   6. 12. 62
Merz, Wolfgang   1. 12. 04   2. 12. 62
Dr. Werth, Franceska   1. 12. 04   —
Brock, Ursula   14. 2. 05   8. 8. 63
Himmelsbach,
  Hildegard, ½   31. 3. 05   —
Marschall von Bieberstein-
  Messerschmidt, Elisabeth   31. 3. 05   —

FG Bayern

Dr. Reuss, Christina	29. 9. 05	16. 3. 69	Schimpf, Anja, ½, RkrA	(1. 6. 05)	7. 8. 71
Dr. Pfirrmann, Volker, RkrA	(20. 12. 04)	18. 10. 66	Merz, Peter, RkrA	(1. 8. 05)	4. 9. 68
Dr. Rauch, Steffen Gregor, RkrA	(1. 5. 05)	16. 1. 64	*Richter im Richterverhältnis auf Probe*		
			Ardizzoni, Marco	1. 3. 05	23. 7. 69

Bayern

Finanzgericht München

Ismaninger Str. 95, 81675 München
Postfach 86 03 60, 81630 München
Tel. (0 89) 9 29 89-0
Fax (0 89) 9 29 89-3 00

Außensenate in Augsburg
Frohsinnstr. 21, 86150 Augsburg
Postfach 101661, 86006 Augsburg
Tel. (08 21) 3 46 27-0
Fax (08 21) 3 46 271-1 00

1 Pr, 1 VPr, 13 VR, 43 R, 2 LSt (R)

Präsident
Dr. Wolf, Michael	3. 9. 96	18. 2. 45

Vizepräsident
Gretzschel, Helbert	8. 3. 00	5. 3. 42

Vorsitzende Richter
Dr. Rehwagen, Werner	31. 1. 96	12. 5. 41
Dr. Rader, Jürgen	—	22. 4. 43
Hinke, Christian	—	—
Schwarz, Roger	27. 8. 01	17. 9. 42
Leopold, Peter	27. 8. 01	23. 12. 43
Dr. Dettmer, Rolf	24. 1. 03	31. 1. 43
Groh, Götz	11. 3. 03	29. 3. 43
Eicher, Hans	—	—
Huber, Ulrich	1. 6. 04	23. 9. 46
Dr. Probst, Urich	1. 8. 04	4. 4. 50
Weilbacher, Franz	1. 5. 05	4. 6. 50
Hornung, Klaus	1. 2. 06	15. 6. 48

Richterinnen/Richter
Tichy, Walter	1. 1. 83	14. 8. 43
Högl, Hans-Werner	1. 6. 85	27. 4. 44
Thies, Rainer	1. 4. 86	18. 6. 46
Dr. Macher, Ludwig	1. 12. 87	10. 5. 41
Mayer, Günter	1. 5. 88	19. 12. 47
Deiglmayr, Alfred	—	—
Dr. Gmach, Gertlieb	—	—
Dr. Röll	—	—
Weymüller, Rainer	1. 10. 90	22. 11. 55
Dr. Selder, Johannes	1. 10. 90	14. 10. 56
Hartmann, Konrad	1. 6. 91	30. 5. 52
Appel, Winfried	1. 10. 91	25. 10. 48
Lüsch, Jürgen	1. 10. 91	23. 11. 48
Schuldes, Silvia	1. 7. 92	16. 6. 50
Herz, Ursula	1. 7. 92	5. 5. 52
Siebenhüter, Anton	1. 7. 92	30. 6. 56
Rappl, Peter	15. 10. 92	23. 11. 56
Dr. Buyer, Christoph	1. 2. 93	27. 1. 52
Rothenberger, Franz	1. 5. 93	21. 1. 59
Peltner, Hans-Michael	1. 3. 94	23. 11. 52
Peuker, Monika	1. 3. 94	4. 4. 53
Peltner, Christa, beurl.	15. 9. 00	4. 9. 57
Dr. Forchhammer, Joseph	10. 10. 00	31. 10. 70
Dr. Welzel, Peter	1. 1. 01	3. 11. 56
Dr. Kunze, Eva	1. 4. 01	26. 1. 62
Pröller, Stefan	1. 7. 01	18. 5. 60
Hahn, Rudolf	1. 1. 02	13. 10. 60
Dr. Dellner, Hans-Peter	1. 8. 02	—
Dr. Lindwurm, Christof	1. 8. 02	17. 12. 58
Muggenthaler, Wolfgang	1. 8. 02	20. 11. 61
Reiser, Barbara	3. 1. 03	17. 7. 02
Möller, Veronika	3. 1. 03	10. 10. 60
Dr. Schallmoser, Ulrich	4. 11. 03	24. 3. 65
Dr. Dalichau, Beatrice	1. 5. 04	6. 12. 62
Wolff, Norbert	1. 10. 04	18. 4. 60
Zanzinger, Dieter	—	—
Wendl, Rainer	1. 2. 05	7. 3. 64
Windsheimer, Petra	1. 3. 05	26. 11. 59
Weil, Barbara	—	—
Dr. Schilcher, Theresia	—	—
Dr. Buschmann, Andreas	1. 11. 05	6. 10. 62
Dr. Seidel, Ralf, RkrA	1. 8. 05	6. 10. 64
Zanzinger, Anne, RkrA	1. 8. 05	20. 5. 65
Dr. Bäumler-Holley, Marthina, RkrA	1. 9. 05	8. 10. 61
Dr. Erhardt-Rauch, Andrea, RkrA	1. 10. 05	8. 4. 67

Berlin **FG**

Finanzgericht Nürnberg

Deutschherrnstr. 8, 90429 Nürnberg
Tel. (09 11) 2 70 76-0, Fax (09 11) 2 70 76-290
E-Mail: poststelle@fg-n.bayern.de

1 Pr, 1 VPr, 5 VR, 17 R

Präsident
Lohrer, Josef 17. 9. 04 29. 3. 52

Vizepräsident
Dr. Spitzer, Bernd-Michael 9. 11. 95 17. 5. 43

Vorsitzende Richterin/Vorsitzende Richter
Güroff, Georg 25. 6. 97 18. 3. 45
Dr. Kuczynski, Peter 2. 12. 99 31. 7. 42
Meßbacher-Hönsch,
  Christine 22. 4. 04 28. 1. 55
Regler, Anton 20. 10. 05 18. 12. 49
Naczinsky, Helmut 20. 10. 05 29. 1. 55

Richterinnen/Richter
Schaefer, Bertram 1. 10. 86 23. 7. 47
Schauer, Ingrid 1. 2. 91 3. 11. 52
Bauer, Reinhard — —
Schulte, Reinhard 15. 12. 93 30. 3. 49
Roßner, Hermann 1. 4. 95 28. 9. 49
Rößler-Sauter, Rita 1. 10. 97 9. 10. 57
Grammel, Thomas 1. 10. 00 15. 4. 59
Bernard, Bettina, 5/10 11. 4. 02 4. 6. 62
Schuegraf-Ströbel,
  Marlies, 6/10 14. 5. 02 11. 12. 59
Finster, Siegfried 1. 1. 03 13. 10. 61
Raab, Anton 1. 4. 03 17. 8. 55
Schwemmer, Britta, 5/10 15. 8. 03 31. 5. 62
Dr. Wagner, Ludwig 7. 1. 04 18. 10. 56
Jäger, Ulrike 1. 11. 04 24. 5. 69
Heuberger, Ulrich 1. 3. 05 3. 4. 63
Dr. Knaupp, Friederike,
  RkrA (1. 6. 05) 6. 5. 67
Durand, Doris,
  5/10, RkrA (1. 8. 05) 18. 10. 69
Halbig, Ute, RkrA (1. 10. 05) 7. 9. 69

Berlin

Finanzgericht Berlin

Schönstedtstr. 5, 13357 Berlin
Tel. (0 30) 9 01 56-0
Fax (0 30) 9 01 56-3 46
E-Mail: verwaltung@fg.verwalt-berlin.de

1 Pr, 1 VPr, 8 VR, 16 R

Präsident
Freitag, Wolfgang 21. 11. 03 6. 4. 44

Vizepräsident
Taegener, Martin 22. 4. 04 22. 7. 47

Vorsitzende Richter
Beck, Hans-Joachim 24. 8. 94 6. 11. 48
Dr. Nothnagel, Reinhard 20. 2. 95 24. 8. 49
Engel, Jürgen 19. 10. 95 7. 8. 46
Käwert, Hartmut 4. 10. 00 24. 10. 42
Meyer, Ronald 4. 10. 00 25. 3. 50
Dr. Herbert, Ulrich 21. 3. 05 —

Richterinnen/Richter
Spruch, Eberhard 30. 7. 85 13. 11. 46
Dr. Rüster, Susanne, abg. 13. 7. 92 2. 4. 54
Dr. Beckmann, Thomas 21. 9. 93 28. 10. 59
Hockenholz, Jens 31. 7. 95 15. 5. 53
Krißmer, Arthur 16. 9. 96 19. 10. 46
Sander-Hellwig,
  Annelore 20. 12. 96 16. 8. 49
Röhricht, Rüdiger 29. 5. 98 16. 7. 54
Assel, Volker 1. 4. 99 15. 6. 48
Willmes, Michael 11. 5. 99 28. 9. 53
Espey, Frank 1. 11. 99 14. 6. 57
Keil-Schelenz, Karin 19. 5. 00 25. 5. 61
Dr. Beck, Günther 2. 10. 02 10. 3. 60
Dr. Sprick, Bernhard 2. 10. 02 16. 3. 61
Heidelberg-Schulz, Petra,
  RkrA (1. 4. 05) 20. 6. 57
Paulsen, Kirsten, RkrA (1. 4. 05) 18. 1. 61
Klees, Hans-Jürgen, RkrA (2. 5. 05) 3. 6. 57

Brandenburg

Finanzgericht des Landes Brandenburg

Von-Schön-Str. 10, Haus 6, 03050 Cottbus
Tel. (03 55) 49 91-61 00
Fax (03 55) 49 91-61 99
E-Mail: verwaltungfg@brandenburg.de

1 Pr, 1 VPr, 4 VR, 14 R + 1 LSt (R)

Präsident
Prof. Dr. Lambrecht, Claus   1. 4. 06   14. 6. 51

Vizepräsident
N. N.   —   —

Vorsitzende Richterinnen/Vorsitzende Richter
Herrmann, Rolf   2. 1. 95   17. 12. 44

Widra, Detlef	1. 6. 97	16. 10. 53
Brocks, Helen	1. 1. 05	16. 12. 58
Venus, Cathrin	1. 1. 05	28. 8. 60

Richterinnen/Richter
Prof. Dr. Stapperfend, Thomas	1. 4. 97	5. 5. 65
Kauffmann, Bernd	1. 6. 97	16. 12. 64
Schwenkert, Ulrich	1. 8. 97	3. 7. 65
Krebs, Eberhard	1. 10. 97	30. 7. 59
Dr. Tiedchen, Susanne	1. 1. 98	30. 5. 63
Dr. Adamik, Andrea	1. 2. 98	13. 1. 66
Rätke, Bernd	1. 6. 98	29. 11. 64
Hinze, Christina	1. 10. 99	17. 12. 64
Kempe, Bärbel	1. 12. 99	7. 1. 62
Herdemerten, Eva	1. 6. 01	18. 4. 59
Debus, Andrea	1. 3. 02	22. 12. 62
Braunsdorf, Susanne	1. 5. 03	4. 6. 58
Kolbe, Stefan	1. 5. 03	28. 2. 68
Mayer, Martin	1. 7. 03	27. 10. 61

Bremen

Finanzgericht Bremen

Am Wall 201, 28195 Bremen
Tel. (04 21) 3 61-22 97
Fax (04 21) 3 61-1 00 29
E-Mail: office@Finanzgericht.bremen.de
Pressestelle : Tel. (04 21) 3 61-41 69,
Fax (04 21) 3 61-1 00 29

1 Pr, 1 VPr, 4 R

Präsident
Hoffmann, Lutz	1. 11. 02	1. 12. 58

Vizepräsident
Dr. König, Dietrich	15. 11. 02	5. 5. 43

Richterinnen/Richter
Dr. Ehlers, Arne	1. 3. 90	2. 10. 51
Sieling-Wendt, Heiko	30. 4. 92	21. 4. 54
ter Weges, Sabine	1. 10. 01	16. 7. 61
Dr. Wendt, Gerlind	19. 10. 04	26. 3. 69

Hamburg

Finanzgericht Hamburg

Lübeckertordamm 4, 20099 Hamburg
Tel. (0 40) 4 28 43-77 70
Fax (0 40) 4 28 43-77 77
E-Mail: poststelle@fg.justiz.hamburg.de
Pressestelle Tel. (040) 4 28 43-77 88
Fax (0 40) 4 28 43-77 87
E-Mail: poststelle@fg.justiz.hamburg.de

1 Pr, 1 VPr, 5 VR, 14 R + ½ R

Präsident
Dr. Grotheer, Jan   1. 10. 97   7. 11. 45

Vizepräsident
Kuhr, Werner   1. 7. 03   5. 1. 47

Vorsitzende Richterin/Vorsitzende Richter
Dr. Kauffmann, Walter   14. 7. 95   2. 5. 41
Sterlack, Rolf   5. 12. 97   19. 5. 43

Staiger, Barbara   14. 8. 01   19. 2. 49
Dr. von Wedel,
  Wedigo   25. 3. 03   15. 6. 44
Hardt, Christoph   20. 10. 03   18. 9. 52

Richterinnen/Richter
Dr. Reiche, Klaus-
  Dieter   27. 11. 89   22. 4. 45
Duvinage, Monika   28. 9. 92   9. 12. 55
Kögel, Corina   29. 1. 93   3. 7. 55
Birke, Elisabeth   —   —
Wirth-Vonbrunn,
  Hannelore   28. 4. 99   6. 6. 53
Schoenfeld, Christoph   8. 5. 02   2. 11. 59
Neblung, Susanne   28. 6. 02   —
Fejes, Mario   28. 6. 02   11. 09. 62
Kreth, Elisabeth   2. 8. 02
Jahns, Michael   15. 12. 04   19. 3. 64
Barche, Petra   28. 4. 04   31. 5. 68
Uterhark, Jan   19. 7. 04   19. 8. 64
Dr. Fu, Reiner, RkrA   (1. 10. 05)   —
Dr. Müller-Horn,
  Almuth, RkrA   (1. 10. 05)   23. 8. 68

Hessen

Hessisches Finanzgericht

Königstor 35, 34117 Kassel
Postfach 10 17 40, 34017 Kassel
Tel. (05 61) 72 06-0
Fax (05 61) 7 20 61 11
E-Mail: verwaltung@fg-kassel.justiz.hessen.de

1 Pr, 1 VPr, 11 VR, 32 R

Präsident
Bittner, Dietmar   1. 11. 03   23. 6. 43

Vizepräsident
Aweh, Lothar   1. 6. 04   11. 2. 53

Vorsitzende Richterin/Vorsitzender Richter
Schreiber, Jochem   1. 4. 91   2. 10. 43
Rodemer, Klaus   1. 9. 94   31. 5. 42
Mittmann, Volker   1. 5. 96   1. 7. 44
Zimmermann, Gerda   18. 4. 00   16. 8. 52

Honisch, Werner   1. 6. 04   6. 8. 49
Ebel, Arnulf   1. 6. 04   10. 4. 50
Sebbel, Alfred   15. 3. 05   24. 10. 51
Dr. Prell, Wolfgang   31. 1. 06   5. 9. 54

Zwei weitere Stelle für Vorsitzende Richter sind besetzt. Name und Personaldaten sind nicht übermittelt worden. Eine Stelle ist z.Zt. nicht besetzt.

Richterinnen/Richter
Kasch, Wolfgang   1. 7. 86   29. 11. 44
Hesse, Walter   1. 7. 86   2. 11. 47
Herrmann, Dieter   1. 4. 88   30. 4. 54
Vaupel, Volker   1. 5. 90   16. 10. 54
Paar, Doris   1. 11. 90   14. 6. 55
Thiede, Sven   1. 4. 91   28. 5. 56
Konopatzki, Herbert   1. 5. 91   15. 10. 54
Naujoks-Albracht, Helga   1. 7. 91   6. 1. 56
Lotzgeselle, Helmut   2. 9. 91   13. 3. 57
Oehm, Rainer   16. 10. 91   26. 2. 56
Dr. Albracht, Wolfgang   15. 11. 91   22. 3. 57
Merle, Dieter   18. 12. 91   18. 4. 57

FG Mecklenburg-Vorpommern · Niedersachsen

Knauf, Jürgen	4. 4.93	17. 6.60	Knab, Michael	15. 3.96	29. 5.61
Dr. Wied, Edgar	1. 8.94	8. 4.61	Dr. Olbrich, Volker,		
Ebeling, Hermann	10.10.94	20. 1.55	LL.M.	15. 1.02	3. 2.53
Brösch, Winfried	17.11.94	14. 2.54	Kostler, Ralf	10. 7.03	31.12.65
Dr. Nieuwenhuis, Helmut	4.11.94	22. 2.52	Dr. Michel, Gerhard	19. 4.02	10. 7.60
Bechtel, Wolfgang	1. 1.95	26. 9.57			
Fritsch, Rainer	13. 3.95	19.10.54	Drei weitere Stellen für Richter sind besetzt. Namen und Personaldaten sind nicht übermittelt worden. Zwei Stellen sind z.Zt. nicht besetzt.		
Warnitz, Siegfried	2. 1.96	23.11.51			
Hörndler, Eva	23. 1.96	14. 7.58			

Mecklenburg-Vorpommern

Finanzgericht Mecklenburg-Vorpommern

Lange Str. 2a, 17489 Greifswald
Tel. (0 38 34) 79 50
Fax (0 38 34) 79 52 28/13
E-Mail: verwaltung@fg-greifswald.mv-justiz.de

1 Pr, 1 VPr, 1VR, 5 R

Präsident

Scharpenberg, Benno	1. 4.05	22. 6.57

Vizepräsident

Kävenheim, Wolfgang-Michael	1. 5.97	4. 4.48

Vorsitzender Richter

Lipsky, Matthias	23. 6.05	25. 1.57

Richterinnen /Richter

Janke, Gabriele	15. 7.95	30. 9.58
Dr. Hahn-Joecks, Gabriele	1. 8.98	5.11.57
Dr. Kerath, Andreas	23. 8.02	9. 4.60
Wedemeyer, Kai	28. 7.03	24.10.57

Niedersachsen

Niedersächsisches Finanzgericht

Hermann-Guthe-Str. 3, 30519 Hannover
Postfach 81 04 62, 30504 Hannover
Tel. (05 11) 84 08-0
Fax (05 11) 8 40 84 99,-500,-501
E-Mail: Poststelle@nfg.niedersachsen.de (nicht für Klagen)

1 Pr, 1 VPr, 13 VR, 41 R

Präsident

Pust, Hartmut	1. 4.03	20. 7.56

Vizepräsident

Wildauer, Alfred	1. 3.03	4. 3.47

Vorsitzende Richterinnen/Vorsitzende Richter

Dr. Kappe, Hagen	28. 9.87	17. 7.44
Dr. Kersten, Hans-Jürgen	11. 3.94	12. 7.43
Faustmann, Rainer	24. 3.97	14. 5.48
Domschat, Klaus-Peter	26.11.97	16.11.50
Dr. Krage, Wolfgang	1. 9.00	21. 4.46
Georgi, Andreas	1. 9.00	1.10.47
Koch, Maritta	1. 9.00	4.12.51
Cissée, Bernd	11. 9.01	27. 1.51
Dr. Harenberg, Friedrich	13. 9.02	20. 3.52
Elvers, Reinhard	14.10.03	27. 8.49

Richterinnen/Richter

Utermöhlen, Joachim	1. 7.81	21. 5.48
Borstelmann, Eike	1.12.81	5.10.42
Franz, Willy	1. 4.83	30. 6.43
Wilczynski, Edmund	1. 7.86	27. 7.48
Dr. Bolz, Norbert	1. 9.86	5.10.48
Hauschild, Adalbert	1. 3.90	7. 2.52
Grune, Jörg	1. 7.90	4. 4.56
Dr. Sassenberg-Walter, Ulrike	1.10.90	23. 7.55
Schlepp, Norbert	1.11.90	26. 6.43
Hausmann-Lucke, Eva	1.12.90	12. 3.56
Dr. Balke, Michael	18. 6.91	31.10.54

Nordrhein-Westfalen **FG**

Schwick, Volker	1. 7.91	3. 2.58	Stark, Ira	28. 2.03	19. 4.67
Dr. Horn, Hans-Joachim	11. 8.92	10. 8.54	Tolzmann, Torsten	28. 2.03	27.11.68
Wünsch, Doris	1. 9.94	21. 8.52	Carstens, Andreas	2. 4.03	4. 5.61
Lehmann, Andreas	23.12.94	20. 6.55	Zimmer, Thomas	1. 7.03	4. 8.64
Grett, Hans-Dieter	1.10.95	20. 9.53	Dr. Krüger, Roland,		
Koenig, Ulrich	1.10.95	1.11.56	abg.	1.10.03	8. 9.66
Peter, Jörg	1.10.99	19. 6.60	Dr. Büschen, Carola	25.11.03	3.11.63
Schirp, Christoph	8.12.99	10. 3.61	May, Karin	1. 4.04	16.10.67
Dr. Leonard, Axel	1. 5.00	10. 1.64	Dr. Eschenbach, Jürgen	1. 7.04	1. 2.61
Nagel, Astrid	1. 7.00	6.11.61	Hager, Petra	9. 6.05	2. 4.68
Dr. Nacke, Aloys	1. 9.01	15. 5.60	Dr. Kratzsch, Alexander	13. 6.05	3. 9.69
Dr. Cöster, Thilo	1. 9.01	31.10.62	Blötz, Britta	23. 8.05	31. 3.69
Dr. Kreft, Volker	1.11.01	18. 3.62	Greschok, Elke	1. 2.06	25.11.68
Intemann, Jens	1.11.01	5. 4.64	Ebert, Matthias, RkrA	(2. 8.04)	30. 9.69
Christochowitz, Axel	1. 9.02	30. 8.58	Bartels, Andrea-Alexandra,		
Haep, Günter	1.10.02	22.11.60	RkrA	(11. 4.05)	16. 4.70
Jäger, Dirk	1.10.02	23.12.63			
Wienbergen, Rüdiger	31. 1.03	15. 2.68	Eine weitere Stelle für Richter ist besetzt.		

Nordrhein-Westfalen

Finanzgericht Düsseldorf

Ludwig-Erhard-Allee 21, 40227 Düsseldorf
Postfach 10 23 53, 40014 Düsseldorf
Tel. (02 11) 77 70-0
Fax (02 11) 77 70-25 10
E-Mail: verwaltung@fg-duesseldorf.nrw.de
www.fg-duesseldorf.nrw.de

1 Pr, 1 VPr, 16 VR, 50 R

Präsident

Plücker, Helmut	1. 3.00	21. 5.51

Vizepräsident

Bister, Ottfried	1. 3.01	27. 7.42

Vorsitzende Richterinnen/Vorsitzende Richter

Steuck, Hellmut	1. 7.88	12. 7.43
Dr. Meyer, Christel	26. 4.89	27.11.43
Klein, Fritz	9.11.90	31. 8.42
Glenk, Heinrich	30. 6.93	13.10.46
Laier, Karl	16.11.93	27.11.48
Milich, Hans-Jürgen	24. 9.96	28. 3.44
Dr. von Beckerath,		
Hans-Jochem	24. 9.96	17.10.50
Schuck, Hans-Jürgen	7.11.97	28. 5.46
Dickmann, Horst	1. 6.99	27. 2.49
Morsbach, Rudger	21. 2.01	7. 8.50
Haferkamp, Johannes	1.11.01	19. 1.55
Claßen, Andrea	1.11.01	26. 9.55
Peters, Wolfgang	14. 5.02	31. 5.46
Kopp, Jürgen	21. 7.03	7. 5.48
Dabitz, Axel	1.11.03	3. 9.56
Junker, Harald	1. 4.05	1. 4.55

Richterinnen/Richter

Vohwinkel, Hans-Wilhelm	2.11.78	12.11.43
Pliquett, Burghard	15. 1.81	25.11.43
Arnold, Bruno	29. 6.81	28.11.42
Dr. Hegmann, Jürgen	29. 6.81	9.12.44
Korte, Rainer	29. 6.81	17.12.44
Ramackers, Arnold, abg.	2.12.85	29. 8.46
Cziesla, Bodo	15. 9.88	6.11.49
Kuhlen, Helmut	19.10.88	29. 3.51
Hospes, Hans-Jürgen	1. 2.89	17. 8.55
Appelhof, Gisela	1. 7.89	12. 6.55
Alexander, Stephan	1. 6.90	23. 5.57
Meyer, Berthold	11. 7.90	11. 7.57
Hahn, Hans-Wilhelm	7. 9.90	27. 2.47
Maas, Hans	17.12.90	3. 6.57
Sadrina, Reinhard	1.10.91	29. 7.53
Speckamp, Peter	1.10.91	29. 7.53
Scheel, Angelika	1. 4.92	20. 2.56
Zimmermann, Thomas	15. 6.93	17. 7.55
Dr. Wüllenkemper, Dirk	13. 9.93	13. 9.60
Kühnen, Sabine	1. 1.94	20. 4.60
Kleuser, Willi	1. 4.94	26.10.58
Dr. Wagner, Klaus Jürgen	26. 9.94	25. 9.61

FG Nordrhein-Westfalen

Jelinek, Helmut	1.11.94	29. 5.59
Reuß, Joachim	3. 1.95	1. 9.56
Deimel, Klaus	1.10.95	5.12.59
Pfützenreuter, Volker	4.10.95	19.10.59
Bork, Ulrike	1. 3.96	23. 9.62
Oosterkamp, Beate	15. 5.96	19. 3.63
Albert, Bernd	1.10.97	21. 8.60
Tschirner, Thomas	28.11.97	6. 1.62
Dr. Hailer, Horst-Peter	17. 3.98	10. 5.58
Dr. Damrau-Schröter, Heike	1. 9.98	6. 1.61
Meyer, Martina	6.11.98	16. 6.62
Adamek, Richard	1. 1.99	12. 4.60
Czerner, Jutta	1. 7.99	4. 2.65
Ludes, Sylvia	1. 9.99	9. 4.64
Dr. Loose, Matthias	1.11.99	18.11.65
Dr. Kuhfus, Werner	16. 2.01	6. 2.65
Swerting, Martin	1. 7.01	28.11.64
Dr. Lemaire, Norbert	19.11.01	23. 6.65
Bals, Oliver, abg.	1. 2.02	24.12.63
Wolff, Katharina	20.12.02	27. 2.69
Essert, Diane	23.12.02	16. 6.61
Dr. Trossen, Nils	1. 7.03	9. 6.70
Beuth, Ingmar	1.11.03	27. 6.67
Angelkorte, Anke	1.11.03	1. 3.70
Jorasch, Gregor	1. 1.04	16. 6.65
Dr. Rodemer, Ingo	1. 6.05	9. 6.72
Kruse, Katja	17. 2.06	30. 6.72

Richter im Richterverhältnis auf Probe

Dr. Wendt, Volker	27. 5.04	28. 4.72

Finanzgericht Köln

Appellhofplatz, 50667 Köln
Postfach 10 13 44, 50453 Köln
Tel. (02 21) 20 66-0
Fax (02 21) 20 66-4 20
E-Mail: verwaltung@fg-koeln.nrw.de
www.fg-koeln.nrw.de

1 Pr, 1 VPr, 13 VR, 42 R + 1/2 R + 2 LSt (R)

Präsident

Dr. Schmidt-Troje, Jürgen	27. 1.92	16. 5.44

Vizepräsidentin

Dr. Schaumburg, Heide	1.11.99	24. 8.48

Vorsitzende Richterinnen/Vorsitzende Richter

Dr. Sandermann, Almut	31. 5.96	8. 1.44
Herchenbach, Johannes	1.10.97	9.12.44
Klein, Norbert	12. 3.98	3. 2.49

Dr. Engelmann-Pilger, Albrecht	9.11.98	18. 9.44
Pietsch, Peter	—	—
Müller, Thomas	2.10.00	11. 6.52
Wetzels-Böhm, Maria-Elisabeth	1. 5.01	4. 2.50
Prof. Dr. Schüttauf, Konrad	5. 6.01	15.10.49
Opitz, Helga	1.10.01	9.10.53
Acht, Elmar	1.12.01	19. 8.55
Hölzer, Camilla	1. 4.02	2.11.56
Seßinghaus, Carsten	1.10.03	17. 8.55
Dr. Woring, Siegbert	31. 5.05	6.11.44

Richterinnen/Richter

Kaser, Bernhard	28.11.77	26. 5.41
Doll, Rüdiger	21. 1.81	2. 9.43
Jehle, Peter	29. 6.81	10. 1.44
Harf, Christian	29. 6.81	10. 8.45
Linhart, Peter	3. 9.81	19. 3.43
Forster, Rudolf	28.10.81	8. 8.44
Peißert, Uwe	15.10.85	22. 8.46
Dr. Nieland, Michael	1. 1.90	15. 5.48
Janich, Claus	3. 7.90	13. 2.50
Urban, Johannes	1.11.91	16. 5.56
Moritz, Helmut	1. 4.92	23. 6.55
Schlüßel, Peter	23. 8.93	7. 8.55
Dohmen, Herbert	25.10.93	2.11.55
Ruster, Hans Günter	1. 1.94	26. 4.54
Dr. Fumi, Horst-Dieter	1. 3.95	19.11.58
Weingarten, Erwin	2. 4.96	7. 6.60
Dr. Braun, Rainer	1. 5.96	9. 8.57
Siegers, Ellen	1. 3.97	3. 3.61
Kolvenbach, Thomas	1. 4.97	6. 7.59
Hegger, Barbara	1. 5.97	27. 8.58
Schmitz, Stefan	1. 5.97	14.12.61
Dr. Hollatz, Alfred	1. 5.97	14. 1.61
Bauhaus, Krimhild	1. 4.99	3. 3.62
Dr. Hoffmann, Jürgen	1. 7.99	4. 5.64
Dr. Valentin, Joachim	19. 7.99	6. 8.59
Neu, Heinz	3. 8.99	22. 7.63
Wefers, Ulrike	1. 9.99	18. 8.66
Stiepel, Patrick	30. 9.99	7.11.64
Roß, Udo	20. 1.00	31. 3.64
Dr. Wiese, Gabriele	31. 3.00	3. 8.66
Pint, Uwe	31. 5.01	7. 2.63
Dr. Herlinghaus, Andreas	1. 8.01	11. 8.65
Heckenkemper, Petra	1.10.01	5. 9.67
Schüller, Claudia	12. 1.03	1. 3.66
Dr. Loschelder, Friedrich, abg. (LSt)	1. 2.03	28. 4.68
Simon, Astrid	2. 4.03	23. 3.70
Fink, Andreas, abg. (LSt)	4. 2.05	14. 3.70
Alker, Simone	28. 4.05	14. 3.72
Dr. Bozza-Bodden, Nadya	1. 7.05	21. 5.71

Nordrhein-Westfalen **FG**

Eppers, Nobert	31. 1. 06	2. 4. 66
Butz, Susanne	20. 2. 06	27. 9. 71
Dr. Wilk, Stefan	28. 2. 06	21. 5. 71

Richterinnen/Richter im Richterverhältnis auf Probe

Priester, Harald	2. 2. 04	18. 12. 72
Dr. Levedag, Christian	6. 8. 04	17. 4. 71

Finanzgericht Münster

Warendorfer Str. 70, 48145 Münster
Postfach 27 69, 48014 Münster
Tel. (02 51) 37 84-0
Fax (02 51) 3 178 41 00
E-Mail: poststelle@fg-muenster.nrw.de
www.fg-muenster.nrw.de
Pressestelle
Tel. (0251) 37 84-1 61
Fax (02 51) 37 84-1 64
E-Mail: pressestelle@fg-muenster.nrw.de

1 Pr, 1 VPr, 13 VR, 42 R + 2 LSt (R)

Präsident

Prof. Dr. Ehmcke, Torsten	1. 8. 01	24. 4. 43

Vizepräsident

Nehring, Jochen	1. 1. 02	24. 10. 43

Vorsitzende Richterinnen/Vorsitzende Richter

Barfuss, Maria	1. 5. 89	26. 2. 45
Löber, Gerd	1. 2. 94	3. 4. 44
Dr. Scholz, Rainer	1. 1. 97	21. 7. 45
Danelsing, Walter	1. 7. 00	5. 3. 43
Krömker, Ulrich	1. 12. 00	20. 7. 49
Prof. Dr. Brune, Alfons	1. 1. 01	16. 4. 53
Dingerdissen, Hermann-Josef	31. 5. 01	31. 3. 42
Siekmann, Bernd	1. 8. 01	24. 3. 45
Dittmer, Werner	1. 7. 03	8. 10. 52
Niewerth, Franz	15. 6. 05	6. 2. 54
Heinemann, Gerd	20. 2. 06	15. 1. 49
Westerburg, Karl-Gerhard	20. 2. 06	30. 3. 49
Köntopp, Bärbel	20. 2. 06	24. 3. 50

Richterinnen/Richter

Dr. Kolck, Joachim	9. 6. 78	28. 8. 43
Richter, Manfred	19. 1. 79	27. 9. 41
Dr. Ehmer, Jochen	29. 4. 82	10. 5. 45
Dr. Katterbe, Burkhard	13. 2. 86	21. 6. 49
Schulze Temming, Ludger	—	—
Große-Wilde, Bärbel	—	—
Schäfer, Erhard	2. 2. 88	7. 6. 48
Tiebing, Norbert	1. 12. 88	20. 11. 52
Nordholt, Norbert	1. 12. 89	24. 7. 54
Schmeing, Reinhold	1. 4. 90	4. 6. 54
Pump, Hermann	1. 5. 90	3. 3. 49
Seibel, Wolfgang	19. 6. 90	14. 8. 53
Egbert, Heinrich-Bernhard	27. 11. 90	19. 6. 55
Stahl-Sura, Karin	30. 6. 92	14. 6. 56
Dr. Rengers, Jutta	21. 3. 93	12. 4. 58
Musolff, Andreas	26. 7. 93	14. 11. 58
Kossack, Harald	16. 9. 93	27. 5. 56
Sandbaumhüter, Winfried	1. 1. 94	23. 1. 57
Wintergalen, Martin	1. 1. 94	6. 5. 57
Markert, Wilhelm	1. 7. 94	28. 11. 57
Beckmann, Brigitta	1. 1. 95	7. 4. 56
Werning, Ulrich	1. 7. 99	19. 2. 65
Dr. Bahlau, Petra	1. 7. 99	3. 6. 67
Banke, Thomas	2. 11. 99	28. 11. 59
Horstmann, Elisabeth	2. 11. 99	21. 2. 60
Wittwer, Meinhard	1. 12. 99	20. 7. 61
Hermes, Ludger	1. 2. 00	30. 10. 60
Büchter-Hole, Claudia	1. 9. 00	1. 5. 65
Beidenhauser, Silke	2. 1. 02	26. 6. 66
von Dobbeler, Ute	1. 2. 02	5. 3. 63
Borgdorf, Reinold, abg. (LSt)	1. 5. 02	14. 2. 62
Dr. Haunhorst, Sabine	1. 10. 02	5. 4. 66
Dr. Nöcker, Gregor	1. 8. 03	14. 6. 67
Dr. Kulosa, Egmont, abg. (LSt)	1. 10. 04	28. 7. 68
Dr. Thiede, Sabine	1. 10. 04	23. 7. 70
Dr. Kober, Michael	2. 1. 05	5. 7. 70
Lutter, Ingo	1. 4. 05	28. 3. 70

Richterinnen/Richter im Richterverhältnis auf Probe

Lürbke, Marion	1. 9. 03	15. 5. 72
Wolsztynski, Christian	1. 5. 05	23. 11. 69
Dr. Coenen, Martin	1. 7. 05	28. 5. 74
Dr. Kulmsee, Verena	1. 3. 06	1. 5. 73

Rheinland-Pfalz

Finanzgericht Rheinland-Pfalz

Robert-Stolz-Str. 20,
67433 Neustadt a. d. Weinstr.
Postfach 10 04 27, 67404 Neustadt a. d. Weinstr.
Tel. (0 63 21) 40 10, Fax (0 63 21) 40 13 55
E-Mail: poststelle@fg.jm.rlp.de
www.fgrp.justiz.rlp.de
Pressestelle
Tel. (0 63 21) 4 01-2 30
E-Mail: ulrich.lind@fg.jm.rlp.de

1 Pr, 1 VPr, 4 VR, 16 R + 1 LSt (R)

Präsident

Schlösser, Detlef	1. 1. 03	28. 3. 44

Vizepräsident

Orth, Rüdiger	1. 8. 01	25. 12. 49

Vorsitzende Richterin/Vorsitzende Richter

Birle, Jürgen Paul	20. 9. 00	10. 7. 41
Wassmann, Wilhelm	10. 12. 02	10. 8. 47

Craney-Kogel, Brigitte	9. 4. 03	21. 6. 49
Lind, Ulrich	19. 4. 04	16. 3. 48

Richterinnen/Richter

Stein, Ulrich	1. 11. 83	3. 5. 44
Theis, Christa	26. 4. 93	23. 10. 46
Dr. Hildesheim, Carl Ulrich	23. 2. 94	7. 3. 58
Kramer, Gernot	29. 12. 95	28. 9. 53
Straub, Sabine	1. 6. 96	22. 5. 58
Dipl.-Kfm. Bode, Walter, abg. (LSt)	16. 12. 97	31. 3. 57
Michalek-Riehl, Ditmar	20. 5. 98	29. 1. 56
Riehl, Ralf, abg. (LSt)	24. 11. 00	11. 10. 60
Amendt, Frank	27. 12. 00	21. 8. 63
Humbert, Jutta	2. 1. 01	13. 7. 63
Scharte, Jutta, beurl. (LSt)	1. 2. 01	13. 1. 62
Weiß, Barbara	14. 11. 01	12. 3. 63
Sobotta, Leo	3. 12. 01	9. 2. 58
Weirich, Herbert	10. 10. 02	23. 12. 58
Dr. Banniza, Ulrike	23. 10. 02	18. 4. 63
Diehl, Klaus	26. 5. 03	4. 9. 60

Saarland

Finanzgericht des Saarlandes

Hardenbergstr. 3, 66119 Saarbrücken
Tel. (06 81) 5 01-05
Fax (06 81) 5 01-55 95
E-Mail: poststelle@fgds.justiz.saarland.de

1 Pr, 1 VPr, 4 R

Präsident

Schwarz, Hansjürgen	10. 7. 96	6. 5. 42

Vizepräsident

Dr. Schmidt-Liebig, Axel	30. 9. 96	8. 11. 48

Richter

Berwanger, Günter	2. 4. 80	24. 3. 42
Dr. Bilsdorfer, Peter	1. 7. 86	22. 9. 51
Dr. Bartone, Roberto	2. 7. 01	8. 6. 66

Sachsen

Sächsisches Finanzgericht*

Richterstr. 8, 04105 Leipzig
Tel. (03 41) 70 23 00
Fax (03 41) 7 02 30 99
E-Mail: verwaltung-fg@fgl.justiz.sachsen.de

Präsident
Dr. Rühmann, Jürgen   1. 1. 06   30. 5. 63

Vizepräsidentin
Gerhardt, Martina   1. 2. 05   8. 9. 59

---

* Angaben zur Zahl der Planstellen sind nicht übermittelt worden.

Vorsitzende Richter
Dr. Sommer, Christoph	1. 4. 97	19. 11. 44
Sterr, Robert	1. 4. 97	9. 9. 50
Zeising, Joachim	1. 12. 99	29. 3. 47
Ressler, Hellmuth	1. 8. 05	23. 8. 58
Michl, Otfried	1. 8. 05	1. 6. 59

Richterinnen / Richter
Münster, Karin	4. 1. 99	17. 2. 57
Löwen, Christina	4. 1. 99	7. 3. 62
König, Christiane	4. 1. 99	13. 5. 64
Hornbach, Michael	1. 1. 01	16. 3. 65
Grützner, Britta	1. 9. 01	6. 12. 65
Patt, Hans-Georg	1. 9. 01	5. 8. 66
Dr. Seidel, Wolf	1. 3. 02	29. 4. 62
Klotz, Simone	1. 9. 02	23. 4. 66
Kortegaard, Maud	26. 1. 04	4. 10. 60
Werner, Markus	26. 1. 04	8. 6. 69
Großmann, Markus	1. 1. 05	7. 12. 64
Stutzmann, Henrik	1. 1. 05	25. 4. 70

Sachsen-Anhalt

Finanzgericht des Landes Sachsen-Anhalt

Antoniettenstr. 37, 06844 Dessau
Postfach 1807, 06815 Dessau
Tel. (03 40) 20 20
Fax (03 40) 2 02 23 04
E-Mail: poststelle@fg-de.justiz.sachsen-anhalt.de
Pressestelle:
Tel. (03 40) 2 02 23 29
Fax (03 40) 2 02 23 04

1 Pr, 1 VPr, 2 VR, 11 R + 1 LSt (R)

Präsident
Karl, Gunther   19. 11. 04   19. 7. 48

Vizepräsident
Weber, Hartwig   1. 9. 92   3. 8. 49

Vorsitzende Richter
Schurwanz, Jürgen	20. 7. 99	7. 6. 46
Görlitz, Stephan	29. 8. 00	7. 5. 54

Richterinnen/Richter
Burckgard, Fritz	16. 1. 96	10. 10. 60
Dr. Waterkamp-Faupel, Afra	27. 4. 98	20. 1. 65
Gauß, Sybille	20. 8. 01	2. 10. 66
Leingang-Ludolph, Beate	20. 8. 01	4. 11. 67
Gehlhaar, Frauke	6. 11. 00	7. 11. 67
Kerber, Markus	14. 2. 04	7. 3. 66
Hübner, Roberta	1. 5. 04	11. 8. 65
Schulz, Tobias	1. 7. 04	26. 7. 66

Schleswig-Holstein

Schleswig-Holsteinisches Finanzgericht

Beselerallee 39-41, 24105 Kiel
Tel. (04 31) 9 88-0
Fax (04 31) 9 88-38 46
E-Mail: Verwaltung@FG-Kiel.Landsh.de
Pressestelle: Juergen.Weiser@FG-Kiel.Landsh.de

1 Pr, 1 VPr, 3 VR, 11 R (davon 1 R 1-Stelle)

Präsident
Schulze-Anné, Christian   21.12.98   30. 6.41

Vizepräsident
Dr. Koch, Hanns-Reimer   24. 9.92   12. 3.42

Vorsitzende Richterin/Vorsitzender Richter
Chlosta, Ingrid   27. 8.98   3. 1.44
Dr. Buhs, Oliver   1. 6.99   8. 6.54

Richterinnen/Richter
Hagedorn, Hans   1.11.84   29. 4.44
Dreeßen, Kai   1.12.92   7. 6.57
Wüstenberg, Klaas   1. 1.97   2.12.58
Dedekind, Axel   1. 7.99   18. 6.47
Dr. Brandt, Birger   4. 9.00   8.12.61
Weiser, Jürgen   1.10.00   26. 6.54
Fischbach, Axel   1. 5.01   16. 3.65
Dr. Ratschow, Eckart, abg.   20. 7.01   25. 3.66
Geisler, Barbara, abg.   20.11.01   15. 1.63
Sorge, Joachim   1. 8.02   8. 5.57
Dr. Engellandt, Frank   28. 6.04   13.12.61

Thüringen

Thüringer Finanzgericht

Bahnhofstr. 3 a, 99867 Gotha
Postfach 100564, 99855 Gotha
Tel. (0 36 21) 43 20, Fax (0 36 21) 43 22 99
E-Mail: Poststelle@tfggth.thueringen.de

1 Pr, 1 VPr, 2 VR, 7 R

Präsident
Schuler, Elmar   29.10.93   27. 4.42

Vizepräsident
N. N.   —   —

Vorsitzender Richter
Vogt, Norbert   1.12.96   16. 8.41
Alexander, Gunther   1. 4.05   13. 5.55

Richter
Skerhut, Gunnar   1.10.95   3. 3.61
Weigel, Martin   30.10.98   22. 9.58
Rathemacher, Jörg   1. 4.99   6. 1.60
Dietz, Stephan   18. 4.00   21.11.60
Dr. Kraus, Artur   1.10.02   9. 1.62
Dr. Leist, Matthias   1. 4.03   29. 8.64
Rheindorf, Siegfried   1. 7.05   31. 7.58
Mohr, Hubert, RkrA   (1. 8.05)   21. 5.53

Sozialgerichtsbarkeit

Baden-Württemberg

Landessozialgericht Baden-Württemberg

Hauffstraße 5, 70190 Stuttgart
Postfach 10 29 44, 70025 Stuttgart
Tel. (07 11) 9 21-0, Fax (07 11) 9 21-20 00
E-Mail: Poststelle@lsgstuttgart.justiz.bwl.de
www.lsg-stuttgart.de
Pressestelle: RLSG Volker Keßler
Tel. (07 11) 9 21-20 21
Fax (07 11) 9 21-21 10, -20 00
E-Mail: Kessler@lsgstuttgart.justiz.bwl.de

1 Pr, 1 VPr, 11 VR, 38 R, 1 ORR

Präsidentin

Haseloff-Grupp, Heike	27. 6. 05	18. 4. 51

Vizepräsident

Denzinger, Klaus	1. 10. 03	6. 6. 46

Vorsitzende Richterinnen/Vorsitzende Richter

Straub, Hartmut	25. 3. 92	17. 10. 44
Altschwager-Hauser, Claudia	28. 6. 96	14. 8. 47
Freund, Herbert	1. 7. 97	4. 6. 48
Bräuning, Aja	9. 8. 99	9. 5. 44
Beier, Gerhard	23. 12. 99	16. 3. 48
Wiegandt, Rudolf	17. 8. 00	15. 2. 47
Straub, Karl	28. 8. 00	21. 9. 46
Kuntze, Bernd Stefan	11. 3. 04	12. 1. 47
Knittel, Stefan	28. 9. 04	1. 4. 57
Lambert, Gunther	28. 6. 05	10. 11. 59

Richterinnen/Richter

Dr. Behn, Michael	26. 11. 84	4. 7. 45
Bösenberg, Reinhard	1. 2. 87	14. 6. 49
Dr. Heuberger, Georg	1. 6. 89	25. 7. 51
Freise, Norbert	13. 6. 89	6. 10. 46
Endriß, Gerlinde	30. 7. 90	22. 8. 46
Dr. Lutz, Elmar	15. 7. 91	6. 12. 41
Deutsch-Busch, Ruth	2. 1. 92	14. 6. 51
Neumann, Rüdiger	26. 2. 93	10. 5. 56
Mendler, Sabine	8. 5. 96	—
Beck, Heinz	13. 6. 96	27. 11. 50
Auerhammer, Klaus	18. 6. 98	30. 5. 59
Hellmich, Jörg	1. 9. 98	25. 8. 60
Hormuth, Wolfgang	17. 6. 99	22. 1. 55
Baumgartner-Mistrik, Jutta	17. 12. 99	9. 11. 46
Becker, Gudula	21. 9. 00	12. 5. 60
Ross, Joachim	16. 2. 01	15. 4. 60
Bolay, Martin	18. 9. 01	—
Wagner, Regine	18. 9. 01	2. 4. 63
Köstel, Werner	18. 9. 01	19. 6. 63
PrDoz. Dr. Dolderer, Michael	20. 9. 01	13. 8. 56
Groß, Dieter	24. 5. 02	29. 6. 63
Schmid, Günther	8. 7. 02	27. 4. 56
Lang, Peter	24. 9. 02	29. 4. 54
Graf-Böhm, Heike	10. 10. 02	26. 2. 61
Dollinger, Franz Wilhelm	13. 8. 04	17. 5. 62
Dr. Willoughby, Anke	27. 4. 05	2. 9. 65
Hassel, Rupert	6. 6. 05	17. 9. 66
Hammer, Franziska	22. 8. 05	15. 4. 57
Roller, Steffen	23. 8. 05	2. 8. 66
Kappes, Michael Andreas	27. 10. 05	19. 5. 60
Siefert-Hänsle, Jutta	9. 1. 06	4. 1. 69
Stark, Philipp	24. 2. 06	26. 10. 66

Sozialgerichte

Freiburg i. Breisgau
Habsburgerstr. 127, 79104 Freiburg
Postfach 190261, 79061 Freiburg
Tel. (07 61) 20 71 30, Fax (07 61) 2 07 13 10
E-Mail: Poststelle@sgfreiburg.justiz.bwl.de
www.sozialgericht-freiburg.de
Pressestelle: RSG Tore Bergmann
Tel. (07 61) 2 07 13 52, Fax (07 61) 2 07 13 10
E-Mail: Bergmann@sgfreiburg.justiz.bwl.de

1 Pr, 1 VPr, 9 R

SG Baden-Württemberg

Präsident
Stephan, Winfried 18. 12. 02 18. 3. 55

Vizepräsident
Dr. Schütze, Bernd 2. 8. 05 22. 6. 58

Richterinnen/Richter
Dr. Langheineken, Uwe	14. 11. 73	20. 8. 41
Wessel-Meessen, Regine	3. 11. 75	25. 11. 43
Grünthal, Wolfgang	16. 4. 81	15. 3. 51
Bubeck, Thomas	1. 10. 81	24. 11. 48
Berger, Martin	12. 6. 89	10. 1. 54
Bergmann, Tore	3. 12. 03	4. 12. 65

Heilbronn
Erhardgasse 1, 74072 Heilbronn
Postfach 31 62, 74021 Heilbronn
Tel. (0 71 31) 7 81 70
Fax (0 71 31) 78 17 11
E-Mail: Poststelle@sgheilbronn.justiz.bwl.de
www.sozialgericht-heilbronn.de
Pressestelle: VPrSG Klaus-Jürgen Riesterer
Tel. (0 71 31) 78 17 34
Fax (0 71 31) 78 17 54
E-Mail: riesterer@sgheilbronn.justiz.bwl.de

1 Pr, 1 VPr, 9 R

Präsidentin
Wolpert-Kilian, Gabriele 1. 2. 99 5. 6. 52

Vizepräsident
Riesterer, Klaus-Jürgen 5. 7. 00 18. 11. 45

Richterinnen/Richter
Vogt, Hermann	—	25. 3. 46
Birn, Klaus	3. 2. 95	24. 11. 61
Veenker, Evelyn	7. 7. 00	13. 3. 67
Kaißer, Jörg	29. 9. 00	6. 3. 68
Beckhove, Antje, ½, abg.	25. 2. 05	15. 2. 73

Karlsruhe
Karl-Friedrich-Str. 13, 76133 Karlsruhe
Postfach 10 02 59, 76 232 Karlsruhe
Tel. (07 21) 92 60
Fax (07 21) 9 26 41 68
E-Mail: Poststelle@sgkarlsruhe.justiz.bwl.de
www.sozialgericht-karlsruhe.de
Pressestelle: RSG Volker Batzke
Tel. (07 21) 9 26-42 04
Fax (07 21) 9 26-41 68
E-Mail: pressestelle@sgkarlsruhe.justiz.bwl.de

1 Pr, 1 VPr, 11 R

Präsident
Zimmermann, Michael 23. 1. 06 4. 5. 55

Vizepräsident
Mutschler, Bernd 25. 1. 00 9. 7. 61

Richterinnen/Richter
Zachmann, Karl-Eugen, ¾	12. 12. 80	10. 4. 49
Freiherr von Schnurbein, Marcus, ½	30. 9. 82	30. 6. 50
Theis, Reiner	30. 9. 82	24. 10. 52
Seigel, Nikolaus	1. 4. 85	6. 8. 52
Bednarz, Klaudia, ½, abg.	29. 2. 00	25. 1. 70
Tägder, Susanne, beurl.	24. 4. 01	6. 10. 68
Batzke, Volker	25. 4. 03	8. 12. 68
Nickel, Carsten	7. 7. 04	20. 9. 70
Dr. David, Antje, beurl.	25. 10. 04	4. 6. 71
Toparkus, Karsten	21. 10. 05	8. 5. 70

Konstanz
Webersteig 5, 78462 Konstanz
Postfach 10 20 41, 78420 Konstanz
Tel. (0 75 31) 2 07-0
Fax (0 75 31) 20 71 99
E-Mail: Poststelle@sgkonstanz.justiz.bwl.de
www.sg-konstanz.de
Pressestelle: RSG Franziska Hammer
Tel. (0 75 31) 12 61 40
Fax (0 75 31) 12 61 99
E-Mail: hammer@sgkonstanz.justiz.bwl.de

1 Dir, 6 R

N. N.
Ebert, Meike, ½	13. 2. 97	4. 10. 65
Frank, Reinhard	10. 7. 00	27. 1. 57
Hesselschwerdt, Klaus	23. 10. 00	20. 5. 59

Mannheim
P 6, 20/21, 68161 Mannheim
Postfach 12 00 32, 68150 Mannheim
Tel. (06 21) 2 92-0
Fax (06 21) 2 92-29 33
E-Mail: Poststelle@sgmannheim.justiz.bwl.de
www.sozialgericht-mannheim.de
Pressestelle: VPrSG Wolfgang Petruschka
Tel. (06 21) 2 92 81
Fax (06 21) 2 92-22 85
E-Mail: petruschka@sgmannheim.justiz.bwl.de

1 Dir, 1 VPr, 8 R

Baden-Württemberg **SG**

Direktor
Herth, Jörg   13. 5. 05   25. 3. 59

Vizepräsident
Petruschka, Wolfgang-
Franz   16. 9. 87   —

Richterinnen/Richter
Bauer, Raimund   15. 10. 79   20. 2. 48
Herrmann, Christa   23. 9. 83   —
von Au, Peter   7. 4. 86   4. 3. 56
Krähe, Ulrich   5. 11. 98   27. 3. 66
Kolb, Stefan   3. 12. 02   9. 4. 69
Haaß, Jens   28. 7. 03   26. 5. 73
Dr. Dörries, Andrea,
beurl.   22. 4. 04   30. 1. 68

Reutlingen
Schulstr. 11, 72764 Reutlingen
Postfach 25 42, 72715 Reutlingen
Tel. (0 71 21) 94 00, Fax (0 71 21) 9 40 33 00
E-Mail: Poststelle@sgreutlingen.justiz.bwl.de
www.sozialgericht-reutlingen.de
Pressestelle: VPr'inSG Bettina Seidel
Tel. (0 71 21) 9 40 33 19
Fax (0 71 21) 9 40 33 00
E-Mail: seidel@sgreutlingen.justiz.bwl.de

1 Pr, 1 VPr, 7 R

Präsident
Tröster, Hans   1. 6. 01   24. 7. 51

Vizepräsidentin
Seidel, Bettina   25. 9. 00   13. 9. 58

Richterinnen/Richter
Jung, Günter   24. 3. 76   3. 3. 43
Biggel, Werner, 3/4   4. 4. 77   9. 9. 45
Mayer-Held, Rotraut, 3/4 1. 3. 83 3. 4. 52
Dickreuter, Ingeborg, 1/2 8. 10. 84 27. 11. 54
Tang-Mack, Irene, 1/2 23. 10. 89 21. 5. 57

Stuttgart
Theodor-Heuss-Str. 2, 70174 Stuttgart
Tel. (07 11) 8 92 30-0
Fax (07 11) 8 92 30-1 99
E-Mail: Poststelle@sgstuttgart.justiz.bwl.de
www.sozialgericht-stuttgart.de
Pressestelle: RSG Walter Böttiger
Tel. (07 11) 8 92 30-1 42, Fax (07 11) 8 92 30-1 66
E-Mail: PressestelleSGStuttgart@justiz.bwl.de

1 Pr, 1 VPr, 1 w.aufsR, 19 R

Präsident
Endriß, Michael   8. 4. 04   22. 5. 57

Vizepräsident
N. N.   —   —

Richterinnen/Richter
Rother, Martin, w.aufsR 28. 6. 99 30. 5. 60
Dr. Diemer, Hans-
Wolfgang   7. 4. 78   15. 9. 45
Schröder, Gabriele,
1/2, abg.   9. 1. 89   6. 12. 56
Dornhöfer, Ingrid, 1/2 1. 9. 90   26. 6. 60
Dr. Buser, Torsten, abg. 29. 9. 00 30. 4. 66
Vossen, Petra   29. 9. 00   —
Hassel, Beate, 1/2, abg. 28. 3. 01 7. 7. 67
Nerkamp, Christine,
beurl.   1. 7. 02   8. 9. 71
Binder, Stefan   29. 7. 02   4. 4. 71
Link, Christian, abg. 11. 4. 03   9. 5. 73
von Berg, Joachim, abg. 7. 8. 03 17. 2. 72
Böttiger, Walter   18. 8. 03   30. 3. 73
Waldeis, Oliver   21. 8. 03   4. 6. 69
Carnaghi, Jennifer, beurl. 18. 2. 05 22. 6. 75
Döser, Martina   28. 2. 06   3. 6. 75

Ulm (Donau)
Zeughausgasse 12, 89073 Ulm
Tel. (07 31) 1 89-0
Fax (07 31) 1 89-24 19
E-Mail: Poststelle@sgulm.justiz.bwl.de
www.sozialgericht-ulm.de
Pressestelle: VPrSG Jörg Eberhardt
Tel. (07 31) 18 90
Fax (07 31) 1 89 24 19
E-Mail: Eberhardt@sgulm.justiz.bwl.de

1 Pr, 1 VPr, 8 R

Präsidentin
Wurst, Gabriele   1. 10. 98   13. 9. 45

Vizepräsident
Eberhardt, Jörg   22. 2. 99   12. 6. 58

Richterinnen/Richter
Scheerer, Ursula, 1/2 20. 4. 78   24. 9. 47
Grillhösl, Frigga   12. 5. 82   2. 3. 43
Lohrmann, Gisela, 1/2 16. 2. 97   8. 3. 63
Kilian, Sabine   19. 4. 99   20. 2. 64
Liebermann, Daniela   13. 5. 04   2. 7. 73
Dr. Hornig, Michael   22. 9. 04   20. 1. 68
Seywald, Sybille   11. 3. 05   15. 1. 75
Dr. Luik, Steffen   4. 10. 05   24. 10. 69

SG Bayern

Richterinnen/Richter im Richterverhältnis auf Probe

Rauschenbusch, Katrin, ½	19. 8.02	26.11.74
Seeger, Martin	2. 1.03	14. 1.74
Hasfeld, Sonja	18. 8.03	5. 3.77
Dr. Bühler, Margit, beurl.	1. 9.03	25. 5.75
Klein, Caroline	2. 1.04	15. 7.75
Dr. Herbel, Ilona Cristine	2. 2.04	—
Frauhammer, Marco	15. 3.04	15. 5.72
Dr. Kramm, Maximilian	15. 3.04	18. 1.75
Dr. Meßling, Miriam	15. 4.04	4. 1.73
Dr. Gerlach, Alice	1. 6.04	14. 6.76
Wibbelt, Volker	1. 7.04	2. 3.76
Lau, Christine	1. 7.04	12. 5.76
Dörr, Christiane	1. 7.04	19. 9.76
Sauer, Judith	6.12.04	11. 1.76
Angermaier, Alexander	6.12.04	25.11.76
Zinkgräf, Philipp Karl	3. 1.05	9. 9.74
Olesch-Bläsi, Leonie	17. 1.05	26. 7.77
Kreiner, Sebastian	1. 2.05	30. 1.73
Hillebrand, Reinhild	7. 2.05	1. 4.76
Herbolsheimer, Katrin	7. 3.05	19. 8.75
Raible, Julian	11. 4.05	15.12.75
Pattar, Andreas Kurt	17. 5.05	29. 1.76
Falk, Timo, ½	1. 6.05	18. 8.73
Sievert, Steffen	11. 7.05	24. 6.72
Dr. Hetz, Silke, ½	1. 8.05	3.10.73
Langer, Christina	8. 8.05	7. 7.76
Sigloch, Daniel	1. 9.05	1. 7.76
Dr. Mack, Rolf	17.10.05	6.11.74
Groß, Yvonne	23. 1.06	26. 2.76
Dr. Martin, Marco	1. 2.06	22. 7.70
Tritz, Christina	20. 2.06	—
Spletzer, Christine	1. 3.06	17.11.77

Bayern

Bayerisches Landessozialgericht

Ludwigstr. 15, 80539 München
Tel. (0 89) 23 67-1
Fax (0 89) 23 67-290
E-Mail: poststelle@lsg.bayern.de
E-Mail Pressestelle: presse@lsg.bayern.de
www.baylsg.de

Zweigstelle in Schweinfurt

Rusterberg 2, 97421 Schweinfurt
Tel. (0 97 21) 7 30 87-0
Fax (0 97 21) 7 30 87-60
E-Mail: poststelle@lsg.bayern.de

1 Pr, 1 VPr, 15 VR + 3 ATZ, 32 R + 4 ATZ

Präsident

Brödl, Klaus	7. 1.94	10. 6.45

Vizepräsident

Scholz, Jörg-Michael	1.11.03	2. 5.46

Vorsitzende Richterinnen/Vorsitzende Richter

Niesel, Klaus	1. 8.90	3. 4.43
Dr. Höfler, Korbinian, ATZ	1.10.90	5.10.42
Fleig, Jürgen	1.10.92	1. 8.41
Mehl, Monika, ATZ	1.10.92	12. 8.43
Dr. Gmelch, Horst	1. 3.93	28. 3.45
Stevens-Bartol, Eckart	1. 9.94	25. 2.44
Rühling, Rainer	7. 9.94	16. 5.45
Vogel, Wolfgang, ATZ	1. 1.95	6. 9.44
Wildner, Hans	1. 4.95	16. 8.44
Dr. Salzer, Barbara	1. 3.96	22. 1.43
Müller, Peter	1.11.02	5. 9.46
Mayer, Hans-Peter	1.11.02	18.11.47
Rubenbauer, Anton	1. 1.04	12.12.43
Dr. Mayer, Markus	1. 4.05	23. 1.60
Sperling, Ulrike	1. 8.05	31. 3.45
Gürtner, Renate	1. 8.05	27. 7.45
Spiegl, Hans Peter	1. 3.06	15. 9.55

Richterinnen/Richter

Prankel, Friedrich, ATZ	1. 7.82	17. 8.43
Koch, Josephine, ATZ	9.12.82	7. 1.42
Dr. Kremzow, Heinz Friedrich	1.12.84	28. 3.45
Ulsenheimer-Jörg, Eva	1. 8.87	2. 6.46
Jobst, Andreas	1. 5.89	22. 3.46
Szczesny, Alexander	1. 8.91	11.11.44
Dr. Dippel, Hermann	1. 1.92	17. 3.48
Dr. Jörg, Michael	1. 3.92	9. 2.49
Müller, Dieter	1. 9.92	19. 2.46
Krebs, Ursula	1.11.92	8.10.47
Gruber, Wolfgang, ATZ	1.11.93	24. 4.43
Gürtner, Klaus	1.11.93	30.11.45
Hoelscher, Hildegunde	1.11.93	2. 5.46
Schmidt, Ernst	1. 1.95	17. 1.43
Traub, Rainer	1. 1.95	22.11.43

Bayern SG

Wenwieser-Weber,		
Christiane	1. 12. 96	23. 10. 51
Schneider, Hubert	1. 5. 97	17. 1. 52
Dr. Biebrach-Nagel,		
Hannelore, ATZ	1. 4. 99	7. 5. 42
Wildemann, Klemens	1. 8. 99	25. 3. 45
Bommer, Walter	1. 1. 00	6. 5. 44
Mette, Elisabeth	1. 1. 00	21. 1. 53
Streittferdt, Lucia	1. 7. 01	5. 2. 52
Rittweger, Stephan	1. 7. 01	31. 5. 58
Pawlick, Jürgen	1. 12. 02	20. 10. 59
Michels, Jürgen	1. 12. 02	6. 9. 60
Rüschen, Hermann-Rudolf	1. 1. 04	17. 2. 64
Kolbe, Günther	1. 12. 04	17. 4. 59
Dr. Hesral, Harald	1. 4. 05	12. 4. 61
Dr. Adolf, Hans Peter	1. 8. 05	14. 8. 56
Dr. Keyßner, Thomas	1. 11. 05	31. 3. 56
Vogl, Markus	1. 11. 05	26. 12. 62
Dr. Dürschke, Joachim	1. 11. 05	21. 4. 64
Dr. Niedermeyer, Sabine	1. 3. 06	31. 3. 59

Sozialgerichte

Augsburg
Holbeinstr. 12, 86150 Augsburg
Tel. (08 21) 34 44-0
Fax (08 21) 34 44-2 00
E-Mail: poststelle@sg-a.bayern.de
E-Mail Pressestelle: presse@sg-a.bayern.de
www.baylsg.de

1 Pr, 1 VPr, 12,5 R + 2 ATZ

Präsident

Dietel, Erich	17. 1. 01	6. 5. 46

Vizepräsident

Paul, Hubert	1. 12. 04	17. 12. 55

Richterinnen/Richter

Putzer, Leo, ATZ	1. 1. 83	25. 11. 44
Emmerling, Reinhold, ATZ	1. 10. 84	28. 1. 43
Dr. Föst, Gerhard	1. 8. 87	20. 1. 57
Hoffmeister, Carl	1. 12. 91	15. 9. 54
Wahl, Sabine	1. 12. 97	19. 5. 63
Pröller, Barbara, 3/4	16. 4. 98	28. 11. 61
Mayer, Ulrike, 3/4	16. 12. 02	24. 11. 65
Thanner, Friedrich	16. 7. 04	7. 10. 60
Körner, Anne	1. 8. 04	9. 1. 73
Neuerer, Wolfgang	1. 2. 05	1. 3. 67
Klebau, Maria, RkrA	(1. 3. 05)	4. 11. 59
Rauch, Stephanie, RkrA, 3/4	(1. 9. 05)	24. 5. 70
Saal, Michael, RkrA	(1. 11. 05)	16. 8. 67
Dr. Schauer, Renate, RkrA	(15. 3. 06)	13. 1. 60

Bayreuth
Ludwig-Thoma-Str. 7, 95447 Bayreuth
Tel. (09 21) 59 30
Fax (09 21) 5 93-3 33
E-Mail: poststelle@sg-bt.bayern.de
E-Mail Pressestelle: presse@sg-bt.bayern.de
www.baylsg.de

1 Pr, 1 VPr, 11 R

Präsident

Dr. Schwarz, Wolfgang	1. 9. 01	22. 5. 54

Vizepräsident

Dr. Nunius, Volker	1. 8. 04	26. 10. 51

Richterinnen/Richter

Tischler, Josef	1. 6. 82	5. 3. 49
Schödel, Ute	1. 6. 88	24. 6. 55
Kessler, Harald	1. 5. 96	10. 6. 58
Utz, Richard	1. 1. 01	4. 10. 66
Nunius, Monika	—	—
Dr. Köhler-Fleischmann,		
Gabriele	1. 7. 01	28. 4. 60
Zeitlmann, Andreas	1. 3. 04	11. 9. 70
Prinzewoski, Jürgen	1. 8. 04	19. 11. 61
Dr. Minnameier, Julia	1. 10. 04	23. 6. 73
Freude, Martina, RkrA	(1. 3. 05)	7. 3. 67

Richter auf Probe

Dr. Cantzler, Constantin	1. 4. 04	15. 5. 71

Landshut
Seligenthaler Str. 10, 84034 Landshut
Tel. (08 71) 85 28-02
Fax (08 71) 85 28-1 72
E-Mail: poststelle@sg-la.bayern.de
E-Mail Pressestelle : presse@sg-la.bayern.de
www.baylsg.de

1 Pr, 1 VPr, 12 R + 1 ATZ

Präsident

N. N.	—	—

Vizepräsident

Biermeier, Günther	1. 12. 95	10. 9. 53

Richterinnen/Richter

Pachl, Lothar, ATZ	14. 5. 76	19. 10. 44
Weiß, Jakob	1. 8. 86	4. 11. 50
Schuster, Ortwin	1. 8. 88	12. 10. 52
Hartogs, Thomas	1. 4. 89	22. 5. 54
Osner-Herrmann, Eva	1. 10. 90	12. 8. 51

SG Bayern

Gruber, Raphael	1. 11. 90	4. 11. 55
Rothhammer, Monika, 5/8	1. 3. 92	17. 5. 54
Janicki, Sabine, 5/8	1. 10. 92	22. 11. 59
Glück, Gerhard	1. 6. 97	20. 1. 53
Prunner, Erika	28. 5. 01	3. 3. 60
Rittmaier, Maria Anna, 3/4	15. 6. 04	19. 10. 68
Halser, Ulrich	1. 2. 06	20. 2. 63
Lilienfeld, Tatjana, RkrA	1. 3. 06	6. 6. 74

München

Richelstr. 11, 80634 München
Tel. (0 89) 1 30 62-0
Fax (0 89) 1 30 62-2 23
E-Mail: poststelle@sg-m.bayern.de
E-Mail Pressestelle : presse@sg-m.bayern.de
www.baylsg.de

1 Pr, 1 VPr, 3 w.aufsR + 1 ATZ, 39, 5 R + 1 LSt (R)

Präsident
N. N. — —

Vizepräsident
Dr. Grembowietz,
  Hans-Joachim   1. 11. 05   18. 8. 46

weitere aufsichtführende Richterin/Richter

Gomoll, Bernd, ATZ	1. 9. 92	5. 11. 43
Zeilhofer, Rudolf	1. 2. 99	21. 10. 51
Knipping, Andreas	25. 1. 01	14. 2. 52
Dr. Alexander, Tizia-Berit	1. 3. 06	9. 12. 59

Richterinnen/Richter

Hornung, Wulfdieter	5. 12. 72	23. 4. 42
Nagel, Ingo	6. 8. 76	22. 6. 44
Dr. Köbler, Bernhard	1. 6. 77	30. 7. 46
Schwicking, Rosemarie	1. 9. 77	6. 2. 45
Blum, Jürgen	1. 10. 80	6. 4. 44
Naumann, Friedrich	1. 7. 82	23. 11. 49
Plaß-Brandstetter, Helma, 1/2	2. 6. 83	24. 5. 50
Palbuchta, Bernd	1. 3. 86	17. 8. 50
Dr. Emmert, Wolfgang	30. 6. 86	14. 9. 50
Laschka, Wolfgang	1. 6. 87	20. 2. 46
Dietrich, Josef	1. 7. 90	24. 2. 54
Schreyer-Krampol, Brigitte	18. 1. 91	16. 5. 53
Siegl, Elmar	1. 11. 91	12. 5. 52
Lejeune, Beate	1. 1. 92	28. 4. 56
Keller, Joseph	1. 5. 92	16. 9. 47
Hirdina, Klaus	1. 4. 93	31. 12. 53
Schönlein, Brigitte	16. 7. 93	16. 3. 57
Dr. von Schenckendorff, Max	1. 1. 94	13. 5. 53
Rieger, Wolfgang	1. 1. 94	24. 3. 57

Hartmann, Claudia	1. 1. 94	19. 7. 60
Winklmaier, Bianca	1. 3. 95	24. 12. 53
Bogner, Reinhard	1. 6. 95	20. 11. 55
Prögler, Wolfgang	1. 7. 96	14. 3. 56
Jäger, Klaus	9. 6. 97	2. 10. 56
Lillig, Thomas	1. 9. 97	9. 5. 53
Gaa-Unterpaul, Brigitta	—	—
Speil, Christine, 1/2	1. 11. 99	4. 2. 58
Berndt, Sabine, 1/2	1. 4. 01	9. 4. 65
Svoboda, Christine	1. 4. 02	4. 4. 62
Regelin, Sabine, 1/2	1. 7. 02	24. 1. 63
Herz, Elisabeth	1. 7. 02	19. 3. 64
König-Haas, Petra, 1/2	—	—
Barkow-von Creytz, Dunja	26. 8. 02	29. 7. 64
Schulte, Karin, 1/2	1. 11. 02	9. 2. 67
Dr. Ocker, Andreas	1. 11. 03	5. 10. 64
Vincenc, Astrid	3. 11. 03	12. 1. 67
Ulrich, Annette, beurl. (LSt)	1. 7. 04	26. 7. 65
Kunz, Susanne, 1/2	1. 8. 04	26. 11. 63
Hentrich, Victoria, 1/2	1. 3. 05	9. 10. 63
Bergner, Ingrid	1. 2. 06	19. 4. 70
Meisel, Beate, RkrA	(1. 8. 05)	16. 7. 74
Ratay, Annette, 1/2, RkrA	(16. 9. 05)	29. 11. 63
Dr. Schmidt, Angelika, RkrA	(1. 11. 05)	15. 11. 72
Randak, Michael, RkrA	(1. 2. 06)	21. 12. 67

Nürnberg

Weintraubengasse 1, 90403 Nürnberg
Tel. (09 11) 2 05 83-0
Fax (09 11) 2 41 93 03
E-Mail: poststelle@sg-n.bayern.de
E-Mail Pressestelle : presse@sg-n.bayern.de
www.baylsg.de

1 Pr, 1 VPr, 1 w.aufsR, 15 R

Präsident
Emmert, Artur   8. 10. 96   15. 9. 44

Vizepräsident
Dr. Ruthe, Peter   1. 8. 03   23. 10. 52

weitere aufsichtführende Richterin
Herold-Tews, Heike   1. 11. 03   18. 12. 51

Richterinnen/Richter

Zeder, Hanns-Albrecht	19. 11. 81	6. 4. 51
Heinl, Margit, 1/2	1. 6. 83	2. 5. 52
Kalläne, Doris	1. 6. 85	29. 8. 53
Maas-Vieweg, Cornelia	14. 10. 85	25. 4. 54
Krug, Ernst	1. 8. 87	18. 9. 51
Merkel, Günter	1. 3. 92	16. 5. 59

Gröschel-Gundermann, Olaf	1. 9.92	26. 4.57
Eckert, Vitus Andreas	1. 3.94	10. 4.59
Köcher, Gudrun	1. 6.96	30. 4.61
Krodel, Thomas	1. 5.97	30. 3.56
Dr. Kellendorfer, Irmgard	1. 8.97	29.10.59
Porzner, Wilfried	1.11.98	15. 8.61
Beyer, Nenad	17. 6.01	6. 8.67
Vießmann, Thomas	1. 8.03	7. 5.64
Gernet-Klier, Elfriede, ½, RkrA	(1. 6.05)	17.10.60

Regensburg
Safferlingstr. 23, 93053 Regensburg
Tel. (09 41) 78 09 01
Fax (09 41) 78 09-5 35
E-Mail: poststelle@sg-r.bayern.de
E-Mail Pressestelle : presse@sg-r.bayner.de
www.baylsg.de

1 Pr, 1 VPr, 12 R + 1 ATZ, 1 LSt (R)

Präsident

Wittmann, Hubert	1. 6.05	9. 7.43

Vizepräsident

Himmler, Heinrich	1.10.05	22. 9.44

Richterinnen/Richter

Kieweg, Herbert, ATZ	1.10.74	26. 5.42
Ziegler, Karl	29.11.75	16.11.44
Zerzawy, Volkmar	1. 6.79	14. 6.49
Palaschinski, Peter	1. 8.82	12.11.49
Kotlar, Gerhard	1.11.82	7.10.49
Metzner, Josef	1. 5.83	23. 5.48
Tischler, Johann	1. 5.86	27. 2.53
Abele, Werner	1. 5.90	3. 7.53

Müller, Rüdiger	1. 3.92	28. 6.57
Dr. Sandbiller, Eva, ½	1. 9.03	20.11.67
Dr. Eichberger, Rudolf	16. 7.04	17. 6.58
Dr. Geiger, Manfred, RkrA	(1.12.05)	24. 6.62
Grünsfelder, Eva Maria, RkrA	(1. 1.06)	7.11.62

Würzburg
Ludwigstr. 33, 97070 Würzburg
Tel. (09 31) 3 08 70
Fax (09 31) 30 87-300
E-Mail: poststelle@sg-wue.bayern.de
E-Mail Pressestelle : presse@sg-wue.bayern.de
www.baylsg.de

1 Pr, 1 VPr, 11 R, 1 LSt (R)

Präsident

Hehl, Rüdiger	1. 4.03	4. 9.43

Vizepräsident

Bodenstedt, Karl-Heinz	1. 4.01	20. 6.45

Richterinnen/Richter

Dr. Fiedler, Renate	1. 8.81	28.10.47
Löffler, Burkhard	1. 5.87	20. 5.51
Schicker, Wolfgang	1. 4.88	14. 4.56
Erbar, Klaus	1. 1.92	26. 2.57
Roll, Sigmar	1.12.96	23. 2.59
Lippert, Günter	1. 5.97	17. 5.61
Stephan, Ursula	1. 8.98	19. 6.64
Wenzel, Wolf Marius	1. 4.99	12. 7.58
Rappelt, Birgit, abg. (LSt)	1. 7.02	16. 1.66
Banfelder, Miriam	1. 4.04	29.12.73
Wagner, Ulrich	1. 2.05	25. 3.66
Bastian, Matthias	1. 7.05	17. 2.66

SG Berlin

Berlin

Landessozialgericht Berlin-Brandenburg

Siehe Brandenburg, Seite 483.

Sozialgericht

Berlin

Invalidenstr. 52, 10557 Berlin
Tel. (0 30) 9 01 65-0
Fax (0 30) 9 01 65-2 48

1 Pr, 1 VPr, 3 w.aufs.r, 54,5 R

Präsidentin
Schudoma, Sabine   7. 5. 04   10. 5. 59

Vizepräsident
Baumann, Tobias   12. 7. 04   29. 3. 61

weitere aufsichtführende Richter
Sonnen, Rainer   22. 3. 94   15. 4. 42
Roeder, Botho   22. 3. 94   14. 5. 48
Splittgerber, Joachim   6. 7. 05   8. 6. 50

Richterinnen/Richter
Wittstock-Gorn, Gisela 11. 3. 76   7. 1. 44
Möbius, Gisela, 1/2   10. 3. 78   28. 5. 48
Petz, Jürgen   16. 5. 80   9. 12. 44
Leidek, Uwe   1. 1. 81   13. 10. 50
Heinze, Jürgen   6. 10. 82   3. 9. 42
Grupp, Albrecht   1. 1. 83   12. 8. 47
Neujahr, Matthias   17. 2. 84   11. 2. 53
Giffey, Ingrid   —   —
Höltge, Margit   2. 5. 90   23. 4. 60
Kukies, Ulrike, 1/2, abg. 22. 3. 93   29. 11. 56
Klinger-Efrém, Petra   —   —
Radon, Beate   1. 7. 94   26. 7. 60
Weiss-Eylert, Marlies, 1/2 2. 9. 94 19. 12. 60
Hennigs, Ursula, 1/2   13. 12. 94   10. 12. 63
Weick, Eva   6. 9. 95   18. 10. 59
Geiger, Udo   29. 11. 95   11. 7. 57
Spleet, Heiko   22. 12. 95   7. 5. 59
Köhler, Torsten, 2/3   10. 4. 96   19. 2. 63
Nagel, Ekkehard   10. 4. 96   26. 6. 63
Winkler, Harald   8. 7. 96   12. 5. 57
Hoffmann, Ramona   8. 7. 96   31. 8. 60
Hennes, Birgit   8. 7. 96   12. 11. 61

Heise, Jens   30. 7. 96   10. 3. 64
Korte, Stephan   10. 9. 96   7. 1. 63
Bienzle, Heike, 1/2   15. 11. 96   17. 5. 55
Köpp, Dorothee, beurl.   15. 4. 98   24. 3. 64
Hoese, Birgit   30. 4. 98   23. 3. 56
Kanert, Michael   7. 7. 98   26. 3. 63
Gorgels, Anja, 1/2   7. 7. 98   20. 3. 66
Hnida, Kerstin   10. 9. 98   18. 4. 64
Genz, Udo   16. 9. 98   22. 7. 55
Baum, Eckardt   16. 9. 98   1. 9. 64
Brückner, Martina, beurl.   30. 11. 98   13. 6. 67
Bumann, Dirk   13. 1. 99   5. 7. 64
Stumvoll, Annette, 1/2   13. 1. 99   16. 2. 68
Barz, Christian   1. 7. 99   7. 10. 56
Willkomm, Ulrike, 1/2   2. 11. 99   5. 11. 63
Reichert, Thomas   22. 5. 00   19. 2. 64
Helbig, Hans-Christian, abg.   18. 9. 00   29. 2. 64
Brockmeyer, Martin   18. 9. 00   20. 1. 65
Dammann, Margot, 1/2   10. 11. 00   1. 3. 64
Rudnik, Gunter   9. 2. 01   —
Taschenberger, Margrit   30. 5. 01   27. 2. 64
Hunzelmann, Andreas   1. 8. 01   24. 10. 67
Fischer, Claudius, abg.   13. 8. 01   31. 7. 69
Bürks, Alexandra, beurl.   9. 1. 02   26. 2. 63
Rakebrand, Joachim   13. 5. 02   25. 9. 69
Lietzmann, André   22. 5. 03   12. 4. 72
Becker, Susanne   10. 10. 03   23. 6. 67
Dr. Howe, Marcus   11. 12. 03   16. 11. 68
Stolte, Martin   5. 4. 04   9. 10. 69
Werner, Lars   5. 4. 04   8. 5. 72
Wichner, Olaf   30. 6. 04   16. 8. 68
Jork, Sven-Helge, abg.   9. 7. 04   5. 1. 63
Längert, Birgit   7. 6. 05   1. 7. 67
Ulbrich, Sven   7. 6. 05   21. 8. 72
Wollschläger, Angela   7. 6. 05   2. 12. 74
Pudelka, Jörg   23. 9. 05   17. 1. 76
Dr. Becker, Arend   4. 10. 05   26. 1. 70
Armbruster, Doris   4. 10. 05   21. 10. 71
Koglin, Janne   18. 10. 05   21. 12. 72
Dr. Giwer, Elisabeth, 1/2   8. 11. 05   6. 3. 67

Richterinnen/Richter im Richterverhältnis auf Probe
Dr. Dewitz, Ralf   11. 8. 03   10. 10. 73
Dr. Naumann, Malin, 1/2   18. 8. 03   25. 5. 75
Lehmann-Richter, Hannah   18. 8. 03   11. 1. 76
Ortloff, Sabine   15. 11. 04   13. 2. 78
Dickmeiß, Andrea, 1/2   3. 1. 05   25. 3. 70
Clauß, Felix   15. 3. 05   11. 7. 73
Monjé, Alexander   15. 6. 05   15. 4. 75

Brandenburg

Landessozialgericht Berlin-Brandenburg

Försterweg 2-6, 14482 Potsdam
Tel. (03 31) 98 18-5, Fax (03 31) 98 18-45 00
E-Mail: poststelle.lsg@lsg.brandenburg.de

1 Pr, 1 VPr, 14 VR, 31 R, 2 LSt

Präsident

Blaesing, Jürgen	1. 5. 97	26. 10. 43

Vizepräsident

N. N.	—	—

Vorsitzende Richterinnen/Vorsitzende Richter

Lindner, Jörg-Peter	25. 3. 94	28. 5. 44
Dr. Majerski-Pahlen, Monika	25. 3. 94	5. 3. 47
Vallentin, Dirk	30. 5. 94	24. 10. 42
Oesterle, Herbert	20. 12. 95	27. 4. 52
Wolf, Walter	28. 2. 97	22. 2. 44
Sailer, Christina	29. 12. 99	24. 10. 47
Spohn, Guido	4. 10. 00	28. 8. 46
Dumlich, Joachim	1. 11. 00	15. 2. 50
Laurisch, Martin	1. 11. 01	13. 4. 55
Düe, Wolfgang	4. 1. 02	28. 5. 55
Götze, Bernd	1. 8. 03	29. 5. 52
Schuster, Susanne	30. 11. 04	3. 7. 51

Richterinnen/Richter

Hucke, Norbert	1. 9. 78	29. 7. 42
Dr. Martin, Renate	16. 12. 92	22. 6. 49
Müller-Gazurek, Johann	1. 1. 94	23. 12. 47
Hill, Rolf	17. 8. 94	8. 8. 58
Turanli, Antje	2. 12. 94	20. 9. 43
Gaudin, Angela	1. 10. 95	5. 11. 55
Ney, Jürgen	1. 11. 95	10. 1. 57
Scheffler, Gabriele	30. 11. 95	30. 5. 56
Wiesekoppsieker, Janna	30. 11. 95	1. 7. 59
Forch, Stefan	18. 9. 96	—
Rentel, Hartmut	14. 5. 97	13. 7. 47
Dr. Kärcher, Konrad	14. 5. 97	17. 2. 62
Dr. Hintz, Manfred	2. 10. 97	18. 1. 60
Brähler, Elisabeth	4. 12. 97	26. 8. 60
Krauß, Karen	17. 5. 99	17. 1. 64
Jucknat, Sabine	17. 5. 99	9. 2. 64
Kuhnke, Rainer	1. 8. 99	3. 1. 55
Bornscheuer, Hans-Paul	21. 11. 00	29. 8. 63
Niewald, Stephan	21. 8. 01	15. 3. 66

Weinert, Klaus	10. 5. 02	22. 5. 61
Mälicke, Jürgen	25. 7. 02	30. 12. 63
Dr. Lemke, Hanno-Dirk	2. 10. 02	3. 5. 61
Hutschenreuther-von Emden, Axel	2. 10. 02	18. 6. 64
Achilles, Axel	19. 12. 02	16. 9. 61
Henrichs, Birgit	19. 12. 02	25. 12. 61
Dr. Fuchsloch, Christine, abg.	4. 5. 04	20. 5. 64
Lowe, Sabine, abg.	3. 6. 04	18. 12. 61
Haack, Knut	3. 6. 04	20. 6. 67
Braun, Stefanie	9. 11. 04	16. 12. 65
Dr. Schneider, Egbert	13. 6. 05	31. 8. 65

Sozialgerichte

Cottbus

Landesbehörden- und Gerichtszentrum
Vom-Stein-Str. 28, 03050 Cottbus
Tel. (03 55) 49 91-31 20, Fax (03 55) 49 91-31 13
E-Mail: poststelle.sgc@lsg.brandenburg.de

1 Dir, 1 stVDir, 8 R

Schlenga, Hans-Dieter, Dir	1. 7. 99	19. 8. 54
Rein, Friedrun, stVDir	1. 9. 05	10. 9. 50
Sommer, Sylvia	16. 5. 96	18. 2. 63
Scholz, Kathrin	24. 4. 97	31. 8. 65
Gerstmann-Rogge, Kathrin, abg. (LSt)	20. 1. 98	16. 1. 66
Seifert, Wolfgang	29. 10. 01	3. 5. 66
Döring, Bernhard	21. 3. 05	1. 1. 69
Gürtler, Tobias	21. 3. 05	29. 5. 70
Dr. Werner, Sabine, abg.	21. 3. 05	22. 10. 72
Schmitt-Schierholt, Matthias	1. 9. 05	4. 10. 64
Wittjohann, Marcus	1. 12. 05	6. 4. 62
Dauck, Andreas, RkrA	(1. 10. 04)	17. 10. 68

Frankfurt (Oder)

Eisenhüttenstädter Chaussee 48,
15236 Frankfurt (Oder)
Postfach 1 31, 15201 Frankfurt (Oder)
Tel. (03 35) 55 38-2 50, Fax (03 35) 55 38-2 54
E-Mail: poststelle.sgf@lsg.brandenburg.de

1 Dir, 1 stVDir, 7 R

Grunau, Michael, Dir	30. 9. 96	23. 1. 55
Diettrich, Ursula, stVDir	1. 9. 05	13. 9. 55
Jensen, Gabriele	29. 6. 95	17. 12. 52
Röder, Astrid	29. 6. 95	2. 2. 60

SG Bremen

Weiße, Irina, abg.	30. 9.97	10.10.51
Ernst, Kirsten	22.12.98	31. 5.64
Schakat, Kerstin	27.12.01	24. 3.65
Nürnberger, Maike	4. 1.02	7.12.71

Neuruppin
Fehrbelliner Str. 4 a, 16816 Neuruppin
Tel. (0 33 91) 83 83 00, Fax (0 33 91) 83 83 70
E-Mail: poststelle.sgn@lsg.brandenburg.de

1 Dir, 5 R

Nischalke, Martina, Dir	1. 5.05	7. 4.63
Jüngst, Wolfgang	1. 1.94	24. 6.59
König, Ingrid	16. 5.96	11.11.53
Förster, Catleen	30. 9.97	2. 7.60

Potsdam
Rubensstr. 8, 14467 Potsdam
Tel. (03 31) 2 71 88-0, Fax (03 31) 29 11 68
E-Mail: poststelle.sgp@lsg.brandenburg.de

1 Dir, 1 stVDir, 10 R

Neunaber, Friedrich	18. 8.94	13. 5.58
Schmitt-Wenkebach, Rainer, Dir	1. 9.94	25. 7.41
Schäfer, Irina	29. 6.95	14. 7.62
Weißleder, Marion	15. 2.96	13. 2.50
Grützmann-Nitschke, Irene	16. 4.96	12. 7.56
Reschke, Volker	16. 4.96	12. 1.63
Dr. Schlender, Sibylle	16. 4.96	4. 1.64
Slottke, Britta	30. 9.97	12. 7.65
Müller, Ariane, 1/2, abg.	18. 5.04	28. 4.67
von Pfeil, Johannes, abg.	26. 3.01	3. 4.66

Richterinnen/Richter im Richterverhältnis auf Probe

Weber, Friederike	1. 3.00	23. 9.71
Dauns, Anke	29. 4.04	2.10.70
Hain, Norbert	1. 7.04	11. 5.73
Bröder, Moritz	1. 1.05	26. 6.73
Apitz, Christina	15. 4.05	9.12.66

Bremen

Landessozialgericht Niedersachsen–Bremen

Zweigstelle Bremen
Am Wall 201, 28195 Bremen
Tel. (04 21) 3 61-43 05
Fax (04 21) 3 61-43 07
Pressestelle: Tel. (0 51 41) 9 62-2 03,
Fax (0 51 41) 9 62-2 00

2 VR, 3 R

Präsidentin

Paulat, Monika	1. 4.02	17.12.48

Vizepräsident

Taubert, Peter	7. 9.05	12. 4.53

Vorsitzende Richter

Ewe, Reinhard	1. 7.00	2. 4.54
Schelhowe, Theodor	1. 6.02	21. 9.46

Richter

Ackermann, Eberhard	—	—

Wulfgramm, Jörg	11. 6.93	16. 2.50
Sprung, Marlies	1.12.03	14.12.58

Sozialgericht

Bremen
Am Wall 201, 28195 Bremen
Tel. (04 21) 3 61-46 85
Fax (04 21) 3 61-69 11
Pressestelle: Tel. (04 21) 3 61-24 27,
Fax (04 21) 3 61-69 11

1 Dir, 1 stVDir, 6 R + 2/3 R

Holst, Gerda-Renate, Dir	1.10.01	28.10.50
Kunert, Heinz, stVDir	—	—
Neustädter, Rainer	26. 5.78	21. 4.47
Kannowski, Monika	17. 4.84	23. 1.48
Frehe, Horst	7. 1.91	5. 2.51
Poppe-Bahr, Marion	12. 9.91	20. 5.52
Schlüter, André	1. 8.92	4. 6.62
Lumm-Hoffmann, Bettina, 2/3	15. 4.96	17. 1.57
Kruse, Rainer, abg.	1. 1.98	11. 4.62

Hamburg

Landessozialgericht Hamburg

Kapstadtring 1, 22297 Hamburg
Tel. (0 40) 4 28 43-0
Fax (0 40) 4 28 43-57 70
E-Mail: poststelle@Lsozg-justiz.hamburg.de
1 Pr, 1 VPr, 1 VR, 6 R

Präsident
Dr. Ruppelt, Michael   15. 1. 03   10. 3. 53

Vizepräsident
Fligg, Hans-Karl   1. 4. 04   1. 4. 44

Vorsitzende Richterin
Hämäläinen, Lea   21. 10. 05   7. 7. 48

Richterin/Richter
Dr. Klückmann, Harald	21. 12. 90	10. 6. 44
Kopp, Jürgen	1. 8. 93	7. 8. 47
Eidel, Horst-Dieter	1. 9. 95	28. 12. 51
Spiolek, Ursula	1. 7. 00	11. 2. 60
Wagner, Gundolf	31. 7. 03	26. 5. 51
Engelhard, Wolfgang	4. 8. 03	6. 4. 56
Dr. Kuhl-Dominik, Thomas	00. 05. 06	14. 4. 61

Sozialgericht

Hamburg
Kapstadtring 1, 22297 Hamburg
Tel. (0 40) 4 28 43-0
Fax (0 40) 4 28 43-57 70

1 Pr, 1 VPr, 3 w.aufsR, 28 R + 2 LSt (R), davon
2 × 0,5 R, 4 × 0,6 R, 1 × 0,75 R

Präsidentin
Schulze, Marianne   1. 5. 00   11. 5. 52

Vizepräsident
Loets, Claus-Dieter   1. 10. 98   19. 9. 50

Richterinnen/Richter
Wittenberg, Andreas, w.aufsR	1. 10. 01	10. 3. 55
Sieg, Heinz-Jürgen, w.aufsR	25. 4. 05	5. 1. 46
Brandes, Thomas, w.aufsR	25. 4. 05	28. 3. 52
Horz, Christian	17. 9. 82	—
Deß, Hans	18. 6. 84	23. 1. 43
Schwarz, Bärbel	8. 7. 86	14. 8. 52
Steinbach, Katrin	8. 7. 86	8. 1. 56
Ohltmann, Jürgen	1. 10. 87	2. 8. 47
Prill, Jens-Holger	18. 12. 87	3. 10. 51
Baum-Schulz, Katrin	16. 2. 90	29. 12. 60
Wiese-Gürth, Monika	15. 9. 90	18. 11. 53
Wittenberg, Annett	1. 10. 91	8. 6. 58
Radüge, Astrid	1. 12. 93	16. 3. 64
Bräuner, Arne	6. 10. 94	24. 4. 58
Meyerhoff, Katja	6. 2. 97	23. 6. 64
Dr. Wagner, Christina	1. 7. 97	23. 2. 64
Rohde, Nicole	1. 6. 98	1. 10. 64
Sonnhoff, Andreas	1. 4. 99	7. 1. 68
Ritter, Kossa, beurl.	1. 1. 00	1. 7. 61
Dr. Jäger, Manfred, abg.	1. 2. 01	5. 3. 67
Sander, Tamara	1. 6. 01	17. 3. 67
Harms, Torsten	1. 7. 01	25. 3. 67
Habicht, Waltraud	13. 9. 02	16. 5. 57
Dr. Flint, Thomas	2. 10. 02	17. 10. 66
Dr. Hohnholz, Barbara	16. 12. 02	22. 10. 66
Sonnhoff, Maren, abg.	30. 4. 03	7. 3. 69
Voss, Beate	17. 9. 03	25. 6. 62
Bultmann, Stefan	8. 7. 04	5. 1. 68
Dr. Loose, Andrea	16. 7. 04	12. 2. 72
Scheurer, Ursula	7. 12. 04	15. 1. 57

Richterinnen/Richter im Richterverhältnis auf Probe
Winter, Peter Gonne	27. 1. 04	8. 5. 75
Meiborn, Patrick	23. 11. 04	12. 5. 70
Dr. Hannes, Miriam	3. 1. 05	1. 2. 73
Dr. Baer, Sebastian	21. 2. 05	12. 1. 73
Apelt, Christoph	1. 3. 05	14. 9. 71
Trütner, Jörn	28. 6. 05	4. 4. 75
Grot, Lars	1. 10. 05	16. 10. 72
Nebelin, Beate	—	7. 12. 76

SG Hessen

Hessen

Hessisches Landessozialgericht

Steubenplatz 14, 64293 Darmstadt
Tel. (0 61 51) 8 04 01, Fax (0 61 51) 80 43 50
E-Mail:
verwaltung@lsg-darmstadt.justiz.hessen.de
www.lsg-darmstadt.justiz.hessen.de
1 Pr, 1 VPr, 6 VR, 24 R

Präsident
Dr. Klein, Harald 1. 5. 03 23. 10. 47

Vizepräsident
Dalichau, Gehard 30. 4. 03 10. 4. 44

Vorsitzende Richterinnen/Vorsitzende Richter
Müller, Gisela	24. 9. 90	15. 2. 44
Dr. Haus, Karl-Heinrich	2. 7. 92	7. 3. 47
Schöler, Martin	1. 8. 04	23. 10. 44
Böhm, Ina	27. 10. 05	11. 2. 56

Richterinnen/Richter
Hermann, Rainer	11. 7. 78	12. 5. 45
Balser, Gabriele	9. 12. 80	22. 2. 45
Dr. Bernd, Peter	29. 9. 83	11. 9. 51
Meyer, Falko	22. 12. 83	14. 9. 44
Werner, Bernhard	24. 5. 85	24. 6. 42
Steinmeyer, Horst	3. 10. 85	13. 4. 47
Immel-Schelzke, Marita	23. 12. 85	23. 10. 52
Kern, Joachim	31. 10. 86	26. 8. 47
Dr. Steiner, Gert	18. 12. 87	1. 9. 53
Dr. Schuler, Rolf, abg.	24. 1. 91	9. 12. 50
Preis-Genthe, Anita	13. 12. 94	11. 2. 53
Dreiseitel, Christa	13. 7. 95	3. 1. 57
Rußig, Harald	22. 12. 95	18. 8. 48
Deppermann-Wöbbeking, Anne-Kathrin	29. 4. 99	8. 3. 57
Ewald, Helmut	13. 6. 03	4. 1. 55
Legde, Georg	7. 10. 03	22. 8. 60
Knickrehm, Vasco	1. 4. 04	2. 2. 59
Flach, Dietrich	1. 1. 05	16. 4. 59
Koepke, Torsten	2. 1. 06	15. 4. 55
Brillmann, Claudia	2. 1. 06	27. 11. 61

Weitere Stellen für Richter am LSG sind besetzt. Namen und Personaldaten der Stelleninhaber sind nicht übermittelt worden.

Sozialgerichte

Darmstadt

Steubenplatz 14, 64293 Darmstadt
Tel. (0 61 51) 8 04 02, Fax (0 61 51) 80 41 99
E-Mail: verwaltung@sg-darmstadt.justiz.hessen.de
www.sg-darmstadt.justiz.hessen.de

1 Dir, 1 stVDir, 8 R + 2 × ½ R

Meinecke, Rita, Dir	1. 9. 02	28. 2. 58
Collignon, Stephan, stVDir	1. 7. 85	6. 4. 54
Enes, Andrea	11. 5. 93	8. 11. 61
Derichs, Carla, ½	13. 12. 94	3. 12. 56
Hölzer, Dirk	31. 10. 97	27. 3. 62
Weihrauch, Ulrike, ½	1. 4. 99	16. 11. 66
Kutschera, Anne	15. 11. 00	7. 2. 65
Daume, Lothar	2. 1. 01	10. 1. 65
Bruns-Jacobs, Christina	4. 2. 03	31. 3. 68
Moritz-Ritter, Anette	21. 12. 04	30. 7. 71
Riefer, Markus	20. 1. 05	5. 7. 66

Weitere Stellen für Richter am SG sind besetzt. Namen und Personaldaten der Stelleninhaber sind nicht übermittelt worden.

Frankfurt (Main)

Adickesallee 36, Gebäude C, 60322 Frankfurt
Tel. (0 69) 1 53 50, Fax (0 69) 1 53 56 66
E-Mail: verwaltung@sg-frankfurt.justiz.hessen.de
www.sg-frankfurt.justiz.hessen.de

1 Pr, 1 VPr, 14 R + 1 × ½ R + 2 × ¾ R

Präsident
Dr. Brückner, Klaus 16. 2. 95 27. 5. 43

Vizepräsidentin
Reuter, Mechtild — —

Richterinnen/Richter
Dr. Horn, Robert, w.aufsR	15. 5. 02	31. 7. 58
Eckert, Wolfgang	1. 11. 80	24. 11. 61
Growe, Gunter	17. 7. 84	19. 12. 46
Seibert, Manfred	—	—
Dr. Offczors, Günter	1. 10. 88	5. 10. 52
Lehlbach, Marlies, ¾	1. 10. 88	14. 11. 56
Kellmann, Thomas	1. 10. 89	27. 9. 55

Hessen **SG**

Sonntag, Ursula	29. 1. 90	12. 5. 57
Huber-Ulfik, Claudia	2. 12. 91	—
Heinrichs, Lucas	1. 8. 92	4. 10. 56
Eschke, Hans-Herbert	9. 8. 94	3. 2. 59
Lehlbach, Jürgen	29. 5. 95	8. 3. 56
Weßler-Hoth, Susanne	26. 7. 95	—
Dr. Mauer, Jutta, 3/4	1. 10. 04	—
Kallert, Rainer	22. 12. 04	9. 6. 71

Weitere Stellen für Richter am SG sind besetzt. Namen und Personaldaten der Stelleninhaber sind nicht übermittelt worden.

Fulda
Heinrich-von-Bibra-Platz 3, 36037 Fulda
Tel. (06 61) 2 92-1 00, Fax (06 61) 2 92-1 11
E-Mail: verwaltung@sg-fulda.justiz.hessen.de
www.sg-fulda.justiz.hessen.de

1 Dir, 3 R

Vogel, Hedwig, Dir	2. 7. 97	19. 10. 43
Rauch, Eginhard	10. 7. 90	31. 12. 45
Birkenbach, Robert	1. 5. 91	17. 2. 55

Weitere Stellen für Richter am SG sind besetzt. Namen und Personaldaten der Stelleninhaber sind nicht übermittelt worden.

Gießen
Ostanlage 19, 35390 Gießen
Tel. (06 41) 39 91-0, Fax (06 41) 39 91-50
E-Mail: verwaltung@sg-giessen.justiz.hessen.de
www.sg-giessen.justiz.hessen.de

1 Dir, 1 stVDir, 9 R, 1 LSt (R)

Grüner, Bernd, Dir	8. 5. 03	2. 8. 56
Wagner, Karl-Heinz, stVDir	24. 11. 95	29. 1. 53
Hörr, Eckehard	2. 1. 82	5. 3. 47
Großkopf-Sander, Rotraud	13. 8. 90	20. 3. 47
Hesemann, Beate	1. 8. 92	1. 8. 54
Hiltmann, Gabriele	—	—
Dr. Schöner, Silke, (LSt)	31. 7. 00	2. 10. 67
Vogl, Stephanie	23. 12. 04	6. 9. 71
Rossbach, Dirk, 3/4	1. 7. 05	14. 1. 71
Dr. Becker, Joachim, abg.	25. 8. 05	7. 7. 68

Kassel
Ständeplatz 23, 34117 Kassel
Tel. (05 61) 7 09 36-0, Fax (05 61) 7 09 36-10
E-Mail: verwaltung@sg-Kassel.justiz.hessen.de
www.sg-Kassel.justiz.hessen.de

1 Dir, 1 stVDir, 5 R, 1 LSt (R)

Lindner, Jutta, stVDir	15. 2. 94	5. 6. 57
Sengler, Randolf	27. 2. 89	30. 5. 56
König, Alexander	25. 11. 94	3. 3. 59
Dr. Bieresborn, Dirk, abg.	15. 8. 00	30. 11. 65
Meelfs, Björn	1. 9. 03	16. 7. 67
Lillteicher, Wera	1. 7. 05	20. 4. 66
Rietz, Gunnar	16. 12. 05	6. 3. 70

Marburg (Lahn)
Gutenbergstr. 29, 35037 Marburg
Tel. (0 64 21) 17 08-0
Fax (0 64 21) 17 08-50
E-Mail: verwaltung@sg-marburg.justiz.hessen.de
www.sg-marburg.justiz.hessen.de

1 Dir, 1 StVDir, 3 R

Dr. Heuser, Hans, Dir	28. 2. 92	17. 9. 56
Barnusch, Klaus, stVDir	24. 11. 88	14. 11. 56
Engelhart-Au, Rita, abg.	1. 5. 98	20. 8. 65
Dr. Engel-Boland, Stefanie	1. 7. 05	21. 10. 68

Weitere Stellen für Richter am SG sind besetzt. Namen und Personaldaten der Stelleninhaber sind nicht übermittelt worden.

Wiesbaden
Frankfurter Str. 12, 65189 Wiesbaden
Tel. (06 11) 4 47 57-0
Fax (06 11) 4 47 57-40
E-Mail: verwaltung@sg-wiesbaden.justiz.hessen.de
www.sg-wiesbaden.justiz.hessen.de

1 Dir, 1stVDir, 3 R + 4 × 1/2 R

Vogt, Helmut, Dir	1. 11. 05	28. 3. 63
Kleinknecht, Christiane, stVDir	10. 7. 90	3. 12. 43
Hoth, Jens-Peter, 1/2	14. 5. 86	29. 3. 54
Dr. Poske, Dieter, abg.	30. 5. 90	—
Möller, Heidrun, 1/2	15. 8. 91	—
Ruppel, Bettina, 1/2	18. 11. 96	—
Dr. Schreiber, Frank	—	—

Richterinnen/Richter im Richterverhältnis auf Probe

Brändle, Peter	17. 3. 03	16. 10. 72
Jaritz, Susanne	1. 4. 03	11. 6. 74
Schmidt, Sylvia	18. 8. 03	21. 4. 76
Dr. Bittner, Claudia	6. 10. 03	22. 4. 60
Schubert, Annette, 1/2	1. 1. 05	19. 9. 65
Dr. Schmitt, Olaf	1. 1. 05	9. 11. 71
Gillner, Manuela	1. 8. 05	12. 7. 71

Mecklenburg-Vorpommern

Landessozialgericht Mecklenburg-Vorpommern

Gerichtsstraße 10, 17033 Neubrandenburg
Tel. (03 95) 5 44 45 00, Fax (03 95) 5 44 45 45
E-Mail:
verwaltung@lsg-neubrandenburg.mv-justiz.de

1 Pr, 1 VPr, 2 VR, 8 R

Präsident
N. N. — —

Vizepräsident
Lutz, Martin   1. 10. 94   28. 8. 49

Vorsitzende Richter
Aussprung, Jürgen   2. 5. 06   9. 12. 55
Wagner, Axel   2. 5. 06   5. 4. 65

Richter
Matz, Andreas   1. 7. 96   12. 6. 61
Schön, Jürgen   —   —
Arndt, Uwe   5. 10. 01   16. 2. 66
Gerfelmeyer, Thomas   19. 3. 02   17. 2. 60
Arndt, Florian   17. 2. 04   21. 12. 65
Oldörp, Sari   15. 6. 04   14. 5. 68

Sozialgerichte

Neubrandenburg
Gerichtsstraße 8, 17033 Neubrandenburg
Tel. (03 95) 5 44 45 00, Fax (03 95) 5 44 45 45
E-Mail:
verwaltung@sg-neubrandenburg.mv-justiz.de

1 Dir, 4 R

Freund, Birgit, Dir   1. 1. 99   8. 6. 55
Modemann, Christiane,
  beurl.   28. 2. 03   16. 10. 73
Giesbert, Jan   20. 10. 04   23. 8. 68
Henneberg, Hans-Robert   18. 10. 05   28. 12. 63

Rostock
August-Bebel-Str. 15–20, 18055 Rostock
Tel. (03 81) 24 10
Fax (03 81) 24 11 55
E-Mail: verwaltung@sg-rostock.mv-justiz.de

1 Dir, 3 R + 1 LSt

Gosch, Carla, Dir   —   —
Plate, Katharina   3. 7. 97   3. 2. 64
Kalina, Rudolf   24. 3. 98   24. 6. 53
Fiedler, Kristina, abg. (LSt) 24. 1. 02 14. 3. 67
Kelm, Torsten   26. 10. 04   25. 11. 63

Schwerin
Wismarsche Str. 323 a, 19055 Schwerin
Tel. (03 85) 5 40 40
Fax (03 85) 5 40 41 14
E-Mail: verwaltung@sg-schwerin.mv-justiz.de

1 Dir, 4 R

Poppe, Rolf, Dir   2. 6. 94   14. 2. 55
Winter, Bärbel, ATZ   23. 2. 77   21. 1. 45
Otto, Corinna   7. 1. 93   27. 3. 63
Förtsch, Uwe   17. 1. 94   6. 6. 62
Franz, Günther   1. 3. 94   5. 7. 57
Hampel, Klaus   27. 7. 94   12. 5. 61

Stralsund
Frankendamm 17, 18439 Stralsund
Tel. (0 38 31) 20 50
Fax (0 38 31) 20 57 99
E-Mail: verwaltung@sg-stralsund.mv-justiz.de

1 Dir, 3 R

Klein, Hans-Uwe, Dir   1. 2. 89   6. 5. 48
von Houwald, Christoph   26. 3. 96   1. 8. 60
Hünecke, Ilka   27. 8. 97   3. 6. 62
Sörnsen, Anja   19. 7. 05   5. 10. 70

Richterinnen/Richter im Richterverhältnis auf Probe
Dr. Pietrzik, Gesa, beurl. 16. 5. 02   7. 5. 73
Fettien, Doris   16. 5. 02   19. 7. 75

Niedersachsen **SG**

Niedersachsen

Landessozialgericht Niedersachsen–Bremen

Georg-Wilhelm-Str. 1, 29223 Celle
Postfach 21 31, 29261 Celle
Tel. (0 51 41) 9 62-0
Fax (0 51 41) 9 62-2 00
E-Mail: poststelle@lsg.niedersachsen.de
www.Landessozialgericht.Niedersachsen.de

1 Pr, 1 VPr, 8 VR, 23 R, 1 LSt (R)

Präsidentin

Paulat, Monika	1. 4. 99	17. 12. 48

Vizepräsident

Taubert, Peter	7. 9. 05	12. 4. 53

Vorsitzende Richterinnen/Vorsitzende Richter

Schimmelpfeng-Schütte, Ruth	15. 5. 92	15. 10. 46
Dr. Homann, Klaus	2. 5. 94	15. 6. 41
Dr. König, Michael	11. 1. 96	16. 8. 51
Hollo, Dierk F.	22. 10. 99	19. 5. 47
Scheider, Peter	26. 5. 00	8. 12. 52
Walter, Johannes Martin	6. 7. 04	16. 2. 47
Dr. Pfitzner, Thomas	29. 4. 05	29. 5. 60
Valgolio, Leandro	12. 1. 06	31. 7. 54

Richterinnen/Richter

Kühne, Reinhart	28. 4. 89	20. 8. 43
Wimmer, Klaus	1. 6. 92	1. 5. 46
Bender, Martin	14. 9. 92	11. 9. 46
Hübschmann, Ulrich	14. 12. 92	16. 1. 51
Schreck, Dieter	24. 8. 93	13. 7. 57
Poppinga, Käthe	14. 12. 93	18. 5. 54
Dürre, Winfried	1. 6. 94	23. 7. 54
Wolff, Reinhard	28. 8. 95	6. 10. 54
Janz, Gabriele	5. 7. 96	15. 2. 61
Schulte, Karl	20. 3. 97	21. 4. 59
Klein, Heidrun	25. 2. 99	7. 3. 59
Thommes, Klaus	21. 2. 00	23. 1. 60
Phieler, Michael	26. 9. 00	1. 10. 59
Böhmer-Behr, Andrea, beurl. (LSt)	25. 4. 01	11. 4. 62
String, Philipp	2. 5. 01	16. 8. 58
Pilz, Wolfgang	5. 7. 02	23. 4. 58
Dr. Oppermann, Dagmar	24. 10. 02	18. 3. 63
Jungeblut, Stefan	25. 11. 03	19. 4. 65
Othmer, Hartwig	13. 2. 04	11. 9. 63
Goos, Martin	30. 6. 05	10. 10. 61
Ludewigs, Heike	30. 6. 05	16. 12. 63
Wündrich, Christoph	1. 2. 06	19. 4. 49
Wessels, Hartmut	1. 2. 06	16. 12. 60

Sozialgerichte

Aurich (Ostfriesland)
Kirchstr. 15, 26603 Aurich
Tel. (0 49 41) 95 38-0
Fax (0 49 41) 95 38-95
E-Mail: poststelle@sg-aur.niedersachsen.de
www.Landessozialgericht.Niedersachsen.de

1 Dir, 3 R

Frank, Wilhelm, Dir	1. 10. 00	21. 2. 56
Staab-Borchers, Wolfgang	2. 2. 90	16. 2. 52
Zurbrüggen, Annette	30. 7. 99	25. 2. 68
Spekker, Wolfgang	3. 7. 00	10. 4. 66

Braunschweig
Am Wendentor 7, 38100 Braunschweig
Postfach 42 65, 38032 Braunschweig
Tel. (05 31) 4 88-15 00
Fax (05 31) 4 88 15 40
E-Mail: poststelle@sg-bs.niedersachsen.de
www.Landessozialgericht.Niedersachsen.de

1 Dir, 6 R

Hasenpusch, Walter, Dir	1. 4. 97	28. 7. 48
Frankhäuser, Lina Sabine	25. 5. 90	7. 6. 56
Schreck, Heike	1. 6. 94	14. 9. 57
Schmiedl, Rainer	1. 10. 94	13. 9. 57
Kreienbrink, Thomas	12. 12. 94	22. 8. 59
Maurer, Ursula	27. 6. 95	26. 2. 63
Dreyer, Uwe	18. 1. 99	24. 10. 60

Hannover
Calenberger Esplanade 8, 30169 Hannover
Tel. (05 11) 12 16-6
Fax (05 11) 12 16-7 01
E-Mail: poststelle@sg-h.niedersachsen.de
www.Landessozialgericht.Niedersachsen.de

1 Dir, 1 stv Dir, 1 w.aufsR, 20 R, 2 LSt (R)

Ebmeyer, Carl-Dietrich, Dir	14. 4. 97	17. 9. 47
Brunke, Wolfgang, w.aufsR	—	11. 7. 49
Dr. Bartling, Hans-Heinrich	25. 5. 84	10. 3. 53

SG Niedersachsen

Müller, Rolf	9. 10. 86	10. 10. 49
Rehberg, Heidi	4. 1. 88	26. 12. 55
Gertich, Michael	17. 10. 94	24. 3. 55
Niederlag, Hans-Joachim	27. 6. 95	6. 3. 59
Dr. Marquardt, Anja, beurl. (LSt)	3. 2. 97	4. 3. 63
Kramer, Birgit	28. 4. 97	16. 5. 63
Möhwald, Torsten	15. 1. 98	29. 1. 64
Weddig, Ulrike	3. 4. 00	31. 12. 65
Huss, Lioba	1. 3. 01	23. 8. 65
Smollich, Anke	3. 8. 01	—
de Groot, Ilona	27. 5. 02	18. 11. 66
Josephi, Katja	12. 6. 02	26. 11. 69
Dr. Castendiek, Jan	21. 12. 02	1. 10. 65
Cordes, Silke	8. 7. 03	23. 12. 67
Dittmann, Michael	29. 7. 04	23. 12. 66
Clostermann, Guido	2. 8. 04	10. 6. 65
Klein, Sandra, abg. (LSt)	31. 8. 04	14. 9. 73
Kirchner, Evelyn	3. 11. 04	23. 6. 68
Wolf, Barbara	3. 11. 04	2. 10. 68
Bünger, Ellen	1. 1. 05	15. 11. 62
Löffler, Susanne	26. 10. 05	11. 12. 64
Höfer, Jorinde	28. 10. 05	4. 10. 65

Hildesheim
Kreuzstr. 8, 31134 Hildesheim
Postfach 10 11 53, 31111 Hildesheim
Tel. (0 51 21) 3 04-1
Fax (0 51 21) 30 45 78
E-Mail: poststelle@sg-hi.niedersachsen.de
www.Landessozialgericht.Niedersachsen.de

1 Dir, 5 R

Krüger, Eckhard, Dir	1. 10. 01	22. 11. 44
Keese, Bertram	16. 6. 83	17. 6. 43
Mertens, Jürgen	1. 11. 83	6. 11. 41
Gaida, Michael	11. 1. 93	19. 9. 56
Pusch, Heiko	22. 9. 03	22. 9. 65

Lüneburg
Lessingstr. 1, 21335 Lüneburg
Postfach 26 60, 21316 Lüneburg
Tel. (0 41 31) 7 89 66-3
Fax (0 41 31) 7 89 66-40
E-Mail: poststelle@sg-lg.niedersachsen.de
www.Landessozialgericht.Niedersachsen.de

1 Dir, 5 R

Bener, Gabriele, Dir	8. 2. 06	25. 3. 61
Hestermann, Rolf	1. 3. 81	19. 9. 42
Jansen-Krentz, Ingeborg	1. 1. 92	7. 4. 59
Maiworm, Lydia	26. 10. 93	12. 10. 61
Semperowitsch, Michael	1. 9. 94	18. 2. 59
Groenke, Uta	1. 1. 05	13. 8. 63
Dr. Schnitzler, Jörg	5. 1. 06	23. 2. 69

Oldenburg
Schloßwall 16, 26122 Oldenburg
Tel. (04 41) 2 20-67 01
Fax (04 41) 2 20-67 02
E-Mail: poststelle@sg-ol.niedersachsen.de
www.Landessozialgericht.Niedersachsen.de

1 Dir, 1 stVDir, 6 R

Schmidt, Hedda, Dir	22. 12. 92	20. 9. 43
Pohlschneider, Joseph, stVDir	—	25. 2. 55
Lipsius, Jost	9. 1. 81	19. 9. 47
Jost, Gerhard	2. 8. 85	23. 6. 52
Tolkmitt, Andreas	2. 3. 90	23. 4. 57
Lücking, Barbara	26. 10. 90	23. 2. 57
Marschang, Bernd	4. 12. 00	30. 11. 66
Looschen, Annette	1. 1. 05	18. 1. 63

Osnabrück
An der Petersburg 6, 49082 Osnabrück
Postfach 37 07, 49027 Osnabrück
Tel. (05 41) 9 57 25-(0)
Fax (05 41) 9 57 25-55
E-Mail: poststelle@sg-os.niedersachsen.de
www.Landessozialgericht.Niedersachsen.de

1 Dir, 1 stVDir, 6 R

Ruff, Wolfgang, Dir	11. 1. 00	18. 6. 49
Ludmann, Werner, stVDir	11. 1. 00	17. 6. 55
Bley, John	4. 2. 74	22. 1. 43
Pohlendt, Hans-Heinrich	7. 4. 78	1. 7. 46
Rebohle, Wolfgang	22. 1. 84	17. 12. 51
Löhrmann, Ulrich	17. 10. 85	5. 5. 50
Stülke, Paul	6. 1. 92	24. 6. 60
Voß, Silke	28. 11. 97	21. 8. 62

Stade
Am Sande 4 a, 21682 Stade
Postfach 19 40, 21659 Stade
Tel. (0 41 41) 4 06-04
Fax (0 41 41) 40 62 92
E-Mail: poststelle@sg-std.niedersachsen.de
www.Landessozialgericht.Niedersachsen.de

1 Dir, 5 R

Mittenzwei, Matthias, Dir	30. 3. 05	1. 6. 77
Loose, Ortwin	16. 4. 03	5. 12. 69
Dr. Blöcher, Holger	21. 6. 05	10. 10. 66
Dr. Hohm, Karl-Heinz	1. 7. 05	9. 11. 53

Richterinnen/Richter im Richterverhältnis auf Probe

Schmitz, Monika	1. 1. 04	17. 10. 70
Bußmann-Weigl, Oliver	1. 1. 04	20. 9. 71

Nordrhein-Westfalen **SG**

Friske, Rainer	1. 1.04	8. 2.73	Becker, Guido	2. 1.06	16. 6.74
Grobrügge, Nicole	2. 8.04	4. 9.71	Lewandrowski, Dirk	2. 1.06	18.11.75
Kreschel, Carsten	2. 8.04	27. 9.74	Dr. Nüdler, Simone	2. 1.06	27. 2.76
Dr. Hanne, Nicole	1. 8.05	9. 7.74	Brüning, Mirja	1. 2.06	24. 1.76
Lustig, Gernot	8. 8.05	31. 3.74	Wachter, Katja Ria	9. 3.06	31. 1.73
Dr. Kreuter-Kirchhof, Charlotte	1. 9.05	16.10.70	Schmidt, Charlotte	9. 3.06	26. 4.75
			Dr. Kuhn, Maren	9. 3.06	7. 7.76
Hess, Paul Georg	28.11.05	28. 7.66	Schwabe, Tanja	9. 3.06	6.11.77
Gille, Jan	2. 1.06	21. 4.77	Kohls, Juliane	9. 3.06	19. 7.78
Frerichs, Konrad	2. 1.06	25. 6.73	Vachek, Sonja	9. 3.06	16. 3.79
Dr. Rauhaus, Martin	2. 1.06	14. 5.74	Greiser, Johannes	9. 3.06	17. 6.79

Nordrhein-Westfalen

Landessozialgericht Nordrhein-Westfalen

Zweigertstr. 54, 45130 Essen
Postfach 10 24 43, 45024 Essen
Tel. (02 01) 79 92-1, Fax (02 01) 7 99 23 02
E-Mail: verwaltung@lsg.nrw.de
www.lsg.nrw.de

1 Pr, 1 VPr, 18 VR, 56 R, 11 LSt (R)

Präsident

Dr. Brand, Jürgen	17. 6.97	12. 4.45

Vizepräsidentin

Dr. Brandts, Ricarda	5. 6.00	26. 8.55

Vorsitzende Richterin/Vorsitzende Richter

Dr. Burghardt, Jürgen	27. 4.89	16. 9.43
Andersson, Eckard	15. 5.90	5. 1.43
Dr. Lange, Peter	31. 8.90	22. 1.48
Dr. Breitkopf, Karl	17. 9.93	19. 7.44
von Alpen, Rötger	17. 9.93	22. 1.45
Grewe, Heinrich	15. 4.94	18.12.44
Peifer, Udo	3. 7.98	14. 9.41
Frehse, Hermann	25.11.98	3.11.52
Kays, Wolfgang	28. 5.99	6. 4.49
Dr. Sommer, Thomas	28. 5.99	21. 3.54
Brand, Josef	23. 6.99	28.11.50
Schumacher, Ewald	1. 7.99	7. 9.49
Jung, Johannes-Peter	20. 9.02	9. 8.51
Gröne, Paul-Heinz	19.11.02	26. 4.50
Richter, Thomas	26. 5.03	26. 4.55
Tritschler, Doris	20.10.03	3. 7.55
Scheer, Ulrich	23. 6.05	23. 8.58
Prof. Dr. Wahrendorf, Volker	28.10.05	19.10.44

Richterinnen/Richter

Kirsten, Hans-Peter	3. 9.79	—	
Kröger, Carl-Heinrich	16. 6.81	13.11.44	
Lessing, Michael	26. 4.85	1. 6.47	
Göbelsmann, Dieter	20. 5.87	29.11.49	
Borchard, Siegfried	24. 2.88	11. 7.43	
Kuschewski, Ulf-Burghard	2. 5.89	13. 1.45	
Ziegert, Volker	1. 8.89	26. 5.44	
Dr. Kunze, Thomas	29. 8.90	27. 5.48	
Allgeier, Peter	19.11.91	18. 8.55	
Hagemeier, Ursula	27. 5.92	13. 4.50	
Dr. Jansen, Johannes	29. 5.92	8.11.55	
Humpert, Ansgar	26.10.92	4. 2.56	
Westermann, Bernd	1. 9.93	12. 2.48	
Frielingsdorf, Ute, ½	7.10.93	29.12.56	
Pierscianek, Roland	1. 6.94	17. 5.57	
Wendler, Ulrich	14. 2.95	16. 1.54	
Scholz, Stefan	7. 3.95	24. 5.58	
Knispel, Ulrich			
Philippi, Manfred	1. 4.96	23.12.53	
Behrend, Nicola	21. 1.97	10. 2.62	
Dr. Düring, Ruth	23. 2.97	1.11.58	
Frossard, Annette	20. 5.97	5. 8.60	
Straßfeld, Elisabeth	23. 7.97	30. 4.60	
Lütz, Alfred	1. 3.98	19. 6.61	
Behrend, Sylvia	30. 6.98	7. 7.61	
Pusch, Armin	29.10.98	25.11.54	
Jording, Susanne	29.10.98	2. 2.58	
Frey, Ulrike	22. 4.99	22. 8.43	
Lente-Poertgen, Astrid	30. 9.99	28.11.57	
Dr. Weßling, Bernhard	4. 5.01	13.10.60	
Redenbach-Grund, Jutta	18. 9.01	10. 9.61	
Schönenborn, Anita	1. 3.02	15. 4.57	
Schockenhoff, Elke	23.12.02	3. 4.58	
Damrosch, Anke, ½	21. 3.03	8. 4.65	
Dr. Freudenberg, Ulrich	26. 1.04	15.11.64	
Dr. Kniesel, Barbara	23. 7.04	5.10.65	
Boerner, Anneke	13. 8.04	24.12.68	
Brinkhoff, Volker	24. 8.04	5.12.61	

SG Nordrhein-Westfalen

Dr. von Renesse, Jan-Robert	24.	8.04	7.	4.66
Söhngen, Uwe	8.	9.04	16.	9.61
Soleta, Michael	24.	11.04	6.	4.59
Schimm, Elisabeth, 7/10	24.	11.04	12.	6.64
Hückert, Claus Peter	29.	11.04	15.	8.56
Karmanski, Carsten	29.	11.04	21.	9.68
Dulies, Bettina	20.	4.05	21.	6.58
Dr. Knorr, Petra	20.	4.05	30.	12.70
Dr. Poncelet, Claudia	23.	5.05	14.	9.62
Merheim, Peter	28.	10.05	24.	11.69

Sozialgerichte

Aachen
Theaterstr. 35–39, 52062 Aachen
Postfach, 52034 Aachen
Tel. (02 41) 40 10 25-0, Fax (02 41) 40 10 25-99
E-Mail: verwaltung@sgac.nrw.de
www.sg-aachen.nrw.de

1 Pr, 1 VPr, 11 R

Präsidentin

Kriebel, Kornelia	1.	3.95	7.	7.52

Vizepräsident

Kühl, Martin	1.	6.04	9.	2.64

Richterinnen/Richter

Dr. Höger, Harro	28.	2.80	6.	11.43
Weis, Edith	19.	2.85	18.	7.54
Irmen, Ulrich	17.	4.89	14.	6.55
Wolff-Dellen, Michael	15.	7.91	23.	5.53
Rünz, Gerd	8.	11.93	13.	5.62
Dr. Burauer, Birgit	8.	7.02	21.	4.72
Dr. Tintner, Heinfried	28.	2.05	30.	6.67
Dr. Breitkreuz, Tilman	1.	3.05	7.	9.71

Detmold
Richthofenstr. 3, 32756 Detmold
Postfach 25 65, 32715 Detmold
Tel. (0 52 31) 7 04-0, Fax (0 52 31) 7 04-2 04
E-Mail: verwaltung@sglip.nrw.de
www.sg-detmold.nrw.de

1 Pr, 1 VPr, 10 R + 2 × 3/4 R + 2 x1/2 R + 1 × 7/10 R

Präsident

Wienkenjohann, Martin	1.	11.00	15.	11.56

Vizepräsident

Wacker, Uwe	1.	11.01	12.	9.63

Richterinnen/Richter

Echterling, Hannelore, 7/10	2.	1.90	28.	1.56
Dr. Hiekel, Carola, 1/2	12.	9.91	11.	2.60
Schmidt-Kronshage, Christian	28.	10.91	28.	1.60
Hoppert, Andreas	3.	8.93	11.	7.63
Molesch, Edeltraud, 1/2	4.	11.93	20.	10.64
Vahle-Kuhlmann, Rita, 3/4	8.	11.93	22.	12.61
Straetmanns, Friedrich	10.	7.95	5.	8.61
Kasper, Anja, 3/4	19.	7.99	16.	4.65
Kornfeld, Katrin	29.	6.00	12.	10.66
Dr. Blüggel, Jens, abg. (LSt)	3.	4.02	19.	4.67
Dr. van Meegen, Christoph	21.	10.02	15.	9.65
Engelhardt, Michael	16.	5.03	16.	11.70
Drunkemöller, Markus	22.	9.03	13.	2.68
Streuter, Petra	22.	1.04	23.	4.71
Dr. Kahlert, Oliver	21.	1.05	30.	5.68

Dortmund
Ruhrallee 3, 44139 Dortmund
Postfach 10 50 03, 44047 Dortmund
Tel. (02 31) 54 15-1
Fax (02 31) 54 15-5 09
E-Mail: verwaltung@sgdo.nrw.de
www.sg-dortmund.nrw.de

1 Pr, 1 VPr, 4 w.aufsR, 31 R + 6 × 1/2 R + 1 × 3/4 R

Präsident

Löns, Martin	23.	1.97	17.	5.56

Vizepräsident

Wüllner, Günter	2.	5.95	5.	4.46

weitere aufsichtführende Richterin/Richter

Trautmann, Wolfgang	5.	5.87	16.	1.43
Jaklitsch, Thomas	18.	3.91	19.	8.44
Kramer, Wilma	1.	6.94	2.	11.54
Schorn, Ulrich	12.	11.02	20.	6.63

Richterinnen/Richter

Kleinehakenkamp, Mechthild	9.	8.76	10.	11.42
Bertrams, Eva-Maria, 1/2, abg.	20.	10.78	24.	12.46
Schädlich-Maschmeier, Maria, 1/2	16.	11.82	21.	5.52
Wittor, Ulrike	5.	8.83	5.	5.54
Gebauer, Detlef	29.	1.87	17.	1.53
Schreier, Myriam	23.	12.88	22.	6.54
Sievert, Helga, 3/4	16.	10.89	3.	7.55
Brune, Hagen	21.	1.90	7.	12.55
Heisenberg, Liesel	26.	11.91	11.	4.54

Nordrhein-Westfalen SG

Dr. Achterrath, Ralph-Oscar	2. 7. 92	8. 8. 56	Ollig, Barbara, ¹/₂ Morrn, Thomas	11. 5. 92	— 5. 4. 54
Dr. Kolmetz, Thomas	19. 1. 93	8. 7. 59	Schillings, Martin	2. 9. 92	15. 9. 57
Freundlieb, Monika, ¹/₂	3. 5. 93	22. 4. 61	Daners, Ingrid	2. 11. 92	14. 4. 60
Daweke, Frank	8. 10. 93	29. 6. 61	Beisheim, Brigitte	4. 2. 93	26. 6. 59
Henninghaus, Gabriele, ¹/₂	14. 4. 94	12. 4. 57	Faßbender-Boehm, Simone	4. 1. 93	5. 5. 61
Schlangen, Klaus	—	—	Weitz, Monika	1. 2. 93	20. 4. 60
Baukmann-Prange, Ulrike	13. 4. 95	3. 3. 63	Hausmann, Günter	23. 2. 93	1. 1. 59
Bornheimer, Monika, ¹/₂	13. 7. 95	1. 4. 62	Reyels, Thomas	26. 4. 94	28. 9. 60
Rommersbach, Jürgen	2. 11. 96	29. 6. 63	Behrend, Frank, ¹/₂	30. 8. 94	8. 2. 61
Hustert, Dirk	3. 3. 97	7. 6. 64	Dr. Preisigke, Angelika	14. 2. 97	29. 1. 63
Steegmann, Manuela	19. 6. 97	22. 3. 62	Groh, Pia, ¹/₂, beurl.	30. 10. 97	17. 4. 64
Paddenberg, Thomas	8. 4. 98	30. 6. 64	Matthey, Brigitta,		
Gregarek, Bernd	20. 1. 99	25. 11. 64	beurl. (LSt)	1. 4. 98	9. 10. 66
Dr. Jochum, Georg-Nikolaus	15. 12. 99	4. 5. 66	Nohl, Bettina, ¹/₂	3. 7. 98	16. 4. 66
Dr. Berendes, Dirk	1. 8. 00	27. 3. 68	Klempt, Angelika	19. 1. 99	8. 11. 66
Stange, Bettina	1. 9. 00	21. 11. 67	Popoff, Karin, ¹/₂	30. 5. 99	1. 7. 67
Eschner, Sabine	25. 5. 01	17. 10. 64	Roder, Sandra,		
Werheit, Birgit, ¹/₂	29. 12. 02	21. 8. 72	beurl. (LSt)	2. 8. 00	13. 8. 68
Dr. Bolten, Sandra, beurl.	17. 7. 03	5. 12. 70	Zielke-Horstmann, Martina	18. 6. 01	11. 9. 64
Pohl, Doris, beurl.	9. 9. 03	14. 7. 71	Dr. Hagemann, Elke, ¹/₂	24. 4. 02	31. 1. 67
Aghte, Marc-Oliver	1. 3. 04	4. 3. 70	Schönenbroicher, Claudia,		
Dr. Brink, Cordula	23. 11. 05	6. 7. 73	beurl. (LSt)	19. 12. 02	16. 5. 68
			Dr. Schröder, Norbert	27. 12. 05	29. 1. 71
			Dr. Rücker, Ina	27. 12. 05	31. 3. 72
			Altenweger, Gisela	27. 12. 05	4. 2. 73
			Dr. Kador, Tobias	31. 1. 06	4. 12. 68

Düsseldorf

Ludwig-Erhard-Allee 21, 40227 Düsseldorf
Postfach 10 45 52, 40036 Düsseldorf
Tel. (02 11) 77 70-0, Fax (02 11) 77 70-23 73
E-Mail: verwaltung@sgd.nrw.de
www.sg-duesseldorf.nrw.de

1 Pr, 1 VPr, 3 w.aufsR, 23 R + 5 × ¹/₂ R + 1 × ⁴/₅ R

Präsident

Elling, Peter	1. 12. 02	21. 7. 58

Vizepräsident

Kerber, Detlef	1. 7. 96	25. 3. 54

weitere aufsichtführende Richterinnen/Richter

N. N.	—	—
Schneider, Hilmar	15. 1. 97	18. 1. 56

Richterinnen/Richter

Mann, Doris	8. 5. 78	16. 5. 48
Sieslack, Gerhard	8. 5. 79	5. 3. 47
Schnitzler, Johannes Wilhelm	15. 8. 83	25. 10. 47
Fisseler, Karl-Heinz	15. 8. 83	25. 11. 51
Dunsche, Wolfgang	11. 11. 83	30. 4. 48
Sattler, Ellen	10. 9. 86	26. 7. 57
Crone, Eckhard	24. 7. 87	20. 4. 58
Huckenbeck, Ernst, ⁴/₅	10. 9. 87	22. 8. 56
Steinhauer, Claudia	2. 1. 90	17. 2. 60

Duisburg

Mülheimer Str. 54, 47057 Duisburg
Postfach 10 11 62, 47011 Duisburg
Tel. (02 03) 30 05-0, Fax (02 03) 30 05-3 13
E-Mail: verwaltung@sgdu.nrw.de
www.sg-duisburg.nrw.de

1 Pr, 1 VPr, 2 w.aufsR, 20 R + 2 × ¹/₂ R

Präsident

Stürmer, Albert	24. 10. 95	25. 7. 44

Vizepräsidentin

Bromby, Barbara	1. 8. 94	9. 10. 45

weitere aufsichtführende Richterin/Richter

Winkler, Jochen	1. 6. 94	29. 9. 43
te Heesen, Karl-Dieter	12. 12. 05	10. 5. 57

Richterinnen/Richter

Flesch-Siekmann, Annegret	4. 10. 82	19. 3. 46
Schürmann, Ulrich	25. 7. 84	2. 9. 53
Wermke, Karin	11. 5. 89	5. 4. 55
Riedel, Siegfried	17. 9. 90	8. 5. 58
Dr. Günther, Norbert	21. 2. 91	2. 9. 56

SG Nordrhein-Westfalen

Arnold, Ulrike	22. 5. 91	25. 6. 57
Vogt, Michael	2. 12. 92	7. 2. 57
Gölz, Rainer	4. 1. 93	28. 5. 59
Redmer-Häußler, Elisabeth, 1/2	19. 1. 93	10. 6. 61
Vehling, Norbert	14. 4. 94	31. 8. 58
Sapper, Annette	29. 3. 96	28. 1. 62
Lehrmann-Wahl, Gabriele, 1/2	18. 11. 98	5. 2. 66
Benson, Andrea	3. 12. 99	28. 12. 64
Büth, Klaus	9. 3. 00	8. 11. 62
Ottersbach, Thomas	2. 12. 01	28. 8. 69
Weigel, Claudia	—	—
Frasa, Kirsten	12. 3. 03	9. 5. 66
Dr. Warnecke, Almuth, beurl.	20. 1. 05	9. 9. 74
Köhler, Christian	1. 3. 05	20. 6. 71
Erkelenz, Hendrik	23. 11. 05	22. 11. 72

Gelsenkirchen

Ahstr. 22, 45879 Gelsenkirchen
Postfach 10 01 52/62, 45801 Gelsenkirchen
Tel. (02 09) 17 88-0
Fax (02 09) 17 88-1 77
E-Mail: verwaltung@sgge.nrw.de
www.sg-gelsenkirchen.nrw.de

1 Pr, 1 VPr, 1 w.aufsR, 16 R + 2 × 1/2 R

Präsidentin

Fleck, Silvia	29. 8. 05	14. 1. 57

Vizepräsident

Hoffmann, Arne, m.d.W.d.A.b.	10. 4. 00	28. 8. 67

weitere aufsichtführende Richterin

Steffen, Kornelia	11. 10. 95	15. 5. 55

Richterinnen/Richter

Bellinghausen, Anno	13. 7. 79	27. 6. 47
Heiland, Claus-Peter	20. 11. 79	1. 9. 50
Schmelzer, Günter	5. 2. 82	1. 3. 50
Franke, Rüdiger	19. 3. 82	10. 1. 50
Reske, Dieter	11. 4. 83	26. 8. 52
Heßling-Wienemann, Ulrike	11. 10. 84	5. 8. 54
Bauhaus, Hans-Joachim	18. 1. 85	26. 5. 50
Müller, Annegrit	10. 4. 85	22. 5. 55
Anger, Harald	4. 9. 89	1. 2. 56
Hiller, Gerhard	21. 5. 91	3. 9. 48
Stewen-Steinert, Susanne, 1/2	—	—
Schneider, Matthias	27. 12. 00	21. 1. 61
Kellermann-Dörre, Britta	9. 7. 01	18. 12. 68
Dr. Nolte, Stefan, abg.	19. 12. 02	27. 9. 67

Schulze-Hagenow, Daniela, abg., 1/2	4. 3. 03	31. 5. 67
Dr. Kallmayer, Sonja	20. 1. 05	16. 9. 71
Dr. Künkele, Claudia	20. 1. 05	13. 1. 74

Köln

An den Dominikanern 2, 50668 Köln
Postfach 10 31 52, 50471 Köln
Tel. (02 21) 16 17-0, Fax (02 21) 16 17-1 60
E-Mail: verwaltung@sgk.nrw.de
www.sg-koeln.nrw.de

1 Pr, 1 VPr, 2 w.aufsR, 18 R + 1 × 1/2 R

Präsidentin

Debus, Beatrix	2. 4. 01	19. 8. 58

Vizepräsident

Aghte, Wolfgang	2. 11. 93	25. 11. 51

weitere aufsichtführende Richterin/Richter

Fellermann-Blachut, Eva-Maria	1. 6. 94	12. 8. 57
Kurtenbach, Dirk	1. 9. 94	26. 11. 56

Richterinnen/Richter

Kleinings, Jobst	6. 7. 77	19. 7. 45
Reinhold, Andreas	12. 6. 78	22. 12. 42
Reich, Matthias	14. 8. 78	2. 10. 44
Dickfahr, Bernd	21. 12. 78	20. 9. 42
Volk, Dieter	5. 10. 81	17. 6. 48
Girndt, Johannes	29. 11. 82	20. 9. 41
Teusz, Marlene	10. 5. 84	1. 2. 51
Haslach-Niemeier, Heidemarie, 1/2	21. 11. 86	5. 11. 55
Fastnacht, Axel	5. 10. 87	11. 12. 53
Löwe-Tolk, Gisela	5. 1. 88	19. 2. 57
Hennings, Mechthild	13. 1. 89	25. 2. 56
Plum, Rainer	26. 1. 93	21. 7. 59
Dr. Jung, Cornelia	22. 11. 93	5. 5. 56
van den Wyenbergh, Gertrud	2. 1. 94	17. 10. 61
Kuhn, Heidrun	20. 4. 94	12. 11. 60
Köster, Sabine	9. 12. 94	6. 3. 61
Lehmacher, Hans-Werner	28. 12. 94	3. 12. 59
Breuer, Guido	15. 8. 04	20. 3. 70

Münster

Alter Steinweg 45, 48143 Münster
Postfach 71 20, 48038 Münster
Tel. (02 51) 5 10 23-0, Fax (02 51) 5 10 23-74
E-Mail: verwaltung@sgms.nrw.de
www.sg-muenster.nrw.de

1 Pr, 1 VPr, 13 R

Rheinland-Pfalz SG

Präsident
Stratmann, Heinrich 1. 2. 95 13. 9. 52

Vizepräsident
Pauli, Hans-Ulrich 8. 6. 99 16. 7. 55

Richterinnen/Richter
Lippert, Hans-Peter 1. 6. 77 9. 6. 44
Schäfer, Brigitte 21. 9. 78 29. 9. 46
Potthoff, Annegret 18. 1. 82 8. 6. 52
Müller, Karl-Heinz 29. 8. 83 4. 11. 48
Witt, Harald 3. 10. 83 16. 1. 53
Schruff, Herbert-Wilhelm 7. 12. 83 21. 6. 47
Kuß, Wilhelm 19. 2. 85 20. 4. 51
Sohn, Birgit 4. 7. 85 17. 3. 54
Paus, Rainer 2. 11. 85 2. 7. 54
Busse, Annegret 22. 1. 88 4. 9. 54
Schäfer, Heinrich Johannes 17. 4. 98 11. 6. 66

Richterinnen/Richter im Richterverhältnis auf Probe

Adelmann, Hannah, beurl. 2. 1. 01 31. 10. 70
Dr. Rodriguez y Rowinski,
  Miguel F. 6. 1. 03 10. 3. 73
Dr. Erberich, Ute, 1/2 6. 1. 03 10. 7. 73

Thiemann, Ines 6. 1. 03 11. 7. 75
Adam, Regina 29. 4. 03 31. 7. 75
Pérez Heykamps, Markus 2. 5. 03 18. 7. 74
Dr. Tebben, Barbara 2. 6. 03 15. 8. 74
Bohlken, Stefanie 2. 6. 03 30. 12. 75
Bermes, Petra 1. 7. 03 3. 12. 74
Nachtwey, Susanne, 1/2 1. 8. 03 20. 9. 73
von Kauffberg, Kathrin 1. 7. 04 12. 6. 75
Dr. Ebsen, Christian 2. 8. 04 14. 4. 71
Dr. Aubel, Tobias 1. 10. 04 26. 11. 70
Dr. Matyssek, Ulf 1. 10. 04 28. 1. 73
Duesmann, Stephanie 1. 10. 04 30. 6. 77
Dr. Piepenstock, Karola 17. 1. 05 6. 9. 74
Klein, Torsten 1. 3. 05 24. 9. 71
Müller, Manuela 1. 3. 05 16. 3. 73
Klein, C. David 1. 3. 05 25. 8. 76
Homann, Carina 17. 5. 05 4. 5. 77
Jurisch, Stefan 1. 6. 05 3. 10. 70
Stracke, Daniela 1. 7. 05 11. 5. 75
Kipper, Simon 1. 7. 05 14. 6. 77
Dr. Schindler, Alexandra 1. 8. 05 9. 12. 75
Balve, Dina 1. 9. 05 29. 5. 76
Drifthaus, Andreas 1. 2. 06 10. 6. 73
Dr. Bender, Wolfgang 1. 3. 06 4. 5. 72
Dr. Merten, Jan Oliver 1. 3. 06 28. 1. 73
Schneider, Nataly 6. 3. 06 22. 5. 72

Rheinland-Pfalz

Landessozialgericht Rheinland-Pfalz

Ernst-Ludwig-Str. 1, 55116 Mainz
Postfach 30 30, 55020 Mainz
Tel. (0 61 31) 14 10
Fax (0 61 31) 1 41 50 00
E-Mai: Poststelle.LSG@sozg.jm.rlp.de

1 Pr, 1 VPr, 4 VR, 15 R + 2 LSt (R)

Präsident
Bartz, Ralf 1. 10. 99 12. 12. 50

Vizepräsidentin
Diewitz, Marie-Luise 1. 5. 97 1. 7. 45

Vorsitzende Richterinnen/Vorsitzende Richter
Ebsen, Inge 22. 4. 97 8. 4. 46
Dr. Follmann, Werner 28. 3. 03 4. 7. 56

Riebel, Jürgen 11. 7. 03 27. 3. 58
Schmidt, Anette 8. 10. 03 24. 1. 56

Richterinnen/Richter
Hofmann, Gerd 1. 10. 87 10. 2. 47
Dr. Hansen, Hans-Georg 10. 10. 89 8. 5. 51
Keller, Wolfgang 26. 11. 90 16. 5. 53
Baus, Heinz 17. 10. 91 31. 3. 54
Dr. Tappert, Wilhelm 17. 10. 91 10. 11. 54
Dr. Jutzi, Marijke 9. 4. 96 20. 11. 59
Büchel, Gudrun 16. 5. 97 10. 5. 61
Wiemers, Wolfgang 20. 5. 97 26. 12. 61
Lauer, Gisela 7. 12. 98 26. 9. 57
Heinz, Andreas 31. 3. 99 29. 4. 63
Dr. Gansen, Franz Werner,
  abg. (LSt) 26. 11. 99 5. 9. 61
Best, Heike 20. 9. 00 7. 11. 62
Beckmann, Heike 12. 3. 01 10. 2. 62
Ćurković, Jaka-Nevanka 13. 2. 02 31. 8. 62
Dr. Müller, Andreas 8. 11. 02 15. 11. 60
Willersinn, Matthias 19. 1. 05 17. 3. 61
Just, Katrin, abg. (LSt) 19. 1. 05 13. 4. 67

SG Rheinland-Pfalz

Sozialgerichte

Koblenz
Gerichtsstr. 5, 56068 Koblenz
56065 Koblenz
Tel. (02 61) 9 13 00
Fax (02 61) 91 30 45
E-Mail: Poststelle.Koblenz@sozg.jm.rlp.de

1 Pr, 1 VPr, 13 R + 1 LSt (Pr)

Präsident

Merz, Ernst Ludwig, abg. (LSt)	1. 10. 92	18. 10. 52
Binz, Hans-Dieter	12. 8. 98	31. 12. 51

Vizepräsident

Didong, Jürgen	24. 3. 95	12. 5. 57

Richterinnen/Richter

Weidenfeller, Magdalena	23. 1. 84	1. 4. 53
Zimmermann, Horst	1. 7. 86	10. 2. 54
Pesch, Hans	2. 1. 89	16. 6. 52
Grajewski, Josef	2. 4. 93	4. 2. 59
Liebermann, Reiner	10. 6. 94	26. 2. 62
Wittenbrock, Jörg	9. 6. 95	28. 4. 61
Simanowski, Karin	19. 6. 95	9. 7. 63
Sauerbrei, Silvia	7. 7. 97	3. 2. 61
Starke, Renate	16. 9. 05	15. 6. 66
Dr. Traupe, Christian	6. 12. 05	22. 12. 67
Dühr, Michaela	6. 12. 06	21. 5. 71

Mainz
Ernst-Ludwig-Straße 1, 55116 Mainz
Postfach 30 30, 55020 Mainz
Tel. (0 61 31) 14 10
Fax (0 61 31) 1 41 50 00
E-Mail: Poststelle.Mainz@sozg.jm.rlp.de

1 Pr, 1 VPr, 8 R + 1 LSt (R)

Präsident

Dr. Benkel, Bernd Jürgen	1. 7. 01	19. 5. 55

Vizepräsident

Höllein, Frank	1. 12. 98	16. 6. 51

Richterinnen/Richter

Schütze, Christiane	14. 10. 75	28. 8. 42
Dr. Bernard, Astrid, abg. (LSt)	19. 1. 96	19. 4. 63
Laux, Petra, 1/2	31. 7. 96	7. 4. 59
Dr. Holzheuser, Johannes	13. 4. 99	29. 5. 65
Becker, Ralf	23. 10. 02	18. 12. 69
Dr. Scholz, Bernhard	29. 4. 05	20. 12. 69
Dr. Gutzler, Stephan	22. 2. 06	25. 7. 73

Speyer
Schubertstraße 2, 67346 Speyer
Postfach 18 69, 67328 Speyer
Tel. (0 62 32) 66 00
Fax (0 62 32) 66 02 22
E-Mail: Poststelle.Speyer@sozg.jm.rlp.de

1 Pr, 1 VPr, 12 R + 1 LSt (R)

Präsident

Koch, Helmut	16. 2. 93	17. 8. 46

Vizepräsident

Firsching, Burkard	23. 1. 04	17. 11. 58

Richterinnen/Richter

Doll, Günter	18. 12. 80	16. 9. 49
Kramer, Barbara, 3/4	22. 10. 90	11. 2. 60
Kaiser, Klaus	2. 12. 91	17. 5. 57
Dr. Jahraus, Gerd	4. 1. 93	4. 3. 56
Pohl-Kaiser, Gabriele, 3/4	14. 8. 95	7. 8. 62
Scheidt, Jürgen	16. 11. 95	18. 4. 63
Lichtenthäler, Udo	22. 11. 95	4. 3. 56
Gerbig, Hans-Dieter	1. 7. 97	11. 6. 62
Riefler, Christian	30. 8. 00	19. 4. 68
Beck, Jürgen, abg. (LSt)	8. 10. 02	30. 11. 71
Dr. Brettschneider, Annette	7. 12. 05	3. 2. 70
Hermes, Michael	7. 12. 05	1. 1. 71
Dr. Bienert, Claus-Peter, abg. (LSt)	5. 1. 06	12. 3. 73
Krauß, Jan Michael	22. 2. 06	3. 5. 72
Biehl, Gabriele	23. 2. 06	3. 9. 73
Dr. Pletscher, Ulrike	27. 2. 06	6. 10. 69

Trier
Dietrichstr. 13, 54290 Trier
Postfach 34 04, 54224 Trier
Tel. (06 51) 4 66 00
Fax (06 51) 46 68 53
E-Mail: Poststelle.Trier@sozg.jm.rlp.de

1 Pr, 1 VPr, 4 R

Präsident

Rautert, Johannes	1. 11. 85	19. 8. 41

Vizepräsident

Franzen, Rudolf	1. 6. 90	7. 5. 44

Saarland **SG**

Richter
Dr. Olk, Jürgen	1.	1. 87	26.	7. 55
Dr. Sattler, Heinz-Jürgen	5.	5. 89	30.	7. 58
Namini, Simin	23.	2. 06	25.	2. 70
Dr. Padé, Christiane, abg. (LSt)	27.	2. 06	20.	6. 75

Richterinnen/Richter im Richterverhältnis auf Probe
Hussung, Carmelinda	1.	7. 02	10.	6. 74
Blatt, Verena	15.	12. 03	19.	7. 76
Dostmann, Marc-Daniel	3.	1. 05	14.	11. 76
Heep, Georg, ½	1.	4. 05	14.	2. 75
Dr. Müller, Henning-Arnd	2.	5. 05	1.	6. 76

Saarland

Landessozialgericht für das Saarland

Egon-Reinert-Str. 4–6, 66111 Saarbrücken
Postfach 10 18 63, 66018 Saarbrücken
Tel. (06 81) 90 63-0
Fax (06 81) 90 63-2 00
E-Mail: poststelle@lsg.justiz.saarland.de

1 Pr, 1 VPr, 2 VR, 8 R

Präsident
Bender, Jürgen	1.	8. 00	10.	12. 46

Vizepräsident
Himber, Helmut	28.	9. 00	1.	5. 51

Vorsitzender Richter
Betz, Konrad	28.	9. 00	2.	8. 53
Schneider, Josef	9.	7. 03	3.	9. 51

Richterinnen/Richter
Wagner, Wolfgang	27.	3. 95	20.	3. 57
Schöneberger, Hans-Peter	7.	8. 01	4.	11. 52
Rauch, Kurt	3.	5. 04	27.	11. 54
Dick-Küstenmacher, Steffen	3.	5. 04	6.	8. 61
Marx, Jeanet	4.	5. 04	15.	12. 63
Dr. Klein, Raphael	21.	3. 05	20.	7. 64
Kirchdörfer, Jörg	14.	4. 05	13.	3. 66

Sozialgericht

Saarbrücken

Egon-Reinert-Str. 4–6, 66111 Saarbrücken
Postfach 10 18 63, 66018 Saarbrücken
Tel. (06 81) 90 63-0
Fax (06 81) 90 63-2 00
E-Mail: poststelle@sg.justiz.saarland.de

1 Pr, 1 VPr, 14 R

Präsident
Fischbach, Dieter	25.	9. 02	3.	7. 52

Vizepräsident
Schneider, Karl-Jürgen	1.	4. 01	18.	4. 44

Richterinnen/Richter
Rosemann, Hans-Willi	4.	2. 81	10.	11. 44
Fickinger, Horst	8.	7. 81	4.	8. 51
Kerbusch, Barbara	1.	8. 89	23.	5. 52
Gilles, Anja	31.	3. 98	18.	2. 67
Berens, Michael	11.	8. 00	4.	1. 66
Ebert, Andreas	11.	5. 01	31.	5. 69

Richterinnen/Richter im Richterverhältnis auf Probe
Knobloch, Enno	16.	9. 02	8.	2. 71
Simon, Joachim	13.	4. 04	4.	7. 69
Walter, Thomas	3.	5. 04	24.	4. 76
Barbie, Jeannette	3.	1. 05	4.	8. 77

SG Sachsen

Sachsen*

Sächsisches Landessozialgericht

Parkstr. 28, 09120 Chemnitz
Tel. (03 71) 4 53-0
Fax (03 71) 4 53-82 66
E-Mail: verwaltung-lsg@lsg.justiz.sachsen.de

Präsident

Dr. Sattler, Detlev	15. 5. 05	22. 8. 44	

Vizepräsident

N. N.	—	—

Vorsitzende Richterin/Vorsitzende Richter

Ruby, Dieter	1. 8. 93	5. 1. 42
Jacobi, Angela	1. 1. 00	13. 6. 58
Dr. Estelmann, Martin	1. 9. 04	17. 5. 61
Dr. Scheer, Ralph	1. 9. 04	28. 7. 61

Richterinnen/Richter

Schneider, Marion	1. 3. 99	24. 8. 55
Ulshöfer, Tatjana	1. 3. 99	17. 6. 60
Weinholtz, Peter	1. 1. 00	15. 11. 57
Stampa, Udo	1. 4. 00	17. 8. 53
Strahn, Thomas	1. 1. 01	24. 10. 61
Lübke, Thomas	1. 1. 01	20. 6. 64
Dr. Wietek, Roland	1. 10. 02	17. 12. 61
Zimmer, Andreas	15. 1. 03	16. 1. 64
Habelt, Carina	1. 9. 03	9. 11. 68
Dr. Anders, Nadja	1. 4. 04	6. 3. 68
Dr. Wahl, Andreas	1. 12. 05	3. 3. 64

Sozialgerichte

Chemnitz
Parkstr. 28, 09120 Chemnitz
Tel. (03 71) 4 53-0
Fax (03 71) 4 53-81 27
E-Mail: verwaltung-sgc@sgc.justiz.sachsen.de

Präsident

Clodius, Thomas	15. 2. 04	23. 3. 51

Vizepräsidentin

Klotzbücher, Dorrit	1. 12. 04	26. 3. 57

Richterinnen/Richter

Maas, Theresia	13. 5. 94	7. 11. 56
Gieser, Ralf	15. 7. 94	17. 11. 58
Meiß, Sigrid	12. 8. 94	16. 2. 59
Schlemme, Ralf	18. 12. 94	24. 5. 57
Gleich, Gerhard	3. 2. 95	17. 8. 59
Evers, Anna-Elisabeth	15. 9. 95	9. 5. 56
Kock, Elke	22. 4. 96	1. 4. 63
Atanassov, Peggy	1. 7. 97	13. 11. 68
Mitter, Tanja	1. 11. 98	25. 10. 68
Braun, Markus	1. 12. 98	7. 3. 68
Schanzenbach, Frank	5. 1. 01	10. 11. 69
Beumer, Beate	1. 8. 02	2. 5. 68
Guericke, Olaf	1. 2. 03	28. 6. 73
Busse, Gabriele	5. 7. 03	14. 3. 72
Salomo, Silvio	1. 12. 03	22. 8. 70
Kurths, Burkhard	20. 2. 04	26. 6. 73
Day, Anya	1. 6. 05	17. 12. 65

Richterinnen/Richter im Richterverhältnis auf Probe

Dr. Friese, Birgit	1. 10. 03	24. 3. 73
Ißleb, Sandy	3. 11. 03	3. 8. 77
Kegler, Ronny	1. 4. 04	22. 8. 72
Damme, Angelika	16. 8. 04	11. 6. 77
Sommerfeld, Claudia	6. 6. 05	2. 2. 76
Schiller, Antje	5. 9. 05	6. 5. 78
Krüger, Susann	1. 10. 05	6. 8. 70
Zehner, Sinikka	16. 12. 05	13. 11. 77
Berndt, Beatrice	1. 1. 06	30. 1. 79
Uhlig, Matthias	1. 3. 06	14. 7. 77

Dresden
Löbtauer Str. 4, 01067 Dresden
Tel. (03 51) 4 46 0, Fax (03 51) 4 46 53 99
E-Mail: verwaltung-sgdd@sgdd.justiz.sachsen.de

Präsident

Dr. Grünberg, Matthias	1. 11. 04	10. 3. 61

Vizepräsidentin

Steinmann-Munziger, Manuela	1. 11. 05	24. 5. 65

Richterinnen/Richter

Neidel, Burkhard	1. 7. 94	1. 8. 54
Simon, Walfried	1. 10. 94	20. 12. 55

---

* Angaben über die Zahl der Planstellen an den Sozialgerichten des Freistaates Sachsen sind nicht übermittelt worden.

Sachsen-Anhalt **SG**

Hochschild, Amrei	1. 9. 96	12. 3. 65
Johannson, Angelika	1. 10. 96	19. 12. 62
Krause, Kerstin	1. 12. 97	14. 9. 65
Metzenmacher-Zimmer, Jutta	1. 6. 98	29. 11. 65
Molzahn, Nils	1. 7. 98	25. 2. 66
Ferchau, Anja	1. 8. 98	19. 10. 67
Koppen, Bettina	1. 11. 99	2. 4. 68
Dr. Meurin, Britta	1. 3. 00	25. 1. 68
Kieswald, Stephan	20. 5. 00	21. 4. 66
Spitzer, Jan	1. 9. 01	7. 8. 69
Kemper, Esther	28. 9. 01	20. 12. 68
Krüger, Anja	1. 4. 02	21. 5. 68
Bellmann, Iris	1. 7. 02	11. 5. 74
Frey, Ulrich	1. 10. 02	12. 9. 57
von Egidy, Hans	1. 4. 03	20. 2. 69
Kirchberg, Elmar	5. 7. 03	23. 2. 72
Tischer, Thomas	5. 7. 03	22. 4. 73
Schurigt, Alexander	5. 7. 03	13. 8. 73
Uhlig, Jan	1. 2. 04	13. 5. 72
Schnell, Michael	1. 6. 05	1. 2. 72

Richterinnen/Richter im Richterverhältnis auf Probe

Kärgel, Felicitas	1. 10. 02	21. 4. 76
Dr. Reuter, Dirk	1. 9. 03	4. 7. 73
Brech, Alexander	1. 5. 04	25. 5. 76
Freistedt, Esther Julia	1. 5. 04	31. 8. 76
Dr. Dördelmann, Gabriele	10. 5. 04	30. 8. 71
Kandler, Isabel	16. 8. 04	9. 2. 78
Quendt, Anja	15. 11. 05	4. 7. 73
Richter, Christian	1. 3. 06	12. 6. 77

Leipzig
Berliner Str. 11, 04105 Leipzig
Tel. (03 41) 5 95 70
Fax (03 41) 5 95 71 11
E-Mail: verwaltung-sgl@sgl.justiz.sachsen.de

Präsident

Weiß, Jan	1. 6. 04	15. 5. 59

Vizepräsident

Rentsch, Arno	1. 12. 01	1. 7. 57

Richterinnen/Richter

Friedler, Ute	1. 3. 94	3. 5. 54
Krieger, Sabine	12. 6. 94	18. 6. 61
Jedamski, Bernd	1. 7. 94	2. 3. 59
Boos, Georg	15. 3. 96	15. 1. 62
Pretzel-Friedsam, Michael	1. 4. 96	26. 2. 59
Lenz, Helmut	15. 6. 96	24. 8. 52
Schackmann, Susanne	15. 10. 96	26. 2. 65
Gleisberg-Heigl, Heike	1. 4. 98	3. 2. 62
Allendorf, Thomas	1. 7. 98	3. 4. 57
Brock, Bernd	1. 9. 98	14. 12. 59
Dr. Scholz, Stephanie	12. 4. 99	28. 9. 65
Thormann, Frank	2. 6. 00	1. 4. 69
Pies, Michael	1. 9. 03	6. 5. 69

Richterinnen im Richterverhältnis auf Probe

Schuttrich, Karin	15. 11. 03	10. 8. 72
Scheibner, Imke	1. 10. 05	26. 7. 77

Sachsen-Anhalt

Landessozialgericht Sachsen-Anhalt

Halle
Justizzentrum
Thüringer Str. 16, 06122 Halle
Postfach 10 02 57, 06141 Halle
Tel. (03 45) 22 00
Fax (03 45) 2 20 21 03-4
E-Mail: poststelle@lsg-hal.justiz.sachsen-anhalt.de

Pressestelle:
Tel. (03 45) 2 20 21 13
Fax (03 45) 2 20 21 03, 2 20 21 04
E-Mail:
pressestelle@lsg-hal.justiz.sachsen-anhalt.de
1 Pr, 1 VPr, 2 VR, 8 R

Präsident

Grell, Erhard	3. 2. 06	12. 7. 49

Vizepräsident

N. N.	—	—

Vorsitzende Richter

Eyrich, Detlef	17. 7. 00	14. 9. 59
Lauterbach, Klaus	20. 10. 04	20. 1. 54

Richterin/Richter

Dr. Eckertz, Rainer	10. 5. 99	7. 3. 44
Klamann, Susanne	1. 4. 00	18. 3. 61
Schäfer, Carsten	20. 12. 02	12. 7. 63
Stellmach, Peter	20. 12. 02	12. 12. 63
Dr. Mecke, Christian	22. 12. 04	10. 1. 66
Wulff, Wolfgang	21. 12. 04	25. 5. 68

SG Sachsen-Anhalt

Sozialgerichte

Dessau
Antoinettenstr. 37, 06844 Dessau
Postfach 17 72, 06815 Dessau
Tel. (03 40) 20 20, Fax (03 40) 2 02 17 20

1 Dir, 4 R

Rönninger, Helene, Dir	1. 3. 00		14. 5. 57	
Wickinghoff, Wolfgang	13. 6. 94		8. 8. 61	
Wedekind, Karsten	25. 6. 97		2. 5. 62	
Willecke, Britta, beurl.	2. 2. 98		23. 12. 63	

Halle
Justizzentrum
Thüringer Str. 16, 06112 Halle
Postfach 10 02 55, 06141 Halle
Tel. (03 45) 20 20
Fax (03 45) 2 02 40 00/2 20 40 01

1 Dir, 1 stVDir, 8 R

Ulrich, Werner, Dir	1. 12. 97		29. 3. 55	
N. N.stVDir	—		—	
Iwen, Günter	12. 9. 94		2. 5. 60	
Pelte, Klaus	4. 9. 96		11. 7. 44	
Schulze, Gerhard	4. 9. 96		14. 10. 62	
Tappel, Constanze	21. 10. 97		10. 8. 65	
Pusch, Gerhard	24. 7. 98		31. 7. 62	
Müller-Rivinius, Susanne	28. 7. 98		24. 5. 65	
Dr. Ulmer, Mathias, abg.	11. 11. 98		25. 6. 65	
Hüntemeyer, Dirk, abg.	1. 10. 02		24. 3. 68	

Magdeburg
Liebknechtstr. 65–91, Haus 1, 39110 Magdeburg
Postfach 39 11 25, 39135 Magdeburg
Tel. (03 91) 60 60, Fax (03 91) 6 06 56 06

1 Dir, 7 R

Fock, Michael, Dir	1. 9. 02		10. 04. 58	
N. N., stVDir	—		—	
Strieck, Lothar	1. 4. 93		21. 3. 52	
Tegelbeckers, Michael	6. 12. 93		7. 10. 58	
Alexy, Reiner	31. 7. 97		24. 2. 59	
Steiner, Burkhard	31. 7. 97		10. 7. 64	
Flipe, Jörg, abg.	19. 9. 02		24. 12. 66	
Bombeck, Manuela	27. 8. 03		10. 7. 70	
Hülscher, Annett, abg.	26. 4. 04		20. 5. 73	
Filluhn, Dorit	26. 10. 04		22. 10. 71	

Stendal
Schulstr. 5, 39576 Stendal
Postfach 10 12 41, 39552 Stendal
Tel. (0 39 31) 5 80, Fax (0 39 31) 58 13 18

1 Dir, 2 R

Jansen, Jürgen, Dir	1. 7. 93		13. 7. 55	
Kleßen, Olaf	13. 2. 98		6. 12. 59	
Hosenfeld, Olaf	21. 11. 01		2. 4. 69	

Richterinnen/Richter im Richterverhältnis auf Probe

Dr. Waßer, Ursula	1. 1. 02		27. 10. 75	
Heinau, Dörthe	3. 1. 02		25. 4. 76	
Dr. Ulrich, Petr	2. 5. 02		3. 11. 70	
König, Alexandra	2. 1. 03		18. 10. 73	
Landeck, Alexander	27. 1. 03		16. 11. 68	
Halves, Kathrin, beurl.	2. 1. 04		23. 9. 74	
Dempwolf, Nadine	2. 1. 04		12. 2. 75	
Lück, Andrea	2. 1. 04		8. 4. 76	
Weidinger, Franziska	2. 1. 04		8. 10. 76	
Riechert, Steffen	2. 1. 04		27. 1. 77	
Herzog, Sandra	2. 1. 04		18. 3. 77	
Kaempf, Ellen	2. 8. 04		11. 3. 76	
Dr. Julius, Nico	15. 10. 04		27. 4. 74	
Dr. Schmidt, Steffen	3. 1. 05		23. 5. 74	
Schütze, Jann	3. 1. 05		4. 8. 74	
Schuh, Lhamo	15. 6. 05		25. 2. 75	
Wocikowski, Henryk	15. 6. 05		6. 7. 76	
Neumann, Judit	2. 1. 06		28. 5. 76	
Raap, Susanne	2. 1. 06		13. 10. 76	
Engst, Kathrin	2. 1. 06		6. 12. 77	
Stolarczyk, Tino	2. 1. 06		16. 12. 77	

Schleswig-Holstein

Schleswig-Holsteinisches Landessozialgericht

Gottorfstr. 2, 24837 Schleswig
Tel. (0 46 21) 86-0, Fax (0 46 21) 86-10 25
E-Mail: verwaltung@lsg.landsh.de

1 Pr, 1 VPr, 3 VR, 10 R

Präsident

Dr. Stoll, Friedrich	28. 7. 04	23. 9. 44

Vizepräsidentin

Lewin-Fries, Jutta	14. 2. 05	4. 8. 54

Vorsitzende Richterinnen/Vorsitzende Richter

Dr. Goedelt, Uwe	27. 2. 91	11. 8. 44
Schmalz, Ursula	17. 3. 97	2. 2. 48
Arndt, Erwin	3. 11. 97	9. 2. 45

Richterinnen/Richter

Wendel, Johann	8. 1. 90	22. 12. 42
Timme, Hinnerk	16. 2. 93	27. 1. 55
Littmann, Jörg	14. 9. 95	7. 6. 55
Rutz, Thomas	1. 10. 97	8. 11. 53
Selke, Bernd	1. 10. 97	24. 4. 54
Kampe, Barbara	1. 10. 97	8. 11. 58
Hengelhaupt, Dietrich	28. 12. 01	3. 7. 53
Kaltenstein, Jens	1. 2. 03	30. 11. 63
Brandt, Susann	1. 8. 03	15. 3. 56
Rademacker, Olaf	1. 9. 03	18. 9. 63

Sozialgerichte

Itzehoe

Bergstr. 3, 25524 Itzehoe
Tel. (0 48 21) 66-0, Fax (0 48 21) 66-23 52
E-Mail: verwaltung@sg-itzehoe.landsh.de

1 Dir, 4 R

Klingauf, Dieter, Dir	1. 2. 03	30. 4. 51
Walter, Andreas	29. 12. 89	20. 12. 56
Kössiski, Dagmar	17. 3. 97	1. 6. 59
Schlobinski, Dagmar	14. 3. 94	19. 1. 56
Starke, Bernd-Dieter	1. 4. 99	5. 8. 57

Kiel

Deliusstr. 22, 24114 Kiel
Tel. (04 31) 6 04-0
Fax (04 31) 6 04-42 16
E-Mail: verwaltung@sg-kiel.landsh.de

1 Dir, 1 stVDir, 6 R

N. N., Dir			—	—
Dr. Schal, Holger, stVDir	24.	6. 04	8.	2. 56
Lorenzen, Birgit	23.	4. 92	22.	8. 59
Goullon, Sabine	3.	7. 92	5.	1. 61
Kopp, Gabriele	27.	6. 03	19.	2. 67
Knoblich, Frank	27.	6. 03	10.	12. 69
Flemming, Maike	30.	6. 03	1.	10. 64
Thomsen, Margret	22.	12. 03	19.	7. 62

Lübeck

Eschenburgstr. 2, 23568 Lübeck
Tel. (04 51) 3 71-0
Fax (04 51) 3 71-13 59
E-Mail: verwaltung@sg-luebeck.landsh.de

1 Dir, 1 stVDir, 6 R

Heye, Horst-Dieter, Dir	1.	5. 98	9.	7. 41
Otten, Johann-Wolfgang, stVDir	1.	4. 98	15.	9. 54
Kroglowski, Michael	30.	6. 87	11.	4. 52
Bulian, Wolf-Eberhard	1.	6. 92	6.	8. 53
Reiland, Christina	17.	6. 94	18.	11. 57
Dr. Weigel, Clemens	1.	3. 95	23.	6. 59
Kruse, Renate	1.	2. 04	6.	7. 68
Göller, Stephanie	23.	6. 04	24.	3. 68

Schleswig

Brockdorff-Rantzau-Str. 13, 24837 Schleswig
Tel. (0 46 21) 86-0
Fax (0 46 21) 86-10 22
E-Mail: verwaltung@sg-schleswig.landsh.de

1 Dir, 3 R

Dr. Neumann, Michael, Dir	15.	12. 97	14.	1. 51
Daumann, Renate	12.	9. 96	2.	5. 59
Lesser-Kohlbacher, Susann	21.	1. 99	1.	4. 57
Böttger, Evelyn	1.	1. 02	8.	1. 63

SG Thüringen

Thüringen

Thüringer Landessozialgericht

Rudolfstraße 46, 99092 Erfurt
Postfach 101261, 99010 Erfurt
Tel. (03 61) 3 77 60 01
Fax (03 61) 3 77 63 00
E-Mail: Poststelle@lszgef.thueringen.de

1 Pr, 1 VPr, 3 VR, 9 R

Präsident

Becker, Gunter	9. 11. 93	17. 12. 41

Vizepräsident

Dr. Stoll, Martin	22. 12. 93	11. 2. 51

Vorsitzende Richter

Coseriu, Pablo	1. 10. 98	4. 6. 58
Keller, Fritz	1. 10. 02	16. 5. 54

Richterin/Richter

Jakob, Hans-Christian, abg.	1. 10. 98	7. 10. 58
Jüttemann, Kerstin	1. 4. 99	18. 5. 61
Apidopoulos, Jörg	1. 4. 01	4. 12. 63
Dr. Böck, Michael	1. 10. 02	8. 8. 64
Frese, Peter	1. 10. 03	18. 10. 59

Sozialgerichte

Altenburg
Pauritzer Platz 1, 04600 Altenburg
Postfach 16 62, 04590 Altenburg
Tel. (0 34 47) 55 36 20
Fax (0 34 47) 55 36 11
E-Mail: Poststelle@szgabg.thueringen.de

1 Dir, 1 stVDir, 7 R

Fischbach, Bernhard, Dir	1. 4. 01	19. 4. 55
N. N. stVDir	—	—
Hemstedt, Joachim	20. 11. 95	15. 7. 52
Dr. Kippenberger, Alexander	16. 6. 97	7. 7. 59
Lampe, Holger	16. 1. 98	2. 10. 62
Lindemann, Bozena	8. 6. 04	22. 1. 74
Wohlfart, Andreas	23. 12. 04	23. 11. 72
Scherer-Erdt, Jutta, RkrA	(1. 1. 05)	10. 3. 63
Müller, Jana	27. 7. 05	10. 2. 75

Gotha
Bahnhofstraße 3 a, 99867 Gotha
Postfach 10 07 02, 99853 Gotha
Tel. (0 36 21) 43 20
Fax (0 36 21) 43 21 55
E-Mail: Poststelle@szggotha.thueringen.de

1 Dir, 1 stVDir, 9 R

Bals-Rust, Rudolf, Dir	9. 12. 93	3. 6. 47
N. N., stVDir	—	—
Oltermann, Jens	15. 8. 95	16. 4. 59
Uhlenbruch, Gustav	20. 11. 95	21. 11. 56
Baran, Roman	20. 11. 95	19. 10. 59
Bitz, Jutta, abg.	27. 6. 96	19. 1. 63
Keller, Susanne	1. 9. 96	11. 3. 64
Comtesse, Monika	11. 12. 96	7. 10. 64
Rothmeyer, Ulrike	13. 6. 97	17. 1. 61
Dr. Spaeth, Wiebke, beurl.	30. 10. 02	8. 6. 66
Heidke, Uwe	12. 7. 02	15. 9. 68
Holzhey, Susann, abg.	3. 3. 03	15. 4. 73
Richter, Jürgen, RkrA	(1. 2. 05)	14. 7. 48

Meiningen
Lindenallee 15, 98617 Meiningen
Postfach 100 153, 98601 Meiningen
Tel. (0 36 93) 50 90, Fax (0 36 93) 50 93 40

1 Dir, 5 R

Wehrhahn, Lutz, Dir, abg.	1. 10. 01	18. 2. 63
Reinschmidt, Mike	26. 8. 99	7. 1. 67
Munzinger, Ingo	10. 3. 00	9. 3. 69
Schäfer, Susanne	5. 11. 01	4. 2. 67
Braungardt, Marion	3. 3. 03	24. 7. 71
Heidke, Claudia, abg.	1. 10. 03	31. 3. 69
Michalla-Munsche, Jan, RkrA	(1. 1. 05)	28. 12. 71

Nordhausen
Am Alten Tor 8, 99734 Nordhausen
Postfach 53, 99722 Nordhausen
Tel. (0 36 31) 6 12 20, Fax (0 36 31) 61 22 99
E-Mail: Poststelle@szgndh.thueringen.de

1 Dir, 5 R

Fuchs, Jürgen, Dir	31. 8. 94	3. 12. 53
Eicher, Günter	14. 8. 95	28. 1. 65
Schmidt, Heinz Günter	13. 2. 96	18. 12. 55
Gallenkämper, Ulrich	4. 4. 97	25. 3. 61
Bannert, Doris, beurl.	17. 12. 01	25. 4. 71

Verwaltungsgerichtsbarkeit

Baden-Württemberg

Verwaltungsgerichtshof Baden-Württemberg

Schubertstr. 11, 68165 Mannheim
Postfach 10 32 64, 68032 Mannheim
Tel. (06 21) 2 92-0
Fax (06 21) 2 92 44 44
E-Mail: Poststelle@vghmannheim.justiz.bwl.de
www.verwaltungsgerichtshof-baden-wuerttemberg.de
Pressestelle: RVGH Wolfgang Gaber
Tel. (06 21) 2 92-43 60, Fax (06 21) 2 92-43 34
E-Mail: presse@vghmannheim.justiz.bwl.de

1 Pr, 1 VPr, 12 VR, 35 R, 1 ORR

Präsident

Dr. Weingärtner, Karl-Heinz	30. 7. 01	5. 12. 45

Vizepräsident

Stumpe, Klaus-Jürgen	1. 12. 03	13. 2. 45

Vorsitzende Richter

Dr. Schlüter, Bernhard	2. 11. 92	26. 9. 43
Dr. Schnebelt, Günter	2. 10. 96	12. 5. 43
Dr. Schwäble, Ulrich	30. 9. 98	17. 11. 43
Brockmann, Klaus	29. 9. 00	25. 5. 44
Dr. Schaeffer, Klaus	17. 10. 01	17. 1. 47
Schwan, Reinhard	17. 10. 01	27. 3. 48
Dr. Jacob, Peter	11. 3. 04	21. 12. 43
Strauß, Hans	11. 3. 04	3. 4. 52
Harms, Karsten	4. 10. 05	16. 10. 53

Richterinnen/Richter

Vogel, Dieter	2. 3. 81	28. 11. 43
Dr. Breunig, Günter	1. 9. 84	20. 4. 43
Schefzik, Georg	1. 6. 87	7. 10. 49
Schenk, Karlheinz	23. 11. 90	7. 9. 48
Utz, Wolfgang	28. 2. 91	24. 10. 51
Schmenger, Gabriele	9. 12. 91	16. 3. 48
Prof. Bader, Johann	4. 9. 92	30. 7. 49
Wiegand, Bernhard	19. 10. 92	30. 8. 51
Dr. Rudisile, Richard	27. 10. 92	28. 8. 53
Ridder, Kord-Henrich	18. 3. 93	30. 9. 44
Dr. Schmitt-Siebert, Antje	10. 5. 96	6. 6. 45
Noé, Hubert	1. 4. 97	11. 1. 44
Fricke, Anne-Kathrin	1. 4. 97	11. 5. 60
Schieber, Andreas	7. 1. 98	11. 4. 54
Prof. Dr. Schoch, Friedrich	5. 2. 98	24. 2. 52
Albers, Wolfgang	2. 11. 98	6. 5. 55
Ecker, Michaela, ½	21. 6. 99	19. 11. 54
Brandt, Martin	1. 1. 01	29. 11. 58
Dr. Christ, Josef	1. 8. 01	24. 11. 56
Prof. Dr. Puhl, Thomas	24. 4. 01	21. 11. 55
Dr. Hartung, Andreas	14. 2. 03	14. 8. 59
Dr. Vondung, Rolf	2. 1. 04	6. 2. 52
Neu, Monika	2. 1. 04	11. 5. 57
Pfaundler, Conrad	1. 4. 04	15. 5. 58
Dr. Thoren, Sylvia	14. 2. 05	12. 7. 54
Feldmann, Goar Michael	14. 2. 05	9. 12. 57
Dr. Heckel, Christian	14. 2. 05	25. 6. 60

Verwaltungsgerichte

Freiburg

Habsburgerstr. 103, 79104 Freiburg
Postfach 19 01 51, 79061 Freiburg
Tel. (07 61) 7 08 00
Fax (07 61) 7 080 888
E-Mail: Poststelle@vgfreiburg.justiz.bwl.de
www.vg-freiburg.de
Pressestelle: RVG Dr. Jochen Haller
Tel. (07 61) 70 80-8 21
Fax (07 61) 70 80-8 88
E-Mail: presse@vgfreiburg.justiz.bwl.de

1 Pr, 1 VPr, 6 VR, 17 R

Präsident

Michaelis, Jens	1. 6. 04	5. 3. 50

VwG Baden-Württemberg

Vizepräsident
Lernhart, Klaus   19. 2. 02   20. 12. 47

Vorsitzende Richter
Hoch, Gerhard   27. 2. 92   26. 5. 52
Buhl, Jörg-Alfred   1. 1. 99   16. 12. 43
Dr. Cordes, Werner   1. 1. 01   10. 11. 50
Lederer, Hubert   31. 1. 05   15. 7. 50

Richterinnen/Richter
Budzinski, Bernd   1. 9. 76   —
Neumann, Susanne   9. 6. 88   12. 2. 58
Dr. Hammer, Wolfgang   4. 5. 92   18. 12. 53
Dr. Treiber, Wilhelm   21. 5. 92   26. 2. 60
Knorr, Peter   1. 6. 92   27. 3. 53
Reinig, Heinrich   5. 8. 94   11. 4. 62
Jann, Katharina   30. 12. 94   28. 2. 61
Dickhaut, Andreas
  Johannes   17. 2. 95   28. 5. 61
Dr. Haller, Jochen   2. 11. 95   12. 3. 62
Schiller, Prisca   2. 8. 96   17. 6. 65
Dr. Demmler, Wolfgang   1. 9. 96   30. 1. 63
Kraft-Lange, Gabriele, 1/2   18. 11. 96   12. 4. 64
Menzer, Ulrich, abg.   20. 12. 96   18. 2. 64
Döll, Klaus, abg.   14. 2. 97   —
Dr. Schaefer, Horst   2. 1. 98   28. 11. 63
Wiestler, Gerold, abg.   5. 3. 99   13. 5. 65
Bostedt, Achim, abg.   12. 1. 01   31. 12. 65
Dr. Walz, Rolf, abg.   12. 1. 01   18. 2. 68
Leven, Dagmar, 1/2   9. 8. 01   2. 7. 65
Dr. Osteneck, Kathrin,
  beurl.   1. 9. 04   23. 2. 71

Karlsruhe
Nördliche Hildapromenade 1, 76133 Karlsruhe
Postfach 11 14 51, 76064 Karlsruhe
Tel. (07 21) 9 26 (0)-21 25
Fax (07 21) 9 26 30 36
E-Mail: Poststelle@vgkarlsruhe.justiz.bwl.de
www.verwaltungsgericht-karlsruhe.de
Pressestelle: RVG Christine Warnemünde
Tel. (07 21) 9 26-39 36, Fax (07 21) 9 26-39 43
E-Mail: warnemuende@vgkarlsruhe.justiz.bwl.de

1 Pr, 1 VPr, 9 VR, 23 R

Präsident
Dr. Dürr, Hansjochen   16. 11. 01   12. 9. 41

Vizepräsident
Bölle, Heinz   10. 11. 04   12. 12. 49

Vorsitzende Richterinnen/Vorsitzende Richter
Heß, Bernd   12. 12. 79   14. 10. 44
Dr. Kohl, Jürgen   9. 1. 85   5. 4. 45

Weirich, Kurt   15. 12. 89   25. 6. 48
Gerstner-Heck, Brigitte   9. 12. 91   21. 1. 48
Möller, Helmut   11. 3. 94   30. 6. 43
Jaeckel-Leight, Henning   1. 4. 97   4. 4. 51
Schraft-Huber, Gudrun   21. 6. 99   6. 7. 57
Dr. Roth, Andreas   21. 6. 99   11. 11. 57

Richterinnen/Richter
Kink, Ansgar   1. 10. 79   —
Osten, Peter-Jobst   21. 12. 79   7. 8. 45
Stiefvater, Silvia   16. 6. 80   11. 9. 50
Jacob, Hanna   17. 3. 81   10. 6. 51
Jungmeister, Albrecht   1. 8. 82   13. 9. 49
Walther, Axel   1. 1. 83   31. 8. 46
Weckesser, Claudia, 1/2   1. 9. 83   4. 5. 53
Kühnel, Harro   22. 9. 83   23. 7. 51
Mayer, Anna   15. 4. 85   27. 7. 54
Quandt-Gourdin, Dagmar   28. 5. 90   22. 6. 57
Dr. Dürig, Julia, 1/2   11. 2. 91   11. 6. 58
Meder, Albert   11. 2. 91   1. 3. 59
Kümpel, Christian   1. 2. 93   15. 6. 60
Schikora, Ulrike   18. 8. 93   30. 6. 62
Kopp, Elena   1. 10. 93   10. 3. 62
Wagenblaß, Heidi, 3/4   1. 3. 94   29. 6. 59
Dr. Bauer, Ina, 3/4   2. 3. 95   —
Speckmaier, Sabine, 1/2   1. 9. 95   11. 7. 64
Morlock, Martin   1. 8. 97   23. 6. 62
Warnemünde, Christine   1. 8. 97   19. 12. 64
Protz, Claudia   1. 8. 98   21. 5. 69
Dr. Hecht, Bettina, abg.   6. 5. 05   20. 5. 70

Sigmaringen
Karlstr. 13, 72488 Sigmaringen
Postfach 16 52, 72486 Sigmaringen
Tel. (0 75 71) 10 46 77
Fax (0 75 71) 10 46 61/2
E-Mail: Poststelle@vgsigmaringen.justiz.bwl.de
www.verwaltungsgericht-sigmaringen.de
Pressestelle: RVG Otto-Paul Bitzer
Tel. (0 75 71) 1 04-8 13, Fax (0 75 71) 10 46 61/2
E-Mail: Bitzer@vgsigmaringen.justiz.bwl.de

1 Pr, 1 VPr, 7 VR, 17 R

Präsident
Dr. Mattes, Franz-Christian 1. 10. 98   8. 10. 48

Vizepräsident
Barsch, Hans-Joachim   9. 11. 04   14. 5. 49

Vorsitzende Richter
Genrich, Lutz   10. 7. 92   29. 12. 42
Röck, Stefan   4. 8. 94   24. 4. 54
Armbruster, Wolfgang   8. 8. 94   13. 9. 51
Bangert, Gerhard   1. 5. 99   9. 10. 51

Eiche, Dieter	24. 5. 00	16. 9. 49
Dr. Keppeler, Jürgen	2. 7. 03	24. 11. 49
Bitzer, Otto-Paul	23. 12. 04	12. 2. 52

Richterinnen/Richter

Speer, Dieter	23. 8. 74	28. 10. 41
Wohlrath, Klaus-Peter	8. 2. 91	10. 5. 59
Dr. Mors, Albrecht	1. 3. 92	14. 1. 56
Fritsch, Andrea, 1/2	15. 8. 94	28. 1. 62
Milz, Josef Eugen	3. 2. 95	16. 12. 57
Michaelis, Gerda, beurl.	1. 8. 95	23. 12. 61
Reimann, Dietmar	1. 9. 95	3. 10. 59
Frank, Manfred Helge	14. 3. 96	10. 4. 64
Horn, Armin	16. 8. 96	2. 11. 64
Wirth, Markus	9. 2. 98	24. 7. 65
Vogel, Michael	3. 7. 98	25. 8. 65
Sennekamp, Christoph	15. 1. 01	25. 3. 70
Heidenreich, Julia, beurl.	14. 9. 01	25. 5. 71
Dr. Graßhof, Malte, abg.	24. 1. 02	28. 11. 70
Paur, Christian	4. 6. 03	5. 8. 70
Ulrich, Carsten, abg.	21. 7. 04	10. 9. 70
Hoppe, Michael	21. 7. 04	18. 12. 73
Simon, Gerold, RkrA	(1. 9. 05)	19. 6. 75

Stuttgart

Augustenstr. 5, 70178 Stuttgart
Postfach 10 50 52, 70044 Stuttgart
Tel. (07 11) 6 67 30
Fax (07 11) 66 73 68 01
E-Mail: Poststelle@vgstuttgart.justiz.bwl.de
www.verwaltungsgericht-stuttgart.de
Pressestelle: RVG Raphael Epe
Tel. (07 11) 66 73-69 45
Fax (07 11) 66 73-68 01
E-Mail: presse@vgstuttgart.justiz.bwl.de

1 Pr, 1 VPr, 15 VR, 39 R

Präsidentin

Dr. Semler, Jutta	1. 9. 03	3. 12. 42

Vizepräsidentin

Dr. Kirchhof, Else	10. 11. 04	25. 12. 54

Vorsitzende Richterinnen/Vorsitzende Richter

Prof. Schlotterbeck, Karlheinz	25. 4. 80	19. 12. 42
Zimmermann, Ulrich	9. 1. 85	11. 1. 44
Maisch, Gertrud	1. 12. 87	3. 2. 42
Dr. Hofherr, Erich	8. 11. 89	9. 7. 50
Bräuchle, Kurt	1. 3. 91	30. 1. 49
Roth, Dieter	25. 2. 93	20. 3. 44
Proske, Eckhard	5. 5. 93	20. 8. 47
Rieger, Wolfgang	16. 8. 93	15. 12. 52
Schwäble, Ilse	30. 6. 95	1. 4. 47

Pelka, Gerhard	1. 2. 96	24. 12. 47
Kramer, Konrad	16. 4. 98	3. 6. 43
Schaber, Michael	28. 1. 99	1. 9. 52
Funke-Kaiser, Michael	1. 9. 00	1. 7. 50

Richterinnen/Richter

Munz, Günther	6. 2. 78	2. 3. 45
Dr. Priebe, Reinhard, beurl.	15. 10. 79	25. 4. 49
Dr. Jansen, Bernhard, beurl.	—	—
Brambach, Sigrid	29. 12. 80	21. 1. 46
Pelka, Annegret, 1/2	23. 11. 82	9. 6. 52
Müller, Rainer	19. 1. 83	12. 9. 41
Keim, Albrecht, abg.	1. 2. 83	10. 9. 50
Dürr, Paul	15. 2. 83	14. 12. 50
Kritzer, Friedbert	22. 8. 83	10. 9. 53
Dory, Ulrike	23. 8. 83	31. 12. 52
Wirth, Raimund	1. 9. 83	24. 8. 51
Schanbacher, Roland	15. 10. 83	24. 1. 53
Dr. Rascher, Jürgen, beurl.	1. 4. 84	22. 8. 43
Schnapp, Wolfgang	4. 4. 84	22. 6. 49
Wamsler, Ulrich	5. 4. 84	3. 1. 50
Schnäbele, Peter	5. 4. 84	7. 5. 51
Bartels, Ulrich	1. 4. 85	17. 2. 53
Sohler, Hermann	7. 4. 85	19. 1. 52
Sachsenmaier, Wolfgang	20. 6. 86	29. 1. 55
Haakh, Richard	—	14. 4. 50
Burr, Beate	1. 8. 91	—
Morgott, Stefan	1. 8. 92	14. 2. 60
Kern, Wolfgang	1. 3. 93	31. 3. 57
Göppl, Ulrike	1. 6. 93	20. 4. 62
Mezger, Jürgen	5. 8. 93	—
Maußhardt, Christoph	5. 8. 93	3. 7. 60
Dr. Nagel, Walter	1. 10. 93	13. 10. 53
Epe, Raphael	15. 3. 94	27. 12. 63
Dr. Sannwald, Detlef	1. 5. 94	16. 7. 54
Fabian, Heike	1. 10. 94	9. 8. 64
Stegemeyer, Karoline	2. 1. 95	22. 11. 63
Klein, Friedrich	6. 2. 95	12. 1. 59
Wisslicen, Lucia	7. 2. 95	11. 12. 57
Roth, Brigitte	1. 3. 95	9. 9. 61
Böhm, Karl	20. 7. 95	—
Donovang, Michaela	1. 9. 95	12. 4. 63
Dr. Schneider, Lothar	1. 10. 95	6. 3. 62
Mühlenbruch, Sabine	2. 8. 96	15. 2. 65
Dr. Albrecht, Rüdiger, abg.	18. 10. 99	11. 6. 66
Dr. Wenger, Frank, abg.	18. 10. 99	3. 4. 68
Dr. Keller, Robert, abg.	27. 10. 00	23. 6. 67
Prof. Dr. Bergmann, Jan Michael	22. 11. 00	5. 7. 66
Dr. Kenntner, Gerhard Markus, abg.	15. 1. 01	28. 1. 65
Dr. Zimmermann-Kreher, Annette, beurl.	29. 4. 04	13. 7. 71

VwG Bayern

Richterinnen/Richter im Richterverhältnis auf Probe

Gulde, Brigitte	2. 1. 02	—
Philippi, Nina, abg.	1. 12. 02	26. 4. 72
Dr. Hofman, Jens	1. 7. 03	5. 12. 73
Dr. Stuhlfauth, Thomas, abg.	1. 7. 03	10. 3. 74

Müller, Jörg	1. 7. 03	20. 10. 75
Hauser, Michael Friedrich	1. 9. 03	10. 6. 72
Pohl, Christian	10. 1. 05	27. 4. 77
Schilling, Matthias	15. 6. 05	26. 3. 77
Dr. Kapell, Nancy	1. 12. 05	22. 9. 73

Bayern

Bayerischer Verwaltungsgerichtshof München

Ludwigstr. 23, 80539 München
Postfach 34 01 48, 80098 München
Tel. (0 89) 21 30-0
Fax (0 89) 2 13 03 20
E-Mail: poststelle@vgh.bayern.de
www.vgh.bayern.de

Senate in Ansbach
Montgelasplatz 1, 91522 Ansbach
Tel. (09 81) 90 96-0
Fax (09 81) 90 96-99

1 Pr, 1 VPr, 18 VR, 48 R + 1 × $^2/_3$ R + 1 × $^1/_2$ R

Präsident

Hüffer, Rolf	1. 8. 02	3. 9. 45

Vizepräsident

Dr. Pongratz, Erwin	2. 12. 02	9. 10. 42

Vorsitzende Richterin/Vorsitzende Richter

Dr. Konrad, Horst	1. 6. 90	20. 6. 42
Dr. Festl, Elmar	22. 2. 94	18. 7. 43
Dr. Albrecht, Karl-Dieter	1. 4. 95	31. 5. 42
Thomas, Leonhard	20. 6. 95	12. 3. 43
Dr. Motyl, Monika	27. 10. 95	15. 8. 45
Dr. Schechinger, Helmut	4. 3. 96	5. 2. 45
Friedl, Josef	10. 1. 97	24. 12. 42
Renk, Helmut	1. 7. 98	24. 12. 42
Maunz, Rudolf	1. 1. 99	9. 3. 45
Happ, Michael	1. 10. 99	23. 6. 47
König, Helmut	3. 1. 01	8. 2. 48
Schaudig, Otto	30. 4. 01	5. 5. 49
Plathner, Christoph	1. 8. 01	6. 3. 42
Dr. Zimniok, Hans-Jürgen	28. 12. 01	21. 3. 49
Scheder, Johanens	2. 1. 03	6. 9. 46
Dr. Allesch, Erwin	2. 1. 03	7. 9. 50
Dr. Mayr, Christoph	1. 6. 05	12. 1. 53
Kersten, Stephan	1. 6. 05	26. 5. 54

Richterinnen/Richter

Haas, Rose, $^2/_3$	1. 5. 80	30. 9. 41
Franz, Gerd	1. 5. 80	2. 10. 41
Kiermeir, Georg	1. 1. 83	24. 10. 44
Fießelmann, Lothar	1. 4. 83	29. 12. 46
Heinl, Volkmar	1. 1. 84	30. 9. 44
Polloczek, Andreas	22. 12. 86	29. 5. 47
Graf zu Pappenheim, Alexander	24. 8. 90	27. 8. 48
Blank, Werner	11. 9. 90	30. 12. 43
Beuntner, Dieter	25. 6. 91	11. 11. 47
Waltinger, Heinrich	23. 5. 92	16. 12. 41
Guttenberger, Franz	1. 6. 92	14. 8. 49
Simmon, Norbert	2. 6. 92	30. 7. 46
Brandl, Konrad	1. 2. 93	21. 4. 45
Dr. Burger-Veigl, Ulrike	13. 9. 93	28. 12. 48
Abel, Klaus	2. 11. 93	20. 8. 47
Kögler, Peter	3. 1. 94	10. 9. 47
Krodel, Günter	9. 9. 94	5. 3. 49
Dr. Schenk, Rainer	9. 9. 94	25. 3. 50
Eich, Leonore	1. 4. 95	7. 5. 50
Dhom, Andreas	1. 4. 95	25. 1. 52
Priegl, Franz	17. 7. 95	13. 4. 51
Häring, Walter	31. 10. 95	28. 11. 51
Hösch, Edmund	15. 2. 96	13. 9. 55
Dr. Weber, Gerald	1. 11. 96	17. 10. 47
Traxler, Peter	30. 1. 97	25. 6. 49
Reinthaler, Walter	6. 6. 97	23. 8. 50
Adolph, Olgierd, abg.	14. 8. 98	20. 7. 53
Grote, Ramon	29. 12. 98	16. 2. 51
Dösing, Hans-Joachim	4. 1. 99	30. 11. 54
Bergmüller, Reinhard	7. 7. 99	24. 7. 55
Greve-Decker, Jutta, $^1/_2$	4. 8. 99	15. 4. 59
Dachlauer, Jürgen	11. 10. 99	17. 12. 49
Wünschmann, Jürgen	6. 6. 00	17. 11. 49
Rickelmann, Karin	3. 1. 01	7. 11. 56
Dr. Kraft, Ingo	15. 1. 01	2. 7. 61
Schmitz, Andreas	1. 2. 01	15. 11. 61
Dr. Zöllner, Dieter	16. 4. 02	1. 12. 58
Dr. Boese, Thomas	16. 4. 02	12. 4. 59
Grau, Harald	7. 10. 03	20. 3. 47
Petz, Helmut	20. 10. 03	26. 4. 57
Dr. Müller, Nikolaus	1. 10. 04	13. 4. 62
Ertl, Johann	1. 12. 04	9. 9. 55

Bayern **VwG**

Müller, Judith	1. 12. 04	13. 10. 61
Koch, Theresia	13. 6. 05	27. 12. 59
Herrmann, Robert	1. 8. 05	5. 9. 55
Eder, Michael	1. 8. 05	13. 3. 59
Röthinger, Bernhard	1. 8. 05	19. 11. 59
Senftl, Reinhard	1. 10. 05	17. 4. 58
Breit, Andrea	1. 10. 05	8. 4. 63
Dr. Langer, Stefan	1. 1. 06	5. 7. 59

Verwaltungsgerichte

Ansbach (Mittelfranken)
Promenade 24-28, 91522 Ansbach
Postfach 6 16, 91511 Ansbach
Tel. (09 81) 1 80 40, Fax (09 81) 1 80 42 71
E-Mail Pressestelle: poststelle@vg-an.bayern.de

1 Pr, 1 VPr, 11 VR, 22 R + 1 × ½ R

Präsident

Schmidt, Heribert	1. 4. 01	11. 1. 47

Vizepräsident

Weingarten, Reinhard	24. 7. 01	4. 10. 46

Vorsitzende Richterinnen/Vorsitzende Richter

Dr. Faßnacht, Annemarie	22. 1. 91	8. 11. 48
Nagel, Eckhard	5. 10. 92	21. 5. 47
Islinger, Hans	21. 3. 94	31. 12. 48
Müller, Wolfgang	23. 3. 94	30. 4. 48
Kohler, Gerhard	23. 3. 94	23. 11. 52
Fröba, Joachim	1. 8. 94	31. 1. 49
Dr. Voigt, Roland	1. 8. 94	8. 7. 51
Schmöger, Walter	16. 6. 95	8. 7. 46
Hugler, Werner	14. 5. 98	11. 3. 49
Förster, Günter	12. 1. 05	13. 3. 49
Stumpf, Rainer	3. 6. 05	22. 11. 49

Richterinnen/Richter

Opitsch, Willy	1. 9. 86	19. 3. 51
Graulich, Winfried	15. 4. 88	20. 3. 50
Heilek, Wolfgang	15. 4. 88	2. 10. 52
Engelhardt, Gerd	1. 5. 89	12. 10. 51
Lehner, Alois, ½	1. 1. 91	6. 4. 55
Klinke, Lothar	1. 4. 91	20. 11. 53
Bauer, Horst	23. 12. 91	6. 7. 50
Häberlein, Barbara	12. 5. 92	25. 10. 50
Kroh, Sonja	12. 5. 92	18. 4. 56
Kallert, Herbert	13. 5. 92	11. 6. 52
Abel, Sigrid	24. 3. 93	17. 10. 54
Rauch, Dieter	15. 6. 93	2. 8. 54
Kleinbold, Cornelia	1. 7. 93	12. 3. 56
Dr. Walk, Alexander	31. 12. 93	27. 4. 59
Deininger, Helmut	20. 11. 95	19. 7. 59

Ebert, Karl Heinz	17. 4. 97	24. 12. 43
Brunner, Nikolaus	1. 1. 98	15. 8. 51
Kranig, Thomas	1. 1. 98	18. 5. 54
Philipp, Hans-Peter	1. 2. 98	9. 1. 52
Burgdorf, Peter	23. 2. 98	16. 3. 59
Flechsig, Jörn	1. 4. 99	21. 2. 66
Reindl, Thilo, abg.	1. 12. 03	8. 11. 62
Frieser, Claudia	1. 1. 06	10. 6. 66

Augsburg
Kornhausgasse 4, 86152 Augsburg
Postfach 11 23 43, 86048 Augsburg
Tel. (08 21) 3 27 04
Fax (08 21) 3 27 31 49
E-Mail: Poststelle@vg-a.bayern.de
www.vg-a.bayern.de

1 Pr, 1 VPr, 5 VR + 1 × ½ VR, 7 R + 2 × ¾ R

Präsident

Moll, Ivo	13. 8. 04	7. 4. 50

Vizepräsident

Scheunemann, Bernd	9. 11. 98	19. 4. 45

Vorsitzende Richterinnen/Richter

Philipp, Jürgen	1. 6. 81	23. 7. 45
Warkentin, Gerd, ½	11. 6. 90	24. 2. 46
Leukhart, Klaus-Peter	9. 3. 95	9. 5. 46
Schabert-Zeidler, Beate	1. 9. 99	19. 10. 52
Schön, Jutta	1. 9. 99	25. 6. 55
Schrieder-Holzner, Hildegard	1. 6. 05	4. 7. 52

Richterinnen/Richter

Lorenz, Wolfgang	29. 9. 94	11. 7. 58
Zwerger, Dietmar	23. 12. 94	29. 10. 59
Leder, Georg	28. 12. 94	24. 9. 53
Leder, Evelyne	11. 8. 97	11. 6. 55
Bartholy, Christian	12. 8. 97	13. 5. 52
Dr. Endres, Andreas	28. 12. 00	29. 11. 63
Linder, Ingrid, ¾	1. 10. 01	11. 6. 62

Zwei Stellen für Richter am Verwaltungsgericht sind besetzt. Name und Personaldaten der Stelleninhaber sind nicht übermittelt worden.

Bayreuth
Friedrichstr. 16, 95444 Bayreuth
Postfach 11 03 21, 95422 Bayreuth
Tel. (09 21) 59 04-0
Fax (09 21) 59 04 50
E-Mail: poststelle@vg-bt.bayern.de
www.vg-bt.bayern.de

1 Pr, 1 VPr, 3 VR, 9 R + 2 × ½ R + 1 × 0,6 R

VwG Bayern

Präsident
Richter, Karl-Friedrich	1. 8. 96	20. 6. 46

Vizepräsident
Lindner, Rainer	4. 7. 02	11. 8. 43

Vorsitzende Richter
Lederer, Gerd	8. 3. 99	24. 12. 51
Schröppel, Otto	18. 4. 01	3. 8. 55
Stammberger, Bernd	22. 11. 02	28. 12. 57

Richterinnen/Richter
Holzinger, Gerhard	1. 9. 94	20. 1. 52
Schöner, Angelika, 1/2	1. 9. 96	31. 7. 61
Kaufmann, Angelika	1. 12. 96	31. 12. 54
Hohl, Hannelore	19. 9. 97	28. 5. 59
Dr. Wiesend, Gabriele, 3/5	30. 10. 97	29. 3. 56
Schrenker, Anna	1. 1. 98	19. 2. 57
Thurn, Christine, 1/2	13. 8. 99	28. 11. 56
Graß, Michael	19. 8. 99	21. 2. 59
Dr. Martini, Peter	15. 12. 03	2. 7. 65
König, Ernst	1. 12. 05	15. 2. 63

München
Bayerstr. 30, 80335 München
Postfach 20 05 43, 80005 München
Tel. (0 89) 51 43-0, Fax (0 89) 5 14 37 77
E-Mail : poststelle@vg-m.bayern.de

1 Pr, 1 VPr, 21 VR + 1 × 1/2 VR, 28 R + 1 × 2/3 R + 9 × 1/2 R

Präsident
Geiger, Harald	1. 6. 04	1. 4. 49

Vizepräsidentin
Walther, Birgit	16. 3. 00	12. 2. 49

Vorsitzende Richterinnen/Vorsitzende Richter
Heise, Günter	1. 1. 84	16. 1. 43
Wiens, Gerhard	19. 12. 89	27. 12. 46
Trautmann, Reinhold	24. 8. 90	24. 11. 43
Schiefer, Bernhard	8. 4. 91	26. 7. 45
Mauer, Wolfhard	21. 6. 93	1. 8. 42
Dr. Böss, Walter	21. 6. 93	12. 2. 45
Dr. Köppl, Peter	21. 6. 93	13. 9. 47
Witzel, Alexander	25. 3. 94	30. 3. 47
Kugele, Klaus	1. 10. 94	26. 3. 47
Ettlinger, Dietmar	23. 10. 95	14. 3. 47
Sauter-Schwarzmeier, Cornelia	23. 12. 96	16. 9. 49
Dr. Berberich, Volker	15. 6. 98	1. 7. 47
Pauli-Gerz, Marion	3. 8. 98	24. 12. 52
Blencke, Hans-Christian	11. 6. 99	31. 12. 47
Foerst, Gertraud, 1/2	4. 8. 99	19. 6. 50
Dr. Schenk, Friederike	4. 8. 99	11. 1. 55
Läpple, Peter	15. 4. 02	3. 5. 50
Dr. Köhler, Gerd-M.	15. 4. 02	11. 10. 50
von Fumetti, Albrecht	22. 4. 04	14. 10. 50
Dr. Decker, Andreas	22. 4. 04	29. 12. 60
Dr. Eidam, Thomas	20. 9. 04	2. 6. 52
Schaffrath, Rosa	20. 9. 04	18. 10. 53

Richterinnen/Richter
Kössing, Bruno	3. 1. 94	25. 6. 48
Bauer, Erwin	14. 12. 94	20. 4. 57
Hueber, Gabriele, 1/2	28. 2. 96	24. 8. 56
Dürig-Friedl, Cornelia, abg.	29. 2. 96	4. 7. 55
Schweinoch, Hans-Joachim	5. 12. 96	7. 7. 54
Herbert, Frank	16. 6. 97	21. 5. 55
Zollner-Niedt, Elisabeth	23. 7. 97	11. 9. 61
Klaus, Peter	8. 9. 97	25. 1. 57
Nuber, Josef	22. 9. 97	27. 1. 56
Kraus-Holitzka, Hannelore, 2/3	29. 10. 97	6. 8. 50
Lecker, Harald	10. 11. 97	9. 4. 60
Greger, Christine, 1/2	11. 3. 98	16. 7. 59
Krieger, Jutta, abg.	11. 3. 98	21. 3. 60
Eberle, Karin	6. 4. 98	26. 7. 54
Trutwig, Michael	14. 5. 98	30. 3. 45
Stadelmayr, Karl-Friedrich, abg.	15. 5. 98	31. 12. 53
Beck, Gertraud, 1/2	25. 6. 98	26. 5. 58
Notz, Ingeborg, 1/2, abg.	19. 8. 98	30. 5. 55
Stadlöder, Anton	19. 8. 98	2. 4. 60
Dihm, Daniel	1. 2. 99	27. 4. 58
Dr. Wolff, Dietmar	17. 3. 99	13. 10. 61
Freiherr von Gregory, Gregor, 2/3	1. 6. 99	10. 6. 62
Schmeichel, Peter	19. 8. 99	4. 6. 60
Katzer, Günter	24. 8. 99	15. 10. 60
Lindauer, Annemarie, 1/2	30. 8. 99	29. 3. 59
Gänslmayer, Peter	9. 12. 99	5. 4. 63
Dr. Köhler-Rott, Renate	1. 1. 00	8. 5. 63
Höger, Peter	28. 2. 00	22. 10. 61
Oswald, Johann	1. 7. 01	18. 8. 60
Dr. Dorsch, Gabriele, 1/2	29. 5. 02	22. 10. 61
Lotz-Schimmelpfennig, Sabine, 1/2	4. 6. 02	—
Zimmerer, Gerda, 1/2	16. 12. 02	20. 1. 63
Dr. Neumüller, Alexander	20. 12. 02	26. 7. 66
Dr. Wagner, Ludwig, abg.	1. 5. 03	24. 8. 64
Haider, Johann	1. 1. 04	7. 8. 57
Schöffel, Uwe	1. 3. 04	26. 1. 61
Braun, Michael	11. 10. 04	2. 9. 48
Dreher-Eichhoff, Gertraud	—	—
Klein, Mechthild, 1/2	(1. 2. 05)	6. 7. 62
Winter, Claudia, 1/2	(1. 2. 05)	9. 6. 62
Peltz, Heike	(1. 2. 05)	12. 12. 61

Bayern **VwG**

Dr. Sinner, Wolfgang,
  RkrA (15. 3. 05) 7. 4. 58
Scherl, Martina 19. 9. 05 18. 8. 65

Eine weitere Stelle für Richter am Verwaltungsgericht ist besetzt. Name und Personaldaten sind nicht übermittelt worden.

Regensburg
Haidplatz 1, 93047 Regensburg
Postfach 11 01 65, 93014 Regensburg
Tel. (09 41) 5 02 20, Fax (09 41) 5 02 29 99
E-Mail: poststelle@vg-r.bayern.de
www.vgh.bayern.de
Pressestelle: Tel. (09 41) 5 02 21 09
E-Mail: presse@vg-r.bayern.de

1 Pr, 1 VPr, 8 VR, 20 R + 3 × 1/2 R

Präsident
Dr. Martin, Klemens 1. 10. 01 20. 5. 42

Vizepräsident
Dr. Korber, Johann 7. 10. 99 26. 3. 50

Vorsitzende Richter
Fischer-Hüftle, Peter 1. 7. 92 21. 4. 46
Korter, Hans-Georg 25. 3. 94 22. 9. 44
Gombert, Rainer 4. 2. 00 13. 8. 48
Schindler, Karl-Heinz 15. 2. 00 13. 3. 48
Stadler, Günter 18. 8. 04 17. 5. 41
Nowak, Karl 18. 8. 04 14. 12. 49
Mages, Alfons 1. 2. 06 13. 7. 52

Eine weitere Stelle für Vorsitzende Richter am Verwaltungsgericht ist besetzt. Name u. Personaldaten sind nicht übermittelt worden.

Richterinnen/Richter
Fleischer, Roland, abg. 1. 12. 81 8. 10. 50
Seher, Bruno 1. 7. 83 12. 1. 45
Schießl, Franz 30. 6. 88 18. 6. 53
Dr. Thumann, Harald 1. 7. 93 7. 2. 59
Chaborski, Christoph 1. 8. 93 2. 5. 48
Mühlbauer, Eva, abg. 1. 10. 93 4. 7. 54
Michel, Andreas 1. 10. 94 14. 4. 55
Troidl, Reinhard 13. 4. 95 18. 9. 52
Dr. Lohner, Josef 4. 11. 96 10. 3. 55
Seign, Wolfgang 18. 3. 97 25. 10. 56
Habler, Karl 8. 4. 97 28. 3. 56
Käser, Peter 5. 11. 97 5. 4. 56
Götz, Michael 1. 12. 98 17. 7. 54
Dr. Hiltl, Gerhard — —
Beck, Angelika, 1/2 29. 1. 02 10. 11. 62
Dr. Jobst-Wagner,
  Gertraud, 1/2 29. 1. 02 31. 1. 63

Rosenbaum, Andrea 1. 8. 03 1. 2. 64
Dr. Hermann, Martin 4. 3. 05 3. 7. 61
Pfleger, Eva, 1/2, RkrA 1. 9. 05 11. 4. 66

Eine weitere Stellen für einen Richter am VG ist besetzt. Namen und Personaldaten sind nicht übermittelt worden.

Würzburg
Burkarderstr. 26, 97082 Würzburg
Postfach 11 02 65, 97029 Würzburg
Tel. (09 31) 4 19 95-0, Fax (09 31) 41 99 52 99
E-Mail: poststelle@vg-w.bayern.de
www.vgh.bayern.de/vgwuerzburg
E-Mail Pressestelle : presse@vg-w.bayern.de

1 Pr, 1 VPr, 5 VR, 12 R + 2 × 2/3 R + 1 × 1/2 R + 1 LSt (R)

Präsident
Dr. Schiffczyk, Klaus 1. 2. 05 19. 9. 48

Vizepräsident
Dr. Heermann, Werner 1. 2. 05 26. 3. 45

Vorsitzende Richter
Knauer, Ulrich 1. 2. 80 13. 5. 42
Schaefer, Ansgar 1. 9. 94 18. 3. 44
Dr. Haas, Günter 30. 7. 99 28. 9. 44
Dr. Dümig, Erwin 1. 6. 05 31. 3. 48
Stellwaag, Manfred 1. 11. 05 20. 12. 46

Richterinnen/Richter
Hoch, Hans-Joachim 1. 9. 79 14. 9. 46
Dr. Heberlein, Horst,
  abg. (LSt) 1. 5. 87 1. 6. 53
Emmert, Rudolf 1. 12. 90 16. 2. 56
Dr. Dehner, Friedrich 17. 7. 91 27. 11. 52
Gehrsitz, Elmar 25. 1. 93 11. 8. 56
Demling, Günter, abg. 15. 12. 94 24. 4. 56
Martin, Jürgen, abg. 9. 7. 96 27. 6. 61
Jeßberger-Martin,
  Christine, 2/3 19. 8. 96 13. 3. 57
Kolenda, Monika, 2/3 21. 8. 96 22. 3. 56
Graf, Isolde 6. 5. 97 29. 1. 56
Aboulkacem, Renate 31. 10. 97 17. 9. 56
Strobel, Hubert 4. 3. 99 28. 12. 61
Hansen, Thomas, 1/2 10. 4. 00 19. 5. 62

Richterinnen/Richter im Richterverhältnis auf Probe
Heinzeller, Korbinian 2. 2. 04 9. 10. 74
Lorenz, Michael 1. 3. 04 1. 6. 77
Ernst, Kathleen 15. 3. 04 21. 4. 77
Raible, Georg 1. 6. 04 21. 8. 73

VwG Berlin

Dr. Steiner, Irene	1. 7. 04	5. 8. 73
Dr. Gaß, Andreas	1. 8. 04	20. 3. 75
Nemetz, Sonja	1. 8. 04	2. 6. 78
Dr. Schübel-Pfister, Isabel	16. 8. 04	15. 10. 74
Mehringer, Rolf	1. 9. 04	10. 12. 75
Dr Zieglmeier, Christian	15. 9. 04	24. 12. 74
Unterreitmeier, Johannes	15. 9. 04	9. 8. 75
Müller, Anne-Marie	30. 12. 04	25. 3. 77
Kumetz, Michael	31. 1. 05	4. 8. 76
Peter, Melusine	31. 1. 05	24. 1. 77
Möhrlein, Kerstin	1. 2. 05	13. 3. 78
Walter, Karin	7. 2. 05	3. 9. 76
Oldag, Lars	13. 6. 05	24. 7. 77
Danner, Paula	24. 6. 05	28. 4. 70
Pongratz, Stefanie	1. 7. 05	9. 12. 77
Dr. Széchényi, Attila	1. 8. 05	10. 9. 74
Bröcker, Silke	1. 8. 05	24. 6. 76
Viefhaus, Christiane	1. 8. 05	27. 12. 76
Dr. Motsch, Thomas	16. 8. 05	30. 5. 76
Werner, Marlene	16. 8. 05	3. 4. 78
Bisle, Monika	16. 8. 05	16. 5. 79
Ell, Marcus	1. 9. 05	30. 7. 73
Dr. Hetzel, Hedda	1. 9. 05	29. 12. 73
Mallow, Michael	7. 12. 05	26. 4. 78
Obojkovits, Christian	2. 1. 06	29. 5. 78
Rötzer, Hans	1. 2. 06	12. 11. 76

Landesanwaltschaften

Landesanwaltschaft Bayern
Ludwigstr. 23, 80539 München
Postfach 34 01 48, 80098 München
Tel. (0 89) 21 30-2 80, Fax (0 89) 21 30-3 99
E-Mail: poststelle@la-by.bayern.de

1 GLA, 1 stVGLA, 8 OLA, 1 × 7/10 OLA +
1 × 1/2 OLA, 1 LA + 1 × 7/10 LA + 1 × 6/10 LA +
1 × 1/2 LA

Generallandesanwalt

Dr. Heckner, Wolfgang	1. 9. 02	23. 10. 45

Oberlandesanwalt als ständiger Vertreter des Generallandesanwalts

Mehler, Jochen	1. 1. 99	15. 4. 44

Oberlandesanwältinnen/Oberlandesanwälte

Dr. Beer, Robert, 1/2	1. 8. 96	13. 11. 47
Danner, Hans	1. 5. 97	2. 12. 47
Gerstner, Michael	1. 11. 00	27. 9. 48
Weishaupt, Hermann	1. 11. 00	9. 12. 61
Brückl, Silvia	1. 3. 01	13. 9. 52
Wiget, Maximilian	1. 10. 01	1. 5. 48
Meid, Volker	1. 11. 02	21. 6. 43
Siller, Karin, 7/10	1. 2. 02	12. 7. 58
Dr. Borgmann, Klaus	1. 3. 03	25. 7. 62
Dr. Riedl, Magnus	1. 4. 05	18. 11. 64

Landesanwältinnen

Widmann, Simone, 7/10	1. 7. 99	24. 9. 65
Richter, Sandra, 6/10	1. 2. 01	31. 1. 69
Vicinus, Barbara	2. 5. 01	18. 5. 63
Rehmsmeier, Sandra, 1/2	1. 12. 04	6. 9. 73

Landesanwaltschaft Bayern
Dienststelle Ansbach
Montegelasplatz 1
91522 Ansbach
Tel. (09 81) 90 96-56
Fax (09 81) 90 96-98
E-Mail: geschaeftsstelle.ansbach@la-by.bayern.de

1 LA

Landesanwältin

Kaiser, Sigrid	1. 1. 99	25. 8. 63

Berlin

Oberverwaltungsgericht Berlin-Brandenburg

Hardenbergstr. 31, 10623 Berlin
Tel. (0 30) 9 01 49-80, Fax (0 30) 9 01 49-88 08
1 Pr, 1 VPr, 10 VR, 30 R

Präsident

Kipp, Jürgen	2. 12. 02	25. 12. 46

Vizepräsident

Krüger, Henning	—	10. 9. 44

Vorsitzende Richterin/Vorsitzende Richter

Laudemann, Gerd	1. 4. 95	4. 7. 45
Schmidt, Jürgen	1. 8. 95	19. 4. 43
Fitzner-Steinmann, Hildegard	27. 3. 97	12. 11. 49
Monjé, Ulrich	15. 2. 99	2. 2. 44
Wolnicki, Boris	1. 5. 05	17. 2. 62

Berlin VwG

Schultz-Ewert, Reinhard	2. 5. 05	22. 12. 48
Dr. Korbmacher, Andreas	2. 5. 05	12. 1. 60

Richterinnen/Richter

Liermann, Jürgen, beurl.	4. 5. 77	5. 6. 42
Nebe, Johannes Ludwig	1. 1. 80	17. 4. 41
Silberkuhl, Birgit	24. 11. 80	19. 5. 42
Ehricke, Christiane	17. 4. 85	24. 12. 47
Prof. Frey, Helmut, beurl.	28. 6. 85	14. 3. 43
Seiler, Jürgen	30. 7. 85	1. 8. 45
Lehmkuhl, Thomas	—	—
Weber, Wilhelm	28. 8. 92	9. 12. 43
Dr. Broy-Bülow, Cornelia	28. 8. 92	20. 1. 52
Fieting, Roger	14. 8. 97	4. 2. 57
Merz, Dagmar	18. 8. 97	5. 1. 58
Dahm, Diethard	4. 9. 98	6. 9. 44
Leithoff, Ralf, abg.	1. 1. 99	4. 4. 62
Welzenbacher, Andreas, abg.	1. 10. 99	16. 10. 58
Buchheister, Joachim, abg.	1. 1. 00	16. 8. 63
von Lampe, Claudia, 1/2	1. 11. 00	17. 4. 64
Dr. Bodanowitz, Jan	1. 11. 00	11. 5. 66
Bath, Clemens	1. 12. 00	29. 9. 61
Scheerhorn, Christiane	1. 8. 02	7. 8. 61
Gaube, Gabriele	23. 1. 03	17. 7. 55
Apel, Kerstin	1. 5. 03	9. 4. 62
Hahn, Carsten	1. 5. 03	6. 6. 65
Dr. Jobs, Anselm Thorsten	1. 9. 03	14. 1. 68
Dr. Bumke, Ulrike	2. 8. 04	11. 2. 58
Plückelmann, Birgit, 1/2	2. 8. 04	27. 9. 59
Dr. Oerke, Alexander, abg.	2. 8. 04	26. 11. 61
Burchards, Donald	29. 3. 05	2. 6. 57
Dr. Raabe, Jörg	29. 3. 05	20. 5. 61
Dr. Blumenberg, Hildegard	1. 5. 05	14. 6. 62
Dr. Peters, Wilfried	1. 5. 05	6. 1. 63
Dr. Riese, Kai-Uwe	13. 6. 05	12. 6. 65

Verwaltungsgericht Berlin

Kirchstr. 7, 10557 Berlin
Tel. (0 30) 90 14-0, Fax (0 30) 90 14-87 90

1 Pr, 1 VPr, 35 VR, 60 R

Präsidentin

Xalter, Erna	3. 3. 06	17. 4. 61

Vizepräsident

Dr. Rueß, Hans-Peter	7. 3. 03	2. 3. 46

Vorsitzende Richterinnen/Vorsitzende Richter

Klebs, Jürgen, beurl.	8. 2. 79	28. 5. 41
Prof. Dr. Ortloff, Karsten-Michael	1. 4. 80	16. 10. 41
Hankow, Bert-Jürgen	1. 4. 81	29. 12. 41
Baring, Eike-Eckehard	1. 10. 81	16. 10. 43
Neumann, Reinhard	31. 3. 88	1. 5. 49
Gregor, Heidelore	29. 9. 88	22. 4. 44
Citron-Piorkowski, Renate	28. 3. 90	16. 9. 49
Peé, Klaus	22. 5. 91	8. 7. 42
Porath, Hans-Jörg	28. 8. 92	18. 11. 44
Weber, Johann	3. 9. 92	7. 5. 47
Reichert, Volker	29. 3. 93	1. 1. 49
Kiechle, Friedrich	29. 3. 93	30. 3. 52
Stender, Manfred	1. 4. 93	23. 9. 46
Keil, Martin, beurl.	3. 5. 93	6. 1. 50
Richter, Michael	25. 3. 94	12. 11. 50
MacLean, Percy	11. 11. 94	25. 1. 47
Wahle, Wolf-Dietrich	16. 12. 94	8. 12. 54
Wiekenberg, Heinrich	20. 2. 95	22. 11. 44
Pannicke, Helga	18. 4. 95	23. 5. 50
Schrage, Alfons	28. 6. 95	1. 4. 48
Schliebs, Gerhard	28. 6. 95	1. 6. 49
Wegener, Uwe	28. 6. 95	27. 11. 49
Rosenbaum, Detlef	18. 1. 96	1. 4. 51
Mager, Candida	30. 10. 96	10. 9. 46
Häner, Jürgen	14. 8. 97	5. 9. 53
Dr. Michaelis-Merzbach, Petra	29. 8. 97	23. 5. 58
Gau, Christian	29. 5. 98	13. 9. 53
Kiemann, Ulrich	29. 5. 98	14. 3. 54
von Alven-Döring, Annegret	29. 5. 98	11. 8. 55
Kunath, Norbert	22. 2. 01	17. 6. 47
Görlich, Michael	2. 3. 01	28. 5. 55
Dr. Schreyer, Edith	16. 1. 03	15. 3. 50
Wern-Linke, Sigrid	16. 1. 03	24. 8. 52
Lorenz, Wolfram	16. 1. 03	9. 11. 57
Schubert, Matthias	19. 12. 03	19. 3. 57
Calsow, Wolf-Dietrich, abg.	30. 4. 04	20. 11. 52
Dr. Heydemann, Christoph	29. 3. 05	10. 7. 62
Kipp, Astrid, abg.	29. 3. 05	14. 1. 63
Hennecke, Doris	13. 6. 05	11. 7. 60

Richterinnen/Richter

Plessner, Friedhelm	29. 9. 83	29. 8. 51
Böhme, Petra	4. 1. 86	17. 11. 53
Schmialek, Jürgen	13. 3. 89	26. 11. 55
Scharberth, Marlies, beurl.	1. 8. 90	18. 9. 58
Patermann, Andreas	2. 1. 92	18. 1. 59
Glowatzki, Lydia	16. 11. 92	12. 2. 61
Becker, Jürgen	16. 7. 93	14. 6. 61
Müller, Heidrun	16. 7. 93	26. 6. 62
Frömming, Verena, 3/4	4. 10. 93	1. 5. 60
Mehdorn, Birgit, abg.	3. 1. 94	21. 10. 58
Dr. Dithmar-Strehlau, Ulrike	1. 3. 94	30. 4. 63
Reisiger, Astrid	21. 3. 94	7. 3. 63

VwG Berlin

Name				
Sinner-Gallon, Dorothea, 3/4, abg.	30. 5. 94	11. 9. 62		
Dr. Droste, Thomas	4. 8. 94	8. 6. 59		
Reissenberger-Safadi, Olivia, beurl.	12. 8. 94	18. 5. 63		
Junker, Regina	2. 9. 94	7. 1. 57		
Goessl, Matthias, abg.	4. 10. 94	10. 7. 64		
Wein, Michael	13. 12. 94	12. 12. 59		
Groß, Barbara, 1/2	3. 4. 95	5. 2. 63		
Bartl, Raimund, abg.	3. 7. 95	3. 5. 59		
Boske, Jürgen	3. 7. 95	3. 12. 61		
Starke, Sylvia, 3/4	1. 9. 95	6. 10. 63		
Hagedorn, Peter, abg.	2. 10. 95	9. 7. 63		
Noordin, Sadru	9. 10. 95	4. 3. 63		
Dolle, Michael	12. 12. 95	14. 2. 56		
Böcker, Rudolf, abg.	15. 1. 96	21. 7. 62		
Wangenheim, Silvio	12. 2. 96	27. 2. 62		
Schmittberg, Rüdiger, abg.	1. 3. 96	8. 8. 59		
Kohl, Matthias, abg.	14. 3. 96	9. 4. 62		
Richard, Christian	10. 4. 96	14. 10. 65		
Prof. Dr. Lücking, Erika, abg.	30. 8. 96	16. 8. 64		
Fischer, Edgar, abg.	30. 8. 96	8. 9. 64		
Hoffmann, Frank	25. 10. 96	2. 8. 62		
Groscurth, Stephan, abg.	25. 10. 96	3. 1. 64		
Mueller-Thuns, Anne-Cathrin, 3/4	19. 12. 96	28. 5. 63		
Dr. Mueller-Thuns, Joerg, 3/4	6. 1. 97	3. 10. 61		
Grigoleit, Heike, 3/4	17. 2. 97	21. 1. 64		
Dicke, Christian	1. 4. 97	6. 12. 62		
Schaefer, Björn	8. 4. 97	11. 6. 62		
Prof. Hundt, Marion, 1/2	5. 5. 97	9. 2. 65		
Dr. Fischer, Manfred, abg.	24. 6. 97	3. 6. 60		
Keßler, Ulrich	10. 7. 97	6. 1. 64		
Künkel-Brücher, Renate Freifrau von Friesen, Renate, beurl.	16. 7. 97 13. 8. 97	13. 4. 65 9. 10. 65		
Erbslöh, Andrea, abg.	26. 9. 97	5. 4. 63		
Dr. Discher, Thomas	26. 9. 97	4. 7. 63		
Minsinger, Mauro	26. 9. 97	26. 8. 63		
Hofmann, Lothar	26. 9. 97	14. 11. 64		
Dr. Galler-Braun, Beate	3. 11. 97	29. 5. 65		
Maresch, Dirk	6. 1. 98	21. 8. 64		
Sieveking, Rosanna, beurl.	6. 1. 98	2. 12. 65		
Postel, Detlef	13. 2. 98	14. 4. 60		
Rüsch, Florian, 1/2	20. 3. 98	20. 5. 65		
Helfrich, Beate, 1/2	20. 3. 98	11. 4. 66		
Pfistner, Sebastian, abg.	—	—		
Erckens, Victor	20. 4. 98	21. 8. 64		
Schaefer, Simone, 2/3	6. 5. 98	9. 10. 67		
Dr. Schreier, Axel	10. 9. 98	13. 1. 66		
Bodmann, Bettina, 1/2	30. 11. 98	22. 6. 65		
Sawade, Uta, abg.	4. 1. 99	12. 8. 66		
Mitschke, Andreas	1. 10. 99	16. 7. 66		
Büdenbender, Elke, 1/2	2. 12. 99	14. 1. 62		
Dr. Marenbach, Ulrich	30. 5. 00	4. 4. 59		
Bähr, Gabriela, abg.	30. 5. 00	23. 9. 61		
Ringe, Matthias	10. 11. 00	15. 3. 66		
Engel, Anja	30. 11. 00	9. 7. 63		
Diefenbach, Ralf	12. 2. 01	27. 1. 68		
Marticke, Hans-Ulrich	30. 5. 01	9. 6. 59		
Sanchez de la Cerda, Julia, beurl.	5. 6. 01	7. 6. 71		
Tegtmeier, Jens Werner	2. 8. 01	23. 3. 70		
Niehues, Karen, 2/3	1. 10. 01	30. 6. 71		
Oestmann, Christian	5. 10. 01	17. 8. 65		
Schulte, Frank	5. 10. 01	21. 9. 69		
Dr. Seegmüller, Robert	22. 10. 01	24. 5. 69		
Amelsberg, Uwe	8. 2. 02	17. 2. 67		
Eiling, Stephan	8. 2. 02	19. 7. 69		
Samel, Kai-Christian	28. 2. 02	29. 10. 68		
Dr. Schlette, Volker	15. 5. 02	23. 6. 61		
Moebius, Isbella	31. 5. 02	6. 9. 68		
Reclam, Jürgen	5. 3. 03	22. 3. 72		
Hömig, Carsten	11. 12. 03	3. 9. 71		
Dr. Moll, Frank, abg.	8. 11. 04	30. 1. 67		
Dr. Gädeke, Michael, abg.	8. 11. 04	17. 3. 71		
Dr. Gamp, Stephanie, beurl.	9. 3. 05	31. 3. 73		
Uebel, Rautgundis	19. 9. 05	26. 1. 74		

Richterinnen/Richter im Richterverhältnis auf Probe

Seedorf, Esther, abg.	1. 9. 03	3. 4. 74		
Dr. Franke-Herlitz, Alexandra, abg.	1. 9. 03	5. 8. 74		
Weltz, Kerstin	6. 10. 03	22. 8. 73		
Bömer, Guido	1. 6. 04	27. 6. 72		
von Faber du Faur, Julia, 1/2	1. 7. 04	16. 10. 69		
Dr. Fätkinhäuer, Saskia	1. 7. 04	15. 4. 75		
Nipperdey, Kezia	19. 7. 04	16. 6. 75		
Dr. Bauer, Torsten	2. 8. 04	7. 5. 74		
Gaudernack, Dorothea	15. 3. 05	14. 6. 77		

Brandenburg

Oberverwaltungsgericht Berlin-Brandenburg

Siehe Berlin Seite 510.

Dr. Schulte, Elisabeth, beurl.	7. 4.05	28. 5.72
Scheiner, Torsten, abg.	16.12.05	20.11.72
Heinrich, Kathleen, beurl.	16.12.05	16. 5.77
Herrmann, Philipp, abg.	19.12.05	3. 5.74

Verwaltungsgerichte

Cottbus

Von-Schön-Straße 9 und 10, 03050 Cottbus
Tel. (03 55) 49 91-61 10
Fax (03 55) 49 91-6122
E-Mail: poststelle@vg-cottbus.brandenburg.de
www.vg-cottbus.brandenburg.de

1 Pr, 1 VPr, 5 VR, 17 R + 2 × ¹/₂ R, 1 × LSt

Präsident
Knuth, Andreas	1. 1.05	12. 3.56

Vizepräsident
Mühlenhöver, Georg	1. 6.96	16. 9.42

Vorsitzende Richterin/Vorsitzende Richter
Vogt, Matthias	1.11.00	13. 2.64
Koark, Andreas	1. 3.02	4. 8.58
Wirth, Petra	1. 5.03	14.11.62
Kluge, Johannes	1.11.03	16.12.67

Richterinnen/Richter
Werres-Bleidießel, Elisabeth, ¹/₂	2. 7.98	15. 7.60
Dr. Nocon, Gregor	1. 5.99	27. 3.67
Möller, Markus	1. 9.00	2. 6.68
Schrimpf, Agnes	3.11.00	3. 6.70
Dr. Koch, Andreas, abg.	6. 2.01	16. 7.68
Selmer-Neun, Sabine, ¹/₂, beurl.	1. 9.01	6.11.69
Menge, Christian	21. 1.02	16. 2.72
Krause, Romy	1. 3.02	19. 5.73
Appel, Katrin, beurl. (LSt)	10. 7.03	15. 2.74
Störmer, Michael, abg.	10. 7.03	9. 2.66
Jacob, Thomas	3. 3.04	4. 3.73
Zanetti, Vera-Maria	24. 3.04	26. 4.71
Böning, Alexander	1. 4.05	9.11.72
Dr. Röder, Claudia	5. 4.05	25. 9.73
Lewin, Hannah, abg.	6. 4.05	9. 9.71
Hentschel, Mandy, abg.	6. 4.05	20.11.72

Frankfurt (Oder)

Logenstr. 6, 15230 Frankfurt (Oder)
Tel. (03 35) 5 55 60
Fax (03 35) 5 55 61 88

1 Pr, 1 VPr, 6 VR, 25 R, 4 × ¹/₂ R, 2 LSt

Präsident
Dr. Roeser, Thomas	1. 8.99	25. 4.56

Vizepräsident
Fischer, Hartmut	1. 6.05	9. 9.48

Vorsitzende Richterin/Vorsitzende Richter
Schiefer, Dorothea	13. 1.81	1. 4.44
Lange, Thomas	2. 5.95	1. 3.57
Bergk, Ralph	1.10.96	2. 9.57
Kalmes, Manfred	1.11.00	24. 7.59
Möller, Jes Albert	1. 1.06	28. 9.61

Richterinnen/Richter
Prenzlow, Jörg-Thomas	1.10.94	1. 3.61
Krupski, Ralf	1.12.96	9. 4.59
Bierbaum, Martin	1. 4.97	4.11.64
Orthaus, Berthold	8. 7.97	6. 2.62
Dr. Hiester, Andreas	1.10.97	13. 7.65
Schauer, Jens	1.10.97	24. 9.65
Siemon, Dorothee, ¹/₂	6. 2.01	18. 2.69
von Seebach, Barbara, abg.	10. 8.01	18. 2.69
Panzer, Nicolai	8.10.01	6.12.69
Diesel, Karsten	1.11.01	27. 5.70
Janus, Johannes, abg. (LSt)	1. 3.02	16.12.67
Weiland, Ulrike	17. 4.02	5. 3.70
Bölicke, Thoralf	12. 7.02	30.11.70
Henze, Daniela, abg. (LSt)	28. 3.03	4. 6.72
Eidtner, Fabian	26. 5.03	10. 2.67
Petersen, Harald	9. 7.03	10. 3.65
Hempen, Thomas	9. 7.03	15. 5.70
Schröder, Martin	15. 7.03	1. 6.71
John, Alexander	4. 4.05	7. 5.71
Althans, Annett, ¹/₂	5. 4.05	25. 4.72

Potsdam

Allee nach Sanssouci 6, 14471 Potsdam
Tel. (03 31) 98 38-0, Fax (03 31) 23 32-4 80
www.vg-potsdam.brandenburg.de

Pressestelle:
Tel. (03 31) 23 32-3 08, Fax (03 31) 23 32-4 90
E-Mail : pressestelle@vg-potsdam.brandenburg.de

1 Pr, 1 VPr, 11 VR, 31 R + 2 × ½ R + 1 × ¾ R + 1 × ¼ R, 3 LSt

Präsident

Ladner, Claus Peter	29. 6. 93	5. 3. 45

Vizepräsident

Hohndorf, Kurt	—	—

Vorsitzende Richterinnen/Vorsitzende Richter

Hamm, Wilfried	29. 6. 93	25. 9. 50
Dr. Knippel, Wolfgang	29. 6. 93	17. 8. 53
Reimus, Volker	1. 1. 94	17. 12. 57
Vondenhof, Beate	29. 11. 95	25. 5. 56
Weiduschat, Ulrich	1. 7. 96	14. 8. 47
Steiner, Jürgen	1. 12. 96	17. 8. 60
Pauldrach, Udo	1. 10. 97	3. 5. 44
Mallmann-Döll, Hannelore	1. 10. 99	5. 4. 46
Dr. Deppe, Volker	1. 11. 00	3. 6. 54

Richterinnen/Richter

Kirkes, Wilfried	1. 12. 93	15. 4. 60
Dr. Rohn, Matthias	1. 3. 94	6. 11. 60
Pfennig, Peter	1. 10. 94	20. 12. 60
Hertel, Susanne	1. 10. 94	15. 2. 63
Dr. Semtner, Matthias	27. 3. 95	9. 12. 63
Rennert, Reinhard	18. 4. 95	26. 10. 61
Bastian, Birgit	28. 6. 95	10. 6. 62
Fischer, Petra	1. 1. 96	5. 10. 60
Stüker-Fenski, Bettina, ½	21. 3. 96	31. 5. 60
Goerdeler, Marianne, ¾	18. 4. 96	23. 2. 57
Dr. Pflügner, Ilona	1. 9. 96	17. 8. 57
Horn, Hartmut	1. 10. 96	24. 3. 60
Dr. Achenbach, Gudrun	1. 12. 96	28. 1. 66
Fischer-Krüger, Katrin, abg.	20. 1. 97	24. 5. 59
Dr. Wegge, Georg, abg.	2. 2. 97	12. 3. 61
Süchting, Yvonne, ½, beurl.	26. 3. 97	27. 10. 64
Möller, Christian	1. 10. 97	5. 2. 60
Lützow, Jörg	1. 10. 97	11. 12. 63
Weißmann, Jürgen	—	—
Roeling, Reiner	1. 10. 97	8. 7. 64
Tänzer, Haike	—	—
Langer, Ruben	1. 11. 97	28. 1. 64
Schott, Ingrid	1. 5. 98	18. 10. 60
Herrmann, Christine, beurl. (LSt)	21. 9. 98	3. 7. 65
Mast, Ekkehart, abg. (LSt)	—	—
Scharf, Matthias	21. 6. 99	28. 1. 67
Baumert, Marko, abg. (LSt)	1. 10. 99	26. 4. 63
Stricker, Heike	—	—
Degèle, Madeleine	1. 12. 00	26. 11. 70
Rudolph, Dagmar	9. 10. 01	27. 8. 69
Kaufhold, Philipp	1. 2. 02	20. 9. 67
Dr. Grohmann, Marc	1. 9. 02	16. 11. 68
Steinau, Winnie	24. 3. 04	12. 5. 75

Richterinnen/Richter im Richterverhältnis auf Probe

beim Verwaltungsgericht Cottbus :

Pellens, Hartmut	1. 10. 03	28. 7. 71

beim Verwaltungsgericht Frankfurt (Oder)

Holle, Ariane, ½	1. 3. 00	20. 5. 68
Heydorn, Susanne, ½	1. 8. 01	6. 4. 74

Bremen

Oberverwaltungsgericht der Freien Hansestadt Bremen

Am Wall 201, 28195 Bremen
Tel. (04 21) 3 61-21 90, Fax (04 21) 3 61 41 72
E-Mail: office@oberverwaltungsgericht.bremen.de
Pressestelle : Tel. (04 21) 3 61-41 93,
Fax (04 21) 3 61-41 72

1 Pr, 1 VPr, 4 R, 1 RR

Präsident

Stauch, Matthias	1. 4. 02	14. 7. 51

Vizepräsidentin

Dreger, Brigitte	21. 4. 95	18. 4. 43

Richter

Göbel, Michael	21. 8. 85	11. 5. 4?
Nokel, Dieter	12. 1. 87	14. 5. 4?
Dr. Grundmann, Martin	27. 5. 92	20. 7. 4?

Hamburg VwG

Alexy, Hans	31. 3. 93	27. 5. 52
Martensen, Ansgar, RR	1. 10. 05	15. 7. 60

Verwaltungsgericht

Bremen
Am Wall 201, 28195 Bremen
Tel. (04 21) 3 61-29 71
Fax (04 21) 3 61 - 67 97
E-Mail: office@verwaltungsgericht.bremen.de
Pressestelle: Tel. (04 21) 3 61-69 92,
Fax (04 21) 3 61-67 97

1 Pr, 1 VPr, 5 VR, 12 R + $^1/_2$ R + $^3/_4$ R

Präsident
Eiberle-Herm, Viggo	20. 1. 03	18. 7. 47

Vizepräsident
Kramer, Ingo	1. 10. 05	22. 3. 48

Vorsitzende Richter
Zimmermann, Heinz	27. 5. 92	10. 1. 42
Hülle, Hartmut	23. 11. 95	6. 6. 51

Wollenweber, Hans-Michael	27. 3. 03	12. 7. 57
Wehe, Eckhard	1. 10. 03	4. 7. 55
Ohrmann, Annette	1. 5. 04	25. 6. 63

Richterinnen/Richter
Gerke, Volker		15. 10. 76	29. 7. 44
Dr. Stuth, Sabine		1. 9. 93	19. 12. 53
Feldhusen-Salomon, Hannelore		16. 7. 94	22. 7. 55
Sommerfeld, Jürgen		16. 6. 95	20. 5. 57
Dr. Bauer, Carsten		16. 6. 95	4. 10. 57
Vosteen, Rainer		16. 6. 95	27. 7. 59
Traub, Friedemann		23. 9. 96	3. 11. 61
Hagedorn, Jörg		23. 9. 96	12. 2. 63
Dr. Lohmann, Torsten, abg.		17. 6. 99	21. 5. 61
Dr. Jörgensen, Meike, $^1/_2$		17. 6. 99	5. 8. 64
Dr. Benjes, Silke, $^3/_4$		1. 7. 99	26. 1. 63
Sperlich, Peter, abg.		17. 3. 00	14. 5. 65
Specht, Verena		17. 3. 00	20. 7. 68
Külpmaan, Christoph, abg.		1. 10. 04	21. 5. 72

Richter im Richterverhältnis auf Probe
Steinfatt, Gabriele	17. 10. 05	11. 8. 77

Hamburg

Hamburgisches Oberverwaltungsgericht

Lübeckertordamm 4, 20099 Hamburg
Tel. (0 40) 4 28 43-0
Fax (0 40) 4 28 43-72 19
E-Mail: Verwaltung@ovg.justiz.hamburg.de
Pressestelle:
Tel. (040) 4 28 43-76 77
Fax (040) 4 28 43-77 11
E-Mail: Pressestelle@ovg.justiz.hamburg.de

1 Pr, 2 VR, 8 R + 1 × $^1/_2$ R + 2 × $^3/_4$ R + 1 × $^9/_{10}$ R

Präsident
Dr. Gestefeld, Rolf	13. 9. 00	23. 1. 49

Vizepräsident
N. N.	—	—

Vorsitzende Richter
Pradel, Joachim	19. 6. 03	21. 10. 50
Korth, Lothar	25. 3. 04	15. 9. 46

Richterinnen/Richter
Pauly, Hanfried, $^3/_4$	26. 5. 82	13. 11. 42
Dr. Thies, Roswitha, $^1/_2$	1. 9. 83	24. 10. 44
Dr. Meffert, Klaus	1. 2. 85	7. 6. 43
Schulz, Ernst-Otto	1. 11. 90	20. 8. 50
Dr. Ungerbieler, Günther	8. 10. 91	22. 6. 52
Wiemann, Peter	19. 6. 92	2. 5. 47
Haase, Sabine, $^3/_4$	18. 9. 92	6. 5. 54
Probst, Joachim, $^9/_{10}$	30. 4. 93	27. 6. 53
Jahnke, Helmuth	3. 5. 93	24. 4. 49
Kollak, Thomas	18. 6. 93	12. 6. 47
Huusmann, Angelika	7. 9. 95	8. 1. 50
Sternal, Sonja	30. 8. 01	27. 12. 59
Niemeyer, Frank	28. 4. 06	29. 8. 62

Verwaltungsgericht

Hamburg
Lübeckertordamm 4, 20099 Hamburg
Tel. (0 40) 4 28 43-0
Fax (0 40) 4 28 43-72 19
E-Mail: poststelle@vg.justiz.hamburg.de
www.verwaltungsgericht.hamburg.de

Pressestelle:
Tel. (040) 4 28 43-76 77
Fax (040) 4 28 43-77 11
E-Mail: Pressestelle@ovg.justiz.hamburg.de

1 Pr, 1 VPr, 14 VR davon 1 UProf im 2. Hauptamt (LSt) + 1 × ½ VR, 37 R davon 7 × ½ R + 1 × ⅔ R + 1 × ¾ R, 2 LSt (R)

Präsident

Seifert, Klaus	13. 12. 04	26. 9. 48

Vizepräsident

Gramm, Helmut	—	—

Vorsitzende Richterinnen/Vorsitzende Richter

Knauf, Rüdiger-Ulrich	15. 12. 81	28. 9. 41
Prof. Dr. Ramsauer, Ulrich (UProf, 2. Hauptamt) (LSt)	12. 6. 86	11. 3. 48
Grube, Christian	1. 4. 89	6. 10. 44
Hardraht, Ulrike, ½	1. 5. 89	27. 1. 44
Meyer, Hans-Hinrich	21. 12. 90	11. 7. 51
Lenz, Ingeborg	—	—
Tomczak, Bernd-Dieter	28. 6. 91	27. 9. 48
Dr. Roggentin, Joachim-Mathias	18. 9. 92	31. 5. 46
Mehmel, Friedrich-Joachim	9. 9. 96	16. 1. 53
Dr. Rubbert, Susanne	12. 4. 01	29. 10. 55
Dr. Wehling, Gerd	29. 10. 01	11. 10. 44
Waniorek-Goerke, Gabriele	16. 6. 05	22. 1. 52
Dr. Laker, Thomas	23. 9. 05	10. 2. 56
Krüger, Sabine	13. 2. 06	16. 7. 54

Richterinnen/Richter

Dr. Nützel, Dagmar, beurl. (LSt)	29. 3. 78	25. 3. 44
Dr. Quast, Gerd	—	—
Farenholtz, Hans Hermann	15. 1. 80	19. 5. 47
Dr. Hernekamp, Karl	10. 10. 80	5. 11. 41
Dr. Lorenzen, Claus	2. 1. 82	21. 7. 51
Kämpf, Berthold	17. 9. 82	4. 5. 48
Haubold, Klaus	1. 6. 84	2. 6. 53
Wächter, Gudrun	—	—
Meins, Heiko	1. 3. 91	15. 1. 59
Engelhardt, Siegfried	—	—
Hölz, Dietrich	15. 5. 91	25. 1. 54
Schlöpke-Beckmann, Britta	1. 6. 92	20. 4. 61
Dr. Brümmer, Gisela	—	—
Langenohl, Katrin, ½	1. 8. 92	13. 6. 63
Meyer-Stender, Anja, ½	—	—
Dr. Ramcke, Udo	20. 11. 92	13. 7. 58
Dr. Möker, Ulf-Henning	1. 1. 94	18. 11. 60
von Paczensky, Carola	1. 4. 94	24. 5. 58
Thorwarth, Klaus, abg.	1. 4. 94	16. 3. 63
Dr. Greilinger-Schmid, Daniela	1. 7. 94	29. 6. 61
Dr. Kränz, Joachim	1. 8. 94	26. 5. 60
Carstensen, Heike, ⅔, abg.	—	—
Walter, Susanne	5. 10. 94	14. 2. 62
Larsen, Kaj Niels, abg.	21. 10. 94	16. 9. 54
Dr. Kraglund, Kirsten, ½	1. 4. 95	25. 6. 62
Büschgens, Veronika, ¾	—	—
Dr. Jackisch, Axel	12. 10. 95	1. 11. 61
Rigó, Kersten	1. 2. 96	22. 4. 63
Groß, Anne, ½, abg.	22. 3. 96	13. 6. 63
Dr. Daum, Brigitte	14. 6. 96	26. 1. 61
Graf von Schlieffen, Claus-Eckhardt	—	—
Meyer-Schulz, Monika, beurl. (LSt)	9. 9. 96	16. 1. 62
Albers, Heinz	9. 9. 96	16. 1. 62
Schulz-Monschau, Monika, beurl. (LSt)	4. 2. 97	30. 6. 63
Harfmann, Susanne, ½	14. 4. 97	28. 9. 63
Knierim, Sabine, ½	26. 9. 97	31. 5. 65
Bertram, Michael	—	—
Dr. Ruhrmann, Ulrike, ½	15. 6. 99	8. 4. 67
Busche, Jan, abg.	6. 4. 01	26. 6. 68
Dr. Borchardt, Stefanie	26. 5. 03	29. 12. 70

Richter im Richterverhältnis auf Probe am Verwaltungsgericht

Dr. Lambiris, Andreas	2. 2. 04	3. 9. 74
Dr. Delfs, Sören	15. 9. 04	22. 4. 71

Hessen

Hessischer Verwaltungsgerichtshof

Brüder-Grimm-Platz 1, 34117 Kassel
Tel. (05 61) 10 07-0
Fax (Gr. 1) 05 61/10 07-2 64
Pressestelle:
Tel. (05 61) 10 07-3 12
E-Mail:
Pressestelle@vgh-kassel.justiz.hessen.de
1 Pr, 1 VPr, 10 VR, 31 R (davon 1 UProf im 2. Hauptamt)

Präsident

Reimers, Wolfgang	1. 4. 02	26. 9. 45

Vizepräsident

Dr. Rothaug, Karl-Hans	1. 11. 05	11. 4. 51

Vorsitzende Richter

Dr. Teufel, Wolfgang	1. 8. 88	7. 3. 44
Dr. Schulz, Axel	28. 2. 95	17. 11. 42
Pieper, Eberhard	28. 2. 95	29. 3. 43
Blume, Eckehart	16. 4. 97	5. 4. 45
Dr. Lohmann, Hans-Henning	28. 6. 02	1. 2. 45
Höllein, Hans-Joachim	28. 6. 02	2. 12. 49
Dr. Zysk, Hartmut	1. 5. 04	13. 12. 45

Richterinnen/Richter

Thorn,	4. 12. 80	—
Hassenpflug, Klaus-Peter	29. 1. 82	29. 12. 44
Dr. Michel, Werner	1. 8. 87	28. 7. 45
Dr. Dyckmans, Fritz	2. 11. 87	29. 6. 49
Dr. Nassauer, Wilhelm	1. 2. 89	31. 12. 50
Schröder, Lutz	1. 4. 89	9. 1. 50
Igstadt, Volker	1. 8. 90	22. 7. 50
Dr. Dittmann, Thomas	1. 8. 91	16. 6. 51
Jeuthe, Falko	1. 1. 92	28. 4. 47
Dr. Apell, Günter	11. 9. 92	4. 7. 53
Dr. Bark, Thomas	8. 7. 93	29. 3. 49
Dr. Saenger, Michael	15. 7. 93	9. 7. 41
Heuser, Hans-Heinrich	21. 12. 93	9. 10. 54
Dr. Rudolph, Inge	21. 12. 93	28. 6. 57
Thürmer, Monika	19. 1. 95	1. 2. 56
Schott, Petra, beurl.	1. 1. 96	15. 4. 53
Prof. Dr. Fischer, Lothar	11. 6. 97	27. 8. 55
Fischer, Ruth	27. 6. 97	13. 11. 58
Schönstädt, Dirk	21. 12. 00	8. 9. 60
Schneider, Horst	15. 5. 02	18. 6. 55
Hannappel, Karin	15. 5. 02	30. 10. 55
Dr. Dietrich, Gunther	15. 5. 02	22. 5. 59
Lehmann, Katrin	10. 3. 03	6. 2. 57
Prof. Dr. Horn, Detlef	10. 3. 03	21. 9. 60
Dr. Jürgens, Gunther	1. 2. 04	14. 11. 56
Debus, Norbert	20. 12. 04	11. 2. 56
Seggelke, Rolf	1. 7. 05	12. 4. 61

Drei weitere Stellen für Richter am Verwaltungsgerichtshof sind besetzt. Namen und Personaldaten der Stelleninhaber sind nicht übermittelt worden.

Verwaltungsgerichte

Darmstadt

Havelstr. 7, 64295 Darmstadt
Postfach 11 14 50, 64229 Darmstadt
Tel. (0 61 51) 12-0
Fax (0 61 51) 12-60 49
E-Mail:
verwaltung@vg-darmstadt.justiz.hessen.de
presse@vg-darmstadt.justiz.hessen.de
www.vg-darmstadt.justiz.hessen.de
1 Pr, 1 VPr, 7 VR, 14 R + 2 × ¹/₂ R + 1 × ³/₄ R + 2 LSt (R)

Präsident

Dr. Urban, Richard	27. 11. 91	14. 2. 43

Vizepräsidentin

Wolski, Karin	26. 6. 02	3. 6. 50

Vorsitzende Richterinnen/Vorsitzende Richter

Lorenz, Wilfried	15. 7. 88	6. 2. 42
Molitor, Wolfram	18. 7. 88	20. 8. 44
Seidler, Sabine	14. 8. 91	20. 5. 44
Feisel, Dorothea	1. 12. 92	13. 6. 45
Hepp, Rainer	28. 3. 95	15. 8. 54
Domann-Hessenauer, Johanna	20. 12. 04	15. 9. 52

Richterinnen/Richter

Dr. Tischbirek, Ingrid	19. 10. 83	16. 5. 51
Patella, Stefan	15. 2. 89	2. 10. 51
Wallisch, Brigitte, ³/₄	15. 2. 93	26. 7. 59
Bangert, Jürgen	1. 10. 93	1. 5. 54
Brugger, Ulrike, ¹/₂	15. 8. 95	1. 8. 61
Lehmann, Peter	28. 12. 95	31. 3. 61

VwG   Hessen

Hinkel, Holger	1. 7. 96	21. 6. 65
Leye, Christiane, ½, abg. (LSt)	2. 8. 96	17. 9. 62
Dr. Dienelt, Klaus	1. 10. 96	11. 8. 64
Cezanne, Angelika	15. 11. 96	1. 10. 63
Markowski, Sigrun	1. 12. 96	2. 4. 65
Griebeling, Bernhard	1. 7. 97	12. 2. 65
Ruth, Klaus	1. 9. 97	20. 3. 62
Rabas-Bamberger, Adelheid	1. 8. 98	10. 9. 66
Gasper, Jürgen	1. 2. 00	4. 11. 60
Metz, Thomas Johannes, abg. (LSt)	1. 11. 01	4. 9. 68
Kauß, Barbara, ½	1. 11. 02	24. 1. 66

Eine weitere Stelle für Vorsitzende Richter und zwei weitere Stellen für Richter sind besetzt. Namen und Personaldaten der Stelleninhaber sind nicht übermittelt worden.

Frankfurt am Main

Adalbertstr. 44–48, 60486 Frankfurt am Main
Postfach 90 04 36, 60444 Frankfurt am Main
Tel. (0 69) 13 67-01
Fax (0 69) 13 67 85 21
Pressestelle:
Tel. (0 69) 13 67-85 80
Fax (0 69) 13 67-60 65
E-Mail:
pressestelle@vg-frankfurt.justiz.hessen.de

1 Pr, 1 VPr, 11 VR, 35 R, 2 LSt

Präsident

Dr. Stahl, Reiner	12. 12. 01	9. 5. 43

Vizepräsidentin

Buchberger, Elisabeth	21. 12. 93	17. 12. 50

Vorsitzende Richterin/Vorsitzende Richter

Wittchen, Werner	1. 3. 90	29. 7. 46
Reul, Wolfgang	1. 12. 93	4. 6. 47
Oehm-Neidlein, Margrit	1. 12. 94	23. 9. 49
Leinbach, Lutz	17. 7. 96	26. 2. 50
Mogk, Hans Ulrich	1. 2. 01	2. 9. 53
Dr. Huber, Berthold	17. 9. 04	15. 5. 48

Fünf weitere Stellen für Vorsitzende Richter sind besetzt. Namen und Personaldaten der Stelleninhaber sind nicht übermittelt worden.

Richterinnen/Richter

Dr. Dr. Tiedemann, Paul	1. 4. 81	14. 8. 50
Breunig, Norbert	1. 6. 81	23. 1. 45
Pütger, Waltraud	2. 1. 82	27. 11. 51
Roth, Beate	4. 11. 85	—
Steier, Clemens	29. 9. 86	14. 2. 52

Dr. Lüdecke, Horst	1. 12. 88	16. 10. 43
Reutter-Schwammborn, Gabriele	1. 8. 89	13. 12. 57
Gegenwart, Andreas	2. 1. 92	22. 1. 57
Janßen, Dietmar	1. 4. 92	11. 12. 57
Förster, Gabriele	26. 7. 93	3. 10. 61
Ott, Petra	4. 10. 94	11. 1. 62
Grün, Carsten	2. 12. 94	14. 7. 62
Liebetanz, Stefan	11. 5. 95	9. 4. 63
Wilke, Andrea	21. 6. 95	5. 2. 57
Dr. Rachor, Frederik	1. 8. 95	9. 10. 59
Ottmüller, Eva	1. 2. 96	4. 10. 62
Tanzki, Holger	1. 9. 96	27. 3. 54
Rauschenberger, Heike	15. 10. 96	1. 12. 59
Wagner, Ulrich	1. 6. 97	10. 4. 63
Dr. Burkholz, Bernhard	1. 1. 99	7. 6. 56

11 weitere Stellen für Richter am Verwaltungsgericht sind besetzt. Namen und Personaldaten der Stelleninhaber sind nicht übermittelt worden.

Gießen

Marburger Straße 4, 35390 Gießen
Postfach 11 14 30, 35359 Gießen
Tel. (06 41) 9 34-0
Fax (06 41) 9 34-40 03
E-Mail:
Verwaltung@vg-giessen.justiz.hessen.de

1 Pr, 1 VPr, 8 VR, 25 R + ⅔ R + 1 LSt

Präsident

Dr. Fritz, Roland	21. 10. 02	2. 12. 47

Vizepräsident

Dr. Gerster, Rainald	01. 10. 05	06. 01. 60

Vorsitzende Richter

Hänsel, Gerald	1. 12. 92	23. 9. 50
Hornmann, Gerhard	1. 12. 92	24. 3. 52
Spies, Ulrich	22. 6. 93	12. 7. 49
Dr. Preusche, Burkhard	22. 12. 93	10. 9. 43
Ruthsatz, Reinhard	9. 8. 94	13. 11. 52
Pertek, Wolfgang	5. 11. 01	29. 12. 51
Dr. Göbel-Zimmermann, Ralph	1. 1. 04	4. 4. 57
Dr. Horn, Oliver	20. 12. 04	24. 07. 59

Richterinnen/Richter

Schirra, Peter	1. 4. 92	2. 10. 56
Dr. Krekel, Klaus	1. 7. 93	3. 2. 56
Dr. Ferner, Hilmar	1. 1. 93	21. 5. 60
Heer, Ingrid	2. 9. 94	12. 3. 57
Kniest, Thomas, abg.	1. 11. 94	31. 7. 58
Bodenbender, Werner	1. 7. 95	4. 9. 59
Deventer, Renate	26. 9. 95	5. 5. 62

Hessen **VwG**

Kröger-Schrader,		
Cordelia	5. 2. 96	5. 10. 64
Karber, Bernd	24. 8. 96	9. 10. 62
Elser, Roland	7. 12. 96	27. 5. 61
Höfer, Andreas	20. 12. 96	25. 4. 63
Zickendraht, Beate	1. 1. 97	6. 4. 64
Dr. Funk, Sabine	12. 5. 97	13. 11. 63
Metzner, Mathias, abg.	16. 1. 98	27. 6. 64
Schmidt, Sylvia, abg.	15. 6. 98	28. 1. 66
Schmidt, Helmut	17. 11. 98	16. 12. 62

Acht weitere Stellen für Richterinnen bzw. Richter sind besetzt. Namen und Personaldaten der Stelleninhaber sind nicht übermittelt worden.

Kassel

Tischbeinstr. 32, 34121 Kassel
Postfach 10 38 69, 34038 Kassel
Tel. (05 61) 10 07-0, Fax (Gr. 1) 05 61/1 00 71 65
E-Mail: verwaltung@vg-kassel.justiz.hessen.de

1 Pr, 1 VPr, 5 VR, 16 R (1 × 1/2 R), 1 LSt

Präsident

Dr. Remmel, Johannes	20. 12. 04	3. 12. 52

Vizepräsident

Löffel, Ulrich	1. 8. 88	21. 11. 43

Vorsitzende Richter

Töpfer, Hans-Günter	26. 6. 86	23. 8. 41
Schäfer, Stefan	24. 11. 92	12. 8. 53
Heidemann, Uwe	1. 8. 93	12. 3. 49
Barke, Ottmar	1. 12. 99	24. 1. 52
Kremer, Manfred	15. 7. 02	4. 8. 46

Richterinnen/Richter

Wintersperger, Reinhard	1. 3. 79	28. 3. 47
Spillner, Matthias	1. 1. 91	4. 10. 58
Siedler, Hardy	6. 1. 92	18. 2. 56
Siegner, Gerda	1. 2. 92	29. 12. 56
Dr. Schnell, Günter	27. 3. 93	4. 11. 61
Zahn, Wolfgang	18. 11. 93	6. 2. 65
Küllmer, Uwe	14. 10. 94	24. 2. 63
Lohmann, Christine, 1/2	2. 1. 95	20. 9. 65
Steinberg, Uwe	10. 2. 95	18. 12. 58
Wanner, Horst	16. 3. 95	4. 3. 60
Dr. Müller-Schwefe,		
Michael	28. 6. 95	19. 8. 48
Nieuwenhuis, Bettina	1. 9. 95	28. 1. 55
Dr. Sens-Dieterich, Karin,		
beurl.	4. 2. 96	6. 6. 63
Dr. Schütz, Olaf	1. 8. 98	11. 10. 65
Dr. Lambrecht, Ute	2. 4. 99	20. 9. 65
Bohn, Claudia	3. 9. 99	3. 11. 65
Reiße, Martina	13. 9. 99	4. 6. 67

Wiesbaden

Konrad-Adenauer-Ring 15, 65187 Wiesbaden
Postfach 57 66, 65047 Wiesbaden
Tel. (06 11) 32-0
Fax (06 11) 32-31 11
www.vg-wiesbaden.justiz.hessen.de
Presse: presse@vg-wiesbaden.justiz.hessen.de

1 Pr, 1 VPr, 6 VR, 18 R, 1 LSt (VR), 1 LSt (R)

Präsident/in

Rechenbach, Dagmar	17. 3. 06	—	

Vitzepräsident/in

N. N.		—	—

Vorsitzende Richterinnen/Vorsitzende Richter

Dr. Kögel, Manfred	1. 10. 80	6. 6. 44
Dr. Kruchen, Günter	1. 4. 86	15. 5. 45
Dr. Schneider, Winfried	13. 11. 89	2. 9. 51
Kraemer, Ursula	15. 2. 94	25. 12. 52
Schild, Hans-Hermann	11. 8. 94	4. 3. 56
Klingspor, Jutta	18. 1. 00	22. 7. 49

Richterinnen/Richter

Merkel, Ute	23. 5. 78	16. 10. 47
Häuser, Horst	1. 4. 81	9. 12. 46
Georgen, Ferdinand	1. 1. 83	16. 3. 49
Hartmann, Rolf	11. 9. 87	9. 10. 55
Birk, Alexander	1. 12. 88	17. 5. 55
Schild, Jutta, 3/4	1. 4. 90	11. 2. 58
Habel, Jürgen	9. 10. 91	11. 7. 57
Wolters, Jutta, 1/2	27. 5. 93	23. 11. 54
Walther, Harald	23. 6. 93	7. 4. 58
Dr. Wartusch, Hans-		
Günther	1. 8. 93	7. 9. 57
Ehrmanntraut, Michael,		
abg.	1. 10. 93	6. 10. 58
Zeimetz-Lorz, Birgit,		
MdL (LSt)	3. 12. 93	23. 8. 60
Evers, Patricia	17. 6. 94	18. 12. 62
Dr. Diehl, Rafaela	1. 6. 95	22. 9. 55
Jakobi, Annette	15. 6. 96	5. 7. 64
Grünewald-Germann,		
Sybille, 3/4	10. 7. 96	29. 5. 63

Weitere Stellen sind besetzt. Namen und Personaldaten der Stelleninhaber sind nicht übermittelt worden.

Richterinnen/Richter auf Probe bei den Verwaltungsgerichten

Zundel, Andrea	2. 8. 99	2. 11. 70
Hofmann, Andreas	10. 4. 00	22. 11. 68
Vogt-Beheim, Carmen	17. 7. 00	19. 4. 66

Mecklenburg-Vorpommern

Oberverwaltungsgericht Mecklenburg-Vorpommern

Domstr. 7, 17489 Greifswald
Tel. (0 38 34) 8 90 50
Fax (0 38 34) 89 05 39/6 62
E-Mail: verwaltung@ovg-greifswald.mv-justiz.de

1 Pr, 1 VPr, 2 VR, 7 R + 2 LSt für UProf. im weiteren Hauptamt

Präsidentin

Kohl, Hannelore	1. 3. 97	19. 10. 48

Vizepräsident

Sauthoff, Michael	1. 7. 03	13. 1. 54

Vorsitzender Richter

Tiedje, Wolfgang	15. 12. 93	23. 6. 49

Richterinnen/Richter

Redeker, Martin	1. 4. 96	22. 8. 61
ter Veen, Dorothea	9. 10. 00	7. 9. 62
Schipper, Kerstin	9. 10. 00	31. 3. 64
Sperlich, Klaus	1. 7. 03	20. 9. 62

Verwaltungsgerichte

Greifswald

Domstr. 7, 17489 Greifswald
Tel. (0 38 34) 8 90 50
Fax (0 38 34) 89 05 28
E-Mail: verwaltung@vg-greifswald.mv-justiz.de

1 Pr, 1 VPr, 5 VR, 14 R

Präsidentin

Aussprung, Ursula	18. 3. 02	25. 5. 55

Vizepräsident

Dr. Kronisch, Joachim	4. 5. 01	4. 10. 59

Vorsitzende Richter

Seppelt, Christoph	31. 7. 98	7. 9. 60
Hünecke, Harald	4. 5. 99	22. 7. 62
Bruksch, Holger	9. 10. 00	2. 9. 57
Corsmeyer, Ekkard	9. 10. 00	12. 3. 59

Richterinnen/Richter

Humke, Reinhard	16. 2. 94	30. 10. 61
Hirtschulz, Meike, 3/4	30. 1. 95	14. 6. 62
Stratmann, Gerd	30. 5. 96	12. 6. 62
Pohlenz, Stephan, abg.	3. 6. 96	1. 8. 61
Tank, Arne	20. 12. 96	24. 1. 64
Dr. Amelsberg, Hajo	19. 8. 97	24. 3. 64
Rosenberger, Dirk	19. 8. 97	20. 7. 64
Becker, Dag	6. 5. 98	28. 12. 64
Böhmann, Holger	20. 1. 00	13. 11. 66
Redeker, Ralf, abg.	26. 1. 01	6. 4. 65
Friesecke, Astrid	2. 3. 01	8. 11. 66
Thews, Petra	3. 2. 02	22. 8. 64
Kalhorn, Stefan	23. 5. 03	12. 5. 71

Schwerin

Wismarsche Str. 323, 19055 Schwerin
Tel. (03 85) 5 40 40, Fax (03 85) 5 40 41 14/1 15
E-Mail: verwaltung@vg-schwerin.mv-justiz.de

1 Pr, 1 VPr, 7 VR, 18 R

Präsident

Dr. Hobbeling, Erich	17. 8. 92	3. 9. 43

Vizepräsident

Wittchow, Günter	1. 7. 94	11. 4. 54

Vorsitzende Richterin/Vorsitzende Richter

Schmidt, Uwe	18. 11. 93	10. 10. 47
Ring, Wolf-Michael, abg.	9. 9. 98	2. 4. 60
Piepel, Rita	9. 10. 00	13. 9. 57
Skeries, Michael	12. 7. 02	3. 1. 63
Nickels, Sven, abg.	9. 6. 05	28. 10. 63
Voetlause, Christoph	21. 10. 05	1. 2. 63

Richterinnen/Richter

Körber, Rainer	—	—
Witt, Petra	9. 2. 93	3. 2. 58
Kayser, Susanne, 1/2	18. 9. 93	6. 11. 58
Graßhoff, Elke	7. 1. 94	3. 8. 61
Preuß, Frank	15. 8. 94	29. 5. 60
Kreutz, Annemarie, 1/2	8. 5. 95	9. 6. 46
Loer, Burkhard	8. 5. 95	14. 11. 59
Kellner, Ingbert	3. 6. 96	14. 3. 63
Tiemann, Sabine, 1/2	14. 3. 97	22. 1. 64
Wessel, Bettina	10. 10. 97	10. 10. 61
Röh, Bernd	10. 10. 97	19. 12. 61
Schmitz, Dietmar	10. 8. 98	1. 3. 64
Sator, Frank Otto	10. 8. 98	8. 5. 65
Bentrup, Silke	1. 9. 98	23. 8. 68

Dr. Koll, Jürgen	16. 9. 98	11. 5. 55	Rühling, Michael	1. 7. 03	1. 11. 71
Lüdtke, Jan Michael	16. 2. 99	27. 3. 59	Dr. Haustein, Almut	1. 7. 03	18. 3. 74
			Lotz, Ute, beurl.	1. 7. 03	13. 6. 74

Richterinnen/Richter im Richterverhältnis auf Probe

Pfau, Sabine	2. 4. 02	25. 7. 68	Bendlin, Kerstin	1. 7. 03	5. 8. 76
Dr. Mahlburg, Stefan	1. 7. 03	23. 2. 67	Krasemann, Detlef	7. 7. 03	19. 2. 75
			Dr. Weichbrodt, Alexander	15. 2. 05	14. 3. 75

Niedersachsen

Niedersächsisches Oberverwaltungsgericht

Uelzener Str. 40, 21335 Lüneburg
Postfach 23 71, 21313 Lüneburg
Tel. (0 41 31) 7 18-0
Fax (0 41 31) 7 18-2 08
E-Mail: Verwaltung@OVG-LG.niedersachsen.de
www.oberverwaltungsgericht.niedersachsen.de
Pressestelle: Tel. (0 41 31) 7 18-187
E-Mail:
Juergen.Rettberg@OVG-LG.niedersachsen.de

1 Pr, 1 VPr, 9 VR, 24 R + 2 LSt f. UProf im 2. Hauptamt + 4 Hilfsstellen R 1

Präsident

Dr. van Nieuwland, Herwig	9. 3. 00	25. 3. 52

Vizepräsidentin

Meyer, Ilsemarie	22. 8. 05	27. 3. 53

Vorsitzende Richter

Dr. Heidelmann, Dieter	14. 12. 92	15. 7. 46
Reisner, Thomas	5. 6. 98	17. 12. 42
Dr. Jenke, Hans-Joachim	5. 6. 98	13. 12. 44
Ballhausen, Wolfgang	24. 8. 01	24. 2. 50
Kalz, Wolfgang	5. 6. 03	19. 3. 47
Munk, Michael	2. 2. 04	10. 12. 47
Dr. Claaßen, Max-Peter	7. 5. 04	3. 7. 51
Dr. Peschau, Hans-Hermann	27. 1. 06	2. 3. 51

Richterinnen/Richter

Dr. Uffhausen, Karsten	9. 2. 81	21. 12. 41
Nelle, Karl-Christian	9. 2. 81	25. 2. 42
Prof. Dr. Petersen, Volkert	21. 10. 87	16. 8. 46
Willikonsky, Klaus	3. 10. 88	14. 4. 50
Dr. Rettberg, Jürgen	29. 1. 92	29. 3. 49
Claus, Sören	31. 8. 92	4. 1. 53
Vogel, Birgitt	7. 4. 93	21. 10. 52
Dr. Berner-Peschau, Almut, ½	4. 5. 93	29. 6. 53
Bremer, Wolfgang	11. 4. 94	3. 12. 52
Meyer-Lang, Jürgen	11. 4. 94	1. 6. 54
Schiller, Bernd	31. 8. 95	19. 8. 52
Schmidt, Hans-Jochen	23. 4. 97	8. 9. 55
Muhsmann, Dieter	24. 2. 99	10. 5. 55
Bremer, Heike	24. 2. 99	9. 12. 57
Dr. Möller, Knut	28. 6. 02	24. 2. 60
Prof. Dr. Waechter, Kay (UProf, 2. Hauptamt) (LSt)	6. 8. 03	26. 11. 54
Prof. Dr. Mann, Thomas (UProf, 2. Hauptamt) (LSt)	6. 8. 03	12. 2. 63
Volk, Holger	15. 4. 04	5. 5. 59
Kurbjuhn, Kristofer	15. 4. 04	27. 2. 64
Dr. Burmeister, Günter, abg.	22. 12. 04	21. 3. 60
Tröster, Silke	22. 12. 04	17. 12. 63
Wermes, Richard	16. 6. 05	19. 6. 63
Schütte, Dieter	21. 6. 05	25. 6. 61
Malinowski, Jörg	9. 11. 05	25. 10. 61
Tscherning, Stefan	9. 11. 05	27. 7. 64

Verwaltungsgerichte

Braunschweig

Am Wendentor 7, 38100 Braunschweig
Postfach 47 27, 38037 Braunschweig
Tel. (05 31) 4 88-30 00
Fax (05 31) 4 88-30 01
E-Mail: Verwaltung@vg-bs.niedersachsen.de
www.verwaltungsgericht-braunschweig.niedersachsen.de
Pressestelle: Tel. (05 31) 4 88-30 18
E-Mail:
Torsten.Baumgarten@vg-bs.niedersachsen.de

1 Pr, 1 VPr, 6 VR, 19 + ½ R

VwG Niedersachsen

Präsident
Büschen, Christian   18. 7. 05   3. 3. 48

Vizepräsident
N. N.   —   —

Vorsitzende Richterinnen/Vorsitzende Richter
Hirschmann, Hans-Ullrich   25. 5. 81   20. 12. 41
Bockemüller, Jürgen   31. 8. 81   11. 10. 46
Zschachlitz, Ulrike   15. 10. 90   26. 6. 48
Bartsch, Wolfgang   23. 11. 01   25. 1. 54
Müller-Fritzsche, Erich   17. 7. 02   14. 6. 55
Schlingmann-Wendenburg,
  Ulrike, 4/5   5. 8. 02   12. 9. 54

Richterinnen/Richter
Krause, Hans-Georg   30. 10. 84   23. 4. 54
von Krosigk, Gebhard   1. 10. 87   5. 5. 55
Wagner, Karl-Heinrich   4. 12. 92   3. 7. 56
Hachmann, Rainer   4. 3. 93   4. 12. 59
Schwarz, Holger   1. 3. 94   2. 12. 54
Drinhaus, Barbara, 2/3   5. 4. 94   12. 4. 62
Köhler, Elisabeth   5. 12. 94   17. 2. 60
Struckmeier, Carola, 2/3   7. 9. 95   14. 11. 64
Dr. Nagler, Matthias   19. 11. 96   17. 5. 63
Meyer, Harald-Dirk   1. 2. 97   8. 6. 64
Dr. Struß, Stephan   17. 3. 97   22. 8. 62
Dr. Allner, Uwe   17. 11. 97   28. 11. 60
Dr. Baumgarten, Torsten   17. 11. 97   5. 4. 63
Düfer, Angelika, 2/3   2. 3. 98   19. 1. 64
Karger, Astrid   1. 3. 05   2. 6. 71
Brüggeshemke, Irina   4. 7. 05   5. 7. 74

Göttingen
Berliner Str. 5, 37073 Göttingen
Postfach 37 65, 37027 Göttingen
Tel. (05 51) 4 03-0, Fax (05 51) 4 03-20 00
E-Mail: Verwaltung@vg-goe.niedersachsen.de
www.verwaltungsgericht-
goettingen.niedersachsen.de
Pressestelle: Tel. (05 51) 4 03-20 17
E-Mail:
Hannelore.Kaiser@vg-goe.niedersachsen.de

1 Pr, 1 VPr, 2 VR, 9 R

Präsidentin
Kaiser, Hannelore   28. 9. 00   12. 6. 53

Vizepräsident
Prilop, Helmut   8. 6. 01   21. 1. 50

Vorsitzende Richter
Lichtenfeld, Ulf   31. 8. 92   11. 4. 54
Ufer, Michael-Rainer   13. 8. 02   20. 5. 57

Richterinnen/Richter
Dr. Richtberg, Harald   5. 6. 90   14. 5. 55
Rühling, Immo   3. 8. 92   13. 1. 57
Lenz, Olaf   1. 3. 93   21. 8. 59
Faupel, Birgit, abg.   11. 3. 94   7. 9. 60
Dr. Wenderoth, Dieter   1. 4. 94   7. 10. 58
Pardey, Ralf   21. 4. 95   5. 12. 62
Dr. Rudolph, Lothar   25. 1. 96   5. 10. 57
Schneider, Susanne   3. 4. 96   27. 12. 60
Habermann, Christiane, 1/2   16. 1. 97   22. 12. 61

Hannover
Eintrachtweg 19, 30173 Hannover
Postfach 61 22, 30061 Hannover
Tel. (05 11) 81 11-0
Fax (05 11) 81 11-1 00
E-Mail: Verwaltung@vg-h.niedersachsen.de
www.verwaltungsgericht-
hannover.niedersachsen.de
Pressestelle: (05 11) 81 11-1 08
E-Mail: Ingo.Behrens@vg-h.niedersachsen.de

1 Pr, 1 VPr, 10 VR, 28 R

Präsident
N. N.   —   —

Vizepräsidentin
Merz-Bender, Brigitte   22. 4. 97   10. 6. 50

Vorsitzende Richterinnen/Vorsitzende Richter
Schmidt-Vogt, Klaus-Peter   5. 4. 91   23. 4. 43
Reccius, Werner   5. 4. 91   27. 6. 48
Wilcke, Klaus   3. 12. 99   24. 6. 48
Littmann, Klaus-Uwe   23. 11. 01   27. 12. 50
Behrens, Ingo   23. 11. 01   10. 8. 62
Dr. Hüper, Otto   15. 4. 02   2. 12. 50
Niewisch-Lennartz, Antje   29. 11. 05   31. 12. 52
Lüerßen, Marianne   29. 11. 05   31. 3. 55

Richterinnen/Richter
Rücker, Christel, 1/2   7. 10. 74   10. 12. 43
Wendlandt-Stratmann,
  Traute, 3/4   3. 11. 83   30. 3. 52
Heidmann, Detlev   17. 2. 86   18. 9. 55
Niederau-Frey,
  Felicitas, 4/5   27. 4. 88   4. 5. 56
Kleine-Tebbe, Andreas   6. 6. 88   27. 7. 53
Makus, Udo   22. 7. 88   19. 4. 58
Borchert, Andreas   1. 1. 92   22. 3. 54
Sommerfeld, Vera, abg.   1. 1. 92   11. 1. 59
Schulz-Wenzel, Ulrich   1. 10. 92   29. 5. 58
Schade, Jens   18. 1. 93   18. 6. 57
Hoch, Sibylla   24. 5. 94   4. 8. 61
Schraeder, Jutta, 3/4   19. 9. 94   30. 5. 62

Niedersachsen **VwG**

Ihl-Hett, Jutta, $^1/_2$	13. 1. 95	29. 1. 61
Schütz, Bettina	16. 3. 95	13. 6. 63
Dr. Schlei, Henrike	18. 11. 96	1. 12. 61
Peters, Harald	18. 11. 96	30. 7. 63
Gonschior, Arne	18. 11. 96	6. 1. 64
Kärst, Pia, $^2/_3$	1. 9. 98	12. 8. 67
Döpp, Arietta	1. 3. 00	6. 11. 67
Lange, Burkhardt, $^4/_5$	2. 2. 01	20. 6. 64
Oppenborn-Prinzen, Dirk	19. 5. 03	11. 6. 70
Süllow, Sven-Marcus, abg.	1. 6. 04	15. 6. 71

Lüneburg
Adolph-Kolping-Straße 16, 21337 Lüneburg
Postfach 29 41, 21319 Lüneburg
Tel. (0 41 31) 85 45-3 00
Fax (0 41 31) 85 45-3 99
E-Mail: Verwaltung@vg-lg.niedersachsen.de
www.verwaltungsgericht-lueneburg.niedersachsen.de
Pressestelle: Tel. (0 41 31) 85 45-3 31
E-Mail: wolfgang.siebert@vg-lg.niedersachsen.de

1 Pr, 1 VPr, 4 VR, 14 R

Präsident

von Alten, Hennig	17. 8. 92	7. 3. 48

Vizepräsident

Siebert, Wolfgang	3. 12. 99	4. 11. 50

Vorsitzende Richterin/Vorsitzende Richter

Dietze, Jürgen	18. 5. 88	18. 9. 44
Stelter, Jürgen	26. 6. 92	20. 1. 48
Dr. Beyer, Hans-Christoffer	31. 8. 92	19. 9. 47
Lang, Susanne	18. 8. 00	31. 10. 62

Richterinnen/Richter

Ludolfs, Gerd	4. 1. 83	17. 1. 52
Preßler, Regina	1. 2. 85	14. 2. 51
Sandgaard, Gesa	21. 11. 91	6. 4. 59
Müller, Horst-Dieter	2. 11. 92	2. 11. 59
Minnich, Regina, $^3/_4$	3. 1. 94	3. 8. 61
Göll-Waechter, Renate, $^1/_2$	21. 1. 94	6. 7. 63
Ludolfs, Henry	5. 8. 94	15. 12. 61
Kirschner, Georg	27. 3. 95	23. 4. 60
Pump, Thomas	13. 7. 95	25. 5. 63
Dr. Schulz, Ronald	1. 2. 96	28. 4. 61
Clausen, Björn, abg.	26. 10. 05	28. 2. 72
Dr. Tegethoff, Carsten, RkrA	(2. 5. 05)	3. 7. 71

Oldenburg in Oldb.
Schloßplatz 10, 26122 Oldenburg
Tel. (04 41) 2 20-60 00, Fax (04 41) 2 20-60 01
E-Mail: Verwaltung@vg-ol.niedersachsen.de
www.verwaltungsgericht-oldenburg.niedersachsen.de
Pressestelle: Tel. (04 41) 2 20-60 12
E-Mail:
Harald.Meyer@vg-ol.niedersachsen.de

1 Pr, 1 VPr, 8 VR, 22 R

Präsident

Dr. Hanisch, Werner	31. 7. 91	5. 6. 42

Vizepräsident

Streichsbier, Klaus	29. 9. 03	17. 11. 51

Vorsitzende Richterin/Vorsitzende Richter

Bergner, Udo	14. 1. 80	14. 7. 42
Leemhuis, Bernhard	19. 10. 82	28. 8. 41
Janssen, Lambert	31. 5. 91	13. 7. 49
Schelzig, Werner	30. 9. 92	18. 5. 47
Kalmer, Aloys	30. 9. 92	24. 8. 52
Göken, Gabriele	20. 4. 99	21. 2. 55
Osterloh, Bernd	28. 5. 03	25. 8. 54
Blaseio, Bernd	2. 8. 04	2. 1. 64

Richterinnen/Richter

Dr. Hoffmeyer, Carsten, abg.	1. 11. 84	23. 9. 50
Heuer, Hubert	27. 3. 86	25. 2. 51
Dr. Schrimpf, Henning	6. 5. 92	9. 10. 51
Osterloh, Wolfgang	5. 8. 92	23. 4. 58
Riemann, Gerhard	27. 9. 94	26. 2. 60
Schallenberger, Claus Gisbert	26. 1. 95	21. 7. 56
Sonnemann, Wulf, abg.	27. 2. 95	23. 6. 62
Braatz, Manfred	23. 3. 95	29. 3. 63
Hoeft, Karola, $^2/_3$	11. 8. 95	10. 6. 62
Burzynska, Manfred	28. 11. 95	19. 8. 57
Wörl, Stefan	25. 1. 96	10. 8. 63
Keiser, Andreas	1. 2. 96	11. 2. 63
Dr. Menzel, Lucas	1. 4. 96	17. 10. 62
Schulze, Sigrid	24. 10. 96	10. 9. 61
Dr. Freericks, Anke, $^3/_4$	25. 6. 97	4. 4. 64
Meyer, Harald	7. 7. 97	28. 7. 64
Ahrens, Karl-Heinz	7. 7. 97	12. 9. 64
Hüsing, Frank	25. 6. 02	23. 2. 67
Winkler, Markus	11. 2. 05	7. 9. 71
Boumann, Volker, RkrA	(1. 8. 05)	30. 8. 58

VwG Niedersachsen

Osnabrück
Hakenstr. 15, 49074 Osnabrück
Tel. (05 41) 3 14-03
Fax (05 41) 3 14-7 62
E-Mail:
Verwaltung@vg-os.niedersachsen.de
www.verwaltungsgericht-
osnabrueck.niedersachsen.de
Pressestelle: Tel. (05 41) 3 14-7 52
E-Mail:
Michael.Maedler@vg-os.niedersachsen.de

1 Pr, 1 VPr, 4 VR, 11 R

Präsident

Schwenke, Ulrich	16. 9. 03	26. 12. 56

Vizepräsident

Niermann, Volker	12. 10. 93	18. 3. 44

Vorsitzende Richterin/Vorsitzende Richter

Dr. Thies, Reinhard	11. 8. 82	21. 5. 44
Essig, Karlheinz	30. 9. 92	31. 10. 47
Mädler, Michael	7. 10. 92	4. 3. 46
Dr. Wichardt, Rita	17. 5. 02	2. 2. 46

Richterinnen/Richter

Flesner, Hans-Jürgen	15. 3. 85	13. 1. 48
Kohring, Helmut	31. 10. 86	19. 2. 49
Fister, Michael	31. 10. 89	3. 8. 55
Meyer, Wilfried	4. 1. 91	25. 2. 59
Specht, Andreas	2. 12. 92	13. 6. 60
Beckmann, Norbert, abg.	6. 12. 95	4. 5. 58
Müller, Sabine	28. 7. 97	2. 6. 64
Neuhäuser, Gerd Armin, abg.	29. 8. 97	9. 8. 65
Dörmann, Andrea, ³/₄	26. 9. 97	21. 2. 65
Meyer, Kerstin	29. 11. 04	29. 9. 74

Stade
Am Sande 4 a, 21682 Stade
Postfach 31 71, 21670 Stade
Tel. (0 41 41) 40 60
Fax (0 41 41) 406-292
E-Mail: Verwaltung@vg-std.niedersachsen.de
www.verwaltungsgericht-stade.niedersachsen.de
Pressestelle: Tel. (0 41 41) 4 06-269
E-Mail:
hans-joachim.gaertner@vg-std.niedersachsen.de

1 Pr, 1 VPr, 3 VR, 9 + ¹/₂ R

Präsident

Schmidt, Eike	22. 5. 90	30. 9. 44

Vizepräsident

Schulz, Manfred	27. 8. 01	25. 2. 45

Vorsitzende Richterin/Vorsitzende Richter

Dr. von Kunowski, Jan	22. 7. 82	17. 10. 41
Gärtner, Hans-Joachim	12. 10. 87	13. 6. 50
Schröder, Sigrid	15. 4. 02	18. 12. 53

Richterin/Richter

Steffen, Reinhard	1. 8. 81	26. 8. 49
Lassalle, Wolfgang	18. 3. 83	24. 7. 46
Leiner, Wolfgang	1. 10. 92	2. 1. 59
Fahs, Reinhard	6. 9. 93	4. 2. 59
Klinge, Kai Uwe	2. 12. 94	18. 7. 61
Teichmann-Borchers, Anette	2. 11. 95	6. 6. 59

Richterinnen/Richter im Richterverhältnis auf Probe

beim Verwaltungsgericht Braunschweig:

Mayer, Anne, abg.	1. 9. 05	23. 10. 72

beim Verwaltungsgericht Hannover:

Lange, Claudia	2. 1. 01	16. 2. 70
Dr. Hombert, Thomas	16. 1. 06	29. 6. 73

beim Verwaltungsgericht Oldenburg:

Dr. Henke, Angela	13. 2. 06	3. 2. 78
Post, Daniela	1. 3. 06	21. 2. 79

beim Verwaltungsgericht Osnabrück:

Sander, Martin	1. 9. 05	13. 11. 77

beim Verwaltungsgericht Stade:

Reccius, Andrea	5. 3. 03	11. 2. 76
Dr. Drews, Claudia	31. 8. 05	21. 11. 75
Padberg, Katarina	16. 1. 06	8. 6. 76
Dr. Luth, Sebastian	1. 3. 06	17. 5. 76

Nordrhein-Westfalen

Oberverwaltungsgericht für das Land Nordrhein-Westfalen

Aegidiikirchplatz 5, 48143 Münster
Postfach 63 09, 48033 Münster
Tel. (02 51) 5 05-0
Fax (02 51) 5 05-3 52
E-Mail: poststelle@ovg.nrw.de
Pressestelle: Fax (02 51) 5 05-4 29
E-Mail: pressestelle@ovg.nrw.de

1 Pr, 1 VPr, 19 VR, 51 R + 1 LSt (R)

Präsident
Dr. Bertrams, Michael   24. 6. 94   23. 12. 47

Vizepräsident
Dr. Kallerhoff, Dieter   1. 3. 01   3. 12. 50

Vorsitzende Richterinnen/Vorsitzende Richter
Dr. Brossok, Hilke	15. 5. 86	12. 10. 42
Dr. Heveling, Klaus	26. 5. 88	30. 4. 43
Wolff, Renate	13. 9. 91	4. 3. 45
Tuschen, Heinz Michael	1. 12. 91	24. 12. 44
Patzwaldt, Werner	1. 4. 93	18. 7. 44
Otte, Wolfgang	25. 1. 94	14. 6. 46
Willems, Herbert	25. 1. 94	18. 9. 51
Schroiff, Peter	1. 6. 95	22. 12. 44
Brauer, Christian	1. 12. 96	24. 12. 46
Dr. Fischer, Arnd	1. 2. 97	21. 1. 44
Dr. Schauer, Hildburga	16. 12. 98	28. 4. 44
Dr. Lau, Ulrich	22. 12. 98	19. 2. 51
Dr. Schulte, Bernhard	1. 4. 00	26. 5. 47
Dr. Schöler, Hans Günther	1. 1. 01	12. 6. 45
Dr. Seibert, Max-Jürgen	12. 3. 01	25. 9. 53
Dr. Schachel, Jens	1. 3. 02	25. 11. 49
Kampmann, Bernd	1. 3. 03	5. 2. 59
Frenzen, Klaus Peter	13. 10. 03	12. 11. 58
Jaenecke, Jürgen	1. 2. 05	5. 4. 59

Richterinnen/Richter
Roeder, Ingo	8. 11. 78	9. 11. 42
Kuschnerus, Ulrich	16. 6. 81	12. 8. 46
Anlauf, Friedrich-Wilhelm	—	—
Perger, Annette, beurl. (LSt)	—	—
Bauer, Helmut	21. 9. 82	5. 9. 44
Dr. Heinrich, Manfred	13. 9. 85	8. 9. 47
Stehr, Volkrat	2. 5. 89	15. 2. 53
Teipel, Joachim	28. 12. 89	11. 7. 55
Richerzhagen, Bernd	15. 5. 90	17. 12. 48
Maschmeier, Dieter	15. 5. 90	9. 3. 52
Benassi, Günter	—	—
Gelberg, Josef	27. 12. 91	11. 12. 51
Asbeck, Michael	4. 3. 92	29. 4. 51
Purk, Eugen	15. 12. 93	11. 4. 55
Bretschneider, Jörg	24. 1. 94	13. 9. 50
Dr. Knoke, Ulrich	10. 5. 94	3. 6. 54
Oestreich, Franz Bernhard	10. 5. 94	9. 10. 55
Pentermann, Werner	30. 9. 94	20. 6. 47
Lange, Karl-Bernhard	20. 12. 94	23. 11. 47
Werkmeister, Peter	—	—
Dr. Schneider, Otmar	6. 2. 95	7. 8. 54
Stuchlik, Holger	6. 2. 95	30. 11. 58
Zinnecker, Peter	29. 11. 95	19. 9. 56
Dr. Wysk, Peter	4. 12. 95	18. 10. 55
Dr. Bülter, Gerhard	27. 8. 96	23. 3. 59
Dorn, Martin	17. 9. 96	1. 1. 60
Dr. Schnell, Martin	16. 5. 97	5. 5. 57
Lechtermann, Dirk	16. 5. 97	11. 8. 58
Beimesche, Sebastian	23. 9. 97	27. 8. 59
Schulte, Friedrich-Wilhelm	3. 12. 99	23. 6. 50
Dr. Maidowsky, Ulrich	3. 12. 99	13. 10. 58
Rapsch, Elisabeth	3. 12. 99	18. 4. 60
Stork, Ursula	3. 12. 99	26. 7. 60
Lieberoth-Leden, Hans-Jörg, abg.	3. 12. 99	8. 8. 60
Saurenhaus, Jens	3. 12. 99	1. 1. 62
Herkelmann-Mrowka, Birgit	20. 12. 99	10. 1. 63
Lenarz, Kordula	28. 12. 00	6. 4. 61
Klein Altstedde, Detlev	8. 3. 01	11. 3. 56
Dr. Graf, Carola	24. 5. 02	21. 1. 62
Dr. Bick, Ulrike	31. 5. 02	3. 10. 59
Dr. Heusch, Andreas	12. 12. 02	29. 5. 64
Dr. Korella, Dirk	—	—
Dr. Bringewat, Bernd	—	—
Klümper, Manfred	15. 7. 03	3. 9. 60
Dr. Kleinschnittger, Annette	1. 1. 04	12. 5. 65
Dr. Lenfers, Guido	1. 4. 04	24. 5. 63
Dr. Wiesmann, Martin	6. 5. 04	4. 11. 63
Holtbrügge, Hans-Jörg	1. 7. 05	29. 10. 64
Dr. Schnieders, Michael	1. 9. 05	10. 6. 67
Schulte-Trux, Anke	—	—
Tyczewski, Susanne	1. 11. 05	22. 1. 65
Schultze-Rhonhof, Jörg	28. 2. 06	27. 7. 62

VwG Nordrhein-Westfalen

Verwaltungsgerichte

Aachen
Kasernenstraße 25, 52064 Aachen
Postfach 10 10 51, 52010 Aachen
Tel. (02 41) 4 77 97-0, Fax (02 41) 4 77 97-5 00
E-Mail: poststelle@vg-aachen.nrw.de
Pressestelle: Fax (02 41) 4 77 97-5 05
E-Mail: pressestelle@vg-aachen.nrw.de

1 Pr, 1 VPr, 7 VR, 22 R + 1 × ³/₄ R + 1 LSt (R)

Präsident
Prof. Dr. Limpens, Herbert	3. 6. 91	2. 5. 49

Vizepräsident
Niebel, Georg	—	—

Vorsitzende Richterin/Vorsitzende Richter
Lübbert, Ingo	13. 11. 91	17. 7. 45
Eske, Ulrich	4. 3. 92	22. 9. 48
Pistor, Carl	—	—
Skrypzak, Hans-Jürgen	16. 9. 96	29. 1. 52
Küppers-Aretz, Brunhilde	1. 7. 00	1. 2. 59
Dr. Keller, Mathias	4. 6. 04	15. 7. 62
Addicks, Harry	—	—

Richterinnen/Richter
Timmermann, Rainer	—	—
Domke, Karl-Dietrich	—	—
Dabelow, Thomas	3. 4. 81	27. 2. 50
Klunker, Hans-Jürgen	4. 2. 82	28. 2. 47
Wolff, Ernst	1. 4. 82	2. 10. 49
Skischally, Ulrich	13. 4. 84	3. 11. 53
Kozielski, Joachim	8. 8. 84	1. 7. 52
Addicks, Verena	30. 12. 85	23. 3. 54
Runte, Gabriele	15. 4. 89	12. 10. 57
Dick, Frank	5. 2. 95	8. 1. 61
Weyers, Petra	15. 9. 95	18. 10. 62
Benthin-Bolder, Claudia	19. 10. 95	18. 12. 61
Beine, Andreas	15. 2. 96	22. 5. 64
Koch, Birgitt	24. 1. 97	20. 1. 61
Roitzheim, Peter	1. 9. 97	8. 3. 65
Keller, Karen	6. 9. 97	8. 11. 62
Löffler, Bettina, beurl. (LSt)	27. 7. 98	16. 3. 67
Kreutz, Herbert	2. 10. 98	16. 1. 63
Lehmler, Markus, abg.	1. 12. 98	27. 9. 66
Hammer, Dirk	8. 1. 00	20. 3. 70
Deutschmann, Eva	20. 1. 01	7. 4. 69
Dr. Schafranek, Frank	3. 8. 01	5. 4. 68
Franz, Georg	1. 1. 04	17. 4. 72
Dr. Maske, Rainer	1. 8. 04	10. 6. 73
Felsch, Kristina	15. 8. 05	19. 11. 74

Arnsberg
Jägerstraße 1, 59821 Arnsberg
59818 Arnsberg
Tel. (0 29 31) 8 02-5
Fax (0 29 31) 8 02-4 56
E-Mail: poststelle@vg-arnsberg.nrw.de
Pressestelle: Fax (0 29 31) 8 02-3 01
E-Mail: pressestelle@vg-arnsberg.nrw.de

1 Pr, 1 VPr, 12 VR, 33 + 1 × ³/₄ R + 1 LSt (R)

Präsident
Dr. Morgenstern, Ulrich	1. 6. 93	13. 8. 50

Vizepräsident
Klein, Michael	—	—

Vorsitzende Richter
Steinkemper, Heinrich	29. 6. 79	21. 11. 43
May, Michael	5. 12. 83	6. 4. 48
Peters, Friedhelm	—	—
Pendzich, Michael	28. 3. 91	23. 9. 49
Herlt, Joachim	8. 7. 92	20. 1. 51
Dr. Fruhen, Claus	—	—
Ammermann, Hermann	17. 9. 92	25. 6. 46
Crummenerl, Ulrich	15. 3. 93	7. 12. 44
Ismar, Herbert	24. 1. 94	17. 10. 50
Schäfer, Herbert	16. 10. 00	17. 6. 57
Gießau, Reiner	27. 7. 01	12. 2. 57
Kasten, Wolfgang	1. 8. 01	4. 1. 52

Richterinnen/Richter
Schäperklaus, Rainer	16. 7. 75	2. 3. 44
Kloß, Jürgen	6. 12. 75	25. 9. 42
Lüttenberg, Dieter	3. 5. 76	8. 9. 41
Dr. Schellen, Peter	29. 3. 82	9. 5. 51
Buter, Klaus	—	—
Scholten, Gebhard	1. 8. 92	22. 8. 59
Wenner, Andreas	1. 5. 93	2. 9. 58
Ströcker, Annedor	28. 3. 94	12. 9. 61
Wollweber, Frank	4. 7. 94	25. 4. 62
Bartels, Gabriele	19. 7. 94	10. 6. 62
Osthoff-Menzel, Heike	—	—
Janßen, Burkhard	31. 1. 95	8. 11. 62
Meiberg, Rolf	21. 2. 95	5. 3. 63
Dr. Weber, Annette	9. 6. 95	29. 6. 63
Lemke, Christine	27. 8. 95	8. 8. 63
Lemke, Volker	—	—
Bonsch, Gerlinde	18. 2. 96	16. 4. 64
Brüggemann, Bernhard	20. 4. 96	4. 7. 64
Dr. Przygode, Stefan	25. 12. 96	2. 11. 59
Schulte, Stefan	—	—
Neumann, Guntmar	16. 1. 97	29. 12. 62
Breitwieser, Ulrich	14. 3. 97	25. 9. 62
Dr. König, Georg	13. 4. 97	15. 6. 63

Brüggemann, Andreas	9. 6. 97	11. 3. 64
Rasche-Sutmeier, Kerstin, abg.	11. 9. 97	18. 6. 64
Lindner, Georg	—	—
Heine, Ralph	27. 3. 98	21. 9. 65
Hoffmann, Arne Peter	3. 12. 98	2. 6. 64
Rauschenberg, Dirk	19. 1. 01	24. 4. 66
Kaufhold, Martin	15. 5. 02	24. 12. 67
Remmert, Martin	22. 5. 03	24. 5. 72
Schulte-Steinberg, Henning	26. 10. 03	2. 3. 71
Pollack, Joachim	15. 2. 04	11. 7. 73
Camen, Silke	7. 3. 04	24. 5. 71
Schröder-Lotholz, Sylvia	1. 6. 04	28. 5. 67
Lendackers, Hellen	1. 6. 04	2. 6. 74
Park, Dorte	18. 1. 05	21. 4. 68
Prünte, Anja, abg. (LSt)	8. 4. 05	13. 11. 74

Düsseldorf

Bastionstr. 39, 40213 Düsseldorf
Postfach 20 08 60, 40105 Düsseldorf
Tel. (02 11) 88 91-0
Fax (02 11) 88 91-6 02 97 53
E-Mail: poststelle@vg-duesseldorf.nrw.de
Pressestelle: Fax (02 11) 88 91-39 02
E-Mail: pressestelle@vg-duesseldorf.nrw.de

1 Pr, 1 VPr, 25 VR, 69 R + 1 × ¼ R + 4 LSt (R)

Präsident

Prof. Dr. Klenke, Reinhard	1. 10. 95	17. 5. 51

Vizepräsident

N. N.	—	—

Vorsitzende Richterinnen/Vorsitzende Richter

Verstegen, Gabriele, ständ. Vertr. PrVG	1. 7. 00	6. 7. 54
Mecking, Werner	1. 4. 80	24. 9. 43
Fix, Udo	24. 11. 80	27. 3. 42
Scheiter, Gisela	25. 3. 81	12. 8. 42
Dr. Arians, Knut	28. 11. 83	17. 1. 43
Kirchhof, Brigitte	2. 7. 86	22. 11. 44
Dohnke, Jörg	2. 12. 86	3. 7. 46
Büchel, Kurt	—	—
Elsing, Georg	15. 5. 90	15. 8. 47
Dr. Seifert, Paul-Michael	—	—
Kaminski, Hans-Dieter	4. 3. 92	9. 6. 52
Leskovar, Gerd	28. 7. 92	22. 4. 46
Feldmann, Ulrich	16. 11. 92	26. 2. 50
Dr. Quick, Heinz Joachim	1. 3. 97	15. 2. 50
Sievers, Uwe	18. 2. 98	28. 8. 45
Köster, Ulrich	1. 8. 99	23. 5. 49
Appelhoff-Klante, Maria	1. 1. 03	29. 3. 59
Dr. Haderlein, Nicola	1. 1. 03	8. 10. 63
Chumchal, Norbert	1. 7. 03	3. 1. 56
Bongen, Ralf	1. 7. 03	18. 8. 59
Dr. Kapteina, Gerd-Ulrich	1. 8. 04	15. 12. 50
Frank, Jost	1. 1. 05	3. 10. 58
Repka, Dirk	—	—
Hake, Andreas	—	—
Dr. Lascho, Stefan	1. 9. 05	22. 9. 64

Richterinnen/Richter

Sieber, Andrea-Gertraude	16. 7. 74	10. 5. 43
Dr. Lehmann, Helga	—	—
Isenberg, Karin	1. 3. 77	5. 1. 45
Buchholz, Reinhard	11. 3. 77	15. 9. 41
Pottgießer, Dorothee	2. 5. 77	9. 9. 41
Metzmacher, Ulrike	15. 8. 78	28. 5. 47
Dr. Stappert, Alfons	5. 4. 80	30. 8. 48
Güldner, Wolfgang	30. 4. 81	4. 11. 41
Dr. Röttger, Heinrich-Eckhart	29. 6. 81	13. 10. 43
zum Bruch, Bernd-Rainer	15. 3. 82	7. 7. 49
Zeiß, Gudrun	2. 4. 82	9. 6. 53
Kacza, Michael	1. 4. 83	19. 3. 49
Fischer, Ute	5. 5. 83	1. 2. 54
Riege, Petra	2. 2. 84	24. 5. 52
Mörbitz, Petra	15. 5. 84	19. 3. 51
Schröder-Schink, Gudrun	23. 11. 84	30. 8. 53
Malorny-Wächter, Ute	—	—
Baumanns, Inge	24. 4. 85	11. 4. 51
Golüke, Klaus	17. 12. 85	4. 5. 50
Westerwalbesloh, Stefanie	24. 12. 85	12. 10. 55
Habermehl, Kai	2. 8. 88	25. 2. 55
Riege, Achim	3. 3. 90	30. 9. 56
Dr. Grabosch, Volker	1. 1. 91	10. 10. 57
Hensel, Thomas	12. 1. 91	26. 6. 58
Kensbock, Thomas	2. 5. 91	8. 9. 56
Klein, Elfriede	10. 11. 91	10. 12. 60
Dr. Palm, Thomas	15. 3. 92	1. 6. 58
Sokol, Bettina, abg.	27. 4. 92	12. 7. 59
Müllmann, Susanne	25. 9. 92	25. 8. 61
Klein, Norbert	1. 6. 93	1. 5. 61
Sterzenbach, Petra	7. 12. 93	15. 9. 58
Dr. Friedrich, Justus	1. 7. 94	13. 3. 60
Kraus, Achim	1. 8. 94	2. 1. 63
Wolber, Bernd	16. 9. 94	29. 8. 61
Lowinski-Richter, Walburga	18. 12. 94	11. 11. 63
Dr. Bocksch, Alexander	7. 2. 95	13. 6. 62
Schatton, Ulrike	17. 2. 95	23. 9. 59
Werk, Burkhard	17. 2. 95	24. 7. 62
Christians, Petra	24. 4. 95	4. 1. 64
Korfmacher, Stefan	1. 9. 95	22. 12. 62
Graf, Yvonne	15. 9. 95	25. 5. 62
Horscht, Michael	1. 10. 95	24. 6. 58
Hentzen, Katja	2. 12. 95	16. 9. 63
Gehrmann, Detlef	4. 1. 96	28. 1. 63
Gümbel, Christiane	11. 1. 96	31. 10. 59

VwG Nordrhein-Westfalen

Brunotte, Britta	10. 3. 96	13. 6. 61
Helmbrecht, Felix	8. 7. 96	27. 7. 63
Beusch, Claudia	8. 7. 96	15. 3. 64
Feuerstein, Simone	8. 7. 96	2. 1. 65
Sternberg, Dieter	4. 3. 97	9. 3. 61
Dr. Merschmeier, Andreas	4. 3. 97	15. 1. 65
Kraus, Petra, beurl. (LSt)	3. 5. 97	29. 8. 61
Schulz-Nagel, Rita	21. 7. 97	12. 8. 63
Schwerdtfeger, Winfried, abg.	5. 9. 97	23. 3. 63
Körkemeyer, Marion	8. 3. 98	23. 3. 67
Heuser, Stefan	2. 6. 98	17. 2. 65
von Szczepanski, Elisabeth, abg.	1. 7. 98	3. 5. 65
Dr. Fleuß, Martin, abg.	23. 5. 00	8. 4. 68
Röhr, Oliver	26. 8. 00	10. 5. 66
Dr. Kuhlmann, Kirsten, abg. (LSt)	16. 10. 00	1. 5. 69
Gewaltig, Andrea	—	—
Dr. Bührer, Andrea	2. 1. 01	14. 4. 69
Wenner, Eva	4. 5. 01	19. 3. 71
Marci, Markus	—	—
Hausen, Christiane	23. 2. 02	5. 7. 70
Dr. Stuttmann, Martin	18. 5. 03	13. 7. 71
Dr. Geilenblügge, Christiane	12. 2. 04	19. 4. 72
Scheffel, Friederike	6. 8. 04	29. 7. 67
Dr. Holzke, Frank	25. 8. 04	8. 7. 71
Dr. Berger, Claudius	9. 11. 04	16. 9. 71
Dr. Tophoven, Christof	16. 8. 05	8. 6. 73
Dr. Barden, Stefan	16. 9. 05	15. 7. 72
Dr. Grapperhaus, Tanja	23. 9. 05	9. 4. 73
Dr. Lorenz, Jana	29. 11. 05	12. 6. 74
Dr. Fiebig, Jan-Peter	1. 1. 06	12. 8. 71
Langenbach, Markus	2. 1. 06	19. 6. 73

Gelsenkirchen

Bahnhofsvorplatz 3, 45879 Gelsenkirchen
Postfach 10 01 55, 45801 Gelsenkirchen
Tel. (02 09) 17 01-0, Fax (02 09) 17 01-1 24
E-Mail: poststelle@vg-gelsenkirchen.nrw.de
Pressestelle: Fax (02 09) 17 01-2 27
E-Mail: pressestelle@vg-gelsenkirchen.nrw.de

1 Pr, 1 VPr, 17 VR, 50 R + 1 × 1/6 R + 6 LSt (R)

Präsident

Fessler, Bernhard	1. 2. 01	1. 9. 53

Vizepräsident

Schmitz, Wolfgang	1. 5. 88	24. 8. 42

Vorsitzende Richterinnen/Vorsitzende Richter

Wiesemann, Hermann	10. 2. 78	7. 2. 42
Dr. Blanke, Hermann	18. 10. 79	12. 5. 41
Blanke, Regine	24. 11. 80	30. 8. 44
Charlier, Hans-Justus	2. 5. 81	2. 5. 44
Hagenbeck, Lothar	30. 11. 81	22. 9. 43
Meier, Bernd	16. 4. 82	22. 5. 44
Günther, Werner	22. 12. 82	2. 5. 48
Overthun, Ulrich	27. 3. 85	11. 12. 45
Dr. Budach, Werner	11. 5. 87	17. 4. 47
Kaiser, Jürgen	29. 7. 92	24. 2. 53
Grieger, Ernst-Walter	30. 10. 92	12. 5. 50
Dr. Andrick, Bernd	30. 10. 92	21. 7. 52
Lohmann, Albert	15. 3. 93	22. 4. 56
Marwinski, Ralf	28. 2. 97	29. 1. 58
Blum-Idehen, Ute	13. 7. 00	25. 2. 56
Dr. Pesch, Andreas	1. 1. 03	20. 12. 62
Thewes, Wolfgang	9. 4. 03	5. 7. 60

Richterinnen/Richter

Knop, Theobald	22. 1. 76	21. 3. 44
Dr. Budach, Gisela	—	—
Klapdor, Petra	20. 8. 77	4. 2. 45
Thoma, Christel	—	—
Pfaffmann, Wolfgang	9. 8. 79	22. 4. 48
Kottsieper, Hartwig	11. 10. 79	10. 10. 47
Oeynhausen, Manfred	19. 9. 80	28. 10. 48
Wiefelspütz, Dieter, MdB (LSt)	1. 9. 81	22. 9. 46
Dr. Kremmer, Horst	1. 10. 81	1. 9. 48
Erker, Peter	2. 1. 82	25. 3. 52
Quitmann-Kreft, Waltraud, beurl. (LSt)	8. 2. 82	5. 12. 46
Pichon, Gudrun	—	—
Winkelmann, Jürgen	—	—
Eickhoff, Regine	2. 1. 83	22. 3. 52
Roßberg, Margarete	2. 1. 83	28. 5. 52
Scheuer, Walter	12. 3. 83	24. 2. 52
Lütz, Günter	8. 4. 83	8. 2. 52
Weitkamp, Hermann	1. 9. 83	22. 10. 50
Dr. Neu-Berlitz, Mechthild	1. 1. 84	11. 9. 53
Rintelen-Teipel, Katharina	—	—
Berkel, Volker	11. 5. 90	14. 2. 58
Vollenberg, Magdalena	1. 6. 93	12. 1. 56
Diemke, Birgit	1. 10. 93	18. 9. 61
Gloria, Claudia, abg. (LSt)	—	—
Austermann, Ulrike	2. 1. 94	8. 5. 61
Schönhoff, Martin	6. 1. 94	3. 4. 60
Voßkamp, Steffen	9. 6. 95	19. 12. 63
Bielefeld, Jutta	—	—
Baumeister, Jörg	13. 4. 96	9. 5. 59
Blaschke, Sabine	—	—
Herfort, Karsten	—	—
Dr. Brodale, Martin	27. 4. 97	13. 5. 63
Schnellenbach, Cornelia	—	—
Voßkamp, Axel	18. 3. 99	1. 10. 65
Engsterhold, Oliver	17. 12. 00	19. 6. 68
Dr. Ulrichs, Cord, abg. (LSt)	26. 1. 01	4. 1. 70

Helmke, Christian	2. 6. 01	1. 10. 67
Bergmann, Sabine, abg. (LSt)	3. 8. 01	10. 4. 67
Preisner, Damian-Markus, abg. (LSt)	12. 10. 01	31. 3. 69
Dr. Weber, Mareike	12. 10. 01	8. 6. 71
Dölp, Eva-Maria	1. 4. 02	26. 3. 71
Borgschulze, Maik	29. 12. 02	1. 7. 71
Dr. Hansmeyer, Sandra	—	—
Holländer, Katrin	1. 8. 03	6. 2. 71
Sander, Jörg	1. 6. 04	25. 9. 71
Dr. Schröder, Regine	1. 6. 04	1. 3. 74
Dr. Brüning, Christoph	19. 2. 05	13. 11. 67
Dr. Duesmann, Lars	7. 3. 05	17. 4. 74
Reitemeier, Christian	2. 7. 05	7. 7. 69
Dr. Engels, Nicole	8. 8. 05	26. 4. 71
Linnenkämper, Christina	9. 8. 05	15. 1. 75
Bienfait, Claudia	2. 1. 06	1. 11. 74
Dr. Gataksis, Siegbert	1. 5. 06	4. 10. 71

Köln

Appellhofplatz, 50667 Köln
Postfach 10 37 44, 50477 Köln
Tel. (02 21) 20 66-0
Fax (02 21) 20 66-4 57
E-Mail: poststelle@vg-koeln.nrw.de
Pressestelle: Fax (02 21) 20 66-4 57
E-Mail: pressestelle@vg-koeln.nrw.de

1 Pr, 1 VPr, 25 VR, 70 R + 1 × ¹/₃ R + 8 LSt (R)

Präsident

Dr. Arntz, Joachim	1. 10. 98	9. 9. 46

Vizepräsident

Becker, Andreas	1. 5. 05	25. 5. 53

Vorsitzende Richterinnen/Vorsitzende Richter

Dr. Oehmke, Frank	9. 4. 80	30. 1. 42
Jörgens, Peter	29. 9. 80	5. 8. 42
Dittmers, Ernst-Friedrich	28. 11. 80	13. 11. 45
Dr. Friedrich, Gunter	4. 5. 81	26. 9. 42
Jens, Axel	1. 9. 82	15. 9. 43
Kohlheim, Jürgen	8. 10. 84	7. 3. 42
Amann, Bernhard	23. 12. 86	3. 9. 45
Vermehr, Harald	23. 9. 87	15. 9. 45
Stegh, Ralph	—	—
Reuter, Günter	2. 10. 89	15. 9. 50
Dr. Wegner, Arnim	25. 4. 90	17. 1. 51
Lobel, Werner	11. 5. 90	18. 11. 50
Dr. Decker, Friedrich	4. 7. 91	2. 3. 48
Niemeier, Hans-Martin	20. 3. 92	12. 9. 48
Clausing, Berthold	28. 2. 94	16. 6. 50
Dr. Timmler, Eva-Angelika	—	—
Dr. Zimmermann-Rohde, Rita	—	—
Caspari-Wierzoch, Hildegund	21. 6. 00	10. 11. 53
Uhlenberg, Klaus-Peter	21. 6. 00	10. 9. 54
Dr. Wundes, Doris	25. 9. 00	8. 4. 57
Pentzlin, Joachim	—	—
Müller-Bernhardt, Hans-Ulrich	—	—
Delfs, Ursula	11. 7. 01	12. 2. 57
Jacoby, Paul	1. 6. 03	21. 9. 61
Judick, Klaus-Dieter	1. 3. 06	30. 10. 50

Richterinnen/Richter

von Massow, Heilwig	1. 7. 76	9. 6. 45
Mathieu, Charles Henri	10. 10. 76	3. 7. 44
Dr. Lingmann, Helmut	29. 4. 77	16. 7. 44
Dr. Willerscheid-Weides, Gudrun	2. 1. 78	22. 12. 47
Dr. Ohse, Gerhard	17. 10. 78	19. 10. 44
Dr. Busse, Bartold	27. 9. 79	6. 4. 45
Dr. Siegmund, Manfred	—	—
Meuser, Heinz	1. 7. 81	2. 9. 51
Krützmann, Karl	—	—
Pötzsch, Wolfgang	3. 8. 82	11. 11. 50
Golyschny, Volker	—	—
Hempel, Eva	1. 10. 82	28. 3. 53
Fömpe, Klaus	26. 11. 82	29. 4. 53
Stemshorn, Folker	—	—
Sprenger, Klaus	—	—
Tillmann-Gehrken, Bernhard	2. 10. 83	30. 3. 52
Bamberger, Wilhelm	2. 10. 83	10. 7. 52
Holler, Karl-Heinz	22. 11. 83	31. 3. 49
Rusch, Wolfgang	1. 12. 83	15. 6. 52
Paffrath, Hanfried	2. 4. 84	20. 1. 52
Bendler, Wolfgang	15. 6. 84	11. 12. 47
Kratz, Max	—	—
Knechtges, Wolfgang	7. 7. 84	19. 9. 51
Otten, Johannes	1. 12. 84	23. 3. 51
Janssen-Kolander, Bernadette	—	—
Bühring-Pfaff, Sigrid	29. 12. 84	27. 5. 54
Schiefer, Klaus	15. 4. 85	6. 5. 54
Bohlen, Harald	9. 8. 85	16. 2. 52
Breitbach-Plewe, Herbert	21. 4. 88	18. 9. 55
Hofmann, Dietrich	22. 4. 90	24. 3. 58
Knipper, Andrea, beurl. (LSt)	19. 10. 90	24. 2. 59
Roos, Ralf	—	—
Leßmann, Ulrike, beurl. (LSt)	—	—
Riechert, Clementine	—	—
Fleischfresser, Andreas	11. 5. 91	17. 2. 59
Pesch, Lothar	17. 6. 91	18. 9. 60
Joisten, Michael	29. 6. 91	21. 6. 56
Follmer, Elke-Marie	25. 7. 91	27. 1. 60
Deffaa, Ulrich	19. 12. 91	1. 9. 56

VwG Nordrhein-Westfalen

Titze, Annegret	—	—
Dr. Vogt, Andreas	2. 4. 93	31. 12. 61
Huschens, Michael, abg. (LSt)	—	—
Koch, Rainer	1. 10. 93	23. 3. 60
Büllesbach, Norbert	2. 11. 93	5. 11. 58
Wagner, Evelyn	7. 2. 94	22. 12. 59
Kortmann, Elisabeth, beurl., (LSt)	16. 9. 94	28. 10. 63
Schicha, Claus	1. 2. 95	10. 7. 60
Panno-Bonnmann, Sabine, beurl., (LSt)	1. 4. 95	28. 12. 61
Nagel, Katrin	15. 9. 95	6. 6. 63
Maurer, Holger	15. 2. 96	6. 5. 59
Murmann-Suchan, Raphael, abg.	15. 2. 96	12. 8. 63
Dr. Schemmer, Franz	17. 2. 96	18. 4. 60
Wilhelm, Barbara	19. 4. 96	15. 4. 63
Ostermeyer, Claudia, beurl. (LSt)	12. 7. 96	24. 2. 65
Boeker, Michael	19. 8. 96	27. 9. 62
Krämer, Thomas	1. 9. 96	20. 6. 63
Schumacher, Ulrike	4. 10. 97	16. 5. 64
Dierke, Jens	23. 1. 98	25. 7. 63
Ost, Christine	1. 2. 98	26. 9. 64
Ost, Emanuel	15. 7. 99	11. 10. 65
Dr. Krämer, Christiane	16. 9. 99	5. 8. 67
Jestaedt, Katharina, abg.	28. 4. 00	10. 9. 69
Seifert, Stefanie	20. 10. 00	4. 1. 68
Dr. Busch, Christiane	29. 12. 00	25. 9. 68
Schuster, Susette, abg.	2. 2. 01	23. 10. 66
Dr. Hausen, Christof	14. 6. 01	4. 6. 68
Harperath, Kristof	1. 3. 02	17. 9. 66
Kleinschmidt, Andrea	1. 6. 02	14. 10. 67
Gust, Brigitte	—	—
Dr. Henke, Peter	1. 1. 03	11. 5. 72
Suchodoll, Petra	2. 6. 03	15. 9. 69
Dr. Günther, Carsten	23. 6. 03	13. 11. 69
Böllinger, Guido	26. 6. 03	12. 6. 74
Dr. Röhl, Matthias, abg.	18. 7. 03	15. 7. 69
Dr. Erwin, Claudia	19. 7. 03	30. 9. 72
Kroll, Bettina	1. 9. 03	1. 12. 68
Dr. Kimmel, Christiane	2. 10. 03	5. 12. 70
Dr. Wittkopp, Silke, abg. (LSt)	8. 11. 03	25. 4. 72
Schlenker, Christiane	1. 6. 04	8. 5. 69
Kratz, Alexandra	13. 9. 04	26. 10. 69
Dr. Weisel, Klaus	16. 1. 05	19. 3. 68
Dr. Sobczak, Christian, abg. (LSt)	21. 11. 05	19. 9. 73
Hanke, Julia, abg.	24. 2. 06	8. 7. 75
Dr. Blasberg, Georg	4. 3. 06	7. 2. 74

Minden
Königswall 8, 32423 Minden
Postfach 32 40, 32389 Minden
Tel. (05 71) 88 86-0
Fax (05 71) 88 86-3 29
E-Mail: poststelle@vg-minden.nrw.de
Pressestelle: Fax (05 71) 88 86-3 29
E-Mail: pressestelle@vg-minden.nrw.de

1 Pr, 1 VPr, 9 VR, 33 R + 1 × $^1/_2$ R + 1 LSt (R)

Präsident

Wortmann, Bernd	1. 5. 99	24. 5. 42

Vizepräsident

Mahncke, Carl-Wilhelm	1. 4. 01	11. 9. 42

Vorsitzende Richter

Jäkel, Bernhard	29. 2. 80	18. 4. 42
Götte, Edgar	7. 8. 80	8. 8. 42
Osthoff, Ulrich	18. 12. 81	18. 12. 44
Weidemann, Rolf-Lutz	29. 6. 90	18. 12. 52
Dr. Willms, Benno	30. 10. 95	28. 2. 60
Alberts, Arnold	17. 4. 00	13. 7. 45
Dr. Korte, Hans-Jörg	13. 7. 00	19. 12. 59
Weiß, Hartwig	31. 10. 00	17. 1. 49
Diekmann, Jürgen	1. 7. 03	10. 3. 53

Richterinnen/Richter

Dr. Mertens, Hans-Georg	—	—
Scholle, Heinz	2. 9. 77	27. 5. 46
Brockmeier, Wolfgang	15. 4. 78	22. 12. 46
Kurth, Maja	17. 9. 79	8. 6. 48
Brinkmann, Bärbel	—	—
Maydorn, Joachim	3. 3. 83	3. 11. 51
Förster, Wolfgang	3. 3. 83	15. 8. 52
Gieselmann, Bernhard	3. 3. 83	18. 4. 54
Brinkmann, Detlef	3. 3. 83	5. 8. 54
Müller, Bernd	15. 10. 83	9. 11. 53
Wilkens, Redolf	3. 11. 83	21. 3. 48
Kaiser, Winfried	10. 11. 83	23. 6. 53
Hellmann, Ingrid	19. 12. 83	5. 8. 52
Scholle, Barbara	21. 3. 84	2. 12. 52
Schomann, Roland	21. 3. 84	28. 8. 54
Bünte, Burkhard	21. 3. 84	28. 6. 55
Vogt, Werner	7. 6. 84	1. 8. 47
Teckentrup, Horst	30. 12. 84	17. 10. 53
Wilke, Hans-Ulrich	26. 10. 90	26. 11. 57
Rübsam, Antje	1. 9. 91	19. 2. 62
Ostermann, Burkhard	24. 1. 93	1. 4. 61
Remmers, Joachim	30. 11. 93	13. 7. 62

Nordrhein-Westfalen **VwG**

Schürmann, Ruth	22. 11. 98	30. 8. 67
Hage, Klaus	15. 3. 00	30. 1. 67
Dr. Sarnighausen, Wolf	1. 7. 02	27. 1. 70
Schaller, Inka	1. 8. 03	19. 8. 66
Kohl, Stefan	8. 9. 03	21. 4. 73
Vieten, Eckart	20. 11. 03	16. 2. 71
Riazi, Bijan	7. 3. 04	29. 9. 70
Borgert, Christine	1. 6. 04	10. 3. 73
Junkerkalefeld, Kathrin	1. 6. 04	9. 3. 74
Sarnighausen, Maren	1. 2. 05	3. 3. 70
Eschenbach, Michaela	14. 3. 05	26. 3. 67
Eickmeier, Sylvia, abg. (LSt)	10. 3. 06	26. 3. 73
Dr. Hüwelmeier, Hans-Joachim	1. 4. 06	18. 7. 72

Münster

Piusallee 38, 48147 Münster
Postfach 80 48, 48043 Münster
Tel. (02 51) 5 97-0
Fax (02 51) 5 97-2 00
E-Mail: pressestelle@vg-muenster.nrw.de
Pressestelle: Fax (02 51) 5 97-2 00
E-Mail: pressestelle@vg-muenster.nrw.de

1 Pr, 1 VPr, 9 VR, 30 + 1 × ¼ R + 1 LSt (R)

Präsident

Koopmann, Manfred	1. 10. 04	26. 5. 55

Vizepräsident

Nonhoff, Michael	1. 11. 04	11. 5. 43

Vorsitzende Richter

Dr. Ridder, Hans-Joachim	16. 5. 80	16. 6. 42
Deibel, Klaus	24. 9. 80	19. 2. 45
Barleben, Hans-Volker	—	—
Schröder, Dieter	16. 12. 81	30. 9. 42
Dr. Becker, Joachim	—	—
Maier, Hartmut	15. 3. 93	24. 1. 53
Bakemeier, Bodo	—	—
Idel, Hans	1. 1. 02	27. 8. 48
Dr. Mertens, Klaus	2. 12. 04	12. 8. 47

Richterinnen/Richter

Dr. König, Ludger	15. 12. 80	25. 5. 45
Schmidt, Hans-Georg	—	—
Dr. Witte, Bernd	1. 8. 81	5. 7. 49
von Grabe, Annette	—	—
Seidt, Ursula	2. 4. 82	10. 2. 50
Sellenriek, Heinz-Dieter	17. 8. 83	28. 1. 51
Albers, Hermann	—	—
Dr. Schulte-Beerbühl, Hubertus	24. 11. 83	30. 11. 53
Lammers-Hegemann, Gabriele	5. 11. 84	—
Köppen, Brigitte	1. 4. 85	25. 10. 49
Voß, Norbert	14. 9. 90	1. 8. 58
Heyne-Kaiser, Gabriele	1. 9. 92	17. 3. 55
Willems, Ute	1. 6. 93	23. 2. 56
Beckmann, Josef	15. 7. 93	24. 7. 58
Wortmann, Leo	18. 7. 94	8. 4. 62
Dr. Stech, Justus	19. 7. 94	29. 3. 61
Dr. Middeke, Andreas	3. 1. 95	25. 2. 60
Labrenz, Michael	6. 3. 95	10. 1. 62
Bröker, Ulrich	11. 5. 95	13. 3. 59
Hemmelgarn, Gudula	27. 1. 96	5. 3. 63
Schnieders, Sigrun	3. 1. 97	1. 5. 66
Paul, Britta	6. 1. 97	8. 2. 62
Schildwächter, Mechthild	18. 8. 97	18. 3. 65
Mendler, Gabriele	17. 11. 99	28. 4. 68
Dr. Berkenheide, Astrid	1. 2. 02	27. 1. 67
Dr. Bamberger, Christian	15. 6. 02	14. 4. 70
Schwegmann, Markus	3. 4. 03	23. 7. 68
Dr. Rohde, Jörg, abg. (LSt)	2. 5. 03	28. 1. 71
Runte, Barbara	21. 11. 03	5. 5. 69
Kaufhold, Anke, ang.	1. 6. 04	25. 5. 71
Buchholz, Heike	10. 12. 04	6. 10. 70
Dr. Höhne, Ralf	18. 3. 05	11. 7. 72
Dahme, Gudrun	1. 4. 06	28. 10. 75

Richterinnen/Richter im Richterverhältnis auf Probe

beim Verwaltungsgericht Düsseldorf:

Hüsch, Ursula, beurl. (LSt)	1. 4. 92	16. 9. 62
Chittka, Petra, beurl. (LSt)	16. 5. 97	28. 1. 65
Dr. Neumann, Jan	1. 7. 03	6. 9. 73
Birkenbeul, Simone	1. 8. 03	8. 5. 76
Dr. Meyer, Nina	1. 9. 03	21. 10. 71
Schauenburg, Patrick	7. 11. 03	20. 8. 74
Müller, Andreas	2. 12. 03	24. 3. 74
Sturm, Karin	24. 3. 04	4. 6. 74

beim Verwaltungsgericht Gelsenkirchen:

Balkenhol, Margit	25. 3. 04	11. 6. 68
Brockhoff, Birgit	25. 3. 04	4. 6. 75
Dr. Knemeyer, Simone	1. 8. 05	27. 5. 75

beim Verwaltungsgericht Münster:

Dr. Bartelheim, Britta	1. 4. 04	2. 6. 76
Jeratsch, Johannes	14. 6. 04	1. 7. 72

Rheinland-Pfalz

Oberverwaltungsgericht Rheinland-Pfalz

Deinhardplatz 4, 56068 Koblenz
Postfach, 56065 Koblenz
Tel. (02 61) 13 07-0
Fax (02 61) 13 07-3 50
E-Mail: poststelle@ovg.jm.rlp.de
1 Pr, 1 VPr, 6 VR, 19 R + ½ R

Präsident

Prof. Dr. Meyer, Karl-Friedrich	1. 3. 96	27. 3. 47

Vizepräsident

Steppling, Wolfgang	1. 5. 01	17. 5. 47

Vorsitzende Richterin/Vorsitzende Richter

Nickenig, Henning	1. 4. 90	7. 3. 42
Hehner, Rainer	4. 6. 91	5. 5. 47
Wünsch, Dagmar	29. 6. 99	7. 9. 54
Dr. Held, Jürgen	8. 7. 02	21. 4. 56
Dr. Mildner, Ulrich	24. 10. 05	13. 6. 58

Richterinnen/Richter

Spelberg, Martha, ½	15. 8. 75	27. 11. 41
Dr. Falkenstett, Rüdiger	13. 12. 81	6. 4. 44
Kappes-Olzien, Jürgen	3. 10. 85	25. 3. 48
Dr. Holl, Herbert	20. 5. 86	20. 5. 50
Günther, Martin	9. 3. 87	24. 2. 51
Hennig, Joachim	3. 7. 87	2. 9. 48
Dr. Frey, Klaus	10. 7. 87	2. 3. 45
Möller, Hermann-Josef	7. 8. 90	26. 10. 47
Stamm, Manfred	9. 12. 91	15. 8. 56
Schneider, Hans-Christoph	13. 7. 92	11. 4. 49
Schauß, Gernot	23. 6. 94	28. 11. 51
Wolff, Alexander	16. 2. 96	27. 11. 52
Dr. Cloeren, Claudia	9. 7. 96	31. 8. 60
Dr. Beuscher, Peter	6. 12. 99	30. 3. 55
Hemmie, Hagen, abg.	18. 5. 01	14. 5. 62
Utsch, Andreas	1. 6. 01	27. 8. 64
Geis, Ralf	1. 7. 01	4. 6. 64
Bonikowski, Klaus-Achim	18. 8. 03	27. 7. 57
Lang, Stefanie, abg.	6. 1. 04	31. 3. 66
Stengelhofen, Heidi	6. 1. 04	12. 6. 66

Prof. Dr. Robbers, Gerhard (UProf, Nebenamt)	—	—
Prof. Dr. Schröder, Meinhard (UProf, Nebenamt)	—	—

Verwaltungsgerichte

Koblenz

Deinhardplatz 4, 56068 Koblenz
Postfach, 56065 Koblenz
Tel. (02 61) 13 07-0
Fax (02 61) 13 07-2 50
E-Mail: postfach@vgko.jm.rlp.de
1 Pr, 1 VPr, 6 VR, 14 R

Präsident

Pinkemeyer, Horst	1. 7. 94	3. 8. 46

Vizepräsident

Meier, Klaus	13. 1. 04	11. 2. 54

Vorsitzende Richterin/Vorsitzende Richter

Dr. Bayer, Wolfgang	9. 3. 87	6. 6. 48
Dr. Fritz, Peter	6. 12. 94	29. 6. 56
Bretzer, Ulrich, abg.	22. 8. 95	16. 6. 52
Glückert, Maria-Luise	6. 9. 96	7. 9. 52
Köster, Roland	26. 9. 96	24. 9. 50
Lutz, Dieter	17. 3. 03	4. 2. 51

Richterinnen/Richter

Hübler, Joachim	31. 10. 84	10. 6. 52
Pluhm, Dieter	17. 1. 86	16. 6. 55
Müller-Rentschler, Hartmut	18. 5. 92	26. 1. 59
Schnug, Claus-Dieter	28. 7. 94	7. 12. 61
Dr. Stein, Volker, abg. (LSt)	21. 4. 95	19. 3. 63
Holly, Volker	13. 7. 95	1. 2. 60
Gietzen, Christoph	18. 7. 95	16. 5. 61
Porz, Winfred	13. 10. 95	13. 11. 62
Karst, Jochem	16. 7. 98	30. 5. 61
Theobald, Georg	20. 10. 98	26. 5. 64
Brink, Ulrike, abg. (LSt)	30. 6. 99	28. 5. 67
Roesler, Isabel, beurl. (LSt)	15. 3. 00	3. 4. 65
Schorkopf, Andrea, beurl.	13. 10. 00	9. 12. 62
Gäbel-Reinelt, Juliane, beurl. (LSt)	21. 12. 01	3. 4. 65

Rheinland-Pfalz **VwG**

Mainz
Ernst-Ludwig-Str. 8, 55116 Mainz
Postfach, 55031 Mainz
Tel. (0 61 31) 1 41-0
Fax (0 61 31) 1 41 85 00
E-Mail: poststelle@vgmz.jm.rlp.de
1 Pr, 1 VPr, 4 VR, 10 R + 2 × ½ R

Präsidentin
Dr. Freimund-Holler,
  Bettina   1. 11. 05   18. 10. 59

Vizepräsidentin/Vizepräsident
N. N.   —   —

Vorsitzende Richterin/Vorsitzende Richter
Dany, Stefan   16. 7. 84   17. 10. 46
Wanwitz, Bernhard   2. 11. 88   27. 12. 49
Eckert, Wilfried   1. 11. 89   18. 11. 50
Faber-Kleinknecht,
  Elisabeth   28. 1. 97   20. 5. 55

Richterinnen/Richter
Meyer-Grünow, Richard-
  Joachim   9. 10. 79   19. 9. 46
Schmitt, Friedrich   3. 10. 80   20. 2. 51
Dr. Burandt, Horst   —   —
Radtke, Angela   25. 5. 84   15. 9. 51
Zehgruber-Merz,
  Dorothea, ½   24. 1. 85   30. 7. 54
Riebel, Beate   10. 1. 89   8. 4. 57
Dr. Reuscher, Thomas   3. 12. 91   17. 9. 53
Graf, Rüdiger   21. 10. 93   5. 6. 61
Rehbein, Steffen, abg.   27. 7. 94   29. 7. 60
Ermlich, Michael   24. 3. 98   20. 5. 66
De Felice, Jürgen,
  abg. (LSt)   14. 4. 00   4. 6. 65
Nesseler-Hellmann,
  Andrea, ½   31. 7. 00   15. 4. 70

Neustadt an der Weinstraße
Robert-Stolz-Str. 20, 67433 Neustadt/Wstr.
Postfach, 67410 Neustadt/Wstr.
Tel. (0 63 21) 4 01-0
Fax (0 63 21) 4 01-2 66
E-Mail: poststelle@vgnw.jm.rlp.de
1 Pr, 1 VPr, 4 VR + 2 × ½ VR, 11 R + 4 × ½ R +
1 × ¾ R

Präsidentin
Dr. Sünner, Charlotte   6. 6. 00   14. 4. 45

Vizepräsident
Dr. Scheffler, Hans-
  Hermann   9. 9. 02   28. 7. 45

Vorsitzende Richterinnen/Vorsitzende Richter
Dr. Romberg, Helga, ½   15. 7. 88   28. 6. 44
Silberstein, Klaus, ½   1. 6. 93   25. 7. 44
Dr. Cambeis-Glenz,
  Annette   26. 3. 96   19. 5. 52
Seiler-Dürr, Carmen Maria   26. 3. 96   9. 2. 54
Butzinger, Thomas   18. 4. 01   7. 3. 57
Dr. Damian, Helmut   10. 5. 01   9. 6. 52

Richterinnen/Richter
Idelberger, Marianne, ½   1. 11. 76   15. 11. 41
Peters, Burkhard, ½   7. 4. 77   14. 7. 44
Wolfrum, Hildegard, ½   6. 5. 77   15. 8. 44
Wingerter, Hans-Jörg   1. 10. 90   23. 3. 49
Kintz, Roland   6. 8. 92   18. 8. 60
Klingenmeier, Helga   7. 9. 92   25. 11. 59
Reitnauer, Martina, ½   5. 5. 93   16. 2. 61
Jahn-Riehl, Sabine, ¾   5. 5. 93   20. 10. 61
Scheurer, Klaus   21. 5. 93   30. 5. 61
Meyer, Bernadette   1. 9. 94   27. 8. 59
Bender, Peter   17. 6. 96   19. 5. 65
Dr. Stahnecker, Thomas   24. 7. 97   11. 1. 62
Pirrung, Hans-Martin   23. 7. 98   9. 4. 61
Burkhart, Klaus, abg.   21. 3. 00   18. 8. 64
Dr. Berthold, Christof   29. 12. 00   23. 1. 66
Wick, Rüdiger   14. 10. 05   14. 10. 71

Trier
Irminenfreihof 10, 54290 Trier
Postfach, 54228 Trier
Tel. (06 51) 4 66-04, Fax (06 51) 4 66-6 36
E-Mail: poststelle@vgtr.jm.rlp.de
1 Pr, 1 VPr, 2 VR, 8 R + 2 × ½ R

Präsident
Zimmer, Michael   20. 9. 02   3. 2. 54

Vizepräsident
Schmidt, Georg   10. 11. 00   16. 12. 56

Vorsitzende Richterin/Vorsitzender Richter
Dierkes, Reinhard   24. 5. 89   6. 2. 52
Verbeek-Vienken, Brigitte   29. 5. 92   6. 1. 52

Richterinnen/Richter
Braun, Herbert   29. 5. 84   15. 6. 54
Mons, Hans Joachim   9. 10. 89   22. 6. 56

VwG   Saarland

Kröger, Heribert	21. 6. 93	8. 12. 59	
Dr. Klages, Christoph	11. 10. 94	9. 2. 61	
Krause, Edith, ½	5. 5. 95	23. 3. 64	
Goergen, Uwe	10. 7. 95	29. 9. 61	
Heinen, Heidi	23. 10. 95	25. 1. 63	
Verheul, Christiane	19. 12. 95	30. 9. 61	
Bröcheler-Liell, Bettina, ½	4. 6. 96	8. 9. 64	
Kohl, Sylvia, beurl. (LSt)	2. 7. 99	9. 7. 66	

Richterinnen/Richter im Richterverhältnis auf Probe			
Steinkühler, Martin, abg. (LSt)	15. 8. 01	30. 3. 73	
Fahrbach, Dorothee, abg. (LSt)	15. 1. 03	13. 10. 74	
Dr. Rüth, Christina, abg. (LSt)	15. 7. 03	20. 2. 75	
Dr. Schumacher, Jörg	1. 6. 05	29. 10. 75	

Saarland

Oberverwaltungsgericht des Saarlandes

Prälat-Subtil-Ring 22, 66740 Saarlouis
Postfach 20 06, 66720 Saarlouis
Tel. (0 68 31) 94 23-0
Fax (0 68 31) 94 23-1 44
E-Mail: poststelle@ovg.justiz.saarland.de

1 Pr, 1 VPr, 1 VR, 7 R

Präsident
Rubly, Hans-Jürgen   10. 2. 03   8. 11. 43

Vizepräsident
Böhmer, Claus   1. 4. 03   12. 3. 49

Vorsitzender Richter
Dr. Philippi, Klaus-Jürgen 1. 8. 04   27. 7. 44

Richterinnen/Richter
Haßdenteufel, Peter   1. 11. 91   12. 7. 47
Nalbach, Isabella   16. 1. 92   11. 6. 51
Schwarz-Höftmann, Elke   11. 10. 95   10. 4. 54
Freichel, Ursula   1. 7. 05   20. 5. 59

Verwaltungsgericht des Saarlandes

Kaiser-Wilhelm-Str. 15, 66740 Saarlouis
Postfach 24 27, 66724 Saarlouis
Tel. (0 68 31) 4 47-01
Fax (0 68 31) 4 47-1 63
E-Mail: poststelle@vg.justiz.saarland.de

1 Pr, 1 VPr, 6 VR, 14 R + 3 LSt (R)

Präsident
André, Ulrich   9. 1. 04   17. 12. 48

Vizepräsident
N. N.   —   —

Vorsitzende Richter
Welsch, Friedrich   30. 7. 92   7. 8. 55
Ehrmann, Andreas   31. 8. 93   27. 6. 55
Maximini, Gerd   24. 2. 94   25. 10. 48
Metzler, Armin, ¾   24. 2. 94   6. 4. 52
Freiherr von Funck, Arndt   1. 1. 91   8. 8. 45

Richterinnen/Richter
Helling, Michael   11. 3. 88   3. 4. 56
Rech, Thomas   26. 1. 90   22. 7. 58
Frank, Henning   26. 4. 90   12. 8. 56
Kühn-Sehn, Thomas   3. 6. 91   9. 11. 56
Dutt, Karl-Josef   3. 1. 92   9. 2. 59
Vohl, Martine   30. 4. 93   2. 6. 60
Weichel, Volker   13. 1. 94   22. 2. 60
Haas, Astrid   13. 1. 94   10. 7. 62
Schwarz, Joachim   17. 3. 94   18. 2. 63
Kerwer-Frank, Daniela, ½   27. 6. 94   23. 2. 63
Handorn, Hans-Jörg   18. 4. 95   15. 12. 61
Trenz, Renate, beurl. (LSt) 5. 5. 95   7. 11. 61
Grethel, Monika, ¾   28. 7. 95   21. 12. 62
Lauer, Patrick, beurl. (LSt) 16. 10. 95   9. 1. 64
Schmit, Christoph   6. 5. 96   17. 12. 62
Kiefer, Wolfgang, abg. (LSt) 23. 9. 96   29. 9. 65
Engel, Andreas   6. 1. 97   25. 9. 6
Körner, Stephan   3. 3. 97   11. 2. 6
Schmitt, Boris, abg.   5. 8. 97   17. 8. 6

Sachsen VwG

Sachsen*

Sächsisches Oberverwaltungsgericht

Ortenburg 9, 02625 Bautzen
Postfach 17 28, 02607 Bautzen
Tel. (0 35 91) 2 17 50, Fax (0 35 91) 21 75 50
E-Mail: verwaltung-ovg@ovg.justiz.sachsen.de

Präsident
Reich, Siegfried   15. 7. 00   27. 5. 42

Vizepräsident
Künzler, Erich   1. 12. 05   15. 7. 55

Vorsitzende Richter
Dr. Ullrich, Hans-Werner   1. 4. 96   12. 9. 45
Raden, Michael   1. 8. 00   9. 11. 51

Richterinnen/Richter
Kober, Peter   15. 8. 00   29. 3. 62
Meng, Jürgen   15. 4. 01   17. 2. 62
Munzinger, Dirk   15. 4. 01   23. 12. 63
Drehwald, Suzanne   1. 2. 02   14. 3. 64
Dr. Schaffarzik, Bert   1. 3. 03   4. 6. 62
Heinlein, Michael   1. 1. 06   10. 2. 59
Schmidt-Rottmann, Norma   1. 3. 06   29. 6. 58

Verwaltungsgerichte

Chemnitz
Zwickauer Str. 56, 09112 Chemnitz
Postfach 6 39, 09006 Chemnitz
Tel. (03 71) 4 53-0, Fax (03 71) 4 53-73 09
E-Mail: verwaltung-vgc@vgc.justiz.sachsen.de

Präsident
Eichmayr, Richard   15. 7. 03   27. 2. 48

Vizepräsidentin
Petschel, Angelika   10. 6. 02   18. 7. 54

Vorsitzender Richterin/Vorsizende Richter
Siewert, Wolfgang   1. 1. 95   15. 4. 51
Keim, Carola-Julia   1. 8. 99   1. 1. 59
Sonntag, Torsten   1. 2. 01   6. 12. 63

* Angaben über die Zahl der Planstellen bei den sächsischen Verwaltungsgerichten sind nicht übermittelt worden.

Richterinnen/Richter
Czingon, Harald   2. 4. 94   31. 8. 61
Jenkis, Gerhard   3. 6. 94   13. 2. 59
Emmrich, Klaus   1. 7. 94   5. 9. 57
Tritschler, Petra   15. 7. 94   22. 1. 58
Zander, Wolfgang   14. 10. 94   28. 4. 52
Höhl, Wolfgang   2. 1. 95   11. 12. 57
Wunderlich, Uwe   1. 9. 96   8. 11. 64
Wagner, Johannes   15. 10. 96   8. 9. 61
Weber, Harald   1. 11. 96   12. 11. 63
Thull, Rüdiger   1. 1. 97   19. 11. 59
Wagner, Yvonne   1. 3. 97   9. 4. 64
Müller, Wichart   5. 4. 97   28. 2. 65
Antoni, Sven   1. 7. 97   5. 10. 65
Lindner, Benno   1. 7. 97   23. 2. 66
Ebner, Anette   1. 8. 97   23. 6. 66
Steger, Heike   1. 8. 97   30. 7. 68
Zander, Carsten   1. 12. 99   25. 5. 61
Mularczyk, Claudia   1. 9. 00   11. 11. 69
Schuler, Jan   1. 2. 01   26. 5. 67
Hellwig, Jan   1. 7. 01   6. 7. 70
Taraschka, Franz, abg.   3. 8. 01   30. 8. 71
Koar, Anke   1. 7. 02   21. 12. 72

Richterin im Richterverhältnis auf Probe
Nündel, Daniela   1. 6. 05   8. 5. 76

Dresden
Blüherstr. 4, 01069 Dresden
Postfach 12 01 61, 01002 Dresden
Tel. (03 51) 4 46-5 40
Fax (03 51) 4 46 -54 50
E-Mail: verwaltung-vgdd@vgdd.justiz.sachsen.de

Präsident
Rehak, Heinrich   1. 11. 92   7. 9. 45

Vizepräsidentin
Franke, Andrea   1. 6. 05   7. 3. 58

Vorsitzende Richterinnen/Vorsitzende Richter
Jestaedt, Christoph   3. 7. 92   16. 1. 54
Hochschild, Udo   1. 3. 96   21. 10. 44
Czub, Renate   2. 9. 96   31. 3. 57
Bastius, Mariette   1. 9. 98   6. 10. 54
Hasske, Dunja   1. 2. 01   13. 6. 57
Bendner, Robert   1. 2. 01   12. 7. 60
Rottmann, Heinrich-
  Georg   15. 5. 05   2. 6. 60

VwG Sachsen-Anhalt

Richterinnen/Richter

Leonard, Guntar	18. 2. 94	20. 3. 59
Groschupp, Bernd	2. 4. 94	8. 11. 59
Auf der Straße, Kerstin	22. 4. 94	8. 5. 59
Göhler, Thomas	17. 6. 94	2. 9. 62
Voigt, Peter	17. 6. 94	11. 2. 64
Dr. Scheffer, Markus	1. 9. 95	13. 8. 60
May, Andreas	5. 11. 95	5. 1. 60
Behler, Astrid	1. 12. 95	23. 6. 64
Düvelshaupt, Britta	4. 1. 96	4. 10. 62
Moehl, Sabine	3. 5. 96	2. 5. 64
Dr. John, Hanns-Christian	1. 10. 96	17. 7. 61
Ackermand, Birgit	1. 11. 96	20. 7. 63
Wefer, Mathias	1. 1. 97	20. 6. 63
Büchel, Andreas	1. 3. 97	10. 12. 64
Steinert, Frank	2. 5. 97	19. 12. 61
Schroeder, Elke	1. 7. 97	10. 8. 63
Berger, Grit	1. 9. 97	22. 5. 68
Dr. Vulpius, Carola	—	—
Döpelheuer, Marlies	1. 2. 98	7. 5. 66
Joop, Bernd	1. 3. 98	30. 3. 61
Affeld, Ingo	3. 7. 98	31. 8. 66
Enders, Barbara	1. 8. 98	4. 12. 58
Burtin, Anja	1. 2. 01	18. 4. 67
Dr. Henke, Katharina	1. 2. 01	7. 8. 67
von Wedel, Friederike	1. 2. 01	25. 12. 68
Diehl, Ingeborg	1. 10. 02	30. 4. 66

Leipzig
Rathenaustr. 40, 04179 Leipzig
Tel. (03 41) 44 60 10
Fax (03 41) 4 46 01 14
E-Mail: verwaltung-vgl@vgl.justiz.sachsen.de

Präsidentin

Dr. Dick, Bettina	1. 12. 04	30. 8. 51

Vizepräsidentin

Braun, Birgitta	1. 6. 05	16. 9. 59

Vorsitzende Richterinnen/Vorsitzende Richter

Eiberle, Ivo	1. 8. 99	18. 4. 61
Gabrysch, Joanna	1. 3. 03	1. 10. 62
Bell, Albrecht	1. 3. 04	7. 11. 59

Richterinnen/Richter

Hahn, Andrea	13. 5. 94	16. 10. 57
Grau, Gerd	4. 8. 94	21. 1. 58
Bartlitz, Uwe	8. 8. 94	2. 12. 62
Gordalla, Steffi	19. 12. 94	2. 1. 55
Israng, Martin	1. 6. 96	22. 4. 63
Eichhorn-Gast, Susanne	1. 7. 96	1. 2. 64
Langen-Braun, Birgit	1. 10. 96	19. 12. 64
Ittenbach, Sigrid	15. 10. 96	11. 6. 64
Dr. Held-Daab, Ulla	21. 2. 99	1. 1. 62
Gellner, Julia	2. 6. 00	10. 3. 68
Dr. Pastor, Thomas	1. 9. 00	5. 1. 67
Hartmann, Bernhard	1. 12. 00	31. 5. 63
Dr. Tolkmitt, Dirk	3. 8. 01	18. 1. 71
Lenz, Alexander	1. 7. 02	11. 7. 71
Zarden, Sabine	1. 3. 03	6. 7. 69

Richterinnen/Richter im Richterverhältnis auf Probe

Richter, Heike	1. 7. 04	24. 9. 76
Wehnert, Michael	1. 10. 03	10. 9. 75

Sachsen-Anhalt

Oberverwaltungsgericht des Landes Sachsen-Anhalt

Schönebecker Str. 67 a, 39104 Magdeburg
Postfach 39 11 31, 39135 Magdeburg
Tel. (03 91) 60 60
Fax (03 91) 6 06 70 29
E-Mail:
poststelle@ovg-md.justiz.sachsen-anhalt.de
www.justiz.sachsen-anhalt.de
Pressestelle:
Tel. (03 91) 6 06 70 66, Fax (03 91) 6 06 70 29
E-Mail:
pressestelle@ovg-md.justiz.sachsen-anhalt.de

1 Pr, 1 VPr, 1 VR, 9 R

Präsident

Dr. Benndorf, Michael	29. 11. 04	11. 5. 52

Vizepräsident

Stubben, Bernd-Hinnerk	1. 7. 05	2. 7. 50

Vorsitzender Richter

Franzkowiak, Lothar	27. 2. 06	27. 2. 52

Richterinnen/Richter

Roewer, Wulf	17. 5. 93	22. 2. 51
Kempf, Ulrike	30. 12. 97	9. 6. 51

Sachsen-Anhalt **VwG**

Schmidt, Claudia	13. 7. 00	27. 11. 61
Geiger, Wolfgang	1. 7. 04	2. 3. 62
Blaurock, Claudia	1. 7. 04	20. 3. 63
Becker, Oliver	30. 11. 04	12. 7. 67

Verwaltungsgerichte

Dessau
Mariannenstr. 35, 06844 Dessau
Postfach 15 11, 06814 Dessau
Tel. (03 4C) 20 20
Fax (03 40) 2 02 18 00
E-Mail: poststelle@vg-de.justiz.sachsen-anhalt.de
Pressestelle:
Tel. (03 91) 2 02 18 16, Fax (03 91) 2 02 18 00
E-Mail:
pressestelle@vg-de.justiz.sachsen-anhalt.de
1 Pr, 1 VPr, 1 VR, 6 R

Präsident
Engels, Helmut	13. 6. 04	2. 2. 63

Vizepräsident
N. N.	—	—

Vorsitzende Richter
Helms, Christoph	14. 7. 94	21. 3. 61
Dr. Störmer, Rainer, abg.	1. 1. 05	25. 9. 61

Richterinnen/Richter
Braun, Susanne	24. 10. 95	21. 1. 60
Just, Michael, abg.	13. 7. 98	8. 4. 60
Schneider, Peter, abg.	15. 11. 99	3. 1. 66
Kopatsch, Anja, abg.	6. 12. 99	4. 5. 68
Fenzel, Christine	18. 4. 00	12. 3. 64
Züchner, Johannes, abg.	27. 6. 02	14. 6. 71

Halle
Justizzentrum
Thüringer Str. 16, 06112 Halle
Postfach 10 02 58, 06141 Halle
Tel. (03 45) 22 00
Fax (03 45) 2 20 23 32
E-Mail: poststelle@vg-hal.justiz.sachsen-anhalt.de
Pressestelle:
Tel. (03 45) 2 20 23 09, Fax (0345) 2 20 23 32
E-Mail:
pressestelle@vg-hal.justiz.sachsen-anhalt.de
1 Pr, 1 VPr, 3 VR, 11 R

Präsident
Meyer-Bockenkamp, Ulrich	20. 1. 94	22. 10. 52

Vizepräsident
Dr. Albrecht, Volker	22. 12. 95		19. 3. 54	

Vorsitzende Richterin/Vorsitzender Richter
Dr. Millgramm, Karl-Heinz	15. 10. 94		6. 8. 48	
Weber, Gabriele	1. 5. 02		7. 3. 54	
Pfersich, Andreas	1. 1. 05		1. 3. 63	

Richterinnen/Richter
Mengershausen, Marion	5. 4. 95		21. 7. 62	
Baus, Nicola	15. 4. 97		2. 9. 63	
Schade, Werner	30. 6. 97		28. 1. 61	
Harms, Bernd	5. 5. 00		19. 9. 65	
Dr. Druschel, Christoph, abg.	16. 11. 00		10. 11. 64	
Dr. Seiler, Christoph	2. 1. 01		7. 8. 67	
Völker, Heidi, beurl.	2. 7. 03		2. 3. 74	
Dr. Saugier, Catharina	4. 10. 04		26. 4. 70	
Kubon, Kristina Maria, abg.	4. 10. 04		21. 9. 70	
Ludwig, Sandy, abg.	4. 10. 04		10. 4. 74	
Baur, Daniela, abg.	4. 10. 04		26. 2. 75	

Magdeburg
Schönebecker Str. 67 a, 39104 Magdeburg
Postfach 39 11 32, 39135 Magdeburg
Tel. (03 91) 60 60
Fax (03 91) 6 06 70 32
E-Mail: poststelle@vg-md.justiz.sachsen-anhalt.de
Pressestelle:
Tel (03 91) 6 06 7072
Fax (03 91) 6 06 70 32
E-Mail:
pressestelle@vg-md.justiz.sachsen-anhalt.de
1 Pr, 1 VPr, 6 VR, 19 R

Präsident
Bluhm, Martin	4. 11. 04	11. 1. 54

Vizepräsident
N. N.	—	—

Vorsitzende Richter
Voigt, Lutz-Peter	14. 8. 92	3. 1. 49
Albrecht, Eckard	18. 12. 92	29. 7. 44
Steinhoff, Reinhard	15. 2. 93	1. 6. 51
Viecens, Matthias	2. 11. 93	16. 9. 49
Dr. Vetter, Joachim	1. 9. 94	5. 9. 52
Haack, Uwe	16. 6. 00	11. 10. 63
Köhler, Albrecht	1. 1. 05	11. 4. 58

Richterinnen/Richter
Wagner, Ingo	6. 12. 93	11. 7. 63
Pankalla, Rüdiger	15. 7. 93	25. 6. 52

537

VwG Schleswig-Holstein

Hartmann, Ewald	19. 7. 94	21. 7. 60
Bücker, Rita	21. 7. 95	7. 7. 63
Jostschulte, Joachim	11. 10. 95	1. 1. 61
Friedrichs, Klaus-Dieter	17. 11. 95	25. 6. 59
Morgener, Dirk	—	—
Waldmann, Thorsten	11. 12. 96	24. 9. 61
Zieger, Christoph	24. 10. 97	16. 5. 64
Stöckmann, Martin	27. 10. 97	27. 5. 63
Semmelhaack, Nils, abg.	16. 6. 98	25. 7. 65
Schrammen, Christina	20. 12. 99	23. 11. 68
Risse, Heinrich, abg.	20. 10. 00	2. 4. 66
Dr. Eppelt, Martina, abg.	20. 10. 00	9. 10. 69
Zehnder, Hans-Jürgen	15. 11. 00	2. 4. 67

Elias, Ulf	27. 6. 02	2. 8. 68
Dr. Kövel, Svea, abg.	16. 9. 04	7. 5. 73

Richterinnen/Richter im Richterverhältnis auf Probe

Glinski, Robert, beurl.	3. 1. 02	20. 3. 72
Asche, Daniel	30. 3. 03	20. 10. 68
Dr. Peters, Klaus	16. 8. 04	9. 7. 75
Bechler, Lars	16. 8. 04	24. 6. 76
Pampel, Anne Kristin	1. 9. 04	30. 4. 77
Güttler, Silke	1. 7. 05	8. 11. 76
Ohlbrecht, Ivonne	16. 7. 05	10. 9. 74

Schleswig-Holstein

Schleswig-Holsteinisches Oberverwaltungsgericht

Brockdorff-Rantzau-Str. 13, 24837 Schleswig
Tel. (0 46 21) 86-0
Fax (0 46 21) 86 12 77
E-Mail: verwaltung@ovg-landsh.de
Pressestelle: Tel (0 46 21) 86-16 36

1 Pr, 1 VPr, 2 VR, 13 R

Präsident

Schmalz, Hans-Joachim	22. 11. 96	12. 3. 48

Vizepräsident

N. N.	—	—

Vorsitzende Richter

Fries, Jens	27. 9. 91	4. 5. 47
Harbeck, Helmut	17. 3. 97	10. 7. 46
Habermann, Dierk	1. 1. 06	30. 9. 49

Richterin/Richter

Suttkus, Martin	8. 7. 88	8. 9. 45
Gaßmann, Gerd	1. 4. 91	28. 5. 44
Dr. Engelbrecht-Greve, Thies	1. 4. 91	4. 11. 48
Voswinkel, Manfred	1. 4. 91	24. 3. 50
Strzyz, Uta	26. 5. 92	23. 8. 52
Dr. Böttcher, Günter	2. 8. 93	4. 2. 50
Wilke, Reinhard	15. 6. 94	23. 9. 52
Wendt, Wolfgang	31. 10. 94	3. 9. 52

Schleswig-Holsteinisches Verwaltungsgericht

Brockdorff-Rantzau-Str. 13, 24837 Schleswig
Tel. (0 46 21) 86-0, Fax (0 46 21) 86 12 77
E-Mail: verwaltungvg-ovg@ovg-landsh.de

1 Pr, 1 VPr, 14 VR, 41 R

Präsident

Krause, Manfred	1. 7. 95	24. 3. 46

Vizepräsident

Dr. Greve, Friedrich	26. 7. 99	4. 10. 44

Vorsitzende Richterinnen/Vorsitzende Richter

Edinger-Jöhnck, Claudia	23. 11. 88	1. 4. 42
Kastens, Wolfgang	16. 12. 91	14. 7. 43
Karstens, Uwe	16. 4. 92	18. 4. 58
Nebelin, Karoline	18. 6. 93	25. 6. 48
Riehl, Ralph	20. 10. 94	8. 12. 48
Wegner, Gerhard	6. 7. 97	23. 2. 44
Rosenthal, Hans-Joachim	26. 7. 99	1. 12. 51
Dr. Namgalies, Johannes, abg.	23. 11. 01	10. 4. 49
Maul, Wolfgang	1. 6. 03	4. 12. 51
Petersen, Maren	1. 6. 03	29. 4. 56
Theis, Achim	1. 7. 03	8. 10. 57
Horbul, Siegfried	1. 8. 05	26. 12. 57
Thomsen, Maren	1. 8. 05	1. 12. 61

Richterinnen/Richter

Schlenzka, Werner	1. 2. 76	11. 2. 44

Thüringen VwG

Dr. Frühauf, Gerd	1. 9.78	20. 4.48
Ohlenbusch, Karin, abg.	23. 5.85	3. 7.54
Domdey, Monika	20. 9.85	23. 5.55
Reinke, Heinz Joachim	5. 5.86	9. 1.55
Ahrens, Elisabeth	1.10.87	29.11.54
Kruse, Susanne	27.11.87	10. 1.57
Bleckmann, Axel	3. 4.90	4. 5.59
Meerjanssen, Helmut	9. 4.90	25. 6.52
Hansen, Jörg	15. 6.90	2. 5.58
Wien, Jörg	27. 3.91	26. 6.59
Seyffert, Ulrich	26. 9.91	22.12.55
Jahnke, Wolfgang	16. 4.92	21. 2.57
Meyer, Klaus-Martin	1. 6.92	18. 5.58
Dr. Alberts, Harald	1. 9.92	8. 3.58
Mokrus, Martin	25. 9.92	21.12.56
Pawelzik, Eckhard, abg.	8.12.92	9. 5.57
Hilgendorf-Petersen, Birgitta	18.12.92	20. 3.61
Steinhöfel, Kurt	1. 1.93	19. 1.53
Möhlenbrock, Thomas	18. 6.93	16. 5.58
Schroeder-Puls, Heike	2. 7.93	22. 4.59
Napirata, Barbara	11. 3.94	12. 3.60
Dr. Martensen, Hartwig	14. 3.94	22. 9.60
Nordmann, Christine	2. 4.94	29.12.62
Bruhn, Holger	3. 2.95	7. 9.60
Lüthke, Henning	2. 3.95	16. 3.58
Kusterka, Helga	27. 9.99	19. 2.58
Weiß-Ludwig, Roland	28. 9.99	20. 4.60
Voß, Birgit	1.12.99	23. 5.67
Dr. Schindler, Frank, abg.	19.11.01	28. 2.63
Clausen, Sönke	22.11.01	25.11.61
Koll, Marion	5.12.01	28. 1.65
Dr. Rublack, Susanne	1.10.02	13. 8.62
Köster, Birthe	18.12.02	23. 6.61
Franke, Eckart, abg.	18. 7.03	20. 6.66

Richterinnen/Richter im Richterverhältnis auf Probe

Braun, Kerstin	2. 2.04	17. 5.73
Dr. Sievers, Malte	3. 5.04	30. 4.76

Thüringen

Thüringer Oberverwaltungsgericht

Kaufstraße 2–4, 99423 Weimar
Postfach 23 62, 99404 Weimar
Tel. (0 36 43) 20 60
Fax (0 36 43) 20 61 00
E-Mail: PostOVG@ThOVG.thueringen.de

1 Pr, 1VPr, 2 VR, 10 R

Präsident

Dr. Schwan, Hartmut	1. 4.04	4.10.51

Vizepräsident

Graef, Harald	2. 6.93	4. 4.42

Vorsitzende Richter

Prof. Dr. Aschke, Manfred	1.10.95	21. 3.50
Lindner, Joachim	12.10.98	30. 4.46

Richterinnen/Richter

Dr. Hüsch, Hans-Peter	1. 2.97	5.11.56
Dr. Schwachheim, Jürgen	1.10.98	19. 2.59
Bathe, Volker	1. 4.99	10. 8.61
Preetz, Kirsten	1. 4.99	28. 9.61
Blomenkamp, Andrea	1. 4.99	6. 9.64
Gravert, Christopher	1. 4.00	22. 3.63
Best, Gerald	1.10.00	15. 4.63
Schneider, Udo, abg.	1.10.01	14. 9.63
Dr. Hinkel, Klaus	1. 4.04	12. 5.62
Homberger, Uwe, abg.	1. 4.04	2. 7.63

Verwaltungsgerichte

Gera

Hainstraße 21, 07545 Gera
Postfach 15 61, 07505 Gera
Tel. (03 65) 8 33 90
Fax (03 65) 8 33 91 00
E-Mail:
PostVGGe@VGGe.thueringen.de

1 Pr, 1 VPr, 3 VR, 11 R

Präsident

Dr. Gülsdorff, Friedrich-Wilhelm	1.10.02	1. 7.46

Vizepräsident

Zundel, Martin	1. 2.97	11. 6.50

VwG Thüringen

Vorsitzende Richterin/Vorsitzende Richter
Kulbach-Hartkop, Margot	1. 4. 99	23. 7. 50
Amelung, Bernd	1. 10. 00	10. 11. 61
Sobotta, Siegfried	1. 4. 02	23. 10. 59

Richterinnen/Richter
Petermann, Thea	1. 7. 95	21. 12. 62
Kreher, Rainer	29. 11. 95	24. 5. 61
Hanz, Beate, abg.	12. 4. 96	29. 5. 64
Alexander, Ralf	12. 8. 96	26. 9. 62
Breuer-Felthöfer, Kerstin	1. 9. 96	7. 4. 65
Mößner, Silke	3. 11. 98	6. 6. 69
Dr. Fuchs, Bengt Christian	19. 11. 99	26. 3. 63
Krome, Klaus	19. 11. 99	7. 12. 68
von Saldern, Barbara, abg.	9. 4. 01	27. 12. 66
Pohlan, Dorit, beurl.	5. 11. 01	24. 4. 71
Vogel, Daniela, abg.	12. 7. 02	22. 12. 72
Dr. Jung, Ute	26. 1. 05	30. 10. 70

Meiningen

Lindenallee 15, 98617 Meiningen
Postfach 10 02 61, 98602 Meiningen
Tel. (0 36 93) 50 90
Fax (0 36 93) 50 93 98
E-Mail: PostVGMe@VGMe.thueringen.de

1 Pr, 1 VPr, 2 VR, 9 R

Präsident
N. N.

Vizepräsident
Michel, Thomas	1. 4. 03	18. 12. 51

Vorsitzender Richter
Becker, Martin	1. 4. 04	21. 3. 63

Richterinnen/Richter
Läger, Ulrich	14. 2. 95	28. 1. 58
Both-Kreiter, Thomas	30. 11. 95	31. 12. 55
Fräßle, Cornelia	30. 11. 95	17. 7. 63
Gith, Albert	29. 2. 96	24. 7. 60
Wimmer, Birgit	12. 6. 96	6. 3. 65
Viert, Joachim	12. 8. 96	3. 9. 62
Feilhauer-Haase, Claudia	18. 8. 96	28. 4. 65
Thull, Stephan	19. 8. 96	2. 2. 63

Meinhardt, Judith	3. 3. 98	13. 10. 66
Spiekermann, Lydia	3. 3. 03	7. 12. 71

Weimar

Rießnerstraße 12 b, 99427 Weimar
Postfach 24 48, 99405 Weimar
Tel. (0 36 43) 41 33 00
Fax (0 36 43) 41 33 33
E-Mail: PostVGWe@VGWe.thueringen.de

1 Pr, 1 VPr, 5 VR, 18R

Präsidentin
Heßelmann, Elke	9. 11. 05	2. 7. 58

Vizepräsident/in
N. N. — —

Vorsitzende Richterinnen/Vorsitzende Richter
Lorenz, Heidemarie	22. 12. 93	21. 1. 60
Strätz, Ulrike	1. 10. 95	29. 1. 56
Packroff, Klaus	1. 6. 96	6. 1. 57
Heisel, Volker	1. 4. 01	9. 11. 57
Lenhart, Thomas	1. 4. 01	7. 9. 60

Richterinnen/Richter
Schmid, Manfred, abg.	6. 10. 94	9. 9. 59
Bratek, Klaus	6. 10. 94	5. 5. 61
Bohn, Otto	14. 2. 95	15. 8. 55
Hofmann, Holger	13. 2. 96	26. 1. 60
Kunz, Marianne	14. 5. 96	10. 9. 64
Schaupp, Jochen	24. 5. 96	20. 5. 63
Schmitt, Wolfgang	1. 6. 96	10. 10. 59
Erlenkämper, Jost	1. 6. 96	22. 6. 60
Hasenbeck, Michael	26. 6. 96	17. 1. 62
Rautenstrauch-Duus, Astrid	1. 7. 96	5. 2. 61
Hoffmann, Katharina, abg.	5. 8. 96	6. 10. 64
Groschek, Frank	6. 8. 96	27. 8. 63
Kirschbaum, Dietmar, abg.	1. 9. 96	25. 11. 62
Notzke, Thomas	20. 12. 96	18. 10. 63
Stalbus, Christine	6. 1. 98	21. 7. 65
Fitzke, Stefan, abg.	14. 7. 98	28. 8. 62
Siegl, Claudia	4. 5. 99	4. 2. 63
Peters, Eckart, abg.	5. 11. 01	13. 9. 63
Pirk, Bianca	24. 6. 04	25. 1. 71
Heinz, Thomas, beurl.	29. 3. 05	11. 10. 65
Labusch, Silvia	29. 3. 05	29. 1. 68

Anwaltsgerichtsbarkeit

Anwaltsgerichtsbarkeit

Bundesgerichtshof – Der Senat für Anwaltssachen –

Herrenstr. 45a, 76133 Karlsruhe
Postfach, 76125 Karlsruhe
Tel. (07 21) 1 59-0, Fax (07 21) 1 59-25 12 oder -15 07
E-Mail: poststelle@bgh.bund.de

Der Senat für Anwaltssachen ist kraft Gesetzes für diejenigen Angelegenheiten zuständig, die in der Bundesrechtsanwaltsordnung dem Bundesgerichtshof zugewiesen sind, mit Ausnahme der Entscheidungen nach § 109 BRAO, für die der III. Zivilsenat des Bundesgerichtshofes zuständig ist.

Der Senat für Anwaltssachen besteht aus dem Präsidenten des Bundesgerichtshofes sowie drei Mitgliedern des Bundesgerichtshofes und drei Rechtsanwälten als Beisitzer und entscheidet in dieser Besetzung. Den Vorsitz führt der Präsident des Bundesgerichtshofes oder in seiner Vertretung ein vom Präsidium des Bundesgerichtshofes bestimmter Vorsitzender Richter. Neben dem Präsidenten des Bundesgerichtshofes und der vom Präsidium bestimmten Vorsitzenden Richterin sind dem Senat nach dem Geschäftsverteilungsplan für das Jahr 2006 fünf beisitzende richterliche Mitglieder und acht ehrenamtliche Beisitzer/innen zugewiesen.

Baden-Württemberg

Anwaltsgerichtshof Baden-Württemberg

Olgastr. 2, 70182 Stuttgart
Postfach 10 36 53, 70031 Stuttgart
Tel. (07 11) 2 12-30 66
Fax (07 11) 2 12-30 24

Präsident
RA Dr. Winkler, Rolf M.

1. Senat
Vorsitzender
RA Dr. Winkler, Rolf M.

Beisitzer (Rechtsanwältin/Rechtsanwälte)
RA Dr. Beckmann, Wolfgang, stellv. Vors.
RA Böllinger, Herbert
RA Dr. Lieberwirth, Vera
RA Schollen, Matthias

Beisitzer (Richterinnen/Richter)
ROLG Gadamer, Andrea
ROLG Holzer, Thomas
VROLG Roscher-Grätz, Dorothea

2. Senat
Vorsitzender
RA Dr. Kirchberg, Christian

Beisitzer (Rechtsanwälte)
RA Dr. Kessler, Klaus, stellv. Vors.
RA Dr. Dölker, Walter
RA Kolb, Burkhard
RA Dr. Nann, Eberhard

Beisitzer (Richterin/Richter)
ROLG Behschnitt, Dietrich
VROLG Dr. Sulzberger-Schmitt, Heidi
ROLG Weber, Albrecht

3. Senat
Vorsitzender
RA u. Notar Pfeifer, Johann Heinrich

Beisitzer (Rechtsanwälte)
RA Dr. Gillmeister, Ferdinand, stellv. Vors.
RA Dr. Geßler, Joachim
RA Dr. Jürgenmeyer, Michael
RA Pfeifle, Ulrich

Beisitzer (Richterin/Richter)
ROLG Dr. Brazel, Margrit
ROLG Dr. Deichfuß, Hermann
ROLG Dr. Delius, Christoph

Anwaltsgerichte

Freiburg
Gartenstraße 21, 79098 Freiburg
Tel. (07 61) 3 25 63, Fax (07 61) 28 62 61
E-Mail: info@rak-freiburg.de

Geschäftsführender Vorsitzender
RA Dr. Tauchert, Erich   12. 11. 87   27. 9. 39

1. Kammer
Vorsitzender
RA Dr. Müller, Paul   26. 7. 88   1. 4. 41

Beisitzer
RA Dr. Brauß, Eckart	27. 10. 83	30. 5. 37
RA Dr. Krevet, Reinhold	12. 11. 87	26. 12. 37
RA Dr. Enders, Christian	29. 11. 94	15. 8. 53
RA Mayer-Lay, Jürgen	14. 9. 04	16. 8. 45

2. Kammer
Vorsitzender
RA Dr. Tauchert, Erich   12. 11. 87   27. 9. 39

Beisitzer
RA Lucha, Hartmut	13. 12. 84	18. 12. 35
RA Müller, Wolf-Günther	4. 12. 96	30. 6. 51
RA Dr. Lungstras-Hochstein, Christa	22. 1. 02	5. 2. 48
RA Hansmann, Johannes	14. 9. 04	20. 4. 48

Karlsruhe
Reinhold-Frank-Straße 72, 76133 Karlsruhe
Tel. (07 21) 2 53 40, Fax (07 21) 2 66 27

Geschäftsleitender Vorsitzender
RA Linke, Karlheinz   1. 1. 00   —

1. Kammer
Vorsitzender
RA Linke, Karlheinz   1. 12. 84   —

Beisitzer
RA Dr. Altenstetter, Rolf	1. 1. 77	—
RA Dr. Kahlert, Henner	1. 1. 00	—
RA Thomsen, C. Sabine	1. 1. 00	—
RA Frank, Wolfgang	1. 9. 01	—

2. Kammer
Vorsitzender
RA Link, Oskar   (1. 1. 84)   —

Beisitzer
RA Dr. Reel, Gisbert	1. 12. 97	—
RA Slania, Peter	1. 1. 99	—
RA Lachenauer, Wolfgang	1. 9. 01	—
RA Dr. Wagner, Susanne	1. 9. 02	—

Stuttgart
Werastraße 23, 70182 Stuttgart
Tel. (07 11) 24 64 67, Fax (07 11) 24 63 96
E-Mail: anwaltsgericht@rak-stuttgart.de

Geschäftsleitender Vorsitzender
RA Dr. Schick, Martin   1. 1. 00   —

1. Kammer
Vorsitzender
RA Ruccius, Gottfried   1. 11. 02   —

Beisitzer
RA Rücker, Klaus-Dieter	1. 3. 99	—
RA Dr. Scherf, Klaus	15. 3. 99	—
RA Dr. Bauer, Joachim	1. 1. 00	—
RA Dr. Tschichoflos, Ursula	7. 11. 03	—

2. Kammer
Vorsitzender
RA Dr. Schick, Martin   1. 3. 99   —

Beisitzer
RA Dr. Viniol, Volker	9. 3. 98	—
RA Foth, Ekkehard	1. 4. 99	—
RA Dr. Musch, Wolf-Dieter	1. 11. 02	—
RA Prof. Dr. Winkelbauer, Wolfgang	14. 5. 05	—

Tübingen
Am Echazufer 24, 72764 Reutlingen
Tel. (0 71 21) 92 02 22
Fax (0 71 21) 92 02 69
E-Mail: s.schlegel@voelker-gruppe.com

Geschäftsführender Vorsitzender
RA Dr. Kofler, Rolf   9. 11. 98   28. 12. 44

Beisitzer
RA Dr. Schumacher, Rolf	19. 11. 98	30. 1. 50
RA Werner, Detlef	29. 11. 99	21. 12. 51
RA Dr. Friedrichsmeier, Hans	29. 11. 99	26. 2. 52
RA Gut, Klaus	29. 11. 99	9. 5. 57

Bayern

Bayerischer Anwaltsgerichtshof

Prielmayerstraße 5, 80097 München
Tel. (0 89) 55 97-27 24
Fax (0 89) 55 97-35 70

Präsident
RA Dr. Bauer, Klaus — —

Ständiger Vertreter des Präsidenten
N. N. — —

1. Senat
Vorsitzender
RA Dr. Hürholz, Hans-Werner — —

Beisitzer (Rechtsanwälte)
RA Faust, Helmut — —
RA Kohlmeier, Klaus — —
RA Großhauser, Franz 15. 12. 04 19. 4. 50
RA Bäumel, Ernst — —

Beisitzer (Richterin/Richter)
ROLG Dr. Buchner,
  Gerhard 24. 9. 05 10. 1. 58
ROLG Redel, Peter — —
ROLG Anders-Ludwig,
  Luise — —
ROLG Doukoff 1. 8. 04 1. 10. 50

2. Senat
Vorsitzender
RA Dr. Bauer, Klaus — —

Beisitzer (Rechtsanwältin/Rechtsanwälte)
RA Demuth, Klaus — —
RA Schmitt, Elisabeth — —
RA Leitner, Werner — —
RA Glöckner, Uwe — —

Beisitzer (Richterin/Richter)
ROLG Nötzel, Margarete — —
ROLG Breitinger, Gert — —
ROLG Dr. Reiter,
  Heinrich — —
ROLG Dr. Krauß,
  Friedrich 17. 2. 05 27. 9. 52

3. Senat
Vorsitzender
RA Dr. Lohberger, Ingram — —

Beisitzer (Rechtsanwälte)
RA Liberta, Achim — —
RA Dr. Ludwig, Andreas 17. 3. 05 18. 6. 52
RA Lechner, Walter — —
RA Dr. Zanker, Josef — —
RA Dr. Kastenhuber — —

Beisitzer (Richter)
ROLG Fiebig, Michael 1. 1. 04 15. 7. 50
VROLG Dr. Nitsche, Wolfgang — —
RBayObLG Lorbacher, Michael — -
ROLG Rebhan, Rainer — —

4. Senat
Vorsitzende
RA Lindenberg-Lange, Irina — —

Beisitzer (Rechtsanwälte)
RA Dr. Wolf, Manfred 16. 8. 05 —
RA Niederalt, Dietrich — —
RA Ott, Hellmut — —
RA Lutz, Franz 6. 8. 05 —

Beisitzer (Richterin/Richter)
ROLG Aubele, Nicola — —
VROLG Kempmann 1. 9. 04 17. 10. 49
ROLG Pfingstl 6. 11. 04 22. 7. 57
ROLG Fischer 4. 3. 05 22. 7. 58

5. Senat
Vorsitzender
RA Dr. Zech, Dieter — —

Beisitzer (Rechtsanwälte)
RA Dr. Niedermeier, Wilfried — —
RA Döring, Rainer — —
RA Häusler, Rudolf — —
RA Lenze, Günter — —

Beisitzer (Richterin/Richter)
ROLG Schneider 2. 12. 04 17. 9. 51
ROLG Gehr, Helmut — —
ROLG Spangler, Eva — —
ROLG Barthelmes, Kurt — —

Anwaltsgerichte

Bamberg
Friedrichstraße 7, 96047 Bamberg
Tel. (09 51) 9 86 20-0
Fax (09 51) 20 35 03
E-Mail: info@rakba.de

1. Kammer

Vorsitzender
RA Stock, Hanno   1. 5. 85   18. 1. 46

Beisitzer
RA Wonka, Michael   15. 10. 93   21. 4. 57
RA Hacker, Karl-Friedrich   16. 9. 94   7. 7. 59
RA Braeutigam, Horst   1. 11. 95   18. 1. 48

2. Kammer

Vorsitzender
RA Stock, Hanno   1. 5. 85   18. 1. 46

Beisitzer
RA Dr. Drexler,
  Gerhard G.   16. 3. 85   26. 10. 39
RA Drehsen, Thomas   1. 3. 01   3. 3. 64
RA Diener, Helmut   1. 11. 03   22. 8. 49

München
Prielmayerstraße 7, 80097 München
Tel. (0 89) 59 83 80
Fax (0 89) 550 15 87

1 Gesch.I.VR, 3 VR, 16 R

Geschäftsleitender Vorsitzender
RA Dingfelder, Wolfgang   17. 6. 88   24. 12. 47

1. Kammer

Vorsitzender
RA Buntrock, Jürgen   1. 11. 91   29. 3. 43

Beisitzer
RA Struck-Sachenbacher,
  Andreas   16. 6. 97   15. 6. 59
RA Herzog, Esther   16. 8. 97   20. 6. 58
RA Rubach, Walter   1. 4. 01   6. 9. 47
RA Dr. Dr. Kramer,
  Hans-Jürgen   16. 8. 05   3. 12. 54

2. Kammer

Vorsitzender
RA Dr. Zapp, Michael   22. 12. 98 19. 5. 54

Beisitzer
RA Kube, Klaus-Peter   2. 10. 01   27. 5. 54
RA Girshausen, Hartmut   1. 1. 04   5. 5. 65
RA Wüllrich, Claudia   16. 8. 05   19. 7. 60
RA Dr. Jeutter, Friedrich   10. 10. 05 17. 3. 46

3. Kammer

Vorsitzender
RA Imhoff, Hans-Peter   1. 11. 79   12. 11. 40

Beisitzer
RA Dr. Kirchmann, Hubert   19. 1. 99   3. 5. 45
RA Lehmpuhl, Anneliese   1. 1. 00   25. 9. 48
RA Dr. Bauer, Florian   11. 1. 01   3. 6. 44
RA Dr. Schuppenies, Peter   18. 7. 02   11. 4. 45

4. Kammer

Vorsitzender
RA Dingfelder, Wolfgang   17. 6. 88   24. 12. 47

Beisitzer
RA Dr. Hantke, Dietmar   3. 6. 03   14. 3. 44
RA Lietz, Jürgen   1. 11. 03   28. 5. 63
RA Bubendorfer,
  Friedemann   1. 1. 04   1. 2. 47
RA Zeeb, Eberhard   16. 8. 05   2. 4. 49

Nürnberg
Fürther Straße 115/III, 90429 Nürnberg
Tel. (09 11) 9 26 33-16, Fax (09 11) 9 26 33-46

Geschäftsleitender Vorsitzender
RA Dr. Grohmann, Hans   15. 11. 91 16. 6. 44

1. Kammer

Vorsitzender
RA Dr. Grohmann, Hans   19. 7. 88   16. 6. 44

Beisitzer
RA Zwarg, Michael   26. 5. 96   5. 9. 58
RA Muth, Wolfgang   1. 5. 02   6. 1. 51
RA Ostner, Renate   1. 11. 03   4. 5. 65

2. Kammer

Vorsitzender
RA Schmidt, Gerhard   1. 11. 03   4. 4. 49

Beisitzer
RA Niggemeyer-Müller,
  Jutta   27. 11. 01 6. 9. 61
RA Dr. Hechtel, Felix   1. 5. 02   14. 7. 67
RA Straßner, Harald   1. 11. 03   4. 6. 61

Berlin

Anwaltsgerichtshof Berlin

Elßholzstraße 30–33, 10781 Berlin
Tel. (0 30) 90 15 23 24
Fax (0 30) 90 15 22 00

Präsidentin
RA Dr. Kunze, Catharina — —

1. Senat
Vorsitzende
RA Dr. Kunze, Catharina 1. 4. 94 —

Beisitzer (Rechtsanwältin/Rechtsanwälte)
RA Venedey, Walter 21. 3. 94 —
RA Eimers, Helge 12. 9. 95 —
RA Dr. Arndt, Gabriele 8. 4. 03 —

Beisitzer (Richterinnen/Richter)
VRKG Junck, Dagmar 1. 1. 01 —
RKG Bulling, Rainer 5. 9. 01 —
RKG Dr. Hollweg-
 Stapenhorst, Susanna 1. 1. 05 —

2. Senat
Vorsitzender
RA Dr. Braeuer, Max 22. 8. 01 —

Beisitzer (Rechtsanwälte)
RA Dr. Walker, Michael 6. 4. 95 —
RA Krüger, Klaus 29. 9. 95 —
RA Flüh, John 4. 12. 03 —

Beisitzer (Richterinnen/Richter)
RKG Hinze, Wolfgang 1. 1. 02 —
RKG Grabbe, Annette 1. 8. 04 —
RKG Müller, Petra 16. 8. 04 —

Anwaltsgericht

Littenstr. 12-17, 10179 Berlin
Tel. (0 30) 3 44 20 37
Fax (0 30) 24 63 98 83

1. Kammer
Vorsitzende
RA Elze, Renate — —

Beisitzer
RA Faensen, Thomas — —
RA Dr. Görg, Axel — —
RA Rothkegel, Clemens — —
RA Dr. Tietzsch, Rainer-
 Michael — —

2. Kammer
Vorsitzender
RA Schmidt, Thomas — —

Beisitzer
RA Klingenfuß, Rainer — —
RA Möllers, Irmgard — —
RA Ruhl, Marion — —
RA Struß, Rainer — —

3. Kammer
Vorsitzender
RA Trautmann, Wolfgang — —

Beisitzer
RA Bock, Jens — —
RA Daniels, Wolfgang — —
RA Lewerenz, Wolf-Dieter — —
RA Zagajewski, Marianne — —

4. Kammer
Vorsitzender
RA Wendt, Carl-Friedrich — —

Beisitzer
RA Dr. Baumeyer, Thomas — —
RA Hain, Stefan — —
RA Dr. Loh, Ernesto — —
RA Möllmann, Karl-Josef — —

Brandenburg

Brandenburgischer Anwaltsgerichtshof

Gertrud-Piter-Platz 11, 14770 Brandenburg
Tel. (0 33 81) 3 99-1 72
Fax (0 33 81) 3 99-3 60

Präsident
RA Böhrensen, Uwe

1. Senat
Vorsitzender
RA Böhrensen, Uwe

Beisitzer (Rechtsanwältin/Rechtsanwälte)
RA Bach, Birgit, stellv. Vors.
RA Dr. von Livonius, Ernst-Manfred

Beisitzer (Richterin/Richter)
VROLG Boiczenko, Michael
ROLG Dr. Schäfer, Ingrid

2. Senat
Vorsitzender
RA Dr. Sandkuhl, Heide

Beisitzer (Rechtsanwältin/Rechtsanwälte)
RA Buß, Sigrid, stellv. Vors.
N. N.

Beisitzer (Richterin/Richter)
ROLG Dr. Kühl, Jörn
ROLG Eberhard, Jutta

Anwaltsgericht

Grillendamm 2, 14776 Brandenburg
Tel. (0 33 81) 25 33 29
Fax (0 33 81) 25 33 23

Geschäftsleitender Vorsitzender
RA Schomann, Klaus

1. Kammer
Vorsitzender
RA Schomann, Klaus

Beisitzer
RA Henning, Gerd
RA Neumann, Heike
RA Ottilie, Günter

2. Kammer
Vorsitzender
RA Block, Uwe

Beisitzer
RA Arlt, Hans-Jörg
RA Frauendorf, Ralf
RA Schroeder-Printzen, Jörn

Bremen

Anwaltsgerichtshof der Freien Hansestadt Bremen

Sögestraße 62-64, 28195 Bremen
Tel. (04 21) 3 61-45 22, Fax (04 21) 3 61-44 51
E-Mail:
prozessabteilung@oberlandesgericht.bremen.de

Präsident
RA Dr. Seidemann, Richard

1. Senat
Vorsitzender
RA Dr. Seidemann, Richard

Beisitzer (Rechtsanwälte)
RA Dr. Blaum, Franz Thomas
RA Docke, Bernhard W.
RA Breithaupt, Jürgen

Beisitzer (Richterin/Richter)
VROLG Blome, Lüder
ROLG Wolff, Ann-Marie
ROLG Lang, Rainer
ROLG Dr. Schnelle, Albert

2. Senat
Vorsitzender
RA Wendisch, Joachim

Beisitzer (Rechtsanwälte)
RA Dr. Richter, Wolfgang
RA Kulenkampff, Rainer
RA von Bonin, Friedrich

Beisitzer (Richterinnen/Richter)
ROLG Soiné, Brigitte
ROLG Dierks, Hans
ROLG Schumann, Ursula
ROLG N. N.

Anwaltsgericht

Bremen
Knochenhauerstraße 36/37, 28195 Bremen
Tel. (04 21) 1 68 97-0, Fax (04 21) 16 97-20
E-Mail: kontakt@rak-bremen.de

1. Kammer
Vorsitzender
RA Kissling, Albrecht

Beisitzer
RA Nöhring, Jens
RA Ackermann, Beate

2. Kammer
Geschäftsleitender Vorsitzender
RA Dr. Ernst, Manfred

Beisitzer
RA Reimers, Peter
RA Echte, Klaus-Christian

Stellvertretende Beisitzer der 1. und 2. Kammer
RA Externest, Ute
RA Wuttke, Manfred

Hamburg

Anwaltsgerichtshof in der Freien und Hansestadt Hamburg

Sievekingplatz 2, 20355 Hamburg
Tel. (0 40) 4 28 43-20 07
Fax (0 40) 4 28 43-40 97

Präsident
RA Daum, Reinhard

1. Senat
Vorsitzender
RA Daum, Reinhard

Stellvertretender Vorsitzender
RA Dr. Soehring, Kai

Beisitzer (Rechtsanwälte)
RA Dr. Bernzen, Christian

RA Dr. Freiherr von Falkenhausen, Joachim
RA Dr. Grambow, Hans-Jürgen

Beisitzer (Richterin/Richter)
VROLG Dr. Schudt, Ernst-Reiner
ROLG Huusmann, Henning
VROLG Gärtner, Axel
VROLG Happ-Göhring, Sabine

2. Senat
Vorsitzender
RA Ventzke, Klaus-Ulrich

Stellvertretender Vorsitzender
RA Freiherr von der Recke, Hubertus

Beisitzer (Rechtsanwältin/Rechtsanwälte)
RA Dr. Emde, Raimond
RA Dr. Wolter, Matthias
RA Pötz-Neuburger, Susanne

AnwG Hessen

Beisitzer (Richter)
VROLG Harder, Gerd
VROLG Gottschalk, Joachim
ROLG Lauenstein, Hans-Hermann
ROLG Sakuth, Norbert

Hamburgisches Anwaltsgericht

Sievekingplatz 1, 20355 Hamburg
Tel. (0 40) 34 67 54

Geschäftsleitender Vorsitzender
RA Dr. von Oppeln-
  Bronikowski,
  Hans Christoph   —   —

1. Kammer
Vorsitzender
RA Dr. von Oppeln-
  Bronikowski,
  Hans Christoph   24. 10. 83   —

Stellvertretender Vorsitzender
RA Herzog von Oldenburg,
  Nikolaus   20. 10. 93   —

Beisitzer
RA Dr. Backhaus, Beate   9. 12. 92   —
RA Dr. Deuchler,
  Wolfgang   19. 9. 99   —
RA Schäfer, Siegfried   1. 8. 02   —

2. Kammer
Vorsitzender
RA Roloff, Dieter   5. 5. 93   —

Stellvertretender Vorsitzender
RA Dr. Hasche, Christoph 20. 10. 99   —

Beisitzer
RA Scholle, Thomas   15. 4. 99   —
RA Römmig, Wolf   20. 10. 99   —
RA Dr. Mitzkus, Frank   15. 5. 01   —

3. Kammer
Vorsitzender
RA Dr. Schmeel, Günter   1. 12. 95   —

Stellvertretende Vorsitzende
RA Zahn, Verena   1. 4. 98   —

Beisitzer
RA Schwenn, Johann   3. 3. 93   —
RA Schimanski, Jörg   21. 8. 95   —
RA Neelmeier, Axel   4. 4. 02   —

Hessen

Anwaltsgerichtshof Hessen

Zeil 42, 60313 Frankfurt am Main
Tel. (0 69) 13 67-01
(0 69) 13 67-29 76

Präsident
RA Senger, Ingo

1. Senat
Vorsitzender
RA Dr. Taschke, Jürgen

Beisitzer (Rechtsanwältin/Rechtsanwälte)
RA Schreer, Thomas, stellv. Vors.
RA Wolfram, Alexander
RA von Zalewski, Gabriele
RA Dr. Heil, Ulf   —   —

Beisitzer (Richterin/Richter)
VROLG Koester, Manfred
VROLG Dr. Schwarz, Arno
ROLG Kagerer, Angelika
ROLG Dr. Fritz, Dieter

2. Senat
Vorsitzender
RA Senger, Ingo

Beisitzer (Rechtsanwältin/Rechtsanwälte)
RA Dr. Menger, Matthias, stellv. Vors.
RA Besier, Matthias
RA Hoffmann, Anette
RA Striegel, Albrecht

Beisitzer (Richterin/Richter)
ROLG Stamm, Karl
ROLG Kirsch, Wolfgang
ROLG Henschel, Thomas
ROLG Dr. Römer, Ruth

Anwaltsgerichte

Frankfurt

Bockenheimer Anlage 36,
60322 Frankfurt am Main
Tel. (0 69) 17 00 98-01
Fax (0 69) 17 00 98-50

1. Kammer
Vorsitzender
RA Dr. Pletzsch, Michael — —

Beisitzer
RA Bohne, Jörg — —
RA Dr. Protsch, Joachim — —

2. Kammer
Vorsitzende
RA Steuber, Elgin — —

Beisitzer/in
RA Volk, Ulrich — —
RA Bachman-Borsalino,
 Marion — —

3. Kammer
Vorsitzender
RA Deetjen, Peter — —

Beisitzer/in
RA Schott, Evmarie — —
RA Lefévre, Dieter — —

4. Kammer
Vorsitzender
RA Friedrich, Klaus Peter — —

Beisitzer/in
RA Hoferichter, Doris — —
RA Siebicke, Frank G. — —

Kassel

Karthäuserstraße 5 a, 34117 Kassel
Tel. (05 61) 1 20 21
Fax (05 61) 1 20 27

1. Kammer
Vorsitzender
RA Schubert, Bernd-Klaus 1. 12. 97 31. 7. 55

Beisitzer/in
RA Hackforth, Susanne 30. 10. 87 16. 01. 51
RA Korte, Horst 1. 11. 89 6. 11. 49
RA Dr. Kehl, Thomas 1. 1. 04 1. 5. 59

2. Kammer
Vorsitzender und geschäftsleitender Vorsitzender
RA Riemer, Horst 1. 11. 95 12. 9. 44

Beisitzer/in
RA Bondzio, Frank-Rainer 16. 9. 96 1. 3. 56
RA Hartmann, Frank 1. 1. 00 16. 12. 59
RA Angermann, Ingeborg 1. 1. 04 3. 9. 45

Mecklenburg-Vorpommern

Anwaltsgerichtshof Mecklenburg-Vorpommern

Wallstraße 3, 18055 Rostock
Postfach 10 73 30, 18011 Rostock
Tel. (03 81) 3 31-2 05
Fax (03 81) 4 59 09 92

Präsidentin
RA Dr. Geiersberger, Doris

1. Senat
Vorsitzende
RA Dr. Geiersberger, Doris

Beisitzer (Rechtsanwältin/Rechtsanwälte)
RA Eggert, Rolf-Michael
RA Hammes, Hubertus
RA Homann-Trieps, Annemarie

Beisitzer (Richterin/Richter)
Hofmann, Jens
Bail, Marion
Boll, Jürgen

2. Senat
Vorsitzender
RA Slodowitz, Uwe

Beisitzer (Rechtsanwältin/Rechtsanwälte)
RA Dr. Schulz, Ralf
RA Dr. Kramp, Karsten
RA'in Simmich, Katrin

Beisitzer (Richterin/Richter)
Bartmann, Jacqueline
Lobi, Andreas
Dr. ter Veen, Heino

Anwaltsgericht

Bornhövedstraße 12, 19055 Schwerin
Tel. (03 85) 5 57 43 85, Fax (03 85) 5 57 43 88

Geschäftsführender Vorsitzender
RA Niemann, Henning

1. Kammer
Vorsitzender
RA Niemann, Henning

Beisitzer
RA Fischer, Hans-Volker
RA Hischer, Susana

2. Kammer
Vorsitzender
RA Seum, Karl-Michael

Beisitzer
RA Gaßner, Oliver
RA Schweigert, Ulrich

Niedersachsen

Niedersächsischer Anwaltsgerichtshof

Schloßplatz 2, 29221 Celle
Postfach 11 02, 29201 Celle
Tel. (0 51 41) 2 06-5 99
Fax (0 51 41) 2 06-2 08

1 Pr, 1 VR, 14 R

Präsident
RA Dr. Restemeier,
   Jürgen   1. 8. 87   23. 5. 46

1. Senat
Vorsitzender
RA Dr. Restemeier,
   Jürgen   1. 8. 87   23. 5. 46

Beisitzer (Rechtsanwältinnen/Rechtsanwälte)
RA Neumann-Nieschlag,
   Margretlies   1. 2. 84   1. 1. 39
RA Lobschat, Rainer   1. 4. 94   17. 10. 46
RA Mysegades, Elisabeth   1. 3. 97   2. 7. 52
RA Kappmeyer, Uwe   1. 1. 06   22. 4. 57

Beisitzer (Richter)
ROLG Wodtke, Reinald   1. 8. 01   5. 2. 52
ROLG Dr. Lesting,
   Wolfgang   1. 8. 03   24. 9. 54
ROLG Dr. Busse, Christian   1. 12. 03   3. 4. 61

2. Senat
Vorsitzender
RA Prof. Dr. Versteyl,
   Ludger-Anselm   1. 10. 98   18. 6. 44

Beisitzer (Rechtsanwältin/Rechtsanwälte)
RA Propfe, Christian   1. 10. 98   31. 1. 55
RA Timm-Salzwedel,
   Helga   1. 3. 01   7. 2. 59
RA Dr. Bessau, Bernd-
   Rüdiger   1. 2. 02   29. 3. 48
RA Dr. Abramowski,
   Peter   1. 3. 03   18. 5. 62

Beisitzer (Richterinnen/Richter)
ROLG Hemprich,
   Dietmar   1. 8. 91   13. 1. 49
ROLG Apel, Anette   1. 1. 06   1. 4. 64
ROLG Volosciuk,
   Edelgard   1. 5. 03   17. 10. 50

Anwaltsgerichte

Braunschweig
Bruchtorwall 12, 38100 Braunschweig
Tel. (05 31) 12 33 50
Fax (05 31) 12 33 566

Vorsitzender
RA Laubenheimer, Ulrich 1. 2. 00   2. 12. 42

Beisitzer
RA Müller, Reinhard   1. 12. 95 10. 11. 49
RA Dr. Salamon, Jochen   1. 12. 99 21. 6. 38
RA Nerlich, Karin   1. 2. 00   20. 3. 56
RA Mühe, Klaus   13. 9. 01 1. 11. 41

Celle
Bahnhofstraße 6, 29221 Celle
Tel. (0 51 41) 92 82 12
Fax (0 51 41) 92 82 42

Geschäftsleitender Vorsitzender
RA Börner, Bertram

1. Kammer
Vorsitzender
RA Börner, Bertram

Stellvertretender Vorsitzender
RA Waldraff, Matthias

Beisitzer
RA Holtermann, Hans
RAin Kuhlmann, Annette
RAin Hausemann, Ingrid

2. Kammer
Vorsitzender
RA Goeldel, Hans

Stellvertretender Vorsitzender
RA Suden, Burkhardt

Beisitzer
RA Dr. von der Decken, Georg
RA Klawitter, Barbara
RA Albers, Ulrich

Oldenburg
Staugraben 5, 26122 Oldenburg
Tel. (04 41) 9 25 43-0
Fax (04 41) 9 25 43-29

Geschäftsleitender Vorsitzender
RA Wilken, Dirk

1. Kammer
Vorsitzender
RA Wilken, Dirk   1. 1. 88   2. 2. 38

Beisitzer
RA Sandhaus, Clemens   1. 2. 94   29. 8. 53
RA Dr. Hellmann, Ulrich 1. 8. 03   13. 7. 60

2. Kammer
Vorsitzender
RA Dr. Lohrberg,
   Wolfgang   1. 8. 87   15. 2. 43

Beisitzer
RA Schlarmann, Horst   1. 10. 87 6. 5. 49
RA Richter, Jost   1. 1. 04   13. 9. 58

Nordrhein-Westfalen

Anwaltsgerichtshof Nordrhein-Westfalen

Heßlerstraße 53, 59065 Hamm
59061 Hamm
Tel (0 23 81) 2 72-50 21
Fax (0 23 81) 2 72-77 77 od. -5 18

Präsident
RA Dr. Saerbeck, Klaus
   Ludger   24. 11. 92 29. 8. 44

1. Senat
Vorsitzender
RA Dr. Hopfgarten,
   Günter   1. 12. 93   24. 10. 47

AnwG Nordrhein-Westfalen

Stellvertretender Vorsitzender
RA Boecker, Bernhard
  Georg   18. 8. 99   2. 6. 40

Beisitzer (Rechtsanwälte)
RA Dr. Roloff, Wolfgang   1. 11. 87   22. 11. 41
RA Lungerich, Peter   15. 8. 97   19. 8. 58
RA Dr. Goerdes,
  Hermann   1. 11. 03   28. 7. 50
RA Wolfering, Jan-Berend   1. 11. 03   16. 9. 62
RA N. N.   —   —

Beisitzer (Richterin/Richter)
ROLG Schmeing, Brigitte   1. 8. 02   —
ROLG Kilimann, Ralf   7. 10. 02   7. 1. 57
ROLG Wagner, Herbert   15. 7. 03   18. 2. 49

2. Senat
Vorsitzender
RA Dr. Saerbeck, Klaus
  Ludger   24. 11. 92 29. 8. 44

Stellvertretender Vorsitzende
RA Dr. Hofmeister,
  Adelgund   15. 11. 96 13. 8. 53

Beisitzer (Rechtsanwältin/Rechtsanwälte)
RA Dr. Neumann, Renate   1. 9. 96   8. 12. 53
RA Kampmann, Werner   1. 8. 01   7. 8. 52
RA Troost, Karl-Peter   1. 11. 03   17. 8. 57
RA N. N.   —   —

Beisitzer (Richter)
ROLGMA Posthoff,
  Karl-Heinz   1. 1. 97   6. 10. 56
VROLG Leygraf, Johannes   21. 5. 99   16. 3. 51
ROLG Dr. Meyer   11. 9. 03   —

Anwaltsgerichte

Düsseldorf
Cecilienallee 3, 40474 Düsseldorf
Tel. (02 11) 49 71-4 52
Fax (02 11) 49 71-5 48

Geschäftsleitender Vorsitzender
RA Steffen, Klaus   1. 7. 98   —

1. Kammer
Vorsitzender
RA Steffen, Klaus   1. 7. 98   —

Stellvertretender Vorsitzender
RA Jung, Manfred   1. 4. 99   —

Beisitzer
RA Weiland, Kirsten   1. 4. 99   —
RA Schauf, Christiane   1. 11. 99   —
RA Dr. Kienast, Rainer   1. 11. 03   —

2. Kammer
Vorsitzender
RA Koch, Manfred   1. 11. 01   —

Stellvertretender Vorsitzender
RA Gahr, Heinz-Jürgen   1. 11. 01   —

Beisitzer
RA Timper, Gerhard   1. 11. 99   —
RA Gebauer, Carlos   1. 11. 03   —
RA Laubenstein, Andrea   1. 10. 04   —

Hamm
Ostenallee 18, 59063 Hamm
Tel. (0 23 81) 98 50 56
Fax (0 23 81) 98 50 56

Geschäftsleitender Vorsitzender
RA Dr. Brückmann,
  Heinrich   —   —

1. Kammer
Vorsitzender
RA Dr. Brückmann,
  Heinrich   1. 11. 80   25. 6. 40

Beisitzer
RA Hagemann, Christof,
  stellv. Vors.   1. 4. 81   9. 2. 42
RA Berns, Klaus   1. 8. 97   25. 1. 49
RA Ehrler, Wolfgang   1. 11. 99   29. 5. 46
RA Dr. Friedrich, Manfred   1. 11. 03   28. 8. 49

2. Kammer
Vorsitzender
RA Bödding, Klaus   1. 11. 87   5. 11. 38

Beisitzer
RA Dr. Peus, Egon,
  stellv. Vors.   1. 7. 95   8. 10. 51
RA Lyndian, Henriette   15. 8. 99   20. 8. 63
RA Schräder-Hochstetter,
  Gudrun   1. 2. 00   27. 11. 36
RA Brüggemann, Rüdiger   1. 8. 01   20. 1. 56

Köln

Justizgebäude Reichenspergerplatz 1, 50670 Köln
Tel. (02 21) 72 59 60
Fax (02 21) 1 39 63 38
E-Mail: anwaltsgericht-koeln@t-online.de

Geschäftsleitender Vorsitzender
RA Dr. Koenen, Jürgen	1.12.96	—

1. Kammer
Vorsitzender
RA Dr. Koenen, Jürgen	1.12.96	—

Stellvertretende Vorsitzende
RA Dr. Elsner, Ben	1. 5.00	—
RA Hirtz, Margarethe	1. 2.01	—

Beisitzer
RA Rohrmann, Jörn	2.12.03	—
RA Stückradt, Regina	1. 6.04	—

2. Kammer
Vorsitzender
RA Wicke, Helmut	15. 7.78	—

Stellvertretende Vorsitzender
RA Kemmann, Eberhard	1. 5.90	—
RA Bellinghausen, Jörg	1. 1.97	—

Beisitzer
RA Dr. Jung, Hans Reinhard	1.12.05	—
RA Sauren, Jürgen	1.12.05	—

3. Kammer
Vorsitzender
RA Prof. Dr. Mehle, Volkmar	1. 6.84	—

Stellvertretende Vorsitzende
RA Weiss, Waltraud	1. 6.84	—
RA Ebel, Gerhard	1. 1.01	—

Beisitzer
RA Braatz, Michael	1. 2.01	—
RA Dr. Arp, Torsten	15. 4.05	—

4. Kammer
Vorsitzender
RA Stump, Peter	1. 2.91	—

Stellvertretende Vorsitzender
RA Schaefer, Dieter	1. 5.90	—
RA Romansky, Stefan	1.12.97	—

Beisitzer
RA Baldus, Walter	15. 8.99	—
RA Jülicher, Hans-Oskar	1. 1.01	—

Rheinland-Pfalz

Anwaltsgerichtshof Rheinland-Pfalz

Geschäftsstelle bei dem Oberlandesgericht Koblenz
Stresemannstraße 1, 56068 Koblenz
Tel. (02 61) 1 02 28 31
Fax (02 61) 1 02 29 07

Präsident
RA JR Dr. Braunbeck, Hans Albert	1. 8.91	21. 5.45

Vorsitzender
RA Gaube, Wolfgang	1.12.95	12. 4.49

Beisitzer (Rechtsanwältin/Rechtsanwälte)
RA Kirsch, Peter	4. 7.89	10.10.41
RA Schaffranek, Franz	1. 6.94	21.10.54
RA Hasemann-Trutzel, Hans-Joachim	19. 5.95	17.10.56
RA Tillmanns-Schmidt, Silke	1. 1.96	25. 1.41
RA Karwatzki, Volker	1. 2.00	14.12.45
RA Kobbe, Bernd-Dieter	23. 7.00	14.10.45
RA Dr. Busch, Tobias	11. 7.03	3. 4.63
RA N. N.	—	—

Beisitzer (Richter)
Burger, Winfrid	1. 2.95	18. 8.54
Klüber, Rudolf	1. 8.97	1. 7.52
Dr. Reinert, Patrick	1. 1.99	14.11.56
Eck, Walter	20. 5.99	7. 1.51

AnwG Saarland

Grünewald, Thomas	15. 10. 02	19. 9. 62
Mille, Lothar	25. 4. 03	10. 1. 55
Geisert, Rolf	15. 11. 03	12. 11. 55
Friemel, Joachim	21. 9. 05	27. 11. 52

Anwaltsgericht

Koblenz

Rheinstraße 24, 56068 Koblenz
Tel. (02 61) 3 03 35 -0, Fax (02 61) 3 03 35 66

Geschäftsleitender Vorsitzender

RA JR Dr. Ehlen, Günther	1. 12. 78	4. 7. 28

Vorsitzender

Presper, Norbert	1. 2. 00	10. 10. 53

Beisitzer

RA Böckel, Joachim	1. 4. 93	22. 4. 45
RA Höfer, Manfred	1. 6. 94	29. 11. 45
RA Maximini, Günther	1. 2. 95	25. 9. 47
RA Risch-Schmidt, Cornelia	1. 3. 95	14. 9. 56
RA Breit, Hans-Jürgen	1. 2. 96	14. 9. 50
RA Strunk, Michael	1. 2. 00	6. 11. 44
RA Sickel, Elred	1. 2. 00	23. 8. 47
RA Dr. Schellewald, Volker	1. 2. 04	10. 11. 53

Zweibrücken

Landauer Straße 17, 66482 Zweibrücken
Tel. (0 63 32) 80 03-0
Fax (0 63 32) 80 03-19

Vorsitzender

RA Rimmel, Hans-Ulrich	1. 1. 05	4. 8. 54

Beisitzer

RA Haberland, Thomas	23. 7. 00	15. 10. 52
RA Morio, Rolf	28. 11. 01	19. 9. 53
RA Götz, Gerhard	11. 7. 02	11. 7. 67
RA Basler, Christoph	1. 1. 05	26. 8. 64

Saarland

Saarländischer Anwaltsgerichtshof

Franz-Josef-Röder-Straße 15, 66119 Saarbrücken
Tel. (06 81) 5 01-53 50, Fax (06 81) 5 01-53 51

Präsident

RA JR Dr. Sonntag, Gerd	—	—

weiterer Vorsitzender

RA JR Klein, Walter	—	—

Beisitzer

RA Dr. Ruland, Herbert	1997	15. 5. 39	
RA Kimmlinger-Barrois, Monika	1999	19. 6. 50	
RA Berscheid, Thomas	2000	2. 5. 52	
RA Britz, Heinz-Jörg	2001	28. 11. 42	

Richterliche Mitglieder des Gerichtshofs

VROLG Balbier, Ralf-Werner	—	—
ROLG Sandhöfer, Anna	—	—
ROLG Dr. Dörr, Karl-Werner	—	—
ROLG Feltes, Susanne	—	—

Anwaltsgericht

Am Schloßberg 5, 66119 Saarbrücken
Tel. (06 81) 58 82 80
Fax (06 81) 58 10 47

Geschäftsleitender Vorsitzender

RA JR Eckstein, Rudolf	21. 3. 77	7. 2. 35

Vorsitzende

RA Lehmann, Monika	—	—
RA Kühlmann, Doris	—	—

Beisitzer

RA Dr. Britz, Guido	—	—
RA Bienko, Frank-Thomas	1. 10. 92	20. 5. 57
RA Krämer, Ottmar	—	—
RA Fried, Margit	—	—
RA Mauer, Marion	10. 2. 00	24. 7. 55
RA Heim, Arnold	5. 4. 01	11. 8. 50

Sachsen

Sächsischer Anwaltsgerichtshof

Ständehaus – Schlossplatz 1, 01067 Dresden
Tel. (03 51) 4 46 14 21
Fax (03 51) 4 46 14 99
E-Mail: andrea.morgenstern@olg.justiz.sachsen.de

Präsident
RA Dr. Sammler, Wolfgang 1. 1. 02 14. 1. 47

1. Senat
Vorsitzender
RA Dr. Sammler, Wolfgang 1. 1. 96 14. 1. 47

Beisitzer
RA Dr. Aldejohann,
 Matthias 1. 7. 00 4. 10. 63
RA Dr. Kau, Wolfgang 25. 10. 00 15. 8. 58
RA Dr. Handschumacher 1. 2. 04 13. 10. 58

2. Senat
Vorsitzender
RA Dr. Tintelnot, Albrecht 1. 10. 98 8. 7. 56

Beisitzer
RA Dr. Nolting, Ekkehard 1. 1. 02 21. 4. 55
RA Abtmeyer, Hans-
 Hermann 1. 1. 02 27. 9. 58
RA Zimmermann, Hans-
 Jürgen 1. 1. 02 8. 10. 58

Richterliche Mitglieder des Gerichtshofs
VROLG Dr. Onusseit,
 Dietmar 1. 12. 97 15. 7. 56
ROLG Luderer, Susanne 2. 3. 01 31. 12. 61
ROLG Maciejewski,
 Kathrein 1. 11. 01 18. 1. 63

Anwaltsgericht

Glacisstraße 6, 01099 Dresden
Tel. (03 51) 31 85 90
Fax (03 51) 3 36 08 99

Geschäftsführender Vorsitzender
RA Schaffrath, Peter 1. 9. 94 30. 3. 44

1. Kammer
Vorsitzende
RA Kager, Caroline 1. 2. 04 9. 5. 64

Beisitzer
RA Tiemann, Christoph 1. 2. 04 27. 6. 64
RA Elbs, Hansjörg 1. 2. 04 10. 6. 63

2. Kammer
Vorsitzender
RA Schaffrath, Peter 1. 9. 94 30. 3. 44

Beisitzer
RA Carl, Bettina 1. 9. 94 12. 3. 47
RA Leichsenring, Tord 1. 9. 94 19. 5. 61

Sachsen-Anhalt

Anwaltsgerichtshof Sachsen-Anhalt

Domplatz 10, 06618 Naumburg
Tel. (0 34 45) 2 80
Fax (0 34 45) 28 20/00

Präsident
RA Meinzenbach, Karl 25. 5. 93 26. 11. 52

1. Senat
Vorsitzender
RA Meinzenbach, Karl 25. 5. 93 26. 11. 52

Beisitzer
RA Freitag, Andre 29. 7. 96 4. 2. 52
RA Sander, Angelika 1. 3. 02 12. 12. 53
VROLG Dr. Engel,
 Mathias 2. 11. 92 30. 12. 54
ROLG Henze-von Staden,
 Simone 5. 9. 01 30. 1. 61

AnwG Schleswig-Holstein

2. Senat
Vorsitzende
RA Schuldt, Andrea 11. 9. 02 28. 11. 59

Beisitzer
RA Scheibner, Holger 26. 3. 02 25. 3. 60
RA Siebert, Ute 16. 4. 98 4. 5. 59
ROLG Marx-Leitenberger,
 Gertraud 12. 7. 05 27. 3. 58
ROLG Feldmann, Werner 1. 3. 06 24. 8. 54

Anwaltsgericht

Gerhart-Hauptmann-Straße 5, 39108 Magdeburg
Tel. (03 91) 2 52 72 10 u. 2 52 72 11
Fax (03 91) 2 52 72 03

1. Kammer
Vorsitzender
RA Stenner, Jürgen 25. 6. 02 6. 6. 49

Beisitzer
RA Winterfeld, Inge 10. 3. 02 16. 7. 53
RA Heiß, Guntram 10. 3. 02 20. 2. 63

2. Kammer
Vorsitzender
RA Dr. Weise, Paul-
 Frank 13. 10. 98 19. 6. 57

Beisitzer
RA Stiller, Ralf 1. 9. 98 24. 4. 60
RA Schüttauf, Regina 13. 10. 98 19. 10. 52

Schleswig-Holstein

Anwaltsgerichtshof Schleswig-Holstein

Gottorfstraße 2, 24837 Schleswig
Tel. (0 46 21) 86 12 70
Fax (0 46 2) 86 12 71

Präsident
RA Kohlhaas, Michael 18. 4. 95 —

Vorsitzende Richter
RA Kohlhaas, Michael 1. 4. 82 —
RA von Hobe, Johannes 18. 4. 99 —

Beisitzer (Rechtsanwältin/Rechtsanwälte)
RA Langen, Karl-Wilhelm 6. 4. 92 —
RA Haefner, Harry 1. 4. 94 —
RA Beckmann, Peter 1. 4. 02 —
RA Brunner, Brigitta 17. 4. 02 —
RA Dr. Christoph, Jürgen 30. 6. 03 —
RA Dr. Harneit, Paul 13. 9. 03 —

Beisitzer (Richterin/Richter)
ROLG Philipp, Hans-
 Michael 1. 1. 95 —

VROLG Kock, Peter 1. 6. 97 —
ROLG Meinert, Volker 1. 4. 98 —
ROLG Hamann, Hilke 1. 10. 01 —
ROLG Frahm, Wolfgang 1. 3. 04 —
ROLG von Krog, Detlef 1. 10. 05 —

Anwaltsgericht

Gottorfstraße 13, 24837 Schleswig
Tel. (0 46 21) 93 91 50
Fax (0 46 21) 93 91 26

Geschäftsleitender Vorsitzender
RA Grützner, Hans-Peter 1. 7. 03 —

1. Kammer
Vorsitzender
RA Stöterau, Uwe 18. 3. 05 —

Beisitzer
RA Renken, Henning 25. 1. 93 —
RA Ahlers, Petra 13. 9. 03 —
RA Dr. Schneider, Torben 18. 3. 05 —
RA Hansen-Schlüter,
 Doris 7. 9. 05 —

Thüringen **AnwG**

2. Kammer
Vorsitzende
RA Schmidt, Annelie 30. 6. 03 —

Beisitzer
RA Abraham, Günther 1. 4. 94 —
RA Böge, Elisabeth 28. 4. 01 —
RA Balzer, Karl-Heinz 16. 9. 03 —
RA Dr Arndt, Volker 1. 11. 04 —

3. Kammer
Vorsitzender
RA Grützner, Hans-Peter 1. 4. 94 —

Beisitzer
RA Mannhardt, Antje 28. 4. 95 —
RA Dr. König, Bettina 16. 5. 00 —
RA Möller, Annegrete 1. 7. 01 —
RA Weide, Norbert 26. 4. 04 —

Thüringen

Thüringer Anwaltsgerichtshof

Rathenau-Str. 13, 07745 Jena
Tel. (0 36 41) 3 07-0, Fax (0 36 41) 3 07-200

1 Pr, 1 VR, 12 R

Präsident
RA Neuenfeld, Klaus — —

1. Senat
Vorsitzender
RA Dr. Fuß, Norbert 13. 1. 03 —

Beisitzer (Rechtsanwältin/Rechtsanwälte)
RA Leonhard, Gunnar 9. 10. 98 —
RA Mandler, Martina 7. 12. 01 —
RA Bergerhoff, Wolfgang 1. 7. 04 —

Beisitzer (Richterin/Richter)
ROLG Bayer, Otto 10. 11. 98 —
ROLG Zimmermann-Spring, Jutta 17. 2. 02 —
ROLG Zoller, Andrea 30. 4. 02 —

2. Senat
Präsident und Vorsitzender
RA Neuenfeld, Klaus 15. 8. 01 —

Beisitzer (Rechtsanwälte)
RA Szabó, Tibor 7. 12. 01 —
RA Lenuzza, Gerd 20. 3. 02 —
RA Schiller, Andreas 10. 10. 03 —

Beisitzer (Richterinnen/Richter)
ROLG Martin, Sigrid 22. 6. 99 —
ROLG Dr. Schlingloff, Jochen 1. 11. 03 —
ROLG Lindemann-Proetel, Christine 14. 2. 05 —

Anwaltsgericht

Bahnhofstraße 27, 99084 Erfurt
Tel. (03 61) 6 54 88 17
Fax (03 61) 6 54 88-20

Geschäftsführender Vorsitzender
RA Gierhardt, Peter W. 21. 8. 00 22. 5. 53

1. Kammer
Vorsitzender
RA Gierhardt, Peter W. 21. 8. 00 22. 5. 53

Beisitzer
RA Kreft, Kathrin 21. 8. 00 4. 6. 54
RA Nikulla, Heinz 19. 12. 01 2. 1. 57

2. Kammer
Vorsitzender
RA Dr. Esser, Claus 8. 12. 00 16. 10. 63

Beisitzer
RA Möller, Peter 21. 8. 00 11. 5. 58
RA Weber, Dennys 29. 4. 02 1. 8. 62

Europäische Gerichte
und
Internationaler Seegerichtshof

Europäischer Gerichtshof

Gerichtshof der Europäischen Gemeinschaften

L-2925 Luxemburg
Tel. 0 03 52-43 03-1
Fax 0 03 52-43 03-26 00
Internet: www.curia.eu.int

25 Richter, 8 Generalanwälte

Die Richter und Generalanwälte werden von den Regierungen der Mitgliedstaaten im gegenseitigen Einvernehmen auf sechs Jahre ernannt.

Es besteht eine Übereinkunft, dass jeder Mitgliedstaat der Europäischen Gemeinschaft je einen Richter stellt.

Deutschland, Frankreich, Italien, Spanien und das Vereinigte Königreich stellen immer je einen Generalanwalt. Drei weitere Generalanwälte werden abwechselnd von den übrigen Mitgliedstaaten gestellt.

Präsident
Skouris, Vassilios
  Griechenland — 7. 6. 99 — 1939

Richterinnen/Richter
Bay Larsen, Lars
  Dänemark — 10. 1. 06 — 1953
La Pergola, Antonio
  Italien — 7. 10. 94 — 1931
Puissochet, Jean-Pierre
  Frankreich — 7. 10. 94 — 1936
Jann, Peter
  Österreich — 19. 1. 95 — 1935
Schintgen, Romain
  Luxemburg — 12. 7. 96 — 1939
Silva de Lapuerta, Rosario
  Spanien — 7. 10. 03 — 1954
von Bahr, Stig
  Schweden — 7. 10. 00 — 1939
da Cunha Rodrigues, José N.
  Portugal — 7. 10. 00 — 1940
Timmermans, Christian W.A.
  Niederlande — 7. 10. 00 — 1941
Colneric, Ninon
  Deutschland — 7. 10. 00 — 1948
Rosas, Allan
  Finnland — 16. 1. 02 — 1948

Lenaerts, Koenrad
  Belgien — 7. 10. 03 — 1951
Schiemann, Konrad
  Vereinigtes Königreich — 7. 1. 04 — 1937
Makarczyk, Jerzy
  Polen — 11. 5. 04 — 1938
Malenovský, Jiry
  Tschechien — 11. 5. 04 — 1950
Kūris, Pranas
  Litauen — 11. 5. 04 — 1938
Juhász, Endre
  Ungarn — 11. 5. 04 — 1944
Arestis, George
  Zypern — 11. 5. 04 — 1945
Borg Barthet, Anthony
  Malta — 11. 5. 04 — 1947
Ilešič, Marco
  Slowenien — 11. 5. 04 — 1947
Klučka, Jan
  Slowakei — 11. 5. 04 — 1951
Lõhmus, Uno
  Estland — 11. 5. 04 — 1952
Levits, Egils
  Lettland — 11. 5. 04 — 1955
Ó Caoimh, A.
  Irland — 13. 10. 04 — 1950

EuGH Gerichtshof der Europäischen Gemeinschaften

Generalanwältinnen/Generalanwälte

Sharpstan, Eleanor
Vereinigtes Königreich 10. 1. 06 1955
Léger, Philippe
Frankreich 7. 10. 94 1938
Ruiz-Jarabo Colomer, Dámaso
Spanien 19. 1. 95 1949
Tizzano, Antonio
Italien 7. 10. 00 1940
Geelhoed, Leendert A.
Niederlande 7. 10. 00 1942
Stix-Hackl, Christine
Österreich 7. 10. 00 1957
Kokott, Juliane
Deutschland 7. 10. 03 1957
Poiares Maduro, M.
Portugal 7. 10. 03 1967

Kanzler

Grass, Roger
Frankreich 10. 2. 94 1948

Zusammensetzung der Kammern:

Erste Kammer:
Kammerpräsident: Jann
Richterin/Richter: Schiemann, Colneric, Cunha Rodrigues, Lenaerts, Juhász, Ilešič, Levits

Zweite Kammer:
Kammerpräsident: Timmermans
Richterin/Richter: Makarczyk, Gulmann, Schintgen, Silva de Lapuerta, Kūris, Arestis, Klučka

Dritte Kammer:
Kammerpräsident: Rosas
Richter: Malenovský, La Pergola, Puissochet, von Bahr, Borg Barthet, Lõhmus, Ó Caoimh

Vierte Kammer:
Kammerpräsident: Schiemann
Richterin/Richter: Colneric, Cunha Rodrigues, Lenaerts, Juhász, Ilešič, Levits

Fünfte Kammer:
Kammerpräsident: Makarczyk
Richterin/Richter: Bay Larsen, Schintgen, Silva de Lapuerta, Kūris, Arestis, Klučka

Sechste Kammer:
Kammerpräsident: Malenovský
Richter: La Pergola, Puissochet, von Bahr, Borg Barthet, Lõhmus, Ó Caoimh

Gericht erster Instanz der Europäischen Gemeinschaften

L-2925 Luxemburg
Tel. (0 03 52) 43 01-1
Fax (0 03 52) 43 03-21 00

Die Richter werden von den Regierungen der Mitgliedstaaten im gegenseitigen Einvernehmen auf sechs Jahre ernannt.
Es besteht eine Übereinkunft, dass jeder Mitgliedstaat der Europäischen Gemeinschaft je einen Richter stellt.

25 Mitglieder

Präsident
Vesterdorf, Bo
 Dänemark 25. 9. 89 1945

Richterin/Richter
García-Valdecasas, Rafael
 Spanien 25. 9. 89 1946
Tiili, Virpi
 Finnland 18. 1. 95 1942
Lindh, Pernilla
 Schweden 18. 1. 95 1945
Azizi, Josef
 Österreich 18. 1. 95 1948
Martins Ribeiro, Maria Eugenia
 Portugal 15. 5. 03 1957
Cooke, John D.
 Irland 10. 1. 96 1944
Jaeger, Marc
 Luxemburg 11. 7. 96 1954
Pirrung, Jörg
 Deutschland 11. 6. 97 1940
Mengozzi, Paolo
 Italien 4. 3. 98 1938
Meij, Arjen W. H.
 Niederlande 17. 9. 98 1944
Vilaras, Michalis
 Griechenland 17. 9. 98 1950
Forwood, Nicholas J.
 Vereinigtes Königreich 15. 12. 99 1948
Legal, Hubert
 Frankreich 19. 9. 01 1954
Dehousse, Franklin
 Belgien 7. 10. 03 1950
Cremona, Erna
 Malta 12. 5. 04 1936
Czúcz, Otto
 Ungarn 12. 5. 04 1946
Wiszniewska-Bialecka, Irena
 Polen 12. 5. 04 1947
Pelikánová, Irena
 Tschechische Republik 12. 5. 04 1949

Šváby, Daniel
 Slowakei 12. 5. 04 1951
Vadapalas, Vitenas
 Litauen 12. 5. 04 1954
Jürimäe, Küllike
 Estland 12. 5. 04 1962
Labucka, Ingrida
 Lettland 12. 5. 04 1963
Papasavvas, Savvas
 Zypern 12. 5. 04 1969
Trstenjak, Verica
 Slowenien 7. 7. 04 1962

Kanzler
Coulon, Emmanuel 6. 10. 05 1968

Zusammensetzung der Kammern:

Erste Kammer
Kammerpräsident: García-Valdecasas
Richterinnen/Richter: Cooke, Labucka, Trstenjak

Erste erweiterte Kammer
Kammerpräsident: Vesterdorf
Richterinnen/Richter: García-Valdecasas, Cooke, Labucka, Trstenjak

Zweite Kammer
Kammerpräsident: Pirrung
Richterin/Richter: Meij, Pelikánová, Forwood, Papasavvas

Zweite erweiterte Kammer
Kammerpräsident: Pirrung
Richterin/Richter: Meij, Forwood, Pelikánová, Papasavvas

Dritte Kammer
Kammerpräsident: Jaeger
Richterinnen/Richter: Tiili, Czúcz, Azizi, Cremona

Dritte erweiterte Kammer
Kammerpräsident: Jaeger
Richterinnen/Richter: Tiili, Azizi, Cremona, Czúcz

Vierte Kammer
Kammerpräsident: Legal
Richterinnen/Richter: Lindh, Vadapalas, Mengozzi, Wiszniewska-Bialecka

Vierte erweiterte Kammer
Kammerpräsident: Legal
Richterinnen/Richter: Lindh, Mengozzi, Wiszniewska-Bialecka, Vadapalas

Fünfte Kammer
Kammerpräsident: Vilaras
Richterinnen/Richter: Martins Ribeiro, Jürimäe, Dehousse, Šváby

Fünfte erweiterte Kammer
Kammerpräsident: Vilaras
Richterinnen/Richter: Martins Ribeiro, Dehousse, Šváby, Jürimäe

Europäischer Gerichtshof für Menschenrechte

F-67075 Straßburg Cedex
Tel. 00 33-3 88-41 20 18
Fax 00 33-3 88-41 27 30
Internet: www.echr.coe.int
Pressestelle: 00 33-39 02 12 15

Organ des Europarates. 1959 aufgrund der Konvention zum Schutze der Menschenrechte und Grundfreiheiten errichtet. Jeder Vertragsstaat ernennt einen Richter. Zur Zeit beläuft sich die Zahl der Vertragsstaaten auf 46.

Der Gerichtshof tagt in Ausschüssen mit drei Richtern, in Kammern mit sieben Richtern und in einer Großen Kammer mit siebzehn Richtern.

Der Kammer und der Großen Kammer gehört von Amts wegen der für den als Partei beteiligten Staat gewählte Richter oder, wenn ein solcher nicht vorhanden ist oder er an den Sitzungen nicht teilnehmen kann, eine von diesen Parteien benannte Person an, die in der Eigenschaft eines Richters an den Sitzungen teilnimmt.

Präsident
Wildhaber, Luzius
  Schweiz — 1. 11. 98   1937

Vizepräsidenten
Rozakis, Christos
  Griechenland — 1. 11. 98   1941
Costa, Jean-Paul
  Frankreich — 1. 11. 98   1941

Kammerpräsidenten
Zupančič, Boštjan
  Slowenien — 1. 11. 98   1947
Bratza, Sir Nicolas
  Vereinigtes Königreich — 1. 11. 98   1945

Richterinnen/Richter
Bonello, Giovanni
  Malta — 1. 11. 98   1936
Caflisch, Lucius
  Schweiz (für Liechtenstein) — 1. 11. 98   1936
Loucaides, Loukis
  Zypern — 1. 11. 98   1937
Cabral Barreto, Ireneu
  Portugal — 1. 11. 98   1941
Türmen, Riza
  Türkei — 1. 11. 98   1941
Tulkens, Françoise
  Belgien — 1. 11. 98   1942
Bîrsan, Corneliu
  Rumänien — 1. 11. 98   1943
Lorenzen, Peer
  Dänemark — 1. 11. 98   1944

Jungwiert, Karel
  Tschechien — 1. 11. 98   1944
Butkevych, Volodymyr
  Ukraine — 1. 11. 98   1946
Casadevall, Josep
  Andorra — 1. 11. 98   1946
Vajić, Nina
  Kroatien — 1. 11. 98   1948
Hedigan, John
  Irland — 1. 11. 98   1948
Pellonpää, Matti
  Finnland — 1. 11. 98   1950
Tsatsa-Nikolovska, Margarita
  Ehem. jugosl. Republik Mazedonien — 1. 11. 98   1950
Baka, András
  Ungarn — 1. 11. 98   1952
Maruste, Rait
  Estland — 1. 11. 98   1953
Traja, Kristaq
  Albanien — 1. 11. 98   1955
Botoucharova, Snejana
  Bulgarien — 1. 11. 98   1955
Ugrekhelidze, Mindia
  Georgien — 24. 6. 99   1942
Kovler, Anatoly
  Russland — 21. 9. 99   1948
Zagrebelsky, Vladimiro
  Italien — 25. 4. 01   1940
Mularoni, Antonella
  San Marino — 1. 11. 01   1961
Steiner, Elisabeth
  Österreich — 1. 11. 01   1956
Pavlovschi, Stanislav
  Moldawien — 1. 11. 01   1955

EuGHMR — Europäischer Gerichtshof für Menschenrechte

Garlicki, Lech			
Polen	26.	6. 02	1946
Borrego Borrego, Javier			
Spanien	29.	1. 03	1949
Fura-Sandström, Elisabet			
Schweden	2.	4. 03	1954
Gyulumyan, Alvina			
Armenien	2.	4. 03	1956
Hajiyev, Khanlar			
Aserbaidschan	2.	4. 03	1956
Mijović, Ljiljana			
Bosnien-Herzegowina	21.	1. 04	1964
Spielmann, Dean			
Luxemburg	24.	6. 04	1962
Jaeger, Renate			
Deutschland	28.	4. 04	1940
Myjer, Egbert			
Niederlande	28.	4. 04	1947
Jebens, Sverre Erik			
Norwegen	28.	4. 04	1949
Björgvinsson, David Thór			
Island	28.	4. 04	1956
Jočienė, Danutė			
Litauen	28.	4. 04	1970
Šikuta, Ján			
Slowakei	—		1960
Popović, Dragoljub			
Serbien und Montenegro	26.	1. 05	1951
Ziemele, Ineta			
Lettland	27.	4. 05	1970

Registrator

Fribergh, Erik			
Schweden	7.	11. 05	1950

Stellvertretender Registrator

O'Boyle, Michael			
Irland	13.	2. 06	1950

Internationaler Seegerichtshof

Am Internationalen Seegerichtshof 1
22609 Hamburg
Tel. (0 40) 3 56 07-0
Fax (0 40) 3 56 07-2 45
E-Mail: itlos@itlos.org
Internet: www.itlos.org
Pressestelle: Tel. (0 40) 3 56 07-2 27
Fax (0 40) 3 56 07-2 45
E-Mail: press@itlos.org

Der Internationale Seegerichtshof wurde aufgrund der Seerechtskonvention 1982 eingerichtet und ist seit Oktober 1996 in Hamburg ansässig. Seine 21 Richter können zur Streitschlichtung zwischen den Vertragsstaaten in Fragen der Schifffahrt, der Tiefseebodennutzung, der Fischerei und der marinen Umwelt angerufen werden.

Präsident
Wolfrum, Rüdiger
  Deutschland   1. 10. 96   1941

Vizepräsident
Akl, Joseph
  Libanon   1. 10. 96   1936

Richter
Caminos, Hugo
  Argentinien   1. 10. 96   1921
Marotta Rangel, Vicente
  Brasilien   1. 10. 96   1924
Yankov, Alexander
  Bulgarien   1. 10. 96   1924
Kolodkin, Anatoly Lazarevich
  Russische Föderation   1. 10. 96   1928
Park, Choon-Ho
  Republik Korea   1. 10. 96   1930
Bamela Engo, Paul
  Kamerun   1. 10. 96   1931
Nelson, L. Dolliver M.
  Grenada   1. 10. 96   1932

Chandrasekhara Rao, P.
  Indien   1. 10. 96   1936
Treves, Tullio
  Italien   1. 10. 96   1942
Ndiaye, Tafsir Malick
  Senegal   1. 10. 96   1953
Jesus, José Luis
  Kap Verde   1. 10. 99   1950
Xu, Guangjian
  China   16. 5. 01   1931
Cot, Jean-Pierre
  Frankreich   1. 10. 02   1937
Lucky, Anthony Amos
  Trinidad u. Tobago   2. 9. 03   1940
Pawlak, Stanislaw
  Polen   1. 10. 05   1933
Yanai, Shunji
  Japan   1. 10. 05   1937
Türk, Helmut
  Österreich   1. 10. 05   1941
Kateka, James L.
  Vereinigte Republik Tansania   1. 10. 05   1945
Hoffmann, Albert J.
  Südafrika   1. 10. 05   1955

Anhang

Die Landgerichte in der Bundesrepublik Deutschland
mit Angabe des zuständigen Oberlandesgerichts und des Landes

Landgericht	OLG-Bezirk
Aachen	Köln (NW)
Amberg	Nürnberg (BY)
Ansbach	Nürnberg (BY)
Arnsberg	Hamm (NW)
Aschaffenburg	Bamberg (BY)
Augsburg	München (BY)
Aurich	Oldenburg (NDS)
Baden-Baden	Karlsruhe (BW)
Bad Kreuznach	Koblenz (RP)
Bamberg	Bamberg (BY)
Bautzen	Dresden (SAC)
Bayreuth	Bamberg (BY)
Berlin	Berlin (BER)
Bielefeld	Hamm (NW)
Bochum	Hamm (NW)
Bonn	Köln (NW)
Braunschweig	Braunschweig (NDS)
Bremen	Bremen (BRE)
Bückeburg	Celle (NDS)
Chemnitz	Dresden (SAC)
Coburg	Bamberg (BY)
Cottbus	Brandenburg a.d. Havel (BRA)
Darmstadt	Frankfurt am Main (HE)
Deggendorf	München (BY)
Dessau	Naumburg (SAN)
Detmold	Hamm (NW)
Dortmund	Hamm (NW)
Dresden	Dresden (SAC)
Düsseldorf	Düsseldorf (NW)
Duisburg	Düsseldorf (NW)
Ellwangen (Jagst)	Stuttgart (BW)
Erfurt	Jena (TH)
Essen	Hamm (NW)
Flensburg	Schleswig (SH)
Frankenthal (Pfalz)	Zweibrücken (RP)
Frankfurt am Main	Frankfurt am Main (HE)
Frankfurt (Oder)	Brandenburg a.d. Havel (BRA)
Freiburg im Breisgau	Karlsruhe (BW)
Fulda	Frankfurt am Main (HE)
Gera	Jena (TH)
Gießen	Frankfurt am Main (HE)
Görlitz	Dresden (SAC)
Göttingen	Braunschweig (NDS)
Hagen	Hamm (NW)
Halle	Naumburg (SAN)
Hamburg	Hamburg (HH)
Hanau	Frankfurt am Main (HE)
Hannover	Celle (NDS)
Hechingen	Stuttgart (BW)
Heidelberg	Karlsruhe (BW)
Heilbronn (Neckar)	Stuttgart (BW)
Hildesheim	Celle (NDS)
Hof	Bamberg (BY)
Ingolstadt	München (BY)
Itzehoe	Schleswig (SH)
Kaiserslautern	Zweibrücken (RP)
Karlsruhe	Karlsruhe (BW)
Kassel	Frankfurt am Main (HE)
Kempten (Allgäu)	München (BY)
Kiel	Schleswig (SH)
Kleve	Düsseldorf (NW)
Koblenz	Koblenz (RP)
Köln	Köln (NW)
Konstanz	Karlsruhe (BW)
Krefeld	Düsseldorf (NW)
Landau i.d. Pfalz	Zweibrücken (RP)
Landshut	München (BY)
Leipzig	Dresden (SAC)

LG Landgerichte

Landgericht	OLG-Bezirk
Limburg (Lahn)	Frankfurt am Main (HE)
Lübeck	Schleswig SH)
Lüneburg	Celle (NDS)
Magdeburg	Naumburg (SAN)
Mainz	Koblenz (RP)
Mannheim	Karlsruhe (BW)
Marburg	Frankfurt a.M. (HE)
Meiningen	Jena (TH)
Memmingen	München (BY)
Mönchengladbach	Düsseldorf (NW)
Mosbach (Baden)	Karlsruhe (BW)
Mühlhausen	Jena (TH)
München I	München (BY)
München II	München (BY)
Münster	Hamm (NW)
Neubrandenburg	Rostock (MV)
Neuruppin	Brandenburg a.d. Havel (BRA)
Nürnberg-Fürth	Nürnberg (BY)
Offenburg	Karlsruhe (BW)
Oldenburg (Oldb.)	Oldenburg (Oldb.) (NDS)
Osnabrück	Oldenburg (Oldb.) (NDS)
Paderborn	Hamm (NW)
Passau	München (BY)
Potsdam	Brandenburg a.d. Havel (BRA)

Landgericht	OLG-Bezirk
Ravensburg	Stuttgart (BW)
Regensburg	Nürnberg (BY)
Rostock	Rostock (MV)
Rottweil	Stuttgart (BW)
Saarbrücken	Saarbrücken (SAA)
Schweinfurt	Bamberg (BY)
Schwerin	Rostock (MV)
Siegen	Hamm (NW)
Stade	Celle (NDS)
Stendal	Naumburg (SAN)
Stralsund	Rostock (MV)
Stuttgart	Stuttgart (BW)
Traunstein	München (BY)
Trier	Koblenz (RP)
Tübingen	Stuttgart (BW)
Ulm (Donau)	Stuttgart (BW)
Verden (Aller)	Celle (NDS)
Waldshut-Tiengen	Karlsruhe (BW)
Weiden i.d. OPf.	Nürnberg (BY)
Wiesbaden	Frankfurt a.M. (HE)
Würzburg	Bamberg (BY)
Wuppertal	Düsseldorf (NW)
Zweibrücken	Zweibrücken (RP)
Zwickau	Dresden (SAC)

Die Amtsgerichte in der Bundesrepublik Deutschland

mit Angabe des zuständigen Landgerichts und des Landes

Amtsgericht	LG-Bezirk
Aachen	Aachen (NW)
Aalen (Württemberg)	Ellwangen (Jagst) (BW)
Achern (Baden)	Baden-Baden (BW)
Achim	Verden (Aller) (NDS)
Adelsheim	Mosbach (Baden) (BW)
Ahaus	Münster (NW)
Ahlen (Westfalen)	Münster (NW)
Ahrensburg	Lübeck (SH)
Aichach	Augsburg (BY)
Albstadt	Hechingen (BW)
Alfeld (Leine)	Hildesheim (NDS)
Alsfeld	Gießen (HE)
Altena (Westfalen)	Hagen (NW)
Altenburg	Gera (TH)
Altenkirchen (Westerwald)	Koblenz (RP)
Altötting	Traunstein (BY)
Alzey	Mainz (RP)
Amberg	Amberg (Oberpfalz) (BY)
Andernach	Koblenz (RP)
Anklam	Stralsund (MV)
Annaberg	Chemnitz (SAC)
Ansbach	Ansbach (BY)
Apolda	Erfurt (TH)
Arnsberg	Arnsberg (NW)
Arnstadt	Erfurt (TH)
Artern	Erfurt (TH)
Aschaffenburg	Aschaffenburg (BY)
Aschersleben	Magdeburg (SAN)
Aue	Zwickau (SAC)
Auerbach	Zwickau (SAC)
Augsburg	Augsburg (BY)
Aurich (Ostfriesland)	Aurich (NDS)
Backnang	Stuttgart (BW)
Baden-Baden	Baden-Baden (BW)
Bad Arolsen	Kassel (HE)
Bad Berleburg	Siegen (NW)
Bad Doberan	Rostock (MV)
Bad Dürkheim	Frankenthal (Pfalz) (RP)

Amtsgericht	LG-Bezirk
Bad Freienwalde	Frankfurt (Oder) (BRA)
Bad Gandersheim	Braunschweig (NDS)
Bad Hersfeld	Fulda (HE)
Bad Homburg v.d. Höhe	Frankfurt a.M. (HE)
Bad Iburg	Osnabrück (NDS)
Bad Kissingen	Schweinfurt (BY)
Bad Kreuznach	Bad Kreuznach (RP)
Bad Langensalza	Mühlhausen (TH)
Bad Liebenwerda	Cottbus (BRA)
Bad Lobenstein	Gera (TH)
Bad Mergentheim	Ellwangen (Jagst) (BW)
Bad Neuenahr-Ahrweiler	Koblenz (RP)
Bad Neustadt an der Saale	Schweinfurt (BY)
Bad Oeynhausen	Bielefeld (NW)
Bad Oldesloe	Lübeck (SH)
Bad Säckingen	Waldshut-Tiengen (BW)
Bad Salzungen	Meiningen (TH)
Bad Saulgau	Ravensburg (BW)
Bad Schwalbach	Wiesbaden (HE)
Bad Schwartau	Lübeck (SH)
Bad Segeberg	Kiel (SH)
Bad Sobernheim	Bad Kreuznach (RP)
Bad Urach	Tübingen (BW)
Bad Waldsee	Ravensburg (BW)
Bad Wildungen	Kassel (HE)
Balingen	Hechingen (BW)
Bamberg	Bamberg (BY)
Bautzen	Bautzen (SAC)
Bayreuth	Bayreuth (BY)
Beckum	Münster (NW)
Bensheim	Darmstadt (HE)
Bergen	Stralsund (MV)
Bergheim	Köln (NW)
Bergisch Gladbach	Köln (NW)
Berlin-Charlottenburg	Berlin (BER)
– Hohenschönhausen	Berlin (BER)
– Köpenick	Berlin (BER)

575

AG Amtsgerichte

Amtsgericht	LG-Bezirk
– Lichtenberg	Berlin (BER)
– Mitte	Berlin (BER)
– Neukölln	Berlin (BER)
– Pankow-Weißensee	Berlin (BER)
– Schöneberg	Berlin (BER)
– Spandau	Berlin (BER)
– Tempelhof-Kreuzberg	Berlin (BER)
– Tiergarten	Berlin (BER)
– Wedding	Berlin (BER)
Bernau	Frankfurt (Oder) (BRA)
Bernburg	Dessau (SAN)
Bernkastel-Kues	Trier (RP)
Bersenbrück	Osnabrück (NDS)
Besigheim	Heilbronn (BW)
Betzdorf	Koblenz (RP)
Biberach an der Riß	Ravensburg (BW)
Biedenkopf	Marburg (Lahn) (HE)
Bielefeld	Bielefeld (NW)
Bingen	Mainz (RP)
Bitburg	Trier (RP)
Bitterfeld	Dessau (SAN)
Blomberg (Lippe)	Detmold (SNW)
Bocholt	Münster (NW)
Bochum	Bochum (NW)
Böblingen	Stuttgart (BW)
Bonn	Bonn (NW)
Borken (Westfalen)	Münster (NW)
Borna	Leipzig (SAC)
Bottrop	Essen (NW)
Brackenheim	Heilbronn (BW)
Brake (Unterweser)	Oldenburg (Oldb.) (NDS)
Brakel	Paderborn (NW)
Brandenburg a.d. Havel	Potsdam (BRA)
Braunschweig	Braunschweig (NDS)
Breisach am Rhein	Freiburg i. Breisgau (BW)
Bremen	Bremen (BRE)
– Blumenthal	Bremen (BRE)
Bremerhaven	Bremen (BRE)
Bremervörde	Stade (NDS)
Bretten (Baden)	Karlsruhe (BW)
Brilon	Arnsberg (NW)
Bruchsal	Karlsruhe (BW)
Brühl (Rheinland)	Köln (NW)
Buchen (Odenwald)	Mosbach (Baden) (BW)
Bückeburg	Bückeburg (NDS)
Büdingen	Gießen (HE)
Bühl (Baden)	Baden-Baden (BW)
Bünde	Bielefeld (NW)
Burg	Stendal (SAN)
Burgdorf (Krs. Hannover)	Hildesheim (NDS)
Burgwedel	Hannover (NDS)
Buxtehude	Stade (NDS)
Calw	Tübingen (BW)
Castrop-Rauxel	Dortmund (NW)
Celle	Lüneburg (NDS)
Cham	Regensburg (BY)
Chemnitz	Chemnitz (SAC)
Clausthal-Zellerfeld	Braunschweig (NDS)
Cloppenburg	Oldenburg (Oldb.) (NDS)
Coburg	Coburg (BY)
Cochem	Koblenz (RP)
Coesfeld	Münster (NW)
Cottbus	Cottbus (BRA)
Crailsheim	Ellwangen (Jagst) (BW)
Cuxhaven	Stade (NDS)
Dachau	München II (BY)
Dannenberg (Elbe)	Lüneburg (NDS)
Darmstadt	Darmstadt (HE)
Daun	Trier (RP)
Deggendorf	Deggendorf (BY)
Delbrück	Paderborn (NW)
Delmenhorst	Oldenburg (Oldb.) (NDS)
Demmin	Neubrandenburg (MV)
Dessau	Dessau (SAN)
Detmold	Detmold (NW)
Dieburg	Darmstadt (HE)
Diepholz	Verden (Aller) (NDS)
Diez	Koblenz (RP)
Dillenburg	Limburg (Lahn) (HE)
Dillingen a.d. Donau	Augsburg (BY)
Dinslaken	Duisburg (NW)
Dippoldiswalde	Dresden (SAC)
Döbeln	Leipzig (SAC)
Donaueschingen	Konstanz (BW)
Dorsten	Essen (NW)
Dortmund	Dortmund (NW)
Dresden	Dresden (SAC)
Duderstadt	Göttingen (NDS)
Dülmen	Münster (NW)
Düren	Aachen (NW)
Düsseldorf	Düsseldorf (NW)
Duisburg	Duisburg (NW)
– Hamborn	Duisburg (NW)
– Ruhrort	Duisburg (NW)
Ebersberg	München II (BY)
Eberswalde	Frankfurt (Oder) (BRA)
Eckernförde	Kiel (SH)
Eggenfelden	Landshut (BY)
Ehingen (Donau)	Ulm (Donau) (BW)
Eilenburg	Leipzig (SAC)
Einbeck	Göttingen (NDS)

Amtsgerichte **AG**

Amtsgericht	LG-Bezirk
Eisenach	Mühlhausen (TH)
Eisenhüttenstadt	Frankfurt (Oder) (BRA)
Eisleben	Halle (SAN)
Ellwangen (Jagst)	Ellwangen (Jagst) (BW)
Elmshorn	Itzehoe (SH)
Elze	Hildesheim (NDS)
Emden	Aurich (NDS)
Emmendingen	Freiburg i. Breisgau (BW)
Emmerich am Rhein	Kleve (NW)
Erding	Landshut (BY)
Erfurt	Erfurt (TH)
Erkelenz	Mönchengladbach (NW)
Erlangen	Nürnberg-Fürth (BY)
Eschwege	Kassel (HE)
Eschweiler (Rheinland)	Aachen (NW)
Essen	Essen (NW)
– Borbeck	Essen (NW)
– Steele	Essen (NW)
Esslingen am Neckar	Stuttgart (BW)
Ettenheim	Freiburg i. Breisgau (BW)
Ettlingen	Karlsruhe (BW)
Euskirchen	Bonn (NW)
Eutin	Lübeck (SH)
Flensburg	Flensburg (SH)
Forchheim	Bamberg (BY)
Frankenberg an der Eder	Marburg (Lahn) (HE)
Frankenthal (Pfalz)	Frankenthal (Pfalz) (RP)
Frankfurt am Main	Frankfurt am Main (HE)
Frankfurt (Oder)	Frankfurt (Oder) (BRA)
Freiberg	Chemnitz (SAC)
Freiburg i. Breisgau	Freiburg i. Breisgau (BW)
Freising	Landshut (BY)
Freudenstadt	Rottweil (BW)
Freyung	Passau (BY)
Friedberg in Hessen	Gießen (HE)
Fritzlar	Kassel (HE)
Fürstenfeldbruck	München II (BY)
Fürstenwalde	Frankfurt (Oder) (BRA)
Fürth in Bayern	Nürnberg-Fürth (BY)
Fürth (Odenwald)	Darmstadt (HE)
Fulda	Fulda (HE)
Gardelegen	Stendal (SAN)
Garmisch-Partenkirchen	München II (BY)
Geesthacht	Lübeck (SH)
Geilenkirchen	aachen (NW)
Geislingen an der Steige	Ulm (Donau) (BW)
Geldern	Kleve (NW)

Amtsgericht	LG-Bezirk
Gelnhausen	Hanau (HE)
Gelsenkirchen	Essen (NW)
– Buer	Essen (NW)
Gemünden am Main	Würzburg (BY)
Gengenbach	Offenburg (BW)
Gera	Gera (TH)
Germersheim	Landau i.d. Pfalz (RP)
Gernsbach	Baden-Baden (BW)
Gießen	Gießen (HE)
Gifhorn	Hildesheim (NDS)
Gladbeck	Essen (NW)
Göppingen	Ulm (Donau) (BW)
Görlitz	Görlitz (SAC)
Göttingen	Göttingen (NDS)
Goslar	Braunschweig (NDS)
Gotha	Erfurt (TH)
Greifswald	Stralsund (MV)
Greiz	Gera (TH)
Grevenbroich	Mönchengladbach (NW)
Grevesmühlen	Schwerin (MV)
Grimma	Leipzig (SAC)
Gronau (Westfalen)	Münster (NW)
Groß-Gerau	Darmstadt (HE)
Grünstadt	Frankenthal (Pfalz) (RP)
Günzburg	Memmingen (BY)
Güstrow	Rostock (MV)
Gütersloh	Bielefeld (NW)
Guben	Cottbus (BRA)
Gummersbach	Köln (NW)
Hagen	Hagen (NW)
Hagenow	Schwerin (MV)
Hainichen	Chemnitz (SAC)
Halberstadt	Magdeburg (SAN)
Haldensleben	Magdeburg (SAN)
Halle (Westfalen)	Bielefeld (NW)
Halle-Saalkreis	Halle (SAN)
Hamburg	Hamburg (HH)
– Altona	Hamburg (HH)
– Barmbek	Hamburg (HH)
– Bergedorf	Hamburg (HH)
– Blankenese	Hamburg (HH)
– Harburg	Hamburg (HH)
– St. Georg	Hamburg (HH)
– Wandsbek	Hamburg (HH)
Hameln	Hannover (NDS)
Hamm (Westfalen)	Dortmund (NW)
Hanau	Hanau (HE)
Hannover	Hannover (NDS)
Hann.Münden	Göttingen (NDS)
Haßfurt	Bamberg (BY)
Hattingen (Ruhr)	Essen (NW)
Hechingen	Hechingen (BW)
Heidelberg	Heidelberg (BW)

577

AG Amtsgerichte

Amtsgericht	LG-Bezirk
Heidenheim	Ellwangen (Jagst) (BW)
Heilbronn	Heilbronn (BW)
Heiligenstadt	Mühlhausen (TH)
Heinsberg	Aachen (NW)
Helmstedt	Braunschweig (NDS)
Herborn	Limburg (Lahn) (HE)
Herford	Bielefeld (NW)
Hermeskeil	Trier (RP)
Herne	Bochum (NW)
– Wanne	Bochum (NW)
Hersbruck	Nürnberg-Fürth (BY)
Herzberg am Harz	Göttingen (NDS)
Hettstedt	Halle (SAN)
Hildburghausen	Meiningen (TH)
Hildesheim	Hildesheim (NDS)
Höxter	Paderborn (NW)
Hof	Hof (BY)
Hohenstein-Ernstthal	Chemnitz (SAC)
Holzminden	Hildesheim (NDS)
Homburg (Saar)	Saarbrücken (SAA)
Horb am Neckar	Rottweil (BW)
Hoyerswerda	Bautzen (SAC)
Hünfeld	Fulda (HE)
Husum	Flensburg (SH)
Ibbenbüren	Münster (NW)
Idar-Oberstein	Bad Kreuznach (RP)
Idstein	Wiesbaden (HE)
Ilmenau	Meiningen (TH)
Ingolstadt	Ingolstadt (BY)
Iserlohn	Hagen (NW)
Itzehoe	Itzehoe (SH)
Jena	Gera (TH)
Jever	Oldenburg (Oldb.) (NDS)
Jülich	Aachen (NW)
Kaiserslautern	Kaiserslautern (RP)
Kamen	Dortmund (NW)
Kamenz	Bautzen (SAC)
Kandel	Landau i.d. Pfalz (RP)
Kappeln (Schlei)	Flensburg (SH)
Karlsruhe	Karlsruhe (BW)
– Durlach	Karlsruhe (BW)
Kassel	Kassel (HE)
Kaufbeuren	Kempten (Allgäu) (BY)
Kehl	Offenburg (BW)
Kelheim	Regensburg (BY)
Kempen	Krefeld (NW)
Kempten (Allgäu)	Kempten (Allgäu) (BY)
Kenzingen	Freiburg i. Breisgau (BW)
Kerpen	Köln (NW)
Kiel	Kiel (SH)
Kirchhain	Marburg (Lahn) (HE)

Amtsgericht	LG-Bezirk
Kirchheim unter Teck	Stuttgart (BW)
Kitzingen	Würzburg (BY)
Kleve (Niederrhein)	Kleve (NW)
Koblenz	Koblenz (RP)
Köln	Köln (NW)
Königstein im Taunus	Frankfurt am Main (HE)
Königswinter	Bonn (NW)
Königs Wusterhausen	Potsdam (BRA)
Köthen	Dessau (SAN)
Konstanz	Konstanz (BW)
Korbach	Kassel (HE)
Krefeld	Krefeld (NW)
Kronach	Coburg (BY)
Künzelsau	Heilbronn (BW)
Kulmbach	Bayreuth (BY)
Kusel	Kaiserslautern (RP)
Lahnstein	Koblenz (RP)
Lahr (Schwarzwald)	Offenburg (BW)
Lampertheim	Darmstadt (HE)
Landau an der Isar	Landshut (BY)
Landau i.d. Pfalz	Landau i.d. Pfalz (RP)
Landsberg am Lech	Augsburg (BY)
Landshut	Landshut (BY)
Landstuhl	Zweibrücken (RP)
Langen (b. Bremerhaven)	Stade (NDS)
Langen (Hessen)	Darmstadt (HE)
Langenburg (Württemberg)	Ellwangen (Jagst) (BW)
Langenfeld (Rheinland)	Düsseldorf (NW)
Laufen	Traunstein (BY)
Lebach	Saarbrücken (SAA)
Leer (Ostfriesland)	Aurich (NDS)
Lehrte	Hildesheim (NDS)
Leipzig	Leipzig (SAC)
Lemgo	Detmold (NW)
Lennestadt	Siegen (NW)
Leonberg	Stuttgart (BW)
Leutkirch im Allgäu	Ravensburg (BW)
Leverkusen	Köln (NW)
Lichtenfels	Coburg (BY)
Limburg (Lahn)	Limburg (Lahn) (HE)
Lindau (Bodensee)	Kempten (Allgäu) (BY)
Lingen	Osnabrück (NDS)
Linz am Rhein	Koblenz (RP)
Lippstadt	Paderborn (NW)
Löbau	Görlitz (SAC)
Lörrach	Freiburg i. Breisgau (BW)
Luckenwalde	Potsdam (BRA)
Ludwigsburg	Stuttgart (BW)
Ludwigshafen am Rhein	Frankenthal (Pfalz) (RP)

Amtsgerichte AG

Amtsgericht	LG-Bezirk
Ludwigslust	Schwerin (MV)
Lübbecke	Bielefeld (NW)
Lübben	Cottbus (BRA)
Lübeck	Lübeck (SH)
Lüdenscheid	Hagen (NW)
Lüdinghausen	Münster (NW)
Lüneburg	Lüneburg (NDS)
Lünen	Dortmund (NW)
Magdeburg	Magdeburg (SAN)
Mainz	Mainz (RP)
Mannheim	Mannheim (BW)
Marbach am Neckar	Heilbronn (BW)
Marburg	Marburg (HE)
Marienberg	Chemnitz (SAC)
Marl	Essen (NW)
Marsberg	Arnsberg (NW)
Maulbronn	Karlsruhe (BW)
Mayen	Koblenz (RP)
Medebach	Arnsberg (NW)
Meinerzhagen	Hagen (NW)
Meiningen	Meiningen (TH)
Meißen	Dresden (SAC)
Meldorf	Itzehoe (SH)
Melsungen	Kassel (HE)
Memmingen	Memmingen (BY)
Menden (Sauerland)	Arnsberg (NW)
Meppen	Osnabrück (NDS)
Merseburg	Halle (SAN)
Merzig	Saarbrücken (SAA)
Meschede	Arnsberg (NW)
Mettmann	Wuppertal (NW)
Michelstadt	Darmstadt (HE)
Miesbach	München II (BY)
Minden (Westfalen)	Bielefeld (NW)
Mölln	Lübeck (SH)
Mönchengladbach	Mönchengladbach (NW)
– Rheydt	Mönchengladbach (NW)
Moers	Kleve (NW)
Monschau	Aachen (NW)
Montabaur	Koblenz (RP)
Mosbach (Baden)	Mosbach (Baden) (BW)
Mühldorf am Inn	Traunstein (BY)
Mühlhausen	Mühlhausen (TH)
Mülheim a.d. Ruhr	Duisburg (NW)
Mülheim (Baden)	Freiburg i. Breisgau (BW)
München	München I (BY)
Münsingen	Tübingen (BW)
Münster	Münster (NW)
Nagold	Tübingen (BW)
Nauen	Potsdam (BRA)
Naumburg	Halle (SAN)
Neresheim	Ellwangen (Jagst) (BW)

Amtsgericht	LG-Bezirk
Nettetal	Krefeld (NW)
Neubrandenburg	Neubrandenburg (MV)
Neuburg a.d. Donau	Ingolstadt (BY)
Neumarkt i.d. OPf.	Nürnberg-Fürth (BY)
Neumünster	Kiel (SH)
Neunkirchen (Saar)	Saarbrücken (SAA)
Neuruppin	Neuruppin (BRA)
Neustadt an der Aisch	Nürnberg-Fürth (BY)
Neustadt am Rübenberge	Hannover (NDS)
Neustadt an der Weinstraße	Frankenthal (Pfalz) (RP)
Neuss	Düsseldorf (NW)
Neustrelitz	Neubrandenburg (MV)
Neu-Ulm	Memmingen (BY)
Neuwied	Koblenz (RP)
Nidda	Gießen (HE)
Niebüll	Flensburg (SH)
Nienburg an der Weser	Verden (Aller) (NDS)
Nördlingen	Augsburg (BY)
Norden	Aurich (NDS)
Nordenham	Oldenburg (Oldb.) (NDS)
Norderstedt	Kiel (SH)
Nordhausen	Mühlhausen (TH)
Nordhorn	Osnabrück (NDS)
Northeim	Göttingen (NDS)
Nürnberg	Nürnberg-Fürth (BY)
Nürtingen	Stuttgart (BW)
Oberhausen (Rheinland)	Duisburg (NW)
Oberkirch (Baden)	Offenburg (BW)
Obernburg am Main	Aschaffenburg (BY)
Oberndorf am Neckar	Rottweil (BW)
Öhringen	Heilbronn (Neckar) (BW)
Offenbach am Main	Darmstadt (HE)
Offenburg	Offenburg (BW)
Oldenburg (Holstein)	Lübeck (SH)
Oldenburg (Oldb.)	Oldenburg (Oldb.) (NDS)
Olpe	Siegen (NW)
Oranienburg	Neuruppin (BRA)
Oschatz	Leipzig (SAC)
Oschersleben	Magdeburg (SAN)
Osnabrück	Osnabrück (NDS)
Osterburg	Stendal (SAN)
Osterholz-Scharmbeck	Verden (Aller) (NDS)
Osterode am Harz	Göttingen (NDS)
Otterndorf	Stade (NDS)
Ottweiler	Saarbrücken (SAA)
Paderborn	Paderborn (NW)
Papenburg	Osnabrück (NDS)
Parchim	Schwerin (MV)

AG Amtsgerichte

Amtsgericht	LG-Bezirk
Pasewalk	Neubrandenburg (MV)
Passau	Passau (BY)
Peine	Hildesheim (NDS)
Perleberg	Neuruppin (BRA)
Pfaffenhofen a.d. Ilm	Ingolstadt (BY)
Pforzheim	Karlsruhe (BW)
Philippsburg	Karlsruhe (BW)
Pinneberg	Itzehoe (SH)
Pirmasens	Zweibrücken (RP)
Pirna	Dresden (SAC)
Plauen	Zwickau (SAC)
Plettenberg	Hagen (NW)
Plön	Kiel (SH)
Pößneck	Gera (TH)
Potsdam	Potsdam (BRA)
Prenzlau	Neuruppin (BRA)
Prüm	Trier (RP)
Quedlinburg	Magdeburg (SAN)
Radolfzell	Konstanz (BW)
Rahden	Bielefeld (NW)
Rastatt	Baden-Baden (BW)
Rathenow	Potsdam (BRA)
Ratingen	Düsseldorf (NW)
Ratzeburg	Lübeck (SH)
Ravensburg	Ravensburg (BW)
Recklinghausen	Bochum (NW)
Regensburg	Regensburg (BY)
Reinbek	Lübeck (SH)
Remscheid	Wuppertal (NW)
Rendsburg	Kiel (SH)
Reutlingen	Tübingen (BW)
Rheda-Wiedenbrück	Bielefeld (NW)
Rheinbach	Bonn (NW)
Rheinberg	Kleve (NW)
Rheine	Münster (NW)
Ribnitz-Damgarten	Stralsund (MV)
Riedlingen	Ravensburg (BW)
Riesa	Dresden (SAC)
Rinteln	Bückeburg (NDS)
Rockenhausen	Kaiserslautern (RP)
Rosenheim	Traunstein (BY)
Rostock	Rostock (MV)
Rotenburg (Fulda)	Fulda (HE)
Rotenburg (Wümme)	Verden (Aller) (NDS)
Rottenburg am Neckar	Tübingen (BW)
Rottweil	Rottweil (BW)
Rudolstadt	Gera (TH)
Rüdesheim	Wiesbaden (HE)
Rüsselsheim	Darmstadt (HE)

Amtsgericht	LG-Bezirk
Saalfeld	Gera (TH)
Saarbrücken	Saarbrücken (SAA)
Saarburg	Trier (RP)
Saarlouis	Saarbrücken (SAA)
Salzgitter	Braunschweig (NDS)
Salzwedel	Stendal (SAN)
Sangerhausen	Halle (SAN)
St. Blasien	Waldshut-Tiengen (BW)
St. Goar	Koblenz (RP)
St. Ingbert	Saarbrücken (SAA)
St. Wendel	Saarbrücken (SAA)
Schleiden (Eifel)	Aachen (NW)
Schleswig	Flensburg (SH)
Schlüchtern	Hanau (HE)
Schmalkalden	Meiningen (TH)
Schmallenberg	Arnsberg (NW)
Schönau (Schwarzw.)	Waldshut-Tiengen (BW)
Schönebeck	Magdeburg (SAN)
Schopfheim	Waldshut-Tiengen (BW)
Schorndorf (Württemberg)	Stuttgart (BW)
Schwabach	Nürnberg-Fürth (BY)
Schwäbisch Gmünd	Ellwangen (Jagst) (BW)
Schwäbisch Hall	Heilbronn (Neckar) (BW)
Schwalmstadt	Marburg (Lahn) (HE)
Schwandorf	Amberg (BY)
Schwarzenbek	Lübeck (SH)
Schwedt (Oder)	Frankfurt (Oder) (BRA)
Schweinfurt	Schweinfurt (BY)
Schwelm	Hagen (NW)
Schwerin	Schwerin (MV)
Schwerte	Hagen (NW)
Schwetzingen	Mannheim (BW)
Seesen	Braunschweig (NDS)
Seligenstadt	Darmstadt (HE)
Senftenberg	Cottbus (BRA)
Siegburg	Bonn (NW)
Siegen	Siegen (NW)
Sigmaringen	Hechingen (BW)
Simmern (Hunsrück)	Bad Kreuznach (RP)
Singen (Hohentwiel)	Konstanz (BW)
Sinsheim	Heidelberg (BW)
Sinzig	Koblenz (RP)
Sömmerda	Erfurt (TH)
Soest	Arnsberg (NW)
Solingen	Wuppertal (NW)
Soltau	Lüneburg (NDS)
Sondershausen	Mühlhausen (TH)
Sonneberg	Meiningen (TH)
Spaichingen	Rottweil (BW)
Speyer	Frankenthal (Pfalz) (RP)
Springe	Hannover (NDS)
Stade	Stade (NDS)
Stadthagen	Bückeburg (NDS)

Amtsgerichte AG

Amtsgericht	LG-Bezirk
Stadtroda	Gera (TH)
Starnberg	München II (BY)
Staufen (Breisgau)	Freiburg i. Breisgau (BW)
Steinfurt	Münster (NW)
Stendal	Stendal (SAN)
Stockach	Konstanz (BW)
Stollberg	Chemnitz (SAC)
Stolzenau	Verden (NDS)
Stralsund	Stralsund (MV)
Straubing	Regensburg (BY)
Strausberg	Frankfurt (Oder) (BRA)
Stuttgart	Stuttgart (BW)
– Bad Cannstatt	Stuttgart (BW)
Suhl	Meiningen (TH)
Sulingen	Verden (Aller) (NDS)
Syke	Verden (Aller) (NDS)
Tauberbischofsheim	Mosbach (Baden) (BW)
Tecklenburg	Münster (NW)
Tettnang	Ravensburg (BW)
Tirschenreuth	Weiden i.d. OPf. (BY)
Titisee-Neustadt	Freiburg i. Breisgau (BW)
Torgau	Leipzig (SAC)
Tostedt	Stade (NDS)
Traunstein	Traunstein (BY)
Trier	Trier (RP)
Tübingen	Tübingen (BW)
Tuttlingen	Rottweil (BW)
Überlingen (Bodensee)	Konstanz (BW)
Ueckermünde	Neubrandenburg (MV)
Uelzen	Lüneburg (NDS)
Ulm (Donau)	Ulm (Donau) (BW)
Unna	Dortmund (NW)
Usingen	Frankfurt am Main (HE)
Vaihingen an der Enz	Heilbronn (BW)
Varel	Oldenburg (Oldb.) (NDS)
Vechta	Oldenburg (Oldb.) (NDS)
Velbert	Wuppertal (NW)
Verden	Verden (Aller) (NDS)
Viechtach	Deggendorf (BY)
Viersen	Mönchengladbach (NW)
Villingen-Schwenningen	Konstanz (BW)
Völklingen	Saarbrücken (SAA)
Waiblingen	Stuttgart (BW)
Waldbröl	Bonn (NW)
Waldkirch im Breisgau	Freiburg i. Breisgau (BW)
Waldshut-Tiengen	Waldshut-Tiengen (BW)
Walsrode	Verden (Aller) (NDS)

Amtsgericht	LG-Bezirk
Wangen im Allgäu	Ravensburg (BW)
Warburg	Paderborn (NW)
Waren (Müritz)	Neubrandenburg (MV)
Warendorf	Münster (NW)
Warstein	Arnsberg (NW)
Weiden i.d. OPf.	Weiden i.d. OPf. (BY)
Weilburg	Limburg (Lahn) (HE)
Weilheim i. OB.	München II (BY)
Weimar	Erfurt (TH)
Weinheim (Bergstr.)	Mannheim (BW)
Weißenburg i. Bay.	Ansbach (BY)
Weißenfels	Halle (SAN)
Weißwasser	Görlitz (SAC)
Wennigsen	Hannover (NDS)
Werl	Arnsberg (NW)
Wermelskirchen	Köln (NW)
Wernigerode	Magdeburg (SAN)
Wertheim	Mosbach (BAden) (BW)
Wesel	Duisburg (NW)
Westerburg	Koblenz (RP)
Westerstede	Oldenburg (Oldb.) (NDS)
Wetter (Ruhr)	Hagen (NW)
Wetzlar	Limburg (Lahn) (HE)
Wiesbaden	Wiesbaden (HE)
Wiesloch	Heidelberg (BW)
Wildeshausen	Oldenburg (Oldb.) (NDS)
Wilhelmshaven	Oldenburg (NDS)
Winsen a.d. Luhe	Lüneburg (NDS)
Wipperfürth	Köln (NW)
Wismar	Schwerin (MV)
Witten	Bochum (NW)
Wittenberg	Dessau (SAN)
Wittlich	Trier (RP)
Wittmund	Aurich (NDS)
Wolfach	Offenburg (BW)
Wolfenbüttel	Braunschweig (NDS)
Wolfratshausen	München II (BY)
Wolfsburg	Braunschweig (NDS)
Wolgast	Stralsund (MV)
Worbis	Mühlhausen (TH)
Worms	Mainz (RP)
Würzburg	Würzburg (BY)
Wunsiedel	Hof (BY)
Wuppertaln	Wuppertal (NW)
Zehdenick	Neuruppin (BRA)
Zeitz	Halle (SAN)
Zerbst	Dessau (SAN)
Zeven	Stade (NDS)
Zittau	Görlitz (SAC)
Zossen	Potsdam (BRA)
Zweibrücken	Zweibrücken (RP)
Zwickau	Zwickau (SAC)

Die Deutsche Richterakademie

Berliner Allee 7, 54295 Trier
Postfach 15 68, 54205 Trier
Tel. (06 51) 9 36 10, Fax (06 51) 30 02 10
E-Mail: Trier@deutsche-richterakademie.de
Internet: www.deutsche-richterakademie.de

Tagungsstätte Wustrau
Am Schloß 1, 16818 Wustrau-Altfriesack
Tel. (03 39 25) 89 70, Fax (03 39 25) 89 72 02
E-Mail: Wustrau@deutsche-richterakademie.de

Direktorin
Richterin am Kammergericht
Dagmar Mittler

Die Deutsche Richterakademie dient der überregionalen Fortbildung der Richterinnen und Richter aller Gerichtszweige und der Staatsanwältinnen und Staatsanwälte. Sie soll Richterinnen, Richter, Staatsanwältinnen und Staatsanwälte in juristischen Fachgebieten weiterbilden, ihnen zusätzliche Kenntnisse und Erfahrungen über politische, gesellschaftliche, wirtschaftliche und andere wissenschaftliche Entwicklungen sowie soziale Kompetenzen vermitteln.

Die Deutsche Richterakademie verfügt über zwei Tagungsstätten – eine im rheinland-pfälzischen Trier und eine weitere im brandenburgischen Wustrau. Sie wird auf der Grundlage einer Verwaltungsvereinbarung zwischen dem Bund und den Ländern geführt und von diesen je zur Hälfte finanziert. Für die Teilnahme an einer Tagung und für den Aufenthalt in den Tagungsstätten werden keine Gebühren erhoben.

Das Fortbildungsangebot wird jährlich im Voraus von der Programmkonferenz, in der das Bundesministerium der Justiz und jede Landesjustizverwaltung vertreten sind, in Form eines Jahresprogramms beschlossen. In der Programmkonferenz wirken der Deutsche Richterbund, die Fachgruppe Richter und Staatsanwälte in der Gewerkschaft „verdi" und der Bund Deutscher Verwaltungsrichter beratend mit. Im Ergebnis der Beratungen werden die Themen, die Anzahl und die Dauer der Tagungen sowie die Justizverwaltungen bestimmt, die diese vorbereiten. Die Durchführung der Tagungen obliegt der Deutschen Richterakademie.

Die Direktorin der Akademie berät die Programmkonferenz, berichtet über den Verlauf und die Resonanz der Veranstaltungen und koordiniert den Tagungsbetrieb. Sie leitet beide Tagungsstätten und hat ihren Sitz in Trier.

Die Direktorin oder der Direktor wird auf gemeinsamen Vorschlag der Landesjustizverwaltungen der Sitzländer im Einvernehmen mit den übrigen Landesjustizverwaltungen und dem Bundesjustizministerium vom Land Rheinland-Pfalz auf Zeit bestellt.

Verbände der Richter und Staatsanwälte

Deutscher Richterbund
– Bund der Richterinnen und Richter, Staatsanwältinnen und Staatsanwälte –

Kronenstraße 73/74, 10117 Berlin
Tel. (0 30) 20 61 25–0, Fax (0 30) 20 61 25–25
E-Mail: info@drb.de
Internet: www.drb.de

Vorsitzender:
Arenhövel, Wolfgang, PrOLG
Sögestr. 62-64, 28195 Bremen
Tel. (04 21) 3 61-43 75

Stellvertretende Vorsitzende:
Kamphausen, Brigitte, VRLG
König-Heinrich-Platz 1, 47051 Duisburg
Tel. (02 03) 99 28-2 31

Frank, Christoph, OStA
Kaiser-Joseph-Str. 259, 79098 Freiburg
Tel. (07 61) 2 05-24 10

Weitere Mitglieder des Präsidiums:
Caspari, Stefan, RLG
Halberstädter Str. 8, 39112 Magdeburg
Tel. (03 91) 6 06 21 40

Evers-Vosgerau, Carla, RArbG
Südergraben 55, 24937 Flensbrug
Tel. (04 61) 89-3 88

Dr. Grotheer, Jan, PrFG
Lübeckertordamm 4, 20099 Hamburg
Tel. (0 40) 42 84 43-77 88

Hannich, Rolf, BABGH (AL)
Brauerstr. 30, 76137 Karlsruhe
Tel. (07 21) 81 91-0

Herrler, Elmar, VROLG
Fürther Str. 110, 90429 Nürnberg
Tel. (09 11) 3 21-28 95

Jünemann, Lothar, VRLG
Littenstr. 17, 10179 Berlin
Tel. (0 30) 90 23-24 55

Leetz, Bettina, RAG
Schlossstr. 1, 14469 Potsdam
Tel. (03 31) 23 11-3 05

Roller, Steffen, RLSG
Hauffstr. 5, 70190 Stuttgart
Tel. (07 11) 9 21-20 80,-21 84

Teetzmann, Hanspeter, DirAG
Bismarckstr. 110, 27749 Delmenhorst
Tel. (0 42 21) 12 62-1 00

Bundesgeschäftsführerin:
Mävers, Bettina
Tel. (0 30) 20 61 25-0

Verbände

Verbände der Richter und Staatsanwälte

Zeitschrift des Deutschen Richterbundes ist die Deutsche Richterzeitung

Redaktion:
Dr. Glauben, Paul,
Leiter Wiss. Dienst Landtag Rheinland-Pfalz, verantwortlich
Edinger, Thomas, DirAG
Jünemann, Lothar, VRLG

Mävers, Bettina,
Bundesgeschäftsführerin des DRB
Dr. Siol, Joachim, RBGH a. D.
Neumann, Ralph, RAG
Dr. Nökel, Detlef, VROLG a. D.
Schmitz, Renate, RLG

Anschrift der Redaktion:
Kronenstraße 73/74, 10117 Berlin

Verbände der Richter und Staatsanwälte **Verbände**

Landesverbände des Deutschen Richterbundes

Verein der Richter und Staatsanwälte in Baden-Württemberg e. V.
Neckarstr. 121, 70190 Stuttgart
Tel. (07 11) 24 37 20, Fax (07 11) 2 48 52 27
E-Mail: Richterverein-BW@t-online.de

Vorsitzender: Borth, Helmut, PrAG,
AG Stuttgart
Tel. (07 11) 9 21-34 27
Fax (07 11) 9 21-31 00

Bayerischer Richterverein e. V.
Verein der Richter und Staatsanwälte in Bayern
Amtsgericht Straubing
Kolbstraße 11, 94315 Straubing
E-Mail: BayRichterverein@aol.com
Internet: www.bayrv.de

Vorsitzender: Böhm, Horst, DirAG
AG Straubing
Tel. (0 94 21) 9 49-7 00
Fax (0 94 21) 9 49-7 50

Deutscher Richterbund
– Bund der Richter und Staatsanwälte –
Landesverband Berlin e. V.
Landgericht Berlin, Strafkammer 22, 10548 Berlin
Geschäftsstelle: Stienert, Christel,
Senftenberger Ring 40 h, 13435 Berlin
Tel. (0 30) 4 16 67 42
Fax (0 30) 41 71 30 02
E-Mail: christel.stienert.drb.lvbln@t-online.de

Vorsitzender: Faust, Peter, VRLG
LG Berlin
Tel. (0 30) 90 14-27 68,
Fax (0 30) 90 14-20 10

Deutscher Richterbund
– Bund der Richter und Staatsanwälte –
Landesverband Brandenburg e. V.
Gertrud-Piter-Platz 11, 14770 Brandenburg a. d. Havel
E-Mail: vors@drb-brandenburg.de
Internet: www.drb-brandenburg.de

Vorsitzender: Kahl, Wolf, VROLG,
OLG Brandenburg a.d. Havel
Tel. (0 33 81) 3 99-2 05
Fax (0 33 81) 3 99-3 50/3 60

Verein Bremischer Richter und Staatsanwälte
AG, Ostertorstr. 25–31, 28195 Bremen
Vorsitzende: Lange, Birgit, RAG
AG Bremen
Tel. (04 21) 3 61-0, Fax (04 21) 3 61-28 20
E-Mail: Birgit.Lange@Amtsgericht.Bremen.de

Hamburgischer Richterverein e. V.
– Verband der Richter und Staatsanwälte im Deutschen Richterbund –
Sievekingplatz 2, 20355 Hamburg
Vorsitzende: Dr. Schmidt-Syaßen, Inga, VROLG,
OLG Hamburg
Tel. (0 40) 4 28 43-20 87, Fax (0 40) 4 28 43-40 97
E-Mail: geschaeftsstelle@richterverein.de
Internet: www.richterverein.de

Deutscher Richterbund
– Bund der Richter und Staatsanwälte –
Landesverband Hessen
Hammelsgasse 1, 60313 Frankfurt am Main
Vorsitzender: Tiefmann, Ingolf, RLG,
LG Frankfurt a.M.
Tel. (0 69) 13 67-28 02, Fax (0 69) 7 68 22 16
E-Mail:
bezirksrichterrat@olg-frankfurt.justiz.hessen.de
Internet: www.richterbund-hessen.de

Richterbund Mecklenburg-Vorpommern e. V.
– Bund der Richter und Staatsanwälte –
Zochstraße, 18057 Rostock
Vorsitzender: Häfner, Peter, DAG, AG Rostock
Tel. (03 81) 4 95-70, Fax (03 81) 4 95-71 40
E-Mail: haefner@richterbund.info

Niedersächsischer Richterbund
– Bund der Richter und Staatsanwälte –
LG Hannover, Volgersweg 65, 30175 Hannover
Tel. (05 11) 3 47-27 71, Fax (05 11) 3 47-35 66,
E-Mail:
nrb.geschaeftsstelle@lg-h.niedersachsen.de

Vorsitzender: Possehl, Jürgen, DAG,
AG Oldenburg
Tel. (04 41) 2 20-0, Fax (04 41) 2 20-30 40
E-Mai.: jurgen.possehl@ag-ol.niedersachsen.de

Verbände

Verbände der Richter und Staatsanwälte

**Deutscher Richterbund
– Bund der Richterinnen und Richter,
Staatsanwältinnen und Staatsanwälte –
Landesverband Nordrhein-Westfalen e. V.**
Martin-Luther-Str. 11, 59065 Hamm
Tel. (0 23 81) 2 98 14, Fax (0 23 81) 2 25 68
E-Mail: info@drb-nrw.de
Internet: www.drb-nrw.de

Vorsitzender: Gnisa, Jens, ROLG
OLG Hamm
Tel. (0 23 81) 2 72-55 34, Fax (0 23 81) 2 72-5 18

**Deutscher Richterbund
– Bund der Richter und Staatsanwälte –
Landesverband Rheinland-Pfalz**
Gerichtsstr. 6, 76726 Germersheim

Vorsitzende: Müller-Rospert, Ulrike, DAG,
AG Germersheim
Tel. (0 72 74) 95 22 24
Fax (0 72 74) 9 52 22 40
E-Mail: ulrike.mueller-rospert@zw.jm.rlp.de
Internet: www.richterbund-rlp.de

**Deutscher Richterbund
– Bund der Richter und Staatsanwälte –
Landesverband Saarland**
Franz-Josef-Röder-Straße 15 (Justizgebäude),
66119 Saarbrücken

Vorsitzender: Werner Kockler, DAG
AG Merzig
Tel. (0 68 61) 7 01-2 17 od. -2 08
Fax (0 68 61) 7 01-229
E-Mail: w.kockler@agmzg.justiz.saarland.de
Internet: www.richterbund-saar.de

**Sächsischer Richterverein –
Verein der Richter und Staatsanwälte
in Sachsen**
Lessingstr. 7, 02625 Bautzen

Vorsitzender: Schade, Reinhard, RLG,
LG Bautzen
Tel. (0 35 91) 3 61-1 42
Fax (0 35 91) 3 61-1 11
E-Mail: reinhard.schade@lgbz.justiz.sachsen.de
Internet: www.richtervereinsachsen.de

**Richterbund des Landes Sachsen-Anhalt –
Bund der Richter und Staatsanwälte**
Hansering 13, 06108 Halle

Vorsitzender: Schwarz, Tilman, PrLG,
LG Dessau
Tel. (03 40) 2 02-14 40
Fax (03 40) 2 02-14 42

**Schleswig-Holsteinischer Richterverband –
Verband der Richter und Staatsanwälte
in Schleswig-Holstein**
Schützenwall 31–35
24114 Kiel
Tel. (04 31) 64 00
Internet: www.richterverband-sh.de

Vorsitzender: Kellermann, Wilfried, VRLG,
LG Kiel
E-Mail: wilfried.kellermann@lg-kiel.landsh.de

**Thüringer Richterbund –
Verband der Richter und Staatsanwälte
im Deutschen Richterbund**
StA Erfurt, Justizzentrum, Rudolphstr. 46,
99092 Erfurt

Vorsitzender: Becker, Andreas, stvLOStA,
StA Erfurt
Tel. (03 61) 37 75-3 23
Fax (03 61) 37 75-333
E-Mail: info@thueringer-richterbund.de
Internet: www.thueringer-richterbund.de

Verbände der Richter und Staatsanwälte **Verbände**

Weitere Mitgliedsvereine des Deutschen Richterbundes

**Verein der Bundesrichter und Bundesanwälte
beim Bundesgerichtshof e. V.**
Herrenstr. 45a, 76133 Karlsruhe
Internet: www.bundesgerichtshof.de

Vorsitzender: Dr. Lemke, Reiner, RBGH
Tel. (07 21) 1 59-0
Fax (07 21) 1 59-8 30

**Verein der Richter beim
Bundespatentgericht e. V.**
Cincinnatistr. 64, 81549 München
Internet: www.richtervereinbpatg.de

Vorsitzender: Dr. Lischke, Norbert, VRBPatG
Tel. (0 89) 69 93 7-4 24
Fax (0 89) 6 99 37-51 00
E-Mail: vors@richtervereinbpatg.de

**Verein der Richterinnen und Richter
am Bundesfinanzhof**
Ismaninger Str. 109, 81675 München

Vorsitzender: Prof. Dr. Weber-Grellet, Heinrich,
RBFH
BFH München
Tel. (0 89) 92 31-2 31
Fax (0 89) 92 31-2 01

**Bund Deutscher Finanzrichterinnen
und Finanzrichter**
Warendorfer Str. 70, Finanzgericht,
48145 Münster
Internet: www.bdfr.de

Vorsitzender: Seibel, Wolfgang, RFG
FG Münster
Tel. (02 51) 37 84-0
Fax (02 51) 37 84-1 00
E-Mail: info@bdfr.de

**Verein der Bundesrichter beim
Bundessozialgericht**
Graf-Bernadotte-Platz 5, 34119 Kassel

Vorsitzender: Kruschinsky, Michael, RBSG
BSG Kassel

Tel. (05 61) 31 07-4 45
Fax (05 61) 31 07-4 75
E-Mail:
m.kruschinsky@bsg.bund.de

Bund Deutscher Sozialrichter
Zweigertstr. 54, 45130 Essen

Vorsitzender: Jung, Hans-Peter, RLSG,
LSG Essen
Tel. (02 01) 79 92-3 56
Fax (02 01) 79 92-3 02
E-Mail: hans-peter.jung@lsg.nrw.de

**Verein der Richterinnen und Richter
des Bundesarbeitsgerichts**
Hugo-Preuß-Platz 1, 99084 Erfurt

Vorsitzender: Schmitz-Scholemann, Christoph,
RBAG
BAG Erfurt
Tel. (03 61) 26 36-0
Fax (03 61) 26 36-20 00
Internet: www.bag-richter.de

**Bund der Richterinnen und Richter
der Arbeitsgerichtsbarkeit (BRA)**
Roonstr. 20, 90336 Nürnberg

Vorsitzender: Vetter, Joachim, VRLAG,
LAG Nürnberg
Tel. (09 11) 9 28-27 13
Fax (09 11) 9 28-27 50
E-Mail: bra.vetter@gmx.de

**Wehrdienstrichterbund
– Verband der Richter der Wehrdienstgerichte
im Deutschen Richterbund –**
Berliner Str. 26 A, 14467 Potsdam

Vorsitzender: Schmidt-Hederich, Heinrich,
VRTrDiG, 6. Kammer
Tel. (03 31) 23 25-4 00
Fax (03 31) 23 25-4 09
E-Mail:
HeinrichKPSchmidtHederich@bundeswehr.org

Verbände

Verbände der Richter und Staatsanwälte

Sonstige Verbände

Bund Deutscher Verwaltungsrichter und Verwaltungsrichterinnen (BDVR)
Kirchstr. 7, 10557 Berlin

Vorsitzender: Dr. Heydemann, Christoph, VRVG Berlin
Tel. (0 30) 90 14-80 51

Verein der Bundesrichter bei dem Bundesverwaltungsgericht e. V.
Simsonplatz 1, 04107 Leipzig

Vorsitzender: Krauß, Günter, RBVerwG
Tel. (03 41) 20 07-14 01
Fax (03 41) 20 07-14 02

Bundesfachgruppe Richterinnen und Richter, Staatsanwältinnen und Staatsanwälte in der Gewerkschaft ver.di
Paula-Thiede-Ufer 10, 10785 Berlin
Tel. (0 30) 69 56-0
Fax (0 30) 69 56-35 51
Internet: www.verdi.de/justiz

Sprecherin: Henschke, Sabine
Tel. (0 30) 69 56-14 03

Neue Richtervereinigung e. V. (NRV)
Zusammenschluss von Richterinnen und Richtern, Staatsanwältinnen und Staatsanwälten

NRV-Sekretariat, Greifswalder Str. 4
10405 Berlin
Tel. (0 30) 42 02 23 49
Fax (0 30) 42 02 23 50
E-Mail: sekretariat@nrv-net.de

Sprecher des Bundesvorstandes:
Hamm, Wilfried (VRVG Potsdam)
zugleich Pressesprecher
Helmholtzstr. 6-7, 14467 Potsdam
Tel. (03 31) 23 32-4 42
E-Mail: W.Hamm@nrv-net.de

Gruß, Miriam (RLG Stralsund)
Tel. (0 38 31) 20 50
E-Mail: M.Gruss@nrv-net.de

Namensverzeichnis

zu den Listen der Planstelleninhaber

AnwG	Anwaltsgerichte	EuG	Europ. Gericht 1. Instanz	RP	Rheinland-Pfalz	
ArbG	Arbeitsgerichte	EuGH	Europäischer Gerichtshof	SAA	Saarland	
BER	Berlin	EuGHMR	Europäischer Gerichtshof	SAC	Sachsen	
BMJ	Bundesministerium der Justiz		für Menschenrechte	SAN	Sachsen-Anhalt	
BRA	Brandenburg	FG	Finanzgerichte	SeeGH	Internat. Seegerichtshof	
BRE	Bremen	HE	Hessen	SG	Sozialgerichte	
BU	Bundesgerichte	HH	Hamburg	SH	Schleswig-Holstein	
BVerfG	Bundesverfassungsgericht	MV	Mecklenburg-Vorpommern	TH	Thüringen	
BW	Baden-Württemberg	NDS	Niedersachsen	VerfG	Verfassungsgerichte	
BY	Bayern	NW	Nordrhein-Westfalen	VwG	Verwaltungsgerichte	

A

		Achilles Axel	SG 483	Adam-Backes Ute	RP 344
		Achilles Wilhelm-		Adam-Domrös Britta	MV 214
Abeken Beate	HH 172	Albrecht	NDS 218	Adam-Mezger Heike	BY 98
Abel Christiane	BER 133	Achinger Annemarie	BY 87	Adamek Richard	FG 470
Abel Klaus	VwG 506	Acht Elmar	FG 470	Adamik Andrea	FG 466
Abel Michael	HH 174	Achtermeier Karl-Heinz	NW 266	Adams Elke	NDS 253
Abel Michael	BER 128	Achterrath Ralph-Oscar	SG 493	Adams Helmut	SAA 359
Abel Sigrid	VwG 507	Achtiani Asl Adriane		Adams Stephanie	SAC 378
Abel-Dassler Maria	NW 309	Azadeh	SH 405	Adamski Stefan	BW 70
Abele Klemens	BW 66	Acker Eva	NW 325	Adamsky Sibylle	SAC 371
Abele Werner	SG 481	Acker Karl	BW 57	Adamus Olaf	BRA 151
Abels Matthias	NW 323	Acker-Skodinis Dorothee	BY 108	Addicks Harry	VwG 526
Abels Stefanie	BER 138	Ackermand Birgit	VwG 536	Addicks Verena	VwG 526
Abisch Jens	BRA 157	Ackermann Beate	AnwG 549	Adebahr Marion	ArbG 435
Abmeier Klaus	BMJ 3	Ackermann Eberhard	SG 484	Adelhardt Peter	BY 119
Aboulkacem Renate	VwG 509	Ackermann Michael	BY 113	Adelhardt Waltraut	TH 422
Abraham Günther	AnwG 559	Ackermann Ulf	HH 175	Adelhof Ulrike	NW 325
Abram Nils	BER 133	Ackermann-Trapp		Adelmann Hannah	SG 495
Abramenko Andrik	HE 185	Ursula	NW 319	Adelung Christiane	NW 273
Abramjuk Ruth	BRE 162	Adam Bernd-Michael	HE 190	Ademmer Richard	NW 299
Abramowski Peter	AnwG 552	Adam Cornelia	NW 262	Aden Suntke Neels	SH 404
Abramowski Sonngard	BY 82	Adam Emily	BW 38	Ader Stephanie	BER 135
Absolon Hartmut	NDS 245	Adam Guido	BY 91	Aderhold Agnes	BW 21
Abt Gabriele	HE 201	Adam Heike	BRA 148	Aderhold Marion	ArbG 441
Abt Ingo	NDS 246	Adam Jürgen	BW 69	Adick Bernhard	NDS 250
Abt Martin	BW 55	Adam Karl	BW 33	Adler Brigitte	SAC 380
Abt Thomas	BW 70	Adam Manfred	NW 302	Adler Gabriele	MV 214
Abtmeyer		Adam Maren	SAN 393	Adler Marion	HH 174
Hans-Hermann	AnwG 557	Adam Monika	NW 274	Adler Stefan	FG 463
Abts Nicole	NW 331	Adam Regina	SG 495	Adler Wolfgang	BY 75
Achenbach Gudrun	VwG 514	Adam Sabine	ArbG 434	Adlhoch Miriam	HE 202
Achenbach Hans-		Adam Stefan	BW 66	Adolf Hans Peter	SG 479
Günther	ArbG 456	Adam Ute	BER 135	Adolph Olgierd	VwG 506
Achhammer Detlef	BER 138	Adam Wolfgang	SAA 360	Adomeit Elke	NW 305

591

Adomeit Sandra	HE	193
Adrian Peter	ArbG	461
Adriani Bernadette Maria	NW	328
Adscheid-Meyer Petra	SAC	375
Ady Johannes	BW	70
Aengenvoort Angelika	NW	319
Affeld Ingo	VwG	536
Affeldt Tina	NW	330
Affeldt Viktoria	NW	290
Affolter Bruno	FG	463
Agger Sabine	HH	167
Aghegian Anna Maria	BW	63
Aghte Marc-Oliver	SG	493
Aghte Wolfgang	SG	494
Ahlborn Birgit	BER	133
Ahlborn Frank	BRA	154
Ahlborn Gerhard	ArbG	359
Ahle Reinhilde	BRA	153
Ahlers Achim	NDS	224
Ahlers Bettina	NDS	241
Ahlers Hans	BRE	162
Ahlers Manfred	HH	165
Ahlers Petra	AnwG	558
Ahlers-Hoops Wolfgang	HH	165
Ahlfeld Marie-Luise	SH	405
Ahlgrimm Marion	SAC	371
Ahlmann Ralf Wolfgang	NW	317
Ahlmann Sabine	NW	317
Ahlmer Isabel	NW	331
Ahlt Michael	BU	8
Ahmad Natascha	ArbG	445
Ahmad-Hayee Nusrat	HH	169
Ahmann Alexander	NW	315
Ahmann Karin Renate	BU	11
Ahn-Roth Wera	NW	313
Ahne Peter	HE	201
Ahrendt Martina	ArbG	440
Ahrens Elisabeth	VwG	539
Ahrens Hannelore	HH	173
Ahrens Hans-Jürgen	NDS	226
Ahrens Karl-Heinz	VwG	523
Ahrens Susanne	NDS	254
Ahrens Wilfried	NDS	224
Ahsbahs Peter	SH	400
Aichele Robert	BW	68
Aigner-Sahin Andrea	BY	120
Aink Martina	NW	302
Akca Defne	NDS	254
Akin Saime	NDS	255
Akl Joseph	SeeGH	569
Alagün Ahmet	BER	129
Alander Silke	HH	171
Albach Teresa	HE	182
Alban Wolfgang	BER	126
Albat Monika	TH	423
Albers Carsten	NW	330
Albers Gabriele	NW	288
Albers Hartmut	BU	13
Albers Heinz	VwG	516
Albers Hermann	VwG	531
Albers Ilbert	ArbG	443
Albers Raimund	TH	416
Albers Reinhard	BER	141
Albers Ulrich	AnwG	553
Albers Wolfgang	NW	271
Albers Wolfgang	VwG	503
Albers-Frenzel Bettina	BER	135
Albert Bernd	FG	470
Albert Claudia	NW	281
Albert Heinz	NW	310
Albert Jens	MV	208
Albert Jutta	NW	284
Alberti Gudrun	HE	195
Alberts Arnold	VwG	530
Alberts Harald	VwG	539
Alberts Hermann	NW	321
Alberts Lukas	SAC	374
Alberty Karl	NW	300
Albracht Dirk	NW	296
Albracht Wolfgang	FG	467
Albrecht Claudia	NW	326
Albrecht Corina	HH	166
Albrecht Eckard	VwG	537
Albrecht Ernst	NW	324
Albrecht Erwin	HE	197
Albrecht Falk	SAC	372
Albrecht Frank	NW	262
Albrecht Friedrich	BU	15
Albrecht Hans	BER	141
Albrecht Helmuth	BY	102
Albrecht Jürgen	SH	403
Albrecht Karl-Dieter	VwG	506
Albrecht Kerstin	SAC	370
Albrecht Rüdiger	VwG	505
Albrecht Sonja	NDS	250
Albrecht Stefanie	HE	198
Albrecht Thomas	RP	345
Albrecht Ute	MV	210
Albrecht Volker	VwG	537
Albrecht-Dürholt Gisela	ArbG	450
Albrecht-Glauche Gabriele	ArbG	439
Albrecht-Schäfer Angelika	HH	166
Albrot Arne	BER	137
Albulet Radu	BW	62
Aldejohann Matthias	AnwG	557
Aldenhoff Peter	NW	278
Alder Joachim	SAN	390
Alex Regina	BER	130
Alexander Gunther	FG	474
Alexander Kerstin	NW	276
Alexander Peter	ArbG	436
Alexander Ralf	VwG	540
Alexander Stephan	FG	469
Alexander Tizia-Berit	SG	480
Alexander Verena	BW	70
Alexy Hans	VwfG	426
	VwG	515
Alexy Reiner	SG	500
Alexy-Girardet Doris	HH	173
Alfers Jens-Michael	NDS	244
Alfmeier Klaus	ArbG	458
Algermissen Anne	BMJ	5
Alisch Frank	MV	210
Alker Simone	FG	470
Alkonavi Nuriye	NW	317
Allendorf Thomas	SG	499
Allerbeck Harald-Erwin	HH	173
Allert Birgit	NDS	219
Allesch Erwin	VerfG	425
	VwG	506
Allgayer Peter	BW	38
Allgeier Maria	BW	38
Allgeier Peter	SG	491
Allmang Matthias	SAC	370
Allmendinger Danielle	BW	61
Allmer Michael	NW	322
Allner Uwe	VwG	522
Allstadt-Schmitz Gisela	NW	260
Alm Wencke	SH	407
von Alpen Rötger	SG	491
Alpen Timm	SH	405
Alpes Rolf	SH	398
Alsbach Claudia	RP	337
Alsbach Nicole	RP	339
Alscher Gabriele	NDS	248
Alscher Klaus	NW	320
Alt Ralph	BY	99
Alt Regine	BW	44
Alte Peter Wilhelm	NW	297
Altemeier Jens	BW	71
Altemeier Sabine	BW	70
von Alten Hennig	VwG	523
Altenbucher-Königsdorfer Helmut	BY	95
Altendorf Dagmar	BER	133
Altenkamp Ludger	SAC	376
Altenstetter Rolf	AnwG	544
Altenweger Gisela	SG	493
Althans Annett	VwG	513
Althaus Andreas	NW	308
Althaus Michaela	BY	96
Althaus Stefan	HE	196
Althaus Tilman	SH	409
Althoff Hans	SH	402
Althoff Werner	BY	114
Altmann Lutz	BRA	151
Altmann Michael	NW	297
Altmann Silke	ArbG	434
Altmann Tanja	HE	198
Altmayer Arno	SAA	359

Namensverzeichnis **Arendes**

Altmeier Nicole	NW	292
Altnickel Ulrike	NDS	239
Altpeter Frank	NW	322
Altschwager-Hauser Claudia	SG	475
Altvater Gerhard	BU	9
von Alven-Döring Annegret	VwG	511
von Alvensleben Birka	BY	96
von Alvensleben Elisabeth	HE	185
von Alvensleben Udo	ArbG	460
Alvermann Frank	SAN	386
Alvermann Sabine	SAN	386
Alves Ferreira Daniela	SH	399
Alvino Nikolaus	NDS	233
Aman-Frank Marion	BY	82
Amann Bernhard	VwG	529
Amann Christian	NW	274
Amann Dorothee	BW	71
Amann-Schindler Ernst	ArbG	435
Ambrosius Barbara	BU	8
Ambs Stephane	BW	31
Amels Martin	ArbG	461
Amelsberg Hajo	VwG	520
Amelsberg Uwe	VwG	512
Amelung Bernd	VwG	540
Amelung Herm-Joachim	BW	49
Amelung Jörg-Wilhelm	NW	289
Amend Gerhard	BY	78
Amendt Frank	FG	472
Amendt Wolfgang	BW	54
Amkreutz Lars	BER	143
Amman Birgit	BY	106
Ammann Claus	BY	91
Ammer Christine	BW	71
Ammermann Hermann	VwG	526
Ammermann Raymund	NW	303
von Ammon Sebastian	TH	415
Amon Hans Peter	BY	82
Amslinger Florian	BY	122
Amthauer Dirk	NDS	221
Amthauer Frank	NDS	222
Anacker Gudrun	SAN	393
Andelfinger Nikolaus	BW	50
Anderegg Kirsten	NW	261
Anderer Herbert	BW	57
Anderl Annemarie	BY	100
Anderl Josef	BW	61
Anders Bernd	BER	142
Anders Dieter	HE	196
Anders Monika	NW	293
Anders Nadja	SG	498
Anders Peter	NW	294
Anders Peter-Jürgen	BY	114
Anders Ralf Peter	SH	407
Anders Ulrike	BER	133
Anders Ursula	BER	135
Anders-Ludwig Luise	AnwG	545
	BY	86
Andersen Anja	BRA	156
Anderson Kerstin	BW	40
Andersson Eckard	SG	491
Andexer Wolfgang	NW	280
Andrae Marie-Elisabeth	BRE	162
Andrae Petra	SAC	371
André Kathleen	BRA	158
Andre Kröger	NDS	255
André Ulrich	VwG	534
André-Röhmholdt Wolf	BW	60
Andreae Sven	SAC	370
Andrée Carola	HE	180
Andreeßen Heinz Onno	NDS	251
Andres Andrea	NW	265
Andres Christian	SAC	371
Andres Peter	TH	413
Andres Susanne	BRE	163
Andres Uta	HE	181
Andresen Cindy	HE	199
Andresen Jasper	SH	401
Andresen Sönke	NDS	223
Andreß Erika	HH	166
Andreß Monika	BY	98
Andrick Bernd	VwG	528
Angelkorte Anke	FG	470
Anger Harald	SG	494
Anger Thorsten	NW	327
Angerer Constanze	BY	95
	VerfG	425
Angerer Jörg	RP	344
Angerer Karin	HE	186
Angerer Karin	BY	96
Angermaier Alexander	SG	478
Angermann Ingeborg	AnwG	551
Angermann Werner	SAC	370
Angermeir Kathrin	BY	122
Angermeyer Heike	NDS	249
Angermüller Heidi	MV	207
Angern Gunter	NW	322
Angstenberger Hubert	ArbG	436
Angster Wolfgang	BW	66
Anheier Joachim	RP	339
Anheuser Helmut	RP	336
Anhut Theresia Brigitte	NW	293
Anke Claudia	BY	98
Anlauf Cordula	NDS	236
Anlauf Friedrich-Wilhelm	VwG	525
Annecke Annerose	SAN	393
Annerl Peter	ArbG	448
Anselmann Dietmar	BER	141
Anselmann Ortwin	HE	190
von Anshelm Almuth	HE	200
Ansorge Eberhard	SAN	390
Ansorge Heiko	TH	414
Anspach Jürgen	NW	319
Anstadt Bernd	BW	30
Anstatt Johannes	RP	341
Anstötz Stephan	NW	329
Anstötz Thomas	TH	423
Ante Thomas	BER	141
Anthonijsz Sigrid	SAC	374
Antoni Georg	RP	350
Antoni Sven	VwG	535
Antony Hermann	HH	167
Antor Stefan	BY	99
Antor Stephanie	BY	96
Antrett Angelika	SAN	387
Anuschek Tilman	ArbG	446
Anuth Jörg	NW	331
Apel Anette	AnwG	552
	NDS	226
Apel Claudia	HE	192
Apel Hans-Dieter	NDS	224
Apel Jürgen-Dirk	TH	413
Apel Kerstin	VwG	511
Apell Günter	VwG	517
Apelt Christoph	HH	175
	SG	485
Apidopoulos Jörg	SG	502
Aping Norbert	NDS	235
Apitz Christina	SG	484
Apostel Friedrich	NW	325
Appel Astrid	MV	214
Appel Berndt	TH	420
Appel Elke	HE	184
Appel Helene	HE	177
Appel Katrin	VwG	513
Appel Winfried	FG	464
Appel-Hamm Doris	NW	313
Appelbaum Martin	NDS	240
Appelhof Gisela	FG	469
Appelhoff-Klante Maria	VwG	527
Appelkamp Berend	NDS	235
Appelt Karin	BER	137
Appl Ekkehard Martin	BU	8
Appoldt Friedrich	BY	96
Apprich Joachim	MV	208
Aps Manfred	NW	317
Aradei-Odenkirchen Rainer	SAC	376
Arand Andreas	HE	193
Araschmid Ilsa	NDS	221
Arbab Nadja	NDS	255
Arbandt Katrin	BRA	151
Arbes Michaela	RP	354
Arck Christine	RP	339
Ardizzoni Marco	FG	464
Arend Aurelia	BY	99
Arend Susanne	TH	414
Arendes Werner	NW	262

593

Arenhövel — Namensverzeichnis

Name	Ref
Arenhövel Wolfgang	BRE 160
Arens Dagmar	BER 138
Arens Helga	NW 283
Arens Melanie	NW 327
Arentz Arnulf Johannes	NW 298
Arenz Wolfgang	RP 336
Arestis George	EuGH 563
Aretz Stephanie	ArbG 436
Arians Knut	VwG 527
Aring Achim	NDS 227
Arkenstette Bernd	NDS 246
Arleff Peter	NW 322
Arling Andrea	ArbG 459
Arloth Frank	BY 73
Arlt Hans-Jörg	AnwG 548
Armbrecht Rolf	NDS 237
Armbrüster Klaus	BU 10
Armbrust Klaus	BW 39
Armbruster Doris	SG 482
Armbruster Wolfgang	VwG 504
Arndt Andreas	BER 142
Arndt Andreas	BW 58
Arndt Beatrix	NW 276
Arndt Christiane	BW 67
Arndt Erwin	SG 501
Arndt Florian	SG 488
Arndt Gabriele	AnwG 547
Arndt Ingo	NW 329
Arndt Ingrid	ArbG 439
Arndt Klaus-Michael	ArbG 343
Arndt Nicole	HH 169
Arndt Sabine	NW 318
Arndt Uwe	SG 488
Arndt Volker	AnwG 559
Arnhold Dieter	NDS 249
von Arnim Bianca	HE 185
Freiin von Arnim Dorothee	BY 121
Arnold Andreas	SAC 372
Arnold Brigitte	BW 57
Arnold Bruno	FG 469
Arnold Christina	BW 40
Arnold Colin	NDS 241
Arnold Georg	HE 198
Arnold Hans Friedrich	BY 106
Arnold Horst	BY 114
Arnold Ines	SAC 363
Arnold Irmelin	BY 113
Arnold Jörg	HH 171
Arnold Karsten	SAC 378
Arnold Katrin	SAN 393
Arnold Mandy	SAC 377
Arnold Manfred	ArbG 433
Arnold Otto	BER 139
Arnold Stephan	NDS 240
Arnold Ulrike	SG 494
Arnold Volkmar	BW 40
Arnold Wolfgang	HH 173
Arnold Wolfram	NW 298
Arnoldi Olaf	BER 127
Arntz Joachim	VwG 529
Arp Kerstin	SH 408
Arp Torsten	AnwG 555
Arps Inken	NW 267
Artinger Josef	BER 140
Artinger Ludwig	BY 116
Artkämper Heiko	NW 308
Arzt Sandra	BW 41
Asam Nicole	SAC 372
Asbeck Burkhart	NW 304
Asbeck Michael	VwG 525
Asbeck Peter	NW 296
Asbrock Bernd	BRE 161
Asche Daniel	VwG 538
Ascheberg Maria	SAN 392
Aschenbach Andreas	NW 281
Aschenbrenner Franz	BY 86
Aschenbrenner Heike	BY 95
Aschke Manfred	VwG 539
Aschmann Kathleen	SAN 395
Aschoff Heike	MV 211
Aschoff Michael	MV 211
Aselmann Maike	NDS 255
Asendorf Claus Dietrich	BU 8
Asensio Pagan José-Andrés	NW 311
Ashelm Hans-Günther	BY 115
Asmus Kirsten	SAN 391
Asmus Wolfgang	RP 349
Asper Karen	SAC 373
Asper Rolf-Dieter	NW 260
Asperger Markus	NW 274
Aßbichler Jacqueline	BY 104
Assel Volker	FG 465
Assenmacher Simon	NW 330
Assenmacher Wolfgang	RP 338
Aßling Jens	HE 181
Aßmann Jürgen	HH 175
Aßmann Jutta	BW 53
Aßmann Uta	BRA 153
Ast Arndt	HE 191
Ast Arthur	SAC 380
Ast Eva-Maria	SAC 367
Aster Beate	ArbG 440
Astheimer Dieter	HE 195
Atanassov Peggy	SG 498
Athing Gerhard	BU 7
Atzinger Britta Maria	NW 276
von der Au Anton	TH 420
Au Gisela	RP 335
von Au Lutz-Rüdiger	BW 57
von Au Peter	SG 477
Aubel Tobias	SG 495
Aubele Nicola	AnwG 545
	BY 86
Auchter-Mainz Elisabeth	NW 324
Auell Armin	BER 129
Auer Klaus	BRA 145
Auer Maria	NW 310
Auerhammer Klaus	SG 475
Auf dem Brinke Jürgen	NDS 244
Auf der Straße Kerstin	VwG 536
Aufderheide Helmut	NW 291
Auferkorte Frank	ArbG 452
Auffarth Heinrich	BRE 161
Auffermann Ulrich	BER 137
Augenreich Ino	NDS 253
Augenschein Hans-Jürgen	ArbG 433
Augnen Marina	HH 171
Augner Gerd	HH 166
Augsberger Wolfgang	BY 86
Augstein Philipp	NW 281
Augustin Holger	ArbG 440
Augustin Petra	NDS 241
Augustin Ulrike	RP 340
Augustin-Wimmer Ina	BY 109
Aulich Joachim	NW 323
Aulinger Martin	TH 417
Aulinger Susanne	BY 82
Aumüller Isabell	BY 123
Aumüller Thomas	HE 179
	VerfG 427
Aupke Anne	NDS 255
Auracher Walter	BER 136
Aurich Hardy	BER 133
Aurnhammer Katharina	BW 26
Ausetz Markus	NW 293
Ausfeld Renate	ArbG 440
Aussprung Jürgen	SG 488
Aussprung Ursula	VwG 520
Aust Karen	SAC 372
Aust-Dodenhoff Karin	ArbG 439
Austermann Ulrike	VwG 528
Austermühle Mark	NW 329
Autenrieth Martin	BW 51
Authenrieth-Hüppe Susanne	HE 202
Auweiler Turid	NW 320
Auweter Brigitte	ArbG 433
Avenarius Christian	SAC 377
d'Avis Oliver	NW 332
Aweh Lothar	FG 467
Axhausen Petra	BY 87
Axmann Thomas	SAA 357
Axt Andrea	BW 64
Axt Hans-Georg	SAN 394
Ay Rüdiger	SAC 378
Azizi Josef	EuGH 565

B

Name	Code
Baack Christina	MV 214
Baack Jörg	NW 331
Baade Eckhard	NW 306
Baader Heike	HE 192
Baader Peter	NW 316
Baae Jochen	BER 128
Baak Peter	NW 270
Baaken Helmut	NW 270
Baalcke Detlef	MV 210
Baan-Berlemann Susanne	SAC 364
Baara Angela	BER 129
Baars Hans Joachim	BER 136
Baars Petra Susanne	NDS 235
Baatz Burkhard	SAN 388
Babeck Thomas	TH 414
Babst Renate	BY 91
Babucke Thomas	BER 130
Bach Albert	BER 132
Bach Birgit	AnwG 548
Bach Claudia	BER 131
Bach Günter	BW 65
Bach Heike	BER 133
Bach Mareike	BW 57
Bach Martin	HE 184
Bach Peter	HE 201
Bachem Heinz Michael	NW 266
Bachem Rainer	RP 338
Bacher Klaus	BW 24
Bachert Jochen	TH 423
Bachhuber Uwe	ArbG 435
Bachl Hans	HE 184
Bachler Frauke	BMJ 4
Bachler Horst H.	ArbG 450
Bachler Lars	NW 271
Bachman-Borsalino Marion	AnwG 551
Bachmann Andreas	NW 307
Bachmann Christina	TH 422
Bachmann Ernst Dieter	BW 61
Bachmann Hans	RP 352
Bachmann Harald	NDS 231
Bachmann Matthias	BY 76
Bachmann Nicou	BW 26
Bachmann Peter	SAN 386
Bachmann Peter	RP 338
Bachmeier Stephanie	BY 123
Bachmeier Werner	BY 97
Bachnick Uwe	BRA 247
Bacht-Ferrari Manfred	NW 268
Bachtrup Winfried	NW 272
Backa Karin	BY 98
Backen Wolfgang	HH 167
Backer Ute	BRE 162
Backert Bardo	BY 81
Backes Johannes	TH 414
Backes-Liedtke Susanne	RP 351
Backhaus Beate	AnwG 550
Backhaus Ludger	ArbG 454
Backhaus Peter	NDS 249
Backhaus Ralph	HE 180
Backhaus Susanne	BY 77
Backmann Jan Leonhard	SH 408
Bade Hans-Peter	SH 401
Bade Ortrud	TH 420
Badenheim Christoph	MV 211
Bader Anja	SAC 365
Bader Bernd	NW 260
Bader Brigitte	NDS 229
Bader Heinz	BY 104
Bader Jana	NDS 254
Bader Johann	VwG 503
Bader Markus	BY 119
Bader Peter	ArbG 443
Bader Simone	BY 121
Bader Thomas	NDS 223
Bader Ute	BY 98
Bader Werner	ArbG 437
Badle Alexander	HE 198
Bäcker Dennis	NW 332
Bäcker Ilka	NW 285
Bäcker Kirsti-Sabine	ArbG 453
Bäckert Hans-Wilhelm	BER 138
Baedke Jürgen	TH 415
Bähner Rosemarie	NW 291
Bähr Gabriela	VwG 512
Bähr Peter	NW 280
Bähr-Fichtner Stefanie	HE 199
Bähre Matthias	NDS 235
Baer Andrea	ArbG 440
Bär Elisabeth	BW 30
Bär Fred	BER 142
Bär Jasmin	BY 115
Bär Raimund	BY 98
Bär Roland	TH 418
Baer Sebastian	HH 175
	SG 485
Baer Stephanie	SAC 365
Bär Wolfgang	ArbG 438
Bär Wolfgang	BY 75
Baer-Henney Juliane	BER 143
Baer-McIlvaney Georgia	BER 140
Bärens Michael	NW 295
Bärhold Anne-Katrin	SH 408
Bärlin Andreas	SAC 374
Bärthel Jürgen	TH 419
Bärtle Bettina	BY 99
Baethge Ulrich	HH 172
Bäuerle Gisela	BW 22
Bäuerle-Graf Barbara	MV 208
Bäumel Dieter	SAC 367
Bäumel Ernst	AnwG 545
Bäumer Matthias	NW 330
Bäumer-Götz Mirjam	BW 70
Bäumer-Kurandt Ingeborg	HE 195
Bäuml Robert	BER 137
Bäumler Christian	BW 32
Bäumler-Hösl Hildegard	BY 107
Bäumler-Holley Marthina	FG 464
Bäumler-Stolzer Ruth	RP 341
Bagger Rüdiger	HH 173
Bagusat Günter	NW 296
Bahke Verena	BW 67
Bahl Oliver	HE 189
Bahlau Petra	FG 471
Bahlke Marianne	TH 419
Bahlmann Anika	NW 332
Bahlmann Inge	SAC 375
Bahlmann Stephan	SH 408
Bahners Frederick	BER 130
Bahnsen Sönke	SH 399
Bahr Jens	SH 402
Bahr Joachim	SH 407
Bahr Marika	SAN 393
Bahr Norbert	SAC 368
von Bahr Stig	EuGH 563
Bahrenberg Felix	NW 329
Bahrenfuss Dirk	SH 402
Baier Christian	BY 93
Baier Erwin	BY 114
Baier Hans-Dieter	SAA 355
Baier Reinhold	BY 95
Baier Sabine	MV 208
Baier Sandra	BW 67
Bail Marion	AnwG 551
	MV 207
Bailly Barbara	TH 413
Baisch Ute	BW 58
Bak Felix	BRA 156
Baka András	EuGHMR 567
Bakarinow Barbara	NW 321
Bakaus Utz-Helmut	BW 51
Bakemeier Bodo	VwG 531
Baki Brigitte	VerfG 430
Bakker Elke	NDS 252
Balbier Ralf-Werner	AnwG 556
	SAA 356
Balders Maike	SH 408
Baldszuhn Thomas	BER 126
Baldus Cornelia	ArbG 454
Baldus Manfred	VerfG 430
Baldus Walter	AnwG 555
Balk Adolf	ArbG 461
Balk Eva	TH 420
Balke Albert	NW 324
Balke Jens	NW 306
Balke Michael	FG 468
Balke Sabine	NW 265

Balkenhol Namensverzeichnis

Balkenhol Margit	VwG 531	Banke Joachim	NW 271	Barnusch Klaus	SG 487
Balko Marten	SAN 389	Banke Ralf	NW 293	Barre Bernd	NDS 225
Ball Andreas	SAC 378	Banke Thomas	FG 471	Barré Jörg	NDS 239
Ball Beatrice	NW 289	Bannach Jörg	HE 199	Barrelet Ute	HH 168
Ball Bettina	SAC 378	Banneck Tanja	SH 408	Barsch Hans-Joachim	VwG 504
Ball Wolfgang	BU 7	Bannenberg Dieter	BRA 155	Bart Hansjörg	BW 22
Ball-Hufschmidt Sigrun	NW 274	Bannert Doris	SG 502	Bartel Holger	BER 129
Ballentin Sandra	MV 208	Bannert Kathrin	NW 329	Bartel Louisa	BW 2
Baller Cord-Jesko	BW 38	Banniza Ulrike	FG 472	Bartel Rüdiger	BY 96
Baller Henning	BER 143	Banse Horst	BY 88	Bartel Veronika	MV 207
Gräfin von Ballestrem		Bantle Frank	ArbG 434	Bartel Wolfgang	BY 93
Sophie	BY 95	Bantleon Gernot	BRA 155	Bartel-Rögner Sandra	HE 190
Ballewski Gerhard	BRA 145	Banysch Anne Kristina	NW 328	Bartelheim Britta	VwG 531
Ballhause Brunhilde	SAN 386	Banzer Jürgen	HE 177	Bartelheimer Annette	BER 135
Ballhausen Angelika	RP 341	Baran Roman	SG 502	Bartelmus Barbara	BW 34
Ballhausen Wolfgang	VwG 521	Baraniak Ulrike	SAC 380	Bartels Achim	NDS 248
Ballis Johannes	BY 88	Barausch Ulrike	BY 79	Bartels Andrea-	
Ballmaier Michael	HE 187	Barber Ragnhild	HH 171	Alexandra	FG 469
Ballmann Ingrid	RP 343	Barbian Birgit	NW 273	Bartels Barbara	MV 214
Ballnus Katrin	NDS 240	Barbian Edgar	SAA 359	Bartels Christian	NDS 235
Ballwieser-Zacharias		Barbian Susanne	TH 416	Bartels Clemens	NW 323
Sabine	BER 140	Barbie Jeannette	SG 497	Bartels Gabriele	VwG 526
Bals Oliver	FG 470	Barche Petra	FG 467	Bartels Georg	BER 136
Bals-Rust Rudolf	SG 502	Bardarsky Bärbel	BER 130	Bartels Gundolf	NDS 244
Balschun Martina	BER 127	Bardelle Beatrice	NW 296	Bartels Hans-Otto	NDS 245
Balschun Roger	BER 137	Barden Stefan	VwG 528	Bartels Julia	ArbG 453
Balser Gabriele	SG 486	Bardenhagen Thomas	MV 214	Bartels Stefanie	BW 60
Balß Georg	HE 197	Bardenhewer Franz	BU 13	Bartels Torsten	HH 170
Balster Bettina	NW 295	Bardo Ulrike	NW 262	Bartels Ulrich	VwG 505
Baltes Arno	BY 113	Barenbrügge Ursula	NDS 252	Bartels-Meyer-	
Baltes Gernot	BRA 156	Barenhoff Gerhard	NW 305	Bockenkamp Bettina	ArbG 459
Baltin Christina	HE 192	Barenhorst Dominica	NW 270	Barth Achim	NDS 249
Balve Dina	SG 495	Barenz Jana	MV 211	Barth Andrea	BW 70
Balz Jürgen	BW 57	Barfels Uta	SAN 390	Barth Annette	SAN 385
Balze Wolfgang	ArbG 436	Barfuss Maria	FG 471	Barth Burkhard	BY 85
Balzer Birgit	BER 137	Bargatzky Nicole	BW 28	Barth Christiane	BW 63
Balzer Hartwig	BU 12	Bargemann Bernd	NDS 237	Barth Daniela	ArbG 450
Balzer Karl-Heinz	AnwG 559	van Bargen Björn	NDS 253	Barth Dieter	SAA 356
Balzer Manfred	RP 351	von Bargen Joachim	VerfG 425	Barth Eckhard	BW 58
Bamberger Christian	VwG 531	von Bargen Ralph	NW 272	Barth Jürgen	ArbG 450
Bamberger Gudrun	HE 194	Bargenda Anette	BRA 155	Barth Nadja	HE 198
Bamberger		Baring Eike-Eckehard	VwG 511	Barth Philipp	BY 108
Heinz Georg	RP 333	Bark Thomas	VwG 517	Barth Robert	BW 42
	VerfG 428	Barkam Harald	NW 297	Barth Thomas	BMJ 4
Bamberger Silke	SAA 359	Barke Ottmar	VwG 519	Barthe Christoph	BY 122
Bamberger Wilhelm	VwG 529	Barkey Johannes	NDS 227	Barthel Astrid	SAC 380
Bamela Engo Paul	SeeGH 569	Barkow-von Creytz		Barthel Claus	BY 81
Bandemer Dagmar	BY 98	Dunja	SG 480	Barthel Enrico	SAC 365
Bandini Katrin	NW 328	Barleben Hans-Volker	VwG 531	Barthel Herbert	BW 46
Bandisch Günter	VerfG 426	Barnack Christiane	BER 136	Barthel Stefan	BY 102
Bandorf Armin	TH 416	Freiherr von Barnekow		Barthel Steffen	SAC 379
Banfelder Miriam	SG 481	Joachim	SAC 364	Barthelmes Kurt	AnwG 545
Bangert Claudia	BW 67	Barnert Georg Joachim	BY 86		BY 75
Bangert Curt	BW 45	Barnewitz Wolfram	NDS 226	Barthelmeß Martin	BW 58
Bangert Gerhard	VwG 504	Barnickel Martin	BY 88	Barthels Luitgard	BY 75
Bangert Jürgen	VwG 517	Barning Harald	NW 289	Bartholomé Gisela	RP 348
Bangert Klaus	TH 415	Barniske Claudia	BER 134	Bartholy Christian	VwG 507
Banke Henning	NW 318	Barnstedt Elke Luise	BVerfG 1	Bartholy Thomas	BY 88

Namensverzeichnis **Baumeister**

Bartl Andrea	BER 137	Bastius Frank	SAC 364	Bauer Peter	BW 23
Bartl Annette	BY 96	Bastius Mariette	VwG 535	Bauer Petra	RP 338
Bartl Raimund	VwG 512	Bastl Franz	NW 292	Bauer Raimund	SG 477
Bartl Thilo	BER 130	Bastobbe Konrad	SAN 391	Bauer Ralf	SH 408
Bartle Heiko	BW 67	Baston-Vogt Marion	NW 293	Bauer Reinhard	FG 465
Bartling Hans-Heinrich	SG 489	Bath Clemens	VwG 511	Bauer Robby	SAC 372
Bartlitz Uwe	VwG 536	Bath Matthias	BER 139	Bauer Robert	BY 106
Bartmann Jacqueline	AnwG 552	Bath Ulrike	BER 139	Bauer Sonja	BY 122
	MV 206	Bathe Volker	VwG 539	Bauer Thomas	RP 349
Bartodziej Silvia	BMJ 4	Bathow Bernd	NW 326	Bauer Torsten	VwG 512
Barton Heinfried	BU 15	Batke-Anskinewitsch		Bauer Ulrich	SAN 385
Bartone Roberto	FG 472	Sylke	NW 276	Bauer Ulrike	BY 86
Bartoszek-Schlüter Irena	NW 294	Batschari Alexander	BER 132	Bauer Uwe	BY 78
Barts Bettina	BER 141	Battenstein Ricarda	NW 276	Bauer Verena	BY 121
Bartsch Eike	BRA 153	Battermann-Janssen		Bauer Werner	BW 44
Bartsch Hans-Otto	NDS 228	Harda	SAN 395	Bauer Wolf-Christoph	NW 313
Bartsch Marco	NDS 246	Batzke Volker	SG 476	Bauer Wolfgang	BY 112
Bartsch Thomas	RP 345	Batzke Werner	NW 263	Bauer Wolfram	BY 79
Bartsch Thomas	BY 111	Bau Wolfgang	BW 35	Bauer-Disson Ursula	BW 40
Bartsch Wolfgang	VwG 522	Bauch Gerhard	BY 90	Bauer-Landes Erna	BY 107
Bartscher Ulrike	SH 407	Bauchrowitz Armin	SH 407	Bauer-Rothe Regine	TH 422
Bartschinski Claudia	SAN 388	Bauchrowitz Norbert	BRA 156	Bauermann Uwe	HE 179
Bartschmid Andreas	BY 103	Bauchrowitz Sabine	SH 407	Bauerschäfer Anette	SAC 377
Bartschmid Dorothea	BY 103	Bauer Achim	NW 277	Bauersfeld Franziska	BER 137
Bartz Albert	NW 321	Bauer Alexander	BY 111	Bauhaus Hans-Joachim	SG 494
Bartz Joseph Stefan	NW 328	Bauer Andreas	NW 304	Bauhaus Krimhild	FG 470
Bartz Ralf	SG 495	Bauer Andreas	BY 78	Baukhorn Michael	MV 205
Bartz Ulrike	NW 328	Bauer Bianca Christina	BY 121	Baukmann-Prange Ulrike	SG 493
Barucker Wolfgang	BER 139	Bauer Carsten	VwG 515	Baum Alexandra	BER 135
Barutzky Christoph	NW 291	Bauer Claudia	BY 96	Baum Andrea	RP 354
Barwitz Werner	BY 86	Bauer Dieter	BW 23	Baum Eckardt	SG 482
Barz Christian	SG 482	Bauer Erwin	VwG 508	Baum Ingrid	BER 140
Barz Hans Peter	HE 180	Bauer Florian	AnwG 546	Baum Martina	BRA 156
Barz Kerstin	BRA 150	Bauer Frauke	BY 97		BRA 157
Barzen Ursula	ArbG 441	Bauer Georg	BU 9	Baum-Schulz Katrin	SG 485
Baschang Rolf	BW 29	Bauer Georg	HE 192	Baumann Andreas	RP 353
Baschleben Frank	SAN 394	Bauer Georg	BER 140	Baumann Astrid	TH 414
Basdorf Clemens	BU 7	Bauer Gerhard	BY 87	Baumann Beatrice	SAC 381
Basedow Gunda	HH 168	Bauer Gisela	BW 28	Baumann Bettina	NW 320
Basedow Runa	BRA 158	Bauer Günter	NW 322	Baumann Claudia	NW 264
Basler Christoph	AnwG 556	Bauer Hans-Joachim	TH 412	Baumann Eberhard	ArbG 439
Basler Margarete	BW 37	Bauer Helmut	VwG 525	Baumann Günther	BY 88
Bass Astrid	BER 141	Bauer Horst	VwG 507	Baumann Hans Georg	BMJ 3
von Bassewitz		Bauer Ina	VwG 504	Baumann Harro	BY 99
Hans-Henning	NW 260	Bauer Ingbert	BY 81	Baumann Lars	BY 105
Baßler Renate	BY 87	Bauer Joachim	AnwG 544	Baumann Ludger	TH 414
Baßler-Frühauf Andrea	BW 29	Bauer Josef	SAC 366	Baumann Maike	BER 131
Baßmann Thomas	BW 50	Bauer Jürgen	BY 108	Baumann Norbert	BY 80
Bassow Manfred	BER 128	Bauer Karen	BW 24	Baumann Ruth	SAN 391
Bast Klaus	NW 304	Bauer Kerstin	SAC 375	Baumann Thomas	NW 277
Bast Michael	BW 53	Bauer Klaus	AnwG 545	Baumann Tobias	SG 482
Bast Michael	BW 71	Bauer Kurt	SAA 359	Baumann Ulrich	ArbG 459
Basten Susanne	ArbG 446	Bauer Margarete	TH 422	Baumann-Weber Beate	BW 24
Bastian Birgit	VwG 514	Bauer Margarete	BY 102	Baumanns Inge	VwG 527
Bastian Dirk	BU 15	Bauer Margarete	BY 104	Baumanns Joachim	NW 322
Bastian Matthias	SG 481	Bauer Michael	BW 23	Baumberger Armin	BY 91
Bastian-Holler Ulrike	RP 347	Bauer Michael	MV 211	Baumeister Anke	BW 52
Bastians Susanne	NW 308	Bauer Monika	BY 100	Baumeister Christiane	BY 122

Baumeister — Namensverzeichnis

Baumeister Christine	NW 271	Bayer Robert	BY 89	Beck Thorsten	ArbG 443
Baumeister Heiko	BW 51	Bayer Walter	TH 412	Beck-Collas Hiltraud	NW 265
	BW 65		VerfG 430	Beck-Weber Antonie	BY 92
Baumeister Jörg	VwG 528	Bayer Wolfgang	VwG 532	Beckedarf Ingo	HH 167
Baumeister Klaus	NW 286	Bayerl Uta	NW 308	Becker Alexander	HE 202
Baumert Bettina	BER 134	Bayerlein Norbert	BY 113	Becker Andreas	TH 421
Baumert Heiko	BW 69	Bayerlein Waltraut	BY 111	Becker Andreas	VwG 529
Baumert Marko	VwG 514	Bayreuther-Lutz Liane	HH 166	Becker Anja	RP 337
Baumert Wolf-Tilmann	NW 278	Beate Klaus	HE 181	Becker Anne-Kathrin	BER 130
Baumeyer Thomas	AnwG 547	Beau Friedrich		Becker Ansgar	NW 285
Baumgärtel Dörte	BY 99	Friedhelm	NW 290	Becker Arend	SG 482
Baumgärtel Julia	BY 96	Bebendorf Sylvia	HE 180	Becker Beate	TH 417
Baumgärtner Thomas	BU 15	Bebenroth Christine	NDS 219	Becker Bernd	NW 292
Baumgärtner Ulrich	BW 53	Bebensee Stefan	BER 131	Becker Bernd	BER 128
Baumgardt Klaus	BU 16	Becher Heike	NW 305	Becker Birgit	BW 39
Baumgart Michael	HE 180	Becher Jochen	NW 272	Becker Birgitt	ArbG 460
Baumgart Reinhard	NW 306	Becher Johannes	BY 103	Becker Bodo	NDS 240
Baumgart Steffen	TH 415	Becher Klaus-Martin	NW 305	Becker Carmen	SAC 371
Baumgarten Beate	SAN 389	Becher Martina	TH 413	Becker Christian	NW 293
Baumgarten Frank	SAN 394	Becher Ria	BRA 150	Becker Clemens	HE 185
Baumgarten Katharina	HH 169	Becher Tanja	RP 338	Becker Colin	BW 42
Baumgarten Siegrun	SAN 385	Becher Wolfgang	NW 314	Becker Curt	SAN 383
Baumgarten Torsten	VwG 522	Bechler Lars	VwG 538	Becker Dag	VwG 520
Baumgarten Volker	NW 322	Bechlin Frank	MV 211	Becker Daniela	BW 33
Baumgartl Gerhard	BY 116	Bechmann Barbara	VerfG 430	Becker Dietrich	HE 202
Baumgartner Michael	BY 96	Becht Edgar	RP 336	Becker Dominik	RP 353
Baumgartner Oliver	BY 90	Becht Ernst	BW 53	Becker Erhard	BY 76
Baumgartner-Mistrik		Becht Irene	RP 335	Becker Ewald	RP 339
Jutta	SG 475	Bechtel Thomas	HE 198	Becker Franz	NW 308
Baumunk Brunhilde	BRA 150	Bechtel Wolfgang	FG 468	Becker Franz	NW 264
Bauner Karl Eugen	BU 8	Bechtel Wolfram	BW 29	Becker Friedemann	NW 261
Bauner Stephanie	BY 121	Bechtelsheimer Markus	TH 420	Becker Friedrich	
Baur Brigitta	BY 105	Bechthold Robert	BW 66	Wilhelm	NW 303
Baur Daniela	VwG 537	Bechtold Frank	ArbG 439	Becker Gero	ArbG 447
Baur Dirk	NW 330	Beck Angelika	VwG 509	Becker Gisela	NW 317
Baur Maria Theresia	RP 343	Beck Axel	BW 32	Becker Gudula	SG 475
Baur Martin	NW 319	Beck Beate	BW 24	Becker Guido	SG 491
Baur Reinhard	NW 280	Beck Carsten	NW 278	Becker Gunter	SG 502
Baus Heinz	SG 495	Beck Christian	BW 60	Becker Hanns-Georg	NW 321
Baus Kirsten	TH 417	Beck Egon	BW 64	Becker Hans-Dieter	NW 260
Baus Nicola	VwG 508	Beck Gertraud	VwG 508	Becker Hanspeter	BW 25
Baus Reiner	BU 17	Beck Günther	FG 465	Becker Hatmut	HE 180
Baustetter Ellen	SAC 372	Beck Hans-Joachim	FG 465	Becker Heinrich	HE 190
Bax Rainer	HE 187	von der Beck Heike	NDS 248	Becker Heinrich	
Bay Larsen Lars	EuGH 563	Beck Heinz	SG 475	Hermann	NW 296
Bayer Andreas	BY 107	Beck Heribert	NW 310	Becker Helmut	RP 350
Bayer Beate	BU 16	Beck Ilse-Sabine	BU 13	Becker Helmut	BER 136
Bayer Bernd	SAC 375	Beck Jürgen	SG 496	Becker Hermann Josef	NW 322
Bayer Detlef	BU 13	Beck Lothar	BY 111	Becker Horst	HH 167
Bayer Detlev	NW 317	Beck Manfred	HE 180	Becker Jan	HH 171
Bayer Eberhard	RP 353	Beck Manfred	HE 183	Becker Joachim	HE 187
Bayer Gerhard	BY 81	Beck Michael	SAC 375	Becker Joachim	SG 487
Bayer Gerhard	BW 55	Beck Rolf	BW 45	Becker Joachim	HE 181
Bayer Gunther	SAC 378	Beck Romana	BY 76	Becker Joachim	TH 421
Bayer Otto	AnwG 559	Beck Simon	BW 71	Becker Joachim	VwG 531
	TH 412	von der Beck Stefan	NDS 244	Becker Jörg	RP 338
Bayer Peter	BY 88	Beck Tanja Maria	RP 344	Becker Jörg Peter	BU
Bayer Ralf-Peter	NDS 231	Beck Thomas	BU 9	Becker Johannes	SAN 385

598

Namensverzeichnis **Beienburg**

Name	Ort
Becker Jürgen	VwG 511
Becker Karin	BY 88
Becker Kerstin	NW 281
Becker Kerstin	BER 142
Becker Kirsten	ArbG 458
Becker Lore	BRA 153
Becker Lothar	NDS 226
Becker Marita	HE 177
Becker Martin	ArbG 444
Becker Martin	VwG 540
Becker Michael	NW 290
Becker Michaela	RP 353
Becker Monika	BW 68
Becker Olaf	SAC 368
Becker Oliver	VwG 537
Becker Patricia	SAC 378
Becker Peter	BU 12
Becker Raffael	SAA 361
Becker Ralf	SG 496
Becker Reinhold	NW 319
Becker Rosemarie	NW 304
Becker Rudolf	HE 191
Becker Sabine	SAN 395
Becker Silke	BER 141
Becker Stefan	SH 401
Becker Stephanie	SH 404
Becker Susanne	BRA 147
Becker Susanne	SG 482
Becker Thomas	HE 193
Becker Thomas	RP 343
Becker Thomas	NW 315
Becker Thorsten	SAN 389
Becker Udo	NW 280
Becker Ulf	HH 167
Becker Ulrich	NW 282
Becker Ulrich	NW 257
Becker Ulrich	BY 102
Becker Ute	BW 28
Becker Wolfgang	SAA 358
Becker Wolfgang	BRA 156
Becker Wolfgang	BER 128
Becker Wolfram	BER 126
Becker-Jastrow Sabine	BY 114
Becker-Klein Heike	BU 10
Becker-Kunze Claudia	NDS 241
Becker-Toussaint Hildegard	HE 196
Becker-Wewstaedt Heidrun	ArbG 448
von Beckerath Hans-Jochem	FG 469
Beckermann Mechthild	NDS 248
Beckers Edith	ArbG 450
Beckers Hermann	NW 290
Beckers Lothar	NW 271
Beckers Petra	BY 108
Beckert Christian	SAC 372
Beckhaus Ludwig	NW 285
Beckhaus-Schmidt Sybille	NW 284
Beckhove Antje	SG 476
Beckmann Brigitta	FG 471
Beckmann Carsten	HH 167
Beckmann Frank	BRA 147
Beckmann Heike	SG 495
Beckmann Heiner	NW 280
Beckmann Heinz-Bernd	NW 301
Beckmann Heinz-Dieter	NW 298
Beckmann Josef	VwG 531
Beckmann Martin	BER 133
Beckmann Martina	RP 340
Beckmann Norbert	VwG 524
Beckmann Peter	AnwG 558
Beckmann Rainer	BY 82
Beckmann Thomas	FG 465
Beckmann Ute	NW 306
Beckmann Wolfgang	AnwG 543
Beckmann-Backeshoff Iris	NW 300
Beckmann-Roh Barbara	SAA 355
Becks Alexander	NW 300
Becks Hans-Joachim	NW 320
Becks Hildegard	NW 300
Beckstein Wolfgang	BY 105
Beckstett Elisabeth	BER 132
Beddies Dietmar	SAN 390
Beddies Tomke	BW 67
Bederna Anja	NDS 243
Bederna Hans-Georg	NDS 239
Bednarz Klaudia	SG 476
Bedranowsky Silke	NW 306
Bee Barbara	NW 323
van Beeck Alfons Maria	NW 280
von der Beeck Rainer	SAC 370
von der Beeck Rudolf	NW 281
von der Beeck Ursula	SAC 369
Beeger Kornelia	SAC 375
Beek Kerstin	NW 315
Beelen-Schwalbach Gabriele	SH 400
Beenken Thomas	NW 314
Beer Hubert	BY 92
Beer Jörg	SH 404
Beer Robert	VwG 510
Beer Susan Karin	TH 416
Beermann Alex	NW 275
Beermann Hans-Joachim	BER 135
Beese Annette	BW 29
Beese Christine	NDS 228
Beese Marc	SH 409
Beeskow Andreas	SAC 369
von Beesten Christian	SAC 367
Beez Eva	NDS 235
Beger Alexandra	SAA 361
Beger Holger	RP 349
Behl Thomas	BY 81
Behlau Claus-Peter	TH 413
Behler Astrid	VwG 536
Behler Kathrin	NW 328
Behler Sebastian	SAC 377
Behlert Jacqueline	BER 140
Behm Andreas	BER 139
Behm Barbara	HH 171
Behn Michael	SG 475
Behncken Sascha	HE 183
Behne Paul David	NDS 241
Behnert Alexandra	BRA 152
Behnert Claudia	BRA 149
Behnke Harm	SH 400
Behnke Sabine	NW 267
Behnke Wolfgang	BRA 151
von Behr Burchard	BY 95
Behr Karl	NW 322
von Behren Dirk	NDS 227
Behrend Barbara	TH 420
Behrend Carola	BER 137
Behrend Frank	SG 493
Behrend Nicola	SG 491
Behrend Nicolas	BER 141
Behrend Sylvia	SG 491
Behrend Tim	NW 331
Behrends Jochen	BER 141
Behrends Katrin	BER 143
Behrendt Dirk	BER 132
Behrendt Ingrid	SH 403
Behrendt Klaus	RP 338
Behrendt Matthias	BER 137
Behrendt Tania	NW 306
Behrendt Ute	NDS 255
Behrens Andreas	SAC 378
Behrens Andreas	NW 297
Behrens Anke	NDS 250
Behrens Barbara	BER 129
Behrens Hans-Jörg	BMJ 4
Behrens Ingo	BRE 161
Behrens Ingo	VwG 522
Behrens Jan	NW 299
Behrens Klaus	NDS 222
Behring Stefan	NW 261
Behringer Edith	BW 60
Behringer Jürgen	BW 57
Behringer Peter	BER 131
Behrmann Brigitte	NW 310
Behrmann Thomas	ArbG 446
Behrschmidt Ewald	BY 110
Behschnitt Dietrich	AnwG 543
Beichel-Benedetti Stephan	BW 57
	BW 24
Beickler Birgitta	RP 337
Beickler Thomas	RP 337
Beidenhauser Silke	FG 471
Beiderbeck Anne	NDS 228
Beienburg Vera	NW 321

599

Beier Namensverzeichnis

Beier Alexandra	BY 121	Benden Karl-Ludwig	NW 263	Benz Regina	NDS 229
Beier Gerhard	SG 475	Bender Achim	BU 15	Benzel Iris	SAN 395
Beier Jürgen	BER 128	Bender Jürgen	SG 497	Benzler Raimund	SAC 372
Beier Klaus	BW 24	Bender Karl	RP 336	Benzler-Herz Verena	BY 98
Beier Michael	BRA 150	Bender Klaus	HE 199	Bepler Klaus	BU 10
Beier Michael	NW 299	Bender Martin	BW 24	Berard Peter	BU 27
Beier Olaf	HH 171	Bender Martin	SG 489	Berberich Volker	VwG 508
Beier Wolfgang	BY 103	Bender Peter	VwG 533	Berchtold Josef	BU 12
Beierwaltes Christine	BW 29	Bender Ralf	TH 419	Berchtold Margarete	ArbG 435
Beige Michael	MV 211	Bender Sonja	NDS 253	Berckhauer Friedrich	
Beil Bruno	HE 182	Bender Thomas	RP 338	Helmut	NDS 217
Beiler Michael	TH 416	Bender Ulf-Thomas	NW 261	Berding Franz	NW 299
Beimann Thomas	NW 286	Bender Ute	TH 413	Berdon Uwe	SAC 371
Beimesche Sebastian	VwG 525	Bender Wolfgang	BW 53	Berenbrink Sabine	MV 213
Bein Georg Wilhelm	BER 131	Bender Wolfgang	NW 314	Berendes Dirk	SG 493
Bein Winfried	NW 294	Bender Wolfgang	SG 495	Berends Bernhard	NDS 250
Beine Andreas	VwG 526	Bendheuer Sven	NDS 252	Berendt Patrick	BER 138
Beirle Konrad	BY 118	Bendick-Raum Claudia	BY 115	Berens Gerda	NW 326
Beisenwenger Rainer	BY 115	Bendixen Frauke	SH 399	Berens Michael	SG 497
Beisheim Brigitte	SG 493	Bendler Wolfgang	VwG 529	Berens-Mohrmann Edith	TH 422
Beißert Ruth	BW 33	Bendlin Kerstin	VwG 521	Berensmann Wolfgang	HE 194
Beißwenger Elvira	TH 421	Bendner Robert	VwG 535	Berg Andrea	NW 292
Beiter Karl-Heinz	BW 65	Bendorf Berthold	NW 267	Berg Christian	BY 98
Beitz Eva-Maria	SAC 378	Bendtsen Ralf	NDS 233	Berg Hans-Joachim	NW 283
Beitzel Rüdiger	NW 320	Benedict Claudia	MV 215	Berg Helmut	TH 414
Bekiş Nevin	BRA 147	Benedict Katrin	SAN 386	von Berg Joachim	SG 477
Belker Jörg Winfried	NW 260	Benedix Heidemarie	BER 141	Berg Johannes	BY 79
Belker Karin	NW 272	Beneke Joachim	SH 407	Berg Matthias	NW 297
Bell Albrecht	VwG 536	Beneking Jürgen	NW 314	Berg Michael	NW 314
Bell Anja	HE 185	Bener Gabriele	SG 490	Berg Oliver	RP 341
Bell Eva-Maria	BY 112	Benesch Birgit	BY 98	Berg Pascale	BY 120
Bell Thomas	BMJ 4	Benesch Peter	NW 274	Berg Steffen	SAN 388
Bellasio Sabrina	ArbG 443	Bengsch Uwe	NDS 232	Berg Winfried	NW 303
Bellay Thomas	BY 84	Benjes Silke	VwG 515	Bergande Hasso	SH 405
Bellenbaum Bernd	NW 265	Benke Hans Richard	NW 266	Bergander Grit	BRA 148
Bellin Stefan	NW 314	Benkel Bernd Jürgen	SG 496	Bergemann Anabel	HE 195
Belling Claus	BW 50	Benkendorff Dirk	SAC 363	Bergemann Doreen	TH 423
Belling Sandra	BY 107	Benkert Marion	BRA 156	Bergemann Martina	ArbG 443
Bellinger Angelika	VerfG 426	Benndorf Jörn	SAC 369		HH 169
Bellinger Hilke-Kathrin	HH 171	Benndorf Michael	VwG 536		HH 175
Bellinghausen Anno	SG 494	Benner Beate	RP 335	Bergemann Ulrike	BY 93
Bellinghausen Jörg	AnwG 555	Benner Jens	RP 341	Bergenthum Modesta	NW 293
Bellinghoff Ulrich	NW 283	Benner Silke	BW 58	Berger Albrecht	BMJ 3
Bellm Martin	BW 26	Bennera Maren	NW 269	Berger Anke	ArbG 459
Bellmann Burkhard	MV 211	Bennewitz Sabine	ArbG 461	Berger Claudius	VwG 528
Bellmann Elisabeth	SH 402	von Bennigsen-		Berger Dieter	NW 275
Bellmann Heinrich	NDS 249	Mackiewicz Andreas	SAN 387	Berger Eckart	BW 38
Bellmann Iris	SG 499	Benning Wulf	ArbG 460	Berger Erich	BY 86
Bellut Jörg	MV 210	Benra Alexander	ArbG 455	Berger Gabriele	BER 138
	VerfG 427	Benrath Anke	BER 141	Berger Georg	BY 91
Below Boris-Batiste	HE 194	Bens Renate	NDS 255	Berger Gerhard	BRA 147
Below Petra	MV 213	Benson Andrea	SG 494	Berger Gerhard	NDS 242
Benassi Günter	VwG 525	Bentele Andrea	SAN 393	Berger Gert-Rainer	BER 136
Benda Anke	NW 262	Benthele Konrad	NW 265	Berger Grit	VwG 536
Benda Siegfried	NDS 231	Benthin-Bolder Claudia	VwG 526	Berger Helmut	BY 101
Bendel Andreas	RP 337	Bentrup Silke	VwG 520	Berger Helmut	SAC 366
Bendel Ewald	NW 300	Benz Axel	BW 56	Berger Ingrid	BY 96
Bendel Regine	RP 337	Benz Markus Peter	RP 354	Berger Iris	BER 129

600

Namensverzeichnis **Bettendorf**

Berger Kurt	BY	90
Berger Maria Magdalena	BER	133
Berger Martin	SG	476
Berger Michael	BW	37
Berger Monika	NW	264
Berger Nicolaus	SAN	393
Berger Nikolaus	HH	167
Berger Sabine	NW	330
Berger Sebastian	BRE	163
Berger Udo	NW	262
Berger Ursula	BRA	146
Berger Wolfgang	BER	128
	BER	132
Berger-Drame Brigitte	NW	288
Berger-Ney Bettina	SAA	360
Berger-Ullrich Cornelia	BY	96
Berger-Zehnpfund Petra	NW	305
Bergerhoff Stefan	BER	132
Bergerhoff Wolfgang	AnwG	559
Bergfeld Kai-Uwe	SH	407
Bergfelder Udo	NW	321
Berghaus Klaus	NW	321
van Berghem Dagmar	NW	304
Berghoff Susanne	NW	326
Bergholz Günther	NDS	245
Bergk Ralph	VwG	513
Bergkemper Winfried	BU	11
Bergler Wolfgang	BY	96
Bergmann Aldo	BRA	155
Bergmann Alfred	BU	8
Bergmann Anneliese	VerfG	429
Bergmann Claus	BW	57
Bergmann Ernst-Elmar	NW	272
Bergmann Gernot	NDS	220
Bergmann Jan Michael	VwG	505
Bergmann Jörg	BER	131
Bergmann Margarethe	NW	322
Bergmann Maria	BW	68
Bergmann Matthias	BW	24
Bergmann Sabine	VwG	529
Bergmann Sandra	TH	421
Bergmann Thomas	RP	340
Bergmann Tore	SG	476
Bergmann Wewela	BER	134
Bergmann-Streyl Birgitta	NW	261
Bergmeister Eberhard	BW	51
Bergmüller Reinhard	VwG	506
Bergner Ingrid	SG	480
Bergner Udo	VwG	523
Bergold Johannes	BER	132
Bergs Heinz	NW	315
Bergstermann Silke	NW	285
Berke Katharina	NW	262
Berkel Volker	VwG	528
Berkenbrock Clemens	NW	290
Berkenheide Astrid	VwG	531
Berkenkopf Astrid	HE	192
Berkhoff Claus	HE	180
Berkner Anja	ArbG	434
Berkner Annegret	NDS	228
Berkner Thomas	BW	54
Berkowsky Wilfried	ArbG	458
Berledt Christina	HE	193
Berlet Barbara	NW	323
Berlin Niels	SH	401
Berling Volker	HH	172
Berlit Uwe-Dietmar	BU	13
Berlit-Hinz Elke-Kerstin	HH	168
Bermes Petra	SG	495
Bern Jörg Michael	NW	320
Bernard Astrid	SG	496
Bernard Beate	BY	105
Bernard Bettina	FG	465
Bernard Karl-Heinz	HE	185
Bernardi Michael	ArbG	455
Bernards Astrid	NW	323
Bernards Roland	BRA	147
Bernardy Alexandra	NW	271
Bernau Andreas	NDS	255
Bernau Falk	NDS	254
Bernauer Martin	BER	140
Bernd Peter	SG	486
Berndl Erich	BY	95
Berndt Beatrice	SG	498
Berndt Hans-Georg	SH	401
Berndt Sabine	SG	480
Berndt Stefanie	BRA	153
Berndt Stephan	BRA	158
Berndt-Benecke Uta	BER	135
Berndt-Friedrich Susanne	TH	413
Berneke Wilhelm	NW	260
Berner Arnulf	SAC	378
Berner Christoph	BY	78
Berner Michael	BER	126
Berner Thomas	HE	190
Berner-Peschau Almut	VwG	521
Bernert Maria Luise	BY	92
Bernet Wolfgang	HH	167
Bernhard Ernst	BY	92
Bernhard Franz	BW	66
Bernhard Katja	ArbG	445
Bernhard Ralph	ArbG	433
Bernhard Ute	BY	89
Bernhard-Schüßler Petra	BY	112
Bernhardt Matthias	SAC	374
Bernhardt Wilfried	BMJ	3
Bernhardt Wolfgang	NW	280
Bernheim Rolf	HH	168
Bernheim Ute	HH	171
Berninger Jochen	NW	274
Bernklau Lutz	NW	324
Bernreuther Jörn	BY	75
Berns Claus Joachim	SH	406
Berns Klaus	AnwG	554
Bernschütz-Hörnchen Monika	NW	269
Bernsdorff Norbert	BU	12
Bernsmann Marion	SAN	394
Gräfin von Bernstorff Clarita	NW	269
Graf von Bernstorff Cornelius	BRA	145
Bernt Isabella	BY	123
Bernt Thomas	NDS	241
von Bernuth Marie-Louise	BER	130
Bernzen Christian	AnwG	549
Bernzen Joachim	NW	299
Berscheid Thomas	AnwG	556
Bert Eva	BY	122
Bertelsmeier Petra	HE	198
Bertermann Dietmar	SH	400
Bertges Dieter	ArbG	445
Berthold Christof	VwG	533
Berthold Dorothee	BW	70
Berthold Manfred	BRA	155
Bertling Robert	NW	272
Bertram Anne-Kathrin	NW	303
Bertram Lutz	ArbG	447
Bertram Michael	VwG	516
Bertram Peter	ArbG	451
Bertrams Eva-Maria	SG	492
Bertrams Michael	VerfG	428
	VwG	525
Bertrang Antje	NDS	241
Bertzbach Martin	ArbG	442
Berwanger Günter	FG	472
Berzel Robert	RP	349
Beschel Günter	SAC	365
Beseler Lothar	ArbG	449
Besen Silke	NW	266
Besgen Dietmar	ArbG	454
Besier Matthias	AnwG	550
Beß Konrad	BY	87
Bessau Bernd-Rüdiger	AnwG	552
Bessel Sven	NDS	248
Besser Valentina	NW	328
Besson Matthias	HE	201
Best Ellen	BRE	161
Best Gerald	VwG	539
Best Heike	SG	495
Best Ingrid	NW	322
Bestler Diana	BY	107
Bestmann Joachim	SH	406
Beth Kai Ole	SH	402
Bethe Sabine	HE	180
Bethke Bernd	MV	213
Bethke Wiebke	NDS	254
Betrams Kerstin	NW	327
Bette Wilhelm	NDS	227
Bettendorf Christa	HE	195

Bettermann   Namensverzeichnis

Bettermann Ralf	NDS 253	Beyer-Stockhaus Anke	NDS 223	Bieling Matthias	NW 301
Bettex Barbara		Beyer-Zouboulis		Bien Henriette	RP 349
Friederike	NW 264	Gundula	BER 129	Bien Horst	NW 257
Bettin Ingolf	TH 412	Beyerle Peter	BY 98	Bienas Uwe	BW 53
Betz Anneli Martel	NW 280	Beyerle Wolfgang	HE 192	Bienemann Gabriele	BY 113
Betz Birga	HH 170	Beyl Elke	BY 104	Biener Horst	HE 198
Betz Holger	BY 122	Beyschlag Helmut	BY 89	Bienert Angelika	NW 266
Betz Joachim	HH 166	Beyse Vanessa	NDS 224	Bienert Claus-Peter	SG 496
Betz Jochen	NW 325	Bez Christine	BW 67	Bienfait Claudia	VwG 529
Betz Jürgen	HE 193	Bezjak Garonne	SH 408	Bienhüls Franz-Josef	ArbG 448
Betz Konrad	SG 497	Bezold Beate	BW 27	Bienioßek Bernd	NW 306
Betz Marc	BY 122	Bezold Eva	BW 53	Bienko Frank-	
Betzung Christiane	NW 288	Bezpalko Stefan	BER 129	Thomas	AnwG 556
Beuchel Marcus	NW 262	Bezzel Dietrich	BW 27	Bienroth Gunther	BER 137
Beuchel Petra	SAC 363	Bezzel Gerhard	BY 102	Bienzle Heike	SG 482
Beuerle Ulrich	BER 132	Bhanja Santi	HE 190	Bier Wolfgang	BU 13
Beuermann Carola	VerfG 430	Biallas Dana	HH 171	Bierast Nikolaus	BY 111
Beuermann Rudolf	BER 136	Biber Alexandra	BY 106	Bierbach Hartmut	NW 270
Beuermann Silvia	BER 140	Biber Burckhard Johann	NW 322	Bierbaum Klaus	NW 299
Beugel Katja	BY 113	Biberacher Johann-Georg	BY 98	Bierbaum Martin	VwG 513
Beuke Hans Rudolf	NW 267	Bichlmeier Gerd	ArbG 437	Bierbrauer Andreas	RP 345
Beul Petra	NW 332	Bick Anabel	SH 409	Bierbrauer Jörg	SAA 358
Beule Jutta	ArbG 453	Bick Thomas	SH 408	Biere Carsten	SAC 373
Beumer Beate	SG 498	Bick Ulrike	VwG 525	Bierer Bernd	BW 32
Beumer Bernhard	ArbG 457	Bickel Eckhard	HE 179	Bieresborn Dirk	SG 487
Beumer Thomas	NW 290	Bickel Peter	BW 45	Bierfreund Tanja	MV 213
Beumers Hans Josef	NW 317	Biebeler Norbert	BW 67	Bierlein Christiane	BY 114
Beuntner Dieter	VwG 506	Bieber Hans-Jürgen	BER 126	Bierlein Martin	SAC 380
Beusch Claudia	VwG 528	Bieber Karin	NW 319	Biermann Anja	TH 413
Beuscher Peter	VwG 532	Bieber Klaus-Dieter	NW 319	Biermann Bernd	NW 332
Beuse Friederike	NW 267	Bieber Monika	BY 115	Biermann Christa	VerfG 428
Beuth Ingmar	FG 470	Biebl Brigitta	BY 118	Biermann Christina	
Beuth Kristin	HE 195	Biebl Gregor	BY 73	Johanna	SH 407
Beuthner Petra	SAC 375	Biebl Josef	ArbG 437	Biermann Denis	BY 105
Beuting Karin	BY 100	Biebrach-Nagel		Biermann Karl Bernd	BRA 145
Beutler Bengt	BRE 161	Hannelore	SG 479	Biermann Rainer	NW 271
Beutler Werner	BW 50	Bieder Hendrik	TH 413	Biermanski Bernd	SH 407
Bever Reinald	NDS 231	Biedermann Gabriele	BW 28	Biermeier Günther	SG 479
Bewernick Volker	RP 345	Biedermann Rainer	BY 99	Biernath Hans-Ulrich	HE 185
Bewersdorf Jörg	VerfG 426	Biedler von Bessenyö Ulla	BY 98	Biernoth Birgit	NDS 255
Bewersdorff Jana	SH 409	Bieg Gero	SAA 359	Bierwagen Michael	SAN 394
Bexen Martin	NW 322	Biegelsack Horst	BY 98	Biesewig Bettina	SAC 367
Bextermöller Annelene		Biehl Armgard	MV 215	Biesing-Pachur Susanne	NW 274
Bärbel	NW 289	Biehl Gabriele	SG 496	Bießle Babett	BY 123
Bey Robert	SAC 364	Biehl Klaus	RP 351	Biesterfeld Dietlind	BER 137
Beutler Bengt	BRE 161	Biehl Stefan	BW 70	Bietenbeck Thomas	NW 300
Beyer Dagmar	BER 128	Biehl Susanne	SAA 359	Bietendüwel Annegret	NDS 231
Beyer Dietrich	BU 7	Biehler Matthias	BY 121	Biewald Gunther	TH 423
Beyer Hans-Christoffer	VwG 523	Biehlman Josef	BW 41	Biewer Anja	BER 137
Beyer Jürgen	HH 172	Bieker Eva	NDS 241	von Biezen Bettina	ArbG 458
Beyer Klaus-Dieter	BW 50	Biel Jürgen	SH 407	Bigalke Wolfgang	BW 56
Beyer Marco	NDS 253	Bielawny Marielle	SAC 377	Bigge Klaus	BER 127
Beyer Matthias	BY 119	Bielefeld Jutta	VwG 528	Biggel Werner	SG 497
Beyer Nenad	SG 481	Bielefeld Peter	SAC 375	Bigott Ursula	MV 210
Beyer Stefan	TH 422	Bielefeldt Kirsten	NW 293	Bihler Manfred	NW 294
Beyer Tina	BER 138	Bielefeldt Martin	BRA 157	Bihy Hans Ulrich	NDS 232
Beyer Ursula	SAC 372	Bieler Axel	SH 407	Bilda Karen	HH 169
Beyer Wolfgang	SAC 365	Bieler Volker	RP 354	Bildhauer Dirk	SAN 395
Beyer-Nießlein Elke	BY 112				

Bilke Heiner	NW	329	Bischoff Monika	NW	294	Blanke Irina	BRA	147
Bill Heinz	ArbG	448	Bischoff Monika	SH	408	Blanke Martin	HE	182
Bill Josef	HE	192	Bischoff Sandra	BW	67	Blanke Regine	VwG	528
Billen Senta	HH	176	Bischoff Stefan	BY	95	Blanke-Roeser Christina	HH	174
Billhardt Sven-Holger	HH	175	Bischoff Thomas	BW	69	Blankenbach Rudi	BW	60
Billig Carola	TH	412	Bischoff-Schwarz Andrea	BW	59	Blankenburg Iris	NW	310
Billing AnnKathrin	BER	143	Bischop Ludger	NW	261	Blankenheim Manuela	BER	141
Billner Fritz	BY	86	Bisier Hans-Eberhard	NW	274	Blankenhorn Cornelia	BY	122
Bilsdorfer Peter	FG	472	Biskupski Carmen	SAN	389	Blankenhorn Iris	RP	341
Bilz Michael	TH	422	Bisle Monika	VwG	510	Blasberg Georg	VwG	530
Bimler Michael	SH	407	von Bismarck Swetlana	BER	142	Blasberg Karl Dieter	NW	274
Bindels Alfred	BMJ	4	Bismayer Bernd	BW	26	Blaschek Helmut	NDS	231
Binder Angelika	BW	25	Bispinck-Jaeger Oda Gesine	NW	262	Blaschke Paul	RP	340
Binder Gerhard	BW	60				Blaschke Sabine	VwG	528
Binder Jörg	BRA	156	Bisping Albert	SAN	384	Blaschke Stefan	SAC	374
Binder Stefan	SG	477	Bisping Marianne	SAN	389	Blaschke Susanne	BY	84
Binder Thomas	BY	95	Bißmaier Volker	BW	53	Blaschko Peter	HE	186
Binder-Emrich Annette	BY	97	Bister Ottfried	FG	469	Blaschyk Sabine	RP	345
Binding-Thiemann Renate	ArbG	444	Bittel Maren	SH	402	Blasczyk Bernd	SAN	395
			Bittens Sylvia	ArbG	447	Blasczyk Jörg	SAN	392
Bindokat Heinz	BER	134	Bitter Carola	NW	328	Blase Barbara	BW	50
Bingel Angelika	NW	263	Bittermann Martin	SAC	379	Blaseio Bernd	VwG	523
Bings Annell	HE	202	Bittig Anke	BER	140	Blasek Brigitte	HE	188
Biniok Hannelore	HE	197	Bittmann Folker	SAN	392	Blasel Tamara	SH	408
Binkert Gerhard	ArbG	439	Bittner Barbara	NW	274	Blaser Josef	BW	55
Binner Heinrich	BY	76	Bittner Claudia	SG	487	Blasinski Jörg	MV	207
Binnewies Bernhard	HE	197	Bittner Dietmar	FG	467	Blasius Johannes	TH	411
Binns Martin	BRE	163	Bittner Hardy	SAC	373	Blasius Judith	TH	415
Binz Hans-Dieter	SG	496	Bittner Sylvia	SAC	372	Blaß Katharina	TH	415
Binz Harald	RP	340	Bittner Thomas	NW	273	Blaszczak Matthias	TH	419
Binz Karl-Josef	BW	60	Bittner Volker	NW	308	Blath Richard	BMJ	4
Birk Alexander	VwG	519	Bittorf Wolf-Dietrich	BY	79	Blatt Verena	SG	497
Birk Sigurd	BW	59	Bitz Franz	BW	31	Blattner Armin	BW	59
Birke Elisabeth	FG	467	Bitz Jutta	SG	502	Blattner Sabine	BW	58
Birke Yvonne	SAC	377	Bitz Philipp	TH	414	Blau Christoph	BER	137
Birkenbach Robert	SG	487	Bitzer Otto-Paul	VwG	505	Blaum Franz Thomas	AnwG	549
Birkenbeul Simone	VwG	531	Bitzer Thomas	BW	60	Blaurock Claudia	VwG	537
Birkenholz Peter	BW	32	Bitzhenner Friedrich-Karl	NW	309	Blaut Christian	NW	332
Birkert Eberhard	BW	21				Blawat Ulrich-Michael	NW	268
Birkhölzer Katrin	NW	318	Bizer Ute	BW	59	Blech Susanne	ArbG	444
Birkhofer-Hoffmann Sonja	BY	98	Björgvinsson David Thór	EuGHMR	568	Blechinger Beate	BRA	145
						Bleckmann Axel	VwG	539
Birkmann Nils	NW	329	Bläker Helmut	NW	300	Bleckmann Frank	BW	69
Birkner Stefan	NDS	254	Blaeschke Joachim	HE	182	Bleckmann Sandra	NDS	222
Birle Jürgen Paul	FG	472	Blaeschke Renate	HE	181	Bleh Helmut	RP	352
Birn Klaus	SG	476	Blaesing Heiner	NW	261	Bleistein Romana	NW	281
Bîrsan Corneliu	EuGHMR	567	Blaesing Jürgen	SG	483	Blencke Hans-Christian	VwG	508
Bischof Reinhard	SH	401	Blaha Ralf	BW	70			
Bischofberger Michael	BW	70	Blaich Susanne	BW	58	Bleser Sabine	NW	315
Bischoff Bernd	FG	463	Blanc Stephanie	NW	295	Bleß Martina	MV	211
Bischoff Georg	NW	299	Blanck Klaus	NDS	219	Blessing Gernot	BW	66
Bischoff Gerit	NW	330	Blank Andreas	MV	214	Blettner Angelika	RP	338
Bischoff Günther	BY	94	Blank Barbara	BRE	162	Bleuel Klaus	SAN	394
Bischoff Heidrun	NDS	237	Blank Hubert	BW	33	Bleuß Matthias	BRA	156
Bischoff Helga	NW	319	Blank Jörg	SAN	392	Bley Hans-Joachim	SH	402
Bischoff Johann-Peter	MV	212	Blank Klaus-Peter	NW	313	Bley Julia	ArbG	444
Bischoff Jürgen	BW	31	Blank Werner	VwG	506	Bley Paul	SG	490
Bischoff Klaus	RP	348	Blanke Hermann	VwG	528	Blickhan Heike	HE	203

Blidung Namensverzeichnis

Blidung Svenja	BY 123	Blum-Engelke Clarissa	NDS 231	Bode Stephan	BW 69
Blindert Volker	RP 354	Blum-Heinrichs		Bode Walter	FG 472
Blindow Ute	MV 209	Margareta	NW 278	Bodemann Michaela	HH 170
Bloch Arwed	RP 353	Blum-Idehen Ute	VwG 528	Boden Andrea	NDS 229
Bloch Joachim	HE 180	Blumberg Ernst	NW 294	Boden Hans-Gerrit	BY 80
Block Astrid	HE 196	Blumberg Sabine	NW 289	Boden Ulrich	NW 326
Block Doris	BER 134	Blume Eckehart	VwG 517	Bodenbender Werner	VwG 518
Block Inke	SH 409	Blume Klaus	NW 273	Bodenburg Gerold	BY 95
Block Jürgen-Heinrich	HH 167	Blume Michaela	BER 129	Bodendiek Frank	HH 169
Block Torsten	SH 402	Blume Monika	SAC 380	Bodens Heribert	NW 313
Block Uwe	AnwG 548	Blumenberg Hildegard	VwG 511	Bodenstaff Hans-	
Block-Cavallaro Maike	NDS 219	Blumensatt Hans-Josef	HE 201	Joachim	HH 172
Block-Gerdelmann		Blumenstein Thomas	HE 190	Bodenstedt Karl-Heinz	SG 481
Agnes	NW 289	Blumenthal Christoph	NDS 233	Bodenstein Dieter	NDS 228
Blöbaum Alea	NW 329	Blumentritt Jan	HE 202	Bodenstein Friederike	BRA 156
Blöcher Holger	SG 490	Blummoser Hans	BY 112	Bodewig Theo	BY 86
Blöcher Michael	SH 399	Blunck Hans	BW 26	Bodmann Bettina	VwG 512
Blöcker Christian	SH 400	Blunck Sebastian	HH 172	Bodmann Hans-Heiner	NDS 227
Blöhß Sylvia	ArbG 445	Blunk Eginhard	SAC 366	Böbs Verena	NDS 253
Blöink Thomas	BMJ 4	Bobke Dieter	BY 117	Böcher Franz Josef	SH 405
Bloem Inno	NDS 222	Bocci Gudrun	BY 93	Böcher Ingo	HE 199
Blömer Gertrud	NW 268	Boch Gert	ArbG 456	Böcher Urs Peter	BY 97
Blömer Natalie	HH 169	Bochnick Boris	HH 174	Böcher-Jerger Silvia	BW 58
Blömker Carsten		Bock Andreas	NW 287	Böck Michael	SG 502
Armin	ArbG 450	Bock Anke	SAN 385	Böck Peter	BU 10
Blötz Britta	FG 469	Bock Annette	BW 38	Böckel Joachim	AnwG 556
Blohm Judith	NDS 246	Bock Barbara	BW 67	Böckeler Susanne	BW 61
Blombach Michael	BER 138	Bock Christa	SAN 388	Böckenförde-Wunderlich	
Freifrau von Blomberg		Bock Constance	NW 292	Barbara	ArbG 436
Gönna	NDS 227	Bock Heike	BRA 156	Böckenhauer Michael	SH 407
Blome Gisela	NW 268	Bock Hildegard	BY 98	Böckenhoff Georg	BW 58
Blome Lüder	AnwG 549	Bock Ilona	BRA 155	Boecker Bernhard	
	BRE 160	Bock Jens	AnwG 547	Georg	AnwG 554
Blomenkämper Mark	NW 331	Bock Joachim	BW 33	Böcker Falco	NW 257
Blomenkamp Andrea	VwG 539	Bock Karl Josef	BY 112	Boecker Jan	BRA 152
Blomenkamp Carl	NW 264	Bock Karl-Stephan	RP 335	Böcker Philipp	NW 264
Blomer Helmut	HE 190	Bock Margot	ArbG 454	Böcker Rudolf	VwG 512
Bloß Jürgen	BY 115	Bock Ralf	RP 336	Böcker Uwe	SAC 371
Blozik Michael	BW 66	Bock Sibylle	SAA 360	Boeckh Walter	BY 93
Bludau Oliver	NW 269	Bock Sigrid	TH 414	Böcking Thomas	BY 79
Blübaum Karsten	NDS 250	Bock-Hamel Petra	NDS 224	Bödding Klaus	AnwG 554
Blüggel Jens	SG 492	Bockemühl Sebastian	NW 329	Boedecker Hilke	SAN 390
Blüm Andrea	RP 340	Bockemüller Jürgen	VwG 522	Bödecker Thomas	ArbG 448
Blüm Bernd	SAA 355	Bocker Uwe	BER 142	Bödeker Arnd	BER 130
Blümbott Wolfgang	SAC 367	Bocksch Alexander	VwG 527	Böge Claus	SAC 370
Blümel Johannes	BW 36	Bockwaldt Carsten	SH 399	Böge Elisabeth	AnwG 559
Blümel Reinhard	SAC 375	Bockwoldt Gesine	NDS 253	Böger Frank	ArbG 458
Bluhm Bärbel	SAN 390	Bodanowitz Jan	VwG 511	Böggemann Stephen	ArbG 442
Bluhm Dietmar	SAC 378	Bodanowitz Regina	BER 134	Boehland Renate	BER 131
Bluhm Inka	HH 168	Bodden Robert Ludwig	NW 332	Böhle Andreas	BER 135
Bluhm Kurt Walter	NW 267	Boddin Carsten	HH 174	Böhle Lars	NW 295
Bluhm Martin	VwG 537	Bode Anke	BER 134	Böhlendorf Jörg-	
Blum Birgit Astrid	NW 276	Bode Ansgar	BER 138	Dieter	BRA 149
Blum Detlev	BRE 160	Bode Astrid	SAN 386	Böhlje Karin	NW 288
Blum Gerlinde	BW 34	Bode Bernd-Dieter	BU 7	Böhlke Monika	BRA 157
Blum Jürgen	SG 480	Bode Christian	NDS 223	Böhm Armin	NDS 226
Blum Jürgen	RP 347	Bode Eva	NW 298	Böhm Bernhard	BMJ 4
Blum Stefan	NW 323	Bode Lutz	SAC 367	Böhm Bernhard	BY 81

604

Böhm Bettina	NDS 255	Böinghoff Andreas	HE 202	Boesken Andrea	HE 200
Böhm Christine	MV 214	Bökelmann Dieter	BW 62	Bösken Brigitte	NW 263
Boehm Clemens-Maria	BER 138	Böker Eva	BY 116	Boesken Cai Adrian	HE 180
Böhm Cornelius	BY 73	Boeker Heide	BU 11	Bösken Clemens Peter	NW 263
Boehm David	ArbG 436	Boeker Michael	VwG 530	Bösken Karl-Heinz	NW 288
Böhm Diether	BW 49	Boekstegen Karin	NW 269	Bösl Jochen	BY 90
Böhm Ellen	TH 413	Bölicke Thoralf	VwG 513	Böss Georg	SAC 368
Böhm Frank	BRE 163	Bölle Aloys	NDS 250	Böss Walter	VwG 508
Böhm Franz	BY 107	Bölle Heinz	VwG 504	Bößem Bernd	NW 271
Böhm Franziska	SAC 378	Böllert Julia	BW 63	Boeter Ulrich	BU 9
Böhm Gerhard	BY 112	Bölling Hein	BRE 161	Böttcher Anja	SAC 376
Böhm Harald	BW 66		VerfG 426	Böttcher Günter	VwG 538
Böhm Horst	BY 117	Böllinger Guido	VwG 530	Böttcher Hans-Ernst	SH 403
Böhm Ina	SG 486	Böllinger Herbert	AnwG 543	Böttcher Joachim	NDS 245
Böhm Inge	HE 184	Boelsen Johann	NDS 251	Böttcher Kerstin	SH 408
Böhm Irmgard	RP 333	Bölts-Thunecke Arno	NW 318	Böttcher Klaus	BW 28
Böhm Karl	VwG 505	Bömeke Gerd	NDS 241	Böttcher Ralf	TH 423
Böhm Klaus	BW 24	Bömelburg Regina	NW 313	Böttcher Stephan	HH 168
Böhm Marianne	BRA 157	Bömer Guido	VwG 512	Böttcher Thomas	BRA 156
Böhm Melanie	NW 284	Bönicke Marina	BER 135	Böttcher Valeska	NDS 222
Böhm Rainer	HH 172	Boenig Joachim	NDS 227	Böttcher-Grewe Kerstin	TH 415
Böhm Siegfried	NW 314	Bönig Torsten	BRA 153	Böttge Sabine	HE 190
Böhm Sonja	RP 354	Böning Alexander	VwG 513	Böttger Evelyn	SG 501
Böhm Susanne	NDS 252	Böning Hubert	SAN 394	Böttger Stefan	SAN 394
Böhm Veiko	BW 55	Böning Hubert	SAN 383	Böttger Thomas	BW 70
Böhm Willibald	NDS 250	Bönke Detlef Otto	BMJ 3	Böttger Thore	SH 405
Böhm Wolfgang	BRA 157	Bönnen Hartmut	NW 272	Böttger Ulrich	HE 202
Böhmann Holger	VwG 520	von Boenninghausen-		Böttges Walter	MV 205
Böhme Andreas	NW 329	Budberg Astrid	BY 93	Boetticher Axel	VerfG 426
Böhme Gerhard	VerfG 427	de Boer Ingrid	BRE 163	Boetticher Axel	BU 7
Böhme Ingo	BRA 154	de Boer-Engelhard		Böttiger Walter	SG 477
Böhme Mark	BRA 156	Heike	HE 179	Böttinger Nadja	HE 203
Böhme Matthias	BRA 150	Börger Franz	NW 310	Böttner Friedrich	SAC 365
Böhme Michael	BW 40	Börger Michael	NW 305	Böttner Götz	HE 185
Böhme Michael	MV 214	Böringer Annette	BU 9	Böttrich Godehard	NW 288
Böhme Petra	VwG 511	Boerner Anneke	SG 491	Boetzkes Christian	BER 134
Böhme Regina	NW 314	Boerner Annette	HE 180	Bötzl Ulrike	TH 412
Böhmer Claus	VwG 534	Börner Bertram	AnwG 553	Bövingloh Carolin	HH 175
Böhmer Elisabeth	BY 113	Börner Dagmar	SAC 367	Böx Thomas	BY 101
Böhmer Helmut	SAC 375	Börner Dominik	SAC 366	Boffo-Mosbach Andrea	RP 348
Böhmer Isa	BW 40	Börner Frank	ArbG 458	Bogen Regine	NW 276
Böhmer Jörg	BW 65	Börner Reinhold	BW 64	Bogenrieder Jörg	BW 66
Böhmer Oliver	NW 266	Börsch Michael	NW 273	Bogner Claus	SAC 376
Böhmer Patricia	ArbG 439	Börschmann Edgar	NDS 219	Bogner Maria-Luise	HE 180
Böhmer-Behr Andrea	SG 489	Börstinghaus Ulf	NW 291	Bogner Martina	BY 122
Böhn Birgit	HE 197	Bösche Thomas	NDS 230	Bogner Peter	BY 97
Böhn Joachim	HE 200	Böse Jana	TH 422	Bogner Reinhard	SG 480
Böhnel Walter	BY 104	Boese Thomas	VwG 506	Bogner Wilhelm	BY 96
Böhner Gabriele Klara Maria	NW 299	Bösen Martin	NW 264	Bogs Rainer	BW 39
Böhner Josef Stephan	NW 305	Bösenberg Britta	HH 174	Bogumil Albrecht	NW 329
Boehnke Andrea	BER 135	Bösenberg Reinhard	SG 475	Bogusch Ulrike	BY 99
Böhrensen Uwe	AnwG 548	Boesenberg Ulrich	NW 280	Bohle Holger	MV 212
Böhrenz Margit	BER 126	Bösenecker Karl	BY 102	Bohle Rita	NW 266
Böhrnsen Claus	BRE 161	Bösert Bernd	BMJ 4	Bohlen Babette	ArbG 446
Böhrnsen Jens	BRE 159	Böshagen Dirk	NW 326	Bohlen Harald	VwG 529
Böhrs Sebastian	NDS 254	Bösing Corinna	ArbG 451	Bohlken Stefanie	SG 495
Böing Kirsten	NW 278		ArbG 452	Bohm Joachim	BU 14
		Böske Heinz-Hermann	NW 299	Bohm Rolfdieter	BY 78

Bohmeier Wilmar	SAN	393
Bohn Claudia	VwG	519
Bohn Erika	SH	406
Bohn Gertrud	NW	281
Bohn Kerstin	SAA	358
Bohn Manfred	BY	86
Bohn Otto	VwG	540
Bohn Reinhard	NW	321
Bohne Jörg	AnwG	551
Bohnen Wolfgang	RP	345
Bohner Martin	SAC	371
Bohnstedt Marlene	NW	278
Bohr Elisabeth	RP	338
Bohrmann Lutz	NDS	242
Boiczenko Michael	AnwG	548
	BRA	146
Boie Gisela	SAC	364
Boie Peter	BY	107
Bokelmann Bettina	HE	185
Bokemeyer Walter	NW	325
Bokern Albrecht	SAC	364
Bokern Brigitte	SAC	364
te Bokkel Katharina	NW	264
Boklage Franz-Josef	NDS	246
Bokler Cathérine	NW	329
Bol Nikolaus	BER	129
Bolay Clemens	BRE	162
Bolay Martin	SG	475
Bolder Joachim	NW	324
Bolder Sabine	NW	326
Boldt Hans-Joachim	ArbG	459
Boldt Jeanette	MV	215
Bolender Heiner	RP	340
Bolenz Horst	NDS	249
Bolien Christine	SAN	389
Bolik Christian	NW	309
Bolik Gerd	BY	113
Bolk Herbert	SH	404
Bolkart Eva	BY	120
Boll Dietrich	NW	302
Boll Hanspeter-Rittmer	MV	213
Boll Jürgen	BY	80
Boll Jürgen	MV	206
Boll Jürgen	AnwG	551
Boll Olaf	BW	31
Boll-Sternberg Birgit	BER	137
Bolle-Seum Brigitta	NDS	236
Bolle-Steinbeck Gisela	HH	168
Boller Jan	TH	414
Bollert Marsha	HE	203
Bollhorst Heinrich	NW	286
Bollig Susanne	NW	322
Bollmann Gerd	MV	207
Bollmann Heide	BY	87
Bollweg Hans-Georg	BMJ	4
Bolowich Michael	HE	198
Bolowich Nina	HE	200
Bolte Friedrich-Wilhelm	NW	287
Bolten Helmut	SAC	373
Bolten Kirsten	SH	408
Bolten Sandra	SG	493
Boltz Hans-Werner	RP	348
Boltz Wilhelm	ArbG	457
Boltze Michael	NW	266
Bolz Eberhardt	TH	422
Bolz Norbert	FG	468
Bolz Roland	HE	196
Bolze Egon	NDS	241
Bomba Manfred	BY	77
Bombe Bernhard	BY	96
Bombeck Manuela	SG	500
Bomhauer Ingo	TH	423
Bommel Enno	SAN	388
Bommer Walter	SG	479
Bommermann Ralf	ArbG	449
Bonačić-Sargo Theresa	BY	114
Bonath Tasso Marek	BW	68
Bondzio Frank-Rainer	AnwG	551
Bondzio Robert	NDS	255
Bone Rudolf Bernhard	NW	300
Bonello Giovanni	EuGHMR	567
Bonfigt Eva Maria	ArbG	438
Bongartz Helmut	NW	316
Bongen Ralf	VwG	527
Bongers Elke	HH	174
Bonifacio Michael	NW	267
Bonikowski Klaus-Achim	VwG	532
Bonin Birger	SH	409
von Bonin Friedrich	AnwG	549
Bonin Thorsten	RP	337
Bonitz Jens	SAC	366
Bonk Jürgen	HE	195
Bonk Monika	BER	135
Bonkamp Josef	BY	107
Bonkamp Judith	BY	74
Bonkas Beate	HE	184
Bonmann Ingmar	ArbG	453
Bonn Christine	BY	108
	BY	120
Bonneberg Wolfgang	NDS	220
Bons-Künsebeck Marlies	NW	290
Bonsch Gerlinde	VwG	526
Book Angelika	NW	301
Book Jürgen	NW	301
Bookjans Johann	NDS	249
van den Boom Hans-Ludwig	HH	172
van den Boom Herbert	NW	268
van den Boom Ursula	HH	173
Boos Georg	SG	499
Boos Udo	NW	257
Boot Bernadette	HE	203
Bopp Dieter	BW	29
Bopp Fred	BY	75
Bopp Hansjörg	BW	39
Bopp Peter	ArbG	458
Borchard Siegfried	SG	491
Borchard Uta	NW	322
Borchardt Margret	NDS	235
Borchardt Stefanie	VwG	516
Borcherding Jörg	NDS	224
Borchers Andreas	NDS	226
Borchert Andreas	VwG	522
Borchert Eckhard	NDS	225
Borchert Hans Ulrich	BRA	145
Borchert Horst-Diether	SAN	388
Borchert Marina	NDS	233
Borchert Roswitha	BRA	149
Borchert Stefan	NW	271
Borchert Volker	NW	281
Borchmeyer Hans-Gerd	NDS	227
Bordherr Anke	BY	97
Bordt Antje	NDS	253
Bordt Peter	NDS	228
Borg Barthet Anthony	EuGH	563
Borgas Anette	BER	140
Borgas Hans-Michael	BER	136
Borgdorf Reinold	FG	471
Borgdorf Werner	NW	291
Borger Frank	BY	78
Borgert Bernhard Josef	NW	292
Borgert Christine	VwG	531
Borgmann Barbara	NW	270
Borgmann Klaus	VwG	510
Borgmann Matthias	BER	137
Borgmann Michael	SAN	386
Borgmann Thomas	NW	292
Borgschulte Petra	NW	290
Borgschulze Maik	VwG	529
Borgstädt Manfred	NW	288
Bork Hans-Werner	BU	5
Bork Holger	HH	172
Bork Jörg	RP	350
Bork Roman	BER	135
Bork Ulrike	FG	470
Borkert Günter	NW	263
Bormann Arno	NW	314
Bormann Axel	SAN	385
Bormann Claus	NDS	222
Bormann Michael	NW	319
Bormann Ute	SAC	370
Born Christiane	SAC	377
Born Dorothea	NW	291
Born Gereon	MV	209
Born Manfred	RP	350
Born Mark Udo	ArbG	459
Bornefeld Franz Joseph	NW	278
Bornemann Frank	NDS	228
Bornemann Thomas	NW	291
Bornemann Ulf	HH	175
Bornemann Wolfram	BER	131

Bornemann-Futter Petra	NW 322	Both Dirk	MV 207	Brade Axel	BER 136
Bornfleth Birgit	BW 62	Both Guido	NDS 251	Brähler Elisabeth	SG 483
Bornheimer Monika	SG 493	Both Rainer	NW 325	Brähler Volker	NW 278
Bornkamm Joachim	BU 8	Both Susanne	NW 331	Brändle Peter	SG 487
Bornmann Michael	HH 175	Both-Kreiter Thomas	VwG 540	Bräuchle Kurt	VwG 505
Bornscheuer Hans-Paul	SG 483	Bothe Hans-Georg	NW 309	Bräuer Leo	BW 42
Bornstein Volker	BY 98	Botoucharova		Braeuer Max	AnwG 547
Borowiak Gero	NW 289	Snejana	EuGHMR 567	Bräuner Arne	SG 485
Borowiak-Soika Ulrike	TH 414	Bott Günter	BU 10	Bräunig Doris	SAN 386
Borowski Elke	SAC 369	Bott Pius	TH 422	Bräuning Aja	SG 475
Borowski Michael	ArbG 457	Bott Thomas	BY 107	Bräuning Hans	BW 49
Borowsky Martin	TH 413	Bott Wilfried	NW 264	Bräunlich Bernd	SAC 366
Borrego Borrego		Bottke Britta	SH 400	Braeunlich Mareike	BRE 163
Javier	EuGHMR 568	Bottke Doris	BY 92	Bräutigam Christine	BER 132
von Borries Christian	NW 329	Bottler Barbara	SAN 393	Bräutigam Gabriele	BW 36
von Borries Till	SAC 370	Botur Andre	NDS 232	Braeutigam Horst	AnwG 546
Borris Birgit	SAC 374	Botzem Hans-Jürgen	NW 326	Bräutigam Jura	SAC 367
Borrmann Gisela	BW 58	Botzenhardt Martin	NW 310	Brahm Dirk	NW 330
Borsch Astrid	NDS 231	Bouabe Inken	BY 92	Brahm Edmund	NW 290
Borst Cher	BW 71	Boumann Volker	VwG 523	Brahms Heiko	NDS 255
Borst Ulrich	SH 403	Bourmer-Schwellenbach		Brahms Katrin	BMJ 4
Borstell Verena	SAN 395	Angelika	NW 313	Brakebusch Askold	
Borstelmann Eike	FG 468	Bours-Wein Jutta	BRA 157	Herwig	BER 127
Bortels Stefan	BER 136	Bouwhuis Sigrid	ArbG 434	Brakonier Rainer	HE 181
Bortfeldt Detlef	SAN 386	Bovenschulte Andreas	BRE 159	Bram Rainer	ArbG 443
Borth Helmut	BW 60	Boxleitner Max	BY 107	Brambach Heidrun	BW 57
Borwitzky Rainer	HH 167	Boyer Arne	ArbG 440	Brambach Sigrid	VwG 505
von Borzeszkowski		Boyke Jutta	NW 320	Bramhoff Suitbert	NW 266
Wolfram	NW 273	Boyke Reinhard	SH 400	Bramsiepe Hans-Peter	NW 309
Borzutzki-Pasing		Boysen Ingrid	MV 210	Brand Claudia	HE 190
Werner	NW 313	Boysen Uwe	BRE 161	Brand Dietrich	BW 58
Bos Gabriele	NW 295	Bozza-Bodden Nadya	FG 470	Brand Dominik	BRA 157
Bos Peggy	SAN 390	Braak Guido	BER 125	Brand Frederik	ArbG 454
Bosbach Thomas	NW 324	Braams Karin	NW 303	Brand Josef	SG 491
van den Bosch Anke	NW 271	Braasch Bettina	NW 329	Brand Jürgen	SG 491
Bosch Bärbel	BW 70	Braasch Dietrich	ArbG 433	Brand Nicola	NW 293
van den Bosch Heiko	BRA 147	Braatz Manfred	VwG 523	Brand Oliver	NDS 218
Bosch Julia	BW 69	Braatz Michael	AnwG 555	Brand Rainer	BY 87
Boskamp Hans	BW 43	Brabänder Susanne	ArbG 454	Brand Thomas	HE 201
Boske Jürgen	VwG 512	Brabandt Heinz	HH 173	Brand Torsten	BW 22
Bosman Ursula	RP 333	Bracharz Peter	BW 65	Brand Udo	SH 398
Boß Hans	BER 128	Bracher Claudia	BW 30	Brandau Helmut	HE 198
Boß Matthias	SAC 374	Brachlow Lutz	BY 88	Brandenfels Thomas	HE 186
Bosse Arnd	NDS 238	Brachmann Ronald	SAN 383	Brandenstein Pierre	HE 194
Boße Jürgen	TH 422	Bracht Dieter	RP 344	Brandes Birgit	NW 317
Bosse Peter	SAN 388	Bracht Hans-Joachim	HE 192	Brandes Heiko	SAN 388
Bosse-Koch Antje	TH 411	Brachthäuser Emil	NW 257	Brandes Ingrid	NW 322
Bossen Gerd	SH 399	Brack Jan Philip	NDS 246	Brandes Rolf	NW 280
Bossert Günther	BW 57	Brack Viktoria	NW 331	Brandes Thomas	SG 485
Boßert Renate	BW 67	Brack-Dalisdas		Brandes-Krug Astrid	NDS 221
Bossert Thomas	BW 70	Christiane	NDS 230	Brandhuber Klaus	BY 95
Bost Jürgen	SAA 358	Bracker Ronald	SH 404	Brandis Peter	BU 11
Bostedt Achim	VwG 504	Bracker Susanne	SH 402	Brandl Konrad	VwG 506
Bostelmann Jan Henrik	BW 71	Brackert Gesine	ArbG 544	Brands Elisabeth	ArbG 440
Boström-Katona		Brackhane Rainer	NW 299	Brandstätter Otto	BY 116
Katharina	BER 131	Brackmann Gerhard	BY 95	Brandt Anke	SAC 374
Bosy-Renders Gudrun	SH 397	Brackmann Roswitha	NW 265	Brandt Birger	FG 474
Both Arne	NDS 234	Bracun Helmut	NW 265	Brandt Christine	NDS 254

Brandt   Namensverzeichnis

Brandt Claus-Peter	BU 16	Braun Eva-Katrin	HE 202	Brechmann Ralf	TH 422
Brandt Clemens	BER 137	Braun Eycke	BW 43	Brechmann Wilhelm	NW 284
Brandt Ernst	SAC 368	Braun Franziska	BY 94	Brecht Dinah	NW 331
Brandt Ewald	HH 173	Braun Georg	NW 326	Brecht Michael	NW 285
Brandt Hans-Jürgen	BER 129	Braun Gerhard	BY 110	Brecht Siegrid	NW 285
Brandt Harald	NW 314	Braun Günter	NW 307	Brechter Andreas	
Brandt Jürgen	NW 307	Braun Harald	HE 192	Markus	NW 328
Brandt Jürgen	NW 307	Braun Helmut	ArbG 457	Brede Christoph	NW 293
Brandt Jürgen	BU 11	Braun Herbert	VwG 533	Brede Frank Konrad	BW 24
Brandt Jürgen	NDS 228	Braun Ingo	BW 46	Brede Marion	BW 25
Brandt Karen	RP 353	Braun Kerstin	VwG 539	Brede Uwe	NDS 230
Brandt Karl-Heinz	NDS 236	Braun Klaus Jürgen	NW 288	Bredemeier Barbara	BER 143
Brandt Markus	NDS 242	Braun Markus	SG 498	Bredemeier Dirk	NDS 252
Brandt Martin	NW 329	Braun Martin	NW 263	Brederlow Werner	NDS 245
Brandt Martin	VwG 503	Braun Melanie	SAN 388	Bredl Walter	BY 73
Brandt Matthias	MV 208	Braun Michael	SAN 384	von Bredow	
Brandt Michael	RP 344	Braun Michael	VwG 508	Ernst-Wilhelm	SH 407
Brandt Pia	SAC 369	Braun Myriana	BER 140	Breer Franz Peter	NW 272
Brandt Reinhold	BW 40	Braun Nicolai	BY 94	Brehmeier-Metz Doris	RP 352
Brandt Susann	SG 501	Braun Norbert	NW 273	Brehmer Judith	SAA 357
Brandt Thorsten	BW 34	Braun Olaf	SAN 392	Breiden Erhard	SAA 358
Brandt Volker	NDS 240	Braun Peter	BW 60	Breiden Ina	SAA 358
Brandt Volker	NDS 252	Braun Rainer	FG 470	Breidenstein Christiane	NW 269
Brandt Volker	SH 404	Braun Rainer	RP 350	Breidling Ottmar	NW 260
Brandts Ricarda	SG 491	Braun Stefan	BW 69	Breier Andrea	ArbG 460
Brang Angelika	BY 83	Braun Stefanie	SG 483	Breiler Jürgen	NW 284
Brantin Holger	NW 314	Braun Stefanie	NW 331	Breiler Tanja	NW 264
Brantin Suzanne	NW 315	Braun Susanna	RP 347	Breininger Werner	HE 189
Branz Jürgen	BY 109	Braun Susanne	VwG 537	Breinl Benedikt	BY 99
Brass Adolf	SAA 360	Braun Uwe	HE 200	Breinlinger Axel	BU 10
Brass Michael	NW 297	Braun Winfried	BRE 163	Breit Andrea	VwG 507
Bratek Klaus	VwG 540	Braun-Kolle Maria	BER 141	Breit Hans-Jürgen	AnwG 556
Bratz Marko	ArbG 456	Braunbeck Gabriele	BW 55	Breitbach Christian	NW 331
Bratz Petra	NW 327	Braunbeck Hans		Breitbach-Plewe	
Bratza Sir Nicolas	EuGHMR 567	Albert	AnwG 555	Herbert	VwG 529
Brauch Philip	NDS 252	Brauneisen Achim	BW 21	Breitenbach Almut	
von Brauchitsch-Behncke		Brauner Hans	NW 309	Brigitte	NW 327
Karin	NW 264	Brauner Jörg	SH 405	Breitenbürger Kathrin	NW 330
Brauckmann-Becker		Brauner Peter	BY 114	Breithaupt Claudia	BER 141
Helga	NW 316	Braungardt Marion	SG 502	Breithaupt Jürgen	AnwG 549
Brauer Bianca	HH 176	Braunmiller Werner	FG 463	Breitinger Gert	AnwG 545
Brauer Christian	VwG 525	Braunöhler Lutz	NW 260	Breitinger Gert	BY 110
Brauer Elke	NDS 246	Brauns Hans-Joachim	SAC 368	Breitkopf Karl	SG 491
Brauer Iris	BRA 155	Braunschweig		Breitkopf Norbert	NW 297
Brauer Jürgen	RP 344	Thorsten	BER 131	Breitkopf Stephan	BU 14
Brauer Jutta	SAC 376	Braunsdorf Susanne	FG 466	Breitkopf Ursula	BY 117
Brauer Markus	HH 176	Braunsdorf Thomas	BRA 147	Breitkreuz Tilman	SG 492
Brauer Tobias	HH 169	Braunwarth Christian	SH 408	Breitwieser Ulrich	VwG 536
Brauhardt Carolina	TH 415	Brause Hans-Peter	BU 8	Breloer Carolin Eva	NW 332
Braum Eric	HE 181	Brauß Eckart	AnwG 544	Brem Norbert	BY 117
Braumandl Matthias	BY 123	Braut Angelika	NDS 221	Bremer Beate	HE 187
Braumann Jürgen	NDS 231	Brazel Margrit	AnwG 543	Bremer Gerhard	NW 297
Braun Albrecht	BW 67		BW 49	Bremer Heidemarie	BER 135
Braun Birgitta	VwG 536	Breas Kai Thomas	SH 407	Bremer Heike	VwG 521
Braun Brigitte	BY 101	Brech Alexander	SG 499	Bremer Heinz	NW 275
Braun Cornelia	BY 120	Brech-Kugelmann Ellen	SAN 394	Bremer Karen	BER 142
Braun Dieter	MV 207	Brechler Michael	NW 296	Bremer Karsten	NW 327
Braun Dorothee	BER 132	Brechmann Ingeborg	NW 284	Bremer Klaus	HH 170

Bremer Ulrich Günter	NW	325
Bremer Ulrike	NW	297
Bremer Wolfgang	VwG	521
Bremer Xenia	HH	169
	HH	175
Bremer-Fiedler Sabine	BRA	153
Bremer-Gerdes Gritta	NDS	228
Brencher Thomas	TH	419
Brendel Andreas	NW	308
Brendel Oliver	NW	306
Brendel Sabine	SAC	369
Brendle Ulrich	BW	29
Brendle Walter	NW	326
Brengelmann Doreen	BRA	147
Brenk Thomas	BW	37
Brenne Jens	MV	210
Brenneisen Ute	TH	412
Brennenstuhl Joachim	BW	62
Brennenstuhl Sabine	BW	60
Brenner Helmut	RP	337
Brenner Richard	NW	313
Brenner Tobias	BW	58
von Bresinsky Florian	BER	131
Bressau Hans-Jörg	BER	134
Bressem Rolf	NDS	220
Bressem Volker	TH	420
Bretschneider Jörg	VwG	525
Bretschneider Klaus	NDS	241
Bretschneider Uwe	NW	314
Brettschneider Annette	SG	496
Brettschneider Reinhard	NW	310
Brettschneider-Mroß Karin	HE	198
Bretzer Ulrich	VwG	532
Breucker Hannes	BW	50
Breuel Beatrice	MV	212
Breuer Andrea	BRA	158
Breuer Anja	SAN	387
Breuer Christoph	HE	181
Breuer Frank Stephan	NW	314
Breuer Gerhard	NW	292
Breuer Guido	SG	494
Breuer Hans-Richard	NW	322
Breuer Heinz	RP	350
Breuer Jutta	NW	325
Breuer Kai	HH	171
Breuer Rüdiger	VerfG	428
Breuer-Felthöfer Kerstin	VwG	540
Breuers Christian	NW	264
Breuers Wilhelm	NW	325
Breuers-Mägly Isabell	RP	354
Breulmann Günter	NW	281
Breundl Stefan	BY	102
Breunig Bernfried	BY	81
Breunig Christiane	BY	78
Breunig Günter	VwG	503
Breunig Konrad	BY	78
Breunig Norbert	VwG	518
Brewing Stefan Ulrich	NW	272
Brey Volker	FG	463
Breyer Patrick	SH	409
Breyer Sabine	BER	130
Breyer Steffen	RP	344
Breymann Klaus	SAN	394
Breywisch Petra	NW	330
Brezinsky David Werner	HH	174
Brick Helmut-Eilhelm	NDS	225
Brick Jürgen	HH	172
Brieger Sabine	BER	134
Brier Werner	NDS	245
Brilla Andreas	BW	69
Brillmann Claudia	SG	486
Brinckmann Annemarie	MV	211
Bringe Rüdiger	HE	202
Bringemeier Andreas	NW	301
Bringewat Bernd	VwG	525
Bringewat Peter	NDS	233
Brink Cordula	SG	493
Brink Josef	BMJ	4
Brink Ulrike	VwG	532
ten Brink Reinhard	NW	326
Brinker Friedrich	SH	401
Brinker Gerhard	HH	174
Brinker Mark	BW	65
Brinkforth-Pekoch Gisela	NW	307
Brinkhaus Danja	NW	295
Brinkhoff Kerstin	BRA	152
Brinkhoff Volker	SG	491
Brinkman Volker	BU	9
Brinkmann Angela	NW	284
Brinkmann Bärbel	VwG	530
Brinkmann Carl-Friedrich	NW	284
Brinkmann Detlef	VwG	530
Brinkmann Franz-Josef	NDS	244
Brinkmann Hans Josef	MV	206
Brinkmann Hans-Hermann	NDS	231
Brinkmann Jürgen	BY	106
Brinkmann Marieluis	BER	137
Brinkmann Peter	NW	292
Brinkmann Rainer	BW	31
Brinkmann-Rendels Marion	NW	300
Brinkmann-Schönfeld Gabriele	BRA	148
Brinkmöller Barbara	BY	99
Brinsa Sebastian	BER	137
Britz Bernhard	RP	352
Britz Guido	AnwG	556
Britz Heinz-Jörg	AnwG	556
Britzke Jörg	HE	177
Brix Peter	MV	212
Brixner Otto	BY	113
Brocher Bernhard	BER	139
Brock Bernd	SG	499
Brock Julia	NW	328
Brock Ursula	FG	463
Brocke Holger	BER	143
Brocke Jürgen	NW	299
Brockhaus Nadine	NW	329
Brockhöft Kathrin	NDS	242
Brockhoff Birgit	VwG	531
Brockmann Annika	NW	331
Brockmann Klaus	VwG	503
Brockmann Monika	NW	310
Brockmann Tamara	NW	273
Brockmann Verena	BW	47
Brockmann-Jooß Maria-Theresia	BY	98
Brockmeier Jana	SAC	377
Brockmeier Ludwig	NW	290
Brockmeier Wolfgang	VwG	530
Brockmeyer Martin	SG	482
Brockmöller Annette	NDS	228
Brocks Georg-Friedrich	SAN	393
Brocks Helen	FG	466
Brocks Monika	SAN	387
Brockschmidt André	NW	301
Brodach Iris	MV	214
Brodale Martin	VwG	528
Brodersen Kilian	BY	86
Brodhun Rüdiger	NDS	233
Brodmann Heinz	NW	321
Brodmann Jörg	BW	31
Brodöfel Anne	RP	354
Brodöfel Reiner-Jörg	NW	325
Brodowski Christian	BER	127
Brodowski-Kokesch Ina	NW	308
Bröcheler-Liell Bettina	VwG	534
Bröck Detlef	NW	285
Bröcker Ulrich	VwG	510
Bröckling Rainer	BER	133
Bröder Jörg	NW	317
Bröder Moritz	SG	484
Bröderhausen Thomas	NW	286
Brödl Klaus	SG	478
Brögelmann Jens	NW	314
Bröhl Knut-Dietrich	BU	10
Bröker Christoph	NW	303
Bröker Dorothee	NDS	246
Bröker Ulrich	VwG	531
Brömmelmeier Ernst-Rainald	NW	308
Brönstrup Karin	NDS	231
Brösamle Bärbel	SAC	372
Brösch Winfried	FG	468
Brößler Leander	BY	76
Broich Marie-Luise	BY	98
Broihan Ulrich	NDS	219
Brokamp Michael	BY	87

Name	Ort
Broll Elke	HE 183
Bromby Barbara	SG 493
Brommann Jörg	SH 401
Brommann Sebastian	SH 408
Bronczek Martin	NW 262
Brondics Klaus	ArbG 454
Bronisch-Holtze Elke	NDS 225
Bronisch-Holtze Manuel	NDS 229
Bronny Klaus	NW 275
Broo Friederike	SAA 357
Brorhilker Anne	NW 332
Brors Ernst	NW 299
Brosa Andreas	RP 337
Brosch Christiane Ulrike	BW 30
Brosch Liane	NW 278
Broschat Gernot	HE 196
Broschat Ronald	BER 140
Brosche Dietmar	NDS 222
Brose Johannes	BY 107
Brosi Daniel	SAC 377
Brosin Peggy	SAC 379
Brosowsky Rolf Joachim	NDS 343
Broß Siegfried	BVerfG 1
Bross Wolfgang	BW 49
Broßardt Sigrun	BY 98
Broßmer Stefanie	BW 41
Brossok Hilke	VwG 525
Brossok Hilke	VerfG 428
Brost Alexander	BW 67
Brost Britta	NW 263
Broszukat Folkmar	RP 343
Brousek Antonin	BER 134
Broy-Bülow Cornelia	VwG 511
Bruch Annette	BER 135
zum Bruch Bernd-Rainer	VwG 527
zum Bruch Helga	NW 271
Bruchmüller Uwe	SAN 389
Bruckmann Dietmar	BY 107
Bruckmann Ernst-Otto	BER 135
Bruckmann Heinrich	ArbG 450
Bruckmann Sabine	BY 92
Brudermüller Gerd	BW 23
Brudnicki Carolin	SAC 380
Brudnicki Christian	SAC 380
Brüchert Rudolf	BRA 147
Brüchmann Marion	NDS 228
Brück Christoph	SAA 359
Brück Stephanie	NW 318
Brückel Krista	NW 322
Brückel Rolf	NW 322
Brücker Uwe	HH 167
Brückl Silvia	VwG 510
Brückmann Bernhard	BER 132
Brückmann Heinrich	AnwG 554
Brückmann Meike	HE 185
Brückner Bettina	NDS 249
Brückner Christoph	SAC 381
Brückner Daniela	BER 132
Brückner Frank	ArbG 459
Brückner Hans	BY 82
Brückner Klaus	SG 486
Brückner Martina	SG 482
Brückner Matthias	HH 168
Brückner Sven	BW 71
Brückner-Hofmann Johanna	NW 262
Brügge Claudia	NW 267
Brüggehagen Petra	NDS 229
Brüggemann Andreas	VwG 527
Brüggemann Angelika	NDS 245
Brüggemann Bernhard	VwG 526
Brüggemann Dierk	SH 405
Brüggemann Gert	NW 285
Brüggemann Michael	NDS 248
Brüggemann Rüdiger	AnwG 554
Brüggemann Thomas	NW 262
Brüggemann Ulrich-Ernst	BER 128
Brüggemann Volker	NW 302
Brüggen Paul	NDS 251
Brüggeshemke Irina	VwG 522
Brügmann Lars	ArbG 458
Brühl Christiane	HH 171
Brühl Gertraud	HE 187
Brühl Petra	RP 340
Brühler Gernot	BU 10
Brümmer Friederike	HH 174
Brümmer Gisela	VwG 516
Brümmer Markus	BY 106
Brüne Herbert	ArbG 457
Brüner Franz-Hermann	BY 107
Brünger Klaus	NW 287
Brüning Christina	NW 303
Brüning Christoph	VwG 529
Brüning Hans-Jürgen	BER 128
Brüning Marc	NDS 255
Brüning Mirja	SG 491
Brüning Sybille	BER 130
Brüning Wolfgang	MV 214
Brüninghaus Birgit	NDS 226
Brüninghaus Tilman	HH 168
Brünink Jan-Hendrik	BY 100
Brünjes Michael	BRE 161
Brünker Horst	NW 325
Brünker Wiebke	NW 320
Brünner Katrin	BY 119
Brünninghaus Mathias	SAN 387
Brüns Bernhard	NW 307
Brüntgens Heinz	BU 17
Brüntrup Ina	NW 307
Brüser Meinolf	BRA 150
Brüsewitz Nicole	TH 423
Brütting Brigitte	NW 290
Brütting Fridolin	BY 75
Brugger Ulrike	VwG 517
Bruggner Micaela	BW 30
Bruhn Heiko	SH 403
Bruhn Holger	VwG 539
Bruhns Sabine	NDS 229
Bruinier Stefan	HH 175
Bruker Lieselotte	NW 303
Bruksch Holger	VwG 520
Brumberg Dorothea Elisabeth	NW 280
Brummer Günter	ArbG 461
Brundage Birgit	BER 140
Brune Alfons	FG 471
Brune Hagen	SG 492
Brune Katja	BRA 152
Brune Ulrike	TH 411
Brunholt-Kirchner Margret	NW 288
Brunke Ulrich	NDS 223
Brunke Ulrich	BER 136
Brunke Wolfgang	SG 489
Brunkenhövers Heike	SAN 390
Brunkhorst Ingrid	NDS 238
Brunkhorst Jens	BW 54
	BW 65
Brunkow Andreas	MV 214
Brunkow Gesine	SH 408
Brunkow Gisa	RP 339
Brunn Bernd	BU 13
Brunn Birgit	BY 98
Brunner Brigitta	AnwG 558
Brunner Christine	BY 99
Brunner Dieter	BY 77
Brunner Irene	BW 24
Brunner Nikolaus	VwG 507
Brunner Raimund	BY 76
Brunner Stephan	BY 122
Brunnert Karena	SAN 390
Brunnquell-Geiger Christine	BW 70
Brunnstein Michael	BER 140
Bruno Jürgen	NW 285
Brunotte Britta	VwG 528
Bruns Andreas	SAC 380
Bruns Christian	RP 354
Bruns Eike	SAN 390
Bruns Hans-Jürgen	NDS 245
Bruns Heike	HH 172
Bruns Karin	NW 292
Bruns Michael	BU 9
Bruns Norbert	NDS 245
Bruns Olaf	NDS 224
Bruns Volker	HH 169
Bruns Walter	NDS 245
Bruns-Jacobs Christina	SG 486
Brunssen Michaela	NDS 253
Brusch Heinrich	BY 90

Bruse Wolfgang	BRA 157	Buckels Frank	NW 268	Bühl Andrea	BY 80
Bruske Angelika	NW 300	Buckow Frank	BER 137	Bühl Anne	NW 320
Bruske Barbara	SAC 378	Buda-Roß Ines	HE 192	Bühl Birgitta	BY 115
Bruske Frank	NW 281	Budach Gisela	VwG 528	Bühl Marco	BY 123
Bruske Lars	MV 208	Budach Werner	VwG 528	Bühler Margit	SG 478
Brustmann Peter	BY 75	Budde André	NW 303	Bühler Markus	BW 70
Brutzer Roland	NDS 246	Budde Dorothee	SAC 365	Bühler Ralf	RP 349
Bruxmeier Jürgen	SAA 359	Budde Gerald-Eckehard	BER 126	Bühler Richard	NW 257
Brychcy Cordula	BY 96	Budde Klaus	NDS 249	Bühler Simone	BW 26
Bryde Brun-Otto	BVerfG 1	Budde Lutz	NW 280	Bührer Andrea	VwG 528
Bub Peter	HE 180	Budde-Haldenwang		Bührer Dieter	NDS 238
Bube Beate	BW 21	Doris	ArbG 450	Bührer Ernst-Joachim	HE 197
Bubeck Christine	BY 123	Buddeberg Hans	BW 47	Bühring Matthias	BY 107
Bubeck Thomas	SG 476	Buddenberg-Altemeier		Bühring-Pfaff Sigrid	VwG 529
Bubendorfer		Annette	NW 281	Bühring-Uhle-Lehmann	
Friedemann	AnwG 546	Buddendiek Ulrich	RP 337	Katrin	HH 168
Bublies Werner	SH 397	Budelmann-Vogel		Bührmann Sebastian	NDS 246
Buch Hilmar	BY 123	Michaela	NW 281	Bülles Egbert	NW 326
Buchberger Elisabeth	VerfG 427	Buder Christiane	RP 337	Büllesbach Kurt	NW 273
	VwG 518	Budesheim Sabine	BY 86	Büllesbach Norbert	VwG 530
Buchele Florian	BW 55	Budeus Arnold	NW 308	Büllesfeld Peter	NW 318
Buchele Heiner	BW 64	Budewig Klaus	SAC 364	von Bülow Birgit	BRA 154
Bucher Armin	NW 314		VerfG 429	von Bülow Hans	BRA 153
Bucher Stefanie	BY 105	Budke Jörg	NDS 244	Bülow Harry	ArbG 446
Bucher-Rixecker		Budroweit Andreas	ArbG 456	Bülskämper Alois	BU 16
Michele	SAA 360	Budtke Werner	SAN 387	Bült Andrea	MV 207
Buchert Jan Willem	SH 403	Budzinski Bernd	VwG 504	Bülter Gerhard	VwG 525
Buchetmann Martin	BU 15	Büch Andreas	NW 317	Bülter Joachim	HH 167
Buchfink Elke	BW 61	Büch Dirk	NW 331	Bülter Thomas	SAC 371
Buchheister Joachim	VwG 511	Büch-Schmitz Claudia	RP 340	Bültmann Daniela	BW 33
Buchhold Holger	HE 198	Büchel Andreas	VwG 536	Bünemann Andreas	NW 285
Buchholz Gert	NW 297	Büchel Gudrun	SG 495	Bünemann Anne	NW 264
Buchholz Heike	VwG 531	Büchel Kurt	VwG 527	Bünger Ellen	SG 490
Buchholz Martin	HH 167	Büchel Roland	NW 329	Bünger Ralph-Ernst	HE 180
Buchholz Reinhard	VwG 527	Büchele Michael	ArbG 435	Bünnecke Marc	NW 290
Buchhorn Werner	NDS 233	Bücheleres Michael	NW 262	Bünning Sabine	BER 129
Buchloh Volker	SAN 387	Bücherl Alexandra	BY 117	Bünte Burkhard	VwG 530
Buchmann Dieter	NW 322	Bücher Doris	NW 269	Bünten Wilfried	NW 260
Buchmann Gerhard	RP 347	Büchler Frieder	BW 25	Bürgel Gabriele	BRA 150
Buchmann Jürgen	NW 326	Büchner Ralf	HE 181	Bürgel Renata	NDS 229
Buchmann Peter	NDS 229	Büchner Sebastian	BER 142	Bürgelin Otto	BW 38
Buchner Gerhard	AnwG 545	Büchs Volker	BY 82	Bürgelin Stefan	BW 38
	BY 86	Büchsel Ulrich	HE 192	Bürger Elisabeth	NW 316
Buchner Ingrid	NW 290	Büchter-Hennewig		Bürger Guido	SAC 376
Bučič Roberto	NW 287	Karin	NW 295	Bürgin Wolfgang	HE 197
Buciek Klaus	BU 11	Büchter-Hole Claudia	FG 471	Bürglen Ralf	BW 66
Buck Anett	MV 215	Bücker Ludger	NW 266	Bürkel Maja	SAC 364
Buck Dagmar	SAC 366	Bücker Ralf	NW 324	Bürkle Jürgen	BW 58
Buck Dirk	BER 127	Bücker Rita	VwG 538	Bürkle Pia	BW 68
Buck Eva	BW 36	Bücking Carola	HE 201	Bürks Alexandra	SG 482
Buck Gabriele	BY 95	Bücking Rainer	HE 188	Büschelmann Ulrich	BER 133
Buck Hendrik	BRA 153	Bücklein Arthur	BY 104	Büschen Carola	FG 469
Buck Jens	NDS 229	Büddefeld Dirk	NW 261	Büschen Christian	VwG 522
Buck Paul	NW 266	Büdenbender Elke	VwG 512	Büscher Wolfgang	BU 8
Buck Sonja	BW 71	Büermann Wolfgang	NDS 223	Büschgens Veronika	VwG 516
Buck Stefan	SAC 366	Büge Joachim	BU 13	Büschking Mirjam	NDS 235
Buck-Kirchner Barbara	NDS 229	Bügel Jens	RP 338	Büsen Hans Jochem	NW 278
Bucke Martina	TH 414	Büger Ulrike	HE 189	Büsing Wolf-Ekkehard	SH 402

Büssemaker Namensverzeichnis

Büssemaker Peter	NW	302
Büßer Janko	HH	169
	HH	175
Büsser Renate	RP	341
Büte Dieter	NDS	225
Bütefisch Wylka	ArbG	451
Büter-Kötting Maria	NDS	250
Büth Klaus	SG	494
Bütikofer Fritz	BY	113
Büttinghaus Franz-Josef	NW	302
Büttinghaus Thomas	RP	344
Büttner Barbara	BER	134
Büttner Frithjof	SAN	389
Büttner Harald	HH	170
Büttner Helmut	NW	312
Büttner Holger	SAC	373
Büttner Malte	BER	133
Büttner Tilmann	BW	71
Bugge Marion	BER	137
Buggenhagen-Hinz Kerstin	MV	209
Buhk Matthias	HH	171
Buhl Bernd	BY	75
Buhl Jörg-Alfred	VwG	504
Buhles Frank	SAC	375
Buhlmann Joachim	NDS	232
Buhlmann Klaus-Dieter	NW	262
Buhmann Heike	BER	129
Buhmann Robert	BY	102
Buhr Dorothea	NW	306
Buhr Reinhold	BW	30
Buhr Wiebke	BER	132
de Buhr Wilfried	NDS	245
Buhren Udo	NW	316
Buhs Oliver	FG	474
Buick Andreas	NDS	224
Bulian Wolf-Eberhard	SG	501
Bull Ulrike	SAN	387
Buller Bernhard	NW	293
Bulling Martin	NDS	249
Bulling Rainer	AnwG	547
	BER	126
Bulowski Vera	BY	92
Bultmann Stefan	SG	485
Bumann Dirk	SG	482
Bumke Ulrike	VwG	511
Bundschuh Jürgen	BY	76
Bundschuh Peter	ArbG	459
Bungardt Hans-Peter	NW	316
Bungardt René	NW	328
Bungart Petra	NW	266
Bungart Robert	NW	326
Bunge Bettina	BRA	146
Bunge Oliver	SH	402
Bungert Helmut	MV	213
Bunk Barbara	HE	181
Bunk Ulrich	BW	29
Bunners Peter	HH	173

Bunse Anja	BER	131
Bunse Ingrid	BRA	155
Buntrock Jürgen	AnwG	546
Bunzendahl Gabriele	SAN	389
Burandt Horst	VwG	533
Burauer Birgit	SG	492
Burbach-Wieth Susanne	SAC	369
Burbulla Christoph	NW	328
Burchards Donald	VwG	511
Burchards Wulf	BER	143
Burckgard Fritz	FG	473
Burckhardt Gottfried	BY	97
Burckhardt Katrin	HE	202
Burckhardt Klaus	NW	264
Burgard Lars	NDS	241
Burgard Thiemo	SAA	355
Burgdorf Peter	VwG	507
Burgdorf Ralf	SAN	383
Burgdorf-Bressem Ralph	MV	207
Burger Armin	BW	65
Burger Bernhard	BW	38
Burger Dietmar	BY	122
Burger Ernst	ArbG	436
Burger Josef	BY	102
Burger Klaus	BY	103
Burger Robert	BY	77
Burger Thomas	SAN	388
Burger Winfrid	AnwG	555
	RP	346
Burger-Veigl Ulrike	VwG	506
Burgermeister Udo	BW	24
Burgert Julia	ArbG	445
Burges Gerd	NW	281
Burggräf Michael	NW	331
Burghardt Andreas	BY	76
Burghardt Hans-Günther	NW	281
Burghardt Jürgen	SG	491
Burghardt Matthias	BY	75
Burghardt Veit-Florian	BRA	151
Burghardt-Plewig Susanne Barbara	BER	136
Burghart Axel	HH	169
Burghart Ingrid	SAC	376
Burgmeier Birte	BY	99
Burgmüller Burkhard	BER	128
Burgmüller Heike	BER	142
Burgwinkel-Krampitz Petra	NW	318
Burhoff Detlef	NW	281
Burisch Andrea	BY	120
Burk Jochen	HE	193
Burk Matthias	BER	140
Burk Thomas	BW	33
Burkard Heinz	BW	61
Burkart Henning	NDS	227
Burkert Barbara	TH	419
Burkhard Ralf	BY	123
Burkhard Sabine	HE	196

Burkhard Sonja	HH	174
Burkhardt Florian	BY	96
Burkhardt Rosemarie	BRA	155
Burkhardt Till	RP	348
Burkhardt Wolfram	BW	44
Burkhart Klaus	VwG	533
Burkholz Bernhard	VwG	518
Burkowski Michael	RP	337
Burmeier Gert	BY	90
Burmeister Axel	SH	404
Burmeister Günter	VwG	521
Burmeister Hans-Peter	SAC	370
Burmeister Imke	NDS	253
Burmeister Jana	MV	211
Burmeister Joachim	SH	399
Burmeister Jörg	SAC	373
Burmeister Margot	SAA	356
Burmeister Michael	SH	404
Burmester Wolfgang	NDS	240
Burow Patrick	SAN	385
Burr Beate	VwG	505
Burr Christian	NW	325
Burrack Ina	BER	130
Bursch Meike	HH	174
Burschel Hans-Otto	TH	418
Burtin Anja	VwG	536
Burwitz Dörte	SH	405
Burzynska Manfred	VwG	523
Busam Gerhard	BW	7
Busch Anke	NDS	232
Busch Antje	NDS	229
Busch Christiane	VwG	530
Busch Friderike	HE	198
Busch Hanno	HE	180
Busch Ina	RP	347
Busch Joachim	NW	271
Busch Klaus-Peter	NW	289
Busch Markus	BMJ	5
Busch Martina	BRA	155
Busch Mechthild	NW	304
Busch Peter	SH	397
Busch Ralf	NDS	241
Busch Sylvia	BER	131
Busch Tobias	AnwG	555
Busch Ulrich	ArbG	458
Busch Ulrich	HE	198
Busch Wolfgang	ArbG	459
Busch Xenia	HH	171
Busch-Breede Rosemarie	HH	168
Buschbacher Brigitte	BER	143
Buschbaum Peter	NW	311
Busche Günter	NDS	233
Busche Jan	VwG	516
Busche Katharina	NDS	229
Busche Stefan	NW	284
Busche-Köckemann Stefan	NW	330
Buscher Jens Michael	SH	409

612

Buschfeld Friederike	NW	271
Buschfort Tim	NW	327
Buschhoff Sebastian	BER	140
Buschkröger Katja	ArbG	449
Buschmann Andreas	FG	464
Buschmann Eberhard	NW	309
Buschmann-Fricke Gisela	NDS	236
Buschner Ines	SAN	388
Buse Karen	VerfG	426
Buse Karen	BER	131
Busekow Michael	RP	335
Busemann Andreas	ArbG	455
Busenius Caren	BY	113
Busenius Karen	HE	190
Buser Roswitha	RP	350
Buser Torsten	SG	477
Buske Andreas	HH	167
Busold Heinz-Günter	NW	293
Buss Christian	NDS	246
Buss Ingo	RP	339
Buss Rainer	HE	181
Buß Rainer	NDS	255
Buß Sigrid	AnwG	548
Buß Theo	SAN	390
Busse Annegret	SG	495
Busse Annette	BER	138
Busse Bartold	VwG	529
Busse Charlotte	NDS	224
Busse Christian	AnwG	552
	NDS	226
Busse Christine	MV	214
Busse Franziska	HH	168
Busse Gabriele	SG	498
Busse Katharina	NW	330
Busse Peter	NW	257
Busse Sigrid	MV	214
Busse Volker	NW	309
Bußee Nils	NW	277
Bussewitz Silke	ArbG	458
Bußjäger Gerhard	TH	417
Bußmann Bernd	BY	113
Bußmann Erich	BY	97
Bußmann Frank	NW	327
Bußmann Heike	HE	192
Bußmann Heinz-Ulrich	NDS	219
Bußmann Hubert	NW	292
Bußmann Stefanie	NW	331
Bußmann-Weigl Oliver	SG	490
Busson Peter	BER	130
Butemann Heinz-Jürgen	NW	280
Butenschön Anja	SAC	379
Butenuth Andrea	NW	264
Butenuth Heiko	HE	191
Buter Klaus	VwG	526
Butkevych Volodymyr	EuGHMR	567
Butscher Karin	HE	184
Butte Freyja Christina	BW	69
Buttler Ralf	NDS	223
Buttschardt Klaus Friedrich	BW	55
Butz Horst	NW	262
Butz Susanne	FG	471
Butzinger Thomas	VwG	533
Butzkies Stephan	SAC	376
Butzmann Claudia	NDS	221
Buus Karl-Heinz	TH	413
Buxbaum Carmen	HE	189
Buyer Christoph	FG	464

C

Caasen-Barckhausen Beate	BER	127
Cablitz Hans-Dieter	BRA	153
Cablitz Kathrin	SAN	385
Cabral Barreto Ireneu	EuGHMR	567
Caesar Bettina Helga	NW	331
Caesar Christian	NDS	228
Caesar Helmut	ArbG	455
Caesar Marie-Louise	NW	313
Cafiena Sacha-Mehrd.	SAC	379
Caflisch Lucius	EuGHMR	567
Calhoun Brian	HE	198
Caliebe Dietrich	NW	319
Caliebe Gabriele	BU	8
Calsow Wolf-Dietrich	VwG	511
Calvis Michaela	NW	271
Cambeis-Glenz Annette	VwG	533
Camen Silke	VwG	527
Caminos Hugo	SeeGH	569
Cammerer Ursula	BY	107
Campbell Bert	BY	97
von Campe Hans-Martin	NDS	231
Campowsky Maria	NDS	234
Cantzler Andreas	BY	80
Cantzler Constantin	SG	479
Capito Reiner	NW	304
Carduck Heinz-Dieter	NW	314
Carl Bettina	AnwG	557
Carl Dietrich	BER	133
Carl Eberhard	HE	180
Carl Ekkehart	NW	307
Carl Petra	HH	171
Carlé Egon	ArbG	455
Carnaghi Jennifer	SG	477
Carra Hartmut	RP	349
Carra Karl-Heinz	NW	267
Carstens Andreas	FG	469
Carstens Judith	NDS	230
Carstensen Heike	VwG	516
Carstensen Norbert	NDS	249
Carstensen Sönke	MV	207
Carstensen Zyntia	NDS	253
Casadevall Josep	EuGHMR	567
Casjens Uwe	BRE	161
Caspar Richard	BY	113
Caspar Thomas	SAA	358
	VerfG	429
Caspari Claudia	SAN	391
Caspari Stefan	SAN	389
Caspari-Wierzoch Hildegund	VwG	529
Caspers Markus	NW	275
Cassardt Gunnar	BY	87
Cassel Jochen	HH	171
Freiherr von Castell Franz Gräfin zu Castell-Rüdenhausen Margarete	BY	94
	BY	107
Castendiek Jan	SG	490
Castendyck Corinne	BER	137
Castringius Katharina	SH	409
Cazacu Liliana	BY	76
Cebulla Mario	MV	211
Cermak Werner	BY	112
Cezanne Angelika	VwG	518
Chaborski Christoph	VwG	509
Chandrasekhara Rao P.	SeeGH	569
Chang-Herrmann Hye-Won	NW	320
Charchulla Tim	SH	408
Charissé Ursula	BW	33
Charlier Hans-Justus	VwG	528
Chase Marcel	BY	90
Chittka Petra	VwG	531
Chlosta Dieter	SH	406
Chlosta Ingrid	FG	474
Chlosta Joachim	SH	398
Christ Carolin	BY	122
Christ Cornelia	NW	304
Christ Egon	HE	177
Christ Gernot	HE	202
Christ Hans-Jürgen	RP	339
Christ Josef	VwG	503
Christ Peter	NW	281
Christ Rainer	BW	64
Christ Siegfried	TH	416
Christ Wolfgang	BRA	152
Christeleit Andreas	BW	65
Christensen Guido	HH	170
Christensen Peter	BU	9
Christensen-Nelthropp Elisabeth	HH	171
Christiani Roland	BY	89
Christians Petra	VwG	527
Christians-Benning Birgit	NDS	229
Christiansen Alfred	BU	11

Name	Ref
Christiansen Jan	SH 402
Christiansen Jutta	BER 131
Christiansen Michael	SAC 374
Christiansen Rolf	VerfG 427
Christl Gerhard	BY 117
Christmann Marcel	SAA 359
Christmann Sonja	NW 323
Christochowitz Axel	FG 469
Christoffel Bernd	RP 351
Christoffel Cornel	BER 128
Christoffel Ulrich	RP 336
Christokat Jens	NDS 224
Christoph Jürgen	AnwG 558
Christoph Kolja	NDS 254
Christowiczik Jürgen	BER 139
Chudoba Gerhard	BY 108
Chudoba Ulrich	SAA 357
Chumchal Norbert	VwG 527
Chwolik-Lanfermann Ellen	BRA 146
Chwoyka Reiner	BY 84
Cichon Alexander	RP 354
Cierniak Jürgen	BU 8
Ciesla Gritta	ArbG 459
Ciolek-Krepold Katja	BY 98
Cipulis-Levitz Ilze	BER 140
Cirener Gabriele	BER 130
von Ciriacy-Wantrup Helmut	BY 113
Cirkel Johannes	BER 134
Cirullies Birgit	NW 309
Cirullies Michael Richard	NW 297
Cissée Bernd	FG 468
Ciszewski Jutta	BRA 149
Citron-Piorkowski Renate	VwG 511
Claasen Uta	HH 172
Claaßen Max-Peter	VwG 521
Claessen Martin	NW 318
le Claire Iris	BRA 151
le Claire Ulrich	BRA 151
Clapier-Krespach Andrea	BW 30
Clasen Henning	HH 165
Class Jasmin	BW 67
Claßen Andrea	FG 469
Claßen Carola	SAC 370
Claßen Christiane	BY 107
Claßen Karl Manfred	NW 276
Claßen Leonard	NW 324
Claßen Wilhelm	NW 314
Claßen-Beblo Marion	BER 126
Claudé Helmut	NDS 235
Claude Jörg	HE 198
Claus Andrea	NDS 228
Claus Christina	HE 197
	HE 198
Claus Sören	VwG 521
Clausen Björn	VwG 523
Clausen Bodo	SH 402
Clausen Gerhard	NW 322
Clausen Holger	SH 399
Clausen Lars	HH 169
	HH 175
Clausen Peter	ArbG 451
Clausen Sönke	VwG 539
Clausen-Schmidt Verena	BER 135
Clausing Barbara	NW 264
Clausing Berthold	VwG 529
Clausing Matthias	BY 116
Clauß Felix	SG 482
Clauß Wolfgang	BW 67
Claussen Adolf	ArbG 442
Clavée Klaus-Christoph	BRA 152
Clemen Peter	NW 282
Clemens Fabian	ArbG 451
Clemens Heinz	NW 325
Clemens Kerstin	SAN 385
Clemens Thomas	BU 12
Clement Gerhard	ArbG 438
Clement Kai	BRA 156
Clementi Barbara	BY 95
Clessienne Franz Josef	RP 338
Clever Wolfgang	NW 305
Clodius Gernot	SAN 388
Clodius Thomas	SG 498
Cloeren Claudia	VwG 532
Cloidt Thorsten	BER 140
Cloppenburg Hermann	NDS 247
Cloppenburg Martin	MV 214
Cloppenburg Thomas	NDS 247
Clos Hanspeter	BY 95
Clostermann Guido	SG 490
Clouth-Gräfin von Spee Nicole	NW 304
Cludius Stefan	BMJ 5
Coburger Dieter	NW 281
Cöllen Heinrich	NW 264
Coen Bettina	BW 38
Coen Christoph	BW 38
Coenen Henrike	NW 269
Coenen Martin	FG 471
Coerdt Karl-Friedrich	NW 290
Cöster Thilo	FG 469
Cohaus Albert	SAN 383
Cohnen Andreas	RP 353
Cohrs Beate	BW 41
Colberg-Fründt Dagmar	NDS 218
Coleman Claudia	NW 325
Collas Martin	NW 265
Colli Markus	SAC 377
Collignon Stephan	SG 486
Collin Sibylle	HE 180
Colling Hubert	SAA 360
Collmann Hans-Jürgen	BW 41
Colneric Ninon	EuGH 563
Columbus Karin	BW 58
Compensis Jonas	BY 84
Comtesse Monika	SG 502
Coners Stefan	NW 264
Conrad Christine	BY 101
Conrad Dagmar	BY 87
Conrad Michael	NW 323
Conrad Peter	NW 308
Conrad Tatjana	BER 143
Conrad-Graf Daniela	BW 31
Conradi Klaus Jürgen	RP 338
Constien Oliver	BRE 163
von Conta Hans-Wolfgang	NW 324
Contzen Elisabeth	NW 291
Conver Ilona	BY 79
Conze Wolfgang	ArbG 437
Conzelmann Simone	BW 70
Conzen Klaus-Michael	NW 313
Conzen Ulrich	NW 321
Cooke John D.	EuG 565
Coordes Linda	NDS 255
Corcilius Niels	SAN 384
Cordes Elke	NW 322
Cordes Martin	SAN 391
Cordes Rüdiger	HH 167
Cordes Silke	SG 490
Cordes Werner	VwG 504
Cords Erwin	NDS 244
Cornelius Andrea	NDS 223
Cornelius Esther	NW 331
Cors Gisbert	HH 171
Corsmeyer Ekkard	VwG 520
Corts Jochen	ArbG 439
Coseriu Pablo	SG 502
Costa Andrea	BY 117
Costa Jean-Paul	EuGHMR 567
da Costa Pereira Paulo	NW 329
Cot Jean-Pierre	SeeGH 569
Cottäus Claudia	BRA 149
Coujad Horst	HH 165
Coulon Emmanuel	EuG 565
Cox Eberhard	BW 31
Cramer Bettina	NDS 228
Cramer Susanne	BRA 150
Cramer Uta	NW 271
Cramer Verena	HH 176
Cramer-Krahforst Cäcilia	BRA 155
Craney-Kogel Brigitte	FG 472
Crass Ulrich	BER 126
Credé Dominique	HE 197
Credo Mike	SAC 377
Crellwitz Kristin	MV 215
Cremer Martin	NW 320
Cremona Erna	EuG 565

Creutzfeldt Malte	BU 10	Dachs Hans-Joachim	BY 100	Damm Brigitte	HE 190
Crezelius Rudolf	NW 304	Dähling Gernot	SAN 394	Damm Friedhelm	HE 190
Croissant Eva	HE 199	Dähn Sabine	HH 169	Damm Gerhard	BER 140
Croissant Marcel Jean	BW 69	Dähnhardt Wilfried	HH 174	Damm Sven Mirko	NDS 254
Crolla Karl-Heinz	NW 314	Dänekas Carsten	NDS 237	Damm Werner	ArbG 436
Cromm Anneliese	HE 186	Däther Gerd	HE 179	Damm Wolfgang	HE 192
Cronberger Ingrid	SAA 356	Däuber Volker	ArbG 455	Dammann Kora Kristin	NDS 228
Crone Eckhard	SG 493	Daheim Johannes	NW 309	Damme Margot	SG 482
Crückeberg Cornelia	NDS 248	Dahl Egbert	NW 257	Damme Angelika	SG 498
Crückeberg Harald	NDS 246	Dahl Margret	NW 263	Dammer Stefanie	SAC 374
Crumbach Robert	ArbG 441	Dahl Otto Gustav	NW 300	Damrau-Schröter Heike	FG 470
Crummenerl Tim	NW 262	von Dahl Sandra	BY 90	Damrosch Anke	SG 491
Crummenerl Ulrich	VwG 526	Dahl Theo	NW 319	Danch-Potthoff Karin	NW 291
Crynen Rita	NW 313	Dahlke-Piel Susanne	SAC 363	Dancker Thomas	SAN 387
Culemann Martin	NW 327	Dahlmann Bettina	ArbG 450	Danckwerts Rolf	BER 131
Culemann Stefan	NW 287	Dahlmann Wolfgang	NW 322	Danelsing Walter	FG 471
da Cunha Rodrigues		Dahlmann-Dietrichs		Daners Ingrid	SG 493
José N.	EuGH 563	Helga	BER 131	Daniel Björn	BER 137
Cuntz-Fluck Dietmar	HE 186	Dahm Diethard	VwG 511	Daniel Stefan	NW 325
Cuntze Barbara	NW 330	Dahm Henning	HH 172	Danielowski Karin	TH 419
Cura Beate	BY 115	Dahm Michael	NW 272	Daniels Carde	BER 134
Ćurković Jaka-Nevanka	SG 495	Dahm Theo	SAC 371	Daniels Jürgen	HH 166
Curtius-Stollenwerk		Dahmann Jörg	NW 298	Daniels Wolfgang	AnwG 547
Gesa	HE 201	Dahme Gudrun	VwG 531	Dankwardt Anton	SAC 375
Custodis Henriette	NW 322	Dahmen Anne Maria	RP 354	Dannemann Dirk	TH 423
Cuvenhaus Hanspeter	NW 301	Dahmke Ralph	SH 399	Dannenberg Adolf-	
Cuypers Manfred	NW 260	Dahms Michael	SAC 372	Wilhelm	BU 17
Cygan Dieter Joachim	NW 272	Dahnke Henrik	NW 311	Dannenberg Karl Micha	TH 415
Cypra Peter	BER 133	Daimer Christian	BY 98	Danner Carmen	BW 31
Czaja Astrid	ArbG 436	Dakers Stefanie	NW 306	Danner Hans	VwG 510
Czaja Frank	NW 302	D'Alessandro Peter	SAC 367	Danner Paula	VwG 510
Czarnecki Ronny	SAC 377	Dalheimer Karl-Heinz	BER 139	Dannewald Burkhard	NW 305
Czauderna Reinhardt	SH 398	Dalichau Beatrice	FG 464	Dannhorn Birgit	NDS 234
Czerlinski Peter	HH 165	Dalichau Gehard	SG 486	Dannischewski	
Czerner Jutta	FG 470	Dalicho Konstanze	BRA 156	Johannes	BRA 158
Czerny Dieter	BW 57	Dalkolmo Evelyn	BW 58	Dannreuther Dieter	BY 113
Czerwenka Beate	BMJ 4	Dall Carola	HE 195	Danter Kai	MV 212
Cziesla Bodo	FG 469	Dallas-Lang Jennifer	BW 69	Dantzer Thomas	HH 173
Czinczoll Rupert	ArbG 454	Dallemand-Purrer		von Danwitz	
Czingon Claudia	ArbG 458	Claudia	NW 315	Klaus-Stephan	NW 320
Czingon Harald	VwG 535	Dallinger Wolfgang	BW 31	Dany Stefan	VwG 533
Czub Hans-Joachim	BU 8	Dallmann Gabriele	NW 318	Dany-Pietschmann Birgit	RP 341
Czub Renate	VwG 535	Dallmann Manfred	NW 313	Danz Fritz-Jürgen	NW 272
Czúcz Otto	EuG 565	Dallmann Michael	MV 210	Danzmann Marina	ArbG 460
Czwikowski Claus	SH 402	Dallmer Ingrid	BER 129	Dapper Bernhard	RP 340
Czychon Wolfgang	NDS 240	Dallmeyer Tobias	BY 103	Dargatz Heiko	SAC 367
Czyske Silke	BRA 151	Dally Rainer	MV 206	Darscheid Maya	RP 335
		Damaschke Uwe	SAN 393	Darsow Ingebjörg	ArbG 436
D		Damaske Gisela	SAC 376	Das Ira	HH 176
		Damaske Tomas	BER 132	Dathe Susanne	BW 67
Daams Heinz Gerd	NW 268	Dambeck Gerhard	BY 92	Datsogiannis Jannis	SH 403
Dabelow Thomas	VwG 526	Dame Karin	BER 131	Datzmann Rosi	BY 95
Dabitz Axel	FG 469	Damen Günter	NW 323	Dau Dirk Hermann	BU 12
Dabs Volker	BW 49	Damerau Thomas	BRA 158	Daubach Helia-Verena	NW 263
Dach Ingeborg	NW 317	Damerow Manfred	BER 136	Dauber Desirée	HE 202
Dach Stefan	NDS 241	Damhorst Marcus	NW 300	Daubitz Erika	TH 414
Dachlauer Jürgen	VwG 506	Damian Helmut	VwG 533	Daubitz Kurt	TH 414
		Damm Alexander	BW 64	Daubner Anke	HE 183

Daubner Christian	BY	103
Dauch Sabine	ArbG	449
Dauck Andreas	SG	483
Dauck Kirsten	HH	175
Daue Sascha	BER	137
Dauge Ira	ArbG	457
Daum Brigitte	VwG	516
Daum Hubert	NDS	244
Daum Jürgen	NDS	250
Daum Reinhard	AnwG	549
Daum Roger	TH	416
Daum Wolfgang	BY	89
Daumann Renate	SG	501
Daume Lothar	SG	486
Daun Dorothee	NW	264
Daun Johannes	BW	37
Dauner-Lieb Barbara	NW	313
	VerfG	428
Dauns Anke	SG	484
Dauster Manfred	BY	95
David Antje	SG	476
David Sandra	SAC	378
David-Meißner Bettina	BY	87
Davids Frank Michael	NW	292
Daweke Frank	SG	493
Dawert Ralph	SH	407
Dawidowsky Melanie	BW	64
Dawin Michael	BU	13
	VerfG	426
Daxenberger Matthias	SH	407
Day Anya	SG	498
Day Christina	BER	140
De Felice Jürgen	VwG	533
Debo Arno	BY	95
Debrus Margret	NW	318
Debus Andrea	FG	466
Debus Beatrix	SG	494
Debus Claudia	RP	340
Debus Norbert	VwG	517
Debus-Dieckhoff Andrea	NDS	220
Debusmann Gero	NW	280
	VerfG	428
Dechamps Regine	NW	293
Decken Georg	AnwG	553
Decker Andreas	VwG	508
Decker Daniela	BMJ	5
Decker Friedrich	VwG	529
Decker Gabriele	TH	421
Decker Georg	BY	121
Decker Gregor	NW	315
Decker Hans-Stephan	ArbG	454
Decker Joachim	RP	341
Decker Jochen	NDS	222
Decker Ulrich	NW	260
Decker-Fischer Sylvia	HE	188
Deckwirth Harald	NDS	225
Deckwirth Jens	NDS	233
Deconinck Carsten	NW	330
Dedekind Axel	FG	474
Dedié Ludwig	NDS	219
Dedner Stefan	BER	129
Deeken Harald	NDS	251
Deetjen Peter	AnwG	551
Deffaa Ulrich	VwG	529
Degel Volker	ArbG	456
Degèle Madeleine	VwG	514
Degenhardt Christof	NW	326
Degenhardt Julia	BRE	164
Degenhardt Sabine	MV	214
Degenhart Christoph	VerfG	429
Degenhart Claudia	BY	115
Deglmann Karl	BY	94
Degner Birgit	NW	284
Degner Jens	NW	289
Degreif Michael	BER	130
Dehen Dieter	RP	337
Dehmel Kurt-Günther	NW	265
Dehmelt-Heinrich Sigrid	HE	194
Dehn Bertram	BW	53
Dehne Hildegard	BY	86
Dehner Friedrich	VwG	509
Dehner Karl-Ferdinand	BW	45
Dehousse Franklin	EuG	565
Dehoust Matthias	SAC	363
Deibel Klaus	VwG	531
Deichfuß Hermann	AnwG	543
	BW	24
Deichmann Marco	HE	180
Deichstetter Frank	SAC	367
Deiglmayr Alfred	FG	464
Deike Kerstin	BER	137
Deimel Klaus	FG	470
Deinböck Waltraud	BY	92
Deininger Helmut	VwG	507
Deipenwisch Bernd	NW	298
Deipenwisch Till	NW	329
Deisenhofer Ulrich	BY	91
Deisenroth Andrea	HE	188
Deiseroth Dieter	BU	13
Deißler Gerd	BW	34
Deißler-Ott Gabriele	BW	30
Deiters Andrea	NW	329
Deitlhauser Florian	BY	108
Delau Uwe	SAC	368
Delawari Nadija	NW	329
Delbeck Thomas	NW	268
van Delden Angelika	HE	199
Delfs Sören	HH	175
	VwG	516
Delfs Ursula	VwG	529
Delitzsch Winfried	NDS	239
Delius Christoph	AnwG	543
	BW	24
Delius Nils Sylvester	BRA	156
Dell'Aquila Gesine	NDS	242
Deller Matthias	BRA	147
Deller Robert	NW	324
Baronin von Dellinghausen Ulrike	NW	290
Dellith Hasso	SH	399
Dellius Björn	SH	406
Dellner Elke	BY	104
Dellner Hans-Peter	FG	464
Dellwing Kurt	SAA	359
Dellwo Sandra	RP	345
Delonge Franz-Benno	BY	87
Delp Charlotte	HE	181
Deltau-Hilgert Susanne	HE	197
Deltgen Angelika Taiga Christine	NW	327
Delventhal Rainer	RP	347
Demand Markus	NW	310
Dembowski Jürgen	HE	179
Demel Bruno	HE	187
Demel Sabine	HE	189
Demeter Birgit	BY	89
Demeter Wolfgang	BY	87
Demke Anja	NDS	242
Demling Günter	VwG	509
Demme Nicole	HE	202
Demmel Ingrid	BY	114
Demmel Klaus	BY	111
Demmer Erika	SAC	365
Demmer Ulrich	SAC	370
Demmer Walter	NW	319
Demmer Wolfgang	SAC	372
Demmerle Walter	RP	333
Demmler Wolfgang	VwG	504
Dempwolf Nadine	SG	500
Demuth Klaus	AnwG	545
Demuth Uwe	BY	79
Dencker Friedrich	NW	299
Dencker Ulrich	NDS	230
Dencker, geb. Joswig Rabea	NDS	242
Dencks Andrea	NDS	253
Denecke Frauke	ArbG	445
Deneke-Stoll Dorothea	BY	87
Denger Burkhart	RP	352
Dengler Konrad	BY	77
Denk Erich	BY	91
Denk Klaus	SAC	374
Denk Norbert	TH	420
Denkhaus Mathias	NW	261
Denkler Verena	BER	131
Dennhardt Joachim	RP	335
Dennhardt Kristina	SAC	369
Denny Marion	HE	198
Dense Hans-Georg	NW	301
Denst Sabine	TH	417
Denter Johannes	RP	337
Dentzien Falk	NDS	226
Denz Thomas	BY	96

Denzin Klaus-Gerd	NW 294	Deußen Rainer	NW 270	Dieck Heiko	NW 328		
Denzinger Klaus	SG 475	Deuster Tim	NDS 255	Dieck-Bogatzke Britta	NW 261		
von Depka-Prondzynski		Deutsch Carl-Christian	MV 207	Dieckhoff Rainer	TH 421		
Johannes	NW 325	Deutsch-Busch Ruth	SG 475	Dieckmann Johann			
Depke Hans-Jörg	NW 286	Deutschbein Marc	NW 329	Andreas	BW 69		
Deppe Anja	TH 423	Deutscher Axel	NW 288	Dieckmann Kay	BER 128		
Deppe Erika	SAN 383	Deutschländer Klaus	BRA 156	Dieckmann Susanne	BER 128		
Deppe Ulrich	NW 297	Deutschler Gerd Georg	RP 345	Diedenhofen Helga	RP 337		
Deppe Volker	VwG 514	Deutschmann Eva	VwG 526	Diederich Albin	RP 352		
Deppe-Hilgenberg		Deutschmann Sabine	NDS 235	Diederichs Konstantin	BY 73		
Dieter	SAN 384	Deventer Anton	NW 278	Diederichs Petra	NW 313		
Deppermann-Wöbbeking		Deventer Götz	HE 188	Diederichsen Angela	BU 8		
Anne-Kathrin	SG 486	Deventer Klaus	ArbG 453	Diedrich Ingrid	TH 415		
Deppert Katharina	BU 7	Deventer Renate	VwG 518	Diedrichs Frank	NW 270		
Deppert-Kern Helmut	BW 31	Deville Rainer	NW 261	Diedrichsen Thorsten	MV 215		
Depping Christina	NW 276	Devriel Kerstin	BRA 154	Diefenbach Hartmut	HE 200		
Deppner Klaus	BW 43	Dewald Volker	TH 411	Diefenbach Ralf	VwG 512		
Derbach-Jüpner Marita	BRA 145	Dewender Sascha	ArbG 453	Diegel Antje	NW 264		
Dereser Marc	BY 115	von Dewitz Detlef	BW 28	Diehl Gretel	HE 180		
Derichs Carla	SG 486	Dewitz Ralf	SG 482	Diehl Hans-Wilhelm	NDS 245		
Derix Claudia	NW 327	Dexheimer Norbert	RP 353	Diehl Heinz	HE 179		
Derks Daniela	NW 329	Dey Astrid	HH 167	Diehl Holger	RP 352		
Derra Jürgen	ArbG 438	Dey Jan Marten	BY 121	Diehl Ingeborg	VwG 536		
Derrix Johannes	NW 261	Deyerling Andrea	BY 78	Diehl Karl-Josef	BW 66		
Derstadt Eva-Maria	NW 297	Deyringer Michael	ArbG 439	Diehl Klaus	FG 472		
Dertinger Gottfried	SAC 368	Dhom Andreas	VwG 506	Diehl Rafaela	VwG 519		
Derwort Rüdiger	HE 177	Di Fabio Udo	BVerfG 1	van Dieken Dirk	BER 129		
Desch Dagmar	TH 420	Dichter Margret	NW 316	van Dieken Sylvia	BER 134		
Desch Eberhard	BMJ 4	Dick Bettina	VwG 536	Dieker Ulf Johannes	SAC 370		
Desens Joachim	BRA 156	Dick Frank	VwG 526	Diekmann Andrea	BER 127		
Desgroseilliers		Dick Hans	ArbG 437	Diekmann Florian	BW 69		
Marguerite	TH 419	Dick Ingolf	NW 263	Diekmann Goetz	BER 130		
Desing Ingo	BY 91	Dick-Küstenmacher		Diekmann Jürgen	VwG 530		
Deß Hans	SG 485	Steffen	SG 497	Diekmann Rolf	NW 286		
Dessau Angela	SH 399		VerfG 429	Diekmann-Struck			
Dessau Eckhard	BER 128	Dicke Christian	VwG 512	Doris	MV 210		
Detering Bernd	NW 290	Dicke Marliese	RP 333	Diekow Carolina	BER 143		
Deters Stephan	MV 207	Dicke Rainer	ArbG 434	Diel Stefanie	NW 317		
Dethloff Bernd	HE 195	Dickel Thomas	SAN 389	Dielitz Andreas	BRA 149		
Dethloff Brigitte	HE 196	Dickerhoff-Borello		Diem Andrea Christine	RP 354		
Dethloff Joachim	BER 129	Elisabeth	ArbG 437	Diemer Hans-Wolfgang	SG 477		
Detsch Martina	TH 416	Dickert Thomas	BY 73	Diemer Herbert	BU 9		
Dett Gerhard	BW 52	Dickfahr Bernd	SG 494	Diemer Klaus	BW 30		
Dette Sebastian	BU 13	Dickhaus Dirk	BER 129	Diemert Ursula	NW 293		
Dettenhofer Betina	BY 99	Dickhaut Andreas		Diemke Birgit	VwG 528		
Dettenhofer Ulrich	BY 112	Johannes	VwG 504	Dienelt Klaus	VwG 518		
Detterbeck Steffen	VerfG 427	Dickhut Heiner	NDS 221	Diener Gerhard	RP 335		
Dettmar Christian	TH 415	Dickmann Horst	FG 469	Diener Hans-Joachim	SAC 373		
Dettmar Uwe	TH 419	Dickmann Ira Bettina	RP 337	Diener Helmut	AnwG 546		
Dettmer Heinz	BER 139	Dickmann Thomas	MV 211	Diener Ursula	BY 78		
Dettmer Rolf	FG 464	Dickmeis Franz-Joseph	NW 292	Dienst Markus	BMJ 4		
Deucher Heiko	ArbG 437	Dickmann Michael	NW 293	Diepenthal Carolin	HE 202		
Deuchler Wolfgang	AnwG 550	Dickmeiß Andrea	SG 482	Diepolder Hagen	NW 265		
Deuerlein Ursula	BY 115	Dickreuter Ingeborg	SG 477	Dier Josef	ArbG 456		
Deumler Alexa	NDS 254	Dicks Heinz-Peter	NW 260	Diercks Sven	SH 401		
Deurer Gilbert	RP 344	Dicks-Hell Carola	ArbG 450	Dierke Jens	VwG 530		
Deuscher Gisela	BW 59	Didier Paul	NW 270	Dierkes Dieter	RP 335		
Deusing Kai-Uwe	SAC 363	Didong Jürgen	SG 496	Dierkes Reinhard	VwG 533		

Dierking Namensverzeichnis

Dierking Jürgen	ArbG	447
Dierks Günther	NDS	346
Dierks Hans	AnwG	549
	BRE	160
Dierolf Günter	BY	88
Diesch Joachim	BY	118
Diesel Karsten	VwG	513
Diesem Rainer	BMJ	3
Diesing Otto	HE	180
Dießelhorst Sabine	BRA	152
Diessner Gerd	SAC	367
Diestelmeier Jörg	SH	408
Diesterheft Martin	NW	325
Dietel Erich	SG	479
Dietel Jürgen	SAC	375
Dietl Robert	BY	86
Dietlein Eva	NW	325
Dietrich Alexander	BY	123
Dietrich Angelika	BER	128
Dietrich Bernhard	BER	131
Dietrich Eberhard	SAC	376
Dietrich Gunther	VwG	517
Dietrich Heinz	RP	336
Dietrich Jörg	NW	263
Dietrich Josef	SG	480
Dietrich Jürgen Hermann	NW	292
Dietrich Michael	HE	200
Dietrich Michael	NDS	226
Dietrich Nicole	HH	175
Dietrich Roland	BY	79
Dietrich Silvia	HH	168
Dietrich Wolf-Dieter	BU	9
Dietrich Xenia	RP	345
Dietrich-Pippert Jeanette	TH	413
Dietsch Antje	SAC	381
Diettrich Stefanie	HH	174
Diettrich Ursula	SG	483
Dietz Alexandra	BY	99
Dietz Andreas	BER	137
Dietz Eberhard	BW	67
Dietz Herbert	SAC	369
Dietz Otto	VerfG	429
Dietz Petra	BW	39
Dietz Roderich	NW	322
Dietz Stephan	FG	474
Dietz Werner	BW	61
Dietze Frank	BY	122
Dietze Irene	BY	89
Dietze Jürgen	VwG	523
Dietze Karin	SAC	377
Dietze Volker	BW	50
Dietzel Jan	BW	68
Dietzel Wolfgang	SAC	379
Dietzel-Gropp Regina-Barbara	NDS	240
Dietzmann Hans-Peter	NW	310
Diewald Sonja	BY	343
Diewald Wolfgang	NW	314
Diewitz Marie-Luise	SG	495
Diez-Holz Reinhard	NW	271
Dihm Daniel	VwG	508
Dihm Hartmut	BY	93
Dikow Wolfgang	BW	61
Dilg Cristian	BER	143
Dilger Ernst	NDS	247
Dilger Jörg	NW	317
Dill Thomas	ArbG	436
Dillenkofer Brigitte	RP	349
Dilling Karl-Raimer	NW	283
Dilling Sonja	MV	209
Dilling-Friedel Marité	HE	194
Dimbeck Franz Xaver	BY	93
Dimke Knud	TH	416
Dimmler Jörg-Michael	BW	61
Dimmling Hermann	BY	94
Dimpker Hinrich	MV	210
Dimter Gero	BER	143
Dingerdissen Hermann-Josef	FG	471
Dingerdissen Kai	BY	98
Dingfelder Wolfgang	AnwG	546
Dinhof Claudia	NW	327
Dinkel Renate	BY	122
Dinkelbach Andrea	NW	323
Dinse Silvia	MV	213
Dinter Birgit	NW	309
Dinter Jutta	BW	28
Dippel Hermann	SG	478
Dippold Marco	BY	84
Dippold Martin	BY	77
Dippold Wolfgang	BY	116
Dirion-Gerdes Gerald	RP	352
Dirks Holger	NW	299
Dirksen Gesa	NDS	253
Dirksen Lutz	NW	325
Dirlenbach Claudia	HE	196
Diroll Werner	BY	114
Dirschoweit Klaus	HE	185
Discher Thomas	VwG	512
Dischinger Johann-Peter	BY	88
Dischinger Ralf	TH	417
Disqué Klaus	BW	30
Dißmann Karsten	MV	210
Distler Corinna	HE	202
Distler Frauke	NW	263
Distler Wolfgang	BY	86
von Ditfurth Jo Christine	NW	327
Dithmar-Strehlau Ulrike	VwG	511
Ditten Dietrich	BW	57
Dittert Andreas	ArbG	440
Dittert Andreas	NW	297
Dittloff Sabine	MV	211
Dittmann Corinna	BER	143
Dittmann Ina	SAC	370
Dittmann Michael	SG	490
Dittmann Michael	NW	274
Dittmann Silke	SH	401
Dittmann Thomas	VwG	517
Dittmann Thomas	BMJ	3
Dittmar Angela	BW	31
Dittmayer Norbert	BRE	161
Dittmer Werner	FG	471
Dittmers Ernst-Friedrich	VwG	529
Dittmers Jens	HH	172
Dittrich Alfred	BMJ	3
Dittrich Christian	HE	179
Dittrich Clemens	BER	130
Dittrich Dorothee	TH	423
Dittrich Elisabeth	HE	179
Dittrich Elke	BER	132
Dittrich Frank	BER	136
Dittrich Joachim	BW	65
Dittrich Johannes	HE	189
Dittrich Karin	HE	184
Ditzler Anke	NW	297
Diversy Judith	SAA	360
Diwell Lutz	BMJ	3
Diwell Margret	VerfG	426
von Dobbeler Ute	FG	471
Dobes Johanna	BER	141
Dobler Andreas	BY	123
Dobmeier Gerhard	BY	123
Dobnig Peter	BY	116
Dobrick Cordula	SAN	393
Dobrik Viola	BW	61
Dobrikat Wolfgang	BER	130
Dobrikat-Klotz Claudia	BER	129
Dochnahl Helmut	BW	35
Docke Bernhard W.	AnwG	549
Dodegge Georg	NW	294
Dodegge Klaus	NDS	226
Doderer Hans-Joachim	BW	24
Dodt Hans-Dieter	NW	284
Döbbert Klaus	HE	183
Döbel Peter	SH	401
Döbeling Birte	SH	399
Doege Beate Mariola	NW	277
Döhrel Thomas	NDS	222
Döhring Gunther	SH	401
Döhring Silke	BW	37
	BW	41
Döinghaus Bernd Michael	NW	261
Döink Laurenz	NW	300
Dölker Walter	AnwG	543
Döll Klaus	HE	191
Döll Klaus	VwG	504
Dölle Joachim	TH	414
Döllel Heinz	SH	406
Dölp Doerte	NDS	229

Name	Ref		Name	Ref		Name	Ref
Dölp Eva-Maria	VwG 529		Dohnke Jörg	VwG 527		Dornblüth Susanne	NDS 254
Dölp Michael	NDS 227		Dohnke-Kraff Margret	NW 260		Dorner	BY 114
Dömland Kai	SAC 363		Dohrn Heike	RP 354		Dorner Jürgen	BW 52
Dönch Anette	SAC 370		Dohrn Helga	SH 403		Dornhöfer Ingrid	SG 477
Döpelheuer Marlies	VwG 536		Doil Eva-Maria	BRA 147		Dornick Hans	BW 30
Döpfner Konrad	BY 84		Dold Georg	BW 32		Dornis Christian	SH 408
Döpke Dietmar	NDS 227		Dold Reinhard	BW 24		Dorp Martin	ArbG 456
Döpp Arietta	VwG 523		Dolderer Michael	SG 475		Dorsch Gabriele	VwG 508
Döpper Ralph	SH 406		Dolega Dietrich	BY 95		Dorsch Hans-Jürgen	BER 139
Döppling Marion	BY 115		Doleisch von Dolsperg Elisabeth	NW 313		Dorsel Silke	NW 317
Dördelmann Gabriele	SG 499					Dory Ulrike	VwG 505
Dörffer Timo	NW 331		Doleski-Stiwi Angela	TH 416		Dose Hans-Joachim	BU 8
Dörffler Dina	HH 168		Dolfen Gisela	NW 265		Doß Heribert	BY 111
Dörfler Karl Heinz	BY 75		Dolinsky Christian	NW 263		Dost-Müller Vera	NW 272
Dörfler Klaus-Peter	NDS 249		Doll Günter	SG 496		Doster Werner	BW 68
Dörfler Stephan	BER 134		Doll Rüdiger	FG 470		Dostmann Marc-Daniel	SG 497
Dörfler Thorsten	HH 169		Dolle Michael	VwG 512		Dotterweich Arnold	BY 81
Dörig Harald	BU 13		Dollinger Franz Wilhelm	SG 475		Dotzauer Christel	BW 61
Döring Bernhard	SG 483					Doukoff	AnwG 545
Döring Heike	NDS 245		Domann-Hessenauer Johanna	VwG 517		Doukoff Norman	BY 86
Döring Heinrich	NW 300					Dowerth Günter	BY 113
Döring Hilke	SH 408		Domat Peter	NW 326		Draack Jörn	SAN 395
Döring Rainer	AnwG 545		Domberger Barbara	BY 89		Drabow Maria	BRA 147
Döring Uwe	SH 397		Dombert Carsten	NW 308		Drachsler Thomas	TH 416
Döring Verena	BY 122		Dombert Matthias	VerfG 426		Dräger Jörg	MV 211
Dörkes Alexa	NW 321		Dombrowski Dirk	BY 121		Dräger Sabine	TH 419
Dörlemann Markus	NW 293		Dombrowski Nascha	BER 131		Dräger Thomas	BRA 147
Dörmann Andrea	VwG 524		Domdey Monika	VwG 539		Dräger Wolfgang	SH 403
Dörmer Sigrid	BY 96		Domgörgen Ulf	BU 13		Dralle Ulrike	HE 202
Dörner Edgar	BY 99		Dominick Bert	NW 323		Dransfeld Bernd	NW 288
Dörner Hans-Jürgen	BU 10		Dominik Katja	NW 263		Drapal Hans	HE 190
Dörner Klemens	ArbG 455		Dominghaus Jörg	BU 17		Drappatz Thomas	BER 143
Dörr Christiane	SG 478		Domke Gerhard	MV 208		Draschka Matthias	HE 202
Dörr Claudia	SAA 359		Domke Karl-Dietrich	VwG 526		Drath Erich	SAC 364
Dörr Claus	BU 8		Domke Ulrich	BER 128		Drathjer Johann	NDS 252
Dörr Dieter	RP 335		Domke Uta	NW 286		Dratwinski Volker	SAC 365
Dörr Johann	BY 102		Domröse Claudia	HH 174		Drax-MacEwen Cosima	BER 141
Dörr Karl-Werner	AnwG 556 SAA 356		Domschat Klaus-Peter	FG 468		Drechsel Bettina	BW 32
			Domuradt-Reichelt Kirsten	BER 141		Drecktrah Volker	NDS 236
Dörr Thomas	BW 63					Drecoll Henning	SAC 377
Dörr Wolfgang	BRE 162		Donath Hans-Jürgen	NW 285		Drees Karl-Heinz	BY 82
Dörrbecker Alexander	BMJ 5		Donaubauer Anton	BY 90		Drees Rainer	NW 261
Dörre Gregor	SH 401		Donner Günter	BY 111		Drees Stefan	NW 262
Dörries Andrea	SG 477		Donner Uwe	NW 288		Drees Vera	NW 262
Dörrstock Hildegard	NW 317		Donovang Michaela	VwG 505		Drees Wolfgang	NW 284
Dörsch Hans-Wolfgang	NW 305		Dopatka Christa	NDS 233		Drees-Dalheimer Ingrid	BER 127
Döser Martina	SG 477		Dopfer Jürgen	BW 28		
Dösing Hans-Joachim	VwG 506		Dopheide Oliver	BY 97		Dreesen Klaus	NW 294
Dössinger Christoph	BY 123		Dopheide Volker	NW 303		Dreeßen Kai	FG 474
Dötsch Franz	BU 11		Dopke Friederike	HH 174		Dreeßen Uwe	SH 406
Dötsch Wolfgang	NW 331		Dopp Aike	SH 407		Dreger Brigitte	VerfG 426
Dohm Carsten	SH 401		Dopp Rainer	MV 205			VwG 514
Dohm Kerstin	NW 295		Dopslaff Ulrich	BRA 145		Dreher Annette	BER 129
Dohmen Hans-Jürgen	NW 324		Dorn Franz	RP 335		Dreher Daniel	ArbG 448
Dohmen Herbert	FG 470		Dorn Martin	VwG 525		Dreher Mathis	HE 202
Dohmes-Ockenfels Daniela	NW 320		Dorn Martin	NDS 241		Dreher Melanie	RP 342
			Dorn Uwe	BER 142		Dreher Monique	NW 295
Dohnke Achim	NW 322		Dornbach Markus	BY 102		Dreher Pia	SAC 370

Dreher Stefan	SAC 368	Drissen Markus	NW 268	Dünkel Hans Peter	BW 25
Dreher Wolfgang	BU 12	Drittler Martina	BW 39	Dünnebacke Udo	NW 298
Dreher-Eichhoff Gertraud	VwG 508	Drögemeier Wilfried	NW 284	Duensing Hartwig	BU 9
		Drömer Alina	BER 142	Düpre Paul	SAC 368
Drehsen Thomas	AnwG 546	Droll Rainer	SAC 375	Dürbaum Ute	BMJ 5
Drehwald Suzanne	VwG 535	Drollinger Rainer	NDS 228	Dürig Julia	VwG 504
Dreier Dörte	SAN 393	Drope Katharina	NDS 253	Dürig-Friedl Cornelia	VwG 508
Dreisbach Elfriede	NW 304	Droscha Michael	HE 190	Düring Christiane	MV 215
Dreisbach Horst	NW 309	Drosdziok Wolfgang	BW 30	Düring Ruth	SG 491
Dreisbach Jutta	HE 194	Drossart Ulrich	NW 261	Dürr Hansjochen	VwG 504
Dreisbach Ursula	NW 291	Drossé Anja	NW 326	Dürr Paul	VwG 505
Dreiseitel Christa	SG 486	Drosse Silke	NW 325	Dürr Sonja	BW 34
Drengenberg Thomas	HE 194	Droste Andrea	NW 295	Dürr Ulrich	BU 11
von Drenkmann Alexander	BER 131	Droste Monica	NW 323	Dürr Wolfgang	NDS 233
		Droste Thomas	VwG 512	Dürre Winfried	SG 489
Drenseck Walter	BU 11	Droste Ulrich	NW 281	Dürschke Joachim	SG 479
Drentwett Frank	BY 78	Drouven Martina	NW 292	Düsel Joseph	BY 83
Drerup Rudolf	NW 291	Drouven Ulrich	NW 299	Duesmann Lars	VwG 529
Drescher Angelika	BER 135	Droxler Klaus	BW 31	Duesmann Stephanie	SG 495
Drescher Angelika	BY 84	Drüg Klaus Hans Heinz	NW 277	Düspohl Gunnar	NW 330
Drescher Ingo	BW 63			Dützschhold Volker	BRE 163
Drescher Klaus Dieter	HE 184	Drüner Bernd-Wilhelm	NDS 248	Düvel Annemarie	MV 209
Dresel Georg	BW 40	Drunkemöller Markus	SG 492	Düvelshaupt Britta	VwG 536
Dresenkamp Klaus	SH 398	Druschel Christoph	VwG 537	Düwel Johannes	HH 165
Dreser Theodor	NW 316	Drysch Yvonne	RP 337	Düwell Franz Josef	BU 10
Dresse Martin	BY 92	Drzisga Peter	NW 313	von Dufving Sophie	BER 142
Dressel Gerd	BER 125	Dubbel-Kristen Roger	HH 168	Duhme Wolf-Dieter	NW 281
Dreßel Jens	NW 299	Dubbert Uwe	NDS 242	von Duhn Isabell	SH 408
Dresselhaus Heinrich	NDS 240	Dube Torsten	BER 143	Duhr Karl-Friedrich	NW 274
Dresselhaus Susanne	NDS 242	Duby Sonja	ArbG 450	Dukatz Annedore	MV 214
Dressen Matthias	HE 201	Duckwitz Friedrich-Werner	BW 25	Dulies Bettina	SG 492
Dreßler Andreas	BER 130			Dulisch Klaus	NW 309
Dreßler Gerd	BY 111	Duda Michael	SAC 365	Dulling Bernd	ArbG 440
Dreßler Hermann	NW 267	Dudda Alfred	NW 293	Dumberger Andreas	BY 120
Dreßler Martin	ArbG 439	Dudda Paul-Dieter	NW 273	Dumke Dietmar	NW 313
Dressler Wolf-Dieter	BU 7	Dudek Wilfried	BY 98	Dumler Albert	BY 74
Dreusicke Christiane	BRA 153	Dudenbostel Karl-Herbert	ArbG 451		BY 87
Drewenstedt Brigitte	NW 288			Dumlich Joachim	SG 483
von Drewitz Hasso	NW 274	Dück Gerd	SAC 369	Dumrath Katharina	HH 174
Drews Bernd	NW 325	Dück Peter	NW 267	Dunavs Axel	BY 114
Drews Claudia	VwG 524	von Dücker Hans Gerd	BW 28	Dunker Stefanie	ArbG 456
Drews Ulrich	TH 413	Düe Anneliese	BER 127	Dunkhase Dirk	NDS 246
Drexel-Büning Gudrun	BW 60	Düe Wolfgang	SG 483	Dunkhase Kerstin	NDS 246
Drexler Gerhard G.	AnwG 546	Düfer Angelika	VwG 522	Dunkl Johann	ArbG 463
Dreyer Birgit	BER 128	von Düffel Roger	NDS 251	Dunsche Wolfgang	SG 493
Dreyer Gerstin	NDS 219	Düffer Tina	BER 131	Dunsing Wolfgang	NDS 234
Dreyer Gunda	HE 190	Dühr Andreas	RP 337	Durand Doris	FG 465
Dreyer Joachim	HH 173	Dühr Michaela	SG 496	Durber Katrin	BER 135
Dreyer Jürgen	HE 190	Dühr-Ohlmann Ruth	RP 335	Dury Walter	RP 346
Dreyer Klaus	SAC 375	Düker-Wara Charlotte	BY 114		VerfG 428
Dreyer Uwe	SG 489	Düll Ursula	RP 349	Duschl Johann	BY 89
Dreyer-Mälzer Susanne	RP 353	Düllmann Bernhard	NW 308	Duschl Susanne	BY 90
Drifthaus Andreas	SG 495	Dümig Erwin	VwG 509	Dusse Wolfgang	NW 293
Drifthaus Katrin	NW 307	Dümler Dagmar	RP 335	Dutt Hans-Georg	ArbG 457
Dringenberg-Enders Ruth	NW 306	Dümml Sabine	BY 120	Dutt Karl-Josef	VwG 534
		Dümmler Stefan	BY 113	Duttiné Yvonne	HE 181
Drinhaus Barbara	VwG 522	Dünisch Ernst H.	TH 412	Dutzmann Christian	SH 401
Drinhaus Frank	NW 282	Dünisch Heidi	BY 115	Duus Reinhard	TH 417

Duvenhorst Jörg	NDS 248	Ebert Jörg	MV 214	Eckert Thomas	BY 88
Duvinage Monika	FG 467	Ebert Johannes	BW 45	Eckert Ulrike	HE 200
Dwenger Klaus	SH 406	Ebert Johannes	BY 75	Eckert Vitus Andreas	SG 481
Dworazik Sibylle	BY 86	Ebert Jürgen	SAC 378	Eckert Wilfried	VwG 533
Dyballa Christian	HH 170	Ebert Karl Heinz	VwG 507	Eckert Wolfgang	RP 340
Dyballa Detlev	NDS 243	Ebert Matthias	FG 469	Eckert Wolfgang	SG 486
Dybe-Schlüter		Ebert Meike	SG 476	Eckertz Rainer	SG 499
Hannelore	BER 128	Ebert Michael	HE 181	Eckertz-Höfer Marion	BU 13
Dycke Andrea	BY 113	Ebert Sandra	NDS 253	Eckey-Rieger Anja	NW 318
Dycke Peter	BY 119	Ebert Stefan	BW 60	Eckhard Conrad	HE 182
Dyckmans Fritz	VwG 517	Ebert Thomas	HE 190	Eckhardt Björn	ArbG 446
Dygas Eva-Maria	SAN 388	Ebert Ute	NW 262	Eckhardt Francois-	
Dyhr Jochen	NW 299	Ebi Nicole	BW 69	Atair	BRA 154
Dylla Wolfram	ArbG 444	Eble-Trutnau Dorothea	NW 274	Eckhardt Henry	BY 116
Dylla-Krebs Corinna	NW 313	Ebling Wilhard	BRA 146	Eckhardt Karin	HE 200
Dyrchs Barbara	ArbG 454	Ebmeier Maria Theresia	NW 281	Eckhardt Klaus	HE 184
Dyszak Werner	ArbG 437	Ebmeyer Carl-Dietrich	SG 489	Eckhardt Roy	SAC 375
Dzaack Dorothea	BW 27	Ebner Anette	VwG 535	Eckhardt Wolfgang	HE 193
Dziallas Armin	ArbG 459	Ebner Christoph Alfred	NW 298	Eckle Tanja	BY 107
Dziumla Veit	ArbG 458	Ebner Gerhard	BY 91	Eckloff Lothar	NW 317
		Ebner Martin	BY 108	Eckstein Claudia	TH 417
		Ebner Werner	BY 116	Eckstein Michael	BY 78
E		Ebsen Christian	SG 495	Eckstein Peter	BY 75
		Ebsen Ebe	BER 136	Eckstein Rudolf	AnwG 556
Ebbing Ralf	SAN 395	Ebsen Inge	SG 495	Eckstein-Puhl Christine	SAA 359
Ebel Arnulf	FG 467	Ebsen Joachim	NW 311	Edeler Beatrice	HH 168
Ebel Brigitte	HH 170	Echelmeyer Bettina	NW 257	Edelmann Barbara	BY 119
Ebel Gerhard	AnwG 555	Echte Klaus-Christian	AnwG 549	Edelmann Brigitte	SAC 369
Ebel-Scheufele Ulrike	BY 105	Echterling Hannelore	SG 492	Edelmann Regina	HE 189
Ebeling Hermann	FG 468	Eck Walter	AnwG 555	Edenhofner Erda	BY 114
Ebeling Stephan	NW 315		RP 335	Eder Günther	BRE 162
Ebeling Thiemo	NDS 241	Eck Wolfgang	RP 341	Eder Karoline	BU 16
Ebeling Thomas	BY 121	Eckardt Holger	BRA 150	Eder Michael	VwG 507
Eben Christine	BY 97	Eckardt Wolfgang	NW 272	Eder Rotraud	BY 97
Ebensperger Ewald	BY 111	Eckel Claus	SAA 359	Eder Ulrike	NW 258
Eberhard Jutta	AnwG 548	Eckels Gerhard	NDS 219	Ederer Birgit	BY 121
	BRA 146	Eckelt Matthias	BW 69	Ederer-Kostik Andrea	BW 35
Eberhard Werner	BU 15	Eckenbach Melanie	BW 69	Edinger Thomas	RP 349
Eberhard Wolfram	BER 136	Eckenberger Birgit	BY 114	Edinger-Jöhnck Claudia	VwG 538
Eberhardt Anja	NDS 253	Ecker Alexander	BY 93	Edmunds Christian	BW 36
Eberhardt Elke	BY 78	Ecker Alois	RP 347	van Eek Martha	NW 327
Eberhardt Jörg	SG 477	Ecker Michaela	VwG 503	Eelbo Günter	ArbG 443
Eberhardt Manfred	BW 41	Ecker Sixtus	SAC 372	Effenberg Volker	MV 214
Eberhart Martina	BRA 155	Eckermann Dieter	BY 101	Effnert Armin	SAA 359
Eberl Armin	BY 115	Eckermann-Meier		Egbert Heinrich-	
Eberle Andrea	ArbG 457	Marie-Luise	NW 307	Bernhard	FG 471
Eberle Helga	BW 53	Eckert Andreas	BER 141	Egbringhoff Bertold	SAN 389
Eberle Karin	VwG 508	Eckert Arnulf	FG 463	Eger Andreas	BY 81
Eberle Michael	BY 105	Eckert Dagmar	NW 270	Eger Norbert	BER 138
Eberle Norbert	BW 42	Eckert Dirk	BER 141	Egerer Harald	BW 33
Eberle Rainer	BW 49	Eckert Gabriele	BY 121	Egerer Peter	BU 16
Eberlein Christine	BRA 150	Eckert Götz	BW 47	Egerer-Uhrig Stephanie	NW 308
Ebersbach Julia	BW 68	Eckert Hans-Georg	MV 206	Egert Reinhard	BY 81
Ebert Andreas	SG 497	Eckert Joachim	BY 95	Eggebrecht Petra	ArbG 441
Ebert Anne Kathrin	SAN 386	Eckert Jörn	SH 398	Eggebrecht Rüdiger	BER 138
Ebert Arnim	FG 463	Eckert Rainer	HE 177	von Eggelkraut-Gottanka	
Ebert Christoph	BY 106	Eckert Stefan	BW 49	Benedikt	BY 97
Ebert Holger	BY 80	Eckert Stephan	ArbG 455	Egger Rainer	BY 86

Egger Ulrich	NW	273
Eggers Elke	HH	174
Eggers Jan	SAC	380
Eggers Rainer	MV	212
Eggers Silke	BY	98
Eggers Willem-Mathias	SH	399
Eggers-Chemseddine Katharina	BER	134
Eggers-Zich Anke	SH	399
Eggert Christoph Albrecht	NW	260
Eggert Gerd	BW	35
Eggert Heribert	NW	280
Eggert Rolf-Michael	AnwG	551
von Egidy Hans	SG	499
Egner-Wagner Christina	SAC	369
Egnolff Peter	RP	342
Ehehalt Richard	BU	11
Ehestädt Ralph	BER	128
Ehinger Uta	BER	127
Ehlen Günther	AnwG	556
Ehlen Wolfgang	NW	326
Ehlers Arnd	BRE	162
Ehlers Arne	FG	466
Ehlers Hans	BRE	162
Ehlers Katrin	BRA	148
Ehlers Norbert	MV	214
Ehlers Thomas	MV	212
Ehlers Wolfgang	HH	173
Ehlers-Munz Karen	HH	169
Ehlert Cordula	NDS	241
Ehlert Dirk	BRA	148
Ehlert Hans-Peter	MV	208
Ehlgen Birgit	TH	423
Ehm Wolfgang	SAN	386
Ehmann Klaus	BW	21
Ehmcke Torsten	FG	471
Ehmer Jochen	FG	471
Ehning Manuela	NDS	224
Ehrensberger Ralf	BER	132
Ehrensberger Ursula	BER	130
Ehresmann Dorothea	NW	306
Ehret Susanne	NDS	254
Ehrhardt Jessica	SAC	378
Ehrhardt Klaus	BW	67
Ehrhardt Stefan	BY	93
Ehrich Christian	ArbG	454
Ehricke Christiane	VwG	511
Ehricke Ulrich	NW	261
Ehrig Birgit	BER	134
Ehrig Christian	NW	331
Ehrl Christian	BY	117
Ehrl Elisabeth	BY	96
Ehrler Wolfgang	AnwG	554
Ehrlich Janko	SAC	373
Ehrlicher Jochen	BY	115
Ehrlicher Jörg	NW	289
Ehrmann Andreas	VwG	534
Ehrmann Hans Ulrich	BW	25
Ehrmann Jürgen	BW	21
Ehrmann Susanne	BW	66
Ehrmanntraut Michael	VwG	519
Ehrmanntraut Peter	RP	351
Ehrnsperger Klaus	SAC	370
Ehrt Beate	BY	73
Ehses Stefan	RP	353
Eiben Arnold	BU	17
Eibenstein Axel	NW	316
Eibenstein Sabine	BW	28
Eiberle Ivo	VwG	536
Eiberle-Herm Viggo	VwG	515
Eiberle-Hill Annette	SAC	372
Eibisch Angelika	BRA	152
Eich Leonore	VwG	506
Eichberger Michael	BVerfG	1
Eichberger Ninette	BRA	148
Eichberger Rudolf	SG	481
von Eichborn Wolfgang	BU	11
Eiche Dieter	VwG	505
Eichel Claus	NW	281
Eichelsdörfer Jörg	BY	113
Eicher Birgit	TH	420
Eicher Günter	SG	502
Eicher Hans	FG	464
Eicher Wolfgang	BU	12
Eichfelder Friedrich	BY	78
Eichhof Kay	SH	399
Eichholz Angelika	NW	268
Eichholz Jürgen	NW	260
Eichhorn Christian	BY	123
Eichhorn Frank-Ulrich	BER	140
Eichhorn Katharina	NW	319
Eichhorn Michael	BW	40
Eichhorn Werner	BW	45
Eichhorn-Gast Susanne	VwG	536
Eichinger Kerstin	SAC	368
Eichler Bernd	NW	288
Eichler Corinna	HE	191
Eichler Hartmut	MV	209
Eichler Mirko	SAC	381
Eichloff-Burbließ Gudrun	NDS	229
Eichmann-Hoormann Karin	BRA	153
Eichmayr Richard	VwG	535
Eichmeyer Axel	NDS	249
Eichner Jörg	TH	418
Eichner Manfred	BY	112
Eichner Tanja	ArbG	457
Eick Wolfgang	BY	77
Eicke Christian	BRA	147
Eicke Elisabeth	NDS	229
Eicke Eva Maria	HE	177
Eicke Martina	HE	182
Eickelkamp Ralf	SAN	391
Eickelmann Bettina	BER	141
Eicker Ole	SAA	360
Eickhoff Horst	NW	286
Eickhoff Regine	VwG	528
Eickholt-Becker Susann	SAC	378
Eickmann-Pohl Gabriele	NW	313
Eickmeier Sylvia	VwG	531
Eickmeyer Elisabeth	NDS	233
Eid Muna	NW	285
Eidam Hansje	MV	209
Eidam Thomas	VwG	508
Eidel Horst-Dieter	SG	485
Eidtner Fabian	VwG	513
Eierhoff Peter	NDS	245
Eifert Robin	SAC	379
Eikelmann Marita	NW	292
Eikenberg Claudia	NDS	230
Eikenberg Thorsten	NDS	253
Eilers Anke	NW	313
Eilers Bärbel	NDS	247
Eilers Karl	NDS	232
Eilers Silvia	BY	96
Eilers Wolfdieter	NDS	247
Eiling Stephan	VwG	512
Eilinghoff Kristine	HH	171
Eilinghoff-Saar Doris	BER	127
Eimer Hermann	HE	187
Eimer Klaus	HE	189
Eimermacher Harald	NW	271
Eimers Helge	AnwG	547
Eimler Harald	NW	285
Eimterbäumer Clemens	NDS	241
Eimterbäumer Elke	NDS	228
von Einem Cornelia	HH	167
Einhaus Martin	BRA	156
Einhoff Birgit	NW	297
Einsiedler Mark	BER	132
Eisberg Jörg	NW	286
Eisele David	BW	60
Eisele Joachim	RP	341
Eisele Rudolf	NDS	218
Eiselt Helge	NW	271
Eiselt Joachim	BW	67
Eisemann Hans Friedrich	ArbG	440
Eisen Karl-Hans	NW	305
Eisenbach Gerhard	BER	140
Eisenbart Bettina	MV	215
Eisenberg Guiskard	NW	284
Eisenhardt Annette	BER	137
Eisenhuth Gregor	BY	74
Eisenmann Anke	BW	60
Eisenmann Margret	BY	98
Eisenreich Heiko	SAC	375
Eisert Tobias	RP	337
Eisfeld Ulrich	HE	181
Eising Ulrich	ArbG	441

Eißer Wolfgang	BW 36	Elze Renate	AnwG 547	Engel Klaus	NW 308
Eißler Albrecht	BW 58	Elzer Oliver	BER 133	Engel Kristiane	NW 328
Eißler Birgit	BW 55	Emanuel Thomas	SAA 355	Engel Lars	SAC 377
	BW 66	Emberger Tobias	BW 69	Engel Ludwig	BY 98
Eißmann Christine	SAC 377	Emde Hans-Jochem	SAC 372	Engel Mathias	AnwG 557
Eisterhues Dietmar	NDS 240	Emde Raimond	AnwG 549		SAN 384
Eisvogel Birgit	BY 120	von Emden Heyko	SH 407	Engel Patrizia	BER 132
Eith Wolfgang	BW 23	Emenlauer Steffi	RP 353	Engel Rainer	NW 303
Eitner Kirstin	NDS 230	Eminger Kirsten	BY 99	Engel Ralf	NW 330
Eitner Ralf	NDS 253	Emmenthal Ursula	HE 181	Engel Steffen	SAA 359
Eitze Gertrud	BW 32	Emmer Oliver	RP 342	Engel Susanne	ArbG 461
Eitze Peter	BW 40	Emmerich Jost	BY 99	Engel Thomas	BY 104
Eitzinger Oliver	BY 109	Emmerich Wolf	HE 201	Engel Tim	NW 331
Ekkernkamp Dieter	BW 43	Emmerling Reinhold	SG 479	von Engel Achim	BY 99
El Duwaik Alexander	HE 185	Emmermann Karen	SH 401	von Engel Roswitha	BY 100
Elbert Jasmin	NW 290	Emmermann Klaus	SH 400	Engel-Boland Stefanie	SG 487
Elbs Hansjörg	AnwG 557	Emmert Artur	SG 480	Engeland Frank	NW 323
Eley Johannes Josef	NW 302	Emmert Cornelia	BW 71	Engelbart Anke	BER 132
Elf Renate	BU 8	Emmert Reinhold	BY 81	Engelbrecht Kai	SH 401
Elfers Reinhard	MV 207	Emmert Rudolf	VwG 509	Engelbrecht Karl-	
Elfmann Günter	SAC 375	Emmert Wolfgang	SG 480	Friedrich	BW 60
Elfrich Andrea	BY 115	Emminghaus Bernd	NW 302	Engelbrecht Toralf	ArbG 441
Elias Ulf	VwG 538	Emmrich Klaus	VwG 535	Engelbrecht-	
Ell Marcus	VwG 510	Emmrich Sabine	BER 127	Greve Thies	VwG 538
Elle Verena	NW 262	Emmrich-Ipers Dagmar	NW 270	Engelfried Ulrich	HH 170
Ellenberger Jürgen	BU 8	Endell Reinhard	RP 340	Engelhard Helen	SAN 387
Ellenberger Volker	BW 21	Endemann Michaela	NW 329	Engelhard Jörg	SAN 385
Ellerbrock Michael	HH 175	Endemann Wolfgang	BRA 147	Engelhard Nadine	HE 203
Ellerbusch Jörn	BRE 163	Enderlein Axel	HH 168	Engelhard Rolf	HE 196
Ellerkmann Fee	NW 263	Enders Anka	SAC 365	Engelhard Wolfgang	SG 485
Ellermann Dirk	NDS 254	Enders Barbara	VwG 536	Engelhardt Andrea	BY 114
Ellermann Manfred	NW 299	Enders Christian	AnwG 544	Engelhardt Gerd	BY 114
Elles Georg	BER 134	Enders-Kunze Regine	HE 187	Engelhardt Gerd	VwG 507
Ellguth Heidi	NDS 245	Endesfelder Petra	SAC 379	Engelhardt Gudrun	SAC 374
Elling Peter	SG 493	Endler Klaas	NDS 254	Engelhardt Helmut	BY 102
Ellinger Helga	BW 58	Endres Andreas	VwG 507	Engelhardt Helmut	
Ellinger Joachim	BW 57	Endres Georg	SAA 360	Hermann	NW 281
Ellmann Wilhelm	BW 24	Endres Michael	BY 87	Engelhardt Kurt	BY 111
Ellrott Hans	BY 115	Endres Monika	BY 123	Engelhardt Marc	MV 215
Ellschedig Günter	VerfG 429	Endress Eugen	BW 35	Engelhardt Matthias	BY 123
Ellwanger Barbara	NDS 234	Endriss Dorothee	NW 294	Engelhardt Michael	SG 492
Elmdust Bijan	BER 141	Endriß Gerlinde	SG 475	Engelhardt Monika	BER 131
Elschenbroich Torsten	NW 326	Endriß Michael	SG 477	Engelhardt Siegfried	VwG 516
Elschner Günter	NW 327	Endrös Cornelia	BY 91	Engelhardt Volker	BY 86
Elschner Imke	NW 327	Enes Andrea	SG 486	Engelhardt Wolfgang	BY 76
Elser Karl-Dietmar	SAC 368	Engberding Wolfgang	NW 302	Engelhart Ingo	SAN 386
Elser Roland	VwG 519	Engbers Anja	BY 100	Engelhart-Au Rita	SG 487
Elsing Georg	VwG 527	Engbert Volker	NDS 246	Engelhorn Stephan	RP 347
Elskemper Ilka	NW 321	Engeholm Christa	HE 182	Engelkamp Oxana	NW 329
Elsmann Günther	TH 411	Engeholm Karin	BER 140	Engelkamp-Neeser	
Elsner Ben	AnwG 555	Engeholm Kirstin	HE 203	Ingrid	NW 262
Elsner Michael	HH 174	Engeholm Rolf	HE 181	Engelke Friedrich	NW 302
Elß Edith	BY 114	Engel Andreas	VwG 534	Engelke Lars	NDS 254
Elster Nico	NDS 242	Engel Anja	VwG 512	Engelking Christian	NDS 228
Elten Jürgen	SH 401	Engel Bernd	MV 211	Engellandt Frank	FG 474
Elvers Reinhard	FG 468	Engel Detlef	BW 25	Engelmann Jürgen	SH 400
Elvert Heike	BRA 152	Engel Hilmar	BY 76	Engelmann Klaus	BU 12
Elz Dirk	ArbG 449	Engel Jürgen	FG 465	Engelmann Marina	BER 138

Engelmann-Beyerle Beatrix	NW 291	Erath Daniel	SAC 368	Ermlich Michael	VwG 533
Engelmann-Pilger Albrecht	FG 470	Erath Michael	BW 67	Ernemann Andreas	BU 8
Engels Christian	NW 324	Erb Reinhard	NW 295	Ernesti Ellen	SAN 385
Engels Hartmut	RP 344	Erb Winfried	HE 201	Ernst Armin	BW 62
Engels Helmut	VwG 537	Erb-Klünemann Martina	NW 292	Ernst Barbara	BER 131
Engels Johannes-Theodor	BRA 147	Erbar Doris	ArbG 439	Ernst Christoph	BMJ 3
Engels Nicola	NW 269	Erbar Klaus	SG 481	Ernst Elke	ArbG 435
Engels Nicole	VwG 529	Erbarth Alexander	TH 415	Ernst Hans-Günter	NW 261
Engels Rainer	BU 16	Erbe Karin	BER 128	Ernst Helmar	SAN 391
Engels Roland	TH 419	Erberich Ute	SG 495	Ernst Karin	BY 108
Engels Stefan	BY 115	Erbguth Britta	HH 171	Ernst Karl-Georg	BER 139
Engelsberger Christian	BY 89	Erbrecht Werner	HE 182	Ernst Karl-Heinz	HE 200
Engemann Uta	NW 317	Erbslöh Andrea	VwG 512	Ernst Kathleen	VwG 509
Engemann Uta Inse	NDS 253	Erchinger Wolfram	BW 62	Ernst Kirsten	SG 484
Engers Martin	BMJ 4	Erckens Victor	VwG 512	Ernst Lieselotte	BW 23
Engert Karin	BER 139	Erdbrink Lüder	BER 136	Ernst Ludwig	BY 97
Engesser Torsten	BW 29	Erdbrügge Margarete	NW 310	Ernst Manfred	AnwG 549
Engl Philip	BY 121	Erdlenbruch Anne-Christiane	NDS 222		VerfG 426
Engler Carsten	HH 171	Erdmann Anke	BER 129	Ernst Marcel	SH 408
Engler Cornelia	BW 29	Erdmann Arnold	HE 190	Ernst Martin	BER 136
Englert-Biedert Walburga	BW 28	Erdmann Elke	HE 191	Ernst Michael	ArbG 440
Englert-Dunken Ulrike	NDS 243	Erdmann Paul	NW 263	Ernst Olaf	NW 275
Englich Markus	BY 77	Erdmann Ralph-Ingo	NW 293	Ernst Peter Klemens	BU 9
Englich Monika	BY 84	Erdmann Volker	BER 131	Ernst Petra	TH 420
Englisch Bernhard	NW 275	Erdmann Willi	NW 282	Ernst Ralph	NW 327
Engmann Harry	TH 422	Erdmann-Degenhardt Antje	SH 403	Ernst Rüdiger	BER 134
Engmann Hartmut	NW 319	Erdös Britta	ArbG 461	Ernstberger Christine	BY 106
Engshuber Anke	SAN 386	Erdstein Martina	BRA 156	Ertelt Holm	BW 26
Engshuber Reinhard	ArbG 459	Erdt Frank	TH 422	Erth Helga	SH 406
Engst Kathrin	SG 500	Erfmann Anne	NW 299	Erthal Hans-Jürgen	SAN 393
Engsterhold Oliver	VwG 528	Erfurt Michael	BER 141	Ertl Christoph	BW 23
Engstler Karl-Heinz	BW 64	Erhard Christopher	HE 184	Ertl Johann	VwG 506
Ennemoser-Ribbe Michaela	RP 341	Erhardt Dietrich Jacob	BY 94	Erwes Walther	BRE 161
Ennser Hans-Gerd	BY 108	Erhardt Stefan	BY 102	Erwin Claudia	VwG 530
Ennuschat Kirsten	NW 297	Erhardt-Rauch Andrea	FG 464	Esch Constanze	NW 273
Ens Reinhard	ArbG 435	Erhart Beate	NW 301	Esch Michael	HE 182
Enslin Jochen	BW 71	Erich Guy	BER 126	Esch Nicole	RP 339
Ensthaler Jürgen	RP 347	Eriksen Christiane	NDS 253	Eschbach Sigrid	HH 169
Entringer Freya	NDS 244	Erkelenz Hendrik	SG 494	Esche Hans-Joachim	BRA 151
Enz Herbert	BY 114	Erkens Katrin	BY 106	Eschelbach Ralf	RP 335
Epe Raphael	VwG 505		BY 120	Eschenbach Jürgen	FG 469
Epp Ursula	RP 342	Erkens Marcel	NW 320	Eschenbach Michaela	VwG 531
Eppelein-Habers Sabine	BY 98	Erker Ingolf	BW 47	Eschenbacher Ingo	BY 113
Eppelmann Jens-Walter	NW 302	Erker Peter	VwG 528	Eschenburg Renate	BER 129
Eppelt Martina	VwG 538	Erkert Karlheinz	BW 64	Eschenfelder Rosemarie	BW 28
Eppelt-Knochenstiern Claudia	SAC 373	Erl Kirten	NW 295	Eschenhagen Anna	BRA 157
Eppers Nobert	FG 471	Erlbeck Uwe	BY 91	Eschenhagen Gabriele	BER 128
Eppert Sabine	BER 142	Erlbruch Ulrich	HE 184	Escher Annick	BY 122
Eppinger Daniel	BW 340	Erlenhardt Jürgen	NW 260	Escher Elke	BY 116
Epple Jasmin	BW 36	Erlenkämper Ernst	VwG 520	Escher Herbert	BW 62
Epple Matthias	SAC 369	Erlenstädt Anke	SH 404	Eschke Hans-Herbert	SG 487
Epple Stefan	BY 122	Erler Herbert	BY 96	Eschler Gabriele	BW 31
Eppler Gerold	FG 463	Erlinghagen Susanne	HE 200	Eschler Rolf	BW 29
		Ermel Ralf	ArbG 448	Eschler Urte	MV 207
		Ermer Thomas	BY 73	Eschner Sabine	SG 493
		Ermis Devrim	NW 276	Eschweiler Peter	HE 179
				Eske Ulrich	VwG 526
				Esken Hans-Ulrich	NW 291

Espert Wolfgang	BY	112
Espey Frank	FG	465
van Essen Jörg	NW	305
Essen Klaus-Dieter	ArbG	446
	VerfG	427
Esser Bert	NW	325
Eßer Claudia	SH	404
Esser Claus	AnwG	559
Eßer Dirk	NW	320
Eßer Erich	NW	323
Eßer Heinz Peter	NW	312
Eßer Helga	NW	276
Eßer Ines	NW	303
Eßer Jan	BRA	151
Esser Jürgen	HE	184
Eßer Simone	NW	277
Eßer-Schneider Birgit	SAC	380
Essers Wilhelm Antonius	NW	266
Essers-Grouls Gudrun	NW	271
Essert Diane	FG	470
Essig Karen	NW	325
Essig Karlheinz	VwG	524
Eßlinger-Graf Cornelie	BW	60
Essner Sabine	SAN	394
Estel Thomas	HE	184
Estelmann Martin	SG	498
Etschmann Rainer	RP	348
Ettel Rainer	BMJ	5
Ettelt Wolfgang	NW	326
Ettenhofer Joachim	BY	104
Etter Eberhard	BY	87
Ettl Julia	BY	120
Ettlinger Dietmar	VwG	508
Ettwein Ralph	BW	55
Ettwig Fritz	NW	265
Eulberg Peter-Michael	HE	201
Euler Andreas	NW	310
Euler Annette	HE	202
Euler Barbara	RP	353
Euler Jutta	NW	317
Euler Ralf	SAC	372
Eulering Ruth-Maria	NW	266
Eulers Kathrin	ArbG	439
Eulitz Astrid	BRA	148
Eumann Marc	NW	317
Euschen Anne	RP	352
Euskirchen Sonja	RP	346
Euskirchen Werner	RP	351
Everdiking Thomas	NDS	249
Everding Anne	NW	331
Evermann Barbara	MV	206
Evermann Holger	MV	213
Evers Anna-Elisabeth	SG	498
Evers Claudia	RP	353
Evers Gunilla	BY	99
Evers Hans-Heinrich	SH	405
Evers Karin	SAC	259
Evers Patricia	VwG	519
Evers-Vosgerau Carla	ArbG	460
Ewald Christine	TH	414
Ewald Frieder	ArbG	444
Ewald Helmut	SG	486
Ewald Sabine	RP	344
Ewald Steffi	SAN	391
Ewe Reinhard	SG	484
Ewen Maria-Elisabeth	SAA	357
Ewerdt-Schlaak Sonja	SAN	385
Ewerhardy Christoph	SAC	368
Ewert Heike	MV	211
Ewert Simone	BRA	145
Ewert-Schulze Angelika	HH	165
Exler Kathrin	HE	203
Exner Cornelia	ArbG	459
Exner Nico	SH	399
Externest Ute	AnwG	549
Eylert Mario	BU	10
Eymelt-Niemann Sabine	HE	191
van Eymeren Mechthild	NW	261
Eyrich Detlef	SG	499
Eyring Michael	SAC	373

F

Fabarius Maria-Elisabeth	NDS	244
Faber Bernhard	ArbG	436
Faber Eric	NW	304
Faber Friedrich	NW	277
Faber Jörg	SAC	372
Faber Manuela	NW	324
Faber Rolf	TH	411
von Faber du Faur Julia	VwG	512
Faber-Kleinknecht Elisabeth	VwG	533
Fabian Heike	VwG	505
Fabian Heiko	NDS	246
Fabricius Christine	TH	418
Fabricius Jochen	HE	199
Fabricius Nicolai	ArbG	454
Fabricius-Brand Margarete	VerfG	428
Fabry Alexander	HE	203
Facca Antje	NDS	219
Fachat Stephanie	BW	61
Fad Frank	BW	70
Fadé Lujo	BMJ	3
Fährmann Gabriele	BRA	154
Fährmann Rosemarie	SAN	395
Faensen Thomas	AnwG	547
Fätkinhäuer Hans-Jürgen	BER	139
Fätkinhäuer Saskia	VwG	512
Fahl Wolfhard	NW	299
Fahlberg Karin	SAC	570
Fahlbusch Wolfgang	NW	299
Fahnemann Antonius	NDS	249
Fahr Siegfried	BER	127
Fahr Thomas	BY	121
Fahrbach Dorothee	VwG	534
Fahrendorf Klaus Hubert	NW	280
Fahrig Hans-Joachim	BY	90
Fahrinkrug Maike	SAC	368
Fahrion Stefan	BW	70
Fahrner Juliane	BW	71
Fahs Reinhard	VwG	524
Fais Cornelia	BER	140
Faißt Antje	BY	122
Falch Rüdiger	BRA	157
Falckenberg Stefan	BY	94
de Falco Domenico	BW	67
Falk Georg	VerfG	427
Falk Georg-Dietrich	HE	179
Falk Hajo	SAC	369
Falk Michael	SAC	370
Falk Norbert	BER	138
Falk Peter	BY	96
Falk Silvia	MV	211
Falk Theodor	RP	349
Falk Timo	SG	478
Falke Manfred	BY	88
Falkenberg Gabriele	BY	96
Falkenberg Regina	BER	139
Falkenhausen Joachim	AnwG	549
Freiherr von Falkenhausen Alexander	BRA	145
Falkenhof Kerstin	NW	320
Falkenstein Heike	NW	323
Falkenstein Norbert	NW	319
Falkenstett Rüdiger	VwG	532
Falkner Nina	BY	123
Fambach Katja	HE	188
Fandel Otmar	MV	213
Fangk Axel	BRE	161
Fanselow Anja	HH	171
Fante Jan	RP	353
Farbowski Meinhard	SAN	383
Farenholtz Hans Hermann	VwG	516
Farke Wolfgang	BRA	146
Farnbacher Thomas	BY	98
Farr Manuela	BER	129
Farrell Ulrike	BW	70
Farries Anja	SH	405
Fasco Dagmar	TH	415
Faßbender Achim	NW	276
Faßbender Barbara	NW	276
Faßbender Helmut	FG	463
Faßbender Niels	NW	330
Faßbender Robin	NW	325
Faßbender-Boehm Simone	SG	493
Faße Hubertus	NDS	248

Fassel Alexander	RP 354	Feiler Lutz	NDS 252	Fellenberg Martin	SH 407
Faßhauer Edeltraud	VerfG 429	Feiler Walter	BY 101	Feller Frank	NW 266
Faßhauer Peter	NDS 229	Feilhauer-Haase		Fellermann-Blachut	
Faßhauer Silke	SH 404	Claudia	VwG 540	Eva-Maria	SG 494
Fassian Christina	SAN 395	Freiherr von Feilitzsch		Fellmann Gabriele	BY 97
Faßnacht Annemarie	VwG 507	Christoph	BY 92	Fellmann Kerstin	BRA 148
Fastnacht Axel	SG 494	Feilkas Johann	BY 73	Fellmann Klaus-Peter	NW 265
Fatouros Iris	BW 34	Feils Martin	RP 347	Fellmeth Stefan	BW 47
Faul Helmut	BY 88	Fein Michael	BY 91	Fellner Christoph	BY 86
Faulenbach Helga	NW 263	Feindt Jan Michael	SH 408	Fellows Dorothea	HH 175
Faulhaber Edgar	SAC 379	Feindt Klaus-Peter	NDS 242	Fels Dieter	NW 284
Faulhaber-Fischer Rita	BY 81	Feisel Dorothea	VwG 517	Fels Thomas	BER 141
Faulstroh Thomas	ArbG 456	Feist Christian	SH 402	Felsch Joachim	BU 8
Faupel Birgit	VwG 522	Feistel Michaela	BW 47	Felsch Kristina	VwG 526
Faupel Karl-Hans	NW 294	Feistkorn Gabriele	BY 86	Feltes Franz-Josef	RP 349
Faust Ariane	BER 132	Feistkorn Robert	BY 98	Feltes Susanne	AnwG 556
Faust Gregor	RP 342	Feix Karina	NW 331		SAA 356
Faust Helmut	AnwG 545	Fejes Mario	FG 467	Feltmann Christoph	NW 266
Faust Katrin	BER 142	Feld Andreas	BW 70	Felzmann-Gaibinger	
Faust Kristine	BW 69	Feld Günter	NW 326	Angela	BY 100
Faust Peter	BER 128	Feld-Gerdes Wolfgang	TH 417	Fendler Heidi	HE 186
Faust Susanne	NW 320	Feld-Geuking Michaela	NW 305	Feneberg Johannes	BY 100
Faust Werner	ArbG 443	Feldberg Aletta	ArbG 441	Fenger Jörg	MV 213
Faustmann Rainer	FG 468	vom Felde genannt		Fengler Hilke	NDS 236
Fauth Bettina	HE 200	Imbusch Ariane	HE 202	Fenkner Eckhard	RP 336
Fauth-Engel Tanja	SAA 361	Felder Klaus	BW 35	Fenkner Stefanie	RP 336
Fay Iris	NDS 226	Feldhaus Nils	NW 295	Fenner Matthias	BER 141
Fay Peter	NDS 226	Feldhusen-Salomon		Fenner Thomas	BY 80
Fay-Thiemann Monika	RP 336	Hannelore	VwG 515	Fenner Ulrike	TH 420
Fecher Britta	BY 80	Feldkamp Hubert	NDS 252	Fenske Andrea	SAN 395
Fechner Frank	SAN 387	Feldkamp Josef	BER 136	Fenski Martin	ArbG 439
Fechner Johannes	SH 398	Feldkemper-Bentrup		Fenster Beate	BY 94
Fechner Nicole	NW 332	Ruth	NW 300	Fenzel Christine	VwG 537
Fechner Rainer	NW 281	Feldmann Angelika	NDS 249	Fenzl Ulrike	BMJ 5
Fecht Karl-Edo	SAN 390	Feldmann Armin	BW 53	Fenzl Ute	BY 96
Fedden Karsten	SH 397	Feldmann Axel	NDS 254	Ferber Michael	ArbG 448
Feddern Thorsten	BER 139	Feldmann Goar		Ferber Sabine	NDS 233
Feddersen Jörn	HH 172	Michael	VwG 503	Ferchau Anja	SG 499
Feger Sandra	MV 211	Feldmann Jörg	NW 329	Fercher Annette	HE 197
Fegers-Wadenpohl		Feldmann Klaus W.	BRA 152	Ferneding Ludger	TH 413
Hildegard	NW 275	Feldmann Merve	ArbG 434	Ferner Carmen	RP 347
Fehn Jürgen	BY 82	Feldmann Ralf		Ferner Hilmar	VwG 518
Fehn-Herrmann Ursula	BY 81	Antonius	NW 287	Fernstedt Christiane	SAC 380
Fehr Jürgen	HE 196	Feldmann Sandra		Feron Andreas	SAC 377
Fehr Jürgen	BY 80	Daniela	NW 331	Ferring Hans-Jürgen	RP 343
Fehr-Albrado Gitta	TH 419	Feldmann Ulrich	VwG 527	Ferse Hartmut	HE 201
Fehre Andrea	NW 328	Feldmann Werner	AnwG 558	Fertikowski Andrea	SAC 370
Fehre Götze	NW 296		SAN 384	Fertikowski Wolfgang	SAC 370
Fehrenbach Reinhard	BW 27	Feldmeier Dorothee	ArbG 456	Feskorn Christian	BER 127
Fehrmann Carola	SAN 389	Feldmeyer Anne-		Feß Claudia	RP 353
Feichtinger Bruno	BY 93	Christine	NDS 251	Fesser Christina	TH 422
Feichtinger Peter	ArbG 438	Feles Harald	BRA 154	Fessler Bernhard	VwG 528
Feicke Tim	SH 400	Feles Ursula	BRA 147	Festersen Jens Christian	NW 283
Feiden Sonja	HE 202	Felixberger Stefan	BY 90	Festl Elmar	VerfG 425
Feige Norbert	NDS 227	Fell Susanne	ArbG 437		VwG 506
Feigl Hans	BY 78	Fell Ulrich	NW 315	Fettbach Dirk-Joachim	NW 287
Feil Rainer	BW 65	Fell Ulrike	NW 316	Fettien Doris	SG 488
Feilcke Burkhard	HH 169	Fellenberg Barbara	BY 108	Fettweis Eva	BER 140

626

Namensverzeichnis Fischer

Fetzer Rhona	BW 29	Figl Ernst	SAN 383	Firnhaber Henriette	BRA 154
Feuerabendt Egmont	BY 78	Figura Holger	BRA 151	Firsching Burkard	SG 496
Feuerbach Uwe	HE 179	Filbert Markus	HE 202	Firzlaff Gabriele	ArbG 459
Feuerberg	BER 139	Fildhaut Kathrin	HH 174	Fisang Hildegard	NW 318
Feuerstein Simone	VwG 528	Fili Verena	BY 119	Fisch Christian	BRA 158
Feuring Birgit	SAC 367	Filipponi Jörg	MV 212	Fisch Eberhard	NW 282
Feurle Kurt	BW 55	Filla Wilfried	NW 281	Fisch Heidi	BER 129
Fey Axel	NW 314	Fillinger Markus	BY 118	Fischa Wolfgang	BW 67
Fey Eveline	BY 92	Filluhn Dorit	SG 500	Fischaleck Johann	NW 280
Fey Renate	HH 165	Filmer Joachim	HE 194	Fischbach Axel	FG 474
Fey Sibylle	BY 86	Filter Hans Herbert	SH 405	Fischbach Bernhard	SG 502
Fey Tessa	BER 138	Filter Ute	BRA 154	Fischbach Christian	NW 295
Fey Wolfgang	NW 263	Filthut Holger	BW 29	Fischbach Dieter	SG 497
Fey-Wolf Claudia	BY 104	Finck Klaus	BER 137	Fischbach Lieselotte	NW 322
Feyerabend Ulrich	NW 318	Finck Lothar	NDS 244	Fischbach-Obst Jutta	BER 142
Fezer Karl-Heinz	BW 49	Graf Finck von Finckenstein		Fischedick Hans-Jürgen	NW 294
Fibich Holger	TH 411	Karl-Wilhelm	HH 168	Fischer	AnwG 545
Fibich Lydia	TH 414	Finckh Martin	BW 50	Fischer Alena	NDS 230
Fichte Wolfgang	BU 12	Findeisen Veronika	NW 295	Fischer Andrea	BY 119
Fichtl Alexander	BY 108	Findeklee Anja	NDS 253	Fischer Angela	NW 263
Fichtner Axel	SAN 386	Finder Ekkehard	BER 139	Fischer Anne	BW 33
Fichtner Heike	SAN 386	Findl Richard	BY 99	Fischer Ansgar	NDS 247
Fickert Sebastian	BY 121	Finger Helmut	SH 406	Fischer Arnd	VwG 525
Fickinger Horst	SG 497	Finger Horst Rudolf	NDS 251	Fischer Beatrice	BER 137
Fiddecke Uwe	MV 210	Finger Ilona	BW 71	Fischer Bernd	SAC 375
Fieber Ulrich	SH 404	Fink Andreas	FG 470	Fischer Carla	SAN 392
Fieberg Gerhard	BU 9	Fink Anja	ArbG 444	Fischer Caroline	BY 120
Fiebig Andreas	ArbG 459	Fink Claus	SH 403	Fischer Claudia	NW 299
Fiebig Andreas	BER 140	Fink Elisabeth	BU 16	Fischer Claudius	SG 482
Fiebig Hansjoachim	BER 139	Fink Hans-Christian	SAC 380	Fischer Dagmar	BW 59
Fiebig Jan-Peter	VwG 528	Fink Roland	BY 89		BW 67
Fiebig Klaus	BY 86	Fink Rudolf	NW 293	Fischer Daniela	BRA 151
Fiebig Michael	AnwG 545	Fink Susanne	BY 122	Fischer Detlef	BER 136
Fiebig Stefan	ArbG 434	Finke Fritz	NW 280	Fischer Edgar	VwG 512
Fiebig Thomas	HE 185	Finke Hannelore	ArbG 437	Fischer Elisabeth	BY 98
Fiebig Ursula	SAC 380	Finke Heike	RP 344	Fischer Endrik	BY 88
Fiebig-Bauer Elke	NW 297	Finke Karin	SH 400	Fischer Erich	HE 189
Fiedelak Martin	NDS 244	Finke Katja	NW 323	Fischer Eva-Maria	BER 136
Fiedler Albrecht	SAC 381	Finke Klaus	NDS 240	Fischer Evelyn	SAN 390
Fiedler Arndt	SAC 370	Finke Marion	BW 34	Fischer Frank O.	HE 183
Fiedler Frank	BRA 151		BW 39	Fischer Frauke	NW 330
Fiedler Klaus Dieter	BY 120	Finke Reiner	NDS 221	Fischer Fritz	BW 49
Fiedler Kristina	SG 488	Finke Tilman	NDS 254	Fischer Gero	BU 7
Fiedler Martin	MV 215	Finke-Gross Rita	NW 293	Fischer Gisela	SH 401
Fiedler Ralf	NW 287	Finkel Stefan	BER 130	Fischer Guido	HE 193
Fiedler Renate	SG 481	Finkelberg-Hützen Katja	NW 326	Fischer Gunda	SAN 387
Fiedler Rudolf	BY 79	Finkenberger Patricia	BY 80	Fischer Hans	BW 29
Fiedler Simone	BRA 158	Finkensieper Antje	NDS 251	Fischer Hans Albrecht	BRA 146
Fiedler Stefan	BRA 154	Finkenstein Bernhard	NW 302	Fischer Hans-Josef	NW 257
Fiedler Wolfgang	BW 57	Finking-Astroh		Fischer Hans-Jürgen	ArbG 449
Field Beate	HH 171	Annegret	NW 317	Fischer Hans-Jürgen	NW 318
Fienitz Bettina	BER 134	Finster Sabine	NW 323	Fischer Hans-Volker	AnwG 552
Fierenz Anke	TH 420	Finster Siegfried	FG 465	Fischer Hartmut	BY 86
Fierenz Gerald	TH 414	Finsterle Hans-Joachim	BW 51	Fischer Hartmut	VwG 513
Fießelmann Lothar	VwG 506	Finsterwalder Eckhart	SAC 363	Fischer Hilmar	NDS 240
Fieting Roger	VwG 511	Fiolka Arnd	NW 281	Fischer Horst	BRA 145
Figge Jutta	BMJ 4	Firgau Bernhard	BW 44	Fischer Ina	BW 61
Figge Reiner	NW 274	Firlus Elke	BY 78	Fischer Isolde	BRA 155

627

Fischer Namensverzeichnis

Fischer Jan Derk	BW 59	Fisseler Karl-Heinz	SG 493	Fleuß Martin	VwG 528
Fischer Jürgen	RP 339	Fister Michael	VwG 524	Fliegenschmidt Klaus	NW 281
Fischer Jürgen Heiko	BY 99	Fitkau Hartmuth	BER 133	Flieger Steffen	TH 421
Fischer Karl Hans	RP 339	Fitschen Anke	TH 422	Fliescher Stefan	NW 261
Fischer Katja	SAC 377	Fitting Angela	NDS 236	Fligg Hans-Karl	SG 485
Fischer Kay	BER 127	Fitting Carl Fritz	NDS 234	Flinder Christina	BRA 152
Fischer Klaus	MV 214	Fitzke Kyra	MV 213	Flindt Inga	NDS 237
Fischer Klaus Georg	NW 294	Fitzke Stefan	VwG 540	Flint Thomas	SG 485
Fischer Kuno	SH 407	Fitzner-Steinmann		Flipe Jörg	SG 500
Fischer Lothar	BU 11	Hildegard	VwG 510	Flocke Hans-Dieter	NW 322
Fischer Lothar	VwG 517	Fix Udo	VwG 527	Flocke Ingolf	NW 290
Fischer Lutz	NDS 235	Fixl Rainer	BY 91	Flockenhaus Jasmin	NW 297
Fischer Malte	SAC 372	Flach Dietrich	SG 486	Flockermann Julia	BER 129
Fischer Manfred	VwG 512	Flachsenberg Rainer	NW 272	Flockerzi Georg	SAC 370
Fischer Martin	NW 266	Fläxl Rainer	BY 87	Floderer Sigrid	BRA 153
Fischer Martin	NW 276	Flammann Markus	RP 352	Flöck Marc	NW 348
Fischer Michael	BY 114	Flanz Pascal	RP 338	Flörchinger Matthias	RP 347
Fischer Michael	SAC 365	Flasche Ingo	NDS 228	Flören Claus	NW 328
Fischer Peter	NW 267	Flasche Tim	SAA 357	Flogaus Wolfgang	BW 60
Fischer Peter	BU 11	Flatow Beate	SH 402	Flor Bernhard	SH 400
Fischer Petra	MV 211	Flechsig Jörn	VwG 507	Florentz Verena	BY 85
Fischer Petra	RP 345	Flechtner Ulrich	BY 113	Florstedt Jens	BRE 163
Fischer Petra	VwG 514	Fleck Michael	ArbG 456	Flotho Marc	SAN 389
Fischer Ralf	NW 283	Fleck Silvia	SG 494	Flotho Ute	SAN 390
Fischer Ralf	BER 128	Flecken Ulrike	NW 271	Fluck Peter	BW 38
Fischer Reinhard	BY 102	Flecken-Bringmann		Fluck Wolf-Rüdiger	NW 288
Fischer Reinhard	BER 135	Cornelia	NW 266	Flücht Heinz Kurt	NW 275
Fischer Renate	BY 96	Fleckenstein Achim	BRA 155	Flügel Annette	BRA 157
Fischer Renate	BW 57	Fleckenstein Harald	MV 208	Flügel Jürgen	BRA 157
Fischer Robert	NW 299	Fleer Burkhard	ArbG 452	Flügge Christoph	BER 125
Fischer Rudolf	RP 341	Flege Heinrich	NW 280	Flüh John	AnwG 547
Fischer Ruth	VwG 517	Flehinghaus Günther	NDS 232	Flüshöh Evelin	NDS 254
Fischer Sabine	ArbG 452	Fleig Jürgen	SG 478	Flug Claus-Joachim	NW 310
Fischer Silvia	BY 98	Fleindl Hubert	BY 104	Flury Astrid	SAC 372
Fischer Stefan	TH 415	Fleiner Sabine	SAC 379	Fock Martina	SH 404
Fischer Thomas	SAC 377	Fleischer Christiane	NW 261	Fock Michael	SG 500
Fischer Thomas	BU 8	Fleischer Doerthe	BER 130	Focke Manuela	HE 202
Fischer Ulrike	BER 137	Fleischer Eva	HE 199	Focken Niels	HH 170
Fischer Ute	VwG 527	Fleischer Jochen	BW 51	Födisch Markus	BY 107
Fischer Uwe	MV 208	Fleischer Nicole	NW 261	Födisch Waltraud	TH 417
Fischer Uwe	RP 350	Fleischer Roland	VwG 509	Föhr Susanne	RP 339
Fischer Uwe	NDS 253	Fleischer Thomas	NW 265	Föhrer Georg	NW 287
Fischer Winfried	BW 34	Fleischer Wolfgang	HE 200	Föhring Beatriz	NW 310
Fischer Wolfgang	BY 80	Fleischfresser Andreas	VwG 529	Fölsche Ulrike	BER 133
Fischer Wolfgang	BW 24	Fleischhauer Johann	NW 317	Fölsing Lorenz	SAN 387
Fischer Wolfgang	BW 63	Fleischhauer Martin	BW 66	Fölster Uta	BER 133
Fischer Wolfram	ArbG 439	Fleischmann Astrid	TH 417	Fömpe Klaus	VwG 529
Fischer-Antze		Fleischmann Ingrid	BY 117	Förder Bettina	BER 130
Jens-Michael	BW 23	Fleischmann Joachim	TH 417	Förger Regine	SAN 395
Fischer-Appelt Anja	BER 142	Fleischmann Viola	TH 418	Förl-Wachtsmuth Doris	NW 328
Fischer-Dankworth		Flemming Arthur	BY 104	Förnbacher Bianca	BY 100
Katrin	BRA 152	Flemming Maike	SG 501	Förschner Bernd	ArbG 440
Fischer-Hüftle Peter	VwG 509	Flesch Sven	NDS 254	Förschner Detlef	BER 129
Fischer-Krieg Sieglinde	TH 420	Flesch-Siekmann		Förschner Florian	BY 106
Fischer-Krüger Katrin	VwG 514	Annegret	SG 493	Förschner Klarissa	BY 99
Fischer-Löwitsch Anja	SH 402	Flesner Hans-Jürgen	VwG 524	Förschner Petra	ArbG 437
Fischermeier Ernst	BU 10	Fleuder-Huth Patricia	BRA 157	Foerst Carl	NW 315
Fiskus-Knorpp Petra	BW 34	Fleury Roland	BY 119	Foerst Gertraud	VwG 508

Name	Location
Foerst Iris	NW 331
Förster Andreas	MV 215
Förster Bernd	SAC 367
Förster Catleen	SG 484
Förster Ferdinand-Karl	BW 44
Förster Gabriele	VwG 518
Förster Günter	VwG 507
Förster Hagen	BY 114
Förster Hans	MV 214
Förster Hans-Joachim	BER 135
Förster Horst	MV 207
Förster Michael	BW 41
Förster Thomas	BY 77
Förster Thorsten	SAN 393
Förster Wolfgang	VwG 530
Foerstner Silke	BER 133
Förth Margareta	BY 87
Förtsch Philipp	BY 77
Förtsch Uwe	SG 488
Föst Gerhard	SG 479
Fötsch-Middelschulte Dagmar	SH 400
Fohrmann Birgit	ArbG 441
Folda Stephan	SAC 379
Folk Yvonne	BY 93
Folkers Hans-Christian	SAN 393
Folkers Susanne	NW 307
Folkerts Elke	BW 33
Follmann Gabi	RP 341
Follmann Werner	SG 495
Follmer Elke-Marie	VwG 529
Follner Arndt	SAC 372
Fomferek André	RP 354
Foos Michael	NW 265
Foppe Franz-Josef	NDS 250
Forbrich Burkhard	SH 400
Forch Christiane	BER 137
Forch Stefan	SG 483
Forchhammer Joseph	FG 464
Fordran Sabine	SAC 377
Forkel Heike	BER 135
Forman Josef	BY 76
Formann Gertrud	NW 288
Formann Gunnar	SAC 381
Formann Klaus	NDS 249
Forsbach Hans-Ludwig	NDS 250
Forster Erhard	RP 339
Forster Kerstin	BW 56
Forster Rudolf	FG 470
Forster Stefan	BY 113
Forster Ulla	BW 58
Forstner Andreas	BY 98
Forstner Jutta	BY 107
Fortmann Jens	HH 168
Fortunat Ingeborg	BW 60
Forwood Nicholas J.	EuG 565
Foth Albrecht	BW 66
Foth Dietmar	BW 56
Foth Ekkehard	AnwG 544
Foth Hans-Jörg	SH 401
Fouladfar Maddalena	HE 189
Fountzopoulos Aliki	HE 189
Fournes Susanne	BER 140
Fox Brigitta	NW 313
Fraatz Frank-Michael	NDS 229
Frädrich Gerd	NDS 223
Fräßle Cornelia	VwG 540
Frahm Wolfgang	AnwG 558
	SH 398
Franceschini Claudia	NW 291
Franck Andreas	BY 100
Franck Henri	RP 348
Franck Peter	BER 126
Francken Johannes Peter	ArbG 433
Frank Andrea	TH 419
Frank Andreas	BRE 163
Frank Armin	BW 40
Frank Christine	BW 27
Frank Christoph	BW 38
Frank Dieter	BY 88
Frank Dietrich	HE 187
Frank Gabriele	BY 123
Frank Henning	VwG 534
Frank Johann Christof	RP 341
Frank Jost	VwG 527
Frank Manfred Helge	VwG 505
Frank Martin	BW 36
Frank Orlik	RP 339
Frank Peter	RP 352
Frank Peter	BY 96
Frank Rainer	BW 70
Frank Rainer	SAN 387
Frank Reiner	NDS 221
Frank Reinhard	SG 476
Frank Stefanie	BY 121
Frank Wilhelm	SG 489
Frank Wolf-Dietrich	NW 302
Frank Wolfgang	AnwG 544
Frank Wolfgang	BY 114
Frank Wolfgang	HE 179
Frank-Dauphin Karin	BY 114
Franke Andrea	VwG 535
Franke Andreas	NW 310
Franke Christoph	NDS 230
Franke Dietrich	BU 13
Franke Eckart	VwG 539
Franke Einhard	NW 267
Franke Friedrich	TH 416
Franke Jens	NW 292
Franke Joachim	NW 273
Franke Jutta	RP 338
Franke Karin	SAN 387
Franke Martina	SH 405
Franke Norbert	NW 274
Franke Peter	RP 338
Franke Rita	BRA 154
Franke Rüdiger	SG 494
Franke Stefan	BY 110
Franke Susanne	HE 184
Franke Thomas	NDS 241
Franke Ulrich	BU 8
Franke Witold	NDS 242
Franke Wolfgang	HH 167
Franke-Herlitz Alexandra	VwG 512
Frankenberger Michael	NDS 228
Frankhäuser Lina Sabine	SG 489
Franosch Rainer	HE 201
Fransson Helmut	SH 405
Frantz Jürgen	ArbG 459
Frantzen Wolfgang	NW 264
Frantzioch Petra Daniela	ArbG 443
Franz Claudia	BY 119
Franz Georg	VwG 526
Franz Gerd	VwG 506
Franz Günther	SG 488
Franz Hannelore	NDS 222
Franz Heike	BRA 152
Franz Helga Carmen	NW 269
Franz Henrike	SAN 387
Franz Jürgen	NW 314
Franz Jürgen	SAC 367
Franz Kathrin	NW 327
Franz Kurt	BMJ 4
Franz Monika	NW 288
Franz Peter	BY 119
Franz Sylvia	SAN 386
Franz Ulrich	BER 130
Franz Ulrike	NW 329
Franz Willy	FG 468
Franze Ines	BRA 149
Franzen Heinrich	NW 278
Franzen Marlene	RP 339
Franzen Ruben-Kai	SAC 373
Franzen Rudolf	SG 496
Franzke Christian	ArbG 445
Franzke Janine	HE 188
Franzke Thomas	NW 265
Franzki Dietmar	NDS 225
Franzkowiak Lothar	VwG 536
Frasa Kirsten	SG 494
Frasch Beate	BY 114
Fraszczak Heike	TH 418
Fratzky Dietrich	BW 25
Frauendorf Ralf	AnwG 548
Frauendorfer Michaela	BY 111
Frauenfeld Peter	BW 46
Frauhammer Marco	SG 478
Frauke Anne-Kristin	SAC 378
Frech Klaus	HE 189
Frechen Jutta	NW 261
Fredebold Iris	BRA 155

Fredenhagen Namensverzeichnis

Fredenhagen Harald	HH 165	Fresenborg Anne	NW 293	Fricke Herbert	HH 170
Fredrich Nils	NDS 253	Fresow Frank	SAN 392	Fricke Lars	BER 137
Freels Horst	NDS 247	Freter Jürgen	NW 299	Fricke Stephan	NW 261
Freericks Anke	VwG 523	Freude Martina	SG 479	Frickemeier Bernd	NW 284
Frees-Flämig Fridlinde	BW 50	Freudenberg Dagmar	NDS 224	Friebertshäuser Sonja	TH 415
Freese Ada	BER 142	Freudenberg		Fried Anna-Carina	BW 40
Freese Barbara	BER 139	Henriette	ArbG 441	Fried Margit	AnwG 556
Freese Birgit	MV 209	Freudenberg Ulrich	SG 491	Fried Nicole	BRA 158
Freese Tim	MV 209	Freudenreich		Friedel Udo	RP 340
Freese-Schmidt Uta	NDS 227	Christoph	BW 63	Friedemann Maren	BY 107
Fregin Timm	NDS 239	Freudenstein Anke	NW 320	Friedemann Susann	BER 143
Frehe Horst	VerfG 426	Freuding Stefan	NW 317	Frieden Bodo	MV 215
	SG 484	Freudling Brigitte	BY 115	Friedewald Susanne	BER 141
Frehse Hermann	SG 491	Freudling Christian	BY 115	Friedhofen Peter	ArbG 454
Frei Andreas	SAC 366	Freudling Martin	BY 103	Friedl Josef	VwG 506
Frei-Weishaupt Vera	BY 88	Freund Birgit	SG 488	Friedl Susanne	BW 51
Freichel Gerhard	SAA 359	Freund Ekkehard	BW 68	Friedlein Rainer	BY 78
Freichel Ursula	VwG 534	Freund Günter	FG 463	Friedler Ute	SG 499
Freier Claudia	SAN 393	Freund Herbert	SG 475	Friedrich Achim	NDS 229
von Freier Friedrich-		Freund Holger	BER 140	Friedrich Anja	NW 332
Carl	HH 171	Freund Jörg-Peter	BRA 155	Friedrich Annette	BY 85
Freier Michael	BRA 145	Freund Klaus-Ulrich	BW 58	Friedrich Elke	BW 38
Freier Petra	BW 60	Freund Lydia	BW 70	Friedrich Gisela	NDS 227
Freier-Strauß Maria-		Freund Mathias	BW 55	Friedrich Gordon	NDS 243
Katharina	HE 184	Freundlich Martin	BRA 148	Friedrich Guido	HE 199
Freihoff Roland	BY 108	Freundlieb Monika	SG 493	Friedrich Gunter	VwG 529
Freimund-Holler		Freutsmiedl Georg	BY 92	Friedrich Hans-Wolf	BU 10
Bettina	VerfG 428	Frey Bogdan	NW 326	Friedrich Heinz-	
	VwG 533	Frey Christian	BY 119	Joachim	BU 10
Freise Boris	SH 404	Frey Claudia	RP 335	Friedrich Justus	VwG 527
Freise Norbert	SG 475	Frey Helmut	VwG 511	Friedrich Klaus Peter	AnwG 551
Freise Wolfgang	TH 414	Frey Ilona	HE 193	Friedrich Manfred	AnwG 554
Freisewinkel Dierk	BER 125	Frey Karen	SAC 367	Friedrich Martin	BW 58
Freistedt Esther Julia	SG 499	Frey Klaus	VwG 532	Friedrich Matthias	RP 340
Freitag Andre	AnwG 557	Frey Markus	BER 127	Friedrich Oliver	TH 414
Freitag Franziska	RP 337	Frey Mathilde	NW 322	Friedrich Peter	BRE 160
Freitag Monika	NW 303	Frey Matthias	RP 350		VerfG 426
Freitag Oliver	NDS 255	Frey Reiner	BW 52	Friedrich Rödig	HE 193
Freitag Peter	BU 10	Frey Sylvia	BMJ 5	Friedrich Ulrike	SAA 361
Freitag Ruth	SAN 394	Frey Ulrich	SG 499	Friedrich Wolfgang	HE 191
Freitag Tanja	BRA 149	Frey Ulrike	SG 491	Friedrich-Hübschmann	
Freitag Thorsten	NW 303	Frey Walter	NW 321	Ursula	BY 115
Freitag Wolfgang	FG 465	Freyberger Andreas	BW 38	Friedrichs Anne	ArbG 456
Frellesen Peter	BU 8	Freyer Harald	BW 65	Friedrichs Klaus-	
Frenking Dirk	NW 299	Freyer Thomas	HE 183	Dieter	VwG 538
Frenkler Ulf	HE 203	Freymann Hans-Peter	SAA 355	Friedrichs Michael	BRA 154
Frentz Eva-Christine	BU 13	Freymuth Jürgen	NW 322	Friedrichs Ralf	NDS 245
Frenzel Alexander	BW 38	Freytag Christoph	BMJ 4	Friedrichs Sabine	SAA 358
Frenzel Christian	MV 207	Fribergh Erik	EuGHMR 568	Friedrichsen Friedrich	SH 398
Frenzel Gerhard	BER 127	Frick Axel	BW 27	Friedrichsen Hans-	
Frenzel Helmut	BER 136	Frick Heike	BW 63	Christian	NDS 234
Frenzen Klaus Peter	BW 525	Frick Peter	BU 14	Friedrichsen Katja	BRE 161
Frenzer Franz Peter	NW 318	Frick Ralf	SAC 364	Friedrichsen Lars	HH 165
Frerichs Konrad	SG 491	Frick Rüdiger	NDS 242	Friedrichsmeier	
Frericks Michael	NW 310	Frick Thomas	BY 117	Hans	AnwG 544
Frerker Cordelia	NDS 255	Fricke Andreas	NDS 219	Friehe Heinz-Josef	BMJ 4
Frese Peter	SG 502	Fricke Anne-Kathrin	VwG 503	Friehe-Wich Karin	BU 16
Fresemann Thomas	SAC 365	Fricke Daniela	NW 277	Friehoff Christian	NW 285

Frieler Rainer	NW	281
Frieling Dieter	NW	291
Frielingsdorf Ute	SG	491
Friemel Caroline	BY	107
Friemel Joachim	AnwG	556
	RP	347
Fries Jens	VwG	538
Fries Rainer	SAA	357
Fries Tanja	NW	273
Fries Wolfgang	BU	14
Friese Annegret	SH	403
Friese Birgit	SG	498
Friese Daniela	NW	305
Friesecke Astrid	VwG	520
von Friesen Christoph	TH	413
Freifrau von Friesen Renate	VwG	512
Frieser Claudia	VwG	507
Frietsch Barbara	BW	29
Frietsch Edwin	BMJ	3
Frigelj Katja	NW	328
Frimmer Ulrich	BW	54
Frind Frank	HH	171
Frings Hartmut	NW	324
Frisch Alfred	BY	110
Frisch Erhard	NW	277
Frisch Kai-Olaf	NDS	224
Frisch Karin	BW	26
Frisch Norbert	BY	74
	BY	87
Frischholz Peter	BY	118
Friske Rainer	SG	491
Frister Anne-Christin	NW	262
Fritsch Andrea	VwG	505
Fritsch Bernhard	BW	50
Fritsch Hans Erhard	BU	15
Fritsch Holger	BW	36
Fritsch Markus	BRA	150
Fritsch Michael	SAA	360
Fritsch Rainer	FG	468
Fritsch Ute	SAC	374
Fritsch-Scherer Ute	SAA	356
Fritsche Jörn	NDS	228
Fritsche Katja	BW	54
Fritsche Ulrich	NW	305
Fritschi Claudia	BW	40
Fritz Alexander	HE	203
Fritz Dieter	AnwG	550
	HE	180
Fritz Elisabeth	HE	186
Fritz Hans-Rüdiger	NDS	231
Fritz Harald	BW	61
Fritz Jochen	RP	333
Fritz Klaus	NW	314
Fritz Peter	VwG	532
Fritz Roland	VwG	518
Fritz Stefan	RP	351
Fritze Heiner	BW	40

Fritzen Peter	RP	345
Fritzsche Sebastian	HE	188
Fritzsche Susanne	BY	91
Frobel Bernhard	BY	88
Frobel Jens	NW	306
Fröba Joachim	VwG	507
Fröbel Tanja	BY	83
Froede Jürgen	SAC	366
Fröhler Oliver	BW	47
Fröhlich Hartmut	NW	311
Fröhlich Jörg	NDS	240
Fröhlich Jürgen	HE	185
Fröhlich Oliver	NW	323
Fröhlich Peter	BY	76
Fröhlich Peter	SAN	394
Fröhlich Werner	BW	49
Fröhlinger Margot	RP	342
Fröhlke Günter	BER	138
Frölich Annette	ArbG	441
Frölich Armin	ArbG	438
Froemel Wolfgang	BW	56
Frömel-Grüsy Christiane	BW	67
Fröml Thomas	NW	262
Frömmel Monika	SAC	369
Frömmichen Lajana	SAN	395
Frömming Verena	VwG	511
Frohberg Petra	SAC	378
Frohn Karl-Heinz	RP	354
Frohn Michael	NW	320
Frohn Nicole	RP	353
Froitzheim Werner	NW	324
Frombach Nana	HH	174
Fromhage Dietmar	SAN	386
	VerfG	430
Fromm Erwin	ArbG	456
Fromme Ilse	BY	88
Frommeyer Ingo	SH	408
Frommhold Michael	SAC	379
Frommhold Uwe	BY	119
Fronhoffs Bernd	NW	267
Froschauer Petra	BY	119
Frossard Annette	SG	491
Frost Bernd	BRA	149
Frost Dagmar	NDS	233
Frotscher Jörg	SAC	373
Frotscher Silvia	SAC	373
Frowein Reinhard	BU	15
Früh Jürgen	BW	25
Früh-Thiele Katrin	MV	210
Frühauf Armin	NDS	246
Frühauf Gerd	VwG	539
Frühauf Hans-Jürgen	BU	16
Frühauf-Franke Gisela	RP	351
Fruhen Claus	VwG	526
Fruhner Michael	SAN	383
Fruschki-Hoch Christiane	BER	128

Fruth Klaus	BY	109
Frye Bernhard	TH	419
Frye Kirsten	TH	414
Fu Reiner	FG	467
Fuchs Alexander	NW	332
Fuchs Andrea	NW	323
Fuchs Andrea	BW	30
Fuchs Andrea	BER	130
Fuchs Anette	NDS	249
Fuchs Anja	BY	121
Fuchs Bengt Christian	VwG	540
Fuchs Bianca	NDS	254
Fuchs Christian	NW	261
Fuchs Christine	BY	113
Fuchs Detlef	BER	128
Fuchs Eberhard	BW	58
Fuchs Erich	BY	102
Fuchs Gerhard	ArbG	440
Fuchs Gerhard	HE	198
Fuchs Gisbert	NW	271
Fuchs Hans Klaus	BW	44
Fuchs Heike	NW	324
Fuchs Heinrich	TH	418
Fuchs Joachim	MV	208
Fuchs Johann	BU	8
Fuchs Jürgen	SG	502
Fuchs Julian	BY	123
Fuchs Karen Isabel	BW	61
Fuchs Karlhans	NW	322
Fuchs Klaus	BY	100
Fuchs Klaus Peter	BY	75
Fuchs Kolja	HE	202
Fuchs Manfred	BY	86
Fuchs Manfred	NW	318
Fuchs Margaretha	RP	339
Fuchs Markus	NW	271
Fuchs Markus	SAC	368
Fuchs Matthias	BRA	148
Fuchs Petra	BY	93
Fuchs Rüdiger	BW	70
Fuchs Stephan	BER	129
Fuchs Sylvia	NW	326
Fuchs Tobias	BY	100
Fuchs-Kassner Beate	NDS	232
Fuchs-Lenz Nicole	SAC	377
Fuchs-Wissemann Georg	BU	15
Fuchsloch Christine	SG	483
Fudickar Susanne	NW	262
Füger Annekathrin	SAC	381
Fügmann Werner	BY	86
Fühling Alexander	NW	317
Führ Karl-Michael	NW	289
Führer Hans-Ulrich	SH	407
Führer Sarah	SH	409
Füller Hildegardis	BW	58
Füllkrug Michael	NW	305
Fünfgeld Michael	BW	45

Fünfsinn   Namensverzeichnis

Name	Ref
Fünfsinn Helmut	HE 177
Fünfzig Josef	NW 318
Füracker Matthias	BY 120
Fürniss-Sauer Angela	SAN 388
Fürstenau Ulrike	BW 28
Fürstnow Diana	BW 61
Fürter Thorsten	SH 404
Fürter-Braun Berke	SH 408
Füßinger Silke	SH 409
Füting Loni-Regina	BRA 155
Fughe Elisabeth	NDS 226
Fuhlendorf Rolf	NDS 234
Fuhr Heike	NW 261
Fuhrmann Birgitta	ArbG 435
Fuhrmann Georg	NDS 248
Fuhrmann Harry	BER 136
Fuhrmann Heinz-Helmut	NW 307
Fuhrmann Hilde	ArbG 441
Fuhrmann Kai	RP 352
Fuhrmann Kerstin	BW 65
Fuhrmann Stefan	HE 177
Fuhrmann Wolfgang	BER 132
Fuhrmann-Klamt Sabine	NDS 237
Fuhse Ekkehard	NDS 252
Fulber Thorsten	NW 329
von Fumetti Albrecht	VwG 508
Fumi Horst-Dieter	FG 470
Freiherr von Funck Arndt	VwG 534
Funcke Thomas	NW 306
Fundel Stefan	BW 63
Funder Carsten	BRA 147
Funk Andreas	BER 139
Funk Bernhard	BY 90
Funk Friedrich	HH 170
Funk Rasmus	NW 284
Funk Sabine	VwG 519
Funk Stefan	SAA 359
Funk Stefan	ArbG 435
Funk Tanja	NW 329
Funke Friederike	BRE 163
Funke Gerd	TH 419
Funke Hans-Friedrich	NW 281
Funke Jörg	SAA 359
Funke Karsten	BY 123
Funke-Kaiser Michael	VwG 505
Funke-Meyer Jutta	NDS 251
Funken-Schneider Margarete	NW 266
Fura-Sandström Elisabet	EuGHMR 568
Furch Heinrich	NW 315
Fuß Kathrin	NDS 221
Fuß Norbert	AnwG 559
Futter Ulrich	BW 21
Futterknecht Olaf	BW 31

G

Name	Ref
Gaa Christine	BW 50
Gaa-Unterpaul Brigitta	SG 480
Gaasenbeek Heidrun	SAC 374
Gabelin Eva Maria	NW 271
Gabelmann Rolf	RP 342
Gabler Andrej	SH 402
Gabler Bernd	BRE 163
Gabler Bettina	SAA 359
Gabriel Annette	BER 129
Gabriel Claudia	BY 92
Gabriel Gerrit	NW 307
Gabriel Günter	VerfG 430
Gabriel Karin	NW 302
Gabriel Regina	BY 93
Gabriels-Gorsolke Antje	BY 119
Gabrysch Joanna	VwG 536
Gacaoglu Omar	BY 104
Gadamer Andrea	AnwG 543
Gadesmann Christoph	BW 69
Gaebel Lutz	NDS 243
Gäbel-Reinelt Juliane	VwG 532
Gäbhard Gerhard	BY 100
Gaebler Christian	BER 129
Gädeke Michael	VwG 512
Gädigk Cornelia	HH 173
Gaedke Nadja	NW 323
Gaedtke Gerfried	NW 263
Gaedtke Matthias	BER 140
Gäfgen Mathias	HE 195
Gänslmayer Peter	VwG 508
Gänßler Peggy	SAC 381
Gäntgen Hans Jörg	ArbG 454
Gärtner Andreas	MV 213
Gärtner Axel	AnwG 549
Gärtner Axel	HH 166
Gärtner Birgit	MV 214
Gärtner Frank	SAN 390
Gärtner Hans-Joachim	VwG 524
Gärtner Janina-Maria	SH 408
Gärtner Julia	SH 408
Gärtner Kerstin	BER 130
Gärtner Margrit	VerfG 429
Gärtner Nadine	BY 121
Gärtner Wolfgang	NW 278
Gävert Claudia	NW 331
Gahbauer Jutta	ArbG 437
Gahlen Heinz Georg	BER 128
Gahr Heinz-Jürgen	AnwG 554
Gaida Brigitte	SAC 380
Gaida Michael	SG 490
Gaier Reinhard	BU 8
	BVerfG 1
Gailing Ulrike	ArbG 459
Gaillard Ingrid	SAA 356
Gaillard Wolfgang	SAA 357

Name	Ref
Gaiser-Nökel Doris	BW 24
Gaitzsch Mario	SAC 380
Gaitzsch Matthias	TH 411
Galambos Tatjana	BRE 162
Galemann Barbara	RP 339
Galke Gregor	BU 8
Gallandi Andrea	HE 197
Gallasch Georg	NW 268
Gallasch Wolfgang	BY 114
Galle Stefan	NW 262
Gallenkämper Ulrich	SG 502
Galler Ulrich	SAN 391
Galler-Braun Beate	VwG 512
Gallhoff Martin	BY 84
Gallner Inken	ArbG 434
Galm Eberhard	HE 198
Galonska-Bracun Susanne	NW 267
Gamp Stephanie	VwG 512
Gampe Matthias	HE 193
Gamrath Götz-Peter	BER 139
Ganderath Peter	TH 415
Gandner Hans-Peter	RP 344
Gandner Sonja	BW 69
Gann Christoph	TH 417
Gans Hans-Joachim	ArbG 455
Gans Heino	BY 86
Gansen Franz Werner	SG 495
Ganser Lutz	NDS 235
Ganser Thomas	BW 38
Ganßauge Klaus	BW 30
Ganster Günther	HE 182
Ganter Alexander	BW 34
Ganter Hans Gerhard	BU 7
Ganz Anett	MV 214
Ganzemüller Ulrich	NDS 235
Ganzenmüller Michael	BU 16
Gappisch Ralf	MV 214
Garbas Bernd Michael	HE 182
Garbe Annegret	MV 208
Garbe Jürgen	MV 206
Garbe Thorsten	NDS 230
Garbers Karl-Heinz	NW 296
García-Valdecasas Rafael	EuG 565
Garlicki Lech	EuGHMR 568
Garlipp Thomas	NDS 245
Garmann Bettina	SAC 368
Garmatter Christiane	HH 165
von Garmissen Sabine	HE 185
Garrelts Ulrich	SAC 369
Garske Karin	ArbG 441
Garske-Ridder Erika	BER 136
Garthaus Bernward	BRE 161
Garthmann-Ressing Carola	NW 265
Gartner Bianca	SAA 361
Garz-Holzmann Karin	BER 128

Gasch Susanne	SAC 379	Gebauer Johannes	BW 41	Gehrsitz Elmar	VwG 509
Gasper Jürgen	VwG 518	Gebauer Michael	BMJ 4	Gehweiler Thomas	BW 63
Gaß Andreas	VwG 510	Gebbensleben Tim	NW 327	Geib Stefan	SAA 357
Gass Helmut	BRE 160	Gebehenne Michael	NDS 222	Geib Ulrike	BU 10
Gasser Stefan	BU 12	Gebele Bruno	BW 27	Geib-Doll Marga	RP 347
Gaßmann Gerd	VwG 538	Gebelhoff Ulrich	NW 260	Geibert Anja	TH 413
Gaßmann Heinz	NW 284	Gebert Edelgard-		Geibert Jörg	TH 411
Gaßmann Holger	HE 194	Sabine	ArbG 443	Geich-Gimbel Ralf	NW 317
Gassner Christian	BY 98	Gebert Stefanie	BW 64	Geider Christine	RP 337
Gaßner Oliver	AnwG 552	Gebert Ursula	HE 198	Geidies Michael	HE 200
Gast Christoph	NW 315	Gebhard Thomas	SAC 370	Geier Thomas	NW 325
Gast Peter	HE 199	Gebhard Thomas	BER 133	Geiersberger Doris	AnwG 551
Gast Susanne	RP 353	Gebhardt Christina	BER 134	Geiger Eckhard	BW 56
Gast Thomas	SAC 373	Gebhardt Christoph	HE 180	Geiger Frank	ArbG 435
Gastroph Marie-Luise	BY 86	Gebhardt Georg		Geiger Günter	BW 64
Gaszczarz Jürgen	NW 276	Andreas	NDS 254	Geiger Hans-Georg	BRA 156
Gataksis Siegbert	VwG 529	Gebhardt Klaus	NDS 244	Geiger Harald	VwG 508
Gathen Lothar	NW 278	Gebhardt Ulrich	NW 274	Geiger Jörg	BW 53
Gattner Anette	BW 39	Gebing Astrid	RP 352	Geiger Manfred	SG 481
Gattner Oskar	BW 40	Gebken Gerhard	BU 14	Geiger Michael	NDS 226
Gattung Heinz-Walter	RP 341	Geburtig Lars-Jörgen	BW 39	Geiger Petra	RP 340
Gatz Konrad	SAC 365	Gedeon Bertolt	BY 122	Geiger Stephanie	NW 317
Gatz Konrad	VerfG 429	Gedig Alfred	NW 313	Geiger Thomas	BW 61
Gatz Stephan	BU 13	Geelhoed Leendert A. EuGH 564		Geiger Tobias	BY 123
Gatzka Ralf	HE 187	Geerhardt Gabriele	SAN 390	Geiger Udo	SG 482
Gatzka Ralph	VerfG 427	Geers Marion	BW 26	Geiger Wolfgang	SH 405
Gatzke Norbert	NW 314	Geerts Anka	NW 314	Geiger Wolfgang	VwG 537
Gau Christian	VwG 511	von der Geest Matthias	SH 401	Geiger-Battermann	
Gau Dagmar	HE 196	Geffers Nicole	HH 169	Bernd	NW 272
Gau Uwe	RP 347	Geffers Wolfgang	NDS 228	Geigle Birgit	HH 165
Gaube Gabriele	VwG 511	Geffert Martin	HE 186	Geilenblügge	
Gaube Wolfgang	AnwG 555	Geffroy Lutz	NW 268	Christiane	VwG 528
Gauch Gerhard	BW 61	Gegenwart Andreas	VwG 518	Geilfus Klaus-Peter	HE 187
Gauch Ruth	BW 33	Gegenwart Peter	ArbG 445	Geilhorn Alexandra	MV 215
Gaude Alexandra	NDS 228	Gehentges Günter	NW 263	Geimer Alexander	NW 324
Gaude Christian	BRA 152	Gehle Burkhard	NW 314	Geimer Klaus	ArbG 453
Gaude Hendrik	BW 35	von Gehlen Harald	NW 292	Geis Manuela-Rebecca	HH 174
	BW 41	Gehlen Hermann-Josef	NW 315	Geis Ralf	VwG 532
Gaudernack Dorothea	VwG 512	Gehlhaar Frauke	FG 473	Geis Sabine	HE 185
Gaudin Angela	SG 483	Gehling Gabriele	NW 189	Geise Gunter	BY 114
Gauger Bettina	BER 137	Gehlsen Susanne	HE 189	Geiselhard Lutz	HE 193
Gaul Manfred	BW 44	Gehr Helmut	AnwG 545	Geiser Matthias	BW 70
Gaumann Ralf	ArbG 445		BY 110	Geiser Miriam	NW 269
Gaumert Wolfgang	BY 88	Gehre Katja	BRA 148	Geiser Thomas	RP 352
Gauß Stephanie	BW 31	Gehri Claudia	BY 101	Geisert Rolf	AnwG 556
Gauß Sybille	FG 473	Gehring Chantal	NW 273		RP 347
Gawinski Renate	BER 129	Gehring Gabriele	BW 58	Geisler Barbara	FG 474
Gawinski Wolfgang	BY 98	Gehring Peter Helmut	NW 277	Geisler Christian	HE 202
Gawlas Ortrun	BRA 152	Gehring Udo	RP 352	Geisler Sven	MV 212
Gawlik Ulrich	NW 326	Gehringer Heidi	NDS 228	Geismar Bernhard	BY 100
Gaydoul-Gooren		Gehrke Ralf	SAN 394	Geiß-Albohr Claudia	NW 304
Anne-Katrin	BER 129	Gehrke Ralf	MV 209	Geißels Volker	NW 262
Gaydow Alexander	BW 58	Gehrke-Lohmann Isa	BRA 156	Geißenberger Birgit	BY 89
Gebauer Armin	SAN 394	Gehrken Kristian	SH 401	Geißendörfer Rainer	BY 116
Gebauer Carlos	AnwG 554	Gehrlein Markus	BU 8	Geißinger Siegfried	BY 101
Gebauer Detlef	SG 492	Gehrling Horst-Dieter	NW 294	Geißler Bettina	BY 96
Gebauer Eva	BY 114	Gehrmann Detlef	VwG 527	Geißler Carl-Ludwig	HE 200
Gebauer Ingrid	SAN 389	Gehrold Andreas	BY 81	Geißler Michael	BY 85

Namensverzeichnis **Geißler**

633

Geißler Namensverzeichnis

Geißler Rainer	HH	174
Geissler Silke	BRA	158
Geist Kerstin	BW	70
Geist-Schell Franz	BY	88
Geistert Regina	BER	135
Geithe Monika	ArbG	441
Gekeler Doris	BW	70
Gelber Claudia	NW	317
Gelberg Josef	VwG	525
von Geldern-Crispendorf Beate	BY	96
Geldmacher Günther	NW	261
Geldmacher Irene	BER	129
von Gélieu Christian	BER	127
Geller Monika	ArbG	452
Gellermann Ulrich	BER	134
Gellhaus Frank	BY	74
Gellner Julia	VwG	536
Gelübcke John	HH	170
Gemählich Gabriele	BY	115
Gemählich Rainer	BY	113
Gemeinhardt Ulf	BRA	146
Gemes Sören	MV	209
Gemmer Rüdiger	HE	193
van Gemmeren Gerhard	NW	268
Gender Dietrich	BY	84
Genest Hildegard	BY	96
Geng Thomas	SH	398
Genrich Lutz	VwG	504
Gensel Birgit	BW	61
Genter Lothar	NW	265
Genthe Michael	BER	126
Gentilini Simona	NW	330
Gentz Wolfdietrich	NDS	242
Genz Bettina	SAC	373
Genz Udo	SG	482
Georg Antje	SAN	393
Georg Roman	SAC	379
Georg Ronald	BU	9
George Manuela	ArbG	444
Georgen Ferdinand	VwG	519
Georgi Andreas	FG	468
Georgii Hans	VerfG	425
Geppert Gisela	BY	92
Gerads Ralf Johann	NW	272
Gérard Beate	RP	340
Gerard-Morguet Susanne	SAA	357
Gerards Rainer	SAC	369
Gerasch Horst	BER	139
Gerats Walburga	NW	272
Gerber Andreas	BW	58
Gerber Andreas	SH	404
Gerber Stefan	ArbG	441
Gerber Volkhard	SH	404
Gerberding Dirk	BER	141
Gerberding Patrick	HE	202
Gerberding Rudolf	HH	166
Gerbig Hans-Dieter	SG	496
Gerbl Yvonne	HH	174
Gerching Markus	ArbG	453
Gerdes Angelika	ArbG	462
Gerdes Michael	NDS	230
Gerdesmeyer Tobias	NDS	255
Gerdts Silvia	MV	212
Gereke Barbara	HH	174
Gerfelmeyer Thomas	SG	488
Gerfin Ulrich	HE	184
Gerhäusser Michael	SAC	379
Gerhard Dieter	ArbG	436
Gerhard Karl-Heinz	SAA	357
Gerhardi Christopher	SAC	376
Gerhardinger-Stich Anna	BY	96
Gerhards Bernd	BU	17
Gerhards Hermann	SAN	392
Gerhards Wilhelm	SAC	375
Gerhardt Christine	SAC	373
Gerhardt Hanno	NW	289
Gerhardt Karin	MV	214
Gerhardt Martina	FG	473
Gerhardt Michael	BVerfG	1
Gerhardt Susanne	BY	107
Gerhardt Ursula	BU	8
Gerhardt-Njaka Patricia	BER	141
Gerharz Winfried	RP	339
Gericke Berthold	ArbG	437
Gericke Jan	NW	317
Gericke Stephan	BY	90
Gericke Wiltrud	ArbG	436
Gerigk Karl-Heinz	BER	128
Geringswald Anja	BER	141
Gerkau Frank	NW	288
Gerke Ulrich	NW	293
Gerke Volker	HE	196
Gerke Volker	VwG	515
Gerken Reinhold	ArbG	439
Gerken Uwe	NDS	244
Gerl Dierk	BRE	162
Gerl Eva	BY	89
Gerlach Alice	SG	478
Gerlach Axel	BRA	152
Gerlach Bernd-Ulrich	NW	288
Gerlach Brigitte	BER	140
Gerlach Karl-Heinz	NDS	217
Gerlach Klaus	NDS	241
Gerlach Martina	BER	127
Gerlach Susanne	BER	127
Gerlach Ulrich	BW	40
Gerlach-Worch Ute	NW	281
Gerlich Stephanie	BY	109
Gerlinger Michael	MV	214
Gerloff Karl-Michael	BER	134
Germann Peter	TH	413
Germaschewski Bernhard	BY	113
Germerodt Dirk	TH	422
Gerndorf Markus	NW	329
Gernet-Klier Elfriede	SG	481
Gernhard Ralf-Udo	BRA	150
Gernoth-Schultz Petra-Claudia	BER	127
Gerok Bernhard	BY	99
Gerretz Thomas	ArbG	452
Gersch Hans-Georg	NW	316
Gerschner Günter	BRA	147
Gersitz Wolfgang	HE	190
Gerster Erwin	SAC	370
Gerster Honor Peter	BU	16
Gerster Marc	BW	37
Gerster Rainald	VwG	518
Gerstmann-Rogge Kathrin	SG	483
Gerstner Lothar	BER	125
Gerstner Manuela	TH	416
Gerstner Michael	VwG	510
Gerstner-Heck Brigitte	VwG	504
Gerstung-Vindelstam Marion	HE	190
Gerth Gabriele	SAC	375
Gerth Ralf	SAN	387
Gertich Michael	SG	490
Gertje Wolfgang	NDS	248
Gertler Anne-Dorothee	BW	69
Gertler Nils Fabian	ArbG	436
Gertych Gabriele	BER	140
Gerwing Annette	TH	413
Gerwing Bernd	BER	130
Gescher Philipp	HE	187
Geschwilm Bettina	BY	90
Geschwinde Thomas	HE	199
Gesell Paul	BW	66
Geserich Stephan	FG	463
Gesser Monika	BW	58
Gessert Thomas	NW	290
Gessert-Pohle Adelinde	BY	101
Geßl Karin	BY	107
Geßler Florian	NW	325
Geßler Joachim	AnwG	543
Geßler Markus	BW	55
Geßner Bert	BRA	155
Geßner Birgit	BRA	155
Gestefeld Rolf	VwG	515
Gestefeld Wolf Dietrich	HE	180
Gester Torsten	SAN	386
Gethmann Nicolas	BW	30
Gettmann Kerstin	RP	337
Geue Jochen	NW	284
Geue Lars	BER	143
Geuenich-Cremer Christa	NW	270
Geußer Rupert	SAC	374
Gewaltig Andrea	VwG	528
Geyer Anne	SAN	386

Geyer Christina	BY	103	Gietzen Markus	RP	349	Glas Hans-Peter	BY 105
Geyer Eva Maria	NDS	220	Giez Regina	NW	321	Glasbrenner Mathias	BRE 162
Geyer Heike	SAN	393	Giffey Dagmar	NW	314	Glaser Christoph	ArbG 438
Geyer Joachim	NDS	223	Giffey Ingrid	SG	482	Glaser Gerhard	BW 59
Geyer Stephanie	HE	184	Gilberg Dirk	ArbG	454	Glaser Michael	BY 122
Ghanem Tatjana	SAC	372	Gildemeister Eike	SAC	380	Glaser Sylvia	TH 419
Giani Paul Leo	VerfG	427	Gildemeister Ute	SAC	373	Glashörster Carsten	NW 284
Gibbels Hans	MV	214	Gilg Gerhard	NW	307	Glasmann Gabriel	NW 320
Gibbert Wilfried	NDS	228	Gilge Christina	BER	129	Glaß Peter	SAC 364
Gibis Andrea	BW	69	Gille Antje	NDS	220	Glaß Robert	NDS 232
Gick Dietmar	BER	125	Gille Jan	SG	491	Glass Roland	BY 111
Gicklhorn Bernd	SAC	372	Gille Rico	NDS	220	Glaß Tobias	BRA 149
Giebel Martin	TH	412	Gille Rolf	SH	404	Glaßer Heinrich	BER 127
Giebel Thomas	NDS	250	Gillerke Volker	SH	403	Glatz Birgit Heidi	SH 408
Giebel Veronika	BRA	155	Gilles Anja	SG	497	Glatz Christian	HE 183
Giebler Jenny	SAN	395	Gilles René	NW	332	Glatz-Büscher Angela	NW 268
Gieg Georg	BY	75	Gillig Christa	BW	66	Glaunsinger Wolfgang	BW 53
Gielau Hans-Joachim	HE	183	Gillmeister Ferdinand	AnwG	543	Gleesner Tanja	NW 331
Gielens Martin	NW	289	Gillmeister Uwe	NW	291	Gleesner Tanja	NW 331
Gienap Ulrike	SH	402	Gillner Manuela	SG	487	Gleibs Rainer	NDS 245
Gieraths Charlotte	ArbG	445	Gillner Thomas	MV	213	Gleich Gerhard	SG 498
Giere Kathrin	HH	176	Gillot Christoph	BY	79	Gleich Johann	BY 87
Gierhardt Peter W.	AnwG	559	Gillot Sonja	BY	120	Gleichmann Joachim	NDS 220
Gieritz Hartmut	BER	128	Gilzer Silke	HE	202	Gleisberg-Heigl Heike	SG 499
Gierke Martin	HE	186	Gimbel Hermann	HE	197	Gleisl Anton	BY 98
von Gierke Bettina	BER	129	Gimbernat-Jonas Antonio	HE	191	Gleixner Martin	BY 93
Gierl Walter	BY	87	Gimmler Andreas	HE	183	Glenk Heinrich	FG 469
Gierl Werner	BY	117	Ginnow Michael	BRA	157	Glenz Rolf	BW 33
Giers Michael	NDS	230	Gins Werner	TH	415	Gless Rainer	BW 58
Gierschik Franz	BY	107	Gintaut-Verheyen			Glienicke Matthias	HE 201
Gierse Bernhard	BER	141	Annette	BER	141	Gliese Rainer	BW 45
Gies Bernd Willy	HH	174	Ginten-Muders Johanna	NDS	247	Glimm Hans-Joachim	NDS 225
Gies Richard	NW	319	Ginzel Manuel	NW	293	Gliniars Frank	NW 306
Giesbert Jan	SG	488	Giob Ursula	BW	67	Glinka Gerhard	BW 57
Giesch-Rahlf Roland	HH	173	Gipper Helmut	NW	305	Glinski Robert	VwG 538
Giese Wolfgang	BY	102	Girndt Johannes	SG	494	Gliwitzky Florian	BY 99
Giesecke Frank	SAC	366	Girnghuber Gudrun	BY	99	Globig Daniel	BER 131
Giesecke von Bergh			Gironda Carsten	ArbG	451	Glocker Bernhard	BY 99
Günter	NW	297	Girshausen Hartmut	AnwG	546	Glocker Elisabeth	BY 96
Gieseke Simra	BRA	147	Gisa Hans	BW	59	Glocker Peter	BY 79
Gieseking Matthias	NDS	232	Gischkat Kerstin	TH	417	Glocker Sabine	BRA 152
Gieseking Sonja	NDS	255	Gissler Friederike	BW	26	Glöck Karola	TH 422
Gieselmann Bernhard	VwG	530	Gith Albert	VwG	540	Glöckner Gertraud	BY 116
Giesen Barbara	BER	142	Giwer Elisabeth	SG	482	Glöckner Jochen	BW 24
Giesen Claudia	NW	322	Glaab Kerstin	BER	143	Glöckner Uwe	AnwG 545
Giesen Lars	SAN	385	Glab Thomas	HE	197	Gloede Wolfgang	NDS 226
Gieser Ralf	SG	498	Glaeser Bärbel	BW	23	Glöggler Ulrich	BY 122
Giesert Christa	NW	281	Gläser Monika	BRA	150	Glombik Olaf	NW 308
Giesler Frank	HH	172	Gläser Renate	HH	169	Glombik Petra	SAC 366
Giesler Volkmar	BMJ	3	Glaeser Sabine	NW	273	Glombitza Claudia	NW 328
Gießau Reiner	VwG	526	Gläsker Rolf-Hanno	NW	325	Glomski Bruno	SAN 387
Gießelmann-Goetze			Glaessel Gerhard	HE	195	Gloria Claudia	VwG 528
Gudrun	SAN	391	Gläßl André	BY	120	Glorius Helmut	
Gießen Karl	BU	16	Glage Martin	BER	141	Friedrich	NW 302
Gießler Thorben	ArbG	445	Glahn Jutta	NDS	230	Glositzki Tanja	HH 174
Gießwein Katrin	HE	192	Glahn Thomas	NDS	228	Gloski Inez	TH 415
Gietemann Karl	NW	268	Glanz Börries	TH	421	Gloßner Silke	BY 108
Gietzen Christoph	VwG	532	Glanzmann Peter	BW	23	Glowatzki Lydia	VwG 511

635

Glück Namensverzeichnis

Glück Christine	BY 96
Glück Gerhard	SG 480
Glückert Maria-Luise	VwG 532
Glufke Eckhard	NDS 240
Gluns Thomas	ArbG 433
Gmach Gertlieb	FG 464
Gmel Duscha	SAC 365
Gmelch Alfons	BY 92
Gmelch Hermann	BY 117
Gmelch Horst	SG 478
Gmelch Thomas	BY 84
Gmelin Mark Ulrich	NW 262
Gnad Markus	SAC 367
Gneiting Jürgen	ArbG 435
Gnisa Jens	NW 281
Gnöncke-Müller Petra	BY 98
Gocha Hans-Jörg	SAC 371
Gocke Karlheinz	SAA 360
Gockel Dieter	BY 88
Gockel Michael	ArbG 457
	VerfG 429
Godau-Schüttke Christina	SH 400
Godau-Schüttke Klaus-Detlev	SH 400
Gode Johannes	NW 261
Godejohann Dietrich-Friedrich	ArbG 461
Godglück Wolfgang	HH 167
Godulla Dagmar	BY 96
Göb Ursula	BW 58
Göb Wolfgang	HE 200
Göbbels Julia	NW 332
Goebbels Tim	NW 330
Göbel Alfred	NW 313
Goebel Anne Babette	ArbG 454
Göbel Astrid	SAN 384
Goebel Frank	RP 335
Göbel Friederike	HE 203
Goebel Hermann-Josef	BRA 146
Göbel Jörg	RP 350
Göbel Judith	NDS 255
Göbel Klaus Dieter	NDS 247
Göbel Michael	VwG 514
Goebel Michael	SAC 365
Göbel Norbert	SAC 372
Göbel Rüdiger	HH 167
Goebel Ulrich Michael	NW 304
Göbel-Zimmermann Ralph	VwG 518
Goebels Peter	MV 208
Göbelsmann Dieter	SG 491
Göbhardt Matthias	BY 80
Göddertz Walter	SH 402
Gödel Christoph	BU 13
Gödel Monika	NW 280
Goedel Ursula	HE 199
Goedelt Christina	SH 407
Goedelt Uwe	SG 501
Gödicke Patrick	HE 202
Gödicke Uwe	TH 420
Göge Klaus	NW 262
Gögge Corinna	BER 140
Göhle-Sander Kristina	ArbG 451
Göhler Thomas	VwG 536
Göhler-Schlicht Gabriele	NW 313
Göhlich Wolfgang	HH 167
Göhre Stefan	HE 180
Göhrs Claudia	BRE 161
Goehtz Petra	BER 134
Göke Christoph	NW 308
Goeke Georg	ArbG 449
Göken Andreas	NDS 226
Göken Gabriele	VwG 523
Goeldel Hans	AnwG 553
Göldner Klaus	SAC 373
Göldner Sabine	ArbG 460
Göll-Waechter Renate	VwG 523
Göller Gudrun	BY 77
Göller Harald	BW 55
Göller Manuela	BY 115
Göller Sigrun	BY 79
Göller Stephanie	SG 501
Göllner Eduard	BER 139
Göllner Karsten	SH 409
Göllnitz Gerda	SAC 375
Gölz Rainer	SG 494
Gölzer Ines	BY 113
Gömann Stefan	BRA 149
Gönsch Manfred	HE 185
Göpel Iris	BW 67
Göppl Ulrike	VwG 505
Goerdeler Daniela	BMJ 4
Goerdeler Marianne	VwG 514
Goerdeler Ulrich	ArbG 451
Goerdes Hermann	AnwG 554
Göres Gerhard	SAC 367
Görg Axel	AnwG 547
Görgen Christian	MV 209
Görgen Hans Günter	NW 314
Görgen Juliane	NW 318
Görgen Stefanie	BY 121
Goergen Uwe	VwG 534
Görgner Cornelia	BY 93
Göring Burkhard	NDS 218
Göritz Wilma	TH 416
Goerke Hans-Joachim	HE 182
Görke Roger	BU 11
Görke Thomas	BER 137
Goerke-Berzau Iris	SAN 384
Görlach Dietrich	NDS 219
Görlich Gabriele	NDS 254
Görlich Michael	VwG 511
Görlich Uwe	NDS 241
Görlich Wolfgang	BW 53
Görlinger Michael	SAA 357
Görlitz Stephan	FG 473
Görlitz Ursula	BW 29
Görres-Ohde Konstanze	SH 398
Görschen-Weller Martina	SH 399
Görtz Anja	RP 352
Görtz Hermann-Josef	NDS 249
Görtz Jürgen	BW 69
Gössel Gunter	BW 57
Goessl Matthias	VwG 512
Gößmann Christine	BY 96
Gößner Edda	BY 115
Gößwald Anita	SAC 367
Göthlich Kristiane	RP 348
Goethner Diana-Brigitte	SAC 378
Götsche Frank	BRA 147
Götsche Susanne	BRA 154
Gött Kurt	BW 32
Götte Edgar	VwG 530
Götte Joachim	NW 276
Goette Wulf	BU 7
Götter Wolfgang	BY 80
Göttgen Hans-Georg	RP 336
Götting Eva-Maria	HE 189
Göttinger Stephan	BY 91
Göttker Karin	NW 300
Göttling Brigitte	ArbG 449
Göttling Michael	BW 70
Göttling Wulfhard	ArbG 449
Göttmann Heinz	RP 351
Göttsch Astrid	NDS 253
Götz Bernhard	BW 47
Götz Daniel	BY 83
Götz Gerhard	BY 79
Götz Gerhard	AnwG 556
Götz Gero	NW 282
Götz Hansjörg	BW 66
Götz Isabell	BY 98
Götz Karl-Georg	TH 416
Götz Karl-Heinrich	TH 415
Götz Katrin	BER 142
Götz Michael	VwG 509
Götz Ralph	MV 207
Götz Silke	NW 332
Götz Stefan	BW 37
Götz Volkmar	VerfG 428
Götz Wolfgang	MV 213
Götz von Olenhusen Peter-Wedekind	NDS 225
Götz-Tallner Claudia	HE 184
Götze Bernd	SAC 366
Götze Bernd	SG 483
Goetze Erik	BVerfG 1
Götze Günter	MV 207
Goetze Hans-Henning Hilmar	HH 175
Goetze Henning	HH 169

Namensverzeichnis Graf-Schlicker

Goetze Peter	VerfG	430
Götze Thomas	MV	215
Goetzeler Petra	ArbG	453
Götzinger-Schmid Birgit	BY	118
Götzl Manfred	BY	95
Götzmann Claudia	NW	331
Gövert Anke	NW	329
Gogger Martin	BY	81
Gohl Gerd	BW	60
Gohla Kai	NDS	248
Gohm Christian	ArbG	435
Gohr Albrecht	NW	273
Goide Jochen	NW	284
Goj Maria	BW	27
Golasowski Wolfgang	BRE	160
Gold Gerda	BY	117
Gold Helga	BY	103
Gold Wendell	BY	87
Gold-Pfuhl Gisela	NW	276
Goldack Cynthia	BER	130
Goldbeck Hans-Bodo	NW	289
Goldberg Birgit	NW	301
Goldbrunner Franz	ArbG	437
Goldmann Agnes	HE	202
Goldmann Karin	BRE	161
Goldmann Kristine	RP	353
Goldschmidt Michael	RP	348
Goldschmidt-Neumann Birgit	NW	261
Goldstein Jürgen	RP	349
Goldstein Oliver	BER	132
Golfier Stefan	BRA	156
Golinski Normen	MV	215
Goll Julia	BW	58
Goll Ulrich	BW	21
Gollan Stephanie	BER	130
Gollata Frank	NW	310
Goller Fritz	BY	85
Goller Walter	NW	261
Gollinger Roman	BY	118
Gollnick Dirk	TH	419
Gollnow Svenja	HH	175
Gollos Christian Matthias	NW	273
Gollrad Walter	BW	38
Goltz Christian	SAC	376
Goltzsche Pierre	ArbG	445
Golüke Klaus	VwG	527
Golumbeck Alexandra	RP	342
Golumbeck Erwin	NW	277
Golyschny Volker	NW	529
Golz Thomas	MV	211
Golze Hartmut	BU	13
Gombac Andrea	MV	211
Gombert Rainer	SG	509
Gomille Thomas	HE	183
Gomoll Bernd	SG	480
Gomoll Eva	HH	174
Gonder Thomas	HE	198
Gonschior Arne	VwG	523
Goos Axel	SH	407
Goos Martin	SG	489
Goose Gerd	NDS	247
Gora Hansjürgen	NW	288
Goralska Marianne	NW	263
Gordalla Steffi	VwG	536
Gordon Gabriele	BRA	156
Gores Klaus-Jürgen	NW	288
Gorf Claudia	NDS	241
Gorgels Anja	SG	482
Gorial Murad	SAC	364
Goritzka Alfons	HH	170
Gosch Carla	SG	488
Gosch Dietmar	BU	11
Gosch Michael	MV	208
Gosch Otto	SH	406
Gosselke Frank	BY	84
Gossmann Wolfgang	NW	280
Gothardt Dirk	SH	409
Gothe Alexandra	NW	331
Gottfried Mario	SAN	387
Gottfriedsen Christian	NDS	241
Gotthardt Hans-Joachim	HE	197
Gotthardt Michael	ArbG	450
Gotthardt Rainer Rudolf	HE	189
Gottschalch Sibylle	BW	67
Gottschaldt Ingeborg	NW	284
Gottschalk Dietmar	BU	15
Gottschalk Heinz	NW	319
Gottschalk Joachim	AnwG	550
	HH	166
Gottschalk Jörg-Michael	ArbG	448
Gottschalk Martin	TH	423
Gottstein Michael	BY	98
Gottwald Klaus-Dieter	NW	280
Gottwald Manfred	SAN	387
Gottwald Sibylle	HE	199
Gottwald Uwe	RP	336
Gottwald-Monstadt Dagmar	MV	211
Gottwaldt Klaus J.	BRA	146
Goullon Sabine	SG	501
Gowen Walter	NDS	248
Goy-Fink Helga	HE	198
Graalmann-Scheerer Kirsten	BRE	162
Grabandt Barbara	MV	207
Grabbe Annette	AnwG	547
	BER	127
Grabe Gabriele	BW	26
Grabe Hans-Bernd	NW	297
Grabe Helmut	BRA	154
von Grabe Annette	VwG	531
Grabinski Klaus	NW	262
Grabosch Volker	VwG	527
Grabow Andreas	BRA	155
Grabow Michael	BER	134
Grabowski Eckhard	HE	180
Grabowski Kirsten	NDS	222
Grabowski Tim	NDS	254
Grabrucker Marianne	BU	15
Grabsch Winfried	BW	24
Gradel Jutta	TH	418
Gradl Carsten	BER	132
Gradl-Matusek Barbara	SH	407
Gradulewski Hermann	SAC	373
Gräber Kai	BY	107
Graeber Thorsten	BRA	154
Gräbert Ulrich	BRA	149
Gräbner Klaus	HE	190
Gräf Andreas	SAC	378
Gräf Christina	HE	197
Graef Harald	VerfG	430
Graef Harald	VwG	539
Graefe Bernd	ArbG	448
Graefe Burkhardt	NDS	253
Gräfe Ekkehard	BY	115
Gräfe Maike	NW	330
Gräfe-Hunke Hildburg	NDS	217
Gràefen Hans-Josef	RP	336
Gräfenstein Michael	SAC	376
Gräfl Edith	BU	10
Graeger-Könning Karin	MV	215
Grämmer Dorothea	BW	58
Gräper Uwe	BRE	160
Gräßle Werner	BER	133
Graetz Beate	NDS	251
Graetz Gerhard	BER	136
Grätz Hubert	SAN	385
Gräve Hans Dieter	NW	322
Graeve Heidi	NW	328
Graeve Peter	NW	325
Gräwe Gisela	HH	173
Gräwe Karlheinz	SAC	367
Graf Bianca	SAC	372
Graf Carola	VwG	525
Graf Ester	ArbG	445
Graf Eva	BY	111
Graf Immo	HH	169
Graf Ingrid	SAC	373
Graf Iris	RP	353
Graf Isolde	VwG	509
Graf Jürgen-Peter	BU	8
Graf Martin	BW	27
Graf Reiner	BW	53
Graf Rüdiger	VwG	533
Graf Ulrike	BW	68
Graf Yvonne	VwG	527
Graf-Böhm Heike	SG	475
Graf-Schlicker Marie-Luise	NW	287

637

Grafemeyer Birgit Annette	NW 276	Grauer Helmut	BW 39
Grafen Gabriele	ArbG 461	Grauer Tilman	BW 49
Grafschaft-Weder Gisela	BRA 147	Graulich Kurt	BU 13
Grahn Markus	NW 331	Graulich Winfried	VwG 507
Grain Robert	BY 98	Graumann Peter	BW 63
Graj Inge	SAA 361	Graupner Peter	BRA 158
Grajcarek Ines	SAC 376	Graus Ralf	SAN 393
Grajewski Josef	SG 496	Grauvogel Michael	ArbG 442
Gralfs Susanne	TH 420	Grave Annelie	BY 114
Gramatte-Dresse Brigitte	BY 92	Grave-Herkenrath Ulrike	NW 319
Grambow Hans-Jürgen	AnwG 549	Gravenhorst Ulrike	NW 263
Gramich Paul-Guido	FG 463	Gravert Christopher	VwG 539
Gramlich Bernhard	BW 49	Gravesande-Lewis Annette	HH 168
Gramlich Edgar	BW 28	Grawe Volker	NW 291
Gramm Helmut	VwG 516	Greb Heinz	ArbG 452
Grammann Klaus	SH 404	Grebe Joachim	NDS 236
Grammel Anja	BY 119	Grebe Michael	HE 195
Grammel Horst	SH 402	Gredner-Steigleider Heike	BW 33
Grammel Thomas	FG 465	Greese Ulrike	HH 169
Grams Detlef	SAC 373	Gref Monika	SAA 357
Gramsch Jasper	BER 131	Grefen Jochen	NW 270
Gramse Gerold Rüdiger	BER 131	Greff Oliver	NW 287
Gramse Jochen	NW 288		NW 330
Granderath Dorothee	BW 36	Gregarek Bernd	SG 493
Granderath Peter Franz	VerfG 430	Greger Anette	BY 120
Grandke Ines	BER 134	Greger Christine	VwG 508
Grandpair Walter	BY 119	Greger Gabriele	BY 77
Granow Heinrich	NW 316	Greger Raphael	BER 141
Granowski Michael	BER 136	Gregor Heidelore	VwG 511
Granzow Wolfgang	NDS 231	Gregor Klaus	BY 81
Grape Andrea	BY 99	Gregor Klaus-Joachim	SAC 377
Grape Lieselotte	NW 265	de Gregorio Enrico	BW 26
Grapperhaus Tanja	VwG 528	Gregorius Peter	BU 10
Grasemann Hans-Jürgen	NDS 223	Freiherr von Gregory Gregor	VwG 508
Grashoff Peter	NW 292	Freiin von Gregory Jutta	NW 262
Graß Michael	VwG 508	Grehl Andreas	NDS 228
Grass Roger	EuGH 564	Greier Gunnar	NW 326
Grasse Eberhard	SAN 387	Greifenstein Florian	BY 103
Graßhof Malte	VwG 505	Greiff Nicola	SAC 378
Graßhoff Elke	VwG 520	Greiffenberg Sabine	SAC 378
Graßhoff Martin	RP 353	Greilinger-Schmid Daniela	VwG 516
Grassmann Sibylle	NW 322	Greim Kristina	BY 99
Graßmück Peter	HE 189	Grein Klaus	BW 57
Graßnack Christiane	NW 315	Greindl Günther	BY 117
Gratzl Wolfgang	RP 348	Greiner Doris	BW 59
Grau Alfred	HE 182	Greiner Hans-Peter	BU 7
Grau Cornelia	BW 26	Greiner Reinhold	BW 24
Grau Gerd	VwG 536	Greiner Rolf	BW 57
Grau Harald	VwG 506	Greis Günther	SAA 359
Grau Sabine	NW 266	Greis-Müllenbach Friederike	SAA 358
Graubohm Axel	HH 170	Greischel Silja	NDS 224
Graue Olaf	HH 174		
Graue Petra	HH 174		
Grauel Kurt	NW 304		
Grauer Christian	BRA 148		

Greiser Johannes	SG 491		
Greite Walter	BU 11		
Grell Carmen	SAC 373		
Grell Erhard	SG 499		
Grembowietz Hans-Joachim	SG 480		
Gremm Barbara	SAC 380		
Gremm Bernd	SAC 374		
Gremme Anna Maria	NW 293		
Gremmelmaier Jürgen	BW 39		
Gremmelspacher Martin	ArbG 433		
Gremmer Bernhard	BY 86		
Grenzstein Brigitte	BY 94		
Grepel Wolfram	BRA 147		
Greschok Elke	FG 469		
Gresel Angelika	NDS 240		
Greser Rita	BY 88		
Greskamp Karsten	BER 130		
Greßmann Michael	BMJ 4		
Grethel Monika	VwG 534		
Gretschel Kerstin	SAC 378		
Grett Hans-Dieter	FG 469		
Gretzschel Helbert	FG 464		
Greunig Frank	TH 423		
Gréus Claudia	NW 326		
Greuß Johanna	HH 176		
Greve Friedrich	VwG 538		
Greve Gitta	BRA 145		
Greve Jörg	ArbG 460		
Greve Michael	NW 331		
Greve Sabine	SH 401		
Greve Silja	SH 409		
Greve-Decker Jutta	VwG 506		
Greven Karl	HE 196		
Greven Michael	BW 67		
Grevener Alfons	NW 278		
Greving Hermann	NW 281		
Grewe Heinrich	SG 491		
Grewe Matthias	BW 55		
Grewer Bernd	NW 289		
Grewer Hans-Jochen	NW 290		
Grewer Wilhelm	NW 294		
Griebel Claudia	HE 195		
Griebel Florian	BY 105		
	BY 120		
Griebeling Bernhard	VwG 518		
Griebeling Jürgen	ArbG 443		
Grieger Ernst-Walter	VwG 528		
Griehl Heidrun	BRA 153		
Griem Birgit	BY 114		
Griem Jürgen	HE 181		
Griep Barbara	RP 340		
Gries Hartmut	BRE 162		
Griesar Ludger	RP 338		
Griesbaum Rainer	BU 9		
Griese Barbara	RP 353		
Griese Klaus	ArbG 452		

Griese Thomas	ArbG	454
Grieser Josef	BY	90
Grieser Norbert	RP	343
Grieser Veronika	BY	121
Griesheim Kai-Uwe	BER	143
Grieß Adalbert	BER	126
Grieß Regine	BER	129
Grießhaber Rita	VerfG	425
Grigo Klaus	ArbG	449
Grigoleit Detlef	HH	168
Grigoleit Heike	VwG	512
Grill Ferdinand	NDS	222
Grillenberger Wilhelm	BY	111
Grillhösl Frigga	SG	477
Grimm Andreas	SAN	384
Grimm Andreas	BER	134
Grimm Claudia	BRA	156
Grimm Dagmar	SAN	388
Grimm Hans-Dieter	BW	50
Grimm Kerstin	MV	214
Grimm Lutz	NW	329
Grimm Manfred	HE	198
Grimm Martin	BW	39
Grimm Michael	TH	413
Grimm Olivia	BW	68
Grimm Ulrich	BY	110
Grimm Wolfgang	BY	93
Grimm-Hanke Ursula	BW	70
Grimmeisen Christian	BY	105
	BY	120
Grimmer Bernd	SAC	372
van der Grinten Winfried	NW	268
Grisée Siegfried	SH	399
Gritscher	BER	139
Grittner-Nick Kirsten	RP	340
Grobecker Sabine	NW	320
Grober Peter	MV	211
Grobrügge Nicole	SG	491
Groddeck Gert	BER	131
Groeger Ulrike	ArbG	452
Gröll Alexander	TH	423
Gröne Paul-Heinz	SG	491
Gröner Kerstin	BW	50
Gröner Klaus	NW	257
Groenhagen Bernhard	NDS	246
Gröning Jochem	BER	126
Groenke Uta	SG	490
Groepper Michael	BU	13
Gröschel Matthias	BY	119
Gröschel-Gundermann Olaf	SG	481
Groesdonk Eberhard	NW	299
Groger Peter	NDS	255
Groh Götz	FG	464
Groh Pia	SG	493
Groh Sabine	RP	354
Grohmann Beate	BY	76
Grohmann Hans	AnwG	546
Grohmann Marc	VwG	514
Grohmann Monika	BER	134
Grohmann Sandra	BER	137
Grolig Werner	BW	59
Groll Anja	SAA	361
Groll Ulrike	BY	97
Grommes Heinrich	NW	314
Gronau Kerstin	HH	176
Gronau Kerstin	HH	169
Gronau-Burgdorf Regina	SAN	390
Groner-Köhn Susanne	BW	58
Gronert Dieter	SAN	390
Gronewold Wolfgang	NDS	245
Gronski Klaus Jochen	NW	288
Gronstedt Dagmar	HE	186
de Groot Ilona	SG	490
Gropp Ulrich	NDS	240
Gros Reiner	BW	63
Grosbüsch Gabriele	NW	303
Grosch Peter	BW	54
Grosche Carsten	HE	191
Groschek Frank	VwG	540
Groschner Monika	SAN	391
Groschupf Charlotte	ArbG	448
Groschupp Bernd	VwG	536
Groscurth Stephan	VwG	512
Groskopff Gudrun	NDS	251
Groß Andreas	RP	337
Groß Andreas	BRA	153
Groß Anne	VwG	516
Groß Anne Christine	NW	330
Groß Barbara	VwG	512
Groß Bernhard	BER	142
Gross Bettina	BER	141
Groß Dieter	NW	291
Groß Dieter	SG	475
Groß Dominik	SH	408
Groß Franz-Peter	TH	417
Groß Gabriele	BY	123
Groß Helmut	RP	337
Groß Ingo Michael	NDS	219
Gross Iris	BY	88
Groß Karin	TH	422
Groß Karl Heinz	BU	16
Groß Katja	NW	273
Groß Marko	NDS	254
Groß Martin	BRA	146
Gross Michael	BW	66
Gross Oliver	BRA	149
Groß Peter	NW	297
Groß Petra	HH	165
Groß Roland	BY	94
Groß Stefan	BY	119
Groß Thomas	BER	129
Groß Walter	BY	111
Groß Yvonne	SG	478
Grossam Wolfgang	HH	167
Großbach Peter	NW	276
Großberndt Michael	SAN	390
Große Bernd	BW	68
Grosse Burckhard	HH	172
Große Beilage Heinrich	NW	286
Große Extermöring Gerfried	NDS	250
Große Feldhaus Josef	NW	287
Große Schlarmann-Meinke Jutta	NDS	239
Große Siemer Stephan	NDS	248
Große-Streine Thomas	SAC	375
Große-Wilde Bärbel	FG	471
Große-Wilde Nadja	ArbG	452
Großer Susanne	NDS	229
Großfeld Claudia	ArbG	452
Großger Birgit	BW	65
Großhauser Franz	AnwG	545
Großkopf-Sander Rotraud	SG	487
Großkurth Hans-Joachim	HE	191
Großmann Andrea	BW	28
Grossmann Andreas	BW	40
Großmann Christiane	MV	211
Grossmann Gerhard	BY	95
Großmann Herwig	BER	139
Großmann Klaus	HE	184
Großmann Markus	FG	473
Grot Lars	SG	485
Grote Brigitte	BY	99
Grote Carsten	HH	169
	HH	175
Grote Friederike	NDS	228
Grote Gerhild	TH	419
Grote Holger	ArbG	443
	HH	176
Grote Jens	NDS	241
Grote Martin	NDS	232
Grote Ramon	VwG	506
Grote-Bittner Kathrin	BRA	152
Grotevent Jürgen	NW	285
Groth Andy	SH	409
Groth Klaus-Martin	VerfG	426
Groth Kristina	HH	175
Groth Rainer	BER	127
Groth Reimer	MV	205
Groth Stefan	BER	130
Grothaus Thomas	BRA	155
Grothe Paul	NW	281
Grotheer Jan	FG	467
Grotheer Wolfgang	BRE	161
Grotkopp Jörg	SH	405
Baron von Grotthuss Patrick Werner	NW	331
Grotz Florian	BY	106
Grotz Michael	BU	9

Growe Gunter	SG	486
Grub Julia	BRA	158
Grub Sabine	BY	89
Grube Andreas	BW	70
Grube Christian	VwG	516
Grube Friederike	BU	11
Grube Ulrike	NDS	221
Gruben Werner	BY	102
Gruben-Braun Karin	ArbG	449
Gruber Daniel	SH	409
Gruber Monika	BY	107
Gruber Monika	BW	30
Gruber Raphael	SG	480
Gruber Thomas	BY	113
Gruber Tilman	BW	62
Gruber Wolfgang	SG	478
Gruber Wolfgang	ArbG	434
Grubert Oliver	SAC	380
Grubert Wolfgang	SAN	386
Grudda Anke	NW	289
Grübl Manfred	BW	58
Grübler Gerhard	BRA	156
Grün Beate	TH	422
Grün Carsten	VwG	518
Grün Gabriele	TH	423
Grün Klaus Jürgen	HE	180
von der Grün Monika	BY	79
Grün Reinhard	HE	188
von der Grün Rüdiger	BY	80
Grünberg Klaus-Hermann	NDS	242
Grünberg Matthias	SG	498
	VerfG	429
Grünberg Volker	BW	49
Gründel Johannes	BY	79
Gründges Michael	NW	265
Gründl Franz Xaver	BY	97
Gründler Birgit	BY	114
Gründler Wolfgang	BY	119
Grünebaum Rolf	BRA	154
Grüneberg Andreas	TH	415
Grüneberg Christian	NW	313
Grünenwald Beate	BW	64
Grüner Bernd	SG	487
Grüner Georg	BY	118
Grünert Elke	HE	180
Grünert Wolfgang	BY	87
Grünes Peter	BY	108
Grünewald Frank	NW	327
Grünewald Franz	BY	73
Grünewald Thomas	AnwG	556
	RP	335
Grünewald-Germann Sybille	VwG	519
Grünhagen Jochen	SAC	372
Grünheid Sabine	BY	96
Grünhoff Claus Rudolf	NW	284
Gruenke Miriam	NDS	230
Grünkorn Karolin	HE	187
Grünseisen Hannes	TH	421
Grünseisen Renate	TH	414
Grünsfelder Eva Maria	SG	481
Grünthal Wolfgang	SG	476
Grünwald Cornelia	NDS	229
Grüßhaber Karl	BW	49
Grüter Manfred	RP	343
Grüter Michael	BER	128
Grüter Sabine	NW	277
Grüttert Pamela	NW	331
Grüttner Edith	HE	197
Grüttner Hanne	NW	330
Grützmacher Ann-Kathrin	HH	165
Grützmann Doris	BRA	154
Grützmann-Nitschke Irene	SG	484
Grützner Britta	FG	473
Grützner Hans-Peter	AnwG	558
	AnwG	559
Gruhl Jens	BW	40
Grulich Burkhard	NDS	251
Grunau Cornelia	MV	215
Grunau Michael	SG	483
Grund Anja	BER	137
Grund Christopher	HE	202
Grund Krista	NDS	229
Grund Matthias	HE	202
Grund Rudolf	BW	53
Grundke Frank	BW	66
Grundler Jochen	TH	417
Grundmann Antonia	NW	332
Grundmann Birgit	BMJ	4
Grundmann Martin	VwG	514
Grundmann Nicola	BY	123
Grundmann Olaf	BY	108
Grundschok Elke	ArbG	440
Grune Jörg	FG	468
Grunenberg Ralf	SAC	378
Grunert Michael	NW	309
Grunert Ralf	BY	92
Grunke Norbert	MV	210
Grunkin Stefan	SH	400
Grunsky Joachim	NW	285
Grunwald Brigitte	SAC	371
Grunwald Georg-Joachim	NDS	233
Grunwald Hans-Joachim	NW	282
Grunwald Michael	BER	141
Grupe Jan	SH	409
Grupe Joachim	NDS	241
Grupe Peter	NDS	218
Grupp Albrecht	SG	482
Grupp Dietmar	BW	50
Grusewski Otto	NDS	249
Gruß Cord-Heinrich	NDS	239
Gruß Kerstin	BER	135
Gruß Miriam	HE	194
von Gryczewski Sonja	BY	89
Grziwa Joachim	BRE	163
Gubernatis Gabriele	NDS	247
Guckes Thomas	BW	58
Gudat Kirsten	SH	409
Guddat Carola	NW	277
Guddat Thomas	ArbG	458
Gude Christian	NDS	254
Gudehus Marita	NDS	237
Gudehus Roswitha	NDS	252
Guder Rolf	BY	88
Güldenberg Britta	NW	331
Güldenring Katja	NW	331
Güldner Wolfgang	VwG	527
Gülicher Tanja	NW	325
Güll Roland	BY	120
Gülsdorff Friedrich-Wilhelm	VwG	539
Gülzow Ingrid	BER	133
Gümbel Christiane	VwG	527
Gündert Rainer	BY	81
Günes-Böhm Garip	NW	277
Güniker Knut	SH	407
Günniker Liselotte	BU	12
Günter Peter	BY	75
Güntge Georg Friedrich	SH	406
Günthel Andreas	SAC	377
Günthel Ines	SAC	377
von Guenther Andrea	BRE	162
Günther Andreas	BMJ	4
Günther Arnold	NW	266
Günther Bettina	ArbG	445
Günther Carsten	VwG	530
Günther Frank	SAN	394
Günther Gerrit	RP	353
Günther Heinz-Ulrich	NW	323
Günther Kai	BW	29
Günther Katja	SH	397
Günther Martin	VwG	532
Günther Nadja	NW	331
Günther Norbert	SG	493
Günther Ralf	NDS	240
Günther Ralf	NW	306
Günther Sebastian	SH	408
Günther Siegrid	SAC	369
Günther Toralf	MV	213
Günther Uwe Wolfgang	HE	201
Günther Werner	VwG	528
Günther-Gräff Eva	ArbG	443
Güntner Jutta	BY	112
Guericke Olaf	SG	498
Güroff Eduard	NW	306
Güroff Georg	FG	465
Guerrein Werner	BY	110
Gürtler Franz	BY	73

Namensverzeichnis **Hack**

Gürtler Harald	BW 32	Gutmann Christine	HE 177	Haas Ute	NW 307		
Gürtler Klaus	HE 179	Gutmann Petra	ArbG 445	Haas-Atanasković			
Gürtler Tobias	SG 483	Gutowski Frank	BER 133	Brigitta	ArbG 441		
Gürtner Klaus	SG 478	Gutschalk Claudia	BER 135	Haase Barbara	NDS 241		
Gürtner Renate	SG 478	Gutschera Achim	BY 109	Haase Beate	SAC 365		
Güse-Hüner Martina	SAC 381	Guttenberg Ulrich	BW 24	Haase Christian	NW 299		
Güßregen Gernot	SAC 380	Guttenberger Franz	BU 13	Haase Dieter	NDS 249		
Gütebier Dagmar	RP 344		VwG 506	Haase Hans-Georg	NDS 218		
Gütschow Bernd	NDS 233	Guttke Brigitte	BRA 155	Haase Helmut	RP 341		
Güttler Annemarie	HE 196	Guttzeit Birgit	NW 326	Haase Klaus-Dieter	BER 126		
Güttler Iris	NDS 247	Gutzler Stephan	SG 496	Haase Lorenz	SAC 369		
Güttler Silke	VwG 538	Gutzmer Elke	MV 207	Haase Marion	BRA 153		
Gugau Gabriele	BW 37	Gyulumyan		Haase Rainer	SAA 359		
Gugenhan Gerd	BW 63	Alvina	EuGHMR 568	Haase Renate	HE 180		
Guha Juliane	SAC 374			Haase Sabine	VwG 515		
Guhl Albert	FG 463			Haase Sabine	SAC 375		
Guhling Hartmut	BY 79	**H**		Haase Torsten	BY 119		
Guhra Emanuel	SH 409			Haaß Jens	SG 477		
Guise-Rübe Ralph	NDS 226	Haack Hans-Peter	HH 167	Haass Nicole	RP 345		
Gulde Brigitte	VwG 506	Haack Karen	SAC 378	Habdank Brigitte	BY 101		
Gulde Heike	BW 52	Haack Knut	SG 483	Habekost Martin	SAN 385		
Guleritsch Edgar	RP 341	Haack Uwe	VwG 537	Habel Jürgen	VwG 519		
von Gumpert Tilman	RP 337	Haack Wolf	SH 398	Habel Marc	RP 347		
Gumpp Wilhelm	BY 104	Haag Christiane	BW 58	Habel Wolfgang	VerfG 430		
Gun Rochus	SAC 379		BW 67	Habelt Carina	SG 498		
Gundel Wolfgang	ArbG 433	Haag Dietmar	NW 324	Habereder Uwe Jens	BY 108		
Gundel-Stieb Martina	BY 122	Haag Matthias	BW 55	Haberkamp Alexandra	RP 337		
Gundelach Gudrun	NDS 229	Haag Monika	BRA 157	Haberl Ludwig	BY 101		
Gunder Tanja	BW 70	Haag Robert	BY 98	Haberl Ute	BY 102		
Gundlach Eva	BW 71	Haag Wilfried	SAN 387	Haberland Henning	SAN 391		
Gundlach Freimut	NW 313	Haage Henning	HH 170	Haberland Stephan	BRE 161		
Gundlach Gregor	NW 281	Haage Sabine	NW 317	Haberland Thomas	AnwG 556		
Gundlach Rainer	NDS 240	Haage Uta	SH 408	Habermann Anne	NW 317		
Gundlach-Keller Heidi	BW 31	Haak Christoph	NDS 236	Habermann Christiane	VwG 522		
Gunter-Gröne Heike	SAC 374	Haakh Richard	VwG 505	Habermann Dierk	VwG 538		
Guntz Peter	BY 96	Haaks Helmer	BY 88	Habermann Frauke	NDS 253		
Gunzenhauser Matthias	BW 50	Haar Michael	SAC 368	Habermann Norbert	HE 183		
Gurba Rüdiger	NW 313	Haardt Frank	NW 288	Habermehl Kai	VwG 527		
Gurkau Helmut	NDS 227	Haarer Frank	BW 30	Habermehl-Itschert			
Guse-Manke Kerstin	BER 137	Haarmann Helmut	NW 305	Claudia	HE 199		
Gusek Katja	NW 311	Haarmann Robert	NW 261	Habermeier Katharina	MV 212		
Gusinde Angela	BW 38	Haarmann Ulrich	NW 322	Habers Nicolas	BY 98		
Gußmann Dieter	HE 183	Haarpaintner		Habersack Klaus			
Gust Brigitte	VwG 530	Maximilian	ArbG 437	Michael	NW 270		
Gustafsson Britta	BRE 161	Haars Daniela	NDS 220	Haberstock Ernst	HE 192		
Gustmann Oliver	NW 276	Haas Astrid	VwG 534	Haberstroh Dieter	HE 180		
Gut Klaus	AnwG 544	Haas Erik Michael	BW 26	Haberstroh Friedrich	BW 60		
Gutberger Frank	NW 328	Haas Evelyn	BVerfG 1	Haberstumpf Helmut	BY 113		
Gutbier Hille-Grit	SH 399	Haas Günter	VwG 509	Haberzettl Frank	BW 54		
Gutermuth Wolfgang	BU 15	Haas Heide	BER 126	Habib Mona	NDS 255		
Gutewort Edeltraut	SAN 385	Haas Herbert	NW 314	Habich Stefan	SAC 374		
Gutfrucht Martin	BRA 150	Haas Markus	BW 71	Habicht Waltraud	SG 485		
Guth Martin	ArbG 441	Haas Michael	BW 34	Habler Karl	VwG 509		
Guth Walter	BU 16	Haas Michael	NW 281	Hachmann Elke	NDS 239		
Guthier Torsten	HE 182	Haas Rona	BER 142	Hachmann Rainer	VwG 522		
Gutjahr Eva-Lotta	BMJ 5	Haas Rose	VwG 506	Hachtel Christina	BW 70		
Gutjahr Hans-Christian	NW 309	Haas Sigrid	HE 189	Hachtmann Christian	SAN 391		
Gutjahr Jens	BRA 147	Haas Sigurd	HE 181	Hack Willi	NDS 244		

Name	Ref		Name	Ref		Name	Ref
Hackbarth-Vogt Norbert	NW 281		Haensch Almuth	BER 141		Hagemann Christof	AnwG 554
Hackel Reinhard	NDS 246		Hänsel Birgit	BER 129		Hagemann Elke	SG 493
Hackel Rudolf	SAC 367		Hänsel Frank	NW 310		Hagemann Friedrich	NW 319
Hackel Volker	NW 265		Hänsel Gerald	VwG 518		Hagemann Petra	SAN 394
Hackenberg Dobrina	HE 181		Hänsel Jan Peter	NDS 232		Hagemann Silvia	MV 208
Hacker Astrid	MV 207		Haensel Stephanie	BRA 149		Hagemann Stephan	MV 213
Hacker Franz	BU 15		Hänsel-Nell Inga	NW 274		Hagemann Ulf-Hartwig	BER 139
Hacker Karl-Friedrich	AnwG 546		Häntsch Kai	BW 71		Hagemeier Ursula	SG 491
Hacker Knut	BY 111		Haep Günter	FG 469		Hagemeister Wolfgang	NW 299
Hackert Stephan	NW 293		Haerendel Dorothee	HH 169		Hagen Astrid	BW 60
Hackethal Achim	SH 407		Häring Gerald	BY 78		von Hagen Beatrix	BER 137
Hackforth Susanne	AnwG 551		Häring Walter	VwG 506		von Hagen Birgit	TH 414
Hackler Dirk	RP 354		Härle Joachim	BW 57		Hagen David	ArbG 449
Hackling Peter	NDS 248		Härtel Ulrich	NW 309		Hagen Harald	MV 211
Hackmann Helga	NDS 229		Härtel-Breß Petra	NW 309		von Hagen Markus	TH 413
Hackmann Helmut	NW 290		Härtl Christian	BY 120		von Hagen Michael	BER 140
Hackmann Maria	ArbG 451		Härtl Robert	SAC 367		Hagen Stephan	BER 134
Hackner Michael	BY 122		Häsing Hartmut	SH 403		Hagenbeck Lothar	VwG 528
Hackner Thomas	NDS 217		Häuser Horst	VwG 519		Hagenberg Heide	NW 288
Hadamitzky Anke	BW 67		Haeusermann Axel	BER 131		Hagenloch Ulrich	SAC 364
Haddenhorst Frank	NW 284		Häusler Gernot	BY 102			VerfG 429
Hadeler Henning	SH 409		Häusler Matthias	BW 57		Hagenlocher Friedrich-Wilhelm	NDS 245
Hadeler Karin	NDS 229		Häusler Nikolas	RP 354		Hagenlocher Ingeborg	BW 58
Hader Reinhard	BY 116		Häusler Rudolf	AnwG 545		Hagenmeier Günter	RP 337
Haderlein Nicola	VwG 527		Häusler Thomas	BY 103		Hagensicker Andreas	SAN 390
Haderlein Ursula	BY 79		Häuslschmid Jürgen	BY 122		Hagensicker Marion	NDS 223
Haebel Martina	ArbG 456		Häusser Jan-Matthias	SAC 373		Hager Elke	TH 415
Häberle Peter	BW 29		Häußermann Röse	BW 61		Hager Josef	BY 109
Häberlein Barbara	VwG 507		Häußermann Rudolf	FG 463		Hager Natascha	BER 132
Häcker Anja	BW 62		Häußler Bernhard	BW 66		Hager Petra	FG 469
Häcker Peter	BW 50		Häußler Franz	SAC 374		Hagge Sönke	HH 170
Häcker Robert	BW 65		Häußler Jana	SAN 388		Hagmann Jürgen	NW 285
Häcker-Reiß Matthias	TH 419		Häußler Klaus	RP 352		Hagspiel Christoph	BY 74
von Häfen Mario	NDS 246		Häußler Maximilian	BU 16		Hahmann Hans-Joachim	MV 213
Häfner Christoph	BW 45		Haever Bettina	TH 419		Hahn Andrea	BRA 157
Häfner Gilbert	SAC 364		Haferanke Wolfgang	BER 135		Hahn Andrea	VwG 536
Haefner Harry	AnwG 558		Haferbeck Carsten	BY 73		Hahn Anton	SAC 372
Häfner Jürgen	RP 333		Haferkamp Johannes	FG 469		Hahn Carola Bettina	NW 327
Häfner Peter	MV 209		Haferkamp Rolf-Gert	NW 276		Hahn Carsten	VwG 511
	VerfG 427		Haferland Sabine	SAN 385		Baronin von Hahn Clementine	NDS 238
Hägele Bernhard	BW 65		Haffke Hans	RP 336		Hahn Dieter	RP 334
Hägele Ulrich	NW 293		Hage Claus-Peter	NDS 217		Hahn Dittmar	BU 13
Häger Joachim	BU 7		Hage Klaus	VwG 531		Hahn Gido	SAC 376
Häger Jörg Christian	RP 337		Hagedorn Brigitte	SAC 366		Hahn Hans-Wilhelm	FG 469
Hähnel Carmen	NDS 222		Hagedorn Hans	FG 474		Hahn Josef	NW 313
Hähnel Matthias	BY 122		Hagedorn Heike	BER 140		Hahn Klaus-Peter	MV 213
Hähner Gregor	NW 330		Hagedorn Iris	MV 207		Hahn Lothar	BRA 157
Hähner Petra	ArbG 457		Hagedorn Jörg	VwG 515		Hahn Mike	HE 203
Hähnle Ralf	BW 53		Hagedorn Jost	NDS 252		Hahn Monika	SAN 384
Haellmigk Gisela	BW 54		Hagedorn Klaus	NW 302		Hahn Nicolaus-Alexander	HE 203
Hämäläinen Lea	SG 485		Hagedorn Matthias	MV 208		Hahn Rainer	NW 319
Hämmerle Ulrike	BY 91		Hagedorn Peter	VwG 512		Hahn Rudolf	FG 464
Häner Jürgen	VwG 511		Hagedorn Rolf	NW 287		Hahn Sabine	NW 272
Haenicke Klaus	BRA 150		Hagedorn-Kroemer Elke	NW 288		Hahn Sabine	SAC 374
Hänisch Lutz	BRA 147		Hagelstein Ferdinand	ArbG 438		Hahn Ulrike	BY 99
Hänle Wolfgang	BW 47		Hagemann Almut G.	MV 209			

Name	Ref
Hahn Ulrike	BER 134
Hahn Wolfgang	BW 57
Hahn-Joecks Gabriele	FG 468
Hahn-Kemmler Jutta	NW 287
Hahne Guntram	BER 139
Hahne Marion	BY 107
Hahne Meo-Micaela	BU 7
Hahnemann Eva	NW 296
Hahnemann Martin	NW 293
Hahnenstein Jörg	NW 282
Haid Wolfram	ArbG 435
Haida Erhard	SH 405
Haider Johann	VwG 508
Haidinger Steffen	BW 71
Haike Dieter	HE 186
Hailbronner-Gabel Evelyn	BW 24
Hailer Claudia	BER 143
Hailer Horst-Peter	FG 470
Hain Gregor	BER 137
Hain Norbert	SG 484
Hain Stefan	AnwG 547
Haindl Beate	RP 347
Hainmüller Christiane	HE 192
Hainzlmayr Wolfgang	BY 86
Haiß Christoph	BW 58
Hajiyev Khanlar	EuGHMR 568
Hake Andreas	VwG 527
Hake Manfred	NW 314
Hake Silke	NW 326
Hakenbeck Sarah Johanna	BW 71
Halama Günter	BU 13
Halbach Dirk	NW 313
Halbach Georg	HH 169
Halbe Katja	NDS 254
Halbfas Heiko	NDS 254
Halbig Ute	FG 465
Halbritter Gerhard	BY 86
Halbscheffel Klaus	NW 306
Haldorn Bernd	NW 309
Halfar Gerd	SAC 368
Halfmann Till	MV 209
Halfmeier Claus	NW 281
Halft Joachim	NW 325
Halfter Michael	NW 297
Halir Torsten	SAC 370
Hall Monika	BW 61
Hallenberger Achim	BW 28
Hallenberger Martin	MV 215
Haller Georg	HH 167
Haller Jochen	VwG 504
Haller Jürgen	NDS 236
Haller Katrin	SAC 364
Haller Klaus	NW 316
Haller Renate	MV 210
Haller Thomas	FG 463
Hallermeier Günther	NW 321
Halling Oliver	BER 141
Halm Astrid	SAA 358
Halm Klaus	MV 210
Halser Ulrich	SG 480
Halt Susanne	SAC 370
Halves Kathrin	SG 500
Halves Klaus	SAN 386
Hamacher Angelika	NW 272
Hamacher Anno	ArbG 449
Hamann Günther	SH 407
Hamann Hilke	AnwG 558
	SH 398
Hamann Konrad	BY 102
Hamann Rainer	NW 273
Hamann Rainer Helmut	NW 297
Hamann Sierk	BW 62
	BW 68
Hamann Ulrich	NDS 225
Hambach Anja	BY 96
Hambach Matthias	ArbG 456
Hamberger Robert	BY 96
Hambloch-Lauterwasser Bärbel	NW 304
Hambüchen Heinz-Ulrich	BU 12
Hamdorf Kai Roger	SH 409
Hamel Patricia	BY 99
Hamm Anton	NW 313
Hamm Ekkehard	SAN 386
Hamm Holger	BW 33
Hamm Johannes-Werner	NW 322
Hamm Wilfried	VwG 514
Hamm-Rieder Evelyne	BRA 149
Hammann Heiko	HH 172
Hamme Gerd	NW 295
Hammeke Michael	NW 290
Hammer Dirk	VwG 526
Hammer Dorothea	NW 314
Hammer Franziska	SG 475
Hammer Gerd Ulrich	NW 304
Hammer Michael	BY 116
Hammer Patty	SAC 379
Hammer Stephan	BER 143
Hammer Ulrike	BY 121
Hammer Ursula	BW 35
Hammer Wolfgang	VwG 504
Hammerdinger Günther	BY 109
Hammermann Eckart	NW 281
Hammers Nina	NDS 254
Hammerschlag Helmut	NW 324
Hammerschmidt Birgit	NW 302
Hammerschmidt Christine	BER 140
Hammerschmidt Erich	NW 317
Hammerstein Annelisa	NW 311
Freifrau von Hammerstein Felicitas	BER 130
Freiherr von Hammerstein-Gesmold Börries	NDS 226
Hammes Hubertus	AnwG 551
Hampel Detlef	TH 413
Hampel Dietmar	BER 140
Hampel Gisela	BER 137
Hampel Jörg-Werner	RP 335
Hampel Klaus	SG 488
Hampel Marlies	NW 308
Hampp-Weigand Ulrike	BY 105
Hanck Stefan	NW 263
Handke Günter	SAN 384
Handke Sven	SAC 379
Handlanger Ingo	BY 122
Handorn Hans-Jörg	VwG 534
Handschumacher	AnwG 557
Hanenkamp Nikolaus	MV 206
Haner Tanja	BY 121
Hanewinkel Jutta	HE 194
Hanf Reiner	SH 398
Hanfeld Andrea	BER 141
Hanfeld Daniela	NDS 249
Hanfeld-Kellermann Uta	NDS 242
Hanfland Heinrich	NW 282
Hangst Walter	BW 56
Hanisch Sandra	NW 295
Hanisch Werner	VerfG 428
	VwG 523
Hanke Julia	VwG 530
Hanke Thomas	ArbG 461
Hanke Thomas	HE 182
Hanke Thomas	SAC 369
Hankel Janet	TH 423
Hankow Bert-Jürgen	VwG 511
Hannamann Ilsolde	BY 101
Hannappel Karin	VwG 517
Hannappel Willibald	RP 337
Hanne Nicole	SG 491
Hannes Detlev	ArbG 447
Hannes Miriam	HH 175
	SG 485
Hannich Rolf	BU 9
Hannig Tilo	BRA 147
Hanreich Jürgen	BY 86
Hanrieder Patricia	BY 106
Hans Sebastian	NW 292
Hansbauer Barbara	BY 102
Hanschke Klaus Peter	BER 127
Hansel Ronald	ArbG 450
Hansel Wolfgang	NW 319
Hanselmann Jürgen	BY 99
Hansen Britta	NDS 228
Hansen Dieter	ArbG 460
Hansen Hans-Eckhard	SH 399
Hansen Hans-Georg	SG 495
Hansen Hans-Peter	NW 266
Hansen Heinrich	NW 268

643

Hansen Holger	MV	206
Hansen Jessica	BRA	158
Hansen Jörg	VwG	539
Hansen Johannes-Jürgen	SH	398
Hansen Peter	ArbG	440
Hansen Renate	SH	407
Hansen Rolf	NDS	220
Hansen Solveig	HH	175
Hansen Sven	NW	265
Hansen Thomas	VwG	509
Hansen Ulrike	BER	134
Hansen Uwe-Jens	HH	173
Hansen-Hoffmann Kim	HH	174
Hansen-Schlüter Doris	AnwG	558
Hansen-Wishöth Gabriele	HH	173
Hansens Heinz	BER	128
Hanslik Dirk	NW	263
Hansmann Dieter	BRA	148
Hansmann Johannes	AnwG	544
Hansmeier Rudolf	NW	284
Hansmeyer Sandra	VwG	529
Hanspach Astrid	NW	328
Hanß Andreas	SH	409
Hanss Eva	BW	70
Hanßen Klaus	SH	401
Hantel-Maschke Sabine	HH	174
Hantke Dietmar	AnwG	546
Hantke Heike	NW	309
Hantke Martina	SAC	368
Hantl-Unthan Ursula	ArbG	439
Hantschick Bernd	NDS	231
Hanz Beate	VwG	540
Hanz Jutta	RP	348
Hapke Manfred	HH	173
Happ Michael	VerfG	425
	VwG	506
Happ-Göhring Sabine	AnwG	549
	HH	166
Happe Christian	NW	266
Happe Dierk	NW	310
Happe Holger	NW	273
Happel Knut	HE	203
Happel Lothar	HE	181
Harbeck Helmut	VwG	538
Harbort Ulrich	NW	290
von Harbou Bodo	SAN	384
Harcke Thomas	NDS	227
Harden Ferdinand	NW	277
Harden Thomas	NW	257
Graf von Hardenberg Gol	BY	122
Harder Diethelm	HE	179
Harder Gerd	AnwG	550
	HH	166
	VerfG	427
Harder Insa	SH	408
Harder Manuela	BRA	151
Harder Matthias	HH	168
Harder Thorsten	SH	404
Harder Uwe	BER	138
Harders Björn	NDS	254
Hardies Jörg	NW	332
Hardraht Ulrike	VwG	516
Hardt Armin	RP	342
Hardt Christoph	FG	467
	VerfG	427
Hardt Klementine	RP	335
Hardt Markus	NDS	250
Hardt Thomas	HE	196
Hardt-Rubbert Heidemarie	RP	341
Harenberg Friedrich	FG	468
Harf Christian	FG	470
Harff Bettina	SAC	379
Harfmann Susanne	VwG	516
Harings Eberhard	NW	275
Hark Karin	BW	33
Harker Johannes	NW	299
Harks Thomas	HH	176
Harling Anja	BW	24
Harms Bernd	VwG	537
Harms Dirk	BRE	161
Harms Heinz	NDS	234
Harms Hermann	HH	167
Harms Jürgen	NDS	240
Harms Karsten	VwG	503
Harms Katharina	BMJ	5
Harms Michael	SAN	387
Harms Monika	BU	9
Harms Sven	NDS	246
Harms Torsten	SG	485
Harms Torsten	BER	132
Harms-Ziegler Beate	VerfG	426
Harnacke Rainer	NW	315
Harnau Karin	SAN	390
Harneit Paul	AnwG	558
Harner Anke	SAC	374
Harnisch Brigitta	TH	413
Harnischmacher Christiane	BER	137
Harnischmacher Gertraud	RP	344
Haronska Martina	ArbG	458
Harperath Kristof	VwG	530
Harr Rüdiger	SAC	372
Harre Carsten	HE	202
Harrer Peter	BU	16
Harrer Raimund	BU	15
Harres Petra	BW	70
Harriehausen Gerhard	BW	53
Harriehausen Simone	BW	67
Harrjes Ulrike	NW	270
Harrland Hanna	BRA	157
Harrschar Anne	BW	67
Harsdorf-Gebhardt Marion	RP	335
Harte Jörn	BER	126
Harteis Harald	BY	92
Harteis Lisa	BY	92
Hartel Werner	SAC	370
Hartenbach Alfred	BMJ	3
Hartenstein Peter	BW	57
Harter Klaus	BY	92
Hartge Norbert	SAN	393
Harth Humbert	HE	198
Harthun Detlef	BER	133
Hartig Bernd	BER	127
Hartig Peter	SAN	394
Hartl Rudolf	NW	289
Hartl Werner	BY	77
Hartlage-Stewes Iris	NDS	244
Hartleb Klaus-Dieter	BY	96
Hartleben Martin	NDS	232
Hartleib Rudolf	HE	179
Hartleif Rudolf	NDS	239
Hartleif Sven	SAC	379
Hartlieb Friedemann	NW	284
Hartlieb Hans-Peter	NW	313
Hartlieb Monika	BU	16
Hartlmaier Arne	SH	408
Hartloff Gotelind	RP	347
Hartmann Anja	HE	184
Hartmann Anke	HE	196
Hartmann Annegret	NDS	253
Hartmann Bernhard	VwG	536
Hartmann Birgit	RP	341
Hartmann Burkhard	BW	53
Hartmann Claudia	SG	480
Hartmann Claus Hinrich	HH	169
Hartmann Corina	ArbG	458
Hartmann Dieter	BRA	149
Hartmann Dirk	NW	263
Hartmann Dirk	SH	407
Hartmann Ewald	VwG	538
Hartmann Frank	AnwG	551
Hartmann Frank	BY	97
Hartmann Gerwald	NW	311
Hartmann Hans Joachim	BW	45
Hartmann Hans-Joachim	NW	310
Hartmann Haymo	BY	101
Hartmann Ingo	BER	131
Hartmann Jochen	NW	276
Hartmann Josef	RP	342
Hartmann Julia	NW	328
Hartmann Klaus	SAC	374
Hartmann Klaus	RP	348
Hartmann Konrad	FG	464
Hartmann Maiko	BY	88
Hartmann Manfred	NW	299

Hartmann Marcus	BER 141	Hasenbeck Michael	VwG 540	Hauer Annette	NW 316
Hartmann Markus	NW 332	Hasenbein Ute	NDS 229	Hauert Anke	SAN 392
Hartmann Nadine Jana	BRE 163	Hasenkamp Gerhard	HE 187	Hauf Angelika	ArbG 437
Hartmann Nicole	HE 202	Hasenpusch Burkhard	NDS 217	Hauf Claudia	RP 353
Hartmann Pia	BER 130	Hasenpusch Frank	NDS 241	Hauf Claus-Jürgen	BW 62
Hartmann Ralf	BER 128	Hasenpusch Walter	SG 489	Hauff Hansjürgen	BW 53
Hartmann Ralf	NW 322	Hasenstab Helmut	BY 76	Hauff Ulrich	BW 58
Hartmann Robert	HE 203	Hasfeld Sonja	SG 478	Hauffe Herbert	NW 315
Hartmann Rolf	VwG 519	Haskamp Ludger	NDS 248	Hauffen Silvia	HE 189
Hartmann Tanja	NW 331	Haslach-Niemeier		Haug Gerhard	BW 60
Hartmann Thomas	NW 284	Heidemarie	SG 494	Haug Henner	BW 54
Hartmann Uwe	SAC 373	Haslbeck Gerd	BY 115	Haug Sebastian	BY 121
Hartmann Volker	TH 416	Hasler Jürgen	BY 106	Haug Wolfgang	BW 51
Hartmann Werner	NW 321	Haslinger Sieglinde	BY 88	Hauger Stefan	SAC 370
Hartmann Wilhelm	ArbG 460	Haslinger Walter	BER 137	Hauk Brigitte	BER 134
Hartmann Wolfram	BY 90	Haß Gerhard	BU 7	Hauk Peter	NDS 220
Hartmann-Garschagen		Haßdenteufel Peter	VwG 534	Hauke Andreas	NDS 220
Heike	NW 297	Hasse Arne	BW 69	Hauke-Gruben Sabine	NDS 241
Hartmann-Grimm		Hasse Gerhard	NDS 241	Haumer Christine	BY 100
Cornelia	HE 181	Hassel Beate	SG 477	Haunhorst Sabine	FG 471
Hartmann-Koch		Hassel Christoph	RP 349	Haupert Michael	RP 335
Friederike	BER 138	Haßel Lutz	ArbG 435	Haupt Reiner	SAN 393
Hartmann-Schadebrodt		Hassel Matthias	MV 209	Hauptmann Elke	RP 351
Ursula	RP 339	Hassel Rupert	SG 475	Hauptmann Marita	SAC 363
Hartogs Thomas	SG 479	Hassel Thomas	SAC 370	Hauptmann Peter-Helge	MV 209
Hartrich Marco	NDS 230	von Hasselbach		Hauptmann Sylvia	HE 185
Hartung Andreas	VwG 503	Reinhard	NW 296	Haus Armin	BY 84
Hartung Frank	NW 290	Hasselberger Waldemar	SAC 374	Haus Karl-Heinrich	SG 486
Hartung Heidrun	TH 420	Hasselder Bodo	SH 404	Hausberg Dietlind	SH 402
Hartung Ingrid	NW 261	Hasselder Maike	SH 408	Hausch Eberhard	BW 62
Hartung Jens	NW 328	Hasselmann Lutz	SAC 371	Hauschild Adalbert	FG 468
Hartung Susanne	NW 330	Hasselmann Nicola	HH 171	Hauschild Isabell	NW 276
Hartung Thomas	BER 127	von Hasseln Sigrun	BRA 147	Hauschild Jörn	BRE 163
Hartung Volker	BU 16	Hassemer Winfried	BVerfG 1	Hauschildt Klaus	BW 42
Hartung Wolfgang	NW 326	Hassenpflug Klaus-		Hauschke Johannes	HE 198
Hartwig Birgit	BW 21	Peter	VwG 517	Hause Nicole	NW 270
Hartwig Ernst-Peter	SAN 383	Hasske Dunja	VwG 535	Hausemann Ingrid	AnwG 553
Hartwig Ina	ArbG 448	Haßmann Holger	BW 69	Hausen Christiane	VwG 528
Hartwig Josef	BY 118	Hast Marsha	NW 308	Hausen Christof	VwG 530
Hartwig Sven	NDS 255	Hastmann-Nott Ilse	NDS 239	zur Hausen Burghard	RP 336
von Hartz Nikolaus	NW 327	Hattesen Michael	ArbG 443	Hauser Alexander	BW 62
Harwardt Michael	RP 339	Hattstein Daniela	NW 265	Hauser Angelika	HH 173
Harz Andreas	BY 107	Haubold Kai-Ole	MV 212	Hauser Gabriele	SAC 363
Harz Peter	HE 200	Haubold Katharina Silke	BW 69	Hauser Jürgen-Peter	SH 398
Harz Sabine	TH 423	Haubold Klaus	VwG 516	Hauser Martin	BW 37
Harzbecker Bettina	BW 31	Haubold Sigrid	SAC 373	Hauser Michael	
Hasche Christoph	AnwG 550	Haubrich Renate	NW 261	Friedrich	VwG 506
Hascher Ralph	BER 134	Hauck Angelika	BY 115	Hauser Rupert	BW 36
Haschke Boris	MV 208	Hauck Antje	SAA 357	Hauser Susanne	BU 13
Haschke-Delgmann		Hauck Ernst	BU 12	Hausknecht Susanne	SAA 357
Bettina	NW 309	Hauck Friedrich	BU 10	Hausladen Andrea	BY 122
Haschtmann Cornelia	HE 185	Hauck Karl	RP 348	Hausladen Martin	BY 108
Hasdenteufel Christoph	RP 338	Hauck Michael	BY 100	Hausmann Günter	SG 493
Hase Peter	BMJ 4	Hauck Michael	BY 111	Hausmann Hansjürgen	HE 194
Haseloff-Grupp Heike	SG 475	Hauck Myriam	BW 41	Hausmann Herbert	NDS 219
Haselsteiner Julia	BY 123	Hauck Sabine	BY 78	Hausmann Jürgen	BU 7
Hasemann-Trutzel		Haueiß Sylvia	NW 263	Hausmann Peter	HE 195
Hans-Joachim	AnwG 555	Hauenschild Wolfgang	NDS 229	Hausmann Rudolf	BER 139

Hausmann Namensverzeichnis

Hausmann Susanne	TH 413	Heckhoff Harald	NW 322	Heide Markus	NW 328
Hausmann Ulrike	BW 58	Hecking Brigitte	BW 29	Heide Nicole	BRA 151
Hausmann Ursula	HE 180	Heckler Andreas	SAC 380	Heide Rainer	BY 102
Hausmann-Lucke Eva	FG 468	Heckmann Bruno	NDS 250	Heidecke Sven	BY 115
Hausmanns Wilfried	MV 206	Heckmann Dagmar	NW 305	Heidegger Silke	BW 31
Haußmann Manuela	BW 61	Heckmann Dagmar	ArbG 456	Heidel Reik	TH 416
Haußmann Peter	HE 182	Heckner Wolfgang	VwG 510	Heidelback Stephan	HE 192
Haußner Michael	TH 420	Heckt Thomas	BER 139	Heidelberg-Schulz Petra	FG 465
Haustein Almut	VwG 521	Hedigan John	EuGHMR 567	Heidelberger Ingo	SAN 394
Haustein Christiane	TH 419	Hedke Hannes	BY 108	Heidelk Christine	ArbG 447
Hauth Niels	HE 200	Hedrich Heide	SAA 359	Heidelmann Dieter	VwG 521
Hauzel Thomas	TH 414	Heege Heinz-Werner	ArbG 452	Heidemann Hergen	SH 399
Havekost Manfred	SH 406	Heel Arndt	BW 30	Heidemann Uwe	VwG 519
Havemann Florian	VerfG 426	Heep Ferdinand	ArbG 455	Heidemann Wolfgang	NW 313
Havenstein Gunter	SH 401	Heep Georg	SG 497	Heidemeyer Olaf	ArbG 459
Haverkämper Ulf	NW 302	Heep Waltraud	BRA 153	Heidenreich Julia	VwG 505
Haverkampf Karl Friedrich	SH 403	Heer Ingo	NW 308	Heidenreich Ken-Oliver	BY 108
Havertz Heinz Dieter	NDS 247	Heer Ingrid	VwG 518	Heidenreich Roger	NDS 229
Havertz-Derichs Ursula	NW 271	Heer Wiebke	SH 401	Heidenreich Stefan	BRA 156
Haves Annegret	ArbG 453	Heerdt Susanne	BW 61	Heider Cornelia	BRA 148
Havighorst Jutta	ArbG 452	Heeren Helga	BU 13	Heider Engelbert	ArbG 438
Havliza Barbara	NDS 249	Heerhorst Angela	BRA 148	Heider Friedrich	BY 112
Havliza Klaus	NDS 250	Heering Franz-Josef	BW 41	Heider Gerhard	NDS 252
Hawickhorst Beate	BER 128	Heering Regine	BW 61	Heider Jürgen	NW 317
Hawickhorst Heinz	BER 128	Heermann Werner	VwG 509	Heider Ulrike	NDS 235
Hawkes David	BER 141	Heers Dieter	HH 173	Heidkamp Britta	NDS 254
Hawran Reinhard	HE 186	Heerwagen Alexa	SAN 395	Heidkamp Reimund	NW 321
Hayler Peter	BY 100	Hees Edith	HH 170	Heidke Claudia	SG 502
Hebach Horst	NDS 227	Hees Heike	BER 127	Heidke Uwe	SG 502
Hebenstreit Ulrich	BU 8	van Hees-Wehr Astrid	SAC 368	Heidler Sonja	BRA 145
Heberlein Horst	VwG 509	Heese Susanne	NW 274	Heidmann Detlev	VwG 522
Heberling Marion	ArbG 451	Heesen Joachim	SAA 357	Heidner Barbara	NDS 231
Hebert Jens	SAC 372	te Heesen Karl-Dieter	SG 493	Heidner Hans-Hermann	BU 11
Heblik Rainer	HE 199	Heetfeld Annemarie	BRE 163	Heidrich Andreas	BW 29
Hecht Anke	HE 202	Hefele Oliver	NW 325	Heidrich Michael	HE 193
Hecht Bettina	VwG 504	Hefter Christoph	HE 184	Heidt Anne-Katrin	BW 69
Hecht Carola	BW 61	Hegele Thomas	BW 51	Heidtkamp-Pöhler Anneli	NW 262
Hecht Katrin	NDS 254	Hegen-Deters Susan	MV 208	Heiduschka Winfried1	BU 9
Hecht Ulrich	SH 399	Hegenbart Wolfhard	TH 421	Heinbrok Gerhard	ArbG 451
Hecht Volkmar	BRA 155	Heger Karin	BU 11	Heike Inga	HE 185
Hechtel Felix	AnwG 546	Heger Matthias	BMJ 4	Heil Elke	HE 198
Heck Bernhard	BW 30	Hegermann Christina	BER 133	Heil Juliane	BRA 158
Heck Christian	NDS 226	Hegermann Philip	BER 130	Heil Ulf	AnwG 550
Heck Frank	NW 278	Hegers Heike	NDS 233	Heiland Astrid	BRE 161
Heck Martin	BRA 149	Hegger Barbara	FG 470	Heiland Claus-Peter	SG 494
Heck Susanne	NDS 242	Heghmanns Michael	BRA 147	Heile Bernhard	NDS 225
Heck Wolfgang	TH 419	Hegmann Jürgen	FG 469	Heilek Wolfgang	VwG 507
Heckel Christian	VwG 503	Hegmann Sigrid	BU 9	Heiliger Uwe	NW 274
Heckel Heinrich	BW 33	Hehl Rüdiger	SG 481	Heilmaier Andrea	BY 121
Heckel Wolfgang	BY 113	Hehlke Peter	NW 308	Heilmann Annika	NW 323
Heckemüller Volker	NDS 231	Hehner Rainer	VwG 532	Heilmann Eugen	BY 100
Hecken Josef	SAA 355	Heichel-Vorwerk Martina	BER 131	Heilmann Frank	ArbG 435
Heckenkemper Petra	FG 470	Heid Eva	RP 349	Heilmann Gudrun	NDS 223
Hecker Dorothee	SAC 378	Heid Ulrike	BER 139	Heilmann Rüdiger	RP 337
Hecker Volker	BY 95	Heidbrede Hans-Dieter	NW 306	Heilmann Stefan	HE 186
Hecker Wolfgang	BER 136	von der Heide Achim	NDS 252	Heilmann Stefan	BY 108
Heckes Jasmin	NW 323	von der Heide Isabella	NW 275	Heilshorn Julia	BW 68

Heim Andrea	BW	69
Heim Arnold	AnwG	556
Heim Axel	BW	38
Heim Bernhard	BY	83
Heim Katja	BW	34
Heim Wolfgang	BW	50
Heimann Andrea	SAN	386
Heimann Jacqueline	BRA	157
Heimann Marlies	ArbG	460
Heimann Wolfgang	NW	285
Heimann-Trosien Klaus	HE	201
Heimbürger Hans	BY	78
von Heimburg Sibylle	BU	13
Heimen Michael	NW	284
Heimeshoff Eva	NW	330
Heimeshoff Hermann	NW	288
Heimgärtner Hans Florian	NDS	223
Heimgärtner Hans Hugo	NDS	224
Heiming Jochen	NW	326
Heimpel Wolfgang	BY	106
Hein Andreas	BW	47
Hein Claudia	BRA	151
Hein Ekkehardt	ArbG	439
Hein Gabriele Elli	NW	287
Hein Joachim	BY	81
Hein Lars	BRA	158
Hein Martin	NW	276
Hein Ulrike	BRA	158
Hein Wolfram	BRA	146
Heinatz Michael	BER	129
Heinau Dörthe	SG	500
Heinau Ingo	BER	138
Heindl Barbara	BY	122
Heindl Gerhard	BY	118
Heindl Hans-Jürgen	RP	354
Heindl Rupert	BY	101
Heindorf Werner	NDS	220
Heine Adalbert Josef	NW	302
Heine Helmut	NW	282
Heine Klaus	SAN	392
Heine Klaus-Albrecht	NW	297
Heine Manfred	NW	280
Heine Martin	SAN	394
Heine Peter	NDS	217
Heine Ralph	VwG	527
Heine Ralph-Peter	BW	29
Heine Siglinde	HE	183
Heine Utz	SAN	388
Heine-Lesting Berlianti	NDS	255
Heinecke Jana	SAN	386
Heinecke Sabine	ArbG	458
Heineke Claudia	SH	401
Heineke Matthias	HH	175
Heinemann Dirk-Uwe	ArbG	443
Heinemann Gerd	FG	471
Heinemann Marcel	RP	354
Heinemann Petra	BY	113
Heinemann Vera	TH	422
Heinemeier Jan	NDS	245
Heinen Hans-Siegfried	NW	260
Heinen Heidi	VwG	534
Heinen Ruth	BER	129
Heiner Sonja	BW	38
Heininger Gerd-Götz	BRA	157
Heinke Daniel	BRE	163
Heinke Hartmut	BY	113
Heinke Hellmer	BY	116
Heinke Jürgen	BER	139
Heinke Sabine	BRE	162
	VerfG	426
Heinkelmann Bärbel	BY	107
Heinl Margit	SG	480
Heinl Volkmar	VwG	506
Heinlein Ingrid	ArbG	449
Heinlein Michael	VwG	535
Heinrich Axel	BY	94
Heinrich Brigitte	NW	288
Heinrich Detlef	NW	257
Heinrich Frank	SAC	377
Heinrich Gregor	RP	345
Heinrich Grit	BRA	158
Heinrich Hartmut	NW	309
Heinrich Jens	SAC	381
Heinrich Jörg	NW	295
Heinrich Jürgen	BY	102
Heinrich Kathleen	VwG	513
Heinrich Manfred	VwG	525
Heinrich Merve	NDS	220
Heinrich Simone	SAA	361
Heinrich Susanne	HE	203
Heinrich Werner	BW	57
Heinrichs Angelika	HE	183
Heinrichs Eberhard	NW	291
Heinrichs Frank	NW	278
Heinrichs Günther	NW	298
Heinrichs Lucas	SG	487
Heinrichs Petra	NW	292
Heinrichs Ralf Johannes	RP	353
Heinrichs Stephan	BRA	153
Heinrichs Sven	NW	329
Heinrichsmeier Paul	BY	73
Heinrici Andreas	BW	58
Heinritz Ulrich	BY	114
Heinsohn Harald	SH	399
von Heintschel-Heinegg Bernd	BY	74
	BY	86
Heintzmann Volker	NDS	233
Heinz Andreas	SG	495
Heinz Claudia	TH	414
Heinz Jürgen	TH	421
Heinz Regine	NW	294
Heinz Thomas	VwG	540
Heinz Thomas	RP	344
Heinze Claudia	SAC	375
Heinze Jürgen	SG	482
Heinze Jürgen	HE	200
Heinze Petra	SAC	378
Heinzel Ulrich	BW	33
Heinzeller Korbinian	VwG	509
Heinzlmeier Jonas	BY	121
Heiringhoff Friedrich Wilhelm	ArbG	452
Heischmann Wolf-Dieter	HE	189
Heise Günter	VwG	508
Heise Jens	SG	482
Heise Karen	BW	26
Heise Stefan	BW	69
Heise Thomas	NDS	224
Heiseke Hermann	NW	303
Heisel Volker	VwG	540
Heisenberg Liesel	SG	492
Heisig Kirsten	BER	137
Heisig Stefan	BER	139
Heiß Guntram	AnwG	558
Heiß Helga	NDS	246
Heiß Johann	BY	103
Heiß Steffen	BER	130
Heister Andrea	BY	108
Heister Dieter	NW	266
Heister Heinz	BW	24
Heister Herbert	BW	66
Heister-Neumann Elisabeth	NDS	217
Heistermann Catharina	SH	408
Heistermann Ulrich	NW	290
Heiter Norbert	BW	59
Heiter Ulrike	BW	60
Heitgreß-Roehl Monika	NW	266
Heither Ulrike	ArbG	441
Heithoff Ansgar	NW	298
Heitker Kerstin	NW	285
Heitland Horst	BMJ	4
Heitmann Britta	NW	332
Heitmann Ernst	SAN	385
Heitmann Hans Adolf	NW	278
Heitmann Jörn	BER	141
Heitmann Jürgen	BER	125
Heitmann Sven	SH	402
Heitmann Thomas	NDS	248
Heitmeyer Klaus	NW	313
Heitz Thomas	BU	13
Heitzer Andrea	BY	88
Heitzer Heinrich	BY	88
Helber Ines	BW	63
	BW	68
Helberg Andreas	BRE	162
Helberg Claudia	BRE	163
Helbert Rolf	HH	167
Helbich Hans	NW	288
Helbig Andreas	SAC	379

Helbig Namensverzeichnis

Helbig Burkhardt	HH	172
Helbig Fritz	BW	31
Helbig Hans Wolfgang	BY	93
Helbig Hans-Christian	SG	482
Helbig Hans-Joachim	BRA	155
Helbig Petra	NW	331
Helbig Rüdiger	ArbG	451
Helbig Susanne	SAN	392
Helbing Ramona	BER	133
Helbing Wolfgang	HE	189
Held Antje	BER	135
Held Bernd	BY	115
Held Gabriele	BY	121
Held Hans-Jürgen	BY	79
Held Heinz-Jürgen	NW	291
Held Jürgen	VwG	532
Held Karlheinz	HE	179
Held Matthias	BY	115
Held Monika	NW	270
Held-Daab Ulla	VwG	536
Held-Wesendahl Juliane	ArbG	452
Helde Thomas	RP	353
Helders Franz	ArbG	459
Helf Martin	NW	294
Helferich Helmut	BW	63
Helff-Hibler von Alpenheim Brigitta	SH	406
Helfrich Beate	VwG	512
Helfrich Nicoline	SAN	391
Helgerth Roland	BY	118
Helinski Rosemarie	BRA	157
Hell Marieluise	BY	88
Hell Walter	BY	88
Hellberg Birgit	NDS	224
Helle Jürgen	VerfG	428
Helle Michael	BER	128
Hellebrand Johannes	NW	276
Hellein Klaus	BY	119
Helleiner Gerhard	ArbG	437
Hellenschmidt Klaus	BY	103
Heller Barbara	NW	330
Heller Frank-Michael	BER	143
Heller Jörg	BW	45
Heller Jörg	BW	69
Heller Sabine	BER	131
Hellerbrand Christoph	BY	91
von Hellfeld Joachim	NW	313
Hellich Renate	BRA	153
Helling Michael	VwG	534
Helling Wolfgang	BRA	150
Hellmann Günter	BRA	145
Hellmann Ingrid	VwG	530
Hellmann Mathias	BMJ	4
Hellmann Ulrich	AnwG	553
Hellmeister Sylvia	BER	141
Hellmert Rolf	BRA	145
Hellmich Andreas	HE	199
Hellmich Hubert	NDS	249
Hellmich Jörg	SG	475
Hellmich Thomas	SAC	378
Hellmuth Sabine	BER	130
Hellmuth Yorck	NW	291
Hellner Ralf	SAC	372
Hellpap Uwe	BRE	163
Hellriegel Axel	BY	123
Hellriegel Bernd	SAN	384
Hellwig Elisabeth	BY	100
Hellwig Heinrich	HE	180
Hellwig Jan	VwG	535
Hellwig Olaf	SH	398
Helm Frauke	BY	117
Helm Gudrun	BY	82
Helmbrecht Felix	VwG	528
Helmers Ralf	BER	127
von Helmersen Alexander	BY	102
Helmert Barbara	SAC	378
Helmert Silvio	SAC	378
Helmes Harald	NW	320
Helmhagen Rudolf	BY	117
Helmig-Rieping Elisabeth	NW	261
Helmkamp Thomas	NW	281
Helmke Christian	VwG	529
Helmke Regina	NW	300
Helmken Dierk	BW	28
Helml Ewald	ArbG	437
Helmreich Stefanie	BY	109
	BY	120
Helms Christoph	VwG	537
Helms Götz	BY	94
Helms Thomas	BW	70
Helsper Wiebke	NW	331
Helten Hans-Jürgen	BRA	145
Helwerth Klaus	BW	58
Hemberger Walter	BU	9
Hemkendreis Werner Josef	NW	302
Hemmelgarn Gudula	VwG	531
Hemmelmann Simona	BY	120
Hemmerich Susanne	BY	98
Hemmerich-Dornick Hannelore	BW	28
Hemmers Heinz	NW	319
Hemmersbach Martina	BRA	157
Hemmes Hans-Peter	RP	345
Hemmie Hagen	VwG	532
Hempel Alrun	NW	289
Hempel Eva	VwG	529
Hempel Johannes	ArbG	452
Hempel Marja	NDS	255
Hempel Michael	NW	330
Hempelmann Josef	NW	305
Hempelmann Kai	RP	352
Hempen Thomas	VwG	513
Hemprich Dietmar	AnwG	552
	NDS	244
Hemstedt Joachim	SG	502
Henckel Christian	NW	268
Henckel Elisabeth	NW	268
Hendelkes Sabine	SH	404
Hendricks Wolfgang	HE	189
Hendtke Claudia	BRA	158
Hendus Lothar	NW	318
Heneka Regine	BW	28
Heneweer Rainer	NW	294
Hengelhaupt Dietrich	SG	501
Hengemühle Gernot	NW	290
Hengemühle Gudrun	NW	290
Hengesbach Wilfried	RP	346
Hengmith Annegret	NW	322
Hengst Bernhard	NW	318
Hengst Wolf-Jürgen	BER	136
Hengstler Martin	BW	22
Henjes Brigitte	BER	141
Henjes Heidi	HH	168
Henjes Holger	BER	141
Henjes Michael	NDS	245
Henke Angela	VwG	524
Henke Christoph	HE	203
Henke Hans-Reinhard	NW	275
Henke Jürgen	ArbG	453
Henke Katharina	VwG	536
Henke Marco	MV	215
Henke Peter	VwG	530
Henke Stefan	SAC	381
Henke-Vollmer Gabriele	BER	137
Henkel Elke	BER	127
Henkel Friedrich	BY	97
Henkel Judith	BY	107
Henkel Lothar	RP	338
Henkel Monika	NDS	226
Henkel Monika	NW	290
Henkel Peter	BY	108
Henkel Sigurd	BU	15
Henkel Wolfram	ArbG	443
Henkenmeier Frank	NW	329
Henle Walter	BY	106
Henn Bernhard	BW	64
Henn Ingrid	BY	96
Henn Ruth	TH	416
Henn Thomas	RP	347
Henne Dorothee	HE	189
Henne Stephan	NDS	235
Henneberg Bernhard	SH	400
Henneberg Hans-Robert	SG	488
Henneberger Jutta	RP	344
Hennecke Doris	VwG	511
Hennecke Doris	NW	283
Hennemann Annegret	ArbG	450
Hennemann Heike	BER	127
Hennemann Klaus	ArbG	433

Hennemann Stephan	NW	283
Hennemann Ulrich	BER	126
Hennen Beate	RP	352
Hennes Birgit	SG	482
Hennicke Annegret	BER	133
Hennicke Roland	BER	141
Hennies Andrea	ArbG	440
Hennies Jörg Hagen	NDS	254
Hennig Andrea	HH	174
Hennig Andreas	MV	212
Hennig Andreas	MV	212
Hennig Angelika	BRA	157
Hennig Gisela	BER	126
Hennig Günter	NW	263
Hennig Heike	ArbG	459
Hennig Joachim	VwG	532
Hennig Marianne	BRA	145
Hennigs Sibylle	BER	137
Hennigs Ursula	SG	482
Henning Evelyn	SAN	395
Henning Frank	NW	263
Henning Gerd	AnwG	548
Henning Klaus	NDS	221
Henning Peter	NW	293
Henning Torsten	BW	69
Henning Ulrike	NW	319
Henninger Andrea	NW	317
Henninger Hans	BW	34
Henninger Stephanie	BY	101
Henninghaus Gabriele	SG	493
Hennings Mechthild	SG	494
Hennings Ursula	RP	341
Hennings Wulf-Eberhard	NDS	252
Hennings-Nowak Katrin	BER	131
Hennrichs Silvia	RP	338
Henrich Andrea	BW	60
Henrich Andreas	BW	60
	BW	67
Henrich Barbara	NDS	235
Henrich Benno	RP	335
Henrich Birgit	SAA	357
Henrich Christian Martin	RP	353
Henrich Karin	HE	184
Henrich Monika	NW	262
Henrich Wolfgang	RP	334
Henrichmann Bernd	BY	81
Henrichs André	BRE	163
Henrichs Birgit	SG	483
Henrichs Christoph	BMJ	4
Henrichs Katrin	BRE	163
Henrichs Thomas	RP	337
Henrici Karl-Erich	NDS	250
Henrici Ralph	HE	185
Hens Sabine	NW	331
Henschel Thomas	AnwG	551
Hense Barbara	RP	349
Hense Susann	SAN	387
Hense Thomas	BY	108
Hense-Neumann Felizitas	NW	294
Hensel Jürgen	NDS	252
Hensel Thomas	VwG	527
Hensellek Birgit	MV	207
Hensen Claudia Anna	NW	278
Hensen Eckart	SH	398
Hensgen Carmen	RP	340
Hensger Birgit	BY	123
Hensinger Ulrich	ArbG	433
Henß Brigitta	NDS	243
Henss Gerhard	SAN	391
Henssen Ralf	ArbG	453
Henssler Friederike	NW	321
Hentrich Victoria	SG	480
Hentschel Antje	SH	409
Hentschel Erich	NW	313
Hentschel Jörg	SH	405
Hentschel Mandy	VwG	513
Hentschel Thomas	SAC	378
Hentschel Ulrike	NW	276
Hentzel Ralf	NDS	252
Hentzen Katja	VwG	527
Henz Manfred	ArbG	459
Henze Andreas	NDS	241
Henze Anke	MV	214
Henze Christian	NW	292
Henze Daniela	VwG	513
Henze Regine	BER	136
Henze-von Staden Simone	AnwG	557
	SAN	384
Henzler Evelin	BW	57
Henzler Oliver	BW	67
Heper Martina	BW	58
Hepfer Dorothee	BW	67
Hepp Rainer	VwG	517
Hepp Tanja	BY	83
Hepp-Schwab Hermann	SAC	370
Heppes Veronika	NDS	252
Herb Alexandra	BER	142
Herb Gregor	BER	138
Herbel Ilona Cristine	SG	478
Herbener Rolf	NW	299
Herber Beate	SAC	379
Herber-Mittler Monika Gertrud	NW	328
Herberger Scania	BW	39
Herberger Simone	SAC	366
Herberger Tom	SAC	372
Herberholz Christine	NW	307
Herberich Nicole	ArbG	445
Herbert Frank	VwG	508
Herbert Georg	BU	13
Herbert Ulrich	FG	465
Herbertz Reinald	NW	278
Herbeth Simone	BER	140
Herbke Yvonne	HH	171
Herbolsheimer Katrin	SG	478
Herborg Ulrich	NDS	219
Herbst Barbara	SAC	379
Herbst Barbara	NDS	245
Herbst Hans	BY	77
Herbst Joachim	NDS	244
Herbst Josef	HE	187
Herbst Kai-Uwe	BER	130
Herbst Nicola	BER	134
Herbst Ruprecht	BY	91
Herchen Axel	HH	171
Herchenbach Johannes	FG	470
van Herck Andreas	SAN	385
van Herck Jaqueline	SAN	385
Herda Karsten	BRA	145
Herde Klaus-Dieter	NDS	244
Herdegen Elisabeth	BY	77
Herdegen Peter	BY	75
Herdemerten Eva	FG	466
Herden Christian	BU	11
Herding Imke	NDS	255
Heres Stephan	HE	199
Herfert Andreas	BER	141
Herfort Karsten	VwG	528
Herforth Joachim	NW	276
Hergarten Christina	ArbG	444
	ArbG	445
Hergarten Reinhold	RP	339
Herget Kurt	HE	183
Herick Karsten	NDS	255
Hericks Bernd	NDS	252
Hering Reinhardt	HE	192
Hering Reinhild	NDS	241
Hering Steffen	HE	183
Hering Sven	BRA	154
Herkelmann-Mrowka Birgit	VwG	525
Herken Ludger	SAC	373
Herkenberg Horst-Werner	NW	296
Herkenrath Klaus	NW	332
Herkens Theodor	NDS	251
Herkle Jochen	BW	56
Herkner Beate	ArbG	462
Herkommer-Zimmermann Andrea	RP	342
Herlinghaus Andreas	FG	470
Herlitze Petra	BW	29
Herlt Joachim	VwG	526
Hermandung Klaus Alexander	NW	295
Hermann Christof	BY	95
Hermann Daniela	NDS	241
Hermann Gernot	BY	89

Hermann — Namensverzeichnis

Name	Code
Hermann Joachim	SAC 366
Hermann Martin	SAN 392
Hermann Martin	VwG 509
Hermann Rainer	SG 486
Hermann Thomas	SAN 389
Hermann Ursula	RP 341
Hermann Wolfgang	BW 22
Hermanns Doris	NW 315
Hermanns Kornelia	NW 330
Hermanns Monika	BU 8
	VerfG 429
Hermanns Sabine	NW 292
Hermanski Ulrich	NW 257
Hermelbracht Wolfgang	NW 269
Hermeler Thomas Karl	NW 263
Hermenau Fränk	NW 276
Hermes Heinz-Josef	ArbG 456
Hermes Irmgard	NW 326
Hermes Ludger	FG 471
Hermes Michael	SG 496
Hermes Petra	NW 308
Hermesmann Michael	NW 325
Hermisson Regina	BW 24
Hermle Klaus	SAN 386
Herms Oda	ArbG 443
Hermsdorf Jürgen	SAN 389
Hernekamp Karl	VwG 516
Hernicht Harald	BY 100
Herold Günther	RP 345
Herold Karin	BER 135
Herold-Tews Heike	SG 480
Herr Katharina	MV 215
Herrbach Günter	BY 81
Herrbruck Gerald	RP 343
Herrchen Hans-Joachim	HE 200
Herre Sigrid	NW 310
Herrenbrück Ralf	NW 276
Herrgen Andreas	BW 39
Herrle Wolfram	BY 105
Herrlein Markus	HE 177
Herrler Elmar	BY 110
Herrlinger Dagmar	BER 136
Herrlinger Wolfgang	BER 136
Herrmann Anne	RP 354
Herrmann Arnd	TH 421
Herrmann Berthold	HH 171
Herrmann Brigitte	BY 80
Herrmann Christa	SG 477
Herrmann Christine	VwG 514
Herrmann Cornelia	BY 105
Herrmann Dagmar	BER 134
Herrmann Dieter	FG 467
Herrmann Dietmar	BY 106
Herrmann Doris	BY 117
Herrmann Dorit	BRA 158
Herrmann Frank-Alexander	ArbG 449
Herrmann Götz	TH 417
Herrmann Günther	BW 50
Herrmann Gunnar	NW 331
Herrmann Hans-Joachim	SAC 367
Herrmann Henning	BRE 163
Herrmann Horst	BY 97
Herrmann Jürgen	BW 65
Herrmann Kerstin	ArbG 457
Herrmann Klaus	ArbG 457
Herrmann Lutz	SAC 375
Herrmann Markus	BY 94
Herrmann Martin	NW 289
Herrmann Miris	BY 103
Herrmann Philipp	VwG 513
Herrmann Robert	VwG 507
Herrmann Roland	NDS 251
Herrmann Rolf	FG 466
Herrmann Swen	HE 202
Herrmann Tanja	ArbG 436
Herrmann Thomas	NDS 227
Herrmann Ulrich	BU 8
Herrmann Uta	BW 51
Herrmann Werner	HE 193
Herrmann Wolf	NW 322
Herrmann-Blessing Friederike	BW 61
Herrnfeld Hans-Holger	BMJ 4
Herschlein Doris	BW 29
Hertel Gabriele	BRA 152
Hertel Hans-Kurt	BY 86
Hertel Jens	SAC 377
Hertel Jürgen	NDS 232
Hertel Susanne	VwG 514
Herth Jörg	SG 477
Herting-Vogel Anna Elisabeth	BW 41
Hertle Dirk	SAC 365
Hertlein Barbara	NW 273
Hertler Felix	BW 67
Hertrich Stefanie	SAC 379
Hertwig Petra	BRA 155
Hertz-Eichenrode Barbara	BER 132
Herwartz Hubert	NW 324
Herweg Cornelia	BY 123
Herweg Klaus	HH 168
Herwig Harald	HE 200
Herwig Isabel	NDS 254
Herz Christoph	BY 113
Herz Elisabeth	SG 480
Herz Ruth	NW 322
Herz Ursula	FG 464
Herzberg Mayra	BRA 149
Herzog Daniela	RP 354
Herzog Dietrich	BW 21
Herzog Esther	AnwG 546
Herzog Frank	SAC 365
Herzog Jürgen	HH 165
Herzog Katrin	SAC 365
Herzog Marco	HE 194
Herzog Nicole	BY 123
Herzog Peter Andreas	RP 354
Herzog Petra	NDS 241
Herzog René	NDS 253
Herzog Ronald	BW 70
Herzog Sandra	SG 500
Herzog Wolfgang	BY 108
Hesemann Beate	SG 487
Hesper Anja	NW 261
Hesper Thomas	SAC 370
Hesral Harald	SG 479
Hess Andreas	BW 27
Heß Arno	BY 81
Heß Bernd	VwG 504
Heß Birgit	SH 406
Heß Christina	BW 70
Hess Claus	SH 400
Hess Gangolf	BER 129
Heß Marco	BY 108
	BY 121
Heß Michael	TH 421
Hess Paul Georg	SG 491
Heß Peter	HE 184
Hess Rainer	TH 411
Heß Wolfgang	NW 326
Heßberger Christine	BW 32
Hesse Anke	NDS 219
Hesse Dirk	ArbG 458
Hesse Rudolf	NW 282
Hesse Stefan	NDS 231
Hesse Stephanie	HE 202
Hesse Ute	BW 65
Hesse Walter	FG 467
Heße Wolfgang	BER 132
Hesse-Lang Christiane	BRA 152
Hessel Gabriele	SH 403
Hessel Kathrin	NW 328
Hesselbarth Franziska	NW 328
Hesselhaus-Schröer Anne	NW 284
Heßelmann Elke	VwG 540
Hesselschwerdt Klaus	SG 476
Heßhaus Andrea	NW 293
Heßler Hans-Joachim	BY 73
Heßling-Wienemann Ulrike	SG 494
Heßlinger Michael	SAA 357
Hestermann Rolf	SG 490
Hetger Winfried	RP 336
Hethey Hartmut	BER 137
Hettich Jürgen	BW 57
Hettich Matthias	BW 40
Hettinger Reiner	BW 34
Hettwer Claudia	NW 304
Hettwer Ulrich	NW 311
Hetz Silke	SG 478

Hetzel Hedda	VwG 510	Heymann Uwe	ArbG 458	Hillebrand Reinhild	SG 478
Hetzer Franziska	TH 423	Heyne Maike	SH 408	Hillebrand Rüdiger	BRA 157
Hetzer Ingo	TH 422	Heyne-Kaiser Gabriele	VwG 531	Hillebrand Stephan-Robert	NW 296
Heuberger Georg	SG 475	Heyter Angela	HE 189		
Heuberger Ulrich	FG 465	Hiby-Bögelein Ursula	TH 418	Hillebrand Susanne	BY 89
Heublein Carina	BY 121	Hicks Franz-Josef	NW 324	Hillebrecht Doda	NDS 223
Heublein Joachim	BY 115	Hidding Johannes	NW 329	Hillebrenner Astrid	NDS 254
Heuck Friedrich	NW 322	Hieber Jörg	BW 53	Hillegaart Silja	BW 27
Heuer Andreas	NDS 252	Hiebl Diana	BY 122	Hillekamps Tanja	HE 203
Heuer Eva	BER 128	Hiefner Klaus	BY 101	Hillenbrand Markus	SH 402
Heuer Hans	SH 404	Hiekel Carola	SG 492	Hillenmeyer Rudolf	BY 97
Heuer Helga	NW 328	Hiemer Daniela	BER 141	Hiller Angela	NDS 253
Heuer Hubert	VwG 523	Hien Eckart	BU 13	Hiller Friedrich Wilhelm	BW 54
Heuer Janina	BRE 163	Hien Sibylle	BER 135	Hiller Gerhard	SG 494
Heuer Stefan	NDS 228	Hien-Völpel Ursula	BRE 162	Hiller Jörg	NW 299
Heuer Volker	SAN 393	Hiersemenzel Kathrin	HH 174	Hillert Lars	NW 318
Heuer Wolfgang	BW 57	Hiestand Martin	BMJ 4	Hillert Susanne	RP 341
Heuermann Bernd	BU 11	Hiester Andreas	VwG 513	Hillgärtner Beate	NW 268
Heuermann Friedel	NW 278	Hiestermann Ulf	BW 54	Hillig Reinhard	SAN 383
Heuken-Bethmann Petra	NDS 236	Hilber Klaus-Peter	BU 16	Hillmann Caroline	BY 88
		Hilbig Angelika	TH 416	Hillmann Reinhard	NDS 244
Heumüller Dirk	BRA 158	Hilbrecht Nicole	HE 197	Hillmann Ulrike	SH 401
Heupel Ute	RP 344	Hild Elfriede	BY 93	Hillmann Ute	BY 104
Heusch Andreas	VwG 525	Hild Hartmann	BER 142	Hillmann Wolfgang	MV 206
Heusch Burghart	BW 62	Hildebrandt Beate	NW 301	Hillmann-Schröder Christine	NDS 251
Heuschneider Johanna	BW 71	Hildebrandt Dietmar	SAC 363		
Heusel Wolfgang	RP 335	Hildebrandt Isabel	SH 400	Hillmer Stephanie	HH 175
Heuser Hans	SG 487	Hildebrandt Jan	RP 354	Hilpert-Zimmer Ulrike	SAA 359
Heuser Hans-Heinrich	VwG 517	Hildebrandt Ralf	MV 208	Hilser Klaus	NW 261
Heuser Reinhard	NW 319	Hildebrandt Reiner	NW 301	Hilsmann-König Elisabeth	NW 291
Heuser Stefan	VwG 528	Hildebrandt Romuald	BU 16		
Heuser-Hesse Kirsten	ArbG 454	Hildebrandt Susanne	NW 320	Hilt Barbara	BW 52
von Heusinger Gabriele	NW 290	Hildenstab Bernd	NW 326	Hiltl Gerhard	VwG 509
Heusinger Robert	BY 119	Hilderscheid Bernhard	SH 399	Hiltmann Gabriele	SG 487
Heuwerth Frank	ArbG 458	Hildesheim Carl Ulrich	FG 472	Hilwerling Lorenz	NW 283
Heveling Klaus	VwG 525	Hildner Jörn	RP 340	Hilzinger Peter	BY 111
Heydebrand und von der Lasa Isabelle	BY 122	Hilgendorf-Petersen Birgitta	VwG 539	Himber Helmut	SG 497
				Himbert Ralf	MV 205
Heydeck Martina	HH 170	Hilgendorf-Schmidt Sabine	BMJ 3	Himmelsbach Hildegard	FG 463
Heydemann Christoph	VwG 511			Himmelskamp Katja	NW 309
Heydenreich Volker	NW 291	Hilgenhövel Jens	SH 405	Himmer Richard-Emmanuel	BER 143
Heyder Otto	BY 77	Hilgers-Hecker Carola	SAA 360		
Heydlauf Harald	BW 59	Hilgert Peter	NW 300	Himmler Heinrich	SG 481
Heydn Thomas	BY 112	Hilgert Wolfgang	NW 322	Hinck Uwe	NDS 235
Heydner Günther	BY 113	Hilke-Eggerking Anna-Margarete	NDS 244	Hindahl Inka	NDS 239
Heydorn Horst	MV 209			Hinderer Martin	BW 58
Heydorn Susanne	VwG 514	Hilkert Wolfgang	BW 39	Hingst Ulla	SH 409
Heye Horst-Dieter	SG 501	Hill Brigitte	RP 336	Hinke Carola	BER 133
Heyen Heyner	HH 174	Hill Christian	ArbG 460	Hinke Christian	FG 464
Heyer Frank	BW 51	Hill Hartmut	SAN 386	Hinke Thomas	SAC 377
Heyer Hans-Ulrich	NDS 247	Hill Miriam	NW 327	Hinkel Holger	VwG 518
Heyl Martin	ArbG 440	Hill Rolf	SG 483	Hinkel Klaus	VwG 539
Heyland Robert	NW 327	Hilldebrand Manfred	NW 303	Hinkelmann Ralf	NW 331
Heymann Andreas	HE 197	Hille Jan	SAC 377	Hinkers Elisabeth	NW 294
Heymann Annegret	NW 305	Hille Sybille	HH 165	Hinner-Kärtner Maria	BY 95
Heymann Peter	ArbG 462	Hille-Brunke Helmut	BW 62	Hinninghofen Jochen	NW 266
Heymann Thomas	BER 130	Hillebrand Joachim	NDS 231	Hinrichs Hauke	SAC 371
Heymann Torsten	NW 323	Hillebrand Katrin	HH 176	Hinrichs Jürgen	NDS 234

Hinrichs Klaus	BW 55	Hirtschulz Meike	VwG 520	Hoefer Detlef	NDS 222
Hinrichs Martin	SAC 371	Hirtz Margarethe	AnwG 555	Höfer Isabel	RP 339
Hinrichs Oda	ArbG 440	Hirz-Weiser Dagmar	HE 180	Höfer Jorinde	SG 490
Hinrichs Thomas	HH 167	Hische Jutta	NDS 230	Höfer Manfred	AnwG 556
Hinrichs Zwaantje	BER 127	Hischer Susana	AnwG 552	Höfer Susanne	NW 270
Hinrichsen Ernst	SH 400	Hisker Nicole	NW 300	Höffe Sibylle	BY 107
Hinsch Gabriele	NDS 229	Hitziger Karin	NDS 242	Hoeffer Horst-Dieter	NDS 218
Hinsenkamp Klaus	NW 308	Hitziger Uwe	HH 174	Höfken Heinz-Wilhelm	NW 314
Hinterberg Elke	NW 309	Hitzler Burkard	BY 80	Hoefler Hilmar	BY 119
Hinterberger Gerhard	BY 116	Hlavka Hans-Joachim	SAC 369	Höfler Korbinian	SG 478
Hintermayer Regina	BW 30	Hluchy Alexandra	BY 121	Höfling Barbara	BY 108
Hintersaß Hans-Jochen	BY 99	Hnida Kerstin	SG 482	Höflinger Bärbel	BY 121
Hintersaß Steffen	SAC 368	Hobbeling Erich	VerfG 427	Höflinger Susanne	BY 114
Hinterthür Rolf-Henning	NDS 253		VwG 520	Höfs Andrea	TH 415
Hintz Manfred	SG 483	von Hobe Carl	MV 214	Höfs Wolfgang	TH 422
Hintze Matthias	BW 32	Hobe Johannes	AnwG 558	Hoeft Karola	VwG 523
Hintze Sören	BW 51	Hobro-Klatte Rüdiger	NDS 233	Höger Harro	SG 492
Hintzen Stephan	NW 277	Hoch Gerhard	VwG 504	Höger Peter	VwG 508
Hinz Helmut	NW 271	Hoch Hannsgeorg	NW 319	Högl Hans-Werner	FG 464
Hinz Peter	NDS 236	Hoch Hans-Joachim	VwG 509	Högner Elke	SAC 368
Hinz Ronald	HH 169	Hoch Hermann	NW 314	Högner Ralf	SAC 368
Hinz Werner	SH 401	Hoch Josef	BER 128	Höhfeld Ute	BMJ 4
Hinze Christina	FG 466	Hoch Sibylla	VwG 522	Höhl Wolfgang	VwG 535
Hinze Monika	BER 135	Hoch Wolfgang	NW 287	Höhle Michael	SAC 379
Hinze Wolfgang	AnwG 547	Hochberg Veit	BER 140	Höhler Michael	HE 185
	BER 127	Hochgürtel Johannes	NW 265	Höhn Frank	BW 39
Hinzen Gabriele	NW 275	Hochkeppler Ines	BRA 150	Höhn Gisela	HE 198
Hinzmann Thorsten	BER 129	Hochschild Amrei	SG 499	Höhn Katrin	TH 421
Hippe Achim	NDS 229	Hochschild Udo	VwG 535	Höhn Reiner	MV 208
Hippler Thomas	BY 103	Hochstein Thomas	BW 70	Höhn Sebastian	BER 131
Hirdina Klaus	SG 480	Hochstein Werner	NW 274	Höhne Kristin	BER 131
Hirmer Hans-Peter	BY 87	Hock Bernhard	SAC 374	Höhne Mario	SAC 372
Hirn Eberhard	BW 63	Hock Regina	BU 16	Höhne Michael	BY 97
Hirneis Dietmar	NW 277	Hock Stephan	BY 95	Höhne Ralf	TH 419
Hirsch Eva Maria	ArbG 456	Hock-Schmitt Margit	BY 77	Höhne Ralf	VwG 531
Hirsch Friederike	NW 327	Hockauf Andrea	SAC 377	Höhr Michael	BRA 148
Hirsch Günter	BU 7	Hocke Elsgin	ArbG 451	Höing Claudia	NW 300
Hirsch Martina	BW 55	Hockemeier Hartmut	NDS 249	Hoeing Hartmut	ArbG 450
Hirsch Thomas	BER 136	Hockenholz Jens	FG 465	Hölder Wolfgang E.	VerfG 427
Hirsch Ulf	SAN 390	Hocker Sonja	ArbG 454	Hölk Astrid	HH 169
Hirsch Ute	BW 64	Hodeige Astrid	NW 317	Höll Gabriele	TH 418
Hirschberg Lothar	NW 306	Höbbel Peter	HE 191	Höll Stephan	BW 39
Hirschberg Marion	SAC 365	Höbelheinrich Bernd	HE 201	Höllein Frank	SG 496
Hirschberg Stefan	SAC 367	Höber Gesine	BRA 145	Höllein Hans-Joachim	VwG 517
Hirschfeld Michael	BER 128	Höber Kathrin	SAC 379	Höllrich-Wirth Daniela	SAC 369
von Hirschfeld Claudia	BY 99	Höbrink Diethard	NW 307	Hölscher Christiane	NDS 255
Hirschfelder Wolfgang	NW 307	Höcherl Katrin	NDS 255	Hölscher Christoph	BW 53
von Hirschheydt Reinhard	MV 208	Höchst Armin	TH 423	Hölscher Eckhard	BRA 149
von Hirschheydt Silke	TH 414	Höchst Siegfried	BU 16	Hoelscher Hildegunde	SG 478
Hirschmann Ernst Peter	SAA 360	Höchstötter Bernhard	BY 105	Hölscher Rotraud	BW 68
Hirschmann Hans-Ullrich	VwG 522	Höcker Eike	NDS 227	Hölscher Werner	NW 297
Hirschmann Marc	NDS 255	Höcklin Rainer	BW 31	Höltge Margit	SG 482
Hirt Frank	NDS 240	Hödl Rüdiger	BY 108	Höltje Björn	NW 331
Hirt Michael	NW 267	Höfel Pia	RP 340	Höltkemeier Kai	BY 123
Hirth Wolfgang	HH 168	Höfele Christine	BER 141	Hölz Dietrich	VwG 516
		Höfelmann Elke	BY 96	Hölzel Birgit	BW 63
		Höfer Alexandra	NW 292	Hölzel Wolf-Michael	BY 113
		Höfer Andreas	VwG 519	Hölzer Camilla	FG 470

Hofmann

Hölzer Dirk	SG 486	Hoffkamp Hermann	NW 305	Hoffmann Ralf	BY 94
Hölzer Gert	RP 334	Hoffknecht Felix	RP 354	Hoffmann Ramona	SAN 386
Hölzle Franz	BW 55	Hoffmann Albert J.	SeeGH 569	Hoffmann Ramona	SG 482
Hömig Carsten	VwG 512	Hoffmann Andrea	BER 141	Hoffmann Susanne	BRA 154
Hoemke Wolfgang	BY 78	Hoffmann Anette	AnwG 550	Hoffmann Sybille	BRA 155
Hönel Verena	SAC 371	Hoffmann Angelika	MV 215	Hoffmann Thomas	SH 407
Hönick Martin	BY 80	Hoffmann Anja	MV 211	Hoffmann Thomas	BY 99
Hoenicke Hannelore		Hoffmann Arne	SG 494	Hoffmann Tobias	SAN 385
Lydia	NW 263	Hoffmann Arne Peter	VwG 527	Hoffmann Torsten	NW 304
Höning Birgit	BER 132	Hoffmann Barbara	ArbG 459	Hoffmann Ulrich	BRE 161
Höning Kai-Uwe	BER 128	Hoffmann Beate	NW 317	Hoffmann Ulrich	NDS 249
Hönninger Reinhard	TH 422	Hoffmann Bernadett	NW 275	Hoffmann Verena	HH 168
Höper Inken	SH 403	Hoffmann Bettina	BW 67	Hoffmann Walter	RP 338
Höpfl Gunter	SAC 369	Hoffmann Bettina	SAN 390	Hoffmann Werner	SAA 358
Höpfl Marianne	BY 121	Hoffmann Britta	HH 168	Hoffmann Werner	BER 128
Hoepken Hiltrud	NW 267	Hoffmann Claudia	NDS 252	Hoffmann-Lindenbeck	
Höpker Wolfgang	NDS 228	Hoffmann Dieter	BW 58	Andrea	SAA 357
Hoepner Olaf	SH 398	Hoffmann Dirk	BRE 162	Hoffmann-Remy Ulrich	BW 47
Höpping Birgit	SAC 374	Hoffmann Eckhard	NW 306	Hoffmann-Riem	
Höppler Walter	BU 16	Hoffmann Elke	BER 140	Wolfgang	BVerfG 1
Höppner Doris	NW 318	Hoffmann Erdmuthe	NW 284	Hoffmans Brigitte	NW 271
Höppner Ulrich	NW 319	Hoffmann Eva-Maria	SAC 375	Hoffmeister Carl	SG 479
Hören Thomas	NW 261	von Hoffmann Eveline	ArbG 443	Hoffmeister Eva	BRA 156
Hörer Bernd	BW 43	Hoffmann Fabian	HE 184	Hoffmeister Reinhard	NW 258
Hörger Cornelia	SAN 393	Hoffmann Felicitas	NW 263	Hoffmeyer Carsten	VwG 523
Hörl Stephanie	BY 97	Hoffmann Ferdinand	NW 324	Hoffrichter Frank	HE 196
Hörmann Hiltrud	BW 67	Hoffmann Frank	VwG 512	Hoffrichter-Daunicht	
Hörndler Eva	FG 468	Hoffmann Frank	MV 214	Christiane	NW 260
Hörner Heribert	SAC 364	Hoffmann Frank	SAC 380	Hofherr Erich	VwG 505
Hörr Andrea	SAC 375	Hoffmann Georg	NDS 230	Hofherr Karin	ArbG 435
Hörr Eckehard	SG 487	Hoffmann Hans-		Hofius Rainer	RP 344
Hoersch Hans-Peter	RP 337	Ulrich	ArbG 451	Hofman Jens	VwG 506
Hörsch Karin	BW 64	Hoffmann Heike	SAC 380	Hofmann Andreas	VwG 519
Hörschgen Reinhard	NW 267	Hoffmann Helga	BRA 151	Hofmann Anja	BY 121
Hörschgen Werner	NW 274	Hoffmann Helmut	BW 49	Hofmann Christian	
Hörster Peter	BW 24	Hoffmann Ingrid	SAC 375	Frank	BW 31
Hörz Richard	BW 65	Hoffmann Isabel	NW 287	Hofmann Claudia	BY 112
Hösch Edmund	VwG 506	Hoffmann Jana	BER 140	Hofmann Constantin	BW 69
Hoesch Lenart	BY 88	Hoffmann Jens	HH 170	Hofmann Dietrich	VwG 529
Höschel Gabriele	BRA 155	Hoffmann Jörg	RP 346	Hofmann Gerd	SG 495
Höschele Marcus	BW 70	Hoffmann Jürgen	FG 470	Hofmann Gertrud	BY 86
Hoese Birgit	SG 482	Hoffmann Karsten	HH 173	Hofmann Hans-Peter	BY 80
Hössl Christoph	HE 189	Hoffmann Katharina	VwG 540	Hofmann Heike	ArbG 439
Hötl Günter	ArbG 459	Hoffmann Klaus	NDS 239	Hofmann Hermann	BY 114
van den Hövel Markus	NW 287	Hoffmann Klaus	BW 68	Hofmann Holger	VwG 540
Hövel Sven Carsten	BW 69	Hoffmann Klaus	BW 46	Hofmann Jens	AnwG 551
Hoeveler Petra	MV 207	Hoffmann Kurt-Martin	NW 297		MV 207
Hövelmann Peter	BU 15	Hoffmann Lutz	FG 466	Hofmann Klaus	BW 50
Höwelmeyer Carsten	ArbG 450	Hoffmann Maren	NW 304	Hofmann Lothar	VwG 512
Hofbauer Wolfgang	ArbG 437	Hoffmann Marga	NW 267	Hofmann Manfred	BU 9
Hofbauer-Koller Heike	BY 117	Hoffmann Martina	SAN 387	Hofmann Margarete	BMJ 4
Hofer Johannes	BY 122	Hoffmann Matthias	BY 78	Hofmann Martin	BY 107
von Hofer Michael	BY 86	Hoffmann Michael	RP 348	Hofmann Reinhard	BW 38
Hofer-Bodenburg		Hoffmann Michael	BY 84	Hofmann Robert	NW 330
Katrin	HH 169	Hoffmann Nadine	NW 331	Hofmann Sabine	SAC 368
Hoferichter Doris	AnwG 551	Hoffmann Oliver	NW 282	Hofmann Werner	HE 177
Hoff Kerstin	ArbG 445	Hoffmann Peter	BY 110	Hofmann Wolfgang	HE 182
Hoffelner Wiebke	SH 406	Hoffmann Rainer	VerfG 429	Hofmann Yvonne	ArbG 445

Hofmann-Beyer Ulrike	BY 80	Holland-Moritz Rainer	TH 411	Holtz-Hellegers Renate	NW 270
Hofmeir Felix	BY 122	Hollandmoritz Christian	TH 416	Holtzmann Jost	HE 202
Hofmeister Adelgund	AnwG 554	Hollandmoritz Silke	TH 415	Holubetz Gertraut	SAC 368
Hofmeister Karin	TH 423	Hollandt Stephan	TH 418	Holuschek Claudia	HE 184
Hofmeister Maximilian	BY 87	Hollatz Alfred	FG 470	Holz Birgit	SAC 381
Hofmeister Oda	NW 323	Holldorf Lennart	BER 129	Holz Elfriede	BW 58
Hofmeister Walter	NDS 248	Holle Ariane	VwG 514	Holz Thomas	NW 309
Hofner Günter	HE 187	Holle Gerd	TH 419	Holzammer Angela	BRA 153
Hofner Sonja	BY 106	Holleck Nils Torsten	NW 328	Holzberger Roland	BY 111
Hofstetter Ludger	BW 47	Hollederer Dietmar	BW 36	Holzer Gabriele	BY 88
Hofstra Britta	NW 293	von Hollen Kirsten	BER 135	Holzer Helmut	ArbG 437
Hoge-Ritterhoff Ann-Christin	SH 402	Hollenbach Anne-Kathrin	NW 306	Holzer Johannes	TH 417
Hogenkamp Hartmut	BRE 161	Holler Gerald	BY 88	Holzer Thomas	AnwG 543
Hogenschurz Johannes	NW 320	Holler Karl-Heinz	VwG 529		BW 49
Hogrebe Bernd-Josef	NW 278	Holler Manfred	RP 349	Holzer-Thieser Alfred	ArbG 438
Hogrefe Dietmar	NDS 234	Holler-Welz Ulrike	BW 37	Holzhausen Joachim	BW 58
Hogreve Josef	NDS 232	Holling Franz-Michael	NDS 249	Holzheid Corinna	BER 137
Hohage Bettina	BRE 163	Hollmann Wolfgang	ArbG 461	Holzheuser Johannes	SG 496
Hoheisel Ralf	HE 201	Hollo Dierk F.	SG 489	Holzhey Susann	SG 502
Hoheisel Silke	BY 76	Hollstegge Angelika	NW 293	Holzinger Daria	SAC 366
Hohendorf Andreas Alfons	NW 303	Hollstegge Georg	NW 300	Holzinger Gerhard	VwG 508
Hohensee Maren	NDS 245	Hollweck Peter	BY 114	Holzinger Heinz	BER 128
Hohensee Rolf	BER 129	Hollweg von Matthiesen Heinzwerner	NW 290	Holzinger Rainer	BY 113
Hohl Hannelore	VwG 508	Hollweg-Stapenhorst Susanna	AnwG 547	Holzinger Ulrich	SAC 366
Hohlfeld Eva	BRA 145		BER 127	Holzinger Ulrike	BY 99
Hohlfeld Ulrike	BW 31	Hollwegs Annette	SH 397	Holzke Frank	VwG 528
Hohloch Gerhard	BW 49	Holly Volker	VwG 532	Holzmann Maria	BY 108
Hohlweck Martin	NW 320	Holmer Frauke	SH 402	Holzmann Martin	ArbG 448
Hohm Karl-Heinz	SG 490	Holschuh-Gottschalk Friederun	SAA 357	Holzmann Theodor Ferdinand	NW 275
Hohmann Andreas	HE 198	Holst Gerda-Renate	SG 484	Holznagel Anke	NDS 254
Hohmann Bernd	SAC 380	Holstein Regina	BY 98	Holznagel Ina	NW 308
Hohmann Marion	SAC 373	Holsten Cornelia	BRE 161	Holzner Michaela	BY 120
Hohmann Martina	NW 288	Holtbrügge Hans-Jörg	VwG 525	Holzner Peter	BY 73
Hohmann Matthias	SH 398	Holten Heinz-Leo	NW 257	Holzwarth Andreas	BW 60
Hohmann-Dennhardt Christine	BVerfG 1	Holterdorf Thomas	TH 416	Holzwarth Peter	BW 67
Hohmeier Karl	TH 415	Holtermann Hans	AnwG 553	Homann Beatrix	NDS 227
Hohn Rachel	NW 327	Holtgrewe Kay Hendrik	NW 330	Homann Carina	SG 495
Hohndorf Kurt	VwG 514	Holthaus Birgid	SAC 379	Homann Ernst	NDS 239
Hohnholz Barbara	SG 485	Holthaus Johannes	NDS 250	Homann Jutta	ArbG 441
Hohoff Friederike	NW 272	Holthaus Michael	ArbG 461	Homann Klaus	SG 489
Hohrmann Birgit	BRA 157	Holthaus Norbert	BY 113	Homann Petra	SAN 395
Holbeck Thomas	ArbG 437	Holthaus Winfried	SAN 387	Homann Rainer	ArbG 442
Holdefer Frank	BW 30	Holthöwer Barbara	ArbG 449	Homann Volker	BU 9
Holdorf Reiner	NW 317	Holthöwer Martin	NW 272	Homann-Trieps Annemarie	AnwG 551
von Holdt Bettina	SH 408	Holtkamp Jürgen	SAN 391	Homberger Uwe	VwG 539
Holdt Susanne	NDS 250	Holtkamp Klaus	NDS 247	Hombert Thomas	VwG 524
Holfeld Jutta	BW 67	Holtkötter Heinz-Peter	NW 285	Homfeld Alexandra	BW 54
Holk Monika	BRA 154	Holtmann Clemens	HH 176	Homm Alexander	HE 198
Holl Barbara	BY 106	Holtmann Rüdiger	HE 192	Hommel Christoph	NW 292
Holl Herbert	VwG 532	Holtmann Sebastian	NW 327	Hommel Klaus Peter	NW 268
Holl Lorenz	BW 68	Holtmann Ulrich	NDS 250	Hommer Ingeborg Mathilde	NW 301
Holl Roger	BER 135	Holtmeyer Norbert	NDS 249	Hommes Detlef	BRA 155
Holl Winfried	HE 188	Holtz Almuth	NDS 248	Hommrich Gunter	BY 112
Holländer Katrin	VwG 529			Homuth Marc-Patrick	ArbG 460
Holland Dorothea	HE 197			Hondl Yvonne	BY 92

Honecker Klaus	HE 197	Horn Oliver	VwG 518	Horz Cornelia	BW 21		
Hongsermeier Sigrid	NW 285	Horn Rainer	BW 32	Hos Andreas	NW 309		
Honisch Werner	FG 467	Horn Robert	SG 486	Hoschke Ulrich	SAA 357		
Honl-Bommert		Horn Sebastian	BW 24	Hosenfeld Olaf	SG 500		
Martina	ArbG 445	Horn Sven Esko	ArbG 443	Hoser Alexandra	SAA 361		
Honnef Annette	HE 195	Horn Volker	HE 186	Hospes Hans-Jürgen	FG 469		
Honnen Norbert	NW 319	Horn Walter	BY 87	Hoßbach Thomas	TH 413		
Honold Martin	BW 71	Horn Wolfgang	RP 338	Hoßbach Wolfgang	NDS 219		
Honsell Katharina	BY 104	Horn-Scholz Christa	BW 30	Hoßfeld Katharina	BER 135		
Hoogendoorn Renke	NW 332	Hornauer-Sedlock		Hossfeld Stefan			
Hook Felizitas	RP 345	Eva	BY 81	Friedrich	ArbG 457		
Hoops Wilfried	SH 403	Hornbach Michael	FG 473	Hostert Roland	BW 42		
Hoos Jochen	HE 190	Hornburg Uwe	SAN 394	Hoth Jens-Peter	SG 487		
Hopf Ulrike	NDS 240	Horndasch Stefan	BY 112	Hottgenroth Inka	NW 323		
Hopfgarten Günter	AnwG 553	Horne Peter Bernhard	BRA 152	Houbertz Burkhard	ArbG 457		
Hopfmann Karin	SAN 388	Hornick Andreas	BU 10	Houst Martin	BW 58		
Hopfner Ingrid	ArbG 444	Hornig Georg	BY 79	von Houwald Christoph	SG 488		
Hopmann Elisabeth	NW 294	Hornig Michael	SG 477	van Hove Anke	NDS 226		
Hopp Kathrin	NDS 246	Hornig Ralph	SAC 379	Hovemann Frank	TH 416		
Hoppach Hartmut	NW 263	Hornikel Dirk	BW 62	Hovi Tarvo	BER 141		
Hoppe Dieter	MV 208	Hornmann Gerhard	VwG 518	Howald Wolfgang	ArbG 457		
Hoppe Eva Maria	NW 317	Freiherr von Hornstein		Howe Marcus	SG 482		
Hoppe Hartmut	BW 33	Alexander	BY 73	Hoya René	SAN 387		
Hoppe Jeannine	NDS 222	Hornstein Arno	BW 31	Hoyer Bernd	HH 172		
Hoppe Jürgen	NDS 240	Hornstein Martina	TH 413	Hrelja Brigitte	SH 403		
Hoppe Michael	VwG 505		VerfG 430	Hromada Ingo	RP 345		
Hoppe Regina	SAC 367	Hornung Andreas	NW 302	Hrubesch Steffen	ArbG 435		
Hoppe-Jänisch Daniel	SAC 380	Hornung Fiona	BW 34	Hrubetz Ingo	HH 170		
Hoppen-Wagner			BW 41	Huang Martin	BY 106		
Elisabeth	NW 291	Hornung Gerhard	BY 114		BY 123		
Hoppenberg Günther	NW 300	Hornung Klaus	FG 464	Hub Thorsten	BW 70		
Hoppenworth Elke	NDS 223	Hornung Paul	HE 191	Hubbert Marc	BY 97		
Hoppert Andreas	SG 492	Hornung Rainer	BW 38	Hubbert Wilhelm	BY 97		
Hoppmann Johannes	NW 277	Hornung Thomas-		Hubel Dieter	BY 118		
Hoppmann Rainer	NW 311	Michael	BER 133	Huber Alfred	BY 119		
Hoppmann Stephan	SAC 380	Hornung Wulfdieter	SG 480	Huber Berthold	VwG 518		
Horbach Karl-Heinz	NW 271	Hornung-Grove		Huber Carole	BY 92		
Horbul Siegfried	VwG 538	Marianne	HE 191	Huber Christian	BY 94		
Horch Claudia	ArbG 434	Horsch Andreas	TH 411	Huber Hans-Peter	BY 117		
Horcher Michael	ArbG 445	Horsch Christine	BY 123	Huber Johannes	BW 38		
Horeis Sabine	HH 170	Horscht Michael	VwG 527	Huber Karl	BY 85		
Horeni Gertraude	SAC 369	Horst Johannes	NDS 250		VerfG 425		
Hork Andreas	NW 330	Horst Monika	NW 321	Huber Kathrin	BY 121		
Horlacher Beate	SAC 364	Horst Peter	NDS 252	Huber Klaus	BY 102		
Horlbog Ute	SAN 388	Horsthemke Aloys	NW 280	Huber Matthias	BY 83		
Hormuth Wolfgang	SG 475	Horsthemke Heinrich	NW 304	Huber Michael	BY 101		
Horn Angelika	BW 28	Horstkötter Theodor	BRA 152	Huber Rainer	SAC 367		
Horn Armin	VwG 505	Horstketin Martin	BER 131	Huber Roland	BY 102		
Horn Carsten	BW 65	Horstmann Aiga	BY 108	Huber Rudolf	BY 86		
Horn Detlef	VwG 517	Horstmann Dieter	BER 141	Huber Sigmund	BU 15		
Horn Donald	BRA 148	Horstmann Elisabeth	FG 471	Huber Silvia	SAA 359		
Horn Gabriele	BRE 161	Horstmann Hans-		Huber Silvia	BY 122		
Horn Günter	RP 344	Joachim	NW 301	Huber Ulrich	FG 464		
Horn Hans-Joachim	FG 469	Horstmann Volker	MV 209	Huber Ulrike	BW 61		
Horn Hartmut	VwG 514	Horstmeier Henning	TH 420	Huber Werner	BW 34		
Horn Livia	HE 202	Horstmeyer Heinz	NW 302	Huber-Ulfik Claudia	SG 487		
Horn Michael	NDS 250	Horvath Jürgen	BY 86	Huber-Zorn Waltraud	SAC 369		
Horn Mona	RP 338	Horz Christian	SG 485	Hubert Erwin	BU 8		

Hubert Namensverzeichnis

Hubert Isabella	BY 104	Hüffer Rolf	VwG 506	Hüttel Max	BY 78
Hubert Thomas	NW 269	Hüfken Otto	NDS 245	Hüttemann Eckart	NW 289
Hubert Walter	BY 76	Hüfner Annette	NDS 251	Hüttemann Peter	RP 336
Hubig Stefanie	BMJ 5	Hüftlein Gabriele	BY 112	Hüttenroth Ruth	HH 171
Hubmann Edgar	BY 117	Hügel Christine	BW 37	Hütter Joachim	BRA 146
Hubmann Klaus	BY 119	Hügelschäffer Helmut	BY 86	Hütter Monika	BW 50
Hubrach Jutta	NW 261	Hühn Peter-Bernd	NDS 246	Hüttermann Klaus	SAN 391
Hubral Dagmar	HE 181	Hühne-Müller Heidrun	NDS 224	Hüttermann Stefanie	SAN 391
Hubrich Herbert	BER 137	Hükelheim Norbert	TH 413	Hüttig Gernot	HE 191
Huchel Uwe	BY 105	Hülder Alfred	NW 267	Hüttig Silke	HE 199
Hucke Bernd	HE 179	Hülle Hartmut	VwG 515	Hüttinger Jürgen	BY 117
Hucke Claudia	BRA 156	Hülle Wolfgang	BY 82	Hüttmann-Stoll Susanne	BU 12
Hucke Norbert	SG 483	Huelmann Sonja	NW 329	Hüttner Peter	BY 118
Hucke-Labus Monika	HE 198	Hüls Margarete	BRA 154	Hüwelmeier Alexandra	NW 285
Huckenbeck Albrecht	HE 180	Hülsböhmer Martin	BER 128	Hüwelmeier Hans-	
Huckenbeck Ernst	SG 493	Hülscher Annett	SG 500	Joachim	VwG 531
Hucklenbroich Rudolf	NW 257	Hülsebusch Martina	NW 290	Huf Raymund	TH 417
Huda Armin	HE 187	Hülsebusch Werner	NW 287	Hufeld Birgit	BMJ 5
Huda Hermann-Josef	NW 294	Hülsen Karin	NW 276	Hufer Stephanie	NW 331
Hudalla Jürgen	SAA 360	Hülser Irmgard	BY 106	Huff Martin W.	VerfG 427
Hübbe Jörg	NW 323	Hülsheger Michael	ArbG 453	Hufnagel Alexandra	BY 121
Hübel Kurt	BY 97	Hülshorst Andrea	HE 194	Hufnagl Peter	BY 90
Hübeler-Brakat Gisa	NW 320	Hülsing Eberhard	SH 400	Hugenroth Christian	NW 288
Hübenthal Ulrich	HE 200	Hülskötter Mirko	BY 83	Hugler Werner	VwG 507
Hueber Gabriele	VwG 508	Hülsmann Bernhard	BW 23	von Hugo Gerhard	NDS 233
Hueber Silke	NW 329	Hülsmann Elisabeth	NW 299	Hugo Renate	SAA 357
Hübinger Bernhard	RP 336	Hülsmann Josef	NW 323	Huhn Birgitta	BY 76
Hübinger Hans-Philipp	RP 344	Hülsmann Michael	BU 10	Huhn Joachim	MV 213
Hübler Joachim	VwG 532	Hülsmann Reinhold	NW 284	Huhn Volker	NW 317
Hübler Ruth	BY 88	von Hülst Karin	MV 210	Huhs Reiner	BER 134
Hübner Alexandra	BW 40	Hümmer Beate	BY 98	Huismann Johannes	NW 268
Hübner Brigitte	NW 330	Hünecke Andreas	ArbG 440	Huke Gerd	BW 43
Hübner Henning	VerfG 426	Hünecke Harald	VwG 520	Huland Christian	HH 170
Hübner Holger	BW 56	Hünecke Ilka	SG 488	Humberg Ina	NW 278
Hübner Jan-Kristof	NW 299	Hüner Klaus	SAC 369	Humbert Adelheid	BER 129
Hübner Joachim	SH 404	Hüntemeyer Dirk	SG 500	Humbert Christoph	NW 330
Hübner Maik	TH 421	Hüper Melanie	BRE 163	Humbert Hans-Jürgen	SH 405
Hübner Marianne	BY 87	Hüper Otto	VwG 522	Humbert Jutta	FG 472
Hübner Peter	SAN 393	Hüper Rainer	SH 407	Humbert Renate	BER 129
Hübner Reinhard	HE 199	Hürholz Hans-Werner	AnwG 545	Humbracht Bernd-Uwe	NW 286
Hübner Roberta	FG 473	Hürten Petra	RP 338	Humburger Peter	BW 65
Hübner Siegfried	HH 172	Hürtgen Wolfgang	RP 336	Humenda Steffen	TH 419
Hübner-Rymarzewska		Hüsch Hans-Peter	VwG 539	Humke Reinhard	VwG 520
Oliver	BER 142	Hüsch Ursula	VwG 531	Hummel Knut	NW 264
Hübsch Jennifer	HE 203	Hüschemenger		Hummelbeck Horst	NW 290
Hübscher Hans-		Friedhelm	NW 321	Hummelmeier Heike	HH 169
Joachim	NDS 219	Hüschen Antje	NW 270	Hummelsiep Hans-	
Hübscher Johanna	VerfG 430	Hüschen Roman	NW 277	Joachim	NDS 241
Hübschmann Ulrich	SG 489	Hüser Christian	NW 328	Hummer Gerhard	BY 89
Hüchtmann Jörg	NW 293	Hüsgen Günter Paul	BRA 147	Hummert Rainer	NW 308
Hückel Marianne	BRA 152	Hüsges Heinz-Jürgen	NW 284	Humml Mathias	NW 319
Hückert Claus Peter	SG 492	Hüsing Frank	VwG 523	Hummler Ulrich	NW 306
Hückstädt Gerhard	MV 205	Hüskes Arne	SAN 392	Humpert Ansgar	SG 491
	MV 208	Huesmann Karl	MV 215	Hund Horst	RP 343
	VerfG 427	Huesmann Karlheinz	NW 310	Hund Michael	BU 13
Hückstädt-Sourial		Hüßtege Rainer	BY 85		VerfG 425
Wiebke	BER 131	Hütte Petra	TH 414	Hundertmark Christa	NW 306
Hüffer Rolf	VerfG 425	Hütte Rüdiger	NW 281	Hundhammer Gert	SAC 379

656

Hundt Christian	HE 202	**I**			Ingendaay-Herrmann		
Hundt Helmuth	NDS 242				Astrid	BRA 154	
Hundt Ingo	NDS 220				Ingwersen-Stück Hege	SH 402	
Hundt Marion	VwG 512	Ibbeken Frerk	NDS 251		Inhofer Dieter	BW 38	
Hundt Rudolf	NDS 249	Iber Harald	SAA 361		Inselsberger Matthias	BW 67	
Hunert Siegrid	BY 98	Iber Konrad	NW 268		Intemann Jens	FG 469	
Hunke Marc	NW 284	Ibler-Streetz Beate	SAC 369		Intorf Uwe	NW 273	
Hunke Michael	NW 285	Ibrom Frank	NW 292		Ioakimidis Ariadne	BER 131	
Hunkel Sandra	SAC 377	Iburg Heinz-Ulrich	NDS 240		Ipers Klaus	NW 277	
Hunstieger Birgit	NW 264	Ickenroth Hubert	RP 338		Ipfelkofer Rainer	BU 15	
Hunzelmann Andreas	SG 482	Ickes Tilman	SH 404		Ipsen Jörn	VerfG 428	
Hupe Astrid	NW 282	Idel Hans	VwG 531		Iranyi Manfred	ArbG 436	
Hupfeld Maike	SH 408	Idel Peter	NW 270		Irgang Bernhard	SAC 375	
Hupka Dieter	NDS 243	Idelberger Marianne	VwG 533		Irion Daniela	NDS 253	
Hupka Karl-Helge	NDS 230	Idziok Anja	NW 290		Irlich Hartmut	NW 276	
Huppers Birgit	HE 200	Iffländer Lars	HE 201		Irmen Ulrich	SG 492	
Huprich Wolfgang	BY 110	Iffland Cornelia	BW 71		Irmer-Tiedt Christian	SH 406	
Hurek Claudia	NW 305	Igla Lydia	TH 420		Irmscher Andreas	SAC 374	
Hurlin Ingo	SH 403	Igla Manfred	TH 420		Irmscher Anneliese	BER 135	
Hurtmanns Anja	BER 135	Iglhaut Karl	BY 116		Irnig Eva Beate	SAC 379	
Husch Doris	BER 130	Igloffstein Sabine	BY 107		Irsen Michaela	SAC 378	
Huschens Michael	VwG 530	Igloffstein Tobias	BY 74		Irsfeld-Müller		
Husemann Stephan	BY 114	Ignée Peter	SAC 366		Anna-Margret	BY 99	
Husmann Heinrich		Igstadt Volker	VwG 517		Isak Axel	BW 21	
Burckhard	NW 286	Ihde Chistina	MV 209		Iseler Silvia	SAN 393	
Husmann Klaus	NW 257	Ihde Moritz	SH 409		Isenberg Karin	VwG 527	
Husmann Manfred	BU 12	Ihl Rüdiger	NW 278		Isenhardt Udo	ArbG 454	
Husmann-Budeus		Ihl-Hett Jutta	VwG 523		Isensee Gabriele	SAN 390	
Gertrud	NW 309	Ihle Martin	BW 53		Isensee Hanns-Peter	SAN 383	
Huß Andrea	BW 29	Ihnen Katharina	NDS 241		Isensee Josef	VerfG 426	
Huss Lioba	SG 490	Ihrig Anna	BW 44		Iser Marion	BER 130	
Hussels Elisabeth	BW 66	Ihrlich Manfred	RP 339		Isermann Edgar	NDS 218	
Hussels Martin	BW 66	Ihsen Jörg	BU 15		Isermeyer Jutta	SH 402	
Hussner Ralph	SAC 377	Ilenburg Kerstin	NW 285		Islinger Hans	VwG 507	
Hussung Carmelinda	SG 497	Ilešič Marco	EuGH 563		Ismar Helmut	NW 283	
Hustedt Rüdiger	NDS 236	Ilg Gerhard	BW 50		Ismar Herbert	VwG 526	
Huster Bettina	NW 266	Iliev Birte	SAN 395		Israel Dirk	SAC 376	
Hustert Dirk	SG 493	Illerhaus Johannes	NW 294		Israel Franziska	NW 285	
Huth Helga	NW 324	Illian Simone	TH 417		Israng Martin	VwG 536	
Huth Rainer	BRA 147	Illie Katrin	ArbG 459		Ißleb Sandy	SG 498	
Huth Ursula	RP 352	Illigen Dietmar	SAC 376		Istel Bernd-Stefan	NW 272	
Huther Günter	HE 195	Illing Gabriele	ArbG 437		Istel Kristina	NW 329	
Hutsch Stefan	BY 102	Illing Holger	SAC 380		Ittenbach Sigrid	VwG 536	
Hutschenreuther-von		Illing Waltraud	BRA 155		Itzel Peter	RP 335	
Emden Axel	SG 483	Illini Dagmar	BY 107		Itzigehl Jens	BRA 157	
Hutter Ulrich	BU 11	Illner Siegfried	NW 309		Iwand Sonja	NW 327	
Hutterer Jürgen	BW 55	Illy Gabriele	ArbG 458		Iwen Barbara	HE 190	
Huttner-Thompson		Imhoff Hans-Peter	AnwG 546		Iwen Günter	SG 500	
Renate	BMJ 4	Imhorst Rainer	NW 257				
Hutzel Jochen	BW 59	Imig Christopher	NW 307				
Huusmann Angelika	VwG 515	Imig Meike	BRA 149		**J**		
Huusmann Henning	AnwG 549	Imkamp Siegfried	MV 211				
	HH 166	Immel Markus	NW 270		Jaath Karl-Ernst	BMJ 3	
Huwar Birgit	RP 336	Immel-Schelzke Marita	SG 486		Jablonowski Christiane	NW 277	
Huwe Britta	TH 421	Immen Gabriele	NDS 228		Jabusch Kerstin	MV 215	
Hylton Kerstin	BER 140	Immen Peter	NDS 229		Jachmann Judith	NDS 255	
Hymmen Ingeborg	NW 322	Immerschmidt Jörn	HE 184		Jachmann Monika	BU 11	
Hys Thomas	BY 118	Immig-Pries Christina	NDS 236		Jachmann Rainulf	HE 179	

Jackisch Axel	VwG 516	Jäger Wolfram	BW 25	Jakobi Annette	VwG 519
Jackisch Günter	NDS 247	Jäger-Kampf Annette	BY 88	Jakobi Rainer	HE 181
Jacksch-Wittmann Birgit	BY 100	Jähkel Bernd	SAC 373	Jakobs Alexandra	RP 354
Jackson Wilhelm	NW 301	Jähne Petra	BMJ 4	Jakobs Arnold	NDS 244
Jackson-Klönther Bartholomäus	NW 278	Jähnert-Piallat Klaus	BRA 154	Jakobs Carola	NW 330
		Jähnichen Esther	NW 288	Jakobs Sebastian	RP 354
Jacob Hanna	VwG 504	Jährig Axel	NW 312	Jakobs Stephanie	NW 331
Jacob Peter	RP 351	Jährig Natascha	NW 331	Jakoby Anette	BER 127
Jacob Peter	VwG 503	Jäkel Bernhard	VwG 530	Jakubetz Tobias	NDS 222
Jacob Roland	TH 415	Jaekel Uwe	TH 420	Jakubowski Bartosch Peter	ArbG 451
Jacob Silke	TH 423	Jäkel Volker	NDS 236		
Jacob Thomas	VwG 513	Jaekel Wilfried	HE 181	Jakubski Wolfgang	HE 185
Jacobi Angela	SG 498	Jaenecke Jürgen	VwG 525	Jalaß Dietmar	BRA 147
Jacobi Axel	BY 104	Jaeniche Ulrich	ArbG 433	Jancke Ulrich	ArbG 460
Jacobi Christine	BW 50	Jänicke Harald	RP 348	Janclas Marita	NW 271
Jacobi Dorothée	NW 310	Jaensch Ursula	HH 172	Jander Harald	NW 284
Jacobi Helmut	NW 275	Järkel Christian	BW 70	Jander Uwe	BY 83
Jacobi Knut	NW 271	Jäschke Christoph	MV 207	Jandt Marta	NW 264
Jacobi Thomas	HE 197	Jaeschke Frauke	SH 409	Janetzky Hartmut	BW 39
Jacobs Christine	NW 282	Jaeschke Ralph	BER 127	Janich Andreas	NW 270
Jacobs Jürgen	NW 268	Jagenlauf Johann	SAC 372	Janich Claus	FG 470
Jacobs Michael	BW 69	Jagenlauf Monika	SAC 373	Janicki Kathrin	BW 69
Jacobs Sebastian	BER 137	Jaggi Stephan	SH 402	Janicki Sabine	SG 480
Jacobsen Kai	MV 211	Jagmann Rainer	BW 25	Janik Judith	BRA 154
Jacobsen Kristina	BRA 152	von Jagow Detlef	BER 135	Janisch Andreas	HE 192
Jacobsen Ralph	SH 402	von Jagow Henning	SH 403	Janke Gabriele	FG 468
Jacoby Christian	NDS 223	Jagst Christel	BMJ 5	Janke Guido	NDS 229
Jacoby Dorothee	NW 323	Jagusch Ulf	SH 397	Janke Iris	BW 38
Jacoby Paul	VwG 529	Jahn Barbara	TH 414	Janke Karl-Heinz	HH 165
Jacoby Sigrid	BMJ 5	Jahn Gabriele	BY 113	Janke Klaus-Dietrich	NDS 217
Jacoby Sophia	NW 320	Jahn Gerhard	TH 412	Janke Manon	BER 143
Jäckel Holger	BW 27	Jahn Isabel	HE 185	Janke Matthias	NDS 255
Jäckel Holger	BY 121	Jahn Matthias	BY 111	Janko Matthias	NDS 230
Jaeckel-Leight Henning	VwG 504	Jahn Reinhold	HE 181	Jankowski Kirsten	SAC 366
		Jahn Renate	NW 263	Jann Katharina	VwG 504
Jäde Christian	NDS 220	Jahn Thomas	BRA 156	Jann Peter	EuGH 563
Jäger Adelheid	BU 11	Jahn Ulrich	HE 187	Jannasch Alexander	BU 13
Jäger Andrea	RP 348	Jahn-Kakuk Eva	RP 347	Jannott Monika	NW 276
Jaeger Angela	BW 28	Jahn-Riehl Sabine	VwG 533	Jannsen Günther	NDS 244
Jäger Bernd	NW 290	Jahner Edmund	NDS 249	Jannusch Klaus Axel	NW 257
Jäger Dirk	FG 469	Jahnke Aylin	HH 175	Janoschek Christian	RP 337
Jäger Eckart	BW 66	Jahnke Helmuth	VwG 515	Jánosi Ursula	BY 89
Jaeger Harald	NW 321	Jahnke Jutta	HH 166	Janovsky Thomas	BY 83
Jaeger Ingrid	BER 140	Jahnke Karl	NDS 220	Jans-Müllner Andrea	NDS 228
Jaeger Johann-Peter	HH 170	Jahnke Kim	BRA 151	Janse-Girndt Susanne	NW 291
Jäger Klaus	SG 480	Jahnke Wolfgang	VwG 539	Jansen Anja	BRA 157
Jäger Klaus Peter	NW 272	Jahns Michael	FG 467	Jansen Barbara	BMJ 4
Jäger Manfred	SG 485	Jahntz Bernhard	BER 139	Jansen Bernhard	VwG 505
Jaeger Marc	EuG 565	Jahntz Katharina	BER 143	Jansen Christina	NW 273
Jäger Markus	SAC 363	Jahraus Gerd	SG 496	Jansen Frank	BW 69
Jäger Markus	NW 282	Jahrbeck Johannes	BY 99	Jansen Günther	NW 280
Jäger Peter	NW 312	Jakielski Nicole	NW 328	Jansen Guido	ArbG 452
Jaeger Renate	EuGHMR 568	Jaklitsch Thomas	SG 492	Jansen Hans-Jörg	NW 308
Jäger Ulrike	FG 465	Jakob Hans-Christian	SG 502	Jansen Johannes	SG 491
Jäger Ute	BER 140	Jakob Judith	NW 325	Jansen Jürgen	SG 500
Jäger Wolfgang	VerfG 425	Jakob Karl-Heinz	NW 265	Jansen Norbert	NW 278
Jaeger Wolfgang	NW 280	Jakob Till	BW 58	Jansen Paul	NW 307
Jaeger Wolfgang	NW 287	Jakobeit Matthias	BY 80	Jansen Peter	NW 325

Jansen Roland	NW	297	Jaschinski Susanne	SAA	357	Jensen Rita	NW	296
Jansen Susanne	NW	308	Jaschke Martin	NW	328	Jensen Thomas	NDS	224
Jansen Susanne	MV	209	Jaschke Thomas	BRA	157	Jensen Wibke	NDS	220
Jansen Walter Peter	NW	267	Jasef Henry	BY	78	Jensen-Buchholz Inga	SH	405
Jansen Wolfgang	NW	300	Jasper Franz-Josef	ArbG	452	Jenssen Jörn	NW	260
Jansen Wolfgang	ArbG	450	Jasper Johannes	ArbG	451	Jenssen-Görke Martina	HH	168
Jansen-Girndt Susanne	NW	291	Jasper Kornelia	NDS	219	Jentsch Karin	ArbG	435
Jansen-Krentz Ingeborg	SG	490	Jaspers Peter	NW	300	Jentsch Malte	BW	39
Jansen-Matthies Britta	HE	189	Jaspers Rudolf	SAN	394	Jentsch Peter	BRA	148
Jansen-Siegfried Angelika	RP	351	Jaspers Sigrid	SAN	387	Jentsch Walter	BER	136
Janser Silvia	NW	324	Jaspers Wolfhardt	RP	343	Jentzsch Sandra	NW	295
Janson Gerald	HH	174	Jaspersen Kai	MV	206	Jenzewski Olav	TH	418
Janß Uwe	NDS	229	Jaspert Antje	NDS	248	Jeratsch Johannes	VwG	531
Janssen Bernhard	NW	292	Jaspert Holger	NDS	244	Jersch Constans	NW	291
Janßen Burkhard	VwG	526	Jaspert Uwe	BER	133	Jeschieniak Julia	NDS	241
Janßen Dietmar	VwG	518	Jastrow Serge-Daniel	RP	350	Jeschke Carola	BRE	162
Janßen Dietrich	NDS	246	Jatzke Harald	BU	11	Jeschke Hartmuth	NW	291
Janßen Ellen	RP	342	Jaunich Peter	ArbG	439	Jeschonowski Angelika	MV	212
Janßen Frank	NW	268	Jaursch Michael	NDS	227	Jeserich Hans-Dieter	NDS	240
Janssen Hanna	NDS	229	Jauß Hermann	BW	52	Jeserich Julia	RP	353
Janssen Henning	SH	403	Jeanjour Corinna	SAC	378	Jesiek Sonja	NW	328
Janssen Holger	NDS	255	Jebens Sverre			Jeßberger Franz	HE	184
Janßen Josef	NW	316	Erik	EuGHMR	568	Jeßberger-Martin		
Janßen Karl	SH	403	Jeckel Ingo	BW	69	Christine	VwG	509
Janßen Kathleen	NDS	253	Jeckel Sebastian	NW	320	Jesse Jörg	MV	205
Janssen Lambert	VwG	523	Jedamski Bernd	SG	499	Jesse Klaus	NW	291
Janßen Lars	NDS	242	Jedamzik Alfred	MV	206	Jesse Klaus Peter	HE	189
Janßen Vera	BY	76	Jedlitschka Peter	BY	104	Jestaedt Christoph	VwG	535
Janssen-Gorontzy Heike	SH	407	Jedynak Britta	RP	353	Jestaedt Katharina	VwG	530
Janssen-Kolander			Jegutidse Sarina	VerfG	426	Jesus José Luis	SeeGH	569
Bernadette	VwG	529	Jehke Rolf	NW	291	Jettka Klaus	NW	277
Jante Ronald	HH	174	Jehle Peter	BW	90	Jeuthe Falko	VwG	517
Jantke Elke	NW	266	Jehle Peter	FG	470	Jeutter Friedrich	AnwG	546
Jantzen Siegrid	SH	398	Jehle Ralf	BY	101	Jilg Richard	HE	183
Janus Johannes	VwG	513	Jehring Claudia	HE	190	Jitschin Oliver	NDS	222
Januzi Martina	NW	285	Jelinek Helmut	FG	470	Joachim Kerstin	NW	315
Janz Gabriele	SG	489	Jelinek Klaus	BY	100	Joachimski Jupp	BY	74
Janz Silke	SAN	387	Jelinek Maren	BY	122		BY	86
Janzen Dirk	BY	117	Jelinek Ortrun	BY	88	Jobs Anselm Thorsten	VwG	511
Janzen Jörg	NW	278	Jelinski Michael-Franz	NW	291	Jobski Hubert	BW	40
Janzen Otto	ArbG	441	Jellentrup Thomas	NW	281	Jobst Andreas	SG	478
Janzen Siegfried	HE	180	Jena Nicole	SAC	368	Jobst Susanne	BRA	152
Janzen Ulrike	BMJ	4	Jena Wolfram	SAC	364	Jobst-Wagner Gertraud	VwG	509
Janzen Wolfgang	NW	300	Jenckel Anke	BW	64	Jochem Peter	BW	31
Janzen-Ortmann Gunder	SH	399	Jenet Harald	RP	347	Jochems Martin	SH	407
Janzik Lothar	NW	260	Jenisch Oliver	NW	326	Jochim Roland	BY	82
Janzon Vera	BER	130	Jenk Birgitt	NW	264	Jochum Arwed	SAA	356
Japes Dieter	NW	316	Jenke Hans-Joachim	VwG	521	Jochum Georg-Nikolaus	SG	493
Japing Jörg Harold	NDS	241	Jenke Thomas	TH	418	Jočienė Danutė	EuGHMR	568
Jaquemoth Ute	TH	422	Jenkis Gerhard	VwG	535	Jockers Heinz	BW	37
Jarisch Petra	TH	421	Jenne Angelika	BW	26	Jockisch Michael	BER	136
Jaritz Susanne	SG	487	Jennißen Marion	NW	282	Jöckel Judith	RP	354
Jarke Annette	BW	67	Jennissen Wilhelm	NW	313	Jöckel Wolfgang	NDS	250
Jarke Irene	SAC	372	Jens Axel	VwG	529	Jöhnk Alf	SH	402
Jarsumbek Claudia	BW	32	Jensch Brigitte	HE	186	Jöhnk Volker	HH	172
Jarzembowski Georg	HH	165	Jensen Gabriele	SG	483	Jöhren Marion	NW	299
Jaschinski Astrid	SAC	378	Jensen Inken	SH	409	Jöns Susanne	MV	214
Jaschinski Joachim	SAA	358	Jensen Knut	BER	128	Jönsson Björn	HH	169

Jönsson Katja	BER 137
Jöntgen Herbert	HE 188
Jörchel Gabriele	ArbG 443
Jördens Wolf	HE 201
Joeres Hans-Ulrich	BU 8
Jörg Bettina	BW 65
Jörg Hans	HE 201
Jörg Klaus-Peter	BY 95
Jörg Michael	SG 478
Jörg-Unfried Monika	BW 54
Jörgens Peter	VwG 529
Jörgensen Karin	HH 168
Jörgensen Meike	VwG 515
Jösch Marianne	NW 277
Jöst Hermann	SAC 378
Johann Egon	BY 115
Johann Holger	NW 263
Johann Ingrid	BY 82
Johann Wilfried	RP 338
Johann to Settel Steffi	NW 317
Johannböke Nicole	RP 352
Johannes Gudrun	TH 413
Johanning Nina	BER 131
Johannsen Carsten-Hinrich	NDS 241
Johannsen Jens	BY 116
Johannsen Sandra	SH 409
Johannson Angelika	SG 499
Johansson Anja	NW 317
Johansson Regina	BER 130
John Alexander	VwG 513
John Carsten	NW 264
John Dirk	NW 297
John Gerald	HE 191
John Hanns-Christian	VwG 536
John Renate	HH 168
John Stephanie	BER 132
Johnen Karl-Helmuth	NW 315
Johnson Christian	BMJ 5
Joiko Holger	NW 277
Joisten Michael	VwG 529
Jokisch Beate	SAC 374
Jokisch Günter Karl	NW 281
Jolas André	SAC 372
Jonas Nikolaus	SH 402
Jonas Peter	BRA 145
Jonasch Brigitte	BY 98
Jones Emily	RP 354
Jongedijk Hannelore	NDS 227
Jonscher Melanie	BY 115
Joop Bernd	VwG 536
Joos Bernhard	BW 25
Joost Heike	SAN 384
Jopen Ulrich Konrad	NW 370
Joram Judith	HE 198
Jorasch Gregor	FG 470
Jorcke-Kaßner Philine	BER 133
Jorda Dietmar	HE 189
Jordan Adolf-Dietrich	BER 142
Jordan Lothar	ArbG 434
Jordan Lutz	NDS 234
Jordan Ralf-Peter	NDS 220
Jordan Wolfgang	BER 130
Jording Susanne	SG 491
Jork Sven-Helge	SG 482
Joseph Stefan	NDS 229
Josephi Katja	SG 490
Josinger Jens-Hagen	SAC 376
Jost Bruno	BU 9
Jost Gerhard	SG 490
Jost Kim Matthias	BRA 152
Jostes Rita	SAN 386
Jostschulte Andrea	NDS 220
Jostschulte Joachim	VwG 538
Joswig Dietrich	NW 316
Joswig Ivo	NDS 245
Jucknat Sabine	SG 483
Judick Klaus-Dieter	VwG 529
Jülch Johannes	BW 34
Jülch Jürgen	SAA 360
Jülicher Hans-Oskar	AnwG 555
Jünemann Helmut	NDS 237
Jünemann Lothar	BER 128
Jüngel Eberhard	VerfG 425
Jünger Claudia	TH 413
Jüngst Klaus-Peter	BY 98
Jüngst Manfred	ArbG 454
Jüngst Wolfgang	SG 484
Jünke Susanne	TH 423
Jüptner Roland	BU 11
Jürcke Klaus-Peter	BER 137
Jürgenmeyer Michael	AnwG 543
Jürgens Annette	NW 289
Jürgens Birgit	NW 308
Jürgens Erich-Albert	NW 290
Jürgens Gunther	VwG 517
Jürgens Heike	NW 331
Jürgens Rudolf	NW 326
Jürgens Ute	NW 290
Jürgens Uwe	NW 284
Jürgensen Gabriele	NW 294
Jürimäe Küllike	EuG 565
Jütte Fritz	NW 313
Jüttemann Kerstin	SG 502
Jüttner Frank	BRA 151
Jüttner Janneke	BRE 164
Jüttner Michael	NW 315
Juffern Georg	NW 320
Juffern Reinhard	NW 272
Juhász Endre	EuGH 563
Juli Hans-Peter	NW 321
Julius Nico	SG 500
Junck Dagmar	AnwG 547
	BER 126
Junck Robert	HH 174
Juncker Jürgen	HE 179
Jung Andreas	BRA 153
Jung Berthold	BW 25
Jung Cornelia	SG 494
Jung Dorothea	BW 44
Jung Erich	RP 333
Jung Eva-Maria	BY 98
Jung Günter	SG 477
Jung Hans Reinhard	AnwG 555
Jung Hans-Jürgen	RP 338
Jung Hans-Manfred	HE 200
Jung Harald	BER 128
Jung Hartmut	HE 195
Jung Heike	VerfG 429
Jung Helmut	TH 419
Jung Hendrike	SAA 361
Jung Hildegard	BER 139
Jung Holger	NW 273
Jung Hubertus	HE 198
Jung Johannes-Peter	SG 491
Jung Josef	BY 88
Jung Jost	BW 24
Jung Karin	BY 107
Jung Katrin	BER 142
Jung Kerstin	SAA 357
Jung Klaus	BW 25
Jung Klaus	RP 349
Jung Manfred	AnwG 554
Jung Martin	SAA 357
Jung Martin	NW 283
Jung Peter	BY 112
Jung Regina	TH 419
Jung Thomas	BY 98
Jung Ute	VwG 540
Jung Verona	BW 69
Jung Wolfgang	RP 344
Jung-Lundberg Bettina	NDS 231
Jung-Walpert Kerstin	NW 319
Jungblut Dagmar	HE 182
Jungbluth Günther	NW 314
Jungclaus Katrin	NW 261
Junge Cathrin	BER 138
Junge Peter	NW 296
Junge Sabine	BER 129
Junge Thomas	BER 140
Junge-Horne Ilona	BRA 152
Jungeblut Stefan	SG 489
Jungermann Susanne	BRA 147
Jungewelter Vera	BMJ 4
Junggeburth Thomas	BY 123
Junghans Corinna	MV 209
Jungkurth Harald	HE 187
Junglas Georg	NW 291
Jungmayr Jochen	BRA 155
Jungmeister Albrecht	VwG 504
Jungnik Freiherr von Wittken Manfred	BY 104
Jungvogel Anke	ArbG 447
Jungwiert Karel	EuGHMR 567

Name	Ort	Seite
Jungwirth Johannes	BY	98
Junicke Daniel	BER	139
Junker Harald	FG	469
Junker Heinrich	BRA	156
Junker Klaus	SH	407
Junker Martin	RP	337
Junker Martina	NDS	220
Junker Peter	SAA	360
Junker Regina	VwG	512
Junker Thomas	NW	265
Junker Vera	BER	139
Junker-Knauerhase Martina	BY	111
Junkerkalefeld Kathrin	VwG	531
Jurczyk Rainer	HE	187
Jurgeleit Andreas	NW	281
Jurisch Holger	NDS	247
Jurisch Stefan	SG	495
Jurkat Horst	ArbG	444
Jurtz Olaf	BRA	155
Juschka Rolf	NW	308
Just Hubert	NW	265
Just Joachim	ArbG	433
Just Jürgen	BER	138
Just Katrin	SG	495
Just Michael	VwG	537
Just Otto	BY	82
Just Renate	HH	174
Justen Angelika	BY	112
Justenhoven Helge Astrid	NW	322
Justi Rolf	TH	411
Justinsky Dieter	NW	307
Juterzenka Olaf	MV	215
Jutzi Marijke	SG	495
Jutzi Siegfried	RP	333

K

Name	Ort	Seite
Kaab Torsten	BRA	153
Kaben Claudia	HE	181
Kabey-Molkenboer Ingrid	RP	340
Kabisch Klaus	MV	207
Kabisch Wolfgang	NW	301
Kaboth Uwe	NW	290
Kabowski Peter	BER	140
Kabus Thomas	NW	298
Kabuth Detlef	NW	281
Kachelrieß Jürgen	ArbG	438
Kacza Michael	VwG	527
Kaczynski Nicolas	BY	90
Kadegis Jana	BRA	152
Kadel Sabine	RP	354
Kadel Werner	BW	47
Kaden Jens	SAC	372
Kaden Susanne	SH	408

Name	Ort	Seite
Kaden Verena	SAC	372
Kadenbacher Markus	SAC	364
Kadler-Orthen Martina	SAC	374
Kadner Irene	SH	409
Kador Tobias	SG	493
Kaduk Celia	SAC	378
Käbisch Jochen	BER	135
Käbisch Jochen	NW	325
Käfer Gerhard	BMJ	3
Käfer Simone	HH	168
Kaehler Christian-Michael	NDS	225
Kähler Clemens-Michael	BER	128
Kähler Karsten	SH	401
Kähler Svenja	HH	168
Kaehne Tobias	BER	137
Kaemena Hans-Georg	NDS	235
Kämmer Alexander	BW	69
Kämmer Daniela	BY	119
Kämmerer Daniel	HE	185
Kämmerling Jochen	BW	24
Kämmerling Monika	BW	46
Kämper Andreas	TH	417
Kämper Nina	NW	329
Kaemper-Baudzus Annette	NW	288
Kämpf Berthold	VwG	516
Kämpf Dieter	BW	44
Kaempf Ellen	SG	500
Kämpfe Constanze	BW	68
Kämpfer Simone	NW	276
Käppler-Krüger Iris	BW	61
Kärber Christian	BER	134
Kärcher Konrad	SG	483
Kärcher Steffen	BW	61
Kärgel Felicitas	SG	499
Kärgel-Langenfeld Andrea	BER	132
Kärst Pia	VwG	523
Kärsten Renate	BRA	153
Kaesbach Ulrike	BRA	149
Käsbohrer Stefan	BY	100
Käser Peter	VwG	509
Kaess Thomas	BY	95
Käß-Goller Silke	BY	122
Käß-Rieke Anne-Dorothee	HE	196
Kästel Holm	TH	422
Kästing Daniel	HE	182
Kästle Rolf	BW	59
Kaestner Bettina	BY	100
Kästner Merle	BW	69
Kästner-Hengst Rainer	TH	421
Käthner Elke	SAC	369
Kätker Rüdiger	BU	16
Kävenheim Wolfgang-Michael	FG	468

Name	Ort	Seite
Käwert Hartmut	FG	465
Kaffke Thorsten	MV	211
Kagelmacher Jürgen	HH	168
Kager Caroline	AnwG	557
Kagerbauer Arnold	RP	341
Kagerbauer Kornelia	RP	335
Kagerer Angelika	AnwG	550
	HE	180
Kagerer Günther	ArbG	436
Kahl Britta	NDS	239
Kahl Hans-Uwe	BY	86
Kahl Thorsten	RP	354
Kahl Wolf	BRA	146
Kahlen Hajo	NDS	248
Kahlen Nicole	NW	331
Kahlenbach Heidrun	TH	416
Kahler Werner	BY	83
Kahlert Henner	AnwG	544
Kahlert Oliver	SG	492
Kahles Gisela	SAC	369
Kahleyß Dominik	NW	330
Kahlhöfer Michael	NW	274
Kahnenbley Ilse	HH	173
Kahnert Rainer	NW	306
Kahnke Claudia	BY	121
Kahr Ernst	BU	15
Kahre Bernd	NW	286
Kahsnitz Thomas	NW	316
Kainz Martin	BY	74
	BY	87
Kaiser Amira	BW	67
Kaiser Anna	HH	175
Kaiser Brigitte	ArbG	440
Kaiser Christel	SAC	366
Kaiser Christian	NDS	231
Kaiser Christine	BW	69
Kaiser Erhard	BW	26
Kaiser Friedrich-Wilhelm	NW	270
Kaiser Gerd	BU	9
Kaiser Hannelore	VwG	522
Kaiser Hartmut	BY	85
Kaiser Helmut	SAC	364
Kaiser Horst	SH	403
Kaiser Ingo	NW	332
Kaiser Jan	NDS	254
Kaiser Jochen	HE	181
Kaiser Jürgen	VwG	528
Kaiser Jürgen	NW	307
Kaiser Jürgen	NW	298
Kaiser Julia	HH	169
	HH	175
Kaiser Klaus	SG	496
Kaiser Manfred	HH	169
Kaiser Marion	ArbG	433
Kaiser Marion	SAA	361
Kaiser Michael	HE	188
Kaiser Nora	BY	122

Kaiser Namensverzeichnis

Kaiser Peter	NW	260
Kaiser Sigrid	VwG	510
Kaiser Stefan	RP	350
Kaiser Steffen	SAA	357
Kaiser Thomas	SAC	367
Kaiser Viktor	BY	89
Kaiser Wilfried	ArbG	461
Kaiser Wilhelm	NW	296
Kaiser Winfried	VwG	530
Kaiser Wiebke	BRE	163
Kaiser-Hasebrink Hannelore	NW	298
Kaiser-Klan Volker	HE	184
Kaiser-Leucht Eva-Maria	BY	86
Kaißer Jörg	SG	476
Kajuth Joachim	BY	110
Kalantzis Elisabeth	NW	285
Kalb Chelion	TH	414
Kalb Clemens	BY	115
Kalb Heinz-Jürgen	ArbG	454
Kalbitz Vera	BW	69
Kalbitzer-König Ulrike	NDS	219
Kalbow Jörn	BRA	151
Kalcher Circe	HH	175
von Kalckreuth Barbara	NW	273
Kalde Michael	NDS	218
Kaletsch Ottfried	NW	265
Kaletta Hans	BY	93
Kalex Jana	SAC	379
Kalf Wolfgang	BU	9
Kalfhaus Barbara	NW	292
Kalhöfer-Köchling Karl-Heinz	HE	191
Kalhorn Stefan	VwG	520
Kali Arpad Wolfgang	NW	330
Kalina Rudolf	SG	488
Kaliss Elisabeth	BW	59
Kalkschmid Christoph	BW	67
Kalkum Indra	NW	327
Kalläne Doris	SG	480
Kallaus Gerd	BY	86
Kallenbach Helga	TH	416
Kallenbach Manfred	SAC	367
Kallenbach Volkmar	HE	197
Kallenberg Annette	NW	276
Kallerhoff Dieter	VerfG	428
	VwG	525
Kallert Cornelia	BY	119
Kallert Herbert	VwG	507
Kallert Rainer	SG	487
Kallhoff Ulrich	NW	281
Kallmann Rainer	NDS	221
Kallmann Sabine	ArbG	442
Kallmayer Sonja	SG	494
Kalmer Aloys	VwG	523
Kalmes Manfred	VwG	513
Kalomiris Alexander	BY	108
Kalscher Ulrich	NDS	249

Kaltbeitzer Dieter	BY	100
Kaltenbach Anne	BW	28
Kaltenbach Gregor	BER	137
Kaltenbach Michael	RP	335
Kaltenhäuser Kirsten	RP	347
Kaltenstein Jens	SG	501
Kaltschik Barbara	SAC	367
Kalus Bernhard	BY	81
Kaluza Carmen	NW	308
Kalz Wolfgang	VwG	521
Kamann Ulrich	NW	283
Kamerling Michael	SAC	380
Kamin-Schmielau Juliane	BRE	162
Kaminski Andrea	NW	274
Kaminski Andrea	BRE	159
Kaminski Birgit	ArbG	458
Kaminski Hans-Dieter	VwG	527
Kaminski Jan	BU	16
Kaminski Jasmin	NW	331
Kaminski Michaela	NW	285
Kaminski Pamela	BER	142
Kaminski Uwe	SAC	378
Kaminsky Astrid	SAN	390
Kamm Thomas	BY	117
Kammann Markus	BY	76
Kammer Barbara	SAA	360
Kammerdiener Bettina	BER	143
Kammerer Christopher	HE	202
Kammerer Fritz	BY	111
Kammerer Klaus	ArbG	448
Kammerer Roland	ArbG	435
Kammerer Stephan	BY	110
Kammergruber Johannes	BY	102
Kammerlohr Claudia	BY	87
Kammermeier Rolf	BY	102
Kammler Norbert	NDS	220
Kamp Hans-Jürgen	HH	165
Kamp Hartmut	NW	317
Kamp Manuel	NW	331
Kamp Peter	NW	257
Kamp Ulfert	NW	271
Kamp Walther	NDS	252
Kampe Barbara	SG	501
Kampelmann Klaus August	NW	291
Kampen Alfred	ArbG	446
Kampen Katja	NW	329
Kampen Ute	MV	215
Kamper Horst	NW	307
Kampf Birgit	BY	99
Kamphausen Brigitte	NW	265
Kampmann Bernd	VwG	525
Kampmann Klaus-Wilhelm	BW	35
Kampmann Werner	AnwG	554
Kamstra Sjors	BER	139
Kamuf Veronika	BER	140

Kandler Isabel	SG	499
Kandler Susanne	BY	107
Kandzorra Beate	MV	210
Kanert Michael	SG	482
Kania Karsten	NW	269
Kania Kornelia	ArbG	453
Kanig Birgit	BRA	155
Kanitz Barbara	ArbG	446
Kannegießer Thomas	SAC	379
Kannenberg Werner	BMJ	4
Kannengießer Matthias	NDS	228
Kannowski Monika	SG	484
Kanski Maria	BER	129
Kansteiner Sven	BER	131
Kant Detlef	HE	189
Kanter Gisela	RP	348
Kanter Ivonne	BER	137
Kanther Wilhelm	HE	177
Kantlehner Bernd	BW	50
Kanz Volkmar	BY	115
Kanzler Hans-Joachim	BU	11
Kapell Nancy	VwG	506
Kaper Aaltje	BRE	163
Kapischke Jürgen	NW	326
Kapp Jochen	BW	58
Kappe Hagen	FG	468
Kappel Christian	NW	297
Kappel Michael	HH	174
Kappelmann Ina	NW	331
Kappen Franz-Josef	NW	282
Kappenschneider Anna	BY	98
Kappenschneider Anton	BY	100
Kapperstein Klaus	BW	30
Kappert Martina	BRA	147
Kappes Michael Andreas	SG	475
Kappes-Olzien Jürgen	VwG	532
Kappl Isabell	BY	123
Kapplinghaus Georg	BRA	147
Kapplinghaus Hans-Jürgen	NW	275
Kappmeyer Uwe	AnwG	552
Kapps Roland	BER	130
Kapps Stephan	BER	130
Kaps Franz	NW	303
Kaps Ingrid	BY	98
Kapsa Annemarie	NW	331
Kapsa Bernhard	BU	8
Kapteina Gerd-Ulrich	VwG	527
Kapteina Wolfgang	BRA	150
Kaptur Klaus	NW	310
Karagiannidis Stavros	SH	408
Karber Bernd	VwG	519
Karberg Maria	MV	207
Karch Remigius	BW	63
Karcher Carlo	BU	17
Karcher Johannes	SH	404
Karcher Walter	BW	23
Karczewski Christoph	NDS	226

Namensverzeichnis Kegler

Karehnke Kristina	ArbG 441	Kasprzyk-Göhler		Kaufmann Annette	NW 280
Karfeld Peter	RP 344	Elfriede	NW 310	Kaufmann Antje	HE 189
Karg Marita	BY 121	Kassel Stephan	BMJ 5	Kaufmann Christoph	NW 320
Karger Astrid	VwG 522	Kassen Norbert	NW 266	Kaufmann Cornelia	SAC 379
Karges Markus	SAC 370	Kassenbeck Albert	NW 268	Kaufmann Hans Ulrich	NW 325
Karitter Winfried	BW 55	Kassenböhmer Wilhelm	NW 308	Kaufmann Inka Katrin	HH 176
Karitzky Holger	SH 408	Kassing Katja	NDS 254	Kaufmann Julia	HH 169
Karkmann Ulrich	BRA 158	Kassner Rosita	BW 53	Kaufmann Manfred	NW 316
Karl Bettina	RP 340	Kaßpohl Christian	NDS 250	Kaufmann Michael	TH 415
Karl Gerhard	BY 114	Kastell Matthias	SH 401	Kaufmann Stefan	TH 411
Karl Gunther	FG 473	Kasten Hartwig	SAC 363	Kaufmann Timo	BW 70
Karl Ines	BER 140	Kasten Michael	NDS 220	Kaufmann-Fund Leonie	NW 326
Karl Petra	FG 463	Kasten Wolfgang	VwG 526	Kaufmann-Granda	
Karliczek Ernst	HE 183	Kastenbauer Heike	BY 104	Regina	BW 28
Karlin Marco	NW 306	Kastendieck Kristina	NDS 254	Kaul Rainer	NDS 240
Karmanski Carsten	SG 492	Kastenhuber	AnwG 545	Kaulen Marianne	NW 314
Karner Rudolf	RP 350	Kastenmeier Jürgen	BY 117	Kaulig Jürgen	BW 57
Karnuth Michael	NW 264	Kastens Wolfgang	VwG 538	Kaumanns Wolfgang	NW 272
Karpf Tamara	BY 96	Kastlmeier Manfred	BY 107	Kaune-Gebhardt	
Karr Philipp	BY 74	Kastner Helga	BY 115	Heribert	NW 278
Karrasch Bert	NDS 249	Kastner Julia	ArbG 453	Kaup Jochen	NDS 242
Karrasch Christiane	BY 99	Kastner Roland	BY 80	Kaup Klemens	ArbG 449
Karrasch Wolfgang	ArbG 437	Kastner Rudolf	BY 93	Kaup Ulrike	NW 281
Karreh Claudia	NW 299	Kastrup Markus	SAN 386	Kaupe Florian	NW 332
Karsch-Böse Iris	TH 420	Kasulke Volkmar		Kausch Siegfried	HH 173
Karschkes Brigitte	RP 341	Giselher	MV 213	Kauß Barbara	VwG 518
Karst Jochem	VwG 532	Katafias Christian	NW 330	Kaussow Udo	BER 129
Karst Nikolaus	RP 338	Kateka James L.	SeeGH 569	Kausträter Jost-Michael	NW 296
Karst Ulrich	BW 65	Katerlöh Stephan	NW 274	Kaut Michael	HH 167
Karstaedt Beate	HH 168	Kathke Clemens	BER 130	Kautnik Elfriede	ArbG 437
Karstens Uwe	VwG 538	Kathke-Weiß Kerstin	BER 130	Kautz Anna	BW 67
Karsunky Henning	RP 343	Kathmann Alexandra	NDS 241	Kawa Josefine	SAN 386
Karth Petra	BER 125	Katter Rainer	NW 307	Kawa Michael	SAN 386
Kartheus Dido Melanie	SH 408	Katterbe Burkhard	FG 471	Kawel Siegfried	BMJ 5
Karting Thomas	ArbG 459	Katz Anna-Katharina	BER 129	Kaymakcioglu Hiristo	BER 140
Kartzke Ulrich	BY 86	Katz Joachim	HH 170	Kays Wolfgang	SG 491
Karwatzki Volker	AnwG 555	Katzenstein Matthias	BW 58	Kayser Godehard	BU 8
Karweg Ralf	NW 290	Katzer Axel	TH 422	Kayser Susanne	VwG 520
Karweger Nicole	NW 310	Katzer Christine	NW 287	Kayser Ulrike	NDS 246
Kasberg Michael	MV 208	Katzer Günter	VwG 508	Kazele Nicholas	SAC 364
Kasch Gerhard	BY 87	Kau Wolfgang	AnwG 557	Kazimierski Roland	NDS 240
Kasch Gerhard	BY 74	Kaub Klaus Wilhelm	NW 299	Keber Joachim	RP 335
Kasch Wolfgang	FG 467	Kauer Winfried	NDS 231	Keber Jürgen	RP 350
Kaschel Petra	HE 182	Kauert Helga	SAN 385	Keck Bernd	BW 63
Kaschlaw Sabine	SAN 393	Kauf Andreas	SAC 373	Keck Dorothea	BW 50
Kaschner Gyde	SH 407	Kaufert Björn	NDS 235	Keck Eva-Maria	BW 58
Kaser Bernhard	FG 470	von Kauffberg Kathrin	SG 495	Keck Werner	NDS 250
Kaseros Andreas	BW 28	Kauffer Angelika	HE 199	Keckeisen Thomas	BW 63
Kasparek Angelika	NW 314	Kauffer Thomas	BW 42	Keders Johannes	NW 314
Kasper Anja	SG 492	Kauffmann Bernd	FG 466	Kees Christine	BY 120
Kasper Siegfried	VerfG 425	Kauffmann Julia	HH 175	Keese Bertram	SG 490
Kasper Ulrike	NDS 253	Kauffmann Walter	FG 467	Keese Claudia	NDS 228
Kasperek Christiane	BY 104	Kaufhold Anke	VwG 531	Keese Gerda	NW 296
Kasperek Sebastian	HE 197	Kaufhold Martin	VwG 527	Keeve Birgit	SAC 369
Kasperowski Ralph	NDS 232	Kaufhold Philipp	VwG 514	Kefer Kornelia	BY 115
Kaspers Heinz-Peter	NW 267	Kaufman Ursula	HE 186	Kegel Karl-Heinz	HE 195
Kasprik-Teperoglou		Kaufmann Andreas	NW 307	Kegel Matthias	BRA 156
Sigrid-Beatrix	BER 127	Kaufmann Angelika	VwG 508	Kegler Ronny	SG 498

Kehe Ralph-Michael	SAC 373	Keller Robert	VwG 505	Kempf Ulrich	BY 77
Kehl Dieter	NW 319	Keller Rüdiger	BW 43	Kempf Ulrike	VwG 536
Kehl Sabine	HE 196	Keller Stefanie	TH 416	Kempff Gilbert	ArbG 437
Kehl Sabine	BY 98	Keller Stefanie	BW 70	Kempinski Thilo	HE 195
Kehl Thomas	AnwG 551	Keller Susanne	SG 502	Kempkens Katrin	NW 327
Kehlbacher Monika	BER 134	Keller Sylvia	HE 181	Kempkes Michael	NW 307
Kehr Peter	SAC 370	Keller Tanja	ArbG 437	Kempmann	AnwG 545
Kehrein Stefan	RP 347	Keller Veronika	BY 88	Kempmann Andrea	BY 85
Kehren Thomas	HE 184	Keller Viola	SAC 371		VerfG 425
Keihl Bernhard	BW 56	Keller Wolfgang	NW 319	Kempter Susanne	BY 121
Keil Angela	SAN 386	Keller Wolfgang	SG 495	Kenklies Olaf	SAC 378
Keil Anja	ArbG 450	Kellerer Leonhard	BU 15	von Kennel Alexander	BW 32
Keil Anne-Katrin	BRE 163	Kellermann Eva-Maria	BY 89	Kenntner Gerhard	
Keil Bettina	TH 420	Kellermann Helmut	BRE 161	Markus	VwG 505
Keil Jutta	SAN 385	Kellermann Joachim	NDS 242	Kensbock Christoph	NW 318
Keil Martin	VwG 511	Kellermann Markus	BW 70	Kensbock Thomas	VwG 527
Keil Uwe	NDS 246	Kellermann Wilfried	SH 401	Kentgens Martin	NW 281
Keil-Schelenz Karin	FG 465	Kellermann-Dörre Britta	SG 494	Keppeler Jürgen	VwG 505
Keil-Weber Jeanette	NW 326	Kellert Daniela	BER 130	Keppler Andreas	NDS 237
Keilhack Ariane	BW 70	Kellmann Thomas	SG 486	Kepplin Heike	ArbG 453
Keilhofer Andrea	BY 90	Kellner Edmund	NW 266	Kerath Andreas	FG 468
Keilig Thomas	SAN 343	Kellner Franz	BY 116	Kerber Anne	RP 335
Keiluweit Wilfried	NW 260	Kellner Ingbert	VwG 520	Kerber Detlef	SG 493
Keim Albrecht	VwG 505	Kellner Jessika	MV 214	Kerber Markus	FG 473
Keim Carola-Julia	VwG 535	Kellner Margarita	BRA 148	Kerbusch Barbara	SG 497
Keim Stefan	HE 183	Kellner Maria-Luise	NW 276	Kerfack Ralf	NDS 235
Keimburg Albrecht	RP 342	Kellner Tina	BY 121	Kerkering Stephanie	NW 327
Keinath Walter	BW 49	Kellner Werner	ArbG 434	Kerkhoff Sven	NW 273
Keiner Guido	SAN 385	Kelm Annekatrin	SAN 395	Kerkow Kristin	BRA 158
Keinhorst Gerhard	BER 131	Kelm Thomas	NW 290	Kerl Agnes	HE 191
Keiser Andreas	VwG 523	Kelm Torsten	SG 488	Kerlen Markus	NW 327
Keita Julia	BY 98	Kelm-Schröter Martina	NW 302	Kermer Hans	HE 184
Keitel Burkhardt	HE 190	Kelpin Björn	BER 140	Kern Axel	HE 190
Keizers Rüdiger	SAN 387	Kelsch Christa	BY 111	Kern Bernhard	TH 421
Keldungs Karl-Heinz	NW 260	Kelting-Scholz		Kern Birgit	NW 291
Kelle Manfred	BRE 162	Antje-Katrin	BER 137	Kern Gabriele	SAN 388
Kelle Michael	NDS 251	Kemke Andreas	BER 130	Kern Georg	NW 272
Kellendorfer Irmgard	SG 481	Kemmann Eberhard	AnwG 555	Kern Joachim	SG 486
Kellendorfer Rudolf	BY 115	Kemmerer Torsten	BY 76	Kern Johannes	BW 39
Keller Alexander	SAC 379	Kemmerling Hans-Josef	NW 320	Kern Klaus	BW 35
Keller Andrea	RP 352	Kemmler Elisabeth Ute	NW 276	Kern Mark	BW 35
Keller Arnold	HH 174	Kemmler Harald	ArbG 441	Kern Rainer	HE 179
Keller Christian	HE 180	Kemner Hartwig	NW 287	Kern Sabine	RP 340
Keller Ernst-Michael	SAC 371	Kemner Lars	BW 70	Kern Susanne	BY 96
Keller Fritz	SG 502	Kempe Bärbel	FG 466	Kern Volker	BY 116
Keller Gerlind	NW 331	Kempe Claus	NDS 227	Kern Wolfgang	VwG 505
Keller Gregor	NW 331	Kemper Esther	SG 499	Kern-Eimann Sandra	RP 354
Keller Heinz	NW 276	Kemper Gerd-		Kerner Joachim	SAN 387
Keller Helmut	NW 306	Heinrich	VerfG 429	Kerner Peter	BW 29
Keller Hermann	NW 305	Kemper Horst-Dieter	NDS 250	Kerrinnes Gabriele	BY 116
Keller Joseph	SG 480	Kemper Jutta	BMJ 4	Kerschbaum Alfred	ArbG 437
Keller Jürgen	BY 376	Kemper Kurt	BMJ 3	Kerscher Ingrid	BY 96
Keller Karen	VwG 526	Kemper Werner	NDS 232	Kerscher Stefanie	BY 120
Keller Marie-José	NW 313	Kempermann Michael	BU 11	Kerscher Wolfgang	BY 117
Keller Marion	TH 421	Kempermann Susanne	NW 322	Kerscher Wolfram	BW 70
Keller Mathias	VwG 526	Kempf Elisabeth	BY 97	Kersebaum Claudia	NW 309
Keller Matthias	TH 417	Kempf Heike	RP 344	Kersebaum Klaus	NW 309
Keller Ralf	HE 187	Kempf Johannes	RP 337	Kerst Julia	BW 67

Namensverzeichnis Kinold

Kersten Hans-Jürgen	FG 468	Keusch Thomas	NW 323	Kieß Joachim	BW 39
Kersten Marie Louise	NW 325	Keuter Sabine	NW 314	Kieß Peter	SAC 368
Kersten Martin	BW 44	Keuter Wolfgang	NDS 249	Kießler Horst Walter	NDS 246
Kersten Stephan	VerfG 425	Kexel Thomas	NW 287	Kießling Anke	RP 354
	VwG 506	Keyenburg Birgit	HH 168	Kießling Bernd	ArbG 439
Kersting Heike	NW 269	Graf von Keyserlingk		Kießling Gerhard	BW 65
Kersting Magdalene		Alfred	ArbG 457	Kieswald Stephan	SG 499
Wilhelmine	NW 290		VerfG 429	Kietzmann Dieter	HE 198
Kersting Michael	NW 301	Gräfin von Keyserlingk		Kieweg Herbert	SG 481
Kertzinger Ines	NDS 237	Maud	BY 107	Kiffer Sabine	BW 53
Kerwer-Frank Daniela	VwG 534	Keyßner Thomas	SG 479	Kikwitzki Michael	HH 174
Keske Burkhard	TH 413	Khan Alexandra		Kilb Stefan	BER 142
Keske Monika	BW 62	Sikandra	NW 276	Kilbinger Reinhold	HE 191
Kesper Dieter	NW 324	Kick Otto Wilhelm	BY 100	Kilches Erhard	NW 317
Kessal-Wulf Sibylle	BU 8	Kiderlen Horst	BY 82	Kilches Karl Rainer	BU 11
Keßeböhmer Claudia	BER 134	Kiderlen Iris-Dorothea	BY 117	Kilger Franz	BY 89
Kessel Carsten	BER 129	Kiechle Friedrich	VwG 511	Kilguß Katrin	BW 69
Kessel Ralf-Guido	NW 327	Kiecke Dieter	SAC 377	Kilian Bettina	HE 200
Kessel Uwe	NW 275	Kiedrowski Hartmut	BER 138	Kilian Holger	NW 267
Kessel-Crvelin Edith	NW 315	Kiedrowski Ruth	NW 323	Kilian Klaus	BER 125
Keßelring Karl	SAC 371	Kiefer Egon	BW 40	Kilian Sabine	SG 477
Kessemeier Jan Theo	SH 408	Kiefer Ernst	BW 26	Kilian-Bock Michaela	HE 187
Kessen Martin	NW 320	Kiefer Lothar	NW 276		VerfG 427
Kessler Alexander	BY 105	Kiefer Martin	RP 353	Kilian-Georgus Jürgen	SG 397
Keßler Christiane	BER 133	Kiefer Wolfgang	VwG 534	Kilimann Ralf	AnwG 554
Keßler Hans-Jürgen	HE 181	Kiefner-Weigl Barbara	BY 113		NW 281
Kessler Harald	SG 479	Kiekebusch Tilbert	NDS 226	Killian Ralf	NW 316
Keßler Ingrid	BY 81	Kiel Heinrich	ArbG 447	Killing Katharina	NW 330
Kessler Klaus	AnwG 543	Kiel Monika	SAN 385	Killmer Dieter	NDS 243
Kessler Michael	HE 179	Kieler Melanie	NDS 232	Kilthau Hans	BW 34
Kessler Michaela	SAC 368	Kielwein Astrid	BW 24	Kimmel Christiane	VwG 530
Keßler Ulrich	VwG 512	Kiemann Ulrich	VwG 511	Kimmel Walter	BY 119
Keßler Volkbert	MV 214	Kiemel Simone	BY 94	Kimmerl Georg	BY 116
Keßler Yvonne	HE 196	Kienast Rainer	AnwG 554	Kimmeskamp Johannes	NW 296
Keßler-Bechtold Astrid	HE 189	Kienbaum Wolfgang	BER 139	Kimmeskamp Paul	NW 287
Keßler-Retzer Christine	SH 400	Kiene Karl Georg	NDS 231	Kimmeyer Michael	
Kestel Willi	RP 340	Kienemund Beate	BMJ 4	Eberhard	NW 287
Kesten Gerd	SH 406	Kienen August-		Kimmig Klaus-Dieter	BW 37
Kesting Anja	BY 103	Wilhelm	NW 326	Kimmlinger-Barrois	
Ketel Horst	HH 173	Kieninger Dominik	BY 123	Monika	AnwG 556
Ketelboeter Ralf-		Kieninger Jörg	BW 61	Kimpel Gerlinde	HE 188
Siegfried	MV 214	Kienitz Dirk	NW 304	Kimpel Reinhard	BY 111
Ketels Clea	NW 317	Kienle Johannes	BW 67	Kind Paul	BY 92
Kett Uwe	BER 132	Kienlein Wolfgang	BY 118	Kind Walter	HE 197
Kettelhut Jörg	BER 133	Kienzle Nicole	BW 70	Kinder Ina	BER 141
Kettenring Eugen	RP 352	Kienzle-Hiemer Sabine	BW 61	Kinder Kerstin	SAC 381
Ketterer Christian	BW 56	Kiep André	BER 128	Kindermann Anna-	
Ketterle Roland	NW 313	Kiepe Ellen	BRA 146	Eleonore	SAC 364
Kettermann Jürgen	SAC 373	Kiermeier Benno	BMJ 3	Kindermann Claus-	
Kettler Sonja	ArbG 442	Kiermeir Georg	VwG 506	Peter	SAC 363
Keudel Anke	HH 175	Kiers Johannes	NDS 243	Kindermann Jörg	BW 57
Keuffel-Hospach		Kies Friedrich	SH 404	King Dietlinde	HE 181
Anne-Marie	BW 58	Kies Ilonka	SAC 366	Kingreen Susanne	BER 127
Keukenschrijver Alfred	BU 8	Kiesekamp Günter	NDS 229	Kink Ansgar	VwG 504
Keune Antje	BER 137	Kieselbach Gernot	RP 341	Kinkelin Dieter	BW 57
Keune-Fischer Dorothee	HE 193	Kieser Kay-Steffen	BW 25	Kinnen Dieter	RP 350
Keunecke Jörg	HH 174	Kiesinger Adelheid	VerfG 425	Kinner Heike	NW 284
Keunecke Michael	MV 214	Kiesliger Petra	NDS 243	Kinold Wolfgang	ArbG 449

Kintrup Lothar	NW 300	Kirf Stephanie	SAA 358	Kläsener Guido	NW 326
Kintz Roland	VwG 533		SAA 359	Klages Christoph	VwG 534
Kintzel Gernot	BY 78	Kirfel Johannes	NW 287	Klages Gerd-Norbert	NDS 232
Kintzen Stefan	NW 262	Kirkes Wilfried	VwG 514	Klages Hans-Henning	NDS 229
Kintzinger Jörg	BW 59	Kirow Katja	BER 142	Klages Joachim	NW 331
Kinz Bruno	NW 283	Kirsch Bernd-Dietmar	NW 297	Klages Peter	NDS 241
Kinzelt Antje	BER 143	Kirsch Bodo	ArbG 457	Klahr Edmund	NW 297
Kinzler Doris Anita	NW 262	Kirsch Gudrun	BRA 148	Klam Cornelia	SAA 357
Kinzler Tobias	BY 111	Kirsch Henning	ArbG 442	Klamandt Frank	BER 131
Kipp Astrid	VwG 511	Kirsch Peter	AnwG 555	Klamann Susanne	SG 499
Kipp Jürgen	VwG 510	Kirsch Sebastian	BY 100	Klameth Anja	TH 414
Kipp Jürgen	NW 311	Kirsch Ulrich	ArbG 440	Klamp Karl	HE 192
Kipp Onni Timo	NW 330	Kirsch Wolfgang	AnwG 551	Klamt Antje	BER 131
Kipp Roland	BW 54		HE 179	Klamt Michael	NDS 239
Kippenberger		Kirschbaum Anke	NW 320	Klang Peter	SH 404
Alexander	SG 502	Kirschbaum Dietmar	VwG 540	Klanig Hans	ArbG 457
Kipper Simon	SG 495	Kirschbaum Günter	HE 179	Klante Daniela	BY 113
Kipping Barbara	NW 315	Kirschbaum Jochen	HE 202	Klante Elisabeth	BU 16
Kipry Dietmar	SAC 380	Kirschbaum Wolfgang	NDS 249	Klapdor Petra	VwG 528
Kirbach Michael	BW 59	Kirschenlohr Martin	BW 33	Klapka Gerhard	BER 129
Kirchberg Christian	AnwG 543	Kirschke Bettina	BER 143	Klapprottt Kerstin	NW 270
Kirchberg Elmar	SG 499	Kirschneck Irmgard	BU 16	Klarmann Dieter	BY 100
Kirchberger Sabine	RP 345	Kirschner Georg	VwG 523	Klarmann Heide	SH 403
Kirchdörfer Jörg	SG 497	Kirschner Gudrun	NW 273	Klas Helmut	NW 288
Kircher Gerhard	NDS 244	Kirschner Katrin	BER 142	Klas Petra	RP 342
Kircher Holger	BW 24	Kirschner Thomas	BY 94	Klasen Bernhard	SAA 357
Kircher Peter	HE 196	Kirschner Thorsten	NW 330	Klasing Hans Joachim	BY 97
Kirchesch Volker	NW 323	Kirschniok-Schmidt		Klass Dieter Philipp	NDS 232
Kirchhof Bernd	BY 115	Georg	BRA 145	Klasse Joachim	BER 126
Kirchhof Brigitte	VwG 527	Kirst Eberhard	SAC 375	Klatt Hans-Ulrich	BER 139
Kirchhof Carmen	NW 325	Kirstein Thomas	NDS 252	Klatt Juliane	BY 89
Kirchhof Daniela	NDS 253	Kirstein Wolfgang	BER 139	Klatt Manfred	BY 82
Kirchhof Else	VwG 505	Kirsten Hans-Peter	SG 491	Klatte Anke	NW 304
Kirchhof Ferdinand	VerfG 425	Kirsten Manina	ArbG 457	Klatte Frauke	MV 209
Kirchhoff André	NDS 224	Kirsten Mathias	NW 293	Klattenhoff Ulrich	NDS 246
Kirchhoff Anke	NW 284	Kiskämper Hartmut	NW 292	Klaucke Martin	TH 417
Kirchhoff Barbara	NW 327	Kiskel Hans-Joachim	NW 278	Klauke Andreas	HE 202
Kirchhoff Guido	HE 180	Kisker Silke	HE 202	Klaus Peter	VwG 508
Kirchhoff Johannes	NW 298	Kissling Albrecht	AnwG 549	Klaus Sebastian	ArbG 436
Kirchhoff Wolfgang	BU 8	Kissling Robert	BRE 161	Klausen Corinna	NW 302
Kirchinger Stephan	BY 96	Kißner Birgitt	TH 414	Klausing Anette	NDS 243
Kirchknopf Klaus	BY 94	Kister Wolfgang	NW 272	Klausmeyer Karola	ArbG 448
Kirchmann Hubert	AnwG 546	Kistner Klaus	BW 62	Klausner Michael	BW 64
Kirchmayer Harald	BY 113	Kittel Bettina	NDS 252	Klawitter Barbara	AnwG 553
Kirchmayer Johannes	BY 89	Kittel Helmut	NW 291	Klebau Maria	SG 479
Kirchmeier Karen	BY 78	Kittel Markus	BW 50	Klebe Konstanze	BER 135
Kirchmeier Karl-Heinz	BY 78	Kittlaus Auguste	BY 96	Kleber Kai-Uwe	BER 131
Kirchner Almut	BU 9	Kitz Wolfgang	HE 183	Kleberger Peter	NDS 234
Kirchner Detlef	SAN 394	Kitzinger Jürgen	HE 201	Klebs Jürgen	VwG 511
Kirchner Evelyn	SG 490	Kitzmüller Violetta	SAC 365	Klee Andreas	NDS 242
Kirchner Heino	NDS 237	Kiunke Matthias	HE 202	Klee Angelika	NDS 242
Kirchner Lothar	NDS 217	Kiworr Ulrich	BER 128	Klee Tanja	MV 205
Kirchner Michael	BRA 157	Kiwull Harald	BW 29	Klee Ute	NDS 237
Kirchner Ottmar	NW 343	Klaas Jakob	NW 324	Kleeberger Maria	RP 353
Kirchner Rudolf	MV 212	Klaassen Carola	HH 169	Kleemann Hans-	
Kirchner Sören	BER 125	Klabunde Marion	ArbG 457	Joachim	HH 170
Kirchner I Susanne	TH 422	Kläne Susanne	NDS 246	Kleemann Susanne	NW 327
Kirchner II Susanne	TH 422	Klaes Martina	BRA 153	Kleene Ursula	BW 63

666

Namensverzeichnis Klimpe-Auerbach

Klees Hans-Jürgen	FG 465	Klein Ulrich	BW 57	Klement Julia	SAC 378
Kleeschulte Manfred	NW 297	Klein Ulrike	BY 120	Klemke Burkard	NDS 253
Kleffel Enno	HH 166	Klein Walter	AnwG 556	Klemm Stefanie	SAC 378
Kleikamp Inka	SAC 370	Klein Waltraud	HE 183	Klempt Andreas	ArbG 441
Kleimann Maria	NDS 254	Klein Wolfgang	NW 263	Klempt Angelika	SG 493
Klein Alexander	BW 38	Klein Wolfgang	SAC 376	Klempt Annette	ArbG 450
Klein Antje	SAC 372	Klein Wolfgang	NW 257	Klemt Sabine	BY 106
Klein Bernd Klaus	NW 260	Klein Wolfram	SAN 394	Klene Johannes	
Klein Berthold	NW 260	Klein Altstedde Detlev	VwG 525	Hermann	NDS 245
Klein C. David	SG 495	Klein-Cohaupt Huberta	MV 212	Klenk Alexander	NW 329
Klein Caroline	SG 478	Klein-Heßling Irmhild	NW 328	Klenke Reinhard	VwG 527
Klein Detlef	SAC 375	Klein-Molz Theresia	SAA 357	Kleppeck Frank-Detlef	BER 137
Klein Dietrich	BRE 163	Klein-Seither Walburga	RP 350	Klepping Frank Peter	SAC 372
Klein Donata	SAN 385	Klein-Siebenbürgen		Klepsch Alexander	SAC 380
Klein Eberhard	NW 286	Hans-Peter	NDS 250	Klepsch Sabine Maria	NW 263
Klein Eckard	VerfG 426	Kleinbach Cornelia	VwG 507	Klerch Alexander	SAC 369
Klein Elfriede	VwG 527	Kleindiek Ralf	BMJ 4	Klesen Joachim	SAA 358
Klein Elvira	BRA 155	Kleine Kristin	BY 81	Kleßen Detlef	TH 416
Klein Fred	BW 21	Kleine Rebekka	SH 408	Kleßen Olaf	SG 500
Klein Friedrich	VwG 505	Kleine Rolf	NW 313	Klett Ernst	NW 293
Klein Fritz	FG 469	Kleine Wolfgang	NW 292	Kleuser Ulrich	NW 332
Klein Gerhard	BY 98	Kleine-Cosack Eva	BW 26	Kleuser Willi	FG 469
Klein Guido	NW 322	Kleine-Kraneburg		Kleveman Joachim	ArbG 451
Klein Hannelore	BER 133	Angela	HE 200	Klevesahl Claudia	HH 174
Klein Hans-Georg	NW 324	Kleine-Tebbe Andreas	VwG 522	Klewin Christian	RP 350
Klein Hans-Joachim	NW 292	Kleinehakenkamp		Kley Alexander	NW 267
Klein Hans-Jörg	BW 46	Mechthild	SG 492	Kley Dieter	BU 13
Klein Hans-Uwe	SG 488	Kleineke Wilhelm	NDS 225	Kley Elvira	NW 269
Klein Hans-Werner	BW 53	Kleiner Christof	BW 64	Kley Günter	NW 303
Klein Harald	SG 486	Kleiner Peter	BW 53	Kleybolte Christian	NDS 228
Klein Harald	SG 489	Kleinert Bernd	NW 301	Kleybolte Heinrich-	
	VerfG 427	Kleinert Dorothea	NW 289	Ullrich	NDS 227
Klein Helmut	NW 295	Kleinert Ulrich	NDS 229	Klich Elisabeth	NW 328
Klein Karl-Heinz	BRA 157	Kleinert Ulrich	NW 289	Kliche Ralph	NDS 218
Klein Marco	NW 310	Kleinert Ulrich-Alfred	NW 299	Klieber Dietmar	BY 110
Klein Marion	HE 183	Kleinert-Peklo Beatrix	NDS 217		VerfG 425
Klein Martin	NW 297	Kleingünther Andreas	BRA 149	Kliebisch Simone	SAN 385
Klein Martina	SAN 394	Kleingünther Rüdiger	BER 142	Kliegel Franz-Joseph	NW 299
Klein Martina	NW 273	Kleinheinz Thomas	BW 29	Kliegl Konrad	BY 90
Klein Mechthild	VwG 508	Kleining Dieter	NDS 250	Kliem Kurt	BER 125
Klein Michael	NW 322	Kleinings Jobst	SG 494	Kliems Hubertus	BU 15
Klein Michael	BU 8	Kleinke Birgit	NW 274	Kliemsch Gabriele	NW 326
Klein Michael	VwG 526	Kleinknecht Christiane	SG 487	Kliemt Tina	ArbG 449
Klein Nicole	NW 302	Kleinle Friedrich	HE 179	Kliemt Toralf	SAC 368
Klein Nils	BW 68	Kleinmaier Melanie	HE 187	Klier Gerhard	SAN 384
Klein Norbert	VwG 527	Kleinmann Andrea	VerfG 428	Klier Hermann	BY 114
Klein Norbert	FG 470	Kleinod Simone	NW 282	Klier Ralf Jürgen	BW 58
Klein Olaf	ArbG 449	Kleinschmidt Albrecht	ArbG 450	Klima Violette Sylwia	NW 330
Klein Oliver	BW 69	Kleinschmidt Andrea	VwG 530	Klimasch Ralf-Allan	MV 209
Klein Peter	NW 323	Kleinschmidt Meike	ArbG 446	Klimberg Oliver	NW 303
Klein Raphael	SG 497	Kleinschmidt Volker	SH 399	Klimesch Katarina	BY 122
Klein Sandra	SG 490	Kleinschnittger		Klimke Karl-Ludwig	RP 341
Klein Sascha	NDS 253	Annette	VwG 525	Klimke Olaf	HH 168
Klein Stefan	ArbG 450	Kleinschroth Roland	BW 53	Klimm Roland	SAC 372
Klein Stefanie	HH 169	Kleinz Karl Rudolf	RP 338	Klimmeck Sabine	NW 310
Klein Stefanie	BW 69	Kleiss Günther	HE 187	Klimmer Alfred	NW 322
Klein Thomas	NW 307	von Kleist Rolf	BY 113	Klimpe-Auerbach	
Klein Torsten	SG 495	Klement Cyrill	BRA 156	Wolf	ArbG 435

667

Klindwort Namensverzeichnis

Klindwort Markus	BRE 163	Klonner Jutta	BY 113	Kluge Isolde	BW 49
Kling Achim	BER 138	Klonowski Kirstin	BRA 147	Kluge Johannes	VwG 513
Kling Brigitte	BW 60	Kloos Barbara	SAA 357	Kluge Susanne	NW 284
Kling-Distel Jutta	HE 189	Kloos Harald	NW 269	Kluger Thomas	SAN 389
Klingauf Dieter	SG 501	Klopfer Wolfgang	TH 416	Kluike Burkhard	SH 401
Klinge Jasper	BY 119	Kloppenburg Hans-		Klum Peter	BER 126
Klinge Kai Uwe	VwG 524	Rudolf	NW 303	Klumpe Gerhard	NW 291
Klinge Thomas	NDS 240	Kloppenburg Thomas	ArbG 440	Klumpe Tania	NW 329
Klingebiel Walter	ArbG 451	Kloppert Heinz-Detlef	NW 269	Klumpp Bärbel	ArbG 439
Klingelhöfer Claudia	NW 329	Klopsch Martin	NW 292	Klumpp Simone	ArbG 435
Klingenfuß Rainer	AnwG 547	Klos Haldor	SAA 357	Klumpp-Nichelmann	
Klingenmeier Helga	VwG 533	Klose Beate	SAN 389	Thomas	SAN 385
Klinger Christiane	BER 129	Klose Bernhard	SAC 366	Klune Heinz-Ernst	HE 198
Klinger Marion	TH 423	Klose Christine	HH 175	Klunke Maria	HE 201
Klinger Stefanie	HE 185	Klose Daniel	ArbG 438	Klunker Hans-Jürgen	VwG 526
Klinger-Efrém Petra	SG 482	Klose Gabriele	BY 90	Klupsch Ralf	SH 404
Klinger-Mertens Ulrike	BMJ 5	Klose Martin	BW 66	Klus Frithjof	NW 327
Klinghardt Christian	SAC 368	Klose Michael	BW 38	Klusenwerth Dagmar	BER 139
Klingler Ute	NW 319	Klose Oliver	ArbG 449	Klusmann Sandra	NW 269
Klingmüller Kai	MV 211	Klose Peter	TH 422	Klußmann Jürgen	BW 26
Klingspor Jutta	VwG 519	Klose Sabine	BW 39	Kluth Frank	BRA 150
Klingsporn Dietrich	SH 399	Klose Ulrich	BY 91	Kluth Winfried	VerfG 429
Klingst Wolfgang	BW 34	Klose Wilfried	NDS 252	Klyne Holger	SAC 366
	BW 41	Klosinski Andreas	BW 60	Knaack Axel	NDS 233
Klink Günter	NW 308	Kloß Evelin	SAC 365	Knaack Hans Peter	SAA 360
Klink Judith	RP 354	Kloß Jürgen	VwG 526	Knab Michael	FG 468
Klink Jürgen	ArbG 446	Kloß Reinhard	HH 171	Knabe Monika	SAN 385
Klinke Horst	SH 399	Kloß Rüdiger	NW 285	Knabenbauer Norbert	BRA 149
Klinke Lothar	VwG 507	Klostermann Petra	NW 268	Knafla Bernd-Peter	NDS 231
Klinke Markus	NW 295	Klostermann Stefanie	TH 415	Knahn Tobias	BY 123
Klinkenberg Reiner	NW 269	Klostermann-Stelkens		Knapp Markus	TH 423
Klinkenborg Melle	NDS 229	Barbara	NW 262	Knapp Norbert	HE 192
Klinker Inge	BRE 162	Klostermeier Michael	TH 419	Knapp Sibylle	ArbG 435
Klinkert Rosemarie	BMJ 4	Kloth Ariane	BER 132	Knappe Corinna	ArbG 443
Klinkhammer Frank	NW 261	Kloth Carsten	SAN 392		HH 175
Klinkhardt Ulrike	BRA 157	Klotz Christian	BW 58	Knappik Harald	HE 177
Klinzing Uwe	SAC 377	Klotz Dieter	BY 94	Knappmann Jan	NW 292
Klippel Frank	RP 347	Klotz Ernst	NW 320	Knarr Thorsten	ArbG 438
Klippert Claudia	HE 192	Klotz Hans-Werner	BY 73	Knatz Viola	SAN 393
Klippstein Bernd	BW 38	Klotz Ingrid	BY 98	Knauer Brigitte	NW 292
Klippstein Thomas	HH 168	Klotz Reinhard	RP 347	Knauer Renate	NDS 222
Klocke Anke	NDS 219	Klotz Simone	FG 473	Knauer Ulrich	VwG 509
Klockgether	BER 140	Klotzbücher Dorrit	SG 498	Knauert Christiane	SAC 381
Klodt Simone	NW 307	Klotzbücher Heike	BY 115	Knauf Jürgen	FG 468
Klöckner-Titze Ursula	NDS 235	Klučka Jan	EuGH 563	Knauf Katrin	HH 169
Klöhn Wolfhard	NDS 231	Kluckhuhn Andreas	SH 400	Knauf Rüdiger-Ulrich	VwG 516
Klöpper Karl	NW 314	Klüber Hermann-Josef	TH 421	Knauff Gerhard	HE 179
Klöpperpieper Dirk	BER 139	Klüber Rudolf	AnwG 555	Knaup Peter	BW 25
Klöpperpieper Gerrtud	SAA 355		RP 347	Knaupp Friederike	FG 465
Kloer Heike	BER 135	Klückmann Harald	SG 485	Knauß Christa	ArbG 447
Klösgen Alice	BER 135	Klügel Stefan	BRA 157	Knauth Heike	HE 186
Klösgen Roland	NW 314	Klümper Manfred	VwG 525	Knauth Joachim	HE 185
Kloetsch Doris	NW 269	Klüpfel Herbert	TH 422	Knecht Alexandra	BER 135
Klövekorn Susanne	NW 276	Klueß Joachim	ArbG 439	Knecht Michael	BW 32
Kloft Kareen	SH 401	Klüver Ulrich	NDS 233	Knechtel Christel	RP 341
Klokocka Vladimir	BY 122	Klug Helmut	BW 26	Knechtel Stefan	NW 320
Klom Ralph	NW 305	Klug Jürgen	SAC 370	Knechtges Wolfgang	VwG 529
Klomann Susanne	RP 352	Kluge Ernst	NDS 227	Knefeli Monika	BRA 157

668

Kneibert Uwe	RP 347		Knoche Stefan	HE 188		Kobelt Yvonne	SAC 380
Kneissl Karoline	BY 120		Knochenstiern Nils-			Kober Albrecht	BW 49
Kneist Michael	NW 260		Holger	SAC 372		Kober Martin	BY 77
Kneitschel Martina	SAC 372		Knodel Corinna	BW 61		Kober Michael	FG 471
Knell Isabella	BY 94		Knöchel Detlef	TH 412		Kober Otfried	NW 318
Knell Thorsten	HE 189		Knöfel Susanne	BMJ 5		Kober Peter	VwG 535
Knemeyer Manfred			Knöfler Jürgen	NDS 225		Koberstein-Schwarz	
Wilhelm	NW 299		Knöner Helmut	NW 286		Ilse-Lore	NW 301
Knemeyer Simone	VwG 531		Knöpfle Stephan	BY 88		Kobor Helmut	BY 106
Knepper Heinz-Josef	NW 326		Knöringer Dieter	BY 86		Koch Alexander	MV 207
Knerr Gerhard	SAA 356		Knöringer Huberta	BY 95		Koch Alfred	SAA 359
Kneuer Petra	BU 10		Knörr Alexander	BU 12		Koch Andreas	VwG 513
Knewitz Karl Peter	NW 305		Knörr Thomas	BY 101		Koch Anita	NW 330
Knickenberg Katja	BW 32		Knöß Kathrin	HE 188		Koch Anke	SAN 388
Knicker Dieter	VerfG 429		Knötel Thomas	NW 307		Koch Annette	BY 78
Knickrehm Claudia	NW 268		Knoke Thomas	NDS 225		Koch Annika	NW 267
Knickrehm Sabine	BU 12		Knoke Ulrich	VwG 525		Koch Asja	HH 174
Knickrehm Ulrich	NW 268		Knoll Axel	SAC 380		Koch Astrid	HE 181
Knickrehm Vasco	SG 486		Knoll Carminia	BW 36		Koch Bettina	SAN 389
Knief Thomas	SAN 385		Knoll Christian	RP 350		Koch Birgitt	VwG 526
Kniehase Elke	SAC 374		Knoll Claudia	HH 173		Koch Christiane	NW 331
Knieling Manfred	RP 343		Knoll Helmut	BU 15		Koch Claudia	HH 166
Knieper Manfred	NW 326		Knoll-Künneth Christa	BY 97		Koch Ekkart	BW 25
Knierbein Josef	NW 291		Knoop-Kosin Daniela	RP 344		Koch Frank	NDS 223
Knieriem Wilfried	NDS 219		Knop Jens	MV 215		Koch Gerd	SH 403
Knierim Heinrich	NW 296		Knop Sylvia	BER 141		Koch Gerd H.	NDS 227
Knierim Klaus	NW 309		Knop Theobald	VwG 528		Koch Hanns-Reimer	FG 474
Knierim Rainer	NW 297		Knopp Christine	NW 295		Koch Hans-Christian	NDS 223
Knierim Sabine	VwG 516		Knopp Ernst	NW 325		Koch Hans-Joachim	NW 308
Kniesel Barbara	SG 491		Knopp Friederike	BY 76		Koch Harald	MV 206
Kniest Thomas	VwG 518		Knopp Oliver	BW 65		Koch Hartmut	ArbG 443
Kniestedt Holger	SAN 385		Knorr Antje	BY 123		Koch Helmut	SG 496
Kniffka Christian	NDS 223		Knorr Günther	NW 324		Koch Ines	ArbG 453
Kniffka Rolf	BU 8		Knorr Lukas	BY 77		Koch Jan	RP 353
Knigge Silke	BY 89		Knorr Peter	VwG 504		Koch Johanna	BER 131
Knipp Gerhard	ArbG 451		Knorr Petra	SG 492		Koch Josephine	SG 478
Knippel Wolfgang	VerfG 426		Knorr Walter	BY 119		Koch Justus	HE 198
Knippel Wolfgang	VwG 514		Knorz Frank-Michael	HE 197		Koch Jutta	RP 339
Knippenkötter Helga	NW 330		Knossalla Wolfgang	HE 200		Koch Klaus-Peter	HE 191
Knippenkötter			Knoth Hans Dietrich	VerfG 429		Koch Manfred	AnwG 554
Hermann	NW 280		Knothe Manfred	NDS 240		Koch Maritta	FG 468
Knipper Andrea	VwG 529		Knott Simone	BY 120		Koch Martina	BRA 150
Knipper Claudia	NW 317		Knudsen Helge	HH 167		Koch Michael	BY 123
Knipper Werner	HE 188		Knüllig-Dingeldey			Koch Michael	SAN 388
Knipping Andreas	SG 480		Britta	NDS 227		Koch Peter	BY 106
Knispel Günther	ArbG 455		Knüppel Thomas	TH 420		Koch Rainer	VwG 530
Knispel Ralph	BER 139		Knust-Rösener Gabriele	NW 288		Koch Rainer	NW 294
Knispel Ulrich	SG 491		Knuth Andreas	VerfG 426		Koch Rainer	BY 87
Knittel Bernahrd	BY 86			VwG 513		Koch Ralf	NW 272
Knittel Bernhard	BY 74		Knuth Bettina	RP 340		Koch Reinhold	RP 340
Knittel Stefan	SG 475		Knuth Birka	SH 402		Koch Rupert	MV 205
Knoblach Markus	BY 93		Koar Anke	VwG 535		Koch Sabine	SH 402
Knoblauch Eckhard	NW 287		Koark Andreas	VwG 513		Koch Sabine	NW 295
Knoblich Frank	SG 501		Kob Albrecht	HH 172		Koch Stefan	NDS 236
Knoblich Michael	BW 28		Kobbe Bernd-Dieter	AnwG 555		Koch Stephanie	NW 309
Knobloch Enno	SG 497		Kobbe Günter	NDS 228		Koch Stephen	BW 24
Knobloch Siegfried	HH 170		Kobbe-Boor Ilse	RP 353		Koch Sybille	NW 272
Knobloch Uwe	HE 181		Kobel Herbert	BY 95		Koch Tanja	NW 327

669

Koch   Namensverzeichnis

Name	Code
Koch Theresia	VwG 507
Koch Thomas	BY 112
Koch Thomas	RP 335
Koch Ulrich	BU 10
Koch Ute	TH 421
Koch Uwe-Karsten	NDS 224
Koch Werner	BW 65
Koch Wolfgang	NW 274
Koch-Schulte Michael	BY 123
Kochale Silvia	SAN 395
Kochan Karl-Heinz	NW 322
Kochannek Thomas	BY 116
Kochendörfer Mathias	HE 185
Kocherscheidt Otto	BY 85
Kochheim Dieter	NDS 240
Kock Elke	SG 498
Kock Peter	SH 398
Kock Peter	AnwG 558
Kock Rainer	NW 309
Kock Stephanie	NW 297
Kock Ulrike	NDS 241
Kockisch Michael	HE 196
Kockler Franz Josef	SAA 356
Kockler Werner	SAA 358
Kocks Bernd	BW 43
Kodal Heinz-Joachim	NW 307
Kodal Karl	BW 49
Kodalle Susanne	TH 412
Kodde Michael	NDS 244
Köberlein Carolin	BY 123
Köbler Bernhard	SG 480
Köbler Ralf	HE 196
Köblitz Josefine	BW 50
Köcher Gudrun	SG 481
Köcher Hans-Dietrich	NW 295
Köcher Wolfgang	NW 303
Kögel Corina	FG 467
Kögel Manfred	VwG 519
Kögele Klaus	BW 30
Kögl Andy	BY 121
Kögler Matthias	HE 184
Kögler Peter	VwG 506
Kögler Steffi	TH 421
Köhler Albrecht	VwG 537
Köhler André	ArbG 462
Köhler Bastian	NW 330
Köhler Christian	SG 494
Köhler Christina	HE 198
Köhler Claudia	BER 140
Köhler Claudia	SAC 378
Köhler Claus-Dieter	HH 171
Köhler Elisabeth	VwG 522
Köhler Erhard	VerfG 429
Köhler Frauke	BRA 156
Köhler Gerd-M.	VwG 508
Köhler Günther	RP 353
Köhler Heinz-Dieter	NW 280
Köhler Helmut	BY 86
Köhler Helmut	BY 113
Köhler Jan	BY 83
Köhler Jana	BRA 149
Köhler Jürgen	BY 76
Köhler Martina	BY 96
Köhler Michael	TH 414
Köhler Norbert	NDS 220
Köhler Peter	HE 198
Köhler Roland	BY 78
Köhler Sabine	BER 138
Köhler Sven	SAN 392
Köhler Telse	MV 213
Köhler Thomas	SAC 370
Köhler Thomas	TH 422
Köhler Torsten	SG 482
Köhler Wolfgang	SH 399
Köhler Yvonne	NDS 219
Köhler-Fleischmann Gabriele	SG 479
Köhler-Rott Renate	VwG 508
Köhn Anne	BY 107
Köhn Eckhard	BU 15
Köhn Gudrun	VerfG 427
Köhn Karola	NDS 235
Köhne Günter	NW 303
Köhne Isabel	NW 331
Köhne Rüdiger	ArbG 458
Köhnen Harald	ArbG 437
Köhnke Martin	HH 173
Köhnkow Eckart	BER 138
Köhnlein Carolin	BY 92
Kölbl Richard	BY 118
Kölling Annette	RP 344
Köllner Margret	HH 167
Koelpin Hartmut	NW 263
Kölsch Cornelia	TH 413
Kölsch Daniela	BW 28
Kölsch Rainer	HE 180
Kölsch Wolfgang	TH 413
Köneke Christian-Walter	RP 347
Köneke Gerhard	SAN 388
Köneke Martina	SAN 390
Koenen Jürgen	AnwG 555
König Afra	BER 129
König Alexander	SG 487
König Alexandra	SG 500
König Andreas	NDS 250
König Annemarie	NDS 225
König Astrid	ArbG 461
Koenig Barbara	NDS 228
König Benno	HE 181
König Bernd	NW 326
König Bettina	AnwG 559
König Christa Maria	NW 301
König Christel	RP 336
König Christiane	FG 473
König Christoph	HE 188
König Conrad	SAN 392
König Daniela	BY 94
König Detlef	NW 281
König Dietrich	FG 466
König Eleonore	BW 46
König Ernst	VwG 508
König Georg	VwG 526
König Gregor	NW 321
König Günter	NDS 246
König Hans-Jürgen	HE 182
König Harald	BY 107
König Hartmut	BRA 146
König Helmut	VwG 506
König Imke	HE 181
König Ingrid	SG 484
König Iris	BER 130
König Jürgen	BER 134
König Karin	SAC 372
König Kathrin	BY 94
König Ludger	VwG 531
König Michael	SG 489
König Norbert	NW 324
König Olaf	HE 198
König Peter	BY 73
König Peter	BY 117
König Peter	NW 303
König Rainer	NDS 232
König Roland	RP 350
König Rolf	NW 329
König Roswitha	NDS 240
König Ruth	NDS 254
König Sabine	HH 171
König Siegfried	NW 326
König Stephan	TH 411
Koenig Ulrich	FG 469
König-Haas Petra	SG 480
König-Ouvrier Ingelore	HE 179
König-Voß Claudia	RP 344
Königsfeld Peter	NW 321
Königshöfer Eva	BY 98
Königshöfer Ulrich	BY 95
Königsmann Anja	BRA 152
Königsmann Matthias	NW 284
Könning Andreas	MV 212
Köntopp Bärbel	FG 471
Köper Bernhard	BER 139
Köper Eva Christina	NW 304
Köpfler Thomas	BW 30
Köpke Annelore	MV 214
Köpke Levke	SAC 365
Köpke Sander	BY 121
Koepke Torsten	SG 486
Köpnick Winfried	BY 103
Köpp Dorothee	SG 482
Köpp Peter	ArbG 440
Koeppe Detlef	ArbG 459
Köppe Maja	SH 402
Köppe Michael	NDS 235

Köppen Anja	NW	268	Köster-Flachsmeyer			Kohlschmid Katja	SAC 370
Köppen Brigitte	VwG	531	Monika	MV	209	Kohlschmidt Claudia	SAC 380
Köppen Wolfgang	MV	213	Köster-Mindel Dagmar	BER	136	Kohlus-Kaminski Beate	TH 422
Köpping Tom	BRA	158	Köstermann Ursula	NDS	251	Kohly Robert	BER 143
Köppl Peter	VwG	508	Köstler Gerhard	BY	107	Kohmüller Jobst	NDS 239
Köprich Lothar	HH	173	Köstler-Häger Jutta	NDS	238	Kohn Dieter	BY 116
Koepsel Martin	NW	320	Köstner Barbara	NW	262	Kohnen Stefanie	MV 212
Körber Joachim	BW	42	Köstner Elmar	NW	332	Kohring Helmut	VwG 524
Körber Klaus	BY	113	Köthe-Eberhard			Kohrs Cornelia	BER 133
Körber Martin	NW	277	Cornelia	BER	140	Koj Gertraud	SAC 369
Körber Rainer	VwG	520	Köthnig Gerd	NW	262	Kokoschka Rainer	NDS 248
Körber-Renz Bettina	BW	66	Kötke Harald	NDS	234	Kokoschka Vera	BER 131
Körfer Birgit	NW	292	Kötschau Annette	BER	140	Kokoska Reinhard	NW 291
Koerfers Peter	NW	320	Kötter Cornelia	NW	307	Kokott Juliane	EuGH 564
Körkemeyer Georg	ArbG	459	Kötter Jochen	NW	272	Kolano Sigrid	BY 121
Körkemeyer Marion	VwG	528	Kötter-Domroes Meike	HH	168	Kolb Burkhard	AnwG 543
Körner Anne	SG	479	Kötting Rüdiger	BER	137	Kolb Hans-Jürgen	BY 104
Koerner Carl-Friedrich	BER	140	Kötting Ulrich	NDS	245	Kolb Matthias	BRA 157
Körner Claus	BY	112	Köttinger Klaus	ArbG	444	Kolb Norbert	RP 335
Körner Elke	NDS	250	Kövel Svea	VwG	538	Kolb Peter	NW 304
Körner Guido	FG	463	Koewius Jörg	NW	264	Kolb Stefan	SG 477
Körner Harald	HE	198	Kofent Detmar	SH	407	Kolb Stefan	BY 119
Körner Ines	SAC	378	Kofler Gero	BW	21	Kolb-Schlotter Sabine	HE 201
Körner Iris	RP	333	Kofler Rolf	AnwG	544	Kolbe Dagmar	NW 308
Körner Jeanette	SAN	395	Koglin Janne	SG	482	Kolbe Günther	SG 479
Körner Peter	BRA	150	Kohl Birgit	BW	51	Kolbe Stefan	FG 466
Körner Ralf	BER	128	Kohl Gunther	BY	113	Kolbe Torsten	NDS 249
Körner Reinhard	BW	45	Kohl Hannelore	VwG	520	Kolbeck Ludger	BRE 161
Körner Roswitha	HH	172	Kohl Jürgen	VwG	504	Kolberg Jutta	BER 127
Körner Stephan	VwG	534	Kohl Matthias	VwG	512	Kolbig Karsten	SAN 387
Körner Ulrike	HE	201	Kohl Rudolf	RP	337	Kolck Joachim	FG 471
Körner Ute	BW	36	Kohl Stefan	VwG	531	Koldehoff Manfred	BRA 145
Körnig Jürgen	ArbG	453	Kohl Sylvia	VwG	534	Kolenda Monika	VwG 509
Körtgen Axel	NW	325	Kohl Ulrich	NDS	220	Kolf Henning	MV 207
Körzdörfer Silvia	BY	123	Kohl Wolfgang	NW	273	Kolk Daniel	BY 122
Kösch Angelika	HE	186	Kohle Christian	SAC	381	zum Kolk Robert	NW 266
Kössing Bruno	VwG	508	Kohlenberg Andreas	NDS	237	Kolkmeier Bernd	NDS 242
Kössiski Dagmar	SG	501	Kohler Anna	BY	102	Koll Jürgen	VwG 521
Köstel Werner	SG	475	Kohler Christina	BW	39	Koll Marion	VwG 539
Köster Anna-			Kohler Gerhard	VwG	507	Kollak Thomas	VwG 515
Katharina	ArbG	440	Kohler Theresia	NW	269	Kolle Armin	ArbG 461
Köster Birthe	VwG	539	Kohler-Bergman			Kollek Andreas	HH 168
Köster Heinz Günter	BRA	151	Susanne	SAA	359	Kollenberg Reiner	NW 291
Köster Inge	HE	183	Kohlhaas Ekkehard	BU	9	Koller Christoph	HE 189
Köster Ingo	BRE	162	Kohlhaas Michael	AnwG	558	Koller Doris	BY 122
Koester Manfred	AnwG	550	Kohlheim Jürgen	VwG	529	Koller Matthias	NDS 221
Koester Manfred	HE	179	Kohlhof Ursula	NW	318	Kollewe Steffen	SAN 388
Köster Roland	VwG	532	Kohlhof-Mann			Kollibius Wolfgang	SH 402
Köster Sabine	SG	494	Suzanne	NW	328	Kolling Willibrord	RP 336
Köster Sigrid	NW	264	Kohlmann Klaus	BY	111	Kollmann Klaus-Peter	NW 331
Köster Thomas	TH	420	Kohlmeier Antje	NDS	222	Kollmar Reinhard	BW 41
Köster Udo	ArbG	459	Kohlmeier Anna	AnwG	545	Kollmar-Haager	
Köster Ulrich	VwG	527	Kohlmeyer Martina	RP	354	Charlotte	RP 349
Köster Wolfgang	BY	75	Kohlros Jana	TH	423	Kollmeyer Reinhard	NW 284
Köster-Brabandt			Kohls Jürgen	BER	136	Kolloge Rainer	NDS 246
Claudia	NW	296	Kohls Juliane	SG	491	Kollorz Ursel	SH 399
Koester-Buhl			Kohls Stefanie	HH	169	Kollorz Wulf	MV 214
Roseluise	BW	34	Kohlschitter Silke	ArbG	445		

Kollwitz Roland	MV 207	Kopp Dieter	SAC 364	Korte Sabine	NW 304
Kollwitz Ulrike	MV 212	Kopp Elena	VwG 504	Korte Stephan	SG 482
Kolmetz Thomas	SG 493	Kopp Gabriele	SG 501	Korte Wolfgang	NW 284
Koloczek Bernhard	BU 12	Kopp Gabriele	BRA 153	Kortegaard Maud	FG 473
Kolodkin Anatoly Lazarevich	SeeGH 569	Kopp Harald	TH 419	Korten Günther	HE 195
		Kopp Helga	BY 91	Korter Hans-Georg	VwG 509
Kolpatzik Wolfgang	NW 308	Kopp Johann	BY 117	Kortge Regina	NW 261
Kolter Martin	HE 190	Kopp Jürgen	SG 485	Kortgen Norbert	BU 3
Koltze Sebastian	HH 175	Kopp Jürgen	FG 469	Korth Barbara	HH 173
Koltzsch Gerburg	NW 286	Kopp Jutta	TH 419	Korth Lothar	VwG 515
Kolvenbach Dieter	NW 282	Kopp Silvia	NW 329	Korth Ralf-Uwe	SAC 379
Kolvenbach Thomas	FG 470	Kopp Wolfgang	BY 108	Korth Traugott	SH 399
Kolz Harald	BU 8	Kopp-Salow Ursula	HE 185	Korthauer Burkhard	NW 275
Kommnik Daniel	NW 285	Koppe Anne-Dorothee	BY 83	Kortmann Elisabeth	VwG 530
Komning Beatrix	MV 213	Koppe Mara	NDS 228	Korves Wilfried	NW 280
Komor Sigrid	BRA 157	Koppen Bettina	SG 499	Korzetz Ingo	MV 208
Komp Wolfgang	NW 324	Koppenborg Arnd	NW 294	Kosbab Gabriele	SAC 374
Kompisch Franz	NDS 234	Koppenhöfer Brigitte	NW 262	Kosche Helmut	NW 260
Komposch Katja	SH 408	Koppenleitner Markus	BY 99	Koscheck Johannes	BY 122
Kondziela Andreas	HE 197	Koppers Margarete	BER 127	Koschinka Torsten	SAC 371
Konecny Wolfgang	BER 137	Kopplin Katharina	BER 136	Koschmieder Hans-Joachim	NW 294
Konieczny Horst-Dieter	HE 192	Kopsch Thomas	MV 212	Koschmieder Jürgen	NW 329
Konitz Bernhard	NDS 238	Korb Stefan	SAC 367	Koschmieder Ulrich	NW 285
Konnerth Sabine	BY 89	Korber Johann	VwG 509	Koschnick Peter	NW 309
Konopatzki Herbert	FG 467	Korbmacher Andreas	VwG 511	Kosiol Rainer	NDS 250
Konopka Silvia	BW 70	Korch Claudius	BW 46	Kosloh Patricia Gerda	NW 328
Konrad Hans Jürgen	NW 293	Kordes Günter	SAN 390	Kosmider Susanne	MV 210
Konrad Horst	VerfG 425	Kordts Simone	BW 71	Koß Bernd	NW 293
	VwG 506	Korella Dirk	VwG 525	Kossack Harald	FG 471
Konrad Jürgen	BY 111	Korepkat Helmut	HE 194	Koßmann Ralph	NW 274
Konrad Jürgen	SAN 392	Korf Friedrich	NW 296	Kost Joachim	NDS 237
Konrad Margarete	ArbG 434	Korf Karl Georg	BW 44	Kost Manfred	SAA 358
Konrad Sigrid	SAN 391	Korff Eberhard	HH 167	Koster Alois	SAA 358
Konrad Walter	BY 81	Korfmacher Stefan	VwG 527	Koster Norbert	NW 299
Konrad-Weber Iris	TH 422	Korfmann genannt Kramberg Martin	BRA 156	Kostka Kirstin-Ann	BER 129
Konradt Gabriele	BW 28	Korinth Michael	ArbG 440	Kostler Ralf	FG 468
Konschak Christof	HE 186	Korn Anja	BW 30	Kosyra Alexandra	BRA 147
Kontusch Oliver	ArbG 436	Kornblum Friedrich-Christoph	BRE 161	Kosziol Frank	NW 281
Konz Simone	RP 353			Kothe-Retzlaff Sylvia	BER 130
Koop Dolores	HE 182	Korndörfer Hermann	BY 73	Kotlar Gerhard	SG 481
Koopmann Manfred	VwG 531	Kornfeld Katrin	SG 492	Kotschenreuther Werner	NW 276
Koops Hans	NDS 350	Kornmann Oliver	NW 327		
Kopahnke Uwe	BW 56	Kornol Malte	NW 329	Kotschy Guido	BY 86
Kopatsch Anja	VwG 537	Kornprobst Johann	BY 73	Kottisch-Borchmann Natascha	BW 38
Kopernik Manuela	BY 117	Kornprobst Kornelia	BY 101		
Kopf Katja	BW 70	Kornschake Heike	SAN 395	Kottlewski André	ArbG 454
Kopf Marén	TH 423	Korowiak Heike	SAC 379	Kottsieper Hartwig Freifrau von Kottwitz Almut	VwG 528
Kopf Thorsten	MV 214	Kors-Poweleit Gaby	NW 301		
Kopfmüller-Knabe Robert	BRA 149	Korte Benjamin	HH 169		HH 170
			HH 175	Kotzam-Dümmler Beate	BY 114
Kopitzke Gerhard	BY 92	Korte Hans-Jörg	VwG 530	Kotzian-Marggraf Karl	TH 412
Kopka Martin	NW 322	Korte Hans-Peter	FG 463	Koubek Peter	HE 189
Kopka-Paetzke Gabriele	NDS 246	Korte Horst	AnwG 551	Koudmani Christian	NW 174
		Korte Joachim	NDS 247	Koujouie Sepideh	NDS 254
Kopke Cornelia	HE 184	Korte Matthias	BMJ 4	Kovacic Patrick	NW 273
Kopke Wolfgang	ArbG 456	Korte Rainer	FG 629	Kovler Anatoly	EuGHMR 567
Kopmann Paul	BRE 161	Korte Reinhold	BER 135	Kowalski Freia	BER 133

Kowalski Günter	BU 15	Kräuter-Stockton		Kramer Sabine	NW 294
Kowalski Jan-Peter	NW 330	Sabine	SAA 360	Kramer Stefan	TH 415
Kowalski Rainer	NW 295	Krafft Christian		Kramer Susanne	HE 203
Kowalski Sigrun	TH 418	Gerhard	HH 173	Kramer Thomas	SAN 395
Kowalski Stephan	BER 126	Krafft Per	BW 67	Kramer Ursula	BY 104
Kowalzik Wolfgang	NW 305	Krafft Stefanie	NW 295	Kramer Volker	HE 199
Kozel Karin	SAN 389	Krafka Susanne	BY 107	Kramer Werner	NDS 251
Kozielski Joachim	VwG 526	Kraft Bettina	NDS 230	Kramer Wilma	SG 492
Kozik Beate	SAC 378	Kraft Birgit	SAC 379	Kramer Wolfgang	HH 166
Koziol Tina	NW 327	Kraft Carolin	NW 325	Krames Wilfried	BY 73
Koziolek Claudia	NDS 248	Kraft Christina	NW 331	Kramm Maximilian	SG 478
Koziolek Martin	NDS 252	Kraft Ingo	VwG 506	Kramm Oliver	BRA 153
Kraak Ove-Jens	BY 76	Kraft Peter	BW 70	Krammer Herbert	BY 91
Kraatz Friederike	SAC 373	Kraft Stefan	RP 343	Kramp Karsten	AnwG 552
Kraatz Remo	BRA 151	Kraft Veronika	BW 52	Krampe Jörg	ArbG 445
Kraayvanger Gerold	RP 347	Kraft Volker	BW 71	Krampe-Bender	
Krabbel Antje	BER 137	Kraft Wilfried	NDS 222	Karolin	HE 188
Krach Josef	BY 97	Kraft-Efinger Kristin	NW 269	Kranig Thomas	VwG 507
Krach Jürgen	BY 119	Kraft-Lange Gabriele	VwG 504	Kraning Birgit	NW 276
Krack Daniela	BW 61	Krage Wolfgang	FG 468	Kranke Thomas	SAC 365
Krack Wolfgang	BW 61	Kragler Jürgen	BW 68	Kranner Ludwig	BY 101
Krä Horst	BY 73	Kraglund Kirsten	VwG 516	Kranz Corina	TH 414
Krähe Ulrich	SG 477	Krah Hans-Jürgen	NW 318	Kranz Günter	BER 125
Krämer Christiane	VwG 530	Krah Helmut	BRA 150	Kranz Holger	NW 287
Krämer Eckhard	NW 285	Krah Kristin	SAC 378	Kranz Rolf	RP 344
Krämer Gerald	BY 82	Krah Mario	SAA 361	Kranz Stefan	RP 353
Krämer Gerd	HE 194	Krah Sabine	BY 108	Krapf Hubert	BY 93
Krämer Gerd Willi	NW 323	Krahmüller Harald	NW 305	Krapoth Fabian	NW 319
Krämer Gerhard	SAA 357	Krahn Eckhard	RP 337	Krapp Christiane	NDS 229
	VerfG 429		RP 338	Krapp Volker	NW 266
Krämer Hannes	BMJ 4	Kraiker Kirsten	SAN 387	Krasemann Detlef	VwG 521
Kraemer Hans-Jörg	BU 8	Krain Ulrike	BER 135	Kraske Alexandra	SAC 372
Kraemer Iris	HH 171	Krais Herbert	BW 45	Kraß-Köhler Elisabeth	HE 191
Krämer Karlheinz	BY 113	Krais Marianne	NW 310	Krasshöfer Horst-Dieter	BU 10
Krämer Klaus	HE 188	Krajewski Joachim	MV 206	Kratschmer Andreas	BW 24
Krämer Marc	NW 307	Kral Gregor	NW 272	Kratz Alexandra	VwG 530
Kraemer Matthias	NDS 249	Kralowetz Jürgen	BW 31	Kratz Andreas	SAN 383
Krämer Michael	TH 419	Kramarz Hubertus	NDS 246	Kratz Claus	RP 347
Krämer Ottmar	AnwG 556	Kramer Aksel	BY 96	Kratz Hans Rolf	ArbG 454
Krämer Petra	NW 325	Kramer Andrea	NW 265	Kratz Max	VwG 529
Krämer Philipp	NW 332	Kramer Barbara	SG 496	Kratz Ulrich	NW 262
Krämer Roland	SAA 359	Kramer Barbara	ArbG 433	Kratz Ursula	SAA 357
Krämer Sabine	NW 261	Kramer Birgit	SG 490	Kratz Volker	HE 182
Krämer Sigurd	HH 173	Kramer Daniela	NW 330	Kratzer Rita	BY 96
Krämer Sophia	NW 303	Kramer Detlef	SAC 375	Kratzsch Alexander	FG 469
Krämer Steffen	NDS 232	Kramer Dirk	SAN 387	Kraulich Joachim	TH 411
Krämer Thomas	VwG 530	Kramer Eberhard	HE 184	Kraus Achim	VwG 527
Krämer Ulrich	NW 291	Kramer Geertje	NDS 252	Kraus Anna-Maria	BER 128
Kraemer Ursula	VerfG 427	Kramer Gernot	FG 472	Kraus Artur	FG 474
	VwG 519	Kramer Gerti	BER 129	Kraus Claudia	BY 101
Krämer Werner	HE 179	Kramer Hans	BY 113	Kraus Friedrich	BY 75
Krämer Wolfgang	RP 341	Kramer Hans-Jürgen	AnwG 546	Kraus Hartmut	SAA 358
Kränz Joachim	VwG 516	Kramer Heinz-Jürgen	BER 128	Kraus Heribert	SAN 383
Kränzle-Eichler		Kramer Ingo	VwG 515	Kraus Jana	ArbG 445
Angelika	MV 205	Kramer Katharina	BER 131	Kraus Jutta	SAN 389
Kränzlein Jürgen	SAC 374	Kramer Konrad	VwG 505	Kraus Norbert	BY 92
Krätzschel Holger	BY 96	Kramer Peter	HE 183	Kraus Petra	VwG 528
Kräuter Manfred	HE 177	Kramer Sabine	TH 416	Kraus Ralf	BW 29

Kraus Namensverzeichnis

Kraus Reinhard	HE 186	Krebs Karsten	BY 83	Kremzow Heinz			
Kraus-Holitzka		Krebs Susanne	BY 96	Friedrich	SG 478		
Hannelore	VwG 508	Krebs Thomas	BW 26	Krenberger Benjamin	RP 354		
Kraus-Vonjahr Martin	BY 107	Krebs Ursula	BER 138	Krenek Helmut	BY 95		
Kraus-Wenzel Karin	BRA 156	Krebs Ursula	SG 478	Krenske Iris	MV 209		
Krausa Romy	TH 422	Krebs-Dörr Petra	BW 33	Krenz Bettina	BW 33		
Krause Bernhard	NDS 231	Krechel Birgitta	NW 325	Krenzer Christina	HE 187		
Krause Carsten	BRA 157	Krechlak Manfred	BRE 163	Kreppel Horstpeter	ArbG 444		
Krause Christian	NDS 253	Kreckel Dirk	BRA 149	Kreppmeier Eveline	BY 117		
Krause Dieter	NW 296	Krefft Max	NW 282	Kreschel Carsten	SG 491		
Krause Edith	VwG 534	Kreft Achim	SAC 369	Kresling Thomas	BY 122		
Krause Engelbert	NW 324	Kreft Burghard	BU 10	Kreß Günther	ArbG 447		
Krause Gabriele	BY 98	Kreft Kathrin	AnwG 559	Kreß Manfred	NW 319		
Krause Gunnar	SAN 384	Kreft Volker	FG 469	Kreß Simone	NW 320		
Krause Hans-Georg	VwG 522	Krege Ulrich	NW 272	Kreß Susann	NDS 255		
Krause Heike	BW 58	Krehbiel Ulrich	BW 33	Kreßel Thomas	SAC 379		
Krause Herbert	BY 94	Kreher Rainer	VwG 540	Kreten Norbert	RP 342		
Krause Jens	NW 296	Krehl Christoph	BU 9	Kreter Silke	NDS 233		
Krause Jörn	SH 403	Kreicker Helmut	NDS 254	Kreth Elisabeth	FG 467		
Krause Juliane	BY 79	Kreidt Katrin	NW 331	Kretschmann Andrea	BRA 152		
Krause Karola	RP 340	Kreienbaum Claudia	BER 142	Kretschmann Carsten	SAN 389		
Krause Kerstin	SG 499	Kreienbrink Thomas	SG 489	Kretschmann Manfred	RP 341		
Krause Manfred	VwG 538	Kreienkamp Stefan	NW 330	Kretschmann Petra	BER 133		
Krause Marianne	BER 132	Kreifels Ursula	NW 303	Kretschmar Christian	BY 114		
Krause Markus	ArbG 451	Kreikenbohm Gabriele	BER 133	Kretschmer Barbara	NW 293		
Krause Matthias	BER 133	Kreiling Jens-Peter	HE 181	Kretschmer Elfriede	ArbG 449		
Krause Monika	SH 406	Kreilinger Bernhard	BY 93	Kretschmer Hans-Jürgen	BU 12		
Krause Romy	VwG 513	Kreimeyer Robert	NDS 229	Kretschmer Manfred	NW 291		
Krause Siegfried	ArbG 441	Kreiner Sebastian	SG 478	Kretschmer Michael	NW 282		
Krause Thomas	SAC 374	Kreins Sabine	NW 318	Kretschmer Reinhard			
Krause Wolfgang	BER 128	Kreipe Hubert	NW 299	Gerhard	NW 291		
Krause-Kyora	SAN 392	Kreis Christina	HE 197	Kretschmer Torsten	NDS 230		
Kraushaar Michael	HE 185	Kreis Joachim	HE 187	Kretschmer Uta	NW 264		
Krauskopf Bernd	HE 180	Kreis-Stephan Claudia	BW 33	Kretschmer Uwe	ArbG 459		
Krauß Ernst-Friedrich	BW 24	Kreischer Michael	BW 41	Kretz Jutta	BW 28		
Krauss Frank Martin	BW 60	Kreiselmeyer Hans	BY 119	Kretzer-Aschoff Astrid	NDS 224		
Krauß Friedrich	AnwG 545	Kreißig Wolfgang	BW 71	Kretzschmar Kirsten	NDS 241		
	BY 75	Kreitner Jochen	ArbG 454	Kretzschmar Ludwig	BY 98		
Krauß Günter	BU 13	Kreke Ursula	HE 199	Kretzschmar Lutz	FG 463		
Krauß Jan Michael	SG 496	Krekel Klaus	VwG 518	Kretzschmar Rita	SAC 370		
Krauß Karen	SG 483	Kreller Beate	BY 89	Kretzschmar Sabine	NW 319		
Krauß Lydia	RP 354	Kremer Bruno	RP 335	Kretzschmar Ulrike	ArbG 435		
Krauß Matthias	BU 9	Kremer Elke	BW 50	Kreuder-Sonnen Brigitte	SH 403		
Krauß Melanie	NW 329	Kremer Heike	NW 323	Kreuels Jürgen	NW 271		
Krauß Michael	BW 39	Kremer Manfred	VwG 519	Kreuels Martin	NW 276		
Krauss Pamela	BW 70	Kremer Monika	NW 302	Kreuter-Kirchhof			
Krauss Sabine	ArbG 433	Kremer Peter	BW 25	Charlotte	SG 491		
Krausser Monika	BW 34	Kremer Ralf	NW 320	Kreutz Annemarie	VwG 525		
Krauth Claudia	BW 67	Kremer Wilhelm	NW 319	Kreutz Axel	HE 198		
Krauth Hans-Georg	HE 198	Kremer-Bax Alexandra	SH 408	Kreutz Gerhard	NDS 241		
Krauth-Thielmann		Kremerskothen Heike	ArbG 437	Kreutz Herbert	VwG 526		
Susanne	BER 139	Kremeyer Petra	HH 169	Kreutzberg Martina	NW 325		
Krautkremer Jürgen	NW 326		HH 175	Kreutzer Andreas	NDS 219		
Krautwig Hildegard	NDS 227	Kremhelmer Johann	BU 10	Kreutzer Christa Maria	NW 278		
Krawolitzki Heidulf	NW 275	Kremmer Horst	VwG 528	Kreutzer Hartmut	BY 97		
Krebber Rolf	NW 323	Kremper Hans Ulrich	NW 297	Kreutzfeld-Selinger Anja	SH 403		
Krebs Axel	BY 109	Kremser Peter	NW 276	Kreuzpointner Johann	BY 106		
Krebs Eberhard	FG 466	Kremz Heike	SAC 368	Krevet Reinhard	AnwG 544		

Name	Ort
Krewer Ronald	SAC 370
Kreysing Silke	SH 408
Krichel Klaus Wilhelm	NW 269
Krick Carsten	RP 345
Krick Florian	SAN 387
Kriebel Kornelia	SG 492
Kriebel Volkhart	ArbG 443
Krieg Bernhard	BW 61
Krieg Bernhard	NW 323
Krieg Berthold	BW 30
Krieg Edmund	RP 338
Krieg Harko	TH 422
Kriegelsteiner Karin	BER 135
Krieger Andreas	NW 288
Krieger Bernd	BY 82
Krieger Claudia	NW 320
Krieger Jutta	VwG 508
Krieger Norbert	NW 264
Krieger Otto	NDS 245
Krieger Sabine	SG 499
Krieger Steffen	TH 421
Kriegeskotte Jürgen	NW 277
Krieglstein Marco	BRA 149
Kriegsmann Dieter	SAC 379
Kriener Josef Konrad	NW 295
Kriens Petra	ArbG 443
Kriesten Britta	ArbG 449
Krieten Johann	HH 170
Kriewitz Jörg	SAN 386
Krille Thomas	SAN 386
Kring Markus	BY 106
Krinner-Matula Irene	BY 102
Krippendorf Sabine	NW 305
Krippner Carola	NW 280
Krisch Helga	BER 143
Krisch Peter	HE 186
Krischker Susanne	BY 84
Krispien Raffael	HH 167
Krißmer Arthur	FG 465
Kristen Detlef	NDS 246
Kriston Katharina	SH 408
Kritzer Friedbert	VwG 505
Kriwanek Robert	BY 91
Krix Barbara	SH 400
Krockenberger Erich	BW 21
Krodel Günter	VwG 506
Krodel Thomas	SG 481
Kröger Carl-Heinrich	SG 491
Kröger Dorit	BER 138
Kröger Dorle	ArbG 460
Kröger Heidemarie Gisela	NW 297
Kröger Heike-Kathrin	SH 401
Kröger Heribert	VwG 534
Kröger Inken	BRA 157
Kröger Jens-Peter	NW 264
Kröger Perdita	BMJ 4
Kröger Winfried	NW 299
Kröger-Schrader Cordelia	VwG 519
Kröhnert Björn	MV 209
Krökel Michael	NW 287
Kroell Gabriele	RP 338
Krömker Ulrich	FG 471
Krömmelbein Florian	HE 203
Kröner Matthias	BY 77
Kröner Stefan	ArbG 452
Kröner Stefanie	ArbG 452
Krönert Ole	SH 404
Krönert Ursula	SH 403
Krönig Anna-Elisabeth	ArbG 447
Kröpil Karl	NDS 217
Kröppelt Georg	BY 77
Kroeschell Cornelius	ArbG 447
Kröske Kerstin	BRA 151
von Krog Detlef	AnwG 558
	SH 399
Kroglowski Michael	SG 501
Krogmann Martin	BY 105
Krogmeier Günter Georg	NW 303
Krogull Ulrich	SAN 389
Kroh Rita	BRA 149
Kroh Sonja	VwG 507
Krohe Silke	BW 41
Krohn Hans	TH 413
Krohn Harald	BW 27
Krohn Marion	SH 405
Krohn Silke	HH 171
Kroiß Ludwig	BY 104
Krol-Dickob Carmen	ArbG 456
Kroll Bettina	VwG 530
Kroll Christiane	NW 290
Kroll Joachim	NW 321
Kroll Johannes	BER 140
Kroll Peter	NW 272
Kroll-Perband Barbara	SAC 369
Krollmann Gabriele	TH 416
Krombacher Helmut	BW 66
Krome Klaus	VwG 540
Krome Ursula	BY 115
Kromer Hans-Ulrich	BW 66
Kromminga Marion	MV 212
Kromphardt Sophie	BRA 156
Kronas Herbert	TH 421
Kronas Silke	TH 421
Kronberger Anette	BY 107
Krone Helgard	NDS 232
Krone Helmut	NDS 217
Krone Karsten	HH 175
Kroner Stephen	BY 99
Kronester Martin	BY 107
Kronisch Joachim	VwG 520
Kronsbein-Weiß Susanne	NDS 230
Kronthaler Ludwig	BU 11
Kropf Heike	SAN 392
Kropp Christian	TH 420
Kropp Katrin	SH 399
Kroschel Sonja	SAC 370
von Krosigk Gebhard	VwG 522
Kroth Achim	RP 345
Krottenthaler Thomas	ArbG 437
Kroymann Johannes	BRA 158
Kruchen Günter	VwG 519
Kruchen Sibylle	NW 278
Kruck Jennifer	NW 328
Kruckow Melanie	BY 122
Kruczynski Christoph	SAC 380
Krudewig Michael	NDS 223
van Krüchten Ulrich	RP 335
Krück Astrid	RP 343
Krück Hans-Ulrich	NW 306
Krückels Wolfgang	NW 314
Krücker Rolf	NW 260
Krüger Angelika	BER 126
Krüger Anja	SG 499
Krüger Antje	BW 34
Krüger Bernd	BW 69
Krüger Birka	MV 214
Krüger Claudia	NW 303
Krüger Eckhard	SG 490
Krüger Edith	SAA 359
Krüger Gabriele	MV 209
Krüger Hartmut	SAN 390
Krüger Henning	VwG 510
Krüger Horst	NDS 239
Krüger Irka	BRE 163
Krüger Joachim	BER 140
Krüger Jochen	SAA 358
Krüger Jörg	NW 297
Krüger Karl-Heinz	BRE 161
Krüger Katharina	NDS 253
Krüger Kathrin	NDS 252
Krüger Kay Uwe	NW 264
Krüger Klaus	AnwG 547
Krüger Klaus-Ulrich	NDS 227
Krüger Klaus-Werner	NW 293
Krüger Lars	BRA 158
Krüger Mirko	SAC 376
Krüger Reiner	BER 140
Krüger Reinhard	MV 213
Krüger Roland	FG 469
Krüger Sabine	VwG 516
Krüger Susann	SG 498
Krüger Thomas	NDS 236
Krüger Thomas	BER 141
Krüger Ulrich	BU 11
Krueger Ulrich	TH 412
Krüger Wolfgang	BU 7
Krüger-Doyé Gundula	NDS 218
Krüger-Velthusen Vera	BW 264
Krügner Matthias	RP 354
Krüske Tanja	MV 215

Krüssmann   Namensverzeichnis

Krüssmann Günter	NW	310
Krützberg Hans-Ulrich	NW	265
Krützfeldt Katharina	NDS	237
Krützmann Karl	VwG	529
Krug Andreas	BY	89
Krug Edgar	HE	194
Krug Ernst	SG	480
Krug Reinhard	BRA	150
Krug Rosemarie	HE	194
Krug Simone	NW	330
Krug Walter	BW	57
Krug-Gildehaus Hans-Joachim	NDS	238
Krull Helge	HH	171
Krull Thomas	SH	402
Krumbiegel Markus	ArbG	438
Krumeich Karl Josef	RP	342
Krumhaar Bernhard	BER	128
Krumm Carsten	NW	301
Krumm Hans-Werner	NDS	234
Krumme Markus	BW	69
Krumrey Christiane	BER	131
Krumscheid Helga	RP	335
Krupp Nicole	NW	303
Kruppa Manfred	NW	322
Kruppa Thomas	NDS	252
Kruppa Ulrich	BU	16
Krupski Ralf	VwG	513
Krusat Günter	BER	125
Krusche Diana	BER	125
Krusche Jürgen	BY	100
Krusche Michael	HE	187
Kruschinsky Michael	BU	12
Kruse Anna-Maria	RP	337
Kruse Bernd	SH	407
Kruse Bernd	HH	172
Kruse Claudia	NW	286
Kruse Dirk	NW	263
Kruse Gesine	BER	127
Kruse Günter	NDS	233
Kruse Harald	BRA	155
Kruse Harald	RP	343
Kruse Henner	NW	308
Kruse Jürgen	HH	170
Kruse Katja	FG	470
Kruse Michael	MV	213
Kruse Michael	NDS	250
Kruse Michael	NW	310
Kruse Rainer	SG	484
Kruse Ralf	NW	300
Kruse Renate	SG	501
Kruse Sabine	SH	402
Kruse Susanne	VwG	539
Kruse Thorsten	NW	282
Kruse Ulrike	BRA	157
Kruske Michael	HE	180
Kruthaup Elisabeth	NDS	237
Krutisch Dorothee	SAA	361

Krystofiak-Fust Simone	BW	54
Kuba Volker	TH	418
Kubach Rolf	SH	397
Kubatschek Dieter	NDS	246
Kube Bettina	BRA	150
Kube Klaus-Peter	AnwG	546
Kubicki Jörg	BRA	155
Kubicki Ulrich	ArbG	448
Kubicki-Halskov Renate	BMJ	4
Kubiessa Bernd	BER	141
Kubillus Dagmar	NDS	249
Kubina Dirk	BY	119
Kubink Michael	NW	257
Kubis Katharina	NDS	234
Kubista Joachim	SAC	368
Kubon Kristina Maria	VwG	537
Kubsch Rainer	HE	196
Kuch Karl	BY	115
Kuchenbauer Kostantin	BY	107
Kuchenbaur Hans Peter	BY	108
Kuchheuser Hans-Ulrich	BER	138
Kuck Hans-Joachim	NW	314
Kuckein Jürgen-Detlef	BU	7
Kuckelkorn Ulrich	NW	316
Kucklick Claudia	SAC	363
Kucment Claudia	BER	134
Kuczynski Peter	FG	465
Kuebart-Arndt Carola	BER	132
Kübler Jürgen	BW	55
Küch Florian	RP	354
Küchelmann Jochen	BRE	162
Kück Antje	BRE	163
Kück Claudia	BRE	164
Kück Wolfgang	BMJ	3
Kücken Michael	MV	207
Kühl Ingelore	SH	400
Kühl Jörn	AnwG	548
	BRA	147
Kühl Kirsten	BRA	148
Kühl Martin	SG	492
Kühl Thomas	ArbG	453
Kühlborn Klaus	SAC	372
Kühlborn Silke	SAC	379
Kühle Angela	NW	269
Kühlen Hans-Joachim	SAN	384
Kühlmann Doris	AnwG	556
Kühn Angelika	HH	172
Kühn Annette	NDS	231
Kuehn Christiane	NDS	234
Kühn Christoph Sebastian	NW	329
Kühn Detlev	BER	138
Kühn Dirk-Uwe	NW	270
Kühn Helmut	NDS	232
Kühn Ingo	BER	139
Kühn Lothar	BRA	152
Kühn Marianne	TH	418

Kühn Matthias	SAC	378
Kühn Rolf-Herbert	NW	291
Kühn Sebastian	BY	92
Kühn Ulrich	BY	99
Kühn-Sehn Thomas	VwG	534
Kühne Astrid	HH	175
Kühne Dorothea	NDS	220
Kühne Reinhart	SG	489
Kühne Viviane	HH	176
Kühnel Harro	VwG	504
Kühnel Susanne	SAC	365
Kühnen Jürgen	NW	261
Kühnen Sabine	FG	469
Kühnen Thomas	NW	262
Kühner Daniel	RP	354
Kühner Horst	BW	40
Kühnert Christiane	SAC	373
Kühneweg Heike	NW	265
Kühnhold Uwe	SAC	371
Kühnle Gabriele	NW	323
Kühtz Julia	NW	297
Külb Julia	BY	122
Külker Boris	BW	70
Küllmer Uwe	VwG	519
Küllmer Wolfgang	BW	57
Külpmaan Christoph	VwG	515
Külshammer Wolfgang	NW	317
Kümmel Helga	BW	53
Kümmel-Schwarz Katja	TH	414
Kümmerle Kathrin	BY	94
Kümmerle Michael	BW	45
Kümpel Christian	VwG	504
Kümpel Manfred	NW	269
Kümpel-Jurgenowski Winfried	ArbG	443
Künkel Hans-Joachim	NDS	251
Künkel-Brücher Renate	VwG	512
Künkele Claudia	SG	494
Künnecke Arndt	NDS	254
Künscher Alfred	BW	27
Künsebeck Helmut	NW	291
Künzel Christine	BY	75
Künzel Rainer	RP	335
Künzel Thomas	NW	273
Künzelmann Margarete	SAC	378
Künzl Reinhard	ArbG	437
Künzler Ariane	BRA	154
Künzler Erich	VwG	535
Küper Joachim	NDS	227
Küper Klaus	BRA	145
Küper Uta	HH	170
Küpper Stephanie Yvonne	NW	278
Küpper Thomas	NW	331
Küpper Wolfgang	NW	313
Küpper-Fahrenberg Regina	NW	330
Küpperfahrenberg Hans	NW	280

Küppers Anke	NW 315	Kuhlmann Klaus	RP 349	Kulle Rudi	RP 347
Küppers Gert	SH 403	Kuhlmann Rolf	MV 215	Kulmsee Verena	FG 471
Küppers Michael	NW 331	Kuhlmann Timo	NW 300	Kulosa Egmont	FG 471
Küppers Selina	NW 309	Kuhlmey Holger	ArbG 453	Kumetz Michael	VwG 510
Küppers Ulrike	ArbG 445	Kuhls Rainer	HE 189	Kumm Alexandra	NDS 241
Küppers-Aretz		Kuhmann Heinz	BY 114	Kumme Ulrich	NDS 231
Brunhilde	VwG 526	Kuhmann Maximliane	BY 96	Kummer Pierre	NW 330
Kürle Hans	NW 266	Kuhn Bernd	BY 77	Kummert Werner	BY 95
Kürschner Petra	SAC 366	Kuhn Bernd	BU 16	Kummle Thomas	BW 26
Kürschner Wolfgang	BW 23	Kuhn Christoph	SAC 377	Kumpa Christoph	NW 276
Kürz Julia	BW 29	Kuhn Dagmar	NW 271	Kumpmann Reinhard	NW 320
Küsel Andrea	SAN 387	Kuhn Gabriele	NW 263	Kunath Norbert	VwG 511
Küsel Hartwig	NDS 247	Kuhn Gisela	BW 28	Kunert Heinz	SG 484
Küsell Herwart	NW 292	Kuhn Hans	BER 138	Kunert Kristina	BER 142
Küsgen Christina	SAC 379	Kuhn Hans-Peter	BW 26	Kunert Martin	NW 307
Küsgen Gunter	NW 325	Kuhn Heidrun	SG 494	Kunis Peter	TH 421
Küsgen Jörg	SAC 371	Kuhn Janhenning	HH 173	Kunisch Monika	MV 214
Küspert Peter	BY 116	Kuhn Kathrin	SAC 378	Kunitz Sandra	BER 135
Küster Anke	BW 69	Kuhn Maren	SG 491	Kunkel Barbara	MV 209
Küster Kai-Michael	NW 285	Kuhn Michael	BW 44	Kunkel Marlies	TH 415
Küster Katrin	TH 423	Kuhn Michael	ArbG 438	Kunkel Volker	NW 317
Küster Marcel	BRA 148	Kuhn Michael	NW 273	Kunkelmann Bernd	HE 197
von Küster Ulrich	SAC 371	Kuhn Oliver	HE 199	von Kunowski Jan	VwG 524
Küstermann Ralph	SAN 385	Kuhn Philipp	BW 71	Kunrath Franz Josef	SAA 357
Küstner Markus	BY 84	Kuhn Sabine	BY 99	Kunst Hermann-Josef	ArbG 449
Küstner Steffen	RP 352	Kuhn Volkmar	SAC 369	Kunst Susanne	NW 331
Kütemeyer Norbert	SAN 389	Kuhn-Krüger Roswitha	SAA 356	Kunth Ingrid	SAC 374
Küter Axel	NW 293	Kuhne Annette Gritta	NW 315	Kuntke Heinz	BY 77
Küttler David	NDS 222	Kuhnen Stephan	BRA 153	Kuntze Bernd Stefan	SG 475
Kuffer Johann	BU 7	Kuhnert Andrè	SAC 380	Kuntze Hartmut	RP 344
Kufner Albert	BY 89	Kuhnert Christian	NW 307	Kunz Christian	BER 138
Kufner-Piser Gisela	BY 98	Kuhnert Lars	BRA 151	Kunz Gregor	BW 39
Kugele Dieter	BU 13	Kuhnert Sabine	TH 414	Kunz Heinz-Jürgen	HE 197
Kugele Klaus	VwG 508	Kuhnke Bernd-Dieter	BER 127	Kunz Helmut	BER 133
Kugler Bernhard	BY 88	Kuhnke Christian	BER 127	Kunz Karl-Heinz	BY 110
Kugler Franz	BY 91	Kuhnke Matthias	BER 127	Kunz Marianne	VwG 540
Kugler Jutta	HH 170	Kuhnke Rainer	SG 483	Kunz Melanie	RP 354
Kuhaupt Bernward-		Kuhnle Eugen	BW 52	Kunz Susanne	SG 480
Josef	NW 274	Kuhr Werner	FG 467	Kunz Sylvia	SH 409
Kuhbandner Klaus	BY 114	Kuhr-Cherkeh Svenja	NDS 253	Kunz Thomas	TH 411
Kuhbier Jörg	VerfG 427	Kuhs Helmut	RP 350	Kunze Andreas	NW 328
Kuhfus Werner	FG 470	Kuiter Norbert	NDS 250	Kunze Bernd	MV 207
Kuhl Wolfgang	SAA 355	Kujas Annette	NW 284	Kunze Catharina	AnwG 547
Kuhl-Dominik Thomas	SG 485	Kujawski Ulrich	BER 136	Kunze Christoph	NDS 252
Kuhla Sabine	BER 129	Kukies Ulrike	SG 482		NDS 255
Kuhlbrodt Kerstin	NW 325	Kukla Klaus	NDS 241	Kunze Eva	FG 464
Kuhlen Helmut	FG 469	Kuklik Udo	SAA 358	Kunze Gabriele	SAC 370
Kuhli Christian	NW 330	Kukuk Karsten	BRA 157	Kunze Gundula	SAN 385
Kuhlig Volkmar	BRA 146	Kulbach-Hartkop		Kunze Hannelore	BRA 148
Kuhlmann Andreas	NW 288	Margot	VwG 540	Kunze Jürgen	BU 16
Kuhlmann Annette	AnwG 553	Kulbe-Stock Ursula	NW 314	Kunze Klaus	BER 142
Kuhlmann Dieter	NW 286	Kulenkampff Rainer	AnwG 549	Kunze Thomas	SG 491
Kuhlmann Dieter	NDS 244	Kulessa Mechthild	BRA 158	Kunze Wolfgang	BW 21
Kuhlmann Holger	NDS 219	Kulf Alexander	TH 419	Kunzmann Rolf	SAN 393
Kuhlmann Karin	NDS 232	Kulik Jens Peter	HE 185	Kuper-Stelte Swantje	NW 286
Kuhlmann Karl-		Kulik Kerstin	BER 132	Kuperion Stephan	BER 137
Ludwig	BRE 161	Kulla Benedikt	ArbG 438	Kupfer Hans-Joachim	SAN 388
Kuhlmann Kirsten	VwG 528	Kullack Peter	HE 181	Kupfernagel Dirk	BER 129

Kupka-Göll Silke	BW 64
Kuppe-Dörfer Claudia	BER 138
Kuppi Wilfried	NDS 242
Kups Carsten	SAC 380
Kurbjuhn Kristofer	VwG 521
Kurhofer-Lloyd Britta	NW 329
Kūris Pranas	EuGH 563
Kurka Dorothee	BY 97
Kurpanek Melanie	BY 122
Kurpat Ralf	NW 318
Kurrek-Stemmann Gabriela	BER 140
Kurschat Gudrun	HE 185
Kurscheidt Claudia	BY 98
Kurtenbach Dirk	SG 494
Kurtenbach Eva	MV 209
Kurtenbach Jutta	RP 337
Kurth Frowin	HE 184
Kurth Maja	VwG 530
Kurth Martina	RP 335
Kurths Burkhard	SG 498
Kurtz Bettina	NDS 252
Kurtz Klaus	BY 92
Kurz Andrea	NW 281
Kurz Björn	NW 282
Kurz Gerold	HE 185
Kurz Karl-Heinz	BW 65
Kurz Rolf-Uwe	BRA 154
Kurz Sascha	RP 353
Kurz Thilo	TH 416
Kurz Thilo	NW 329
Kurz Traude	BW 50
Kurze Sigrid	TH 421
Kurze Volker	TH 417
Kurzke Rüdiger Willi	NW 294
Kurzmann Marlies	BRA 148
Kurzweil Elisabeth	BY 95
Kurzwelly Jens-Peter	BU 8
Kusch Ute	BY 115
Kuschel Annette	SAC 365
Kuschewski Jürgen	BER 136
Kuschewski Ulf-Burghard	SG 491
Kuschmann Susanne	NW 304
Kuschnerus Ulrich	VwG 525
Kuschow Axel	BY 113
Kuse Christian	BW 64
Kusen Hans-Albert	NW 314
Kuß Wilhelm	SG 495
Kusserow Gabriele	ArbG 442
Kusterka Helga	VwG 539
Kustermann Ilse	BY 96
Kutschenko Kerstin	BW 360
Kutscher Gritt	SAC 378
Kutschera Anne	SG 486
Kutschera Katrin	BER 133
Kuttritz Renate	MV 207
Kutz Anja	NW 307
Kutz Marianne	MV 207
Kutz Petra	NDS 239
Kutzer Bernhard	BY 117
Kutzner Bernd	NW 308
Kutzner-Pohl Maren-Gabriela	MV 214
Kuwert Gerd	NDS 225
Kuyru Abdullatif	BW 69
Kwaschik Annett	MV 215
Kwast Karen	NW 276
Kyrieleis Sophie	BRA 149

L

La Marca Bettina	SAC 370
La Pergola Antonio	EuGH 563
Laarmann Lioba	NW 290
Laaser Andreas	BER 138
Laaser Jürgen	BW 32
Laaths Wolfgang	BY 111
Labandowsky Klaus	BY 80
Labe Michael	HH 166
Labenski Gudrun	HE 195
Labentz Andreas	NW 293
Labi Andreas	MV 206
Labi Susanne	MV 211
Labitzke Ilona	BRA 150
Labrenz Michael	VwG 531
Labucka Ingrida	EuG 565
Labusch Silvia	VwG 540
Lachenauer Wolfgang	AnwG 544
Lachenmann Ulrich	BW 64
Lachenmayr-Nicolaou Tanja	BY 74
Lachmann Dagmar	HE 199
Lachmund Günter	HE 181
Lachner Herbert	BY 93
Lachs Karen	SAN 385
Lackermeier Andrea	BY 122
Lackmann Rolf	NW 280
Lackner Konrad	BY 93
von Lackum Corinna	BY 119
Ladage Dirk	NDS 254
Ladage Klaus Friedrich	BU 12
Lademacher Judith	SAN 392
Ladewig Hans Jürgen	TH 411
Ladewig-Feldkamp Sophia	BER 130
Ladner Claus Peter	VwG 514
Läger Ulrich	VwG 540
Lägler Erhard	BW 65
Lämmert Martin	BW 63
Lämmlin-Daun Susanne	BW 37
Längert Birgit	SG 482
Läpple Peter	VwG 508
Läsch-Weber Beate	VerfG 428
Lässig Peter	SAC 377
Lässig Peter	NW 273
Lätzel Barbara	BRE 161
von Laffert Berit	HH 174
Lafontaine Christoph	SAA 361
Lage-Graner Christiane	BER 129
Lagemann Hans-Georg	NW 299
Lagemann Marie-Josée	NW 309
Lagemann Stefan	NW 330
Laggies Mareen	BRA 157
Lahmann Lydia	HE 191
Laib Reiner	BY 84
Laier Karl	FG 469
Lais Dieter	NW 307
Laitenberger Angelika	BMJ 5
Laker Thomas	VwG 516
Lakies Thomas	ArbG 440
Lakner Yves	BW 61
Lalla Heike	NDS 242
Lamb Irene	HH 171
Lamb Martina	BER 141
Lambert Gunther	SG 475
Lambert Peter	RP 339
Lamberti Monika	BW 58
Lambertz Norbert	NW 267
Lambertz-Blauert Ulrike	NW 271
Lamberz Barbara	RP 337
Lambiris Andreas	HH 175
Lambrecht Claus	VwG 516
Lambrecht Claus	FG 466
Lambrecht Ute	VwG 519
Lambrecht Uwe	NW 262
Lames Peter	SAC 364
Lammek Irina	BRA 149
Lammer Monika	BER 133
Lammers-Hegemann Gabriele	VwG 531
Lammersen Hartmut	NW 276
Lammert Christine	BY 117
Lammert Robert	NW 282
Lamminger Ewald	FG 463
Lamp Hermann	BW 43
Lampa Wolfgang	BW 55
Lampart Dieter	BY 86
Lampe Annette	BER 135
von Lampe Claudia	VwG 511
Lampe Holger	SG 502
Lampe Joachim	BU 9
Lampel-Meyer Christiane	BW 24
Lampenscherf Albert	NW 313
Lampert-Malkoc Bärbel	SAN 387
Lampeter Sybille	SAC 373
Landau Herbert	BVerfG 1
Landeck Alexander	SG 500
Landeck Günter	RP 348
Landeck-Bätz Susanne	BY 107

Lander Stefanie	BW 36	Lange Christel	NW 281	Langer Stefan	VwG 507
	BW 41	Lange Christoph	BRA 157	Langerbein Hans-	
Lander-Schöneberger		Lange Claudia	MV 214	Joachim	NW 298
Rosemarie	SAA 357	Lange Claudia	VwG 524	Langfritz Michael	SAC 366
Landes Jörg	MV 207	Lange Dagmar	NW 304	Langhammer Holger	BY 92
Landes Peter	RP 351	Lange Dorothea	NW 329	Langhans Jörg	NW 329
Landgraf Barbara	BY 82	Lange Frank	NDS 243	Langheine Jens	BW 71
Landgraf Jörg	BY 97	Lange Hans-Friedrich	BU 11	Langheineken Uwe	SG 476
Landgraf Wolfgang	NDS 241	Lange Hans-Ulrich	NDS 247	Langhof Jörg	MV 207
Landmann Hetta	HE 180	Lange Hans-Werner	HE 194	Langhoff Sandra	ArbG 445
Landschütz Gerd	NW 294	Lange Hartmut	HE 185	Langhorst Heide	NDS 227
Landwehr Angela	SH 404	Lange Helmut	BRA 154	Langkopf Jürgen	NDS 220
Landwehr Bernhard	TH 417	Lange Ingrid	SAC 367	Langnaese Carina	SAC 380
Landwehr Brigitte	NW 290	Lange Jérôme	SAA 361	Langnau Sibylle	BY 80
Landwehr Christine	HH 170	Lange Jöns	NDS 239	Langneff Katja	BW 51
Landwehr Torsten	NDS 230	Lange Karl-Bernhard	VwG 525	Langner Norbert	NW 323
Landwehrmeyer		Lange Kay	NDS 242	Langosch Mathias	MV 209
Rudolf	BER 130	Lange Klaus	VerfG 427	Langrehr Julia	BER 142
Landzettel Gerhard-		Lange Lore	SH 401	Langrock Eckhard	BW 25
Wilhelm	BRE 161	Lange Lutz	BER 128	Langsdorff Britta	HH 171
Lanfermann Sascha	NDS 255	Lange Maria	BY 77	von Langsdorff Hermann	BU 9
Lang Beatrice	BY 122	Lange Marita	SAN 387	Langweg Rudolf	NW 318
Lang Bernhard	BY 95	Lange Meik	NDS 254	Lankau Ingo-Endrick	VerfG 427
Lang Eberhard	BW 29	Lange Melanie	NDS 254	Lankers Winfried	NW 316
Lang Elisabeth	BY 114	Lange Michael	NW 285	Lanowski Peter	BRA 154
Lang Elke	ArbG 435	Lange Nicole	NDS 242	Lanters Joachim	RP 338
Lang Enrico	SAC 376	Lange Peter	SG 491	Lantz Nikolaus	BY 106
Lang Franz	BY 89	Lange Reinhard	NW 288	Lanza-Blasig Claudia	SAN 389
Lang Franz-Josef	HE 192	Lange Sabine	BY 83	Lanzenberger Rainer	BER 139
Lang Franziska	BMJ 4	Lange Thomas	VwG 513	Lanzerath Adolf	NW 315
Lang Heike	BW 68	Lange Thomas	BRA 154	Laqua Alexander	NW 330
Lang Iris	BER 133	Lange Thomas	NDS 231	Larasser Eugen	BY 92
Lang Joachim	SH 402	Lange Thorsten	HH 172	Larcher Johann	BW 40
Lang Karin	BER 127	Lange Wolfgang	SH 400	Larisch Sabine	NW 310
Lang Karin	HE 190	Lange-Lichtenheld		Laroche Peter	NW 274
Lang Klaus	HE 187	Brigitte	BER 140	Larres Eugen	BRA 154
Lang Marcus	BY 116	Langematz Jürgen	BER 126	Larsen Kaj Niels	VwG 516
Lang Marika	SAC 366	Langen Karl-Wilhelm	AnwG 558	Lascheit Andreas	BER 137
Lang Marion	BY 96	Langen Kerstin	BRA 155	Laschewski Eckhard	SAC 365
Lang Michael	BW 68	Langen-Brand Heike	NW 329	Laschewski Gregor	BY 109
Lang Michael	BW 50	Langen-Braun Birgit	VwG 536	Laschka Wolfgang	SG 480
Lang Paul	SAC 366	Langenbach Markus	VwG 528	Lascho Stefan	VwG 527
Lang Peter	SG 475	Langenbach Ralf	BW 41	Lashöfer Jutta	NW 293
Lang Peter	BY 96	Langenbach Rüdiger	NW 267	Laske Eckhard	SH 404
Lang Rainer	AnwG 549	Langenberg Hans	HH 167	Lasotta Gisbert	SAA 357
Lang Rita	ArbG 457	Langenberg Helga	HH 167	Laß Jessica	NDS 228
Lang Rolf	HH 173	Langenfeld Andrea	BW 32	Laß Oliver	HH 171
Lang Stefan	BER 137	Langenohl Katrin	VwG 516	Laß Uta	SH 408
Lang Stefanie	VwG 532	Langer Christina	SG 478	Lassahn Susanne	NW 326
Lang Susanne	VwG 523	Langer Klaus-Peter	MV 209	Lassalle Wolfgang	VwG 524
Lang Ursula Brigitte	NW 296	Langer Lutz-Michael		Lassen Dirk	NDS 241
Lang Walter	BU 11	Luis	NW 290	Lassen Hans-Lorenz	NDS 219
Lange Anette	NDS 232	Langer Margit	ArbG 455	Lassen Klaus-Peter	SH 405
Lange Anette	BRA 154	Langer Michael	BRA 146	Lassen Wolfgang	SH 398
Lange Angelika	HE 180	Langer Nicole	NW 315	Lassig Jürgen	HE 183
Lange Annegret	BW 27	Langer Ruben	VwG 514	Lassmann Hans	BY 77
Lange Birgit	BRE 162	Langer Sabine	TH 413	Last Anne	MV 215
Lange Burkhardt	VwG 523	Langer Sandra	NW 269	Last Ulrich	BER 137

Latif Namensverzeichnis

Name	Ref
Latif Kabir	HH 167
Latour Martin	HE 182
Latsch Jörg	HE 186
Lattau Marion	BY 92
Lattekamp Heribert	NW 296
Lattrell Frauke	RP 348
Lattrich Klaus	NW 282
Lau Berthold	NDS 232
Lau Christine	SG 478
Lau Doris	BER 130
Lau Matthias	SAC 363
Lau Stefanie	BU 10
Lau Ulrich	VwG 525
Laub Karin	HH 171
Laub Martin	BER 141
Laubach Christian	HE 201
Laube Andreas	NW 287
Laube Claudia	SAC 379
Laube Thomas	BER 135
Laubengeiger Walter	FG 463
Laubenheimer Ulrich	AnwG 553
Laubenstein Andrea	AnwG 554
Laubenstein Wiegand	NW 260
Laubenthal Klaus	BY 75
Laubenthal Sigrid	SAA 359
Lauber Georg	NW 319
Lauber Karsten	NW 271
Lauber Stephanie	NW 318
Lauber-Nöll Achim	HE 193
Laubmeier Maximilian	BY 121
Lauchner Andrea	BW 70
Laudan Herbert	SAN 390
Laudemann Gerd	VwG 510
Laudi Eckart	HE 194
Laudi Rainer	HE 185
Laue Carsten	SH 409
Laue Frank-Michael	NDS 224
Laue Martina	SAN 394
Lauenburg-Kopietz Daniela	HH 168
Lauenstein Hans-Herrmann	AnwG 550
	HH 166
Lauenstein Renate	HH 168
Lauer Andreas	SAA 357
Lauer Gisela	SG 495
Lauer Hartmut	BW 35
Lauer Konrad	HE 191
Lauer Patrick	VwG 534
Lauer Wolfgang	SAA 360
Lauerer Georg	SAC 375
Laufen Martin	NW 328
Laufenberg Hans	NW 314
Laufenberg Susanne	BY 98
Laufer Bettina	SH 402
Laufer Uwe	MV 209
Lauhöfer Detlev	NDS 248
Lauinger Dieter	TH 413
Laukamp Ute	NW 273
Laum Hans-Joachim	NW 322
Laumen Edmund	TH 413
Laumen Hans-Willi	NW 322
Laumen Simone	BRE 163
Launert Eik	BY 84
Launhardt Gabriele	NDS 241
Laur Alexander	HE 202
Lauria Franziska	SAC 377
Laurien Angelika	SAN 392
Laurisch Martin	SG 483
Laurs Thomas	NW 270
Lausten Anja	NW 306
Lausten Sven	NW 306
Lauster Peter	BW 25
Laut Thomas	BW 32
Lautebach Michael	SH 398
Lautenbach Udo	HE 187
Lauterbach Klaus	SG 499
Lauth Heinrich	RP 347
Lautz Peter	NW 287
Lauven Dieter	BW 23
Laux Eberhard	HE 188
Laux Helga	BU 10
Laux Helga	VerfG 427
Laux Petra	SG 496
Laux Petra	VerfG 428
Laws Claudia	BER 135
Laws Jutta	NW 282
Layher Heinz	BW 57
Lebe Hartmut	BER 136
Leber Michael	BW 38
Lebert Christian	BY 97
Lechermeier Jutta	BRA 152
Lechner Elmar	BY 91
Lechner Hans-Dieter	BER 126
Lechner Herbert	BY 86
Lechner Martin	BY 88
Lechner Thorsten	HH 171
Lechner Walter	AnwG 545
Lechner Wolfgang	HE 193
Lechtape Elfi	NW 310
Lechtape Stefan	NW 310
Lechte Ralf	MV 214
Lechtermann Dirk	VwG 525
Lechtermann Udo	BRA 150
Leckel Marcus	NW 320
Lecker Harald	VwG 508
Leder Evelyne	VwG 507
Leder Georg	VwG 508
Lederer Gerd	VwG 507
Lederer Gerhard	BY 85
Lederer Hubert	VwG 504
Lederhofer Christian	BY 106
Lederle Julia	BY 108
Ledermann Judith	BY 96
Ledermann Klaus	BY 98
Ledermann Stefan	BY 101
Ledig Dorothee	BY 105
	BY 120
van der Leeden Helmut-Busso	ArbG 452
Leege Antje	NW 306
Leege Jan	ArbG 441
Leemhuis Bernhard	VwG 523
Leemhuis Jans-Rolf	NDS 245
Leendertz Reinhard	SH 403
Leetz Bettina	BRA 153
Leeuwestein Martina	BRA 151
Leewog Anke	RP 352
Lefévre Dieter	AnwG 551
Lefkaditis Michael	BY 99
Legal Hubert	EuG 565
Legde Georg	SG 486
Léger Philippe	EuGH 564
Legerlotz Martina	NW 317
Legleitner Helmut	SAA 357
Legler Brigitte	BW 49
Legner Julia	SAN 393
Lehlbach Jürgen	SG 487
Lehlbach Marlies	SG 486
Lehleiter Josef	BW 64
Lehmacher Hans-Werner	SG 494
Lehmann Alfons	BW 35
Lehmann Andreas	FG 469
Lehmann Arno	HH 174
Lehmann Brigitte	HE 197
von Lehmann Ernst	NW 304
Lehmann Felix	SH 408
Lehmann Frank	SAC 376
Lehmann Friederike	BER 132
Lehmann Gesine	ArbG 447
Lehmann Hans-Peter	ArbG 440
Lehmann Helga	VwG 527
Lehmann Jens	NDS 241
Lehmann Joachim	NW 309
Lehmann Katrin	VwG 517
Lehmann Landolf	NDS 232
Lehmann Lutz	SAC 379
Lehmann Lutz	MV 210
Lehmann Martin	NW 280
Lehmann Michael	BW 59
Lehmann Michael	TH 421
Lehmann Monika	AnwG 556
Lehmann Olaf	HH 170
Lehmann Peter	VwG 517
Lehmann Rainer	BRA 155
Lehmann Sibylle	BER 140
Lehmann Sigrun	SAN 388
Lehmann Stefanie	HH 170
Lehmann Stephan	BRA 148
Lehmann Susanne	NDS 227
Lehmann Thomas	NW 284
Lehmann Wilfried	BRA 154

Lehmann-Fritzsche Kai	HE 185	Leinbach Lutz	VwG 518	Lemke Volker	VwG 526
Lehmann-Richter		Leinberger Ulrich	BW 62	Lemken Elmar	NW 299
Hannah	SG 482	Leiner Wolfgang	VwG 524	Lemm Cornelia	BER 133
Lehmann-Schmidtke		Leingang-Ludolph Beate	FG 473	Lemme Dirk	SAN 393
Wilfried	NDS 231	Leinhos Joachim	NW 325	Lemmel Ulrike	BER 133
Lehmann-Schön Ina	NW 285	Leinkauf Ina	NW 306	Lemmers Peter	BY 86
Lehmbeck Johann-Peter	SH 405	Leinweber Stefan	BER 130	Lemppenau-Krüger	
Lehmberg Annette	NW 261	Leinweber Wolfgang	ArbG 445	Angela	ArbG 449
Lehmberg Hermann	NW 262	Leipold Andreas	BW 27	Lenaerts Koenrad	EuGH 563
Lehmbruck Christoph	BER 127	Leipprand Dagmar	SAN 393	Lenarz Kordula	VwG 525
Lehmensiek Bernd	NDS 231	Leipzig Thomas	BER 141	Lendackers Hellen	VwG 527
Lehmkuhl Thomas	VwG 511	Leipziger Jessica	NDS 254	Lendeckel Hans-Jürgen	NDS 240
Lehmkuhl Wolfgang	HH 170	Leirer Wolfgang	BY 89	Lenerz Kurt	NW 287
Lehmler Markus	VwG 526	Leis Judith	NW 267	Lenfers Guido	VwG 525
Lehmpuhl Anneliese	AnwG 546	Leischner Heinz	TH 418	Lengacher-Holl Kirsten	BER 132
Lehmpuhl Horst	BY 104	Leischner-Rickerts Silvia	SH 399	Lengle Johanna	BY 88
Lehnberger Gudrun	BY 118	Leisen Horst Josef	RP 344	Lengtat Rüdiger Gerd	NDS 236
Lehner Alois	VwG 507	Leisner Dirk	SAC 363	Lenhart Benjamin	BY 99
Lehner Andrea	ArbG 434	Leißen Heinz Alfred	NW 275	Lenhart Thomas	VwG 540
Lehner Gabriele	NDS 220	Leißner Christian Emil	NW 328	Lenk Franz	BW 52
Lehner Rainer	BY 120	Leist Matthias	FG 474	Lenk Oliver	BER 130
Lehner Robert	BY 87	Leisten Leonhard	ArbG 454	Lennartz Dirk	BW 65
Lehnert Andreas	SH 405	Leister Gregor	BY 123	Lennartz Elmar	NW 325
Lehnert Franziska	BRA 158	Leister Petra	BER 140	Lennemann Ingo	NW 291
Lehnert Lothar	SAC 379	Leiterer Janina	BER 143	Lennig Stefan	BW 36
Lehnert Sabine	BW 61	Leitges Konrad	RP 337	Lensch Karen	SH 400
Lehnert Ute	TH 418	Leithäuser Helmut	NW 272	Lente-Poertgen Astrid	SG 491
Lehngut Joachim	NDS 219	Leitherer Stephan	BU 12	Lentner Ulrich	SAN 391
Lehnig Kirsten	BW 69	Leithoff Ralf	VwG 511	Lentz Karin	BER 138
Lehr Christof	BW 68	Leitloff Jürgen	TH 416	Lentz Sabine	NW 267
Lehr Wolfgang	HE 201	Leitner Andreas	SAC 367	Lenuwer Doreen	SAC 376
Lehrke Friederike	SAN 389	Leitner Helmut	BY 116	Lenuzza Gerd	AnwG 559
Lehrmann-Wahl Gabriele	SG 494	Leitner Walter	BY 101	Lenz Alexander	VwG 536
Leibfritz Hanns	SAC 368	Leitner Werner	AnwG 545	Lenz Denise	BER 142
Leible Renate	BW 64	Leitte Steffen	SAC 378	Lenz Eberhard	BER 136
Leibold Gerhard	NW 280	Leitte Wilfried	BW 51	Lenz Helmut	SG 499
Leibold Hans Ludwig	NW 271	Leiwesmeyer		Lenz Henning-Michael	NW 305
Leibold Markus	ArbG 447	Christiane	BRA 145	Lenz Hugo Michael	RP 343
Leibrock Frank	SAA 355	Leiwesmeyer Heinrich	BRA 153	Lenz Ingeborg	VwG 516
Leichsenring Tord	AnwG 557	Lejeune Beate	SG 480	Lenz Martina	RP 344
Leicht Horst Helmut	ArbG 433	Lelickens Alfred	NW 295	Lenz Melanie	BY 99
Leicht Rainer	TH 422	Lemaire Norbert	FG 470	Lenz Olaf	VwG 522
Leichter Christine	HE 195	Lembke Michael	SH 399	Lenz Rainer	NW 322
Leichter Jürgen	NW 298	Lemburg Gerhard	HH 171	Lenz Reiner	BY 81
Leichter Susanne	NW 308	Lemburg Stefan	BER 130	Lenz Robert	NW 324
Leichthammer Marion	HE 185	Lemcke Karin	HH 166	Lenz Stefanie	RP 342
Leidek Uwe	SG 482	Lemcke Thomas	NW 287	Lenz Susann	SAC 379
Leiding Anne-Marie	BY 99	Lemke Christine	VwG 526	Lenz Thomas	BY 101
Leidner Rudolf	RP 348	Lemke Hanno-Dirk	SG 483	Lenz Uta	ArbG 456
Leier Barbara	BMJ 4	Lemke Jan	SAN 389	Lenz Volker	NDS 223
Leifermann Ralf	SAN 393	Lemke Kord	BY 88	Lenz Wolf-Christian	HE 195
Leifert Harald	NDS 252	Lemke Marcus	NDS 254	Lenze Günter	AnwG 545
Leikam Christoph	BW 59	Lemke Martin	SAA 357	Lenzenhuber Stefan	BY 74
Leimbach Dieter	HE 187	Lemke Michael	BRA 145	Lenzner Ulf	SAN 393
Leimbach Ralf	NW 315	Lemke Petra	BER 140	Leonard Axel	FG 469
Leimeister Gisela	HE 185	Lemke Reiner	BU 8	Leonard Dagmar	HE 200
Leimert Dirck	BU 7	Lemke Stephanie	HH 168	Leonard Guntar	VwG 536
Leimkühler Wolfgang	BER 133	Lemke Ulrike	NDS 229	Leonard Thomas	MV 211

Leonardy Guido	RP 342	Leu Bernd	NW 324	Lichius Christina	TH 415
Leonhard Gunnar	AnwG 559	Leube Jens	RP 349	Lichius Klaus	TH 416
Leonhard Muriel Claudia	NW 264	Leue Alexandra	NW 276	Lichte Urte	NDS 255
		Leuer-Ditges Kathrin	NW 326	Lichtenberg Peter	NW 275
Leonhardt Ines	SAC 380	Leufgen Helmut Günter	NW 300	Lichtenberg Reinhard	BY 86
Leonhardt Jana	SAC 377			Lichtenfeld Ulf	VwG 522
Leonhardt Lothar	NW 298	Leufgen Ludger	BRA 148	Lichtenstern-Skopalik Elisabeth	BY 86
Leonhardt Stefanie	BY 122	Leukhart Klaus-Peter	VwG 507		
Leonhardt Stephan	SH 401	Leupertz Stefan	NW 261	Lichtenthäler Udo	SG 496
Leopold Peter	FG 464	Leupold Walter	BY 112	Lichti-Rödl Daniela	BY 88
Leopold Winfried	SAN 391	Leuschner Günter	NDS 252	Lichtinghagen Joachim	NW 309
Lepa Meike Christina	NW 331	Leuschner Lennard	MV 214	Lichtinghagen Margrit	NW 307
Leplow Claas	SH 404	Leußer Egbert	BW 35	Lichtnecker Franz	BY 93
Lepper-Erke Monika	ArbG 450	Leutenbauer Siegfried	BY 101	Lickleder Florian	BER 130
Leppert Hansjörg	SAC 367	Leuthold Hannelore	VerfG 429	Lieb Bernhard	BY 83
Leppich Mark	BY 119	Levedag Christian	FG 471	Lieb Sophie	NW 318
Leppin Rudolf	BRA 145	Levejohann Nadine	NW 328	Liebau Sören	BER 131
Lepping Andrea	BER 141	Leven Dagmar	VwG 504	Lieber Helmut	BY 95
Lepple Jürgen	BW 65	Levermann Albert	NDS 234	Lieberei Sabine	BW 60
Leptien-Köpp Constanze	HH 169	Levermann Ulf	MV 213	Lieberich Heidemarie	NW 262
		von Levetzow Sebastian	BMJ 5	Lieberich Rolf	HH 173
	HH 175	Levin Petra	MV 206	Liebermann Daniela	SG 477
Lerch Hermann	BY 99	Levin Stefan	NW 309	Liebermann Dirk	HE 202
Lerch Sabine	NDS 232	LeViseur Burkhard	BER 128	Liebermann Reiner	SG 496
Lerch Sylvia	SAN 394	Levits Egils	EuGH 563	Lieberoth-Leden Hans-Jörg	VwG 525
Lerch Wolfgang	NW 284	Lewandowski Ralf	SAN 393		
Lerche Michaela	NW 329	Lewandrowski Dirk	SG 491	Lieberoth-Leden Sylvia	NW 261
Lerche Sibylle	TH 422	Lewandrowski Jürgen	NDS 252	Liebert Ulrike	BW 67
Lernhart Klaus	VwG 504	Lewerenz Karl-Jochen	ArbG 442	Liebert Winfried	BER 135
Lesche Uwe	BY 115	Lewerenz Wolf-Dieter	AnwG 547	Lieberum Jörg	NDS 233
Leschhorn Eberhard	NW 306			Lieberwirth Vera	AnwG 543
Leschka Matthias	SAC 381	Lewin Daniel	SH 409	Liebetanz Bernhard	BY 81
Leschnig Werner	ArbG 457	Lewin Danka	ArbG 442	Liebetanz Stefan	VwG 518
Leske Martina	SAN 387	Lewin Hannah	VwG 513	Liebetrau Dietlinde	TH 422
Leskovar Gerd	VwG 527	Lewin Kay-Uwe	SH 399	Liebhart Christian	BY 97
Lesmeister Christian	ArbG 442	Lewin-Fries Jutta	SG 501	Liebhart Friedrich	TH 413
Lesmeister-Kappel Claudia	HH 169	Lex Guido	MV 208	Liebheit Uwe	NW 280
		Lexen-Schöben Ruth	RP 342	Liebig Lothar	RP 351
Lesniewski Ralph	BER 131	Lexer Dietrich	BER 134	Liebisch Martin	BW 70
Lessel Armin	MV 210	Ley Dieter	NW 320	Liebler Stefan	BU 13
van Lessen Adelheid	BRA 152	Ley Manfred	BY 115	Liebner Karina	SAC 378
van Lessen Gudrun	NDS 227	Ley Manfred	RP 337	Liebrecht Dörte	HH 172
van Lessen Jan Reinhard	NW 262	Ley Peter	SAN 386	Liebsch Ulrike	SAN 387
		Ley Richard	VerfG 428	Liebscher Brigitta	ArbG 454
Lesser-Kohlbacher Susann	SG 501	Ley Rut	NW 332	Liebscher Peter	HE 198
		Ley Wolfgang	NW 322	Liebscher Thomas	ArbG 458
Lessing Michael	SG 491	Leye Christiane	VwG 518	Liebschner Guntram	SAA 360
Lessing Volker	NDS 229	Leyendecker Dirk	RP 354	Liebschner Marianne	SAC 369
Lessing Wilhelm	RP 344	Leygraf Johannes	AnwG 554	Lieck Mathias	BER 134
Leßmann Ulrike	VwG 529		NW 280	Lieckfeldt Jens	NW 268
Leßner Sintje	BW 67	Leyh Inge	MV 215	Liedtke Eva Antonia	NW 260
Lesting Wolfgang	AnwG 552	Leyh Sabine	BRA 149	Liedtke Frank	ArbG 458
Lesting Wolfgang	NDS 244	Leyhe Henning	HE 192	Liedtke Uwe	BER 139
Lettau Ines	SAC 365	Libera Frank-Michael	BER 126	Liefländer Petra	HH 175
Lettau Rainer	BER 126		VerfG 426	Liegat Frank-Dietrich	NW 317
Letz Anja	SAN 394	Liberta Achim	AnwG 545	Liegl Christian	BY 103
Letz Martin	ArbG 452	Libischer Andre	BY 123	Liekefett Thomas	NDS 233
Letz-Groß Tatjana	SAN 394	Liceni-Kierstein Dagny	BRA 146	Lienau Marc	SAN 391

von Lienen Gerhard	BU 8	Linden Doris	RP 339	Link Volker	BRA 155
Liening Tobias	SAN 393	Linden Georg	NW 324	Link Winfried Michael	NW 270
Lier Bernd	NW 317	van der Linden Peter	NW 325	Linke Christine	BER 137
Liermann Christine	NW 325	Linden Philipp	HH 175	Linke Cornelia	BW 38
Liermann Jürgen	VwG 511	Linden Stefan	NW 292	Linke Gerhard	NW 326
Liermann Martina	BY 89	Lindenberg Peter	NW 308	Linke Karlheinz	AnwG 544
Liersch Mandy	BRA 147	Lindenberg-Lange		Linke Thomas	BER 133
Lies-Benachib Gudrun	HE 192	Irina	AnwG 545	Linke Thomas	BER 140
Liesching Patrick	HE 187	Lindenberger Adolf	SAC 375	Linke-Scheut Barbara	NW 319
Liesegang Isabel	BY 100	Lindenblatt Heinrich	NW 263	Linker Anja	BW 67
Liesenfeld Peter	SAC 375	Lindenthal Andreas	BW 33	Linné Christine	SAN 395
Lieser Antje	TH 413	Linder Birgit	BW 70	Linnenbaum Bernhard	NW 288
Liesigk Falk	SAN 392	Linder Ingrid	VwG 507	Linnenkämper	
Lietz Jürgen	AnwG 546	Lindert Kornelia	BER 141	Christina	VwG 529
Lietzmann André	SG 482	Lindgen Johannes	SH 400	Linner Bernd	TH 419
Ligier Robert	BRA 154	Lindgens Kai	HE 199	Linnert Marcus	NW 317
Lilie Hans Ingo	NW 274	Lindh Pernilla	EuG 565	Linnert-Abelmann	
Lilienfeld Tatjana	SG 480	Lindhauer Wulf	BW 59	Martina	ArbG 440
Lill Christoph	HE 202	Lindinger Thomas	BY 94	Lins Andreas	MV 213
Lillig Thomas	SG 480	Lindken Heiko	NW 330	Lins Johanna	SAN 390
Lillteicher Wera	SG 487	Lindner Andra	BY 115	Linschmann Frauke	BY 88
Limbach Anna		Lindner Benno	VwG 535	Linsenmaier Marianne	BW 49
Caroline	SAN 386	Lindner Berend	NDS 254	Linsenmaier Wolfgang	BU 10
Limbach Benjamin	NW 257	Lindner Bernd	BW 31	Linsler Martin	BRA 155
Limberg Eckhard	ArbG 451	Lindner Birgit	BY 105	Linsmeier Gerhard	TH 412
Limbrock Gabriele	NW 261	Lindner Georg	VwG 527	Linß Thomas	TH 420
Limpens Herbert	VwG 526	Lindner Gerhard	BY 117	Linßen Albert	SAC 367
Limperg Bettina	BW 61	Lindner Isabel	NDS 247	Lintl Elisabeth	BY 120
Limpricht Susanne	SAC 368	Lindner Joachim	VwG 539	Lintz Peter	BW 41
Linck Rüdiger	BU 10	Lindner Jörg-Peter	SG 483	Lintz Rainer	RP 350
Lincke Britta	NW 297	Lindner Jürgen	TH 413	Linz Matthias	SAN 385
Lind Detlef	BER 129	Lindner Jutta	SG 487	Linz Sabine	BER 128
Lind Ulrich	FG 472	Lindner Karolin	BY 121	Linz-Höhne Heike	BY 90
Lindauer Annemarie	VwG 508	Lindner Marlies	TH 420	von Lipinski Rudolf	HE 180
Lindberg Silke	SH 408	Lindner Rainer	VwG 508	Lipka Gabriele	HH 172
Linde Oliver	NW 290	Lindner Thomas	BW 24	Lipke Gert-Albert	ArbG 447
Linde Volker	TH 419	Lindner Tina-Angela	HH 171	Lipp Bernhard	BW 32
Linde-Rudolf Sabine	BW 24	Lindner Tosca	BRA 155	Lippa Ruth	ArbG 456
Lindeke Ronald	NDS 248	van Lindt Peter	NW 281	de Lippe Rainer	NDS 231
Lindemann Anja	SAN 390	Lindwurm Christof	FG 464	Lippert Günter	SG 481
Lindemann Bozena	SG 502	Linge Ursula	ArbG 454	Lippert Hans-Peter	SG 495
Lindemann Carsten	NW 263	Lingenfelder Jürgen	RP 348	Lippert Ralf	ArbG 436
Lindemann Halina	SH 408	Lingenfelser Franz	BW 45	Lippmann Annette	NW 285
Lindemann Horst	BW 58	Lingens Stefan	NW 278	Lippok Gerd	BW 23
Lindemann Jürgen	NDS 250	Lingmann Helmut	VwG 529	Lippok-Wagner Ingrid	NW 318
Lindemann Klaus-		Lingnau Stephan	NW 271	Lippold Maren	HH 168
Christian	NDS 219	Lingner Beate	BW 50	Lippold-Jaunich Pauline	BY 82
Lindemann Lutz	BER 128	Lingrün Lars	NW 273	Lippstreu Detlef	BY 99
Lindemann Michael	NW 270	Linhardt Christian	SAC 376	Lips Bettina	BER 134
Lindemann Reiner	NW 269	Linhardt-Ostler Ulrike	BY 114	Lips Rainer	SAC 364
Lindemann Sigrid	NW 280	Linhart Annette	MV 215	Lips Reiner	VerfG 429
Lindemann Silke	BW 68	Linhart Peter	FG 470	Lips Ulrich	ArbG 435
Lindemann Ute	NDS 223	Link Christian	SG 477	Lipsius Jost	SG 490
Lindemann Wolfgang	NDS 235	Link Martin	BW 62	Lipsky Anne	MV 215
Lindemann-Proetel		Link Oskar	AnwG 544	Lipsky Matthias	FG 468
Christine	AnwG 559	Link Philip	HH 169		VerfG 427
	TH 412		HH 175	Lisch Klaus	BRA 155
Lindemeier Franz Peter	BY 87	Link Volker	BW 65	Lischeck Manfred	NW 311

Lischka Karl-Ludwig	BER 139	Löffelhardt Ingrid	BW 61	Lohmann Dieter	TH 420
Lischke Norbert	BU 15	Löffelmann Markus	BY 105	Lohmann Dirk	HE 190
Lisec Anja	BER 142	Löffert Gerhard	HE 183	Lohmann Frank	NDS 251
Lissau Corinna	BRE 162	Löffler Bettina	VwG 526	Lohmann Frank	NDS 252
Lissau Uwe	BRE 162	Löffler Burkhard	SG 481	Lohmann Hans	
Lißeck Friedhelm	NW 287	Löffler Christian	HH 167	Christian	HH 175
Lissel Annegret	SAC 368	Löffler Christian	SAN 390	Lohmann Hans-	
Lißi Astrid	NW 301	Löffler Christine	NDS 228	Henning	VerfG 427
Lißmann Thomas	RP 353	Löffler Claudia	BY 74		VwG 517
Listmann Jürgen	NW 322	Löffler Hermann	BY 121	Lohmann Ilse	BU 8
Litten Rainer	MV 205	Löffler Matthias	NDS 229	Lohmann Johann	
Litterscheid Bettina	ArbG 456	Löffler Peter	NW 287	Christoph	SH 408
Litterst-Tiganele		Löffler Rita	SAC 378	Lohmann Kai-Uwe	SAA 361
Gerhard	TH 416	Löffler Susanne	HH 168	Lohmann Lothar	NW 296
Littger Burkhard	NDS 229	Löffler Susanne	SG 490	Lohmann Stephan	BY 120
Littmann Jörg	SG 501	Löffler Volker	ArbG 457	Lohmann Torsten	VwG 515
Littmann Klaus-Uwe	VwG 522	Löffler Winfried	BY 75	Lohmann-Pees Ute	NW 321
Litwinski Christine	SH 402	Löffler Wolfgang	HE 186	Lohmeyer Thomas	NW 281
Litzenburger Klaus		Löhmer Eberhard	NW 257	Lõhmus Uno	EuGH 563
Dieter	NW 278	Löhr Corinna	BW 34	Lohneis Anton	BY 83
von Livonius Ernst-		Löhr Holle Eva	SH 406	Lohner Josef	VwG 509
Manfred	AnwG 548	Löhr Maria-Elisabeth	NW 260	Lohoff Simone	NW 291
Lob Bernhard	NW 296	Löhr Stefan	NW 273	Lohr Andrea	SAC 380
Lob Frank	HE 177	Löhr Volker	NDS 230	Lohr Frank Ulrich	HE 200
Lobensommer-Schmidt		Löhrmann Ulrich	SG 490	Lohr Gerhard	HE 191
Waltraud	BY 104	Löns Martin	SG 492	Lohr Thomas	NW 271
Lobi Andreas	AnwG 552	Loeper Ulrich	BER 129	Lohrberg	
Lobinger Manfred	NW 317	Loer Annette	NDS 229	Wolfgang	AnwG 553
Lobjinski Gertrud	SAN 385	Loer Burkhard	VwG 520	Lohrer Josef	FG 465
Lobmüller Alexander	BW 54	Loer Michael	HE 198	Lohrer Stefan	BY 122
Lobschat Rainer	AnwG 552	Loer-Wesch Ursula	SAC 368	Lohrmann Gisela	SG 477
Loch Edgar	NW 293	Lösch Marianne	BW 58	Lohrmann Hans	BW 63
Lochen Hans-Hermann	BMJ 3	Lösch Rainer	ArbG 444	Lohrmann Hansjörg	BW 61
Locher Gabriele	NW 296	Loescher Dirk	BW 26	Lohrmann Matthias	ArbG 435
Locher Matthias	NW 295	Lösing Eva-Maria	BER 142	Lohse Kai	BU 10
Locher Ulrich	BY 108	Lösler Annette	ArbG 445	Lojewski Susanne	NDS 222
Lochner-Kneis Claudia	RP 341	Lößl Liane	BY 102	Lokys Andreas	BU 16
Lockfeld Jörg	BRE 163	Loesti Christoph	BY 101	Lomb Stephan	BER 134
Lodde Thomas	BRA 157	Loets Claus-Dieter	SG 485	Lomme Paul	NW 269
Lodenkämper Lolita	BRA 156	Loets Marion	ArbG 442	Longerich Ute	NW 292
Lodzik Kunigunde	HE 185	Lötschert Tanja	SAC 379	Lonsdorf Heike	SAC 380
Loebbe Thomas	BW 24	Löw Alexandra	NW 311	van Look Birgit	BER 135
von Löbbecke Bernfried	SH 33	Löw Friederike	NW 323	Loorz-Jasmer	
Löbbert Carsten	SH 405	Löwe-Tolk Gisela	SG 494	Lieselotte	NDS 242
Löbbert Wolfgang	NW 292	Löwen Christina	FG 473	Loos Bernhard	RP 343
Löbe Jana	BY 123	Löwenberg Friedrich	NW 320	Loos Christiane	BW 69
Löbel Sabine	BRA 155	Loewenich Heike Ute	NW 276	Loos Frank Peter	BER 141
Löber Gerd	FG 471	Loewenstein Ingeborg	SAN 388	Loos Gregor	NW 302
Löber Hans-Karl	ArbG 447	Loewenthal Barbara	NDS 231	Looschen Annette	SG 490
Loeber Heinrich	BY 104	Löwer Jan	HE 192	Loose Andrea	SG 485
Löbermann Angelika	NW 290	Lofing Hans-Peter	SH 408	Loose Hans-Peter	BY 99
Löbner Sabine	BER 140	Loges Monika	NW 316	Loose Jens	BER 130
Löbsack Lilli	BER 138	Loh Ernesto	AnwG 547	Loose Matthias	FG 470
Löcker-Gläser Martina	RP 342	Lohberger Ingram	AnwG 545	Loose Ortwin	SG 490
Löding Thomas	NDS 243	Loher Werner	BY 92	Loose Wolfgang	MV 211
Löer Lambert	NW 302	Lohkamp Hartmut	NW 287	Gräfin von Looz-Corswarem	
Löffel Michaela	BY 88	Lohmann Albert	VwG 528	Carola	NW 321
Löffel Ulrich	VwG 519	Lohmann Christine	VwG 519	Lopez-Ramos Celso	NW 281

Lorbacher Michael	AnwG	545
	BY	74
	BY	86
	VerfG	425
Lore Ellen	SAA	360
Lorenz Alois	BY	95
Lorenz Andreas	NW	305
Lorenz Arndt	NW	320
Lorenz Christian	BW	39
Lorenz Dirk	BRA	152
Lorenz Gerd-Rainer	NW	304
Lorenz Hans	RP	340
Lorenz Hartmut	TH	422
Lorenz Heidemarie	VwG	540
Lorenz Jana	VwG	528
Lorenz Michael	VwG	509
Lorenz Peter	BW	44
Lorenz Robert	NDS	252
Lorenz Rosemarie	BRA	156
Lorenz Sathia	BW	41
Lorenz Stefan	BY	100
Lorenz Stefanie	NW	318
Lorenz Tanja	HH	169
Lorenz Ulrike	BY	122
Lorenz Wilfried	VwG	517
Lorenz Wolfgang	VwG	507
Lorenz Wolfram	VwG	511
Lorenz Wolfram	BW	24
Lorenz-Hollmann Barbara	NW	293
Lorenzen Birgit	SG	501
Lorenzen Claus	VwG	516
Lorenzen Claus-Peter	SH	405
Lorenzen Jürgen	NW	326
Lorenzen Peter	EuGHMR	567
Lorke Alexander	HH	173
Lorke Christian	BER	140
Lorscheid Andreas	NW	324
Lorscheider Anja	SAA	359
Loschelder Friedrich	FG	470
Lossen Martin	BER	140
Lossin-Weimer Kerstin	TH	413
Loßmann Marco	HH	176
Loth Barbara	ArbG	440
Loth Harald	HE	191
Loth Hartmut	HH	167
Lother Rainer	BER	136
Lottes Bernd	NW	264
Lotz Doreen	HE	187
Lotz Kerstin	HE	197
Lotz Michael	BW	23
Lotz Ute	VwG	521
Lotz-Schimmelpfennig Sabine	VwG	508
Lotz-Störmer Iris	SAN	393
Lotzgeselle Helmut	FG	467
Loucaides Loukis	EuGHMR	567
Loudwin Bernd	BW	53
Louis Christine Johanna	NW	294
Lowe Sabine	SG	483
Lowinski Andreas	NW	271
Lowinski-Richter Walburga	VwG	527
Lowitsch Torsten	BRA	156
Loy Hanns-Christian	ArbG	439
Loytved Helge	BU	12
Lubbas Roland	BER	140
Lubecki Ines	SAN	390
Lubenau Claudia	NW	267
Lubenow Kerstin	BMJ	4
Luber Sandra	BY	123
Lubig Holger	BER	132
Lubitz Reinhard	BY	119
Lucas Andrea	HH	170
Lucas Gregor	SAC	365
Lucha Hartmut	AnwG	544
Lucht Michael	NW	321
Luckas-Steinmaier Claudia	TH	414
Lucke Hans-Jörg	NDS	232
Luckey Jan	NW	320
Luckhardt Wera	TH	414
Lucks Heidrun	NW	329
Lucks Karl-Martin	NW	297
Lucky Anthony Amos	SeeGH	569
Luczak Herbert	NW	269
Luczak Stefan	ArbG	455
Luczyk Barbara	BRA	157
Ludemann Hans-Gerd	RP	340
Ludemann Kathrin	HE	202
Luderer Susanne	AnwG	557
	SAC	364
Ludes Sylvia	FG	470
Ludewig Christine	SAC	374
Ludewigs Heike	SG	489
Ludin Hans-Günter	BW	31
Ludmann Werner	SG	490
Ludolf Hendrik	SAC	380
Ludolfs Gerd	VwG	523
Ludolfs Henry	VwG	523
Ludwig Andreas	AnwG	545
Ludwig Christian	NW	327
Ludwig Daniela	BY	115
Ludwig Dominik	RP	352
Ludwig Frank	BER	141
Ludwig Henrik	HE	202
Ludwig Jürgen	NW	275
Ludwig Petra	SAN	392
Ludwig Rena	SH	399
Ludwig Sandy	VwG	537
Ludwig Sven	SAN	391
Ludwig Wolf-Rüdiger	BRA	156
Ludwigt Claudia	NW	283
Lübbe Bernd	HH	168
Lübbe Eva-Juliane	HH	168
Lübbe-Gotschol Ulrike	HH	170
Lübbe-Wolff Gertrude	BVerfG	1
Lübben Eiko	NDS	252
Lübben Rolf	NDS	247
Lübbers Sabine	TH	422
Lübbers Ulrich	TH	414
Lübbert Ingo	VwG	526
Lübbert Tobias	BER	142
Lübbert Ulrich	NDS	249
Lübbesmeyer Gerhard	NDS	226
Lübeck Andreas	ArbG	446
Lübeck Christine	MV	212
Lübeck Renate	NDS	219
Lübke Gesine	SAC	376
Lübke Thomas	SG	498
Lübke Thorsten	BER	134
Lübke-Detring Nicola	HH	170
Lüblinghoff Joachim	NW	281
Lück Andrea	SG	500
Lück Birte	HH	169
	HH	175
Lück Heiner	VerfG	430
Lück Michael	RP	348
Lücke Karlheinz	NW	301
Lücke Peter	ArbG	458
Lücke Sandra	ArbG	453
Lücke Stefan	NDS	222
Lücke Werner	NW	280
Lückemann Clemens	BY	84
Lückemann Peter	MV	213
Lückhoff-Sehmsdorf Elisabeth	SAC	365
Lücking Barbara	SG	490
Lücking Erika	VwG	512
Lüdecke Horst	VwG	518
Lüdecke Marco	SAN	395
Lüdeke Renate	NW	287
Lüdemann Carsten-Ludwig	HH	165
Lüdemann Hartmut	HH	172
Lüdemann-Ravit Peter	BW	25
Lüders Christian	HH	174
Lüders Heinz Peter	NDS	220
Lüders Ludwig	NW	320
Lüders Marc	HE	181
Lüdicke Claudia	BRA	157
Luedtke Eberhard	NDS	229
Lüdtke Günter	NW	258
Lüdtke Heike	BRA	149
Lüdtke Henning	NDS	221
Lüdtke Jan Michael	VwG	521
Lüdtke Michael	MV	207
Lüer Ina	SAN	395
Lüer Volker	NDS	243
Lüerßen Marianne	VwG	522
Lueg Eberhard	NW	297
Lühken-Oltmanns Sibyll-Ulrike	NDS	248

Lühning Namensverzeichnis

Lühning Silvia	NDS	243
Lühr Gustav-Adolf	NDS	217
Lührmann Melanie Olivia	NW	276
Lührs Armin	NW	324
Lührs Wolfgang	SAN	392
Lüke Friedrich	NW	280
Lüker Heinrich	HH	168
Lüking Gerhard	NW	289
Lülling Wilhelm	NW	280
Freifrau von Lüninck Sophie Charlotte	NW	282
Lüning Gisela	NDS	242
Lünnemann Eike	BRA	155
Lünnemann Heike	BRA	155
Lünnemann Jürgen	NW	302
Lünzner Klaus	NDS	221
Lüpfert Johanna Adelheid	BER	132
Lürbke Marion	FG	471
Lürbke Stephan	NDS	252
Lürgen Babette	NW	315
Lürssen Ulrich	SH	407
Lüsch Jürgen	FG	464
Lüschen Eilert-Diedrich	NDS	241
Lütge Anja	BER	143
Lütge-Sudhoff Rotraut	NW	294
Lütgebaucks Harald	NW	293
Lütgens Dietrich Franz	NW	288
Lütgens Lars	BRA	151
Lüth Kirsten	SH	407
Lüthe Frank	NW	269
Lüthje Anja	NW	325
Lüthke Dagmar	MV	209
Lüthke Henning	VwG	539
Lütkemeier Sven	NW	272
Lütkoff Stefan	MV	208
Lüttenberg Dieter	VwG	526
Lüttgen Peter	NW	265
Lütticke Klaus-Eberhard	BRA	150
Lüttig Frank	NDS	217
Lüttmer Christa	NDS	242
Lüttringhaus Peter	BRE	161
Lütz Alfred	SG	491
Lütz Günter	VwG	528
Lützow Jörg	VwG	514
Luff Karlfred	ArbG	461
Luft-Hansen Cornelia	RP	351
Luge Jens	NW	265
Luge Nicole	NW	265
Luhm-Schier Hans-Joachim	BER	129
Luhmer Dirk	NW	323
Luik Heike	BW	53
Luik Steffen	SG	477
Luipold Ann	BW	67
Luippold Martin	BW	61
Lukas Diana	SAC	378
Lukas Josef	BY	116
Lukas Jürgen	NW	294
Lukas Susanna	ArbG	444
Lukauer Susanne	BY	121
Lukitsch Kai	NDS	241
Lukoschus Antje	BRA	158
von Lukowicz Helga	SH	403
Lumberg Udo	NW	298
Lumm Hans-Michael	BRA	156
Lumm-Hoffmann Bettina	SG	484
Lund Holger	HH	173
Lungerich Peter	AnwG	554
Lungstras-Hochstein Christa	AnwG	544
Lungwitz-Retzki Andrea	ArbG	440
Lunkeit Guido	SAC	379
Lunz Bernhard	BW	44
Lunz-Schmieder Marion	ArbG	437
Lupko Manfred	BY	119
Lupperger Johann	BY	101
Lustig Gernot	SG	491
Lustig Harald	BW	65
Luth Sebastian	VwG	524
Luthe Altfried	SAC	375
Luther Angela	BER	142
Luther Hans-Christian	BER	127
Luther Ingrid Maria	RP	342
Luther Nicole	BW	65
Luther Thies	ArbG	446
Lutter Ingo	FG	471
Lutter Nikola	TH	419
Lutterbeck Wolfgang	NW	303
Lutz Brigitte	BW	68
Lutz Brigitte	BW	61
Lutz Dieter	VwG	532
Lutz Elke-Maria	SH	400
Lutz Elmar	SG	475
Lutz Eva	BY	97
Lutz Franz	AnwG	545
Lutz Gesa	BY	96
Lutz Hans-Joachim	BY	81
Lutz Hermann	BY	86
Lutz Hiltrud	RP	347
Lutz Liane	BW	64
Lutz Martin	SG	488
Lutz Raimund Georg	BMJ	3
	BU	15
Lutz Steffen	SAN	388
Lutze Rolf	NDS	222
Lutzebäck Elisabeth	BRE	159
Lutzenberger Heinrich	BY	96
Lux Angelika	SAN	394
Lux Burger	SH	407
Lux Matthias	HH	175
Lux Peter	HE	183
Lux-Wesener Christina	NW	331
Luxa Martina	ArbG	442
Luxa Thorsten	BER	140
Lyko Uwe	BRE	163
Lyndian Henriette	AnwG	554
Lyra Andreas	NW	330
Lysko Ruth	NW	263
Lyß Herbert	NDS	234

M

Maak Cathrin	BW	67
Maak Eckhard	BW	67
Maali-Faggin Sima	ArbG	434
Maas Bernd	NW	309
Maas Hans	FG	469
Maas Hans-Josef	BRA	147
Maas Theresia	SG	498
Maas-Vieweg Cornelia	SG	480
Maasch Dinah	NDS	255
Maasch Karin	BRA	149
Maaß Elke	TH	416
Maaß Holger	SAC	371
Maaß Martin	NDS	236
Maaß Ulrich	NW	308
Maatmann Ingrid	NW	285
Maatsch Asmus	HH	171
Maatz Kurt Rüdiger	BU	17
Macco Carola	BW	53
Machalitza Martin	NW	263
Machata Winifred	HE	191
Mache Martin	BRA	155
Machel Harald	BER	140
Macher Ludwig	FG	464
Maciejewski Dorothea	NDS	230
Maciejewski Kathrein	SAC	364
Maciejewski Kathrein	AnwG	557
Maciejewski Tom	SAC	368
Macioszek Margret	NW	313
Macioszek Michael	NW	320
Mack Angelika	ArbG	437
	VerfG	425
Mack Claus	ArbG	437
Mack Franz	BW	43
Mack Karin	NDS	233
Mack Rolf	SG	64
Mack-Oberth Michael	MV	208
Mackel Christoph	NW	306
Mackenroth Geert Wilhelm	SAC	363
Mackenthun Matthias	HE	198
Mackowiak Franziska	HH	174
MacLean Jan	BMJ	3
MacLean Percy	VwG	511
Mader Bernhard	BY	102
Mader Robert	BY	92

Madert-Fries Ingrid	SAA 356	Maibaum Achim	NW 288	Maiworm Birgit	NW 262
Madinger Meinhard	BY 79	Maibaum Danyal	NW 331	Maiworm Lydia	SG 490
Madlindi Rolf-Dieter	BY 99	Maiberg Karin	NW 329	Maiworm Paul	NW 321
Mächtel Michael	BW 38	Maidowski Ulrich	VwG 525	Maixner Bernd	BY 101
Mäder Udo	TH 417	Maier Alice	BW 29	Maixner Peter	BY 108
Mädge Heike	SH 399	Maier André	SAC 365	Majazza Johannes	
Mädler Michael	VwG 524	Maier Andrea	RP 344	Robert	BER 131
Mädrich Susanne	BMJ 4	Maier Caroline	BY 123	Majer-Voigt Christine	SAC 378
Mäger Michaela	NW 264	Maier Dieter	BW 34	Majerski-Pahlen Monika	SG 483
Mägly Markus	RP 350	Maier Franz	BW 56	Majonica Markus	NW 272
Mähl Thorwald	SH 408	Maier Gerhard	BY 111	Majorowsky Karl	
Mählenhoff Rainer	SAN 392	Maier Gesine	BW 70	Hermann	NW 278
Mähr Maria-Sibylle	NW 315	Maier Günter-Werner	BY 97	Majstrak Evelyn	SAN 390
Mährlein Renate	MV 206	Maier Gunter	BW 47	Majstrak Ulf	SAN 389
Mälicke Jürgen	SG 483	Maier Hans Christian	BW 42	Majunke Philipp	SAC 365
Maercks Thomas	ArbG 450	Maier Hartmut	ArbG 434	Makarczyk Jerzy	EuGH 563
Märcz Gerhard	HE 177	Maier Hartmut	VwG 531	Makowei Simone	MV 211
Märten Christoph	NW 273	Maier Ivo	BRA 157	Maksymiw Roman	BU 16
Märten Rolf	NW 294	Maier Jens	SAC 368	Makus Udo	VwG 522
Märtens Markus	SAC 364	Maier Joachim	BW 50	Malcherek Ulrike	HE 185
Märtin Holger	SAN 392	Maier Klaus	HE 180	Malchus Elke	RP 347
März-Lehmann		Maier Markus	SAC 368	Maleck Jörg	NW 307
Michaela	BY 96	Maier Michael	BW 53	Malek Petra	BRA 148
Maeßen Petra	NW 328	Maier Roland	BW 56	Malek Siad	BRA 155
Mästle Tobias	BW 63	Maier Rolf	ArbG 434	Malenovský Jiry	EuGH 563
Mätzke Hans-Joachim	NW 326	Maier Stefan	BW 55	Maletz Michael	NDS 254
Mäurer Ulrich	BRE 159	Maier Stefanie	BW 71	Malies Jürgen	BER 127
Mäusbacher Karoline	BY 76	Maier Stephan	BW 40	Malik Dietmar	NW 299
Mäusezahl Gerd	NDS 219	Maier Tanja	HE 202	Malinka Volker	BW 62
Maex Karl-Heinz	BY 75	Maier Thomas	TH 423	Malinowski Jörg	VwG 521
Magalowski Dieter	SAN 389	Maier Winfried	BY 86	Malitz Kirsten Elisabeth	NW 326
Mager Candida	VwG 511	Maier Winfried	BU 15	Malkmus Hans	ArbG 438
Mager Thomas	BY 113	Maier Wolfgang	BY 92	Malkmus Markus	HE 182
Mages Alfons	VwG 509	Maier Wolfgang	BW 38	Mall Raphael	RP 354
Magiera Bernd	BY 109	Maier-Reinhardt		Mallmann Otto	BU 13
Magiera Michael	BER 135	Corinna	ArbG 444	Mallmann-Döll	
Magnus Axel	NW 295	Maier-Sieg Eckehard	BER 134	Hannelore	VwG 514
Magnus Jürgen	NDS 250	Maietti Susanne	BER 137	Mallow Michael	VwG 510
Magnus Ulrich	HH 166	Maifeld Jan	NW 261	Malorny-Wächter Ute	VwG 527
Magnussen Birger	SAC 369	Maihold Dieter	BY 110	Malsch Volker	NW 260
Maguin-Mundinger		Mailänder Judith	SAA 360	Malskies Lars	NDS 253
Caroline	HH 175	Mailänder K. Peter	VerfG 425	Malter Helmut	BRA 150
Mahall Eva	BY 115	Mailänder Uwe	ArbG 449	Maltry Andreas	BY 107
Mahlburg Stefan	VwG 521	Maimann Christine	NW 261	Maluch Anke	HH 169
Mahler Markus	SAA 357	Maintzer Hermann		Malzen Uwe	NW 269
Mahler Siegfried	BW 66	Josef	NW 322	Malzer Helmut	BU 17
Mahlmann Jörg	NDS 224	Mainz Corinna	NDS 242	Mammeri-Latzel Maria	BER 132
Mahlo Dietrich	VerfG 426	Mainzer Claudia	BY 122	Mandel Christian	NW 310
Mahlstedt Pia	BRA 152	Mainzer Marko	SH 406	Mandel Silke	BER 135
Mahmens Anke	MV 208	Mainzer Wilfried	NW 257	Mandelke Hans Jürgen	ArbG 443
Mahn Hans-Georg	BRA 147	Mair Heinz-Peter	BY 92	Manderscheid Kerstin	NW 261
Mahncke Carl-Wilhelm	VwG 530	Maisack Christoph	BW 37	Mandler Martina	AnwG 559
Mahnke Lars	HH 174	Maisch Gertrud	VwG 505	Mandt Brigitte	NW 257
Mahnkopf Hans-Jürgen	NDS 240	Maisch Nicole	BW 29	Manegold-Burckhardt	
Mahnkopf Monika	NDS 231	Maise Rüdiger	NW 283	Gudrun Maria	NW 262
Mahringer Corinna	BW 61	Maiß Angelika	NDS 233	Mangelsdorf Christoph	HE 187
Mai Karl	NW 272	Maiwald Harald	ArbG 461	Mangen Kurt Günter	NW 313
Mai Ralf Torsten	BY 96	Maiwald-Hölzl Stephan	RP 352	Manges Detlef	TH 418

Manges Erick	HE	197
von Mangoldt Hans	VerfG	429
Manke Manfred	NDS	252
Manke Matthias	MV	210
Mankel Hans-Joachim	NW	287
Mankiewicz Joachim	NDS	241
Manko Bert	BER	133
Mann Angelika	HE	189
Mann Bernhard	RP	344
Mann Doris	SG	493
Mann Norbert	NW	266
Mann Sven	TH	423
Mann Thomas	VwG	521
Mann Wolfgang	HE	192
Mannebeck Jürgen	NW	322
Mannhardt Antje	AnwG	559
Mannhart Bettina	NDS	255
Manns Olaf	NW	328
Mannweiler Mario	RP	344
Mansees Norbert	BER	135
Mansel Bettina	NW	331
Manser Andreas	HE	193
Mansfeld Birgit	SAA	359
Manshausen Michael	SAN	384
Manshausen Rita	BER	132
Manske Gisela	SH	405
Manß Jutta	ArbG	461
Manteufel Thomas	NW	313
Manteuffel Heiko	NW	275
Manthei Matthias	MV	212
Manthei Thomas	NW	308
Manthey Klaus	BER	131
Manthey Margret Anna Josefine	NW	302
Manthey Stefan	MV	210
Manz Egon	BW	29
Manz Peter	BU	11
Manz Petra	NW	288
Manzewski Dirk	MV	208
Marahrens August-Wilhelm	NDS	227
Marahrens Cornelia	NDS	221
Marchlewski Peter	NW	330
Marci Markus	VwG	528
Marci Nicole	NW	264
Marckwardt Silvia	ArbG	440
Marczak Elke	NW	320
Mardorf Dominik	SH	401
Mareck Guido	ArbG	453
Marek Helga	BY	95
Marenbach Ulrich	VwG	512
Maresch Dieter	BRE	161
Maresch Dirk	VwG	512
Marewski Christiane	ArbG	439
Margraf Joachim	NDS	234
Marhöfer Peter	RP	353
Marhofer Peter	BER	128
Marienburg Kerstin	SAC	381
Marienfeld Helga	NDS	236
Marienfeld Stephan	HE	202
Marienfeld Wolfgang	NDS	236
Marill Ulrike	BY	107
Marinelli Alexandra	BY	101
Marioth Philipp	SH	408
Maritz-Mader Brigitte	NW	298
Mark Stephan	NW	307
Marker Benita	RP	353
Markert Antje	SAN	394
Markert Iris	BER	132
Markert Wilhelm	FG	471
Markfort Thomas	BER	130
Markmann Silke	NW	282
Markowski Sigrun	VwG	518
Marks Mirja	NDS	248
Marks Sandra	BRA	151
Markus Ulrike	SAC	378
Markwardt Manfred	BY	73
Markwort Günter	NDS	220
Markworth Hilke	NDS	253
Marl Burkhard	NW	262
Marl Sabine	NW	263
Marliani Rembert	BW	43
Marlow Sven	BER	130
Marnett-Höderath Elisabeth	NW	319
Marotta Rangel Vicente	SeeGH	569
Marowski Horst	ArbG	439
Marquard Rolf	NDS	252
Marquardt Anja	SG	490
Marquardt Annelie	BU	10
Marquardt Annette	NDS	243
Marquardt Carolin	BY	121
Marquardt Christoph	BRA	149
Marquardt Eva	BRA	148
Marquardt Ina	ArbG	448
Marquardt Jürgen	RP	341
Marquardt Ursula	HE	182
Marquart Brigitte	BW	25
Marsch Hans-Peter	NDS	236
Marschall von Bieberstein Harro	HE	193
Marschall von Bieberstein-Messerschmidt Elisabeth	FG	463
Marschall-Höbrink Eva-Marie	NW	307
Marschang Bernd	SG	490
Marscheck Ernst-Ulrich	RP	351
Marscheck-Schäfer Gertraud	RP	351
Marschhausen Corinna	NDS	251
Marschollek Günter	ArbG	452
Marsollek Hans-Jürgen	BER	128
Martens Dietrich	MV	211
Martens Joachim	SH	399
Martens Jörg	SH	405
Martens Petra	BU	16
Martensen Ansgar	VwG	515
Martensen Hartwig	VwG	539
Martensen Jürgen	BW	32
Martensen Uwe	MV	213
Martensen-Weiske Romana	BW	70
Martenstein Peter	HE	179
Marth Beate	BER	140
Marticke Hans-Ulrich	VwG	512
Martiensen Per Eirik	NW	269
Martin Andreas	NW	266
Martin Bärbel	HH	169
Martin Elke	SAC	380
Martin Hans-Joachim	HE	189
Martin Jürgen	VwG	509
Martin Klaus	HE	182
Martin Klemens	VwG	509
Martin Konrad	NW	314
Martin Kurt	RP	344
Martin Marco	SG	478
Martin Maria	NW	314
Martin Matthias	BY	90
Martin Nicola	BRE	162
Martin Renate	SG	483
Martin René	RP	349
Martin Roland	SH	403
Martin Sandra	ArbG	449
Martin Sigrid	AnwG	559
	TH	412
Martin Suse	BU	11
Martin Vera	BER	140
Martin Volker	NDS	253
Martin-Gehl Iris	VerfG	430
Martini Johann-Christoph	BY	96
Martini Peter	VwG	508
Martinis-Frey Ismene	BY	121
Martins Andreas	SH	399
Martins Ribeiro Maria Eugenia	EuG	565
Martis Roderich	BW	58
Marton Peter	SAC	375
Martschinke Heiko Siegfried	SH	409
Marty Reinhard	NW	291
Marufke Dieter	TH	416
Maruhn Jürgen	HE	179
Maruschka Ernst	BW	25
Maruste Rait	EuGHMR	567
Marwardt Angelika	BY	87
Marwinski Ralf	VwG	528
Marx Andreas	BRA	155
Marx Anja	BW	71
Marx Christa	NW	282
Marx Hans-Dieter	NW	266
Marx Helmut	RP	335

Mayer

Marx Helmut	RP 343	Mattern Henning	SH 401	Maunz Rudolf	VwG 506
Marx Heribert	RP 349	Mattern Rolf	BY 123	Maur Lothar	BU 10
Marx Jeanet	SG 497	Mattes Franz-		Maurer Bettina	SAA 360
Marx Matthias	BW 39	Christian	VerfG 425	Maurer Christoph	RP 354
Marx Nina Franziska	BRE 163		VwG 504	Maurer Hans-Ulrich	BW 49
Marx Peter	BW 21	Matthäus Kurt	BY 91	Maurer Holger	VwG 530
Marx Petra	BRA 155	Matthes Diana	SAC 377	Maurer Manfred	HE 201
Marx Renate	TH 414	Matthes Peter	RP 341	Maurer Martin	BW 36
Marx Silke	BER 134	Matthey Brigitta	SG 493	Maurer Norbert	RP 346
Marx Silke	BER 137	Matthias Oliver	TH 417	Maurer Rolf	NW 262
Marx Stefan	ArbG 461	Matthias Stefan	NW 297	Maurer Rupert	BY 93
Marx Steffen	ArbG 441	Matthias Ute	NW 295	Maurer Ursula	SG 489
Marx Wolfram	BMJ 4	Matthies Karl-Heinrich	NDS 221	Maurer-Wildermann	
Marx-Leitenberger		Matthiesen Angelika	NW 308	Bernhard	NW 316
Gertraud	AnwG 558	Matthiesen Holger	BRA 147	Maurmann Rolf	NW 298
Marx-Leitenberger		Matthiessen Kay	HH 173	Mauro Udilia Sabine	NW 299
Gertrud	SAN 384	Matthiessen Thomas	BER 134	Mauruschat Bernd	HH 174
Marx-Manthey Michael	NW 278	Matthießen Volker	ArbG 445	Maus Charlotte Karin	BER 130
Marxen Albert	RP 343	Matthieu Sebastian	SAC 378	Maus Jörg	NW 282
Marxen Klaus	BER 126	Mattik Dierk	HH 166	Maus Robert	VerfG 425
Marzinkewitz Verena	NW 329	Mattke Wolfram	NW 321	Mausch Heinz	
Marzolo Caterina	HE 198	Mattonet Thomas	NW 299	Christian	SAC 378
Masch Olof	HH 172	Mattstedt Bodo	SAN 394	Mauß Otto-Friedrich	NDS 251
Mascherek Heinz-		Mattula Günther	BY 104	Maußhardt Christoph	VwG 505
Dieter	NW 309	Mattulke Hans-Jürgen	NW 275	Maute Natascha	ArbG 435
Maschmeier Dieter	VwG 525	Matulke Imke	BER 133	Mauter Mike	BRA 158
Maselewski Waldemar	VerfG 427	Matulla Monika	ArbG 440	Maximini Gerd	VwG 534
Maser Gabriele	BW 67	Matusche Thomas	NDS 222	Maximini Günther	AnwG 556
Masiak Martina	MV 211	Matussek Susanne	NDS 253	Maxrath-Brang Katja	NW 316
Masiak Thomas	MV 211	Matyssek Ulf	SG 495	May Andreas	VwG 536
Maske Nicole	NW 325	Matz Andreas	SG 488	May Andreas	HE 199
Maske Rainer	VwG 526	Matz Joachim	NW 262	May Caroline	NW 295
Masling Gabriela	NW 267	Matzack Michael	HE 186	May Christiane	BW 34
Masloh Tania	ArbG 456	Matzat Antonia	NW 328		BW 40
Freifrau von Massenbach		Matzat Marianne	MV 209	May Claudia	NW 278
Christine	BY 97	Matzky Ralph	BRA 158	May Karin	FG 469
Masson Dagmar	BER 140	Mau Hans-Jürgen	HE 193	May Margarete	NW 321
von Massow Heilwig	VwG 529	Maubach Birgitta	NW 322	May Michael	VwG 526
von Massow Sybille	MV 214	Mauch Herbert	BER 141	May Simona	BRA 151
Mast Ekkehart	VwG 514	Mauch Karin	BW 29	May Udo	RP 342
Masuch Alexander	BER 142	Mauch Kathrin	BW 71	May Werner	NW 261
Masuch Peter	BU 12	Mauch-Lauk Marion	BW 54	May Wolfgang	NW 301
Masuhr Ursula	ArbG 435	Mauck Michael	BER 128	Maydorn Joachim	VwG 530
Matani Jutta	NDS 222	Maué Bernhard	BW 24	Mayen Barbara	BU 8
Materlik Georg	SAN 384	Maue Ellen	SAA 361	Mayer Andrea	BY 100
Materna Heidemarie	BER 135	Mauer Jutta	SG 487	Mayer Anna	VwG 504
Mathebel Udo	NDS 255	Mauer Marion	AnwG 556	Mayer Anne	VwG 524
Matheiowetz Karl-		Mauer Wolfgang	HE 197	Mayer Christian	BY 101
Heinz	SAC 372	Mauer Wolfhard	VwG 508	Mayer Christine	BY 98
Matheis Julia	BW 67	Mauersberger Bernd	MV 213	Mayer Dietmar	BW 57
Matheis Kurt	BW 62	Mauersberger Daniel	BRA 158	Mayer Eduard	BY 108
Matheja Thomas	HE 195	Maukisch Elisabeth	NW 296	Mayer Elmar	BY 73
Mathiak Christine	BER 137	Maul Reinhard	TH 415	Mayer Günter	FG 464
Mathieu Charles Henri	VwG 529	Maul Wolfgang	VwG 538	Mayer Hans-Peter	SG 478
Mathieu-Rohe Susanne	ArbG 448	Maul-Backer Henning	BRE 159	Mayer Hans-Walter	BY 113
Mathy Andreas	BW 40	Maul-Sartori Mathias	ArbG 441	Mayer Herbert	BW 49
Matt Günther	BY 78	Mauntel Christoph	BER 138	Mayer Marco	BW 69
Matt Wolfgang	BW 28	Maunz Dieter	SAC 364	Mayer Markus	SG 478

Mayer Namensverzeichnis

Name	Ref
Mayer Martin	FG 466
Mayer Norbert	BU 15
Mayer Norbert	NDS 252
Mayer Rudolf	BY 98
Mayer Thomas	BY 95
Mayer Thomas	BY 104
Mayer Ulrich	BW 43
Mayer Ulrike	SG 479
Mayer-Ebel Britta	NDS 255
Mayer-Held Rotraut	SG 377
Mayer-Lay Jürgen	AnwG 544
Mayer-Pflomm Johann-Michael	BW 31
Mayer-Rosa Jörg	BW 34
Mayerhöfer Günter	BY 90
Mayerhöfer Heiner	BY 104
Mayerhöffer Klaus	BW 51
Mayerhofer Horst	ArbG 437
Mayerhoffer Tanja	BY 108
Mayländer Sabine	BW 67
Maynicke Hans	SAN 387
Mayr Barbara	NW 278
Mayr Christoph	VwG 506
Mayr Dietrich	BY 85
Mayr Klaus	ArbG 435
Mayr Klaus	SAA 358
Mayr Vincent	BY 123
Mayridl Stefan	BY 121
McKendry Ute	SAC 380
Mebs Helmut	BY 97
Mecke Christian	SG 499
Meckel Astrid	HE 180
Meckelnborg Helmut	NDS 249
Meckies Alexander	BER 142
Mecking Werner	VwG 527
Mecklenburg Barbara	BW 53
Mecklinger Karl Heinz	BY 97
Meder Albert	VwG 504
Meder Andreas	BER 130
Mederake Sabine	SAN 386
van Meegen Christoph	SG 492
Meelfs Björn	SG 487
van Meenen Nadja	NW 287
Meenke Hans Günther	SH 402
Meerfeld Alexandra	RP 343
Meergans Horst	BW 34
Meerjanssen Helmut	VwG 539
Meerkötter Bärbel	NW 303
Meermann Martin	MV 210
Meermann Sigrun	MV 209
Meesenburg Brigitte	HH 174
Meeuw-Wilken Heike	HE 199
Meffert Klaus	VwG 515
Meffert Reinhard	NDS 240
Megerle Ulrich	RP 350
Mehdorn Birgit	VwG 511
Mehl Ilonka	BY 115
Mehl Monika	SG 478
Mehl Wiebke	HH 169
Mehle Volkmar	AnwG 555
Mehler Jochen	VwG 510
Mehlhorn-Hamel Gerd	BY 97
Mehlich Detlef	NW 282
Mehlis Detlev	BER 138
Mehlis Klaus-Erich	NW 310
Mehmel Friedrich-Joachim	VwG 516
Mehren Dirk	BRA 155
Mehrens Christiane	NDS 253
Mehrens Ingeborg	NDS 227
Mehrer Klemens	NW 311
Mehrer Michael	BW 67
Mehring Anja	NW 329
Mehring Thomas	BW 70
Mehringer Rolf	VwG 510
Meiberg Rolf	VwG 526
Meiborg Gerhard	RP 333
Meiborn Patrick	SG 485
Meiche Rosemarie	BY 86
Meid Volker	VwG 510
Meidinger Andrea	BY 98
Meienburg Rüdiger	SH 406
Meiendresch Uwe	NW 314
Meier André	NW 331
Meier Anette	ArbG 461
Meier Bernd	VwG 528
Meier Björn	NW 328
Meier Brigitte	BY 97
Meier Brigitte	NDS 253
Meier Christiane	BER 140
Meier Christiane	NW 328
Meier Dieter	NW 316
Meier Erhard	HE 196
Meier Frank	NW 315
Meier Gerd	MV 214
Meier Henning	NDS 225
Meier Ingrid	NW 329
Meier Joachim	TH 416
Meier Jürgen	NW 285
Meier Jürgen	RP 343
Meier Klaus	VwG 532
Meier Lothar	NW 309
Meier Mario	HE 185
Meier Marion	BRA 149
Meier Michael	HE 193
Meier Rudolf	BY 93
Meier Stephan	BY 100
Meier Stephanie	SAN 387
Meier Volker	BRA 152
Meier Werner	NW 281
Meier-Beck Peter	BU 8
Meier-Böke Cornelia	NDS 228
Meier-Ewert Henriette	BRA 151
Meier-Göring Anne	HH 169
Meier-Hoffmann Katja	NDS 254
Meier-Hussing Brigitte	VerfG 428
Meier-Kraut Angela	BY 101
Meier-Staude Helmut	BY 85
Meierjohann Eckhard	NW 294
Meij Arjen W. H.	EuG 565
Meiler Peter	BY 76
Meilinger Franz	HE 177
Meilinger Günther	HE 185
Meimberg Ansgar	NW 317
Meinardus Hans Hermann	NW 282
Meincke Bettina	NW 317
Meinders Bernd	BRE 161
Meindl Andrea	BY 89
Meindl Wolfhard	BY 120
Meinecke Arndt	NDS 219
Meinecke Maria	NW 283
Meinecke Rita	SG 486
Meinecke Stephanie	HH 169
Meinecke-König Kristina	NDS 248
Meinel Helmut	BU 15
Meinel Meinhard	BY 112
Meinen Gero	BER 125
Meiner Ingeborg	BER 125
Meiners Bernhard	SAA 360
Meiners Christian	BER 142
Meinert Annelie	NW 326
Meinert Volker	SH 398
Meinert Volker	AnwG 558
Meinerzhagen Ulrich	BW 33
Meinhardt Claus-Dieter	BU 15
Meinhardt Falk	ArbG 435
Meinhardt Judith	VwG 540
Meinhardt Lars	BY 96
Meinhof Alexander	BW 52
Meinhold Hans-Joachim	NW 307
Meinke Monika	BY 121
Meinken Lutz	HH 171
Meins Heiko	VwG 516
Meins Katrin	SH 402
Meinzenbach Karl	AnwG 557
Meinzenbach Renate	TH 416
Meiring Christoph	NW 285
Meise Carsten	NW 301
Meise Hans-Joachim	NW 293
Meise Kathrin	NW 329
Meisel Beate	SG 480
Meisel Karola	SAC 374
Meisenberg Irmgard	BY 93
Meisenberg Michael	BY 85
Meiser Christian	SAA 361
Meising Hedda	BER 126
Meisinger Birgit	BY 109
Meiski Georg	BY 89
Meiß Sigrid	SG 498

Meißner Axel	SH 403	Mengel Volker	NW 272	Merkl Petra	SAC 366
Meißner Britta	SAC 372	Mengele Karl-Albrecht	BY 91	Merkle Barbara	BY 88
Meißner Gottfried	BER 139	Mengele Martina	RP 349	Merkle Karl-Heinz	BY 82
Meißner Heinrich-		Mengele Monika	BY 94	Merklin Andreas	MV 210
Joachim	NW 281	Menger Matthias	AnwG 550	Merkt Albrecht	FG 463
Meißner Jochen	SAC 369	Menger Ralf	BRA 157	Merle Dieter	FG 467
Meissner Ludwig	HE 196	Mengershausen Marion	VwG 537	Merle Udo	HE 188
Meißner Thomas	SAC 373	Menges Eva	BW 21	Mermann Wolfgang	BW 36
Meister Gabriele	BW 28	Mengozzi Paolo	EuG 565	Merrem Bettina	NDS 221
Meister Hans-Gerd	NW 270	Menk Jörg-Peter	BW 44	Mersch Robert	SAN 389
Meister Martin	TH 421	Menk Renate	NDS 233	Merschdorf Hella	SAC 374
Meister Stefan	HE 192	Menke Angela	TH 416	Merschformann Ralf	BW 47
Meistering Heike	SH 405	Menke Bernd	NW 275	Merschformann Ulrike	BW 32
Meisterjahn Dirk	SH 408	Menke Christiane	NDS 248	Merschmeier Andreas	VwG 528
Meiswinkel Winfried	NW 295	Menke Gerd	NW 274	Merschmeier-Schütz	
Meixner Alois	BY 78	Menke Gesche	SAC 379	Hildegard	NW 313
Meixner Bernhard	BMJ 5	Menke Gisela	HH 174	Mersmann Reinhard	NW 266
Meixner Martin	BY 123	Menke Ingo	ArbG 461	Mersmeyer Klaus	BRE 161
Melchers Johannes	BW 46	Menke Insa	NW 302	Mersson Günter	NW 281
Melchior Robin	BER 131	Menke Nina	NW 294	Merté Erika	ArbG 444
Meldau Monika	NW 267	Menken Ellen	ArbG 445	Mertel Doris	NW 284
Melder Werner	BY 87	Menkhoff Heinz-Dieter	NW 265	Mertel Karl	BW 26
Melin Patrick	BW 70	Menn Jürgen	SAC 367	Merten Detlef	VerfG 428
Melinkat Inga	MV 210	Menne Martin	BER 134	Merten Jan Oliver	SG 495
Melis Sabine	SH 408	Mennenga Antje	HE 193	Merten Mark-Heinrich	HE 191
Mellinghoff Rudolf	BVerfG 1	Menninger Günter	BY 76	Mertens Andreas	NW 263
Mellmann Joachim	BW 46	Menold Felix	RP 354	Mertens Anne	SAC 377
Melsheimer Carmen	BER 140	Menold-Weber Beate	NW 323	Mertens Barbara	NW 292
Meltendorf Georg	BER 135	Menrath Martina	BY 99	Mertens Dorothea	BER 129
Melullis Klaus-Jürgen	BU 7	Menth Christine	BY 76	Mertens Hans-Georg	VwG 530
Melzer Heinrich	BY 91	Mentz Michael	HE 177	Mertens Jörg	NW 289
Melzer Thomas	BRA 149	Menz Herbert	HE 180	Mertens Jörg	NDS 232
Melzer-Wolfrum Erika	BW 30	Menz Wolfgang	HE 185	Mertens Jürgen	SG 490
Memmel Gabriele	MV 206	Menzel Bernhard	BY 94	Mertens Julia	NW 323
Menapace Michaela	NW 307	Menzel Hans-Georg	RP 335	Mertens Kerstin	SH 407
Menard Jörg	NW 330	Menzel Jana	SAC 378	Mertens Klaus	VwG 531
Menche Heike	ArbG 451	Menzel Lucas	VwG 523	Mertens Oliver	NW 314
Mencher Helmut		Menzel Patricia	BY 92	Mertens Peter	SAN 388
Nikolaus	RP 342	Menzel Werner	NW 320	Mertens Ulrich	NW 295
Menck Stephan	NW 314	Menzemer Michael	NDS 227	Mertens Ursula	SAN 384
Mende Gerulf	SAC 372	Menzen Michael	NW 323	Mertens Walter	RP 335
Mende Joachim	NW 324	Menzer Ulrich	VwG 504	Mertgen Ingo	BW 31
Mende Martin	NW 328	Menzler Rüdiger	HE 190	Merth Felix	SH 399
Menden Hans-Dieter	NW 277	Merckens Jan	BW 66	Mertig Claudia	BW 62
Mendisch Sven	SAC 373	Mergheim Carsten	NW 330	Mertig Sigurd-Merten	RP 340
Mendler Beate	BW 38	Merheim Peter	SG 492	Mertig Wolfgang	BW 67
Mendler Gabriele	VwG 531	von Mering Stephan	NDS 248	Merz Andre	BW 28
Mendler Sabine	SG 475	Meringer Vera	SAC 380	Merz Charlotte	NW 282
Mendrina Hildegard	BER 141	Merk Beate	BY 73	Merz Dagmar	VwG 511
Meng Jürgen	VwG 535	Merk Gabriela	BY 94	Merz Ernst Ludwig	SG 496
Meng Klaus	RP 336	Merkel Günter	SG 480	Merz Hans-Jochen	SAC 375
Meng Sabine	SAC 370	Merkel Ruth	NDS 238	Merz Helmut	BW 65
von Mengden-Breuker		Merkel Thomas	ArbG 445	Merz Malte	HH 174
Katrin	BY 95	Merkel Tina	SAN 395	Merz Peter	BRA 148
Menge Christian	NDS 254	Merkel Ute	VwG 519	Merz Peter	BW 67
Menge Christian	VwG 513	Merker Andreas	HE 202		
Menge Silja	HH 171	Merker Frank	BRA 147	Merz Susanne	BW 31
Mengel Beate	HE 189	Merker Jens	NDS 219	Merz Wolfgang	FG 463

Name	Ref
Merz-Bender Brigitte	VwG 522
Merz-Gintschel Angela	ArbG 445
Merzbach Hermann-Josef	NW 323
Merzbach Werner	BU 16
Merzig Friedhelm	RP 344
Mesch Volker	NW 281
Meschkat Elke	HE 188
du Mesnil de Rochemont Rainer	NDS 252
Meßbacher-Hönsch Christine	FG 465
Messer Bruno	BY 81
Messer Claudia	RP 342
Meßer Hans-Jürgen	BRA 155
Messer Knut	BER 138
Messerschmidt Hans-Peter	BER 139
Messerschmidt Rainer	SAN 383
Messing Volker	NW 330
Messinger Hans-Helmut	SAA 360
Meßler Joachim	BY 80
Meßling Miriam	SG 478
Meßner Hans-Joachim	BY 99
Mestars Erich	NW 257
Mestekemper Sandra	NW 303
Mestwerdt Wilhelm	ArbG 448
Metelmann Fabienne	BW 26
Methling Claudia	SAN 388
Methling Rigolf	ArbG 459
Metscher Jürgen	HE 197
Metschke Reinhard	SAN 393
Mett-Grüne Irene	BY 82
Mette Elisabeth	SG 479
Metz Birgit	HE 193
Metz Hans-Jürgen	HE 188
Metz Rudolf	TH 419
Metz Thomas Johannes	VwG 518
Metz-Horst Sabine	NW 304
Metz-Zaroffe Martin	NW 320
Metze Christina	TH 414
Metzen Peter	NW 313
Metzenheim Gerd-Michael	NDS 229
Metzenheim Ursula	NDS 217
Metzenmacher-Zimmer Jutta	SG 499
Metzger Ernst	BY 119
Metzger Ingrid	RP 337
Metzger Julian	SH 408
Metzger Norbert	SAC 377
Metzger Thomas	RP 340
Metzger Ulrich	BW 33
Metzger-Carl Renate	HE 181
Metzke Maria	ArbG 440
Metzler Armin	VwG 534
Metzler Bernd	BW 69
Metzler Bernd	NW 276
Metzler Klaus	NW 306
Metzler Ulrich	NW 265
Metzmacher Ulrike	VwG 527
Metzner Eva	BY 121
Metzner Josef	SG 481
Metzner Mathias	VwG 519
Metzner Wieland	BW 35
Meumann-Anders Ulrike	RP 348
Meunier-Schwab Julia	NDS 248
Meurer Michael	NW 262
Meurin Britta	SG 499
Meuschke Wolfgang	NW 273
Meusel Grit	SAC 372
Meuser Heinz	VwG 529
Meuser Jutta	HE 201
Meuters Stefan	NW 327
Mey Kirsten	NDS 243
Mey Volker	RP 335
Meyberg Alexander	BY 107
Meybohm Anita	BRA 152
Meyenburg Ann-Kathrin	NDS 253
Meyer	AnwG 554
Meyer Alexander	SAC 369
Meyer Alexander	NW 331
Meyer Alfred	SAA 357
Meyer Angela	ArbG 458
Meyer Angelika	SAN 390
Meyer Axel	NW 284
Meyer Bernadette	VwG 533
Meyer Bernd-Rüdiger	NW 274
Meyer Berthold	FG 469
Meyer Boris	NW 261
Meyer Christel	FG 469
Meyer Christian	HE 200
Meyer Christoph	BW 65
Meyer Claudia Stefanie	SAC 381
Meyer Claus	HH 167
Meyer Cornel-Rupert	NW 301
Meyer Cornelia	SAN 385
Meyer Dagmar-Ellen	HH 170
Meyer Dietrich	MV 213
Meyer Ellen	BRA 153
Meyer Falko	SG 486
Meyer Frank	BRA 151
Meyer Frank	NDS 245
Meyer Friedrich Georg	NW 287
Meyer Georg	BY 78
Meyer Gerhard	NDS 246
Meyer Gesa	BRE 163
Meyer Gunnild	SH 401
Meyer Hagen	SAC 369
Meyer Hans-Hinrich	VwG 516
Meyer Harald	VwG 523
Meyer Harald	BY 88
Meyer Harald-Dirk	VwG 522
Meyer Hermann	BW 29
Meyer Ilsemarie	VwG 521
Meyer Inga	NW 330
Meyer Jens	BRA 155
Meyer Jochen	NDS 219
Meyer Johann	HH 173
Meyer Jürgen	NW 322
Meyer Jürgen	SAC 373
Meyer Karl-Friedrich	VerfG 428
Meyer Karl-Friedrich	VwG 532
Meyer Katja	SAN 389
Meyer Kerstin	VwG 524
Meyer Klaus-Martin	VwG 539
Meyer Klaus-Walter	NW 311
Meyer Konrad	BW 44
Meyer Krimhild	HE 186
Meyer Lutz Henning	NDS 254
Meyer Manfred	BY 95
Meyer Marc	BY 121
Meyer Marlies	NDS 250
Meyer Martin	BY 77
Meyer Martina	FG 470
Meyer Michael	BY 122
Meyer Nina	VwG 531
Meyer Petra	SAN 386
Meyer Petra	SAC 367
Meyer Ralf	NW 278
Meyer Rolf	NW 281
Meyer Ronald	FG 465
Meyer Sabine	BRA 147
Meyer Sabine	RP 341
Meyer Simona	SAC 375
Meyer Thomas	ArbG 435
Meyer Thomas	BMJ 4
Meyer Thomas	BRA 155
Meyer Thomas	MV 207
Meyer Thomas	TH 422
Meyer Torsten	BY 78
Meyer Torsten Michael	NW 278
Meyer Ulli Christian	SAA 361
Meyer Viola	SAC 380
Meyer Volker	SAN 393
Meyer Werner	BY 113
Meyer Wilfried	VwG 524
Meyer Wolfgang	NW 290
Meyer Wolfgang	BU 12
Meyer-Abich Matthias	HH 171
Meyer-Bockenkamp Ulrich	VwG 537
Meyer-Borgstädt Jürgen	NDS 224
Meyer-Brügel Ehrenfried	BER 128
Meyer-Buchwald Roland	HH 168
Meyer-Cabri van Amelrode Klaus Jörg	BMJ 4
Meyer-Frey Hartmut	SAC 367

Namensverzeichnis — Mithoff

Name	Ort
Meyer-Grünow Richard-Joachim	VwG 533
Meyer-Hippmann Henning	NDS 232
Meyer-Holz Ulrich	NDS 226
Meyer-Lamp Michael	NDS 231
Meyer-Lang Jürgen	VwG 521
Meyer-Laucke Wilfried	NW 290
Meyer-Macheit Monika	HH 174
Meyer-Odewald Uwe	BER 125
Meyer-Pritzl Udolf	SH 399
Meyer-Rutz Philipp	BY 77
Meyer-Schäfer Frank	BER 128
Meyer-Schomann Erich	NDS 247
Meyer-Schulz Monika	VwG 516
Meyer-Seitz Christian	BMJ 4
Meyer-Spasche Rita	BW 69
Meyer-Stender Anja	VwG 516
Meyer-Tegenthoff Beate	NW 290
Meyer-Tonndorf Karl-Otto	BRA 150
Meyer-Ulex Hans	NDS 223
Meyer-Wehage Brigitte	NDS 247
Meyer-Wöbse Gerhard	TH 420
Meyer-Wopperer Gabriele	ArbG 454
Meyerhöfer Günther	BY 115
Meyerhoff Birte	HH 172
Meyerhoff Katja	SG 485
Meyerholz Michael	NDS 221
Meyers Gerald	NW 316
Meyn Karl-Ulrich	VerfG 430
Meyn Thomas	HH 171
Meyne Harald	RP 339
Meynert Berit	BY 113
Mezger Jürgen	VwG 505
Miara Anja	ArbG 455
Michaelis Bruno	NDS 229
Michaelis Corinna	SAC 368
Michaelis Gerda	VwG 505
Michaelis Jens	VwG 503
Michaelis Marcus	NDS 220
Michaelis Udo	MV 207
Michaelis de Vasconcellos Rolof	NW 281
Michaelis-Merzbach Petra	VwG 511
Michalczik Bernd	MV 211
Michalczyk Christiane	BER 129
Michalek Alois Karl	NW 304
Michalek Dagmar	NW 304
Michalek Karin	NW 264
Michalek-Riehl Ditmar	FG 472
Michalik Kerstin	TH 414
Michalik Sieglinde	HE 179
	VerfG 427
Michalk Waltraud	TH 414
Michalke Kornelius	HE 184
Michalke Reiner	BY 103
Michalla-Munsche Jan	SG 502
Michalski Cornelia	BRA 152
Michalski Normann	BW 69
Miche-Seeling Traugott	NW 277
Michel Andreas	VwG 509
Michel Eleonore	NW 320
Michel Gerald	RP 344
Michel Gerhard	FG 468
Michel Norbert	RP 350
Michel Sabine	HE 183
Michel Thomas	VwG 540
Michel Werner	VwG 517
Michel-Mettang Petra	BW 61
Michels Henning	NW 310
Michels Holger	TH 420
Michels Jürgen	SG 479
Michels Lambert Heinrich	NW 299
Michels Ulrich	ArbG 440
Michels-Ringkamp Edith	NW 300
Michl Markus	BY 93
Michl Otfried	FG 473
Michlik Frank	BMJ 4
Mickat Klaus	BY 96
Miczajka Bernd	BER 128
Middeke Andreas	VwG 531
Middeke Veronika	BW 26
Middelanis Christina	NW 323
Middelberg Gerd	NW 293
Middeldorf Claudia	ArbG 455
Middeler Martin	NW 300
Miebach Klaus	BU 7
Mieczkowski Lothar Rüdiger	HE 200
Miedtank Antje	NDS 247
Mielert Edgar	NDS 219
Mieling Sandra	BY 105
Mielke Bettina	BY 116
Mielke Siegfried Gotthard	NW 261
Miereck Elke	MV 213
Miersch Stefan	NDS 219
Mies Dominik	BER 143
Miese Theodor Peter	NW 275
Mieslinger Monika	BY 121
Miess Kerstin	ArbG 435
Mießler Frank	SAN 395
Mieth Dorit	BER 134
Mieth Klaus-Peter Wilhelm	RP 344
Miets Ulrike	NW 278
Mietzner Katrin	BRA 150
Mihatsch Ulrike	BY 95
Mihl Viktor	BY 79
Mihr Gereon	SH 398
Mijović Ljiljana	EuGHMR 568
Mikla Stefan	BY 102
Mikosch Ernst	BU 10
Miksch Beate	BY 107
von Milczewski Christine	SH 402
Milde Stefanie	HE 190
Mildner Sabine	NDS 242
Mildner Ulrich	VwG 532
Mildt Michael	BRA 149
Milewski Katrin	BRA 148
Milferstedt-Grubert Claudia	SAN 386
Milger Karin	NDS 246
Milhahn Ilsabe	BY 87
Milich Hans-Jürgen	FG 469
Milionis Apostolos	BW 67
Milk Anette	NW 305
Milke Tile	HH 175
Milkereit Klaus-Peter	SH 397
Millarg Ivo Boris	HH 169
	HH 176
Millat Andreas	MV 207
Mille Lothar	AnwG 556
	RP 335
Millek Matthias	NDS 247
Miller Andreas	BY 109
Miller Hans-Jürgen	BER 136
Miller Karin	BER 136
Millert Jörg	BER 136
Millgramm Karl-Heinz	VwG 537
Miltenberger Friedrich	BY 76
Milz Josef Eugen	VwG 505
Milzer Lutz	BW 45
Mindak Jens	BRA 153
Minge Andreas	NDS 237
Minig Volker	RP 347
Minkus Katrin	SAC 380
Minnameier Julia	SG 479
Minnameyer Werner	BY 112
Minnebeck Bernd	RP 338
Minnich Regina	VwG 523
Minsinger Mauro	VwG 512
Minten Christoph	SAC 367
Minthe Eric	RP 340
Minthe Sybille	RP 341
Mintz Sandra-Jakobea	HE 202
Miodownik Marina	BER 138
Mirl Johann	BY 118
Mirow Dirk	BMJ 5
Mirtsching Wolfram	HE 185
Mis-Paulußen Ursula	NW 327
Misch Rolf-Peter	HH 174
Mischke Günter	NW 321
Misera Heinz	NW 284
Mißeler Monika	NW 273
Mißler Ernst-Ludwig	BW 34
Missmahl Jan Dirk	NW 314
Mithoff Uta	HH 169

693

Mitschke Andreas	VwG 512	Möhlig Angelika	RP 352	Mönkebüscher Martin	NW 290
Mitschke Jörg-Michael	BW 46	Möhling Hans-		Mönkediek Dirk	NDS 246
Mitschke Peter	BRA 157	Joachim	NW 297	Mönnig Peter	RP 339
Mitteis-Ripken Frauke	SH 399	Möhring Praxedis	SAC 368	Mönnikes Ralf	NDS 252
Mittelbach Andreas	BER 141	Möhrlein Kerstin	VwG 510	Mörbitz Petra	VwG 527
Mittelhausen Christian	RP 333	Möhwald Torsten	SG 490	Mörke Ina	BRA 158
Mittelsdorf Kathleen	HE 202	Möker Ulf-Henning	VwG 516	Mörrath Klaus	BY 94
Mittelstädt Andrea	BMJ 4	Mölder Dietmar	NW 287	Mörsch Bruno	NW 319
von Mittelstaedt		Moelle Britta	SH 404	Mörsch Thomas	NW 327
Barbara	NDS 252	Mölleken Betina	NW 278	Mörschner Pinelopi	NW 332
Mittelstädt Klaus	ArbG 441	Möllenkamp Anette	SAN 394	Mörsdorf-Schulte	
Mittelsten Scheid		Möllenkamp Christian	MV 206	Juliana	NW 327
Stephan	BY 122	Möllenkamp Olaf	ArbG 460	Mörsfelder Jürgen	SAC 380
Mittelstrass Hartmut	NW 287		SH 408	Mörtzschky Franziska	TH 414
Mittenberger-Huber		Möller Andreas	NW 328	Möschter Steffi	BER 131
Ariane	BU 16	Möller Anja	HE 201	Mösezahl Paul-Peter	NW 297
Mittenzwei Frank	HH 170	Möller Annegrete	AnwG 559	Mößinger Rainer	HE 189
Mittenzwei Matthias	SG 490	Möller Christian	HH 169		VerfG 427
Mitter Tanja	SG 498	Möller Christian	HH 175	Mößle Karen-Ilka	BW 59
Mitterer Andy	SH 409		VwG 514	Mössner Gregor	BW 29
Mitterer Stefanie	BY 122	Möller Detlef	RP 348	Mößner Oliver	BY 123
Mittermaier Walter	BY 87	Moeller Dieter	ArbG 436	Mößner Silke	VwG 540
Mittler Barbara	HH 175	Möller Elisabeth	NW 322	Möwes Dagmar	BER 133
Mittler Dagmar	BER 127	Möller Friedrich	NW 289	Möwes Nicole	BW 69
Mittlmaier Sabine	BY 93	Möller Gerold	HH 170	Moezer Hans-Gerhard	BY 110
Mittmann Andrea	NW 276	Möller Günter	SH 407	Mogk Hans Ulrich	VwG 518
Mittmann Volker	FG 467	Möller Heidrun	SG 487	Moheeb Joachim	SAC 368
Mittrup Wolfgang	NW 287	Möller Helmut	VwG 504	Mohn Matthias	ArbG 435
Mitzinger Susanne	SH 404	Möller Helmut	NW 319	Mohnhaupt Gabriele	NW 274
Mitzkus Frank	AnwG 550	Möller Hermann-Josef	VwG 532	Mohr Carsten	HH 166
Mitzlaff Andrea	NDS 220	Möller Jes Albert	VwG 513	Mohr Christa	NDS 241
Mix Bernhard	BER 142	Möller Joachim	RP 336	Mohr Frank	BER 141
Mlitzke Andreas	NW 270	Möller Jörg	SH 402	Mohr Günter	BW 45
Mlodochowski Klaus	BRA 149	Möller Julia	BY 100	Mohr Gunther	SAN 394
Mnich Herbert	NW 270	Möller Klaus	NDS 231	Mohr Helga	BW 30
Moch-Titze Frank	BRA 153	Möller Knut	VwG 521	Mohr Hubert	FG 474
Mock Brigitte	BY 94	Möller Markus	VwG 513	Mohr Ilsemarie	SAA 358
Mock Reinhod	BY 94	Möller Oliver	SAC 377	Mohr Klaus	HE 188
Mocken Johannes	NW 276	Möller Peter	NW 272	Mohr Stefan	HE 185
Mockenhaupt Walter	RP 336	Möller Peter	AnwG 559	Mohr Ulrich	NDS 228
Modemann Christiane	SG 488	Möller Silke	SAC 376	Mohr Ulrike	NW 325
Modemann Stefan	NW 330	Möller Stefan	HE 184	Mohrmann Ralf	TH 421
Moderegger Annegret	HH 168	Möller Stephan	BW 55	Mokrus Martin	VwG 539
Moderow Katja	MV 212	Möller Thomas	NDS 248	Moldenhauer Gerwin	HH 193
Modrović Norbert	BER 132	Möller Veronika	FG 464	Molesch Edeltraud	SG 492
Möbius Gisela	SG 482	Möller-Harder Leonore	BER 135	Molière Rainer	BW 62
Moebius Isbella	VwG 512	Möller-Scheu Doris	HE 198	Molitor Katja	ArbG 445
Möbius Jörg	BRA 156	Möllers Irmgard	AnwG 547	Molitor Wolfram	VwG 517
Möbius Walter	BY 102	Möllers Ulrich	NW 270	Molkenbur Josef	ArbG 458
Möcke Renate	BER 128	Möllers Wilhelm	HE 198		VerfG 430
Möckel Sybille	NW 275	Mölling Peter	NW 303	Moll Andrea	NDS 237
Möckel Ulrich	BW 44	Möllmann Karl-Josef	AnwG 547	Moll Dietmar	RP 344
Möckl Peter	TH 422	Möllmann Ralf	NW 278	Moll Eckhardt	HE 194
Mödl Ida	BY 90	Möllring Hartmut	NDS 217	Moll Frank	VwG 512
Mögerlein Judith	BY 122	Mönig Thomas	BW 55	Moll Ivo	VwG 507
Moehl Sabine	VwG 536	Moenikes Irmhild	NW 299	Moll Tanja	NW 331
Möhle Stefan	BRE 163	Mönke Michael	SH 400	Moll Thomas	NW 320
Möhlenbrock Thomas	VwG 539	Mönke Tanja	HH 174	Moll-Vogel Eva	NDS 226

Namensverzeichnis **Müller**

Mollenhauer Thomas	NW 289	Mosberger Leonore	HE 196	Mühlbauer Katja	BY 96
Mollenkopf Claus	BW 58	Moschner Axel	MV 207	Mühlbauer Kerstin	BER 135
Molnar Michaela	BW 65	Moschner Beate	HE 202	Mühlbauer Sabine	BY 117
Molsen Ilse	NDS 236	Moser Gabriele	BY 103	Mühlbauer Udo	SAC 367
Molter Klaus	BW 62	Moser Hans	BW 34	Mühlberg Andrea	SAN 393
von Moltke Helmuth	HE 191	Moser Heinz Joachim	NW 277	Mühlberg Bettina	SAC 372
Moltmann-Willisch Anne-Ruth	BER 129	Moser Matthias	SAN 387	Mühldorfer Miriam	BY 122
Molzahn Nils	SG 499	Moser Rainer	MV 213	Mühle-Danguillier Jutta	NW 275
Mondl Heidrun	HE 187	Moser Werner	BY 114	Mühlemeier Gerhard	NW 276
Monjé Alexander	SG 482	Moser-Rodens Gabriele	NW 263	Mühlen Marcus Wilhelm	NW 264
Monjé Ulrich	VwG 510	Mosiek Christa	NW 262	Mühlenbruch Sabine	VwG 505
Monka Christian	BU 10	Mosig Ulrike	BER 140	Mühlenhöver Georg	VwG 513
Monnet Sabine	SAN 392	Mosler Heinz-Joachim	NW 280	Mühlens Elisabeth	BU 8
Monot Waltraud	BY 96	Mosler Volker	NW 280	Mühlhausen Herbert	NW 278
Mons Hans Joachim	VwG 533	Moß Patricia	BER 134	Mühlhoff Christian	BW 28
Monstadt Barbara	NW 296	Mossakowski Iris	HE 193	Mühlhoff Dirk	NW 304
Moog Philipp	NDS 223	Mossel Albrecht	ArbG 456	Mühlhoff Uwe	NW 277
Moormann Hermann	NDS 247	Moßem Christine	RP 344	Mühlmann Wilhelm	NDS 237
Moosheimer Thomas	NW 315	Moßig Ursula	NDS 236	Mülbrecht-Klinge Gabriele	NW 310
Moosmann Oliver	SH 409	Mostardt Albrecht	ArbG 450	Mülders Elisabeth	BER 129
Morath Renate	BRA 152	Mostardt Irmgard	NW 320	Mülders Reimar	BER 128
Morawek Wolfgang	BU 16	Mosthaf Dagmar	BW 67	Müllenbach Dirk	NDS 252
Morawetz Christine	BW 71	Mosthaf Oliver	BW 50	Müllensiefen Nils	BER 142
Morawietz Wolfgang	BW 29	Moszner Tamara	TH 421	Müller Achim	NW 278
Morawitz Gabriele	NW 321	Motsch Thomas	VwG 510	Müller Andreas	VwG 531
Morbitzer Ronald	HE 198	Motyl Monika	VwG 506	Müller Andreas	BER 129
Moretti Christine	BY 87	Motzer Stefan	BW 49	Müller Andreas	BY 96
Morgener Dirk	VwG 538	Motzkau Henrik Tobias	BW 69	Müller Andreas	BRA 149
Morgenroth Dieter	RP 346	Motzke Gerd	BY 85	Müller Andreas	BY 109
Morgenroth Gertraud	RP 346	Mracsek Stephan	BRA 151	Müller Andreas	BW 67
Morgenstern Henrike	BER 142	Mrazek Klaus-Günter	NW 274	Müller Andreas	SG 495
Morgenstern Ulrich	VwG 526	Mrodzinsky Thomas	SAC 366	Müller Anette	TH 423
Morgott Stefan	VwG 505	Mrosk Jenny	SH 409	Müller Ani	HE 203
Morik Bettina	SH 401	Mrozek Heike	SH 408	Müller Anne	SAA 357
Morio Rolf	AnwG 556	Mrozek Martin	SH 405	Müller Anne-Marie	VwG 510
Morische Gerrit	SH 409	Mrugalla Stefan	HE 181	Müller Annegrit	SG 494
Morisse Heiko	HH 166	Muck Stefan	SAC 378	Müller Antje	SH 401
Moritz Anke	BER 137	Muck Ute	SAC 369	Müller Ariane	SG 484
Moritz Helmut	FG 470	Mucke Gudrun	SH 400	Müller Astrid	BRA 155
Moritz Joachim	BU 11	Muckel Reiner	NW 275	Müller Axel	BW 55
Moritz Norbert	NW 273	Muckel Wilhelm Hubert	NW 325	Müller Barbara	NW 326
Moritz Peter	BER 137	Muckenfuß Barbara	NW 330	Müller Beate	BER 136
Moritz Susanne	MV 214	Muders Ralf	NDS 245	Müller Bernd	VwG 530
Moritz Wolfgang	BER 128	Mücher Elke	NW 319	Müller Bernhard	BW 55
Moritz-Ritter Anette	SG 486	Mücher Martin	NW 318	Müller Brigitte	BY 117
Mork Herbert	NW 316	Mück Ulla	HH 168	Müller Christian	MV 215
Morlock Martin	VwG 504	Mückenheim Kai	HH 169	Müller Christian	NW 282
Morof Claus-Peter	ArbG 440	Mückner Lars	NW 266	Müller Christine	BY 116
Morrn Thomas	SG 493	Müffelmann Herbert	VerfG 426	Müller Christoph	TH 423
Mors Albrecht	VwG 505	Freiin von Müffling Nora	SAC 369	Müller Christoph	NDS 228
Morsbach Rudger	FG 469	Mügge Christine	SAC 377	Müller Dieter	SG 478
Morsch Annemarie	BER 131	Müggenburg Walther	NW 257	Müller Dirk	SAC 378
Morsch-Tunç Sabine	RP 345	Mühe Klaus	AnwG 553	Müller Eberhard	NW 290
Morshuis Andrea	NW 301	Mühlbächer Karl-Heinz	BU 14	Müller Elke	SAC 369
Mortag Helga	TH 414	Mühlbauer Anton	BY 117	Müller Elmar	SAC 375
Morweiser Stephan	BW 40	Mühlbauer Eva	VwG 509	Müller Erwin	NDS 220
Mosbacher Andreas	BER 131				

Müller   Namensverzeichnis

Müller Frank	RP 354	Müller Johanna	BW 69	Müller Stefan	NW 328
Müller Frank	RP 338	Müller Judith	VwG 507	Müller Steffen	SAC 366
Müller Frank	BW 27	Müller Judith	SAC 370	Müller Steffi	RP 352
Müller Franz	ArbG 451	Müller Jürgen	BY 92	Müller Stephan	ArbG 434
Müller Fredy	BW 28	Müller Kai	SAC 378	Müller Susann	BER 134
Müller Georg	NW 284	Müller Karin	HE 180	Müller Susanne	BW 35
Müller Gerd	BW 52	Müller Karin	NDS 240	Müller Theodor	SAN 392
Müller Gerd	HE 183	Müller Karl-Heinz	SG 495	Müller Thomas	BW 30
Müller Gerd	NW 313	Müller Karl-Heinz	BRA 149	Müller Thomas	BY 81
Müller Gerd Ulrich	HE 192	Müller Katja	SAC 380	Müller Thomas	BY 98
Müller Gerda	BU 7	Müller Katrin	SAC 365	Müller Thomas	FG 470
Müller Gerhard	BU 8	Müller Kerstin	TH 422	Müller Thomas	SAC 378
Müller Gerhard	BY 111	Müller Klaus	BY 79	Müller Ulf	SH 401
Müller Gerhard	HE 197	Müller Klaus Georg	NW 271	Müller Ulrike	BY 73
Müller Gerolf	SAC 374	Müller Klaus-Dieter	SAC 379	Müller Ursula	NW 326
Müller Gisela	SG 486	Müller Klaus-Walter	MV 213	Müller Ute	SAC 370
Müller Gitty	SAC 380	Müller Manfred	ArbG 437	Müller Waldemar	BY 114
Müller Günter	NW 313	Müller Manfred	RP 333	Müller Walter	SAA 357
Müller Hans-Georg	ArbG 433	Müller Manuela	SG 495	Müller Walter	NDS 244
Müller Hans-Joachim	NW 267	Müller Marion	BRA 148	Müller Werner	BW 49
Müller Hans-Jürgen	NW 308	Müller Markus	RP 348	Müller Wichart	VwG 535
Müller Hans-Jürgen	BER 136	Müller Markus	BY 99	Müller Wolf Philipp	TH 412
Müller Hans-Jürgen	MV 208	Müller Martin	HE 184	Müller Wolf-Günther	AnwG 544
Müller Hans-Michael	BW 58	Müller Martina	BY 119	Müller Wolfgang	BY 102
Müller Hans-Otto	BW 56	Müller Martina	HE 195	Müller Wolfgang	VwG 507
Müller Hans-Peter	ArbG 455	Müller Mechthild	TH 411	Müller Wolfgang	NDS 240
Müller Hans-Wilhelm	BW 31	Müller Michael	BY 107	Müller Wolfgang Fritz	NW 260
Müller Hansjörg	BW 64	Müller Michael	BY 76	Müller-Alten Lutz	NDS 229
Müller Hansjörg	BW 33	Müller Michael	SAA 360	Müller-Andersen Ruth	SH 400
Mueller Harald	NDS 229	Müller Monika	SAC 368	Müller-Behnsen	
Müller Harald	BY 117	Müller Monika	BER 140	Christa	NDS 246
Müller Heidrun	BRA 150	Müller Nadine	BY 122	Müller-Bernhardt	
Müller Heidrun	VwG 511	Müller Nikolaus	VwG 506	Hans-Ulrich	VwG 529
Müller Heinrich	HH 170	Müller Norbert	NW 272	Müller-Brandt Jürgen	HE 200
Müller Heinz	BY 95	Müller Norbert	NDS 232	Müller-Bütow Bernd	BW 23
Müller Heinz Siegfried	NW 264	Müller Paul	AnwG 544	Müller-Christmann	
Müller Heinz-Olaf	MV 212	Müller Peter	SAC 376	Bernd	BW 23
Müller Helga	BW 57	Müller Peter	SG 478	Müller-Deppisch	
Müller Helga	BY 82	Müller Peter	HE 198	Wolfgang	BW 58
Müller Hellmuth	BU 13	Müller Peter	BY 91	Müller-Ehlen Martina	RP 344
Müller Henning	HE 182	Müller Peter	BY 82	Müller-Eiselt Klaus Peter	BU 11
Müller Henning-Arnd	SG 497	Müller Petra	BY 105	Müller-Engelmann Kurt	
Müller Herbert	NW 318	Müller Petra	AnwG 547	Peter	HE 180
Müller Herwig	HE 200		BER 127	Müller-Fenge Jens	BW 56
Müller Horst	BY 90	Müller Rainer	VwG 505	Müller-Frank Johanna	HE 182
Müller Horst	NDS 241	Müller Rebekka	SAN 389	Müller-Fritsch Dierk	HH 167
Müller Horst	NDS 234	Müller Reiner	ArbG 435	Müller-Fritsch Gertrud	HH 170
Müller Horst-Dieter	VwG 523	Müller Reinhard	NW 290	Müller-Fritzsche Erich	VwG 522
Müller Horst-Willi	FG 463	Müller Reinhard	SH 403	Müller-Gabriel	
Müller Jan	SAC 377	Müller Reinhard	AnwG 553	Wolfgang	SH 406
Müller Jan-Dieter	NDS 246	Müller Robert	NW 270	Müller-Gazurek Johann	SG 483
Müller Jana	SG 502	Müller Rolf	SG 490	Müller-Gebert Matthias	BER 142
Müller Jens	NDS 224	Müller Ronny	BER 132	Müller-Gerbes Stefan	NW 323
Müller Joachim	TH 419	Müller Rüdiger	SG 481	Müller-Gindullis Inken	HH 174
Müller Joachim	SAC 366	Müller Sabine	NDS 222	Müller-Glöge Rudi	BU 10
Müller Jochen	HE 184	Müller Sabine	VwG 524	Müller-Hilgert Michael	TH 414
Müller Jörg	VwG 506	Müller Sandra	HE 203	Müller-Höll Dorothea	BY 119
Müller Jörg	BW 21	Müller Sigrid	MV 210	Müller-Horn Almuth	FG 467

Namensverzeichnis Myska

Müller-Horn Conrad-Friedrich	HH	171
Müller-Kim Christoph	NW	327
Müller-Koelbl Dirk	MV	212
Müller-Koelbl Stephanie	MV	211
Müller-Koenig Christiane	NDS	253
Müller-Krauß Erika	NW	263
Müller-Kuckelberg Hans-Jürgen	SAC	369
Müller-Land Sonja	ArbG	441
Müller-Lankenau Eike	NDS	255
Müller-Leyh Heribert	RP	338
Müller-Lintzen Iris	BRA	154
Müller-Lühlhoff Claudia	NW	266
Müller-Magdeburg Cornelia	BER	134
Müller-Manger Petra	BY	75
Müller-Mann-Hehlgans Barbara	NW	260
Müller-Metz Reinhard	HE	179
Müller-Mück Lars	BY	84
Müller-Nies Ann	BW	70
Müller-Oberthür Carola	BW	34
Müller-Odenwald Stephan	HE	199
Müller-Ohligschläger Marianne	NW	315
Müller-Piepenkötter Roswitha	NW	257
Müller-Rabe Steffen	BY	86
Müller-Rentschler Hartmut	VwG	532
Müller-Rivinius Susanne	SG	500
Müller-Rospert Ulrike	RP	350
Müller-Schneider Sabine	SAC	367
Müller-Schwefe Michael	VwG	519
Müller-Stadler Frank	BY	91
Müller-Steinhauer Sandra	NW	331
Müller-Thieme Hans-Joachim	HE	191
Mueller-Thuns Anne-Cathrin	VwG	512
Mueller-Thuns Joerg	VwG	512
Müller-Trojanus Susanne	NW	267
Müller-Wewel Artur	RP	353
Müller-Wilhelm Gerhard	RP	349
Müller-Wolfsen Lüder	NDS	243
Müller-Wulf Charlotte	NW	305
Müller-Zitzke Eckart	NDS	219
Müllers Hans Erich	NW	277
Müllmann Susanne	VwG	527
Müllner Edwin	BU	15
Mülverstedt Thomas	NW	269
Münch Andreas	BER	125
Münch Dieter	SAC	368
Münch Eckehart	BW	53
Münch Heidrun	BY	119
Münch Kai	BRA	158
Münch Nadine	HE	196
	HE	201
Münch Walter	NW	275
Münchbach Hans-Jörg	BW	34
Münchbach Werner	BW	23
Münchmeier Wolfgang	BY	75
Münchow Roswitha	BRA	155
Münchschwander Thomas	ArbG	434
Mündel Heinz-Dieter	NDS	245
Mündelein Robert	BRA	145
Münke Maren	BU	8
Münkel Hans-Georg	BW	24
Münker Hans-Werner	NW	309
Münker Paul-Wolfgang	NW	304
Münning Uwe	SH	404
Münster Corinna	ArbG	441
Münster Hartmut	ArbG	454
Münster Karin	FG	473
Münster Peter	HH	167
van Münster René	NW	306
Münter Dieter	BY	114
Müntinga Maren	HE	202
Müntner Hilke	NW	299
Münz Martin	ArbG	444
Münz Sabine	SH	409
Münzenberg Bernt	BY	95
Münzer Corinna	SAN	390
Münzer Cornelia	NDS	223
Münzer Karlheinz	BW	56
Mürbe Manfred	BY	94
Mürmann Jörg	NDS	245
Mues Markus	BER	143
Mues Meike	NW	327
Mues Rainer	NW	281
Müseler Britta	ArbG	458
Müseler Peter	SAC	370
Müskens Angelika	NW	271
Müssemeyer Ulrich	BRE	163
Müssig Elke	SAC	379
Müssig Hans Walter	HE	198
Müßig Heidi	ArbG	541
Müssig Peter	BU	9
Müter Ursula	NDS	249
Müther Peter-Hendrik	BER	127
Mütze Heinz-Volker	HE	190
Mütze Wolfgang	BU	12
Mützel Gerhard	BY	85
Muggenthaler Wolfgang	FG	464
Muhl Christian	BY	122
Muhler Manfred	FG	463
Muhm-Kritzen Ariane	NW	269
Muhmood André	BER	137
Muhsmann Dieter	VwG	521
Mularczyk Claudia	VwG	535
Mularczyk Michael	SAC	366
Mularoni Antonella	EuGHMR	567
Mulzer Ingeborg	BER	139
Mumberg Joachim	HE	192
Mumm Burghard	NDS	233
Mummert Bernd Michael	TH	412
Mund Sabine	NDS	252
Munding Bettina	BY	105
Munding Johannes	BW	62
	BW	65
Mundorf Antje	NW	316
Mundt Axel	SAN	390
Mundt Matthias	TH	418
Mundt Rolf	TH	421
Munk Michael	VwG	521
Munk Stephanie	NDS	254
Munker Werner	BY	91
Munz Birgit	SAC	364
	VerfG	429
Munz Claudia	BW	67
Munz Günther	VwG	505
Munz Jörg	BW	64
Munzel Hans-Jürgen	ArbG	439
Munzinger Dirk	VwG	535
Munzinger Ingo	SG	502
Muratori Constanze	BER	130
Murawski Birgit	NW	287
Murk Ingrid	TH	419
Murk Lothar	TH	423
Murmann Uwe	BER	143
Murmann-Suchan Raphael	VwG	530
Murra Arnold	SAN	394
Musch Olaf	SAC	367
Musch Wolf-Dieter	AnwG	544
Musiol Matthias	BY	104
Musiol Susanne	RP	337
Musolff Andreas	FG	471
Muster Michael	SAC	363
Mustroph Antje	NDS	253
Muth Angela	HE	197
Muth Wolfgang	AnwG	546
Muthig Andrea	BY	73
Muthmann Peter	BW	40
Mutschler Bernd	SG	476
Mutzbauer Norbert	BY	86
Myjer Egbert	EuGHMR	568
Mysegades Elisabeth	AnwG	552
Myska Michael	NDS	235

N		Napirata Jörg	SH 403	Neddermann Cord	SAN 383
		Napp-Keske Silvia	TH 414	Neddermeyer Petra	HH 174
		Nappenbach Celina	BY 108	Neddermeyer Ralph	NW 267
Nabbefeld-Kaiser		Nappenbach Yvonne	BY 99	Nedwed Kerstin	HE 203
Renate	NW 267	Nardi Claudio	BW 69	Neebuhr Peter	NDS 229
Nabel Carsten	NW 284	Nass Verena	RP 339	Neef Michael	NDS 219
Naber Klaus	SAN 392	Nassauer Friedemann	HE 179	Neef Ulrich	NW 321
Nachreiner Anton	BY 89	Nassauer Wilhelm	VerfG 427	Neelmeier Axel	AnwG 550
Nachrodt Peter-Dirk	NW 298		VwG 517	Neerforth	
Nachtwey Heinrich	NW 291	Nast-Kolb Gabriele	BW 60	Hans-Richard	BW 24
Nachtwey Simona	NW 327	Nastke Hardy	BRA 151	Neese Ralph	NDS 247
Nachtwey Susanne	SG 495	Natale Wolfgang	BY 105	Neetix Elke	NW 309
Nack Armin	BU 7	Natalello Agnese	HE 185	Neetix Franz-Josef	NW 299
Nacke Aloys	FG 469	Natho Fatima	NDS 233	Neff Andreas	BW 33
Nacke August Wilhelm	NW 282	Natter Eberhard	ArbG 433	Neff Michael	BRA 156
Naczinsky Helmut	FG 465	Natusch Gabriele	BRA 150	Neff Otto	ArbG 458
Naegelsbach Eberhard	BW 23	Nau Wolfgang	NW 311	Negd Gabriele	BRA 157
Näher Markus	TH 422	Naujock Manuela	SAN 392	Negenborn Dirk	NW 276
Nähler Irmgard	BY 81	Naujok Rolf	NDS 240	Neher Ivo	BW 70
Nährig Bernhard	TH 415	Naujoks Cornelie	NW 273	Neher Klaus	BW 55
Naendorf Gerti	NW 302	Naujoks Martina	NW 292	Neher-Klein Jasmin	BW 53
Näser Matthias	TH 415	Naujoks-Albracht Helga	FG 467	Nehlep Sandra	SH 409
Näther Bosco	SAC 365	Naumair Annette	BY 86	Nehlert Thomas	BER 139
Nagel Andreas	ArbG 434	Naumann Claudia	SH 409	Nehm Birgit	BY 97
Nagel Astrid	FG 469	Naumann Cornelia	SAC 375	Nehring Jochen	FG 471
Nagel Birgit	SAC 375	Naumann Dagmar	SAN 387	Neibecker Brigitte	SAA 359
Nagel Brigitte	BRA 153	Naumann Friedrich	SG 480	Neidel Burkhard	SG 498
Nagel Eckhard	VwG 507	Naumann Gerhard		Neidel Peter	HE 188
Nagel Ekkehard	SG 482	Thomas	NW 277	Neidhard Alexandra	BW 67
Nagel Erika	NW 322	Naumann Malin	SG 482	Neidhardt Berndt	TH 415
Nagel Friedhelm	NW 285	Naumann Marianne	BRA 152	Neidiger Hans	BY 113
Nagel Gerhard	ArbG 457	Naumann Norbert	TH 418	Neifer Günter	NW 277
Nagel Gisela	NW 281	Naumann Reinhard	NW 262	Neike Friederike	BRA 157
Nagel Ingo	SG 480	Naumann Simone	ArbG 445	Neis-Schieber Judith	RP 339
Nagel Ingolf	NDS 255	Naumann Thomas	NDS 242	Neiß Ellen	NW 326
Nagel Jürgen	BW 50	Naumann Torsten	SAC 379	Neitzsch Jana	SAC 380
Nagel Katrin	VwG 530	Naumann Wienke-Elis.	SAC 379	Nelle Karl-Christian	VwG 521
Nagel Lutz	SH 407	Naumann-Künzel		Neller Peter	BY 77
Nagel Peter	SAC 380	Esther	NW 269	Nelles Gunther	RP 342
Nagel Petra	SH 404	Naunin Ulrike	NW 293	Nelson L. Dolliver	
Nagel Ralf	RP 349	Nause Helmut	ArbG 443	M.	SeeGH 569
Nagel Riever	SH 409	Nawotki Kathrin	HH 175	Nemetschek Silvia	NDS 240
Nagel Ulrich	BW 43	Nax Manfred	RP 347	Nemetz Reinhard	BY 104
Nagel Verena	SH 409	Ndiaye Tafsir Malick	SeeGH 569	Nemetz Sonja	VwG 510
Nagel Walter	VwG 505	Nebauer Heinrich	BY 82	Nemitz Roland	SH 403
Nagengast Peter	BY 75	Nebe Johannes Ludwig	VwG 511	Nennecke Christian	NW 265
Nagl Jakob	BY 93	Nebe Rolf-Reiner	RP 340	Nennstiel Birgit	RP 352
Nagler Matthias	VwG 522	Nebel Dirk	SAN 391	Nentwig Ina	SH 408
Nagorsen Johannes	BY 86	Nebel Hein-Jürgen	HE 197	Nentwig Wolfgang	NDS 250
Nahrendorf Andreas	SAC 375	Nebelin Beate	HH 176	von Nerée Cornelius	HH 167
Nalbach Isabella	VwG 534		SG 485	Nerkamp Christine	SG 477
Namgalies Johannes	VwG 538	Nebelin Karoline	VwG 538	Nerlich Hasso	BY 115
Namini Simin	SG 497	Nebl Heidi	BW 58	Nerlich Karin	AnwG 553
Nann Brigitte	BW 62	Neblung Susanne	FG 467	Nerreter Siegfried	NDS 229
Nann Eberhard	AnwG 543	Necker Günter	BW 61	Nertinger Josef	BY 87
Nannen Christian Ole	RP 345	Necknig Markus	RP 344	Nesemann Gabriele	NDS 240
Nannen Dieter	NDS 224	Necknig Stephan	BY 107	Nesemann Ralf	NDS 229
Napirata Barbara	VwG 539	Nedden-Böger Claudio	NW 282	Nešković Wolfgang	BU 8

Namensverzeichnis **Niebel**

Nesseler-Hellmann Andrea	VwG	533
Nesselhauf Michael	VerfG	427
Neßelhut Angela	NDS	234
Nesselrodt Jürgen	HE	190
Nest Felicitas	SAN	393
Nestler-Ahuis Gitte	SH	409
Nett Christiane	SH	408
Nettersheim Gerd Josef	BMJ	3
Netz Martin	BRA	157
Netzer Berndt	BMJ	3
Neu Christine	RP	350
Neu Heinz	FG	470
Neu Monika	VwG	503
Neu Sandra	RP	352
Neu-Berlitz Mechthild	VwG	528
Neubauer Andrea	BY	115
Neubauer Anja	BW	67
Neubauer Birgit	BER	128
Neubauer Günter	BY	102
Neubauer Ralph	NW	258
Neubauer Wolfgang	NW	278
Neubeck Lukas	BY	122
Neuber Ger	HE	197
Neuberg-Krey Gabriele	RP	342
Neubert Charlotte	BRE	163
Neubert Gabriele	SH	405
Neubert Jaqueline	SAC	367
Neubert Klaus-D.	NDS	229
Neubig Christiane	TH	421
Neubrandt Gerold	MV	213
Neudeck Thorsten	BER	141
Neuenfeld Klaus	AnwG	559
Neuenzeit Barbara	SAC	368
Neuerburg Hans-Peter	SAA	356
Neuerer Wolfgang	SG	479
Neufang Hans-Jürgen	SAN	393
Neufang Sabine	SAN	388
Neufeld Georg	NW	330
Neufert Regine	NDS	252
Neugärtner Ilka	HH	175
Neugebauer Ralf	NW	271
Neugebauer Ralph-Thomas	NW	268
Neugebauer Romy	SAC	381
Neugebauer Ursula	NW	269
Neuhäuser Gerd Armin	VwG	524
Neuhäuser Heinz	BW	60
Neuhaus Alfred	NW	304
Neuhaus Carola	NW	286
Neuhaus Claudia	NW	260
Neuhaus Dieter	NDS	252
Neuhaus Elisabeth Anna	NW	292
Neuhaus Heike	BMJ	4
Neuhaus Michael	NW	309
Neuhaus Renate	BRA	154
Neuhaus Rupert Klaus	BU	12
Neuhaus Stefan	BER	126
Neuhaus-Kleineke Marianne	NDS	242
Neuhauser Alois	BY	86
Neuhauß Sabine	BER	135
Neuheuser Stephan	NW	326
Neuhof Gerhard	BY	113
Neuhoff Dieter	NW	298
Neujahr Matthias	SG	482
Neukäter Christoph	NW	301
Neukamm Harald	BW	51
Neuking Natalie	BY	107
Neukirch Johannes	ArbG	435
Neukirchen Arno	NW	275
Neukirchen Christoph	NW	327
Neukirchen Manfred	NW	315
Neukirchner Lothar	BRA	157
Neuland Jacqueline	TH	423
Neulken Klaus	NW	309
Neumaier Roswitha	BRA	153
Neumann Adela	SAC	373
Neumann Anke	BRA	151
Neumann Anne	NW	329
Neumann Barbara	NW	299
Neumann Barbara	MV	209
Neumann Beate	BRA	153
Neumann Bodo	RP	344
Neumann Chris	MV	212
Neumann Claudia	ArbG	457
Neumann Delia	BER	131
Neumann Dieter	BRA	153
Neumann Doreen	ArbG	446
Neumann Elke	HE	199
Neumann Gabriele	TH	414
Neumann Guntmar	VwG	526
Neumann Heike	AnwG	548
Neumann Heike	BRA	151
Neumann Horst	NW	271
Neumann Irmgard	BY	88
Neumann Jan	VwG	531
Neumann Jens	RP	354
Neumann Jessica	HH	169
Neumann Jochen	BRA	157
Neumann Judit	SG	500
Neumann Karl-Peter	BRE	160
Neumann Karsten	SAC	380
Neumann Katja	TH	423
Neumann Klaus	BRA	149
Neumann Matthias	BY	89
Neumann Michael	BRA	153
Neumann Michael	SG	501
Neumann Philine	BRA	158
Neumann Ralph	NW	321
Neumann Reinhard	VwG	511
Neumann Reinhold	SH	406
Neumann Renate	AnwG	554
Neumann Rüdiger	SG	475
Neumann Sabine	TH	421
Neumann Susanne	VwG	504
Neumann Till	SAC	379
Neumann Uwe	NW	275
Neumann Werner	BU	13
Neumann Yvette	BRA	154
Neumann-Müller Sigrid	NDS	228
Neumann-Nieschlag Margretlies	AnwG	552
Neumeier Christian	ArbG	437
Neumeier Cornelia	BY	103
Neumeier Hubert	HE	190
Neumeister Hermann	RP	336
Neumert Andreas	SAC	373
Neumüller Alexander	VwG	508
Neumüller Bernd	RP	346
Neumüller Heidrun	RP	346
Neun Hans-Jochen	BW	50
Neunaber Friedrich	SG	484
Neuner Peter	BY	118
Neuner Sven	BY	123
Neupert Klaus	NW	305
Neureither Adelinde	BW	28
Neuroth Peter	BU	17
Neuschmelting Rainer	NW	308
Neustädter Rainer	SG	484
Neuwirth Georg	BW	45
Neveling-Paßage Marianne	NW	319
Nevermann Karsten	HH	171
Ney Jürgen	SG	483
Neye Hans-Werner	BMJ	3
Nichterlein Reiner	NDS	218
Nick Daniel	NW	264
Nickau Gerd	HH	168
Nickel Annkatrin	BW	67
Nickel Carmen	BRA	157
Nickel Carsten	SG	476
Nickel Joachim	HE	184
Nickel Karsten	SAC	372
Nickel Rainer	BW	25
Nickel Silvia	BER	135
Nickels Sven	VwG	520
Nickenig Henning	VwG	532
Nickl Rolf	BY	118
Nickl Sabine	BY	121
Nicklas Alexandra	BY	107
Nicklas Petra	RP	342
Nicklaus Dörte	SH	408
Nicknig Bernhard	NW	331
Nickolai Matthias	BY	105
Nicol Christof	BW	60
Nicolai Jacob	HH	167
Nicolas Erika	ArbG	457
Niebaum Thomas	NW	299
Niebel Anke	SH	407
Niebel Georg	VwG	526

699

Nieberle-Schreiegg Namensverzeichnis

Name	Kürzel	Nr.
Nieberle-Schreiegg Markus	ArbG	436
Niebisch Burkhard	BER	131
Niebler Herbert	BY	103
Niebur Bernd	NDS	221
zur Nieden Hans-Martin	NW	297
zur Nieden Peter	SAN	389
Nieder Gerlinde	BY	104
Niederalt Dietrich	AnwG	545
Niederau-Frey Felicitas	VwG	522
Niederfahrenhorst Gerhard	BY	87
Niederfahrenhorst Wolfgang	BY	123
Niederlag Hans-Joachim	SG	490
Niedermaier Lothar	HE	183
Niedermeier Karl	BY	102
Niedermeier Wilfried	AnwG	545
Niedermeyer Sabine	SG	479
Nieders Felicitas	HE	192
Niedhammer Hans-Otto	TH	421
Niedhammer Sabine	TH	413
Nieding Joachim	NW	257
Niedner Ulrike	BRA	152
Niedrig Rüdiger	NW	265
Niehaus Holger	NW	328
Niehaus Wolfgang	SH	402
Niehues Karen	VwG	512
Niehus Christina	NW	329
Niehus-Pröbsting Agnes	NW	329
Niehusen Herwig	HH	172
Niekämper Hans-Jörg	NW	296
Niekrens Wolfgang	NW	305
Nieland Michael	FG	470
Nielen Andreas	SAC	375
Nielsen Eike	BY	113
Nielsen Hans-Georg	ArbG	440
Nielsen Sigrid	BER	139
Nielsen Stefan	BY	94
Nielsen Ulf	BER	127
Niemann Dirk	BRA	157
Niemann Heike	BER	131
Niemann Henning	AnwG	552
Niemann Karl-Heinz	BW	31
Niemann Lutz	BW	69
Niemann Oliver	NW	330
Niemann Silke	NW	289
Niemann Silvia	SAN	394
Niemeier Bettina	HH	170
Niemeier Hans-Martin	VwG	529
Niemeier Martin	HH	174
Niemeier Petra	MV	214
Niemers Adalbert	NW	276
Niemeyer Frank	VwG	515
Niemeyer Heidrun	HE	177
Niemeyer Jürgen	BW	49
Niemeyer Karsten	NW	289
Niemeyer Rainer	TH	416
Niemeyer-Stehr Bianca	HH	168
Niemöller Christian	NW	298
Niemuth Bettina	NDS	218
Nienaber Jürgen	NDS	248
Nienhaus Christian	NW	330
Nienhaus Kornelia	NW	287
Niepage Juliane	BER	131
Niepel Andreas	NDS	241
Niepmann Birgit	NW	322
Nieradzik Gabriele	BER	127
Nieragden Beate	SAC	374
Nierhoff Ulrich	ArbG	452
Niermann Andrea	SAC	372
Niermann Volker	VwG	524
Nierwetberg Rüdiger	HE	187
Niesel Klaus	SG	478
Niesen Klemens	RP	349
Niesen Nadja	HE	198
Niesing Sigrid	NW	308
Niesler Lars	BW	69
Nießalla Folker	NW	266
Nießen Hannah	BY	122
Niesten-Dietrich Kai	NW	330
Niester Markus	SAN	387
Niestroij Eckehard	NDS	223
Niestroj Christa	NDS	218
Nieswandt Peter	NW	288
Nietardt Henrik	SH	407
Nietzer Eberhard	BW	53
Nieuwenhuis Bettina	VwG	519
Nieuwenhuis Helmut	FG	468
van Nieuwland Herwig	VerfG	428
	VwG	521
Niewald Stephan	SG	483
Niewels Ulrike	NDS	237
Niewerth Franz	FG	471
Niewerth Lydia	NW	321
Niewerth Petra	NW	286
Niewisch-Lennartz Antje	VwG	522
von Niewitecki Rolf-Bogus	BER	140
Niggemann Matthias	NW	297
Niggemeyer-Müller Jutta	AnwG	546
Niklas Uwe	SAC	364
Niklaus Andreas	BY	90
Nikol Markus	BY	106
Nikolaus Gisela	RP	341
Nikolaus Karin	BY	123
Nikolay-Milde Sabine	BY	113
Nikulla Heinz	AnwG	559
Nilles Monika	BER	141
Nimphius Ralph	SAC	365
Nink Johannes	HE	187
Ninnemann Ralf	BER	127
Nippe Leopold-Volker	BER	126
Nipperdey Kezia	VwG	512
Nippoldt Rolf	NW	268
Nischalke Martina	SG	484
Nissel Reinhard	BMJ	4
Nißen Jens	ArbG	440
Nissen Nicola	NDS	233
Nissing Karin	BER	137
Nißl-Neumann Claudia	BY	117
Nistler Eva	BY	102
Nitardy Winfried	NW	310
Nitsch Birgit	NW	295
Nitsch Juliane	NDS	224
Nitsche Mario	ArbG	442
Nitsche Thomas	SAC	366
Nitsche Wolfgang	AnwG	545
	BY	85
Nitschke Hans	MV	209
Nitschke Kai	HH	169
Nitschke Marion	SAC	375
Nitschke Michael	MV	214
Nitschke Rolf	NDS	219
Nitschke Ursula	NDS	219
Nitz Hartmut	NDS	242
Nitz Ulrich	SAN	386
Nix Gero	HH	168
Nix Katrin	HH	173
Nix Wolfgang	NW	308
Nixdorf Wolfgang	RP	347
Nixdorf-Hengsbach Angelika	ArbG	451
Noa Daniel	BW	66
Noack Hans-Jörg	NDS	225
Noack Hermann	BER	134
Noack Karoline	ArbG	440
Noack Katrin	BER	142
Noack Kerstin	BER	142
Noack Regina	BRA	155
Noback Stefan	SAC	375
Nobbe Gerd	BU	1
Nobel Jutta	ArbG	450
Nobis Steffi	BW	70
Nocon Gregor	VwG	513
Noé Hubert	VwG	503
Nöckel Trude	NW	325
Nöcker Gregor	FG	471
Nögel Stefan	BRA	152
Nöh-Schüren Dagmar	SH	403
Nöhre Ingo	HE	180
Nöhre Monika	BER	126
Nöhren Petra	MV	206
Nöhring Jens	AnwG	549
Nölken Oliver	NW	329
Nölle Axel	NW	309
Nölleke Joachim	NW	282
Nören Saskia	BER	141

Name	Ort	Nr.
Nörr Michaela	BW	68
Noesselt Hadwig	NW	287
Nöth Klaus Peter	ArbG	438
Noethen Mark	NW	314
Nöthen Peter	RP	352
Nötzel Manfred	BY	104
Nötzel Margarete	AnwG	545
	BY	86
Nötzel Uwe	BER	129
Nötzel-Bunke Susanne	ArbG	440
Noffke Werner	BER	136
Nogaj Michael	NW	307
Nohl Bettina	SG	493
Nohl Gerd	NW	314
Nokel Dieter	VwG	514
Noll Birgit	MV	209
Noll Edwin	HE	188
Noll Hans Norbert	SAA	358
Noll Kathrin	NDS	229
Noll Kerstin	NW	276
Noll Manfred	HE	179
Noll Peter	BY	95
Nollau Ina	SAN	395
Nollau-Haeusler Friederike	NW	322
Nollert-Borasio Christiane	ArbG	437
Nolte Bernd-Hermann	NW	294
Nolte Friedemann	RP	339
Nolte Harald	MV	215
Nolte Heinz-Dieter	NDS	229
Nolte Hubertus	NW	319
Nolte Johannes	SAN	385
Nolte Konstanze	SAN	390
Nolte Rüdiger	BU	13
Nolte Stefan	SG	494
Nolte Stefan	TH	416
Nolte-Schwarting Claudia	NDS	247
Nolten Anna Maria	NW	274
Nolterieke-Zechner Melanie	BY	107
Nolting Ekkehard	AnwG	557
Nolting Julia	NW	284
Nolting Michael	SAC	366
Nolting Tanja	BER	142
Noltze Guido Karl	NW	263
Nomine Rainer	ArbG	441
Nomrowski Thomas	NW	270
Nonhoff Michael	VwG	531
Noordin Sadru	VwG	512
Nopens Horst Walter	SAN	394
Norahim Derek	NW	329
Nordhoff Klaus-Heinrich	BER	129
Nordholt Norbert	FG	471
Nordhorn Franz-Josef	NW	285
Nordhus-Hantke Sigrid	BY	111
Nordloh Ingeborg	NW	301
Nordloh Manfred	NW	280
Nordmann Brigitte Johanna	NW	262
Nordmann Christine	VwG	539
Nordmeier Amely	HE	200
Nordmeier Bodo	HE	179
Norf Beatrix	NW	325
Normann Bernhard	NW	302
Normann-Scheerer Sabine	BER	138
Norpoth Johannes	NW	302
Northoff Meinhard	NW	290
Nortmann Elisabeth	SAN	391
Nostadt-Ziegenberg Monika	NW	325
Notemann Otto	NW	277
Nothacker Susanne	BER	134
Nothbaum Horst	BRA	155
Nothdurft Kati Julia	NW	331
Nothelfer Anton	BW	64
Nothhelfer Martin	BW	37
Nothmann Lutz	HH	170
Nothnagel Reinhard	FG	465
Nott Stephan	NDS	236
Nottebaum Werner	NW	274
Nottebohm Udo	NW	276
Nottmeier Anne Christina	NW	330
Nottmeier Rolf	ArbG	453
Notz Ingeborg	VwG	508
Notzke Thomas	VwG	540
Nouraie-Menzel Zohreh	TH	419
Novak Nicola	BW	38
Nowack Harald	MV	215
Nowack Rolf	NW	258
Nowack-Schumann Mechthild	SAN	393
Nowacki Peter Wolfgang	NW	270
Nowak Anja	NDS	253
Nowak Britta	NW	289
Nowak Carsten	NW	306
Nowak Claudia	ArbG	440
Nowak Erwin	NW	287
Nowak Ingelore	BER	133
Nowak Karl	VwG	509
Nowak Michael	NDS	247
Nowak Norbert	BER	130
Nowak Susanne	SAC	374
Nowak Uwe	BW	38
Nowatius Niklas	NW	295
Nowinski Andreas	SAN	390
Nowitzki René	BRA	152
Nowosadtko Volker	BER	142
Nowotny Friedrich	BY	97
Nowotny Kerstin	SAC	378
Nowotsch Detlef	NW	276
Nowrousian Bijahn	SH	409
Nozar Wolfgang	BY	105
Nubbemeyer Christian	NW	281
Nuber Josef	VwG	508
Nübel Bernd	MV	212
Nübold Peter	ArbG	449
Nüchter Berthold	NW	265
Nüdler Simone	SG	491
Nündel Daniela	VwG	535
Nünning Luise	NW	293
Nürnberg Hans-Theo	NW	317
Nürnberger Maike	SG	484
Nürnberger Tanja	TH	423
Nüske Michael	MV	209
Nüsse Johannes	NW	290
Nützel Dagmar	VwG	516
Nützel Stefan	ArbG	438
Nugel Karl-Heinz	HH	170
Nullmeyer Horst	BRE	163
Nunenmann Achim	RP	352
Nungeßer Astrid	ArbG	444
Nunius Monika	SG	479
Nunius Volker	SG	479
Nusselt Joachim	BW	23
Nußrainer Eberhard	BY	88
Nußstein Karl	BY	116
Nyenhuis Hans	MV	211

O

Name	Ort	Nr.
Ó Caoimh A.	EuGH	563
Obbelode-Rottschäfer Sabine	MV	210
Obel Hans Christian	BW	51
Obenauer Volker	VerfG	428
Obenauer Wolfram	RP	336
Obenaus Walter	ArbG	436
Oberbossel Wolfgang	ArbG	444
Oberhäuser Dirk	NW	317
Oberhauser Christoph	BY	108
Oberhauser Ingrid	HE	186
Oberheim Rainer	HE	180
Oberholz Stephan	SAC	372
Oberkircher Rainer	RP	351
Oberländer Coretta	HE	189
Oberländer Jörg	HE	189
Oberländer Stefanie	BY	107
Obermann Torsten	NDS	254
Obermeier Alfons	BY	105
Obermeier Daniela	BY	106
Obermeier Ralph	BER	137
Obermeyer Ansgar Heinrich	NDS	250
Obermüller Raimund	BY	103
Oberndorfer Reinhard	BY	75
Oberpriller Christina	NW	331

Oberscheidt — Namensverzeichnis

Oberscheidt Hermann	NW 267	Oellers Dirk	NW 299	Ohlmann Dominik	SAA 359
Oberscheidt Jörn Henrik	BW 67	Oellrich Eberhard	BY 114	Ohlms Birgit	SAN 389
Obhues Michael	TH 414	Oelmaier Michaela	BY 107	Ohlrogge Carsten	SH 406
Obländer Werner	BW 39	Oelschläger Friedrich	BER 130	Ohlsen Andreas	BER 129
Obojkovits Christian	VwG 510	Oelze Achim	NW 266	Ohltmann Jürgen	SG 485
O'Boyle Michael	EuGHMR 568	Oelze Gabriele	NW 266	Ohnemus Corinna	HH 174
Obst Daniel	ArbG 435	Oen Cornelia	NW 299	Ohnesorg Franziska	
Obst-Oellers Ina	NW 270	Oerke Alexander	VwG 511	Magdalena	NW 328
Obudzinski Meike	SAN 395	Oermann-Wolff		Ohr Johannes	HE 196
Obudzinki Frank	SAN 393	Dagmar	NW 281	Ohrmann Annette	VwG 515
Ochmann Wolfgang	BY 92	Oertel Bernhard	NW 292	Ohse Gerhard	VwG 529
Ochs Oliver	BY 103	Oertel Mirko	SAC 377	Ohström Björn	NW 310
Ochs-Sötz Gerhard	BY 116	Oerters Klaus	MV 213	Okfon Stephan	RP 343
Ocken Nils-Christian	NW 306	Oertgen Stephan	NW 278	Oklinger Thomas	BW 21
Ocker Andreas	SG 480	Oertwig Christine	BY 78	Okray Sandra Karina	NW 327
Ockert Petra	HE 190	von Oertzen Adolf-		Olbermann Thomas	BY 84
Ockert-Pätzhorn Karin	SAC 370	Friedrich	NDS 226	Olbrich Heike	SAC 377
Odenbreit Christian	BRA 152	Oertzen Sabine	HH 169	Olbrich Volker	FG 468
Odenbreit Claudia	BRA 153	Oeser Hartmut	BRA 155	Olbrisch Siegfried	NW 261
Odendahl Heidrun	NW 327	Oeser Jessica	HH 176	Oldag Lars	VwG 510
Odenthal Barbara	BER 137	Oesing Elisabeth	NW 301	Oldenbruch Hannah	NW 330
Odenthal Bianca	NW 261	Oesterle Harald	ArbG 435	Oldenburg Caroline	SAA 357
Odersky Michaela	BY 96	Oesterle Herbert	SG 483	Oldenburg Nikolaus	AnwG 550
Odörfer Bernd	BW 70	Oestmann Christian	VwG 512	Oldenburg Uwe	BRA 147
O'Donoghue Elke	BW 41	Oestreich Claudia	BW 54	Oldiges Martin	VerfG 429
Odrich Walter	HE 186	Oestreich Franz		Oldörp Kirstin	BER 143
Oechsle Manfred	VerfG 425	Bernhard	VwG 525	Oldörp Sari	SG 488
Oechsle Susanne	HH 168	Oestreicher Bernhard	BW 22	Oles Rosemarie	NW 272
Oechsner Ulrich	BW 57	Oetker Hartmut	TH 412	Olesch Brigitte	ArbG 454
Oedinghofen Claudia	NW 297	Oetling Michael	NDS 228	Olesch-Bläsi Leonie	SG 478
Oefner Gerd	HE 182	Oetter Joachim	BW 69	Oleschkewitz Karl-Heinz	SG 49
Oeft Bernd	ArbG 457	Oetting Karsten	BER 140	Olfs-Stark Maria Luise	NW 277
Oehler Christiane	BW 24	Öttking Nadine	TH 419	Oligmüller Andreas	NW 287
Oehler Karl-Heinz	BMJ 3	Oettli Michael	NW 278	Olivet Carl-Theodor	SH 403
Oehlerking Jürgen	NDS 217	Oeynhausen Manfred	VwG 528	Olizeg Robert	BRA 147
Oehlers Hans	NDS 244	Özen Kasim	NW 329	Olk Jürgen	SG 497
Oehlkers Reinhard	TH 415	Off Ernst-Dieter	BY 92	Ollech Dirk	NW 331
Öhlrich Kai Volker	HH 167	Offczors Günter	SG 486	Ollerdißen Hartwig	NW 262
Oehlschläger Jürgen	NW 263	Offenloch Thomas	BW 24	Ollesch Hans-Dieter	NW 267
Oehlschläger Tanja	TH 422	Offermann Bernhard	NW 319	Ollig Barbara	SG 493
Oehm Frank	HE 188	Offermann Karin	BY 76	Olmes Birgit	NDS 241
Oehm Frank	VerfG 427	Offermanns Klaus	NW 261	Olp Bernhard	HE 185
Oehm Johannes-Georg	HE 186	Ogermann Stefanie	NW 308	Olp Gertie	HE 184
Oehm Rainer	FG 467	Ogiermann Eva-Maria	HH 194	Olpen Johann	NW 320
Oehm-Neidlein		Ohlberg Kai-Uwe	HH 170	Olpen Karin	NW 320
Margrit	VwG 518	Ohlbrecht Ivonne	VwG 538	Olschak Monika	NW 328
Oehme Claudia	SAC 378	Ohle Hilke	HH 172	Olsen	BER 135
Oehme Günter	NW 326	Ohle Karl-Heinz	HH 165	Olsen Peter	SH 400
Oehme Sven	ArbG 442	Ohlemacher Kathrin	NDS 222	von Olshausen Renate	NW 313
Oehmke Frank	VwG 529	Ohlenbusch Karin	VwG 539	Oltermann Jens	SG 502
Oehrle Ulrich	NW 292	Ohlendorf Björn	TH 423	Oltmanns Birgit	NDS 229
Oehus Anja	ArbG 441	Ohlendorf Marianne-		Oltmanns Evelyn	BW 56
Oelbermann Bernd	ArbG 450	Margarete	NDS 232	Oltmanns Giesbert	SAC 371
Oelert Uta	BER 141	Ohlenschlager Erik	BY 84	Oltmanns Heiko	NW 308
Oeley Andreas	RP 347	Ohler Wolfgang	RP 346	Oltrogge Kurt	NW 262
Oelfke Alexandra	NDS 254	Ohlerich Detlef	HE 190	Oltrogge Lars-Torben	BW 41
Oelfke Carola	NDS 243	Ohlerich Marianne	NW 266	Onder Ferdinand	BY 122
Oelkers Anja	NDS 233	Ohlert Hans-Joachim	HE 196	Onder Hellmut	BY 100

Onderka Julia	NW	317
Onken Rolf	NDS	234
Onusseit Dietmar	AnwG	557
	SAC	364
Oosterkamp Beate	FG	470
Opalla Monika	SAC	380
Opel Robert	HE	183
Opitsch Willy	VwG	507
Opitz Bernd	ArbG	441
Opitz Helga	FG	470
Opitz Ines	SAC	373
Opitz Olaf	TH	415
Opitz Ulrike	BER	134
Opitz-Bergmaier Jutta	BY	98
Opitz-von Bardeleben Peter	MV	213
Oplustil Karl-Heinz	BER	128
Oppelland-Selk Insa	SH	404
Oppeln-Bronikowski Hans Christoph	AnwG	550
Oppelt Dirk	BW	47
Oppelt Wulf	BW	45
Oppenborn-Prinzen Dirk	VwG	523
Oppenkamp Karl	NW	310
von Oppenkowski Anne Martina	BY	76
Oppermann Angela	BRA	156
Oppermann Angelika	ArbG	444
Oppermann Antje S.	ArbG	448
Oppermann Christian	NW	262
Oppermann Dagmar	SG	489
Oppermann Diethard	NW	265
Oppermann Josef	SAC	375
Oppermann-Hein Ute	TH	417
Oppler Dirk	ArbG	461
Opresnik Charlotte	NDS	242
Opretzka Manfred	NW	276
Opterbeck Ralf	NW	311
Orf Rüdiger	RP	335
Orgaß Günther	HE	185
Orgaß Katharina	HE	202
Orgis Christiane	SH	401
Orilski Joachim	NW	267
Orilski Reinhard	BW	31
Orlich Bernhard	HE	194
Orlik Ansgar	SAC	380
Orlik Gunnar	NW	328
Orlob Bernd	NW	264
Orlowsky Wedigo	BW	49
Orschitt Tomas	BW	38
Ort Gundula	HE	184
Ort Jost-Dietrich	HE	199
Gräfin zu Ortenburg Regina	BY	121
Orth Beatrix	RP	349
Orth Christian	RP	354
Orth Jan	NW	331
Orth Marlies	TH	413
Orth Rüdiger	FG	472
Orthaus Berthold	VwG	513
Orthen Stefan	RP	352
Ortlieb Peter	NW	305
Ortloff Karsten-Michael	VwG	511
Ortloff Sabine	SG	482
Ortmann Andreas	NDS	254
Ortmann Beate	NDS	251
Ortmann Bettina	NW	272
Ortmann Dirck	SH	398
Ortmann Rüdiger	BY	89
Osin Peter	TH	416
Osing Anne	NW	276
Oslander Elisabeth	BY	90
Osner-Herrmann Eva	SG	479
von Ossowski André	ArbG	441
Oßwald Albrecht	NW	322
Ost Christine	VwG	530
Ost Emanuel	VwG	530
Ost Volker	BRA	157
Osten Peter-Jobst	VwG	504
Baron von der Osten-Sacken Johannes	BRA	152
Ostendorf Angela	NW	287
Ostendorf Dorothea	NDS	219
Osteneck Kathrin	VwG	504
Ostenried Rita	BY	87
Osterhage Töns	NW	289
Osterhagen Dorothee	NW	319
Osterloh Bernd	VwG	523
Osterloh Günter	NDS	227
Osterloh Lerke	BVerfG	1
Osterloh Wolfgang	VwG	523
Ostermann Barbara	NW	307
Ostermann Burkhard	VwG	530
Ostermann Sabine	NDS	238
Ostermann Sebastian	NW	327
Ostermann Stefan	HE	184
Ostermeyer Claudia	VwG	530
Ostermöller Jürgen	HE	180
Osterthun Birthe	HH	171
Ostgathe Franz	NW	294
Ostheide Stefan	NW	293
Ostheimer Petra	HE	186
Osthoff Heinz-Dieter	NW	273
Osthoff Petra	BY	96
Osthoff Ulrich	VwG	530
Osthoff-Behrens Marianne	NW	286
Osthoff-Menzel Heike	VwG	526
Osthus Birthe	NW	325
Osthus Heinrich Karl	NW	284
Osthushenrich Ulrike	TH	419
Ostner Renate	AnwG	546
Ostrowicz Alexander	ArbG	460
Ostrowski Alexander	SH	407
Ostwald Gerhard	SH	401
O'Sullivan Daniel	HH	171
Oswald Anna Elisabeth	NW	319
Oswald Johann	VwG	508
Oswald Manfred	HE	198
Oswald Wolfgang	BW	25
Osyka Angela	BER	141
Othmer Hartwig	SG	489
Otparlik Siegfried	SAN	384
Ott Birgit	NW	297
Ott Dirk	MV	208
Ott Elisabeth	BY	80
Ott Georg	BY	88
Ott Hans	RP	347
Ott Heinrich	BY	103
Ott Hellmut	AnwG	545
Ott Petra	VwG	518
Ott Sascha	MV	212
Ott Willibald	BY	77
Ott Wolfgang	BY	104
Ott Yvonne	HE	184
Otte Christoph	MV	211
Otte Franz-Christian	ArbG	446
Otte Katrin	NW	309
Otte Lars	BY	96
Otte Michael	MV	214
Otte Stefanie	NDS	233
Otte Wolfgang	VwG	525
Otten Giseltraud	BU	7
Otten Johann-Wolfgang	SG	501
Otten Johannes	VwG	529
Otten Peter	NW	316
Otten-Ewer Sylke	ArbG	460
Ottenbacher Gerd	BW	59
Otter Klaus-Jürgen	BW	57
Otterbach, geb. Meyer Susanne	SH	402
Otterbein Rolf	NDS	244
Ottermann Hans-Henning	NW	320
Ottersbach Thomas	SG	494
Otterstedt Beatrix	BRE	161
Otterstedt Hendrik	HE	192
Ottilie Günter	AnwG	589
Ottmann Christian	BY	95
Ottmann Christian	BW	50
Ottmann Judith	BW	70
Ottmann Oliver	BY	88
Ottmer Almuth	NDS	221
Ottmer Hans-Jürgen	SAN	388
Ottmüller Eva	VwG	518
Ottmüller Nico	NDS	234
Otto Andrea	BY	122
Otto Christoph	BRA	155
Otto Corinna	SG	488
Otto Gerhard	NDS	239
Otto Hans-Joachim	BY	117
Otto Hans-Michael	SAN	388

Otto Karl-Josef	NW 315	Paffenholz Hans-Josef	RP 339	Panzer Nicolai	VwG 513
Otto Katrin	ArbG 457	Paffrath Hanfried	VwG 529	Panzer Ulf	HH 172
Otto Klaus	BMJ 4	Paffrath-Pfeuffer Ulrike	HH 172	Papasavvas Savvas	EuG 565
Otto Lothar	NW 290	Page Alfred	BY 82	Pape Bianca	NDS 241
Otto Michael	HH 167	Pagel Kerstin	TH 415	Pape Birgit	NW 306
Otto Sönke	MV 215	Pagel Petja	NW 330	Pape Gerhard	NDS 226
Otto Stefanie	BY 122	Pagel Ute	NDS 231	Pape Irmtraut	NDS 221
Otto Susanne	ArbG 448	Pagenberg Birgitt	BU 16	Pape Ralf	BRA 147
Otto Thomas	HE 193	Pagenkopf Martin	BU 13	Pape Robert	SH 408
Otto Tim	SH 408	Pahl Elke	HE 198	Papenbreer Wolfram	RP 343
Otto Veronika	BY 121	Pahl Lothar	BER 127	Papesch Eike	SAN 385
Otto Volker	BRA 148	Pahl-Klenner Katja	NDS 239	Papesch Olaf	SAA 359
Ottweiler Anne	NDS 253	Pahlen Ronald	ArbG 439	Papier Hans-Jürgen	BVerfG 1
Oudijk Almut	NW 271	Pahlen-Claßen Ursula	NW 325	Papies Thomas	NDS 217
Ouvrier Heinz-		Pahlke Armin	BU 11	Papies Vanessa	NW 303
Christian	HH 173	Pahlke Bernd	NW 262	Graf zu Pappenheim	
Overdick Frank	SAN 390	Pahnke Peter	BW 56	Alexander	VwG 506
Overhoff Dieter	NW 280	Paintner Edith	BY 107	von Pappritz Maren	NW 293
Overthun Ulrich	VwG 528	Pairan Claudia	ArbG 445	Paproth-Sachse Brigitte	RP 352
Oxfort Wolfgang	BY 73	Paki Astrid	ArbG 443	Papst Claudia	BY 107
		Pakirnus Bernd	ArbG 452	Papst Robert	NW 327
		Pakuscher Irene	BMJ 4	Paraschas Katherina	NW 317
P		Palaschinski Peter	SG 481	Parchmann Martina	SH 402
		Palbuchta Bernd	SG 480	Pardey Frank	NDS 219
Paar Doris	FG 467	Palder Anke	HH 171	Pardey Karl-Dieter	NDS 221
Paar Helmut	BER 131	Palder Helmut	BY 73	Pardey Ralf	VwG 522
Pabst Norbert	NDS 223	Pallasch Manuela	TH 417	Pardubsky Harald	TH 417
Pabst Silke	SAC 371	Palm Klaus	NDS 236	Parensen Klaus	NW 283
Pacha Stephanie	NW 282	Palm Thomas	VwG 527	Parent Stéphane	RP 345
Pache Hendrik	ArbG 459	Palm Thomas	BW 34	Parent Tanja	RP 342
Pachl Lothar	SG 479	Palm Ute	NW 294	Park Choon-Ho	SeeGH 569
Pachur Michael	NW 290	Palmberger Gert	HH 170	Park Dorte	VwG 527
Pack Ursula	SAA 358	Paltzer Bernd	NW 319	Parpart Heike	NW 323
Packroff Klaus	VwG 540	Palzer Joachim	NDS 225	Parpart Karsten	BER 137
do Paço Quesado		Pamp Hermann	NW 287	Parr Rolf-Rüdiger	BER 138
Christopher	RP 344	Pamp Rüdiger	NW 313	Parschau Udo	RP 338
von Paczensky Carola	VerfG 427	Pampel Anne Kristin	VwG 538	Parteina Alexander	TH 415
	VwG 516	Pandel Helmut	RP 333	Partikel Sigrid	BER 132
Padberg Frank	NDS 254	Pane Dirk	BRE 162	Partin Renate	BY 100
Padberg Hans-Jürgen	HE 200	Pani Alfred	HE 180	Parzyjegla Peter	BRA 155
Padberg Katarina	VwG 524	Pank Helga	NW 278	Paschke Britta	NW 328
Paddenberg Thomas	SG 493	Pankalla Rüdiger	VwG 537	Paschke Martina	BER 142
Padé Christiane	SG 497	Pankatz Elke	RP 354	Paschke Regine	BER 128
Pade Oliver	BER 128	Pankoke Maren	HH 174	Paschke-Rosenberg	
Päschke-Jensen Renate	SH 400	Pankow Ulrich	BW 23	Kerstin	NW 329
Paetow Barbara	BER 135	Pannek Christina	NDS 241	Paschkowski Tim	HH 174
Pätow Claus	ArbG 446	Pannenbäcker Ulrich	ArbG 450	Pasker Hans-Uwe	NDS 244
Paetow Stefan	BU 13	Pannhausen Patrick	NW 328	Pasker Sabine	NDS 251
Pätsch Christiane	HH 168	Pannicke Helga	VwG 511	Paß Wolfgang	NDS 221
Pätsch Karin	NDS 228	Panno-Bonnmann		Passade Frank	BRE 163
Pätz Ulrike	SAN 389	Sabine	VwG 530	Paßage Klaus-Dieter	NW 319
Pätzel Claus	BY 87	Pansegrau Jürgen	NDS 218	Passerini Ramona	BRA 153
Paetzold Andreas	BU 16	Panten Ralf	HH 167	Passerini Thomas	BRA 151
Pätzold Frank	SAC 379	Pantke-Kersting		Paßlick Hannelore	ArbG 450
Paetzold Harald	HE 190	Gabriele	NW 292	Paßmann Jörg	NW 281
Paetzold Hartmut	HH 171	Pantle Albert Helmut	HE 193	Paßmann Martin	BRA 183
Päuser Oliver	ArbG 450	Panzer Herbert	NW 326	Passoke Birgit	NDS 229
Päuser Sandra	NW 270	Panzer Matthias	BY 77	Pastewski Erich	BRA 146

Name	Ref		Name	Ref		Name	Ref
Pastewski Kathrin	NDS 253		Paulsen Kirsten	FG 465		Pelcz Monika	BER 137
Pastohr Ulrike	NW 262		Paulus Karin	HE 183		Pelikánová Irena	EuG 565
Pastor Thomas	VwG 536		Paulus-Kamp Anja	ArbG 456		Pelka Annegret	VwG 505
Patella Stefan	VwG 517		Paulußen Ernst Walter	NW 266		Pelka Arnold	BY 112
Pater Wolf-Dietrich	BY 99		Paulussen Karin	NW 269		Pelka Gerhard	VwG 505
Patermann Andreas	VwG 511		Paulwitz-Ronsfeld			Pellegrino Mario	BRE 161
Paterok Matthias	SAN 385		Silke	SH 402		Pellen-Lindemann	
Patett Helmut	SH 406		Pauly Albert	ArbG 449		Susann	BW 59
Patschke Andreas	BW 58		Pauly Hanfried	VwG 515		Pellens Hartmut	VwG 514
Patt Bettina	BER 141		Pauly Hilke	TH 423		Pellens Martin	HH 169
Patt Hans-Georg	FG 473		Pauly Johann-Christian	HE 196		Pellonpää Matti	EuGHMR 567
Patt Julia	HE 202		Paur Christian	VwG 505		Pelte Klaus	SG 500
Pattar Andreas Kurt	SG 478		Paus Berthold	NW 296		Peltner Christa	FG 464
Pattar Josef	SAA 360		Paus Konstantin	NDS 242		Peltner Hans-Michael	FG 464
Pattard Werner Ludwig	NW 287		Paus Rainer	SG 495		Peltz Heike	VwG 508
Patzak Jörn	RP 345		Pausch Tobias	BY 118		Pelz Rachel	BY 122
Patzak Liane	SAN 393		Paust-Schlote Sandra	HH 169		Pelzer Andreas	BRA 156
Patzak Marion	RP 351		Paustian Willi	NDS 217		Pelzer Dirk	NW 303
Patzwaldt Werner	VwG 525		Pavlovschi			Pelzer Ingrid	BRA 152
Pauckstadt Hans-			Stanislav	EuGHMR 567		Pelzl Marion	BY 108
Joachim	BRA 153		Pawel Willi	NW 290		Pelzl Wolfgang	BY 114
Pauckstadt-Maihold			Pawellek Jutta	NW 294		Pelzner Susanne	NW 282
Ulrike	BY 118		Pawelzik Eckhard	VwG 539		Pendt Albrecht	RP 351
Pauer Heike	NW 310		Pawlak Stanislaw	SeeGH 569		Pendzich Michael	VwG 526
Pauge Burkhard	BU 8		Pawlick Jürgen	SG 479		Penners-Isermann	
Paul Anne Katrin	HH 169		Pawlitscha Udo	BW 31		Ursula	NDS 227
Paul Annekatrin	HH 175		Pawlizki Hans-Jürgen	BER 129		Pense Uwe	NW 287
Paul Britta	VwG 531		Pawlowski Mario	NW 329		Penshorn Peter	BER 133
Paul Carsten	HE 192		Pawlowsky Rosemarie	NDS 221		Pentermann Werner	VwG 525
Paul Günter	VerfG 427		Pech Andreas	SAC 371		von Pentz Vera	BW 24
Paul Günter	NW 260		Pecha Horst	NDS 220		Pentzlin Joachim	VwG 529
Paul Hubert	SG 479		Pechan Klaus-Peter	BER 130		Peplow Kai	BRA 147
Paul Insa	SH 402		Pechan Winfried	BY 112		Perband Ralf	SAC 369
Paul Martina	HE 180		Pecher Brigitte	BY 95		Perband Stephanie	NDS 236
Paul Michaela	HH 171		Pecher Ralf	BW 61		Perchner Karsten	SAC 368
Paul Oliver	NDS 241		Pechstein Birgitt	ArbG 440		Perels Michael	HH 168
Paul Verina	NW 297		Pechtold Wolfram	SAN 385		Pérez Belmonte Maria	ArbG 454
Paul Wolf-Dieter	NW 317		Pedal Andreas	BW 69		Pérez Heykamps	
Paula Michaela	BY 96		Peé Klaus	VwG 511		Markus	SG 495
Paulat Monika	SG 484		Pees Joachim	RP 349		Perger Annette	VwG 525
	SG 489		Peest Gertrud	NDS 242		Perlitz Joachim	BER 125
Pauldrach Ilse-Christine	BER 140		Peetz Thomas	NDS 245		Permin Oliver	MV 214
Pauldrach Udo	VwG 514		Peez Monika	BY 107		Perne Helmut	RP 333
Pauli Felicitas	NDS 243		Peglau Jens	NW 287		Pernice Christina	BW 29
Pauli Gerhard	NW 309		Pehle Barbara	MV 210		Perpeet Ingeborg	NW 318
Pauli Hans-Ulrich	SG 495		Pehle Michael	HE 197		Perron Helmut	BW 33
Pauli-Gerz Marion	VwG 508		Peifer Karl-Nikolaus	NW 281		Persch Wilfried	BMJ 5
Paulick Thomas	NDS 224		Peifer Udo	SG 491		Perschau Ralf	BER 130
Pauling Dieter	BY 85		Peil Martin	SAA 357		Perschk Wiebke	HH 174
Paulisch Albert G.	NDS 234		Peine Hans-Dieter	BRA 148		Perschke Holger	ArbG 453
Paulmann Birte	BY 123		Peinelt Petra	TH 421		Perschke Stefan	NDS 249
Paulmann Heike	MV 207		Peißert Uwe	FG 470		Perschl Christine	BY 99
Paulmann Silke	NDS 255		Peißig Marco	BY 123		Pertek Wolfgang	VwG 518
Paulmann-Heinke			Peißker Kartin	BER 129		Pervelz Jörg	BER 137
Johanna	NDS 229		Peitz Petra	NW 271		Pervelz Mechthild	BER 141
Pauls Ulrich	NW 260		Peitz Theodor	NW 298		Pesahl Norbert	BY 76
Paulsen Anne-José	NW 260		Pekie Carsten	BER 130		Pesch Andreas	VwG 528
Paulsen Kai	ArbG 456		Pelcz Franz	BRA 157		Pesch Hans	SG 496

Pesch — Namensverzeichnis

Name	Ref
Pesch Lothar	VwG 529
Pesch Sönke	HH 169
Peschau Hans-Hermann	VwG 521
Peschka Peter	NDS 231
Pesselt Frank	SAN 392
Pesta Rita	TH 412
Pester Simone	SAC 367
Peter Angela	HE 189
Peter Dietmar	NW 297
Peter Jörg	FG 469
Peter Manfred	ArbG 449
Peter Manfred	BW 46
Peter Melusine	VwG 510
Peter Ralf	BY 103
Peter Waltraud	BW 69
von Péterffy Heidy	BW 36
Peterke Volker	BW 61
Peterl Heidi	MV 207
Petermann Jens	ArbG 461
Petermann Klaus	NW 281
Petermann Thea	VwG 540
Peters Andree	HH 171
Peters Angelika	RP 335
Peters Bernd	HH 167
Peters Burkhard	VwG 533
Peters Carsten	NW 299
Peters Christian	HH 169
	HH 175
Peters Dietlinde-Bettina	ArbG 441
Peters Eckart	VwG 540
Peters Frank	HH 166
Peters Friedhelm	VwG 526
Peters Gabriele	NW 261
Peters Gerd	NDS 250
Peters Gerriet	SH 405
Peters Gert	SH 403
Peters Harald	VwG 523
Peters Hedda	SH 400
Peters Helga	NW 302
Peters Henry	TH 411
Peters Ingrid	NW 282
Peters Isolde	HH 170
Peters Jörg	NDS 226
Peters Katharina	SAC 372
Peters Klaus	VwG 538
Peters Nicole	HE 196
Peters Oliver	NW 329
Peters Ralf	HE 193
Peters Ralf	BW 62
Peters Rine	SH 340
Peters Sibylle	SAC 375
Peters Sigrid	RP 350
Peters Sybille	HH 167
Peters Thomas	MV 214
Peters Uwe	NDS 236
Peters Volker	NW 257
Peters Werner	TH 421
Peters Wilfried	VwG 511
Peters Wolfgang	FG 469
Peters Wolfgang	BRA 153
Peters-Lange Susanne	NW 320
Petersen Haimo-Andreas	SAN 389
Petersen Harald	VwG 513
Petersen Holger Alfred	SH 400
Petersen Kay	SH 398
Petersen Knut	SAC 373
Petersen Lars	NW 274
Petersen Lars	BW 27
Petersen Maren	VwG 538
Petersen Nicolai	SAN 395
Petersen Peter	BRA 157
Petersen Sigrid	BY 86
Petersen Silke	ArbG 453
Petersen Sybill	SAC 379
Petersen Volkert	VwG 521
Petersen Wiebke	MV 208
Petersen-Goes Doris	MV 205
Petersen-Thrö Thorkild	SH 406
Petershagen Jörg	NDS 254
Petersohn Nadine	NDS 255
Petirsch-Boekhoff Claudius	NDS 246
Petlalski Christian	NW 307
Petow Manuel	BER 139
Petrasch Martin	BY 84
Petrat Wolfgang	BY 83
Petri Manfred	HE 177
Petri Wolfgang	HE 201
Petrick Ina	BER 133
Petriconi Nicole	NDS 253
Petrik Hubertus	BY 80
Petruschka Wolfgang-Franz	SG 477
Petry Elke	TH 417
Petry Silke	RP 351
Petry Ulf	RP 347
Petrzack Jürgen	HE 181
Petschel Angelika	VwG 535
Petz Helmut	VwG 506
Petz Jochen	BRA 154
Petz Jürgen	SG 482
Petzel Andreas	TH 422
Petzelt Gabriele	NDS 252
Petzet Christian	NW 268
Petzka Adam	NW 269
Petzold Andreas	SAN 387
Petzold Dieter	BU 15
Petzold Katja	SAC 381
Petzold Rainer	NDS 217
Petzold Kirste Götz	HH 169
Petzoldt Heidemarie	BRA 149
Petzolt Sabine	BER 128
Petzsch Elvira	SAN 388
Petzsche Sandra	HE 200
Peuker Ernst Michael	NW 284
Peuker Joachim	BY 108
Peuker Monika	FG 464
Peus Egon	AnwG 554
Peuster Witold	NW 319
Peuster Wolfgang	BW 25
Pezzer Heinz-Jürgen	BU 11
Pfab Christian	BY 121
Pfaff Christina	SH 409
Pfaff Eduard	BY 86
Pfaff Matthias	BER 129
Pfaff Matthias	SH 409
Pfaff Rainer	HE 186
Pfaff Volker	HE 181
Pfaffmann Wolfgang	VwG 528
Pfaller Josef	BY 96
Pfaller Markus	BY 117
Pfalzer Hans-Otto	TH 412
Pfandl Elfriede	BY 113
Pfannenschmidt Christa	HE 181
Pfannenstiel Ingo	HH 168
Pfannkuche Gerhard	BER 134
Pfarr Udo	TH 417
Pfattischer André	BY 106
Pfau Klaus	BRA 149
Pfau Michael	BW 69
Pfau Sabine	VwG 521
Pfaudler Gerhard	BY 122
Pfaundler Conrad	VwG 503
Pfeffer Johann	BY 111
Pfeffer Katrin	BW 70
Pfeffer Stefanie	RP 345
Pfeffer-Schrage Hans-Herbert	NW 281
Pfefferkorn Susanne	BER 129
Pfeifer Barbara	HE 179
Pfeifer Björn	BY 109
Pfeifer Hubertus	HE 200
Pfeifer Johann Heinrich	AnwG 543
Pfeifer Johannes	RP 336
Pfeifer Kurt	ArbG 456
Pfeifer Renate	HE 190
Pfeifer Siegfried	BY 97
Pfeifer Udo	TH 417
Pfeifer Uta	HE 192
Pfeiffer Carl Christian	BY 120
Pfeiffer Gerhard	ArbG 433
Pfeiffer Hans-Georg	NW 299
Pfeiffer Joachim	BU 10
Pfeiffer Jürgen	SAC 380
Pfeiffer Nicole	ArbG 452
Pfeiffer Stefan	HH 176
Pfeiffer Stefan Oliver	HH 169
Pfeiffer Susanne	BW 76
Pfeiffer Thomas	BW 41
Pfeiffer Thomas	BY 121

Namensverzeichnis Pirlich

Pfeiffer Ulrich	NDS 239	Philipp Patricia	TH 421	Pieper Kirsten	BW 27
Pfeiffer Winfried	NW 260	Philipp Peter	BW 63	Pieper Klaus	NW 260
Pfeiffer-Eggers Angela	BER 133	Philipp Renate	BU 13	Pieper Rainer	ArbG 447
Pfeifle Ulrich	AnwG 543	Philipp Sabine	NDS 233	Piepgras Andreas	NDS 252
Pfeil Agnes	NDS 238	Philipp Stefan	HH 171	Piepkorn Björn	BRA 158
Pfeil Gerhard	HE 197	Philipp Tanja	HE 202	Pieringer Hans Erich	BY 93
von Pfeil Johannes	SG 484	Philipp Ulrike	HH 171	Pierscianek Roland	SG 491
Pfeiler Harald	BRA 155	Philippi Heiko	SAC 365	Pies Elisabeth	RP 341
Pfelzer Anja	NW 327	Philippi Klaus-Jürgen	VwG 534	Pies Michael	SG 499
Pfennig Peter	VwG 514	Philippi Manfred	SG 491	Piesker Hans	BU 9
Pfenning Uwe	SAN 393	Philippi Nina	VwG 506	Pietroschinsky Armin	FG 463
Pfersich Andreas	VwG 537	Philipps Andrea	MV 210	Pietroschinsky Birgit	NW 327
Pfestorf Timo	MV 215	Philipps Bernhard	RP 348	Pietryka Christoph	SAC 367
Pfetsch Jochem	BW 61	Piaszek Alexander	NW 266	Pietryka Sabine	SAC 375
Pfeufer Ursula	SAC 365	Picard Uwe	BRE 163	Pietrzik Gesa	SG 488
Pfingsten Hans-Josef	BRA 155	Picha Thomas	SAN 383	Pietsch Anne	MV 215
Pfingstl	AnwG 545	Pichinot Christine	NDS 254	Pietsch Gernot	NW 313
Pfingstl Reinhard	BY 75	Pichinot Hans-Rainer	SH 403	Pietsch Karl-Heinz	RP 336
Pfirrmann Volker	BW 67	Pichlmaier Tobias	BY 97	Pietsch Peter	FG 470
	FG 464	Pichlmeier Michael	BY 123	Pietsch Ulrich	ArbG 438
Pfister Peter	HE 187	Pichocki Frank	NW 292	Pietsch Ulrike	MV 214
Pfister Wolfgang	BU 8	Pichon Gudrun	VwG 528	Pietschmann Gernot	RP 341
Pfister-Luz Martina	BY 81	Pick Hans-Christian	MV 214	Pietzcker Till	SAC 378
Pfistner Sebastian	VwG 512	Pick Hans-Georg	ArbG 443	Pietzek Michael	NDS 222
Pfitzenmaier-Krempel		Pick Stefan	RP 351	Pietzko Irina	SAC 377
Ursula	BW 50	Pickan-Hansen Gertrud	RP 338	Pietzner Rainer	BU 13
Pfitzer Werner	ArbG 433	Pickel Bernd	BER 127	Piira Paul Hermann	NW 301
Pfitzner Thomas	SG 489	Pickel Renata	ArbG 440	Pikarski Stefan	SAN 385
Pflaum Annette	HH 171	Pickenhan Herbert	BY 104	Pilartz Annegret	ArbG 454
Pfleger Eva	VwG 509	Picker Ulrike	BER 143	Pilartz Sabine	BY 119
Pfleger Otto	RP 350	Pickert Dietmar	SH 406	Pilch Annett	TH 414
Pfleiderer Thomas	NDS 240	Pickert Johannes	BRA 157	Pilger Wolfgang	NW 316
Pflieger Klaus	BW 64	Piechulla Birgit	BY 91	Piller Andreas	TH 416
Pflüger Götz	HH 170	Pieda Rainer	BER 135	Piller Hans Jürgen	BY 104
Pflügner Ilona	VwG 514	Piegsa Dirk	NW 329	Pillmann Kurt	NW 316
Pflügner Knut	BRA 154	Piegsa Stefanie Katja	NW 328	Pilster Ronald	SAN 383
Pfluger Helga	BY 100	Piehler Georg	BW 28	Piltz Anne	BER 142
Pfluger Paul Georg	BY 100	Piekenbrock Jan	NDS 225	Pilz Michael	SAN 387
Pförtner Eberhard	BU 12	Piel Burkhard	ArbG 447	Pilz Wolfgang	SG 489
Pförtner Klaus	HE 198	Piel Monika	SH 403	Pinder Tobias	BRA 155
Pfohl Andreas	NDS 219	Piel Wolfgang	SAC 364	Pingel Bernd	NDS 231
Pfohl Elisabeth	BY 115	Pielemeier Ines	NW 302	Pingel Karl-Heinz	RP 339
Pfohl Michael	BW 68	Pielenz Carola	HH 169	Pinkemeyer Horst	VwG 532
Pfrommer Jens	BW 51	Piellusch Stefanie	NDS 228	Pinkenburg Hartmut	NDS 231
Pfützenreuter Volker	FG 470	Pielsticker Susanne	BY 107	Pinkert Christine	SAC 375
Pfützner Jörg-Ulrich	BRA 157	Piendl Johann	BY 116	Pinski Monika	NDS 254
Pfuhl Berthold	SAC 372	Pientka Andrea	BW 61	Pint Uwe	FG 470
Pfuhl Susanne	SAC 373	Piepel Rita	VwG 520	Pinter Ulrich	BY 97
Pfundt Bärbel	HH 170	Piepel Robert	MV 210	Pinzer Markus	BY 114
Pheiler Matthias	NW 301	Piepenburg Dieter	BW 30	Piontek Sascha	NW 329
Pheiler-Cox Petra	NW 329	Piepenstock Erika	NW 326	Piontkowski Gabriela	BRE 143
Phieler Michael	SG 489	Piepenstock Karola	SG 495	Piorkowski Günther	BER 129
Phieler-Morbach Ulrike	BRA 152	Pieper Eberhard	VwG 517	Pippert Jörg	TH 412
Philipp Beate	BW 66	Pieper Frank	SAN 392	Pippert Nanette	ArbG 459
Philipp Hans-Michael	AnwG 558	Pieper Friedrich		Pirc Susanne	NW 288
	SH 398	Wilhelm	TH 415	Pirk Bianca	VwG 540
Philipp Hans-Peter	VwG 507	Pieper Hermann	NDS 248	Pirk Marcus	SAC 374
Philipp Jürgen	VwG 507	Pieper Jürgen	NW 305	Pirlich Frank	HE 193

707

Pirlich-Kraus Carsta	HE 189	Pletzinger Winfried	NW 296	Pöschl-Lackner Helga	BY 104
Pirnay Claus	NDS 249	Pletzsch Michael	AnwG 551	Pösentrup Heiner	BU 15
Pirron Martin	RP 341	Pleus Oliver	NW 330	Pössel Klaus	NDS 231
Pirrung Hans-Martin	VwG 533	Pleuser Mathias	HE 200	Pötke Gisela	BW 60
Pirrung Jörg	EuG 565	Pleuß Jürgen	NDS 243	Poetsch Carsten	RP 340
Pirsing Alwin	BRA 148	Plewig Hans-Joachim	HH 168	Poetsch Udo Michael	NW 304
Pisal Ramona	BRA 146	Plewka Ingo	SH 407	Pötschmann Yvonne	SAC 381
Pisarski Siegfried	BY 116	Plewnia-Schmidt		Pöttgen Reinhold	HE 188
Pisczan Bernd	TH 416	Gabriele	SAC 364	Pötting Dietmar	NW 290
Pisecky Ute	SAC 373	Pleyer Daniela	HE 181	Pötz-Neuburger	
Pisters Manfred	NW 260	Pliester Rembert	BRA 147	Susanne	AnwG 549
Pistor Carl	VwG 526	Pliquett Burghard	FG 469	Pötzsch Heide	SAN 394
Pistor Florian	BW 39	Plitzkow Uwe	NDS 250	Pötzsch Wolfgang	VwG 529
Pittelkow Burkhard	SH 397	Plöd Johann	BY 120	Poganiatz Heike	SAC 379
Pittelkow Joachim	NDS 236	Plöger Matthias	NW 331	Poggel Thomas	NW 305
Pittner Gerald	BY 81	Ploenes Susanne	HE 181	Pogrzeba Jürgen	NW 280
Pittner Lutz	RP 354	Plößl Karl	BY 111	Poguntke Petra	NW 301
Pitz Wolfgang	RP 338	Plötzing Ulfried	NW 322	Pohl Babette	BW 28
Pixa Annette	NW 264	Ploner Anke	BER 137	Pohl Christian	VwG 506
Placzek Helga	SH 399	Plorin Petra	NDS 251	Pohl Claudia	ArbG 444
Plähn Johann-Christian	BER 135	Plota Karl	TH 416	Pohl Doris	SG 493
Plänker Kathrin	BW 51	Plothe Jürgen	BER 135	Pohl Elmar	BW 43
Plaetschke Volker	BY 89	von Plottnitz Rupert	VerfG 427	Pohl Franz Heinrich	NW 324
Plaga Elke	SAN 389	Plotz Gisela	BY 98	Pohl Gerd	NW 324
Plagge Hans-Christian	NDS 246	Plückelmann Birgit	VwG 511	Pohl Gerd	HE 190
Plagge Michael	HE 199	Plücker Helmut	FG 469	Pohl Hans-Arduin	BER 125
Plambeck Henning	HH 175	Plücker Marc	NW 331	Pohl Harald	SH 407
Planitzer Sabine	SAC 372	Plüm Joachim	ArbG 449	Pohl Hildegard	HE 197
Plass Joachim	BW 33	Plümacher Manfred	BER 137	Pohl Jan-Michael	NW 266
Plaß-Brandstetter Helma	SG 480	Plüür Georg	BER 137	Pohl Klaus	HE 180
Plassmann Klaus	NW 297	Pluhm Dieter	VwG 532	Pohl Klaus-Dieter	ArbG 439
Plaßmann Ulrich	NW 294	Plum Axel	NW 260	Pohl Lutz-Gerrit	BER 125
Plastrotmann Robert	NW 315	Plum Norbert	NW 314	Pohl Manuela	BY 89
von Plate Isabel	BRA 158	Plum Rainer	SG 494	Pohl Margit	BY 88
Plate Jürgen	HH 167	Plumeyer Mathias	NDS 228	Pohl Silke	HH 175
Plate Karin	ArbG 443	Plutz Johannes	BY 121	Pohl Ulrich	NDS 231
Plate Katharina	SG 488	Pobuda Karl	BY 105	Pohl Ursula	RP 348
Plate Sabine	NDS 247	Poch Katrin	TH 418	Pohl Werner	BRA 152
Plate Sibylle	NW 323	Pochert Karl-Heinz	NDS 241	Pohl Wolfgang	ArbG 438
Plath Astrid	NDS 235	Podeyn Christian	NW 274	Pohl-Kaiser Gabriele	SG 496
Plath Detlev	TH 413	Podhraski Andrea	SAC 368	Pohl-Kukowski Anne	SAC 366
Plathe Peter	ArbG 447	Poeche Sabine	ArbG 454	Pohlan Dorit	VwG 540
Plathner Christoph	VwG 506	Pöhler Heike	ArbG 445	Pohle Robert	BY 90
Platten Peter	BW 35	Pöhlmann Andreas	BY 121	Pohlendt Hans-Heinrich	SG 490
Plattner Anneliese	BY 101	Pöhlmann Peter	BY 106	Pohlenz Stephan	VwG 520
Plattner Michael-Jörg	NW 292	Pöhlmann Rolf	NDS 238	Pohlit Jochen	RP 350
Platzeck Katharina	BRA 158	Pöhls Harald	SH 402	Pohlmann Anne	HH 174
Platzek Barbara	TH 415	Pöld Peeter	NW 285	Pohlmann Norbert	NW 300
Platzer Charlotte	RP 348	Poelmann Johannes		Pohlmann Petra	NW 261
Platzer Petra	ArbG 459	Joachim	NW 272	Pohlmann Ralph	NW 285
Plauth-Herr Sabine	RP 340	Pönighausen Jobst	NDS 217	Pohlmann Regina	NW 293
Plefka Heinz-Peter	BER 128	Pönisch Beate	NDS 254	Pohlmann Reinhard	HE 192
Plein Mario	NW 265	Poensgen Stephanie	SH 406	Pohlmeier Manfred	NW 289
Pleines Frauke	NDS 230	Pöppel Gerard	BY 97	Pohlschneider Joseph	SG 490
Plenk Ines	BY 80	Pöpperl Burkard	BY 81	Poiares Maduro M.	EuGH 564
Plessner Friedhelm	VwG 511	Poerschke Stephan	NW 306	Pokrant Günther	BU 8
Pletsch Jens Marek	ArbG 451	Pösch Hans-Martin	BY 81	Pokropp-Aring Sigrid	NDS 227
Pletscher Ulrike	SG 496	Pöschl Barbara	BY 105	Polack Sybille	BY 98

Polakowski Torsten	NW 306	Porcher-Christmann		Prager Thomas	SAN 392	
Polatsidis Georgos	ArbG 445	Ulrike	RP 336	Pragst Robert	BER 133	
Policke Klaus	NW 308	Poreda Werner	NW 288	Prahl Julia	NW 329	
Poling-Fleuß Alexandra	NW 320	Porkristl Sabine	BY 122	Prahl Ulrike	SH 405	
Politt Hartmut	NW 278	Pormann Manfred	BRA 157	Prahl Wolfgang	NW 289	
Pollack Joachim	VwG 527	Porr Niels	BW 69	Prahm Carsten	NDS 254	
Pollak Günter	BRA 156	Porschitz Ernst	HE 182	Prange Albert	NW 301	
Pollak Petra	VerfG 430	Port Elke	BY 100	Prange Eckhard-Detlef	BER 126	
Pollender Hans-Ulrich	NW 308	Porten Beate	HE 197	Prange Gerlinde	NW 284	
Poller Stefan	BY 122	Porth Ulrike	NDS 228	Prange Thorsten	BRE 163	
Pollert Herbert	BY 105	Porz Winfred	VwG 532	Prange-Stoll Karin	HH 168	
Pollex Uwe	RP 342	Porzner Erwin	BY 119	Prankel Friedrich	SG 478	
Pollinger Andreas	BY 98	Porzner Wilfried	SG 481	Prankel Norbert	BY 115	
Pollmächer Frank	NW 263	Poscharsky Sonja	HH 169	Prantl Erhard	BY 116	
Pollmann Günter	NW 257	Poschik Anton	BW 54	Pranz Hein-Uwe	HE 180	
Pollmann Klaus	NW 306	Poseck Roman	HE 180	Prasch Hermann	BU 15	
Pollmeier Klaus	BY 87	Posegga Thomas	NW 265	Prasch Ingeborg	BU 16	
Polloczek Andreas	VerfG 425	Posern Ludwig	BW 42	Praß Hans-Joachim	NW 295	
	VwG 506	Poske Dieter	SG 487	Prass Kirstin	HE 183	
Pollok Norbert	BY 103	Posner Anke	HE 198	Prasse Juliane	BW 66	
Polnik Thomas	BY 116	Posner Heike	ArbG 444	Prasuhn Andrea	SH 408	
Polomski Ralf-Michael	NDS 218	Pospischil Liane	SAC 378	Praum Markus	SAA 358	
Polster Heike	HE 202	Posse Reimar	HE 190	Praun Karl	BY 86	
Poltze Dagmar	NDS 222	Poßecker Anett	NW 330	Prause Arthur	SAN 392	
Polzer Peter	BY 109	Possehl Jürgen	NDS 247	Prause Peter	NW 292	
Pommerien Antje	NDS 226	Posselt Birgit Katrin	BRA 158	Prause Renate	SAN 392	
Pompe Jürgen	NDS 241	Post Daniela	VwG 524	Prauß Thomas	TH 423	
Poncelet Claudia	SG 492	Postel Detlef	VwG 512	Prautsch Torsten	NW 292	
Poncelet Stephan	NW 263	Posthoff Karl-Heinz	AnwG 554	Prechsl Peter	BY 92	
Pongratz Erwin	VerfG 425		NW 281	Precht Silja	NDS 233	
	VwG 506	Postier Rüdiger	BU 13	Prechtel Günter	BY 98	
Pongratz Stefanie	VwG 510	Postler Manfred	BY 110	Prechtl Jutta	HE 197	
Ponnath Heinz	BY 78	Potenberg Bernd	BRA 153	Prechtl Ute	VerfG 425	
Pons Karin	HE 197	Poth Andreas	SAC 365	Pree Jan	HE 202	
Ponsold Frank	SAC 370	Potschka Almut	NDS 253	Preetz Kirsten	VwG 539	
Pontenagel Barbara	NDS 248	Pott Christine	BER 128	Preibisch Rüdiger	NW 294	
Ponton Sabine	ArbG 438	Pott Helmut	RP 335	Prein Peter	MV 214	
Pontzen Viktor	BU 16	Pott Norbert	NW 257	Preis-Genthe Anita	SG 486	
Pook Rosemarie	HE 197	Pottgießer Dorothee	VwG 527	Preischel Anton	BY 117	
Popendicker Heike	TH 416	Potthast Heinrich		Preisigke Angelika	SG 493	
Popiolek Olrik	MV 214	Georg	NW 318	Preisner Damian-		
Popken Heiner	SH 408	Potthoff Andrea	NW 320	Markus	VwG 529	
Popoff Karin	SG 493	Potthoff Annegret	SG 495	Preiß Ursula	BY 80	
Popović		Potthoff Frauke	NW 314	Preißinger Marcus	BY 108	
Dragoljub	EuGHMR 568	Potthoff Hans Gerhard	NW 313	Preissner Christian	SAN 392	
Popp Detlef	TH 417	Potthoff Kersten	BRA 151	Preissner Jeanette	SAN 386	
Popp Johann	BY 89	Pottiez Christian	BY 123	Prell Vera	BY 98	
Popp Jürgen	BY 77	Pottkamp Sebastian	BY 122	Prell Wolfgang	FG 467	
Popp Stephan	BY 118	Pottmeyer Ernst	VerfG 428	Prengel Eveline	BW 26	
Popp Wolfgang	HE 199	Potzel Dieter	BY 80	Prenzlow Jörg-		
Popp-Lossau Birgit	BY 96	Potzel Herbert	BY 78	Thomas	VwG 513	
Poppe Peter	ArbG 437	Poulet Steffen	HE 195	Presper Norbert	AnwG 556	
Poppe Rolf	SG 488	Powolny Jürgen	RP 338	Preßler Regina	VwG 523	
Poppe-Bahr Marion	SG 484	Praast-Dieterich		Prestel Barbara	BW 26	
Poppensieker Wolf-		Cornelia	BW 58	Prestien Christiane	BRA 148	
Dieter	NDS 249	Prade Fred	SAC 368	Prestien Hans-		
Poppinga Käthe	SG 489	Pradel Joachim	VwG 515	Christian	BRA 154	
Porath Hans-Jörg	VwG 511	Prätorius Angelika	SH 407	Pretsch Ursula	BY 101	

Pretzel-Friedsam Michael	SG 499	Profitlich Gregor	BER 135	Pugell Thorsten	MV 207
Pretzell Ruth	NW 321	Proft Bernhard	HE 196	Puhl Susanne	BW 24
Preuk Andree	NDS 255	Prohaska Maria	NDS 229	Puhl Thomas	VwG 503
Preuk Andrée	NDS 246	Prokop Clemens	BY 117	Puhle Stefan	NDS 219
Preusche Burkhard	VwG 518	Proksch Günter	BY 87	Puhm Günther	BY 104
Preusche Rainer	BW 45	Proksch-Ledig Angelika	BU 16	Puissochet Jean-Pierre	EuGH 563
Preusker Harald	SAC 363	Promies Vera	BY 97	Pulch Peter-Alexander	HE 186
Preuß Frank	VwG 520	Propfe Christian	AnwG 552	Pulfrich Michael	BRA 151
Preuß Katrin	NDS 248	Prosch Liselotte	BY 115	Pulina Claudia	HE 202
Preuß Kerstin	BER 132	Proske Eckhard	VwG 505	Pulkowski Florian	BW 69
Preuß Rainer	TH 416	Proske Eva	NW 295	Puls Dorothee	NW 274
Preuß Ulrich K.	VerfG 426	Pross Wolfgang	BW 57	Puls Johannes	NW 275
Preuß Viola	SAC 371	Prossner Helmut	BRE 161	Puls Thomas	SAN 387
Preusse Marcus	NDS 241	Protsch Joachim	AnwG 551	Pult-Wilhelm Sigrid	ArbG 434
Preut Hermann	NDS 252	Protz Claudia	VwG 504	Pulvermüller Wiltrud	BW 65
Prexel Manfred	BY 87	Proyer Manfred	NW 305	Pulz Fabian	ArbG 435
Prexl Hertha	BY 88	Proyer Mathias	NW 328	Pummer Hans Günther	BY 76
Preylowski Andrea	HE 202	Prüfer Dorothee	BER 130	Pump Hermann	FG 471
Priebe Christiane	BER 135	Prüfer Eva	MV 211	Pump Thomas	VwG 523
Priebe Reinhard	VwG 505	Prügel Hubert	RP 352	Pumpat Veronika	VerfG 430
Prieger Ingo	ArbG 443	Prümper Herbert	NW 318	Puppe Gabriele	NDS 249
Priegl Franz	VwG 506	Prünte Anja	VwG 527	Puppe-Lüders Beatrixe	MV 213
Pries Gerhard	BRA 151	Prüser Maike	BRE 162	Puras Trueba Susanne	BW 69
Prieß Sabine	SH 397	Prüshoff Jörg	NDS 236	Purk Eugen	VwG 525
Priester Harald	FG 471	Pruggmayer Henner	NDS 246	Puruckherr Christoph	NDS 254
Priestoph Matthias	BER 139	Prunner Erika	SG 480	Pusch Armin	SG 491
Prietz Reinhard	HE 190	Pruskowski Wolfgang	NW 322	Pusch Gerhard	SG 500
Prietze Philipp	NW 332	Pruß-Steinigeweg Daniela	NW 328	Pusch Heiko	SG 490
Prietzel-Funk Dorothea	BU 16	Pruy Richard	BY 115	Pusch Helmut	NDS 230
Prill Jens-Holger	SG 485	Przewosnik Sabine	TH 414	Puschina Ulrike	BW 61
Priller Stefan	BY 93	Przybyla Joachim	ArbG 440	Puschmann Kurt	NW 266
Prilop Helmut	VwG 522	Przygode Stefan	VwG 526	Pust Hartmut	FG 468
Prinz Alexander	NW 326	Pucher Thomas	BY 122		VerfG 428
Prinz Barbara	SAC 378	Puchert Jobst-Rüdiger	SH 405	Pust Katharina	MV 208
Prinz Gerald	RP 338	Pudelka Jörg	SG 482	Puszkajler Karl Peter	BY 86
Prinzewoski Jürgen	SG 479	Puderbach Klaus	RP 344	Puth Sebastian	NDS 254
Prior Hans-Peter	NW 312	Puderbach-Dehne Karina	NW 273	Putschky Bernd	ArbG 438
Prior Klaus	ArbG 451	Pudig Heike	BRA 156	Putzer Leo	SG 479
Pritzel Christiane	BER 139	Pudimat Gudrun	NDS 235	Putzka Petra	ArbG 446
Pritzl Christian	BY 100	von Pückler Renata	HE 192	Pyschny Manfred	NW 272
Probson Martin	RP 336	Pühringer Alexander	BY 113	Pyzik Klaus	NDS 223
Probst Friedrich	BY 92	Pünjer Thomas	NDS 247		
Probst Hans	NDS 242	Pürner Hubert	BY 80	**Q**	
Probst Joachim	VwG 515	Pürner Reinhard	BY 86		
Probst Martin	SH 398	Püschel Ilse	BU 16	Quack Heidrun	SAA 359
Probst Urich	FG 464	Püschel Stephanie	NW 317		VerfG 429
Pröbstel Holger	TH 413	Püster Jutta	MV 212	Quack Walter	NW 313
Pröfrock Christiane	BRA 157	Pütger Waltraud	VwG 518	Quack-Kummrow Annegret	NW 326
Prögler Wolfgang	SG 480	Pütz Anselm	NW 315	Quade-Polley Martina	NDS 220
Pröller Barbara	SG 479	Pütz Beate	NW 264	Quak Sabine	NDS 228
Pröller Stefan	FG 464	Pütz Bernd	NW 298	Quakernack Jürgen	SAC 372
Pröls Herbert	SAC 368	Pütz Dagmar	RP 353	Quandel Uwe	HE 190
Prölß Gabriele	NDS 220	Pütz Edwin	NW 263	Quandt Susanne	ArbG 453
Profanter Marc	NW 332	Pütz Regina	NW 265	Quandt-Gourdin Dagmar	VwG 504
Proff Heike Luise	TH 421	Pütz Reiner	NW 318		
Proff Willi	TH 421	Pützhoven Reiner	BER 142		
Profitlich Daniela	BER 135				

Namensverzeichnis Rang

Quante-Batz Kerstin	RP 347	Raben Marion	HH 166	Räckers Christiane	BRA 149
Quantz Burkhard	SH 405	von Rabenau Helga	BER 135	Räder-Roitzsch Cornelia	BY 100
Quantz Tobias	BW 69	Rabenow Michael	BER 131	Räth Markus	BY 84
Quarch Matthias	NW 315	Raber Michael	SAA 355	Rätke Bernd	FG 466
Quasdorf Peter	SAC 381	Raberg Alfred		Rättig Alfred	RP 338
Quass Silvia	BRA 156	Friedrich-Ernst	NW 280	Rätz Michael	NDS 245
Quast Brigitte	SAC 378	Rabold Alexander	HE 190	Rätzlaff Karin	NDS 233
Quast Gerd	VwG 516	Rache Volker	ArbG 440	Räuwer Kerstin	ArbG 440
Quast Thomas	NW 320	Rachor Frederik	VwG 518	Ragg Konstanze	SAA 361
Quathamer Silke	HH 175	Rachor Stephanie	ArbG 444	Rahardt-Vahldieck	
Quebbemann Christel	NDS 223	Rachow Bolko	HH 167	Susanne	VerfG 427
Quecke Martin	ArbG 458	Rachow Hannelore	MV 210	Rahe Dirk	NDS 255
Queißer Stefanie	HE 199	Rachow Martina	BRA 148	Rahlf Joachim	BY 87
Quellhorst Rainer	BER 131	Rackelmann Gudrun	BY 121	Rahlmeyer Iris	HE 181
Quendt Anja	SG 499	Rackelmann Stefan	BY 119	Rahmer Wolfgang Erich	NW 309
Queng Stefan	NW 320	Rackow Sigrid	NDS 252	Rahn Christof	NW 266
Quentel Nicole	BW 69	Rackwitz Gerd	BW 33	Rahrbach Steffen	SAC 380
Quentin Andreas	BY 113	Rackwitz Klaus Ulrich	NW 257	Raible Georg	VwG 509
Quentin Angelika	ArbG 448	Racz Christian	NW 296	Raible Julian	SG 478
Querbach Christina	TH 414	Raddant Daniela	NW 332	Raida Hans	BRA 156
Quere-Degner Annegret	NDS 250	Raddatz Brigitte	BER 141	Raimer-Schafferus Claudia	
Quernheim Michael	NW 283	Raddatz Martin	BER 130	Martina	NW 291
Quick Burkhard	BRE 163	Radde Anja	NW 268	Rainer Petra	BY 122
Quick Elisabeth	ArbG 459	Radeke Silke	HE 201	Rainer Thomas	BW 62
Quick Heinz Joachim	VwG 527	Rademacher Hubert	NW 302	Raithel Joachim	TH 417
Quinker Gert	BW 38	Rademacker Olaf	SG 501	Raithel Marion	TH 422
Quirin Bernhard	SAA 359	van Raden Lutz	BU 16	Rake Ulrich	NW 268
Quirmbach Rolf	HE 185	Raden Michael	VwG 535	Rakebrand Joachim	SG 482
Quirmbach Steffen	SAC 377	Rader Jürgen	FG 464	Rakow Andrea	ArbG 450
Quitmann Wolf	NW 319	Radermacher Kerstin	NW 332	Rall Matthias	BW 38
Quitmann-Kreft		Radermacher Peter	NW 322	Ramacher Wolfgang	NW 265
Waltraud	VwG 528	Radermacher Wolfgang	BER 138	Ramackers Arnold	FG 469
		Radke Britta	NW 327	Rambo Rainald	NW 262
		Radke Daniel	NW 317	Rambow Heidemarie	BRA 151
R		Radke Holger	BW 21	Ramcke Udo	VwG 516
		Radke Jürgen	HE 198	Ramdor Martina	NDS 218
Raab Anton	FG 465	Radke Klaus	HE 181	Ramin Eberhard	NW 280
Raab Heike	BY 115	Radke Marc	SH 399	Ramm Martin	BY 86
Raab-Gaudin Ursula	BY 102	Radke-Schäfer Ulrike	NW 297	Rammert Bettina	NDS 253
Raabe Bettina	BW 67	Radloff Richard	BRA 150	Rammert Edmund	NW 285
Raabe Cornelia	HH 174	Radmacher Norbert	SAC 366	Rammert Martin	NDS 222
Raabe Heiko	HH 170	Radon Beate	SG 482	Ramming Gerhard	BY 75
Raabe Jörg	VwG 511	Radtke Angela	VwG 533	Rammoser-Bode	
Raack Wolfgang	NW 321	Radtke Elke	NW 262	Constanze	BRA 154
Raap Susanne	SG 500	Radtke Helmut	BER 125	Ramsauer Andrea	NDS 237
Raape Eva	SAN 394	Radtke Jörg-Detlef	BRA 148	Ramsauer Martin	BY 100
Raasch Ute	BER 135	Radtke Monika	HH 167	Ramsauer Ulrich	VwG 516
Raasch-Sievert Dagmar	ArbG 460	Radtke Wolfgang	SAA 356	Ramspeck Roland	BY 99
Rabas-Bamberger		Radu Magnus	BER 135	Rancke Friedbert	ArbG 440
Adelheid	VwG 518	Radüge Astrid	SG 485	Rancke-Ziemke Susanne	BER 134
Rabbe Julia	NW 331	Radünzel Karl-Heinz	ArbG 456	Randak Michael	SG 480
Rabbow-Geiß Britta	BW 49	Radziejewski Antje	BER 141	Randel Holger	HH 167
Rabe Annette	NW 293	Radziwill Edgar	BMJ 4	Randoll Klaus	BW 54
Rabe Bernd	NDS 224	Raebel Bernd	BU 8	Randschau Winfried	SH 402
Rabe Claus	HH 167	Raeck Steffen	BRA 152	Randt Claus Stephan	BW 44
Rabe Volker	BRE 159	Räcke Günter	BER 137	Ranft Manfred	ArbG 458
Rabe von Kühlewein		Räcke Uta	BER 132	Ranft Thomas	SAC 380
Malte	NDS 254	Räcke Volker	NW 322	Rang Theodor	RP 343

711

Range Harald	NDS	240
Range Joachim	NW	308
Rank Cornelia	BW	70
Rank Hans Peter	BY	97
Rank Michael	BY	83
Ranzinger Kerstin	NW	327
Rapp Bernd	BER	141
Rapp Christian	HE	201
Rapp Wilhelm	HH	166
	VerfG	426
Rapp-Gazić Christiane	BY	121
Rappat Thomas	NDS	217
Rappe Bernd	NDS	224
Rappelt Birgit	SG	481
Rappert Klaus	BY	116
Rappl Peter	FG	464
Rappold Gerhard	BW	51
Rappoport Zwi Hermann	NW	291
Rapsch Elisabeth	VwG	525
Raquet Anke	BW	56
Rasch Ingeborg	BER	127
Rasch Karin	BER	130
Rasche-Iwand Tanja	NW	268
Rasche-Sutmeier Kerstin	VwG	527
Raschen Wolfgang	NDS	246
Rascher Jürgen	VwG	505
Raschke Martina	NW	323
Raschke-Rott Birgit	NW	331
Rasenack Jürgen	BW	66
Rass Jens	NDS	230
Rassier Gerhard	TH	415
Raßmann Monika	BRA	153
Raßweiler Britta	NDS	236
Rast Hans-Joachim	BW	50
Rastätter Jürgen	BW	44
Rastetter Gerhard	BW	30
Ratajczak Frank	TH	417
Ratay Annette	SG	480
Rateike Christina	BER	137
Ratering Gerhard-August	NDS	250
Rath Gunnar	ArbG	443
Rath-Ewers Charlotte	NDS	226
Rathemacher Jörg	FG	474
Rathemacher Sabine	TH	413
Rathgeber Martin	HE	179
Rathgeber Stefan	HE	182
Rathjens Corinna	NW	274
Rathke Ingo	NW	331
Rathke Wolfgang	BRE	161
Rathmann Jens	HE	184
Rathsack Wolfgang	NW	296
Rathsmann Margrit	RP	348
Ratschow Eckart	FG	474
Rattler-Lingrön Bettina	BY	77
Ratz Elke	NW	268
Ratz Rainer	ArbG	445
Ratzel Oliver	BW	69
Rau Albert	BY	86
Rau Barbara	HE	184
Rau Charlotte	HE	202
Rau Ingo	NDS	241
Rau Isabelle	SAC	381
Rau Joachim	NW	321
Rau Werner	HE	184
Rauch Dieter	VwG	507
Rauch Eginhard	SG	487
Rauch Franz	BRA	147
Rauch Hans	BY	116
Rauch Joachim	BU	16
Rauch Kurt	SG	497
Rauch Marina	MV	211
Rauch Marion	BRA	148
Rauch Steffen Gregor	FG	464
Rauch Stephanie	SG	479
Rauche Gunther	SAC	381
Rauchhaus Bernd	HE	198
Raue Astrid	SAN	390
Rauer Horst	BRE	159
Raufeisen Boris	BY	84
Raufer Horst	FG	463
Rauh Antje	SAC	368
Rauhaus Martin	SG	491
Rauhaus Susanne	NW	290
Rauhe Dieter	NDS	240
Raum Rolf	BU	8
Raupach Jörg	BER	139
Raupach Siegmar	NW	326
Rausch Hans Walter	NW	318
Rausch Jens	NW	317
Rausch Jörg	HE	197
Rausch Peter	ArbG	440
Rausch Rolf	NW	266
Rausch Ulla	HE	194
Rauschenbach Anke	BY	120
Rauschenbach Wolfgang	BY	86
Rauschenberg Dirk	VwG	527
Rauschenberg Hans-Jürgen	ArbG	462
Rauschenberger Heike	VwG	518
Rauschenbusch Katrin	SG	478
Rauscher Johannes	ArbG	437
Rauscher Jürgen	HE	180
Rauscher Markus	BW	60
Rauscher Thomas	BY	123
Rautenberg Bruno	BER	133
Rautenberg Dagmar	NW	280
Rautenberg Erardo Cristoforo	BRA	154
Rautenstrauch-Duus Astrid	VwG	540
Rautert Johannes	SG	496
Rave-Justen Georg	BER	135
Raven Ortrud	NW	308
Rebel Heide	SH	404
Rebell Andreas	NDS	225
Rebell Gudrun	NW	269
Rebenstorff Markus	NDS	232
Rebentisch Matthias	BER	141
Reber Daniele	ArbG	439
Rebeski Daniela	NDS	228
Rebhan Rainer	AnwG	545
	BY	110
Rebl Helmut	BY	74
Rebmann Christoph	SAA	360
Rebmann Frank	BW	21
Rebmann Stefanie	BW	68
Rebmann Thilo	BW	70
Rebohle Wolfgang	SG	490
Rebsam-Bender Christine	BW	57
Rebstock Hans-Helge	NW	309
Reccius Andrea	VwG	524
Reccius Werner	VwG	522
Rech Heide	SAC	374
Rech Heribert	ArbG	454
Rech Marco	NDS	236
Rech Thomas	VwG	534
Rechenbach Dagmar	VwG	519
Rechenberger Gerd Jens	SAC	378
Rechner Harry	BY	91
Reck Katrin	BW	69
Reck Markus	BY	88
Freiherr von der Recke Hilmar	NW	318
Freiherr von der Recke Hubertus	AnwG	549
Reckels Barbara	NW	330
Recken Marita	SAC	377
Recker Dagmar	NW	307
Reckert Karin	TH	415
Reckewell Kerstin	HE	197
Reckhaus Elisabeth	NW	287
Reckler Christiane	SAN	394
Reckling Regine	SAC	366
Reckschmidt Dirk	NW	297
Reclam Jürgen	VwG	512
Redant Stephan	NDS	218
Reddemann Dietmar	BER	135
Redder Holger	HH	173
Redeker Martin	VwG	520
Redeker Philip	TH	415
Redeker Ralf	VwG	520
Redeker Wolfgang	NDS	232
Redel Peter	AnwG	545
	BY	110
Redemann Klaus	SAN	390
Redenbach-Grund Jutta	SG	491
Reder Franz-Joachim	BW	59
Reder Wolfgang	BW	50
Redetzki Joachim	BY	91
Redinger Andreas	NW	295
Redl Gabriele	BY	98

Redlich Helmut	ArbG	456
Redlin Harald	NW	270
Redlin Stephan	MV	214
Redling Julius	ArbG	433
Redmer Jürgen	NDS	234
Redmer-Häußler Elisabeth	SG	494
Reeg Fritz Rüdiger	HE	182
Reekers Berhard	NW	268
Reel Gisbert	AnwG	544
Reelsen Imke	NW	306
Reerink Birgit	BW	40
Reese Benjamine	NW	266
Reese Friedrich	SH	406
Regel Barbara	NW	307
Regel Christiane	BW	31
Regel Dagmar	SAN	395
Regel Gerd	SAN	395
Regel Wolfgang	NW	291
Regelin Sabine	SG	480
Regenhardt Manuela	BER	134
Reger Werner	SAA	357
Regler Anton	FG	465
Regner Sven	RP	353
Regul Hans-Joachim	NW	280
Reh Frank	NDS	242
Rehaag Michael	NW	287
Rehak Heinrich	VwG	535
Rehbein Georg	NW	320
Rehbein Harald	BRA	148
Rehbein Klaus	NDS	219
Rehbein Steffen	VwG	533
Rehbein Thomas	MV	215
Rehberg Heidi	SG	490
Reher Anette	NW	328
Reheußer Pankraz	BY	75
Rehling Jochen	NW	309
Rehling Thomas Norbert	HH	169
Rehm Monika	BRA	157
Rehm Ralph	SAC	379
Rehme Eckhard	NDS	244
Rehmsmeier Sandra	VwG	510
Rehring Rüdiger	BW	39
Rehse Regina	NW	297
Rehwagen Werner	FG	464
Reiber Frank	BW	67
Reiberg Maike	NW	284
Reibold Hartmut	TH	420
Reich Beate	RP	333
Reich Jörg-Thomas	HH	173
Reich Karsten	SAA	361
Reich Matthias	SG	494
Reich Petra	BW	29
	BW	39
Reich Siegfried	VerfG	429
	VwG	535
Reich Stephan	BY	107

Reichard Georg	BY	115
Reichardt Beate	BW	34
	BW	40
Reichardt Heike	SAN	387
Reichardt Horst-Dieter	BW	31
Reichardt Melanie Christine	BW	68
Reichardt-Pospischil Maren	HH	168
Reichart Angelika	BU	8
Reichart Jennifer	BY	123
Reichart Ulf	BER	133
Reiche Daniela	BRA	148
Reiche Klaus-Dieter	FG	467
Reichel Carsten	BY	111
Reichel Christian	SAA	357
Reichel Jürgen	BER	129
Reichel Manfred	NW	290
Reichel Michael	SAN	391
Reichel Michael	MV	215
Reichel Susanne	SAC	369
Reichel Ulf	SAC	377
Reichel Volker	SAC	369
Reichel Wolfgang	HH	167
Reichel-Scherer Claudia	SAA	359
Reichelt Daniel	SH	409
Reichelt Dietmar	BER	139
Reichelt Gitta	SAC	376
Reichenbach Harald	BMJ	3
Reichenbach Peter	NDS	250
Reichenbach Sandy	TH	423
Graf von Reichenbach Stefan	NW	264
Reichenberger Klaus	BY	100
Reichert Gerhard	BY	105
Reichert Alfred	BY	92
Reichert Arndt	NDS	234
Reichert Bärbel	NDS	231
Reichert Bianca	SAC	377
Reichert Christoph	BW	21
Reichert Edwin	BY	91
Reichert Gabriele	SAC	366
Reichert Gabriele	BY	97
Reichert Joachim	NDS	220
Reichert Johanna Katharina	NW	299
Reichert Rudolf	ArbG	450
Reichert Thomas	SG	482
Reichert Volker	VwG	511
Reichert Wolfgang	HE	197
Reicherter Dieter	BW	57
Reichertz Katrin	TH	412
Reichhardt Michael	HE	190
Reichling Gerhart	RP	346
Reichling Ursula	RP	351
Reichmann Andreas	NW	284
Reichmann Kirsten	NW	285

Reichmann Lutz-Hartmut	SAN	385
Reichstädter Nicole	BW	70
Reichstein Britta	SH	407
Reichstein-Englert Hildegund	BY	105
Reick Sonja	RP	340
Reidenbach Friedhelm	HE	186
Reif Peter	NDS	229
Reifelsberger Dieter	NDS	219
Reifelsberger Helga	NDS	219
Reifenrath Anja	BER	131
Reifenrath Ralf	BER	138
Reiff Peter	RP	335
Reiff Rüdiger	BER	139
Reiff Sabine	NW	269
Reiffenhäuser Norbert	ArbG	454
Reiffer Erhard	NW	297
Reifferscheidt Margarete	NW	326
Reifferscheidt Norbert	NW	326
Reifurth Horst	BW	30
Reih Herbert	BER	130
Reiher Jürgen	BY	81
Reihlen Irmgard	BER	129
Reil Barbara	BY	121
Reil Jutta	BW	41
Reiland Christina	SG	501
Reilmann Sturmius	NW	301
Reim Antje	NW	265
Reim Dieter	BW	59
Reimann Claudia	NW	265
Reimann Dieter	NW	322
Reimann Dietmar	VwG	505
Reimann Rainer	NW	260
Reimann Ruth	NW	320
Reimann Wilhelm	ArbG	455
Reimer Anett	BER	134
Reimer Jutta	SH	407
Reimer Martina	MV	212
Reimers Gerd	MV	209
Reimers Ines	MV	214
Reimers Peter	AnwG	549
Reimers Ursula	RP	339
Reimers Wolfgang	VwG	517
Reimers-Zocher Birgit	HH	166
van Reimersdahl Jörg	TH	418
Reimold Hans-Jürgen	BW	41
Reimpell Roland	HH	174
Reimus Volker	VwG	514
Rein Christoph	SAC	364
Rein Friedrun	SG	483
Rein Thomas	BW	70
Reinart-Liskow Vera	NW	315
Reinbothe Jörg	BMJ	3
Reincke-Voß Christina	SAC	370
Reindl Gottfried	BY	94
Reindl Thilo	VwG	507

Reinecke   Namensverzeichnis

Reinecke Birgit	BU	10
Reinecke Gerhard	BU	10
Reinecke Hans-Georg	NW	317
Reinecker geb. Altmann, Nina	NDS	243
Reineke Hans-Michael	NW	289
Reiner Andreas	NW	315
Reiner Elke	BRA	150
Reiner Henning	HH	167
Reiner Jürgen	NW	319
Reiners Hans-Ulrich	NW	293
Reinert Patrick	AnwG	555
	RP	335
Reinfelder Anna	ArbG	438
Reinfelder Waldemar	ArbG	442
Reinhard Barbara	ArbG	449
Reinhard Kai	SAA	361
Reinhard Karin	BER	126
Reinhard Martin	BY	121
Reinhardt Franziska	NW	260
Reinhardt Ines	RP	340
Reinhardt Karl-Heinz	NDS	223
Reinhardt Klaus	HE	197
Reinhardt Manfred Volker	NW	272
Reinhardt Nikolaus	SH	399
Reinhardt Peter	NW	295
Reinhardt Thomas	BW	69
Reinhardt Ulrich	BU	16
Reinhardt-Picl Petra	HE	199
Reinhart Walter	ArbG	451
Reinhoff Klaus	NW	316
Reinhold Andreas	SG	494
Reinhold Dörte	NDS	246
Reinhold Klaus	NDS	235
Reinicke Sabine	NDS	237
Reinig Heinrich	VwG	504
Reinke Heinz Joachim	VwG	539
Reinke Michael	BER	133
Reinke Michael	HH	170
Reinke Wolfgang	NW	284
Reinken Werner	NW	280
Reinkenhof Michaela	SAC	381
Reinold Simone	NW	284
Reinschmidt Mike	SG	502
Reinthaler Walter	VwG	506
Reiprich Dietmar	NW	319
Reis Gangolf	NW	315
Reis Heinrich	NW	260
Reisch Heike	TH	422
Reisenauer Michael	NW	330
Reiser Barbara	FG	464
Reiser Dirk	HE	202
Reiser Melanie	RP	354
Reiser Michael	ArbG	438
Reiser-Döhring Elke-Karin	HE	195
Reiser-Uhlenbruch Petra	TH	419

Reiser-Wimmer Barbara	BER	132
Reisiger Astrid	VwG	511
Reismann Jörg	MV	215
Reisner Thomas	VwG	521
Reiß Ernst	BY	85
Reiß Susanne	BY	76
Reiße Martina	VwG	519
Reissenberger-Safadi Olivia	VwG	512
Reißig Helgard	BRA	157
Reißler Elisabeth	BY	108
Reißmann Irene	NW	275
Reißmann Kati	SAC	378
Reitberger Petra	BY	107
Reitemeier Christian	VwG	529
Reitemeier Wiebke	NDS	243
Reiter Gabriela	BY	96
Reiter Harald	BY	87
Reiter Heinrich	AnwG	545
	BY	86
Reiter Heinz	BY	93
Reiter Kathrin	BRA	152
Reiter Martin	SAA	360
Reiter Ralph	BY	106
Reiter Robert	BW	29
Reiter Sandra	NW	302
Reith Harald	HE	199
Reitmaier Andrea	BER	141
Reitmeier Ingrid	MV	212
Reitnauer Martina	VwG	533
Reitschky Ute	TH	418
Reitz Günter	BRA	145
Reitz Henning	ArbG	445
Reitz-Stenschke Maria-Elisabeth	HE	199
Reitzenstein Gerda-Marie	BY	110
Reitzenstein Horst	HH	173
Reitzig Katja	HH	169
Reitzmann Peter	HE	196
Reize Martina	BW	50
Rejewski Harro-Jürgen	BER	126
Reker Barbara	SAC	359
Reker Klaus Dieter	BU	15
Rellensmann Klaus	HH	170
Remen Gernot	BRA	157
Remmel Johannes	VerfG	427
	VwG	519
Remmele Walter	FG	463
Remmers Joachim	VwG	530
Remmert Andreas	NW	313
Remmert Martin	VwG	527
Rempe Franz Konrad	BRA	150
Rempe Heinrich	NW	306
Remus Dieter	SAN	391
Reneberg Jörg	SAC	374
Renelt Heiko	ArbG	459

von Renesse Jan-Robert	SG	492
Reng Rüdiger	BY	91
Renger Marc	SAC	379
Rengers Jutta	FG	471
Renk Heidemarie	HE	184
Renk Helmut	VwG	506
Renken Henning	AnwG	558
Renné Yvonne	BRA	156
Renner Antje	SH	408
Renner Heinrich	BY	102
Renner Michael	BER	127
Renner Silke	BRE	162
Rennert Jürgen	ArbG	434
Rennert Klaus	BU	13
Rennert Reinhard	VwG	514
Rennig Christoph	HE	180
Renninger Martin	BW	65
Rennpferdt Maren	ArbG	444
Rensch Michael	BW	30
Rentel Hartmut	SG	483
Rentsch Arno	SG	499
Rentsch-Fischer Sonja	NW	327
Rentz Jasmin	NW	320
Rentzow Lutz	MV	210
Renz Eugen	BW	47
Renz Helmut	SAC	371
Renz Roland	FG	463
Renze Alfred	NDS	248
Renzing Armin	NW	298
Repka Dirk	VwG	527
Repmann Frank	BRE	163
Repp Udo	RP	341
Resch Jürgen	NDS	251
Resch Kati	TH	415
Reschke Miriam	BW	70
Reschke Peter	NW	294
Reschke Volker	SG	484
Reske Dieter	SG	494
Reske Harald	NW	322
Reske Karl	RP	349
Reske Margarete	NW	319
Respondek Michael	SAC	380
Ressler Hellmuth	FG	473
Restemeier Jürgen	AnwG	552
Retemeyer Alexander	NDS	252
Rethemeier Klaus	NW	280
Rettberg Jürgen	VwG	521
Rettkowski Hilmar	SAN	391
Retzer Konrad	BY	95
Retzer Robert	TH	419
Retzer Rolf	SH	400
Retzlaff Björn	BER	131
Retzlaff Carmen	MV	211
Reubekeul Karsten	TH	419
Reuber Angela	BY	105
Reubold Ludwig	HE	179
Reucher-Hodges Bettina	NW	262
Reuff Martin	BW	50

Reul Sonja	NW 326	Richard Christian	VwG 512	Richter Thomas	SG 491
Reul Wolfgang	VwG 518	Richard Franz Josef	NW 283	Richter Thomas	NW 288
Reuling Udo	HE 189	Richard Monika	NW 329	Richter Thomas	SAC 376
Reumann Günter	HH 173	Richardt Bernd	BRA 145	Richter Ulrike	HE 198
Reumschüssel Iris	BER 131	Richardt Gudrun	BRA 152	Richter Ursula	BY 121
Reupert Christine	BW 27	Richarz Winfried	NW 316	Richter Uwe	MV 209
Reupke Lutz	SH 402	Richel Rüdiger	TH 420	Richter Werner	NW 313
Reupke Renate	NDS 219	Richerzhagen Bernd	VwG 525	Richter Werner	NW 299
Reusch Helmut	RP 343	Richtarsky Jens	SAC 378	Richter Werner	NW 325
Reusch Roman	BER 139	Richtberg Harald	VwG 522	Richter Werner	NW 270
Reuscher Thomas	VwG 533	Richter Andreas	HH 168	Richter Wolf-Wilhelm	BU 13
Reuß Barbara	HH 168	Richter Andreas	BRA 155	Richter Wolfgang	AnwG 549
Reuss Christina	FG 464	Richter Brigitte	NW 320	Richter Wolfgang	MV 209
Reuß Elmar	BY 75	Richter Christian	SG 499	Richter Wolfgang	SH 406
Reuss Hedda	ArbG 436	Richter Clemens	BY 104	Richter Wolfram	NDS 232
Reuß Joachim	FG 470	Richter Elke-Birgit	BRA 155	Richter-Herbig Sigrid	ArbG 444
Reuß Maren	NDS 246	Richter Frank	HE 185	Richter-Zeininger	
Reuter Alexandra	NW 267	Richter Gerd	NW 294	Barbara	BY 113
Reuter Almut	SAN 386	Richter Gerlinde	BRA 153	Richtersmeier Gerhard	NW 285
Reuter Dirk	NDS 246	Richter Gotthard	BW 64	Richthof Hans-Robert	NW 296
Reuter Dirk	SAC 377	Richter Gudrun	SAC 379	Rickelmann Karin	VwG 506
Reuter Dirk	SG 499	Richter Hans	BW 66	Rickers Wilhelm	NDS 249
Reuter Gerd	NW 273	Richter Hans-Ulrich		Rickert Angelika	SAC 379
Reuter Gerhard	SAA 359	Kurt	BRA 152	Rickert Mona	HH 174
Reuter Günter	VwG 529	Richter Harald	SAC 369	Rickert Nanett	NDS 253
Reuter Hermann	NDS 251	Richter Heidemarie	BRA 148	Ridder Ernst-Jürgen	NW 316
Reuter Klaus	NW 326	Richter Heike	VwG 536	Ridder Hans-Joachim	VwG 531
Reuter Knud	HH 172	Richter Helmut	BER 136	Ridder Kord-Henrich	VwG 503
Reuter Ludwig	NW 281	Richter Helmut	ArbG 451	Riebel Beate	VwG 533
Reuter Martin	SAC 377	Richter Ina	SAC 378	Riebel Jürgen	SG 495
Reuter Mechtild	SG 486	Richter Ingrid	HE 200	Riebel Thomas	TH 421
Reuter Peter	HH 170	Richter Ingrid	HE 200	Riebeling Manfred	HE 200
Reuter Rüdiger	BRA 150	Richter Ingrid	SAC 367	Riebell Tim	HE 202
Reuter Sylvia	NW 262	Richter Jochen	NW 285	Riebenstahl Anja	SAN 387
Reuter Sylvia	TH 422	Richter Jörg	SAC 377	Rieberg Sina	BW 50
Reuter Uwe	HE 198	Richter Jörg	BW 31	Riebesel Friedemann	BRA 147
Reuter-Jaschick Susanne	NW 319	Richter Jörn	NW 302	Riechers Marion	HE 191
Reutter-Schwammborn		Richter Josef	HE 186	Riechert Clementine	VwG 529
Gabriele	VwG 518	Richter Jost	AnwG 553	Riechert Gerhard	
Rex Claudia	NDS 254	Richter Jürgen	SG 502	Werner	NW 287
Rex Erhard	SH 406	Richter Jürgen	SAN 391	Riechert Hanspeter	SAC 368
Rey Andreas	NW 323	Richter Juliane	SH 409	Riechert Judith	SAC 369
Reyels Thomas	SG 493	Richter Karl-Friedrich	VwG 508	Riechert Steffen	SG 500
Reyer Heinz Ulrich	NW 260	Richter Kurt Dietmar	NW 296	Rieck Gerhard	BW 68
Reyer Heinz-Günter	BER 136	Richter Lutz-Ingo	BRA 152	Rieck Patrick John	NW 328
Rezai Nina	NW 309	Richter Lydia	BRE 164	Rieck Peter	NDS 232
Reznik Markus	BY 121	Richter Manfred	FG 471	Riecke Olaf	HH 172
Rezori Irene	NW 295	Richter Marina	NDS 241	Riecken Alessa	SAC 378
Rhein Markus	BY 98	Richter Markus	BRA 155	Rieckhof Susanne	BRA 149
Rhein Monika	BY 96	Richter Martina	TH 414	Rieckhoff Suzanne	NDS 246
Rhein Peter	BRA 147	Richter Michael	VwG 511	Rieckhoff Thomas	NDS 246
Rheindorf Siegfried	FG 474	Richter Raimund	BRA 155	Ried Gabriele	HE 186
Rheineck Renate	HH 167	Richter Robert	BER 142	Riede Judith	HH 169
Rheker Nadine	NW 329	Richter Rolf	NW 306	Riedel Achim	ArbG 439
Rhiel Bernhard	HE 191	Richter Rolf	HE 180	Riedel Alexander	BW 30
Rhode Lars	HE 202	Richter Sandra	VwG 510	Riedel Armin	BY 114
Rhode Matthias	NW 307	Richter Saskia	BW 69	Riedel Birgit	SAC 373
Riazi Bijan	VwG 531	Richter Susanne	MV 210	Riedel Dagmar	SAC 377

715

Name	Code
Riedel Ditte	SAC 379
Riedel Frank	BRA 155
Riedel Gerhard	ArbG 438
Riedel Joachim	BW 67
Riedel Johannes	NW 312
	VerfG 428
Riedel Konrad	BY 107
Riedel Norbert Peter	SAN 383
Riedel Siegfried	SG 493
Riedel Silke	HH 171
Riedel Sylvia	NDS 230
Riedel Uwe	NW 276
Riedel-Mitterwieser Susanne	BY 88
Riedelbauch Claus Peter	BY 80
Riedelmeier Sabine	NW 328
Riedelsheimer Ulla	MV 207
Riedemann Andreas	SAC 378
Rieder Martin	BY 99
Rieder Thomas	SAN 394
Riedhammer Markus	BY 105
Riedl Ewerhard	NW 292
Riedl Harald	BY 119
Riedl Heinz	BW 64
Riedl Magnus	VwG 510
Riedle-Knapp Doris	BW 58
Riedmann Norbert	BY 95
Riefer Markus	SG 486
Riefler Christian	SG 496
Riege Achim	VwG 527
Riege Petra	VwG 527
Riegel Knut	NW 272
Riegel Leonhard	BY 81
Riegel Ralf	RP 339
Rieger Andreas	HH 166
Rieger Angelika	BRA 147
Rieger Annette	BER 129
Rieger Carmen	SAN 389
Rieger Charlotte	BW 67
Rieger Claudia	ArbG 445
Rieger Hans-Jörg	BY 96
Rieger Isabel	HE 181
Rieger Jürgen	BW 53
Rieger Kathrin	BY 119
Rieger Paul	BY 115
Rieger Torsten	NDS 250
Rieger Wolfgang	SG 480
Rieger Wolfgang	BW 27
Rieger Wolfgang	VwG 505
Riegger Ernst-Jürgen	BW 26
Riegner Klaus	BY 110
Riehe Hans-Werner	NW 322
Riehl Horst-Adolf	SAN 386
Riehl Jennifer	HE 192
Riehl Marita	NW 320
Riehl Ralf	FG 472
Riehl Ralph	VwG 538
Riehle Gerhard	BW 24
Rieke Katrin	NDS 228
Rieker Betina	ArbG 435
Rieker Georg	BW 66
Rieker Matthias	ArbG 435
Rieker-Müller Regina	BW 58
Rieleder Hans-Otto	BW 66
Riemann Frank	TH 421
Riemann Gerhard	VwG 523
Riemann Katharina	BER 137
Riemann Olaf	NW 332
Riemann-Prehm Juliane	SH 407
Riemenschneider Detlef	NW 321
Riemer Friederike	NDS 253
Riemer Horst	AnwG 551
Riemer Martin	BER 129
Riemer Steffen	SAC 370
Rienhardt Hans-Walter	RP 336
Rienhardt Undine	RP 337
Rienhöfer Kai	NW 283
Rienhoff Urte	NDS 241
Riep Karsten	SAN 383
Riering Stefan	NW 282
Ries Peter	BER 132
Ries Simone	SAN 391
Riese Christine	BER 135
Riese Kai-Uwe	VwG 511
Riesener Christine	SH 408
Riesenhuber Barbara	BER 130
Rieß Albrecht	BW 49
Riesterer Klaus-Jürgen	SG 476
Rietmann Michael	NW 301
Rietschel Ernst-Wilhelm	ArbG 454
Rietz Gunnar	SG 487
Riewe Richard	TH 411
Riffel Wolfgang	BW 34
Riggert Stephanie	BW 36
Rigó Kersten	VwG 516
Rikken Christian	NDS 255
Rikus Annedore	NDS 255
Rilinger Lothar C.	VerfG 428
Rimmel Hans-Ulrich	AnwG 556
Rimmele Bertram	BW 46
Rinck Karin	BY 100
Rinck Klaus	ArbG 447
Rinck Ursula	ArbG 442
Rinder Anne-Gret	BER 126
Rinderle Regina	BY 123
Ring Bernhard	BY 116
Ring Michael	NW 313
Ring Wolf-Michael	VwG 520
Ring Wolfgang	BY 122
Ringe Matthias	VwG 512
Ringel Christine	SAN 387
Ringel Katrin	NW 274
Ringel Martin	SAN 386
Ringkloff Brigitte	NW 271
Rinio Carsten	HH 174
Rinio Olaf	BW 40
Rink Jürgen	HE 185
Rink Ursula	NW 293
Rinken Alfred	VerfG 426
Rinken Ingo	NW 327
Rinnert Rüdiger	MV 208
Rinninsland Gerd	HE 192
Rintelen-Teipel Katharina	VwG 528
Rippel Horst	BU 16
Ripplinger Marita	BER 133
Risch Ingo	NW 265
Risch-Schmidt Cornelia	AnwG 556
Rische Andreas	BER 137
Rischer Michael	NDS 218
Riske Melanie	SAA 361
Riso Irmtraut	NDS 229
Rispoli-Augustin Raffaela	HE 198
Risse Heinrich	VwG 538
Rissel Oliver	RP 344
Rissing-van Saan Ruth	BU 7
Rist Susanne	BW 61
Ristow Ulrike	BW 70
Ritgens Christiane	NW 278
Ritoff Alexandra	SAN 390
Ritoff Sven	SAN 390
Ritscher Christian	BU 10
Ritter Aksel	RP 335
Ritter Almut	BMJ 4
Ritter Andrea	MV 209
Ritter Andrès	MV 213
Ritter Axel	MV 211
Ritter Detlev	BW 25
Ritter Elke	BER 141
Ritter Hans-Joachim	NW 287
Ritter Helmut	NW 326
Ritter Kossa	SG 485
Ritter Manfred	BW 40
Ritter Tanja	BER 143
Ritter-Wöckel Gabriele	BW 33
Ritter-Heuser Kerstin	RP 353
Ritter-Victor Annegret	BER 141
Rittershaus Olaf	NW 265
Rittmaier Maria Anna	SG 480
Rittmann Wolfgang	BW 55
Rittner Sabine	BY 105
Rittscher Nils	SAC 378
Rittweger Stephan	SG 479
Ritvay Gisela	BER 130
Ritz Andreas	RP 345
Ritz Gabriele	HH 169
	HH 175
Ritz Kerstin	BER 137
Ritz Monika	HH 172
Ritzdorf Raimund	RP 337
Ritzenhöfer Heribert	NW 324

Ritzer Josef	BY	93	Röding Oliver	NW	275	Rösch Camilla	ArbG 437
Ritzer Ludwig	BY	108	Rödl Julia	BW	56	Rösch Rudolf	BW 26
Ritzert Silke	BU	10	Röer Birgit	RP	339	Rösch Stefanie	BRA 158
Rix Hinnerk	SH	401	Röfer Gabriele	BRE	161	Roese Wolfgang	NW 274
Rixecker Roland	SAA	356	Röger Norbert	SAC	378	Rösen Uwe	HE 198
	VerfG	429	Rögler Moritz	HE	185	Rösenberger Katja	NW 328
Robben Hans Heinrich	NDS	250	Röh Bernd	VwG	520	Roeser Thomas	VwG 513
Robbers Gerhard	VwG	532	Röhl Christian	NDS	252	Röske Klemens	NW 319
Robineck Wilfried	BRA	154	Röhl Christian	BY	113	Röske Marcus	NDS 254
Robinius Pia	SH	407	Röhl Dorothea	SH	407	Rösl Robert	BY 116
Roblick Ralf	NDS	220	Röhl Heide-Marie	SH	401	Roesler Isabel	VwG 532
Robrecht Ulrike	HH	171	Roehl Ingo	SAC	376	Roesler Klaus	BER 132
Robrecht Wiebke	ArbG	435	Röhl Jürgen	BER	128	Rösmann Hermann-	
Roch Christian	BY	92	Röhl Lars	MV	209	Josef	NW 305
Roche Sacha	BRA	149	Röhl Matthias	VwG	530	Rösner Christina	MV 213
Rochel Sonja	SAC	377	Röhl Sabine	VerfG	428	Rößeler Beatrix	NW 315
Rochow Elisabeth	HH	171	Röhlig Hans-Werner	NW	296	Rößger Marion	BRA 155
Rock Hans	RP	338	Röhm Peter	BW	70	Rößiger Margitta	NW 257
Rock Jörg	SAC	376	Röhr Axel	NW	264	Rössing Anette	NW 327
Rockel Maike	HH	174	Röhr Oliver	VwG	528	Rössl Angela	SAC 367
Rockemer Axel	HE	186	Röhr Winfried	BW	62	Rößler Martin	TH 423
Rocznik Ewald	NW	299	Röhricht Rüdiger	FG	465	Rößler Martin	HE 181
Rode Nicole	HE	203	Röhrig Lars	HH	175	Rößler Martin	NW 318
Rodehau Hans-Ulrich	ArbG	435	Röhrle Wolfgang	BW	66	Rößler-Sauter Rita	FG 465
Rodehüser Annette	NW	291	Röhrmann Achim-			Rößner Daniela	MV 213
Rodemann Tobias	NW	273	Ernst	BER	128	Rößner Ernst	BW 68
Rodemer Ingo	FG	470	Roelen Klaus	BY	90	Rößner Gösta	BY 77
Rodemer Klaus	FG	467	Roeling Reiner	VwG	514	Rößner Tilo	BER 138
Rodemers Andreas	ArbG	457	Röll	FG	464	Röstel Claudia	BRA 151
Roden Carola	BRE	163	Röllenbleck Benjamin	NW	331	Roestel Einhart	SH 402
von Roden-Leifker			Röltgen Winfried	NW	326	Röth Christina	HE 203
Susanne	NDS	232	Römer Dietmar	BY	108	Röthemeyer Peter	NDS 217
Rodenbostel Nandy	NDS	229	Römer Nicole	BER	131	Röthinger Bernhard	VwG 507
Rodenwald Christian	SH	408	Römer Petra	BY	99	Röthlein Cornelia	BY 96
Roder Sandra	SG	493	Römer Ruth	AnwG	551	Röttenbacher Claudia	BY 112
Roderburg Christiane	SAC	373		HE	180	Röttenbacher Fritz	NW 319
Roderjan Astrid	HH	167	Römer Sven	HE	202	Röttgen Astrid	NW 276
Rodermund Wilfried	NW	261	Römer Yvonne	NW	273	Röttger Dieter	BRA 155
Rodewald Eva	BY	114	Römheld Birgit	ArbG	437	Röttger Doris	BRA 148
Rodler Christoph	BY	107	Römhild Hans-Georg	BW	24	Röttger Elmar	NW 284
Rodrian Imke	HE	184	Römhild-Klose Ingeborg	BW	28	Röttger Friedhelm	SH 399
Rodriguez y Rowinski			Römmelt Dieter	BY	97	Röttger Heinrich-	
Miguel F.	SG	495	Römmelt Harald	SAC	370	Eckhart	VwG 527
Röben Gerd	NW	317	Römmer Harald	SAC	380	Röttgers Klaus	NW 262
Röchling Walter	NW	272	Römmig Wolf	AnwG	550	Röttle Reinhard	BY 73
Röck Stefan	VwG	504	von Rönn Matthias	VerfG	427	Rötzer Hans	VwG 510
Röck Wolfgang	MV	207	Rönnau Bettina	ArbG	448	Rövekamp Klaus	SAC 377
Röcken Matthias	NW	287	Rönnert Annett	BY	83	Röwe Josef	NDS 248
Röckrath Stephan	NW	276	Rönninger Helene	SG	500	Röwer Barbara	NW 258
Röde Pia	HE	200	Röper Bettina	BER	135	Roewer Klaus-Detlef	NW 306
Röder Astrid	SG	483	Röper Rita	MV	210	Roewer Wulf	VwG 536
Roeder Botho	SG	482	Rörig Kathrin	RP	337	Rogaschewski Brigitte	BY 98
Röder Claudia	VwG	513	Rörig Peter	BW	64	Roggatz Stefanie	NW 266
Roeder Ingo	VwG	525	Rörig Rainer	BRA	148	Rogge Marcus	HH 175
Röder Marek	BER	132	Rösch Alice	RP	345	Roggenbrod Sabine	BW 50
Röder Ralf	MV	213	Rösch Angelika	ArbG	437	Roggenbuck Ellen	BU 8
Röding Anita	BW	32	Roesch Barbara	SH	407	Roggenbuck Hauke	
Röding Fritz-Otto	BW	40	Rösch Bernd	BY	112	Konrad	SAN 394

Roggenbuck Ralf	BRA	157	Roitzheim Gudrun	NW	261	Rose Frank Guido	SH 408
Roggendorf Dorothée	NW	315	Roitzheim Peter	VwG	526	Rosemann Hans-Willi	SG 497
Roggendorf Sabine	SH	404	Rojahn Dieter	BY	74	Rosemeier Dirk	SAC 370
Roggentin Joachim-				BY	86	Rosen Cornelia	SAC 370
Mathias	VwG	516		VerfG	425	Rosenbach Susanne	SAN 386
Rogger Michael	BY	106	Rojahn Manfred	NDS	231	Rosenbauer Nicole	RP 352
Rogler Daniel Christof	BW	66	Rojahn Nils	BER	134	Rosenbaum Andrea	VwG 509
Rogler Jens	BY	113	Rojahn Ondolf	BU	13	Rosenbaum Bernd	NW 274
Rogner Jörg	NW	280	Rojczyk Stefan	HE	198	Rosenbaum Claudia	NW 306
Rogoll Karl-Heinz	BRE	162	Rolf Heinz-Peter	HE	191	Rosenbaum Detlef	VwG 511
Rohatsch Karl Heinz	TH	411	Rolf-Schoderer Monika	HH	166	Rosenbaum Elke	NW 295
Rohde Annette	NW	285	Rolfes Reinhard	NW	309	Rosenberg Jochen	SAN 386
Rohde Christian	NW	308	Rolfsmeyer Dieter	BER	139	von Rosenberg-Fiebig	
Rohde Claudia	SAN	395	Rolke Dieter	NW	263	Angelika	NW 317
Rohde Hans-Ulrich	NW	322	Roll Andreas	RP	337	von Rosenberg-Lipinsky-	
Rohde Jörg	VwG	531	Roll Sigmar	SG	481	Küçükince Annema-	
Rohde Klaus	NW	323	Roller Klaus	HE	181	rie	ArbG 452
Rohde Manfred	SAN	383	Roller Steffen	SG	475	Rosenberger Dirk	VwG 520
Rohde Nicole	SG	485	Roloff Allan	NW	329	Rosenberger Rainer	NW 313
Rohde Olaf	HE	177	Roloff Dieter	AnwG	550	Rosenbusch Christopher	BY 77
Rohde Peter	NDS	226	Roloff Sebastian	ArbG	454	Rosenbusch Wolfgang	NDS 227
Rohde Reiner	NW	270	Roloff Stefanie	BER	131	Rosenfeld Dieter	BW 35
Rohe Mathias	BY	110	Roloff Stefanie	NDS	253	Rosenfeld Gudrun	SAN 386
Rohe Stephanie	NDS	231	Roloff Wolfgang	AnwG	554	Rosenfelder Sulamith	BY 108
Rohkämper Marlies	ArbG	452	Romann Ulrich	SAN	395	Rosenfelder Ulrich	ArbG 436
Rohlack Tammo	BMJ	5	Romansky Stefan	AnwG	555	Rosenfeldt Ingrid	HE 184
Rohland Malgorzata	BRA	158	Rombach Patricia	BW	33	Rosengarten Carsten	NDS 242
Rohlff Reimer	BY	74	Romberg Helga	VwG	533	Rosenke Christina	BY 107
	BY	86	Romberg Mareike	SAA	360	Rosenkötter Rolf	ArbG 447
Rohlfing Christiane	NW	287	Romberg Werner	NW	288	Rosenkranz Hans	HE 195
Rohlfing Christine	NW	286	Romeikat Tobias	ArbG	437	Rosenkranz Helmuth	BY 117
Rohlfing Gerhard	NW	294	Romeleit Guido	NW	323	Rosenkranz Mechthild	HE 188
Rohlfs Jürgen	NDS	245	Romer-Moje Nadine	NDS	253	Rosenow Frank	NDS 226
Rohlfs Renate	NW	316	Rometsch Wolfgang	BW	64	Rosenstock von Rhöneck	
Rohm Hans-Joachim	BER	133	Rommel Jens	BW	67	Christa	RP 353
Rohn Matthias	VwG	514	Rommersbach Jürgen	SG	493	Rosenthal Hans-	
Rohn Steffen	MV	209	Ronsdorf Kai	SAC	371	Joachim	VwG 538
Rohner Georg	NDS	250	Ronsfeld Thomas	SH	407	Rosenthal Jutta	SH 399
Rohner Thomas	HE	194	Rook Andreas	ArbG	440	Rosenthal Rebecca	HE 182
Rohnfelder Dieter	HE	197	Roos Bernhard	BW	33	Rosenthal Thomas	BER 437
Rohowski Karsten	ArbG	448	Roos Constanze	NW	327	Rosewich Julia	RP 337
Rohr Teresa	ArbG	436	Roos Elke	BU	12	Rosewick Dieter	BRA 154
Rohr-Schwintowski			Roos Helmut	HE	177	Rosinski Gisela	BY 119
Rita	BRA	152	Roos Horst	RP	345	Rosocha Hans-Bernd	NW 271
Rohrbach-Rödding			Roos Manfred	SAN	393	Ross Joachim	SG 475
Gesine	BRA	146	Roos Peter	NW	263	Ross Leon	SAC 364
Rohrbeck Peter	HH	167	Roos Ralf	VwG	529	Ross Regina	TH 412
Rohrer-Fischer Ruth	HE	181	Ropertz Maik	BW	58	Roß Stefanie	NW 330
Rohrmann Jörn	AnwG	555	Rosas Allan	EuGH	563	Roß Udo	FG 470
Rohrmüller Jürgen	BY	106	Rosch Burkhard	NW	293	Rossa Andrea	BY 95
Rohweder Aljoscha	SH	408	Roscheck Jan	SH	402	Rossbach Dirk	SG 487
Rohwer-Kahlmann			Roscheck Michael	BRA	155	Roßberg Margarete	VwG 528
Andreas	BRE	161	Roscheck Sabine	BRA	155	Roßdeutscher Barbara	BY 94
Rohwer-Kahlmann			Roscher Heike	SAC	367	Rosseck Anne-Katrin	BER 130
Stephan	BRE	161	Roscher-Grätz			Rossig Heike	BY 67
Roidl-Hock Ellen	NW	261	Dorothea	AnwG	543	Roßkopf Regina	BY 105
Roitsch-van Almelo				BW	49	Roßmanith Günther	ArbG 443
Elke	NDS	242	Rose Andreas	BRA	151	Roßnagel Alexander	VerfG 425

Namensverzeichnis Rühle

Roßner Hans-Jürgen	NDS 231	Rother Jürgen	NDS 220	Ruccius Gottfried	AnwG 544
Roßner Hermann	FG 465	Rother Manfred	BW 39	Ruckdäschel Günther	BY 120
Rosso Frank	NW 271	Rother Margit	MV 211	Ruddies Siegfried	BRA 149
van Rossum Johann-Wilhelm	NW 325	Rother Martin	SG 477	Rudeck Karen	MV 213
van Rossum Katrin	NW 261	Rother Ralf	BER 138	Rudel Fred	BER 137
Roßwinkel Carsten	NW 268	Rothermel Wolfgang	BY 87	Ruderisch Dagmar	BY 86
Rost Christian	NDS 227	Rothfuß Holger	BU 8		BY 87
Rost Dirk	SH 399	Rothfuß Till	BMJ 4		VerfG 425
Rost Friedhelm	BU 10	Rothhammer Monika	SG 480	Ruderisch Matthias	BY 95
Rost Robert	BY 76	Rothkäppel Karl	BY 103	Rudert Hauke	NW 331
Rostowski Wolfgang	BER 140	Rothkegel Clemens	AnwG 547	Rudisile Richard	VwG 503
Rotax Horst-Heiner	HH 170	Rothmeyer Ulrike	SG 502	Rudnik Gunter	SG 482
Roter Kerstin	NW 328	Rothstein Jutta	NDS 239	Rudolf Eva	ArbG 435
Roterberg Susanne	NW 330	Rothstein Ulrike	NW 257	Rudolph Alexander	HH 170
Rotermund Ronald	NDS 239	Rothweiler Tanja	BW 67	Rudolph Annett	SH 408
Roth Alexander	BRA 157	Rothweiler Winfried	HE 192	Rudolph Antje	SAC 379
Roth Alexander	BY 123	Rott Alexandra	NW 331	Rudolph Bettina	NW 328
Roth Andreas	VwG 504	Rotter Ludwig	BY 104	Rudolph Dagmar	VwG 514
Roth Barbara	NW 257	Rotter Stephan	ArbG 437	Rudolph Inge	VwG 517
Roth Beate	VwG 518	Rotthauwe genannt Löns Aletta	SAA 361	Rudolph Jens	BER 143
Roth Bernd	NW 263	Rottkemper Michael	NW 287	Rudolph Jürgen	RP 338
Roth Brigitte	VwG 505	Rottländer Guido	NW 268	Rudolph Katrin	BW 33
Roth Delia	NW 287	Rottlaender Helmut	NW 295	Rudolph Lothar	VwG 522
Roth Dieter	VwG 505	Rottländer Ingo	NW 273	Rudolph Monika	BW 60
Roth Gerald	BU 8	Rottländer Maria	NW 323	Rudolph Peter	SAC 374
Roth Günter	SAA 357	Rottmann Heinrich-Georg	VwG 535	Rudolph Petra	SAC 370
Roth Heinz Georg	HE 192	Rottmann Horst	BY 113	Rudolph Randolf	SAN 392
Roth Henry	NW 311	Rottstegge Bernhard	NW 300	Rudy Hans	NW 263
Roth Joachim	NW 326	Rotzoll Henning	SAC 380	Rudzki Christoph	SAC 375
Roth Johannes-Georg	BW 27	to Roxel Karlheinz	NW 308	Rübenkönig Judith	BY 123
Roth Jürgen	BY 83	Royen Georg	BW 25	Rübesames Cornelia	TH 423
Roth Manfred	HE 183	Rozakis Christos	EuGHMR 567	Rübner Sabine	BY 105
Roth Markus	SAC 366	Rozek Jochen	VerfG 429	Rübsam Antje	VwG 530
Roth Michael	HE 202	Rubach Walter	AnwG 546	Rübsam Gerald	NW 306
Roth Michael	BY 81	Ruban Reinhild	BU 11	Rübsamen Bernd	NW 260
Roth Norbert	ArbG 438	Rubbert Susanne	VerfG 427	Rücker Barbara	BY 103
Roth Ricarda	BY 122		VwG 516	Rücker Burkhard	NW 257
Roth Susanne	ArbG 434	Rubel Rüdiger	BU 13	Rücker Christel	VwG 522
Roth Thomas	HE 182	Rubel Stefan	NW 273	Rücker Ina	SG 493
Roth Verena	NW 266	Ruben Jörg	NW 295	Rücker Klaus-Dieter	AnwG 544
Roth-Melzer Susanne	HE 197	Rubenbauer Anton	SG 478	Rückert Anne Katrin	BW 24
Rothärmel Michael	BY 122	Ruberg Angela	NW 328	Rückert Peter	HE 197
Rothammer Gerd	BW 40	Ruberg Bernd	ArbG 440	Rückert Rainer	ArbG 446
Rothaug Barbara	TH 417	Rubik-Kreutzfeldt Martina	BW 39	Rückleben Katharina	ArbG 435
Rothaug Karl-Hans	VwG 517	Rubin Ursula	BW 35	Rüdel Monika	BW 33
Rothbart Michael	BER 127	Rubin-Wegehaupt Kristina	SAN 395	Rüdiger Franziska	SAC 380
Rothe Axel	MV 209	Rublack Susanne	VwG 539	Rüge Gundolf	SAN 384
Rothe Birgit	TH 412	Rubly Hans-Jürgen	VwG 534	Rüger Frank	NDS 220
Rothe Björn	BRE 163	Rubner Sylvia	SAN 387	Rügge Dieter	NW 289
Rothe Kerstin	TH 415	Ruboks Peter	HE 183	Rühl Christine	BRA 153
Rothe Martin	HH 171	Ruby Dieter	SG 498	Rühl Gerhard	BY 115
Rothe Yvonne	NW 309	Ruby Jürgen	NW 268	Rühl Iris	NW 262
Rothenbach Silvia	BER 130	Ruby Manuel	BW 69	Rühl Werner	ArbG 442
Rothenberg Stefan	NDS 234	Ruby-Wesemeyer Ursula	BW 40	Rühl Wolfgang	BMJ 4
Rothenberger Franz	FG 768			Rühl Wolfgang	BW 37
Rothenbücher Ulrich	BY 116			Rühle Hans	SAN 390
Rother Jörg	SAN 390			Rühle Heide	TH 416
				Rühle Klaus	HH 166

719

Rühle Rainer	HH 168	Ruhrmann Ulrike	VwG 516	Ruß Sabine	BW 64
Rühle Wolfgang	NDS 235	Ruhs Svenja	HE 202	Russack Marc	NW 265
Rühling Immo	VwG 522	Ruhwinkel Stefanie	BY 74	Russack Mey Marianne	NW 327
Rühling Michael	VwG 521	Ruiz-Jarabo Colomer		Russell Thomas	HE 202
Rühling Rainer	SG 478	Dámaso	EuGH 564	Rußer Wolfgang	HH 170
Rühling Ulrike	SH 398	Rukopf Arnd	BW 26	Rußig Harald	SG 486
Rühmann Jürgen	FG 473	Ruland Adolf	SAC 367	Rust Alfred	SH 409
Rühmann Reiner	RP 338	Ruland Helga	SAC 366	Rust Detlev	NDS 219
Rüll Stephan	RP 335	Ruland Herbert	AnwG 556	Rustemeyer Kirstin	
Rümke Almut	NDS 235	Ruland Susanne	NW 305	Annette	NW 327
Rümke Bernd	NDS 227	Rulff Ingeborg	NW 276	Ruster Hans Günter	FG 470
Rümmler Matthias	TH 413	Rumberg Klaus	NW 295	Ruth Klaus	VwG 518
Rümmler Siegfried	SAC 376	Rumler Hans-Peter	BW 21	Ruthe Peter	SG 480
Rüntz Stefanie	NW 315	Rumler Susanne	BW 54	Ruthsatz Reinhard	VwG 518
Rünz Gerd	SG 492	Rummel Hans-Georg	BW 61	Rutz Anton	RP 349
Rüping Hinrich	NDS 225	Rummeling Ulrich	NW 296	Rutz Susanne	SH 400
Rüppel Reinhard-		Rummler Toralf	BER 143	Rutz Thomas	SG 501
Ulrich	BER 141	Rumpf Regina	RP 337	Ruzman Lahorka	BY 121
Rürup Horst	NW 305	Rumpf Stefanie	BW 40	Rzadtki Hans-Dietrich	HH 172
Rüsch Elke	NW 274	Rumpff Antje	BER 142	Rzany Johannes	BW 27
Rüsch Florian	VwG 512	Rund Hermann	BY 78	Rzehak Jörg	SAC 380
Rüschen Hermann-		Runde Christian	BRA 157	Rzymann Bernd	BW 49
Rudolf	SG 479	Rundholz Matthias	HH 174		
Rüsing Michael	SAC 375	Rundt Sigmar	NDS 234		
Rüsken Reinhart	BU 11	Runge Angelika	BER 128	**S**	
Rueß Hans-Peter	VwG 511	Runge Annegret	BW 23		
Ruess Karl	HE 191	Rungelrath Heinrich	NW 269	Saak Gisela	BER 127
Rüster Susanne	FG 465	Rungenhagen Klaus	BER 129	Saal Julia	NW 296
Rüter Alexandra	ArbG 449	Runkel Miko	SAC 367	Saal Martin	NW 290
Rüter Claus-Henning	NW 281	Runte Barbara	VwG 531	Saal Michael	SG 479
Rüter Günter	NW 305	Runte Franz-Georg	NW 300	Saalmann Andreas	SAC 380
Rüter Uwe	NW 308	Runte Gabriele	VwG 526	Saam Joachim	BW 60
Rüth Christina	VwG 534	Runte Huberta	NW 288	Saar Katharina	BER 131
Rüther Sönke	HH 171	Ruopp Angelika	BY 122	Saathoff Reinhard	NDS 227
Rüthers Bernhard		Rupieper Wolfgang	BRA 148	Sabel Oliver	NW 281
Rudolf	NW 281	Rupilius-Sarris		Sabin Fritz-Eckehard	MV 206
Rütten-Weber Clara	NW 313	Marianne	HE 202	Sabrotzky Melanie	SAN 390
Rüttgers Peter-		Rupp Friedrich	FG 463	Sabrowsky Arnim	NW 291
Wolfgang	NW 265	Rupp Michael	TH 411	Sachenbacher Ulrike	BY 98
Ruetz Bernhard	BW 52	Rupp Michael	SAA 359	Sacher Dagmar	NW 281
Rütz Günther	NW 264	Rupp Volker	NW 280	Sacher Gerald	NW 287
Rütz Lothar	NW 260	Ruppe Friedrich	BY 117	Sachs Heribert	RP 349
Rützel Reinhold	HE 186	Ruppel Bernd	SH 407	Sachs Michael	VerfG 428
Ruf Gerhard	BW 57	Ruppel Bettina	SG 487	Sachse Caroline	BW 71
Ruff Wolfgang	SG 490	Ruppel Birgit	HE 201	Sachse Ulrich	NW 298
Ruffert Christiane	RP 353	Ruppel Kordula	BER 134	Sachsenmaier	
Ruge Carsten	SAC 380	Ruppel Markus	BRA 156	Wolfgang	VwG 505
Ruh Jürgen	RP 348	Ruppelt Klaus	HE 193	Sachsenröder Gunter	MV 213
Ruh Peter	BW 24	Ruppelt Michael	SG 485	Sack Marco	BER 141
Ruhdorfer Johann	BY 117		VerfG 427	Sackmann Karin	SAN 390
Ruhe Burkhard	HH 166	Ruppelt Holger	HH 170	Sackreuther Kai	BW 39
Ruhe Reinhard		Ruppert Urban	RP 350	Sadri-Herzog Janine	BER 140
Wilhelm	NW 284	Ruppolt Ingolf	HH 173	Sadrinna Reinhard	FG 270
Ruhkopf Klaus	ArbG 448	Rupprecht Klaus	NW 263	Säcker Bettina	RP 354
Ruhl Marion	AnwG 547	Rusch Wolfgang	VwG 529	Säcker Horst	BU 13
Ruhland Klaus	BY 93	Rusch-Bilstein Anja-		Säcker Martin	RP 354
Ruhnau Fabian	HE 200	Margareta	NDS 221	Sämann Bernd	SAC 380
Ruholl Christoph	HH 171	Ruske Isolde	BER 137	Sämann Martina	NW 309

Saemann Ullrich	HE	191
Sänger Christine	SAN	389
Saenger Ingo	NW	281
Saenger Michael	VwG	517
Sänger Niki	ArbG	435
Sänger Thorsten	NW	328
Saerbeck Klaus Ludger	AnwG	553
	AnwG	554
Säuberlich Claus	SAN	392
Säugling Theodor	BY	95
Safari Chabestari Ursula	BU	8
Saffran Detlev	NDS	233
Sagebiel Michael	HE	197
Sagebiel Thomas	HE	181
Sager Beate	SH	404
Sagurna Verena	NW	331
Sahlenbeck Ulrich	NW	273
Sahlmann Kerstin	BRA	148
Sahm Ralf-Dieter	SAA	360
Sailer Bernd Martin	BW	70
Sailer Christina	SG	483
Sailer Wolfgang	BU	13
Sakuth Norbert	AnwG	550
	HH	167
Saladin Christel	RP	348
Salamon Christoph	NDS	220
Salamon Jochen	AnwG	553
Salamon Norbert	NW	307
Salbreiter Karin	SAC	365
Salchow Anke	ArbG	451
von Saldern Barbara	VwG	540
von Saldern Ludolf	BER	132
Salesch Barbara	HH	167
Salewski Andreas	NDS	249
Salewski Astrid	NW	285
Salge Andrea	NDS	232
Salis Stefan	HH	171
Saller Roland	BY	89
Sallmann Hans-Otto	NW	275
Gräfin von Salm-Hoogstraeten-Weebers Barbara	NW	269
Salmann Meike	NW	297
Salmanzig Gert	RP	341
Salmon Torben	ArbG	444
Salomo Silvio	SG	498
Salomom Sabine	BW	29
Saltenbrock Inga	NW	278
Salzenberg Dirk	NW	269
Salzer Barbara	SG	478
Salzmann Horst-Rüdiger	BU	9
Salzmann Katrin	ArbG	440
Samel Eric	RP	345
Samel Kai-Christian	VwG	512
Sammet Ines	NW	292
Sammler Wolfgang	AnwG	557

von Samson Himmelstjerna Rudolf	MV	214
Sanchez Alfonso Iris	ArbG	440
Sanchez de la Cerda Julia	VwG	512
Sanchez-Hermosilla Fernando	BW	29
Sand Detlef	HE	182
Sand Markus	BY	121
van der Sand Martin	NW	289
Sandbaumhüter Franz-Günter	BU	14
Sandbaumhüter Winfried	FG	471
Sandberger Christoph	BW	71
Sandbiller Eva	SG	481
am Sande Frank	NDS	224
Sanden Trautlinde	SAC	370
Sander Andreas	ArbG	459
Sander Angelika	AnwG	557
Sander Beate	RP	340
Sander Boris	NDS	233
Sander Friedhelm	NW	302
Sander Gerd	SAA	359
Sander Günther	BER	128
Sander Heike	BER	133
Sander Heinrich-Walter	RP	341
Sander Jörg	TH	416
Sander Jörg	VwG	529
Sander Kay-Uwe	SAC	365
Sander Martin	ArbG	446
Sander Martin	VwG	524
Sander Mechthild	BER	136
Sander Peter	SAA	359
Sander Tamara	SG	485
Sander Thomas	NDS	252
Sander Veronika	BRA	147
Sander Volker	SAC	365
Sander Wolfgang	BY	83
Sander-Hellwig Annelore	FG	465
Sanderbrand Syna	NDS	243
Sandermann Almut	FG	470
Sandermann Edmund	BY	114
Sandgaard Gesa	VwG	523
Sandhaus Clemens	AnwG	553
Sandherr Gudrun	BER	130
Sandherr Urban	BER	137
Sandhöfer Anna	AnwG	556
	SAA	356
Sandhoff Catrin	ArbG	456
Sandhorst-Schäfer Martina	BW	58
Sandig Sybille	SAC	368
Sandkühler Michael	NW	288
Sandkuhl Heide	AnwG	548
Sandmann Johannes	SH	397
Sandmann Monika	NW	287
Sandring Fred-Peter	ArbG	459

Sandtner Sybille	HE	203
Sanftleben Jörn	BRA	153
Sankol Barry	HH	176
Sannicolo Eva	RP	354
Sannwald Detlef	VwG	505
Sannwald Gabriele	BW	58
Saponjic Claudia	BY	93
Sapp Friedrich Wilhelm	NW	281
Sapper Annette	SG	494
Sapper Julia	BY	122
Sapper Roland	BY	114
Sardemann Jochen	BY	95
Sarge Uta	BRA	149
Sarin Waltraud	NW	268
Sarnighausen Maren	VwG	531
Sarnighausen Wolf	VwG	531
Sartor Bernd	RP	335
Sartorius Bernhard	NW	321
Sarunski Thoren	SAN	387
Saß Ernst-Peter	SH	402
Sasse Cordula	NW	262
Sasse Detlef	BER	128
Saße Gabriele	BRA	150
Sasse Wilhelm	NW	281
Sassenbach Birgit	BY	98
Sassenberg-Walter Ulrike	FG	468
Saßenhausen Hans	NW	273
Sassenroth Corinna	BER	137
Sastry Gaury	NW	295
Sator Frank Otto	VwG	520
Sattel Peter	RP	348
Sattelberger Christian	BY	109
Sattelberger Cornelia	BY	103
Satter Jutta	BRA	147
Sattler Antje	SAA	357
Sattler Barbara	BRA	149
Sattler Caspar	BER	142
Sattler Christine	TH	420
Sattler Detlev	SG	498
Sattler Ellen	SG	493
Sattler Heinz-Jürgen	SG	497
Sattler Kerstin	NW	264
Sattler Mirjam	BER	142
Sattler Sabine	BER	143
Sattler Ute	NW	282
Sattler-Bartusch Karin	BW	38
Satzl Caroline	BY	121
Sauer Andrea	SAN	386
Sauer Axel	HE	200
Sauer Christoph	SH	399
Sauer Gotthard	HE	177
Sauer Henning	NW	284
Sauer Judith	SG	478
Sauer Kerstin	RP	352
Sauer Michael	NW	283
Sauer Patrick	HE	181

Sauer Peter	RP 343	Schabert Gunther	BY 104	Schäfer Heinz Peter	NW 278
Sauer Petra	SAC 370	Schabert Thomas	BW 46	Schäfer Helmut	BW 52
Sauer Stefan	BY 113	Schabert-Zeidler Beate	VwG 507	Schäfer Herbert	VwG 526
Sauer Stephanie	NW 327	Schabram Johannes	BW 25	Schäfer Herbert	NW 319
Sauer Wolfram	HE 184	Schach Karl-Heinz	BW 59	Schaefer Horst	VwG 504
Sauerbaum Horst	TH 422	Schachel Jens	VwG 525	Schäfer Horst	ArbG 455
Sauerberg Dieter	SH 399	Schachner Josef	BY 102	Schaefer Inga	NW 330
Sauerborn Ernst-Wilhelm	RP 352	Schacht Martin	BW 39	Schäfer Ingeborg	SAC 370
		Schachten Elmar	NW 294	Schäfer Ingrid	ArbG 450
Sauerbrei Silvia	SG 496	Schachtschneider Albrecht	NDS 248	Schäfer Ingrid	AnwG 548
Sauerland Dietmar	NW 311			Schäfer Irina	BRA 147
Sauerland Hans-Ulrich	BW 46	Schack Christian	BRA 153	Schäfer Irina	SG 484
Sauerland Ludwig	ArbG 449	Schacke-Eßmann Petra	NW 309	Schäfer Joachim	NW 299
Sauermann Torsten	BRA 156	Schackmann Susanne	SG 499	Schäfer Joachim	NW 287
Sauermilch Karsten	RP 347	Schad Domenica	BER 130	Schäfer Joachim	BW 23
Sauerwald Rudolf	BRE 159	Schade Elke	BMJ 4	Schaefer Jörg	BW 44
Saugier Catharina	VwG 537	Schade Jens	VwG 522	Schäfer Jörg	RP 340
Saul-Krickeberg Johanna	NW 321	Schade Reinhard	SAC 365	Schäfer Jürgen	HE 180
		Schade Rüdiger	BW 57	Schäfer Jürgen	BW 41
Saulheimer-Eppelmann Uwe	RP 344	Schade Sabine	TH 415	Schäfer Karl	ArbG 444
		Schade Werner	VwG 537	Schäfer Klaus	NW 276
Saur Günther	HE 189	Schade-Kesper Marlene	SAA 360	Schäfer Klaus	HE 195
Saur Wolfgang	NW 297	Schadel Anja	BY 92	Schäfer Klaus-Dieter	ArbG 444
Sauren Jürgen	AnwG 555	Schadt Günter	RP 352	Schäfer Max	RP 342
Saurenhaus Jens	VwG 525	Schady Andrea	SAC 378	Schaefer Michael	RP 336
Sauter Günter	FG 463	Schady Jan Henrik	SH 409	Schaefer Monika	BRE 163
Sauter Harald	NW 273	Schäd Heidemarie	BY 82	Schäfer Nicole	ArbG 434
Sauter Karl	BY 74	Schäder Sabine	BY 119	Schäfer Nicole	BER 130
Sauter Manfred	SAC 379	Schädler Wolfram	BU 9	Schaefer Nikolaus	BER 137
Sauter Markus	SH 409	Schädlich-Maschmeier Maria	SG 492	Schäfer Pamela	SAN 395
Sauter Wilhelm	BW 34			Schäfer Rudolf	SAN 391
Sauter-Glücklich Andrea Hubertine	NW 274	Schädrich Ulrike	RP 335	Schäfer Sabine	SAC 367
		Schaefer Ansgar	VwG 509	Schäfer Siegfried	AnwG 550
Sauter-Schwarzmeier Cornelia	VwG 508	Schäfer Barbara Maria	NW 278	Schaefer Simone	VwG 512
		Schaefer Bertram	FG 465	Schäfer Stefan	VwG 519
Sauthoff Michael	VwG 520	Schaefer Björn	VwG 512	Schäfer Stefan	NW 302
Sautter Mark	BER 131	Schäfer Brigitte	SG 495	Schäfer Susanne	SG 502
Sautter Stefanie	NW 297	Schäfer Carsten	BW 69	Schäfer Thomas	HE 177
Sawade Ulrich	NDS 237	Schäfer Carsten	SG 499	Schäfer Thomas	SAC 366
Sawade Uta	VwG 512	Schäfer Christian	NW 327	Schaefer Thomas	SAC 374
Sawatzki Kai	SH 402	Schäfer Christine	BY 107	Schäfer Thomas	BER 135
Sax Herrmann	BY 118	Schäfer Christoph	NW 276	Schäfer Thomas	NW 289
Saxinger Georg	BY 98	Schäfer Christoph	MV 215	Schäfer Ursula	BY 76
Sbick Andre	TH 422	Schaefer Dieter	AnwG 555	Schäfer Uwe	BW 33
Scarbath Felix	HH 169	Schäfer Erhard	FG 471	Schäfer Volker	RP 339
Schaaf Klemens	BER 126	Schaefer Erich	BMJ 3	Schäfer Werner	HE 181
Schaaf Meike	SAC 364	Schäfer Franka	SAC 380	Schäfer Winfried	NW 324
Schaake Wolfgang	HH 170	Schäfer Georg	BW 69	Schäfer Wolfgang	NDS 234
Schaal Hans-Jürgen	BU 8	Schäfer Georg	ArbG 443	Schäfer-Bachmann Beatrice	SAC 370
Schaarmann Wolfgang	NW 323	Schäfer Gerd	RP 339		
Schabacher Anita	SAC 367	Schäfer Gerd	BY 120	Schaefer-Lang Gabriele	NW 261
Schabarum-Gehrke Elfriede	SAN 389	Schäfer Gerhard	HE 182	Schäfer-Töpper Marianne	HE 189
		Schaefer Gudrun	BY 108		
Schabel Bernhard	BW 58	Schäfer Hans Jürgen	ArbG 445	Schäfer-Vogel Gundula	BW 70
Schaber Claas	BER 130	Schäfer Hans Peter	TH 417	Schäferhoff Viktor Peter	NW 280
Schaber Kirsten	BW 58	Schäfer Hans-Werner	BW 35	Schäferhoff Werner	SAC 369
Schaber Michael	VwG 505	Schäfer Heinrich Johannes	SG 495	Schäfers Franz Hubert	NDS 252
Schaberg Gerhard	HH 167			Schäfert Angelika	BY 104

Namensverzeichnis — Scheidweiler

Name	Ort	Nr
Schäfert Herbert	BY	104
Schäffer Bärbel	ArbG	444
Schaeffer Klaus	VwG	503
Schäffer Peter	SAC	367
Schaeffer Ruth-Ellen	RP	348
Schaeffer-Lubitz Sandra	NW	319
Schäl Stephan	BY	122
Schael Wolfgang	BRA	146
Schäler Janot	MV	215
Schäperklaus Rainer	VwG	526
Schäpers Gudrun	NW	290
Schär Jürgen	SAC	377
Schärf Christian	BRA	156
Schärfchen Angelika	NDS	218
Schärich Uwe	SAC	379
Schärtl Heinz	BY	95
Schätz Boris	BY	106
Schätzl Andreas	BY	99
Schaeuble Egon	BRA	148
Schafaczek Miriam	NDS	241
Schaffarzik Bert	VwG	535
Schaffelder Dieter	NDS	229
Schaffer Günter	NDS	226
Schaffer Martina	BY	100
Schaffer Michael	BY	115
Schaffer Reinhard	NW	316
Schaffert Ralph-Uwe	NDS	226
Schaffert Wolfgang	BU	8
Schaffranek Claus	BY	77
Schaffranek Franz	AnwG	555
Schaffrath Peter	AnwG	557
Schaffrath Rosa	VwG	508
Schaffrinna Bernd	HE	193
Schafranek Frank	VwG	526
Schafranek Sabine	NW	315
Schakat Kerstin	SG	484
Schakau Ralf	HH	174
Schal Holger	SG	501
Schalkhäuser Vera	BY	98
Schall Martina	SH	402
Schall Rolf-Peter	BW	55
Schalla Norbert	NW	293
Schallenberger Claus Gisbert	VwG	523
Schaller Antje	BY	84
Schaller Inka	VwG	531
Schaller Michael	BY	81
Schallmoser Ulrich	FG	464
Schaltke Olaf	NDS	219
Schalück Michael	NW	290
Schamann Gerhard	BY	89
Schamber Ralf	SAC	370
Schambert Ulrich	NW	280
Schanbacher Roland	VwG	505
Schandl Klaus Jürgen	BW	58
Schank Andreas	RP	353
Schank Sigrid	RP	351
Schanz Michael	ArbG	434
Schanzenbach Frank	SG	498
Schaper Brigitte	NDS	248
Schaper Detlev	RP	339
Schaper Ina	HE	198
Schaper Michael	BU	9
Schaper Petra	HE	190
Schaper Silke	NDS	224
Schaper Uwe Gerhard	NW	286
Schaps-Hardt Petra	HH	166
Scharberth Marlies	VwG	511
Scharen Ilse-Grete	NW	263
Scharen Uwe	BU	8
Scharf Gunter	BRA	151
Scharf Jürgen	HE	180
Scharf Matthias	VwG	514
Scharf Peter	TH	419
Scharfenberg Hagen	TH	421
Scharfenberger Jutta	SH	405
Scharffetter Kai	NDS	253
Scharfschwerdt-Otto Kerstin	NDS	239
Scharp Dagmar	NDS	250
Scharpenberg Benno	FG	468
Scharpf Sigrid	BW	55
Scharte Jutta	FG	472
Schartl Reinhard	HE	180
Schatt Georg	BY	111
Schatterny-Schmidt Heike	BW	29
Schattner Anke	BY	80
Schatton Ulrike	VwG	527
Schatz Gunther	BY	106
Schatz Holger	HH	169
Schaub Dietmar	HE	200
Schaube Egbert	HE	184
Schaude Rainer	ArbG	443
Schaudig Otto	VwG	506
Schauenburg Patrick	VwG	531
Schauer Gerhard	BY	115
Schauer Hildburga	VwG	525
Schauer Ingrid	FG	465
Schauer Jens	VwG	513
Schauer Michael	ArbG	436
Schauer Renate	SG	479
Schauer Sabine	BY	74
Schauf Christiane	AnwG	554
Schaufelberger Miriam	ArbG	445
Schauff Peter	BY	81
Schaulies Frank	BY	99
Schaumann Verena	NDS	221
Schaumburg Hans-Karl	HE	186
Schaumburg Heide	FG	470
Schaumburg Michael	BRA	145
Schaumlöffel Gerd	NW	274
Schaupensteiner Gerhild	HE	196
Schaupp Jochen	VwG	540
Schaupp Stephan	BW	67
Schauß Gernot	VwG	532
Schaust Christoph	BW	25
Schechinger Helmut	VwG	506
Scheck Michael	SH	401
Scheck Petra	BW	38
Scheck Werner	NW	284
Schedel Monika	SAC	366
Scheder Johanens	VwG	506
Schedler Diemut	BRA	149
Scheel Angelika	FG	469
Scheel Dagmar	BW	50
Scheel Oliver	BRA	149
Scheel Stefan	BW	50
Scheel-Aping Gabriele	NDS	236
Scheele Martin Dirk	NW	301
Scheele Wolfgang	BER	138
Scheepers Ulrich	NW	271
Scheer Andrea	BER	126
Scheer Dagmar	BY	79
Scheer Dirk	NDS	252
Scheer Ingrid	NDS	249
Scheer Ralph	SG	498
Scheer Ulrich	SG	491
Scheer Volker	SAA	355
Scheerer Jann	NDS	243
Scheerer Ursula	SG	477
Scheerhorn Christiane	VwG	511
Scheffel Franziska	BW	70
Scheffel Friederike	VwG	528
Scheffer Markus	VwG	536
Scheffer Urban	SAC	364
Scheffer Verena	NW	329
Scheffer Werner	ArbG	439
Scheffer-Gassel Mathilde	NDS	220
Scheffler Albrecht	SH	401
Scheffler Christiane	SAC	372
Scheffler Christiane	NW	313
Scheffler Gabriele	SG	483
Scheffler Hans-Hermann	VwG	533
Scheffler Karl-Friedrich	SAC	364
Schefzik Georg	VwG	503
Schehl-Greiner Elly	RP	348
Scheib Sabine	BY	111
Scheibe Anita	NW	258
Scheibe Heinz Gerd	NW	293
Scheibel Wolfgang	NDS	219
Scheibner Holger	AnwG	558
Scheibner Imke	SG	499
Scheichenzuber Josef	BY	105
Scheid Henrike	NW	293
Scheideler Konrad	NW	274
Scheider Peter	SG	489
Scheidner Paul-Gerald	RP	352
Scheidt Josefa	NW	269
Scheidt Jürgen	SG	496
Scheidt Wilfried	NW	288
Scheidweiler Yvonne	HE	202

Scheiff Bernd	NW 314	Scherer Manfred	TH 411	Schewior Eva Maria	BMJ 4
Scheiner Elke	RP 340	Scherer Matthias	RP 341	Scheyda Norbert	NW 268
Scheiner Torsten	VwG 513	Scherer Michael	TH 414	Schiborr Claudia	HE 192
Scheiper Sabine	BRA 149	Scherer Peter	HE 192	Schicha Claus	VwG 530
Scheipl Gabriele	BY 97	Scherer Wolfgang	BW 58	von Schichau Werner	RP 342
Scheiter Christian	NW 313	Scherer-Erdt Jutta	SG 502	Schicho Manfred	BY 102
Scheiter Gisela	VwG 527	Scherf Fabian	RP 335	Schichor Petra	HE 180
Schek Thomas	BW 67	Scherf Jens Martin	NW 326	Schick Andreas	SAC 374
Scheler Martin	TH 421	Scherf Julia Martha	SH 408	Schick Katja	HE 203
Schelhowe Theodor	SG 484	Scherf Klaus	AnwG 544	Schick Martin	AnwG 544
Schell Thomas	BRA 155	Scherf Manfred	NW 305	Schick Sabine	SAC 372
Schellack Julie	BRA 157	Scherf Reinhard	TH 413	Schick Siegfried	SAC 366
Schelle Franz	BY 95	Scherhans Rainer	MV 208	Schick Volker	RP 340
Schellen Peter	VwG 526	Scherl Martina	VwG 509	Schick-Jensen Christiane	HE 201
Schellenberg Frank	HE 180	Scherler Anika	HE 203	Schicker Wolfgang	SG 481
Schellenberg Jörg	SAC 381	Schermer Erwin	BY 111	von Schickfus Ute	BY 96
Schellenberg Nils	SAC 376	Schermer Eva Maria	BU 15	Schieber Andreas	VwG 503
Schellewald Volker	AnwG 556	Schernitzky Christian	BY 122	Schiebold Wolfgang	NW 317
Schellschmidt Daniela	SAC 379	Scherr Raimund	BY 90	Schieck-Kosziol Andrea	NW 292
Schelp Judith	RP 348	Scherr Walter	ArbG 455	Schiedel-Krege Jutta	NW 273
Schelp Klaus	NW 299	Scherrer Stefan	NDS 222	Schiefelbein Renate	TH 414
Schelp Robert	RP 350	Schertz Matthias	BER 129	Schiefer Bernhard	VwG 508
Scheltz Peter	SH 406	Schertz Ulrike	BER 137	Schiefer Christina	BY 96
Schelzig Klaus	BY 87	Schertzinger Andreas	HH 170	Schiefer Dorothea	VwG 513
Schelzig Werner	VwG 523	Scherwinsky Wilfried	NDS 234	Schiefer Klaus	VwG 529
Schelzke Gerald	NW 304	Scherzer-Schelletter		Schiekiera Heidemarie	NW 271
von Schemde Heike		Sabine	BER 128	Schiele Anton	BW 50
Maria	SAN 389	Scheschonk Adolf	BRA 147	Schiele Werner	HE 183
Schemer Gerhard	SAA 358	Scheschonka Eva		Schiemann Baldur	SH 404
Schemkämper Bernhard	NW 263	Martina	HH 176	Schiemann Konrad	EuGH 563
Schemmer Franz	VwG 530	Scheschonka Wolf	HH 170	Schiemann Matthias	SH 398
Schempf Herbert	RP 350	Schetter Claudia	NW 332	Schiener Wolfgang	BY 79
Schenck Jost	NW 328	Schettgen Ulrich	SAC 371	Schier Birgit	BER 132
von Schenckendorff Max	SG 480	Schettler Jochen	NDS 255	Schier-Ammann Birgitta	HE 184
Schendzielorz Bernd	BW 50	Scheuble Barbara	BW 34	Schierbaum Günter	ArbG 451
Schenk Friederike	VwG 508	Scheuer Gabriele	BMJ 5	Schiereck Thomas	NW 299
Schenk Karlheinz	VwG 503	Scheuer Johann		Schiereck-Bohlmann	
Schenk Olaf	HH 165	Nikolaus	HE 187	Daniela	NDS 252
Schenk Rainer	VwG 506	Scheuer Walter	VwG 528	Schierholt Christian	NDS 242
Freiherr Schenk zu Schweins-		Scheuerer Klaus	BY 119	Schierig Bernhard	BW 59
berg Hubertus	SAC 375	Scheuermann Ulrich	HE 189	Schierjott Martina	SAC 375
Schenke Andreas	BER 142	Scheunemann Bernd	VwG 507	Schiermeyer Jürgen	BRA 156
Schenkel Harald	NW 280	Scheunemann Horst	NW 300	Schießel Herbert	BW 30
Schenkelberg Anke	RP 340	Scheungrab Gerhard	BY 103	Schießl Franz	VwG 509
Schenkewitz Marko	NW 307	Scheungrab-Krpan Eva-		Schieweck Andreas	SAN 393
Schennen Detlef	BMJ 4	Maria	BY 102	Schiewner Christiane	RP 348
Schepers Thomas	NW 317	Scheurer Jürgen	NW 309	Schiffczyk Klaus	VwG 509
Schepers Ulrich	NW 308	Scheurer Klaus	VwG 533	Schiffer Aline	NW 328
Schepers Volker	NW 330	Scheurer Ursula	SG 485	Schiffer Anne-Kathrin	BW 69
Schepke-Benyoucef		Scheurich Christiane	SAA 361	Schiffer Ramira	BW 38
Alexandra	SAA 357	Scheuring Johannes	ArbG 437	Schiffers Paul-Ernst	NDS 221
Schepping Thomas	BY 82	Scheuring Jürgen	SAC 368	Schiffler Wolfgang	NW 275
Scheppler Heinz-Jürgen	RP 333	Scheuß Patrick	NW 327	Schiffmann Harald	RP 352
Scherbarth Erwin	RP 338	Scheuten Frauke-Katrin	BU 9	Schiftner Thomas	BY 113
Scherding Ulrich	BRA 155	Scheuver Jürgen	BW 30	Schikora Gregor	BER 130
Scherer Alfred	SAC 374	Schewe Heinrich	NDS 252	Schikora Ulrike	VwG 567
Scherer Hansjörg	BW 62	van Schewick Hans-		Schikowski Dirk	NW 289
Scherer Klaus	SAA 355	Jürgen	BU 13	Schilawa Helmut Kurt	NW 291

Schilcher Christian	BY	90
Schilcher Theresia	FG	464
Schild Hans-Hermann	VwG	519
Schild Jutta	VwG	519
Schild Udo	NW	284
Schild Wolfgang	SAA	355
Schilder Felizitas	ArbG	461
Schilder Frank	BRA	157
Schildmann Dirk	MV	212
Schildwächter Mechthild	VwG	531
Schilensky Peer	NDS	235
Schilken Ute	NW	318
Schill Susanne	HH	165
Schiller Andreas	AnwG	559
Schiller Anke	MV	212
Schiller Antje	SG	498
Schiller Bernd	VwG	521
Schiller Eckhart	RP	351
Schiller Jörg	MV	209
Schiller Katja	NDS	255
Schiller Margot	NW	271
Schiller Prisca	VwG	504
Schiller Rolf	NDS	226
Schiller Stephan	BY	95
Schiller Wolfgang	ArbG	459
Schilling Andrea	BRA	154
Schilling Ansgar	NW	309
Schilling Bernd	BY	97
Schilling Claudia	BRE	162
Schilling Friedrich	ArbG	458
Schilling Günther	BER	133
Schilling Hannelore	BER	135
Schilling Hans-Joachim	SAN	389
Schilling Hansjürgen	BW	35
Schilling Heinz	TH	413
Schilling Helga	SAN	390
Schilling Irene	BW	50
Schilling Katrin	NDS	254
Schilling Maria-Theresia	NW	302
Schilling Matthias	VwG	506
Schilling Rainer	HE	198
Schilling Roger	BRE	162
Schilling Thomas	BER	139
Schillings Martin	SG	493
Schiltz Karl-Ludwig	RP	341
Schilz-Christoffel Kornelia	RP	335
Schimang Gero	BER	125
Schimanski Claudia	HH	169
Schimanski Jörg	AnwG	550
Schimanski-Longerich Bernd	NW	292
Schiminowski Jens	NW	332
Schimke-Kinskofer Ursula	BY	117
Schimkus-Morkel Susanne	BY	73
Schimm Elisabeth	SG	492
Schimmelpfeng-Schütte Ruth	SG	489
Schimmelpfennig Kurt-Rüdiger	SAA	359
Schimmöller Gerold	NW	267
Schimpf Andrea	BY	122
Schimpf Anja	FG	464
Schimpf Jürgen	NDS	225
Schimpfhauser Doris	BY	98
Schindel Jürgen	NDS	236
Schindhelm Stefanie	NDS	249
Schindler Alexandra	SG	495
Schindler Carsten	NDS	254
Schindler Christian	ArbG	437
Schindler Dorothea	BY	123
Schindler Erich	BY	116
Schindler Frank	VwG	539
Schindler Hartmut	SAC	376
Schindler Holger	SAC	364
Schindler Jörg	NW	325
Schindler Karl-Heinz	VwG	509
Schindler Wulf	BW	62
Schindler-Rose Anke	BRA	151
Schink Manfred	SH	397
Schinke Renate	TH	422
Schinkel Manfred-Carl	VerfG	428
Schinnerling Anja	HE	203
Schintgen Romain	EuGH	563
Schinz Reinhard	ArbG	440
Schinzel Susanne	BY	99
Schipper Kerstin	VwG	520
Schippers Roger	BRA	151
Schips Holger	BY	83
Schirm Doris	NW	288
Schirmer Elisabeth	RP	353
Schirmer Henning	NDS	220
Schirmer Katharina	SAN	394
Schirmer Miriam	SH	408
Schirp Christoph	FG	469
Schisler Daniel	MV	215
Schitteck Michael	NDS	245
Schlachetzki Nikolas	NW	328
Schlacht-Stauch Andreas	SAC	369
Schlachter Brigitte	RP	349
Schlachter Jörg	BW	24
Schlachter Melitta	RP	347
Schladebach Marcus	BRA	145
Schladt Horst Günter	BY	106
Schlaeper Thomas	NW	323
Schlafen Heinz Dieter	NW	313
Schlag Annette	BMJ	4
Schlag Dieter	NDS	245
Schlage Britta	HH	167
	VerfG	427
Schlak Wolfgang	HH	167
Schlamkow Christoph	NW	264
Schlamp Horst	TH	422
Schlangen Klaus	SG	493
Schlarb Klaus	SAC	377
Schlarmann Horst	AnwG	553
Schlatmann Birgitta	RP	341
Schlauß Stefan	RP	337
Schlebusch Hans	HH	173
Schlecht Jutta	NDS	253
Schlecht Kerstin	BW	70
Schlecht Manuel	BER	126
Schlechtriem Bernd	NW	277
Schlechtriem Karl-Wilhelm	NW	326
Schlegel Birgit	BRA	152
Schlegel Dorothe	HH	165
Schlegel Rainer	BU	12
Schleger Peter	BW	59
Schleger Susanne	NW	273
Schlegtendal Delf	NW	306
Schlei Henrike	VwG	523
Schleicher Ellen	NW	293
Schleicher Frank	TH	419
Schleicher Markus	HE	181
Schleicher Verena	BRA	153
Schleier Holger	SAA	361
Schleifer Erwin	BY	88
Schleiffer Inge-Maria	RP	337
Schleiwies Susanne	NW	309
Schlemm Christfried	NW	313
Schlemme Ralf	SG	498
Schlemming Sybille	SAC	366
Schlemper Siglinde	BW	31
Schlender Sibylle	SG	484
Schlenga Hans-Dieter	SG	483
Schlenger Wolfgang	BER	126
Schlenker Christiane	VwG	530
Schlenker Peter	BRA	150
Schlenker Sigrid	BW	52
Schlenker Walter	NW	310
Schlenkermann-Pitts Katja	NW	325
Schlenkhoff-Paul Michael	NW	268
Schlenzka Werner	VwG	538
Schlepp Norbert	FG	468
Schlepphorst Martin	RP	353
Schlesier Achim	ArbG	447
Schlett Andreas	BW	33
Schlette Volker	VwG	512
Schletter Nora	SAC	371
Schleupner Martin	SAN	390
Schleusener Axel	ArbG	440
Schleusener Hans-Joachim	BW	32
Schleuß Klaus	SH	403
Schlewing Anja	ArbG	451

725

Schlicht Namensverzeichnis

Name	Ort
Schlicht Peter	MV 214
Schlichting Detlef	HH 167
Schlichting Gerhard	BU 7
Schlichting Heike	RP 338
Schlichting Josef	BY 90
Schlichting Michael	NW 288
Schlick Wolfgang	BU 7
Schlicker Reinhard	ArbG 437
Schlicksbier Regina	TH 417
Schlie-Romer Christine	BER 133
von Schlieben Eike	BY 110
von Schlieben-Troschke Karin	BER 125
Schliebitz Matthias	BW 69
Schliebs Gerhard	VwG 511
Gräfin von Schlieffen Angela	BER 135
Graf von Schlieffen Claus-Eckhardt	VwG 516
Graf von Schlieffen Peter	BER 132
Schliemann Harald	TH 411
Schliephake Jan	SAC 379
Schlimbach Rainer	HE 195
Schlimm Pascale Nathalie	NW 324
Schlingloff Jochen	TH 412
Schlingloff Jochen	AnwG 559
Schlingmann Beate	NW 284
Schlingmann Britta	NDS 231
Schlingmann-Wendenburg Ulrike	VwG 522
Schlink Bernhard	VerfG 428
Schlink Kathrin	NDS 254
Schlinkert Rainer	NW 265
Schlitt Thomas	BW 28
Schlobinski Dagmar	SG 501
Schlögel Dieter	BY 85
Schlöpke Stephen	SH 403
Schlöpke-Beckmann Britta	VwG 516
Schlösser Detlef	FG 472
Schlösser Jürgen	ArbG 452
Schlößner Daniela	MV 213
Schlößner Frank	MV 213
Schlözer Tim	SAN 395
Schlonsak Markus	NDS 245
Schlosser Anke	SAC 374
Schlosser Carmen	NW 274
Schlosser Florian	BY 96
Schlosser Hermann Josef	NW 322
Schlosser Johann Peter	BY 92
Schlosser Regina	BER 130
Schlosser Ulrike	BW 34
Schlosser Uwe	BW 64
Schlosser-Lüthje Christine	NW 322
Schlosshan Sabine	SAC 368
Schlotmann Michael	NW 308
Schlotmann-Thiessen Veronika	NW 323
Schlott Hildegard	NW 294
Schlottbohm Hans Werner	NW 292
Schlotterbeck Karl-Heinz	NW 326
Schlotterbeck Karlheinz	VwG 505
Schlottke Peter	MV 210
Schlottmann Kristin	RP 343
Schlotz-Pissarek Oliver	BW 59
Schluchter Anne-Kathrin	SAN 386
Schluckebier Wilhelm	BU 7
Schlude Tina	BRE 163
Schlünder Guido	ArbG 434
Schlüß Rolf	NW 310
Schlüßel Peter	FG 470
Schlüter André	SG 484
Schlüter Andreas	NDS 231
Schlüter Antje	SAN 390
Schlüter Bernhard	VwG 503
Schlüter Cornelia	SH 403
Schlüter Dietrich	BY 97
Schlüter Hartwig	SH 406
Schlüter Helmut Josef	NW 300
Schlüter Holger	NW 309
Schlüter Jeanette	NW 295
Schlüter Karen	SH 409
Schlüter Klaus	NDS 244
Schlüter Markus	SAC 365
Schlüter Ramona	SAN 395
Schlüter Simone	SAC 369
Schlüter Wolfgang	NW 296
Schlüter-Staats Hans	SAC 368
Schlurmann Christa	NW 260
Schmachtel Rainer	MV 211
Schmachtenberg Hartmut	NW 274
Schmacke Harald	BRE 161
Schmädicke Sabine	HH 174
Schmäring Othmar	NW 322
Schmahl Diethard	RP 333
Schmahl Hermann-Josef	NW 266
Schmalbach Jens	HE 202
Schmale Dirk	SH 404
Schmalen Günter	BW 26
Schmalenberger Uwe	ArbG 459
Schmalfuß Emil	SH 401
Schmalhausen Bernd	NW 309
Schmaltz Christiane	SH 409
Schmalz Christina	NW 330
Schmalz Ernst Werner	BY 84
Schmalz Hans-Joachim	VwG 538
Schmalz Ursula	SG 501
Schmalz-Brüggemann Gernot	NW 299
Schmalzbauer Rita	BY 111
Schmalzbauer Wolfgang	BY 111
Schmandt Stefan	SAC 379
Schmauch Adolf	SAA 359
Schmautz Melanie	SH 407
Schmechtig-Wolf Brigitte	BY 113
Schmedding Horst-Dieter	NW 288
Schmedes Claas	BRE 162
Schmedt Christoph	ArbG 448
Schmeel Günter	AnwG 550
Schmeer Angela	NDS 234
Schmeichel Peter	VwG 508
Schmeing Brigitte	AnwG 554
	NW 281
Schmeing Reinhold	FG 471
Schmeiser Herbert	BW 35
Schmeken Astrid	BY 92
Schmel Walter	VerfG 426
Schmelcher Arno	SAC 375
Schmelcher Volker	BW 34
Schmeling Frauke	ArbG 441
Schmelz Frieder	BER 128
Schmelzer Günter	SG 494
Schmenger Gabriele	VwG 503
Schmenger Wolfgang	BW 44
Schmengler Johannes-Walter	RP 344
Schmerbach Tatjana	NW 299
Schmerbach Ulrich	NDS 222
Schmerfeld-Tophof Volker	NW 305
Schmerler-Kreuzer Ute	SAC 378
Schmermund Ekhard	BW 46
Schmerschneider Hildegard	HH 170
Schmerschneider Wolfgang	HH 170
Schmerwitz Volker	NW 260
von Schmettau Georg	TH 414
von Schmettau Mechthild	TH 413
Schmettow Bettina	BW 58
Schmetzer Sven	BW 70
Schmialek Jürgen	VwG 511
Schmickler Bernhard	RP 339
Schmickler Peter	RP 344
Schmid Andrea	BW 53
Schmid Annette	ArbG 445
Schmid Axel	SH 406
Schmid Bernhard	BER 140
Schmid Brigitte	BY 95
Schmid Frank	BW 60
Schmid Franz	FG 463
Schmid Gabriele	RP 333
Schmid Gudrun	BY 74

Namensverzeichnis Schmidt

Name	Code
Schmid Günther	SG 475
Schmid Hans Karl	BY 104
Schmid Hans-Jörg	NDS 222
Schmid Johann	BU 9
Schmid Jürgen	BY 98
Schmid Justus	BW 21
Schmid Klaus	ArbG 437
Schmid Klaus-Jürgen	BY 101
Schmid Lothar	RP 344
Schmid Manfred	BU 11
Schmid Manfred	VwG 540
Schmid Maria-Anna	BW 62
Schmid Martina	BW 60
Schmid Matthias	BMJ 5
Schmid Michael	BY 74
	BY 87
Schmid Otmar	BY 118
Schmid Peter	HE 192
Schmid Peter	NDS 225
Schmid Rainer	BW 38
Schmid Reinhard	BY 97
Schmid Robert	BY 117
Schmid Ruth	BY 122
Schmid Stefan	BW 29
Schmid Willi	SAC 363
Schmid Wolfgang	BW 66
Schmid-Dieckmann Bernhard	BER 129
Schmid-Stein Ursula	BY 73
Schmidbauer Albert	ArbG 437
Schmidgall Roland	BW 34
Schmidt André	NDS 224
Schmidt Andrea	BY 95
	VerfG 425
Schmidt Andreas	RP 350
Schmidt Andreas	HH 171
Schmidt Anette	SG 495
Schmidt Angela	BER 131
Schmidt Angelika	SG 480
Schmidt Anja	TH 418
Schmidt Annelie	AnwG 559
Schmidt Annelotte	SAN 388
Schmidt Astrid	BER 142
Schmidt Axel	BER 139
Schmidt Beatrix	MV 209
Schmidt Bernd	HE 182
Schmidt Burkhard	NDS 218
Schmidt Charlotte	SG 491
Schmidt Christian Gunter	BRA 151
Schmidt Christine	HE 181
Schmidt Christof	HE 184
Schmidt Claudia	HH 174
Schmidt Claudia	NW 274
Schmidt Claudia	VwG 537
Schmidt Claus-Wolfgang	BER 136
Schmidt Cornelia	BER 132
Schmidt Cornelia	MV 210
Schmidt Cornelia	NDS 254
Schmidt Detlev	BER 130
Schmidt Dirk	RP 351
Schmidt Eike	RP 354
Schmidt Eike	VwG 524
Schmidt Ernst	SG 478
Schmidt Frank	BY 119
Schmidt Frank	SAC 364
Schmidt Franz	ArbG 437
Schmidt Georg	ArbG 458
Schmidt Georg	TH 423
Schmidt Georg	VwG 533
Schmidt Gerd	SAC 376
Schmidt Gerd	SAA 355
Schmidt Gerhard	SAA 357
Schmidt Gerhard	AnwG 546
Schmidt Günter	BY 102
Schmidt Hans-Georg	VwG 531
Schmidt Hans-Jochen	VwG 521
Schmidt Hans-Jörg	NW 262
Schmidt Hans-Peter	SH 400
Schmidt Hans-Peter	SAA 356
Schmidt Hans-Werner	BY 80
Schmidt Harald	NDS 241
Schmidt Hedda	SG 490
Schmidt Heike	NDS 231
Schmidt Heiner Christian	SAA 361
Schmidt Heinz Günter	SG 502
Schmidt Heinz-Jürgen	BER 142
Schmidt Heinz-Wolf	BY 80
Schmidt Helmut	HE 192
Schmidt Helmut	VwG 519
Schmidt Helmut Reinhold	NW 260
Schmidt Henriette	BW 68
Schmidt Heribert	VwG 507
Schmidt Hermann Josef	HE 188
	VerfG 425
Schmidt Holger	HH 167
Schmidt Holger	NW 327
Schmidt Holger	SAC 376
Schmidt Horst	NDS 251
Schmidt Horst	HE 198
Schmidt Horst Günther	BW 47
Schmidt Inga	BW 67
Schmidt Ingrid	NDS 236
Schmidt Ingrid	NW 268
Schmidt Ingrid	BU 10
Schmidt Jens	BRA 158
Schmidt Jens	TH 417
Schmidt Jens	BER 130
Schmidt Jens-Roger	BY 110
Schmidt Jochen	NW 321
Schmidt Jörg	NW 277
Schmidt Johann	BW 53
Schmidt Jürgen	BW 46
Schmidt Jürgen	NDS 217
Schmidt Jürgen	BY 86
Schmidt Jürgen	SAC 378
Schmidt Jürgen	VwG 510
Schmidt Karlheinz	HE 193
Schmidt Karsten	SAA 361
Schmidt Katrin	BER 131
Schmidt Katrin	NW 328
Schmidt Kirsten	TH 419
Schmidt Klaus	HE 182
Schmidt Klaus	ArbG 455
Schmidt Klaus Jochen	NDS 240
Schmidt Kristina	ArbG 441
Schmidt Kurt	NDS 237
Schmidt Lambert	BRA 150
Schmidt Lars	TH 413
Schmidt Leonhard	BW 29
Schmidt Manfred	BW 51
Schmidt Manfred	BY 75
Schmidt Martina	BY 123
Schmidt Michael	NDS 232
Schmidt Michael	HH 167
Schmidt Michael	NW 265
Schmidt Michael	NW 293
Schmidt Nicola	NW 262
Schmidt Peter	ArbG 451
Schmidt Peter	BU 13
Schmidt Petra	NDS 228
Schmidt Rainer	HE 196
Schmidt Rainer	SH 402
Schmidt Regina	NDS 253
Schmidt Reinhart	NDS 227
Schmidt Roland	NW 272
Schmidt Roland	BRA 158
Schmidt Rüdiger	BER 139
Schmidt Sandra	NW 329
Schmidt Stefan	NDS 255
Schmidt Stefan	BER 137
Schmidt Stefan	BER 132
Schmidt Stefanie	SAN 386
Schmidt Steffen	SG 500
Schmidt Stephan R.	HE 185
Schmidt Susanne	BY 89
Schmidt Sylvia	NW 329
Schmidt Sylvia	VwG 519
Schmidt Sylvia	SG 487
Schmidt Thomas	AnwG 547
Schmidt Thorsten	HH 172
Schmidt Thorsten	NW 329
Schmidt Traute	HH 173
Schmidt Uda	SAN 385
Schmidt Ulrich	NDS 231
Schmidt Ulrich	TH 417
Schmidt Ursula	ArbG 444
Schmidt Uwe	VwG 520
Schmidt Uwe	NW 313
Schmidt Walther	BY 83
Schmidt Wilhelm	BU 9

Schmidt — Namensverzeichnis

Name	Ort	Nr.
Schmidt Wolfgang	NW	293
Schmidt-Ahrens Silke	SAA	361
Schmidt-Aßmann Ulrike	BW	28
Schmidt-Baumann Rainer	HH	174
Schmidt-Bittorf Sandra	BY	83
Schmidt-Clarner Roland	NDS	237
Schmidt-De Wasch Werner	HE	200
Schmidt-Drewnick Joahnnes	SAA	355
Schmidt-Eichhorn Torsten	NW	313
Schmidt-Elsaeßer Eberhard	SH	397
Schmidt-Hederich Heinrich K.-P.	BU	17
Schmidt-Hense Ingeborg	ArbG	452
Schmidt-Hölsken Volker	NW	266
Schmidt-Kötters Ursula	NW	262
Schmidt-Kronshage Christian	SG	492
Schmidt-Lammert	SAC	368
Schmidt-Lauber Stefanie	NDS	246
Schmidt-Liebig Axel	FG	472
Schmidt-Mrozek Marion	BER	135
Schmidt-Nentwig Sabine	HE	195
Schmidt-Nissen Nicola	MV	207
Schmidt-Räntsch Jürgen	BU	8
Schmidt-Räntsch Ruth	NW	313
Schmidt-Reimer Michael	ArbG	440
Schmidt-Rottmann Norma	VwG	535
Schmidt-Sander Britta	NDS	246
Schmidt-Schondorf Stephan	BER	128
Schmidt-Schondorf Sybille	BER	128
Schmidt-Sommerfeld Christian	BY	106
Schmidt-Speicher Ursula	HE	180
Schmidt-Struck Jürgen Erich	HH	173
Schmidt-Syaßen Inga	HH	166
Schmidt-Troje Jürgen	FG	470
Schmidt-Vogt Klaus-Peter	VwG	522
Schmidt-Weihrich Wolfgang	BW	25
Schmidt-Wendt Karin	NW	326
Schmidt-Zahl Inge	NW	263
Schmidtbauer-Scholz Andrea	SAC	363
Schmidtgen-Ittenbach Sabine	ArbG	455
Schmidtke Christa	NW	262
Schmidtke Sandra	NDS	255
Schmidtke-Gillen Renate	BW	28
Schmidtmann Armgard	NDS	219
Schmidtmann Heino	NDS	219
Schmidtmann Nikola	NW	302
Schmidtmann Ralf	NW	309
Schmiechen Ulrike	NDS	251
Schmied Helmut	HE	183
Schmied Peter	BY	103
von Schmiedeberg Annette	HE	198
Schmiedel Jutta	BY	119
Schmiedl Rainer	SG	489
Schmiegel Dorothee	ArbG	433
Schmiegelt Diana	NW	331
Schmieling Lydia	HE	194
Schmierer Eva	BMJ	5
Schmierer Klaus	BW	66
Schmieszek Hans-Peter	BMJ	3
Schmigelski Frank	SAN	394
Schmillen Markus	RP	354
Schminke Conrad	NDS	250
Schminke Peter	NW	266
Schminke-Banke Christiane	NW	276
Schmitt Christoph	VwG	534
Schmitt Annette	TH	421
Schmitt Bertram	BU	8
Schmitt Boris	VwG	534
Schmitt Carsten	RP	354
Schmitt Christiane	SAA	357
Schmitt Edgar	BY	82
Schmitt Edmund	NW	313
Schmitt Elisabeth	AnwG	545
Schmitt Frank	ArbG	440
Schmitt Frank	BRE	163
Schmitt Friedrich	VwG	533
Schmitt Gerhard	BY	83
Schmitt Gisela	BRA	145
Schmitt Hans Peter	BY	113
Schmitt Harald	HE	186
Schmitt Herbert	RP	350
Schmitt Holger	BW	31
	BW	40
Schmitt Jörg	NW	293
Schmitt Johannes	BY	82
Schmitt Judith	ArbG	458
Schmitt Katrin	HE	202
Schmitt Lothar	BY	82
Schmitt Manfred	BW	58
Schmitt Manfred	SAC	375
Schmitt Marco	BY	122
Schmitt Marina	BW	67
Schmitt Martina	BY	99
Schmitt Martina	RP	337
Schmitt Nikolaus-Hermann	BRA	147
Schmitt Olaf	SG	487
Schmitt Sigrid	NW	295
Schmitt Stephan	SAC	368
Schmitt Thomas	BW	33
Schmitt Tobias	BW	29
Schmitt Verena	BW	70
Schmitt Wolfgang	VwG	540
Schmitt Wolfgang	BW	64
Schmitt Wolfram	SAA	361
Schmitt Xenia	RP	354
Schmitt-Frister Petra	NW	261
Schmitt-Linden Christine	BY	75
Schmitt-Michalowitz	HE	180
Schmitt-Roob Florian	BY	89
Schmitt-Schierholt Matthias	SG	483
Schmitt-Schönenberg Birgitta	NW	326
Schmitt-Siebert Antje	VwG	503
Schmitt-Wellbrock Wolfgang	BMJ	3
Schmitt-Wenkebach Rainer	SG	484
Schmittberg Rüdiger	VwG	512
Schmittel Antje	BW	40
Schmitten Elke	RP	345
Schmittenner Ute	BY	90
Schmittinger Bruno	BER	136
Schmittmann Ralf-Achim	NW	301
Schmitz Andreas	VwG	506
Schmitz Arnold Detlev	NW	260
Schmitz Benno	NW	327
Schmitz Christiane	BW	59
Schmitz Cynthia	NW	331
Schmitz Dietmar	VwG	520
Schmitz Dietrich	NDS	225
Schmitz Elke	NW	313
Schmitz Frank	RP	353
Schmitz Gerald	NDS	222
Schmitz Gerd	BY	98
Schmitz Guido	RP	339
Schmitz Hans Josef	NW	266
Schmitz Harald	NW	280
Schmitz Heinz-Jürgen	NW	263
Schmitz Heinz-Wolfgang	NDS	222
Schmitz Herbert	RP	343
Schmitz Herbert	NW	296
Schmitz Ingrid	SAC	379
Schmitz Karl-Heinz	BER	135
Schmitz Katja	BY	83
Schmitz Klaus	HE	184
Schmitz Klaus-Dieter	NW	285

Schmitz Manfred	BW	63	Schnadt Anke	NW 306	Schneider Horst	VwG	517
Schmitz Marina	BY	79	Schnäbele Peter	VwG 505	Schneider Hubert	SG	479
Schmitz Michael	NDS	252	von Schnakenburg Vera	NW 317	Schneider Joachim	NW	304
Schmitz Michael	SAC	363	Schnapp Dirk	NW 280	Schneider Joachim	BY	115
Schmitz Monika	SG	490	Schnapp Wolfgang	VwG 505	Schneider Jörg	SAC	374
Schmitz Monika	NW	327	Schnappauf Hans-Jürgen	BY 118	Schneider Jörg	NW	300
Schmitz Nicola	HE	201	Schnarr Georg Adolf	VerfG 428	Schneider Josef	SG	497
Schmitz Otfried	NW	322	Schnarr Karl Heinz	BU 9	Schneider Jürgen	VerfG	428
Schmitz Petra	RP	342	Schnatmeier Jochen	SH 404	Schneider Jutta	RP	337
Schmitz Regina	RP	338	Schnatmeier Svenja	SH 404	Schneider Karl	BY	109
Schmitz Renate	NW	263	Schnatz-Tachkov Ursula	RP 336	Schneider Karl-Jürgen	SG	497
Schmitz Stefan	FG	470	Schnaubelt Michael	BRA 153	Schneider Karla	NW	313
Schmitz Ulrike	NW	320	Schnauder Franz	BW 24	Schneider Kerstin	SAC	374
Schmitz Werner	NW	275	Schnauß Steffi	TH 419	Schneider Klaus	NW	293
Schmitz Wolfgang	VwG	528	Schnebelt Günter	VwG 503	Schneider Klaus Ludger	BU	16
Schmitz Wolfgang	BW	25	Schneck Angelika	BW 70	Schneider Klaus-Jürgen	RP	341
Schmitz-Berg Manfred	NW	261	Schneckenberger		Schneider Lothar	VwG	505
Schmitz-Dörner			Anette	NDS 250	Schneider Manfred	BER	127
Monika	BER	141	Schneegaß Frank	TH 423	Schneider Marco	HE	192
Schmitz-Dörner			Schneemilch Elke	NW 295	Schneider Marion	SG	498
Susanne	BER	141	Schneeweis Raymund	NW 309	Schneider Maritta	TH	418
Schmitz-DuMont			Schneider	AnwG 545	Schneider Mark	NW	327
Marlies	ArbG	454	Schneider Alexander	ArbG 450	Schneider Markus	HH	167
Schmitz-Horn Ulrich	NW	272	Schneider Andrea	BRE 163	Schneider Martin	RP	348
Schmitz-Jansen			Schneider Anett	SAC 379	Schneider Matthias	SG	494
Wolfgang	RP	353	Schneider Anette	BY 99	Schneider Matthias	BW	55
Schmitz-Justen			Schneider Anja	SAC 380	Schneider Matthias	NW	275
Christian	NW	313	Schneider Anja	TH 423	Schneider Michael	BW	65
Schmitz-Justen			Schneider Barbara	HE 197	Schneider Michael	BW	27
Wolfgang	NW	316	Schneider Berndt	NDS 238	Schneider Michael	ArbG	444
Schmitz-Kern			Schneider Bernhard	BY 117	Schneider Michael	BY	105
Christiane	TH	421	Schneider Bernhard	BY 97	Schneider Nataly	SG	495
Schmitz-Knierim			Schneider Brigitta	BY 108	Schneider Norbert	NW	323
Joachim	NW	274	Schneider Christa	NW 294	Schneider Otmar	VwG	525
Schmitz-Pakebusch			Schneider Dirk	SAA 359	Schneider Peter	VwG	537
Ilona	NW	313	Schneider Doris	BY 80	Schneider Petra	HE	187
Schmitz-Salue Hayo	NW	260	Schneider Eckart	ArbG 445	Schneider Ragnar	BY	73
Schmitz-Scholemann			Schneider Egbert	SG 483	Schneider Raik	TH	417
Christoph	BU	10	Schneider Elfriede	RP 338	Schneider Rainer	SAC	376
Schmitz-Valckenberg Anna			Schneider Erhard	SAA 357	Schneider Regine	BER	129
Maria	HH	175	Schneider Georg	BW 62	Schneider Roland	NW	288
Schmöger Josef Aloys	BU	15	Schneider Gisela	SAN 393	Schneider Rolf	NDS	244
Schmöger Walter	VwG	507	Schneider Gunhild	NDS 235	Schneider Sabine	NW	319
Schmölz Bernd	RP	352	Schneider Guntram	BY 95	Schneider Sabine	BW	24
Schmok Stephanie	SH	408	Schneider Hans-		Schneider Silke	SH	404
Schmolke Nicola	HH	171	Christoph	VwG 532	Schneider Simone	RP	353
Schmottermeyer			Schneider Hans-		Schneider Simone	HE	185
Ulrich	ArbG	438	Michael	NW 310	Schneider Stefan	BU	11
Schmuck Dodo	HE	201	Schneider Hans-Peter	VerfG 428	Schneider Stefan-Michael	BY	112
Schmüdgen Katja	SAC	380	Schneider Harald	RP 337	Schneider Susanne	VwG	522
Schmukle Christiane	BW	33	Schneider Hartmut	SH 403	Schneider Thomas	SAA	357
Schmukle Detlef	BW	33	Schneider Hartmut	NDS 223	Schneider Thomas	BRA	156
Schnaars Günther	SAC	364	Schneider Hartmut	BU 9	Schneider Thomas	TH	413
Schnabel Barbara	BW	59	Schneider Heidemarie	BY 97	Schneider Thomas	BER	135
Schnabel Falk	NW	306	Schneider Heike	HE 194	Schneider Torben	AnwG	558
Schnabel Martin	HE	188	Schneider Heinz-		Schneider Torsten	SAC	379
Schnabel Sabine	NDS	227	Werner	NDS 225	Schneider Udo	VwG	539
Schnabl Robert	BY	109	Schneider Hilmar	SG 493	Schneider Udo	SH	398

Name	Code
Schneider Ulrich	HE 198
Schneider Ulrike	BW 34
Schneider Ursula	BMJ 4
Schneider Volkmar	HE 199
Schneider Werner	NW 307
Schneider Wilhelm	BY 86
Schneider Winfried	VwG 519
Schneider Winfried-Thomas	SAA 361
Schneider-Brinkert Dirk	MV 214
Schneider-Glockzin Holger	BW 68
Schneider-Knieps Marion	RP 344
Schneider-Mursa Ulrich	BW 33
Schneider-Thamer Sanderein	SAC 377
Schneidereit-Köster Susanne	NW 267
Schneiderhan Elke	HE 186
Schneiderhan Peter	BW 21
Schneiders Jürgen	NW 314
Schneiders Uwe	NW 316
Schneidewind Dieter	NDS 227 VerfG 428
Schneidewind Dirk	NDS 241
Schnell Antje	SAN 394
Schnell Günter	VwG 519
Schnell Martin	VwG 525
Schnell Michael	SG 499
Schnelle Albert	AnwG 549 BRE 160
Schnelle Britta	HE 202
Schnelle Elmar	HE 187
Schnelle Hartmut	BW 58
Schnelle Karl	NDS 230
Schnellenbach Annette	NW 292
Schnellenbach Cornelia	VwG 528
Schnepf Thomas	BW 33
Schneyer Stephan	NW 303
Schnieders Michael	VwG 525
Schnieders Sigrun	VwG 531
Schnieders-Kröger Simone	NDS 255
Schnier Judith	NDS 254
Schnigula Jürgen	BMJ 4
Schnitger Dorothee	SAN 389
Schnitger Heinrich	BRE 161
Schnitger Marc	HE 202
Schnitker Nina	BER 132
Schnittcher Gerd	BRA 156
Schnitter Christine	HH 165
Schnitzer Carin	MV 212
Schnitzerling Joachim	HE 200
Schnitzler Jörg	SG 490
Schnitzler Johannes Wilhelm	SG 493
Schnoor-Völker Dieter	SH 403
Schnorbus Julia	HE 186
Schnorfeil Arthur	BY 98
Schnorr Stefan	RP 333
Schnorr Wolfram	NW 263
Schnorrbusch Andreas	SAC 375
Schnorrbusch Waltraud	SAC 380
Schnug Claus-Dieter	VwG 532
Schnur Daniela	RP 345
Freiherr von Schnurbein Marcus	SG 476
Schnurr Ina	BW 63
Schnurrer-Blum Ulrike	BER 142
Schob Christine	SAN 394
Schobel Beatrix	BY 73
Schober Andreas	BY 104
Schober Anja	MV 215
Schober Beate	BER 135
Schober Georg	BY 102
Schoch Friedrich	VwG 503
Schoch Simone	BW 51
Schockenhoff Elke	SG 491
Schoddel Ivonne	NW 329
Schöbel Heino	BY 73
Schödel Kurt	BY 80
Schödel Ute	SG 479
Schödel Volker	BY 103
Schöfberger Florian	BY 101
Schöffel Uwe	VwG 508
Schöfferle Karlheinz	NW 275
Schöfisch Volker	BMJ 4
Schoel Gudrun	HH 169
Schoel Jürgen	BER 132
Schölch Bianca	NW 310
Schölch Rainer	BW 29
Schöler Gisbert	BY 94
Schöler Hans Günther	VwG 525
Schöler Martin	SG 486
Schölkes Inga	NDS 255
Schöllgen Werner	NW 272
Schöllig Jörn Peter	BW 70
Schöllkopf Tilmann	SAC 375
Schöllmann Sylvia	NW 320
Schölzel Cornelia	SAN 387
Schömig Dolores	BY 82
Schoen Anne Kathrin	BY 121
Schön Franz	BY 73
Schoen Gabriele	BY 111
Schön Jürgen	SG 488
Schön Jutta	VwG 507
Schön Katharina	BW 69
Schön Nadja	ArbG 441
Schön Oliver	BY 108
Schön-Winkler Susanne	NW 287
Schönauer Michael	NW 271
Schönauer Michael	BY 122
Schönberg Christoph	RP 344
Schönberg Katrin-Elena	BER 130
Schönbohm Christiane	ArbG 450
Schöndorf Erich	HE 198
Schöndube Julia	NDS 254
Schöne Elmar	SAA 360
Schöne Michael	SAN 389
Schöne Petra	BRA 155
Schöne Sigrid	NW 288
Schöneberger Hans-Peter	SG 497
Schöneborn Stephanie	NDS 255
Schönemann Hans-Günter	SH 402
Schönemann Klaus-Walter	NDS 243
Schönemann Maike	NW 323
Schönemann-Koschnick Dorothea	NW 273
Schönenberg-Römer Petra	NW 287
Schönenborn Anita	SG 491
Schönenbroicher Claudia	SG 493
Schönenbroicher Susanne	NW 317
Schöner Angelika	VwG 508
Schöner Silke	SG 487
Schönfeld Anke	NDS 247
Schoenfeld Christoph	FG 467
Schönfeld Friedrich-Wilhelm	ArbG 441
von Schönfeld Ursula	ArbG 450
Schönfelder Cornelia	SAC 365
Schönfelder Hannes	BU 11
Schönfelder Ralph	BW 67
Schönfelder Ulrike	HH 171
Schönfelder Ute	MV 214
Schönfleisch Silke	HE 199
Schönherr Barbara	MV 207
Schönherr Stephan	NW 315
Schönhofen Ulrich	HE 191
Schönhoff Kerstin	NW 323
Schönhoff Martin	VwG 528
Schönig Thomas	NW 315
Schönigt Gudrun	NDS 247
Schoenijahn Oliver	NW 264
Schöning Frank	BRA 155
Schönknecht Sabine	SAC 365
Schönlaub Daniela	BW 54
Schönlein Brigitte	SG 480
Schönstädt Dirk	VwG 517
Schönstein-Herrn Evelyn	BY 107
Schönwandt Heinz	NDS 221
Schönwandt Jens-Carsten	FG 463
Schönwitz Volker	NW 278
Schöpe Ulrich	NDS 253
Schöpe Wolfgang	NDS 249
Schöpf Dieter	BY 101
Schöpf Gabriele	BW 40

Schöpf Herbert	BY 115	Scholz Martin	BY 95	Schott Irene	SAC 379
Schöpf Susanne	SAN 388	Scholz Michael	TH 421	Schott Peter	BY 95
Schöppe-Fredenburg		Scholz Monika	HH 168	Schott Petra	VerfG 427
Sandra	BY 122	Scholz Oliver	BW 28		VwG 517
Schöpper Frank	NW 305	Scholz Peter	BER 128	Schott-Pfeifer Petra	HE 189
Schöppner Norbert	NW 301	Scholz Peter	BER 128		VerfG 427
Schöpsdau Alexander	BW 27	Scholz Peter	SAC 363	Schotten Gabriele	NW 323
Schörner Anne-Dore	MV 209	Scholz Peter	BER 132	Freifrau Schoultz von	
Schößler Frank	HE 186	Scholz Rainer	FG 471	Ascheraden Ulrike	ArbG 454
Schöttler Alexandra	NW 323	Scholz Stefan	SG 491	Schracke Dieter	RP 337
Schöttler Peter	NW 268	Scholz Stephanie	SG 499	Schrade Daniele	BW 34
Schöttler Rolf-Jürgen	BER 128	Scholz Susanne	ArbG 459	Schrade Holger	ArbG 453
Scholl Amand	NW 322	Scholz Tina	BW 69	Schrade Karl-Georg	BW 28
Scholl Annette	ArbG 435	Scholz Werner	NW 305	Schrader Christian	VerfG 428
Scholl Gerhard	ArbG 449	Scholz Wolfgang	BU 16	Schrader Dirk	MV 215
Scholl Marlene	ArbG 448	Scholz Wolfgang	NDS 241	Schrader Doris	NDS 228
Scholl Udo	BW 29	Scholz-Gamp Kristine	BER 129	Schrader Ekkehard	MV 214
Scholl-Leifert Gretel	BW 31	Scholzen Wolfgang	TH 416	Schrader Jürgen	HE 187
Schollbach Frank	BRA 147	Schomaker Jörg	SH 398	Schrader Klaus	BW 35
Scholle Barbara	VwG 530	Schomann Klaus	AnwG 548	Schrader Klaus	NDS 226
Scholle Heinz	VwG 530	Schomann Roland	VwG 530	Schrader Ludolf	NW 273
Scholle Thomas	AnwG 550	Schomberg Hans Gero	HE 198	Schrader Rolf	NW 290
Schollen Matthias	AnwG 543	Schomburg Gerhard	BMJ 4	Schrader Thomas	ArbG 448
Schollmeier Wolfgang	BER 133	Schomburg Günter	MV 211	Schräder Alexander	RP 354
Schollmeyer		Schomer Arnold	RP 345	Schraeder Jutta	VwG 522
Eberhard	BMJ 5	Schomerus Heinz-		Schräder-Hochstetter	
Scholten Gebhard	VwG 526	Rüdiger	NDS 219	Gudrun	AnwG 554
Scholten Hans Joseph	NW 261	Schommartz Karl	BY 75	Schräger Uwe	NDS 242
Scholten Ingo Josef	NW 263	Schon Gabriele	ArbG 450	Schräjahr-Nüßle	
Scholten Iris	RP 354	Schon Ingo	HE 202	Susanne	ArbG 435
Scholtis Bettina	NW 304	Schonlau Reinhold	NDS 250	Schräpler-Mayr Hanne	NW 276
Scholtyssek Hubert	BY 86	Schons Brigitte	SAC 368	Schraft-Huber Gudrun	VwG 504
Scholtyssek Werner	NW 288	Schonscheck Claudia	NW 286	Schrage Alfons	VwG 511
Scholz André	SAC 372	Schoofs Achim	NW 329	Schrage Ines	HE 201
Scholz Andreas	SAN 390	Schopohl Felicitas	BY 106	Schraml Nina	NW 292
Scholz Andreas	SAC 366	Schoppmeier Martina	BER 140	Schramm Arne	HH 169
Scholz Andreas	NDS 226	Schoppmeyer Heinrich	BW 29		HH 175
Scholz Annett	SAN 388	Schoreit-Bartner		Schramm Dörthe	SAA 360
Scholz Armin	NW 306	Anette	NDS 223	Schramm Monika	BY 82
Scholz Bernhard	SG 496	Schori Markus	SAC 377	Schramm Walter	BU 16
Scholz Birgit	SAN 388	Schorkopf Andrea	VwG 532	Schramm Walter	
Scholz Christian	NDS 234	Schorm-Bernschütz		Ludwig	NW 291
Scholz Christian		Rebeca	BW 70	Schrammen Christina	VwG 538
Hendrik	ArbG 460	Schormann Gerhard	BY 117	Schratzenstaller Josef	BY 93
Scholz Dagmar	NW 290	Schormann Melanie	SAN 394	Schraut Anja	RP 347
Scholz Dieter	BW 32	Schorn Monika	HH 170	Schreck Dieter	SG 489
Scholz Dietmar	MV 215	Schorn Ulrich	SG 492	Schreck Heike	SG 489
Scholz Frank	SG 483	Schorr Christian	BY 122	Schreckling-Kreuz	
Scholz Frank	NDS 223	Schorr Eugen	BY 79	Renate	ArbG 453
Scholz Gabriele	NW 313	Schorr Nikolaus	ArbG 456	Schreer Thomas	AnwG 550
Scholz Georg	NW 327	Schorr Walter	BY 111	Schreiber Albrecht	HE 183
Scholz Günter	NW 311	Schorradt Sonja	HE 199	Schreiber Carola	HH 169
Scholz Harald	SAN 388	Schoß Christian	NW 328	Schreiber Frank	NW 296
Scholz Jörg-Michael	SG 478	Schoß Helmut	NW 278	Schreiber Frank	SG 487
Scholz Kai-Uwe	BRA 156	Schossier Paul	NW 281	Schreiber Jochem	FG 467
Scholz Katharina	NW 329	Schott Evmarie	AnwG 551	Schreiber Jürgen	NW 320
Scholz Lothar	SAC 376	Schott Heike	HE 201	Schreiber Katja	BY 93
Scholz Lucia	BY 91	Schott Ingrid	VwG 514	Schreiber Klaus	NW 277

731

Schreiber Namensverzeichnis

Schreiber Manfred	NDS 235	
Schreiber Marc-Oliver	BY 121	
Schreiber Markus	BY 97	
Schreiber Michael	BW 50	
Schreiber Sebastian	BER 142	
Schreiber Stephan	NDS 253	
Schreiber Susanne	NW 263	
Schreiber Uwe	BRA 155	
Schreiber Winfried	SH 405	
Schreiber Winfried	BMJ 3	
Schreier Axel	VwG 512	
Schreier Carsten	BRA 158	
Schreier Myriam	SG 492	
Schreiner Ansgar	RP 348	
Schreiner Karl	SAC 372	
Schreiner Katharina	NW 301	
Schreiner-Eickhoff Annette	NW 317	
von Schreitter-Schwarzenfeld Andrea	HE 198	
Schreitter-Skvortsov Karin	SAC 378	
Schremb Katja	BW 69	
Schrempp Peter	BY 76	
Schrenker Anna	VwG 508	
Schrenker Reiner	ArbG 439	
Schreyer Edith	VwG 511	
Schreyer Michael	BY 119	
Schreyer Saskia	NW 286	
Schreyer-Krampol Brigitte	SG 480	
Schrieder-Holzner Hildegard	VwG 507	
Schriever Andreas	BU 12	
Schriever Sara	BY 97	
Schriewer Sabine	NW 295	
Schrimm Kurt	BW 66	
Schrimpf Agnes	VwG 513	
Schrimpf Henning	VwG 523	
Schrimpf Jürgen Werner	NW 365	
Schrimpf Peter	NDS 231	
Schrimpff Otto	BY 88	
Schrock Li-Feng	BMJ 3	
Schrod Helmut	HE 182	
Schrodt Roland	BY 319	
Schröder Andreas	BW 39	
Schröder Andreja	NW 261	
Schröder Anne	NW 273	
Schröder Axel	NW 270	
Schröder Bernhard	RP 354	
Schröder Bettina	BY 115	
Schroeder Brigitte	BY 107	
Schröder Christian	RP 352	
Schröder Christian	BER 127	
Schröder Claus	HH 172	
Schröder Detlef	VerfG 430	
Schröder Dieter	VwG 531	
Schroeder Diethelm	ArbG 454	
Schroeder Elke	VwG 536	
Schröder Gabriele	SG 477	
Schröder Gertrud	BY 98	
Schröder Heike	TH 423	
Schröder Henning	NDS 245	
Schröder Herbert	NDS 248	
Schröder Jan	ArbG 446	
Schröder Jochen	NW 293	
Schröder Jörg	NDS 252	
Schröder Jörg	NW 284	
Schröder Jörg Friedrich	NDS 251	
Schröder Jürgen	RP 333	
Schröder Kai	SH 403	
Schröder Karin	SAC 364	
Schröder Karin	MV 213	
Schröder Karl Heinz	BU 15	
Schröder Karsten	RP 344	
Schroeder Klaus	BW 47	
Schröder Lars-Hendrik	SAN 389	
Schröder Lutz	VwG 517	
Schröder Martin	VwG 513	
Schröder Meinhard	VwG 532	
Schröder Michael	BMJ 4	
Schröder Norbert	SG 493	
Schröder Ralf	MV 209	
Schröder Rebekka	SAA 361	
Schröder Regine	VwG 529	
Schröder Richard	VerfG 426	
Schröder Ruth	HE 195	
Schröder Sabine	NW 306	
Schröder Sigrid	VwG 524	
Schröder Stefan	NDS 246	
Schröder Susanne	BER 143	
Schröder Tamara	BW 58	
Schroeder Thomas	TH 422	
Schröder Thomas	NW 286	
Schröder Ulrich	HE 180	
Schröder Ulrich	HE 184	
Schroeder Uwe Klaus	NW 278	
Schröder-Lomb Svenja	BER 138	
Schröder-Lotholz Sylvia	VwG 527	
Schröder-Maier Christine	BY 117	
Schroeder-Printzen Jörn	AnwG 548	
Schroeder-Puls Heike	VwG 539	
Schröder-Schink Gudrun	VwG 527	
Schröders Werner	NW 313	
Schroedter Eberhard	BER 139	
Schroedter Wolf-Christian	BRE 162	
Schröer Bernhard	NW 268	
Schröer Ludger	NW 310	
Schröer Meline	BER 130	
Schröpfer Corny	SAC 372	
Schröppel Jürgen	BY 112	
Schröppel Otto	VwG 508	
Schroers Jochen	HE 179	
Schröter Harald	ArbG 434	
Schröter Hartmut	NW 275	
Schroeter Lothar	NW 278	
Schroeter Magdalene	BY 121	
Schröter Petra	BRA 147	
Schrötter Gisela	BY 101	
Schroff Ingrid	HE 181	
Schroiff Peter	VwG 525	
Schromek Klaus-Dieter	BRE 161	
Schrot Hans	RP 342	
Schrotberger Michael	BY 113	
Schroth Markus	BY 106	
Schroth Stefan	BW 32	
Schrübbers Michael	NW 313	
Schrüfer Klaus	NW 288	
Schruff Herbert-Wilhelm	SG 495	
Schubart Joachim	BW 23	
Schubert Andrea	NW 314	
Schubert Annette	SG 487	
Schubert Bernd-Klaus	AnwG 551	
Schubert Bernhard	NW 324	
Schubert Bettina	NW 308	
Schubert Claudia	BW 70	
Schubert Dagmar	NDS 243	
Schubert Florian	BY 122	
Schubert Gernot	NDS 246	
Schubert Hans	HE 181	
Schubert Hans Joachim	NW 308	
Schubert Hans-Werner	NDS 244	
Schubert Karin	BER 125	
Schubert Klaus-Ulrich	ArbG 460	
Schubert Manfred	BRE 161	
Schubert Matthias	VwG 511	
Schubert Michael	RP 351	
Schubert Norbert	NDS 252	
Schubert Torsten	HH 175	
Schubert Ursula	NDS 230	
Schubert Walter	BW 43	
Schubert Winfried	SAN 383	
Schubert Wolfram	BY 108	
Schubert-Gerstenberg Margot	ArbG 433	
Schuberth Frank	BRA 150	
Schuberth Klaus	BY 119	
Schuchard Axel	SH 409	
Schuchard Sabine	SH 409	
Schuchter Alexander	BER 127	
Schuck Hans-Jürgen	FG 469	
Schuck Klaudia	NW 275	
Schudoma Sabine	SG 482	
Schudt Ernst-Reiner	AnwG 549	
Schudt Ursula	HH 166	
	HH 171	

Schübel Eva	BU	9
Schübel-Pfister Isabel	VwG	510
Schüddekopf Klaus	SAC	364
Schuegraf-Ströbel Marlies	FG	465
Schüle Constanze	BW	26
Schüler Christoph	BRA	156
Schüler Diana	BW	30
Schüler Johannes	NW	325
Schüler Kai	SAC	367
Schüler Sabine	NW	329
Schüler Stefan	BW	50
Schülke Eric	NW	303
Schülke Klaus	BU	15
Schüller Claudia	FG	470
Schüller Heribert	NW	321
Schüller Lysann Kathrin	SH	408
Schümann Charlotte	NW	317
Schümers Manfred	NW	305
Schünemann Sebastian	NDS	222
Schüppler Hartmut	NW	302
Schürer-Mohr Wiebke	SH	400
Schürger Carsten	NW	271
Schürger Renate	SH	398
Schürholz Martina	NW	328
Schürmann Beate	NDS	248
Schürmann Heinrich	NDS	244
Schürmann Kathrin	NW	329
Schürmann Ruth	VwG	531
Schürmann Ulrich	SG	493
Schürr Franz	BY	77
Schüssel Gerhard	BY	110
Schüßler Bernhard-Rudolf	NW	260
Schüßler Marc	BW	69
Schüssler Romeo	BW	28
Schütt Carsten	HH	169
Schütt-Plewe Barbara	NW	326
Schüttauf Konrad	FG	470
Schüttauf Regina	AnwG	558
Schütte Christoph	BY	100
Schütte Dieter	VwG	521
Schütte Elisabeth	BY	100
Schütte Gerhard	NDS	225
Schütte Hermann	NDS	250
Schütte Monika	NW	263
Schüttler Jutta	HE	182
Schüttpelz Erfried	NW	261
Schütz Andreas	NW	325
Schütz Bettina	VwG	523
Schütz Carsten	HE	202
Schütz Christian	NDS	220
Schütz Elfriede	BY	120
Schütz Ferdinand	NW	313
Schütz Friedrich	ArbG	439
Schütz Irina	NW	273
Schütz Kai-Uwe	NDS	222
Schütz Michael	NW	295
Schütz Olaf	VwG	519
Schütz Peter Erik	NW	263
Schütz Silke	ArbG	455
Schütz Wolfram	BY	97
Schütze Bernd	SG	476
Schütze Christiane	SG	496
Schütze Jann	SG	500
Schütze Sylvia	SAC	379
Schützendorf Barbara	NW	322
Schuh Alexander	SAC	379
Schuh Lhamo	SG	500
Schuh-Offermanns Miriam	NW	261
Schuhmaier Sabine	BY	94
Schuhmann Georg	RP	340
Schuhmann Hannelore	RP	341
Schuhmann Ursula	SAC	367
Schuhoff Martina	BER	133
Schuhr Irina	BY	123
Schuld Hagen	BRA	157
Schuldes Silvia	FG	464
Schuldes Wolfgang	BY	95
Schuldt Andrea	AnwG	558
Schuldt Jürgen	ArbG	444
Schuler Elmar	FG	474
	VerfG	430
Schuler Jan	VwG	535
Schuler Rolf	SG	486
Schulhauser Jürgen	SAC	366
Schulitz Angelika	HH	170
Schulke Sharda Fay	RP	353
Schuller Carsten	BY	123
Schuller Gabriela	BW	30
Schult Sylvia	MV	214
Schulte Andrea	NW	265
Schulte Axel	NDS	226
Schulte Bernd	NW	306
Schulte Bernhard	VwG	525
Schulte Christian	BER	132
Schulte Christoph	NW	300
Schulte Diana	NW	285
Schulte Dieter	HE	192
Schulte Dirk	BW	65
Schulte Edeltraud	NW	299
Schulte Elisabeth	VwG	513
Schulte Esther	NDS	255
Schulte Frank	VwG	512
Schulte Friedrich-Wilhelm	VwG	525
Schulte Gert	NW	277
Schulte Holger	NW	265
Schulte Josef	NW	272
	VerfG	428
Schulte Josef	NW	280
Schulte Karin	SG	480
Schulte Karl	SG	489
Schulte Klaus	SAC	375
Schulte Klaus	HE	201
Schulte Maike	SAN	387
Schulte Martin	NW	287
Schulte Michael	NDS	253
Schulte Michaela	HE	195
Schulte Mirko	HE	194
Schulte Reinhard	FG	465
Schulte Sebastian	ArbG	453
Schulte Stefan	VwG	526
Schulte Werner	HE	177
Schulte Wilhelm Josef	BW	63
Schulte Wolf-Dieter	ArbG	451
Schulte Wolfgang	NW	280
Schulte genannt Kellermann Maximilian	NW	330
Schulte im Busch Astrid	NW	292
Schulte-Beerbühl Hubertus	VwG	531
Schulte-Bunert Kai	NW	323
Schulte-Bunert Ulrich	NW	318
Schulte-Eversum Bernd Norbert	NW	291
Schulte-Frühling Barbara	SAN	394
Schulte-Hengesbach Franz	NW	282
Schulte-Homann Elke	BRA	153
Schulte-Kellinghaus Thomas	BW	24
Schulte-Runge Eva	NW	282
Schulte-Steinberg Henning	VwG	527
Schulte-Trux Anke	VwG	525
Schultebeyring Harro	SAC	369
Schultheis Ullrich	BU	10
Schultheiß Martin	SAC	372
Schultheiß Simon	BY	123
Schultheiß Thomas	RP	351
Schultheiß Werner	BY	114
Schultz Birgit	BW	40
Schultz Dieter	BRA	149
Schultz Dieter	BRA	155
Schultz Diethelm	HE	191
Schultz Gerd	BER	136
Schultz Gerd-Michael	TH	421
Schultz Johannes	NW	322
Schultz Klaus	RP	352
Schultz Klaus-Dieter	SH	407
Schultz Manfred	BRA	149
Schultz Reinold	NW	280
Schultz Sonja	NW	272
Schultz Viro	SAC	372
Schultz Volker	SAA	361
Schultz-Ewert Reinhard	VwG	511
Schultz-Jansen Brigitte	HE	191
Schultz-Schwaab Tanja	RP	345
Schultze Karlheinz	NW	268

Schultze Namensverzeichnis

Schultze Werner	HE	177
Schultze-Griebler Martin	SAC	368
Schultze-Lewerentz Herbert	SH	405
Schultze-Rhonhof Jörg	VwG	525
Schultzky Hendrik	BY	113
Schulz Andrea	BMJ	4
Schulz Andreas	SAA	355
Schulz Axel	VwG	517
Schulz Bernd Gustav	NW	325
Schulz Carola	NW	262
Schulz Christel	BRA	152
Schulz Christina	NDS	254
Schulz Claudia	HE	188
Schulz Claudia	NW	307
Schulz Claudia	BER	137
Schulz Detlef	BER	139
Schulz Dirk	BY	121
Schulz Dominik	SAC	367
Schulz Elke	BY	107
Schulz Erich-Paul	HH	173
Schulz Ernst-Otto	VwG	515
Schulz Eva Nicola	NW	325
Schulz Gabriele	SAC	374
Schulz Gabriele	NDS	235
Schulz Gabriele	BER	127
Schulz Georg	NW	274
Schulz Gerd	NDS	250
Schulz Gesine	HH	175
Schulz Günther	BRE	161
Schulz Guido	NW	277
Schulz Hansjürgen	NDS	251
Schulz Harald	HH	168
Schulz Hartmut	SH	400
Schulz Hartwig	BER	132
Schulz Heike	SH	407
Schulz Heiko	SAC	374
Schulz Hermann	BW	59
Schulz Holger	SH	401
Schulz Jan	NW	330
Schulz Jörg	BRE	162
Schulz Kay	HH	171
Schulz Manfred	VwG	524
Schulz Martin	NDS	227
Schulz Peter Klaus	NW	261
Schulz Ralf	AnwG	552
Schulz Ralf-Dietrich	BRA	152
Schulz Reinhart	NW	261
Schulz Reinhold	HE	180
Schulz Renate	BER	138
Schulz Ricardo	SAC	379
Schulz Rita	NDS	241
Schulz Ronald	VwG	523
Schulz Sonja	BMJ	4
Schulz Stefan	HH	165
Schulz Stephanie	BY	123
Schulz Susanne	BW	70

Schulz Sybille	NW	328
Schulz Thomas	SAN	392
Schulz Tobias	FG	473
Schulz Ulrich	NDS	220
Schulz Werner	NDS	248
Schulz Wilfried	NDS	248
Schulz Wolfgang	NDS	239
Schulz Wulfhard	BRA	153
Schulz-Droste Antje	ArbG	448
Schulz-Hauzel Michaela	TH	415
Schulz-Maneke Eberhard	BER	128
Schulz-Marner Susanne	NDS	221
Schulz-Monschau Monika	VwG	516
Schulz-Nagel Rita	VwG	528
Schulz-Spirohn Thomas	BER	141
Schulz-Wenzel Ulrich	VwG	522
Schulze Annett	BRA	149
Schulze Carsten Peter	NDS	221
Schulze Christian	ArbG	447
Schulze Christina	BER	134
Schulze Dorit	SH	409
Schulze Dorothea	NW	301
Schulze Ernst-Wilhelm	SAN	388
Schulze Frank-Thomas	SAN	393
Schulze Gabi	SAC	376
Schulze Gerhard	SG	500
Schulze Ingeborg	SAC	373
Schulze Jörg	BER	134
Schulze Marianne	SG	485
Schulze Peter	NW	308
Schulze Ralf	NW	284
Schulze Roswitha	BRA	155
Schulze Sigrid	VwG	523
Schulze Stefan	TH	412
Schulze Sven	HH	175
Schulze Thomas	NW	283
Schulze Volker	ArbG	444
Schulze Wolfgang	NW	306
Schulze Temming Ludger	FG	471
Schulze Ueding Burkhard	BER	143
Schulze-Anné Christian	FG	474
Schulze-Bentrop Wilhelm	NW	305
Schulze-Engemann Holger	NW	288
Schulze-Hagenow Daniela	SG	494
Schulze-Hillert Ute	SH	405
Schulze-Lammers Susanne	NW	327
Schulze-Niehoff Hermann	NW	285

Schulze-Velmede Burkhard	NW	292
Schulze-Weckert Günter	BY	110
Schulze-Ziffer Manfred	SH	407
Schulzke Carola	NDS	242
Schumacher Bernd-Ulrich	NW	291
Schumacher Claudia	NW	261
Schumacher Ewald	SG	491
Schumacher Hennig	NW	327
Schumacher Jana	NW	328
Schumacher Joachim	RP	353
Schumacher Jörg	VwG	534
Schumacher Karl-Heinz	NW	319
Schumacher Klaus	NW	262
Schumacher Ludwig	BW	58
Schumacher Martin	RP	341
Schumacher Olaf	BRA	152
Schumacher Philip	BRA	157
Schumacher Rolf	AnwG	544
Schumacher Rüdiger	BW	70
Schumacher Ulrike	VwG	530
Schumacher-Diehl Claudia	BW	55
Schumann Andrea	NW	285
Schumann Arite	BRA	150
Schumann Axel	SH	409
Schumann Dietmar	RP	348
Schumann Jan	HE	190
Schumann Lubina	SAC	365
Schumann Otmar	SAN	393
Schumann Rolf	BRE	162
Schumann Sandra	BER	133
Schumann Sonja	SAC	374
Schumann Stefan	BY	74
Schumann Susanne	SAC	380
Schumann Swen	SAC	379
Schumann Ursula	BRE	160
Schumann Ursula	AnwG	549
Schumann-Pantke Ines	RP	340
Schumny Sabine	BER	137
Schunck Bernd	NDS	244
Schunck Hans	RP	346
Schunder Ulrike	NDS	233
Schupp Wolfgang	SH	398
Schuppenies Peter	AnwG	546
Schuppenies Petra	BRA	148
Schuppner Jürgen	TH	419
Schur Axel	TH	419
Schurer Sebastian	BY	87
Schurig Wiebke	BW	70
Schurig Alexander	SG	499
Schurwanz Jürgen	FG	473
Schurwanz Klaus	TH	422
Schuschel Carolin	NW	276
Schuster Barbara	ArbG	450
Schuster Christel	BU	16
Schuster Christina	NW	263

Schuster Gabriele	BU 16	Schwartz Andrea	NW 265	Schwarz Volker	BW 52
Schuster Günther	BU 16	Schwartz Florian	NW 330	Schwarz Wolfgang	SG 479
Schuster Hermann	BY 92	Schwartz Hans-Dieter	ArbG 454	Schwarz Wolfgang	BW 65
Schuster Inge	HE 190	Schwartz Hans-		Schwarz-Angele Eva	
Schuster Jochen	NW 262	Richard	NDS 247	Maria	BU 16
Schuster Klaus	BW 37	Schwartz Hildegard	NDS 248	Schwarz-Höftmann	
Schuster Ortwin	SG 479	Schwartz Joachim	NW 265	Elke	VwG 534
Schuster Paul	NW 267	Schwartz Juliana	NW 315	Schwarz-Spliesgart Eva	
Schuster Peter	BER 129	Schwartz Michael	BW 65	Regina	BY 115
Schuster Silvia	BU 11	Schwartz-Sander Birgit	SH 400	Schwarzburg Peter	BER 125
Schuster Susanne	SG 483	Schwarz Alexander	RP 349	Schwarze Georg	NW 281
Schuster Susette	VwG 530	Schwarz Alexander	BW 37	Schwarze Heinz	NW 280
Schuster Thomas	BY 121	Schwarz Arend-Jörg	NW 291	Schwarzenbacher	
Schuster Thomas	BY 101	Schwarz Arno	AnwG 550	Ulrich	ArbG 443
Schuster Wolfgang	NW 268		HE 179	Schwarzer Jasmine	ArbG 458
Schutter Hans-Dieter	BW 25	Schwarz Bärbel	SG 485	Schwarzer Marlis	HE 184
Schuttrich Karin	SG 499	Schwarz Birgit	BY 78	Schwarzer Norbert	SAC 374
Schwab Heinrich		Schwarz Burghard	SH 403	Schwarzkopf Angelika	BW 28
Theodor	NW 293	Schwarz Christa	SAN 393	Schwarzwald Peter	NW 275
Schwab Jürgen	NW 313	Schwarz Christine	ArbG 444	Schweckendieck	
Schwab Matthias	BW 33	Schwarz Christoph	NW 262	Helmut	BER 128
Schwab Norbert	ArbG 455	Schwarz Corinna	TH 421	Schweda Holger	NW 320
Schwab Peter	SH 407	Schwarz Cornelia	RP 353	Schwedhelm Robert	NW 281
Schwab Stefan	BY 90	Schwarz Frank Michael	TH 420	Schwedler Gerrit	SH 409
Schwabe Anja	HH 169	Schwarz Friedemann	BW 65	Schweer Wolfgang	NW 310
	HH 175	Schwarz Gerit	MV 214	Schwefer Ira	NW 301
Schwabe Tanja	SG 491	Schwarz Gertrud	NW 313	Schwegler Christa	BY 100
Schwachheim Jürgen	VwG 539	Schwarz Hans Erich	BW 57	Schwegmann Markus	VwG 531
Schwack Gisela	BY 105	Schwarz Hans-Detlef	BU 16	Schweickert Friedrich	HE 182
Schwaderlapp Klaus	HE 194	Schwarz Hans-Sieghart	SH 398	Schweiger Gabriele	BY 81
Schwadrat Carsten	NW 287	Schwarz Hansjürgen	FG 472	Schweiger Tilo	BY 91
Schwäble Ilse	VwG 505	Schwarz Heike	TH 414	Schweigert Michael	NDS 228
Schwäble Ulrich	VwG 503	Schwarz Holger	VwG 522	Schweigert Ulrich	AnwG 552
Schwägerle Werner	ArbG 435	Schwarz Joachim	VwG 534	Schweikart Peter	BW 24
Schwafferts Ulrike	HH 168	Schwarz Johann	NW 270	von Schweinitz Liane	HH 167
Schwager-Wenz Gudrun	RP 335	Schwarz Karin	NW 276	Schweinoch Hans-	
Schwaiberger Kunigunde	BY 105	Schwarz Karsten-Nils	BW 68	Joachim	VwG 508
Schwaiger Lutz	BY 113	Schwarz Kathrin	HH 169	Schweitzer Erik	SAA 360
Schwakenberg Friedrich-		Schwarz Lothar	HE 182	Schweitzer Gabriele	SAA 360
Karl	BU 11	Schwarz Martin	TH 414	Schweitzer Josef	ArbG 436
Schwalbe Sylke	BRA 150	Schwarz Martina	BW 61	Schweitzer Karl-Heinz	HE 180
Schwalm Gerald	SAC 365	Schwarz Martina	RP 353	Schweitzer Manfred	BER 139
Schwalm Jörg	SAC 376	Schwarz Matthias	NDS 227	Schweitzer Matthias	BW 67
Schwamb Werner	HE 180	Schwarz Max	BY 75	Schweitzer Thomas	
Schwan Brigitte	BW 33	Schwarz Michael	NW 275	Manfred	NW 274
Schwan Hartmut	VerfG 430	Schwarz Michael	BER 130	Schweizer Bruno	BW 25
	VwG 539	Schwarz Monika	MV 206	Schwelle Günter	BRA 155
Schwan Reinhard	VwG 503	Schwarz Rainer	BW 63	Schwelle Gunter	SH 397
Schwandt Sabine	HH 171	Schwarz Reinhard	BY 78	Schwellenbach Maria	NW 321
Schwanecke Hans		Schwarz Renate	TH 413	Schwellenbach Paul	NW 319
Joachim	BW 42	Schwarz Roger	FG 464	Schwemmer Britta	FG 465
Schwanecke Inge Beate	NDS 241	Schwarz Rolf	HE 187	Schwemmin Christel	BER 132
Schwanewilm Maik	NW 315	Schwarz Sabine	BY 111	Schwengber Heike	TH 415
Schwanitz Carsten	BER 137	Schwarz Stefanie	BY 96	Schwenger Arvid	BW 45
Schwanitz Klaus	NW 318	Schwarz Stefanie	RP 353	Schwengers Henning	BER 128
Schwanzer Mechthild	NW 267	Schwarz Thomas	BER 138	Schwenk Stefan	TH 418
Schwart Daniela	MV 215	Schwarz Tilman	SAN 385	Schwenke Renate	BW 44
Schwartau Susanne	NDS 242	Schwarz Torsten	TH 414	Schwenke Ulrich	VwG 524

Schwenkert Ulrich	FG 466	Schwitanski Heinrich		Segger Janna	NW 317
Schwenn Johann	AnwG 550	Georg	NW 319	Segond Erika	BRE 161
Schwenninger Bernd	RP 347	Schwitters Jan Hendrik	SH 406	Seher Bruno	VwG 509
Schwens Hans-Werner	NW 281	Schwitzer Heike	NDS 240	Sehlbach-Schellenberg	
Schwenzer Werner	NW 270	Schwitzke Klaus	NW 276	Ute	HE 199
Schweppe Eckehard	HH 172	Schwörer Frank	BW 21	Sehlke Manfred	BY 98
Schweppe Katja	HE 202	Schwörer Hermann	NW 315	Sehorsch Harald	SAN 394
Schwer Brigitte	HE 197	Schwoerer Katrin	BW 71	Sehr Andreas	BY 97
Schwerdfeger Christa	BRA 148	Schwoerer Max	BW 71	Sehrig Elisabeth	BER 134
Schwerdt Richard		Schwonberg Alexander	NDS 226	Seibel Jan	BY 123
Heinrich	NW 280	Schwonke Martina	BRA 147	Seibel Mark	NW 330
Schwerdtfeger Dirk	TH 412	Schwürzer Wolfgang	SAC 376	Seibel Wolfgang	FG 471
Schwerdtfeger Sitta	BER 131	Sdorra Peter	BER 127	Seibert Manfred	SG 486
Schwerdtfeger Uta	BW 70	Sdunzig Ina	BER 131	Seibert Max-Jürgen	VwG 525
Schwerdtfeger Winfried	VwG 528	Sdunzik Werner	NW 274	Seibert Otto	NDS 229
Schwerdtner Manfred	BY 115	Seauve Barbara	NW 270	Seibert Thomas-Michael	HE 184
Schwerdtner Urte	NDS 220	Sebbel Alfred	FG 467	Seibert Ulrich	BMJ 3
Schwerer-Schulz		Sebelewsky Malte	SH 407	Seibold Johann	BW 51
Mechthild	HE 183	Sebening Maria	SH 399	Seichter Alfred	BY 103
Schwerin Götz	HH 172	Sedlatschek Dieter	SAC 374	Seichter Dirk	BW 64
Schwerin Kirsten	NDS 253	Sedlbauer Hubert	BY 99	Seichter Jürgen	HE 189
Gräfin von Schwerin		Sedlmeyr Barbara	BY 103	Seidel Almut	MV 215
Margarete	VerfG 428	von Seebach Barbara	VwG 513	Seidel Annette	NW 278
	NW 312	Seebach Thorsten	BY 82	Seidel Bettina	SG 477
Schwering Heinz-Bert	NW 266	Seebacher Hannes	BY 96	Seidel Dietmar	BY 110
Schwersmann Carola	HH 171	Seeberger Hans Werner	RP 349	Seidel Elke	ArbG 461
Schwerter Elke	NDS 252	Seebode Ursula	BY 81	Seidel Frank	NW 329
Schwesig Sabine	BRA 152	Seeburg Elisabeth	BER 128	Seidel Frank	BRA 156
Schwetlik-Kuhlemann		Seeburger Manfred	BW 66	Seidel Gabriele	HE 195
Jutta	MV 208	Seedorf Esther	VwG 512	Seidel Gerd	NW 294
von Schwichow Lothar	BU 16	Seedorf Rolf	HH 167	Seidel Gernot	BRA 146
von Schwichow Therese		Seefeld Gerd	BER 125	Seidel Ingo	BRE 163
Margarete	RP 354	Seeger Martin	SG 478	Seidel Jan-Michael	NDS 231
Schwichtenberg Astrid	NDS 233	Seeger Nadine	BY 121	Seidel Karl-Heinz	NW 323
Schwichtenberg		Seeger Ulrich	BW 67	Seidel Katrin	SAC 372
Herbert	NW 264	Seegmüller Robert	VwG 512	Seidel Kirstin	NDS 255
Schwick Heike	SAN 386	Seehafer Birgit	ArbG 461	Seidel Klaus	NW 301
Schwick Volker	FG 469	Seehof Birgit	NDS 223	Seidel Lore	ArbG 441
Schwickert Michael	NDS 250	Seel Christian	SAA 355	Seidel Marion	BRA 147
Schwicking Rosemarie	SG 480	Seel Hans-Joachim	ArbG 446	Seidel Michael	ArbG 452
Schwiderski Sabine	MV 213	Seel Helmut Heinz	NW 303	Seidel Ralf	FG 464
Schwiebacher Christoph	BY 91	Seelbach Helmut	RP 340	Seidel Sibylle	BW 71
Schwiedel Michael	ArbG 435	Seeler Claudia	BW 45	Seidel Solveig	BRA 149
Schwieren Günter	NW 280	Seelig Hartmut	NW 307	Seidel Sylvio	BRA 149
Schwieren Günter	VerfG 428	Seeliger Christa	NW 318	Seidel Wolf	FG 473
Schwierk Hans-Werner	BW 39	Seeling Barbara	ArbG 434	Seidemann Richard	AnwG 548
Schwill Eugen	NW 316	Seelmann Ronald	NW 294	Seidenadel Anja	BER 143
Schwill Florian	HH 169	Seemann Bernd	NDS 241	Seidenkranz Rüdiger	NW 318
	HH 175	Seemann Richard	RP 336	Seidensticker Per	BW 26
Schwind Jürgen	RP 333	Seemann Ulrike	NDS 251	Seider Karsten	BRA 150
Schwing Heinz	BW 32	Seemüller Beate	HE 181	Seidl Hans	SAN 386
Schwingeler Theodor	NW 274	Seesko Tino Günther	NW 332	Seidl Helmut	BY 97
Schwinghammer Bernd	SH 403	Seewald Frauke	NDS 244	Seidl Peter	HH 174
Schwinn Claudia	SH 409	Seffer Jens Roger	BRA 153	Seidl Ralf	BY 110
Schwinn Ralf	SAA 359	Segelitz Ute	BER 138	Seidl Rolf	HE 180
Schwippert Emil	NW 313	Segelken Günter	NDS 217	Seidl-Hülsmann Anette	SAN 386
Schwirblat Cay	BW 30	Segeth Martina	MV 212	Seidler Sabine	VwG 517
		Seggelke Rolf	VwG 517	Seidling Michael	BW 33

Namensverzeichnis Seyffert

Seidt Ursula	VwG 531	Selber Peter	SAC 367	Senger Tanja	HH 174
Seier Renate	BRA 152	Selbig Sabine	BRA 149	Sengler Randolf	SG 487
Seifer Thomas	BW 52	Selbmann Dorrit	BY 121	Senkbeil Christa	SAC 365
Seifert Gerold	BY 79	Selbmann Sigrid	MV 208	Sennekamp Christoph	VwG 505
Seifert Gunnar	HE 201	Selder Johannes	FG 464	Sennekamp Martin	NW 274
Seifert Jörg	MV 214	Selg Ulrike	BW 62	Sens-Dieterich Karin	VwG 519
Seifert Jürgen	NDS 237	Selig Holger	SAN 389	Sensfuß Jörg-Winrich	NW 266
Seifert Klaus	VerfG 427	Selig Petra	ArbG 434	Sent Lothar	NW 275
	VwG 516	Seligmüller Steffen	MV 207	Sepke Björn	SH 402
Seifert Martin	ArbG 436	Selke Bernd	SG 501	Seppelt Christoph	VwG 520
Seifert Paul-Michael	VwG 527	Selke Bernd-Michael	SH 399	Seppi René	NW 327
Seifert Stefanie	VwG 530	Selke Lothar	SH 401	Serini Carolyne	BY 86
Seifert Thomas	BRA 146	Sell Ingrid	NDS 223	Serini Christiane	BY 97
Seifert Thomas	SAC 379	Sell Janny	ArbG 450	Sermond Silke	HE 196
Seifert Thomas	HE 197	Sell Jochen	SAC 368	Seroka Stephan	MV 214
Seifert Ulrike	BER 131	Sella-Geusen Sylvia	NW 320	Serra de Oliveira	
Seifert Uwe	SAN 389	von Selle Dirk	BRA 149	Kirsten	NDS 220
Seifert Uwe	SAC 366	von Selle Lutz	HH 172	Serra de Oliveira Pedro	
Seifert Wilko	NW 262	Sellenriek Heinz-		Adelino	NDS 219
Seifert Wolfgang	SG 483	Dieter	VwG 531	Serries Andreas	NW 292
Seifert Wolfgang	RP 352	Sellering Erwin	MV 205	Sertl Josef	BY 118
Seiferth Anja	TH 423	Sellhorn Ulrike	SAN 383	Servas Oliver	NW 293
Seiffe Manfred	BER 129	Sellien Claudia	HE 196	Servos Hans	NW 260
Seiffert Karl-Heinz	BU 7	Sellin Dankward	BER 126	Serwe Andreas	NW 281
Seifried Sandra	BY 121	Sellin Jessica	ArbG 436	Serwe Ortwin	RP 342
Seigel Nikolaus	SG 476	Sellmann Berthold	NW 321	Seßinghaus Carsten	FG 470
Seigfried Peter	HE 197	Sellnow Carsten	BY 79	Sesterheim-Tsouli Ellen	BW 62
Seign Wolfgang	VwG 509	Sello Cornelius	BY 84	Setton Ralf	HE 198
Seiler Christian	BY 94	Selmer-Neun Sabine	VwG 513	Setz Gerlinde	SAA 357
Seiler Christiane	ArbG 440	Selow Michael	HH 168	Setzkorn Bernd	HE 200
Seiler Christoph	VwG 537	Selting Ludgera	BER 132	Seubert Klaus	HE 191
Seiler Jochen	BW 40	Selzam Nicole	BY 97	Seuffert Gabriel	BY 121
Seiler Jürgen	VwG 511	Selzner Christiane	NW 271	Seulen Alfred	BY 89
Seiler Kaija	BW 69	Semleit Barbara	SH 409	Seulen Sonja	NW 320
Seiler Rainer	SAN 391	Semler Jutta	VwG 505	Seum Karl-Michael	AnwG 552
Seiler-Dürr Carmen		Semmann Gabriele	NW 316	Seus Joachim	RP 337
Maria	VwG 533	Semmann Gerd	NW 314	Seuß Pizzoni Melanie	BY 96
Seilert Erich	SAN 390	Semmelhaack Nils	VwG 538	Seutemann Herbert	NDS 228
Seim Burkhard	HE 189	Semmelrogge Angela	RP 335	Sever Hans-Jürgen	HE 177
Seip-Stemmer Birgit	RP 344	Semmer Winfried	BY 93	Sever Susanne	HE 197
Seipel Volkmar	BY 80	Semmler Inka	SAN 389	Severain Vero	HE 201
Seiser Klaus-Jürgen	BW 34	Sémon Martin	HE 198	Severin Gerhard	BY 90
Seiters Stephan	NDS 226	Semperowitsch Michael	SG 490	Severin Ulrike	BRA 152
Seither Wolfgang	NW 276	Sempf Wilfried	SH 405	Severitt-Anke Tanja	NDS 253
Seitz Alexander	HE 180	Semprich Thomas	HH 171	Sewing Heike	BW 37
Seitz Bernd	BY 119	Semtner Matthias	VwG 514	Sewtz Andrea	SAC 372
Seitz Edith Maria	TH 422	Sen Ulrike	NW 295	Seyb Dieter	BY 111
Seitz Folker	HE 180	Freiin von Senden		Seyda Frauke	NW 328
Seitz Helmut	BY 73	Ulrike	ArbG 456	Seydel Michael	NW 321
Seitz Irmgard	SAC 374	Senf Martin Jürgen	HE 183	Seydell Anne-Maria	SAN 389
Seitz Maria	SAC 370	Senff Holger	HH 169	Seyderhelm Bernhard	HE 184
Seitz Rolf-Konrad	BW 40	Senft Oskar	BY 98	von Seydlitz-Bökelmann	
Seitz Thomas	BW 32	Senftl Reinhard	VwG 507	Gudrun	BW 62
Seitz Xaver	SAC 369	Senftleben Walter	TH 419	Seyfarth Gabriele	TH 411
Seitzer Peter	BY 94	Seng Claudia	HE 200	Seyfarth Martina	HH 175
Sekretarek Wolfgang	BU 16	Senge Lothar	BU 9	Seyffarth Kerstin	TH 416
Sela Sönke	SH 407	Senger Ingo	AnwG 550	Seyffert Bernhard	BW 37
Selbach Judith	RP 354	Senger Michael	HE 202	Seyffert Ulrich	VwG 539

737

Seyfried Namensverzeichnis

Seyfried Franz-Gerd	HE 195	Siegfried Michael	NDS 229	Sigg Rolf-Dieter	BW 36
von Seyfried Olegard	BW 28	Siegismund Eberhard	BMJ 3	Siggel Peer	ArbG 441
Seysen Michael	MV 214	Siegl Claudia	VwG 540	Sigloch Daniel	SG 478
Seywald Sybille	SG 477	Siegl Elmar	SG 480	Sikken Wolfgang	NDS 245
Shahab-Haag Maria		Siegl Gerald	BY 120	Sikora Sabine	NW 292
Theresia	NW 319	Siegl Otto Johannes	HE 194	Šikuta Ján	EuGHMR 568
Shaikh-Achtermeyer		Siegmund Astrid	BER 132	Silberkuhl Birgit	VwG 511
Meike	NW 318	Siegmund Manfred	VwG 529	Silbermann Ines	RP 338
Sharpstan Eleanor	EuGH 564	Siegmund Wolfgang	BU 9	Silbermann Klaus	BER 134
Siahaan Stefanie	HE 198	Siegner Gerda	VwG 519	Silberstein Klaus	VwG 533
Sibbel Sonja	SAN 392	Siegrist Uwe	BW 40	Silberzweig Sylvia	BY 98
Sibbers Dieter	ArbG 460	Sieh Regina	BY 107	Siler Andrea	SAC 379
Sichau Axel	NW 287	Siekmann Bernd	FG 471	Silinger Irene	NDS 241
Sick Brigitte	BW 63	Sielaff Rolf	HH 167	Siller Eberhard	BY 84
Sickel Elred	AnwG 556	Sielbeck Nora	NDS 235	Siller Karin	VwG 510
Sickenberger Ursel	BW 54	Sieling-Wendt Heiko	FG 466	Silva de Lapuerta	
Sicks Miriam	HE 186	Siem Andrea	HH 165	Rosario	EuGH 563
Siebecker Arno	HE 198	Siemeke Eberhard	NDS 234	Simanowski Karin	SG 496
Siebecker Gerold	RP 349	Siemer Barbara	BY 88	Simböck Harald	SAN 383
Siebel-Huffmann Heiko	SH 408	Siemers Adrienne	NW 284	Simeth Stefan	BY 120
Siebels Wilhelm	BMJ 4	Siemon Dirk	BER 133	Simgen Dennis	BER 139
Siebelt Lucia	HE 195	Siemon Dorothee	VwG 513	Simkowski Ruth	MV 208
Sieben Norbert	BY 77	Siemon Heinz-Michael	NW 297	Simm Karin	BW 55
Siebenbürger Günter	BY 77	Siemon Matthias	BRE 161	Simmer Markus	SAN 386
Siebenhüter Anton	FG 464	Siemund Ulrike	NW 328	Simmich Katrin	AnwG 552
Sieber Andrea-		Siemund-Grosse Gaby	NW 295	Simmler Christiane	BER 130
Gertraude	VwG 527	Siener Christoph	RP 354	Simmon Norbert	VwG 506
Sieber Ingo	BER 131	Siepe Rolf	NW 262	Simon Albrecht	HE 184
Sieber Marion	BY 96	Siepen Brigitte	BER 141	Simon André	NDS 230
Sieber Roland	BW 52	Siepermann Burkhard	NDS 245	Simon André	BRA 158
Sieber Sabine	HE 198	Siepermann Martin	NDS 253	Simon Anja	RP 349
Siebert Hans-Uwe	SH 404	Siepmann Andreas	NW 288	Simon Astrid	FG 470
Siebert Helmut	NW 315	Siepmann Friedrich	NW 284	Simon Birgit	SAN 390
Siebert Holger	SAN 393	Siepmann Horst	NW 294	Simon Christoph	NW 286
Siebert Marina	BRA 148	Siepmann Susanne	NW 332	Simon Claudia	NDS 241
Siebert Nicole	BY 93	Sieren-Kretzer Birgit	SAA 360	Simon Dirk	MV 212
Siebert Ralf	NW 314	Sieslack Gerhard	SG 493	Simon Eric	HE 202
Siebert Ute	AnwG 558	Sieß Gerhard	BW 44	Simon Gerhard	BY 98
Siebert Wolfgang	FG 463	Sietz Michael	BER 138	Simon Gerold	VwG 505
Siebert Wolfgang	VwG 523	Sieveking Roland	BER 126	Simon Joachim	SG 497
Siebertz Matthias	HE 197	Sieveking Rosanna	VwG 512	Simon Klaus	NW 332
Siebicke Frank G.	AnwG 551	Sieveking Ruth	BER 136	Simon Nicole	SAN 391
Siebrecht Guido	BER 132	Sievers Gottfried	HH 167	Simon Paul	NW 275
Siebrecht Michael	NDS 229	Sievers Heike	NDS 235	Simon Sema	HH 171
Sieck Kristina	SH 408	Sievers Henning	TH 415	Simon Stephan	SH 402
Siecken Hans-Jochen	NDS 229	Sievers Kay-André	SAN 390	Simon Walfried	SG 498
Siede Walther	TH 415	Sievers Malte	VwG 539	Simon Wolfram	BW 41
Siedhoff Eckhardt	NW 282	Sievers Meike	SH 408	Simon-Bach Vera	RP 347
Siedler Hardy	VwG 519	Sievers Michael	NDS 255	Simon-Holtorf Anne	BY 120
Siedler Jörg	NW 289	Sievers Reinhard	NDS 226	Simon-Nissen Ursula	BER 136
Siefert-Hänsle Jutta	SG 475	Sievers Uwe	VwG 527	Simons Egbert	BRA 150
Sieg Heinz-Jürgen	SG 485	Sievert Helga	SG 492	Simons Volker	BER 140
Siegel Monika	BW 65	Sievert Steffen	SG 478	Simons von Bockum	
Siegemeyer Ira	NW 301	Sievert-Mausolff		genannt Dolffs Albert	NW 283
Siegers Ellen	FG 470	Martina	NDS 222	Simonsen Hermann	NW 306
Siegert Anja	BRE 161	Siewert Wolfgang	HH 165	Simper Wolfgang	BY 97
Siegert Rainer	NW 313	Siewert Wolfgang	VwG 535	Sina Anja	HE 184
Siegfried Gertrud	BW 36	Sigel Walter	BW 59	Sing Wilhelm	BY 109

Singbartl Stefan	NW	320	Smollich Anke	SG	490	Solf Rainer	NW 323
Singelmann Christian	SH	403	Smollich Thomas	NDS	217	Solin-Stojanović Daniela	BU 7
Singer Andreas	BW	58	Smoydzin Jörg	SH	400	Sollfrank Thomas	BY 117
Singer Dorothee	BY	88	Snakker Rolf Dieter	NDS	251	Sollmann Stefan	HE 193
Singer Irene	BY	84	Snissarewsky Helga	NW	315	Solnercyk Jörg	NW 329
Singer Katja	NW	271	Snoek Katrin	HH	169	Soltani Schirazi-Teschner	
Singer Raphael	BY	99	Sobczak Christian	VwG	530	Roxana	BRA 152
	VerfG	425	Soboll Andrea	NW	332	Soltau Andrea	SH 409
Singer Stefan	BW	33	Soboll Werner	NW	285	Sommer Andrea	NW 278
Singert Katrin	BRA	149	Sobotta Leo	FG	472	Sommer Bernd	BY 79
Sinnecker Jens	SAN	394	Sobotta Siegfried	VwG	540	Sommer Brigitte	BY 81
Sinner Wolfgang	VwG	509	Socha Ingo	SH	408	Sommer Christoph	RP 352
Sinner-Gallon			Sodan Helge	VerfG	426	Sommer Christoph	FG 473
Dorothea	VwG	512	Soddemann Ralf	BW	27	Sommer Hermann	BW 56
Siol Cornelia	NDS	228	Sodemann Birgit	BER	140	Sommer Ina	BER 134
Siolek Wolfgang	NDS	225	Söchtig Roman	HH	169	Sommer Karsten	BER 140
Sippel Antje	NW	303	Söffing Jan	NW	257	Sommer Klaus	NW 300
Sippel Kurt	HE	201	Söfker Kathrin	NDS	241	Sommer Manfred	RP 350
Sissovics Sandra	BW	68	Söhnchen Peter	MV	210	Sommer Marion	NW 328
Sitka Georg	BY	90		VerfG	427	Sommer Monika	BY 79
Sittenauer Alfons	SAA	356	Söhnchen Rolf	NW	273	Sommer Peter	NW 321
Sittinger Otto	ArbG	455	Söhnel Heiko	HE	188	Sommer Stephan	HH 169
Sittmann-Haury			Söhnen Rüdiger	SAC	364	Sommer Sylvia	SG 483
Stephanie	RP	354	Söhner Frank	ArbG	435	Sommer Thomas	SG 491
Sitzmann Norbert	BY	90	Söhngen Uwe	SG	492	Sommer Torsten	SAC 374
von Sivers-Habermann			Soehring Kai	AnwG	549	Sommer Ursula	RP 354
Karin	NDS	224	Soehring Miriam	SAN	389	Sommerfeld Claudia	SG 498
Sjursen-Stein Andrea	HH	170	Söker Paul Uwe	SAN	383	Sommerfeld Hubertus	BY 111
Skawran Michael	NW	299	Sölch Elke	HE	200	Sommerfeld Jürgen	VwG 515
Skell Stefan	BW	70	Söldner Alois	BY	104	Sommerfeld Michael	SH 406
Skerhut Gunnar	FG	474	Soell Oliver	BY	120	Sommerfeld Nina-	
Skeries Michael	VwG	520	Söllner Josef	BY	114	Carolin	NW 306
Sketta Martina	NDS	255	Söllner Rainer	BY	110	Sommerfeld Peter	NW 281
Skibba Simone	NDS	234	Sönksen Cathrin	NW	326	Sommerfeld Siegfried	BER 128
Skibbe Andrea	HH	168	Sönnichsen Christian	NW	264	Sommerfeld Sybille	NW 297
Skischally Ulrich	VwG	526	Sörgel Ulrike	NW	274	Sommerfeld Vera	VwG 522
Skomski Petra	BER	129	Sörmann Jasmin	HE	202	Sondermann Heike	NDS 253
Skopp Peter	BW	40	Sörnsen Anja	SG	488	Sondermann Richard	NW 304
Skouris Vassilios	EuGH	563	Sörnsen Sven	MV	211	Sondermann Ulrich	BRA 150
Skribanowitz Nikolaus	BU	16	Sörries Joachim	BRA	156	Sonnabend Klaus-Jürgen	BY 100
Skrobotz Jan	BRA	158	Sörström Kristine	BRA	158	Sonnabend-Sies Renate	BY 87
Skrypzak Hans-Jürgen	VwG	526	Soetbeer Uwe	SH	403	Sonnberger Thomas	BY 103
Skuderis-Witt Antje	ArbG	443	Sohlenkamp Lars	NW	291	Sonneborn Petra	BER 132
Skwirblies Angela	NDS	233	Sohler Hermann	VwG	505	Sonneck Susanne	BW 68
Skwirblies Ulrich	NDS	226	Sohn Birgit	SG	495	Sonnemann Ralph	MV 211
Slach Werner	BY	91	Sohn Leander	BY	111	Sonnemann Wulf	VwG 523
Slania Peter	AnwG	544	Sohni-Nickelsen			Sonnen Rainer	SG 482
Slawik Sabine	NW	331	Gabriele	BER	142	Sonnen Rüdiger	BRA 156
Slodowitz Uwe	AnwG	552	Sohnrey Günter	BER	139	Sonnenberg Haide	SAN 391
Sloksnat Hartmut	BRA	254	Sohns Heinz	HH	172	Sonnenberg Kerstin	BRA 154
Slota Silke	BER	141	Sohns-Dorff Ulrike	HH	172	Sonnenberger Heinz	NW 316
Slota-Haaf Marion	NW	323	Soiné Brigitte	AnwG	549	Sonnenschein Joachim	NW 289
Slottke Britta	SG	484		BRE	160	Sonnenschein Ulrike	NW 330
Smalla Martina	BRA	147	Sojka Jürgen	HE	191	Sonnentag Michael	NW 331
Smentek Dagmar	NW	287	Sokol Bettina	VwG	527	Sonnhoff Andreas	SG 485
Smets Friedrich Rolf	NW	272	Solbach Klaus-Jürgen	NW	304	Sonnhoff Maren	SG 485
Smid Christel	ArbG	447	Soldner Matthias	BY	113	Sonntag Eugenie	NDS 234
Smolenski Rüdiger	ArbG	440	Soleta Michael	SG	492	Sonntag Gerd	AnwG 556

Sonntag Namensverzeichnis

Sonntag Klaus	TH 415	Speicher Eberhard	RP 342	Spieß Karen	BRA 150
Sonntag Rudolf	RP 341	Speidel-Mierke Barbara	BRA 151	Spiess Kerstin	BY 122
Sonntag Torsten	VwG 535	Speier Bernd	BER 128	Spieß Stefan	MV 214
Sonntag Ursula	SG 487	Speiermann Joachim	BW 40	Spieth Joachim	
Sontag Peter	BW 57	Speiger Peter	ArbG 455	Fritz	BW 70
von Soosten Sven Owe	RP 344	Speil Christine	SG 480	Spiewok Joanna	BRE 164
Sorge Joachim	FG 474	Speiser Peter	SAC 375	Spilger Andreas	ArbG 457
Sosnitza Olaf	BY 111	Spekker Wolfgang	SG 489	Spillecke Karin	BW 39
Soßdorf Monika	TH 422	Spelberg Martha	VwG 532	Spillner Ekkehard	NDS 227
Sossna Ralf-Peter	NW 319	Spelge Karin	ArbG 447	Spillner Matthias	VwG 519
Sost-Scheible Beate	BU 8	Spellbrink Ute	HE 200	Spindler Wolfgang	BU 11
Sostaric Peter	BRA 156	Spellbrink Wolfgang	BU 12	Spinler Mechthild	RP 337
Sottek Gernot	SAN 394	Spendel Rüdiger	HH 176	Spinner Günter	ArbG 433
Sottorf Rainer	HH 167	Spengler Horst	HE 181	Spintler Norbert	BY 77
Sowa Karl-Dietmar	SH 406	Spengler Paul	BY 82	Spiolek Ursula	SG 485
Soyka Anne	HH 168	Spengler Tina	BW 69	Spital Hermann	BW 29
Soyka Jürgen	NW 260	Spenke Thomas	HH 172	Spitz Gunter	BW 39
Soyka Martin	SH 407	Spenner Elke	NW 317	Spitz Natalia	SH 409
Spätgens Stefan	NW 271	Sperker Gerhard	BW 44	Spitzer Albert	TH 419
Späth Achim	BW 49	Sperl Elisabeth	BY 88	Spitzer Bernd-Michael	FG 465
Späth Frank Martin	HE 200	Sperlich Hannelore	BRA 156	Spitzer Florian	BW 69
Späth Helmut	RP 339	Sperlich Klaus	VwG 520	Spitzer Jan	SG 499
Spaeth Wiebke	SG 502	Sperlich Peter	VwG 515	Spitzkatz Marc	BRA 157
Spahn Andreas	TH 417	Sperling Anne	BER 132	Spitzl Thomas	BY 87
Spahn Marietta	NW 261	Sperling Ulrike	SG 478	Spitzner Manfred	HE 182
Spalthoff Ingrid	NDS 246	Spernat Günter	NW 315	Spix Barbara	NW 264
Spamer Jörg	NDS 228	Speth Peter	HE 200	Spix Burckhardt	NW 263
Spancken Wolfgang	NW 296	Spetzler Veronika	HH 170	Spleet Heiko	SG 482
Spandau Susanne	HE 197	Speyer Martin	NW 329	Spletzer Christine	SG 478
Spangenberg Bernd	MV 212	Speyerer Herbert	RP 339	Spletzer Jörg	BER 139
Spangenberg Jost	SAC 369	Spicker Martina	BRA 154	Spliesgart Siegfried	BY 115
Spangler Eva	AnwG 545	Spickereit Harry	SAC 370	Splitt Alexander	SH 399
	BY 86	Spiecker Vera	NW 265	Splittgerber Joachim	SG 482
Spaniol Margret	BW 24	Spiegel Christine	BER 127	Splittgerber Klaus-Peter	NW 305
Spanknebel Erhard	HE 191	Spiegel Herbert	BY 112	Spoerhase Claudia	BER 142
Spann Helmut	BY 102	Spiegel Johannes	NW 329	Spohler Anja	HH 172
Spannagel-Schärr Irmela	BW 28	Spiegel Jutta	NW 274	Spohn Elke	SAN 385
Spannhorst Burkhardt	NW 299	Spiegel Volker	BER 126	Spohn Guido	SG 483
Spannowsky Willy	RP 347	Spiegelhalter Thomas	BW 26	Spohn Herbert	HE 197
Spannuth Rolf	HH 166	Spiegl Hans Peter	SG 478	Spohr Sandra	NDS 230
Spatz Torsten	ArbG 440	Spiehl Werner	BY 81	Spohr Werner	SH 407
Specht Andreas	VwG 524	Spieker Andrea	BER 143	Sponer Hugo	NDS 246
Specht Christof	SAC 367	Spieker Franz-Josef	NW 265	Sponholz Jan-Christoph	MV 214
Specht Gerhard	BY 99	Spieker Hagen Walter	NW 295	Sponsel Jürgen	BY 78
Specht Irmela	NW 274	Spieker Johannes	SAN 383	Sporer Ulrike	BY 93
Specht Klaus	HH 168	Spieker Michael	BW 69	Sporré Oliver	NDS 249
Specht Stefanie	BW 39	Spiekermann Lydia	VwG 540	Sprafke Susanne	HE 202
Specht Uwe	BW 30	Spielbauer Stefan	SAC 379	Spranger Simone	SH 409
Specht Verena	VwG 515	Spielbauer Thomas	RP 352	Sprau Hartwig	BY 74
Specht Wolfgang	NW 310	Spielbauer Thomas	BY 95	Sprejz Adelheid	SAC 371
Specht Wolfgang	RP 342	Spieler Peter	BW 66	Spreng Andreas	BW 69
Speckamp Peter	FG 469	Spielmann Dean	EuGHMR 568	Sprenger Arno	NW 318
Speckmaier Sabine	VwG 504	Spier Annegret	NDS 232	Sprenger Gerrit-Marc	TH 417
Speckmann Bodo	NW 308	Spierer Anneliese	BY 92	Sprenger Heidrun	MV 214
Speckmann Lothar	BU 17	Spies Leonhard	BY 114	Sprenger Karin	TH 417
Speer Dieter	VwG 505	Spies Ulrich	VwG 518	Sprenger Klaus	VwG 529
Speich Carolin	BU 10	Spies Wolfgang	RP 345	Sprenger Wolfgang	SAC 363
Speich Jutta	RP 335	Spiess Heinrich	NW 266	Sprick Bernhard	FG 465

Namensverzeichnis — Stauch

Sprick Claus	BU 7	Stadtländer Heinz-Dieter	NW 301	Stamm Manfred	BY 73
Spriegel Wilfried	SAC 373			Stamm Manfred	VwG 532
Spriestersbach Jürgen	HH 170	Stadtler Dorothea	ArbG 448	Stamm Sybille	VerfG 425
Sprigode Karsten	BRA 156	Stadtler-Stefani Helga	BW 58	Stamm Ulrich	BU 14
Sprigode-Schwencke Alexandra	MV 208	Stadtmann Bernhard	NW 268	Stammberger Bernd	VwG 508
		Stadtmüller Michael	RP 344	Stammerjohann Astrid	NW 264
Springer Carsten	NDS 233	Stadtmüller René	BW 54	Stampa Udo	SG 498
Springer Gabriela	NDS 232	Städing Jörg	RP 338	Stang Kirsten	NDS 223
Springer Paul	NW 281	Städtke Ulrike	BRA 153	Stange Albrecht	NDS 241
Springer Stephanie	NDS 228	Städtler-Pernice Hans Jörg	BW 29	Stange Anne Elisabeth	NDS 254
Sprinz Christoph	SAC 380			Stange Bettina	SG 493
Sprißler Matthias	BW 62	Stähle Hartmut	BW 57	Stange Ilona	SAC 375
Sprockhoff Tilmann	BER 131	Stähler Rainer	SAC 376	Stange Peter	SAC 375
Sprotte Ludwig-Norbert	BER 136	Ständer Sabine	NW 328	Stangenberg Felix	SH 408
		Staenke Birgit	SH 402	Stangler Wolfgang	BY 94
Spruch Eberhard	FG 465	Stärk Hermann	NDS 232	Stanisak Thomas	SH 405
Sprung Marlies	SG 484	Stärk Thomas	NDS 233	Stankiewitz-Koch Barbara	HH 174
Sprunk Heike	SH 403	Staffler Elmar	NW 266		
Sprute Volker	NW 284	Stagge Benno	SH 404	Stannik Elke	MV 213
Spuhl Udo	BER 131	Stahl Andreas	HE 193	Stanoschek Jürgen	HE 190
Spur Ursula	BER 130	Stahl Axel	NW 275	Stantien Maren	NDS 230
Sredl Vivian	BU 15	Stahl Christian	BW 53	Stapel Wilhelm	SH 400
Srkal Maria-Theresia	BY 104	Stahl Hans-Jürgen	RP 353	Stapelfeldt Katrin	ArbG 434
Srkal Thomas	BY 102	Stahl Herbert	BW 56	Stapf Helmut	BY 95
Staab Konrad	RP 346	Stahl Joachim	BW 52	Stapf Werner	BW 60
Staab-Borchers Wolfgang	SG 489	Stahl Joachim	HE 192	Stapff Almut	BER 133
Staack Dagmar	SH 406	Stahl Julia	NW 270	Stapmanns Dorothea	NW 322
Staade Sandra	BY 79	Stahl Michael	MV 215	Stapper Thilo	NW 327
Staake Knut-Henning	NW 293	Stahl Michael	HE 180	Stapperfend Thomas	FG 466
Staas Ulrich	NW 286	Stahl Peter	BW 43	Stappert Alfons	VwG 527
Staashelm Gerhard	NDS 234	Stahl Reiner	VwG 518	Starck Christian	VerfG 428
Staats Annette	BRE 159	Stahl Sabine	TH 421	Starein Wolfgang	BU 15
Staats Robert	BRA 145	Stahl-Sura Karin	FG 471	Stari Irene	BRA 157
Staats Ute	SAC 368	Stahlecker Alexander	HE 197	Stark Alexandra	HE 189
Staatsmann Jörg	RP 339	Stahlhut Friedrich	NDS 234	Stark Detlef	HE 184
Stabenow Klaus	BER 135	Stahlhut Wilfried	NDS 240	Stark Frank	BRA 150
Stache Julia Martina	NW 328	Stahlknecht Holger	SAN 394	Stark Ira	FG 469
Stachrowski Sinja	BER 130	Stahlmann-Liebelt Ulrike	SH 406	Stark Philipp	SG 475
Stachwitz Sabine	BRA 151			Stark Uwe	NW 304
Stackmann Nikolaus	BY 95	Stahlschmidt Jens	NW 329	Stark Wolfgang	SAC 376
Stade Monika	BW 29	Stahlschmidt Sandra	BER 143	Starke Bernd-Dieter	SG 501
Stadelmayr Karl-Friedrich	VwG 508	Stahn Heike	BRA 148	Starke Renate	SG 496
		Stahnecker Thomas	VwG 533	Starke Sylvia	VwG 512
Stadge Birgit	BER 130	Stahnke Jürgen	BRA 152	Starke Till	BW 70
Stadie Patrick	BW 32	Staib Christine	BW 28	Starkloff Ruprecht	RP 337
Stadler Andreas	SAC 380	Staiger Barbara	FG 467	Staron Sabine	SAN 386
Stadler Anna Maria	BY 82	Staiger Peony	NDS 233	Starosta Monika	HH 174
Stadler Claudia	RP 342	Stalbus Christine	VwG 540	Staschik Lothar	ArbG 454
Stadler Gerrit	BY 120	Stalinski Dirk	NW 268	Staschok Hella	SAN 395
Stadler Günter	VwG 509	Stallbaum Michael	HH 165	Statthalter Uta	NW 313
Stadler Hans-Hermann	BW 47	Stalljohann Carsten	NDS 250	Statz Alexandra	NW 326
Stadler Johann	BY 121	Stallkamp Lothar	ArbG 459	Statz Walter	NW 326
Stadler Rupert	BY 73	Stamer Birthe	NDS 254	Staubwasser Martin	NDS 248
Stadler Sebastian	BY 104	Stamer Cornelia	NW 324	Stauch Heidi	SAC 378
Stadler-Rück Manuela	HE 197	Stamer Etta	NDS 245	Stauch Immanuel	BW 62
Stadlmayr Albert	BY 89	Stamer Serena	NDS 224	Stauch Matthias	VerfG 426
Stadlöder Anton	VwG 508	Stamm Karl	AnwG 551		VwG 514
Stadt Christian	BY 98		HE 179	Stauch Thomas	NW 326

741

Staudacher   Namensverzeichnis

Staudacher Angela	ArbG 439	Stegemeyer Karoline	VwG 505	Stein Ulrich	NW 332
Staudacher Heribert	ArbG 436	Stegen Frank	NW 330	Stein Ulrich	FG 472
Staudenmaier Peter	BW 68	Steger Andre	SAC 366	Stein Ulrich	NW 291
Stauder Eva-Maria	RP 340	Steger Heike	VwG 535	Stein Volker	VwG 532
Stauder Günter	HH 174	Steger Peter	SAN 388	Stein Werner	RP 344
Staudigl Ulrich	BY 105	Steger Volker	RP 337	Stein-Hobohm Victoria	RP 333
Staudinger Ilka	NW 328	Steger Wolfgang	BY 91	Stein-Simon Petra	NDS 243
Staudinger Johann	NDS 246	Stegh Ralph	VwG 529	Steinacker Gisbert	NW 260
Staudler Holger	BRA 148	Steglich Walter	NW 313	Steinau Winnie	VwG 514
Staudt Jürgen	BY 90	Stegmaier Wolfgang	BW 53	Steinbach Dietwin	HE 188
Staufenbiel Sebastian	SAN 394	Stegmann Florian	BW 71	Steinbach Johannes	BW 70
Staufer Wolfgang	NW 307	Stegmann Vera Anke	NW 332	Steinbach Katrin	SG 485
Stauffer Claudia	BW 45	Stegmann Volker	HH 171	Steinbach Peter	HH 172
Staupe Leberecht	BER 137	Stehl Selma	NW 277	Steinbach Sabine	NW 287
Stauß Michael	BW 58	Stehle Christel	BW 55	Steinbach-Blank Sonja	SAN 393
Stavemann Johannes	BRA 151	Stehle Claudio	BW 55	Steinbacher Joachim	BW 39
Stavorinus Sabine	BRA 150	Stehlik Yvonne	HE 202	Steinbauer Babette	BY 123
Stech Justus	VwG 531	Stehlin Rupert	RP 349	Steinbeck Joachim	NDS 254
Stechemesser Petra	MV 209	Stehling Hans-Jürgen	NW 291	Steinbeck Norbert	SAC 371
Stecher Heinrich	BW 24	Stehling Jürgen	HE 196	Steinbeck-Menke Anja	NW 313
Stecher Pia	BER 127	Stehmans Brigitte	NW 295	Steinbeiß-Winkelmann	
Stechmann Peter	HH 173	Stehr Vica	SAC 370	Christine	BMJ 3
Steck Jürgen	BU 17	Stehr Volkrat	VwG 525	Steinberg Anke	BRA 149
Steckermeier		Stei Peter	BW 54	Steinberg Uwe	VwG 519
Maximilian	ArbG 462	Steib Christian	BY 99	Steinberg Winrich	NDS 219
Steckler Reinhard	BY 110	Steidl Anke	NDS 253	Steinberger-Fraunhofer	
Steder Manfred	MV 211	Steidle Gregor	ArbG 460	Theresa	BY 121
Steder Susanne	MV 207	Steier Clemens	VwG 518	Steinborn Barbara	BER 139
Steding Brunhild	MV 209	Steierer Michael	BY 113	Steinborn Eric	SAA 361
	VerfG 427	Steig Regina	NDS 241	Steinbrinck Heiner	NW 295
Stedronsky Uwe	NW 257	Steigelmann Katja	BY 121	Steindl Christian	ArbG 438
Steege Reinhard	BU 12	Steigenberger Hans-		Steindl Silja	ArbG 438
Steeger Anna-Catherina	HH 173	Ulrich	BY 98	Steindorfner Michael	BW 21
Steeger Ulrich	NW 264	Steiger Norbert	RP 333	Steinebach Hans Martin	NW 278
Steegmann Manuela	SG 493	Steiger Thomas	BMJ 4	Steinebach Regina	NDS 243
Steenblock Silke	NW 300	Steigerwald Uwe	TH 413	Steinecke Werner	BER 126
Steenbuck Michael	SAN 395	Steigerwald Viola	TH 414	Steinel Claudia	RP 350
Steeneck Heiner	HH 168	Steigleder Günther	SAC 374	Steinenböhmer Doris	NDS 242
Steer Heide	ArbG 434	Steigmayer Johann	BY 100	Steinenböhmer Peter	ArbG 448
Stefani Christoph	BW 50	Stein Angelika	SH 408	Steiner Andreas	BRA 151
Steffan Klaus	SAC 377	Stein Annemarie Sibyl	BW 69	Steiner Burkhard	SG 500
Steffani-Göke Marlies	BW 56	Stein Brigitte	BY 102	Steiner Eckhard	BRA 149
Steffen Klaus	NW 306	Stein Christoph	RP 335	Steiner Elisabeth	EuGHMR 567
Steffen Klaus	AnwG 554	vom Stein Elke	NW 332	Steiner Gert	SG 486
Steffen Kornelia	SG 494	Stein Fabian	SH 408	Steiner Irene	VwG 510
Steffen Lucy	BRE 163	Stein Franz-Josef		Steiner Jürgen	VwG 514
Steffen Olaf	ArbG 458	Johannes	NW 291	Steiner Kerstin	HH 168
Steffen Reinhard	VwG 524	Stein Gerrit	BMJ 3	Steiner Michael	BY 116
Steffenfauseweh Eva	NW 330	Stein Gertraud	RP 347	Steiner Thomas	BY 95
Steffens Andre	TH 416	Stein Günter	SH 403	Steiner Thorsten	TH 418
Steffens Andrea	NW 277	Stein Hans-Rudolf	SH 401	Steiner Udo	BVerfG 1
Steffens Babette	HH 168	Stein Jan-Hendrik	NDS 238	Steiner Ulrich	BY 105
Steffens Birgit	SH 402	vom Stein Jürgen	NW 257	Steiner Ulrike	BW 40
Steffens Georg	NW 343	Stein Mario	SAC 367	Steiner Ursula	BY 95
Steffens Inge	NW 309	Stein Martina	SAC 367	Steinert Frank	VwG 536
Steffens Rainer	BY 108	Stein Martine	NW 261	Steinert Ralph	NW 308
Steffens Wolfgang	HE 200	Stein Peter	ArbG 443	Steinfatt Gabriele	VwG 515
Stegbauer Andreas	BY 93	Stein Ullrich	SAC 369	Steinforth Gregor	NW 275

Namensverzeichnis Stinshoff

Steinhagen Christa	HH 167	Stelljes Volker	ArbG 443	Sterzenbach Petra	VwG 527
Steinhart Roland	RP 344		HH 175	von Stetten Birgit	BY 88
Steinhauer Claudia	SG 493	Stellmach Peter	SG 499	Steuber Elgin	AnwG 551
Steinhauer Jörg	RP 340	Stello Günter	HH 172	Steuber Karl-Ulrich	NW 298
Steinhauff Dieter	BU 11	Stellwaag Manfred	VwG 509	Steuck Hellmut	FG 469
Steinhausen Ingo	RP 337	Stelter Jürgen	VwG 523	Steudl Bernd	BU 9
Steinhauser Armin	RP 338	Steltner Claudia	BER 141	Steudtner Irene	BY 86
Steinhilber Rolf	BRE 162	Steltner Martin	BER 141	Steuerer Bernhard	ArbG 433
Steinhilper Monica	NDS 217	Stelzl Stefan Michael	NW 328	Steuernagel Matthias	NDS 233
Steinhöfel Kurt	VwG 539	Stelzner Andre	SAN 385	Steuernagel Michael	HE 184
Steinhoff Dagmar	NW 277	Stelzner Thomas	BY 99	Steuerwald-Schlecht	
Steinhoff Manfred	SAN 385	Stemmler Brigitte	BY 84	Martina	BER 126
Steinhoff Reinhard	VwG 537	Stempel Martin	MV 207	Stevens Gabriele	BER 129
Steinicke Richard	BER 142	Stemper Manfred	RP 345	Stevens-Bartol Eckart	SG 478
Steiniger Peter	BRA 157	Stemshorn Folker	VwG 529	Stewen-Steinert Susanne	SG 494
Steininger Eva	BY 123	Stender Manfred	VwG 511	Steyer Ulrike	BY 107
Steininger Gabriele	BY 122	Stenert Heinrich	NW 310	Stich Hans-Joachim	NW 322
Steinkamp Sabine	NDS 248	Stengel Barbara	BY 119	Stich Ludwig	BY 111
Steinke Ingelore	BRA 151	Stengel Gudrun	SAC 369	Stich Rudolf	RP 347
Steinke Karin	NW 281	Stengel Heike	BW 66	Stich Wolfhard	NW 297
Steinke Viktoria	ArbG 447	Stengel Jan	SAN 386	Stichs Werner	BW 29
Steinkemper Heinrich	VwG 526	Stengel Michael	BW 70	Stickel Eva	NW 263
Steinkraus-Koch Thomas	BY 97	Stengelhofen Heidi	VwG 532	Stickeler Elisabeth	SAC 373
Steinkühler Martin	VwG 534	Stenner Ann-Catrin	NW 329	Stickeln Dirk	NW 308
Steinle Franz	BW 54	Stenner Jürgen	AnwG 558	Sticken Eggert	SH 399
Steinle Hermann	BW 63	Stenner Katja	RP 345	Sticken Gunnar	SH 409
Steinle Stephanie	BY 74	Stentzel Ralf	BY 122	Stiebeling Ludwig	HE 189
Steinlehner-Stelzner		Stenz Gerhard	RP 338	Stief Eva	SAC 378
Birgitta	BY 95	Stenzel Joachim	BW 64	Stiefenhöfer Michael	RP 349
Steinlein Katrin	BW 34	Stephan Bettina	SAC 370	Stiefken Uta	NW 273
	BW 41	Stephan Günter	TH 422	Stiefvater Silvia	VwG 504
Steinmaier Dirk	TH 413	Stephan Guido	HE 182	Stiegel Ute	BW 38
Steinmann Matthias	HH 172	Stephan Heiko	SAC 370	Stiegeler Andreas	BW 44
Steinmann Rudolf	NW 294	Stephan Kornelia	BRA 157	Stiegert Ronald	BER 136
Steinmann-Munziger		Stephan Ulrich	BW 21	Stieghorst Mareike	SAA 357
Manuela	SG 498	Stephan Ursula	SG 481	Stieler Bodo	RP 339
Steinmar Werner	BER 136	Stephan Viola-Dorothee	NW 292	Stieler Thorsten	NW 265
Steinmetz Bernd	HH 168	Stephan Winfried	SG 476	Stiens Gerhard	ArbG 452
Steinmetz Elke	HH 167	Stephani Karin	HH 167	Stiens-Reichert Andrea	NW 266
Steinmetz Jan	NDS 252	Stephani Michael	HH 166	Stiepel Patrick	FG 470
Steinmetz Martin	ArbG 440	Stepp Wolfgang	RP 351	Stier Carolin	BY 108
Steinmetz Wolfgang	HH 170	Steppan Elke	SAN 386	Stier Peter	BW 39
Steinmeyer Horst	SG 486	Steppat Wolf Günter	TH 421	von Stietencron Uta	NDS 246
Steinmeyer Sabine	BER 132	Steppling Wolfgang	VerfG 428	Stiewe Volker	NW 266
Steins-Schuchert			VwG 532	Stiewing Corinna	RP 354
Miriam	NW 271	Sterlack Rolf	FG 467	Stigler Hans	SAC 366
Steinwede Holger	NDS 254	Stern August	BY 106	Stilke-Wassel Petra	NW 281
Steinwedel Ulrich	BU 12	Sternagel Barbara	BER 127	Stille Günter	TH 422
Steinweg Christian	BY 123	Sternal Marianne	BMJ 4	Stiller Frauke	HE 202
Steitz Dieter	BW 30	Sternal Sonja	VwG 515	Stiller Ralf	AnwG 558
Steitz Michael	RP 347	Sternal Werner	NW 313	Stiller Tanja	HE 184
Steitz Uwe	HE 184	Sternberg Dieter	VwG 528	Stiller Wolfgang	BMJ 3
Steitzer Jörn	BER 131	Sternberg Dirk	SAN 384	Stilz Eberhard	BW 49
Stelbrink Ulrich	NW 286	Sternberg Nils	BRA 154		VerfG 425
Stellbrink Sandra	NW 330	Sternberg Rolf	BRA 157	Stindt Wolfgang	NW 306
Steller Manfred	NW 293	Sternberger Thomas	SAC 373	Stinn Michael	NW 328
Stelling Ingrid	NDS 235	Sternsdorff Sinja	HH 174	Stinner Jürgen	BY 99
Stelljes Hanja	NDS 254	Sterr Robert	FG 473	Stinshoff Eckart	SAC 380

Stitterich   Namensverzeichnis

Stitterich René	SAC 374	Stojan Dirk	SH 405	Storf Carsten	SH 409
Stix-Hackl Christine	EuGH 564	Stojek Matthias	BW 33	Stork Herbert	ArbG 450
Stobbe Norbert	NW 261	Stolarczyk Tino	SG 500	Stork Markus	BW 39
Stobbe Norbert	BER 128	Graf zu Stolberg-Stolberg		Stork Michael	MV 208
Stobbe Ulrike	HE 201	Friedrich	SAC 363	Stork Michael	BER 139
Stock Bärbel	HE 184	Gräfin zu Stolberg-Stolberg		Stork Rupert	BW 37
Stock Barbara	BY 121	Sophie	SAC 365	Stork Udo	NDS 232
Stock Hanno	AnwG 546	Stoll Esther Nicole	HE 201	Stork Ursula	VwG 525
Stock Jürgen	ArbG 455	Stoll Friedrich	SG 501	Storm Karin	BMJ 4
Stock Karin	HE 187	Stoll Hubert	BY 91	Storm Uwe	BER 141
Stock Meike	NDS 228	Stoll Martin	SG 502	Storner Peter	NW 293
Stock Werner	HE 199	Stoll Philipp	BY 107	Storost Ulrich	BU 13
Stockert Gerhard	BY 116	Stoll Rüdiger	NDS 233	Storr Rainer	BY 82
Stockhammer Peter	BY 113	Stoll Tonio	NDS 226	Storz Bernhard	BW 66
Stockhaus Detlef	NDS 223	Stollar Christine	SAC 380	Stosch Julia	SAN 387
Stockhausen Manfred	NW 275	Stollberg Joachim	NW 306	Stottok Grit	BY 121
Stockinger Barbara	BY 107	Stolle Janko	SAC 377	Stotz Manfred	HE 198
Stocklöw Jürgen	HE 190	Stolle Roland	SH 399	Stotz Martin	BW 52
Stockmann Astrid	NW 288	Stolle Rolf	BW 38	Stotz Susanne	BY 79
Stockmann Astrid	BRA 157	Stolle Thorsten	NDS 255	Stotz Werner	SAC 363
Stockmann Roland	BY 82	Stollenwerk Karen	BER 132	Stoy-Schnell Uta Maria	NW 278
Stockschlaeder-Nöll		Stollenwerk Thomas	NW 331	Straaten Frauke	RP 345
Ellen	NW 262	Stolpe Sven	BRA 158	Strack Inka	TH 414
Stodolkowitz Ursula	NDS 225	Stolper Maren	NDS 241	Stracke Daniela	SG 495
Stöbe Roland	ArbG 435	Stolte Berit	MV 215	Stracke Dorothea	NW 285
Stöber Alexandra	NDS 243	Stolte Dorothea	NW 317	van Straelen Heike	NW 267
Stoeber Jan	NDS 254	Stolte Hans-Ulrich	NW 286	Straetmanns Friedrich	SG 492
Stöber Reinhold	HH 170	Stolte Martin	SG 482	Strätz Ulrike	VwG 540
Stöber Roswitha	BY 111	Stolte Peter	TH 413	Strafner Alexander	BY 121
Stöcke-Muhlack		Stoltenberg Hansi	ArbG 449	Strahn Thomas	SG 498
Roswitha	ArbG 447	Stoltenberg Sabine	HH 168	Strampe Anja	BY 121
Stöckl Michael Felix		Stoltz Veronika	SH 407	Straßburger Mirja	SH 409
Christoph	NW 328	Stolz Edelgard	ArbG 433	Straßer Andreas	BY 106
Stöcklein Thomas	RP 340	Stolz Franz-Dieter	FG 463	Strasser Franz	BW 55
Stöckmann Cornelia	SAN 394	Stolz Joachim	ArbG 460	Straßer Günther	BY 73
Stöckmann Ludger	NW 285	Stolz Jörg	TH 421	Straßer Hans-Georg	BY 91
Stöckmann Martin	VwG 538	Stolze Annegret	BRA 150	Strasser Ute	NW 330
Stöhr Gudrun	HH 171	Stolze Grit	TH 417	Straßfeld Elisabeth	SG 491
Stöhr Karlheinz	BU 8	Stolze Martina	BER 132	Straßmeier Paul	BY 95
Stoepel Claudia	NW 269	Stolze Maybritt	ArbG 441	Straßner Harald	AnwG 546
Stöppler Andrea	NW 310	Stolzenberger-Wolters		von der Straten	ArbG 448
Störmer Carola	BRA 156	Irmela	NW 320	von der Straten Kerstin	NDS 228
Störmer Claudia	HE 177	Stolzenburg Friedrich	HH 168	Stratmann Bernd	NW 295
Störmer Gert	TH 422	Stolzenburg Romy	SAC 380	Stratmann Conrad	NW 290
Störmer Heinz-Dieter	NW 310	Stomps Hans Goswin	HE 194	Stratmann Gerd	VwG 520
Störmer Michael	VwG 513	Stopfel Sven	BY 123	Stratmann Heinrich	SG 495
Störmer Rainer	VwG 537	Stopfkuchen Reinhard	BW 43	Stratmann Jörg	NW 287
Störzbach Hans	BW 31	Stoppel Christine	BY 121	Stratmann Katrin	
Stößer Eberhard	BW 59	Stoppel Gerhard	NW 287	Bettina	NW 278
Stöterau Uwe	AnwG 558	Stoppel Wolfgang	BU 15	Stratmann Petra	NW 296
Stötter Dirk	SAN 388	Storbeck Susanne	SAN 395	Stratmann Rolf	NDS 220
Stötzer-Opava Elke	NW 307	Storch Anja	BW 41	Stratmann Stefan	NW 281
Stöve Elisabeth	NW 262	Storch Dietlinde	SAN 391	Stratmann Ullrich	BER 135
Stoffel Alfred	BY 106	Storch Florian	NW 295	Straub Dietrich	NW 317
Stoffregen Ralf	NW 285	Storck Ina	NDS 228	Straub Hartmut	SG 475
Stogianidis Michail	BW 70	Storck Michael	NW 314	Straub Karl	SG 475
Stohr Bianca	BRA 154	Storck Sylvia	BW 67	Straub Sabine	FG 472
Stohrer Klaus	BW 69	Storer Christian	BW 22	Straub Thomas	BW 56

Name	Code	Name	Code	Name	Code
Straub Ulrike	BY 106	String Philipp	SG 489	Strunk Ludger	NW 308
Straube Frank	SAN 385	Stritzke Uwe	ArbG 461	Strunk Michael	AnwG 556
Straubel Marianne	TH 422	Strnad Eva	BW 70	Strunk Reinhard	TH 413
Strauch Birgit	NW 276	Strobel Bernd	BW 59	Strupp-Müller Barbara	NW 262
Strauch Christian	SAC 371	Strobel Gabriele	BER 128	Struß Dirk	NW 265
Strauß Andreas	SAN 394	Strobel Hubert	VwG 509	Struß Rainer	AnwG 547
Strauß Carolin	BER 143	Strobel Jan	BER 143	Struß Stephan	VwG 522
Strauß Hans	VerfG 425	Strobel Monika	BW 58	Struß-Blankenburg	
	VwG 503	Strobl Hans	SAC 379	Gabriele	NW 260
Strauß Hartmut	NDS 242	Strobl Ludwig	BY 112	Struth Andreas	HH 169
Strauß Meike	ArbG 445	Strobl Stefan	BY 122	Strutz Christine	MV 205
Strauß Michael	BRA 153	Ströbele Paul	BU 15	Stryck Torbjörn	SH 403
Strauß Peter	NW 264	Ströber Hubert	RP 351	Strzyz Uta	VwG 538
Strauß Thomas	BY 120	Ströcker Annedor	VwG 526	Stubbe Kristina	ArbG 445
Strauß Wolfgang	MV 208	Ströher Rutgart	SAC 366	Stubben Bernd-	
Strauß-Niehoff Martina	NW 291	Ströhle Reinhold	BY 118	Hinnerk	VwG 536
Streck Edgar	BU 7	Ströing Bianca	NW 293	Stubenvoll Eugen	BY 98
Strecker Norbert	BW 51	Strömer Bernd	BER 132	Stuchlik Holger	VwG 525
Strecker Witold	NW 260	Ströse Annett	SAC 377	Stuck Annette	RP 347
Streek Ingo	NW 287	Strößenreuther Martin	BY 119	Stucke Petra	BMJ 4
Strefling Susanne	NW 264	Strötz Christoph	BY 104	Stuckert Alexander	BW 70
Strehlow Rainer	BY 97	Stroh Christopher	NW 322	Studener Peter	NW 295
Streibel Rüdiger	HH 168	Stroh Peter	BY 113	Studenroth Katharina	NDS 222
Streiberger Lars	HE 199	Strohal Friedrich	BW 49	Studenroth Stefan	NDS 223
Streicher Hans-Jürgen	ArbG 440	Strohbach Petra	BY 119	Stüber Joachim	NW 300
Streicher Karl Ludwig	BY 85	Strohm Ingrid	BW 57	Stüber Jürgen	HE 184
Streicher Martin	BW 50	Strohmann Hans	BW 55	Stüber Michael	HE 202
Streichsbier Klaus	VwG 523	Strohmayer Maximilian	BY 90	Stückemann Friedhelm	NDS 251
Streichsbier Silke	NDS 243	Strohmeier Thomas	BY 119	Stücker Dirk	SH 406
Streiff Horst	HE 197	Strohmeyer Hansjörg	NW 263	Stückle Susanne	BY 121
Streit Ulrike	SAC 365	Strohn Lutz	BU 8	Stückradt Regina	AnwG 555
Streitberg Winfried	TH 416	Strohner Gert	BY 121	Stückrath Birgitta	BW 27
Streittferdt Lucia	SG 479	Strohscher Frank	TH 416	Stühler Hubert	BY 84
Strempel Heidrun	MV 214	Stroicz Rosemarie	NDS 227	Stühler Rudolf	BY 81
Stresemann Christina	BU 8	Stronczyk Volker	NDS 236	Stühmer Jens	SH 408
	VerfG 426	Stroot Christian	SAN 385	Stühn Matthias	NW 315
Streßig Dietrich	NW 307	Strothe Hans-Jürgen	BW 28	Stühn Melanie	RP 344
Streufert Torsten	NDS 254	Strothmann-Schibrowski		Stüker-Fenski Bettina	VwG 514
Streuter Petra	SG 492	Petra	NW 318	Stülke Paul	SG 490
Streuzek Rita	SAN 383	Strub-Brüne Gisela	BMJ 5	Stünkel-Claude Dagmar	HH 198
Strewe Uwe	TH 421	Strube Jürgen	BW 44	Stünker Joachim	NDS 236
Streyl Elmar	NW 269	Strube Martin	NDS 230	Stürmann Monika	ArbG 441
Strick Wolf-Dietrich	RP 343	Struck Günter	NDS 250	Stürmer Albert	SG 493
Stricker Daniela	SAC 365	Struck Henning	SH 407	Stürmer Dagmar	SAN 393
Stricker Hans-Jürgen	RP 347	Struck Susann-Sybill	MV 210	Stürner Rolf	BW 23
Stricker Heike	VwG 514	Struck-Sachenbacher		Stürtz Britta	HE 185
Stricker Martin	SAC 374	Andreas	AnwG 546	Stürzebecher Thomas	BW 45
Strieck Lothar	SG 500	Struckmann-Walz		Stürzer Josef	BY 90
Strieder Peter	HE 189	Heidrun	BW 59	Stürzl Otto	BY 93
Striegan Dietmar	ArbG 438	Struckmeier Carola	VwG 522	Stüttgen Gerd	NW 260
Striegel Albrecht	AnwG 550	Strücker-Pitz Helga	HE 179	Stütz Birke	BW 32
Striegl Thomas	HE 184	Strüder Hans-Helmut	RP 340	Stütz Susanne	MV 215
Striepen Regine	NW 287	Strüßmann Christiane	NW 307	Stüve Andreas	NW 276
Strietzel Christian	SAN 384	Strufe Frank	NW 285	Stüven Christin	NDS 241
Striewe Ursula	NW 272	Strugholz Claudia Eva	NW 330	Stuffler-Buhr Margarete	HE 195
Striewisch Armin	BW 64	Strullmeier Brigitte	SAN 392	Stuhlfauth Thomas	VwG 506
Striffler-Sapper Petra	BW 70	Strumpen Claudia	SAC 367	Stuhlmann David	BW 69
String Luise	NDS 228	Strunk Klaus Rainer	NW 234	Stuhr Roland	BRA 157

Stuhrmann Namensverzeichnis

Stuhrmann Hendrik	BER 142	Suerbaum Ulrike	BY 99	Szczesny Alexander	SG 478
Stuke August	NW 321	Suermann Andreas	NW 290	Széchényi Attila	VwG 510
Stumm Christian	RP 353	Suermann Robert	NDS 244	Szeklinski Paul	BER 128
Stummeyer Joachim	BER 126	Suermann Sylvia	NW 329	Szelies Elmar	BRA 151
Stump Peter	AnwG 555	Süs Manfred	RP 351	Sziegoleit Dagmar	ArbG 438
Stump Ulrich	HE 179	Süß-Emden Dieter	NW 293	Szigarski Mathias	TH 418
Stumpe Alexander	NW 327	Süßdorf Eva	SAA 360	Szillinsky Dieter	BW 34
Stumpe Brigitte	BW 34	Süßenbach Detlef	NDS 229	Szustak Michèle	HE 201
Stumpe Kai Oliver	NDS 241	Sütterlin Kristin	BW 40	Szymanowski Andreas	BY 100
Stumpe Klaus-Jürgen	VwG 503	Sütterlin-Müsse Maren	NW 323	Szymkowiak Reinhard	NW 278
Stumpf Michael	BY 73	Suffa Beatrix	BRA 157	Szyperrek Hans-Peter	ArbG 447
Stumpf Michael	BY 73	Suhle Jürgen	NW 272		
Stumpf Olav	HH 168	Suhrbier Wolfgang	MV 205		
Stumpf Rainer	VwG 507	Suilmann Martin	BER 133	**T**	
Stumpf Werner	BY 75	Sulzbacher Klaus	RP 343		
Stumpp Roland	BW 64	Sulzberger-Schmitt		Tabor Albert	NW 322
Stumvoll Annette	SG 482	Heidi	AnwG 543	Tacke Claudia	BY 107
Stuppi Frank	BW 69		BW 49	Tacke Hajo	BY 97
Sturhahn Andrea	NW 323	Summa Hermann	RP 335	Tacke Ralf	NDS 223
Sturhan Matthias	NW 320	Sumpmann Dirk	SAC 374	Tackenberg Sabine	
Sturm Dagmar	RP 350	Sumpmann Thorsten	NW 331	Veronika	NW 273
Sturm Jörg	NW 274	Sunder Thomas	HE 180	Tackmann Hans-Rainer	BW 52
Sturm Karin	VwG 531	Sunderdiek Claudia	NDS 255	Tägder Susanne	SG 476
Stute Daniela	BY 123	Sundermeyer Karl-		Taegener Martin	FG 465
Stutenbäumer Claudia	BRA 149	Erich	NW 305	Tänzer Haike	VwG 514
Stuth Sabine	VwG 515	Supplieth Michael	NW 331	Täschner Stefan	BY 111
Stuttmann Martin	VwG 528	Surburg-Kaiser		Taeubner Ulrike	HH 167
Stutz Andrea	BW 44	Annette	SAN 391	Taferner Susanne	BW 58
Stutz Maria	RP 347	Surkau Sigrid	BRA 146	Tag Hildegard	NW 314
Stutzmann Hans-Joachim	BW 45	Surmeier Manfred	NW 286	Take Karina	BER 143
Stutzmann Henrik	FG 473	Surminski Katja	MV 210	Talarowski Volker	NW 287
Styn Ilona	MV 214	Sußmann André	NW 290	Talatzko Barbara	SAC 368
Stypmann Sabine	SH 402	Suter Verena	HE 199	Tambour Christoph	NW 316
Suchan Ulrich	NW 316	Sutorius Bernd	NW 319	Tamm Maria	NW 288
Suchanek Jana Vera	HE 198	Suttkus Martin	VwG 538	Tamm Markus	NW 330
Suchodoll Petra	VwG 530	Suttner Bernhard	BY 93	Tamm Martin	NW 330
Suchsland Johannes	NW 268	Suttner Renate	BY 93	Tanasić Silvia	NW 304
Sucht Wolfgang	BRA 155	Suwelack Herbert	NW 297	Tandetzki Sabine	NW 325
Suckert Olaf	ArbG 458	Šváby Daniel	EuG 565	Tang Heinz-Jürgen	NW 267
Suckow Gregor	HH 172	Svoboda Christine	SG 480	Tang-Mack Irene	SG 477
Suckow Jens	ArbG 441	Swatkowski Beate	SAA 358	Tangemann Bernhard	SAN 394
Suden Burkhardt	AnwG 553	van Sweringen Silke	BER 141	Tank Arne	VwG 520
Suder Oliver	BRA 149	Swerting Martin	FG 470	Tannert Marita	NW 262
Suder Tobias	RP 353	Swertz Horst	BY 86	Tannhäuser Heidi	BER 137
Sudhaus-Coenen Heike	NW 308	Swoboda Peter	NDS 251	Tanzki Holger	VerfG 427
Sudhof Margarethe	BU 14	Sy Bettina	BER 130		VwG 518
Sue-Horn Ingrid	NDS 229	Sydow Dorothee	NDS 254	Tapken Annette	NW 328
Süchting Yvonne	VwG 514	Sykulla Alexandra	NW 286	Tappel Constanze	SG 500
Südbeck Bernard	NDS 252	Sylaff Uwe	BER 129	Tapperath Jürgen	NW 322
Sühring Friedrich Albert	NW 285	Syrbe Christoph	RP 337	Tappermann Jürgen	
Sülldorf Jürgen	BRA 154	Syska Andrea	MV 209	Wilhelm	NW 291
Sülldorf Katharina	BRA 157	Szabó Tibor	AnwG 559	Tappert Wilhelm	SG 495
Süllow Sven-Marcus	VwG 523	Szafran Gerhard	NW 280	Tarara Claudia	HE 182
Suelmann Beatrix	NW 292	Szagun Franziska	ArbG 453	Taraschka Franz	VwG 535
Sünkel Hannelore	ArbG 457	von Szczepanski		Taschenberger Margrit	SG 482
Sünnemann Manfred	NW 317	Elisabeth	VwG 528	Taschke Jürgen	AnwG 550
Sünner Charlotte	VwG 533	Szczeponik Michael	NW 276	Taszis Jürgen Peter	HE 194
Suerbaum Karsta	NW 309	Szczeponik Petra	NW 276	Tatzel Ernst	HE 194

746

Taube Christina	NW 264	Teklote Stefan	NW 302	Teßmer Dirk	HE 188
Taubel-Gerber Ursula	ArbG 443	Telle Alexander	SAC 379	Tetenberg Stefan	BY 123
Taubert Peter	SG 484	Telle-Hetfeld Hans-		Freiherr von Tettau	
	SG 489	Werner	NW 263	Lutold	BY 76
Taubert Thomas	ArbG 436	Telscher Susanne	RP 335	Tettmann Peter	BY 78
Taubner Herbert	BW 32	Telsemeyer-Funcke		Tettmann Sieglinde	BY 79
Tauch Wolfgang	BW 55	Birgitta	NW 306	Teubel Klaus Dieter	HE 201
Tauchert Erich	AnwG 544	Temmen Martin	NW 306	Teubner Gisbert	BY 104
Tauchert Wolfgang	BU 15	Temming Dieter	NDS 249	Teuchert Bernd	BRE 161
Tauchmann Helmut	BW 57	Temming Michael	NW 307	Teuchert Günter	BRE 161
Tauchmann Stefanie	BW 71	Tempel-Kromminga		Teufel Wolfgang	VerfG 427
Taupitz Christiane	RP 352	Helke	HH 171		VwG 517
Tauscher Ines	BY 107	Tempke Klaus-Ulrich	HH 170	Teufert-Schwind Eveline	HE 197
Tauscher Karl	BW 29	Templer Wolfgang	BY 93	Teusz Marlene	SG 494
Tausend Daniela	BY 100	Tenckhoff Friederike	BW 69	Tewes Hans-Peter	NDS 250
Tautphäus Arno	ArbG 461	Tengler Martina	BER 142	Tewes Klaus	SAN 392
Taxis Norbert	BW 49	Tenneberg Kerstin	SAN 386	Tewes Klaus-Dieter	NW 290
Tayefeh-Mahmoudi		Tenorth-Sperschneider		Tewes genannt Kipp	
Bettina	HE 193	Miriam	HH 169	Michael	NW 276
von Taysen Hans-			HH 175	Tews Gesine	SAC 369
Christoph	BY 113	von Tenspolde Hans	NDS 245	Tews Martina	TH 418
Tebbe Michael	NW 329	Tepe Karin	NDS 247	Tews Sabine	SAA 359
Tebben Barbara	SG 495	Tepe-Niehus Christine	BER 129	Teychené Anja Caroline	HE 184
Tech Joachim	MV 213	Tepp Carsten	SH 401	Teyssen Georg	NDS 231
Techen Jens Erik	NW 325	Tepperwien Ingeborg	BU 7	Thaeren-Daig Gisela	BRA 146
Teckemeyer Axel	BRA 154	Terborg Susanne	TH 415	Thalemann Christian	BRA 149
Teckemeyer Frank	NDS 249	Terbrack Vera	NW 264	Thaler Manuela	NW 282
Teckentrup Horst	VwG 530	Terdenge Franz	BU 12	Thalheim Angela	BY 107
Tecklenburg Maximilian	NW 301	Terfrüchte Gabriele	ArbG 451	Thalheim Jürgen	BY 74
Teetzmann Hanspeter	NDS 247	Terharn Christoph	NW 299		BY 87
Tegeder Jörg	BER 133	Terhechte Sabine	NW 301	Thalmann Dagmar	BW 27
Tegelbeckers Kerstin	SAN 390	Terhorst Alfons	BW 35	Thalmann Wolfgang	BW 23
Tegelbeckers Michael	SG 500	Terhorst Bruno	NW 319	Thanner Friedrich	SG 479
Tegenthoff Stefan	NW 281	Terhorst Christoph	NW 265	Thanner Renate	BY 106
Tegethoff Anne	NW 329	Terhorst Karl-Leo	NW 268	Tharra Karin	BER 140
Tegethoff Carsten	VwG 523	Terhorst Michael	BW 31	Thaut Edeltraut	SAC 369
Tegethoff-Drabe Sabine	NW 289	Teriet Matthias	RP 353	Thaysen-Bender	
Tegge Jörg	BRA 155	Termath Sabine	NW 268	Katharina	NDS 233
Tegtmeier Jens Werner	VwG 512	Terner Jutta	RP 343	Thede Jutta	MV 210
Tegtmeyer Marion	SAC 368		VerfG 428	Theede Gesa	SH 406
Teich Marcus	NW 297	Terno Wilfried	BU 7	Theede Kai-Uwe	MV 207
Teichgräber Beate	TH 413	Terp Daniel	BY 121	Theege Frank	HH 172
von Teichman und		Terres Peter	SAC 376	Theele Winfried	NW 299
Logischen Betina	NDS 248	Terry Patrick	BW 60	Theimer Clemens	HE 186
Teichmann-Borchers		Terschlüssen Ilka	HH 167	Thein Annika	HH 169
Anette	VwG 524	Tersteegen Petra	NW 330	Thein Werner	BY 75
Teichmüller Ingrid	ArbG 442	Terstegen Ralf-Peter	SAN 393	Theine Elisabeth	BRA 145
Teigelack Bernhard	NW 280	Terstegen Volker	ArbG 450	Theis Achim	VwG 538
Teigeler Jochen	BW 25	Tesch Klaus	SAN 390	Theis Christa	FG 472
Teinert Matthias	BW 28	Teschendorf Margarita	NW 275	Theis Christa	HE 180
Teipel Birgit	BRA 145	Teschner Anja	BER 130	Theis Elmar	RP 336
Teipel Joachim	VwG 525	Teschner Armin	SH 398	Theis Frank	SAC 371
Teipel Klaus-Peter	NW 282	Teschner Carsten	ArbG 436	Theis Günter	SAA 356
Teipel Klemens	ArbG 451	Teschner Günter	BW 26	Theis Helmut	BY 90
Teipel Ulrike	NW 282	Teschner Helfried	NDS 227	Theis Jörg	RP 343
Teitge Heike	SAC 376	Teschner Irmgart	SAC 367	Theis Reiner	SG 476
Teitge-Wunder Kerstin	BRA 149	Teschner Petra	NW 267	Theisen Bernhard	NW 282
Teiwes Manfred	NDS 219	Teschner Susanne	BW 65	Theisen Christian	RP 353

Theisen Namensverzeichnis

Theisen Lars	NW	329
Theisen Saskia	NW	325
Theisen Ursula	NW	314
Theising Gabriele	BER	130
Theising Stefan	SH	408
Theisinger Thomas	BW	42
Theiß Christian	BY	84
Theißen Heinrich Friedrich		
Maria	NW	262
Thelen Frank	TH	414
Thelen Gerhard Josef	NW	264
Thelen Julia	NDS	235
Thelen Kirstin	NW	328
Thelen Marco	NW	332
Then Alfred	ArbG	437
von Thenen Gabriele	BER	143
Theobald Georg	VwG	532
Thermann Gisa	RP	352
Thessinga Klaus Dieter	HE	179
Theuerl-Neubeck Sonja	BW	34
Theune-Fuchs Carmen	BW	33
Thewes Christian	NW	329
Thewes Theodor	ArbG	434
Thewes Ulrich	NW	303
Thewes Wolfgang	VwG	528
Thews Petra	VwG	520
Thied Joachim	SAN	392
Thiede Sabine	FG	471
Thiede Sven	FG	467
Thiel Alfred	BER	129
Thiel Andreas	HH	165
Thiel Cornelia	BER	125
Thiel Erich	BW	53
Thiel Frank	BER	139
Thiel Holger	BER	127
Thiel Katja	BW	33
Thiel Margareta	RP	347
Thiel Michael	SAN	393
Thiel Viola	TH	421
Thiele Beate	NW	275
Thiele Burkhard	ArbG	446
	MV	205
Thiele Christine	BER	131
Thiele Frank	HE	190
Thiele Hans-Michael	NDS	252
Thiele Johann	NDS	223
Thiele Jürgen	NW	322
Thiele Monika	NW	285
Thiele Monika	NDS	228
Thiele Ulf	SH	404
Thiele Wolfgang	HE	199
Thielemann Jens	BY	86
Thielen Wolfgang	NW	270
Thielsen Marita	BRA	151
Thiem Sabina	NDS	228
Thiemann Christiane	BY	98
Thiemann Ines	SG	495
Thiemann Karl-Georg	NW	345
Thiemann Klemens	NW	299
Thiemann Ludger	NW	305
Thieme Ina	SAC	373
Thieme Peter	SAC	372
Thiemontz Manfred	MV	213
Thiemrodt Ivo	BMJ	5
Thien-Mochmann		
Barbara	NW	322
Thierau-Haase Katrin	NW	315
Thiere Karl	BY	94
	VerfG	425
Thierfeldt Bettina	BRA	153
Thiermann Alexandra	BY	96
Thiermann Sabine	BY	116
Thies Christine	HH	174
Thies Cornelia	HH	172
Thies Kathrin	ArbG	459
Thies Michael	BRA	152
Thies Rainer	FG	464
Thies Reinhard	VwG	524
Thies Roswitha	VwG	515
Thiesmeyer Reinhard	NW	313
Thiessen Jochen	HH	166
Thietje Norbert	SH	406
Thirolf Rudolf	HE	183
Thode Marina	RP	351
Thode Ursmar	SH	407
Thöne Joachim	ArbG	447
Thönißen Klaus	NW	266
Thönneßen Klaus-Dieter	RP	344
Thönnissen Ludwig	NW	263
Thörner Verena	HH	173
Thole Jürgen	SAN	384
Thole Ulrich	NW	262
Tholen Kerstin	NDS	255
Tholey Werner	RP	347
Tholl Frank	BY	96
Thom Nina	BER	142
Thoma Achim	HE	201
Thoma Anna	HE	181
Thoma Christel	VwG	528
Thoma Herbert	BW	57
Thomalla Klaus Dieter	TH	421
Thomann Stefanie	ArbG	449
Thomas Alexandra	BER	135
Thomas Annette	HH	174
Thomas Bilke	HH	171
Thomas Joachim	SAC	369
Thomas Karin	NW	294
Thomas Leonhard	VwG	506
Thomas Michael-Ingo	BU	11
Thomas Ralf	BER	134
Thomas Sabine	NDS	242
Thomas Susanne	RP	351
Thomas Wilfried	MV	210
Thomaschewski		
Wolfgang	BY	92
Thome Hendrik	NW	266
Thome Peter	SAA	360
Thome Werner	NW	281
Thommes Klaus	SG	489
Thoms Cordula	BY	107
Thoms Willi	BER	129
Thomsen Annette	SAC	372
Thomsen Arnold	NDS	235
Thomsen C. Sabine	AnwG	544
Thomsen Dirk	SH	399
Thomsen Joachim	NW	268
Thomsen Kai	SH	402
Thomsen Maren	VwG	538
Thomsen Margret	SG	501
Thomsen Mechthild	SH	399
Thomsen Rainer	NDS	234
Thomsen Renate	HH	165
Thon Alkje	HH	175
Thonhofer Sandra	BW	63
Thorbrügge Marianne	NW	309
Thore Karen	TH	421
Thoren Sylvia	VwG	503
Thormann Frank	SG	499
Thorn	VwG	517
Thorwarth Klaus	VwG	516
Thran Martin	BW	58
Thran Silke	RP	353
Thron Katrin	SH	408
Thron Ludwig	BY	114
Thünte-Winkelmann		
Julia	NW	301
Thür Franz-Joachim	ArbG	454
Thür Manfred	BY	73
Thürauf Matthias	BY	114
Thürmer Bernd	BU	11
Thürmer Monika	VwG	517
Thürmer-Gath Miriam	HE	203
Thüsing Heidrun	ArbG	451
Thul Josef	RP	343
Thul Matthias	BER	130
Thul-Epperlein		
Andreas	BW	66
Thull Rüdiger	VwG	535
Thull Stephan	VwG	540
Thum Anja	ArbG	441
Thum-Rung Charlotte	BU	16
Thumann Harald	VwG	509
Thumm Maja	SH	409
Thumser Gabriela	BY	105
Thumser Volkmar	BY	87
Thunecke Anneliese	NW	318
Thur Marion	BMJ	5
Thurm Axel	SAA	357
Thurn Bernhard	RP	337
Thurn Christine	VwG	508
Thurn Peter	NW	313
Thußbas Johannes	BY	102
Thyen Jörn	NDS	229
Thyzel Jutta	SAN	393

Name	Ort	Nr.
Tiarks Friedrich-Willi	NDS	248
Tiburg Hans-Ulrich	HH	174
Tichaczek-Krebs Ingrid	BW	61
Tichy Walter	FG	464
Tiebe Susann	SAN	395
Tiebel Brigit Helene	NW	273
Tiebing Norbert	FG	471
Tiedchen Susanne	FG	466
Tiede Dietlinde	MV	210
Tiedemann Heinz-Adolf	NDS	228
Tiedemann Holger	SH	402
Tiedemann Michael	BY	112
Tiedemann Paul	VwG	518
Tiedemann Rolf	SAC	364
Tiedje Jürgen	BW	50
Tiedje Wolfgang	VwG	520
Tiedtke Christina	SAA	358
Tiefmann Ingolf	HE	184
Tiegelkamp Hartmut	SAC	373
Tielke Markus	BER	137
Tiemann Christoph	AnwG	557
Tiemann Frank	BRA	152
Tiemann Heinz-Jörg	BRA	152
Tiemann Matthias	HH	168
Tiemann Ralf	SAN	384
Tiemann Ralph	HH	167
Tiemann Sabine	VwG	520
Tiemann Uta	RP	353
Tiemesmann Rainer	NW	309
Tiesel Guido	BY	73
Tietjen Udo	TH	413
Tietz Ingeborg	HH	166
Tietz Ralf	BY	92
Tietze Angela	NW	265
Tietze Christian-Andreas	BRE	163
Tietze Julia	BY	123
Tietze-Kattge Klaus	HE	197
Tietzsch Rainer-Michael	AnwG	547
Tiffert Dietmar	BRA	150
Tigges Gisela	NDS	227
Tigges Nicole	NW	328
Tiili Virpi	EuG	565
Tilch Stefan	TH	413
Tilch Thomas	SAN	386
von Tiling Klaus	NDS	254
Tilkorn Meike	HH	174
Tillmann Dieter	NW	265
Tillmann Felix-Josef	HE	182
Tillmann Johannes	HE	185
Tillmann-Gehrken Bernhard	VwG	529
Tillmanns Christoph	ArbG	433
Tillmanns Jörg	HE	190
Tillmanns Michael	NW	278
Tillmanns-Schmidt Silke	AnwG	555
Tilmann Gabriele	BY	97
Tilmann Peter	BY	74
Tilmanns Yasmin Britta	NW	290
Timaeus Petra	SAC	370
Timke Verena	BRE	161
Timm Birte	BMJ	4
Timm Katrin	NW	310
Timm Kay	SAN	391
Timm Maren	NDS	235
Timm Volker	HE	194
Timm Wolfhart	NW	294
Timm-Salzwedel Helga	AnwG	552
Timm-Willenberg Charlotte	NDS	234
Timme Hinnerk	SG	501
Timmer Burkhard	TH	412
Timmer Hendrik	NW	327
Timmermann Rainer	VwG	526
Timmermans Christian W.A.	EuGH	563
Timmler Eva-Angelika	VwG	529
Timper Gerhard	AnwG	554
Tinkl Martin	NW	299
Tinnefeld Thorsten	HE	202
Tinnermann Wolfgang	NW	301
Tintelnot Albrecht	AnwG	557
Tintner Heinfried	SG	492
Tinzmann Roland	ArbG	458
Tirpitz Ulrich	BRA	147
Tischbirek Ingrid	VwG	517
Tischer Günter	SAC	373
Tischer Thomas	SG	499
Tischler Beate	BY	108
Tischler Franz	BY	86
Tischler Johann	SG	481
Tischler Josef	SG	479
Tischler Luzia	NDS	253
Tischler Marion	BY	99
Tischner Gerhard	NW	261
Tischner Rita	NW	262
Tittel Inken	NDS	238
Tittel Markus	NDS	236
Tittel Ulrich	ArbG	450
Titz Andrea	BY	108
Titze Annegret	VwG	530
Titze Caroline	BY	121
Titze Thomas	BW	71
Titze Wolfgang	BY	83
Tizzano Antonio	EuGH	564
Todt Henning	HH	174
Todtenhöfer Horst-Dieter	BY	100
Többen Gerhard	NDS	251
Többens Hendrik	BW	68
Tödte Bernd	BU	15
Toelle Hilmar	ArbG	457
Tölle Wolfgang	NW	296
Tönnies Dorothea	TH	422
Tönnies Franz-Josef	NW	308
Tönnies Rüdiger	BRE	161
Tönsfeuerborn Kirsten	HE	202
Tönsmeyer Britt	SH	409
Töpfer Edeltraut	BER	126
Töpfer Hans-Günter	VwG	519
Töppel Eckhard	HE	200
Töpperwien Erich	NDS	220
Töppich Karl	NDS	252
Törl Günter	NW	313
Toetzke Ute	TH	415
Tolk Martin	BW	61
Tolkiehn Rolf	HH	171
Tolkmitt Andreas	SG	490
Tolkmitt Dirk	VwG	536
Tolkmitt Jan Christoffer	HH	169
Tolkmitt Thorsten	HH	176
Tolksdorf Dieter	BY	95
Tolksdorf Hubert	RP	349
Tolksdorf Klaus	NDS	247
Tolksdorf Maria	BU	7
Tolksdorf Regina	NDS	251
Tolksdorf-Fraßeck Andrea Christine	SAC	374
Tolzmann Torsten	TH	421
Tombrink Christian	FG	469
Tombrink Eva-Maria	BRA	146
Tomczak Bernd-Dieter	BER	141
Tomczak Stefan	VwG	516
Tonat Horst	NDS	243
Tonndorf Maria	HH	172
Tonndorf Uwe	ArbG	461
Tonnemacher Marion	TH	415
Tonner Kurt	BY	107
Tonner Martin	RP	341
Toparkus Karsten	HH	175
Tophoven Christof	SG	476
Tophoven Ernst	VwG	528
Toporzysek Kornelia	NW	275
Tormählen Ulrich	NW	262
Tormöhlen Helmut	BW	58
Tornow Kay	SAN	386
Tosberg Annette	MV	215
Tosch Erich	BRA	149
Toschek Jörg	NDS	245
Tóth Ferenc-Stephan	SAC	365
Tournay Silke	BRA	153
Tourneur Detlef	BRA	153
Touysserkani Patrick	BY	87
Trabandt Thomas	SAC	374
Trabert Marion	ArbG	453
Trabold Christiane	SAN	385
Trachsler Daniela	BY	114
Träg Wolfgang	SH	409
	BY	119

Träger Namensverzeichnis

Träger Gabriele	BER	128
Traeger Katharina	MV	207
Träger Katja	SAC	372
Traeger Robert	BW	36
Traeger Roland	MV	208
Träger Stephanie	NDS	252
	NDS	255
Trägner Werner	BW	63
Tränkmann Konstantin	MV	212
Tränkner Ulrich	SAC	377
Trageser Friederike	RP	336
Traitteur Stefanie	BW	69
Traja Kristaq	EuGHMR	567
Tralau Svenja	NW	266
Trapp Christoph	HE	181
Trapp Sibylle	BY	97
Trapp Thomas	BY	81
Trapp Timm Ole	ArbG	448
Trappe Bernd	HH	167
Tratz Andrea	BY	76
Tratz Stefan	BY	76
Traub Friedemann	VwG	515
Traub Rainer	SG	478
Traud Anita	BY	119
Traupe Christian	SG	496
Traupe Rolf	NDS	221
Trauthig Christian	BW	29
Trautmann Gudrun	SAC	367
Trautmann Reinhold	VwG	508
Trautmann Sebastian Karl	NW	325
Trautmann Susanne	ArbG	448
Trautmann Susanne	NW	264
Trautmann Thies Hendrik	HH	176
Trautmann Wolfgang	AnwG	547
Trautmann Wolfgang	SG	492
Trautsch Adda	BY	76
Trautvetter Kirstin	TH	423
Trautwein Elke	NW	330
Trautwein Thomas	BY	93
Trautzettel Claudia	NW	325
Traxler Peter	VwG	506
Treber Jürgen	ArbG	456
Trebeß Mandy	TH	415
Trebing Bertram	BW	56
Trebs Stefanie	BY	74
Trechow Christopher	NW	274
Trede Kerstin	BY	122
Treeger-Huber Barbara	BY	100
Trees Manfred	RP	343
Treese Burckhard	NW	292
Treiber Wilhelm	VwG	504
Treibert Michael	BER	132
Treidel Urte	NDS	232
Treige Franz-Josef	NW	260
Treml Hans-Werner	HE	180
Tremmel-Schön Sabine	HE	189

Trenckmann Bettina	NW	268
Trendl Andrea	HH	175
Trenkle Claudia	RP	354
Trenne Frank-Henner	ArbG	449
Trenner Heinz-Dieter	RP	344
Trense Joachim	ArbG	445
Trentmann Helmut	NDS	243
Trenz Renate	VwG	534
Trepmann Ralf	NW	277
Treppens Holger	NDS	225
Trepper Thomas	SAC	364
Treppke Matthias	NW	294
Trepte Uwe	BER	141
Trepzik Frank	SAC	371
Treseler Frauke	NDS	252
Tresenreiter Wolfgang	BW	63
Treske Rainer	HH	172
Treßin Elke	NW	326
Tretow Martin Heinrich	NW	296
Treu Antje	BY	82
Treuner Regina	HE	186
Treuter Lars	BRA	158
Treves Tullio	SeeGH	569
Treviranus Michael	HE	202
Trichterborn Lena	NW	328
Trick Albrecht	BW	52
Triebel Antje	BY	84
Triebel Gabriele	TH	421
Triebel Klaus-Dieter	BY	88
Triebel Rene	TH	417
Triebeneck Frank	BER	137
Triebs Michael	BY	86
Triendl Franz-Josef	RP	343
Tries Ralf	RP	344
Triller Georg	NW	325
Triller Wolfram	BW	38
Trilling Tjarko	NW	260
Trimbach Herbert	BRA	145
Trimpert Stefan	BER	141
Trinte-Brücher Julia	HE	203
Trippensee Michael	SAC	378
Tritschler Doris	SG	491
Tritschler Heinz	SAC	365
Tritschler Petra	VwG	535
Tritt Oskar	HE	188
Tritz Christina	SG	478
Trobisch Sebastian	RP	354
Tröger Christian	SAC	379
Tröger Manfred	TH	419
Tröndle Michael	BW	24
Tröndle Tilman	NDS	218
Tröß Ulla	HE	198
Tröster Hans	SG	477
Tröster Silke	VwG	521
Tröstrum Bernd	TH	416
Troidl Reinhard	VwG	509
Trojan Horst	SAN	384
Trojan-Limmer Ursula	BY	82

Troost Karl-Peter	AnwG	554
Tropschuh Silvia	BY	90
Trossen Arthur	RP	337
Trossen Meike Ruth	NW	315
Trossen Nils	FG	470
Trost Annette	SAA	361
Trost Franz	TH	422
Trost Helmut	MV	213
Trost Silke	MV	211
Trost Werner	BW	50
Trotta Raffaele	BY	79
Trottmann Egon	BER	139
Trotzowski Kerstin	BER	140
Troxler Karin	SAC	366
Trstenjak Verica	EuG	565
Trück Thomas	BW	68
Trüller Dagmar	SH	401
Trueson Walter	RP	335
Trüstedt Leslie	BY	123
Trütner Jörn	HH	176
	SG	485
Trumm Hans Peter	NW	299
Trumpfheller Bernhard	BW	26
Trunk Christian	BW	69
Trunk Stefan	NW	275
Trunz Ludwig	RP	352
Trupke Ernst	SH	400
Truppei Franz	BY	77
Truse-Berger Christiane	NW	307
Trute Hans-Heinrich	VerfG	429
Trutwig Michael	VwG	508
Tsatsa-Nikolovska Margarita	EuGHMR	567
Tschackert Gisa	NDS	254
Tschackert Peter	NW	303
Tschakert Sohre	SH	405
Tschanett Ernst	BY	79
Tscharn Andreas	NW	274
Tschauner Ralf	BY	121
Tschech Dieter	NW	284
Tschechne Wolfgang Johannes	NW	291
Tschentscher Barbara	NW	287
Tscherner Harald	TH	415
Tscherning Stefan	VwG	521
Tschersich Herbert	NW	290
Tschersich Regine	BW	58
Tschersich-Vockenroth Marion	NW	291
Tscheslog Frank	BRA	147
Tschichoflos Ursula	AnwG	544
Tschiersch Eberhard	NW	291
Tschirner Hartmut	NDS	245
Tschirner Thomas	FG	470
Tschirsky-Dörfer Ina	BER	128
Tschneritschek Ingrid	BY	89
Tschöpe Christian	BRA	158
Tschorn Axel	BW	59

750

Tsukida Irina	SH	409
Tucholski Susanne	BER	128
Tüllmann Petra	HE	188
Türk Angelika	BY	122
Türk Helmut	SeeGH	569
Türmen Riza	EuGHMR	567
Türmer Gabriele	HE	197
Türpitz Jörg	TH	417
Tüxen Grit	BER	135
Tüz Yasemin	BW	39
Tulatz Hans	HE	183
Tulkens Françoise	EuGHMR	567
Tully Marc	HH	169
Tumeltshammer Dorothea Erika	NW	278
Tuncel Aykut	SH	409
Tupait Thomas	NW	276
Turanli Antje	SG	483
Turba Anette	TH	420
Turgemann Gina	SAC	378
Turkowski Clemens	BY	100
Turner Harald	HE	197
Turnwald Christoph	NW	328
Turnwald Robert	NW	316
Turowski Eckhard	BY	92
Tuschen Heinz Michael	VwG	525
Tuschen Volker	SAC	373
Tute Carola	NDS	252
Twardzik Helga	BY	81
Twenhöven Britta	NW	328
Twente Andre	NW	330
Freiherr von Twickel Degenhard	BU	11
Twittmann Jürgen	NW	291
Tyczewski Susanne	VwG	525
Tzschoppe Bernd-Helge	BW	64
von Tzschoppe Hartmut	RP	334

U

Ubaczek Christian	BER	126
Ude Mathias	HH	175
Udsching Peter	BU	12
Uebel Rautgundis	VwG	512
Übelacker Michael	NDS	236
Uebele Martin	SAC	369
Uebelein Klaus	BY	115
Übelmesser Siegbert	BY	84
Ueberbach Andreas	SAC	378
Ueberck Christian	NDS	245
Überhofen Michael	RP	344
Ueberhorst Maren	NDS	220
Uebing Winfried	NW	307
Uecker Michael	BRA	158
Ueckermann Jan-Erik	HE	200
Ueffing Klaus	NW	313

Uehlein Andrea	BY	115
Ülger Damla	SH	409
Uelwer Astrid	NW	329
Uerpmann Katrin	BER	130
Uertz-Retzlaff Hildegard	NW	307
Uetermeier Elke	NW	281
Uetermeier Hans-Jochen	NW	297
Ufer Michael-Rainer	VwG	522
Uffelmann Manfred	HE	189
Uffen Heike	NDS	232
Uffhausen Karsten	VwG	521
Uffrecht Wiland	BER	136
Ugrekhelidze Mindia	EuGHMR	567
Uhde Peter	BW	62
Uhe Anja	SAN	395
Uhl Volker	HE	199
Uhlemann Tobias	SAC	381
Uhlemann Ulrich	ArbG	438
Uhlenberg Klaus-Peter	VwG	529
Uhlenbrock Dorothee	NW	329
Uhlenbrock Volker	NW	293
Uhlenbruch Gustav	SG	502
Uhlenbruck Ruth	BER	141
Uhlhorn Björn	NW	330
Uhlig Anne-Ruth	SAC	370
Uhlig Jan	SG	499
Uhlig Jürgen	SAC	370
Uhlig Katja	MV	214
Uhlig Matthias	SG	498
Uhlig Ralph	MV	215
Uhlig-van Buren Angela	HH	173
Uhlmann Ludwig	BY	90
Uhrmacher Peter	BW	63
Ulbert Susann	NW	317
Ulbrich Clemens	BY	94
Ulbrich Detlef	BER	140
Ulbrich Olaf	MV	211
Ulbrich Sven	SG	482
Ulffers Heike	HH	172
Ulich Ilona	BMJ	5
Ulland Wolfgang	NW	264
Ullemair Adelheid	BY	74
Ullenbruch Thomas	BW	26
Ullisch Beate	BER	133
Ullmann Eike	BU	7
Ullmann Gerd-Dietrich	TH	420
Ullmann Steffi	SAC	366
Ullrich Christoph	HE	193
Ullrich Corinna	BMJ	5
Ullrich Hans-Werner	VwG	535
Ullrich Inge	NDS	227
Ullrich Rainer	NDS	225
Ullrich Stephan	BW	40
Ullrich Wolfgang	BY	100
Ullrich-Schrammek Heike	NDS	221

Ulm Claudia	SAC	363
Ulm Karl-Georg	SAA	359
Ulmer Almut	SAN	386
Ulmer Detlef	NDS	225
Ulmer Mathias	SG	500
Ulmer Thomas	NW	320
Ulmer-Deimel Antonia	NW	304
Ulrich Alexandra	RP	354
Ulrich Annette	SG	480
Ulrich Barbara	SH	406
Ulrich Carsten	VwG	505
Ulrich Christoph	ArbG	449
Ulrich Dagmar-Ingrid	ArbG	440
Ulrich Doris	SAN	390
Ulrich Frauke	NDS	253
Ulrich Fred Jürgen	NW	288
Ulrich Jürgen	NW	290
Ulrich Meike	NDS	255
Ulrich Petr	SG	500
Ulrich Stefan	NW	265
Ulrich Stefanie	BW	26
	BW	38
Ulrich Tobias	BY	123
Ulrich Werner	BY	95
Ulrich Werner	SG	500
Ulrichs Cord	VwG	528
Ulsenheimer-Jörg Eva	SG	478
Ulshöfer Gerd	BY	112
Ulshöfer Tatjana	SG	498
Umbach Torsten	SAC	380
Umealo-Wells Sascha Alexandra	RP	354
Umlandt Dagmar	BRE	162
Umlauf Sibylle	HH	170
Umstätter Hans Otto	BW	45
Unger Annett	SAC	378
Unger Christa	VerfG	427
Unger Claudia	TH	423
Unger Gabriele	NW	327
Unger Ilona	BRA	150
Unger Joachim	NW	315
Unger Joachim	NW	261
Unger Manfred Bernhard	NW	288
Unger Petra	VerfG	427
Unger Stefan	HE	202
Unger Stephanie	BER	137
Unger-Nöhrenberg Ilka	MV	214
Ungerbieler Günther	VwG	515
Baron Ungern-Sternberg von Pürkel Joachim	BU	7
Ungewiß Martina	TH	414
Ungewitter Rolf	BW	24
Unglaub Peter	BY	80
Ungricht Astrid	NW	270
Unholtz Jörg Sebastian	RP	354
Unkel Friedrich	BW	50
Unkel Jutta	BW	65

Unkel   Namensverzeichnis

Unkel Wibke	NW 330	Valgolio Leandro	SG 489	Velte-Kircher Simone	BW 40
Unkelbach Gisbert	NW 318	della Valle Petra	NDS 248	Veltmann Gerhard	NW 301
Unland Daniel	BER 143	Vallendar Willi	BU 13	Venderbosch Ulrich	SAN 389
Unnützer Wolfgang	BY 97	Vallender Heinrich	NW 322	Venedey Walter	AnwG 547
Unterberg Markus	MV 207	Vallentin Dirk	SG 483	Venjakob Franz	HH 174
Unterlöhner Jochen	MV 207	Vallo Klaus-Peter	NDS 250	Venneberg Sabine	NDS 230
Unterreiner Martin	BY 109	Valtu Manfred	BER 129	Vennemann Ulrich	NW 283
Unterreitmeier		Vandenhouten Nicole	BER 137	Vennewald-Ripsam	
Johannes	VwG 510	Vanino Hermann	BY 117	Udo	NW 306
Unterschütz Karin	SAN 387	Vanoni Claudia	BY 107	Vente Cornelia	BY 122
Unverdroß Michael-		Vanselow Sabine	TH 415	Ventzke Klaus-Ulrich	AnwG 549
Uwe	BRA 157	Varga Anton	SAC 375	Venus Cathrin	FG 466
Unzeitig Stefanie	BY 123	Varga Ulrike	BY 80	Venz-Hampe Gabriele-	
Urbach Eric	HE 185	Varney Guido	NW 298	Carola	HE 180
Urban Christine	ArbG 456	Varnholt Dieter	NW 307	Venzke Anja	NDS 220
Urban Franz	BY 82	Vasiliou Barbara	BER 136	Verbeek-Vienken	
Urban Johannes	FG 470	Vaske Matthias	MV 207	Brigitte	VwG 533
Urban Renate	BY 100	Vater Angelika	SAN 387	Verbeet Edmund	NW 268
Urban Richard	VwG 517	Vaterrodt Michael	BER 129	Verch Ingo	NDS 221
Urbanek Stefan	MV 214	Vath Marianne	BER 133	Verch Ralph	NW 321
Urbany Astrid	RP 351	Vatter Fritz Siegfried	NW 265	Verenkotte Erich	SAN 390
Urselmans Monika	NW 332	Vatter Stefan	BW 50	Verfürden Hartmut	SH 401
Usdowski Sebastian	HE 192	Vaupel Heinz Wilhelm	NW 297	Verfuß-Eschweiler	
Usener Svenja	HE 181	Vaupel Kerstin	NW 262	Ursula	NW 314
Usselmann Martina	BY 79	Vaupel Martin	HE 199	Vergnaud Patrick Peter	NW 277
Uterhark Jan	FG 467	Vaupel Silke	ArbG 453	Verheul Christiane	VwG 534
Utermöhlen Joachim	FG 468	Vaupel Volker	FG 467	Verheyen Harald	BER 139
Uthe Eckhard	SAA 360	Vauth Gerhard	SH 403	Verheyen Jürgen	NW 275
Uthemann Daniela	NW 331	Vauth Kristina	SH 399	Verhoeven Martin	BRA 150
Uthmann Heinrich	ArbG 443	Vavra Edgar	BY 102	Vermaasen Dieter	ArbG 452
Uthoff Gerhard	NDS 250	Vavra Maria	BY 85	Vermehr Harald	VwG 529
Utsch Andreas	VwG 532			Versen Wilhelm	NW 322
Utz Claudia	BW 61	Veckenstedt Stefan	SH 399	Versteegen Jan	RP 337
Utz Reinhard	BY 102	Vedder Axel	NW 324	Verstegen Gabriele	VwG 527
Utz Richard	SG 479	Veddern Stephanie	NW 295	Versteyl Ludger-	
Utz Wolfgang	VwG 503	ter Veen Dorothea	VwG 520	Anselm	AnwG 552
		ter Veen Heino	AnwG 552	zur Verth Dorothee	HH 168
V			MV 206	Vervoort Martin	NW 329
		Veen Thomas	NDS 249	Verweyen Birgit	NW 295
Vaagt Andrea	SH 401	Veenhuis Iris	NDS 253	Vesper Ingeborg	HE 200
Vaaßen Marion	NW 315	Veenker Evelyn	SG 476	Vespermann Monika	HH 165
Vaaßen Sabine	NW 320	Veh Christian	BY 105	Vester Hendrik	NDS 233
Vach Michael	NW 288	Veh Herbert	BY 88	Vesterdorf Bo	EuG 565
Vachek Sonja	SG 491	Vehling Jens	NDS 238	Vesting Christiane	HE 202
Vadapalas Vitenas	EuG 565	Vehling Norbert	SG 494	Vesting Susanne	BRE 163
Vahl Axel	SAC 372	Veit Alfons	BW 43	Vetter Claudia	BW 62
Vahl Susanne	RP 344	Veit Hubert	BW 26	Vetter Joachim	VwG 537
Vahldiek Thomas	BRA 153	Veit Markus	BY 94	Vetter Joachim	ArbG 438
Vahle-Kuhlmann Rita	SG 492	Veit Sandra	NW 306	Vetter Katrin	ArbG 458
Vahrenbrink Larissa	NW 330	Veit Susanne	SH 402	Vetter Klaus	SAC 364
Vahrst Ewald	ArbG 457	Veitenhansl Konrad	BY 99	Vetter Ralf	NW 310
Vajić Nina	EuGHMR 567	Veith Gerhard	SAC 380	Vetter Volker	HE 190
Valentin Felix	RP 353	Veith Johann Michael	BU 9	Vetterkind Erika	NW 307
Valentin Gunter	BY 84	Velde Wolfgang	BER 139	Vey Michael	HE 187
Valentin Heike	HH 172	Velden Robert	RP 336	Vézina Birgit	BU 8
Valentin Jan	ArbG 444	Veldtrup Dirk	NDS 229	Vial Enzo	BRE 163
Valentin Joachim	FG 470	Velhagen Jochen	NW 289	Vicinus Barbara	VwG 510
		Vels Martina	BW 70	Vick Holger	MV 209

Name	Code
Vick Jörg-Peter	MV 205
Viecens Matthias	VwG 537
Viefhaus Christiane	VwG 510
Viefhues Wolfram	NW 267
Viegener Jürgen	NW 291
Viehof Frank	SAC 370
Vieler Artur	NW 271
Vielhaber Prisca	NW 319
Vielhaber-Karthaus Birgit	NW 293
Vierbuchen Hermann-Josef	RP 344
Viereck Gerhard	BU 15
Vieregge Bianca	NDS 254
Vieregge Michael	NW 264
Vierheilig Michaela	BY 115
Vierneisel Christiane	BW 39
Vierrath Christian	ArbG 451
Viert Joachim	VwG 540
Viertel Katrin	BRA 157
Viertel Reinhard	BW 53
Viertel Werner	NW 309
Vierus Petra	NW 308
Viesel Sieghart	RP 342
Vießmann Thomas	SG 481
Vieten Eckart	VwG 531
Vieten-Groß Dagmar	NW 291
Vieth Benedikt	NW 299
Vieth Hubert	BY 80
Viethsen Ulrike	NDS 254
Freifrau von Vietinghoff Juliane	NDS 229
Vietze Rainer	BY 121
Vieweg Heidemarie	SAC 379
Vieweg Ute	SAN 394
Viganó Pia	BY 99
du Vignau Hans-Joachim	BER 139
Vilaras Michalis	EuG 565
Vilken Frauke	NDS 252
Vill Gerhard	BU 8
Villwock Edgar	BW 38
Villwock Thomas	TH 421
Vilmar Fritz	SH 403
du Vinage Caroline	BRA 153
Vincenc Astrid	SG 480
Vinck Julia	NW 329
Vincke Wolfgang-Heinrich	NW 284
Viniol Volker	AnwG 544
Vinke Günter	NW 281
Vinson Martina	NDS 230
Visarius Vivien	NW 332
Viskorf Hermann-Ulrich	BU 11
Visser Klaus	NDS 251
Vitek Andreas	HE 202
Vitens Gesche	NDS 237
Vittinghoff Heiko	NW 293
Vitz Heinz Jürgen	NW 278
Gräfin Vitzthum von Eckstädt Claudia	NW 317
Vivell Alexander	BW 69
Vizethum Walter	BW 40
Vobiller Peter	BW 67
Vock Torsten	NW 327
Vockert Yvonne	HE 201
Vögele Wolfgang	BW 57
Vögtle Gustav	BW 31
Völbel Thomas	BW 30
Völk Günther	BW 32
Völkel Dieter	BY 89
Völkel Michael	HH 165
Völker Heidi	VwG 537
Völker Mallory	SAA 359
Völker Stefanie	BW 33
Völker Ulrich	NW 280
Voellmecke Astrid	NDS 221
Voellmecke Wolfgang	NDS 226
Völlmke Monika	BU 11
Völpel Andreas	RP 335
Voelsen Petra-Helene	NW 296
Völtzer Friedrich	HH 171
Völzing Günter	SAC 367
Voelzke Thomas	BU 12
Voelzke Ulrich	NW 275
Vörg Corinna	HE 187
Voetlause Christoph	VwG 520
Vogdt Paul	NDS 246
Vogdt-Stephan Susanne	NW 323
Vogel Axel	BMJ 4
Vogel Bernd	SAC 376
Vogel Birgitt	VwG 521
Vogel Daniela	VwG 540
Vogel Dieter	VwG 503
Vogel Eva	SAN 394
Vogel Gerd	NDS 229
Vogel Gudrun	BRA 147
Vogel Harald	BER 135
Vogel Hedwig	SG 487
Vogel Joachim	BW 49
Vogel Karina	BW 43
Vogel Markus	SAC 370
Vogel Martin	BER 131
Vogel Michael	VwG 505
Vogel Reinhard	NW 277
Vogel Reinhard	RP 349
Vogel Rolf	HE 195
Vogel Stephanie	BER 131
Vogel Thilo	NW 293
Vogel Thomas	NDS 242
Vogel Wolfgang	SG 478
Vogel-Fingerhut Ingrid	HE 185
Vogel-Milionis Brigitte	BW 60
Vogel-Schaffner Ingrid	RP 341
Vogelbruch Heino	ArbG 454
Vogelfänger Maria-Anne	HE 183
Vogelpohl Dirk	NDS 252
Vogels Eugen	NW 271
Vogelsang Barbara	NW 305
Vogelsang Bernhard Heinrich	NW 285
Vogelsang Hinrich	ArbG 447
Vogelsang Matthias	NDS 245
Vogelsang Susanne	SAN 386
Voges Henning	NDS 219
Voges Michael-Erdwin	BER 132
Vogl Erich	BY 117
Vogl Markus	SG 479
Vogl Ralf	BER 130
Vogl Stephanie	SG 487
Vogler Bodo	BW 67
Vogler Hartmut	NDS 227
Vogler Hubert	BER 136
Vogler Katrin	BY 123
Vogler Michael	MV 211
Vogler Michael	SAC 377
Vogt Andreas	SAC 368
Vogt Andreas	VwG 530
Vogt Antje	SH 409
Vogt Beate	NW 277
Vogt Dirk	NW 288
Vogt Hans Dieter	NW 296
Vogt Helmut	SG 487
Vogt Henning	MV 207
Vogt Hermann	SG 476
Vogt Jutta	RP 352
Vogt Katja-Urda	MV 208
Vogt Kerstin	NW 263
Vogt Manfred	NDS 224
Vogt Margit	TH 422
Vogt Markus	BY 117
Vogt Markus	NW 272
Vogt Matthias	VwG 513
Vogt Melanie	BER 129
Vogt Michael	SG 494
Vogt Norbert	FG 474
Vogt Peter	SAN 393
Vogt Rainer	BY 84
Vogt Reiner	NW 288
Vogt Stephanie	BW 70
Vogt Susanne	SAC 364
Vogt Thomas	NW 293
Vogt Werner	VwG 530
Vogt Wolfgang	BY 76
Freiherr Vogt von Hunoltstein Franz	BY 101
Vogt-Beheim Carmen	VwG 519
Vogtmeier Manfred	NW 293
Vohl Christa	RP 339
Vohl Martine	VwG 534
Vohwinkel Hans-Wilhelm	FG 469
Voigt Adrian	BER 141

Voigt Namensverzeichnis

Voigt Burkhard	ArbG 447	Volosciuk Edelgard	AnwG 552	Voß Werner	NDS 230
Voigt Christian	NW 297		NDS 218	Voß-Broemme	
Voigt Cornelia	BW 55	Volp Daniel	HE 199	Heidemarie	BER 138
Voigt Gerd	ArbG 451	Voltz Markus	BW 69	Voßen Herbert Josef	NW 315
Voigt Gerold	SAC 379	Voltz Tanja	RP 335	Vossen Petra	SG 477
Voigt Heiko	HH 174	Volz Joachim	SAC 371	Vossen Reinhard	ArbG 449
Voigt Heiko	SAC 377	Volz Norbert	BW 61	Vossen-Kempkens	
Voigt Lutz-Peter	VwG 537	Vomhof Martin	NW 274	Stefanie	SAC 364
Voigt Marianne	BER 133	Vondenhof Beate	VwG 514	Voßgätter genannt	
Voigt Peter	VwG 536	Vonderau Maria	ArbG 456	Niermann Wolfgang	RP 340
Voigt Roland	VwG 507	Vonderschen Meike	NW 331	Voßkamp Axel	VwG 528
Voigt Sylvia	SAC 377	Vondey Michael	NW 303	Voßkamp Steffen	VwG 528
Voigt Toralf	SAN 395	Vondung Rolf	VwG 503	Voßkühler Birgit	ArbG 443
Voigt Ulrich	ArbG 447	Vonnahme Burkhard	NDS 242	Voßkuhle Eva	BW 24
Voigt Walter	SAC 368	Vonnahme Inken	NDS 243	Vossler Norbert	BER 127
Voit Bernhard	BY 118	Vonnekold Carsten	SH 407	Voßnacke Isabel	NW 327
Voit Eva Bettina	HE 194	Vonscheidt Cordula	NW 303	Vosteen Andrea	NW 272
Voit Thomas	BU 16	Voorhoeve Tim	HE 202	Vosteen Rainer	VwG 515
Voithenleitner Karin	BY 87	Voormann Volker	NW 314	Voswinkel Manfred	VwG 538
Volckmann Ralph	RP 337	Voos Alexander	HH 168	Vowinckel Cornelius	NW 304
Volesky Karl-Heinz	NW 281	Voos Eberhard	HH 167	Vreden Claus	RP 337
Volk Dieter	SG 494	Voos Ingrid	SAC 372	de Vries Freya	NW 289
Volk Elisabeth	RP 333	Voosen Marc	NW 267	de Vries Hinrich	NW 316
Volk Holger	VwG 521	Voosholz Ulrich	NW 302	Vuia Mihai Angelo	
Volk Jürgen	SAC 365	Vorbau Eva-Maria	NW 308	Tiberiu	HH 176
Volk Klaus	BY 79	Vordermayer Helmut	BY 109	Vulhop Thomas	NDS 244
Volk Ulrich	AnwG 551	Vormbrock Annette	NW 271	Vulpius Carola	VwG 536
Volke Andreas	BY 113	Vormeier Jürgen	BU 13	Vyhnálek Sascha	HH 174
Volkens Sönke	BER 129	Vorndamm Jürgen	NW 286	Vymer David	HH 169
Volker Mathias	NDS 226	Vorndamme Wilhelm-			
Volkland Ursula		Henrich	ArbG 457		
Dorothee	NW 289		VerfG 429	**W**	
Volkmann Ingrid	BER 136	Vorndran Martina	SAC 372		
Volkmer Andreas	NDS 233	Vorpahl Jörg	BRA 150	Waab Brigitte	NW 295
Volkmer Mathias	SAN 395	Vos Arno	NDS 250	Waab Frank	NW 295
Volkmer Thomas	NDS 226	Voß Andreas	BW 33	Wabnitz Heinz-Bernd	BY 82
Volkmer Wolf	NW 269	Voß Beate	SG 485	Wach Siegfried	MV 211
Voll Werner	BY 112	Voß Birgit	VwG 539	Wachau Stefanie	HE 202
Volland Brigitte	HE 202	Voß Dirk	NDS 230	Wachauf Helmut	BY 113
Vollbrecht Rüdiger	NDS 227	Voß Franz-Josef	ArbG 459	Wache Daniel	MV 212
Vollenberg Magdalena	VwG 528	Voß Hans-Heiko	HH 168	Wachenfeld Almut	SH 404
Vollenberg Ursula	NW 296	Voß Hans-Peter	MV 205	Wachinger Eva	BY 121
Vollert Ingeborg	SH 407	Voß Hartmut	NDS 234	Wachs Klaus-Michael	BER 142
Vollhardt Monika	BER 133	Voß Heidrun	SAN 393	Wachsmuth Stefan	BRE 163
Vollkommer Gregor	BY 74	Voß Heilwig	MV 213	Wachtel Anja	BY 122
Vollkommer Meike	BY 121	Voß Heinz Wilhelm	NDS 252	Wachtel Monika	ArbG 450
Vollmer Anja	NW 320	Voß Ingo	NW 329	Wachten Heribert	NW 326
Vollmer Bernhard	NW 308	Voß Julia	NW 268	Wachtendorf Hans-	
Vollmer Jeanette	HE 193	Voß Lutz-Rüdiger	BER 125	Ullrich	NDS 244
Vollmer Reinhardt	SH 401	Voß Norbert	VwG 531	Wachter Alexander	HE 190
Vollmer Roland	BER 141	Voß Reimund	TH 422	Wachter Anton	BW 26
Vollmer Sabine	NW 309	Voß Rudolf	BY 97	Wachter Bettina	RP 352
Vollmer Walter	BW 364	Voß Silke	SG 490	Wachter Katja Ria	SG 491
Vollmers Sibylle	SAC 370	Voß Sönke	SH 408	Wack Harald	HE 188
Vollrath Christian	ArbG 452	Voß Sören	NDS 253	Wacke Jan Ulrich	BW 69
Vollstädt Christiane	NDS 248	Voß Ulrich	NW 262	Wackenhut Ernst-Peter	BW 63
Volmer Jürgen	BW 65	Voß Ulrike	NW 262	Wackenroder Erich	ArbG 448
Volmer Katharina	BY 83	Voß Uwe	NW 262	Wacker Daniel	NW 286

Wacker Dennis	HE 182	Wagner Heiko	BMJ 4	Wahl Heike	BW 62
Wacker Joachim	NW 319	Wagner Heiko	BER 130	Wahl Michael	BW 67
Wacker Johannes		Wagner Herbert	AnwG 554	Wahl Oliver	HE 187
Christoph	NW 293		NW 280	Wahl Rudolf	BY 78
Wacker Reinhard	BRE 161	Wagner Hermann	RP 349	Wahl Sabine	SG 479
Wacker Roland	BU 11	Wagner Hermann	BY 87	Wahl Wolfgang	BY 95
Wacker Susanne	BY 91	Wagner Ina	SAN 394	Wahl-Schwentker	
Wacker Uwe	SG 492	Wagner Ingo	VwG 537	Jasmin	SAN 389
Wacker Wolf-Jürgen	NW 301	Wagner Ingolf	SAC 377	Wahlbrink Uwe	NDS 252
Wackerbauer Thomas	BY 98	Wagner Isabell	NDS 254	Wahle Dorothee	BW 24
Waclaw Christiane	BER 141	Wagner Jörg	SAC 376	Wahle Gerhard	BW 70
Waclawczyk Margarete	BMJ 4	Wagner Jörg	BRA 157	Wahle Ulrike	NW 313
Wadenpohl Michael	NW 271	Wagner Johannes	VwG 535	Wahle Wolf-Dietrich	VwG 511
Wadewitz Frank	SAC 373	Wagner Jürgen	HE 180	Wahler Michael	BY 81
Wadle Elmar	VerfG 429	Wagner Karl-Heinrich	VwG 522	Wahlig Christine	BER 142
Wächter Gudrun	VwG 516	Wagner Karl-Heinz	SG 487	Wahlmann Carsten	NW 284
Waechter Kay	VwG 521	Wagner Klaus Jürgen	FG 469	Wahrendorf Volker	SG 491
Wächtler Ronald	SAC 369	Wagner Konrad	BW 30	Waiden Thomas	HE 198
Wähling Ulf-Dieter	SH 406	Wagner Ludwig	FG 465	Waitz Hans	ArbG 436
Waetke Wolf-Rüdiger	BW 29	Wagner Ludwig	VwG 508	Waitzinger Elisabeth	BY 95
Wätzel Hartmut	BY 88	Wagner Manfred	HH 173	Waitzinger Wilfred	BW 62
Wätzold Bernd	BY 121	Wagner Michael	SAA 358	Walbrecht Michaela	BRA 155
Waga Lutz	BER 139	Wagner Michael	BER 127	Walburg Gabriela	SAC 372
Wagemann Steffi Katrin	BW 69	Wagner Oliver	BY 120	Walburg Hans-Joachim	SAC 379
Wagemeyer Edith	NW 289	Wagner Paul	BY 97	Walburg Lucius	HE 195
Wagenblaß Heidi	VwG 504	Wagner Paul Hermann	NW 316	Walch Dieter	NDS 230
Wagenitz Thomas	BU 8	Wagner Petra	BY 106	Walch Elisabeth	BY 88
Wagenpfeil Heiko	BW 67		BY 120	Walch Helmut	BY 108
Wagester Bruno	ArbG 443	Wagner Petra	BW 56	Walcher Stephan	HE 200
Wagner Alois	SAC 363	Wagner Regine	SG 475	Wald Anja	SAC 380
Wagner Andrea	BY 100	Wagner Regine	HE 202	Wald Herbert	RP 336
Wagner Andreas	SH 401	Wagner Renate	ArbG 446	Waldeis Oliver	SG 477
Wagner Andreas	NW 274	Wagner Rolf	BMJ 4	Walden Jörg	BY 81
Wagner Anja	HE 200	Wagner Stefan	NW 263	Walden Klaus-Dieter	NW 299
Wagner Anke	HE 201	Wagner Stefan	BY 104	Waldenfels Aurel	ArbG 437
Wagner Armin	BY 79	Wagner Susanne	AnwG 544	Freifrau von Waldenfels	
Wagner Axel	SG 488	Wagner Thomas	MV 214	Veronika	BY 122
Wagner Barbara	BER 135	Wagner Tilman	BW 58	Waldenmaier Walter	BW 64
Wagner Beatrice	HH 167	Wagner Ulrich	VwG 518	Waldert Brigitte	TH 418
Wagner Bettina	SAC 378	Wagner Ulrich	SG 481	Waldhausen Gerd	NW 269
Wagner Brigitte	BY 96	Wagner Ute	BW 58	Waldhauser Karin	BY 98
Wagner Brigitte	BW 34	Wagner Volker	HE 181	Waldherr Wolfgang	BY 112
Wagner Britt	HH 165	Wagner Wilfried	BU 11	Waldmann Michael	BW 28
Wagner Christina	SG 485	Wagner Wolfgang	BY 99	Waldmann Thorsten	VwG 538
Wagner Christine	NW 260	Wagner Wolfgang	SG 497	Waldow Eckart	HH 172
Wagner Christoph	HE 193	Wagner Yvonne	VwG 535	Waldraff Matthias	AnwG 553
Wagner Claus	SAC 364	Wagner-Diederich		Waldschläger Jürgen	NDS 218
Wagner Dieter	HE 192	Susanne	RP 352	Waldstein Maike	SAN 394
Wagner Dorothee	NW 313	Wagner-Humbach		Waldt Klaus-Dieter	NW 280
Wagner Eva-Maria	HE 186	Susanne	BY 101	Walentich Gabriele	NW 309
Wagner Evelyn	VwG 530	Wagner-Kehe Ulrike	ArbG 458	Walentin Roland	BY 90
Wagner Frank	RP 350	Wagner-Kissel Renate	HE 190	Walfort Daniela	RP 354
Wagner Franz-Elmar	BER 136	Wagner-Schlömer Telse	NW 325	Walinski Wilfried	BRE 159
Wagner Gerhard	BU 15	Wagner-Weßel Ingrid	BER 129	Walk Alexander	VwG 507
von Wagner Gerold	TH 421	Wahl Andreas	SG 498	Walk Egbert	HH 167
Wagner Gundolf	SG 485	Wahl Bernhard	BU 7	Walk Felicitas	HE 198
Wagner Hans Jochen	NW 310	Wahl Claus-Peter	ArbG 434	Walk Juliane	HH 170
Wagner Hans-Eckhard	RP 342	Wahl Gerold	BY 118	Walk Justine	BY 98

Name	Code		Name	Code		Name	Code
Walker Jürgen	BW 62		Walther Harald	VwG 519		Warnecke Elisabeth	NDS 233
Walker Michael	AnwG 547		Walther Ines	SAC 374		Warnecke Frank	SAN 389
Walkling Tobias	ArbG 447		Walther Jürgen	ArbG 441		Warnecke Manfred	NDS 242
Wallasch Hubert	SAC 365		Walther Jürgen			Warnemünde Christine	VwG 504
Wallbaum Dieter	HE 200		Ludwig	ArbG 439		Warner Judith	NW 329
Wallbott André	HE 188		Walther Karin	BY 110		Warning Jürgen	NW 267
Wallenta Frank	BU 10		Walther Marion	SAA 360		Warnitz Siegfried	FG 468
Waller Heike	SH 403		Walther Richard	BY 110		Warnke Evelyn	NW 281
Waller Kai	SH 403		Walther Thomas	BY 92		Warnken Petra	NDS 255
Wallerath Maximilian	VerfG 427		Walther Thomas	SAC 380		Warnking Wibke	NDS 255
Wallheinke Adolf	NDS 231		Walther Ulf-Dieter	TH 422		Warsen Gerrit Jan	NW 296
Wallisch Brigitte	VwG 517		Waltinger Heinrich	VwG 506		Wartenberg Detlef	BER 139
Walloch Sylvia	NW 262		Walz Claudia	HH 170		Wartlick Wilhelm	BW 57
Wallocha Martin	HE 182		Walz Karl-Michael	BW 31		Wartusch Hans-	
Wallpach-Ernst Claudia	BER 140		Walz Rolf	VwG 504		Günther	VwG 519
Walper Caroline	RP 335		Walz Stefan	BMJ 3		Waschkowitz Dieter	NW 287
Walper Martin	RP 335		Wamers Axel	NW 257		Waschner Martin	BY 77
Walsmann Marion	TH 411		Wamhof Klaus	NDS 249		Washington Ilse	NDS 241
Walte-Petersen Bettina	MV 208		Wamhoff Josef	BW 42		Waskow Esther	HH 169
Waltenberger Jochen	RP 354		Wamser Frank	HE 190		Waskow Matthias	ArbG 443
Walter Achim	NW 305		Wamsler Ulrich	VwG 505		Wasmann Manuela	NDS 252
Walter Alexander	RP 354		Wandel Sabrina	HH 171		Wasmeier Sabine	BY 73
Walter Andreas	NDS 226		Wanderer Jakob	BY 109		Wasmer Martin	SAC 375
Walter Andreas	SG 501		Wangen Roland	NW 325		Wasmer Wolfgang	NW 329
Walter Andreas	ArbG 461		Wangenheim Silvio	VwG 512		Wassen Hans Josef	NW 275
Walter Bernd	BRA 147		Wanhöfer Harald	ArbG 437		Wasser Detlef	BMJ 4
Walter Christina	BW 29		Waniorek-Goerke			Waßer Ursula	SG 500
Walter Christine	RP 348		Gabriele	VwG 516		Wasserbauer Susanne	BY 80
Walter Daniel	BW 36		Wankel Bernhard	BY 113		Wassermann Henning	BU 8
Walter Doris	HE 194		Wannenmacher Kathrin	NW 328		Wassmann Wilhelm	FG 472
Walter Frank	NW 281		Wanner Horst	VwG 519		Waßmuth Corinna	NW 315
Walter Franz-Robert	HE 179		Wanner-Siebinger Heike	BW 59		Waßmuth Heinz-Karl	SH 398
Walter Götz	BW 32		Wanning Rüdiger	NDS 231		Waßmuth Jens	TH 419
Walter Heinz	BW 35		Wanschura Hannelore	BRE 162		Waßmuth Thomas	TH 422
Walter Helmut	BY 105		Wanschura Horst-Josef	SH 407		Wastlhuber Hans	BY 102
Walter Ingrid	BW 49		Wanwitz Bernhard	VwG 533		Waterkamp-Faupel Afra	FG 473
Walter Jens	HE 202		Wanzenberg Olaf	MV 210		Watermann Ole	BER 134
Walter Johannes Martin	SG 489		Wappes Rene	BY 80		Waters Jörg	NW 314
Walter Karin	VwG 510		Wappler Petra	NW 328		Watrin Anne	NW 323
Walter Oliver	BW 39		Wapsa-Lebro Marie-			Wawerla Michaela	BY 106
Walter Peter	NDS 335		Luise	NW 290		Wawrzik Stefan	SAC 370
Walter Peter	BY 104		Warbinek Marion	BW 55		Wawrzinek Matthias	NDS 239
Walter Sabine	SAN 385		Warda Hans-Dietmar	NDS 227		Weber Albrecht	BW 24
Walter Susan	SAC 378		Warda Horst	NW 295		Weber Albrecht	AnwG 543
Walter Susanne	VwG 516		Wardeck Matthias	SH 399		Weber Alfred	BY 111
Walter Thomas	ArbG 440		Wardecki Cordula	BW 69		Weber Anette	NDS 229
Walter Thomas	SG 497		Wardenbach Marie-			Weber Angela	NW 268
Walter Ulrike	SAN 391		Annick	NW 325		Weber Anja	BER 143
Walter Ursula	NW 321		Warg Gunter	NW 329		Weber Anja	BW 39
Walter Wolfgang	BW 24		Warken Claudia	BW 70		Weber Annette	VwG 526
Walter-Freise Helgard	NDS 219		Warken Hans-Georg	VerfG 429		Weber Annette	NW 291
Walter-Greßmann Inge	HH 167		Warkentin Gerd	VwG 507		Weber Annette	NW 275
Walterscheidt Bernd	NW 322		Warlies Klaus Peter	HE 192		Weber Armin	BY 87
Waltert Ronald	SAN 386		Warmbold Georg	BER 134		Weber Barbara	NW 320
Walther Alexander	BY 113		Warmbold Jens	NW 288		Weber Bert Joachim	BRA 152
Walther Axel	VwG 504		Warmuth Claudia	NDS 255		Weber Bianca Katrin	BER 140
Walther Bettina	BER 141		Warnatsch Jürgen	BER 126		Weber Carlo	BRA 155
Walther Birgit	VwG 508		Warnecke Almuth	SG 494		Weber Christoph	HE 195

Weidemann

Name	Ort
Weber Dagmar	TH 422
Weber Dagmar	NDS 244
Weber Dennys	AnwG 559
Weber Dieter	BW 63
Weber Dirk	BY 95
Weber Dirk	ArbG 457
Weber Ekkehart	NW 322
Weber Eugen	TH 416
Weber Franz-Josef	NW 306
Weber Friederike	HH 175
Weber Friederike	SG 484
Weber Friedrich	BY 91
Weber Gabriele	VwG 537
Weber Gebhard	RP 344
Weber Gerald	VwG 506
Weber Gerhard	SAA 359
Weber Gerhard	BY 96
Weber Gunther	BW 64
Weber Hans-Joachim	BW 31
Weber Harald	VwG 535
Weber Harriet	BY 96
Weber Hartwig	FG 473
Weber Heiko	ArbG 458
Weber Heinrich	NW 316
Weber Hendrik	SAN 393
Weber Hermann-Josef	RP 342
Weber Ingo	BW 51
Weber J. Peter	SAN 383
Weber Jörg Maria	NW 331
Weber Johann	VwG 511
Weber Jürgen	BY 82
Weber Kerstin Ursula	NW 332
Weber Mandy	NW 328
Weber Manfred	SAC 367
Weber Manfred	HE 179
Weber Mareike	VwG 529
Weber Margit	NW 316
Weber Margot	ArbG 435
Weber Markus	NW 314
Weber Michael	TH 412
Weber Michael	NDS 224
Weber Michael	BY 77
Weber Monika	SAN 391
Weber Nikolaus	VerfG 429
Weber Norbert	NW 293
Weber Norbert	NW 292
Weber Olaf	SAA 361
Weber Peter	SAC 374
Weber Reinhold	BY 113
Weber Rudolf	BY 80
Weber Sabine	RP 351
Weber Stephan	BY 92
Weber Stephan Christoph	NW 285
Weber Susanne	BY 121
Weber Thea Regina	BRA 152
Weber Theodor	HE 191
Weber Thomas-Michael	NW 290
Weber Thorsten	NW 329
Weber Ulrich	MV 207
Weber Ursula	BER 131
Weber Verena	NW 330
Weber Wilhelm	VwG 511
Weber Wolfgang	HE 180
Weber Wolfgang	SAA 355
Weber-Grellet Heinrich	BU 11
Weber-Monecke Beatrix	BU 7
Weber-Monecke Walter	RP 338
Weber-Petras Doris	NDS 218
Weber-Schramm Eva-Maria	BER 128
Weber-Timmermann Gudrun	HE 191
Weber-Wirnharter Marianne	BY 88
Webering Anabel	NW 331
Webers Claudia	SAC 374
Webert-Girshausen Maria-Theresia	BY 100
Wech Susanne	BY 105
Wechsler Regina	HH 168
Wechsung Peter	BW 39
Weckerling Matthias	BMJ 4
Weckesser Artur	FG 463
Weckesser Claudia	VwG 504
Wedderwille Peter	NW 310
Weddig Jörg	HE 202
Weddig Ulrike	SG 490
Wedekind Karsten	SG 500
Wedekind Udo	TH 411
Wedel Dirk	NW 263
von Wedel Friederike	VwG 536
von Wedel Wedigo	FG 467
Wedemann Karola	BER 137
Wedemeyer Kai	FG 468
Weder Dietrich	BY 96
Weder Eva	BRA 158
Weder Gerd	BY 113
Wedhorn Birgit	BER 140
Wedhorn Peter-Lucas	BER 138
Wedig Bernd	NW 295
Wedlich Alexander	BY 120
Weers Werner	MV 209
Wefer Mathias	VwG 536
Wefers Gabriele	NW 272
Wefers Ulrike	FG 470
Wege Hanna	SH 404
Wege Verena	SH 409
Wegehaupt Uwe	SAN 384
Wegemer Heiner	HH 171
Wegener Bernd	BRE 161
Wegener Christoph	NW 325
Wegener Hartmut	SAN 383
Wegener Lutz	MV 213
Wegener Susanne	HE 185
Wegener Uwe	VwG 511
Wegerer Karl	BY 78
Wegerich Carsten	HH 174
Wegerich Lutz	HH 175
ter Weges Sabine	FG 466
Wegewitz Claudia	BY 96
Wegge Georg	VwG 514
Weghofer Christine	MV 210
Wegmann Christiane	BER 135
Wegmann Helmut	BER 132
Wegmann Hendrik	NDS 235
Wegmann Klaus	SAN 391
Wegmann Peter	ArbG 461
Wegmann Wolfram	BW 26
Wegmarshaus Jens	BER 140
Wegner Arnim	VwG 529
Wegner Gerhard	VwG 538
Wegner Gert	BRA 150
Wegner Heike	NDS 253
Wegner Joachim	SH 401
Wegner Reiner	NDS 231
Wegner Susanne	NW 297
Wehe Eckhard	VwG 515
Wehling Gerd	VwG 516
Wehlisch Markus	TH 423
Wehmeier Gerhard	BW 41
Wehmeyer Jürgen	NDS 237
Wehmeyer Petra	NW 271
Wehner Christina	NW 276
Wehner Detlef	TH 421
Wehner Frank	NW 321
Wehner Guido	TH 417
Wehnert Michael	VwG 536
Wehowsky Ralf	BU 9
Wehr Thomas	HH 170
Wehrer Christine	BY 116
Wehres Jan	HE 199
Wehrhahn Christine	NDS 253
Wehrhahn Lutz	SG 502
Wehrland Heinrich	NW 307
von Wehrs Heidrun	RP 333
Wehrstedt Michael	NW 326
Weichbrodt Alexander	VwG 521
Weiche Jens	SAC 378
Weichel Volker	VwG 534
Weichert Anne	SAN 386
Weichert Johannes	BMJ 4
Weichert Martin	SAN 386
Weichsel Klaus-Jörg	NDS 230
Weick Eva	SG 482
Weick Nadine	BY 123
Weick Wiebke	HH 174
Weickert Stefan	BY 107
Weide Hans-Jürgen	BW 59
Weide Lutz	ArbG 441
Weide Norbert	AnwG 559
Weidelhofer Julia	SAC 374
Weidemann Ines	BER 142
Weidemann Manfred	BRA 156

Name	Ref
Weidemann Matthias	RP 353
Weidemann Rolf-Lutz	VwG 530
von der Weiden Dagmar	TH 423
von der Weiden Klaus-Dieter	TH 411
Weidenfeller Magdalena	SG 496
Weidenhofer Daniel	SAC 365
Weidenkaff Walter	BY 85
	VerfG 425
Weidensteiner Josef	BY 118
Weidig Bernd	SAA 358
Weidig Gudrun	SAC 369
Weidig Sandra	SAA 360
Weidinger Franziska	SG 500
Weidle Stefanie	BW 60
Weidler-Vatter Karin	SAA 357
Weidlich Christian	MV 207
Weidlich Dieter	BY 102
Weidlich Dieter	BY 119
Weidling Jürgen	ArbG 435
Weidling Matthias	BER 141
Weidmann Christiane	HE 192
Weidmann Klaus	BY 102
Weidner Katja	RP 354
Weidner Ludwig-Sebastian	NW 284
Weiduschat Ulrich	VwG 514
Weier Jörn	SAC 380
Weifenbach Bernd	SAC 374
Weigand Bernd	BY 76
Weigand Elmar	NW 326
Weigand Klaus-Jochen	BY 94
Weigand Nicole	BY 121
Weigel Bernd	BY 77
Weigel Claudia	SG 494
Weigel Clemens	SG 501
Weigel Gerald	SAC 379
Weigel Grit	BRA 151
Weigel Martin	FG 474
Weigell Rudolf	BY 87
Weigelt Jana	BRA 150
Weigelt Karin	SAC 367
Weigenand Rolf	BW 33
Weigert Uta	BRA 150
Weigl Christoph	BY 104
Weigl Martin	BY 107
Weigl Michael	BY 108
Weigl Michael	BY 104
Weigmann Günter	NDS 221
Weihe-Gröning Claudia	BER 128
Weiher Sandra	BY 105
Weihönig Tanja	BY 122
Weihprecht Axel	BY 84
Weihrauch Sebastian	HH 169
	HH 175
Weihrauch Ulrike	SG 486
Weik Beate	BW 67
Weik Christa	SAC 373
Weik Oliver	BW 31
Weikert Manuel	BY 108
Weikl Ludwig	BY 110
Weil Barbara	FG 464
Weiland Kirsten	AnwG 554
Weiland Ulrich	NDS 224
Weiland Ulrich	RP 336
Weiland Ulrike	VwG 513
Weiland Walter	HE 182
Weilandt Renée	HH 173
Weilbacher Franz	FG 464
Weiler Rolf	ArbG 460
Weilmaier Veronika	SAC 377
Weilmünster Claudia	BY 79
	BY 120
Weimann Claudia	HE 184
Weimann Götz-Karsten	SAC 373
Weimann Johann	BY 97
Weimann Markus	HE 198
Weimar Volker	HE 183
Weimer Gabriele	BW 32
Weimer Joachim	BW 31
Wein Gerhard	RP 348
Wein Gunter	NW 294
Wein Ilona	SAN 389
Wein Ingrid	BY 121
Wein Michael	VwG 512
Weinand Achim	SAA 359
Weinand Rainer	SAA 357
Weinand-Härer Claudia	BY 76
Weinbörner Udo	BMJ 4
Weinert Katrin	RP 353
Weinert Klaus	SG 483
Weinert Nikola	RP 354
Weingärtner Claudia	BER 143
Weingärtner Helmut	NW 290
Weingärtner Karl-Heinz	VwG 503
Weingardt Iris	RP 353
Weingart Antje	BY 95
Weingarten Erwin	FG 470
Weingarten Jochen	NW 325
Weingarten Reinhard	VwG 507
Weingarth Sabine	RP 354
Weingartner Paul	BY 90
Weingartz Klaus	MV 209
Weinhofer Michaela	BY 99
Weinhold Elke	SH 405
Weinhold-Klotzbach Andrea	NDS 254
Weinholtz Peter	SG 498
Weinland Alexander	SAA 357
Weinland Dietlind	BY 111
Weinland Mechthild	BW 62
Weinmann Dietrich	BW 62
Weinmann Lea Christine	BW 69
Weinmann Marcus	BRA 158
Weinreich Gerd	NDS 246
Weinrich Christian	ArbG 458
Weinrich Martina	BER 135
Weinschütz Bernhard	BER 130
Weintraub Ulrike	HH 170
Weinzierl Florian	BY 122
Weirich Herbert	FG 472
Weirich Kurt	VwG 504
Weiring Ursula	NW 271
Weis Christine	BRA 145
Weis Edith	SG 492
Weis Hubert	BMJ 3
Weisbart Claudia	HE 177
Weisberg-Schwarz Monika	VerfG 426
	ArbG 440
Weisbrodt Franz	RP 350
Weischede Annegret	BER 134
Weischedel Hans	ArbG 434
Weischedel Silke	BY 120
Weise Eva	NW 262
Weise Grit	SAC 379
Weise Hans-Christian	NW 295
Weise Jens	BW 71
Weise Jürgen	SAC 373
Weise Marion	NW 310
Weise Martin	HH 171
Weise Norbert	RP 343
Weise Paul-Frank	AnwG 558
Weisel Klaus	VwG 530
Weisel Manfred	SAC 365
Weisenburger Mirjam	BW 65
Weisensel-Kuhn Katja	BY 82
Weisenstein Iris	TH 416
Weiser Freda	SH 401
Weiser Gregor	BER 130
Weiser Jürgen	FG 474
Weisgerber Jochen	BRA 149
Weisgerber Ralph	TH 416
Weishaupt Arnd	NW 273
Weishaupt Hermann	VwG 510
Weiskopf Ulrich	HE 186
Weismann Alice	NW 318
Weismann Stefan	NW 265
Weiß Andreas	HE 186
Weiß Barbara	FG 474
Weiß Bernd	HE 200
Weiß Christhard	ArbG 441
Weiß Christian	BY 97
Weiss Christine	BW 66
Weiß Christine	BRA 151
Weiß Detlef	NW 293
Weiß Gerhard	NW 291
Weiß Hans	SAC 374
Weiß Hans-Dietrich	BU 14
Weiß Hartwig	VwG 530

Weiß Heinz Georg	NW 266	Weitzel Wolfgang	BU 10	Wendland-Braun Elke	BY 85
Weiß Irmhild	BW 70	Weizenegger		Wendlandt Bettina	NW 330
Weiß Jakob	SG 479	Wolfgang	ArbG 453	Wendlandt-Stratmann	
Weiß Jan	SG 499	Weking Heinrich	NW 283	Traute	VwG 522
Weiß Johann Peter	BY 112	Freiherr von Welck		Wendler Axel	BW 49
Weiß Kurt-Peter	BY 113	Georg	SAC 363	Wendler Cornelius	HH 175
Weiß Lienhard	BW 39	Weldert Susanne	HE 182	Wendler Kerstin	BER 140
Weiß Lothar	BER 126	Welfens Benedikt	BRA 154	Wendler Ulrich	SG 491
Weiß Mirjam-Luise	BRA 151	Welge Gerhard	HH 168	Wendling Christian	ArbG 451
Weiß Oliver	NW 328	Welge Joachim	HH 170	Wendling Gerhard	ArbG 451
Weiß Peter	BY 81	Welke Wanja	HE 203	Wendling Marc	ArbG 435
Weiss Rolf	BW 65	Welkerling Sabine	NDS 221	Wendorff Axel	BW 25
Weiß Steffen	BER 134	Wellems Frank	NW 322	Wendorff Dieter	NW 257
Weiß Susanne	NW 289	Wellenkötter Andreas	HE 188	Wendrich-Rosch Jutta	NW 293
Weiß Thomas	BY 120	Wellenreuther Harald	HE 181	Wendt Andrea	SAC 374
Weiss Ute	NW 323	Wellenreuther Ingo	BW 33	Wendt Carl-Friedrich	AnwG 547
Weiss Waldemar	BW 56	Weller Ernst-Wilhelm	RP 335	Wendt Detlef	TH 411
Weiss Waltraud	AnwG 555	Weller Martin	TH 421	Wendt Doris	NDS 230
Weiss Werner	RP 335	Weller Michael	MV 211	Wendt Gerlind	FG 466
Weiss Wolfgang	NW 311	Weller Norbert	RP 336	Wendt Harald	HH 167
Weiß-Ehm Antje	SAN 386	Weller Ralf	BRA 153	Wendt Ingeburg	BRA 152
Weiss-Eylert Marlies	SG 482	Weller Susanne	TH 415	Wendt Jutta	SH 400
Weiß-Ludwig Roland	VwG 539	Wellhöfer Claus	BY 81	Wendt Manfred	NDS 240
Weiß-Stadler Irmengard	BY 98	Welling Alfons	NDS 231	Wendt Markus	SH 408
Weißbach Kirsten	BY 98	Welling Detlev	NDS 245	Wendt Michael	BU 11
Weißbeck Sandra	BY 89	Wellmann Uta	NW 299	Wendt Peter	BW 26
Weißbrodt Wolfgang	BER 126	Wellmeyer Mareike	NDS 253	Wendt Rainer	SH 405
Weiße Irina	SG 484	Wellner Wolfgang	BU 8	Wendt Roland	BU 8
Weißen Marion	NW 299	Wellnitz Steffi	SAN 393	Wendt Rosemarie	SAC 375
Weissenborn Frank	NDS 241	Welp Dietrich	BMJ 3	Wendt Rudolf	VerfG 429
Weissenborn Petra	TH 419	Wels Frank	BRA 157	Wendt Udo	BER 136
Weißenborn Uwe	NDS 228	Welsch Friedrich	VwG 534	Wendt Volker	FG 470
Weißenfels Eike	ArbG 438	Welsch Guido	SAA 358	Wendt Wolfgang	VwG 538
Weißenfels Marion	SAC 374	Welsch Hans-Jürgen	RP 350	Wendtland Holger	BRA 146
Weißenfels Matthias	SAC 374	Welslau Stefan	NW 301	Wendtland Petra	SAC 373
Weißer Bettina	SAN 393	Welten Simon	BRA 147	Weng Michael	BW 52
Weißer Eckardt	SAN 392	Welter Anita	BY 105	Wenger Frank	VwG 505
Weißkichel Hans-Georg	SH 407	Weltz Kerstin	VwG 512	Wenger Reinhard	BW 63
Weißkirchen Albrecht	NW 314	Welz Margitta	ArbG 460	Wengert Martin	BER 131
Weißkopf Wolfgang	VerfG 430	Welz Thomas	SH 407	Wengerter Johann	BY 76
Weißleder Marion	SG 484	Welzel Peter	FG 464	Wengst Sabine	NW 278
Weißmann Jürgen	VwG 514	Welzenbacher Andreas	VwG 511	Wenkel Anke	MV 209
Weißmann Ulrich	HH 167	Wemheuer Anja	NDS 254	Wenner Andreas	VwG 526
Weitbrecht Sabine	BW 57	Wemheuer Claudia	ArbG 442	Wenner Eva	VwG 528
Weitershaus Martin	BRA 150	Wende Jutta	NW 293	Wenner Ulrich	BU 12
Weith Jürgen	NW 261	Wende Kristina	HH 174	Wenning-Morgenthaler	
Weith Thomas	BY 105	Wende-Spors Petra	HH 167	Martin	ArbG 439
Weithoener Wieland	NDS 230	Wendel Christian	HH 174	Wennmacher Norbert	ArbG 459
Weitkamp Hermann	VwG 528	Wendel Heinz	NW 261	Wenny Reinhold	BY 119
Weitmann Walter	BY 99	Wendel Johann	SG 501	von der Wense	
Weitnauer Christina	BY 96	Wendel Michael	HE 189	Joachim	VerfG 427
Weitner Friedrich	BY 113	Wendeling-Schröder		Wenske Andrea	NDS 234
Weitz Hans Joachim	NW 263	Ulrike	VerfG 428	Wenske Marc	HH 171
Weitz Monika	SG 493	Wenderoth Dieter	VwG 522	Wensky Michael	BY 114
Weitz Norbert Ludwig	NW 301	Wenderoth Norbert	SAC 368	Wente-Mautgreve	
Weitz Thomas	HH 167	Wendisch Joachim	AnwG 549	Katrin	NDS 229
Weitz-Blank Kornelia	NW 288	Wendl Rainer	FG 464	Wentzel Michael	TH 415
Weitzel Ulrike	RP 353	Wendland Joachim	NDS 220	Wentzel Uwe	NDS 232

Wentzel — Namensverzeichnis

Name	Ref
Wentzel Wilhelm	NW 308
Wentzell Stefanie	BW 70
Wenwieser-Weber Christiane	SG 479
Wenz Rainer	HE 181
Wenzeck Joachim	ArbG 448
Wenzel Alfred	BRA 157
Wenzel Catrin	SH 397
Wenzel Hartmut	BY 76
Wenzel Mechthild	BER 132
Wenzel Michael	HE 199
Wenzel Reinhard	NDS 228
Wenzel Sabine	NW 307
Wenzel Sabine	HH 165
Wenzel Stefan	MV 212
Wenzel Udo	BY 90
Wenzel Ursula	ArbG 440
Wenzel Werner	NW 324
Wenzel Wolf Marius	SG 481
Wenzel Wolf-Dietrich	TH 411
Wenzel Wolfgang	BW 52
Wenzler Hans-Jürgen	BW 58
Wenzlick Erich	SAC 376
Weppler Philipp	BW 45
Werckmeister Petra	ArbG 357
von Werder Doris	HE 196
Werfel Susanne	NDS 229
Werhahn Volkhard	SAC 374
Werheit Birgit	SG 493
Werk Burkhard	VwG 527
Werkmeister Peter	VwG 525
Werlitz Annerose	BY 93
Werlitz Rolf	BY 101
Wermann Jan-Peter	BW 69
Wermeckes Bernd	NW 262
Wermelskirchen Bodo	BRA 152
Wermelskirchen Sybille	BW 26
Wermes Richard	VwG 521
Wermke Karin	SG 493
Wermter Anette	NW 328
Wern Sigurd	SAA 361
Wern Stephan	SAA 360
Wern-Linke Sigrid	VwG 511
Werndl Peter	BY 73
Wernecke Frauke	BER 133
Werner Alfons	ArbG 438
Werner Annegret	RP 353
Werner Barbara	RP 339
Werner Bernhard	SG 486
Werner Bettina	NW 308
Werner Brigitte	BRA 148
Werner Burkhard	BW 68
Werner Carolin	BY 100
Werner Christian	BY 86
Werner Christine	BW 63
Werner Claas	BY 115
Werner Claudia	SAC 374
Werner Detlef	AnwG 544
Werner Eberhard	NW 310
Werner Eric	BW 40
Werner Frank	NDS 222
Werner Frank	TH 414
Werner Gabriele	RP 352
Werner Gerlinde	BY 118
Werner Günter	ArbG 441
Werner Hartmut	SAC 372
Werner Ingo Achim	NW 331
Werner Jörg	NW 268
Werner Jürgen	NW 326
Werner Lars	SG 482
Werner Markus	FG 473
Werner Marlene	VwG 510
Werner Michael	SAA 361
Werner Michael	BER 136
Werner Michael	NW 318
Werner Niels	HH 175
Werner Nils	HH 169
Werner Peter	BY 118
Werner Raik	BY 74
Werner Renate	BY 83
Werner Sabine	BRA 149
Werner Sabine	SG 483
Werner Susanne	BU 16
Werner Udo	RP 334
Werner Ursula	HE 200
Werner Uta	BRA 154
Werner Uwe	BRA 151
Werner Wolfgang	BW 53
Wernicke Lothar	BRA 151
Werning Peter	NW 327
Werning Ulrich	FG 471
Werno Kerstin	SAN 389
Wernscheid Ralf	NW 262
Werr Cornelia	BRA 147
Werres-Bleidießel Elisabeth	VwG 513
Werrlein Markus	BY 90
Werst Christoph	BW 44
Wertenbroch Katrin	HH 168
Werth Franceska	FG 463
Werth Manfred	BY 78
Werth Peter	BRA 147
Werth Petra	BRA 151
Werthmann Dietmar	NW 282
Werthmann Kristina	NW 282
Werthschulte Claudia	MV 212
Werwie-Haas Martina	RP 342
Werz Melanie	NW 315
Wesch Volker	SAC 377
Wesche Jens	NDS 230
Wesche Steffen	BW 29
Wesemüller Frauke	NW 327
Wespatat Ringo	SAC 373
Wespe Gerd Lutz	NDS 223
Wessel Bernd	NW 300
Wessel Bettina	VwG 520
Wessel Gregor	NW 326
Wessel Klaus	ArbG 452
Wessel Markus	NDS 226
Wessel Michaela	RP 353
Wessel-Meessen Regine	SG 476
Wesseler Paul	NW 284
Wesselhöft Rüdiger	HH 173
Wesselmann Rainer	NDS 251
Wessels Hartmut	SG 489
Wessels Kathrin	NDS 229
Wessels Klaus	NW 260
Wessely Kirstin	NW 271
Wesser Konrad	VerfG 426
Weßler-Hoth Susanne	SG 487
Weßling Bernhard	SG 491
Westendorf Katrin	NDS 219
Wester Gabriela	NW 317
Wester Kurt	ArbG 454
Westerberg Klaus	BRA 148
Westerburg Karl-Gerhard	FG 471
Westerhelweg Marc	NW 329
Westerhoff Ina-Luise	SAN 387
Westerhoff Thomas	SAN 392
Westerkamp Dominik	HE 188
Westermann Bernd	SG 491
Westermann Frank	NW 286
Westermann Hans-Werner	SAA 359
Westermann Judith	NDS 230
Westermeier Karl-Heinz	NW 266
Westerwalbesloh Stefanie	VwG 527
Westerwelle Birgit	NW 310
Westhauser Jörg	BW 68
Westhauser Wilfried	BY 112
Westhoff Reinhard	ArbG 449
Westphal Jochen	BRA 158
Westphal Jürgen	VerfG 427
Westphal Karsten	BY 96
Westphal Regine	ArbG 452
Westphalen Sabine	HH 166
Westrup Wolfgang	NDS 249
Wetekamp Axel	BY 97
Weth Reinhard	TH 411
Wetjen Christiane	HH 172
Wetscherka-Hildner Birgit	HE 185
Wettach Uwe	SAN 393
Wettenfeld Heiko	MV 208
Wettengel-Wigger Brigitte	NW 300
Wetter Alexander	BW 26
Wetterich Erhard	NW 267
Wettich Götz	NDS 234
Wetz Matthias	BW 36
Wetzel Annette	SAC 369
Wetzel Florence	BW 69
Wetzel Gerhard	SAN 393

Namensverzeichnis — Wiese

Name	Ref
Wetzel Jörg	BER 140
Wetzel Thomas	BW 50
Wetzel Thomas	BW 50
Wetzel-Steinwedel Ruth	BU 12
Wetzels-Böhm Maria-Elisabeth	FG 470
Wetzig Albrecht	SAN 393
Wetzler Claudia	NDS 221
Weustenfeld Gustav	RP 350
Weustenfeld Ingo	NW 320
Weuster Anna	BY 121
Wevell von Krüger Dorothea	NDS 227
Wever Reinhardt	BRE 160
Wever Susanne	NDS 237
Wex Jürgen	NDS 235
Wexel Horst-Günther	NW 272
Weyand Knut	BER 142
Weyand Raimund	SAA 360
Weyandt Christian	NW 302
Weyde Thomas	BY 113
Weyer Hermann	SAA 359
Weyergraf Ralf	ArbG 454
Weyers Petra	VwG 526
Weygand Ulrike	HE 202
Weyhe Lothar	HH 168
Weyland Petra	RP 345
Weymüller Rainer	FG 464
Weyreuther Anke	ArbG 440
Weyreuther Christoph	BER 137
Weyrich Daniel	BER 129
Wezel Christiane	BW 61
Wezykowski Ute	TH 416
Wibbe Marco	NW 306
Wibbelt Volker	SG 478
Wich Hendrik	BY 78
Wich-Knoten Ernst	BY 83
Wichard Johannes Christian	BMJ 4
Wichardt Rita	VwG 524
Wichelhaus Jan	SAC 372
Wichelmann Katrin	ArbG 453
Wichert Sabine	HE 197
Wichmann Dagmar	HH 172
Wichmann Dirk	NDS 218
Wichmann Heino	RP 351
Wichmann Jörg	NDS 235
Wichmann Julia	NDS 222
Wichmann Maureen	MV 214
Wichmann Peter	TH 418
Wichmann Ulla	NDS 232
Wichmann-Bechtelsheimer Heike	TH 413
Wichner Olaf	SG 482
Wichorski Andreas	BY 93
von Wick Eberhard	NW 280
Wick Hartmut	NDS 225
Wick Manfred	BY 87
Wick Rüdiger	VwG 533
Wick Uwe	SH 407
Wicke Helmut	AnwG 555
Wicke Julia	BY 108
Wicke Thomas	SAN 393
Wickenhöfer-Styra Uwe	HE 194
Wickern Thomas	NW 275
Wickinger Anne	BER 142
Wickinghoff Wolfgang	SG 500
Wicklein Heinz-Dieter	SAC 375
Wickler Peter	ArbG 461
Wickop Franz	BY 97
Widmaier Ulrich	BU 13
Widmann Josef	BY 73
Widmann Jutta	RP 341
Widmann Rolf	BW 64
Widmann Simone	VwG 510
Widra Detlef	FG 466
Wiebe Alexander	MV 211
Wiebe Knut	NW 319
Wiebel Markus	BU 7
Wieben Arne	NDS 254
Wieben Martin	SH 401
Wiebking Wolfgang	NDS 225
Wiebusch Dagmar	HE 187
Wiecha Volker	NW 278
Wiechers Ulrich	BU 7
Wiechmann Klaus	SAN 393
Wieck Alexandra	NW 329
Wieck-Noodt Brunhild	SAN 392
Wieczorek Andreas	HE 202
Wied Annemarie	HE 201
Wied Edgar	FG 468
Wied Götz	HE 200
Wiedemann Andreas	BY 92
Wiedemann Dietmar	NW 294
Wiedemann Gisela	BW 40
Wiedemann Ina	NDS 232
Wiedemann Jochen	BW 41
Wiedemann Jörg	SAN 384
Wiedemann Klaus	HH 170
Wiedemann Kurt	BY 118
Wiedemann Rainer	BY 73
Wiedemann Regina	NW 306
Wiedenfels Hannah	HH 169
Wiedenlübbert Eckard	SAN 384
Wiedersporn-Kerwer Muriel	SAA 360
Wiedmer Petra	BW 32
Wiedmer Simona	SAC 368
Wiedner Marit	MV 215
Wiedner Stefan	RP 337
Wieduwilt Friedrich-Gerhard	SH 406
Wiedwald Achim	BW 60
Wiefelspütz Dieter	VwG 528
Wiegand Bernhard	VwG 503
Wiegand Birgit	SAC 368
Wiegand Konrad Ernst	NW 270
Wiegand Simone	BW 29
Wiegand Viktoria	NDS 231
Wiegand Wolf-Stefan	BY 95
Wiegand-Gundlach Gerhard	NDS 228
Wiegand-Schneider Annette	NDS 226
Wiegandt Rudolf	SG 475
Wiegard Mechthild	BRA 156
Wiegelmann Andreas	NW 323
Wiegler Andreas	TH 416
Wiegmann Rolf	NDS 222
Wiegner Uwe	SAC 380
Wiehe Reinhard	NDS 229
Wiehr Helmut	NDS 236
Wiekenberg Heinrich	VwG 511
Wieland Hermann	BW 56
Wieland Joachim	VerfG 428
Wieland Sabine	ArbG 439
Wielert Lars	MV 215
Wiemann Arne	BW 26
Wiemann Johannes	NW 284
Wiemann Peter	VwG 515
Wiemer Andrea	HH 175
Wiemer Martin	NW 318
Wiemer Peter	BY 113
Wiemers Nicola	NW 297
Wiemers Wolfgang	SG 495
Wien Christiane	SH 399
Wien Jörg	VwG 539
Wienand Hans-Jürgen	NW 309
Wienand Matthias	BY 122
Wienand Monika	NW 285
Wienands Angela	ArbG 445
Wienbergen Karen	NDS 230
Wienbergen Rüdiger	FG 469
Wienecke Thorsten	NW 287
Wienen Theodor	NW 275
Wienert Johannes	NW 262
Wienkenjohann Martin	SG 492
Wienroeder Christiane	TH 413
Wiens Gerhard	VwG 508
Wiens Klaus	HE 184
Wienströer-Kraus Barbara	BW 51
Wienzek Stefan	BRE 163
Wiersing Thomas	BMJ 5
Wierum Pascale	NW 262
Wierzba Ute	NW 274
Wierzimok Michael	NW 322
Wierzoch Hartmut	NW 326
Wiesbaum Susann	SAC 381
Wieschollek Sylvia	NW 332
Wiese Gabriele	FG 470
Wiese Georg	ArbG 454
Wiese Ilona	BER 126

Wiese Klaus	NW	272
Wiese Marion	NW	330
Wiese Matthias	NDS	226
Wiese Theresa	SH	409
Wiese Wolfgang	HH	171
Wiese-Gürth Monika	SG	485
Wiesekoppsieker Janna	SG	483
Wieseler Johannes	NW	281
Wieseler-Sandbaumhüter Gudrun	NDS	249
Wiesemann Hermann	VwG	528
Wiesemann Peter	RP	340
Wiesen Dirk	SAA	357
Wiesenbacher Michael	TH	414
Wiesenberg Claus	HE	190
Wiesenberg Steffi	TH	421
Wiesenberger Peter	BY	90
Wiesend Gabriele	VwG	508
Wiesener Rodelia	BER	129
Wieser Raimund	BY	88
Wiesgickl Margareta	BY	120
Wieskus Silke	NW	329
Wiesmann Martin	VwG	525
Wiesmann Philipp	RP	353
Wiesner Christoph	BY	104
Wiesneth Christian	BY	78
Wiest Christa	BER	140
Wiest Eva	RP	347
Wiestler Gerold	VwG	504
Wietek Roland	SG	498
Wietfeld Hans Jörg	NW	285
Wietfeld-Rinne Jutta	NW	286
Wiethaus Klaus	SH	407
Wiezorek Hartmut	SAC	371
Wiget Maximilian	VwG	510
Wiggenhausen Luitgard	BW	55
Wigger Andreas	NW	310
Wigger Jürgen	NDS	242
Wigger Klaus	NW	301
Wiggers Corinna	SH	405
Wiggers Frauke	SH	401
Wilbers Lothar	HE	187
Wilbrand Ulrich	NW	318
Wilcke Klaus	VwG	522
Wilcken Rolf	SH	403
Wilczek Sonja	NW	264
Wilczynski Edmund	FG	468
Wild Bettina	HE	186
Wild Carsten	BY	84
Wild Gisela	VerfG	427
Wild Hans-Walter	NW	298
Wild Rainer	HE	195
Wild-Völpel Andrea	RP	336
Wildauer Alfred	FG	468
Wildemann Klemens	SG	479
Wilden Ernst	NW	316
Wilden Rolf	NW	272
Wildenauer Ralf	TH	414

Wildhaber Luzius	EuGHMR	567
Wildner Hans	SG	478
Wildschütz Martin	ArbG	455
Wilfling Michael	BW	29
Wilgen Markus	NDS	255
Wilhelm Angela	NW	325
Wilhelm Barbara	VwG	530
Wilhelm Elke	BW	63
Wilhelm Ernst Friedrich	RP	349
Wilhelm Helmut	BY	117
Wilhelm Norbert	TH	416
Wilhelm Patrick	NW	325
Wilhelm Sabine	SAN	385
Wilhelm Sonja	RP	340
Wilhelm Thorsten	BY	106
Wilhelmi Claudia	BER	129
Wilhelmi Jens	RP	340
Wilhelmi Karl	BW	36
Wilhelms Gerhard	TH	417
Wilk Stefan	FG	471
Wilke Andrea	VwG	518
Wilke Anke	NW	276
Wilke Claus-Friedrich	BW	61
Wilke Gesine	HE	198
Wilke Hans-Ulrich	VwG	530
Wilke Harry	HE	199
Wilke Heinz-Jürgen	NW	293
Wilke Henning	NW	276
Wilke Jan	BRA	150
Wilke Kay-Michael	FG	463
Wilke Reinhard	VwG	538
Wilke Thomas	NW	314
Wilke Ulrike	RP	352
Wilken Bernhard	NW	302
Wilken Dirk	AnwG	553
Wilken Frauke	NDS	255
Wilken Sabine	MV	214
Wilkening Almut	SH	409
Wilkening Desirée	NDS	228
Wilkening Roland	BRA	157
Wilkens Heimke	NDS	251
Wilkens Joachim	SAN	383
Wilkens Redolf	VwG	530
Wilker Henning Hanno	NW	328
Wilking Claudia	SH	408
Wilkmann Jörg	SAN	393
Wilkmann Uta	SAN	395
Will Gerd	MV	210
Will Günther	BY	76
Will Heike	BY	105
Will Norbert	BW	28
Will Petra	BW	36
Will Rosemarie	VerfG	426
Will Thomas	SAN	383
Will Ulf	NW	309
Willandsen Volker	SH	399
Willanzheimer Holger	HE	201
Wille Annette	NW	320

Wille Heinrich	SH	407
Wille Jörn	HE	191
Wille Klaus	HH	167
Wille Monika	BRA	157
Wille Reinhard	NDS	244
Wille Vera	TH	413
Wille-Steinfort Gabriele	RP	344
Willecke Britta	SG	500
Willeke Britta	NW	330
Willeke Thomas	NDS	252
Willems Christoph	RP	342
Willems Herbert	VwG	525
Willems Theodor	NW	268
Willems Ute	VwG	531
Willemsen Burkhard	NW	308
Willenberg Heike	BW	69
Willenbrink Christian	NDS	246
Willenbücher Ursula	BER	134
Willer Heinz	BY	97
Willer Holger	ArbG	434
Willer Karin	BER	141
Willers Heinold	NDS	219
Willerscheid-Weides Gudrun	VwG	529
Willersinn Matthias	SG	495
William Oliver	SH	401
Willich Martin	VerfG	427
Willikonsky Birigt	ArbG	460
Willikonsky Klaus	VwG	521
Willkomm Ulrike	SG	482
Willmann Peter	NW	294
Willmar Alexandra	ArbG	438
Willmer Peter	SH	401
Willmes Michael	FG	465
Willms Benno	VwG	530
Willms Dirk	NDS	249
Willner Petra	BY	87
Willnow Günter	BER	128
Willnow Sophie	BER	134
Willoughby Anke	SG	475
Willoughby Ulrike	HE	185
Willrich Stephan	TH	420
Willuhn Ulf Jürgen	NW	276
Willwacher Alfred Karl	NW	326
Wilmers Andrea	ArbG	454
Wilmes Vera	TH	423
Wilms Andrea	BER	137
Wilms Peter	VerfG	430
Wilms Ralf	TH	420
Wilmsmann Dietmar	NW	295
Wilmsmeyer Susanna	NW	327
Wiltschka Roland	BY	77
Wimmer Andrea	BW	63
Wimmer Andreas	BY	86
Wimmer Birgit	VwG	540
Wimmer Gerd	BY	87
Wimmer Hans	NW	314
Wimmer Kerstin	BY	99

Wimmer Klaus	SG 489	Winkler Angela	HE 187	Winterberg Hans-	
Wimmer Klaus	BMJ 3	Winkler Anton	BY 107	Heinrich	HH 170
Wimmer Renate	BY 106	Winkler Birgit	HH 168	Winterer Heidi Verena	BW 38
Wimmer Richard	BY 87	Winkler Daniela	HE 197	Winterer Klaus	HE 181
Wimmer Ulrich	BER 127	Winkler Frank	SAC 375	Winterer Petra	HE 181
Wimmers Werner	NW 277	Winkler Gabriele	NW 320	Winterfeld Inge	AnwG 558
Winchenbach Hans	HH 175	Winkler Gabriele	BU 15	Winterfeldt Bernd	SH 407
Winckelmann Andreas	HE 198	Winkler Hans-Joachim	SAC 373	Winterfeldt Volker	BU 15
Winckler Annemarie	HE 183	Winkler Harald	HE 186	Wintergalen Martin	FG 471
Winckler Bettina	BW 58	Winkler Harald	SG 482	Winterhager Ulrike	NW 304
Winckler Thomas	BW 70	Winkler Harry		Winterhalter Alexander	SAC 377
Wind Elisabeth	RP 347	Peter	HE 193	Winterhalter Markus	BW 43
Wind Kerstin	BY 119	Winkler Heinz	SH 405	Winterhoff Elke	BRA 156
Windeck Marius Anton	NW 263	Winkler Ilse	ArbG 457	Winterholler Lisa	RP 343
Windeler Hans Dieter	NW 264	Winkler Jochen	SG 493	Wintermantel Andrea	BY 122
Winderlich Mathias	SAC 373	Winkler Juliane	BER 135	Winterpacht Klaus	
Windgätter Peter	NW 290	Winkler Karl-Rudolf	RP 343	Dieter	NW 294
Windheuser Heinrich	NW 301	Winkler Maren	NW 330	Winterscheidt Manfred	NW 261
Windhorst Tobias	BY 109	Winkler Markus	VwG 523	Wintersperger	
Windirsch Andrea	RP 338	Winkler Matthias	BU 15	Reinhard	VwG 519
Windisch Hubert	BY 118	Winkler Norbert	BY 94	Winterstein Peter	MV 210
Windisch Iris	RP 337	Winkler Norbert	SAN 393	Wintgen Achim	NDS 221
Windmann Matthias	NW 284	Winkler Rolf M.	AnwG 543	Wintrich Wendelin	SAA 357
Windmöller Christina	NDS 255	Winkler Ronald		Wipf Christine	BY 83
Windmöller Hartmut	NDS 250	Alexander	HH 168	Wipfinger-Fierdel	
Windmüller Harms-		Winkler Tamara	SAC 379	Gudrun	BW 46
Friedrich	SH 403	Winkler Ulrich	NDS 241	Wippenhohn Peter	NW 317
Windmüller Joachim	BW 39	Winkler Walter	BU 7	Wippenhohn-Rötzheim	
Windmüller Klaus-Peter	BW 68	Winkler Wolfgang	BW 33	Katharina	NW 322
Windsheimer Petra	FG 464	Winkler von Mohrenfels		Wipper Michael	MV 208
Windweh Helmut	SAN 394	Peter	MV 206	Wipperfürth Stella	NW 315
Wingart Andreas	NW 329	Winklharrer Roland	SAC 367	Wippich Jörg	HE 183
Wingen Hans Georg	NW 315	Winklmaier Bianca	SG 480	Wirbel Klaus Werner	RP 349
Wingenfeld Angelika	RP 344	Winn Wolfgang	NW 313	Wiriadidjaja Jasmin	BRA 152
Wingenfeld Eucharius		Winner Teresa	BY 103	Wiringer-Seiler Ulrike	BY 87
Urban	RP 343	Winnig Sabine	TH 413	Wirlitsch Roland	SAC 369
Wingert Katrin	RP 353	Winstel Michaela	RP 348	Wirmer Ingrid	BY 114
Wingerter Hans-Jörg	VwG 533	Winter Bärbel	SG 488	Wirriger Michael	NW 308
Wingerter-Junge Birgit	ArbG 438	Winter Claudia	VwG 508	Wirsik Dietmar	NW 298
Wings Roland	HH 167	Winter Detlef	RP 352	Wirth Anton	SAC 368
Winheller Hans Georg	NW 319	Winter Eva-Maria	BY 119	Wirth Astrid	BRA 158
Winhold Natascha	NW 331	Winter Frank	BRA 156	Wirth Christian	SAC 366
Wink Myriam	SH 408	Winter Gerlinde	BU 15	Wirth Christoph	HE 199
Winkel Georg	NW 331	Winter Henry	HH 173	Wirth Markus	VwG 505
Winkelbauer		Winter Manfred	NW 265	Wirth Petra	VwG 513
Wolfgang	AnwG 544	Winter Martina	BY 114	Wirth Raimund	BY 103
Winkelmann Anja	NW 330	Winter Matthias	SH 407	Wirth Raimund	VwG 505
Winkelmann Daniel	BW 67	Winter Michael	BW 62	Wirth Willi	NDS 236
Winkelmann Jürgen	VwG 528	Winter Naomi	BY 122	Wirth-Vonbrunn	
Winkelmann Norbert	BW 53	Winter Peter Gonne	SG 485	Hannelore	FG 467
Winkelmeier-Becker		Winter Regine	ArbG 441		VerfG 427
Elisabeth	NW 318	Winter Robert	HE 191	Wirths Hans-Gerd	NW 274
Winkemann Birgit	BER 129	Winter Stefan	NW 332	Wirtz Gertrud	SAC 367
Winkens Ramon	NW 331	Winter Stephan	BY 112	Wirtz Hans Joachim	NW 262
Winkgens-Reinhardt Uta	BW 24	Winter Susanne	HE 198	Wirz Stefan	BW 21
Winkler Agnes	BY 120	Winter Sylvia	MV 213	Wischer Annette	BER 130
Winkler André	ArbG 446	Winter-Zschachlitz		Wischermann	
Winkler Anett	BRA 148	Gabriela	NDS 220	Christoph	NW 294

763

Wischmeyer   Namensverzeichnis

Name	Code	Name	Code	Name	Code
Wischmeyer Claus	NW 328	Wittgen Kornelius	RP 336	Wölfel Martin	BY 86
Wischmeyer Norbert	NDS 249	Witthauer Vera	BER 143	Wölfinger Michael	NW 289
Wischwill Brit Karen	SAN 389	Witthaut Jutta	NW 263	Wölfl Ernst	BW 54
Wissel Roland	NW 330	Witthüser Frank	NW 290	Wölfl Susanne	BY 123
Wissen Rolf	RP 344	Wittich Gregor	SH 408	Wölk Cornelia	HH 169
Wisser Andreas	RP 352	Wittig Carola	BW 58	Wölk Hans-Joachim	HE 201
Wissing Volker	RP 350	Wittig Dankward	BW 54	Wöltje Olaf	NDS 229
Wisskirchen Amrei	ArbG 454	Wittig Günter	HE 197	Wönne Christine	BW 50
Wisslicen Lucia	VwG 505	Wittig Wilfried	BY 99	Wörl Stefan	VwG 523
Wißmann Anne	BER 143	Wittjohann Marcus	SG 483	Wörle Karl	BY 92
Wißmann Dieter	NW 285	Wittkamp Monika	NW 330	Wörlen Katharina	BW 70
Wißmann Guido	BY 113	Wittke Daniel	MV 212	Wörmann Jens	TH 422
Wißmann Mike	NW 271	Wittke Detlef	BW 45	Woerner Heike	BRA 147
Wißmann-Koch Elke	BER 141	Wittke Hans-Jörg	SAN 393	Wörner Karsten	HH 166
Wiszniewska-Bialecka Irena	EuG 565	Wittkemper Helmut	NW 316	Wörner Peter	BY 113
Witassek Ulf	SAN 385	Wittkopf Denise	SAN 385	Wörner Susanne	BW 41
Withopf Ekkehard	BY 113	Wittkopp Silke	VwG 530	Wörsdörfer Johannes	RP 341
Witrofsky Rainer	BU 17	Wittkopp Wiebke	HH 168	Wörz Franz	BY 88
Witsch Claudia	SAA 357	Wittkowski Lutz	BER 139	Wörz Ingeborg	SAC 365
Witt Alexander	HH 175	Wittkowski Wolfram	BRE 160	Wösthoff Meinrad	HE 184
Witt Almut	BW 65	Wittler Klaus	BY 82	Wöstmann Axel	ArbG 459
Witt Carsten	ArbG 435	Wittling Udo-Egbert	NDS 226	Wöstmann Heinz	NW 281
Witt Harald	SG 495	Wittling-Vogel Almut	BMJ 3	Wogersien Maik	NW 310
Witt Hildbert	NDS 247	Wittmann Heike	SAC 378	Wohlbehagen Hans-Werner	SH 403
Witt Karin	SH 401	Wittmann Hubert	SG 481	Wohlfahrt Peter	BY 82
de Witt Karl	NDS 248	Wittmann Kathrin	NW 317	Wohlfart Andreas	SG 502
Witt Katharina	BRE 161	Wittmann Peter	NW 274	Wohlfeil Ralf	BER 131
Witt Olaf	MV 211	Wittmann Petra	BY 96	Wohlgemuth Gisela	SAC 369
Witt Otto	SH 404	Wittmann Wolfgang	BY 117	Wohlleben Linda	ArbG 444
Witt Petra	VwG 520	Wittmer Marion	NW 300	Wohlrab Verena	BY 122
Witt Sabine	ArbG 446	Wittneben Christel	NDS 247	Wohlrath Klaus-Peter	VwG 505
Witt Veronika	BY 108	Wittneben Günter	NDS 246	Wohlthat Dagmar	NW 299
Witt-Klein Isabel	BER 132	Wittor Ulrike	SG 492	Woidich Joseph	BY 89
Wittchen Werner	VwG 518	Wittreich Julia	BY 121	Woik Christa	MV 209
Wittchow Günter	VwG 520	Wittschier Johannes	RP 343	Woitas Birgit	HH 168
Witte Albrecht	BY 89	Wittstock-Gorn Gisela	SG 482	Woitkowiak Ingolf	BRA 157
Witte Bernd	VwG 531	Wittwer Meinhard	FG 471	Woitkowiak Karena	BER 140
Witte Burchhard	NW 325	Wittwer Nadine	NDS 253	Wolandt Dirk	ArbG 459
Witte Christian	BW 30	Wituschek Martin	BW 64	Wolber Bernd	VwG 527
Witte Gisela	ArbG 433	Witzel Alexander	VwG 508	Wolf Barbara	SG 490
Witte Michael	BER 141	Witzel Wolfram	NW 321	Wolf Birgit	BW 41
Witte Reinhild	NW 282	Witzke Thomas	BRA 148	Wolf Cathleen	BY 121
Witte Rüdiger	HE 192	Witzlinger Ulrich	BW 61	Wolf Christian	NDS 226
Witte Sabine	HH 176	Witzmann Peter	TH 422	Wolf Erich-Peter	SAA 359
Witte Undine	BRA 150	Wizemann Peter	BW 66	Wolf Erwin	RP 341
Witteck Lars	HE 202	von Wnuck-Lipinski Peter	NW 261	Wolf Gerhard	HE 183
Wittek Rupert	BU 10	Wobker Britta	NW 289	Wolf Gilbert	BY 95
Wittek Wolfgang	SH 402	Woblik Horst	BRA 156	Wolf Hans-Joachim	NW 313
Witten Christian	BRA 157	Wocikowski Henryk	SG 500	Wolf Hans-Werner	BY 86
Wittenberg Andreas	SG 485	Wodtke Reinald	AnwG 552	Wolf Heinz-Josef	TH 411
Wittenberg Annett	SG 485		NDS 226	Wolf Heinz-Lothar	RP 340
Wittenberg Karl-Peter	NW 295	Wöbber Hans-Jürgen	NW 274	Wolf Helmut	VerfG 95
Wittenberg Wiebke	SAC 369	Wöger Roland	SAC 368	Wolf Irina	SAN 394
Wittenbrock Jörg	SG 496	Wölber Ines	HH 170	Wolf Irmgard	RP 350
Wittenstein Christoph	SAC 368	Wölber Jill Jessika	HH 176		VerfG 428
Wittenstein Eckhard	SH 400	Wölber Peter	HH 167	Wolf Jürgen	BY 114
		Wölfel Isabella	BY 121	Wolf Klaus	BER 132

764

Wolf Lutz	NW	309
Wolf Manfred	AnwG	545
Wolf Marc	HE	203
Wolf Matthias	HE	186
Wolf Michael	FG	464
Wolf Myriam	SH	402
Wolf Norbert	NDS	223
Wolf Petra	TH	411
Wolf Rainer	NW	326
Wolf Reinhold	RP	333
Wolf Roland	TH	417
Wolf Rolf Dieter	NW	324
Wolf Thomas	HE	194
Wolf Thomas	TH	413
Wolf Ulrich	SH	404
Wolf Ursula	BER	142
Wolf Walter	SG	483
Wolf Werner	HE	196
Wolf Wilhelm	HE	188
Wolf Winter	HE	194
Wolf-Baumeister Christa	NW	286
Wolfer Tobias	NDS	233
Wolfering Jan-Berend	AnwG	554
Wolferstätter Werner	BY	97
Wolff Alexander	VwG	532
Wolff Alexandra	BY	121
Wolff Ann-Marie	AnwG	549
	BRE	160
Wolff Barbara	BY	109
Wolff Carmen	SAA	360
Wolff Dietmar	VwG	508
Wolff Eike	SAA	357
Wolff Ernst	VwG	526
Wolff Gustel	NDS	229
Wolff Hans-Joachim	NW	324
Wolff Heike	BER	134
Wolff Hermann Josef	NW	321
Wolff Hildegard	NDS	223
Wolff Ingeborg	SAA	357
Wolff Inke	NW	271
Wolff Iris	HE	200
Wolff Karola	NW	319
Wolff Katharina	FG	470
Wolff Matthias	SAC	366
Wolff Monika	RP	335
Wolff Norbert	FG	464
Wolff Peter	BRA	149
Wolff Philipp	BY	108
Wolff Reinhard	SG	489
Wolff Renate	VwG	525
Wolff Rudolf	NW	262
Wolff Sabine	HE	186
Wolff Sven-Oliver	NW	328
Wolff Werner	ArbG	436
Wolff Werner	NW	305
Wolff-Dellen Michael	SG	492
Wolff-Reske Monika	BER	130
von Wolffersdorff Gunnar	SAN	392
Wolffram Peter	ArbG	452
Wolffram-Falk Thomas	HE	180
Wolfgramm Dirk	TH	422
Wolfinger Ute	SAC	378
Wolfram Alexander	AnwG	550
Wolfram Arndt	NW	277
Wolfram Ingo	HH	171
Wolfrum Hildegard	VwG	533
Wolfrum Regina	BY	98
Wolfrum Rüdiger	SeeGH	569
Wolfs Johannes	BRA	151
Wolke Carsten	BER	129
Wolke Thorsten	HH	175
Wolkenhauer Thomas	ArbG	453
Wolks-Falter Sabine	NW	262
Woll Elke	BW	54
Woll Udo	BW	69
Wollbrück Markus	NDS	219
Wollenhaupt Lutz	NW	264
Wollenteit Susanne	MV	210
Wollentin Sabine	SAC	371
Wollenweber Dierk	NDS	229
Wollenweber Hans-Michael	VwG	515
Wollenweber Hedda	NW	263
Wollenweber Jochen	RP	347
Wollenweber Marc	NW	332
Wollgast Julia	ArbG	440
Wollgast Kay	ArbG	440
Wollnik-Baumann Hans	HE	194
Wollschläger Angela	SG	482
Wollschläger-Dulle Gertrud	NW	315
Wollstadt Margarete	NDS	238
Wollweber Frank	VwG	526
Wolnicki Boris	VwG	510
Wolpert Michael	RP	347
Wolpert-Kilian Gabriele	SG	476
Wolski Karin	VerfG	427
	VwG	517
Wolst Dieter	BU	7
Wolsztynski Christian	FG	471
Wolter Antje	BRE	163
Wolter Claudia	BER	129
Wolter Frank	HE	194
Wolter Ina	NDS	253
Wolter Irene	MV	205
Wolter Jürgen	BU	10
Wolter Katrin	SAN	388
Wolter Krystyna	SAA	357
Wolter Matthias	AnwG	549
Wolter Thomas	NDS	233
Wolter Ulrike	NW	292
Wolter-Welge Silvia	HH	168
Woltering Michael	NW	310
Wolters Hans Christian	NDS	253
Wolters Jutta	VwG	519
Wolters Michael	NDS	242
Wolters Ralf	NW	271
Wolting Michael	SAC	363
Woltz Wilfried Wilhelm	NW	271
Wolzenburg Holger Otto	NW	276
Womelsdorf Ulrich	NW	280
Wonka Michael	AnwG	546
Wonne Nicole	BY	83
Wonschik Peter	NW	304
Woog Wigbert	RP	344
Woring Siegbert	FG	470
Worlitz Malte	NDS	232
Worpenberg Stefan	SH	402
Worpitz Iris	BRA	154
Worth Norbert	SH	402
Wortmann Bernd	VwG	530
Wortmann Leo	VwG	531
Wortmann Norbert	BER	137
Wortmann Sabine	BER	140
Wortmann Susanne	BER	137
Wortmann Walter Willi	NW	288
Wortmann Wolfgang	NW	284
Wortmann-Obst Angela Isabel	NDS	228
Worzfeld Ute	SAC	369
Wosnitzka Alois	BER	136
Wotschke Christian	NDS	241
Woyte Bernd	NW	282
Woywod Jens	SH	401
Wrase Kai	NDS	253
Wrede Wolfgang	BER	140
Wrege Wolf Reinhard	SH	403
Wrenger Jürgen	NW	296
Wriede Karsten	HH	173
Wriede-Eckhard Waltraud	HH	168
Wrobel Bernd	SH	405
Wrobel Hans	BRE	159
Wrobel Jürgen	NW	299
Wrobel Volker	NW	293
Wronna Katharina	NDS	253
Wucherpfennig Kilian	ArbG	448
Wucherpfennig Manfred	NW	316
Wübbel Klaus	NDS	249
Wührl Ernst	BW	52
Wüllenkemper Dirk	FG	469
Wüllenweber Ria	SAA	359
Wüllner Christiane	HH	174
Wüllner Günter	SG	492
Wüllrich Claudia	AnwG	546
Wündrich Christoph	SG	489

Name	Ref
Wünsch Dagmar	VerfG 428
	VwG 532
Wünsch Doris	FG 469
Wünsch Michael	RP 335
Wünsch Wolfgang	BW 59
Wünsche Marion	BW 31
Wünsche-Kegel Sybille	HE 197
Wünschenmeyer Claudia	NDS 254
Wünschmann Antje	HH 175
Wünschmann Jürgen	VwG 506
Würfel Jörg	NDS 225
Würth Rainer	BY 114
Würthwein Martin	BW 49
Würthwein Susanne	HE 194
Würtz Michael	SAA 358
Würz Gerhard	HE 193
Würz Richard	BY 103
Würz-Bergmann Angela	NW 286
Wüst Anja	BW 69
Wüst Dieter	BY 103
Wüst Helmut	RP 350
Wüst Iris	BW 54
Wüstefeld Andrea	SAN 390
Wüstefeld Christiane	SH 399
Wüstefeld Norbert	SH 399
Wüstefeld Susanne	TH 423
Wüstenberg Klaas	FG 474
Wüstenhagen Andreas	SAN 391
Wüstrich Silke	NDS 230
Wulf Angelika	MV 210
Wulf Angelika	TH 415
Wulf Friedrich	BRE 161
Wulf Gabriele	HH 173
Wulf Rüdiger	BW 21
Wulff Elvira	BRA 152
Wulff Stefanie	BRE 161
Wulff Thomas	BRA 156
Wulff Ulrike	BRA 156
Wulff Wolfgang	SG 499
von Wulffen Matthias	BU 12
Wulfgramm Jörg	SG 384
Wulfmeyer Julia	RP 354
Wulfmeyer Martin	SAN 390
Wulle Andrea	NW 289
Wullkopf Birte	NDS 237
Wullrich Thomas	BW 67
Wullweber Dietmar	SH 400
Wunder Olga	SAC 377
Wunderlich Heike	BRA 158
Wunderlich Maria	NDS 233
Wunderlich Olaf	NW 304
Wunderlich Susanne	BW 34
Wunderlich Uwe	VwG 535
Wunderlin Dorothea	BY 97
Wundes Doris	VwG 529
Wunsch Günter	HH 167
Wunsch Peter	HH 171
Wupper Christoph	NDS 255
Wuppermann Klaus	NW 315
Wurdack Christiane	NDS 221
Wurdak Hans-Peter	BW 21
Wurm Bernd	BY 87
Wurm Christoph	NW 313
Wurm Christoph	BER 141
Wurm Hansjörg	BY 94
Wurm Max	BY 86
Wurm Michael	BU 7
Wurm Paul	NW 311
Wurm Sylvia	NW 318
Wurmbach-Svatek Hildegard	NDS 247
Wurst Gabriele	SG 477
Wuttke Andreas	BER 141
Wuttke Christof	NW 320
Wuttke Gisela	NW 317
Wuttke Manfred	AnwG 549
Wuttke Sabine	SH 400
Wutz Michael	HE 182
Wybrands Hinderk	SAN 390
Wychodil Wilfried	BW 58
Wycisk Petra	NDS 235
van den Wyenbergh Gertrud	SG 494
Wyes-Scheel Claudia	BER 133
Wyluda Tanja	BRE 164
Wyrott Alexander	TH 422
Wyrwoll Arkadius	NW 330
Wysk Peter	VwG 525

X

Name	Ref
Xalter Erna	VwG 511
Xu Guangjian	SeeGH 569

Y

Name	Ref
Yanai Shunji	SeeGH 569
Yankov Alexander	SeeGH 569
Yblagger Heinz	BY 93
Yilmaz Mustafa	ArbG 445

Z

Name	Ref
Zabeck Anna	NW 325
Zabel Anja	BRA 158
Zach Edgar	BY 120
Zach Johann	BY 117
Zachariae Jörg	BW 69
Zacharias Bernd	HE 198
Zacharias Cornelia	BU 10
Zacharias Kai-Ulrich	SH 401
Zacharias Nikolai	BER 137
Zachmann Karl-Eugen	SG 476
Zader Ute	SH 404
Zäh Stephan	BW 38
Zähres Cordula	NW 267
Zähres Gerd	NW 266
Zänker Ilona	BRA 156
Zärtner Sven-Olaf	SAN 388
Zagajewski Marianne	AnwG 547
Zagray Esther	NDS 252
Zagrebelsky Vladimiro	EuGHMR 567
Zahl Karlheinz	HE 196
Zahn Gesche	HH 175
Zahn Iris	SAN 388
Zahn Jürgen	SAN 385
Zahn Verena	AnwG 550
Zahn Wolfgang	VwG 519
Zahn-Mackenthun Petra	HE 198
Zahnert Doreen	BRA 158
Zakosek-Röhling Evamari	NW 313
von Zalewski Gabriele	AnwG 550
Zamostny Hans-Jürgen	SAA 359
Zander Anna Maria	NW 324
Zander Bettina	SAC 374
Zander Carsten	VwG 535
Zander Christiane	HH 174
Zander Uwe	SAA 357
Zander Wolfgang	VwG 535
Zander-Rahn Claudia	HH 175
Zanetti Vera-Maria	VwG 513
Zang Axel	BY 119
Zange-Mosbacher Michael	BW 50
Zangerl Petra	NW 264
Zankel Jörn	NDS 241
Zanker Josef	AnwG 545
Zankl Johann	BY 90
Zanner Christine	RP 340
Zantke Stephan	SAC 375
Zanzinger Anne	FG 464
Zanzinger Dieter	FG 464
Zapf Hans-Jochen	HE 200
Zapf Herbert	SAC 370
Zapp Michael	AnwG 546
Zarbock Petra	HE 182
Zarden Sabine	VwG 536
Zarm Thomas	SAC 366
Zarth Martin	NW 281
Zarth Martina	NW 281
von Zastrow Matthias	SH 407
Zaunbrecher Sylvio	BW 39
Zaunseder Peter	BY 113
Zavelberg Britta	NW 325
Zawadil-Bunge Heike	TH 421
Zech Dieter	AnwG 545
Zech Hanne	NW 294

Zech Helmut	BW 68	Zemlicka Heike	NW 288	Ziegler Theo	BY 120
Zech Nina Larissa	NW 278	Zemlin Ursula	ArbG 443	Ziegler Thomas	SAC 369
Zech Olaf	BRA 151	Zemmrich Stefan	BRA 158	Ziegler Volker	ArbG 449
Zech Stefan	BY 80	Zeng Claus	MV 207	Ziegler Volker	BY 109
Zechmann Günther	BY 104	Zenger Soila	ArbG 437	Ziegler-Bastillo Isolde	BW 50
Zechnall Tanja	BY 82	Zenger Thomas	BY 117	Ziegler-Göller Ursula	BW 53
Zechner Bettina	ArbG 457	Zengerling Gerrit	NW 329	Zieglmeier Christian	VwG 510
Zeder Hanns-Albrecht	SG 480	Zengerling Rainer	NW 315	Ziegs Klaus-Alfred	HE 182
Zeeb Eberhard	AnwG 546	Zenkel Hans-Jürgen	BY 102	Ziehe Klaus	NDS 223
Zeeck Claudia	SAC 374	Zenker Sigrid	HH 165	Zieher Wolfgang	BW 68
Zeh Ulrich	SAC 364	Zepf Michael	BW 70	Ziehm Klaus-Peter	NDS 232
Zehe Dieter	RP 352	Zepp Wolfgang	NDS 225	Ziehmer-Herbert Margarete	BER 128
Zehelein Julia	HE 202	Zeppan Annette	HH 174	Zielberg-Buchhold Eva	ArbG 459
Zehendner Stefan	BU 16	Zeppan Winfried	HH 174	Zielke Christoph	NW 306
Zehetbauer Lothar	BY 86	Zeppenfeld Dagmar	NW 323	Zielke-Horstmann Martina	SG 493
Zehetmair Hans	ArbG 437	Zepper Katrina	NW 330	Ziemann Frank	SH 401
Zehgruber-Merz Dorothea	VwG 533	Zeppernick Jens Martin	BW 21	Ziemann Werner	ArbG 451
Zehnder Hans-Jürgen	VwG 538	Zepter Wolfgang	SH 406	Ziemele Ineta	EuGHMR 568
Zehner Sinikka	SG 498	Zerbes Helmut	NW 319	Ziemendorf Johannes	HE 199
Zehrer Max-Michael	BER 134	Zernecke Claudia	BRA 158	Ziemer Jonna	SH 406
Zehrfeld Detlef	SAC 377	Zernial Ulrich	HH 170	Ziemer Jutta	NDS 238
Zeibig-Düngen Jutta	HE 180	Zerzawy Volkmar	SG 481	Ziemer Rolf	BW 60
Zeidler Annette	BRA 154	Zetl Josef	BY 116	Ziemert Angela	NDS 226
Zeidler Irene	BER 138	Zettel Günther	SAN 384	Ziemßen Joachim	NW 260
Zeier Elisabeth	BY 114		VerfG 429	Zieper Kurt-Christian	SH 398
Zeifang Rainer	BW 50	Zettler Wolfgang	RP 348	Zier Hans-Peter	NW 272
Zeiher Karlheinz	HE 179	Zeuch Dieter	HE 182	Zier Heinz	BW 27
Zeilhofer Rudolf	SG 480	Zeug Andreas	BY 99	Ziera Björn	BY 97
Zeilinger Andreas	RP 348	Zeuner Helga	VerfG 428	Zierl Gerhard	BY 97
Zeilinger Jutta	BY 95	Zeuner Wolf-Rainer	RP 348	Zierold Uwe	SAC 375
Zeimetz-Lorz Birgit	VwG 519	Zeyß Andrea	HE 190	Zies Cordula	ArbG 458
Zeiser Wolfgang	ArbG 433	von Zezschwitz Sylvia	BY 99	Zieschang Claudia	NW 271
Zeising Jeanette	SAC 365	Zezulka Rosmarie	SAC 366	Ziesing Lore	HH 166
Zeising Joachim	FG 473	von Zglinitzki Carl-Victor	BU 16	Ziéßler Katja	HE 202
Zeising Klaus	BY 90	Zickendraht Beate	VwG 519	Zietlow-Al Khatib Vera	BW 32
Zeisler Gerd	MV 213	Zickert Andre	ArbG 458	Zigann Matthias	BY 96
Zeiß Gudrun	VwG 527	Zickler Olaf	HE 179	Zilius Hildegard	ArbG 454
Zeißner Regina	BY 122	Zickler Roland	NW 321	Zilles Richard	RP 340
Zeitler Franz	BY 117	Ziebs Sabine	HE 197	Zillmann Katja	BER 127
Zeitler Gottfried	BY 107	Ziebs Sabine	HE 202	Zillner Elisabeth	SAC 379
Zeitler-Hetger Ingrid	RP 335	Ziegel Andreas	SAC 368	Zilm Astrid	BER 130
Zeitlmann Andreas	SG 479	Ziegenbein Hans-Dieter	NW 263	Zimbehl Harald	NDS 230
Zeitz Dietmar	HE 180	Zieger Christoph	VwG 538	Zimmek Heino	SAC 370
Zeitz Emil	BY 115	Zieger Volker	NW 288	Zimmer Andreas	SG 498
Zekl Volker	NW 266	Ziegert Kathrin	HH 175	Zimmer Antonie	ArbG 461
von Zelewski Andrea	ArbG 434	Ziegert Volker	SG 491	Zimmer Bernhard	BW 30
Zell Klaus-Peter	BW 55	Ziegler Elisabeth	BY 98	Zimmer Frank	BY 95
Zell Michael	RP 345	Ziegler Gert	TH 417	Zimmer Iris	BY 123
Zeller Annette	BW 24	Ziegler Jürgen	SH 406	Zimmer Michael	VwG 533
Zeller Bernhard	BY 108	Ziegler Karl	SG 481	Zimmer Norbert	HE 180
Zeller Manuela	BY 112	Ziegler Karl Heinz	SAA 357	Zimmer Robert	BW 42
Zeller-Kasai Susanne	BY 93	Ziegler Karsten	BER 137	Zimmer Thomas	FG 469
Zeller-Lorenz Barbara	BW 49	Ziegler Max	BY 89	Zimmer-Odenwälder Claudia	BW 34
Zellhorn Emmerich	NW 294	Ziegler Peter	BY 113	Zimmerer Alfred	BY 94
Zellhuber Gudrun	BY 87	Ziegler Rainer	BW 63		
Zellmer Susanne	NW 266	Ziegler Sandra	NW 329		
Zembol Stefan	NW 270	Ziegler Tatiana	RP 353		

Zimmerer   Namensverzeichnis

Zimmerer Bernhard	BY 86	Zimmermann-Spring		Zöpel Barbara	NW 287
Zimmerer Gerda	VwG 508	Jutta	AnwG 559	Zörb Tina	HE 195
Zimmerling Christoph	BER 140		TH 412	Zohren-Böhme Stefanie	NW 290
Zimmerling Jessica	HH 172	Zimmert Klaus	BW 58	Zoll Karl-Hermann	BU 8
Zimmerling Susanne	BER 141	Zimmlinghaus Doris	RP 337	Zoller Andrea	AnwG 559
Zimmermann Andrea	SAC 369	Zimniok Hans-Jürgen	VerfG 425		TH 412
Zimmermann Anne	HH 176		VwG 506	Zoller Barbara	BER 139
Zimmermann Arnold	SH 403	Zimpel Jochen	NW 310	Zoller Roland	TH 413
Zimmermann Birgit	ArbG 433	Zindel-Bösing		Zollitsch Sabine	SH 407
Zimmermann Cornelia	BER 138	Rosemarie	NW 306	Zollner-Niedt Elisabeth	VwG 508
Zimmermann Dirk	BW 24	Zindler Bernhard	BY 99	Zopp Josef	NW 326
Zimmermann Doris	BY 98	Zingsheim Andreas	NW 313	Zorger Sylvia	BY 120
Zimmermann Eduard	SAN 395	Zink Andree	ArbG 445	Zorn Christian	BRE 162
Zimmermann Ellen	NW 278	Zink Claudia	BW 71	Zorn Egon	RP 349
Zimmermann Gabriele	TH 418	Zink Joachim	HH 168	Zorn Margit	BY 119
Zimmermann Georg	NW 284	Zink Werner	SAN 384	Zorn Silke	NW 295
Zimmermann Gerda	FG 467	Zinke Irina	BMJ 5	Zorn Ulrich	NW 268
Zimmermann Hans		Zinkgräf Philipp Karl	SG 478	Zott Regina	BW 53
Christian	NW 260	Zinnecker Peter	VwG 525	Zschachlitz Ulrike	VwG 522
Zimmermann Hans-		Zinser Hans-Diethelm	NDS 237	Zschachlitz Wolfgang	NDS 219
Jürgen	AnwG 557	Zintl Marc	BER 133	Zscherpe Maj	HH 168
Zimmermann Heinz	VwG 515	Ziplies Christine	NW 307	Zschiebsch Mathias	SAC 372
Zimmermann Helmut	ArbG 435	Zipper Freia	BW 28	Zschieschack Frank	NDS 253
Zimmermann Horst	SG 496	Zipperer Helmut	BW 34	Zschiesche Ute	SAC 375
Zimmermann Horst	HE 184	Zipperer Jeannette	BW 40	Zschoch Peter	SAC 375
Zimmermann Inka	NW 328	Zipperling Fred	BRA 153	Zschörp Doris	HE 193
Zimmermann Karlalbert	BY 119	Zipse Torsten	BER 125	Zuber Armin	BY 79
Zimmermann Markus	SAC 366	Zirke Kerstin	MV 209	Zuber Bernd	BY 114
Zimmermann Martina	BRA 150	Zirker Paul	BY 80	Zuber Birgit	SAC 377
Zimmermann Michael	SG 476	Zirn Armin	BW 56	Zuber René	SAC 377
Zimmermann Michael		Zirwes Karin	RP 344	Züchner Johannes	VwG 537
Gero	BRA 152	Zischka Herbert	BY 86	Zügler Hans-Joachim	SAC 372
Zimmermann Natascha	NW 273	Zissel Susanne	BER 140	Zühlke Ari	NW 274
Zimmermann Nikolaus	ArbG 435	Zissel Thomas	BER 142	Zülch Carsten	BW 33
Zimmermann Peter	BW 39	Zitzelsberger Klaus	BY 94	Zünkler Martina	VerfG 426
Zimmermann Petra	NW 322	Zitzmann Thomas	BY 107	Zürker Theresia	RP 350
Zimmermann Petra	RP 344	Zitzmann Veit	ArbG 438	Zufall Martina	SAN 388
Zimmermann Petra	RP 352	Zivier Ezra	BER 135	Zug Edith	BW 68
Zimmermann Petra	BY 107	Zmyj-Köbel Philipp	HE 201	Zumdick Klaus	NW 280
Zimmermann Ralf	ArbG 449	Zobel Andrea	BY 96	Zumfelde Meinhard	ArbG 452
Zimmermann Stephanie	BY 120	Zobel Carsten	NDS 252	Zundel Andrea	VwG 519
Zimmermann Susanne	SAC 367	Zobel Jürgen	SAC 371	Zundel Martin	VwG 539
Zimmermann Theodor	BW 42	Zobel Petra	SH 409	Zupančič Boštjan	EuGHMR 567
Zimmermann Thomas	FG 469	Zobel Werner	VwG 529	Zuppke Bernhard	BER 139
Zimmermann Thomas	NW 296	Zöbeley Günter	BW 33	Zur Reinhold M.	BY 101
Zimmermann Udo	MV 210	Zöcke Gerhard	SAA 360	Zurbrüggen Annette	SG 489
Zimmermann Ulrich	VwG 505	Zölch Wolfgang	BY 103	Zurheide Susanne	NDS 250
Zimmermann Volker	BY 81	Zöller Michael	BW 23	Zurhove Annette	NW 281
Zimmermann Walter	NW 270	Zöller Thorsten	NW 307	Zurnieden Monika	NW 317
Zimmermann Walter	NW 265	Zöller-Mirbach Regina	HE 184	Zwanziger Bertram	EU 10
Zimmermann Winfried	RP 351	Zöllner Dieter	VwG 506		VerfG 426
Zimmermann Wolfgang	BW 37	Zöllner Jürgen	SAC 366		VerfG 430
Zimmermann Wolfgang	BW 36	Zöllner Marion	SAC 374	Zwarg Michael	AnwG 546
Zimmermann Wulf	NW 286	Zöllner Martin	BW 35	Zweig Peter	RP 352
Zimmermann-Kreher		Zöllner Stephanie	HH 169	Zweigle Daniela	NW 276
Annette	VwG 505	Zöllner Wolfgang	HH 174	Zweigle Dieter	NDS 248
Zimmermann-Rohde		Zöllner-Cichon Katja	SAC 378	Zweigle Markus	
Rita	VwG 529	Zönnchen Ralf	SAC 369	Thomas	NW 273

Zysk

Zweigler Joachim	ArbG 445	Zwick Manfred	BW 42	Zwirlein Rainer	BY 85
Zweng Hanspeter	BY 106	Zwick Ulrich	BRA 151	Zwölfer-Martin Olaf	BER 137
Zwerger Andreas	BY 73	Zwicker Hendrik	BER 129	Zwolski Brigitta	ArbG 446
Zwerger Dietmar	VwG 507	Zwiebler Thomas	BW 29	Zypries Brigitte	BMJ 3
Zweygart-Heckschen Karin	NW 264	Zwiener Simone	BY 89	Zysk Hartmut	VwG 517
		Zwilling Uwe	NDS 233		

Beurteilungsrecht

Schnellenbach

Die dienstliche Beurteilung der Beamten und der Richter

Von Prof. Dr. Helmut Schnellenbach, Präsident des Verwaltungsgerichts Gelsenkirchen a.D.
Loseblattwerk in 2 Ordnern.
Ca. 1.100 Seiten. € 86,–
zzgl. Aktualisierungslieferungen für mindestens ein Jahr.
ISBN 3-7685-0499-9

Durch die systematische und besonders praxisnahe Darstellung ermöglicht der *Schnellenbach* auf dem schwer überschaubaren und komplizierten Gebiet der dienstlichen Beurteilung sowohl dem Beurteilenden, als auch dem Beurteilten einen sicheren Umgang mit den Regelungen des Beurteilungsrechts.

Die Neuauflage des bewährten Standardwerkes bietet Ihnen in der praktischen Loseblattform:

- **Ständige Aktualität**: Zeitnahe Übermittlung von Gesetzesänderungen und Änderungen der Richtlinien sowie der Beurteilungspraxis
- Eine **komplette Zusammenstellung** der einschlägigen Rechtsvorschriften zur dienstlichen Beurteilung neben einer großen Auswahl an Beurteilungsrichtlinien
- Einen **systematischen Vergleich** zwischen den verschiedenen Gestaltungsformen des Beurteilungswesens
- **Gute Handhabbarkeit** durch einen klar strukturierten Aufbau

Teil A des Werkes enthält die einschlägigen Rechtsvorschriften und Richtlinien zur dienstlichen Beurteilung.

Die Teile B und C enthalten die eingehende Darstellung von Beurteilungszwecken, Beurteilungsarten und -verfahren, Beurteilungsinhalt, sowie zusätzlich eine eingehende Darstellung zum Rechtsschutz und zu den Besonderheiten bei der Beurteilung Schwerbehinderter.

Der Autor:
Prof. Dr. Helmut Schnellenbach ist seit langem als Gutachter insbesondere im öffentlichen Dienstrecht tätig und gilt als erfahrener Praktiker der Materie.

Schließlich belegen nicht allein seine zahlreichen Vorträge, sondern auch eine Vielzahl von Veröffentlichungen wie z. B. die Mitwirkung an der Zeitschrift für Beamtenrecht, die praxiserprobten Fachkenntnisse des Autors.

Pressestimme: „… eine vorzügliche Arbeits- und Bewertungshilfe … Fazit: Der 'Schnellenbach' kann wärmstens empfohlen werden."
Prof. Dr. J. Vahle, in: Deutsche Verwaltungspraxis 12/2000

R. v. Decker, Verlagsgruppe Hüthig Jehle Rehm GmbH
Im Weiher 10, 69121 Heidelberg
Kundenbetreuung München:
Bestell-Tel. 089/54852-8178, Fax 089/54852-8137
E-Mail: kundenbetreuung@hjr-verlag.de

www.rvdecker-verlag.de

Der zuverlässige Wegweiser durch das Kostenrecht:

Rohs/Wedewer

Kostenordnung
Kommentar
Bearbeitet von Günther Rohs
Ministerialdirigent a. D., Peter Rohs,
Landgerichtsvizepräsident a. D.
und Dr. Wolfram Waldner, Notar
Loseblattwerk in 2 Ordnern.
Ca. 2.600 Seiten. € 128,–
zzgl. Aktualisierungslieferungen für mindestens ein Jahr
ISBN 3-7685-3277-1

Mit Newsletter: „Kostenordnung *aktuell*"

Der „Rohs/Wedewer" bietet Ihnen eine praxisnahe und wissenschaftlich fundierte Kommentierung des Notarkostenrechts sowie des Gerichtskostenrechts der Freiwilligen Gerichtsbarkeit. Dank der Loseblattform sind die Vorschriften stets auf neuestem Stand. Die in zahlreichen Zeitschriften verstreut veröffentlichte Rechtsprechung wird vollständig ausgewertet und zeitnah in die Kommentierung eingearbeitet. Aktuelle Fragen und Probleme des Kostenrechts werden kompakt dargestellt und praxisgerechte Lösungswege aufgezeigt. Ein ausführliches Stichwortverzeichnis erleichtert die schnelle Handhabung in der täglichen Praxis. Der kostenlose Newsletter „Kostenordnung aktuell" informiert Sie bei jeder Aktualisierung zeitnah und übersichtlich über aktuelle Rechtsprechung zum Kostenrecht, wichtige Gesetzesänderungen bzw. geplante Gesetzesvorhaben.

Pressestimmen:

„ . . . Zusammenfassend ist uneingeschränkt festzustellen, dass der Kommentar für den Notar und auch die sonstigen Zweige der freiwilligen Gerichtsbarkeit ein unverzichtbarer Helfer für die Lösungen der täglichen Problemstellungen im Kostenrecht ist."
Amtsrat im Notardienst Thomas Strauß in: FGPrax 4/2002

„Das Werk bleibt weiterhin für die kostenrechtliche Praxis, vor allem der Notare und Gerichte, aber auch für Wissenschaft und Lehre, unentbehrlich."
Vorsitzender Richter am OLG a.D. Dr. Joachim Kuntze in: Deutsche Notarzeitschrift 2/2003

R.v. Decker, Verlagsgruppe Hüthig Jehle Rehm GmbH
Im Weiher 10, 69121 Heidelberg
Kundenbetreuung München:
Bestell-Tel. 089/54852-8178, Fax 089/54852-8137
E-Mail: kundenbetreuung@hjr-verlag.de